Erich-Dieter Krause

Vollständiges Wörterbuch Deutsch-Esperanto in drei Bänden
Band 2 (H - R)

Plena Vortaro Germana-Esperanto en tri volumoj
Volumo 2 (H - R)

Erich-Dieter Krause

Vollständiges Wörterbuch Deutsch-Esperanto

in drei Bänden

Band 2 (H - R)

Plena Vortaro Germana-Esperanto

en tri volumoj

Volumo 2 (H - R)

Mondial
2023

Mondial
Novjorko

Erich-Dieter Krause

Vollständiges Wörterbuch Deutsch-Esperanto in drei Bänden

Band 2 (H - R)

Plena Vortaro Germana-Esperanto en tri volumoj

Volumo 2 (H - R)

Band 2 / Volumo 2 – H-R: ISBN 9781595694430

Band 1 / Volumo 1 – A - G: ISBN 9781595694423
Band 3 / Volumo 3 – S-Z: ISBN 9781595694447

www.esperantoliteraturo.com
www.mondialbooks.com

Inhalt / Enhavo

Band 1 / Volumo 1

Band 2 / Volumo 2

Band 3 / Volumo 3

H

H = *Zeichen für* ***¹Henry***
ha = *Zeichen für* ***Hektar***
ha! *Interj: Ausruf des Erstaunens od Triumphes* ha!
Haar *n einzelnes* haro; *Haare* haroj *Pl, auch* hararo (↑ *auch* ***Achselhaare, Haupt-,Kopf-, Körper-, Kraus-, Mähnen-, Rosshaar*** *u.* ***Schamhaare***); ***die ~e im Naseneingang*** (Vibrissae) la vibrisoj *Pl*; ***blondes*** (***braunes, schwarzes***) ~ blondaj (brunaj, nigraj) haroj *Pl*; ***fettiges*** grasa hararo; ***fuchsrote ~e*** *Pl* rufaj haroj *Pl*; ***glänzendes*** ~ brilanta hararo; ***kurz geschnittene ~e*** *Pl* mallonge tonditaj haroj *Pl*; ***langes offenes*** ~ longa libere pendanta hararo; ***schönes*** ~ *od* ***schöne ~e*** belaj haroj *Pl*; ***schulterlanges*** ~ ĝisŝultra hararo *od* ĝisŝultraj haroj; ***ungekämmtes*** ~, *pop* ***ungekämmte Haare*** nekombitaj haroj; ***er hat graue ~e bekommen*** liaj haroj griziĝis; ***sich die ~e färben*** (***kämmen, scheiteln, waschen***) tinkturi (kombi, dislimi, lavi) al si la harojn; ***~e auf der Brust haben*** havi harojn sur la brusto; ***sich die ~e machen*** *sich frisieren* frizi sin; ***sich die ~e raufen*** ŝiri al si la harojn; ***jmdm. die ~e schneiden*** tondi al iu la harojn; ***voller ~e sein*** esti plena de haroj; ***die ~e verlieren*** perdi la harojn, senhariĝi; ***sich die ~e lang wachsen lassen*** lasi siajn harojn kreski longaj; ***deine ~e sind in Unordnung***, *umg (bes. reg)* ***du hast dir die ~e eingerissen*** viaj haroj malordiĝis; ***jmdn. an den ~en ziehen*** tiri iun ĉe la haroj ◇ ***aufs ~ [genau]*** ekzaktege; ***um ein ~***, *auch* ***um Haaresbreite*** preskaŭege; ***sie hat ~e auf den Zähnen*** *sie hat eine spitze Zunge* ŝi havas danĝeran langon; *sie weiß sich zu wehren* al ŝi ne mankas defendo kontraŭ ofendo *(Zam)*; ***Ihnen wird kein ~ gekrümmt werden*** eĉ unu haro de via kapo ne pereos; ***er ist um kein ~ besser*** li estas neniom pli bona; ***sie kamen sich in die ~e*** ili ekinterbatalis, ili komencis interbatiĝi; ***Sorgen machen graue ~*** de zorgoj, ne de jaroj, blankiĝas la haroj *(Zam)*; ***~e spalten*** *od* ***haarspalterisch sein*** fendi harojn; ***mir standen die ~e zu Berge*** mia hararo hirtiĝis; ***da stehen einem die ~e zu Berge!*** *umg* tio estas harstariga!
Haar|analyse *f, auch* ***Haaranalytik*** *f bes. Rechtsmedizin* har-analizo; **~ausfall** *m* harperdo; *Med (pathologischer Haarausfall)* alopecio (↑ *auch* ***Alopezie***), *i.e.S. Fachspr Dermatologie (kreisrunder Haarausfall)* ***Pelade*** *f* pelado *<verursacht durch eine Dermatose>*
Haarbalg *m, Fachspr* ***Haarfollikel*** *m* (Folliculus pili) *m Anat* harfoliklo; **~entzündung** *f, Fachspr* ***Follikulitis*** *f Med* inflamo de la harfolikloj, (*Fachspr)* foliklito; **~milbe** *f* (Demodex folliculorum) *Ent, Parasitologie* demodekso (*vgl. dazu* ***Demodikose***)
Haar|band *n* harbendo, *(als Schleife)* har-faska banto; **~besen** *m* harbalailo; **~binde** *f* har-liga bendo; **~bürste** *f* harbroso; **~bulbus** *m* harbulbo; **~büschel** *n* harfask[et]o, fasko da haroj; **~creme** *f* harkremo (↑ *auch* ***Pomade***)
haaren *intr Haare verlieren* perdi harojn; ***der Hund haart [sich]*** la hundo perdas harojn; ***sich*** ~ *das Haarkleid wechseln (Tier)* ŝanĝi la harojn
Haar|entfernungscreme *f* senhariga ungvento; **~ergrauen** *n* griziĝo de la haroj (*od* hararo); **~ersatz** *m* falsaj haroj *Pl* (↑ *auch* ***Perücke*** *u.* ***Toupet***)
Haaresbreite *f*: ***um*** ~ ↑ *unter* ***Haar***
Haarewaschen *n* harlavado
Haar|farbe *f* harkoloro; **~färbemittel** *n* tinkturo por kolorigi la harojn, *auch kurz* harkolorilo; **~farn** *m* (*Gattung* Adiantum) *Bot* adianto, *pop* harfiliko (↑ *auch* ***Venushaar***)
haarfein *Adj sehr fein* ege (*od* tre) fajna; *Phys (kapillar)* kapilara
Haarfestiger *m* har-fiksa likv[aĵ]o (*bzw.* ŝaŭmo)
Haarfollikel *m Anat* ↑ ***Haarbalg***
Haargefäße *n/Pl, Fachspr* ***Kapillaren*** *f/Pl Anat* kapilaroj *Pl*
haargenau *Adj* ekzakte sama, ekzaktega
Haar|gras *n, auch* ***Haargerste*** *f* (*Gattung* Elymus) *Bot* elimo (↑ *auch* ***Sandhaargras***); **~hygrometer** *n Met* harhigrometro
haarig *Adj* ***a)*** hara, harhava; *mit Haaren bedeckt* harkovrita; *voller Haare* harplena *od nachgest* plena de haroj ***b)*** *übertr (unangenehm)* malagrabla, *(gefährlich)* danĝera, *(kompliziert)* komplik[it]a (↑ *auch* ***problematisch*** *u.* ***schwierig***)
Haarkäfer *m, auch* ***Pinselkäfer*** *m* (*Gattung* Trichius) *Ent* trikio
haarklein *Adv ganz genau, in allen Einzelheiten* detalege
Haar|klemme *f* harklipo; **~knoten** *m* hartubero; **~lack** *m* harlako

Haarlauf *m Teppichweberei* liso; ***liegender*** ~ basa liso
Haarlem (*n*) *Hptst. der niederländischen Provinz Nordholland* Harlemo
Haarling *m Ent (ein Ektoparasit bei Tieren)*: *Hunde*~ hundolaŭso
Haarlocke *f* buklo
haarlos *Adj* senhara; *kahlköpfig* kalva
Haarlosigkeit *f* senhareco; *Kahlköpfigkeit* kalveco
Haarmasche *f* ↑ ***Haarschleife***
Haar|mode *f* stilo de hararanĝo; ~**mücke** *f* (*Gattung* Bibio) *Ent* bibio; ~**[mützen]moos** *n* (Polytrichum) *Gattung der Laubmoose* politriko
Haarnadel *f* harpinglo (↑ *auch* ***Haarspange***); ~**kurve** *f Verk* harpingla ĝirejo
Haarnasen|otter *m* (Lutra sumatrana) *Zool* sumatra lutro; ~**wombat** *m Zool* (Lasiorhunus latifrons) har-naza vombato
Haar|nävus *Dermatologie* har-nevuso; ~**netz** *n* harreto; ~**öl** *n* har-oleo; ~**pelz** *m Textil* harpelto
Haarpflege *f* harfleg[ad]o; ~**mittel** *n* harflegilo (*vgl. dazu* ***Haarwuchsmittel***)
Haarpilz *m Med* ↑ ***Trichophyton***
Haar|pinsel *m Mal* harpeniko; ~**pomade** *f* harpomado; ~**pracht** *f* [vere] impona hararo
Haarqualle *f Zool*: ***gelbe*** ~ (Cyanea capillata) ↑ ***Löwenmähne b)***
Haarröhrchen *n Phys* kapilara tubeto; *Anat* kapilaro
Haarröhrcheneffekt *m Phys* ↑ ***Kapillarität***
haarscharf 1. *Adj sehr scharf* akrega; *ganz genau* precizega (*vgl. dazu* ***um ein Haar***); *Beweis* konvink[eg]a **2.** *Adv*: ~ ***aufpassen*** esti absolute atentema
Haar|schleife *f*, *<österr>* ***Haarmasche*** *f* harbanto, *auch* har-faska banto; ~**schmuck** *m* har-ornamaĵo(j) *Sg (Pl)*; ~**schneidemaschine** *f* hartonda maŝino; ~**schneider** *m pop* hartondisto (↑ *auch* ***Barbier*** *u.* ***Frisör***)
Haarschnitt *m* hartondo; *Fasson* harfasono; ***mit kurzem*** ~ kun hararo mallonge tondita
Haarschopf *m*, *umg* ***Tolle*** *f* hartufo; ~**taucher** *m* (Poliocephalus poliocephalus) *Orn* grizkapa grebo *[Vorkommen: Australien u. Neuseeland]*
Haar|seil *n hist Med (aus Haaren gedrehte Schnur, die früher zur Ableitung von Eiter od Sekret in Wunden eingelegt wurde)* setono; ~**seite** *f Kürschnerei* hara flanko [de felo]; ~**spalter** *m* harfendulo
Haarspalterei *f* harfendado *od* harsplitado, *auch* subtilado; ~ ***betreiben*** [dis]fendi harojn
haarspalterisch *Adj* harfenda, *(Person)* harfendema (*vgl. dazu* ***spitzfindig***)
Haar|spange *f* harbuko; ~**spray** *m od n* harsprajo
Haarstern *m* (*Gattung* Antedon) *Biol* antedono; ***[Klasse der]*** ~***e*** *od* ***Seelilien*** *Pl* (Crinoidea) marlilioj *Pl*, *<wiss>* krinoidoj *Pl*
Haarstrang *m* (*Gattung* Peucedanum) *Bot* peŭcedano (↑ *auch* ***Sumpfhaarstrang***); ***kümmelblättriger*** ~ (Peucedanum carvifolia) karvifolia peŭcedano
haarsträubend *Adj* harstariga; *schockierend* ŝoka; *schauderhaft* horora
Haarteil *n* ↑ ***Toupet***
Haar|tracht *f* hararanĝo (*vgl. dazu* ***Frisur***); ~**transplantation** *f* hargreftado; ~**trockenheit** *f* sekeco de la haroj, *Fachspr* kserozo
Haartrockner *m* ↑ ***Fön***
Haarvogel *m Orn* ↑ ***Bülbül***
Haar|wäsche *f* harlav[ad]o; ~**waschmittel** *n* ŝampuo; ~**wasser** *n* harfortiga locio, *meist kurz* harlocio; ~**wickler** *m*, *reg* ***Haarwickel*** *m* papiloto; ~**wild** *n Jagd* harĉasaĵo; ~**wirbel** *m* verto
Haarwuchs *m* harkresko; *die Haare selbst* hararo, kapharoj *Pl*; ~**mittel** *n* harkreskiga rimedo
Haarwurzel *f* (Radix pili) *Anat* harradiko
Haarzell-Leukämie *f Med* ↑ *unter* ***Retikulose***
Haar|zopf *m* harplektaĵo; ~**zotte** *f Haarzottel* vilo; *am Fuß eines Pferdes* fanono
Habakuk (*m*) *ein bibl. Prophet* Ĥabakuko
Habanera *f ein kubanischer Tanz* habanero
Habarovsk (*n*) ↑ ***Chabarowsk***
Habbaniyya *Pl Ethn (Stamm der Baggara im SW von Darfur/Sudan)* habanijoj *Pl*
Habe *f* havaĵo, *i.e.S. (Besitz)* posedaĵo; ***bewegliche*** ~ movebla havaĵo (*od* posedaĵo); ***unbewegliche*** ~ nemovebla havaĵo (*od* posedaĵo)
haben *tr* ***a)*** havi; *besitzen* posedi; ***haben Sie ...?*** *besitzen Sie ...?* ĉu vi posedas (*od pop* havas) ...?; *z.B. Frage in einem Geschäft* ĉu vi vendas (*od umg* havas) ...?; ***habt Acht!*** *österr. Kommando für «stillgestanden!»* [staru] senmove!; ***jmdn. zum Freund*** ~ havi iun kiel amikon; ***ein Haus*** ~ posedi domon; ***hast du etwas*** (*od umg* ***was***) ***zu lesen?***

ĉu vi havas ion por legi?; *für mich* ĉu vi havas ion por legi por mi?; ***ich habe nichts zu lesen*** mi ne havas ion por legi; ***noch zu ~ sein*** *in den Geschäften* esti ankoraŭ aĉetebla (*od umg* havebla) [en la magazenoj]; ***Herr E. hat das Wort*** *spricht zu Ihnen* sinjoro E. havas la parolon; ~ ***Sie heute Abend Zeit?*** ĉu vi havas tempon hodiaŭ vespere?; ***willst du das ~?*** ĉu vi deziras tion [posedi *od* havi]?; ***wo hast du das viele Geld her?*** *od* ***woher hast du das viele Geld?*** de kie vi havas tiom multe da mono? ◇ ***je mehr man hat, umso mehr will man*** ju pli oni posedas, des pli oni avidas *(Zam)* ***wer nichts hat, gilt nichts*** kiu havas nenion, estas nenio *(Zam)* ***b)*** *müssen* devi; ***du hast das zu machen*** vi devas fari tion ***c)*** *in Fügungen*: ***Angst vor etw.*** (***jmdn.***) ~ timi ion (iun); ***du wirst nichts als Ärger davon ~*** vi profitos el tio nenion krom ĉagren[iĝ]o; ***die Sache hat Eile*** la afero urĝas (*od* estas urĝa); ***was hast du denn?*** kio do estas al vi?; ***welches Datum ~ wir [heute]?*** kiu dato estas hodiaŭ?; ***wir ~ heute den fünften Februar*** hodiaŭ estas la kvina de februaro ***d)*** *in der Funktion eines Hilfsverbs* esti ...inta *bzw.* esti ...anta *od umg meist* ...is; ***ich habe geschlafen*** mi estas dorminta *bzw.* mi estis dormanta, *umg* mi dormis; ***sie will es selbst gesehen ~*** ŝi asertas mem esti vidinta tion; ◇ ***da ~ wir's!*** jen la afero (*bzw.* kaŭzo)!; ***hab dich nur nicht so!*** *tu nicht so wichtig!* ne ludu la gravan personon!; *zier dich nicht so!* ne afektu tiel!; ***da hast du die Bescherung!*** jen la sekvoj! *bzw.* jen vi vidas!; ***das hat nichts auf sich*** *das macht nichts, das stört nicht* tio ne ĝenas; *das ist nicht wichtig* tio ne estas grava *od kurz* tio ne gravas; ***jmdn. zum besten ~*** mistifiki iun; ***wer nichts hat, gilt nichts*** *Sprichwort* kiu havas nenion, estas nenio

Haben *n Fin, Hdl (Guthaben)* kredito (*vgl. dazu* ***Soll***); ***ins ~ buchen*** enskribi en la kreditan flankon [de la konto], *auch* krediti

Habenichts *m* senhavulo

Habenseite *f des Kontos* kredita flanko

Haber *m* ↑ ***Hafer***

Habescha *od* **Habesha** *Pl Ethn (Angehörige der semitischsprachigen Volksgruppen der Amharen und Tigray/Tigrinya im äthiopischen Hochland)* habeŝoj *Pl* (*vgl. dazu* ***Amhara a)*** *u.* ***Tigray a)***)

Habgier *f* avido; *Geldgier* monavido

habgierig *Adj geizig* avida; *geldgierig* monavida (*vgl. dazu* ***raffgierig***)

Habicht *m*, *pop auch* ***Hühnerhabicht*** *m* (Accipiter gentilis) *Orn* akcipitro (↑ *auch* ***Afrika-***, ***Bänder-***, ***Elster-***, ***Fidschi-***, ***Gabar-***, ***Graubauch-***, ***Meyer-***, ***Mohren-***, ***Rabaul-***, ***Rotbrust-*** *u.* ***Schwarzmantelhabicht***); ~**falke** *m* (Falco berigora) *Orn* bruna falko *[Vorkommen: Australien u. Neuguinea]*

Habichtartige *Pl* (*Familie* Accipitridae) *Orn (umfangreichste Familie der Greifvögel)* akcipitredoj *Pl*

Habichts|adler *m* (Hieraaëtus fasciatus) *Orn* nizaglo *[Vorkommen: Südeurasien u. Nordafrika]*; ~**kauz** *m*, *auch* ***Uralkauz*** *m* (Strix uralensis) *Orn* uralstrigo

Habichtskraut *n* (*Gattung* Hieracium) *Bot* hieracio; ***doldiges ~*** (Hieracium umbellatum) ombrela hieracio; ***gemeines ~*** (Hieracium lachenalii) ordinara hieracio; ***kleines ~*** (Hieracium pilosella) blankhara hieracio; ***orangerotes ~*** (Hieracium aurantiacum) oranĝkolora hieracio; ***[zwei]gabeliges ~*** (Hieracium bifidum) fenda hieracio

Habichtspilz *m*, *auch* ***Hirschling*** *od* ***Rehpilz*** *m* (Sarcodon imbricatum) *Mykologie* skvama hidno

Habilitation *f Univ* habilitacio

habilitieren *intr* habilitacii

Habitat *n Biol (charakteristischer Lebensraum einer Tier- od Pflanzenart)* habitato (*vgl. dazu* ***Biotop***; ↑ *auch* ***Minimalhabitat***); ~**verlust** *m Ökologie* habitatperdo; ~**zerstörung** *f Ökologie* habitat[o]detruo

Habitué *m* ↑ ***Stammgast***

Habitus *m Erscheinungsbild* eksteraĵo, sinten[ad]o; *Benehmen* konduto

hablich ↑ ***wohlhabend***

Haboob [*hə'bu:b*] *od* **Habub** *m Met (Staubsturm in NO-Afrika)* habubo (*vgl. dazu* ***Chamsin*** *u.* ***Samum***)

Habsburger *m/Pl Gesch (ein europäisches Adels- u. Herrschergeschlecht)* habsburgoj *Pl*; ***die Dynastie der ~*** *[1278-1918]* la habsburga dinastio

Habseligkeiten *f/Pl* havaĵo *Sg*; ***seine paar ~*** lia povra havaĵo

Habsucht *f* = ***Habgier***

Habub *m* ↑ ***Haboob***

Habuba Kabira (*n*) *ein archäologischer Fundort am Euphrat östl. von Halab (Aleppo)* Habuba-Kabiro

Habutai *m Textil (zartes Gewebe aus Japanseide in Taftbindung)* habutajo
Háček *n, auch eingedeutscht* ***Hatschek*** *n (Zeichen ˇ) ein diakritisches Zeichen, bes. im Tschechischen* haĉeko
Hachelkraut *n Bot* ↑ ***Hauhechel***
Hackblock *m* ↑ ***Hackklotz***
Hack|braten *m Kochk* hakrostaĵo, *auch* rostita hakaĵo; ~**brett** *n Mus (ein Saiteninstrument)* dulcimero
[1]**Hacke** *f Handw (Axt)* hakilo, *(Kreuz≗)* pioĉo (↑ *auch* ***Beil***, ***Jäte-***, ***Rode-*** *u.* ***Spitzhacke***)
[2]**Hacke** *f* ***a)*** *umg od reg für «Ferse»* kalkano ***b)*** *Schuhabsatz* kalkanumo ◇ ***sich die ~n nach ... ablaufen*** kuri ĉien ajn por [povi] akiri ...
[1]**hacken** ***a)*** *tr Holz, Fleisch u.a.* haki (↑ *auch* ***aufhacken***, ***klein hacken*** [*unter* ***klein***] *u.* ***zerhacken***) ***b)*** *intr:* ***mit dem Schnabel ~*** haki per [la] beko (↑ *auch* ***picken***)
[2]**hacken** *intr abs: EDV (sich als Hacker betätigen)* hakumi
[1]**Hacken** *n* hakado
[2]**Hacken** *m =* [2]***Hacke***
Hackepeter *m, auch* ***Mett*** *n Nahr* porkaĵa haketaĵo [spicita]
Hacker *m EDV (jmd., der sich unberechtigt Zugang zu fremden Computersystemen zu verschaffen sucht)* retpirato, *auch* kodumulo; ~**angriff** *m* atako de retpirato(j)
Hackfleisch *n, auch* ***Gehackte*** *n, <österr>* ***Faschierte*** *n Nahr* hakita viando *od* vianda haketaĵo (*vgl. dazu* ***Hackepeter***)
Hackfrüchte *f/Pl Landw* ↑ ***Knollenfrüchte*** *od* ***Wurzelfrüchte***
Hack|klotz *m, auch* ***Hackblock*** *m, reg* ***Hauklotz*** *m, <schweiz>* ***Scheitstock*** *m, <österr>* ***Hackstock*** *m* hakŝtipo, ŝtipo por haki [brul]lignon, hakbloko; ~**messer** *n Hausw* haketilo; ~**ordnung** *f* hierarkia ordo
Häcksel *n/Pl od m/Pl Landw (Stroh≗, Schnittstroh)* hakita pajlo
häckseln *tr Stroh* haketi
Hackstock *m* ↑ ***Hackklotz***
Hadad (*m*) *Myth (semitischer Gewitter- u. Wettergott, mit dem babylonischen ‹Adad› identisch)* Hadado
Haddad (*m*) *Eig (algerischer Schriftsteller [1927-1978])* Hadado
Haddsch *m Islam* ↑ ***Hadsch***
Hadeloga (*f*) *Eig (Gründerin u. Äbtissin des Benediktinerklosters in Kitzingen <Heilige> [† um 750])* Hadeloga
[1]**Hader** *m Putzlappen* viŝtuko; *Lumpen* ĉifono
[2]**Hader** *m Streit* kverelo, malpaco
Haderlump *m* ↑ ***Nichtsnutz*** *u.* ***Taugenichts***
hadern *intr* ***a)*** *geh für «unzufrieden sein»* esti malkontenta (***mit*** pri); ***mit seinem Schicksal ~*** esti [ege] malkontenta pri sia sorto, *auch* plendi kontraŭ sia sorto ***b)*** *geh für «streiten»* kvereli, malpaci
Hadernpapier *n, auch* ***Lumpenpapier*** *n Papierherstellung* ĉifonpapero
Hades (*m*) ***a)*** *griech. Myth (Gott der Unterwelt)* Hadeso ***b)*** *i.w.S. Unterwelt, Schatten- od Totenreich* hadeso (*vgl. dazu* ***Tartaros***)
Hadiddu *Pl Ethn =* ***Ait Hadiddu***
Hadith *m Islam (Berichte über die Worte u. Taten des Propheten Mohammed u. seiner ersten Anhänger)* hadito *<neben dem Koran Hauptquelle der islamischen Religion>*
Hadramaut (*n*) Hadramaŭto: ***a)*** *[ehemals:] zusammenfassende Bez für mehrere Emirate u. Scheichtümer in Südarabien, die Teil des britischen Protektorats Aden waren* ***b)*** *[heute:] Landschaft u. Provinz im südlichen Jemen [Hauptort: Al-Mukalla]*
Hadrianswall *m Gesch (der unter Hadrian[us] errichtete Grenzwall in Nordengland [zw. Solway Firth u. Tyne-Mündung])* Hadriana Mur[eg]o
Hadrian[us] (*m*) *Eig 1. Name eines röm. Kaisers [122-128]) 2. Name einiger Päpste* Hadriano
Hadron *n Phys (Elementarteilchen, das starker Wechselwirkung mit anderen Elementarteilchen unterliegt)* hadrono *<heute definiert man als Hadron alle Verbindungen, die aus Quarks, Antiquarks u. Gluonen bestehen>*
hadronisch *Adj* hadrona; ***nukleare ~e Komponente*** *f* nuklea hadrona komponanto
Hadsch *m, auch* ***Haddsch*** *m* ↑ *unter* ***Mekka***
Hadschi *m, auch* ***Haddschi*** *m Islam* ↑ ***Mekkapilger***
Hafen *m* haveno *auch übertr*; *Umschlag≗* transŝarĝa haveno (↑ *auch* ***Abgangs-***, ***Anlauf-***, ***Außen-***, ***Bestimmungs-***, ***Container-***, ***Entlade-***, ***Fischerei-***, ***Fluss-***, ***Flussmündungs-***, ***Frei-***, ***Handels-***, ***Heimat-***, ***Industrie-***, ***Jacht-***, ***Kriegs-***, ***Ölexport-***, ***Options-***, ***Schüttgut-***, ***See-***, ***Tide-***, ***Übersee-***, ***Umschlag-***, ***Verschiffungs-***, ***Ziel-*** *u.* ***Zufluchtshafen***); ***eisfreier ~*** senglacia haveno; ***natür-***

licher ~, *auch* ***Naturhafen*** natura haveno; ***einen ~ anlaufen*** alveturi (*od* aliri) havenon, *(unterwegs) auch* halti en haveno, *(im Notfall)* rifuĝi en haveno

Hafenamt *n, auch* ***Hafenbehörde*** *f* havena oficejo

Hafen|anlagen *f/Pl* havenaj instalaĵoj *Pl*; ~-**arbeiter** *m* havenlaboristo; *Docker* dokisto; ~**bahn** *f komplexe Eisenbahnanlage zur Realisierung der aus dem Hafenbetrieb entstehenden Transportaufgaben* havena fervoja instalaĵo; ~**bau** *m* havenkonstruo; ~**becken** *n* havenbaseno

Hafenbehörde *f* ↑ ***Hafenamt***

Hafen|damm *m* havendigo; *zu beiden Seiten der Hafeneinfahrt (zumeist mit Leuchtturm u. Signaleinrichtungen)* ĝeto; *Mole* moleo; ~**dienstleistungen** *Pl* havenaj servoj *Pl*; ~-**einfahrt** *f (Vorgang)* enveturo en havenon; *(Ort)* enveturejo al haveno; ~**fähre** *f* havena pramo; ~**flotte** *f zusammenfassende Bez für «alle Wasserfahrzeuge im Seehafen, die dem Transport, Umschlag u. der Lagerung sowie Hilfs- u. Nebenaufgaben dienen»* havena floto; ~**gebühren** *f/Pl od* ~**gelder** *n/Pl* havenkotizoj *Pl* (*vgl. dazu* ***Hafensteuer***); ~**kai** *m* havena kajo; ~**kneipe** *f* havena drinkejo; ~**kran** *m Tech* havena gruo; ~**lotse** *m* havena piloto; ~**meister** *m* havena mastro; ~**polizei** *f* havena polico; ~**rundfahrt** *f* haven-rondveturo; ~**schute** *f Leichter* [havena] gabaro; ~**stadt** *f* havenurbo; ~**steuer** *f* havenimposto (*vgl. dazu* ***Hafengebühren***); ~**tarif** *m* havena tarifo; ~**verwaltung** *f* administrado (*bzw.* administrejo) de haveno; ~**viertel** *n* havena kvartalo; ~**zollamt** *n* havena doganejo

Hafenzufahrt *f* = ***Hafeneinfahrt***

Hafer *m, reg,* <*österr u. schweiz*> *auch* ***Haber*** *m* aveno (↑ *auch* ***Saat-***, ***Wild-*** *u.* ***Windhafer***); ***tauber*** ~ (Avena sterilis) *Bot* sterila aveno, *auch* herb-aveno ◇ ***ihn sticht der*** ~ li tute senbridiĝas

Hafer|brei *m* avena kaĉo (*vgl. dazu* ***Porridge***); ~**brötchen** *n* avena bulko; ~**feld** *n* avena kampo

Haferflocken *f/Pl* avenflokoj *Pl*; ~**suppe** *f* avenfloka supo

Hafergras *n Bot* ↑ ***Waldtrespe***

Hafer|grieß *m od* ~**grütze** *f* avengri[aĵ]o; ~**kleie** *f* avena brano; ~**korn** *n* avengrajno

Haferl *od* **Häferl** *n* ↑ ***Tasse***

Hafermaus *f Zool* ↑ ***Zwergmaus***

Hafer|mehl *n* avena faruno *od* faruno de (*od* el) aveno, *auch* avenfaruno; ~**stroh** *n* avena pajlo; ~**suppe** *f* avensupo; ~**wurz[el]** *f* (Tragopogon porrifolius) *Bot* purpura tra- gopogo <*die an Inulin reichen Wurzeln werden auch als Gemüse gegessen*>

Haff *n Geogr (an der Ostsee)* marakva lago proksime de la bordo (*vgl. dazu* ***Lagune***); *Bai* golfeto (*vgl. dazu* ***[1]Golf***)

Haffdorn *m* ↑ ***Sanddorn***

Hafis *od* **Hafiz** (*m*) *Eig (persischer Lyriker [um 1326-1390]* Hafizo

Haflinger *m, auch* ***Haflingerpferd*** *n* haflinga ĉevalo

Hafnium *n* (*Symbol* ***Hf***) *Chem* hafnio

Hafsiden *m/Pl, arab.* ***Hafsīyūn*** *Gesch (Dynastie der Ifriqiya [1229-1574] berberischer Herkunft* <*so benannt nach Abu Hafs*>*)* hafsidoj *Pl*

Haft *f* aresto (↑ *auch* ***Einzel-*** *u.* ***Schutzhaft***); *Haftzeit* daŭro de aresto; ***lebenslange*** ~ vivolonga aresto; ***jmdn. in ~ nehmen*** aresti iun; ***in ~ sein*** *od* ***sich in ~ befinden*** esti arestito, *(in Untersuchungshaft)* esti sub polica gardo

Haftanstalt *f Jur* ↑ ***Haftvollzugsanstalt***

haftbar *Adj verantwortlich* respondeca, *auch* responsa (***für*** pri); *als Bürge* garantideva (***für*** por *od* pri)

Haftbarkeit *f Jur* [leĝa *od* civila] respondeco

Haftbefehl *m* arest-ordono, *auch* arestletero, *pop auch* kapt-ordono; ***einen ~ ausstellen*** (*od* ***erlassen***) eldoni arest-ordonon (***gegen*** kontraŭ)

Haftdolde *f Bot*: ***breitblättrige*** ~ (Turgenia latifolia) platfolia turgenio

haften *intr* ***a)*** alteniĝi; *kleben, sich nicht lösen* algluiĝi (***an*** al); *sich festsetzen* fiksiĝi; ***aneinander*** ~ *Phys* adheri *auch Med (ein Verband)*; ***im Gedächtnis*** ~ esti fiksita en la memoro ***b)*** *Jur*: ***für etw.*** ~ *garantieren* garantii por (*od* pri) io; *verantwortlich sein* esti respondeca pri io; *schadenersatzpflichtig sein* esti kompensodeva por io

haftend *Adj* ***a)*** *anhaftend, klebend* adhera ***b)*** *Jur*: ***gemeinsam*** ~ *Jur: gesamtschuldnerisch* solidare respondeca (*bzw.* kompensodeva)

Haft|entlassung *f* permeso forlasi la prizonon; ~**festigkeit** *f Phys* adhera forto (*od* povo); ~**grund** *m Jur* kaŭzo por [la] aresto

Haftkraft *od* **Bindekraft** *f z.B. eines Klebers*

forto de alteniĝo
Haftkrebse *m/Pl Zool* ↑ ***Rankenfüßer***
Häftling *m* arestito, *pej auch* karcerulo (↑ *auch* ***Knastbruder***); ***politische ~e*** *Pl* politikaj arestitoj, arestitoj pro politikaj kaŭzoj
Haftpflicht *f Jur* kompensodevo
haftpflichtig *Adj* kompensodeva
Haftpflichtversicherung *f* kompensodeva asekuro
Haftpsychose *f Med* ↑ ***Gefängnispsychose***
Haftschalen *f/Pl* ↑ ***Kontaktlinsen***
Haftstrafe *f* puno de malliberejo
Haftung *f* ***a)*** *Phys (Adhäsion)* adhero; *von Klebstoffen* gluopovo ***b)*** *Jur (Verantwortung)* respondeco, *auch* responseco (***für*** pri *od* por), *(Haftpflicht)* kompensodevo; ***unbeschränkte ~***, *auch* ***Garantiehaftung*** senlima respondeco; ***völkerrechtliche ~*** internacia responseco; ***Gesellschaft mit beschränkter ~*** (*Abk* ***GmbH***) kompanio kun limigita respondeco
Haft|[vollzugs]anstalt *f* malliberejo (*vgl. dazu* ***Gefängnis***); ***in eine ~ einweisen*** enprizonigi; **~zeit** *f* daŭro de aresto
Hag *m poet für* ***a)*** *Hecke aus Dorngebüsch, Buschwerk* heĝo el dorna arbustaĵo (*od* arbedaĵo) ***b)*** *Wäldchen od Wald* arbar[et]o
Hagalil (*n*) ↑ ***Galiläa***
Haganah *f Gesch (jüdisch-zionistische militärische Geheimorganisation in Palästina während der britischen Mandatsherrschaft [1920-1948])* haganao <*Vorläufer der israelischen Nationalarmee*>
Hagebuche *f Bot* ↑ ***Hainbuche***
Hagebutte *f*, <*österr*> *umg* ***Hetschepetsch*** *f od* ***Hetscherl*** *n* rozfrukto
Hagebuttenmarmelade *f* rozfrukta marmelado
Hagedasch *m* (Bostrychia hagedash) *Orn (ein afrikanischer Ibisvogel)* hagedaŝo
Hagedorn *m Bot* ↑ ***Weißdorn***
Hagel *m Met* hajlo; *übertr* torento, *auch* hajlo; ***ein ~ von Beschimpfungen*** torento da insultoj; ***ein ~ von Kugeln*** *von Geschossen* hajlo da kugloj (↑ *auch* ***Granat[en]-*** *u.* ***Kugelhagel***); ***ein ~ von Steinen ging auf uns nieder*** hajlo da ŝtonoj falis sur nin
Hagelkorn *n* ***a)*** *reg* ***Schloße*** *f Met* hajlero, grajno de hajlo *od* hajla grajno ***b)*** *Fachspr* ***Chalazion*** *od* ***Chalazium*** *n Ophthalmologie (an den Augenlidern lokalisiertes Lipogranulom [eine chronische Entzündung der Meibom-Drüsen des Augenlids])* kalazio
hageln *intr*: ***es hagelt*** *unpers* hajlas ◇ ***es hagelte Schläge*** hajlis batoj
Hagel|schaden *m* hajlodamaĝo; **~[schaden]-versicherung** *f* asekuro kontraŭ hajlo; **~schauer** *m Met* hajloŝaŭro; **~schlag** *m* hajlobatado; *die durch Hagel verursachten Schäden* damaĝoj kaŭzitaj de hajlobatado
Hagen (*n*) *eine Stadt in NRW* Hageno
hager *Adj* malgrasa, senkarna (↑ *auch* ***dürr***)
Hagestolz *m* persista fraŭlo
Haggada[h] *f Rel (Teil des Talmuds, erbauliche Erläuterung der Bibel)* hagado
Haggai (*m*) *ein bibl. Prophet* Ĥagajo
Haggis *m Kochk (in Schafsmagen gegarte Innereien des Schafs)* hagiso <*ein schottisches Gericht*>
Haggiter *Pl* ↑ ***Chaggiter***
Hagia Sophia *f*, *auch* ***Sophienkirche*** *f eine Kirche in Istanbul, dem früheren Konstantinopel [heute: ein Museum]* [preĝejo] Sankta Sofia
Hagiograf *m*, *auch* ***Hagiograph*** *m Verfasser von Lebensbeschreibungen Heiliger* hagiografo
Hagiografie *f*, *auch* ***Hagiographie*** *f Lebensbeschreibung von Heiligen* hagiografio
hagiografisch, *auch* ***hagiographisch*** *Adj* hagiografia
Hagiolatrie *f Verehrung von Heiligen* hagiolatrio
haha! *Interj* ha ha!
Häher *m umg kurz für «Eichelhäher»* garolo (↑ *auch* ***Florida-Busch-***, ***Blau-***, ***Buschblau-***, ***Kiefern-***, ***Meisen-***, ***Pleske-***, ***Pracht-***, ***Rotkehl-***. ***Saxaul-***, ***Schmuck-***, ***Tannen-*** *u.* ***Unglückshäher***); **~kuckuck** *m* (Clamator glandarius) *Orn* tufkukolo *[Vorkommen: Mittelmeerraum u. Kleinasien]*
[1]**Hahn** *m Zool* [vir]koko; *Vogelmännchen* maskla birdo, masklo ◇ ***~ im Korbe sein*** esti la absoluta favorato (*bzw.* dorlotato); ***es kräht kein ~ danach*** pri tio krias neniu koko *(Zam)*, *nicht bildh auch* [poste] neniu demandos pri tio
[2]**Hahn** *m* ***a)*** *für Gas, Wasser u.a.* krano (↑ *auch* ***Fass-***, ***Schwenk-***, ***Zapf-*** *u.* ***Zweiwegehahn***); *Tech (Hahnventil)* kranvalvo; ***den ~ schließen*** (*od umg* ***ab-*** *od* ***zudrehen***) fermi la kranon; ***der ~ tropft*** la [akvo]krano gut[ad]as ***b)*** *an Handfeuerwaffen* ĉano; ***den ~ spannen*** streĉi la ĉanon
Hahnendorn *m Bot* ↑ ***Hahnensporn-Weißdorn***

Hahnenfuß *m, reg od pop* ***Butterblume*** *f* (*Gattung* Ranunculus) *Bot* ranunkolo, *pop* buterfloro (↑ *auch* ***Acker-***, ***Alpen-***, ***Bastard-***, ***Berg-***, ***Gift-***, ***Gletscher-***, ***Goldschopf-***, ***Salzwasser-***, ***Wald-***, ***Wasser-*** *u.* ***Zwerghahnenfuß***); ***brennender*** ~ (Ranunculus flammula) ruĝ-tiga ranunkolo; ***efeublättriger*** ~ *od* ***Efeuhahnenfuß*** *m* (Ranunculus hederaceus) hederfolia ranunkolo; ***eisenhutblättriger*** ~ (Ranunculus aconitifolius) akonitfolia ranunkolo; ***großer*** ~, *auch* ***Zungenhahnenfuß*** *m* (Ranunculus lingua) granda ranunkolo; ***knolliger*** ~ *od* ***Knollenhahnenfuß*** *m* (Ranunculus bulbosus) bulba ranunkolo; ***kriechender*** ~ (Ranunculus repens) rampa ranunkolo; ***platanenblättriger*** ~ (Ranunculus platanifolius) platanfolia ranunkolo; ***scharfer*** ~, *pop auch* ***Brennkraut*** *n* (Ranunculus acer [*od* acris]) akra ranunkolo; ***wolliger*** ~ (Ranunculus lanuginosus) lanuga ranunkolo

Hahnenfußartige *Pl* (*Ordnung* Ranunculales) *Bot* ranunkolaloj *Pl*

Hahnenfußgewächse *n/Pl*, *Fachspr auch* ***Ranunkulazeen*** *f/Pl Bot*: ***[Familie der]*** ~ (Ranunculaceae) ranunkolacoj *Pl*

Hahnen|kamm *m* kresto de [vir]koko; ~**kampf** *m* kokbatalo

Hahnenschrei *m* krio de koko, *auch* kokokrio, *(das Kikeriki)* kokeriko; ***beim ersten*** ~ ĉe la unua krio de [la] koko; *ganz früh am Morgen* ege frumatene

Hahnensporn *m* koka ergoto; *der Sporn des Kampfhahns* koksprono, ~**-Weißdorn** *m*, *auch* ***Hahnendorn*** *m* (Crataegus grus-galli) *Bot* koksprona kratago

Hahnium *n* (*Symbol* ***Ha***) *Chem* hanio

Hahnrei *m veraltet für «betrogener Ehemann»* kokrito, trompita edzo

Hahnventil *n*, *kurz* ***Hahn*** *m Tech* kranvalvo

Hai *m*, *umg [ungenau] oft* ***Haifisch*** *m Zool* ŝarko (↑ *auch* ***Blau-***, ***Dorn-***, ***Fuchs-***, ***Galapagos-***, ***Grönland-***, ***Hammer-***, ***Hunds-***, ***Katzen-***, ***Kragenhai***, ***Kurzflossen-Mako***, ***Lachs-***, ***Leoparden-***, ***Makrelen-***, ***Marder-***, ***Milch-***, ***Rau-***, ***Riesen-***, ***Riesenmaul-***, ***Schwarzspitzenriff-***, ***Sechskiemen-***, ***Stier-***, ***Tiger-***, ***Weiß-*** *u.* ***Zitronenhai***); ***dieses Gewässer ist voller*** ~***e*** tiu ĉi mar[part]o estas plena de ŝarkoj; ***[Unterklasse der]*** ~***e und Rochen*** *m/Pl* (Elasmobranchii) *Zool* elasmobrankoj *Pl*

Hai|angriff *m od* ~**attacke** *f* ŝark[o]atako, *auch* atako [fare] de ŝarko; ~**art** *f Zool* ŝarkospecio

Haida *Pl Ethn (sogen. Nordwestküsten-Indianer, die in den Küstenregionen von British Columbia/Kanada siedeln)* hajdaoj *Pl* *<die Haida sind bekannt für ihre eindrucksvollen Totempfähle>*

Haifa (*n*) *wichtigste Hafenstadt Israels* Hajfo

Haifisch *m Zool* ↑ ***Hai***

Haifisch|fang *m* ŝark[o]kaptado; ~**flosse** *m* ŝark[o]naĝilo; ~**flossensuppe** *f Kochk* ŝarknaĝila supo *od* supo el ŝarkonaĝiloj; ~**jagd** *f* ŝarkoĉasado; ~**leber** *f* ŝarkohepato

Haiforscher *m* ŝarkoesploristo

Haiku *n* (*Pl:* ***Haikai***) *Lit (jap. dreizeiliges reimloses Kurzgedicht)* hajko (↑ *auch* ***Tanka***)

Hain *m Gehölzgruppe, Boskett od (poet) Hag* bosko; *Wäldchen* arbareto; ~**ampfer** *m* (Rumex sanguensis) *Bot* sanga rumekso

Hainan (*n*) *eine südchinesische Insel* [insulo] Hajnano *[Hptst.: Haikou]*; ~**-Schopfgibbon** *m* (Nomascus hainanus) *Zool* hajnana gibono *[endemisches Vorkommen auf Hainan]* *<vom Aussterben bedrohte Art>*

Hainbuche *f*, *auch* ***Weißbuche*** *f*, *reg* ***Hagebuche*** *f* (*Gattung* Carpinus) *Bot* karpeno; ***gemeine*** ~ (Carpinus betulus) betula karpeno

hainbuchenblättrig *Adj Bot* karpenofolia

Hainfelsenblümchen *n* (Draba nemorosa) *Bot* arbara drabo

Haingilbweiderich *m Bot* ↑ ***Waldgilbweiderich***

Hainhahnenfuß *m Bot* ↑ ***Waldhahnenfuß***

Hainparadiesschnäpper *m Orn*: ***[asiatischer]*** ~ (Terpsiphone paradisi) paradiza muŝkaptulo

Hain|salat *m*, *auch* ***Stinkkohl*** *m* (Aposeris foetida) *Bot* malbonodora aposeriso; ~**salbei** *m* (Salvia nemorosa) *Bot* arbara salvio

Hainschneckling *m Mykologie* ↑ ***Waldschneckling***

Hainsimse *f* (*Gattung* Luzula) *Bot* luzulo (↑ *auch* ***Feld-*** *u.* ***Waldhainsimse***); ***behaarte*** ~ (Luzula pilosa) solflora luzulo; ***vielblütige*** ~ (Luzula multiflora) multflora luzulo; ***weiße*** ~ (Luzula albida) blanka luzulo

Hain|sternmiere *f* (Stellaria nemorum) arbara stelario; ~**veilchen** *n* (Viola riviniana) *Bot* arbara violo; ~**wachtelweizen** *m* (Melampyrum nemorosum) *Bot* oranĝviola melampiro

Haiphong (*n*) *bedeutendste Hafenstadt im Norden Vietnams* Hajfongo

Haischuppen *f/Pl* ŝarkoskvamoj *Pl*

Haiti (*n*) *ein Staat in Mittelamerika [im Westen der Antilleninsel Hispaniola]* Haitio *[Hptst.: Port-au-Prince]*

Haitianer *m, auch* ***Haitier*** haitiano

Haitianerin *f* haitianino

haitianisch, *auch* ***haitisch*** *Adj* haitia

Hakama *m schwarzer Hosenrock beim Aikido u. Kendo* hakamo

Häkchen *n* ***a)*** *reg* ***Heftel*** *n kleiner Haken* hoketo ***b)*** *umg für «diakritisches Zeichen»* subhoko (↑ *auch* ***Apostroph***); ***ein c mit einem ~*** (= ***ç***) co subhoko, *auch* co cedilo ◇ ***früh krümmt sich, was ein ~ werden will*** en infano vidiĝas, kia homo fariĝas *(Zam)*

Häkelarbeit *f, auch* ***Häkelei*** *f gehäkelter Gegenstand* kroĉetaĵo, *auch* kroĉtrikaĵo

[1]**Häkelei** *f: meist Pl ~****en*** *Neckereien, bes. zw. Partnern* [bonintencaj] malpacetoj *Pl*

[2]**Häkelei** *f* ↑ ***Häkelarbeit***

Häkel|gabel *f* kroĉetforko; ~**garn** *n* fadeno por kroĉetado

häkeln *tr* kroĉeti, *auch* kroĉtriki

Häkeln *n* kroĉetado

Häkelnadel *f* kroĉetilo, *auch* kroĉtrikilo (*vgl. dazu* ***Zungennadel***)

Haken *m* ***a)*** hoko *auch übertr* (↑ *auch* ***Angel-, Boots-, Doppel-, Eisen-, Karabiner-, Knet-, Kran-, Schür-, Wand-, Wider-*** *u.* ***Wundhaken***); *Aufhänge~* kroĉilo, pendhoko; *Kleider~* vesthoko; *Angel~* [fiŝ]hoko; *als Gegenstück zur Öse* hok[et]o; ***etw. mit einem ~ [zu sich] heranziehen*** altiri ion [al si] per hoko; ***etw. mit einem ~ fassen*** (*od* ***packen*** *bzw.* ***festhalten***) preni ion per hoko, hoki (*od auch* ekhoki) ion; ***die (seine) Jacke an den ~ hängen*** pendigi la (sian) jakon sur hoko; ***~ schlagen*** iri (*bzw.* kuri) zigzage ***b)*** *beim Boxen* hoko (↑ *auch* ***Aufwärts-*** *u.* ***Seitwärtshaken***); ***ein rechter ~*** dekstr[aman]a hoko ***c)*** *[verborgene] Schwierigkeit* hiko, *auch* nodo; *i.w.S. auch* malfacilaĵo, malhelp[aĵ]o; ***wo ist der ~ bei der Sache?*** kie estas la hiko en la afero?; ***die Sache hat einen ~*** estas tubero en la afero *(Zam)*

Hakenbüchse *f Militärgeschichte* ↑ ***Arkebuse*** *u.* ***Donnerbüchse***

hakenförmig *Adj* hok[o]forma

Haken|gimpel *m* (Pinicola enucleator) *Orn (ein Finkenvogel)* pinikolo *[Vorkommen: in Nadelwäldern des nördl. Eurasien u. Amerika]* <*gelegentlich Wintergast in Mitteleuropa*>; ~**käfer** *m* (*Gattung* Dryops) *Ent* driopo; ~**kette** *f Tech* hokmaŝa ĉeno; ~***kiefer*** *f, auch* ***Spirke*** *f* (Pinus uncinata) *Bot* hoka pino *[eine bes. in den Westalpen vorkommende Kiefernart]*; ~**kreuz** *n* *1. Buddhismus (ein altes Glückszeichen)* (*vgl. dazu* ***Swastika***) *2. Nazismus (Hoheitszeichen während des III. Reiches)* svastiko; ~**lilie** *f* (*Gattung* Crinum) *Bot* krinumo; ~**nase** *f* hok[form]a nazo; ~**pflug** *m Landw* hokplugilo <*primitivste Form des Pfluges, bekannt seit der Jungsteinzeit; heute noch in Entwicklungsländern*>; ~**pinzette** *f Chir* erinjo (*vgl. dazu* ***Wundhaken***); ~**schnabel** *m* hokforma beko; ~**stange** *f* hokstango; ~**wurm** *m, auch* ***Grubenwurm*** *m* (*Gattung* Ankylostoma) *Zool u. Parasitologie* ankilostomo

Hakenwurmkrankheit *f* ↑ ***Ankylostomiasis***

hakig *Adj* hoka (↑ *auch* ***hakenförmig***)

Hakka *Pl Ethn (ein Volksstamm in SO-China)* hakkoj *Pl*; ~**-Dialekt** *m Ling (ein südchin. u. teilweise auch in Taiwan u. auf Hainan gesprochener Dialekt)* hakka dialekto

Hakodate (*n*) *jap. Hafenstadt am Südende der Insel Hokkaido* Hakodato

Halacha *f aus der Bibel abgeleitete verbindliche Auslegung der Thora* halaĥo

halachisch *Adj 1. die Halacha betreffend 2. der Halacha gemäß* halaĥa, laŭ la halaĥo

halal *Adj Islam (gesetzlich erlaubt)* halala (*vgl. dazu* ***haram***)

Halal *m* (*Pl:* ***Halalah***) *kleinste Währungseinheit in Saudi-Arabien* halalo

Halali *n Hornsignal am Ende der Jagd* halal[i]o

halb 1. *Adj* duona; ***ein ~er Liter*** duona litro; ***jeden ~en Monat*** ĉiun duonan monaton; ***eine ~e Million*** duona miliono; ***~e Note*** *Mus* duona noto *od* duonnoto; ***für den ~en Preis*** por la duona prezo; ***in einer ~en Stunde*** *Dauer* en [daŭro de] duona horo; *späterer Zeitpunkt* post duona horo; ***ein und eine ~e Stunde*** unu horo kaj duona; ***nur ~e Tage arbeiten*** *umg* labori nur kvar horojn potage; ***sich auf ~em Wege treffen*** renkontiĝi meze de la vojo, iri renkonte al iu *letzteres bes. übertr* **2.** *Adv* duone; ***~ und ~*** *je zur Hälfte* po duono; ***~ gar*** *Kochk* duone kuirita; ***~ leer*** [nur] duone plena, *umg auch für «fast leer»* preskaŭ malplena; ***~ liegen, ~ sitzen*** duonkuŝi; ***~ nackt*** duonnuda *od* duone nuda; ~ ***offen*** duone malferma (*od* aperta); ~ ***offiziell*** duonoficiala *od* duone oficiala; ~ ***so viel wie ...*** *(nominativisch)* nur [la] duono de..., *(akkusativisch)* nur [la] duonon de ...; ~ ***tot*** duone morta *od* duonmorta, preskaŭ mortinta (*od* senviva); ***er hat sich ~ tot gelacht*** li ridadis tiel, ke al li preskaŭ krevis la ventro; ~ ***verrückt*** duone freneza *od* duonfreneza; ~ ***voll*** duone plena *od* duonplena; *[nur] halb gefüllt* [nur] duone plenigita; ~ ***wahr*** *Adj* duone vera *od* duonvera ◇ ***der Lärm macht mich ~ krank*** la bruo preskaŭ frenezigas min; ***halbe-halbe machen*** *den Gewinn teilen* duonigi la gajnon (*od* profiton)

Halbachse *f Geom* duonakso; ~ ***einer Ellipse*** duonakso de elipso

Halbaffen *m/Pl Zool*: ***[Unterordnung der] ~*** *Pl* (Prosimii) duonsimioj *Pl* (*vgl. dazu* ***Galago***, ***Indri***, ***Koboldmaki***, ***²Lori***, ***²Lemure***)

Halbaffix *n* (*Syn*: ***Affixoid***) *Ling (an den Wortstamm tretendes Morphem in Form eines Präfixoids od Suffixoids)* duonafikso

halbamtlich *Adj* duonoficiala; ***aus ~er Quelle*** el duonoficiala fonto

Halbärmel *m* ↑ *unter* ***Ärmel***

Halbautomat *m* duonaŭtomato, duonaŭtomata aparato (*bzw.* maŝino)

halbautomatisch **1.** *Adj* duonaŭtomata **2.** *Adv* duonaŭtomate

Halb|bildung *f* pseŭdoklereco; **~blindheit** *f Med* duonblindeco, <*wiss*> hemiamaŭrozo (*vgl. dazu* ***Halbseitenblindheit***); **~blut** *n Mischling zw. Indianern u. Weißen* mestizo; *zw. Weißen u. Negriden* mulato

Halbbogen *m Typ* ↑ ***Folioblatt***

Halbbogengröße *f Typ* ↑ ***Folioformat***

Halb|bruder *m* duonfrato, *auch* sampatra (*bzw.* sampatrina) frato; **~deckflügel** *m/Pl*, *Fachspr* ***Hemielytren*** *Pl bei Ungleichflüglern [Heteroptera], z.B. Wanzen* duonelitroj *Pl* (*vgl. dazu* ***Elytren***); **~dunkel** *n* duonlumo; *Dämmerung* krepusko

halbdurchlässig *Adj Biol, Chem (halbdurchlässig, z.B. von Membranen)* semipermeabla

Halb|ebene *f Geom* duonebeno; **~edelstein** *m* semijuvelŝtono

halber *Präp* pro (↑ *auch* ***wegen***); ***der Ehre ~*** pro la honoro; ***der Vorsicht ~*** pro singardo; *sicherheitshalber* pro kaŭzoj de sekureco

Halbesel *m Zool*: ***persischer ~*** ↑ ***Onager*** (↑ *auch* ***Kiang*** *u.* ***Kulan***)

Halbfabrikat *n* ↑ ***Halbfertigfabrikat***

Halbfaulschlamm *m* ↑ ***Gyttja***

halbfertig, *auch* ***halb fertig*** *Adj* duone preta; *auf Produkte bezogen* duonproduktita

Halb|[fertig]fabrikat *n* duonprodukto *od* duonfabrikaĵo, *auch* duonpreta produkto; **~fertigware** *f* duonpreta varo

halbfett *Adj* duongrasa *auch Typ*

Halbfettkäse *m Nahr* duongrasa fromaĝo

halbfeudalistisch *Adj* duonfeŭdisma

Halb|finale *n*, *auch* ***Semifinale*** *n*,<*schweiz*> ***Halb-*** *od* ***Semifinal*** *m Sport* duonfinalo; **~finalist** *m*, *auch* ***Semifinalist*** *m* duonfinalisto; **~flächner** *m*, *auch* ***Hemieder*** *m Kristallografie (Kristall, der nur halb so viele Flächen aufweist, wie in seinem Kristallsystem möglich sind)* duonedro, *auch* hemiedro; **~flügler** (*Ordnung* Hemiptera), *i.w.S. auch* ***Schnabelkerfe*** *m/Pl Ent* hemipteroj *Pl* <*hierzu zählen u.a. die Unterordnungen der Pflanzenläuse, der Zikaden u. der Wanzen*>; **~franzband** *m Buchbinderei* duone leda bindaĵo *od* leda duonbindaĵo; **~gamasche** *f* duongamaŝo; **~gefrorene** *n Parfait* parfeo; **~gerade** *f Geom* duonrekto; **~geschoss** *n*, *auch* ***Mezzanin*** *n Arch (niedriges Zwischengeschoss [bes. in der Baukunst der Renaissance u. des Barocks])* interetaĝo; **~geschwister** *Pl* duongefratoj *Pl*; **~glatze** *f* duone kalva kapo; **~gott** *n* duondio; *übertr auch* kvazaŭdio

Halbheit *f etw. Unvollkommenes* neperfektaĵo; *Unentschlossenheit* sendecideco

halbherzig *Adj* neentuziasma; *i.w.S. im Zweifel seiend* hezitanta

halbieren *tr in zwei Hälften teilen* duonigi

Halbierung *f Zweiteilung (das Halbieren)* duonigo; *(das Sichhalbieren)* duoniĝo

Halbierungsebene *f Geom* ↑ ***Symmetrieebene***

Halbinsel *f* duoninsulo; ***die Arabische*** (***Malaiische***) ~ la Araba (Malaja) Duoninsulo

halbinselförmig *Adj* en formo de duoninsulo *nachgest*

Halb|invalide *m* duoninvalido; **~jahr** *n* (*Abk* ***Halbj.***) duonjaro; *Studienhalbjahr* semestro; **~jahresschrift** *f Ztgsw* duonjara revuo (*od* gazeto)

halb|jährig *Adj Dauer* duonjara; **~jährlich** **1.** *Adj* ĉiuduonjara; *zweimal im Jahr [stattfindend]* [okazanta] dufoje en la jaro **2.** *Adv* ĉiun duonjaron *od* ĉiuduonjare

Halb|kanton *m z.B. Basel-Stadt, Basel-Land*

duonkantono; ~**kolonie** *f* duonkolonio
Halbkreis *m Halbkreislinie od Halbkreisscheibe* duoncirklo; ***einen ~ bilden*** formi duoncirklon
halbkreisförmig, <*wiss*> ***semicircularis*** **1.** *Adj* duoncirkla, *auch* semicirkla, *nachgest auch* en formo de duoncirklo **2.** *Adv* duoncirkle, *auch* semicirkle
Halbkugel *f* duonglobo, *bes. Geogr* hemisfero (↑ *auch* ***Südhalbkugel***); ***auf der nördlichen ~*** en la norda hemisfero
halbkugelförmig *od* **halbkugelig** *Adj* duongloba, hemisfera
Halbkuppel *f Arch* duonkupolo
Halbkutsche *f* ↑ *unter* ***Kutsche***
halb|lang *Adj* mezlonga *auch Vokal*; ~**laut** *Adj* duonforta, duonvoĉa
Halbleineneinband *m Buchbinderei* tola duonbindaĵo
Halbleiter *m El* duonkonduktanto (↑ *auch* ***Störstellenhalbleiter***); ~**bauelement** *n* duonkonduktanta konstruelemento; ~**chip** *m* duonkonduktanta ĉipo; ~**detektor** *m in der Atom-, Kern- u. Teilchenphysik zunehmend eingesetztes Nachweisgerät für Teilchen od Protonen, die auf der Beeinflussung der Leitfähigkeit von Halbleiterbauteilen (meist Dioden) verschiedener Art beruhen* duonkonduktanta detektilo; ~**diode** *f* duonkonduktanta diodo
Halbleiterstromtor *n Elektronik* ↑ ***Thyristor***
Halbleitertechnik *f* duonkonduktanto-tekniko
Halbleiterthyratron *n Elektronik* ↑ ***Thyristor***
Halb|linke *m Fußball* mezmaldekstra avanulo; ~**marathon** *m Leichtathletik* duonmaratono; ~**maske** *f* duonmasko
halbmast *Adv als Zeichen der Trauer*: ***Flagge auf ~ hissen*** (*od* ***setzen***) hisi flagon mastomeze
Halbmesser *m Geom* radiuso
halbmonatlich *Adj* duonmonata
Halbmonatsschrift *f Ztgsw* duonmonata revuo (*od* gazeto)
Halbmond *m* duonluno; *Islam* lunarko; ***der Rote ~*** *islamische Organisation des Roten Kreuzes* la Ruĝa Lunarko
halbmondförmig *Adj* duonluna, *nachgest auch* en formo de duonluno
Halb|nomade *m* duonnomado; ~**nomadismus** *m* duonnomadismo
halbpart *Adv*: ***~ machen*** kontrakti duonigon [de la gajno *od* profito]
Halb|pension *f Unterkunft mit Frühstück u. einer weiteren Mahlzeit* [gast]prezo inkluzive de matenmanĝo kaj unu ĉefa manĝo; ~**periode** *f El, Phys* alternanco
Halbpräfix *n Ling* ↑ ***Präfixoid***
Halb|profil *n Tech* duonprofilo (*vgl. dazu* ***Profil***); ~**rechte** *m Fußball* mezdekstra avanulo; ~**ringschnäpper** *m* (Ficedula [albicollis] semitorquata) *Orn* duonkoluma muŝkaptulo
halbrund *Adj* duonronda
Halbrund *n* duonrondo; ~**feile** *f Handw* duonronda fajlilo; ~**schraube** *f Handw* ŝraŭbo kun duonronda kapo
Halbsamt *m Textil* ↑ ***Felbel***
Halbschatten *m* duon-ombro
halbschattig *Adj* duon-ombra
Halbscherenstromabnehmer *m* ↑ ***Einholmstromabnehmer***
Halbschlaf *m* duondormo; ***im ~ sein*** (*od* ***liegen***) esti duone dormanta, duondormi
Halb|schluss *m Mus* dominanta kadenco (*vgl. dazu* ***Kadenz***); ~**schranke** *f Eisenb* duonbariero; ~**schuh** *m* duonŝuo; ~**schwester** *f* duonfratino, *i.e.S.* sampatra (*bzw.* sampatrina) fratino; ~**seide** *f Textil* duonsilko
Halbseitenblindheit *f*, <*wiss*> ***Hemianopsie*** *f Med (Ausfall des halben Gesichtsfeldes [z.B. beider Schläfenseiten])* hemianopsio (*vgl. dazu* ***Halbblindheit***)
Halbseitenkontraktion *f Med* ↑ ***Hemisystolie***
Halbseiten|lähmung *f*, <*wiss*> ***Hemiplegie*** *f Med* hemiplegio; ~**schmerz** *m*, <*wiss*> ***Hemialgie*** *f Med* hemialgio
halbseitig 1. *Adj* ***a)*** *in Zus:* ***~er Kopfschmerz*** *od* ***Halbseitenkopfschmerz*** *m*, <*wiss*> Hemikranie *f Med* hemikranio (↑ *auch* ***Migräne***) ***b)*** *eine halbe Buch- od Zeitungsseite umfassend* duonpaĝa **2.** *Adv*: ***ein ~ Gelähmter*** *Med* hemiplegiulo
Halbsichtigkeit *f* = ***Halbseitenblindheit***
Halb|staffel *f Luftwaffe* sekcio [de eskadro] (*vgl. dazu* ***Staffel***); ~**starke** *m* duonkreskulo; *rowdyhafter Jugendlicher* huligano; ~**stiefel** *m* duonboto; ~**strumpf** *m* duonŝtrumpo (↑ *auch* ***Socke***)
halb|stündig *Adj Dauer* duonhora; ~**stündlich** *Adv* ĉiun duonan horon, ĉiuduonhore; ~**tägig** *Adj* duontaga
halbtags *Adv*: ***~ arbeiten*** labori duontage
Halbtags|arbeit *od* ~**beschäftigung** *f*, *umg*

auch ***Halbtagsjob*** *m* duontaga laboro (*od* okupo)
Halbton *m Mus* duontono
halbtrocken, *auch franz.* ***demi-sec*** *Adj Sekt, Wein* duonseka
Halbvokal *m Phon* duonvokalo, semivokalo
halbwahr *Adj nur bedingt wahr* duonvera *od* duone vera
Halb|wahrheiten *f/Pl* duonver[aĵ]oj *Pl*; **~-waise** *f* senpatrina (*bzw.* senpatra) infano
halbwegs *Adv* ***a)*** *auf halbem Wege* duonvoje ***b)*** *einigermaßen* certagrade; *recht, ziemlich* sufiĉe; *annehmbar* akcepteble, *fam* iel-tiel, duone malbone
Halbwelt *f* demimondo *od* duonmondumo
Halbweltdame *f* ↑ ***Kokotte***
Halbwert[s]zeit *f* (*Abk Fachspr* ***HWZ***) *Kernphysik, Med, Pharm* duoniĝa tempo *od* duoniĝotempo, *auch* tempo de duonvaloro
halbwöchentlich *Adj* duonsemajna
Halbwolle *f Textil* duonlano
halbwüchsig *Adj* duonkreskinta
Halb|wüste *f Geogr* duondezerto; **~wüstensteppe** *f* duondezerta stepo
Halbzeit *f*, <*schweiz*> ***Half-Time*** *f Sport, bes. Fußball* ludoduono, duontempo; **~pause** *f* ludoduona paŭzo
Halbzug *m Mil* sekcio (↑ *auch* ***Halbstaffel*** *u.* ***Infanteriezug***)
Halde *f* ***a)*** *Steilseite eines Berges* deklivo [de monto] ***b)*** *Bergb* ŝutmonto [de mineraloj *bzw.* rokaĵo], *(Kohlen*≗*)* ŝutmonto de karbo (↑ *auch* ***Schlackenhalde***) ***c)*** *Müll*≗ rubodeponejo
Haldenhuhn *n*, *auch* ***Lerwahuhn*** *n* (Lerwa lerwa) *Orn* neĝoperdriko *[Vorkommen: Himalaja-Region, Tibet u. in einigen Hochgebirgen Chinas]*
Haléř *m*, *dt.* ***Heller*** *m Untereinheit der tschech. u. slowakischen Krone* helero
Halfagras *n Bot* ↑ ***Alfagras***
Hälfte *f* duono; ***auf der anderen ~ der Erde*** en la alia hemisfero; ***zur ~*** *Adv halb* duone ◇ ***meine bessere ~*** *scherzh für «meine Ehefrau»* mia pli bona duono *(Zam)*
Halfter *m od n leichtes Zaumzeug zum Anbinden, Halten, Führen von Pferden* kolbrido, *auch* duonbrido, brido sen mordaĵo
Half-Time *f Fußball* ↑ ***Halbzeit***
Halifax (*n*) *Hptst. der kanadischen Provinz Nova Scotia* Halifakso
Halikarnassos (*n*) *Antike (eine Stadt an der SW-Küste Kleinasiens)* Halikarnaso
Halina (*f*) *poln. weibl. Vorname* Halina
Halit *m Min* ↑ ***Steinsalz***
Halitosis *f Med* ↑ ***Mundgeruch***
Hall *m* eĥo
Halland (*n*) *eine südschwedische Provinz am Kattegat* Halando *[Hptst.: Halmstad]*
Halle *f* halo *auch Arch* (*vgl. dazu* ***Aula***; ↑ *auch* ***Ausstellungs-***, ***Bahnhofs-***, ***Fabrik-***, ***Fest-***, ***Fisch-***, ***Garderoben-***, ***Konzert-***, ***Markt-***, ***Messe-***, ***Montage-***, ***Säulen-***, ***Schiffbau-***, ***Tempel-***, ***Turn-***, ***Wandel-*** *u.* ***Wartehalle***); *auf dem Basar* [bazara] halo, foirhalo; *Eingangs*≗ enira halo; *Vor*≗ vestiblo; *Hotel*≗ hotela halo; *Flugzeug*≗ hangaro
Hall-Effekt *m El* efiko (*od auch* fenomeno) de Hall
halleluja! *Rel (lobet den Herrn!)* haleluja!
hallen *intr* eĥoiĝi, resoni (*vgl. dazu* ***schallen***)
Hallen|bad *n*, *auch* ***Hallenschwimmbad*** *n* enhala (*od* endoma) naĝejo; **~fußball** *m* enhala futbalo; **~handball** *m Sport* enhala manpilkado; **~hockey** *n Sport* enhala hokeo (↑ *auch* ***Feldhockey***)
Hallenschwimmbad *n* ↑ ***Hallenbad***
Hallenturnier *n Sport* enhala turniro
Halley (*m*) *Eig (englischer Astronom [1656-1742]* Halejo; **~-Komet** *od* **Halleyscher Komet** *m Astron* haleja kometo
Hallig *f kleine, nicht eingedeichte Insel im nordfriesischen Wattenmeer an der Nordseeküste Schleswig-Holsteins* haligo
Halligstorch *m Orn* ↑ ***Austernfischer***
Hallimasch *m* (Armillariella mellea), *reg* ***Honigpilz*** *m Mykologie* miel[kolor]a armilario; ***ringloser ~*** (Armillariella tabescens) senringa armilario
hallo! ***a)*** *Interj* halo!, *auch* ha-lo! *od* alo! *auch am Telefon* ***b)*** ↑ ***grüß dich!*** [*unter* ***grüßen***]
Halloumi *m ein halbfester Käse* halumo
Halloween [*hɛlo'wi:n*] *n (meist ohne Art): Tag vor Allerheiligen, der bes. in den USA gefeiert wird* halovino *(auch Großschr)*
Hall-Sonde *f El* haltrono
Hallstatt-Kultur *f Kulturepoche der älteren Eisenzeit in Mitteleuropa [7./6. Jh. v. Chr.]* halŝtata kulturo
Hallstein-Doktrin *f politisches Programm der BR Deutschland, das den Abbau diplomatischer Beziehungen zu Staaten, welche die DDR völkerrechtlich anerkannten, forderte [1955]* Hallstein-doktrino
Hallsturmvogel *m* (Macronectes halli) *Orn*

anserpetrelo

Halluzination *f Psych (eine krankhafte Form der Sinnestäuschung, die ohne Mitwirkung äußerer Reize zustande kommt)* halucino (*vgl. dazu* ***Sinnestäuschung*** *u.* ***Trugbild***); *~****en haben*** havi (*od* percepti) halucinojn, *auch* halucini

halluzinatorisch *Adj auf Sinnestäuschung beruhend* halucina

halluzinieren *intr u. abs* halucini

Halluzinogene *n/Pl Pharm (Rauschmittel, die die sinnliche Wahrnehmung verändern können [z.B. LSD u. Mescalin])* halucinogenoj *Pl*

Halluzinogenrausch *m* halucinogena toksiĝo

Halluzinose *f Med (bewusste [bes. optische] Wahrnehmungsstörung)* halucinozo

Halm *m* (Caulis) *Bot* tigo, *(von Gräsern)* kulmo (*vgl. dazu* ***Stängel***; ↑ *auch* ***Binsenhalm***); ***noch auf dem ~ stehen*** *Getreide* esti ankoraŭ nefalĉita

Halma *n, auch* ***Halmaspiel*** *n ein Brettspiel* halmo; ~**brett** *n* tabulo por halmo

Halmahera (*n*) *größte Insel der Molukken/Indonesien* Halmahero; ~**-Ralle** *f* (Habroptila wallacii) *eine flugunfähige Ralle [endemisch auf der indonesischen Molukkeninsel Halmahera]* halmahera ralo

Halmknoten *m Bot* nodo de tigo

Halmstad (*n*) *Hptst. der südschwedischen Provinz Halland* Halmstado

Halo *m Astron, Foto* ↑ ***²Hof***

Halobiom *n Biol (Lebensraum des Salzbodens)* halobiomo

Halochromie *f Chem (Farbvertiefung durch Salzbildung)* halokromio

halogen *Adj Salz bildend* halogena

Halogen *n Chem (Salzbildner)* halogeno; ~**-akne** *f Dermatologie* halogen-akneo

Halogenide *n/Pl Chem (Verbindungen aus einem Halogen u. einem chemischen Element [meist Metall])* halogenidoj *Pl* <*Salz einer Halogenwasserstoffsäure*> (↑ *auch* ***Borhalogenide*** *u.* ***Sylvin***)

Halogen|lampe *f* halogena lampo; ~**salz** *n, Fachspr* ***Haloid*** *n Chem* haloido; ~**wasserstoffsäuren** *f/Pl* haloid-acidoj, *auch* halogenhidrogenaj acidoj *Pl*

Halokline *f Ozeanografie (Übergangszone zw. Wasserschichten unterschiedlichen Salzgehalts)* haloklino

Halophyten *m/Pl, auch* ***Salzpflanzen*** *f/Pl Bot* halofitoj *Pl*, saloplantoj *od* salejaj plantoj *Pl*

Halostern *m Astron* halostelo, *auch* haloa stelo

¹Hals *m Anat* (Colium) kolo *auch einer Flasche od Kruke, auch der Violine* (↑ *auch* ***Flaschen-, Gänse-*** *u.* ***Zahnhals***); *Genick, Nacken* nuko; *Kehle* gorĝo; ***ein steifer ~*** *Med* rigida nuko; ***es im ~ haben*** *Med umg* havi malsanan gorĝon, havi inflamon en la gorĝo; ***sich jmdm. an den ~ werfen*** *od* ***jmdm. um den ~ fallen*** sin ĵeti al ies kolo; ***jmdn. am ~ fassen*** (*od* ***packen***) preni iun ĉe la kolo; ***sie warf beide Arme um seinen ~*** ŝi ĵetis ambaŭ brakojn ĉirkaŭ lian kolon ◇ ***~ über Kopf*** eksalte-senhalte, transkapiĝe; ***du wirst dir noch ~ und Beine brechen, wenn ...*** vi rompos al vi kruron kaj femuron, se ...; ***das hängt mir schon zum ~e heraus*** tio jam tedegas min; ***schaff mir diese Person vom ~e!*** forigu tiun personon de mi!; ***aus vollem ~ schreien*** krii el plena gorĝo *od* krii plengorĝe; ***er steckt bis an*** (*od* ***über***) ***den ~ in Schulden*** li sidas en ŝuldoj ĝis super la ŝultroj *(Zam)*, *i.w.S. auch* li preskaŭ dronas en ŝuldoj; ***jmdm. den ~ umdrehen*** fortordi al iu la kolon; ***einem Huhn den ~ umdrehen*** fortordi al kokino la kolon

²Hals *m Mar* ↑ ***Halse***

³Hals *m* (Cervix) *Anat (von Organen)* cerviko (↑ *auch* ***Blasen-*** *u.* ***Gebärmutterhals***)

Hals|abschneider *m* gorĝotranĉisto; *übertr (Vampir)* vampiro, *(Wucherer)* uzuristo; ~**ausschnitt** *m am Kleid* dekoltaĵo

Halsband *n* ĉirkaŭkolaĵo (*vgl. dazu* ***Halsring***; ↑ *auch* ***Hundehalsband***); ~**drossel** *f* (Zoothera naevia = Ixoreus naevius) *Orn* bludorsa turdo; ~**eule** *f, auch* ***Hinduhalsbandeule*** *f* (Otus bakkamoena) *Orn* koluma orelstrigo; ~**[fliegen]schnäpper** *m* (Ficedula albicollis) *Orn* blankkola muŝkaptulo; ~**frankolin** *m* (Francolinus francolinus) *Orn* [nigra] frankolino *[Vorkommen: Zypern, SO-Türkei, Iran bis NO-Indien]*; ~**-lemming** *m* (Dicrostonyx torquatus) *Zool* koluma lemingo *[Vorkommen: Nordamerika, Asien]*; ~**liest** *m* (Halcyon chloris) *Orn* mangla alciono; ~**maki** *m* (Eulemur collaris) *Zool* koluma lemuro; ~**pekari** *n* (Tayassu tajacu = Dicotyles torquatus) *Zool* kolrubanda pekario

Halsbandsäger *m Orn* ↑ ***Mittelsäger***

Halsbandschnäpper *m Orn* ↑ ***Halsbandflie-***

genschnäpper

Halsbandsittich *m* (*auch* ***kleiner Alexandersittich*** *gwnannt*) (Psittacula krameri) *Orn* kolumpsitako

Halsbandwassertreter *m Orn* ↑ ***Odinshühnchen***

Halsbräune *f Med* ↑ ***Diphtherie***

halsbrecherisch *Adj* kolrompa *od* kaprompa; *waghalsig, zu viel riskierend* troriskema

Hälschen *n kleiner bzw. zarter Hals* koleto

Halse *f Mar (Haltetau des Segels)* halso; ***die ~n*** *Pl* ***[eines Segels] anholen*** halsi velon

Halsentzündung *f Med* inflamo en la gorĝo; *i.e.S. (Kehlkopfentzündung)* laringito, *(Rachenentzündung)* faringito (↑ *auch* ***Angina***); ***syphilitische*** ~ sifilisa angino

Hälsingland (*n*) *eine historische Landschaft in Nordschweden [am Bottnischen Meerbusen]* Helsinglando

Hals|kette *f* kolĉeno; **~kragen** *m* kolumo; **~krause** *f* ***a)*** *Mode* [ĉirkaŭkola] krispo (*vgl. dazu* ***Jabot***) ***b)*** *fachsprachl.* ***Cervikalstütze*** *f Med, Orthopädie (ein zirkulärer Halsverband zur Entlastung der Halswirbelsäule)* cervika kolumo ***c)*** *auch* ***Schutzkragen*** *m Vet (eine Vorrichtung zur Vermeidung des Wundleckens in der Tiermedizin)* veterinara kolumo; **~muskeln** *m/ Pl Anat* kolaj muskoloj *Pl*

Hals-Nasen-Ohren|-Arzt *m* (*Abk* ***HNO-Arzt***) specialisto pri la malsanoj de orelo, nazo kaj laringo, otorinolaringologo; **~-Heilkunde** *f, Fachspr* ***Otorhinolaryngologie*** *f* otorinolaringologio

Hals|riemen *m des Geschirrs* kolrimeno; **~ring** *m* kolringo; **~schild** *m Ent (z.B. von Maikäfern)* kolŝildo (↑ *auch* ***Pronotum***); **~schlagader** *f* (Arteria cervicales) *Anat* kola arterio, <*wiss*> karotido; **~schmerzen** *m/Pl od* **~weh** *n* gorĝodoloro(j); **~schmuck** *m* ĉirkaŭkola ornamaĵo

halsstarrig *Adj* obstina, malcedema, *bildh auch* malmolnuka (↑ *auch* ***trotzig***)

Hals|starrigkeit *f* obstin[ec]o, malcedemo; **~steifigkeit** *f Med* rigida nuko

Halstuch *n* koltuko (*vgl. dazu* ***Schal***); ***seidenes*** (***kunstseidenes***) ~ silka (artsilka) koltuko, *[für beide auch:]* fulardo

Hals- und Beinbruch! *umg* bonŝancon! *od* prosperon!

Halsvagus *m Anat* cervika vaga nervo (*vgl. dazu* ***Vagus***)

Halsweh *n* ↑ ***Halsschmerzen***

Halswirbel *m* (Vertebra cervicalis) *Anat* kola vertebro; ***oberster*** ~ atlaso (↑ *auch* ***³Atlas***); ***zweiter*** ~ ↑ ***Axis***

Halswirbelsäule *f* (*Abk* ***HWS***) *Anat* kola (*od* nuka) vertebraro

halt! *Ausruf* haltu! *auch Mil,* stop! *auch Verk; genug!* sufiĉas!

Halt *m* ***a)*** *Anhalten* halto (↑ *auch* ***Nothalt***); *[kleine] Rast* ripoz[et]o (*vgl. dazu* ***Pause***); ~ ***machen*** halti (***in*** en; ***vor*** antaŭ); ***ohne*** ~ *Adv* senhalte ***b)*** *Stütze* apogo, subteno; *sicherer Stand (Halt für die Füße)* piedoteno; ***den*** ~ ***verlieren*** perdi la piedotenon *auch übertr* ***c)*** *Festigkeit* firmeco; *innere Festigkeit* fortikeco

haltbar *Adj dauerhaft* solida; *fest, kernig, robust* fortika; *Nahrung* konservebla; ~ ***machen*** *Lebensmittel* konservi; ***dieser Zustand ist nicht*** ~ oni devas ŝanĝi (*bzw.* korekti) ĉi tiun staton

Haltbarkeit *f* solideco; fortikeco; konservebło

Haltbarmachung *f* ↑ ***Konservierung a)***

Haltbarmilch *f Nahr* ↑ ***H-Milch***

Halteband *n Anat* ↑ ***Retinaculum***

Halte|bolzen *m als Verschraubung* kuniga bolto; **~eisen** *n für das zu bearbeitende Holzstück (Handw, bes. Drechselei)* varleto, *auch* ten-peco; **~griff** *od* **~gurt** *m z.B. in Bussen od U-Bahnen* brakrimeno; *allg* tenilo *od* anso [por la mano(j)]

halten ***a)*** *tr* teni, *(festhalten) auch* firme teni *od* firmteni; *stützen* apogi, *unterstützen* subteni; *zurückhalten* reteni; *Tiere, Vieh* teni, *i.w.S. (züchten)* bredi; *einschätzen* kredi, opinii; *jmdn. fälschlich für [jmdn. anderen] halten* preni iun por ...; ***für so alt hätte ich ihn nicht gehalten*** mi ne kredis lin tiel maljuna; ***ich halte ihn für einen ehrlichen Menschen*** mi opinias lin honestulo; ***etw. in der Hand*** ~ teni ion en la mano, *auch* manteni ion; ***[sich] einen Hund*** ~ teni hundon; ***den Mund*** ~ *den Mund zumachen* teni la buŝon fermita; *schweigen* silenti; ***seinen Nachmittagsschlaf*** ~ fari sieston (*od* posttagmanĝan dormeton); ***eine Rede*** ~ fari paroladon; ***eine Grabrede*** (*od* ***Trauerrede***) ~ fari funebran paroladon; ***den Takt*** ~ *Mus* ludi (*bzw.* kanti) laŭtakte; ***zu jmdm. die Treue*** ~ teni fidelecon al iu; ***den Urin nicht*** ~ ***können*** ne povi reteni la urinon (*vgl. dazu* ***Inkontinenz***); ***sein Versprechen*** ~ plenumi sian promeson; ***Wache*** ~ gardostari, *Mar* *auch* vaĉi; ***etw. warm*** ~ teni ion varma; ***eine Zeitung [im Abonnement]*** ~ aboni gazeton (*od* ĵurnalon) ***b)*** *intr* halti *auch Verk* (↑ *auch* ***anhalten*** *u.* ***innehalten***); ~ ***Sie mal!*** *halten Sie mal an!* bonvolu halti [por momento]!; ***viel auf jmdn.*** ~ alte ŝati iun; ***sich*** ~ sin teni (***an*** al); *nicht verderben* [bone] konserviĝi, resti en bona stato; ***sich an etw.*** ~ *auch übertr* sin teni je io; ***sich an die Anweisungen*** (*od* ***Instruktionen***) ~ sin direkti laŭ la instrukcioj; ***sich gegenseitig an*** (*od* ***bei***) ***der Hand*** ~ teni sin reciproke je la manoj *(Zam)*; ***sich an jmdn.*** ~ sin teni al (*od* je) iu, sin apogi al iu; *übertr (Vertrauen in jmdn. haben)* fidi al iu, *(bei jmdm. bleiben)* resti ĉe iu; ***sich an die Wahrheit*** ~ sin teni je la vero *(Zam)*; ***sie konnte sich nicht mehr auf den Beinen*** ~ ŝi ne povis plu teni sin sur la piedoj *(Zam)*; ***sie hat sich gut gehalten*** *sie sieht auch heute noch gut aus* ŝi aspektas ankoraŭ nun bela; ***diese Mode wird sich nicht lange*** ~ tiu ĉi modo ne daŭros longe; ***an sich*** ~ *sich zurückhalten* reteni sin; *seine Emotionen (seinen Zorn zurückhalten)* reteni siajn emociojn (sian koleron); *sich zügeln* bridi sin; ***ihre Illusionen hielten sich nicht lange*** ŝiaj iluzioj ne teniĝis longe; ***sich rechts*** ~ iri (*bzw.* veturi) dekstre; *mit Richtung nach rechts* iri (*bzw.* veturi) dekstren; ***was*** ~ ***Sie davon?*** kion vi opinias pri tio (*od* pri tiu afero)?; ***was*** ~ ***Sie von meinem Vorhaben?*** kion vi pensas pri mia projekto?

Halten *n* ten[ad]o; ***das*** ~ ***des Tons*** *Mus* la tenado de la [sama] tono

Halte|platz *m Droschken*≗ fiakra stacio; ~**-punkt** *m Eisenb* eksterstacia haltejo (*vgl. dazu* ***Haltestelle***)

[1]**Halter** *m Griff, Stiel u. dgl.* tenilo [por la mano(j)], mantenilo; *Halterung* prenilo (*vgl. dazu* ***Haltegriff***); *Stütze* apogilo; *Feder*≗ plumingo

[2]**Halter** *m Besitzer* posedanto, *von Haus- od Nutztieren meist* tenanto (↑ *auch* ***Fahrzeug-***, ***Hunde-*** *u.* ***Tierhalter***)

[3]**Halter** *m Bot* ↑ ***Klebdrüse***

Haltere *f, auch* ***Schwingkölbchen*** *n Ent (der Zweiflügler)* haltero

Halterung *f Haltevorrichtung* prenilo

Haltesignal *n* haltsignalo

Haltestelle *f* haltejo (↑ *auch* ***Bedarfs-***, ***Bus-*** *u.* ***Endhaltestelle***); ***Sie müssen an der nächsten*** ~ ***aussteigen*** vi devas eliri la venontan haltejon (*od* ĉe la venonta haltejo)

Haltetau *n des Segels* halso (*vgl. dazu* ***Schot***); ~ ***für Rahsegel*** (*auch* ***Buline*** *genannt*) buleno

Halte|verbot *n Verk* malpermeso de halto; ~**zange** *f Chir, Stomatologie* pren-forcepso

Haltezeichen *n Mus* ↑ ***Fermate***

haltlos *Adj grundlos, unbegründet* senbaza, senfundamenta; *instabil* malstabila; *Mensch* morale malforta; *zügellos* senbrida (↑ *auch* ***entwurzelt***)

Haltlosigkeit *f Unbegründetheit* senbaz[it]eco; *Instabilität* malstabileco; morala malforteco; *Zügellosigkeit* senbrideco

Haltung *f* ***a)*** *Körper*≗ pozicio (↑ *auch* ***Sitzhaltung*** *u.* ***Stellung***); *bes. Foto, Mal (Pose)* pozo; *Einstellung, innere Haltung* sinteno; *Benehmen* konduto, *auch* manieroj *Pl*; *Standpunkt* vidpunkto, *i.w.S. (Meinung)* opinio; ***drohende*** (***feste***, ***unnachgiebige***) ~ minac[ant]a (firma, necedema) sinteno; ***unsportliche*** ~ nesporteska sinteno; ***in majestätischer*** ~ en majesta pozo; ***in sitzender*** ~ en sida pozicio; ***eine solche*** ~ ***beweist, dass ...*** tia sinteno pruvas, ke ...; ***eine grundlegend andere*** ~ ***einnehmen*** *eine völlig andere Einstellung (zu etw.) haben* havi fundamente alian sintenon; ***wie ist Ihre*** ~ ***dazu?*** kiu estas via sinteno pri tio? ***b)*** *Ruhe* trankvilo; *Beherrschtheit* sinrego ***c)*** *Pflege u. Zucht von Tieren*: ***die*** ~ ***von Tieren*** tenado (*bzw. zur Zucht* bredado) de bestoj (↑ *auch* ***Käfig-*** *u.* ***Tierhaltung***)

Haltungsschwindel *m Med* pozici-vertiĝo

Halunke *m* fripono, kanajlo, fiulo

Halwa *n, auch* ***Halva*** *n* (*auch* ***türkischer Honig*** *genannt*), *arab.* ***Halāwa*** *ein süßes orientaliches Naschwerk* halvao (↑ *auch* ***Nuss-Halwa*** *u.* ***Sesam-Halwa***)

Ham *m Eig* ↑ ***Cham***

Häm *n der farbige Anteil des roten Blutfarbstoffes* hemo

Hama (*n*) *Hptst. der syrischen Provinz Hama [das biblische ‹Hamath› u. antike ‹Epiphania›]* Hamo

Hämachromatose *f Med* ↑ ***Melanämie***

Hamada *f Geogr* = ***Hammada***

Hamadan (*n*) *eine Stadt in Westiran [das antike Ekbatana]* Hamadano (*vgl. dazu* ***Ekbatana***)

Hamadryade *f griech. Myth (Baumnymphe, die mit dem Baum lebt und stirbt)* hamadriado

Hamam *m, auch n türkisches [Dampf-] Bad (im islamischen Bereich auch das Bad für die rituelle Waschung)* hamamo

Hamamelis *f, auch* ***Zaubernuss*** *f (Gattung* Hamamelis) hamamelido; ***japanische Zaubernuss*** (Hamamelis japonensis) japana hamamelido; ***virginische Zaubernuss*** *od* ***Virginia-Zaubernuss*** *f* (Hamamelis virginiana) virginia hamamelido *[Vorkommen: östliches Nordamerika]*

Hamamelis- *od* **Zaubernussgewächse** *n/Pl Bot:* ***[Familie der]*** ~ (Hamamelidaceae) hamamelidacoj *Pl*

Hamamelissalbe *f* hamamelida ungvento

Hämangiom *n Med* ↑ ***Blutgefäßgeschwulst***

[1]**Hamar** (*n*) *Hptst. der südnorwegischen Provinz Hedmark* Hamaro

[2]**Hamar** *Pl, auch* ***Amar*** *Pl Ethn (eine Bevölkerungsgruppe im SW Äthiopiens)* hamaroj *Pl*

Hamas *f Pol (radikale islamistische Widerstandsbewegung in Palästina)* hamaso *(auch Großschr)*

Hämatemesis *f Med* ↑ ***Blutbrechen***

Hamathiter *Pl* ↑ ***Chamatiter***

Hämatin *n, auch* ***Oxyhämin*** *n Biochemie (eiweißfreies, oxidiertes Spaltprodukt des Hämoglobins [eisenhaltiger Bestandteil des roten Blutfarbstoffs])* hematino

Hämatit *m, auch* ***Roteisenstein*** *m, reg auch* ***Blutstein*** *m Min* hematito

hämatogen *Adj Med Fachspr für «blutbildend»* hematogena

Hämatogenese *f Med Fachspr für «Blutbildung»* hematogenezo

Häm[at]ogramm *n Med (Zusammenstellung der Blutbefunde in Tabellenform)* hem[at]ogramo

Hämatokrit *m* (*fachsprachl. Abk* ***Hct*** *od* ***Hkt***) *Med (Anteil aller zellulären Bestandteile am Volumen des Blutes)* hematokrito; ~**bestimmung** *f im Labor* mezurado de hematokrito

Hämatologe *m Med* hematologo

Hämatologie *f Med (Wissenschaft vom Blut u. von den Blutkrankheiten)* hematologio

hämatologisch *Adj die Blutkrankheiten betreffend* hematologia

Hämatom *n Med* ↑ ***Bluterguss***

Hämatophobie *f Psych (krankhafte Angst beim Anblick von Blut)* hematofobio

Hämatopoese *f nur Fachspr Med u. Physiol (Blutbildung [insbes. Bildung der roten Blutkörperchen])* hematopoezo (*vgl. dazu* ***Blutbildung***)

Hämatose *f Physiol 1. auch* ***Blutoxygenation*** *f Sauerstoffaufnahme des Blutes 2. Umwandlung von venösem in arterielles Blut [in der Lunge]* hematozo

Hämatospektroskopie *f Labordiagnostik* hematospektroskopio

Hämatoxylin *n Med (in der Histologie zur Zellkernfärbung verwendeter Farbstoff aus dem Holz des südamerikanischen Blutholzbaumes)* hematoksilino

Hämatozele *f Med (geschwulstartige Ansammlung von geronnenem Blut in einer Körperhöhle, bes. in der Bauchhöhle [z.B. als Folge einer Verletzung])* hematocelo

Hämatozoon *n Med, Vet (tierischer Schmarotzer im Blut von Mensch od Tier)* hematozoo

Hämaturie *f Med* ↑ ***Blutharnen***

Hamburg (*n*) *größte dt. Hafenstadt* Hamburgo

[1]**Hamburger** *m Einwohner von Hamburg* hamburgano

[2]**Hamburger** *m, auch Kurzf* ***Burger*** *m flache Frikadelle im Brötchen* hamburg[e]ro (↑ *auch* ***Veggieburger***)

Hamburgerin *f* hamburganino

hamburgisch *Adj* hamburga

Hamdaniden *Pl: arabisch-islamische Fürstenfamilie in Obermesopotamien u. N-Syrien [905-1004], begründet von Hamdan Ibn Hamdun* hamdanidoj *Pl*

Häme *f Gehässigkeit* malico

Hameln (*n*) *eine Stadt an der Weser* Hameleno ◇ ***der Rattenfänger von*** ~ la ratkaptisto de Hameleno

Hamilkar (*m*) *Eig (Name karthagischer Feldherren)* Hamilkaro

[1]**Hamilton** (*n*) *1. Hptst. der Bermudainseln 2. eine Hafenstadt in Kanada [am Ontariosee] 3. eine Stadt in Neuseeland* Hamiltono

[2]**Hamilton** (*m*) *Eig (ein irischer Mathematiker u. Astronom [1805-1865])* Hamiltono; ~**funktion** *f* (*Formelzeichen* ***H***) *Math* hamiltona funkcio

Hamiltonsches Prinzip *n, auch* ***Prinzip der kleinsten Wirkung*** *Mechanik, Phys* hamiltona principo

hämisch 1. *Adj* malica, *(sardonisch)* sardona **2.** *Adv:* ~ ***grinsen*** malice rikani

Hamiten *m/Pl Ethn (Angehörige einer Völ-*

kergruppe in Afrika) ĥamidoj *Pl*

hamitisch *Adj* ĥamida; *~**e Sprachen** f/Pl Ling (Bez für einige nordafrik. Sprachen: Altägyptisch, Koptisch, die heute noch gesprochenen Berbersprachen in Algerien u. Marokko und die Kuschitensprachen in Äthiopien u. Somalia)* ĥamidaj lingvoj *Pl*

Hamlet (*m*) *Eig (1. legendärer Dänenprinz 2. Trauerspiel von Shakespeare u. dessen Titelfigur)* Hamleto

Hammada *f Geogr (zusammenfassende Bez für Fels- und Steinwüste [bes. in der nördl. Sahara])* hamado

Hammadiden *Pl berberische Dynastie im mittleren Maghreb [1015-1152], Seitenlinie der Ziriden* hamadidoj *Pl*

Hammamet (*n*), *arab.* ***Hammamāt*** *Stadt u. Seebad in NO-Tunesien* Hamameto; ***Golf von*** ~ Golfo de Hamameto

Hammel *m*, *<österr> u. reg* ***Schöps*** *m verschnittener Schafbock* kastrita virŝafo, *häufig kurz* ŝafo; *umg für «dummer Kerl»* stultulo; ~**braten** *m Kochk* ŝafrostaĵo; ~**fleisch** *n*, *<österr>* ***Schöpsenfleisch*** *od* ***Schöpserne*** *n* ŝafviando, *(als Gericht)* ŝafaĵo; ~**keule** *f Kochk* femuraĵo (*od* klabo) de ŝafo; ~**ragout** [*...ra'gu:*] *n Kochk* ŝafraguo; ~**rippchen** *n/Pl Kochk* ŝafripaĵo

Hammer *m **a)*** martelo; *Holz*~ ligna martelo; *doppelköpfiger Holz*~, *Schlägel des Tischlers* maleo; *Maurer*~ masonista martelo; *Schmiede*~ forĝista martelo (↑ *auch* ***Fall-***, ***Glaser-***, ***Niet-***, ***Perkussions-***, ***Pressluft-***, ***Schiefer-***, ***Spalt-***, ***Vorschlag-***, ***Wald-***, ***Ziegel-*** *u.* ***Zimmermannshammer***); ~ ***und Sichel*** *im Staatswappen der UdSSR* serpo kaj martelo; ***mit dem*** ~ ***schlagen*** bat[ad]i per [la] martelo ◇ ***unter den*** ~ ***kommen*** *versteigert werden* esti [devige] aŭkciata; ***zwischen*** ~ ***und Amboss sein*** (*od* ***liegen***) *von zwei Seiten her massiv angegriffen werden* esti inter martelo kaj amboso *(Zam)* ***b)*** *Sport (Eisenkugel an einem langen Draht mit Handgriff [zum Hammerwerfen])* martelo ***c)*** *Fachspr auch* ***Malleus*** *m Anat (eines der Gehörknöchelchen)* maleo

Hammerbahn *f Schlagfläche des Hammers* martelfaco (*vgl. dazu* ***Bahn e)***)

hämmerbar *Adj kalt hämmerbar* maleebla

Hämmerchen *n*, *auch* ***Hämmerlein*** *n kleiner Hammer* marteleto

Hammerfest (*n*) *eine Hafenstadt in N-Norwegen* Hamerfesto

Hammerfinne *f keilförmig zugespitzte Seite des Hammers* martelbeko

hammerförmig **1.** *Adj* maleoforma **2.** *Adv* maleoforme

Hammer|hai *m* (Zygaena malleus = Sphyrna zygaena) *Zool* maleoŝarko, *auch* martelŝarko, *<wiss>* zigeno; ~**huhn** *n* (Macrocephalon maleo) *Orn (ein Großfußhuhn, das nur in Zentral- u. Nord-Sulawesi/Indonesien auftritt)* maleobirdo; ~**klavier** *n Mus* prapiano, *auch* historia piano

Hammerkopf *m **a)*** martelkapo ***b)*** *Orn* (Scopus umbretta) martelbirdo *[Vorkommen: vom S-Sudan bis zum Kap]*; ~**schraube** *f* T-kapa bolto *od kurz* T-bolto [*to-...*]

Hammerkran *m Tech* martelforma gruo

Hämmerlein *n* ↑ ***Hämmerchen***

hammermäßig *Jugendspr für* ***großartig*** [↑ *dort*]

hämmern *tr, intr* martel[ad]i (***mit*** per); batadi per [la] martelo; *Metallurgie (kalt schmieden, strecken, z.B. Eisen)* malei; *Herz* fort[eg]e batadi

Hämmern *n* martelado

Hammer|schlag *m* martelbato; ~**stiel** *m* tenilo de martelo

Hammerstorch *m Orn =* ***Hammerkopf***

Hammer|strauch *m* (*Gattung* Cestrum) *Bot* cestro; ~**werfen** *n Sport (eine Wurfdisziplin in der Leichtathletik)* marteljetado; ~**werfer** *m Sportler* marteljetisto; ~**wurf** *m einzelner Wurf* marteljeto

Hammondorgel *f Mus (eine elektroakustische Orgel)* hamond-orgeno

Hammudiden *Pl*, *arab.* ***Banū Hammūd*** *islamisch-alidische Dynastie in N-Afrika u. Al-Andalus [1016-1058], Seitenlinie der Idrisiden* hamudidoj *Pl*

Hammurabi *od* **Hammurapi** (*m*) *Eig (ein babylonischer König [1728-1686 v. Chr.])* Hamurabo; ***Codex Hammurapi*** *akkadische Gesetzessammlung <zählt zu den ältesten der Welt>* Kodo de Hamurabo

Hämoblasten *m/Pl Biol* ↑ ***Stammzellen***

Hämoblastose *f nur Fachspr Med (Sammelbez. für «bösartige Erkrankungen der blutbildenden Organe»)* hemoblastozo

Hämochromatose *f*, *auch* ***Eisenspeicherkrankheit*** *f od* ***Siderophilie*** *f Med* hemokromatozo

Hämocyanin *n ein Blutfarbstoff der Gliederfüßer (z.B. Krebse)* hemocianino

Hämodialyse *f*, *umg* ***Blutwäsche*** *f Med*

hemodializo (*vgl. dazu* ***künstliche Niere*** [*unter* ***Niere***])

Hämodynamik *f Lehre von den physikalischen Grundlagen der Blutströmung* hemodinamiko

hämodynamisch *Adj die Bewegung des Blutes betreffend* hemodinamika

Hämoglobin *n* (*Abk* ***Hb***) *Biochemie, Med (Farbstoff der roten Blutkörperchen)* hemoglobino (↑ *auch* ***Oxyhämoglobin***)

Hämoglobinämie *f Med* hemoglobinemio

Hämoglobin|gehalt *m, Fachspr auch* ***Hb-Gehalt*** *m des Blutes* enhavo de hemoglobino [en la sango]; ~**konzentration** *f im Blut* hemoglobina koncentriĝo

Hämoglobinurie *f Med (Ausscheidung von Blutfarbstoff im Harn)* hemoglobinurio

Hämoglobinwert *m, Fachspr auch* ***Hb-Wert*** *m* hemoglobina nivelo *<gibt die Konzentration des roten Blutfarbstoffs im Blut an>*

Hämogramm *n Med* ↑ ***Hämatogramm***

Hämolymphe *f Biol (Blutflüssigkeit wirbelloser Tiere [Gliederfüßer und Weichtiere] mit offenem Blutgefäßsystem)* hemolimfo

Hämolyse *f fachsprachl. für «Auflösung der roten Blutzellen» z.B. bei hämolytischer Anämie* hemolizo, *auch* hematolizo; ~**zeichen** *n* signo de hemolizo

Hämolysine *n/Pl 1. im Blutserum gebildete Antikörper, die rote Blutzellen auflösen 2. Substanzen, die die Erythrozytenmembran schädigen [z.B. Streptolysine od bestimmte Schlangengifte]* hemolizinoj *Pl* (↑ *auch* ***Isohämolysine***)

hämolytisch *Adj* hemoliza: ***a)*** *mit Hämolyse verbunden* ***b)*** *roten Blutfarbstoff auflösend* ~***e Anämie*** *f* (Anaemia haematolitica) *Med* hemoliza anemio

Hämomyelogramm *n nur Fachspr Med (das aus einem Ausstrich von Knochenmarksubstanz gewonnene Blutbild)* hemomjelogramo

hämophil *Adj Med* hemofilia

Hämophilie *f Med* ↑ ***Bluterkrankheit***

Hämoptyse *f Med* ↑ ***Bluthusten***

Hämorrhagie *f Med* = ***Blutung***

hämorrhagisch *Adj*: ~***e Krankheiten*** *f/Pl z.B. Ebola u. Lassa-Fieber* hemoragiaj malsanoj *Pl*

hämorrhoidal *Adj* hemoroida

Hämorrhoiden *f/Pl, eindeutschend* ***Hämorriden*** *Med* hemoroidoj *Pl*; ***äußere*** (***innere***) ~ eksteraj (internaj) hemoroidoj; ***an*** ~ ***leiden*** suferi je hemoroidoj

Hämorrhoidenblutung *f* hemoroida sangado (*od fachsprachl.* hemoragio)

Hämostase *f nur fachsprachl. für «Blutgerinnung od physiologische Blutstillung»* hemostazo

Hämostatikum *n, fachsprachl. für* ***blutstillendes Mittel*** *n Med, Pharm* hemostaza medikamento

hämostatisch ↑ ***blutstillend***

Hämozyten *m/Pl nur fachsprachl. für «zelluläre Bestandteile des Bluts»* hemocitoj *Pl*

Hampelmann *m* baraktulo (*vgl. dazu* ***Harlekin*** *u.* ***Zappelphilipp***); *(als Kinderspielzeug)* fadenpupo

hampeln *intr zappeln* barakti

Hampshire (*n*) *eine engl. Grafschaft* Hampŝiro *[Hptst.: Winchester]* (*vgl. dazu* ***New Hampshire***)

Hamster *m Zool: Feld*² (Cricetus cricetus) [granda] hamstro (↑ ***Gold-***, ***Streifen-*** *u.* ***Zwerghamster***)

Hamsterer *m* hamstranto

hamstern *tr* hamstri; ***Lebensmittel*** ~ hamstri nutraĵojn

Hamster|rad *n, auch* ***Laufrad*** *n z.B. in einem Nagerkäfig* hamstrorado; ~**ratte** *f* (Cricetomys gambianus) *Zool* [gambia] hamstrorato *[Vorkommen: Zentralafrika]*

Hamsun (*m*) *norweg. Dichter [1859-1952]* Hamsuno

Hamuliter *Pl Ethn (bibl)* ĥamulidoj *Pl*

Hamyān *Pl Ethn* (*Bevölkerungsgruppe im Westen des algerischen Hochlandes)* hamjanoj *Pl*

Han *Pl, auch* ***Hanchinesen*** *m/Pl Ethn (Eigenbez. der ethnischen Chinesen [im Ggs zu den in China lebenden nationalen Minderheiten])* hanoj *Pl* (↑ *auch* ***Han-Dynastie***)

Hanafiten *od* **Hanefiten** *m/Pl, arab.* ***Hanafīya*** *Islam (Anhänger der ältesten der vier Rechtsschulen des sunnitischen Islam [begründet von Abu Hanifa (699-767)])* hanafitoj *Pl* (↑ *auch* ***Hanīfa***)

Hanbaliten *m/Pl, arab.* ***Hanābila*** *Islam (Anhänger einer der vier Rechtsschulen des sunnitischen Islam [begründet von Ahmad Ibn Hanbal (780-855)])* hanbalitoj *Pl*

Hanchinesen *m/Pl* ↑ ***Han***

Hand *f* mano; ~***!*** *beim Fußball* mantuŝo!; ***die flache*** ~ la manplato, polmo; ***die hohle*** ~ la mankavo; ***linke*** ~ maldekstra mano; ***rechte*** ~ dekstra mano *auch übertr*; ~ ***in*** ~ man' en mano, *auch* man-en-mane; ***eine ~ voll Reis*** manpleno da rizo; ***die ~ nach ... ausstrecken*** etendi la manon al ...; ***jmdm. die ~ drücken*** premi al iu la manon *od* premi ies manon; ***in die ~ des Feindes fallen*** *od* ***in feindliche Hände fallen*** fali en la manojn de la malamiko; ***mit den Händen fuchteln*** *heftig gestikulieren* [furioze] gestadi per la manoj; ***auf Händen und Füßen gehen*** *auf allen Vieren* iri per manoj kaj piedoj; ***etw. zur*** (*od* ***bei der***) ***~ haben*** havi ion ĉemane; ***die ~ vor den Mund halten*** kovri la buŝon per la mano; ***in die Hände klatschen*** klaki per la manoj; ***jmdm. die ~ küssen*** kisi la manon al iu; ***jmdn. bei der*** (*od* ***an die***) ***~ nehmen*** preni iun ĉe (*od* je) la mano; ***ein Buch zur ~ nehmen*** preni libron en la manojn [por legi ĝin]; ***die ~ in die Tasche stecken*** [en]ŝovi la manon en la poŝon *(Zam)*; ***mit beiden Händen*** per ambaŭ manoj, ambaŭmane; ***mit leeren Händen*** kun malplenaj manoj; ***mit den Händen in der Tasche stand er da*** manojn enpoŝe li staris tie; ***mit zitternden Händen*** kun manoj tremantaj; ***sich die Hände waschen*** lavi la (*od* siajn) manojn; ***von ~ gearbeitet*** (*od* ***gefertigt***) mane farita; ***Hände hoch!*** *Mil* manojn supren! *od* levu manojn!; ***Hände weg von ...!*** for la manojn de ...! ◇ ***aus erster ~*** de la unua posedanto; *authentisch* aŭtentike; ***aus zweiter ~*** uzita *bzw. Adv* uzite; *nicht authentisch (Adj)* neaŭtentika *(Adv)* neaŭtentike; ***um die ~ von ... anhalten*** *heiraten wollen* peti la manon de ...; ***die ~*** (***Hände***) ***im Spiel haben*** havi la mano(j)n en la afero; ***mir sind die Hände gebunden*** mi estas ligita; mi ne povas agi libere; ***ihm geht die Arbeit flink von der ~*** li scias lerte (*bzw.* rapide) labori; ***jmdm. zur ~ gehen*** asisti iun, helpi iun (*od* al iu) (↑ ***assistieren***); ***ich habe es in der ~*** tio dependas [sole] de mi; ***die Sache hat ~ und Fuß*** tio estas solida afero; ***es liegt auf der ~, dass ...*** estas evidente, ke ...; ***er hat es mir in die ~ versprochen*** li tion per manpremo promesis al mi; ***alle Hände voll zu tun haben*** havi amas[eg]on da laboro; *sehr beschäftigt sein* esti treege okupita; ***unter der ~*** kaŝe, sekrete, malpublike; ***sich mit Händen und Füßen wehren gegen ...*** per ĉiuj fortoj rezisti kontraŭ ... *od* barakte rezisti kontraŭ ...; ***etw. von der ~ weisen*** rifuzi ion ◇ ***von der ~ in den Mund*** el la poŝo al la buŝo *(Zam)*; ***eine ~ wäscht die andere*** mano manon lavas *(Zam)*; ***ich wasche meine Hände in Unschuld*** mi lavas al mi la manojn *(Zam)*, min ne tuŝas la afero, mi staras ekstere

Hand|antrieb *m* permana movigo; ~**arbeit** *f* manlaboro, *(das Erzeugnis selbst)* manlaboraĵo; *Nadelarbeit* pinglolaboro *bzw.* pinglolaboraĵo; ~**atlas** *n* atlaso [por lerneja uzo]; ~**auflegung** *f Rel (rituelle Geste der Übertragung von Segen od Vollmacht)* mansurmeto; ~**ball** *m (Sportart)* manpilkado, *auch* polmoludo (↑ *auch* ***Hallenhandball***); *(der Ball selbst)* manpilko; ~**ballen** *m* (Thenar) *Anat* tenaro

Handbesen *m* balaileto

handbetrieben *Adj* mane movata

Handbewegung *f* mangesto, gesto per [la] mano; ***eine ~ machen*** fari geston per la mano

Hand|bohrer *m Handw* manborilo; ~**brause** *f im Bad* manduŝilo

Handbreit *f als Maßangabe*: ***eine ~*** unu manlarĝo

Handbremse manbremso; ***die ~ anziehen*** (***lösen***) *Kfz* streĉi (malstreĉi) la manbremson

Hand|buch *n* manlibro, kompendio (↑ *auch* ***Ratgeber b)***); ~**bürste** *f* manbroso

Händchen *n* maneto; ***zarte ~*** *n/Pl* delikataj manetoj *Pl*

Handcreme *f Kosmetik* mankremo

Händedruck *m* manpremo (***zwischen ... und ...*** inter ... kaj ...); ***ein kräftiger ~*** forta manpremo

Händeklatschen *n* klakado per la manoj (*vgl.* *dazu* ***Applaus***)

Handel *m* komerco (↑ *auch* ***Außen-***, ***Binnen-***, ***Detail-***, ***Dreiecks-***, ***Effekten-***, ***Export-***, ***Groß-***, ***Import-***, ***Klein-***, ***Markt-***, ***Schleich-***, ***See-***, ***Spekulations-***, ***Stapel-***, ***Tausch-***, ***Termin-***, ***Transit-***, ***Übersee-***, ***Versand-***, ***Waffen-*** *u.* ***Zwischenhandel***); *einzelnes Geschäft, das getätigt wird* negoco (↑ *auch* ***Emissionshandel***); *Feilschen* marĉandado; ***bilateraler ~*** duflanka komerco; ***freier ~*** *od* ***Freihandel*** *m* libera komerco; ***illegaler ~*** neleĝa komerco (↑ *auch* ***Drogen-*** *u.* ***Schwarzhandel***); ***multilateraler ~*** multflanka (*od* multpartnera) komerco; ***~ treiben*** komerci (***mit*** *einer Ware* per; *mit einem Handelspartner* kun); ***~ treibend*** *Adj* komerc[ant]a; ***mit aller*** (***od der ganzen***) ***Welt ~ treiben*** komerci kun la tuta mondo

Händel *m/Pl alt für «Streit»* kverelo, [akra(j)] disputo(j) *(Pl)*; ***mit jmdm. ~ haben*** kvereli kun iu

[1]**handeln** *intr* komerci (***mit*** *einer Ware* per; *mit einem Handelspartner* kun); *Geschäfte tätigen, verhandeln* negoci; *mit Trödel handeln* brokanti; *abs: feilschen, z.B. auf dem Basar* marĉandi

[2]**handeln** *intr agieren, tätig sein, wirken* agi (***wie*** kiel); ***bewusst ~*** agi konscience; ***er handelt in Übereinstimmung mit ...*** li agas konforme al ...; ***als wahrer Freund ~*** agi kiel vera amiko ◇ ***jeder handelt, wie er's versteht*** ĉiu iras kiel saĝ' al li diras *(Zam)*

[3]**handeln** *intr unpers*: ***es handelt sich um ...*** la afero estas ...; *zum Gegenstand haben* temas pri ...; *betreffen* koncernas ... *u. nachfolgendes Subst mit Akk*; ***es handelt sich um eine bloße Vermutung*** temas pri nura supozo; ***es handelt sich um etw. Wichtiges*** temas pri io grava *od* temas pri gravaĵo (*od* grava afero); ***es handelt sich für uns darum, dass ...*** *i.w.S. (es ist unsere Aufgabe bzw. Pflicht zu ...)* estas nia tasko (*bzw.* devo), ke ...; ***worum handelt es sich?*** *od umg auch* ***worum geht's?*** pri kio temas?

Handeln *n Handeltreiben* komercado; *Tun, Vorgehen, Wirken* agado (↑ *auch* ***Aktion***); ***zielstrebiges ~*** cel-orientita agado; *Phil (Tätigkeitsdrang, Aktivismus)* aktivismo

handelnd *Adj*: ***~e Person*** *f* aganta persono, aganto (*vgl. dazu* ***Darsteller)***

Handelsabkommen *n* komerca konvencio

Handelsabordnung *f* ↑ ***Handelsdelegation***

Handels|agentur *f* komerca agentejo; **~artikel** *m* komerca artiklo, *auch* komercaĵo; **~attaché** *m Dipl* komerca ataŝeo; **~bank** *f* komerca banko; **~beilage** *f* komerca suplemento; **~betrieb** *m* komerca entrepreno; **~beziehungen** *f/Pl* komercaj rilatoj *Pl*

Handelsbilanz *f* komerca bilanco; ***aktive*** (***ausgeglichene***, ***passive***) ***~*** aktiva (ekvilibra, pasiva) komerca bilanco

Handels|brauch *m* kutimo en komerc[ad]o; **~defizit** *n* komerca deficito; **~delegation** *f*, *auch* ***Handelsabordnung*** *f* komerca delegacio

handelseinig *Adj*: ***~ werden*** *über den Preis* akordiĝi pri la prezo; *i.w.S. umg (sich einigen)* akordiĝi (***über*** pri)

Handels|embargo *n* [komerca] embargo; **~firma** *f* komerca firmo; **~flotte** *f* komerca floto; **~freiheit** *f* libereco de komercado; **~gericht** *n Jur* komerca tribunalo; **~gesellschaft** *f* [komerca] kompanio; **~gesetzbuch** *n* (*Abk* ***HGB***) *Jur* komerca kodo; **~gewohnheit** *f* kutimo dum komercado; **~güter** *Pl* komercaĵoj *Pl*; **~hafen** *m* komerca haveno; **~haus** *n* komerca entrepreno; *Firma* firm[a]o; **~hochschule** *f* komerca altlernejo, *auch* komerca akademio

Handelskammer *f* komerca ĉambro; ***die Indonesische ~*** la Komerca Ĉambro de Indonezio

Handels|kapital *n* komerca kapitalo; **~klima** *n* komerca klimato; **~konflikt** *m* komerca konflikto; **~kontakte** *m/Pl* komercaj kontaktoj *Pl*; **~korrespondenz** *f (Schriftstücke)* komercaj korespondaĵoj *Pl*, *(Vorgang)* komerca korespondado

Handelskredit *m* ↑ *unter* ***Kredit***

Handels|krieg *m* komerca milito; **~krise** *f* komerca krizo

Handelsmann *m* ↑ ***Handeltreibende***

Handels|marine *f* komerca floto; **~marke** *f* komerca marko; **~messe** *f* komerca forio (*vgl. dazu* ***Leipziger Messe***); **~metropole** *f* komerca metropolo (*od* ĉefurbo); **~minister** *m* ministro de (*od* pri) komerco; **~ministerium** *n* ministerio de (*od* pri) komerco; **~mission** *f* komerca misio (*vgl. dazu* ***Handelsvertretung***); **~monopol** *n* komerca monopolo; **~organisation** *f* komerca organizaĵo; **~partner** *m* komerca partnero, *auch* kunkomercanto; **~platz** *m* komercejo (↑ *auch* ***Emporium***); **~politik** *f* komerca politiko; **~rat** *m Dipl* komerca konsilisto (*vgl. dazu* ***Kommerzienrat***); **~recht** *n Jur* komerca juro; **~rechnung** *f* komerca fakturo; **~register** *n* komerca registro; **~reisende** *m* komerca vojaĝisto; **~sanktionen** *f/Pl* komercaj sankcioj *Pl*; **~schiff** *n* komerca ŝipo, *auch* varŝipo; **~schifffahrt** *f* komerca navigado; **~schule** *f* komerca lernejo; **~sektor** *m* komerca sektoro; **~spanne** *f* komerca marĝeno, profitmarĝeno; **~sperre** *f* [komerca] embargo; **~sprache** *f* komerca lingvo *od* lingvo de [la] komerco; **~stadt** *f* komerca urbo; **~straße** *f* komerca vojo

handelsüblich *Adj*: ***~ sein*** esti kutima en komerc[ad]o

händelsüchtig *Adj streitsüchtig* kverelema, malpacema; *i.w.S. (Schlägerei suchend)* interbatiĝema

Handels|unternehmen *n* komerca entrepreno; **~verkehr** *m Warenaustausch* interŝanĝo de varoj; *Handelsbeziehungen* komercaj rilatoj *Pl*; ~**vertrag** *m* komerca kontrakto, *internationaler auch* komerca traktato; ~**vertreter** *m* komerca reprezentanto; *Agent* [komerca] agento; ~**vertretung** *f* komerca reprezentejo; ~**volumen** *n* amplekso de la komerc[ad]o; ~**ware** *f* komercaĵo; ~**weg** *m* komerca vojo; ~**wert** *m* komerca valoro (*vgl. dazu* ***Marktwert***); ~**zentrum** *n* komerca centro *od* komercocentro, *Stadt als Zentrum des Handels* komercocentra urbo (↑ *auch* ***Handelsstadt***); ~**zweig** *m* branĉo [de la komerco]

Handel|treiben *n* komercado, negocado; ~**treibende** *m*, *reg* ***Handelsmann*** *m* komercanto, negocisto

Händelwurz *f*, *reg* ***Höswurz*** *f* (*Gattung* Gymnadenia) *Bot (eine Orchideengattung)* gimnadenio; ***große*** ~, *auch* ***Mückenhändelwurz*** *f* (Gymnadenua conopsea) granda gimnadenio; ***wohlriechende*** ~ (Gymnadenia odoratissima) bonodora gimnadenio

Händewaschen *n* manlavado

Hand|feger *m*, *<österr> u. reg* ***Bartwisch*** *m Hausw* balaileto; ~**fertigkeit** *f Geschick* [man]lerteco; ~**fesseln** *f/Pl* mankateno(j)

handfest *Adj konkret, z.B. Grund, Vorschlag* konkreta; *offensichtlich, z.B. Betrug, Skandal* evidenta; *stark, kräftig* fortika

Handfläche *f*, *auch* ***Handteller*** *m* (Palma manus) manplato; *flache Hand* polmo; ***zur*** ~ ***gehörend***, *<wiss>* ***palmaris*** polma

handförmig 1. *Adj* manforma; *Bot (handförmig gefingert od geteilt [Blatt])* palmata **2.** *Adv* manforme

handgearbeitet, *auch* ***von Hand gearbeitet*** *Adj* mane farita; ~***es Möbelstück*** *n* mane farita meblo

Handgelenk *n* (Articulatio manus) *Anat* manartiko ◇ ***etw. aus dem*** ~ ***schütteln*** fari ion tute senprepare

hand|gemacht, *auch* ***handgefertigt*** *Adj* mane farita; ~**gemalt** *Adj* mane pentrita

Handgemenge *n* manbatalo; *Schlägerei* interbatiĝo

Handgepäck *n* manpakaĵo(j) *(Pl)*; ~**aufbewahrung** *f* deponejo por [man]pakaĵoj, pakaĵdeponejo

hand|geschrieben *Adj eigenhändig geschrieben* propramane skribita; *handschriftlich geschrieben, z.B. ein altes Buch* mane skribita; ~**gestrickt** *Adj* mane trikita; ~**gewebt**, *<schweiz>* ***handgewoben*** *Adj* mane teksita

Handgranate *f Mil* mangrenado, *auch* ĵetgrenado (↑ *auch* ***Stielhandgranate***); ***eine*** ~ ***werfen*** ĵeti mangrenadon

handgreiflich *Adj gewalttätig* violenta; *übertr (einleuchtend)* evidenta, *(überzeugend)* konvinka; ***gegen jmdn.*** ~ ***werden*** *handgreiflich od tätlich werden* meti sur iun violentan manon, *i.w.S. auch* perforte (*od* per batoj ataki iun; *zu raufen anfangen* komenci interbatiĝon

Handgreiflichkeit *f Gewalttätigkeit* violento

Handgriff *m* ***a)*** *Heft, Griff* [man]tenilo; *Klinke* anso ***b)*** *einzelner Handgriff, Handlungsschritt* manipulo, movo [de la mano(j)]; ***mit einem*** ~ per unusola manipulo ◇ ***sie hat noch nie einen*** ~ ***getan*** *nie gearbeitet* ŝi ĝis nun neniam laboris

handhabbar *Adj manipulierbar, lenkbar* manipulebla; ***leicht*** ~ facile manipulebla

Handhabe *f Vorwand* preteksto; *Möglichkeit* ebleco; *Angriffspunkt* atakpunkto, atakebleco; *Beweis* pruvo; *Argument* argumento

handhaben *tr sachgemäß bedienen* manipuli; *gebrauchen* uzi; ***einfach zu*** ~ ***sein*** esti simple manipulebla (*od* uzebla); ***er weiß nicht, wie das Gerät zu*** ~ ***ist*** li ne scias kiel manipuli la ilon (*od* aparaton)

Hand|habung *f* manipulado; *Gebrauch* uz[ad]o; ~**harmonika** *f Konzertina (Handharmonika mit sechseckigem od quadratischem Gehäuse)* koncertino (↑ *auch* ***Bajan***)

Handicap *n*, *auch* ***Handikap*** *n Sport* handikapo *auch durch Verletzung*; *übertr (Hindernis)* obstaklo; *(Hemmnis)* malhelpaĵo; *Nachteil* malavantaĝo (↑ *auch* ***Behinderung*** *u.* ***Benachteiligung***)

handicapen, *<schweiz>* ***handicapieren*** *tr* handikapi

händisch ↑ ***manuell***

Hand|karren *m* puŝĉaro; ~**koffer** *m* valizo; ~**kurbel** *f* mankranko; ~**kuss** *m* mankiso, *auch* surmana kiso; ~**lampe** *f* manlampo (↑ *auch* ***Taschenlampe***); ~**langer** *m auf dem Bau* helpulo [de masonisto]; *übertr* lakeo, marioneto (*vgl. dazu* ***Lakai***)

Händler *m* komercisto, vendisto (↑ *auch* ***Einzel-*** *u.* ***Großhändler***); *Krämer, Laden*≗ butikisto; ***ambulanter*** (*od* ***fliegender***) ~ migra vendisto; *Hausierer* kolportisto, vaganta etvendisto (↑ *auch* ***Straßenhändler***)

handlesen *intr* manaŭguri

Handleserin *f* mandivenistino, *Handlinien-*

deuterin kiromanciistino (*vgl. dazu* ***Chiromantie***)

Handleuchte *f* manlampo

handlich *Adj leicht zu benutzen* facile manipulebla (*od* uzebla); *leicht fortzubewegen* facile movebla; *i.w.S. opportun, bequem* oportuna

Handlinien *f/Pl* linioj *Pl* de la mano

Handliniendeutung *f* ↑ ***Chiromantie***

Handlochkarte *f Datenverarbeitung* mana trukarto

[1]**Handlung** *f die Tat, das Tun* ag[ad]o, faro (*vgl. dazu* ***Betragen*** *u.* ***Maßnahme***; ↑ *auch* ***Affekt-***, ***Ersatz-*** *u.* ***Instinkthandlung***); ***Ort der ~*** loko de agado; *Schauplatz* okazejo; ***rechtswidrige ~en*** *f/Pl* kontraŭjuraj agoj *Pl*; ***strafbare ~*** punebla (*bzw.* puninda) ago; *i.w.S.* delikto

[2]**Handlung** *f eines Films, Romans u.a.* agado

[3]**Handlung** *f Laden* vendejo, butiko

Handlungsbedarf *m*: ***dringender ~*** neceso urĝe agi

handlungsfähig *Adj* agokapabla

Handlungsfreiheit *f* libereco de agado, *[freies] Ermessen* diskrecio; ***volle ~ haben*** havi plenan diskrecion [por] agi

Handlungs|gehilfe *m, alt* ***Commis*** [*kɔ'mi:*] *m* komizo; **~reisende** *m* vojaĝa komizo; **~vollmacht** *f Prokura* prokuro; **~weise** *f* maniero de agado, ag[ad]maniero

Hand|meißel *m Handw* manĉizilo; **~mixer** *m Hausw* mana miksilo; **~mühle** *f Hausw* mana muelilo; **~pferd** *n das im Doppelgespann rechts gehende Pferd od das von einem Reiter mitgeführte reiterlose Pferd* dekstra ĉevalo; *Ersatzpferd* rezerva ĉevalo; **~pflege** *f Kosmetik* manfleg[ad]o, *(Maniküre [Hand- u. Nagelpflege])* manikuro; **~-presse** *f Typ* permana presilo (↑ *auch* ***Kupferdruck[hand]presse***); **~pumpe** *f* manpumpilo; **~puppe** *f fürs Puppenspiel* manpupo *od* gantopupo (↑ *auch* ***Gliederpuppe*** *u.* ***Marionette***); **~rechenmaschine** *f* mana kalkulmaŝino; **~reichung** *f* helpo, asisto; **~rücken** *m* (Dorsum manus) *Anat* mandorso

Hands *n Fußball* ↑ ***Handspiel***

Hand|säge *f Handw* mansegilo, *(Fuchsschwanz)* vostosegilo; **~scanner** *m EDV (nicht mehr gebräuchliche Bauform eines handgeführten Scanners zur Digitalisierung schmaler Bereiche (bis etwa 10 cm) von gedruckten Vorlagen, wie Bildern od Texten)* poŝskanilo

Handschellen *f/Pl* mankateno(j) *(Pl)*; ***jmdm. ~ anlegen*** meti (*od* fiksi) mankatenojn al iu

Hand|schlag *m Händedruck* manpremo; **~schreiben** *n* manskribita (*od* aŭtografa) letero; **~schrift** *f einer Person* manskribo; *Geschriebenes* skrib[it]aĵo; *Manuskript* manuskripto (↑ *auch* ***Urhandschrift***); **~schriftendeutung** *f* grafologio

handschriftlich *Adj* manskribita *od* mane skribita; *eigenhändig geschrieben* propramane skribita, aŭtografa

Handschuh *m* ganto (↑ *auch* ***Bienen-***, ***Einmal-***, ***Faust-***, ***Fecht-***, ***Glacé-***, ***Gummi-***, ***Leder-***, ***Plastik-***, ***Samt-***, ***Stutz-*** *u.* ***Torwarthandschuhe***); ***~e anziehen*** surmeti gantojn

Handschuh|fach *n im Kfz* gantoŝranketo; **~fabrik** *f* gantofabriko; **~macher** *m* gantofaristo

Hand|setzer *m, auch* ***Metteur*** *m Typ* permana kompostisto; **~spake** *f Mar u. Tech (ein Handhebel od Hebebaum)* handspiko; **~spiegel** *m* manspegulo; **~spiel** *n*, *<österr>* *u.* *<schweiz>* ***Hands*** *n Fußball (Berührung mit der Hand)* mantuŝo

Handstand *m Turnen* manstaro, staro sur la manoj; **~sprung** *m Turmspringen* plonĝo el manstaro

Hand|stempel *m* manstampilo; **~steuerung** *f Tech* per-mana regado; **~streich** *m* surprizatako; *Putsch* puĉo; **~tasche** *f* mansaketo; *Damentäschchen* retikulo

Handteller *m* ↑ ***Handfläche***

Handtrommel *f Mus* ↑ ***Tamburin***

Handtuch *n* mantuko, viŝtuko (↑ *auch* ***Frottee-***, ***Küchen-*** *u.* ***Papierhandtuch***)

Handumdrehen *n*: ***im ~*** kvazaŭ per turno de mano, fulmrapide; tujtuje (↑ *auch* ***unverzüglich***)

Hand|wagen *m* manĉareto; *[zweirädrige] Handkarre* puŝĉar[et]o; **~webstuhl** *m* mane manipulata teksilo (*vgl. dazu* ***Webstuhl***); **~weiche** *f Eisenb* man-komutebla trakforko

Handwerk *n* metio *auch übertr* (↑ *auch* ***Kunst-***, ***Schneider-*** *u.* ***Tischlerhandwerk***); ***das Schuhmacherhandwerk erlernen*** lerni la metion de ŝuisto ◇ ***~ hat goldenen Boden*** kiu metion disponas, mizeron ne konas *(Zam)*; ***jmdm. das ~ legen*** ĉesigi (*od* malebligi) ies [fi]agadon; ***jmdm. ins ~ pfuschen*** enmiksi sin en ies afero(j)n

Handwerker *m* metiisto; ***ein geschickter ~*** lerta metiisto; ***die ~ im Hause haben*** havi la renovigistojn en sia domo (*od* hejmo *od* loĝejo)

Handwerker|**familie** *f* metiista familio; ~**innung** *od* ~**zunft** *f* metiista korporacio (↑ *auch* ***Gilde***); ~**stand** *m die Handwerker* [la] metiistoj *Pl*

handwerklich *Adj das Handwerk betreffend* metia; *den Handwerker betreffend* metiista

Handwerks|**bursche** *f auf der Wanderschaft* vaganta metiisto; ~**kammer** *f* ĉambro de la metioj; ~**kunst** *f* meti-arto; ~**lehrling** *m* metilernanto; ~**meister** *m* metia majstro; ~**zeug** *n* ilaro [de *od* por metiisto]

Handwörterbuch *n* kompendia vortaro, *auch* man-vortaro

Handwurzel *f* (Carpus) *Anat* manradiko, <*wiss*> karpo; ~**knochen** *m Anat* karpa osto (↑ *auch* ***Dreiecks-*** *u.* ***Erbsenbein***)

Handy *n Tel* poŝtelefono (↑ *auch* ***Mobiltelefon*** *u.* ***Smartphone***); ***ich bin nur über[s]*** ~ ***zu erreichen*** mi estas kontaktebla nur per poŝtelefono

Handy|**benutzer** *m* uzanto de poŝtelefono; ~**foto** *n* poŝtelefona foto, foto per (*od* pere de) poŝtelefono

Han-Dynastie *f chin. Gesch* han-dinastio *(auch Großschr [206 v.Chr.-220 n. Chr.])*

Handynummer *f* poŝtelefona numero

Handzeichen *n z.B. im Straßenverkehr* signo per mano(j); *bei einer Abstimmung, z.B. im Parlament* montro per levita mano

hanebüchen *Adj unerhört* kvazaŭ neebla; *skandalös* skandala; *unglaublich* nekredebla (↑ *auch* ***unverschämt***)

Hanefiten *m/Pl Islam* ↑ ***Hanafiten***

Hanf *m* (*Gattung* Cannabis) *Bot* kanabo; *Sisal*[≗] sisalo (*vgl. dazu* ***Manilahanf*** *u.* ***Ramiepflanze***); ***bengalischer*** (*od* ***ostindischer***) ~, *auch* ***Bombay-***, ***Bengal-*** *od* ***Sunnhanf*** *m* (Crotalaria juncea) *eine tropische Nutzpflanze der indomalaiischen Region* junka krotalario <*Blätter liefern zähe Fasern, die bes. für Fischernetze verwendet werden*>; ***indischer*** ~ ***a)*** (Canabis sativa, var. indica) *die Rauschdroge Cannabis* haŝiŝa kanabo ***b)*** (Apocynum cannabinum) *eine Art aus der Familie der Hundsgiftgewächse* kanaba apocino

Hanfeibisch *m* (*auch* ***Kenaf*** *genannt*) (Hibiscus cannabinus) kanaba hibisko *[Vorkommen: Subtropen bis Tropen]*

hanfen *Adj aus Hanf [bestehend]* kanaba

Hanffaser *f* kanaba fibro

Hanfgewächse *n/Pl Bot*: ***[Familie der]*** ~ (Cannabaceae) kanabacoj *Pl*

Hänfling *m Orn* ↑ ***Bluthänfling***

Hanföl *n* kanaba oleo

Hanfpalme *f Bot*: ***chinesische*** ~ (Trachycarpus fortunei) ĉina kanabopalmo, <*wiss*> ĉina traĥikarpo <*in Europa auch als Kübelpflanze bekannt*>

Hanfseil *n* kanaba ŝnur[eg]o

Hanftod *m Bot* ↑ *unter* ***Sommerwurz***

Hang *m* ***a)*** *Abhang* deklivo (↑ *auch* ***Kontinental-***, ***Riff-*** *u.* ***Steilhang***); *Böschung* taluso ***b)*** *Neigung zu etw.* inklino, emo; *Vorliebe für etw.* prefero (***zu*** al *od* por)

Hanga *Pl eine kleine Ethnie im Norden Ghanas* hangoj *Pl*

hangabwärts *Adv* deklivosuben

Hangabwind *m Met* ↑ *unter* ***katabatisch***

Hangar *m Flugzeug- bzw. Luftschiffhalle* hangaro

Hänge|**backen** *Pl* pendantaj [puf]vangoj *Pl*; ~**bahn** *f*, *auch* ***Schwebebahn*** *f eine Schienenbahn mit Wagen, die, an einer Trag- u. Führungsschiene hängend, nach dem Prinzip der Seilschwebebahn rollen* pendfervojo, *auch* pendotrajno *od* ŝvebotrajno (*vgl. dazu* ***Seilschwebebahn***)

Hängebauch *m* pendanta [dik]ventro; ~-**schwein** *n eine südostasiat. Hausschweinrasse [ursprünglich aus Vietnam u. Thailand]* pend-ventra porko

Hängebirke *f*, *auch* ***Sand-***, ***Warzen-*** *od* ***Weißbirke*** *f* (Betula pendula) *Bot* penda (*od auch* veruka) betulo

Hänge|**brücke** *f* pendoponto *od* penda ponto; ~**brust** *f*, *auch* ***Hängebrüste*** *Pl od* ***Hängebusen*** *m* pendanta mamo, *auch* pendantaj mamoj *Pl*; ~**lampe** *od* ~**leuchte** *f* penda lampo; *Ampel* lucerno; ~**matte** *f* hamako

hängen ***a)*** *tr* pendigi (***etw. an*** ion al; ***jmdn.*** iun); ~ ***lassen*** *vergessen mitzunehmen* forgesi kunpreni; ***den Kopf*** ~ ***lassen*** mallevi la kapon; *übertr (völlig mutlos sein)* esti tute senkuraĝa ◇ ***die Flügel*** ~ ***lassen*** *den Mut verloren haben* esti perdinta la kuraĝon; ***seinen Beruf an den Nagel*** ~ [subite] forlasi sian profesion; ***lass den Kopf nicht gleich*** ~***!*** ne perdu [jam nun] la kuraĝon! ***b)*** *intr* pendi (***an*** ĉe [*Wand:* sur]; ***über*** super; ***von*** de); *übertr* esti sindona, esti kore ligita (***an jmdm.*** al iu); ***zwei Bilder*** ~ ***an der Wand*** sur la muro pendas du bildoj (*od* pentraĵoj); ~ ***bleiben*** resti pendanta *bzw.* resti kroĉita;

an etw. Klebrigem algluiĝi (***an*** al); *sich verhaken* alkroĉiĝi (***an*** al), *(zwei Dinge miteinander)* interkroĉiĝi; *nicht vorankommen, bes. beruflich* ne avanci; ***er ist hängen geblieben*** *Schule (nicht in die nächste Klasse versetzt worden)* li restos [ĉi-jare] en la sama klaso; ***sehr an der Mutter*** ~ esti kore ligita al sia patrino; *seine Mutter sehr lieben* tre[ege] ami sian patrinon ◇ ***an einem seidenen Faden*** ~ pendi nur sur fadeno malforta *(Zam)*; ***die Sache hängt [noch] in der Luft*** *ist völlig ungewiss* la afero estas [ankoraŭ] tute necerta, *auch* la afero pendas en la aero *(Zam)*; ***es bleibt immer etw.*** ~ *bei Verleumdungen* se kalumnio eĉ pasas, ĝi ĉiam ion lasas *(Zam)*; ***woran hängt's denn noch?*** kiu malhelpaĵo ankoraŭ estas?

Hängen *n* ◇ ***mit ~ und Würgen*** *mit knapper Not* preskaŭ fiaske, preskaŭ malsukcesante; *mit großer Mühe* kun grandega penado; *im [aller]letzten Moment* vere lastmomente

Hängeohr *n, auch* ***Schlappohr*** *n* penda orelo *od* pendorelo

Hänger *m* ***a)*** *Anhänger [an jeder Art von Fahrzeug]* remorko, *alt auch* postveturilo (*vgl. dazu* ***Sattelanhänger***) ***b)*** *weiter, lose fallender Mantel* senzona [libere pendanta] mantelo

Hangerl *n* ↑ ***Lätzchen***

Hänge|schloss *n* pendseruro; ~**schrank** *m* pendŝranko; ~**vitrine** *f* pendanta vitrino; ~**zwickel** *m, auch* ***Gewölbezwickel*** *m od* ***Pendentif*** *n Arch (konstruktiv selbstständiger Eckzwickel einer Kuppel)* pendentivo

Hangwind *m* ↑ *unter* ***anabatisch***

Hangzhou (*n*) *Hptst. der ostchinesischen Küstenprovinz Zhejiang* Hangĝouo

Hanīfa (*m*), *auch* ***Abū Hanīfa*** *Eig (islamischer Jurist u. Theologe [699-767] <gilt als Begründer der Rechtsschule der Hanafiten>)* Hanifo (↑ *auch* ***Hanafiten***)

Hannibal (*m*) *Eig (ein karthagischer Feldherr [* 247 od 246 v. Chr., † 183 v. Chr.])* Hanibalo

Hannover (*n*) ***a)*** *Hptst. von Niedersachsen* Hanovro ***b)*** *Gesch (Königreich Hannover [1814-1866])* [Reĝlando] Hanovrio

Hannoveraner *m* hanovrano

Hannoveranerin *f* hanovranino

Hanoi (*n*) *Hptst. von Vietnam* Hanojo

Hansdampf *m* ◇ ***er ist ~ in allen Gassen*** li estas iu, kiu ŝovas sian nazon en ĉiun vazon, *auch* li estas ĉieulo

Hanse *f Gesch, Hdl (ein mittelalterlicher norddt. Kaufmanns- u. Städtebund)* hanso, *auch* Hansa Ligo

Hanseat *m Mitglied der Hanse* hansano

hanseatisch *Adj* hansa; kiel hansano *nachgest*

hänseln *tr necken* inciteti; *verspotten* primoki, moke ridindigi (***jmdn.*** iun) (↑ *auch* ***foppen***)

Hansen'sche Krankheit *f Med* ↑ ***Lepra***

Hanse|stadt *f* hansa urbo (*vgl. dazu* ***Hanse***); ~**zeit** *f* periodo de la Hansa Ligo

Hansom[cab] *m engl. zweirädrige gedeckte Droschke mit erhöhtem Kutschersitz hinter den Fahrgästen* hansomo

Hanswurst *m* ***a)*** *Theat (in der ital. Komödie od im Puppentheater)* pulĉinelo (*vgl. dazu* ***Bajazzo***) ***b)*** *derb-komische Figur* bur- leske komika figuro (*vgl. dazu* ***Witzbold***); *Clown* klaŭno (*vgl. dazu* ***Harlekin***) ***c)*** *umg pej für «dummer Mensch»* stultulo (*vgl. dazu* ***Marionette***) ◇ ***sich zum ~ machen lassen*** *sich lächerlich machen lassen* lasi sin ridindigi

Hantel *f Kraftsport* haltero (↑ *auch* ***Kugelhantel***); ***mit ~n turnen*** gimnastiki (*od* ekzerciĝi) per halteroj

hantieren *intr* manipuli, labori (***mit*** per); *geräuschvoll* [brue] okupi (***an etw.*** pri io)

hantig ↑ ***bitter***

[1]**Hanuman** (*m*) *[im hinduistischen Pantheon:] Name des göttlichen Affenkönigs, [im Ramayana:] Retter des verwundeten Rama u. Anführer des Affenheeres gegen den Dämonenkönig Ravana* Hanumano (*vgl. dazu* ***Ravana***)

[2]**Hanuman** *m, auch* ***Hanumanlangur*** *m Zool* ↑ ***Hulman***

Hào (*m*) *vietnamesische Währungseinheit* hao *[10 Hào = 1 Dong]*

Haoma *m, auch* ***Hauma*** *m Rel* Haomo: ***a)*** *altiranischer Gott* ***b)*** *in Kleinschr:* haomo *Personifikation einer vergöttlichten Pflanze, aus deren Saft ein Opfer- u. Rauschtrank gewonnen wurde [heiliges Opfergetränk der Parsen]*

Haori *m Textil ([in Japan:] über dem Kimono getragener knielanger Überwurf mit angeschnittenen Ärmeln)* haoro

Hapaxlegomenon *n Ling (nur einmal belegtes Wort [in der antiken Literatur, in einem Text])* hapakso

hapern *intr unpers*: ***es hapert an Geld*** estas la mono, kiu mankas *od* la mono estas la problemo; ***es hapert an Wissen bei ihm*** ne sufiĉas liaj konoj; ***wo hapert's?*** kia malfacilaĵo? *bzw.* kial la halto?

Haplografie *f, auch* ***Haplographie*** *f Ling (fehlerhafte Einfachschreibung von doppelt erforderlichen Buchstaben od Silben [Ggs: Dittografie])* haplografio

haploid *m Biol (nur einen einfachen Chromosomensatz enthaltend [Zellkern[)* unuploida, *Fachspr* haploida *[Ggs:* ***diploid****]*

Haplologie *f, auch* ***Silbenschichtung*** *f Ling (Vereinfachung zweier gleich od ähnlich klingender Laute od Silben, die aufeinanderstoßen u. die Aussprache erschweren (z.B.* Zauberin < Zaubererin*)* haplologio

Häppchen *n* [manĝo]peceto, iometo

Happen *m* ***a)*** *Bissen* mordaĵo; *Mundvoll* plenbuŝo [da]; *ein Stückchen* peceto ***b)*** *Imbiss* manĝeto

happig *Adj* ***a)*** *gierig* avida ***b)*** *zu viel, übertrieben* troa, supermezura

happy *Adj umg für «glücklich» bzw. «zufrieden»* feliĉa *bzw.* kontenta

Happy End *n, auch* ***Happyend*** *n bes. Film (glücklicher Ausgang eines Konflikts, einer Liebesgeschichte)* feliĉa fin[iĝ]o

Harakiri *n rituelle Selbsttötung durch Bauchaufschlitzen [ehemals bei den Samurai in Japan]* harakiro; ~ ***begehen*** harakiri

Harald (*m*) *männl. Vorname* Haraldo *auch Name norwegischer Könige*

haram *Islam (durch das religiöse Gesetz verboten)* harama (*vgl. dazu* ***halal***)

Harare (*n*) *Hptst. von Simbabwe* Hararo

Harbin (*n*) *Hptst. der nordchin. Provinz Heilongjiang [am Sungari]* Harbino

Härchen *od* **Härlein** *n* hareto

Hardangerfjord *m ein norwegischer Fjord südl. von Bergen* Hardanga Fjordo

Hardcore [...ˈkɔ:] *m Mus (besonders harte u. aggressive Richtung der Rockmusik)* hardkoro; ~**band** *f* hardkora bando

Hardcovereinband *m, auch kurz* ***Hardcover*** *n fester Bucheinband* dura kovrilo

Hardrock *m, auch* ***Hard Rock*** *m Mus (Stil der Rockmusik mit einfachen Strukturen [bei extremer Lautstärke])* ŝtonroko

Hardware [...wɛ:r] *f EDV (Gesamtheit der zu einer EDV-Anlage gehörenden Gerätetechnik)* hardvaro, *Fachspr auch* hardvo

Hare-Krishna-Kult *m Rel* harekriŝno-kulto

Harem *m* haremo (↑ *auch* ***Serail***)

Haremsdame *f* harem-virino

Haremssklavin *f* ↑ ***Odaliske***

Haremswächter *m* gardisto de haremo

Häresie *f* ↑ ***Irrlehre*** *u.* ***Ketzerei***

Häretiker *m* ↑ ***Ketzer***

Harfe *f Mus* harpo (↑ *auch* ***Äols-***, ***Mund-***, ***Pedalharfe***, ***Magadis*** *u.* ***Sambuka***); ~ ***spielen*** ludi harpon

Harfenistin *f* harpistino

Harfen|strauch *m* (*Gattung* Plectranthus) *Bot* plektranto (*vgl. dazu* ***Makandi***); ~**ton** *m* sono de harpo

Harihara (*m*) *indische Myth (das Götterpaar Vishnu u. Shiva, zu einem großen Gott verschmolzen, was die Einheit der göttlichen Essenz symbolisieren soll)* Hariharo

Harissa *n eine aus dem Maghreb stammende scharfe Gewürzpaste aus frischen Chilischoten, Kreuzkümmel, Koriandersamen, Knoblauch, Salz u. Olivenöl* hariso

Härjedalen (*n*) *eine hist. Landschaft im westlichen Zentralschweden [heute Teil der Provinz Jämtland]* Herjedalio

Harke *f reg (bes. norddt.) für «Rechen» Gartenb* rastilo (↑ *auch* ***Heu-*** *u.****Schlepprechen***)

harken *tr* rasti (↑ *auch* ***weg-*** *u.* ***zusammenharken***); ***ein Beet*** ~ rasti bedon

Harken *n* rastado

Harkiv (*n*), *russ.* ***Charkow*** (*n*) *zweitgrößte Stadt der Ukraine* Ĥarkivo *od* Ĥarkovo

Härlein *n* ↑ ***Härchen***

[1]**Harlekin** *m Theat ([ursprünglich:] lustige Gestalt der italienischen Bühne [Arlecchino]) u. übertr* arlekeno (*vgl. dazu* ***Hanswurst*** *u.* ***Spaßmacher***); ***den*** ~ ***spielen*** arleken[ad]i (↑ *auch* ***herumhampeln***)

[2]**Harlekin** *m Ent* ↑ ***Stachelbeerspanner***

Harlekinade *f Theat u. übertr* arlekenaĵo

harlekinisch *Adj* arleken[ec]a

Harlekin|schrecke *f* (Zonocerus variegatus) *Zool* arlekena akrido *[Vorkommen: West- u. Äquatorialafrika]*; ~**taube** *f* (Phaps histrionica) *Orn* arlekena kolombo *[Vorkommen: Nordaustralien]*; ~**wachtel** *f* (Coturnix delegorguei) *Orn* arlekenkoturno

Harm *m veraltend für Gram, Kummer od Leid* aflikto; *i.w.S. Kränkung* ofendo

Har-Magedon *n* ↑ ***Armageddon***

Harmattan *m Met (trockener, staubreicher von der Sahara zur Atlantikküste Afrikas wehender NO-Wind)* harmatano

härmen, sich *geh für «sich grämen» refl* afliktiĝi (***über*** pro); ***sie härmt sich um ihren Sohn*** ŝi afliktiĝas (*od [stärker:]* korsufer[eg]as) pro sia filo

harmlos *Adj nicht gefährlich* sendanĝera; *unschuldig* senkulpa; *keinen Schaden verursachend* ne kaŭzanta damaĝon *nachgest*; *nicht kränkend* neofenda; *naiv* naiva; ***das ist eine ganz ~e Angelegenheit*** tio estas tute sendanĝera afero

Harmlosigkeit *f* sendanĝereco; senkulpeco; naiveco

Harmonie *f Mus u. übertr* harmonio; *Einklang* akordo; *Eintracht* konkordo; ***~ der Farben*** harmonio de [la] koloroj

Harmonielehre *f, auch **Harmonik** f Mus* harmoniscienco

harmonieren *intr im Einklang sein* harmonii (***mit*** kun) *auch Farben, Töne* ◇ ***sie ~ absolut nicht miteinander*** *Ehepaar od zwei Freunde* ili absolute ne harmonias (*od* akordiĝas)

Harmonik *f Mus* ↑ ***Harmonielehre***

Harmonika *f Mus* harmoniko (↑ *auch **Glas-** u. **Mundharmonika***); ~**spieler** *m* ludanto (*bzw.* ludisto) de harmoniko

harmonisch 1. *Adj Mus u. übertr* harmonia **2.** *Adv*: ~ ***leben*** vivi harmonie

Harmonische ***a)*** *f/Pl, auch **Obertöne** m/Pl Mus (Partialtöne eines musikalischen Tones)* harmonaj tonoj *Pl, auch* supratonoj *Pl* ***b)*** *f Phys (die ganzzahlige Vielfache der Grundfrequenz)* harmono; ***erste ~ od ~ erster Ordnung*** primara (*od* unua) harmono

harmonisieren *tr **a)** Mus (mit Begleitakkorden versehen)* harmonizi; ***eine Melodie ~*** harmonizi melodion ***b)*** *in Einklang bringen* harmoniigi, akordigi

Harmonisierung *f* harmoniigo, akordigo; ~ ***der Zolltarife*** harmoniigo de [la] dogantarifoj; ***eine ~ der Löhne in Ost und West fordern*** postuli harmoniigon de la laborpagoj en orienta kaj okcidenta Germanio

Harmonium *n Mus* harmoniumo

Harn *m* urino (↑ *auch **Restharn** u. **Urin***); ~ ***lassen*** ellasi urinon, urini (↑ *auch **pinkeln**, **pissen** u. **urinieren***)

harnartig *Adj* urineca

Harn|ausscheidung *f, Fachspr **Diurese** f Physiol* urinekskrecio; ~**beschwerden** Dysurie *f Med (erschwertes Wasserlassen)* disurio (↑ *auch **Harnzwang***)

harnbildend = ***urogen***

Harnblase *f* (Vesica urinaria) *Anat* urinveziko *od* urina veziko, *umg auch kurz* veziko

Harnblasenbruch *m Med* ↑ ***Cystocele***

Harnblasen|entzündung *f, Fachspr auch **Zystitis** f Med* inflamo de la urina veziko, *auch* cistito; ~**inkontinenz** *f Med* urina inkontinenco; ~**karzinom** *n, pop **Blasenkrebs** m Med* karcinomo de la urinveziko, *umg* kancero de la veziko; ~**polyp** *m Med* urinvezika polipo; ~**stein** *m, pop **Blasenstein** m* (Calculus vesicales) *Med* urinvezika kalkuluso (*od umg* ŝtoneto), *pop auch* vezikoŝtoneto

Harndrang *m kampfartig* (Tenesmus vesicae) *Med* [urin]vezika tenesmo (↑ *auch **Harnzwang***); ***nächtlicher*** ~ dumnokta urinvezika tenesmo

harnen, *umg **Wasser lassen**, <österr> **pischen** intr* urini, ellasi urinon

Harnfarbstoff *m* ↑ ***Urochrom***

Harnfluss *m* ↑ ***Urinfluss***

Harnflut *f Med* ↑ ***Polyurie***

Harngang *m Anat* ↑ ***Urachus***

Harn|glas *n, auch **Urinal** n* urinvazo, urinujo (↑ *auch **²Ente***); ~**inkontinenz** *f, auch **Blaseninkontinenz** f* (Incontinentia urinae) *Med* urina inkontinenco (↑ *auch **Einnässen***)

¹Harnisch *m* kiraso (↑ *auch **Beinharnisch** u. **Brustpanzer***) ◇ ***jmdn. in ~ bringen*** *jmdn. in Zorn bringen* kolerigi iun (***mit*** per); *jmdn. aufreizen* inciti iun; ***in ~ geraten*** (*od **kommen***) *zornig werden* ekkoleri, ekflami (***wegen*** pro); *Wut bekommen, sich erbosen* incitiĝi; ***in ~ sein*** esti kolera

²Harnisch *m Weberei (am Zugstuhl)* harneso

Harnlassen *n* ↑ ***Wasserlassen***

Harnleiter *m, Fachspr **Ureter** m Anat* uretero (↑ *auch **Hydroureter***); ~**entzündung** *f, Fachspr **Ureteritis** f Med* inflamo de [la] uretero, ureterito; ~**katheter** *m Medizintechnik* uretera katetero; ~**kolik** *f Med* uretera koliko; ~**stein** *m, Fachspr **Ureterstein** m Med* uretera kalkuluso; ~**verengung** *f, Fachspr **Ureterstenose** f Med* uretera stenozo

Harnretention *f Med* ↑ ***Harnverhaltung***

Harnröhre *f, Fachspr **Urethra** f Anat* uretro, *umg auch* urintubo; ***Schleimdrüsen** f/Pl **der*** ~ (Glandulae [para]urethrales) uretraj glandoj *Pl*

Harnröhren|arterie *f* (Arteria urethralis) *Anat* uretra arterio; ~**entzündung** *f, Fachspr **Urethritis** f Med* inflamo de [la] uretro, uretrito; ***gonorrhoische*** ~ gonokoka uretrito

Harnröhren- *od* **Urethralpolyp** *m Med* ure-

tra polipo
Harnröhrenschließmuskel *m* (Musculus sphincter urethrae) uretra sfinktero
Harnröhrenspiegel *m Medizintechnik* ↑ ***Urethroskop***
Harnröhrenspiegelung *f Med* ↑ ***Urethroskopie***
Harnröhren|stein *m Med* uretra kalkuluso; **~striktur** *f* (Strictura urethrae) *Med* uretra strikturo; **~zange** *f Chir* uretra forcepso
Harnsack *m Biol* ↑ ***Allantois***
Harnruhr *f Med alt* = ***Diabetes***
Harn|säure *f* (Acidum uricum) *Chem* urea (*od* ureata) acido, *auch* urinacido; **~sediment** *n* urina sedimento
Harnsepsis *f Med* ↑ ***Urosepsis***
Harnstauungsniere *f*, <*wiss*> ***Hydronephrose*** *f Med* hidronefrozo
Harnstein *m*, *Fachspr* ***Urolith*** *m Med* urolito; **~leiden** *n*, *Fachspr* ***Urolithiasis*** *f Med* urolitiazo
Harnstoff *m Chem* ureo; **~erhöhung** *f im Blut* urinemio; **~synthese** *f* ureosintezo
Harn|stottern *n Med (Unfähigkeit, den Harn kontinuierlich zu entleeren* intermita urinado; **~strahl** *m* urinŝpruc[aĵ]o
Harnstrenge *f Med* ↑ ***Harnzwang***
Harnsystemröntgen[kontrast]darstellung *f* ↑ ***Urografie***
harntreibend, *Fachspr* ***diuretisch*** *Adj Med* diurez[ig]a; ***~es Mittel*** *n*, *Fachspr* ***Diuretikum*** *n Pharm* diurez[ig]ilo, diureziga medikamento; ***~er Tee*** *m*, *pop* ***Blasentee*** *m Pharm* diureziga teo
Harnuntersuchung *f Med* ekzamenado de la urino (*vgl. dazu* ***Urintest***)
harnvergiftet ↑ ***urämisch***
Harnvergiftung *f Med* ↑ ***Urämie***
Harnverhaltung *f*, *Fachspr meist* ***Harnretention*** *f* (Retentio urinae), <*wiss*> ***Anurie*** *f Med* urina reteno, *Fachspr* anurio
Harnwege *Pl Anat*: ***ableitende ~*** urina sistemo
Harn|wegsinfekt *m Med* urindukta infekto *od* infekto de la urindukto; **~zwang** *m*, *auch* ***Harnstrenge*** *f*, <*wiss*> ***Strangurie*** *f Med (schmerzhaftes Wasserlassen)* strangurio (*vgl. dazu* ***Dysurie*** *u.* ***Harndrang***)
Harold (*m*) *männl. Vorname* Haroldo *auch Name zweier Könige von England*
Harpune *f* harpuno (↑ *auch* ***Stoßharpune***)
Harpunenkanone *f Walfang* harpunkanono
harpunieren *tr* harpuni
Harpunier[er] *m Harpunenwerfer* harpunisto
[1]**Harpyie** *f* (Harpia harpyja) *Orn (ein Greifvogel der mittel- u. südamerikanischen Waldgebiete)* harpio
[2]**Harpyie** *f griech. Myth (Sagengestalt, halb Mädchen, halb Vogel)* Harpio <*Sturmdämon, der Menschen entführt und Unheil bringt*>
harren *intr geh für «ausdauernd warten»* daŭre (*bzw.* insiste) atendi, atendadi; *ersehnen* sopiri pri; *hoffen* esperi pri
Harrisburg (*n*) *Hptst. des US-Bundesstaates Pennsylvania* Harisburgo
Harsaphes (*m*), *ägypt.* ***Herischef*** *Myth (Ur- u. Fruchtbarkeitsgott in Oberägypten, Lokalgott von Herakleopolis* <*später mit Re u. Osiris gleichgesetzt*>*)* Harsafo
harsch *Adj* ***a)*** *vereist (Schnee)* krustiĝinta ***b)*** *barsch* bruska; *grob* kruda
Harsch *m Eiskruste auf einer Schneedecke* krustiĝinta neĝo
Harst *m* ↑ ***[1]Schar***
hart 1. *Adj Ggs weich* malmola *auch übertr*, *fachsprachl. auch (bes. in Zus)* dura *selt auch übertr*; *streng* severa, malmilda, rigora; *drakonisch* drakona; *mühevoll* peniga; *anstrengend* streĉa; *schwer, schwierig* malfacila; *alkoholisches Getränk* forta; *grausam* kruela; *heftig, scharf* akra (↑ *auch* ***knallhart*** *u.* ***unerbittlich***); *steif* rigida; ***~ wie Stahl*** dura kiel ŝtalo; ***~es*** (*od* ***~ gekochtes***) ***Ei*** *n* malmole kuirita ovo; ***~er Gaumen*** *m* (Palatum durum) *Anat* dura (*od* malmola) palato; ***~er Konsonant*** *m Phon* dura (*od* malmola) konsonanto; ***~e Strafe*** *f* severa puno; ***~er Winter*** *m* severa vintro; ***~e Worte*** *n/Pl* akraj paroloj *Pl*; ***~e Zeiten*** *f/Pl* [ege] malfacilaj tempoj *Pl*; ***~ werden*** malmoliĝi; *sich versteifen (Penis)* rigidiĝi; ***härter als Fels*** pli malmola ol roko; ***ein ~es Herz haben*** *übertr* havi malmolan (*od auch* duran) koron **2.** *Adv dicht bei* tute apude, ĝuste apud; ***~ am Abgrund*** (***Wege***) ĝuste apud la abismo (vojo); ***~ arbeiten*** streĉe labor[ad]i; ***es ging ~ auf ~*** ekestis akra (*od* senceda) batalo; ***diese Krankheit hat sie ~ mitgenommen*** tiu malsano ege malfortigis ŝin
härtbar *Adj Tech* hardebla (↑ *auch* ***wärmehärtbar***)
Hartbovist *m Mykologie* sklerodermo
Harte *m*: ***er kriegt einen ~n*** *sex fam für «sein Penis erigiert»* lia kaco rigidiĝas (*od*

[ek]baŭmas)

Härte *f* malmoleco *auch übertr*; *Tech (durch Ablöschen erworbene Härte [von Stahl, Schmiedeeisen, Zement])* hard[it]eco *auch i.w.S. für «Abgehärtetsein» od «Gestähltheit»*, dur[ec]o; *Strenge (auch des Gesetzes)* rigoreco, sever[ec]o (↑ *auch* ***Schärfe***); *Grausamkeit* krueleco; *Anstrengung* streĉo; *Steife* rigideco; ~**grad** *m* grado de harditeco (*od* dureco)

härten ***a)*** *tr hart machen* malmoligi; *Tech (Stahl, Schmiedeeisen)* hardi ***b)*** *intr hart werden* malmoliĝi; *Zement* hardiĝi

Härte|ofen *m Tech* forno por hardado; ~**pulver** *n Tech (Zementierpulver)* harda pulvoro; ~**skala** *f Tabelle zur Bestimmung der Ritzhärte von Mineralien [Einteilung von 1-10 (bei Härteprüfung)]* durskalo [de mineraloj]

Hartford (*n*) *Hptst. des US-Bundesstaates Connecticut* Hartfordo

hartgekocht = ***hart gekocht*** [↑ *unter* ***hart***]

Hartgeld *n* metala mono

hartgesotten *Adj*, *auch* ***hart gesotten*** *Ei* malmole kuirita; *übertr* [tro] persist[em]a, obstin[eg]a

Hart|gestein *n Geol, Min (ein Gestein mit einer Druckfestigkeit von mehr als 180 N/mm²)* durrokaĵo; ~**gummi** *m*, *auch* ***Ebonit***® *n durch Vulkanisation mit viel Schwefel gewonnener Hartgummi* ebonito; ~**guss** *m Metallurgie (Verfahren)* konkogisado, *(Erzeugnis)* konkogisaĵo

hartherzig *Adj* malmolkora, ŝtonkora, *auch (bes. poet)* durkora

Hartherzigkeit *f* malmolkoreco, ŝtonkoreco

Hartheu *n Bot* ↑ ***Johanniskraut***

Hartheugewächse *n/Pl Bot* ↑ ***Johanniskrautgewächse***

Hart|holz *n* dur-ligno (↑ *auch* ***Eben-*** *u.* ***Teakholz***); ~**käse** *m Nahr* dur-fromaĝo, *auch* malmola fromaĝo (↑ *auch* ***Gruyère***)

hart|köpfig *Adj* durkapa; *stur* obstina; ~**leibig** *Adj Med* konstipita

hartlöten *tr Tech* brazi, *auch* hardluti

Hartmetalle *n/Pl metallische Werkstoffe von bes. großer Härte* duraj metaloj *Pl*

Hartmut (*m*) *männl. Vorname* Hartmuto

hartnäckig *Adj* obstina *auch Krankheit*; ~***er Kopfschmerz*** *m* obstina kapdoloro

Hartnäckigkeit *f Starrsinn, Sturheit* obstin[ec]o; *Beharrlichkeit* persistemo

Hartpapier *n* kompakta papero

Hartriegel *m* (*Gattung* Cornus) *Bot* kornuso (↑ *auch* ***Blumenhartriegel***); ***kanadischer*** ~, *auch* ***Teppichhartriegel*** *m* (Cornus canadensis) kanada kornuso; ***roter*** (*od* ***rot blühender***) ~ (Cornus sanguinea) ruĝa kornuso; ***schwedischer*** ~ (Cornus suecica) *eine krautige Art* sveda kornuso; ***weißer*** (*od* ***weiß blühender***) ~ (Cornus alba = Cornus sericea) blanka kornuso *[Vorkommen: von N-Russland über Sibierin u. die Mandschurei bis nach Nordkorea]*

Hartriegelgewächse *n/Pl Bot*: ***[Familie der]*** ~ *Pl* (Cornaceae) kornusacoj *Pl*

hartschalig *Adj* malmolŝela, *fachsprachl. auch* durŝela

Hartstahl *m* dur-ŝtalo

Härtung *f Tech* ***a)*** *(das Härten [von Metall, Stahl u. anderen Werkstoffen])* hardado (↑ *auch* ***Oberflächenhärtung***); ~ ***durch Abkühlung*** (***Hämmern***) hardado per malvarmigo (martelado); ~ ***in Öl*** (***Wasser***) hardado en oleo (akvo) ***b)*** *das Hartwerden, z.B. von Metall durch Ablöschen* hardiĝo

Hart|weizen *m*, *auch* ***Durumweizen*** *m* (Triticum durum) *Bot* dura tritiko *auch Nahr*; ~**werden** *n (das) Sichverhärten; Verhärtung* malmoliĝo *auch übertr*; *(das) Sichversteifen* rigidiĝo (↑ *auch* ***Erektion***)

Harun ar-Raschid (*m*) *Eig (ein Kalif der Abbasiden-Dynastie [766-809])* Harun-al-Raŝido

Haruspex *m* (*Pl*: ***Haruspices***) *Rel, Antike (etruskischer od altrömischer Wahrsager)* haruspekso

Haryana (*n*) *ein Gliedstaat im NW der Indischen Union [1966 durch Abtrennung des südlichen Teils des Staates Pandschab geschaffen]* Harjano *[Hptst.: Chandigarh]*

[1]**Harz** *n* rezino; *Kopal (ein festes Naturharz aus Übersee)* kopalo (↑ *auch* ***Aldehyd-***, ***Alkyd-***, ***Baum-***, ***Benzoe-***,***Dammar-***,***Elemi-***, ***Epoxid-***, ***Fichten-***, ***Furan-***, ***Inden-***, ***Jalapen-***, ***Kiefernharz***, ***Kolophonium***, ***Kunstharz***, ***Ladanum***, ***Myrrhen-***, ***Natur-***, ***Tannen-***, ***Vinyl-*** *u.* ***Zedernharz***); ***fossiles*** ~ fosilia rezino (↑ *auch* ***Bernstein***); ~ ***absondern*** (*od* ***ausscheiden***) ↑ ***harzen***; ~ ***liefernd*** rezinodona *(Baum)*; ~ ***sammeln*** *Baumharz* kolekti rezinon [de arboj]; ~ ***scharren*** (*od* ***schrappen***) *Forstw* deskrapi rezinon; ~ ***von Nadelbäumen gewinnen*** *Forstw* ekstrakti rezinon el pingloarboj

[2]**Harz** *m ein dt. Mittelgebirge* [mezmontaro]

Harco; ***Nationalpark*** ~ Nacia Parko Harco < *der Park umfasst ein Gebiet von 247 km² rund um den Brocken*>

harzartig *Adj* rezineca (↑ *auch* ***harzig***)

Harzbirke *f Bot* ↑ *unter* ***Birke***

harzen ***a)*** *tr Tech (mit Harz behandeln)* rezini ***b)*** *intr (Harz absondern [Baum])* rezinumi, sekrecii (*od auch* eligi) rezinon

Harzgang *m* ↑ ***Harzkanal***

Harzgeruch *m* odoro de rezino

harzhaltig, <*österr*> ***harzhältig*** *Adj* enhavanta rezinon *nachgest*

Harzhobel *m Forstw* rezinogratilo

harzig *Adj* rezin[oz]a; *harzartig* rezineca; *wie Harz* kiel rezino *nachgest*; ~ ***werden*** *verharzen* reziniĝi *auch Öl*

Harz|kanal *m, auch* ***Harzgang*** *m bes. bei Nadelhölzern* rezinkanalo; ~**kitt** *m* rezina mastiko

harzreich *Adj* rezinoriĉa; *reich an Harz* riĉa je rezino *nachgest*

Harz|sammler *m Forstw* kolektanto de [natura] rezino; ~**säure** *f, Fachspr* ***Resinosäure*** *f Chem* rezinoacido (↑ *auch* ***Boswelliasäuren***); ~**topf** *m Forstw (Harzauffanggefäß [an Baumstämmen])* rezinopoto

Hasan (*m*) *Eig* = ***Hassan***

Hasaradschat (*n*) *ein Hochland in Zentralafghanistan* Hasaraĝato

Hasard *n* ↑ ***Hasardspiel***

Hasardeur *m Glücksspieler* hazardludanto *bzw.* hazardludisto; *Abenteurer* aventuristo; *Wagehals* riskemulo, aventurulo

Hasardspiel *n, Kurzf* ***Hasard*** *n* hazardludo; ***Hasard spielen***, *auch* ***hasardieren*** hazardludi *i.w.S. auch für «alles auf eine Karte setzen» od «ein tollkühnes Spiel treiben»*

Hasardspieler *m* hazardludanto *bzw.* hazardludisto

Hasch *n* ↑ ***Haschisch***

Haschee *n Kochk* hak[it]aĵo (↑ *auch* ***Lungenhaschee***)

[1]**haschen** ***a)*** *tr fangen* kapti ***b)*** *intr* kuri por kapti

[2]**haschen** *intr* ↑ *unter* ***Haschisch***

Haschen *n*: ~ ***und Fangen***, <*österr*> ***Fangerl[spiel]*** *n* tuŝludo *ein Kinderspiel*; ~ ***spielen*** kaptoludi

Häscher *m alt od poet für «Fänger»* kaptisto; *Scherge* sbiro (*vgl. dazu* ***Büttel***)

Haschimiten *m/Pl arab. Dynastie der Scherifen von Mekka, die ihren Stammbaum auf den Propheten Mohammed zurückführt* haŝimidoj *Pl*

haschimitisch *Adj* haŝimida (↑ *auch* ***Jordanien***)

Haschisch *n, umg salopp* ***Hasch*** *n ein Rauschgift* haŝiŝo (*vgl. dazu* ***Joint***); ~ ***rauchen***, *umg* ***haschen*** *intr* fumi haŝiŝon (*od* haŝiŝcigaredon), *umg auch* haŝiŝumi

Haschisch|pfeife *f* haŝiŝpipo; ~**vergiftung** *f Med* toksiĝo per haŝiŝo, haŝiŝismo

Hasdrubal (*m*) *Eig (Name karthagischer Feldherren)* Hasdrubalo

[1]**Hase** *m Zool* ***a)*** (*Gattung* Lepus) leporo (↑ *auch* ***Kap-***, ***Korsika-***, ***Kurzohr-***, ***Oster-***, ***Pegu-***, ***Pfeif-***, ***Polar- Schnee-***, ***Schneeschuh-***, ***Schwarznacken-***, ***Siam-***, ***Spring-*** *u.* ***Tehuantepechase***); ~***n jagen*** ĉasi leporojn; ***chinesischer*** ~ (Lepus sinensis) ĉina leporo; ***gemeiner*** ~ *od* ***[europäischer] Feldhase*** (Lepus europaeus) eŭropa leporo; ***iberischer*** ~ (Lepus granatensis) iberia leporo; ***kalifornischer*** ~ *od* ***Eselhase*** *m* (Lepus californicus) kalifornia (*od* nigravosta) leporo *[Vorkommen: westliche USA]* ◇ ***da liegt der*** ~ ***im Pfeffer*** *hier ist der Kern des Problems* jen la tubero en la afero *(Zam)*, jen la malfacilaĵo [en la afero]; ***er ist ein alter*** ~ *ein erfahrener Fachmann* li estas longjara specialisto [pri tio], *auch* li estas spertulo [pri tio] (↑ *auch* ***Veteran***) ***b)*** *pop häufig für «Kaninchen»* kuniklo

[2]**Hase** *m Astron* ↑ ***Lepus***

Hašek (*m*) *Eig (tschechischer Schriftsteller [1883-1923])* Haŝeko

[1]**Hasel** *f Bot* ↑ ***Haselnussstrauch***

[2]**Hasel** *od* **Hüsling** *m, auch* ***Häsling*** *m* (Leuciscus leuciscus) *Ichth* leŭcisko

Hasel|huhn *n* (Tetrastes bonasia) *Orn* tetrao; ~**maus** *f* (Muscardinus avellanarius) *Zool* muskardeno

Haselnuss *f* avelo; ~**bohrer** *m* (Balaninus nucum) *Ent* aveloborulo

haselnuss|braun *Adj* avel[o]kolora (↑ *auch* ***nussfarben***); ~**groß** *Adj* avel[o]granda

Hasel[nuss]strauch *m, auch* ***Hasel*** *f* (Corylus avellana) *Bot* avelarbedo, <*wiss*> korilo *[Vorkommen: von Europa bis nach Kleinasien u. dem Kaukasus]* (↑ *auch* ***Baumhasel*** *u.* ***Lambertsnuss***)

Haseltäubling *m Mykologie*: ***gelber*** ~ (Russula lutea) flava rusolo

Haselwurz *f* (*Gattung* Asarum) *Bot* azaro; ***braune*** ~ (Asarum europaeum) eŭropa azaro

Haselzweig *m* avel[o]branĉo
Hasen|artige *Pl* (Leporidae) *Zool (eine Familie der Hasentiere, die in zwei Gruppen unterteilt sind [Hasen u. Kaninchen])* leporedoj *Pl* (*vgl. dazu* ***Hasentiere***); ~**braten** *m Kochk* leporrostaĵo; *i.w.S. (Gericht aus Hasenfleisch)* leporaĵo
Hasenbrot *n Bot* ↑ ***Feldhainsimse***
Hasenfell *n* lepora felo
Hasenfuß *m scherzh für «überängstlicher Mensch»* timulo (*vgl. dazu* ***Angsthase*** *u.* ***Feigling***) ◇ ***er ist ein*** ~ li havas koron de leporo, *auch* li timas sian propran ombron
Hasenglöckchen *n Bot*: ***atlantisches*** ~ (Scilla non-scripta = Hyacinthoides non-scripta) arbara hiacinto *[Vorkommen: Westeuropa entlang der Atlantikküste bis Schottland]*; ***italienisches*** ~ *od* ***Riviera-Hasenglöckchen*** *n, auch* ***italienische Sternhyazinthe*** *f* (Hyacinthoides italica) itala arbara hiacinto *[Vorkommen: NW-Italien, SO-Frankreich]*
Hasen|hund *m ein Jagdhund* leporhundo (↑ *auch* ***Windhund***); *kleiner engl. Hasenhund (Beagle)* biglo; ~**jagd** *f* leporĉas[ad]o, ĉasado al leporoj; *Jagd auf Hasen mit dem Hasenhund* ĉasado al leporoj pere de leporhundo; ~**klee** *m* (Trifolium arvense) *Bot* kampa trifolio
Hasenlattich *m* (*Gattung* Prenanthes) *Bot* prenanteso; ***roter*** ~ (Prenanthes purpurea) purpura prenanteso
Hasenmaus *f Zool* ↑ ***Chinchilla*** *u.* ***Viscacha***
[1]**Hasenohr** *n* (*Gattung* Bupleurum) *Bot* bupleŭro; ***langblättriges*** ~ (Bupleurum longifolium) longfolia bupleŭro; ***rundblättriges*** ~ (Bupleurum rotundifolium) rondfolia bupleŭro
[2]**Hasenohr** *n*: ***rötliches*** ~, *auch* ***Eselsohr*** *n* (Otidea onotica) *Mykologie* lepor-orela pezizo
Hasenpanier *n nur in* ◇ ***das*** ~ ***ergreifen*** *ausreißen* forlepori, rapidege forkuri
Hasenpest *f Vet* ↑ ***Tularämie***
Hasen|pfeffer *m Kochk* [forte spicita] leporа raguo; ~**ragout** [*...ra'gu:*] *n Kochk* lepora raguo; ~**röhrling** *m* (Gyrosporus castaneus) *Mykologie* kaŝtankolora boleto; ~-**scharte** *f, auch* ***Lippenspalte*** *f* (Labium fissum *od* Labium leporinum) *Med* leporlipo, *umg auch* fendlipo; ~**tiere** *n/Pl* (Lagomorpha) *Zool (eine Ordnung der Säugetiere [mit 2 Familien: Hasenartige u. Pfeifhasen])* leporuloj *Pl*

Häsin *f weibl. Hase* leporino; *weibl. Kaninchen* kuniklino
Haskowo (*n*) ↑ ***Chaskowo***
Häsling *m Ichth* ↑ ***Hasel***
Hasmonäer *Pl Gesch (ein jüdisches Herrschergeschlecht im 2. u. 1. Jh. v. Chr. in Judäa, das aus dem Aufstand der Makkabäer im Jahre 167 v. Chr. hervorging)* hasmoneoj *Pl* (*vgl. dazu* ***Makkabäer***)
Haspe *f Türangel* pordhoko
Haspel *f 1. Garnspule, Garnwinde 2. Bergb, Mar (eine Fördervorrichtung)* haspelo (*vgl. dazu* ***Winde***)
haspeln *tr auf eine Haspel wickeln* haspeli, volvi ĉirkaŭ haspelo; *i.w.S. aufspulen* surbobenigi, volvi ĉirkaŭ bobeno
Hass *m* malamo, *auch (bes. poet)* hato (***auf*** *od* ***gegen jmdn.*** kontraŭ iu) (*vgl. dazu* ***Groll*** *u.* ***Rache***; ↑ *auch* ***Frauen-***, ***Fremden-*** *u.* ***Völkerhass***); ~ ***zwischen den [einzelnen] Geschlechtern*** (***Stämmen***) intergenta (intertriba) malamo; ~ ***erwecken*** (*od* ***aufkommen lassen***) veki (*od* instigi) malamon (***gegen*** kontraŭ); ***voller*** ~ plena de malamo
Hassan (*m*) *Eig* Hasano: ***a)*** *Islam (Enkel Mohammeds u. ältester Sohn von Ali u. Fatima)* ***b)*** *arab. männl. Vorname, auch Name des Königs von Marokko*
hassen *tr* malam[eg]i, *auch (bes. poet)* hati; ***einander*** (*od* ***sich [gegenseitig]***) ~ malami unu la alian
hassenswert *Adj* malaminda, *auch* hatinda
hasserfüllt 1. *Adj* plena de malamo *nachgest* **2.** *Adv* plene de malamo *nachgest*
Hassgefühl(e) *n/(Pl)* sento(j) *(Pl)* de malamo (*od* hato)
hässig ↑ ***übellaunig*** [*unter* ***übel 2.***]
Hassium *n* (*Symbol* ***Hs***) *Chem (ein Transactinoid)* hasio
Hasskriminalität *f* hat-krimeco
hässlich 1. *Adj Aussehen, Gestalt* aĉa, *auch (bes. poet)* turpa; *abstoßend hässlich* hida; *ekelhaft* naŭza; *schlecht, übel* malbona, aĉa; *unangenehm* malagrabla; *grässlich, grauenhaft* horora *od nachgest* kaŭzanta hororon, *auch* hida; *unanständig* maldeca; ~***er Charakter*** *m* aĉa karaktero; ~***es Gesicht*** *n* hida vizaĝo; ~***es Wetter*** *n* aĉa vetero **2.** *Adv*: ~ ***lachen*** aĉe ridi *od* ridaĉi
Hässlichkeit *f* aĉeco, aĉa aspekto, turpeco; *Ekelhaftigkeit* naŭzeco; *Unanständigkeit* maldeco, *(etw. Unanständiges)* maldecaĵo
Hass|prediger *m* hatpredikanto *bzw.* hatpre

dikisto (*vgl. dazu* ***Prediger***); ~**rede** *f* hatparolado

Hast *f* hasto, rapidego, trorapido; ***in größter ~*** en plej granda hasto; ***ohne ~*** senhaste

hasten *intr* hasti; *i.w.S. sich beeilen* rapidegi (***nach*** *od* ***zu*** al); *hastig sprechen* haste paroli

hastig 1. *Adj* hasta, rapidega *(Person) auch* [ĉiam] rapidema; *~****es Essen*** hasta manĝado; ***mit ~en Bewegungen*** kun hastaj movoj **2.** *Adv* haste, rapidege *od* tro rapide; ***sich ~ verabschieden*** haste adiaŭi

Hastigkeit *f* hasto; *hastige Wesensart* hastemo

Hastinapura (*n*) *die Hauptstadt Zentralindiens in der Zeit des großen Krieges, der im Mahabharata geschildert wird* Hastinapuro

Hathayoga *m od n Yoga mit Betonung der körperlichen Übungen* hatajogo

Hathor (*f*) *Myth (altägyptische Kuhgöttin, ursprünglich Falken- u. Himmelsgöttin [ihre Hauptkultstätte war Dendera])* Hatora

Hatschek *n Typ* ↑ ***Háček***

hätscheln *tr liebkosen* karesi; *verwöhnen* dorloti

Hatschepsut (*f*) *altägyptische Königin [regierte etwa 1490-1468 v. Chr.]* Hatŝepsuta

Häubchen *n* kufeto

Haube *f* ***a)*** *Kopfbedeckung [für Frauen]* kufo *auch i.w.S.* (*vgl. dazu* ***Kappe***; ↑ *auch* ***Bade-***, ***Dreiecks-***, ***Dusch-***, ***Falken-***, ***Glücks-*** *u.* ***Schwesternhaube***) ◇ ***die Tochter unter die ~ bringen*** serĉi edzon por la filino, edzinigi la filinon ***b)*** *Federschopf am Kopf mancher Vögel* hupo, [surkapa] plumtufo *od kurz* tufo [da plumoj] ***c)*** *Kfz (Kühler~)* kapoto ***d)*** *Bez für «gewölbtes Oberteil», z.B. einer Glocke* krono ***e)*** *kurz für* ***Trockenhaube*** [↑ *dort*] ***f)*** *Bot Fachspr* ***Calyptra*** *f Moos~* kufo [de musko]

Hauben|fischer *m* (Alcedo cristata) *Orn* tufalciono *[Vorkommen an Gewässern Afrikas u. Madagaskars]*; ~**lerche** *f, reg* ***Haus-*** *od* ***Kammlerche*** *f* (Galerida cristata) *Orn* tufalaŭdo; ~**meise** *f* (Parus cristatus) *Orn* tufparuo (↑ *auch* ***Grauhaubenmeise***); ~**milan** *m, auch* ***Schwarzbrustmilan*** *m* (Hamirostra melanosternon) *Orn* nigrabrusta milvo *[Vorkommen: Australien]*; ~**pinguin** *m, auch* ***Schlegelpinguin*** *m* (Eudyptes schlegelii) *Orn* ŝlegela pingveno *[Vorkommen: südl. von Neuseeland]*

Haubensäger *m Orn* ↑ ***Kappensäger***

Hauben-Schlangenadler *m Orn* ↑ ***Schlangenweihe***

Hauben|segler *m* (Hemiprocne longipennis) *Orn* tuf-apuso; ~**taucher** *m* (Podiceps cristatus) *Orn* tufgrebo

Haubitze *f Mil* haŭbizo ◇ ***voll wie eine ~*** *sternhagelvoll, total betrunken* delire ebria

Hauch *m* ***a)*** *Luft~* bloveto; *Atem* spir[et]o ◇ ***der erste ~ des Frühlings*** la unuaj blovoj de l' printempo ***b)*** *eine Spur (von etw.), ein klein wenig* nuanc[et]o *od* iometo [da]

hauchdünn *Adj* minca

hauchen *tr flüstern* flustri; *abs: einen Hauch ausstoßen* spireti, spirblovi, bloveti

Hauchlaut *m Phon* aspiracia sono

Haudegen *m* ↑ ***Rapier***

[1]**Haue** *f reg für «[1]Hacke»* pioĉo

[2]**Haue** *f fam für «Hiebe»* batoj *Pl*; ~***e bekommen*** *fam für «Prügel beziehen»* havi plendorson da batoj

hauen *tr prügeln* bat[eg]i; *hacken* haki (*vgl. dazu* ***abhauen***); ***etw. in Stein ~*** *Bildh* skulpti ion el ŝtono; ***in die Tempelwand gehauen*** *gemeißelt* ĉizelita en la templomuro ◇ ***jmdn. übers Ohr ~*** trompi iun, superruzi iun; ***ich will mich noch ein Stündchen aufs Ohr ~*** *salopp* [antaŭ ĉio] mi volas dormi iomete

[1]**Hauer** *Fangzahn [eines Tieres]* kaptodento; *Eckzahn* kojnodento; *allg (großer Zahn)* dentego

[2]**Hauer** *m* ***a)*** *Stein~* ŝtonhakisto ***b)*** *auch (bes. <österr>)* ***Häuer*** *m Bergb* karbohakisto, *i.w.S. (Bergmann)* ministo

Häufchen *n*: ***a) ein ~*** *eine kleine Schar, ein paar* areto *(mit nachfolgendem* da) ***b) ein ~ machen*** ↑ *unter* ***Aa***

Häufelhacke *f* ↑ ***Häufler***

häufeln *tr Forstw, Gartenb, Landw* buti

Haufen *m* amaso, *auch* aro (↑ *auch* ***Müll-***, ***Schutt-*** *u.* ***Steinhaufen***); *Heu~, Holz~, Stroh~ u.Ä.* stako (↑ *auch* ***Stapel***); *Bande, Rotte* bando, roto; ***er hat einen ~ Schulden gemacht*** *umg* li ŝuldiĝis enormagrade ◇ ***etw. über den ~ werfen*** *z.B. eine Berechnung, einen Plan u.a.* renversi ion, faligi ion

häufen *tr* amasigi (***etw. auf etw.*** ion sur ion); ***sich ~*** *refl sich ansammeln* amasiĝi; *sich wiederholen* ripetiĝi; *[immer] öfter geschehen* plioftiĝi, *allzu oft geschehen* trooftiĝi; ***in letzter Zeit häuften sich die Klagen über ...*** lastatempe (*od* en la lasta tempo) plioftiĝis la plendoj pri ...

Haufenschichtwolke *f* ↑ ***Stratokumulus***

haufenweise *Adv* ***a)*** *massenweise, in großer Zahl* amase, grandare, multope ***b)*** *umg für «sehr viel»* amason da; ***er hat ~ Geld verdient*** *salopp* li gajnis amason da mono

Haufenwolke *f Met* kumuluso; ***flache ~***, *auch* ***Schönwetterwolke*** *f* plata kumuluso; ***mächtige ~***, *auch* ***Gewitterwolke*** *f* kumulonimbuso

häufig 1. *veraltet auch* ***frequent*** *Adj* ofta; *zahlreich* multnombra; *wiederholt* ripetfoja **2.** *Adv* ofte; ripetfoje; ***~ geschehen*** ofte okazi, *auch* ofti; ***das ist ~ der Fall*** tio ofte okazas

Häufigkeit *f* ofteco; *math. Statistik* frekvenco; ***absolute*** (***beobachtete, kumulative, relative***) ***~*** *math. Statistik* absoluta (observata, kumulita, relativa) frekvenco

Häufigkeitswörterbuch *n* oftecvortaro, frekvenca vortaro

Häufler *m*, *auch* ***Häufelhacke*** *f Forstw, Gartenb, Landw (Gerät zum Anhäufeln)* butilo

Häufung *f* amasigo; *Akkumulation* akumul[ad]o; *das Sichanhäufen* amasiĝo; akumuliĝo; *häufiges Auftreten von etw.* plioftiĝo

Häufungspunkt *m Math* akumulpunkto

Haugesund (*n*) *eine westnorwegische Hafenstadt [südl. von Stavanger]* Haŭgesundo

Hauhechel *f*, *auch* ***Hachelkraut*** *n* (*Gattung* Ononis) *Bot* ononiso; ***kriechende ~*** (Ononis repens) rampa ononiso

Hauklotz *m* ↑ ***Hackklotz***

Hauma *m Rel* ↑ ***Haoma***

Haumesser *n Buschmesser, Machete* maĉeto (*vgl. dazu* ***Hippe*** *u.* ***Sichel***)

Haupt *n geh für «Kopf»* kapo *auch übertr*; *Chef, Oberhaupt* ĉefo, estro (*vgl. dazu* ***Führer***); ***das ~ der Familie*** la estro de la familio *od* la familiestro; ***mit entblößtem ~*** *geh* havanta nekovritan kapon *od* sen kapvesto *beide nachgest*, nudkape

Haupt|absicht *f* principa celo; **~abteilung** *f* ĉefa sekcio; **~achse** *f Math* ĉefakso; **~akteur** *m* ĉefa aganto, *auch* ĉefrolulo (↑ *auch* ***Protagonist***); **~altar** *m Kirche* ĉefaltaro (↑ *auch* ***Hochaltar***); **~angeklagte** *m Jur* ĉefa akuzito *od* ĉefakuzito; **~ankläger** *m Jur* ĉefakuzanto; **~arbeit** *f* esenca (*od* plej multa) laboro; *wichtigste Arbeit* plej grava laboro; **~armee** *f* ĉefa armeo; **~aufgabe** *f* ĉefa tasko; **~augenmerk** *n* ĉefa (*od* centra) atento; **~bahnhof** *m* (*Abk* ***Hbf.***) centra stacio, ĉefstaci[dom]o; **~beruf** *m* ĉefa profesio; **~bestandteil** *m* konsistiga (*od* esenca) parto, *bes. Chem* ĉefa komponanto, *bes. Kochk* ĉefa ingredienco; *Essenz, Kern* esenco, kerno; **~blütezeit** *f Bot* ĉefa tempo de florado; **~bronchus** *m*, *auch* ***Primärbronchus*** *m* (Bronchus principalis) *Anat (noch außerhalb der Lunge liegender rechter od linker Stammbronchus)* ĉefa (*od* primara) bronko; **~buch** *n Buchhaltung* ĉeflibro; **~buchhalter** *m* ĉeflibrotenisto; **~darsteller** *m Film, Theat* ĉefrolulo *auch i.w.S.* (*vgl. dazu* ***Protagonist***); **~darstellerin** *f* ĉefrolulino; **~datei** *f*, *auch* ***Stammdatei*** *f EDV* ĉefdosiero; **~deck** *n Mar* ĉefa ferdeko; **~ebene** *f allg, Geom* ĉefebeno; **~eigenschaft** *f* ĉefa eco; **~eingang** *m*, *auch* ***Haupteingangstor*** *n auch i.w.S.* ĉefa enirejo; **~einnahmequelle** *f* ĉefa fonto de enspezoj

Häuptelsalat *m* ↑ ***Gartensalat*** *od* ***Kopfsalat***

Haupt|energiequelle *f* ĉefa fonto de energio; **~erfordernis** *n* esenca kondiĉo; **~erzeugnis** *n* ĉefa produkto; **~fach** *n Schule, Univ* ĉefa instrufako (*od* instruata fako); *i.w.S. auch* specialaĵo; **~fahrwasser** *n Mar* ĉefa ŝanelo; **~faktor** *m* ĉefa faktoro; **~fehler** *m* ĉefa (*od* plej grava *od* fundamenta) eraro; **~feind** *m* ĉefa malamiko (*vgl. dazu* ***Hauptgegner***); **~feldwebel** *m Mil* ĉefserĝento; **~film** *m* ĉefa filmo; **~frage** *f* esenca demando; **~funktion** *f* ĉefa funkcio

Haupt|gang *m od* **~gericht** *n Kochk* ĉefa plado

Haupt|gebäude *n* ĉefa konstruaĵo; **~gedanke** *m* ĉefa ideo (*bzw.* temo); **~gefahr** *f* ĉefa danĝero; **~gegner** *m* ĉefa kontraŭulo; *Hauptfeind* ĉefa malamiko

Hauptgericht *n Kochk* ↑ ***Hauptgang***

Hauptgeschäfts|stelle *f* centra oficejo *vor Namen Großschr* (*Abk* CO); **~straße** *f* ĉefa strato por butikumado; **~zeit** *f Hdl* pinthoroj (*od* pintaj horoj) *Pl* [de aĉetado *od* ekonomia aktivado]

Haupt|gewinn *m* ĉefa gajno (*bzw.* premio); *fam (das große Los)* granda loto; **~gläubiger** *m Hdl, Wirtsch* ĉefa kreditoro; **~gleis** *n Eisenb (Gleis für Zugfahrten)* ĉeftrako *od* ĉefa trako (*vgl. dazu* ***Nebengleis***); **~grund** *m* ĉefa kaŭzo; **~haar** *n* haroj *Pl* [sur la kapo]; **~hahn** *m an einer Leitung* ĉefkrano *od* ĉefa krano; **~handelspartner** *m* ĉefa komerca partnero; **~inhalt** *m das Wesentliche* esenco (*vgl. dazu* ***Quintessenz***); *Zusammenfassung* resumo; ~**interesse** *n* ĉefa intereso; ~**kabel** *n* ĉefa kablo; ~**kassierer** *m* ĉefkasisto; ~**katalog** *m bes. Bibliothekswesen* ĉefkatalogo *od* ĉefa katalogo; ~**kirche** *f* ĉefpreĝejo (*vgl. dazu* ***Kathedrale***); ~**komponente** *f* ĉefa komponanto

Hauptkreis *m Geom* ↑ ***Großkreis***

Haupt|kriegsverbrecher *m* ĉefa militkrimulo; ~**kriterium** *n* ĉefa kriterio; ~**kuppel** *f Arch* ĉefkupolo *od* ĉefa kupolo; ~**leitung** *f* ĉefa kondukilo; *Bauw, Tech (bes. für Versorgungsleitungen)* fidro,*(Rohrleitung)* ĉefdukto *od* ĉefa dukto

Häuptling *m eines Stammes* tribestro (↑ *auch* ***Indianerhäuptling*** *u.* ***Kazike***)

Haupt|linie *f* ĉefa linio *od* ĉeflinio; *Eisenb* ĉefa fervojlinio (*vgl. dazu* ***Hauptstrecke***) ~**mahlzeit** *f* ĉefa manĝo (↑ *auch* ***Diner***)

Hauptmann *m Mil* kapitano; ~ ***a. D.*** ekskapitano

Haupt|masse *f* ĉefa parto, plejmulto; ~**meridian** *m Geogr, Kartogr* centra meridiano; ~**merkmal** *n* karakteriza trajto; ~**nahrung** *f* ĉefa manĝaĵo

Hauptnenner *m Math* ↑ *unter* ***Nenner***

Hauptorgan *n*: ***~e der UNO*** ĉefaj organoj de UNO

Haupt|ort *m wichtigster Ort* plej grava loko (*bzw.* urbo *u.a.*); *Hauptstadt eines Landes* ĉefurbo; ~**person** *f* ĉefa persono, *auch* ĉefulo; ~**portal** *n Arch* ĉefportalo; ~**postamt** *n*, *auch kurz* ***Hauptpost*** *f* ĉefa (*od* centra) poŝtoficejo; ~**preis** *m z.B. bei einem Preisausschreiben* ĉefpremio *od* ĉefa premio; ~**prinzip** *n* ĉefprincipo *od* ĉefa principo; ~**problem** *n* ĉefa problemo (*vgl. dazu* ***Grundproblem***); ~**produkt** *n* ĉefa produkto; ~**projekt** *m* ĉefprojekto; ~**punkt** *m* ĉefa (*od* precipa) punkto; ~**quantenzahl** *f Elektronik* ĉefkvantum-numero; ~**quartier** *n Mil* ĉefkomandejo (*vgl. dazu* ***²Stab b)***); ~**quelle** *f* ĉefa fonto; ~**referat** *n* ĉefa referaĵo; ~**reisezeit** *f* ĉefa vojaĝa sezono

Hauptrolle *f Film, Theat u. übertr* ĉefrolo *od* ĉefa rolo (***in*** en); ***jmd., der die*** (*od* ***eine***) ~ ***spielt*** ĉefrolulo (↑ *auch* ***Hauptdarsteller***)

haupts. = *Abk für* ***hauptsächlich***

Hauptsache *f* ĉefaĵo, *auch* ĉefa afero, *(wichtigste Angelegenheit) auch* plej grava afero

hauptsächlich (*Abk* ***haupts.***) **1.** *Adj* ĉefa, precipa; *wesentlich* esenca; *wichtigste(r, -s)* plej grava **2.** *Adv* ĉefe, precipe; *vor allem* antaŭ ĉio; *im Wesentlichen* esence; *vorwiegend* grandparte, plej multe

Haupt|saison *f Tour* ĉefsezono *od* ĉefa sezono; ~**satz** *m Gramm* ĉefpropozicio; ~**säule** *f Arch* ĉefa kolono *auch übertr*; ~**schacht** *m Bergb* ĉefa ŝakto; ~**schalter** *m El, Tech* ĉefŝaltilo; ~**schiff** *n einer Kirche* ĉefa navo; ~**schlagader** *f*, *auch* ***Aorta*** *f Anat* ĉefa arterio, aorto (↑ *auch* ***Bauchaorta***); ~**schlüssel** *m* ĉefŝlosilo, *auch* universala ŝlosilo, *auch* paspartuo (↑ *auch* ***Nachschlüssel***); ~**schuld** *f* ĉefa kulp[ec]o; ~**schuldige** *m* ĉefkulpulo; ~**schuldner** *m* ĉefa ŝuldanto; ~**schule** *f* baza mezlernejo; ~**schwierigkeit** *f* ĉefa malfacilaĵo; ~**segel** *n Mar* ĉefa velo; ~**signal** *n Eisenb* ĉefa signalilo (*bzw.* semaforo) (*vgl. dazu* ***Signal***); ~**sitz** *m z.B. eines Unternehmens* centra sidejo, *auch* ĉefoficejo; ~**skala** *f* ĉefa skalo; ~**speicher** *m EDV* ĉefdosiero; ~**speise** *f* ĉefmanĝaĵo (↑ *auch* ***Hauptgang***); ~**sponsor** *m* ĉefa sponsoro; ~**stadt** *f eines Landes* ĉefurbo (*vgl. dazu* ***Metropole***; ↑ *auch* ***Kulturhaupstadt***)

hauptstädtisch *Adj* ĉefurba, metropola

Haupt|stern *m Astron* ĉefstelo; ~**straße** *f* ĉefstrato *od* ĉefa strato; ~**strecke** *f Eisenb* ĉefa fervojlinio; ~**stück** *n* ĉefa parto; *Hauptwerk* ĉefa verko; ~**teil** *m* ĉefa parto; ~**thema** *n* ĉeftemo *od* ĉefa temo (↑ *auch* ***Titelthema***); ~**these** *f* ĉefa tezo; ~**titel** *m Buchw* ĉeftitolo; ~**treppe** *f* ĉefa ŝtuparo; ~**tür** *f* ĉefa pordo *od* ĉefpordo; ~**unterschied** *m* ĉefa diferenco; ~**ursache** *f* ĉefa kaŭzo; ~**vektor** *m Math* ĉefa vektoro; ~**ventil** *n Tech* ĉefa valvo; ~**verdächtige** *m Jur* ĉefa suspektato; ~**vergnügen** *n* ĉefa plezuro

Hauptverkehrs|straße *f* ĉefa (*od i.e.S.* plej multe trafikata) strato; ~**zeit** *f*, *auch* ***Rushhour*** [ˈ*raʃauə*] *f* pinthoroj (*od* pintaj horoj) *Pl* [de trafiko]

Hauptversammlung *f* ĝenerala kunveno; ~ ***der Aktionäre*** [ĝenerala *bzw.* jara] kunveno de akciuloj

Haupt|verwaltung *f (Gebäude)* ĉefa administrejo; ~**wasserleitung** *f* ĉefa akvodukto; ~**weg** *m* ĉefa vojo; ~**welle** *f Tech* ĉefa ŝafto; ~**werk** *n Kunst, Lit* ĉefverko; ~**windrichtung** *f Met* ĉefa ventodirekto; ~**wohnsitz** *m* ĉefa domicilo; ~**wort** *n Ling* substantivo; ~**wurzel** *f Bot* ĉefa radiko *od* ĉefradiko; ~**zeuge** *m Jur* ĉefa atestanto; ~**ziel** *n od* ~**zweck** *m* ĉefa celo

hau ruck! *od* **ho ruck!** *Interj* ho ruk!

Haus *n* ***a)*** domo (***Appartement-***, ***Block-***, ***Doppel-***, ***Eck-***, ***Einfamilien-***, ***Eltern-***, ***Fachwerk-***, ***Glas-***, ***Holz-***, ***Lehm-***, ***Mehrfamilien-***, ***Miets-***, ***Nachbar-*** *u.* ***Steinhaus***); *Gebäude* konstruaĵo; ***das Weiße ~ in Washington*** la Blanka Domo en Vaŝingtono; ***ein zehnstöckiges ~*** deketaĝa domo; ***außerhalb des ~es [befindlich]*** *Adj* eksterdoma; *Adv* eksterdome (*vgl. dazu* ***draußen***); ***im Hause [befindlich]*** *Adj* endoma; *Adv* endome (*vgl. dazu* ***drinnen***); ***ein eigenes ~ besitzen*** posedi propran domon ***b)*** *Heim* hejmo; *Wohnung* loĝejo; ***nach ~e*** hejmen; ***nach ~ fahren*** (***gehen***) veturi (iri) hejmen *od* hejmenveturi *bzw.* hejmeniri; ***zu ~e*** hejme; *in meiner Wohnung* en mia loĝejo; ***zu ~e arbeiten*** labori hejme (*od* en la [propra] hejmo); ***von zu ~e fortbleiben*** resti eksterhejme; ***[immer] zu ~e hockend*** *stubenhockerisch* hejmosida; ***bei mir zu ~e*** hejme ĉe mi; *in meiner Familie* en mia familio; *in meinem Heimatland* en mia hejmlando; ***ist Herr ... zu ~e?*** ĉu sinjoro ... estas hejme?; ***wo sind Sie zu ~e?*** kiu estas via hejmlando (*bzw.* hejmurbo *od* hejmloko)? ***c)*** *Familie (in ihrer Gesamtheit)* familio; ***er ist ein Freund des ~es*** li estas amiko de nia familio ***d)*** *Theater* teatro; ***das ~ ist ausverkauft*** *Theat* ĉiuj biletoj [estas] elvenditaj; ***vor ausverkauftem ~ spielen*** ludi en teatro okupita ĝis la lasta [sid]loko ***e)*** *Firma* firm[a]o; *Unternehmen* entrepreno; *Hotel* hotelo; ***das beste ~ am Platze*** la plej bona hotelo en la urbo ***f)*** *Dynastie* dinastio (↑ *auch* ***Königshaus***); ***das ~ Habsburg*** *Gesch* la dinastio de la habsburgoj ◇ ***jmdm. das ~ einlaufen*** sieĝi ies pordon; ***mit der Tür ins ~ fallen*** paroli senceremonie, paroli sen antaŭaĵoj; ***er ist ein fideles ~*** *fam* li estas gajhumorulo; ***von ~[e] aus*** *ursprünglich* [de]origine; *von Geburt an* [ek]de naskiĝo

Hausa *m bzw. n* ↑ ***Haussa***

Haus|ammer *f* (Emberiza sahari) *Orn* domemberizo; **~angestellte** *f, auch* ***Haushalt[s]hilfe*** *f* dommastrina helpistino; **~anzug** *m* hejma vesto; **~apotheke** *f* medicinŝrank[et]o; **~arbeit** *f im Haushalt* mastruma laboro; *Schulaufgabe* hejmtasko [de lernanto], *auch* porhejma tasko; *Heimarbeit* hejmlaboro

Hausarrest *m Jur, Pol* hejmaresto *od* endoma aresto (*vgl. dazu* ***Stubenarrest***); ***unter ~ stehen*** esti (*bzw.* vivi kiel) hejmarestito

Hausarzt *m* familia kuracisto

Hausaufgabe *f Schule* hejmtasko [de lernanto], *auch* porhejma tasko; ***die ~n kontrollieren*** (***machen***) kontroli (fari) la hejm taskojn

hausbacken *Adj* ***a)*** *Brot, Kuchen, Plätzchen* hejme bakita (*vgl. dazu* ***hausgemacht***) ***b)*** *bieder* naiv[anim]a; *spießbürgerlich* filistra

Haus|bar *f* hejma koktelejo; **~bau** *m* domkonstru[ad]o

Hausbedarf *m*: ***für den ~*** por la hejma bezono; *für den Haushalt* por la hejma mastrumo

Haus|besetzung *f widerrechtliche Inbesitznahme eines leerstehenden Gebäudes* dom-okupado; **~besitzer** *m, auch* ***Hauseigentümer*** *m* domposedanto

Hausbesorger *m* ↑ ***Hausmeister***

Haus|besuch *m des Arztes* vizito [de la kuracisto] en la hejmo de paciento; **~bewohner** *m* samdomano; *Mitbewohner* kunloĝanto (*vgl. dazu* ***Nachbar***); **~boot** *n* domboato; *Wohnboot* loĝboato; **~briefkasten** *m an Haus- od Wohnungstür* leterskatolo; *allg: Briefkasten* leterkesto; **~büffel** *m Zool (domestizierter Wasserbüffel)* dom-bubalo

Häuschen *n, reg auch* ***Häus[e]l*** *n* dometo (*vgl. dazu* ***Hütte***); ***ein ~ auf dem Lande haben*** havi (*od* posedi) kamparan dometon ◇ ***ganz aus dem ~ sein*** esti ekster si *bzw. i.e.S.* esti sen brido kaj gvido

Hausdrachen *m streitsüchtige Ehefrau* kverelema edzino; *zänkisches Weib, Xanthippe* ksantipo; *Furie* furio

Hausdurchsuchung *f,* <*schweiz*> *u.* <*österr*> *u.* ***Haussuchung*** *f Jur* traserĉo de la domo (*bzw.* loĝejo), loĝeja traserĉo; ***bei jmdm. eine ~ vornehmen*** traserĉi ies domon (*bzw.* loĝejon) ↑ ***Haussuchung***

Hausecke *f* domangulo

Hauseigentümer *m* ↑ ***Hausbesitzer***

Häusel *n* ↑ ***Häuschen***

hausen *intr* ***a)*** *primitiv bzw. dürftig wohnen* primitive (*bzw.* mizere) loĝi, *pej* loĝaĉi, vivaĉi (***in*** en) (↑ *auch* ***kampieren***); *i.w.S. irgendwie wohnen* provizore loĝi ***b)*** *Sturm, Unwetter* furiozi; ***der Orkan hat schrecklich gehaust*** la uragano terure furiozis ***c)*** *in der Fügung:* ***mit dem Geld ~*** *das Geld rauswerfen od verschleudern* forneniigi la monon

Hausen *m, auch* ***Beluga*** *f* (Acipenser huso = Huso huso) *Ichth (eine Störart im Kaspi-*

schen Meer) huzo <*der größte Störfisch Europas*> (*vgl. dazu* ***Sewruga*** *u.* ***Sterlet***)

Hausenblase *f Fischleim aus der inneren Haut der Schwimmblase des Hausens u. anderer Fische* iĥtiokolo, fiŝgluo

Hausente *f* (Anas domestica) *Landw* hejma anaso (*vgl. dazu* ***Wildente***)

Häuserblock dom[o]bloko

Hauserin *od* **Häuserin** *f* ↑ ***Haushälterin***

Häuser|makler *m* makleristo pri domoj; ~**reihe** *od* ~**zeile** *f* vico da domoj

Haus|flur *m* vestiblo, koridoro; ~**frau** *f* [hejm]mastrino, *Hausherrin* dommastrino (↑ *auch* ***Nurhausfrau***); ~**frauenpflichten** *f/Pl* dommastrinaj devoj *Pl*; ~**gans** *f, auch* ***Landgans*** *f* (Anser domesticus) *Zool, Landw* hejma ansero; ~**geburt** *f* hejma nasko; ~**gecko** *m* (Hemidactylus mabouia) *Zool* [tropika] domgeko *[Vorkommen: SO-Asien]*; ~**gehilfin** *f* dommastrina helpistino; ~**geist** *m* ***a)*** *Poltergeist* [bruema] hejma koboldo ***b)*** ↑ ***Heinzelmännchen***

hausgemacht *Adj bes. Backwerk od Speisen* hejme farita (↑ *auch* ***hausbacken a)***); ~***e Konfitüre*** *f* hejme farita konfitaĵo

Haus|genosse *m* samdomano; ~**gimpel** *m* (Carpodacus mexicanus) *Orn* dompirolo; ~**grille** *f, auch* ***Heimchen*** *n* (Acheta domesticus) *Ent (eine Langfühlerschrecke)* doma (*od* hejma) grilo *od* domgrilo

Haushalt *m* ***a)*** mastrumaĵo (↑ *auch* ***Einpersonenhaushalt***); *das Hauswirtschaften* mastrum[ad]o; ***den ~ führen*** konduki la mastrumaĵon ***b)*** *Budget, Staats*~ [ŝtata] buĝeto; ***defizitärer ~*** deficita buĝeto; ***den ~ vorlegen*** *Parl* prezenti la buĝeton

Haushaltauflösung *f* likvido de [la] mastrumaĵo

haushalten *intr* mastrumi; *sparsam wirtschaften* ŝpareme mastrumi; *einteilen* ekonomie uzi; *i.w.S. sparen* ŝpari; ***du musst mit deinem Geld besser ~*** vi devas pli ekonomie uzi vian monon, *auch* vi devas avari pri via mono

Haushälterin *f,* <*bayrisch u. westösterr*> ***Hauserin*** *od* ***Häuserin*** *f* mastrumistino

haushälterisch *Adj* mastruma; *ökonomisch* ekonomia; *zur Sparsamkeit neigend* ekonomiema, ŝparema

Haushalts|ausgaben *Pl private* elspezoj *Pl* por la mastrumaĵo; *staatliche* buĝetaj elspezoj *Pl*; ~**ausschuss** *m* buĝeta komisiono; ~**debatte** *f Parl* buĝeta debato; ~**defizit** *n* buĝeta deficito; ~**disziplin** *f* buĝeta disciplino; ~**entwurf** *m* proponita buĝeto; ~**experte** *m* buĝeta eksperto

Haushalt[s]|geld *n Hausw* mono por la mastrumado *od* pormastruma mono; ~**geräte** *n/Pl* mastrum[ad]aj aparatoj *Pl*; ~**gesetz** *n, auch* ***Etatgesetz*** *n Parl* buĝeta leĝo; ~**hilfe** *f (Person)* helpistino (*bzw.* helpantino) por la mastrumaĵo; ~**jahr** *n* buĝeta jaro, *(Fiskaljahr)* fiska jaro; ~**kühlschrank** *m* fridujo por ĉiutaga uzo

haushaltsmäßig *Adj* buĝeta, koncernanta la buĝeton

Haushalt[s]plan *m* buĝeto; ***über den ~ abstimmen*** *Parl* voĉdoni la buĝeton

Haushalt[s]|planung *f* buĝeta planado; ~**politik** *f* buĝeta politiko

haushaltspolitisch *Adj* buĝetpolitika

Haushaltsrecht *n Jur* ↑ ***Budgetrecht***

Haushalt[s]reform *f* buĝeta reformo

Haushaltsüberschuss *m Parl* buĝeta pluso

Haushaltungs|kosten *Pl* elspezoj *Pl* por la mastrumaĵo; ~**vorstand** *m* estro de la mastrumaĵo; *Familienoberhaupt* familiestro

Haus|herr *m* [dom]mastro; *Hausbesitzer* domposedanto; *Gastgeber* gastiganto; *Familienoberhaupt* familiestro; ~**herrin** *f* [dom]mastrino (*vgl. dazu* ***Gastgeberin***)

haushoch 1. *Adj* (*nur prädikativ, sonst* ***haushohe(r, -s)***) domalta *od nachgest* [tiel] alta kiel domo; *i.w.S.* altega *od* enorme alta, enorma, altgrada; ***haushohe Wellen*** *f/Pl* ondoj *Pl* altaj kiel domo **2.** *Adv*: ***jmdm. ~ überlegen sein*** esti supera al iu je ĉielalto

Haushofmeister *m* ↑ ***Majordomus***

Haus|huhn *n* (Gallus gallus domesticus) *eine Zuchtform des Bankivahuhns* hejma kokino; ~**hund** *m* (Canis familiaris) *Zool* hejma hundo; *Wachhund* gardohundo

hausieren *intr* kolporti; ***mit Postkarten ~ [gehen]*** kolporti poŝtkartojn

Hausieren *n* kolportado

Hausierer *m ambulanter Händler* kolportisto, migranta (*od* vaganta) etvendisto

Hausier|handel *m* kolportado ~**ware** *f* kolportaĵo

Haus|jacke *f* hejmjako *od* [en]hejma jako; ~**kaninchen** *n* hejma kuniklo, *auch* domkuniklo; ~**katze** *f* (Felis catus) hejma kato, *auch* domkato; ~**kauf** *m* aĉeto de domo

Hauskauz *m Orn* = ***Steinkauz***

Haus|kleid *n* endoma (*od* [en]hejma (*od* ĉambra) robo; *Morgenrock* matena (*od*

negliĝa) robo, negliĝo; ~**knecht** *m alt für «Hotelboy»* [hotela] servisto

Häusl *n* ↑ ***Häuschen***

Hauslehrer *m* doma (*od* privata) instruisto

Hauslerche *f Orn* ↑ ***Haubenlerche***

häuslich 1. *Adj* ***a)*** *das Haus bzw. die Familie betreffend* hejm[ec]a, familia; *den Haushalt betreffend* [dom]mastruma; *i.w.S. sparsam* ekonomia; ~***e Angelegenheiten*** *f/Pl* hejmaj aferoj *Pl* ***b)*** *sein Zuhause liebend, mit Familiensinn begabt* hejm-ama *od* amanta sian hejmon [kaj familion] **2.** *Adv*: ***sich bei jmdm. ~ niederlassen*** *bei jmd. anderem* enloĝiĝi ĉe iu kaj konduti kvazaŭ estante en propra domo

Häuslichkeit *f*: ***die ~ lieben*** ŝati la vivon en sia hejmo [kaj kun la familio]

Hausmädchen *n* servistino en la hejmo

Hausmann (*m*) *Eig (Vertreter u. Mitbegründer der Berliner Dada-Bewegung [1886-1971])* Haŭsmano

Hausmannit *m Min (ein metallisch glänzendes, bräunlich-schwarzes Mineral)* haŭsmanito <*ein wichtiges Manganerz*>

Hausmannskost *f* hejme kuirita (*od auch* farita) manĝaĵo, *(Zam)* hejma manĝaĵo

Hausmarder *m Zool* ↑ ***Steinmarder***

Hausmaus *f* (Mus musculus) *Zool* [en]doma muso

Hausmeerschweinchen ↑ *unter* ***Meerschweinchen***

Haus|meister *m*, <*österr*> ***Hausbesorger*** *m*, <*schweiz*> ***Hauswart*** *m* domzorgisto; *in öffentl. Gebäuden* pedelo; ~**meisterdienst** *m* domprizorgado, *(Unternehmen)* domprizorga entrepreno; ~**miete** *f*, *reg* ***Hauszins*** *m* lupago por la domo; ~**mittel** *n Med* familia (*od* popola *od* tradicia) medikamento; ~**müll** *m* hejma rubo; ~**mütterchen** *n*, *pej* ***Hausputtel*** *n* hejmulineto; ~**nummer** *f* domnumero, numero de la domo; ~**ordnung** *f Vorschriften für die Bewohner eines Hauses, eines Heims u. dgl.* regularo por loĝantoj (*bzw. im Hotel* por gastoj); ~**pflaume** *f* (Prunus domestica) *Baum od Frucht* doma pruno

Hausputtel *n* ↑ ***Hausmütterchen***

Hausputz *m* ↑ ***Großreinemachen***

Haus|rat *m Möbel u. dgl.* memblaro; ~**ratte** *f* (Rattus rattus) *Zool* domrato; ~**renovierung** *f* domrenovigo; ~**rotschwanz** *m* (Phoenicurus ochruros) *Orn* nigra ruĝvostulo (*vgl. dazu* ***Gartenrotschwanz***)

Haussa ***a)*** *m*, *auch* ***Hausa*** *m Ethn (Angehöriger eines großen Sudanvolkes in Nigeria)* haŭso ***b)*** *n*, *auch* ***Hausa*** *n Ling (Sprache der Haussa)* la haŭsa [lingvo] <*neben Swahili wichtigste Verkehrssprache in Westafrika*>

Hausschaf *n* (Ovis orientalis aries) domŝafo <*domestizierte Form des Mufflons*>

hausschlachten *Adj*: ~***e Wurst*** *f* hejme farita kolbaso

Haus|schlüssel *m* domporda ŝlosilo; ~**schuh** *m* porhejma ŝuo; *Pantoffel* pantoflo; ~**schwalbe** *f Orn* murhirundo; ~**schwamm** *m*, *auch* ***Holzschwamm*** *m* (Merulius lacrymans) *Bot* merulio, *pop auch* larmofungo *od* domfungo <*zersetzt Holz*>; ~**schwein** *n* (Sus scrofa domesticus) domporko

Hausse [*ho:s* od. *o:s*] *f Börse (allgemeines nachhaltiges Ansteigen der Börsenkurse [Ggs:* ***Baisse****])* haŭso (↑ *auch* ***Kursanstieg***); ***auf ~ spekulieren*** spekuli haŭsiere

Hausseposition *f* haŭsiera pozicio

Haussier [*o:ˈsje:*] *jmd., der an der Börse auf Hausse spekuliert* haŭsiero

Hausskorpion *m Zool* ↑ *unter* ***[1]Skorpion***

Haus|sockel *m Bauw* domsoklo; *(Grundmauer)* grundmuro; ~**sperling** *m* (Passer domesticus) *Orn* dompasero; ~**spinne** *f* (Tegenaria domestica) *Ent* domaraneo, <*wiss*> doma tegenario

Hausspitzmaus *f Zool* ↑ ***Moschusspitzmaus***

Haus-Spitzmausbeutelratte *f* (Monodelphis domestica) *Zool* doma monodelfo *[in Brasilien, Paraguay u. Bolivien beheimatet]*; ~**sprechanlage** *f* interfono [ene de la domo]

Hausstand *m*: ***einen ~ gründen*** fondi mastrumaĵon [kaj familion]

Hausstaub|allergie *f Med* alergio al endoma polvo; ~**milbe** *f Ent* dompolva akaro

Hausstorch *m Orn* ↑ ***Weißstorch***

Haussuchung *f Jur* ↑ ***Hausdurchsuchung***

Haus|taube *f* (Columba livia domestica) *Orn* domkolombo *od* hejma kolombo; ~**telefon** *n* interfono; ~**tier** *n* dombesto; *aus Liebhaberei gehalten* hejmbesto, *auch* dorlotbesto

Haustorien *n/Pl* (*Sg:* ***Haustorium***) *nur Fachspr Bot* haŭstorioj *Pl*, *auch* suĉradikoj: ***a)*** *Saugorgane parasitischer Pflanzen u. Pilze (z.B. bei der Mistel)* ***b)*** *Nährstoffe aufsaugender Teil des Embryos bei Farnpflanzen u. Moosen* haŭstorioj *Pl*

Haustreppe *f* ŝtuparo [en la domo]

Haustür *f Hauseingangstür* dompordo, *(Tür, die auf die Straße führt) auch* stratpordo; ~**schlüssel** *m* domporda ŝlosilo

Hausunterricht *m, auch engl.* ***Homeschooling*** *n Päd (eine Form der Bildung u. Erziehung, bei der die Kinder zu Hause von den Eltern od von Privatlehrern unterrichtet werden)* hejminstruo (↑ *auch* ***Telelearning***)

Hausverbot *n*: ***jmdn. mit einem ~ belegen*** *od* ***jmdm. ~ erteilen*** malpermesi al iu eniri la domon

Haus|verwalter *m* domadministranto; ~-**wand** *f* dom-muro

Hauswart *m* ↑ ***Hausmeister***

Haus|weber *m* (Ploceus cucullatus) *Orn* vilaĝteksulo *[Vorkommen: Afrika südlich der Sahara]*; ~**wein** *m* vino de la domo; ~**wesen** *n alles, was zur Führung eines Haushaltes gehört* mastrumaĵo; ~**wirt** *m* domposedanto (↑ *auch* ***Hausbesitzer***); ~-**wirtin** *f* domposedantino

Hauswirtschaft *f* [dom]mastrumado; ***die ~ machen*** mastrumi la loĝejon (*od* domon)

Hauswirtschaftsschule *f* mastrumada lernejo

Hauswurz *f* (*Gattung* Sempervivum) *Bot (eine Gattung der Dickblattgewächse)* sempervivo (↑ *auch* ***Berghauswurz***); ***echte ~*** *od* ***Dachhauswurz*** *f* (Sempervivum tectorum) tegmenta sempervivo

Hausziege *f* (Capra aegagrus hircus) *[Ggs: Wildziege]* hejma kapr[in]o

Hauszins *m reg* ↑ ***Hausmiete***

Haus|zufuhr *f Spedition od* ~**zustellung** *f Post* ĝishejma liverado

Haut *f* haŭto *auch von Früchten* (↑ *auch* ***Gesichts-***, ***Ober-*** *u.* ***Unterhaut***); *Organhülle od dünne Haut* membrano *auch Tech* (*vgl. dazu* ***Membran***); *auf abgekochter Milch* haŭteto; ***empfindliche*** (***neurodermitische***) ~ sensiva (neŭrodermita) haŭto; ***samtene*** (*od* ***samtweiche***) ~ velura (*od* velure mola) haŭto; ***trockene*** ~ seka haŭto; ***eine zarte ~ haben*** havi delikatan haŭton; ***die ~ pflegen*** *Kosmetik* flegi la (*od* sian) haŭton; ***unter die ~ spritzen*** *Med (subkutan injizieren)* injekti sub la haŭton ◇ ***mit ~ und Haar*** kun haŭto kaj haroj, plene kaj tute; ***mit heiler ~ davonkommen*** *aus einer Gefahr* sin savi el la danĝero; *aus einer schwierigen Lage* eliri sen frakaso el granda embaraso *(Zam)*; ***auf der faulen ~ liegen*** *umg für «faulenzen»* maldiligentadi, *bildh auch* kuŝi kaj nenion faradi; ***ich bin bald*** (*od* ***fast***) ***aus der ~ gefahren*** *vor Ungeduld* mi preskaŭ perdis la paciencon; *vor Wut* mi preskaŭ furioziĝis; ***seine ~ retten*** savi sian haŭton (= vivon); ***seine ~ zu Markte tragen*** *eigene Verluste riskieren* riski proprajn perdojn; *sein Leben aufs Spiel setzen* riski sian vivon; ***sich seiner ~ wehren*** *i.e.S. um sein Leben kämpfen* batali pro sia propra vivo; *i.w.S. sich verteidigen* defendi sin; ***er ist nur noch ~ und Knochen*** restas al li nur la haŭto sur la ostoj

Hautabschürfung *f, Fachspr* ***Exkoriation*** *f Med* haŭtdefrotaĵo, *Fachspr* ekskoriaĵo

hautartig, *auch* ***häutig*** *Adj* hauteca; *membranartig* membran[ec]a

Haut|arzt *m, Fachspr auch* ***Dermatologe*** *m* specialisto pri haŭtmalsanoj, dermatologo; ~**atmung** *f Physiol* [per]haŭta spirado *od* haŭtspirado; ~**ausschlag** *m das Hervorbrechen des Ausschlags* erupcio; *entzündliche Hautveränderung* ekzantemo; *nässender Ausschlag* ekzemo; *rasch u. kurzzeitig auftretender Ausschlag [bes. bei Masern od fiebrigen Erkrankungen]* raŝo (*vgl. dazu* ***Erythem***); ~**bezirk** *m* haŭtregiono

Häutchen *n* haŭteto, membraneto; *bes. Anat* membrano; *von Pflanzenzwiebeln* tuniko

Haut|creme *f* haŭtkremo (*vgl. dazu* ***Cold Cream*** *u.* ***Lotion***); ~**empfindlichkeit** *f Physiol* haŭta sensiveco, *(für Berührungsreize)* estezo (*vgl. dazu* ***Hyperästhesie***); ~**emphysem** *n* (Emphysema subcutaneum) *Med* haŭta emfizemo (*vgl. dazu* ***Emphysem***)

häuten *tr die Haut abziehen* senhaŭtigi (***von etw.*** ion); (*vgl. dazu* ***das Fell abziehen*** [↑ *unter* ***Fell***]); ***sich ~*** *Schlange* deĵeti sian (*od* la) haŭton

hauteng, *umg auch* ***knalleng*** *Adj eng anliegend, z.B. Hose* [ege] streta, *auch* haŭtkovra

Hautentzündung *f, Fachspr* ***Dermatitis*** *f Med* haŭtinflamo, <*wiss*> dermatito

Hauterivien *n Geol (eine Stufe der Unterkreide)* haŭterivio <*so benannt nach dem Ort Hauterive in der Schweiz*>

Haut|erkrankung *f* haŭtmalsano, <*wiss*> dermatozo; ~**falte** *f* haŭtfald[et]o; *Runzel* [haŭt]sulketo; ~**farbe** *f* haŭtkoloro

Hautfibrom *n Med* = ***Dermatofibrom***

Haut|flügler *m/Pl*, <*wiss*> ***Hymenoptera*** *Pl Ent (eine Ordnung der Insekten [mit etwa 100.000 Arten])* himenopteroj *Pl*; ~**follikel** *m Anat* haŭtfoliklo

hautglättend *Adj* haŭtoglatiga
Hautgout *[o'gu:] m pikanter Geschmack von Wildbret* ĉasaĵ-odoro
häutig ↑ ***hautartig***
Hautjucken *n, Fachspr Med auch* ***Pruritus*** *m (Juckempfindung ohne Dermatose)* jukado de la haŭto, *Fachspr* prurito, *umg jedoch meist verbal, z.B.* ***ich habe ~*** mia haŭto jukas (*vgl. dazu* ***Analjucken***)
Haut|klinik *f* haŭtkliniko, *fachsprachl.* dermatologia kliniko; **~krankheit** *f, <wiss>* ***Dermatose*** *od* ***Dermatopathie*** *f* haŭtmalsano, *<wiss>* dermatozo *od* dermatopatio; **~krebs** *m, auch* ***Hautkarzinom*** *n* (Carcinoma cutaneum) *Med* haŭta kancero (*od* karcinomo) (*vgl. dazu* ***Melanom***)
Hautläsion *f Med* ↑ ***Hautverletzung***
Hautleisten *f/Pl Med* ↑ ***Dermatoglyphen***
Hautmyiasis *f, auch* ***Hautmadenfraß*** *m Med* haŭta mijozo (*vgl. dazu* ***Myiasis***)
Haut|nekrose *f Med* haŭtnekrozo; **~oberfläche** *f* haŭtsupraĵo *od* haŭtsurfaco; **~ödem** *n, alt* ***Hautwassersucht*** *f Med* hidropso de la konektiva histo, *<wiss>* anasarko; **~partie** *f* haŭtparto; **~pflege** *f* haŭtfleg[ad]o (*vgl. dazu* ***Kosmetik***); **~pflegemittel** *n* haŭtflegilo; **~pigment** *n* haŭtpigmento
Hautpilzerkrankung *f Med* ↑ ***Dermatomykose***
Haut|probleme *n/ Pl* problemoj *Pl* pri la (*od* sia) haŭto; **~reaktion** *f nur Fachspr Med (z.B. beim Allergietest)* kutireakcio *auch diagnostisches Hilfsmittel zum Erkennen parasitärer Erkrankungen*; **~reflex** *m Physiol* haŭtreflekso
hautreizend *Adj* haŭtirita
Hautreizung *f* haŭtiritado
hautreizend *Adj* haŭtirita
Haut|rötung *f* (Erythema) *Med* eritemo (*vgl. dazu* ***Roseole*** *u.* ***Wanderröte***); **~sarkom** *n Med* haŭtsarkomo (↑ *auch* ***Fibrosarkom***)
Hautschrift *f Med* = ***Dermografismus***
Haut|schuppe *f od* **~schüppchen** *n* haŭtskvam[et]o, haŭtero; **~schwiele** *f* (Callus *bzw.* Callositas) kal[aĵ]o (↑ *auch* ***Hornhaut b)***); **~segment** *n* haŭtsegmento; **~talg** *m* sebumo; **~transplantation** *f, auch* ***Hautverpflanzung*** *f Chir* haŭtgreft[ad]o; **~tumor** *m Med* haŭttumoro (↑ *auch* ***Bilharziom***); **~typ** *m* haŭtspeco *auch Kosmetik*
Häutung *f der Schlange* haŭtdeĵet[ad]o
Häutungshormon *n Biochemie, Ent* ↑ ***Ecdyson***
Hautverletzung *f, fachsprachl.* ***Hautläsion*** *f Med* haŭtlezo *od* haŭta lezo
Hautverpflanzung *f Chir* ↑ ***Hauttransplantation***
Hautwassersucht *f Med* ↑ ***Hautödem***
Hautwurm *m Vet* ↑ ***Rotz b)***
Hautzelle *f Zytologie* haŭtĉelo
Havanna (*n*) *Hptst. von Kuba* Havano; **~zigarre** *f* havana cigaro
Havarie *f* ***a)*** *auch* ***Schiffsunfall*** *od* ***Schiffs-*** *od* ***Seeschaden*** *m* averio ***b)*** *Beschädigung bzw. Bruch [während eines Transports]* damaĝo dum transport[ad]o, *auch* averio; ***eine ~ erleiden*** suferi averion, *auch* averii
havarieren *intr eine Havarie erleiden* averii, *auch* suferi averion
Havarieschaden *m* averia damaĝo
Havarist *m havariertes Schiff* averiita ŝipo
Havel *f rechter Nebenfluss der Elbe* [rivero] Havelo; **~land** *n* [distrikto] Havellando
Hawaii (*n*) (*Abk* ***Hi.***; *[postalisch]* ***HI***) *ein Bundesstaat [seit 1959] der USA u. eine pazifische Inselgruppe* Havajo *[Hptst.: Honolulu]*
Hawaiianer *m* havajano
Hawaiianerin *f* havajanino
hawaiianisch *od* **hawaiisch** *Adj* havaja
Hawaii|bussard *m* (Buteo solitarius) *Orn* havaja buteo *[Vorkommen: endemisch auf Hawaii]*; **~gans** *f* (Branta sandvicensis) *Orn* havaja ansero *[Vorkommen: endemisch auf Hawaii]*; **~ gitarre** *f Mus* havaja gitaro (↑ *auch* ***Ukulele***); **~hemd** *n* havaja ĉemizo; **~inseln** *Pl, auch* ***Hawaii-Inseln*** *Pl* Havajaj Insuloj *Pl*
hawaiisch ↑ ***hawaiianisch***
Hawaiisch[e] *n Ling* la havaja [lingvo]
Hawaiisturmvogel *m* (Pterodroma phaeopygia) *Orn* havaja petrelo
Hawiye *Pl Ethn (ein Clan der Somali [bes. in Zentral- u. Südsomalia])* havijoj *Pl*
Haxe *f Nahr* ↑ ***Eisbein***
Hazara *Pl Ethn (eine iranischsprachige Ethnie in Zentralafghanistan)* hazaroj *Pl*
Hb = *Abk für* ***Hämoglobin***
Hbf. = *Abk für* ***Hauptbahnhof***
H-Bombe *f Mil* ↑ ***Wasserstoffbombe***
Hb-Wert *m Med* ↑ ***Hämoglobinwert]***
Hct *fachsprachl. Abk für* ***Hämatokrit***
HD ↑ *unter* ***hochauflösend***
HD-Fernsehen *n* ↑ *unter* ***hochauflösend***
he! *Ausruf zur Erregung der Aufmerksamkeit* he!; ~, ***wo willst du'n hin?*** *salopp* he, kien

vi volas?

Heavy [Metal] Rock [*'hevimetl...*] *m eine lautstarke Musizierweise der Rockmusik [sie schließt an den Hardrock an]* metalroko (*vgl. dazu* ***Hardrock***)

Heaviside (*m*) *Eig (engl. Physiker u. Elektroingenieur [1850-1925])* Hevisido; **~-Funktion** *f, auch* ***Sprung-*** *od* ***Stufenfunktion*** *f Math, Phys* hevisida funkcio

Hebamme *f* akuŝistino

Hebe (*f*) *griech. Myth (Göttin der Jugend u. Mundschenkin der olympischen Götter)* Heba

Hebebaum *m Mar* ↑ ***Ladebaum***

Hebebühne *f Theat* levebla scenejo; *Kfz-Werkstatt* levatora kolono

Hebedaumen *m Tech* ↑ ***Nocken***

Hebe|gerät *n od* **~vorrichtung** *f* lev-aparato, levilo (*vgl. dazu* ***Elevator***)

Hebei (*n*), *auch* ***Hopeh*** (*n*) *eine chin. Provinz an der Bo-Hai-Bucht des Gelben Meeres* Hebejo, *auch* Hebej-provinco *[Hptst.: Shijiazhuang]*

Hebel *m* levumilo (*vgl. dazu* ***Hebebaum,Pedal*** *u.* ***Spake***; ↑ *auch* ***Bedienungs-***, ***Brems-***, ***Fuß-***, ***Kupplungs- Schalt-*** *u.* ***Schwenkhebel***) ◇ ***alle ~ in Bewegung setzen*** klopodi per ĉiuj eblaj rimedoj, *auch* ĉiel klopod[ad]i

Hebel|arm *m* levuma brako *od* levumbrako; **~gesetz** *n Phys* levuma leĝo; **~kraft** *f Phys* levumo; **~schalter** *m El* levumila ŝaltilo

heben *tr* ***a)*** levi; ***den Kopf ~*** levi la kapon; ***etw. nach oben ~*** levi ion supren; ***einen Schatz ~*** elfosi trezoron ◇ ***einen ~*** *umg* alkoholumi, konjakumi *bzw.* bierumi ***b)*** *steigern* plialtigi; *fördern* akceli; ***das hebt sein Ansehen*** tio igas lin pli respektata; ***den Lebensstandard ~*** plialtigi la nivelon de la vivo; ***den Wohlstand [des Volkes] ~*** plialtigi la bonstaton [de la popolo]

Hebephrenie *f Med (jugendliche Schizophrenie)* hebefrenio

Heber *m* ***a)*** *auch* ***Saugröhre*** *f zum Entnehmen von Flüssigkeiten aus Behältern* sifono (*vgl. dazu* ***Pipette*** *u.* ***¹Siphon***); ***mit einem ~ ablaufen lassen*** (*bzw.* ***absaugen***) sifoni ***b)*** *kurz für* ***Gewichtheber*** *m* [↑ *dort*] ***c)*** *Anat (ein Muskel)* levatoro (↑ *auch* ***Schulterblattheber***)

Heberbarometer *n Met* sifonbarometro

Hebeschmaus *m* ↑ ***Richtfest***

Hebetomie *f Med* ↑ ***Pubeotomie***

Hebevorrichtung *f* ↑ ***Hebegerät***

Hebewinde *f Tech (mit Trommel)* vinĉo, *(mit Zahnstange, Wagenheber)* kriko; *Flaschenzug* takelo; ***mit einer ~ hochwinden*** [supren]levi per vinĉo, vinĉi *bzw.* [supren]levi per kriko

Hebosteotomie *f Med* ↑ ***Pubeotomie***

Hebräer *m Angehöriger des Volkes Israel* hebreo, *auch* israelido (*vgl. dazu* ***Israeli***)

Hebräertum *n i.w.S. für «Judentum [als Eigenschaft]»* hebreeco

hebräisch *Adj* hebrea (*vgl. dazu* ***jüdisch***)

Hebräisch[e] *n Ling (eine zur nordwestl. Gruppe gehörige semitische Sprache)* la hebrea [lingvo] (↑ *auch* ***Alt-*** *u.* ***Neuhebräisch***)

Hebraismus *m Ling (hebräische Spracheigenheit)* hebreismo

Hebraist *m Forscher und Kenner des Hebräischen* hebreisto

Hebraistik *f wissenschaftliche Erforschung der hebräischen Sprache u. Literatur* hebreistiko

Hebriden *Pl* Hebridoj; ***Äußere ~***, *engl.* ***Outer Hebrides*** *eine britische Inselgruppe vor der schottischen Nordwestküste* Foraj Hebridoj *Pl [Hauptort: Stornoway]*; ***Neue ~*** *eine melanesische Inselgruppe im Pazifik [seit 1980 als Vanuatu unabhängiger Staat]* Nov-Hebridoj *Pl* (*vgl. dazu* ***Vanuatu***)

Hebriter *Pl bibl* ↑ ***Chebriter***

Hebron (*n*), *arab.* ***Al-Khalil*** *eine Stadt im Bergland von Judäa* Ĥebrono

Hebroniter *Pl bibl* ĥebronidoj *Pl (Zam)*

Hebung *f von Lasten, gesunkenen Schiffen u.a.* lev[ad]o; *des Niveaus* plialtigo; *das Sichheben* leviĝo; *das Sicherhöhen* [pli]altiĝo; ***tektonische ~*** *Geol* tektona levo

Hechel *f kammartiges Nagelbrett, das die Faserbänder des Flachses aufteilt* heklilo, *auch* linkombilo (*vgl. dazu* ***²Krempel***)

¹hecheln *intr* anheli (*vgl. dazu* ***keuchen***); ***der Hund hechelt*** la hundo anhelas

²hecheln *tr mit der Hechel die spinnbaren Fasern vom Werg trennen* hekli; ***Flachs ~*** hekli kanabon

¹Hecheln *n* anhelado

²Hecheln *n* heklado

Hecht *m* (*Gattung* Esox) *Ichth, Nahr* ezoko (↑ *auch* ***Kap-***, ***Knochen-***, ***Pfeil-*** *u.* ***Seehecht***); ***[Familie der] ~e*** *Pl* (Esocidae) ezokedoj *Pl*

Hechtalligator *m* ↑ ***Mississippi-Alligator***

Hechtbarsch *m Ichth* ↑ ***Zander***
hechtblau *Adj* ezokoblua
Hechtdorsch *m Ichth* ↑ ***Seehecht***
hechten *intr umg für «einen Hechtsprung machen»* ezokosalti
hechtgrau *Adj* ezokoblua, *(blaugrau)* blugriza
Hechtsprung *m Sport (bes. Schwimmen)* ezokosalto
Hechtsuppe *f* ◇ ***hier zieht es wie ~*** ĉi tie terure trablovas
Heck *n, auch* ***Achterschiff*** *n Mar* pobo (↑ *auch* ***Kanu-***, ***Prunk-***, ***Spitzgattheck*** *u.* ***²Stern***); *allg (hinterster Teil)* malantaŭo; **~anker** *m* poba ankro; **~aufbau** *m, auch* ***Poop*** *f Mar* poba kastelo
Hecke *f Umzäunung aus Sträuchern* heĝo (↑ *auch* ***Bambus-***, ***Dornen-*** *u.* ***Ligusterhecke***); ***beschnittene*** (***zurückgeschnittene***) ~ [pri]tondita (stucita) heĝo; ***eine ~ [be]schneiden*** tondi heĝon
Heckelphon *n, auch* ***Baritonoboe*** *f Mus* hekelfono, *auch* baritona hobojo
hecken *intr Junge zur Welt bringen [von Kleintieren u. Vögeln]* produkti idojn, *(Vögel) auch* [el]kovi idojn
Heckenbraunelle *f* (Prunella modularis) *Orn* [heĝa] pronelo *[Vorkommen: Europa]*
Heckenkirsche *f, auch* ***Geißblatt*** *n Gattung* Lonicera) *Bot* lonicero (↑ *auch* ***Alpenheckenkirsche*** *u.* ***Waldgeißblatt***); ***blaue ~*** (Lonicera caerulea) kloŝforma lonicero; ***glänzende ~*** (Lonicera splendida) brila lonicero; ***japanische ~*** *od* ***japanisches Geißblatt*** (Lonicera japonica) japana lonicero; ***pyrenäische ~*** *od* ***Pyrenäengeißblatt*** *n* (Lonicera pyrenaica) pirenea lonicero; ***rote ~*** (Lonicera xylosteum) ruĝa lonicero; ***schwarze ~*** *od* ***schwarzes Geißblatt*** *n* (Lonicera nigra) nigra[bera] lonicero; ***tatarische ~*** (Lonicera tatarica) tatara lonicero
Heckenrose *f, auch* ***wilde Rose*** *f* (Rosa eglanteria) *Bot* eglanterio, *umg* sovaĝa rozo; ***säulengriffelige ~*** (Rosa stylosa) dikstilusa rozo
Hecken|sänger *m* (Cercotrichas galactotes) *Orn* [rufa] heĝosilvio (↑ *auch* ***Kalahari-*** *u.* ***Rußheckensänger***); **~schere** *f Gartenb* heĝotondilo, *auch* heĝostucilo; **~schütze** *m Mil* snajpero (↑ *auch* ***Scharfschütze***); **~wicke** *f* (Vicia dumetorum) *Bot* bluviola vicio
Heck|laterne *f am Boot od Schiff* poba lanterno; **~licht** *n Mar* poba lumo; **~motor** *m Kfz* motoro [lokita] en la malantaŭo; *am Boot* poba motoro; **~scheibe** *f Kfz* malantaŭa glaco
Hede *f* ↑ ***Werg***
Hedenbergit *m Min (ein schwarzes bis schwarzgrünes Mineral aus der Gruppe der Pyroxene)* hedenbergito
Hederich *m, pop auch* ***Ackerrettich*** *m* (Raphanus raphanistrum) *Bot* rafanistro, <*wiss*> stria rafano
Hederin *n Biochemie* = ***alpha-Hederin***
Hedgefonds [ˈhɛdʒfõ] *m Bankw (eine besondere Form des Investmentfonds)* heĝ[o]fonduso, *pop auch* spekulfonduso; **~manager** *m* heĝfondusa manaĝero
Hedin (*m*) *Eig (schwedischer Asienforscher [1865-1952])* Hedino
Hedmark (*n*) *eine südnorwegische Provinz* Hedmarko *[Hptst.: Hamar]*
Hedoniker *m Phil* ↑ ***Hedonist***
Hedonismus *m Phil (altgriech. Lehre, dass der Genuss Sinn u. Zweck des menschlichen Handelns sei)* hedonismo
Hedonist *m, auch* ***Hedoniker*** *m Phil (Anhänger des Hedonismus)* hedonisto
hedonistisch *Adj zum Hedonismus gehörend bzw. ihn betreffend* hedonisma
Hedschas (*n*), *arab.* ***Al Hijaz*** *od* ***Ğabal Hiğāz*** *ehemals selbständige Provinz Saudi-Arabiens am Roten Meer* Heĝazo <*Zentrum der islamischen Kultur mit den heiligen Städten Mekka u. Medina*>
Hedschra *f* ↑ ***Hidschra***
Hedwig (*f*) *weibl. Vorname* Hedviga (*vgl. dazu* ***Jadviga***)
Heer *n* ***a)*** *Armee* armeo; *Landstreitkräfte* terarmeo; ***stehendes ~*** konstanta armeo (↑ *auch* ***Freiwilligenarmee***, ***Okkupationsheer*** *u.* ***Reservearmee***); ***Befehlshaber*** *m* ***des ~es*** ĉefo (*bzw.* ĉefkomandanto) de armeo(j), armeestro ***b)*** *übertr für «große Schar» od «Unmenge»* armeo; ***ein ~ von Arbeitslosen*** *übertr* armeo da senlaboruloj
Heeresameise *f Ent* ↑ ***Wanderameise***
Heeres|dienst *m* aktiva militservo; **~führung** *f* armeestraro; **~gruppe** *f* grupo da armeoj; **~lieferant** *m* armeliveranto
Heerführer *m Armeechef* armeestro, ĉefo (*bzw.* ĉefkomandanto) de armeo(j); *Feldherr* batalestro, militestro
Heerlager *n* armea tendaro; ***[befestigtes] römisches ~*** *Gesch* kastrumo
Heerstraße *f hist* armea vojo *od* militvojo (↑

auch ***Georgische Heerstraße*** [*unter* ***georgisch***])

Hefe *f, reg* ***Bärme*** *f* ***a)*** *Gärstoff, der sich in alkoholischen Flüssigkeiten als Bodensatz absetzt* feĉo (↑ *auch* ***Bier-***, ***Trocken-***, ***Weinhefe*** *u.* ***Zyma***); ***medizinische*** ~ (Faex medicinalis) medicina feĉo ***b)*** *Hefepilz* gisto[fungo] (↑ *auch* ***Back-*** *u.* ***Nährhefe***); ~ ***zusetzen*** aldoni giston

Hefe|extrakt *m* (Extractum faecis) *Pharm* feĉa ekstrakto; ~**gebäck** *n* gistobakaĵo (↑ *auch* ***Briochegebäck***)

Hefei (*n*) *Hptst. der ostchin. Provinz Anhui* Hefejo

Hefe|kuchen *m* babao (*vgl. dazu* ***Savarin***); ~**pilz** *m*, <*wiss*> ***Saccharomyzet*** *m* gistofungo, *auch kurz* gisto, <*wiss*> sakaromiceto (↑ *auch* ***Nährhefe***); ~**teig** *m, reg u.* <*österr*> ***Germteig*** *m* [pan- *bzw.* kuko]pasto kun gisto, gistopasto

Hefner-Kerze *f* (*Zeichen* ***HK***) *El* (*[bis 1941] Einheit der Lichtstärke*) Hefner-kandelo

[1]**Heft** *n einer Zeitschrift* numero, ekzemplero (↑ *auch* ***Probeheft***); *Buchw* (*als einzelne Lieferung eines größeren Druckwerks*) kajero; *Broschüre* broŝuro; *Schreib*~ (*bes. Schule*) kajero (↑ *auch* ***Ringheft***)

[2]**Heft** *n Griff* tenilo ◇ ***das*** ~ ***in der Hand haben*** (*od* ***halten***) *Herr sein* estri (*od* mastri) ĉion; *derjenige sein, der bestimmt* esti tiu, kiu ordonas

Heftausgabe *f Buchw* (*Ausgabe in Heftform*) kajera eldono

Heftchen *n kleines Heft* kajereto

Heftel *n* ↑ ***Häkchen***

heften *tr* ***a)*** *Buchbinderei* kudri; *Schneiderei* (*mit Heftstichen nähen*) duonkudri ***b)*** *übertr* fiksi, kroĉi, (*mit einer Nadel*) pinglofiksi (***an*** al); ***den Blick auf etw.*** ~ fiksi la rigardon sur ion ◇ ***sich jmdm. an die Fersen*** (*od* ***Sohlen***) ~ *von jmdm. nicht weichen* ne cedi de ies flanko, [kvazaŭ] alkroĉiĝi al iu; *jmdn. beharrlich verfolgen* persiste persekuti iun

Hefter *m* ↑ ***Büroheftmaschine***

heftig 1. *Adj stark* fort[eg]a *auch Regen, Schmerz, Vorwurf* (↑ *auch* ***akut***); *vehement* vehementa; *leidenschaftlich* pasia; *aufbrausend* kolerema, flamiĝema, kolerika; *enorm, gewaltig* enorma, giganta; *derb, grob* kruda; ~***e Kämpfe*** *m/Pl* akraj bataloj *Pl*; ~***e Reaktion*** *f z.B. auf ein Medikament* intens[iv]a reago; ~***er Regen*** *m* forta pluvo **2.** *Adv*: ~ ***schlagen*** *Herz* forte batadi; ***aufs heftigste*** en plej alta grado

Heftigkeit *f Stärke* fort[eg]o; *Vehemenz* vehement[ec]o; *Leidenschaft* pasio, ardo; *Jähzorn* koleremo; *Derbheit, Grobheit* krudeco

Heft|klammer *f für Klammergerät für Papier* paperkrampo, *Buchbinderei* vinkulo; ~**maschine** *f im Büro* krampilo; *Buchbinderei, Typ* broŝurilo; ~**nadel** *f Buchbinderei* bindkudrilo (*vgl. dazu* ***Nähnadel***); ~**pflaster** *n mit Gazeeinsatz* [adhera] pretpansaĵo, *(Leukoplast)* leŭkoplasto; *ohne Gaze* sparadrapo; ~**zwecke** *f* premnajleto

Hegel (*m*) *Eig (ein dt. Philosoph [1770-1831])* Hegelo *wichtigster Vertreter des Deutschen Idealismus*>; ***Hegel'sche Philosophie*** *f* hegelismo

Hegelianer *m Anhänger Hegels* hegelano, disĉiplo de Hegelo

Hegemonie *f 1. Vorherrschaft 2. [staatliche] Vormachtstellung* hegemonio

hegemonisch *Adj* hegemonia

hegen *tr schützen und pflegen* ŝirmi kaj flegi; *warten (ein Kind)* varti; *i.w.S. (sorgen für)* zorg[ad]i por; ***die Absicht*** ~ ***zu ...*** havi la intencon ...; ***Argwohn*** (*od* ***Misstrauen*** *bzw.* ***Verdacht***) ***gegen jmdn.*** ~ suspekti iun; ***die Hoffnung*** ~, ***dass ...*** nutri (*od auch* karesi) la esperon, ke ...; ***eine Illusion*** ~ karesi iluzion

Hehl *n od m*: ***ich mache kein[en]*** ~ ***daraus*** mi tute ne kaŝas tion *bzw.* mi tute ne sekretas pri tio

hehlen *tr Diebesgut verbergen bzw. verkaufen* riceli

Hehler *m* ricelanto *od* ricelisto, ŝtelaĵokaŝisto

Hehlerei *f Jur* ricelado

hehr *Adj poet für «erhaben» bzw. «heilig»* sublima *bzw.* sankta (↑ *auch* ***majestätisch***)

[1]**Heide** *f* ***a)*** *auch* ***Heidekraut*** *n* (*Gattung* Erica) *Bot* eriko; (*Gattung* Calluna) kaluno; *Besen- od Sommerheide* (Calluna vulgaris) [ordinara] kaluno (↑ *auch* ***Baum-***, ***Blau-***, ***Glocken-***, ***Lavendel-*** *u.* ***Schneeheide***); ***graue*** ~ ↑ ***Grauheide***; ***vielblütige*** ~ (Erica multiflora) multflora eriko ***b)*** *als Fläche od Landschaft* erikejo (*vgl. dazu* ***Lüneburger Heide***; ↑ *auch* ***Berg-***, ***Farn-***, ***Flechten-***, ***Ginster-***, ***Gras-***, ***Moos-*** ***a)*** *u.* ***Wacholderheide***)

[2]**Heide** *m Ungläubiger* pagano; *Götzenanbeter* adoranto de idolo(j), idolano

Heideblüte *f* erikejo en florado; ***Zeit der*** ~

tempo (*bzw.* sezono) de la florado de erikejo(j)

Heideginster *m Bot* ↑ *unter* ***Ginster***

Heidegünsel *m Bot* ↑ *unter* ***Günsel***

Heidehonig *m* erikeja mielo

Heidekraut *n Bot* ↑ ***¹Heide a)***

Heidekrautgewächse *n/Pl*: ***[Familie der]*** ~ (Ericaceae) *Bot* erikacoj *Pl*

Heidelbeere *f, auch* ***Blaubeere*** *f, reg auch* ***Bickbeere*** *od* ***Schwarzbeere*** *f* (Vaccinium myrtillus) *Frucht od Pflanze* mirtelo

Heidelbeerweide *f* (Salix myrtilloides) *Bot* mirtela saliko

Heidelberg (*n*) *eine Stadt in Baden-Württemberg [am Neckar]* Hejdelbergo

Heidelerche *f* (Lullula arborea) *Orn* arbalaŭdo

Heidelibelle *f* (*Gattung* Sympetrum) *Ent* erikolibelo, <*wiss*> simpetro; ***blutrote*** ~ (Sympetrum sanguineum) sangoruĝa erikolibelo; ***schwarze*** ~ (Sympetrum danae) nigra erikolibelo

Heidenangst *f umg*: ***eine ~ haben*** havi (*od* senti) teruran timon

Heidenarbeit *f* eksterordinare (*od pop auch* terure) granda laboro

Heidenelke *f* (Dianthus deltoides) *Bot* punktita dianto

Heidengeld *n umg* multege da mono

Heidenlärm *m umg* terura bruo *od* bruego; ***einen ~ machen*** fari teruran bruon *od* bruegi

Heiden|respekt *m salopp für «gewaltiger Respekt»* respektego; ~**spaß** *m* eksterordinara plezuro; ~**tempel** *m* pagana templo

Heidentum *n, altkirchlich auch* ***Paganismus*** *m* paganismo (↑ *auch* ***Neopaganismus***)

Heideröschen *n, auch* ***Heidenröschen*** *n* (*Gattung* Fumana) *Bot* fumano; ***gemeines*** (*od* ***niederliegendes***) ~, *auch* ***Zwergheideröschen*** *n* (Fumana procumbens) kuŝ[ant]a fumano

Heideschaf *n* ↑ ***Heidschnucke***

Heideschleierling *m, auch* ***kastanienbrauner Schleimfuß*** *m* (Cortinarius mucosus, *auch* Myxacium mucosum) *Mykologie* muka kortinario

Heidewacholder *m Bot* ↑ *unter* ***Wacholder***

Heidewald *m* erikeja arbaro

Heidin *f* paganino

heidnisch *Adj* pagana; ~***er Tempel*** *m* pagana templo (↑ *auch* ***Götzentempel***); ~***e Traditionen*** *f/Pl* paganaj tradicioj *Pl*

Heidschnucke *f, auch* ***Heideschaf*** *n eine Schafrasse* erikeja ŝafo

Heiducken *m/Pl Gesch 1. ungarische Söldnertruppe 2. christliche serbische od bulgarische Freischärler, die gegen die Türken kämpften 3. Diener hoher ungarischer Adliger [im 17. u. 18. Jh.]* hajdukoj *Pl*

heikel *Adj* ***a)*** delikata (↑ *auch* ***kitzlig*** *u.* ***prekär***); ***das ist eine heikle Angelegenheit*** (***Frage***) tio estas delikata afero (demando) ***b)*** *reg für «schwer zufrieden zu stellen»* malfacile kontentigebla ***c)*** <*österr*> ↑ ***wählerisch a)***

Heiko (*m*) *männl. Vorname* Hejko

heil *Adj intakt* nedifekta; *unverletzt* nelezita, nevundita; *[wieder] gesund* [ree] sana ◊ ***mit ~er Haut davonkommen*** eliri el la afero nedifektita

Heil *n* ***a)*** *göttliche Gnade (od Huld)* graco (*vgl. dazu* ***heilbringend***) ***b)*** *Rettung* savo; *Glück* feliĉo; *Erfolg* sukceso ◊ ***sein ~ versuchen*** serĉi (*od* provi trovi) sian feliĉon

Heiland *m*: ***der*** ~ *Rel* la Savanto (*vgl. dazu* ***Erlöser, Messias*** *u.* ***Retter***)

Heilanstalt *f Med* sanigejo, kuracejo; *Sanatorium* sanatorio

Heilanzeige *f Med* ↑ ***Indikation***

Heilbad *n* kuraca banloko, kuracloko, *auch* kuracbanejo (↑ *auch* ***Moorheilbad***)

heilbar *Adj* sanigebla, kuracebla

Heilbarkeit *f* sanigebleco, kuracebleco

Heil|behandlung *f* terapio; ~**behandlungskosten** *Pl* kostoj *Pl* por la terapio, *i.w.S.* medicinaj kostoj *Pl*

Heilbetonie *f Bot* (Betonica officinalis) betoniko

heilbringend, *auch* ***Heil bringend*** *Adj* alportanta gracon *nachgest*

Heilbutt *m* (Hippoglossus vulgaris = Hippoglossus hippoglossus) *Ichth, Nahr* hipogloso; ***pazifischer*** ~ (Hippoglossus pacificus = Hippoglossus stenolepsis) pacifika hipogloso

Heilbuttfilet *n Kochk, Nahr* hipoglosa fileo

heilen *tr bes. Med* kuraci; *heilen* [re)sanigi (↑ *auch* ***kurieren***); *intr* [re]saniĝi *od* [ree] saniĝi; *vernarben* cikatriĝi; ***schwer [wieder]*** ~ malfacile [re]saniĝi

Heiler *m Wunder*² mirakla resaniganto

Heil|erde *f Pharm* medicina argilo; ~**erfolg** *m* terapia rezulto; ~**fasten** *n* kuraca fastado

heilfroh *Adj umg*: ~ ***sein*** esti tre feliĉa; *sehr*

zufrieden sein esti tre[ege] kontenta
Heilgehilfe *m alt* malsanulflegisto [en hospitalo]
Heilgymnastik *f* ↑ ***Krankengymnastik***
heilig *Adj* sankta; ***das ~e Abendmahl*** *Kirche* la Sankta Manĝo; ***der ≗e Geist*** la Sankta Spirito; ***die ≗e Jungfrau*** la Sankta Virgulino; ***die ≗en Drei Könige*** *bibl* ↑ *unter* ***²Weise***; ***das ≗e Land*** *Islam (Mekka u. Umgebung), christl. Kirche (Palästina), lat. Terra Sancta* la Sankta Lando; ***~er Ort*** *m od* ***~e Stätte*** *f* sankta loko, sanktejo; ***eine ~e Pflicht*** sankta devo; ***die ≗e Schrift*** la Sankta Skribo (*vgl. dazu* ***Bibel*** *u.* ***Koran***); ***die ≗e Stadt*** *z.B. Jerusalem, Mekka, Rom* la Sankta Urbo; ***der ≗e Stuhl*** la Sankta Seĝo (*vgl. dazu* ***Kurie 2.***); ***der ≗e Vater*** *Bez für den Papst* la Sankta Patro
Heiligabend *m, auch* ***Heilige Abend*** *m* Sankta Vespero, vespero antaŭ Kristnasko
Heilige ***a)*** *m* sanktulo (↑ *auch* ***Nationalheilige***); ***ein katholischer ~r*** katolika sanktulo ***b)*** *f* sanktulino (↑ *auch* ***Schutzheilige***) ***c)*** *etw. Heiliges, Heiligtum* sanktaĵo
heiligen *tr* sanktigi (↑ *auch* ***heiligsprechen***); *verherrlichen* glori; *weihen* konsekri; ***geheiliget werde Dein Name*** *Kirche* sanktigata estu via nomo ◇ ***der Zweck heiligt das Mittel*** la celo pravigas rimedon
Heiligen|bild *n* bildo de sanktulo; *Ikone* ikono; **~figur** *f* figuro de sanktulo
Heiligenkraut *n, auch* ***Zypressenkraut*** *n* (*Gattung* Santolina) *Bot* santolino; ***graues ~*** (Santolina chamaecyparissus) etcipresa santolino
Heiligenschein *m* glorkrono, *(die ganze Gestalt umgebend)* aŭreolo; *Nimbus, Ruhmesglanz einer Person od Sache* nimbo (↑ *auch* ***Mandorla*** *u.* ***¹Nimbus***)
Heiligkeit *f* sankteco *auch i.w.S.*; ***Eure ~*** *Anrede des Papstes* Via Sankta Moŝto; ***Seine ~*** *Titel des Papstes* Lia Papa (*od* Sankta) Moŝto
heiligsprechen *tr*: ***jmdn. ~*** proklami iun sankta, *auch* sanktigi iun
Heiligsprechung *f kath. Kirche* kanonizo
Heiligtum *n* ***a)*** *geh* ***Sanktuarium*** *n Ort der Verehrung eines Gottes od Heiligen* sanktejo ***b)*** *heiliger Gegenstand* sankta objekto; *etw. Heiliges* sanktaĵo (*vgl. dazu* ***Schrein***)
Heil|klima *n* saniga klimato; **~kraft** *f* saniga (*od* kuraca) forto
heilkräftig *Adj* saniga, kuraca
Heil|kräuter *n/Pl* kuracherboj *od* medicinaj herboj *Pl*; **~kunde** *f* medicino (↑ *auch* ***Tier-*** *u.* ***Wasserheilkunde***); **~kunst** *f* kurac-arto
Heilongjiang *n, auch* ***Heilungkiang*** *n* ***a)*** *eine nordostchin. Provinz* Heilongĝjango, *auch* Hejlongĝjang-provinco *[Hptst.: Harbin]* ***b)*** *chinesische Bez für «Amur»* [↑ *dort*] Heilongĝjango, *auch* Hejlongĝjang-rivero
heillos *Adj* ***a)*** *alt für «ohne Hoffnung»* senesperiga; *verabscheuungswürdig* abomeninda; *panisch* panika; ***eine ~e Tat*** abomeninda faro ***b)*** *umg für «schrecklich»*: ***ein ~es Durcheinander*** terura kaoso
Heil-Magnetismus *m* ↑ *unter* ***Magnetismus***
Heil|methode *f* kuracmetodo; **~mittel** *n* kuracilo, medikamento (***gegen*** kontraŭ); **~pflanze** *f, auch* ***Medizinalpflanze*** *f Arzneipflanze* kuraca (*od* medicina) planto; **~pflanzengarten** *m* medicinplanta ĝardeno; **~phase** *f Med* resaniĝa periodo; **~quelle** *f* kuracakva fonto, *Mineralquelle* mineralakva fonto (*vgl. dazu* ***Thermalquelle***); **~salbe** *f Pharm* [medicina] ungvento
heilsam *Adj* ***a)*** saniga, *(der Gesundheit förderlich)* salubra ***b)*** *nutzbringend* utila, havanta utilon
Heilsamkeit *f, geh* ***Salubrität*** *f* salubreco
Heils|armee *f, engl.* ***Salvation Army*** *Rel* savarmeo *(auch Großschr) [1878 in London gegründet]*; **~bringer** *m Rel* Mesio (↑ *auch* ***Erlöser*** *u.* ***Heiland***); *übertr* mesio
Heil|schlamm *m Balneologie* kuracŝlimo (↑ *auch* ***Fango***); **~serum** *n* antitoksina serumo *od* antiserumo
Heilslehre *f Theologie (Lehre vom Erlösungswerk Jesu Christi)* soteriologio, savhistorio
Heil|stätte *f* kuracejo [por malsanuloj]; *Sanatorium* sanatorio (*vgl. dazu* ***Lungenheilstätte***); **~trank** *m Pharm* eliksiro
Heilung *f das Gesundmachen* resanigo; *das Gesundwerden, Genesung* [re]saniĝo (↑ *auch* ***Spontanheilung***)
Heilungkiang *m* ↑ ***Heilongjiang***
Heilungschancen *f/Pl*: ***gute ~ haben*** *Med* havi bonajn ŝancojn pri resaniĝo
Heil|verfahren *n Med* kuraca metodo, terapio; **~wasser** *n ein natürliches Mineralwasser* kurac-akvo (↑ *auch* ***Brunnenkur***); **~wirkung** *f* kuraca (*od* saniga) efiko
Heilwurzel *f Bot* ↑ *unter* ***Eibisch***
Heilziest *m Bot* ↑ *unter* ***Ziest***
Heim *n* hejmo (*vgl. dazu* ***Penaten b)*** *u.* ***Zu***

hause; ↑ *auch* ***Alters-***, ***Erholungs-***, ***Ferien-***, ***Genesungs-***, ***Kinder-***, ***Kur-***, ***Pflege-*** *u.* ***Seemannsheim***); *Studenten[wohn]* ≗ studenta hejmo; ~ ***für schwer erziehbare Kinder*** hejmo por infanoj malfacile edukeblaj

Heim|arbeit *f* hejmlaboro; ~**arbeiter** *m* hejmlaborulo; ~**arbeitsindustrie** *f* hejma industrio

Heimat *f Heimatland* hejmlando (↑ *auch* ***Wahlheimat***); *Vaterland* patrujo; *das Zuhause* hejmo; *i.e.S. (Heimatregion)* hejma regiono, *(Heimatstadt)* hejmurbo, *(Geburtsort)* naskiĝloko

Heimatadresse *f* ↑ ***Wohnsitzadresse***

Heimatarmee *f*: ***polnische*** ~, *poln.* ***Armia Krajowa*** *Gesch (eine militärische Widerstandsorganisation im von Deutschland besetzten Polen)* pola enlanda armeo *(auch Großschr)*

Heimat|bahnhof *m Eisenb* hejmstacio; ~**dichter** *m* regiona poeto; ~**dorf** *n* hejma vilaĝo; ~**hafen** *m* hejmhaveno; ~**kunde** *f Schulfach* kono de [la] hejmregiono; ~**land** *n* hejmlando, patrujo; *heimatliche Gegend* hejma regiono

heimatlich *Adj* hejma *bzw.* hejmlanda; *wie in der Heimatregion* kiel en la hejma regiono *nachgest*

Heimatliebe *f* amo al la patrujo

heimatlos *Adj* sen patrujo (*od* hejmlando) *od* ne havanta patrujon *nachgest* (*vgl. dazu* ***obdachlos***)

Heimatlose *m* senhejm[land]ulo

Heimatlosigkeit *f* senhejm[land]eco

Heimat|museum *n* regionhistoria muzeo; ~**ort** *m* hejmloko; ~**stadt** *f* hejmurbo; *Geburtsstadt od -ort* naskiĝurbo, nasikiĝloko; ~**urlaub** *m* hejmlanda libertempo; ~**verbundenheit** *f* ligiteco al la hejmlando (*bzw.* hejma regiono); ~**verein** *m* hejmregiona (*bzw.* hejmloka) societo

heimbegleiten, *auch* ***heimbringen*** *tr*: ***jmdn.*** ~ akompani iun hejmen

[1]**Heimchen** *n übertrieben häusliche Frau* hejmulineto

[2]**Heimchen** *n Ent* ↑ ***Hausgrille***

Heimcomputer *m EDV* hejma komputilo *od* hejmkomputilo (↑ *auch* ***Personalcomputer***)

heimelig *Adj* hejmeca (↑ *auch* ***traut***)

Heimerziehung *f im Schülerheim* edukado en internulejo

heimfahren *intr* veturi hejmen

Heimfahrt *f* hejmenveturo *od* veturo hejmen; *Rückfahrt* reveturo (↑ *auch* ***Heimreise***)

heimführen *tr nach Hause führen* hejmenkonduki; *Braut* edzinigi

heimgehen *intr* ***a)*** iri hejmen *od* hejmeniri ***b)*** *verhüllend für «sterben»* forpasi; ***er ist gestern Abend heimgegangen*** *verstorben* li forpasis hieraŭ vespere

Heimindustrie *f Heimarbeitsindustrie* hejma industrio (*vgl. dazu* ***Kunstgewerbe***)

heimisch 1. *Adj* ***a)*** *häuslich* hejm[ec]a; *vertraut* familieca; *wie zu Hause* kiel en la propra hejmo *nachgest* ***b)*** *inländisch* enlanda; *aus dieser Gegend [stammend]* [devenanta] el ĉi tiu regiono *nachgest*; *aus diesem Land [stammend]* [devenanta] el ĉi tiu lando *nachgest*; *endemisch* endemia; ***die ~e Industrie*** la enlanda industrio **2.** *Adv*: ~ ***werden in ...*** [en]hejmiĝi en ... (↑ *auch* ***sich eingewöhnen***); ***sich ~ fühlen*** senti sin hejmece (***in*** en)

Heimkehr *f* reveno hejmen; *Rückkehr in die Heimat* reveno al la patrujo

heim|kehren *od* ~**kommen** *intr nach Hause kommen* reveni hejmen; *in die Heimat zurückkehren* reveni al la patrujo

Heimkehrer *m* reveninto [al la patrujo]

Heim|kino *n* hejmkinejo; ~**leiter** *m Leiter eines Internats* estro de internulejo

heimleuchten *intr*: ***jmdm.*** ~ *jmdn. energisch abweisen* forte refuti ies argument[ad]on; *jmdn. beschämen* hontigi iun

heimlich 1. *Adj verborgen* kaŝ[it]a; *stillschweigend* silenta; *geheim* sekreta; *i.w.S. (anonym)* anonima, *(illegal)* kontraŭleĝe; ~***e Liebe*** *f* sekreta amo; ***ein ~es Treffen*** sekreta renkontiĝo (*bzw.* rendevuo) **2.** *Adv* kaŝe; silente; sekrete; anonime; kontraŭleĝe; *unbemerkt* nerimarkite; ~ ***[mit]hören*** kaŝe (*od* sekrete) aŭskulti; *heimlich belauschen* subaŭskulti; ~ ***lachen*** *in sich hinein kichern* kaŝe ridi, *(Zam) auch* kaŝridi

Heimlichkeit *f* ***a)*** *Geheimnis* sekreto; ***in aller*** ~ en absoluta kaŝeco *od* absolute (*od* tute) sekrete ***b)*** *etw. Verborgenes* kaŝitaĵo; *Verborgenheit (von Gefühlen, Gedanken, Wunsch)* sekreteco, kaŝiteco; *(jmds. versteckter Charakter, z.B. eines Heimlichtuers)* kaŝemo, sekretemo

Heimlichtuer *m* kaŝemulo

Heimmannschaft *f Sport* gastiganta teamo

heimmüssen *intr* devi hejmeniri (*od* [re]iri hejmen)

Heimreise *f* hejmenvojaĝo *od* vojaĝo hejmen; *Rückreise* revojaĝo

heim|radeln *intr* bocikli hejmen *od* hejmenbicikli; **~reisen** *intr* vojaĝi hejmen *od* hejmenvojaĝi; **~schicken** *tr* sendi hejmen; *zurückschicken* resendi (*etw.* ion)

Heim|schule *f* lernejo-pensiono; **~spiel** *n Sport* hejma maĉo (*vgl. dazu* ***Auswärtsspiel***); **~stätte** *f* hejmloko, hejmo

heimsuchen *tr*: ***heimgesucht werden*** *von einem Gespenst* esti hantata; *von Dürre, Krankheit, Panik, Schrecken od Seuche* esti trafata, *(als Strafe, z.B. Gottes [auch i.w.S.])* esti plagata; ***die Stadt wurde von einer Naturkatastrophe*** (***Seuche***) ***heimgesucht*** la urbo estis trafita de naturkatastrofo (epidemio)

Heimsuchung *f großes Unglück (das über die Menschen kommt [bes. bibl])* plago (↑ *auch* ***Unheil***), *i.w.S.* grand[eg]a malfeliĉo

Heimtier *n* hejmbesto, *(zum Verwöhnen) auch* dorlotbest[et]o (*vgl. dazu* ***Haustier***)

Heimtücke *f* perfid[ec]o; *Hinterlist* insid[em]o; *Boshaftigkeit* malic[ec]o

heimtückisch *Adj* perfida; *hinterlistig* insida, *(Mensch) auch* insidema; *boshaft* malica; *bösartig, bes. Krankheit* maligna (↑ *auch* ***insidiös***); *i.w.S. gefährlich* danĝera

heimwärts, *umg auch* ***heimzu*** *Adv nach Hause* hejmen; *unterwegs nach Hause* survoje hejmen; *in Richtung Heimat* [direkten] al la hejmlando (*bzw.* hejmurbo *u.a.*); *auf der Heimfahrt* dum la hejmenveturo (*od* veturo hejmen)

Heimweg *m* vojo hejmen; *das Nachhausegehen* hejmeniro; *Rückkehr nach Hause* reveno hejmen

Heimweh *n* hejmsopiro *od* sopiro al la patrujo, *auch* hejmveo (*vgl. dazu* ***Nostalgie***); ***~ haben*** hejmsopiri, nostalgii

heimzahlen *tr*: ***ich werde es ihm ~*** mi venĝos tion al li, *auch* mi redonos tion al li

heimzu ↑ ***heimwärts***

[1]**Heinrich** (*m*) *männl. Vorname* Henriko *auch Name einiger Könige u. Herzöge, engl.* ***Henry***, *niederl.* ***Hendrik***, *poln.* ***Henryk*** (↑ *auch* ***Enrico***); ***~ der Fromme*** *Herzog von Niederschlesien [um 1191-1241]* Henriko la Pia; ***~ der Löwe*** *Herzog aus dem Geschlecht der Welfen [um 1129-1195]* Henriko la Leono

[2]**Heinrich** *nur in Zus*: ***Guter ~*** *m* (Chenopodium bonus-henricus) *Bot* saga kenopodio

Heinzelmännchen *n hilfreicher Hausgeist* hejma kobold[et]o *(Zam)*

Heirat *f* [ge]edziĝo, *i.e.S. (des Mannes)* edziĝo, *(der Frau)* edziniĝo (↑ *auch* ***Geld-, Miss-*** *u.* ***Vernunftheirat***); ***kirchliche*** (***standesamtliche***) ~ eklezia (civila) [ge]edziĝo (↑ *auch* ***Eheschließung***); ***~ aus Liebe*** *od* ***Liebesheirat*** *f* [ge]edziĝo pro amo; ***~ wider Willen*** edziĝo (*bzw.* edziniĝo) kontraŭvola ◇ ***~ in Eile – bereuet man mit Weile*** tro rapida edziĝo – porĉiama kateniĝo *(Zam)*

heiraten ***a)*** *tr*: ***jmdn. ~*** edziĝi (*bzw.* edziniĝi) al (*od* kun) iu; ***sie hat ihn nur wegen des Geldes geheiratet*** ŝi edziniĝis al li nur pro la mono ***b)*** *intr (vom Paar)* geedziĝi, *(vom Manne)* edziĝi, *(von der Frau)* edziniĝi; ***in der Kirche ~*** geedziĝi en la preĝejo; ***aus Liebe ~*** geedziĝi pro amo; ***sie hat jung*** (***zum zweiten Mal***) ***geheiratet*** ŝi edziniĝis juna (por la dua fojo)

Heirats|antrag *m* edziĝpropono; **~anzeige** *f* anonco pri geedziĝo

heiratsfähig *Adj Mädchen* edziniĝopova; *junger Mann* edziĝopova, *auch* edziĝotaŭga; ***im ~en Alter sein*** esti en edziniĝopova (*bzw.* edziĝopova) aĝo

heiratslustig *Adj (Mädchen)* edziniĝema; *(Mann)* edziĝema

Heirats|markt *m fam* geedziĝa merkato; **~schwindler** *m* trompisto pri geedziĝo; **~urkunde** *f*, *pop* ***Trauschein*** *m* atesto pri geedziĝo; **~vermittlerin** *f* edziĝoperantino, *früher (Brautwerberin)* svatistino; **~vermittlung** *f* edziĝoperado; *Büro* edziĝoperada agentejo *od* edziĝoperejo, svat-agentejo; **~versprechen** *n* edziĝopromeso *od* promeso de edziĝo

heiser *Adj Stimme* raŭka, *auch (mit heiserer Stimme)* raŭkvoĉa *bzw. Adj* raŭkvoĉe (↑ *auch* ***kehlig*** *u.* ***rau***); ***~ sein*** *weil man sich erkältet hat* esti raŭka *bzw.* havi raŭkan voĉon [pro malvarmumo]; ***~ werden*** raŭkiĝi; ***sich ~ reden*** (***schreien***) paroli (krii) ĝis raŭkeco

Heiserkeit *f*, *Fachspr Med* ***Raucitas*** *od* ***Raucedo*** raŭkeco (↑ *auch* ***Dysphonie***)

heiß 1. *Adj* varmega; *übertr (leidenschaftlich)* pasia, *(glühend)* arda, *(sexuell erregend)* sekse ekscita; ***es ist ~ [draußen]*** *Met* estas varmege [ekstere]; ***kochend ~*** broge varmega; ***siedend ~***, *auch* ***siedeheiß*** bolante varmega; ***mir ist ~*** estas al mi varmege ◇ ***ein ~es Eisen*** *eine heikle Sache* vere tikla afero **2.** *Adv*: ~ ***ersehnt*** forte (*od* arde) sopirata; ~ ***umstritten*** arde kontestata; *Diskussionsthema u. dgl.* arde (*od* pasie) diskutata

heißblütig *Adj* varmegsanga, bolsanga; *cholerisch* kolerika; *leicht entflammbar* [facile] ekflamiĝema

heißen ***a)*** *tr*: ***jmdn. einen Lügner*** ~ *geh* nomi iun mensoganto; ***er hat mich einen Dummkopf geheißen*** li nomis min stultulo; ***jmdn. willkommen*** ~ bonvenigi iun; ***jmdn.*** ~ ***zu ...*** *jmdm. befehlen* ordoni al iu, ke li (*bzw.* ŝi) ... *u. nachfolg. Verb in der* u-*Form*; ***wer hat Sie das tun*** ~***?*** *alt od geh* kiu ordonis al vi, ke vi faru tion? ***b)*** *intr* ***a)*** *Namen haben* nomiĝi, esti nomata; ***er heißt ...*** li nomiĝas ... *od* lia nomo estas ...; ***wie heißt sie?*** kiu estas ŝia nomo?; ***sie heißt Monika*** ŝia nomo estas Monika *b) bedeuten* signifi; ***wie heißt ... auf Esperanto?*** kiel oni tradukas ... en Esperanton? *od* kiel oni diras en Esperanto por ...? *od* kiu estas la ekvivalento de ... en Esperanto? ***c)*** *in Verbindungen:* ***es heißt, dass ...*** oni diras, ke ...; ***das heißt*** (*Abk* **d.h.**) tio estas (*Abk* t.e.), tio signifas (*Abk* t.s.); ***das soll nicht*** ~, ***dass ...*** tio ne signifu, ke ... ◇ ***das will viel*** ~***!*** tio signifas multon!; ***hier heißt es aufpassen*** (*od* ***aufgepasst***) ĉi tie oni devas atenti *od* estas necese atenti

Heißhunger *m* ***a)*** malsatego, besta apetito, *(Fresssucht)* manĝavido ***b)*** *auch* ***Vorazität*** *f nur Fachspr Med* voremo; ~**attacke** *f* atako de malsatego (*bzw.* manĝavido)

heißhungrig *Adv*: ~ ***essen*** *gierig essen* avide manĝi; *gierig verschlingen* vori

heißlaufen, *auch* ***heiß laufen*** *intr Motor* fariĝi varmega [pro troa uzado *bzw.* pro difekto]; *durch Reibung* frotvarmiĝi

Heißleiter *m El* ↑ ***Thermistor***

Heißluft *f* varmega aero; ~**ballon** *m Flugw* varmaera balono

Heißsporn *m* ekflamiĝema persono

Heister *m bes. Fachspr Forstw (junger Laubbaum [mit über 1,5 m Höhe])* hajstro

heiter *Adj* ***a)*** *Wetter* serena, klara; *wolkenlos* sennuba; ***teils*** ~, ***teils wolkig*** nuba kun sunaj periodoj ***b)*** *fröhlich* gaja, serena; ~ ***werden*** *auch im Sinne von «sich aufheitern» (auch Wetter)* ◇ ***das kann ja*** ~ ***werden!*** tio estas ja gaja (*bzw.* promesiga) afero!

Heiterkeit *f Fröhlichkeit* gajeco, sereneco; *Gelächter* ridado

Heizanlage *f* ↑ ***Heizungsanlage***

heizbar *Adj* hejtebla

Heiz|batterie *f* filamenta baterio; ~**decke** *f* hejtebla kovrilo; ~**element** *n Tech* hejtelemento

heizen *tr* hejti (***mit*** per) (↑ *auch* ***vorheizen***); ***tüchtig*** ~ *umg* forte hejti (*vgl. dazu* ***einheizen***)

Heizen *n* hejtado

Heizer *m* ***a)*** *Person* hejtisto *auch Eisenb* ***b)*** ↑ ***Heizgerät***

Heizfaden *m El* ↑ ***Glühfaden***

Heiz|gas *n* hejtgaso; ~**gerät** *n*, *auch* ***Heizkörper*** *m* hejta aparato, hejtilo; *Heizsonne* varmoradiilo; ~**haus** *n* hejtilejo; ~**kessel** *m* hejtkaldrono; ~**kissen** *n* hejtkuseno; ~**körper** *m* ***a)*** *Tech* radiatoro ***b)*** ↑ ***Heizgerät***

Heizkosten *Pl* kostoj *Pl* por hejtado [de la domo (*bzw.* loĝejo) *u.a*]; ~**rechnung** *f* fakturo de la hejtkostoj

Heiz|material *n* hejtmaterialo (*vgl. dazu* ***Brennholz***); ~**ofen** *m* hejt[o]forno, *bes. fürs Wohnzimmer* stovo; ~**öl** *n* hejt-oleo; ~**raum** *m* hejtejo; ~**rohr** *n* hejtotubo

Heizschrank *m Med* ↑ ***Trockenschrank b)***

Heiz|sonne *f El* [elektra] varmoradiilo; ~**spannung** *f El* hejttensio; ~**strom** *m El* hejta kurento *od* hejtkurento

Heizung *f Heizen* hejtado; *Heizmaterial* hejtmaterialo; *Heizanlage* hejt-instalaĵo (↑ *auch* ***Dampf-***, ***Etagen-***, ***Fern-***, ***Fußboden-***, ***Gas-***, ***Kohle-***, ***Ofen-***, ***Öl-***, ***Rasen-***, ***Warmluft-***, ***Warmwasser-*** *u.* ***Zentralheizung***); ***elektrische*** ~ elektra hejtado

Heizungsanlage *f*, *auch* ***Heizanlage*** *f* hejt-instalaĵo *auch im Auto*; *Heizungssystem* hejtsistemo

Heizungskosten *Pl* = ***Heizkosten***

Heizungsmonteur *m* muntisto de hejt-instalaĵoj

Heiz|wert *m* hejtvaloro; ~**zeit** *f Kathoden*~ hejttempo de katodo

Hekataios [von Milet] (*m*) *Eig (ein altgriech. Geograf u. Historiker [um 550-475 v. Chr.])* Hekateo

Hekate (*f*) *griech. Myth (Göttin der Finsternis, der Zauberei u. der Gespenster [uralte Gottheit aus Karien, die in die griechische Mythologie übernommen wurde])* Hekata

Hekatombe *f 1. Gesch (Opfer von hundert Stieren 2. übertr (erschütternd hohe Menschenverluste)* hekatombo

Hekla *f ein Vulkan im Süden von Island* [vulkano] Heklo

Hektar *n od m*, *<schweiz>* ***Hektare*** *f* (*Zeichen* ***ha***) hektaro (*Zeichen* ha); ***pro ~*** por unu hektaro

Hektarertrag *m Landw* rikolt[aĵ]o po unu hektaro

hektisch 1. *Adj* ***a)*** *Med*: ***~es Fieber*** *n* hektika febro ***b)*** *übertr (fieberhaft)* febra, *(aufgeregt)* ekscitita, *(übertrieben)* troigita **2.** *Adv* hektike; febre, ekscitite

Hektograf *m*, *auch* ***Hektograph*** *m Typ (ein Vervielfältigungsgerät)* hektografo (↑ *auch* ***Mimeograf***)

Hektografie *f*, *auch* ***Hektographie*** *f* hektografio

hektografieren, *auch* ***hektographieren*** *tr* hektografi, *(mit Wachsmatrizen)* stencili

hektografisch, *auch* ***hektographisch*** **1.** *Adj* hektografia **2.** *Adv* hektografie

Hekto|gramm *n* (*Zeichen* ***hg***) hektogramo; **~liter** *m*, *auch n* (*Zeichen* ***hl***) *hundert Liter* hektolitro, *umg auch* cent litroj; **~meter** *m*, *auch n* (*Zeichen* ***hm***) *hundert Meter* hektometro, *umg auch* cent metroj; **~pascal** *n* (*Zeichen* ***hPa***) *hundert Pascal* hektopaskalo *<SI-Einheit für den Druck>*

Hektor (*m*) *männl. Vorname* Hektoro *auch Trojanerheld der griechischen Sage*

Hektowatt *n* (*Zeichen* ***hw***) hektovato

Hekuba (*f*) *griech. Myth (Gemahlin des Königs Priamos)* Hekuba

Held *m* heroo *auch Lit, Theat u. i.w.S.* (↑ *auch* ***Comic-*** *u.* ***Volksheld***); *i.w.S. mutiger Mensch* kuraĝa homo, kuraĝulo (↑ *auch* ***Recke***); ***~ der sozialistischen Arbeit*** *Gesch (ein Orden in der UdSSR)* Heroo de [la] Socialista Laboro; ***~ des Tages*** heroo de la (*bzw.* tiu) tago; *jmd., der Furore macht* furorulo; ***tragischer ~*** *Lit, Theat* tragika heroo

Heldbock *m Ent* ↑ ***Eichenbock***

Helden|epos *n Lit* heroa eposo; **~friedhof** *m* tombejo de herooj; **~gedicht** *n Lit* epopeo (↑ *auch* ***Byline***)

Heldengesang *m Antike* ↑ ***Heldenlobgesang***

heldenhaft 1. *Adj* heroa; *äußerst tapfer* eksterordinare kuraĝa **2.** *Adv* heroe

Heldenhaftigkeit *f* heroeco

Heldenlied *n* = ***Heldengedicht***

Helden|[lob]gesang *m Antike* himno kantata honore al heroo; **~mut** *m* heroa kuraĝo

heldenmütig 1. *Adj* heroa; *äußerst tapfer* eksterordinare kuraĝa **2.** *Adv* heroe

Helden|sage *f Lit* heroa legendo (*vgl. dazu* ***Saga***); **~tat** *f* heroaĵo, heroa ago (*od* faro)

Heldentod *m* heroa morto; ***den ~ erleiden (od sterben)*** morti heroe [en batalo], *Zam auch* morti per la morto de herooj

Heldentum *n* heroeco (↑ *auch* ***Heroismus***)

Heldenverehrung *f* ador[ad]o al herooj

Heldin *f* heroino (*vgl. dazu* ***Heroine***)

heldisch = ***heldenhaft***

Heldreichs Ahorn *m* ↑ *unter* ***Ahorn***

Helekiter *od* **Chelkiter** *Pl bibl* Ĥelekidoj *Pl (Zam)*

[1]**Helena** *od* [1]**Helene** (*f*), *franz.* ***Helène*** *weibl. Vorname* Helena *auch griech. Sagengestalt*

[2]**Helena** (*n*) *Hptst. des US-Bundesstaates Montana* Heleno

[2]**Helene** *f Astron (ein Satellit des Saturn)* Heleno

helfen *intr* helpi; *assistieren* asisti (***jmdm.*** iun *od* al iu) (↑ *auch* ***mitwirken***); ***bitte ~ Sie mir!*** *bzw.* ***bitte hilf mir!*** bonvolu helpi al mi!; ***kann ich Ihnen [irgendwie] ~?*** ĉu mi povas [iel] helpi al vi?; ***einander*** (*od* ***sich [gegenseitig]***) **~** helpi sin reciproke *od* helpi unu al la alia; ***ihm ist nicht zu ~*** oni jam ne povas helpi al li; ***sich selbst ~*** helpi sin mem *od* helpi al si mem; ***sich nicht zu ~ wissen*** ne scii helpi al si; ***weder Bitten noch Frohungen halfen*** (*od* ***richteten etw. aus***) ne helpis petoj, nek minacoj ◇ ***es hilft nichts*** *es gibt keinen anderen Weg* ne ekzistas (*od* estas) alia vojo; *dagegen kann man nichts tun* oni povas fari nenion [por malebligi (*bzw.* forigi) tion]

Helfer *m* helpanto, *berufsmäßig* helpisto (↑ *auch* ***Assistent***, ***Gehilfe***, ***Ernte-***, ***Flucht-*** *u.* ***Mithelfer***); ***freiwillige ~*** *Pl* volontulaj helpantoj *Pl*

Helferin *f* helpantino *bzw.* helpistino

Helferschaft *f* helpantaro

Helfershelfer *m* komplico *auch Jur*

Helga (*f*) *weibl. Vorname* Helga

Helge *f od* **Helgen** *m Mar* ↑ ***Helling***

Helgoland (*n*) *eine deutsche Nordseeinsel* Helgolando *<mit Vogelwarte, biologischer Forschungsstation mit Aquarium>*

Helgoländer *m* helgolandano

Helgoländerin *f* helgolandanino

helgoländisch *Adj* helgolanda

Heli *m Flugw* ↑ ***Helikopter***

Heliconie *f* (*Gattung* Heliconia) *Bot* helikonio *[Vorkommen in 150 Arten im tropischen Mittel- u. Südamerika]* (↑ *auch* ***Papageien-Heliconie***)

Helikoide *f Geom* ↑ ***Schraubenfläche***

[1]**Helikon** [*'helikon*] *m ein Gebirge in Böotien [nördl. des Golfs von Korinth]* montaro] Helikono <*galt in der Antike als Sitz der Musen*>

[2]**Helikon** [*heli'kon*] *n [griech. Antike:] mit vier gleich gestimmten Saiten bezogenes Instrument zur Intervallbestimmung; [heute:] ein vor allem in der Militärmusik verwendetes Blechblasinstrument* helikono

Helikopter *m*, <*schweiz*> *auch Kurzw* ***Heli*** *m Flugw* helikoptero (*Zus* ↑ *unter* ***Hubschrauber***);

Heliobiologie *f Lehre von den Einflüssen der Sonne (und zwar nicht nur ihrer Licht- u. Wärmestrahlung) auf das irdische Leben* heliobiologio

heliobiologisch *Adj* heliobiologia

Heliochemie *f* heliokemio

Heliochromie *f Fähigkeit von Materialien, unter Lichteinwirkung reversibel dunklere Färbung anzunehmen [wird für Sonnenbrillengläser ausgenutzt]* heliokromio

Heliodor *m Min (gelbgrüne Abart des Berylls mit Edelsteinqualität)* heliodoro *[Fundorte in Brasilien, Madagaskar u. Namibia]*

Heliodor[os] (*m*) *Eig (ein altgriechischer Dichter [3. Jh. n. Chr.])* Heliodoro

Heliograf *m*, *auch* ***Heliograph*** *m 1. Opt, Nachrichtentechnik, Vermessungswesen (ein Signalgerät für Blinkzeichen mithilfe des Sonnenlichts) 2. Astron (Fernrohr mit Kamera für Sonnenaufnahmen)* heliografo

Heliografie *f*, *auch* ***Heliographie*** *f* ***a)*** *Opt (Zeichengeben mit dem Heliografen)* heliografado ***b)*** *Typ (alte fotochemische Reproduktionstechnik für den Tiefdruck in kleinen Auflagen)* heliografio

Heliogramm *n* heliogramo

Heliogravüre *f*, *auch* ***Lichtdruck*** *m Typ* heliogravuro

Heliometer *n*, *auch* ***Sonnenstandswinkelmesser*** *m Astron* heliometro (↑ *auch* ***Pyrheliometer***)

Heliophyten *m/Pl*, *auch* ***Sonnen-*** *od* ***Starklichtpflanzen*** *f/Pl Bot (an Standorte mit hoher Lichtexposition [Wüsten, Savannen] angepasste Pflanzenarten)* heliofitoj *Pl*, *auch* sunplantoj *Pl*

Heliopolis (*n*) *Antike* Heliopolo: ***a)*** *[im Alten Testament:]* On *Ruinenstadt nordöstl. von Kairo [Reste des Tempels des altägyptischen Sonnengottes]* ***b)*** *Bez für* Baalbek (*vgl. dazu* ***Baalbek***)

Helioskop *n*, *auch* ***Sonnenfernrohr*** *n Astron (Gerät mit Lichtschwächung zur direkten Sonnenbeobachtung)* helioskopo <*heute meist durch Spektroheliograf ersetzt*> (↑ *auch* ***Spektroheliograf***)

Heliosphäre *f Astron (der Bereich der Sonne, in dem der Sonnenwind mit seinen Magnetfeldern wirksam ist)* heliosfero

Heliostat *m Opt (Spiegelvorrichtung, die den Sonnenstrahlen eine gleichbleibende Richtung gibt)* heliostato <*veraltet*>

Heliotherapie *f*, *auch* ***Behandlung*** *f* ***mit Sonnenlicht*** *Med* helioterapio, *umg* sunterapio

[1]**Heliotrop** *m*, *auch* ***Blutjaspis*** *m Min (eine Abart des Chalzedons)* heliotropo

[2]**Heliotrop** *n*, *umg* ***Sonnenwende*** *f* (Heliotropium) *Bot (eine trop.-subtropische Gattung der Raublattgewächse)* heliotropo

Heliotropismus *m*, *auch* ***Licht-*** *od* ***Sonnenwendigkeit*** *f Bot* heliotropismo *od* suntropismo

heliozentrisch *Adj Astron (auf die Sonne als Mittelpunkt bezogen)* suncentra, <*wiss*> heliocentra (*vgl. dazu* ***geozentrisch***)

Heliozoen *n/Pl* (Heliozoa), *auch* ***Sonnentierchen*** *n/Pl Biol (eine Klasse der Wurzelfüßer: kugelige Einzeller mit strahlenartigen, starren Plasmafortsätzen)* heliozooj *Pl [Vorkommen: vorwiegend in Süßwasser]*

Heliport *m Start- u. Landeplatz für Hubschrauber im Stadtbereich* surteriĝejo por helikoptero(j) [ene de urba teritorio]

Helium *n* (*Symbol* ***He***) *Chem* heliumo; ~**blitz** *m Astron* heliumfulmo; ~**kern** *m Astron* heliumkerno; ~**tank** *m z.B. einer Flüssigkeitsrakete* heliumujo

[1]**Helix** *f*, *auch* ***Helixstruktur*** *f Chem, Genetik (spiralige Molekülstruktur)* helico (↑ *auch* ***Doppelhelix***)

[2]**Helix** *f*, *auch* ***Ohrleiste*** *od* ***Ohrkrempe*** *f Anat (Rand der Ohrmuschel)* helikso

hell *Adj Farbe (Ggs: dunkel)* hela (↑ *auch* ***mondhell***); *Stimme* klara, hela; *viel Licht ausstrahlend* lum[plen]a, hela; *heiter (Himmel, Wetter)* serena; *geistig rege* klarvida, klarpensa (*vgl. dazu* ***intelligent***); ~ ***werden*** heliĝi; *sich aufheitern* sereniĝi; ***ein ~es Blau*** (***Rot***) hela bluo (ruĝo); ***am ~en Tage*** en la luma tago; ***es ist schon ~er Tag*** estas jam hela tago ◇ ***in ~er Begeisterung*** kun flamanta entuziasmo; ***in ~en Scharen*** grandare; ***seine ~e Freude an etw. haben*** havi grandan (*od* eksterordinaran) plezuron en (*od* pro) io, eksterordinare plezuriĝi per io; ***er ist ein ~er Kopf*** li estas klarvida (*bzw.* inteligenta) persono

Hellas (*n*) *Bez für Griechenland [der Antike]* Helenio, *poet auch* Helaso

hellauf *Adv*: ***~ begeistert sein von etw.*** esti entuziasmigita pro io; *bezaubert sein* esti [vere] ravita de io

hell|äugig *Adj* hel-okula; **~blau** *Adj* helblua; **~blond** *Adj Haar* helblonda; **~braun** *Adj* helbruna (↑ *auch* ***rehfarben***)

Helldunkel *n Mal* ↑ ***Clair-obscur***

[1]Helle *f* hel[ec]o (↑ *auch* ***Helligkeit***); *etw. Helles od helle Stelle* helaĵo

[2]Helle *n umg für «[ein Glas] helles Bier»* [glaso da] hela biero

Hellebarde *f eine Hieb- u. Stichwaffe im Mittelalter* halebardo

Hellebardier *m mit einer Hellebarde Bewaffneter* halebardisto

Helleborin *n Biochemie (ein Saponin im Wurzelstock von ‹Helleborus niger›, der schwarzen Nieswurz)* heleborino

Hellene *m Antike (Bewohner Griechenlands)* heleno

hellenisch *Adj [alt]griechisch* helena (↑ *auch* ***vorhellenisch***)

hellenisieren *tr nach griechischem Muster od Vorbild gestalten* helenigi

Hellenismus *m 1. Gesch (Zeitabschnitt der griech. Geschichte u. Zivilisation von den Eroberungszügen Alexanders des Großen [seit 334 v. Chr.] bis etwa Christi Geburt <große Kulturzentren: Athen, Alexandria, Pergamon, Antiochia u. Rhodos>) 2. Ling (besondere Ausdrucksweise der griechischen Sprache, griechische Spracheigentümlichkeit)* helenismo

Hellenist *m 1. Forscher u. Kenner des Hellenismus 2. Gelehrter des nachklassischen Griechentums* helenisto

Hellenistik *f (Wissenschaft, die sich mit der hellenischen [d.h. altgriechischen] Sprache u. Kultur befasst)* helenistiko

hellenistisch *Adj den Hellenismus betreffend* helenisma; ***~er Einfluss*** *m* helenisma influo; ***~e Kunst*** *f letzte Epoche der selbstständigen griech. Kunstentwicklung vm 3. bis 1. Jh. v. Chr.* helenisma arto; ***die ~e Staatenwelt*** la Imperio de Antikva Grekio

Hellenophilie *f Vorliebe für die hellenistische Kultur* helenofilio

Heller *m 1. alte Münze in Deutschland u. Österreich 2. Scheidemünze in Tschechien u. der Slowakei* helero (↑ *auch* ***Haléř***) ◇ ***auf ~ und Pfennig bezahlen*** *od* ***bis auf den letzten ~ bezahlen*** pagi (*bzw.* repagi) ĝis la lasta monero

Hellerkraut *n*, *auch* ***Pfennig-*** *od* ***Täschelkraut*** *n* (*Gattung* Thlaspi) *Bot* tlaspo, *pop* monherbo (↑ *auch* ***Ackerhellerkraut*** *u.* ***Waldtäschelkraut***); ***rundblättriges ~*** (Thlaspi rotundifolium) rondfolia tlaspo

Hellespont[os] (*m*) *altgriech. Bez für die «Dardanellen» [Ort der Sage von Phrixos u. Helle]* Helesponto

hell|gelb *Adj* helflava; **~grau** *Adj* helgriza; **~grün** *Adj* helverda; **~haarig** *Adj* helhara; **~häutig** *Adj* helhaŭta; **~hörig** *Adj (Person)* akreaŭda; *schalldurchlässig, z.B. ein Gebäude* ne bone izolita kontraŭ sono

Helligkeit *f* heleco; *Lichtfülle* lumeco (↑ *auch* ***[1]Helle***)

Helligkeitsänderung *f* ↑ ***Lichtwechsel*** *m*

Helligkeitsregler *m El* ↑ ***Dimmer***

Helling *f*, *früher auch* ***Helgen*** *m od* ***Helge*** *f Mar* lanĉodeklivo [por ŝipoj]

helllicht *Adj* ◇ ***am ~en Tag*** en la luma tago

hellrot *Adj* helruĝa (*vgl. dazu* ***rosa***)

Hellsehen *n Parapsychologie* ekstersensora percepto

hell|violett *Adj* helviola; *lavendel* lavenda *od* lavendokolora; **~wach** *Adj* absolute vek[iĝint]a

Hellwerden *n Tagesanbruch* tagiĝo (*vgl. dazu* ***Morgenröte***)

Helm *m* kasko (↑ *auch* ***Fahrrad-***, ***Stahl-***, ***Stech-***, ***Taucher-***, *u.* ***Tropenhelm***); *Sturz~ (Kfz)* motorista kasko, *auch* kraŝ-kasko; *mittelalterlicher Helm* helmo; ***der offene ~*** la helmo kun malfermita viziero

Helmand ***a)*** *m längster Fluss Afghanistans* [rivero] Helmando ***b)*** *auch* ***Provinz Helmand*** *f* [provinco] Helmando

Helmbasilisk *m* (Basiliscus basiliscus) *Zool (ein baumlebender Leguan)* kaska bazilisko (*vgl. dazu* ***Basilisk***) *<wegen seiner Fähigkeit über (kürzere) Wasserflächen zu laufen wird er auch* ***Jesus-Christus-Echse*** *genannt>*

Helmdecke *f Heraldik* lambrekino

helmförmig **1.** *Adj Fachspr Bot auch lat.* ***cassideus*** *od* ***galeiformis*** kaskoforma **2.**

Adv kaskoforme

Helmholtz *Eig (dt. Physiologe u. Physiker [1821-1894])* Helmholco

Helmhonigfresser *m* (Meliphaga cassidix) *Orn* kaska mielmanĝulo

Helminthen *f/Pl Med, Zool (parasitisch lebende Würmer [vor allem in den Eingeweiden], humanpathogene Würmer)* helmintoj *Pl*; ***intestinale*** ~ intestaj helmintoj

Helminthenabszess *m Med* helmintokaŭzita absceso

Helminthiasis *f Med u. Parasitologie (Erkrankung durch Eingeweidewürmer)* helmintozo

Helminthologie *f, auch* ***Lehre f von den Eingeweidewürmern*** *Med* helmintologio

helminthologisch *Adj* helmintologia

Helm|kakadu *m* (Callocephalon fimbriatum) *Orn* fimbria (*od* kaska) kakatuo *[Vorkommen: endemisch in SO-Australien]*; ~**kasuar** *m* (Casuarius casuarius) *Orn* kaska kazuaro *[Vorkommen: auf den Molukkeninseln Seram u. Aru, in Süd-Neuguinea u. im NO von Queensland/Australien]*; ~**knabenkraut** *n* (Orchis militaris) *Bot* soldata orkido

Helmkraut *n* (*Gattung* Scutellaria) *Bot* skutelario (↑ *auch* ***Alpen- u. Sumpfhelmkraut***); ***gelbes*** (*od* ***gelbblütiges***) ~ (Scutellaria orientalis) flava (*od* flave floranta) skutelario; ***kleines*** ~ (Scutellaria minor) malgranda skutelario

Helmleguan *m* (Corytophanes cristatus) *Zool* kaska igvano *[Vorkommen: Mexiko bis Kolumbien]*

Helmling (*Gattung* Mycena) *Mykologie* miceno (↑ *auch* ***Buchenhelmling***)

Helm|perlhuhn *n* (Numida meleagris) *Orn* kaskonumido *[Vorkommen: subsaharisches Afrika]*; ~**pflicht** *f Verk* kaskodevo, *auch* devo porti (*od* surhavi) kaskon; ~**turako** *m* (Taurako corythaix) *Orn* sudafrika (*od* verda) turako

Helmut (*m*) *männl. Vorname* Helmuto

Héloïse (*f*) *Eig (eine mittelalterliche Intelektuelle [Geliebte von Abälard])* Heloiza (*vgl. dazu* ***Abälard***)

Helot[e] *m Gesch (spartanischer Staatssklave)* heloto

Helotentum *n Sklaverei* helotismo; *alle Heloten* helotaro

Helsingör (*n*), *dän.* ***Helsingør*** *eine dän. Hafenstadt auf Seeland* Elsinoro

Helsinki (*n*) *Hptst. von Finnland* Helsinko

Helvetia (*f*) *neulateinischer Name für die Schweiz* Helvetio (↑ *auch* ***Confoederatio Helvetica***)

Helvetier *m/Pl ehem. keltischer Volksstamm, der Ende des 2. Jh.s v. Chr. in das Schweizer Mittelland einwanderte* helvetoj *Pl*

helvetisch *Adj auf die Helvetier bezogen* helveta; *auf die Schweiz bezogen* helvetia

Helvetismus *m Ling (schweizerische Spracheigentümlichkeit)* helvetismo, *auch* apartaĵo de la svisa lingvo

Hemd *n* ĉemizo; *Unter*≗ subĉemizo (↑ *auch* ***Batik-, Baumwoll-, Flanell-, Frack-, Hawaii-, Netz-, Ober-, Polo-, Safari-, Sport-, Träger-, Turn-*** *u.* ***Unterhemd***); ***ein gestärktes*** ~ amelita ĉemizo; ***kurzärmeliges*** (***langärmeliges***) ~ mallongmanika (longmanika) ĉemizo; ***das*** ~ ***wechseln*** ŝanĝi la ĉemizon

Hemdchen *n* ĉemizeto

Hemd[en]knopf *m* ĉemiza butono

Hemd|hose *f* kombineo, *auch* kalsonĉemizo; ~**kragen** *m* ĉemiza kolumo

Hemdsärmel *m/Pl* manikoj *Pl* de la ĉemizo, *auch* ĉemiz[o]manikoj *Pl*; ***in*** ~***n*** esti en ĉemizmanikoj, *auch* esti sen jako; ***die*** ~ ***aufkrempeln*** (*od* ***hochkrempeln***) refaldi (*od* kuspi) la ĉemizomanikojn

hemdsärmelig, *<österr> u. <schweiz> auch* ***hemdärm[e]lig*** *Adv* ĉemizmanike

Hemeralopie *f* ↑ ***Nachtblindheit***

Hemialgie *f nur Fachspr Med (Halbseitenschmerz, Schmerzen in einer Körperhälfte)* hemialgio

Hemianopsie *f Med* ↑ ***Halbseitenblindheit***

Hemichordata *Pl, auch* ***Kragentiere*** *n/Pl Zool (ein meeresbewohnender Tierstamm [den Wirbeltieren nahestehend])* hemiĥorduloj *Pl*

Hemieder *m Kristallografie* ↑ ***Halbflächner***

Hemielytren *Pl Ent* ↑ ***Halbdeckflügel***

Hemikranie *f Med* ↑ *unter* ***halbseitig***

Hemimorphit *m Min (Kieselzinkerz)* hemimorfito

Hemiplegie *f Med* ↑ *unter* ***Lähmung***

Hemisphäre *f Anat, Astron, Geogr (Halbkugel), Pol* hemisfero (↑ *auch* ***Großhirnhemisphären***); ***in der nördlichen*** ~ en la norda hemisfero

hemisphärisch *Adj halbkugelig* hemisfera, duongloba

Hemistichion *n Halb- od Kurzvers in der antiken Metrik* hemistiko

Hemisystolie *f, auch* ***Halbseitenkontraktion*** *f nur Fachspr Med (Ausbleiben der Kontraktion des linken Ventrikels u. damit des Radialispulses)* hemisistolo

Hemizellulosen *f/Pl Chem* hemicelulozoj *Pl*

Hemlock[s]tanne *f, auch* ***Schierlingstanne*** *f od* ***Tsuga*** *f* (*Gattung* Tsuga) *Bot* cugo (↑ *auch* ***Douglasie***); ***chinesische*** ~ (Tsuga chinensis) ĉina cugo; ***kalifornische*** ~ ↑ ***Berg-Hemlocktanne***; ***kanadische*** ~ *od* ***echte Schierlingstanne*** (Tsuga canadiensis) kanada cugo; ***verschiedennadelige*** (*od* ***nordjapanische***) ~ (Tsuga diversifolia = Tsuga heterophylla) diverspingla [*fälschlich:* diversfolia] cugo

hemmen *tr Fortschritt, Tempo* malakceli; *behindern, stören* malhelpi, ĝeni; *aufhalten, bremsen* haltigi, reteni, bremsi; *Wachstum auch* malrapidigi; *Med, Naturw, Psych* inhibicii; ***gehemmt sein*** *schüchtern sein* esti sinĝena

Hemmfaktor *m z.B. für Hormone* inhiba faktoro

Hemmnis *n* malhelpaĵo, *allg auch* kontraŭaĵo

Hemmschuh *m* ***a)*** *Eisenb* relŝuo ***b)*** *übertr* malhelpaĵo; *(Person)* malhelpulo, obstrukciulo

Hemmschwelle *f* psikologia bariero; ***die ~ überwinden*** venki la psikologian barieron

Hemmstoff *m* ↑ ***Inhibitor***

Hemmung *f* malakcelo, malhelpo; reteno (*vgl. dazu* ***hemmen***); *Med, Psych* inhibicio *auch Biochemie* ◇ ***sie hat ~en*** *sie ist schüchtern* ŝi estas sinĝena

hemmungslos 1. *Adj zügellos* senbrida; *gewissenlos* senskrupula; *schamlos* senhonta; *ungeniert* senĝena; *i.w.S. leidenschaftlich* pasia **2.** *Adv* senbride; senskrupule *od nachgest* sen skrupuloj; senhonte; senĝene; pasie

Hemprichmöwe *f* (Larus hemprichii) *Orn* fulga mevo

He-Na-Laser *m Phys* helium-neona lasero

Henan (*n*), *auch* ***Honan*** (*n*) *eine Provinz in Mittelchina [historisch das am frühesten entwickelte Gebiet Chinas]* Henano, *auch* Henan-provinco *[Hptst.: Zhengzhou]*

Hendiadion *od* **Hendiadys** *n Rhetorik (Ausdrucksverstärkung durch Verwendung von zwei sinnverwandten Wörtern)* hendiad[i-n]o

Hendrik (*m*) *Eig* ↑ ***Heinrich***

Hengst *m* stalono (↑ *auch* ***Deck-***, ***Esel-***, ***Kamel-*** *u.* ***Vollbluthengst***); **~fohlen** *n* maskla ĉevalido

Henkel *m* anso, tenilo (*vgl. dazu* ***Griff*** *u.* ***Klinke***); ***mit einem ~ versehen*** *Adj* tenilohava, ansohava

Henkel|glas *n* glaso kun tenilo; **~korb** *m* korbo kun tenilo(j); **~krug** *m* kruĉo kun tenilo; **~tasse** *f* taso kun tenilo; **~topf** *m* poto kun tenilo(j), ansopoto

Henker *m* ekzekutisto (*vgl. dazu* ***Scharfrichter***); **~[s]beil** *n* hakilo de [la] ekzekutisto

Henkersmahlzeit *f* lasta manĝo antaŭ [ies] ekzekuto

Henna *f od n, auch* ***Hennarot*** *n ein rotgelber Farbstoff Henna*> henao; ***mit ~ färben*** farbi per henao

Hennastrauch *m* (*Gattung* Lawsonia) *Bot* hena-arusto, *<wiss>* lavsonio, *bibl* kofero *<Stängel u. Blätter liefern den Farbstoff Henna>*

Henne *f* kokino (↑ *auch* ***Huhn*** *u.* ***Legehenne***); ***fette ~ a)*** *Bot* (*Gattung* Sedum) sedo ***b)*** *Mykologie* ↑ *unter* ***Glucke***

Hennegau *m, flämisch* ***Hennegouwen***, *franz.* ***Hainaut*** *hist. Landschaft zw. oberer Schelde u. Sambre sowie belgische Provinz* Henegovio *[Hptst.: Mons]*

Henochiter *Pl Ethn (bibl)* ↑ ***Chanochiter***

Henotheismus *m Rel (Verehrung eines unter vielen Göttern bevorzugten Gottes)* henoteismo

Henotheisten *m/Pl Rel (Anhänger von Glaubensgemeinschaften, die zwar einen einzigen Gott anerkennen, aber die Existenz weiterer Gottheiten nicht ausschließen)* henoteistoj *Pl*

Henriette (*f*) *weibl. Vorname* Henrieta

[1]**Henry** *n* (*Zeichen* ***H***) *El (Maßeinheit der Induktivität)* henro

[2]**Henry** (*m*) *Eig* ↑ ***Heinrich***

Henryk (*m*) *Eig* ↑ ***Heinrich***

HEP = *fachsprachl. Abk für* ***Hochenergiephysik***

Heparin *n Biochemie, Pharm (aus der Leber gewonnene, die Blutgerinnung hemmende Substanz <therapeutisch zur Antikoagulation eingesetzt>)* heparino; **~salbe** *f Pharm* heparina ungvento

hepatisch *Adj nur Fachspr Med für «die Leber betreffend»* hepata; ***~es Karzinom*** *n* ↑ ***Leberkarzinom***

Hepatitis *f, auch* ***Leberentzündung*** *f Med*

inflamo de [la] hepato, *(Fachspr)* hepatito (↑ *auch* ***Amöben-***, ***Peri-***, ***Riesenzellen-*** *u.* ***Virushepatitis***); ~ ***B*** hepatito B [*bo:*]
Hepatitisviren *n/Pl Erreger von virusbedingten Hepatiditen* hepatitaj virusoj *Pl* (↑ *auch* ***Australia-Antigen***)
Hepatoblastom *n, auch* ***Lebermischtumor*** *m Med* hepatoblastomo
Hepatologie *f Med* hepatologio
Hepatom *n nur Fachspr Med (jede Art von Primärtumor od Geschwulst in der Leber)* hepatomo
Hepatomegalie *f, auch* ***[krankhafte] Lebervergrößerung*** *f Med* hepatomegalio
Hepatopathie *f Med* ↑ ***Leberleiden***
Hepatoptose *f Med* ↑ ***Lebersenkung***
Hephaistos (*m*) *Myth (griech. Gott des Feuers u. des Schmiedehandwerks)* Hefesto (*vgl. dazu* ***²Vulkan***)
Hepheriter *Pl, auch* **Chaphriter** *Pl bibl* Ĥeferidoj *Pl (Zam)*
Heptachord [*...'kord*] *m od n Mus (große Septime)* heptakordo
Heptaeder *n, auch* ***Siebenflächner*** *m Geom* heptaedro, *auch* sepedro
Heptagon *n, auch* ***Siebeneck*** *n Geom* heptagono, *auch* sepangulo
Heptameter *m Metr (siebenfüßiger Vers)* heptametro
Heptan *n Chem (gesättigter Kohlenwasserstoff)* heptano (↑ *auch* ***Zykloheptan***)
Heptateuch *m die ersten sieben Bücher des Alten Testaments* heptateŭko *(auch Großschr)*
Heptode *f, auch* ***Siebenpolröhre*** *f El (Elektronenröhre mit 7 Elektroden)* heptodo
Heptose *f Biochemie (einfache Zuckerart mit sieben Sauerstoffatomen im Molekül)* heptozo
Heptyl *n Chem* heptilo
her *Adv* ***a)*** *Ort*: ***hin und*** ~ tien kaj reen; ***von ...*** ~ de ...; ***von außen*** (***innen***) ~ de ekstere (interne); ***wo haben Sie das*** ~***?*** de kie vi havas tion?; *von wem haben Sie das?* De kiu vi ricevis tion? ***b)*** *Zeit*: ***es ist einen Monat*** ~, ***dass ...*** pasis unu monato de kiam ...; ***von alters*** ~ *geh* [ek]de pratempo ◇ ~ ***damit!*** *gib her!* donu!; ***es ist mit ihm nicht weit*** ~ li ne tro multe taŭgas; *es ist nichts Besonderes an ihm* estas nenio aparta pri li
Hera (*f*) *Myth (griech. Göttin der Ehe u. des Frauenlebens [Gemahlin des Zeus])* Hera
herab *Adv nach unten* malsupren (*vgl. dazu* ***hinab***); ***von oben*** ~ de supre; *nach unten* suben; ***jmdn. von oben*** ~ ***behandeln*** *übertr* trakti iun de supre
herab|blicken *intr* rigardi de supre (***auf*** sur *mit Akk*); ~**fallen** *intr* fali [malsupren] (***auf*** sur); *Blätter, Früchte* fali
herabgesetzt *Adj*: ~***er Preis*** *m* reduktita (*od* rabatita) prezo
herabhängen *intr* pendi [malsupren] (***von*** de), *Früchte* pendi (***von*** de); ***ihre Haare hingen auf die Schultern herab*** ŝiaj haroj pendis malsupren sur la ŝultroj
herabhängend *Adj* pend[ant]a
herablassen *tr herunterlassen* malsuprenigi, mallevi (***etw.*** ion); ***sich*** ~ sin malsuprenigi; *(geruhen es zu tun)* degni *u. folgendes Verb im Inf*
herablassend 1. *Adj*: ***zu jmdm.*** (*od* ***gegen jmdn.***) ~ ***sein*** trakti iun de supre **2.** *Adv*: ~ (*od iron auch* ***gnädig***) ***lächeln*** degne rideti
herablaufend *Adj*: ***am Stängel*** ~ *nur Fachspr Bot (Blatt)* dekura
herabsehen *intr*: ***auf jmdn.*** ~ *übertr* rigardi iun de supre
herabsetzen *tr* ***a)*** *von oben nach unten setzen* meti de supre malsupren; *verringern* redukti, malaltigi *auch Preise, Löhne u.a.*; *mäßigen* moderigi; *verlangsamen* malrapidigi; ***die Geschwindigkeit*** ~ redukti la rapidecon; ***zu stark herabgesetzten Preisen*** je multe reduktitaj prezoj; ***das Strafmaß*** ~ moderigi la mezuron de puno ***b)*** *übertr (degradieren)* degradi, *(verleumden)* kalumnii, *(bloßstellen)* kompromiti, *(schmähen)* malglori
Herabsetzung *f Verringerung* redukto, malaltigo; *Degradierung* degradado; *Verleumdung* kalumniado; *Bloßstellung* kompromitado; *Schmähung* malglorado
herab|springen *intr* malsuprensalti, desalti (***von*** de [sur]); ~**steigen** *intr* malsupreniri, malsupreniĝi (***von*** de); *herunterklettern* malsuprengrimpi; *nach unten steigen* descendi
herabstürzen *intr* fal[eg]i; ***vom Dach*** ~ fali de [sur] la tegmento
herab|würdigen *tr* malglori, profani (↑ *auch* ***entweihen***); ~**ziehen** *tr nach unten ziehen* malsuprentreni *od* treni malsupren; *herunterlassen* malsuprenigi, mallevi
Herakleitos (*m*) *Eig* ↑ ***Heraklit***
Herakles (*m*) *Myth (Halbgott u. Held der griech.-römischen Sage)* Heraklo (*vgl. dazu* ***¹Herkules***) ◇ ***die Säulen des*** ~ *[in der*

Antike:] Bez für «der Felsen von Gibraltar» la Kolonoj de Heraklo *od* la Heraklaj Kolonoj

Herakliden *m/Pl Nachkommen des Herakles* Heraklidoj *Pl*

Heraklion (*n*), *griech.* ***Iraklio*** (*n*) *Hptst. der griech. Insel Kreta* Iraklio

Heraklit (*m*), *auch* ***Herakleitos*** (*m*) *Eig (altgriech. Philosoph [5. Jh. v.Chr.])* Heraklito *<"Vater der Dialektik">*

Heraldik *f, auch* ***Wappenkunde*** *f* heraldiko, *auch* blazonoscienco

Heraldiker *m, auch* ***Wappenforscher*** *m* heraldikisto

heraldisch *Adj* heraldika

heran *Adv* ***a)*** *Ort* ĉi tien; ***komm nur ~!*** venu [do] ĉi tien!, alproksimiĝu [do]!; ***näher ~*** pli proksimen; ***nur ~!*** alproksimiĝu!; *komm doch her!* venu do ĉi tien!; ***b)*** *Zeit*: ***Weihnachten ist bald wieder ~*** baldaŭ denove estos kristnasko

heran|bilden *tr erziehen* eduk[ad]i; *Bildung vermitteln* klerigi; *formen, gestalten* formi; *trainieren* trejn[ad]i; **~bringen** *tr tragend* alporti; *hierher transportieren* transporti ĉi tien; **~fahren** ***a)*** *tr* alvturigi ***b)*** *intr* alveturi

Heranfahren *n Antransportieren, Heranschaffen, z.B. von Baumaterial* alveturigo; *Anfahrt eines Fahrzeugs* alvetur[ad]o

heran|führen, *umg auch* ***ranführen*** *tr* alkonduki (*vgl. dazu* ***herbeiführen***); **~gehen** *intr sich nähern* [al]proksimiĝi (***an*** al); *in Angriff nehmen, z.B. ein Problem* alpaŝi

heranholen *tr* [al]venigi, alproksimigi (↑ *auch* ***heranführen***); *rufen* voki; ***sich etw. mit der Hand (dem Schnabel) ~*** aligi ion al si per la mano (beko)

heran|kommen, *umg auch* ***rankommen*** *intr nahen* [al]proksimiĝi; *qualitätsmäßig* atingi la kvaliton (***an*** de); **~lassen**, *umg auch* ***ranlassen*** *tr* allasi, lasi [proksimiĝi] (***an*** al)

Heranlassen *n* allaso

heran|laufen *intr* alkuri; **~locken** *tr* allogi

heranmachen, sich *refl sich nähern* sin proksimigi (***an*** al); *damit beginnen* ekkomenci (***an etw.*** ion); ***sich an verheiratete Männer heranmachen*** *umg* serĉi kontakton al edziĝintaj viroj

heran|marschieren *intr* almarŝi; **~nahen** *intr* proksimiĝi

Herannahen *n* proksimiĝo; ***beim ~ des Abends*** *wenn es Abend wird* ĉe (*od* je) vesperiĝo

heran|reichen *intr erreichen* atingi (***an etw.*** ion *od* ĝis io); **~reifen** *intr* iĝi matura *od* maturiĝ[ad]i

Heranreifen *n Reifen, Reifwerden* maturiĝ[ad]o

heran|rollen ***a)*** *tr* [al]ruligi (***an*** al) ***b)*** *intr* alruliĝi; **~rücken** ***a)*** *tr einen Stuhl* treni ĉi tien (*od* pli proksimen); *allg: nach vorn bringen* antaŭenigi ***b)*** *intr Truppen* [atake] alproksimiĝi; **~rufen** *tr herbeirufen* [al]voki (***iun*** jmdn.); **~schaffen** *tr herbeiholen* venigi [ĉi tien]; *her[bei]bringen* alporti; *heranfahren* alveturigi; *bereitstellen* disponigi; **~schleichen, sich** *refl* kaŝe aliri, alŝteliĝi, ŝteliri (***an*** al); **~schleppen** *tr* pene alporti, *(hinter sich herschleifend)* altreni; **~schweben** *intr* alŝvebi (***an*** al); **~schwimmen** *intr* alnaĝi; **~tragen** *tr* alporti [ĉi tien]; *übertr wissen lassen* sciigi (*vgl. dazu* ***heranschaffen***); **~treiben** *tr* alpeli; **~treten** *intr* [al]paŝi (***an*** al), *i.w.S. auch (sich nähern)* [al]proksimiĝi; **~wachsen** *intr reif werden (Jugendliche)* adoleski *od* iĝi adoleskanto; *i.w.S. (groß werden)* grandiĝi, *(sich entwickeln)* disvolviĝi

heranwachsend *Adj*: ***die ~e Generation*** la venonta (*od* estonta) generacio; *die junge Generation* la juna generacio

heranwagen, sich *refl sich näher wagen* kuraĝi proksimiĝi (***an jmdn.*** al iu); *sich ein Herz fassen etw. zu tun* kuraĝi (***an etw.*** fari ion)

heranziehen ***a)*** *tr* [al]tiri (***an*** *od* ***zu*** al); *Stuhl* [al]tiri ĉi tien (*od* pli proksimen); ***einen Arzt ~*** konsulti kuraciston ***b)*** *intr sich nähern* [al]proksimiĝi; *heranmarschieren* almarŝi; ***Regenwolken zogen heran*** pluvaj nuboj alproksimiĝis

Herat (*n*) *Provinzhptst. in NW-Afghanistan [im frühen Mittelalter Residenz der Timuriden]* Herato *<zweitgrößte Stadt Afghanistans>*

herauf *Adv nach oben* supren; *von unten herauf* de malsupre [supren]; ~ ***und herunter*** supren-malsupren; ***den Fluss ~*** *flussaufwärts* kontraŭ la fluo *od* kontraŭflue

herauf|beschwören *tr verursachen (Gefahr, Krise, Unheil)* estigi, kaŭzi, *(provozierend bewirken)* provoki; **~bringen** *tr* porti supren *od* suprenporti; **~dämmern** *intr bes. poet: grauen (Tag)* elkrepuskiĝi; **~kommen** *intr* veni supren *od* suprenveni; *von unten kommen* veni de sube (*od* malsupre); **~set-**

zen *tr Preis, Tarif* altigi; *Tempo beschleunigen* akceli (*vgl. dazu* ***akzelieren***); ~**steigen** *intr* supreniri, *auch* supreniĝi; *auf einen Berg auch* suprengrimpi; ~**ziehen** ***a)*** *tr nach oben ziehen* tiri supren *od* suprentiri ***b)*** *intr Gewitter, Unwetter, Wolken* [al]proksimiĝi, alveni; *drohen* minaci

heraus *Adv nach draußen* eksteren; ***komm ~!*** venu eksteren!, eliru!; ***von innen ~*** de interne ◇ ***~ damit!*** *od* ***~ mit der Sprache!*** ek, parolu [fine]! *od* for nun la silenton!; ***er ist fein ~*** (*od umg* ***raus***) li bone sin savis; li tre sukcesis; bone prosperis lia afero

herausbaggern *tr* elkavigi

herausbeißen *tr*: ***etw. ~*** elmordi ion (***aus*** el)

herausbekommen *tr* povi eligi (*bzw.* eltiri) (***etw. aus etw.*** ion el io) *auch einen Splitter aus dem Finger*; *Geheimnis* malkovri, eltrovi; *Problem, Rätsel* [povi] solvi; *Wechselgeld* rericevi; ***Sie bekommen zwei Euro heraus*** vi rericevos du eŭrojn; ***ich hab den Nagel aus der Wand ~*** mi sukcesis eligi la najlon el la muro; ***ein Rätsel ~*** trafi la solvon de enigmo, *ein Rätsel lösen* solvi enigmon; ***was hast du ~?*** *bei einer Aufgabe* kiun rezulton vi trovis?

herausbilden, sich *refl* elformiĝi

Herausbildung *f* elformiĝo

heraus|blasen *tr* elblovi (***aus*** el); ~ **bohren** *tr* elbori (*vgl. dazu* ***ausbohren***); ~**brechen** ***a)*** *tr i.e.S.* elrompi; *i.w.S.* eligi; *[Nahrung] erbrechen* [el]vomi ***b)*** *intr i.e.S.* elrompiĝi; *i.w.S.* eliĝi

herausbringen *tr heraustragen* elporti *od* porti eksteren; *hinaustransportieren* transporti eksteren; *Wort* elbuŝigi; *ein neues Produkt, einen Film u.a.* lanĉi; *ein Buch, eine Zeitung od Zeitschrift* eldoni, editi; *Rätsel* solvi, diveni; *[Schmutzfleck] entfernen* sukcesi forigi ◇ ***aus ihm ist schwer etw. herauszubringen*** estas malfacile paroligi lin *bzw.* estas apenaŭ eble ricevi ian informon de li

heraus|drehen *tr herauswinden* eltordi (***aus*** el): *Pfropfen, Stöpsel u.a.* turn[ant]e eligi; ~**drücken** *tr z.B. Creme aus einer Tube* elpremi (***aus*** el); ~**fahren** *intr* elveturi (***aus*** el)

Herausfahren *n* elvetur[ad]o

heraus|fallen *intr* [el]fali (***aus*** el); *rollend herausfallen, z.B. Kartoffeln aus einem Korb* elruliĝi; ~**fegen** *tr* elbalai; ~**filtern** *tr* elfiltri (***aus*** el) *bes. i.w.S.*; ~**finden** *tr* ekscii (***dass*** ke); *entdecken* eltrovi; *abs: einen Weg nach draußen finden* trovi vojon eksteren; *einen Ausweg finden, z.B. aus einer misslichen Lage* trovi elirvojon [el misa situacio]; ~**flattern** *intr* elflirti; ~**fliegen** *intr* elflugi (***aus*** el); ~**fließen** *intr* elflui (***aus*** el)

Herausforderer *m Boxen, Schach* defianto *bzw.* defiinto

herausfordern *tr* defii *auch Sport* (*vgl. dazu* ***trotzen***); *provozieren* provoki (***jmdn. zu etw.*** iun al io) (*vgl. dazu* ***reizen***); *i.w.S. erzürnen* kolerigi; ***einen Boxchampion ~*** defii ĉampionon de bokso

herausfordernd *Adj trotzig* defia; *provozierend* provoka (↑ *auch* ***aufreizend*** *u.* ***aufwiegelnd***); *arrogant* arog[ant]a; ***in ~em Ton*** en provoka (*bzw.* defia) tono

Herausforderung *f* defio (***für*** por) (↑ *auch* ***Provokation***) provok[ad]o; ***die ~ annehmen*** akcepti la defion; ***vor einer gigantischen*** (*od* ***riesigen***) ***~ stehen*** alfronti gigantan defion; ***eine Antwort auf die ~en des 21. Jahrhunderts geben*** respondi al la defioj de la 21-a jarcento

heraus|fühlen *tr übertr* senti intuicie; ~**führen** *tr i.e.S.* elkonduki (***aus*** el); *i.w.S.* eligi

Herausgabe *f Buchw, Ztgsw* eldono, publikigo; *Rückgabe* redono; *Rückgabe von Eigentum* restitu[ad]o; *Übergabe* transdono

herausgeben *tr* eldoni; *zurückgeben* redoni; *Wechselgeld* redoni [la restmonon]; *übergeben* transdoni; *Buchw, Ztgsw* eldoni (*vgl. dazu* ***edieren***, ***publizieren*** *u.* ***¹verlegen***); *produzieren* produkti; ***ein gemeinsames Kommuniqué ~*** *Dipl* publikigi komunan komunikaĵon (***über*** pri)

Herausgeber *m* (*Abk* **Hrsg.**) *Buchw, Ztgsw* eldonisto, editoro (*vgl. dazu* ***Verfasser***)

herausgehen *intr nach draußen gehen* iri eksteren (***aus*** el); *Schmutzfleck* foriĝi, malaperi

Herausgeschleuderte *n* elĵetaĵo, *(aus einem Vulkan) auch* erupciaĵo

heraus|gleiten *intr* eksterengliti *od* gliti eksteren, elgliti; ~**graben** *tr* elfosi; ~**greifen** *tr auswählen* elekti *auch übertr*

herausgucken ↑ ***herausschauen***

heraus|haben *tr begreifen* kompreni; *erraten* esti [el]trovinta (***etw.*** ion); *meisterhaft beherrschen* fundamente scii, lertege manipuli (***etw.*** ion); ~**hacken** *tr* elhaki; ~**halten, sich** *refl* ne voli esti implikata (***aus*** en)

heraushängen *tr* ***a) Wäsche zum Trocknen***

~ pendigi lavitan tolaĵon por sekiĝi [en la suno]; ***die [National-]Fahne*** ~ elpendigi la [nacian] flagon ***b)*** *intr* elpendi (***aus*** el); ***mit heraushängender Zunge*** kun elpendanta lango ◇ ***das hängt mir zum Hals[e] heraus*** *es wird mir bis zum Überdruss lästig* tio tedegas min

heraus|hauen *tr mit der Hacke* elhaki; *mit Schlägen* elbati; ~**heben** *tr* ellevi; *jmds. Verdienste* elmontri, *auch* rimarkigi; *hervorheben, in den Vordergrund rücken* reliefigi

heraushelfen *intr*: ***jmdm.*** ~ helpi iun [veni] eksteren

heraus|holen *tr herausziehen* eltiri (***aus*** el); *heraustragen* porti eksteren; *befreien* liberigi; ~**kämmen** *tr* elkombi (***aus*** el); ~**klettern** *intr* elgrimpi (***aus*** el)

herauskommen *intr* [el]veni (***aus*** el); *aus einem Schuldenberg auch* elrampi (***aus*** el); *erscheinen, zum Vorschein kommen* aperi *auch Publikation*; *sich ergeben, sich zeigen* montriĝi; *Resultat ergeben bzw. sich als Folge von etw. erweisen* rezulti; ***das kommt auf dasselbe heraus*** tio estos fine la sama; *das hat dieselbe Wirkung* tio estas samefika; *geh: das reduziert sich darauf* tio reduktiĝas al (*od* je) tio; ***was kommt heraus?*** *Rechenaufgabe* kio rezultas? ◇ ***groß*** ~ *großen Erfolg haben* havi grandan sukceson; *bekannt werden* vaste konatiĝi, famiĝi; ***er kam aus dem Lachen nicht heraus*** li ne povis ĉesigi ridadon; ***was kommt dabei heraus?*** *an Gewinn* kio estos la profito [el tio]?; ***sein Los ist in der Lotterie herausgekommen*** lia loto (*od* numero) gajnis en la loterio; ***dabei wird nicht Gescheites*** (*od* ***Vernünftiges***) ~ tio kondukos al nenio prudenta

heraus|können *intr umg* povi eliri (*od* eliĝi); ~**kratzen** *tr* elgrati (***aus*** el); ~**kriechen** *intr* elrampi (***aus*** el) (*vgl. dazu* ***auskriechen***); *aus der Schale herauskommen* elŝeliĝi; *aus dem Ei schlüpfen* eloviĝi

herauskriegen = ***herausbekommen***

heraus|kristallisieren, sich *refl* [el]kristaliĝi (***zu*** al); ~**lachen** *intr* rideksplodi *od* ride eksplodi; ~**lassen** *tr* ellasi *od* lasi eksteren; *herauslaufen lassen* lasi eliri (*bzw.* elkuri), *(Flüssigkeit)* lasi elflui *od* lasi flui eksteren (↑ *auch* ***ablassen***); *umg auch für «freilassen»* lasi libera, liberigi; ~**laufen** *intr nach draußen laufen bzw. rennen* iri (*bzw.* kuri) eksteren *od* eliri *bzw.* elkuri; *herausfließen* elflui *od* flui eksteren; ~**locken** *tr* ellogi *auch übertr*

herausmachen *tr umg: verschwinden lassen* forigi *auch einen Fleck*; ***sich*** ~ *umg für «groß werden» bzw. «hübscher werden», z.B. ein Kind* kreski *bzw.* [ege] plibeliĝi; *umg für «Fortschritte machen»* [ege] progresi, *i.w.S.* [ege] pliboniĝi

herausmeißeln *tr* elĉizi (***aus*** el)

herausnehmen *tr* [el]preni (***aus*** el); ***aus dem Wasser*** *od* ***aus einer Flüssigkeit*** ~ *z.B. eine Fischreuse* malmergi; ***sich*** ~ ***zu ...*** *sich anmaßen* arogi al si ...; *zu überheblich sein* esti tro orgojla; ***du nimmst dir viel heraus*** vi multe arogas al vi

heraus|picken *tr* elpiki; ~**platzen** *intr umg Antwort* elsputi; *[laut] loslachen* ekridegi; ~**pressen** *tr aus dem Leib, z.B. Kot, Leibesfrucht* elpremi *auch Creme od Paste aus einer Tube u. dgl.*; ~**pumpen** *tr* elpumpi (***aus*** el)

herausputzen *tr schmücken* ornami; *festlich ankleiden* feste (*bzw.* orname) vesti; ***sich*** ~ tro orname sin vesti, *sich [aufreizend] elegant kleiden* pimpe sin vesti (*vgl. dazu* ***sich aufdonnern***)

herausragen *intr* elstari (***aus*** el) *auch Landzunge ins Meer u. übertr*

herausragend *Adj Ereignis, Ergebnis* elstara

herausreden, sich *refl Ausflüchte machen*: ***sich damit herausreden, dass ...*** elturniĝi (*od* elturni sin) dirante, ke ...

heraus|reiben *tr* elfroti (***aus*** el); ~**reißen** *tr Gras, Haar* elŝiri; *allg (herausziehen)* eltiri; ~**rieseln** *intr* elflueti; ~**rollen** ***a)*** *tr* elruli ***b)*** *intr* elruliĝi (***aus*** el)

herausrücken ***a)*** *tr* puŝi (*bzw.* ŝovi) eksteren ◇ ***Geld*** ~ *umg* doni (*od* pagi) monon ***b)*** *intr*: ***mit einer Neuigkeit*** ~ rakonti [kaŝitan] novaĵon; ***mit der Sprache*** ~ [fine] malkaŝe diri

herausrutschen *intr* elgliti, gliti eksteren

heraussagen *tr*: ***etw. frei*** (*od* ***offen***) ~ tute libere (*od* malkaŝe) [el]diri ion

herausschaffen *tr* elporti, porti eksteren, *auch* eligi

herausschälen *tr z.B. Erbsen aus der Schote* elŝeligi *auch übertr für «sichtbar werden lassen»*; ***sich*** ~ elŝeliĝi *auch übertr*

herausschauen, *umg auch* ***herausgucken*** *intr* [el]rigardi (***aus*** el)

herausschinden *tr Profit* sukcesi eltiri; ***dabei***

hat er fünfzig Euro herausgeschunden el tio li profitakiris (*od* sukcesis eltiri) kvindek eŭrojn

herausschlagen ***a)*** *tr* elbati; *herausklopfen* elfrapi; *übertr Profit* [sukcesi] eltiri, [per ruzo *od* per ruza ago] akiri; ***den Ball aus dem Torraum*** ~ elkiki la pilkon el la golej--areo; ***einen Vorteil für sich*** ~ sukcesi eltiri avantaĝon por si ***b)*** *intr z.B. Flammen aus einem brennenden Haus* [salte] eliĝi, elsalti (***aus*** el)

herausschleichen, sich *refl* elŝteliĝi

herausschleifen *tr* eltreni (***aus*** el); ***man musste ihn regelrecht aus der Kneipe*** ~, ***weil er absolut nicht nach Hause wollte*** oni devis fine eltreni lin el la drinkejo, ĉar li absolute ne volis hejmeniri

heraus|schleppen *tr* pene [el]porti; *[mühsam] herausziehen* [pene] eltiri; ~**schneiden** *tr mit dem Messer* eltranĉi, *mit der Schere* eltondi (***aus*** el); *Chir* desekci, *(exzidieren, eine Exzision vornehmen: krankes Gewebe herausschneiden)* ekscizi

Herausschneiden *n* eltranĉ[ad]o; *Chir* desekco, ekscizo

heraus|schrauben *tr* malŝraŭbi; ~**schreiben** *tr* [parte] kopii el; ~**schreien** *tr* elkrii; ~**-schütteln** *tr* eligi per skuado, elskui (***etw. aus etw.*** ion el io)

herausschütten *tr* elŝuti; ***herausgeschüttet werden*** elŝutiĝi

heraus|schwimmen *intr* elnaĝi (***aus*** el); ~**-schwingen** *tr* elsvingi (***aus*** el); ~**sehen** *intr* elrigardi (***aus*** el); ~**sickern** *intr* iom liki, elflueti; ~**speien** *tr* elkraĉi, elvomi

herausspringen *intr* [el]salti (***aus*** el); *nach draußen springen* salti eksteren ◇ ***auch für ihn ist etw. herausgesprungen*** ankaŭ li ricevis sian parton; *auch er hatte seinen Vorteil davon* ankaŭ li havis sian avantaĝon [el la afero]

heraus|spritzen *tr* elŝpruci (***etw.*** ion) (*vgl. dazu* ***ejakulieren***); ~**sprudeln** *intr* bobele eliĝi (***aus*** el)

herausstecken *tr Kopf, Nase u.a.* elŝovi

herausstellen *tr* ***a)*** *nach draußen stellen* meti eksteren, elmeti; *Sport (vom Platz stellen [einen Spieler])* elludigi ***b)*** *betonen, hervorheben* akcenti, emfazi; *besonders erwähnen* aparte mencii; *zur Schau stellen* elmontri ***c)*** *refl*: ***sich*** ~ *sich zeigen* montriĝi; *offensichtlich werden* evidentiĝi; ***es hat sich herausgestellt, dass ...*** montriĝis, ke ...; ***dann stellte sich heraus, welch großes Unrecht man ihm angetan hatte*** tiam (*od* poste) montriĝis kian grandan maljustaĵon oni faris al li

herausstemmen *tr mit einem Meißel* elĉizi

herausstrecken *tr*: ***die Zunge*** ~ elŝovi la langon

heraus|streichen *tr Geschriebenes od Gedrucktes tilgen* elstreki, forstreki; *über Gebühr loben, rühmen* tre laŭdi, glori (***jmdn.*** iun); ~**strömen** *intr allg* eliĝi; *Flüssigkeit* elverŝiĝi; *Gas* emani (***aus*** el); ~**suchen** *tr auswählen* elserĉi, serĉelekti; ~**tragen** *tr* elporti, porti eksteren

heraustreten *intr* elpaŝi [eksteren] (***aus*** el) (↑*auch* ***herauskommen***); *Med (Leistenbruch)* protrudi; ***aus der Reihe*** ~ elpaŝi el la vico

heraustropfen *intr* elgut[ad]i (***aus*** el), gutadi [eksteren]; ~ ***lassen*** *tr* elgutigi

herauswachsen *intr* elkreski (***aus*** el); ***er ist aus seinen Sachen herausgewachsen*** *die Kleidung passt ihm jetzt nicht mehr* ĉiuj liaj vestoj estas nun tro malgrandaj por li [ĉar li intertempe multe kreskis]

heraus|wagen, sich *refl* kuraĝi (*bzw.* riski) iri eksteren *od* kuraĝi sin montri [ekstere]; ~**waschen** *tr* ellavi, forigi per lavado; ~**werfen** *tr* elĵeti

Herauswerfen *n* elĵet[ad]o

herauswickeln *tr* elvolvi (***aus*** el)

herauswinden *tr* eltordi (***aus*** el); ***sich*** ~ *refl z.B. aus einer bedrohlichen Situation* eltiriĝi *od* sin eltiri, elturniĝi (***aus*** el)

herauswischen *tr* elviŝi (***aus*** el)

herauswollen *intr* voli iri eksteren, voli (*od* deziri) eliri ◇ ***mit der Sprache nicht*** ~ *nicht sprechen wollen* ne voli (*od* emi) paroli; *nicht die Wahrheit sagen wollen* ne voli diri la veron

Herauswurf *m*, *umg meist* ***Rauswurf*** *m* elĵeto (*vgl. dazu* ***Hinauswerfen***)

herauswürgen *tr* elgorĝigi

herausziehen *tr* eltiri (***aus*** el) *auch einen Zahn*; *nach draußen ziehen* tiri eksteren; *allg auch* eligi; *Saft aus Pflanzen* ekstrakti; *herausschreiben* [parte] kopii el; ***sich*** ~ sin eltiri, sin savi (***aus einer Sache*** el afero)

herb *Adj Geschmack* acerba *auch übertr (z.B. Worte)*, *poet auch (rau)* aspra; *i.w.S. (sauer)* acida, *(bitter)* amara, *(adstringierend)* adstringa *bzw.* adstringagusta

Herbarium *n [wissenschaftliche] Sammlung*

gtrockneter [und gepresster] Pflanzen herbario

herbei *Adv hierher* ĉi tien; **~eilen** *intr* kuri ĉi tien, alkuri; **~fliegen** *intr* flugi ĉi tien, alflugi, fluge alveni

herbeiführen *tr heranführen* alkonduki *hierher führen* konduki ĉi tien; *veranlassen* okazigi; *bewirken, verursachen* kaŭzi; *nach sich ziehen, zur Folge haben* sekvigi; ***den Tod ~*** kaŭzi [la] morton

herbeilassen, sich *refl*: ***sich herbeilassen etw. zu tun*** [hezite *bzw.* ne tro volonte] konsenti fari ion, bonvoli fari ion; degni fari ion

herbei|laufen *intr* alkuri, kure alveni; **~locken** *tr* allogi; **~rufen** *tr heranrufen* [al]voki (***jmdn.*** Iun); **~schaffen** *tr* alporti (***etw.*** ion), havigi (***etw. für jmdn.*** ion al iu); *holen* venigi; **~schleifen** *od* **~schleppen** *tr* altreni *od* pene alporti; **~sehnen** *tr* sopiri (*vgl. dazu* ***ersehnen***); *sehr wünschen* treege deziri [ke ...]; **~strömen** *intr Leute* alflui, amase al- veni [ĉi tien]

herbemühen *tr*: ***jmdn.*** *~ bitten [hierher] zu kommen* peti, ke iu venu [ĉi tien]; *i.w.S. jmdn. holen* venigi iun; ***sich*** ~ [preni sur sin la penon] veni [ĉi tien]

herbeordern *tr*: ***jmdn.*** ~ ordoni, ke iu venu [ĉi tien]

Herberge *f* noktrestadejo (*vgl. dazu* ***Übernachtung***); *Gasthaus* gastejo; *Touristik* albergo [por migrantoj *bzw.* alpistoj *u.a.*]; ***~ für Obdachlose*** tranoktejo (*bzw.* azilo) por senhejmuloj

Herbert (*m*) *männl. Vorname* Herberto

her|bestellen *tr herbeirufen* venigi, voki; ***jmdn.*** *~ herbeordern* ordoni, ke iu venu *od* ordoni ies venon; **~beten** *tr* gurdi

Herbheit *f von Geschmack od Duft* acerbeco *auch übertr* (*vgl. dazu* ***Strenge***)

herbitten *tr*: ***jmdn.*** ~ peti, ke iu venu [ĉi tien]; *jmdn. einladen* inviti iun [ĉi tien]

Herbivoren *m/Pl nur Fachspr Zool (Pflanzen fressende Tiere)* herbovoraj bestoj *Pl* (*vgl. dazu* ***Pflanzenfresser***)

Herbizide *n/Pl, umg* ***Unkrautvertilgungsmittel*** *n/Pl* herbicidoj *Pl* (↑ *auch* ***Paraquat***)

herbringen *tr tragend* alporti; *fahrend* alveturigi; *führend* alkonduki; *[mit]kommen lassen* [kun]venigi; ***warum bringst du denn nicht deinen Freund mit her?*** kial vi ne kunvenigas [ĉi tien] vian amikon?

Herbst *m* aŭtuno (↑ *auch* ***Spätherbst***); ***im ~*** en aŭtuno, aŭtune; ***vergangenen ~*** pasintaŭtune ◇ ***der ~ des Lebens*** la aŭtuno de la vivo

Herbst|abend *m* aŭtuna vespero; **~anfang** *m* komenciĝo de [la] aŭtuno; **~äquinoktium** *n Astron* aŭtuna ekvinokso

Herbstblatt *n Mykologie* ↑ *unter* ***Trichterling***

Herbstblau|gras *n* (Sesleria autumnalis) *Bot* aŭtuna seslerio; **~stern** *m* (Scilla autumnale) *Bot* aŭtuna skilo (*vgl. dazu* ***Blaustern***)

Herbst|blume *f* aŭtuna floro; **~ferien** *Pl* aŭtunaj ferioj *Pl*

Herbst-Goldbecher *m Bot* ↑ *unter* ***Sternbergie***

Herbst|kollektion *f Mode* aŭtuna modkolektaĵo; **~laub** *n* aŭtuna foliaro

herbstlich *Adj* aŭtun[ec]a; *wie im Herbst* kiel en aŭtuno (↑ *auch* ***spätherbstlich***)

Herbstlorchel *f Mykologie* ↑ *unter* ***Lorchel***

Herbst|löwenzahn *m* (Leontodon autumnalis) *Bot* aŭtuna leontodono; **~messe** *f Hdl, Wirtsch* aŭtuna foiro; **~mode** *f* aŭtuna modo; **~monat** *m* aŭtuna monato; **~punkt** *m Astron (Gegenpunkt des Frühlingspunktes)* aŭtuna punkto

Herbstsedum *n Bot* ↑ *unter* ***Fetthenne***

Herbst|seidelbast *m* (Daphne gnidium) *Bot* gnidio *[Vorkommen in der Mittelmeerregion]* (*vgl. dazu* ***Seidelbast***); **~sturm** *m* aŭtuna ŝtormo; **~trompete** *f, auch* ***Totentrompete*** *f* (Craterellus cornucopioides) *Mykologie* trumpetforma kraterelo; **~wendelähre** *f* (Spiranthes spiralis) *Bot* aŭtuna spiranto; **~wind** *m* aŭtuna vento; **~zeitlose** *f* (*Gattung* Colchium) *u. die Art* Colchium autumnale) *Bot* [aŭtuna] kolĉiko (↑ *auch* ***Alpenzeitlose***)

Herculaneum (*n*) *römische Ruinenstadt am Fuße des Vesuvs* Herkulano

hercynisch = herzynisch

¹Herd *m Koch*² fornelo, kuirforno; *Elektro*² elektra fornelo (*vgl. dazu* ***Ofen***; ↑ *auch* ***Elektro-***, ***Gas-***, ***Induktions-***, ***Kohle-***, ***Mikrowellen-*** *u.* ***Umluftherd***) ◇ ***eigner ~ ist Goldes wert*** hejma dometo estas kiel patrineto *(Zam)*

²Herd *m Med u. übertr* fokuso (*vgl. dazu* ***Ausgangspunkt*** *u.* ***Zentrum***; ↑ *auch* ***Ansteckungs-***, ***Eiter-***, ***Konflikt-***, ***Krankheits-***, ***Unruheherd***)

Herdbuch *n Tierzucht* ↑ ***Zuchtbuch***

Herde *f* grego *auch für «ungeordnete Menschenmenge»* (*vgl. dazu* ***Rudel***; ↑ *auch*

Schaf- *u.* ***Viehherde***); ***eine ~ Elefanten*** *od* ***Elefantenherde*** grego da elefantoj; ***sich zu einer ~ sammeln*** kungregiĝi *auch i.w.S.*

Herden|hund *m* gregohundo (↑ *auch* ***Hirtenhund*** *u.* ***Kuvasz***); **~immunität** *f Epidemiologie* grega imuneco

Herdenkiebitz *m Orn* = ***Steppenkiebitz***

Herden|schutzhund *m* gregogarda hundo (↑ *auch* ***Herdenhund***); **~tier** *n Zool* grega animalo; **~trieb** *m* grega instinkto

herdenweise *Adv in Herden* en gregoj; *i.w.S. massenweise* amase, grandare

Herdinfektion *f Med* ↑ ***Fokalinfektion***

Herdplatte *f* forneloplato

herein, *umg* ***rein*** *Adv im Esp meist mit dem zugehörigen Verb verbunden*; ***herein!*** *Aufforderung zum Eintreten* eniru!

hereinbemühen, sich *refl*: ***wollen Sie sich bitte hereinbemühen!*** *förmlich* bonvolu [esti tiel afabla kaj] eniri!

hereinbitten *tr*: ***jmdn. ~*** peti iun eniri [la domon *bzw.* loĝejon *u.a.*]

hereinbrechen *intr* subite [en]veni; *Unheil* veni sur *mit Akk*, fali sur *mit Akk*; *treffen* trafi; ***die Nacht brach herein*** [subite] noktiĝis; ***Unheil ist über uns hereingebrochen*** malfeliĉ[eg]o trafis nin

herein|bringen, *umg* ***reinbringen*** *tr* enporti, porti internen; **~fahren** *intr* enveturi (***in*** en *mit Akk*)

hereinfallen, *umg* ***reinfallen*** *intr* ***a)*** [en]fali (***in*** en *mit Akk*) ***b)*** *übertr (betrogen werden)* iĝi trompita, sperti trompon, *(Schaden haben)* ekhavi damaĝon (*bzw.* malutilon), *(Misserfolg erleiden)* fiaski; ***bei dieser Sache bin ich gründlich hereingefallen*** *umg für «tüchtig betrogen worden»* en tiu afero mi spertis totalan trompon

herein|fliegen *intr* ***a)*** *nach drinnen fliegen* enflugi (***ins Zimmer*** en la ĉambron), flugi internen ***b)*** *umg für* ***hereinfallen b)*** [↑ *dort*]; **~führen** *tr* enkonduki, konduki internen (*od* en la internon *bzw.* en la ĉambron); **~holen** *tr* envenigi, *auch* enirigi (***jmdn.*** iun); iri por enporti (***etw.*** ion)

hereinkommen, *umg* ***reinkommen*** *intr* enveni, eniri; ***bitte kommen Sie herein*** bonvolu eniri; ***darf ich ~?*** ĉu mi rajtas eniri?

hereinlassen, *umg* ***reinlassen*** *tr* enlasi, *(eintreten lassen)* lasi eniri; ***jmdn.*** *hereinbitten, z.B. einen Gast* ~ peti iun eniri [la domon *bzw.* loĝejon *u.a.*]; *hereinbeordern* ordoni al iu eniri

herein|laufen *intr* enpaŝi (***in*** en *mit Akk*) (↑ *auch* ***hineingehen***); **~legen**, *umg* ***reinlegen*** *tr betrügen* trompi (***jmdn.*** iun); **~nehmen** *tr* enpreni; **~platzen** *intr plötzlich hereinkommen* subite (*bzw.* neatendite) eniri; *plötzlich auftauchen* subite aperi (*bzw. i.w.S.* alveni)

hereinregnen, *umg* ***reinregnen*** *intr durchs Dach regnen*: ***es regnet [he]rein*** pluvakvo likas tra la tegmento

hereinschneien *intr* ***a)*** *unpers*: ***es schneit zum Fenster herein*** neĝas tra la fenestro ***b)*** *umg*: ***gestern kam Peter zu uns hereingeschneit*** hieraŭ Petro neatendite (*od* sur- prize) vizitis nin [hejme]

herein|schweben *intr* enŝvebi; **~sehen** *intr* enrigardi (***in*** en *mit Akk*); **~stecken** *tr* enŝovi; *allg auch* enigi; **~strömen** *intr Wasser* torente enflui; *übertr massenweise hereinkommen* amase eniri; **~stürmen** *od* **~stürzen** *intr* atake (*bzw.* rapidege) eniri; **~tragen** *tr* enporti, porti internen; **~wehen** *tr u. intr* enblovi; **~ziehen** *tr* tiri internen; *schleifend* treni internen (*od* en la internon)

Herero ***a)*** *m/Pl (ursprünglich* ***Mbandu*** *genannt) Ethn (ein Bantuvolk in SW-Afrika)* hereroj *Pl* ***b)*** *n Ling (eine in Enklaven u. Reservaten im Norden von Namibia gesprochene Bantusprache)* la herera [lingvo] <*Verkehrssprache inNmibia*>; **~schnäpper** *m, auch* ***Hereroheckensänger*** *od* ***Namibschnäpper*** *m* (Namibornis herero) *Orn* herorosaksikolo *[Vorkommen: Namibia u. Angola]*

Herfahrt *f Fahrt hierher* alveturo, veturo ĉi tien; *Rückfahrt* reveturo

herfallen *intr*: ***über jmdn. ~*** *sich auf jmdn. stürzen* sin ĵeti sur iun; *jmdn. angreifen od überfallen* [subite] ataki iun; *übertr: jmdn. verleumden* kalumnii iun; *böswillig über jmdn. reden* malice paroli pri iu; ***über jmdn. mit Fragen ~*** bombardi iun per demandoj

Herford (*n*) *Stadt in Ostwestfalen* Herfordo

Hergang *m* sinsekvo de eventoj; *Details* detaloj *Pl*; ***den ~ erzählen*** raporti pri la [sinsekvo de la] okazaĵoj

hergeben *tr* doni; *übergeben* transdoni; *weggeben* fordoni; *zurückgeben* redoni; *opfern* oferi; ***sich ~*** *bereit sein* esti preta (***zu*** por *od nachfolg. Verb im Inf*); ***sich für etw. ~*** lasi sin uzi por io; ***der Stoff gibt nicht mehr her als eine Bluse*** la materialo estas nur sufiĉa por fari bluzon

hergehen *intr*: ***hinter jmdm. ~*** ir[ad]i post

iu; *jmdm. folgen* sekvi iun; ***neben jmdm.*** ~ ir[ad]i apud iu; ***vor jmdm.*** ~ ir[ad]i antaŭ iu ◇ ***hier geht es lustig her*** ĉi tie regas (*od* triumfas) gajeco

hergehören *intr* ◇ ***das gehört nicht hierher*** tio ne estas afero por priparoli (*od* diskuti) ĉi tie

hergelaufen *Adj pej* vagabonda

hergeleiten *tr* alkonduki

herhaben *tr umg*: ***wo hast du das her?*** de kie vi havas tion [ĉi]?; *von wem hast du das?* de kiu vi ricevis tion [ĉi]?

herhalten ***a)*** *tr dem Gegenüber entgegenstrecken, z.B. die Hand* etendi ***b)*** *intr erleiden* suferi (***für*** pro); *Ersatz sein* anstataŭi (***für jmdn.*** iun); *zahlen* pag[ad]i; *der Sündenbock [für andere] sein* esti la propeka kapro *(Zam)*

herholen *tr*: ***etw.*** ~ *(einen Gegenstand)* iri por alporti ion; ***jmdn.*** ~ *(eine Person)* [al]venigi iun

[1]**Hering** (Clupea harengus) *Ichth, Nahr* haringo (↑ *auch* ***Brat-***, ***Matjes-***, ***Ostsee-*** *u.* ***Salzhering***); ***geräucherter*** ~, *auch* ***Lachshering*** *m od* ***Bückling*** *m Nahr* fumaĵita haringo; ***marinierter*** ~ *Nahr* marinita haringo

[2]**Hering** *Zeltpflock* tendofosteto

Herings|artige *Pl* (*Ordnung* Clupeiformes) *Ichth* klupeoformaj [fiŝoj] *Pl*; ~**dorf** (*n*) *ein Seebad auf Usedom* Heringsdorfo; ~**fang** *m* haringokaptado; ~**filet** *n Nahr* haringofileo

Heringsfische *m/Pl Ichth*: ***[Familie der]*** ~ (Clupeidae) klupeedoj *Pl* (↑ *auch* ***Tarpun***)

Heringshai *m Ichth* ↑ ***Makrelenhai***

Herings|möwe *f* (Larus fuscus) *Orn* flavakrura mevo; ~**salat** *m Nahr* haringa salato; ~**schwarm** *m* benko de haringoj

herkommen *intr* veni ĉi tien; *sich nähern* proksimiĝi; *abstammen* deveni (***von*** de); *sich ableiten* deriviĝi (***von*** de); *bewirkt werden von* kaŭzita de; ***komm her!*** venu ĉi tien!; ***wo kommst du her?*** de kie vi venas?; ***wo soll das Geld ~?*** de kie mi (*bzw.* ni) prenu la monon?

Herkommen *n Abstammung* deveno

herkömmlich *Adj traditionell* tradicia; *allgemein üblich* ĝenerale uzita; *gebräuchlich, üblich* kutima

[1]**Herkules** (*m*) (*latinisierte Form von* ***Herakles*** [↑ *auch dort*]) *Eig* Herkulo; ***die Säulen des*** ~ *bildh für «die Straße von Gibraltar»* la Kolonoj de Herkulo

[2]**Herkules** *m* (*Abk* ***Her***) *Astron (ein Sternbild des nördl. Himmels)* Herkulo

Herkules|arbeit *f* herkula laboro; ~**aufgabe** *f* herkula tasko; ~**käfer** *m* (Dynastes hercules) *Ent* herkula skarabo; ~**keule** *f* [la] klabo de Heraklo

Herkuleskraut *n Bot* ↑ ***Bärenklau b)0***

herkulisch *Adj riesenstark, von gewaltiger Kraft* herkula

Herkunft *f* origino; *Abstammung* deveno (↑ *auch* ***Wortherkunft***); ***er ist von adliger*** ~ li estas de nobela deveno

Herkunfts|bescheinigung *f* deven-atesto (*vgl. dazu* ***Ursprungszeugnis***); ~**land** *n* devenlando; ~**merkmal** *n* karakterizaĵo de origino

herlaufen *intr*: ***hinter jmdm.*** ~ kuri post iu *od* postkuri iun

herleiern *tr eintönig od im Rezitationston singen, z.B. Psalmen* unutone kanti, psalmi

herleitbar *Adj ableitbar* devenigebla

herleiten *tr [logisch] schlussfolgern* dedukti (*vgl. dazu* ***ableiten***); *auf seinen Ursprung zurückführen* derivi (***von*** de) *auch Ling*; ***sich*** ~ *Wort* esti derivita (***aus*** [el] de)

Herleitung *f logische Schlussfolgerung, Deduktion* dedukt[ad]o; *Ling (Derivation)* derivado, *(Derivat)* derivaĵo

Herlitze *f* ↑ ***Kornelkirsche***

hermachen *umg*: ***sich über etw.*** ~ *anfangen [gierig] zu essen* [avide] ekmanĝi ion, *(verschlingen)* [avide] vori ion; *anfangen etw. zu bearbeiten* komenci prilabori ion; *von etw. Besitz ergreifen* alproprigi ion al si (*vgl. dazu* ***angreifen***)

Hermagoras [von Temnos] (*m*) *Eig (ein altgriech. Rhetor u. Schriftsteller)* Hermagoro

Hermann (*m*) *männl. Vorname* Hermano

Hermannsschlacht *f Gesch* ↑ *unter* ***Teutoburger Wald***

Hermaphrodit *m Biol* ↑ ***Zwitter***

hermaphroditisch ↑ ***zwittrig***

Hermaphroditismus *m*, *auch* ***Hermaphrodismus*** *m*, *umg* ***Zweigeschlechtigkeit*** *f od* ***Zwittertum*** *n Biol* hermafroditeco, ambaŭsekseco (↑ *auch* ***Pseudohermaphroditismus***)

Hermaphroditos (*m*) *griech. Myth (Sohn des Hermes u. der Aphrodite)* Hermafrodito

Herme *f Bildh (antike, den Gott Hermes darstellende Büste auf pfeilerartigem Schaft, Porträtbüste [mit Namensinschrift])* hermo

Hermelin *n* ***a)*** *auch* ***großes Wiesel*** *n* (Muste la erminea) *Zool* ermeno ***b)*** *Winterfell bzw. Pelz des Hermelins* ermeno, *auch* ermena felo

Hermeneutik *f wiss. Verfahren der Auslegung u. Erklärung von Texten, Kunstwerken od Musikstücken* hermeneŭtiko

hermeneutisch *Adj* hermeneŭtika

Hermes (*m*) *griech. Myth (Götterbote, Gott des Handels, Totenführer)* Hermeso (*vgl. dazu* ***¹Merkur***); ~**-Bürgschaft** *f Deckung eines außenwirtschaftlichen Risikos durch Exportkreditversicherung der Bundesrepublik Deutschland* Hermes-eksportkredita garanto [fare de la germana ŝtato]

hermetisch *luft- u. wasserdicht [abschließend]* **1.** *Adj* hermetika **2.** *Adv* hermetike; ~ ***verschließen***, *auch* ***hermetisieren*** hermetike fermi, *auch* hermetikigi; *Tech (absperren, drosseln)* obturi

Hermine *f weibl. Vorname* Hermina

hermitisch *Adj Math* hermita

Hermon *m*, *auch* ***Hermongebirge*** *n syrisch-libanesisch-israelisches Gebirge, südl. Teil des Antilibanon* Hermono, *auch* Hermon-Montaro; ***der Berg*** ~ *höchste Erhebung dieses Gebirges* la monto Hermono *auch bibl*

hermüssen *intr* ***a) das muss her*** mi (*bzw.* ni) devas (nepre] havi ĝin ***b)*** *kommen müssen* devi veni [ĉi tien]

hernach *reg für* ***nachher*** [↑ *dort*]

hernehmen *tr umg* preni (***etw.*** ion); ***wo nimmt er nur den Mut dazu her?*** de kie li do prenas la kuraĝon [por fari tion *u.a.*]; ***wo soll ich das ~?*** de kie mi do mi prenu (*bzw.* akiru) tion?

Hernie *f Med* ↑ *unter* ***¹Bruch***; ***epigastrische*** ~ ↑ ***Bauch[wand]bruch***

hernieder *Adv geh od poet* suben

Herodes (*m*) *Eig (Name einiger jüdischer Könige)* Herodo; ***König ~ der Große*** *[um 73- 4 v. Chr.]* reĝo Herodo la Granda

Herodot[os] (*m*) *Eig (ein altgriech. Historiker [um 490-um 425 v. Chr.])* Herodoto

Heroide *f Lit (eine von Ovid geschaffene Literaturgattung)* heroido

Heroin *n* heroino (↑ *auch* ***Droge*** *u.* ***Rauschgift***); ~**abhängige** *m* heroindependulo *od* dependulo de heroino

Heroine *f Theat (Darstellerin der Rolle einer Heldin)* heroino (*vgl. dazu* ***Heldin***)

Heroin|sucht *f Med* heroinomanio; ~**süchtige** ***a)*** *m* heroinmaniulo ***b)*** *f* heroinmaniulino

heroisch *Adj heldenhaft* heroa; *i.w.S. sehr mutig* ege (*od* tre) kuraĝa, ~***er Kampf*** heroa batalo

heroisieren *tr zum Helden erheben bzw. als Helden verherrlichen* heroigi

Heroismus *m* heroeco

Herold *m Verkündiger, [im Mittelalter:] Ausrufer* heroldo (↑ *auch* ***Stentor***); *i.w.S. (Verkünder)* diskoniganto, *auch* heroldo, *(Vorkämpfer, Wegbereiter)* pioniro

Heroldsruf *m griech. Antike* kerigmo

Herold[s]stab *m*: ~ ***des Merkur*** merkura bastono, kaduceo

Heros *m griech. Myth (Halbgott)* heroo

Herostrat (*m*) ***a)*** *griech.* ***Herostratos*** *Eig (ein alter Grieche, der den Artemistempel zu Ephesus anzündete, um berühmt zu werden)* Herostrato ***b)*** *übertr für «Verbrecher aus Ruhm- od Geltungssucht»* herostrato

Herostratentat *f* herostrata faro

herostratisch *Adj in der Art eines Herostraten, ruhmsüchtig* herostrata

Herpes *m* (*kurz für* ***Herpes simplex***), *umg auch* ***Bläschenausschlag*** *m Med* herpeto (*vgl. dazu* ***Aphten***; ↑ *auch* ***Genital-*** *u.* ***Lippenherpes***)

herpesartig, *Fachspr auch lat.* ***herpetiformis*** *Adj einem Bläschenausschlag ähnlich* herpetoforma

Herpesvirus *n* herpeta viruso

herpetisch *Adj bes. Fachspr Med: a) den Herpes betreffend b) die für einen Herpes charakteristischen Bläschen aufweisend* herpeta

Herpetofauna *f Zool (die gesamten Lurch- u. Kriechtierarten eines bestimmten Gebiets)* herpetofaŭno

Herpetologe *m* herpetologo

Herpetologie *f Zool (Wissenschaft von den Lurchen u. Reptilien)* herpetologio

Herr *m* (*Abk* ***Hr.***) sinjoro (*Abk* s-ro) *auch Anrede*; ~ ***Hauptmann*** sinjoro kapitano; *Gebieter* mastro, *auch* sinjoro; ***der*** ~ *Rel* la Sinjoro (*vgl. dazu* ***Ewige*** *u.* ***Gott***); ***Herren*** *als Aufschrift am WC* [por] sinjoroj; ***gnädiger*** ~ sinjora moŝto; ***der ~ des Hauses*** mastro [en la domo]; *i.w.S. Gastgeber* gastiganto (↑ *auch* ***Wirt***); ***der ~ der Ringe*** *ein Roman von Tolkien* la Mastro de l' Ringoj *<ein Klassiker der Fantasy-Literatur>*; ***guten Tag, mein ~!*** bonan tagon, sinjoro!; ***meine Damen und ~en*** *Anrede* gesinjoroj;

sind Sie ~ Kramer? ĉu vi estas sinjoro Kramer? ◇ ~ ***der Lage sein*** esti mastro de la situacio; ~ ***über seine Gefühle*** (***Leidenschaften***) ***sein*** regi sian emocion (siajn pasiojn); ~ ***über seine Zeit sein*** [povi] libere disponi pri sia tempo; ***sein eigener ~ sein*** esti tute sendependa, *auch* esti patrono por sia persono; ***aus aller ~en Länder*** el ĉiuj anguloj de la mondo (*od* terglobo); ***zeigen, wer der ~ im Hause ist*** montri, kiu estas la mastro en la domo *(Zam)*; ***man kann nicht zwei*** (*od alt* ***zween***) ***~en dienen*** al du sinjoroj samtempe oni servi ne povas *(Zam)*; ***wie der ~, so's Gescherr*** kia la mastro, tia la servisto

Herrchen *n eines Hundes* mastro

herreichen *tr herübergeben* doni [ĉi tien]; *übergeben* transdoni

Herreise *f* vojaĝo ĉi tien (↑ *auch* ***Herfahrt***)

herreisen *intr* vojaĝi ĉi tien (*od* ĉi-loken)

Herren|abteilung *f für Herrenkonfektion* sekcio de virvestaĵoj; **~anzug** *m* vira kompleto (*od* kostumo); **~bekleidung** *f* virvestaĵoj *od* viraj vestaĵoj *Pl*; **~doppel** *n Tennis* parludo vira; **~einzel** *n Tennis* solludo vira; **~fahrrad** *n* biciklo por viroj; **~konfektion** *f auch* konfekcio por viroj

herrenlos *Adj ohne Boss* senmastra *auch Hund*; *Gepäck, Land u.a.* sen posedanto *nachgest*; ***~es Gebiet*** *n*, *Dipl* ***Territorium nullius*** nenies (*od auch* senmastra) teritorio

Herren|mantel *m* mantelo por viroj; **~mode** *f* modo por viroj; **~oberhemd** *n* [glad]ĉemizo [por viroj]; **~salon** *m* frizosalono por viroj; **~schlafanzug** *m* vira piĵamo; **~schneider** *m* tajloro por virvestaĵoj; **~schuhe** *m/Pl* viraj ŝuoj; **~slip** *m* vira kalsoneto

Herrentag *m* ↑ ***Vatertag***

Herrentiere *Pl* ↑ *unter* ***²Primat***

Herren|toilette *f* necesejo por sinjoroj; **~unterbekleidung** *od* **~unterwäsche** *f* viraj subvestaĵoj *Pl*; **~unterhemd** *n* vira subĉemizo; **~zimmer** *n* dommastra ĉambro; *Arbeitszimmer* kabineto

Herrgott *m*: ***der ~*** la Sinjoro, Dio

Herrgottsfrühe *f nur in*: ***in aller ~*** en tre (*od* ege) frua mateno

herrichten *tr aufräumen, ordnen, in Ordnung bringen* aranĝi, ordigi; *vorbereiten* pretigi; *instand setzen* ripari; ***das Bett ~*** pretigi la liton (***für einen Gast*** por gasto)

Herrin *f Haus*~ mastrino; *Besitzerin* posedantino; *Chefin* ĉefino

herrisch *Adj herrschend, wie eine Herrscherin [auftretend]* regema; *gebieterisch* ordonema, mastr[em]a; *schroff* bruska; *diktatorisch* diktatora (*vgl. dazu* ***despotisch*** *u.* ***grausam***)

herrje! *od* **herrjemine!** *Interj* Dio mia!

herrlich *Adj sehr schön* belega; *wunderbar* mirinda, mirinde bela; *rühmenswert* glorinda; *erhaben* majesta; *glänzend* brila; *großartig, z.B. Erfolg* grandioza; *köstlich, lecker* bongust[eg]a; *Gefühl allg auch* bon[eg]a

Herrlichkeit *f* grandiozeco, brilo; *Pomp* pompo; *Erhabenheit* majesteco; *Glanz, Glorie* gloro

Herrnhut (*n*) *eine Stadt im Lausitzer Bergland* Hernhuto

Herrnhuter Brüder *m/Pl Rel (Mitglieder der Herrnhuter Brüdergemeinde, einer evangelischen Freikirchenbewegung)* hernhutanoj *Pl*

Herrschaft *f Macht* potenco (↑ *auch* ***Gewalt***); *Regierungsgewalt* regado (***über*** super) (↑ *auch* ***Alleim-,Feudal-,Frauen-, Gewalt-, Klassen-, Priester-, Säbel-, Schreckens-, See-, Tyrannen-*** *u.* ***Weiberherrschaft***); *Dominanz, Vorherrschaft* dominado; ~ ***der Alten***, *geh* ***Gerontokratie*** *f* gerontokratio; ~ ***der Kirche [über den Staat]*** teokratio; ***ein Land unter seine ~ bekommen*** (*od* ***bringen***) subigi landon al sia regado; ***die ~ führen über ...*** regi super ...; ***die ~ übernehmen*** transpreni la regadon; ***die ~ über sich wieder gewinnen*** *sich wieder beherrschen* ekregi sin denove; ***in der Zeit seiner ~*** en la tempo de lia regado, dum lia regado ◇ ***meine ~en!*** *Anrede* gesinjoroj!

herrschaftlich *Adj Manieren* [grand]sinjora; *pompös* pompa

herrschen *intr regieren* regi (***in*** en; ***über*** super) *auch i.w.S.*; ***es herrscht ...*** *unpers* regas ...; *es gibt* ekzistas ... *od auch* estas ...; ***es herrscht großer Mangel an ...*** estas granda manko de ...; ***dort herrschte eine erstaunliche Pracht*** tie estis (*od* regis) pompo mirinda; ***es herrschte tiefes Schweigen*** regis profunda silento; ***es herrschte ein schreckliches Wetter*** regis terura vetero

herrschend *Adj* reganta; ***die ~e Klasse*** la reganta klaso; ***nach der ~en Meinung*** laŭ la ĝenerala opinio; ***unter den ~en Umständen*** sub la nunaj cirkonstancoj

Herrscher *m* reganto; *Souverän* suvereno;

Monarch monarko; ~ ***eines Reiches*** regnestro; ***unumschränkter*** ~ aŭtokrato (*vgl. dazu* ***Gewaltherrscher***)

Herrscher|blick *m* rigardo de estro; *befehlender Blick* ordona rigardo; ~**familie** *f* reganta familio; ~**geschlecht** *od* ~**haus** *n* dinastio (↑ *auch* ***Dynastie***)

Herrscherin *f* regantino; *Monarchin* monarkino

Herrscherstab *m* ↑ ***Zepter***

Herrschsucht *f* despoteco; *Tyrannei* tiraneco

herrschsüchtig *Adj* despota (*vgl. dazu* ***herrisch***); tiran[ec]a

her|rufen *tr* voki [ĉi tien]; ~**rühren** *intr stammen* deveni (***von*** de); *geschehen* okazi (***weil*** ĉar); *verursacht sein durch* esti kaŭzita de; *die Folge sein* esti sekvo (***von*** de); *resultieren* rezulti (***von*** el); ~**sagen** *tr [auswendig] aufsagen* [parkere] deklami; *rezitieren* reciti; ~**schaffen** *tr* alporti [ĉi tien], [trans]porti ĉi tien; ~**schicken** *tr* sendi ĉi tien; ~**sehen** *intr nach hier blicken* rigardi ĉi tien, turni la rigardon ĉi tien; ~**stammen** *intr* deveni de (*od* el) (↑ *auch* ***entstammen***)

herstellen *tr* ***a)*** *hierher stellen* meti (*od* loki) ĉi tien ***b)*** *erzeugen, fertigen, produzieren* produkti, *(fabrikmäßig)* fabriki, *umg auch* fari; ***etw. industriemäßig*** ~ industri-skale produkti ion ***c)*** *Beziehungen, Verbindung* starigi, krei; ***wieder*** ~ *Beziehungen, die Sicherheit im Lande u.a.* restarigi

Hersteller *m Produzent* produktisto *bzw.* produktanto (↑ *auch* ***Fabrikant***)

Herstellung *f allg* farado; *Produktion* produktado, *(fabrikmäßig) auch* fabrikado

Herstellungs|kosten *Pl Wirtsch* kosto de produktado; ~**preis** *m Kostenpreis* kosto de fabrikado, *auch* kostprezo *od* memkosto; ~**prozess** *m* produktada procedo; ~**verfahren** *n* produktada metodo

Hertz *n* (*Zeichen* ***Hz***) *Phys (Maßeinheit der Frequenz)* herco (↑ *auch* ***Kilo-*** *u.* ***Megahertz***)

herüber, *umg* ***rüber*** *Adv* ĉi-transen; *hierher* ĉi tien; ~**bringen** *tr* [trans]porti ĉi-transen (*bzw.* ĉi tien); ~**gehen** *intr* iri ĉi-transen (*bzw.* ĉi tien); ~**kommen** *intr* veni ĉi-transen (*bzw.* ĉi tien), veni de la alia flanko (*od* parto) [ĉi tien]; ~**nehmen** *tr* transpreni; ~**reichen** *tr* pasigi (***jmdm. etw.*** ion al iu)

herum *Adv um ... herum* ĉirkaŭ; *ungefähr* proksimume, ĉirkaŭ; *mehr oder weniger* plimalpli; ***hier*** ~ *Richtungsangabe* ĉi-voje, laŭ ĉi tiu vojo; ***um die Ecke*** ~ ***gehen*** iri ĉirkaŭ la angulon; ***sie ist um die fünfzig [~]*** ŝi havas proksimume (*od* ĉirkaŭ) kvindek jarojn *od* ŝi estas proksimume kvindekjara; ***die Zeit ist schon*** ~ la tempo jam pasis

herumalbern *intr umg* petoli (***mit jmdm.*** kun iu); *Spaß machen* fari ŝercojn

herumbekommen *tr*: ***jmdn.*** ~ *überreden* [fine] persvadi iun

herumblättern *intr*: ***in einem Buch*** ~ transturni la paĝojn de libro por rapide trarigardi [kaj supraĵe legi] ĝin, foliumi libron

herumblicken *intr (bes. abs)* ĉirkaŭrigardi *od* rigardi ĉirkaŭe

herumbringen *tr*: ***die Zeit [irgendwie]*** ~ [iel] pasigi la tempon

herumbummeln *intr umg herumschlendern* sencele promeni; *ziellos umherziehen* sencele vagi; *trödeln* malrapidumi

herumdrehen *tr* turni; ***sich*** ~ sin turni, turniĝi; *sich umschauen* rigardi returnen (***nach*** al); *den Kopf wenden* turni la kapon [flanken] ◇ ***der Magen drehte sich mir herum*** *ich musste erbrechen* mi devis vomi; *ich ekelte mich davor* tio ege naŭzis min; ***jmdm. die Worte im Mund*** ~ [intence] distordi ies parolon

herumdrücken, sich *refl faul herumsitzen* sidadi kaj maldiligenti; *untätig sein* fari absolute nenion; ***sich um etw. herumdrücken*** *geschickt entgehen* ruze eviti ion

herum|erzählen, *umg* ***rumerzählen*** *tr* disdiri (***etw.*** ion); ~**fahren** ***a)*** *tr* promenveturigi (***jmdn.*** iun) *z.B. um ihm die Sehenswürdigkeite zu zeigen* ***b)*** *intr* veturadi per aŭto (*bzw.* biciklo *u.a.*) [sen ia celo]; *spazieren fahren* promenvetur[ad]i; ~**fingern** *intr* fingrumi (***an etw.*** je io); ~**flattern** *intr* [ĉirkaŭ]flirt[ad]i, *wie ein Schmetterling auch* papiliumi (*vgl. dazu* ***flattern***); ~**fliegen** *abs* ĉirkaŭflug[ad]i; ~**fragen** *intr* demandadi ĉie; ~**fuchteln** *intr mit den Händen gestikulieren* vigle mangesti; *mit den Händen herumzappeln* barakti per la manoj

herumführen *tr* ĉirkaŭkonduki; ***jmdn.*** ~, ***um ihm alles zu zeigen*** iri kun iu por montri ĉion [en la urbo *u.dgl.*] ◇ ***jmdn. an der Nase*** ~ konduki iun je la nazo *(Zam)* (*vgl. dazu* ***narren***)

herumfuhrwerken *intr umg* vehemente (*bzw.* brue) manipuladi (***an*** ĉe)

herumgehen *intr* ***a)*** ĉirkaŭir[ad]i, iri ĉirkaŭ *mit Akk*; *ohne ein Ziel herumlaufen* [ne havante celon] iradi; *zirkulieren* cirkuli (***um etw.*** ĉirkaŭ io); ***tausend Gedanken gingen mir im Kopf herum*** mil pensoj trakuris mian kapon; ***eine Liste ~ lassen*** cirkuligi (*od auch* rondirigi) liston

herum|hampeln *intr den Harlekin spielen* arleken[ad]i (↑ *auch* ***herumzappeln***); **~hängen** *intr umg Gammler u.a.* ĉirkaŭvagadi [kaj nenion fari] (*vgl. dazu* ***herumlungern*** *u.* ***herumsitzen***)

herumhantieren *intr*: ***in der Küche ~*** fervore (*od* lerte) mastrumi en la kuirejo

herum|hüpfen *intr* saltetadi; **~irren** *intr* erarvagi (***durch*** tra; ***in*** en)

herumkommen *intr*: ***er ist viel in der Welt herumgekommen*** li multe vojaĝis tra la mondo ◇ ***um etw. nicht ~*** *etw. nicht abwenden können* ne povi eviti ion

herum|kramen *intr suchend* traserĉi, trafosi (***in etw.*** ion); **~kriechen** *intr* ĉirkaŭrampi

herumkriegen *tr übertr*: ***jmdn. ~*** *überreden* persvadi iun; *jmds. Einverständnis erlangen* konsentigi iun; *umstimmen* konverti iun

herumlärmen *intr* [aĉe] bruadi (↑ *auch* ***herumschreien*** *u.* ***krakeelen***)

herumlaufen *intr* ir[ad]i, vag[ad]i; ***barfuß ~*** iri nudpiede; ***um den See ~*** ĉirkaŭiri la lagon *od* iri ĉirkaŭ la lagon

herumlegen *tr*: ***etw. um etw.*** *anderes* ***~*** [ĉirkaŭ]meti ion ĉirkaŭ ion

herumliegen *intr*: ***unordentlich ~*** kuŝi [tie] en terura malordo (*od* en plena kaoso)

herumlungern *intr* vagadi (*bzw.* staradi) kaj nenion fari; *faulenzen* maldiligenti

herumnörgeln *intr* grumbli; *i.w.S. kritteln* kritikaĉi; ***er hat immer etw. herumzunörgeln*** li ĉiam ion trovas por grumbli

herum|posaunen *tr* distrumpeti (↑ *auch* ***herumsagen***); **~prahlen** *intr* fanfaronadi; **~reichen** *tr* rondirigi, transdoni de unu al alia; **~reisen** *intr immerzu reisen* vojaĝi la tutan tempon; *durchs Land reisen* vojaĝi tra la lando; *durch viele Länder reisen* vojaĝi tra multaj landoj

herumreiten *intr*: *übertr* ***auf einer Sache ~*** *beharren auf* obstine persisti en [tiu] afero; *ständig wiederholen* ĉiam denove ripeti [tiun] aferon

herumsagen *tr umg für «ausplaudern»* disdiri (↑ *auch* ***herumposaunen***)

herumschlagen *tr* ***a)*** *etw. um etw. od jmdn. legen* kovri, *eine Decke um etw. od jmdn. schlagen* ĉirkaŭvolvi [kovrilon] ĉirkaŭ *mit Akk* ***b)*** *refl*: ***sich mit jmdm. ~*** *sich mit jmdm. prügeln* interbatiĝi kun iu; ***er muss sich mit einer ganzen Menge Probleme ~*** *übertr* li devas barakti kontraŭ tuta aro da problemoj

herumschleppen *tr umg*: ***er schleppt sich mit der Krankheit schon ein halbes Jahr herum*** li trenas sian malsanon jam de duona jaro

herumschlingen *tr*: ***etw. um etw. ~*** [ĉirkaŭ]volvi ion ĉirkaŭ io

herum|schnüffeln *intr aus Neugier überall herumsuchen* pro scivolo ĉie serĉadi (↑ *auch* ***spionieren b)***); **~schreien** *intr* [laŭte *bzw.* aĉe] kriadi; *herumlärmen* [aĉe] bruadi (↑ *auch* ***krakeelen***)

herumsitzen *intr*: ***~ und nicht arbeiten*** [nur] sidadi kaj ne labori

herumsprechen, sich *refl*: ***es hat sich herumgesprochen, dass ...*** diskoniĝis (*od* disvastiĝis) la diro, ke ...

herum|springen *intr* ĉirkaŭsaltadi; **~stehen** *intr umg* stari tute senage (*od* senokupe); *gaffend* stari tie kaj gapi; **~streiten, sich** *refl* [daŭre] kvereli (***mit jmdm.*** kun iu); **~streuen** *tr* dissemi; **~strolchen** *od* **~stromern**, *auch* ***sich herumtreiben*** *intr umg* vagabondi (***durch*** tra)

herumtasten *intr* palpadi; ***[suchend] nach etw. ~*** palpe serĉi ion

herumtollen *intr ausgelassen od übermütig sein (wie ein Kind od junges Tier)* petoli

herumtreiben, sich ↑ ***herumstrolchen***

Herumtreiber *m* vagabondo, *[milder ausgedrückt:]* vagisto *od* vaganto

herum|trödeln *intr* esti malrapidema; *die Zeit vertun* forneniigi la tempon; **~wälzen, sich** *refl* ruliĝadi (***in*** en)

herumwerfen *tr* ĵeti ĉirkaŭen; *i.w.S. herumreißen, scharf wenden (ein Fahrzeug)* abrupte ĝiri; *abrupt ändern* abrupte ŝanĝi; ***sich ruhelos im Bett ~*** sin maltrankvile ruliĝadi en la lito

herum|wirbeln *intr herumgewirbelt werden* kirliĝi; *durcheinander gewirbelt werden* kunkirliĝi; **~wirtschaften** *intr* daŭre okupiĝi (***in*** en); **~wühlen** *intr* trafosi, *(suchend)* traserĉadi (***in etw.*** en io); **~zappeln** *intr* arleken[ad]i (↑ *auch* ***herumhampeln***)

herunter, *umg* ***runter*** *Adv* malsupren, suben;

von oben ~ de supre, de alte *auch übertr* ◇ ***er ist ganz*** ~ *erschöpft* li estas tute elĉerpita (*od fam auch* eluzita); *kraftlos* li estas tute senfortiĝinta; ***sie ist mit den Nerven ganz*** ~ ŝiaj nervoj estas tute elĉerpitaj

herunter|bringen *tr* porti malsupren; *verringern* malpliigi; *übertr (ruinieren)* ruinigi; ~**drücken** *tr* premi malsupren; ~**fallen**, *umg auch* ***runterfallen*** *intr* fali (***von*** de); ~**geben** *tr* doni (***etw.*** ion) de supre; ~**gehen** *intr sich senken* malleviĝi; *Preise* malaltiĝi; *in den Sinkflug gehen* descendi; ~**gekommen** *Adj u. Part verwahrlost* [tute] malzorgita; *dreckig (z.B. eine Wohnung), schmierig, verkommen* sordida; *elend* mizera; *zerschlissen* trivita; *schwach geworden* malfortiĝinta; *erschöpft* elĉerpita; ~**hängen** *intr* pendi [malsupren], esti pendanta [de]; *schlaff sein* esti malrigida

herunterhauen = ***runterhauen***

herunter|heben *tr* mallevi; ~**holen** *tr* iri supren por alporti [ĉi tien], *allg auch* malsuprenigi; ~**klappen** *tr* mallevi (*od* malsuprenigi) la klapon (***etw.*** de io)

herunterkommen *intr* ***a)*** *von oben nach unten kommen,* veni de supre [ĉi tien]; *heruntersteigen* descendi ***b)*** *i.w.S. verarmen* malriĉiĝi; *verelenden* mizeriĝi, fali en mizeron; *Firma, Geschäft* ruiniĝi; *in Verfall geraten, bes. sittlich* dekadenci; ***die Treppe*** ~ descendi la ŝtuparon

herunterladbar *Adj EDV* elŝutebla

herunter|laden, *auch* ***downloaden*** *tr EDV (vom einem Computer bzw. aus dem Internet* elŝuti

Herunterladen *n, auch* ***Download*** *m od n EDV* elŝutado

herunter|lassen *tr Anker, Jalousie, Vorhang u.a.* mallevi; *i.w.S. auch* malsuprenigi; ~**leiern** *tr* gurdi (*vgl. dazu* ***herbeten***), *(ein Gedicht) auch* monotone reciti, *(ein Lied)* monotone kanti; ~**machen** *tr salopp für «grob tadeln»* krude riproĉadi (***jmdn.*** iun); *nichts Gutes lassen an* paroli ege malice (***jmdn.*** pri iu); ~**nehmen** *tr abnehmen* depreni; *von oben wegnehmen* forpreni de supre; ~**reiben** *tr abreiben* defroti; ~**reißen** *tr* deŝiri, perforte forŝiri; *niederreißen* [perforte] faligi; *Kleidung, Schuhe* trivi; ~**rutschen** *intr* malsuprengliti *auch Hose*; ~**schießen** *tr so dass das Getroffene zur Ertde fällt* terenpafi; ~**schlagen** *tr* debati; *Kragen* malsuprenfaldi; ~**schlucken** *tr* gluti *auch übertr*

herunterschütteln *tr*: ***die Äpfel vom Baum*** ~ skui la arbon por faligi la pomojn

heruntersein = ***herunter sein*** [↑ *unter* ***herunter***]

heruntersetzen *tr* ***a)*** *nach unten setzen* meti (***etw.*** ion) malsupren ***b)*** *reduzieren (Preis)* redukti, malaltigi ***c)*** *verleumden* kalumnii; *diskreditieren* senkreditigi (***jmdn.*** iun)

herunterspielen *tr*: ***die Bedeutung einer Angelegenheit*** (*od* ***Sache***) ~ malgravigi aferon (↑ *auch* ***entkräften***)

herunter|springen *intr* desalti, salti malsupren (***von*** de); ~**steigen** *intr* descendi (***von*** de), *auch* malsupreniri; ~**stoßen** *intr Kampfflugzeug, Raubvogel* plonĝi, abrupte kaj krute malsupreniĝi; ~**stürzen** *intr* [abrupte] fali (***von*** de); ~**werfen** *tr* ĵeti (***etw.*** ion) de supre; faligi (***etw.*** ion); ~**wickeln** *tr abspulen* malbobeni; ~**wirtschaften** *tr ruinieren* ruinigi; *in den Bankrott treiben* bankrotigi; ~**würgen** *tr* pene gluti; ~**ziehen** *tr* tiri malsupren *od* malsuprentiri, *(schleifend)* treni malsupren *od* malsuprentreni (*vgl. dazu* ***herunterreißen***)

hervor *Adv* ***a)*** *aus* el; *unter ... hervor* el sub; *hinter ... hervor* el malantaŭ *od* el post; *zwischen ... hervor* el inter ***b)*** *nach vorn* antaŭen; *nach draußen* eksteren; ~**blicken** *intr* ***a)*** rigardi el sub (*bzw.* el malantaŭ *od* el inter) ***b)*** *[plötzlich] auftauchen, sich zeigen* [ek]aperi, montriĝi

hervorbrechen *intr unvermittelt erscheinen* ekaperi; *Keim, Saat* ekĝermi; *Mond, Sonne* subite sin montri, subite aperi; *aus einem Hinterhalt angreifen* subite ataki el la embusko; *Geol, Med* erupcii; ***ein Tiger brach aus dem Dickicht hervor*** tigro sin ĵetis el la densejo

hervorbringen *tr Gedanken, Gefühle* estigi, naski; *zum Vorschein bringen* aperigi; *Laute, Töne* eligi; *[er]schaffen* krei; *verursachen* kaŭzi; *zur Folge haben* sekvigi; *erzeugen* produkti; *entstehen lassen* ekzistigi, *auch (bes. etw. Abstraktes)* naski; *sich entwickeln* disvolviĝi; ***er brachte vor Schreck kein [einziges] Wort hervor*** pro teruro (*bzw.* timo) li povis eligi ne eĉ unu vorton

hervorgehen *intr sich erweisen als* pruviĝi, montriĝi; *sich ergeben* rezulti, sekvi (***aus*** el); *sich entwickeln* disvolviĝi (***aus*** el); *abstammen* deveni (***aus*** de); ***daraus geht hervor, dass ...*** *daraus folgt* el tio rezultas (*od* sekvas), ke ...; *daraus kann man schluss* *folgern, dass ...* el tio oni povas konkludi, ke ...; *es wird offensichtlich, dass ...* el tio evidentiĝas (*od auch* montriĝas), ke ...; ***er ging als Sieger hervor*** li eliris [la] venkinto

hervorgurgeln *tr*: ***einige unverständliche Worte*** ~ elgargari kelkajn nekompreneblajn vortojn

hervor|heben *tr etw. betonen, um darauf aufmerksam zu machen* akcenti, emfazi; *herausstellen, in den Vordergrund rücken* elstarigi, reliefigi; *sichtbar machen* videbligi; ~**holen** *tr* iri kaj alporti (***etw.*** ion); *herausholen* eligi (***aus*** el); ~**kommen** *intr* aperi *auch Sonne*, eliĝi (***aus*** el); ~**locken** *tr* ellogi; ~**ragen** *intr aus etw.* elstari; *über etw.* superstari; *übertr* elstari (***aus*** el [inter]), distingiĝi

hervorragend *Adj Persönlichkeit, Resultat u.a.* elstara, *allg auch* eminenta, grandioza; *ins Auge fallend* okulfrapa; *außergewöhnlich* eksterordinara; *besondere(r, -s)* speciala

hervorrufen *tr herausrufen* elvoki; *verursachen* kaŭzi; *initiieren* iniciati; *aufkommen lassen* estigi; *wecken* veki; *nach sich ziehen, zur Folge haben* sekvigi; ***hervorgerufen durch ...*** kaŭzita de ...; ***Emotionen*** ~ estigi emociojn

hervorschauen *intr* elrigardi († *auch* ***hervorblicken***)

hervorspringend *Adj* elstara *auch übertr* (*vgl. dazu* ***auffallend***)

hervor|spritzen *intr* elŝpruĉi; *Sperma auch* ejakuli; ~**sprudeln** *intr* fonti

hervorstehen *intr* elstari; *überstehen* superstari; ***hervorstehende Augen*** *n/Pl* protrudaj okuloj *Pl*

hervorstottern *tr*: ***etw.*** ~ elbalbuti ion

hervortreten *intr nach vorn treten* elpaŝi, iri paŝon antaŭen; *klar in Erscheinung treten* klare aperi; *ins Auge fallen* okulfrapi; *herausragen* elstari; *sich zeigen* sin montri; *sichtbar werden* vidiĝi; *vom Hintergrund abheben* leviĝi de la fono; ***reliefartig hervortretend*** reliefe elstaranta, reliefa; ***hervortretende*** (*od* ***hervorquellende***) ***Augen*** *n/Pl* protrudaj okuloj *Pl*; ***er ist kürzlich mit einem neuen Roman hervorgetreten*** antaŭ nelonge li distingiĝis per aperigo de nova romano

hervor|tun, sich *refl* distingiĝi (***durch*** per); *bekannt werden* fariĝi konata (***durch*** pro, *auch* ĉar); *brillieren (Mus auch durch virtuose Technik)* brili; ~**würgen** *tr* elgorĝigi; ~**zaubern** *tr mit Taschenspielertrick* elsorĉi (***aus*** el), eligi per sorĉ[ad]o; ~**ziehen** *tr* eltiri (***aus*** el)

Herweg *m Weg hierher* vojo ĉi tien; *Weg zurück* vojo reen; *Rückfahrt* reveturo; ***auf dem*** ~ sur la vojo ĉi tien; *auf der Herreise* dum la vojaĝo ĉi tien

Herz *n **a)** Anat* (Cor *od* Cardia) koro *auch als Sitz des Gefühls* († *auch* ***Bruder-***, ***Mutter-*** *u.* ***Sportherz***); ***frohen*** ~***ens*** kun ĝoja koro; ***aus*** (*od* ***von***) ***ganzem*** ~ *od* ***aus vollem*** ~***en*** el la tuta (*od* plena) koro *(Zam)*, *umg* tutkore *od* plenkore; ***im Grunde*** (*od* ***Innersten***) ***meines*** ~***ens*** en la fundo de mia koro; ***mit klopfendem*** ~***en*** kun batanta koro; ***schweren*** ~***ens*** kun peza koro, *auch* pezakore; ***aus tiefstem*** ~***en*** el profunda koro; ***ans*** ~ ***gehen*** *rühren* kortuŝi; ***zu*** ~***en gehend*** korpenetra; ***ein gesundes*** (***schwaches***, ***starkes***) ~ ***haben*** havi sanan (malfortan, fortan) koron; ***ein gutes*** ~ ***haben*** havi bonan koron *(Zam)*; ***sich etw. zu*** ~***en nehmen*** alpreni ion al la koro *(Zam)*; ***tief im*** (*od* ***in meinem***) ~***en fühle ich ...*** profunde en mia koro mi sentas ... ◇ ***ein*** ~ ***aus Stein*** koro el ŝtono; ***ein*** ~ ***und eine Seele [sein]*** vivi en fido kaj konfido, *auch* vivi en perfekta harmonio; *bei Freundschaften* vivi en intima amikeco; ***jmdm. sein*** ~ ***ausschütten*** elverŝi (*od* malŝarĝi) sian koron al iu *(Zam)*; ***das*** ~ ***brechen*** (***zerreißen***) *bildh* rompi (ŝiri) la koron *(beide: Zam)*; ***jmdm. das*** ~ ***brechen*** *jmdn. tief unglücklich machen* rompi al iu la koron *(Zam)*; ***ich konnte es nicht übers*** ~ ***bringen*** mi ne havis la kuraĝon fari tion *bzw.* mi ne povis min devigi fari tion; ***jmdn. ans*** ~ ***drücken*** premi iun al la brusto; ***es drückt mir das*** ~ ***ab***, ***wenn ich das sehe*** mia koro sufokiĝas, kiam mi vidas tion [ĉi]; ***sein*** ~ ***erleichtern*** malpezigi (*od* senpezigi *od* malŝarĝi) sian koron; ***sich ein*** ~ ***fassen*** ekkuraĝi; ***mir fiel ein Stein vom*** ~***en*** ŝtono [de]falis de mia brusto *(Zam)*; ***sie ist mir sehr ans*** ~ ***gewachsen*** ŝi estas [kvazaŭ] parto de mia koro; ***er hat das*** ~ ***auf dem rechten Fleck*** li havas la kapon sur la ĝusta loko; *er ist ein guter Mensch* li estas bonkora homo; ***da lacht einem das*** ~ ***im Leibe*** la koro ridas, kiam tion ĝi vidas *(Zam)*; ***jmdm. etw. ans*** ~ ***legen*** insiste rekomendi ion al iu; ***das liegt mir sehr am*** ~***en*** tio okupas mian koron; *i.w.S. das ist sehr wichtig für mich* tio estas tre grava por mi; ***sich etw. zu ~en nehmen*** afliktiĝi pri (*od* pro) io; ***auf ~ und Nieren prüfen*** skrupole kaj detale ekzameni (*od* kontroli *bzw.* elprovi); ***man kann niemandem ins ~ sehen*** por fremda koro ne ekzistas esploro *(Zam)*; ***wes das ~ voll ist, des geht*** (*od* ***fließt***) ***der Mund über*** *od* ***wenn das ~ voll ist, läuft der Mund über*** koro tro plena – buŝo parolas *od* koro pleniĝas – lango moviĝas *(beide: Zam)* ***b)*** *auch* **Coeur** [*kö:r*] *Kart* kero ***c)*** *Mut* kuraĝo ***d)*** *Herz als Zentrum, Kern od Inneres* koro, centro; ***im ~en der Erde*** en la koro de la tero; ***Paris ist das ~ Frankreichs*** Parizo estas la koro de Francio ***e)*** *Bot*: ***tränendes ~*** (Dicentra spectabilis) rigardinda dicentro

Herzanfall *m Med* kor-atako; ***einem ~ erliegen*** morti post kor-atako

Herz|ass *n Kart* kera aso; **~basis** *f* (Basis cordis) *Anat* kora bazo; **~beklemmung** *od* **~enge** *f, Fachspr* ***Stenokardie*** *f Med* korpremo, *(Fachspr)* stenokardio (↑ *auch* ***Todesangst***); **~beschwerden** *f/Pl Med* korafekcio

Herzbeutel *m*, <*wiss*> ***Perikard*** *n* (Pericardium) *Anat (äußerste Umhüllung des Herzens)* perikardio; ***Ansammlung größerer Flüssigkeitsmengen im ~*** ↑ ***Hydroperikard[ium]***

Herzbeutelentzündung *f, Fachspr* ***Perikarditis*** *f Med* perikardiito

[1]**Herzblatt** *n Liebling*: ***mein ~*** mia koro, *auch* karulo (*bzw.* karulino) mia

[2]**Herzblatt** *Bot* (*Gattung* Parnassia) parnasio (↑ *auch* ***Sumpfherzblatt***)

Herzblut *n meist bildh od poet* korsango, *auch* vivosango; ***sein ~ vergießen*** verŝi sian korsangon

Herzchen *n* koreto *od* eta koro

Herz|chirurgie *f, auch* ***Kardiochirurgie*** *f Med* kor[o]kirurgio; **~dame** *f Kart* kera reĝino

Herzdilatation *f Med* ↑ ***Herzerweiterung***

Herzdruckmassage *f Med* kormasaĝo

Herzegowina *f südl. Teil von Bosnien-Herzegowina* Hercegovino *[Hptst.: Mostar]*

Herzegowiner *m* hercegovinano

herzegowinisch *Adj* hercegovina

herzeigen *tr* montri; ***zeig mal her!*** montru al mi!

Herzeleid *n* [kor]aflikto (*vgl. dazu* ***Kummer***); *Herzweh* kordoloro

herzen *tr ans Herz drücken* premi al la koro; *i.w.S. reg od poet für «liebkosen»* karesi

Herzenge *f Med* ↑ ***Herzbeklemmung***

Herzens|angst *f* kora timo, timego; *Todesangst* [morta] angoro; **~brecher** *od* **~dieb** *m* sturmanto de virinaj koroj, donĵuano; **~bruder** *m innig geliebter Bruder* korfrato; **~freude** *f* profunda ĝojo; **~freund** *m* plej kara (*od* intima) amiko; **~glück** *n inneres Glück* feliĉo de koro

herzensgut *Adj* elkore bona (*vgl. dazu* ***gutherzig*** *u.* ***gütig***)

Herzens|güte *f* elkora boneco, bonkoreco; **~kind** *n* korinfano

Herzenslust *f*: ***nach ~*** laŭ plaĉo *od* laŭplaĉe

Herzens|sache *f* afero de koro; **~wärme** *f* korvarmo; **~wunsch** *m* plej intima deziro, [plej] arda deziro, *auch* kordeziro

Herzenzyme *n/Pl Biochemie* kor-enzimoj *Pl*

herz|erfreuend *Adj* korĝojiga *(Zam)*; **~ergreifend** *Adj* kortuŝa, korpenetra

Herzerkrankung *f* malsaniĝo de la koro, kormalsano

herz|erquickend *Adj* korĝojiga *(Zam)*; **~erregend** *Adj* korekscita

Herz|erweiterung *f, Fachspr* ***Herzdilation*** *f* (Dilatatio cordis) *Med* kordilatiĝo; **~fehler** *m* (Vitium cordis) *Med* kordifekto; **~flattern** *n Med* flutero; **~flimmern** *n Med* ventrikla fibrilacio

herzförmig 1. *Adj* kor[o]forma *auch Bot (eine Blattform)* **2.** *Adv* kor[o]forme

Herzfrequenz *f* ↑ ***Herzschlagfrequenz***

Herz|funktion *f Physiol* korfunkcio *od* funkcio de la koro; **~gefäße** *n/Pl Anat* kor-angioj *Pl*; **~gefäßerkrankungen** *f/Pl Med* kor-angiaj malsanoj *Pl*; **~geräusch** *n Med* kor-murmuro

Herzgespann *n* (*Gattung* Leonurus) *Bot* leonuro; ***sibirisches ~*** (Leonurus sibiricus) siberia leonuro

herzhaft 1. *Adj kräftig* forta, energia; *mutig* kuraĝa, maltima, brava; *würzig* bone spicita; ***einen ~en Appetit haben*** havi bonegan apetiton **2.** *Adv*: ***~ lachen*** ridi plenkore

Herzholz *n Kernholz von Bäumen* durameno

herziehen ***a)*** *tr*: ***etw. ~*** *z.B. einen Stuhl* treni ion ĉi tien ***b)*** *intr u. abs: nach hier umziehen* transloĝiĝi ĉi tien ◇ *umg für «lästern»*: ***über jmdn. ~*** klaĉi pri iu; *in übler Weise kritisieren* kritikaĉi iun

herzig *Adj* ĉarma, kara (*vgl. dazu* ***süß***)

Herzigel *m* (*Gattung* Spatangus) *Zool* spatango; ***violetter*** ~ (Spatangus purpureus) purpura spatango

Herzinfarkt *m, eigtl* ***Herzmuskelinfarkt*** *m,* <*wiss*> ***Myokardinfarkt*** *m Med* korinfarkto, <*wiss*> infarkto de la miokardio; ~**risiko** *n* risko suferi korinfarkton *od* risko je korinfarkto

Herzinnenhaut *f, Fachspr* ***Endokard*** *n Anat* endokardo; ~**entzündung** *f, Fachspr* ***Endokarditis*** *f Med, Vet* endokardito

Herzinsuffizienz *f, umg auch* ***Herzmuskelschwäche*** *f Med* kora insuficienco

Herzjagen *n, auch* ***Herzrasen*** *n Fachspr* ***Tachykardie*** *f Med (Anstieg der Herzfrequenz auf über 100 Schläge in der Minute)* takikardio; ***paroxymale Tachykardie*** *anfallsweises Herzjagen* paroksisma takikardio

Herz-Jesu-Fest *n kath. Kirche* Festo de la Koro de Jesuo *[gefeiert am dritten Freitag nach Pfingsten]*

Herz|kammer *f* (Ventriculus cordis) *Anat* korventriklo; ~**katheter** *m Medizintechnik* korkatetero; ~**kirsche** *f [schwarz-rote] süße, herzförmige Kirsche* bigarelo

Herzklappe *f* (Valva cordis) *Anat* korklapo; *Fachspr* korvalvo *od* kora valvo, *(Mitralklappe)* mitrala valvo; ***künstliche*** ~ *Medizintechnik* proteza korvalvo

Herzklappen|entzündung *f Med* inflamo de la mitrala valvo, *Fachspr* mitralito; ~**fehler** *m Med* difekto de la korklapo; ~**prothese** *f Medizintechnik* korvalva protezo; ~**ring** *m Anat* korvalva ringo; ~**zipfel** *m* (Cuspis) *Anat* kuspido

Herzklopfen *n physiologisch* korbatado; *pathologisch (Palpitation)* palpitacio; ~ ***haben*** havi (*od* senti) korbatadon; *Med* senti palpitacion

herzkrank *Adj*: ~ ***sein*** esti kormalsana

Herzkranke ***a)*** *m* kormalsanulo ***b)*** *f* kormalsanulino

Herzkrankheit *f* kormalsano

Herzkranzgefäße *n/Pl*: ***Erkrankung der*** ~ malsaniĝo de la [koraj] koronariaj angioj

Herzkranzgefäßentzündung *f Med* ↑ ***Koronaritis***

Herzkurve *f Geom* ↑ ***Kardioide***

Herzleiden *n* [kronika] kormalsano, *Fachspr Med* kardiopatio

herzlich 1. *Adj* kora; *von Herzen kommend* elkora; *i.w.S. freundlich* afabla; ~***e Grüße!*** *m/Pl z.B. als Briefabschluss* korajn salutojn!; ***meine*** ~***sten Glückwünsche!*** miajn plej korajn salutojn! **2.** *Adv* kore; elkore; ~ ***gern*** tre volonte; *mit großem Vergnügen* kun granda plezuro; ~ ***lachen*** elkore ridi; ~ ***wenig*** vere malmulte; ~ ***willkommen!*** koran bonvenon!; ***das ist mir*** ~ ***lieb*** mi bonvenigas tion el la tuta koro

Herzlichkeit *f* [bon]koreco, *auch* [kor]varmo; *i.w.S. Freundlichkeit* afableco

herzlos *Adj* senkora; *mitleidlos* senkompata; *i.w.S. grausam, roh* kruela, kruda; ~***er Mensch*** *m* senkorulo

Herzlosigkeit *f* senkoreco; *Hartherzigkeit* ŝtonkoreco; *Mitleidlosigkeit* senkompateco

Herzmittel *n Pharm* kor-stimula medikamento; ~**muskel** *m,* <*wiss*> ***Myokard*** *od* ***Myocardium*** *n Anat* kora muskolo, <*wiss*> miokardio

Herzmuskelentzündung *f Med* ↑ ***Myokarditis***

Herzmuskelgewebe *n Anat* kormuskola histo

Herzmuskelinfarkt *m Med* ↑ ***Herzinfarkt***

Herzmuskelschwäche *f Med* ↑ ***Herzinsuffizienz***

Herzog *m* duko (↑ *auch* ***Duc***, ***Duke***, ***Erz-*** *u.* ***Großherzog***)

Herzogin *f* dukino

herzoglich *Adj* duka; ~***e Residenz*** *f* duka rezidejo

Herzogs|stand *m* rango de duko; ~**würde** *f* dukeco

Herzogtum *n* duklando (↑ *auch* ***Großherzogtum***)

Herzohr *n* (Auricula cordis) *Anat* aŭriklo; ***rechtes und linkes*** ~ (Auricula [cordis] dextra et sinistra) dekstra kaj maldekstra aŭriklo [de la koro]

Herz|operation *f Chir* operacio ĉe la koro; ~**prothese** *f Medizintechnik* korprotezo

Herzrasen *n Med* ↑ ***Herzjagen***

Herzrhythmus *m* korbata ritmo; ~**störungen** *f/Pl Med* perturboj de la korbata ritmo (↑ *auch* ***Bigeminie*** *u.* ***Trigeminie***);

Herzschlag *m Physiol* korbat[ad]o (*vgl. dazu* ***Puls***); *Med (Herztod)* kor-apopleksio; ~**ader** *f* (*meist* ***Koronararterie*** *od* ***Kranzarterie*** *genannt*) koronaria arterio; ~**[schlag]frequenz** *f Med, Physiol (Anzahl der Herzschläge pro Minute)* frekvenco de la korbato *od* korbata frekvenco; ~**schmerz** *m, auch* ***Herzweh*** *n* kordoloro (*vgl. dazu* ***Herzeleid***); ~**schrittmacher** *m Medizintechnik* korstimulilo, *nur Fachspr selt auch* pejsmejkro; **~schwäche** *f Med* kora insuficienco

Herzseeigel *m Zool* ↑ ***Herzigel***

Herz|spezialist *m Med* specialisto pri kormalsanoj; **~spitze** *f* (Apex cordis) *Anat* kora apekso

herzstärkend *Adj Pharm* korfortiga (↑ *auch* ***Kardiakum***)

Herz|stillstand *m* ĉeso de la korbatado (*vgl. dazu* ***Kardioplegie***); **~stolpern** *n* neregula korbatado; **~stück** *n* centro; *einer Weiche od Kreuzung (Eisenb)* frogo; **~tätigkeit** *f* kor-aktivado

Herztod *m Med* morto kaŭze de kormalsano; ***plötzlicher*** ~ subita kor-morto

Herz|transplantation *f Chir* kortransplantado; **~tropfen** *m/Pl Pharm* kardiotoniko

herzu *Adv geh für «hierher»* ĉi tien

Herzverfettung *f Med* grasa degenerado de [la] koro

Herzverpflanzung *f* = ***Herztransplantation***

Herzversagen *n Med*: ***plötzliches*** ~ subita korkolapso

Herzweh *n* ↑ ***Herzschmerz***

Herzwirbel *m* (Vortex cordis) *Anat* vortico de la koro

herzwirksam *Adj z.B. ein Medikament* kor--efika

herzynisch *Adj 1. Geol (von Nordwesten nach Südosten verlaufend) 2. Pflanzengeografie (im Harz vorkommend)* hercinia; ***≗er Wald*** *m* (Hercynia silva) *in der Antike: Süddeutschland u. Teile Zentraleuropas bedeckender Wald* Hercinia Arbaro

herz|zerbrechend *Adj* korrompa, *[stärker:]* korkreviga; **~zerreißend** *Adj* korŝira

Hesekiel (*m*) *Eig (bibl)* ↑ ***Ezechiel***

Hesiod[os] (*m*) *Eig (altgriech. Dichter [um 700 v. Chr.])* Heziodo

Hesperiden *f/Pl griech. Myth (Hüterinnen der goldenen Äpfel des Lebens)* hesperidinoj *Pl*

Hesperidin *n Biochemie (Pflanzenfarbstoff der Zitrone, Vitamin P)* hesperidino

Hesperien (*n*) *in der griech. Antike Bez für «Abendland» [Italien, Westeuropa]* Hesperio

Hesse *m 1. Angehöriger eines westgerman. Volksstammes 2. Bewohner von Hessen* heso

Hessen (*n*) *dt. Bundesland* Hesio *od* Heslando *[Hptst.: Wiesbaden]*

hessisch *Adj* hesa *od* heslanda

Hessonit *m, auch* ***Kaneel-*** *od* ***Zimtstein*** *m Min (eine Abart des Granatminerals Grossular [teilweise in Edelsteinqualität])* hesonito

Hestia (*f*) *griech. Myth (Göttin des Herdes, des Herd- u. Opferfeuers u. der Familieneintracht [bei den Römern entsprach der Hestia die Vesta])* Hestia

HET = *fachsprachl. Abk für* ***Hormonersatztherapie***

Hetäre *f, Lit auch* ***Kurtisane*** *f* hetajro

Heteroantigene *n/Pl Biol, Med [Ggs: Isoantigene]* heteroantigenoj *Pl*

heterochrom *Adj verschiedenfarbig* heterokroma

heterocyclisch ↑ ***heterozyklisch***

heterodox *Adj von der herrschenden [kirchlichen] Lehrmeinung abweichend* heterodoksa

Heterodoxie *f* heterodokseco

Heterodynempfänger *m Radio* heterodina ricevilo

Heterofonie *f, auch* ***Heterophonie*** *f Mus (auf der Grundlage eines bestimmten Themas improvisiertes Zusammenspiel von zwei od mehr Stimmen, die tonlich u. rhythmisch völlig selbstständig spontan durch bestimmte Verzierungen vom Thema abweichen) [Ggs: Unisono]* heterofonio

Heterogameten *m/Pl Biol* heterogametoj *Pl*

heterogametisch *Adj Biol (verschiedengeschlechtige Gameten bildend)* heterogameta

Heterogamie *f Biol (Kopulation von verschieden großen Gameten)* heterogamio

heterogen *Adj aus Ungleichartigem zusammengesetzt* heterogena (*vgl. dazu* ***verschiedenartig***) *[Ggs: homogen]*

Heterogenität *f Ungleichartigkeit* heterogeneco *auch Biol, Ökologie*

Heterolyse *f nur Fachspr Chem (Aufspaltung eines Moleküls bzw. einer Verbindung, wobei sich das die Bindung herbeiführende Elektronenpaar derart orientiert, dass es als Ganzes bei einem der Spaltstücke verbleibt)* heterolizo

heteronom *Adj fremden Gesetzen unterworfen bzw. gehorchend* heteronomia

Heteronomie *f Jur, Phil (Abhängigkeit von einem fremden Gesetz)* heteronomio

Heteronym *n Ling (Wort mit gleicher Schreibung, aber mit verschiedener Aussprache u. Bedeutung)* heteronimo

heterophil *Adj sex (auf das andere Ge-*

schlecht gerichtet) heterofilia

Heterophilie *f sex* heterofilio *auch Bot*

Heterophobie *f Psych (Angst vor dem anderen Geschlecht)* heterofobio

Heterophonie *f Mus* ↑ ***Heterofonie***

heteropolar *Adj El, Chem* heteropolara; *~**e Bindung** f (Zusammenhalt zweier Moleküle durch entgegengesetzte elektrische Ladung [Anziehung] beider Teile)* heteropolara ligo

Hetero|polymer[e] *n Chem* heteropolimero; **~proteine** *n/Pl* heteroproteinoj *Pl*; **~sexualität** *f sex* heteroseksec0 *[Ggs: Homosexualität]*

heterosexuell *Adj geschlechtlich normal [veranlagt]* heteroseksa

Heteroside *n/Pl Chem (aus zwei od. mehreren Kohlenhydratresten u. einer Komponente einer anderen Stoffklasse, dem Aglykon od. Genin, bestehende Verbindungen)* heterozidoj *Pl <zu den Heterosiden gehören z.B. die Glykoside>*

Heterosomen *Pl Genetik (Geschlechtschromosomen)* heterosomoj *Pl*

Heterosphäre *f Met (oberer Bereich der Atmosphäre)* heterosfero

Heterostylie *f Bot (Ausbildung von Griffeln verschiedener Länge)* heterostilio

heterotroph *Adj Biol (sich durch Aufnahme organischer Stoffe ernährend)* heterotrofa

Heterotrophie *f Biol* heterotrofeco

heterozygot, *auch **mischerbig** od **ungleicherbig** Adj Biol, Genetik [in Bezug auf die Erbanlagen von Eizellen od Individuen, die durch Artkreuzung entstanden sind]* heterozigota

Heterozygot *m, auch **heterozygotes Individuum** n Biol* heterozigoto

heterozyklisch, *Fachspr **heterocyclisch** Adj Bot, Chem* heterocikla; *~**e Verbindungen** f/Pl* heterociklaj kombinaĵoj *Pl*

Hethiter *m/Pl, auch **Hettiter** m/Pl ein altorientalisches Kulturvolk im östl. Kleinasien* hititoj *Pl*; **~reich** *n Gesch* hitita imperio

hethitisch *Adj* hitita

Hethitisch[e] *n Ling (älteste indoeuropäische Sprache)* la hitita [lingvo] (↑ *auch **Luwisch** u. **Nesisch***)

Hethitologie *f Wissenschaft von der Sprache u. Kultur der Hethiter* hititologio

Hetman *m in Polen, Litauen u. Russland ehemals üblicher Titel u. militärischer Rang* hetmano

Hetschepetsch *f od* **Hetscherl** *n* ↑ ***Hagebutte***

Hettangien *od* **Hettangium** *n Geol (eine Stufe des untersten Lias)* hetangio

Hettiter *m/Pl* ↑ ***Hethiter***

Hetzartikel *m Ztgsw* [fi]agita artikolo

Hetze *f **a)** Aufhetzung* fiagitado, kalumnia agitado (***gegen*** kontraŭ) (*vgl. dazu **Agitation***) ***b)*** *Jagd* pelĉaso *bzw.* kurĉaso ***c)*** *umg für «Eile, Hast»* hasto

hetzen ***a)*** *tr aufhetzen, aufwiegeln* [fi]agiti ***b)*** *tr Wild* pelĉasi *bzw.* kurĉasi [per hundoj] (↑ *auch **jagen a)***); ***jmdn. zu Tode** ~* peli iun ĝis morto, *auch* mortpeli iun ***c)*** *intr hasten* hasti (***nach*** *bzw.* ***zu*** al); *sich beeilen* rapidi; *rasen* rapidegi

Hetzer *m bes. Pol* [fi]agitisto (↑ *auch **Scharfmacher***); *Demagoge, Volksaufwiegler* demagogo

Hetzerei *f **a)** Pol* [fi]agitado, kalumnia agitado ***b)*** *Hast* hast[ad]o; *Eile* rapid[ad]o

Hetz|jagd *f* pelĉaso *bzw.* kurĉaso; **~kampagne** *f* fiagitada kampanjo, provok-kampanjo; **~rede** *f* provok-parolado

Heu *n* fojno (↑ *auch **Grummet***); *~ **machen**, reg auch **heuen** abs* fari fojnon, *auch* fojni; *~ **wenden** Landw* turni fojnon ◇ ***er hat Geld wie** ~* li havas pli da mono ol [la] bezono

Heu|bazillus *m* (Bacillus subtilis) subtila bacilo *<einzelne Stämme sind Antibiotikbildner>*; **~boden** *m, <schweiz> **Heubühne** od **Heudiele** f* [subtegmenta] fojnejo, *i.w.S.* fojnejo

Heuchelei *f das Heucheln* hipokritado; *als Charaktereigenschaft* hipokriteco; *etw. Geheucheltes* hipokritaĵo (↑ *auch **Pharisäismus***)

heucheln ***a)*** *tr u. abs vortäuschen* hipokriti, ŝajnigi ***b)*** *intr heuchlerisch sein* esti hipokrit[em]a; *pop für «zwei Gesichter habend»* havi du vizaĝojn *od* esti duvizaĝa

Heuchler *m* hipokritulo; *i.w.S. Opportunist* oportunisto (*vgl. dazu **Pharisäer** u. **Tartüff***)

Heuchlerin *f* hipokritulino

heuchlerisch, *geh **hypokritisch** Adj* hipokrita (↑ *auch **pharisäisch***), *(Person, jmds. Mund)* hipokritema; *zwei Gesichter habend* havanta du vizaĝojn, duvizaĝa; *doppelzüngig* falslanga; *i.w.S. opportunistisch* oportunisma *bzw.* oportunista; *~**e Tat** f* hipokritaĵo

Heudiele *f* ↑ ***Heuboden***

heuen *intr* ↑ *unter **Heu***

heuer *Adv <österr>, <schweiz> u. reg für «in*

diesem Jahr» ĉi-jare, nunjare

Heuer *f Lohn [eines Seemanns]* [marista] salajro

heuern *tr*: ***ein Schiff*** ~ *chartern* ĉarti ŝipon

Heuernte *f, reg u.* <*schweiz*> ***Heuet*** *m* fojn[o]rikolto (*vgl. dazu* ***Heuzeit***)

Heuffel-Krokus *m* (Crocus heuffelianus) *Bot* karpata krokuso

Heu|fieber *n Med* fojnfebro; ~**forke** *reg od* ~**gabel** *f* fojn[o]forko; ~**geruch** *m* odoro de fojno (*vgl. dazu* ***Kumaringeruch***)

Heugumper *m Ent* ↑ ***Grashüpfer***

Heuhaufen *m* fojnamaso, *(aufgeschichteter)* fojn[o]stako

Heuhüpfer *m Ent* ↑ ***Heupferd***

Heulaffe *m Zool* ↑ ***Brüllaffe f***

Heulboje *f, fachsprachl.* ***Heultonne*** *f Mar* fajfbuo (↑ *auch* ***Leuchtheultonne***)

heulen *intr Hund, Wolf* hurli *auch Sirene, (mit lang gezogenen Heultönen) auch* ululi; *Meer, Sturm* muĝi; *heftig und laut weinen (bes. Kind)* laŭte ploradi, *pej* [laŭte] ploraĉi

Heulen *n* hurlado; ululado (*vgl. dazu* ***Ululation***); muĝado; laŭta plorado

Heuler *m junger Seehund* [forlasita] fokido

Heul|liese *od* ~**suse** *od* ~**trine** *f salopp od spöttisch* [aĉa] plor[em]ulino

Heultonne *f Mar* ↑ ***Heulboje***

Heulwolf *m Zool* = ***Kojote***

Heumahd *f Landw* fojn[o]falĉado, *Zeit der Mahd* fojnfalĉa sezono

Heupferd *n, auch* ***Heuhüpfer*** *m Ent (volkstümliche Bez für «Grashüpfer» od «Springheuschrecke»* herb[o]saltulo; ***großes*** (*od* ***grünes***) ~ (Tettigonia viridissima) verda tetigonio, *pop* glavsaltulo <*bekannteste europäische Laubheuschrecke*>

Heu|raufe *f im Stall od für Wild* fojn[o]rako; ~**rechen** *m* fojn[o]rastilo; ~**reuter** *m* fojnostablo

heurig *Adj reg für «diesjährig»* ĉi-jara, nunjara

Heurige *m bes.* <*österr*> *für «junger Wein im ersten Jahr»* ĉi-jara vino, vino de la nuna jaro

Heuristik *f Lehre von den Methoden zur Auffindung neuer wissenschaftlicher Erkenntnisse* heŭristiko

heuristisch *Adj Erkenntnisgewinn bezweckend* heŭristika

Heu|sack *m* fojn[o]sako; ~**scheuer** *f,* <*österr*>, <*schweiz*> *u. reg* ***Heustadel*** *m* fojnejo

Heuschnupfen *m Med* fojn[o]kataro (*vgl. dazu* ***Pollenallergie***); ***Auslöser von*** ~ kaŭzo por fojnkataro

Heuschober *m Landw (aufgeschichteter Heuhaufen)* fojnostako; *(Heuschuppen)* fojnoŝedo

Heuschrecke *f, reg u.* <*österr*> *auch* ***Heuschreck*** *m Ent* ***a)*** *Feld*~ *(aus der Familie* Acrididae) akrido (↑ *auch* ***Blatt-, Gespenstheuschrecke, Grille, Hausgrille, Heupferd, Langfühler-*** *u.* ***Wüstenheuschrecke***); ~***n fangen*** kapti akridojn ***b)*** *Wander*~ (Locusta migratoria) migra ak- rido, *umg* lokusto

Heuschrecken|ammer *f* (Ammodramus savannarum) *Orn* akridemberizo; ~**baum** *m* (*Gattung* Hymenaea) *Bot* himeneo; ~**invasion** *f* akridoinvado *od* invado de akridoj (*bzw.* lokustoj); ~**plage** *f* plago pro lokustoj

Heuschrecken[rohr]sänger *m Orn* ↑ ***Feldschwirl***

Heuschreckenschwarm *m* svarmo da lokustoj

Heuschreckenschwirl *m Orn* = ***Feldschwirl***

Heuschreckenteesa *f* (Butastur rufipennis) *Orn* akridobuteo *[Vorkommen: Afrika]*

Heuschuppen *m Landw* fojnoŝedo

Heusenkraut *n Bot* ↑ ***Sumpflöffelchen***

Heustadel *m* ↑ ***Heuscheuer***

heute, *umg auch* ***heut*** *Adv* hodiaŭ; *heutzutage, jetzt* en niaj tagoj, nuntempe; ~ ***früh*** (*od* ***Morgen***) hodiaŭ matene; ~ ***Mittag*** hodiaŭ tagmeze; ~ ***Nachmittag*** hodiaŭ posttagmeze; ~ ***Nacht*** hodiaŭ nokte; ~ ***in acht Tagen*** *od* ~ ***in einer Woche*** post unu semajno; ~ ***vor acht Tagen*** antaŭ unu semajno; ***bis*** ~ ĝis hodiaŭ; *bis jetzt* ĝis nun; ***genug für*** ~ sufiĉas por hodiaŭ; ***die Jugend von*** ~ la nuntempa junularo; ***von*** ~ ***[an]*** ekde hodiaŭ; *von jetzt an* ekde nun

Heute *n meist in der Bed «Gegenwart»* hodiaŭo

heutig *Adj auf den Tag bezogen* hodiaŭa; *auf die Gegenwart bezogen* nuntempa, *(modern)* moderna; *auf die heutige Epoche bezogen* de la nuna epoko *nachgest*; ***die*** ~***e Zeitung*** la hodiaŭa gazeto

heutzutage *Adv* en niaj tagoj, nuntempe; *in der jetzigen Epoche* en la nuna epoko; *i.w.S. (heute)* hodiaŭ, *(jetzt)* nun

Heu|wagen *m Landw* fojn[o]ĉaro; ~**wender** *m Landw* fojnturna ĉaro; ~**zeit** *f, reg u.* <*schweiz*> ***Heuet*** *m Zeit der Mahd* fojnfalĉa sezono

Heviter *Pl* ↑ ***Chivviter***
Hexaeder *n Geom (Sechsflächner, Würfel)* sesedro, kubo, *Fachspr auch* heksaedro
hexaedrisch *Adj sechsflächig* heksaedra
Hexagon *n Geom* ↑ ***Sechseck** n*
Hexagramm *n Figur aus zwei gekreuzten gleichseitigen Dreiecken (Sechsstern)* heksagramo
Hexakisoktaeder *n Kristallografie* ↑ ***Achtundvierzigflächner***
Hexameter *m, auch* ***sechsfüßiger Vers** m Metr* heksametro
hexametrisch *Adj in Hexametern verfasst bzw. auf den Hexameter bezüglich* heksametra
Hexan *n Chem (ein gesättigter Kohlenwasserstoff [Bestandteil von Benzin u. Erdöl])* heksano
Hexapoden *m/Pl Ent* ↑ *unter* ***Insekt***
Hexe *f* sorĉistino; ***eine hässliche alte** ~* hida maljuna sorĉistino; *Weib* maljuna hidulino ◇ ***kleine** ~! meist scherzh* eta friponino!
hexen *intr* sorĉi (↑ *auch* ***zaubern***)
Hexen|besen *m **a)** Besen, auf dem die Hexe reitet* rajdbastono de sorĉistino ***b)*** *auch* ***Donnerbusch** m Bot (nestartige Verzweigung von Sprossteilen bei verschiedenen Bäumen [eine krankhafte, durch Schlauchpilze verursachte Veränderung])* fe-fasko, *pop auch* ventnesto; ~**jagd** *f Gesch* ĉasado al (*od* kontraŭ) sorĉistinoj; ~**kessel** *m* sorĉistina kaldrono; *übertr* tumultejo, infero (*vgl. dazu* ***Hölle***)
Hexenkraut *n Bot **a)*** (*Gattung* Circaca) circeo; ***gemeines** ~* (Circaea lutetiana) granda circeo ***b)*** (*Gattung* Hypericum) ↑ ***Johanniskraut***
Hexen|meister *m* sorĉisto; *i.w.S. Magier* magiisto; ~**prozess** *m Gesch* proceso kontraŭ sorĉistino(j), sorĉistina proceso (*vgl. dazu* ***Inquistion***); ~**ring** *m, auch* ***Feenring** m Mykologie (ringförmiger Wuchs von Pilzen, im Kreis stehende Pilze derselben Art)* sorĉistina (*od* feina) ringo, *auch* funga cirklo; ~**ritt** *m* sorĉistina flugo; ~**sabbat** *m übertr* infera festo
Hexenschuss *m, Fachspr* ***Lumbago** f Med* lumbalgio *od* lumbago; ***an** ~ **leiden*** suferi je lumbago
Hexenverfolgung *f Gesch* persekuto al (*od* kontraŭ) sorĉistinoj
Hexer *m* sorĉisto
Hexerei *f das Hexen* sorĉado; *Hexenkunst* sorĉarto (↑ *auch* ***Magie a)***) ◇ ***Geschwindigkeit ist keine** ~* lerteco sorĉon ne bezonas *(Zam)*
Hexode *f El (Elektronenröhre mit zwei Steuergittern u. sechs Elektroden)* heksodo
Hexose *f Chem (Monosaccharid mit sechs Kohlenstoffatomen im Molekül)* heksozo
Hexyl *n Chem* heksilo
Hezroniter *Pl* ↑ ***Chezroniter***
HF = *Abk für* ***Hochfrequenz***
hg = *Zeichen für* ***Hektogramm***
HGB = *Abk für* ***Handelsgesetzbuch***
HHL = *fachsprachl. Abk für* ***Hypophysenhinterlappen***
Hiat[us] *m Ling (Zusammentreffen zweier Vokale am Ende des einen u. am Anfang des folgenden Wortes)* hiato *[z.B. iom d<u>a</u> <u>a</u>kvo]*
Hibachi [*hi'batʃi*] *n [in Japan:] kleines tragbares Holzkohleöfchen* hibaĉo
Hibalebensbaum *m* (*Gattung* Thujopsis *u. die Art* Thujopsis dolabrata [*in Japan beheimatet*]) *Bot* tujopso
Hibernia (*f*), *auch* **Ivernia** (*f*) *lat. Name für «Irland»* Hibernio (*vgl. dazu* ***Irland***)
Hibiskus *m, auch* ***südländischer Eibisch** m* (*Gattung* Hibiscus) *Bot* hibisko; ***chinesischer Roseneibisch** m* (Hibiscus rosa-sinensis) ĉina hibisko; (↑ *auch* ***Eibisch***); ***syrischer Eibisch*** ↑ ***Garteneibisch***
Hickhack *m od n endloses Gerede* senfina babilado; *sinnloses Palaver* sensenca palavro; *Blabla* blablao; *überflüssiger nervender Streit* superflua nervostreĉiga disputo
Hickory[nuss]baum *m* (*Gattung* Carya) *Bot* hikorio (↑ *auch* ***Pecannuss***); ***weißer Hickory** m, auch* ***Schuppenrindenhickory** m* (Carya alba = Carya ovata) blanka hikorio
[1]**Hidalgo** *m Angehöriger des niederen Adels im früheren Spanien u. Portugal* hidalgo
[2]**Hidalgo** *m eine mexikanische Goldmünze* hidalgo
Hiddenit *m Min (eine Abart des Spodumens)* hidenito
Hidradenitis *f Med* ↑ ***Schweißdrüsenentzündung***
Hidschāb *m Islam (kapuzenartiges Kopftuch der Muslima)* hiĝabo (↑ *auch* ***Burka***, ***Nikab** u.* ***Tschador***)
Hidschra *od* **Hedschra** *f 1. Flucht Mohammeds von Mekka nach Medina (622 u. Z.) 2. Beginn der mohammedanischen Zeitrechnung* heĝiro *(auch Großschr)*
Hieb *m* bato (*vgl. dazu* ***Schlag** u.* ***Stoß***; ↑

*auch **Peitschen-** u. **Schwerthieb**)*; *Axt*[2] bato de hakilo, *i.w.S.* hako; ***hoher*** (***tiefer***) ~ *Fechten* alta (malalta) bato; ***mit einem*** ~ per unu bato (*bzw.* hako)

hieb- und stichfest *Adj übertr* sur fortika fundamento *nachgest*

hier *Adv* ***a)*** *örtl* ĉi tie *od* tie ĉi; *an dieser Stelle* ĉi-loke; ~ ***in Europa*** ĉi tie en Eŭropo; ~ ***oben*** ĉi-supre (*vgl. dazu* ***hierherauf***); ~ ***und da*** (*od* ***dort***) tie kaj tie [ĉi]; *zeitl (ab und zu)* iam kaj iam, *(von Zeit zu Zeit)* de tempo al tempo; ~ ***wie dort*** kaj ĉi tie kaj tie; ***fort*** (*od* ***weg***) ***von*** ~***!*** *als Ausruf* for de tie ĉi!; ***nicht weit von*** ~ ne malproksime de ĉi tie; ***sind Sie schon lange*** ~***?*** ĉu jam longe vi estas ĉi tie?; ***von*** ~ ***[an od aus]*** de ĉi tie ***b)*** *wenn etw. vorgelegt od auf etw. hingewiesen wird* jen; ~ ***sind meine Papiere!*** jen miaj dokumentoj!; ~ ***bin ich!*** jen mi estas!

hieran *Adv örtl* ĉe (*od* je) tio; *über dies, daran* pri tio; ~ ***erinnere ich mich nicht*** pri tio mi ne memoras; ~ ***anschließend*** *gleich danach* tuj poste

Hierarchie *f Mil, Pol, Rel* hierarkio *auch übertr für «[strenge] Rangordnung»*; ***kirchliche*** (***militärische***) ~ eklezia (militista) hierarkio

hierarchisch *Adj nach [strenger] Rangordnung, streng gegliedert* hierarkia

hieratisch *Adj priesterlich* hieratika *auch übertr für «steif» od «feierlich»* (↑ *auch* ***demotisch***); ~***e Schrift*** *f von den Priestern aus den Hieroglyphen entwickelte, vereinfachte ägyptische Gebrauchsschrift* hieratika skribo

hierauf *Adv zeitl* post tio; *daraufhin (als Folge)* sekve de tio, *(als Antwort)* responde al tio

hieraus *Adv örtl* el tio; ~ ***folgt, dass ...*** el tio sekvas, ke ...

hierbei *Adv* ĉe tio; *bei dieser Gelegenheit* ĉi--okaze (*vgl. dazu* ***anbei***)

hierbleiben *intr* resti ĉi tie

hierdurch *Adv hiermit* per tio *od* pere de tio; *aus diesem Grund* pro tiu kaŭzo, tial; *auf diese Weise* laŭ (*od* en) tiu ĉi maniero, tiumaniere; ~ ***teile ich Ihnen mit, dass ...*** per ĉi-letero mi informas vin, ke ...

hier|für *Adv* por tio, pro tio; ~**gegen** *Adv* kontraŭ tio

hierher *Adv* ĉi tien; *hier an diese Stelle* ĉi--loken; ***bis*** ~ *örtl* ĝis ĉi tie; *zeitl: bis jetzt* ĝis nun

hierherauf *Adv* ĉi-supren

hierherkommen *intr* veni ĉi tien

hier|herum *Adv in dieser Richtung* laŭ tiu ĉi direkto; *diesen Weg [entlang]* laŭ tiu ĉi vojo; *in dieser Gegend* en ĉi tiu regiono; ~**hin** *Adv* ĉi tien; ~**hinter** *Adv (Richtung)* ĉi-malantaŭen

hierin *Adv* ***a)*** *was das betrifft*: ~ ***hast du recht*** pri tio (*od* pri tiu afero) vi pravas ***b)*** *in dieser Beziehung* ĉi-rilate

hierlassen *tr* lasi ĉi tie

hiermit *Adv* kun tio; *anbei* ĉi-kune; *hierdurch* per tio *od* pere de tio; *mit diesen Worten* kun tiuj vortoj; ~ ***bitten wir [Sie] um ...*** *Briefstil* ĉi-letere ni petas vin pri ...

hiernach *Adv zeitl* post tio; *demgemäß* laŭ tio; *folglich* sekve, konsekvence (*vgl. dazu* ***danach***)

Hierodulen *m/Pl griech. Antike (die einer Gottheit gehörenden Sklaven u. Sklavinnen, die im Tempel ihren Dienst versahen)* hieroduloj *Pl*

Hierogamie *f griech. Antike, Rel* hierogamio

Hieroglyphen *f/Pl altägyptische Bilderschriftzeichen* hieroglifoj *Pl auch übertr für «unleserliches Geschreibsel»*

hieroglyphisch *Adj* hieroglifa *auch übertr für «nicht zu entziffernd»* (↑ *auch* ***hieratisch***)

Hierokratie *f Form der Herrschaft, in der eine Priesterklasse ein Land regiert (z.B. früher in Tibet)* hierokratio

Hieromantie *f Weissagung aus Tieropfern* heromantio

Hieronymus (*m*) *Eig (männl. Vorname)* Hieronimo; ~ ***von Prag*** *(böhmischer Theologe [1365-1416])* Hieronimo el Prago; ***der Heilige*** ~ *der gelehrteste der lat. Kirchenväter [347-420]* la Sankta Hieronimo

Hierophant[es] *m griech. Antike, Rel (Oberpriester bei den Eleusinischen Mysterien)* hierofanto

hierorts *Adv* ĉi-loke

hierüber *Adv örtl* super ĉi tio; *betreffs* pri tio *od* koncerne tion; ***ich weiß nichts*** ~ *über diese Sache* pri tio (*od* pri tiu afero) mi scias nenion

hierum *Adv betreffs* pri tio *od* koncerne tion; *deshalb* pro tio, tial; ***kümmere dich nicht*** ~ ignoru tion

hierunter *Adv örtl (darunter, unter diesem)* sub tio (*od* tiu ĉi ...); ***was verstehen Sie*** ~***?***

kion vi komprenas je tio?
hiervon *Adv darüber* pri tio [ĉi]; *davon* el tio; ***einige Meter ~ entfernt*** kelkajn metrojn [for] de ĉi tie
hierzu *Adv zu dieser Angelegenheit* pri tiu [ĉi] afero; *diesbezüglich* ĉi-rilate; *zu dieser Absicht* pri tiu [ĉi] intenco; *allg auch* por tio *bzw.* pri tio (*vgl. dazu* ***davon c)***); *zusätzlich* aldone; *außerdem* krome; ***was meinen Sie ~?*** kion vi opinias pri tio?; ***was sagst du ~?*** kion vi diras pri tio?
hier|zulande, *auch* ***hier zu Lande*** *Adv* ĉi- -lande, en ĉi tiu lando; *in unserem Land* en nia lando; **~zwischen** *Adv* ĉi-intere
hiesig *Adj* ĉi-loka, *Zam auch* ĉi-tiea; *auf diese Region bezogen* ĉi-regiona; *aus dieser Stadt* el ĉi tiu urbo *nachgest*
hieven *tr bes. Mar ([eine Last] anheben)* levi [supren]
Hi-Fi-Anlage *f =* ***Stereoanlage***
HIG *= fachsprachl. Abk für* ***Hyperimmunglobulin***
High Heels *Pl* ↑ ***Stöckelschuhe***
High|life *m eine Musik- u. Tanzrichtung in westafrikanischen Ländern* hajlajfo; **~light** [*'hailait*] *n Glanz-, Höhepunkt* kulmino
High Society *f «die vornehme Gesellschaft»* mondumo
Hightech [*'haitek*] *n*, *auch f Spitzentechnokogie* pint-teknologio
Highway [*'haive:*] *m* ↑ ***Autobahn***
hihi! *lautmalend für Lachen* hihi!
hik! *lautmalend: Laut beim Schluckauf* hik!
Hijacker *m* ↑ ***Luftpirat***
Hilal (*m*) *Myth (arabischer Mondgott)* Hilalo
Hilarion *od* **Hilarius** (*m*) *Eig* Hilario
Hilbert (*m*) *Eig (dt. Mathematiker [1862-1943])* Hilberto; **~-Raum** *m Math (ein abstrakter Raum mit beliebig vielen Dimensionen [wichtig für die mathematische Behandlung physikalischer Probleme])*
Hilda *od* **Hilde** (*f*) *weibl. Vorname* Hilda
Hildegard (*f*) *weibl. Vorname* Hildegarda; ***~ von Bingen*** *Eig (deutsche Mystikerin, Heilige (Patronin der Sprachforscher) [1098-1179])* Hildegarda el Bingen
Hildesheim (*n*) *eine Stadt in Niedersachsen* Hildeshejmo
Hilfe *f* helpo (↑ *auch* ***Nachbarschafts-***, ***Rechts-*** *u.* ***Selbsthilfe***); *Beistand, Mitwirkung* asisto; *Unterstützung* subteno (*vgl. dazu* ***Subsidien*** *u.* ***Subvention***); ***~!*** *od zu ~! Ausruf* helpu! *od* helpon!; ***~ zur Selbsthilfe*** helpo al memhelpo; ***brüderliche ~*** [inter]frata helpo; ***erste ~*** *Med* unua [medicina] helpo, sukurado; ***freundschaftliche*** (***humanitäre***, ***medizinische***, ***staatliche***) ~ amika (humaneca, medicina, ŝtata) helpo; ***mit ~ von ...*** *od* ***mithilfe*** *mit Gen* per helpo de ... *od* helpe de ...; *unter Verwendung von* per uzo de ..., uzante ...; *auf Grund von* surbaze de ...; ***mit ~ eines Wörterbuchs*** per helpo de vortaro *od* helpe de vortaro; ***ohne fremde ~*** sen helpo de iu alia; ***~ benötigen*** (***erhalten***) bezoni (ricevi) helpon; ***jmdn. um ~ bitten*** peti iun pri helpo *od* peti helpon de iu; ***~e erhalten*** ricevi helpon; ***jmdm. zu ~ kommen*** veni por helpi iun (*od* al iu); *jmdn. unterstützen* subteni iun; ***~ leisten*** doni helpon (***jmdm.*** al iu); ***jmdn. zu ~ rufen*** voki al iu por helpo; ***um ~ schreien*** krii pro helpo, *(Zam) auch* krii helpon; ***~ bei jmdm. suchen*** serĉi helpon ĉe iu
hilfebedürftig *Adj* helpobezona *od nachgest* bezonanta helpon
Hilfeersuchen *n bes. Dipl* [formala] peto pri helpo
hilfeflehend *Adj* insiste petanta pri helpo *nachgest*
Hilfeleistung *f* [dono de] helpo, *karitative auch* karitata helpo; ***~ auf hoher See*** helpo (*od auch* asisto) sur la alta maro ***gegenseitige ~*** reciproka help[ad]o
Hilferuf *m* voko pri helpo
Hilfeschrei *m* helpokrio *od* krio pro helpo; ***es waren ~e [von Menschen] zu hören*** oni povis aŭdi homojn kriantajn pro helpo
hilflos 1. *Adj* senhelpa (↑ *auch* ***schutzlos***); *sich nicht selbst helfen könnend* ne povanta helpi sin mem (↑ *auch* ***ratlos***); *unvermögend* senkapabla; *unbeholfen, ungeschickt* mallerta **2.** *Adv* senhelpe; senkapable; mallerte
Hilflosigkeit *f* senhelpeco (↑ *auch* ***Unvermögen***)
hilfreich 1. *Adj Person* helpema, servema (↑ *auch* ***hilfsbereit***); *nützlich* utila; ***ein ~er Mensch*** helpema homo **2.** *Adv*: ***jmdm. ~ zur Seite stehen*** helpoprete subteni iun
Hilfs|aktion *f* help-agado; **~arbeiter** *m* helplaboristo
hilfs|bedürftig *Adj* helpobezona, *nachgest auch* bezonanta helpon; *i.w.S. arm* malriĉa; *im Elend lebend* vivanta en mizero; **~bereit** *Adj* helpema, helpopreta (***gegenüber*** al)

Hilfs|bereitschaft *f* helpemo, helpopreteco (↑ *auch* ***Mühewaltung***); ~**bewehrung** *f Bauw* helpa armaturo; ~**dienst** *m* helpservo; ~**elektrode** *f El* helpa elektrodo; ~**fallschirm** *m* eltira paraŝuto (↑ *auch* ***Reservefallschirm***); ~**fonds** *m* fonduso por helpo (*od auch* subtenado); ~**geistliche** *m kath. Kirche* helppredikanto, vikario; ~**kampagne** *f* helpkampanjo; ~**komitee** *n* helpkomitato; ~**kraft** *f* helpanto, asistanto; ~**material** *n* helpmaterialo

Hilfsmittel *n* helpilo, [help]rimedo (*vgl. dazu* ***Behelf*** *u.* ***Hilfsmaterial***); ~ ***für den Unterricht*** *Päd* instru-helpilo

Hilfs|organisation *f* help-organizaĵo (↑ *auch* ***Amnesty International*** *u.* ***Gefangenenhilfsorganisation***); ~**paket** *n bes. Fin u. Pol* helpopako; ~**programm** *n* helpprogramo *od* helpa programo *auch EDV*; ~**satz** *m Logik, Math (Prämisse eines Syllogismus)* lemo; ~**schirm** *m Fallschirmspringen* helpa paraŝuto; ~**sprache** *f* helpa lingvo; ~**stoffe** *m/Pl Ind* helpmaterialoj *Pl*; ~**truppen** *Pl Mil* helpaj trupoj *Pl*; ~**verb** *n Gramm* helpverbo *od* helpa verbo

Hillel (*m*) *Eig (ein jüdischer Gesetzeslehrer zur Zeit Jesu)* Hilelo

Hillelismus *m ältere Bez für «Homaranismus»* [↑ *dort*] hilelismo

Hilmar (*m*) *männl. Vorname* Hilmaro

Hiltrud (*f*) *weibl. Vorname* Hiltruda

Hilum *n, auch* ***Samennabel*** *m Bot (Verbindungsstelle zw. Samenanlage u. Samenstiel)* hilumo

Hilus *m nur Fachspr Anat (Gefäßein- und -austrittspforte an Organen)* hilo; ~**entzündung** *f nur Fachspr Med* hilito; ~**tuberkulose** *f Med* hilotuberkulozo

Hilversum (*n*) *eine niederländ. Stadt [mit Rundfunk- u. Fernsehsender]* Hilversumo

Hima *Pl, auch* ***Bahima*** *Pl Ethn (eine den Tutsi verwandte Ethnie im Bereich der Großen Seen Afrikas [in Uganda machen die Hima 10% der Bevölkerung aus])* himoj *Pl* (*vgl. dazu* ***Tutsi***)

Himachal Pradesh (*n*) *ein ind. Unionsstaat im westlichen Himalaja* Himaĉalpradeŝo, *auch kurz* Himaĉalo *[Hptst.: Simla]*

Himalaja *m, auch* ***Himalaya*** *m Hochgebirge in Zentralasien* Himalajo; ~**-Baumläufer** *m* (Certhia himalayana) *Orn* himalaja certio *[Vorkommen: Himalaja-Region, Afghanistan, Südchina u. Myanmar]*; ~**braunelle** *f* (Prunella himalayana) *Bot* himalaja prunelo; ~**-Glanzfasan** *m* (Lophophorus impejanus) himalaja lofoforo; ~**kiefer** *f* (Pinus wallichiana) *Bot* himalaja pino

Himalajakönigshuhn *n Orn* ↑ ***Himalaja-Schneehuhn***

Himalaja|lärche *f* (Larix griffithiana = Larix himalaica) *Bot* himalaja lariko; ~**salz** *n Handelsbez. für ein rosa gefärbtes Steinsalz* himalaja salo; ~**-Schneehuhn** *od* ~**-königshuhn** *n, auch* ***Bartkönigshuhn*** *n* (Tetraogallus himalayensis) *Orn* himalaja neĝokoko; ~**-Sprachen** *f/Pl Ling (eine Gruppe von Sprachen, die im Gebiet zw. Kaschmir u. Nepal gesprochen werden)* himalajaj lingvoj *Pl*; ~**-Thar** *m* (Hemitragus jemlahicus) *Zool (eine in der Himalaja-Region lebende Halbziegenart)* himalaja taro; ~**trollblume** *f* (Trollius pumilus) (*auch* ***zwergige Himalajatrollblume*** *genannt*) himalaja trolio *[Vorkommen: Himalaja-Region u. China]* himalaja trolio

Himalajazeder *f Bot* ↑ ***Deodarazeder***

Himation *n Antike (altgriech. mantelartiger Überwurf <wurde über dem Chiton getragen>)* himatio (*vgl. dazu* ***Chiton***)

Himba *m/Pl Ethn (ein mit den Herero verwandtes Volk im N Namibias)* himboj *Pl*

Himbeere *f* frambo (↑ *auch* ***Waldhimbeere***)

Himbeereis *n* framba glaciaĵo

himbeerfarben *od* **himbeerfarbig** *Adj* frambokolora

Himbeer|geist *m ein Obstschnaps* frambobrando; ~**kompott** *n* framba kompoto; ~**konfitüre** *f* framba konfitaĵo; ~**likör** *m* framba likvoro

Himbeerpocken *Pl Tropenmedizin* ↑ ***Frambösie***

Himbeer|pudding *m* framba pudingo; ~**saft** *m* framba siropo

Himbeerspat *m Min* ↑ ***Rhodochrosit***

Himbeer|strauch *m* framboarbusto; ~**zunge** *f Med (ein Symptom bei Scharlach)* frambolango

Himerios (*m*) *Eig (altgriech. Redner, Vertreter der sog. 2. Sophistik [4. Jh. n. Chr.])* Himerio

Himmel *m* ĉielo *auch Met, Rel u. übertr* (*vgl. dazu* ***Paradies***; ↑ *auch* ***Wolkenhimmel***); *Astron* stelfirmamento; *Weltraum* [universa] spaco; ~ ***auf Erden*** *bildh* ĉielo sur la tero; ***am*** ~ en (*od* sur) la ĉielo; ***gen*** ~ *himmelwärts* ĉielen; ***bedeckter*** (***blauer***, ***dunkler***,

heiterer*, *klarer*, *wolkenloser*)** ~ plennuba (blua, malluma, serena, klara, sennuba) ĉielo; ***nördlicher* (*südlicher*)** ~ *Astron* norda (suda) stelfirmamento; ***unter freiem ~ sub libera ĉielo; *i.w.S.* en libera aero *bzw.* eksterdome (*vgl. dazu* ***draußen***); ***unter freiem*** ~ ***schlafen*** dormi sub libera ĉielo; *im Freien schlafen* dormi eksterdome ◇ ***du lieber*** ~***!*** ho ĉielo! *(Zam)*; ***um*** ~***s willen!*** pro la ĉielo! *od* en la nomo de la ĉielo!; ***weiß der*** ~, ***wie ...*** Dio scias, kiel ...; ***der*** ~ ***gebe es, dass ...*** la ĉielo donu ke ...; ***ein Geschöpf des*** ~***s*** *bildh für «ein sehr schönes Mädchen»* ĉiele bela knabino ◇ ~ ***und Hölle*** *Hüpfspiel der Kinder, bes. der kleinen Mädchen* marelo; ***im siebenten*** ~ ***sein*** esti en la sepa ĉielo; ***jmdn. in den*** ~ ***heben*** *jmdn. übermäßig loben* laŭdi iun ĝis la ĉielo; *jmdn. verherrlichen* gloraltigi iun ĝis la ĉielo

himmelangst *Adv*: ***mir war*** (*od* ***es war mir***) ~ mi sentis mortotimon (*od* mortan angoron)

Himmelbett *n* lito kun baldakeno [kaj kurtenoj]

himmelblau *Adj* ĉielblua; *azurblau* lazura

Himmeldonnerwetter *n*: ~***!*** *umg Ausruf der Ungeduld od der Bestürzung* mil diabloj!

Himmelfahrt *f*, <*schweiz*> *u. reg* ***Auffahrt*** *f christl. Kirche* ĉieliro; ***Christi*** ~ Ĉieliro de Kristo

Himmelfahrtstag *m*, <*schweiz*> ***Auffahrtstag*** *m* ĉielira tago *od* festo de ĉieliro *(auch Großschr)* (↑ *auch* ***Vatertag***); ***Mariä*** ~ *kath. Kirche* Ĉielenpreno de Maria

himmelhoch *Adj* alta kiel la ĉielo *nachgest* (*vgl. dazu* ***riesengroß***)

Himmelreich *n Rel* ĉiela regno *od* regno de la ĉielo

Himmels|äquator *m Astron (gedachter, dem Erdäquator entsprechender Kreis am Himmelsgewölbe* <*er teilt die Himmelskugel in eine nördliche u. eine südliche Halbkugel*>*)* ĉiela ekvatoro; ~**atlas** *m* ĉielatlaso (↑ *auch* ***Sternatlas***)

Himmelsbaum *m Bot* ↑ ***Götterbaum***

Himmelsblau *n*, *poet auch* ***Himmelsbläue*** *f* lazuro (↑ *auch* ***Azur***)

Himmelschlüssel *m od* **Himmelschlüsselchen** *n Bot = pop für* ***Frühlingsschlüsselblume*** [↑ *dort*]

himmelschreiend *Adj* ĉieloklama; *empörend* [terure] indigniga; *höchst skandalös* skandalega; *äußerst beschämend* treege hontinda; *i.w.S. auch (schrecklich)* terur[eg]a; ***ein*** ~***es Unrecht*** terur[eg]a maljustaĵo

Himmelsdecke *f im Sinne von ‹Bedeckung mit Wolken›* ĉiela plafono; ***eine graue*** ~ ***überspannte die Stadt*** griza ĉiela plafono volbiĝis super la urbo

Himmels|gegend *f Richtung* direkto; ~**gewölbe** *n* ĉiela volbo, firmamento; ~**globus** *m* ĉielglobuso, *auch* astronomia globuso; ~**herold** *m* (Eritrichium nanum) *Bot* nana eritrikio *[Vorkommen: Alpen u. Karpaten]*; ~**horizont** *m Astron* ĉiela horizonto

Himmelskarte *f* ↑ ***Sternkarte***

Himmels|koordinaten *f/Pl Astron* ĉielaj koordinatoj *Pl*; ~**körper** *m Astron* astro, *pop auch* ĉiela korpo; ~**kugel** *f Astron (scheinbare Himmelskugel: der [von der Erde aus gesehen] als Halbkugel erscheinende Himmel)* ĉielglobo

Himmelskunde *f* ↑ ***Astronomie***

Himmels|kuppel *f* ĉiela volbo; ~**leiter** *f* ***a)*** *Bot auch* ***Jakobsleiter*** *f od* ***Sperrkraut*** *n* (*Gattung* Polemonium) *Bot* polemonio ***b)*** *bibl auch* ***Jakobsleiter*** *f* ĉiela (*od* jakoba) ŝtuparo; ~**mechanik** *f Astron (Zweig der Astronomie, in dem die mechanischen Bewegungsgesetze u. die der Massenanziehung zur Berechnung der Bewegung von Himmelskörpern herangezogen werden)* ĉielmekaniko; ~**meridian** *m Astron* ĉiela meridiano; ~**pol** *m Astron* ĉiela poluso; ~**richtung** *f* ĉiela direkto, *häufig dafür (Richtung)* direkto; ~**strich** *m geh für «Gegend»* regiono; ~**zelt** *n* ĉiela volbo, firmamento

Himmelsziege *f Orn* ↑ ***Sumpfschnepfe***

himmelwärts *Adv* ĉielen, al la ĉielo

himmelweit *Adj* enormdistanca, grandega, kolosa ◇ ***ein*** ~***er Unterschied*** *umg bildh* diferenco kiel inter ĉielo kaj tero; *i.w.S.* grandega diferenco

himmlisch *Adj* ĉiela *auch übertr*, *Rel auch* dia; *wie im Himmel* kiel en ĉielo; *übertr (wunderbar)* mirinda, *(sehr angenehm)* treege agrabla, *(genussvoll)* ĝuoplena, *(glücklich machend)* feliĉiga; ***ein*** ~***es Wesen*** ĉiela estaĵo, *auch* ĉielano *od Zam* ĉielulo

hin *Adv dorthin* tien; ~ ***und her*** tien kaj reen, *auch* tien-reen; ~ ***und wieder*** *gelegentlich* iafoje; *manchmal* kelk[a]foje; *von Zeit zu Zeit* de tempo al tempo; ~ ***und zurück*** tien kaj reen, <*österr*> *bei der Eisenbahn* ***tour-***

-retour ire kaj reire (*od* revene), ire-revene *auch beim Fahrkartenkauf*; ***auf ihren Rat*** ~ laŭ ŝia konsilo; ***auf Ihr Versprechen*** ~ konfidante al via promeso; ***selbst auf die Gefahr*** ~, ***dass ...*** eĉ riskante, ke ...; ***vor sich*** ~ ***lächeln*** rideti al si [mem]; ***vor sich*** ~ ***pfeifen*** fajfi al si [mem]; ***vor sich*** ~ ***träumen*** rev[ad]i; ***wo willst du*** ~***?*** kien vi volas [iri]? ◇ ~ ***sein*** *kaputt sein* esti difektita (*bzw.* rompita *od* ŝirita *u.a.*); *verloren od weg sein* esti perdita, esti for; *begeistert od entzückt sein* esti ravita; ***sie war ganz*** ~ *entzückt* ŝi estis tute ravita; ***das ist*** ~ ***wie her*** *das macht keinen Unterschied* tio ne faras diferencon; *das ist dasselbe* tio estas la sama afero; ***das ist noch lange*** ~ *das dauert noch lange, bis es soweit ist* daŭros ankoraŭ longe ĝis tio okazos (*bzw.* efektiviĝos *od* realiĝos *u.a.*)

Hin *n Metr (Flüssigkeitsmaß der alten Hebräer [etwa 5,7 l])* hino

hinab *Adv nach unten* malsupren (*vgl. dazu* ***hinunter***); *ins Tal* valen; ***etwas weiter*** ~ iom pli malsupren

hinab... *in Zus* = ***hinunter...***

hinan *Adv geh für* ***hinauf*** [↑ *dort*]

hinan... *in Zus* = ***hinauf...***

hinarbeiten *intr*: ***auf etw.*** ~ labori por io *od* labori por atingi ion; *auf etw. abzielen* celi ion

hinauf *Adv [von hier unten] nach [dort] oben* [de malalte] supren; *bergan* [al]monten

hinauf..., *umg auch* ***rauf...*** *in Zus* supren...

hinauf|blicken *intr* rigardi supren (***zu jmdm.*** al iu); ~**bringen** *tr* porti supren; ~**fahren**, *umg auch* ***hoch-*** *od* ***rauffahren*** *intr* suprenveturi *auch z.B. mit dem Fahrstuhl*; ~**fliegen** *intr* suprenflugi; ~**führen** *tr u. intr* suprenkonduki; ~**geh[e]n** *intr* supreniri, ascendi

hinaufklettern *intr* suprengrimpi (***auf etw.*** sur ion); ***auf einen Baum*** ~ suprengrimpi sur arbon

hinaufkönnen *intr* povi (*od* kapabli) ascendi

hinaufkriechen *intr*: ***auf etw.*** ~ suprenrampi (*od* surrampi) ion

hinauf|langen *intr* etendi la manon ĝis (*bzw.* al); ~**leuchten** *intr* lum[ig]i supren (*bzw.* ĝis supre); ~**reiten** *intr* suprenrajdi, rajdi monten; ~**schieben** *tr* suprenŝovi

hinaufschrauben *tr*: ***die Preise*** ~ ĉiam denove altigi la prezojn

hinaufsteigen *intr* supreniri, ascendi; *hinaufklettern* suprengrimpi; *allg auch* suriri, iri alten (***auf*** sur *mit Akk*); ***die Treppe*** ~ supreniri (*od* ascendi) la ŝtuparon

hinauftragen *tr* suprenporti

hinaufziehen *tr* suprentiri, *(schleifend)* suprentreni; *Rollladen auch* levi; ***sich*** ~ sin tiri supren; *Geogr (sich erstrecken bis ...)* sin etendi ĝis ...

hinaus *Adv* ***a)*** *nach draußen* eksteren; ~ ***[mit dir]!*** foriru!; ***zum Fenster*** ~ tra la fenestro [eksteren]; ***zur Tür*** ~ tra la pordo [eksteren] ***b)*** *in Fügungen*: ***auf Jahre*** ~ por [multaj] jaroj, por jaroj venontaj; ***über Neujahr*** ~ ĝis post (*od* trans) novjaro ◇ ***er ist darüber*** ~ *das berührt (stört) ihn nicht mehr* tio ne plu tuŝas (ĝenas) lin

hinaus..., *umg auch* ***raus...*** *als Vorsilbe wird im Esp meist* el..., *bei besonderer Betonung auch* eksteren... *gebraucht*

hinausbegleiten *tr*: ***jmdn.*** ~ *zur Tür bringen* akompani iun ĝis la pordo (*od i.e.S.* ĝis la elirejo de la domo [*bzw.* loĝejo]), *auch (Zam)* elakompani iun

hinausbeugen, sich *refl* sin feksi eksteren

hinaus|blicken *intr* rigardi eksteren; ~**bringen** *tr* ***a)*** *hinaustragen* elporti, porti eksteren ***b)*** *zur Tür bringen* akompani (***jmdn.*** iun) ĝis la pordo (*vgl.dazu* ***hinausbegleiten***); ~**drängen** *tr i.w.S.* eksterenigi; *i.e.S.* elŝovi, eksterenŝovi

hinausfahren ***a)*** *tr z.B. das Auto aus der Garage* elveturigi; ***jmdn.*** ~ *jmdn. nach draußen fahren* veturigi iun eksteren ***b)*** *intr* elveturi, eksterenveturi (***aus*** el)

hinaus|fallen *intr* elfali, fali eksteren; ~**fliegen** *intr* flugi eksteren; *aus einem Job* esti eksigata el sia laborloko; ~**führen** *tr* elkonduki, konduki eksteren

hinausgehen *intr* ***a)*** eliri, iri eksteren; ***er ist gerade*** (*od* ***soeben***) ***hinausgegangen*** li ĵus eliris (*od* forlasis la domon); ***der Balkon*** ↑(***das Fenster***) ***geht auf den Hof hinaus*** la balkono (fenestro) rigardas al la korto ***b)*** *übersteigen* superi; ***über das Maß*** ~ transiri (*od* transpasi) la limojn

hinaus|geleiten *tr* konduki eksteren; ~**hängen** *tr* elpendigi; ~**jagen** *tr* elpeli, peli eksteren (*vgl. dazu* ***fortjagen***); ~**klettern** *intr* elgrimpi, grimpi eksteren

hinauskommen *intr* povi eliri (*od auch* eliĝi); ***ich bin seit gestern nicht hinausgekommen*** *fam für «ich hab die Wohnung seit* *gestern nicht verlassen»* ekde hieraŭ mi ne forlasis la loĝejon ◇ ***das kommt auf dasselbe hinaus*** tio estas la sama [afero]; *das macht keinen Unterschied* tio ne faras (*bzw.* faros) diferencon

hinauskönnen *intr* povi eliri (*od auch* eliĝi); ***ich konnte nicht mehr*** (*od* ***wieder***) ***hinaus*** mi ne plu povis eliri (*od* forlasi la ejon *u.a.*)

hinauslassen *tr* lasi eliri (*od* forlasi la ejon *u.a.*), *einen Vogel aus dem Käfig* lasi elflugi (***aus*** el) (↑ *auch* ***freilassen***); *erlauben das Haus (Gefängnis) zu verlassen* permesi forlasi la domon (prizonon)

hinauslaufen *intr **a)** hinausrennen* kuri eksteren; ***auf den Hof*** ~ kuri eksteren sur la korton ***b)*** *abzielen od hinauswollen auf* celi *mit Akk*; *tendieren* tendenci (***auf*** al); ***das läuft auf eins*** (*od* ***aufs Gleiche***) ***hinaus*** la rezulto estos [absolute] la sama; ***die Sache läuft darauf hinaus, dass ...*** la afero rezultos en tio, ke ...

hinauslegen *tr* elmeti; *nach draußen legen* meti eksteren (↑ *auch* ***hinausstellen***)

hinauslehnen, sich *refl* sin elklini, *auch* elkliniĝi; ***sich aus dem Fenster hinauslehnen*** sin elklini el la fenestro

hinausposaunen *tr* [dis]trumpeti (*vgl. dazu* ***posaunen***); ***eine Neuigkeit in die*** (*od* ***alle***) ***Welt*** ~ distrumpet[ad]i novaĵon al la [tuta] mondo

hinaus|ragen *intr* elstari, superstari (↑ *auch* ***übersteigen*** *u.* ***übertreffen***); ~**schaffen** *tr* elporti, porti (***etw.*** ion) eksteren, transporti eksteren, elmovi; ~**schauen** *intr* rigardi eksteren, *auch* elrigardi (***auf*** sur *mit Akk*; ***aus*** el); ~**schicken** *tr* elsendi, forsendi; ~**schieben** *tr **a)** örtl* elŝovi, ŝovi eksteren ***b)*** *zeitl (aufschieben)* prokrasti, *auch* malfruigi

hinausschießen *intr*: ***übers Ziel*** ~ *übertr (zu viel fordern)* postuli tro multe, *(über das normale Maß hinausgehen)* esti troa (*od auch* troaĵo), *(die Grenzen übersteigen)* transiri (*od* transpasi) la limojn

hinausschmeißen *tr umg* = ***hinauswerfen***

hinaus|schwimmen *intr* naĝi for de la bordo, naĝi en la liberan maron; ~**sehen** *intr* rigardi eksteren, elrigardi (***auf*** sur *mit Akk*; ***aus*** el)

hinaussein = ***hinaus sein*** [↑ *unter* ***hinaus b)***]

hinausspedieren ↑ ***hinauswerfen***

hinaus|springen *intr* salti eksteren, elsalti; ~**stellen** *tr* elmeti, meti eksteren; *vom Platz stellen (einen Spieler)* elludigi; ~**stoßen** *tr* elpuŝi, puŝi eksteren; ~**tragen** *tr* elporti, porti eksteren; ~**treiben** *tr* elpeli (***aus*** el), peli eksteren

Hinaustreiben *n* elpel[ad]o

hinauswagen: ***sich*** ~ *refl* kuraĝi iri eksteren (*od auch* forlasi la domon)

hinauswerfen *tr*, *<schweiz> umg* ***hinausspedieren*** elĵeti, eksterenĵeti *od* ĵeti eksteren; *hinausjagen* elpeli; ***jmdn.*** ~ *aus der Arbeitsstelle* eksigi iun el sia laborloko

Hinauswerfen *n* elĵet[ad]o

hinauswollen *intr umg* voli iri eksteren ◇ ***hoch*** ~ havi grandajn aspirojn; *auf eine große Karriere aus sein* voli fari grandan karieron; ***worauf willst du hinaus?*** kion vi intencas? *od* kion (*od* al kio) vi celas?

Hinauswurf *m* elĵeto; elpelo

hinausziehen ***a)*** *tr nach draußen ziehen* tiri eksteren, *(schleifend)* treni eksteren; *hinauszögern* [ĉiam denove] prokrasti (***etw.*** ion) ***b)*** *intr*: ***aufs Land*** ~ *von der Stadt in eine ländliche Gegend ziehen, um dort zu wohnen* [forlasi la urbon por] ekloĝi en la kamparo

hinauszögern *tr* ĉiam denove prokrasti

Hinayana *n Buddhismus (die früheste Form des Buddhismus [sogen. «südlicher Buddhismus»])* hinajano (*vgl. dazu* ***Mahayana***)

hinbegeben, sich *refl geh* iri (***nach*** *bzw.* ***zu*** al)

hinbestellen *tr*: ***er hat mich zu sich hinbestellt*** li petis (*od [bestimmter:]* ordonis) min veni al li (*od auch* aperi antaŭ li)

Hinblick *m*: ***im*** ~ ***auf*** konsidere al; *wegen* pro

hinbringen *tr*: ***etw. zu jmdm.*** ~ *hintragen* porti ion al iu; ***ich bringe dich hin*** *begleite dich hin, z.B. zur Haltestelle* mi akompanos vin ĝis tie; ***die Zeit*** ~ *verbringen* pasigi la tempon

Hindenburg (*m*) *Eig (dt. Offizier u. Politiker [1847-1934])* Hindenburgo

hinderlich *Adj* malhelpa; *lästig* ĝen[ant]a, embarasa; *hemmend* malakcela; ***jmdm.*** ~ ***sein*** malutili al iu (↑ *auch* ***jmdm. schaden***); malhelpi (*od* malakceli) ies planojn *od* meti obstaklojn sur ies vojon

hindern *tr* malhelpi, embarasi; *störend wirken* ĝeni

Hindernis *n* obstaklo *auch Sport*, malhelpaĵo, kontraŭaĵo; *Sperre* baraĵo (↑ *auch* ***Verkehrshindernis***); ***jmdm.*** ~***se in den Weg***

legen meti obstaklojn sur ies vojon

Hindernis|bahn *f Sport (Bahn für Hindernisrennen)* obstakla vego; ~**lauf** *m Sport* obstaklokur[ad]o (*vgl. dazu* ***Hürdenlauf***); ~**läufer** *m Sport* obstaklokuristo

hindeuten *intr in eine bestimmte Richtung weisen* montri (***auf*** al); *ankündigen, erwarten lassen* indiki; ***alles deutet darauf hin, dass ...*** ĉio indikas, ke ...

Hindi *n Ling (Hautverkehrssprache Indiens)* la hindia [lingvo]

Hindin *f poet für «Hirschkuh»* cervino

Hindu *m Rel* hinduo

Hinduhalsbandeule *f Orn* ↑ ***Halsbandeule***

Hinduismus *m Rel (indische Volksreligion)* hinduismo

hinduistisch *Adj* hinduisma

Hindukusch *m ein zentralasiatisches Gebirge* [montaro] Hindukuŝo

hindümpeln *nur in Zus*: ***vor sich*** ~ vegetadi

Hinduracke *f Orn* ↑ ***Bengalenracke***

hindurch... *Vorsilbe im Esp meist* tra... (*vgl. dazu auch die Zus mit* ***durch...***)

hindurch *Adv **a)** örtl* tra; ***durch den Wald*** ~ tra la arbaro ***b)*** *zeitl* dum; ***Jahre*** ~ dum [multaj] jaroj; ***die ganze Nacht*** (***Zeit***) ~ dum la tuta nokto (tempo)

hindurch|blicken *intr* rigardi tra *mit Nom bzw.* trarigardi *mit Akk*; ~**bringen** *tr z.B. ein Möbelstück durch eine Tür* [povi] traigi; ~**drängen, sich** *refl* trapremiĝi, *(stoßend)* trapuŝiĝi; ~**dringen** *intr* trapenetri (***durch etw.*** ion); ~**drücken** *tr* trapremi; ~**fallen** *intr* trafali; ~**flechten** *tr* traplekti; ~**fliegen** *intr* traflugi; ~**führen** *tr* trakonduki (***durch*** tra); ~**gehen** *tr u. intr* trairi, [tra]pasi (***durch etw.*** ion *od* tra io)

hindurchgleiten *intr* tragliti; ***etw.*** ~ ***lassen*** traglitigi ion

hindurch|lassen, *umg* ***durchlassen*** *tr* tralasi; **pressen** *tr* traprem[eg]i; ~**schauen** *od* ~**sehen** *intr* rigardi tra *mit Nom bzw.* trarigardi *mit Akk*; *nach draußen sehen* rigardi eksteren; ~**scheinen** *intr* trabrili; ~**schießen** *tr* trapafi; ~**schlüpfen** *intr* tragliti; ~**schweben** *intr* traŝvebi; ~**schwimmen** *tr* tranaĝi

hindurchsehen ↑ ***hindurchschauen***

hindurch|stechen *tr* trapiki; ~**stoßen** *tr* trapuŝi; ~**treiben** *tr* trapeli; ~**waten** *tr* travadi

Hindurchwaten *n* travadado

hindurchziehen *tr* tratiri (***etw. durch etw.*** ion tra io) (↑ *auch* ***durchziehen a)***); ~**zwängen, sich** *refl* trapremiĝi

hindürfen *intr umg für «hinkommen dürfen» bzw. «hingehen dürfen»* rajti alveni

Hinduseeschwalbe *f* (Sterna aurantia) *Orn* riverŝterno

Hindustan (*n*) *veraltete Bez für «Gangesebene (bes. für die Landschaft zw. Pandschab u. Bengalen)»* Hindustano *alt auch i.w.S. für «Indien»*

hindustanisch *Adj* hindustana

hineilen *intr* rapidi (***zu*** al)

hinein..., *umg auch* ***rein...*** *als Vorsilbe wird* hinein... *im Esp zuweilen nicht, meist jedoch mit* en..., internen... *od mit präpositionalem* en *und nachfolgendem Akk übersetzt* (*vgl. dazu auch die Zus mit* ***ein...***)

hinein *Adv **a)** in ... hinein* en *u. folgendes Subst im Akk, z.B.* ***ins Haus*** ~ en la domon; *nach innen* internen, enen; ***geh'*** ~***!*** eniru!, *auch* iru internen! ◇ ***zum einen Ohr*** ~, ***zum andern [wieder] heraus*** tra unu orelo eniras, tra la dua eliras *(Zam)* ***b)*** *zeitl*: ***bis in die späte Nacht*** ~ ĝis [la] malfrua nokto

hinein|bitten *tr* peti eniri; ~**blasen** *tr* [en]blovi (***in*** en *mit Akk*); ~**blicken** *intr* enrigardi, rigardi internen, rigardi en *mit Akk*; ~**bringen** *tr* enporti (***etw.*** ion); ~**denken, sich** *refl* pense penetri (***in*** en *mit Akk*); ~**drängen, sich** *refl* sin enpremi, enpremiĝi; ~**drehen** *tr* enturni (***etw. in etw.***ion en ion); ~**drücken** *tr* enpremi (***etw. in etw.*** ion en ion); ~**dürfen** *intr* rajti eniri; ~**fahren** *intr* enveturi; *nach drinnen od ins Innere fahren* veturi internen; *umg für «ein Kleidungsstück [probeweise] drüberzie- hen»* [prove] surmeti; ~**fallen**, *umg* ***reinfallen*** *intr* enfali (***in*** en) *od* fali en *mit Akk*; *übertr* fiaski, esti trompata; ~**finden, sich** *refl **a)** örtl* trovi la vojon en *mit Akk* ***b)*** *sich fügend* [fine] kontentiĝi pri, [fine] alkutimiĝi al ***c)*** *schließlich verstehen* [fine] kompreni; ~**fliegen** *intr* enflugi *od* flugi en *mit Akk*; *ins Innere fliegen* flugi internen; *ins Inland fliegen* flugi en la landinternon; ~**fließen** *intr* enflui *od* flui en *mit Akk*; ~**flüchten** *intr* fuĝi en *mit Akk*; ~**führen** *tr* enkonduki (***in*** en *mit Akk*); ~**geh[e]n**, *umg* ***reingehen*** *intr eintreten* eniri (***in*** en) *od* iri en *mit Akk*; *[vom Raum her] aufnehmen können* doni lokon (*od* spacon) por; ~**geraten** *intr* eniĝi, engliti; ~**gießen** *tr* [en]verŝi (***in*** en *mit Akk*)

hineingleiten *intr* engliti (***in etw.*** en ion); ***etw.*** ~ ***lassen*** englitigi ion

hinein|greifen *intr* meti (*od* etendi) la manon en *mit Akk*; **~jagen** *tr* enpeli *od* peli en *mit Akk*; **~kommen**, *umg* ***reinkommen*** *intr* povi eniri (*od i.w.S. auch* eniĝi); **~können** *intr* povi eniri; **~kriechen** *intr* enrampi (***in*** en *mit Akk*); **~lassen** *tr* enlasi, lasi eniri (*od i.w.S. auch* eniĝi); **~laufen** *intr hineinrennen* enkuri; *hineinfließen* enflui

hineinleben *tr* ◇ ***in den Tag ~*** vivi senzorge kaj senpripense [tagon post tago]

hineinlegen *tr* ***a)*** *hineintun* enmeti *od* meti en *mit Akk*, *i.w.S. auch* enigi (***etw. in etw.*** ion en ion) ***b)*** *betrügen* trompi; *übertölpeln* superruzi

hineinmengen *od* **hineinmischen** *tr* enmiksi (***etw. in etw.*** *anderes* ion en ion); ***sich ~*** = ***sich einmengen*** *od* ***sich einmischen*** [↑ *dort*]

hinein|mischen, sich *refl* enmiksiĝi; **~pressen** *tr* enprem[eg]i; **~rammen** *tr* rami en *mit Akk*; **~pumpen** *tr* enpumpi (***in*** en *mit Akk*); **~rollen** ***a)*** *tr* ruli en *mit Akk* ***b)*** *intr* enruliĝi; **~säen** *tr* ensemi (***in*** en *mit Akk*); **~saugen** *tr* ensuĉi (***in*** en *mit Akk*) (*vgl. dazu* ***aufsaugen***); **~schaffen** *tr* enporti

hineinschauen *intr*: ***in etw. ~*** rigardi en ion

hinein|schieben *tr* enŝovi *od* ŝovi en *mit Akk*; **~schlagen** *tr z.B. einen Nagel* enbati (***in*** en *mit Akk*)

hineinschlingen *tr*: ***gierig in sich ~*** avide manĝegi (*od* glut[eg]i)

hineinschreiben, *umg* ***reinschreiben*** *tr* enskribi

hineinschütten *tr (Schüttgut)* enŝuti; *(Flüssiges)* enverŝi; ***er hat Massen von Kognak in sich hineingeschüttet*** li englutis riverojn da konjako

hinein|schweben *intr* enŝvebi; **~sehen** *intr* enrigardi *od* rigardi en *mit Akk*, rigardi internen; **~senken** *tr (etw.) in die Tiefe bringen* profundigi (***in*** en *mit Akk*); **~springen** *intr* ensalti *od* salti en *mit Akk*; **~spritzen** ***a)*** *tr* enŝprucigi (*vgl. dazu* ***injizieren***) ***b)*** *intr* enŝpruci; **~stechen** *tr* enpiki *od* piki en *mit Akk*

hineinstecken *tr* enmeti (***in etw.*** en ion); *hineinschieben* enŝovi *od* ŝovi en *mit Akk*; *allg auch* enigi (***in*** en *mit Akk*); ***Geld in ein Unternehmen ~*** investi monon en entrepreno

hinein|stellen, *umg* ***reinstellen*** *tr* enmeti *od* meti en *mit Akk*; **~stopfen** *tr* ŝtopi (***in*** en *mit Akk*); **~stoßen** *intr* enpuŝi, [forte] puŝi en *mit Akk*; **~streuen** *tr* ensemi (↑ *auch* ***hineinschütten***); **~tragen** *tr* enporti *od* porti en *mit Akk*, porti internen; **~treiben** *tr hineinjagen* enpeli *od* peli en *mit Akk*

hineintropfen ***a)*** *tr*: ***~ lassen*** *einträufeln* engutigi (***etw. in etw.*** ion en ion) ***b)*** *intr* enguti

hinein|tun *tr* enmeti *od* meti en *mit Akk*; *einfüllen* plenigi (***etw. in etw.*** ion per io); **~werfen** *tr* enĵeti (***etw. in ...*** ion en *mit Akk*)

hineinziehen *tr* tiri (***etw. in etw.*** ion en ion); *schleifend in etw. ziehen* entreni, treni internen; *i.w.S.: in etw. Negatives hineinziehen* puŝi (***in*** al); ***in einen Krieg ~*** puŝi al milito; ***jmdn. in eine Sache ~*** *übertr* impliki iun en aferon

hinfahren *intr* tienveturi, veturi al

Hinfahrt *f* tienveturo *od* veturo tien (↑ *auch* ***Hinreise***), *meist genügt:* veturo (***nach*** al)

hinfallen *intr* fali [teren]; ***pass auf, dass du nicht [hin]fällst!*** atentu, ke vi ne falu!

hinfällig *Adj* ***a)*** *Person (gebrechlich)* kaduka, *(kachektisch)* kaĥeksia, *(sehr schwach)* malfortega, *(altersschwach)* aĝokaduka ***b)*** *nicht mehr gültig* ne plu valida, malvalida; *überflüssig* superflua; ***etw.*** (***jmdn.***) ***~ machen*** *den Verfall von etw. od jmdm. herbeiführen* kadukigi ion (iun); *etw. für ungültig erklären* deklari ion malvalida; *annullieren* nuligi ion; ***~ werden*** *gebrechlich werden* kadukiĝi; ***der Vertrag ist ~ geworden*** la kontrakto malvalidiĝis (*od* fariĝis malvalida)

Hinfälligkeit *f Gebrechlichkeit* kadukeco; *Kachexie* kaĥeksio; *Kraftlosigkeit* senforteco; *Altersschwäche* aĝokadukeco; *i.w.S. Verfall (Ungültigwerden)* malvalidiĝo

hinfinden *intr od* **sich hinfinden** *refl umg* trovi la vojon (***zu*** al)

hinfliegen *intr* ***a)*** flugi (***nach*** al) ***b)*** *umg (bes. reg) für «hinfallen»* fali [teren]

Hinflug *m* flugo [tien] (***nach*** al)

hinfort *Adv alt od geh für «von nun an»* [ek]de nun; *in Zukunft* estonte

hinführen ***a)*** *tr* konduki (***jmdn. zu*** iun al); *hinbegleiten* akompani al; *ein Gespräch zum beabsichtigten Ziel* [al]direkti (***zu*** al); ***bitte führen Sie mich hin*** bonvolu konduki min tien ***b)*** *intr* konduki; ***wo führt dieser Weg hin?*** kien kondukas ĉi tiu vojo?

Hingabe *f* sinfordono *auch sex*, sindon[em]o, sindediĉo; *Leidenschaft* pasio (↑ *auch* ***Verlangen***); *Opferfreudigkeit* oferemo; *Beharrlichkeit* persist[ec]o; *Ernsthaf-*

tigkeit seriozeco; *Loyalität, Treue* lojaleco; ***fromme*** ~ devoteco; ***etw. mit*** ~ ***tun*** fari ion kun sindonemo

hingeben *tr*: ***jmdm. etw.*** ~ *hinreichen* [per etendita mano] doni ion al iu; ***sich*** ~ sin fordoni *auch sex*; *sich widmen* sin dediĉi [al io]; *sich opfern* sin oferi; ***sie gab sich ihm hin*** *sex* ŝi sin fordonis al li *od* ŝi sin fordoniĝadis al li; ***er gab sich dem Laster hin*** li sin fordonis al diboĉo

hingebungsvoll 1. *Adj voller Hingabe* sindon[em]a *auch sex*; *leidenschaftlich* pasia; *zärtlich* tenera **2.** *Adv* sindone; pasie; tenere; *sich selbst vergessend* sin mem forgesante

hingegen *Adv* kontraŭe, male (*vgl. dazu* ***andererseits*** *u.* ***dagegen***); *aber* sed

hingeh[e]n *intr* iri tien (*vgl. dazu* ***besuchen***); *hinführen, z.B. ein Weg* konduki [al]; *vergehen (Zeit)* pasi; ***ich habe keine Lust hinzugeh[e]n*** mi ne sentas (*od auch* havas) emon iri tien; ***etw.*** ~ ***lassen*** *erdulden, durchgehen lassen* toleri (*bzw.* ignori) ion

hingehören *intr*: ***wo gehört das hin?*** kien mi ĝin metu?

hingeraten *intr* [hazarde *bzw.* senintence] veni [al] ◇ ***wo sind wir denn hier*** ~***?*** *leicht bestürzt* al kiu ejo (*bzw.* loko *u.a.*) ni fine do alvenis?

hingerissen *Adj begeistert* entuziasm[igit]a

Hingeschüttete *od* **Hingestreute** *n z.B. eine Strohschütte im Stall* sternaĵo (↑ *auch* ***Strohschütte***); *darunter gebreitete od gestreute Unterlage* substernaĵo

Hingucker *m* okuldolĉaĵo (*vgl. dazu* ***Blickfang***)

hinhalten *tr*: ***jmdm. die Hand*** ~ *entgegenstrecken* etendi (*bzw.* prezenti) la manon al iu; ***jmdn.*** ~ *warten lassen* atendigi iun; ***einen Gläubiger*** ~ atendigi kreditoron, *bildh* pagi al kreditoro per nuraj promesoj; ***jmdn. mit Versprechungen*** ~ nutri iun per [nuraj] promesoj

Hinhalte|manöver *n* prokrastiga manovro; ~**technik** *f* prokrastiga tekniko

hinhauen *intr umg* ◇ ***das haut hin!*** *funktioniert* funkcias!; *geht in Ordnung* estas en ordo!; *genügt* [tio] sufiĉas!; ***hau mal bisschen hin!*** *beeile dich!* nu, iom rapidu!

hinhocken, sich *refl* kaŭriĝi *od* kaŭre sidiĝi

hinhören *intr lauschen* atente (*od* streĉe) aŭskulti; ***aufmerksam*** ~ *die Ohren spitzen* streĉ[eg]i la orelojn, *auch* akrigi la orelojn (*Zam*)

hinkauern, sich *refl* kauriĝi *od* kaŭre sidiĝi (↑ *auch* ***sich zusammenkauern***)

Hinkebein *n pej* lampiedulo

Hinkelstein *m* ↑ ***Menhir***

hinken *intr* lami *auch übertr*; ***ein wenig*** ~ lameti *od* iomete lamiri (*vgl. dazu* ***humpeln***); ***dieser Vergleich hinkt*** ĉi tiu komparo lamas

hinkend *Adv* lame, lamire; ~ ***gehen*** (***laufen***) lame iri (paŝ[et]i)

hinknien, sich *refl* [sur]genuiĝi; ***sich neben jmdm. hinknien*** surgenuiĝi apud iu

hinkommen *intr* veni [tien]; ***wir werden gleich*** ~ ni tuj venos [tien *bzw.* al vi *u.a.*]; ***du kommst schon noch hin!*** *noch rechtzeitig hin* vi ĝustatempe venos!; ***wo ist mein Hut hingekommen?*** kien iu metis mian ĉapelon? *bzw.* kie estas mia ĉapelo?; ***wo käme ich denn hin, wenn ...?*** kio okazus, se mi ...?

hinkriegen *tr*: ***das kriegt jeder hin*** *umg* ĉiu ajn povas fari tion

Hinkunft *f* <*österr*> *nur in Zus*: ***in*** ~ *in Zukunft* estonte

hinlänglich *od* **hinreichend 1.** *Adj genügend* sufiĉa **2.** *Adv*: ~ ***bekannt*** sufiĉe konata

hinlegen *tr ein Kind zum Schlafen* kuŝigi; *einen Gegenstand* meti (***auf*** sur); *der Länge nach hinlegen, ausbreiten, z.B. einen Teppich, ein Tuch* sterni (↑ *auch* ***hinschütten***); ***sich*** ~ kuŝiĝi; *sich schlafen legen* kuŝiĝi por dormi; *zu Bett gehen* enlitiĝi; ***ich lege mich ein bisschen hin [und schlafe]*** *um ein wenig zu schlafen* mi kuŝiĝos kaj dormos iomete *od* mi kuŝiĝos por dormi iomete

hin|lenken *tr z.B. ein Gespräch zum beabsichtigten Ziel* aldirekti; ~**machen** *intr reg für «sich beeilen»* rapidi; ~**morden** *tr massenhaft umbringen* amase murdi, *massakrieren* masakri

Hinmorden *n* amasmurdado; masakrado

hinnehmen *tr annehmen* [trankvile] akcepti; *erlauben* permesi; *[geduldig] ertragen* [pacience] toleri (*bzw.* suferi); ***man muss es eben*** ~ oni simple devas akcepti (*bzw.* toleri) ĝin

hinneigen *intr*: ***zu etw.*** ~ *zu etw. tendieren* tendenci al io; ***sich zu jmdm.*** ~ sin [al]klini al iu

hinraffen *tr* pereigi (***jmdn.*** iun), forrabi la vivon (***jmdn.*** de iu)

hinreichen ***a)*** *tr*: ***jmdm. die Hand*** ~ *entge*

genstrecken etendi (*bzw.* prezenti) la manon al iu ***b)*** *intr ausreichen* sufiĉi
hinreichend ↑ ***hinlänglich***
Hinreise *f* tienvojaĝo *od* vojaĝo tien, alvojaĝo (↑ *auch* ***Hinfahrt***), *[meist genügt:]* vojaĝo (***nach*** al)
hinreißen *tr begeistern* entuziasmigi; *faszinieren* fascini; *entzücken* ravi; ***sich ~ lassen*** *sich nicht zurückhalten (od zügeln) können* ne povi reteni (*od* bridi) sin; *zu einer Gewalttat* ekscitiĝi ĝis perforto
hinreißend *Adj bezaubernd, entzückend* rava, *auch* ĉarmega; *faszinierend* fascina; *unwiderstehlich* nekontraŭstarebla (↑ *auch* ***berauschend*** *u.* ***sinnverwirrend***)
hinrichten *tr Jur* ekzekuti; ***mit dem Fallbeil ~*** gilotini; ***jmdn. durch den elektrischen Stuhl ~*** elektroekzekuti iun
Hinrichtung *f Jur* ekzekuto (*vgl. dazu* ***Exekution***; ↑ *auch* ***Massenhinrichtungen***); ***eine ~ vornehmen*** (***aufschieben***) plenumi (prokrasti) ekzekuton
Hinrichtungsstätte *f* ekzekuzejo, ejo (*od* loko) por ekzekutoj
hin|schaffen *tr* alporti [tien]; **~scheiden** *intr geh verhüllend für «sterben»* forpasi
Hinscheiden *n geh verhüllend für «Sterben» od «Tod»* forpaso *od* morto
hin|schicken *tr* [al]sendi (***zu*** al); **~schieben** *tr* [al]ŝovi
Hinschied *m* ↑ ***Ableben***
hin|schielen *intr* strabe rigardi (***zu*** *od* ***in Richtung*** al *od* al la direkto de; ***zu jmdm.*** al iu); **~schlachten** *tr* amasbuĉi, masakri (*vgl. dazu* ***hinmorden***)
hinschleppen *tr hinter sich herschleifen*: ***etw. ~*** treni ion post si; ***sich ~*** treniĝi, sin treni (***zu*** al); *zeitl, z.B. Verhandlungen* treniĝi, longe daŭri
hin|schleudern *tr hinwerfen* ĵeti [teren *bzw.* malsupren *u.a.*]; *weit werfen* ĵeti malproksimen; **~schludern** *tr zusammenpfuschen* fuŝfari *od* fuŝe fari (***etw.*** ion); **~hinschütten** *tr hinstreuen, z.B. Stroh im Stall* sterni; **~schwinden** *intr geh für «schwinden» (Kräfte)* [for]konsumiĝi; *zeitl* pasi; **~sehen** *intr* rigardi (***auf*** al); *seinen Blick richten auf* direkti la (*od* sian) rigardon (***zu jmdm.*** al iu)
hinsetzen *tr* meti (***etw.*** ion) [tien]; ***sich ~*** eksidi, *umg auch* sidiĝi (↑ *auch* ***Platz nehmen***); ***jmdn. ~*** *z.B. weil er selbst zu schwach dazu ist* sidigi iun
Hinsicht *f*: ***in ~ auf*** koncerne, rilate *mit Akk*; ***in dieser ~*** en tiu ĉi rilato, tiurilate; ***in gewisser ~*** en certa rilato, certarilate; ***in jeder ~*** en ĉiu rilato, ĉiurilate; ***in vieler[lei] ~*** en multaj rilatoj, mult[a]rilate; *aus vielerlei Erwägungen [heraus]* multkonsidere
hinsichtlich *Präp* rilate *mit Akk*, rilate al, koncerne *mit Akk*;*in Anbetracht* konsider[ant]e *mit Akk od* en konsidero al
hinsiechen ↑ ***dahinsiechen***
hinsollen *intr umg für «hingehen sollen»* devi iri al, devi iri en *mit Akk*
hinstehlen, sich *refl sich heimlich heranschleichen* alŝteliĝi
hinstellen *tr* loki al, meti al; *aufstellen, z.B. einen Mast* starigi; ***jmdn. als Lügner ~*** *übertr* deklari iun mensogulo (*bzw.* mensoginto) *od* aserti, ke iu estas mensogulo; ***eine Sache ganz anders ~ als sie [wirklich] war*** rakonti (*od* priskribi) aferon alie ol ĝi [efektive] estis
hinsterben ↑ ***dahinsterben***
hinstrecken *tr* ***a)*** *etw. entgegenstrecken* etendi; ***jmdm. die Hand ~*** etendi la manon al iu ***b)*** *poet auch für «töten»* mortigi ***c)*** *zu Fall bringen* faligi (***jmdn.*** iun) ***d)*** *refl sich hinlegen* sin kuŝigi; *sich erstrecken (auf einer Fläche)* sin sterni *od* sterniĝi, sin etendi; ***sich auf dem Boden ~*** sin kuŝiĝi sur la plankon (*bzw.* teron)
hinstreuen *tr*: ***Stroh im Stall ~*** sterni pajlon en la stalo (*vgl. dazu* ***Streu***)
hinstürzen *intr fallen* fali [teren]; *hineilen* rapid[eg]i (***zu*** al)
hintan|setzen *od* **~stellen** *tr geh* meti sur lokon malantaŭan; *vernachlässigen* neglekti (***jmdn.*** iun)
hintanstellen *tr* ↑ ***hintansetzen***
hinten *Adv* malantaŭe; ***da ~*** tie malantaŭe; ***nach ~*** malantaŭen; ***von ~*** de malantaŭe; ***~ am Zug*** *Eisenb* ĉe la malantaŭo (*od umg* vosto) de la trajno; ***mit nach ~ gelehntem Kopf*** kun kapo klinita malantaŭen; ***~ im Auto sitzen*** sidi en la fundo de aŭto
hintenherum, *umg* ***hintenrum*** *Adv heimlich* kaŝe, sekrete; *salopp: indirekt* nerekte; ***~ verkaufen*** kaŝe vendi
hinter *Präp* ***a)*** *Ort* malantaŭ, *auch* post; *jenseits* trans; ***~ der Bühne*** malantaŭ la scenejo; ***~ dem Haus***, *umg* ***hinterm Haus*** malantaŭ la domo; ***einer hinter dem anderen*** *bzw.* ***eine hinter der anderen*** *hintereinander* unu post la alia; ***er stand ~ mir in der***

Reihe li staris malantaŭ mi en la vico; ~ ***den Bergen*** trans la montoj; ***er hörte ~ sich einen Schrei*** malantaŭ si li aŭdis krion; ***sie blickte ~ dem Baum hervor*** ŝi rigardis de malantaŭ la arbo; ***etw. (jmdn.) ~ sich herziehen*** treni ion (iun) post si ***b)*** *Richtung* malantaŭ *mit Akk*; ~ ***dieses Haus [da]*** malantaŭ ĉi tiun domon ***c)*** *Zeit*: ***er ist ~ der Zeit zurück*** li estas restinta post la nuna (*od* moderna) tempo; ***er hat viel ~ sich*** *viel durchlebt* li travivis multon [malbonan en sia vivo] ***d)*** *in Fügungen:* ~ ***etw. stehen*** *etw. unterstützen* subteni ion ◇ ***es steckt nicht viel ~ dem, was er sagt*** liaj paroloj estas sen [multe da] graveco; ***jmdm. eine ~ die Ohren geben*** *jmdn. ohrfeigen* vangofrapi iun

Hinter|achse *f Kfz* malantaŭa akso; ~**ausgang** *m* malantaŭa elirejo ~**backe** *f Anat* gluteo, *fam* posta vango, sidvango (*vgl. dazu* ***Po***)

Hinterbein *n eines Tiers* malantaŭa kruro, *auch* postkruro ◇ ***sich auf die ~e stellen*** *hartnäckig sein* esti obstina; *Widerstand leisten* rezisti

Hinterbliebene *Pl*: ***die ~n***, <schweiz> ***die Hinterlassenen*** *die Angehörigen eines Verstorbenen* postrestintoj *Pl*, postlasitaj familianoj *Pl*

hinterbringen *tr **a)*** [′----] *nach hinten bringen* porti (***etw.*** ion) malantaŭen; *hinunterschlucken können* povi gluti; *essen können* povi manĝi ***b)*** [--′--] *[heimlich] mitteilen* [sekrete] informi (***jmdm. etw.*** iun pri io)

Hinter|deck *n Mar* malantaŭa (*od* poba) ferdeko; ~**deckel** *m, auch* ***Rückdeckel*** *m eines Buches* malantaŭa kovrilo

hinterdrein *Adv **a)** zeitl: danach* poste ***b)*** *örtl: hinter allen anderen* malantaŭ (*od* post) ĉiuj aliaj

hintere(r, -s) *Adj* malantaŭa, *auch* posta; ***die hintere Seite*** la malantaŭa flanko; ***hinterer Teil*** *z.B.eines Korridors, Saales u.a.* malantaŭo, fundo (*vgl. dazu* ***Fond a)***)

hintereinander *Adv einer hinter dem anderen* unu malantaŭ (*od* post) la alia; *aufeinander folgend* sinsekve; *der Reihe nach* laŭvice; *im Gänsemarsch* anservice *od* anserpaŝe; ~ ***gehen*** iri unu post la alia; ***fünf Jahre*** ~ dum kvin sinsekvaj jaroj

Hinter|eingang *m* malantaŭa enirejo (↑ *auch* ***Hintertür***); ~**flügel** *m* (Ala posterior) *Ent* malantaŭa flugilo

Hintergaumenlaut *m Phon* ↑ ***Velar***

Hinter|gebäude *n Hinterhaus* postkorta domo; ~**gedanke** *m* kaŝita (*od* sekreta) penso, kaŝita intenco, nedirita celo

hintergehen ***a)*** [--'--] *betrügen, täuschen* trompi (***jmdn.*** iun); ***den Ehemann*** ~ kokri la edzon ***b)*** *tr* ['----] *nach hinten gehen* iri malantaŭen (*bzw.* en la malantaŭan parton)

Hintergehung *f* trompado

Hintergliedmaßen *f/Pl* malantaŭaj membroj *Pl*

Hintergrund *m Mal u. übertr* fono *auch bei Filmaufnahmen od Fotos*; ***historischer*** ~ historia fono; ***auf dem ~ der jüngsten Ereignisse*** sur la fono de la ĵusaj okazintaĵoj; ***die Hintergründe der kriminellenTat sind unklar*** la fono de la krimfaro estas neklara; ***zu den Hintergründen ist bisher nichts bekannt*** pri la fono de la afero (*od* okazintaĵo *bzw.* faro) nenio estas konata ĝis nun

hintergründig *Adj wertvoll* valora; *klug* saĝa

Hintergrund|informationen *f/Pl* fonaj informoj *Pl*; ~**musik** *f* fona muziko; ~**wissen** *n* fonaj scioj *Pl*

Hinterhalt *m Mil u. allg* embusko; *Falle* enfalilo, kaptilo; ***in einen ~ geraten*** enfali en embuskon; ***im ~ liegen*** embuski; ***sich in den ~ legen*** *sich auf die Lauer legen* sin kaŝi embuske, embuskiĝi ◇ ***etw. im ~ haben*** havi ion en rezervo

hinterhältig **1.** *Adj hinterlistig* insida, perfida; *boshaft* malica **2.** *Adv* inside, perfide; malice

Hinterhand *f hinteres Bein (beim Pferd)* malantaŭa (*od* posta) gambo

Hinterhaupt *n Anat* okcipito, *auch* postkranio; ~**bein** *n* (Os occipitale) *Anat* okcipitosto, *Fachspr auch* okcipitalo; ~**fontanelle** *f, auch* ***kleine Fontanelle*** *f* (Fonticulus posterior) (*auch* ***Lambda*** *genannt [wegen seiner dreieckigen Form]*) *Anat* posta (*od auch* lambda) fontanelo; ~**schuppe** *f* (Squama occipitalis) *Anat* okcipitala skvamo

Hinterhaus *n hinterer Teil eines Hauses* malantaŭa parto de domo; *Gebäude hinter dem Hof* postkorta domo

hinterher *Adv örtl (hinter etw. od jmdm.)* post; *zeitl (danach, später)* poste; ~**gehen** *intr* postiri (***jmdm.*** al iu), sekvi (***jmdm.*** iun); ~**hinken** *intr* postlami

hinterherjagen *intr verfolgen* persekuti (***jmdm.*** iun) (*vgl. dazu* ***hinterherrennen***); ***dem Geld*** ~ ĉasi monon

hinterher|laufen *intr nachfolgen* sekvi; *hinterherrennen* postkur[eg]i (***jmdm.*** iun) (*vgl. dazu* ***hinterhergehen***); ~**reiten** *intr* postrajdi; ~**rennen** *intr* postkur[eg]i (***jmdm.*** iun) *od* kur[eg]i post (***jmdm.*** iu)

hinterherrufen *tr*: ***jmdm. etw. [laut]*** ~ postkrii ion al iu *(Zam)*

hinterher|schauen *od* ~**sehen** *intr*: ***jmdm.*** ~ postrigardi iun

hinterhertrotten *intr*: ***sie trotteten den anderen einfach hinterher*** ili ŝafe sekvis la antaŭirantojn

Hinter|hirn *n*, *Fachspr* ***Metencephalon*** *n Anat (Teil des Rombencephalons)* metencefalo; ~**hof** *m* postkorto; ~**indien** (*n*) Transganga Hindio *<umfasst die Staaten Myanmar, Thailand, Kambodscha, Vietnam, Laos u. den westl. Teil von Malaysia>*; ~**kopf** *m Anat* postkranio, *<wiss>* okcipito; ~**lader** *m Militärtechnik* kulasŝarga pafilo; ~**land** *n* postregiono; *Inland* internlando

hinterlassen *tr zurücklassen* postlasi; *vererben* heredigi (***jmdm. etw.*** ion al iu); ***testamentarisch*** ~ testamenti postlasi (***jmdm. etw.*** ion al iu); ***Fingerabdrücke*** ~ postlasi fingrospuron; ***ohne Spuren zu*** ~ ne lasinte spurojn; ***er hat eine Frau und zwei Kinder*** ~ li postlasis edzinon kaj du infanojn

Hinterlassenschaft *f* ***a)*** *<österr>* ***Verlassenschaft*** *f Nachlass* postlasaĵo ***b)*** *Erbe* heredaĵo

Hinterlauf *m Jägerspr* postkruro; ~ ***eines Reh[e]s*** postkruro de kapreolo

hinterlegen *tr zur Aufbewahrung geben* deponi (***bei*** ĉe) *auch Geld od Wertsachen*

Hinterleger *m Jur* deponanto *bzw.* deponinto

Hinterlegung *f* depon[ad]o (↑ *auch* ***Aufbewahrung*** *u.* ***Verwahrung***)

Hinterlegungs|schein *m* depon-atesto; ~**stelle** *f* deponejo

Hinterleib *m von Kerb-, Krebs- u. Spinnentieren* abdomeno

Hinterleibssegment *n z.B. einer Raupe* abdomena segmento

Hinterlist *f* insid[em]o, perfid[ec]o; *i.w.S. Unaufrichtigkeit* malsincer[ec]o

hinterlistig *Adj* insida, perfida; *i.w.S. unaufrichtig* malsincera; *gewieft, schlau* ruza

hinterm = *umg für* ***hinter dem***

Hintermann *m [Ggs Vordermann]* malantaŭulo, *i.w.S.* tiu [persono], kiu staras (*bzw.* iras *od* marŝas) malantaŭ iu; ***Hintermänner*** *Pl Komplizen* komplicoj *Pl*

Hintermannschaft *f Sport (Verteidigung)* la arieruloj *Pl*

hintern = *umg für* ***hinter den***

Hintern *m umg für «Gesäß»* postaĵo (*vgl. dazu* ***Arsch*** *u.* ***Po***); ***jmdm. den*** ~ ***auspeitschen*** pugovergi iun; ***jmdm. einen Tritt in den*** ~ ***geben*** *derb* doni al iu piedon en la postaĵon; ***mit dem*** ~ ***wackeln*** balanci la postaĵon

Hinterpfote *f* malantaŭa piedo

Hinterrad *n* malantaŭa rado; ~**antrieb** *m Kfz* postrada movigo; ~**bremse** *f* postrada bremso

Hinterreifen *m* postrada pneŭmatiko

hinterrücks *Adv* ***a)*** *vom Rücken her* de post la dorso; *von hinten [her]* de malantaŭe ***b)*** *hinterhältig* inside, perfide; *heimlich* kaŝe; *aus dem Hinterhalt* embuske

hinters = *umg für* ***hinter das***

hinterschlucken *intr* [en]gluti

Hinter|seite *f* malantaŭa flanko (*vgl. dazu* ***Hinterteil***); *Rückseite* dorsflanko; ~**sitz** *m* postseĝo

hinterste(s, -r) *Adj* plej malantaŭa; *letzte* plej lasta

Hintersteven *m Mar* ↑ ***Achtersteven***

Hinterteil *n hinteres Teil* malantaŭa parto; *Gesäß* postaĵo [↑ *auch* ***Hintern*** *u.* ***Po***]

Hintertreffen *n*: ***ins*** ~ ***geraten*** (*od* ***kommen***) *umg* perdi terenon; *übertroffen werden* esti superata [de]; ***im*** ~ ***sein*** *umg* esti handikapita (***weil*** ĉar)

hintertreiben *tr vereiteln* vanigi, [kaŝe *od* sekrete] malebligi (*bzw.* malsukcesigi)

Hintertreppe *f* malantaŭa ŝtuparo

Hintertür *f* malantaŭa pordo; *übertr (Ausweg)* eliro, elirvojo, *(Lösung)* solvo; ***sich eine*** ~ ***offen halten*** *übertr* lasi al si eblon por retiriĝi [el la afero]

Hinterwäldler *m* praarbarano, *auch* [naiva *bzw.* stulta] provincano

hinterziehen *tr* [ˊ----] *nach hinten ziehen* tiri malantaŭen, tiri al la malantaŭo; [--ˊ--] *unterschlagen, z.B. Abgaben an den Staat* fraŭdi (↑ *auch* ***defraudieren***); ***Steuern*** ~ [pri]fraŭdi la ŝtaton je impostoj

Hinterziehung *f von Steuern, Veruntreuung, z.B. von Geldern* fraŭdo (↑ *auch* ***Betrug*** *u.* ***Defraudation***)

Hinterzimmer *n* malantaŭa ĉambro

hin|tragen *tr* porti (***nach***, ***zu*** al); ~**treten** *intr* alpaŝi (***vor jmdn.*** al iu); ~**tun** *tr umg* meti [tien]

hinüber, *umg* ***rüber*** *Adv (nach drüben)* transen *(hinüber [auf die andere Seite u.Ä.])* al la transa (*od* alia) flanko (*bzw.* parto *u.Ä.*); *im Esp meist als Präf mit dem Verb verbunden:* trans...; ***wir gingen über die Brücke [hinüber]*** ni iris trans la ponton *od* ni transiris la ponton

hinüber|fahren ***a)*** *tr* transveturigi (***etw.*** ion) ***b)*** *intr* transveturi; ~**fliegen** *intr* transflugi, flugi transen (***nach*** al); ~**fließen** *intr* transflui (***nach*** al); ~**führen** *tr* transkonduki (***nach*** al *mit Nom*, trans *mit Akk*); ~**gehen** *intr* transiri, transpasi (***zu*** al), *(eilend)* transkuri

Hinübergehen *n* transiro, transpaso

hinüber|klettern, *umg* ***rüberklettern*** *intr* transgrimpi (***über etw. [hinweg]*** ion); ~**reisen** *intr* transvojaĝi (***nach*** *bzw.* ***zu*** al); ~**rollen** *tr* ***a)*** transruli ***b)*** *intr* transruliĝi; ~**rudern** *intr* remi al la transa (*od* alia) flanko; ~**schaffen**, *umg auch* ***rüberschaffen*** *tr* transporti; ~**schwimmen**, *umg auch* ***rüberschwimmen*** *intr* transnaĝi, naĝi al la transa (*od* alia) flanko

Hinübersetzung *f Ling* traduko en la fremdan lingvon

hinüber|springen, *umg auch* ***rüberspringen*** *intr* transsalti (***an*** *bzw.* ***nach*** al); ~**tragen**, *umg auch* ***rübertragen*** *tr* porti transen (*bzw.* tien *od* al la alia flanko); ~**tun**, *umg auch* ***rübertun*** *tr* transmeti; ~**waten** *tr u. abs: auf die die andere Seite waten* transvadi; ~**werfen**, *umg auch* ***rüberwerfen*** *tr* transĵeti; ~**ziehen** ***a)*** *umg auch* ***rüberziehen*** *tr auf die andere Seite ziehen* tiri al la alia flanko, transtiri (***etw.*** ion; ***jmdn.*** iun) ***b)*** *intr umziehen, um auf der anderen Seite zu wohnen* transloĝiĝi por ekloĝi sur la alia (*bzw.* transa) flanko

Hin- und Rück|fahrkarte *f* ir-revena bileto; ~**fahrt** *f* veturo tien kaj reen

hinunter, *umg auch* ***runter*** *Adv* malsupren, suben; *zu Tal* valen (↑ *auch* ***bergab*** *u.* ***tal-[ab]wärts***); ~**bringen** *tr* malsuprenporti, porti suben; ~**eilen** *intr* malsuprenrapidi *od* rapidi malsupren; ~**fahren** *intr* malsuprenveturi *od* veturi malsupren (*bzw.* valen) (***nach*** al); ~**fallen**, *umg auch* ***runterfallen*** *intr* fali [malsup- ren], *auf die Erde fallen* terenfali *od* fali teren; ~**fliegen**, *umg auch* ***runterfliegen*** *intr* malsuprenflugi; ~**führen** *tr* malsuprenkonduki (***zu*** al); ~**gehen**, *umg auch* ***runtergehen*** *intr* malsupreniri, descendi; ~**klettern**, *umg* ***runterklettern*** *intr* malsuprengrimpi, subengrimpi, descendi; ~**lassen** *tr* malsuprenigi, mallevi (***etw.*** ion; ***jmdn.*** iun); ~**schlingen** *tr* vori; ~**schlucken**, *umg auch* ***runterschlucken*** *tr Nahrung, Tablette u.a.* [en]gluti

Hinunterschlucken *n* [en]glutado, forglutado

hinunterspringen *intr* malsuprensalti *od* salti malsupren

hinuntersteigen *intr* malsupreniri, descendi; ***die Treppe*** ~ descendi la ŝtuparon

hinunterstoßen *tr* malsuprenpuŝi (***jmdn.*** iun); *in den Abgrund stoßen* puŝi en la abismon

hinunterstürzen ***a)*** *intr* fali [malsupren] (***in*** en *mit Akk*) ***b)*** *refl*: ***sich*** ~ *refl* sin ĵeti malsupren

hinunterwerfen *tr* malsuprenĵeti

hinweg [-ˈ-] *Adv*: ~***!*** *geh weg!* foriru!; *verschwinde!* forpafiĝu!; ***über das ganze Jahr*** ~ *zeitl* tra la tuta jaro ◇ ***über unsere Köpfe*** ~ *ohne uns zu fragen* sen demandi nin; *ohne sich mit uns zu beraten* sen konsultiĝi kun ni

Hinweg [ˈ--] *m* vojo tien; alkonduka vojo; *Hinreise* vojaĝo tien (↑ *auch* ***Hinfahrt***)

hinwegfegen *tr* [for]balai *auch durch Wind, Wogen u.a.*; ***der Wind fegte die Wolken hinweg*** la vento [for]balais la nubojn

hinweggeh[e]n *intr*: ***über etw.*** ~ ne reagi al io; *ignorieren* ignori ion; ***er ging mit einer Handbewegung über den Einwand hinweg*** li ignoris (*od* forbalais) la obĵeton per simpla mangesto

hinwegsehen *intr*: ***über etw.*** ~ *etw. absichtlich nicht beachten* intence ignori (*od* ne voli rimarki) ion

hinwegsetzen *intr über etw. springen* transsalti ion *od* salti trans ion; ***sich über alles*** ~ tute intence malatenti ĉion [kio ne konvenas]; ***sich über alle Einwände*** ~ absolute ignori ĉiujn faritajn obĵetojn

Hinweis *m* atentigo (***auf*** pri) (↑ *auch* ***Rat a)***); *Angabe, Anzeige* indiko; *Hinweiszettel* avizo; *Warnung* averto; *Anspielung* aludo

hinweisen *intr* atentigi (***jmdn. auf etw.*** iun pri io); *warnend hinweisen* averti; *zeigen [wie etw. gemacht wird]* montri; *anspielen auf* aludi (***auf etw.*** ion); *erinnern an* memorigi (***jmdn. auf etw.*** iun pri io)

hinweisend *Adj*: ~***es Fürwort*** *n Gramm*

montra pronomo *od* demonstrativo

Hinweis|schild *n od* ~**tafel** *f* indika tabulo, indikilo

hinwerfen *tr* ***a)*** *auf den Boden werfen* ĵeti teren; *fallen lassen* faligi (***etw.*** ion); ***den Hühnern Körner*** ~ ĵeti grajnojn al la kokinoj; ***pass auf, wirf die Vase nicht hin!*** atentu por ne faligi la vazon! ***b)*** *übertr Mal (hastig zu Papier bringen [eine Skizze])* krokizi, rapide skizi [per krajono, plumo *bzw.* peniko] ***c)*** *refl* ***sich*** ~ sin ĵeti teren; ***sich vornüber*** ~ sin ĵeti teren kapantaŭe (*od* kun kapo antaŭe)

hinwirken *intr*: ***auf etw.*** ~ *etw. beschleunigend fördern* akceli ion, agi cele al io

hinziehen ***a)*** *tr*: ***etw.*** (***jmdn.***) ~ ***nach ...*** tiri ion (iun) al ...; ***etw.*** ~ *etw. in die Länge ziehen (örtl)* longigi, *(zeitl)* prokrasti ***b)*** *intr an einen anderen Ort ziehen* transloĝiĝi ***c) sich*** ~ *lange dauern (Gespräch, Verhandlungen)* daŭradi *od* longe daŭri; *sich erstrecken, z.B. ein Gebirgszug* etendiĝi (***bis*** ĝis); ***sich zu jmdm. hingezogen fühlen*** senti sin altirata de iu; *Sympathie (Zuneigung) für jmdn. empfinden* senti simpation ([kor]inklinon) por iu

hinzielen *intr* celi (***auf*** al) *auch mit einer Schusswaffe*; *beabsichtigen [etw. zu tun]* intenci [fari ion] *od folgendes Verb im Inf*; ***auf Erfolg*** ~ celi al sukceso

hinzu... *als Vorsilbe meist mit* al... *zu übersetzen*

hinzudenken *tr Ling (im Geiste ergänzen [z.B. ein im Text nicht ausgedrucktes Wort])* subkompreni

hinzufügen *tr* adicii; *beifügen* (*als Anlage od Anhang)* aldoni (***etw. zu etw.*** ion al io) (↑ *auch* ***dazutun*** *u.* ***zugeben***); *eine Bemerkung* aldone rimarki, aldiri; *i.w.S. allg auch* aligi; ***es muss hinzugefügt werden, dass ...*** oni devas aldoni (*od* aldone diri), ke ...

hinzu|gehören *intr* aparteni (***zu*** al); ~**gesellen, sich** *refl* aliĝi (***zu*** al)

hinzukommen *intr* [poste] aliĝi; *sich anreihen, [noch] hinzukommen z.B. an eine Reihe vorausgegangener Erfolge* alviciĝi; ***es kommt noch hinzu, dass ...*** estas necese aldoni, ke ...

hinzu|rechnen *tr* alkalkuli, *Math meist* adicii; ~**treten** *intr* alpaŝi, alproksimiĝi; ~**tun** *tr hinzufügen* aldoni; *[noch] hinzulegen* almeti; ~**verdienen** *intr* [iom] kromgajni; ~**wählen** *tr* koopti, *selt auch* alelekti; ~**zahlen** *tr* alpagi, krompagi

hinzuzählen *tr* alkalkuli, aldoni, *Math meist* adicii; ***du musst noch fünf Punkte*** ~ vi devas adicii (*od umg* aldoni) kvin poentojn

hinzuziehen *tr*: ***einen Arzt*** (***Fachmann***) ~ serĉi la konsilon de kuracisto (specialisto) *od* konsulti kuraciston (specialiston)

Hiobsbotschaft *f traurige Nachricht* trista novaĵo (*od* sciigo); *schlechte Nachricht* malbona novaĵo (*od* sciigo); *Schreckensnachricht* terura novaĵo (*od* sciigo)

Hip-Hop *m, auch* ***Hiphop*** *m Jugendkultur, deren bekanntestes Merkmal die stark rhythmisierte Musik ist (auch: Tanzstil der Popmusik)* hiphopo <*im New Yorker Stadtteil Bronx entstanden*>; ~**-Band** *f* hiphopbando

Hipparion *n Paläontologie (pferdeähnliches Säugetier des Pliozäns)* hipariono

Hippe *f Gartenmesser in Sichelform, bes. für Obstbaumschnitt* hipo, *auch* serpeto

Hippies *m/Pl, auch* ***Blumenkinder*** *n/Pl Jugend- u. Protestbewegung vor allem der 60er Jahre [mit betont unbürgerlicher, pazifistischer u. naturnaher Lebensweise]* hipioj *Pl*

Hippodrom *m od n Antike u. i.w.S.* hipodromo (*vgl. dazu* ***Reitbahn***)

Hippogryph *m Myth (geflügeltes Fabeltier mit Pferdeleib u. Greifenkopf)* hipogrifo <*Flügelross der Dichtkunst*>

Hippokamp[os] *m griech. Myth (Mischwesen aus Pferd u. Schlange* <*Reittier der Meeresgottheiten*>*)* hipokampo

Hippokrates (*m*), *auch* ***Hippokrates von Kos*** *Eig (griech. Arzt [um 460-um 377 v. Chr.])* Hipokrato; ***Eid m des*** ~ *Med* ĵuro de Hipokrato

Hippokratiker *m Anhänger des Hippokrates* hipokratano

hippokratisch *Adj* hipokrata; ~***es Gesicht*** *od* ***Hippokratesgesicht*** *n* (Facies hippocratica) *nur Fachspr Med (Gesichtsausdruck Schwerkranker od Sterbender)* hipokrata facio

Hippokrene *f griech. Antike (Musenquelle am Helikon)* Hipokreno <*Quelle der Inspiration für den Dichter im alten Griechenland*>

Hippolytos (*m*) *griech. Myth (Sohn des Theseus u. der Amazone Antiope)* Hipolito

Hippomenes (*m*) *griech. Myth (Geliebter der Atalante)* Hipomeno

Hippophagie *f Nutzung f von Pferdefleisch als Nahrung* hipofagio
Hippotherapie *f Med* ↑ ***Reittherapie***
Hippuriten *m/Pl fossile Pferdeschweifmuscheln [aus der Kreidezeit[* hipuritoj *Pl*
Hippursäure *f Chem* hipurata acido
hippursaures Salz *n Chem* hipurato
Hiragana *n eines der beiden japanischen Silbenalphabete* rondaj kanaoj *Pl* (*vgl. dazu* ***Katakana***)
Hiram (*m*) *Eig (ehemaliger König von Tyros)* Ĥiramo
Hirn *n Anat* cerbo (*vgl. dazu* ***Großhirn*** *u.* ***Kleinhirn***); *übertr Verstand* prudento; *Kochk (als Speise)* cerbaĵo; ~**abszess** *m, auch* ***intrazerebraler Abszess*** *m Med* absceso de la cerbo *od* intracerebra absceso; ~**aktivität** *f* cerebra aktiveco; ~**aneurisma** *f* (Aneurysma cerebri) cerebra aneŭrismo; ~**anhang[s]drüse** *f, Fachspr* ***Hypophyse*** *f* (Hypophysis cerebri) *Anat* pituitaria glando, hipofizo (↑ *auch* ***Neurohypophyse***); ~**arterie** *f, auch* ***Hirnschlagader*** *f* (Arteria cerebri) *Anat* cerebra arterio; ~**basis** *f Anat* cerbobazo *od* bazo de la cerbo; ~**blutung** *f, auch* ***Gehirnblutung*** *f* (Haemorrhagia cerebralis) *Med* cerba (*od* cerebra) hemoragio
Hirndruck *m Liquordruck im Gehirn* intracerebra (*od* intrakrania) premo; ~**erhöhung** *f Med* [pli]altiĝo de la intrakrania premo
Hirn|embolie *f Med* cerebra embolio; ~**erkrankung** *f Med* cerebra malsano, encefalopatio
hirnen *intr* <*schweiz*> *sakopp für «nachdenken»* cerbumi
Hirnerschütterung *f Med* ↑ ***Gehirnerschütterung***
Hirnfunktion *f Physiol* cerba funkcio
Hirngeschwulst *f Med* ↑ ***Hirntumor***
Hirn|gespinst *n* ĥimero; *Traumbild* fantaziaĵo; *absurde Idee* absurda ideo (*vgl. dazu* ***Illusion***); ~**gewölbe** *n* (Fornix cerebri) *Anat* cerba fornikso
Hirnhaut *f,* <*wiss*> ***Meninx*** *f* (*Pl:* ***Meningen***) *Anat* [encefala] meningo (*vgl. dazu* ***Pia mater*** *u.* ***Rückenmarkhäute***); ***harte*** ~ (Dura mater encephali *od* Pachymeninx) duramatro
Hirnhautblutung *f Med* meninga hemoragio
Hirnhautentzündung *f Med* ↑ ***Meningitis***
Hirn|kammern *f/Pl* (Ventriculi cerebri) *Anat* cerebraj ventrikloj *Pl*; ~**kanüle** *f Medizintechnik* cerebra kanulo; ~**kontusion** *f, auch* ***Hirnquetschung*** *f* (Contusio cerebri) *Med* cerebra kontuzo; ~**läsion** *f Med* cerba (*od* cerebra) lezo (↑ *auch* ***Hirnschaden***)
hirnlos *Adj* sencerba; ~***er Mensch*** *m* sencerbulo (↑ *auch* ***Dummkopf*** *u.* ***Strohkopf***)
Hirnmalaria *f Med* ↑ *unter* ***Malaria***
Hirn|mantel *m* (Pallium cerebri) *Anat* paliumo; ~**masse** *f* cerebra maso, cerba substanco (↑ *auch* ***Hirnsubstanz***)
Hirnnerv *m* (Nervus cerebralis) *Anat* cerebra nervo; ***VII. Hirnnerv*** (Nervus facialis) facia nervo; ***XI. Hirnnerv***, *auch* ***Beinerv*** *m* (Nervus accessorius) akcesora nervo
Hirn|ödem *n* (Oedema cerebri) *Med* cerebra edemo, encefaloedemo; ~**prolaps** *m* (Prolapsus cerebri) *Med* cerebra prolapso *od* prolapso de la cerebro
Hirnquetschung *f Med* ↑ ***Hirnkontusion***
Hirn|rinde *f, kurz für* ***Großhirnrinde*** *f* (Cortex cerebri) *Anat* cerebra kortekso; ***unter der*** ~ ***[gelegen]***, *Fachspr* ***subkortikal*** subkorteksa; ~**rindenreflex** *m* korteksa reflekso
Hirn-Rückenmark-Flüssigkeit *f* (Liquor cerebrospinalis) *Anat* cerbospina likv[aĵ]o
Hirn|schaden *m* cerba difekto *auch übertr pej*; ~**schale** *f* (Cranium) *Schädel* kranio
Hirnschlag *m Med* ↑ ***Gehirnschlag***
Hirnschlagader *f Anat* ↑ ***Hirnarterie***
Hirnschwellung *f Med* ↑ ***Gehirnödem***
Hirnschwindel *m Med* ↑ *unter* ***²Schwindel***
Hirnsinusthrombose *f Med* ↑ ***Hirnvenenthrombose***
Hirnsprache *f Psych* ↑ ***Endophasie***
Hirnstamm *m* (Truncus cerebri *od* Truncus encephali) *Anat* cerba trunko
Hirnstein *m Med* ↑ ***Enzephalolith***
Hirnstimulation *f*: ***tiefe*** ~ *Neurochirurgie* profunda cerebra stimulado <*Anwendung z.B. bei Parkinson-Patienten*>
Hirn|stoffwechsel *m Physiol* cerebra metabolo; ~**substanz** *f* cerba substanco (*vgl. dazu* ***Hirnmasse***); ~**tod** *m Med* cerba morto; ~**trauma** *n Med* cerebra traŭmo, lezo de la cerbo; ~**tumor** *m, auch* ***Hirngeschwulst*** *f* (Tumor cerebri) *Med* cerebra tumoro, *auch* cerbotumoro (↑ *auch* ***Glio-*** *u.* ***Spongioblastom***); ~**vene** *f, auch* ***Gehirnvene*** *f* (Vena cerebri) *Anat* cerebra vejno; ~**venenthrombose** *f, auch* ***Hirnsinusthrombose*** *f Med* trombozo de la cerebra vejno
hirnverbrannt *Adj umg für «verrückt» od «idiotisch»* freneza, idiota
Hirnwindungen *f/Pl* ↑ ***Gehirnwindungen***

Hirnzellen *f/Pl Anat* cerbaj ĉeloj *Pl*
Hirohito (*m*) *Eig (persönlicher Name des Kaisers von Japan)* Hirohito
Hiroshima (*n*) *eine jap. Stadt* Hiroŝimo *<Ort des ersten Atombombenabwurfs>*
Hirsch ***a)*** *m Zool* cervo, *(männl. Hirsch)* vircervo; *Rot*~ (Cervus elaphus) ruĝa cervo (↑ *auch* ***Axis-***, ***Buchara-***, ***Dam-***, ***Davids-***, ***MacNeill-***, ***Maultier-***, ***Moschus-***, ***Platz-***, ***Sambar-***, ***Schopf-***, ***Schweins- b)***, ***Sika-***, ***Sumpf-***, ***Virginia-***, ***Weißlippen-***, ***Weißwedelhirsch***, ***Muntjak*** *u.* ***Wapiti***) ***b)*** *ohne Art*, *<österr>* ***Hirschene*** *n Kochk (Gericht aus Hirschfleisch)* cervaĵo; ***[Familie der]*** *~**e** Pl* (Cervidae) *Zool* cervedoj *Pl*
Hirschbraten *m Kochk* cerva rostaĵo
Hirscheber *m Zool* ↑ ***Schweinshirsch*** *m*
Hirschene *n Kochk* ↑ ***Hirsch b)***
Hirschfänger *m Jagd (ein Messer [als Teil der Jagdausrüstung])* ĉasista tranĉilo
hirschfarben *Adj* cervokolora
Hirschfleisch *n* cervoviando, *(als Gericht)* cervaĵo
Hirschgeweih *n* cerva kornaro *od* kornaro de cervo; ~**farn** *m* (Platycerium bifurcatum) *Bot* cervokorna platicerio, *pop* alka korno
Hirschhorn *n* cervokorno; ~**salz** *n Chem* amonia karbonato
Hirschhund *m*: ***schottischer*** ~ ↑ ***Deerhound***
Hirsch|jagd *f* cervoĉaso; ~**käfer** *m* (Lucanus cervus) *Ent* cervoskarabo, *<wiss>* lukano (*vgl. dazu* ***Blatthornkäfer***); ~**kalb** *n* cervido
Hirschkolbensumach *m Bot* ↑ ***Essigbaum***
Hirsch|kuh *f* cervino, femala cervo (↑ *auch* ***Hindin***); ~**leder** *n* cervoledo
Hirschling *m Mykologie* ↑ ***Habichtspilz***
Hirschziegenantilope *f* (Antilope cervicapra) *Zool* cervokapra antilopo *[Vorkommen: indischer Subkontinent]*
Hirschzunge *f*, *auch* ***Zungenfarn*** *m* (Phyllitis scolopendrium = Asplenium scolopendrium) *Bot* skolopendrio
Hirse *f Bot* (*Gattung* Panicum) paniko, (*die Art* Panicum milliaceum) milio *auch Nahr* (↑ *auch* ***Hühner-***, ***Kolben-***, ***Rispen-*** *u.* ***Sorghumhirse***); ~**brei** *m* miliokaĉo, *auch* kaĉo el milio; ~**korn** *n* grajno de milio
Hirsutismus *m Med (dem männlichen Behaarungstyp angenäherte Behaarung der Frau)* hirtismo (↑ *auch* ***Hypertrichose***)
Hirt *m*, *bes. poet auch* ***Hirte*** *m* paŝtisto *auch übertr Kirche* (*vgl. dazu* ***Gaucho***; ↑ *auch* ***Gänse-***, ***Kuh-***, ***Rinder-***, ***Schaf-***, ***Schweine-***, ***Vieh-*** *u.* ***Ziegenhirt***)
Hirten|brief *m Kirche (Sendschreiben eines Bischofs an seine Diözese)* episkopa letero; ~**dichtung** *f Lit* arkadia poezio, bukoliko; ~**flöte** *f Mus* paŝtista fluto, *(Panflöte)* pajnoŝalmo; ~**gedicht** *n*, *auch* ***Schäfergedicht*** *n* bukolika (*od* paŝtista) poemo
Hirtenhund *m*, *auch* ***Hütehund*** *m* paŝtista hundo, *auch* paŝtohundo (↑ *auch* ***Herdenhund*** *u.* ***Komondor***); ***anatolischer*** ~ anatolia gregogarda hundo
Hirten|junge *od* ~**knabe** *m* paŝtoknabo
hirtenliedartig *Adj Mus* bukolika
Hirten|mädchen *n* paŝtoknabino; ~**maina** *f*, *auch* ***[indischer] Hirtenstar*** *m* (Acridotheres tristis) *Orn* nigra majno; ~**regenpfeifer** *m* (Charadrius pecuarius) *Orn* ĉambrusta pluvio
Hirtenschalmei *f*: ***russische*** ~ ↑ ***Brjolka***
Hirtenstab *m eines Viehhirten* paŝtista bastono; *Bischofs- od Pastoralstab* episkopa bastono
Hirtenstar *m Orn* ↑ ***Hirtenmaina***
Hirtentäschel *n*, *pop auch* ***Hirtentäschelkraut*** *n* (*Gattung* Capsella) *Bot* kapselo; ***gemeines*** ~ (Capsella bursa pastoris) paŝtista kapselo; ***rötliches*** ~ (Capsella rubella) ruĝranda kapselo
Hirtenvolk *n* paŝtista popolo
Hirudin *n Biochemie (eine aus den Speicheldrüsen der Blutegel gewonnene Substanz, die die Blutgerinnung hemmt)* hirudino
Hisbollah *f*, *arab.* ***Hizb Allāh*** (*«Partei Gottes»*): *militante schiitische Organisation in Libanon [gegründet 1982]* hizbulaho, *auch* hizbolaho
Hiskia *od* **Hiskias** (*m*), *auch* ***Ezechia*** (*m*) *bibl Eig (König von Juda [725-697 v. Chr.])* Ĥizekio
Hispanic *m* ↑ ***Hispanoamerikaner***
Hispaniola (*n*) *span. Name der Insel Haiti [politisch aufgeteilt in die Dominikanische Rep. u. die Rep. Haiti]* Hispaniolo
Hispanismus *m Ling (spanische Spracheigentümlichkeit)* hispanismo
Hispanist *m* hispanisto
Hispanistik *f Wissenschaft von der spanischen Sprache u. Kultur* hispanistiko
Hispanoamerikaner *m*, *auch* ***Hispano*** *od engl.* ***Hispanic*** *m* hispan-amerikano, *eigtl* hispan-usonano

hispano-amerikanisch *Adj* hispan-amerik-[an]a (*vgl. dazu* ***lateinamerikanisch***)

hissen *tr Fahne, Segel* hisi (↑ *auch* ***flaggen*** *u.* ***hochziehen***)

Histamin *n Biochemie (ein Gewebehormon u. Botenstoff)* histamino; ~**schock** *m Med* ŝoko pro [ekscesa] histamino; ~**test** *m Med* histamintesto

Histidin *n eine essenzielle Aminosäure [Bestandteil der meisten Proteine]* histidino

Histiozytom *n Med* ↑ ***Dermatofibrom***)

Histochemie *f ein Teilgebiet der Biochemie u. Histologie* histokemio *od* histologia kemio <*untersucht meist mikrochemisch das Vorkommen bestimmter chemischer Stoffe in den Geweben u. Zellen*>

Histogenese *f Med (Entstehung der Gewebe unter normalen od pathologischen Bedingungen)* histogenezo

Histogramm *n, auch* ***Staffelbild*** *n Statistik (grafische Darstellung von Häufigkeitswerten bzw. Häufigkeitsverteilungen [in Form von Säulen])* histogramo

Histologe *m* histologo

Histologie *f Biol, Med, Naturw (Lehre vom Bau der Gewebe des pflanzlichen, tierischen u. menschlichen Körpers)* histologio, *auch* histoscienco (↑ *auch* ***Zytohistologie***)

histologisch **1.** *Adj* histologia **2.** *Adv*: ~ ***nachgewiesen*** *z.B. ein Karzinom* histologie pruvita

Histone *n/Pl Biochemie, Genetik (Eiweißanteile von Nukleoproteiden)* histonoj *Pl*

Histopathologie *f Med (Lehre von den krankhaften Veränderungen der Gewebe)* histopatologio

histopathologisch *Adj Med* histopatologia

Histoplasmose *f, auch* ***Histoplasma-Mykose*** *f Med (Befall u. Infektion mit ‹Histoplasma capsulatum› nach Einatmung von sporenhaltigem Staub)* histoplasmozo

Histörchen *n* historieto; *Anekdote* anekdoto

Historiker *m Geschichtsforscher* historiisto (↑ *auch* ***Literarhistoriker***); *Student* studento de historio

Historiograf *m, auch* ***Historiograph*** *m* historiografo

Historiografie *f, auch* ***Historiographie*** *f Geschichtsschreibung* historiografio

historiografisch, *auch* ***historiographisch*** *Adj* historiografia

historisch **1.** *Adj* historia (↑ *auch* ***philosophiehistorisch***); ~***er Augenblick*** (*od* ***Moment***) *m* historia momento; ~***es Bauwerk*** *n* historia konstruaĵo; ~***e Begebenheit*** *f od* ~***es Ereignis*** *n* historia okazaĵo (*od* evento); ***ein*** ~***er Moment*** historia momento; ~***er Stadtkern*** *m* historia urbocentro (*od i.w.S.* urboparto); ~***e Verantwortung*** *f* historia respondeco (***für*** por) **2.** *Adv* historie; ***ein*** ~ ***bedeutsames Datum*** historie grava dato

Historizität *f, auch* ***Geschichtlichkeit*** *f* historieco

Histotherapie *f, auch* ***Gewebs[saft]behandlung*** *f Med* histoterapio

Histrione *m röm. Antike ([altrömischer] Schauspieler, Gaukler)* histriono

Histrionismus *m Neurologie (Neigung zu aufsehenerregenden dramatischen Handlungen)* histrionismo

Hit *m* ***a)*** *Mus* furorkanto, *auch* modkanto (*vgl. dazu* ***Schlager***), *i.w.S.* furoraĵo; ***dieses Lied ist ein*** ~ ***geworden*** tiu ĉi kanto (*od* kanzono) fariĝis furoraĵo (*od auch* furora) ***b)*** *übertr*: ***damals war Sangria der*** ~ ***auf Mallorca*** tiutempe sangrio estis la furoraĵo en Majorko (↑ *auch* ***Knüller***)

Hitler (*m*) *Eig (dt. Diktator [1889-1945])* Hitlero; ~**anhänger** *m* hitlerano

Hitlerismus *m Gesch, Pol (Hitlers Nationalsozialismus)* hitlerismo

Hitzdrahtspule *f El* termika bobeno

Hitze *f* ***a)*** varmego (↑ *auch* ***Affen-***, ***Bomben-Bullen-***, ***Glut-***, ***Mittags-*** *u.* ***Oberhitze***); ***sengende*** ~ bruliga varmego; ***ich kann diese*** ~ ***nicht aushalten*** (*od* ***ertragen***) mi ne povas elteni tiun ĉi varmegon; ***unter der*** ~ ***leiden*** (***stöhnen***) suferi (ĝem[ad]i) pro [la] varmego ***b)*** *übertr* ardo, pasio, ekscit[iĝ]o, fervor[eg]o; ***in der*** ~ ***des Gefechts*** en la eksciteco de la diskut[ad]o; *i.w.S.* en la ardo de la pasio ***c)*** *[bei weibl. Säugetieren:] Brunst* seksardo

Hitzebakterien *Pl Biol* ↑ *unter* ***thermophil***

hitze|beständig *od* ~**fest** *Adj* rezista al varmego, *(von chem. Substanzen)* refraktara, *i.w.S.* varmorezista, fajroeltena; ~ ***bis ... Grad*** rezista ĝis ... gradoj [da varmo]

Hitze|dermatose *f Med* varmodermatozo; ~**grad** *m* grado de varm[eg]o; ~**index** *m Met* varmoindico; ~**kollaps** *m Med* kolapso pro varmego; ~**rekord** *m Met* rekordo de varmego; ~**resistenz** *f* rezisto al varm[eg]o; ~**schild** *m Raumf* termika ŝildo [de raketa kajuto]; ~**stress** *m Med* varmostreso; ~**wallung** *f Med bzw.* ~**welle** *f Met* ondo da (*od* de) varm[eg]o

Hitzgi *m* ↑ ***Schluckauf***

hitzig *Adj **a)** leicht erregbar* ekscitiĝema; *leicht entflammt, feurig* flamiĝema, fajra; *sex (heiß, sinnlich) auch* sultra; *leidenschaftlich* pasia (↑ *auch* ***temperamentvoll***); *schnell wütend* kolerema (↑ *auch* ***jähzornig***) ***b)*** *brünstig, läufig (Tier)* seksarda, kopulaciema

Hitz|kopf *m* [ek]flamiĝema (*bzw.* [ek]kolerema) homo (↑ *auch* ***Choleriker***); ~**schlag** *m Med* varmofrapo

HIV|-Erkrankte *m bzw. f Med* suferanto de HIV-viruso [*'ho'i:'vo*]; ~**-Infektion** *f* HIV-infektiĝo; ~**-Retinopathie** *f Ophthalmologie (Netzhauterkrankung im Rahmen einer HIV-Infektion)* HIV-retinopatio; ~**-Virus** *n Bakt* HIV-viruso

HK = *Zeichen für* ***Hefner-Kerze***

Hkt = *fachsprachl. Abk für* ***Hämatokrit***

hl = *Zeichen für* ***Hektoliter***

Hlér (*m*) *germanische u. nordische Myth* ↑ ***Ägir***

hm = *Zeichen für* ***Hektometer***

hm! *Interj* hm!

H-Milch *f,* *<österr>* ***Haltbarmilch*** *f,* *<schweiz>* ***UHT-Milch*** *f Nahr (homogenisierte Milch)* ultrapasteŭrizita lakto

HNO-Arzt *m* = ***Hals-Nasen-Ohren-Arzt***

Hoatzin *m* (Opisthocomus hoazin) (*auch* ***Schopfhuhn*** *genannt*) *Orn* hoacino *[Vorkommen: im Orinoco- u. Amazonasgebiet]*

Hobart (*n*) *Hptst. von Tasmanien* Hobarto

Hobby *n* hobio (*vgl. dazu* ***Liebhaberei*** *u.* ***Steckenpferd***); ***ein*** ~ ***haben*** havi hobion

Hobby|gärtner *m* amatora ĝardenisto (*vgl. dazu* ***Kleingärtner***); ~**imker** *m* amatora abelisto; ~**koch** *m* amatora kuiristo, *auch* hobi-kuiristo; ~**sportart** *f* hobia sportspeco

Hobel *m Handw, Hausw* rabotilo (↑ *auch* ***Glatt-***, ***Grund-***, ***Harz-***, ***Käse-***, ***Schrupp-*** *u.* ***Simshobel***); ~**bank** *f Handw (Schreinerei)* rabotstablo; ~**eisen** *od* ~**messer** *n Handw* rabotilfero; ~**maschine** *f Werkzeugmaschine zum Hobeln von Werkstücken (aus Holz od Metall)* rabotmaŝino

hobeln *tr u. abs* raboti (↑ *auch* ***abhobeln***)

Hobelspäne *m/Pl* rabotaĵo *Sg*

hoch 1. *Adj* (*attributiv* ***hohe***) *räumlich* alta *auch übertr* (*vgl.dazu* ***höchst***; ↑ *auch* ***turmhoch***); *erhaben, erlaucht, großartig* majesta, grandioza; ***gewaltig*** ~ altega; ***zwei Meter*** ~ du metrojn alta; ***das Haus ist fünf Stockwerke*** ~ la domo havas kvin etaĝojn; ***im hohen Alter*** en granda aĝo; ***ein hohes Alter erreichen*** atingi grandan aĝon; ***ein hohes Amt*** alta ofico; ***das ist eine hohe Ehre für mich*** tio estas granda honoro por mi; ***hohes Fieber*** alta febro; ***mit hoher Geschwindigkeit*** kun alta rapideco; ***in hohem Grade*** en alta grado, altgrade; ***wir haben eine hohe Meinung von ihr*** ni havas altan opinion pri ŝi; ***im Hohen Norden*** en la Ekstrema Nordo; ***von hoher Qualität [sein]*** [esti] altkvalita; ***hohe Preise*** *m/Pl* altaj prezoj *Pl*; ***wie*** ~ ***ist der Preis für eine Übernachtung?*** kiom kostas [ĉambro por] unu nokta restado?; ***auf hoher See*** sur [la] alta maro ◇ ***das ist mir zu*** ~ tio estas trans mia kompreneblo (*od* horizonto); ***auf dem hohen Pferd sitzen*** afekti la superulon (↑ *auch* ***höher*** *u.* ***höchst***) **2.** *Adv **a)*** alte; ***der Schnee lag*** ~ la neĝo kuŝis alte; ***etw.*** ~ ***in die Luft werfen*** ĵeti ion alten en la aeron; ***jmdn.*** ~ ***achten*** [alte] estimi (*vgl. dazu* ***Hochachtung***); ~ ***entwickelt*** alte evoluinta; ~ ***gelegen*** *bes. Geogr* alte situanta; *i.w.S. gebirgig* montara; ~ ***oben*** alte supre; *ganz oben* plej supre; ~ ***qualifiziert*** alte kvali-fikita *od* altkvalifikita; ~ ***schätzen*** [alte] estimi; *ehren* honori ◇ ~ ***spielen*** *beim Glücksspiel* ludi grandriske; ***sie kamen acht Mann*** ~ ili venis okope (*od* ok personoj); ***wenn es*** ~ ***kommt*** *fam für «höchstens»* maksimume, plej multe; *wenn man sehr viel Glück hat* plej bonŝance; ***etw.*** ~ ***und heilig versprechen*** promesi ion plej solene; ***sie will*** ~ ***hinaus*** *hat hohe Ziele* ŝi ambicias altajn celojn; *hat hohe Ansprüche* ŝi havas altajn pretendojn; ***Hände*** ~***!*** *Mil* levu manojn! ***b)*** *Math* potenco; ***sechs*** ~ ***drei*** (6^3) la potenco de ses per tri

Hoch *n **a)** Hochruf* vivuo; *Trinkspruch* tosto; ***ein*** ~ ***auf jmdn. ausbringen*** *einen Toast auf jmdn. ausbringen* eldiri toston al iu ***b)*** *Met* alto, *(Hochdruckgebiet)* regiono de alta [aer]premo (↑ *auch* ***Azorenhoch***)

Hochachtung *f* altestimo (***vor jmdm.*** al iu), *Respekt* respekto; ***voller*** ~ plena de alta estimo

hochachtungsvoll 1. *Adj* respektoplena, *nachgest auch* plena de respekto (*od* [alta] estimo) **2.** *Adv* respektoplene, altestime *auch als Briefschluss*

Hochadel *m* altnobelaro

hochaktuell *Adj* plej aktuala (↑ *auch* ***brisant***)

Hoch|altar *m Hauptaltar [einer romanischen Kirche] auf erhöhtem Chor in od vor der Apsis* [altigita] ĉefaltaro; ~**amt** *n kath. Kirche (in feierlicher Form zelebrierte Messe)* alta meso; ~**antenne** *f* aera anteno; *auf dem Dach* surtegmenta anteno
hocharbeiten, sich *refl* [diligente labori kaj] profesie ascendi
hochauflösend *Adj* (*Abk* ***HD*** [*von engl.* ***high definition***]) *Computer- od TV-Bildschirm* altdifina; ***HD-Fernsehen*** *n* altdifina televido
Hochbahn *f Eisenb* superter[nivel]a fervojo
Hochbau *m Bauw* surtera konstruado (*vgl. dazu* ***Tiefbau***), *i.e.S. auch* domkonstruado; *das Gebäude selbst (Wohnhochhaus)* turdom[eg]o; ~**arbeiter** *m* laboristo en surtera konstrufako
Hochbeet *n Gartenb* alt-bedo
hoch|begabt *Adj* alte talentita; ~**beglückt** *Adj* ege (*od* ekstreme) feliĉigita (↑ *auch* ***überglücklich***)
Hochbehälter *m* altcisterno
hochbejahrt ↑ ***hochbetagt***
hoch|berühmt *Adj* treege fama; ~**betagt**, *auch* ***hochbejahrt*** *Adj* grandaĝa, *(Zam) auch* profundaĝa; *sehr alt* tre maljuna
Hochbetrieb *m viel Arbeit* tempo (*bzw.* periodo) de intensa laborado; *reges Leben im Hdl* plej aktiva tempo (*bzw.* sezono); *zu viele Menschen* tro (*bzw.* plej) multe da homoj [en la magazenoj *bzw.* sur la stratoj *u.a.*]
hochbiegen *tr* fleksi alten; *nach oben biegen* fleksi supren
Hochblatt *n Bot* ↑ ***Deckblatt***
hochblättrig, *Fachspr Bot auch lat.* ***altifolius*** *Adj* altfolia
hochblicken *intr* suprenrigardi *od* rigardi supren (***zu*** al)
Hochblüte *f*: ***seine ~ haben*** *von Geschichte, Kunst u. Literatur* esti en sia zenito
Hochburg *f übertr* metropolo, citadelo, fortikaĵo; *Bollwerk* bastiono; *Zentrum* centro; ***eine ~ des Islam*** fortikaĵo (*od* centro) de islamo; ***eine ~ der Kriminalität*** metropolo (*od* centro) de krimeco
Hochburgund *n Gesch* ↑ ***Franche-Comté***
Hochdecker *m Flugw* alt-ala monoplano
hochdeutsch *Adj Ling* altgermana
Hoch|deutsch[e] *n Ling* altgermana lingvo; ~**dosistherapie** *f Med* altdoza terapio *od* terapio per altaj dozoj
hochdrehen *tr* suprenturni
Hochdruck *m* ***a)*** *Phys u.Tech* alta premo ***b)*** *Met* alta [aer]premo ***c)*** *Typ (ein Druckverfahren)* reliefpreso *od* reliefa preso ***c)*** *übertr umg (enorm viel Arbeit)* multege da laboro, *(Kraftanstrengung)* fortostreĉo; ***mit ~ arbeiten*** labori kun plena forto, labori kun tuta fortostreĉo; ***im Betrieb herrscht zurzeit ~*** momente estas ega laborpremo en la laborejo ***d)*** *Med* ↑ ***Bluthochdruck***
Hochdruckdampfkammer *f* ↑ ***Autoklav***
Hochdruck|gebiet *n Met* regiono de alta [aer]premo (↑ *auch* ***Antizyklone***); ~**keil** *m Met* kojno de alta [aer]premo; ~**kessel** *m Tech* altprema kaldrono
Hochdruckkrankheit *f* = ***Hypertonie***
Hochdruck|physik *f Bereich der Physik, in dem die Eigenschaften von Stoffen unter extrem hohem Druck untersucht werden* altprema fiziko; ~**verfahren** *n Typ* reliefpresa metodo; ~**zylinder** *m Tech* cilindro de alta premo *od* altprema cilindro
Hochebene *f Geogr* altebenaĵo; *Hochplateau* altplataĵo
hocheffizient *Adj hochwirksam* alt-efika; *hochleistungsfähig* altpovuma
hochempfindlich *Adj* alte sensiva (***gegenüber*** al, *auch* por)
Hochenergiephysik *f* (*fachsprachl. Abk* ***HEP***) altenergia fiziko
hoch|entzückt *Adj* ege ravita; ~**erfreut** *Adj* ege ĝojigita (***über*** pri)
hochexplosiv *Adj*: ***ein ~es Gemisch*** tre eksplodema miksaĵo; ***~e Substanzen*** *f/Pl* tre eksplodemaj substancoj *Pl*
hoch|fahren *intr* suprenveturi (***nach*** *bzw.* ***zu*** al); ~**fahrend** *Adj anmaßend* aroganta; *aufbrausend* ekkolerema; *cholerisch* kolerika; ~**fein** *Adj* superfajna *od* hiperfajna; *luxuriös* luksa
Hochfinanz *f* financmagnatoj *Pl*
Hochfläche *f Geogr* = ***Hochebene***
hochfliegen *intr nach oben fliegen* suprenflugi, flugi supren; *aufwirbeln* suprenkirliĝi
hochfliegend *Adj* altfluga; *ambitiös* ambicia; *bombastisch, hochtrabend* bombasta (↑ *auch* ***übertrieben***); ***~e Pläne haben*** havi ambiciajn (*od auch* altflugajn) planojn
Hochflut *f* alta tajdo
Hochform *f*: ***in ~ sein*** *physisch* esti en brila konstitucio (↑ *auch* ***Höchstform***)
Hochformat *n Typ* vertikala formato
hochfrequent *Adj El* altfrekvenca; ***mit ~en***

Strömen therapieren *Med* darsonvalizi
Hochfrequenz *f* (*Abk* ***HF***) *El* altfrekvenco
Hochfrequenzgleichrichter *m* ↑ ***Detektor***
Hochfrequenz|kamera *f Foto* altfrekvenca kamerao; ~**kreis** *m El* altfrekvenca cirkvito; ~**pentode** *f El* altfrekvenca pentodo; ~**spektroskopie** *f, kurz* ***HF-Spektroskopie*** *f Phys* altfrekvenca spektroskopio; ~**strom** *m, kurz* ***HF-Strom*** *m* altfrekvenca kurento; ~**therapie** *f Med* altfrekvenca terapio; ~**verstärker** *m* altfrekvenca amplifilo
Hochgarage *f* garaĝdomego
hochgeachtet *od* **hochgeehrt** *Adj* alte respektata
Hochgebirge *n* altmontaro
Hochgebirgs|bewohner *m* altmontara loĝanto (↑ *auch* ***Alpenbewohner***); ~**flora** *f Bot* altmontara flaŭro (↑ *auch* ***Alpenflora***); ~-**gletscher** *m* altmontara glaĉero; ~**kette** *f* altmontara ĉeno; ~**ökologie** *f* altmontara ekologio; ~**pflanze** *f Bot* altmontara planto; ~**skilauf** *m* altmontara skiado; ~**steppe** *f* altmontara stepo; ~**tal** *n* altmontara valo; ~**vegetation** *f Bot* altmontara vegetaĵaro; ~-**weide** *f Viehwirtschaft* altmontara paŝtejo; ~**wiese** *f* altmontara herbejo
hochgeehrt ↑ ***hochgeachtet***
hochgefährlich *Adj* ekstreme danĝera
Hochgefühl *n* eŭforio
hochgehen *intr* ***a)*** *hinaufgehen od -steigen* iri supren, *Flugzeug auch* ascendi, supreniĝi; *Preise, Wogen* altiĝi ***b)*** *explodieren (z.B. eine Sprengladun)* eksplodi; *übertr (sich aufregen)* [terure] ekscitiĝi, *(wütend werden, in Zorn geraten)* [terure] ekkoleri; ***er geht bei der kleinsten Kleinigkeit hoch*** li [terure] ekscitiĝas ĉe la plej malgranda (*od* eta) bagatelo
Hochgenuss *m* ĝuego, ekstrema ĝuo; *ein ganz besonderer Genuss* tute aparta ĝuo; *i.w.S. höchste Befriedigung* plej granda kontentiĝo (*vgl. dazu* ***Orgasmus***)
hochgeschlossen *Adj*: ***ein ~es Kleid*** vesto (*od* robo) ĝiskole fermita
Hochgeschwindigkeitslokomotive *f Eisenb* rapidtrajna lokomotivo
hochgesinnt *Adj* altanima; *edel* nobla
hochgestellt *Adj*: ***~e Persönlichkeit*** *f* altranga persono, altrangulo; ***~e Zahl*** *od* ***Hochzahl*** *f Math (Exponent)* eksponento
hochgewachsen *Adj Person* altkresk[int]a, *(von großer Statur)* altstatura
hochgiftig *Adj* alt[grad]e (*od* treege) toksa
Hochglanz *m vpm glaciertem Material* glaceo; ***auf ~ polieren*** poluri ĝis bril[eg]o
hochgradig 1. *Adj* altgrada **2.** *Adv* altgrade; *außerordentlich, äußerst* eksterordinare, ekstreme
Hochgrasprärie *f Geobotanik* altherba prerio
hochhackig *Adj*: ***~e Schuhe*** *m/Pl* altkalkanumaj (*od* pikkalkanumaj) ŝuoj *Pl*
hochhalten *tr emporhalten* teni alten; *hochheben* levi alten; *übertr (hoch schätzen)* alte estimi; *ehren* honori
Hochhaus *n* turdom[eg]o (*vgl. dazu* ***Wolkenkratzer***)
hochheben *tr* levi [alten] (***bis*** ĝis) (*vgl. dazu* ***aufheben***)
hoch|herrschaftlich *Adj* grandsinjora; ~**herzig** *Adj* grandanima; *edel* nobla
Hochherzigkeit *f* grandanimeco (*vgl. dazu* ***Großmütigkeit***); *Edelmut* nobleco
hochhieven *tr*: ***mit dem Flaschenzug ~*** levi per takelo (↑ *auch* ***hochwinden***)
Ho-Chi-Minh|-Pfad *m* Ho-Ĉi-Min-pado; ~-**Stadt** *ohne Art, früher* ***Saigon*** (*n*) *eine Stadt in Südvietnam [am Mekong-Delta]* Ho-Ĉi-Min-Urbo, *früher* Sajgono
hoch|industrialisiert *Adj* alte industriigita; ~**infektiös** *Adj* [tre]ege infekta; ~**intelligent** *Adj* [tre]ege inteligenta; ~**interessant** *Adj* [tre]ege interesa *od* interesega
hochkant *Adv*: ***etw. ~ stellen*** *z.B. eine Kiste* starigi ion sur la eĝon
hochklappen *tr* levi (*od* suprenigi) la klapon (***etw.*** de io)
hochklassig *Adj* altklasa
hochklettern *intr* suprengrimpi, *Kletterpflanze auch* suprenvolviĝi
hochkommen *intr hochsteigen* iri supren; *nach oben kommen* veni supren; *vorankommen* progresi, *z.B. in seiner Karriere auch* avanci ◊ ***nicht mehr richtig ~*** *Penis* nekontentige erektiĝi (*od* pranci *od* baŭmi)
Hochkommissar *m* alta komisaro; ***~ der Vereinten Nationen für Flüchtlinge*** (*engl. Abk* ***UNHCR***) Alta Komisaro de la Unuiĝintaj Nacioj pri Rifuĝintoj
Hoch|konjunktur *f Wirtsch* alta konjunkturo, *([bes. Börse] Hausse)* haŭso (↑ *auch* ***Boom***)
Hochkopf *m Med* ↑ ***Akrozephalus***
hochköpfig *Adj Med (von spitzer Schädelform [eine Schädeldeformität])* akrocefala
hoch|krempeln *tr Ärmel, Hosenbeine, Strümpfe* kuspi (↑ *auch* ***aufkrempeln***); ~-

kriechen *intr Mensch, Tier* suprenrampi; *Kletterpflanze* suprengrimpi

hochkriegen *tr* povi levi (*etw.* ion); ***der Schrank ist nicht hochzukriegen*** *da zu schwer* tiun ŝrankon oni ne povas (*bzw.* povos) levi

Hochland *n* alta (*od* montara) lando; *Hochplateau* altplataĵo; *Hochebene* altebenaĵo; ***Schottisches*** ~, *engl.* ***Scottish Highlands*** Skota Altlando

Hochlandindianer *m Ethn* altaĵa indiano

Hochlandrind *n*: ***schottisches*** ~ skota altlanda bovo

hochleben *intr*: ***jmdn.*** ~ ***lassen*** *mit Hochrufen* vivukrii al iu; *einen Toast auf jmdn. ausbringen* eldiri toston al iu; ***er lebe hoch!*** li vivu! *od* vivu li!

hochleistungsfähig *Adj* altpovuma; *hochwirksam* altefika

Hochmesse *f kath. Kirche* = ***Hochamt***

Hochmittelalter *n Gesch* meza mezepoko

hoch|modern *Adj* treege moderna, hipermoderna; ~**modisch** *Adj* treege laŭmoda

Hochmoor *n*, *auch* ***Regenmoor*** *n* altregiona marĉo, *auch* pluv[o]marĉo

Hochmoorquecke *f Bot* ↑ *unter* ***Honiggras***

Hochmut *m* orgojlo (*vgl. dazu* ***Arroganz, Dünkel*** *u.* ***Überheblichkeit***) ◇ ~ ***kommt vor dem Fall*** fiereco venas antaŭ la falo *(Zam)*

hochmütig *od* **hochnäsig** *Adj* orgojla; *überheblich* aroganta

Hochmütigkeit *od* **Hochnäsigkeit** *f* orgojlo; aroganteco

Hochnebel *m Met* alta nebulo

Hochofen *m Tech* altforno; ~**anlage** *f Metallurgie* altforna instalaĵo; ~**schlacke** *f Metallurgie* altforna ŝlako; ~**zement** *m Bauw* altforna cemento

Hoch|parterre *n* [iom pli alta] teretaĝo; ~**plateau** *n* [...*'to*] *Geogr* altplataĵo (*vgl. dazu* ***Hochebene***)

hoch|präzis *Adj* precizega; ~**preisig** *Adj* altpreza; ~**produktiv** *Adj* altproduktiva *od* alte produktiva

hochprozentig *Adj*: ~***er Alkohol*** *m* altprocenta alkoholo

hochpumpen *tr nach oben pumpen* suprenpumpi

hochrangig *Adj* altranga

Hoch|reck *n Turnen, Zirkus* trapezo; ~**relief** *n Bildh* alta reliefo; ~**risikogebiet** *n z.B. in einer Pandemie* altriska regiono

hochrot *Adj leuchtend rot* brile ruĝa; *scharlachrot* skarlata; *ponceau, von der Farbe des Klatschmohns* punca

Hochrufe *m/Pl* vivukrioj *Pl*, hurakrioj *Pl*

Hochsaison *f*: ***in der*** ~ en la kulmino de la ĉefsezono

hochschnellen *intr* risorti [alten] (*vgl. dazu* ***federn***)

hochschrauben *tr übertr*: ***die Preise*** ~ ĉiam denove altigi la prezojn

hochschießen *intr*: ***wie eine Rakete*** ~ raketi

Hochschul|absolvent *m* finstudinto de universitato (*od* altlernejo *bzw.* akademio); ~**bibliothek** *f* altlerneja biblioteko; ~**bildung** *f das Ausbilden* universitata (*od* altlerneja) edukado; *die abgeschlossene Ausbildung* universitata (*od* altlerneja) edukiteco; ~**didaktik** *f Päd* altlerneja didaktiko

Hochschule *f* altlernejo (↑ *auch* ***Fach-*** *u.* ***Ingenieurhochschule***); *Universität* universitato; ***Technische*** ~ (*Abk* ***TH***) teknika altlernejo *(als Eig auch Großschr)*

Hochschüler *m* studento

Hochschul|lehrer *m* universitata (*od* altlerneja) instruisto; *Dozent* docento (*vgl. dazu* ***Lektor*** *u.* ***Professor***); ~**politik** *f* altlerneja politiko; ~**professor** *m* altlerneja profesoro (↑ *auch* ***Universitätsprofessor***); ~**studium** *n* altlerneja stud[ad]o

Hochschulwesen *n* universitataj (*od* altlernejaj) aferoj *Pl*

hochschwanger *Adj* profunde graveda

Hochsee *f offenes Meer* libera maro; *Hochgebirgssee* altmontara lago; ~**dampfer** *m Mar* oceanŝipo; ~**fischerei** *f* profundmara fiŝkaptado; ~**flotte** *f Mar* marfloto; ~**regatta** *f* libermara regato

Hochsitz *od* **Hochstand** *m Jagd* altembusko (*vgl. dazu* ***Ansitz***)

Hochsommer *m* somermezo; ***im*** ~ somermeze

hochsommerlich *Adv*: ~ ***warm*** tre varma [kiel dum somermezo]

Hochspannung *f El (Spannung über 1000 Volt [= 1 kV])* alta tensio

Hochspannungs|generator *m El* alttensia generatoro; ~**kabel** *n El* alttensia kablo; ~**kreis** *m El* alttensia cirkvito; ~**leitung** *f El* alttensia [kondukt]lineo; ~**mast** *m El* alttensia masto; ~**transformator** *m El* alttensia transformatoro (*od* transformilo)

Hochsprache *f Standardsprache* normlingvo; *Literatursprache* literatura lingvo (*vgl.*

dazu ***Dialekt, Staatssprache, Umgangssprache*** *u.* ***Vulgärsprache***)

hochspringen *intr* salti alten *auch vor Freude,* suprensalti

Hoch|springer *m Sportler* altosaltisto; **~sprung** *m Sportart* altosaltado; *Wettbewerb od einzelner Sprung* altosalto

höchst 1. *Adj* (*Sup von* ↑ ***hoch***) plej alta; *äußerst* ekstrema; *in Zus meist* maksimuma (*entsprechende Zus* ↑ *im Alphabet*); ***~er Punkt*** *m* plej alta punkto; *Kulmination* kulmino; ***in ~em Grade*** en plej alta grado, *auch* pleje; ***ein Problem von ~er Wichtigkeit*** problemo de plej alta graveco; ***es ist ~e Zeit*** estas plej urĝa tempo **2.** *Adv* plej, treege, ekstreme; ***am ~en*** plej alte; *maximal* maksimume; ***im ~en Grade*** en plej alta grado, plej altgrade (↑ *auch* ***hoch*** *u.* ***höchstens***)

hochstämmig *Adj Bot* alttrunka

Hochstand *m Jagd* ↑ ***Hochsitz***

Höchst[an]gebot *n* maksimuma oferto

Hoch|stapelei *f* ruza trompado [fare] de kavaliro-fripono; **~stapler** *m* kavaliro-fripono

Höchst|belastung *f* plej alta ŝarĝo, ŝarĝmaksimumo; *Tragfähigkeit* [maksimuma] portipovo; **~betrag** *m* maksimuma (*od* plej alta) sumo; **~dauer** *f* maksimuma daŭro; **~dosis** *f* plej alta [maksimume permesebla] dozo

hochstehend *Adj im Amt od Rang* altranga; *geistig* alte intelekt[ul]a; *hoch entwickelt* alte evoluinta

hochsteigen *intr hochgehen* supreniri; *hochklettern* suprengrimpi (*vgl. dazu* ***hinaufsteigen***); ***schwarzer Rauch stieg hoch*** nigra fumo ascendis [ĉielen]

höchsteigen *Adj*: ***in ~er Person*** *meist scherzh* mempersone

höchstenfalls *Adv, auch* ***im höchsten Falle*** maksimume (*vgl. dazu* ***bestenfalls***)

höchstens *Adv meistens* pleje; *maximal* maksimume; ***sie ist ~ zwanzig Jahre alt*** ŝi ne estas pli aĝa ol dudek; ***das kostet ~ zehn Euro*** tio kostos maksimume dek eŭrojn (↑ *auch* ***höchst***)

Höchstfall *m*: ***im ~e*** maksimume

Höchst|form *f Sport* pinta fizika stato; **~frequenz** *f El* maksimuma frekvenco; **~gebot** *n* maksimuma oferto; **~gehalt** *n* maksimuma salajro; **~geschwindigkeit** *f* maksimuma rapideco; **~gewicht** *n* maksimuma pezo

Höchstgrenze *f* maksimumo; *Limit* limito, *auch (bes. Bankw [z.B. für Kredite], Fin)* plafono; ***eine ~ für Ölimporte festsetzen*** fiksi maksimumon por petrol-importoj

hochstielig, *Fachspr Bot auch lat.* ***hypsopus*** *Adj* alttiga

Höchst|kapazität *f Tech* maksimuma kapacito; **~leistung** *f bes. Tech* maksimuma povumo; *Sport auch* rekordo *od* rekorda rezulto; **~lohn** *m* maksimuma laborpago (*vgl. dazu* ***Höchstgehalt***); **~maß** *n* maksimumo; **~menge** *f* maksimuma kvanto

hochstoßen *tr* suprenpuŝi, puŝi supren

höchstpersönlich *Adv in eigener Person* proprapersone

Höchst|preis *m* maksimuma prezo; **~profit** *m* maksimuma profito

hochstreifen *tr*: ***die Ärmel ~*** suprenŝovi la manikojn (*vgl. dazu* ***aufkrempeln***)

Höchst|stand *m* plej alta nivelo; **~steighöhe** *f, auch* ***Gipfelhöhe*** *f Flugw* maksimuma altitudo, *Fachspr* plafono; **~strafe** *f Jur* maksimuma puno (↑ *auch* ***Todesstrafe***)

Höchststufe *f Gramm* ↑ ***Superlativ***

Höchst|temperatur *f* maksimuma temperaturo; **~verdienst** *m* maksimuma laborgajno

höchstwahrscheinlich *Adv* plej verŝajne, plej supozeble

Höchstwert *m Maximalwert* maksimuma valoro; *Math* maksimumo

höchstzulässig *Adj attr* maksimume permesita (*bzw.* permesebla)

Hochtemperaturreaktor *m Kernphysik (eine Kernkraftanlage, deren Kühlmittel hohe Temperaturen von bis zu 1200° C erreichen kann)* alttemperatura reaktoro

Hochtour *f* ekskurso en la altmontaron ◇ ***die Arbeit läuft auf ~en*** la laboro grandskale (*bzw.* enorme rapide) progresas; ***etw. auf ~en bringen*** *Auto, Maschine* [dev]igi ion ĝis maksimuma potenco (*od auch* maksimumaj potencoj)

Hoch|tourist *m* altmontara turisto (*od auch* grimpisto); *Alpinist* alpisto; **~touristik** *f* alpistiko

hochtrabend *Adj bombastisch* bombasta; *pompös* pompa (↑ *auch* ***arrogant*** *u.* ***schwülstig***)

hochtragen *tr nach oben tragen* suprenporti

hochtreiben *tr*: ***die Preise ~*** [intence] altigi la [vendo]prezojn

Hochulme *f Bot* ↑ *unter* ***Ulme***

hoch|verdient *Adj* multmerita; **~verehrt** *Adj* alte respektata

Hoch|verrat *m Jur, Pol (Landesverrat)* ŝtatperfido; ~**verräter** *m* ŝtatperfidulo

Hochverratsanklage *f* ↑ *unter* ***Anklage***

Hochwald *m* alt-arbaro

Hochwasser *n Überschwemmung* inundo, superakv[eg]o; *im Fluss* alta akvo[nivelo]; *Flut* alta tajdo; ~**deich** *m* kontraŭinunda digo; ~**gefahr** *f* danĝero de inundo(j); ~**katastrophe** *f* inunda katastrofo; ~**rückhaltebecken** *n Wasserbau* altakva reten-baseno; ~**schaden** *m* damaĝo pro inundo (*od* superakvego); ~**schutz** *m* protekto kontraŭ inundoj; ~**spitze** *f höchster Hochwasserstand* maksimuma nivelo de inundo

hochwerfen *tr* suprenĵeti; *z.B. einen Ball auch* altenĵeti, ĵeti en la aeron

hoch|wertig *Adj* altvalora; *von hoher Qualität* altkvalita; ~**wichtig** *Adj* eksterordinare grava, gravega

hochwickeln *tr nach oben wickeln* suprenvolvi; *Hemdsärmel* kuspi

Hochwild *n Jagd* grandaj ĉasbestoj *Pl* (*vgl. dazu* ***Niederwild***)

hoch|winden *tr mit einer Winde* [supren]levi per vinĉo, vinĉi *bzw.* [supren]levi per kriko (*vgl. dazu* ***hochhieven***); ~**wirbeln** *intr* turbuli alten

hochwirksam *Adj* altefika; ***rin ~es Medikament*** altefika medikamento

hochwohlgeboren *Adj (veraltet)* moŝtnaskita *(Zam)*

Hochwohlgeboren *alt (als Anrede)* via moŝto

hochwohllöblich *Adj z.B. jmds. Meinung* moŝta *(heutzutage häufig spöttisch)*

Hochwürden *ohne Art, auch* ***Ehrwürden*** *ohne Art: Kirche (Anrede für kath. Geistliche)* pastra moŝto, *auch* honorinda (*od* respektinda) moŝto

Hochzahl *f Math* ↑ ***Exponent a)***

Hochzeit *f* geedziĝo, *auch (bes. die Hochzeitszeremonie)* nupto; *Hochzeitsfeier* edziĝfesto; ***goldene ~*** ora geedziĝo, *(Feier)* festo de ora geedziĝo; ***alles Gute zur ~!*** ĉion bonan okaze de via geedziĝo!; ***~ machen*** *heiraten* geedziĝi, *(Frau)* edziniĝi, *(Mann)* edziĝi; ***etw. zur~ geschenkt bekommen*** ricevi ion kiel edziĝofestan donacon

hochzeitlich *Adj* edziĝfesta, nupta

Hochzeits|feier *f od* ~**fest** *n* geedziĝa festo, edziĝfesto, *auch* nupto; ~**flug** *m, auch* ***Begattungsflug*** *m der Bienenkönigin, auch bei Ameisen u. Termiten* nupta flugo; ~**foto** *n* edziĝofesta foto; ~**geschenk** *n* edziĝofesta donaco; ~**kleid** *n* edziĝofesta (*od* nupta) robo; ~**reise** *f* postedziĝa (*od* postnupta) vojaĝo, *auch* mielmonata vojaĝo (↑ *auch* ***Flitterwochen***); ~**tag** *m Tag der Heirat* tago de geedziĝo; *als Jahrestag danach* datreveno de geedziĝo; ~**zug** *m* edziĝofesta (*od* nupta) procesio

hochziehen *tr* suprentiri; *Bühnenvorhang, Zugbrücke, Lasten mit dem Aufzug auch* levi (*vgl. dazu* ***²lichten***); *hissen* hisi

Hochzinspolitik *f Fin* altintereza politiko

hochzivilisiert *Adj* alte civilizita

Hocke *f, auch* ***Hockstellung*** *f allg u. Sport* kaŭra pozicio

hocken *intr* kaŭri; ***auf der Erde ~*** kaŭri sur la tero ◇ ***er hockt immer zu Hause*** ĉiam sidi hejme [kaj neniam eliri]

Hocker *m, bes. <schweiz> niedriger vierfüßiger, meist runder Sitzschemel* tabureto; ***dreibeiniger ~*** tripieda tabureto (↑ *auch* ***Bar-***, ***Klavierhocker*** *u.* ***Schemel***)

Höcker *m* ***a)*** *Buckel, z.B. des Kamels* ĝibo ***b)*** *Anat (Tuber)* tubero, *(Eminentia)* eminenco, *(Auswuchs, Buckel)* protuberanco (↑ *auch* ***Erhöhung b)***, ***Scheitel-***, ***Stirnhöcker*** *u.* ***Wulst***)

Höckerglanzgans *f, auch* ***Glanzente*** *f* (Sarkidiornis melanotos) *Orn* krestanaso

höckerig *Adj buckelig* ĝiba *od* ĝibohava; *Anat (tuberös)* tubera (↑ *auch* ***knollig***)

Höcker|nase *f* ĝiba nazo; ~**schnabelente** *f* (Melanitta deglandi) *Orn* blankflugila maranaso; ~**schwan** *m* (Cygnus olor) *Orn* muta cigno

Hockey *n Sport* hokeo (↑ *auch* ***Eis-***, ***Feld-***, ***Hallen-*** *u.* ***Rollhockey***); ~**ball** *m* hokepilko; ~**mannschaft** *f* hoketeamo; ~**schläger** *m* hokeilo; ~**spiel** *n* hokemaĉo; ~**spieler** *m* hoke[lud]isto

Hockstellung *f* ↑ ***Hocke***

Hoden *m/Pl* (Testiculi) *Anat* testikoj *Pl* (↑ *auch* ***Eier*** [↑ *unter* ***Ei b)***] *u.* ***Wanderhoden***); ~**biopsie** *f Urologie* testika biopsio

Hodenbruch *m Med* ↑ ***Hodensackbruch***

Hodenentzündung *f, <wiss>* ***Orchitis*** *f Med* testik-inflamo *od* testikito, *<wiss>* orkidito (↑ *auch* ***Mumpsorchitis***)

Hodenhülle *f Anat*: ***seröse ~*** (Tunica vaginalis testis) testika vaginalo

Hoden|kanälchen *n/Pl* (Tubuli seminiferi) *Anat* spermatotuboj *Pl*; ~**krebs** *m, auch*

Hodenkarzinom *n Med (ein bösartiger Hodentumor)* testika kancero, *auch* testika karcinomo (↑ *auch* ***Seminom***); ~**neuralgie** *f* (*Syn:* ***Orchialgie***) *Med* testika neŭralgio; ~**parenchym** *n Anat (spezifisches Hodengewebe)* testika parenkimo; ~**sack** *m* (Scrotum) *Anat* skroto, *umg auch* testiksako; ~**[sack]bruch** *m*, *auch* ***Skrotalhernie*** *f* (Hernia scrotalis) *Med (eine Form der ‹Hernia inguinalis›)* skrota hernio; ~**sackentzündung** *f*, *auch* ***Skrotumentzündung*** *f Med* skrota inflamo, *auch* skrotito

Hodenschmerz *m* ↑ ***Orchialgie***

Hodentumor *m Med* testika tumoro (↑ *auch* ***Seminom***)

Hodgkin (*m*) *Eig (britischer Arzt u. Pathologe [1798-1866])* Hoĝkino; ~***-Krankheit*** *f*, *auch* ***Lymphogranulomatose*** *f Med* hoĝkina malsano

Hodometer *n* = ***Wegmesser***

[1]**Hof** *m* ***a)*** *z.B. am Haus* korto (↑ *auch* ***Arkaden-***, ***Gefängnis-***, ***Hinter-***, ***Hühner-***, ***Innen-***, ***Kasernen-***, ***Kloster-***, ***Schloss-***, ***Schul-*** *u.* ***Vorhof***); ***auf dem*** ~ en (*od* sur) la korto; ***auf den*** ~ ***[hinaus]*** [eksteren] en (*od* sur) la korton ***b)*** *Bauerngut* bieno ***c)*** *Fürsten*≗ kortego; ***am*** (*od* ***bei***) ~***e*** ĉe la kortego (*vgl. dazu* ***Hofstaat***) ***d)*** *werbendes Benehmen*: ***einem Mädchen den*** ~ ***machen*** amindumi knabinon (*od* fraŭlinon), flirti kun knabino (*od* fraŭlino)

[2]**Hof** *m*, *Fachspr* ***Halo*** *m* (*Pl*: ***Halonen***) ***a)*** *Astron, Foto* haloo (↑ *auch* ***Licht-***, ***Mond-*** *u.* ***Sonnenhof***); ***einen*** ~ ***haben*** *Mond, Sonne* esti ĉirkaŭita de haloo ***b)*** *Anat (Warzen*≗*)* areolo [de mampinto]

Hof|ball *m* kortega balo; ~**besitzer** *m* posedanto de bieno, bienmastro, bienulo

Hofburg *f*: ~ ***zu Wien*** *od* ***Wiener*** ~ Kortega Kastelo de Vieno

Hofclique *f* ↑ ***Kamarilla***

Hof|dame *f* korteganino; ~**etikette** *f* kortega etiketo

Hoffart *f alt für «Dünkel»* aroganteco, fifiero (↑ *auch* ***Hochmut***); *Eitelkeit* vanteco

hoffärtig *Adj alt für «dünkelhaft»* aroganta (*vgl. dazu* ***hochmütig***)

Hoffassade *f Arch* korta fasado

hoffen *intr* esperi (***auf etw.*** pri io; ***auf jmdn.*** al iu); *erhoffen, rechnen auf* esperi *u. folgendes Subst im Akk*; ***das will ich nicht*** ~ mi ne volas esperi tion; ***ich hoffe, dass wir uns bald wiedersehen*** mi esperas, ke ni baldaŭ revidu unu la alian; ***ich hoffe, Sie sind bald wieder gesund*** mi esperas, ke vi baldaŭ resaniĝu; ***ich hoffe stark, dass er morgen kommen wird*** mi ege esperas, ke morgaŭ li venos

Hoffen *n* esperado

hoffentlich *Adv* espereble, *auch* mi esperas, ke ...; ~ ***werden Sie nicht krank*** espereble vi ne malsaniĝos

Hoffnung *f* espero (***auf*** pri); ***in der*** ~, ***dass ...*** esperante, ke ...; ~***(en) erweckend*** esperiga, *auch* esperodona, *[stärker:]* multesperiga (↑ *auch* ***vielversprechend***); ***ein Fünkchen*** ~ radieto de (*od* da) espero; ***es besteht keine*** ~ ***mehr, dass ...*** oni jam ne povas esperi, ke ...; ***das ist meine einzige*** ~ tio estas mia sola espero *(Zam)*; ***die*** ~ ***haben*** (*od geh* ***hegen***), ***dass ...*** havi la esperon, ke ...; ***das ist meine einzige*** ~ tio estas mia sola espero *(Zam)*; ***das ist die letzte*** ~ ***für ...*** tio estas la lasta espero por ...; ***machen Sie sich [da] keine zu großen*** ~***en*** ne iluziu vin per tro grandaj esperoj; ***seine*** ~***en auf etw.*** (***jmdn.***) ***setzen*** meti sian esperon sur ion (iun) *(Zam)*; ***die*** ~ ***verlieren*** perdi la esperon; ***verlier nicht die*** ~***!*** *umg* ne perdu la esperon! *(Zam) od* ne senesperu!; ***jmds.*** ~ ***zunichte machen*** detrui (*od* vanigi) ies esperon ◇ ~ ***verloren, alles verloren*** sen espero, for la vivo *(Zam)*; ***die*** ~ ***stirbt zuletzt*** espero mortas la lasta; ***sie ist guter*** ~ *sie erwartet ein Baby* ŝi atendas bebon (*od* infan[et]on), ŝi estas graveda

hoffnungsfroh *Adj* esperplena; *erwartungsvoll* ekspektoplena, ĝoje atendanta

hoffnungslos 1. *Adj* senespera; *zum Verzweifeln* malesperiga; ***ein*** ~***er Fall*** senespera kazo; ***in einem*** ~***en Zustand*** en senes- pera stato **2.** *Adv* senespere

Hoffnungslosigkeit *f* malespero, senespereco; ***tiefe*** ~ profunda malespero, *nur poet auch* despero; ***jmdn. in die*** ~ ***treiben*** peli iun en malesperon *(Zam)*; ***in*** ~ ***verfallen*** fali en senesperecon *(Zam)*

Hoffnungs|schimmer *m* radieto de (*od* da) espero; ~**strahl** *m* radio de espero

Hoffnungsträger *m*: ***er ist unser*** ~ li estas nia granda espero

hoffnungsvoll *Adj* esperoplena, esperodona; *vielversprechend* multpromesa, promesoplena; *Hoffnungen erweckend* esperiga (↑ *auch* ***zuversichtlich***)

Hoffnungszeichen *n* signo de [l'] espero (***für*** por)

Hoffräulein *n, auch* ***Edelfräulein*** *n hist (adliges Fräulein)* nobela fraŭlino

Hofhund *m* korthundo, *auch* korta hundo (↑ *auch* ***Ketten-*** *u.* ***Wachhund***)

höfisch *Adj auf den Fürstenhof bezüglich* kortega

Hofklüngel *m* ↑ ***Kamarilla***

Hof|knicks *m* kortega riverenco (↑ *auch* ***Verbeugung***); ~**laden** *m Hdl* biena (*od* farma) butiko, farmbutiko

höflich *Adj* ĝentila (***gegenüber jmdm.*** al iu); *entgegenkommend, freundlich* komplez[em]a; ***er bat mich ~, Platz zu nehmen*** li afable petis min, ke mi sidiĝu

Höflichkeit *f* ĝentileco; *höfliche Äußerung od Tat* ĝentilaĵo; ***~en austauschen*** interŝanĝi ĝentilaĵojn; ***etw. nur aus ~ tun*** fari ion nur pro ĝentileco; ***Austausch von ~en*** interŝanĝo de ĝentilaĵoj ◇ ***~ kostet nichts [und bringt doch so viel]*** ĝentileco neniom kostas kaj multon aĉetas; ***allzu große ~ zeugt von Unaufrichtigkeit*** ĉe tro ĝentila ekstero mankas sincero *(Zam)*

Höflichkeits|besuch *m Anstandsbesuch* etiketa vizito *auch Dipl* (***bei jmdm.*** ĉe iu); ~**bezeigung** *f* komplimento; ~**floskeln** *f/Pl* ĝentilaĵoj *Pl*

Hoflieferant *m* liveranto al la kortego

Höfling *m* kortegano

Hof|marschall *m hist* kortega marŝalo; ~**mauer** *f* kortomuro; ~**narr** *m* kortega amuzisto (*od* bufono), amuzisto ĉe la [reĝa] kortego; ~**prediger** *m* predikisto ĉe la [reĝa] kortego; ~**rat** *m hist* kortega konsilisto; ~**schranze** *f Mitglied der Kamarilla* kamarilano; ~**staat** *m* kortego; *Gefolge* korteganaro; ~**theater** *n* kortega (*od* reĝa) teatro; ~**tor** *n* korta pord[eg]o; ~**trauer** *f Trauer bei Hofe* kortega funebro; ~**zeremoniell** *n die zeremoniellen Regeln bei Hofe* kortega ceremoniaro

hohe ↑ ***hoch 1.***

Höhe *f allg* alt[ec]o (↑ *auch* ***Brust-, Flug-*** *u.* ***Temperaturhöhe***); *(Anhöhe, Hügel)* altaĵo; *Astron, Flugw, Geodäsie* altitudo; *Gipfel, Höhepunkt* supro *auch übertr*; *von Geldsummen* alteco, grandeco; *übertr* kulmino, pinto, supro; *Niveau* nivelo; ***absolute ~*** *Geogr* absoluta alteco, altitudo; ***effektive ~*** efektiva alteco; ***lichte ~*** *z.B. unter Brücken* libera alt[ec]o; ***die ~ der Ausgaben beläuft sich auf ...*** [la grandeco de] la elspezoj sumiĝas je ...; ***die ~ beträgt achtzig Meter*** la alteco estas okdek metroj; ***auf gleicher ~*** sam-alte; *auf gleichem Niveau* samnivele; *Geogr (auf dem gleichen Breitengrad* sur la sama latitudo; ***auf die gleiche ~ bringen*** *auch i.w.S.* alniveligi; ***auf der ~ des Ruhms*** sur la kulmino de la gloro; ***die Stadt liegt in 300 m ~ über dem Meeresspiegel*** la urbo situas en altitudo de tricent metroj, *auch* la alteco de la urbo estas tricent metroj super la marnivelo; ***in ~ von ...*** *insgesamt (Geldbetrag)* sume ... ◇ ***das ist [doch[die ~!*** jen (*od* tio estas) la supro de impertinenteco (aroganteco)!; ***in die ~ fahren*** *aufspringen* salte leviĝi; ***auf der ~ sein*** *gesundheitlich* [tute] bone farti; *wirklich fähig sein* esti vere kapabla; ***nicht ganz auf der ~ sein*** *od* ***sich nicht auf der ~ fühlen*** *gesundheitlich* ne tute bonfarti, *auch* malsaneti

Hoheit *f* ***a)*** *Erhabenheit* majesteco; *Würde* digno ***b)*** *als Anrede u. in Titulaturen* moŝto; ***Eure fürstliche*** (***königliche***) ~ via princa (reĝa) moŝto; ***Ihre ~ die Großherzogin*** ŝia granddukina moŝto ***c)*** *Pol (Souveränität)* suvereneco (↑ *auch* ***Staatshoheit***)

Hoheitsgebiet *n* [suverena *od* ŝtata] teritorio

Hoheitsgewässer *Pl* ↑ ***Territorialgewässer***

Hoheits|recht *n* rajto de suvereneco; ~**zeichen** *n* nacia insigno (*od* emblemo)

Höhen|abweichung *f eines Geschosses* vertikala ekarto; ~**angst** *f Neurologie* hipsofobio; ~**flosse** *f Flugw* empenalo; ~**flug** *m* altoflugo; ~**index** *m Topografie* vertikala indekso; ~**klima** *n Met* mont[ar]a klimato; ~**krankheit** *f Med* altituda malsano, (*im Gebirge auch* ***Bergkrankheit*** *genannt*) montara malsano; ~**kur** *f Balneologie* hipsoterapio; ~**kurort** *m* [alt]montara kuracloko; ~**lage** *f Höhe über dem Meeresspiegel (od über NN)* altitudo [super marnivelo]; ~**leitwerk** *n Flugw* empenaĝo; ~**linie** *f, Fachspr* ***Isohypse*** *f Kartogr* linio de sama altitudo, *(Fachspr)* izohipso; ~**luft** *f* [alt]montara aero; ~**marke** *f Geodäsie* nivelomarko; ~**maßstab** *m Topografie* vertikala skalo; ~**messer** *m* mezurilo de altitudo, *Fachspr Flugw* altometro; *Geodäsie* hipsometro; ~**messung** *f* mezurado de altitudo; *Geodäsie* hipsometrio

Höhenrakete *f* = ***Forschungsrakete***

Höhen|rekord *m Flugw* altituda rekordo; ~**rücken** *m* montara kresto; ~**ruder** *n Flugw* empenerono; ~**schichtlinie** *f Geodäsie* nivelkurbo; ~**schielen** *n* (Strabismus verticalis) *Med* vertikala strabismo; **~schwindel** *m Med* altovertiĝo; **~sonne** *f a) Sonneneinstrahlung im Gebirge* ultraviola radiado en la montaro ***b)*** *Med* ↑ ***UV-Lampe***

Hohenstaufen *m/Pl Gesch (ein dt. Fürstengeschlecht [10.-13. Jh.])* hohenstaŭfoj *Pl (auch Großschr)*

Höhen|stellung *f, auch* ***Zenitstellung*** *f Astron* vertikaleco; **~strahlung** *f Phys (kosmische Strahlung)* kosma radiado; *UV-Strahlung* ultraviola radiado

Höhenunterschied *m* alteco-diferenco, diferenco laŭ altitudo, niveldiferenco (*vgl. dazu* ***Höhe***); ***Bestimmen*** *n* ***der ~e*** *Geodäsie* difino de la niveldiferencoj, *kurz* nivelado

Höhenwetterkunde *f* ↑ ***Aerologie***

Hohenzollern *m/Pl Gesch (ein dt. Fürstengeschlecht)* hohencolernoj *Pl (auch Großschr)*

Höhenzug *m Geogr (Hügelkette)* ĉeno de altaĵoj, *(Bergkette)* ĉeno de montoj

Hohepriester *m Rel* ĉefpastro

Höhepunkt *m höchster Punkt* supro, pinto, kulmino; *Zenit* zenito; *Kulminationspunkt* kulmina punkto; *in einem Krankheitsverlauf* krizo (↑ *auch* ***Gipfel***, ***Gipfelpunkt***, ***Highlight***, ***Klimax a)*** *u.* ***Orgasmus***); ***auf dem ~ seiner Karriere*** sur la pinto (*od* kulmino *od* zenito) de lia kariero; ***die Begeisterung er- reichte ihren ~, als ...*** la entuziasmo atingis sian kulminon (*od auch* zeniton), kiam ...

hohe(r, -s) ↑ ***hoch 1.***

höher 1. *Adj* (*Komp von* ↑ ***hoch***) pli alta, supera; ***~e Gewalt*** *f, auch franz.* ***Force majeure*** supera forto; ***~e Mathematik*** *f* supera matematiko; ***~e Schule*** *f* supera lernejo **2.** *Adv* pli alte; ***einen Stock ~*** unu etaĝon pli alte (*bzw. bei Richtungsangabe:* pli alten); ***~ geht's nicht mehr!*** pli alten ne eblas! *auch übertr* [↑ *auch* ***hoch***]; ***ihr Herz schlug ~*** ŝia koro batis pli rapide

Höherstufung *f im Rang* altigo de [ies] rango, *(Beförderung)* promocio

hohl *Adj* kava *auch Zahn*; *leer* malplena *auch Frucht*; *hohl klingend, z.B. Blaston, Röcheln, Stimme* kaverneca; *dumpf* obtuza, *auch* barelsona; *konkav* konkava; *übertr (nichtig, z.B. Geschwätz)* vanta; ***~ werden*** kaviĝi (↑ *auch* ***einfallen*** *u.* ***einsinken***); ***~es Gerede*** *n* vanta (*od* sensenca) babilaĵo; ***~e Hand*** *f* mankavo; ***~e Nuss*** *f* malplena (*od* senkerna) nukso; ***~e Phrasen*** *f/Pl* vantaj frazaĵoj *Pl*, sensenca (*od* banala) babilaĵo; ***~e Wangen*** *f/Pl eingefallene Wangen* kavaj (*od* enfalintaj) vangoj *Pl*; ***~er Zahn*** *m* kava dento; *kavernöser Zahn* kaverna dento (*vgl. dazu* ***kariös***); ***aus der ~en Hand trinken*** trinki el sia kavigita mano *(Zam)*

hohläugig *Adj mit eingefallenen Augen* kav-okula, *nachgest auch* kun kavaj (*od* enfalintaj) okuloj

Hohlbeitel *m, auch* ***Hohleisen*** *n od* ***Hohlmeißel*** *m, auch* ***Gutsche*** *f Handw* guĝo (*vgl. dazu* ***Nut-*** *u.* ***Rundeisen***); ***mit dem ~ aushöhlen*** (*od* ***ausmeißeln***) guĝi

Hohldotter *m* (*Gattung* Myagrum) *Bot* miagro; ***pfeilblättriger ~*** (Myagrum perfoliatum) sagofolia miagro

Höhle *f Hohlraum mit Öffnung nach oben od vorn* kav[aĵ]o (↑ *auch* ***Baumhöhle***); *Loch* truo [en la tero] (*vgl. dazu* ***Grube***); *Höhle von Tieren* [besta] kavo *bzw.* [besta] kaverno (↑ *auch* ***Bären-***, ***Eis-***, ***Erd-***, ***Nist-*** *u.* ***Löwengrube***); *tiefere Höhle im Erdinneren* kaverno (*vgl. dazu* ***Karst-*** *u.* ***Tropfsteinhöhle***); *Grotte, gewölbte niedere Felsenhöhle, auch künstlich nachgeahmte Höhle, z.B. in Parks* groto; ***prähistorische ~*** prahistoria kaverno, *(kleinere)* prahistoria groto; ***primäre*** (***sekundäre***) ***~*** *Geol* primara (sekundara) kaverno; ***in ~n leben*** *z.B. Urmenschen* vivi en kavernoj; ***in ~n lebend*** (*od* ***wohnend***) kavernologa

Hohleisen *n Handw* ↑ ***Hohlbeitel***

höhlen *tr konkav machen* konkavigi

höhlenartig *Adj* kaverneca

Höhlen|bär *m* (Ursus spelaeus) *Paläozoologie* groturso, *auch* kaverna urso; **~bewohner** *m, Paläontologie* <*wiss*> ***Troglodyt*** *m* kavern[o]loĝanto, <*wiss*> troglodito; **~bildung** *f* formiĝo de kav[aĵ]o(j) *auch Med (in Geweben u. Organen)*; **~fluss** *m z.B. in Karstgebieten* subtera rivero; **~forscher** *m,* <*wiss*> ***Speläologe*** *m* kavernologo, <*wiss*> speleologo; **~forschung** *od* **~kunde** *f,* <*wiss*> ***Speläologie*** *f* kavernologio, <*wiss*> speleologio; **~malereien** *f/Pl Archäol* kavernaj pentraĵoj *Pl* (↑ *auch* ***Felszeichnungen***); **~mensch** *m,* <*wiss*> ***Troglodyt*** *m* kavern[o]homo, *Paläontologie* <*wiss*> troglodito (↑ *auch* ***Steinzeitmensch***); **~see** *m* kavernolago

Hohlfuß *m* (Pes cavus *od* Pes excavatus) *Med (eine Überhöhung des Fußlängsgewe-*

bes) kava piedo; ~**röhrling** *m* (Boletinus cavipes) *Mykologie* kav-stipa boleto

Hohlheit *f* kaveco; *übertr (Hirnlosigkeit)* sencerbeco, *(Abgedroschenheit)* banaleco, *(Nichtigkeit)* vanteco

Hohlkehle *f rinnenförmige Aushöhlung (zur Vertiefung an Möbeln, Gesimsen u.a.)* kanelo

Hohlkopf *m geistloser Mensch* sencerbulo; *Dummkopf* stultulo

hohlköpfig *Adj hirnlos* sencerba; *dumm* stulta (*vgl. dazu* ***borniert***)

Hohlmaß *n* mezuro de kapacito

Hohlmeißel *m Handw* ↑ ***Hohlbeitel***

Hohl|nadel *f meist Med* kanulo (↑ *auch* ***Kanüle***); ~**organ** *n Anat* kava organo

Hohlraum *m (etw. Leeres)* malplenaĵo, *(etw. Hohles, Hohlraum mit Öffnung nach oben od vorn)* kavaĵo; *Anat (Ventrikel)* ventriklo (*vgl. dazu* ***Alveole***; ↑ *auch* ***Gastralraum***); ~**bildung** *f, fachsprachl.* ***Kavitation*** *f* kaviĝo

Hohl|rücken *m* kava dorso; *Med (Rückgratverkrümmung nach vorn)* lordozo; ~**sein** *n löchrige Beschaffenheit* kaverneco; ~**spiegel** *m, auch* ***Konkavspiegel*** *m Opt* konkava spegulo (↑ *auch* ***Parabolspiegel***); ~**taube** *f* (Columba oenas) *Orn* trukolombo; ~**tiere** *n/Pl* (Coelenterata) *Zool* celenteruloj (*vgl. dazu* ***Aknidarier***, ***Rippenquallen*** *u.* ***Nesseltiere***)

Höhlung *f* kavaĵo (*vgl.dazu* ***Höhle***); *in Körperorganen* kav[aĵ]o; *Aushöhlung in Mineralien* anfrakto; ***kleine*** ~ kaveto; ***voller*** ~***en*** plenkava *od nachgest* plena de kavaĵoj

Hohlvene *f* (Vena cava) *Anat* kava vejno

hohlwangig *Adj* kavovanga, *nachgest* kun enfalintaj vangoj *od* havanta kavajn (*od* enfalintajn) vangojn

Hohlweg *m tief zw. zwei Böschungen verlaufender Weg* kava vojo, kavoforma trairejo, *(zw. Bergen) auch* intermonto; *i.w.S. (Kluft, [tiefe] Spalte)* fendego, *(Abgrund)* abismo (↑ *auch* ***Schlucht***)

Hohlzahn *m* (*Gattung* Galeopsis) *Bot* galeopso; ***bunter*** ~ (Galeopsis speciosa) bunta galeopso; ***gemeiner*** (*od* ***stechender***) ~ (Galeopsis tetrahit) raspa galeopso; ***schmalblättriger*** ~ (Galeopsis angustifolia) stretfolia galeopso; ***weichhaariger*** ~ (Galeopsis pubescens) mola galeopso

Hohl|ziegel *m Bauw (Hohlziegel)* tru[hav]a briko *od* tru-briko; ~**zunge** *f* (Coeloglossum viride) *Bot (eine Orchideenart)* verda celogloso

Hohn *m* [malica] moko; *(beißender)* sarkasmo; *(feiner)* ironio (↑ *auch* ***Zynismus***); ***allen unseren Bemühungen zum*** ~ spitante ĉiujn niajn klopodojn

höhnen *intr* [malice] moki, mok[eg]i (***über jmdn.*** pri iu, *auch* iun) (↑ *auch* ***spotten***)

Hohngelächter *n* moka (*od* sarkasma) ridado

höhnisch *Adj* mok[eg]a; *böswillig* malica; *sarkastisch* sarkasma; *ironisch* ironia (*vgl. dazu* ***sardonisch***)

hohn|lächeln *intr* moke (*od* sarkasme) rideti; ~**lachen** *intr* mokridi, malice rid[aĉ]i; *feixen, höhnisch grinsen* rikani

hoi! *Interj* hoj!, *[erstaunt:] auch* ha!; ~, ***du bist [ja] hier!*** ha, vi estas ĉi tie!

Höker *m Straßenhändler* [sur]strata vendisto; *Händler mit offenem Stand* standa vendisto, *(auf dem Basar)* [en]bazara vendisto

Hokkaido (*n*) *Insel in N-Japan* Hokajdo *[Hptst.: Sapporo]*; ~**kürbis** *m Bot (eine orangerote Art von ‹Cucurbita maxima›* Hokajdo-kukurbo

Hokko *m* (*Gattung* Crax) *Orn (ein südamerikanischer auf Bäumen lebender Hühnervogel)* krakso

Hokuspokus *m Harlekinade* arlekenaĵo; *Ulk* burleskaĵo; *Taschenspielertrick* artifiko de iluziisto (↑ *auch* ***Jongliererei***); *Schwindel* blago

Holberg (*m*) *Eig (dänischer Schriftsteller [1684-1754])* Holbergo *<er wird als der «nordische Molière» bezeichnet>*

hold *Adj alt od poet: lieblich* ĉarma, dolĉa; *anmutig* gracia; *gewogen* favora, bonvola ◇ ***die*** ~***e Weiblichkeit*** la bela sekso; ***das Glück war ihnen*** ~ *geh od poet* la feliĉo favoris ilin

Holder *m Bot* ↑ ***Holunder***

Hölderlin (*m*) *Eig (deutscher Dichter [1770-1843])* Holderlino

Holdinggesellschaft *f, auch* ***Beteiligungs-*** *od* ***Dachgesellschaft*** *f Wirtsch (Gesellschaft, die nicht selbst produziert, aber Aktien anderer Gesellschaften besitzt)* holdinga kompanio, *kurz* holdingo

holdselig *Adj alt od poet für «anmutig und schön» od «engelhaft»* gracia kaj bela *od* anĝel[ec]a

holen *tr* ***a)*** iri por preni, alporti; *[herbei]rufen* voki; *kommen lassen* venigi (***jmdn.*** iun); ***etw. für jmdn.*** ~ iri por alporti ion al iu;

Atem ~ enspiri; ***das Auto aus der Garage*** ~ iri por preni la aŭton de la garaĝo; ***sich bei jmdm. Rat*** ~ demandi konsilon de iu ◇ ***bei ihm ist nichts zu*** ~ de li oni povas nenion forporti [ĉar li nenion posedas]; ***hol dich der Teufel!*** la diablo vin prenu! ***b)*** *umg salopp für «kaufen»* aĉeti; ***ich muss mir morgen noch Mineralwasser*** ~ morgaŭ mi devos aĉeti ankoraŭ mineralan akvon ***c)*** *sich zuziehen (eine Krankheit)* kapti (↑ *auch* ***sich anstecken***); ***sich eine Erkältung*** ~ kapti malvarmumon ***d)*** *meist* ***einholen*** *Mar (Anker)* levi, *(Segel)* malhisi, malsuprentiri, *(Fangnetz, Taue)* entiri *bzw.* suprentiri

Holismus *m eine biologisch-philosophische Ganzheitslehre, teilt die Natur in drei Bereiche, die Psychosphäre, die hieraus ableitbare Biosphäre u. die Abiosphäre <von J. C. Smuts begründet>* holismo

holistisch *Adj Phil* holisma

holla! *Interj (Ausruf zur Erweckung der Aufmerksamkeit)* hola!

Holland (*n*) *i.e.S. die westlichen Provinzen Nord-Holland u. Süd-Holland* Holando; *i.w.S. die Niederlande* Nederlando

[1]**Holländer** *m* holandano, *[meist gemeint:]* nederlandano; ***fliegender*** ~ ↑ ***Geisterschiff***

[2]**Holländer** *m Papierherstellung (Maschine mit Messerwalzen zum Zerkleinern, Mahlen, Waschen u. Bleichen von Faserrohstoffen [etwa Holzschliff, Altpapier])* holandro

Holländerin *f* holandanino, *[meist gemeint:]* nederlandanino

Holländer Käse *m Nahr* holanda fromaĝo

holländisch *Adj* holanda, *[meist gemeint:]* nederlanda

Holländisch[e] *n Ling* la nederlanda [lingvo]

Hollandrad *n* holanda biciklo

Holle *nur in Zus*: ***Frau*** ~ *ein Märchen der Gebrüder Grimm* Sinjorino Holle

Hölle *f* infero *auch übertr*, *Brahmanismus, Buddhismus* narako (↑ *auch* ***Hades***, ***Inferno***, ***[3]Limbus*** *u.* ***Vorhölle***); ***zur*** ~ ***fahren*** iri en la inferon ◇ ***die*** ~ ***auf Erden haben*** vivi sur la tero kiel en infero *(Zam)*; ***er hat dort die*** ~ li vivas tie kvazaŭ en infero; ***jmdm. die*** ~ ***heiß machen*** *jmdn. einschüchtern* ege timigi iun; *jmdm. ins Gewissen reden* admoni iun per multvortaj riproĉoj

Höllen|angst *f* timego, eksterordinara timo; ~**brut** *f Schimpfw* infera kovitaĵo *(Zam)*; ~**feuer** *n* infera fajro, *Fegefeuer* purgatorio

Höllenhund *m Myth* ↑ ***Zerberus a)***

Höllenlärm *m* ↑ *unter* ***Lärm***

Höllen|maschine *f* infera maŝino; ~**pein** *f od* ~**qualen** *f/Pl* inferaj turmentoj *Pl*; ~**stein** *m* (*Syn:* ***Silbernitrat*** *n) ein Ätzmittel* lapiso, *auch* infera ŝtono (*Syn:* arĝenta nitrato)

Höllentempo *n*: ***in einem*** ~ ***fahren*** freneze rapide veturi

Holler[busch] *m Bot* ↑ ***Holunder***

höllisch *Adj* infera (*vgl. dazu* ***teuflisch***; ↑ *auch* ***avernalisch***); *wie in der Hölle* kiel en la infero *nachgest*; *übertr: außergewöhnlich* eksterordinara (↑ *auch* ***heftig***); ***eine*** ~***e Hitze*** eksterordinara varmego; ***eine*** ~***e Angst vor etw. haben*** senti (*od* havi) teruran timon antaŭ (*od* pro) io

Hollywood [...*vud*] (*n*) *US-amerik. Filmstadt* Holivudo; ~**film** *m* holivuda filmo; ~**star** *m (männlich)* holivudstelulo, *(weiblich)* holivudstelulino

Holm *m* ***a)*** *der Axt* [ligna] tenilo; *der Leiter* flankfosto; *am Barren* stango ***b)*** *Flugzeugbau (Flügel-, Tragholm)* sparo, *(Längsholm)* longerono ***c)*** *reg (norddt.) für «kleine Insel»* eta insulo

Holmium *n* (*Symbol* ***Ho***) *Chem (ein Seltenerdmetall)* holmio; ~**chlorid** *n Chem* holmia klorido

Holocaust [*'ho:lokaust*] *m Massenmord (bes. an Juden während der Nazizeit)* holokaŭsto (↑ *auch* ***Schoah***); ~***-Gedenkstätte Yad Vashem*** *in Jerusalem* Holokaŭst-Memorejo Jad Vaŝem

Holoeder *m*, *auch* ***Vollflächner*** *m Kristallografie* holoedro

Holoedrie *f*, *auch* ***Vollflächigkeit*** *f volle Ausbildung aller Flächen eines Kristalls* holoedreco

holoedrisch, *auch* ***vollflächig*** *Adj* holoedra

Holoenzym *n Biochemie, Med (aus Apoenzym u. Koenzym zusammengesetztes Enzym)* holoenzimo

Holofernes (*m*) *bibl Eig (ein assyrischer Feldherr Nebukadnezars II.)* Holoferno

Hologamie *f Biol (eine Form der Fortpflanzung bei Protozoen)* hologamio

Holografie *f*, *auch* ***Holographie*** *f Opt* holografio; ***akustische*** ~ *aus den Echos von Schallwellen mithilfe von Laser erzeugtes räumliches Bild des den Schall reflektierenden Objekts* akustika holografio

holografisch, *auch* ***holographisch*** *Adj* ***a)***

Opt holografia ***b)*** *alt für «[ganz] eigenhändig geschrieben» Bibliothekswesen, Jur* holografa, propramane skribita

Hologramm *n, auch* ***Speicherbild*** *n Foto, Opt (die meist auf einer Fotoplatte od einem Film durch Holografie hergestellte Darstellung eines dreidimensionalen Objekts)* hologramo

Holographon *n Jur (eigenhändig geschriebenes Schriftstück, bes. ein Testament)* holografo

Holometabolie *f Ent (vollkommene Metamorphose in der Entwicklung der Insekten unter Einschaltung eines Puppenstadiums)* holometaboleco (*vgl. dazu* ***Metamorphose***)

holometabolisch *Adj Ent* holometabola

holomorph *Adj Math* holomorfa; ~***e Funktionen*** *f/Pl Math (Funktionentheorie)* holomorfaj funkcioj *Pl*

holomorphisch *Adj Min* holomorfa

Holozän *n, auch* ***Nacheiszeit*** *f Geol (jüngste Abteilung des Quartärs: die geologische Gegenwart)* holoceno, *auch* postglacia epoko

holozänisch *Adj* holocena

holperig *od* **holprig**, *reg* ***rumpelig*** *Adj Weg* [ege] malebena [kaj plena de malglataĵoj]

holpern *intr Wagen* skue[-brue] veturi; *straucheln* stumbli

holprig ↑ ***holperig***

Holstein (*n*) *südlicher Teil des Bundeslandes Schleswig-Holstein* Holstinio

Holsteiner *m* holstinano

Holsteinerin *f* holstinanino

holsteinisch *Adj* holstinia; ~***e Schweiz*** *f seen- u. waldreicher Teil des ostholsteinischen Hügellands* Holstinia Svisio

Holstentor *n in Lübeck* Holstinia Pordego

Holunder *m, <österr> u. reg* ***Holler[busch]*** *m, <schweiz>* ***Holder*** *m* (*Gattung* Sambucus) *Bot* sambuko (↑ *auch* ***Berg-*** *u.* ***Zwergholunder***); ***chinesischer*** ~ (Melia azedarach) azedarako; ***kanadischer*** ~ (Sambucus canadensis) kanada sambuko; ***schwarzer*** ~ (Sambucus nigra) nigr[aber]a sambuko

Holunder|beeren *f/Pl, <österr>* ***Hollerbeeren*** *f/Pl* sambukberoj *Pl*; ~**beersaft** *m* sambukobera suko; ~**blattlaus** *f* (Aphis sambuci) *Ent* sambuka afido; ~**blüten** *f/Pl, <österr>* ***Hollerblüten*** *f/Pl* sambukaj floroj *Pl*; ~**busch** *m* sambuka arbedo

Holunderschwamm *m Mykologie* ↑ ***Judasohr***

Holz *n* ***a)*** ligno; *Brenn*≗ brulligno, ligno por hejtado; *Bau-, Nutz-, Zimmerholz* timbro (↑ *auch* ***Akazien-***, ***Ast-***, ***Birken-***, ***Bruch-***, ***Dürr-***, ***Eben-***, ***Eichen-***, ***Feuer-***, ***Fichten-***, ***Flöß-***, ***Gruben-***, ***Hart-***, ***Kern-***, ***Kien-***, ***Knüppel-***, ***Roh-***, ***Säge-***, ***Scheit-***, ***Schwellen-***, ***Spalt-***, ***Teak-***, ***Treib-***, ***Tropen-***, ***Weich-***, ***Weiden-*** *u.* ***Zypressenholz***); ~ ***fressend*** *bzw.* ***sich von*** ~ ***ernährend***, *<wiss>* ***xylophag*** *z.B. Termiten* lignomanĝa, *<wiss>* ksilofaga; ~ ***verarbeitend*** lignoprilabora; ***tropisches*** ~ tropika ligno; *i.w.S. Teakholz* tektoligno *od* tektona ligno; ***verfaultes*** ~ (*auch* ***Mulm*** *genannt*) putrinta lign[aĵ]o; ~ ***bearbeiten*** (***hacken***, ***sägen***) prilabori (fendi, segi) lignon; ~ ***sammeln*** kolekti lignon [en arbaro]; ***aus*** ~ ***[gefertigt*** *od* ***hergestellt] sein*** esti [farita] el ligno; ***mit*** ~ ***überziehen*** (*od* ***verkleiden***) tegi per ligno[-tabuloj] *od* lignotegi; ***der Schrank ist aus*** ~ la ŝranko estas [farita] el ligno ***b)*** *Gehölz* arbareto; *Boskett, Gehölzgruppe [in Parks], Lustwäldchen* bosko; *i.w.S. Wald* arbaro

Holz|abfälle *m/Pl bei Tischlerarbeiten u. dgl.* lignaj defalaĵoj *Pl* (*vgl. dazu* ***Hobelspäne***); ~**apfel** *m Bot* sovaĝa pomo

Holzapfelbaum *m*: ***indischer*** ~ ↑ ***Thanakabaum***

Holz|arbeiten *f/Pl Holzgegenstände* laboraĵoj *Pl* el ligno; ~**arbeiter** *m* lignolaboristo; ~**art** *f Holzsorte* speco de ligno, *bes. Bot* lignospecio

holzartig *Adj* ligneca; *wie Holz* kiel ligno

Holz|asche *f* cindro de ligno; ~**ausfuhr** *f od* ~**export** *m* eksporto de ligno; ~**balken** *m* ligna trabo *auch Bauw*; ~**balkon** *m* ligna balkono; ~**bank** *f* ligna benko; ~**baracke** *f* ligna barako; ~**bau** *m Holzbauweise* lignokonstru[ad]o; *Gebäude aus Holz* lignokonstruaĵo *od* konstruaĵo el ligno; ~**bearbeitung** *f* prilaborado de ligno (↑ *auch* ***Holzverarbeitung***); ~**bearbeitungsmaschine** *f* lignoprilabora maŝino; ~**bein** *n salopp für «Beinprothese aus Holz»* ligna kruro (↑ *auch* ***Stelzfuß a)***); ~**beize** *f* tinkturo por ligno; ~**beton** *m Bauw* lignera betono; ~**biene** *f* (*Gattung* Xylocopa) *Ent* lignoabelo, *<wiss>* ksilokopo; ~**blasinstrument** *n Mus* ligna blovinstrumento; ~**block** *m* lignobloko *od* bloko el ligno; ~**bock** *m* ***a)*** *Gestell zum Sägen* segostablo ***b)*** *Ent* ↑ ***Zecke***; ~**boden** *m hölzerner Fußboden* ligna planko; ~**bohrer** *m Handw* lignoborilo *od* borilo por ligno; ~**brücke** *f* ligna ponto; ~**chemie** *f Lehre von den chemischen Grundstoffen des Holzes u. deren Untersuchung* lignokemio

Hölzchen *n* ligneto, lignero; *Holzstückchen* lignopeceto

Holz|dach *n* ligna tegmento; ~**decke** *f Bauw* ligna plafono; ~**dübel** *m Handw* ligna dublo; ~**eimer** *m* ligna sitelo; ~**einfuhr** *f Hdl* importo de ligno; ~**einschlag** *m, auch* ***Fällung*** *f Forstw* arbofaligado (*vgl. dazu* ***Fällen***)

hölzeln ↑ ***lispeln***

holzen *intr abs Bäume schlagen* faligi arbojn

hölzern *Adj* ***a)*** ligna; *aus Holz* [farita] el ligno ***b)*** *([zu] formal, ungewandt)* tro formala (*vgl. dazu* ***steif 1. c)***)

Holzexport *m* ↑ ***Holzausfuhr***

Holz|fäller *m~* arbohakisto; ~**fällung** *f* arbofaligado (*vgl. dazu* ***Baumrodung***); ~**farbe** *f* farbo por ligno

Holzfaser *f* ligna fibro; ~**beton** *m* lignofibra betono; ~**platte** *f* lignofibra plato

Holz|fass *n* ligna barelo; *offenes Fass, Kübel, Bottich* tino; ~**flößer** *m* flosisto de ligno; ~**fräsmaschine** *f* turbomaŝino por ligno

holzfrei ↑ ***ligninfrei***

Holz|fuhre *f Gefährt* trunkoveturilo; *eine Fuhre Holz* ĉarpleno da ligno; ~**fußboden** *m* ligna planko; ~**gas** *n* lignogaso; ~**gegenstand** *m* objekto el ligno, *umg auch* lignaĵo

Holzgeist *m Chem* ↑ ***Methanol***

Holz|geländer *n* ligna balustrado; ~**gewehr** *n Kinderspielzeug* ligna pafilo [por infanoj]; ~**gitter** *n* ligna krado; ~**hacken** *n* hakado de ligno; ~**hacker** *m* lignohakisto; *Forstw* arbohakisto (*vgl. dazu* ***Holzfäller***)

holzhaltig ↑ ***ligninhaltig***

Holz|hammer *m* ligna martelo; *doppelköpfiger* maleo; ~**handel** *m* lignokomerco; ~**händler** *m* lignokomercisto

Holzhaueraxt *f* ↑ ***Fällaxt***

Holz|haus *n* lignodomo *od* ligna domo; ~**häuschen** *n* ligna dometo; ~**hütte** *f* ligna kabano

holzig *Adj holzartig* ligneca; *wie Holz* kiel ligno

Holz|imprägnierung *f Tränkung des Holzes mit imprägnierenden Mitteln* lignoimpregnado; ~**industrie** *f* lignoindustrio; *i.e.S. (Holz verarbeitende Industrie)* lignoprilabora industrio; ~**inhaltsstoffe** *m/Pl* lignosubstancoj *Pl*; ~**käfer** *m Klopf- od Pochkäfer* (*Gattung* Anobium) *Ent* anobio; ~**[kalt]leim** *m* lignogluo; ~**kasten** *m* ligna kest- [et]o; ~**keil** *m* ligna kejlo; ~**kirche** *f* ligna preĝejo; ~**kiste** *f* ligna kesto; ~**klotz** *m Holzblock* ŝtipo, lignobloko; *Hackklotz* hakbloko *od* ŝtipo por haki [brul]lignon, *auch* hakŝtipego; ~**kohle** *f* ***a)*** lignokarbo ***b)*** (Carbo ligni pulveratus) *Pharm (gepulverte Holzkohle)* pulvorigita lignokarbo; ~**kohlenfeuer** *n* lignokarba fajro; ~**kohle[n]grill** *m* lignokarba rostilo; ~**konstruktion** *f Bauwerk aus Holz* konstruaĵo el ligno *od* lignokonstruaĵo (↑ *auch* ***Holzbau***); ~**kreuz** *n* ligna kruco, kruco el ligno; ~**kuppel** *f Arch* ligna kupolo; ~**[lager]platz** *m* lignodeponejo, *umg auch* lignejo; ~**latte** *f* ligna lato; ~**laus** *n* (*Gattung* Psocus) *Ent* psoko; ~**leiste** *f* ligna listelo; ~**löffel** *m* ligna kulero; ~**malerei** *f (Tätigkeit)* pentrado sur ligno; *(Objekt)* pentraĵo sur ligno; ~**maske** *f Ethn* ligna masko; ~**mast** *m* ligna masto

Holzmeise *f Orn* ↑ ***Tannenmeise***

Holzmeißel *m für Holzschnitzer* lignoĉizilo

Holzmesslehre *f Forstw* ↑ ***Dendrometrie***

Holz|möbel *n* ligna meblo; ~**nagel** *m* lignonajlo, najlo el ligno; ~**pantoffel** *m, reg* ***Holzpantine*** *f* ligna pantoflo; ~**parenchym** *n Bot, Forstw* lignoparenkimo; ~**pfette** *f Bauw* ligna patno; ~**pflaster** *n* ligna pavimo; ~**pflock** *m* ligna fosteto; ~**pflug** *m* ligna plugilo; ~**physik** *f Lehre von den physikalischen Eigenschaften des Holzes* lignofiziko

Holzplatz *m* ↑ ***Holzlagerplatz***

Holz|puppe *f Puppe aus Holz* lignopupo; ~**rad** *n* ligna rado; ~**rahmen** *m* ligna kadro; ~**raspel** *f Handw* lignoraspilo; ~**rechen** *m* ligna rastilo; ~**säge** *f* segilo por ligno

Holzsandale *f*: ***japanische*** ~ getao (*vgl. dazu* ***Zori***)

Holz|sarg *m* ligna ĉerko; ~**schachtel** *f* ligna skatolo; ~**schalung** *f Bauw* ligna ŝelaĵo; ~**schaufel** *m* ligna ŝovelo; ~**scheit** *n* ŝtip[et]o, *(zum Verbrennen)* brulŝtipo; ~**schindel** *f* ligna ŝindo; ~**schlag** *m Ort, wo Holz geschlagen wird* arbohakejo

Holzschneider *m* ↑ ***Xylograf***

Holzschneidekunst *f* ↑ ***Xylografie***

Holzschnitt *m Tätigkeit* lignogravur[ad]o; *Holzschneidekunst* lignoskulpta arto, ksilografio; *als Objekt* lignogravuraĵo (*vgl. dazu* ***Holzschnitzerei u. Skulptur***)

Holzschnittkünstler *m* ↑ ***Xylograph***

Holz|schnitzer *m* lignoskulptisto; ~**schnitzerei** *f (Gegenstand)* lignoskulptaĵo; *(Holzschnitzkunst)* lignoskulpta arto; *(als Tätigkeit)* lignoskulptado; ~**schraube** *f für Holz* ŝraŭbo por ligno; *aus Holz* ŝraŭbo el ligno *od* ligna ŝraŭbo; ~**schuh** *m* lignoŝuo *od* ligna ŝuo (↑ *auch* ***Pantine***); ~**schutzmittel** *n* lignoimpregnilo

Holzschwamm *m Bot* ↑ ***Hausschwamm***

Holz|schwelle *f bes. Eisenb* ligna ŝpalo; ~**sorte** *f* speco de ligno; ~**späne** *m/Pl* ligneroj *Pl*; *Hobelspäne* rabotaĵo *Sg*; ~**speiche** *f* ligna spoko; ~**splitter** *m* ligna splito, lignosplitaĵo; ~**stapel** *od* ~**stoß** *m* lignostako *od* stako da ligno, *(aus Scheiten)* ŝtipostako; *von Brennholz* brulligna stako; *allg* ŝtiparo (↑ *auch* ***Scheiterhaufen***); ~**stock** *m* ligna bastono

Holzstoff *m* ↑ ***Lignin***

Holzstöpsel *m* ligna ŝtopilo

Holzstoß *m* ↑ ***Holzstapel***

Holz|stückchen *n* lignopeceto; ~**stuhl** *m* ligna seĝo; ~**tafel** *f bemalte Holztafel, Gemälde auf Holz* panelo; ~**technologie** *f Lehre von der technischen Nutzbarmachung des Rohstoffes Holz* lignoteknologio; ~**teer** *m* lignogudro; ~**teller** *m* ligna telero; ~**textur** *f* lignoteksturo; ~**tisch** *m* ligna tablo; ~**transport** *m* transporto de ligno; ~**treppe** *f* ligna ŝtuparo; ~**trocknung** *f das Trocknen von Holz* lignosekigo; *das Trockenwerden von Holz* sekiĝo de la ligno; ~**verarbeitung** *f* prilaborado de ligno *od* lignoprilaborado; ~**verarbeitungswerk** *n* fabriko de lignoprilaborado; ~**verbindung** *f Handw, Zimmerei* lignoligo; ~**verbrauch** *m* konsumo de ligno; ~**verkleidung** *f* ligna tegaĵo; ~**wand** *f Trennwand aus Holz* ligna septo *od* septo el ligno; ~**waren** *f/Pl* lignaĵoj *Pl*

Holzweg *m* ◇ ***auf dem ~ sein*** esti sur malĝusta vojo; *sich total irren* plene erari

Holzwespe *f* (*Gattung* Sirex) *Ent* siriko; ***[Familie der] ~n*** *Pl* (Siricidae) sirikedoj *Pl*

Holz|wolle *f* lignolano; ~**wurm** *m* lignovermo, *eigtl* larvo de anobio (*vgl. dazu* ***Holzkäfer***); ~**zellgewebe** *n Bot (Holzteil der höheren Pflanzen)* ksilemo; ~**zellulose** *f* ligna celulozo

Holzzucker *m* ↑ ***Xylose***

Homaranismus *m von Zamenhof initiierte politisch-religiöse Doktrin zur Förderung edlen Menschentums* homaranismo

Homatropin *n Chem, Pharm (mit Atropin verwandter Ester von Mandelsäure u. Tropin)* homatropino

Homburg (*n*): ***Bad Homburg vor der Höhe*** *eine Stadt am Südrand des Taunus [1622-1866 Hptst. der Landgrafschaft Hessen-Homburg]* Homburgo [ĉe Taŭnuso]

Homebanking *n, auch* ***Telebanking*** *Bankw, EDV (Kontoführung u. Abwicklung von Bankgeschäften per Internet)* hejmbankado, *auch* telebankado

Homeoffice *n das Arbeiten von zu Hause* telelabor]ad]o; ***im ~ arbeiten*** telelabori

Homepage [*...pe:dʒ*] *f EDV* hejmpaĝo

[1]**Homer** (*m*), *griech.* ***Homeros***, *lat.* ***Homerus*** *Eig (ein altgriech. Dichter [8. Jh. v. Chr.])* Homero

[2]**Homer** *ohne Art: Metr* ↑ ***Chomer***

homerisch *Adj auf Homer bezogen* homera; ***~es*** (*d.h.* ***schallendes*** *od* ***dröhnendes***) ***Gelächter*** *n* homera rid[ad]o; ***~e Hymnen*** *f/Pl* homeraj himnoj *Pl*

Homeschooling *n Päd* ↑ ***Hausunterricht***

Homespun [*'ho:mspan*] *m od n Textil (grobes Streichgarngewebe nach Art der Handweberei)* homspuno

Homilie *f, auch* ***Kanzelrede*** *f Kirche (Predigt über eienen Bibeltext)* homilio

Hominiden *m/Pl* (Hominidae) *zoologisch-systematische Bez für «jetzt lebende Menschen sowie ihre nächsten stammesgeschichtlichen Vorfahren»* homedoj *Pl*

Hommage *f [Werk bzw. Veranstaltung als] Huldigung* omaĝo (***an jmdn.*** al iu) (*vgl. dazu* ***Aufwartung***)

Homo *od reg* ***Homi*** *m* ↑ ***Homosexuelle***

Homochromie *f Zool (farbliche Anpassung vieler Tiere an ihre Umgebung [z.B. zur Tarnung])* homokromio

homogen *Adj* homogena *auch Biol, Math, Phys u. Tech* (*vgl. dazu* ***gleichartig***)

homogenisieren *tr an sich nicht mischbare Komponenten eines Systems vermischen* homogenigi (↑ *auch* ***H-Milch***)

Homogenisierung *f* homogenigo

Homogenität *f* homogeneco

Homograph *od* **Homogramm** *n Ling (Wort, das in der Schreibung identisch mit einem anderen ist, aber eine andere Bedeutung u. Aussprache aufweist* (*z.B. dt.* Áugust *Name* – Augúst *Monat*) homografo

homolog *Adj übereinstimmend, [einander] entsprechend* homologa *auch Chem, Gene* *tik u. Math*; *~**e Organe** n/Pl Biol (in der Stammesgeschichte diejenigen Organe od Merkmale verschiedener Arten, die aus ein und demselben Organ der gemeinsamen Stammform hervorgegangen sind [Ggs: analoge Organe])* homologaj organoj; *~**e Reihen** f/Pl Chem* homologaj vicoj *Pl*

Homologie *f* homologeco; *bes. Naturw* homologio

homomorph *Adj Math (Homomorphismus aufweisend)* homomorfa

Homomorphismus *m Math (spezielle Abbildung einer algebraischen Struktur in od auf eine andere)* homomorfio (*vgl. dazu **Endomorphismus***)

homonym ↑ ***homonymisch***

Homonym *n Ling (formgleicher od gleichlautender Ausdruck [von anderer Bedeutung])* homonimo

Homonymie *f Ling* homonimeco, *auch* homonimio

homonym[isch] *Adj Ling* homonima (*vgl. dazu **doppelsinnig** u. **mehrdeutig***)

Homöopath *m Med* homeopato

Homöopathie *f Med (ein von S. Hahnemann begründetes Heilverfahren)* homeopatio

homöopathisch *Adj* homeopatia; *~**es Mittel** n* homeopatia rimedo

Homöoplasie *f nur Fachspr Med (organische Neubildung)* homeoplazio

homöopolar *Adj El (gleichartig elektrisch geladen), Chem* homopolara

Homöostase *od* **Homöostasis** *f Med (Erhaltung des physiologischen Gleichgewichts [z.B. Blutdruck, Körpertemperatur, Wasserhaushalt usw.] gegenüber störenden Einflüssen)* homeostato

Homöoteleuton *n Stilistik (Redefigur, bei der aufeinanderfolgende Wörter od Wortgruppen gleich ausklingen z.B. tablon ornamas ne tuko, sed kuko)* homeoteleŭto

homöotherm ↑ ***warmblütig***

homöotisch *Adj Biol, Genetik (im Verlauf der Embryonalentwicklung die Zell- u. Gewebedifferenzierung steuernd [von Genen])* homeota

Homophobie *f ausgeprägte Abneigung gegen Homosexualität* homofobio, *auch* gejofobio

Homophon *Adj Phon (Wort, das in der Aussprache identisch mit einem anderen ist, aber eine Bedeutung u. Schreibung aufweist* (*z.B.* <engl> peace – piece) homofono

Homophonie *f Phon* homofoneco

Homopolymere *n/Pl Chem (Polymere, die vollständig aus einer monomeren Verbindung aufgebaut sind)* homopolimeroj *Pl*

Homopolysaccharide *n/Pl Chem (aus gleichartigen Monosacchariden aufgebaute Polysaccharide)* homopolisakaridoj *Pl*

Homopteren *Pl Ent* = ***Gleichflügler***

Homos *m/Pl*: ***die*** *~ umg für «Homosexuelle»* la gejoj *Pl*

Homosexualität *f* homoseksualeco, samseksemo

homosexuell *Adj* homoseksuala; *gleichgeschlechtlich empfindend* samseksema (*vgl. dazu **lesbisch** u. **schwul***)

Homosexuelle *m, umg **Homo** od reg **Homi** m* homoseksualulo, samseksemulo, *umg* gejo (*vgl. dazu **Schwule***)

Homothetie *f Geol, Geom (perspektive Ähnlichkeit)* homotetio

homothetisch *Adj Geol, Geom* homotetia

homozygot, *auch **reinerbig** Adj Biol, Genetik (mit gleichen Erbanlagen ausgestattet)* homozigota *[Ggs: heterozygot]*

Homozygot *m Genetik* homozigoto

Homs (*n*), *arab. **Hims** drittgrößte Stadt Syriens [das antike Emesa]* Homso

Homunkulus *m [nach alchimistischer Vorstellung:] künstlich erzeugter Mensch* homunkulo

Honan (*n*) ↑ ***Henan***

Hondo (*n*) ↑ ***Honschu***

Honduraner *m* hondurano

Honduranerin *f* honduranino

honduranisch *Adj* hondura

Honduras (*n*) *ein Staat in Mittelamerika* Honduro *[Hptst.: Tegucigalpa]*

Hongkong (*n*), *chin. **Xianggang*** Honkongo (↑ *auch **Kowloon***); *~**-Dollar** m* (*Abk **HK$***) *Fin* honkonga dolaro; *~**-Grippe** f Med* gripo de Honkongo; *~**-Kumquat** f, auch **Mini-Kumquat** f* (Fortunella hindsii) *Bot* honkonga kumkvato

Honiara (*n*) *Hptst. des pazifischen Inselstaates Salomonen [auf Guadalcanal]* Honiaro

Honig *m* mielo (↑ *auch **Bienen-**, **Blüten-**, **Heide-**, **Koniferen-**, **Kunst-**, **Linden[blüten]-**, **Obstblüten-**, **Press-**, **Raps-**, **Robinien-**, **Schleuder-**, **Waben-** u. **Waldhonig***); ***flüssiger*** (***naturreiner***) ~ likva (natur[ver]a) mielo; ***türkischer*** ~ ↑ ***Halwa***; ***ein Löffel [voll]*** ~ kulero da mielo; ~ ***schleu***

dern centrifugi mielon ◇ ~ ***im Munde und Galle im Herzen*** lango miela, sed koro kruela *(Zam)*; ***wo es ~ gibt, da sammeln sich die Fliegen*** kie estas mielo, tie muŝoj ne mankas; ***jmdm. ~ ums Maul schmieren*** dolĉe ŝmiri al iu la lipojn *(Zam)*

Honig|ameise *f* (Melophorus camponotus) *Ent* mielformiko <*sie speichert Honig im Körper*>; ~**analyse** *f, auch* ***Honigprüfung*** *f* mieloanalizo

Honiganzeiger *m Orn*: ***großer*** ~ (Indicator indicator) granda mielindikanto; ***[Familie der]*** ~ *Pl* (Indicatoridae) mielindikantoj *Pl*

Honig|biene *f* (Apis mellifica) *Ent* mielabelo (↑ *auch* ***Kliff-*** *u.* ***Riesenhonigbiene***); ~**dachs** *m* (Mellivora ratel) *Zool* mielmelo *[Vorkommen: endemisch auf Madagaskar]* <*größter rezenter Lemur*>; ~**drüse** *f, auch* ***Nektardrüse*** *f Fachspr* ***Nektarie*** *f Bot (Blütenhonig ausscheidende Drüse [in Blüten, auch an Blättern])* nektarglando, nektario; ~**ernte** *f* rikolto de mielo; ~**essig** *m* miela vinagro

honigfarben *Adj* miel[o]kolora

Honig|fresser *m Orn* mielmanĝulo; *Helm*~ (Meliphaga cassidix) kaska mielmanĝulo (↑ *auch* ***Gelbgesicht-***, ***Gelbkehl-***, ***Kap-*** *u.* ***Weißohrhonigfresser***); ~**glas** *n* mielbokalo

Honiggras *n, auch* ***Rossgras*** *n Bot* (*Gattung* Holcus) holko; ***weiches*** ~, *reg* ***Hochmoorquecke*** *f* (Holcus molle) mola holko; ***wolliges*** ~ (Holcus lanatus) lana holko

Honigklee *m reg für «Steinklee»* meliloto

Honigkraut *n od* **Honigkresse** *Bot* ↑ ***Süßblatt***

Honigkuchen *m* mielkuko

Honigmond *m alt od poet* ↑ ***Flitterwochen***

Honigorchis *f* (*Gattung* Herminium) *Bot* herminio; ***einknollige*** ~, *auch* ***Einknolle*** *f* (Herminium monorchis) *eine Orchideenart* unutubera herminio

Honigpilz *m Mykologie* ↑ ***Hallimasch***

Honigpresse *f Imkerei* mielpremilo

Honigprüfung *f* ↑ ***Honiganalyse***

Honigsauger *m Orn* ↑ ***Nektarvogel***

Honigschleuder *f Imkerei* mielcentrifugilo

honigsüß *Adj* dolĉa kiel mielo *nachgest*; *übertr* miela

Honig|tau *m Bot (klebrige Ausscheidung der Blattläuse auf Pflanzen)* mielroso; ~**täubling** *m* (Russula melliolens) *Mykologie* miel-odora rusolo; ~**waben** *f/Pl* mielĉelaro; ~**wasser** *n* mielakvo

Honigwein *m* ↑ ***Met***

Honigzelle *f* mielĉelo

Honolulu (*n*) *Hptst. von Hawaii* Honolul[u]o

Honorar *n Bezahlung für freiberufliche Arbeit (Juristen, Künstler u.a.)* honorario (***für*** por) (↑ *auch* ***Arzt-*** *u.* ***Autorenhonorar***); ~ ***nach Vereinbarung*** honorario laŭ interkonsento

Honorar|konsul *m, auch* ***Wahlkonsul*** *m Dipl* honorofica (*od auch* honoraria) konsulo; ~**professor** *m* honoraria profesoro

Honoratioren *Pl* elstaraj personoj *Pl* [en urbeto *bzw.* certa regiono]; *i.w.S. Spitzen der Gesellschaft* eminentuloj *Pl* [de la socio]

Honoratus von Arles *Eig (ein Bischof im südfranzösischen Arles [im 5. Jh.])* Honorato de (*od* el) Arlezo

honorieren *tr Honorar zahlen* honorarii (***jmdn.*** iun) *od* pagi honorarion (***jmdn.*** al iu); *belohnen* rekompenci

Honorius (*m*) *Eig (römischer Kaiser [348-423])* Honorio

Honschu *od* **Honshu** (*n*), (*in Japan auch* ***Hondo*** *genannt*) *die größte der japanischen Inseln* <*das Kernland Japans*> Honŝuo

Hooligan *m Randalierer* huligano (↑ *auch* ***Rabauke*** *u.* ***Rowdy***); ***sich wie ein ~ benehmen*** konduti kiel huligano, *auch kurz* huligani

Hopeh (*n*) ↑ ***Hebei***

Hopfen *m* (Humulus lupulus) *Bot* lupolo ◇ ***an ihm ist ~ und Malz verloren*** *er ist ein hoffnungsloser Fall* li estas senespera kazo; *er ist nicht mehr zu retten* li estas nesavebla; *bei ihm hilft nichts* ĉe li nenio helpas

Hopfen|[an]bau *m* kultivado de lupolo; ~**bauer** *m* lupol[o]kultivisto *od* kultivisto de lupolo

Hopfenbitter *m* ↑ ***Lupulin***

hopfenblätt[e]rig, *Fachspr Bot auch lat.* ***humulifolius*** *Adj* lupolofolia

Hopfen|feld *n, auch* ***Hopfengarten*** *m* lupolejo; ~**klee** *m, auch* ***Gelbklee*** *m od* ***Hopfenluzerne*** *f* (Medicago lupulina) *Bot* lupola medikago; ~**stange** *f* ***a)*** lupolstango ***b)*** *übertr (baumlanger Mensch)* homo [alta] kvazaŭ stango, *scherzh auch* stangofiguro

Hopfkuckuck *m* (Cuculus saturatus) *Orn* orienta kukolo

Hopliten *m/Pl griech. Antike (schwer bewaffnete Fußtruppe [ab dem 7. Jh. V. Chr.)* hoplitoj *Pl*

hopp! *od* **hops!** *Interj (Aufforderung zum*

Springen) hop!

hopsen *intr* hop[ad]i, [daŭre] salt[et]i dupiede (*bzw.* per nur unu piedo); ***vor Freude ~*** *z.B. ein Kind* hopadi pro ĝojo

Hörapparat *m* aŭd-aparato

Horaz (*m*), *eigtl* ***Quintus Horatius Flaccus*** (*m*) *Eig (altröm. Dichter [65-8 v. Chr.)* Horacio

hörbar *Adj* aŭdebla (*vgl. dazu* ***laut***)

Hör|barkeit *f* aŭdebleco; **~brille** *f* okulvitroj kun aŭdaparato [en la framo]; **~buch** *n gesprochener Text auf Kassette od CD* aŭdolibro *od* sonlibro

horch! *Imp* aŭskultu!

horchen *intr* aŭskulti (***auf etw.*** ion) (↑ *auch* ***zuhören***); *heimlich mithören* subaŭskulti, kaŝe aŭskulti *od* kaŝaŭskulti; ***an der Tür ~*** aŭskulti sub la pordo *(Zam)*

Horcher *m jmd., der heimlich mithört* subaŭskultanto, kaŝaŭskultanto ◇ ***der ~ an der Wand hört seine eigne Schand*** kiu trans muro aŭskultas, tiun la muro insultas

Horchgerät *n Unterwasser*~, *z.B. für die Ortung von Fischschwärmen* hidrofono

Hordaland (*n*) *eine Provinz im südlichen Norwegen* Hordalando *[Hptst.: Bergen]*

[1]**Horde** *f*, *<schweiz> u. reg* ***Hurde*** *Lattengestell zum Lagern von Kartoffeln, Obst u.a.* hurdo (↑ *auch* ***Obsthorde***)

[2]**Horde** *f asiatischer Nomadenstamm* hordo; ***die Goldene ~***, *auch* ***das Khanat Kiptschak*** *Gesch (von Batu 1237 gegründetes Mongolenreich in der südrussischen Steppe)* la Ora Hordo *[Hptst.: Saraj (an der unteren Wolga)]*

[3]**Horde** *f meist pej für «Bande, wilde Menge od [zuchtlose] Schar»* hordo, bando; ***in ~n einfallen*** horde invadi

hordenweise *Adv scharenweise* horde

hören ***a)*** *tr mit dem Gehörsinn wahrnehmen* aŭdi; *erfahren* ekscii, *umg auch* aŭdi (***etw. von jmdm.*** ion de iu); *anhören, z.B. Musik od eine Rede* aŭskulti; ***hörst du die Vögel singen?*** ĉu vi aŭdas la birdojn kanti?; ***ich hörte ihn reden*** mi aŭdis lin paroli; ***ich habe nichts von ihm gehört*** *keine Nachricht erhalten* mi nenion aŭdis de li; ***ich habe schon viel von Ihnen gehört*** mi jam multon aŭdis pri vi; ***ich habe vorher nie davon gehört*** mi neniam antaŭe aŭdis pri ĝi (*od* tio); ***hat man so etwas je gehört?*** ĉu oni jam aŭdis ion tian?; ***ich kann Sie nicht ~*** mi ne povas aŭdi vin; ***Radio*** (***eine Vorlesung***) ~ aŭskulti radion (prelegon); ***auf einen Rat ~*** akcepti (*od* sekvi) konsilon; ***welche Sendungen ~ Sie am liebsten?*** *Radio* kiujn elsendojn vi plej ŝatas aŭskulti?; ***hört, hört!*** *umg* aŭdu!; [jen] aŭskultu! ◇ ***von dir hört man ja schöne Dinge!*** oni aŭdas belajn aferojn pri vi! *(Zam)* ***b)*** *intr zuhören, lauschen* aŭskulti; *gehorchen, folgen* obei (***auf jmdn.*** iun *od* al iu); ***schlecht ~*** *schwerhörig sein* malbone aŭdi; ***ich höre nicht gut*** *auch* mia aŭdkapablo estas malbona; ***ich habe vorher nie davon gehört*** mi neniam antaŭe aŭdis pri ĝi (*od* tio); ***ich lasse von mir ~*** mi skribos al vi; ***das lässt sich ~*** *das ist beträchtlich* tio estas konsiderinda; *das klingt verständig* tio aŭdiĝas (*od* sonas) prudente (*od i.w.S.* bone); *darüber kann man sprechen* pri tio [ĉi] oni povas diskuti; ***nach dem, was ich gehört habe ...*** laŭ tio kion mi aŭdis (*od* eksciis) ...; ***zu ~ sein*** esti aŭdebla, *Zam auch* aŭdiĝi; ***lautes Lachen war zu ~*** *Zam* aŭdiĝis laŭta ridado

Hören *n Vernehmen* aŭd[ad]o; *Zuhören* aŭskultado ◇ ***wenn man das sieht, vergeht einem ~ und Sehen*** se oni vidas tion en la kapo turniĝas

Hörende *m* (*im Ggs zu*: Tauber) aŭdanto (*vgl. dazu* ***Hörer a)***)

Hörensagen *n*: ***etw. nur vom ~ kennen*** (***wissen***) koni (scii) ion nur laŭ onidiro(j)

Hörer *m* ***a)*** *Zuhörer* aŭskultanto *auch Radio u. Univ* (*vgl. dazu* ***Student***); ***~ und Hörerinnen*** geaŭskultantoj *Pl* (↑ *auch* ***Zuhörerschaft***) ***b)*** *Tel* aŭskultilo; ***den ~ abnehmen*** (***auflegen***) levi (remeti) la aŭskultilon

Hörerin *f* aŭskultantino (↑ *auch* ***Studentin***)

Hörerschaft *f* aŭskultantaro

Hör|fehler *m falsch Gehörtes* aŭd-eraro; *Med* aŭd-difekto; **~funk** *m* radio; **~gerät** *n*, *auch* ***Hörhilfe*** *f* aŭd-aparato

hörig *Adj leibeigen* servuta; ***jmdm. ~ sein*** *sich jmdm. unterwerfen* sin submeti al iu; *völlig von jmdm. abhängig sein* esti absolute dependa al iu

Höriger *m [früher:] Person, die von einem Grundherrn abhängig ist* servutulo

Hörigkeit *f* servuteco; *übertr ([absolute] Abhängigkeit)* [absoluta] dependeco

Horiter *Pl bibl* ↑ ***Choriter***

Horizont *m* ***a)*** *Astron, Mar* horizonto, *(Meeres*~*)* mara horizonto; *Himmels*~ ĉiela horizonto; *Firmament* firmamento; ***künstlicher ~*** *Astron* artefarita horizonto; ***natürlicher ~***

[sichtbare] Begrenzungslinie zw. Himmel u. Erde natura horizonto; ***scheinbarer ~*** *Astron* ŝajna horizonto; ***nahe am ~*** proksime al la horizonto; ***die Sonne versinkt am ~*** la suno malleviĝas ĉe la horizonto ***b)*** *übertr: Gesichtskreis* [spirita] horizonto; ***neue ~e eröffnen*** malfermi novajn horizontojn; ***den*** (*od* ***seinen***) ***~ erweitern*** vastigi sian horizonton; ***einen engen ~ haben*** esti malvasthorizonta ◇ ***das geht über meinen ~*** tio superas mian horizonton; *i.w.S. (das verstehe ich [absolut] nicht)* tion mi [absolute] ne komprenas

horizontal *Adj* ***a)*** *bes. Astron (auf den Horizont bezogen)* horizonta ***b)*** *waagerecht* horizontala; ***in die ~e Lage bringen*** horizontaligi

Horizontale *f, auch* ***Waag[e]rechte*** *f allg u. Geom* horizontalo, *auch* horizontala linio *[Ggs: Vertikale]*

Horizontalität *f horizontale Lage* horizontaleco

Horizontal|linie *f* horizontala linio; **~parallaxe** *f* (*Abk* ***HP***) *Astron* horizonta paralakso; **~pendel** *n ein Pendel, das horizontal um eine Achse rotiert, die fast mit der Vertikalen an einem Ort übereinstimmt* horizontala pendolo; **~projektion** *f* horizontala projekcio; **~schnitt** *m Tech* horizontala sekco

Horizontalsystem *n Astron* ↑ ***Azimutalsystem***

Horizontalverschiebung *f Geol (eine Form der Verwerfung)* horizontala faŭlto (*vgl. dazu* ***Verwerfung***)

Hörkurve *f* ↑ ***Audiogramm***

Hörmessgerät *n* ↑ ***Audiometer***

Hormon *n Physiol (ein körpereigener Wirkstoff)* hormono (↑ *auch* ***Diapause-***, ***Ekto-***, ***Follikel-***, ***Hypophysen-***, ***Metamorphose-***, ***Neuro-***, ***Ovarial-***, ***Pankreas-***, ***Peptid-***, ***Phyto-***, ***Polypeptid-***, ***Sexual-***, ***Steroid-***, ***Stresshormon***, ***Thyroxin***, ***Wachstums-*** *u.* ***Xenohormon***); ***~ der Nebennierenrinde*** aldosterono; ***adrenotropes ~*** adrenotropa hormono; ***gastrointestinale ~e*** *Pl Polypeptide, die im Magen-Darm-Trakt gebildet werden* gastro-intestaj hormonoj *Pl*; ***glanduläre ~e*** ↑ ***Drüsenhormone***; ***kortikotropes ~*** *die Tätigkeit der Nebennierenrinde stimulierendes Hormon* kortikotropa hormono; ***luteotropes ~*** ↑ ***Prolaktin***; ***männliches ~*** virseksa hormono, *Fachspr* androgeno

hormonal ↑ ***hormonell***

Hormonbehandlung *f* ↑ ***Hormontherapie***

Hormondrüse *f Anat* hormonglando

hormonell, *auch* ***hormonal*** *Adj* hormona; ***~e Veränderungen*** *f/Pl* hormonaj ŝanĝ- iĝoj *Pl*

Hormon|ersatztherapie (*fachsprachl. Abk* ***HET***) *Med (bes. Gynäkologie)* hormonanstataŭiga (*od* hormonsubstitua) terapio; **~mangel** *m Med* manko de hormono(j); **~präparat** *n Pharm* hormonpreparaĵo; **~spiegel** *m Physiol* hormonnivelo; **~spritze** *f Med* hormoninjekto; **~tablette** *f Pharm* hormontablojdo; **~therapie** *f, auch* ***Hormonbehandlung*** *f* hormonterapio (↑ *auch* ***Hormonersatztherapie***)

Hormus: *in der Fügung* ***Straße von ~*** *Meeresstraße zw. Persischem Golf u. dem Golf von Oman* Hormusa Markolo

Hörmuschel *f Tel* aŭdkonko

Horn *n* ***a)*** *von Tieren* korno (↑ *auch* ***Büffel-*** *u.* ***Fühlhorn***); ***mit den Hörnern aufspießen*** piki per la kornoj, *auch* kornopiki; ***mit den Hörnern stoßen*** puŝi per la kornoj, *auch* kornopuŝi ◇ ***er hat sich die Hörner noch nicht abgestoßen*** li ne frapis al si ankoraŭ la kornojn *(Zam)*; *ist noch sexuell interessiert* li havas ankoraŭ printempon en la kapo; ***den Stier bei den Hörnern packen*** *entschlossen an eine Aufgabe herangehen* preni la taŭron (*od umg* bovon) per la kornoj ***b)*** *Horn als Material, Hornsubstanz* korno (*vgl. dazu* ***Füllhorn***); ***in ~ gefasst*** *Brille* kun framo el korno; ***aus ~ gefertigt*** farita el korno ***c)*** *reg auch für «Schwiele»* kalo ***d)*** *Mus (Blas*≗*)* korno, *(Jagd*≗*)* ĉaskorno (↑ *auch* ***Alp-***, ***Bügel-***, ***Jagd-***, ***Ventil-*** *u.* ***Waldhorn***) ◇ ***in dasselbe ~ blasen*** (*od* ***tuten***) ***wie jmd.*** ludi la saman melodion kiel iu ***e)*** *etw. Hornförmiges, Gegenstand aus Horn* korn[aĵ]o (*vgl. dazu* ***[1]Hörnchen***; ↑ *auch* ***Ambosshorn***); ***~ von Afrika*** *östlichster, keilförmiger Teil Ostafrikas* Korno de Afriko ◇ ***das Goldene ~*** *der Hafen von Istanbul* la Ora Korno

Hornagame *f* (Ceratophora stoddartii) *Zool* dorna agamo *[Vorkommen: in den Bergwäldern Sri Lankas]*

hornartig *Adj* korneca

Hornbläser *m Mus* ↑ ***Hornist***

Hornblatt *n* (*Gattung* Ceratophyllum) *Bot* ceratofilo; ***gemeines ~*** (Ceratophyllum demersum) kornofolia ceratofilo

Hornblattgewächse *n/Pl Bot*: ***[Familie der]***

~ (Ceratophyllaceae) ceratofilacoj *Pl*

Hornblende *f Min* ↑ ***Amphibol***

Hornbrille *f* okulvitroj kun framo el korno

[1]**Hörnchen** *n* ***a)*** *kleines Horn* korneto ***b)*** *<österr>* ***Kipfel*** *od* ***Kipferl*** *n Backwerk* kornobulko, *auch* korneto (↑ *auch* ***Croissant***)

[2]**Hörnchen** *n/Pl Zool*: ***[Familie der]*** ~ *Pl* (Sciuridae) sciuredoj *Pl* (↑ *auch* ***Backen-***, ***Biber-***, ***Eich-***, ***Flug-***, ***Gleit-***, ***Graufuß-***, ***Königsriesen-*** *u.* ***Streifenhörnchen***)

hörnern *Adj* ***a)*** korna; *hornartig* korneca; *aus Horn [gefertigt]* [farita] el korno ***b)*** *auch* ***hornig*** *wie Hornhaut, schwielig* kala

Hörnerschall *m* sonado de kornoj

Hörnerv *m* (Nervus acusticus) *Anat* akustika nervo

Hornfels *m Geol (ein zähes Metamorphitgestein)* hornfelso

Hornfisch *m Ichth* ↑ ***Hornhecht***

hornförmig **1.** *Adj* kornoforma **2.** *Adv* kornoforme

Hornhaut *f* ***a)*** *des Auges, Fachspr* ***Cornea*** *f* korneo ***b)*** *Schwiele* kalo; ~ ***an der Hand[fläche]*** kalo ĉe la man[plat]o

Hornhautdarstellung *f Ophthalmologie* ↑ ***Keratografie***

Hornhaut|durchtrennung *f*, *Fachspr* ***Keratotomie*** *f Chir, Ophthalmologie* keratotomio; ~**entzündung** *f des Auges*, *<wiss>* ***Keratitis*** *f Med* inflamo de la korneo, *<wiss>* keratito; ~**fleck** *m* (Macula corneae) *Ophthalmologie* kornea makulo; ~**geschwür** *n* (Ulcus corneae) *Med* kornea ulcero

Hornhautkegel *m Anat, Ophthalmologie* ↑ ***Keratokonus***

Hornhaut|narbe *f* (Cicatrix corneae) *Med* kornea cikatro; ~**transplantation** *od* ~**verpflanzung** *f Chir* transplantado de la korneo

Hornhecht *m*, *auch* ***Hornfisch*** *m od* ***Grünknochen*** *m* (Belone belone) *Ichth* belono

Hornhechtartige *Pl Ichth*: ***[Ordnung]*** ~ (Beloniformes) belonoformaj [fiŝoj] *Pl*

hornig *Adj wie Hornhaut* kala; *mit Hornhaut bedeckt* kalokovrita

Hornisse *f* (Vespa crabro) *Ent* krabro; ***asiatische*** ~ (Vespa velutina) azia krabro (↑ *auch* ***Riesenhornisse***)

Hornissennest *n* nesto de krabroj

Hornist *m*, *auch* ***Hornbläser*** *m Mus* kornisto, *meist* kornoblovisto *od* kornoludisto

Hornklee *m* (*Gattung* Lotus) *Bot* lotuso; ***gemeiner*** (*od* ***gewöhnlicher***) ~ (Lotus corniculatus) korna lotuso (↑ *auch* ***Schoten-***, ***Salz-*** *u.* ***Sumpfhornklee***)

Hornkraut *n Bot* ***a)*** (Cerastium) cerastio (↑ *auch* ***Acker-***, ***Alpen-*** *u.* ***Sandhornkraut***); ***filziges*** ~ (Cerastium tomentosum) felta cerastio; ***kleinblütiges*** ~ ↑ ***Knäuelhornkraut***; ***niedriges*** ~ (Cerastium pumilum) nana cerastio ***b)*** (Ceratostigma plumbaginoides) ↑ *unter* ***Bleiwurz***

Hornkoralle *f Zool* ↑ ***Gorgonie***

Hornlerche *f*, *auch* ***Saharaohrenlerche*** *f* (Eremophila bilopha) *Orn* malgranda montalaŭdo

hornlos *Adj ungehörnt* senkorna

Horn|lund *m*, *auch* ***nordpazifischer Hornlund*** *m* (Fratercula corniculata) *Orn* korna fraterkulo; ~**mistkäfer** *m* (*Gattung* Copris) *Ent* kopriso

Hornmohn *m* (*Gattung* Glaucium) *Bot* glaŭcio; ***gelber*** ~ (Glaucium flavum) flava glaŭcio; ***roter*** ~ (Glaucium corniculatum) ruĝa (*od* korna) glaŭcio

Hornnarbe *f Bot* ↑ *unter* ***Bleiwurz***

Horn|ochse *m umg für «dummer Mensch»* stultulo; ~**rabe** *m* (*Gattung* Bucorax) *Orn (Familie afrikanischer Nashornvögel)* bukorako; ~**sauerklee** *m* (Oxalis corniculata) *Bot* korna oksalido; ~**schicht** *f der Haut* kerato; ~**signal** *n* kornsignalo; ~**stoff** *m od* ~**substanz** *f in Haut, im Haar, in Hornern, Hufen u.a.* keratino (*vgl. dazu* ***Chitin***); ~**tiere** *n/Pl od* ~**träger** *m/ Pl Zool* kornobestoj *Pl*; ~**veilchen** *n* (Viola cornuta) korna violo; ~**vieh** *n Landw* kornbrutaro, *auch* kornuloj *Pl*, *oft einfach (Rinder)* bovoj *bzw. (Ziegen)* kaprinoj *Pl*; ~**viper** *f* (*Gattung* Cerastes) *Zool* cerasto *[Vorkommen: in der Sahara u. in arabischen Wüsten]*

Hornvogel *m Orn* ↑ ***Nashornvogel***

Hörorgan *m* aŭda organo, *dafür oft (Ohr)* orelo

Horoskop *n* horoskopo; ***jmdm. das*** ~ ***stellen*** starigi ies horoskopon

horrend *Adj*: ~***e Preise*** *m/Pl* supermezure altaj prezoj *Pl*, *fam auch* teruraj (*od* fre- nezaj) prezoj *Pl*

Hörrohr *n eines Schwerhörigen* aŭdotubo, *ehem (Schalltrichter)* akustika korneto; *Med (Stethoskop)* stetoskopo

Horror *m* hororo (*vgl. dazu* ***Entsetzen*** *u.* ***Grauen***); ~ ***empfinden*** [ek]senti hororon

Horror|film *m* hororfilmo (↑ *auch* ***Zombie***

film); ~**geschichte** *f* hororrakonto; ~**literatur** *eine Literaturgattung, deren Gegenstand die Schilderung von angsteinflößenden u. oft übernatürlichen Ereignissen ist* hororliteraturo; ~**roman** *m* hororromano; ~**szene** *f Film, TV* hororsceno

Hörsaal *Univ* aŭditorio, lekciosalono *od* prelega salono, *auch* aŭskultejo (↑ *auch* ***Auditorium***)

Hörschärfemesser *m* ↑ ***Phonometer***

Hörschwelle *f Physiol* sojlo de aŭdeblo

Hors d'œuvre *n geh für «Vorspeise»* antaŭmanĝaĵo

Horsfieldlerche *f* (Mirafra javanica) *Orn* java alaŭdo *[Vorkommen: Australasien]*

Hörspiel *n Radio* radiodramo

Horst *m* ***a)*** *Greifvogelnest* nesto [de kaptobirdo] (↑ *auch* ***Adlerhorst***) ***b)*** *Geol (über seine Umgebung hinausragender Teil der Erdkruste)* horsto; ~**paar** *n Orn* kovanta paro [de kaptobirdoj]

Hörstein *m Med* ↑ ***Otolith***

Hör|strahlung *f* (Radiatio acustica) *Ophthalmologie, Physiol (Teil der zentralen Hörbahn)* akustika radiacio; ~**stummheit** *f* (Audimutitas) *Med* aŭdomuteco; ~**sturz** *m Med (plötzlich auftretender Verlust des Gehörs)* subita perdo de la aŭdpovo

Hort *m* ***a)*** *sicherer Ort* ŝirmejo, rifuĝejo; *Asyl* azilo; ***ein ~ der Freiheit sein*** esti bastiono de [la] libereco ***b)*** *Kinder*~ infanvartejo *od* infangardejo (↑ *auch* ***Kindergarten*** *u.* ***Kita***) ***c)*** *alt für «Schatz»* trezoro (*vgl. dazu* ***Schatz a)***)

horten *tr anhäufen* amasigi; *wucherisch aufkaufen* akapari (*vgl. dazu* ***hamstern***)

Hortensie *f, auch* ***Sommerflieder*** *m* (*Gattung* Hydrangea) *Bot* hortensio (↑ *auch* ***Rispenhortensie***); ***chinesische ~***, *auch* ***China-Hortensie*** *f* (Hydrangea heteromalla) *[Vorkommen: gemäßigtes bis tropisches Asien]*; ***raue ~*** (Hydrangea aspera ssp. villosa) vila hortensio

Hortensiengewächse *n/Pl Bot*: ***[Familie der] ~*** (Hydrangeacea) hidrangeacoj *Pl*

Hortikultur *f* ↑ ***Gartenbau***

Hortnerin *f Erzieherin in einem Kinderhort* edukistino en infanvartejo, vartinstruistino

Hortobágy *f, auch* ***Puszta Hortobágy*** *od* ***Debrecener Heide*** *f größtes Steppengebiet Mitteleuropas im östlichen ungarischen Alföld <Nationalpark>* Hortobaĝo

Hortung *f Anhäufung* amasigo; *wucherischer Aufkauf* akapar[ad]o

ho ruck! ↑ ***hau ruck!***

Horus (*m*) *Myth (altägyptischer falkengestaltiger Gott <ursprünglich ein Himmelsgott>)* Horuso

Hörvermögen *n Fähigkeit zu hören* aŭdkapablo

Hörweite *f*: ***außer ~ sein*** esti trans la limo de aŭdeblo

hosanna! ↑ ***hosianna!***

Höschen *n kleine Hose* pantaloneto (↑ *auch* ***Spiel-*** *u.* ***Strampelhöschen***); *Slip* kalsoneto

Hose *f lange Hose* pantalono (↑ *auch* ***Baumwoll-***, ***Cord-***, ***Damen-***, ***Gamaschen-***, ***Jogging-***, ***Knie[bund]-***, ***Leder-***, ***Leinen-***, ***Niet[en]-***, ***Pluder-***, ***Pyjama-***, ***Reit-***, ***Schlafanzug-***, ***Sport-***, ***Strumpf-***, ***Thermo-*** *u.* ***Trägerhose***); *kurze Hose* kuloto *auch Knie[bund]hose (bes. früher von Adligen od Lakaien getragen)* (*vgl. dazu* ***Culotte***); *Shorts* ŝorto *Sg*; *Unter*~ *(lange)* subpantalono, *(kurze)* kalsono; *Slip* kalsoneto; ***eine gut gebügelte ~*** bone gladita [faldo de] pantalono; ***knielange ~*** ĝisgenua pantalono; ***eine ~ anhaben*** (*od* ***tragen***) surhavi (*od* porti) pantalonon ◇ ***sie hat die ~n an*** ŝi estas la mastro; ***das ist Jacke wie ~*** tio estas tute (*od* absolute) egala; ***du musst dich auf die ~n*** (*od* ***auf den Hosenboden***) ***setzen*** vi devas [nepre] diligente labor[ad]i [por atingi tion]; ***das Herz fiel ihm in die ~n*** *der Mut verließ ihn* li tute malkuraĝiĝis

Hosen|aufschlag *m* pantalonrefaldo; ~**bandorden** *m Gesch* ordeno de la Ĝartero; ~**bein** *n* pantalona kruro; ~**boden** *m* fundaĵo (*od* pugo) de pantalono, *umg auch* postaĵo de pantalono; ~**falte** *f* faldo de pantalono; ~**klappe** *f od* ~**latz** *m* pantalonklapo *od* pantalona klapo; ~**knopf** *m* pantalona butono; ~**rock** *m* jupkuloto

Hosensack *m* ↑ ***Hosentasche***

Hosen|schlitz *m, reg umg* ***Hosenladen*** *m* pantalonfendo *od* pantalona fendo; *der kurzen Hose* kulotfendo (↑ *auch* ***Hosenstall***); ~**spanner** *m* pantalonpendigilo; ~**stall** *m salopp für «Hosenschlitz»* kacujo; ~**tasche** *f, <österr> u. <schweiz> auch* ***Hosensack*** *m* pantalona poŝo; ~**träger** *m/(Pl)* ŝelko(j)

hosianna!, *ökumenisch* ***hosanna!*** *Interj christl. Liturgie (Gebets- u. Freudenruf)* hosana!

Hospital *n, <österr>, <schweiz> u. reg* ***Spital*** *n* hospitalo; *Krankenhaus* malsanulejo

(*vgl. dazu* ***Klinik*** *u.* ***Lazarett***)

hospitalisieren *tr in ein Krankenhaus einliefern* hospitaligi

Hospitalisierung *f* hospitaligo

Hospitalisierungsrate *f* kvoto de hospitaligo

Hospitalismus *m Med, Psych (durch längere Krankenhaus- od Heimunterbrigung bedingte körperliche u. psychische Störung[en] [bes. bei Kindern])* hospitalismo

Hospitalschiff *n* hospitalŝipo

Hospitant *m Parl, Univ* gastaŭskultanto

hospitieren *intr* gaste aŭskulti

Hospiz *n christliche Herberge, insbes. Kloster- od Mönchsherberge* hospico

Hostess *f* (*Pl*: ***Hostessen***) *Flugbegleiterin* [flug]stevardino; *Begleiterin von Gästen [bei Messen, großen Veranstaltungen u.Ä.]* akompanantino de gastoj [dum foiroj, en grandaj aranĝoj k.s.] (*vgl. dazu* ***Escortservice***)

Hostie *f, auch* ***Abendmahlsbrot*** *n kath. Kirche* hostio (↑ *auch* ***Oblate***); ***geweihte*** (*od* ***konsekrierte***) ~ konsekrita hostio; ***Gefäß*** *n* ***für die geweihte*** ~ *od* ***Ziborium*** *n* ciborio

Hostienteller *m kath. Kirche* ↑ ***Patene***

Höswurz *f Bot* ↑ ***Händelwurz***

Hotdog *m od n Nahr (heißes Würstchen in einem Brötchen)* kolbasobulko

Hotel *n* hotelo (↑ *auch* ***Ferien-,First-Class-, Fünfsterne-, Kapsel-, Kur-, Mittelklasse-*** *u.* ***Nobelhotel***); ~ ***zum Goldenen Löwen*** Hotelo de l' Ora Leono; ***im*** ~ ***übernachten*** (***wohnen***) tranokti (loĝi) en hotelo

Hotel|angestellte ***a)*** *m* hotela oficisto ***b)*** *f* hotela oficistino; ~**arzt** *m* hotela kuracisto; ~**ausweis** *m* hotela legitimilo; ~**bar** *f* hotela koktelejo; ~**besitzer** *m* posedanto de hotelo; ~**bett** *n* hotela lito; ~**boy** *m* [juna] hotelservisto; ~**diener** *m* hotelservisto; ~**direktor** *m* hoteldirektoro; ~**[fach]schule** *f* hotela [fak]lernejo; ~**führer** *m Buchw* hotelgvidilo; ~**gast** *m* hotelgasto; ~**gewerbe** *n* hotelnegoco; ~**halle** *f* hotelhalo *od* hotela halo

Hotelier [...'*lje:*] *m* hotelisto; *Hotelbesitzer* posedanto de hotelo, hotelmastro

Hotel|kette *f* hotelĉeno *od* ĉeno de hoteloj; ~**leitung** *f* direktoraro de [la] hotelo

Hotellerie *f* ↑ ***Hotelwesen***

Hotel|personal *n* hotelpersonaro, *auch* hotelservistaro; ~**portier** *m* hotelpordisto; ~**-preise** *m/Pl* hotelprezoj *Pl*; ~**rechnung** *f* hotela fakturo; ~**restaurant** *n* hotel-restoracio; ~**schiff** *n* hotelŝipo

Hotelschule *f* ↑ ***Hotelfachschule***

Hotelvermittlung *f z.B. im Flughafen od in Kongresszentren* loĝiga servo

Hotelwesen *n, auch* ***Hotellerie*** *f* hotelentreprenado

Hotelzimmer *n* hotelĉambro *od* hotela ĉambro; ~**preise** *m/Pl* hotelprezoj *Pl*; ~**reservierung** *f* rezervado de hotelĉambro

hott! *Interj (Zuruf an Zugtiere od zum Antreiben von Vieh)* hot!, *auch* hoto!

Hottentotten *m/Pl, Eigenbez.* ***Khoi-Khoin*** *od* ***Khu-Khun*** *Ethn (ein Mischvolk in SW-Afrika [eine Untergruppe der Khoisan])* hotentotoj *Pl*; ~**ente** *f* (Anas hotentota) *Orn* hotentota anaso *[Vorkommen: Afrika]*

Hottentottenfeige *f Bot* ↑ *unter* ***Mittagsblume***

hottentottisch *Adj* hotentota

Hourdi[s]ziegel [*ur'di:...*] *m Bauw (aus Ton gebrannter, leichter Deckenhohlziegel)* hurdiso

Houston ['*hju:s...*] (*n*) *eine Stadt in Texas/USA* Hustono

Hovercraft *n Mar* = ***Luftkissenfahrzeug***

HP = *Abk für* ***Horizontalparallaxe***

hPa = *Zeichen für* ***Hektopascal***

Hr. = *Abk für* ***Herr***

Hradec Králové (*n*), *dt.* ***Königgrätz*** (*n*) *eine ostböhmische Stadt/Tschechische Rep.* Hradec-Kralovo <*einst Witwensitz der böhmischen Königinnen*>

Hrsg. = *Abk für* ***Herausgeber***

Hrywna *f* (*Währungscode* ***UAH***) *ukrainische Währungseinheit* hrivno

hu! *od* **huh!** *Interj (bei Gruseln, Schreck)* hu!

hü! *Interj (Zuruf an Zugtiere)* hot!

Huascarán *m ein Vulkan in Peru* [vulkano] Huaskarano

Huaxteken *m/Pl, span.* ***Huastecos*** *Ethn (ein mittelamerikanisches Indianervolk mit einer Maya-Sprache [noch heute in der mexikan. Provinz Veracruz])* huastekoj *Pl*

Hub *m* ***a)*** *des Kolbens* iro [de piŝto] ***b)*** *EDV, Telekommunikaton (Systeme od Komponenten, die Signale sternförmig verteilen)* koncentrilo

Hubble (*m*) *Eig (amerik. Astronom [1889-1953])* Hublo; ~**-Gesetz** *n Astron* leĝo de Hublo; ~**-Konstante** *f Astron (die im Hubble-Effekt auftretende Proportionalitätskonstante zw. der Fluchtgeschwindigkeit der Galaxien u. der Entfernung derselben*

von der Milchstraße) Hublo-konstanto; ~-**Teleskop** *n Astron* Hublo-teleskopo

Hubbrücke *f* liftponto, *auch* [vertikala] levoponto (*vgl. dazu* ***Klapp-*** *u.* ***Zugbrücke***)

Hube *f* ↑ ***Hufe***

Hubei (*n*), *auch* ***Hupeh*** *od* ***Hupei*** (*n*) *eine Provinz in Mittelchina* Hubejo, *auch* Hubej-provinco *[Hptst.: Wuhan]*

hüben *Adv hier* ĉi tie *od* tie ĉi; *diesseitig, auf dieser Seite [hier]* ĉi-flanke, *(auf ein Gewässer bezogen)* ĉi-borde; *i.w.S. bei uns* ĉe ni; ~ ***und drüben*** ĉi tie kaj tie *od* ĉi tie kaj aliflanke

Huber *m* ↑ ***Hufner***

Hubert *od* **Hubertus** (*m*) *männl. Vorname* Huberto

Hub|karren *m*, *auch* ***Hubstapler*** *m* liftĉaro, *für Paletten* paled[o]ĉaro (*vgl. dazu* ***Gabelstapler***); ~**raum** *m Zylinderraum einer Kolbenmaschine* cilindra kapacito

hübsch *Adj Frau, Kind* bel[aspekt]a, ĉarma, *(ein hübsches Gesicht habend)* belvizaĝa; *Gegend* bela (↑ *auch* ***bild-***, ***super-*** *u.* ***wunderhübsch***); ***noch ~er werden*** plibeliĝi ◇ ***es ist nicht ~ von Ihnen, dass ...*** ne estas afable, ke vi ...; ***das ist ja eine ~e Geschichte!*** *iron* tio estas ja bela (*od auch* agrabla) afero!

Hubschrauber *m*, *auch* ***Helikopter*** *m*, <*schweiz*> *auch Kurzw* ***Heli*** *m Flugw* helikoptero (↑ *auch* ***Amphibien-***, ***Kampf-***, ***Panzerabwehr-***, ***Rettungs-***, ***Schwerlasthubschrauber*** *u.* ***Tragschrauber***); ~**flug** *m* helikoptera flugo; ~**landeplatz** *m* surteriĝejo por helikoptero(j) (↑ *auch* ***Heliport***)

Hubstapler *m* ↑ ***Hubkarren***

Hubtisch *m* [hidraŭlike] levebla tablo

Hubwagen *m Paletten*² ĉarelo *od* paledoĉaro

Huchen *m*, *auch* ***Donaulachs*** *m* (Hucho hucho) *Ichth, Nahr* danuba salmo

huckepack *Adv*: ***etw.*** (***jmdn.***) ~ ***tragen*** porti ion (iun) surdorse

Huckepackverfahren *n*: ***im ~ befördern*** *Eisenb* feruti

Huckepackverkehr *m Eisenb* ferutado, *auch* aŭtomobil-sur-vagona trafiko

Hudelei *f pop (bes. reg)* ***a)*** *Ärger* ĉagreno ***b)*** *Pfuschwerk* fuŝaĵo, fuŝlabor[aĵ]o

hudeln ↑ ***pfuschen***

Hudgson-Fledermaus *f* (Myotis formosus) *Zool* azia akvovesperto *[Vorkommen: Süd-, Ost- u. SO-Asien]*

Hudsonbai *od* **Hudson Bay** *f ein Binnenmeer im nordöstl. Kanada* Hudsona Maro

Hudsonelster *f* (Pica hudsonia) *Orn* amerika pigo *[Vorkommen: Nordamerika]*

Hudson [River] *m ein nordamerik. Fluss* Hudsono, *auch* Hudsona Rivero

Hudson|schnepfe *f* (Limosa haemastica) *Orn* amerika limozo; ~**straße** *f eine Meeresstraße zw. Labrador u. Baffinland* Hudsona Golfo; ~**weihe** *f* (Circus hudsonius) *Orn* amerika cirkuo

Huelva (*n*) *eine spanische Hafenstadt u. Provinzhptst. in Andalusien* Huelvo

Huemul *m*, *auch* ***Anden-*** *od* ***Gabelhirsch*** *m* (*Gattung* Hippocamelus) *Zool* gvemulo

Huf *m* hufo; *Pferde*² ĉevala hufo *od* hufo de ĉevalo; ***mit den ~en schlagen*** hufobati (*vgl. dazu* ***ausschlagen***); ***mit den ~en stampfen*** frapi [la teron] per la hufoj, *auch* hufofrapi [la teron]

Hufe *f*, <*österr*> *u. reg* ***Hube*** *f ehem. Maß bäuerlichen Grundbesitzes* hubo (*vgl. dazu* ***Acker b)***)

Hufeisen *n* huffero, *auch* hufumo

Hufeisenkrebse *m/Pl Zool* ↑ ***Pfeilschwanzkrebse***

Hufeisen|magnet *m* hufferoforma magneto; ~**niere** *f*, *auch* ***Fusionsniere*** *f* (Ren arcuatus) *Med* hufoferforma reno

Huflattich *m* (*Gattung* Tusilago) *Bot* tusilago; (*Art* Tusilago farfara) faruna tusilago <*auch als Arzneidroge genutzt*>

Hufnagel *m* hufnajlo

Hufner *od* **Hüfner** *m*, <*österr*> *u. reg* ***Huber*** *m Besitzer einer Hufe* hubulo

Huf|schläge *m/Pl Pferdegetrappel* huf[o]frapoj *Pl*; ~**schmied** *m* hufferisto

Hüft|arthrose *f*, *Fachspr* ***Koxarthrose*** *f* (Arthrosis coxae) *Med (Hüftgelenksabnutzung)* koksa artrozo, *(mit degenerativer Veränderung eines od beider Hüftgelenke [Arthrosis deformans coxae])* deforma koksa artrozo; ~**bein** *n od* ~**knochen** *m* (Os coxae) *Anat* koksosto, <*wiss*> iliako *[bestehend aus Darm-, Sitz- u. Schambein]*

Hüfte *f* (Coxa) *Anat* kokso (↑ *auch* ***Coxa vara***); ***schnappende ~*** (Coxa saltans) *Med* saltanta kokso; ***bis in die ~ ausstrahlen*** *z.B. Schmerzen* etendiĝi ĝis la kokso; ***die Arme*** (*od* ***Hände***) ***auf die ~n stützen*** (*od* ***stemmen***) apogi la manojn (*bzw.* la pugnojn) sur la kokso(j)n; ***die ~n schwingen*** *od* ***sich [beim Gehen] in den ~n wiegen*** *Frau* [iran-

te] svingi (*od* balanci) la koksojn
Hüftendoprothese *f Med* ↑ ***Hüftprothese***
Hüftgegend *f Anat* koksa regiono
Hüftgelenk *n* (Articulatio coxae) *Anat* koksa artiko; ***Entzündung f im ~***, *Fachspr* ***Koxitis*** *f Med* koksito
Hüftgelenk|dysplasie *f* (Dysplasia coxae [congenita]) *Med* displazio de la koksa artiko; ~**entzündung** *f Med* koksartrito, koksito
Hüftgelenkeröffnung *f Chir*: ***operative ~*** koksotomio
Hüftgelenkersatz *m* ↑ ***Hüftgelenkprothese***
Hüftgelenkkopfprothese *f* koksa protezo
Hüft[gelenk]|luxation *f* (Luxatio coxae) *Med* koksa luksacio; ~**-OP** *f Chir* operacio de la koksa artiko; ~**pfannenprothese** *f Medizintechnik* acetabula protezo; ~**prothese** *f*, *auch* ***Hüftgelenkersatz*** *m*, *Fachspr Med* ***Hüftendoprothese*** *f* koksa (*od* koksartika) protezo; ~**schmerz** *m*, *Fachspr* ***Koxalgie*** *od* ***Coxalgia*** *f Med* koksodoloro, koksalgio (*vgl. dazu* ***Hexenschuss*** *u.* ***Ischias***)
Hüft|gürtel *od* ~**halter** *m* ↑ ***Mieder a)***
Huftier *n* hufa animalo; ***[Ordnung der] ~e*** *Pl* (Ungulata) *Zool* hufuloj *Pl*
Hüftknochen *m Anat* ↑ ***Hüftbein***
Hüftkopf *m Anat* kapo de la femuro
hüftlahm *Adj* koksolama
Hüftluxation *f Med* ↑ ***Hüftgelenkluxation***
Hüft|nerv *m* (Nervus ischiaticus) *Anat* iskia nervo; ~**nervenentzündung** *f Med* inflamo de la iskia nervo, iskiatito; ~**pfanne** *f* (Acetabulum) *Anat* acetabulo
Hüftpfannenfraktur *f Med* ↑ ***Acetabulumfraktur***
Hüftprobleme *n/Pl Med* koksoproblemoj *Pl*
Hüftschmerz *m Med* ↑ ***Hüftgelenkschmerz***
Hüftverband *m Med* koksa bandaĝo
Hüftweh *n Med* ↑ ***Ischias***
Hügel *m* ***a)*** *<österr> umg* ***Mugel*** *m* altaĵo (↑ *auch* ***Anhöhe***); *kleiner Berg* monteto ***b)*** *Anat* ↑ ***Colliculus***; ~**fingerkraut** *n* (Potentilla collina) *Bot* dekliva potentilo
Hügelgrab *n Vorgeschichte* tumulo (↑ *auch* ***Dolmen***); ***keltisches ~*** kairno
hüg[e]lig, *<österr> umg* ***mug[e]lig*** *Adj*: ***~e Gegend*** *f* regiono de altaĵoj, monteta regiono (*bzw.* tereno)
Hügel|kette *f* ĉeno de altaĵoj (*od* montetoj) (↑ *auch* ***Höhenzug***); ~**land** *n* monteta regiono (*bzw.* tereno); ~**meier** *m* (Asperula cynanchica) *Bot* kalka asperulo; ~**schafgarbe** *f* (Achillea collina) *Bot* dekliva akileo; ~**weidenröschen** *n* (Epilobium collinum) *Bot* dekliva epilobio
Hugenotte *m Gesch* hugenoto
Hugenottenkreuz *n* hugenota kruco
hüglig ↑ ***hügelig***
[1]**Hug|o** (*m*) *männl. Vorname* Hugo
[2]**Hug|o** (*m*) *Eig (franz. Schriftsteller [1802-1885])* Hugo
huh! ↑ ***hu!***
Huhn *n Gattungsname* koko (↑ *auch* ***Bankiva-***, ***Bantam-***, ***Haus-***, ***Käfig-***, ***Mast-*** *u.* ***Rassehuhn***); *Henne* kokino; *Kochk* kokaĵo; ***Hühner halten*** teni kokinojn ◇ ***ein blindes ~ findet auch einmal ein Korn*** eĉ blinda kokino povas trovi grajnon *(Zam)*; ***mit den Hühnern aufstehen*** ellitiĝi (*od* leviĝi) ĉe la unua krio de la koko; ***[Gattung der] Hühner*** *Pl* (Galli) *Zool* galinoj *Pl*
Hühnchen *n* kok[in]eto (*vgl. dazu* ***Küken***) ◇ ***mit dir hab ich noch ein ~ zu rupfen*** kun vi mi ankoraŭ devos severe trakti ion
Hühner|auge *n*, *reg* ***Leichdorn*** *m* (Clavus pedis) *Med* piedkalo; ~**braten** *m Kochk* kokrostaĵo; ~**brühe** *f Kochk* kokina buljono
Hühnerbrust *f Med* ↑ ***Kielbrust a)***
Hühnerei *n* kokina ovo; ~**allergie** *f Med* kokin-ova alergio; ~**eiweiß** *n* kokin-ova proteino
Hühner|feder *f* kokina plumo; ~**fleisch** *n* viando de kok[in]o; *Kochk* kokaĵo; ~**floh** *m* (Ceratophyllus gallinae) *Ent* kokopulo; ~**frikassee** *n Kochk* kokina frikasaĵo; ~**futter** *n* furaĝo por kokinoj; ~**geier** *m* (*Gattung* Cathartes) *Orn* katarto (*vgl. dazu* ***Neuweltgeier***)
Hühnerhabicht *m Orn* ↑ ***Habicht***
Hühnerhaltung *f* tenado de kok[in]oj
Hühnerhirse *f Bot*: ***[gemeine] ~*** (Echinochloa crus-galli) kokpieda ekinokloo
Hühner|hof *m* kokina korto; ~**leber** *f* kokina hepato; *Kochk* kokina hepataĵo; ~**leiter** *f* kokina ŝtupareto *od* ŝtupareto al [la] kokinejo; ~**stall** *m* kok[in]ejo; ~**suppe** *f Kochk* kokina supo; ~**vögel** *m/Pl* (*Ordnung* Galliformes) *Orn* kokobirdoj *Pl*, *<wiss>* galinoformaj birdoj *Pl* *<mit über 250 Arten weltweit verbreitete Ordnung von Lauf- u. Bodenvögeln>*; ~**zucht** *f* kok[in]bredado *od* bredado de kok[in]oj; ~**züchter** *m* kok[in]obredisto
huhu! *lautmalend für das Geräusch des Windes* hu-u-u! *(Zam)*

hui ◇ ***außen ~, innen pfui*** ekstere mojose, interne kaose

Hui *Pl eine muslimische Ethnie in China* hujoj *Pl*

Huila *m höchster Berg Kolumbiens* [monto] Huilo

Hula *f, auch m, fälschlich auch* ***Hula-Hula*** *f od m ein [ehemals kultischer] Gemeinschaftstanz auf Hawaii* hulahulo

Hula-Hoop-Reifen *m* huloringo

Huld *f Gewogenheit* favoro; *Wohlwollen* bonvolemo, *auch* favorkoreco; *Gnade (bes. Rel)* graco

huldigen *intr Gesch (Treue schwören)* ĵuri fidelecon (***jmdm.*** al iu); *übertr (seine Verehrung ausdrücken)* omaĝi, fari omaĝon (***jmdm.*** al iu), *durch Beifallsrufe* aklami, *[stärker:]* ovacii (***jmdm.*** iun) *od* fari ovaciojn (***jmdm.*** al iu)

Huldigung *f* ***a)*** *Gesch (Treueid)* ĵuro de fideleco ***b)*** *Anbetung* ador[ad]o; *Hommage, Verehrung* omaĝo; *begeisterter Beifall* ovacio (*vgl. dazu* ***Bewunderung***); ***einem Monarchen eine ~ darbringen*** fari omaĝon al monarko

huld|reich *od* ~**voll** *Adj* favorplena; *nachsichtig* indulg[em]a; *zum Verzeihen geneigt, versöhnlich* pardonema

Hüllblatt *n, auch* ***Involukralblatt*** *n Bot* foliolo, *auch* involukra folio; *Hüllblatt einer Blüte* tepalo

Hüllchen *n Bot* ↑ *unter* ***Blütenhülle***

Hülle *f* kovraĵo, *(Abdeck≗ aus Stoff) auch* kovrotuko (↑ *auch* ***Schützhülle*** *u.* ***Überzug***); *für Bücher* kovrilo (↑ *auch* ***Cover b)***); *Hülle aus Umwickeltem* envolvaĵo; *Bezug, Überzug, Verkleidung* tegaĵo; *Schleier* vualo; *Schale* ŝelo; *Bot (Blüten≗ od Hüllkelch)* involukro; *Zool (Hülle bei Vertebraten u. Evertebraten)* tegumento (*vgl. dazu* ***Integumentum***); ***äußere ~*** ekstera tegaĵo (↑ *auch* ***Außenhaut***) ◇ ***in ~ und Fülle*** abund[eg]e; *im Überfluss* superflue; ***die sterbliche ~*** mortaj restaĵoj *Pl*

hüllen *tr*: ***etw. ~ in ...*** *mit einer Decke, einem Umschlag u.a. versehen* kovri ion per ...; *mit einem Überzug versehen* tegi ion per ...; *mit etw. umhüllen* volvi ion en ... (*vgl. dazu* ***verhüllen***); *mit einem [Dunst- od Nebel-] Schleier überziehen* vuali ion; ***der Berg war in Nebel gehüllt*** la monto estis vualita de nebulo(j); ***der Frühling hat die Erde in ein grünes Kleid gehüllt*** la printempo verde vestis la teron; ***sich in Schweigen ~*** resti [absolute] silenta

hüllenlos *Adj* ***a)*** *unbedeckt* nekovrita *od* senkovra; *ohne Schleier* senvuala ***b)*** *[völlig] unbekleidet* [tute] senvesta (↑ *auch* ***nackt***)

Hüllkelch *m Bot* ↑ ***Blütenhülle***

Hüllkurve *f Geom* ↑ ***Enveloppe***

Hüllspelze *f, Fachspr Bot* ***Gluma*** *f bei Gräsern* glumo

Hüllwort *n Ling* ↑ ***Euphemismus***

Hulman *m, auch* ***Hanuman*** *od* ***Hanumanlangur*** *m* (Semnopithecus entellus = Presbytes entellus) *Zool (eine Art der Schlankaffen <nach hinduistischem Glauben verkörpert er eine der größten Hindu-Gottheiten Hanuman>)* entelo, *auch* hulmano, <*wiss*> longvosta presbito; ***nepalesischer ~*** (Semnopithecus schistaceus) nepala griza languro

Hulock *m* (Hylobates hoolock) *Zool (ein von Assam bis Thailand verbreiteter Gibbon)* blankbrova gibono

Hülsdorn *m Bot* ↑ ***Stechpalme***

Hülse *f* ***a)*** *Bleistift≗, Zigaretten≗* ingo; *Futteral* ujo; *zylindrisches Gefäß* cilindra ujo (*vgl. dazu* ***Kapsel***); *Patronen≗* mantelo [de kartoĉo], kartoĉmantelo ***b)*** *Bot (des Reiskorns od von anderen Zerealien)* ŝelo, *(von Hülsenfrüchten)* guŝo ***c)*** *Tech (Buchse)* mufo (↑ *auch* ***Abstandhülse***); ***etw. mit einer ~ versehen*** *z.B. ein Rohr* provizi ion per mufo, *auch* mufi ion

Hülsenfrüchte *f/Pl Früchte* fruktoj *Pl* de fabacoj; *Pflanzen* (Fabaceae *od* Leguminosae) fabacoj *od* legumenacoj *Pl*

Hülsenfrüchtler *m/Pl Bot* ↑ ***Leguminosen***

human *Adj menschlich, eines Menschen würdig* humana

humanisieren *tr human[er] gestalten* humanigi

Humanismus *m 1. Auf das Bildungsideal der griech.-römischen Antike gegründetes Denken u. Handeln 2. geistige Strömung der Renaissance 3. i.w.S. altklassische Bildung* humanismo

Humanist *m* ***a)*** *Vertreter des Humanismus* humanisto ***b)*** *Kenner der alten Sprachen* konanto de la klasikaj lingvoj

humanistisch *Adj auf den Humanismus bezogen* humanisma; *auf die Humanisten bezogen* humanista; ***~e Studien*** *f/Pl* humanismaj studoj *Pl*

humanitär *Adj* humaneca; ***aus ~en Gründen***

pro kaŭzoj de humaneco; *~e **Hilfe leisten*** doni humanecan helpon (*od* asiston)
Humanität *f humane Gesinnung, Menschlichkeit* humaneco
humankybernetisch *Adj* antropokibernetika
Humanmedizin *f* medicino (*vgl. dazu **Veterinärmedizin***)
Humboldt|-Pinguin *m* (Spheniscus humboldti) *Orn* Humboldt-pingveno; ~**strom** *m eine kalte Meeresströmung an der Westküste Südamerikas* Humboldt-Fluo
Humbug *m Schwindel* blago; *Unsinn* sensencaĵo; *leeres Gerede* sensenca babilaĵo
Humerale *n kath. Kirche* ↑ ***Amikt***
Humerus *m Anat* ↑ ***Oberarmknochen***
Humerusfraktur *f Med (Oberarmfraktur)* frakturo de la humero
Humeruskopf *m Anat* humera kapo *od* kapo de la humero; ~**fraktur** *f, auch **proximale Humerusfraktur** f Med* frakturo de la humera kapo
humid ↑ ***feucht***
Humidität *f* ↑ ***Feuchtigkeit***
Humifikation *f, auch **Humusbildung** f* humiĝo, *auch* estiĝo de humo
humil ↑ ***demütig***
Humilation *f* ↑ ***Demütigung***
Humilität *f* ↑ ***Demut***
Huminsäuren *f/Pl Chem* ↑ ***Humussäuren***
Hummel *f* (*Gattung* Bombus) *Ent* burdo (↑ *auch **Acker-**, **Erd-**, **Garten-**, **Moos-**, **Stein-**, **Wald-** u. **Wiesenhummel***)
Hummelkolibri *m Orn* ↑ ***Bienenelfe***
Hummer *m* (*Gattung* Homarus) omaro *auch Nahr*; ~**falle** *f* omarkaptilo; ~**gabel** *f Teil eines Fischbestecks* omarforko
Hummergarnele *f Zool* ↑ ***Tiefseegarnele***
Hummer|korb *m eine Korbreuse zum Hummerfang* naso por kaptado de omaroj; ~-**mayonnaise** *f Nahr* omara majonezo; ~-**scheren** *f/Pl* pinĉiloj *Pl* de omaro
Humor *m* humuro (*vgl. dazu **Laune b)***; ↑ *auch **Galgenhumor***); ***schwarzer*** *~ z.B. auch als Mittel des politischen Kabaretts* nigra humuro; ***den*** (*od **seinen***) *~ **nicht verlieren*** ne perdi la (*od* sian) humuron
Humoreske *f Mus (Musikstück humorvollen Charakters)* humoresko; *Lit* humuraĵo
humorig *Adj Mus* burleska (↑ *auch **Burleske a) 2.***)
Humorist *m* humuristo
humoristisch *Adj* humura
humorvoll **1.** *Adj* humurplena, *nachgest* plena de humuro **2.** *Adv* humurplene
humös *Adj humushaltig* humohava; *reich an Humus* humoriĉa
humpeln *intr ein wenig hinken* lameti, iomete lamiri
Humpen *m* trinkpoto; *mittelalterliches Trinkgefäß mit Deckel* hanapo (↑ *auch **Bierseidel***)
Humperdinck (*m*) *Eig (dt. Komponist [1854 -1921])* Humperdinko
Humus|[boden] *m* humo[grundo]; ~**erde** *f* hum-tero
humus|haltig *Adj* humohava (↑ *auch **humös***); ~**reich** *Adj* humoriĉa
Humus|säuren *f/Pl, auch **Huminsäuren** f/Pl Chem* humaj acidoj *Pl*; ~**schicht** *f* humotavolo
Hunan (*n*) *eine südchin. Provinz* Hunano, *auch* Hunan-provinco *[Hptst.: Changsha]*
¹Hund *m Zool* hundo *auch übertr u. Schimpfw* (↑ *auch **Bernhardiner**, **Blinden-[führ]hund**, **Bologneser**, **Collie**, **Dachshund**, **Dalmatiner**, **Deerhound**, **Drogenspür-**, **Eskimo-**, **Hasen-**, **Haus-**, **Herden-**, **Hirten-**, **Hof-**, **Grönland-**, **Jagd-**, **Kampf-**. **Kettenhund**, **Köter**, **Leonberger**, **Minensuch-**, **Mischlings-**, **Nackthund**, **Pekinese**, **Polizeihund**, **Promenadenmischung**, **Pyrenäen-**, **Rasse-**, **Rettungshund**, **Rottweiler**, **Samojeden-**, **Sanitäts-**, **Schäfer-**, **Schlitten-**, **Schoß-**, **Spür-**, **Straßen-**, **Such-**, **Therapie-**, **Vorsteh-**, **Wach-**, **Wachtel-**, **Wind-**, **Wolfs-** u. **Zwerghund***); ***[Familie der] ~e*** *Pl* (Canidae) kanisedoj *Pl*; ***braver ~!*** *od* ***brav der ~!*** *zu einem Hund gesagt, um ihn zu loben od zu beruhigen* bona hundo!; ***fliegender*** *~ od* ***Flughund*** *m, auch* ***Flederhund*** *m* (Pteropus edulis) *Zool* flughundo, <*wiss*> pteropo; ***herrenloser*** (***streunender***, ***tollwütiger***) ~ senmastra (vaganta, rabia) hundo; ***der ~ bellt*** (***kläfft***, ***heult***) la hundo bojas (jelpas, hurlas); ***einen ~ zur Jagd abrichten*** dresi hundon por ĉaso; ***einen ~ anketten*** (*od* ***an die Kette legen***) ligi hundon per ĉeno; ***seinen ~ ausführen*** (*od* ***spazieren führen***) promenigi sian hundon; ***~e müssen draußen bleiben!*** hundoj devas resti ekstere!, *als Anordnung z.B. an Türen auch* malpermeso por hundoj; ***dem ~ zu fressen geben*** *od* ***den ~ füttern*** manĝigi la hundon; ***leben wie ein ~*** *ein miserables Dasein fristen* vivi kiel hundo; ***die ~e loslassen*** ellasi la hundojn; ***der ~ tut dir*** (*bzw.* ***Ihnen***) ***nichts*** la hundo

ne tuŝos vin ◇ ***den Letzten beißen die ~e*** lasta forkuranto estas unua kaptato; ***bellende ~e beißen nicht*** *od* ***~e, die [viel] bellen, beißen nicht*** bojanta hundo ne mordas *od (Zam)* ne ĉiu hundo bojanta estas hundo mordanta, *auch* koko krias fiere sed ne danĝere *(Zam)*; ***vor die ~e gehen*** *umg derb für «sterben»* mortaĉi, kadavriĝi; *sich ruinieren* ruiniĝi; *umkommen* perei; ***da liegt der ~ begraben*** *salopp: das ist das Problem* jen la problemo; *das ist der Hauptgrund* jen la ĉefa kaŭzo por tio; ***er ist bekannt wie ein bunter*** (*od* ***scheckiger***) ~ li estas konata kiel blanka lupo *(Zam)*; ***sich mit jmdm. vertragen wie ~ und Katze*** vivi kun iu kiel hundo kun kato *(Zam)*

²Hund *m Astron*: ***der Große ~***, *Fachspr* ***Canis Major*** (*Abk* ***CMa***) la Granda Hundo; ***der Kleine ~***, *Fachspr* ***Canis Minor*** (*Abk* ***CMi***) la Malgranda Hundo

³Hund *od* **Hunt** *m Bergb (Förderwagen im Schacht)* ŝakta ĉaro (*od* vagoneto)

Hündchen *n* hundeto; *Hundejunges* hundido (↑ *auch* ***Welpe***)

Hunde|arbeit *f* fia laboro, *scherzh auch* punlaboro; ~**ausstellung** *f* ekspozicio de [purrasaj] hundoj

Hundebandwurm *m Parasitologie* ↑ ***Echinokokkus***

Hunde|besitzer *m* hundoposedanto, *auch* hundhavanto; ~**biss** *m* hundomordo, *auch* mordo de hundo; ~**blut** *n* hunda sango; ~**bürste** *f* hundobroso; ~**fänger** *m* hund[o]kaptisto; ~**floh** *m* (Ctenocephalides canis) *Ent* hunda pulo; ~**fraß** *m übertr* abomena manĝaĵo; ~**futter** *n* hundonutraĵo; ~**gebell** *n* hunda bojado *od* bojado de hundoj; ~**haarling** *m* (Trichodectes canis) *Ent (ein Ektoparasit des Haushunds)* hundolaŭso; ~**halsband** *n* hunda kolringo; ~**halter** *m* tenanto de hundo(j); ~**hütte** *f* hundodometo, *i.w.S.* hundejo *auch übertr für «miese Bude»*; ~**kälte** *f umg* severa (*od* ekstrema) malvarm[eg]o; ~**kamm** *n* hundokombilo; ~**kot** *m* hund[o]fekaĵo; ~**kuchen** *m/(Pl)* hundbiskvito(j) *(Pl)*

Hundeleben *n übertr* hunda (*od* mizerega) vivo, mizer[eg]a vivado, hundovivo; ***ein ~ führen*** vivi kiel hundo *od (Zam)* vivi «hundan vivon»; *im tiefen Elend leben* vivi mizerege

Hunde|leine *f* hundoŝnuro, *auch* hundorimeno; ~**lohn** *m umg* mizer[eg]a pago

hundemüde *Adj*: ~ ***sein*** esti laca kiel hundo, esti [ekstreme] lacega

Hunde|nase *f* hundonazo; ~**rasse** *f* hundoraso; ~**rennen** *n* vetkuro de hundoj

hundert *Num* cent; ***das kostet ~ Euro*** tio kostas cent eŭrojn; ***einige ~ Menschen*** kelkaj centoj da homoj

Hundert *n* cento; ***~e und aber ~e*** centoj kaj centoj; ***~e [von] Menschen*** centoj da homoj; ***ein halbes ~ Soldaten*** duoncento da soldatoj; ***sie kamen zu ~en*** ili venis centope; ***fünf vom ~*** (= *5%*) kvin procentoj

Hunderter *m Math (als Zahlenstelle)* cento; *Hunderteuroschein* centeŭra [bank]bileto

hunderterlei *Adj*: ***~ Sachen zu tun haben*** devi fari cent kaj unu aferon *od* devi fari aregon da diversaj laboroj

Hundert|euroschein *m* centeŭra [mon]bileto

hundert|fach *od* ~**fältig 1.** *Adj* centobla, centfoja **2.** *Adv* centoble; *hundertmal* centfoje; ***sich hundertfach für etw. bedanken*** centfoje (*od* cent fojojn) danki pro io

Hundert|füßer *m/Pl* (Chilopoda) *Zool (eine Unterklasse der Tausendfüßer)* kilopodoj *Pl*; ~**jahrfeier** *f* centjara jubileo

hundertjährig *Adj* centjara

Hundertjährige ***a)*** *m* centjarulo ***b)*** *f* centjarulino

hundert|köpfig *Adj z.B. eine Schlange im Märchen* centkapa; *Delegation* centper- sona; ~**mal** *Adv* centfoje

Hundertmarkschein *m* centmarka [mon]bileto (*vgl. dazu* ***Hunderteuroschein***)

hundertprozentig 1. *Adj* centprocenta **2.** *Adv* centprocente (*vgl. dazu* ***vollkommen***)

Hundertsatz *m* = ***Prozentsatz***

Hundertschaft *f* cento *od* centopo (*vgl. dazu* ***Zenturie***); ***Führer m einer ~*** *Mil* centestro (↑ *auch* ***Zenturio***)

hundertste(r, ~s) *Num* centa ◇ ***vom Hundertsten ins Tausendste kommen*** saltadi el unua al deka *(Zam)*; *i.w.S.* [tute] malorde paroli (*bzw.* procedi), *auch* ĉion miksi

Hundertstel *n* centono; ***ein ~*** unu centono; ***fünf ~*** kvin centonoj

hundertstens *Adv* cente, en la centa loko

hunderttausend *Num* centmil

Hunderttausend *n*: ***~e [von] Menschen*** centmiloj (*od Zam* centoj da miloj) da homoj

hundertteilig ↑ ***zentesimal***

Hunde|schlitten *n* hundosledo, *i.w.S.* arkta

sledo; ~**schnauze** *f* muzelo de hundo; ~**schule** *f* hundotrejnejo, *pop auch* hundolernejo; ~**schwanz** *m* hundovosto; ~**sperre** *f* malpermeso por hundoj; ~**steuer** *f* hundoimposto, *auch* imposto sur la hundoj; ~**tollwut** *f* (Lyssa *od* Rabies) *Vet* rabio; ~**wetter** *n umg* abomena (*od* abomene aĉa) vetero; ~**zucht** *f* bredado de hundoj; ~**zunge** *f* hund[o]lango; ~**zwinger** *m* hundejo

Hündin *f, reg* ***Petze*** *f* hundino (*vgl. dazu* ***Rüde***)

hündisch *Adj* hunda *auch übertr*; *kriecherisch* humilaĉa; *speichelleckerisch* flataĉema, *[sehr derb:]* pugoleka; ~***e Treue*** *f* hunda fideleco

Hundsaffe *m, auch* ***Mangabe*** *f* (*Art* Cercocebus) *Zool* hundosimio, *auch* hundokapa simio (*vgl. dazu* ***Meerkatze***)

Hundsfisch *m* (*Gattung* Umbra) *Ichth* hundfiŝo, <*wiss*> umbro; ***[Familie der]*** ~***e*** *m/Pl* (Umbridae) umbredoj *Pl*

Hundsfott *m vulg, Schimpfw* hundfrato, kanajlo

hundsgemein *Adj* fia

Hundsgift *n, auch* ***Hundskohl*** *m* (*Gattung* Apocynum) *Bot* apocino (↑ *auch* ***indischer Hanf*** *[unter* ***Hanf****]*)

Hundsgiftgewächse *n/Pl Bot*: ***[Familie der]*** ~ (Apocynaceae) apocinacoj *Pl*

Hundshai *m* (Galeorhinus galeus) *Zool* hund[o]ŝarko (*vgl. dazu* ***Marderhai***)

Hundskamille *f* (*Gattung* Anthemis) *Bot* antemido (↑ *auch* ***Färberhundskamille***); ***österreichische*** ~ (Anthemis austriaca) aŭstra antemido; ***römische*** ~ (Anthemis nobilis) rom[i]a antemido; ***stinkende*** ~ (Anthemis cotula) fiodora antemido

Hundskohl *m Bot* ↑ ***Hundsgift***

Hundskopfaffe *m Zool* ↑ ***Makak***

hundsköpfig *Adj* hund[o]kapa

Hundslattich *m* (Leontodon taraxacoides) *Bot* nudtiga leontodono

hundsmiserabel *Adj* mizerega, *nachgest auch* vivanta kiel hundo

Hunds|petersilie *f* (*Gattung* Aethusa) *Bot* etuzo, (*Art* Aethusa cynapium) hunda etuzo, *pop* hunda petroselo; ~**quecke** *f* (Agropyron caninum) *Bot* hunda agropiro, *pop* hundherbo *od* hunda herbo

Hundsrauke *f* (*Gattung* Erucastrum) *Bot* erukastro; ***französische*** ~ (Erucastrum gallicum) franca erukastro

Hundsrobben *f/Pl*: ***[Familie der]*** ~ (Phocidae) *Zool* fokedoj

Hundsrose *f Bot* ↑ ***Wildrose***

Hundsstern *m Astron* ↑ ***Sirius***

Hundstage *m/Pl* ***a)*** *Astron* Hundaj tagoj *Pl* ***b)*** *umg für «wärmste Tage des Jahres»* plej varmaj tagoj *Pl* de la jaro

Hundstagsfliege *f Ent* ↑ *unter* ***Stubenfliege***

Hunds|veilchen *n* (Viola canina) *Bot* hunda violo; ~**wurz** *f* (*Gattung* Anacamptis) *Bot* anakampto

Hundswut *f Vet* ↑ ***Tollwut***

Hundszahn *m* (*Gattung* Cynodon) *Bot* cinodonto, *pop* hundodento

Hundszunge *f* (*Gattung* Cynoglossum) *Bot* cinogloso, *pop* hundolango; ***deutsche*** ~ (Cynoglossum germanicum) germana cinogloso; ***echte*** ~ (Cynoglossum officinale) kuraca (*od* oficina) cinogloso <*eine Heilpflanze, deren getrocknete Wurzel [Cynoglossi radix[u. das blühende, getrocknete Kraut [Cynoglossi herba] pharmazeutisch genutzt werden*>

Hüne *m sehr großer [und starker] Mann* grandegulo [kaj krome fortulo]; *Riese* giganto, *auch* goliato (↑ *auch* ***Koloss b)***)

Hunedoara ***a)*** *auch* ***[Bezirk] Hunedoara*** *ein Bezirk in W-Rumänien* [distrikto] Hunedoaro ***b)*** *eine Stadt in Siebenbürgen/Rumänien* [urbo] Hunedoaro

Hünengrab *n* megalita tombo

hünenhaft *Adj* kun korpo tre granda kaj fort[eg]a *nachgest*; *wie ein Riese* kiel giganto *nachgest*

Hünenstein *m* ↑ ***Menhir***

Hungaristik *f Wissenschaft von der ungar. Sprache, Literatur u. Kultur* hungaristiko

Hunger *m* malsato (↑ *auch* ***Kohldampf, Bären-, Heiß-, Mords-, Riesen- u. Wolfshunger***); *Hungergefühl* sento de malsato; ~ ***bekommen*** eksenti malsaton *od* ekmalsati; ~ ***haben*** havi malsaton *od* esti malsata, *umg meist* malsati; ~ ***leiden*** suferi malsaton; ***von*** ~ ***bedroht sein*** esti minacata de malsatmizero; ***an*** (*od* ***vor***) ~ ***sterben*** morti pro malsato, *umg* malsatmorti

Hungeratrophie *f Med (Substanzverlust des Körpergewebes bei chronischem Hunger)* atrofio kaŭze de kronika malsatado

Hungerblümchen *n* ***a)*** (*Gattung* Erophila) *Bot* erofilo (↑ *auch* ***Frühlingshungerblümchen***); ***frühes*** ~ (Erophila praecox) frua erofilo ***b)*** ↑ ***Felsenblümchen***

Hunger|gefühl *n* sento de malsato; ~**hilfe** *f*

helpo al malsatantoj; ~**jahr** *n* jaro de malsatego (*bzw.* malsatmizero); ~**kur** *f* kuraco per malsatado (*vgl. dazu* ***Nulldiät***); ~**katastrophe** *f* malsatkatastrofo; ~**leidende** *m Hungernder* malsatulo; ~**leider** *m armer Schlucker* [povra] mizerulo; ~**lohn** *m* mizera pago; ~**marsch** *m Pol* malsatmarŝo

hungern *intr* malsati, esti malsata; *Hunger leiden* suferi malsaton; ***nach etw.*** ~ *Sehnsucht nach etw. haben* [ege] sopiri ion

Hungern *n* malsatado (↑ *auch* ***Fasten***)

Hungernde *m* malsatanto, malsatulo

Hungerödem *n Med* edemo pro malsatado

Hungersnot *f* malsatmizero

Hunger|streik *m* malsatstriko, *auch* fastostriko; ~**tod** *m* morto pro malsato, malsatmorto

Hungertuch *n*: ◇ ***am*** ~ ***nagen*** sidi ĉe tablo malplena *od* manĝi el malplenaj teleroj

Hungertyphus *m Med* ↑ ***Flecktyphus***

hungrig *Adj* malsata; ~ ***machen*** malsatigi; ~ ***werden*** malsatiĝi ◇ ~ ***sein wie ein Wolf*** esti malsata kiel lupo *(Zam)*, esti lupe malsata

Hunnen *m/Pl Gesch (ein zentralasiat. Reiternomaden-Volk)* hunoj *Pl*

hunnisch *Adj auf die Hunnen bezogen* huna

Hunsrück *m ein Hochwald im nördl. Saarland u. im angrenzenden Rheinland-Pfalz* [mezmontaro] Hunsruko *[Hauptort: Idar-Oberstein]*

Hunt *m Bergb* ↑ ***²Hund***

Huntun *od* **Wonton** *m Kochk (chinesischer Mehlkloß mit Fleischfüllung)* huntuno

Hunyani *m rechter Nebenfluss des Sambesi* [rivero] Hunjano *<entspringt in Simbabwe, mündet in NW-Mosambik>*

Hunza *Pl, eigtl* ***Hunzukuc*** *Pl Ethn (Bewohner des Hunzatals in Pakistan)* hunzaoj *Pl <sie sollen sich durch besondere Langlebigkeit auszeichnen>*

Hupe *f Kfz* hupo, *(Signalhorn)* signalkorno (↑ *auch* ***Autohupe***); ***elektrische*** ~ elektra hupo

Hupeh *od* **Hupei** (*n*) ↑ ***Hubei***

hupen *intr Kfz* hupi, kornsignali

Hupen *n, salopp* ***Huperei*** *f* hupado; ***die ständige Huperei geht mir auf die Nerven*** la senĉesa hupado nervozigas min

Hüpfburg *f für Kinder* ludsaltejo

hüpfen, *reg* ***hopsen*** *od* ***hupfen*** *intr* salteti, *auf einem Bein od auch zwei Beinen* hopi; *Frosch, Vogel* salteti [kiel rano *bzw.* kiel birdo] (↑ *auch* ***herumhüpfen***); ***immerzu*** ~ *herumhüpfen* saltetadi; ***vor Freude*** ~ salt[e-t]adi pro ĝojo ◇ ***das ist gehupft wie gesprungen*** *das ist völlig egal* tio estas absolute egala, *auch* tio estas frako kiel jako *(Zam)*

Hüpfer *m* hopo, salteto

Hüpferling *m* (*Gattung* Cyclops) *Zool (eine Gattung der Ruderfußkrebse)* ciklopo

Hüpfspiel *n, fam* ***«Himmel und Hölle»*** *ein Kinderspiel mit Hüpfen auf einem Bein* hopludo

Huphamiter *Pl* ↑ ***Chuphamiter***

Hupschalter *m am Lenkrad* hupobutono *bzw.* hup[o]ŝaltilo, *umg auch kurz* hupilo

Hurde *f* ↑ ***¹Horde***

Hürde *f Sport* hurdo; *i.w.S. Hindernis* obstaklo; ***400 m Hürden*** *Sport* 400-metra hurdokurado

Hürden|lauf *m Sportart* hurdokurado; ~**läufer** *m Sportler* hurdokuristo; ~**rennen** *n Pferdesport (Galopprennen auf Flachbahn über transportable Hindernisse)* ĉevala hurdokurado

Hure *f* publikulino, ĉiesulino, putino, *[derb:]* seksmatraco (↑ *auch* ***Nutte*** *u.* ***Prostituierte***)

huren *intr* forniki

Huren|bock *m* fornikulo; ~**sohn** *m vulg (bes. als Schimpfw)* filo de putino; ~**viertel** *n* publikulina (*od* putina) kvartalo

Hurghada (*n*), *arab.* ***Al-Ghurdaka*** *eine ägyptische Stadt am Roten Meer* Hurgado

Huri *f Islam (schönes Mädchen von unvergänglichem Reiz in Mohammeds Paradies)* hurio *auch übertr für «verführerisch schöne Frau»*

Huronen *m/Pl Ethn (ein nordamerik. Indianerstamm)* huronoj *Pl <sprachlich u. kulturell der Völkerfamilie der Irokesen zugerechnet>*

huronisch *Adj* hurona

Huronsee *m zweitgrößter der fünf Großen Seen in Nordamerika* Hurona Lago

hurra! *Interj* hura!

Hurra *n*: ~ ***rufen*** (*od* ***schreien***) krii «hura!», *auch* hurai

Hurra|geschrei *n* hurakriado; ~**patriot** *m* hurapatrioto; ~**patriotismus** *m* hurapatriotismo; ~**ruf** *m* hurakrio (↑ *auch* ***Hochrufe***)

Hurrikan *m Met (Wirbelwind im Bereich Mittelamerikas u. den östl. davon gelegenen Seegebieten* uragano *<bes. Juni-November>* (*vgl. dazu* ***Taifun***)

hurtig *Adj mit schnellen Bewegungen, flink* rapidmova; *behende, gewandt* lerta; *lebhaft, leicht (in den Bewegungen)* vigla, facilmova

Hurtigkeit *f* vigl[ec]o, facilmoveco

Hus (*m*) *Eig (tschechischer Reformator [um 1368-1415])* Huso (*vgl. dazu* ***Hussiten***)

Husar *m ehem: Angehöriger einer leichten Reitertruppe in ungarischer Nationaltracht* husaro

Husaren|affe *m od* ~**meerkatze** *f* (Erythrocebus patas) *Zool* husarosimio *[Vorkommen: West- bis Ostafrika]*

husch! *Interj* ***a)*** *umg: Aufforderung sich zu beeilen* rapide! ***b)*** *Scheuchruf für Federvieh: ~, ~!* huŝ, huŝ!

Husche *f* ↑ ***Regenschauer***

huschen *intr dahingleiten* gliti, glitiri, glitrapidi; *Schatten, Lächeln* [ek]gliti, ekflagri (***über etw.*** super ion)

Husky *m eine Hunderasse* haskio

Hüsling *m Ichth* ↑ ***²Hasel***

Hussain (*m*) *arabischer männl. Vorname* Husajno *auch Name des Enkels von Mohammed [von den Schiiten als 3. Imam und Märtyrer verehrt]*

Hussainiden *m/Pl, arab.* ***Husainīyūn*** *Pl Gesch (letzte Dynastie der tunesischen Beys [1705-1957])* husajnanoj *Pl*

Hussiten *m/Pl Gesch (Anhänger des tschechischen Reformators Jan Hus)* husanoj *Pl* (*vgl. dazu* ***Taboriten*** *u.* ***Utraquisten***); ~**kriege** *m/Pl Gesch [1420-1436]* husanaj militoj *Pl*

hussitisch *Adj* husana; ***~e Bewegung*** *f* husana movado

hüsteln *intr* tuseti

Hüsteln *n* tusetado

husten *intr* tusi; ***Blut*** ~ tusi sputante sangon; ***dauernd*** (*od* ***immerzu*** *od* ***laufend***) ~ daŭre tusi, tusadi; ***stark*** ~ forte tusi

Husten ***a)*** *m Fachspr Med auch* ***Tussis*** *f* tuso (↑ *auch* ***Blut-, Keuch-*** *u.* ***Raucherhusten***); ***bellender*** (***krampfartiger, leichter, starker, trockener***) ~ jelpanta (konvulsia, malforta, forta, seka) tuso; ~ ***haben*** havi tuson; ~ ***hervorrufen*** kaŭzi tuson (***bei jmdm.*** ĉe iu); ***an ~ leiden*** suferi je tuso; ***den ~ unterdrücken*** subpremi la tuson; ***nach dem ~ [auftretend]*** *Adj Med* posttusa ***b)*** *n* tusado; ***das [ständige] ~ nicht zurückhalten können*** ne povi reteni [la konstantan] tusadon

Husten|anfall *m* atako de tuso; ~**bonbon** *n, auch* ***Hustenpastille*** *f* kontraŭtusa bombono (*od* lozanĝo); ~**krampf** *m* tusospasmo; ~**medizin** *f od* ~**mittel** *n* kontraŭtusa medikamento (↑ *auch* ***Cachou*** *u.* ***Hustensaft***)

Hustenpastille *f* ↑ ***Hustenbonbon***

Husten|reflex *m* tusreflekso; ~**saft** *m Pharm* kontraŭtusa (*od Fachspr* ekspektoriga) siropo; ~**tabletten** *f/Pl* kontraŭtusaj tablojdoj *Pl*; ~**tropfen** *m/Pl* kontraŭtusaj gutoj *Pl*

Husum (*n*) *eine Stadt an der Nordsee (in Schleswig-Holstein)* Husumo

¹Hut *m* ĉapelo *auch eines Pilzes* (↑ *auch* ***Damen-, Filz-, Florentiner-, Herren-, Jäger-, Kardinals-, Klapp-, Künstlerhut, ²Melone, Schlapp-, Sonnen-, Stoff-, Strand-, Stroh-, Tiroler-, Velours-*** *u.* ***Zimmermannshut***); ***den ~ abnehmen*** demeti la ĉapelon; ***einen ~ aufhaben*** (*od* ***tragen***) surhavi (*od* porti) ĉapelon; ***den ~ auflassen*** (***aufsetzen***) surlasi (surmeti) ĉapelon ◇ ***vor jmdm. den ~ ziehen*** *aus Respekt* demeti (*od* levi) la ĉapelon antaŭ iu; ***da geht einem der ~ hoch!*** *umg* tio estas harstariga; ***alles unter einen ~ bringen*** *Dinge* konformigi ĉion; ***alle*** (*od* ***alle Leute***) ***unter einen ~ bringen*** [inter]konsentigi ĉiujn (*od* ĉiujn personojn)

²Hut *f Schutz* ŝirmo, protekto; *Aufsicht, Bewachung* gardo ◇ ***auf der ~ sein*** *auf sich aufpassen* esti singarda (***vor etw.*** kontraŭ io); *vorsichtig sein* esti atentema (***vor etw.*** pri io)

Hutablage *f* ĉapelrako

Hutaffe *m Zool*: ***indischer*** ~ (Macaca radiata) hinda makako (↑ *auch* ***Ceylon-Hutaffe***)

Hutband *n* ĉapelrubando *od* ĉapela rubando

Hütchen *n* ĉapeleto

Hütejunge *m Hirtenknabe* paŝtoknabo

Hütehund *m* ↑ ***Hirtenhund***

hüten *tr beschützen* protekti, ŝirmi, gardi; *umsorgen, versorgen* zorgi pri; *eine Herde, das Vieh* paŝti; ***ein Geheimnis*** ~ gardi (*od* konservi) sekreton; ***Ziegen*** ~ paŝti kaprojn; ***sich*** ~ *wachsam sein* esti gardema, sin gardi (***vor*** kontraŭ); *vorsichtig sein* esti atentema ◇ ***er muss das Bett*** ~ li devas resti (*od* kuŝi) en la lito [ĉar li malsanas]; ***hüte deine Zunge!*** *geh für «pass auf, was du sagst!»* gardu vian langon!

Hüter *m Beschützer* ŝirmanto, protektanto; *Wächter* gardanto; *Hirt* paŝtisto

Hütes *Pl Kochk* ↑ ***Thüringer Klöße*** [*unter*

Thüringer 2.]

Hütewald *m* ↑ ***Weidewald***

Hut|fabrik *f* ĉapelfabriko; ~**geschäft** *n* ĉapelbutiko, ĉapelvendejo *od* vendejo de ĉapeloj; ~**haken** *m am Garderobenständer* ĉapelhoko; ~**krempe** *f* randaĵo [de ĉapelo], ĉapelrand[um]o

Hutmacher *m* ĉapelfaristo; ~**handwerk** *n*, *auch* ***Hutmacherei*** *f* ĉapelfarado

Hutmacherin *f* ĉapelfaristino (*vgl. dazu* ***Modistin***)

Hutmacherwerkstatt *f* ĉapelfarejo

Hut|nadel *f* ĉapelpinglo; ~**pilze** *m/Pl Mykologie (Sammelbez. für Ständerpilze mit hutförmigem Fruchtkörper)* ĉapelfungo; ~-**schachtel** *f* ĉapelskatolo

Hutsche *f* ↑ ***Schaukel***

Hutschlange *f* (*Gattung* Naja) *Zool (eine Gattung asiatisch-afrikanischer Giftnattern)* najo (↑ *auch* ***Kobra***); ***indische*** ~ ↑ ***Brillenschlange***)

Hutschnur *f* ◇ ***das geht mir über die*** ~ *das geht mir zu weit* tio estas troa por mi, *auch* tio transpasas la limojn

Hutschpferd *n* ↑ ***Schaukelpferd***

Hütte *f* ***a)*** kabano; *Bude* budo; *Berg*~ *für Bergsteiger u. Wanderer* montara kabano; *Ferienhaus im Stile einer Schweizer Hütte* ĉaledo; *pej für «schäbiges Haus»* domaĉo (↑ *auch* ***Alm-***, ***Bambus-***, ***Fischer-***, ***Holzhütte***, ***Jurte***, ***Kate***, ***Lehm-***, ***Schutz-***, ***Senn-*** *u.* ***Skihütte***); ***eine*** ~ ***mieten*** lupreni kabanon ***b)*** *Metallurgie* [metalurgia] uzino; *i.e.S. (Eisenwerk)* ferfabriko, *(Stahlgießerei)* ŝtalfanda uzino *od kurz* ŝtalfandejo

Hütten|bewohner *m* kabanloĝanto (↑ *auch* ***Kätner***); ~**bims** *m Metallurgie* ŝlaka pumiko; ~**industrie** *f* metalurgia industrio; ~-**jagd** *f Jagdart, bei der der Jäger mit dem Jagdgewehr von der Krähenhütte aus Krähen, Elstern u. Eichelhäher bejagt* ĉasado el kabano; ~**kombinat** *n Ind* metalurgia kombinato

Hüttenkunde *f* ↑ ***Metallurgie***

hüttenkundlich ↑ ***metallurgisch***

Hütten|technik *f* metalurgia tekniko; ~**werk** *n* metalurgia uzino, *auch* altforna uzino; ~**werker** *m* metalurgiisto, laboristo en metalurgia uzino

Hüttenwesen *n* ↑ ***Metallurgie***

Hüttenwirt *m* mastro de montara kabano

Hutu *m/Pl* (*früher häufig mit Bantu-Präfixen versehen:* ***Bahutu*** *od* ***Wahutu***) *Ethn (negrides Volk, das [unter Einschluss verwandter Bantugruppen] bes. verbreitet ist in Ruanda, Burundi, der Demokratischen Republik Kongo u. mit Flüchtlingskontingenten in Uganda u. Tansania)* hutuoj *Pl*

Hutung *f* ↑ ***Weidewald***

Hutverkäufer *m* ĉapelvendisto

hutz[e]lig *Adj faltig* sulk[o]hava; *zusammengeschrumpft* ŝrumpinta

Hutzel|männchen *od* ~**männlein** *n* gnomo

Huzulen *m/Pl Ethn (eine ostslawische Volksgruppe in den Karpaten [ansässig im Grenzgebiet zw. Ukraine, Polen u. Rumänien])* huculoj *Pl*

HVL = *fachsprachl. Abk für* ***Hypophysenvorderlappen***

hw = *Zeichen für* ***Hektowatt***

HWS = *Abk für* ***Halswirbelsäule***

HWZ = *Abk für* ***Halbwert[s]zeit***

Hyaden *Pl*, *auch* ***Regengestirn*** *n Astron (Sternhaufen im Sternbild Stier)* Hiadoj *Pl*

hyalin *Adj Geol, Med, Min (glasig, durchsichtig wie Glas)* vitreca, travidebla [kvazaŭ vitro], <*wiss*> hialina; ~***er Knorpel*** *m Anat* hialina kartilago

Hyalinmembran *n Anat* hialina membrano; ~-**Krankheit** *f Med* hialinmembrana malsano

Hyalit *m*, *auch* ***Glasopal*** *m Min (eine Varietät des Opals)* hialito, *auch* vitreca opalo

Hyaluronidase *f ein Enzym* hialuronidazo

Hyaluronsäure *f Biochemie, Kosmetik* hialurona acido

Hyäne *f* (*Gattung* Hyaena) *Zool* hieno (↑ *auch* ***Schabracken-***, ***Streifen-*** *u.* ***Tüpfelhyäne***); ***[Familie der]*** ~***n*** *Pl* (Hyaenidae) hienedoj *Pl*

Hyänenhund *m* (Lycaon pictus) *Zool* hienohundo

Hyazinth *m Min (eine Varietät des Zirkons)* jacinto; ~**ara** *m* (Anadorhynchus hyacinthinus) *Orn* hiacinta arao (*od auch* papago) *[Vorkommen: Zentral- u. östl.Südamerika]*

Hyazinthe *f* (*Gattung* Hyacinthus) *Bot* hiacinto

hybrid ↑ ***hybridisch***

Hybridauto *n Kfz* hibridaŭto *od* hibrida aŭto[mobilo]

Hybride *m od f Biol* hibrido (*vgl. dazu* ***Bastard*** *u.* ***Zwitter***)

Hybrid|fahrzeug *n Kfz (mit einem Verbrennungs- u. einem Elektromotor angetriebenes Fahrzeug)* hibrida veturilo; ~-**Fetthenne** *f*

(Sedum hybridum) *Bot* hibrida sedo; ~**gestein** *n Geol* hibrida rokaĵo
Hybridisation *f* ↑ ***Hybridisierung***
hybrid[isch] *Adj Biol, Ling* hibrida
hybridisieren, *auch* ***kreuzen*** *tr* hibridigi
Hybridisierung *f*, *auch* ***Hybridisation*** *f Gentechnologie, Molekularbiologie, Vulkanologie* hibridigo *bzw.* hibridiĝo
Hybridkompositum *n Ling* ↑ *unter* ***Kompositum***
Hybrid|prothese *f Medizintechnik (Gelenkprothese, bei der ein Teil mit Zement fixiert u. ein Teil zementfrei implantiert wird)* hibrida protezo; ~**rakete** *f Tech (Rakete, die zum Antrieb sowohl feste als auch flüssige Brennstoffe verwendet>* hibrida raketo; ~-**rechner** *m EDV (elektronische Rechenanlage, die Informationen sowohl in analoger als auch in digitaler Form verarbeiten kann)* hibrida komputilo; ~**schaltung** *f Elektronik* hibrida cirkvito
Hydarthrose *f Med* ↑ ***Gelenkerguss***
Hydaspes *m Antike (westlichster Strom des «Fünfstromlandes» [heute: Dschilam])* Hidaspo
Hydatide *f Finne des Hundebandwurms* hidatido
Hydatidosis *f nur Fachspr Med (Erkrankung zufolge Befalls mit Finnen des Hundebandwurms)* hidatidozo
Hyderabad [*hai...*] (*n*) *Hptst. des ind. Unionsstaates Andhra Pradesh* Hajderabado
[1]**Hydra** *f 1. griech. Myth (neunköpfige Wasserschlange, deren abgeschlagene Köpfe doppelt nachwuchsen) 2. übertr (kaum auszurottendes Übel, sich ständig erneuernde Gefahr)* hidro
[2]**Hydra** *f Zool (Gruppe wirbelloser Tiere, die zu den Hydrozoen zählen u. in mehrere Gattungen aufgeteilt sind)* hidro
[3]**Hydra** *f* (*Abk* ***Hya*** *od* ***Hyda***), *auch* ***Wasserschlange*** *f Astron (ein Sternbild der Äquatorzone)* Hidro
Hydrämie *f nur Fachspr Med (erhöhter Wassergehalt des Blutes)* hidremio
Hydramnion *n nur Fachspr Med (abnorme Vermehrung des Fruchtwassers)* hidramnio
Hydrant *m*, *auch* ***Wasserzapfstelle*** *f aus Rohrleitungen* hidranto (↑ *auch* ***Überflur-*** *u.* ***Unterflurhydrant***)
Hydrargillit *m Min* hidrargilito
Hydrargyrie *od* **Hydrargyrose** *f nur Fachspr Med* = ***Quecksilbervergiftung*** [↑ *dort*]
Hydarthros *m Med* ↑ ***Gelenkerguss***
Hydrat *n Chem (Verbindung chemischer Stoffe mit Wasser)* hidrato (↑ *auch* ***Chloralhydrat***)
Hydra[ta]tion *od* **Hydr[at]isierung** *f Chem (Bildung von Hydraten)* hidratig[ad]o
hydratisieren *tr Chem* hidratigi
Hydraulik *f* hidraŭliko *auch als Wissenschaftszweig*; ~**system** *n Tech* hidraŭla sistemo
hydraulisch *Adj durch Wasserdruck od Wasserkraft bewegt bzw. wirkend* hidraŭlika, *auch* hidraŭla; ~***e Bremse*** *f*, *auch* ***Flüssigkeitsbremse*** *f* hidraŭlika bremso; ~***er Druck*** *m* hidraŭlika premo; ~***es Gefälle*** *n*, *auch* ***Energieliniengefälle*** *n* hidraŭlika gradiento; ~***er Kalk*** *m Wasserkalk* hidraŭlika kalko; ~***e Presse*** *f Tech* hidraŭlika premilo; ~***e Waage*** *f* hidraŭlika pesilo
Hydraulizität *f* hidraŭlikeco
Hydrazin *n Chem (Verbindung von Stickstoff mit Wasserstoff [Bestandteil im Raketentreibstoff])* hidrazino
Hydrazone *n/Pl Chem (Reaktionsprodukte zw. Hydrazin u. Aldehyden bzw. Ketonen)* hidrazonoj *Pl*
Hydrid *n Chem* hidrido
Hydrieranlage *f* hidratiga instalaĵo
hydrieren *tr Chem (Wasserstoff anlagern)* hidrati
Hydrierung *f Chem* hidratado
Hydro|akustik *f Lehre von der Schallausbreitung in natürlichen Gewässern, speziell der Meere u. Ozeane* hidroakustiko; ~**biologe** *m* hidrobiologo; ~**biologie** *f Biol (Lehre von den in Gewässern lebenden Organismen)* hidrobiologio
hydrobiologisch 1. *Adj* hidrobiologia **2.** *Adv* hidrobiologie
Hydrocephalus *m Med* ↑ ***Wasserkopf***
Hydro|chemie *f*, *auch* ***Gewässerchemie*** *od* ***aquatische Chemie*** *f* hidrokemio; ~**chinon** *n Chem, Foto (stark reduzierende organische Verbindung, die als fotografischer Entwickler verwendet wird)* hidrokinono; ~**chlorid** *n Chem* hidroklorido
Hydrocortison *n* ↑ ***Hydrokortison***
Hydrodynamik *f*, *auch* ***Strömungslehre*** *od* ***Strömungsmechanik*** *f Phys (Teil der Hydromechanik, der sich mit der Bewegung inkompensibler od als annähernd inkompensibel zu betrachtenden Flüssigkeiten u. Gasen beschäftigt u. mit den dabei entstehenden*

Wechselwirkungen mit ihrer Umgebung) hidrodinamiko

hydrodynamisch 1. *Adj sich nach den Gesetzen der Hydrodynamik verhaltend* hidrodinamika; ~*es* ***Paradoxon*** *n* hidrodinamika paradokso **2.** *Adv* hidrodinamike

hydroelektrisch 1. *Adj* hidroelektra **2.** *Adv* hidroelektre

Hydroelektrizität *f Elektrizität aus Wasserkraft* hidroelektro

Hydrogen *n Chem =* ***Wasserstoff***

Hydro[gen]karbonate *n/Pl, auch* ***Bikarbonate*** *n/Pl Chem* hidrokarbonoj *Pl*

Hydro|geochemie *f Geochemie der Oberflächen- und unterirdischen Wässer* hidrogeokemio; ~**geologe** *m* hidrogeologo; ~**geologie** *f Teilgebiet der angewandten Geologie, erforscht die geologischen Voraussetzungen für das Vorkommen von Grundwasser u. Quellen sowie die geologischen Grundlagen für wasserbautechnische Maßnahmen* hidrogeologio

hyrogeologisch 1. *Adj* hidrogeologia; ~***e Karte*** *f Gewässerkarte, die die Grundwasserverhältnisse eines best. Gebietes darstellt* hidrogeologia mapo **2.** *Adv* hidrogeologie

Hydro|glimmer *m Min (durch Verwitterung od tiefhydrothermale Auslaugung ungewandelter Glimmer)* hidroglimo; ~**globus** *m Wasserbau (hoch gelagerter, kugelförmiger Wasserbehälter)* hidroglobo; ~**graf** *m, auch* ***Hydrograph*** *m* hidrografo (↑ *auch* ***Thermohygrograf***); ~**grafie** *f, auch* ***Hydrographie*** *f Gewässerkunde* hidrografio (*vgl. dazu* ***Limnologie***; ↑ *auch* ***Karsthydrografie***)

hydrografisch, *auch* ***hydrographisch*** **1.** *Adj* hidrografia; ***Deutsches*** ≗***es Institut*** (*Abk* ***DHI***) Germana Hidrografia Instituto *[Sitz: Hamburg]* **2.** *Adv* hidrografie

Hydrokarbonate *Pl* ↑ ***Hydrogenkarbonate***

Hydro|kortison *n, Fachspr* ***Hydrocortison*** *n* (*auch* ***Cortisol*** *genannt*) *Biochemie, Med (ein Hormon der Nebennierenrinde)* hidrokortizono; ~**kultur** *f, auch* ***Hydroponik*** *f Pflanzenzucht ohne Erde in Nährlösungen ohne festes Substrat in speziellen Hydrokulturgefäßen* hidroponiko

Hydrolakkolith *m Geol* ↑ ***Pingo***

Hydrolasen *f/Pl Biochemie (Enzyme, die Verbindungen unter Wasseranlagerung spalten)* hidrolazoj *Pl* (↑ *auch* ***Esterasen***)

Hydrologie *f Wissenschaft vom Wasser, seinen Arten, Eigenschaften u. seinen Erscheinungsformen* hidrologio (↑ *auch* ***Geohydrologie*** *u.* ***Potamologie***); ~ ***des Festlandes*** kontinenta hidrologio

hydrologisch 1. *Adj* hidrologia; ~***e Prognose*** (*od* ***Vorhersage***) *f* hidrologia prognozo **2.** *Adv* hidrologie

Hydrolyse *f Chem (Spaltung chemischer Verbindungen durch Wasser)* hidrolizo; ***enzymatische*** ~ zimohidrolizo

hydrolysierbar *Adj Chem* hidrolizebla

hydrolysieren *tr Chem* hidrolizi

hydrolytisch *Adj* hidroliza

Hydromechanik *f Lehre von den Flüssigkeiten* hidromekaniko

hydromechanisch 1. *Adj* hidromekanika **2.** *Adj* hidromekanike

Hydro|metallurgie *f Sammelbez. für metallurgische Verfahren zur Gewinnung von (bes. Nichteisen-) Metallen* hidrometalurgio; ~**meteore** *m/Pl Met (durch Verdichtung von Wasserdampf in der Atmosphäre entstehende Niederschläge [z.B. Regen, Schnee, Tau]* hidrometeoroj *Pl*; ~**meteorologie** *f Met (Wissenschaft vom Verhalten des Wasserdampfs in der Atmosphäre)* hidrometeorologio

Hydrometer *n, auch* ***Wasser[strömungs-]messer*** *m od* ***Gerät*** *n* ***zur Messung der Fließgeschwindigkeit von Wasser*** *Tech* hidrometro

Hydrometrie *f Phys (Lehre von den Verfahren, Geräten u. Einrichtungen für Messungen in Gewässern* hidrometrio

hydrometrisch *Adj die Flüssigkeitsmessung betreffend* hidrometria

Hydromikrobiologie *f Teilgebiet der Hydrobiologie, das sich mit der Bedeutung von Bakterien, Pilzen u. Hefen für den Stoffhaushalt der Gewässer befasst* hidromikrobiologio

Hydronephrose *f* ↑ ***Harnstauungsniere***

Hydronium-Ion *n Chem* hidronio

Hydroperikard[ium] *n nur Fachspr Med (Ansammlung größerer Flüssigkeitsmengen im Herzbeutelraum)* hidroperikardio

hydrophil *Adj fachsprachl. für [Biol] «im (od am) Wasser lebend» od [Chem] «wasseranziehend» od [Min] «leicht Wasser aufnehmend <Gesteine u. Minerale>»* hidrofila

Hydrophilie *f bes. Bot* hidrofileco

Hydrophobie *f, auch* ***[krankhafte] Wasserscheu*** *f Med, Psych* hidrofobio, *auch* [pato

logia] akvofobio, *umg* akvotimo
hydrophob[isch] *Adj fachsprachl. für 1. Wasser abstoßend od meidend 2. Biol (von Pflanzen u. Tieren) trockene Lebensräume bevorzugend* hidrofobia
Hydrophon *n El, Mar* hidrofono
Hydrophyt *m Bot* ↑ ***Wasserpflanze***
hydropisch ↑ ***wassersüchtig***
Hydroplan *m Flugw* hidroplano
hydropneumatisch 1. *Adj Tech (gleichzeitig durch Luft u. Wasser angetrieben)* hidropneŭmata **2.** *Adv* hidropneŭmate
Hydroponik *f* ↑ ***Hydrokultur***
Hydrops *m, auch* ***Hydropsie*** *f Med* ↑ ***Wassersucht***
Hydrorrhea *f, auch* ***wässriger Sekretabfluss*** *m nur Fachspr Med* hidroreo, [abunda] serozaĵa elfluo [de inflamita mukozo]
Hydro|sphäre *f 1. Geogr (Wasserhülle der Erde [Gesamtheit aller Wasservorkommen]) 2. Met (Wasserdampf der Atmosphäre) 3. Biol (Lebensbereich der im od am Wasser lebenden Organismen [Teil der Biosphäre])* hidrosfero; **~statik** *f Phys: Hydromechanik (Lehre von den ruhenden Flüssigkeiten)* hidrostatiko
hydrostatisch 1. *Adj sich nach den Gesetzen der Hydrostatik verhaltend* hidrostatika; ***~er Druck*** *m Druck in ruhenden Gasen od Flüssigkeiten* hidrostatika premo; ***~es Gleichgewicht*** (***Paradoxon***) *n* hidrostatika ekvilibro (paradokso); ***~e Waage*** *f* hidrostatika pesilo **2.** *Adv* hidrostatike
Hydro|sulfit *n Chem* hidrosulfito; **~technik** *f, auch* ***Wasserbautechnik*** *f od kurz* ***Wasserbau*** *m* hidrotekniko; **~techniker** *m* hidroteknikisto
hydro|technisch 1. *Adj* hidroteknika **2.** *Adv* hidroteknike; **~therapeutisch** *Adj Med* hidroterapia
Hydrotherapie *f, auch* ***Wasserheilkunde*** *f Med (Heilbehandlung mit Wasser [feuchte Packungen, Priesnitzwickel, Bäder, Waschungen)* hidroterapio, traktado de malsanoj per akvo (↑ *auch* ***Balneotherapie***)
hydrothermal *Adj Geol, Min (aus verdünnten Lösungen ausgeschieden [von Erzen u. anderen Mineralien])* hidroterma
Hydro|thorax *m, pop* ***Brustwassersucht*** *f Med (Ansammlung seröser, wässriger Flüssigkeit zw. beiden Blättern des Brustfells)* hidrotorako; **~tropismus** *m nur Fachspr Bot (Bewegung von Teilen wurzelnder Pflanzen in Beziehung zum Wasser)* hidrotropismo; **~ureter** *m nur Fachspr Med (Erweiterung des Ureters)* hidrouretero
Hydroxid *n, alt auch* ***Hydroxyd*** *n Chem (Verbindung eines Elements od Radikals mit einer od mehreren Hydroxylgruppen)* hidroksido (↑ *auch* ***Natronhydroxid***)
hydroxidisch *Adj Chem* hidroksida
Hydroxyl *n, auch* ***Hydroxylgruppe*** *f Chem* hidroksilo; **~amid** *n Chem* hidroksilamido; **~amin** *n Chem* hidroksilamino
Hydroxyprolin *n ein Enzym* hidroksiprolino
Hydrozele *f Med* ↑ ***Wasserbruch***
Hydrozephalus *m Med* ↑ ***Wasserkopf***
Hydrozoen *Pl* (*Sg*: ***Hydrozoon*** *n*) *Zool (Klasse der Nesseltiere mit etwa 2700 Arten [fast alle im Meer lebend])* hidrozooj *Pl, auch* hidruloj
Hygieia (*f*), *lat.* ***Hygia*** (*f*) *griech. Myth (Göttin der Gesundheit [Tochter des Asklepios (Äskulap)])* Higiea
Hygiene *f Gesundheitslehre, Gesundheitspflege* higieno (↑ *auch* ***Betriebs-***, ***Dental-***, ***Industrie-***, ***Intim-***, ***Mund-***, ***Pflanzen-*** *u.* ***Psychohygiene***); **~institut** *n* higienoinstituto; **~museum** *n* higienomuzeo
Hygieniker *m* higienisto
hygienisch 1. *Adj* higiena **2.** *Adv* higiene
Hygrograf *m, auch* ***Hygrograph*** *m Met (selbstregistrierender Luftfeuchtigkeitsmesser)* higrografo
Hygrom *n, auch* ***Wassergeschwulst*** *f Med (Anschwellung von Sehnenscheiden, besonders der Sehnenscheidensäcke der Hände und der Knieschleimbeutel)* higromo (↑ *auch* ***Zystenhygrom***)
Hygrometer *n, auch* ***Luftfeuchtigkeitsmesser*** *m Met* higrometro, mezurilo de [la] atmosfera humideco (↑ *auch* ***Haarhygrometer*** *u.* ***Psychrometer***)
Hygrometrie *f, auch* ***Luftfeuchtigkeitsmessung*** *f Met* higrometrio, *auch* mezurado de atmosfera humideco
hygrometrisch *Adj 1. die Hygrometrie betreffend bzw. zu ihr gehörend 2. mithilfe eines Hygrometers* higrometria
Hygrophilie *f Fachspr Bot (Vorliebe best. Pflanzen für feuchte Standorte)* higrofilio
Hygrophyten *m/Pl Bot (an feuchte Standorte angepasste Pflanzen [Landpflanzen mit hohem Wasserverbrauch])* higrofitoj *Pl*
Hygroskop *n Met (Gerät zum Anzeigen der Luftfeuchtigkeit)* higroskopo

hygroskopisch 1. *Adj Feuchtigkeit an sich ziehend* higroskopa **2.** *Adv* higroskope

Hygrostat *m Gerät zur automatischen Regelung der Luftfeuchtigkeit* higrostato

Hyksos *Pl ein asiat. Eroberervolk im alten Ägypten* hiksosoj *Pl*

Hylozoismus *m Phil (Naturauffassung, die der Welt einen belebten Urstoff [die Hyle (nach Aristoteles: Substanz aller Dinge)] zu Grunde legt)* hilozoismo

hylozoistisch *Adj dem Hylozoismus betreffend bw. auf ihm beruhend* hilozoisma

[1]**Hymen** *n Anat* ↑ ***Jungfernhäutchen***

[2]**Hymen** *n, auch* ***Hymenium*** *n Bot (Schutzhäutchen der Blütenknospen)* himeno

[3]**Hymen** (*m*), *griech.* ***Hymenaios*** (*m*) *Myth (griech. Gott der Hochzeit)* Himeno, *auch* Himeneo

hymenal *Adj Anat, Med (zum* [1]*Hymen gehörig bzw. es betreffend)* himena

[1]**Hymenium** *n Mykologie* ↑ ***Sporenlager***

[2]**Hymenium** *n Bot* ↑ [2]***Hymen***

Hymenomyceten *m/Pl Mykologie (Pilze, deren Fruchtkörper ein Hymenium aufweisen)* himenomicetoj *Pl*

Hymenoptera *Pl Ent* ↑ ***Hautflügler***

Hymne *f Lobgesang bzw. preisendes Gedicht* [laŭda] himno (*vgl. dazu* ***Kirchenlied***; ↑ *auch* ***Lobes-*** *u.* ***Nationalhymne***)

Hymnenkunde *f* = ***Hymnologie***

hymnisch *Adj in der Form od Art einer Hymne [abgefasst]* himna

Hymnologie *f Wissenschaft von den [vor allem christlichen] Hymnen* himnologio

hymnologisch *Adj* himnologia

Hymnos *od* **Hymnus** *m griech. bzw. lat. Form von «Hymne»* [↑ *dort*]

Hyoscyamin *od* **Hyoszyamin** *n Biochemie, Pharm (als Arzneimittel verwendetes Alkaloid einiger Nachtschattengewächse)* hiosciamino, *auch* hiskiamino *[Vorkommen z.B. im Bilsenkraut u. im Stechapfel]*

Hypallage *f rhetorischer Ersatz eines Wortes od Satzteils durch einen anderen [z.B. ‹jagdliche Ausdrücke› statt ‹Jagdausdrücke›]* hipalago

Hypästhesie *f Med (herabgesetzte Schmerzempfindlichkeit)* hipoestezo

hypästhetisch *Adj unterempfindlich für Berührungsreize* hipoesteza

Hype [*haip*] *m Welle oberflächlicher Begeisterung* hajpo

Hyperacidität *f* ↑ ***Hyperazidität***

hyperaktiv *Adj übersteigerten Bewegungsdrang zeigend* hiperaktiva; ***ein ~es Kind*** hiperaktiva infano

Hyperaktivität *f* hiperaktiveco

Hyperaldosteronismus *m Med* ↑ ***Aldosteronismus***

Hyperalgesie *f nur Fachspr Med (gesteigerte Schmerzempfindung)* hiperalgezio

Hyperämie *f, auch* ***Blut[über]fülle*** *f in einem Körperteil* hiperemio

hyperämisch *Adj Med (vermehrt durchblutet)* hiperemia

hyperämisieren *tr Med* hiperemiigi

Hyperästhesie *f, auch* ***Überempfindlichkeit f für Berührungsreize*** *Med* hiperestezio

hyperästhetisch *Adj* hiperestezia

Hyperazidität *f, auch* ***Superazidität*** *od* ***Übersäuerung*** *f, fachsprachl.* ***Hyperacidität*** *f bes. des Magensaftes* hiperacideco, troacidiĝo [de la stomako]

Hyperbaton *n Ling (außergewöhnliche Wortstellung)* hiperbato

Hyperbel *f* ***a)*** *Geom (Kegelschnitt), Lit* hiperbolo; ***gleichseitige*** (***kubische***) ~ *Geom* egallatera (kuba) hiperbolo ***b)*** *Rhetorik, Stilistik ([dichterische] Übertreibung des Ausdrucks [z.B. «himmelhoch»])* hiperbolo

Hyperbel|kosinus *m Geom* hiperbola kosinuso; **~kotangens** *m Geom* hiperbola kotangento

Hyperbelsinus *Geom* ↑ *unter* ***Sinus***

Hyperbeltangens *m Geom* hiperbola tangento

hyperbolisch 1. *Adj* hiperbola; ***~e Funktion*** *f Math* hiperbola funkcio **2.** *Adv* hiperbole

Hyperboloid *n Geom (Körper, der durch Drehung einer Hyperbel um ihre Achse entsteht)* hiperboloido (↑ *auch* ***Rotationshyperboloid***); ***einschaliges*** (***zweischaliges***) ~ unupeca (dupeca) hiperboloido

Hyperboreer *m/Pl Antike (ein sagenhaftes Volk des hohen Nordens)* hiperboreoj *Pl*

hyperboreisch *Adj* ↑ *unter* ***paläoasiatisch***

Hyperdaktilie *f Med* ↑ ***Polydaktylie***

Hyperdulie *f kath. Kirche (gesteigerte Verehrung [der Mutter Jesu gebührend])* hiperdulio

Hyperebene *f Math (Funktionalanalysis)* hiperebeno

Hypereides (*m*), *lat.* ***Hyperides*** (*m*) *Eig (ein Redner aus Athen [390-322 v. Chr.])* Hipereido

hyperelliptisch *Adj Geom* hiperelipsa

Hyperfunktion *f bes. Med (gesteigerte Tätigkeit eines Organs)* hiperfunkcio, ekscesa funkcia aktiveco

hypergeometrisch *Adj* hipergeometria

Hyper|globulie *f, auch* ***Polyglobulie*** *f Med (krankhafte Vermehrung der roten Blutkörperchen)* hiperglobuleco; ~**globulinämie** *f Med (Vermehrung der Globuline im Blutplasma)* hiperglobulemio; ~**glykämie** *f Med (vermehrter Traubenzuckergehalt des Blutes)* hiperglikemio; ~**hidrose** *f, auch* ***Polyhidrose*** *f Med (vermehrte Schweißabsonderung)* hiperhidrozo

Hyperides *(m) Eig* ↑ ***Hypereides***

hyperimmun *Adj Med* hiperimuna

Hyper|immunität *f Med (ein überaktives Immunsystem)* hiperimuneco; ~**immunglobulin** *n (fachsprachliche Abk* ***HIG****) Bez für «Humanserum mit hohen Antikörper-(Immunglobulin-) Konzentrationen gegen bestimmte Krankheitserreger (Mumps-, Röteln-, Vacciniaviren) Schlangen- od Skorpiongift u.a.»* hiperimunglobulino; ~**inflation** *f Fin (galoppierende Inflation [bis zur völligen Zerrüttung der Währung])* hiperinflacio; ~**insulinismus** *m nur Fachspr Med (vermehrte Insulinbildung u. dadurch bedingte Hypoglykämie)* hiperinsulinismo

[1]**Hyperion** *(m) griech. Myth (ein Titan, Sohn des Uranos u. der Gaia)* Hiperiono

[2]**Hyperion** *m Astron (ein Satellit des Saturn)* Hiperiono

Hyperkapnie *f Fachspr Med (übermäßiger Kohlensäuregehalt des Blutes)* hiperkapnio

hyperkapnisch *Adj Med* hiperkapnia

hyperkatalektisch *Adj Metr:* ~***er Vers*** *m Vers mit überzähliger Silbe am Schluss* hiperkatalekta verso

Hyper|keratose *f nur Fachspr Dermatologie (übermäßige Verhornung der Haut)* hiperkeratozo; ~**ketonämie** *f nur Fachspr Med* hiperketonemio; ~**kinese** *od* ~**kinesie** *f nur Fachspr Med (pathologische Steigerung der Motorik mit z.T. unwillkürlich ablaufenden Bewegungen)* hiperkinezo

hyper|korrekt *Adj* superkorekta; ~**kritisch** *Adj* superkritika; *zu kritisch* tro kritika

Hyperlink *m EDV* ↑ ***Link***

Hyper|lordose *f Med (eine extreme Lordose)* hiperlordozo, ekstrema lordozo *(vgl. dazu* ***Lordose****)*; ~**menorrhö** *f nur Fachspr Gynäkologie (zu starke Regelblutung)* hipomenoreo; ~**metropie** *f, auch* ***Hyperopie*** *f, umg* ***Über-*** *od* ***Weitsichtigkeit*** *f Ophthalmologie* hipermetropeco

hypermetropisch, *umg* ***über-*** *od* ***weitsichtig*** *Adj Ophthalmologie* hipermetropa

Hypermnesie *f nur Fachspr Psych (gesteigerte Gedächtnisleistung)* hipermnezio

Hypernephrom *n, auch* ***hypernephroides Karzinom*** *n od* ***Grawitz-Tumor*** *m Med* hipernefromo

hypernervös *Adj* ekstreme nervoza

Hyperodontie *f Zahnmedizin (angeborene Überzahl von Zähnen)* hiperodontio

Hyperon *n Kernphysik (überschweres Elementarteilchen)* hiperono

Hyperonym *n Ling (übergeordneter Begriff, der inhaltlich allgemeiner, weniger merkmalhaltiger ist [z.B. ‹zu sich nehmen› zu ‹essen›])* hiperonimo (↑ *auch* ***Hyponym***)

Hyperopie *f* ↑ ***Hypermetropie***

Hyperosmie *f nur Fachspr Med (krankhaft gesteigerte Empfindlichkeit des Geruchssinns)* hiperosmio

hyperosmotisch *Adj* hiperosmoza

Hyperostose *f nur Fachspr Med (Hyperplasie von Knochensubstanz [Wucherung des Knochengewebes])* hiperostozo

Hyperparasit *m* = ***Sekundärparasit***

Hyperpigmentierung *f Med* hiperpigmentiĝo (↑ *auch* ***Altersflecken***)

Hyperplasie *f Biol, Med (übermäßige Entwicklung eines Gewebes od Organs)* hiperplazio *(vgl. dazu* ***Neoplasie****)*

Hypersekretion *f Med (vermehrte Absonderung von Drüsensekret)* hipersekrecio

hypersensibel *Adj* hipersensiva, tro sensiva

Hypersensibilität *f* ↑ ***Überempfindlichkeit***

hypersensibilisieren *tr* hipersensivigi

Hypertension *f Med* ↑ ***Hypertonie***

hypertensiv *Adj* hipertensia

Hypertext *m, auch* ***Hypertext-Dokument*** *n EDV (Oberbegriff für Seitenbeschreibungssprachen od Dokumente, die Querverweise zu anderen Positionen im gleichen Dokument od zu beliebigen anderen Dokumenten ermöglichen od enthalten [z.B. Wikipedia-Artikel, aber auch das World Wide Web selbst])* hiperteksto

Hyperthermie *f nur Fachspr Med (Überhitzung, [pathologische] Erhöhung der Körpertemperatur)* hipertermio *(vgl. dazu* ***Fieber*** *u.* ***Temperaturanstieg****)*

Hyperthymie *f Psych (Bez für Aktivitäts- u. Antriebssteigerung mit gehobener Stim-*

mung) hipertimio

Hyperthyreose *f Med ([krankhafte] Überfunktion der Schilddrüse, die zur Basedowschen Krankheit führt)* hipertiroidismo

Hypertonie *f*, *auch* ***Hypertension*** *f od* ***Hypertonus*** *m*, *umg* ***Bluthochdruck*** *m Med* hipertensio (↑ *auch* ***Pfortaderhochdruck*** *u.****Schwangerschaftshypertonie***); ***arterielle*** (***endokrine***, ***essenzielle***, ***maligne***, ***neurogene***, ***pulmonale***, ***renale***) ~ arteria (endokrina, esenca, maligna, neŭrogena, pulma, rena) hipertensio

Hypertrichose *f Med (übermäßige Behaarung des menschlichen Körpers)* hipertrikozo (↑ *auch* ***Hirsutismus***)

Hypertrophie *f Biol, Med (übermäßige Vergrößerung eines Gewebes od Organs)* hipertrofio (↑ *auch* ***Muskelhypertrophie***)

hypertroph[isch] *Adj Biol, Med (durch Zellwachstum vergrößert)* hipertrofia

Hyper|ventilation *f Med (übersteigerte Atmung [mit vermehrtem Abatmen von Kohlendioxid)* hiperventolado; ~**ventilationstetanie** *f Med (tetanische Krämpfe infolge psychogen bedingter Hyperventilation u. daraus bedingter Abnahme der Serumkonzentration des ionisierten Calciums)* hiperventolada tetanio; ~**vitaminose** *f Med (Erkrankung durch Überdosierung von Vitaminen [bes. A od D])* hipervitaminozo

Hyphaema *n nur Fachspr Ophthalmologie (Blutansammlung in der vorderen Augenkammer)* hifemo, sangado en la antaŭa kamero de la okulo

Hyphe *f*, *auch* ***Pilzfaden*** *m Mykologie (Zellfaden des Myzels)* hifo

Hyphomyzeten *m/Pl* ↑ ***Fadenpilze***

hypnoid *Adj Med (schlaf- bzw. hypnoseähnlich)* hipnoida

Hypnopädie *f*, *auch* ***Schlaflernmethode*** *f* hipnopedio, metodo de dumdorma lernado

hypnopädisch *Adj* hipnopedia

Hypnos (*m*) *Myth (griech. Gott des Schlafes)* Hipno <*röm. Gegenstück: «Somnos»*>

Hypnose *f* hipnoto, *auch* hipnozo (↑ *auch* ***Auto-***, ***Selbsthypnose*** *u.* ***Trance***); ***sich im Zustand der ~ befinden*** troviĝi en hipnota stato; ***unter ~ stehen*** esti sub hipnozo

Hypno|sedativa *n/Pl Pharm (beruhigende Schlafmittel)* hipnosedativoj *Pl*; ~**therapie** *f Psychotherapie, bei der die Hypnose zu Hilfe genommen wird* hipnoterapio, *auch* hipnota terapio

Hypnotikum *n* hipnotigilo (↑ *auch* ***Hypnosedativa*** *u.* ***Schlafmittel***)

hypnotisch *Adj* ***a)*** *(in hypnotischem Zustand)* hipnota; ~***er Schlaf*** *m* hipnota dormo ***b)*** *(hypnotisierend)* hipnotiga

Hypnotiseur *m* hipnotiganto

hypnotisierbar *Adj* hopnotigebla

hypnotisieren *tr* hipnotigi *auch übertr*

Hypnotisierung *f* hipnotigo

Hypnotismus *m Lehre von der Hypnose* hipnotismo

Hypoästhesie *f* ↑ *unter* ***Empfindlichkeit***

Hypobank *f* ↑ ***Hypothekenbank***

hypochlorig, *auch* ***unterchlorig*** *Adj Chem* hipoklorita; ~***e Säure*** *f* hipoklorita acido

Hypochonder *m*, *pop auch* ***eingebildeter Kranker*** *m* hipokondriulo

Hypochondrie *f Psych (krankhafte, tiefe seelische Niedergeschlagenheit mit gesteigerter Selbstbeobachtung von eingebildeten od geringfügigen körperlichen Leiden)* hipokondrio

hypochondrisch *Adj* hipokondria; ~***e Depression*** *f Psych (eine Form der depressiven Verstimmung mit ängstlicher Selbstbeobachtung)* hipokondria depresio

Hypochondrium *n*, *auch* ***Unterrippengegend*** *f* (Regio hypochondriaca) *Anat* hipokondro

hypochondrisch *Adj* hipokondria

Hypodaktylie *f Fachspr Med (angeborenes Fehlen von Fingern od Zehen)* hipodaktilio

Hypo|derm *n od* ~**dermis** *f Anat* ↑ ***Unterhautzellgewebe***

hypoeutektisch, *auch* ***untereutektisch*** *Adj*: ~***e Legierung*** *f* hipoeŭtekta alojo

hypofluorig, *auch* ***unterfluorig*** *Adj Chem* hipofluorita; ~***e Säure*** *f* hipofluorita acido

Hypofunktion *f bes. Med (Funktionsverminderung)* hipofunkcio (↑ *auch* ***Unterfunktion***)

Hypogastrium *n Anat* ↑ ***Unterbauchgegend*** *u.* ***Unterleib***)

Hypogäum *n Archäol (unterirdisches Gewölbe, Grabraum, Gruft)* hipogeo

Hypoglykämie *f nur Fachspr Med (stark herabgesetzter Blutzuckergehalt)*, *allg* ***Unterzuckerung*** *f* hipoglikemio, tro malalta nivelo de [la] sangosukero; ~**anfall** *m Med* hipoglikemia atako

hypoglykämisch *Adj* hipoglikemia; ~***er Schock*** *m Med (durch Absinken der Blutzuckerkonzentration plötzlich einsetzende*

Bewusstlosigkeit mit Krampfneigung) hipoglikemia ŝoko

Hypogonadismus *m Med (angeborene od erworbene Unterfunktion der Keimdrüsen [Gonaden])* hipogonadismo

hypogyn *Bot* ↑ ***unterständig***

Hypokapnie *f Med (Hämatologie)* hipokapnio

Hypokaustum *n röm. Antike u. Mittelalter (System der Boden- u. Wandheizung durch Warmluft)* hipokaŭsto

Hypokotyl *n Bot (Teil de Keimlings von Blütenpflanzen zw. Keimblättern u. Keimwurzel)* hipokotiledono

Hypokrisie *f geh für **Heuchelei*** [↑ *dort*]

hypokritisch ↑ ***heuchlerisch***

Hypomanie *f nur Fachspr Psych* hipomanio

hypomanisch *Adj Psych (Bez für die besondere Form einer gehobenen Grundstimmung, mit der gleichzeitig Veränderungen im Denken im Sinne eines schnelleren, häufig aber weniger zielgerichteten Denkens verbunden sind)* hipomania; ~***es Syndrom*** *n* hipomania sindromo

Hypomenorrhö *f nur Fachspr Gynäkologie (zu schwache Regelblutung)* hipomenoreo

Hypomnesie *f Med, Psych (mangelhaftes Erinnerungsvermögen)* hipomnezio

Hyponym *n, auch **untergeordneter Begriff** m Ling (Wort <Lexem>, das in einer untergeordneten Beziehung zu einem anderen Wort <Lexem> steht, aber inhaltlich differenzierter, merkmalhaltiger ist, z.B. ‹essen› zu ‹zu sich nehmen› od ‹Tablette› zu ‹Medikament›)* hiponimo (*vgl. dazu **Hyperonym***)

hypophysär *Adj Anat (1. auf die Hirnanhangdrüse bezogen 2. von der Hypophyse ausgehend)* hipofiza

Hypophyse *f Anat* ↑ ***Hirnanhangdrüse***

Hypophysektomie *f Chir (operative Entfernung der Hypophyse)* ektomio de la hipofizo

Hypophysenadenom *n* (Struma pituitaria) *Med (gutartige epitheliale Geschwlst der Hypophyse)* hipofiza adenomo; ***hormonaktives*** ~ hormon-aktiva hipofiza adenomo

Hypophysen|apoplexie *f Med* hipofiza apopleksio; ~**entzündung** *f Med* inflamo de la hipofizo, *auch* hipofizito; ~**hinterlappen** *m* (*Abk Fachspr **HHL***) *Anat* posthipofizo; ~**hormone** *n/Pl* hipofizaj hormonoj *Pl*; ~**hyperplasie** *f Med* hiperplazio de la hipofizo; ~**insuffizienz** *f Med (Endokrinologie)* hipofiza insuficienco; ~**nekrose** *Med* hipofiza nekrozo; ~**tumor** *m Med* hipofiza tumoro; ~**vorderlappen** *m* (*Abk Fachspr **HVL***) *Anat* antaŭhipofizo

Hypopituitarismus *m, auch **Hypophyseninsuffizienz** f nur Fachspr Med* hipopituitarismo, hipofiza insuficienco

Hypoplasie *f Med (unvollkommene Ausbildung eines Gewebes od Organs)* hipoplazio *<nicht mit Atrophie zu verwechseln!>*

hypoplastisch *Adj Med (unterentwickelt, unvollständig ausgebildet [z.B. von einem Organismus, von Organen od Gewebe])* hipoplazia

Hypospadie *f, auch **untere Harnröhrenspalte*** (Fissura urethrae inferior) *nur Fachspr Med (angeborene Missbildung der Harnröhrenmündung [beim Mann])* hipospadio

Hypospermie *f Med* ↑ ***Oligospermie***

[1]**Hypostase** *f Theologie (Personifizierung göttlicher Eigenschaften od religiöser Vorstellungen)* hipostazo

[2]**Hypostase** *f Phil (Verhältnis der Substanz zu ihren Bestimmungen)* hipostazo

[3]**Hypostase** *f: 1. Med (Absinken des Blutes in tief gelegene Teile des Körpers) 2. Genetik (Unterdrückung der Wirkung eines Gens durch ein anderes,das nicht zum gleichen Erbanlagenpaar gehört)* hipostazo; ~**pneumonie** *f* hipostaza pneŭmonio

hypostasieren *tr als gesonderte Substanz betrachten, vergegenständlichen* hipostazi (↑ *auch **personifizieren***)

hypostatisch *Adj verdinglichend* hipostaza

Hypostylon *n od* **Hypostylos** *m Antike (überdachter Säulengang, Säulenhalle, Tempel mit Säulengang)* hipostilo

hypotaktisch *Adj Ling (unterordnend)* hipotaksa

Hypotaxe *f, auch **Hypotaxis** f Ling (Unterordnung von Satzgliedern)* hipotakso

Hypotension *f Med* = ***Hypotonie***

Hypotenuse *f Geom (dem rechten Winkel eines Dreiecks gegenüberliegende Seite)* hipotenuzo

Hypothalamus *m Anat* hipotalamo

Hypothek *f Jur, Wirtsch* hipoteko *auch übertr (Belastung, Last)*; ***das Haus ist mit einer ~ belastet*** *od* ***auf dem Haus liegt eine*** ~ la domo estas ŝarĝita per hipoteko *od* la domo estas hipotekita

Hypothekar *m* ↑ ***Hypothekengläubiger***

hypothekarisch *Adj* hipoteka

Hypotheken|bank *f* (*Kurzw* ***Hypobank***), *alt* ***Bodenkreditbank*** *f*, <*schweiz*> ***Hypothekarbank*** *f* hipoteka banko; ~**gläubiger** *m*, *auch* ***Hypothekar*** *m* hipoteka kreditoro; ~**kredit** *m*, *auch* ***Immobiliarkredit*** *m* hipoteka kredito; ~**markt** *m* hipoteka merkato; ~**pfandbrief** *m* hipotekbanka obligacio; ~**schuldner** *m* hipoteka debitoro; ~**urkunde** *f* hipoteka akto

Hypothenar *n*, *auch* ***Kleinfingerballen*** *m nur Fachspr Anat* hipotenaro

Hypothermie *f*, *auch* ***Unterkühlung*** (*od* ***Verklammung***) *f* ***des Körpers*** *Med (verminderte Körperwärme [weniger als 35 Grad)* hipotermio, subnormala korpotemperaturo

Hypothese *f Math u. allg* hipotezo (↑ *auch* ***Alternativ-*** *u.* ***Arbeitshypothese***); *i.w.S. [unbewiesene] Annahme* [nepruvita] supozo (*vgl. dazu* ***Vermutung***); ***einfache*** (***lineare***, ***zulässige***, ***zusammengesetzte***) ~ simpla (lineara, allasebla, kunmetita) hipotezo; ***eine*** ~ ***aufstellen*** starigi hipotezon

hypothetisch **1.** *Adj* hipoteza **2.** *Adv* hipoteze (*vgl. dazu* ***unbewiesen***)

Hypothyreose *f Med* ↑ ***Schilddrüsenunterfunktion***

Hypo|tonie *f Med (1. [zu] niedriger Blutdruck 2. herabgesetzte Muskelspannung)* hipotensio; ~**ventilation** *f nur Fachspr Med* (*verlangsamte, abgeflachte Atmung*) hipoventolado; ~**ventilationssyndrom** *n Med* [alveola] hipoventilada sindromo; ~**vitaminose** *f Med (Vitaminmangelkrankheit)* hipovitaminozo

Hyoxämie *f Med (Sauerstoffmangel im Blut)* manko de oksigeno en la sango

Hypoxie *f Med (zu niedriger Sauerstoffdruck in Geweben)* hipoksio; ***anämische*** (***zerebrale***) ~ anemia (cerebra) hipoksio

hypoxisch *Adj* hipoksia

Hypozentrum *n Seismik* ↑ ***Erdbebenherd***

Hypozykloide *f Differentialgeometrie (eine geometrische Kurve)* hipocikloido

hypsochrom *Adj Phys* hipsokroma; ~***er Effekt*** *m Verschiebung des Absorptionsspektrums z.B. eines Farbstoffs in den kurzwelligen, energiereichen Bereich des elektromagnetischen Spektrums* hipsokroma efiko

Hypsometer *n*, *auch* ***Siedethermometer*** *n od* ***Wassersiedemesser*** *m*, *auch* ***Hipsothermometer*** *n Geodäsie (ein Gerät zur Höhenmessung)* hipsometro

Hypsometrie *f*, *auch* ***Höhenmessung*** *f Geodäsie* hipsometrio

hypsometrisch **1.** *Adj* hipsometria **2.** *Adv* hipsometrie

Hypsothermometer *n Met (mit einem Hypsometer gekoppeltes Thermometer)* hipsotermometro

Hyrkanien *n Antike (Bez für «die südöstl, Küste des Kaspischen Meeres»* Hirkanio

hyrkanisch *Adj* hirkania

Hyrkanos (*m*) *Eig (Name jüdischer Fürsten aus dem Geschlecht der Hasmonäer [2. und 1. Jh. v. Chr.])* Hirkano; ***Hyrkanos I.*** *Herrscher von Judäa [134-194 v. Chr.]* Hirkano I. (= la Unua)

Hystaspes (*m*) *Eig (Herrscher in Parthien [nach 522 v.Chr.])* Histaspo

Hysterese *od* **Hysteresis** *f Phys (Fortdauer einer Wirkung nach Aufhören der Ursache)* histerezo; ***elastische*** (***magnetische***) ~ elasta (magneta) histerezo

Hysteresezahl *f* histereza koeficiento

hysteretisch *Adj* histereza

Hysterie *f* ***a)*** *Med (eine psychogene körperliche Störung)* histerio ***b)*** *i.w.S. auch* ***hysterisches Verhalten*** *n* histerio, histeria konduto (↑ *auch* ***Massenhysterie***); ~**anfall** *m* atako de histerio; ~**psychose** *f Med* histeria psikozo; ~**schütteln** *n Med* histeria tremado

Hysteriker *m Med (jmd., der Symptome der Hysterie in Charakter od Verhalten zeigt)* histeriulo *auch i.w.S,*

Hysterikerin *f* histeriulino

hysterisch **1.** *Adj Med (auf Hysterie beruhend bzw. an Hysterie leidend), i.w.S. übertrieben nervös (od leicht erregbar)* histeria (↑ *auch* ***exaltiert*** *u.* ***überspannt***); ~***e Aufgeregtheit*** *f* ekzalt[ec]o; ***ein*** ~***er Anfall*** histeria atako *od* atako de histerio; ***eine*** ~***e Frau*** (***Person***) *f* histeria virino (persono); ***ein*** ~***er Schrei*** histeria [ek]krio **2.** *Adv* histerie; ~ ***kreischen*** ŝriki histerie; ***sie lachte*** (***schrie***) ~ ŝi ridis (kriis) histerie

Hysteroepilepsie *f Med* histera epilepsio

hysterogen *Adj Med (auf hysterischen Ursachen beruhend bzw. eine Hysterie auslösend)* histerogena

Hysterotomie *f*, *auch* ***Schnittentbindung*** *f Chir, Med* histerotomio (*vgl. dazu* ***Kaiserschnitt***)

Hysterozele *f nur Fachspr Med für «Gebärmutterhernie»* hernio de [la] utero

Hz = *Zeichen für* ***Hertz***

I

i. A. = *Abk für* ***im Auftrag [von]***

iahen *intr* iai, *auch* [azen]bleki; ***der Esel iaht*** la azeno iaas (*od* blekas)

i. Allg. = *Abk für* ***im Allgemeinen***

Iambe *f Metr* = ***Jambe***

Ianus (*m*) *Myth* ↑ ***Janus***

IAO = *Abk für* ***Internationale Arbeitsorganisation*** [↑ *unter* ***international***]

IATA ↑ *unter* ***Lufttransportvereinigung***

Iatrochemie *f Verbindung von Chemie u. Medizin [Hauptaufgabe: das Schaffen neuer Arzneimittel]* iatrokemio

iatrogen *Adj nur Fachspr Med (durch den Arzt verursacht od durch ärztliche Behandlung hervorgerufen, z.B. infolge diagnostischer od therapeutischer Einwirkungen)* iatrogena; *~**er Infekt** m* iatrogena infekto

IAU = *Abk für* ***Internationale Astronomische Union*** [↑ *unter* ***astronomisch***]

ib. *od* **ibd.** *od* **ibid.** = *Abk für* ***ibidem***

Ibadan (*n*) *zweitgrößte Stadt Nigerias* Ibadano

Ibaditen *Pl Islam (Anhänger der Ibadiyya, einer gemäßigten kharidjitischen Sekte, die ihren Ursprung auf Abdallah Ibn Ibad zurückführt, der in der 2. Hälfte des 7. Jh.s in Basra lebte)* ibaditoj *Pl [Ibaditen leben heute in N-Afrika, im Osten Marokkos, im Mzab in Algerien, auf der Insel Djerba in Tunesien u. im Djabal Nafusa in Libyen, im Oman bilden sie 72% der Bevölkerung]*

Iban *Pl:* ***die*** ~ , *auch* ***Seedayak*** *Ethn (ein Volk der Dayak in Sarawak/Nord-Borneo)* ibanoj *Pl*

IBAN = *Abk für* ***Internationale Bankkontonummer*** *od engl.* ***International Bank Account Number***

Iberer *m/Pl die vorindoeuropäische Bevölkerung der Pyrenäenhalbinsel u. S-Frankreichs* iberoj *Pl*

Iberien (*n*) (*Syn für* ***Iberische Halbinsel***) Iberio

iberisch *Adj* iber[i]a; ***die*** ≗***e Halbinsel*** la Iberia Duoninsulo

Iberoamerika (*n*) *selt für «Lateinamerika»* Iber-Ameriko, *dafür meist:* Latin-Ameriko

iberoamerikanisch *Adj* iber-amerika, *dafür meist:* latinamerika, *auch* hispanamerika

ibidem (*Abk* ***ib.*** *od* ***ibd.*** *od* ***ibid.***) *Adv ebenda, an derselben Stelle [bei Literaturangaben]* samloke, en la sama verko

Ibis *m*, *auch* ***Nimmersatt*** *m* (*Gattung* Ibis) *Orn (ein Schreitvogel)* ibiso (*vgl. dazu* ***Sichler***; ↑ *auch* ***Grünibis***, ***Hagedasch***, ***Klunker-***, ***Nippon-***, ***Schwarzkopf-*** *u.* ***Stachelibis***); ***heiliger*** ~ (Threskiornis aethiopica) sankta ibiso; ***roter*** ~ ↑ ***Scharlachsichler***

Ibiza (*n*) *eine spanische Mittelmeerinsel* [insulo] Ibizo *[Hptst.: Ibiza]*

Ibizenker *m Einwohner von Ibiza* ibizano

Iblis (*m*) *Name des Teufels im Islam* ibliso *(auch Großschr)*

IBMG = *Abk für* ***Internationales Büro für Maß und Gewicht*** [↑ *unter* ***international***]

Ibn Sina (*m*) *Eig* ↑ ***Avicenna***

Ibo *n Ethn u. Ling* ↑ ***Igbo***

Ibrahim (*m*) *arab. männl. Vorname* Ibrahimo *<arab. Namensform zu ‹Abraham›>*

Ibuprofen *n Pharm* ibuprofeno

Ibykos [aus Rhegion] (*m*) *Eig (ein altgriechischer Lyriker [im 6. Jh. v. Chr.])* Ibiko

Icarus *m Astron (ein Planetoid)* Ikaro

ich *Pers Pron* mi; ~ ***bin es*** *od umg* ~ ***bin's*** estas mi; ~ ***selbst*** mi mem

Ich *n Phil, Psych* egoo; **-AG** *f* unupersona firmo; ~**bewusstsein** *n* memkonscio

ichbezogen *Adj* egocentra

Ichbezogenheit *f Psych* egocentrismo (*vgl. dazu* ***Autismus***)

Ichform *f*: ***in der*** ~ ***geschrieben*** verkita (*od auch* skribita) en la unua persono

Ichneumon *m od n*, *auch* ***Pharaonenratte*** *f* (Herpestes ichneumon) *Zool (ein nordafrik. Zwergmungo)* ikneŭmono (↑ *auch* ***Mungo***)

Ichor *n* ↑ ***Blutwasser***

ichorös *Adj nur Fachspr Med für «blutwässerig, jauchig, eiterähnlich»* ikora

Ichsucht *f* egoismo

ichsüchtig *Adj* egoista; *auf die Ichsucht bezogen* egoisma

Ichthyofauna *f Zool* ↑ ***Fischfauna***

Ichthyol® *n Pharm* iĥtiolo

Ichthyolith *m Paläontologie (versteinerter Fisch[rest])* iĥtiolito

Ichthyologe *m Wissenschaftler auf dem Gebiet der Ichthyologie* iĥtiologo

Ichthyologie *f*, *auch* ***Fischkunde*** *f Zool (Wissenschaft von den Fischen)* iĥtiologio

ichthyologisch 1. *Adj* iĥtiologia **2.** *Adv* iĥtiologie

Ichthyol|salbe *f Pharm* iĥtiola ungvento; ~**-seife** *f* iĥtiola sapo

Ichthyophagie *f* iĥtiofagio

Ichthyosaurier *od* **Ichthyosaurus** *m*, *auch*

Fischechse *f Paläontologie* iĥtiosaŭro

Ichthyose *od* **Ichthyosis** *f, auch* ***Fischschuppenkrankheit*** *f* (Ichthyosis) *Med (Dermatologie)* iĥtiozo, *auch* iktiozo

ICJ = *engl. Abk für:* ***Internationale Juristenkommission***

Ictus *m nur Fachspr Med (unerwartet u. plötzlich auftretendes Krankheitszeichen, z.B. ein Anfall)* ikto (↑ *auch* ***Gehirnschlag***)

ID = *Abk für* ***Irak-Dinar***

Ida-Gebirge *n zentrales Gebirgsmassiv auf Kreta* Ida-Montaro

Idaho (*n*) (*Abk* ***Id.***, *[postalisch]* ***ID***) *ein Bundesstaat der USA* Idaho *[Hptst.: Boise]*

ideal *Adj* ideala; *i.w.S. (vorbildlich)* modela, *(beispielgebend)* ekzemplodona; *Ort, Terrain auch* plej bona (*bzw.* taŭga); ***~es Körpergewicht*** *n* ideala korpopezo; ***sie ist die ~e Frau für Peter*** ŝi estas la ideala virino (*bzw.* edzino) por Petro

Ideal *n* idealo; *Vorbild* modelo; *starkes Begehren, inniger Wunsch* [plej] arda deziro

idealerweise *Adv, auch* ***im Idealfall*** idealakaze

Ideal|figur *f* ideala figuro (↑ *auch* ***Bikinifigur***); **~gewicht** *n* ideala [korpo]pezo

idealisieren *tr dem Ideal annähern* idealigi

Idealisierung *f* idealigo

Idealismus *m Kunst, Lit, Phil* idealismo

Idealist *m Kunst, Lit, Phil* idealisto *auch allg* (*vgl. dazu* ***Schwärmer***)

idealistisch *Adj auf den Idealismus bezüglich* idealisma; *auf die Idealisten bezüglich* idealista

Idealität *f Phil* idealeco

Idealtyp[us] *m* ideala tipo

Idee *f* ***a)*** ideo *auch Phil*; *klar definierte Idee, Begriff* nocio (↑ *auch* ***Grundidee***); *Inspiration* inspiro; *i.w.S. Gedanke* penso; *Plan* plano; ***fixe ~*** *Psych* fiksa ideo (*vgl. dazu* ***Monomanie***); ***eine glänzende*** (***gute***, ***kreative***, ***plötzliche***, ***richtige***, ***verrückte***, ***zentrale***) ~ brila (bona, kreiva, subita, ĝusta, freneza, centra) ideo; ***ich habe eine andere ~*** mi havas alian ideon; ***für eine ~ kämpfen*** batali por ideo; ***seine ~n verwirklichen*** realigi siajn ideojn; ***das ist keine ~ besser*** *das ist kein bisschen besser* tio estas neniel (*od* eĉ ne iomete) pli bona; ***wie kommst du denn auf die ~?*** kio vin inspiris al tiu ideo? ◇ die sogen. «***innere Idee***» des Esperanto *einer der Eckpfeiler der Zamenhofschen Weltanschauung* la interna ideo (*vgl. dazu* ***Homaranismus***) ***b)*** *ein wenig*: ***eine ~ mehr Salz*** iomete pli da salo; ***das ist keine ~ besser*** tio estas ne iomete pli bona (***als*** ol)

ideell *Adj rein gedanklich* idea; *imaginär, nur in der Vorstellung vorhanden* imaga; *geistig, spirituell* spirita; *moralisch* morala

ideenarm *Adj* malriĉa je ideoj

Ideen|austausch *m* interŝanĝo de ideoj; **~börse** *f* ideoborso; **~gehalt** *m* ideoenhavo; **~kette** *f* ĉeno de ideoj; **~kreis** *m* idearo

ideen|los *Adj* senidea (↑ *auch* ***fantasielos***); *i.w.S. (inhalts- od wesenlos)* senenhava, senesenca; **~reich** ideoriĉa, *nachgest auch* riĉa je ideoj

Ideen|reichtum *m* ideoriĉeco; **~verbindung** *f* asociado de ideoj; **~welt** *f* mondo de ideoj; *Phil* ideologio; *Denkungsart* mentaleco; *Vorstellung* imagoj *Pl*

Idemfaktor *m Math* idemfaktoro

idempotent *Adj Math* idempotenta

Iden *Pl Gesch (im altrömischen Kalender der 13. Tag des Monats; im März, Mai, Juli u. Oktober der 15. Tag)* iduoj *Pl*

Identifikation *od* **Identifizierung** *f* identig[ad]o

Identifikationsnummer *f*: ***persönliche ~*** (*Kurzw* ***PIN*** *f*) persona identiga numero

Identifikator *m* identigilo

identifizieren *tr* identigi, konstati la identecon [de] *auch Jur*; *erkennen* rekoni; ***die Opfer des Flugzeugabsturzes ~*** identigi la viktimojn de la aviadila kraŝo; ***sich ~*** sin identigi, identiĝi (***mit*** kun)

Identifizierung *f* ↑ ***Identifikation***

identisch *Adj* identa (***mit*** kun); *die gleiche Form habend* samforma (***mit*** kun); *von der gleichen Art* samspeca (*vgl. dazu* ***übereinstimmend***); ***~ werden*** fariĝi identa, identiĝi

Identität *f z.B. einer Person* identeco; *Charakter* karaktero; ***der Polizei gelang es, die ~ des Opfers festzustellen*** la polico sukcesis identigi la viktimon; ***seine ~ beweisen*** *Jur* pruvi sian identecon

Identitäts|axiom *n* aksiomo de identeco; **~karte** *f bes.* *<schweiz>* karto de identeco (*vgl. dazu* ***Personalausweis***); **~krise** *f* krizo de identeco; **~nachweis** *m* pruvo de identeco (*vgl. dazu* ***Ausweis***); **~zeichen** *n* (*Zeichen* ≡) signo de identeco

Ideografie *f, auch* ***Begriffsschrift*** *f aus Ideogrammen gebildete Schrift (z.B. Hieroglyphen od die chin. Schrift)* ideografio (*vgl. dazu* ***Pasigrafie***)

Ideogramm *n, auch* ***Begriffs-*** *od* ***Wortbildzeichen*** *n Schriftzeichen, das für einen Begriff, nicht für eine bestimmte Lautung steht* ideogramo (*vgl. dazu* ***Piktogramm***)
ideografisch *Adj* ideografia
Ideologe *m* ideologo (↑ *auch* ***Chefideologe***)
Ideologie *f Gesamtheit gesellschaftlicher Anschauungen* ideologio (↑ *auch* ***Staatsideologie***); ***einer ~ anhängen*** esti ano de ideologio
ideologisch 1. *Adj* ideologia **2.** *Adv* ideologie
ideologisieren *tr ideologisch durchdringen* ideologiigi
Ideologisierung *f* ideologiigo
IDFF = *Abk für* ***Internationale Demokratische Frauenföderation***
Idiobiologie *f Biologie der Organismen u. innerorganismischen Strukturen [Ggs: Synbiologie]* idiobiologio
Idioblast *n nur Fachspr Bot (von dem umgebenden Gewebe stark verschiedene Zelle)* idioblasto
Idiolekt *m Ling (individueller Sprachgebrauch)* idiolekto
Idiom *n Ling (sprachliche Sonderform, Eigentümlichkeit des Sprachgebrauchs)* idiomo (*vgl. dazu* ***Idiolekt***); *Phraseologismus* frazeologiaĵo; *Mundart* dialekto
Idiomatik *f Ling* scienco pri [la] idiomoj
idiomatisch *Adj Ling* idioma; ***~er Ausdruck*** *m* idiomaĵo; ***~er Gebrauch*** *m* idioma uzo
idiomorph *Adj Min (Bez für Minerale mit Eigengestalt, deren Formen beim Wachstum in umgebender Schmelze od Lösung nicht behindert werden [z.B. Erstausscheidungen in magmatischen Schmelzen])* idiomorfa
idiopathisch *Adj Med* idiopatia; ***~e Krankheit*** *f ohne erkennbare Ursache entstandene Krankheit* idiopatia malsano, idiopatio
Idiosynkrasie *f nur Fachspr Med (angeborene Überempfindlichkeit gegenüber bestimmten Stoffen od Reizen der Umwelt)* idiosinkrazio
idiosynkratisch *Adj Med* idiosinkrazia
Idiot *m Psych* idioto *auch Schimpfw* (*vgl. dazu* ***Schwachsinnige***); *Verrückter* frenezulo *auch übertr*; *umg: dummer Mensch* stultulo; ***zum ~en werden*** idiotiĝi
idiotensicher ↑ ***narrensicher***
Idiotie *f idiotische Handlung od Sache* idiotaĵo; *Med (Blödsinn)* idioteco
Idiotikon *n Ling* ↑ ***Mundartwörterbuch***
Idiotin *f* idiotino
idiotisch *Adj* idiota *auch i.w.S.*; *umg (absolut dumm)* absolute stulta, *(verrückt)* freneza (↑ *auch* ***hirnverbrannt***)
Idiotismus *m* ***a)*** *Med (alt für «Idiotie»)* idioteco ***b)*** *Ling (alt für «kennzeichnende Eigenart eines Idioms»)* idiotismo
Idist *m Anhänger od Sprecher des Ido* idisto
Ido *n Interlinguistik (Name einer Plansprache [von Beaufront u. Couturat])* Ido
Idol *n als Statue od Gegenstand der Anbetung* idolo *i.w.S. auch für «abgöttisch verehrte Person»* (*vgl. dazu* ***Abgott***, ***Gott b)*** *u.* ***Götze***; ↑ *auch* ***Popidol***); ***das ~ der Jugend [sein]*** [esti] la idolo de la junularo
Idolatrie *f, auch* ***Idololatrie*** *f Götzenanbetung, Götzendienst* idolismo, idolkulto *od* idolservo
Idolisieren *n od* **Idolisierung** *f* idoligo
Idomeneus (*m*) *Eig [in der griech. Sage:] Herrscher von Kreta, Enkel des Minos, [bei Homer:] Anführer der Kreter im Trojanischen Krieg* Idomeneo
IDS = *Abk für* ***Institut für Deutsche Sprache***
Idul Fitri (*n*) *Islam (Feiertag am Ende der Fastenzeit)* Idulfitro
Idumäa *od* **Idumaia** (*n*) ↑ ***Edom b)***
Idumäer *m/Pl* ↑ ***Edomiter***
Idun[a] (*f*) *Myth (nordische Göttin der ewigen Jugend)* Iduna
Idyll *n Zustand eines friedlichen u. einfachen, meist ländlichen Lebens* idilio; ***das ungetrübte ~ ihrer Kindheit*** la sennuba idilio de ŝia infaneco
Idylle *f bildende Kunst, Lit (Schilderung eines Idylls)* idilio
idyllisch *Adj* idilia (*vgl. dazu* ***bukolisch***)
Ierápetra (*n*) *eine Stadt im Süden von Kreta [südlichste Stadt Europas]* Ierapetro
i.e.S. = *Abk für* ***im engeren Sinn***
Ifni (*n*) *eine ehemalige span. Niederlassung in SW-Marokko* Ifnio *[Hauptort: Sidi Ifni]*
I-förmig *Adj*: ***~es Profileisen*** *n, auch* ***Formeisen*** *n* ***mit I-Querschnitt*** I-fero
Ifrit *m, arab.* ***'Ifrīt*** *arabische Myth (mächtiger, boshafter Geist)* ifrito
Ifugao *Pl Ethn (eine Volksgruppe auf Nord-Luzon/Philippinen)* ifugaoj *Pl*
Igaraçu (*n*) *eine Stadt in Brasilien* Igarasuo
Igbo ***a)*** *Pl* (*Eigenbez.* ***Ibo***) *Ethn (eine Volksgruppe in Ost-Nigeria)* igboj *Pl* ***b)*** *n, auch* ***Ibo*** *n Ling (Verkehrssprache im Küstenbereich von Nigeria)* la igba [lingvo]

Igel *m* (Erinaceus *u. verwandte Gattungen*) *Zool* erinaco (↑ *auch* ***Kap-, Langohr-, Mittelmeer-, Weißbauch-*** *u.* ***Weißbrustigel***); ***chinesischer*** ~ ↑ ***Amurigel***; ***europäischer*** (*od* ***gemeiner***) ~ (*auch* ***Braunbrustigel*** *genannt*) (Erinaceus europaeus) eŭropa erinaco; ***somalischer*** ~ (Atelerix sclateri) somalia erinaco *[Vorkommen: endemisch in Somalia]*; ***[Familie der]*** ~ *Pl* (Erinaceidae) erinacedoj *Pl*

Igelfisch *m* (*Gattung* Diodon) *Ichth* diodonto; ***[Familie der]*** ~***e*** *Pl* (Diodontidae) diodontedoj *Pl*

Igelgurke *f*, *auch* ***Stachelgurke*** *f* (*Gattung* Echinocystis) *Bot* ekinocisto; ***gelappte*** ~ (Echinocystis lobata) loba ekinocisto

Igelkaktus *m*, *auch* ***Kugelkaktus*** *m* (*Gattung* Echinocactus *u. andere Gattungen*) *Bot* ekinokakto

Igelkolben *m*, *auch* ***Lieschkolben*** *m* (*Gattung* Sparganium) *Bot* sparganio; ***ästiger*** ~ (Sparganium ramosum = Sparganium erectum) granda sparganio; ***schmalblättriger*** ~ (Sparganium angustifolium) mallarĝfolia sparganio

Igelkolbengewächse *n/Pl Bot*: ***[Familie der]*** ~ *Pl* (Sparganiaceae) sparganiacoj *Pl*

Igelkopf *m Bot* ↑ ***Kugeldistel***; ***purpurner*** ~ ↑ ***roter Sonnenhut*** [*unter* ***Sonnenhut b)***]

Igelpilz *m*, *auch* ***knolliger Stachelbart*** *m* (Hericium erinaceus) *Mykologie* erinaca hidno

Igelsame *m* (*Gattung* Lapulla) *Bot* lapulo (↑ *auch* ***Klettenigelsame***)

Igelschlauch *m* (*Gattung* Baldellia) *Bot (Aquarienpflanzen)* baldelio; ***kriechender*** ~ (Baldellia repens) rampa baldelio

Iglu *m od n Schneehütte der Eskimos* iglo

Ignaz *od* **Ignatius** (*m*) *männl. Vorname* Ignaco; ***Ignatius von Loyola*** (*m*), *eigtl* ***Íñigo López de Loyola*** *Eig (Gründer des Jesuitenordens [1491-1556])* Ignaco de Lojolo

Ignatiusbohne *f* (Strychnos ignatii) *Bot* ignaca strikno *[Vorkommen auf den Philippinen, in Malaysia u. Vietnam]*

Ignimbrit *m*, *auch* ***Schmelztuff*** *m Min (Absatzgestein von vulkanischen Glutwolken)* ignimbrito

Ignipunktur *f nur Fachspr Med (das Öffnen einer Zyste mit dem Thermokauter)* ignipunkturo

Ignitron *n*, *auch* ***Zündstiftröhre*** *f El (eine Gasentladungsröhre, die sehr hohe Stromstärken steuern kann u. die durch eine Hilfselektrode [den Zündstift] gezündet wird)* ignitrono

Ignorant *m* ignoranto; *pej Dummkopf* stultulo

Ignorantin *f* ignorantino; *pej* stultulino

Ignoranz *f* ignorado; *Unwissenheit* malklerˌ[ec]o; *Dummheit* stulteco

ignorieren *tr nicht wissen (bzw. sehen) wollen* ignori, ne voli scii (*bzw.* vidi); *nicht beachten* malatenti; *gering schätzen* malestimi; *zur Seite schieben* flankenigi; *totschweigen* forsilenti; ***sie ignoriert mich*** ŝi ignoras min

Igor (*m*) *männl. Vorname* Igoro

Igorot *Pl Ethn (Bez für altindones. Volksgruppen im Norden der Insel Luzon/Philippinen)* igorotoj *Pl*

Iguaçu (*m*), *eigtl* ***Rio Iguaçu*** *m ein Nebenfluss des Paraná im südl. Brasilien* [rivero] Igŭasuo; ~**-Wasserfälle** *Pl*, *portugies.* ***Cataratas do Iguaçu*** *im Grenzgebiet Brasilien/Argentinien* kataraktoj de Igŭasuo

Iguanodon *n Paläontologie (ein Pflanzen fressender Dinosaurier der Jura- u. Kreidezeit)* igvanodonto

IHK = *Abk für* ***Industrie- und Handelskammer***

ihm (*Dat von* ***er***) al li; ***mit*** ~ kun li

ihr 1. *Pers Pron 2. Pl* vi; ~ ***wart nicht zu Hause*** vi ne estis hejme **2.** (*bzw.* ~***e***) *Poss Pron* ***a)*** *3. Sg f* ŝia; *falls auf das Subjekt des Satzes bezogen* sia; ***sie und*** ~ ***Kind*** ŝi kaj ŝia infano; ***sie ruft*** ~ ***Kind*** ŝi vokas sian infanon ***b)*** *3. Pl* ilia; ~ ***Haus*** ilia domo

Ihr *Poss Pron (Höflichkeitsform)* via

ihrerseits *Adv* ***a)*** *auf eine Frau bezogen* ŝiaflanke, ŝiaparte; *bei gleichem Subjekt* siaflanke, siaparte ***b)*** *auf mehrere Personen bezogen* iliaflanke, iliaparte

Ihrerseits *Adv* viaflanke, viaparte, viavice

ihresgleichen *Adj* ***a)*** *auf eine Frau bezogen* ŝiaspeca, simila al ŝi ***b)*** *auf mehrere Personen bezogen* iliaspeca, simila al ili

Ihresgleichen *Adj* viaspeca, simila al vi

ihret|halben *od* ~**wegen** *od* ~**willen** *Adv* ***a)*** *auf eine Frau bezogen* pro ŝi ***b)*** *auf mehrere Personen bezogen* pro ili

Ihret|halben *od* ~**wegen** *od* ~**willen** *Adv* pro vi

ihrige *Poss Pron* ***a)*** *3. Sg* ŝia; *falls auf das Subjekt des Satzes bezogen* sia ***b)*** *3. Pl* ilia

Ihrige *Poss Pron* via

Ijar *m 8. Monat des jüdischen Jahres [Mitte April/Mitte Mai]* ijaro

IJF = *Abk für* ***Internationale Judo-Föderation***

ik. *od* **i.k.** = *Abk für* ***intrakutan***

Ikaria (*n*) *eine griech. Sporaden-Insel* [insulo] Ikario *[Hptst.: Hagios Kerykos]*

Ikaros (*m*), *lat.* ***Ikarus*** (*m*) *Myth (eine Gestalt der griech. Sage [Sohn des mythischen Daidalos])* Ikaro

Ikebana *n ([japanische] Kunst des Blumensteckens)* ikebano

Ikone *f griech.-orth. Kirche (sakrales Tafelbild)* ikono

Ikonen|maler *m* ikonpentristo; ~**malerei** *f, auch* ***Kunst f der Ikonenmalerei*** ikon-pentrado, *auch* ikonpentra arto

Ikonion (*n*) *Antike (im 12.-14 Jh.* ***Rum*** *genannte Hptst. des Seidschuken-Reiches), heute* ***Konya*** (*n*) *Provinz-Hptst. in Anatolien/Türkei* Ikonio, *heute* Konjo

Ikonodulie *f* ↑ ***Ikonolatrie***

Ikonograf *m, auch* ***Ikonograph*** *m* ikonografo

Ikonografie *f, auch* ***Ikonographie*** *f Lehre von den Inhalten u. der Sinndeutung von [alten] Bildwerken* ikonografio

ikonografisch, *auch* ***ikonographisch*** **1.** *Adj* ikonografia **2.** *Adv* ikonografie

Ikonoklasmus *m* ↑ ***Bilderstreit***

Ikonoklast *m* ↑ ***Bilderstürmer***

ikonoklastisch *Adj* ikonoklasta, ikonorompa

Ikonolatrie *f, auch* ***Ikonodulie*** *f Verehrung von Götterbildern* ikonolatrio

Ikonologie *f die zusammenschauende Deutung u. das Verstehen von Gesamtinhalten (etwa einer Kathedrale)* ikonologio

Ikonometer *n Phys (Gerät zur Messung der Entfernung u. Größe entfernter Gegenstände)* ikonometro

Ikonoskop *n, auch* ***Bildspeicherröhre*** *f TV* ikonoskopo

Ikonostas *m od* **Ikonostase** *f mit Ikonen bedeckte Wand in griechisch-orthodoxen Kirchen* ikonostazo, *auch* ikonvando

Ikosaeder *n Geom* ↑ *unter* ***Zwanzigflächner***

Ikosan *n Chem* ikozano

Ikterus *m Med* (*fachsprachl. für* ***Gelbsucht*** [↑ *dort*]) (↑ *auch* ***Schwangerschafts-***, ***Skleren-***, ***Stauungs-***, ***Sub-*** *u.* ***Verschlussikterus***); ***hämolytischer*** ~ (Icterus haemolyticus) hemoliza iktero; ***intrahepatischer*** ~ intrahepata iktero; ***katarrhalischer*** ~ (Icterus catarrhalis) katara iktero

[1]Iktus *m* (*Pl:* ***Ikten***) *antike Metr (Hervorhebung der rhythmisch wichtigen Silben in Wort od Vers durch Betonung)* ikto

[2]Iktus *m Med* = ***Ictus***

Île d'Oussant *f eine bretonische Insel [vor Brest gelegen]* insulo Uesanto

Ileitis *f, auch* ***Entzündung f des Krummdarms*** *Med* ileito, inflamo de la ileo

Ilek *m linker Nebenfluss des Ural im NW Kasachstans* [rivero] Ileko

Ileoskopie *f Med (endoskopische Untersuchung des Krummdarms)* ileoskopio

Ileostomie *f nur Fachspr Med (künstlicher Dünndarmausgang)* ileostomio

Ileozökalgegend *f Anat* ileocekuma regiono; ***in der ~ liegend*** *den Krumm- u. Blinddarm betreffend* ileocekuma

Ileozökal|klappe *f* (Valva ileocoecalis) *Anat* ileocekuma valvo; ~**tumor** *m Med* ileocekuma tumoro

Ileu = *fachsprachl. Abk für* ***Isoleuzin***

Ileum *n Anat* ↑ ***Krummdarm***

Ilex *m od f Bot* ↑ ***Stechpalme***

Ilias *f Lit (Heldenepos Homers, das den Kampf um Troja schildert)* Iliado

Ilion (*n*) *antiker Name von Troja* Iliono

Iliosakral|gelenk *n* (*fachsprachl. Abk* ***ISG***) (Articulatio sacroiliaca) *Anat* sakroiliaka artiko; ~**syndrom** *n, auch* ***ISG-Syndrom*** *n Med* sakroiliaka sindromo

ill. = *Abk für* ***illustriert***

Illativ *m Ling (Kasus der finno-ugrischen Sprachen mit der Bedeutung «in ... hinein»)* ilativo

illegal 1. *Adj ungesetzlich* neleĝa, eksterleĝa; *gesetzeswidrig* kontraŭleĝa (*vgl. dazu* ***konspirativ***); ~***er Antiquitätenhandel*** *m* kontraŭleĝa komerco de antikvaĵoj; ~***e Tätigkeit*** *f* kontraŭleĝa agitado **2.** *Adv* neleĝe, eksterleĝe; kontraŭleĝe

Illegalität *f* kontraŭleĝeco; ***in der ~ leben*** vivi en la kontraŭleĝeco

illegitim *Adj gesetzwidrig* neleĝa

Illegitimität *f* neleĝeco

Illicium *n* (*Gattung* Illicium) *Bot* ilicio (*vgl. dazu* ***Sternanis***)

Illinium *n Chem (veraltete Bez für «Promethium»)* ilinio

Illinois (*n*) (*Abk* ***Ill.***, *[postalisch]* ***IL***) *ein Bundesstaat der USA [Hptst.: Springfield]* Ilinoj[s]o

illiquid ↑ ***zahlungsunfähig***

illoyal *Adj* mallojala (↑ *auch* ***unaufrichtig*** *u.* ***unredlich***)
Illoyalität *f* mallojaleco
Illumination *f das [festliche] Beleuchten* iluminado; *die Leuchten od Lampen insgesamt* iluminaĵo
illuminieren *tr [festlich] beleuchten* ilumini
Illusion *f* iluzio; ***einer ~ erliegen*** iluziiĝi; ***eine ~ hegen*** karesi iluzion; ***jmdm. die ~en nehmen*** (*od* ***rauben***) detrui al iu la iluziojn; ***sich ~en machen*** fari al si iluziojn; ***machen Sie sich keine ~en!*** ne faru al vi iluziojn!; ***die ~ verlieren*** *enttäuscht (od geh: desillusioniert) werden* seniluziiĝi
illusionär *Adj auf Illusionen beruhend* bazita sur iluzioj *nachgest*
Illusionismus *m Kunst, Mal, Phil* iluziismo
Illusionist *m Vertreter des Illusionismus* iluzi ano (*od* adepto) de iluziismo; *Zauberkünstler* iluziisto; *Phantast* fantaziulo
illusionistisch *Adj auf den Illusionismus bezogen* iluziisma
illusionslos *Adj*: ***ein ~er Mensch*** persono sen [iuj] iluzioj
illusorisch *Adj nur in der Illusion bestehend* iluzia, *nachgest auch* estanta nur iluzio (↑ *auch* ***eingebildet a)***)
illuster *Adj vortrefflich* unuaranga; *vornehm, berühmt* distingita, eminenta, fama (↑ *auch* ***glänzend*** *u.* ***glanzvoll***)
Illustration *f das Illustrieren* ilustrado; *Abbildung, Bild* ilustraĵo; *Erläuterung, Veranschaulichung* klarigo, ekspliko, ilustrado
illustrativ *Adj* ilustranta
Illustrator *m Buch*♀ ilustristo [de libro(j)]
illustrieren *tr* ilustri; *erläutern* klarigi; ***illustriert*** (*Abk* ***ill.***) *Buch, Zeitschrift* ilustrita ◇ ***das kann ich mir illustriert vorstellen*** tion mi povas vive (*od* plastike) imagi
Illustrierte *f Ztgsw* ilustrita gazeto (*od* revuo)
Illyrer *m/Pl, auch* ***Illyrier*** *m/Pl* iliroj *Pl* (↑ *auch* ***Dalmater*** *u.* ***Dardaner***)
Illyrien (*n*) *Gesch (im Altertum Siedlungsgebiet der Illyrer im Bergland zw. Save u. Adriaküste [heutiges Dalmatien u. Albanien])* Ilirio
illyrisch *Adj* ilira; ***~e Sprache*** *f ausgestorbener Zweig der indogermanischen Sprache auf dem nordwestlichen Balkan* ilira lingvo
Illyrologe *m* ilirologo
Illyrologie *f, auch* ***Illyristik*** *f Wissenschaft, die sich mit den illyrischen Sprachresten im europäischen Namengut befasst)* ilirologio
Ilm *f* ***1.*** *linker Nebenfluss der Saale 2. rechter Nebenfluss der Donau* [rivero] Ilmo
Ilmenit *m Min (Titaneisenerz)* ilmenito <*Ilmenit kommt in Eruptivgesteinen (u.a. Gabbro u. Pegmatiten vor)*>
ILO = *engl. Abk für* ***International Labour Organization*** [↑ *unter* ***international***]
Ilocanos *Pl Ethn (eine auf den Philippinen ansässige Völkerschaft)* ilokanoj *Pl*
Iloko, *auch* ***Iloco*** *od* ***Ilocano*** *n Ling (eine auf den Philippinen [im NW von Luzón] gesprochene Sprache)* la iloka [lingvo]
Ilona (*f*) *weibl. Vorname [ungar. Namensform zu Helene]* Ilona
Ilopango *m ein Vulkan in El Salvador* [vulkano] Ilopango
Ilse (*f*) *weibl. Vorname* Ilza
Ilsenburg (*n*) *eine Stadt am Nordrand des Harzes* Ilsenburgo <*Luftkurort*>
Iltis *m, reg* ***Ratz*** *m* (Mustela putorius = Putorius putorius) *Zool* [eŭropa] putoro (↑ *auch* ***Frettchen***, ***Schwarzfuß-*** *u.* ***Tigeriltis***)
im (= ***in dem***) *Präp* ***a)*** *Ort* en; *drinnen* interne; ~ ***Garten*** en la ĝardeno; ~ ***Zimmer auf und ab gehen*** iri tien kaj reen en la ĉambro, *auch* promeni en la ĉambro ***b)*** *Zeit*: ~ ***kommenden*** (*od* ***nächsten***) ***Jahr*** en la venonta jaro, venontjare; ~ ***Jahre 1990*** en [la jaro] 1990; ~ ***April*** en aprilo; ~ ***Sommer*** en [la] somero, somere ***c)*** *übertr*: ~ ***Allgemeinen*** (*Abk* ***i. Allg.***) ĝenerale; ~ ***Alltagsleben*** en la ĉiutaga vivo; ~ ***Durchschnitt*** meznombre, mezkvante, *bes. Math* averaĝe; ~ ***Gegenteil*** kontraŭe, male; ~ ***Hinblick darauf*** konsiderante tion; ~ ***Scherz*** ŝerce; ***nicht ~ Geringsten*** tute ne neniel, eĉ ne iomete
im *od* **i.m.** = *fachsprachl. Abk für* ***intramuskulär***
Image *n* prestiĝo, reputacio (*vgl. dazu* ***Ansehen*** *u.* ***Ruf d)***)
Imageschaden *m*: ***einen ~ erleiden*** suferi damaĝon al sia prestiĝo (*bzw.* reputacio)
Imaginalstadium *n Ent* imagina stadio
imaginär *Adj* imagita; *Math (gedacht)* imaginara; *fiktiv* fikcia; *irreal* malreala; ***~e Zahl*** *f Math* imaginara nombro
Imago *f* (*Pl*: ***Imagines***), *auch* ***Vollkerf*** *m od* ***Vollinsekt*** *n Ent (fertig ausgebildetes, geschlechtsreifes Insekt)* imagino, matura (*od* plenkreska) insekto (*vgl. dazu* ***Präimago***)
Imam *m Islam (1. Oberhaupt u. Führer der islamischen Gemeinde 2. Ehrentitel großer*

islamischer Gelehrter 3. Vorbeter beim gemeinsamen rituellen Gebet imamo

Imamiten *Pl, auch* ***Zwölferschiiten*** *Pl Islam (Anhänger der Imamiyya, dem bedeutendsten Zweig des schiitischen Islam [die Imamiten verehren 12 Imame, daher der Name «Zwölferschiiten»])* imamitoj *Pl*

Imbangala *Pl Ethn (Volk im nördl. Angola u. südwestl. Kongo)* imbangaloj *Pl*

imbezil[l] *Adj nur Fachspr Med (mittelgradig schwachsinnig)* imbecila

Imbezillität *f Med (mittelgradiger Schwachsinn)* imbecileco (*vgl. dazu* ***Oligophrenie***; ↑ *auch* ***Unzurechnungsfähigkeit***)

Imbiss *m, auch* ***Snack*** [*snɛk*] *m* manĝeto; *zweites Frühstück* lunĉo (↑ *auch* ***Jause***); *Nachmittags*~ kolaziono; ***einen Nachmittagsimbiss einnehmen*** kolazioni

Imbissstube *f, umg auch* ***Snackbar*** *f, pop salopp auch* ***Imbissbude*** *f* lunĉejo; *Schnellimbiss* rapidmanĝejo

Imidazol *n, auch* ***Glyoxalin*** *n Chem* imidazolo

Imide *n/Pl Chem (Substitutionsprodukte des Ammoniaks mit der charakteristischen Iminogruppe)* imidoj *Pl*

Imine *n/Pl Chem* iminoj *Pl*

Iminosäure *f Chem* iminoacido

Imitat *n (etw.) Nachgeahmtes od Nachgemachtes* imitaĵo

Imitation *f Imitieren* imit[ad]o; *Imitat, Nachgeahmtes* imitaĵo (*vgl. dazu* ***Attrappe***)

Imitator *m* imitisto; *Nachahmer* imitanto (↑ *auch* ***Tierstimmenimitator***)

imitatorisch *Adj nachahmend* imitanta

imitieren *tr* imiti (*vgl. dazu* ***nachäffen*** *u.* ***kopieren***)

Imker *m, reg* ***Zeidler*** *m* abel[bred]isto (↑ *auch* ***Hobbyimker***)

Imkerei *f, reg* ***Zeidlerei*** *f Bienenzucht* abelbredado

Imkerpfeife *f* abelista pipo

immanent *Adj Phil u. Psych (innewohnend)* imanenta (↑ *auch* ***systemimmanent***)

Immanenz *f bes. Phil* imanent[ec]o

immateriell *Adj unstofflich* nemateria

Immatrikulation *f bes. Univ* enmatrikuligo

immatrikulieren *tr* enmatrikuligi, enskribi en [la] matrikulon; ***immatrikuliert*** (*od* ***aufgenommen***) ***werden*** *bes. Univ* enmatrikuliĝi

immatur *Adj nur Fachspr Med (nicht voll entwickelt [von Krankheiten])* nematura

Imme *f dial, auch poet für «Biene»* abelo

Immenblatt *n* (*Gattung* Melittis) *Bot* melito; (*einzige Art* Melittis melissophyllum) melisfolia melito

Immenblumen *f/Pl* ↑ ***Bienenblumen***

immens *Adj unermesslich* nemezurebla; *sehr groß* grandega; *weitgreifend* ege vasta; *außergewöhnlich* eksterordinara; *gewaltig* kolosa (*vgl. dazu* ***endlos*** *u.* ***enorm***)

immer *Adv* ***a)*** ĉiam (*vgl. dazu* ***allweil***); *jederzeit* ĉiutempe; *jedes Mal* ĉiufoje; *dauernd, fortwährend* daŭre, konstante; *immerzu* senĉese; *ohne Unterbrechung* seninterrompe; *ewig* eterne; ~ ***mal*** *hin und wieder, gelegentlich* iafoje; *manchmal* kelk[a]foje; *von Zeit zu Zeit* de tempo al tempo; ~ ***noch*** ankoraŭ; ~ ***noch nicht*** ankoraŭ ne, ne jam; ~ ***weiter [und weiter]*** ĉiam pluen [kaj pluen]; ~ ***wieder*** ĉiam denove, ĉiam ree; *ohne Ende* senĉese; ***auf*** (*od* ***für***) ~ por ĉiam; *auf ewig* por eterne; ***was auch*** ~ kio ajn; ***wer auch*** ~ kiu ajn; ***wo es auch*** ~ ***sei*** kie ajn ĝi estu, *auch* kie ajn tiu loko estu; ***wohin auch*** ~ kien ajn; ***das gilt nicht*** ~ *nicht in jedem Falle* tio validas ne ĉiukaze ◇ ***die Augen für*** ~ ***schließen*** fermi la okulojn por ĉiam ***b)*** *vor Komp* pli kaj pli; ~ ***mehr*** ĉiam pli [kaj pli]; ***seit ein paar Jahren gibt es*** ~ ***weniger Schnee*** ekde kelkaj jaroj falas (*od* estas) pli kaj pli malmulte da neĝo; ***es wird*** ~ ***wärmer*** iĝas pli kaj pli varme *od* pli kaj pli varmiĝas

immer|dar *Adv veraltend od poet* por ĉiam; ~**fort** *Adv ständig* daŭre, konstante; *ohne Unterbrechung* seninterrompe; *immer wieder* ĉiam denove; *ohne Ende* senĉese

immergrün *Adj ausdauernd grün (Pflanzen)* ĉiamverda; ~***e Pflanze*** *f* ĉiamverda planto (↑ *auch* ***Garigue***); ~***er Wald*** *m* ĉiamverda arbaro (↑ *auch* ***Regenwald***)

Immergrün *n, auch* ***Wintergrün*** *n* (*Gattung* Vinca) *Bot* vinko (↑ *auch* ***Catharanthe***); ***großes*** ~ (Vinca major) granda vinko; ***kleines*** ~ (Vinca minor) malgranda vinko *<die oberirdischen Teile [Vincae minoris herba] werden als Arzneidroge verwendet>*

immerhin *Adv freilich* certe, ja; *wenigstens, zumindest* almenaŭ, minimume; *dennoch* tamen (*vgl. dazu* ***jedenfalls***)

Immersion *f Astron, Mikroskopie, Opt* imersio

Immersions|objektiv *n Opt* imersia objektivo; ~**öl** *n Mikroskopie* imersia oleo; ~**refraktometer**, *auch* ***Eintauchrefraktometer***

n Opt (ein Gerät zur Nahrungsmitteluntersuchung) imersia (*od* merga) refraktometro; ~**refraktometrie** *f, auch **Eintauchrefraktometrie** f* imersia (*od* merga) refraktometrio; ~**system** *n Mikroskopie* imersia sistemo

immer|während, *auch **immer während** Adj* ĉiama, daŭra (↑ *auch **ewig***); ~**zu** *Adv dauernd, ständig* daŭre, konstante; *immer wieder* ĉiam denove; *ohne Ende* senĉese

Immigrant *m Einwandernder* enmigranto; *Eingewanderter* enmigrinto (*vgl. dazu **Flüchtling***); ***illegaler*** ~ neleĝa enmigrinto

Immigration *f* enmigrado *auch Biol (Einwanderung von Tier- od Pflanzengruppen in einen Lebensraum) [Ggs: Emigration]*

immigrieren *intr einwandern* enmigri

imminent *Adj nahe bevorstehend* okazonta, [baldaŭ] okazanta; *drohend* minacanta

immobil *Adj* nemovebla (*vgl.dazu **stationär***)

Immobiliarkredit *m* ↑ ***Hypothekenkredit***

Immobilien *f/Pl* nemoveblaĵoj; *Grundbesitz u. Gebäude* terposedaĵo kaj konstruaĵoj; ~**blase** *f Fin (eine Form der Spekulationsblase)* bobelo de nemoveblaĵoj; ~**makler** *m* makleristo de (*od* pri) nemoveblaĵoj; ~**markt** *m* merkato de (*od* pri) nemoveblaĵoj; ~**preise** *m/Pl* prezoj *Pl* de nemoveblaĵoj

Immobilisation *f Med (Ruhigstellung eines Körperteils, z.B. durch Schienung od Gipsverband)* kvietigo per apliko de splinto (*bzw.* gipsbandaĝo)

Immortelle *f, umg **Strohblume** f Pflanze mit Blüten, die beim Trocknen Form u. Farbe behalten* imortelo, *pop auch* eternfloro

immun *Adj Jur, Med* imuna (***gegen*** kontraŭ) *auch allg*; ~ ***gegen Gift*** imuna kontraŭ veneno (*od* toksino), *auch* venenimuna

Immunabwehr *f Med, Physiol* imundefendo

Immunantwort *f* ↑ ***Immunreaktion** f*

Immunbiologie *f ein Teilbereich der Immunologie, der sich mit der Erforschung der Immunität im lebenden Organismus beschäftigt)* imunbiologio

immunbiologisch *Adj* imunbiologia

Immun|chemie *f* imunkemio; ~**defekt** *m, Fachspr auch **Immundefizienz** f Med (angeborene od erworbene Krankheit des Immunsystems)* imundifekto; ~**defizienz-Virus** *n Vet (ein Virus aus der Familie der Rotaviren, das bei Katzen eine Immunschwächekrankheit auslöst)* imundeficita viruso; ~**diagnostik** *f Med* imundiagnostiko; ~**elektrophorese** *f Med* imunoelektroforezo; ~**gedächtnis** *n Infektiologie* imunmemoro; ~**genetik** *f Teilgebiet der Immunologie, das sich mit der Erforschung der genetischen Steuerung von Immun- bzw. Abwehrmechanismen befasst* imungenetiko

Immunglobuline *n/Pl (fachsprachl. Abk **IG**) Med (Proteine, die die Eigenschaften eines Antikörpers aufweisen)* imunoglobulinoj (↑ *auch **Hyperimmunglobulin***); ***monoklonale*** ~ unuklonaj imunoglobulinoj

immunisieren *tr Med* imunigi (***gegen*** kontraŭ)

Immunisierung *f Med* imunigo (***gegen*** kontraŭ); ***aktive*** (***passive***, ***prophylaktische***) ~ aktiva (pasiva, profilaktika) imunigo

Immunisierungsimpfung *f Med* imuniga vakcinado (↑ *auch **Schutzimpfung***)

Immunität *f Dipl, Jur, Med, Parl* imuneco (***gegen*** kontraŭ) (*vgl. dazu **Unempfindlichkeit***; ↑ *auch **Abgeordneten-**, **Herden-**, **Hyper-** u. **Personalimmunität***); ***aktive*** (***passive***) ~ *Med* aktiva (pasiva) imuneco; ***angeborene*** (***bleibende***) ~ *Med* denaska (permanenta) imuneco; ***diplomatische*** ~ *Jur* diplomata imuneco; ***erworbene*** ~ *Med (das Immunwerden gegen eine bestimmte Krankheit)* imuniĝo; ***die*** ~ ***aufheben*** *Parl* nuligi la imunecon; ~ ***erlangen*** (*od* ***erwerben***) *Med* akiri imunecon; ***jmdm.*** ~ ***gewähren*** *einem Abgeordneten od Diplomaten* koncedi imunecon al iu; ***diplomatische*** ~ ***genießen*** ĝui diplomatan imunecon

Immunkörper *m/Pl Med* ↑ ***Antikörper***

Immunmangelsyndrom *n Med*: ***erworbenes*** ~ *AIDS* akirita imuno-deficita sindromo, *umg* aidoso (*vgl. dazu **AIDS***)

Immunoblasten *m/Pl Biol* imunoblastoj *Pl*

immunogen *Adj Biol* imunogena

Immunologe *m Med* imunologo

Immunologie *f Med (Lehre von der Immunität u. ihren Erscheinungsformen)* imunologio (*vgl. dazu **Immunbiologie** u. **Immungenetik***)

immunologisch 1. *Adj* imunologia **2.** *Adv* imunologie

Immun[o]suppression *f Med (Unterdrückung od Abschwächung der Immunreaktion durch chemische od biologische Substanzen bzw. durch ionisierende Strahlen)* imunsubpremado

immun[o]suppressiv *Adj*: ~***e Medikamente*** *n/Pl, fachsprachl.* ***Immun[o]suppressiva***

n/Pl Med imun-subpremantaj medikamentoj *Pl*

Immun|pathologie *f Med (Lehre von den Immunkrankheiten)* imunpatologio; ~**reaktion** *f, auch* ***Immunantwort*** *f Med* imunreakcio, *auch* imunrespondo; ~**schwächekrankheit** *f Med* imuno-deficita sindromo (*vgl. dazu* ***AIDS***); ~**serum** *n menschliches od tierisches Serum, das Immunstoffe (Antikörper) gegen einen bestimmten Krankheitserreger od dessen Gifte enthält* imunsero; ~**status** *m* imunstato; ~**stimulanzien** *n/Pl Pharm* imunostimuliloj *Pl*; ~**stimulation** *f Aktivierung des Immunsystems zur Erhöhung der Abwehrkraft gegen Infektionen* imunostimulado

Immunstoff *m =* ***Antikörper***

immunsuppressiv ↑ ***immunosuppresiv***

Immunsystem *n Biol, Med* imunsistemo; ***das menschliche*** ~ la homa imunsistemo; ***das*** ~ ***stärken*** [pli]fortigi la imunsistemon

Immuntherapie *f Med (Beeinflussung immunologischer Reaktionen durch medikamentöse Maßnahmen)* imun[o]terapio

Immunzellen *f/Pl* ↑ ***Leukozyten***

Imp *m* ↑ ***Biene***

Impaktit *m Min (nicht kristallisiertes Gestein, entstanden durch Schmelzvorgänge bei einem Meteoriteneinschlag)* impaktito

Impala *f, auch* ***Schwarzfersenantilope*** *f* (Aepyceros melampus) *Zool* impalo *[Vorkommen in Steppe u. Buschwald südl. der Sahara]*

Impass *m Bridge, Whist* fineso

Impasto *n Mal (eine Maltechnik, bei der die Farben sehr dick u. ungleich aufgetragen werden <Bilder meist mit reliefartiger Struktur>)* impasto; ~**technik** *f Mal* impastotekniko

Impedanz *f, auch* ***Scheinwiderstand*** *m El (zusammenfassende Bez aller Hindernisse, die sich einem zeitlich veränderlichen Energietransport entgegenstellen)* [elektra] impedanco

Imperativ *m Gramm (Befehlsform)* imperativo *auch Phil (Pflichtgebot od moralische Forderung) u. übertr, im Esp auch* u-modo; ~**satz** *m Gramm* imperativa frazo

imperativisch *Adj Gramm* imperativa *auch Phil u. übertr*

Imperator *m Gesch (Titel für einen siegreichen römischen Heerführer)* imperatoro

Imperfekt *n Gramm* imperfekto (↑ *auch* ***Präteritum***); ~**form** *f Gramm* imperfekta tenso

imperfektisch, *häufiger* **imperfektivisch** *Adj Gramm* imperfekta *od* imperfektiva; ***imperfektiver Aspekt*** *m zeitlich andauernd* imperfektiva aspekto <*Ggs: perfektiver Aspekt [zeitl. begrenzt]*>; ***imperfektivisches Futur*** (***Präsens***, ***Präteritum***) *n* imperfektiva futuro (prezenco, preterito); ***imperfektivische Wunschform*** *f* imperfektiva volitivo

imperial *Adj (zu einem Imperium gehörend)* imperia

Imperial *m ehem. russ. 10-Rubel-Goldmünze [1755-1895]* imperialo

Imperiale *f mit Sitzen versehenes Verdeck von Omnibussen od Pferdekutschen* imperialo

Imperialismus *m* imperiismo, *auch* imperialismo; ***verkappter*** ~ kamuflita imperiismo

Imperialist *m* imperiisto, *auch* imperialisto

imperialistisch *Adj auf den Imperialismus bezogen* imperiisma, *auch* imperialisma; *auf die Imperialisten bezogen* imperiista, *auch* imperialista

Imperium *n Großreich, Kaiserreich* imperio; *Königreich* reĝlando (↑ *auch* ***Welt-*** *u.* ***Zarenreich***)

impermeabel ↑ ***undurchlässig***

Impersonale *n* ↑ *unter* ***Verb***

impertinent *Adj frech* impertinenta; *schamlos* senhonta; *i.w.S. anmaßend* aroganta

Impertinenz *f Frechheit* impertinent[ec]o; *Arroganz* aroganteco; *Hochmut* orgojlo; *Schamlosigkeit* senhonteco

impetiginös ↑ ***pustelartig***

Impetigo *f Med* ↑ ***Eiterflechte***

Impetus *m geh für «Ungestüm, Antrieb, [leidenschaftlicher] Drang»* impeto (↑ *auch* ***Tatkraft***)

Impfaktion *f Med* ↑ ***Impfkampagne***

Impf|angebot *n* propono de vakcinado; ~**attest** *n od* ~**ausweis** *m od* ~**bescheinigung** *f od* ~**pass** *m od* ~**zertifikat** *n* vakcin-atesto *od* atesto pri vakcinado

impfen *tr* vakcini, *(mit einer Lanzette)* inokuli (***jmdn.*** iun); ***mehrfach*** ~ plurfoje vakcini; ***gegen Pocken*** ~ inokuli kontraŭ variolo; ***sich gegen ...*** ~ ***lassen*** lasi sin vakcini (*bzw.* inokuli) kontraŭ ...

Impf|exanthem *n Med (Ausschlag nach einer Impfung)* postvakcinada ekzantemo; ~**fieber** *n Med* postvakcinada febro; ~**gegner** *m* kontraŭulo de vakcinado; ~**kalender** *m* vakcinada kalendaro; ~**kampagne** *f, auch* ***Impfaktion*** *f Med* vakcinada kampanjo

Impfkommission *f*: ***Ständige*** *~ (Abk* ***STI-KO****) am Robert-Koch-Institut Berlin* konstanta komisiono pri vakcinado *(auch Großschr)*

Impflanzette *f* vakcinada lanceto

Impfling *m* vakcinato *bzw.* vakcinoto, *(mit Lanzette)* inokulato *bzw.* inokuloto

Impf|nadel *f* vakcinilo, injekta nadlo por vakcino; ~**narbe** *f* postvakcinada cikatro

Impfpass *m* ↑ ***Impfattest***

Impf|pflicht *f* devo esti vakcinata; ~**pocken** *f/Pl Med (durch Impfung [mit Kuhpockenlymphe] hervorgerufene Pusteln)* vakcinerupcio; ~**programm** *n* vakcinada programo; ~**quote** *f* vakcinada kvoto; ~**reaktion** *f* postvakcinada reakcio; ~**schaden** *m* postvakcinada damaĝo; ~**schutz** *m* postvakcinada imuneco; ~**status** *m* vakcinada stato

Impfstoff *m, auch* ***Vakzin*** *n od* ***Vakzine*** *f* vakcino; *Pockenimpfstoff (Kuhpockenlymphe)* bovina vakcino (*vgl. dazu* ***Serum***; ↑ *auch* ***Autovakzine***, ***Grippe-***, ***Masern-***, ***Tot-*** *u.* ***Vektorimpfstoff***); ***RNA-Impfstoff*** RNA-vakcino

Impftermin *m [festgesetzter] Zeitpunkt der Impfung* fiksita dato [kaj tempo] de la vakcinado

Impfung *f das Impfen (als Vorgang)* vakcinado; *Schutz*~ profilaktika vakcinado (*vgl. dazu* ***Revakzination***; ↑ *auch* ***Erst-***, ***Grippe-[schutz]-***, ***Immunisierungs-***, ***Masern-***, ***Massen-***, ***Pocken[schutz]-***, ***Polio[schutz]-***, ***Reihenschutz-***, ***Schluck-***, ***Schutz-***, ***Tetanus[schutz]-***, ***Tollwut-***, ***Typhus-***, ***Wiederholungs-*** *u.* ***Zweitimpfung***); ***nach einer ~ auftretend*** postvakcinada

Impfzentrum *n* vakcinada centro

Impfzertifikat *n* ↑ ***Impfattest***

Impfzwang *m* deviga vakcinado

Imphal [ˈimpəl] (*n*) *Hptst. des nordostindischen Unionsstaates Manipur* Impalo

Implantat *n Chir* greftaĵo, *auch* enplantaĵo (↑ *auch* ***Brust-*** *u.* ***Zahnimplantat***)

Implantation *f Chir, Zahnmedizin* greftado, *auch* enplantado

implantieren *tr Chir, Zahnmedizin* grefti, *auch* enplanti (*vgl. dazu* ***transplantieren***)

Implantologie *f Zahnmedizin* enplantologio

Implikation *f Logik, Phil* implic[ad]o

implikativ *Adj* implica

implizieren *tr mit einbeziehen bzw. [logisch] beinhalten* implici

implizit[e] *Adv inbegriffen, mit einbezogen* implicite

implodieren *intr Phys* implodi

Implosion *f Phys* implodo *[Ggs: Explosion]*

Implosionsgefahr *f* danĝero (*od* risko) de implodo

Impluvium *n altrömische Arch (der mittlere, nicht überdachte Teil des Atriums)* impluvio

Imponderabilien *Pl* nekalkuleblaĵoj *Pl*

imponieren *intr beeindruckend sein* esti impona (*vgl. dazu* ***beeindrucken***); ***jmdm.*** *~* imponi al iu *od* imponi iun (***mit*** per); *jmdn. verblüffen* perpleksigi iun

Imponieren *n* imponado

imponierend *Adj* impon[ant]a (↑ *auch* ***eindrucksvoll*** *u.* ***imposant***)

Import *m* import[ad]o; *~****e*** *Pl* ***aus ...*** *importierte Waren aus ...* importaĵoj *Pl* el ...; ***von ~en abhängig sein*** dependi de importoj; ***den ~ ankurbeln*** instigi la importadon

Import|agent *m* import-agento; ~**bedarf** *m* importbezono; ~**beschränkung** *f* limigo de importoj; ~**bier** *n* importita biero

Importeur *m* importanto *bzw.* importisto

Import-Export-Firma *f* import-eksporta firmo

Import|formalitäten *Pl* importformalaĵoj *Pl*; ~**handel** *m* importkomerco

importieren *tr* importi; ***importierte Waren*** *Pl* importitaj varoj *Pl*

Import|land *n* importlando, *auch* importanta lando; ~**lizenz** *f* importlicenco; ~**produkt** *n* importprodukto; ~**quote** *f* importkvoto; ~**statistik** *f* importstatistiko; ~**tarif** *m* import-tarifo; ~**überschuss** *m* importpluso

importun **1.** *Adj geh für «ungeeignet» od «ungelegen»* maloportuna **2.** *Adv* maloportune *[Ggs: opportun]*

Import|verbot *n* importa prohibicio; ~**volumen** *n* importvolumeno; ~**wagen** *m PKW* importita aŭto; ~**waren** *Pl* importitaj varoj *Pl*; ~**zoll** *m* importdogano

imposant *Adj* impona; *beeindruckend* impresa; *erstaunlich* miriga (*vgl. dazu* ***prächtig***)

Imposante *n von etw., i.w.S. Großartigkeit* imponeco

impotent *Adj Med (zeugungsunfähig)* impotenta; *~****er Mann*** *m,* *<österr> pej* ***Impotenzler*** *m* impotentulo

Impotenz *Med* impotenteco; *übertr Unver-*

mögen nekapableco, *[stärker:]* senkapableco

Impotenzler *m* ↑ *unter* ***impotent***

imprägnieren *tr Holz, Textilien* impregni; ***ein imprägnierter Mantel*** impregnita mantelo

Imprägnieren *n od* **Imprägnierung** *f* impregnado (↑ *auch* ***Vorimprägnierung***)

impraktikabel *Adj unrealisierbar* nerealigebla; *unanwendbar* neaplikebla

Impresaria *f Theater- od Konzertagentin* impresariino

Impresario *m Theater- od Konzertagent* impresario

Impression *f* impreso (*vgl. dazu* ***Eindruck*** *u.* ***Empfindung***)

Impressionismus *m eine Kunstrichtung der 2. Hälfte des 19. Jh.s* impresionismo

Impressionist *m Kunst* impresionisto

impressionistisch *Adj auf den Impressionismus bezogen* impresionisma; *auf die Impressionisten bezogen* impresionista

Impressum *n, auch* ***Erscheinungsvermerk*** *m Buchw, Typ* pres-indikaĵoj *Pl*

Imprimatur *n, <österr> auch f, auch* ***Druckerlaubnis*** *f Typ* imprimaturo; ***das ~ erteilen*** doni la imprimaturon

Improvisation *od* **Improvisierung** *f (Vorgang)* improvizado, *(Ergebnis)* improvizaĵo

Improvisationstalent *n* telento pri improvizado

Improvisator *m* improvizanto

improvisieren *tr* improvizi

Improvisierung *f* ↑ ***Improvisation***

Impuls *m* impulso *auch EDV, Phys u. Tech* (*vgl. dazu* ***Puls b)***; ↑ *auch* ***Echoimpuls***); ***jmdm. einen ~ geben*** doni impulson al iu, *i.w.S. auch* stimuli iun

impulsiv 1. *Adj* impulsiĝema; *i.e.S. auch* flamiĝema **2.** *Adv*: ~ ***handeln*** agi laŭ impulso

Impulsivität *f* impulsiĝemo

Impulsoszillator *m Phys* impulsa oscililo

impulsweise *Adv*: ~ ***ausstrahlen*** (*od* ***senden***) *Astron, El* pulsi (*vgl. dazu* ***Pulsar***)

Impulszähler *m, auch* ***Zählschaltung*** *f El* impulsometro

imstande *Adv*: ~ ***sein*** *fähig sein, in der Lage sein* esti kapabla (***zu*** por *od mit Inf*) *od* kapabli *mit Inf*; *können* povi

Imuschagh *Pl Ethn* ↑ ***Tuareg***

in *Präp* ***a)*** *Ort (Frage: wo?)* en *mit Nom*; *innen drin* interne (*vgl. dazu* ***im***); ~ ***der Mitte*** *mit Gen* en la mezo [de], meze [de]; ~ ***ganz Indonesien*** ĉie en Indonezio; ~ ***der ganzen Welt*** en la tuta mondo; ***er wohnt ~ München*** li loĝas en Munkeno; ***ich habe es ~ der Zeitung gelesen*** mi legis tion en la gazeto ***b)*** *Richtung (Frage: wohin? [in ... hinein])* en *mit Akk*; ***er wurde ins Krankenhaus gebracht*** oni transportis lin en la malsanulejon; ~ ***den Süden gehen*** (*od* ***fahren***) iri (*od* vojaĝi) en la sudon; ~ ***die Schublade legen*** meti en la tirkeston ***c)*** *Zeitpunkt* post *bzw.* en, *häufig auch unübersetzt*; ~ ***zehn Tagen komme ich zurück*** post dek tagoj mi revenos ~ ***aller Frühe*** tre frue en la mateno; ~ ***diesem Moment*** en tiu [ĉi] momento, *umg auch* tiumomente; ~ ***letzter Zeit*** lastatempe; ~ ***welchem Jahr sind Sie geboren?*** en kiu jaro vi naskiĝis? ***d)*** *Zeitdauer (Frage: wann?)* dum, en [la daŭro de]; ~ ***dieser Zeit*** dum (*od* en) tiu [ĉi] tempo; ~ ***der Zwischenzeit*** intertempe; ***er hat die Übersetzung ~ zwei Stunden gemacht*** li faris la tradukon dum (*od* en [la daŭro de]) du horoj ***e)*** *Art und Weise*: ~ ***Arbeitskleidung*** en laborvestoj; ~ ***Broschürenform*** *Buchw* en formo de broŝuro, broŝurforme; ***etw. ~ bar bezahlen*** pagi kontante por io; ~ ***Eile sein*** ne havi tempon ***f)*** *in weiteren Fügungen*: ~ ***Flammen stehen*** esti en flamoj; ~ ***der glühenden Sonne arbeiten*** labori sub la brulanta suno; ~ ***der griechischen Mythologie*** en la greka mitologio; ~ ***der Forstwirtschaft tätig sein*** labori en la forsta fako; ~ ***meinen Augen ist er ...*** laŭ mi li estas ... *od* mi konsideras lin ...; ***sie leben ~ großer Not*** ili vivas en granda mizero

Ina (*f*) *weibl. Vorname* Ina

Inachos (*m*), *lat.* ***Inachus*** (*m*) *Eig (erster König von Argos)* Inaĥo

in|adäquat 1. *Adj unangemessen, nicht entsprechend* neadekvata **2.** *Adv* neadekvate; ~**akkurat** neakurata; *ungenau* nepreciza; ~**aktiv** *Adj* neaktiva, malaktiva; *untätig* neagema; *energielos* senenergia; *träge* inerta

inaktivieren *tr Chem, Med (unwirksam machen)* malaktivigi, senaktivigi

Inaktivierung *f* malaktivigo, senaktivigo

Inaktivität *f* neaktiveco, *[stärker:]* malaktiveco, senaktiveco

inaktuell *Adj nicht aktuell* neaktuala

inakzeptabel *Adj unannehmbar* neakceptebla

Inangriffnahme *f* [ek]komencigo; *i.w.S. Beginn* komenco

Inanition *f nur Fachspr Med (der nach fehlender Nahrungszufuhr eintretende Hungerzustand)* inanicio

Inanspruchnahme *f Benutzung* uzo; *von Arzt, Feuerwehr* alvenigo; *Beschäftigtsein* okupiteco, *(geistig)* absorbiĝo *od* absorbiteco; *Belastung* ŝarĝo; *Stress* streso

Inari *ohne Art: Myth (eine Natur- u. Reisgottheit in Japan)* Inaro

Inaugenscheinnahme *f* inspektado

Inauguration *f [feierliche] Einweihung* [solena] inaŭgur[ad]o

inaugurieren *tr geh für «einweihen, [feierlich] eröffnen»* [solene] inaŭguri

Inbegriff *m* esenco; *Musterbeispiel* perfekta ekzemplo; *Quintessenz* kvintesenco; *das Ganze* tuto, sumo; *Verkörperung (z.B. der Schönheit, Güte, des Bösen u.a.)* enkorpiĝo

inbegriffen *Adv mit einbezogen* implicite; *eingerechnet* inkluzive de; ~ ***sein*** inkludi *od* inkluzivi; ***im Preis ist das Frühstück*** ~ la prezo inkluzivas la matenmanĝon

Inbesitznahme *f* ekposedo; *Okkupation (Jur [Aneignung herrenlosen Gutes])* okupacio, *(Mil [Besetzung fremden Gebietes])* okupado

Inbetriebnahme *f eines Geräts, einer Industrieanlage* ekfunkciigo; *Eröffnung, z.B. eines Kindergartens, einer Schule* malfermo; *Einweihung, z.B. einer Brücke* inaŭgur[ad]o

Inbrunst *f* ardo, fervor[eg]o

inbrünstig 1. *Adj* arda, fervorega **2.** *Adv* arde, fervorege; *mit ganzem Herzen* el tuta (*od* profunda) koro, profundakore

Inch *m* (*Zeichen* ″) *ein Längenmaß* inĉo

Inchon (*n*) *eine südkorean. Hafenstadt* Inĉono

Incisura *f nur Fachspr Anat (Einschnitt, Einkerbung)* incizuro

inclusive (*Abk* ***incl.***) *alt =* ***inklusive***

Indanthren® *n Chem (ein licht- u. waschechter Farbstoff)* indantreno

Indefinitpronomen *n, auch* ***unbestimmtes Fürwort*** *n Gramm* nedifina pronomo

in|deklinabel *Adj Gramm (undeklinierbar, nicht beugbar)* nedeklinaciebla; **~delikat** *Adj geh für «unzart» od «unfein»* maldelikata

indem *Konj dadurch, dass ...* per tio, ke ...; *während* dum, *(bei gleichem Subjekt auch Partizipialform)* ...ante; ~ ***er das sagt, ...*** dum li diras tion [ĉi] ... *od* dirante tion [ĉi] li ...

Inden *n Chem (ein ungesättigter Kohlenwasserstoff)* indeno; **~harz** *n z.B. für Lack- u. Gummiherstellung* indenrezino

Inder *m* hindo

Inderin *f* hindino

indes *od* **indessen 1.** *Adv unterdessen* dume, intertempe; ~ ***war es Nacht geworden*** dume fariĝis nokto **2.** *Konj wenngleich* kvankam; *aber, doch* sed, tamen

Indeterminismus *m Phil (Lehrmeinung, nach der ein Geschehen nicht od nur bedingt durch Kausalität od Naturgeschehen bedingt ist)* nedeterminismo

Index *m* (*Pl*: ***Indizes***) ***a)*** *EDV* indekso ***b)*** *Register am Ende eines Buches, [Namen-, Sach- u.a.] Verzeichnis* indekso (*vgl. dazu* ***Autorenverzeichnis***; ↑ *auch* ***Sachindex***) ***c)*** *kath. Kirche: Liste verbotener Bücher* indekso; ***Bücher auf den*** ~ ***setzen*** meti librojn en la indekson ***d)*** *Math: auch* ***Unterscheidungszeichen*** *n* ***[an Buchstaben]*** *meist unten rechts tiefgestellt* indico (↑ *auch* ***Wurzelexponent***) ***e)*** *Chem, Opt* indico (↑ *auch* ***Brechungsindex***) ***f)*** *Statistik, Wirtsch: auch* ***Messzahl*** *f od* ***Kennziffer*** *f* indico (↑ *auch* ***Aktien-***, ***Börsen-***, ***Hitze-***, ***Lebenshaltungs-***, ***Luftgüte-***, ***Preis-***, ***Schadstoff-*** *u.* ***Schwüleindex***)

indexieren *tr EDV, ein Verzeichnis anlegen Bücher auf den Index setzen* indeksi (*vgl. dazu* ***indizieren***)

Indexierung *f* indeksado

Indexierungssprache *f bes. für Dokumentationssysteme* indeksada lingvo

Index|puffer *m EDV* indeksbufro; **~register** *n* indeksa registro; **~zahl** *od* **~ziffer** *f Statistik* indicnombro

Indian *m* ↑ ***Truthahn***

Indiana (*n*) (*Abk* ***Ind.***, *[postalisch]* ***IN***) *ein US-Bundesstaat* Indianio

Indianapolis (*n*) *Hptst. des US-Bundesstaates Indiana* Indianapolo

Indianer *m* indiano (↑ *auch* ***Algonkin***, ***Apachen***, ***Araukaner***, ***Aymará a)***, ***Cayuga***, ***Cherokee a)***, ***Haida***, ***Hochlandindianer***, ***Huronen***, ***Irokesen***, ***Komantschen***, ***Prärie-***, ***Puebloindianer***, ***Schoschonen***, ***Sioux-Indianer***, ***Tarasken***, ***Tehuelche***, ***Tupí***, ***Waldlandindianer*** *u.* ***Yanomami***)

Indianerbüffel *m =* ***Bison***

Indianer|goldhähnchen *n* (Regulus satrapa)

Orn orkrona regolo *[Vorkommen: Kanada, NO- u. West-USA. Mexiko u. Guatemala]* ~**häuptling** *m* indiana tribestro

Indianerin *f, auch* ***Squaw*** [*skvo:*] *f* indianino

Indianermeise *f* (Baeolophus bicolor) *Orn* dukolora paruo *[Vorkommen: von SO-Kanada bis in den NO Mexikos]*

Indianerminze *f Bot* ↑ ***Zitronenmonarde***

Indianerreis *m Bot* ↑ ***Wasserreis*** *u.* ***Wildreis***

Indianer|reservat *n od* ~**reservation** *f* rezervejo por indianoj; ~**[rund]hütte** *f* vigvamo; ~**sprachen** *f/Pl Ling* indianaj lingvoj *Pl* (↑ *auch* ***Aymará b)***, ***Lushootseed*** *u.* ***Taraskisch***); ~**stamm** *m* indiana tribo; ~**zelt** *n* indiana tendo; *[kegelförmiges] Stangenzelt der Prärieindianer* tipio

indianisch *Adj* indiana

Indianist *m Erforscher der indianischen Sprachen u. Kulturen* indianisto

Indianistik *f* indianistiko

Indien (*n*), *amtl. Bez* ***Bharat*** Hindio, *auch* Barato (↑ *auch* ***Britisch-***, ***Hinter-*** *u.* ***Vorderindien***); ~-**Klaffschnabel** *m, auch* ***Silberklaffschnabel*** *m* (Anastomus oscitans) *Orn* hinda anastomo, *auch* hinda fendobeka cikonio; ~-**Pfeifgans** *f* (Dendrocygna javanica) *Orn* hinda fajfanaso *[Vorkommen: Süd- u. SO-Asien]*

indifferent *Adj gleichgültig, teilnahmslos* indiferenta (***gegenüber*** al) (*vgl. dazu* ***neutral, uncharakteristisch*** *u.* ***wirkungslos***)

Indifferentismus *m Pol (völlige Uninteressiertheit), Rel* indiferentismo

Indifferenz *f* indiferenteco (↑ *auch* ***Gleichgültigkeit***)

indigen *Adj einheimisch (bes. Bot u. Zool), eingeboren* indiĝena <*Ggs:* ***allochthon*** [↑ *auch dort*]>; ~***e Flora*** *f* indiĝena flaŭro; ~***e Völker*** *n/Pl Völker, die in ihrem angestammten Lebensraum heute eine (oft diskriminierte) Minderheit bilden* indiĝenaj popoloj *Pl*

Indigestion *f Med* ↑ ***Verdauungsstörung***

Indigirka *f ein Fluss in NO-Sibirien* [rivero] Indigirko

Indignation *f geh für «Entrüstung, Empörung»* indigno

indigniert *geh für «entrüstet, empört»* **1.** *Adj* indigna **2.** *Adv* indigne

Indigo *m od n* ***a)*** *auch* ***Indigo-Blau*** *ein blauer Farbstoff* indigo ***b)*** *auch* ***Indigopflanze*** *f Bot* indigoplanto, (*Gattung* Indigofera) indigofero, (*die Art* Indigofera tinctoria) anilo

indigoblau *Adj* indigokolora

Indigofink *m* (Passerina cyanea) *Orn* indigoemberizo

indigoid *Adj Chem (dem Indigo strukturell ähnlich)* indigoida

Indigolith *m Min (blaue Varietät des Turmalins)* indigolito

Indigopflanze *f Bot* ↑ ***Indigo b)***

Indigo|reizker *m* (Lactarius indigo) *Mykologie* indigokolora laktofungo; ~**schlange** *f* (Drymarchon corais) *Zool* indigoserpento *[Vorkommen: Nordamerika]*

Indigotin *n ein blauer, aus Indigo gewonnener, wasserlöslicher Farbstoff (z.B. für Lebensmittel)* indigotino <*seit 1890 auch synthetisch hergestellt*>

Indik *m* ↑ *unter* ***indisch***

Indikan *n Biochemie (das in den indigoliefernden Pflanzen vorhandene Glukosid des Indoxyls [seit 1890 auch synthetisch hergestellt])* indikozido

Indikation *f, auch* ***Heilanzeige*** *f Med* [terapia] indiko

Indikativ *m, auch* ***Aussage-*** *od* ***Wirklichkeitsform*** *f Gramm* indikativo

indikativisch *Gramm* **1.** *Adj* indikativa **2.** *Adv* indikative

Indikator *m Merkmal, das etw. anzeigt* indikilo; *Chem, El, Naturw, Tech* indikatoro (*vgl. dazu* ***Anzeiger***); ~**organismen** *m/Pl Biol* indikatoraj organismoj *Pl* (↑ *auch* ***Bioindikator*** *u.* ***Zeigerpflanze***)

Indio *m süd- od mittelamerikanischer Indianer* sudamerika (*od* mezamerika) indiano

Indira (*f*) *indischer weibl. Vorname* Indira *[in Indien auch ein Name für Lakshmi* (*vgl. dazu* ***Lakshmi***)*]*

indirekt **1.** *Adj* nerekta, malrekta; *mittelbar* pera; ~***e Kosten*** *Pl Wirtsch* nerektaj kostoj *Pl*; ~***es Objekt*** *Gramm* nerekta komplemento; ~***e Rede*** *f Gramm* nerekta parolo; ~***e Steuer*** *f Verw* nerekta imposto **2.** *Adv* nerekte, malrekte

indisch *Adj* hinda, *auch* barata; ≗***er Ozean*** *m, Kurzf* ***Indik*** *m* Hind[i]a Oceano; ≗***e Union*** *f* Hinda Unio

indiskret **1.** *Adj nicht verschwiegen* maldiskreta (*vgl. dazu* ***taktlos***); *i.w.S. schwatzhaft* elbabilema **2.** *Adv* maldiskrete

Indiskretion *f das Indiskrete (von etw.)* maldiskret[ec]o; *indiskrete Handlung* maldiskretaĵo (*vgl. dazu* ***Taktlosigkeit***)

in|diskutabel *Adj* nediskutinda (*vgl. dazu*

unmöglich); ~**disponiert** *Adj unpässlich* [iom] nebonfarta, malsaneta
Indium *n* (*Symbol* ***In***) *Chem* indiumo
Individualbegriff *m* individua nocio
Individualentwicklung *f Biol* ↑ ***Ontogenese***
individualisieren *tr* individue (*od* aparte *bzw.* speciale) trakti
Individualismus *m* individu[al]ismo
Individualist *m* individu[al]isto
individualistisch *Adj auf den Individualismus bezogen* individu[al]isma; *auf die Individualisten bezogen* individu[al]ista (*vgl. dazu* ***egoistisch***)
Individualität *f* individueco; *Persönlichkeit* personeco
Individual|psychologie *f eine Form der Tiefenpsychologie* individua psikologio *<vom österreichischen Arzt Alfred Adler (1870-1937) begründet>*; ~**sport** *m* individua sporto; ~**tourismus** *m* individua turismo
individuell 1. *Adj* individua **2.** *Adv* individue; ~ ***behandeln*** individue trakti; ~ ***verschieden*** varianta de individuo al individuo
Individuum *n* (*Pl*: ***Individuen***) individuo; ***zweifelhaftes*** ~ *pej* suspektinda individuo
Indiz *n* indiko (*vgl. dazu* ***Zeichen***); ~***ien*** *Pl Jur* indikaĵoj *Pl* (*vgl. dazu* ***Beweismittel***)
Indizienbeweis *m Jur* pruvo per indikaĵoj
indizieren *tr* ***a)*** *anzeigen, auf etw. hinweisen* indiki ***b)*** *zum Zwecke der Unterscheidung mit einem Exponenten versehen, z.B. bei Homonymen od in der Mathematik an Buchstaben* indici (*vgl. dazu* ***indexieren***) ***c)*** *Med* [terapie] indiki
Indizierung *f* indicado
indoarisch *Adj* hind-arja
Indochina (*n*) *ein ehem. franz. Kolonialgebiet SO-Asien* Hindoĉinio; ~**krieg** *m Gesch* Hindoĉinia Milito
Indochinese *m* hindoĉino
indochinesisch *Adj* hindoĉina
indoeuropäisch *Adj* hind[o]eŭropa; ~***e Sprachen*** *f/Pl Ling* hind-eŭropaj lingvoj *Pl*
Indogermanen *m/Pl* hind[o]ĝermanoj *Pl*
indogermanisch *Adj* hind[o]ĝermana
Indoktrination *f* doktrinizado (↑ *auch* ***Schulung***)
indoktrinieren *tr* doktrinizi
Indol *n Chem (Verbindung, die bei Fäulnis von Eiweiß entsteht)* indolo
indolent *Adj* ***a)*** *geh für «geistig träge [und gleichgültig]»* spirite inerta [kaj indiferenta]; *i.w.S. auch (träge)* inerta, *(gleichgültig)* indiferenta ***b)*** *Fachspr Med für «keine Schmerzen verursachend» [von krankhaften Prozessen]* ne kaŭzanta doloro(j)n
Indolenz *f geh* spirita inerteco [kaj indiferenteco]; sendoloreco (*vgl. dazu* ***Trägheit***)
Indologe *m* hindologo
Indologie *f* hindologio
Indometazin (*n*) *Pharm (ein Analgetikum aus der Gruppe der nichtsteroidalen Antirheumatika)* indometacino; ~**-Suppositorium** *od* ~**-Zäpfchen** *n Pharm (als Antirheumatikum)* indometacina supozitorio
Indonesianisierung *f* [procezo de] indonezi[an]igo
Indonesien (*n*) Indonezio *[Hptst.: Jakarta]*; ***Vereinigte Republik*** ~, *indones.* ***Republik Indonesia Serikat*** (*Abk* ***R.I.S.***) Unuiĝinta Indonezia Respubliko *<existierte vom 27. 12.1949 bis zum 17.8.1950>*
Indonesier *m* indoneziano
Indonesierin *f* indonezianino
indonesisch *Adj* indonezia; ~***e Regionalsprachen*** *f/Pl* indoneziaj regionaj lingvoj *Pl*
Indonesisch[e] *n*, *auch* ***Bahasa Indonesia*** *f Ling (Staatssprache der Republik Indonesien)* la indonezia [lingvo]
Indonesistik *f Wissenschaft von der Sprache, Kultur u. Geschichte Indonesiens* indoneziistiko
Indoor-Eisbahn *f für Wintersport in der Halle* enhala glitvego, *(für Schlittschuhlauf)* enhala sket-vego
Indossament *n Bankw (Wechselübertragungsvermerk)* endoso
Indossant *m Bankw (Wechselüberschreiber)* endosinto (*vgl. dazu* ***Girant***)
Indossat *m Bankw (durch Indossament ausgewiesener Wechselgläubiger)* endosato (*vgl. dazu* ***Girat***)
indossieren *tr Bankw* endosi; ***blanko*** ~ blanke endosi
Indoxyl *n Chem* indoksilo
Indra (*m*) *1. vedische Rel (Hauptgott der vedischen Zeit) 2. in Bali (Kriegsgott u. Herrscher des Windes)* Indro
Indre *f ein Nebenfluss der Loire* [rivero] Indro
Indri *m*, *auch* ***Babakoto*** *m* (*Gattung* Indris) *Zool (ein Halbaffe Madagaskars <als heilig verehrt>)* indrio
Induktanz *f El (rein induktiver Widerstand)* induktanco
Induktion *f 1. Elektrotechnik (Erregung*

elektr. Ströme u. Spannungen durch bewegliche Magnetfelder) (↑ *auch* ***Selbstinduktion***) *2. Logik (Herleitung von allg. Regeln aus Einzelfällen [Ggs: Deduktion])* indukto; ***elektrostatische*** (***magnetische***) ~ *Phys* elektrostatika (magneta) indukto

Induktions|apparat *m El* induktilo, [elektra] induktoro; ~**elektrizität** *f, auch* ***Magnetelektrizität*** *f* elektro per indukto

induktionsfrei *Adj* neindukta *od* senindukta

Induktions|gesetz *n Phys* indukta leĝo; ~**herd** *m Hausw* indukta fornelo; ~**kochfeld** *n Hausw* indukta kuirplato (↑ *auch* ***Kochplatte***); ~**koeffizient** *m* koeficiento de indukto, *kurz* induktanco; ~**konstante** *f Phys* induktokonstanto; ~**spule** *f El* indukta bobeno; ~**strom** *m El* indukta kurento; ~**zähler** *m* indukta komputilo

induktiv *Adj Phys, Logik* indukta; ~***e Kopplung*** *f Phys* indukta koplo; ~***e Methode*** *f Logik* indukta metodo

Induktivität *f El (Größe, die für die Stärke des Induktionsstromes mit verantwortlich ist)* indukteco

Induktor *m El, Tel* induktoro

Indulgenz *f **a)** kath. Kirche (Ablass)* (*vgl. dazu* ***Ablassbrief***) ***b)*** ↑ ***Nachsicht***

Indulin *n Chem (ein blauer Farbstoff)* indulino

Indult *m od n kath. Kirchenrecht (vorübergehende Befreiung von einer kirchengesetzlichen Verpflichtung)* indulto

Induno (*m*) *Eig (ital. Maler [1815-1878])* Induno

Induration *f bes. Fachspr Med **a)** Verhärtung, z.B. von Gewebe (z.B. durch Narbenbildung)* duriĝo ***b)*** *von Organen* sklerozo

Indus *m größter Strom Indiens* Induso

Indusium *n 1. Bot (Hüllorgan der Farne) 2. Mykologie (zarte Haut, die im jugendlichen Zustand die Unterseite mancher Pilzhüte bedeckt)* induzio

Indus|kultur *f* Indus-vala kulturo; ~**tal** *n* valo de [rivero] Induso *od* Indus-valo

industrialisieren *tr* industriigi; ***industrialisiert*** industriigita

Industrialisierung *f* industriigo (↑ *auch* ***Reindustrialisierung***)

Industrialisierungsprozess *m* procedo de industriigo

Industrie *f* industrio (↑ *auch* ***Agrar-***, ***Atom-***, ***Bau-***, ***Baustoff-***, ***Bekleidungs-***, ***Eisen-***, ***Elektro-***, ***Ernährungs-***, ***Export-***, ***Farben-***, ***Film-***, ***Fleisch-***, ***Glas-***, ***Groß-***, ***Heim-***, ***Holz-***,***Konserven-***,***Kraftfahrzeug-***, ***Kriegs-***, ***Leicht-***, ***Luftfahrt-***, ***Maschinenbau-***, ***Metall-***, ***Möbel-***, ***Montan-***, ***Rüstungs-***, ***Schiffbau-***, ***Schwer-***, ***Software-***, ***Stahl-***, ***Tabak-***, ***Textil-***, ***Tourismus-***, ***Uhren-***, ***Zement-*** *u.* ***Zuckerindustrie***); ***chemische*** (***einheimische***, ***Holz verarbeitende***, ***Metall verarbeitende***) ~ kemia (enlanda, lignoprilabora, metalprilabora) industrio; ***in der ~ arbeiten*** labori en industria entrepreno

Industrie|abfälle *m/Pl Abfall aus industrieller Produktion* industria rub[aĵ]o, industriaj defalaĵoj *Pl*; ~**anlage** *f* industria instalaĵo; ~**arbeiter** *m* industria laboristo; *Fabrikarbeiter* fabriklaboristo; ~**archäologie** *f Zweig der Denkmalpflege, der sich mit der Erforschung u. Erhaltung von Denkmälern der industriell-technischen Entwicklung, z.B. historischen Fabrik-, Eisenbahn-, Kraftwerksanlagen, befasst* industria arkeologio; ~**ausstellung** *f* industria ekspozicio; ~**bank** *f Fin* industria banko; ~**betrieb** *m* industria entrepreno; *Fabrik der metallurgischen od Maschinenbau-Industrie meist* uzino; ~**denkmal** *n* industria monumento; ~**erzeugnis** *n* industria produkto; ~**gebäude** *n* industria konstruaĵo; ~**gebiet** *n* industria areo (↑ ***Industrieregion***); ~**gesellschaft** *f Soziologie* industria socio; ~**gewerkschaft** *f* sindikato de industrilaboristoj; ~**güter** *n/Pl* industriaj varoj *Pl*; ~**hafen** *m Mar* industrihaveno; ~**kapital** *n* [grand]industria kapitalo; ~**kapitän** *m führende Persönlichkeit in der Industrie* industrikapitano; ~**komplex** *m* industria komplekso; ~**land** *n* industrilando *od* industria lando; ~**lärm** *m* industria bruo

industriell **1.** *Adj* industria; ~***e Produktion (Revolution)*** *f* industria produktado (revolucio) **2.** *Adv*: ~ ***gefertigt*** fabrike (*od* industrie *bzw.* industri-skale) produktita

Industrielle *m* industriisto

Industriemagnat *m* industrimagnato (*vgl. dazu* ***Industriekapitän***)

industriemäßig **1.** *Adj* industri-skala **2.** *Adv* industri-skale; ~ ***herstellen*** industri-skale produkti

Industrie|melanismus *m Biogeografie (stärkeres relatives Auftreten von Schwarzfärbung innerhalb einer Population in Industriegegenden durch natürliche Selektion, da dunkel gefärbte Individuen auf durch*

Luftverschmutzungen dunkel gefärbten Substraten einen besseren Schutz vor optisch jagenden Feinden genießen [tritt bei Schmetterlingen u. anderen Arthropoden auf] industria melanismo; ~**messe** *f* industria foiro; ~**minister** *m* industriministro *od* ministro de (*od* pri) industrio; ~**ministerium** *n* ministerio de (*od* pri) industrio; ~**museum** *n* industria muzeo; ~**nebel** *m* industrinebulo (↑ *auch* ***Smog***); ~**obligation** *f Fin* industria obligacio; ~**produkt** *n* industria ptodukto; ~**produktion** *f* industria produktado (↑ *auch* ***Weltindustrieproduktion***); ~**projekt** *n* industria projekto; ~**proletariat** *n* industria proletaro; ~**region** *f eines Landes* industria regiono (*vgl. dazu* ***Industriegebiet***); ~**revier** *n* industriregiono *od* industria regiono; ~**ruine** *f* industriruino *od* industria ruino; ~**ruß** *m, Fachspr auch engl.* ***Carbon Black*** industria fulgo; ~**soziologie** *f* industria sociologio; ~**spionage** *f* industrispionado *od* industria spionado; ~**staat** *m* industriŝtato *od* industria ŝtato; ~**stadt** *f* industriurbo *od* industria urbo

Industrie- und Handelskammer *f* (*Abk* ***IHK***) industria kaj komerca ĉambro *(auch Großschr)*

Industrie|unternehmen *n* industri-entrepreno *od* industria entrepreno; ~**viertel** *n* industrikvartalo *od* industria kvartalo; ~**waren** *f/Pl* industrivaroj *od* industriaj varoj *Pl*; ~**zeitalter** *n* industria epoko; ~**zentrum** *n* industricentro *od* centro de industrio; ~**zweig** *m* industribranĉo *od* branĉo de industrio

induzieren *tr* ***a)*** *Logik (vom Besonderen aufs Allgemeine schließen)* indukti ***b)*** *El (elektrostatisch)* induki, *(elektromagnetisch)* indukti

ineffektiv 1. *Adj* neefektiva **2.** *Adv* neefektive (↑ *auch* ***unproduktiv*** *u.* ***unwirksam***)

Ineffizienz *f* senefikeco

inegal ↑ ***unegal***

ineinander *Adv gegenseitig* reciproke; *eins in das andere hinein* unu en la alian; *eins im anderen drinnen* unu en la alia; ***sich ~ verlieben*** reciproke enamiĝi *od* enamiĝi unu al la alia

ineinander|aufgehen *intr zwei Menschen* vivi kvazaŭ unu animo; ~**flechten** *tr* interplekti; ~**fügen** meti unu [pecon] en la alian; ~**greifen** *sich verflechten* implikiĝi; *Tech (Zahnräder)* endentiĝi; ~**passen** *intr* bone alĝustiĝi

inert *Adj Med ([wehen] schwach [Gebärmutter bei der Geburt])*

Inertgas *n Chem (inaktives Gas)* inerta gaso

Inertie *f Chem* ↑ ***Reaktionsträgheit***; *Med* ↑ *unter* ***Trägheit***

in|essenziell *Adj [ganz] unwesentlich* malesenca; ~**existent** *Adj* neekzistanta

infam *Adj* infamia; *schändlich* fia; *schamlos* senhonta; *ehrlos* senhonora; *verabscheuenswert* abomeninda; *durchtrieben* ruzega

Infamie *f* infamio; *Schändlichkeit* fieco; *Durchtriebenheit* ruzego (↑ *auch* ***Niedertracht***)

Infant *m, span.* ***Infante*** *[in Spanien u. Portugal ab dem 13. Jh.] Titel der königlichen Prinzen* infanto

Infanterie *Mil* infanterio (*vgl. dazu* ***Fußvolk***; ↑ *auch* ***Marineinfantrie***); ~**division** *f* infanteria divizio; ~**kompanie** *f* infanteria kompanio; ~**regiment** *n* infanteria regimento; ~**zug** *m* plotono (↑ *auch* ***Halbzug***)

Infanterist *m* infanteriano (↑ *auch* ***Marineinfanterist***)

infanteristisch *Adj* infanteria

infantil *Adj kindhaft* infaneca (*vgl. dazu* ***kindisch*** *u.* ***naiv***); *unreif* nematura

Infantilismus *m Ethologie, Med, Psych* infanismo; ***intestinaler ~*** *Med* ↑ ***Zöliakie***

Infantilität *f* infaneco

Infantin *f Totel span. u. portugiesischer Prinzessinnen* infantino (*vgl. dazu* ***Infant***)

Infarkt *m* (Infarctus) *Med (Absterben eines Gewebeteils infolge Gefäßverschlusses)* infarkto; *Myokard~, Herz~* infarkto de la miokardio, *umg* korinfarkto (↑ *auch* ***Leber-***, ***Lungen-***, ***Milz-*** *u.* ***Niereninfarkt***); ***anämischer ~***, *auch* ***weißer ~*** anemia infarkto; ***hämorrhagischer ~***, *auch* ***roter ~*** hemoragia infarkto; ***septischer ~*** *1. i.e.S. Infarkt durch infizierten Embolus mit Sequestrierung u. Abszessbildung 2. i.w.S. die sekundäre Infektion eines Infarkts* sepsa infarkto; ***vernarbter ~*** cikatriĝinta infarkto

infarktgefährdet *Adj*: ~ ***sein*** havi altan riskon de [kor]infarkto

Infarkt|narbe *f Med* infarkta cikatro; ~**risiko** *n Med* risko de infarkto

infarziert *Adj Med* infarkta

Infarzierung *f Med* infarktiĝo

infaust *Adj nur Fachspr Med (hoffnungslos, ungünstig)* infaŭsta (↑ *auch* ***unheilbar***); ~***e Prognose*** *f für den Verlauf einer Krankheit* infaŭsta prognozo

Infekt *m Med* infekto (↑ *auch* ***Atemwegs-*** *u.* ***Harnwegsinfekt***); ***grippaler ~*** *unspezifische Sammelbez. für fieberhafte Allgemeinerkrankungen mit unterschiedlicher Ätiologie, meist mit Beteiligung der oberen Atemwege* gripeca infekto

Infekt|anfälligkeit *f Med* inklino al infektiĝo; ~**abwehr** *f Physiol* infektodefendo

Infektiologe *m* infektologo

Infektiologie *f Med (Lehre von den Infektionskrankheiten)* infektologio

Infektion *f Med (Ansteckung)* infekto, *(das Infizieren)* infektado, *(das Sichanstecken)* infektiĝo; *Übertragung durch direkten Kontakt* kontaĝo (↑ *auch* ***Allgemein-***, ***Chlamydien-***, ***Erst-***, ***Fokal-***, ***HIV-***, ***Kontakt-***, ***Massen-***, ***Mehrfach-***, ***Neu-***, ***Pilz-***, ***Polio-***, ***Primär-***, ***Protozoen-***, ***Re-***, ***Schmier-***, ***Tröpfchen-***, ***Virus-*** *u.* ***Wundinfektion***); ***~ der Atem wege*** infekto de la spiraj vojoj; ***~ mit dem Herpesvirus*** infektiĝo per [la] herpetoviruso; ***bakterielle*** (***latente***, ***polymikrobielle***, ***septische***, ***stille***, ***virale***) ~ bakteria (latenta, polimikroba, sepsa, silenta, virusa) infekto; ***durch Geschlechtsverkehr übertragene ~*** kontaĝo pere de seksumado (*od* seksaj interrilatoj); ***nach einer ~ auftretend*** postinfekta; ***sich eine ~ zuziehen*** kapti infekton

Infektionsabwehr *f* infektodefendo

infektionsanfällig *Adj* susceptiva (*od umg* inklina) al infektiĝo

Infektions|anfälligkeit *f* susceptiveco al infektiĝo; ~**ausbreitung** *f* disvastiĝo de infektiĝoj; ~**epidemiologie** *f* infektepidemiologio; ~**gefahr** *f* danĝero je infektiĝo *od* danĝero infektiĝi; ~**geschehen** *n* infektoprocedo; ~**herd** *m* fokuso de la infekto; ~**index** *m Epidemiologie* infektoindekso

Infektionskette *f Med* ↑ ***Infektkette***

Infektions|krankenhaus *n* infektmalsana hospitalo; ~**krankheit** *f* infekta malsano; ~**prophylaxe** *f* profilaktiko (*od* prevent[ad]o) de infekto(j); ~**quelle** *f* fonto de la infekto (*bzw.* infektiĝo); ~**risiko** *n* risko de infektiĝo; ~**schutz** *m* protekto kontraŭ infektiĝo; ~**vorbeugung** *f* prevento de infektiĝo

infektiös *Adj* infekta (*vgl. dazu* ***ansteckend***; ↑ *auch* ***hochinfektiös***)

Infektkette *f, auch* ***Infektionskette*** *f Med (Übertragungsmodus von Krankheitserregern bei Infektionskrankheiten)* infekt[o]ĉeno

infernal[isch] *Adj* infera (↑ *auch* ***höllisch*** *u.* ***teuflisch***)

Inferno *n Hölle* infero *i.w.S. auch für «entsetzliches Geschehen»*

Infertilität *f (fachsprachl. für* ***Unfruchtbarkeit*** *f)* malfertileco, malfekundeco

Infibulation *f Ethn, sex (die vor allem in NO-Afrika verbreitete Sitte, bei Mädchen die Schamlippen zu vernähen, zum Teil verbunden mit Beschneidung)* infibulacio

Infight *m Boxen* proksim-bokso (↑ *auch* ***Nahkampf***)

Infiltrat *n (das Eingedrungene)* enfiltraĵo

Infiltration *f* ***a)*** enfiltriĝo (***in*** en) *auch Bodenkunde, Mil, Pol u. übertr* ***b)*** *Med (das Eindringen von Zellen od Flüssigkeit in Gewebe [auch nach einer Injektion])* infiltrado

Infiltrations|anästhesie *f Med* infiltra anestezo; ~**geschwindigkeit** *f Bodenkunde u. Naturw* rapideco de enfiltriĝo

infiltrieren ***a)*** *tr Geol, Med (z.B. Zellen)* infiltri (***mit*** per) ***b)*** *intr Med (eindringen, z.B. Geschwulst, Zellen)* infiltriĝi; *heimlich eindringen, bes. von politischen od militärischen Gegnern* enfiltriĝi (***in*** en *mit Akk*)

Infimum *n Math (größte untere Schranke bei Folgen, Reihen od Funktionen)* infimo

infinitesimal *Adj Math (zum Grenzwert hin unendlich klein werdend)* infinitezima

Infinitesimale *od* **Infinitesimal|größe** *f Math* infinitezimo; ~**rechnung** *f Math* infinitezima kalkulo

Infinitiv *m Gramm (Grundform [des Verbs])* infinitivo, *[für das Esperanto] auch* i-modo; ***imperfektivischer ~*** *(im Esp die Form* esti ...ata) imperfektiva infinitivo

Infintiv|endung *f Gramm* infinitiva finaĵo; ~**satz** *m Ling* infinitiva frazo

Infix *n Ling (zur Bildung von Wörtern u. Wortformen in den Stamm eingefügtes Ableitungselement)* infikso <*Infixe kommen im Esperanto nicht vor*>

infizieren *tr Med* infekti; *übertragen durch direkten Kontakt, anstecken* kontaĝi; ***sich ~*** infektiĝi (***bei jmdm.*** de iu; ***mit*** je); ***infiziert sein*** esti infektita

Infizierte *m* infektito; ***die Zahl der ~n in ... steigt drastisch an*** la nombro de infektitoj en ... draste kreskas

Infizierung *f* infektado *bzw.* infektiĝo

in flagranti *Adv auf frischer Tat*: ***jmdn. in***

flagranti ertappen (*od umg* ***erwischen***) kapti iun ĉe (*od* dum) la faro mem, *i.w.S.* alveni ĝuste en la momento dum kiu iu ...

Inflammation *f* (Inflammatio) *nur Fachspr Med für «Entzündung»* inflamo

Inflammationshernie *f Med* inflamita hernio

Inflation *f Fin* inflacio (↑ *auch* ***Kosten- u. Lohninflation***); ***galoppierende ~*** *Hyperinflation* hiperinflacio; ***schleichende ~*** rampa inflacio; ***die ~ eindämmen*** limigi la inflacion

inflationär *Adj* inflacia

Inflationismus *m* inflaciismo

inflationistisch *Adj* inflaciisma

Inflations|gewinn *m Fin* inflacia gajno; **~politik** *f* inflacia politiko; **~rate** *f* inflacia kvoto; **~risiko** *n Fin* inflacia risko; **~schraube** *od* **~spirale** *f* inflacia spiralo

inflexibel *Adj unbiegsam* nefleksebla; *Ling (nicht beugbar)* nefleksiebla

Infloreszenz *f* ↑ ***Blütenstand***

Influenz *f El* influenco, *auch* elektrostatika induko

Influenza *f Med* influenco (*vgl. dazu* ***Grippe***); ***aviäre Influenza*** *f* ↑ ***Vogelgrippe***

Influenza|bakterien *n/Pl* (Haemophilus influenzae) influencobakterioj *Pl*; **~meningitis** *f Med* influencomeningito; **~virus** *n* influencoviruso

Influenzelektrizität *f* influkita elektro

influenzieren *tr in einem elektrischen Leiter entgegengesetzte elektrische Ladungen durch Influenz trennen* influki

Influenz|konstante *f El* influenckonstanto; **~maschine** *f El* induk-elektra generatoro

Info *f* ↑ ***Information***

infolge *Präp* sekve de; *wegen* pro; *verursacht durch* kaŭz[it]e de; **~dessen** *Adv* konsekvence; *folglich* sekve [de tio]; *aus diesem Grund* pro tiu kaŭzo, tiukaŭze (*vgl. dazu* ***demzufolge*** *u.* ***deswegen***)

Informant *m* informanto *bzw.* informinto (↑ *auch* ***Geheiminformant***, ***Kontaktmann*** *u.* ***Zuträger***)

Informatik *f* informadiko

Informatiker *m* informadikisto, specialisto pri informadiko

Information *f*, *Kurzw* ***Info*** *f* informo, *(als Informationszentrum)* infromcentro, *(als Vorgang: das Informieren)* informado (***über*** pri) (↑ *auch* ***Fake News*** *u.* ***Fehlinformation***); ***genetische ~*** *formaler Begriff für die in chemischen Strukturen verschlüsselten, vererbbaren Anlagen der Lebewesen, gleichsam die Anweisung, nach der sich die typischen Eigenschaften ausbilden* genetika informo *Pl*; ***voller ~en*** abunda je informoj, inform-abunda; ***wissenschaftlich-technische ~*** scienc-teknika informado; ***zusätzliche ~en*** *Pl* aldonaj informoj *Pl*; ***~en bekommen*** (*od* ***erhalten***) ricevi informojn; ***~en sammeln*** kolekti informojn (***über*** pri)

Informations|abend *m* informvespero; **~arbeit** *f* informada laboro; **~austausch** *m* interŝango de informoj; **~blatt** *n Ztgsw* informilo; **~büro** *n* inform-oficejo, *i.w.S.* informejo; **~dichte** *f* denso de informoj; **~dienst** *m* informa servo, *auch* informservo; **~fluss** *m* fluo de informoj; **~flut** *f* inundo da informoj; **~gehalt** *m* informenhavo; **~gesellschaft** *f* informsocio; **~gewinn** *m* gajno de informo(j); **~kampagne** *f* informkampanjo; **~leiste** *f EDV* informbreto; **~material** *n* informa materialo *od* informmaterialo; **~ministerium** *n* ministrio de (*od* pri) informado; **~mittel** *n* informrimedo, *auch* informilo; **~organ** *n Ztgsw* informilo; **~portal** *n im Internet* informportalo

Informationsprogramm *n* informprogramo; ***Informations- und Dokumentationsprogramm*** programo de informado kaj dokumentado

Informations|quelle *f* inform[o]fonto *od* fonto de informoj; **~stand** *m* informa stando, *umg meist* informejo; **~stelle** *f* informejo; **~system** *n* informsistemo *od* informa sistemo; **~tafel** *f bes. Tour* informpanelo, *auch* informtabulo; **~technologie** *f* (*Abk* ***IT***) informteknologio; **~theorie** *f Theorie, die die Gesetzmäßigkeiten der Übermittlung u. Verarbeitung von Nachrichten zum Inhalt hat* informteorio; **~überflutung** *f* troŝarĝo per informoj; **~wert** *m* informvaloro *od* informa valoro (↑ *auch* ***Aussagekraft***); **~wissenschaften** *f/Pl* informado-sciencoj *Pl*; **~zentrum** *n* informcentro

informativ *Adj* inform-abunda, *nachgest auch* abunda je informoj

informell 1. *Adj nicht förmlich* neformala; *inoffiziell* neoficiala **2.** *Adv* neformale; neoficiale; *ungezwungen* senĝene

informieren ***a)*** *tr* informi (***jmdn. über etw.*** iun pri io); *wissen lassen* sciigi (*vgl. dazu* ***benachrichtigen***); *sagen zu* diri al ***b)*** *intr berichten* raporti (***über*** pri) ***c)*** *refl*: ***sich über etw. ~*** informiĝi pri io

Informiertheit *f* informiteco
Infraktion *f, auch* ***unvollständige Fraktur*** *f Med* nekompleta frakturo
infrarot, *auch* ***ultrarot*** *Adj jenseits des Rot im Spektrum liegend* infraruĝa
Infrarot *n* infraruĝo; **~astronomie** *f neues Teilgebiet der Astronomie, das sich mit der Erforschung der von den Himmelskörpern ausgesandten Strahlung im infraroten Spektralbereich befasst* infraruĝa astronomio; **~aufnahme** *f, auch* ***IR-Aufnahme*** *f Foto* infraruĝa fotografaĵo; **~diode** *f El* infraruĝa diodo; **~film** *m Foto* infraruĝa filmo; **~filter** *m, auch* ***IR-Filter*** *m* infraruĝa filtrilo; **~kamera** *f* infraruĝa kamerao; **~lampe** *f* infraruĝa lampo; **~mikroskopie** *f, auch* ***IR-Mikroskopie*** *f Opt (Verfahren der Mikroskopie, bei dem Objekte mit infraroter Strahlung abgebildet werden)* infraruĝa mikroskopio; **~sauna** *f* infraruĝa saŭno; **~spektroskopie** *f Phys* infraruĝa spektroskopio; **~strahlen** *m/Pl* infraruĝaj radioj *Pl*; **~strahler** *m* infraruĝa radiatoro; **~strahlung** *f Med, Phys* infraruĝa radiado; **~trockner** *m* infraruĝa sekigilo
Infrastruktur *f Mil, Volkswirtschaft* infrastrukturo; **~ausbau** *m (Entwicklung)* evoluigo de [la] infrastrukturo, *(Vervollständigung)* kompletigo de [la] infrastrukturo
infrastrukturell *Adj* infrastruktura, *nachgest auch* koncernanta la infrastrukturon
Infrastrukturprogramm *n* infrastruktura programo
Infusion *f Med (Vorgang)* infuzado, *(Lösung)* infuzaĵo (↑ *auch* ***Dauertropfinfusion***)
Infusions|lösung *f Med* infuzaĵa solvaĵo; **~schlauch** *m Med* infuzaĵa hoso; **~therapie** *f Med* infuzaĵa terapio
Infusionstierchen *n/Pl* = ***Infusorien***
Infusorien *n/Pl* (Infusoria) *Zool, Mikrobiologie* infuzorioj *Pl*; **~erde** *f* (*Syn:* ***Diatomeenerde*** *f u.* ***Kieselgur*** *f*) infuzoria tero
Inga *od* **Inge** (*f*) *weibl. Vorname* Inga
Ingenieur *m* (*Abk* ***Ing.***) inĝeniero (*Abk* inĝ.) (↑ *auch* ***Bau-***, ***Bergbau-***, ***Chef-***, ***Chemie-***, ***Diplom-***, ***Elektro-***, ***Forst-***, ***Ton-*** *u.* ***Vermessungsingenieur***); ***beratender*** ~ konsult[ant]a inĝeniero; ***Verein Deutscher ~e*** (*Abk* ***VDI***) Unuiĝo de Germanaj Inĝenieroj
Ingenieurfach *n* ↑ ***Ingenieurwesen***
Ingenieur|geologie *f* inĝeniera geologio; **~hochschule** *f* inĝeniera altlernejo
Ingenieurin *f* inĝenierino
ingenieurtechnisch *Adj* inĝenier-teknika
Ingenieurwesen *n, auch* ***Ingenieurfach*** *n* inĝeniera fako *od* inĝenierado, *auch* inĝenierarto (↑ *auch* ***Metallurgie-Ingenieurwesen***)
ingeniös *Adj* inĝenia; *i.w.S. außergewöhnlich talentiert* eksterordinare talentita
Inger *m/Pl, auch* ***Blindfische*** *m/Pl od* ***Schleimaale*** *m/Pl* (*Gattung* Myxine) *Ichth* miksinoj *Pl*
Ingern *Pl Ethn (altes ostseefinnisches Volk im historischen Ingermanland [das seit 1617 unter schwedischer, seit 1721 unter russischer Herrschaft war])* ingroj *Pl*
Ingolstadt (*n*) *Stadt in Bayern* Ingolŝtato
Ingredienzien *f/Pl Kochk, Pharm* ingrediencoj *Pl* (↑ *auch* ***Zutaten***)
Ingrid (*f*) *weibl. Vorname* Ingrida
Ingrimm *m alt od poet* sekreta kolero
ingrimmig *Adj alt od poet* sekrete kolera
Ingrisch[e] *n Ling* la ingra [lingvo]
inguinal *Adj Fachspr Med (zur Leistengegend gehörig)* ingvena
Inguinalband *n* (Ligamentum inguinale) *Anat* ingvena ligamento
Inguinalhernie *f Med* ↑ ***Leistenbruch***
Inguinalkanal *m Anat* ↑ ***Leistenkanal***
Inguinalregion *f Anat* ↑ ***Leistengegend***
Inguschen *m/Pl, Eigenbez.* ***Lamur*** *Ethn (ein den Tschetschenen verwandter Volksstamm im Nordkaukasus)* inguŝoj *Pl*
Inguschetien (*n*), *auch* **Inguschien** (*n*) *Republik innerhalb der Russischen Föderation* Inguŝio *[Hptst.: Nazran]*
Inguschisch[e] *n Ling (eine Kaukasussprache)* la inguŝa [lingvo]
Ingwer *m* (*Gattung* Zingiber) *Bot* zingibro *auch Gewürz*; *die Art ‹Zingiber officinale›, deren Wurzelstock als Arzneidroge verwendet wird* oficina zingibro (*vgl. dazu* ***Galgant***); ***deutscher*** ~ ↑ *unter* ***Kalmus***; ***roter*** ~ (*auch* ***rote Alpinie*** *genannt*) ruĝa zingibro *[Vorkommen: auf den Molukken bis zu den Inseln des südwestl. Pazifik]*; ***mit ~ würzen*** spici per zingibro, *auch kurz* zingibri
Ingwerbier *n, auch engl* ***Gingerbeer*** *n* zingibra biero
Ingwergewächse *n/Pl*: ***[Familie der]*** ~ *Pl* (Zingiberaceae) zingibracoj *Pl*
Ingwer|kuchen *m Nahr* zingibra kuko; **~öl** *n, auch* ***Zingiberöl*** *n aus Rhizomen des Ingwers gewonnenes ätherisches Öl* zingibra

oleo; ~**tee** *m* zingibra teo; ~**wurzelstock** *m* (Zingiberis rhizoma) zingibra rizomo <*auch als Arzneidroge verwendet*>

Inhaber *m* (*Abk* ***Inh.***) *Besitzer* posedanto; *Eigentümer* proprietulo (*vgl. dazu* ***Chef***; ↑ *auch* ***Mitinhaber***); *eines Amtes, Führerscheins, Rekords od Titels u.a.* havanto; *Träger* portanto; ***alleiniger*** ~ *od* ***Alleininhaber*** *m* sola posedanto

Inhaberin *f* posedantino; proprietulino

Inhaberkonnossement *n Hdl, Seefrachtverkehr* konosamento al portanto

inhaftieren *tr festnehmen* aresti

Inhaftierte *m* arestito

Inhaftierung *f, amtl* ***Inhaftnahme*** arest[ad]o

Inhalation *f od* ***Inhalieren*** *n Med* inhal[ad]o

Inhalationsapparat *od* **Inhalator** *m* aparato por inhali [medikamentojn], inhalilo

Inhalationsinfektion *f Med* ↑ ***Tröpfcheninfektion***

Inhalationstherapie *f Med* ↑ ***Aerosoltherapie***

Inhalatorium *n Med* inhalejo

inhalieren *tr heilkräftige Dämpfe* inhali; ***er inhaliert*** *er atmet heilkräftige Dämpfe ein* li inhalas [salubrajn vaporojn]

Inhalieren *n* ↑ ***Inhalation***

Inhalt *m* enhavo, *von etw. Verschlossenem, z.B. einem Fass od Container auch* entenaĵo (↑ *auch* ***¹Gehalt a)***); *Fassungsvermögen* volumeno, kapacito (*vgl. dazu* ***Volumen***); ***dem*** ~ ***nach*** laŭ [la] enhavo, laŭenhave

inhaltlich 1. *Adj* laŭenhava **2.** *Adv* laŭenhave *dem Inhalt nach* laŭ [la] enhavo; *den Inhalt betreffend* koncerne la enhavon

Inhalts|angabe *f Inhaltsverzeichnis* tabelo de enhavo; *Resümee* resumo; *Kurzfassung, Auszug [aus größeren Werken]* epitomo; ~**auswertung** *f* analizo de la enhavo

inhalts|gleich *Adj* samenhava; *i.w.S. von gleichem Umfang* samampleksa; ~**los** *Adj* senenhava; *Bemerkung* sensignifa; ~**reich** *Adj* enhavoriĉa; ~**schwer** *Adj bedeutsam* multsignifa; *wichtig* grava

Inhalts|stoffe *m/Pl* enhavaĵoj *Pl* (↑ *auch* ***Ingredienzien*** *u.* ***Zutaten***); ~**verzeichnis** *n* tabelo de enhavo; *Index* indekso

inhärent *Adj [einer Sache] innewohnend, anhaftend* imanenta

inhibieren *tr Naturw, Physiol, Psych* inhib[ici]i

Inhibition *f Naturw, Physiol, Psych (Hemmung bzw. Unterdrückung)* inhib[ici]o (↑ *auch* ***Rückwärtsinhibition***); ***sexuelle*** ~ *Psych* seksa inhib[ici]o

Inhibitor *m, auch* ***Hemmstoff*** *od* ***Antagonist*** *m Biochemie (Wirkstoff, der chemische bzw. biochemische Reaktionen hemmt od verhindert [Ggs: (in der Biochemie) Aktivator]* inhibanto, *auch* inhibitoro (↑ *auch* ***Enzym-*** *u.* ***Gyrasehemmer***)

inhuman *Adj unmenschlich* nehumana, *[stärker:]* malhumana

Initial *n od* **Initiale** *f od* ***Initialbuchstabe*** *m Großbuchstabe an Text- u. Kapitelanfängen in Handschriften u. alten Drucken* <*meist mit ornamentalem od figürlichem Schmuck*> inicialo (*vgl. dazu* ***Anfangsbuchstabe***)

initialisieren *tr Computer* initi

Initialkürzung *f Ling (z.B. EU, UEA)* iniciala mallongigo

Initialwort *n* ↑ ***Akronym***

Initiation *f Anthropol, Ethn (Reifefeier bei den Naturvölkern), Soziologie* inicado

Initiationsritual *n* inica rito

initiativ *Adj Initiative ergreifend* iniciatema

Initiative *f* iniciativo *od* iniciato (↑ *auch* ***Bürger-*** *u.* ***Privatinitiative***); *Initiativvermögen* iniciatemo; *erster Schritt* unua paŝo; ***auf*** ~ ***von*** (*od mit Gen*) laŭ iniciato de; ***aus eigener*** ~ el propra iniciativo *od* proprainiciate; ***die*** ~ ***ergreifen*** preni la iniciativon

Initiator *m*, <*schweiz*> *auch* ***Initiant*** *m* iniciatinto, *(Zam) auch* iniciatoro; *i.w.S. (Anführer)* ĉefo, estro, *(Anstifter)* instiginto *bzw.* instiganto *(Wegbereiter)* pioniro

initiieren *tr*: ***etwas*** ~ *[als erster] etw. einführen bzw. den Anstoß geben zu etw.* iniciati ion

Inja *f ein rechter Nebenfluss des Ob [in Westsibirien]* [rivero] Injo

Injektion *f Med* injekto (↑ *auch* ***Seruminjektion***); *injizierte Substanz auch* injektaĵo; *das Injizieren (als Vorgang) auch* injektado *auch Bautechnik*; ***intradermale*** (*od* ***intrakutane***) ~ intraderma (*od* enderma) injekto; ***intramuskuläre*** ~ intramuskola (*od* enmuskola) injekto; ***intravenöse*** ~ intravejna (*od* envejna) injekto; ***subkutane*** ~ subhaŭta injekto; ***jmdm. eine*** ~ ***geben*** (*od* ***verabreichen***) doni al iu injekton

Injektions|kanüle *f Med* injekta kanulo; ~**lösung** *f Med* injekta solvaĵo; ~**mörtel** *m Bauw* injekta mortero; ~**nadel** *f Med* injekta nadlo; ~**narkotika** *n/Pl Med* injektaj narkotaĵoj *Pl*; ~**spritze** *f Med* injektilo

Injektiv[laut] *m Phon (Laut mit glottalem Stützverschluss, Schnalzlaut [z.B. im Hottentottischen])* injektivo

Injektor *m, auch* ***Dampfstrahl[wasser]-pumpe*** *f Tech (zum Hineindrücken von Wasser in einen Dampfkessel, wobei der Förderdruck über dem Atmosphärendruck liegt)* injektoro (*vgl. dazu* ***Ejektor***)

injizierbar *Adj* injektebla

injizieren *tr Med, Tech (einspritzen)* injekti

[1]**Inka** *m 1. Titel der altindian. Herrscher von Peru 2. Angehöriger der altperuan. Herrscherkaste 3. (Ethn) Indianer des Quechua-Stammes* inkao (*vgl. dazu* ***Quechua***)

[2]**Inka** (*f*) *weibl. Vorname* Inka

inkaisch *Adj auf die* [1]*Inka bezogen* inkaa (↑ *auch* ***vorinkaisch***)

Inka|kakadu *m* (Cacatua leadbeateri) *Orn* rozkolora kakatuo *[Vorkommen: Australien]*; ~**reich** *n Gesch* inkaa imperio *[damalige Hptst.: Cuzco]*

Inkareis *m Bot, Nahr* ↑ ***Quinoa***

Inkarnation *f christl. Lehre (Fleischwerdung)* enkarniĝ[ad]o (*vgl. dazu* ***Reinkarnation***)

Inkaseeschwalbe *f* (Larosterna inca) *Orn* inkaŝterno *[Vorkommen an den Felsküsten von Peru u. Nordchile]*

Inkasso *n Fin* enkasigo; ~**indossament** *n, auch* ***Vollmachtindossament*** *n Fin* enkasiga endoso; ~**wechsel** *m, auch* ***Inkassopapier*** *n Bankw, Fin* enkasigenda trato

Inka|täubchen *n* (Scardafella inca) *Orn* inkaa kolombo *[Vorkommen: südliches Nordamerika bis Nicaragua]*; ~**taucher** *m* (Podiceps occipitalis) *Orn* arĝenta grebo

inkl. = *Abk für* ***inklusive***

Inklination *f Astron, Phys (die durch den Erdmagnetismus verursachte Neigung einer im Schwerpunkt aufgehängten Magnetnadel gegen die Horizontale)* inklinacio

Inklinatorium *n Geodäsie (Gerät zum Messen der erdmagnetischen Inklination)* busolo de subklino

Inklusion *f Fachspr Statistik (der Schluss vom Ganzen auf einen Teil, von einer Gesamtmasse auf eine Teilmasse)* inkludo (↑ *auch* ***Einbeziehung***)

inklusive (*Abk* ***inkl.***) **1.** *Adv* inkluzive (*Abk* inkl.); *eingerechnet* enkalkulite; ***wir bleiben bis zum 10. Juli*** ~ ni restos ĝis la 10-a de julio inkluzive **2.** *Präp* inkluzive [de]; ~ ***Frühstück*** *im Nom* inkluzive [de la] matenmanĝo, *im Akk* inkluzive matenmanĝon

inkognito *Adv unter fremdem Namen; i.w.S. unerkannt* inkognite; ~ ***reisen*** vojaĝi inkognite

Inkognito *n* inkognito

inkohärent *Adj unzusammenhängend* nekohera, *[stärker:]* senkohera

Inkohärenz *f* nekohereco, senkohereco

inkommensurabel *Math* ↑ *unter* ***teilerfremd***

inkompatibel *Adj* nekompatibila; *miteinander unvereinbar* neakordigebla

Inkompatibilität *f Biol, EDV, Elektronik, Ling* nekompatibileco; *Unvereinbarkeit* neakordigeblo

inkompetent *Adj* nekompetenta

Inkompetenz *f* nekompetenteco

inkongruent *Adj nicht übereinstimmend, Math (nicht deckungsgleich)* nekongrua

Inkongruenz *f* nekongrueco

inkonsequent 1. *Adj* nekonsekvenca, *[stärker:]* malkonsekvenca *od* senkonsekvenca **2.** *Adv* nekonsekvence, malkonsekvence *od* senkonsekvence

Inkonsequenz *f* nekonsekvenc[ec]o, *[stärker:]* senkonsekvenc[ec]o

inkonstant *Adj* nekonstanta *od [stärker:]* malkonstanta (*vgl. dazu* ***unbeständig*** *u.* ***veränderlich***)

Inkonstanz *f* nekonstanteco

Inkontinenz *f* (Incontinentia) *Med (Unvermögen, Harn od Stuhl zurückzuhalten)* inkontinenco (↑ *auch* ***Harninkontinenz***)

Inkorporation *f* enkorpig[ad]o

inkorporieren *tr einverleiben* enkorpigi; *mit einbeziehen* inkluzivi

inkorrekt *Adj* nekorekta, *[stärker:]* malkorekta (↑ *auch* ***fehlerhaft*** *u.* ***ungenau***)

Inkorrektheit *f* nekorekteco, *[stärker:]* malkorekteco; *inkorrekte Tat* nekorektaĵo *od* malkorektaĵo

Inkraftsetzung *f* [ek]validigo

Inkrafttreten *n* [ek]validiĝo *auch eines Gesetzes*; ***bis zum*** ~ ***des Vertrages*** ĝis la validiĝo de la kontrakto

Inkrement *n, auch* ***Zuwachs*** *m* ***[einer Größe]*** *Math u. Phys* inkremento; ***logarithmisches*** ~ *Math* logaritma inkremento

inkremental *Adj* inkrementa

Inkrustation *f Kunst (Vorgang)* inkrustado, *(Gegenstand: [verschiedenfarbig ausgeführte] Einlegearbeit)* inkrustaĵo (*vgl. dazu* ***inkrustieren***)

inkrustieren *tr in etw. farbige Flächendekorationen (z.B. als Einlegearbeit in Stein, Metall od Glas) ausführen* inkrusti

Inkubation *f Med, Zool* inkubacio

Inkubationszeit *f Med (Zeit zw. der Ansteckung bis zum Aufreten der ersten Krankheitserscheinungen einer Infektionskrankheit)* inkubacia daŭro (*od* periodo *od* tempo); ***eine ~ von etwa ... Tagen haben*** havi inkubacian daŭron de ĉirkaŭ ... tagoj

Inkubator *m Neonatalogie (Brutkasten für Frühgeborene)* inkubatoro [por fruenaskitoj]; *Fisch- od Geflügelzucht* inkubatoro [por kovi ovojn], *auch* kov-aparato

Inkubus *m, auch* ***Alb*** *od* ***Alp*** *m Myth (Buhlteufel des mittelalterlichen Hexenglaubens, im Volksglauben ein Nachtgespenst, das Angstträume verursacht)* inkubo (*vgl. dazu* ***Sukkubus***)

Inkunabel *f, auch* ***Früh-*** *od* ***Wiegendruck*** *m Buchw, Typ (frühestes Erzeugnis der Buchdruckerkunst [vor 1500])* inkunablo

inkurabel ↑ ***unheilbar***

Inkurvation *f alt* = ***Krümmung***

Inland *n Ggs Küste* internlando; *Ggs Ausland* enlando; ***im ~*** *im Landesinneren* en la interno de la lando *od* en la internlando; *im eigenen Land (nicht im Ausland)* enlande

Inländer *m* enlandano

inländisch *Adj* enlanda; *einheimisch* hejmlanda (*vgl. dazu* ***indigen***)

Inlands|brief *m Post* enlanda letero; **~-dienst** enlanda servo

Inland[s]|flug *m* enlanda flugo; **~[flug]linie** *f* enlanda fluglinio

Inlands|investition *f Fin, Wirtsch* enlanda investo; **~markt** *m Wirtsch* enlanda merkato; **~nachrichten** *Pl* enlandaj novaĵoj *Pl*; **~porto** *n* afrankokosto(j) por enlanda(j) poŝtaĵo(j); **~produktion** *f* enlanda produktado; **~sortiment** *n Hdl* enlanda sortimento; **~tarif** *m* enlanda tarifo; **~telegramm** *n* enlanda telegramo

Inlaut *m Ling (Laut im Innern eines Wortes)* sono en la vortinterno, *auch* envorta sono

Inlay *n Zahnfüllung* plomb[aĵ]o

Inlett *n Baumwollstoff für Federbetten* ŝtofo por plumsakoj [kaj plumaj litkovriloj]

inliegend 1. *Adj* ĉi-ena, ĉi-kuna (↑ *auch* ***beiliegend***) **2.** *Adv* ĉi-ene, ĉi-kune; ***~ erhalten Sie meinen Scheck in Höhe von ...*** ĉi-kune mi inkluzivas ĉekon je sumo de ...

Inlineskates *Pl, auch* ***Rollerblades®*** *Pl eine Variante von Rollschuhen, bei der die Rollen in einer Reihe (engl. in-line) angeordnet sind* vicradaj sketiloj *Pl*

in memoriam *zum Gedenken* memore al

inmitten 1. *Präp mit Gen* [en]meze de **2.** *Adv: innen drin* interne

innehaben *tr Amt* havi; *mehrere Ämter od Mandate gleichzeitig innehaben* kumuli; *Rekord u.a.* posedi (*vgl. dazu* ***halten***)

innehalten *intr* halti (*bzw.* paŭzi) por momento, *auch* paŭzeti; ***mit dem Sprechen ~*** paŭzeti dum la parolado

innen, *auch* ***innen drin*** *Adv* interne, *umg auch* ene; ***~ und außen*** interne kaj ekstere; ***nach ~*** internen, *umg auch* enen; ***die Tür geht nach ~ auf*** la pordo malfermiĝas internen; ***von ~ [her]*** de interne; ***von ~ heraus*** el interne

Innen|ansicht *f* interna aspekto; **~antenne** *f* endoma anteno; **~architekt** *m* interna arkitekto; *Raumgestalter* interna dezajnisto; **~-architektur** *f* interna arkitekturo, *(Innenausstattung, Raumgestaltung)* interna dekoracio (*od* dezajno); **~bahn** *f Leichtathletik* interna [kur]leno; **~beleuchtung** *f* interna lumigado *od* lumigado de la interno

innen|bords *Adv Mar (im Schiff [drinnen])* enŝipe; **~bürtig** *Adj Geol (im Erdinnern entstanden bzw. aus dem Erdinnern stammend [bezogen auf magmatische, tektonische u. metaphore Prozesse])* endogena

Innen|dienst *m* [en]oficeja deĵoro; **~elektrode** *f El* interna elektrodo; **~fläche** *f eines Kolbens, Rohrs od Zylinders* parieto

Innenhaut *f* ↑ ***Endothel[ium]***

Innenhof *m* interna korto (*vgl. dazu* ***Atrium a)*** *u.* ***Peristyl[ium]***)

Innenkiel *m Mar* ↑ ***Kielschwein***

Innen|leben *n, auch* ***Innenwelt*** *f (seelisch)* emocia vivo; **~meniskus** *m im Kniegelenk* interna menisko; **~minister** *m* ministro pri (*od* de) internaj aferoj

Innenministerium *n* ↑ *unter* ***Ministerium***

Innenohr *n* (Auris interna) *Anat* interna orelo; *i.w.S. Labyrinth* labirinto

Innenohrentzündung *f Med* ↑ ***Labyrinthitis***

Innen|parasiten *m/Pl, <wiss>* ***Endoparasiten*** *m/Pl [leben im Wirt, z.B. verschiedene Bandwurmarten, Protozoen od Viren]* internaj parazitoj *Pl, <wiss>* endoparazitoj *Pl*; **~politik** *f* interna (*od* enlanda) politiko

innenpolitisch *Adj* internpolitika, koncernanta la internan (*od* enlandan) politikon;

~*er* ***Ausschuss*** *m Parl* komisiono pri interna politiko; ***das ist ein ~es Problem*** tio estas problemo de la enlanda politiko

Innen|putz *m Bauw* interna puco (*vgl. dazu* ***Außenputz***); ~**raum** *m Raum, der innen verfügbar ist, z.B. im Auto* interna spaco; *Inneres* interno

Innenreim *m Metr* ↑ ***Binnenreim***

Innenseite *f* interna flanko; *Inneres* interno (↑ *auch* ***Kehrseite***); ***die ~ nach außen wenden*** *z.B. bei beidseitig tragbaren Kleidungsstücken* reversi

Innenstadt *f* urbocentro *od* centro de la urbo, urbokerno; ***wie komme ich in die ~?*** kiu estas la vojo al la urbocentro?

Innen|stürmer *m*, <*schweiz*> ***Inside*** *m* centra avanulo (↑ *auch* ***Mittelstürmer***); ~**tasche** *f in der Kleidung* interna poŝo *od* poŝo interne alkudrita; ~**taster** *m*, *auch* ***Lochzirkel*** *m Tech (Zirkel für Innenmaße)* interna cirkelo; ~**temperatur** *f im Haus* endoma temperaturo; *im Zimmer* [en]ĉambra temperaturo; ~**verteidiger** *m Fußball* centra arierulo; ~**verteidigung** *f Fußball* linio de centraj arieruloj; ~**wand** *f* interna muro

Innenwelt *f* ↑ ***Innenleben***

Innen|winkel *m Geom* interna angulo; ~**zone** *f* interna zono

inner|afrikanisch *Adj* internafrika; ~**asiatisch** *Adj* internazia

Innerasien (*n*) *Zentralasien* Centra Azio

innerbetrieblich *Adj unternehmensintern* internentreprena; *nur das Werk [selbst od dessen Mitarbeiter] betreffend* internuzina

inner|e *Adj* interna; ***die ~e Idee*** la interna ideo *[die sogen. «innere Idee» des Esperanto ist einer der Eckpfeiler der Zamenhofschen Weltanschauung]* (*vgl. dazu* ***Homaranismus***); ***~e Krankheiten*** *f/Pl* internaj malsanoj *Pl*; ***Facharzt*** *m* ***für ~e Krankheiten*** specialisto pri internaj malsanoj; ***~e Medizin*** *f* medicino pri internaj malsanoj; ***≗e Mongolei*** *f* Interna Mongolio; ***~e Sicherheit*** *f* enlanda sekureco *od* sekureco en (*od* interne de) la lando; ***eine ~e Stimme sagte mir ...*** interna voĉo diris al mi ...; ***~e Verletzungen*** *f/Pl Med* lezoj *Pl* de internaj organoj; ***~e Werte*** *m/Pl* internaj valoroj *Pl*; ***Einmischung*** *f* ***in die ~en Angelegenheiten eines Landes*** *Pol* enmiksiĝo (*od auch* interveno) en la internajn aferojn de alia lando

Innere *n (als Raumbegriff)* interno, *(in Bezug auf innere Teile od Inhalte)* internaĵo; *Inland* landinterno *od* internlando, *auch* interno (↑ *auch* ***Erd-*** *u.* ***Landesinnere***); ***ins ~ des Landes gehen*** iri (*bzw.* veturi *od* vojaĝi) en la internon de la lando; ***Ministerium des Innern***, <*schweiz*> ***Departement des Innern*** Ministerio pri Internaj (*od* Enlandaj) Aferoj; ***tief im*** (*od* ***in meinem***) ***Innern fühle ich ...*** profunde en mia interno (*od auch* en mia koro) mi sentas ...

Innereien *Pl essbare Eingeweide von geschlachteten Tieren (roh)* visceroj *Pl*, *(gekocht)* visceraĵo *Sg*; *i.w.S. Gekröse, Kaldaunen* tripo(j) (*vgl. dazu* ***Eingeweide***)

innergewerkschaftlich *Adj* internsindikata

innerhalb 1. *Adv* (*dafür meist* ***drinnen*** *od* ***innen*** [↑ *dort*]) interne; ***nach ~*** al interne, internen **2.** <*westösterr*> *u.* <*schweiz*> ***innert*** *Präp* ***a)*** *Ort* interne de ***b)*** *Zeit* dum, en [la daŭro de]; ~ ***kurzer Zeit*** dum (*od* en) mallonga tempo; ~ ***von zwei Jahrzehnten*** interne (*od* ene) de du jardekoj ***c)*** *übertr*: ~ ***der Grenzen von ...*** ene de la limoj de ...

innerlich 1. *Adj* interna *auch Med*; *seelisch* anima; *psychisch* psika; *kontemplativ, [in Betrachtung] versunken* kontempla **2.** *Adv* interne; anime; psike; ~ ***anzuwenden*** *als Anwendungsanweisung auf Arzneien* por interna apliko

Innerlichkeit *f [reiches] Seelenleben* [riĉa] anima (*od* psika) vivo

innerparteilich *Adj* internpartia

innersekretorisch ↑ ***endokrin***

innerstaatlich *Adj* internŝtata (↑ *auch* ***national***)

innerst|e *Adj* plej interna; ***die ~e Schicht*** la plej interna tavolo

innert ↑ ***innerhalb 2.***

inne|werden *intr geh (bewusst werden)* ekkompreni, ekkoni, *auch* rimarki; ~**wohnen** *intr* esti imanenta, esti entenata [en]

innig *Adj eng, z.B. Verbindung* intima; *Gefühl* profunda; *aus dem Herzen kommend* elkora; *herzlich* kora; *liebevoll* amoplena (*vgl. dazu* ***glühend***); ***~e Freundschaft*** *f* intima amikeco; ***mein ~ster Wunsch ist [es] ...*** mia plej arda deziro estas ...

Innigkeit *f* intimeco; profundeco; *Glut* ardo

inniglich = ***innig***

Innovation *f Einführung von Neuem* enkonduko de novaĵo(j); *Erneuerung* novig[ad]o; *Neuerung, Neuheit (das neu Erfundene od Gestaltete)* nov[ig]aĵo

Innovationsprozess *m* procedo de novigo
innovativ 1. *Adj erneuernd* noviga; *i.w.S. verbessernd* pliboniga **2.** *Adv* en maniero de novigo
Innozenz (*m*) *männl. Vorname* Inocento *auch Name mehrerer Päpste*
Innsbruck (*n*) *Hptst. von Tirol* Insbruko
Innung *f* gildo, korporacio (↑ *auch* ***Gilde*** *u.* ***Handwerkerinnung***)
inoffiziell 1. *Adj* neoficiala **2.** *Adv* neoficiale
Inokulation *f nur Fachspr Med (Hineinbringen von Erreger- od Zellmaterial in ein Nährmedium od einen Organismus)* inokulado (*vgl. dazu* ***Impfung*** *u.* ***Vakzination***)
inokulieren *tr* inokuli
inoperabel *Adj Med* neoperaciebla
Inosit *m Biochemie (ein Hefewuchsstoff, der weiße, sehr süß schmeckende Kristalle bildet, die in Wasser leicht löslich sind und sich nicht vergären lassen [kommt im Muskelsaft u. in vielen Blättern, Samen u. Pflanzensäften vor])* inozito
inotrop *Adj nur Fachspr Med u. Pharm (die Schlagstärke od Kontraktionskraft des Herzmuskels beeinflussend [z.B. Digitalisglykoside u. Katecholamine])* inotropa, havanta efikon sur la forto de kontrahiĝo de la miokardio
Inquisition *f, auch* ***Ketzergericht*** *n Gesch (1. [auch Großschr] als Institution der römischen Kirche 2. das Inquisitionsverfahren selbst u. die Art und Weise seiner Durchführung* inkvizicio (↑ *auch* ***Autodafé***)
Inquisitor *m Gesch (Richter der Inquisition)* inkvizitoro, *auch* inkviziciisto
inquisitorisch *Adj* inkvizicia, en (*od* laŭ) maniero de [la] inkvizicio
Insasse *m einer Anstalt, eines Heims od Lagers* loĝanto; *Fahrgast* pasaĝero
Insassenversicherung *f Kfz* asekuro pri pasaĝeroj (*od umg* kunveturantoj)
insbesondere *Adv* speciale, precipe
Inschrift *f* enskrib[aĵ]o, surskrib[aĵ]o; *[antike] Inschrift auf Denkmälern, Grabsteinen* epigrafo (↑ *auch* ***Grab-***, ***Runen-*** *u.* ***Steininschrift***)
Inschriftenforscher *m* ↑ ***Epigraphiker***
Inschriftenkunde *f* ↑ ***Epigraphik***
Insekt *n, auch* ***Kerbtier*** *n od* ***Kerf*** *m Ent* insekto (↑ *auch* ***Gall-***, ***Grab-***, ***Lack-***, ***Raub-***, ***Schad-***, ***Ur-*** *u.* ***Wasserinsekt***); ***[Klasse der] ~en*** *Pl*, <*wiss*> ***Hexapoden*** *Pl Zool* insektoj *Pl*, <*wiss*> heksapodoj *Pl*; ***erwachsenes ~*** *od* ***Vollkerf*** *m* matura (*od* plenkreska) insekto; ***flügellose*** (***geflügelte***) ***~en*** *Pl* senflugilaj (flugilhavaj) insektoj *Pl*; ***Unterklasse geflügelte ~en*** (Pterygota) *Ent* pteriguloj *Pl*; ***Holz fressende ~en***, <*wiss*> ***xylophage ~en*** *Pl z.B. Termiten* lignomanĝaj (*od* ksilofagaj) insektoj *Pl*; ***nützliche*** (***parasitische***) ***~en*** *Pl* utilaj (parazitaj) insektoj *Pl*; ***voll entwickeltes ~*** ↑ ***Imago***
Insektarium *n Ent (Anlage zur Beobachtung od zum Züchten von Insekten)* insektario
Insekten|befall *m* infestado (*bzw.* infestiĝo) de insektoj; **~bekämpfungsmittel** *n/Pl* insekticidoj *Pl*; **~blütigkeit** *f, Fachspr* ***Entomophilie*** *f Bot (Bestäubung durch Insekten)* entomofilio; **~flug** *m* insekta flugado; **~flügel** *m* flugilo de insekto(j), *Fachspr Ent* pterigo; **~fresser** *m/Pl, Fachspr* ***Insektivoren*** *f/Pl* (*Ordnung* Insectivora) *Zool* insektomanĝuloj *Pl, Fachspr* insektovoruloj *Pl*; **~gespinst** *n bes. das der Seidenraupe* kokono
Insektengift *n* insekta veneno; **~allergie** *f Med* insektovenena alergio
Insektenkunde *f* ↑ ***Entomologie***
Insektenkundler *m* ↑ ***Entomologe***
Insekten|larve *f* insektolarvo; **~plage** *f* insektoplago; **~protein** *n* insektoproteino
Insektenpulver *n* kontraŭinsekta pulvoro, *auch* insektomortiga pulvoro (↑ *auch* ***Insektizid***); ***Dalmatinisches ~*** ↑ ***Pyrethrum***
Insekten|sammlung *f* insektokolekt[aĵ]o; **~schutz** *m* ***a)*** *Schutz vor Insekten* protekto kontraŭ insektoj (↑ *auch* ***Insektizide*** *u.* ***Moskitonetz***) ***b)*** *Schutz der Insekten [in ihrer Artenvielfalt]* protekt[ad]o de la insektoj; **~schwarm** *m* insektosvarmo; **~spray** *n* kontraŭinsekta sprajo; **~sterben** *n* [amasa] mortado de insektoj *od* [amasa] insektomortado; **~stich** *m* insektopiko; **~vernichtungsmittel** *od* **~vertilgungsmittel** *n* insektneniigilo, insektmortigilo
Insektivoren *m/Pl Zool* ↑ ***Insektenfresser***
Insektizide *n/Pl* insekticidoj *Pl* (↑ *auch* ***Larvizide***, ***Pestizide*** *u.* ***Pyrethrum***)
Insektizidresistenz *f [bei Insektenarten:] Toleranz gegenüber Insektiziden [erworben bei kontinuierlicher Anwendung von Insektiziden]* rezisteco al insekticidoj
Insel *f* insulo (↑ *auch* ***Felsen-***, ***Fluss-***, ***Halb-***, ***Korallen-*** *u.* ***Vulkaninsel***); ***schwimmende ~*** flosanta insulo; ***auf eine ~ [zu] fahren*** veturi [en la direkto] al insulo; ***eine ~***

tauchte am Horizont auf *Mar* insulo emerĝis (*od auch* aperis) ĉe la horizonto; ***eine grüne ~ inmitten der Wüste*** insulo da verdaĵo enmeze de la dezerto ◇ ***die ~ der Glückseligkeit*** *poet* la insulo de feliĉo *(Zam)*; ***die Grüne ~*** *bildh für «Irland»* la Verda Insulo

Inselbewohner *m* loĝanto de insulo; *Insulaner* insulano

Inselchen *n* insuleto

Insel|grabhuhn *n* (Megapodius freycinet) *Orn* megapodio; **~gruppe** *f* grupo da insuloj, insularo (*vgl. dazu* ***Archipel***)

Inselhormon *n* = ***Insulin***

Insel|kette *f* ĉeno de (*od* da) insuloj; **~klima** *n* insula klimato; **~lage** *f* insula situo; **~paradies** *n* insula paradizo; **~reich** *n od* **~staat** *m aus einer Insel bzw. aus mehreren Inseln bestehender Staat* insula (*bzw.* insulara) ŝtato

Inselzell|adenom *n od* **~tumor** *m* ↑ ***Insulinom***

Insemination *f* = ***[künstliche] Besamung***

insensibel *Adj unempfindlich* nesensiva, *[stärker:]* sensensiva (↑ *auch* ***gefühllos***)

Insensibilität *f* nesensiveco

Inserat *n Ztgsw: Anzeige* [gazet]anonco; *als Reklame* reklam-anonco

Inserate[n]teil *m*: ***im ~*** en la anoncoparto [de la gazeto]

Inserent *m* anoncanto (*bzw.* reklamanto) [en gazeto *od* ĵurnalo *u.a.*]

[1]**inserieren** *intr*: ***in einer Zeitung ~*** anonci [ion] en gazeto (*od* ĵurnalo); *abs* meti anoncon (*bzw.* reklamon) en gazeton

[2]**inserieren** *tr Anat, Bot, Gartenb (ansetzen [ein Pfropfreis])* inserti

Insertion *f Anat (Ansatzstelle eines Muskels od einer Sehne am Knochen)* inserto

insg. = *Abk für* ***insgesamt***

insgeheim *Adv geheim* sekrete, kaŝite (↑ *auch* ***heimlich***); *stillschweigend* silente; *hinter den Kulissen* malantaŭ la kulisoj; ***~ lachen*** kaŝe ridi, *auch* kaŝridi

insgesamt (*Abk* ***insg.*** *od* ***insges.***) *Adv* entute, sume; *im Allgemeinen* ĝenerale; *grundsätzlich* principe, en principo; ***~ sind drei Hotels in dieser Stadt*** estas entute tri hoteloj en tiu [ĉi] urbo; ***~ war ich zufrieden*** entute mi estis kontenta

Inside *m* ↑ ***Innenstürmer***

insidiös *Adj Med ([von Krankheiten:] heimtückisch, schleichend)* insida

Insignien *n/Pl* insignoj *Pl* (↑ *auch* ***Kroninsignien***); ***~ der Macht*** insignoj de [la] potenco; ***königliche ~*** reĝaj insignoj

insignifikant *Adj geh* malsignifoplena (↑ *auch* ***unwichtig***); *Statistik* malsignifika

insinuieren *tr geh für «zu verstehen geben» od «geschickt beibringen»*: ***jmdm. etw. ~*** insinui ion al iu (↑ *auch* ***unterstellen b)***)

insistent *Adj geh für «beharrlich»* insista

Insistenz *f geh für «Beharrlichkeit»* insist[ad]o

insistieren *intr geh für «beharren, bestehen od dringen»* insisti (***auf*** pri)

inskribieren ***a)*** *tr alt für «einschreiben» od «[in eine Liste] eintragen»* enskribi; *<österr> an einer Hochschule einschreiben* matrikuli *od* enmatrikuligi ***b)*** *intr* enmatrikuliĝi [por]

inskünftig *Adv <schweiz> künftig, in Zukunft* estonte, en estonto; *fortan* [ek]de nun

insofern 1. *Adv* ĝis tiu punkto (*bzw.* grado); *in dieser Hinsicht* en tiu ĉi koncerno **2.** *Konj*: ***~ [als]*** tiom longe kiom; *vorausgesetzt, dass ...* kondiĉe, ke ...

Insolation *f* ***a)*** *Fachspr Med (Sonnenstich)* insolacio, *umg* sunfrapo (↑ *auch* ***Hitzschlag***) ***b)*** *Fachspr Met* ↑ ***Sonnenbestrahlung***

insolent *Adj anmaßend unverschämt* insolenta; *beleidigend schamlos* ofende senhonta

insolubel ↑ ***unlöslich***

insolvent *Adj zahlungsunfähig* nesolventa

Insolvenz *f* nesolventeco; *Bankrott* bankroto (↑ *auch* ***Konkurs***); **~verfahren** *n Jur* proceduro de nesolventeco; **~verwalter** *m*, *<schweiz>* ***Konkursverwalter*** *m* sindiko [pri bankroto] (↑ *auch* ***Treuhänder***)

insoweit = ***insofern***

in spe = ***zukünftig***

Inspekteur *m derjenige, der [gerade] inspiziert* inspektanto (*vgl. dazu* ***Inspektor***; ↑ *auch* ***Generalinspekteur***)

Inspektion *f [prüfende] Besichtigung* inspekt[ad]o *auch Mil*; *Kontrolle* kontrolo; *Revision* revizio; ***~ ohne Vorankündigung*** inspekto sen antaŭa anonco

Inspektions|plan *m* plano de inspektado; **~reise** *f* inspekta vojaĝo *od* inspektovojaĝo

Inspektor *m* inspektisto *auch Polizei*

Inspektorat *n* = ***Kontrollbehörde***

Inspiration *f* inspir[ad]o

Inspirationsquelle *f* fonto de inspiro

inspirativ *Adj* inspira

Inspirator *m* inspiranto *bzw.* inspirinto (*vgl. dazu* ***Initiator***)

inspirieren *tr [geistig od künstlerisch] anregen* inspiri; ***inspiriert werden*** (***worden***) esti inspirata (inspirita) (***von*** de); ***sich von etw. ~ lassen*** lasi sin inspiri de io

Inspiriertheit *f Zustand der Inspiration* inspiriteco

Inspizient *m Theat, TV* inspektoro

inspizieren *tr* inspekti; *überprüfen* kontroli, revizii, ekzameni; ***die Truppen ~*** *Mil* inspekti la trupojn

inspizierend *Adj*: ***der ~e Offizier*** *Mil* la inspektanta oficiro

Inspizierung *f* inspektado

instabil 1. *Adj* nestabila, *[stärker:]* malstabila; ***~e Lage*** *f* malstabila situacio; ***~e Mischung*** *f Chem* malstabila miksaĵo **2.** *Adv* nestabile, *[stärker:]* malstabile

Instabilität *f* nestabileco, *[stärker:]* malstabileco *auch Pol, Tech* (*vgl. dazu* ***Labilität***)

Instagram® *(ohne Art) EDV (ein Onlinedienst zum Teilen von Fotos u. Videos)* instagramo; **~-Follower** *m* ano ĉe instagramo

Installateur *m* instalisto; *i.e.S. Klempner* tubisto; *Elektro*≗ elektroinstalisto; *Gas*≗ instalisto de gastuboj

Installation *f als Vorgang* instalado (↑ *auch* ***Vorinstallation***); *Installiertes* instalaĵo

installieren *tr bes. Handw, Tech* instali

instand *Adv*, *auch* ***in Stand***: ***etw. ~ halten*** bonteni ion, konservi ion bonstata; *warten, z.B. ein Kfz, eine Maschine* varti; ***~ setzen***, *<schweiz>* ***instand stellen*** *wieder funktionstüchtig machen* refunkciigi; *reparieren* ripari; *renovieren* renovigi

Instandhaltung *f Pflege, Wartung* bonten[ad]o, vartado *auch Fuhrpark*

inständig 1. *Adj* insista; *dringlich* urĝa (↑ *auch* ***nachdrücklich***) **2.** *Adv* insiste, urĝe

instandsetzbar *Adj* riparebla

Instandsetzung *f Reparatur* ripar[ad]o; *Renovierung* renovigo

Instant Food *f Nahr* ↑ ***Schnellgericht***

Instantkaffee *m* tuj[pret]a kafo

Instant Messaging *n* ↑ ***Nachrichtensofortversand***

Instantsuppe *f*, *umg* ***Tütensuppe*** *f*, *<österr> umg* ***Packerlsuppe*** *f* tuj[pret]a supo

Instanz *f Jur, Verw* instanco (*vgl. dazu* ***Behörde***; ↑ *auch* ***Berufungsinstanz*** *u.* ***EU-Instanzen***); ***in letzter ~*** lastinstance; ***bis zur höchsten ~ gehen*** iri [kun la afero] ĝis la plej alta instanco

Insterburg (*n*) ↑ ***Tschernjachowsk***

Instillation *f nur Fachspr Ophthalmologie u. Med (tropfenweises Einbringen von flüssigen Arzneimitteln in die Augen bzw. in den Organismus)* engutigado [de medikamento *bzw.* solvaĵo] (↑ *auch* ***Dauertropfinfusion***)

Instinkt *m angeborene Verhaltensweise, auch für «sicheres Gefühl»* instinkto (↑ *auch* ***Mutter-*** *u.* ***Nestbauinstinkt***); **~handlung** *f* instinkta ago

instinktiv 1. *Adj* instinkta **2.** *Adv* instinkte (↑ *auch* ***unwillkürlich***); ***~ handeln*** agi instinkte; ***ich fühlte ~, dass ...*** mi sentis instinkte, ke ...

instinktlos 1. *Adj* seninstinkta **2.** *Adv* seninstinkte

Instinkt|losigkeit *f* seninstinkteco; **~verhalten** *n* instinkta konduto

Institut *n bes. Wiss* instituto (*vgl. dazu* ***Forschungs-*** *u.* ***Kulturinstitut***); *Körperschaft* korporacio; *Anstalt* institucio; *Stiftung* fondaĵo; ***~ für Deutsche Sprache*** (*Abk* ***IDS***) Instituto pri Germana Lingvo *[1964 gegründete außeruniversitäre Institution zur Erforschung u. Dokumentation der deutschen Gegenwartssprache (Sitz: Mannheim)]*; ***das ~ de France*** *Zusammenschluss von fünf französischen wissenschaftlichen u. künstlerischen Akademien [Sitz: Paris]* la Francia Instituto; ***~ für Forschung und Entwicklung*** instituto pri esploro kaj evoluigo; ***~ für Kultur*** instituto de kulturo; ***~ für Zahnmedizin*** instituto de denta medicino; ***chemisches ~*** *bes. Univ* instituto de kemio

Institution *f [öffentliche bzw. private] Anstalt od Einrichtung* institucio (*vgl. dazu* ***Stiftung***); ***staatliche ~*** ŝtata institucio

institutionalisieren *tr* instituciigi

institutionell *Adj* institucia

Instituts|bibliothek *f* instituta biblioteko; **~direktor** *m* direktoro de [la] instituto; **~leiter** *m* institutestro

instruieren *tr* instrukcii, doni instrukcio(j)n (***über*** pri); *in Kenntnis setzen* sciigi (***jmdn.*** al iu)

Instrukteur *m*, *<österr> u. <sxhweiz>* ***Instruktor*** *m* instrukcianto; *Mil (Ausbilder)* instruktoro

Instruktion *f Anweisung* instrukcio (*vgl. dazu* ***Anleitung*** *u.* ***Vorschrift***)

instruktiv *Adj* instru[iv]a, *auch* boninstrua

Instrument *n Handw, Tech* ilo, instrumento (↑ *auch* ***Präzsionsinstrument***); *Mus* [muzik]instrumento (↑ *auch* ***Blas-***, ***Lingual-***, ***Musik-***, ***Saiten-***, ***Streich-***, ***Tasten-*** *u.* ***Zupfinstrument***); ***ärztliche ~e*** *Pl* kuracistaj instrumentoj *Pl*; ***elektronisches ~*** elektronika instrumento

Instrumental[is] *m Gramm, Ling (ein Kasus in slawischen Sprachen, der das Mittel od Werkzeug bezeichnet)* instrumentalo, *auch* instrumenta kazo

Instrumentalmusik *f* instrumenta muziko

Instrumentarium *n* instrumentaro

Instrumentation *f, auch* ***Instrumentierung*** *f Mus* instrumentado (↑ *auch* ***Orchestration***)

Instrumentenbrett *n Kfz* ↑ ***Armaturenbrett***

Instrumentenflug *m Flugw* ↑ ***Blindflug***

Instrumenten|macher *m* instrumentfaristo; **~schrank** *m* instrumentoŝranko; **~tafel** *f Tech* instrumentpanelo *od* instrumenta panelo (↑ *auch* ***Armaturenbrett***)

instrumentieren *tr Mus* instrumenti

Instrumentierung *f Mus* ↑ ***Instrumentation***

Insuffizienz *f Unzulänglichkeit* nesufiĉeco; *Med* insuficienco (↑ *auch* ***Aorten-***, ***Gefäß-***, ***Herz-***, ***Nieren-*** *u.* ***Partialinsuffizienz***)

Insufflation *f nur Fachspr Med (Einblasen od Einspritzen von flüssigen, gasförmigen od pulverisierten Substanzen in Körperhöhlen od Gefäße [z.B. Sauerstoff bei Mund-zu-Mund-Beatmung bzw. Äther bei Narkose])* insuflacio

Insufflations|gas *n Gas, das z.B. zur Insufflation bei Laparoskopie verwendet wird* insuflacia gaso; **~narkose** *f Chir* insuflacia narkozo

Insulaner *m* insulano, [en]loĝanto de insulo

insular *od* **insulär** *Adj* insula

Insulin *n ein Hormon der Bauchspeicheldrüse, sogen. «Inselhormon»* insulino *auch Pharm*; ***40 Einheiten ~*** 40 unitoj da insulino; *~* ***spritzen*** *Med* injekti insulinon

insulinabhängig *Adj* insulindependa; ***~er Diabetes [mellitus]*** *m Med* insulindependa diabeto

Insulin|allergie *f Med* insulin-alergio; **~anämie** *f Med* insulin-anemio

Insulinase *f Biochemie (ein proteolytisch wirksames Enzym zum Abbau des Insulins im Gewebe)* insulinazo

Insulineinheit *f* insulin-unito

Insulinom *n, auch* ***Inselzelladenom*** *n od* ***Inselzelltumor*** *m Med* insulinomo; ***malignes ~***, *auch* ***Nesidioblastom*** *n Inselzelltumor der Bauchspeicheldrüse* nesidioblastomo

insulinresistent *Adj* insulinrezista

Insulin|schock *m Med* insulinŝoko *od* insulina ŝoko; **~therapie** *f* insulinterapio, terapio per insulino

insultieren *tr geh für «[grob] beleidigen», «verunglimpfen»* [krude] insulti

Insurgent *m* insurgento (*vgl. dazu* ***Rebell***)

Insurrektion *f Volksaufstand, Erhebung* insurekcio (*vgl. dazu* ***Aufstand***)

inszenieren *tr* enscenigi; *übertr umg* aranĝi

Inszenierung *f Theat* enscenigo (↑ *auch* ***Neuinszenierung***)

Intaglio [*in'taljo*] *n Gemme mit vertieft eingeschnittenem Bild* intajlo

intakt *Adj in gutem Zustand* bonstata, *nachgest* en bona stato; *unbeschädigt* nedamaĝita, nedifekt[it]a (↑ *auch* ***unversehrt***); *gut funktionierend* bone funkcianta, *(Herz)* [tute] sana; ***ein ~es Ökosystem*** bonstata (*od* nedamaĝita) ekosistemo

Intarsie *f, auch* ***Einlegearbeit*** *f* marketraĵo

intarsieren *tr* marketri

integer *Adj ohne Makel* senmakula; *rechtschaffen, redlich* honesta; *untadelig* senriproĉ[ebl]a

integral *Adj ein Ganzes ausmachend, vollständig* integra; *Math* integrala

Integral *n Math* integralo (↑ *auch* ***Doppelintegral***); ***bestimmtes*** (***eigentliches***, ***einfaches***, ***elliptisches***, ***singuläres***, ***unbestimmtes***) *~* difinita (propra, simpla, elipsa, singulara, nedifinita) integralo

Integral|gleichung *f Math* integrala ekvacio; **~konstante** *f* integrala konstanto; **~rechnung** *f* integrala kalkulo; **~zeichen** *n (Zeichen ∫)* integralsigno

Integrand *m Math (das zu Integrierende, was unter dem Integralzeichen steht)* integrato

Integration *f das Sichintegrieren* integriĝo; *das Integrieren* integrado (*vgl. dazu* ***Assimilation***; ↑ *auch* ***Reintegration***); *~* ***durch Substitution*** *Math* integrado per substituo; ***die europäische ~*** *Pol* la eŭropa integriĝo (*bzw.* integrado); ***grafische ~*** *Math* grafika integrado; ***wirtschaftliche ~*** ekonomia integriĝo (*bzw.* integrado)

Integrations|grenze *f Math (Integralrechnung)* limo de integrado; **~intervall** *n Math (Integralrechnung)* intervalo de integrado;

~**politik** *f* politiko de integrado; ~**prozess** *m* proceso de integriĝo (*bzw.* integrado)
integrativ *Adj* integr[ig]a *bzw.* integriĝa
Integrator *m* integrilo
integrierbar *Adj* integrebla
integrieren *tr zu einem Ganzen vereinigen od zusammenfassen* integri; *Math* integrali; ***sich*** ~ integriĝi (***in*** en, *auch* al)
integrierend *Adj* integra; ~***er Bestandteil*** *m unbedingt notwendiger Bestandteil* nepre necesa komponanto
integriert *Adj* integrita; ~***er Schaltkreis*** *m El* integr[it]a cirkvito, *Kurzf* ico
Integrität *f* ***a)*** integreco *auch Unversehrtheit*; *Ganzheit auch* tuteco; ***territoriale*** ~ teritoria integreco ***b)*** *Rechtschaffenheit* honesteco; *Unbescholtenheit* neriproĉebleco, senmakuleco
Integument[um] *n 1. Zool (äußere Haut, Decke, Hülle bei Vertebraten u. Evertebraten) 2. Bot (Hülle um die Samenanlage)* tegumento
Intellekt *m* intelekto (↑ *auch* ***Denkvermögen*** *u.* ***Verstand***)
Intellektualismus *m Phil (philosophische Lehre, die dem Intellekt den Vorrang gibt* intelektismo *auch für «einseitig verstandesmäßiges Denken»*
intellektuell *Adj [einseitig] verstandesmäßig* intelekta (↑ *auch* ***geistig***); *gebildet, gelehrt* erudicia
Intellektuelle *m* intelektulo
intelligent *Adj* intelekta (*vgl. dazu* ***klug***)
Intelligenz *f* inteligenteco (*vgl. dazu* ***Klugheit*** *u.* ***Vernunft***); *als soziale Schicht* intelektularo *Sg*, intelektuloj *Pl*; ***kollektive*** ~, *auch* ***Gruppen-*** *od* ***Schwarmintelligenz*** *f Biol (z.B. bei Ameisen)* kolektiva inteligenteco; ***künstliche*** ~ (*Abk* ***KI***) *Teilgebiet der Informatik, das sich mit der Automatisierung intelligenten Verhaltens befasst* artefarita inteligenteco (*Abk* AI); ***natürliche*** ~ natura inteligenteco
Intelligenz|defekt *m Bez für eine Minderung der Intelligenz [z.B. bei Demenz u. geistiger Behinderung]* difekto de inteligenteco; ~**grad** *m* grado de inteligenteco; ~**quotient** *m* (*Abk* ***IQ*** *m*) *Maß für die intellektuelle Leistungsfähigkeit* kvociento de inteligenteco, *auch* intelekta kvociento; ~**test** *m* testo de inteligenteco
Intendant *m Mil, Theat, TV* intendanto; *Theater*~ teatra intendanto
Intendanz *f Leitung [eines Theaters, Fernseh- od Rundfunksenders]* direkcio
intendieren *tr geh für «beabsichtigen» od «anstreben»* intenci *od* aspiri
Intensität *f* intenseco (↑ *auch* ***Arbeitsintensität***); *i.w.S. [fürchterliche] Wucht* [terura] fortego
intensiv 1. *Adj* intensa, *auch* intensiva; ~***e Bodenbewirtschaftung*** *f Landw* intensiva kultivado de grundo **2.** *Adv* intens[iv]e
Intensiv|behandlung *f Med* intensiva terapio; ~**bett** *n Med* intensivflega lito (↑ *auch* ***Pflegebett***)
intensivieren *tr* intensigi, *auch* intensivigi (*vgl. dazu* ***steigern*** *u.* ***verstärken***)
Intensivierung *f* [pli]intensigo, *auch* intensivigo; *das Intensiverwerden* intens[iv]iĝo
Intensivierungsprogramm *n* intensiga programo
Intensiv|kurs *m Päd* intensiva kurso *od* intensivkurso (*vgl. dazu* ***Schnellkurs***); ~**medizin** *f* intensiva medicino; ~**mediziner** *m* intensivmedicinisto; ~**pflege** *f* intensa flegado
Intensivstation *f Med* intensiv[medicin]a sekcio (↑ *auch* ***Wachstation***); ***er liegt auf der*** ~ li kuŝas en la intensiva sekcio
Intensivtherapie *f Med* intensiv[medicin]a terapio
Intention *f geh* = ***Absicht*** *od* ***Vorhaben***
Intentionalismus *m Ethik (philosophische Lehre, nach der jede Handlung nur nach ihrer Absicht, nicht nach ihrer Wirkung zu beurteilen ist)* intencismo
interagieren *intr Psych, Soziologie (Interaktion betreiben)* interagi (***mit*** kun)
Interaktion *f Wechselbeziehung zw. Personen u. Gruppen* interag[ad]o; ***soziale*** ~ socia interagado; ~ ***von Arzneimitteln*** *Wechselwirkung zw. zwei od mehr Arzneistoffen* interagado de [la] medikamentoj (*vgl. dazu* ***Wechselwirkung***)
interaktiv *Adj*: ~***es Computersystem*** *n* interaga komputila sistemo; ~***es Fernsehen*** *n* interaga televido
Intercity- [...'*siti*] *in Zus* interurba
Interdental|laut *m Phon (ein zwischen den Schneidezähnen gebildeter Laut [z.B. engl.* th (θ *u.* ð)*])* interdentalo; ~**septum** *n Stomatologie* interdenta septo
interdependent *Adj voneinander abhängend* interdependa
Interdependenz *f gegenseitige Abhängigkeit*

interdependeco *auch Ling*

Interdikt *n kath. Kirchenrecht (Strafmaßnahme des Papstes od eines Bischofs gegen Einzelpersonen, Personengemeinschaften od Orte [bes. das Verbot kirchlicher Handlungen <Messe, Taufe, Firmung, Trauung, Beerdigung u. Glockenläuten>])* interdikto; ***jmdn. mit dem ~ belegen*** interdikti iun

interdisziplinär *Adj zwischen mehreren Disziplinen od Fachrichtungen bestehend bzw. mehrere Disziplinen betreffend* interfaka

Interdisziplinarität *f Nutzung von Denkweisen od Methoden verschiedener Fachrichtungen* interfakeco

interessant 1. *Adj* interesa (***für*** por); ***ein ~er Roman*** interesa romano **2.** *Adv* interese

Interesse *n* intereso, *auch* interesiĝo (***an*** *od* ***für*** pri *od* por); *~**n** Pl Belange* interesoj *Pl* (↑ *auch* ***Geld-*** *u.* ***Staatsinteressen***); ***aufeinander abgestimmte ~n*** *Pl* harmoniigitaj interesoj *Pl*; ***im ~ von ...*** en la intereso de ...; ***in Ihrem eigenen ~*** en via propra intereso; ***mit besonderem*** (***großem***) ~ kun aparta (granda) interes[iĝ]o; ***von grundlegendem*** (*od auch* ***hervorragendem***) ~ de fundamenta intereso; ***~ bekunden*** (*od* ***zeigen***) montri intereson; ***~ haben an*** (*od* ***für***) ***...*** havi intereson pri (*od* por) ...; ***das ~ lässt nach*** (***nimmt zu***) la intereso malkreskas (kreskas); ***auf großes ~ stoßen*** renkonti grandan intereson; ***das ~ verlieren für*** (*od* ***an***) ***...*** perdi la interes[iĝ]on pri ...; ***seine ~n wahren*** gardi siajn interesojn; ***~ wecken für ...*** veki intereson pri ...

interesselos *Adj* sen intereso(j) *nachgest*, indiferenta (*vgl. dazu* ***indifferent***, ***gleichgültig*** *u.* ***lieblos***)

Interesselosigkeit *f Mangel an Interesse* manko de intereso; *Gleichgültigkeit* indiferenteco

Interessen|bereich *m* sfero de interesoj; **~gemeinschaft** *f* komuneco de interesoj; *Zirkel* rondo de homoj kun samaj interesoj (*od* hobioj); **~gleichheit** *f* egaleco de interesoj; **~gruppe** *f*, *auch* ***Interessenvertretung*** *f* interesogrupo (↑ *auch* ***Lobbying***), **~konflikt** *m*, *auch* ***Interessenkollision*** *f* konflikto de interesoj; **~sphäre** *f Pol* sfero de influo

Interessent *m derjenige, der für etw. interessiert wird (bzw. wurde)* interesato *bzw.* interesito; *derjenige, der sich für etw. interessiert* interesiĝanto; *Hdl auch* estonta kliento; ***es haben sich mehrere ~en für ... gemeldet*** pluraj personoj esprimis sian intereson pri ...

Interessenverband *m* asocio por defendi komunajn [ekonomiajn] interesojn (*vgl. dazu* ***Berufsgenossenschaft*** *u.* ***Gewerkschaft***)

Interessenvertretung *f* ↑ ***Interessengruppe***

interessieren *tr* interes[ig]i; ***jmdn. ~ für ...*** ekinteresi (*od* interesigi) iun por ...; ***interessiert sein an ...*** *od* ***sich ~ für ...*** sin interesi, *umg* interesiĝi pri (*od* por) ...; ***interessiert Sie das?*** ĉu tio interesas vin?; ***so etwas interessiert mich nicht*** io tia ne interesas min

interessiert *Adv* (↑ *auch* ***aufgeschlossen***): ***~ zuhören*** aŭskulti kun intereso

Interessiertheit *f* interesiĝo

interethnisch *Adj* interetna; ***~er Konflikt*** *m* interetna konflikto

Interface [...'fe:s] *n*, *auch* ***Schnittstelle*** *f EDV* interfaco

Interferenz *f Biol, Ling, Opt, Psych, Radio, TV (Überlagerung)* interfero; *i.w.S. [atmosphärische] Störungen* [atmosferaj] perturboj *Pl*, *durch Störsender* ĵamado *Sg* (*vgl. dazu* ***Überlagerung***); ***willkürliche ~*** *Psych* arbitra interfero

Interferenzfilter *m Astron, Spektroskopie* interferiga filtrilo

Interferenzmesser *m Opt* ↑ ***Interferometer***

Interferenz|phänomen *n Virologie* interfera fenomeno; **~streifen** *m/Pl auf dem Bildschirm* interferaj strioj *Pl*

interferieren ***a)*** *intr Radio, Opt, TV (sich überlagern)* interferi ***b)*** *tr* interferigi

Interferometer *n*, *auch* ***Interferenzmesser*** *m Opt* interferometro

Interferometrie *f Messverfahren mithilfe des Interferometers* interferometrio

Interferon *n Biol, Med (Immunologie)* interferono

interfraktionell *Adj Pol (zwischen Fraktionen bestehend, ihnen gemeinsam)* interfrakcia

intergalaktisch *Astron (zwischen mehreren Galaxien gelegen)* intergalaksia; ***~er Raum*** *m* intergalaksia spaco

intergenerationell *Adj Soziologie (generationenübergreifend)* intergeneracia

interglazial, *auch* ***zwischeneiszeitlich*** *Adj Geol* interglaciepoka

Interglazialzeit *f*, *auch* ***Warmzeit*** *f Geol (ein längerer Zeitabschnitt mit wärmerem Kli-*

ma zw. zwei Kaltzeiten) interglacia epoko

Interieur *n* interno [de domo]; *Mal (einen Innenraum darstellendes Bild)* interioro

interimistisch **1.** *Adj in der Bed «Übergangs...»* transira; *vorübergehend* por certa (*od* nelonga) tempo; *provisorisch, vorläufig* provizora (↑ *auch* ***einstweilig*** *u.* ***zeitweilig***) **2.** *Adv* certatempe; provizore

Interimsdividende *f* ↑ ***Abschlagsdividende***

Interims|lösung *f* provizora solvo; ~**regierung** *f* provizora registaro; *Übergangsregierung* transira registaro

interinsular *Adj* interinsula

Interjektion *f Gramm (Ausrufe- od Empfindungswort, z.B.* ***oh!*** *od* ***au!****)* interjekcio

inter|kantonal *Adj* <*schweiz*> *für «mehrere Kantone betreffend»* interkantona, koncernanta plurajn kantonojn; ~**kommunal** *Adj zw. Gemeinden bestehend* interkomunuma; ~**konfessionell** *Adj* interkonfesia; ~**kontinental** *Adj* interkontinenta

Interkontinentalflug *m* interkontinenta flugo

Interkontinentalrakete *f* ↑ *unter* ***Rakete***

interkostal *Adj Anat (zw. den Rippen [liegend])* interripa

Interkostal|arterie *f* (Arteria intercostalis) *Anat* interripa arterio; ~**neuralgie** *f, auch* ***Zwischenrippenneuralgie*** *f* (Neuralgia intercostalis) *Med* interripa neŭralgio

interkulturell *Adj verschiedene Kulturen verbindend (bzw. umfassend)* interkultura

Interleukine *n/Pl Zytologie* interleŭkinoj *Pl*

interlinear *Adj* interlinia, *nachgest auch* [skribita] inter la linioj; ~***e Übersetzung*** *f* interlinia traduko

Interlinguist *m* interlingvisto; *i.e.S. Fachmann auf dem Gebiet der Plansprachen* planlingvisto

Interlinguistik *f* interlingvistiko; ***axiomatische*** ~ aksioma interlingvistiko; ***Gesellschaft für*** ~ *(Abk* ***GIL****) mit Sitz in Berlin* Societo pri Interlingvistiko

interlinguistisch *Adj* interlingvistika

Interludium *n, auch* ***Zwischenspiel*** *n Mus* interludo

inter|mediär *Adj dazwischen befindlich, ein Zwischenglied bildend* intere troviĝanta, intera; ~**menstrual** *od* ~**menstruell** *Adj zw. zwei Monatsblutungen liegend bzw. diesen Zeitraum betreffend* intermenstrua

Intermezzo *n Mus, Theat* intermezo (*vgl. dazu* ***Zwischenspiel***); *übertr* interludo

interministeriell *Adj zw. Ministerien bestehend od mehrere Ministerien betreffend* interministeria

intermittierend *bes. Fachspr* **1.** *Adj zeitweilig aussetzend* intermita; ~***es Fieber*** *n Med* intermita febro **2.** *Adv* intermite

intern *Adj [Ggs:* ***extern****]* interna; *privat* privata; ~***e Angelegenheiten*** *f/Pl* internaj aferoj *Pl*; *private Dinge* privataj aferoj *Pl*; ~***e Studie*** *f* interna studo

internalisieren *tr Psych (verinnerlichen)* internigi, enigi en [ies] internon

Internat *n* internulejo; *Studentenwohnheim* studenta hejmo (*vgl. dazu* ***Wohnheim***)

international *Adj* internacia (↑ *auch* ***zwischenstaatlich***); ~***er Antwortschein*** *m Post* internacia respondkupono, *fam Kurzw* irko; ≗***e Arbeitsorganisation*** *f* (*Abk* ***IAO****, häufig engl. Abk* ***ILO***) Internacia Labor-Organizaĵo (*Abk* I.L.O.); ≗***e Atomenergie-Organisation*** *f* (*Abk* ***IAEO***) Internacia Atomenergia Organizaĵo (*Abk* IAEO) *[Hauptsitz: Wien]*; ≗***e Bank f für Wiederaufbau und Entwicklung*** (*engl. Abk* ***IBRD***) Internacia Banko por Rekonstruo kaj Evoluigo; ≗***e Bankkontonummer*** (*Abk* ***IBAN***) internacia bankkonta numero (*Abk* IBAN); ≗***es Büro für Maße und Gewichte*** (*Abk* ***IBMG****, franz. Abk* ***BIPM***) Buroo Internacia pri Pezoj kaj Mezuroj (*Abk* BIPM) *[Sitz: Sèvres bei Paris]*; ≗***e Fernmeldeunion*** *f, engl.* ***International Telecommunication Union*** (*Abk* ***ITU***) Internacia Telekomunika Unio (*Abk* ITU) *[Sitz: Genf]*; ≗***e Demokratische Frauenföderation*** *f* (*Abk* ***IDFF***) *Gesch* Internacia Demokratia Federacio de Virinoj; ≗***er Frauentag*** *m* Internacia Virina Tago; ***die*** ~***e Gemeinschaft*** *f Pol* la internacia komunumo; ≗***e Kriminalpolizeiliche Organisation*** *f* (*Kurzw* ***Interpol***) Internacia Kriminalpolica Organizaĵo, *Kurzw* Interpolo; ~***er Kulturaustausch*** *m* internacia kultura interŝanĝo; ≗***e Naturschutzorganisation*** *f, meist engl.* ***World Wide Fund for Nature*** (*Abk* ***WWF***) Internacia Fondaĵo por Naturprotekto; ≗***e Normierungsorganisation*** *f, engl.* ***International Organization for Standardization*** (*engl. Abk* ***ISO***) Internacia Organizaĵo pri Normigado; ≗***er Rat für Meeresforschung*** (*engl.Abk* ***ICES***) Internacia Konsilio por Mar-Esplorado; ~***e Raumstation*** *f Raumf* internacia kosmostacio; ≗***es Rotes Kreuz*** *n* (*Abk* ***IRK***) Internacia Ruĝa

Kruco; *~er* ***Strafgerichtshof*** *m* (*Abk* ***IStGH***) Internacia Puna Kortumo (*Abk* IPK) *[Sitz: Den Haag]*; *~er* ***Währungsfonds*** *m* (*Abk* ***IWF***) Internacia Mona Fonduso (*Abk* IMF) *[Sitz: Washington]*; *~e* ***Zivilluftfahrt-Organisation*** *f* (*engl. Abk* ***ICAO***) Internacia Civil-Aviada Organizaĵo (*Abk* ICAO); *~e* ***Zusammenarbeit*** *f* internacia kunlaboro

Internationale *f 1. Gesch (überstaatl. Vereinigung sozialistischer Arbeiterverbände u. -parteien) 2. Mus (Bez für das Lied der soz. Arbeiterbewegung)* Internacio

internationalisieren *tr* internaciigi

Internationalisierung *f* internaciigo (*vgl. dazu* ***Globalisierung***)

Internationalismus *m* ***a)*** *Streben nach internationalem Zusammenschluss* internaciismo; ***proletarischer*** ~ proleta internaciismo ***b)*** *auch* ***internationaler Terminus*** *m Ling (in [fast] allen Sprachen gebräuchliches u. verständliches Wort)* internacia termino

Internationalist *m* internaciisto

internationalistisch *Adj auf den Internationalismus bezogen* internaciisma; *auf die Internationalisten bezogen* internaciista

Internationalität *f* internacieco

Internatsschule *f* lernejo-pensiono

Internet *n* (*engl.* ***World Wide Web***) *EDV* interreto *(auch Großschr)*, *umg* reto; ***übers*** ~ pere de la [inter]reto; ***Suche im*** ~ interreta serĉ[ad]o; ***Zugang zum*** ~ aliro al interreto; ***etw. im*** ~ ***suchen*** serĉi ion en interreto (↑ *auch* ***googeln***); ***im*** ~ ***chatten*** retbabili; ***im*** ~ ***surfen*** retumi

Internet|adresse *f* interreta adreso, *auch* ret--adreso; ~**aktivist** *m* interreta aktivisto

Internetanbieter *m EDV* ↑ ***Internetdienstanbieter***

Internet|anschluss *m* interreta konekto; ~**apotheke** *f* interreta apoteko; ~**auktion** *f z.B. eBay* interreta aŭkcio; ~**banking** *n* interreta bankado; ~**buchhandlung** *f* [inter]reta librovendejo; ~**café** *n Café, in dem Terminals zur Verfügung gestellt werden, mit denen Gäste das Internet benutzen können* interreta kafejo, *umg* retkafejo; ~**[dienst]anbieter** *m*, *auch* ***Internetprovider*** *m* provizanto de retservoj; ~**dienste** *m/Pl* interretaj servoj *Pl*; ~**forum** *n* interreta forumo, *kurz* ret-forumo; ~**gemeinde** *f Gesamtheit der Nutzer* interreta komunumo

Internethandel *m* ↑ ***E-Commerce***

Internet|kriminalität *f* interreta krimeco *od* krimeco pere de interreto; ~**nutzer** *m* interret-uzanto; ~**organisation** *f* interreta organizaĵo; ~**plattform** *f* interreta platformo; ~**portal** *n* interreta portalo

Internetprovider *m* ↑ ***Internetdienstanbieter***

Internet|reklame *f* retreklamo; ~**seiten** *f/Pl*, *auch* ***WWW-Seiten*** *f/Pl* ret-paĝoj *od auch* TTT-paĝoj *Pl* [ˈtoˈtoˈto...]; ~**shopping** *n* interreta butikumado; ~**standard** *m* interreta(j) normo(j) *(Pl)*; ~**suchmaschine** *f* interreta serĉilo; ~**telefonie** *f* interreta telefonio; ~**überwachung** *f* interreta cenzuro; ~**unternehmen** *n* interreta firmao; ~**user** *m* interret-uzanto; ~**zugang** *m* ret-aliro

Interneuronen *od* **Zwischenneuronen** *n/Pl Physiol* interneŭronoj *Pl* <*sie dienen der Erregungssteuerung u. Informationsverarbeitung von Nervenzellen innerhalb des Ganglions*>

internieren *tr* internigi

Internierte *m* internigito

Internierung *f das Internieren (als Vorgang)* internigo

Internierungslager *n* barakaro por internigitoj

Internist *m Med (Facharzt für innere Krankheiten)* [fak]kuracisto (*od* specialisto) por (*od* pri) internaj malsanoj

Internodium *n Bot (Sprossabschnitt zw. zwei Blattknoten [Nodi])* internodaĵo

interorbital *Adj Anat, Astron u. Raumf* interorbita

Interorbitalneuralgie *f Med* interorbita neŭralgio

interozeanisch *Adj [die] Weltmeere verbindend* interoceana

interparlamentarisch *Adj zw. mehreren Parlamenten stattfindend* interparlamenta; *zw. den Parlamentariern stattfindend* interparlamentana; *~e* ***Union*** *f Pol (1888 gegründeter Zusammenschluss von Parlamentariern aus über 100 Parlamenten mit dem Zweck der Beilegung von zwischenstaatlichen Streitigkeiten [mit Sitz in Genf])* Interparlamenta Unio

Interpellant *m Fragesteller [in einem Parlament]* interpelacianto *bzw.* interpelaciinto

Interpellation *f Parl (Anfrage)* interpelacio

Interpellationsrecht *n Parl* rajto de interpelacio

interpellieren *intr Parl* interpelacii, *abs* fari

interpelacion
interplanetar[isch] *Adj* interplaneda, interastra; ~*e* ***Rakete*** *f* interplaneda raketo
Interpol *f* (*Kurzw für* ***Internationale Kriminalpolizeiliche Organisation*** *f*) Interpolo
interpolar *Adj interpolar, zwischen den Polen [befindlich]* interpolusa
Interpolation *f Ling (das [nachträgliche] Einfügen), Math (Schluss von zwei bekannten Funktionswerten auf Zwischenwerte)* interpolado, *(das [nachträglich] in einen Text Eingefügte)* interpolaĵo; ***grafische*** (***lineare***, ***numerische***) ~ *Math* grafika (lineara, nombra) interpolado
interpolieren *tr Ling, Math* interpoli
Interpret *m Mus, Theat* interpretanto, *auch* interpretisto
Interpretation *f* interpreto; *das Interpretieren* interpretado (↑ *auch* ***Deutung***)
inter|pretierbar *Adj* interpretebla; ~**pretieren** *tr* interpreti (*vgl. dazu* ***auslegen*** *u.* ***deuten***; ↑ *auch* ***missinterpretieren***); *auseinandersetzen, analysieren* analizi; *erklären* klarigi; *begreiflich machen* komprenigi; ~**pungieren** *(seltener) od* ~**punktieren** *tr Gramm (Satzzeichen setzen)* interpunkcii
Interpunktion *f Gramm (Zeichensetzung)* interpunkcio
Interpunktionszeichen *n Gramm* interpunkcia signo
interregional *Adj* interregiona
Interregnum *n die Zeit zw. dem Tod eines Herrschers u. dem Amtsantritt des Nachfolgers* interreĝado; *Pol (Zeitabschnitt ohne Regierung)* interregado
Interrelation *f* = ***Wechselbeziehung***
interreligiös *Adj mehrere Religionen übergreifend bzw. zwischen den einzelnen Religionen [existierend]* interreligia; ~*e* ***Ehe*** *f Ehe zw. Angehörigen verschiedener Religionen* interreligia geedzeco
Interrogativ|pronomen *n Gramm (Fragefürwort)* demanda pronomo; ~**satz** *m Fragesatz* demanda propozicio (*od* frazo)
inter|segmental *Adj* intersegmenta; ~**sexuell** *Adj zwischengeschlechtlich* interseksa
interstellar *Adj Astron* interstela, *auch* interastra; ~*es* ***Gas*** *n* interstela gaso; ~*e* ***Materie*** *f, auch* ~*er* ***Staub*** *m* interstela materio, interstela polvo; ~*e* ***Wolke*** *f* interstela nubo
interstitiell *Adj Anat (im Zwischengewebe befindlich, Zwischenräume ausfüllend)* interstica; ~*e* ***Drüsen*** *f/Pl* intersticaj glandoj *Pl*; ~*e* ***Flüssigkeit*** *f Flüssigkeit, die in Gewebezwischenräumen liegt* interstica likvo; ~*es* ***Gewebe*** *n* interstica histo (*vgl. dazu* ***Stützgewebe***); ~*e* ***Hernie*** *f Med (innerhalb des Leistenkanals lokalisierte Hernie)* interstica hernio; ~*e* ***Nephritis*** *f Med* interstica nefrito; ~*e* ***Zellen*** *f/Pl, auch* ***Leydig-Zwischenzellen*** *f/Pl Anat* intersticaj ĉeloj *Pl*
Interstitium *n Anat, Biol (Zwischenraum zw. Organen)* interstico
Intertrigo *f Med* ↑ ***²Wolf***
Intervall *n* ***a)*** *allg* intervalo *auch Math*; ***abgeschlossenes*** ~ *Math* fermita intervalo; ***offenes*** ~ *Math* aperta intervalo ***b)*** *Mus (1. Intervall n [entsprechend den Stufen der diatonischen Tonleiter] 2. Tonhöhenverhältnis bzw. Abstand zweier Töne, die gleichzeitig od nacheinander erklingen)* duto; ***chromatische*** ~*e n/Pl Tonabstände zw. diatonischen u. chromatischen Tonstufen* kromataj dutoj *Pl*; ***großes*** ~ plenduto; ***kleines*** ~ duonduto
Intervall|fasten *n, auch* ***intermittierendes Fasten*** intervala fastado; ~**therapie** *f Med (Behandlungsmethode, bei der unterschiedlich lange Zeitintervalle zw. den einzelnen Therapiemaßnahmen eingeschaltet werden)* intervala terapio; ~**training** *n Sport* intervala trejnado
intervenieren *intr bes. Mil* interveni (***in*** en *mit Akk*); *sich einmischen* enmiksiĝi *od* sin enmiksi (***in*** en *mit Akk*); *vermitteln* peri (↑ *auch* ***dazwischengehen*** *u.* ***dazwischentreten***)
Intervent *m* intervenanto *bzw.* interveninto
Intervention *f bes. Pol* interveno (↑ *auch* ***Krisenintervention***); *Einmischung* enmiksiĝo *od* sinenmikso; ***bewaffnete*** ~ armita interveno; ***militärische*** ~ milita interveno
Interventionismus *m Pol, Wirtsch (Wirtschaftsordnung, bei der der Staat zur Erreichung wirtschafts- u. sozialpolitischer Ziele in den marktwirtschaftlichen Prozess eingreift, ohne diesen grundsätzlich ausser Kraft zu setzen od einzelne Wirtschaftszweige zu begünstigen od zu hemmen)* intervenismo
interventionistisch *Adj* intervenisma
Interversion *f Ling* ↑ ***Metathese***
intervertebral *Adj Anat (zw. den Wirbeln gelegen)* intervertebra (*vgl. dazu* ***Bandscheibe***)
Interview [...*vju:*] *n* intervjuo (↑ *auch* ***Fern-***

seh-*, *Rundfunk-* u. *Telefoninterview); ***ein ~ von jmdm. erbitten*** (***erhalten***) peti (ricevi) intervjuon de iu; ***jmdm. ein ~ geben*** doni intervjuon al iu

interviewen *tr* intervjui (***jmdn. über etw.*** iun pri io)

Interviewer *m* intervjuanto, (*jmd., der von Berufs wegen interviewt)* intervjuisto

Intervision *f Zusammenschluss der Fernsehsender des Ostblocks (1960-1993)* Intervizio (*vgl. dazu* ***Eurovision***)

inter|zellular *od* **~zellulär** *Adj zw. den Zellen liegend* interĉela, *nachgest* [troviĝanta] inter la ĉeloj; **~zonal** *Adj* interzona (↑ *auch* ***interregional***)

intestinal *Adj Anat, Med (zum Darmkanal gehörend od den Darm betreffend)* intesta (*vgl. dazu* ***enteral***)

Intestinalflora *f* = ***Darmflora***

Intestinalhernie *f Med* ↑ ***Eingeweidebruch***

Inthronisation *f* surtronigo

inthronisieren *tr* surtronigi

Intifada *f Pol (palästinens. Widerstand in den von Israel besetzten Gebieten)* intifado

intim *Adj* intima (↑ *auch* ***sexuell***); *familiär, vertraulich* familiara; *traut* hejmeca; ***~e Beziehungen haben*** havi intimajn rilatojn (***zu*** al); *sex* havi seksajn interrilatojn

Intim|gel *n*, *auch* ***Gleitgel*** *od* ***Gleitmittel*** *n sex* intimĝelo, intima lubrikaĵo; **~hygiene** *f*, *auch* ***Sexualhygiene*** *f*, *umg* ***Intimpflege*** *f* intima higieno

Intimität *f Vertrautheit* intimeco; *vertrauliche Angelegenheit* intimaĵo

Intimus *m* intimulo; *vertrauter Freund* intima amiko

in|tolerabel *Adj* netolerebla; **~tolerant** *Adj* netolerema, *[stärker:]* maltolerema (***gegen[über]*** al *od* kontraŭ) (↑ *auch* ***unduldsam***)

Intoleranz *f* netoleremo *auch gegenüber Nahrungsbestandteilen* (↑ *auch* ***Laktoseintoleranz*** *u.* ***Unverträglichkeit***)

Intonation *f Mus, Phon (Tonhöhenverlauf im Satz, Satzmelodie)* intonacio

Intoxikation *f fachsprachl. für «Vergiftung»* toksiĝo, veneniĝo (*vgl. dazu* ***Vergiftung***; ↑ *auch* ***Autointoxikation*** *u.* ***Halluzinogenrausch***)

intra|abdominal *od* **~abdominell** *Adj Med (innerhalb des Abdomens [liegend])* intraabdomena

intradermal ↑ ***intrakutan***

intra|kranial *od* **~kraniell** *Adj Med (in der Schädelhöhle [liegend])* enkrania, <*wiss*> intrakrania; ***~er Tumor*** *m* intrakrania tumoro

intrakutan (*Abk* ***i.k.*** *od* ***ik.***), *auch* ***intradermal*** *Adj Med (in der Haut gelegen bzw. in die Haut [hinein])* enhaŭta, <*wiss*> intraderma; ***~e Injektion*** *f* enhaŭta (*od* intraderma) injekto

Intrakutan|impfung *f Med* intraderma vakcinado; **~reaktion** *f Med* intraderma reakcio

intramolekular *Adj Chem* intramolekula

intramuskulär (*fachsprachl. Abk* ***i.m.*** *od* ***im.***) *Adj Med (in einen Muskel [hinein], z.B. eine Injektion* enmuskola, <*wiss*> intramuskola; ***~e Injektion*** *f* intramuskola injekto

intransitiv *Gramm (nicht zu persönlichen Passiv fähig; nicht zielend)* netransitiva; ***~es Verb*** *n* netransitiva verbo

intraokular *Adj Anat (innerhalb des Auges [gelegen])* [troviĝanta] interne de la okulo, <*wiss*> intraokula

Intraokularlinse *f* (*fachsprachl. Abk* ***IOL***) *Ophthalmologie* intraokula lenso

intra|pleural *Adj Anat, Med (innerhalb der Pleurahöhle [gelegen bzw. erfolgend])* [troviĝanta *bzw.* okazanta] en la pleŭra kavo; **~pulmonal** *Adj Anat, Med (innerhalb der Lunge od des Lungengewebes)* intrapulma; **~thorakal** *Anat, Med (innerhalb der Brusthöhle [gelegen])* intratoraka; **~uterin** *Adj Anat, Med (innerhalb der Gebärmutter [liegend bzw. erfolgend])* [troviĝanta *bzw.* okazanta] en la utero, <*wiss*> intrautera

Intrauterinpessar *n* (*fachsprachl. Abk* ***IUP***) *Gynäkologie* intrautera (*od auch* enutera) pesario

intra|vaginal *Adj Anat, Med (innerhalb der Scheide [gelegen])* envagina, <*wiss*> intravagina; **~venös** (*Abk* ***i.v.***) *Adj Med* envejna, <*wiss*> intravejna; **~zellular** *od* **~zellulär** *Adj in od innerhalb der Zelle* intraĉela, interne de la ĉelo(j); **~zonal** *Adj* intrazona

intrigant *Adj auf Intrigen sinnend* intrigema (↑ *auch* ***hinterhältig***)

Intrigant *m jmd., der intrigiert* intriganto; *i.e.S. jmd., der gern intrigiert* intrigemulo; *jmd., der generell intrigiert* intrigulo; *i.w.S. Verleumder* kalumnianto *bzw.* kalumniulo

Intrige *f* intrigo (***gegen*** kontraŭ) (*vgl. dazu* ***Heimtücke***, ***Komplott*** *u.* ***Ränke***)

Intrigennetz *n* ↑ *unter* ***Netz a)***

intrigieren *intr* intrigi; *ein Komplott schmieden* komploti (***gegen jmdn.*** kontraŭ iu)
Intrigieren *n* intrigado
Introduktion *f, Kurzf* ***Intro*** *n Mus (Einleitung)* enkonduka parto, *(Vorspiel)* antaŭludo; *geh für «Einführung»* enkonduko
Intron *n Genetik (DNA-Abschnitt eines eukaryotischen Gens, der den kodierenden Bereich unterbricht u. bei der Transkription aus der Messenger-RNA entfernt wird)* introno (*vgl. dazu* ***Exon***)
introrѕ *Adj nur Fachspr Bot (1. einwärts gekehrt [Staubbeutel] 2. nach innen aufspringend [Fruchtkapsel])* introrsa (*vgl. dazu* ***extrors***)
Introspektion *f, auch* ***[innere] Selbstbeobachtung*** *f bes. Phil u. Psych* introspekto
introspektiv **1.** *Adj* introspekta **2.** *Adv* introspekte
Introversion *f Psych* introvertismo
introvertiert *Adj Psych* introvertita (*vgl. dazu* ***extrovertiert*** *u.* ***unzugänglich***)
Introvertierte *m* introvertito
Introvertismus *m Psych* introvertismo
Intubation *f od* ***Intubieren*** *n Med (Einführen eines Beatmungsrohres durch den Kehlkopf)* entubigo, *auch* intubacio (*vgl. dazu* ***Extubation***; ↑ *auch* ***Trachealintubation***)
intubieren *tr Med* intubacii
Intuition *f* ***a)*** *Phil (unmittelbare Erkenntnis [ohne Reflexion])* intuicio, *auch* intuo ***b)*** *instinktives Erfassen, Eingebung* intuicio; ***weibliche*** ~ ina intuicio
Intuitionismus *m* intuiciismo
intuitiv **1.** *Adj* intuicia **2.** *Adv* intuicie
Intumeszenz *f* (Intumescentia) *nur Fachspr Anat (Anschwellung, Verdickung)* intumesko; ***Intumescentia cervicalis*** *Anschwellung des Rückenmarks im Halsbereich* cervika intumesko
Inuit *Pl* (*Sg*: ***Inuk***) *Eigenbez. der zahlenmäßig größten Eskimogruppe, daher zunehmend auch als Synonym für «Eskimos» gebraucht* inuitoj [*exakter:* inukoj] *Pl* (↑ *auch* ***Nunavut***)
Inulin *n Biochemie (ein stärkehaltiges Kohlehydrat)* inulino
invalid[e] *Adj* invalida
Invalide *m* invalido (↑ *auch* ***Halbinvalide***)
Invaliden|rente *od* ***Invaliditätsrente*** *f* pensio pro invalideco, *auch* invalida pensio; ~**versicherung** *f* asekuro pri invalideco
Invalidität *f* invalideco
Invar® *n, auch* ***Invarstahl*** *m Chem (eine Nickel-Stahl-Legierung)* invaro
invariabel *Adj* nevaria (↑ *auch* ***konstant*** *u.* ***unveränderlich***)
Invariante *f Math (unveränderliche Größe)* invarianto
Invarstahl *m Chem* ↑ ***Invar***
Invasion *f [feindlicher] Einfall* invado (***in*** en) *auch von Krankheitserregern*; ***biologische*** ~ *die durch den Menschen verursachte Ausbreitung einer invasiven Art in einer Region* biologia invado
Invasions|armee *f* invada armeo; ~**flotte** *f Mil* invada floto
invasiv *Adj Med (in das umgebende Bindegewebe wuchernd od hineinwachsend [von Krebszellen]* invad[ant]a, invadema; ~***e Art*** (*od* ***Spezies***) *f Biol* invada specio
Invasoren *m/Pl Mil (eindringende Feinde)* invadantoj, *(eingedrungene Feinde)* invadintoj *Pl*
Inventar *n* inventaro; ~**buch** *n* iventarlibro
inventarisieren *tr* inventari
Inventarisierung *f* inventarado
Inventar|liste *f* inventarlisto; ~**nummer** *f* inventarnumero; ~**stück** *n* inventaraĵo
Inventio *f Rhetorik (das erste Produktionsstadium einer Rede [Auffindung der Argumente]; i.w.S. Stoffsammlung)* invencio
Inventur *f Hdl (Bestandsaufnahme)* inventarado; ~ ***machen*** *Hdl* inventari siajn komercaĵojn
Inventurausverkauf *m* inventara elvendo
Inverness (*n*) *Hafen u. Verwaltungssitz der schottischen Highland Region [nahe der Mündung des Kaledonischen Kanals in den Moray Firth]* Inverneso
invers *Adj (umgekehrt)* inversa *bes. Math*; ~***e Funktion*** *f od* ***Umkehrfunktion*** *f* inversa funkcio
Inverse *f Math* inverso
Inversion *f Umkehrung* inversigo; *Ling, Math, Met* inversio
Inversionsbetrieb *m Tech* inversa reĝimo
Inversuchung|führen *n* tentado; ~**kommen** *n* tentiĝo (*vgl. dazu* ***Versuchung***)
Invertase *f od* **Invertin** *n Biochemie (Rohrzucker spaltendes Enzym)* invertazo
Invertebraten *m/Pl Zool* ↑ ***Wirbellose***
invertieren ***a)*** *tr umkehren (bes. Math)* inversigi ***b)*** *intr Chem (sich durch Inversion aufspalten)* invertiĝi

Invertin *n Biochemie* ↑ ***Invertase***

Invertzucker *m Mischung von Frucht- u. Traubenzucker, die bei der Spaltung von Rohrzucker entsteht* invertsukero *od* invertita sukero

investieren *tr Wirtsch* investi; *abs* investi kapitalon; ***Kapital in ein Bergbauunternehmen in ...*** ~ investi kapitalon en mineja entrepreno en ...; ***investiertes Kapital*** *n* investita kapitalo

Investigativ|journalismus *m, auch* ***investigativer Journalismus*** *m* esplorĵurnalismo, *auch* esploranta ĵurnalismo; ~**journalist** *m* esplorĵurnalisto

Investition *f Fin, Wirtsch (Anlage, Investment)* investo; *Investierung [als Vorgang]* investado; *das Investierte, Investitionsgüter* investaĵoj *Pl* (↑ *auch* ***Geld-*** *u.****Reinvestition***)

Investitions|ausgaben *f/Pl* porinvestaj elspezoj *Pl*; ~**fonds** *m Fin* investa fonduso

Investitionsgüter *Pl* ↑ ***Kapitalgüter***

Investitions|hilfe *f* porinvesta helpo; ~**kosten** *Pl* investkostoj *Pl*; ~**kredit** *m* investa kredito; ~**politik** *f* investa politiko; ~**programm** *n* investprogramo; ~**risiko** *n* risko de investoj; ~**schutz** *m Wirtsch* investoprotekto; ~**summe** *f* investosumo; ~**volumen** *n* investovolumeno; ~**wert** *m* valoro de la investo(j)

Investitur *f [im Mittelalter:] 1. Belehnung mit einem kirchl. Amt durch Übergabe des entspr. Würdezeichens u. Übertragung der damit verbundenen Einkünfte 2. feierliche Einsetzung in ein solches Amt* investituro (↑ *auch* ***Amtseinführung***)

Investment *n* investo; ~**banker** *m* invest-bankisto; ~**fonds** *m Fin* investa fonduso *od* investofonduso; ~**gesellschaft** *f, auch* ***Kapitalanlagegesellschaft*** *f* investa kompanio

Investor *m Kapitalanleger* investanto *bzw.* investinto; ***private ~en*** *Pl* privataj investantoj *Pl*

In-vitro-Fertilisation *f* (*Abk* ***IVF***) *Med* artefarita (*od* [en]laboratoria) fekundigo (↑ *auch* ***Embryonentransfer***)

Involucrum *n* ↑ ***Blütenhülle***

Involukralblatt *n Bot* ↑ ***Hüllblatt***

Involution *f* (Involutio) *nur Fachspr 1. Biol (Rückbildung [eines Organs] bei fortschreitendem Alter) 2. Bot (Einrollen [eines Blattes] 3. projektive Geometrie* involucio; ***Involutio uteri*** *Rückbildung der Gebärmutter nach der Geburt* involucio de la utero [post nasko]

involvieren *tr*: ***jmdn. in etw.*** ~ *in etw. hineinziehen* impliki iun en ion

inwärts = ***einwärts***

inwendig *Adv im Innern, innen* interne; *an der Innenseite* ĉe la interna flanko; *innerlich, seelisch* anime, psike

inwie|fern *od* ~**weit** *Interr Pron u. Konj* ĝis kiu grado (*od* punkto), ĝis kiom; ~ ***kann man ihm trauen?*** ĝis kiu grado oni povas fidi lin?

Inwohner *m* ↑ ***Mieter***

Inzensation *f kath. Kirche (Beräucherung mit Weihrauch)* incensado

Inzest *m, umg* ***Blutschande*** *f Geschlechtsverkehr zw. engsten Blutsverwandten* incesto *bes. Jur, umg* sangadulto

Inzidenz *f Epidemiologie (Bez für die Häufigkeit von neu auftretenden Krankheitsfällen)* incidenco

Inzision *f Chir (Einschnitt)* incizo; ***eine ~ durchführen*** fari incizon

Inzisiv[us] *m od* **Inzisivzahn** *m Anat* ↑ ***Schneidezahn***

Inzucht *f Biol* endogamio

inzwischen *Adv* intertempe; *unterdessen* dume (↑ *auch* ***mittlerweile***)

IOC ↑ ***IOK***

Iod *n Chem* ↑ ***Jod***

Iodat *n Chem* ↑ ***Jodat***

Iodid *n Chem* ↑ ***Jodid***

IOK, *engl.* ***IOC*** = *Abk für* ***Internationales Olympisches Komitee***

Iokaste (*f*), *auch* ***Jokaste*** *od [in Homers Werk]* ***Epikaste*** (*f*) *griech. Myth (Königin von Theben, Frau des Laios u. nach dessen Tod mit ihrem Sohn Ödipus verheiratet)* Jokasta

IOK-Präsident *m* IOK-prezidanto

IOL = *Abk für* ***Intraokularlinse***

Iolith *m Min* ↑ ***Cordierit***

Ion *n Phys (elektrisch geladenes Teilchen)* iono, *auch* jono (↑ *auch* ***Kation***); ***in ~en zerfallen*** ioniĝi

Ionen|austausch *m Phys* iono-interŝanĝo; ~**beschuss** *m Kernphysik* iona bombardado; ~**strom** *m El* iona kurento; ~**wanderung** *f Phys (bei der Elektrolyse)* iona migrado

Ioner *od* **Ionier** *Angehöriger eines griech. Volksstamms* ioniano

Ionien (*n*) *eine Küstenlandschaft Kleinasiens* Ionio <*Siedlungsgebiet der Ionier*>

Ionisation *od* **Ionisierung** *f Chem, Phys (Er-*

zeugung von Ionen) ionigo (↑ *auch* ***Sekundärionisierung***)

Ionisationskammer *f Kernphysik (Gerät zum Nachweis und zur Messung ionisierender Strahlung)* ioniga kamero

ionisch *Adj* ***a)*** *auf Ionien bezogen* ionia *auch Kirchentonart u. Versmaß;* ***≗e Inseln*** *f/Pl* Ioniaj Insuloj *Pl;* ***≗es Meer*** *n* Ionia Maro ***b)*** *Arch* ionika; ***~es Kapitell*** *n* ionika kapitelo; ***~e Säule*** *f* ionika kolono ***c)*** *Chem* iona

ionisieren *tr Chem, Phys (Ionisation bewirken)* ionigi; ***ionisierende Strahlung*** ioniga radiado

Ionisierung *f* ↑ ***Ionisation***

Ionium *n* (*Symbol* ***Io***) *Chem* ionio

Ionogramm *n Med (grafische Darstellung der Konzentration von Ionen [z.B. in Körperflüssigkeiten od in Zellen])* ionogramo

Ionosphäre *f Met (oberste Schicht der Atmosphäre)* ionosfero

Iota (*n*) ↑ ***¹Jota***

Iowa (*n*) (*Abk* ***Ia.****, [postalisch]* ***IA***) *ein Bundesstaat im Mittelwesten der USA* Iovao *[Hptst.: Des Moines]*

iPad®, *auch* ***I-Pad*** *n* [*ˈaiped*] *ein Tablet-PC der Firma Apple* tabulkomputilo [de la firmao Apple]

Ipecacuanha *od* **Ipekakuanha** [*...ˈkuanja*] *f, auch* ***Brechwurz*** *f* (Psychotria ipecacuanha) *Bot (eine Staude aus der Familie der Rötegewächse, deren Wurzel als Arzneidroge [Ipecacuanhae radix] genutzt wird)* ipeko, *auch* ipekakuano; **~wurzel** *f Pharm* ipekakuana radiko, *auch* ipeko

Iphigenie (*f*) *griech. Myth (älteste Tochter des Agamemnon u. der Klytaimestra)* Ifigenia *auch weibl. Vorname* ◇ ~ ***auf Tauris*** *ein Drama von Goethe* Ifigenia en Taŭrido

iPhone®, *auch* **I-Phone** [*ˈaifo:n*] *n ein Smartphone der Firma Apple* saĝfono [de la firmao Apple] (↑ *auch* ***Smartphone***)

Ipsation *f* ↑ ***Onanie***

IQ = *Abk für* ***Intelligenzquotient***

IR-... *in Zus für* ***Infrarot...*** [↑ *dort*]

Ira (*f*) *weibl. Vorname* Ira

IRA [*ˈi:ˈerˈa:*] *f* = *Abk für* ***Irisch-Republikanische Armee*** [↑ *unter* ***irisch***]

Irak *m* Irako; **~-Dinar** *m* (*Abk* ***ID***) *irakische Währungseinheit* iraka dinaro

Iraker *m, auch* ***Iraki*** *m* irakano

Irakerin *f, auch* ***Iraki*** *f* irakanino

irakisch *Adj* iraka

Irakkrieg *m Gesch* Irak-milito *od* iraka milito

Iraklio (*n*) ↑ ***Heraklion***

Iran *m* Irano (*vgl. dazu* ***Persien***); ***Islamische Republik*** *~ ein Staat in Vorderasien* Islama Respubliko Irano *[Hptst.: Teheran]*

Iraner *m* iranano

Iranerin *f* irananino

iranisch *Adj* irana; ***~e Sprachen*** *f/Pl Zweig der im Iran und teilweise in den angrenzenden Ländern gesprochenen indogermanischen Sprachen* iranaj lingvoj *Pl*

Iranistik *od* **Iranologie** *f Wissenschaft von den Sprache, der Geschichte u. den Kulturen des Irans* iranistiko *od* iranologio

Iran-Laubsänger *m* (Phylloscopus neglectus) *Orn* senkolora filoskopo

Irantrauermeise *f Orn* ↑ ***Bergmeise***

Irawadi *m, auch* ***Irrawaddy*** *m ein Strom in Myanmar [Burma]* Iravado; **~-Delta** *n* Iravado-delto

Irbis *m Zool* ↑ ***Schneeleopard***

irden *Adj* argila, [farita] el argilo; ***~es Geschirr*** *n Tonwaren* argilaĵoj; ***~er Topf*** *m* argila poto

irdisch *Adj* [sur]tera, monda; *vergänglich* pasema; ***~es Glück*** *n* [sur]tera feliĉo

Ire *od* **Irländer** *m* irlandano

Irenäus (*m*) *Eig (ein griech. Kirchenvater [um 140-um 202])* Ireneo

Irene (*f*) *weibl. Vorname* Irena *auch Name byzantinischer Kaiserinnen*

IR-Filter *m* ↑ ***Infrarotfilter***

irgend *Adv*: ***wenn*** *~* ***möglich*** se iel eble

irgendeine(r, -s) *Indef Pron* iu, *[noch unbestimmter:]* ia; ***aus irgendeinem Grunde*** iukaŭze; ***an irgendeinem Ort*** iuloke; ***zu irgendeiner Zeit*** iutempe

irgend|einmal *Adv* iam; **~etwas** *Indef Pron* io

irgendjemand *Indef Pron* iu; ***kennst du hier ~en?*** ĉu vi ĉi tie iun konas?

irgendwann *Adv* iam; ***bist du*** *~* (*od [etwas zweifelnd]* ***überhaupt***) ***einmal dort gewesen?*** ĉu iam ajn vi estis tie?

irgend|was *Indef Pron umg* io; **~wer** *Indef Pron* iu; **~wie** *Adv* iel, *auch* iumaniere, *(noch unbestimmter:)* iamaniere; **~wo** *Adv* ie; **~woher** *Adv* de ie; **~wohin** *Adv* ien; *ganz gleich wohin* ien ajn

Irian (*n*), *eigtl* ***Irian Barat*** (*heute* ***Irian Jaya*** *genannt*) *der indonesische Teil von Neuguinea* Iriano (↑ *auch* ***Neuguinea***)

Iridektomie *f nur Fachspr Chir u. Ophthal-*

mologie (operative Entfernung von Teilen der Iris) irisektomio

Iridium *n* (*Symbol* ***Ir***) *Chem (ein Platinmetall)* iridio

Irido|chorioiditis *f, auch* ***Entzündung f der Regenbogenhaut und der Aderhaut des Auges*** *nur Fachspr Med* irisokoroidito, *auch* inflamo de la iriso kaj de la koroido; ~**dyalisis** *f nur Fachspr Med (Ablösung der Iris vom Ziliarrand)* iridoapartiĝo

Iridologie *f* ↑ ***Irisdiagnose***

Irido|plegie *f nur Fachspr Med (Ausfall der Irismuskulatur, vor allem des Musculus sphincter pupillae [nach Schädelhirntrauma, Intoxikationen u.a.])* irisoplegio; ~**tomie** *f nur Fachspr Chir u. Ophthalmologie (operativer Einschnitt in die Iris)* irisotomio (↑ *auch* ***Laseriridotomie***)

Irin *od* **Irländerin** *f* irlandanino

Irina (*f*) *weibl. Vorname* Irina

[1]**Iris** *f* (*Pl*: ***Iriden***) *Anat (Regenbogenhaut im Auge)* iriso

[2]**Iris** *f Bot* ↑ ***Schwertlilie***

[3]**Iris** (*f*) *griech. Myth (Götterbotin, Herrin des Regenbogens)* Irisa *auch weibl. Vorname*

Iris|angiografie *f Ophthalmologie* iris-angiografio; ~**atrophie** *f Ophthalmologie* iris-atrofio; ~**blende** *f Foto* irisa diafragmo

irisch *od* **irländisch** *Adj* irlanda; ***Irisch-Republikanische Armee*** *f* (*Abk* ***IRA***) Irlanda Respublika Armeo (*Abk* IRA); ***Irländisches Moos*** *n Pharm* ↑ ***Karrag[h]een***; ***Irische See*** *f ein Randmeer des Atlantik zw. Irland u. Großbritannien* Irlanda Maro

Irisch[e] *n Ling* la irlanda [lingvo], *meist dafür: (das Gälische)* la gaela [lingvo]

Irisdiagnose *f, auch* ***Iridologie*** *f Med* irisologio

Irish Coffee *m Kaffee mit einem Schuss Whiskey u. Schlagsahne* irlanda kafo

Irish Stew [*'stju:*] *n Kochk (Weißkraut mit Hammelfleisch u.a.)* irlanda miks[o]poto

irisieren *intr in Regenbogenfarben schillern* irizi

Iris|prolaps *m, auch* ***Vorfall m der Iris*** *Ophthalmologie* irisprolapso; ~**schmerz** *m* doloro en la iriso; ~**tumor** *m Med* iristumoro

Iritis *f nur Fachspr Med (Entzündung der Regenbogenhaut)* irisito

IRK = *Abk für* ***Internationales Rotes Kreuz***

Irkutsk (*n*) *eine Stadt in Sibirien* Irkutsko

Irland (*n*), *irische Bez* ***Eire*** Irlando, *als Bez des Staates auch* Ejro *[Hptst.: Dublin]* (↑ *auch* ***Hibernia***)

Irländer *m* ↑ ***Ire***

Irländerin *f* ↑ ***Irin***

irländisch ↑ ***irisch***

Irm|a (*f*) *weibl. Vorname* Irma

Irokesen *m/Pl Ethn (Angehörige eines nordamerik. Indianerstammes)* irokezoj *Pl*

Irokesenschnitt *m eine Haartracht* irokeza [har]tondo

irokesisch *Adj* irokeza

Iron *Pl Ethn* ↑ ***Osseten***

Ironie *f* ironio *auch Lit (im Drama)* (*vgl. dazu* ***Spott***); *ironische Äußerung, i.w.S. Witzelei* ironiaĵo; ***die ~ des Schicksals*** la ironio de la sorto; ***sokratische ~*** sokrata ironio

ironiefrei *Adj* senironia

Ironiker *m ironischer Mensch* ironiulo, ironia homo

ironisch 1. *Adj* ironia **2.** *Adv* ironie

ironisieren *tr* ironii, *(mit Ironie behandeln)* trakti ironie; *abs* uzi ironion

Ironman® *m Sport* ↑ ***Supertriathlon***

irr *od* **irre** *Adj geisteskrank* mensmalsana; *verrückt* freneza *umg auch übertr*; *verwirrt* konfuza; ***ich bin ganz irre*** *ganz durcheinander* mi estas tute konfuza; ***er fuhr ein ~es Tempo*** *umg* li veturis freneze rapide

Irradiation *f Med, Opt, Psych* elradiado

irrational *Adj für das rationale Denken nicht erfassbar* neracia *od [stärker:]* malracia; *Math u. Phil* neracionala; *vernunftwidrig* kontraŭracia; *i.w.S. unlogisch* nelogika, kontraŭa al la logiko; ***~e Zahl*** *od* ***Irrationalzahl*** *f Math* neracionala nombro

Irrationalismus *m Phil ([philosophische Lehre vom] Vorrang des Gefühlsmäßigen vor dem logisch-rationalen Denken)* malracionalismo

Irrationalität *f das Irrationale* malracieco

Irrawaddy *m* ↑ ***Irawadi***

irre ↑ ***irr***

[1]**Irre** *m* mensmalsanulo, *Fachspr Med auch* alienulo; *Verrückter* frenezulo (↑ *auch* ***Psychopath***)

[2]**Irre** *f*: ***in die ~ gehen*** *sich verlaufen* vojerari, maltrafi la ĝustan vojon; *in die falsche Richtung laufen* iri en la malĝustan direkton; *vom [richtigen] Weg abkommen* devojiĝi *auch übertr*

irreal *Adj unwirklich, nicht der Wirklichkeit entsprechend* nereala *od* malreala, *[stär-*

ker:] senreala (*vgl. dazu* ***unrealistisch***)

Irrealität *f Unwirklichkeit* nerealeco *od* malrealeco, *[stärker:]* senrealeco

Irredentismus *m, auch* ***Wiederanschluss-*** *od* ***Wiedereingliederungspolitik*** *f Pol* iredentismo

Irredentist *m Pol (Verfechter des Irredentismus)* iredentisto

irredentistisch *Adj* iredenta

irreduzibel *Adj Med (nicht wieder einzurichten [ein Bruch]), Math, Phil (nicht ableitbar)* nereduktebla

irreführen *tr* misgvidi, erarigi, devojigi; *überlisten* superruzi; *foppen, narren* mistifiki; *betrügen* trompi; ***ich ließ mich ~ täuschen*** mi lasis min trompi

irreführend *Adj* misgvida, erariga (↑ *auch* ***trügerisch***)

Irreführung *f* misgvido, erarigo

irregehen *intr einen falschen Weg gehen* vojerari; *umherirren* erarvagi; *übertr (sich irren)* erari

irregulär *Adj* neregula, malregula (*vgl. dazu* ***unregelmäßig***)

Irregularität *f* neregulaĵo, malregulaĵo, *(als Charakteristikum)* nereguleco, malreguleco

irrelevant *Adj* senrilata, neesenca, netrafa, negrava; *häufig verbal übersetzt, z.B.* ***das ist ~*** tio ne rilatas al la afero *bzw.* tio ne gravas por la afero (*bzw.* niaj konsideroj)

irreligiös *Adj nicht religiös, religionslos* nereligia, senreligia

irremachen *tr aus dem Konzept bringen* erarigi, konfuzi; *verrückt machen* frenezigi *auch umg*; ***das macht mich ganz irre*** *umg* tio treege konfuzas min; tio ege frenezigas min

irren *intr* erari; *umherirren* [erar]vagi (***durch*** tra); ***sich ~*** erari; *missverstehen* miskompreni; *sich verlaufen od verfahren* vojerari; *sich visuell täuschen* erare vidi; ***wenn ich [mich] nicht irre*** se mi ne eraras; ***ich kann mich auch ~*** povas [ankaŭ] esti, ke mi eraras; ***Sie ~ [sich]*** vi eraras; ***ich habe mich in ihm geirrt*** *ich habe ihn falsch eingeschätzt und bin von ihm enttäuscht* mi malĝuste lin taksis kaj seniluziiĝis pri li

Irren|anstalt *f alt, scherzh salopp auch* ***Klapsmühle*** *f alt für «psychiatrisches Krankenhaus»* internigejo por frenezuloj, hospitalo por frenezuloj, *pop* frenezulejo; **~haus** *n veraltet* frenezulejo *bes. übertr scherzh*

irreparabel *Adj nicht wieder herstellbar* neriparebla; *unwiederbringlich* nerehavebla; *nicht mehr zu ändern* jam ne ŝanĝebla; ***ein irreparabler Schaden*** neriparebla difekto

irreponibel *Adj nur Fachspr Med (nicht an die normale Stelle zurückzuverlegen, z.B. ein eingeklemmter Bruch)* nerelokebla

irrereden *intr im Delirium od Wahn* deliri

Irresein *n, auch* ***Irrsein*** *n Med* mensmalsano; ***manisch-depressives ~*** *Psych* mania--depresia psikozo

irresolut *Adj* nerezoluta, malrezoluta

irreversibel *Adj nicht umkehrbar* neinversigebla *auch Med u. Thermodynamik*

Irrfahrt *f* erarvojaĝ[ad]o, *zu Fuß* erarmarŝado *bzw.* erarmigrado; *geh (Odyssee)* odiseado

Irrgarten *m* ↑ ***Labyrinth a)***

Irr|gast *m Orn (rein zufällig in einer Region auftretende Vogelart)* vaga gasto (*od* vizitanto); **~glaube[n]** *m Ketzerei* herezo *auch übertr*

irrgläubig *Adj ketzerisch* hereza *auch übertr*

irrig *Adj* erara; *Meinung auch* malĝusta

Irrigation *f Landw (Bewässerung)* irigacio

Irrigator *m Medizintechnik* irigatoro

irritabel *Adj Med für «reizbar»* iritebla

Irritabilität *f Reizbarkeit* iritebleco

Irritation *f* ***a)*** *Med, Psych (Reizzustand)* irito *auch i.w.S.* (*vgl. dazu* ***Reiz***) ***b)*** *umg für «Verwirrung»* konfuziĝo, *i.w.S. auch* nervoziĝo

irritieren *tr* ***a)*** *Med, Psych* iriti ***b)*** *reizen* inciti; *stören* ĝeni; *verwirren* konfuzi; *beunruhigen* malkvietigi; ***sich nicht ~ lassen*** ne lasi konfuzi (*od* malkvietigi) sin; *nicht provozieren lassen* ne lasi provoki sin

Irr|lehre *f allg* erara doktrino; *Kirche* herezo (↑ *auch* ***Ketzerei***); **~licht** *n* vaglumo (↑ *auch* ***Irrwisch***)

Irrogativpronomen *n* ↑ ***Fragefürwort***

Irrsein *n Med* ↑ ***Irresein***

Irrsinn *m Med* frenezo; *übertr umg (verrückte Tat)* freneza faro, frenezaĵo

irrsinnig *Adj* freneza *auch übertr umg* (↑ *auch* ***verrückt*** *u.* ***wahnsinnig***)

Irrtum *m* eraro (↑ *auch* ***Justiz-***, ***Rechts-*** *u.* ***Tatbestandsirrtum***); ***grundlegender*** (***wesentlicher***) ~ fundamenta (esenca) eraro; ***im ~ sein*** erari; ***voller Irrtümer*** *sehr fehlerhaft* plena de eraroj, eraroplena; ***es muss sich um einen ~ handeln*** tio certe estas eraro *od* tio devas esti eraro

irrtümlich **1.** *Adj* erara **2.** *auch* ***irrtümlicherweise*** *Adv* erare, pro eraro

Irrtümlichkeit *f* erareco
Irrweg *m* malĝusta vojo
Irrwisch *m reg od poet für «Irrlicht»* vaglumo (*vgl. dazu* ***Gespenst***)
Irtysch (*m*) *Nebenfluss des Ob* [rivero] Irtiŝo
IS = *Abk für* ***Islamischer Staat*** [↑ *unter* ***islamisch***]
Isaak (*m*) *Eig* Isaako *auch Name einiger Patriarchen*
Isabell *od* **Isabella** (*f*) *weibl. Vorname [letzterer auch Name von Königinnen von Kastilien u. Spanien]* Izabela; ***Isabella von Aragón*** *[1271-1336]* Izabela de Aragono
Isabell|spötter *m* (Hippolais opaca) *Orn* izabela hipolao; ~**[stein]schmätzer** *m* (Oenanthe isabellina) *Orn* izabelsaksikolo; ~**würger** *m* (Lanius isabellinus) *Orn* izabela lanio
Isai (*m*), *hebräisch* ***Jischaj*** *bibl Eig (Vater von König David)* Jiŝajo
Isar *f ein rechter Nebenfluss der Donau in Bayern u. Tirol* [rivero] Isaro
Isaurien (*n*) *Antike (eine Gebirgslandschaft im Süden Kleinasiens [nördlich des Taurus-Gebirges])* Isaŭrio
ISBN *Buchw*: ***Angabe f der*** ~ ISBN-indiko *[ISBN = Abk für engl. «International Standard Book Number» (mehrstellige Nummer, die seit 1973 jedes Buch erhält)]*
Ischämie *f Med ([örtliche] Blutleere)* iskemio; ~**syndrom** *n*, *auch* ***ischämisches Syndrom*** *Med* iskemia sindromo
ischämisch *Adj Med* iskemia
Ischewsk (*n*) *Hptst. von Udmurtien (im Westen der Russ. Föderation)* Iĵevsko
Ischia [*'iskia*] (*n*) *eine Insel im Golf von Neapel* [insulo] Iskio
Ischialgie *f Med (Hüftschmerz)* iskiatalgio (↑ *auch* ***Koxalgie*** *u.* ***Lumboischialgie***)
Ischias *m, auch n, Fachspr auch f, umg auch* ***Hüftweh*** *n Med* iskiatalgio, *umg* iskiatiko (*vgl. dazu* ***Hexenschuss***); ~**nerv** *m* (Nervus ischiadicus) *Anat* iskia nervo
Ischtar *ohne Art: Myth (akkadische Göttin der Liebe u. des Geschlechtslebens)* Iŝtar[a]; ***die ~-Tempel Pl in Assur*** la temploj *Pl* de Iŝtar en Asuro
IsDB = *Abk für* ***Islamic Development Bank*** [↑ *unter* ***islamisch***]
Iselin-Krankheit *f nur Fachspr Med (eine aseptische Knochennekrose)* Iselin-malsano
isentrop[isch] *Adj Phys (bei gleichbleibender Entropie verlaufend)* izentropa
Iser *f, tschech.* ***Jizera*** *f ein Nebenfluss der Elbe in Tschechien* [rivero] Izero
Isère *f ein Nebenfluss der Rhône* [rivero] Izero
Isergebirge *n, tschech.* ***Jizerské hory*** *Teil der Westsudeten zw. Lausitzer Gebirge u. Riesengebirge* Izera Montaro
Isfahan (*n*), *auch* ***Esfahan*** (*n*) Isfahano, *auch* Esfahano *zweitgrößte Stadt Irans u. Hptst. der gleichnamigen Provinz*; ~**-Teppich** *m* isfahana tapiŝo
ISG = *fachspachl. Abk für* ***Iliosakralgelenk***
ISG-Syndrom *n Med* ↑ ***Iliosakralsyndrom***
Isidor (*m*) *männl. Vorname* Izidoro
Isis (*f*) *Myth (altägyptische Göttin [Gemahlin des Osiris, Mutter des Horus])* Izisa; ~**kult** *m* kulto al Izisa
Iskenderun (*n*) *türkische Hafenstadt am östlichsten Punkt des Mittelmeers* Iskenderuno; ***Golf m von ~*** Golfo de Iskenderuno
Iskra *f, dt.* ***Isker*** *f rechter Nebenfluss der Donau in Bulgarien* [rivero] Iskro
Islam *m Rel* islamo (*vgl. dazu* ***Salafismus***); ***Anhänger des ~*** islamano (*vgl. dazu* ***Muslim***); ***die Verbreitung des ~*** la disvastigo (*bzw.* disvastiĝo) de islamo
Islamabad (*n*) *Hptst. von Pakistan* Islamabado (*vgl. dazu* ***Rawalpindi***)
islamfeindlich *Adj* antiislama *od* kontraŭislama
Islamfeindlichkeit *f* ↑ ***Islamophobie***
islamisch *Adj* islama (*vgl. dazu* ***muslimisch***); ***~e Fundamentalisten*** *m/Pl* islamaj fundamentistoj *Pl*; ***≗e Entwicklungsbank*** *f, engl.* ***Islamic Development Bank*** (*Abk* ***IsDB***) *[mit Sitz in Djidda/Saudi-Arabien]* Islama Evoluiga Banko; ***~e Gesetze*** *n/Pl* islama leĝaro; *die Scharia (das kanonische Gesetz des Islam, das das bewusste Verhalten des Menschen in allen Lebensbereichen nach göttlicher Vorschrift regelt)* ŝario; ***~e Kultur*** (***Kunst***) *f* islama kulturo (arto); ***~es Recht*** *n* islama juro; ***der ≗e Staat*** (*Abk* ***IS***) *Pol (eine seit 2003 aktive terroristisch agierende sunnitische Miliz)* la Islama Ŝtato (*Abk* IŜ); ***≗e Vereinigung Indonesiens*** *Pol* Unuiĝo Islama de Indonezio *erste nationale Massenorganisation in Indonesien (1911)*; ***Organisation der ≗en Konferenz*** (*engl. Abk* ***OIC***) Organizaĵo de Islama Konferenco; ***die ~e Welt*** la islama mondo; ***≗er Weltkongress*** *m* Monda Islama Kongreso
islamisieren *tr* islam[an]igi

Islamisierung *f* islam[an]igo, islamigado
Islamisierungsprozess *m* proceso de islam[an]igo
Islamismus *m islamischer Fundamentalismus* islamismo (↑ *auch* ***Dschihadismus***, ***Panislamismus*** *u.* ***Salafismus***)
Islamist *m* islamisto (↑ *auch* ***Dschihadist***)
Islamistin *f* islamistino
islamistisch *Adj* islamista; ***ein ~er Anschlag*** islamista atenco
Islamkritik *f Kritik am Islam* kritiko kontraŭ islamo
islamkritisch *Adj* kritika kontraŭ islamo
Islamophobie *f, auch* ***Islamfeindlichkeit*** *f Abneigung gegen den Islam u. die Muslime* islamofobio
Islam|wissenschaft *f* islamoscienco, islamologio; ~**wissenschaftler** *m*, *<schweiz> u. <österr> auch* ***Islamwissenschafter*** *m* islamologo
Island (*n*) Islando *[Hptst.: Reykjavik]*
Isländer *m* islandano
Isländerin *f* islandanino
Islandfalke *m Orn* = ***Gerfalke***
isländisch *Adj* islanda; ***~es Moos*** *n a) auch* ***Moos-*** *od* ***Brockenflechte*** *f* (Cetraria islandica) *Bot* islanda cetrario *b) auch* ***Isländisch Moos*** *n* (Lichen islandicus = Cetraria islandica) *Pharm (Flechtenthallus von Cetraria islandica)* islanda likeno
Isländisch[e] *n, [in Island selbst* ***Islenska*** *genannt] Ling (aus dem Altnordischen hervorgegangene nordgermanische Sprache)* la islanda [lingvo]
Island|mohn *m, auch* ***nacktstängeliger Mohn*** (Papaver nudicaule) *Bot* islanda papavo; ~**muschel** *f* (Arctica islandica) *Zool* islandkonko; ~**pferd** *n* islanda ĉevalo; ~**schaf** *n eine Schafrasse, die zu den nordischen Kurzschwanzschafen zählt* islanda ŝafo
Isle of Wight *f eine engl. Insel* Ŭajt-insulo
Ismaelit *od* **Ismailit** *Islam (Angehöriger einer schiitischen Sekte)* ismailano (*vgl. dazu* ***Drusen***)
Ismail (*m*) *arab. Männername, u.a. für Scheiche u. Imame* Ismailo
Ismailija (*n*) *ägyptische Provinzhptst. am Suezkanal, am Nordufer des Timsahsees [Sitz der Kanalverwaltung]* Ismailjo
Ismailit *m Islam* ↑ ***Ismaelit***
Isoagglutinine *n/Pl eine Gruppe von Proteinen im Blutserum* izoaglutininoj *Pl*
Isoallele *n/Pl Genetik* izoaleloj *Pl*
Isoamplitude *f Met (Linie, die Orte verbindet, an denen gleiche mittlere Temperaturschwankungen bestehen)* izoamplitudo
Isoantigene *n/Pl Biol, Med [Ggs: Heteroantigene]* izoantigenoj *Pl*
Isobar *n Phys (Atomkern, der im Vergleich zu anderen isobare Eigenschaften aufweist)* izobaro
Isobare *f Kartogr, Met (Verbindungslinie zw. Punkten gleichen Luftdrucks)* izobaro
Isobarenkarte *f Met* izobara mapo
Isobathe *f Kartogr* ↑ ***Tiefenlinie***
Isobutan *n Chem (brennbares Gas, das in Erdöl-Crackgasen vorkommt)* izobutano *<es wird zur Herstellung von Flugbenzin verwendet>*
Isochimene *f Met (Verbindungslinie zw. Orten gleicher mittlerer Wintertemperatur)* vintra izotermo
iso|chrom[atisch] *Adj gleichfarbig, farbtonrichtig* izokromata; ~**chron** *Adj gleich lange Zeit dauernd bzw. in gleichen Zeitabständen eintretend* izokrona izokrona
Isochronismus *m gleiche Schwingungsdauer, z.B. von Pendeln* izokroneco
Isocrates (*m*) *Eig* ↑ ***Isokrates***
isodimorph *Adj Min* izodimorfa
Isodyname *f Kartogr (Linie, die in Karten Punkte gleicher erdmagnetischer Feldstärke miteinander verbindet)* izodinamo
isodynamisch *Adj den gleichen Verbrennungs- bzw. Energiewert aufweisend [bei Nahrungsstoffen]* izodinamika
isoelektrisch *Adj* izoelektra; ***~e Fokussierung*** *f* (*Abk* ***IEF***) izoelektra enfokusigo; ***~er Punkt*** *m* (*Abk* ***IEP***) izoelektra punkto
Isoenzyme *n/Pl Biochemie (Enzyme mit gleicher Substratspezifität, die sich in Proteinstruktur u. physikalischen Eigenschaften sowie eventuell in ihrer Aktivität unterscheiden)* izoenzimoj *Pl*
isogam *Adj* izogamia
Isogameten *m/Pl Genetik (männl. od weibl. Geschlechtszellen ohne geschlechtsspezifische Merkmale)* izogametoj *Pl*
Isogamie *f Biol (Verschmelzung gleich gestalteter Geschlechtszellen)* izogamio
Isogeotherme *f Geol, Kartogr, Met (Verbindungslinie von Orten gleicher Bodenwärme)* izogeotermo
Isoglosse *f Ling ([in Sprachatlanten:] Linie, die das Verbreitungsgebiet eines Wortes

eingrenzt) izogloso

Isoglukose *f, fachsprachl.* ***Isoglucose*** *f Gemisch aus Glukose u. Fruktose* izoglukozo

Isogon *n Geom (regelmäßiges Vieleck)* izogono

isogonal *Adj winkelgetreu (bes. bei geometrischen Figuren u. Landkarten)* izogona

Isogonalität *f, auch* ***Winkeltreue*** *f Geom* izogoneco

Isohaline *f Kartogr (Linie, die Orte gleichen Salzgehaltes des Wassers miteinander verbindet)* izohalino

Isohämolysine *n/Pl Biochemie (Alloantikörper, die unter Aktivierung von Komplement Erythrozyten hämolysieren [von Bedeutung sind insbesondere die Alloagglutinine])* izohemolizinoj *Pl*

Isohelie *f Kartogr, Met (Linie, die Orte gleicher mittlerer Sonnenscheindauer miteinander verbindet)* izohelo

Isohyete *f Kartogr, Met (Linie, die auf einer Karte Orte mit gleicher Niederschlagsmenge verbindet)* isohieto

Isohypse *f Kartogr* ↑ ***Höhenlinie***

isoionisch *Adj Phys (die gleiche Menge an Ionen enthaltend)* izoiona

Isoklinalfalte *f Geol (durch starke seitliche Einengung entstandene Falte, deren Schenkel parallel liegen)* izoklina falto

Isokline *f Geogr, Kartogr (Verbindungslinie zw. Orten gleicher Inklination)* izoklino

Isokrates (*m*), *lat.* ***Isocrates*** *Eig (altgriechischer Orator u. Politiker [436-338 v. Chr.])* Izokrato

Isolation *f* izolado *auch Genetik u. Tech*; *Isoliermaterial* izolaĵo

Isolationismus *m Pol (politische Tendenz, sich vom Ausland abzuschließen u. staatliche Eigeninteressen zu betonen)* izolismo

Isolationist *m Pol* (*Verfechter des Isolationismus)* izolisto

isolationistisch *Adj* izolisma

Isolationsfehler *m* izoldifekto

Isolationsmessgerät *n El* ↑ ***Megohmmeter***

Isolations|politik *f* izolisma politiko; ~**widerstand** *m El* izolrezistanco

Isolator *m El, Phys* izolilo (*vgl. dazu* ***Nichtleiter***; ↑ *auch* ***Glockenisolator***)

Isolde (*f*) *weibl. Vorname* Izolda

Isoleuzin *n, fachsprachl.* ***Isoleucin*** *n* (*fachsprachl. Abk* **Ileu**) *Biochemie (eine essenzielle aliphatische α-Aminosäure)* izoleŭcino

Isolierband *n El* izola bendo (*bzw.* rubando)

isolieren *tr Biol (aus einem Milieu herauslösen), Chem (aus einer Verbindung herausziehen), El, Med (z.B. auch Patienten wegen ansteckender Krankheiten) u. übertr (auch in Bezug auf Lärm, Wärme, Wasser)* izoli (***gegen*** kontraŭ; ***von*** [dis]de, *auch* for de); *absondern auch* apartigi (***von*** [dis]de) (*vgl. dazu* ***dämmen***); ***sich*** ~ sin izoli (***von*** [dis]de); ***isoliert [worden sein]*** [esti] izolita; ***isolierter Punkt*** *m Math* ↑ ***Einsiedlerpunkt***

isolierend *Adj* izol[ant]a; ~***e Sprachen*** *f/Pl Ling (Sprachen, die die Beziehungen der Wörter im Satz nur durch die Wortstellung ausdrücken, z.B. das Chinesische [Ggs: agglutinierende u. flektierende Sprachen])* izol[ant]aj lingvoj *Pl*

Isolier|masse *f* izolsubstanco; ~**material** *n* izolaĵo, materialo por izoli *od* izola materialo; ~**station** *f Med* izol-stacio

Isoliertheit *f* izol[it]eco

Isolierung *f das Isolieren (Vorgang)* izolado (↑ *auch* ***Genisolierung***); *Absonderung* apartigo; *Material, Stoff zum Isolieren* izolaĵo (↑ *auch* ***Glaswolle-***, ***Rohr-*** *u.* ***Schutzisolierung***)

Isomer[e] *n Chem (eine Isomerie aufweisende chem. Verbindung), Kernphysik* izomero

Isomerie *f Bot, Chem, Kernphysik* izomereco; ***optische*** ~ optika izomereco

Isomerisierung *f Umlagerung von chemischen Verbindungen unter Bildung von Isomeren* izomerigo

Isometrie *f Kartogr (Längengleichheit, Längentreue, bes. bei Landkarten)* izometrio

isometrisch, *auch* ***längengetreu***, *bes. Kartogr* ***maßstab[s]gerecht*** *Adj* izometria *auch Med (Bez für Spannungsänderung des Muskels bei gleichbleibender Länge der Muskelfasern [sogen. ‹statische Kontraktion›])*

Isometropie *f nur Fachspr Ophthalmologie (Gleichsichtigkeit beider Augen)* izometropio

isomorph *Adj Naturw (gleichgestaltig, von gleicher Form [bes. Kristalle])* izomorfa

Isomorphie *f Ling, Naturw* izomorfeco

Isomorphismus *m Kristallografie, Math* izomorfismo

ISO-Normen *f/Pl* ISO-normoj *Pl*

Isopathie *f, auch* ***Isotherapie*** *f ein Konzept der Homöopathie* izopatio, *auch* izoterapio

isoperimetrisch *Adj Geom (von gleichem*

Ausmaß [von Flächen u. Körpern]) izoperimetria

Isophone *f Phon (Linie auf Sprachkarten, die die geografische Ausbreitung gleicher Laute darstellt)* izofonoj *Pl*

Isoplethe *f Math, Phys (Linie gleicher Zahlenwerte verschiedener Größen)* izopleto

Isopoden *m/Pl Zool* ↑ ***Gleichfüßer***

Isopren® *n Chem (flüssiger, ungesättigter Kohlenwasserstoff)* izopreno; ~**kautschuk** *m* izoprena kaŭĉuko

Isopropanol *n, auch* ***2-Propanol*** *Chem (ein Alkohol)* izopropanolo, *auch* 2-propanolo

isorhythmisch *Adj Mus 1. [in Kompositionen des ausgehenden Mittelalters] unabhängig von Tonhöhe u. Text rhythmisch sich wiederholend 2. [in kontrapunktischen Sätzen] in allen Stimmen eines Satzes rhythmisch gleichbleibend* izoritma

Isoseiste *f Seismik (Verbindungslinie zw. Orten gleicher Erdbebenintensität)* izosismo

isosmotisch *Chem, Physiol* ↑ ***isotonisch***

Isospin *m Phys (Quantenzahl zur Klassifizierung von Elementarteilchen)* izospino

Isostasie *f Astron, Geol (Gleichgewichtszustand großer Krustenteile der Erde)* izostaz[i]o

Isotache *f Kartogr, Met (Linie, die Orte gleicher Wind- od Strömungsgeschwindigkeiten miteinander verbindet)* izotaĥo

Isotherapie *f Homöopathie* ↑ ***Isopathie***

Isothere *f Met (Verbindungslinie zw. Orten gleicher mittlerer Sommertemperatur)* somera izotermo

Isotherme *f Kartogr, Klimatologie (Linie gleicher Temperatur)* izotermo (↑ *auch* ***Adsorptions-***, ***Geo-*** *u.* ***Nullisotherme***)

Isothermie *f Met* izotermeco

isothermisch *Adj* izoterma

Isotonie *f Phys* izotoneco

isoton[isch], *auch* ***isosmotisch*** *Adj Chem, Physiol (mit gleichem osmotischen Druck)* izotona, izoosmoza; ~***e Lösung*** *f* izotona solvaĵo

isotop *Adj* izotopa

Isotop *n Naturw* izotopo (↑ *auch* ***Lithiumisotop***); ***radioaktive*** ~***e*** *Pl* radioaktivaj izotopoj *Pl*

Isotopen|chemie *f* izotopa kemio; ~**geochemie** *f* izotopa geokemio; ~**geologie** *f* izotopa geologio; ~**technik** *f* izotopa tekniko; ~**therapie** *f Med* izotopa terapio

isotrop *Adj Bez für Stoffe, deren chemische bzw. physikalische Eigenschaften in allen Richtungen gleich sind* izotropa; ~***e Struktur*** *f* izotropa strukturo

Isotropie *f Naturw* izotropeco

Isperich *(m) Eig* ↑ ***Asparuch***

Israel *(n), hebräisch* ***Yisrael*** ***a)*** *heutiger Staat in Nahost* Israelo ***b)*** *Gesch (1. das unter der Führung der Juden um 1000 v. Chr. gegründete Reich in Palästina 2. Volksname der Nachkommen Jakobs, deren wichtigster Stamm die Juden waren, das alttestamentliche jüdische Volk)* Izraelo

Israeli ***a)*** *m Angehöriger des Staates Israel* israelano (*vgl. dazu* ***Israelit***) ***b)*** *f* israelanino

israelisch *Adj auf den heutigen Staat Israel bezogen* israela

Israelit *m Angehöriger des Volkes Israel, d.h. Angehöriger eines der semitischen Stämme im alten Palästina* izraelido (*vgl. dazu* ***Hebräer*** *u.* ***Israeli***)

israelitisch *Adj* izraelida

Israfil *(m) Islam (Engel u. Bote Allahs [bläst die Posaune beim Jüngsten Gericht])* Israfilo

Issachar *(m) biblischer Eig (Sohn Jakobs und der Lea, Stammvater des israelitischen Stammes Issachar in Galiläa)* Isaĥaro

Issos *(n) Gesch (alte Seestadt der historischen Landschaft Kilikien am Golf von Iskenderun)* Isso

Issyk-Kul *m ein See in Kirgisistan* [lago] Isik-Kulo

Istanbul *(n) eine Stadt in der Türkei* Istanbulo (↑ *auch* ***Konstantinopel***); ***Straße von*** ~ ↑ ***Bosporus***

Istbestand *m, auch* ***Ist-Bestand*** *m* efektiva (*od* fakta) stato; *Kassenbestand* kasmono *od* enkasa mono; *gegenwärtiger Warenbestand* aktuala stoko [de varoj]

IS|-Terror *m* IŜ-teroro; ~**-Terrorist** *m* IŜ-teroristo; ~**-Terrormiliz** *f* IŜ-terormilico

IStGH = *Abk für* ***Internationaler Strafgerichtshof*** [↑ *unter* ***international***]

Isthmektomie *f Chir* ↑ ***Isthmusentfernung***

isthmisch *Adj* istma; ≗***e Spiele*** *Pl die im antiken Griechenland auf dem Isthmus von Korinth veranstalteten Wettkämpfe* Istmaj Ludoj *Pl*

Isthmus *m* ***a)*** *auch* ***Landenge*** *f Geogr* istmo; ***der*** ~ ***von Korinth*** la Korinta Istmo ***b)*** *Med (verengter Durchgang od schmale Verbindung von Organen)* istmo

Isthmusentfernung *f, fachsprachl. auch*

Isthmektomie *f Chir* istmoektomio (*vgl. dazu* ***Isthmus b)***)

Istrien (*n*), *kroatisch* ***Istra***, *ital.* ***Istria*** *eine Halbinsel im NO des Adriatischen Meeres [zw. Golf von Triest u. Kvarner Bucht]* Istrio

istrisch *Adj (auf Istrien bezogen bzw. aus Istrien [stammend])* istria

Ist|stärke *f, auch* ***Ist-Stärke*** *f effektive Anzahl* efektiva (*od* fakta) nombro; ~**wert** *m, auch* ***Ist-Wert*** *m* efektiva (*od* fakta) valoro

IT = *Abk für* ***Informatonstechnologie***

Itabirit *m Geol, Min (gebändertes, eisenreiches Quarzitgestein)* itabirito <*wichtiges Eisenerz*>

Itabuna (*n*) *eine Stadt im brasilianischen Gliedstaat Bahia* Itabuno

italianisieren *tr italienisch machen, italienische Form geben* italigi

Italianismus *m Ling (italienische Spracheigentümlichkeit)* italismo

Italien (*n*), *ital.* ***Italia*** Italio *[Hptst.: Rom]*

Italiener *m* italo

Italienerin *f* italino

italienisch *Adj* itala (*vgl. dazu* ***italisch***)

Italienisch[e] *n Ling* la itala [lingvo]

italienischsprachig 1. *Adj* itallingva **2.** *Adv* itallingve

Italiensperling *m* (Passer italiae) *Orn* itala pasero

Italiker *m/Pl Gesch (die ab 1200 v. Chr. nach Italien eingewanderten indogermanischen bzw. indogermanisierten Völker u. Stämme)* italikoj *Pl* (↑ *auch* ***Volsker***)

italisch *Adj das antike Italien betreffend* italika

Itanagar (*n*) *Hptst. des indischen Unionsstaates Arunachal Pradesh* Itanagaro

Iteration *f Math (wiederholte Anwendung desselben Prozesses auf die gewonnenen Zwischenwerte), Rhetorik* iteracio; *Ling* vort-ripeto

Iterationsverfahren *n Math* iteracia metodo

iterativ *Adj Ling, Math, Rhetorik* iteracia

Iterativbewegungen *f/Pl Neurologie* iteraciaj movoj *Pl*

Iterativ[um] *n, auch* ***Frequentativ*** *n Ling (Aktionsart des Verbs, die eine ständige Wiederholung des Vorgangs ausdrückt)* iterativo, *auch* frekventativo

iterieren *tr Math, Rhetorik* iteracii

Ithaka (*n*), *neugriech.* ***Ithaki*** (*n*) *eine der Ionischen Inseln* [insulo] Itako <*legendäre Heimat des Odysseus*>

Itinerar *n, auch* ***Itinerarium*** *n Geodäsie, Topografie (Aufzeichnung noch nicht vermessener Wege bei Vermessungsarbeiten bzw. auf Forschungsreisen)* itinero

I-Tüpfelchen *n,* <*österr*> ***I-Tüpferl*** *n* punkto sur la litero i ◇ ***bis aufs*** ~ ĝis la lasta detalo

i. Ü. = *Abk für* ***im Übrigen***

Iulius (*m*) ↑ ***Julius***

Iuno *f Myth* ↑ ***Juno***

IUP = *Abk für* ***Intrauterinpessar***

Iustinianus (*m*) *Eig* ↑ ***Justinian***

Iuturna (*f*) *Myth* ↑ ***Juturna***

i.v. = *Abk für* ***intravenös***

i.V. = *Abk für* ***in Vertretung***

Ivernia (*f*) ↑ ***Hibernia***

IVF = *Abk für* ***In-vitro-Fertilisation***

Ivo (*m*) *männl. Vorname* Ivo

Ivorer *m Einwohner der Republik Elfenbeinküste* eburiano, *auch* eburbordano

Ivorerin *f* eburianino

ivorisch *Adj* eburia, *auch* eburborda

IVU *Abk für* ***Internationale Vegetarier-Union*** (↑ *unter* ***Vegetarier***)

Iwakiyama *m Pilgerberg unweit der japanischen Stadt Hirosaki* <*ein erloschener Vulkan*> [monto] Ivakijamo

Iwan [*i'va:n*] (*m*) *slawischer männl. Vorname (auch Name russ. Großfürsten u. Zaren) [ostslawische Form von Johannes]* Ivano; ~ **der Schreckliche** *Bez für Iwan IV. [1530-1584] ein russ. Zar* Ivano la Terura

Iwanowo (*n*) *eine russische Gebietshptst. am Uwod* Ivanovo

IWF = *Abk für* ***Internationaler Währungsfonds*** [↑ *unter* ***international***]

i wo! *umg* = ***keineswegs***

Iwrit[h] *n Ling* ↑ ***Neuhebräisch***

Ixia *f, auch* ***Kornlilie*** *f* (*Gattung* Ixia) *Bot (ein südafrik. Schwertliliengewächs)* iksio

Ixion (*m*) *Myth (griech. Sagengestalt, König der Lapithen)* Iksiono

Ixora *f* (*Gattung* Ixora) *Bot (eine Gattung der Rötegewächse)* iksoro

Izalco *m ein aktiver Vulkan im westl. El Salvador* [vulkano] Izalko

Izmir (*n*), *griech.* ***Smyrna*** (*n*) *eine türkische Hafenstadt* Izmiro, *früher* Smirno

Izmit (*n*) *eine türkische Hafenstadt am Marmarameer* Izmito <*in der Nähe: die Ruinen des antiken Nikomedia*>; ***Golf von*** ~ *eine Bucht des Marmarameeres* Golfo de Izmito

J

J = *Zeichen für* ***Joule***

ja 1. *Adv* jes; ~ ***bitte*** *od* ~, ***ich höre*** *am Telefon* jes, mi aŭskultas; ~ ***doch!*** jes ja!; ~ ***gut, ich komme heut[e] Nachmittag*** nu bone, mi venos hodiaŭ posttagmeze; ~ ***sagen*** diri jes, *auch* jesi (*vgl. dazu* ***zustimmen***); ***o ja!*** *erfreuter Ausruf* ho jes!; ***da bist du ~!*** ha, jen vi estas!; ***werden Sie kommen? – ich glaube, ~!*** ĉu vi venos? – mi kredas, ke jes! **2.** *partikelhaftes Adv [ohne eigentliche Bed, intensiviert u. belebt den Satz]* ***a)*** *verstärkend* ja; *oft auch: [sogar]* eĉ *od [völlig]* tute; ***ich sagte Ihnen ~, dass ...*** mi ja diris al vi, ke ...; ***das kann ich versichern, ~ beeiden*** tion mi povas certigi, eĉ ĵuri; ***vergiss das ~ nicht!*** tion tute ne forgesu! ***b)*** *fragend (am Satzende)* ĉu?; ***ich darf doch kommen, ~?*** mi rajtas veni, ĉu? ***c)*** *zweifelnd od ungläubig* ĉu vere? ***d)*** *Nachdruck verleihend: unbedingt [im Satzinnern]* nepre; ***komm morgen ~, du musst dabei sein!*** vi nepre venu morgaŭ, vi devas ĉeesti! ***e)*** *zugestehend, einräumend: allerdings, doch, freilich* certe, ja; ***das ist ~ richtig, aber ...*** tio certe ĝustas, sed ...; ***ich habe dir das ~ gesagt*** mi ja diris tion al vi; ***ich könnte es ~ mal versuchen, aber ...*** mi ja povus provi [tion], sed ...; ***Sie wissen ~, dass ...*** vi ja scias, ke ...

Ja *n*: ***mit [einem] ~ antworten*** respondi dirante jes; *i.w.S. seine Zustimmung erklären* deklari sian konsenton; ***mit ~ oder Nein antworten*** (*bzw.* ***beantworten***) respondi jese aŭ nee ◇ ***zu allem ~ und Amen sagen*** jesi kaj konsenti pri ĉio

Jabiru *m* (Jabiru mycteria) *Orn (eine Storchenart Mittel- u. Südamerikas)* jabiruo

Jablonec nad Nisou (*n*), *dt.* ***Gablonz an der Neiße*** *eine Stadt in Nordböhmen/Tschechische Rep.* Jabloneco ĉe Niso

Jablonowygebirge *n am Südrand der Sibirischen Tafel* Jablonova Montoĉeno

Jaborandi *m Bot* ↑ ***Pilokarpus***

Jabot *n Spitzen- od Seidenrüsche [an Blusen od Hemden]* ĵaboto

Jacht *f*, *auch* ***Yacht*** *f Mar* jakto, *auch* jaĥto (↑ *auch* ***Motorjacht*** *u.* ***Slup***); ~**fahren** *n Fahrt auf einer Jacht* jaktado; ~**hafen** *m*, *auch* ***Marina*** *f* jakthaveno; ~**heck** *n lang überhängendes Heck mit kleinem Spiegel* jaktopobo; ~**klub** *m*, *auch* ***Jachtclub*** *m* jaktklubo; ~**makler** *m* jaktomakleristo

Jackbaum *m* (Artocarpus heterophyllus) *Bot* jakvoarbo <*aus dem Holz des Baumes gewinnt man einen orangegelben Farbstoff, mit dem die buddhistischen Mönche traditionell ihre Kleidung färben*>

Jackbohne *f Bot, Nahr* ↑ ***Schwertbohne***

Jäckchen *n* jaketo (↑ *auch* ***Bolero***)

Jacke *f*, *auch* ***Jackett*** *n* jako (↑ *auch* ***Haus-***, ***Kellner-***, ***Leder-***, ***Nacht-***, ***Pelz-***, ***Samt-***, ***Smoking-***, ***Sport-***, ***Strand-***, ***Strick-***, ***Trainings-***, ***Wind-*** *u.* ***Wolljacke***); ***eine ~ anziehen*** (*od umg auch* ***drüberziehen***) surmeti jakon; ***die ~ zuknöpfen*** (***aufknöpfen***) buton[um]i (malbuton[um]i) la jakon ◇ ***das ist ~ wie Hose*** *das ist völlig egal, meist pej: beides ist nicht besonders gut* tio estas frako kiel jako *(Zam)*

jackenförmig *Adj* jakoforma

Jacken|kleid *n*, *auch* ***Damenkostüm*** *n* ĵaketrobo; ~**knopf** *m* jakobutono; ~**kragen** *m* jakokolumo

Jackentasche *od* **Jacketttasche** *f* jakopoŝo *bzw.* ĵaketpoŝo

Jacketkrone *f Zahnmedizin* ĵaketkron[aĵ]o

[1]**Jackett** *n* ↑ ***Jacke***; ***einreihiges*** (***zweireihiges***) ~ unu[buton]vica (du[buton]vica) jako

[2]**Jackett** *n kurzes eng anliegendes Damen*♀ ĵaketo

Jackfrucht *f*, *auch* ***Nangka*** *f eine tropische Frucht* jakvo; ~**baum** *m* (Artocarpus heterophyllus) *Bot* jakvoarbo

Jackpot *m bes. hoher [angesammelter] Gewinn bei einem Glücksspiel* ĵakpoto; ***den ~ knacken*** gajni la ĵakpoton

Jackson (*n*) *Hptst. des US-Bundesstaates Mississippi* Ĵaksono

Jackson-Epilepsie *f Med (eine Sonderform der Epilepsie)* ĵaksona epidemio

Jacksonville (*n*) *eine Hafenstadt in NO-Florida/USA* Ĵaksonvilo

Jackson-Weber *m* (Ploceus jacksoni) *Orn* or[o]dorsa teksbirdo (*od* <*wiss*> ploceo) *[Vorkommen: Südsudan, Uganda, Kenya u. Tansania]*

Jacobus (*m*) *männl. Vorname* Jakobo; ~ ***von Lüttich*** (*auch* ***Jacobus Leodinensis*** *od* ***Jacques de Liège*** *genannt*) *ein flämischer Musiktheoretiker [* um 1260, † nach 1330]* Jakobo de Lieĝo

Jacquard|gewebe *n* [ʒa'ka:r...] *n Textil* ĵakard-teksaĵo, *auch kurz* ĵakardo; ~**maschine** *f eine Vorrichtung an Webstühlen zur*

Bildung des Fachs für den Schussfaden (beliebige Musterungen) ĵakard-mekanismo, *auch kurz* ĵakardo

Jacqueline (*f*) *weibl. Vorname* Ĵakelina

Jacques [ʒ*ak*] (*m*) *franz. männl. Vorname* Ĵakvo

Jacquinia *f* (*Gattung* Jaquinia) *Bot* jakinio

Jacuí *m ein Fluss im brasilian. Gliedstaat Rio Grande* [rivero] Ĵakuio

Jacuzzi® *m* ↑ ***Whirlpool®***

[1]**Jade** *m od f Min (Sammelbez für Jadeit u. Nephrit), ein Schmuckstein* jado

[2]**Jade** *f ein Küstenfluss in Oldenburg* [rivero] Jado *[mündet in den Jadebusen] <Zufluss zur Nordsee>*; ~**busen** *m Nordseebucht bei Wilhelmshaven* Jado-Golfo

jadegrün *Adj blassgrün wie Jade* jadoverda, *nachgest* [pale] verda kiel jado

Jadeit *m Min ein grünliches Mineral [aus der Gruppe der Pyroxene]* jadeito

Jadeitit *m Min (Gestein, das hauptsächlich aus Jadeit besteht)* jadeitito

Jadschurweda *m*, *<wiss>* ***Yajurveda*** *m vedische Lit (in Sanskrit abgefasste Sammlung von Gebeten u. Opferformeln des Hinduismus)* jaĝurvedo *<entstanden zw. 9. und 6. Jh.v. Chr.>*

Jadwiga (*f*) *polnischer weibl. Vorname* Jadviga *auch Name einer polnischen Fürstin*

Jafet (*m*) *bibl Eig* ↑ ***Japhet[h]***

Jaffa (*n*) *eine israelische Hafenstadt [seit 1949 Ortsteil von Tel Aviv]* Jafo

Jagannath *ein Beiname für Vishnu* Ĝaganato (*vgl. dazu* ***Vishnu***)

Jagd *f* ĉaso; *das Jagen (als Vorgang)* ĉasado (***auf*** al *od* kontraŭ) *auch Jägerei od Jagdwesen* (*vgl.dazu* ***Falknerei***; ↑ *auch* ***Bären-***, ***Elch-***, ***Enten-***, ***Fang-***, ***Fuchs-***, ***Hasen-***, ***Hetz-***, ***Hexen-***, ***Hütten-***, ***Menschenjagd***, ***Pirsch***, ***Treib-***, ***Unterwasser-*** *u.* ***Verfolgungs-***, ***Wildschwein-*** *u.* ***Wolfsjagd***); ~ ***mit Frettchen*** *bes. auf Kaninchen* ĉasado per furo(j), *auch* furado; ~ ***auf Krokodile*** (***Wölfe***) ĉasado al (*od* kontraŭ) krokodiloj (lupoj); ***auf [die] ~ gehen*** *Jäger* iri [por] ĉasi, *(Zam) auch* iri al ĉaso; *Raubtier* ĉas[ad]i [predon]; ***von der ~ kommen*** reveni de ĉaso *(Zam)*; ***von der ~ leben*** vivi de ĉasado; ***eine ~ pachten*** lui ĉasejon; ***eine wilde ~ begann*** *bes. übertr* komenciĝis infera ĉaso

Jagd|anzug *m* ĉaskostumo *od* ĉasvesto; ~**aufseher** *m*, *auch* ***Wildhüter*** *m* ĉasgardisto

Jagdbann *m* ↑ ***Jagdverbot***

jagdbar *Adj* ĉasebla; ~***e Tiere*** *n/Pl Tiere, die bejagt werden dürfen* bestoj kiujn oni rajtas ĉasi; *i.w.S. Wild* ĉasbestoj *Pl*

Jagd|barkeit *f* ĉasebl[ec]o; ~**berechtigung** *f* ĉaspermes[il]o; ~**beute** *f* ĉasa predo; ~**bezirk** *m* ĉasdistrikto; ~**falke** *m*, *auch* ***Ger-*** *od* ***Gierfalke*** *m* ĉasfalko

Jagdfasan *m Orn* ↑ ***Fasan***

Jagd|flieger *m* piloto de ĉasaviadilo; ~**flinte** *f* ĉasfusilo; ~**flugzeug** *n*, *auch kurz* ***Jäger*** *m Mil* ĉasaviadilo

Jagdfrevler *m* ↑ ***Wilddieb***

Jagd|gebiet *n* ĉasdistrikto; ~**gemeinschaft** *f* ĉasista societo; ~**gerät** *n einzelnes* ĉasilo, *mehrere* ĉasiloj *Pl*, *als Gesamtheit* ĉasilaro; ~**geschwader** *n Mil* ĉasaviadila eskadro; ~**gemeinschaft** *f* ĉasista societo; ~**gesellschaft** *f* grupo da ĉasistoj; ~**gewehr** *n*, *auch* ***Pirschbüchse*** *f* ĉaspafilo, *auch* ĉasfusilo; ~**glas** *n ein Fernglas* ĉasista binoklo; ~**göttin** *f Myth* diino de la ĉaso (*vgl. dazu* ***Diana***)

Jagdhorn *n Mus* ĉaskorno; ~**bläser** *m* ludanto de ĉaskorno

Jagd|hund *m* ĉashundo; ~**hüter** *m* ĉasdistrikta gardisto; ~**hütte** *f* ĉaskabano; ~**kalender** *m* ĉaskalendaro

Jagdleopard *m Zool* ↑ ***Gepard***

Jagd|messer *n Hirschfänger* ĉasista tranĉilo, *auch* ĉastranĉilo; ~**methode** *f* ĉasmetodo

Jagdrat *m*: ***Internationaler*** ~ Internacia Konsilio de Ĉaso

Jagd|recht *n Jur (Gesamtheit der Bestimmungen zur Jagd)* ĉasleĝaro; ~**reiten** *n* rajd-ĉasado (↑ *auch* ***Parforcejagd***); ~**revier** *n* ĉasdistrikto; ~**saison** *f* ĉas-sezono; ~**schein** *m* ĉaspermes[il]o; ~**schirm** *m Deckungsschutz für Jäger* ĉasŝirmilo; ~**schloss** *n* ĉaskastelo; ~**[sitz]stock** *m Jagdwesen (zweiteiliger Klappstock mit aufklappbarem, dreieckigen Ledersitz, Holzkrücke u. Holzstock mit eisenbewehrter Spitze)* sidbastono; ~**spinnen** *f/Pl* (*Familie* Lycosidae) *Ent (Bez für Spinnen, die ihre Beute ohne Netze fangen, wie Spring- u. Krabbenspinnen)* ĉasaraneoj *Pl*; ~**strategie** *f* strategio de ĉas[ad]o; ~**tasche** *f* ĉasosako; ~**trophäe** *f* ĉasa trofeo; ~**unfall** *m* [dum]ĉasa akcidento; ~**verbot** *n*, *<schweiz>* ***Jagdbann*** *m* malpermeso de ĉasado; ~**waffe** *f* ĉas-armilo; ~**wagen** *m* ĉasveturilo

Jagdwesen *n*, *auch* ***Jägerei*** *f* ĉasado

Jagd|wurst *f* ĉasista kolbaso; ~**zeit** *f* ĉas-sezono *od* sezono de la ĉaso

Jagellonen *od* **Jagiellonen** *m/Pl* jagelonoj *Pl*; **~dynastie** *f Gesch (eine litauisch-polnische Dynastie [1386-1572])* jagelona dinastio

jagen ***a)*** *tr* ĉasi; *fortjagen, vertreiben* [for]peli (↑ *auch* ***aufjagen*** *u.* ***verscheuchen***); *verfolgen* persekuti (*vgl. dazu* ***nachjagen***); ***jmdn. aus dem Hause*** ~ elpeli iun el la domo; ***jmdn. in die Flucht*** ~ fuĝigi iun, forkurigi [kaj ĉasi *od* persekuti] iun; ***in die Luft*** ~ *zur Explosion bringen* eksplodigi ***b)*** *intr auf die Jagd gehen* iri [por] ĉasi; *übertr hasten* hasti (***zum*** *bzw.* ***zur*** al); *sich [sehr] beeilen* rapid[eg]i; ***nach dem Geld*** ~ avide serĉi [nur] la monon, *auch kurz* ĉasi monon

[1]**Jagen** *n Jägerei* ĉasado

[2]**Jagen** *m Waldabteilung (als forstliche Wirtschaftsfläche)* [arbar]kvartalo <*durch gerade Schneisen begrenzt*>

[1]**Jäger** *m* ĉasisto *auch Mil* (↑ *auch* ***Alpen-*** *u.* ***Kopfjäger***); ~ ***und Sammler*** *Pl* ĉasistoj--kolektistoj *Pl*

[2]**Jäger** *m Mil* ↑ ***Jagdflugzeug***

Jagerei *f fortwährendes Hetzen* daŭra (*od* senĉesa) hast[ad]o

Jägerei *f* ↑ ***Jagdwesen***

Jägerhut *m* ĉasista ĉapelo

Jägerin *f* ĉasistino

Jäger|latein *n phantasievolle, unglaubwürdige, erfundene Jagdgeschichten* ĉasistaj fabeloj *Pl* (↑ *auch* ***Gefabel***); *i.w.S. Aufschneiderei* blago, fanfaronado; **~sprache** *f, auch* ***Weidmannssprache*** *f* ĉasista lingvaĵo

Jaghnoben *m/Pl Ethn (eine kleine Ethnie im westl. Altai-Gebirge [vermutlich Nachfahren der Sogdhen])* jagnoboj *Pl*

Jagiellonen *m/Pl Gesch* ↑ ***Jagellonen***

Jagst *f rechter Nebenfluss des Neckars* [rivero] Jagsto

Jaguar *m* (Panthera onca) *Zool* jaguaro *[Vorkommen: von Mexiko bis nach Patagonien]*

Jaguarundi *m, auch* ***Wieselkatze*** *f* (Herpailurus yagouaroundi = Puma yagouaroundi) *Zool (eine südamerik. Wildkatze)* jaguarund[i]o

jäh 1. *Adj abrupt* abrupta; *steil* kruta; *plötzlich* subita; *[völlig] unerwartet* [absolute] neatendita; *brüsk, schroff* bruska; ***ein ~er Abgrund*** abismo **2.** *auch* ***jählings*** *(bes. poet) Adv* abrupte; *steil* krute; *[ganz] plötzlich* [tute] subite; *unerwartet* [absolute] neatendite; *brüsk, schroff* bruske; *sehr schnell* rapidege

Jähheit *f, alt* ***Jähe*** *f Abruptheit* abrupteco; *Steilheit* kruteco

jählings ↑ ***jäh 2.***

Jahr *n 1. als Zeitraum bzw. erreichtes Lebensalter 2. Zeitraum von 12 Monaten* jaro (↑ *auch* ***Berichts-***, ***Finanz-***, ***Jubiläums-***, ***Kalender-***, ***Kirchen-***, ***Sabbat-***, ***Schalt-*** *u.* ***Schuljahr***); ~ ***des Drachens*** (***Schweins***) *nach dem chin. Mondkalender* Jaro de la Drako (Porko); ***~e*** *Pl* ***des Leidens*** *od* ***Leidensjahre*** *Pl* jaroj *Pl* de suferado; ~ ***der Menschenrechte*** Jaro de la Homaj Rajtoj; ~ ***für*** (*od* ***um***) ~ jaro(n) post jaro; ***akademisches*** ~ akademia jaro; ***bürgerliches*** ~ civila (*od* leĝa) jaro; ***gregorianisches*** ~ gregoria jaro; ***ein halbes*** ~ duona jaro; ***siderisches*** ~ *od* ***Sternenjahr*** *n Astron* sidera jaro; ***tropisches*** ~ *Astron* tropika jaro; ***alle[r] zwei ~e*** ĉiun duan jaron; ***das folgende*** ~ *(als Subjekt des Satzes)* la sekva jaro; *das folgende Jahr über* la sekvan jaron; ***das ganze ~ lang*** (*od* ***hindurch*** *od* ***über***) dum la daŭro de unu tuta jaro, *auch* tra unu tuta jaro, *umg* tutjare; ***ein halbes*** ~ *(als Subjekt des Satzes)* duona jaro; *ein halbes Jahr lang* duonan jaron; ***einmal im*** ~ unufoje (*od* unu fojon) en la jaro; ***ich bin ... ~e alt*** mi estas ...-jara *od* mi havas ... jarojn; ***sie wird dreißig ~e alt*** ŝi fariĝos tridekjara; ***hundert ~e alt werden*** ĝisvivi la centan [vivo]jaron; ***in diesem*** ~ en ĉi tiu jaro, ĉi-jare; ***im folgenden*** ~ en la sekva jaro, sekvajare *od* sekvontjare; ***im gleichen*** (*od* ***selben***) ~ en la sama jaro, samjare; ***in jungen ~en*** en la junaĝo, *auch* junaĝe; ***im kommenden*** (*od* ***nächsten***) ~ *od* ***kommendes*** (*od* ***nächstes***) ~ en la venonta jaro, venontan jaron, venontjare; ***in den letzten drei ~en*** en (*od* dum) la lastaj tri jaroj; ***in den neunziger ~en*** en la naŭdekaj (= 90-aj) jaroj; ***nach vielen ~en*** post multaj jaroj; ***vor einem*** ~ antaŭ unu jaro; ***im vorigen*** ~ *od* ***voriges*** ~ lastan (*od* pasintan) jaron, *umg* lastjare *od* pasintjare; ***in den zurückliegenden ~en*** en (*od* dum) la pasintaj jaroj; ***jedes*** ~ *(als Subjekt des Satzes)* ĉiu jaro; *jedes Jahr wieder* ĉiun jaron *od* ĉiujare; ***über ~e [hinweg]*** dum [multaj] jaroj, tra jaroj; ***von ~ zu ~*** de jaro al jaro; ***zu Beginn des ~es*** *od* ***Anfang des ~es*** komence de la jaro jarkomence ◇

in die ~e kommen *alt werden* fariĝi maljuna; ***in den besten ~en sein*** *Mann* esti en siaj plej aktivaj jaroj; *Frau* esti en sia plej alloga aĝo, *auch* esti plenmatura

jahraus *Adv*: ~, ***jahrein*** *jedes Jahr wieder* ĉiujare denove; *Jahr für Jahr* jaron post jaro; *i.w.S. fortwährend* senĉese

Jahrbuch *n* (*Abk* ***Jahrb.***) jarlibro (*Abk* jarl.); ~ ***der UEA*** *mit Angaben über deren Repräsentanten weltweit* jarlibro de UEA; ***[bebildertes]*** ~ ***mit Kalendarium*** almanako

jahrelang 1. *Adj* multjara, daŭranta multajn jarojn (↑ *auch* ***langjährig***) **2.** *Adv*, *auch* ***über Jahre hinweg*** dum [multaj] jaroj, tra [multaj] jaroj

jähren, sich *refl*: ***es jährt sich der Tag, dass ...*** [jam] pasis unu jaro de [post] ...

Jahres|abonnement *n*, *umg* ***Jahresabo*** *n* jarabono, *auch* tutjara abono; ~**abschluss** *m* (*Abk* ***JA***) ***a)*** *Jahresende* jarfino ***b)*** *auch* ***Jahresabschlussbilanz*** *f Fin* jarfina bilanco

Jahres|anfang *od* ~**beginn** *m* jarkomenco; ***am Jahresanfang*** *od* ***zu Jahresbeginn*** je la komenco de la jaro, *umg* jarkomence

Jahresausklang *m* jarfino; ***am*** (*od* ***zum***) ~ je la fino de la jaro, *umg* jarfine

Jahresausstoß *m Jahresproduktion* jara produktado; *Jahreskapazität* jara kapacito

Jahres|beitrag *m für Mitgliedschaft* jara [membro]kotizo; ~**bericht** *m* jarraporto; ~**bilanz** *f* jara bilanco; ~**budget** *n Fin* jara buĝeto; ~**dividende** *f* jara dividendo; ~**durchschnitt** *m*, *auch* ***Jahresmittel*** *n* jara averaĝo

Jahreseinkommen *n* jara enspezo; ***mittleres*** ~ meza jarenspezo

Jahres|ende *n* jarfino; ~**ertrag** *m Landw* jara produktado

Jahresfrist *f*: ***innerhalb*** ~ ene de unu jaro

Jahres|gehalt *n* jara salajro; ~**hauptversammlung** *f Wirtsch* ĝenerala jarkunveno; ~**kapazität** *f* jara kapacito; ~**mitte** *f* mezo de la jaro

Jahresmittel *n* ↑ ***Jahresdurchschnitt***

Jahres|plan *m* plano por la [kuranta] jaro, *auch* jarplano; ~**produktion** *f Ind* jara produktado; ~**rate** *f Fin (jährliche Abschlagszahlung)* anuitato; ~**rente** *f Fin* ĉiujara rento; ~**ring** *m im Baumstamm* jar-ringo

Jahresringchronologie *od* **Jahresringforschung** *f* ↑ ***Dendrochronologie***

Jahressammlung *f* jarkolekto *auch Philat*

Jahrestag *m Wiederkehr eines [Fest- u.a.] Tages* datreveno *od* datrevena tago; *Jubiläum* jubileo; *Gedenktag* memoriga tago; ***einen ~ [feierlich] begehen*** festi datrevenon

Jahrestagung *f* (*Abk* ***Jtg.***) jarkonferenco

Jahrestemperatur *f*: ***mittlere*** ~ *Met* averaĝa (*od* mezuma) jara temperaturo

Jahres|treffen *n* [ĉiu]jara renkontiĝo (*od auch* mitingo); ~**umsatz** *m* jara vendosumo; ~**urlaub** *m* [ĉiu]jara libertempo; ~**verbrauch** *m* jara konsumo; ~**versammlung** *f* jarkunveno (↑ *auch* ***Jahreshauptversammlung***)

Jahreswechsel *m* komenciĝo de [la] nova jaro; *Neujahr* novjaro *auch Großschr*; ***um den ~ [herum]*** ĉirkaŭ novjaro

jahresweise *Adv*: ~ ***geordnet*** ordigita laŭ jaroj

Jahres|wende *f* [komenciĝo de la] nova jaro; ~**zahl** *f*, *<schweiz>* ***Jahrzahl*** *f* jarnumero; *i.w.S. auch* [jar]dato

Jahreszeit *f* sezono; ***die vier ~en*** la kvar sezonoj; ***in der warmen*** ~ en la varma sezono; ***bald beginnt wieder die kalte*** ~ baldaŭ komenciĝos la malvarma sezono; ***das Wetter ist für die ~ zu kühl*** la vetero estas tro friska por ĉi tiu sezono

jahreszeitlich *Adj saisonal* sezona; *abhängig von der Jahreszeit* dependa de la sezono

Jahreszuwachs *m*, *auch* ***jährlicher Zuwachs*** jara kresko

Jahrfünft *n* jarkvino

Jahrgang *m* (*Abk* ***Jg.***) *Altersklasse* aĝogrupo, jaro de naskiĝo; *Buchw, Ztgsw* jarkolekto, jarserio, *(Erscheinungsjahr)* jaro de eldono; *Wein* [vin]jaro; ~ ***2000*** *Wein* rikolto de la jaro 2000; ***gebundener ~ einer Zeitschrift*** bindita jarkolekto de revuo; ***welcher ~ sind Sie?*** en kiu jaro vi naskiĝis?

Jahrhundert *n* (*Abk* ***Jh.***) jarcento (↑ *auch* ***Säkulum***); *Zeitalter, Epoche* epoko; ***im fünfzehnten*** (***vergangenen***) ~ en la dekkvina (pasinta) jarcento

jahrhunderte|alt *Adj* [mult]jarcenta; ~**lang** *Adj* dum daŭro de jarcentoj, daŭranta jarcentojn *nachgest*

Jahrhundertwende *f* jarcentŝanĝo, komenciĝo de [la] nova jarcento

jährlich 1. *Adj* [ĉiu]jara **2.** *Adv jedes Jahr* ĉiujare, ĉiun jaron; *einmal im Jahr* unufoje en (*od* dum) la jaro; *jahresweise* laŭjare

Jahr|markt *m* ***a)*** *jährlich stattfindender Markt* jarfoiro ***b)*** *auch* ***Rummel*** *m*, *reg* ***Kir-***

mes *f Volksfest mit Buden u. Schaustellern* kermeso; ~**millionen** *Pl* milionoj da jaroj; ~**tausend** *n* (*Abk* ***Jt.***) jarmilo (*vgl. dazu* ***Millenium***)

jahrtausendealt *Adj* [mult]jarmila, *nachgest auch* daŭrinta tra pluraj jarmiloj

Jahrzahl *f* ↑ ***Jahreszahl***

Jahrzehnt *n*, *geh* ***Dezennium*** *n* jardeko; ***in den vergangenen ~en*** dum la pasintaj jardekoj

jahrzehntelang *Adj* dum daŭro de jardekoj, daŭranta jardekojn *nachgest*

Jahve, *ökumenisch* **Jahwe** *Eig (hebräischer Name Gottes im Alten Testament)* Javeo

Jähzorn *m* [ek]koleremo (↑ *auch* ***Rage***, ***Wut*** *u.* ***Zorn***)

jähzornig *Adj* [ek]kolerema, flamiĝema (↑ *auch* ***cholerisch***, ***hitzig*** *u.* ***unbeherrscht***)

Jaina *m* ↑ ***Dschaina***

Jainismus *m Rel* ↑ ***Dschainismus***

Jaipur (*n*) *Hptst. des indischen Unionsstaates Rajasthan* Ĝajpuro

Jak *m Zool* ↑ ***Yak***

Jakamar *m Orn* ↑ ***Glanzvogel***

Jakaranda|baum *m* (*Gattung* Jacaranda) *Bot* jakarandoarbo, *auch* jakarando; ~**holz** *n eine brasilian. Edelholzart* jakarandoligno, *auch* jakarando (*vgl. dazu* ***Palisander***)

Jakarta (*n*) *Hptst. von Indonesien, bis 1949* ***Batavia*** (*n*) Ĵakarto, *früher* Batavio

Jakartaer 1. *Subst: Einwohner von Jakarta* ĵakartano **2.** *attributives Adj*: ***~er Messe*** *f* Foiro de Ĵakarto

Jako *m Orn* ↑ ***Graupapagei***

Jakob (*m*) *Eig* ***a)*** *auch* ***Jacobus*** (*m*) *männl. Vorname* Jakobo (*vgl.dazu* ***Jacques***) *auch Name von Königen* ***b)*** *bibl (jüngster der drei Stammväter des Volks Israel)* Jakobo

Jakobiner *m Gesch* jakobeno

Jakobinerin *f Gesch* jakobenino

Jakobiner|klub *m Gesch (Klub der Verfassungsfreunde [in Frankreich])* Klubo de l' Jakobenoj; ~**kuckuck** *m*, *auch* ***Elsterkuckuck*** *m* (Clamator jacobinus) *Orn* jakobena kukolo; ~**mütze** *f in der Franz. Revolution seit 1792 als Freiheitssymbol getragene beutelförmige rote Mütze* jakobena ĉapo

Jakobinertum *n od* **Jakobinismus** *m Gesch* jakobenismo

jakobinisch *Adj* jakobena

Jakobiten *m/Pl* ***a)*** *Rel (eine syrische christliche Sekte)* jakobanoj ***b)*** *engl. Gesch (Anhänger des Hauses Stuart nach der Vertreibung König Jakobs II.)* jakobistoj *Pl*

Jakobsgreiskraut *n* (Senecio jacobaea) *Bot* jakoba senecio

Jakobsleiter *f* ↑ ***Himmelsleiter a)*** *u.* ***b)***

Jakobs|lilie *f*, *auch* ***Sprekelie*** *f* (*Gattung* Sprekelia) *Bot* sprekelio *[Vorkommen: endemisch in Guatemala u. Mexiko]*; ~**muschel** *f*, *auch* ***Pilgermuschel*** *f* (Pecten jacobeus) *Zool* jakoba pekteno; ~**weg** *m*, *span.* ***Camino de Santiago*** *Kirche (Pilgerweg zur spanischen Stadt Santiago de Compostela)* Vojo de Sankta Jakobo, *kurz* Jakoba Vojo

Jakute *m Ethn (Angehöriger eines sibirischen Turkvolkes)* jakuto

Jakutien (*n*) *autonome Rep. innerhalb Russlands, in NO-Sibirien* Jakutio *[Hptst.: Jakutsk]*

jakutisch *Adj* jakuta

Jakutisch[e] *n Ling (eine Turksprache)* la jakuta [lingvo]

Jakutsk (*n*) *Hptst. der Rep. Sacha (Jakutien) an der mittleren Lena/Ostsibirien* Jakutsko

Jalalabad (*n*) ↑ ***Dschalalabad***

Jalape *f*, *auch* ***Jalapenknolle*** *od* ***Jalapenwurzel*** *f Bot (Knolle der tropischen Purgierwinde [Ipomea purga])* *<so benannt nach der mexikan. Stadt Jalapa>* jalapo, *auch* jalap[o]tubero; ***falsche ~*** (Mirabilis jalapa) niktago

Jalapenharz *n* jalapa rezino *auch Pharm*

Jallab *m*, *auch* ***Dschallab*** *m ein traditionelles Getränk aus dem Nahen Osten* ĝalabo *<hergestellt aus Datteln, Traubensaft u. Rosenwasser>*

Jalousie *f vor Fenstern, Tür od Veranda (Rollladen)* ĵaluzio, *(Fenster*≗ *mit schräg stehenden Brettchen)* persieno, *(aus feststehenden Brettern od Platten u. Riegeln)* ŝutro

Jalta (*n*) *Hafenstadt u. Kurort auf der Krim* Jalto; ***Konferenz von ~*** (*auch* ***Krimkonferenz*** *genannt*) *Gesch* Konferenco de Jalto *[4.-11.2.1945]*; ~**-Abkommen** *n Pol* Interkonsento de Jalto

Jalu (*m*) ↑ ***Yalu***

Jamaika (*n*), *engl.* ***Jamaica*** (*n*) *ein mittelamerik. Inselstaat* Jamajko (*exakter eigtl:* Ĵamajko) *[Hptst.: Kingston]*

Jamaikaapfel *m* ↑ ***Cherimoya***

Jamaikaner *m* jamajkano (*exakter eigtl:* ĵamajkano)

Jamaikanerin *f* jamajkanino (*exakter eigtl:* ĵamajkanino)

jamaikanisch *Adj* jamajka (*exakter eigtl:* ĵamajka)
Jamaika|pfeffer *m* pipro el Jamajko; ~**rum** *m* rumo el Jamajko
Jamal-Nenzen *Pl Ethn* jamal-nencoj *Pl* *<siedeln auf der Jamal-Halbinsel>* (*vgl. dazu* ***Nenzen***)
Jamalpur (*n*) *1. Stadt in Bangladesch 2. Stadt im ind. Unionsstaat Bihar* Ĵamalpuro
Jamama (*f*) *arabischer weibl. Vorname* Jamama
Jambe *f od* **Jambus** *m Metr (griech. Versfuß)* jambo
Jambendichtung *f* jamba poezio
jambisch *Adj in Jamben [abgefasst]* jamba
Jambol (*n*) *eine Stadt in SO-Bulgarien [im Tal der Tundsha]* Jambolo
Jamboree *n internationales Pfadfindertreffen* ĵamboreo
Jambose *od* **Jambuse** *f* ↑ ***Malakka-Apfel***
Jambus *m Metr* ↑ ***Jambe***
Jambusenbaum *m* (Eugenia jambos = Syzigium jambos) *Bot (ein tropischer Obstbaum [ursprünglich nur in SO-Asien verbreitet, wird die Art heute in den gesamten Tropen als Zier- u. Fruchtgehölz angebaut])* jamboz[arb]o
Jaminiter *m/Pl bibl Ethn* jaminidoj *Pl*
Jamm *od* **Yam** *ohne Art: Myth (phönikisch-ugaritischer Wasser- u. Meeresgott)* Jamo
Jammer *m Klage* lament[ad]o, plendo; *Elend* mizero; *Gram, Kummer* [profunda] aflikto; ***es ist ein ~, dass ...*** estas plendinde, ke ...; *umg auch für «es ist sehr schade, dass ...»* estas vere domaĝe, ke ... *od für «es ist eine Schande, dass ...»* estas hontinde, ke ...;
Jammer|geschrei *n* lamenta kriado; *weinerliches Klagen* ploroplendado; ~**gestalt** *f* [tipo de] mizerulo; ~**leben** *n* mizera (*bzw.* mizerula) vivo
jämmerlich 1. *Adj bejammernswert* lamentinda; *beweinenswert* plorinda; *ärmlich* povra; *elend (jmds. Leben)* mizer[eg]a (↑ *auch* ***elend, erbärmlich*** *u.* ***kärglich***) **2.** *Adv*: ~ ***frieren*** terure frostosenti (*bzw.* frostotremi)
Jämmerlichkeit *f* mizereco
jammern *intr wehklagen* lamenti; *klagen* plendi (***über*** pri) (↑ *auch* ***lamentieren***); ***er jammert mich*** mi ege bedaŭras lin
Jammern *n Gejammer, Lamento* lament[ad]o (↑ *auch* ***Wehklage***)
jammerschade *Adv* treege domaĝe, bedaŭrindege
Jammertal *n geh* valo de larmoj
jammervoll *Adj* mizer[eg]a; *voller Leid* plena de aflikto(j)
Jamswurzel *f Bot* = ***Yamswurzel***
Jämtland (*n*) *eine historische Provinz im westl. N-Schweden* Jemtlando *[Hptst.: Östersund]* (↑ *auch* ***Härjedalen***)
jämtländisch *Adj* jemtlanda
Jan. = *Abk für* ***Januar***
Jana *od* **Jane** (*f*) *weibl. Vorname* Jana
Janáček (*m*) *Eig (tschechischer Komponist [1854-1928])* Janaĉeko
Jang *n* ↑ ***Yang***
Jangtsekiang *m, chin. auch* ***Chang Jiang*** (= Langer Fluss) *längster Strom Chinas* Jangzi-rivero, *in China umg auch* Longa Rivero
Janina (*f*) *weibl. Vorname* Janina
Janitschar *m Gesch (Angehöriger der Elitearmee der türk. Sultane [1826 aufgelöst])* janiĉaro
Janitscharen|musik *f* janiĉara muziko; ~**orchester** *n Militärmusik türkischen Ursprungs* janiĉara orkestro
Janker *m Textil (Trachtenjacke)* tirola jako
Jan Mayen (*n*) *eine norweg. Insel im Europäischen Nordmeer* Jan-Majen-insulo, *auch* Janmajeno *<seit 1929 norweg. Staatsgebiet>*
Jänner *m* ↑ ***Januar***
Jano *m Astron* ↑ ***²Janus***
Jansen (*m*), *latinisiert* ***Jansenius*** (*m*) *Eig (ein niederländändischer katholischer Theologe [1585-1638])* Janseno
Jansenismus *m Rel (eine kath.-theologische Richtung [im 17./18. Jh.])* jansenismo
Jansenist *m Anhänger des Jansenismus* jansenisto
jansenistisch *Adj zum Jansenismus gehörend bzw. ihn betreffend* jansenisma
Jantra *f rechter Nebenfluss der Donau in Bulgarien* [rivero] Jantro
Januar *m* (*Abk* ***Jan.***), *<österr>* ***Jänner*** *m* januaro (*Abk* jan.); ***am 5.*** ~ je la 5-a (= kvina) de januaro; ***im*** ~ en januaro
Januar|tag *m* januara tago; ~**woche** *f* januara semajno
¹Janus (*m*), *lat.* ***Ianus*** (*m*) *Myth (ein altröm. Gott, Schirmherr der Tore u. Durchgänge öffentlicher Gebäude)* Jano; ***der doppelköpfige*** (*eigtl* ***doppelgesichtige***) ~ la duvizaĝa Jano
²Janus *m, auch* ***Jano*** *m Astron (ein Satellit*

des Saturn) Jano

Japan (*n*) Japanio, *bildh auch (das Land der aufgehenden Sonne)* la lando de la Leviĝanta Suno *[Hptst.: Tokyo]* (↑ *auch* **Nippon**)

Japan-Brillenvogel *m Orn* ↑ *unter* ***Brillenvogel***

Japaner *m* japano

Japanerin *f* japanino

japanfeindlich *Adj* kontraŭjapana

Japanfieber *n Med* = ***Tsutsugamushifieber***

japanisch *Adj* japana; ***≗e Alpen*** *Pl zentrales Gebirgssystem auf der japanischen Hauptinsel Hondo* Japanaj Alpoj *Pl*; ***~e Schrift*** *f* japana skribo (*vgl. dazu* ***Hiragana*** *u.* ***Katakana***); ***~es Theater*** *n* japana teatro (*vgl. dazu* ***Bunraku-Puppentheater***, ***Kabuki*** *u.* ***No***)

Japanisch[e] *n Sprache* la japana [lingvo]

Japanischwörterbuch *n* japana vortaro

japanisieren *tr* japanigi

Japanisierung *f* japanigo

Japanknöterich *m Bot* ↑ *unter* ***Staudenknöterich***

Japanlack *m* (*auch* ***Rhuslack*** *od* ***Urushi-Lack*** *genannt*) japana lako *[aus dem Wundsaft des Lackbaumes (Rhus verniciflua) gewonnener Lack]*

Japan-Lärche *f Bot* ↑ *unter* ***Lärche***

Japan|makak *m*, *auch* ***Rotgesichtsmakak*** *od* ***Schneeaffe*** *m* (Macaca fuscata) *Zool* japana makako; **~möwe** *f* (Larus crassirostris) *Orn* nigravosta mevo, *auch* katmevo *od* japana mevo *[Vorkommen: Ostasien]*

Japanologe *m* japanologo

Japanologie *f Univ* japanologio

japanologisch *Adj auf die Japanologie bezogen* japanologia

Japan|papier *n handgeschöpftes, seidenartiges Papier aus dem Bast des Papiermaulbeerbaums* japana papero; **~schnäpper** *m*, *auch* ***Blauschnäpper*** *m* (Cyanoptila cyanomelana) *Orn* blublanka muŝkaptulo *[Vorkommen: Japan u. Korea]*

Japanseide *f Textil* ↑ ***Habutai*** *u.* ***Pongé***

Japan|stelze *f* (Motacilla grandis) *Orn* japana motacilo *[Vorkommen: endemisch auf den Hauptinseln Japans]*; **~wachtel** *f* (Coturnix japonica) *Orn* japana koturno

Japetus *m Astron (ein Satellit des Saturn)* Jafeto

Japhet[h] (*m*), *ökum.* ***Jafet*** (*m*) *bibl Eig (einer der drei Söhne Noahs, Stammvater der Völker Kleinasiens u. der Ägäis)* Jafeto

japhetitisch *Adj von dem russischen Linguisten N. J. Marr geprägter Terminus für eine Anzahl von Sprachen (Baskisch, Etruskisch, Pelasgisch, Hethitisch u.a.), die aufgrund gemeinsamer Abstammung zusammengehören sollen <eine bis heute unerwiesene These>* jafetida; ***~e Sprachen*** *f/Pl Ling* jafetidaj lingvoj *Pl*

japsen, *reg* ***jappen*** *intr keuchen* anheli

Japurá *m*, *auch* ***Rio Japurá*** *m* (*in Kolumbien* ***Río Caquetá*** *genannt*) *ein linker Amazonas-Nebenfluss* [rivero] Ĵapurao

Jaques (*m*) *franz. männl. Vorname* Ĵakvo

Jaquinia *f* (*Gattung* Jaquinia) *Bot* jakinio

Jargon *m Ling (Sondersprache einer Berufsgruppe od gesellschaftlichen Schicht <häufig von der Norm abweichend sowie nicht verständlich für andere Gruppen>)* ĵargono (*vgl. dazu* ***Gaunersprache***, ***Kauderwelsch*** *u.* ***Slang***; ↑ *auch* ***Fach-***, ***Künstler-*** *u.* ***Netzjargon***); ***[im] ~ reden*** paroli ĵargone, *auch* ĵargoni

Jarkon (*m*) *ein Fluss im Westjordanland u. in Israel* [rivero] Jarkono

Jarl *m Gesch (im Mittelalter in Norwegen u. Schweden oberster Beamter der Krone mit hausmeierähnlicher Stellung)* jarlo

Jarmuk *m Grenzfluss zw. Syrien u. Jordanien* [rivero] Jarmuko *<mündet in den Jordan>*

Jaromir (*m*) *slawischer männl. Vorname* Jaromiro

Jaroschenko (*m*) *Eig (russ. Maler [1846-1898])* Jaroŝenko

Jarosit *m Min (ein ockergelbes bis schwarzbraunes Mineral)* jarosito

Jaroslaw (*m*) *slawischer männl. Vorname* Jaroslavo; ***~ der Weise*** *[978-1054] Großfürst von Kiew [1019-54]* Jaroslavo la Saĝa

Jaroslawl (*n*) *eine Stadt in Russland [an der oberen Wolga]* Jaroslavlo

Jarovit (*m*) *Myth (westslawischer Kriegsgott)* Jarovito

Jarowisation *f*, *auch* ***Vernalisation*** *od* ***Vernalisierung*** *f Landw (Verfahren, mit dem das Wachstum von Saatgut beschleunigt wird)* jarovizo, *auch* vernalizo

jarowisieren, *auch* ***vernalisieren*** *tr Landw (die Blühzeit einer Pflanze durch Kältebehandlung des Samens verkürzen)* jarovizi, *auch* vernalizi

Jasager *m* jesulo (↑ *auch* ***Mitläufer***); *Nachplapperer* papago; *i.w.S. Kriecher* humilaĉa (*od* servila) homo

Jaschmak *m Gesichtsschleier der türkischen Frauen, der außerhalb der Wohnungen getragen werden musste <seit Atatürk abgeschafft>* jaŝmako

Jasmin *m* (*Gattung* Jasminum) *Bot* jasmeno *<ein Zierstrauch>* (↑ *auch* ***Malabarjasmin***); ***arabischer ~*** (Jasminum sambac) araba jasmeno; ***falscher ~*** ↑ *unter* ***Pfeifenstrauch***; ***gelber*** (*od* ***gelb blühender***) ~ flava jasmeno; ***nacktblütiger ~*** *od* ***Winterjasmin*** *m eine ursprünglich chinesische Zierpflanze* (Jasminum nudiflorum) nudflora (*od* vintra) jasmeno

Jasminblüte *f* jasmena floro

Jasminglanz *m Bot* ↑ *unter* ***Gardenie***

Jasminöl *n aus Jasminblüten gewonnenes ätherisches Öl* jasmena oleo

Jasmintrompete *f Bot* ↑ ***Bignonie***

Jasmund (*m*) *NO-Teil Rügens* [regiono *od* duoninsulo] Jasmundo *[Hauptort: Sassnitz]*; ***Nationalpark ~*** Nacia Parko Jasmundo *<mit steil abfallender Kreideküste>*

Jason (*m*) *griech. Myth (Anführer der Argonauten, Gemahl der Medea)* Jasono

Jaspis *m Min (ein Schmuck- u. Dekorstein <eine Abart des Chalzedon>)* jaspo (↑ *auch* ***[1]Heliotrop***)

jaspisartig *Adj* jaspeca; ***mit ~er Sprenkelung versehen*** jaspi

jaspisfarben *Adj* jaspokolora

Jastimme *f bei Abstimmung* jes-voĉo *od* jesa voĉo

Jatagan *m türk. Krummsäbel* jatagano

Jätehacke *f Gartenb, Landw* sarkhakil[et]o; *allg (Gerät zum Jäten)* sarkilo

jäten *tr vom Unkraut befreien* sarki (*vgl. dazu* ***ausjäten***); ***ein Beet ~*** sarki bedon

Jäten *n Gartenb* sarkado

Jauche *f* ***a)*** *Landw* likva sterko, sterkakvo (↑ *auch* ***Gülle***) ***b)*** *Med (Blutwasser [aus Geschwüren])* ikoro

jauchen ***a)*** *tr mit Jauche düngen* sterki per likva sterko ***b)*** *intr Blutwasser [aus Geschwüren] absondern*: ***die Wunde jaucht*** *Med* la vundo ikoras

Jauche[n]|fass *n* sterkakva barel[eg]o; **~grube** *f* sterkakva foso (*vgl. dazu* ***Mistgrube***); **~pumpe** *f* sterkakva pumpilo; **~wagen** *m* sterkakva ĉaro

jauchig *Adj* sterkakva; *Med (blutwässerig, ichorös)* ikora; ***eine ~e Wunde*** ikora vundo

jauchzen *intr* ĝojkrii, jubili (↑ *auch* ***jubeln*** *u.* ***jubilieren***)

Jauchzen *n* ĝojkriado, jubilado

jauchzend *Adj* jubilanta

jaulen *intr* hurleti; ***der Hund jault*** la hundo hurletis la tutan nokton

Jaunde (*n*) *Hptst. Kameruns* Jaundo

Jause *f <österr> Imbiss* lunĉo, *auch* manĝeto (↑ *auch* ***Zwischenmahlzeit***)

Jausenzeit *f <österr> Zeit für einen Imbiss* tempo por manĝeto; *i.w.S. [kleine] Pause* paŭz[et]o

Java (*n*) Javo, *auch* Ĝavo (*exakter eigtl:* Ĵavo) (↑ *auch* ***Ost-***, ***West-*** *u.* ***Zentraljava***); ***die Insel ~*** la insulo Javo

Java|-Brillenvogel *m* (Lophozosterops javanicus) *Orn* java zosteropo *[Vorkommen: endemisch auf Java/Indonesien]*; **~-Flugfrosch** *m* (Rhacophorus reinwardtii) *Zool* java flug-rano *[Vorkommen: Java, Sumatra, Malaysia]*

Javagiftbaum *m Bot* ↑ ***Upasbaum b)***

Javakiebitz *m* (Vanellus macropterus) *Orn* java vanelo

Java-Nashorn *n Zool* ↑ *unter* ***Nashorn***

Javaner *m* javano (*exakter eigtl:* ĵavano); **~affe** *m* (Macaca fascicularis = Macaca irus) *Zool* java makako

Javanerin *f* javanino (*exakter eigtl:* ĵavanino)

javanisch *Adj* java (*exakter eigtl:* ĵava)

Javanisch[e] *n Ling* la java (*exakter:* ĵava) [lingvo] (*vgl. dazu* ***Altjavanisch***)

Javari *m ein rechter Nebenfluss des Amazonas* [rivero] Ĵavario

Javasee *f Teil des Australasiatischen Mittelmeeres zw. Java, Sumatra, Kalimantan u. Sukawesi* Java Maro

Java-Spitzhörnchen *n Zool* ↑ *unter* ***Spitzhörnchen***

jawohl *Adv* ***a)*** *veraltend (noch scherzh): drückt diensteifrige od nachdrückliche Zustimmung aus* jes ja! ***b)*** *i.w.S. auch in der Bed «gewiss» od «selbstverständlich»* certe *od* kompreneble

Jawort *n*: ***jmdm. sein ~ geben*** *Zustimmung erteilen* deklari sian konsenton al iu; *bei Heiratsantrag* akcepti [la] edziĝoproponon; *zur Trauung* fari la edzecan ĵuron

Jazz *m Mus* ĵazo (↑ *auch* ***Avantgarde-Jazz***, ***Bepop***, ***Chicago Jazz***, ***Creole Jazz***, ***Dixielandjazz***, ***Free Jazz***, ***[2]Funk***, ***Kwela-Musik***, ***New-Orleans-Jazz***, ***Pop-Jazz*** *u.* ***Skiffle***); ***Modern ~*** *seit Anfang der 50er Jahre he-*

rausgebildete Musizierstile des West-Coast Jazz u. des East-Coast Jazz moderna ĵazo

Jazz|band *f* ĵazbando (↑ *auch* ***Bigband***); **~besen** *m, auch* ***Schlagbesen*** *m* ĵazbroso

jazzen *intr* ĵaz[um]i

Jazz|fan *m* ŝatanto de ĵazo; **~festival** *n* ĵazfestivalo; **~gymnastik** *f rhythmische Gymnastik zur Jazzmusik* ĵazgimnastiko; **~klub** *m* ĵazklubo; **~konzert** *n* ĵazkoncerto; **~musik** *f* ĵazmuziko (↑ *auch* ***Kwela-Musik***); **~musiker** *m* ĵazmuzikisto; **~orchester** *n* ĵazorkestro

Jazzpauke *f Mus* ↑ ***Tomtom***

Jazz|pianist *m* ĵazpianisto; **~rock** *m Musikrichtung, die Jazz- u. Rockelemente in sich vereinigt* ĵazroko; **~stil** *m* ĵazstilo; **~tanz** *m, auch engl.* ***Jazz Dance*** *eine Sportart, die Gymnastik u. Tanz miteinander verbindet* ĵazdanco; **~trommel** *f, engl.* ***snare drum*** *eine sehr flache kleine Trommel mit gegeneinander versetzt angebrachten Spannschrauben und bis zu 18 Schnarrsaiten* rultamburo; **~trompete** *f* ĵaztrumpeto; **~trompeter** *m* ĵaztrumpetisto

je 1. *Adv jemals, schon einmal* iam [ajn]; *jedes Mal* ĉiun fojon; ***waren Sie ~ dort?*** ĉu iam vi estis tie? ◇ ***seit eh und ~*** *seit jeher* [ek] de ĉiam; *seit langer Zeit* de [tre] longa tempo **2.** *Konj*: **~ ..., desto ...** ju ..., des ...; ***~ eher, desto besser*** ju pli frue, des pli bone; ***~ länger, ~*** (*od* ***desto***) ***besser*** ju pli longe, des pli bone; ***~ mehr, desto besser*** ju pli multe, des pli bone; ***~ reicher, desto geiziger*** ju pli riĉa, des pli avara; ***~ nachdem*** *je nach den Umständen* laŭ (*bzw.* depende de) la cirkonstancoj; ***~ nachdem ob ...*** laŭ tio, ĉu ...; *abhängig davon, wie ...* depende de tio, kiel ... **3.** *Präp: Einteilung (à, pro)* po; ***sie bekamen ~ einen Apfel*** ili ricevis po unu pomon; ***~ zwei Mann*** (*od* ***Personen***) *jedes Mal zwei* ĉiufoje po du personoj; *paarweise* pare; *zu zweit* duope; ***~ vier Personen saßen an einem Tisch*** po kvar personoj sidis ĉe unu tablo

Jeanne (*f*) *weibl. Vorname* Johana; ***~ d'Arc*** *franz. Nationalheldin u. Patronin [1412-1431[* Johana d'Arko

Jeannette (*f*) *weibl. Vorname* Johaneta

Jeans *Pl Textil* ĵinso, *auch* ĝinzo *Sg* (↑ *auch* ***Designerjeans***); ***~ tragen*** porti (*od* surhavi) ĵinson; ***[eine] abgetragene ~ anhaben*** surhavi trivitan ĵinson

Jeans|jacke *f* ĵinsjako; **~-Krankheit** *f* (Meralgia paraesthetica) *Med* ĵins-malsano *<hervorgerufen durch zu enge Hosen>*; **~rock** *m* ĵinsjupo

Jebusiter *m/Pl Ethn (bibl) ([im Alten Testament:] ein Volk im Vorderen Orient von kanaanitischem Stamm [die vorisraelitische Bevölkerung von Jebus <Jerusalem>])* jebusidoj *Pl*

Jechezkel (*m*) *bibl* ↑ ***Esekiel***

Jedda (*n*), *auch* ***Djidda*** (*n*) *eine Hafenstadt in Saudi-Arabien [am Roten Meer]* Ĝedo

jedenfalls *Adv auf jeden Fall* ĉiuokaze; *zumindest, wenigstens* minimume, almenaŭ; *offenbar* evidente; *sicherlich* certe

jed|er (~e, ~es) *Indef Pron* ĉiu; ***~er Beliebige*** ĉiu ajn; ***~ einzeln*** *jeder für sich [getrennt]* ĉiu aparte; ***~e(r) Einzelne*** ĉiu [unuopa] homo (*od* persono); *jeder von ihnen* ĉiu el ili; ***~e(r) von beiden*** (***euch***) ĉiu el ambaŭ (vi); ***~en Abend*** ĉiun vesperon *od* ĉiuvespere; ***~en Tag*** ĉiun tagon, *umg* ĉiutage; ***~en zweiten Tag*** ĉiun duan tagon;***~e Woche*** ĉiun semajnon, *umg* ĉiusemajne; ***in ~er Beziehung*** (*od* ***Hinsicht***) ĉiurilate *bzw.* ĉiarilate; ***in ~em Fall*** en ĉiu okazo (*bzw.* kazo), ĉiuokaze; ***~es Mal*** ĉiun fojon, *umg* ĉiufoje; *immer* ĉiam; ***~es Mal wenn ...*** ĉiufoje kiam ...; ***zu ~em Preis*** por ĉiu ajn prezo, *auch* ĉiupreze; ***zu ~er [beliebigen] Zeit*** en (*od* je) ĉiu [ajn] tempo, *auch nur* ĉiutempe; ***ohne ~en Zweifel*** sen iu (*od* ia) dubo

jederart *od* **jederlei** *Adj* ĉiuspeca

jedermann *Indef Pron* ĉiu; *alle* ĉiuj *Pl*, ĉiuj homoj *Pl*; *wer [auch] immer* kiu ajn; ***sich um ~s Gunst bemühen*** klopodi pri ĉies favoro

Jedermannsliebchen *n sex* ĉiesulino (*vgl. dazu* ***Hure*** *u.* ***Prostituierte***)

jeder|zeit *Adv zu jeder Zeit* ĉiutempe; *immer* ĉiam; *wann [auch] immer* kiam ajn; *i.w.S-Tag und Nacht* tage kaj nokte; **~zeitig** *Adj* ĉiutempa

jedesmalig *Adj* ĉiufoja

jedoch *Konj dennoch* tamen; *aber* sed (↑ *auch* ***allerdings***, ***gleichwohl*** *u.* ***indessen***)

jedwede(r, ~s) 1. *Adj* ĉia; *von jedweder Sorte* ĉiaspeca, *(von jeder Sorte)* ĉiuspeca; *jede(r, -s) Beliebige* ĉiu ajn; ***auf jedwede Art [und Weise]*** ĉiamaniere; ***jedwede Arbeit annehmen*** akcepti ĉian laboron **2.** *Indef Pron (als Subjekt eines Satzes)* ĉiuspeca homo (*od* persono)

Jeep® *m Kfz* ĵipo

jeglich|er (~e, ~es) *Adj* ĉiuspeca; *jede(r, -s) Beliebige* ĉiu ajn

Jegorjewsk (*n*) *eine Stadt in Russland, südöstl. von Moskau* Jegorjevsko

jeher *Adv*: ***seit*** (*od* ***von***) ~ [ek] de ĉiam; *schon lange* de [tre] longa tempo

Jehoshaphat (*m*), *auch* ***Joschafat*** *od* ***Josaphat*** (*m*) *biblischer Eig (Sohn u. Nachfolger von Asa als König von Juda [9. Jh. v. Chr.])* Jehoŝafato; ***das Tal*** ~ *bibl (Ort des endzeitlichen Gerichts Jahwes über alle Völker)* la Valo de Jehoŝafato

Jehova[h] *ohne Art* Jehovo; ***Zeugen Jehovas*** *Rel (eine 1878/79 gegründete apokalyptische religiöse Gemeinschaft)* Atestantoj de Jehovo

Jejunektomie *f nur Fachspr Chir* jejunektomio

Jejunitis *f Med* ↑ *unter* ***Leerdarm***

Jejunostomie *f nur Fachspr Chir (operativ angelegte Verbindung zw. Leerdarm und Bauchdeckenoberfläche, u.a. als Zufuhrweg für künstliche Ernährung [«Ernährungsfistel»])* jejunostomio

Jejunum *n Anat* ↑ ***Leerdarm***

Jekaterinburg (*n*), *früher [1924-1991]* ***Swerdlowsk*** (*n*) *eine Stadt am Mittleren Ural/Russland* Jekaterinburgo, *früher* Sverdlovsko

Jelängerjelieber *n Bot* ↑ ***Geißblatt***

Jelena (*f*) *weibl. Vorname [slawische Namensform zu ‹Helene›]* Jelena

Jelgava (*n*), *dt.* ***Mitau*** (*n*) *eine Stadt in Lettland* Jelgavo

jemals *Adv* iam [ajn] (↑ *auch* ***je***)

jemand (*Abk* ***jmd.***) *Indef Pron* iu; ~ ***anders*** iu alia [persono]; ***mit*** ~ ***and[e]rem*** kun iu alia; ***wenn*** ~ ***kommt, sagen Sie bitte, dass ...*** se iu venos, bonvolu diri, ke ...

Jemen (*m*) Jemeno *[Hptst.: Sanaa]* (↑ *auch* ***Südjemen***); **~astrild** *m* (Estrilda rufibarba) *Orn* araba estrildo; **~braunelle** *f* (Prunella [ocularis] fagani) *Orn* araba pronelo; **~chamäleon** *n* (Chamaeleo calyptratus) *Zool* jemena (*od auch* vualita) ĥameleono *[Vorkommen im Süden der Arabischen Halbinsel (Jemen u. Saudi-Arabien)]*; **~drossel** *f* (Turdus menachensis) *Orn* jemena turdo; **~girlitz** *m* (Serinus menachensis) *Orn* jemena serino

Jemengoldsperling *m Orn* ↑ ***Goldsperling***

Jemenit *m* jemenano

Jemenitin *f* jemenanino

jemenitisch jemena; ***~e Arabische Republik*** *f Gesch* Jemena Araba Respubliko

Jemenmeisensänger *m* (Parisoma buryi) *Orn* araba parukantulo

Jen *m* = ***Yen***

Jendayasittich *m* jandaja papago (Aratinga jandaya) *ein Keilschwanzsittich [Vorkommen: Südbrasilien]*

jen|er (~e, ~es, *Pl* **~e) 1.** *Dem Pron* tiu, *Pl* tiuj; ***~e Frau*** tiu virino; ***zu ~er Zeit*** en tiu tempo **2.** *substantivisch* tiu homo; ***dieser oder ~er*** tiu aŭ [la] alia, tiu aŭ tiu [ĉi]; ***dieser und ~er*** *alle beide* ambaŭ ili *od* ambaŭ tiuj homoj; *manche* kelkaj [homoj *od* personoj]

Jenissei *od* **Jenissej** (*m*) *ein Strom in Sibirien* [rivero] Jenisejo *<wasserreichster Strom Russlands>*; **~-Berge** *Pl Bergland am rechten Ufer des Jenissej* Jenisej-Montoj *Pl*

Jenner (*m*) *Eig (englischer Arzt [1749-1823])* Jenero; **~-Pockenimpfung** *f Medizingeschichte (älteste aktive Immunisierung, sog. Vakzination [gegen Pocken])* Jener'a vakcinado

jenseitig *Adj* ***a)*** *drüben (od auf der anderen Seite) liegend* transa; ***auf dem ~en Ufer*** sur la transa bordo *od* sur la alia flanko de la lago (*bzw.* rivero) ***b)*** *im Jenseits befindlich* transtera; *nach dem Tode* postmorta

jenseits *Adv bzw. Präp* trans, sur la alia flanko (↑ *auch* ***drüben***); ~ ***von ...*** transe de ...; ***sie wohnen ~ der Grenze***, *umg od reg auch* ***sie wohnen hinter der Grenze*** ili loĝas trans la limo; ***das Haus liegt ~ vom Fluss*** la domo situas transe de la rivero; ~ ***des Flusses*** trans la rivero; ***die [Leute] von ~ des Flusses*** la transriveranoj

Jenseits *n Rel* transejo, alia mondo, *poet auch* transtomb[ej]o; ***im ~ befindlich*** transtera; *nach dem Tode*, postmorta

Jephta (*m*) *bibl Eig* ↑ ***Jiftach***

Jequitinhonha *m ein ostbrasilian. Fluss in Minas Gerais* [rivero] Ĵekitinjono

Jeremia (*m*) *bibl Eig (ein hebräischer Prophet)* Jeremio

Jeremiade *f bildh für «Klagelied» od «Jammerbericht»* jeremiado

Jeremias (*m*) *männl. Vorname* Jeremio

Jericho (*n*) *Stadt am unteren Jordan* Jeriko *od* Jeriĥo; ***Rose von ~*** *od* ***Jerichorose*** *f* (Anastatica hierochuntica) *Bot* anastatiko, *pop* Jeriko-rozo ◇ ***die Posaunen von ~*** *bibl u. übertr* la trumpetoj de Jeriko

Jerichonektarvogel *m* (Nectarinia osea) *Orn* oranĝmakula nektarbirdo

Jerobeam (*m*) *bibl Eig (erster König des Nordreiches Israel)* Jerobeamo

Jérôme (*m*) *franz. männl. Vorname* Ĵeromo

[1]**Jersey** ***a)*** *m Textil (weicher, gewirkter Wollstoff)* ĵerzo ***b)*** *n bes. Sport (farbiges Trikothemd)* [sport]ĵerzo

[2]**Jersey** (*n*), *amtl* ***Bailiwick of Jersey*** *eine der britischen Kanalinseln* Ĵerzejo *[Hptst.: Saint Hélier]*; **~-Rind** *n eine auf hohe Milchleistung gezüchtete Rinderrasse [Ursprungsgebiet: Insel Jersey]* ĵerzea bovo

Jerusalem (*n*), *hebräisch* ***Yerushalayim***, *arab.* ***al-Quds***, *bibl auch* ***Zion*** *die heilige Stadt der Juden, Christen u. Muslime <Zentrum des jüdischen Glaubens u. geistigen Lebens>* Jerusalemo

Jesaja (*m*) *Prophet Israels u. das nach ihm benannte Buch des Alten Testaments* Jesaja

Jesiden *m/Pl eine kurdische Religionsgemeinschaft [bes. im Nordirak]* jezidoj *Pl <eine ethnisch-religöse Minderheit>*

jesidisch *Adj* jezida

Jesolo (*n*), *ital.* ***Iesolo*** *ital. Seebad nordöstl. von Venedig* Jesolo

Jessica (*f*) *weibl. Vorname* Jesika *od* Ĵesika

Jesso (*n*) ↑ ***Yezo***

Jesuiten *m/Pl Mitglieder des Jesuitenordens* jezuitoj *Pl*

Jesuitendrama *n* ↑ ***Jesuitentheater***

Jesuiten|general *m oberster Ordensgeistlicher der Jesuiten* jezuita generalo; **~kirche** *f* jezuita preĝejo; **~orden** *m* jezuita ordeno *<durch Ignaz von Loyola u. Franz Xaver begründet>* [↑ *auch unter* ***Jesus***]; **~stil** *m Arch (nur noch selten gebrauchte Bez für die Pracht und Prunk zur Schau stellenden Barockkirchen, vor allem Lateinamerikas)* jezuita stilo; **~theater** *n*, *auch* ***Jesuitendrama*** *n* jezuita teatraĵo *[im 16. u. 17. Jh.]*

Jesuitentum *n* ↑ ***Jesuitismus***

jesuitisch *Adj* jezuita

Jesuitismus *m*, *auch* ***Jesuitentum*** *n*, *Lehre u. Verhalten der Jesuiten* jezuitismo

Jesus (*m*) *bibl Eig*: ~ ***Christus*** Jesuo Kristo; ~ ***von Nazareth***, ***König der Juden***, *lat.* ***Jesus Nazarenus Rex Judaeorum*** Jesuo el Nazareto, Reĝo de la Judoj; ***Societas Jesu*** *od* ***Gesellschaft Jesu*** *der Orden der Jesuiten* Societo de Jesuo

Jesus-Christus-Echse *f Zool* ↑ ***Helmbasilisk***

Jesus|kind *n* Jesu-infano; **~latschen** *f/Pl Bade- od Gummilatschen* zorioj *Pl*

Jet *m Flugw* jeto (↑ *auch* ***Düsenflugzeug*** *u.* ***Jumbojet***)

Jeton *m Spielmarke [im Casino]* ĵetono

Jetski® *m Wassersport* akvoskotero

Jetstream *m Met (starker Luftstrom in der Topo- u. Stratosphäre)* jetfluo

Jett *m* ↑ ***Gagat***

Jetzeitalter *n* epoko de la jet-flugo

jetzig *Adj* nuna, nuntempa; ***bis zum ~en Zeitpunkt*** ĝis la nuna momento; ***in der ~en Zeit*** en la nuna tempo, en la nuntempo *od kurz* nuntempe

jetzt *Adv* nun; ~ ***eben*** *od* ***gerade*** ~ ĵus [nun]; *in diesem Moment* [ĝuste] en tiu ĉi momento; ~ ***gleich*** ĝuste nun; *sofort* tuj; ~ ***oder nie!*** aŭ nun aŭ neniam!; ~ ***oder später*** nun aŭ poste; ~ ***des pli!*** nun erst recht!; ~ ***kiel antaŭe*** nach wie vor ***bis*** ~ ĝis nun; ***noch*** ~ ankoraŭ nun; ***von*** ~ ***ab*** (*od* ***an***) [ek]de nun

Jetztzeit *f* nuntempo (*vgl. dazu* ***Gegenwart*** *u.* ***Neuzeit***)

jeweilig *Adj* respektiva; ***an ihren ~en Arbeitsplätzen*** en siaj respektivaj laborlokoj

jeweils *Adv* respektive; *jedes Mal* ĉiufoje; *stets* ĉiam; *von Fall zu Fall* laŭ ĉiu unuopa kazo; *nach Bedarf* laŭbezone

Jewtuschenko (*m*) *Eig (russ. Schriftsteller [geb. 1933])* Jevtuŝenko

Jeziden = ***Jesiden***

Jg. = *Abk für* ***Jahrgang***

Jh. = *Abk für* ***Jahrhundert***

JH = *Abk für* ***Jugendherberge***

Jiangsu (*n*), *auch* ***Kiangsu*** (*n*) *dichtestbesiedelte Provinz Chinas mit dem Mündungsgebiet des Jangtsekiang [Hptst.: Nanking]* Ĝjangsuo, *auch* Ĝjangsu-provinco

Jiangxi (*n*), *auch* ***Kiangsi*** (*n*) *eine südostchin. Provinz [Hptst.: Nanchang]* Ĝjangŝjio, *auch* Ĝjangŝji-provinco

Jičín (*n*), *dt.* ***Jitschin*** (*n*) *eine Stadt in Nordböhmen, Tschechische Rep.* Jiĉino

jiddisch *Adj* jida

Jiddisch[e] *n Ling (Sprache der jüdischen Bevölkerung, bes. Osteuropas u. Amerikas)* la jida [lingvo] (*vgl. dazu* ***Hebräisch***)

Jiddist *m Wissenschaftler der Jiddistik* jidisto

Jiddistik *f Wissenschaft von der jiddischen Sprache u. Literatur* jidistiko

Jiftach *od* **Jephta** (*m*), *hebräisch* ***Yifthah***

bibl Eig (ein Heerführer gegen die Ammoniter) Jiftaĥo

Jig *m ein engl. Tanz* ĵigo

Jilin (*n*), *auch* ***Dschilin*** *od selt* ***Kirin*** (*n*) *eine nordostchin. Provinz [Hptst.: Changchun]* Ĝjilino, *auch* Ĝjilin-provinco

Jin (*n*) ↑ ***Yin***

Jinan (*n*) *Hptst. der chin. Provinz Shandong* Ĝjinano

Jingle *m Mus ([in Werbesendungen:] kurze, leicht ins Ohr gehende Melodie)* ĵinglo

Jingoismus *m Pol (1. Bez für den britischen radikalen Chauvinismus, der während des Russisch-Türkischen Krieges [1877/78] entstand 2. Bez für die amerikanische Eroberungspolitik des ausgehenden 19. Jh.s)* ĵingoismo

Jinismus *m Rel* = ***Dschainismus***

Jischaj (*m*) *bibl Eig* ↑ ***Isai***

Jitschin (*n*) ↑ ***Jičín***

Jitterbug *m ein Gesellschaftstanz amerik. Herkunft mit akrobatischen Tanzfiguren* ĵiterbugo

Jiu-Jitsu *n eine jap. Selbstverteidigung, aus der das sportliche Judo entwickelt wurde* ĵuĵicuo

Jizera *f* ↑ ***Iser***

Joab (*m*) *bibl Eig (Neffe u. Feldherr Davids [unter König Salomo getötet]* Joabo

Joachim (*m*) *männl. Vorname* Joakimo *auch Name von Kurfürsten von Brandenburg*

João Pessoa (*n*) (*bis 1930* ***Paraíba*** *genannt*) *Hptst. des brasilian. Gliedstaates Paraíba* Ĵoanpesoo

Joas [von Juda] *m bibl Eig (König von Juda)* Jehoaŝo

Job *m Arbeit* laboro (*vgl. dazu* ***Tätigkeit***); ↑ *auch* ***Knochenjob***); *Arbeitsplatz* laborloko; ~**angebot** labor-oferto

Jobcenter *n* ↑ ***Arbeitsagentur***

Jobsuche *f Suche nach Arbeit* serĉo de laboro

Joch *n* ***a)*** *für Zugtiere* jugo; *Schulter*~ vekto; *übertr* jugo; *etw. Schweres, Last* pezaĵo; *Bergsattel* [monto]transpasejo; *hölzerner Brückenpfeiler* [ligna] pontostablo; ***einem Ochsen das ~ anlegen*** *od auch* ***einen Ochsen ins ~ spannen*** surmeti la jugon al bovo; ***ein ~ Ochsen*** *zwei [nebeneinander gespannte] Ochsen* paro da bovoj; ***das ~ abschütteln*** (*od* ***abwerfen***) *übertr* forskui (*od Zam* deĵeti) la jugon; ***unter dem ~ des*** (*bzw.* ***der***) ***...*** sub la jugo de ...; ***sich unter jmds. ~ beugen*** kurbiĝi sub ies jugo; ***ins ~ spannen*** *Landw* jungi per jugo, *(anjochen)* jugi ***b)*** *El (Verbindungsstück aus Eisen zw. den Polen eines Magneten, bes. eines Elektromagneten)* jugo

Jochbein *n*, *auch* ***Wangenbein*** *n*, *umg* ***Backenknochen*** *m* (Os zygomaticum) *Anat* zigomo, *umg auch* vangosto; ***unter dem ~ [gelegen]*** subzigoma, *fachsprachl. auch* infrazigoma

Jochbein|entzündung *f Med* inflamo de la zigomo, *auch* zigomito; ~**fortsatz** *m* (Processus zygomaticus) *Anat* zigoma apofizo (*od* apendico); ~**fraktur** *f Med* zigoma frakturo

Joch[bein]muskel *m* (Musculus zygomaticus) *Anat* zigoma muskolo

Jochblatt *n* (*Gattung* Zygophyllum) *Bot* zigofilo

Jochblattgewächse *n/Pl Bot*: ***[Familie der] ~*** (Zygophyllaceae) zigofilacoj *Pl* *<zu dieser Familie gehören viele Xerophyten u. Halophyten>*

Jochbogen *m* (Arcus zygomaticus) *Anat* zigoma arko

Jochpilze *m/Pl Mykologie*: ***a) [Klasse der] ~*** (Zygomycetes) zigomicetoj *Pl [meist saprophytisch lebend] <so benannt nach der jochförmigen Sporangienbildung>* (*vgl. dazu* ***Saprophyt***) ***b)*** (Zygomycota) zigomikotoj *Pl*: ein Phylum, das die Klassen Zygomycetes u. Trichomycetes umfasst

Jochpilzspore *f Mykologie* ↑ ***Zygospore***

Jockey *m berufsmäßiger Rennreiter* ĵokeo; ~**mütze** *f* ĉapo de ĵokeo

Jockette *f berufsmäßige Rennreiterin* ĵokeino

Jod *n* (*Symbol* ***J***, *auch* ***I***), *Fachspr auch* ***Iod*** *n Chem, Pharm* jodo; ~**akne** *f Dermatologie* jodakneo

Jodat *n*, *Fachspr auch* ***Iodat*** *n Chem (Salz der Jodsauerstoffsäure)* jodato

Jodbehandlung *f Med* jodoterapio

Jodblei *n Chem* ↑ ***Bleijodid***

jodeln *intr* jodli

Jodeln *n* jodlado *<typisch für alpenländisches Musizieren, aber auch bei afrikanischen Pygmäen>*

Jod|exanthem *n Dermatologie* jodekzantemo; ~**gehalt** *m* jodenhavo

jodhaltig, *<österr>* ***jodhältig*** *Adj* jodhava, *auch nachgest* enhavanta jodon

Jodid *n*, *auch* ***Iodid*** *n Chem (Salz der*

Jodwasserstoffsäure) jodido (↑ *auch* ***Blei-*** *u.* ***Silberjodid***)

jodieren *tr mit Jod versehen* jod[iz]i

Jodierung *f* jodiz[ad]o; ~ ***von [Speise-] Salz*** jodizo de [tabla] salo

Jodit *n Min* ↑ ***Jodsilber***

Jodler *m ein [einziger] Jodellaut* jodlo; *Person, die jodelt* jodlanto

Jodlerin *f* jodlantino

Jod|lösung *f* jod[o]solvaĵo; ~**mangel** *m* manko de jodo

Jodoform *n ein Wundantiseptikum (Trijodmethan)* jodoformo *<früher zur Desinfektion bzw. Blutstillung verwendet>*; ***mit ~ behandeln*** jodoformi

Jodol *n, auch* ***Tetrajodpyrrol*** *n Chem* jodolo, *auch* tetrajodpirolo

Jodometrie *f Chem, Redoxanalyse* jodometrio

Jodo-shin-shu *ohne Art: Rel («wahre Schule des reinen Landes»: größte Sekte des jap. Amida-Buddhismus, gegründet von Shinran [1173-1262], Schüler des Honen Shonin)* ŝinranismo

Jodo-shu *ohne Art: Rel («Schule des reinen Landes»: zweitgrößte Sekte des jap. Amida-Buddhismus, gegründet von Honen Shonin [1133-1212])* honenismo

Jodpräparat *n Pharm* jod[o]preparaĵo

jodreich *Adj* jod[o]riĉa

Jod|salbe *f Pharm* jod-ungvento; ~**salz** *n Nahr* jodizita [kuireja] salo; ~**sensibilität** *f* sensiveco al jodo; ~**silber** *n* (*als Mineral* ***Jodit***) jodito; (*als Silbersalz:* ***Silberjodid***) arĝenta jodido; ~**tablette** *f Med, Pharm* jodotablojdo; ~**tinktur** *f* (Tinctura jodi) *Pharm* joda tinkturo *od* tinkturo de jodo; ~**vergiftung** *f* jodveneniĝo; ~**wasserstoffsäure** *f Chem* jodida acido; ~**zahl** *f Maß für den Gehalt an ungesättigten Fettsäuren od Fetten u. fetten Ölen* jodnombro

Joel (*m*) *bibl Eig (ein hebräischer Prophet <wirkte im 4. Jh. in Jerusalem>)* Joelo

Joga *n, auch m* = ***Yoga***

joggen *intr* ĵogi; ***durch den Wald ~*** ĵogi tra la arbaro

Joggen *od* **Jogging** *n Art des Fitnesstrainings* ĵogado (*vgl. dazu* ***Ausdauersport***; ↑ *auch* ***Gehirnjogging***)

Jogger *m* ĵoganto

Joggerin *f* ĵogantino

Jogging *n* ↑ ***Joggen***

Jogginghose *f* pantalono por ĵogado

Jog[h]urt *m od n* jogurto (↑ *auch* ***Frucht-***, ***Mandel-***, ***Natur-*** *u.* ***Sojajoghurt***)

Jogi *od* **Yogi** *m i.e.S.* jogano; *i.w.S.* homo, kiu praktikas jogon

Johanna (*f*) *weibl. Vorname* Johana (*vgl. dazu* ***Jeanne***)

Johann[es] (*m*) *männl. Vorname* Johano; ***Johannes von Damaskus*** *griech. Kirchenlehrer [um 675-um 750]* Johano el Damasko; ***Johannes der Evangelist*** *Apostel, Sohn des Zebedäus u. Bruder des Jakobus* Johano la Evangeliisto; ***Johannes vom Kreuz***, *span.* ***Juan de la Cruz*** *span. Karmeliter u. Mystiker [1542-1591]* Johano de la Kruco; ***Johannes der Täufer*** *bibl (jüdischer Bußprediger u. messianischer Prophet [Heiliger])* Johano [la] Baptisto; ***der Apostel Johannes*** *bibl* la apostolo Johano

Johannes|burg (*n*) *größte Stadt der Rep. Südafrika (Prov. Transvaal)* Johanesburgo; ~**evangelium** *n bibl* evangelio laŭ Johano

Johannisbeere *f*, *<österr>* ***Ribisel*** *f* ribo (↑ *auch* ***Alpen-***, ***Felsen-*** *u.* ***Goldjohannisbeere***); ***rote*** (***weiße***) ~ ruĝa (blanka) ribo; ***nordische*** ~ (Ribes spicatum) norda ribo; ***schwarze*** ~, *<schweiz>* ***Cassis*** *m* (Ribes nigrum) nigra ribo, *auch* kasiso; ***vielblütige*** ~ (Ribes multiflorum) *Bot* multflora ribo; ~***n pflücken*** pluki ribojn; ***Saft aus ~n*** suko [farita] el riboj

Johannisbeer|eis *n* riboglaciaĵo; ~**likör** *m* ribolikvoro; ~**marmelade** *f*, *<österr>* ***Ribiselmarmelade*** *f* ribomarmelado; ~**saft** *m*, *<österr>* ***Ribiselsaft*** *m* ribosuko; ~**strauch** *m*, *<österr>* ***Ribiselstrauch*** *m od* ***Ribiselstaude*** *f* (*Gattung* Ribes) *Bot* riboarbedo

Johannisbrot *n* karobo

Johannisbrotbaum *m*, *auch* ***Karobe*** *od* ***Karube*** *f* (Ceratonia siliqua) *Bot* karobarbo; ***amerikanischer*** ~ pala prozopo

Johannisbrotkernmehl *n Nahr* karoba faruno *[hergestellt aus den Samen des Johannisbrotbaumes]*

Johanniskraut *n*, *auch* ***Hartheu*** *n*, *pop auch* ***Hexenkraut*** *n* (*Gattung* Hypericum) *Bot* hiperiko (↑ *auch* ***Balearen-***, ***Berg-***, ***Bocks-***, ***Flügel-***, ***Sumpf-*** *u.* ***Tüpfeljohanniskraut***); ***ägyptisches*** ~ (Hypericum aegypticus) egipta hiperiko; ***behaartes*** ~ (Hypericum hirsutum) vila hiperiko; ***großkelchiges*** (*od* ***immergrünes***) ~ (Hypericum calycinum) kalika hiperiko *[eine in SO-Europa u. Kleinasien vorkommende Art]*; ***niederlie-***

gendes ~ (Hypericum humifusum) kuŝa hiperiko; ***schönes*** ~ (Hypericum pulchrum) svelta hiperiko

Johanniskrautgewächse *n/Pl, auch* ***Hartheugewächse*** *n/Pl Bot*: ***[Familie der]*** ~ (Hypericaceae) hiperikacoj *Pl* (↑ *auch* ***Clusia***)

Johannis|tag *m, auch* ***Johanni[s]*** *n am Tag der Sommersonnenwende (24.6.) gefeiert* tago de Sankta Johano; ~**würmchen** *n* (*Gattung* Lampyris) *Ent (eine einheimische Art der Leuchtkäfer)* lampiro

Johanniterorden *m ältester der geistlichen Ritterorden* johanita ordeno *<im 11. Jh. begründet>* (↑ *auch* ***Malteser Ritterorden***)

johlen *intr pej* kriaĉi; ***die Hooligans johlten auf der Straße*** la huliganoj kriaĉis surstrate

Joint *m Haschisch enthaltende Zigarette* haŝiŝcigaredo (↑ *auch* ***Haschisch***)

Joint Venture *n, auch* ***Gemeinschaftsunternehmen*** *n Wirtsch, Ind* komun-entrepreno

Jo-Jo *n* ↑ ***Yo-Yo***

Jojoba|öl *n Kosmetik* jojoba oleo; ~**strauch** *m* (Simmondsia chinensis) *Bot* jojobo

Jokaste (*f*) *griech. Myth* ↑ ***Iokaste***

Joker *m Kart (Karte mit Narrenbild, die für jede Karte gelten kann)* ĵokero

Jokohama (*n*) ↑ ***Yokohama***

Jolle *f Mar (Sportsegelboot [mit Schwert])* jolo (↑ *auch* ***Finn Dingi*** *u.* ***Ketsch***)

Jom Kippur *m Versöhnungstag [höchster jüdischer Feiertag]* Jom-Kipuro

Jom-Kippur-Krieg *m Gesch (Bez für den Krieg Ägyptens u. Syriens gegen Israel vom 6.10. bis 22./25.10.1973)* Jom-Kipur- Milito *<die Bez ist darauf zurückzuführen, dass die Kampfhandlungen zu Jom Kippur einsetzten>*

Jomuden *Pl, Eigenbez.* ***Jomud*** *Pl Ethn (ein großer turkmenischer Stamm im Iran u. im Westen von Turkmenistan)* jomudoj *Pl*

Jonathan (*m*) *männl. Vorname* Jonatano *auch biblischer männl. Eigenname [Sohn des Königs Saul u. Freund Davids]*

Jongleur *m* ĵonglisto *auch übertr*

Jongleurin *f* ĵonglistino

Jongleurkunststück *n* ĵonglaĵo

jonglieren *intr* ĵongli (***mit*** per) *auch übertr*; ***mit Worten*** ~ *übertr* ĵongli per vortoj

Jonglieren *n, auch* ***Jonglierereі*** *f* ĵonglado *auch übertr*

Jongo *m ein traditioneller brasilianischer Tanz* ĵongo

Jonquille *f, auch* ***Bouquetnarzisse*** *f* (Narcissus jonquilla) *Bot (eine südeurop. Narzissenart)* jonkvilo

Joppe *f* [palto]jako

Jordan *m größter Fluss Israels u. Jordaniens* [rivero] Jordano; ***jenseits des*** ~ ***gelegen*** *von Jerusalem aus betrachtet* transjordana

Jordan-Dinar *m Fin* ↑ *unter* ***Dinar***

Jordan-Graben *m Geol (Bruchsystem ins Tote Meer)* Jordan-grabeno

Jordanien (*n*), *arab.* ***Al-Urdun***, *amtl* ***Haschimitisches Königreich*** ~ Jordanio, *amtl* Haŝimida Reĝolando Jordanio *ein Staat in Vorderasien [Hptst.: Amman]*

Jordanier *m* jordaniano

Jordanierin *f* jordanianino

jordanisch *Adj* jordan[i]a

Jordantal *n* valo de [rivero] Jordano

Joruba *Pl Ethn, Ling* = ***Yoruba***

Joruri *n Theat (Form der Rezitation metrischer Verse im japanischen Puppentheater [von Klängen der Shamisen-Laute begleitet])* ĵoruro

Josaphat *od* **Joschafat** ↑ ***Jehoshaphat***

Josef *od* **Joseph** (*m*) *Eig* Jozefo *auch Name bibl. Gestalten bzw. österreichischer Kaiser*

Josefa *od* **Josepha** (*f*) *weibl. Vorname* Jozefa

Josefine *od* **Joséphine** (*f*) *weibl. Vorname* Jozefina

Josephiten *m/Pl Rel (eine Absplitterung der Mormonen)* jozefitoj *Pl*

Josua (*m*) *bibl Eig (Sohn des Nun, Nachfolger des Moses in der Führung der israelitischen Stämme nach Palästina)* Josuo

[1]**Jota** *n, auch* ***Iota*** (*n*) *neunter Buchstabe des griech. Alphabets* joto, *auch* jota *<bezeichnet den Vokal i>* ◇ ***um kein*** ~ ***nachgeben*** *nicht im geringsten weichen* ne cedi eĉ unu joton, ne cedi unu paŝon

[2]**Jota** [ˈĥota] *f ein schneller span. Volkstanz mit Kastagnettenbegleitung (in Aragonien)* ĥoto

Jouaninsturmvogel *m* (Bulweria fallax) *Orn* dikbeka petrelo

[1]**Joule** (*m*) *Eig (engl. Physiker [1818-1889])* Ĵulo

[2]**Joule** *n* (*Zeichen* ***J***) *Phys (Maßeinheit für Arbeit, Energie u. Wärmemenge [entspricht 1 Wattsekunde od 0,2388 Kalorien])* ĵulo (↑ *auch* ***Exa-*** *u.* ***Megajoule***)

Joule-Effekt *m Phys* ↑ ***Magnetostriktion***

Joulesches Gesetz *n El* leĝo de Joule (*od*

ĵulo)

Journal *n a) bebilderte Zeitschrift* [ilustrita] revuo; *alt auch Zeitung* [ĉiutaga] gazeto *b) Buchhaltung* tagregistro, *auch* ĵurnalo; ***ins ~ schreiben*** enĵurnaligi

Journalismus *m* ĵurnalismo (↑ *auch **Boulevard-**, **Foto-**, **Revolver- Sensations-** u. **Wissenschaftsjournalismus***); ***investigativer ~*** esplorĵurnalismo, *auch* esploranta ĵurnalismo

Journalist *m* ĵurnalisto (*vgl. dazu **Publizist***; ↑ *auch **Fernseh-** u. **Starjournalist***); ***akkreditierter*** (***freier***) ~ akreditita (aŭtonoma) ĵurnalisto

Journalistenföderation *f*: ***Internationale ~*** (*engl. Abk **IFJ***) Internacia Federacio de Ĵurnalistoj

Journalistik *f Zeitungswissenschaft* ĵurnalistiko

Journalistin *f* ĵurnalistino

journalistisch *Adj* ĵurnalista; ***~er Stil*** *m* ĵurnalista stilo

jovial *Adj leutselig* joviala, *auch* afabla, bonvolema; *fröhlich auch* gajema, serena

Jovialität *f Leutseligkeit* jovialeco; *i.w.S. auch* gajemo, sereno; afableco, bonvolemo

Jovian (*m*) *Eig (ein röm. Kaiser [um 331-364])* Joviano

jr. = *Abk für **junior***

Juan-Fernandez-Sturmvogel *m*, *auch **Salvinsturmvogel*** *m* (Pterodroma externa) *Orn* ĉilia petrelo *[Vorkommen: endemisch auf den chilenischen Juan-Fernandez-Inseln im südlichen Pazifik]*

Jub. = *Abk für **Jubiläum***

Juba (*n*) Ĵubo *Hptst. des Südsudan*

Jubel *m* jubil[ad]o (↑ *auch **Siegesjubel***); *Riesenfreude* ĝojego; **~gesang** *m* jubila kantado; **~geschrei** *n* jubila kriado

jubeln *intr* jubili, ĝojkrii (↑ *auch **jubilieren***)

Jubeln *n* jubilado (*vgl. dazu **Päan***)

jubelnd *Adj* jubilanta

Jubilar *m*, *selt auch **Gefeierte*** *m* jubileulo

Jubilarin *f* jubileulino

Jubiläum *n* (*Abk **Jub.***) jubileo (↑ *auch **Ehejubiläum** u. **Gedenkfeier***); *Gedenktag* memoriga tago; ***hundertjähriges*** (***rundes***) ~ centjara (rondcifera) jubileo; ***ein ~ feiern*** festi jubileon

Jubiläums|ausgabe *f Buchw* jubilea eldono *auch Philat*; **~ausstellung** *f* jubilea ekspozicio; **~feier** *f* jubilea solenaĵo; **~jahr** *n* jubilea jaro; **~kongress** *m* jubilea kongreso; **~münze** *f* jubilea monero; **~tagung** *f* jubilea konferenco; **~veranstaltung** *f* jubilea aranĝo

jubilieren *intr* jubili (↑ *auch **jubeln***)

jubilierend *Adj* jubilanta

Juche-Ideologie *f Pol* ↑ ***Chuch'e-Ideologie***

juchten *Adj aus Juchtenleder [gefertigt]* jufta, [farita] el jufto

Juchtenkäfer *m Ent* ↑ ***Eremitkäfer***

Juchten[leder] *n*, *auch **Juften** n (ein feines Rindleder [mit Weidenrinde gegerbt])* jufto

juchzen *intr* ŝriki pro ĝojo

Juck|auschlag *m od* **~flechte** *f*, *Fachspr **Prurigo** m Med* prurigo; **~empfindung** *f* prurito (↑ *auch **Hautjucken***)

jucken *a) tr u. **sich** ~ umg* grati *bzw.* sin grat[et]i (*an* ĉe); ***sich am Kopf ~*** grati al si la kapon *b) intr* juki; ***ein bisschen ~*** juketi; ***mein Ohr juckt*** mia orelo jukas ◇ ***die Hand juckt ihm zuzuschlagen*** *es drängt ihn zuzuschlagen* la mano lin jukas *(Zam)*

Jucken *n* jukado; *Pruritus, Juckempfindung ohne Dermatose* prurito (*vgl. dazu **Hautausschlag***; ↑ *auch **After-** u. **Hautjucken***)

juckend *Adj* jukanta; *pruriginös* pruriga

Juckflechte *f Med* ↑ ***Juckausschlag***

Juckpulver *n* pulvoro kaŭzanta jukadon

Juckreiz *m* sento de juko; *Med (Hautjucken, Pruritus)* prurito; ***~ verspüren*** senti jukon; ***~ verursachend*** jukiga

juckreizlindernd *Adj* kontraŭprurita, *Fachspr* antiprurita

Juda *a)* (*m*) *bibl Eig (Ahnherr des Stammes Juda)* Jehudo; ***der Stamm ~*** la tribo de Jehudo *b) ohne Art*: *bibl (Sitz des Stammes Juda in u. um Jerusalem)* Jehudujo

Judäa (*n*) *röm. Name für das Land Juda (das alte Südpalästina)* Judeo

Judäer *m Einwohner von Judäa* judeano

judäisch *Adj* judea; ***≗er Krieg*** *m Gesch* Judea Milito *[traditionell von 67-70 n. Chr. datiert]*

Judaismus *m jüdische Religionslehre* judismo, *auch* judaismo; ***konservativer*** (***liberaler***, ***orthodoxer***) ~ konservisma (libera, ortodoksa) judismo; ***dem ~ anhängen*** *od* ***für dem ~ eintreten*** judaizi

Judaistik *f Wissenschaft von der jüdischen Geschichte u. Kultur* judaistiko

Judas (*m*) *bibl Eig* Judaso *auch übertr für «Verräter»*; ~ ***Ischariot*** (*m*), *ökumenisch **Judas Iskariot** Apostel [Verräter Jesu]* Judaso Iskarioto; ~ ***Makkabäus*** (*m*) *Führer*

der jüdischen Volks- u. Unabhängigkeitsbewegung in Palästina [† 160 v. Chr.] Judaso Makabeo

Judasbaum *m* (*Gattung* Cercis *u. die Art* Cercis siliquastrum) *Bot* cercido, *pop auch* judea arbo *[Vorkommen: Mittelmeergebiet bis Vorderasien]*; ***kanadischer*** ~ (Cercis canadensis) kanada cercido

Judasbaumblatt *n, auch* ***Katsurabaum*** *m* (Cercidiphyllum japonicum) *Bot (ein ostasiatischer Laubbaum)* kacuro, *<wiss> auch* japana cercidifilo

Judasbaumblattgewächse *Pl*: ***[Familie der]*** ~ (Cercidiphyllaceae) *Bot* cercidifilacoj *Pl*

Judas|kirsche *f Bot* (*Art* Physalis alkekengi) alkekengo; (*Gattung* Physalis) ↑ ***Blasenkirsche***; ~**kuss** *m Freundlichkeit aus Heimtücke* kiso de Judaso; ~**ohr** *n, auch* ***Holunderschwamm*** *m* (Himeola auricula-judae = Auricularia auricula-judae) *Mykologie (ein Gallertpilz)* judas-orelo *[Vorkommen bes. an alten Holunderstämmen]*; ~**silberblatt** *n* (Lunaria annua) *Bot* senodora lunario

Judassohn *m Med* ↑ ***Talgdrüsennävus***

Jude *m allg* judo (↑ *auch* ***Aschkenasim***, ***Falascha***, ***Ostjude*** *u.* ***Sephardim***); *israelitischer Jude* hebreo; *Angehöriger des Volkes Israel* izraelido (*vgl. dazu* ***Israeli***); ***die*** ~***n*** *Pl* la judoj *Pl, auch* la judaro; ***orthodoxe*** ~***n*** *Pl* ortodoksaj judoj *Pl*; ***Zentralrat der*** ~***n in Deutschland*** (*Abk* ***ZdJ***) Centra Konsilio de Judoj en Germanio *[Sitz: Berlin]* ◇ ***[der] Ewige*** ~ *ruhelos umherirrender Mensch* eterne migranta judo, *auch* Ahasvero (*vgl. dazu* ***Ahasver[us]***)

Juden|christen *m/Pl der christl. Urkirche angehörende Juden, die auch nach der Taufe das mosaische Gesetz als verbindlich ansahen [Ggs: Heidenchristen]* judkristanoj *Pl*; ~**christentum** *n die sich in Jerusalem herausbildende Strömung des Urchristentums <eine frühchristliche Lehre>* judkristanismo

Judendorn *m Bot* ↑ ***Jujubenbaum***

Judenfeind *m* antisemito

judenfeindlich *Adj* antisemita

Judenfeindlichkeit *f* antisemitismo

Judenfreund *m* ↑ ***Philosemit***

judenfreundlich *Adj* filosemita, amika (*od* favora) al la judoj

Judenhass *m* malamo al [la] judoj, antisemitismo

Judenkirsche *f Bot* ↑ ***Blasenkirsche***

Judenpogrom *m od n* pogromo [kontraŭ judoj] (↑ *auch* ***Judenverfolgung***)

Judentum *n jüdische Religion* juda religio; *Juden (als Gesamtheit)* la judoj *Pl*, la judaro; *als Eigenschaft (das Judesein)* judeco (↑ *auch* ***Judaismus***); ***orthodoxes*** (***rabbinisches***) ~ ortodoksa (rabena) judismo

Juden|verfolgung *f* persekuto al judoj (*vgl. dazu* ***Pogrom***); ~**viertel** *n Gesch* judkvartalo (*vgl. dazu* ***Getto***)

Judenweihrauch *m* ↑ ***Styraxbalsam***

Judikative *f Jur (richterliche Gewalt)* judikativo, *auch* justica povo (↑ *auch* ***Jurisdiktion***)

Jüdin *f* judino

jüdisch *Adj* juda (*vgl. dazu* ***hebräisch*** *u.* ***mosaisch***); ~***er Abstammung sein*** esti de juda deveno; ~***es Erntefest*** *n Rel* Pentekosto *[abgehalten am 50. Tag nach dem zweiten Passahtag]*; ~***er Feiertag*** *m* juda festotago; ~***er Kalender*** *m* juda kalendaro *<gründet sich auf das Lunisolarjahr>*; ~***es Museum*** *n* juda muzeo *(auch Großschr) z.B. in Frankfurt/Main*; ***der*** ~***e Weltkongress*** (*engl. Abk* ***WJC***) la Monda Juda Kongreso

Judith (*f*), *ökumenisch* ***Judit*** (*f*) *weibl. Vorname* Judita

judizieren *tr alt od Fachspr für «richten, urteilen»* juĝi

Judo *m, jap.* ***Ju-Do*** *Sport* ĵudo (↑ *auch* ***Jiu-Jitsu*** *u.* ***Sambo***)

Judo-Föderation *f*: ***Internationale*** ~ (*Abk* ***IJF***) Internacia Ĵudo-Federacio *[Sitz: Lausanne/Schweiz]*

Judoka *od* **Judosportler** *m* ĵudisto

Juften *n* ↑ ***Juchtenleder***

Jugend *f Gesamtheit junger Menschen* junularo (↑ *auch* ***Arbeiter-*** *u.* ***Dorfjugend***); *junge Leute* junaj homoj *od* gejunuloj *Pl*; *junge Generation* juna generacio; *Jugendlichkeit, das Jungsein* juneco; *Jugendzeit* [tempo de] junaĝo; *Jugendalter* junaĝo; ***die*** ~ ***von heute*** la nuntempa junularo; ***eine sorglose*** ~ *eine Jugendzeit ohne Sorgen* senzorga tempo en la junaĝo; ***die studentische*** ~ la studenta junularo; ***in meiner*** ~ en mia junaĝo; *als ich jung war* kiam mi estis juna; ***von*** ~ ***an*** (*od* ***auf***) de junaĝo (*od auch* juneco); ***die*** ~ ***tanzte die ganze Nacht*** la gejunuloj dancis la tutan nokton ◇ ~ ***muss sich austoben*** *od* ***wir waren alle einmal jung*** ĉiu estis junulo, ĉiu estis pekulo *(Zam)*

Jugend|alter *n* junaĝo; ~**arbeit** *f z.B. Tätig-*

keit innerhalb des Deutschen Esperanto-Bunds junulara agado; ~**bewegung** *f* junulara movado; ~**brigade** *f* junul[ar]a brigado; ~**buch** *n* libro por gejunuloj *od* porjunulara libro; ~**chor** *m* junulara koruso; ~**forum** *n* junulara forumo; ~**freund** *m* amiko el la tagoj de [ies] juneco; ~**gefährte** *m* kunulo (*od* kamarado) dum [ies] junaĝo; ~**gericht** *n Jur* junulartribunalo, tribunalo por neplenaĝuloj; ~**herberge** *f* (*Abk* ***JH***) junul[ar]gastejo; ~**hotel** *n* junulara hotelo; ~**irresein** *n Neurologie* hebefrenio; ~**jahre** *n/Pl* junaĝaj jaroj *Pl*; ~**kleid** *n das Federkleid bei allen Jungvögeln* junbirda plumaro; ~**klub** *m* junulara klubo; ~**kongress** *m* junulara kongreso; ~**kraft** *f* junaĝa (*od* junula) forto; ~**kriminalität** *f* junulara kriminaleco; ~**kultur** *f Soziologie* junulara kulturo

jugendlich *Adj* juneca; *jung aussehend* junaspekta

Jugendliche ***a)*** *m* junulo, *auch* adoleskanto ***b)*** *f* junulino, *auch* adoleskantino; ***die ~n*** *Pl* la gejunuloj *Pl od (die Jugend)* la junularo

Jugendlichkeit *f* juneco

Jugend|liebe *f* adoleska amo; *erste Liebe* unua amo, *umg (Person)* unua amato (*bzw.* amatino); ~**literatur** *f* porjunul[ar]a literaturo; ~**mannschaft** *f Sport* junula teamo; ~**meisterschaft(en)** *f/(Pl) Sport* junulara ĉampionado; ~**organisation** *f* junulara organiz[aĵ]o; ~**schriften** *f/Pl* libroj (*od auch* legaĵo) por la junularo; ~**schutz** *m* protektado de la junularo; ~**schwachsinn** *m Neurologie* junaĝa demenco; ~**sektion** *f* junulara sekcio; ~**seminar** *n* junulara seminario; ~**sprache** *f* lingvo de la junularo

Jugendstil *m, Fachspr (bes. in Frankreich, Großbritannien u. USA) auch* ***Art nouveau*** [*'a:r nu'vo:*] *m od n, (in England)* ***Modern Art*** *f Stilströmung der Kunst um die Jahrtausendwende (etwa 1890-1910)* novarta stilo; ~**villa** *f* vilao en novarta stilo

Jugend|strafrecht *n Jur* junulara kriminala juro; ~**streich** *m* junula petolaĵo (*bzw.* frenezumo)

Jugendsünden *f/Pl* ◇ ~ ***rächen sich [im Alter]*** pagas maljunaj jaroj por junaj eraroj *(Zam)*

Jugend|touristik *f* junulara turistiko; ~**treffen** *n* junulara renkontiĝo; ~**verband** *m* junulara ligo; ~**wahn** *m pej: wahnhafte Überbewertung des Jungseins* obsed[itec]o pri eterna juneco; ~**zeit** *f* [tempo de] junaĝo; *Jungsein* juneco (↑ *auch* ***Adoleszenz***); ~**zeitschrift** *f* revuo por gejunuloj *od* porjunulara revuo; ~**zeltlager** *n* junulara tendaro; ~**zentrum** *n* junulara centro

Jugoslawe *m* jugoslavo

Jugoslawien (*n*) *Gesch (ehemaliger Staat in SO-Europa)* Jugoslavio *[Hptst.: Belgrad]* (*vgl. dazu* ***Ex-Jugoslawien***)

Jugoslawin *f* jugoslavino

jugoslawisch *Adj* jugoslava

Jugularvene *f Anat* ↑ ***Drosselvene***

Jugurtha (*m*) *Gesch Eig ([160-104 v. Chr.], König von Numidien)* Jugurto

Jugurthinischer Krieg *m Gesch [111-105 v. Chr.]* Jugurta Milito

juhu! *Anruf von weitem* uhu!

Juice *m* ↑ ***Saft a)*** *u.* ***Fruchtsaft***

Juist [*jy:st*] (*n*) *eine Ostfriesische Insel [zw. Borkum u. Norderney]* [insulo] Jisto

Juiz de Fora (*n*) *eine brasilianische Industriestadt in Minas Gerais* Ĵuizdeforo

Jujube *f, auch* ***rote Brustbeere*** *f Frucht des Jujubenbaums* jujubo <*wird auch pharmazeutisch genutzt*>

Jujubenbaum *m, auch* ***Judendorn*** *od* ***Brustbeerenbaum*** *m* (Ziziphus jujuba) *Bot* jujubarbo

Jukagiren *m/Pl, Eigenbez.* ***Odul*** *Ethn (ein altsibirisches Volk an Kolyma u. Eismeerküste mit paläoasiatischer Sprache)* jukagiroj *Pl*; ~**-Plateau** *n ein Hochland in Ostsibirien* Jukagira Altebenaĵo

jukagirisch *Adj* jukagira

Jukebox *f, auch* ***Musikbox*** *f Automat zum Abspielen von Schallplatten* diskogurdo, *i.w.S. auch* muzikaŭtomato

Julei = *verdeutlichende Sprechform für* ***Juli*** [↑ *dort*]

Julep *m 1. Pharm (Heiltrank auf Fruchtsirupbasis) 2. in England u. USA ein beliebtes Bargetränk* julepo

Julfest *n [in Skandinavien:] Bez für a) i.e.S. das Wintersonnwendfest b) i.w.S. das Weihnachtsfest* Julo

Juli *m* julio

Julia (*f*) *weibl. Vorname* Julia, *auch* Julieta ◇ ***Romeo und ~*** *ein Drama von Shakespeare* Romeo kaj Julieta

Julian (*m*) *Eig (männl. Vorname)* Juliano *auch Name eines röm. Kaisers*

Juliana *od* **Juliane** (*f*) *weibl. Vorname* Juliana *ersterer auch Name einer Königin der Niederlande*

julianisch *Adj*: *≗**er Kalender** m* (*Abk **J.K.** od **Jul.K.***) julia kalendaro

Julian[us] *m Eig* Juliano *auch Name eines röm. Kaisers*

julisch *in Zus*: *≗**e Alpen** Pl, slowenisch **Julijske Alpe** südöstlichster Teil der südlichen Kalkalpen [größtenteils zu Slowenien gehörend]* Juliaj Alpoj *Pl*

Julisch-Venetien (*n*) ↑ ***Friaul***

Julius (*m*), *als altröm. patrizischer Geschlechtername **Iulius** (m) Eig* Julio *auch Name dreier Päpste*; ~ ***Cäsar*** *altröm. Politiker u. Feldherr [100-44 v. Chr.]* Julio Cezaro

Jumbojet *m* (*Kurzf **Jumbo***) *Flugw (populäre Bez für «strahlgetriebenes Großraumflugzeug» [z.B. das Großraum-Strahlflugzeug Boeing B 747])* jumbojeto

Jumis (*m*) *Myth (lettischer Feld- u. Fruchtbarkeitsgott)* Jumiso

jun. = *Abk für **junior***

Juneau (*n*) *Hptst. von Alaska* Ĵuno

jung 1. *Adj* juna; *jugendlich* juneca; *frisch* freŝa; ~ ***und schön*** juna kaj bela; ~***es Gemüse*** *n* juna [kaj freŝa] legomo; *übertr scherzh* [naivaj] gejunuloj *Pl*, *pej* geknabetoj *Pl*; ***die jüngere Generation*** la [pli] juna generacio; ~***e Leute*** *Pl Jugendliche beiderlei Geschlechts* gejunuloj *Pl*; ~***es Mädchen*** *n* juna knabino; *Jugendliche* junulino; ~***er Mann*** *m* juna viro; *Jugendlicher* junulo; ~***er Wein*** *m* juna vino; ~ ***sein*** esti juna, *poet auch* juni; ***der Tag ist noch*** ~ *poet* la tago ankoraŭ junas; ~ ***werden*** juniĝi, *auch* fariĝi juna; ***noch sehr*** ~ ***aussehen*** esti [ankoraŭ] tre junaspekta; ***sie starb in jüngeren Jahren*** *od* ***sie ist*** ~ ***gestorben*** ŝi mortis juna; ***er ist zwei Jahre jünger als sie*** li estas du jarojn pli juna ol ŝi *od* li havas du jarojn malpli ol ŝi; ***der Jüngere*** *Namenszusatz* la [pli] juna ◇ ***für*** ≗ ***und Alt*** por junaj kaj maljunaj homoj, *i.w.S. für jede Altersgruppe* por ĉiu aĝogrupo; ***wir waren alle einmal*** ~ *Jugend muss sich austoben* ĉiu estis junulo, ĉiu estis pekulo *(Zam)* **2.** *Adv* june

Jungbrunnen *m übertr* fonto de rejuniĝo

Jungchen *n* ↑ ***Jüngelchen***

[1]**Junge** *m* knabo (↑ *auch **Dorf-** u. **Straßenjunge***); ***ein kleiner*** ~ juna (*od* malgranda) knabo, *auch (knäblein)* knabeto; ~***n und Mädchen*** *Pl* knaboj kaj knabinoj *Pl*, geknaboj *Pl*

[2]**Junge** *n Tier*≗ ido [de besto]; ~ ***aufziehen*** kreskigi idojn

Jüngelchen *n*, *reg **Jungchen** n meist iron* junuleto

jungenhaft *Adj* knab[ec]a

Jungen|streich *m* knaba petolaĵo; ~**zeit** *f* knabaj jaroj *Pl*

jünger *Komp von **jung*** [↑ *dort*]

Jünger *m Anhänger, Schüler* adepto, disĉiplo, *allg auch* ano; ***die*** ~ *Pl **Jesu** Rel* la apostoloj *Pl* de Jesuo

Jungfer *f* virgulino; ***alte*** ~ *fam* maljuna knabino (*od* fraŭlino); ~ ***im Grünen*** *Bot* ↑ *unter **Schwarzkümmel*** ◇ ***eine alte*** ~ ***werden*** *keinen Mann kriegen* fraŭline maljuniĝi, ricevi grizan haron ne vidinte altaron *(Zam)*

jüngferlich *Adj* kiel maljuna fraŭlino; *i.w.S. geziert, verschämt* afektita [kaj pruda]

Jungfern|fahrt *f* [plej] unua veturo (*od* vojaĝo); ~**flug** *m* [plej] unua flugo; ~**häutchen** *n*, *Fachspr **Hymen** n Anat* himeno

Jungfernhering *m Nahr* ↑ ***Matjeshering***

Jungferninseln *Pl*, *engl. **Virgin Islands** eine Inselgruppe der Kleinen Antillen, östl. von Puerto Rico* Virgaj Insuloj *Pl*; ***Britische*** ~, *engl. **British Virgin Islands*** Britaj Virgaj Insuloj Pl *[Hptst.: Road Town]*

Jungfernkranich *m* (Anthropoides virgo) *Orn* fraŭlingruo

Jungfernrebe *f Bot* ↑ ***Scheinrebe** f*

Jungfern|rede *f* unua [publika] parolado, *auch* debuta parolado; ~**reise** *f Mar* [plej] unua vojaĝo (*od* veturo) [de ŝipo]

Jungfernschaft *f* = ***Jungfräulichkeit***

Jungfernzeugung *f Biol* ↑ ***Parthenogenese***

[1]**Jungfrau** *f unberührtes Mädchen* virgulino, *poet auch* virgino; ~ ***Maria*** virgulino Maria; ***die*** ~ ***von Orleans*** la virgulino de Orleano ◇ ***sie ist keine*** ~ ***mehr*** *sex* ŝi ne plu estas virgulino

[2]**Jungfrau** *f*, *Fachspr **Virgo** f* (*Abk **Vir** od **Virg***) *Astron (ein Sternbild der Äquatorzone)* Virgo *auch Tierkreiszeichen*

[3]**Jungfrau** *f ein Gipfel in den Berner Alpen* [monto] Jungfraŭo

jungfräulich *Adj sex u. übertr* virga; ~***er Boden*** *m Landw (nie bebauter Boden)* virga tero, *auch* novalo

Jungfräulichkeit *f*, *Fachspr Med **Virginität** f sex* virgeco (↑ *auch **Keuschheit***); ***seine*** ~ ***bewahren*** (***verlieren***) konservi (perdi) sian virgecon

Junggeselle *m* fraŭlo; ***eingefleischter*** ~ persista fraŭlo (↑ *auch **Hagestolz***)

Junggesellen|dasein *n das Ledigsein* fraŭleco; ~**leben** *n* fraŭla vivo (*bzw.* vivmaniero); ~**wohnung** *f* loĝejo de fraŭlo
Jung|grammatiker *m/Pl Ling* jungramatikistoj *Pl*; ~**hegelianer** *m/Pl Phil (Schüler Hegels)* junhegelanoj *Pl*; ~**larve** *f Zool* juna larvo
Jüngling *m* junulo, adoleskanto; *junger Mann* juna viro
Jünglingsalter *n* junula aĝo, adoleskanteco
jüngling[s]haft *Adj u. Adv* kiel junulo *bzw.* en maniero de junulo *beide nachgest*
Jung|pflanze *f Bot* junplanto (↑ *auch* ***Steckling***); ~**sein** *n* juneco; ~**sozialisten** *Pl* (*Kurzw* ***Jusos*** *Pl*) *Pol (Jugendorganisation der SPD)* junsocialistoj *Pl*; ~**spund** *m umg für «junger, unerfahrener Mensch»* juna senspertulo
jüngst 1. *Adj* plej juna; *neuest* plej nova (*od* freŝdata); *letzt* plej lasta; ***das ~e von acht Kindern*** *z.B. in der Familie* la plej juna el ok infanoj; ***die ~en Ereignisse*** la plej lastaj okazaĵoj; ***das ≗e Gericht*** *od* ***der ≗e Tag*** *bibl, Rel* la Lasta Juĝo (↑ *auch* ***Israfil***); ***in ~er Zeit*** en la plej lasta tempo **2.** *Adv kürzlich, unlängst* antaŭ nelonge
Jungsteinzeit *f Geol* neolitiko
jungsteinzeitlich *Adj* neolitika
Jungtertiär *n Geol* ↑ ***Neogen***
Jungverheiratete *m* novebakita edzo, junedzo; ***die ~n*** *Pl* la jungeedzoj *Pl*
Jung|vieh *n Landw* junaj brutoj *Pl*; ~**vogel** *m Orn* junbirdo; ~**wolf** *m Jägerspr (junger Wolf bis zum Vollenden des 1. Lebensjahres)* junlupo
Juni *m* junio; ~**käfer** *m*, *auch* ***Sonnwendkäfer*** *m* (Amphimallon solstitialis) *Ent* solstica skarabo <*Auftreten im Juni u. Juli*>
junior (*Abk* **jr.** *od* **jun.**) *als Namenszusatz* la [pli] juna *nachgest*
Juniorenmannschaft *f Sport* junula teamo
Junker *m junger Adliger [bes. aus dem Landadel (meist auf das frühere Preußen bezogen)]* junkro (↑ *auch* ***Fahnenjunker***)
Junkmail *f EDV* ↑ ***Spam***
Junktur *f Tech* junto
Jünnan (*n*) = ***Yünnan***
Juno *f*, *auch* ***Iuno*** *f Myth (altitalische Göttin der Ehe u. der Geburt [von den Römern der griech. Hera gleichgesetzt])* Junona
Junta [ˈĥunta] *f* ĥunto; *Militär≗* militista ĥunto
[1]**Jupiter** (*m*), *auch* ***Jovis*** (*m*) *Myth (ältester u. höchster Gott der Römer)* Jupitero, *auch* Jovo ◇ ***beim ~!*** *als scherzhaft-ironischer Schwur* per Jovo!; ***quod licet Jovi non licet bovi*** kio estas permesata al Jovo ne estas permesata al bovo
[2]**Jupiter** *m Astron (ein Planet)* Jupitero
jupiterähnlich *Adj Astron* jupitersimila
Jupiter|atmosphäre *f* jupitera atmosfero; ~**monde** *m/Pl die um den Jupiter kreisenden Satelliten* jupiteraj satelitoj (*od auch* lunoj) *Pl* (↑ *auch* ***Adrastea***)
Jupiter V *m Astron* ↑ ***[2]Amalthea***
Jupon *m* ↑ *unter* ***Unterrock***
[1]**Jura** *n/Pl*, <*österr*> ***Jus*** *n Rechtswissenschaft* jur[o]scienco; ~ ***studieren*** studi jur[o]sciencon
[2]**Jura** *m **a)** Geogr (Bez von Gebirgen)*: ***der Fränkische ~*** *od* ***die Fränkische Alb*** la Frankonia Ĵuraso; ***der Schwäbische ~*** *od* ***die Schwäbische Alb*** la Ŝvaba Ĵuraso; ***der Schweizer ~*** *Gebirgszug im Nordwesten der Schweiz, von Genf bis zum Hochrhein u. zum Unterlauf der Aare* la Svisa Ĵuraso ***b)*** *ein Kanton der Schweiz* [kantono] Ĵuraso *[Hauptort: Delémont]* ***c)*** *ein franz. Département* [departemento] Ĵuraso *[Hptst.: Lons-le-Saunier]*
[3]**Jura** *m Geol (mittlere Formation des Mesozoikums)* ĵuraso *od* ĵurasa formacio <*so benannt nach dem Schweizer Juragebirge*> (↑ *auch* ***Lias*** *u.* ***Malm***); ***der Braune ~*** la bruna ĵuraso
jurassisch *Adj Geol (1. zum [3]Jura gehörig bzw. aus dem Jura stammend 2. zum Schweizer Konton [2]Jura gehörig)* ĵurasa
Jurastudent *m*, <*österr*> ***Jusstudent*** *m* studento de jurscienco
juridisch ↑ ***juristisch 1.***
jurieren *tr als Jury bzw. Jurymitglied beurteilen* ĵurii
Jurisdiktion *f Rechtsprechung[sbefugnis], Gerichtsbarkeit* jurisdikcio (↑ *auch* ***Judikative***, ***Straf-*** *u.* ***Zivilgerichtsbarkeit***)
Jurisprudenz *f* (*förmlich für* ***Rechtswissenschaft***) jurisprudenco (*förmlich für* jur[o]scienco)
Jurist *m* juristo (*vgl. dazu* ***Anwalt***, ***Berufsjurist*** *u.* ***Rechtsgelehrte***)
Juristendeutsch *n pej für «komplizierte u. unverständliche Ausdrucksweise der Juristen»* jurista ĵargono [de la germana lingvo]
Juristenkommission *f*: ***Internationale ~*** (*engl. Abk* ***ICJ***) Internacia Komisiono de

Juristoj

juristisch **1.** <*österr*> *auch (sonst veraltend)* ***juridisch*** *Adj* jura; ~***e Fakultät*** *f* fakultato pri jur[scienc]o *od* jurscienca fakultato; ~***e Person*** *f* jura persono; ***aus ~en Gründen*** pro juraj kaŭzoj **2.** *Adv* jure; *dem Gesetz nach* laŭ la leĝo (↑ *auch* ***formaljuristisch***)

Juror *m Mitglied einer Jury* ĵuriano (*vgl. dazu* ***Geschworene***)

Jurorin *f* ĵurianino

Jurte *f transportables rundes Filzzelt der zentralasiatischen Nomaden* jurto

Juruá *m ein rechter Nebenfluss des Amazonas in Brasilien* [rivero] Ĵuruao

Jury *f 1. die Geschworenen 2. Preisrichterkollegium* ĵurio; ***von einer ~ geprüft*** kontrolita de ĵurio

[1]Jus *n* ↑ ***[1]Jura***

[2]Jus [ʒy] *f od m (meist ohne Art)* <*schweiz*> *für «[Frucht-, Gemüse-] Saft»* suko (↑ *auch* ***Frucht-*** *u.* ***Tomatensaft***)

Juschno-Sachalinsk (*n*), *auch* ***Južno-Sahalinsk*** (*n*) *Hptst. der Insel Sachalin in Russisch-Fernost* Juĵno-Saĥalinsko

Jusos *Pl Pol* ↑ ***Jungsozialisten***

Jusstudent *m* ↑ ***Jurastudent***

Jussuf (*m*) *arabischer männl. Vorname [arabische Namensform zu Josef]* Jusufo

just *Adv alt für «gerade» od «soeben»* ĵus

Justicia *f* (*Gattung* Justicia) *Bot* justicio

justierbar *Adj einstellbar* alĝustigebla

justieren *tr Tech* [precize] alĝustigi

Justierung *f* [preciza] alĝustigo

Justifikation *f fachsprachl. für «Rechtfertigung»* pravigo

justifizieren *tr Jur* pravigi

Justina (*f*) *Eig (eine röm. Kaiserin)* Justina

Justinian (*m*), *lat.* ***Iustinianus*** (*m*) *Eig (Name byzantinischer Kaiser)* Justiniano

Justin[us] (*m*) *männl. Vorname* Justeno

Justitia (*f*) *Myth (altrömische Göttin der Gerechtigkeit)* Justicia

Justiz *f Rechtspflege* justico (↑ *auch* ***Lynchjustiz***); *Gericht od Rechtsprechung* jurisdikcio; ~**beamte** *m* justic-oficisto; ~**behörde** *f* justic-instanco; ~**hoheit** *f* justica suvereneco

Justiziar *m Rechtsberater, z.B. von Firmen* jura konsilisto (↑ *auch* ***Syndikus a)***)

Justiz|irrtum *m* juĝ-eraro *od* eraro de juĝo, *auch* justiceraro; ~**minister** *m* justicministro *od* ministro pri (*od* de) justico; ~**ministerium** *n* ministerio pri justico; ~**mord** *m* ekzekuto (*od auch* mortigo) pro juĝ-eraro

Justus (*m*) *männl. Vorname* Justo

Jute *f* ***a)*** *Bastfaser od textiles Gewebe* juto ***b)*** *auch* ***Kalkutta-*** *od* ***Pathanf*** *m* (*Gattung* Corchorus) *Bot (eine Gattung der Lindengewächse* <*neben Bauwolle wichtigste Faserpflanze*>*)* jutoplanto, <*wiss*> korkoro; ***langkapselige ~*** (Corchorus olitorius) ĝardena korkoro <*Lieferant der Jutefaser*>

Jüte *m Bewohner Jütlands* jutlandano

Jute|faser *f* jutofibro; ~**gewebe** *n* teksaĵo el juto

Jutepflanze *f* = ***Jute b)***

Jute|sack *m* jutosako *od* sako [farita] el juto; ~**spinnerei** *f* jutoŝpinejo; ~**weberei** *f* jutoteksejo

jütisch *Adj* ↑ ***jütländisch***

Jütland (*n*), *dänisch* ***Jylland*** *festländischer Teil Dänemarks* Jutlando

Jütländer *m* ***a)*** *Bewohner Jütlands* jutlandano ***b)*** *ein Kaltblutpferd aus Dänemark [wird in Deutschland als ‹Schleswiger› bezeichnet]* jutlanda ĉevalo

jütländisch, *auch* ***jütisch*** *Adj* jutlanda; ***die Jütische Halbinsel*** la Jutlanda Duoninsulo

Juturna (*f*), *lat.* ***Iuturna*** (*f*) *Myth (römische Quellgöttin)* Juturna

juvenalisch *Adj geh für «satirisch» od «spöttisch»* juvenala

Juvenal[is] (*m*) *Eig (altröm. Satiriker [um 60-um 140])* Juvenalo

juvenil *Adj zum Jugendalter gehörend, jugendlich* junaĝa, juneca

Juwel *n*, *auch m geschliffener Edelstein* juvelo *i.w.S. auch für «etw. Kostbares»* (↑ *auch* ***[1]Gemme***, ***Geschmeide***, ***Kleinod***, ***Perle*** *u.* ***Schmuck***)

Juwelen|diebstahl *m* ŝtelo de juveloj; ~**händler** *m* komercisto de juveloj, *auch* juvelisto; ~**kästchen** *n* juvel[o]kesteto *od* juvel[o]skatolo; ~**raub** *m* juvelorabo

Juwelier *m*, <*schweiz*> ***Bijoutier*** *m* juvelisto; *i.w.S. Goldschmied* oraĵisto; *Besitzer eines Juweliergeschäfts* posedanto de juvelejo; ~**geschäft** *n* juvelbutiko, magazeno de juvelisto, juvelejo; ~**kunst** *f* juvelarto; ~**waren** *Pl* juvelaĵoj *Pl*

Jux *m Scherz* ŝerco; *Streich* petolaĵo; *etw. Possenhaftes* farsaĵo; ***einen ~ machen*** fari ŝercon

juxen *intr scherzen* ŝerci

Južno-Sahalinsk (*n*) ↑ ***Juschno-Sachalinsk***

Jylland (*n*) ↑ ***Jütland***

K

K = *Zeichen für* ***Kelvin***

Kaaba *f Islam (Zentralheiligtum im Hof der Großen Moschee in Mekka)* Kaabo

Kaapstad (*n*) ↑ ***Kapstadt***

Kabale *f alt für «Intrige» od «Ränke[spiel]»* intrigo

Kabardinisch[e] *n* (*auch* ***Osttscherkessisch*** *genannt) Ling (eine Kaukasussprache)* la kabarda [lingvo], *auch* la kabarda-ĉerkesa [lingvo]

Kabardino-Balkarien (*n*) *autonome Rep. innerhalb Russlands (in Nord-Kaukasien)* Kabardio-Balkario *[Hptst.: Naltschik]*

Kabarett *n*, <*schweiz*>, *auch* <*österr*> ***Cabaret*** [...*'re:*] *n*, *auch* ***Kleinkunst[bühne]*** *f Theat* kabaredo

Kabarettist *m* kabaredisto

kabarettistisch *Adj* kabareda

Kabbala *f mittelalterl. jüdische Geheimlehre [vor allem zw. dem 12. u. 17. Jh.]* kabalo

Kabbalist *m Anhänger der Kabbala* kabalisto

Kabbalistik *f 1. Lehre der Kabbala 2. i.w.S. Geheimlehre* kabalistiko

kabbalistisch *Adj auf die Kabbala bezüglich* kabala; *auf die Kabbalistik bezogen* kabalistika (↑ *auch* ***dunkel***, ***geheimnisvoll*** *u.* ***mystisch***)

Kabel *n* ***a)*** *El, Tech* kablo (↑ *auch* ***Antennen-***, ***Erd-***, ***Fernseh-***, ***Glasfaser-***, ***Gummi-***, ***Koaxial-***, ***Kran-***, ***Lade-***, ***Lichtleit-***, ***Masse-***, ***Modem-***, ***Schacht-***, ***Speise-***, ***Starkstromkabel***, ***Trosse***, ***Unterwasser-***, ***Verteilungs-*** *u.* ***Zündkabel***); ~ ***mit Bewehrung*** armita kablo; ***isoliertes*** ~ izolita kablo; ~ ***verlegen*** loki (*od* meti) kablo(j)n ***b)*** *alt für «Überseetelegramm»* kablogramo

Kabel|[auslege]maschine *f* maŝino por loki (*od* meti) kablojn; ~**auslegung** *f* lokado de kablo(j); ~**brand** *m* kablofajro; ~**bruch** *m* rompiĝo de kablo

Kabeldepesche *f alt* = ***Kabeltelegramm***

Kabelendverschluss *m El* ↑ ***Kabelmuffe***

Kabelfernsehen *n*, *auch* ***Kabel-TV*** *n* kablotelevido

Kabeljau *m*, *kleinere Exemplare, z.B. der in der Ostsee vorkommende:* ***Dorsch*** *m* (Gadus morrhua) *Ichth* moruo *auch Nahr*; ***pazifischer*** ~ (Gadus macrocephalus) pacifika gado (↑ *auch* ***Laberdan***, ***Polardorsch*** *u.* ***Stockfisch***)

Kabeljau|filet *n Kochk* moru[o]fileo; ~**rogen** *m* moru[o]frajo

Kabel|kanal *m* kablodukto; ~**kran** *m Tech* kablogruo <*nur beim Talsperrenbau u. in Steinbrüchen üblich*>; ~**länge** *f altes seemännisches Längenmaß [185,3 m]* kablolongo, *auch kurz* kablo; ~**leger** *m Mar (Spezialschiff zum Auslegen u. Reparieren von Seekabeln)* kabloŝipo, *Schiff zum Kabelauslegen auch* kablometa ŝipo

kabellos *Adj* senkabla

Kabel|mann *m TV* kablisto; ~**mantel** *m El, Tech* kablomantelo

Kabelmaschine *f* ↑ ***Kabelauslegemaschine***

Kabelmuffe *f*, *auch* ***Kabelendverschluss*** *m El* kablomufo

kabeln *tr* kabli; *abs* sendi kablogramon

Kabel|salat *m umg für «Kabelgewirr»* kablosalato; ~**schacht** *m* kabloŝakto; ~**schuh** *m El* koŝo, *auch* kablingo; ~**telefon** *n* kabla telefono; ~**telegramm** *n* kablogramo, *alt* kablodepeŝo; ~**trommel** *f* kablotamburo; ~**tunnel** *m* kulverto [por kabloj]

Kabel-TV *n* ↑ ***Kabelfernsehen***

Kabel|verbindung *f* kablokonekto; ~**werk** *n Ind* kablofabriko, *auch* kablofarejo

Kabine *f* ***a)*** *geschlossener Abschnitt eines Luft- od Raumfahrzeugs od der Dusche bzw. Fahrgastzelle eines Kfz* kabino (↑ *auch* ***Druck-*** *u.* ***Duschkabine***); *Klein*~, *Gondel bei Bergbahnen* nacelo; *Schiffs*~ kajuto (↑ *auch* ***Außen-***, ***Einbett-*** *u.* ***Luxuskabine***) ***b)*** *[kleine] Kammer* kamer[et]o (↑ *auch* ***Zimmerchen***); *Umkleideraum* vestoŝanĝejo

Kabinen|druck *m Flugw* kabin[o]premo; ~**fenster** *n der Schiffskabine* kajuta fenestro; ~**gepäck** *n Flugw* kabina bagaĝo; ~**roller** *od* ~**scooter** *m Kfz (kleines drei- od vierrädriges Kraftfahrzeug mit aufklappbarem Dach zum Einsteigen)* kabinskotero

Kabinett *n* ***a)*** *Ausstellungs- od Aufbewahrungsort für Kunstsammlungen u.a.* kabineto (↑ *auch* ***Kupferstich-*** *u.* ***Naturalienkabinett***) ***b)*** *Parl (Gesamtheit der Minister einer Regierung)* kabineto (↑ *auch* ***Bundes-*** *u.* ***Schattenkabinett***); ***das*** ~ ***umbilden*** fari ŝanĝojn en la kabineto; ***ein neues*** ~ ***wählen*** elekti novan kabineton; ***das*** ~ ***ist zurückgetreten*** la kabineto demisiis ***c)*** ↑ ***Wachsfigurenkabinett***

Kabinettkäfer *m Ent* ↑ ***Museumskäfer***

Kabinetts|beschluss *m Parl* decido de la kabineto; ~**bildung** *f Parl* formado de la kabineto; ~**krise** *f Parl* kabineta krizo; ~**mitglied** *n Parl* membro de [la] kabineto

Kabinettssitzung *f Parl* kabineta kunsido; ***auf der ~ am Montag vergangener Woche*** en la kabineta kunsido lundon lastsemajne

Kabinettstück *n bestes Stück einer Sammlung* kabineta ekzemplero *auch Philat*

Kabinettsumbildung *f Parl* ŝanĝo(j) en la kabineto

Kabiren *Pl Myth (alte Gottheiten phönizischer od anatolischer Herkunft* <*Hauptkult in hellenistischer Zeit: die Mysterien von Samothrake*>*)* kabiroj *Pl (auch Großschr)*

Kabriolett *n Kfz* ↑ ***Cabriolet***

Kabuki *n japanisches Volksschauspiel mit Musik u. Tanz* kabuko <*um 1700 Blütezeit des Kabuki*>

Kabul ***a)*** (*n*) *Hptst. von Afghanistan* Kabulo ***b)*** *auch* ***Fluss Kabul*** *m westl. Nebenfluss des Indus* Kabulrivero

Kabylei *f Gebirgsland in Algerien, zw. Algier u. Bidjaja [Teil des Küstenatlas]* Kabilio

Kabylen *m/Pl, arab.* ***Qabila*** *Ethn (ein algerischer Berberstamm)* kabiloj *Pl* (↑ *auch* ***Rifkabylen***); ~**kleiber** *m* (Sitta ledanti) *Orn* kabila (*od* alĝeria) sito *[Vorkommen: endemisch in NO-Algerien]*

kabylisch *Adj* kabila

Kabylisch[e] *n Ling (eine vor allem im Norden Algeriens gesprochene Berbersprache)* la kabila [lingvo]

kachektisch *Adj Med (an Kachexie leidend, abgezehrt, i.w.S. hinfällig)* kaĥeksia

Kachel *f,* <*schweiz*> *auch* ***Plättli*** *n* kahelo (↑ *auch* ***Azulejos***, ***Fliese*** *u.* ***Porzellankachel***)

kacheln, <*schweiz*> *auch* ***plätteln*** *tr* kaheli (↑ *auch* ***fliesen***); ***das Bad*** (*od* ***Badezimmer***) ~ kaheli la banĉambron; ***gekachelte Wände*** *f/Pl* kahelitaj muroj *Pl*

Kachelofen *m* kahela forno

Kachexie *f Med (Auszehrung)* kaĥeksio (↑ *auch* ***Kräfteverfall***); ~**aphten** *f/Pl Med* kaĥeksiaj aftoj *Pl*

Kachin [*'katʃin*] ***a)*** *Pl Ethn (Bergvolk im nördl. Myanmar u. in SW-China mit tibeto-birmananischer Sprache)* kaĉinoj *Pl* ***b)*** *n Ling (Sprache der Kachin)* la kaĉina [lingvo]

Kacke *f fam für «Kot»* kakaĵo

kacken *intr fam* kaki, *scherzh* malmanĝi (↑ *auch* ***defäkieren*** *u.* ***Stuhl entleeren***)

Kacker *m* kakulo, *auch* fekulo *beide auch Schimpfw* (↑ *auch* ***Scheißer***)

Kadaifi *n Nahr (ein sehr süßes Gebäck aus dem orientalischen Raum)* kadaifo

Kadaver *m Tier*♀*: toter Tierkörper* kadavro [de besto] (*vgl. dazu* ***Leichnam***); ~**gehorsam** *m blinder Gehorsam [unter Aufgabe der eigenen Persönlichkeit])* blinda (*od* sklava) obeemo

Kadaverin *n, auch* ***Cadaverin*** *n Trivialname für «Diaminopentan» [ein Leichengift]* kadavrino

Kaddisch *n Judaismus (kurzes jüdisches Gebet für Verstorbene [in hebräischer bzw. aramäischer Sprache])* kadiŝo

Kadenz *f* ***a)*** *Mus (Akkordfolge mit besonderer Schlusswirkung)* kadenco (↑ *auch* ***Ganz-*** *u.* ***Halbschluss***); ***plagale*** (***unterbrochene***) ~ plagala (interrompita) kadenco ***b)*** *Mus ([im Instrumentalkonzert:] unbegleitete, verzierende, meist virtuose Wiederholung der Hauptthemen durch den Solisten)* kadenzo ***c)*** *Ling (Schlussfall der Stimme)* kadenco

kadenzieren *tr Mus (1. durch eine Kadenz zu einem harmonischen Abschluss leiten 2. eine Kadenz ausführen, rhythmisieren)* kadenci

kadenziert *Adj Mus (rhythmisch fallend)* kadenca

Kader *m, gewöhnlich im Pl*: kadruloj, *i.w.S. auch* specialistaro *bzw.* gvida personaro; ~ ***ausbilden*** (*od* ***heranbilden***) eduki kadrulojn

Kadett *m Mil (Zögling einer militärischen Erziehungsanstalt für Offiziersanwärter)* kadeto, lernanto en oficirlernejo (↑ *auch* ***Seekadett***)

Kadetten|anstalt *f, auch* ***Kadettenschule*** *f Mil* kadeta lernejo; ~**regiment** *n Mil* kadeta regimento

Kadi *m [in islamischen Ländern:] Richter* kadio

kadmieren *tr eine Kadmiumschicht auf Metallteile mithilfe galvanischer Prozesse aufbringen (bes. als Rostschutz)* kadmiizi

Kadmium *n, fachsprachl.* ***Cadmium*** *n* (*Symbol* ***Cd***) *Chem* kadmio; ~**chlorid** *n Chem* kadmia klorido; ~**gelb** *n Chem* kadmia flavaĵo; ~**verbindung** *f* kadmia kombinaĵo; ~**vergiftung** *f Med* kadmiotoksiĝo

Kadmos (*m*) *Myth (ein König u. Held der griech. Sage, legendärer Gründer von Theben)* Kadmo

Kaesong (*n*) *eine Stadt im SW von Nordkorea* Kesongo

Kafarnaum (*n*) *bibl* ↑ ***Kapernaum***

Käfer *m Ent* skarabo (*vgl. dazu* ***Eichenbock***; ↑ *auch* ***Aas-***, ***Blatt-***, ***Blatthorn-***, ***Bock-***, ***Bohr-***, ***Bombardier-***, ***Borken-***, ***Dung-***, ***Erbsen-***, ***Eremit-***, ***Goliath-***, ***Haar-***, ***Haken-***, ***Herkules-***, ***Hirsch-***, ***Holz-***, ***Juni-***, ***Kartoffel-***, ***Klopf-***, ***Korn-***, ***Kreisel-***, ***Lauf-***, ***Leucht-***, ***Mai-***, ***Marien-***, ***Mehl-***, ***Mist-***, ***Museums-***, ***Nashorn-***, ***Öl-***, ***Pelz-***, ***Pracht-***, ***Rasch-***, ***Reis-***, ***Rosen-***, ***Ross-***, ***Rüssel-***, ***Sandlauf-***, ***Schnell-***, ***Schwefel-***, ***Schwimm-***, ***Soldaten-***, ***Speck-***, ***Stachel-***, ***Wasser-***, ***Weich-*** *u.* ***Wollkäfer***); ***[Ordnung der] Käfer*** *Pl* (Coleoptera) koleopteroj *Pl*

Käfer|blumen *f/Pl Bot (Blumen, die durch Käfer bestäubt werden)* skarabofloroj; ~-**fachmann** *od* ~**forscher** *m*, *Fachspr Ent* ***Koleopterologe*** *m* specialisto pri skaraboj, koleopterologo; ~**kunde** *f*, *Fachspr Ent* ***Koleopterologie*** *f* koleopterologio; ~**larve** *f* larvo de skarabo, *auch* skaraba larvo; ~**schnecken** *f/Pl* (*Gattung* Chiton) *Zool* ĥitonoj *Pl*

[1]**Kaff** *n umg pej für «entlegene armselige Ortschaft»* [forgesita] urbetaĉo (*bzw.* vilaĝaĉo)

[2]**Kaff** *n* ↑ ***Getreidespreu***

Kaffee *m* ***a)*** *Bot* (*Gattung* Coffea) *tropische Nutzpflanze* kafarbedo, *pop auch* kafo, <*wiss*> kofeo (*vgl. dazu* ***Kaffeebaum***); ~ ***anbauen*** (***pflanzen***) kultivi (planti) kafon ***b)*** *kurz für «Kaffeebohne»* kafo, kafgrajno; ~ ***mahlen*** (***rösten***) mueli (rosti) kafon; ***gemahlener*** ~ muelita kafo ***c)*** *Getränk* kafo (↑ *auch* ***Café frappé***, ***Cappuccino***, ***Espresso***, ***Filter-***, ***Instantkaffee***, ***Irishcoffee***, ***Korn-***, ***Malz-***, ***Pulverkaffee***, ***Mokka*** *u.* ***Muckefuck***); ~ ***mit Milch*** (***Sahne***) kafo kun lakto (kremo); *Milchkaffee* laktokafo; ~ ***schwarz*** nigra kafo; ***entkoffeinierter*** ~ senkafeina kafo; ***starker*** ~ forta kafo; ***türkischer*** ~ turka kafo; ***eine Tasse*** ~ ***trinken*** trinki tason da kafo, *umg auch* kafumi

Kaffee|anbau *m* plantado (*od* kultiv[ad]o) de kafo; ~**auktion** *f* kafoaŭkcio; ~**baum** *m*, *auch* ***Kaffeestrauch*** *m* (*Gattung* Coffea) *Bot* kafarbo, *auch* kafarbusto, <*wiss*> kofeo; ~**bohne** *f* kaf[o]grajno

kaffee|braun *od* ~**farben** *Adj* kafobruna *od* kafokolora

Kaffee|büchse *od* ~**dose** *f* kaf[o]skatolo; ~-**Ernte** *f* kaf[o]rikolto; ~-**Ersatz** *m* kaf[o]surogato; ~-**Export** *m* kafoeksporto

kaffeefarben ↑ ***kaffeebraun***

Kaffee|filter *m* kafofiltrilo; ~**haus** *n bes.* <*österr*> kafejo (*vgl. dazu* ***Café***); ~**kanne** *f* kaf[o]kruĉo; ~**klatsch** *m* kafoklaĉo; ~**löffel** *m* kaf[o]kulero; ~**maschine** *f* kaf-aparato, *(größer)* kaf[o]maŝino, kafoperkolilo (↑ *auch* ***Espresso -Kaffeemaschine***); ~**mühle** *f* kaf[o]muelilo; ~**pause** *f* kafopaŭzo; ~-**pflanzung** *od* ~**plantage** *f* kaf[o]plantejo; ~**pulver** *n* kaf[o]pulvoro; ~**rösterei** *f* rostejo de kaf[o]grajnoj, *auch kurz* kaforostejo; ~**satz** *m* kafa surfundaĵo, kafrekremento [sur la fundo de la taso]

Kaffeesatzerbrechen *n Med* ↑ *unter* ***Erbrechen***

Kaffee|-Senna *f* (Senna occidentalis) *Bot* okcidenta senao; ~**service** [...ˈ*vi:s*] *n* kaf[o]servico; ~**sieb** *n* reta filtrilo por kafo; ~**sorte** *f* kafospeco

Kaffeestrauch *m Bot* ↑ ***Kaffeebaum***

Kaffee|stube *f* [malgranda] kafotrinkejo (↑ *auch* ***Café*** *u.* ***Cafeteria***); ~**tafel** *f*, *umg* ~-**tisch** *m* feste aranĝita kafotablo, *umg* kaf[o]tablo; ~**tasse** *f* kaf[o]taso, taso por kafo; ~**trinker** *m* kaf[trink]emulo; ~**wasser** *n* akvo por [la] kafo (*od* por fari kafon)

Kaffeewurzel *f Bot* ↑ ***Erdmandel***

Kaffeezeit *f*: ***zur*** ~ je la [posttagmeza] kafotrinka tempo

Kaffer *m Ethn ([früher:] Angehöriger eines Bantustammes in Südafrika)* kafro

Kaffernadler *m* (Aquila verreauxi) *Orn* nigra aglo *[Vorkommen im südlichen Sudan u. in Somalia]*

Kaffernbüffel *m Zool* ↑ *unter* ***Büffel***

Kaffernkorn *n Bot, Nahr* ↑ ***Sorghum***

Kaffernpocken *Pl Med* ↑ ***Alastrim***

Kaffernsegler *m* (Apus caffer) *Orn* kafra apuso *[Vorkommen in Südafrika]*

Kaffir *od* **Kaffrisch** *n Ling* ↑ ***Xhosa***

kaffrisch *Adj* kafra

Käfig *m* kaĝo (↑ *auch* ***[2]Bauer***, ***Affen-***, ***Raubtier-***, ***Tier-*** *u.* ***Vogelkäfig***); ***aus dem*** ~ ***herauslassen*** lasi eliri el [la] kaĝo, elkaĝigi; ***in einen*** ~ ***sperren*** meti en kaĝon, enkaĝigi

käfigförmig *Adj* kaĝoforma

Käfig|haltung *f* tenado en kaĝo(j); ~**huhn** *n in Legebatterien* kaĝokokino; ~**läufer** *m El (Bauart für den Rotor eines Asynchronmotors)* kaĝa rotoro; ~**vogel** *m Orn* kaĝobirdo; ~**wagen** *m eines Zirkus* kaĝoveturilo

Kafiristan (*n*) ↑ ***Nuristan***

Kafka (*m*) *Eig (österr. Schriftsteller [1883-1924])* Kafko

kafkaesk *Adj nach Art der Schilderungen Kafkas, im Stil Kafkas* kafkeska

Kaftan *m 1. langer bis zu den Knöcheln bzw. Waden reichender, meist langärmeliger Überrock vorderasiatischer Völker, auch orthodoxer Juden 2. Mode: langes, weites Kleidungsstück* kaftano

Kagoshima (*n*) *eine japanische Hafenstadt auf Kyushu* Kagoŝimo

Kagu *m*, *auch* ***Rallenkranich*** *m* (Rhynochetus jubatus) *Orn (ein den Rallen bzw. Kranichen ähnelnder Bodenvogel Neukaledoniens)* kaguo (*vgl. dazu* ***Takahe***)

kahl *Adj **a)** glatzköpfig, ohne Haare* kalva, senhara; *unbelaubt (Baum)* senfolia; *ohne Federn* senpluma; *allg auch für «nackt»* nuda; *~**e Berge** m/Pl* kalvaj montoj *Pl*; *~**e Stelle** f am Kopf* kalv[aĵ]o; ~ ***machen*** kalvigi; ~ ***scheren*** tondi ĝisnude (*vgl. dazu* ***enthaaren***); ~ ***werden*** iĝi kalva *od* kalviĝi ***b)*** *öde* dezerta; *schmucklos* senornama

Kahler-Krankheit *f Med* ↑ ***Myelom***

Kahlfläche *f* ↑ ***Freifläche*** *u.* ***Waldlichtung***

Kahlheit *f Kahlköpfigkeit* kalveco; *Unbelaubtheit* senfolieco; *Nacktheit* nudeco

Kahlkopf *m Person* kalvulo, senharulo; **~geier** *m* (Aegypius calvus = Sarcogyps calvus) ruĝkapa vulturo *m [Vorkommen: Indien u. Nepal]*

kahlköpfig *Adj* kalva, *auch* senhara (↑ *auch* ***glatzköpfig***)

Kahlköpfigkeit *f* kalveco, *auch* senhareco (↑ *auch* ***Alopezie***)

Kahlschlag *m Forstw (Schlagfläche, Blöße)* senarbigita tereno, *kurz* senarbigejo

Kahm *m Schimmelüberzug [auf Flüssigkeiten]* ŝima tegaĵo, ŝimaĵo

Kahn *m* boat[et]o; *Fracht*~ *(auf Flüssen u. Kanälen od in Häfen)* barĝo (↑ *auch* ***Last*** *u.* ***Schleppkahn***); *Sampan* sampano; ~ ***fahren*** *zum Vergnügen* promeni per boat[et]o; ***mit dem ~ fahren*** veturi per boat[et]o, *auch* boatveturi (***nach*** al)

Kahnbein *n* (Os naviculare) *Anat (Hand- wurzel- bzw. Fußwurzelknochen)* navikularo; **~fraktur** *f*, *Fachspr* ***Navikularefraktur*** *f Med* frakturo de la navikularo

Kahn|fahrt *f* boatpromeno; **~schnabel** *m*, *auch* ***Savaku*** *m* (Cancroma cochlearia = Cochlearius cochlearius) *Orn (ein Vogel der Unterfamilie der Nachtreiher, mit starkem, einem umgekehrten Kahn ähnlichem Schnabel)* kankromo, *auch* ŝipbeka ardeo *od pop* ŝipbekulo *[Vorkommen: von Mexiko bis Peru u. N-Brasilien]*

Kai *m **a)** Mar (befestigte Anlegestelle [für Schiffe] am Ufer eines Flusses od in einem Hafen mit Anlagen für den Güterumschlag)* kajo (↑ *auch* ***Ausrüstungs-***, ***Hafen-***, ***Passagierkai***, ***Pier***, ***Reparaturkai***, ***Ufermauer*** *u.* ***Zollkai***); *Lande- od Ladeplatz* varfo; ***das Schiff liegt am ~*** la ŝipo kuŝas ĉe la kajo ***b)*** *Uferstraße* kajostrato, promenejo laŭlonge de la kajo

Kaibelastung *f Mar (Kennziffer der Belastbarkeit bzw. Belastung der Kaiflächen)* kajokapacito

Kaid *m arabischerStatthalter, bes. in Algerien u. Tunesien* kaido

Kaik *m kleines Boot in der Ägäis u. auf dem Bosporus* kaiko

Kailas [*kai'lasch*] *m Rel (heiliger Berg der Tibeter; von den Hindus als Sitz Shivas angesehen)* [Monto] Kajlaŝo

Kaiman *m* (*Gattung* Caiman) *Zool (Krokodil des tropischen Südamerika)* kajmano (↑ *auch* ***Alligator***, ***Breitschnauzenkaiman***, ***Gavial***, ***Krokodil-*** *u.* ***Mohrenkaiman***)

Kaimaninseln *Pl* = ***Caymaninseln***

Kaimauer *f* kajomuro

Kain (*m*) *bibl Eig (ältester Sohn Adams u. Evas)* Kaino

Kainit *m Min* kainito *<ein wichtiges Kalisalz (Kalidüngemittel)>*

Kains|mal *od* **~zeichen** *n bibl u. übertr* signo de Kaino

Kairo (*n*), *arab.* ***al-Kahira*** *od <wiss>* ***al-Qāhira*** Kairo *Hptst. von Ägypten*

Kairouan (*n*), *arab.* ***al-Qairawān*** *Provinzhptst. in N-Tunesien (südl. von Tunis) u. ein religiöses Zentrum des Islam* Kajruano (↑ *auch* ***Sidi-Uqba-Moschee***)

Kaiser *m* imperiestro (↑ *auch* ***Exkaiser***); ***römischer ~*** romia imperiestro ◇ ***sich um des ~s Bart streiten*** fari malpacon pri la reĝa palaco

Kaiseradler *m* (Aquila heliaca) *Orn* imperia aglo (*vgl. dazu* ***Steinadler***); ***spanischer ~*** (Aquila adalberti) hispana (*od* iberia) aglo

Kaiser|brötchen *n*, *reg* ***Kaiserweck[en]*** *m od* ***Sternsemmel*** *f Nahr* imperiestra bulko; **~gans** *f* (Anser canagicus) imperiestra ansero *[Vorkommen: N-Sibirien bis Alaska]*

Kaiserin *f* imperiestrino

[1]**Kaiserkrone** *f, auch* ***Herrscherkrone*** *f* imperiestra krono

[2]**Kaiserkrone** *f Bot* ***a)*** (*Art* Fritillaria imperialis) imperiestra fritilario *ein Liliengewächs* ***b)*** (*Gattung* Fritillaria) ↑ ***Schachbrettblume***

Kaiserkrönung *f* kronado de [la] imperiestro

kaiserlich *Adj auf das Kaiserreich bezogen* imperia; *auf den Kaiser bezogen* imperiestra (*vgl. dazu* ***cäsarisch***)

Kaiserling *m, auch* ***Kaiserschwamm*** *od* ***orangegelber Wulstling*** *m* (Amanita caesarea) *Mykologie* cezara amanito, *auch* imperiestra fungo, *pop* oranĝfungo

Kaisernelke *f Bot* ↑ *unter* ***Nelke***

Kaiser|palast *m* imperiestra palaco; ~**pinguin** *m* (Aptenodytes forsteri) *Orn* imperiestra pingveno

Kaiserreich *n* imperio; ***das Deutsche ~*** *Gesch* la Germana Imperio *[1871-1918]*; ***das Römische ~*** *Gesch* la Romia Imperio

Kaiser|schnitt *m* (Sectio caesarea) *Chir (Schnittentbindung)* cezara operacio (↑ *auch* ***Hysterotomie***); ~**[schnurrbart]tamarin** *m* (Tamarinus imperator = Saguinus imperator) *Zool (eine Art aus der Familie der Krallenaffen)* imperiestra tamarino *[Vorkommen: Amazonasgebiet]*

Kaiserschwamm *m Mykologie* ↑ ***Kaiserling***

Kaiserstuhl *m eine vulkanische Erhebung in Südbaden* Kaizerŝtulo <*Weinbaugebiet*>

Kaisertamarin *m Zool* ↑ ***Kaiserschnurrbarttamarin***

Kaiserweck[en] *m Nahr* ↑ ***Kaiserbrötchen***

Kajak *n, auch m Mar, Sport* kajako (*vgl. dazu* ***Kanu***; ↑ *auch* ***Einer-*** *u.* ***Zweierkajak***); ~**fahrer** *m* kajakisto

Kajalstift *m Kosmetik (Konturenstift)* kontura krajono, *(Eyeliner)* okulliniilo

Kajan *Pl, indones.* ***Kayan*** *Ethn (zu den Dayak gehörender Volksstamm im Innern von Kalimantan/Indonesien)* kajanoj *Pl* (*vgl. dazu* ***Dayak***)

Kajeput|baum *m, auch* ***Weißbaum*** *m* (Melaleuca leucadendron) *Bot (ein Myrtengewächs der hinterindischen u. australischen Flora [viele Arten])* kajeputo, <*wiss*> kajeputa melaleŭko; ~**öl** *n* kajeputa esenco

Kajütboot *n Mar* kajutboato

Kajüte *f, auch* ***Koje*** *(für die Crew) od* ***Kabine*** *f (für Passagiere) Mar* kajuto (↑ *auch* ***Kapitäns-*** *u.* ***Offizierskajüte*** *bzw.* ***Einbett-*** *u.* ***Luxuskabine***)

Kajütenfenster *n* kajuta fenestro

Kakadu *m* (*Gattung* Cacatua) *Orn* kakatuo (↑ *auch* ***Ara-***, ***Brillen-***, ***Gelbhauben-***, ***Helm-***, ***Inka-***, ***Molukken-***, ***Nacktaugen-***, ***Nasen-***, ***Rosa-***, ***Rotsteißkakadu*** *u.* ***Weißschwanz-Rußkakadu***)

Kakao *m Getränk* kakao; ***eine Tasse ~*** taso da kakao ◇ ***jmdn. durch den ~ ziehen*** malice (*bzw.* moke) klaĉi pri iu

Kakao|baum *m* (Theobroma cacao) *Bot* kakaoarbo; ~**bohnen** *f/Pl* semoj *Pl* de kakaoarbo, *Hdl auch* kakao, *umg auch* kakaofaboj *Pl*; ~**butter** *f, auch* ***Kakaofett*** *n* (Butyrum cacao) kakaobutero; ~**pulver** *n* kakaopulvoro

Kakapo *m, auch* ***Eulenpapagei*** *m* (Strigops habroptila) *Orn* kakapo <*der einzige flugunfähige Papagei*> *[endemisches Vorkommen in Neuseeland]*

Kakemono *n jap. Hängebild im Hochformat aus Seide od Papier [auf einer Rolle]* kakemono (*vgl. dazu* ***Makimono***)

Kakerlak *m Ent* ↑ ***Küchenschabe***

Kaki *m, auch* ***Khaki*** *m Textil (gelbbrauner Stoff, z.B. für Tropenkleidung)* kakia ŝtofo

kakifarben *od* **kakifarbig**, *auch* ***khakifarben*** *od* ***khakifarbig*** *Adj* kakikolora, *auch* kakia

Kakipflaume *f* ↑ ***Dattelpflaume***

Kakodyl *n Chem* kakodilo; ~**oxid** *n Chem* kakodila oksido

Kakofonie *f, auch* ***Kakophonie*** *f Missklang (schlecht klingende Laut- od Wortfolge)* kakofonio

kakofon[isch], *auch* ***kakophon[isch]*** *Adj misstönend* kakofonia

Kakografie *f, auch* ***Kakographie*** *f fehlerhafte Rechtschreibung, i.w.S. auch schlechter Stil* kakografio

Kakologie *f Ling (1. fehlerhafte Ausdrucksweise 2. schlechte Aussprache)* kakologio

Kakosmie *f nur FachsprMed (üble Geruchsempfindung)* kakosmio

Kaktee *f od* **Kaktus** *m Bot* kakto (↑ *auch* ***Feigen-***, ***Glieder-***, ***Igel-***, ***Kandelaber-***, ***Melonen-***, ***Nopal-***, ***Peyotl-*** *u.* ***Säulenkaktus***)

Kakteen- *od* **Kaktusgewächse** *n/Pl Bot*: ***[Familie der] ~*** (Cactaceae) kaktacoj *Pl*

kakteengrün *od* **kaktusgrün** *Adj* kaktoverda

Kaktus *m Bot* ↑ ***Kaktee***

Kaktusareole *f Sitz des Stachelpolsters ei-*

ner Kaktee areolo de kakto

Kaktuslaus *f Ent* ↑ ***Koschenillelaus***

Kaktus|stachel *m* kaktopikilo *od* pikilo de kakto; ~**zaunkönig** *m* (Campylorhynchus bruneicapillus) *Orn* kaktotroglodito *[Vorkommen: SW-USA (bes. Arizona) bis Zentralmexiko]*

Kakuminal[laut] *m, auch* ***Vordergaumenlaut*** *m Phon (z.B. im Sanskrit)* kakuminalo

Kala-Azar *f, auch* ***viszerale Leishmaniase*** *f* (Leishmaniosis interna) *Med (eine tropische Infektionskrankheit <Erreger: Leishmania donovani>)* kala-azaro

Kalabarbohne *f* = ***Calabarbohne***

Kalabasse *f* ↑ ***Kalebasse***

Kalabrese *m* ↑ ***Kalabrier***

Kalabreser *m ein breitkrempiger, spitz zulaufender Filzhut* kalabria ĉapelo

Kalabrien (*n*), *ital.* ***Calabria*** *eine Landschaft in Süditalien* Kalabrio *[Hptst.: Catanzaro]*

Kalabrier *m, auch* ***Kalabrese*** *m Bewohner Kalabriens* kalabriano

Kalabrierin *f* kalabrianino

kalabrisch *Adj* kalabria

Kaladie *f od* **Kaladium** *n, auch* ***Buntblatt*** *n od* ***Buntwurz*** *f* (Caladium) *Bot (eine tropische Gattung der Aronstabgewächse)* kaladio

Kalahari *f eine wüstenhafte, abflusslose Beckenlandschaft im Innern Südafrikas [in Botsuana u. Namibia]* Kalaharo; ~**heckensänger** *m* (Cercotrichas paena) *Orn* kalahara najtingalo *[Vorkommen: Südafrika]*

Kalaharisteppe *f* = ***Kalahari***

Kalamaika *f ein slawischer Tanz* kalamajko

Kalaminthe *f* (*Untergattung* Calamintha) *Bot* kalaminto (↑ *auch* ***Alpen-*** *u.* ***Steinbergminze***)

Kalamität *f missliche Lage* embarasa situacio *od* [granda] embaraso; *[schreckliche] Schwierigkeit* [terura] malfacilaĵo (↑ *auch* ***Dilemma*** *u.* ***Notlage***)

Kalander *m Pressmaschine zum Glätten u. Glänzendmachen von Papier, Textilien u. Kunststoffen* kalandrilo (↑ *auch* ***Gaufrier-, Satinierkalander*** *u.* ***²Mangel***)

Kalanderlerche *f* (Melanocorypha calandra) *Orn* stepalaŭdo (↑ *auch* ***Berg-Kalanderlerche***)

Kalandermaschine *f* = ***Kalander***

kalandern *od* **kalandrieren** *tr Papier- od Textilindustrie* kalandri

Kalandern *od* **Kalandrieren** *n* kalandrado

Kalanderwalzen *f/Pl der Karde (in Baumwollspinnereien)* kalandraj rulumoj *Pl*

Kalaschnikow *f ein Sturmgewehr* kalaŝniko *<so benannt nach dem russ. Konstrukteur>*

Kalatsch *m Nahr (eine russ. Weißbrotsorte)* kalaĉo *(Zam)*

Kalauer *m* ↑ ***Calembour***

Kalb *n* bovido ◇ ***das goldene ~ anbeten*** *bibl u. übertr* adori la oran bovidon

Kälbchen *n* bovideto

Kalbe *f Landw* ↑ ***Färse***

kalben *intr*: ***die Kuh kalbt*** la bovino estas naskanta idon

Kälberkropf *m* (Chaerophyllum) *Bot (eine Gattung der Doldengewächse)* kerofilo; ***behaarter*** (*od* ***rauhaariger***) ~ (Chaerophyllum hirsutum) hara kerofilo; ***gelbfrüchtiger*** ~ (Chaerophyllum aureum) ora kerofilo; ***knolliger*** ~ (Chaerophyllum bulbosum) bulba kerofilo

Kalb|fell bovida felo; ~**fleisch** *n, <österr> u. reg* ***Kälberne*** *n* bovida viando, *Kochk auch* bovidaĵo; ~**leder** *n, auch* ***Boxcalf*** *od* ***Boxkalf*** *n* bovida ledo

kalbledern *Adj z.B. Bucheinband* bovidleda

Kalbs|braten *m Kochk* rostita bovidaĵo; ~**bries** *n Kochk* bovida timuso (↑ *auch* ***Bries***)

Kalbsbrust *f Kochk*: ***gefüllte*** ~ bovida brusto farĉita

Kalbs|frikassee *n Kochk* bovida frikasaĵo *od* frikasaĵo el bovida viando; ~**hachse** *f, reg* ~**haxe** *f Kochk* femuraĵo de bovido; ~**kopf** *m Kochk* bovidkapaĵo; ~**kotelett** *n* bovida kotleto *auch Kochk*; ~**leber** *f Kochk* hepataĵo de bovido; ~**leder** *n, auch* ***Boxcalf*** *n* bovida ledo; ~**nierenbraten** *m Kochk* rostita bovida renaĵo; ~**nuss** *f, auch* ***Frikandeau*** [... *'do:*] *n Kochk* frikando

Kalchas (*m*), *lat.* ***Calchas*** *griech. Myth [in der Ilias:] ein griech. Seher* Kalĥaso

Kaldaunen *f/Pl, bes. <österr> u. <schweiz> od reg auch* ***Kutteln*** *Pl, reg auch* ***Flecke*** *Pl Nahr, Kochk* tripoj *Pl*

Kalebasse *f, auch* ***Kalabasse*** *f Frucht des Kalebassenbaums* kalabaso (*vgl. dazu* ***Flaschenkürbis***)

Kalebassen|baum *m, auch* ***Maraca-Baum*** *m* (Crescentia cujete) *Bot* kalabasarbo; ~**muskat[baum]** *m* (Monodora myristica) *Bot* miristika monodoro *[Vorkommen im tropischen Afrika]*

Kaledonien (*n*) *Bez für das nordschottische*

Gebirgsland Kaledonio

kaledonisch *Adj* kaledonia; *~e* ***Faltung*** *f Geol* kaledonia terfalto; *~e* ***Geosynklinale*** *f Geol* kaledonia geosinklinalo; *ᵉer* ***Kanal*** *m ein Schifffahrtsweg in N-Schottland* Kaledonia Kanalo; *~e* ***Tekto[no]genese*** *f* kaledonia tektogenezo

Kaleidoskop *n ein optisches Spielzeug* kalejdoskopo *auch übertr*

kaleidoskopartig *od* **kaleidoskopisch** *bunt wechselnd (bes. übertr)* **1.** *Adj* kalejdoskopa **2.** *Adv* kalejdoskope

kalendarisch *Adj* kalendara

Kalenden *Pl im römischen Kalender der erste Tag eines jeden Monats* kalendoj *Pl*

Kalender *m* kalendaro (↑ *auch* ***Abreiß-***, ***Geburtstags-***, ***Impf-***, ***Jagd-***, ***Literatur-***, ***Menstruations-***, ***Mond-***, ***Sonnen-***, ***Taschen-*** *u.* ***Wandkalender***); *Almanach* almanako; ***akademischer*** (***gregorianischer***, ***immerwährender***, ***jüdischer***, ***julianischer***) *~* akademia (gregoria, porĉiama, hebrea, julia) kalendaro

Kalender|jahr *n* kalendara jaro; *~***monat** *m* kalendara monato; *~***reform** *f* reformo de la kalendaro; *~***system** *n* kalendara sistemo; *~***tag** *m* kalendara tago

Kalesche *f offener, vierrädriger Wagen mit abnehmbarem [Halb-] Verdeck (meist einspännig)* kaleŝo (↑ *auch* ***Equipage a)***, ***Fiaker***, ***Kutsche***, ***Landauer*** *u.* ***Phaeton***)

Kalevala *f od n finnisches Nationalepos* Kalevalo

Kalevipoeg *n estnisches Nationalepos* Kalevipoego

Kalfatereisen *n Handw* kalfatrilo

Kalfaterer *m Mar* kalfatristo

kalfatern *tr Mar* kalfatri

Kalfatern *n Mar (Abdichten der hölzernen Außenhaut od der Decksplanken mit Werg u. Pech bzw. plastischen Kunststoffen)* kalfatrado (↑ *auch* ***Verspachteln***)

[1]**Kali** *n Chem (1. kurz für «Kalium» 2. kurz für «Kalisalz»)* kalio (↑ *auch* ***Ätzkali***); ***übermangansaures*** *~ alt für «Kaliumpermanganat»* [↑ *dort*] kalia permanganato

[2]**Kali** (*f*) *ind. Myth (eine Göttin [indische Muttergottheit, Gemahlin Shivas])* Kalio

Kaliban (*m*) *Eig* ↑ ***Caliban***

Kaliber *n* ***a)*** *innerer Durchmesser von Feuerwaffen, Rohren u. Bohrungen* kalibro; ***großes*** *~* granda kalibro ***b)*** *Waffentechnik (äußerer Durchmesser von Geschossen)* kalibro (↑ *auch* ***Kleinkaliber***) ***c)*** *auch* ***Kaliberlehre*** *f Gerät zum Messen des inneren od äußeren Durchmessers an Werkstücken od von Bohrungen* kalibrilo; ***mit der Kaliberlehre ausmessen*** mezuri per la kalibrilo ***d)*** *übertr fam (Format)* kalibro

Kaliberlehre *f Tech* ↑ ***Kaliber c)***

Kaliberzirkel *m Tech* kalibrocirkelo

Kalibration *od* **Kalibrierung** *f Messung des Kalibers* kalibrado; *Eichung (von Messinstrumenten)* kalibrigo

kalibrieren *tr mit der Kaliberlehre ausmessen* kalibri; *auf ein [bestimmtes] Kaliber ausrichten* kalibrigi (↑ *auch* [2]***eichen***)

Kalidasa (*m*) *Eig (bedeutendster indischer Dichter [Dramatiker u. Lyriker] der klassischen Zeit)* Kalidaso

Kalidünger *m Landw* kalia sterkaĵo

Kalif *m Islam (1. Bez für den Nachfolger des Propheten Mohammed als Oberhaupt der muslimischen Gemeinschaft 2, Träger des Titels Kalif* kalifo

Kalifasan *m*, *auch* ***Schwarzfasan*** *m* (Lophura leucomelanos) *Orn* kalifazano *[Vorkommen: Westhimalaja bis nach Nordmalaysia]*

Kalifat *n* ***a)*** *auch* ***Kalifenreich*** *n* kalifejo, *auch* kaliflando (↑ *auch* ***Abbasiden***); *~* ***von Córdoba*** ↑ *unter* ***Córdoba b)*** *Rang, Würde od Herrschaft eines Kalifen* kalifeco

Kalifenwürde *f* = ***Kalifat b)***

Kalifornien (*n*), *amtl* ***California*** (*Abk* ***Calif.***, *[postalisch]* ***CA***) Kalifornio *[Hptst.: Sacramento]*; ***Golf von*** *~ ein Randmeer des Pazifischen Ozeans* Golfo de Kalifornio

Kalifornienkondor *m Orn* ↑ *unter* ***Kondor***

Kalifornier *m* kaliforniano

Kalifornierin *f* kalifornianino

kalifornisch *Adj* kalifornia; *ᵉer* ***Strom*** *m eine kalte Oberflächenströmung im Pazifik* Kalifornia Fluo

Kalifornium *n*, *auch* ***Californium*** *n* (*Symbol* ***Cf***) *Chem (ein Transuran)* kalifornio

Kaliglimmer *m Min* ↑ ***Muskovit***

Kalikata (*n*) ↑ ***Kalkutta***

Kaliko *m Textil (ein feines, dichtes Baumwollgewebe [bes. für Bucheinbände])* kalikoto

Kalikut (*n*) *früherer Name der indischen Hafenstadt Kozhikode* Kalikoto

Kalilauge *f Chem (Ätzkali)* kalia lesivo

Kalimantan (*n*) *in Indonesien übliche Bez für «Borneo»* Kalimantano (↑ *auch* ***Ost-***, ***West-*** *u.* ***Zentralkalimantan***)

Kalimba *f Mus (ein afrik. Musikinstrument [ein Lamellophon])* kalimbo

Kalinin (*n*) ↑ ***Twer***

Kaliningrad (*n*), *früher (bis 1946)* ***Königsberg*** (*n*) Kaliningrado, *früher* Kenigsbergo

Kalisalpeter *m Chem* kalia nitrato

Kalium *n* (*Symbol* ***K***) *Chem* kalio; ~**bromid** *n Chem* kalia bromido; ~**chlorat** *n Chem* kalia klorato; ~**chlorid** *n chemische Verbindung aus Kalium mit Chlor (Kaliumsalz der Salzsäure), die bes. zur Herstellung von Kalidüngemitteln verwendet wird* kalia klorido; ~**chromat** *n Chem (ein Kaliumsalz der Chromsäure)* kalia kromiato

Kaliumhydroxid *n Chem* ↑ ***Ätzkali***

Kaliumkarbonat *n Chem* ↑ ***Pottasche***

Kalium|mangel *m* manko de kalio; ~**nitrat** *n Chem* kalia nitrato; ~**oleat** *n* kalia oleato; ~**permanganat** *n Chem* kalia permanganato (↑ *auch unter* ^{1}***Kali***); ~**sulfat** *n Chem* kalia sulfato *auch als Düngemittel*

Kalixtiner *m/Pl* ↑ ***Utraquisten***

Kalk *m* kalko (↑ *auch* ***Chlor-*** *u.* ***Magerkalk***); ***gebrannter*** (***gelöschter***, ***ungelöschter***) ~ kaŭstika (estingita, neestingita) kalko

kalkähnlich *Adj* kalkosimila, *nachgest* simila al kalko

Kalkalgen *f/Pl Geol (Algen, deren Zellwände stark mit Kalk inkrustiert sind [sie bilden ganze Gebirgsstöcke])* kalkalgoj *Pl*

Kalkaneusfraktur *f Med* ↑ ***Fersenbeinfraktur***

Kalkaneussporn *m Med* ↑ ***Fersensporn***

Kalkariurie *f Med* ↑ ***Phosphaturie***

kalkartig *Adj* kalkeca (↑ *auch* ***kalkig***)

Kalk|beton *m Bauw* kalkbetono; ~**bewurf** *m Bauw* kalktegaĵo; ~**brenner** *m Arbeiter in einer Kalkbrennerei* kalkfornisto; ~**brennerei** *f* kalkfornejo; ~**bruch** *m* kalkminejo (*vgl. dazu* ***Kalkgrube***); ~**düngung** *f Gartenb, Landw* sterkado per kalko

Kalkeisengranat *m Min* ↑ ***Andradit***

kalken *tr* ***a)*** *[mit Kalk] tünchen, weißen* kalki ***b)*** *Gartenb, Landw (mit Kalk düngen)* kalk[um]i

Kalken *n Bauw, Gartenb, Landw* kalkado

Kalk|fass *n* kalkbarelo, ~**grube** *f* kalkfosejo, *(Kalkbruch)* kalkminejo; *Kalklöschgrube [der Maurer]* kalkfosaĵo

kalkhaltig, *<österr>* ***kalkhältig*** *Adj* kalkhava, *nachgest* enhavanta kalkon

kalkig *Adj* kalka; *[weiß] wie Kalk* [blanka] kiel kalko; *kalkähnlich* simila al kalko (↑ *auch* ***kalkartig***)

Kalk|kreuzblümchen *n* (Polygala calcarea) *Bot* kalka poligalo; ~**mangel** *m* manko de kalko; ~**mergel** *m Geol* kalk[o]marno; ~**milch** *f für Kalkanstrich* kalk[o]lakt[aĵ]o; ~**mörtel** *m Bauw* kalkmortero

Kalknatronfeldspat *m Min* ↑ ***Plagioklas***

Kalk|ofen *m* kalkforno; ~**putz** *m Bauw* kalkpuco; ~**schale** *f z.B. vom Ei* kalkŝelo; ~**schulter** *f* (Tendinosis calcinea) *Med* kalka tendenozo

Kalksinter *m Min* ↑ ***Kalktuff***

Kalkspat *m Min* ↑ ***Kalzit***

Kalkstein *m Bauw, Min* kalkŝtono (*vgl. dazu* ***Rauwacke***; ↑ *auch* ***Korallenkalk***)

Kalksucht *f Vet* ↑ ***Kreidesucht***

Kalk|tuff *m*, *auch* ***Kalksinter*** *m Min* kalka tofo (*vgl. dazu* ***Travertin***)

Kalktünche *f* [sur]kalkaĵo

Kalkül *n* kalkulo

Kalkulation *f Berechnung* kalkulado (↑ *auch* ***Fehl-*** *u.* ***Preiskalkulation***); *Kosten~* kalkulado de kostoj

Kalkulator *m* ***a)*** *Gerät* kalkulilo ***b)*** *Person* ↑ ***Rechnungsbeamte***

kalkulierbar *Adj* kalkulebla (↑ *auch* ***berechenbar***)

kalkulieren *tr* kalkuli; *abs* fari kalkulado(j)n

Kalkung *f Landw* kalkado

Kalkutta (*n*), *engl.* ***Calcutta***, *[seit 2001]* ***Kolkata*** *Hptst. des indischen Unionsstaates Westbengalen* Kalkato, *auch* Kalikato

Kalkuttahanf *m Bot* ↑ ***Jute b)***

Kalkwasser *n* kalkakvo

Kalla *f Bot* ↑ ***Calla***

Kalligraf *m*, *auch* ***Kalligraph*** *m* kaligrafo

Kalligrafie *f*, *auch* ***Kalligraphie*** *f*, *auch* ***Schönschreibkunst*** *f* kaligrafio

kalligrafisch, *auch* ***kalligraphisch*** *Adj* kaligrafia

Kallikrates (*m*) *Eig (Architekt in der griech. Antike [um 470-420 v. Chr.])* Kalikrato

Kallimachos (*m*) *Eig (1. ein altgriech. Bildhauer [spätes 5. Jh. v. Chr.] <angeblich Schöpfer des korinthischen Kapitells> 2. ein altgriech. Dichter u. Gelehrter [um 305 -um 240 v. Chr.])* Kalimaĥo

Kalliope (*f*) *griech. Myth (Muse der epischen Dichtkunst, «die Schönstimmige»)* Kaliopa

Kallisthenes (*m*) *Eig (ein altgriech. Historiker [um 370-327 v. Chr.])* Kalisteno

Kallisto *f Astron (einer der Jupitermonde)* Kalisto

kallös *Med* ***a)*** kalusa ***b)*** ↑ ***schwielig***

Kallus *m* ***a)*** *Med (bei Knochenbruch: Bindegewebszellen, die neue Knochensubstanz zur Verbindung der Bruchstücke aufbauen)* kaluso (*vgl. dazu* ***Wundgewebe***) ***b)*** *Med (Schwiele)* kalo, *(schwielige Stelle)* kalaĵo (*vgl. dazu* ***Hornhaut***) ***c)*** *Bot (an Wundrändern von Pflanzen durch vermehrte Teilung entstehendes Gewebe)* kaluso

Kálmán *Eig (ungar. Komponist [1882-1953])* Kalmano

[1]**Kalmar** *m Ichth*: ***[gemeiner]*** ~ (Loligo vulgaris) *Ichth* kalmaro (↑ *auch* ***Leuchtkalmar*** *u.* ***Wunderlampe***); ***[Gattung der] ~e und Tintenfische*** *m/Pl* (Loligo) loligoj *Pl*

[2]**Kalmar** (*n*) *eine Hafenstadt in SO-Schweden* Kalmaro

Kalme *f Met ([völlige] Windstille, bes. zw. den beiden Passatgebieten)* kalmo

Kalmen|gürtel *m od* **~zone** *f Bereich der Windstillen in der Äquatorzone und in den Rossbreiten* kalma zono

Kalmücke *m Ethn (Angehöriger eines westmongolischen Volkes)* kalmuko

Kalmückin *f* kalmukino

kalmückisch *Adj* kalmuka

Kalmückisch[e] *n Ling (Amtssprache in der Rep. Kalmykien)* la kalmuka [lingvo]

Kalmus *m*: ***echter*** (*od* ***gemeiner***) ~, *auch* ***deutscher Ingwer*** *m* (Acorus calamus), *reg auch* ***Acker-*** *od* ***Magenwurz*** *f Bot* akoro, <*wiss*> kalama akoro <*der Wurzelstock (Calami rhizoma) wird pharmazeutisch genutzt*>; **~öl** *n* (Calami aetheroleum) *ein ätherisches Öl* kalam-akora oleo

Kalmyke *m Ethn* = ***Kalmücke***

Kalmykien (*n*) *eine autonome Rep. in der Russ. Föderation nordwestl. des Kaspischen Meers* Kalmukio *[Hptst.: Elista]*

Kalocsay [...*tʃai*] (*m*) *Eig (bedeutender ungar. Philologe u. Esperanto-Grammatiker u. -Schriftsteller [1891-1976])* Kaloĉajo

Kalomel *n*, *auch* ***Quecksilber-I-Chlorid*** *n Chem, Min* kalomelo; **~elektrode** *f El* kalomela elektrodo

Kalong *m* (Pteropus vampyrus) *Zool (ein südostasiat. Flughund)* vampira pteropo

Kalorie *f* (*Zeichen* ***cal***) *[frühere] Einheit der Wärmemenge* kalorio (*vgl. dazu* ***Joule***; ↑ *auch* ***Gramm-*** *u.* ***Kilokalorie***)

kalorienarm *Adj* malmultkaloria

Kalorienbedarf *m* bezono de kalorioj

Kalorienbeschränkung *f* ↑ *unter* ***kalorisch***

Kaloriengehalt *m* enhavo de kalorioj; ***Nahrungsmittel*** *Pl* ***mit einem hohen*** ~ nutraĵoj *Pl* kun enhavo de multaj kalorioj

kalorienreich *Adj* multkaloria

Kalorimeter *n*, *auch* ***Wärmemesser*** *m Phys (Gerät zur Bestimmung von Wärmemengen, die durch chemische od physikalische Veränderungen abgegeben od aufgenommen werden)* kalorimetro

Kalorimetrie *f Chem, Phys, Physiol* kalorimetrio

kalorimetrisch *Adj* kalorimetria; ***~e Bombe*** *f Phys (Gerät zur Bestimmung von Wärmemengen)* kalorimetria bombo

kalorisch *Adj* kaloria; ***~es Äquivalent*** *n* kaloria ekvivalento; ***~e Restriktion***, *auch* ***Kalorienbeschränkung*** *od* ***Kalorienrestriktion*** *f* kaloria restrikto

Kalotte *f*, *auch* ***Kugelhaube*** *od* ***Kugelkappe*** *f 1. Geom (gekrümmte Fläche eines Kugelabschnitts) 2. Arch (flache Kuppel)* kaloto

Kalpak *m*, *auch* ***Kolpak*** *m Lamm- od Schaffellmütze, bes. zentralasiat. Völker* kalpako

kalt *Adj* malvarma, *übertr, Med u. Tech auch* frida (↑ *auch* ***eis-*** *u.* ***feuchtkalt***); *gefühlsarm, gefühlskalt* frida, *bes. sex* frigida (*vgl. dazu* ***frigide***); *nur Fachspr Med: kalt infolge plötzlicher Funktionsstörungen* algida; ~ ***sein*** esti malvarma, *umg auch* malvarmi; ***genau an diesem Tag war es sehr*** ~ ĝuste tiun tagon tre malvarmis; ~ ***werden*** fariĝi malvarma, malvarmiĝi; ***es wird mir zu*** ~ fariĝas al mi tro malvarma (*od* frida); ~ ***werden lassen*** lasi malvarmiĝi; ***es ist*** ~ estas malvarme; ***mir ist*** ~ mi sentas malvarmon; ***der ≗e Krieg*** *Pol* la malvarma milito ◇ ***er bleibt immer ganz*** ~ *gleichgültig* li ĉiam restas tute indiferenta; *bewahrt ruhig Blut* li ĉiam konservas malvarman sangon; ***jmdm. die ~e Schulter zeigen*** *gleichgültig behandeln* konduti malvarme (*od* fride *bzw.* forpuŝe) kontraŭ iu; *nicht ästimieren* montri malrespekton por (*od* al) iu

kaltblütig *Adj* malvarmsanga, fridsanga; ***~er Mörder*** *m* fridsanga murdisto

Kaltblütigkeit *f* malvarmsangeco, *auch* fridsangeco

Kälte *f* malvarm[ec]o; *Gefühls≗, Tech* frid[ec]o; ***eisige*** (*od* ***klirrende***) ~ glacia malvarm[eg]o; ***schneidende*** (***strenge***) ~ akra (forta) malvarmo (↑ *auch* ***Hunde-*** *u.* ***Lausekälte***); ***vor*** ~ ***zittern*** (*od umg* ***bibbern*** *od* ***schlottern***) tremi pro (*od selt* de) malvarmo;

zehn Grad ~ dek frostogradoj *od* dek gradoj de frosto

Kälteanlage *f Tech* fridiga instalaĵo

Kältebehandlung *f Med* ↑ ***Kryotherapie***

kältebeständig *Adj* rezista al malvarmo; *frostbeständig* frost[o]rezista

Kältechirurgie *f* = ***Kryochirurgie***

kälteempfindlich *Adj* frostosentema

Kälte|empfindlichkeit *f* frostosentemo; ~**grad** *m* grado de frosto, frostogrado; ~**marmorierung** *f* ***[der Haut]*** (Cutis marmorata = Livedo anularis sive reticularis) *Med* livedo; ~**maschine** *f Tech* fridigilo (↑ *auch* ***Kälteanlage***); ~**resistenz** *f* rezisto al malvarmo; ~**schauer** *m z.B. der einem über den Rücken läuft* frostotremo

Kältestarre *f Biol* ↑ ***Torpor***

Kältetechnik *f* fridiga tekniko

Kältetherapie *f Med* ↑ ***Kryotherapie***

Kältewelle *f Met* ondo da (*od* de) malvarmo

Kalt|formen *n Tech* frida pregado; ~**front** *f Met* fronto de malvarmo (*od* malvarma aero), *auch* malvarmofronto

kaltherzig *Adj* malmolkora; *herzlos* senkora; *mitleidlos* senkompata; *hart* malmola

kaltlassen *tr*: ***das lässt mich*** ~ tio lasas min apatia; *das prallt von mir ab* tio glitas de mi kiel pizo de muro; *das beeindruckt mich nicht* tio ne impresas min

Kaltleim *m* ↑ ***Holzkaltleim***

Kaltluft *f Met* malvarma aero

Kaltluftfront *f Met* = ***Kaltfront***

kaltmachen *tr salopp für «töten» bzw. «ermorden»*: ***jmdn.*** ~ mortigi (*bzw.* murdi) iun

Kalt|miete *f* lu-prezo sen la kostoj por hejtado; ~**nieten** *n Tech* frida nitado; ~**schale** *f Kochk* malvarma fruktsupo (*bzw.* biersupo)

kaltschnäuzig *Adj mitleidlos* senkompata; *hartherzig* malmokora, ŝtonkora; *rigoros* rigora; *ohne jedes Mitgefühl* sen ia kunsento (↑ *auch* ***skrupellos***)

Kaltstart *m Kfz (Anlassen eines Verbrennungsmotors im nicht betriebswarmen Zustand [d.h. bei Außentemperaturen unter –10°C])* frid-starto

kaltstellen *tr*: ***er wurde kaltgestellt*** oni senigis lin de liaj influ-ebloj, *auch* oni senarmigis lin

Kaltsterilisation *f Med* frid-steriliz[ad]o

Kaltwasser|behandlung *od* ~**therapie** *f Med* fridoterapio; ~**fisch** *m Ichth* malvarmakva (*od* fridakva) fiŝo

Kalt|welle *f Frisör* malvarma ondumado [de hararo]; ~**werden** *n* malvarmiĝo

Kaltzeit *f*, <*wiss*> ***Glazial*** *n Geol, Klimageschichte* malvarmepoko, glacialo (↑ *auch* ***Eiszeit***)

Kalumet *n Friedenspfeife der nordamerik. Indianer* kalumeto

Kalumniant *m alt* = ***Verleumder***

Kalvarienberg *m **a)** kath. Bez für «Kreuzigungsort Jesu»* Kalvario (*vgl. dazu* ***Golgatha***) ***b)*** *kath. Kirche (Andachtsstätte zur Verehrung der Passion)* kalvario ***c)*** *bildende Kunst (Darstellung der Kreuzigung Christi mit zahlreichen Nebenfiguren)* kalvario

Kalvill[-Apfel] *m ein Edelapfel* kalvilo

kalvinisch ↑ ***calvinisch***

Kalvinismus *m*, *auch* ***Calvinismus*** *m Kirche (Lehre des Schweizer Reformators Calvin)* kalvinismo

Kalvinist *m* kalvinisto

kalvinistisch, *auch* ***calvinistisch*** *Adj auf den Kalvinismus bezogen od zu ihm gehörend* kalvinisma; *auf die Kalvinisten bezogen* kalvinista

Kalymnos (*n*) *griechische Insel der Südlichen Sporaden mit gleichnamigem Hauptort* Kalimno

Kalypso *f griech. Myth (eine Meeresnymphe <Tochter des Atlas>)* Kalipsa

Kalzeolarie *f Bot* ↑ ***Pantoffelblume***

Kalzifikation *od* **Kalzifizierung** *f* ↑ ***Verkalkung***

Kalzination *f Chem (das Austreiben von Wasser aus Kristallen)* krakkalcinado

kalzinieren, *Fachspr* ***calcinieren*** *tr Tech (zu Kalk brennen, [aus]glühen, veraschen)* kalcini; ***kalzinierte Soda*** *f* kalcinita sodo

Kalzinierung *f Veraschen* kalcinado (*vgl. dazu* ***Kalzination***)

Kalzit *n*, *Fachspr meist* ***Calcit*** *n*, *auch* ***Kalkspat*** *m Min* kalcito, *auch* kalk[o]spato

Kalzitonin *n*, *Fachspr meist* ***Calcitonin*** *n ein Peptidhormon* kalcitonino

Kalzium *n*, *Fachspr meist* ***Calcium*** *n* (*Symbol* ***Ca***) *Chem* kalcio; ***reich an*** ~ ***[sein]*** [esti] riĉa je kalcio

Kalzium|antagonist *m*, *auch* ***Ca-Blocker*** *m Pharm* kalcioantagonisto; ~**chlorid** *n Chem* kalcia klorido; ~**karbid** *n Chem* kalcia karbido; ~**karbonat** *n Chem* kalcia karbonato

Kalziummangel *m* manko (*od* deficito) de kalcio; ***an*** ~ ***leiden*** *Med* suferi je deficito de kalcio

Kalzium|stoffwechsel *m Biochemie* kalciometabolo; ~**sulfat** *n Chem (Kalziumsalz der Schwefelsäure)* kalcia sulfato
Kama *f längster Nebenfluss der Wolga* [rivero] Kamo *<über 2000 km lang>*
Kamadeva *m, auch kurz* ***Kama*** *m Myth (Name des indischen Liebesgotts)* Kamadevo
Kamakura (*n*) *eine alte jap. Samurai- u. Tempelstadt [schintoistischer u. buddhistischer Wallfahrtsort]* Kamakuro; ~**-Zeit** *f Blütezeit der Buddha-Plastik in Japan* epoko de Kamakuro
Kamalabaum *m* (Mallotus philippinensis) *Bot* maloto *[Vorkommen in SO-Asien]*
Kamarilla *f, auch* ***Hofclique*** *f* kamarilo
Kamasutra *n Lit (indisches Lehrbuch der Liebe)* Kamasutro
Kambium *n Bot (das Dickenwachstum der Pflanzen bewirkendes Gewebe), Forstw (Bildungsgewebe zw. Holz und Rinde, das Dickenwachstum bewirkt)* kambiumo
Kambodscha (*n*), *[1975-89* ***Kampuchea*** *genannt]* Kamboĝo, *[1975-89]* Kampuĉeo
Kambodschaner *m* kamboĝano (*vgl. dazu* ***Khmer a)***)
Kambodschanerin *f* kamboĝanino
kambodschanisch *Adj* kamboĝa
kambrisch *Adj zum Kambrium gehörend od aus ihm stammend* kambria
Kambrium *n Geol* kambrio
Kambyses (*m*) *Eig (Name einiger persischer Könige)* Kambizo
Kamee *f Edelstein, häufiger jedoch Halbedelstein mit erhaben geschnittener bildlicher Darstellung (eine Form der Gemme)* kameo (*vgl. dazu* ***[1]Gemme***)
Kamel *n* ***a)*** (*Gattung* Camelus) *Zool* kamelo (↑ *auch* ***Laufkamel***); ***baktrisches*** (*od* ***zweihöckriges***) ~, *auch* ***Trampeltier*** *n* (Camelus bactrianus) ~ baktria (*od* duĝiba) kamelo; ***einhöckeriges*** ~, *auch* ***Dromedar*** *n* (Camelus dromedarius) unuĝiba kamelo (↑ *auch* ***Renndromedar***); ***auf einem ~ reiten*** rajdi sur kamelo; ***[Familie der] ~e*** *n/Pl od* ***Schwielensohler*** *m/Pl* (Camelidae) kameledoj *Pl* ***b)*** *übertr Schimpfw* stultulo
Kameldorn *n Bot* ↑ ***Giraffendorn***
Kamelführer *m* kamelkondukisto
Kamelhaar *n* kamelharoj *Pl*; ~**mantel** *m* kamelhara mantelo; ~**stoff** *m Textil* ŝtofo el kamelharoj
Kamel|hengst *m* virkamelo; ~**höcker** *m* kamelĝibo
Kamelie *f* (*Gattung* Camellia) *Bot* kamelio, (*Art* Camellia japonica) japana kamelio
Kamel|junge *n* kamelido; ~**karawane** *f* kamelkaravano; ~**milch** *f* kamellakto
Kamelnomaden *m/Pl*: ***arabische*** ~ *im NO Sudans* ŝukrijoj *Pl*
Kamelott *m Textil (ein Wollstoff)* kamloto
Kamel|reiter *m* kamelrajdanto, meharisto; ~**stute** *f* kamelino; ~**treiber** *m* kamelpelisto, *i.w.S. auch* kamelisto; ~**zucht** *m* kamelbredado *od* bredado de kameloj
Kamera *f Film, Foto, TV* kamerao (↑ *auch* ***Bodycam***, ***Amateur-***, ***Balgen-***, ***Digital-***, ***Film-***, ***Gamma-***, ***Geheim-***, ***Hochfrequenz-***, ***Mikro-***, ***Sofortbild-***, ***Spiegelreflex-***, ***Stativ-***, ***Ton-***, ***Überwachungs-***, ***Unterwasser-***, ***Video-*** *u.* ***Wärmebildkamera***); ***versteckte*** ~ kaŝita kamerao
Kamerablitz *m Foto* fulmo (*od auch* ekbrilo) de kamerao
Kamerad *m* kamarado (↑ *auch* ***Spielkamerad***); *i.w.S. (Gefährte)* kunulo, *(Freund)* amiko (↑ *auch* ***Genosse***)
Kameradin *f* kamaradino; *i.w.S. (Gefährtin)* kunulino, *(Freundin)* amikino
Kameradrohne *f* kamera-droneo
Kameradschaft *f* kamaradeco
kameradschaftlich *Adj* kamarad[ec]a; ~ ***gesinnt*** kamaradema
Kamera|einstellung *f Film* plano; ~**mann** *m Film, TV* kameraisto
Kamerarecorder *m* ↑ ***Camcorder***
Kamerastativ *n* kamerastativo
kameraüberwacht *Adj* kameragvatata
Kameraüberwachung *f* kamera-gvatado
Kamerawagen *m Film, TV* ↑ ***Dolly***
Kamerun (*n*) *ein Staat im Westen Zentralafrikas* Kamerun[i]o *[Hptst.: Jaunde]*
Kamerunbeule *f Tropenmedizin* ↑ ***Loiasis***
Kameruner *m* kamerun[i]ano
Kamerunerin *f* kamerun[i]anino
Kamerunfieber *n Tropenmedizin* kameruna febro
kamerunisch *Adj* kameruna
Kamikaze *m japanischer Kampfflieger im 2. Weltkrieg, der sich mit seinem Flugzeug auf das feindliche Ziel stürzte* kamikazo; ~**aktion** *f, i.w.S. auch* ***Selbstmordaktion*** *f Mil* kamikaza operacio; ~**-Attacke** *f jap. Luftangriffstaktik im 2. Weltkrieg* kamikazoatako (↑ *auch* ***Selbstmordattacke***); ~**pilot** *m* kamikazopiloto; ~**taktik** *f* kamikazotaktiko
Kamilla (*f*) ↑ ***Camilla***

Kamille *f Bot*: ***echte*** ~ (Matricaria chamomilla *od* Matricaria recutita) kamomilo; ***geruchlose*** ~ (Matricaria perforata) senodora matrikario; ***römische*** ~ (Anthemis nobilis) = ***römische Hundskamille*** [↑ *unter* ***Hundskamille***]

Kamillen|aufguss *m* kamomila infuzaĵo; ~**bad** *n* kamomila bano; ~**blüten** *f/Pl* (Flores chamomillae) kamomilaj floroj *Pl auch Pharm*; ~**öl** *n* (Oleum chamomillae *od* Matricariae aetheroleum) kamomila oleo; ~**tee** *m* kamomila teo, *als Aufguss auch* kamomila infuzaĵo

Kamin *m* ***a)*** *<schweiz>* ***Cheminée*** *n offene Feuerstelle im Haus* kameno (*vgl. dazu* ***Esse b)*** *u.* ***Schornstein***); ***am*** ~ ***sitzen*** sidi antaŭ (*od* ĉe) la kameno ***b)*** *Alpinistik (steile u. enge Felsspalte)* kameno; ***im*** ~ ***klettern***, *auch* ***kaminieren*** *intr* grimpi en kameno

Kamin|aufsatz *m*, *auch* ***Kamin-*** *od* ***Schornsteinmantel*** *m*; ~**ecke** *f* kamena angulo *od* kamenangulo

Kaminfeger *m* ↑ ***Schornsteinfeger***

Kamin|feuer *n* kamena fajro; ~**gitter** *n* fendro

kaminieren *Alpinistik* ↑ *unter* ***Kamin b)***

Kaminklettern *n Alpinistik* kamengrimpado

Kaminmantel *m* ↑ ***Kaminaufsatz***

Kamisarden *m/Pl Gesch (hugenottische Bauern in den Cevennen, die sich gegen die Zwangkatholisierung durch Ludwig XIV. wendeten)* kamizardoj *Pl*; ***die Rebellion der*** ~ *[1704 und 1710]* la Ribelo de la Kamizardoj

[1]**Kamm** *m* kombilo (↑ *auch* ***Hunde-***, ***Läusekamm***); *Schmuck- od Zier*~ ornama kombilo [por la haroj]; *Gebirgs*~, *Hahnen*~, *Wellen*~ kresto (↑ *auch* ***Rücken-*** *u.* ***Scheitelkamm***); *am Webstuhl* kardilo, *auch* teksokombilo; *eines Deiches* supro [de digo] ◇ ***alle über einen*** ~ ***scheren*** kombi ĉiujn per la sama kombilo

[2]**Kamm** *m* ***a)*** *Tech (Vorsprung an bewegten Maschinenteilen, der an andere Teile anstoßen u. sie bewegen soll)* kamo (*vgl. dazu* ***Nocken***) ***b)*** ↑ ***Bergkamm***)

Kammblässralle *f*, *auch* ***Kammblässhuhn*** *n* (Fulica cristata) *Orn* kresta fuliko *od* krestfuliko

kämmen *tr* ***a)*** kombi; ***sich die Haare*** ~ kombi al si la harojn; ***sich*** ~ kombi sin; ***nach hinten*** ~ *zurückkämmen* retrokombi; ***noch einmal*** ~ refoje kombi, *auch* rekombi ***b)*** *Textil (Wolle)* kombi; *(krempeln, streichen)* kardi

Kammer *f* ***a)*** *kleines Zimmer* ĉambreto, *(falls fensterlos)* kamero (↑ *auch* ***Abstell-***, ***Rumpel-***, ***Speise-*** *u.* ***Vorratskammer***); *Dachstube* mansardo (↑ *auch* ***Boden-*** *u.* ***Dachkammer***); *Abstellraum* formetejo ***b)*** *Behörde, Parl* ĉambro (↑ *auch* ***Abgeordneten-*** *u.* ***Deputiertenkammer***); ***die erste*** ~ ***des Parlaments*** la supera ĉambro de l' parlamento ***c)*** *Anat* ventriklo (↑ *auch* ***Herzkammer*** *u.* ***Hirnkammern***); ***außerhalb der*** ~ eksterventrikla ***d)*** *Foto, Tech* kamero (↑ *auch* ***Brenn-*** *u.* ***Dunkelkammer***) ***e)*** *bei Handfeuerwaffen u. Minen* kulaso, *auch* kamero; ~ ***eines Revolvers*** kamero de revolvero (↑ *auch* ***Patronenkammer***)

Kämmerchen *n* [malgranda] ĉambreto (↑ *auch* ***Stübchen***); *Boden- od Dachkammer* subtegmenta ĉambreto

Kammerdiener *m* ĉambristo

Kämmerei *f Finanzverwaltung [einer Gemeinde od Stadt]* financa administrejo [de komunumo aŭ urbo]

Kämmerer *m alt für «Finanzverwalter einer Gemeinde od Stadt»* estro de financa administrejo [de komunumo aŭ urbo]

Kammer|flimmern *n*, *Fachspr* ***ventrikuläre Fibrillation*** *f* (*Abk* ***VF***) *Kardiologie* ventrikla fibrilacio; ~**herr** *m* ĉambelano; ~**jäger** *m* desinfektisto [de ĉambroj]; ~**konzert** *n Mus* ĉambromuzika koncerto

Kämmerling *m*, *ital.* ***Camerlengo*** *m kath. Kirche (Kardinal an der Spitze der päpstlichen Finanzverwaltung)* kamerlingo

Kammerlinge *m/Pl Zool* ↑ ***Porentierchen***

Kammermusik *f* ĉambromuziko

kammermusikalisch *Adj* ĉambromuzika

Kammer|sänger *m* ĉambromuzika kantisto; ~**scheidewand** *f* (Septum interventriculare) *Anat (Grenze zw. rechter u. linker Herzkammer)* interventrikla septo; ~**schleuse** *f Wasserbau* ĉambrokluzo; ~**ton** *m Mus (der gemeinsame Ton, auf den die Instrumente eines Orchesters eingestimmt werden)* ĉambrotono; ~**zofe** *f* ĉambristino

kammförmig **1.** *Adj* kombil[o]forma **2.** *Adv* kombil[o]forme

Kamm|garn *n Textil* komblana fadeno (↑ *auch* ***Marengo***); ~**gras** *n* (*Gattung* Cynosurus) *Bot (eine Gattung der Süßgräser)* cinozuro

Kammlerche *f Orn* ↑ ***Haubenlerche***

Kammmolch *m* (Triturus cristatus) *Zool* kresta trituro (↑ *auch* ***Donau-Kammmolch***); ***makedonischer*** ~ (Triturus macedonicus) makedona trituro

Kamm|muschel *f* (*Gattung* Pecten) *Zool* pekteno; ~**muskel** *m* (Musculus pectineus) *Anat* pektineo; ~**wachtelweizen** *m* (Melampyrum cristatum) *Bot* denskapa melampiro; ~**wolle** *f zur Herstellung von Kammgarn geeignete Wolle* komblano

Kamniške Alpe *Pl*, *dt.* ***Steiner Alpen*** *Pl in Slowenien* Kamnikaj Alpoj *Pl*

Kamosch *m*, *auch* ***Kamosh*** *m Rel (moabitischer Stammes- u. Hauptgott)* kamoŝo

Kampagne *f* kampanjo (↑ *auch* ***Pressefeldzug***, ***Antidrogen-***, ***Hetz-***, ***Informations-***, ***Lügen-***, ***Presse-***, ***Protest-***, ***Rettungs-***, ***Verleumdungs-*** *u.* ***Wahlkampagne***)

Kampala (*n*) *Hptst. von Uganda* Kampalo

Kampanien (*n*), *ital.* ***Campania*** *eine hist. Landschaft Unteritaliens [Hptst.: Neapel]* Kampanio

Kampanile *m*, *bes.* *<österr> auch* ***Campanile*** *m frei stehender Glockenturm [italienischer Kirchen]* kampanilo

Kampescheholz *n*, *auch* ***Blauholz*** *n Holz eines tropischen Baumes* kampeĉa ligno

Kampesche[holz]baum *m* (Haematoxylon campechianum) *Bot* kampeĉo

Kampf *m* batalo *bes. Mil* (***für*** por; ***gegen*** kontraŭ; ***um*** pro; ***zwischen*** inter) (*vgl. dazu* ***Gefecht*** *u.* ***Geplänkel***; ↑ *auch* ***Barrikaden-***, ***Befreiungs-***, ***Box-***, ***Entscheidungs-***, ***Existenz-***, ***Freiheits-***, ***Graben-***, ***Luft-***, ***Nah-***, ***Unabhängigkeits-*** *u.* ***Zweikampf***); *Ringen um etw.* lukt[ad]o; *sportlicher Wettkampf* konkurso; *Wettbewerb, Wettstreit* konkuro (*vgl. dazu* ***Konkurrenz***); ***bewaffneter*** ~ armita batalo (***gegen*** kontraŭ); ***gewaltloser*** ~ neperforta batalo; ***harte*** (*od* ***schwere***) ***Kämpfe*** *Pl* severaj bataloj *Pl*; ***der*** ~ ***ums Dasein*** la batalo pro la ekzistado; ***der*** ~ ***gegen das organisierte Verbrechen*** la batalo kontraŭ la organizita krimo; ***nach langem*** ~ post longa batalo

Kampf|adler *m* (Polemaetus bellicosus) *Orn* militaglo *[Vorkommen: subsaharisches Afrika]*; ~**anzug** *m Mil* batalvesto; ~**bahn** *f Sport (Stadion)* stadiono, *(Arena)* areno *auch übertr*; ~**begierde** *f* batal-avido

kampfbereit *Adj* batalpreta; *bereit zu kämpfen* preta batali

Kampfbereitschaft *f* batalpreteco

kämpfen *intr* batali (***für*** por; ***gegen*** kontraŭ; ***um*** pro) *bes. Mil*; *Krieg führen* militi; *ringen* lukti (***mit jmdm.*** kun *od* kontraŭ iu); *auszurotten versuchen* provi ekstermi *auch den Alkoholismus*; ***zu*** ~ ***beginnen*** ekbatali ***bis zur Erschöpfung*** ~ batali ĝis elĉerpiĝo; ***mit jmdm. Schulter an Schulter*** ~ batali kune kun iu ŝultro ĉe ŝultro; ***sie kämpfte mit den Tränen*** ŝi apenaŭ povis subpremi larmojn

Kämpfen *n* batalado

Kampfer *m Chem, Pharm* kamforo (↑ *auch* ***Borneokampfer***)

[1]**Kämpfer** *m* batalanto, *bes. übertr* luktanto (*vgl. dazu* ***Streiter***; ↑ *auch* ***Bürgerrechts*** *u.* ***Freiheitskämpfer***); *im Wettbewerb bzw. Wettkampf* konkuranto *bzw.* konkursanto

[2]**Kämpfer** *m*, *auch* ***Kämpferstein*** *od* ***Widerlagerstein*** *m Arch, Bautechnik ([bei Bogen- od Geewölbekonstruktionen] platten- od würfelförmiger Stein als Bindeglied zw. lastenden u. tragenden Bauteilen)* impoŝto

Kampferbaum *m* (Cinnamomum camphora) *Bot* kamforarbo *[Vorkommen: Japan, China u. Taiwan]*

Kampferfahrung *f Mil* sperto pri bataloj

kämpferisch *Adj* batalema (*vgl. dazu* ***aggressiv*** *u.* ***polemisch***); *kriegerisch, militant* militema

Kampferliniment *n Pharm*: ***flüssiges*** ~ (Linimentum ammoniato-camphoratum) amoniakkamfora linimento

Kampferöl *n* (Oleum camphoratum) *Pharm* kamfora oleo

kampferprobt *Adj* hardita en batalo

Kampfer|salbe *f Pharm* kamfora ungvento; ~**säure** *f* (Acidum camphoricum) *Chem* kamfora acido

Kämpferschar *f* batalantaro

Kampferspiritus *m Pharm* kamfora alkoholo

Kämpferstein *m Arch* ↑ [2]***Kämpfer***

Kampfeswille *m* batalvolo, *auch* volo batali

kampffähig *Adj* batalkapabla, batalpova

Kampf|fähigkeit *f* batalkapabl[ec]o, batalpovo; ~**flieger** *m*, *auch* ***Kampfpilot*** *m Mil* batalaviadila piloto, *auch kurz* batalpiloto; ~**flugzeug** *n Mil* batalaviadilo; *i.w.S. (Kriegsflugzeug)* militaviadilo (*vgl. dazu* ***Jagdflugzeug***)

Kampf|gebiet *n* batalregiono; ~**geist** *m* batalspirito; ~**genosse** *m* batalkamarado; *Mitkämpfer* kunbatalanto; ~**hahn** *m Tier* batalkoko; *Person* batalemulo, *(Streitsüchtiger)* kverelemulo; ~**handlungen** *f/Pl* batal-agoj *Pl*; *Militäraktionen* milit-agoj *Pl*

Kampfhandschuh *m röm. Antike* = ***Kampfriemen***

Kampf|hirsch *m* (Odocoileus bezoarticus) *Zool (ein südamerik. Hirsch)* pampocervo; ~**hubschrauber** *m Mil* batalhelikoptero; ~**hund** *m* batalhundo; ~**kraft** *f Mil* batalforto, batalpovo; ~**läufer** *m* (Philomachus pugnax) *Orn (ein Schnepfenvogel)* duelbirdo

Kampflinie *f Mil* batallinio; ***vordere*** ~ antaŭa batallinio

kampf|los 1. *Adj* senbatala **2.** *Adv* senbatale; ~**lustig** *Adj* batalema, *[stärker:]* batalavida; *angriffslustig* atakema

Kampf|mittelbeseitigung *f* forigo de neeksplodintaj bomboj (*bzw.* grenadoj *od* minoj); ~**panzer** *m Mil* bataltanko; ~**pause** *f* batalpaŭzo

Kampfpilot *m* ↑ ***Kampfflieger***

Kampf|platz *m allg* batalejo, loko de batalo; *Schlachtfeld* batalkampo; *Spielfeld* ludkampo; *Arena* areno *auch für Hahnenkämpfe*; ~**richter** *m* arbitraciulo; *Sport* [gvida] juĝisto, *(beim Skispringen)* saltjuĝisto

Kampfriemen *m röm. Antike* ↑ ***Caestus***

Kampfruf *m* batalkrio

Kampfspiel *n*: ***ritterliches*** ~ ↑ ***Turnier a)***

Kampfsport *m* batalsporto

Kampfstätte *f* = ***Kampfplatz***

Kampfstellung *f* batalpozicio

Kampftruppen *Pl Mil* bataltrupoj *Pl*

kampfunfähig *Adj* batalsenpova *auch Boxer*; ***den Gegner*** ~ ***machen*** igi la kontraŭulon batalsenpova

Kampfverband *m Mil* batala formacio

Kampfwachtel *f Orn* ↑ ***Laufhühnchen***

Kampf|wagen *m* batalveturilo; *gepanzertes Fahrzeug* kiras[it]a veturilo (*vgl. dazu* ***Panzerwagen***); ~**zone** *f* batalzono; *Kampfgebiet* batalregiono

kampieren *intr [im Freien[lagern* kampadi (*vgl. dazu* ***zelten***), *Mil auch* bivaki; ***im Wohnzimmer*** ~ *scherzh* [provizore] tranokti en la loĝoĉambro

Kampuchea *od* **Kamputschea** (*n*) ↑ ***Kambodscha***

Kamsin *m Met* ↑ ***Chamsin***

Kamtschadalen *m/Pl Ethn (paläoasiat. Urbevölkerung von Kamtschatka), allg (Bewohner von Kamtschatka)* kamĉatkanoj *Pl*

Kamtschatka (*n*) *eine nordostasiat. Halbinsel* Kamĉatko; ~**-Azalee** *f* (Rhododendron camtschaticum) kamĉatka rododendro; ~**-bär** *m* (Ursus arctos beringanus) *Zool* kamĉatka urso; ~**krabbe** *f, auch* ***Königskrabbe*** *f* (Paralithodes camtschaticus) *Zool* ksmĉatka (*od* [ruĝa] reĝa) krabo

Kamtschatka-Marmelalk *m Orn* ↑ *unter* ***Marmelalk***

Kamtschatka|möwe *f* (Larus schistisagus) *Orn* ardezdorsa (*od* kamĉatka) mevo *[Vorkommen: ausschließlich an den Küsten der Beringsee]*; ~**-Murmeltier** *n* (Marmota camtschatica) *Zool* kamĉatka marmoto; ~**-strom** *m eine kalte Meeresströmung vor Kamtschatka* Kamĉatka Fluo

Kanaan *n das vorisraelitische Palästina* Kanaano

kanaanäisch *Adj* kanaana

Kanaaniter *m/Pl vorisraelitische Einwohner Kanaans* kanaanidoj *Pl*

kanaanitisch *Adj* kanaanida

Kanada (*n*) Kanado; ***das englischsprachige*** (***französischsprachige***) ~ la anglalingva (franclingva) Kanado

Kanada|gans *f* (Branta canadensis) *Orn* kanada ansero; ~**kleiber** *m, auch* ***[amerikanischer] Kappenkleiber*** *m* (Sitta canadensis) *Orn* ruĝbrusta sito; ~**kranich** *m, auch* ***Sandhügelkranich*** *m* (Grus canadensis) *Orn* kanada gruo; ~**-Lilie** *f, auch* ***kanadische Wasserlilie*** *f* (Lilium canadense) *Bot* kanada lilio

Kanadapappel *f Bot* ↑ *unter* ***Pappel***

Kanadareiher *m* (Ardea herodias) *Orn* amerika griza ardeo

Kanadaschaf *n Zool* ↑ ***Dickhornschaf***

Kanada|schnepfe *f* (Scolopax minor) amerika skolopo; ~**waldsänger** *m* (Cardellina canadensis = Wilsonia canadensis) *Orn* kanada parulio

[1]**Kanadier** *m Einwohner Kanadas* kanadano (↑ *auch* ***Frankokanadier***)

[2]**Kanadier** *m ein offenes Sportboot* kanada kanuo (*od* kanoto)

Kanadierin *f* kanadanino

kanadisch *Adj* kanada

Kanaille *f, auch* ***Canaille*** *f* kanajlo; *Pöbel, Pack* kanajlaro (*vgl. dazu* ***Schurke***)

Kanaken *m/Pl Ethn (Ureinwohner der Südseeinseln)* kanakoj *Pl*

kanakisch *Adj* kanaka

Kanal *m* ***a)*** *El, Landw, Mar, Tel, TV u. Wasserbau* kanalo (↑ *auch* ***Abwasser-***, ***Bewässerungs-***, ***Fernseh-***, ***Mühl-***, ***Schifffahrts-*** *u.* ***Unratkanal***); *Meerenge* markolo; *Anat* dukto; ***der ~*** *der Ärmelkanal zw. Frankreich u. England* la Manika Kanalo, *auch* la Maniko *od* la Kanalo; ***schiffbarer ~*** navigebla (*od* ŝipirebla) kanalo; ***über diplomatische Kanäle*** tra (*od* pere de) diplomatiaj kanaloj ◇ ***ich hab den ~ voll!*** *mir reicht's* al mi plene sufiĉas [nun]!; *ich kann das nicht länger ertragen* mi ne povas (*bzw.* povos) pli longe toleri tion! ***b)*** *Anat* kanalo, dukto (↑ *auch* ***Darmkanal***, ***Ductus*** *u.* ***Wirbelkanal***)

Kanälchen *n kleiner Kanal* kanaleto

Kanaleinfahrt *f* kanal-enirejo

Kanalinseln *f/Pl*: ***die ~*** *od* ***die Normannischen Inseln*** *Pl* la Manikaj Insuloj *od* la Normand[i]aj Insuloj *Pl*

Kanalisation *f* ***a)*** *auch* ***Kanalisierung*** *f Anlage von Kanälen* kanaliz[ad]o ***b)*** *Kanalnetz* kanala reto, kanalaro, *(für Kloake)* kloakreto; *einzelner [unterirdischer] Unratkanal* kloaka kanalo

kanalisieren *tr natürliche Wasserläufe durch Ausbau u.Ä. schiffbar machen* kanaligi; *mit Kanälen versehen* kanalizi, provizi per kanaloj

Kanalnetz *n* kanala reto *od* reto de kanaloj, *i.w.S. auch* kanalaro

Kanalreiniger *m* ↑ ***Kloakenreiniger***

Kanal|schleuse *f Mar* kanalkluzo; **~sohle** *f* kanalfundo; **~umschalter** *od* **~wähler** *m El, TV* kanalkomutilo

Kanamycin® *n Pharm (ein Antibiotikum)* kanamicino

Kananga (*n*) (*bis 1966* ***Luluabourg*** *genannt) Hptst. der Provinz Westkasai /Dem. Rep. Kongo* Kanango

[1]**Kanapee** *n veraltend für «Sofa»* kanapo

[2]**Kanapee** *n*, *auch* ***Canapé*** *n kleine geröstete Weißbrotscheibe mit pikantem Belag* kanapo

Kanaren *Pl* ↑ *unter* ***kanarisch***

Kanaren-Fingerhut *m Bot* ↑ *unter* ***Fingerhut b)***

Kanarengecko *m* (Tarentola delalandii) *Zool* kanaria geko

Kanaren-Glockenblume *f Bot* ↑ *unter* ***Glockenblume***

Kanaren-Kiefer *f Bot* ↑ *unter* [1]***Kiefer***

Kanaren-Lorbeer *m Bot* ↑ ***Azoren-Lorbeer***

Kanaren|pieper *m* (Anthus berthelotii) *Orn* kanaria pipio; **~schmätzer** *m* (Saxicola dacotiae) *Orn* fuerteventura (*od* kanaria) saksikolo *[Vorkommen: endemisch auf Fuerteventura, früher auch auf den anderen kanarischen Inseln]*; **~strom** *m eine kalte Oberflächenströmung im Atlantik vor der nordwestafrikanischen Küste* Kanaria Fluo

Kanaresen *m/Pl Ethn (Bewohner der vorderind. Landschaft Kanara)* kanaranoj *Pl*

kanaresisch *Adj* kanara

Kanaresisch[e] *n*, *auch* ***Kannada*** *n Ling (eine indische Sprache [zur Drawida-Gruppe gehörig])* la kanara [lingvo]

Kanari *m Orn* ↑ ***Kanarienvogel***

Kanarien|gras *n* (Phalaris canariensis) *Bot* kanaria falarido; **~vogel** *m*, *<österr> umg u. reg* ***Kanari*** *m* (Serinus canarius canarius) *Orn* kanario

Kanarier *m Bewohner der Kanarischen Inseln* kanariano (*vgl. dazu* ***Guanchen***)

kanarisch *Adj* kanaria; ***≗e Inseln*** *f/Pl*, *auch* ***Kanaren*** *Pl*, *span.* ***Islas Canarias*** *eine spanische Inselgruppe im Atlantischen Ozean* Kanariaj Insuloj *Pl*, *auch* Kanarioj *Pl*

Kanaster *n Kart* ↑ ***Canasta***

Kandahar (*n*) *eine Provinzhptst. in SO-Afghanistan* Kandaharo *<drittgrößte Stadt Afghanistans>*

Kandare *f Gebissstange am Pferdezügel* brida enbuŝaĵo ◇ ***jmdn. an die ~ nehmen*** *hart anpacken* trakti iun [pli] severe

Kandel *m od f* ↑ ***Dachrinne***

Kandelaber *m mehrarmiger Kerzenständer* kandelabro (*vgl. dazu* ***Lüster***); **~kaktus** *m* (Cereus gigantea) *Bot* kandelabra kakto, *auch* saguaro *[Vorkommen: Arizona/USA u. Mexiko]*

Kandelzucker *m* ↑ ***Kandiszucker***

Kandidat *m* kandidato *in einigen Ländern auch akad. Grad* (*vgl. dazu* ***Anwärter*** *u.* ***Bewerber***; ↑ *auch* ***Gegen-***, ***Präsidentschafts-*** *u.* ***Spitzenkandidat***); *Examens≗*, *Prüfungs≗* kandidato [por ekzameno], ekzamenoto; ***jmdn. als ~en vorschlagen*** proponi iun kiel kandidaton

Kandidatenliste *f* listo de [la] kandidatoj *od* kandidatolisto

Kandidatin *f* kandidatino

Kandidatur *f* kandidateco (↑ *auch* ***Bewerbung***)

kandidieren *intr* kandidati (***für*** por) (↑ *auch* ***sich bewerben***)

Kandidose *f Med* = ***Candidose***

kandieren ***a)*** *tr [Früchte] durch Zucker haltbar machen* kand[iz]i; ***kandierter Apfel*** *m* kand[iz]ita pomo; ***kandierte Früchte*** *f/Pl* kand[iz]itaj fruktoj *Pl* ***b)*** *intr* kandiĝi; ***der Zucker kandiert*** la sukero kandiĝas

Kandieren *n Tränken u. Überziehen mit übersättigter Zuckerlösung, z.B. bei Früchten* kandizado

Kandis[zucker] *m, reg* ***Kandelzucker*** *m* <*österr*> ***Zuckerkandl*** *n* kando

Kandy (*n*), *singhalesisch* ***Maha Nuwara*** (*n*) *frühere Hptst. Ceylons [1500-1815], dem heutigen Sri Lanka* Kandio, *auch* Mahanuvaro

Kaneelstein *m Min* ↑ ***Hessonit*** *u.* ***Zimtstein***

Kanephore *f Bauw Antike (weibl. Figur als Gebälkträger)* kaneforo

Kanette *f Weberei* ↑ ***Spulenhülse***

Kanevas *m, auch* ***Gitterleinen*** *n Textil (gazeartiger Baumwollstoff, stark appretiertes Gittergewebe)* kanvaso

kanevassen *Adj aus Kanevas* kanvasa

Känguru *n* (*Gattung* Macropus) *Zool* kanguruo, <*wiss*> *meist* makropo (↑ *auch* ***Baum-***, ***Bennett-***, ***Berg-***, ***Gelbfuß-***, ***Kurzschwanz-***, ***Nacktbrust-***, ***Riesenkänguru*** *u.* ***Wallaby***); ***[Familie der] ~s*** *Pl* (Macropopidae) makropedoj *Pl*

Kängurubaum *m Bot* ↑ ***Kasuarine***

Kanin *n Kürschnerei* ↑ ***Kaninchenfell***

Kaninchen *n, reg auch* ***Karnickel*** *n* (Lepus cuniculus = Oryctolagus cuniculus) *Zool (Wild*~*)* [sovaĝa] kuniklo, *(Haus*~*)* [hejma *od* doma] kuniklo (↑ *auch* ***Albino-***, ***Angora-***, ***Chinchilla-***, ***Rasse-***, ***Vulkan-*** *u.* ***Wildkaninchen***); *Kochk (Gericht aus Kaninchenfleisch)* kuniklaĵo; ~**adler** *m, auch* ***Kleinadler*** *m* (Hieraaetus morphnoides) *Orn* malgranda aglo; ~**ausstellung** *f* ekspozicio de [purrasaj] kunikloj; ~**bau** *m* kuniklejo [de sovaĝaj kunikloj]; ~**braten** *m Kochk* rostita kuniklaĵo; ~**fell** *n, Fachspr Kürschnerei* ***Kanin*** *n* kunikla felo *od* felo de kuniklo; ~**fleisch** *n* kunikla viando; ~**haltung** *f* tenado de kunikloj; ~**kauz** *m, auch* ***Kanincheneule*** *f od* ***Präriekauz*** *m* (Athene canicularia) *Orn* kuniklostrigo *[Vorkommen: in den Grassteppen des westlichen Nord- u. Südamerikas]* <*brütet als einzige Eulenart in Erdhöhlen*>

Kaninchenpest *f Vet* ↑ ***Myxomatose***

Kaninchen|stall *m* kuniklostalo, *i.w.S. auch* kuniklejo; ~**weibchen** *n* kuniklino, *auch* femala kuniklo; ~**zucht** *f* kuniklobredado *od* bredado de kunikloj; ~**züchter** *m* kuniklobredisto *od* bredisto de kunikloj

Kanister *m tragbarer Behälter für Flüssigkeiten* kanistro; *Benzin*~ benzinkanistro

Kanji *n 1. eines der drei wichtigsten Schriftsysteme der japanischen Sprache, übernommen aus den traditionellen chinesischen Schriftzeichen* (*vgl. dazu* ***Hiragana*** *u.* ***Katakana***) *2. ein zu diesem Schriftsystem gehörendes Zeichen* kanĵio; ~**lexikon** *n* kanĵivortaro

Kanker *m* (Opiliones) *Zool (eine Ordnung der Spinnentiere)* opiliono (*vgl. dazu* ***Weberknecht***)

Kanna *f Bot* ↑ ***Canna***

Kannada *n Ling* ↑ ***Kanaresisch[e]***

Kännchen *n* kruĉeto (↑ *auch* ***Sahnekännchen***); ***ein ~ Kaffee*** kruĉeto da kafo

Kanne *f* kruĉ[et]o (↑ *auch* ***Kaffee-***, ***Öl-*** *u.* ***Teekanne***); ***eine ~ Kaffee*** kruĉeto da kafo

kannelieren *tr Arch (mit Kannelüren versehen, auskehlen, riefeln)* kaneli

Kannelierung *f bes. Arch (senkrechte Rillen in einem Säulen- od Pfeilerschaft)* kanelado

Kannelur *od* **Kannelüre** *f Arch (Hohlkehle, senkrechte Rille [an Säulen- od Pfeilerschäften])* kanelo

Kannenpflanze *f* (*Gattung* Nepenthes *u. die Art* Nepenthes ampullaria) *Bot (tropische, insektenfressende Kletterpflanze)* nepento

Kannibale *m* kanibalo *auch übertr für «brutaler [und grausamer] Mensch»* (↑ *auch* ***Kopfjäger***)

Kannibalin *f* kanibalino

kannibalisch *Adj* kanibala *auch Zool (seine Artgenossen fressend)*; *i.w.S. grausam* kruela (*vgl. dazu* ***brutal***, ***roh*** *u.* ***unmenschlich***)

Kannibalismus *m* kanibalismo *auch Zool*; ***ritueller ~*** rituala kanibalismo

Kanon *m* ***a)*** *auch* ***Kettengesang*** *m Mus* kanono, *auch* ĉenkanto (↑ *auch* ***Gegenkanon***) ***b)*** *Kirche (1. Kirchenvorschrift, kirchliche Rechtsbestimmung 2. Verzeichnis der von der Kirche für verbindlich erklärten Bücher des Alten u. Neuen Testaments 3. Verzeichnis der Heiligen)* kanono (↑ *auch* ***Bibelkanon***)

Kanonade *f Mil* kanonado (*vgl. dazu* ***Geschützfeuer***)

Kanone *f* ***a)*** *Mil* kanono (*vgl. dazu* ***Geschütz***; ↑ *auch* ***Flugabwehr-***, ***Panzerabwehrkano-***

ne u. Schiffskanone); ***Beschuss mit ~n*** kanona pafado; ***mit ~n schießen***, *alt* ***kanonieren*** *intr* kanon[ad]i ***b)*** *umg (häufig scherzh) für «auf einem Gebiet sehr fähiger Mensch»* granda spertulo, *auch* aso; *i.w.S.* grava persono ◇ ***unter aller ~*** mizerega, [vere] malbonega, trans ĉiu kritikeblo

Kanonen|boot *n Mil* kanonŝipo; ~**donner** *m* kanonbru[eg]o; ~**feuer** *n* kanonado; ~**futter** *n umg für «Soldaten, die sinnlos geopfert werden sollen»* kanonnutraĵo, *auch* kuglokarno; ~**kugel** *f* kanonkuglo; ~**ofen** *m* cilindra forno; ~**rohr** *n* kanontubo; ~**schuss** *m* kanonpafo

Kanonier *m Mil (unterster Mannschaftsgrad bei der Artillerie)* kanonisto

kanonieren ↑ *unter* ***Kanone***

Kanonikat *n Amt eines Kanonikers im Domkapitel* kanonikeco

Kanoniker *od* **Kanonikus** *m kath. Kirche (Dom-, Chor- od Stiftsherr)* kanoniko; ***Kollegium*** *n* ***der Kanoniker*** *Domkapitel* kanonikaro

kanonisch *Adj Kirche (den Kanon betreffend, i.w.S. zur Bibel gehörig)* kanona (↑ *auch* ***deuterokanonisch***); ~***es Recht*** *n kath. Kirchenrecht* kanona juro; ~***e Texte*** *m/Pl bibl* kanonaj tekstoj *Pl*

Kanonisation *od* **Kanonisierung** *f kath. Kirche (Heiligsprechung)* kanoniz[ad]o

kanonisieren *tr kath. Kirche (heiligsprechen, in den Kanon aufnehmen)* kanonizi

Kanonisse *f Stiftsdame* kanonikino

Kanonist *m Kirchenrechtslehrer* kanonisto

Kanonizität *f 1. Zugehörigkeit zum Kanon 2. kirchliche Gültigkeit [entsprechend dem kanonischen Recht]* kanoneco

Kanope *f Archäol (1. dickbauchiger altägyptischer Krug mit Deckel in Form eines Menschen- od Tierkopfes zur Bestattung der Eingeweide eines mumifizierten Toten 2. bei den Etruskern im 7. bis 5. Jh. v.Chr. verwendete Aschenurne)* kanopo

kanopisch *Adj auf Kanopos bezüglich* kanopa; ~***er Nilarm*** *m* kanopa brako de [la] Nilo

Kanopos (*n*) *altägyptischer Kultort am westlichsten («kanopischen») Nilarm* Kanopo *<berühmt durch den Orakeltempel des Gottes Kanopos Serapis [der Ort war außerdem vor der Gründung Alexandrias der wichtigste ägyptische Handelshafen]>* (*vgl. dazu* ***Abukir***)

Kanopus *m Astron* ↑ ***Canopus***

Kanossa (*n*) = ***Canossa***

Känozoikum *n Geol (Syn für «Neozoikum» [das jüngste Erdzeitalter])* kenozoiko

känozoisch *Adj Geol* kenozoika

Kanpur (*n*) *eine Stadt in Uttar Pradesh/Indien [am Ganges]* Kanpuro *<Eisenbahnknotenpunkt>*

Kansai-Distrikt *m in Japan* Kansajo

Kansas (*n*) (*Abk* ***Kan.*** *od* ***Kans.***; *[postalisch]* ***KS***) *ein US-Bundesstaat* Kansaso *[Hptst.: Topeka]*; ~ ***City*** Kansas-urbo

Kant (*m*) *Eig (ein dt. Philosoph [1724-1804])* Kant[i]o (*vgl. dazu* ***Kantianismus***)

kantabel, *auch* ***sangbar*** *Adj Mus* kantebla

Kantabrer *m/Pl im Altertum indoeuropäisches Volk im Gebiet des oberen Ebro bis zur Nordküste Spaniens* kantabroj *Pl*

Kantabrien (*n*), *span.* ***Cantabria*** *eine Küstenlandschaft u. Provinz in N-Spanien* Kantabrio *[Hptst.: Santander]*

kantabrisch *Adj* kantabra; ***das ²e Gebirge***, *span.* ***Cordillera Cantabrica*** *ein Gebirgszug in NW-Spanien* la Kantabra Montaro (↑ *auch* ***Asturisches Gebirge*** [*unter* ***asturisch***]); ***das ²e Meer*** la Kantabra Maro

Kantalupemelone *od kurz* ***Kantalupe*** *f, auch* ***Warzenmelone*** *f* (Cucumis melo, var. cantalupensis) *Bot, Nahr* kantalupo

Kantate *f Mus (mehrteiliges, vorwiegend lyrisches Gesangsstück im monodischen Stil für Solisten od Chor mit Instrumentalbegleitung)* kantato

Kantbeitel *m Handw (ein Tischlerwerkzeug)* angula ĉizilo

Kante *f Grat, äußerster Rand* eĝo *auch Geom* (*vgl. dazu* ***¹Rand*** *u.* ***Saum***; ↑ *auch* ***Bett-, Stahl-*** *u.* ***Webkante***) ◇ ***etw. auf die hohe ~ legen*** ŝpari iom por malbonaj tagoj

Kantele *f Mus (eine fächerartige Zither mit 5 bis zu 46 Saiten [finn. Nationalinstrument])* kantelo

kanten *tr*: ***etw. ~*** eĝi ion; *etw. auf die Kante stellen* starigi ion sur la eĝon (↑ *auch* ***hochkant***); ***die Skier ~*** *Skisport* randi la skiojn

Kanten *m Brot²* krustopeco [de pano]; ~**winkel** *m Geom (Winkel zw. zwei Kanten)* duedra angulo

Kanthaken *m Forstw (Haken zum Bewegen von Baumstämmen nach dem Holzeinschlag)* trunkturnilo

Kantharide *f Ent* ↑ ***spanische Fliege*** [↑ *unter* ***spanisch***)

Kantharidin *n, fachsprachlich* ***Cantharidin*** *n, auch* ***Kantharidenkampfer*** *m Pharm (ein Terpenoid, das in verschiedenen Käferarten, z.B. der Spanischen Fliege, vorkommt, auch Drüsenabsonderung bestimmter Insekten)* kantaridino *<gilt als potenzsteigerndes Mittel>*; ~**pflaster** *m, auch* ***Kantharidenpflaster*** *n Pharm* kantaridina plastro

Kantianer *m Anhänger (bzw. Schüler) Kants* kant[i]ano

Kantianismus *m, auch* ***[philosophische] Lehre*** *f* ***Kants*** kant[i]ismo

kantig *Adj* ĉgohava (*vgl. dazu* ***eckig*** *u.* ***scharfkantig***)

Kantilene *f Mus (getragene, gebunden zu singende od zu spielende Melodie bzw. eine Komposition entsprechenden Charakters [im 17./18. Jh.])* kantileno

Kantille *f Schnur aus vergoldeten od versilberten, spiralig zusammengedrehten Metallfäden (für Tressen u. Borten)* kantilo

Kantine *f Betriebs- od Werksgaststätte* kantino (*vgl. dazu* ***Mensa*** *u.* ***Speisesaal***; ↑ *auch* ***Betriebskantine***)

Kantinenwirtin *f* kantinistino

[1]**Kanton** [*'kanton*] (*n*), *chin.* ***Guangzhou*** *eine südchin. Hafenstadt* Kantono

[2]**Kanton** [*kan'ton*] *m* (*Abk* ***Kt.***) *1. Gliedstaat der Schweizerischen Eidgenossenschaft* (↑ *auch* ***Halbkanton*** *u.* ***Urkantone***) *2. Verwaltungsbezirk der Arrondissements in Belgien u. Frankreich* kantono

kantonal *Adj den Kanton betreffend* kantona

Kantonal|bank *f <schweiz> Fin* kantona banko; ~**wahlen** *f/Pl* kantonaj elektoj *Pl*

kantonesisch *Adj auf die Stadt Kanton bezüglich* kantona; *aus Kanton* el Kantono

Kantonesisch[e] *n Ling* la kantona [dialekto]

Kantonfluss *m* ↑ ***Perlfluss***

Kantonnement *n Mil* ↑ ***Standquartier***

Kantons|rat *m <schweiz> Parlament eines Kantons* kantona parlamento; ~**regierung** *f in der Schweiz* kantona registaro

Kantor *m kirchlicher Chorleiter* kantoro; *Organist* orgenisto

Kantschil *m* (*Gattung* Tragulus) *Zool* tragolo; *Klein*≗ (Tragulus javanicus) *ein südostasiatischer Zwerghirsch* malgranda tragolo

Kanu *n a) bei Naturvölkern auch* ***Einbaum*** *m* kanuo, *auch* trunk[o]boato ***b)*** *Sport (zusammenfassende Bez für Kajak u. Kanadier)* kanuo (*vgl. dazu* ***Kajak*** *u.* [2]***Kanadier***)

Kanufahrer *m Sport* ↑ ***Kanute***

Kanuheck *n Mar (eine Form des Hecks)* kanu-pobo

Kanüle *f Med* kanulo (↑ *auch* ***Hirn-*** *u.* ***Injektionskanüle***); ***eine sterile*** ~ sterila kanulo

Kanu-Rafting *n* kanua raftado

[1]**Kanuri** *Pl Ethn (ein Volk [etwa 2 Mio] südwestlich des Tschadsees)* kanuroj *Pl*

[2]**Kanuri** *n Ling (eine in Kamerun, Niger u. Nigeria gesprochene Sprache)* la kanura [lingvo]

Kanu|slalom *m Wassersport* kanu-slalomo; ~**sport** *m* kanuado, *[im Kajak]* kajakado

Kanute *m, pop auch* ***Kanufahrer*** *m Sport* kanuisto

Kanzel *f* ***a)*** *Predigerstand in der Kirche* predika pupitro, predikejo; *Ambon (Lesepodest in altchristl. und mittelalterlichen Kirchen)* ambono (*vgl. dazu* ***ex cathedra***) ***b)*** *Flugzeug*≗ pilota kajuto, *auch kurz* pilotejo ***c)*** *Jägersprache (Hochsitz)* altembusko; ~**brüstung** *f* predikeja balustrado

Kanzelrede *f Kirche* ↑ ***Homilie***

Kanzeltreppe *f* predikeja ŝtuparo

kanzerogen ↑ ***krebserregend***

Kanzerologe *m* ↑ ***Krebsspezialist***

Kanzerophobie *f* ↑ ***Krebsangst***

Kanzlei *f, alt* ***Amtsschreibstube*** *f Verw* kancelario (*vgl. dazu* ***Sekretariat***; ↑ *auch* ***Gerichts-***, ***Papst-*** *u.* ***Staatskanzlei***); *Anwalts*≗ advokata oficejo; *Gerichts*≗ juĝeja kancelario; ~**beamte** *m, alt* ***Kanzlist*** *m* oficisto de kancelario, kancelariisto; ~**stil** *m* kancelaria stilo; ~**vorsteher** *m* kancelariestro

Kanzler *m* ***a)*** *Pol* kanceliero (↑ *auch* ***Bundes-***, ***Reichs-*** *u.* ***Vizekanzler***) ***b)*** *Univ (Leiter der staatlichen Verwaltung einer Hochschule)* estro de la administrado [de altlernejo], *(Kurator)* kuratoro [de universitato]; ~**amt** *n* kanceliera oficejo

Kanzlist *m* ↑ ***Kanzleibeamte***

Kanzone *f 1. Lit (lyrische Gedichtform romanischen Ursprungs) 2. Mus ([im 13.-16. Jh.] in Italien gebräuchliche mehrstimmige Motette; [im 16. u. 17. Jh.] französisches Chanson mit Instrumentalbegleitung)* kanzono

Kaolin *n, fachsprachl. m, auch* ***Porzellanerde*** *f Min* kaolino, *auch* porcelantero *<so benannt nach dem chinesischen Berg Kaoling>* (↑ *auch* ***Bol***)

Kaolinit *m Min (ein weißliches od bläuliches*

Tonmineral [wichtigster Bestandteil der Porzellanerde]) kaolinito

Kaonen *n/Pl Phys (gelegentliche Bez für «K-Mesonen»)* kaonoj *Pl*

Kap *n Vorgebirge, gebirgige Landspitze, die in die See hinausragt* kabo, *(bes. Geogr) auch* promontoro; ~ ***Finisterre*** *Felsenkap an der nordwestspan. Küste* Promontoro de Finistero; ~ ***der Guten Hoffnung*** *Südspitze Afrikas* Bonespera Kabo, *auch kurz* Kabo; ~ ***Hoorn*** *Südspitze Südamerikas* Horna Kabo *od* Horn-Kabo; ~ ***Tscheljuskin***, *auch* ***Nordostkap*** *n nördlichster Punkt des asiatischen Festlandes* Ĉeljuskina Kabo

Kap. = *Abk für* ***[1]Kapitel***

kapabel *Adj fähig* kapabla; *geschickt* lerta

Kapaneus (*m*) *griech. Myth (Teilnehmer am Zug der Sieben gegen Theben)* Kapaneo

Kapaun *m kastrierter Masthahn* kapono (*vgl. dazu* ***Poularde***)

Kapazitanz *f El* (*Formelzeichen* ***C***), *auch* ***Blindleitwert*** *m Wechselstromwiderstand einer Kapazität [z.B. von Kondensatoren u. Leitern]* kapacitanco

Kapazität *f* ***a)*** kapacito *auch El* (*vgl. dazu* ***Kapazitanz***; ↑ *auch* ***Anfangs-***, ***Antennen-*** *u.* ***Speicherkapazität***); *Fassungsvermögen auch* enhavokapacito; ***mit einer*** ~ ***von ...*** kun kapacito de ...; ***ungenutzte*** ~ ne [el]uzita kapacito ***b)*** *umg für «hervorragender Fachmann»* korifeo, eminenta (*od* fama) specialisto, eminentulo (↑ *auch* ***Autorität***)

Kapazitätsauslastung *f Betriebswirtschaft, Ind* eluzo de [la] kapacito

kapazitiv *Adj El (auf die elektr. Kapazität bezüglich)* kapacita

Kap|bleiwurz *f* (Plumbago auriculata) *Bot* kab[land]a plumbago; ~**-Borstenhörnchen** *n* (Xerus inauris) *Zool* kablanda ksero *[Vorkommen: Südafrika]*; ~**brillenvogel** *m* (Zosterops capensis) *Orn* kaba zosteropo; ~**bülbül** *m* (Pycnonotus capensis) *Orn* kaba bulbulo; ~**drossel** *f* (Turdus olivaceus) *Orn* olivkolora turdo *<die am weitesten verbreitete Drosselart Afrikas>*

Kapee ◇ ***schwer von*** ~ ***sein*** *umg für «begriffsstutzig sein»* esti [iom] fermitkapa

Kapella *f, auch* ***Capella*** *f Astron (hellster Stern des Sternbildes Fuhrmann)* Kaprino

Kapellan *m* ↑ ***Kaplan***

[1]Kapelle *f 1. kleine Kirche 2. Nebenraum mit Altar einer Kirche* kapelo (↑ *auch* ***Gedenk-***, ***Grab-***, ***Tauf-*** *u.* ***Votivkapelle***); ***die Sixtinische*** ~ ***im Vatikan*** la Siksta Kapelo en Vatikano

[2]Kapelle *f Mus* [malgranda] orkestro (↑ *auch* ***Blas-***, ***Militär-*** *u.* ***Musikkapelle***); *Band, Jazz*≗ [ĵaz]bando

Kapellmeister *m Mus* orkestr[o]estro (*vgl. dazu* ***Dirigent***); *einer Tanzkapelle* bandestro

Kapente *f, auch* ***Fahlente*** *f* (Anas capensis) *Orn* kablanda kreko *od* kaplanda pintvostanaso *[Vorkommen: Äthiopien, Sudan bis Namibia u. Südafrika]*

[1]Kaper *f ein Gewürz ([in Essig eingelegte] Blütenknospe des Kapernstrauches)* kaporo, kaporburĝono

[2]Kaper *m früher für* ***Kaperschiff*** [↑ *dort*]; ~**brief** *m staatliche Ermächtigung zur Teilnahme am Handelskrieg* kaperletero

Kaperei *f, auch* ***Kaperung*** *f [früher:] Aufbringung feindlicher u. Kontrabande führender neutraler Handelsschiffe* kaper[ad]o

kapern *tr Mar* kaperi, *auch* forkaperi

Kapernaum (*n*), *ökumenisch* ***Kafarnaum*** (*n*) *bibl (ein Ort am NW-Ufer des Sees Genezareth [Wirkungsstätte Jesu])* Kapernaumo

Kapernsoße *f Kochk* kapora saŭco

Kapernstrauch *m* (*Gattung* Capparis) *Bot* kapora arbusto, *auch kurz* kaporo, (*Art* Capparis spinosa) dorna kaporo; ***[Familie der] Kapernsträucher*** *m/Pl* (Capparaceae) kaporacoj *Pl*

Kaperschiff *n Gesch* kaperŝipo

Kaperung *f Mar* ↑ ***Kaperei***

Kapetinger *m/Pl Gesch (ein franz. Königsgeschlecht)* kapetidoj *Pl* (↑ *auch* ***Bourbonen***)

Kap|fuchs *m* (Vulpes chama) *Zool* kaba (*od* sudafrika) vulpo; ~**giraffe** *f* (Giraffa camelopardalis giraffa) *Zool* kaplanda ĝirafo *[Vorkommen: südl. Afrika]*; ~**hase** *m* (Lepus capensis) *Zool* kaba leporo (↑ *auch* ***Springhase***); ~**hecht** *m* (Merluccius capensis) *Ichth* kaba merluĉo

Kapholländisch *n Ling* ↑ ***Afrikaans***

Kaphonigfresser *m* (Promerops cafer) *Orn* kaba mielmanĝulo

kapieren *tr umg: mitkriegen* kapti; *begreifen, verstehen* kompreni

Kapigel *m* (Atelerix frontalix) *Zool* sudafrika erinaco

kapillar *Adj haarfein, z.B. von Blutgefäßen* kapilara

Kapillar|analyse *f* kapilara analizo; ~**aneu**

rysma *n Med (Aneurysma des arteriellen Kapillarschenkels)* kapilara aneŭrismo *[häufig bei Raynaud-Syndrom]*; ~**druck** *m Blutdruck in den Kapillaren* kapilara premo

Kapillare *f od* **Kapillargefäß** *n Phys (Haarröhrchen)* kapilara tubo; *Anat (feinstes Blutgefäß)* kapilara angio (*od* vazo), *auch* kapilaro (↑ *auch* ***Lymphkapillaren***)

Kapillargebiet *n Anat* kapilara regiono

Kapillarität *f, auch* ***Haarröhrcheneffekt*** *m Phys (das Verhalten von Flüssigkeiten in engen Röhren)* kapilareco

Kapillar|puls *m Med* kapilara pulso; ~**thrombose** *f Med* kapilara trombozo; ~**widerstand** *m Med* kapilara rezisto

Kapital *n* kapitalo (↑ *auch* ***Aktien-***, ***Anlage-***, ***Eigen-***, ***Einlage-***, ***Finanz-***, ***Gesellschafts-***, ***Grund-***, ***Handels-***, ***Industrie-***, ***Kredit-***, ***Mindest-***, ***Monopol-***, ***Stamm-***, ***Start-***, ***Stiftungs-***, ***Umlauf-*** *u.* ***Wucherkapital***); ~ ***und Zinsen*** kapitalo kaj rento; ***ausländisches*** (***fixes***, ***konstantes***, ***passives***, ***vagabundierendes***, ***variables***, ***zirkulierendes***) ~ eksterlanda (fiksa, konstanta, pasiva, vagabonda, vari[ebl]a, cirkulanta) kapitalo; ***risikotragendes*** ~ ↑ ***Risikokapital***; ~ ***anlegen*** (*od* ***investieren***) investi kapitalon; ***in*** ~ ***umwandeln*** *kapitalisieren* konverti en kapitalon, kapitaligi

Kapitäl *n Arch* ↑ ***Kapitell***

Kapital|akkumulation *od* ~**anhäufung** *f* akumulado de kapitalo; ~**anlage** *f* kapitalinvesto *od* investado de kapitalo

Kapitalanlagegesellschaft *f* ↑ ***Investmentgesellschaft***

Kapitalanleger *m* investanto [de kapitalo]

Kapitalausfuhr *f* ↑ ***Kapitalexport***

Kapital|ausstattung *f Wirtsch* ekipado (*od* proviz[ad]o) per kapitalo; ~**basis** *f* kapitalbazo; ~**bewegung** *f* kapitalmoviĝo; ~**ertrag** *m* kapitalenspezoj *Pl*; ~**export** *m, auch* ***Kapitalausfuhr*** *f* kapitaleksporto; ~**flucht** *f Fin* kapitalfuĝo (***ins Ausland*** eksterlanden); ~**fluss** *m* kapitalfluo; ~**güter** *Pl, auch* ***Investitionsgüter*** *Pl* investaĵoj *Pl*

kapitalintensiv *Adj* kapitalintensa

Kapitalinvestition *f* kapitalinvesto

kapitalisierbar *Adj* kapitaligebla

kapitalisieren *tr in Kapital verwandeln* kapitaligi; ***kapitalisierter Wert*** *m in Kapital umgesetzter Wert* kapitaligita valoro

Kapitalisierung *f Verwandlung in Kapital* kapitaligo

Kapitalismus *m* kapitalismo (↑ *auch* ***Anarcho-***, ***Früh-***, ***Spät-*** *u.* ***Staatskapitalismus***)

Kapitalist *m* kapitalisto

kapitalistisch *Adj auf den Kapitalismus bezogen* kapitalisma; *auf die Kapitalisten bezogen* kapitalista (↑ *auch* ***staatskapitalistisch***); ~***e Gesellschaft*** *f* kapitalista socio

Kapital|knappheit *f od* ~**mangel** *m* manko de kapitalo; ~**konto** *n* kapitalkonto; ~**kosten** *Pl Wirtsch* kapitalkosto(j)

kapitalkräftig *Adj* kapitalhava

Kapitalmangel *m* ↑ ***Kapitalknappheit***

Kapital|markt *m Bankw, Fin* kapitalmerkato; ~**reserve(n)** *f/(Pl)* kapitalrezervo(j)

kapitalschwach *Adj* malfortkapitala

Kapital|spritze *f Fin* kapitalinjekto; ~**steuer** *f* kapitalimposto; ~**struktur** *f Fin* kapitalstrukturo; ~**verbrechen** *n Jur (begangener Mord)* mortokrimo, *(schweres Verbrechen)* grava krimo; ~**verlust** *m* kapitalperdo *od* perdo de kapitalo; ~**vernichtung** *f* kapitaldetruo; ~**zinsen** *Pl Fin* kapitalrento

Kapitän *m Flugw, Mar, Mil (Befehlshaber), Sport (Mannschafts- od Spielführer)* kapitano; *Schiffs*≗ *auch* ŝipestro (↑ *auch* ***Flug-***, ***Fregatten-***, ***Industrie-***, ***Korvettenkapitän*** *u.* ***Pilot***)

Kapitäns|binde *f des Mannschaftsführers (bes. beim Fußball)* kapitana bendo; ~**kajüte** *f* ŝipestra kajuto

[1]**Kapitel** *n* (*Abk* ***Kap.***) *im Buch* ĉapitro (↑ *auch* ***Schluss-*** *u.* ***Unterkapitel***)

[2]**Kapitel** *n kath. Kirche (1. Kollegium von Geistlichen an einer Dom- od Stiftskirche 2. Versammlung der Angehörigen eines Klosters, auch einer Ordensprovinz od des gesamten Ordens)* kapitulo

Kapitell *n*, <österr> ***Kapitäl*** *n Arch (oberer Säulen- od Pfeilerabschluss)* kapitelo (↑ *auch* ***Kelchkapitell***); ***dorisches*** (***frühgotisches***, ***ionisches***, ***korinthisches***, ***mykenisches***) ~ dorika (frugotika, ionika, korintika, micena) kapitelo

Kapitelldeckplatte *f, auch* ***Säulen[deck]platte*** *f Arch* abako

Kapitelüberschrift *f* ĉapitrotitolo

Kapitol *n* ***a)*** *die Burg in Alt-Rom* Kapitolo [en Romo] ***b)*** *Kongressgebäude in Washington* Kapitolo [en Vaŝingtono]

Kapitulation *f Mil* kapitulaco *auch übertr*; ***bedingungslose*** ~ senkondiĉa kapitulaco

Kapitulations|angebot *n* propono pri kapitulaco; ~**vertrag** *m* kontrakto pri kapitulaco

kapitulieren *intr Mil* kapitulaci *auch übertr umg* (↑ *auch* ***sich ergeben***)

Kapklippschliefer *m Zool* ↑ *unter* ***Klippschliefer***

Kap|kobra *f* (Naja nivea) *Zool* kablanda kobro <*giftigste Kobra Afrikas*>; **körbchen** *n* (*Gattung* Osteospermum) *Bot* osteospermo; ~**kuckuck** *m* (Clamator levaillantii) *Orn* levajanta kukolo

Kaplan *m*, *auch* ***Kapellan*** *m Prediger* kapelano *od* kapelpastro (↑ *auch* ***Feldprediger***); *Hilfsgeistlicher* subpastro, vikario

Kaplöffelente *f* (Anas smithii) *Orn* sudafrika kuleranaso

Kap-May-Sänger *m* (Dendroica tigrina) *Orn* tigroparulio

Kapodaster *m Mus* ↑ ***Capotasto***

Kapohreule *f* (Asio capensis) *Orn* afrika strigo

Kapok *m*, *auch* ***Pflanzendaune*** *f Samenfaser des Kapokbaums (ein Füll- u. Polstermaterial)* kapoko; ~**baum** *m* (Ceiba pentandra), *auch* ***Wollbaum*** *m Bot* kapokarbo; ~**öl** *n* kapokoleo <*Verwendung als Speiseöl sowie zur Herstellung von Seifen*>

Kaponniere *m alt Mil (bombensicherer Gang in einer Festung)* kaponiero

Kaposvár (*n*) *eine Komitatshptst. in SW-Ungarn [südlich des Balaton]* Kapoŝvaro

Kappadokien *od* **Kappadozien** (*n*) *eine Landschaft im östl. Kleinasien* Kapadocio

Käppchen *n* ĉapeto

Kappe *f* ***a)*** *Mütze* ĉapo (*vgl. dazu* ***Haube*** *u.* ***Helm***; ↑ *auch* ***Badekappe***) ◇ ***das nehme ich auf meine*** ~ la respondecon pri tio mi prenas sur min ***b)*** *Ventil- od Verschluss*$^{\circ}_{\sim}$ kapuĉo, ĉapo *auch Bauw (Aufsatzstück, Haube)*; ***etw. mit einer*** ~ ***bedecken*** kovri ion per kapuĉo, *auch* kapuĉi ion ***c)*** *i.w.S.* ↑ ***Eiskappe***

kappen *tr Forstw, Gartenb (stutzen)* stuci; *abschneiden* fortranĉi (*vgl. dazu* ***abhacken***)

Kappen|ammer *f* (Emberiza melanocephala) *Orn* nigrakapa emberizo; ~**astrild** *m* (Estrilda atricapilla) *Orn* nigrakapa estrildo; ~**geier** *m* (Necrosyrtes monachus) *Orn* kapuĉgrifo

Kappenhelmkraut *n Bot* ↑ ***Sumpfhelmkraut***

Kappenkleiber *m Orn* ↑ ***Kanadakleiber***

Kappenmohn *m*, *auch* ***Eschscholzie*** *f* (*Gattung* Eschscholzia) *Bot* eŝolcio; ***kalifornischer*** ~, *auch* ***Schlafmützchen*** *n* (Eschscholzia californica) kalifornia eŝolcio

Kappenmuskel *m Anat* ↑ ***Trapezmuskel***

Kappen|reiher *m* (Pilherodius pileatus) *Orn* kapuĉa ardeo *[Vorkommen: Panama u. nördl. Südamerika]*; ~**säger** *m*, *auch* ***Haubensäger*** *m* (Mergus cucullatus) *Orn* kapuĉa merĝo; ~**waldsänger** *m* (Wilsonia citrina) *Orn* kapuĉparulio

Käppi *n* kepo

Kapp-Putsch *m dt, Gesch (gescheiterter Putschversuch im März 1920 gegen die junge Weimarer Republik)* puĉo de Kapp

Kapprovinz *f größte Provinz der Rep. Südafrika* Kabo-provinco

Kappzaum *m eine gebisslose Zäumnung, die in erster Linie beim Training mit jungen Pferden u. bei der Handarbeit verwendet wird* duonbrido

Kaprice *f*, <*österr*> ***Kaprize*** *f* ↑ ***Laune a)***

Kapriole *f* kapriolo *auch Reitsport (ein besonderer Sprung der Hohen Schule) u. übertr* (↑ *auch* ***Wetterkapriolen***); ~***n machen*** fari kapriolojn, kaprioli *auch übertr*

kapriziös *Adj launisch* kaprica, aganta laŭ kapricoj (↑ *auch* ***eigenwillig*** *u.* ***launisch***)

Kaprolaktam *n*, *fachsprachl.* ***Caprolactam*** *n Chem (Ausgangsstoff für die Herstellung von Polyamiden)* kaprolaktamo

Kapscharbe *f* (Phalacrocorax capensis) *Orn* kaba kormorano

Kapsel *f* ***a)*** *allg, auch Pharm* kapsulo (*vgl. dazu* ***Futteral***, ***Hülse***, ***Raumkapsel***) ***b)*** *Anat* (Capsula) kapsulo (↑ *auch* ***Bindegewebs-*** *u.* ***Gelenkkapsel***); ***außerhalb der*** ~ ***[liegend]*** eksterkapsula ***c)*** *Fachspr* ***Theca*** *Bot (Frucht-, Sporen- u.a. Kapsel)* kapsulo (↑ *auch* ***Deckel-*** *u.* ***Spaltkapsel***); ~**hotel** *n*, *selt auch* ***Wabenhotel*** *n eine bes. in Japan verbreitete Hotelform* kapsula hotelo; ~**schwellung** *f eines Organs* kapsula ŝvelo

Kapsid *n Biochemie* ↑ ***Capsid***

Kapstachelbeere *f Bot* ↑ ***Andenbeere***

Kapstadt (*n*), *engl.* ***Cape Town***, *afrikaans* ***Kaapstad*** *Hptst. der Kapprovinz/Rep. Südafrika* Kaburbo

Kap|stelze *f* (Motacilla capensis) *Orn* kab[land]a motacilo *[Vorkommen: subsaharisches Afrika]*; ~**sturmvogel** *m* (Daption capensis) *Orn* kaba petrelo; ~**täubchen** *n* (Oena capensis) *Orn* maskoturto; ~**tölpel** *m* (Sula capensis = Morus capensis) *Orn (ein gänsegroßer Meeresvogel aus der Familie* *der Tölpel)* kaba sulo *[Vorkommen: vor der Küste Namibias u. Südafrikas]*; ~**triel** *m* (Burhinus capensis) *Orn* makula trielo; ~**uhu** *m* (Bubo capensis) *Orn* kaba gufo

Kaput *m* ↑ ***Soldatenmantel***

kaputt *Adj* ***a)*** *zerbrochen* rompita; *beschädigt, schadhaft* difekt[it]a; ***ein ~er Reifen*** *einer, der Luft lässt* likanta pneŭmatiko; *ein geplatzter* krevinta pneŭmatiko ***b)*** *abgespannt, erschöpft* elĉerpita, lacigita, lacega; ***ich bin ganz ~*** mi estas tute elĉerpita

kaputt|gehen *intr zerbrechen* rompiĝi; *beschädigt werden* difektiĝi; *zerreißen* disŝiriĝi; *umkommen* perei; ~**machen** *tr zerbrechen* rompi *auch übertr*; *beschädigen* difekti; *ruinieren (bes. übertr)* ruinigi; *zerstören* detrui; ~**schlagen** *tr* disbati

Kapuze *f* kapuĉo *auch des Mönchs* (↑ *auch* ***Baschlik***); ***mit einer ~ bedecken*** kovri per kapuĉo, kapuĉi

kapuzenförmig *Adj* kapuĉoforma

Kapuzen|mantel *m* kapuĉhava mantelo, *auch* kapoto (↑ *auch* ***Burnus***); ~**pullover** *m* kapuĉhava pulovro

Kapuziner *m Kirche* ↑ ***Kapuzinermönch***

Kapuzineraffe *m*, *auch* ***Weißschulteraffe*** *m* (Cebus hypoleucus = Cebus capucinus) *Zool* [blankkapa] kapucena simio *eine südamerikanische Affenart*; ***Gattung der ~n*** *(od* ***Greifschwanzaffen****)* (Cebus) ceboj *Pl*

Kapuzinerartige *Pl* (Cebidae) *Zool (eine vielgestaltige Familie der Neuweltaffen)* cebedoj *Pl*

Kapuzinerkotinga *f Orn* ↑ ***Kapuzinervogel***

Kapuzinerkresse *f* (*Gattung* Tropaeolum) *Bot* tropeolo; ***große ~*** (Tropaeolum majus) granda tropeolo; ***kanarische ~*** (Tropaeolum peregrinum) kanaria tropeolo; ***[Familie der] Kapuzinerkressengewächse*** *n/Pl* (Tropaeolaceae) tropeolacoj *Pl*

Kapuziner|[mönch] *m kath. Kirche* kapuceno, kapucena monaĥo (*vgl. dazu* ***Franziskaner***); ~**orden** *m* (*lat. Abk* ***OFM Cap***) kapucena ordeno

Kapuzinerröhrling *m Mykologie* ↑ ***Birkenpilz***

Kapuzinervogel *m* (*auch* ***Kapuzinerkotinga*** *genannt*) (Perissocephalus tricolor) *Orn* kapucena birdo

Kap Verde (*n*), *amtl.* ***República do Cabo Verde*** *ein kleiner Inselstaat im mittleren Atlantik* Kabo-Verdo *[Hptst.: Praia]*

Kapverden|rohrsänger *m* (Acrocephalus brevipennis) *Orn* dornkanbirdo; ~**sturmvogel** *m* (Pterodroma feae) *Orn* kaboverda petrelo; ~**-Wellenläufer** *m* (Oceanodroma jabejabe) *Orn* kaboverda ŝtormpetrelo

Kapverdier *m Bewohner der Kapverdischen Inseln* kaboverdano

Kapverdierin *f* kaboverdanino

Kapverdische Inseln *Pl eine Inselgruppe vor der Westküste Afrikas* Verdakaba Insularo *[Hptst.: Praia]*

Karäer *m/Pl Rel* ↑ ***Karaiten***

Karabiner *m Gewehr mit kurzem Lauf* karabeno; ~**haken** *m*, *auch kurz* ***Karabiner*** *m* karabenhoko, *(falls federunterstützt)* risorthoko; ~**schütze** *m* karabenisto

Karaffe *f* karafo *auch als Maßeinheit* (↑ *auch* ***Likörkaraffe***); ***eine ~ Wein bestellen*** mendi karafon da vino

Karaffine *f kleine Karaffe* karafeto

Karaganda (*n*), *kasachisch* ***Karaǵandy*** *eine Bergbau- u. Universitätsstadt im Osten Kasachstans* Karagando

Karaiben *m/Pl*, *auch* ***Kariben*** *m/Pl 1. Eigenbez.* ***Kariña*** *Pl Ethn ([in vorkolumbischer Zeit:] Angehörige südamerikanischer Indianer, die früher an der Küste der Orinoco- bis fast zur Amazonasmündung ansässig waren <heute nur noch rund 10,000 Menschen, vor allem in Suriname u. Guyana>) 2. Angehörige einer Sprachgruppe südamerikanischer Indianer im nördl. Amazonasbecken, bes. in Guyana* karaiboj *Pl, auch* kariboj *Pl*

Karaiten *m/Pl*, *auch* ***Karäer*** *m/Pl Rel Anhänger einer jüdischen, jedoch antirabbinischen traditionsfeindlichen Reformbewegung [gegründet von Anan ben David (daher auch ‹Ananiten› genannt)]* karaitoj *Pl*

Karakal *m*, *auch* ***Wüstenluchs*** *m* (Lynx caracal = Caracal caracal) *Zool (eine afrikanisch-vorderasiatische Art der Luchse)* karakalo

Karakalpake *m Ethn (Angehöriger eines in Usbekistan lebenden Turkvolks)* karakalpako

karakalpakisch *Adj* karakalpaka

Karakalpakisch[e] *n Ling (eine Turksprache, die nur geringfügig vom Kasachischen abweicht)* la karakalpaka [lingvo]

Karakalpakstan (*n*) *eine autonome Republik in Usbekistan am Aral-See* Karakalpakio *[Hptst.: Nukus]*

Karake *f Mar (ein span. Handelsschiff im*

Mittelalter) karako

karakolieren *intr während des Ritts tänzeln (Pferd)* karakoli

Karakorum *m ein Hochgebirge in Mittelasien* Karakorumo

Karakulschaf *n, auch* ***Breitschwanzschaf*** *eine Rasse der Fettschwanzschafe n* karakulo

Karakum *f Sandwüste u. Oasensteppe in Turkmenistan* Karakumo

Karambolage *f Billard u. übertr* karambolo (*vgl. dazu* ***Kollision***; ↑ *auch* ***Massenkarambolage*** *u.* ***Zusammenstoß***)

karambolieren *intr Billard u. übertr* karamboli (***mit*** kun)

Karamell *m, auch* ***Karamellzucker*** *m brauner (od gebrannter) Zucker* karamelo; **~-bonbon** *n, auch* ***Karamelle*** *f,* <*schweiz*> ***Caramel*** *n* karamelbombono, *Weichkaramelle* tofeo (↑ *auch* ***Milchbonbon***)

Karamellgeschmack *m*: ***mit*** ~ karamelgusta

karamellisieren ***a)*** *tr Zucker[lösungen] trocken erhitzen* karameligi ***b)*** *zu Karamell werden* karameliĝi

Karamellpudding *m* karamelpudingo, *auch* karamela pudingo

Karaoke *n Unterhaltungsveranstaltung in Bars, bei der die Gäste mit Playback Schlager singen [bes. in Japan]* karaoko

Karat *n Gewicht für Gold, Perlen u. Diamanten* karato; ***wie viel ~ hat dieser Brillant?*** kiom da karatoj havas ĉi tiu brilianto?

Karate *n eine japanische Selbstverteidigungstechnik* <*in China entstanden*> karateo (*vgl. dazu* ***Jiu-Jitsu*** *u.* ***Taekwondo***)

Karateka *od* **Karatekämpfer** *m* karateisto

Karatschi (*n*) *eine Hafenstadt in Pakistan* Karaĉio

Karausche *f, auch* ***Bauernkarpfen*** *m, reg* ***Moorkarpfen*** *od* ***Schneiderkarpfen*** *m* (Cyprinus carassius = Carassius carassius) *Ichth (ein Süßwasserfisch der Karpfenartigen)* karaso

Karavelle *f Mar (ein Segelschiffstyp des 15. u. 16. Jh.s mit 2 bis 3 Masten)* karavelo

Karawane *f* karavano *auch i.w.S.*; *Kamel~* kamelkaravano

Karawanenstraße *f* vojo por karavanoj

Karawanken *Pl Berggruppe der Südlichen Kalkalpen im österreichisch-slowenischen Grenzgebiet* Karavankoj *Pl*; **~tunnel** *m* Karavanka tunelo

Karawanserei *f Karawanenherberge* karavanejo (↑ *auch* ***Tasch Rabat***)

Karbazol *n, auch* ***Carbazol*** *n Chem* karbazolo

Karbid *n, fachsprachl.* ***Carbid*** *n Chem (Verbindung aus Kohlenstoff u. Metall)* karbido, *auch* [kalcia] karbonido (↑ *auch* ***Bor-*** *u.* ***Eisenkarbid***); **~lampe** *f* karbidlampo

Karbol *Chem* karbolo

Karbolineum *n, fachsprachl.* ***Carbolineum*** *n Chem (ein Anstrichmittel)* karbolineo

Karbolsäure *f, auch* ***Phenol*** *n Chem* karbola acido, *auch* karboksila acido, fenolo; **~vergiftung** *f Med* karboloksida toksiĝo

Karbon *n Geol (eine Formation des Paläozoikums)* karbonio <*Steinkohlenformation*>

Karbonade *f Kochk (reg für «gebratenes Rippenstück»)* karbonado

Karbonat *n, auch* ***kohlensaures Salz*** *n Chem* karbonato (↑ *auch* ***Ammonium-***, ***Eisen-***, ***Magnesium-*** *u.* ***Natriumkarbonat***); ***basisches*** ~ baza karbonato

Karbonatit *m, auch* ***Carbonatit*** *m Min (ein Magmatit)* karbonatito

Karbonisation *f* ↑ ***Verkohlung***

karbonisch *Adj Geol (das Karbon betreffend)* karbonia

karbonisieren *tr* ***a)*** *z.B. Glühlampenfäden* karbigi ***b)*** ↑ ***verkohlen***

Karbonpapier *n* ↑ ***Kohlepapier***

Karborund *n, auch* **Carborundum**® *n Chem (ein Schleifmittel)* karborundo; **~scheibe** *f Zahnmedizin* karborunda disko

Karboxyl *n Chem* karboksilo

Karbunkel *m, pop* ***Karfunkel*** *m* (Carbunculus) *Med (Häufung dicht beieinenaderliegender Furunkel)* karbunklo

Karburation *f, auch* ***Aufkohlung*** *od* ***Kohlung*** *f Metallurgie* karburado

karburieren, *auch* ***aufkohlen*** *tr Metallurgie, Tech (die Leuchtkraft von Gasgemischen durch Zusatz von Kohlenstaub o.Ä. steigern)* karburi

Karbylamin *n Chem* karbilamino

Kardamom *m od n* ***a)*** *auch* ***Kardamome*** *f* (Elattaria cardamomum) *Bot* kardamomo (↑ *auch* ***Ceylon-*** *u.* ***Malabarkardamome***); ***schwarzer*** ~, *auch* ***Nepal-Kardamom*** *m* (Amomum subulatum) nigra kardamomo <*seine Samen werden auch als Gewürz verwendet*> ***b)*** *Gewürz [aus den Samen bestimmter Ingwergewächse]* kardamomo

Kardan|aufhängung *f, auch* ***kardanische Aufhängung*** *f Tech (z.B. eines Kompasses)*

kardana suspensio; ~**gelenk** *n, auch* ***Kreuzgelenk*** *n Tech (Kreuzgelenkverbindung für Wellen, die in einem Winkel aufeinandertreffen)* kardana artiko *od* kardanartiko; ~**welle** *f Motorrad, Tech (Antriebswelle mit Kardangelenk)* kardanŝafto

Kardätsche *f* ***a)*** *Tierpflege* striglobroso (↑ *auch* ***Striegel***) ***b)*** *Wollkämmerei* kardilo

[1]**Karde** *f Spinnerei* ↑ [2]***Krempel***

[2]**Karde** *f, auch* ***Kardendistel*** *f (Gattung* Dipsacus) *Bot* dipsako (↑ *auch* ***Weberkarde***); ***schlanke*** ~ (Dipsacus strigosus) streta dipsako; ***wilde*** ~, *auch* ***Waldkarde*** *f* (Dipsacus sylvestris = Dipsacus fullonum) sovaĝa dipsako

karden, *auch* ***kardieren*** *tr Spinnerei (rauen, kämmen [von Wolle])* kardi (*vgl. dazu* [2]***Krempel***)

Kardendistel *f Bot* ↑ [2]***Karde***

Kardengewächse *n/Pl Bot*: ***[Familie der]*** ~ *Pl* (Dipsacaceae) dipsakacoj *Pl*

Kardiakum *n Pharm (herzstärkendes Mittel)* korstimula medikamento (↑ *auch* ***Tonikum***)

kardieren ↑ ***karden***

Kardieren *n Spinnerei* kardado

kardinal *Adj veraltend für «hauptsächlich»* ĉefa, esenca, fundamenta; *wichtigst* plej grava

[1]**Kardinal** *m kath. Kirche (höchster katholischer Würdenträger nach dem Papst)* kardinalo

[2]**Kardinal** *m* (*Gattung* Cardinalis) *Orn (eine Gattung amerikanischer Finkenvogel)* kardinal[bird]o (↑ *auch* ***Azurbischof***, ***Grünkardinal*** *u.* ***Sommertangare***)

Kardinal|fehler *m* ĉefa (*od* esenca *bzw.* plej grava) eraro; ~**frage** *f* ĉefa (*od* esenca) demando; ~**kreuz** *n eine christl. Kreuzform* kardinala kruco; ~**punkt** *m Opt* kardinala punkto

Kardinals|hut *m* kardinala ĉapelo; ~**kollegium** *n* kolegio de la kardinaloj; ~**kongregation** *f* kongregacio de la kardinaloj

Kardinalzahl *f Math (Grundzahl, z.B. null, eins, zwei)* kardinala nombro

Kardiochirurgie *f* ↑ ***Herzchirurgie***

Kardiograf *m, auch* ***Kardiograph*** *m Med (Gerät zur Aufzeichnung der Herzbewegungen)* kardiografo

Kardiografie *f, auch* ***Kardiographie*** *f Med* kardiografio (↑ *auch* ***Elektro-***, ***Phono-***, ***Radio-*** *u.* ***Vektorkardiografie***)

Kardiogramm *n Med (grafische Darstellung von Herzbewegungen)* kardiogramo

Kardioide *f, auch* ***Herzkurve*** *f Geom (herzförmige Kurve)* kardioido

Kardiologe *m Med* kardiologo

Kardiologie *f Med (Lehre vom Herzen u. den Herzkrankheiten)* kardiologio (↑ *auch* ***Kinderkardiologie***); ***Deutsche Gesellschaft für*** ~ Germana Societo pri Kardiologio *[Sitz: Düsseldorf]*

kardiologisch *Adj* kardiologia

Kardiomegalie *f nur Fachspr Med (übermäßige Herzvergrößerung)* kardiomegalio

Kardiomyopathie *f nur Fachspr Med (klinischer Begriff, der alle Erkrankungen des Herzmuskels umfasst, die nicht durch Koronarsklerose, Erkrankungen des Perikards, eine arterielle od pulmonale Hypertonie od angeborene bzw. erworbene Herzfehler bedingt sind)* kardiomiopatio

Kardiopathie *f bes. Fachspr Med (umfassende Bez für «Herzerkrankung» od «Herzleiden»)* kardiopatio

Kardioplegie *f nur Fachspr Herzchirurgie (künstlich induzierter reversibler Herzstillstand bei Operation am offenen Herzen)* kardioplegio

Kardioptose *f, auch* ***Wanderherz*** *n nur Fachspr Med (Senkung des Herzens ohne krankhaften organischen Befund)* kardioptozo

Kardiotokograf *m, auch* ***Kardiotokograf*** *m nur Fachspr Med (Gerät zur Aufzeichnung der kindlichen Herztöne und der Wehen während des Geburtsvorgangs)* kardiotokografo

Kardiotokografie *f, auch* ***Kardiotokographie*** *f nur Fachspr Med* kardiotokografio

kardiovaskulär *Adj Med (Herz und Gefäße [des Kreislaufs] betreffend)* kardiovaskula

Kardone *f, auch* ***spanische Artischocke*** *f, selt auch* ***Cardy*** *f* (Cynara cardunculus) *Bot* kardono *auch Nahr*

Karelien (*n*), *finn.* ***Karjala*** *Region in NO-Europa* Karelio *[Hptst.: Petrosawodsk]*

Karelier *m/Pl Ethn (eine finnische Volksgruppe in SO-Finnland u. zum größeren Teil in der Rep. Karelien [Russland])* kareloj *Pl*

Karelierin *f* karelino

karelisch *Adj* karela

Karelisch[e] *n Ling (literaturlose Volkssprache der Karelier, eine ostseefinnische, dem*

Finnischen sehr nahe stehende Sprache) la karela [lingvo]

[1]**Karen** [*ka'ren*] *Pl Ethn (eine Volksgruppe in Myanmar, die bes. im Bergland östlich des Sittang und im Gebiet des unteren Saluen ansässig ist sowie in West-Thailand)* karenoj *Pl*

[2]**Karen** [*ka'ren*] *n Ling (Sprache der Karen [eine zu den tibeto-birmanischen Sprachen zählende Sprache])* la karena [lingvo]

Karenzzeit *f, auch* ***Karenz*** *f Wartezeit* atendotempo

Karer *m/Pl* (*Bewohner Kariens an der Südwestküste Kleinasiens, die von den Griechen kolonisiert wurden)* karianoj *Pl*

Karettschildkröte *f* (Caretta caretta) *Zool (eine Meeresschildkröte)* kareto

Karfiol *m* ↑ ***Blumenkohl***

Karfreitag *m Kirche* sankta vendredo *(auch Großschr)*

[1]**Karfunkel** *m, auch* ***Karfunkelstein*** *m Min (feurig rot leuchtender Edelstein [z.B. roter Granat])* karbunkolo (*vgl. dazu* ***Almandin***)

[2]**Karfunkel** *m Med* ↑ ***Karbunkel***

karg *od* **kärglich** *Adj spärlich* malabunda, magra; *ärmlich* povra, [relative] mizera (*vgl. dazu* ***jämmerlich*** *u.* ***kümmerlich***); *einfach* simpla; *unfruchtbar* malfekunda; *geizig* avara; ***nur eine kärgliche Rente bekommen*** ricevi nur magran pension

kargen *intr* avari; ***mit Lob*** ~ avari laŭdon (*od* pri laŭdo)

Kargheit *od* **Kärglichkeit** *f* malabundeco, magreco; *Ärmlichkeit* povreco; *Erbärmlichkeit* mizereco; *Einfachheit* simpleco

kärglich ↑ ***karg***

Kargo *m, auch* ***Cargo*** *m nur Fachspr Hdl, Mar u. Wirtsch für «Schiffsladung»* kargo (*vgl. dazu* ***Ladung***); ~**liste** *f* kargolisto; ~-**versicherung** *f* kargoasekuro

Kariben *m/Pl Ethn* ↑ ***Karaiben***

Karibenblesshuhn *n* (Fulica caribaea) *Orn* kariba fuliko *[Vorkommen: Antillen]*

Karibenfisch *m Ichth* = ***Piranha***

Karibik *f* Karibio; ~**karakara** *m* (Caracara cheriway) *Orn* norda kresta karakaro *[Vorkommen: Karibik, Zentral- u. nördl. Südamerika]*; ~-**Manati** *m* (Trichechus manatus) *Zool* kariba manato *[Vorkommen: an den Küsten des Golfs von Mexiko u. der Karibik sowie an den Atlantikküsten Venezuelas u. Brasiliens]*

karibisch *Adj* kariba; ***die ≗en Inseln*** *f/Pl* la Karibaj Insuloj *Pl*; ***≗es Meer*** *n* Kariba Maro; ***im ~en Raum*** en la kariba regiono

Karibu *n, auch* ***kanadisches Ren*** *n* (Rangifer tarandus arcticus = Rangifer tarandus caribou) *Zool* karibuo

Karien (*n*) *Antike (eine hist. Landschaft in Kleinasien)* Kario (*vgl. dazu* ***Karer***)

karieren *od* **kästeln** *tr mit Würfelzeichnung mustern* kvadrati

kariert *Adj* kvadratita; ***ein ~es Hemd*** ĉemizo el kvadratita ŝtofo; ~***es Papier*** *n* krucstrekita papero, [ordinara] krucpapero

Karies *f Zahnfäule* putra difektiĝo de dento, *Fachspr: Zahn≗* (Caries dentis) [denta] kario (↑ *auch* ***Wurzelkaries***); ~ ***verursachen*** kaŭzi karion

Kariesbakterien *Pl* bakterioj *Pl* kaŭzantaj [dentan] karion

karieshemmend *Adj* antikaria *od* kontraŭkaria

Kariesprophylaxe *f* karioprofilaktiko, *umg* kariopreventado

Karikatur *f* karikaturo (↑ *auch* ***Fratze, Spott-*** *u.* ***Zerrbild***)

karikaturenhaft 1. *Adj verzerrt* karikatura *od nachgest* kiel karikaturo **2.** *Adv* karikature (*vgl. dazu* ***fratzenhaft***)

Karikaturist *m* karikaturisto; *Zeichner von Cartoons* kartunisto

karikieren *tr [lächerlich] verzerrt darstellen* karikaturi

Karin *od* **Karina** (*f*), *auch* ***Carina*** (*f*) *weibl. Vorname* Karina

Kariña *Pl Ethn* ↑ ***Karaiben***

kariös *Adj* kari[oz]a; ~ ***werden*** kariiĝi; ~***e Stelle*** *f* kariaĵo

karisch *Adj auf Karien bezogen bzw. von dort stammend* karia; *aus Karien* el Kario

Karitas *f* ↑ ***Caritas***

karitativ *Adj* karitata (*vgl. dazu* ***barmherzig, hilfsbereit, mild-*** *u.* ***wohltätig***)

Karitébutter *f* ↑ ***Sheabutter***

Karkemisch (*n*), *auch* ***Gargamisch*** (*n*) *eine alte Stadt am Euphrat* Karkemiŝo *<im 2. Jahrtausend v. Chr. Festung der Churitter, später hethitische Handelsstadt>*

Karl (*m*), *auch* ***Carl*** (*m*) *männl. Vorname* Karolo, *Zam auch* Karlo; ~ ***V.*** (= ***der fünfte***) *Gesch (Angehöriger der Habsburger, ein Kaiser des Heiligen Römischen Reiches)* Karolo la 5-a (= kvina) *[* 1500, † 1558]*; ~ ***der Große****, lat.* ***Carolus Magnus*** *Gesch* Karolo la Granda *[* 747, † 814]*; ~ ***der Kahle***

Gesch (ein westfränkischer König [823, † 877])* Karolo la Kalva; ~ ***der Kühne*** *Gesch (Herzog von Burgund [* 1433, † 1477])* Karolo la Maltima (*od* Temerara)

Karla (*f*), *auch* ***Carla*** (*f*) *weibl. Vorname* Karla

Karl-Marx-Stadt (*n*) ↑ ***Chemnitz***

Karlovy Vary (*n*), *dt.* ***Karlsbad*** (*n*) *ein Kurort in NW-Tschechien* Karlovaro

Karlsbrücke *f, tschech.* ***Karlův most*** *in Prag* Karola Ponto <*1357 errichtet*>

Karlskrona (*n*) *eine Hafenstadt in Südschweden* Karlskrono

Karlsruhe (*n*) *eine Stadt in Baden-Württemberg* Karlsruho

Karlstad (*n*) *eine Stadt in Südschweden* Karlstado

Karma *n, auch* ***Karman*** *n ind. Rel (das den Menschen bestimmende Schicksal)* karmo

Karmel *m ein Bergrücken in Israel mit dem Stammkloster der Karmeliter* Karmelo

Karmeliter *m kath. Kirche* karmelano; ***unbeschuhte*** ~ *Pl die strengere Richtung des Ordens* senŝuaj karmelanoj *Pl*

Karmeliterin *od* **Karmelitin** *f kath. Kirche* karmelanino

Karmeliterorden *m* karmelana ordeno

Karmesin *n hochrote Farbe* karmezino

karmesin[rot] *Adj* karmezina (*vgl. dazu* ***dunkelrot***)

karmin ↑ ***karminrot***

Karmin *n ein roter Farbstoff* karmino

karminativ *Adj Med, Pharm (blähungstreibend)* karminativa

Karminativum *n Mittel gegen Blähungen* karminativa medikamento

Karmingimpel *m* (Carpodacus erythrinus) *Orn* ruĝa pirolo (↑ *auch* ***Steinkarmingimpel***)

karmin[rot] *Adj* karmina

Karminspint *m* (Merops nubicus) *Orn* karmina (*od* nubia) abelmanĝulo

Karmiter *Pl Ethn (bibl)* ↑ ***Charmiter***

Karnak (*n*) *ein oberägypt. Ort mit Tempelkomplex [nördl. von Luxor]* Karnako

Karnallit *m Min* ↑ ***Carnallit***

Karnataka (*n*), *früher [bis 1973]* ***Mysore*** (*n*) *ein indischer Unionsstaat an der SW-Küste Vorderindiens* Karnatako, *früher* Majsurio *[Hptst.: Bangalore]*

Karnauba|wachs *n ein Zuschlagstoff zu Wachsmischungen* karnaŭbovakso; ~**[wachs]palme** *f* (Copernicia cerifera) *Bot (eine tropische Nutzpflanze [in Brasilien heimisch])* karnaŭbo, *auch* karnaŭbopalmo

Karneol *m Min (ein Halbedelstein [eine Varietät des Chalzedons])* karneolo (↑ *auch* ***Sard*** *od* ***Sarder***)

Karneval *m, auch* ***Fasching*** *m* karnavalo (*Zus* ↑ *auch unter* ***Fasching***); ~ ***der Kulturen*** Karnavalo de la Kulturoj <*seit 1996 alljährlich in Berlin-Kreuzberg um Pfingsten*>; ~ ***feiern*** festi karnavalon

Karnevals|orden *m, auch* ***Narrenorden*** *m* karnavala ordeno; ~**prinz** *m, auch* ***Prinz Karneval*** karnavala princo; ~**[um]zug** *m* karnavala procesio; ~**wagen** *m* karnavala ĉaro; ~**zeit** *f* karnavala tempo

Karnickel *n reg od umg* ↑ ***Kaninchen***

Karnies *n, auch* ***Glockenleiste*** *f Arch (Zierglied mit S-förmigem Querschnitt [bei Leiste od Gesims])* kornico

karnisch *Adj*: ***die ~en Alpen*** *Pl west-östlich gerichtete Gebirgskette der Südalpen, an der italienisch-österreichischen Grenze* la Karintiaj Alpoj *Pl*

karnivor ↑ ***fleischfressend***

Karnivoren *m/Pl Zool* ↑ ***Fleischfresser***

Kärnten (*n*) (*Abk* ***Kä.***) *ein österreichisches Bundesland* Karintio *[Hptst.: Klagenfurt]*

Kärntener *od* **Kärtner** *m Bewohner Kärntens* karintiano

Kärntner Kuhtritt *m* (Wulfenia carinthiaca) *Bot* karintia vulfenito

Kärntenerin *od* **Kärntnerin** *f* karintianino

kärntnerisch *od* **kärntisch** *Adj* karintia; *aus Kärten* el Karintio

Karnuten *m/Pl Gesch (ein gallisches Volk zw. Liger [Loire] und Sequana [Seine] ab dem 3. Jh. n. Chr.)* karnutoj *Pl*

Karo *n Rhombus* rombo; *Viereck* kvadrato; *Kart (bei franz. Spielkarten)* karoo (*vgl. dazu* ***Schellen***); ~**ass** *n Kart* karoa aso *od* karoaso

Karobe *f Bot* ↑ ***Johannisbrotbaum***

Karo|dame *f Kart* karoa damo, *auch* karodamo; ~**könig** *m Kart* karoa reĝo, *auch* karoreĝo

Karola (*f*) ↑ ***Carola***

[1]**Karoline** (*f*), *auch* ***Caroline*** *weibl. Vorname* Karolina

[2]**Karolina** (*n*), *amtl* ***Carolina*** (*n*) Karolino; ***Nordkarolina*** (*n*), *amtl* ***North Carolina*** (*Abk* ***N.C.***) Norda Karolino; ***Südkarolina*** (*n*), *amtl* ***South Carolina*** (*Abk* ***S.C.***) Suda Karolino

Karolina-Ralle *f, auch* ***Karolina-Sumpfhuhn*** *n* (Porzana carolina) *Orn* karolina porzano

Karolinen *Pl größte Inselgruppe von Mikronesien (im westl. Pazifik)* Karolinoj *Pl*

Karolinger *m/Pl Gesch (ein fränkisches Hausmeier- u. Königsgeschlecht)* karolidoj *Pl* (*vgl. dazu* ***Kapetinger***)

karolingisch *Adj* karolida; ~***e Kunst*** *f* karolida arto; ~***e Minuskel*** *f Typ (eine Schriftart, die am Ende des 8. Jh.s im Umfeld Karls des Großen entwickelt wurde)* karolida minuskla skribo; ~***e Renaissance*** *f kultureller Aufschwung im Frühmittelalter zur Zeit der frühen Karolinger, der vom kaiserlichen Hof Karls des Großen ausging* karolida renesanco *(selt auch Großschr)*

Karosse *f* ***a)*** *Prunkwagen* [kortega *bzw.* nobla] kaleŝo ***b)*** *umg* = ***Karosserie***

Karosserie *f Kfz* karoserio; ~**bauer** *m, reg u.* <*schweiz*> ***Autospengler*** *m* karoseriisto; ~**schaden** *m* karoseria damaĝo

Karotiden *f/Pl Anat (Kopf- od Halsschlagadern)* karotidoj *Pl*

Karotin *n, fachsprachl.* ***Carotin*** *n Biochemie (Vorstufe von Vitamin A [sogen. Provitamin A]; ein gelber Pflanzenfarbstoff)* karoteno (↑ *auch* ***Betacarotin***); ~**gelbsucht** *f Med* karotena iktero

Karotinoide *n/Pl,* <*wiss*> ***Carotinoide*** *n/Pl Biochemie (eine umfangreiche Klasse gelber u. roter Naturfarbstoffe, chemisch hochungesättigte aliphatische u. aliphatisch-alizyklische Kohlenwasserstoffe u. deren Oxidationsprodukte* karotenoidoj *Pl* (*vgl. dazu* ***Lycopin***) <*einige Carotinoide sind als Lebensmittelzusatzstoffe zugelassen*>

Karotte *f Bot, Nahr* ↑ ***Möhre***

Karottensaft *m* ↑ ***Möhrensaft***

Karpaltunnelsyndrom *n* (*fachsprachl. Abk* ***CTS***) *Med* karpotunela sindromo

Karpaten *Pl*: ***die*** ~ *ein Gebirgszug im südöstl. Mitteleuropa* Karpatoj *Pl* (↑ *auch* ***Ost-***, ***Süd-*** *u.* ***Westkarpaten***); ***Kleine*** ~, *slowakisch* ***Malé Karpaty*** *Gebirgszug im Westen der Slowakei* Malgrandaj Karpatoj; ***Weiße*** ~, *slowak.* ***Bielé Karpaty*** *ein slowak. Mittelgebirge* Blankaj Karpatoj

Karpaten|glocke[nblume] *f* (Campanula carpatica) *Bot* karpata kampanulo; ~**katzenpfötchen** *n* (Antennaria carpatica) *Bot* karpata antenario; ~**molch** *m* (Triturus montadoni = Lissotriton montadoni) *Zool* karpata trituro *[Vorkommen im Bereich des mittel-osteuropäischen Karpatenbogens]*

karpatisch *Adj auf die Karpaten bezogen bzw. aus den Karpaten* karpata

Karpell *n Bot* ↑ ***Fruchtblatt***

Karpfen *m* (Cyprinus carpio) *Ichth, Nahr* karpo; *Gras*~, *China*~ *(Ctenopharyngodon idella)* herbovora karpo (↑ *auch* ***Karausche***, ***Silber-*** *u.* ***Spiegelkarpfen***); ~ ***blau*** *Kochk* karpo blua; ***gebackener*** (***gebratener***, ***geschmorter***) *Kochk* fritita (rostita, stufita) karpo; ***[Gattung der]*** ~ *Pl* (Cyprinus) *Ichth* ciprinoj *Pl*

Karpfen|artige *Pl* (*Ordnung* Cypriniformes) *Ichth* ciprinoformaj [fiŝoj] *Pl*; ~**fische** *m/Pl* (*Familie* Cyprinidae) *Ichth* ciprinedoj *Pl* (↑ *auch* ***Döbel*** *u.* ***Rapfen***); ~**teich** *m* karpolag[et]o; ~**zucht** *f* karpobredado, *(Anlage)* karpobredejo

Karpologie *f Lehre von den Pflanzenfrüchten* karpologio (*vgl. dazu* ***Pomologie***)

Karrag[h]een [...*'ge:n*] *n, auch* ***Irländisches Moos*** *od* ***Wurmmoos*** *n Pharm (Sammelbez. für Drogen aus getrockneten Rotalgen)* karageno <*so benannt nach dem irischen Ort Carrageen*>

Karre *f* ***a)*** ↑ ***¹Karren*** ***b)*** *reg auch* ***Karrete*** *f pej für «altes Fahrzeug»* veturilaĉo ◇ ***die*** ~ ***ist ganz verfahren*** la afero estas tute fuŝita

Karree *n Viereck eines Brettspiels* kvadrato

karren *tr mit einer Karre (bes. Schubkarre) transportieren* transporti per ĉaro

¹Karren *m, auch* ***Karre*** *f* ĉaro; *Schub*~ puŝĉaro *od* puŝveturilo (↑ *auch* ***Büffel-***, ***Esels-***, ***Gepäck-***, ***Hand-***, ***Hubkarren***, ***Mist-*** *u.* ***Sackkarre***); ***einen Karren hinter sich herziehen*** tiri ĉaron post si

²Karren *Pl, auch* ***Schratten*** *Pl Geol (durch Regen- od Schmelzwasser entstandene Rinnen u. Furchen in Kalkgestein)* lapiezoj *Pl*

Karrenpflug *m Landw* ĉarplugilo

Karrete *f* ↑ ***Karre b)***

¹Karriere *f Reitsport (schnellste Gangart des Pferdes)* kurgalopo

²Karriere *f* kariero (*vgl. dazu* ***Laufbahn***; ↑ *auch* ***Offiziers-*** *u.* ***Schriftstellerkarriere***); ***eine glänzende*** ~ brila kariero (***als*** kiel); ~ ***machen*** karier[ad]i, rapide avanci, *i.w.S. auch* esti tre sukcesa [en sia profesio]; ***auf dem Gipfel*** (*od* ***Höhepunkt***) ***der*** ~ sur la pinto de la (*bzw.* sia) kariero

Karriere|diplomat *m* kariera diplomato;

~**frau** *f* kariera virino

Karrierismus *m rücksichtsloses Streben nach Erfolg* karierismo

Karrierist *m* karieristo

karrieristisch *Adj auf den Karrierismus bezogen* karierisma; *auf die Karrieristen bezogen* karierista

Karriole *f* ***a)*** *leichter, zweirädriger, meist einspännig gefahrener Kastenwagen* ***b)*** *veraltet für «[leichter] Postwagen»* kariolo

Kärrner *m alt für «Fuhrmann»* ĉaristo

Karsamstag *m der Samstag vor Ostern* [la] sabato antaŭ Pasko

[1]**Karst** *m* ↑ ***Rodehacke*** *od* ***Kreuzhacke***

[2]**Karst** *m Geol (alle Formen von wasserlöslichen Gesteinen [z.B. Kalk, Gips], die durch Oberflächen- od Grundwasser ausgelaugt werden)* karsto; ***nackter*** ~ nuda karsto

karst[art]ig *Adj* karsta

Karst|erscheinungen *f/Pl* karstaj fenomenoj *Pl*; ~**gebiet** *n* karsta regiono *od* karstregiono; ~**höhle** *f* karsta kaverno (*vgl. dazu* ***Postojna***); ~**hydrografie** *f System der Entwässerung in einer Karstlandschaft mit Vorherschen unterirdischer Wasserläufe*; ~**landschaft** *f* karsta pejzaĝo; ~**schinken** *m Nahr (ein gepökelter Schinken vom Wollschwein)* karsta [nekuirita] ŝinko <*aus Slowenien*>; ~**trichter** *m* karsta funelo; ~**zone** *f* karsta zono

Kartätsche *f, auch* ***Kartätschenladung*** *f Mil ([früher:] mit Bleikugeln gefülltes Geschoss für kurze Entfernungen)* mitrajlo

Kartause *f* ***a)*** *[ursprünglich:] Kloster der Kartäuser* ermitejo de kartuzianoj ***b)*** *[später:] Einsiedelei* kartuzio

Kartäuserin *f* ↑ ***Kartäusernonne***

Kartäuser|likör *m, auch kurz* ***Kartäuser*** *m* kartuziana likvoro; ~**mönch** *m* monaĥo de la kartuziana ordeno, kartuziano; ~**nelke** *f* (Dianthus carthusianorum) *Bot* kartuziana dianto; ~**nonne**, *auch* ***Kartäuserin*** *f* monaĥino de la kartuziana ordeno, kartuzianino; ~**orden** *m, lat.* ***Ordo Cartusiensis*** *Rel (ein kath. Orden)* Kartuziana Ordeno

Kärtchen *n* karteto

Karte *f* karto (↑ *auch* ***Katalog-***, ***Kino-***, ***Kredit-***, ***Kunden-***, ***Spiel-*** *u.* ***Theaterkarte***); *Post*≗ poŝtkarto (↑ *auch* ***Ansichtskarte***); *Eintritts*≗, *Fahr*≗ bileto (↑ *auch* ***Platzkarte***); *Visiten*≗ vizitkarto; *Kartogr, Met* mapo (↑ *auch* ***Auto-***, ***Falt-***, ***Isobaren-***, ***Klima-***, ***Land-***, ***Radar-***, ***Relief-***, ***See-***, ***Stern-*** *u.* ***Wandkarte***); *Speise*≗ [manĝo]karto, *auch* menuo; ***astronomische*** (***geografische***, ***geologische***, ***hydrografische***, ***topografische***) ~ astronomia (geografia, geologia, hidrografia, topografia) mapo; ~***n spielen*** ludi kartojn, *umg* kartludi; ***[die]*** ~***n geben*** (***mischen***) *beim Kartenspiel* disdoni (miksi) la kartojn; ***die gelbe*** (***rote***) ~ ***erhalten*** *Fußball* vidi la flavan (ruĝan) karton; ***nach der*** ~ ***essen***, *geh* ***à la carte speisen*** manĝi laŭ la karto; ***wo bekomme ich*** ~***n für ...?*** kie mi ricevas (*od* povas aĉeti) biletojn por ...?; ***die Zukunft aus den*** ~***n deuten*** (*od* ***lesen***) aŭguri (*od* diveni) estontecon laŭ la kartoj, *auch kurz* kart[o]aŭguri *od* kartodiveni ◇ ***alles auf eine*** ~ ***setzen*** ĉion [kaj vere ĉion] riski; *va banque spielen* hazardludi; ***mit offenen*** ~***n spielen*** tute malkaŝe agi; ***sich nicht in die*** ~***n gucken lassen*** neniel vidigi siajn intencojn

Kartei *f* kartoteko, *(Zettel*≗*)* sliparo (↑ *auch* ***Patientenkartei***); ~**karte** *f* kartoteka (*bzw.* slipara) karto; ~**kasten** *m* slipara kesto, kesto por kartotekaj kartoj; ~**zettel** *m* kartoteka slipo

Kartell *n* ***a)*** *Pol (befristetes Bündnis mehrerer Parteien, z.B. im Wahlkampf)* kartelo ***b)*** *Wirtsch (Zusammenschluss von gleichartigen Betrieben, die jedoch rechtlich u. wirtschaftlich und unter ihrem Namen bestehen bleiben)* kartelo (↑ *auch* ***Preiskartell***); ***internationales*** ~ internacia kartelo ***c)*** *Gesch ([schriftliche] Aufforderung zum Duell)* kartelo, skriba duel-invito; ~**amt** *n Wirtsch* kartel-oficejo

kartellieren *tr in Kartellen zusammenfassen* karteligi

Karten|ausgabe[stelle] *f* biletvendejo, *umg auch* biletejo; ~**bestellung** *f* mendo de [enir]biletoj; ~**brief** *m Karte u. Umschlag in einem Stück* kartletero

Kartenhaus *n* kartodomo; *übertr* malsekura projekto, *auch* kartodomo; ***zusammenfallen*** (*od* ***zusammenbrechen***) ***wie ein*** ~ *übertr* [dis]fali kiel kartodomo

Kartenkunde *f* – ***Kartografie***

Karten|kunststück *n mit Spielkarten* artifikaĵo per [lud]kartoj; ~**legen** *n* kartodivenado; ~**legerin** *f, alt* ***Kartenschlägerin*** *f* kartaŭguristino, kartodivenistino (*vgl. dazu* ***Wahrsagerin***); ~**projektion** *f Kartogr* mapoprojekcio; ~**spiel** *n (das Spiel)* kartludo;

(die 32 od 52 Spielkarten) ludkartaro; ~-**spieler** *m* kartludanto; ~**verkauf** *m* vendo de biletoj

Kartenvorverkauf *m* ↑ ***Vorverkauf***

Karten|werk *n* kartaro, *(Atlas)* atlaso, maparo; ~**zeichner** *m Kartogr* mapodesegnisto, desegnisto de mapoj, kartografo

Kartesianer *m Anhänger von Cartesius (= Descartes)* karteziano

kartesianisch *od* **kartesisch** *Adj Math, Phil* kartezia; ***kartesisches Koordinatensystem*** *n analytische Geom (ein orthogonales Koordinatensystem)* kartezia koordinatsistemo; ***kartesisches Produkt*** *n Math* kartezia produto

Kartesianismus *m, auch* ***Cartesianismus*** *m Phil (die Philosophie von Descartes u. seinen Nachfolgern, die durch Selbstgewissheit des Bewusstseins, Leib-Seele-Dualismus u. mathematischen Rationalismus gekennzeichnet ist)* kartezi[an]ismo

Karthager *m* kartagano

Karthagerin *f* kartaganino

karthagisch *Adj* kartaga (*vgl. dazu* ***punisch***)

Karthago (*n*) *eine antike Stadt in N-Afrika [Hptst. des Karthagerreiches]* Kartago

Karthamin *n, fachsprachl.* ***Carthamin*** *n ein roter Naturfarbstoff aus den Blütenblättern der Färberdistel* kartameno

Karthwelier *m* ↑ ***Georgier***

karthwelisch ↑ ***kartwelisch***

kartieren *tr kartografisch (d,h. in Form einer Karte) darstellen* mapi

Kartierung *f Kartogr* mapado; ***geologische*** ~ geologia mapado

kartilaginär ↑ ***knorp[e]lig***

Kartoffel *f, <österr> u. reg* ***Erdapfel*** *m* (Solanum tuberosum) *Bot, Nahr* terpomo (↑ *auch* ***Brat-***, ***Früh-***, ***Pommes frites***, ***Rosmarin-***, ***Röst-***, ***Saat-***, ***Schwenk-***, ***Spät-*** *u.* ***Strohkartoffeln***); ***gekochte ~n*** *od* ***Salzkartoffeln*** *Pl* [en salakvo] kuiritaj terpomoj; *Pellkartoffeln* ŝelkuiritaj terpomoj *Pl*; ***~n pellen*** (*od* ***schälen***) senŝeligi terpomojn

Kartoffel|anbau *m* kultiv[ad]o de terpomoj; ~**auflauf** *m* terpoma sufleo; ~**bovist** *m* (Scleroderma citrinum = Scleroderma vulgare) *Mykologie* komuna sklerodermo; ~-**brei** *m od* ~**mus** *n, <österr>* ***Erdäpfelkoch*** *n, <schweiz>* ***Kartoffelstock*** *m* terpoma kaĉo; ~**brot** *n* terpoma pano; ~**chips** *m/Pl* terpomaj ĉipsoj *Pl*; ~**ernte** *f* rikolt[ad]o de terpomoj; ~**erntemaschine** *od* ~**rodemaschine** *f Landw* maŝino por rikolti terpomojn; ~**feld** *n* terpoma kampo; ~**flocken** *f/Pl Nahr* terpomflokoj *Pl*; ~**käfer** *m, alt* ***Koloradokäfer*** *m* (Leptinotarsa decemlineata) *Ent* terpomskarabo *od* terpoma skarabo, *<wiss>* leptinotarso; ~**keller** *m* kelo por konservi terpomojn; ~**klöße** *m/Pl Kochk* terpombuloj *Pl*; ~**kralle** *f landwirtschaftl. Gerät* terpom-rastilo; ~**kraut** *n* terpomfolio(j) *(Pl)*; ~**kroketten** *f/Pl, reg* ***Kartoffelkrusteln*** *Pl Kochk* terpomkrokedoj *Pl;* ~**kuchen** *m* terpomkuko; ~**legemaschine** *f Landw* plantmaŝino por terpomoj

Kartoffelmehl *n* ↑ ***Kartoffelstärke***

Kartoffelmotte *f* (Phthorimea operculella) *Ent* ftorimeo

Kartoffelmus *n Kochk* ↑ ***Kartoffelbrei***

Kartoffel|piroggen *f/Pl Kochk* terpompirogoj *Pl*; ~**puffer** *m Kochk* terpomflano; ~**püree** *n, <österr>* ***Erdäpfelpüree*** *n Kochk* terpoma pureo

Kartoffelrodemaschine *f Landw* ↑ ***Kartoffelerntemaschine***

Kartoffel|salat *m, <österr>* ***Erdäpfelsalat*** *m* terpoma salato; ~**schale** *f* terpoma ŝelo; ~**schäler** *m* senŝeligilo por terpomoj; ~-**schälmaschine** *f* maŝino por senŝeligi terpomojn; ~**schorf** *m Phytopathologie* terpomskabo; ~**stampfer** *m Hausw* terpomkaĉigilo; ~**stärke** *f, auch* ***Kartoffelmehl*** *n* terpoma amel[farun]o

Kartoffelstock *m* ↑ ***Kartoffelbrei***

Kartoffel|suppe *f, <österr> u. reg* ***Erdäpfelsuppe*** *f* terpoma supo; ~**vollerntemaschine** *f Landw* terpomrikoltatoro; ~**yam** *f, auch* ***Luftyam*** *f* (Dioscorea bulbifera) *Bot* bulba dioskoreo

Kartograf *m, auch* ***Kartograph*** *m* kartografo

Kartografie *f, auch* ***Kartographie*** *f Wissenschaft u. Technik von der Herstellung von Land- u. Seekarten* kartografio; *das Kartografieren* kartografiado

kartografieren, *auch* ***kartographieren*** *tr* kartografii, desegni (*od* verki) mapojn

Kartografieren *n* kartografiado

kartografisch, *auch* ***kartographisch*** **1.** *Adj* kartografia **2.** *Adv* kartografie; ~ ***darstellen*** = ***kartografieren***

Kartogramm *n grafische Darstellung statistischer Materialien auf Landkarten* kartogramo

Kartograph *m* ↑ ***Kartograf***

Kartometrie *f das Übertragen geometrischer*

Größen (Längen, Flächen, Winkel) auf Karten kartometrio

Karton *m* ***a)*** *Kartonpapier, Pappe* kartono; *[Papp-] Schachtel* kartonskatolo (↑ *auch* ***Papp-***, ***Schuh-*** *u.* ***Versandkarton***) ***b)*** *bildende Kunst (Entwurfszeichnung für Wandgemälde u, Gobelins)* kartono

Kartonage *f* kartonaĵo

Kartonagenfabrik *f* fabriko de kartonaĵoj

Kartondeckel *m Pappdeckel* kartona kovrilo

kartonieren *tr Buchbinderei (in [dünne] Pappe einbinden)* kartoni *od* kartonbindi; ***kartonierte Ausgabe*** *f Buchw* kartonita eldono; ***kartoniertes Buch*** *n, auch* ***Paperback*** *n (Ggs: Hardcover)* kartonita libro

Kartonpapier *n, auch* ***Feinpappe*** *f* karton-[paper]o; ~**-Palme** *f* (Zamioculcas zamiifolia) *Bot (einzige Art der monotypischen Gattung Zamioculcas [stammt ursprünglich aus Ostafrika])* zamiokulko <*auch Zimmerpflanze*>

Kartothek *f Kartei* kartoteko, sliparo

[1]**Kartusche** *f 1. Arch (schildförmiges Ornament aus halb aufgerollten Blättern) 2. Kunst (rechteckige Fläche [für Inschriften u.Ä.] mit Rahmen, der ornamental geschmückt ist) 3. Ägyptologie (ovale Einrahmung mit senkrechtem Schlussstrich um altägyptische Königsnamen)* kartuŝo

[2]**Kartusche** *f Mil ([im Artilleriegeschoss:] Metallhülse, in der sich die Pulverladung befindet)* kartoĉo (↑ *auch* ***Manöverkartusche***)

Kartwelier *m Ethn* ↑ ***Georgier***

kartwelisch, *auch* ***karthwelisch*** *Adj* kartvela

Karube *f Bot* ↑ ***Johannisbrotbaum***

Karunkel *f* (Caruncula) *Med (kleine Fleischwarze aus gefäßreichem Bindegewebe [von der Haut od Schleimhaut ausgehend])* karunklo (↑ *auch* ***Tränenkarunkel***)

Karussell *n,* <*schweiz*> *u. reg* ***Reitschule*** *f,* <*österr*> ***Ringelspiel*** *n auf Jahrmärkten* [infana] karuselo; ~**reiten** *n Gesch (eine Art der Ritterspiele, z.B. mit Ringstechen)* karuselo

Karwendelgebirge *n in den Nördlichen Kalkalpen (zw. Mittenwald u. Innsbruck)* Karvendel-Montaro

Karwoche *f Woche vor Ostern* sankta semajno [antaŭ Pasko] *(auch Großschr)*

Karyatide *f, auch* ***Gewandstatue*** *f Arch (Statue eines Mädchens im langen Gewand, die statt einer Säule od eines Pfeilers das Gebälk stützt* kariatido <*Schöpfung der klassischen Baukunst Griechenlands [das männl. Gegenstück ist der Atlant]*>

Karyogamie *f Genetik (Verschmelzung zweier ahploider Zellkerne zum diploiden Zygoten-Kern)* kariogamio

Karyogene *n/Pl, auch* ***Kerngene*** *n/Pl Genetik (Gene, die im Kerngenom lokalisiert sind)* kariogenoj *Pl*

Karyokinese *f Biol (indirekte Zellteilung)* kariokinezo (*vgl. dazu* ***Mitose***)

Karyologie *f Biol, Genetik (Lehre vom Zellkern, insbes. der in ihm enthaltenen Chromosomen)* [ĉel]kariologio

Karyoplasma *n, auch* ***Kernplasma*** *n Biol, Genetik (Grundsubstanz des Zellkerns)* karioplasmo <*Karyoplasma u. Zytoplasma werden zusammen als Protoplasma bezeichnet*>

Karyopse *f, fachsprachl. auch* ***Caryopsis*** *f, auch* ***Grasfrucht*** *f Bot (einsamige Schließfrucht der Gräser)* kariopso <*Samen- u. Fruchtschale sind miteinander verwachsen*>

Karyotyp[us] *m Genetik (Gesamtheit der in Zellen enthaltenen Chromosomen nach Größe, Form u. Lage des Zentromers)* kariotipo

Karzer *m früher für «Arestzelle [in Universitäten u. höheren Schulen bzw. in Klöstern]»* karcero; ***in den ~ [ein]sperren*** (*od* ***werfen***) enkarcerigi, enŝlosi (*od* ĵeti) en [la] karceron

karzinogen ↑ ***krebserregend***

Karzinogenese *f Entstehung maligner Tumoren* estiĝo de maligna(j) tumoro(j)

Karzinoid *n Med (krebsähnliche Geschwulst)* kanceroido

Karzinom *n* (Carcinoma) *Med (vom Epithelgewebe ausgehende bösartige Geschwulst)* karcinomo (*vgl. dazu* ***Geschwulst***, ***Krebs***, ***Sarkom*** *u.* ***Tumor***; ↑ *auch* ***Adeno-***, ***Harnblasen-***, ***Kehlkopf-***, ***Leberzell-***, ***Mikro-***, ***Thymus-***, ***Ulkus-*** *u.* ***Vaginalkarzinom***); ***hypernephroides ~*** ↑ ***Hypernephrom***; ***kleinzelliges ~*** et-ĉela karcinomo; ***kolorektales ~*** *Karzinom im Bereich des Colons bzw. des Rektums* kojlo-rektuma karcinomo

Karzinophobie *f* ↑ ***Krebsangst***

Kasache *m Eiwohner Kasachtans* kazaĥo

Kasachensteppe *f (früher auch* ***Kirgisensteppe*** *genannt) ein großes Steppenland im Innern von Kasachstan* Kazaĥa Stepo

kasachisch *Adj* kazaĥa
Kasachisch[e] *n Ling (eine Turksprache [Amtssprache in Kasachstan])* la kazaĥa [lingvo]
Kasachstan (*n*), *amtl* ***Kazakstan Respublikasy*** *ein Staat in Mittelasien* Kazaĥio, *auch* Kazaĥstano *[Hptst.: Nur-Sultan]*
Kasack *m dreiviertellanges, blusenartiges Oberkleid für Frauen* kazako
Kasan (*n*) *eine Stadt an der Wolga [Hptst. der Rep. Tatarstan]* Kazano; ~**tataren** *m/Pl Ethn (ein Turkvolk an der mittleren Wolga u. unteren Kama)* kazantataroj *Pl*
Kasbah *f*, *auch* ***Kasba*** *f*, *arab.* ***qasaba*** *arab. Altstadtviertel in nordafrikanischen Städten* kasbaho *<heute sind die Kasbah meist mit den traditionellen Altstädten (Medina) identisch, die zum Großteil noch aus mittelalterlicherBausubstanz bestehen>*
Kasbek *m*, *georgisch* ***Quazbegi*** *ein Gipfel des Großen Kaukasus (in Georgien) [5047 m]* [monto] Kazbeko
Kascha *f Kochk (ein russ. Gericht aus Buchweizengrütze)* fagopira gri[aĵ]o, *auch* kaŝao
Kaschan (*n*), *auch* ***Kashan*** (*n*) *eine iranische Stadt [nördl. von Isfahan]* Kaŝano *<bekannt durch feingewebte Woll- u. Seidenteppiche>*
Kaschau (*n*) ↑ ***Košice***
Kaschemme *f schlechte (auch: verrufene) Kneipe* fidrinkejo
Käscher *od* **Kescher** *m Fangnetz* retkaptilo [kun tenilo]
Kaschgar *od* **Kashi** (*n*) *eine Oasenstadt in Sinkiang-Uigur (im Westen Ostturkestans)* Kaŝgaro *<einst Schnittpunkt der Seidenstraße>*
kaschieren *tr verbergen* kaŝi (*vgl. dazu* ***verdecken***)
[1]**Kaschmir** (*n*) *eine Landschaft im westl. Himalaja* Kaŝmiro *[Hptst.: Srinagar]*
[2]**Kaschmir** *m Textil (ein Wollstoff)* kaŝmiro
Kaschmir-Fliegenschnäpper *m* (Ficedula subrubra) *Orn* kaŝmira muŝkaptulo
[1]**Kaschmiri** *od* **Kaschmirer** *m Bewohner von Kaschmir* kaŝmirano
[2]**Kaschmiri** *n Ling* la kaŝmira [lingvo]
kaschmirisch *Adj 1. zu Kaschmir gehörend 2. die Kaschmirer betreffend* kaŝmira
Kaschmir-Moschustier *n Zool* ↑ *unter* ***Moschustier***
Kaschmir|schal *m* kaŝmira ŝalo *od* ŝalo el kaŝmira lano; ~**schwalbe** *f* (Hirundo dasypus = Delichon dasypus) *Orn* azia hirundo; ~**wolle** *f* kaŝmira lano; ~**ziege** *f Hausziege der Himalayavölker* kaŝmira kapro *[liefert die sehr weiche Kaschmirwolle]*
Kaschube *m Ethn (Angehöriger eines westslawischen Stammes)* kaŝubo
Kaschubien (*n*), *poln.* ***Kaszuby*** *eine nordwestpolnische Region* Kaŝubio *[Hptst.: Kartuzy]*
Kaschubin *f* kaŝubino
kaschubisch *Adj* kaŝuba
Kaschubisch[e] *n Ling (eine westslawische Sprache in Westpreußen [dem Polnischen nahe verwandt])* la kaŝuba [lingvo]
Käse *m* fromaĝo (*vgl. dazu* ***Camembert***, ***Cheddar***, ***Edamer***, ***Emmentaler***, ***Feta***, ***Gorgonzola***, ***Gouda***, ***Halloumi***, ***Limburger***, ***Mascarpone***, ***Mozzarella***, ***Roquefort*** *u.* ***Tilsiter***; ↑ *auch* ***Berg-***, ***Blau-***, ***Blauschimmel-***, ***Butter-***, ***Chester-***, ***Fett-***, ***Frisch-***, ***Halbfett-***, ***Hart-***, ***Kräuter-***, ***Kümmel-***, ***Parmesan-***, ***Rahm-***, ***Sauermilch-***, ***Schafs-***, ***Schimmel-***, ***Schmelz-***, ***Schmier-***, ***Schnitt-***, ***Streich-***, ***Vollfett-***, ***Weich-*** *u.* ***Ziegenkäse***); *Weiß*[2], *Quark* kazeo; ***geriebener*** ~ fromaĝa raspaĵo; ***holländischer*** (***Schweizer***)~ holanda (svisa) fromaĝo (*vgl. dazu* ***Gruyère***)
käseartig *Adj* fromaĝeca
Käse|brot *n* fromaĝopano; ~**brötchen** *n* fromaĝobulko, *auch* bulko kun fromaĝo; ~**fondue** *n Kochk* fromaĝa fonduo; ~**fliege** *f* (Piophila casei) *Ent* fromaĝ-muŝo *<deren weiße Maden leben vor allem in Käse>*; ~**geschäft** *n* fromaĝovendejo; ~**glocke** *f Hausw* fromaĝoklośo *od* kloŝo por fromaĝo; ~**gratin** *n od m Kochk* fromaĝa gratenaĵo; ~**herstellung** *f* fromaĝofarado *od* farado de fromaĝo (↑ *auch* ***Käseproduktion***); ~**hobel** *m* fromaĝorabotilo
Kasein *n*, *auch* ***Casein*** *n Biochemie* kazeino
Käsekuchen *m* ↑ ***Quarkkuchen***
Kasel *f*, *auch* ***Casula*** *f Kirche (liturgisches Obergewand des Priesters bei der Messfeier [ein über der Albe getragener Überwurf])* kazublo
Käsemarkt *m z.B. in Alkmaar/Nordholland* fromaĝobazaro
Kasematte *f Mil (beschusssicherer Raum in Festungen)* kazemato
Käsemesser *n* fromaĝotranĉilo
Käsepappel *f Bot* ↑ ***Wegmalve***
Käse|platte *f Nahr* fromaĝoplado, plado kun divers[spec]aj fromaĝoj; ~**produktion** *f*

produktado de fromaĝo (↑ *auch* ***Käseherstellung***)

Käser *m*, *<österr>u. reg* ***Kaser*** *m* fromaĝisto

Käserei *f Betrieb zur Käseherstellung* fromaĝejo *od* fromaĝofarejo

Käsereibe *f Hausw* fromaĝoraspilo

Kaserne *f* kazerno (↑ *auch* ***Gendarmeriekaserne***)

Kasernenhof *m* kazernokorto

kasernieren *tr* enkazernigi

Käsetoast *m Nahr* fromaĝita toasto

Kashan (*n*) ↑ ***Kaschan***

Kashi (*n*) ↑ ***Kaschgar***

käsig *Adj* ***a)*** fromaĝ[ec]a; *wie Käse* kiel fromaĝo *nachgest* ***b)*** *übertr salopp für «blass»* pal[eg]a

Kasimir (*m*), *poln.* ***Kazimierz*** *männl. Vorname* Kazimiro *auch Name polnischer Fürsten u. Könige*; ~ ***der Große***, *poln.* ***Kazimierz Wielki*** *letzter Herrscher aus dem Hause der Piasten [1310-1370]* Kazimiro la Granda; ***Heiliger ~ [von Litauen und Polen]*** *Großherzog von Litauen u. König von Polen [* 1458, † 1484]* Sankta Kazimiro

Kasino *n*, *auch* ***Casino*** *n* kazino (↑ *auch* ***Spielkasino***); *Offiziers*~ oficira kantino; *i.w.S. Klubhaus* klubejo

Kaskade *f [stufenförmiger] Wasserfall (natürlich od künstlich angelegt)* kaskado *auch El u. übertr* (*vgl. dazu* ***Salve***)

kaskadenartig **1.** *Adj* kaskad[osimil]a **2.** *Adv* kaskad[osimil]e

Kaskaden|gebirge *n*, *auch* ***Kaskadenkette*** *f Vulkanologie* kaskada montaro *[verläuft parallel zur Westküste Nordamerikas]*; **~-magen** *m Röntgenologie (eine Lagevariante des Magens)* kaskada stomako; **~-schaltung** *f El* kaskada konekto

Kaskarill[a]rinde *f Rinde des tropischen Strauchs ‹Croton eluteria›* kaskarila ŝelo *<als Kräftigungsmittel verwendet>*

Käslikraut *n Bot* ↑ ***wilde Malve*** [*unter* ***Malve***]

Kaspar (*m*) *männl. Vorname* Kasparo

Kasperle *n od m*, *<österr>* ***Kasperl*** *m*, *<schweiz>* ***Kasperli*** *m im Puppentheater* pulĉinelo; *i.w.S. (Gliederpuppe)* marioneto; **~theater** *n* pulĉinela (*od* marioneta) teatro [por infanoj], *(Spiel)* pulĉinela ludo (*vgl. dazu* ***Puppenspiel***)

kaspern *intr* klaŭni

Kaspi|-Königshuhn *n* (Tetraogallus caspius) *Orn* kaspia neĝokoko; **~-Robbe** *f*, *auch* ***kaspische Robbe*** (Pusa caspica) *Zool* kaspi[mar]a foko

kaspisch *Adj* kaspia; ~***es Meer*** *n*, *auch* ***Kaspisee*** *f* Kaspia Maro

Kassa *f alt od reg* ↑ ***Kasse***

Kassabericht *m* ↑ ***Kassenbericht***

Kassabuch *n* ↑ ***Kassenbuch***

Kassageschäfte *n/Pl Hdl (Geschäfte, bei denen Lieferung u. Zahlung sofort erfolgt)* kontantaj negocoj *Pl*

Kassandra (*f*) *Eig: griech. Myth (Tochter des Priamus <eine Seherin>)* Kasandra *auch übertr*

Kassasturz *m* ↑ *unter* ***Kassenkontrolle***

Kassation *f Jur (Ungültigmachung [einer Urkunde], Aufhebung [eines gerichtlichen Urteils], Nichtigkeitserklärung* kasacio; ***die ~ beantragen*** postuli la kasacion [de decido, verdikto *bzw.* proceduro]

Kassations|beschwerde *f Jur* kasacia plendo; **~gericht** *n od [in manchen romanischen Ländern]* **~hof** *m Jur* kasacia kortumo

kassatorisch *Adj Jur (die Kassation betreffend)* kasacia

Kassave *f Bot* ↑ ***Maniok***

Kasse *f* ***a)*** *<österr> u. alt od reg* ***Kassa*** *f* kaso *auch im Warenhaus* (↑ *auch* ***Registrier-***, ***Scanner-*** *u.* ***Streikkasse***); *Kassenraum auch* kasejo; *Kino, Theat* biletejo (↑ *auch* ***Kinokasse***); ***schwarze ~*** nigra kaso; ~ ***machen*** *den Kassenbestand ermitteln* konstati la kasenhavon; *die Ausgaben überprüfen* nombri (*od* kalkuli) la elspezojn; ***an der ~ zahlen*** pagi ĉe la kaso (*bzw.* biletejo) ◇ ***knapp*** (*od* ***schlecht***) ***bei ~ sein*** havi malmultan monon ***b)*** *i.w.S. (Schalter)* giĉeto [por pagi *bzw.* ricevi monon], pagogiĉeto *(Geldkasten)* monkest[et]o, *(Bargeld)* kontanta mono, *(Spar*~*)* ŝparkaso, *auch* ŝparbanko; *(Kranken*~*)* malsankasa asekuro

Kassel (*n*) *eine dt. Stadt [in Hessen]* Kaselo

Kassen|abschluss *m* kasbilanco; **~bericht** *m*, *<österr>* ***Kassabericht*** *m* kasraporto; **~bestand** *m* kasmono *od* enkasa mono, kasenhavo (↑ *auch* ***Barbestand***); **~bon** *m* kaskupono; **~buch** *n*, *<österr>* ***Kassabuch*** *n* kaslibro; **~kontrolle** *f*, *umg auch* ***Kassensturz*** *m*, *<österr>* ***Kassasturz*** *m Feststellen des Kassenbestands* kaskontrolo; **~prüfbericht** *m* kaskontrola raporto; **~prüfer** *m* kasrevizoro; **~raum** *m* kasejo, *auch kurz* kaso

Kassensturz *m* ↑ ***Kassenkontrolle***

Kassen|überschuss *m* enkasa pluso, troo da kasmono; ~**wart** *m* kasisto (↑ *auch* ***Schatzmeister***); ~**zettel** *m* kaskupono

Kasserolle *f Hausw (Schmorpfanne [offen od mit Deckel)* kaserolo (*vgl. dazu* ***Tiegel***)

Kassette *f 1. kleines Kästchen* kesteto (↑ *auch* ***Geld-*** *u.* ***Schmuckkassette***) *2. für Film, Recorder u.a.* kasedo (↑ *auch* ***Programmkassette***); ***eine*** ~ ***[ab]spielen*** ludigi kasedon; ***eine neue*** ~ ***einlegen*** enmeti novan kasedon; *Arch (durch gitterertige Anordnung von Deckenbalken od Gewölbegurten entstehendes vertieftes, meist ornamentiertes Rechteckfeld)* kasono

Kassetten|decke *f Arch (eine Deckenkonstruktion mit eingetieften Feldern [Kassetten] in Holz- od Massivausführung)* kasonplafono; ~**recorder** *od* ~**rekorder** *m, auch* ***Kassettentonbandgerät*** *n* kasedomagnetofono, *umg* kasedoludilo *od kurz* kasedilo

Kassie *f Bot* (*Gattung* Cassia) kasio (↑ *auch* ***Röhrenkassie***)

Kassienzimt *m* ↑ *unter* ***Zimt***

Kassier *m* ↑ ***Kassierer***

kassieren *tr* ***a)*** *Geld einnehmen* enkasigi ***b)*** *Jur (aufheben, für ungültig erklären [ein Gerichtsurteil])* kasacii, leĝe nuligi

Kassieren *n* enkasigo (↑ *auch* ***Inkasso***)

Kassierer *m*, *<österr>*, *<schweiz> u. reg* ***Kassier*** *m* kasisto

Kassiererin *f*, *<österr>*, *<schweiz> u. reg* ***Kassierin*** *f* kasistino

Kassierung *f Beitrags*≗ enkasigo de la membrokotizo(j)

[1]**Kassiopeia** (*f*) *Myth (griechische Sagengestalt [Mutter der Andromeda])* Kasiopea

[2]**Kassiopeia** *f*, *auch* ***Cassiopeia*** *f* (*Abk* ***Cas*** *od* ***Cass***) *Astron (ein Sternbild des nördl. Himmels [in der Milchstraße])* Kasiopeo

Kassiterit *m*, *auch* ***Zinnstein*** *m Min* kasiterito

Kastagnetten *f/Pl Mus (in Spanien u. Süditalien verbreitete Handklapper zur Begleitung von Tänzen)* kastanjetoj *Pl*

Kastanie *f Bot* (*Gattung* Castanea) *Baum* kaŝtanarbo, *Frucht* kaŝtano (↑ *auch* ***Erd-*** *u.* ***Tahiti-Kastanie***); *Edel- od Ess*≗, *auch* ***Maronenbaum*** *m* (Castanea sativa) nobla kaŝtanarbo, *auch* maronarbo (*vgl. dazu* ***Marone***); ***amerikanische*** ~ (Castanea dentata) amerika kaŝtanarbo ◇ ***für jmdn. die*** ~***n aus dem Feuer holen*** fari [la] malagrablan (*od* danĝeran) laboron por iu [alia] kaj mem nenion ricevi, *bildh* Petro kornojn tenas, Paŭlo lakton prenas *(Zam)*

Kastanienbaum *m* kaŝtanarbo

kastanien|blättrig *Adj Bot (eine Blattform)* kaŝtanfolia; ~**braun** *Adj* kaŝtanbruna *od* kaŝtankolora

Kastanieneiche *f Bot* ↑ *unter* ***Eiche***

Kastanienente *f*: ***australische*** ~ (Anas castanea) *Orn* kaŝtana anaso

Kastanienhalsfrankolin *m Orn* ↑ ***Braunnackenfrankolin***

Kastanienwald *m* kaŝtanarbaro

Kästchen *n* kesteto; *kleine Schachtel* skatoleto

Kaste *f Hinduismus* kasto *auch i.w.S. für «sich streng abschließende Gesellschaftsschicht»*; ***Angehöriger derselben*** ~ samkastano

kasteien, sich *refl* maceri, pentocele turmenti la propran korpon; *sich geißeln* sin skurĝi; *i.w.S.: asketisch leben* askete vivi, *auch* asketi

Kastell *n* [malgranda] kastelo (*vgl. dazu* [2]***Schloss***)

Kastellan *m* ***a)*** *Gesch (Schlossvogt)* kastelestro *od* kastelmastro ***b)*** *alt für «Hausmeister [an Schulen u. Universitäten]»* pedelo

kästeln ↑ ***karieren***

[1]**Kasten** *m* kesto (↑ *auch* ***Lade***); *Brief*≗ leterkesto; *Kiste* kest[eg]o; ***in einen*** (*od* ***den***) ~ ***[hinein]tun*** (*od* ***legen*** *od* ***stecken***) enkestigi

[2]**Kasten** *m* ↑ ***Schrank***

kastenförmig *Adj* kestoforma

Kastengeist *m* kasta spirito; *Kastenwesen, Kastentum* kastismo

Kasten|kamera *f Foto* skatol-fotilo; ~**lose** *m/Pl, engl.* ***Outcasts*** *m/Pl [im indischen Kastensystem:] sowohl die Unberührbaren als auch die Kastenverstoßenen u. die Nichthindus* senkastanoj *Pl*; ~**rumpf** *m Flugzeugbau* kestoforma fuzelaĝo (↑ *auch* ***Zigarrenrumpf***); ~**schloss** *n z.B. einer Tür* kestoforma seruro; ~**wagen** *m bes. Landw* kestoĉar[eg]o

Kastenwesen *n*, *auch* ***Kastentum*** *n* kastismo

Kastilianer *od* **Kastilier** *m* kastiliano

Kastilianerin *od* **Kastilierin** *f* kastilianino

Kastilien (*n*), *span.* ***Castilla*** *hist. Kernlandschaft Spaniens [zentrales Hochland Spaniens]* Kastilio (↑ *auch* ***Alt-*** *u.* ***Neukastilien***); ~ ***und León***, *span.* ***Castilla y León***

autonome Grafschaft mit 9 Provinzen Kastilio kaj Leono *[Hptst.: Valladolid]*

Kastilien-La Mancha (*n*), *span.* ***Castilla-La Mancha*** *eine span. autonome Region* Kastilio-Manĉo *[Hptst.: Toledo]*

Kastilier *m* ↑ ***Kastilianer***

kastilisch, *auch* ***kastilianisch*** *Adj* kastilia

[1]**Kastor** (*m*) *Myth (ein Held der griech. Sage [einer der Dioskuren])* Kastoro (*vgl. dazu* ***Dioskuren***)

[2]**Kastor** *m Astron (zweithellster Stern im Sternbild Zwillinge)* Kastoro

Kastoröl *n* ↑ ***Rizinusöl***

Kastrat *m* kastrito (*vgl. dazu* ***Eunuch***)

Kastration *f*, *auch* ***Kastrierung*** *f* kastrado

kastrieren *tr* kastri; ***kastriert*** kastrita

Kasuar *m* (*Gattung* Casuarius, *bes. die Art* Casuarius galeatus) *Orn (ein straußenähnlicher Laufvogel)* kazuaro (↑ *auch* ***Bennett-*** *u.* ***Helmkasuar***); ***[Familie der] ~e*** (Casuariidae) *große flugunfähige Laufvögel der Waldländer Australiens, Neuguineas und der benachbarten Inseln* kazuaredoj *Pl*

Kasuarine *f*, *auch* ***Keulen-*** *od* ***Kängurubaum*** *m* (*Gattung* Casuarina) *Bot* kazuareno (↑ *auch* ***Bergkasuarine***)

Kasuarvögel *Pl Orn*: ***[Ordnung der]*** ~ (Casuariiformes) kazuaroformaj [birdoj] *Pl*

Kasuist *m Vertreter der Kasuistik* kazuisto

Kasuistik *f Phil, Rel* kazuistiko *auch übertr für «Sophisterei»*

Kasus *m* ***a)*** *auch* ***Casus*** *m Gramm (Beugungsfall)* kazo; ***Casus obliquus*** oblikva kazo ***b)*** *Fall (bes. Jur u. Med)* kazo

[1]**Kat** *n*, *arab.* ***Qat***: ~ ***kauen*** maĉi ĉaton (*eigtl* ĉat[o]foliojn) <*in einigen arabischen Ländern (bes. in Äthiopien, Somalia und Jemen) wird Kat als Rauschmittel gekaut od als Tee getrunken*> (↑ *auch* ***Katstrauch***)

[2]**Kat** *m Chem, Kfz* ↑ ***Katalysator***

katabatisch *Adj Met (abfallend)* katabata; ***~-er Wind*** *m*, *umg* ***Fallwind*** *m*, *auch* ***Hangabwind*** *m speziell Kaltluft, die von geneigten Hochflächen abfließt* katabata vento (*vgl. dazu* [1]***Föhn*** *u.* ***Chinook b)***)

Katabiose *f nur Fachspr Med (durch Enzyme bedingter Abbau von Zellinhalten, bes. bei Zelltod)* katabiozo

Katabolie *f od* **Katabolismus** *m Physiol ([Gesamtheit der] Abbauprozesse des Stoffwechsels [Ggs: Anabolismus])* katabolo (↑ *auch* ***Proteinkatabolismus***)

katabolisch *Adj* katabola

Katachrese *od* **Katachresis** *f Rhetorik, Stilistik (Vermengung von nicht zusammengehörenden Bildern im Satz)* katakrezo

Katadioptrik *f Opt (Lehre von der Zurückwerfung u. Brechung der Lichtstrahlen)* katadioptriko

Katafalk *m mit [schwarzem] Stoff verkleidetes Gerüst für feierliche Leichenaufbahrung* katafalko

Katakana *n eines der beiden japanischen Silbenalphabete, das nur für Lehnworte u. fremde Namen verwendet wird* strekaj kanaoj *Pl* (*vgl. dazu* ***Hiragana***)

kataklastisch *Adj Geol* kataklastika

Kataklysmus *m Geol (erdgeschichtliche Katastrophe)* kataklismo *auch übertr*

kataklystisch *Adj Geol (den Kataklysmus betreffend bzw. die Eigenschaften eines Kataklysmus aufweisend)* kataklisma

Katakombe *f frühchristl. unterirdische Begräbnisstätte* katakombo (*vgl. dazu* ***Krypta***)

Katalane *m*, *auch* ***Katalonier*** *m Ethn* kataluno

katalanisch, *auch* ***katalonisch*** *Adj* kataluna

Katalanisch[e] *n Ling (romanische Sprache in Kataloien, Valencia, im Roussillon, auf den Balearen, in Alghero/Sardinien u. eine der Amtssprachen Andorras* la kataluna [lingvo] (↑ *auch* ***Mallorquin***)

Katalase *f Biochemie (Enzym, das das Zellgift Wasserstoffperoxid durch Spaltung in Wasser u. Sauerstoff auf biologische Weise unschädlich macht)* katalazo; ~ ***der Blutzellen*** katalazo de la sangoĉeloj

Katalaunische Felder *n/Pl Gesch (Kampfstätte der Hunnenschlacht in der Champagne)* Katalaŭnaj Kampoj *Pl*

katalektisch *Adj Metr ([am Ende um eine od mehrere Silben] verkürzt)* katalekta

Katalepsie *f*, *auch* ***Starrsucht*** *f Med (Starrkrampf der Muskeln)* katalepsio

kataleptisch, *auch* ***starrsüchtig*** *Adj Med* katalepsia

Katalog *m* katalogo *auch in Bibliotheken* (↑ *auch* ***Auktions-***, ***Ausstellungs-***, ***Bibliotheks-***, ***Blatt-***, ***Gratis-***, ***Museums-***, ***Sach-***, ***Themen-***, ***Zeitschriften-*** *u.* ***Zentralkatalog***); ***systematischer*** ~ sistema katalogo

katalogisieren *tr in den Katalog eintragen bzw. katalogmäßig ordnen* katalog[ad]i

Katalogisieren *n od* **Katalogisierung** *f bes. Bibliothekswesen* katalogado

Katalog|karte *f* katalogkarto; **~kasten** *m*

katalogkesto; ~**saal** *m* katalogejo; ~**zettel** *m* slipo de katalogo

Katalonien (*n*), *span.* ***Cataluña*** *eine historische Landschaft u. autonome Region in NO-Spanien [Hptst.: Barcelona]* Katalunio

Katalonier *m Ethn* ↑ ***Katalane***

katalonisch ↑ ***katalanisch***

Katalpabaum *m*, *allg* ***Trompetenbaum*** *m* (*Gattung* Catalpa) *Bot* katalpo *[Vorkommen: USA, Karibische Inseln, vier Arten in China]*; ***chinesischer Trompetenbaum*** (Catalpa ovata) ĉina katalpo *[Vorkommen: in den Gebirgswäldern von Westchina]*; ***gewöhnlicher Trompetenbaum*** (Catalpa bignonioides) ordinara katalpo *[Vorkommen: südöstl. Nordamerika]*; ***prächtiger Trompetenbaum*** (Catalpa speciosa) grandioza katalpo *[Vorkommen: USA]*

Katalysator *m*, *umg auch Kurzf* ***Kat*** *m Chem, Kfz* katalizilo (↑ *auch* ***Dreiwegekatalysator***); ***anorganische ~en*** *Pl Stoffe, die die Reaktionsgeschwindigkeit eines bereits in Gang befindlichen Prozesses durch Oberflächenwirkung od labile Zwischenverbindungen zu beeinflussen vermögen, ohne sich selbst an derReaktion zu beteiligen* neorganikaj kataliziloj *Pl*

Katalysatorauto *n* katalizila aŭto

Katalyse *f Biol, Chem, Tech (auslösende, beschleunigende od verzögernde Wirkung bestimmter Stoffe auf chemische Vorgänge)* kataliz[ad]o (↑ *auch* ***Autokatalyse***)

katalysieren *tr Biol, Chem, Tech* katalizi

katalytisch *Adj* kataliza; ***~e Funktion*** *f* kataliza funkcio

Katamaran *m Mar u. Segelsport (Schiffsform mit zwei parallelen, durch eine Brücke verbundenen Rümpfen* katamarano (*vgl. dazu* ***Trimaran***)

Katanga (*n*) *eine Landschaft in Innerafrika [im Bereich der Luandaschwelle], auch früherer Name der Provinz Shaba* Katango *<wichtiges Kupferminengebiet>*

Kataphorese *f El (Elektrophorese positiv geladener Teilchen in Richtung der Kathode* kataforezo *auch Med*

Kataplasie *f nur Fachspr Med (Rückbildung von Gewebe)* kataplazio

Kataplasma *n Med ([heißer] Breiumschlag zur Schmerzlinderung bei Koliken [z.B. Leisamen])* kataplasmo (↑ *auch* ***Fangopackung*** *u.* ***Senfpflaster***)

Katappa|baum *m*, *auch* ***indischer Mandelbaum*** *m* (Terminalia catappa) *Bot* katapoarbo, *<wiss>* katapa terminalio; ~**öl** *n*, *auch* ***indisches Mandelöl*** *od* ***Talisayöl*** *n* katapa oleo

Katapult *n* ***a)*** *auch* ***Schleuder-*** *od* ***Wurfmaschine*** *f hist* katapulto ***b)*** *kleine Steinschleuder (Kinderspielzeug)* [infana] katapulto; ***mit einem ~ schießen*** pafi ŝtonetojn per katapulto ***c)*** *Schleudereinrichtung für den Start von Flugzeugen, bes. Segelflugzeugen* katapulto; ***mit dem ~ fortschleudern*** antaŭenpeli per katapulto, katapulti

katapultieren *tr* katapulti *auch Flugw* (↑ *auch* ***fortschleudern***); ***sich aus der Kanzel ~*** *Kampfpilot* sin katapulti el la pilotejo (*od* [pilota] kajuto)

Katapultsitz *m* ↑ ***Schleudersitz***

Katar (*n*), *arab.* ***Al-Qatar*** *ein Emirat am Persischen Golf* Kataro *[Hptst.: Doha]*

[1]**Katarakt** *m* ↑ ***Stromschnelle***

[2]**Katarakt** *f Ophthalmologie (Bez für jede Trübung der Augenlinse unabhängig für deren Ursache)* ↑ *unter* ***[1]Star***; ***angeborene ~*** (Cataracta congenita) denaska katarakto; ***diabetische ~*** diabeta katarakto (↑ *auch* ***Rinden-*** *u.* ***Tetaniekatarakt***)

Katarakt|chirurgie *f* kataraktkirurgio *od* kirurgio de katarakto; ~**operation** *f Chir* katarakt-operacio

Katarer *m*, *auch* ***Katari*** *m Einwohner von Katar* katarano

Katarerin kataranino *f*

katarisch *Adj* katara; *aus Katar* el Kataro

Katarrh *m Med ([exsudative] Schleimhautentzündung)* kataro; *im Nasenraum* nazkataro (↑ *auch* ***Blasen-***, ***Darm-***, ***Gletscher-***, ***Luftröhren-***, ***Magen-*** *u.* ***Rachenkatarrh***); ***zu ~en neigend*** *(Person)* katarema

katarrhalisch *Adj* katara; ***~er Husten*** *m* katara tuso

Katar-Riyal *m* ↑ *unter* ***Riyal***

Kataster *m od n Verw (amtliches Grundstücksverzeichnis)* katastro, *auch* [oficiala] teren-registro

Katasteramt *n* ↑ ***Grundbuchamt***

Katasterkarte *f* ↑ ***Flurkarte***

Katasternummer *f* katastra numero

katastrieren *tr in einen Kataster eintragen* katastri, registri en katastron

katastrophal *Adj* katastrofa (↑ *auch* ***verheerend***); *i.w.S. entsetzlich, furchtbar* horora; *schrecklich* terura

Katastrophe *f* ***a)*** katastrofo (*vgl. dazu* ***Un-***

glück; ↑ *auch* ***Brand-*** *u.* ***Hungerkatastrophe***); *Natur*≗ naturkatastrofo (*vgl. dazu* ***Tsunami***; ↑ *auch* ***Überschwemmungs-*** *u.* ***Unwetterkatastrophe***); ***nukleare*** ~ nuklea (*od* nukle-milita) katastrofo; ***ökologische*** ~ ekologia katastrofo (↑ *auch* ***Klimakatastrophe***); ***eine ~ weltweiten Ausmaßes*** katastrofo de tergloba dimensio; ***diese Region ist von einer schrecklichen ~ heimgesucht worden*** tiu ĉi regiono estis trafita de terura katastrofo ***b)*** *Theat (Schicksalswende zum tragischen Ende)* katastrofo

Katastrophen|folgen *f/Pl* sekvoj *Pl* de katastrofo; ~**gebiet** *n* regiono trafita de katastrofo; ~**hilfe** *f* katastrofohelpo; ~**schutz** *m* protekto kontraŭ [natur]katastrofoj

Katatonie *f, auch* ***Spannungsirresein*** *n Psychiatrie (von Muskelspannungen u. mit Wahnideen begleitete Geistesstörung [eine Form der Schizophrenie])* katatonio

katatonisch *Adj* katatonia

Katayama-Syndrom *n* (*Syn*: ***Katayama-*** *od* ***Yangtse-Fieber*** *n*) *Med (akutes Stadium der Schistosomiasis bei Schistosoma japonicum-Befall)* Katajama-sindromo

Katchin *Pl Ethn* = ***Kachin***

Kate *f strohgedeckte Dorf*≗ ĥato; *[elende] Hütte* [mizera] kabano

Katechese *f, auch* ***Katechisation*** *f christl. Rel* kateĥizado *od* katekizado

Katechet *od* **Katechist** *m christl. Rel* kateĥisto *od* katekisto

Katechisation *f christl. Rel* ↑ ***Katechese***

katechisieren *tr Christenlehre unterrichten* kateĥizi *od* katekizi

Katechismus *m Kirche (Lehrbuch für die christliche Glaubensunterweisung)* kateĥismo *od* katekismo

Katecholamine *n/Pl Chem* ↑ ***Catecholamine***

Katechu *n* ***a)*** *bes. Pharm (getrockneter Extrakt aus dem Kernholz der Katechuakazie)* kateĉuo ***b)*** *auch* ***Palmenkatechu*** *n Präparat aus den Früchten der Betelnusspalme* areka kateĉuo; ~**akazie** *f* (Acacia catechu) *Bot* kateĉuakacio

Katechumenen *m/Pl [in der frühchristl. Kirche:] die Anwärter auf die Taufe während der Vorbereitung; [in evangelischen Kirchen] Teilnehmer am Konfirmandenunterricht* kateĥumenoj *od* katekumenoj *Pl*

Kategorie *f* kategorio *auch Gramm u. Phil* (↑ *auch* ***Art***, ***Genre***, ***Klasse*** *u.* ***Wortkategorie***); ***grammatische*** (***morphologische***) ~ *Ling* gramatika (morfologia) kategorio; ***in ~n einteilen*** (***zusammenfassen***) grupigi (kunigi) en kategorioj

kategorisch 1. *Adj* kategoria; ***Kants ~er Imperativ*** *m Phil* kategoria imperativo de Kanto **2.** *Adv* kategorie; ~ ***ablehnen*** (***behaupten***) kategorie rifuzi (aserti)

kategorisieren *tr* kunigi (*od* grupigi *bzw.* ordigi) en (*od* laŭ) kategorioj; *klassifizieren* klasifiki

Katenoid *n od* **Katenoide** *f, auch* ***Kettenfläche*** *f Geom* katenoido

[1]**Kater** *m männl. Katze* virkato; ***der Gestiefelte ~*** *im Märchen* la botvestita Kato *od* la Kato kun botoj

[2]**Kater** *m Folge übermäßigen Alkoholgenusses* postdrinka (*od* postebria) naŭzo (*bzw.* kapdoloro)

Katfisch *m Ichth* ↑ ***Seewolf***

Katgut [ˈkɛtgat] *n, auch* ***Catgut*** *n chirurgisches Nahtmaterial aus tierischen Darmsaiten (ursprünglich aus Katzendarm) od aus synthetischen Fasern, das während der Wundheilung resorbiert wird)* katguto

Kath *n* = [1]***Kat***

Katharer *od* **Katharisten** *m/Pl Rel (eine mittelalterliche Sekte)* kataristoj *Pl* (↑ *auch* ***Albigenser***)

Katharina *(auch Name russischer Zarinnen) od* **Katharine** (*f*), *auch* ***Catarina*** (*f*), *engl.* ***Catherine*** *weibl. Vorname* Katarina

Katharsis *f,* ***läuternde Wirkung*** *f Psychoanalyse (geistig-seelische Läuterung, z.B. eines Kunstwerks auf den Betrachter; i.w.S. sittliche Wirkung)* katarso

Katheder *n od m,* <österr> ***Lehrkanzel*** *f* katedro (↑ *auch* ***Lehrstuhl*** *u.* ***Podium***)

Kathedrale *f* katedralo (↑ *auch* ***Sankt-Pauls-Kathedrale***); ***gotische*** ~ gotika katedralo

Kathedralschule *f* ↑ ***Domschule***

Kathete *f Geom (Trigonometrie)* kateto (↑ *auch* ***Ankathete*** *u.* ***Gegenkathete***)

Katheter *m Medizintechnik* katetero (↑ *auch* ***Ballon-***, ***Herz-***, ***Ösophagus-*** *u.* ***Venenkatheter***); ***einen ~ in ... einführen*** kateteri la *... folg. Subst im Akk*

Katheter|angiografie *f Med* katetera angiografio; ~**biopsie** *f Med* katetera biopsio

katheterisieren *tr Med* kateteri

Katheterisierung *f Med* kateterado

Kathetometer *n Geodäsie (Gerät zum Messen von Höhenunterschieden zw. zwei Mar-*

kierungen) katetometro
Kathleen (*f*) *weibl. Vorname* Katlina
Kathmandu [...'du:] (*n*) *Hptst. von Nepal* Katmanduo; **~-Tal** *n* Katmandu-Valo, *auch* valo de Katmanduo
Kathode *f*, *Fachspr meist* ***Katode*** *f El ([elektrisch] negative Elektrode)* katodo (↑ *auch* ***Anti-***, ***Foto-***, ***Glüh-***, ***Oxid-***, ***Quecksilber-*** *u.* ***Rundkathode***); ***flüssige*** (***gemeinsame***, ***indirekt geheizte***, ***komplexe***) **~** likva (komuna, nerekte hejtata, kompleksa) katodo
Kathoden|fleck *m El* katoda makulo; **~heizzeit** *f El* hejttempo de katodo; **~strahlen** *m/Pl El* katodoradioj *od* katodaj radioj *Pl*; **~strahloszillograf** *m Phys* katoda oscilografo; **~strahlröhre** *f*, *auch* ***Kathodenstrahlbildröhre*** *f El* katodoradia tubo; **~strom** *m El* katoda kurento; **~widerstand** *m El* katoda rezistanco
kathodisch *Adj El* katoda
Kathodolumineszenz *f El* katodolumineso
Katholik *m* katoliko; ***die ~en*** la katolikoj *Pl*, *als Glaubensgemeinschaft auch* la katolikaro (↑ *auch* ***Altkatholiken***)
Katholikentum *n Zugehörigkeit zur katholischen Kirche* katolikeco
Katholikin *f* katolikino
katholisch *Adj* katolika; ***die ~e*** (***römisch-katholische***) ***Kirche*** *als Glaubensgemeinschaft* la katolika (rom-katolika) eklezio; ***Internationale ~e Esperanto-Vereinigung*** *f* Internacia Katolika Unuiĝo Esperantista (*Abk* IKUE)
katholisieren *tr für die kath. Kirche gewinnen* katolikigi
Katholizismus *m* katolikismo
Katholizität *f* katolikeco
katilinarisch *Adj in der Art des röm. Verschwörers Catilina* katilina ◇ ***~e*** (*d.h.* ***stürmische***) ***Anklagerede*** *f* katilina parolado
Kation *n Phys (positiv geladenes Ion)* kationo, *auch* katjono
Katja (*f*) *weibl. Vorname* Katja
Katjangbohne *f Bot, Nahr* ↑ ***Chinabohne***
Katjuscha *f Mil (ein russ. Raketenwerfer)* katjuŝo
Katmandu (*n*) = ***Kathmandu***
Kätner *m* kabanulo, *auch* kabanloĝanto
Katoblepas *m Myth (ein mythologisches Tier [von Plinius dem Älteren erstmals beschrieben])* katoblepo
Katode *f El* ↑ ***Kathode***
Katoptrik *f*, *auch* ***Lichtreflexionslehre*** *f Opt* katoptriko
katoptrisch *Adj die Katoptrik betreffend* katoptrika
Katowice (*n*), *dt.* ***Kattowitz*** (*n*) *eine poln. Stadt in Oberschlesien* Katovico
Katrin *od* **Katrina** (*f*) *weibl. Vorname* Katrina
Katstrauch *m* (Catha edulis) *Bot* ĉato (↑ *auch* ***¹Kat***)
Katsurabaum *m Bot* ↑ ***Judasblattbaum***
Katta *m* (Lemur catta) *Zool* ringvosta lemuro
Kattegat *n Meerenge zw. Schweden u. Jütland* Kategato
Kattowitz (*n*) ↑ ***Katowice***
Kattun *m Textil (Gewebe aus Baumwollgarnen in Leinwandbindung)* katuno
kattunen *Adj* katuna; *aus Kattun [gemacht]* [farita] el katuno
Katz *f* ◇ ***das ist für die ~*** *fam für «völlig umsonst»* tio estas tute vana
katzbuckeln *intr* humile (*od* servile) flati (***vor jmdm.*** iun)
Kätzchen *n* ***a)*** *Kindersprache* ***Mieze*** *f kleine Katze* kat[in]eto; *Katzenjunges* katido; ***ein ~ streicheln*** glatumi kateton ***b)*** *auch* ***Weidenkätzchen*** *n Bot (Blütenstand der Weide)* [salika] amento
¹Katze *f allg u. Gattungsname* kato, *(weibl. Katze, Kätzin)* katino (*vgl. dazu* ***¹Kater***; ↑ *auch* ***Abessinier-***, ***Angora-***, ***Bengal-***, ***Birma-***, ***Fisch-***, ***Flachkopf-***, ***Haus-***, ***Manx-***, ***Marmor-***, ***Pallas-***,***Perser-***,***Rohr-***, ***Schwarzfuß-***, ***Siam-*** *u.* ***Wildkatze***); ***eine getigerte ~*** tigrostria kato ◇ ***die ~ im Sack kaufen*** *etw. unbesehen kaufen* aĉeti katon en sako; ***wie die ~ um den heißen Brei gehen*** danci kiel kato ĉirkaŭ poto *(Zam)*; ***wenn die ~ aus dem Haus ist, tanzen die Mäuse [auf dem Tisch]*** kiam kato promenas, la musoj festenas *(Zam) od* se foriras la katoj, festenas la ratoj *(Zam)*; ***wie Hund und ~ [sein]*** [esti] kiel hundo kaj kato *(Zam)*; ***bei Nacht sind alle ~n grau*** kiam nokto vualas, ĉiuj koloroj egalas *(Zam)*
²Katze *f Mil hist* ↑ ***²Kavalier***
katzenähnlich *Adj* kat[o]simila
katzenartig *Adj*: ***~e Raubtiere*** *n/Pl* (*Familie* Felidae) *Zool* felisedoj *Pl*
Katzenauge *n* kat-okulo *auch Min*
katzenäugig *Adj* kat-okula
Katzenbär *m Zool* ↑ *unter* ***Panda***
Katzenblutkraut *n Bot* ↑ *unter* ***Verbene***
Katzen|drossel *f*, *auch* ***Katzenvogel*** *m* (Du-

metella carolinensis) *Orn (eine nordamerik. Spottdrosselart)* katbirdo (↑ *auch* ***Grünkatzenvogel***); ~**fell** *n* kata felo *od* felo de kato; ~**floh** *m* (Ctenocephalides felis) *Ent* kata pulo; ~**frett** *n* (*Gattung* Bassariscus) *Zool (eine Gattung amerikanischer Kleinbären)* kakomistlo; ~**futter** *n* katnutraĵo; ~**geruch** *m* kat-odoro; ~**geschrei** *n* kat[o]kriado

Katzengold *n Min* ↑ ***Biotit*** *bzw.* ***Goldglimmer*** *bzw.* ***Pyrit***

Katzenhai *m Zool* kat[o]ŝarko (↑ *auch* ***Bali-***, ***Buckel-*** *u.* ***Korallenkatzenhai***); ***arabischer*** ~ (Bythelurus alcocki) araba katoŝarko; ***isländischer*** ~ (Apristurus laurussonii) islanda katoŝarko

Katzen|halter *m* tenanto de kato(j); ~**jammer** *m nach Alkoholgenuss* postdrinka naŭzo (*od* kapdoloro); ~**junge** *n* katido; ~**liebhaber** *m* kat-amanto

Katzenminze *f* (*Gattung* Nepeta) *Bot* nepeto, ***[gemeine]*** ~ (*Art* Nepeta cataria) katario, *pop* katherbo; ***ungarische*** ~ (Nepeta nuda) nuda nepeto

Katzenmusik *f umg für «misstönende Musik»* kata koncerto

Katzenpfötchen *n* (*Gattung* Antennaria) *Bot* antenario (↑ *auch* ***Karpatenkatzenpfötchen***); ***zweihäusiges*** ~ (Antennaria dioica) dioika antenario

Katzenschwanz *m **a)*** kat[o]vosto *od* kata vosto ***b)*** *Bot* (Acalypha hispida) *ein tropisches Wolfsmilchgewächs* akalifo

Katzensprung *m* ◇ ***bis dorthin ist es nur ein*** ~ ĝis tie estas nur [tre *od* ege] malgranda distanco (*od auch* nur distanceto)

Katzenvogel *m Orn* ↑ ***Katzendrossel***

Katzenwels *m Ichth* ↑ ***Zwergwels***

Kätzin *f* ↑ *unter* ***¹Katze***

Kauderwelsch *n Jargon* ĵargono; *unverständliches bzw. konfuses Gerede* nekomprenebla (*bzw.* konfuz[eg]a) diraĵo, *geh* galimatio (↑ *auch* ***Pidginenglisch***); ***er spricht ein schlimmes*** (***verdammtes***) ~ *umg* li parolas aĉan (damnan) ĵargonon

kauen *tr* maĉi *auch abs*; ***an den Nägeln*** ~ mordi la ungojn; ***Tabak*** ~ maĉi tabakon

kauern *intr* kaŭri; *auf den Fersen hocken* sidi sur la kalkanoj *od* kalkansidi (*vgl. dazu* ***hocken***); ***sich*** ~ kaŭriĝi, sidiĝi sin sur la kalkanoj *od kurz* kaŭre sidiĝi (*vgl. dazu* ***sich hinkauern*** *u.* ***sich zusammenkauern***)

Kauf *m An- od Einkauf* aĉeto (↑ *auch* ***Bar-***, ***Haus-***, ***Rück-*** *u.* ***Teilzahlungskauf***); *das Kaufen* aĉetado; *das Gekaufte* aĉetaĵo; ***einen*** ~ ***abschließen*** interkonsenti pri aĉeto; ***den*** ~ ***lohnend*** *wert gekauft zu werden* aĉetinda ◇ ***etw. in*** ~ ***nehmen*** tolere (*bzw.* vole-nevole) akcepti ion (*vgl. dazu* ***das Risiko auf sich nehmen*** [↑ *unter* ***Risiko***])

Kauf|angebot *n* aĉet-oferto; ~**auftrag** *m* aĉetkomisio (*vgl. dazu* ***Bestellung*** *u.* ***Order***); ~**bedingungen** *f/Pl Hdl* aĉet[o]kondiĉoj *Pl*; ~**bereitschaft** *f* aĉet-preteco, preteco aĉeti [ion]

kaufen *tr* aĉeti (↑ *auch* ***einkaufen***); ***jmdm. etw.*** ~ aĉeti ion por iu; ***zu*** ~ ***sein*** esti aĉetebla; ***er hat [sich] einen Fernsehapparat gekauft*** li aĉetis televid-aparaton [por si]

Kaufen *n* aĉetado

Käufer *m* aĉetanto *bzw.* aĉetinto (*vgl. dazu* ***Abnehmer***, ***Einkäufer*** *u.* ***Kunde***); ~ ***anlocken*** (*od* ***anziehen***) allogi aĉetantojn

Käufer|geschmack *m* gusto de la aĉetanto(j); ~**kredit** *m* aĉetantokredito; ~**markt** *m Wirtsch (vom Käufer beherrschter Markt)* aĉetanto-merkato

Kaufhaus *n* grandmagazeno (↑ *auch* ***Multikauf***); ~**detektiv** *m* detektivo en grandmagazeno

Kaufkraft *f* aĉetpovo; ***überschüssige*** ~, *auch* ***Kaufkraftüberhang*** *m* ekscesa aĉetpovo

Kauf|laden *m alt od reg* butiko; ~**laune** *f* aĉetemo (↑ *auch* ***Kauflust***)

käuflich *Adj* aĉetebla; *bestechlich* koruptebla, subaĉetebla (↑ *auch* ***korrupt***); ~***e Liebe*** *f* aĉetebla amoro; ***etw.*** ~ ***erwerben*** aĉete akiri ion, *meist kurz* aĉeti ion

Käuflichkeit *f* korupt[ec]o

Kauflust *f* aĉetemo

kauflustig *Adj* aĉetema

Kauflustige *m* aĉetemulo

Kaufmann *m* komercisto (*vgl. dazu* ***Händler*** *u.* ***Großhändler***); *Ladeninhaber* butikisto

kaufmännisch *Adj* komercista; ~***es Rechnen*** *n* komerca kalkulado (*od* aritmetiko)

Kaufmannschaft *f (als Gesamtheit)* komercistaro; *die Kaufleute* la komercistoj *Pl*

Kaufmannsladen *m Spielzeug* ludbutiko

Kauf|muster *n Hdl, Wirtsch* aĉetspecimeno; ~**preis** *m* (*[in Annoncen:] Abk* ***KP***) aĉet[o]prezo; ~**rausch** *m* aĉetfebro; ~**recht** *n Jur* aĉetjuro; ~**sucht** *f* aĉetomanio, *auch* obsedo pri butikumado

kaufsüchtig *Adj* aĉetomania

Kaufsumme *f* aĉetsumo

Kaufunger Wald *m ein Buntsandsteinrücken im Hessischen Bergland [östlich von Kassel]* Kaŭfunga Arbaro

Kauf|urkunde *f* aĉeta dokumento *od* dokumento de aĉeto; ~**vereinbarung** *f* aĉet-interkonsento; ~**vertrag** *m* aĉetkontrakto

Kaugummi *m* maĉgumo

Kaukasien (*n*) *die Landschaften zw. Schwarzem u. Kaspischem Meer* Kaŭkazio (↑ *auch* ***Transkaukasien***)

Kaukasier *m* kaŭkaziano (↑ *auch* ***Abasiner***, ***Abchasen***, ***Tscherkessen*** *u.* ***Tschetschenen***)

Kaukasierin *f* kaŭkazianino

kaukasisch *Adj* kaŭkaza; ~***e Sprachen*** *od* ***Kaukasussprachen*** *f/Pl Ling (Sprachen im Kaukasus, die nicht zu den indogermanischen, semitischen od Turksprachen gehören)* kaŭkazaj lingvoj *Pl* (↑ *auch* ***Abasinisch***, ***Adygeisch***, ***Awarisch***, ***Darginisch***, ***Inguschisch***, ***Kabardinisch***, ***Mingrelisch***, ***Tabassaranisch*** *u.* ***Tschetschenisch***); ~***e Völker*** *n/Pl Ethn (Völker u. Stämme im Kaukasus, die nicht zur indoeuropäischen Sprachfamilie od zu den Turkvölkern zählen [z.B. Georgier])* kaŭkazaj popoloj *Pl*

Kaukasus *m* ***a)*** *ein Hochgebirge in Kaukasien Gebirge* [montaro] Kaŭkazo; ***der Große*** ~ la Granda Kaŭkazo *<sein Kamm bildet die Grenze Russlands zu Georgien u. Aserbaidschan>*; ***der Kleine*** ~ la Malgranda Kaŭkazo *<er liegt auf den Territorien von Georgien, Armenien u. Aserbaidschan>* ***b)*** *verkürzt für «Kaukasien»* Kaŭkazio (↑ *auch* ***Kaukasien***)

Kaukasusbeinwell *m* (Symphytum caucasicum) *Bot* kaŭkaza simfito; ***kleiner*** ~ (Symphytum grandiflorum) rampanta simfito

Kaukasus|birkhuhn *n* (Tetrao mlokosiewiczi) *Orn* kaŭkaza tetro; ~**fetthenne** *f*, *auch* ***Kaukasussedum*** *n* (Sedum spurium) kaŭkaza sedo; ~**fichte** *f* (Picea orientalis) *Bot* kaŭkaza piceo; ~**gebirge** *n* Kaŭkaza Montaro; ~**königshuhn** *n* (Tetraogallus caucasicus) *Orn* kaŭkaza neĝokoko; ~**otter** *f*, *auch* ***kaukasische Viper*** *f* (Vipera kaznakovi) *Zool* kaŭkaza vipero; ~**skabiose** *f* (Scabiosa caucasica) kaŭkaza skabiozo

Kaukasussprachen *f/Pl* ↑ *unter* ***kaukasisch***

Kaukasus|steinschmätzer *m* (Saxicola chrysopygia = Oenanthe chrysopygia) *Orn* or-puga saksikolo; ~**ziesel** *m* (Spermophilus musicus) *Zool* kaŭkaza zizelo (*od* *<wiss>* spermofilo) *[Vorkommen: endemisch im nördlichen Kaukasus]*

Kaukibaum *m Bot* ↑ ***Elengibaum***

Kaulbarsch *m*, *auch* ***Stur*** *m* (Gymnocephalus cernua *od* Acerina cernua) *Ichth* perĉo (*vgl. dazu* ***Barsch***)

Kaulkopf *m Ichth* ↑ ***Groppe***

Kaulquappe *f Zool* ranido, ranlarvo

kaum 1. *Adv* apenaŭ; *fast (vermutlich) nicht* preskaŭ (supozeble) ne; ***das reicht*** ~ ***für ein paar Tage*** tio apenaŭ sufiĉas por kelkaj tagoj (*od* kelke da tagoj); ***das ist*** ~ ***zu glauben*** tio estas preskaŭ ne kredebla; ***er wird wohl*** ~ ***hingehen*** mi dubas, ke li iros tien; ***es wird dir*** ~ ***gelingen*** mi dubas, ke vi sukcesos **2.** *Konj*: ~ ***[dass]*** apenaŭ; *gleich nachdem* tuj [post] kiam; *fast zur gleichen Zeit als* preskaŭ samtempe kiam; ~ ***hatten wir die Hütte erreicht***, ***[da] begann das Gewitter*** apenaŭ ni estis atingintaj la kabanon, la fulmotondro ekkomencis

Kau|magen *m bei manchen Insekten, Krebsen u. Schnecken* maĉstomako (↑ *auch* ***Muskelmagen***); ~**muskel** *m* (Musculus masseter) *Anat* masetero

Kaumuskelkrampf *m Med* ↑ ***Kieferklemme***

Kaunas (*n*) *eine Stadt in Litauen* Kaŭno

Kauri|fichte *f*, *auch* ***Kopalfichte*** *f* (Agathis australis) *Bot* kaŭrio, *<wiss>* *auch* aŭstrala agatido (↑ *auch* ***Queensland-Kaurifichte***); ~**kopal** *m ein neuseeländisches Naturharz [gewonnen aus dem Harz der Kaurifichte]* kaŭria kopalo; ~**muschel** *f* kaŭrikonko, *(als Muschelgeld, bes. wenn diese, wie früher in Afrika u. Asien als Zahlungsmittel verwendet wird) auch* monkonko; ~**schnecke** *f* (Cyprea moneta) *Zool* mon-cipreo (*vgl. dazu* ***Porzellanschnecke***)

kausal *Adj* kaŭza; ~***er Zusammenhang*** *m* kaŭza konekso

Kausalbeziehung *f* kaŭza rilato *auch Ling*

Kausalgie *f nur Fachspr Med (heftiger, brennender Schmerz auf der Haut nach verheilter Verletzung peripherer Nerven [bes. nach Schussverletzungen an Armen u. Beinen)* kaŭsalgio

Kausalität *f* kaŭzeco (↑ *auch* ***Ursächlichkeit***)

Kausal|prinzip *n Phil* principo pri kaŭzeco; ~**satz** *m Gramm* kaŭza frazo; ~**zusammenhang** *m* kaŭza interrilato *auch Ling*

Kausativ[um] *n*, *auch* ***kausatives Verb*** *n Ling (Verb, das ein Veranlassen od Bewirken ausdrückt)* kaŭza verbo

Kausch *m bes. Mar (Metallschutz in den Augen von Tauwerk)* koŝo

Kaustik *f Opt (Brennfläche)* kaŭstiko, *auch* kaustika (*od* fokusa) surfaco

Kaustikum *n Med (ein Ätzmittel)* kaŭstikaĵo

kaustisch *Adj Chem (ätzend, brennend)* kaŭstika *auch übertr für «beißend» od «spöttisch»*; ~***e Soda*** *f technisches Ätznatron* kaŭstika sodo

Kau|tabak *m* maĉtabako; ~**tablette** *f Pharm* maĉtablojdo

Kauter *m, auch* ***Diathermiemesser*** *n od* ***Glühbrenner*** *m Chir (Instrument zum Ausbrennen von Gewebsteilen)* kaŭtero (↑ *auch* ***Galvano-*** *u.* ***Thermokauter***)

Kauterisation *f Med (Verätzen)* kaŭter[iz]ado

kauterisieren *tr Med (mit dem Kauter verätzen)* kaŭter[iz]i

Kaution *f [Geldsumme als] Bürgschaft* kaŭcio *auch Jur*; ***als*** (*bzw.* ***gegen***) ~ kaŭcie; ***einen Angeklagten gegen ~ freilassen*** (*od* ***auf freien Fuß setzen*** liberigi akuziton kaŭcie; ***eine ~ stellen*** doni (*bzw.* deponi) kaŭcion

Kautionssumme *f, auch* ***Bürgschaftssumme*** *f* kaŭcia sumo

Kautschuk *m od n Stoffbez. für die beiden Materialgruppen Naturkautschuk u. Synthesekautschuk mit vielen Unterschieden in den Eigenschaften ihrer einzelnen Typen* kaŭĉuko (*vgl. dazu* ***Gummi*** *u.* ***Guttapercha***; ↑ *auch* ***Butadien-***, ***Butyl-***, ***Crepe[natur]kautschuk***, ***Faktis***, ***Isopren-***, ***Roh-*** *u.* ***Synthesekautschuk***); ~**baum** *m, auch* ***Parakautschukbaum*** *m* (Hevea brasiliensis) *Bot* brazila heveo, *umg* kaŭĉukarbo

Kautschukmilch *f* ↑ ***Latex***

Kautschuk|pflanzen *f/Pl Bot* kaŭĉukplantoj *Pl*; ~**plantage** *f* kaŭĉuk[arb]a plantejo

Kautschuksaft *m* ↑ ***Latex***

Kautsky (*m*) *Eig (deutscher Politiker <Zentrist> [1854-1938])* Kaŭckio

Kautskyanertum *n Pol* kaŭckiismo

Kauz *m* ***a)*** *Orn (Stein~)* noktuo (*vgl. dazu* ***Eule***; ↑ *auch* ***Bart-***, ***Brahma-***, ***Busch-***, ***Dschungel-***, ***Fahl-***, ***Gelb-***, ***Habichts-***, ***Kaninchen-***, ***Kläffer-***, ***Sperlings-*** *u.* ***Waldkauz***) ***b)*** *übertr umg*: ***ein komischer ~*** *Sonderling* strangulo, *[wohlwollend:]* drolulo

Käuzchen *n Orn* ↑ ***Steinkauz***

kauzig *Adj* [mirinde] stranga

[1]**Kavalier** *m höflicher Mensch, bes. gegenüber Damen* kavaliro; *galanter Mann* galanta viro (↑ *auch* ***Galan*** *u.* ***Verehrer***); ***den ~ spielen*** prezenti sin galantulo, *auch kurz* galanti

[2]**Kavalier** *m, auch* ***Katze*** *f od* ***Reiter*** *m Mil hist (den Hauptwall überragendes Festungswerk)* kavaliero

Kavalierstaschentuch *n* ↑ ***Einstecktuch***

Kavalkade *f, auch* ***[prächtiger] Reiter[auf]zug*** *m bes. bei Schaustellungen* kavalkado

Kavallerie *f, auch* ***Reiterei*** *f Mil* kavalerio; ***leichte*** (***schwere***) ~ leĝera (peza) kavalerio

Kavallerie|bataillon *n* kavaleria bataliono; ~**regiment** *n* kavaleria regimento; ~**säbel** *m* kavaleria sabro

Kavallerist *m* kavaleriano

Kavango *Pl Ethn (eine schwarzafrikanische Ethnie in Namibia u. Angola)* kavangoj *Pl*

Kavatine *f Mus (liedartiger Gesangs- od Instrumentalsatz)* kavatino

Kaverne *f Med (durch Gewebezerstörung entstandener Hohlraum in der Lunge bzw. im Zahn)* kaverno

Kavernenbildung *f Med* estiĝo de kaverno(j)

kavernös *Adj hohl (z.B. ein Zahn)* kaverna; *bes. Med (durchklüftet, voller Hohlräume)* kavernoplena

Kaviar *m Nahr (ein Erzeugnis aus Fischrogen)* kaviaro; ***roter*** (***schwarzer***) ~ ruĝa (nigra) kaviaro

Kaviar|brötchen *n* kaviara sandviĉo; ~**messer** *n Hausw* kaviartranĉilo

Kavitation *f Hohlraumbildung (auch in strömenden Flüssigkeiten [z.B. beim Strömen des Wassers um den Schiffspropeller])* kaviĝo

Kawa *od* **Kawa-Kawa** *f ein berauschendes Getränk der Polynesier* kavao

Kawapfeffer *m Bot* (Piper methysticum *u.* Piper excelsum) kavao *od* kavaplanto

Kawasaki (*n*) *eine japanische Hafenstadt* Kavasako *<Schwerindustriezentrum von Japan>*; ~**-Syndrom** *n, auch* ***mukokutanes Lymphknotensyndrom*** *n Med (eine akute fieberhafte Erkrankung mit multipler Organbeteiligung, die im Kleinkindalter auftritt [vor allem in Japan, mit zunehmender Häufigkeit auch in Europa und in den USA])* Kavasako-sindromo

Kayan *Pl Ethn* ↑ ***Kajan***

Kazike *m Ethn (Häuptling [aber auch Dorfvorsteher] bei den süd- u. mittelamerik. Indianern)* kaciko

kByte *od* **KByte** = *Zeichen für* ***Kilobyte***

kcal = *Zeichen für* ***Kilokalorie***

Kea *m, auch* ***Nestorpapagei*** *m* (Nestor notabilis) *Orn (eine auf der Südinsel Neuseelands vorkommende Papageienart)* keo

Kebab *m, arab.* ***Kabāb*** *Kochk (am Spieß gebratene [meist: Hammel-] Fleischstückchen)* kebabo

Kebaya *f Textil (traditionelle Schoßbluse der indonesischen, malaiischen u. singaporischen Frau)* kebajo *<wird bes. zu formellen Anlässen getragen>*

Kebse *f* ↑ ***Nebenfrau***

keck *Adj dreist* aŭdaca (↑ *auch* ***vorwitzig***); *kühn* kuraĝa; *waghalsig* riskema; *[ein wenig] respektlos* [iom] senrespekta; *schick* ŝika; *<schweiz> für «munter» od «froh»* vigla *od* gaja

Keckheit *f* aŭdaco; kuraĝo; riskemo; senrespekteco; ŝiko

Kecskemét (*n*) *eine ungarische Komitatshptst. südöstlich von Budapest* Keĉkemeto

Kedanikrankheit *f* = ***Tsutsugamushifieber***

Kedgeree [*kedʒəˈri:*] *n Kochk (ein indisches Reisgericht mit Fisch, Erbsen, Zwiebeln, Eiern, Butter u. Gewürzen)* keĝerio

Keelinginseln *Pl* ↑ ***Kokosinseln***

Kees *m* ↑ ***Gletscher***

Kefe *f* ↑ ***Zuckererbse***

Kefir *m Nahr (ein schwach alkoholisches, schäumendes Sauermilchgetränk)* kefiro *<ursprünglich aus Stutenmilch hergestellt>* (*vgl. dazu* ***Kumyss***)

Kegel *m* ***a)*** *Geom, Tech* konuso *auch eines Vulkans* (*vgl. dazu* ***Konus*** *u.* ***Konoid***; ↑ *auch* ***Kreuz-***, ***Tuff-***, ***Ventil-*** *u.* ***Vulkankegel***); ***gerader*** (***schiefer***, ***stumpfer***) ~ *Geom* orta (oblikva, trunkita) konuso ***b)*** *beim Spiel* keglo; ~ ***schieben*** (*od* ***spielen***) ludi keglojn, *auch* kegloludi ***c)*** *übertr* ↑ ***Lichtkegel***

Kegel|antenne *f, auch* ***Konusantenne*** *f Funktechnik* konus[form]a anteno; ~**bahn** *f, <österr> auch* ***Kegelstatt*** *f* kegl[olud]ejo; ~**dach** *n Bauw (eine Dachform)* konusa tegmento; ~**fläche** *f Geom* konusa surfaco

kegelförmig 1. *Adj* kegloforma; *Geom (konisch)* konus[form]a **2.** *Adv* kegloforme; konusforme

Kegel|förmigkeit *f, auch* ***Konizität*** *f Geom* konus[form]eco; ~**höhe** *f Geom* alto de konuso; ~**klub** *m* kegloklubo; ~**kugel** *f fürs Kegelspiel* kegla globo; ~**kupplung** *f, auch* ***Konuskupplung*** *f Tech* konusa kluĉilo; ~**mantel** *m Geom* mantelo de konuso

kegeln *intr u. abs* kegli, ludi keglojn

Kegel|netz *n Mar (bes. bei Lichtfischerei)* konusa reto; ~**rad** *n Tech* konusa dentrado; ~**robbe** *f* (Halichoerus grypus) *Zool* griza (*od* longmuzela) foko; ~**schnitt** *m Geom* konusa sekcaĵo *od* koniko, *(Hyperbel)* hiperbolo; ~**spiel** *n* kegloludo (*vgl. dazu* ***Bowling***)

Kegelstatt *f* ↑ ***Kegelbahn***

Kegelstumpf *m Geom (Kegel ohne Spitze)* konustrunko *od* trunkita konuso

Kegler *m* kegloludisto

Keglerin *f* kegloludistino

Kehlbandfächer|schnäpper *m od* ~**schwanz** *m* (Rhipidura fuliginosa) *Orn* fulga (*od* griza) ventumilvostulo (*od <wiss>* ripiduro) *[Vorkommen in Neuseeland, auf den umliegenden Inseln u. auf Chatham]*

Kehldeckel *m, Fachspr* ***Epiglottis*** *f Anat, Phon* epigloto

Kehle *f* ***a)*** *Anat* gorĝo (↑ *auch* ***Gurgel***); *i.w.S. Hals* kolo; ***aus voller*** ~ ***schreien*** krii el la tuta gorĝo, krii plengorĝe; ***eine trockene*** (*od* ***ausgetrocknete***) ~ ***haben [und trinken wollen]*** senti sekecon en la gorĝo [volante trinki], *auch* havi la gorĝon sekan; ***etw. in die falsche*** ~ ***bekommen*** *a) sich verschlucken* misgluti ion, *auch* alse engluti ion, *(Zam) auch* fari malbonan gluton *b) bildh für «etw. falsch auffassen [und beleidigt sein]»* malbone (*bzw.* malfavore) akcepti ion [kaj esti ofendita]; ***jmdn. an*** (*od* ***bei***) ***der*** ~ ***packen*** kapti iun ĉe la gorĝo ◇ ***die*** ~ ***anfeuchten*** *ein wenig trinken* trinki iomete; ***das Messer sitzt ihm an der*** ~ venis tranĉilo al lia gorĝo *(Zam)* ***b)*** = ***Hohlkehle***

Kehl|fleck *m z.B. eines Marders* gorĝa makulo *od* gorĝmakulo; ~**gesang** *m, auch* ***Obertongesang*** *m Mus (eine Gesangstechnik)* gorĝkant[ad]o, *auch* supratona kantado *<in der Mongolei u. weiteren Ländern Zentralasiens üblich>*

kehlig *Adj* gorĝa (↑ *auch* ***guttural***)

Kehlkopf *m* (Larynx) *Anat* laringo

Kehlkopfdiphtherie *f Med* ↑ ***Krupp***

Kehlkopf|entzündung *f, Fachspr* ***Laryngitis*** *f Med* inflamo de la laringo, laringito; ~**karzinom** *n, Fachspr auch* ***Larynxkarzinom*** *n Med* laringa karcinomo; ~**knorpel** *m* (Cartilago laryngis) *Anat* laringa karti- lago

Kehl[kopf]laut *m Phon* ↑ ***Guttural*** *u.* ***Laryn-***

gal

Kehlkopfmikrofon *n Elektroakustik* laringa mikrofono

Kehlkopfmuskulatur *f Anat* laringa muskolaro; ***Lähmung der*** ~, *fachsprachl.* ***Laringoparalyse*** *f Med* laringoparalizo

Kehlkopf|ödem *n* (Oedema laryngis) *Med* laringa edemo; ~**papillom** *n* (Papilloma laryngis) *Med* laringa papilomo; ~**polypen** *m/Pl Med* laringaj polipoj *Pl*; ~**schnitt** *m*, *Fachspr* ***Laryngotomie*** *f Chir* laringotomio

Kehlkopfspiegel *m Medizintechnik* ↑ ***Laryngoskop***

Kehlkopfspiegelung *f Med* ↑ ***Laryngoskopie***

Kehlkopf|tumor *m Med* laringa tumoro; ~**verschlusslaut** *m*, *auch* ***Glottisverschluss*** *m* (*auch* ***Knacklaut*** *genannt*) *Phon (im Kehlkopf gebildeter Laut)* glota plozivo

Kehllaut *m Phon* ↑ ***Laryngal***

Kehl|sack *m z.B. beim Orang-Utan od bei manchen Vögeln* gorĝosako *od* gorĝa sako; ~**sparren** *m Bauw* vala ĉevrono

Kehr|aus *m fam für «letzter Tanz»* lasta danco; ~**besen** *m* balailo; ~**druck** *m*, *auch* ***Kehrdruckpaar*** *n*, *Fachspr auch* ***Tête-bêche*** [ˈtɛ:tˈbɛ:ʃ] *m Philat* renversita (*od auch* tetbeŝa) paro, *auch* tetbeŝo

Kehre *f Weg*², *scharfe Kurve* ĝirejo, forta kurbiĝo [de la vojo *bzw.* strato]

¹**kehren** *tr fegen* balai (↑ *auch* ***auskehren*** *u.* ***fortkehren***); ***den Schnee vom Dach*** ~ forbalai la neĝon de sur la tegmento

²**kehren** *tr wenden* turni; ***das Oberste zuunterst*** ~ ĉion renversi; ***jmdm. den Rücken*** ~ turni la dorson al iu; ***sich nicht an etw.*** ~ *geh (nicht beachten)* ne atenti ion, *(ignorieren)* ignori ion; ***in sich gekehrt sein*** esti profundiĝinta en sin mem; ***kehrt!*** *Mil* turnu [vin]!

Kehricht *m*, *auch n reg* ***Fegsel*** *n Zusammengekehrtes* balaaĵo; *Staub* polvo; *Schmutz* malpuraĵo; *Müll* rubo; ~**eimer** *m* sitelo por balaaĵo; ~**schaufel** *f*, *reg* ***Kehrblech*** *n* polvoŝovelilo

Kehr|maschine *f Fahrzeug* [strat]balaa veturilo; ~**reim** *m* rekantaĵo, refreno

Kehrschaufel *f* ↑ ***Kehrichtschaufel***

Kehrseite *f* interna (*bzw.* dorsa) flanko, reverso; *übertr* negativa (*od [milder:]* malagrabla) flanko; *umg scherzh für «Rücken»* dorso ◇ ***die*** ~ ***der Medaille*** *bes. übertr* la reverso de la medalo

kehrtmachen *intr sich umdrehen [und in die entgegengesetzte Richtung gehen]* sin turni [kaj iri en la kontraŭan direkton]; *zurückgehen* reiri (↑ *auch* ***umkehren b)***)

Kehrtwende *f [drastische] Veränderung* [drasta] ŝanĝiĝo al la kontraŭo (↑ *auch* ***Meinungsänderung***); ***eine*** ~ ***vollziehen*** draste ŝanĝ

Kehrwert *m Math* ↑ *unter* ***reziprok***

keifen *intr* ŝrikavoĉe insult[aĉ]i

Keil *m* ***a)*** *aus Holz od Metall zum Spreizen od Spalten, Spalt*² kojno (↑ *auch* ***Faust-*** *u.* ***Stahlkeil***); *Masch u. Tech, bes. als Befestigung od zur Sicherung* kejlo; ***mit*** ~***en befestigen*** fiksi per kojnoj (*bzw.* kejloj), *auch* kojn[o]fiksi *bzw.* kejlofiksi ***b)*** *Schneiderei (eingesetztes Stück, z.B. in der Hose [Zwickel])* kojnopeco *od* kojn[et]o ◇ ***einen*** ~ ***zwischen zwei Menschen treiben*** malkonkordigi (*od* diskonkordigi) du homojn

Keilbein *n* (Os sphenoidale) *Anat* sfenoido; ~**höhle** *f* (Sinus sphenoidales) *Anat* sfenoida sinuso

Keilberg *m*, *tschech.* ***Klinovec*** *m höchster Berg des Erzgebirges/Tschechische Rep.* [monto] Klinoveco

keilen *tr spalten* fendi *od* spliti [per kojno]; ***sich*** ~ *refl sich balgen* interbataleti, kvazaŭlude lukt[et]i (***mit jmdm.*** kun iu; ***um etw.*** por akiri ion); *sich schlagen, einander prügeln* interbatiĝi, sin bati reciproke

Keiler *m «männl. Wildschwein [vom 2. Lebensjahr an]»* vir-apro

Keilerei *f Schlägerei* [ĝenerala] interbatiĝo, *(mit den Fäusten)* pugnobatado

keilförmig **1.** *Adj* kojn[o]forma **2.** *Adj* kojn[o]forme; ~ ***geformter*** (*od* ***behauener***) ***Stein [mit gekrümmter Stabachse]*** *Arch* daŭbo *<für Bogen aus Mauerwerk>*

Keiljungfer *f Ent*: ***gemeine*** ~ (Gomphus vulgatissimus) *eine Libellenart aus der Familie der Flussjungfern* vespolibelo

Keilkissen *n fürs Bett* kojnoforma subkuseno

Keilnut *f einer Schwalbenschwanzverbindung* mortezo; ***eine*** ~ (*bzw.* ***eine Aussparung***) ***einschneiden*** mortezi (***in etw.*** ion)

Keil|riemen *m Kfz, Tech* kojnoforma rimeno *od* kojnorimeno, *auch* V-rimeno [*vo-...*]; ~**schrift** *f Schrift der Sumerer, Babylonier u. Assyrer aus keilförmigen Zeichen* kojnoskribo

Keilschrifthethitisch *n Ling* ↑ ***Nesisch***

Keilschwanz|adler *m* (Aquila audax) *Orn*

kojnvosta aglo *[Vorkommen: Australien einschließlich Tasmanien u. im Süden Neuguineas] <größter Greifvogel Australiens>*; ~**regenpfeifer** *m* (Charadrius vociferus) *Orn* kripluvio; ~**sittich** *m* (*Gattung* Conurus) *Orn* konuro; ~**sturmtaucher** *m* (Puffinus pacificus) *Orn* kojnvosta pufino *[Vorkommen: im Pazifischen u. Indischen Ozean, bes. häufig vor der west- u. ostaustralischen Küste]*

Keilstein *m Arch (keilförmig geformter od behauener Stein [mit gekrümmter Stabachse] für Bogen aus Mauerwerk)* daŭbo; ~-**stufe** *f Bauw* kojna ŝtupo; ~**ziegel** *m*, *auch* ***Gewölbeziegel*** *m Bauw* kojnobriko

Keim *m Bot* ĝermo *auch übertr* (*vgl. dazu* ***Spross***); *Biol (Anfangsstadium eines zukünftigen Wesens)* embrio; *Med (Krankheits*~*)* ĝermo, bakterio, mikrobo (*vgl. dazu* ***Bazillus***); ***multiresistente*** ~***e*** *Pl Med* multrezistaj ĝermoj *Pl* (↑ *auch* ***Krankenhauskeime***); ***pathogene*** ~***e*** *Pl Med* patogenaj (*od* malsanigaj) ĝermoj *Pl* ◇ ***etw. im*** ~ ***ersticken*** sufoki ion en la ekĝerma stadio, *auch* mortigi la ĝermon de io

Keimbläschen *n Biol* ↑ ***Blastozyste***

Keimblatt *n* ***a)*** *Bot* kotiledono; ***Pflanzen*** ***f/Pl mit Keimblättern*** kotiledonuloj *Pl* (↑ *auch* ***Dikotyledonen***) ***b)*** *Embryologie:* ***äußeres*** ~ ektodermo; ***mittleres*** ~ mezodermo; ***inneres*** ~ endodermo

Keimdrüse *f Anat, Biol (Geschlechtsdrüse)* gonadoj *Pl*; *i.e.S.* testikoj *bzw.* ovarioj *Pl*

Keimdrüsenhormon *n Biol*: ***männliche*** ~***e*** ***n/Pl*** androgenoj *Pl* (↑ *auch* ***Sexualhormon***)

keimen *intr* ĝermi *auch übertr* (*vgl. dazu* ***knospen***; ↑ *auch* ***aufkeimen***); ~ ***lassen*** ĝermigi; ***zu*** ~ ***beginnen*** ekĝermi; ***Hass begann in seinem Herzen zu*** ~ malamo ekĝermis en lia koro

Keimen *n* ĝermado

Keimesentwicklung *f*, *<wiss>* ***Embryogenie*** *od* ***Embryogenese*** *f Biol* embriogenio *od* embriogenezo

keimfähig *Adj* ĝermipova, kapabla aperigi ĝermo(j)n

Keimfähigkeit *f von Samen* ĝermipovo

keimfrei *Adj* senĝerma, *(steril)* sterila, *(antiseptisch, z.B. ein medizinisches Instrument)* antisepsa *od* asepsa; ~ ***machen*** *sterilisieren* sterilizi (*vgl. dazu* ***desinfizieren***)

Keim|**freiheit** *f Med* asepso; ~**freimachung** *f*, *auch* ***Entkeimung*** *f Med* steriliz[ad]o

Keimhaut *f Biol* ↑ ***Blastoderm***

Keimhemmung *f Med, Pharm* bakteriostazo

Keimling *m Pflanzenkeim* ĝermoplanteto; *Embryo* embrio

Keimmonat *m* ↑ ***Germinal***

Keim|**pflanze** *f Bot* ĝermoplanto; ~**sprossachse** *f Bot* ĝerm[o]tigeto

keimtötend *Adj* ĝermicida; *antiseptisch* antisepsa; *antimikrobiell* kontraŭmikroba, mikrobodetrua, *<wiss>* mikrobicida; *antibakteriell* kontraŭbakteria

Keimung *f Biol (bes. Bot)* ĝermado

Keim|**wurzel** *f Bot* ĝerm[o]radiketo; ~**zelle** *f*, *Fachspr* ***Gamet*** *m Biol* genera ĉelo, gameto, *(der Frau) auch* ovoĉelo, ovolo, *(des Mannes) auch* spermatozoo *od* spermatocito

kein|**(er,** ~**e,** ~**[e]s)** *Indef Pron (adjektivisch od substantivisch gebraucht)* neniu; *im Sinne von «nicht»* ne; *keinerlei* nenia; ~ ***Einziger*** ne eĉ unu [persono]; ~***es der Kinder*** neniu el la infanoj; ~***er von uns*** neniu el ni; ***ich möchte*** ~***es von beiden*** mi ŝatas (*od* deziras [havi] nek tion, nek la alian; ***das weiß*** ~***er*** tion neniu scias; ~ ***anderer als er hat das getan*** neniu alia ol li faris tion; ***sie hat*** ~***en Erfolg*** ŝi ne havas sukceson; ***auf*** ~***en Fall*** neniakaze; ***aus*** ~***em Grund*** neniakaŭze, nenial; ***an*** ~***em Ort*** nenialoke (*vgl. dazu* ***nirgends*** *u.* ***nirgendwo***); ~***e Ursache!*** *als Antwort auf Dank* nenia kaŭzo!, *umg meist* ne dankinde!; ***auf*** ~***e Weise*** neniamaniere, neniel; ***zu*** ~***er Zeit*** neniatempe (*vgl. dazu* ***niemals***); ~***e Zeit haben*** ne havi tempon

keinerlei *Adj* nenia; ***auf*** ~ ***Weise*** en nenia maniero, neniamaniere, neniel; ***es bestehen*** ~ ***Zweifel*** estas nenia dubo (***dass*** ke)

keinerseits *Adv* neniaflanke, *auch* de nenia flanko

keines|**falls** *od* ~**wegs** *Adv* neniakaze; *absolut nicht* absolute ne; *auf keine Weise* neniamaniere, neniel; *ganz und gar nicht* tute ne; ***störe ich? – keineswegs!*** ĉu mi ĝenas? – absolute (*od* tute) ne!; ***ich habe*** ~ ***damit gerechnet, dass ...*** mi tute ne atendis, ke ...

keinmal, *bes. betont auch* ***kein Mal*** *Adv* neniufoje, *betont auch* ne eĉ unufoje

Kekrops (*m*) *griech. Myth (erster König von Attika <Gründer von Athen, Kulturbringer [schlangenfüßig dargestellt]>)* Cekropso

Keks *m*, *auch n*, *<österr> nur n* kekso (↑ *auch* ***Vollkornkekse***)

Kelantan (*n*) *ein Bundesstaat u. Sultanat in Malaysia* Kelantano *[Hptst.: Kota Baharu]*

Kelch *m* ***a)*** *Trinkgefäß mit Fuß u. Schaft* kaliko (*vgl. dazu* ***Pokal***; ↑ *auch* ***Abendmahls-*** *u.* ***Messkelch***) ***b)*** *auch* ***Blütenkelch*** *m Bot (Teil der Blütenhülle)* kaliko; ***nebenweibiger*** (***unterweibiger***) ~ perigina (hipogina) kaliko; ***trichterförmiger*** ~ funeloforma kaliko ***c)*** *Anat* kaliko (*vgl. dazu* ***Nierenkelche***)

Kelchblatt *n* (Sepalum) *Bot (äußeres Kelchblatt der Blüte)* sepalo (*vgl. dazu* ***Blumenblatt***); ***herzförmiges*** (***lanzettliches***) ~ korforma (lancoforma) sepalo

Kelchdeckel *m Bot (bei Eukalyptus-Arten)* operkulo

kelchförmig *Adj* kalikoforma

Kelch|kapitell *n Arch* kalika kapitelo; ~**simse[nlilie]** *f*, *auch* ***Alpenliliensimse*** *f od* ***hüllblütige Simsenlilie*** *f* (Tofieldia calyculata) *Bot* torfa tofildio; ~**steinkraut** *n*, *auch* ***Kelchsteinkresse*** *f* (Alyssum alyssoides) *Bot* pala aliso

Kelchwinde *f Bot* ↑ ***Zaunwinde***

Kelle *f Hausw* ĉerpilo, *(Schöpflöffel)* ĉerpkulero (↑ *auch* ***Suppenkelle***); *Handw (Maurer≗)* [masonista] trulo (*vgl. dazu* ***Spatel***; ↑ *auch* ***Mörtelkelle***); *Verk* ↑ ***Signalkelle***

Keller *m* kelo (↑ *auch* ***Gewölbe-***, ***Kartoffel-***, ***Kohlen-***, ***Luftschutz-*** *u.* ***Weinkeller***); ***etw. in den*** ~ ***bringen*** (*od* ***schaffen***) porti ion en la kelon, enkeligi ion

Kellerei *f Wein≗* vinkelejo, stokejo por vinoj

Keller|fenster *n* kelofenestro; ~**geschoss** *n* (*Abk in Zeitungsanzeigen* ***KG***), *auch* ***Souterrain*** *n*, *<schweiz>* ***Soussol*** *n* kel-etaĝo, sub[ter]etaĝo

Kellerhals *m* ↑ ***Seidelbast***

Kellermeister *m* [vin]kelestro

Kellerraum *m* = ***Keller***

Keller|treppe *f*, *süddt. u. <österr>* ***Kellerstiege*** *f* keletaĝa ŝtuparo; ~**tür** *f* kelopordo

Kellerwechsel *m*, *auch* ***Reitwechsel*** *m Fin* kavaleria trato

Kellner *m*, *<ostösterr> umg* ***Schani*** *m* kelnero, *auch als Anruf* (↑ *auch* ***Ober-***, ***Speisewagen-***, ***Zahl-*** *u.* ***Zimmerkellner***)

Kellnerin *f* kelnerino

Kellnerjacke *f* kelnera jako

kellnern *intr, abs [aushilfsweise] als Kellner arbeiten* kelneri

Keloid *n*, *pop* ***Wulstnarbe*** *f nur Fachspr Med (hypertrophische Narbe)* keloido

Keloidose *f Med (angeborene Neigung der Haut zur Bildung von Keloiden)* keloidozo

Kelomat® *m* ↑ ***Schnellkochtopf***

Kelpgans *od* **Tanggans** *f* (Chloëphaga hybrida) *Orn* algoansero *[Vorkommen in Patagonien, Feuerland u. auf den Falkland-Inseln]*

Kelte *m hist: Angehöriger einer indogermanischen Völkergruppe* kelto

Kelter *f Wein≗, Weinpresse* vinpremilo

keltern *tr*: ***Trauben*** (*od* ***Wein***) ~ [el]premi vinberojn [por ekhavi vinberan sukon]

Keltiberer *m/Pl Mischbevölkerung auf der Iberischen Halbinsel, entstanden im 1. Jtsd. v. Chr. aus eingesessenen [nicht indoeuropäischen] Iberern u. zugewanderten Kelten* kelt-iberoj *Pl*

Keltin *f* keltino

keltisch *Adj* kelta (↑ *auch* ***vorkeltisch***); ~***e Kunst*** *f* kelta arto; ~***e Sprachen*** *f/Pl Ling (westlichster Zweig der indogermanischen Sprachen [z.B. Irisch u. Schottisch])* keltaj lingvoj *Pl* (↑ *auch* ***Gälisch***)

Keltist *m* ↑ ***Keltologe***

Keltizismus *m* ***a)*** *auch* ***keltischer Brauch*** keltismo, *auch* kelta kutimo ***b)*** *auch* ***keltische Spracheigentümlichkeit*** keltismo, *auch* apartaĵo de la kelta lingvo

Keltologe *m*, *auch* ***Keltist*** *m* keltologo

Keltologie *f*, *auch* ***Keltistik*** *f Wissenschaft von den keltischen Sprachen u. Literaturen* keltologio

keltologisch *Adj* keltologia

[1]**Kelvin** (*m*) *Eig (engl. Physiker [1824-1907])* Kelvino

[2]**Kelvin** *n* (*Zeichen* ***K***) *Phys (Maßeinheit der absoluten Temperaturskala)* kelvino; ***20 Grad*** ~ (= ***20° K***) dudek gradoj kelvino

Kelvin|effekt *m Phys* efiko de Kelvino; ~**skale** *f Phys* kelvinskalo

Kemenate *f hist: Frauengemach in einer Burg* aparta ĉambro por la virinoj [en burgo] (↑ *auch* ***Gynäkeion***)

Kemiri *f* = ***Kandelnuss***

Ken. = *Abk für* ***Kentucky***

Kenaf *m Bot* ↑ ***Hanfeibisch***

Kendo *n jap. Form des Fechtens mit Bambusstäben* kendo *<ursprünglich die Fechtkunst der Samurais [in der Feudalzeit Japans]>*

Kendoka *m jmd., der Kendo betreibt* kendisto

Kenia (*n*) *ein Staat in Ostafrika* Kenjo

[Hptst.: Nairobi]

Kenianer *m* kenjano

Kenianerin *f* kenjanino

kenianisch *Adj* kenja

Kenia-Schilling *m* (*Abk* ***K.Sh.***; *Währungscode* ***KES***) *Währungseinheit in Kenia [für 20 Kenia-Schilling ist auch die Bez «Kenja-Pfund» gebräuchlich]* kenja ŝilingo

kennen *tr* ***a)*** *etw. od jmdn. kennen* koni; ~ ***Sie ihn?*** ĉu vi konas lin?; ***wir*** ~ ***einander*** (*od* ***uns***) ni konas unu la alian *od* ni reciproke nin konas; ***ich kenne ihn schon lange*** mi konas lin jam delonge; ***ich kenne die Gegend dort ganz genau*** mi konas tiun [ĉi] regionon tute (*od* tre) bone; ***die Gesetze*** ~ koni la leĝojn; ***jmdn. von*** (*od* ***vom***) ***Ansehen*** (*od* ***Sehen***) ***[her]*** ~ koni iun [nur] laŭ la vido; ***jmdn. nur dem Namen nach*** ~ koni iun nur laŭnome (*od* laŭ la nomo); ***kein Mitleid*** ~ ne koni kompaton ***b)*** *tr* ***kennen lernen*** ↑ ***kennenlernen***

Kennen *n* konado

kennenlernen, *auch* ***kennen lernen*** *tr*: konatiĝi (***jmdn.*** kun iu); ***es freut mich [sehr], Sie kennen zu lernen*** mi [tre] ĝojas konatiĝi kun vi; ***ich möchte ...*** ~ *etw. sehen wollen, z.B. als Tourist* mi ŝatus vidi (*od* rigardi) ...; ***einander*** ~ konatiĝi unu kun la alia; ***als wir uns kennenlernten*** kiam ni ekkonatiĝis, *i.w.S. auch* kiam ni unuafoje renkontiĝis ◇ ***du sollst mich noch*** ~***!*** vi ankoraŭ vidos (*od* spertos) kia mi estas!

Kenner *m* konanto; *Sachverständiger* kompetentulo; *erfahrener Mensch* spertulo; *Experte* eksperto (***von*** *bzw.* ***auf dem Gebiet..*** pri) (*vgl. dazu* ***Fachmann***)

Kennerblick *m*: ***mit*** ~ kun rigardo de spertulo

Kennkarte *f* = ***Identitätskarte***

kenntlich *Adj erkennbar* ekkonebla; *wieder zu erkennen* rekonebla (***an*** per); *zu unterscheiden sein* distingebla (***an*** de); *zu sehen sein* [bone] videbla; *i.w.S. (offensichtlich)* evidenta, *(klar)* klara; ~ ***machen*** *erkennbar machen* rekonebligi; *markieren* marki

Kenntnis *f* ***a)*** *nur Sg* kono; *Wissen* scio [↑ *auch* ***Grundkenntnisse*** *u.* ***Menschenkenntnis***); ***von etw.*** ~ ***bekommen*** *etw. erfahren* ekscii ion, *auch* sciiĝi pri io; ***das entzieht sich meiner*** ~ tion mi ne scias; ***jmdn. von etw. in*** ~ ***setzen*** komuniki ion al iu, sciigi (*od* informi) iun pri io; ***ohne*** ~ ***der Umstände*** sen koni la cirkonstancojn *od* ne konante la cirkonstancojn ***b)*** *meist Pl* konoj, scioj; *Sach*², *Kompetenz* faksperto, kompetenteco; ~***se auf dem Gebiet des*** (*bzw.* ***der***) ***... haben*** havi sciojn sur la kampo de ...; ***seine*** ~***se erweitern*** (***vertiefen***) pliampleksigi (profundigi) siajn konojn (*od* sciojn)

Kenntnisnahme *f*: ***zur*** ~ *zur Information* por informo; ***zu Ihrer*** ~ *zu Ihrer Information* por via informo; *zur Beachtung* por via konsidero

kenntnisreich *Adj* multscia; *gut informiert* bone informita

Kennwort *n* ***a)*** *Codewort* kodvorto; *Losung, Parole* signalvorto *auch Mil* (*vgl. dazu* ***Motto***) ***b)*** *Buchw, EDV (Deskriptor)* deskriptoro (*vgl. dazu* ***Schlüsselwort***)

Kennzahl *f* kodnumero, identiga numero

Kennzeichen *n Unterscheidungsmerkmal* distingilo; *Erkennungsmerkmal* rekonilo; *Charakteristikum* karakterizaĵo; *Kriterium* kriterio; *Marke* marko; (*vgl. dazu* ***Anzeichen*** *u.* ***Symptom***); ***polizeiliches*** ~, *auch* ***Autokennzeichen*** *Kfz* numerplato [de aŭto]

kennzeichnen *tr markieren* marki; *bezeichnen* signi; *charakterisieren* karakterizi; *i.w.S. beschreiben* priskribi (***als*** kiel); ***diese Tat kennzeichnet seinen Mut*** tiu faro (*od* ago) karakterizas lian kuraĝon

kennzeichnend *Adj* karakteriza; *typisch* tipa; ***das ist*** ~ ***für ihn*** tio estas tipa por li (*vgl. dazu* ***charakteristisch*** *u.* ***spezifisch***)

Kennzeichnung *f* markado, signado; *Charakterisierung* karakteriz[ad]o; ~ ***entfällt*** sen signado (*od* markado)

Kennzeit *f Med* ↑ ***Chronaxie***

Kennziffer *f Codenummer, Schlüsselzahl* kodnumero; *Statistik, Wirtsch (Index, Messzahl)* indekso; *Math (Index)* indico

Kenotaph *n*, *auch* ***Zenotaph*** *n Grabmal für einen andernorts bestatteten Toten* cenotafo

Kent (*n*) *eine Grafschaft in SO-England* Kento *[Hptst.: Maidstone]*

Kentaur *m* ↑ ***Centaurus*** *u.* ***[1]Zentaur***

kentern *intr Mar* renversiĝi, *auch* kilosupreniĝi (↑ *auch* ***umkippen b)***)

Kentucky [*...'taki*] (*n*) (*Abk* ***Ken.*** *od* ***Ky.***, *[postalisch]* ***KY***) *ein US-Bundesstaat* Kentukio *[Hptst.: Frankfort]*

Kephallonia (*n*) *größte der Ionischen Inseln* Cefalonio *[Hptst.: Argostolion]*

Kephalopoden *m/Pl Zool* ↑ ***Kopffüß[l]er***

Kepheus *m Astron* ↑ ***Cepheus***

Kepler (*m*) *Eig (dt. Astronom [1571-1630])*

Keplero
keplersch *Adj*: *~e* (*od* ***Kepler'sche***) ***Gesetze*** *n/Pl Astron* leĝoj *Pl* de Keplero
Kerala (*n*) *ein indischer Unionsstaat* Keralo *[Hptst.: Trivandrum]*
Keramik *f* ***a)*** *auch* ***Töpferkunst*** *f* ceramiko (↑ *auch* ***Glaskeramik***) ***b)*** *auch* ***keramisches Erzeugnis*** *n* ceramikaĵo, produktaĵo el ceramiko; ~**ausstellung** *f* ekspozicio de ceramikaĵoj
Keramikerin *f*, *auch* ***Kunsttöpferin*** *f* ceramikistino
Keramik|feile *f Kosmetik* ceramika fajlilo; ~**fliese** *f* ceramika kahelo, *(als Bodenfliese)* ceramika slabo (*vgl. dazu* ***Kachel***); ~**vase** *f* ceramika [flor]vazo
keramisch *Adj* keramika; *~es* ***Erzeugnis*** *n* produktaĵo el ceramiko, ceramikaĵo
Keramsit *m ein aus Blähtonen hergestellter Zuschlagstoff* keramzito
Keratin *n Biochemie (Hornsubstanz; Eiweißkörper in Federn, Haut, Haar, Hörnern, Hufen, Krallen u. Nägeln)* keratino
Keratinierung *f Verhornung* keratiniĝo
Keratitis *f Ophzhalmologie* ↑ ***Hornhautentzündung***; ***durch Herpes-Viren hervorgerufene*** ~ herpeta keratito
Kerato|akanthom *n Med (benigner epithelialer Hauttumor bei älteren Menschen [bes. im Gesicht u. auf dem Handrücken])* keratoakantomo; ~**grafie** *f*, *auch* ***Hornhautdarstellung*** *f Ophthalmologie* keratografio; ~**konus** *m*, *auch* ***Hornhautkegel*** *m Anat, Ophthalmologie (kegelförmige Vorwölbung der Hornhaut)* keratokonuso; ~**leukom** *n*, *auch* ***weißer Hornhautfleck*** *m Ophthalmologie* keratoleŭkomo
Keratom *n Med (Horngeschwulst der Haut)* keratomo
Keratoplastik *f Chir, Ophthalmologie (operativer Ersatz getrübter Hornhaut des Auges)* keratoplastio
Keratose *f Med (Verhornung der Haut)* keratozo (↑ *auch* ***Hyper-*** *u.* ***Parakeratose***); ***aktinische*** ~ (Keratosis senilis) aktina keratozo
Keratoskop *n Ophthalmologie (Instrument zur Untersuchung der Hornhautkrümmung)* keratoskopo
Keratozyt *m Histologie* keratocito
Kerbe *f v-förmiger Einschnitt (auch Tech)* noĉo; *i.w.S.* entranĉ[aĵ]o (↑ *auch* ***¹Scharte***); ***eine ~ in den Stamm einer Palme machen*** noĉi la trunkon de palmo
Kerbel *m* (*Gattung* Anthriscus) *Bot* antrisko; *Garten*~ (*Art* Anthriscus cerefolium) cerefolio, *auch, bes.* <*wiss*> ĝardena antrisko
kerben *tr* noĉi (*vgl. dazu* ***einkerben***)
Kerbholz *n*, *auch* ***Kerbstock*** *m Ethn* noĉbastono ◊ ***er hat etw. auf dem*** ~ li havas kaŝitan kulpon
Kerbstift *m Tech* fendostifto *od* fendita stifto (*vgl. dazu* ***Splint***)
Kerbstock *m* ↑ ***Kerbholz***
Kerbtier *n Ent* ↑ ***Insekt***
Kerguelen *Pl eine französische Inselgruppe im südl. Indischen Ozean* Kergelenoj *Pl*; ~**-seeschwalbe** *f* (Sterna virgata) *Orn* kergelena ŝterno *[Vorkommen: endemisch auf subantarktischen Inseln des Indischen Ozeans]*; ~**sturmvogel** *m* (Pterodroma brevi- rostris) *Orn* mallongbeka petrelo
Kerker *m* karcero; *i.w.S. Gefängnis* malliberejo, prizono; ***jmdn. in den ~ sperren*** (*od* ***werfen***) meti iun en karceron, enkarcerigi iun
Kerkermeister *m im Mittelalter* provoso
Kerkuk (*n*) ↑ ***Kirkuk***
Kerl *m allg* ulo, viro; *pej* fiulo; *häufig durch Suffigierung des entsprechenden Adjektivs mit* ...ulo *wiederzugeben, z.B.* ***dummer*** ~ stultulo (*vgl. dazu* ***Dummkopf***); ***ein komischer*** ~ strangulo [*neben:* stranga ulo *od* stranga persono]; ***armer ~!*** mizerulo!; *bemitleidenswerter Mensch* kompatindulo!; ***ein guter*** ~ bonulo; ***er ist ein [ganz] lieber*** ~ *fam* li estas [vera] karulo; ***mieser*** ~ aĉulo
Kermadec|inseln *Pl eine neuseeländische Inselgruppe im südlichen Pazifik* Kermadeka Insularo; **-Sturmvogel** *m* (Pterodroma neglecta) *Orn* polinezia petrelo
Kerman (*n*) ***a)*** *auch* ***Provinz Kerman*** *f eine iranische Provinz im SO des Landes* [provinco] Kermano ***b)*** *Hptst. der Provinz Kerman* [urbo] Kermano
Kermanshah (*n*) *eine Provinzhptst. in W-Iran* Kermanŝao
Kermes *m roter Farbstoff einer Schildlausart, nämlich der Färber- od Kermesschildlaus (Kermococcus vermilio)* kirmeso
Kermesbeere *f Bot*: ***amerikanische*** ~ (Phytolacca americana) amerika fitolako *[Vorkommen: südl. u. östl. Nordamerika]*
Kermesbeerengewächse *n/Pl Bot*: ***[Familie der]*** ~ *Pl* (Phytolaccaceae) fitolakacoj *Pl*
Kermeseiche *f* (Quercus coccifera) *Bot* kir-

mesa kverko

Kermesit *m, auch* ***Rotspießglanz*** *m Min, Pharm* kirmesito

Kern *m* ***a)*** *einer Frucht* kerno (↑ *auch* ***Apfel-, Kirsch-, Nuss-, Obst- Pflaumenkern*** *u.* ***Sonnenblumenkerne***); *Biol (Zell*~) ĉelkerno *od* ĉelnukleo; ***gallertartiger*** ~ *z.B. der Bandscheiben* galateneca kerno ***b)*** *El, u. Tech (innerer, meist fester Teil)* kerno; *Phys (Atom*~) reaktora kerno, atomkerno, nukleo; ~ ***eines Kometen*** *Astron* kerno de kometo ***c)*** *das Wesentliche* kerno, esenco; ***den*** ~ ***der Sache treffen***, *umg auch* ***den Nagel auf den Kopf treffen*** trafi la kernon (*od* esencon) de la afero

Kern|beißer *m* (Coccothraustes coccothraustes) *Orn* kernrompulo (↑ *auch* ***Abend-*** *u.* ***Wacholderkernbeißer***); ~**-brennstoff** *m Kernphysik (Spaltstoff od spaltbare Stoffe enthaltendes Material für Kernreaktoren)* nuklea brulaĵo; ~**durchmesser** *m bei Schrauben* interna diametro

Kernenergie *f, auch* ***Kernkraft*** *f* nuklea energio (↑ *auch* ***Atomenergie***); ~**gegner** *m* kontraŭulo de nuklea energio

Kernexplosion *f* nuklea eksplodo

Kernforschung *f* nuklea esplor[ad]o; ***Europäischer Rat für*** ~ (*franz. Abk* ***CERN***) Eŭropa Konsilio por Nuklea Esploro *[Sitz: in Meyrin bei Genf]*

Kernfrage *f* esenca demando; *wichtigste Frage* plej grava demando

Kernfrucht *f Bot* kern[o]frukto (*vgl. dazu* ***Steinfrucht***); ***[Familie der] Kernfrüchte*** *f/Pl* (Pomaceae) pomacoj *Pl*

Kern|fusion *f, auch* ***Kernverschmelzung*** *f* nuklea fuzio, kunfandiĝo de nukleoj *od* nuklea kunfandiĝo; ~**gehäuse** *n, reg* ***Butzen*** *m einer Frucht* kernujo

Kerngene *n/Pl Genetik* ↑ ***Karyogene***

kerngesund, *<bayrisch u. österr> umg* ***pumperlgesund*** *Adj* perfekte sana

Kernholz *n Bot, Forstw (Herzholz von Bäumen)* kernligno, *(Fachspr)* durameno

kernig *Adj* ***a)*** *mit einem Kern od mit Kernen [versehen]* kernohava ***b)*** *gehaltvoll* kern[ec]a, esenca; *kräftig, robust* fortika; ~***e Gesundheit*** *f* fortika sano

Kernkatarakt *f Ophthalmologie* ↑ ***Kernstar***

Kernknacker *m Orn* ↑ ***Rosenbrustkernknacker*** *u.* ***Schwarzkopfkernknacker***

Kernkraft *f* nuklea energio, *auch* atomenergio; ~**werk** *n* (*Abk* ***KKW***) nukleo-energia centralo (↑ *auch* ***Atomkraftwerk***)

Kernladung *f Kernphysik* nuklea ŝargaĵo

Kernladungszahl *f Chem* ↑ ***Ordnungszahl b)***

kernlos *Adj Frucht* senkerna; ~***e Tomaten*** *f/Pl* senkernaj tomatoj *Pl*

Kern|obst *n* kernofruktoj *Pl*; *Beerenobst* molkernaj fruktoj; ~**physik** *f* nuklea fiziko; ~**physiker** *m* nuklea fizikisto

Kernpilze *m/Pl Mykologie* ↑ ***Pyrenomyceten***

Kernplasma *n Biol, Genetik* ↑ ***Karyoplasma*** *u.* ***Nukleoplasma***

Kern|problem *n* esenca (*od* kerna) problemo; ~**punkt** *m* esenca (*od auch* plej grava) punkto, *auch* kerno; ~**reaktion** *f, auch* ***Kernprozess*** *m Kernphysik* nuklea reakcio; ~**reaktor** *m Kernphysik* nuklea reaktoro, *(Brut[kern]reaktor)* bredreaktoro; ~**schmelze** *f Kernphysik (Schmelzen des Reaktorkerns)* fandiĝo de la reaktora kerno

Kernseife *f* ↑ ***Waschseife***

Kern|spaltung *f (das Verursachen dieser Spaltung)* nuklea fendado, fisio; *(die Spaltung selbst [als Vorgang])* nukleofendiĝo

Kernspin *m Phys (Gesamtdrehimpuls eines Atomkerns)* nuklea spino; ~**resonanz** *f* (*Syn:* ***Magnetresonanz*** *od* ***magnetische Kernresonanz***) *Phys* nuklea magneta resonanco

Kernspintomografie *f Med* ↑ ***Magnetresonanztomografie***

Kern|spruch *m* sentenco; ~**star** *m, auch* ***Kernkatarakt*** *f* (Cataracta centralis *od* Cataracta nuclearis) *Ophthalmologie* centra (*od* nuklea) katarakto; ~**strahlung** *f* nuklea radiado; ~**technik** *f, auch* ***Nukleartechnik*** *f* nuklea teknologio

Kernteilung *f Genetik, Zytologie*: ***direkte*** ~ = ***Amitose*** [↑ *dort*]

Kerntransformator *m El* kernotipa transformatoro

Kernverschmelzung *f* ↑ ***Kernfusion***

Kernwaffen *f/Pl Mil* nukleaj armiloj *Pl*; ~**-arsenal** *n* arsenalo de nukleaj armiloj

Kernwaffenexplosion *f* eksplodo de nuklea armilo

kernwaffenfrei *Adj* sennuklearmila; ~***e Zone*** *f* zono sen nukleaj armiloj

Kernwaffen|krieg *m* nukle[armil]a milito; ~**test** *od* ~**versuch** *m* testo (*od* elprovo) de nuklea(j) armilo(j), *auch kurz* nuklea testo

Kernzerfall *m Kernphysik* malintegriĝo de nukleo(j)

Kerosin *n Chem* keroseno (↑ *auch* ***Benzin***);

klimaneutrales ~ klimatoneŭtrala keroseno

Kerrie *f, auch* ***Ranunkelstrauch*** *m* (Kerria japonica) *Bot (ein kleiner ostasiatischer Zierstrauch [ein Rosengewächs])* kerio <*so benannt nach dem engl. Botaniker W. Kerr [† 1814]*>

Kersantit *m Min (ein zu den Lamprophyren gehöriges Ganggestein)* kersantito <*so benannt nach seinem Fundort Kersanton in der Bretagne*>

Kerub *m* ↑ ***Cherub***

Kerulen *m ein mongolischer Steppenfluss [mündet in den See Dalai Nur]* [rivero] Keruleno

Kerygma *n Theologie (Verkündigung [des Evangeliums])* kerigmo

kerygmatisch *Adj (verkündigend, predigend)* kerigma; ~***e Theologie*** *f* kerigma teologio

Kerzchen *n kleine Kerze* kandeleto

Kerze *f* ***a)*** kandelo, *(Talg*~*)* seba kandelo, *(Wachs*~*)* vakskandelo (↑ *auch* ***Advents-***, ***Altar-*** *u.* ***Weihnachtskerze***); ***eine ~ anzünden*** eklumigi kandelon; ***eine ~ ausblasen*** blovestingi kandelon ***b)*** *kurz für «Zündkerze» El, Kfz* sparkilo; ***die ~n auswechseln*** ŝanĝi la sparkilojn ***c)*** *Turnen (Schulterstand)* ŝultrostaro ***d)*** *Phys* ↑ ***Candela*** (↑ *auch* ***Hefner-Kerze***)

kerzengerade *Adj* rektega, absolute rekta

Kerzen|halter *od* ~**leuchter** *m* kandelingo (*vgl. dazu* ***Kandelaber***)

Kerzen|licht *n od* ~**schein** *m* kandela lumo; ***bei Kerzenlicht*** *od* ***bei(m) Kerzenschein*** ĉe kandela lumo

Kerzenstummel *m* stumpo de kandelo

Kescher *m* ↑ ***Käscher***

kess *Adj Mädchen* alloge incita (↑ *auch* ***keck***); ***ein ~es Hütchen*** ŝika ĉapeleto

Kessel *m* ***a)*** *Hausw u. Tech* kaldrono; *Tee*~ te-kaldrono (↑ *auch* ***Koch-*** *u.* ***Pfeifkessel***); *Dampf*~ vaporkaldrono (↑ *auch* ***Brau-***, ***Heiz-***, ***Hochdruck-***, ***Röhren-***, ***Schmelz-***, ***Siede-*** *u.* ***Stahlkessel***) ***b)*** *Geogr (Kesseltal)* kaldrono, *(Mulde)* baseno (↑ *auch* ***Talkessel***); *Geol (Einbruchs*~*)* kaldrono; ***c)*** *Mil ([von Feinden] umzingeltes Gebiet)* encirkligita areo

Kesseldruck *m Tech* enkaldrona premo; ~**messer** *m* kaldrona manometro

Kessel|einmauerung *f* kaldronmasonaĵo; ~**explosion** *f* eksplodo de [vapor]kaldrono; ~**fabrik** *f* kaldronfabriko (*vgl. dazu* ***Kesselschmiede***); ~**gulasch** *m Kochk* kaldrona gulaŝsupo; ~**haube** *f, auch* ***Hirnkappe*** *f Militärgeschichte (14. Jh.)* basineto; ~**haus** *n in einer Fabrik, auf Schiffen* kaldronejo; ~**hülle** *f od* ~**mantel** *m Tech* kaldrona ŝelo; ~**pauke** *f Mus* timbalo; ~**rohr** *n Tech* kaldrona tubo; ~**schmied** *m* kaldron[far]isto; ~**schmiede** *f* kaldronfarejo (*vgl. dazu* ***Kesselfabrik***); ~**stein** *m* tartro, kaldronkrusto; ~**tal** *n Geogr* kaldrono; ~**treiben** *n Jagd* encirkliga pelĉaso; ~**wagen** *m Kfz (Tankwagen)* cisternkamiono; *Eisenb* cisternvagono

Ketchup *m od n, auch* ***Catchup*** *m od n pikante, dickflüssige Tomatensoße* keĉupo

ketogen *Adj*: ~***e Diät*** *f* ketogena dieto

Ketogruppe *f Chem* ketogrupo

Ketone *n/Pl Chem* ketonoj *Pl*

ketonisch *Adj Chem* ketona

Ketonkörperkörperausscheidung *f* **[im Urin]** *f, Fachspr Med* ***Ketonurie*** *f* ketonurio

Ketosäure *f Chem (eine Carbonsäure)* ketoacido

Ketose *f Biochemie (eine Zuckerart)* ketozo

Ketsch *f Mar (ein Anderthalbmaster), Sport (eine zweimastige Sportsegeljacht* keĉo (↑ *auch* ***Jolle***)

Ketschua *m bzw. n* ↑ ***Quechua***

Ket[s]chup *m od n* = ***Ketchup***

Kettbaum *od* **Kettenbaum** *m, auch* ***Zettel-*** *od* ***Webebaum*** *m Weberei (Walze der Webmaschine, auf der die Kettfäden aufgewickelt sind)* varpocilindro, *beim Handwebstuhl* varpotrabo

Kettchen *n* ĉeneto

Kette *f* ***a)*** *Tech u. Geogr* ĉeno *auch des Fahrrads od der Uhr u. i.w.S.* (↑ *auch* ***Anker-***, ***Gebets-***, ***Gelenk-***, ***Haken-***, ***Säge-***, ***Sicherheits-***, ***Tür-*** *u.* ***Uhrkette***); *Hals*~ kolĉeno (*vgl. dazu* ***Bernsteinkette*** *u.* ***Collier***); *Fessel* kateno; *Sperr*~ kordono; ***eiserne ~*** *od* ***Eisenkette*** *f* fera ĉeno; ***eine ~ von Bergen*** ĉeno de montoj; ***von den ~n befreien*** *bes. übertr* senĉenigi; ***eine ~ bilden*** formi ĉenon (*bzw.* kordonon); ~***n an den Füßen haben*** havi katenojn sur la piedoj; ***einen Hund an die ~ legen*** ligi hundon per ĉeno, ĉeni hundon; ***jmdn. in ~n legen*** *z.B. einen Gefangenen* enĉenigi iun, *(in Fesseln)* meti iun en katenojn, *auch* enkatenigi iun ***b)*** *auch* ***Zettel*** *m od* ***Aufzug*** *m Weberei (Gesamtheit der Kettfäden [Ggs: Schuss])* varpo (*vgl. dazu* ***Kettfaden***); ***~ und Schuss***

varpo kaj vefto; ***die*** ~ (*od* ***den Aufzug***) ***machen***, *auch* ***[an]zetteln*** *od* ***[an]scheren*** varpi ***c)*** *Chem (von Atomen des gleichen Elements od von Molekülen mit gleichen od ähnlichen Bausteinen)* ĉeno ***d)*** *übertr:* ***a)*** *zusammenhängende Reihe, Folge, Serie* vico, sinsekvo, serio, *auch (bes. für gleichartige, zum selben Unternehmen gehörende Betriebe an verschiedenen Orten)* ĉeno (*vgl. dazu* ***Hotel-*** *u.* ***Ladenkette***) ***b)*** *i.w.S.*: ***eine*** ~ ***von Missverständnissen*** (***Zufällen***) ĉeno da miskomprenoj (hazardoj) (↑ *auch* ***Infekt-***, ***Liefer-*** *u.* ***Nahrungskette***)

ketten *tr* ĉeni, ligi per ĉeno; *in Fesseln legen, fesseln* enkatenigi

Ketten|antrieb *m Tech* ĉena transmisio; ~**bagger** *m Tech* ĉenbenda dragilo

Kettenbaum *m Weberei* ↑ ***Kettbaum***

Kettenbrief *m* ĉenletero

Kettenbruch *m Math* ĉenfrakcio; ***periodischer*** ~ perioda ĉenfrakcio

Ketten|brücke *f* ĉenponto; ~**fähre** *f über einen Fluss* ĉenpramo; ~**fahrzeug** *n* ĉenveturilo, *auch* raŭpĉena veturilo

Kettenfläche *f Geom* ↑ ***Katenoid***

Kettenflaschenzug *m*, *auch kurz* ***Kettenzug*** *m Tech* ĉentakelo

kettenförmig 1. *Adj* ĉen[o]forma **2.** *Adv* ĉen[o]forme

Kettengebirge *n Geogr* ĉenmontaro

Kettengesang *m Mus* ↑ ***Kanon a)***

Ketten|glied *n* ĉenero *auch übertr*, ĉenringo *od* ringo de ĉeno; ~**hund** *m* ĉenhundo, *auch* ĉenita hundo (*vgl. dazu* ***Wachhund***); ~**karussell** *n* ĉen-karuselo; ~**laden** *m Filiale einer Firmenkette* ĉenbutiko; ~**linie** *f Geom* ĉenlinio

kettenlos *Adj*: ~***er Antrieb*** *m Tech* senĉena transmisio

Ketten|panzer *m Mittelalter* maŝkiraso; ~**rad** *n Tech (mit Zähnen versehenes Rad zum Führen einer Kette)* ĉenrado; ~**rauchen** *n* ĉenfumado

kettenrauchend *Adj* ĉenfumanta

Ketten|raucher *m* ĉenfumanto, *umg auch* ĉiam-fumanto *od scherzh* fumisto; ~**reaktion** *f Chem, Phys* ĉenreakcio; ~**säge** *f Handw* ĉensegilo (↑ *auch* ***Motorkettensäge***); ~**schlepper** *m Kfz* ĉenbenda traktoro

Kettenschluss *m Logik* ↑ ***Sorites***

Ketten|schutz *m am Fahrrad, früher auch an Motorrädern, (am Fahrrad) auch Kettenschutzblech* ĉenkovrilo; ~**stich** *m Handarbeit, Stickerei* ĉenkudrero; ~**trommel** *f Tech* ĉentamburo

Kettenwerksfahrleitung *f Eisenb, Straßenbahn, O-Bus* ↑ *unter* ***Fahrleitung***

Kettenzug *m Tech* ↑ ***Kettenflaschenzug***

Kettfaden *m Weberei* varpero, unuopa fadeno de varpo; ~ ***gesenkt*** varpero mallevita; ***gehobener*** ~ levita varpero

Ketzer *m*, *geh* ***Häretiker*** *m* herezulo (*vgl. dazu* ***²Heide***)

Ketzerei *f*, *geh* ***Häresie*** *f* herezo (↑ *auch* ***Irrlehre***); *Ketzerhaftigkeit* herezeco

Ketzergericht *n* ↑ ***Inquistion***

Ketzerhaftigkeit *f* herezeco

ketzerisch *Adj* hereza (*vgl. dazu* ***heidnisch***)

Ketzerverbrennung *f Gesch* [pun]bruligo de herezuloj [sur ŝtiparo], aŭtodafeo

keuchen *intr* anheli (*vgl. dazu* ***japsen*** *u.* ***nach Luft schnappen***)

Keuchhusten *m*, *auch* ***Pertussis*** *f*, *pop auch* ***Stickhusten*** *m* (Tussis convulsiva) *Med* kokluŝo

Keule *f* ***a)*** *Schlag*~, *Knüppel, auch Gesch (eiserne Wurf*~*)* klabo (↑ *auch* ***Herkuleskeule***) ***b)*** *Gymnastik* [svingo]klabo ***c)*** *<österr>* ***Schlögel*** *m*, *<schweiz> u. reg* ***Schlegel*** *m eines geschlachteten Tieres* femuro; *Kochk* femuraĵo, klabo (↑ *auch* ***Lamm-***, ***Hammel-*** *u.* ***Rehkeule***)

Keulenbaum *m Bot* ↑ ***Kasuarine***

Keulenbärlapp *m Bot* ↑ ***Kolbenbärlapp***

keulenförmig 1. *Adj* klaboforma **2.** *Adj* klaboforme

Keulenpilz *m Mykologie* ↑ ***Korallenpilz***; ***[Familie der]*** ~***e*** *Pl* (Clavariaceae) klavariacoj *Pl*

Keulen|schlag *m* klabobato *od* bato per klabo; ~**schwingen** *n Sport* klabosvingado

Keuper *m Geol (oberste Stufe, d.h. jüngste Formation der Trias)* keŭpro

keusch *Adj* ĉasta; *jungfräulich* virga (↑ *auch* ***¹rein c)*** *u.* ***unbefleckt***)

Keuschheit *f* ĉasteco (*vgl. dazu* ***Jungfräulichkeit***)

Keuschheitsgürtel *n*, *selt auch* ***Venusband*** *n hist sex* zono de ĉasteco

Keyboard [*'ki:bɔ:d*] *n EDV-Tastatur* klavaro [de komputilo]; *Mus (Tasteninstrument mit elektronischer Verstärkung)* klavinstrumento kun elektronika amplifilo

Keynes (*m*) *Eig (britischer Nationalökonom [1883-1946])* Kejnso

Keynesianismus *m wirtschaftstheoretische*

u. wirtschaftspolitische Konzeption, die das ökonomische Denken nach dem 2. Weltkrieg lange Zeit geprägt hat kejnsismo

Kfz = *Abk für* ***Kraftfahrzeug***

Kfz|-Kennzeichen *n* aŭtokodo; **-Steuer** *f* motorveturila imposto, *(für PKW) auch* aŭtoimposto; **~-Versicherung** *f umg* motorveturila asekuro; **~-Werkstatt** *f* motorveturila (*od i.e.S.* aŭtomobila) riparejo, *umg* aŭtoriparejo

kg = *Zeichen für* ***Kilogramm***

KG = *Abk für* ***Kommanditgesellschaft***

KH = *fachsprachl. Abk für* ***Kohlenhydrat***

Khaiberpass *m ein Gebirgspass zw. Afghanistan u. Pakistan* Kajbaro[-montpasejo], *auch* Ĥajbaro[-montpasejo]

Khaki *m Textil* ↑ ***Kaki***

khakifarben ↑ ***kakifarben***

Khan *m mongol.-türk. Herrschertitel* ĥano

Khanat *n Khanswürde* ĥaneco; *Herrschaftsbereich eines Khans* ĥanlando; ***das ~ Kiptschak*** *Gesch* ↑ *unter* ***[2]Horde***

Khartum (*n*) *od engl.* **Khartoum** (*n*) *Hptst. des Sudan* Ĥartumo, *auch* Kartumo

Khedive *m Gesch (Titel des früheren Vizekönigs von Ägypten [bis 1914])* kedivo

Khmer [*kme:r*] ***a)*** *m Ethn (Angehöriger eines Volkes in Kambodscha)* kmero (↑ *auch* ***Mon-Khmer***) ***b)*** *n Ling (Natonalsprache der Khmer [auf der Basis des Zentraldialekts von Pnom Penh])* la kmera [lingvo] *<wird außerdem von Minderheiten in Thailand, Vietnam u. Laos gesprochen>*

Khmer-Riel *m* ↑ *unter* ***Riel*** *m*

Khoi-Khoin *od* **Khu-Khun** *Ethn* ↑ ***Hottentotten***

Khorasan (*n*), *auch* ***Chorassan*** (*n*) *Landschaft u. Provinz in NO-Iran* Ĥorasano *[Hptst.: Meschhed]*

Khoum [*chu:m*] *m kleine Währungseinheit in Mauretanien* ĥumo (*vgl. dazu* ***Ouguiya***)

Khubilai (*m*) *Eig (Mongolen-Khan [1215-1294])* Ĥubilajo *<er begründete 1280 die mongolische Dynastie Yuan in China>*

Khusestan (*n*) *eine Provinz in SW-Iran* Ĥuzestano *[Hptst.: Ahvaz] <wichtiges Erdölgebiet>* (↑ *auch* ***Elam***)

kHz = *Zeichen für* ***Kilohertz***

Kiang *m* (Equus hemionus kiang) *Zool (eine Halbeselart in Tibet u. Ladakh)* kiango

Kiangsi (*n*) ↑ ***Jiangxi***

Kiangsu (*n*) ↑ ***Jiangsu***

Kibbuz *m* (*Pl*: ***Kibbuze*** *od* ***Kibbuzim***) *Gemeinschaftssiedlung in Israel* kibuco (*vgl. dazu* ***Moshav***)

Kibbuznik *m Angehöriger eines Kibbuz* kibucano

Kibla *od* **Qibla** *f Islam (die Gebetsrichtung nach Mekka [in Moscheen durch den Mihrab angezeigt])* kiblo (↑ *auch* ***Mihrab***)

Kibo *m höchster Gipfel des Kilamandscharo-Massivs sowie ganz Afrikas* [montpinto] Kibo (↑ *auch* ***Kilimandscharo***)

Kiče *n Ling* ↑ ***[2]Quiché***

Kichererbse *f* (*Gattung* Cicer) *Bot* kikero, (*Art* Cicer arietinum) ordinara (*od* korna) kikero *auch Nahr*

kichern, *reg* ***giggeln*** *intr* ridkluki *(Zam)*; *i.w.S. (heimlich lachen)* kaŝridi *od* kaŝe ridi

Kickboxen *n Kampfsportart, bei der die Gegner sowohl boxen als auch mit bloßen Füßen treten* kik-boks[ad]o

Kick Drum *f Mus* = ***Basstrommel***

kicken *tr bes. Fußball* kiki

Kick-off *m Fußball* ↑ ***Anstoß a)***

Kickstarter *m Trethebel beim Motorrad* kikstartigilo, *auch* [per]pieda startigilo

Kidaris *f 1. Kopfschmuck des Oberrabbiners 2. Kopfschmuck [Turban] der persischen Könige* cidaro

Kiddusch *m jüdische Rel (Gebet zur ‹Heiligung› des Sabbats am Freitagabend)* kiduŝo; **~becher** *m* kiduŝa pokalo

kidnappen *tr [gewaltsam] entführen, bes. um Lösegeld zu erpressen* kidnapi

Kidnapper *m Entführer [von Personen]* kidnapisto

Kidnapping *n [gewaltsame] Entführung, bes. um Lösegeld zu erpressen* kidnap[ad]o

Kidron *m ein Fluss bei Jerusalem [mündet ins Tote Meer]* [rivero] Kidrono

[1]Kiebitz *m* (Vanellus vanellus) *Orn* vanelo (↑ *auch* ***Java-***, ***Kronen-***, ***Lappen-***, ***Malabar-***, ***Masken-***, ***Rotlappen-***, ***Schwarzschopf-***, ***Senegal-***, ***Sporn-***, ***Steppen-***, ***Waffen-***, ***Weißscheitel-*** *u.* ***Weißschwanzkiebitz***)

[2]Kiebitz *m Kart* kibico

kiebitzen *intr beim Karten- od Schachspiel zuschauen* kibici *od* kibice rigardi

Kiebitzregenpfeifer *m* (Pluvialis squatarola) *Orn* arĝenta pluvio *[brütet in der Tundra, im mittleren Europa nur Durchzügler]*

[1]Kiefer *f*, *reg* ***Föhre*** *f*, <schweiz> *reg* ***Dähle*** *f Bot* pino (↑ *auch* ***Berg-***, ***Blau-***, ***Dreh-***, ***Haken-***,***Himalaja-***,***Korea-***,***Pech-***, ***Schwarzkiefer***, ***Spirke***, ***Strand-***, ***Sumpf-***, ***Weiß-***,

Weymouths- u. Zirbelkiefer); ***chinesische*** ~ (Pinus sinensis = Pinus tabuliformis) ĉina (*od* tabul[form]a) pino; ***gemeine*** ~ *od* ***Waldkiefer*** *f* (Pinus sylvestris) arbara (*od* ruĝa) pino; ***kanarische*** ~ *od* ***Kanaren-Kiefer*** *f* (Pinus canariensis) kanaria pino *[Vorkommen: endemisch auf den Kanarischen Inseln]*; ***korsische*** ~ (Pinus nigra ssp. laricio) korsika pino; ***mazedonische*** (*od* ***rumelische***) ~ (Pinus peuce) makedona (*od* rumelia) pino

²**Kiefer** *m, pop auch* ***Kinnbacke*** *f Anat* makzelo; *Ober*~ supra makzelo, <*wiss*> maksilo; *Unter*~ malsupra makzelo, <*wiss*> mandiblo; ~**chirurgie** *f* makzela kirurgio; ~**fraktur** *f Med* makzela frakturo; ~**gelenk** *n* (Articulatio temporomandibularis) *Anat* kraniomandibla artiko; ~**gelenksyndrom** *n*, <*wiss*> ***craniomandibuläre Dysfunktion*** *f, pop* ***Kieferknacken*** *n Med* kraniomandibla disfunkcio; ~**höhle** *f, auch* ***Oberkieferhöhle*** *f* (Sinus maxillaris) *Anat* maksila sinuso; ~**höhlenentzündung** *f Med* inflamo de la maksila sinuso, *auch kurz* sinusito; ~**klemme** *f, auch* ***Mundsperre*** *f od* ***Kaumuskelkrampf*** *m, Fachspr* ***Trismus*** *m Med* trismo

Kieferknacken *n Med* ↑ ***Kiefergelenksyndrom***

Kieferknochen *m* makzela osto

Kieferlose *Pl* (Agnatha) *Zool* senmakzeluloj *Pl*

Kieferneule *f, auch* ***Forleule*** *f* (Panolis flammea) *Ent (ein Eulenfalter [Forstschädling])* panolo <*Raupen schädlich durch Fraß an Kiefernnadeln*>

Kieferngewächse *n/Pl*: ***[Familie der]*** ~ (Pinaceae) pinacoj *Pl*

Kieferngiucke *f Ent* ↑ ***Kiefernspinner***

Kiefern|häher *m* (Nucifraga columbiana) *Orn* kolumbia nuksrompulo *[Vorkommen: Kanada u. NW-USA]*; ~**harz** *n* pina rezino; ~**holz** *n* pin[o]ligno; ~**kreuzschnabel** *m* (Loxia pytyopsittacus) *Orn* granda krucbekulo (↑ *auch* ***Fichtenkreuzschnabel***)

Kiefernreizker *m Mykologie*: ***weinroter*** ~ (Lactarius sanguifluus) sangosuka laktofungo

Kiefern|prozessionsspinner *m* (Thaumetopea pinivora) *Ent* kverka procesio-papilio, <*wiss*> taŭmetopeo pina; ~**schwärmer** *m, reg* ***Tannenpfeil*** *m* Sphinx pinastri = Hyloicus pinastri) *Ent* pin[o]sfingo; ~**spanner** *m* (Bupalus piniarius) *Ent* pin[o]geometro; ~**spinner** *m, auch* ***Kieferngiucke*** *f* (Dendrolimus pini) *Ent* pin[o]bombikso; ~**steinpilz** *m, auch* ***rothütiger Steinpilz*** *m* (Boletus pinicola) *Mykologie* pina boleto; ~**teesa** *f* (Butastur indicus) *Orn* grizvanga buteo *[Vorkommen: Ostrussland, N-China, Korea u. Japan]*; ~**wald** *m* pin-arbaro; ~**zapfen** *m* pin[o]konuso, *auch* pin[o]strobilo

Kiefer|orthopäde *m* makzelortopediisto; ~**orthopädie** *f Zahnmedizin* makzelortopedio

¹**Kiel** (*n*) *Hptst. Schleswig-Holsteins* Kilo <*Hansestadt (seit 1284)*>

²**Kiel** *m Feder*~ plumtubo

³**Kiel** *m* ***a)*** *Schiffs*~ kilo [de ŝipo]; *Unterwasserteil des Schiffsrumpfes* kareno ***b)*** (Carina *od* Crista sterni) *Orn (ein ventraler Kiel auf dem Brustbein der Carinaten)* karino; ~**boot** *n Mar (ein Segelboot mit Ballastkiel)* kilhava [vel]boato; ~**brust** *f* ***a)*** (Pectus carinatum), *auch* ***Hühnerbrust*** *f* (Pectus gallinatum) *Med* karina brusto ***b)*** *auch* ***Brustbeinkamm*** *m bei Vögeln* karino; ~**[brust]vögel** *m/Pl, Fachspr Orn* ***Carinaten*** *Pl* (Carinata) karinuloj *Pl* (*vgl. dazu* ***Flachbrustvögel***)

Kieler Förde *f* Kila Fjordo

Kielflosse *f Mar (flache Stahlplatte unter dem Kiel von Segelbooten zur Vergrößerung der Lateralfläche)* [ŝip]kila naĝilo

kielförmig 1. *Adj* kilforma; *Bot (gekielt)* karenforma **2.** *Adv* kilforme; karenforme

Kielfüßer *m/Pl Zool* ↑ ***Kielschnecken***

kielholen *tr Mar* kareni, ripari (*bzw.* purigi) la karenon [de ŝipo]

Kiellauch *m Bot* ↑ *unter* ***Lauch***

Kiellinie *f Mar*: ***Schiffe in*** ~ kolumno de ŝipoj

kieloben *Adv Mar* kilalsupre

Kiel|raum *m Mar (Bilge [Sammelraum für Leck- u. Schwitzwasser im Kielraum])* bilĝo; ~**richtung** *f, auch* ***Bugrichtung*** *f Mar* kapuso; ~**schnecken** *f/Pl, auch* ***Kielfüßer*** *m/Pl* (*Ordnung* Heteropoda) *Zool* heteropodoj *Pl*; ~**schwein** *n, auch* ***Innenkiel*** *m Mar (Verstärkungsbalken über dem Kiel)* kilsono

Kielvögel *m/Pl Orn* ↑ ***Kielbrustvögel***

Kielwasser *n Mar* ŝipsulko [en la marakvo]

Kieme *f Ichth (Atmungsorgan der Fische u.a.)* branko (↑ *auch* ***Büschelkiemen***)

Kiemen|atmer *m/Pl* (Branchiata) *Ichth* brankuloj *Pl*; ~**deckelknochen** *m am Fischschädel* operkulo; ~**füßer** *m/Pl* (Branchiopoda) *Zool* brankiopodoj *Pl*; ~**spalte** *f Ichth*

brankofendo, *auch* branka fendo

Kien *m*, *auch* ***Kienholz*** *n harzreiches Holz* keno, *i.w.S.* rezinoriĉa ligno; ~**apfel** *m reg für «Kiefernzapfen»* pinkonuso, *auch* pinstrobilo; ~**fackel** *f* kena torĉo; ~**ruß** *m* kenfulgo; ~**span** *m* tranĉ[et]aĵo de keno

Kiepe *f* dorsokorbo

Kies *m* ***a)*** *reg* ***Grand*** *m Geol (mit abgerundeten od abgeschliffenen Ecken)* gravelo, *(mit eckig kantigen Körnern)* ŝtongruzo (↑ *auch* ***Fein-***, ***Filter-***, ***Flusskies*** *u.* ***Grus***); ***mit ~ bedecken*** kovri per gravelo (*bzw.* ŝtongruzo), graveli ***b)*** *fam für «Moneten»* mono

Kiesel|algen *f/Pl*, <*wiss*> ***Bazillariophyten*** *m/Pl od* ***Diatomeen*** *f/Pl Bot* diatomeoj *Pl*; ~**erde** *f Chem* siliko

Kieselgalmei *m Min* = ***Galmei***

Kiesel|gel *n Chem* kvarca ĝelo; ~**gur** *f Min* kiselguro, diatomea (*od* infuzoria) tero

kieselhaltig *Adj* silik[hav]a

Kiesel|säure *f* (Acidum silicicum) silikata acido; ~**[stein]** *m* siliko, *allg auch* ŝtoneto (*vgl. dazu* ***Kies a)***)

Kies|grube *f* gravelfosejo *bzw.* gruzfosejo (*vgl. dazu* ***Kies a)***); ~**sand** *m*, *auch* ***Sandkies*** *m* gravelsablo; ~**weg** *m* gravelita (*bzw.* gruzita) vojo

Kiew (*n*) ↑ ***Kyjiv***

kiffen *intr abs Haschisch od Marihuana rauchen* fumi haŝiŝon (*od* mariĥuanon) (↑ *auch* ***²haschen***)

Kiffer *m* haŝiŝfumanto *od* mariĥuanofumanto

Kigali (*n*) *Hptst. der Rep. Ruanda* Kigal[i]o

Kikeriki *n Hahnenschrei* kokeriko; ***kikeriki rufen*** kokeriki (*vgl. dazu* ***krähen***)

Kikongo *n Ling (eine in Kongo gesprochene Bantu-Sprache)* la kikonga [lingvo]

¹Kikuyu *Pl*, *auch* ***Kikuju*** *Ethn (ein Bantuvolk im Hochland Kenias)* kikujoj *Pl* <*eine der größten Ethnien Ostafrikas*>

²Kikuyu *n Ling (eine in Kenia u. Tansania gesprochene Bantu-Sprache)* la kikuja [lingvo]

Kilauea *m ein ständig tätiger Vulkan auf Hawaii* [vulkano] Kilaŭeo

Kilikien (*n*) *Antike (eine Küstenlandschaft im SO Kleinasiens)* Cilicio

kilikisch *Adj* cilicia

Kilimandscharo *m ein Bergmassiv in NO-Tansania (mit drei Gipfeln)* [monto] Kilimanĝaro (↑ *auch* ***Kibo***)

killen *tr derb für «ermorden»* murdi, mortigi

Killer *m* [profesia *bzw.* dungita] murdisto (↑ *auch* ***Auftragskiller*** *u.* ***Mörder***)

Killerwal *m Zool* ↑ ***Schwertwal***

Kilo *n*, *Kurzw für* ***Kilogramm*** *n* (*Zeichen* ***kg***) kilogramo (*Zeichen* kg); ***im Gewicht von 20 kg*** pez[ant]a 20 kilogramojn

Kilo|bit *n* (*Zeichen* ***Kbit*** *od* ***Kbit***) *EDV* kilobito; ~**byte** *n* (*Zeichen* ***kByte*** *od* ***KByte***) *EDV* kilobajto; ~**gramm** *n* (*Zeichen* ***kg***) kilogramo; ~**hertz** *n* (*Zeichen* ***kHz***) *El* kiloherco; ~**joule** [*...dʒu:l*] *n* (*Zeichen* ***kJ***) kiloĵulo; ~**kalorie** *f* (*Zeichen* ***kcal***), *auch* ***Kilogrammkalorie*** *f* kilokalorio, *auch* granda kalorio (*vgl. dazu* ***Grammkalorie***); ~**liter** *n* (*Zeichen* ***kl***) kilolitro

Kilometer *m*, *auch n* (*Zeichen* ***km***) kilometro (↑ *auch* ***Stundenkilometer***); ***fünfzig ~ pro Stunde fahren*** (= 50 km/h) veturi po kvindek kilometrojn en horo *od* veturi kvindek kilometrojn hore; ***zehn ~ entfernt von ...*** dek kilometrojn for de ...

kilometerlang *Adj sich über einen od mehrere Kilometer erstreckend* unu (*od* plurajn) kilometrojn longa *nachgest*

Kilometer|stein *m* kilometroŝtono; ~**tarif** *m* [po]kilometra tarifo; ~**zähler** *m* kilometronombrilo (↑ *auch* ***Tachometer***)

Kilo|newton *n* (*Zeichen* ***kN***) *(= 1000 Newton)* kiloneŭtono; ~**ohm** *n* (*Zeichen* ***kΩ***) *(= 1000 Ohm)* kiloomo; ~**pond** *n* (*Zeichen* ***kp***) kilopondo <*seit 1978 nicht mehr zulässige Maßeinheit für Kraft bzw. Gewicht*>; ~**tonne** *f* (*Zeichen* ***kt***) *(= 1000 Tonnen)* kilotuno

Kilovolt *n* (*Zeichen* ***kV***) *El* kilovolto; ~**ampere** *n* (*Zeichen* ***kVA***) *El* kilovoltampero

Kilowatt *n* (*Zeichen* ***kW***) *El* kilovato; ~**stunde** *f* (*Zeichen* ***kWh***) *El* kilovathoro

Kilpatrick (*m*) *Eig (US-amerikanischer Philosoph u. Pädagoge [1871-1965])* Kilpatriko

Kilt *m*, *auch* ***Schottenrock*** *m* kilto

Kilwa (*n*) *antike Siedlungsstätte im SO Jordaniens mit paläolithischen Felszeichnungen [etwa 12000 v. Chr.]* Kilvo

Kimberlit *m Geol (diamantenhaltiger vulkanischer Tuff)* kimberlito

Kimbern *od* **Zimbern** *Pl ein germanischer Volksstamm* cimbroj *Pl*

kimbrisch *Adj* cimbra

Kimbundu *n Ling (eine Verkehrssprache in N-Angola* <*zählt zu den West-Bantusprachen*>*)* la kimbunda [lingvo]

Kimm *f Mar* ***a)*** *Horizontlinie zw. Meer u. Himmel* [videbla] horizonto ***b)*** *Übergang des Schiffsbodens in die Bordwand* bilĝo

Kimme *f* ***a)*** *<österr>* ***Grinsel*** *n Einschnitt auf dem Visier von Handfeuerwaffen* celfendo *<bildet mit dem ‹Korn› die Visiereinrichtung>* ***b)*** *Einschnitt, Kerbe (z.B. einer Fassdaube)* entranĉo, noĉo

Kimmeridge [*...ridʒ*] *n Geol (die mittlere Stufe des Oberen Juras)* kimeriĝio

Kimono *m* kimono; **~ärmel** *m* kimono-maniko

Kina *m Währungseinheit in Papua-Neuguinea* kino (*vgl.dazu* ***Toea***)

Kinabalu *m ein Berg in Sabah/Ostmalaysia* [monto] Kinabalo *<Nationalpark>*

Kinase *f Biochemie (Enzym, das die Übertragung eines Phosphatrestes von ATP auf andere Substrate katalysiert)* kinazo (↑ *auch* ***Entero-*** *u.* ***Galaktokinase***)

Kinästhesie *f Physiol, Psych (Bewegungsempfindung)* kinestezo

kinästhetisch *Adj bewegungsempfindlich* kinesteza

Kind *n* infano (↑ *auch* ***Bauern-***, ***Einzel-***, ***Schul-***, ***Straßen-*** *u.* ***Waisenkind***); ***adoptiertes*** (***artiges***, ***kleines***) ~ adoptita (obeema, malgranda) infano; ***armes ~!*** *bedauernd zu einer männl. Person gesagt* kompatindulo!, *zu einer Frau od einem Mädchen gesagt* kompatindulino!; ***nicht eheliches*** (*od alt* ***uneheliches***) ~ eksteredzeca infano; ***~er und Enkel*** *Pl* gefiloj (*od auch* infanoj) kaj genepoj *Pl*; ***an ~es statt annehmen*** adopti; ***~er lieben*** ami infanojn; ***sie erwartet ein ~*** ŝi atendas bebon (*od* infaneton); *sie ist schwanger* ŝi estas graveda; ***von ~ auf*** [ek]de infanaĝo ◇ ***ich bin doch kein kleines ~ mehr!*** ĉu mi estas malgranda infano?; ***er ist ein ~ des Todes*** li estas pereonto; ***das ~ mit dem Bade ausschütten*** forfluigi la infanon kune kun la bano *(Zam)*; ***mit ~ und Kegel*** *mit dem gesamten Hab und Gut* kun sia tuta havaĵo, *bildh* kun sia tuta domo kaj havo *(Zam)*; *mit der gesamten Familie* kun la tuta familio; ***sich lieb ~ bei jmdm. machen*** flate enŝteliĝi en ies favoron; ***kleine ~er kleine Sorgen***, ***große ~er große Sorgen*** malgrandaj infanoj kaŭzas laboron, grandaj – doloron *(Zam)*; ***wir werden das ~ schon schaukeln!*** *die Sache schon irgendwie schaffen* ni certe [iel] majstros (*bzw.* sukcesigos) la aferon!

Kindbett *n* ↑ ***Wochenbett***

Kindbettfieber *n alt, meist* ***Wochenbettfieber*** *n, Fachspr* ***Puerperalfieber*** *n* (Febris puerpuralis) *Med* akuŝa febro, *<wiss>* puerpera febro (↑ *auch* ***Milchfieber***)

Kindchen *n* infaneto; *Baby* bebo

Kinderabteilung *f Med* ↑ ***Kinderstation***

Kinder|arbeit *f* infanlaboro; **~arzt** *m, auch* ***Pädiater*** *m* infankuracisto, *auch* pediatro; **~ärztin** *f* infankuracistino; **~bekleidung** *f* infanvestaĵoj *Pl*; **~bett** *n* infana lito; **~bibliothek** *f* [por]infana biblioteko

Kinderbuch *n* porinfana libro *od* infanlibro; **~autor** *m* aŭtoro (*od* verkanto) de infanlibroj

Kinder|chirurgie *f Med* infankirurgio; **~chor** *m* infana ĥoro (*od* koruso); **~dorf** *n* infanvilaĝo (↑ *auch* ***SOS-Kinderdorf***)

Kinderei *f* infana ago, infanaĵo; *alberner Streich* petolaĵo

Kinder|eisenbahn *f z.B. in einem Freizeitpark* porinfana fervoj[et]o (*vgl. dazu* ***Spielzeugeisenbahn***); **~erziehung** *f* eduk[ad]o de infanoj; **~[fahr]karte** *f* infanbileto; **~ferienlager** *n Zeltlager* feriotendumejo por infanoj; **~fest** *n* infana festo; **~film** *m* porinfana filmo; **~flöte** *f* infana fluto, *(aus Rohr)* mirlitono; **~frau** *f* vartistino; **~funk** *m Radio* radioprogramo por infanoj; **~garten** *m* infanĝardeno (↑ *auch* ***Waldorfkindergarten***); **~gartenkind** *n* infanĝardena infano; **~gärtnerin** *f* infanĝardenistino, infanĝardena edukistino (↑ *auch* ***Hortnerin***); **~geld** *n, auch (bes. <schweiz>)* ***Kinderzulage*** *f* proinfana [ŝtata] subvencio; **~größe** *f Schuhe, Textilien* grandonumero por infanoj

Kinderheilkunde *f Med* ↑ ***Pädiatrie***

Kinder|heim *n* infanhejmo; **~hilfe** *f* helpo al infanoj; **~hort** *m* infangardejo; **~jahre** *Pl* jaroj *Pl* de infanaĝo; **~kardiologie** *f Med* infankardiologio *od* pediatria kardiologio

Kinderkarte *f* ↑ ***Kinderfahrkarte***

Kinder|klinik *f, <österr> u. <schweiz>* ***Kinderspital*** *n* [speciala] kliniko por infanoj, infana kliniko; **~konfektion** *f* konfekcio por infanoj; **~krankheit** *f* infana malsano *auch übertr*, infanaĝa malsano *od* malsano de infanaĝo; **~krippe** *f, umg häufig Kurzw* ***Krippe*** *f für Kleinkinder* etinfanvartejo *od* etulvartejo; *für Säuglinge* bebovartejo; **~lähmung** *f, Fachspr* ***Poliomyelitis*** *f, pop auch* ***Polio*** *f* (Paralysis infantum) *Med* infana paralizo, poliomjelito

kinder|leicht *Adj* facilega, treege facila; ~**lieb** *Adj* amanta infanojn, amema al infanoj *beide nachgest*

Kinder|lied *n* infankanto; ~**literatur** *f* porinfana literaturo

kinderlos *Adj* seninfana, *nachgest auch* ne havanta infano(j)n; ***ein ~es Ehepaar*** seninfana geedza paro

Kinder|losigkeit *f* seninfaneco; ~**mädchen** *n* infan[gard]istino, vartistino (↑ *auch* ***Babysitter*** *u.* ***Au-pair-Mädchen***); ~**mantel** *m* infana mantelo; ~**märchen** *n* fabelo por infanoj; ~**mord** *m Mord an einem Kind* infanmurdo (*vgl. dazu* ***Kindesmord***); ~**mund** *m Redeweise eines Kindes* infana diraĵo; ~**nahrung** *f* infanonutraĵo; ~**pornografie** *f, auch* ***Kinderpornographie*** *f* infanpornografio, *(das Bild selbst)* infanpornografiaĵo; ~**programm** *n TV* porinfana programo *od* programo por infanoj [en televido] (*vgl. dazu* ***Kinderfunk***); ~**prostitution** *f* infanprostituado; ~**psychologe** *m* infanpsikologo; ~**psychologie** *f* infanpsikologio; ~**puder** *m Babypuder* bebopudro; ~**rechte** *Pl* infanrajtoj *Pl*

kinderreich *Adj*: ***~e Familie*** *f* multinfana familio, familio kun multaj infanoj

Kinder|rutsche *f auf Spielplätzen* deglitejo por infanoj; ~**schänder** *m* infanperfortanto (*vgl. dazu* ***Päderast***); ~**schar** *f* infanaro *od* aro da infanoj; ~**seele** *f* infana animo; ~**schuh** *m* infanŝuo; ~**sitz** *m* infanseĝo, porinfana sidloko; ~**sklaven** *m/Pl Kinder als Arbeitssklaven, Kindersoldaten, Drogendealer, Prostituierte u. zu Adoptivzwecken [noch im 21. Jh. vorkommend]* infansklavoj *Pl*; ~**soldat** *m* infansoldato; ~**spiel** *n* infanludo; *übertr (einfache Sache)* facil[eg]aĵo, *(ganze Kleinigkeit)* nura bagatelo; ~**spielplatz** *m* infana ludplaceto; *i.w.S.* infanludejo, ludejo por [et]infanoj; ~**spielzeug** *n* infanludilo *od* ludilo por infano(j)

Kinderspital *n* ↑ ***Kinderklinik***

Kinder|station *f, fam* ***Kinderabteilung*** *f im Krankenhaus* pediatria sekcio, infansekcio; ~**sterblichkeit** *f* mortokvanto de infanoj

Kinderstube *f* ***a)*** *veraltet =* ***Kinderzimmer*** ***b)*** *übertr (eigtl: genossene Erziehung)* edukiteco; ***er hat eine gute ~ [gehabt]*** liaj gepatroj bone lin edukis, *auch* liaj manieroj reflektas bonan edukitecon [en la junaĝo]; *i.w.S. er hat ein gutes (od untadeliges) Benehmen* li bone (*od* neriproĉinde) kondutas

Kinder|tag *m* Tago de la Infano; ~**tagesstätte** *f, umg auch Kurzf* ***Kita*** *f* [tag-deĵora] infanĝardeno; ~**wagen** *m* beboĉar[et]o, *auch* infanĉareto (↑ *auch* ***Buggy***); ~**wunsch** *m* deziro havi infano(j)n; ~**zeichnung** *f* infandesegnaĵo; ~**zeit** *f* [tempo de] infanaĝo; ~**zimmer** *n* infanĉambro

Kinderzulage *f* ↑ ***Kindergeld***

Kindesalter *n* infanaĝo

Kindesbeine *Pl* ◇ ***von ~n an*** [ek]de la infanaĝo

Kindes|entführer *m* kidnapulo de infano; ~**entführung** *f,* <*schweiz*> *Amtssprache* ***Kindsentführng*** *f* kidnap[ad]o de infano; ~**kinder** *n/Pl i.e.S. (Enkel)* genepoj *Pl*, *i.w.S. (Nachkommen)* idoj *Pl*; ~**liebe** *f* amo de infano [al siaj gepatroj]; ~**misshandlung** *f* mistraktado de infano(j); ~**mord** *m,* <*schweiz*> *Amtssprache* ***Kindsmord*** *m* murdo de [la] ĵus naskita infano (*vgl. dazu* ***Kindermord***); ~**tötung** *f Tötung eines Neugeborenen* mortigo de novnaskita bebo; ~**unterhalt** *m* infanalimento

kindhaft *Adj in der Art eines Kindes* infaneca; *einem Kind ähnlich* infanosimila; *wie ein Kind* kiel infano (*vgl. dazu* ***infantil***)

Kindheit *f Kindesalter* infanaĝo, infanaj jaroj *Pl*; *Kindsein* infaneco); ***in meiner ~*** en mia infaneco; *als ich Kind war* kiam mi estis infano; ***von frühester ~ an*** [ek]de la plej frua infaneco

Kindheits|erinnerungen *f/Pl* infanaĝaj memoroj *Pl*; ~**erlebnis** *n* infanaĝa travivaĵo; ~**freund** *m, auch* ***Freund aus der Kindheit*** infanaĝa amiko, amiko el infanaĝa tempo; ~**traum** *m* infanaĝa revo

kindisch 1. *Adj albern* infanaĵa; *dümmlich naiv* stulte naiva; *Greis auch* [ree] infaniĝinta **2.** *Adv*: ***sich ~ benehmen*** konduti kiel infano

kindlich *Adj* infan[ec]a; *wie ein Kind (nachgest)* kiel infano; *naiv* naiva; ***einen ~en Eindruck machen*** fari infanecan impreson

Kindsentführung *f* ↑ ***Kindesentführung***

Kindskopf *m übertr* naivulo, granda infano

Kindsmord *m* ↑ ***Kindesmord***

Kinds|pech *n, auch* ***Darmpech*** *n, Fachspr* ***Mekonium*** *n Med (schwärzlicher Stuhlgang des Neugeborenen in den ersten drei Lebenstagen)* mekonio; ~**tötung** *f* infanmortigo

Kindtaufe *f,* <*österr*>, <*schweiz*> *u. reg* ***Kindstaufe*** *f Rel* bapto de infano

Kinematik *f, auch* ***Getriebelehre*** *f ein Teilgebiet der Mechanik* kinematiko
kinematisch *Adj* kinematika; *~**e Analyse** f* kinematika analizo
Kinematograf *m, auch* ***Kinematograph*** *m Film* kinematografo
Kinematografie *f, auch* ***Kinematographie*** *f* kinematografio
kinematografisch, *auch* ***kinematographisch*** *Adj* kinematografia
Kineschma (*n*) *eine Stadt in Russland (an der Wolga)* Kineŝmo <*Hafen u. Umschlagplatz für Iwanowo*>
Kinesiologie *f Lehre von den Bewegungsabläufen* kinezologio
kinesiologisch *Adj* kinezologia
Kinetik *f Phys* kinetiko; ***chemische** ~* kemia kinetiko
kinetisch *Adj* kineta, *falls auf das Fach Kinetik bezogen meist* kinetika; *~**e Energie** f, auch* ***Bewegungsenergie*** *f* kineta energio
Kinetose *f, auch* ***Reisekrankheit*** *f Med* kinezopatio, *umg* vojaĝmalsano (↑ *auch* ***Reisediarrhö***)
[1]**Kingston** (*n*) *Hptst. von Jamaika* Kingstono
[2]**Kingston** (*n*) *Hauptort der Norfolkinsel* Kingstono
Kingstown (*n*) *Hptst. von Saint Vincent und Grenadinen* Kingstaŭno
Kinn *n* mentono (↑ *auch* ***Doppelkinn***)
Kinnbacke *f Anat* ↑ ***[2]Kiefer***
Kinn|bart *m* mentonbarbo; ~**grübchen** *n* mentona foseto; ~**haken** *m Boxen* mentonbato; ~**lade** *f Anat* makzelo; ~**lappen** *m des Hahns* bekolobo; ~**muskel** *m* (Musculus mentalis) *Anat* mentona muskolo; ~**riemen** *m am Helm* mentonrimeno
Kino *n **a)** Kinematografie, Filmkunst* kino ***b)** alt od selt auch* ***Filmtheater*** *n Gebäude für Filmvorführungen* kinejo (↑ *auch* ***Autokino***); ***ins** ~ **gehen*** iri en kinejon
Kino|besitzer *m* posedanto de kinejo; ~**besucher** *m* vizitanto de kinejo *od* kineja vizitanto; ~**film** *m* kinofilmo; ~**karte** *f* bileto por kinejo *od* kineja bileto; ~**kasse** *f* biletejo [de kinejo]; ~**orgel** *f Mus* kineja orgeno; ~**programm** *n* kinoprogramo; ~**reklame** *f* kinoreklamo; ~**saal** *m* kinosalono; ~-**vorstellung** *f* filmprezentado
Kinshasa (*n*), *früher [bis 1966]* ***Léopoldville*** (*n*) *Hptst. der Demokratischen Rep. Kongo* Kinŝaso, *früher* Leopoldvilo
Kiosk *m* kiosko (*vgl. dazu* ***Pavillon***; ↑ *auch* ***Blumen-** u.* ***Zeitungskiosk***)
Kioto *od* **Kyoto** (*n*) *eine jap. Stadt* Kjoto; ~-**Protokoll** *n Vereinbarung zum Klimaschutz* Kjoto-protokolo *od* Protokolo de Kjoto
Kip *m laotische Währungseinheit* kipo (*vgl. dazu* ***At***)
Kipfel *od* **Kipferl** *n* ↑ ***Hörnchen b)***
Kippa *f* (*Pl:* ***Kippot***) *kleine, flache Kopfbedeckung der jüdischen Männer* kipao
Kippaschenbecher *m z.B. [früher] in Eisenbahnabteilen* renversebla cindrujo
kippbar *Adj* renversebla
Kippe *f **a)** Wippe* balancilo ***b)** Müll*[≗] rubaĵdeponejo ***c)*** *umg für «Zigarettenstummel»* cigaredostumpo ◇ ***es steht auf der** ~ es ist völlig ungewiss* estas ankoraŭ tute malcerte [ĉu sukcesos *bzw.* ĉu eblos *u.a.*]
kipp[e]lig *Adj leicht umkippend, wackelig* [iom] ŝanceliĝa
kippeln *intr leicht wackeln od schaukeln* [iom] ŝanceliĝi *od* [iom] balanciĝi; ***er kippelte die ganze Zeit mit dem Stuhl*** la tutan tempon li balanciĝis per sia seĝo
kippen ***a)*** *tr umkippen* renversi; *ankippen, schräg hinstellen* klini [flanken]; *schütten, wegfließen lassen* ŝuti, forfluigi (*vgl. dazu* ***abkippen** u.* ***abladen***) ***b)*** *intr umkippen* renversiĝi; *i.w.S. umfallen* fali [teren]
[1]**Kipper** *m Kfz (Dumper, Kippfahrzeug)* ŝutkamiono, baskulkamiono
[2]**Kipper** *m Nahr (gesalzener Räucherhering)* kipro
Kippfenster *n* baskulfenestro (*vgl. dazu* ***Klappfenster***)
Kippgenerator *m El* ↑ ***Zeitbasisgenerator***
kipplig ↑ ***kippelig***
Kippschalter *m El, Tech* baskulŝaltilo
Kippschwingungen *f/Pl Phys* ↑ ***Relaxationsschwingungen***
Kippwagen *m Kfz* = ***[1]Kipper***
Kir *m Getränk aus Johannisbeerlikör und trockenem Weißwein [so benannt nach dem Dijoner Bürgermeister Félix Kir]* kiro; ~ ***royal*** *m Getränk aus Johannisbeerlikör u. Champagner* kiro reĝa
Kirche *f (Gebäude)* preĝejo, *(christliches Gotteshaus) auch* kirko (↑ *auch* ***Barock-**, **Benediktiner-**, **Bischofs-**, **Dorf-**, **Episkopal-**, **Haupt-**, **Holz-**, **Jesuiten-**, **Kloster-**, **Krönungs-**, **Kuppel-**, **Renaissance-**, **Rund-**, **Stab-**, **Wallfahrts-** u.* ***Wehrkirche***); *(als Institution bzw. Religionsgemeinschaft)* ekle-

zio; *i.w.S. Christenheit* kristanaro; *Gottesdienst* di-servo; ~ ***mit Doppelturm*** du-tura preĝejo; ***altkatholische*** ~ *«Kirche von Utrecht» [seit 1723] u. andere abgespaltene Teile der katholischen Kirche, die sich nach 1870 gegen die Infallibilität des Papstes auflehnten [meist in Deutschland u. Österreich]* prakatolika eklezio; ***die anglikanische*** ~, *auch* ***die Kirche von England*** la anglikana eklezio; ***armenische*** (*od auch* ***gregorianische***) ~ gregoria eklezio; ***die christliche*** ~ la kristana eklezio; ***die evangelisch-lutherische*** ~ la evangelia-luterana eklezio; ***die griechisch-orthodoxe*** ~ la greka ortodoksa eklezio; ***die reformierte*** ~ la reformita eklezio; ***die römisch-katholische*** ~ la rom-katolika eklezio; ***die russisch-orthodoxe*** ~ la rusa ortodoksa eklezio; ***die triumphierende*** ~ la triumfanta eklezio; ***Anhänger*** *m* (*bzw.* ***Mitglied*** *n*) ***der*** ~ ekleziano; ***Mitglied der gleichen*** ~ (*od* ***Glaubensgemeinschaft***) samekleziano; ***ein Mann der*** ~ *Geistlicher* ekleziulo; ***Trennung*** *f* ***von*** ~ ***und Staat*** apartigo de la eklezio disde la ŝtato, *auch* eklezio-ŝtato-apartigo; ***die*** ~ ***ist aus*** la di-servo finiĝis; ***zur*** (*od* ***in die***) ~ ***gehen*** *zum Gottesdienst gehen* iri al [la] di-servo ◇ ***die*** ~ ***im Dorf lassen*** lasi la fiŝojn en la akvo *(Zam)*

Kirchen|asyl *n* preĝeja azilo; ***Flüchtlingen*** ~ ***gewähren*** doni al rifuĝintoj azilon en preĝejo

Kirchen|bank *f* preĝeja benko; ~**bann** *m* *Ausschluss aus der Kirchengemeinschaft* ekskomuniko; *Bannfluch* anatemo; ~**besetzungen** *f/Pl z.B. als politische Protestmaßnahme* okupado de preĝejoj; ~**besitz** *m* eklezia havaĵo (*od* posedaĵo); ~**besucher** *m* preĝeja vizitanto; ~**bibliothek** *f* preĝeja biblioteko; ~**burg** *f z.B. in Siebenbürgen* fortresa preĝejo; ~**chor** *m* preĝeja ĥoro (*od* koruso); ~**dach** *n* preĝeja tegmento; ~**diener** *m*, *auch* ***Küster*** *m*, *reg* ***Mesner*** *m*, <*schweiz*> ***Sigrist*** *m*, *reg* ***Mesmer*** *m* preĝeja pedelo (*od* servisto) (↑ *auch* ***Sakristan***)

kirchenfeindlich *Adj gegen die Kirche gerichtet* kontraŭeklezia

Kirchen|fenster *n* preĝeja fenestro; *buntes Fenster in Metallfassung* vitralo; ~**forst** *m*, *auch* ***Pfarrwald*** *m* eklezia arbaro; ~**fürst** *m* pontifiko; *Bischof* episkopo

Kirchengemeinde *f* ↑ ***Kirchgemeinde***

Kirchengesang *m*: ***gregorianischer*** ~ *einstimmiger liturgischer u. halbliturgischer katholischer Kirchengesang in lateinischer Sprache* gregoria ĉanto <*zum größten Teil im Mittelalter nach griech.-römischen sowie syrisch-jüdischen Vorbildern entstanden*>, *(Cantus planus)* plejnkanto; ***rezitierender*** ~ *bes. Psalmodie* ĉanto, parolkanto

Kirchen|geschichte *f* eklezia historio; ~**glocke** *f* preĝeja sonorilo; ~**jahr** *n* eklezia (*od* liturgia) jaro; ~**konzert** *n* preĝeja konĉerto; ~**kunst** *f* eklezia arto; ~**lehrer** *m*, *auch* ***Kirchenvater*** *m Gesch* doktoro de la eklezio; ~**lied** *n* eklezia (*od* preĝeja) kanto (↑ *auch* ***Choral*** *u.* ***Hymne***); *kirchliches Loblied* kantiko (↑ *auch* ***Psalmodie***)

Kirchenmaus *f* ◇ ***er ist arm wie eine*** ~ li estas malriĉa kiel muso preĝeja *(Zam)*

Kirchen|musik *f*, *auch* ***Sakralmusik*** *f* (*lat.* musica sacra) eklezia (*od auch* preĝeja) muziko, *auch* sakrala muziko; ~**orgel** *f* preĝeja orgeno; ~**portal** *n* preĝeja portalo; ~**rat** *m* *evangelische Kirche* konsistorio (*vgl. dazu* ***Konsistorium***); ~**raub** *m* preĝeja rabo; ~**recht** *n Jur* eklezia juro, *(kath. Kirchenrecht)* kanona juro; ~**rechtslehrer** *m* kanonisto; ~**schiff** *n Arch* navo (↑ *auch* ***Haupt-***, ***Mittel-***, ***Quer-*** *u.* ***Seitenschiff***); ~**slawisch[e]** *n Literatursprache der russisch-orthodoxen Kirche* eklezi-slava lingvo (*vgl. dazu* ***Alt[kirchen]slawisch***)

Kirchenspaltung *f* skismo; ~ ***des Abendlandes***, *auch* ***Abendländisches Schisma*** *n Kirchengeschichte* <*1378-1417*> Skismo de la Okcidenta Eklezio

Kirchen|sprengel *m Kirchspiel, Pfarrei* paroĥo; ~**staat** *m* Vatikana Regno; ~**steuer** *f* eklezia imposto; ~**strafe** *f* eklezia puno; ~**tag** *m Synode* sinodo

kirchentonartlich *Adj auf die mittelalterlichen Kirchentöne bezogen* modala

Kirchen|treppe *f* preĝeja ŝtuparo; ~**tür** *f* preĝeja pordo; ~**vater** *m* eklezia patro; *Gesch (Kirchenlehrer)* doktoro de la eklezio; ~**vermögen** *n* eklezia posedaĵo; ~**vertreter** *m* eklezia reprezentanto

Kirch|gang *m* iro al di-servo; ~**gänger** *m* preĝeja vizitanto

Kirchgemeinde *f*, *auch* ***Kirchengemeinde*** *f* *Pfarrbezirk* paroĥo; *Gemeindemitglieder* paroĥa komunumo; ***Mitglied einer*** ~ paroĥano

Kirchhof *m* [apudpreĝeja] tombejo (*vgl. dazu* ***Friedhof***)

Kirchhoff (*m*) *Eig (deutscher Physiker [1824-1887])* Kirkhofo
kirchlich *Adj* eklezia; *~er Würdenträger m* eklezia altrangulo; *Prälat* prelato
Kirchspiel *n Amtsbezirk eines Geistlichen, Kirchensprengel* paroĥo
Kirchturm *m* preĝeja turo; ~**spitze** *f* spajro, pinto de preĝeja turo
Kirchweih *f, reg* ***Kirmes*** *f, <österr> u. reg* ***Kirtag*** *m* kermeso
Kirgise *m Ethn* kirgizo
Kirgisensteppe *f* ↑ ***Kasachensteppe***
Kirgisien *od* **Kirgisistan** (*n*), *auch* ***Kirgistan***, *kirgisisch* ***Kyrgyzstan*** *ein Staat in Mittelasien* Kirgizio *od* Kirgizistano *[Hptst.: Bischkek]*
Kirgisin *f* kirgizino
kirgisisch *Adj* kirgiza
Kirgisisch[e] *n Ling (eine Turksprache [Staatssprache in Kirgisistan])* la kirgiza [lingvo]
Kirgistan (*n*) ↑ ***Kirgisien***
Kiribati [...'bass] (*n*) *[seit 1979:] ein Inselstaat im Westpazifik* Kiribato *[Hptst.: Bairiki]*
Kirin (*n*) ↑ ***Jilin***
Kiriwina-Inseln *Pl* ↑ ***Trobriand-Inseln***
Kirkuk (*n*), *auch* ***Kerkuk*** (*n*), *arab.* ***Kirkūk*** *Stadt u. Provinzzentrum in Irak* Kirkuko *<Zentrum des größten irakischen Erdölfeldes>*
Kirmes *f* ***a)*** ↑ ***Kirchweih b)*** ↑ ***Jahrmarkt***
kirre *Adv*: ***jmdn. ~ machen*** *jmdn. gefügig machen* cedigi iun; *jmdm. seinen Stolz nehmen* malfierigi iun; *jmdn. demütigen* humiligi iun
Kirsch *m* ↑ ***Kirschlikör*** *u.* ***Kirschwasser***
Kirschbaum *m* ĉerizarbo (↑ *auch* ***Kurilen-*** *u.* ***Sakura-Kirsche***); *ohne Art: Bez einer Holzart [z.B. für Möbel]* ĉerizarba ligno; ~**blatt** *n* ĉerizfolio
kirschbaumblätt[e]rig, *Fachspr Bot auch lat.* ***cerasifolius*** *Adj* ĉerizarbofolia
Kirschblüte *f einzelne* ĉerizfloro; *das Blühen der Kirschbäume* florado de la ĉerizarboj, ĉerizflorado
Kirschbranntwein *m* ↑ ***Cherry Brandy***
Kirsche *f* ĉerizo (↑ *auch* ***Herz-***, ***Sakura-***, ***Sauer-*** *u.* ***Süßkirsche***) ◇ ***mit ihm ist nicht gut ~n essen*** oni ne povas bone intertrakti kun li
Kirschen|**affodill** *od* ~**asphodill** *m* (Asphodelus cerasiferus) *Bot* ĉeriza asfodelo
kirschfarben, *selt auch* ***cerise*** *Adj* ĉerizokolora
Kirschfruchtfliege *f* (Rhagoletis cerasis) *Ent* ĉerizomuŝo *<bedeutsamster Schädling im Süßkirschenanbau>*
kirschgroß *Adj* ĉerizogranda
Kirschgummi *m* ↑ ***Cerasin***
Kirschkern *m* ĉerizokerno
Kirschkernbeißer *m Orn* = ***Kernbeißer***
Kirsch|**kompott** *n* ĉeriza kompoto; ~**konfitüre** *f* ĉeriza konfitaĵo; ~**kuchen** *m* ĉerizokuko; ~**likör** *m, auch kurz* ***Kirsch*** *m* ĉeriza likvoro *od* ĉerizlikvoro (*vgl. dazu* ***Cherry Brandy***); ~**lorbeer** *m, auch* **Lorbeerkirsche** *f* (Prunus laurocerasus) *Bot* ĉerizlaŭro *[mit mehreren geografischen Formen u. Sorten]*; ~**marmelade** *f* ĉeriza marmelado
Kirschmyrte *f* (*Gattung* Eugenia) *Bot* eŭgenio; ***brasilianische ~*** (Eugenia brasiliensis) grumiŝamarbo *(Baum)*; grumiŝamo *(Frucht)*
kirschrot *Adj* ĉerizoruĝa
Kirsch|**saft** *m* ĉeriza suko; ~**tomate** *f Bot (Solanum lycopersicum, var. cerasiforme), Nahr* ĉeriz[oform]a tomato; ~**torte** *f* ĉerizotorto; ~**wasser** *n, auch* ***Kirschgeist*** *m, kurz* ***Kirsch*** *m aus Kirschen hergestellter, klarer Branntwein* kirŝo; ~**zweig** *m* ĉeriz[o]branĉ[et]o
Kirtag *m* ↑ ***Kirchweih***
Kiruna (*n*) *nördlichste Stadt Schwedens* Kiruno *<Zentrum des schwedischen Eisenerzbergbaus>*
Kirundi *od* **Rundi** *n Ling (eine Bantusprache [neben Französisch Amtssprache in Burundi])* la burund[i]a [lingvo]
Kisangani (*n*), *[bis 1966]* ***Stanleyville*** (*n*) *eine Provinzhptst. in der Demokratischen Rep. Kongo* Kisangano
Kischinew (*n*) ↑ ***Chişinau***
Kisfaludy (*m*) *Eig (ungarischer Schriftsteller [1788-1830])* Kiŝfaludo *<Begründer des ungarischen Schauspiels>*
Kishon (*m*) *Eig (israelischer Schriftsteller u. Journalist [1924-2005])* Kiŝono
Kislew *m 3. Monat des jüdischen Kalenders [Mitte Nov./Mitte Dez.]* kislevo
Kissen *n, reg u. <österr>* ***Polster*** *n* kuseno ; *Kopf*~ kapkuseno (↑ *auch* ***Daunen-***, ***Feder-***, ***Luft-***, ***Massage-***, ***Nadel-***, ***Polster-***, ***Samt-***, ***Sitz-***, ***Sofa-*** *u.* ***Stempelkissen***); ***auf einem ~ sitzen*** sidi sur kuseno; ***ein ~ beziehen*** tegi kusenon
Kissen|**bezug** *od* ~**überzug** *m* kusentegaĵo;

~**lava** *f Geol (kissen- u. wulstförmig erstarrte Lava mit glatter Oberfläche)* kusenlafo; ~**schlacht** *f umg* kusena batalo
Kistchen *n kleine Kiste* kesteto
Kiste *f* kest[eg]o (↑ *auch* ***Bier-***, ***Getränkekiste***, ***Kasten***, ***Latten-***, ***Transport-*** *u.* ***Zigarrenkiste***); ***eine ~ [voll] Kaffee*** kesto da kafo
Kistenfabrik *f* kestofabriko
kistenförmig *Adj* kestoforma
Kita *f* ↑ ***Kindertagesstätte***
Kite|board *n* kajtsurfa tabulo; ~**surfen** *od* ~**surfing** *n*, *auch* ***Kiteboarden*** *n Wassersport (das Surfen über das Wasser auf einem Surfbrett u. mit einem Lenkdrachen <eine Funsportart>)* kajt[o]surfado; ~**surfer** *m* kajt[o]surfanto
Kithara *f griech. Antike (ein zur Gruppe der Leiern zählendes Zupfinstrument)* citro (↑ *auch* ***Barbiton*** *u.* ***Phorminx***)
Kitsch *m* kiĉo
kitschig *Adj* kiĉa
Kitt *m Fenster-, Glaser*≗ [vitrista] mastiko (↑ *auch* ***Harz-*** *u.* ***Spachtelkitt***); *Schiffsplankenteer* ŝipplanka gudro; *i.w.S. Leim, Klebstoff* glu[aĵ]o
Kittel *m* kitelo (↑ *auch* ***Arbeits-***, ***Arzt-*** *u.* ***Russenkittel***)
kitten *tr Fenster* mastiki, ŝtopi (*od* kunigi) per mastiko; *Schiffsplanken* gudroŝmiri (↑ *auch* ***kalfatern***); *leimen* glui
Kittiter *m/Pl Ethn bibl* kitidoj *Pl*
Kitz *n Reh*≗ kapreolido; *Zicklein* kaprido; *Junges der Gämse* ido de ĉamo, ĉamido
Kitzel *m Hautempfindung ähnlich dem Juckreiz* tiklosento; *i.w.S. für «[gewisser] Reiz»* [certa *od* ia] tiklo
kitzelig *od* **kitzlig** *Adj empfindlich gegen Kitzeln* tiklosentema *od* tikliĝema; *übertr* tikla (↑ *auch* ***heikel***); ***eine ~e Angelegenheit*** tikla afero
kitzeln *tr* tikli *auch übertr* (↑ *auch* ***krabbeln***); ***die Wolle des Pullovers kitzelt mich*** la lano de la (*od* tiu ĉi) pulovro tiklas min; *etw.* ***kitzelt den Gaumen*** ... flatas la palaton
Kitzeln *n* tiklado; ***ein ~ im Magen*** (*od* ***in der Magengegend***) ***fühlen*** (*od* ***spüren***) senti tikladon en la stomako *(Zam)*
Kitzler *m*, *Fachspr* ***Klitoris*** *f* (Clitoris) *Anat, sex* klitoro
kitzlig ↑ ***kitzelig***
Kiuschu (*n*) ↑ ***Kyushu***
[1]**Kiwi** *m*, *alt* ***Schnepfenstrauß*** *m* (*Familie* Apterygidae) *Orn (ein neuseeländischer Laufvogel)* kivio, <*wiss*> apterigo (↑ *auch* ***Fleckenkiwi***); ***brauner ~*** ↑ ***Streifenkiwi***
[2]**Kiwi** *f Frucht* kivio, *auch* kivo
Kiwusee *m ein See im Zentralafrikanischen Graben (Demokratische Rep. Kongo und Ruanda)* Kivu-Lago, *auch* [lago] Kivuo
Kizilirmak *m längster türkischer Fluss* [rivero] Kizilirmako
kJ = *Zeichen für* ***Kilojoule***
KK = *Abk für* ***Kleinkaliber*** [↑ *dort*]
KKW *n* ↑ *unter* ***Kernkraftwerk***
kl = *Zeichen für* ***Kiloliter***
Kl. = *Abk für* ***Klasse***
Klaaskuckuck *m* (Chrysococcyx klaasi) *Orn* verda kukolo
Kladde *f erste Niederschrift* malneto; *Schreibheft für Entwürfe u. dgl.* kajero por malnetoj
Kladistik *f Biol (eine Methodik der biologischen Systematik u. Taxonomie auf der Basis der Evolutionstheorie)* kladistiko
Kladno (*n*) *eine tschechische Industriestadt westlich von Prag* Kladno
Kladodien *f/Pl Bot (blattartig verbreiterte Langtriebe, grüne Flachsprosse, die bei Reduktion der Blätter deren Funktionen übernehmen [z.B. bei Opuntien])* kladodioj *Pl*, *auch* limbecaj tigoj *Pl*
Kladogenese *f Biol (Entstehung eines neuen Taxons durch Aufspaltung der Stammgruppe <die vorherrschende Form der Speziation>)* kladogenezo
klaffen *intr* disstari, oscedi *auch Wunde*; *dunkel od bedrohlich klaffen, gähnen* faŭki; ***vor uns klaffte ein Abgrund*** antaŭ ni oscedis (*bzw.* faŭkis) abismo
kläffen *intr u. abs* jelpi, *pej auch* bojaĉi (*vgl. dazu* ***bellen***)
Kläffen *n* jelpado
klaffend *Adj* oscedanta *auch Wunde*; *ein Abgrund* faŭka
Kläffer *m Hund, der viel kläfft* jelpulo, hundo daŭre (*od* senĉese) jelpanta
Kläfferei *f* [daŭra] jelpado
Kläfferkauz *m* (Ninox connivens) *Orn* boja strigo
Klaffschnabel *m Orn* ↑ ***Afrika-Klaffschnabel*** *u.* ***Indien-Klaffschnabel***
Klafter *m od n ein altes Holzmaß* klafto; ~**holz** *n* kubmetra ligno
Klage *f a) Weh*≗, *Jammergeschrei* lament[ad]o (***über***, *auch* ***um*** pri) (↑ *auch* ***Toten-***

klage); *Stöhnen* ĝemado ***b)*** *Beschwerde* plendo; *Jur (Anklage)* akuzo (***gegen*** kontraŭ), *(das Anklagen)* akuzado; ~ ***über etw.*** (***jmdn.***) ***führen*** plendi pri io (iu); ***eine ~ bei Gericht einreichen*** plendi (*od* meti plendon) ĉe la tribunalo (*od* juĝejo); ***eine ~ gegen jmdn. einreichen*** (*od* ***anhängig machen***) *Jur* ekprocesi kontraŭ iu, plendi kontraŭ iu (*od* akuzi iun) ĉe jura instanco; ***die ~ wurde gerichtlich abgewiesen*** la plendo estis juĝe rifuzita

Klage|gedicht *n Lit* elegio; ~**kuckuck** *m* (Cacomantis merulinus) *Orn* plendokukolo *m [Vorkommen: Südasien]*; ~**lied** *n* plenda kanto, *(weinerlich) auch* plorkanto (↑ *auch* ***Jeremiade***); *übertr* lamentado; ~**mauer** *f in Jerusalem* plendmuro *(auch Großschr)*

klagen *tr sich beklagen* plendi (***über*** pri *od* pro); ***jmdm. sein Leid ~*** plendi al iu sian mizeron; *intr* ***a)*** *jammern, wehklagen* lament[ad]i, vekrii; *stöhnen* ĝem[ad]i; ***über Schmerzen im Hals ~*** *Med* plendi pri (*od auch* pro) doloro(j) en la gorĝo ***b)*** *Jur*: ***auf Schadenersatz ~*** *Jur* procesi pri kompenso de la perdoj

Klagen *n* plendado; *Jammern* lamentado ◇ ***~ füllt keinen Magen*** plendoj stomakon ne plenigas *(Zam)*

klagend *Adj* plenda

Klagenfurt (*n*) *Hptst. des österreichischen Bundeslandes Kärnten* Klagenfurto

Klagenfurter Becken *n größtes inneralpines Senkungsfeld der Ostalpen* Klagenfurta Baseno

Kläger *m Jur* akuzanto ◇ ***wo kein ~ ist, da ist auch kein Richter*** se neniu plendas, neniu defendas *(Zam)*

Klagerecht *n Jur* procesrajto *od* rajto por procesi

klagereich *Adj* veoplena

Klage|schrift *f Jur* akuza akto; ~**weib** *n* [dungita] ploristino

kläglich *Adj beklagenswert* priplorinda; *bemitleidenswert* kompatinda; *erbärmlich* mizera; *betrüblich* tristiga; *unwürdig* malinda; ***eine ~e Rolle spielen*** ludi kompatindan (*bzw.* mizeran *u.a.*) rolon

Klaipeda (*n*), *früher* ***Memel*** (*n*) *eine Hafenstadt in Litauen* Klajpedo

klamm *Adj*: ***~ vor Kälte*** *z.B. jmds. Finger* rigida pro (*od* de) malvarm[eg]o (*od* frosto)

Klamm *f schmaler Durchgang zw. zwei steilen Bergwänden* interkrutejo; *Geogr (Felsenschlucht [mit Wildbach])* rokfendego *od* ravino [kun torento] (↑ *auch* ***Schlucht***); ***eine ~ durchwandern*** tramigri interkrutejon

Klammer *f* ***a)*** *Handw* krampo (↑ *auch* ***Klemme***); *Chir, Tech (Heft*≗*)* agrafo; *Büro*≗ paperklipo, *auch* kroĉileto; *Muster*≗ paperstifto; *Wäsche*≗ tolaĵopinĉilo; *Wund*≗ vund-agrafo; *Briefumschlags*≗ *(je nach Form:)* kovertstifto *bzw.* kovert-agrafo; ***etw. mit ~n befestigen*** fiksi ion per krampoj ***b)*** *Typ* krampo; ***eckige ~*** rekta (*od* orta) krampo; ***geschweifte ~*** *od* ***Schweifklammer*** *f* kuniga krampo (↑ *auch* ***Akkolade***); ***runde ~*** ronda krampo; ***spitze ~*** *od* ***Winkelklammer*** *f* angula (*od* pinta) krampo; ***ein Wort in ~[n] setzen*** meti (*od* skribi) vorton en krampoj; ***in ~n [gesetzt]*** metite inter krampoj *od kurz* interkrampe ***c)*** *Bauw (Gerüst*≗*)* krampo; ***zwei Balken mit einer ~ verbinden*** kunigi du trabojn per krampo

[1]**Klammeraffe** *m* ↑ ***Büroheftmaschine***

[2]**Klammeraffen** *m/Pl* (*Gattung* Ateles) *Zool* ateloj *Pl [Vorkommen: Mexiko bis nach Bolivien u. ins mittlere Brasilien]*

Klammer|ausdruck *m Math* enkrampa esprimo; ~**fuß** *m z.B. eines Chamäleons* alkroĉa piedo; ~**griff** *m Ringen* kroĉ-preno

klammern *tr umklammern, anhaken* kroĉi *auch i.w.S.*; *mit einer Büroklammer* fiksi (*od* kunigi) per [paper]klipo; *bes. Handw (mit einer Klammer befestigen)* krampi, *(mit einer Agraffe od Spange zusammenhaken)* agrafi *auch eine Wunde*; ***sich ~*** sin kroĉi *od* kroĉiĝi (***an*** al) *auch übertr*; ***sie klammerte sich an seinen Arm*** ŝi kroĉiĝis al lia brako; ***sich aneinander ~*** kroĉiĝi unu al la alia; ***die Kleine klammerte sich an den Rockschoß der Mutter*** la etulino kroĉiĝis al la basko de la patrino

Klamotten *f/Pl* ***a)*** *alte od abgenutzte Sachen* malnovaj (*od* eluzitaj) aĵoj *Pl*; *alte od abgenutzte Kleidungsstücke* malnovaj (*od* trivitaj) vestaĵoj *Pl* ***b)*** *leicht pej (Besitz, Siebensachen)* havaĵo *od* posedaĵo, *allg auch* aĵoj *Pl* ***c)*** *umg für «Kleidungsstücke, Kleider» bzw. «Sachen»* vestaĵoj *bzw.* aĵoj *Pl*; ***sie trägt immer tolle ~*** ŝiaj vestaĵoj ĉiam ŝikas

Klampfe *f pop veraltend für «Gitarre»* gitaro; ***die ~ zupfen*** ludi gitaron

Klampfenchor *m* gitarista ensemblo

Klan *m* = ***Clan***

Klang *m Laut, Schall, Ton* sono; *nachklin-*

gend od auch voll tönender Klang, z.B. einer Glocke sonorado (*vgl. dazu* ***Geläute***); *Timbre (Klang der Gesangsstimme)* tembro *auch i.w.S.*, [son]koloro, *auch* tono; *Klingen, z.B. von Glas od Metall* tintado; ***der ~ der Gläser*** *z.B. beim Toasten* tintado de la glasoj; ***der ~ seiner Stimme*** la sono de lia voĉo; *bestimmter Tonfall, z.B. bei einer Äußerung* la tono de lia voĉo ◇ ***sein Name hat einen guten ~*** li havas bonan reputacion, *auch* li (*od* lia nomo) estas bonfama

Klang|beschaffenheit *f eines Raumes* akustiko; **~farbe** *f* sonkoloro, sonnuanco, *der Stimme meist* tembro; **~fülle** *f* sonopleno, sonoriĉeco; *Sonorität* sonoreco

klanglos *Adj* sensona; *tonlos* sentona ◇ ***sang- und ~*** *ohne viel Aufhebens* senceremonie, tute senbrue; *ruhmlos (Adv)* senglore; *unbemerkt (Adv)* senrimarkite; *unbeachtet (Adv)* neatentite

Klangumfang *m* ↑ ***Klangvolumen***

klangvoll *Adj Stimme* sonora *od* sonore sonanta; *angenehm klingend* agrable sonanta *Name* bone konata

Klang|volumen *n*, *auch* ***Klangumfang*** *m* sonvolumeno; **~wirkung** *f* akustiko

Klapf *m* ↑ ***Knall***

Klapp|bett *n* klaplito (*vgl. dazu* ***Feldbett***); **~brücke** *f eine Art Zugbrücke* baskulponto *bzw.* klapponto; *Hubbrücke* liftponto; **~deckel** *m Verschlussklappe* klapfermilo

Klappe *f* ***a)*** klapo *auch Tech* (↑ *auch* ***Absperr-***, ***Augen-***, ***Belüftungs-***, ***Bremsklappe***, ***Deckel***, ***Patte***, ***Scheuklappe*** *u.* ***Verschluss***); *i.w.S. Ventil* valvo ◇ ***zwei Fliegen mit einer ~ schlagen*** trafi du celojn per unu ŝtono *(Zam)*, *auch* kontentigi la katon kaj kune la raton *(Zam)* ***b)*** *eines Blasinstruments [zum Bedecken u. Öffnen der Tonlöcher]* klapo ***c)*** *fam für «Mund»* buŝ[aĉ]o; ***halt die ~!*** *umg* tenu vian buŝ[aĉ]on fermita!; ***die große ~ haben*** *umg* multe kaj laŭte paroladi; *immerzu prahlen* daŭre fanfaroni, fanfaronadi ***d)*** *Anat* (Valva) valvo (↑ *auch* ***Aorten-***, ***Herz-***, ***Ileozökal-***, ***Mitral-***, ***Pulmonal-*** *u.* ***Venenklappe***) ***e)*** *Bot (Klappe einer Springfrucht)* klapo [de dehiska frukto]

klappen ***a)*** *tr*: ***etw. nach oben*** (***unten***, ***vorn***) ~ movi ion supren (malsupren *od* suben, antaŭen) ***b)*** *intr ein kurzes metallisches Geräusch machen* klaki; *klick machen* fari klik, kliksoni ***c)*** *intr (gelingen)* sukcesi, *([gut] funktionieren)* [bone] funkcii, *umg auch* iri bone; ***es klappt*** *es passt, geht auf diese Weise* funkcias; *gelingt* sukcesas; *ist in Ordnung* estas en ordo; ***die Sache klappt nicht*** la afero ne funkcias; ***wenn alles klappt*** *wenn alles glattgeht* se ĉio [bone] funkcios; *wenn es keine Komplikationen gibt* se ne ekestos iuj komplikaĵoj; ***jetzt kommt die Sache zum Klappen*** *zur günstigen Entscheidung* nun la afero komenciĝas esti sukcesa (*bzw.* profitiga *od* profitodona)

Klappenfehler *m Kardiologie (Herzklappenfehler)* [kor]valva difekto

klappenförmig 1. *Adj* klapoforma **2.** *Adv* klapoforme

Klappeninsuffizienz *f Kardiologie* valva insuficienco

klappenlos *Adj* senklapa; *Anat* senvalva

Klappen|text *m informativer Text zu einem Buch auf der Klappe des Schutzumschlags* kovrilteksto; **~ventil** *n Tech* klapvalvo

Klapper *f* klakilo; *Rassel* raslilo

klapperdürr *Adj* magra kaj osteca

Klappergrasmücke *f Orn* ↑ ***Zaungrasmücke***

klapperig *od* **klapprig** *Adj abgenutzt* eluzita, trivita; *fragil* fragila; *[alt und] hinfällig* [maljuna kaj] kaduka (↑ *auch* ***gebrechlich***)

Klapperl *n* ↑ ***Sandale***

klappern *intr* klak[et]i, *andauernd klappern* klakadi; *leise klopfen* frapeti; *Mar (wappern: im Wind hin und her schlagen [bes. ein Segel])* tremi; *klirren, metallisch klingen* tinti (*vgl. dazu* ***rasseln***); ***der Storch klappert mit dem Schnabel*** la cikonio klakadas per la (*od* sia) beko; ***[vor Kälte] mit den Zähnen ~*** [pro malvarmo *od* frosto] klaki per la dentoj

Klappern *n* klakado ◇ ***~ gehört zum Handwerk*** varbado estas parto de komercado, *(Zam)* nenia konstruo povas esti sen bruo

Klapper|schlange *f* (*Gattung* Crotalus) *Zool* sonserpento, <*wiss*> krotalo (↑ *auch* ***Buschmeister***, ***Prärie-*** *u.* ***Texas-Klapperschlange***); **~schote** *f Bot* (*Gattung* Crotalaria) krotalario

Klapperstorch *m fam u. Kindersprache* cikonio; ***in einigen Ländern Europas erzählte man früher den Kindern, dass der ~ die Babys bringt*** en kelkaj landoj de Eŭropo oni en pasinteco rakontis al la infanoj, ke la cikonio alportas la bebojn

Klappertopf *m* (*Gattung* Rhinantus) *Bot* rinanto; ***großer ~*** (Rhinanthus major = Rhinanthus angustifolius) granda rinanto; ***kleiner*** ~ (Rhinanthus minor) malgranda rinanto; ***zottiger*** ~ (Rhinantus alectorolophus) longhara rinanto

Klapp|[fahr]rad *n* faldebla biciklo; ~**fenster** *n Kippfenster* baskulfenestro, *(in Dächern)* klapfenestr[et]o (*vgl. dazu* ***Lüftungsklappe*** *u.* ***Luke***); ~**hut** *m, auch* ***Chapeau claque*** *m* klakĉapelo

Klappkamera *f Foto* ↑ ***Balgenkamera***

Klappladen *m zweiflügelige Persienne* duklapa persieno (*vgl. dazu* ***Fensterladen***)

Klappmütze *f* (Cystophora cristata) *Zool (eine Rüsselrobbe)* kapuĉonaza foko *[Vorkommen: nördl. Atlantik]*

Klapprad *n* ↑ ***Klappfahrrad***

klapprig ↑ ***klapperig***

Klapp|sitz *od* ~**stuhl** *m* klapseĝo; *zusammenlegbarer Stuhl* faldebla seĝo; ~**tisch** *m* klaptablo; ~**tür** *f* klap[o]pordo; ~**verdeck** *n* faldebla kapoto

Klaproth (*m*) *Eig (dt. Chemiker [1743-1817]* Klaproto <*entdeckte u.a. Zirkonium, Uran, Titan u. Chrom*>

[1]**Klaps** *m leichter Schlag* frapeto *auch liebkosend, [stärker:]* bateto (*vgl. dazu* ***Nasenstüber***); ***einem Kind einen ~ auf den Kopf geben*** bateti (*od schwächer* frapeti) infanon sur la kapon

[2]**Klaps** *m Spleen, leichte Verrücktheit* ◇ ***er hat einen ~*** *fam* li estas frenez[et]a, *bildh* li havas muŝon en la cerbo *od* muŝo zumas en lia kapo *(Zam)*

Klapsmühle *f salopp für «Irrenhaus»* frenezulejo

klar 1. *Adj* ***a)*** klara *auch Flüssigkeit, Gewässer, Glas, Wasser, Wetter* (↑ *auch* ***heiter***, ***hell***, ***kristallklar***, ***licht*** *u.* ***rein***); *Himmel auch* sennuba, serena; *durchsichtig* diafana; ~ ***werden*** fariĝi klara; *Himmel* sennubiĝi, sereniĝi; ***an einem ~en Morgen*** en iu serena mateno ***b)*** *deutlich* klara; *präzise* preciza; *offensichtlich* evidenta; *Verstand, Urteil auch* sagaca; ***eine ~e Ablehnung*** (*od* ***Weigerung***) klara rifuzo; ***die Angelegenheit*** (*od* ***Sache***) ***wird jetzt viel ~er*** la afero fariĝas pli klara nun; ***gib mir eine ~e Antwort!*** donu al mi klaran (*od* precizan) respondon!; ***einen ~en Kopf haben*** havi klaran kapon; ***der Sinn ist mir nicht ganz ~*** la senco estas ne tute klara al mi; ***eine ~e Vorstellung von etw. haben*** havi klaran imagon (*bzw.* ideon *od* bildon *u.a.*) pri io; ~ ***werden*** *verständlich werden* fariĝi komprenebla; ***sich über etw. ~ werden*** *etw. endlich verstehen* [fin]fine kompreni ion ***c)*** *bereit, fertig (prädikativ gebraucht)* preta (↑ *auch* ***startklar***); ~ ***zum Gefecht sein*** esti preta por batalo **2.** *Adv*: ~ ***denkend*** klare pensanta; ***klipp und*** ~ *ganz genau* tute precize; *ganz offensichtlich* tute evidente; *unwiderleglich* nekontesteble; ***ich habe ihn ganz ~ sagen hören, dass ...*** mi tute klare aŭdis, ke li diris ...; ***jetzt ist*** (*od* ***wird***) ***mir alles ~*** *od* ***jetzt sehe ich ~*** *jetzt verstehe ich* nun mi [ek]komprenas; ***ich sehe in dieser Angelegenheit noch nicht ~*** pri tiu ĉi afero mi ankoraŭ tute ne havas klarecon; *dies verstehe ich noch nicht* mi ankoraŭ [tute] ne komprenas ĉi tiun aferon

Klar *n* <*österr*> *Kurzf von «**Eiklar**»* ovoblanko

Klara (*f*) ↑ ***Clara***

Kläranlage *f Anlage zur Reinigung von Abwasser* akvopuriga instalaĵo

Klarblick *m* klarvido

klären *tr erklären, verdeutlichen* klarigi (↑ *auch* ***klarstellen***); *präzisieren* precizigi; *ordnen* ordigi; *entwirren* malkonfuzi; *reinigen (z.B. Luft od Wasser)* purigi, *auch* klarigi; *raffinieren* rafini; ***sich*** ~ *klar, deutlich od verständlich werden* klariĝi; *sich entwirren* malkonfuziĝi

Klarheit *f Deutlichkeit* klareco *auch eines Gedankens*; *Verstandesschärfe* lucideco; *Durchsichtigkeit* diafaneco; *Offensichtlichkeit* evidenteco; ~ ***des Geistes*** lucideco de [la] spirito; ~ ***schaffen*** *endlich in Ordnung bringen* finfine ordigi (*bzw.* reguligi); *Missverständnisse beseitigen* forigi miskomprenojn; ***darüber muss ich mir [erst] ~ verschaffen*** pri tio mi devos [antaŭe] havi klarecon

Klarinette *f Mus* klarneto (↑ *auch* ***Bass-*** *u.* ***Kontrabassklarinette***)

Klarinettist *m, auch* ***Klarinettenbläser*** *m,* <*österr*> ***Klarinettbläser*** *m Mus* klarnetisto

Klarissen *f/Pl, auch* ***Klarissenorden*** *m, lat.* ***Ordo Sanctae Clarae*** (*Abk* ***OSCl***) *kath. Kirche (weiblicher Zweig des Franziskanerordens [1212 gegründet von Clara Sciffi])* [ordo de la] klaraninoj *Pl*

klarkommen ↑ ***zurechtkommen***

klarlegen *tr deutlich darstellen* klare prezenti; *erklären* klarigi; *entwirren* malkonfuzi

Klarlegung *f* klarigo

klarmachen *tr* ***a)*** *erklären* klarigi (*vgl. dazu* ***zu Bewusstsein bringen***; ↑ *auch* ***darlegen***); ***er machte mir die Sache klar*** li klarigis al mi la aferon; ***sich etw.*** ~ klarigi ion al si ***b)*** *Mar* pretigi [la ŝipon por ...]

Klarsicht|folie *f* diafana (*od* travidebla) plastfolio; ~**packung** *f* plastfolia pakumo

klarstellen *tr erklären, verdeutlichen* klarigi; ***das muss klargestellt werden*** *damit jeder es versteht* tio devas esti tute klara por ke ĉiu [el ni] komprenu [la aferon *bzw.* pri kio temas *u.a.*]; *ein Missverständnis beseitigen* forigi miskomprenon [pri tio]

Klarstellung *f* [ekzakta] klarigo; *Beseitigung von Missverständnissen* forigo de miskompreno(j)

Klärung *f (das Klären)* klarigo, *(das Klarwerden)* klariĝo; ***wir müssen eine ~ der Frage herbeiführen*** ni devas serĉi solvon de tiu [ĉi] demando (*bzw.* problemo)

klasse, *<österr> auch* ***klass*** *Adj u. Adv umg*: ***ein ~ Auto*** perfekta aŭto; ***er hat ~ gespielt*** *Sport* li ludis perfekte (*od* grandioze)

Klasse *f* (*Abk* ***Kl.***) *Biol (höhere Einheit der bot. u. zool. Systematik), Pol, Schule, Soziologie, Sport* klaso (↑ *auch* ***Alters-***, ***Arbeiter-***, ***Gewichts-***, ***Mädchen-***, ***Mittel-***, ***Schul-*** *u.* ***Unterklasse***); *Kategorie* kategorio (↑ *auch* ***Güte-***, ***Lohn-*** *u.* ***Luxusklasse***); ***die besitzenden ~n*** *Pl Soziologie* la posedantaj klasoj *Pl*; ***erste ~*** *Eisenb, Flugw, Schule* unua klaso; ***herrschende*** (***privilegierte***) ~ *Pol* reganta (privilegiita) klaso; ***die unteren ~n*** *Schule u. Soziologie* la malsupraj klasoj *Pl*; ***in der fünften ~ sein*** *Schule* esti (*od* sidi) en la kvina klaso; ***in der ~ bis zu 125 ccm*** *Motorsport* en la klaso de cent dudek kvin kubikcentimetroj; ***einer ~ zuordnen*** *bzw.* ***in eine ~ einreihen*** enklasigi; ◇ ***das ist [große] ~!*** tio estas grandioza!

Klassenbeste *m Schule* plej bona [lernanto] en la klaso (↑ *auch* ***Primus***)

klassenbewusst *Adj Pol* klaskonscia; ***ein ~er Arbeiter*** klaskonscia laboristo

Klassen|bewusstsein *n Pol* klaskonscio (↑ *auch* ***Standesbewusstsein***); ~**buch** *n Schule* klasa libro; ~**charakter** *m* klaskaraktero; ~**einteilung** *f* klasado; *Klassifikation* klasifik[ad]o; ~**feind** *m*, *auch* ***Klassengegner*** *m Marxismus* klasa malamiko (*od* kontraŭulo); ~**gegensätze** *m/Pl Pol, Soziologie* klasaj kontraŭdiroj *Pl*; ~**gesellschaft** *f* klasa socio; ~**hass** *m* klasa malamo; ~**herrschaft** *f Pol* klasa regado; ~**interessen** *Pl Soziologie* klasaj interesoj *Pl*; ~**kamerad** *m* samklasano; *Schulkamerad* kamarado (*od* amiko) en [la sama] lernejo; ~**kampf** *m Marxismus* klasbatalo; ~**konflikt** *m* klaskonflikto; ~**lehrer** *m* ĉefa instruisto [de klaso]

klassenlos *Adj* senklasa; ~***e Gesellschaft*** *f Marxismus* senklasa socio

Klassen|name *m Biol* klasnomo; ~**raum** *m Schule* klasĉambro; ~**unterschiede** *m/Pl* klasaj diferencoj, diferenco inter la klasoj

klassenweise *Adv* laŭklase

Klassen|zimmer *n Schule* klasĉambro; ~**zugehörigkeit** *f Soziologie* aparteno al [sia] klaso

Klassespieler *m* pinta ludisto (↑ *auch* ***Spitzensportler***)

klassieren *tr nach Klassen od Größen einordnen, sortieren od trennen* klasi (*vgl. dazu* ***klassifizieren*** *u.* ***ordnen***)

Klassierung *f* klasado

Klassifikation *od* **Klassifizierung** *f (als System)* klasifik[ad]o, *(als Vorgang)* (***nach*** laŭ) (↑ *auch* ***Klima-*** *u.* ***Tumorklassifikation***)

klassifizieren *tr Bibliothekswesen, Naturw (nach bestimmten wissenschaftlichen Kriterien systematisch ordnen)* klasifiki (***nach*** laŭ); *Biol (in Arten einteilen)* ordigi laŭ specioj

Klassifizierung *f* ↑ ***Klassifikation***

Klassik *f* klasika periodo (*od* epoko) (↑ *auch* ***Kunstrichtung***); *das Klassische* klasikeco; *Klassizismus* klasikismo

Klassiker *m Lit* klasikulo; ***die ~*** *Pl* ***der Weltliteratur*** la klasikuloj *Pl* de la mondliteraturo

klassisch *Adj* ***a)*** *Kunst, Lit* klasika (↑ *auch* ***nach-*** *u.* ***pseudoklassisch***); ***die ~e deutsche Literatur*** la klasika germana literaturo; ~***e Musik*** *f* klasika muziko; ~***e Philologie*** *f* ↑ ***Altphilologie***; ***die ~en Sprachen*** *f/Pl Griechisch u. Latein* la klasikaj lingvoj *Pl*; ~***er Tanz*** *m* klasika danco ***b)*** *beispielhaft* ekzemplodona; *typisch* [tre] tipa

Klassizismus *m Kunststil seit der Mitte des 19. Jh.s als Gegenbewegung zum aufwändigen Barock u. Rokoko* klasikismo *auch Lit* (*vgl. dazu* ***Neoklassizismus***)

Klassizist *m* klasikisto

klassizistisch *Adj* klasikisma; ~***er Stil*** *m* klasikisma stilo

klastisch *Adj Geol (aus den Trümmern anderer Gesteine stammend [von Sedimentgesteinen])* klasta (↑ *auch* ***detritisch***); *~**es Gestein** n* klasta petro; *~**e Sedimentation*** (*od* ***Ablagerung***) *f* klasta sedimentado

Klatsch *m, auch* ***Klatscherei*** *f* ***a)*** *Getratsche* klaĉ[ad]o, *auch* [malica] babilaĉo (*vgl. dazu* ***Gerede*** *u.* ***Tratsch***; ↑ *auch* ***Kaffeeklatsch***) ***b)*** *Gerüchte* onidiroj ***c)*** *[kleiner] Knall* klak[et]o, [eta] knalo; *Geräusch des Klatschens* klaksono

Klatsch|base *f od derb ~***maul** *od ~***weib** *n* klaĉulino, klaĉema virin[aĉ]o; *~***blog** *m EDV* klaĉoblogo

klatschen *intr* ***a)*** *applaudieren*: ***jmdm. Beifall ~*** aplaŭdi iun (*od* al iu) ***b)*** *tratschen* klaĉi; ***über jmdn. ~*** klaĉi pri iu ***c)*** *Regen, Wellen u. i.w.S.* frap[ad]i *od [stärker:]* bat[ad]i (***gegen*** kontraŭ), *[schwächer:]* plaŭdi (***gegen*** sur *mit Akk*); ***in die Hände ~*** klaki per la manoj; ***sich auf die Oberschenkel ~*** bati [klake] siajn femurojn; ***etwas fiel klatschend ins Wasser*** io plaŭde falis en la akvon

Klatschen *n Applaudieren* aplaŭdado; *Tratschen* klaĉado; fraapado, plaŭdado (↑ *auch* ***Geklapper*** *u.* ***Geschnalze***)

klatschhaft *od* **klatschsüchtig** *Adj* klaĉema (*vgl. dazu* ***geschwätzig***)

Klatschmaul *n* ↑ ***Klatschbase***

Klatschmohn *m, auch* ***Feldmohn*** *m* (Papaver rhoeas) *Bot* papaveto, *auch* kampa papavo *od* kampopapavo, *pop auch* grenrozo (↑ *auch* ***Schlafmohn***)

klatschnass *Adj* malseka ĝis la haŭto

Klatschspalte *f Ztgsw* klaĉ[o]kolumno [en gazeto *od* revuo]

klatschsüchtig ↑ ***klatschhaft***

Klatschweib *n* ↑ ***Klatschbase***

Klatsch|zeitschrift *f* klaĉ[o]revuo; *~***zeitung** *f* klaĉ[o]gazeto

klauben *tr <österr> für «pflücken» od «einsammeln»* pluki *od* kolekti; ***Äpfel*** (***Beeren***) *~* pluki pomojn (berojn)

Klaue *f* ***a)*** *eines Huftiers* hufo; *eines Raubtiers* ungego (*vgl. dazu* ***Kralle***; ↑ *auch* ***Afterklaue***), *(Tatze)* piedego, *auch* campo; ***in die ~n von Geldverleihern geraten*** fali en la ungegojn de monpruntistoj; ***sich aus jmds. ~n befreien*** sin liberigi el ies ungegoj ***b)*** *miserable Handschrift* terure malbela manskribo; *kaum lesbare Handschrift* apenaŭ legebla manskribo

klauen *tr umg* ŝteli (*vgl. dazu* ***stehlen***)

Klauenseuche *f Vet* ↑ ***Maul- und Klauenseuche***

[1]**Klause** *f* ***a)*** *Einsiedelei* ermitejo; *Klosterzelle* monaĥeja ĉelo ***b)*** *veraltend auch für «kleines Zimmer» od «Zuhause»* ĉambreto *od* hejmo

[2]**Klause** *f Engpass, Talenge* ravino

Klausel *f Hdl, Jur (Vorbehalt)* klaŭzo (↑ *auch* ***Ausweich-***, ***Fakultativ-***, ***Geheim-***, ***Meistbegünstigungs-***, ***Nachlässigkeits-***, ***Options-***, ***Order-***, ***Ratifikations-***, ***Schieds-***, ***Schutz-*** *u.* ***Wirksamkeitsklausel***)

Klausenburg (*n*) ↑ ***Cluj***

Klausner *m* ↑ ***Einsiedler***

Klaustrophobie *f Med, Psych ([krankhaftes] Angstgefühl vor Aufenthalt in geschlossenen Räumen)* klostrofobio

klaustrophobisch *Adj* klostrofobia

Klausur *f [totale] Einsamkeit od Abgeschlossenheit* [totala] soleco (*od* fermiteco); *~***arbeit** *f Schule, Univ (Prüfungsarbeit)* ekzamena laboraĵo (*od* [labor]tasko)

Klaviatur *f bes. des Klaviers* klavaro

Klavichord *n Mus* ↑ ***Clavichord***

Klavier *n Mus* piano (↑ *auch* ***Hammerklavier*** *u.* ***Pianola***); ***elektronisches ~*** elektronika piano (↑ *auch* ***Elektroklavier***); ***~ spielen*** ludi pianon; ***~ spielen lernen***, *auch* ***[das] Klavierspielen lernen*** lerni piano- ludon; ***ein bisschen auf dem ~ [herum]klimpern*** iom[ete] tinti sur la piano; ***das ~ muss gestimmt werden*** la piano devas esti agordata

Klavier|auszug *m Mus (Klavierfassung einer Orchesterpartitur)* partituro por piano; *~***begleitung** *f* akompano per piano; *Notenstück* akompanaĵo por piano; *~***hocker** *od ~***schemel** *m, <österr>* ***Klavierstockerl*** *n* tabureto de (*od* por) pianisto; *~***konzert** *n* pianokoncerto, *(Orchester und Solist)* pianokonĉerto; *~***lehrerin** *f* pianoinstruistino; *~***musik** *f* pianomuziko; *~***sonate** *f* pianosonato; *~***spiel** *n* pianoludo; *das Spielen auf dem Klavier* pian[o]ludado

Klavierspielen *n* ↑ *unter* ***Klavier***

Klavier|spieler *m* pianoludanto *bzw. (beruflich ausgeübt)* pianoludisto, pianisto (*vgl. dazu* ***Pianist***); *~***stimmer** *m* pianoagordisto

Klavierstockerl *n* ↑ ***Klavierhocker***

Klavierstunden *f/Pl Päd* pianolecionoj *Pl*; *~**n geben*** doni pianolecionojn

Klavier|taste *f* pianoklavo; *~***unterricht** *m* pianoinstruo (*vgl. dazu* ***Klavierstunden***);

~**virtuose** *m* pianovirtuozo; ~**werk** *n Mus* pianoverko; ~**wettbewerb** *m* pianokonkurso

Klebdrüse *f, auch* ***Halter*** *m Bot (bei Orchideen)* retinaklo

Klebe|band *n bes. Handw u. Hausw* glubendo; ~**mittel** *n* gluaĵo (*vgl. dazu* ***Klebstoff, Kleister*** *u.* ***Leim***)

kleben ***a)*** *tr leimen* glui (***an*** al; ***auf*** sur *mit Akk*) (↑ ***an-, auf-*** *u.* ***zusammenkleben***); *auch abs*: ***dieser Leim klebt gut*** ĉi tiu gluo bone gluas ***b)*** *intr* gluiĝi, *auch* alteniĝi; ~ ***bleiben*** algluiĝi (***an*** al); ***vor Durst klebte mir die Zunge am Gaumen*** pro soifo mia lango algluiĝis al la palato ◇ ***er klebt an seinem Posten*** li algluiĝas al sia posteno

Kleben *n Leimen* gluado

Kleber *m* ***a)*** *Leim* ↑ ***Klebstoff b)*** *Biochemie* ↑ ***Gluten c)*** *<schweiz>* ↑ ***Aufkleber***

Kleber-Eiweiß *n Biol* ↑ ***Gluten*** *u.* ***Aleuron***

kleberhaltig = ***glutenhaltig***

Kleb[e]streifen *m* glubendo

Klebkraft *f* alglua forto (↑ *auch* ***Viskosität***)

Klebkraut *n Bot* ↑ ***Klettenlabkraut***

Klebreis *m* (Oryza sativa var. glutinosa) *Bot (eine Reissorte mit mehligen Körnern, auch als «Wachsreis» bezeichnet)* glueca rizo *od* glurizo *auch Nahr (bes. in Asien), [bes. in Japan] auch* moĉirizo *od* moĉio; ~**mehl** *n Nahr* moĉiriza faruno

klebrig, *<österr> umg* ***pickert*** *od* ***pickig*** *Adj* glueca; *leicht anhaftend* [facile] algluiĝema; *dick- od zähflüssig* viskoza

Klebstoff *m, auch* ***Kleber*** *m, <österr> umg* ***Pick*** *m Leim* glu[aĵ]o (↑ *auch* ***Alleskleber*** *u.* ***Epoxidklebstoff***); ***chirurgischer Kleber*** kirurgia gluo; ***mit ~ bestreichen*** (*od* ***versehen***) ŝmiri per gluo, *auch* gluaĵi

Klebstreifen *m* ↑ ***Klebestreifen***

kleckern ***a)*** *tr tropfen lassen*: ***Farbe auf den Boden ~*** makuli la plankon per gutoj da farbo; ***Suppe aufs Kleid ~*** manĝante faligi supon (*od* superon) sur la robon (*vgl. dazu* ***beschmutzen***) ***b)*** *intr tropfen, in Tropfen fallen* gut[ad]i

kleckerweise *Adv salopp: nach und nach* iom post iom; *portionsweise, in kleinen Portionen* en etaj porcioj (↑ *auch* ***schrittweise*** *u.* ***stufenweise***)

Klecks *m Fleck* makulo; *Schmutzfleck* makulo da malpuraĵo; *Tinten*~ inkmakulo

klecksen *intr* fari [ink-, farb- *u.a.*] makulo(j)n (***auf etw.*** sur ion)

Kleckser *m schlechter Maler* fuŝpentristo, *allg* fuŝulo (*vgl. dazu* ***Pfuscher***)

Klee *m* (*Gattung* Trifolium) *Bot* trifolio; *Rot- od Wiesen*~ (Trifolium pratense) ruĝa trifolio (↑ *auch* ***Berg-, Braun-, Erdbeer-, Fieber-, Hasen-, Kriech-, Rot-, Purpur-*** *u.* ***Streifenklee***); ***kleiner ~*** *od* ***Zwergklee*** *m* (Trifolium dubium) etkapa trifolio; ***türkischer ~*** ↑ ***Futteresparsette***; ***vogelfußartiger ~*** (Trifolium ornithopodioides) birdopieda trifolio ◇ ***jmdn. über den grünen ~ loben*** [tro] entuziasme laŭdi iun

Kleeblatt *n* ***a)*** *Blatt des Klees* trifolia folio ***b)*** *übertr umg [oft im negativen Sinn] für «Gruppe von drei Personen»* trio *od* triopo; ~**bogen** *m Arch* triloba arko; ~**kreuz** *n, auch* ***Brabanter Kreuz*** *od* ***Lazaruskreuz*** *n eine Form des Kreuzes* trifolia kruco, *auch* kruco de Sankta Lazaro

Kleefarn *m* (*Gattung* Marsilea) *Bot* marsileo; ***vierblättriger ~***, *auch* ***Wasserfarn*** *m* (Marsilea quadrifolia) kvarfolia marsileo *[Vorkommen in Deutschland nur im oberen Rheintal]*

Kleesalz *n Chem* okzalato, salo de okzala acido

Kleesäure *f Chem* ↑ ***Oxalsäure***

Klee|seide *f, auch* ***Flachsseide*** *f* (*Gattung* Cuscuta *bzw. die Art* Cuscuta epilinum) *Bot* kuskuto, *auch* lin-kuskuto *od* lina kuskuto; ~**widderchen** *n* (Zygaena trifolii) *Ent (ein Kleinschmetterling)* trifolia zigeno

Kleiber *m, reg* ***Spechtmeise*** *f* (Sitta europaea) *Orn* [eŭropa] sito (↑ *auch* ***Braunkopf-, Felsen-, Kabylen-, Kanada-, Klippen-, Riesen-, Stein-*** *u.* ***Zwergkleiber***); ***korsischer ~*** *od* ***Korsika-Kleiber*** *m* (Sitta whiteheadi) korsika sito; ***Krüper's ~*** (Sitta krueperi) turka sito; ***[Familie der] ~*** *Pl* (Sittidae) sitedoj *Pl*

Kleid *n allg* vesto, kostumo (*vgl. dazu* ***Kleidung***); *Frauen*~ robo, *auch* vesto (↑ *auch* ***Abend-, Alltags-, Ball-, Brokat-, Cocktail-, Gesellschafts-, Haus-, Jacken-, Konfektions-, Mantel-, Mini-, Modell-, Morgen-, Nachmittags-, Samt-, Seiden-, Sommer-, Sonntags-, Taft-, Umstands-, Unter-*** *u.* ***Wollkleid***); ***gegürtetes*** (***hochgeschlossenes***) ~ zonita (ĝiskole fermita) robo; ***rückenfreies ~*** robo dorsflanke dekoltita; ***wollenes ~*** lana robo; ***ein ~ anziehen*** surmeti robon; ***ein ausgeschnittenes ~ tragen*** porti (*od* surhavi) dekoltitan robon; ***sich ein ~***

machen lassen mendi robon ĉe tajloro; ***der Frühling hat die Erde in ein grünes ~ gehüllt*** *bildh* la printempo verde vestis la teron ◇ *~**er machen Leute*** vesto faras la homon *od (Zam)* vesto homon prezentas

Kleidchen *n* vesteto

kleiden *tr ankleiden* vesti (***jmdn.*** iun); *gut passen zu od jmdm. stehen* konveni (***jmdn.*** al vi), bonvesti (***jmdn.*** iun); ***das kleidet dich*** tio [ĉi] konvenas al vi (*od* via tipo), tio [ĉi] bonvestas vin; ***diese Bluse kleidet dich ganz ausgezeichnet*** tiu ĉi bluzo vestas vin belege; ***einfach*** (***elegant***, ***festlich***, ***gut***, ***nachlässig***, ***schick***, ***sorgsam***, ***unordentlich***) ***gekleidet sein*** esti simple (elegante, feste, bone, neglekte, ŝike, zorge, senorde) vestita; ***sie war in Rot gekleidet*** ŝi surhavis vestojn en ruĝa koloro; ***in schöne Worte ~*** esprimi per belaj vortoj; *i.w.S. die passenden Worte finden* trovi la konvenajn vortojn [en sia parolado]; ***sich ~*** sin vesti

Kleider|ablage *f im Restaurant, Theater u. dgl.* vestgardejo; ~**bügel** *m*, *umg kurz **Bügel** m* vestarko; ~**bürste** *f* vestobroso *od* broso por vestoj; ~**haken** *m*, *<österr> auch **Kleiderrechen** m* vest[o]hoko

Kleiderkasten *m* ↑ ***Kleiderschrank***

Kleider|laus *f* (Pediculus vestimenti [*od* corporis] = Pediculus humanus humanus) *Ent* vestopediko; ~**motte** *f* (Tineola bisselliella) *Ent* vestotineo (*vgl. dazu **Motte***)

Kleiderpuppe *f* = ***Schaufensterpuppe***

Kleiderrechen *m* ↑ ***Kleiderhaken***

Kleider|schrank *m*, *reg*, *<österr> u. <schweiz> **Kleiderkasten** m* vestoŝranko *od* ŝranko por vestoj; ~**ständer** *m* vestorako; ~**stoff** *m Textil* vestoŝtofo *od* ŝtofo por vesto(j)

kleidsam *Adj* bonvesta, bonaspektiga

Kleidung *f* vestoj *Pl* (*vgl. dazu **Klamotten c)***; ↑ *auch **Arbeits-**, **Baby-**, **Berufs-**,**Fertig-**, **Freizeit-**, **Turn-** u. **Unterkleidung***); *die Kleidung [einer Person] in der Gesamtheit, Garderobe* vestaro; *festliche Kleidung, insbes. der Damen, Toilette* tualeto

Kleidungsstück *n* [unu peco de] vestaĵo

Kleie *f* brano; *Reis*~ rizobrano; *Weizen*~ tritika brano (↑ *auch **Haferkleie***)

Kleie[n]brot *n Nahr* bran[o]pano

klein 1. *Adj* malgranda; *von Wuchs auch* malaltkreska; *winzig, zierlich klein* eta (↑ *auch **klitzeklein***); *niedrig* malalta; *unbedeutend* malgrava, bagatela; *bescheiden, einfach* modesta, simpla; ***erbärmlich*** (*od **jämmerlich***) ~ *auch i.w.S. für «armselig»* pita (*vgl. dazu **kleingeistig***); ***Groß und*** ~ plenkreskuloj kaj infanoj; ~ ***werden*** malgrandiĝi *od* iĝi malgranda; ~***er machen*** *verkleinern* [pli]malgrandigi; ***mein ~er Bruder*** mia malgranda (*od* pli juna) frato; ***der ~e Finger*** la malgranda (*od* eta) fingro; ***in ~en Gruppen*** en malgrandaj grupoj; ***ein ~es Kind*** malgranda infano; ***die Schuhe sind zu ~*** la ŝuoj estas tro malgrandaj (*od* malvastaj) **2.** *Adv*: ~ ***anfangen*** *bescheiden anfangen* modeste komenci; ~ ***beigeben*** *die Überlegenheit des anderen akzeptieren* akcepti la superecon de la alia; *jmdm. nachgeben* cedi al iu (*bzw.* al ies postuloj); ~ ***gedruckt*** minuskle presita; ~ ***hacken***, *auch Zus **kleinhacken** zerkleinern, z.B. Petersilie, Zwiebeln, Fleisch u.a.* haketi (↑ *auch **häckseln***); ~ ***schneiden*** *z.B. Fleisch* tranĉi en malgrandajn pecojn (*od [in Würfel]* en kubetojn); ***ein Wort ~ schreiben*** komenci vorton per malgranda litero, skribi vorton minuskle; ***von ~ an*** (*od **auf***) de infanaĝo; ***ein ~ wenig*** iomete; ***bis ins Kleinste erklären*** klarigi ĝis ĉiu detalo *od* detalege klarigi

Kleinadel *m* etnobelaro

Kleinadler *m Orn* ↑ ***Kaninchenadler***

Kleinanzeige *f Ztgsw* anonceto

kleinasiatisch *Adj* malgrandazia

Kleinasien (*n*) Malgrand-Azio *od* Malgranda Azio; ~**-Ammer** *f*, *auch **Türkenammer** f* (Emberiza cineracea) *Orn* flavgriza emberizo

Kleinbahn *f Eisenb (Schmalspurbahn)* etŝpura fervojo; ~**linie** *f Eisenb* etŝpura fervojlinio

Kleinbär *m Zool*: ***[Familie der] ~en*** *Pl* (Procyonidae) procionedoj *Pl* (↑ *auch **Katzenfrett**, **Panda** u. **Waschbär***)

Klein|bauer *m*, *<österr> **Kleinhäusler** m* etbienulo; ~**betrieb** *m* malgranda entrepreno (*bzw.* fabriko *od* uzino); *Landw* etbieno; ~**bildkamera** *f* etformata (*od* miniatura) kamerao (*od fam* fotilo); ~**buchstabe** *m*, *auch **Minuskel** f* malgranda litero, *auch* minusklo; ~**bürger** *m* etburĝo

kleinbürgerlich *Adj* etburĝa; ~***er Charakter*** *m* etburĝa karaktero; ~***e Haltung*** *f* etburĝa konduto; *Kleinbürgerlichkeit* burĝeco

Klein|bürgertum *n* etburĝaro; ~**bus** *m Kfz* mikrobuso

Kleine ***a)*** *m* malgrandulo, etulo ***b)*** *f* malgrandulino, etulino *auch als Kosewort für ein Mädchen od eine Frau*

Kleinelsterchen *n* (Spermestes cucullatus = Lonchura cucullata) *Orn* bronza manekeno *[Vorkommen: subsaharisches Afrika u. auf den Komoren]*

Kleinerzeuger *m* ↑ ***Kleinproduzent***

Kleinfeldlerche *f* (Alauda gulgula) *Orn* malgranda kampalaŭdo

Kleinfingerballen *m Anat* ↑ ***Hypothenar***

Kleinformat *n* malgranda formato

kleinfrüchtig, *Fachspr Bot auch lat.* ***microcarpus*** *Adj* etfrukta

Kleingarten *m* etĝardeno; ~**verein** *m* etĝardenista societo

Kleingärtner *m* etĝardenisto

kleingeistig *Adj* malvastanima, mallarĝmensa, *auch* pitanima (*vgl. dazu* ***pedantisch***)

Kleingeld *n Münzen* moneroj *Pl*; *Wechselgeld* ŝanĝmono

kleingläubig *Adj*: ~***er Mensch*** *m* homo malfidema (*bzw.* tro skeptika)

Kleingläubigkeit *f* malfidemo

kleinhacken *tr* ↑ *unter* ***klein***

Klein|handel *m* pomalgranda komerco, etkomerco; *Ladenverkauf* butika vendado; ~**handelspreis** *m* detala prezo; ~**händler** *m Einzelhändler* detalisto *od* detalvendisto

Kleinhäusler *m* ↑ ***Kleinbauer***

Kleinheit *f Kleinsein, kleine Beschaffenheit, geringe Größe* malgrandeco; *Unbedeutendheit* malgraveco

Kleinhirn *n* (Cerebellum) *Anat* cerebelo (↑ *auch* ***Vermis [cerebelli]***; ~**apoplexie** *f*, *auch* ***Kleinhirninfarkt*** *m Med* cerebla apopleksio; ~**atrophie** *f Med* cerebela atrofio; ~**grube** *f* (Fossa cerebelli) *Anat* cerebela foso

Kleinhirnstiel *m* (Pedunculus cerebelli) *Anat*: ***oberer*** (***mittlerer***, ***unterer***) ~ supra (meza, suba) cerebela pedunklo

Kleinholz *n* [dis]hakita ligno

Kleinigkeit *f Bagatelle* bagatelo; *unbedeutende Sache* malgravaĵo; *unbedeutende Angelegenheit* sensignifa afero; *kleiner Vorfall* incidento; *kleines Geschenk* [nur] eta donaco; ***eine*** ~ *ein wenig* iomete; ***sich in ~en verlierend*** bagatelema (*vgl. dazu* ***pedantisch***)

Kleinigkeitskrämer *m Haarspalter* harfend[em]ulo; *Pedant* pedanto (↑ *auch* ***Krämerseele***)

Klein|industrie *f* etindustrio; ~**kabine** *f Seilbahngondel u.Ä.* nacelo; ~**kabinenbahn** *f* nacela telfero

Kleinkaliber *n* (*Abk* ***KK***) eta kalibro; ~**gewehr** *n*, *häufig auch* ***KK-Gewehr*** *n* etkalibra fusilo (*od* pafilo); ~**schießen** *n Sport* etkalibra pafado; ~**waffe** *f* etkalibra armilo

Klein-Kaninchennasenbeutler *m* (Macrotis leucura) *Zool* makroto

Kleinkantschil *m Zool* ↑ *unter* ***Kantschil***

Kleinkind *n* etinfano; *kleines Kind* malgranda infano; *Kind, das noch [auf den Armen] getragen werden muss* brakinfano; ***ein ~ betreuen*** *od fam* ***auf ein ~ aufpassen*** varti infaneton

Kleinklima *n Met* ↑ ***Mikroklima***

kleinkörnig *Adj* etgrajna

Kleinkram *m Kleinigkeiten* malgrandaj aferoj (*bzw.* problemoj) *Pl*; *Alltägliches* ĉiutagaĵoj *Pl* (↑ *auch* ***Bagatelle***); ***der tägliche*** ~ la ĉiutagaj detalaĵoj (*bzw.* farendaĵoj) *Pl*

Kleinkrieg *m* ***a)*** *Mil* partizana milito, gerilo ***b)*** *dauernder Streit um Kleinigkeiten* senĉesa kverel[ad]o pri bagateloj

kleinkriegen *tr* ***a)*** *zum Nachgeben zwingen*: ***jmdn.*** ~ cedigi iun ***b)*** *scherzh für «kaputt machen»* ruinigi (↑ *auch* ***demolieren***)

Kleinkunst[bühne] *f Theat* ↑ ***Kabarett***

kleinlaut *Adj beschämt* hontigita; *gedemütigt* humiligita; *niedergeschlagen* deprimita

Kleinlebewesen *n Biol* ↑ ***Mikroorganismus***

kleinlich *Adj kleingeistig* malvastanima, mallarĝmensa (*vgl. dazu* ***engherzig***); *pedantisch* pedanta

Kleinmücke *f Ent*: ***Gattung blutsaugender ~n*** (Phlebotomus) flebotomo <*Überträger tropischer Krankheiten*>

Kleinmut *m* ↑ ***Kleinmütigkeit***

kleinmütig *Adj mutlos* malkuraĝa; *furchtsam* timema (*vgl. dazu* ***mutlos*** *u.* ***pessimistisch***)

Kleinmütigkeit *f*, *geh auch* ***Kleinmut*** *m Mutlosigkeit* malkuraĝ[ec]o, *[stärker:]* senkuraĝeco; *Mangel an Mut* manko de kuraĝo; *Mangel an Selbstvertrauen* manko de memfido (*vgl. dazu* ***Ängstlichkeit***)

Kleinod *n Juwel* juvelo; *Schmuckstück* ornamaĵo; *i.w.S. etw. Kostbares* valoraĵo, *auch* juvelo (*vgl. dazu* ***Wertgegenstand***)

Kleinoffsetdruckmaschine *f Typ* rotaprinto

Kleinplaneten *m/Pl Astron* ↑ ***Asteroiden***

Kleinproduzent *m*, *auch* ***Kleinerzeuger*** *m* etproduktanto

Kleinralle *f Orn* ↑ ***Mottsumpfhuhn***

Klein|raupenfänger *m* (Coracina robusta)

Orn malgranda koracino *[Vorkommen: Australien]*; ~**säuger** *m Zool* malgranda mamulo; ~**specht** *m* (Dendrocopos minor) *Orn* malgranda buntpego; ~**staat** *m* etŝtato; ~**staaterei** *f Gesch* etŝtatismo; ~**stadt** *f* malgranda urbo; *Provinzstadt* provinca urbo; ~**städter** *m* malgrandurbano, enloĝanto de malgranda urbo

kleinstädtisch *Adj* eturba *od* malgrandurba; *i.w.S. u. übertr (provinziell)* provinc[urb]a, *nachgest auch* en provinc[urban]a maniero

Kleinst|böckchen *n* (Neotragus pygmaeus) *Zool (eine westafrikanische Zwergantilope)* pigmea antilopo <*kleinster Hornträger*>; ~**kind** *n* bebo

Kleinstkredit *m Fin* ↑ ***Mikrokredit***

Kleinstlebewesen *n* ↑ ***Mikroorganismus***

Kleinstwagen *m Kfz* ↑ ***Minicar***

Kleinsuper *m Radio* malgranda superheterodino

Kleinteichralle *f Orn* ↑ *unter* ***Teichralle***

Klein|verkauf *m Hdl* podetala vendado; ~**vieh** *n* etbrutaro, *auch* malgrandaj dombestoj *Pl*; ~**wagen** *m Kfz* malgranda aŭto; ~**walsertal** *n in den Allgäuer Alpen* Eta Valza Valo; ~**wert** *m* minimumo

Kleinwuchs *m od* **Kleinwüchsigkeit** *f, auch* ***Minderwuchs*** *m* nana kresko, *auch* naneco, *Med auch* nanismo (↑ *auch* ***Wachstumsstörung*** *u.* ***Zwergwuchs***)

kleinwüchsig *Adj* de nana kresko *nachgest* (↑ *auch* ***pygmäisch*** *u.* ***zwergenhaft***)

Kleister *m Mehl*² farunglu[aĵ]o; *Stärkeleim* amelglu[aĵ]o; *allg Leim* glu[aĵ]o

kleistern *tr mit Kleister beschmieren* gluaĵi, ŝmiri per glu[aĵ]o (*vgl. dazu* ***kleben***)

kleistogam *Adj nur Fachspr Bot (sich in geschlossenem Zustand selbst bestäubend [von Blüten])* klejstogama

Kleistogamie *f nur Fachspr Bot (Selbstbefruchtung in der geschlossenen Blüte)* klejstogameco, *auch* klejstogamio

Klematis *f Bot* ↑ ***Waldrebe***

Klemens (*m*) ↑ ***Clemens***

[1]**Klementine** (*f*) *weibl. Vorname* ↑ [1]***Clementine***

[2]**Klementine** *f eine kernlose Mandarine* ↑ [2]***Clementine***

Klemmbindepunkt *m Weberei* ↑ ***Verkreuzungsbindepunkt***

Klemme *f* ***a)*** premilo, *(kneiferartig)* pinĉilo (↑ *auch* ***Gefäßklemme***); *Haar*² harklipo; *El* klemo, *(Pol*²*)* polusa klemo (↑ *auch* ***Anschluss-*** *u.* ***Batterieklemme***); *Tech (Klemmschraube)* ŝraŭboklemo; *Presse* premilo; ***durch eine ~ verschließen*** *El* fermi per klemo (↑ *auch* ***abklemmen***) ***b)*** *übertr (Verlegenheit)* embaraso, *(Dilemma)* dilemo ◇ ***[ganz schön] in der ~ sein*** (*od* ***sitzen***) esti en embaraso (*bzw.* dilemo), *auch* sidi en amaso da embaraso *(Zam)*

klemmen ***a)*** *tr kneifen* pinĉi; *pressen, zusammendrücken* premi; ***etw. unter den Arm ~*** *und es so tragen* premi ion pinĉe sub la brakon ***b)*** *intr*: ***die Tür klemmt*** la pordo malfacile malfermeblas ***c)*** *refl*: ***sich ~*** sin pinĉi; ***sich den Finger in der Tür ~*** pinĉi sian fingron en la pordo [pro malatento]

Klemmer *m* ↑ ***Kneifer***

Klemmschraube *f Tech* ŝraŭboklemo

Klempner *m, reg* ***Spengler*** *m* tubisto; ~**werkstatt** *f* tubista laborejo (*od* metiejo)

Klenganstalt *f Forstw* ↑ ***Samendarre***

klengen *tr nur Fachspr Forstw (Nadelholzsamen gewinnen)* klengi

Kleome *f* (*Gattung* Cleome) *Bot* kleomo

Kleomenes (*m*) *Eig (Name von Königen von Sparta)* Kleomeno

Kleon (*m*) *Eig (ein altgriechischer Staatsmann [† 422 v. Chr.])* Kleono

Kleopatra (*f*) *Eig (Name ägyptischer Königinnen)* Kleopatra (↑ *auch unter* ***Eselsmilch***)

Klepper *m umg für «mageres, ausgemergeltes Pferd»* [malgras(iĝint)a] ĉevalaĉo (↑ *auch* ***Gaul*** *u.* [1]***Mähre***)

Kleptomane *m* kleptomaniulo

Kleptomanie *f Psych (krankhafter Trieb zum Stehlen ohne Bereicherungsabsicht)* kleptomanio

Kleptomanin *f* kleptomaniulino

kleptomanisch *Adj* kleptomania

klerikal *Adj* klerikala (↑ *auch* ***kirchlich***)

Klerikalismus *m Bestreben, den Einfluss der [katholischen] Kirche auf Staat u. Gesellschaft zu stärken* klerikalismo

Klerikalist *m* klerikalisto

Kleriker *m kath. Geistlicher* kleriko (↑ *auch* ***Priester***)

Klerikofaschismus *m Pol* klerikofaŝismo

klerikofaschistisch *Adj* klerikofaŝisma

Klerus *m kath. Geistlichkeit* klerikaro

Klette *f* ***a)*** *Bot* (*Gattung* Arctium) arktio; ***filzige ~*** *od* ***Filzklette*** *f* (Arctium tomentosum) lanuga arktio; ***große ~*** (Arctium lappa) granda arktio, *umg auch* lapo; ***kleine ~***

(Arctium minus) malgranda arktio ***b)*** *Blütenköpfchen dieser Pflanze* lapo ◇ ***sich wie eine ~ an ... hängen*** (*od* ***heften***) alkroĉiĝi kiel lapo al ... *(Zam)*

Kletten|distel *f* (Carduus personata) *Bot* nigrakola kardo; **~[haft]dolde** *f* (*Gattung* Caucalis) *Bot* kaŭkalido; **~igelsame** *m* (Lapulla squarrosa) *Bot* hokema lapulo; **~kerbel** *m* (*Gattung* Torilis) *Bot* torilido (↑ *auch* ***Acker-*** *u.* ***Knäuelklettenkerbel***); **~labkraut** *n*, *auch* ***Klebkraut*** *n* (Galium aparine) *Bot* alkroĉa galio

Kletterbeutler *m Zool* ↑ ***[2]Kuskus***

Kletterei *f* grimpado

Kletterer *m* grimpanto; *Bergsteiger* grimpisto

Kletterfisch *m* (Anabas testudineus) *Ichth (ein Labyrinthfisch Süd- u. SO-Asiens)* anabaso

klettern *intr* grimpi *auch Bergsteiger* (***auf*** sur *mit Nom [bei Betonung der Richtung jedoch mit Akk]*; ***durch*** tra); *hochklettern* suprengrimpi; *hinaufklettern* surgrimpi; ***auf einen Baum ~*** grimpi sur arbon *od* surgrimpi arbon; ***in ein Boot ~*** grimpi en boaton; ***im Gebirge ~*** grimpi en la montaro

Klettern *n* grimpado *auch als Sport od Freizeitbeschäftigung*; *Eis~* glacigrimpado; *Fels~* rokgrimpado (↑ *auch* ***Frei-***, ***Kamin-*** *u.* ***Sportklettern***)

Kletternatter *f*: ***japanische ~*** (Elaphe climacophora) *Zool* verda kolubro

Kletter|pflanze *f Bot* grimpoplanto (*vgl. dazu* ***Liane***); **~rose** *f Bot* grimp-rozo *od* grimp[ant]a rozo

Kletterschalung *f Bauw* ↑ ***Gleitschalung***

Kletter|schliefer *m/Pl*, *auch* ***Klippdachse*** *m/ Pl* (*Ordnung* Hyracoidae) *Zool* prokaviuloj *Pl*; **~stange** *f Turnen* grimpostango; **~steig** *m Alpinistik* viaferato

Klettertrompete *f Bot* ↑ *unter* ***Trompetenblume***

Kletter|vögel *m/Pl Orn* grimpobirdoj *Pl*; **~waldsänger** *m* (Mniotilta varia) *Orn* zebroparulio; **~wand** *f Freizeitsport* grimpmuro

Klettverschluss *m z.B. an Bekleidung, Schuhen u.a.* lapfermilo

Kleve (*n*) *Kreisstadt im westl. niederrheinischen Tiefland/NRW* Klevo

Kleveit *m Min (eine Pechblende)* kleveito

Klezmer *m*, *auch* ***Klezmermusik*** *f eine jüdische musikalische Stilrichtung* klezmero, *auch* klezmermuziko *<Klezmermusik wird z.B. bei Hochzeitsfeierlichkeiten der aschkenasischen Juden gespielt>*

Klick *m EDV* [al]klako (↑ *auch* ***Doppel-*** *u.* ***Mausklick***)

klicken *intr EDV* [al]klaki; ***b)*** *auch* ***klick machen*** *Geräusch* kliksoni

Klickton *m* kliksono

klieben ↑ ***spalten***

Klient *m* kliento (↑ *auch* ***Kunde*** *u.* ***Mandant***); ~ ***eines Rechtsanwalts*** kliento de advokato

Klientin *f* klientino

Kliesche *f*, *auch* ***Eisflunder*** *od* ***Scharbe*** *f* (Pleuronectus limanda = Limanda limanda) *Ichth (ein Plattfisch)* limando *[Vorkommen: an den west- od nordeuropäischen Küsten u. in der Ostsee bis Gotland]*

Kliff *n felsiger, steiler Hang [einer Küste]* klifo (↑ *auch* ***Kreidefelsen***); **~honigbiene** *f* (*auch* ***Felsenbiene*** *genannt*) (Apis laboriosa) *Ent (größte der weltweit neun Honigbienenarten)* himalaja klif-abelo *[Vorkommen: Himalaya-Staaten u. Yünnan/China]*; **~küste** *f Form der Steilküste, die durch Kliffe geprägt wird (z.B. Kreidefelsen bei Dover)* klifbordo

Klima *n* ***a)*** *Met (Witterungsverhältnisse)* (*Pl*: ***Klimata***, *fachsprachl.* ***Klimate***) *m* klimato (↑ *auch* ***Alpen-***, ***Äquatorial-***, ***Gebirgs-***, ***Heil-***, ***Höhen-***, ***Insel-***, ***Klein-***, ***Lokal-***, ***Makro-***, ***Meeres-***, ***Mikro-***, ***Monsun-***,***Öko-***, ***Polar-***, ***Reiz-***, ***Sahara-***, ***See-***, ***Steppen-***, ***Tundren-***, ***Welt-*** *u.* ***Wüstenklima***); ~ ***[des] ewigen Frostes*** ĉiamfrosta klimato; ***äquatoriales*** ~ ekvatora klimato; ***boreales*** ~, *auch* ***Schnee-Wald-Klima*** *n* boreala klimato; ***gemäßigtes*** (***gesundes***)~ modera (salubra) klimato; ***kontinentales*** ~ *od* ***Kontinentalklima*** *f* kontinenta klimato; ***mediterranes*** (***ozeanisches***, ***polares***, ***raues***, ***subtropisches***) ~ mediteranea (oceana, polusa, kruda, subtropika) klimato; ***sich an ein ~ gewöhnen*** alklimatiĝi ***b)*** *übertr (Atmosphäre)* atmosfero, etoso, *auch* klimato (↑ *auch* ***Betriebsklima***); ***politisches*** ~ politika klimato; ***ein günstiges*** (***gutes***) ~ ***schaffen für ...*** krei favoran (bonan) klimaton por ...

Klima|aktivist *m* klimata aktivisto; **~änderung** *f das Verändern des Klimas* klimatoŝanĝo; *das Sichverändern des Klimas* klimatoŝanĝiĝo *od* klimata ŝanĝiĝo

Klimaanlage *f* klimatiza instalaĵo, klimatizilo; ***die ~ muss ausgewechselt werden*** la klimatizilo devas esti ŝanĝata

Klimaatlas *m Kartogr (Zusammenstellung kommentierter Klimakarten best. Gebiete in eunem Kartenwerk)* klimata atlaso

Klimabeschreibung *f* ↑ ***Klimatografie***

Klima|bedingungen *f/Pl* klimataj kondiĉoj *Pl*; **~bilanz** *f* klimatobilanco; **~diagramm** *n* klimatodiagramo (↑ *auch* ***Klimatogramm***); **~entwicklung** *f* klimat-evoluo *od* evoluo de la klimato; **~erwärmung** *f* klimata varmiĝo; **~faktoren** *m/Pl* klimataj faktoroj *Pl*; **~flüchtling** *m* klimatorifuĝinto; **~forscher** *m* klimatesploristo; **~forschung** *f* klimata esploro *od* klimatesplor[ad]o

klimafreundlich *Adj* klimatotaŭga

Klima|geografie *f, auch* ***Klimageographie*** *f ein Teilgebiet der Geografie, das sich mit der gegenseitigen Abhängigkeit u. Beeinflussung von Erdoberfläche u. Klima befasst* klimatogeografio; **~kammer** *f Raum, in dem Klimaelemente (z.B. Temperatur, Luftdruck) künstlich verändert werden können* klimata ĉambro <*in der Medizin z.B. als therapeutische Maßnahme bei Asthma bronchiale u. Keuchhusten*>; **~karte** *f Met* klimatomapo, *auch* klimatologia mapo (*vgl. dazu* ***Klimaatlas***); **~katastrophe** *f* klimata katastrofo; **~klassifikation** *f Met* klasifikado de la klimatoj; **~kollaps** *m* klimat[o]kolapso *od* kolapso de la klimato; **~konferenz** *f* klimata konerenco *od* klimatokonferenco; **~krise** *f* klimata krizo

klimakterisch *Adj Physiol (im Klimakterium auftretend)* klimaktera

Klimakterium *n, auch* ***Klimax*** *f Physiol* klimaktero; *der Frau auch* menopaŭzo (↑ *auch* ***Präklimakterium*** *u.* ***Wechseljahre***)

Klimakunde *f* ↑ ***Klimatologie***

Klimamodell *n* klimata modelo *od* klimatmodelo

klimaneutral *Adj das Klima weder positiv noch negativ beeinflussend* klimatoneŭtrala *od* klimate neŭtrala

Klimaneutralität *f* klimata neŭtraleco

klimaschädlich *Adj* klimatomalutila *od* damaĝa al la klimato *nachgest*

Klimaschutz *m* klimat[o]protekto; **~maßnahmen** *f/Pl* klimatoprotektaj rimedoj *Pl*; **~programm** *n* klimatoprotekta programo

Klima|schützer *m* klimatoprotektanto; **~-schwankungen** *f/Pl* klimataj fluktu[ad]oj *Pl*; **~simulation** *f* klimata simulado; **~technik** *f* klimatotekniko

Klimatherapie *f* ↑ ***Klimatotherapie***

klimatisch *Adj* klimata (↑ *auch* ***makroklimatisch***); ***~e Einflüsse*** *m/Pl* klimataj influoj *Pl*; ***~e Faktoren*** *m/Pl* klimataj faktoroj *Pl*

klimatisieren *tr* klimatizi; ***klimatisiert*** klimatizita

Klimatisierung *f* klimatizo

Klimatisierungstechnik *f* klimatiza tekniko

Klimatografie *od* **Klimatographie** *f, auch* ***Klimabeschreibung*** *f* klimatografio

Klimatogramm *n Met* klimatogramo (↑ *auch* ***Klimadiagramm***)

Klimatologe *m* klimatologo

Klimatologie *f, auch* ***Klimakunde*** *f vergleichende Wissenschaft der klimatischen Verhältnisse auf der Erde* klimatologio (↑ *auch* ***Paläoklimatologie***)

klimatologisch **1.** *Adj* klimatologia **2.** *Adv* klimatologie

Klima[to]therapie *f, auch* ***Klimabehandlung*** *f Balneologie (ärztliche Behandlung in Kurorten mit besonderem Heilklima)* klimatoterapio

Klima|veränderung *f od* **~wandel** *od* **~-wechsel** *m* klimatoŝanĝiĝo *od* klimata ŝanĝiĝo, klimataj ŝanĝ[iĝ]oj *Pl*; **~verhältnisse** *Pl* klimataj kondiĉoj *Pl*

Klimax *f **a)** Bot, Rhetorik* klimakso *auch allg für «Höhepunkt»* ***b)*** *Physiol* ↑ ***Klimakterium***

Klima|ziele *n/Pl* klimatoceloj *od* klimataj celoj *Pl*; **~zonen** *f/ Pl Gebiete mit gleichartigem Klima, in die die Oberfläche der Erde eingeteilt wird* klimataj zonoj *Pl* (*vgl. dazu* ***Bioregion***)

klimmen *intr hinaufklettern* suprengrimpi; ***in den Wipfel eines Baumes ~*** suprengrimpi en arbopinton

Klimmer *m Bot: an Kletterpflanzen* krampo (*vgl. dazu* ***Ranke***)

Klimmzug *m Gymnastik* pend-tiro

klimpern *intr **a)** Geld, Metallenes, Schlüsselbund* tinti (↑ *auch* ***klirren***) ***b)*** *stümperhaft ein Tasten- od Zupfinstrument spielen* ludaĉi *od* fuŝludi, *(Klavier) auch* tinti; ***sie kann ein wenig auf dem Klavier ~*** ŝi iom tinti sur la piano povas *(Zam)*

Klimpern *n* tintado

Klinge *f des Messers, Schwerts u.a.* klingo (*vgl. dazu* ***Schneide***; ↑ *auch* ***Messer-***, ***Rasier-***, ***Säbel-***, ***Skalpell-*** *u.* ***Stahlklinge***) ◇

jmdn. über die ~ springen lassen *jmdn. mit Vorsatz zugrunde richten (bzw. ruinieren)* intence pereigi (ruinigi) iun

Klingel *f* sonorilo *auch am Fahrrad* (*vgl. dazu* ***Glocke***); *Schelle* tintilo; *Tür*~ pordosonorilo; ***elektrische*** ~ elektra sonorilo

Klingel|draht *m* sonorila drato; ~**knopf** *m* sonorila butono *od* butono de sonorilo

klingeln ***a)*** *tr* sonorigi (*vgl. dazu* ***läuten***); *abs*: ***an jmds. Tür*** ~ sonorigi ĉe ies pordo ***b)*** *intr* soni; ***das Telefon klingelt*** sonas la telefono; ***es hat [jemand] an der Tür geklingelt*** oni sonorigis ĉe la pordo; ***der Wecker klingelte schrill*** la vekhorloĝo akre sonis

Klingel|ton *m od* ~**zeichen** *n Ton einer Klingel* sono de sonorilo; *Tel* telefonsono; ~**transformator** *m El* sonorila transformilo

klingen *intr* soni *auch übertr*; *metallisch klingen, schallen* sonori; *Gläser* tinti; ***das klingt sonderbar*** (***süß***) tio sonas strange (dolĉe); ***das klingt wie ein Märchen*** tio sonas kiel fabelo *od* tio aŭdiĝas kvazaŭ fabelo; ***ihre Stimme klingt angenehm*** ŝia voĉo sonas agrable; ***die Gläser ~ lassen*** *anstoßen* tintigi la glasojn (*vgl. dazu* ***toasten***); ***mir ~ die Ohren*** zumas en miaj oreloj

Klingen *n* sonado

klingend *Adj* sonanta

Klingklang *m* tintado

Klingonisch (*n*) *fiktive Sprache in der Fernsehserie "Star Trek"* klingona lingvo

Klingstein *m Min* ↑ ***Phonolith***

Klinik *f* ***a)*** *medizinische Einrichtung* kliniko (*vgl. dazu* ***Hospital***, ***Krankenhaus*** *u.* ***Sanatorium***; ↑ *auch* ***Abtreibungs-***, ***Augen-***, ***Entzugs-***, ***Frauen-***, ***Haut-***, ***Kinder-***, ***Nerven-***, ***Poli-***, ***Privat-***, ***Spezial-***, ***Tier-***, ***Tumor-*** *u.* ***Universitätsklinik***); ***chirurgische*** (***psychiatrische***) ~ kirurgia (psikiatria) kliniko ***b)*** *klinische Unterweisung [der Medizinstudenten] am Krankenbett* kliniko

Klinikaufenthalt *m* restado en [la] kliniko

Klinikbett *n* ↑ ***Krankenhausbett***

Klinik|chef *od* ~**leiter** *m* klinikĉefo *od* klinikestro

Kliniker *m Med* klinikisto

Klinik|komplex *m* klinikkomplekso (*vgl. dazu* ***Klinik a)***); ~**patient** *m* klinikpaciento

Klinikum *n* ***a)*** *Klinikkomplex* klinikkomplekso, *[häufig dafür] kurz* kliniko ***b)*** *Teil der ärztlichen Ausbildung (klinische Semester)* klinika(j) semestro(j) *(Pl)*, staĝo de medicinstudentoj en kliniko (*od* hospitalo)

klinisch 1. *Adj 1. die Klinik betreffend 2. auf Beobachtungen am Kranken[bett] beruhend* klinika (↑ *auch* ***prä-*** *od* ***vorklinisch***); ~***e Chemie*** *f klinisch-chemische Laboratoriumsdiagnostik [Teil der klinischen u. medizinischen Biochemie]* klinika kemio; ~***e Forschung*** *f* klinika reserĉo (*od* esplorado); ~***e Symptome*** *n/Pl* klinikaj simptomoj *Pl*; ~***e Tests zeigen, dass ...*** klinikaj testoj montras, ke...; ~***er Tod*** *m* klinika morto; ~***e Untersuchung*** *f* klinika ekzamenado; ***im ~en Versuch*** en klinika testo **2.** *Adv* klinike; ~ ***evident*** klinike evidenta; ~ ***geprüft*** (*od* ***getestet***) klinike testita

Klinke *f Tür*~ klinko [de pordo] (↑ *auch* ***Türgriff***); *Tech (Sperr*~*)* kliko; *El (Kontakt*~ *[am Fernsprechvermittlungsschalter])* ĵako ◇ ***die Besucher gaben einander*** (*od* ***sich***) ***die ~ in die Hand*** *die Besucher kamen in ständiger Folge* la vizitantoj seninterrompe alven[ad]is

klinken *intr abs: die Klinke drücken* premi la klinkon

Klinker *m Bauw (ein bis zur Dichtsinterung gebrannter keramischer Baustoff)* klinkero (↑ *auch* ***Portlandzementklinker***); ~**bau** *m* konstruaĵo el klinkero; ~**ziegel** *m* klinkera briko

Klinometer *n*, *auch* ***Neigungsmesser*** *m Geodäsie (magnetisches Gerät zum Feststellen von Gesteinsschichtungen) u. Tech (Gerät zum Messen der Neigung gegen den Horizont [für Schiffe u. Flugzeuge])* klinometro

Klinostat *m Gerät zum Untersuchen des Geotropismus von Pflanzen* klinostato (*vgl. dazu* ***Geotropismus***)

Klinovec *m* ↑ ***Keilberg***

Klinse *od* **Klinze** *f reg* = ***Ritze*** *od* ***Spalt*** [↑ *dort*]

klipp *Adv* ◇ ~ ***und klar*** *ganz genau* tute precize; *ganz offensichtlich* tute evidente; *unwiderleglich* nekontesteble

Klipp *m* ↑ ***Clip***

Klippdachs *m/Pl Zool* ↑ ***Klippschliefer*** *u.* ***Kletterschliefer***

Klippe *f* ***a)*** *Felsen*~ *im Meer* rifo *auch übertr*; *Kliff (felsige Untiefe geringer Ausdehnung, die auch über die Wasseroberfläche hinausragen kann)* klifo; ***das Schiff zerschellte an einer*** ~ la ŝipo disrompiĝis sur rifo (*bzw.* klifo) ***b)*** *(Schwierigkeit)*

malfacilaĵo, *auch* rifo, *(Hindernis)* [danĝera] barilo

Klippenhuhn *n Orn* ↑ ***Felsenhuhn***

Klippenkleiber *m* (Sitta tephronota [iranica]) *Orn* persa sito *[Vorkommen: Iran]*

klippenreich *Adj* plena de rifoj, rifohava; *übertr* plena de rifoj (*od* malfacilaĵoj *u.a.*); *i.w.S. gefährlich* danĝera

Klippenspringen *n eine Extremsportart* klif[o]plonĝado

[1]**Klipper** *m Mar (großes, schnelles Segelschiff [Mitte des 19. Jh.])* klipero *<im Allgemeinen als Vollschiff getakelt>*

[2]**Klipper** *m Flugw* ↑ ***Clipper***

Klippfisch *m luftgetrockneter u. gesalzener Kabeljau (auf Klippen getrockneter Stockfisch)* [aere sekiĝinta] salita sekmoruo (↑ *auch* ***Trockenfisch***)

klippig = ***klippenreich***

Klippschliefer *m*, *auch* ***Wüstenschliefer*** *m*, *pop* ***Klippdachs*** *m* (*Gattung* Procavia) *Zool (ein gesellig lebender Felsenbewohner Afrikas u. Kleinasiens [einem Murmeltier ähnlich])* klifmelo, *<wiss>* prokavio; ***südafrikanischer ~*** *od* ***Kapklippschliefer*** *m* (Procavia capensis) sudafrika klifmelo (*od* prokavio)

Klippschule *f reg u. pej für «Elementarschule»* lernejo kun [nur] elementa instruo

Klips *m* ↑ ***Klipp***

klirren *intr Geschirr, Gläser, Ketten, Säbel* tinti (↑ *auch* ***klimpern a)***)

Klirren *n* tintado

klirrend *Adj*: ***~e Kälte*** *f* glacia malvarm[eg]o

Klischee *n*, *<schweiz>* ***Cliché*** *n Typ (Druckstock)* kliŝo *auch übertr für «eingefahrene Vorstellung»*

klischeehaft *Adj* kiel kliŝo *nachgest*

klischieren *tr Typ (ein Klischee anfertigen [von etw.])* kliŝi

Klistier *n*, *Fachspr* ***Klysma*** *n Med* klistero (*vgl. dazu* [1]***Einlauf b)***); ***jmdm. ein ~ geben*** fari klisteron al iu *od* klisteri iun

Klistierspritze *f* klisterilo

klitoral *Adj zur Klitoris gehörend bzw. sie betreffend* klitora

Klitoridektomie *f 1. Chir (operative Entfernung der von einem Tumor [z.B. Fibrom] befallenen Klitoris) 2. Ethn (weibliche Beschneidung f: in vielen Ländern verbotene, in manchen Völkern u. ethnischen Gruppen immer noch übliche operative Entfernung der Klitoris zur Beseitigung der sexuellen Empfindungsfähigkeit der Frau)* klitorektomio

Klitorie *f*, *auch* ***Schamblume*** *f* (*Gattung* Clitoria) *Bot* klitorio

Klitoris *f Anat, sex* ↑ ***Kitzler***

Klitoris|drüse *f* (Glans clitoridis) *Anat* klitora glando; **~erregung** *f sex* klitora ekscito

Klitorishypertrophie *f od* **Klitorismus** *m Med ([krankhafte] Vergrößerung des Kitzlers)* klitora hipertrofio, klitorismo

Klitorisvorhaut *f* (Praeputium clitoridis) *Anat* klitora prepucio

klitsch[e]nass *Adj* malseka ĝis la haŭto

klitschig *Adj* ***a)*** *reg für «feucht und klebrig», z.B. schlecht gebackenes Brot* nesufiĉe bakita [kaj pro tio kaĉogusta] ***b)*** *reg für «lehmig» bzw. «breiig»* argil[ec]a *bzw.* kaĉ[ec]a (*vgl. dazu* ***glitschig***)

klitzeklein *Adj umg für «winzig klein»* [ekstreme] eta, mikroskope malgranda

Klivie *f Bot* ↑ ***Clivia***

Klix *m Phon* ↑ ***Schnalzlaut***

Klo *n* ↑ ***Klosett***

[1]**Kloake** *f* ***a)*** *[unterirdischer] Unratkanal* [subtera] kloaka kanalo ***b)*** *übertr (Sumpf, [umg auch] Saustall)* kloako, *auch* porkejo

[2]**Kloake** *f Zool (gemeinsamer Ausgang für Darm-, Harn- u. Geschlechtswege [bei Kloakentieren, Reptilien u. Vögeln])* kloako

Kloaken|reiniger *m*, *auch* ***Kanalreiniger*** *m* purigisto de kloakaj kanaloj, *auch kurz* kloakisto; **~tiere** *n/Pl* (*Ordnung* Monotremata) *Zool* kloakuloj *Pl*

Klobecken *n* ↑ ***Toilettenbecken***

Kloben *m Holzklotz* ŝtipo, lignobloko; *am Flaschenzug* rulbloko; *Haken* hoko; *Zapfen* pivoto; *Eisenhaken* fera hoko

klobig *Adj* blokforma, ŝtipa; *massig* masiva; *übertr ([ziemlich] grob)* [sufiĉe] kruda, *(plump)* plumpa

Klobrille *f* ↑ ***Toilettensitz***

Klomuschel *f* ↑ ***Klosettbecken***

Klon *m 1. Biol, Genetik (durch Klonen entstandenes Lebewesen) 2. Bot (die durch ungeschlechtliche Vermehrung von einer Mutterpflanze stammende Nachkommenschaft)* klono (↑ *auch* ***Zellklon***)

Klondike [*...daik*] *m*, *engl.* ***Klondike River*** *ein Nebenfluss des Yukon River in Kanada* [rivero] Klondajko

klonen *tr Bot, Genetik (durch ungeschlecht*

liche Vermehrung genetisch identische Kopien von Lebewesen herstellen) kloni

klönen *intr reg (norddt.) für «gemütlich plaudern»* gemute (*od* familiare) babil[ad]i

Klonen *n, auch* ***Klonieren*** *n od* ***Klonierung*** *f Gentechnologie* [molekula] klonado <*im Ggs zum ‹Klonen›, dessen Ziel in der Herstellung identischer Organismen besteht, beschränkt sich die ‹Klonierung› auf die Herstellung identischer Moleküle der DNA (engl: molecular cloning, Esp: molekula klonado)*>

klonieren *tr Genetik (ein einzelnes Gen aus einer Zelle isolieren und weiterverarbeiten)* izoli unuopan ĉelon por klonado (↑ *auch* ***klonen***)

klonisch *Adj nur Fachspr Med für «[krampfartig] zuckend»*: *~e* ***Krämpfe*** *m/Pl* klonusaj spasmoj *Pl*

Klonschaf *n geklontes Schaf* klonita ŝafo

Klonung *f Genetik =* ***Klonen***

Klonus *m od Fachspr* ***Clonus*** *m, auch* ***Schüttelkrampf*** *m Med (rasche, krampfartige Zuckungen)* klonuso (↑ *auch* ***Blepharo-*** *u.* ***Masseterklonus***)

Kloot *m reg (ostfriesisch) für «Kloß» od «Kugel»* bulo *od* glob[et]o

Klopapier *n* ↑ ***Toilettenpapier***

klopfen ***a)*** *tr* frapi; *schlagen* bati; ***den Teppich*** *~*, <*österr*> *umg* ***den Teppich pracken*** bati la tapiŝon [por senpolvigi ĝin] ***b)*** *intr Motor* frapi; *Herz* bati (↑ *auch* ***pulsieren***); ***jmdm. auf die Schulter*** *~* [bonvole *bzw.* gratule] frap[et]i ies ŝultron; ***an die Tür*** *~* frapi je (*od* al) la pordo; *unpers*: ***es klopft*** *od* ***es hat [jmd.] geklopft*** *an der Tür* oni frapas (*od* frapis) al la pordo; ***sie fühlte das Blut in den Schläfen*** *~* ŝi sentis en la (*od* siaj) tempioj la puls- adon de la sango; ***mit ~dem Herzen*** kun batanta koro ◇ ***auf den Busch*** *~* ruze esplori, diplomatie informiĝi (***bei jmdm.*** ĉe iu [pri io])

Klopfen *n* frapado, *(einmaliges)* frapo; *Schlagen* batado; *Pulsieren* pulsado

Klopfer *m Tür*~ pordofrapilo; *für Teppich, Matratze u. dgl.* [tapiŝ]batilo (↑ *auch* ***Klöppel*** *u.* ***Schlägel***)

Klopf|käfer *m, auch* ***Pochkäfer*** *m* (*Gattung* Anobium) *Ent* anobio, (*Gattung* Xestobium) ksestobio, *pop* morthorloĝo (↑ *auch* ***Bohrkäfer***); *~***massage** *f Physiotherapie* [masaĝo per] haĉado; *~***zeichen** *n* frapa signalo

Klöppel *m Schwengel* svingilo; *des Dreschflegels* svingilo [de draŝilo]; *Schwengel der Glocke* frapilo [de sonorilo]; *der Garnspule zum Klöppeln* puntobobeno; *~***arbeit** *f* puntoplektaĵo; *~***maschine** *f* puntoplekta maŝino

klöppeln *intr* plekti (*od auch* fari) punto(j)n

Klöppelnadel *f* puntotrikilo

Klöppelspitze *f* ↑ *unter* ***²Spitze***

Klöpplerin *f Spitzen*~ puntistino, puntofaristino

Klops *m, reg auch* ***Knödel*** *m Fleisch*~ viandoknelo (*vgl. dazu* ***Bulette***); *Fisch*~ fiŝknelo

Klopstock *m Eig (dt. Dichter [1724-1803])* Klopstoko

Klosett *n, umg kurz* ***Klo*** *n* klozeto, *umg* necesejo (↑ *auch* ***Wasserklosett***); *~***becken** *n,* <*österr*> ***Klosettmuschel*** *od umg* ***Klomuschel*** *f* neceseja pelvo; *~***brille** *f* neceseja sidilo (*od* seĝo); *~***bürste** *f, umg* ***Klobürste*** *f* neceseja broso; *~***papier** *n* tualetpapero, *auch* neceseja papero, *umg auch kurz* necespapero

Kloß *m Erd*~ terbulo; *Kochk (Frikadelle)* viandbul[et]o, *(Mehl*~*)* farunbulo (↑ *auch* ***Kartoffelklöße***, ***Thüringer Klöße*** [↑ *unter* ***Thüringer 2.]*** *u.* ***vogtländische Klöße***); *~***mehl** *n Kochk* [tujpreta] faruno por farunbuloj

Kloster *n* monaĥejo (*vgl. dazu* ***³Stift b)***; ↑ *auch* ***Augustiner-***, ***Benediktiner-*** *u.* ***Franziskanerkloster***); *Nonnen*~ monaĥinejo (↑ *auch* ***Frauenkloster***); *Kloster mit einem Kreuzgang [und Innenhof]* klostro; ***buddhistisches*** *~*, *auch* ***Vihara*** *m od n* budhana monaĥejo, *auch* viharo; ***ins*** *~* ***gehen*** *i.w.S.* iri en monaĥejon; *i.e.S. (Mönch werden)* monaĥiĝi, *(Nonne werden)* monaĥiniĝi

Kloster|bibliothek *f* monaĥeja bibioteko; *~***bruder** *m* [klostra *od* monaĥeja] frato (↑ *auch* ***Frater***); *Mönch* monaĥo; *~***frau** *f* [klostra *od* monaĥineja] fratino; *Nonne* monaĥino; *~***garten** *m* klostra (*od* monaĥeja) ĝardeno; *~***gemeinschaft** *f kath. Kirche* kongregacio (*vgl. dazu* ***Kongregation***); *~***hof** *m* monaĥeja korto; *~***kirche** *f* monaĥeja preĝejo; *~***leben** *n Leben im Kloster* vivo en monaĥejo (*od* klostro); *Mönchsleben* monaĥa vivo

klösterlich *Adj auf das Kloster bezogen* monaĥeja, klostra; *auf die Mönche bezogen* monaĥa; *~e* ***Stille*** *f* klostra silento

Klostermönch *m* ↑ ***Zönobit***

Kloster|schule *f* monaĥeja lernejo; *~***schüler**

m lernanto de (*od* en) monaĥeja lernejo; ~**vorsteher** *m in älteren Orden, bes. beim Benediktinerorden* abato (*vgl. dazu* ***Abt***); ~**zelle** *f* monaĥeja ĉelo

Klot *m* = ***Kloot***

Klothilde (*f*) ↑ ***Chlothilde***

Klothoide *f Geom (Spiralkurve mit immer kleiner werdendem Krümmungsradius)* klotoido

Klotz *m* ***a)*** *Holz*~ ŝtipo, [ligno]bloko (↑ *auch* ***Hackklotz***); *übertr: ungehobelter Mensch* kruda homo, krudulo, *auch* ŝtipo ◇ ***da hat er sich einen [tüchtigen] ~ ans Bein gebunden*** per tio li havigis al si grandan ŝarĝon

klotzig *Adj wie ein Klotz* kiel ŝtipo; *plump* plumpa; *von grober Gestalt* de kruda formo *nachgest*, kruda; *i.w.S. (übermäßig schwer)* pezega, *(übermäßig groß)* supermezure granda *od* supermezura

Klub *m*, *auch* ***Club*** *m* klubo *auch Sport* (↑ *auch* ***Automobil-***, ***Bundesliga-***, ***Debattier-***, ***Esperanto-***, ***Fan-***, ***Fußball-***, ***Jacht-***, ***Jazz-***, ***Kegel-***, ***Nacht-***, ***Profi-***, ***Ruder-***, ***Schach-***, ***Sport-***, ***Studenten-*** *u.* ***Tennisklub***); ~**abend** *m* klubespero; ~**haus** *n* klubejo, *auch* kunvenejo de klubanoj, klubdomo; ~**kamerad** *m Sport* samklubano; ~**leben** *n* kluba vivo; ~**manager** *m Sport* klubmanaĝero; ~**mannschaft** *f Sport* klubteamo; ~**mitglied** *n* klubano *od* ano de klubo; ~**raum** *m*, *auch* ***Klubzimmer*** *n* klubĉambro; ~**sessel** *m* klubfotelo

Kluft *f* ***a)*** *[tiefe] Spalte* fendego (↑ *auch* ***Klamm***); *Abgrund* abismo (*vgl. dazu* ***Schlucht***); *i.w.S. bildh ([klaffender] Schlund od Rachen, z.B. eines Vulkankraters)* faŭko ***b)*** *übertr* abismo; ***die wachsende ~ zwischen Arm und Reich*** la kreskanta abismo inter riĉuloj kaj malriĉuloj (*od* inter riĉaj kaj malriĉaj homoj)

klug *Adj gescheit* saĝa (↑ *auch* ***superklug*** *u.* ***weise***); *besonnen, lebensklug, vernünftig* prudenta; *intelligent* inteligenta; *gebildet* klera; *gelehrt* erudicia (*vgl. dazu* ***diplomatisch***, ***geschickt*** *u.* ***schlau***); ~ ***werden*** saĝiĝi (***aus etw.*** el io); ***ich kann daraus nicht ~ werden*** mi [tute] ne povas kompreni (*od* percepti) tion *od* mi ne povas [plene] kompreni la sencon [de ĝi] ◇ ***durch Schaden wird man ~*** post la falo oni fariĝas singarda *(Zam)*, *selt auch* saĝa hundo post vundo *(Zam)*

Klügelei *f etw. Spitzfindiges* sofistaĵo; *etw. Subtiles* subtilaĵo

klügeln *intr* subtil[ad]i, subtile elpensi

klugerweise *Adv* pro prudenteco, prudente, en maniero prudenta

Klugheit *f* saĝ[ec]o; *vorausschauende Klugheit, Vernunft* [intelekta] prudento; *Intelligenz* inteligenteco (*vgl. dazu* ***Schlauheit***)

Klümpchen *n* [malgranda] buleto (*vgl. dazu* ***Klumpen***); *beim Anrühren von Leim, Mehlsuppen u.Ä.* grumelo

klumpen *intr* buliĝi; *kleine Klümpchen bilden beim Anrühren von Leim, Mehl* grumeliĝi

Klumpen *m* bulo (↑ ***Erd-***, ***Eisklumpen*** *u.* ***Klümpchen***); *i.w.S.: großes Stück* pecego; ***ein ~ Gold*** bulo da oro; ***voller ~*** buloplena

Klumpfuß *m* (Pes [equino]varus) *Med* bulpiedo, <*wiss*> vara piedo

klumpfüßig *Adj* bulpieda

klumpig *Adj* bul[o]forma (*vgl. dazu* ***kompakt***); *mit kleinen Klümpchen, die beim Anrühren entstanden sind (z.B. von Leim od Mehlsuppe)* grumela; *verklumpt* grumeliĝinta

Klüngel *m* kliko, *pej* koterio (*vgl. dazu* ***Clique*** *u.* ***Sippschaft***)

Kluniazenser *m/Pl Mönchsorden reformierter Benediktiner* klunizianoj *Pl* <*sie strebten Eigenständigkeit der Klöster u. Orden gegenüber dem weltlichen Herrschertum an*> (↑ *auch* ***Cluny***)

kluniazensisch *Adj* kluniziana

Klunkeribis *m* (Bostrychia carunculata) *Orn* karunkla ibiso *[Vorkommen: endemisch in Äthiopien u. Eritrea]*

Kluppe *f* ↑ ***Wäscheklammer***

Klus *f Geol (enge [Quer-] Schlucht)* kluso

Klüse *f Mar (Loch in der Schiffswand für Ketten [Ankerklüse] od Taue)* kluso

Klusil *m Phon* ↑ ***Explosivlaut***

Klüver *m*, *auch* ***Klüversegel*** *n Mar (dreieckiges Vorsegel)* [meza] ĵibo (↑ *auch* ***Außen-*** *u.* ***Binnenklüver***); ~**baum** *m* ĵib[o]bumo *od* bumbusprito; ~**leiter** *f* ĵib[o]stajo

Klysma *n Med* ↑ ***Klistier***

Klystron *n El (Elektronenröhre zur Erzeugung u. Verstärkung von Mikrowellen [hauptsächlich als Senderöhre verwendet])* klistrono (↑ *auch* ***Reflexionsklystron***)

Klytämnestra (*f*) *griech. Myth (Geliebte des Ägisth)* Klitemnestra

km = *Zeichen für* ***Kilometer***

km² = *Zeichen für* ***Quadratkilometer***
km³ = *Zeichen für* ***Kubikkilometer***
km/h = *Abk für* ***Kilometer pro Stunde***
kn = *Abk für Mar* ***Knoten***
knabbern *intr ein wenig (an etw.) beißen, anknabbern* mordeti (↑ *auch* ***knuspern***); *[ein wenig] nagen* ronĝ[et]i (***an etw.*** ion)
Knabe *m, reg,* <*österr*> *u.* <*schweiz*> ***Bub*** *m* knabo (*vgl. dazu* ***¹Junge***); *~**n und Mädchen** Pl* geknaboj *Pl*
Knaben|alter *n* knaba aĝo; ~**chor** *m* knaba ĥoro (*od* koruso)
knabenhaft *Adj* knabeca; *wie ein Knabe* kiel knabo *nachgest*
Knabenhaftigkeit *f* knabeco
Knabenkraut *n* (*Gattung* Orchis *u. benachbarte Gattungen*) *Bot* orkido (*vgl. dazu* ***Orchidee***; ↑ *auch* ***Affen-***, ***Helm-***, ***Manns-*** *u.* ***Purpurknabenkraut***); ***blasses*** (*od* ***bleiches***) ~ (Orchis pallens) pala orkido; ***fleischfarbenes*** ~ (Dactylorhiza incarnata) karnokolora orkido; ***geflecktes*** ~ (Dactylorhiza maculata) makula orkido; ***lappländisches*** ~ (Dactylorhiza lapponica) lapona orkido
Knabenstimme *f* knaba voĉo *auch Mus*
Knäblein *n* knabeto
Knack *m* ↑ ***Knacks a)***
Knäckebrot *n Nahr* krakpano (↑ *auch* ***Roggenknäckebrot***)
knacken ***a)*** *tr Nuss* krevigi; *Goldschrank* rompe malfermi; ***ein Auto*** ~ rompe malfermi aŭton ***b)*** *intr* kraketi, fari krik (*od* krak) (↑ *auch* ***knistern***); ***mit den Fingern*** ~ klaki per la fingroj; ***es knackt im Gebälk*** kraketas en la trabaro; ***es knackt im Telefon*** kraketas en la telefono ***c)*** *umg für «entschlüsseln»*: ***einen Code*** (***ein Passwort***) ~ malĉifri kodon (pasvorton) ◇ ***ich hatte ganz schön an dieser Aufgabe zu*** ~ mi vere devis ŝviti super tiu ĉi tasko
¹Knacker *f Nahr* ↑ ***Knackwurst***
²Knacker *m*: ***alter*** ~ *pej* olda strangulo
Knackerlerche *f* (Ramphocoris clotbey) *Orn* dikbeka alaŭdo *[Vorkommen in der nördlichen Sahara, in der Syrischen Wüste u. in Arabien]*
Knacki *m salopp für «Gefängnisinsasse»* prizonulo
Knacklaut *m Phon* ↑ ***Kehlkopfverschlusslaut***
Knackmandel *f Nahr* enŝela migdalo
Knacks *m* ***a)*** *auch* ***Knack*** *m kurzes knackendes Geräusch* kraketo, kraketanta sono ***b)*** *Sprung, [kleiner] Riss* fendeto ***c)*** *übertr umg für «[leichterer] gesundheitlicher Schaden»*: ***er hat einen ~ weg*** *gesundheitlich* lia sano estas iom difektita; *nervlich* liaj nervoj jam ne normalas (*vgl. dazu* ***der hat einen laufen*** [↑ *unter* ***laufen*** ◇])
knacksen *intr* kraketi
Knack|weide *f, auch* ***Bruchweide*** *f* (Salix fragilis) *Bot* fragila saliko; ~**wurst** *f, umg auch* ***Knacker*** *f Nahr* fumaĵita kolbaseto
Knäkente *f* (Anas querquedula) *Orn* marĉanaso *[Vorkommen: Asien, in Europa nur im Süden von Großbritannien u. Schweden]*
Knall *m, reg,* <*schweiz*> *dial* ***Klapf*** *m* krako, *auch* knalo (↑ *auch* ***Urknall***); *mit Peitsche od Klatsche* klako (↑ *auch* ***Peitschenknall***); *Explosion* [bruo de] eksplodo ◇ ***[auf]*** ~ ***und Fall*** *ganz plötzlich* tute subite; *[völlig] unerwartet* [tute] neatendite; *ohne Weiteres* sen pluaĵoj ◇ ***du hast einen*** ~ *du bist [ein bisschen] verrückt* vi estas [iom] freneza
Knallbonbon *n, auch m, pop auch* ***Knallfrosch*** *m* krakbombono, [malgranda] petardo
knallbunt *Adj* brile bunta
Knalleffekt *m umg* frapefekto, sensacio
knallen *intr Peitsche* klaki, *auch* knali; *Schuss* knali, *mehrere Schüsse auch* kraki; *krachen* kraki, *klappen, klatschen* klaki; *explodieren* eksplodi; ***mit der Peitsche*** ~ klaki per la vipo, *auch* krakigi la vipon; ***der Ball knallte gegen den Pfosten*** *Fußball* la pilko klakis kontraŭ la [goleja] fosto
knalleng ↑ ***hauteng***
Knallerbse *f* krakpizo
Knallgas *n* krakgaso; ~**reaktion** *f Chem* krakgasa reakcio
knall|gelb *Adj* bril[eg]e flava; ~**grün** *Adj* bril[eg]e verda
knallhart 1. *Adj Film* brutala; *Porno* hardkora; *Job* vere streĉa (*od [stärker:]* brutala) **2.** *Adv*: ***der Film zeigt*** ~, ***wie ...*** la filmo brutale montras kiel ...
Knallhitze *f* afrika varmego
knallig 1. *Adj grell* [tro] brilega (↑ *auch* ***knallgelb***); *effektvoll* grandefekta (*vgl. dazu* ***aufgedonnert***) **2.** *Adv umg auch für «übermäßig» od «mächtig»*: ***es ist*** ~ ***heiß hier*** estas freneze varm[eg]a ĉi tie
Knallkörper *m* petardo (↑ *auch* ***Feuerwerkskörper***)
Knallpulver *n Chem* ↑ ***Fulminat***
Knallquecksilber *n Chem* hidrarga fulmi-

nato <*wird als Initialsprengstoff verwendet*> (↑ *auch* ***Fulminat***)

knallrot *Adj* bril[eg]e ruĝa, ruĝega; *ponceau, von der Farbe des roten Feldmohns* punca (↑ *auch* ***feuer-***, ***glut-*** *u.* ***mohnrot***)

Knall|säure *f, auch* ***Fulminsäure*** *f Chem* fulminata acido; ~**trauma** *f Med* akustika ŝoko

knapp 1. *Adj* malvasta; *eng anliegend (bei Kleidungsstücken)* streta; *zu kurz* [iom] tro mallonga; *kaum ausreichend* apenaŭ sufiĉa; *dürftig* [tro] malabunda; *rar, selten* rara, malofta; *kurz gefasst (Stil, Worte)* konciza (↑ *auch* ***lakonisch***); ***jmdn.*** ~ ***halten*** butonumi iun malvaste *(Zam)*; ~***e zwei Wochen*** ne tute du semajnojn; ***die Bluse ist mir zu*** ~ la bluzo estas tro malvasta (*od* streta) por mi; ***seine Rede war kurz und*** ~ lia parolado estis mallonga kaj konciza; ***diese Waren sind*** ~ ĉi tiuj varoj estas apenaŭ haveblaj [en la vendejoj]; ***meine Zeit ist*** ~ mi havas malmulte da tempo; ***mit*** ~***er Not*** preskaŭ ne ◇ ***ich bin zurzeit*** ~ ***bei Kasse*** momente mia monujo ne estas tro peza **2.** *Adv nicht ganz (Gewicht, Zahl, Zeit)* iom malpli ol, *(fast)* preskaŭ; ~ ***tausend Euro*** preskaŭ mil eŭroj; ***mit*** ~ ***vierzig Jahren*** kun (*od* havante) preskaŭ kvardek jarojn

Knappe *m* ***a)*** *Bergmann* ministo ***b)*** *Gesch (junger Edelmann im Dienst eines Ritters)* varleto (*vgl. dazu* ***Page a)*** *u.* ***Schildknappe***)

Knappheit *f Seltenheit* rareco; *Mangel [an etw.]* manko [de io] (↑ *auch* ***Nahrungsmittelknappheit***); *Kürze [des Ausdrucks], Gedrängtheit* koncizeco; *Kärglichkeit* malabund[ec]o

Knappschaft *f zunftartige Vereinigung der Bergleute eines Bergwerks od Reviers* asocio de ministoj [de minejo *od* de mineja regiono]

Knarre *f* ***a)*** *auch* ***Ratsche*** *f Mus (ein Schrapidiophon)* knarilo ***b)*** *salopp für «Gewehr»* pafilo

knarren, *reg* ***knarzen*** *intr Ast, Bett, Diele, Holzstiege, Räder eines Bauernwagens, Tür u.a.* knari; ***plötzlich*** ~ ekknari

Knarren *n Geknarre* knarado

knarrend *Adj* knaranta; ***mit*** ~***er Stimme sprechen*** paroli per knaranta voĉo

Knast *m salopp für «Gefängnis»* malliberejo *od* prizono, *auch* karcero; ***in den*** ~ ***gehen*** enprizoniĝi

Knastbruder *m salopp* karcerulo (↑ *auch* ***Knacki***)

Knaster *m schlechter Tabak* tabakaĉo

Knatsch *m*: ***das gibt*** ~ tio kaŭzos ĉagrenon

knattern *intr Feuerwerk, Schüsse u.a.* krak[et]adi

[1]**Knäuel** *m od n* ***a)*** *reg* ***Knaul*** *m od n* volvaĵo, *auch* bulo; *Garn*~ fadenvolvaĵo, fadenbulo (↑ *auch* ***Wollknäuel***); *Papier*~ paperĉifaĵo ***b)*** *übertr (Wirrwarr)* kaoso, *(Agglomerat, [loser] Haufen)* aglomeraĵo

[2]**Knäuel** *m* (*Gattung* Scleranthus) *Bot* skleranto; ***ausdauernder*** ~ (Scleranthus perennis) daŭra skleranto; ***einjähriger*** ~ (Scleranthus annuus) unujara skleranto; ***wilder*** ~ (Scleranthus polycarpos) malgranda skleranto

Knäuel|binse *f* (Juncus conglomeratus *od* Juncus subuliflorus) *Bot* flankbula junko; ~**filarie** *f* (Onchocerca volvulus) *Zool* volvaĵa onkocerko <*Erreger der Onchozerkose*>; ~**glockenblume** *f* (Campanula glomerata) *Bot* densflora kampanulo; ~**gras** *n, auch* ***Knaulgras*** *n* (*Gattung* Dactylis) *Bot* daktiliso (↑ *auch* ***Waldknäuelgras*** *u.* ***Wiesenknäuelgras***); ~**hornkraut** *n, auch* ***kleinblütiges Hornkraut*** *n* (Cerastium glomeratum) glua cerastio; ~**klettenkerbel** *m* (Torilis nodosa) *Bot* noda torilido

knäueln *tr* buligi (↑ *auch* ***zusammendrücken***); ***sich*** ~ *refl* buliĝi

Knauf *m* ***a)*** *am Degen, Sattel, Schirm od Spaten, an der Tür u.a.* pomelo; ***der Stock hat einen silbernen*** ~ la bastono havas arĝentan pomelon ***b)*** *Arch* = ***Kapitell***

Knaul *m od n* ↑ [1]***Knäuel a)***

Knaulgras *n Bot* ↑ ***Knäuelgras***

Knauser *m umg für «Geizhals»* averul[aĉ]o (↑ *auch* ***Pfennigfuchser***)

knaus[e]rig *Adj* [ege] avara, [terure] troŝparema (*vgl. dazu* ***geizig*** *u.* ***knickerig***)

Knaus[e]rigkeit *f* avareco (*vgl. dazu* ***Geiz***)

knausern *intr* avari (***mit*** per)

Knaus-Ogino-Methode *f Med, sex (eine Art der Empfängnisverhütung)* Knaus-Ogino-metodo

Knautie *f, auch* ***Witwenblume*** *f* (*Gattung* Knautia) *Bot* knaŭcio (↑ *auch* ***Acker-*** *u.* ***Waldwitwenbume***); ***rote Witwenblume*** (Knautia macedonica) ruĝa knaŭcio

knautschen *tr* ĉifi (↑ *auch* ***knüllen***); ***das Kopfkissen*** ~ ĉifi la kapkusenon

Knautschzone *f Bez für die Bereiche eines Fahrzeugs, die sich im Falle einer*

Kollision verformen deformiĝa kolizi-zono

Knebel *m* ***a)*** *Mundpfropf* buŝoŝtopilo ***b)*** *Querholz [zum Tragen verschnürter Pakete bzw. zum Drehen u. Spannen von Schnüren u. Seilen]* kverligno [por porti paketojn *bzw.* por tordi kaj streĉi fadenojn kaj ŝnurojn]; ~**bart** *m gedrehter Bart* tordita barbo

knebeln *tr*: ***jmdn.*** ~ *jmdm. einen Knebel in den Mund stecken* ŝtopi al iu la buŝon; *übertr* kateni (*bzw.* ligi) iun

Knebelung *f übertr* katenado

Knecht *m Pferde*≗ *od Reit*≗ grumo *(Zam)*; *i.w.S. (Diener)* servisto, *(Untergebener)* subulo, *(Sklave)* sklavo (↑ *auch* ***Folter-*** *u.* ***Stallknecht***)

knechten *tr*: ***jmdn.*** ~ trakti iun kiel sklavon (*vgl. dazu* ***versklaven***); *jmdn. unterjochen* subjugigi iun

knechtisch *Adj* sklavanima, sklavema (*vgl. dazu* ***unterwürfig***)

Knechtschaft *f* sklaveco; *i.w.S. (Leibeigenschaft)* servuteco, *(Unterdrücktheit)* subpremiteco

Knechtung *f* sklavigo; *Unterjochung* subjugigo (*vgl. dazu* ***Unterdrückung***)

Kneif *m* ↑ *Handw* ***Schustermesser***

kneifen ***a)*** *tr* pinĉi (↑ *auch* ***zwicken***); ***mit den Fingern*** (***mit einer Zange***) ~ pinĉi per la fingroj (per tenajlo); ***jmdn. in die Backe*** ~ pinĉi ies vangon ***b)*** *intr umg: sich vor etw. drücken* sin [time *bzw.* malkuraĝe] retiri, elŝteliĝi *bzw.* kaŝe (*bzw.* time) foriri

Kneifen *n* pinĉado

Kneifer *m*, *auch* ***Klemmer*** *m*, *reg* ***Zwicker*** *m Opt* nazumo

Kneifzange *f Handw* ↑ ***Beißzange***

Kneipe *f Bier*≗ bierejo; *pej* [fi]drinkejo (↑ *auch* ***Hafen-***, ***Stehkneipe*** *u.* ***Kaschemme***)

kneipen *intr alt für «viel Alkohol trinken, zechen»* drinkadi, alkohole diboĉi

Kneipen|**besitzer** *od* ~**wirt** *m* mastro de biercjo, trinkejestro

Knesset *f israelisches Parlament* kneseto *(auch Großschr)*

knetbar *Adj* knedebla

Knete *f* ↑ ***Knetmasse***

kneten *tr Mehl, Muskeln, Teig* knedi *auch bei der Massage* (↑ *auch* ***durchkneten*** *u.* ***massieren***); ***etw. aus Ton*** ~ knedi ion el argilo; ***sie knetet den [Brot-] Teig mit der Hand*** ŝi knedas la [pan]paston per la mano

Kneten *n* knedado

Knetgestein *n Geol* ↑ ***Mylonit***

Knet|**haken** *m eines Rührgeräts od Teigkneters* knedhoko; ~**maschine** *f in Bäckereien* pastokneda maŝino; ~**massage** *f* knedmasaĝo; ~**masse** *f*, *umg* ***Knete*** *f zum Modellieren* modlopasto *od* kned[o]pasto (*vgl. dazu* ***Plastilin***); ~**trog** *m* knedotrogo

Knick *m gefaltete Stelle* fald[aĵ]o; *Wegbiegung* [vojo]kurbiĝo; ***die Straße macht dort einen*** ~ la strato tie kurbiĝas

knicken *tr Papier* faldi; *Zweig* fleksrompi (*vgl. dazu* ***abbrechen***) ◇ ***geknickt sein*** *bedrückt sein* esti afliktita; *entmutigt sein* esti senkuraĝigita

Knickerbocker[s] *Pl alt für «Kniebundhose»* kuloto, ĝisgenua pantalono [kiun oni striktigas sub la genuoj] (↑ *auch* ***Pluder- hose***)

knick[e]rig *Adj geizig* avara; *übertrieben sparsam* troŝparema (↑ *auch* ***knauserig***)

knickern *intr umg für «geizig sein»* esti avara (***mit*** pri)

Knickfuß *m* (Pes valgus) *Med* valga piedo

Knicks *m* riverenca genuflekso, [genufleksa] riverenco (↑ *auch* ***Hofknicks***); ***einen*** ~ ***vor jmdm. machen*** [genuflekse] riverenci antaŭ iu

Knidos (*n*) *Antike (eine dorische Stadt mit bekannter Ärzteschule)* Knido

Knie *n* (Genu) *Anat* genuo; *Tech* genuo, kubuto, kurbaĵo, *(Knierohr)* genutubo; *Krümmung* kurbiĝo; ***bis an die*** ~ *knietief bzw. bis zu den Knien reichend* ĝisgenua *od nachgest* ĝis la genuoj; ***mit zitternden*** (*od fam* ***schlotternden***) ~***n*** kun tremantaj genuoj, *auch* trem-genue; ***das*** (*od Pl* ***die***) ~ ***beugen*** genufleksi; ***auf die*** ~ ***fallen*** *od geh* ***in die*** ~ ***sinken*** fali sur la genuojn *(Zam) od* sinki sur la genuojn; ***auf den*** ~***n liegen*** kuŝi sur la genuoj, *auch* kuŝi [sur]genue; ***mein rechtes*** ~ ***ist steif*** mia dekstra genuo estas rigida (↑ *auch* ***Knieversteifung***); ***sich vor jmdm. auf die*** ~ ***werfen*** ĵeti sin sur la genuojn antaŭ iu; ***in die*** ~ ***zwingen*** surgenuigi (*vgl. dazu* ***unterwerfen***) ◇ ***etw. übers*** ~ ***brechen*** tro haste decidi ion

Knieankylose *f Med* ↑ ***Knieversteifung***

Kniearthrose *f Med* genua artrozo

Kniebank *f Kirche* ↑ ***Betstuhl***

Kniebeuge *f* ***a)*** *Sport* genuflekso; ***zehn*** ~***n machen*** dekfoje genufleksi ***b)*** *Anat* ↑ ***Kniekehle***

Knie[bund]hose *f* ĝisgenua pantalono <*früher von Adligen bzw. Lakaien getragen*>

(*vgl. dazu* ***Culotte***, ***Knickerbockers*** *u.* ***Pluderhose***)
knieend *Adj Stellung* genua
Kniefall *m* surgenuiĝo
kniefällig *Adv auf [den] Knien* surgenue
knieförmig *Adj* genuforma
Kniegeige *f Mus* ↑ ***Gambe***
Kniegelenk *n* ***a)*** *Anat* (Articulatio genu) genuartiko *od* genua artiko ***b)*** *auch* ***Kniestück*** *n Tech* genuo
Kniegelenk[s]|arthrose *od* ~**entzündung** *f*, *Fachspr* ***Gonarthrose*** *od* ***Gonarthritis*** *f Med* artrozo (*od* inflamo) de [la] genuartiko, genuartika artrozo (*od* inflamo), *(Fachspr)* gonartrito; ***tuberkulöse*** ~ (Tumor albus) blanka tumoro
Kniegelenkprellung *f Med* kontuzo de la genuartiko (↑ *auch* ***Knieprellung***)
Kniegicht *f Med* ↑ ***Gonagra***
Kniehebel *m Tech* kurba levumilo
kniehoch *Adj Schnee, Wasser* ĝisgenua; ***kniehohes Gras*** *n* herbo alta ĝis la genuo
Kniehose *f* ↑ ***Kniebundhose***
Kniekehle *f*, *umg auch* ***Kniebeuge*** *f* (Fossa poplitea) *Anat* genukavo, <*wiss*> poplita kavo; ***Region*** *f* ***der*** ~, <*wiss*> ***Poplitealregion*** *f* poplito
knielang *Adj*: ~***er Rock*** *m* ĝisgenua jupo
knien *intr* genui (***vor*** antaŭ), esti (*od* kuŝi) [sur]genue (↑ *auch* ***niederknien***); ***er kniet vor dem Altar*** li genuas antaŭ la altaro
Knie|prellung *f Med* kontuzo de genuo; ~**rohr** *n Tech* genutubo
Kniescheibe *f* (Patella) *Anat* genuosto, <*wiss*> patelo; ***zur*** ~ ***gehörig*** *bzw.* ***von der*** ~ ***ausgehend***, *Fachspr* ***patellar*** *Adj* patela
Kniescheibenband *n Anat* ↑ ***Patellasehne***
kniescheibenförmig 1. *Adj* pateloforma **2.** *Adv* pateloforme
Knie|scheibenreflex *m*, *auch* ***Kniesehnenreflex*** *m*, *fachsprachl.* ***Patellarsehnenreflex*** *m* (*Abk* ***PSR***) *Med* patela reflekso; ~**schmerz(en)** *m/(Pl)* genua doloro *od* doloro(j) en la genuo; ~**schoner** *od* ~**schützer** *m* genuŝirmilo; ~**strümpfe** *m/Pl* ĝisgenuaj ŝtrumpoj *Pl*
Kniestück *n Tech* ↑ ***Kniegelenk b)***
knietief *Adj* ĝis la genuoj *nachgest*; ~***er Schnee*** *m* neĝo ĝis la genuoj
Knie|verletzung *f z.B. beim Fußball* lezo de [la] genuo; ~**versteifung** *f*, *Fachspr* ***Knieankylose*** *f Med* ankilozo de [la] genuo
Kniff *m* ***a)*** *Kneifen* pinĉo; ***ein*** ~ ***in den Arm*** pinĉo je la brako ***b)*** *Falte* faldo; *etw. Umgebogenes* refaldaĵo ***c)*** *übertr (Trick)* truko, artifiko; *(List)* ruzaĵo; ~***e anwenden*** artifiki
kniff[e]lig *Adj schwer lösbar* malfacile solvebla; *schwierig* malfacila, plena de subtilaĵoj, [vere] malsimpla; *kompliziert* komplik[it]a; *heikel* delikata (↑ *auch* ***kritisch***, ***mühsam***, ***problematisch*** *u.* ***vertrackt***)
knipsen *tr umg: lochen, z.B. eine Fahrkarte* [pinĉ]trui; *umg auch für «fotografieren»* foti, kodaki
[1]**Knirps** *m* ***a)*** *kleiner Junge* etulo, bubeto ***b)*** *kleiner Mann, Zwerg* vireto, nano
[2]**Knirps®** *m*, *auch* ***Taschenschirm*** *m* kunŝovebla ombrelo
knirschen *intr harte Dinge, Radlager, Sand* grinci; *Schnee unter jmds. Schritten* knari; *Med (bei einem Knochenbruch)* krepiti; ***mit den Zähnen*** ~ grinci per la dentoj *od* grincigi la dentojn *([beide:] Zam)*
Knirschen *n* grincado (↑ *auch* ***Krepitation***)
knistern *intr Feuer* kraketi (↑ *auch* ***knacken***); *Papier beim Zerknüllen, Seidenstoffe* susuri
Knisterrascheln *n Med* ↑ *unter* ***Rasseln***
Knittel *m* ↑ ***Knüppel***
Knitter *m* ĉifaĵo; ***voller*** ~ plena de ĉifaĵoj
knitter|arm *Adj* malmulte ĉifiĝa; ~**fest** *od* ~**frei** *Adj Stoff, Kleid* ĉif-imuna *od* neĉifebla
knitt[e]rig *Adj voller Knitter* plena de ĉifaĵoj *nachgest*; *zerknittert* ĉifita; *Haut* faltohava (↑ *auch* ***faltig***); ***in*** ~***er Kleidung*** en ĉifitaj vestoj
knittern ***a)*** *tr* ĉifi; ***pass auf, dass du die Hose nicht knitterst*** atentu, ke vi ne ĉifu la pantalonon ***b)*** *intr knitterig werden* ĉifiĝi
knittrig ↑ ***knitterig***
Knobel *m reg für* ***Würfel*** [↑ *dort*]
Knobelbecher *m umg für «Würfelbecher»* ĵetkubujo
knobeln *intr* ***a)*** *mit Würfeln* ĵeti kubojn [por decidi kiu komencas *bzw.* kiu gajnas *u.a.*] (↑ *auch* ***würfeln***) ***b)*** *umg für «[lange] nachdenken» od «grübeln»* longe (*bzw.* streĉe) cerbumi (***bis*** ĝis; ***ob*** ĉu; ***über*** pri)
Knoblauch *m* (Allium sativum), *reg* ***Knobloch*** *od* ***Knofel*** *m Bot, Nahr* [nutra *od* kultiva] ajlo (↑ *auch* ***Schlangen-*** *u.* ***Schnittknoblauch***); ***wilder*** ~ *od* ***Bär[en]lauch*** *m* (Allium ursinum) ursa ajlo
knoblauchartig *Adj* ajleca
Knoblauch|brot *n Nahr* ajla pano; ~**geruch**

m odoro de (*od* je) ajlo; ~**öl** *n* ajlo-oleo; ~**presse** *f Hausw* ajlopremilo; ~**schwindling** *m*, *auch* ***Knoblauchpiz*** *od* ***Musseron*** *m* (Marasmius alliatus = Marasmius scorodonius) *Mykologie* ajla marasmio; ~**soße** *f Kochk* ajlosaŭco *od* ajla saŭco

Knoblauchsrauke *f* (*Gattung* Alliaria) *Bot* aliario (*vgl. dazu* ***Rauke***)

Knoblauch|suppe *f Kochk* ajlosupo; ~**zehe** *f* bulbero de ajlo, *auch* ajlero; ~**zwiebel** *f* bulbo de ajlo

Knobloch *m* ↑ ***Knoblauch***

Knöchel *m Anat (Finger~)* fingroartiko; *(Fuß~)* maleolo; ~**bruch** *m Med (Bruch des Fußgelenks)* frakturo (*od umg* rompiĝo) de [la] piedartiko

Knöchelchen *n*, *auch* ***Knöchlein*** *n kleiner Knochen* osteto (↑ *auch* ***Gehörknöchelchen***)

Knöchel|fraktur *f Med* frakturo de la maleolo; ~**gelenk** *n*, *auch* ***oberes Sprunggelenk*** *n* (Articulatio talocruralis) *Anat* maleola artiko

Knochen *m* osto (↑ *auch* ***Backen-***, ***Becken-***, ***Kiefer-***, ***Mark-***, ***Naht-***, ***Rippen-*** *u.* ***Schädelknochen***) ◇ ***nass*** (*od* ***durchweicht***) ***bis auf die*** ~ malsek[igit]a ĝis la ostoj; ***er ist nur noch Haut und*** ~ restas al li nur la haŭto sur la ostoj; ***die Kälte in den*** ~ ***spüren*** senti la malvarmon en la ostoj

Knochenabbauzelle *f Anat* ↑ ***Osteoklast***

knochen|ähnlich *Adj* ostosimila; ~**artig** *Adj* osteca (↑ *auch* ***knöcherig***)

Knochenbau *m Anat* osta strukturo

Knochenbildner *m/Pl Physiol* ↑ ***Osteoblasten***

Knochenbildung *f Physiol* ↑ ***Ossifikation***

Knochenbildungszelle *f Anat* ↑ ***Osteoblast***

Knochen|bruch *m Med (Fraktur)* ostoromp[iĝ]o, frakturo; ~**brüchigkeit** *f Med (erhöhte Frakturanfälligkeit des Knochengewebes [z.B. bei Osteoporose])* ostorompiĝemo, *Fachspr meist* ostofragileco; ~**brühe** *f Kochk* ostobuljono; ~**chirurgie** *f Med* ostokirurgio

Knochendichte *f* ostodenseco; ~**messung** *f Med* mezurado de la ostodenseco, *auch* ostodensometrio

Knochenentzündung *f pop für* ***Knochengewebsentzündung*** [↑ *dort*]

Knochen|erkrankung *f*, *auch* ***Knochenleiden*** *n*, *Fachspr* ***Osteopathie*** *f Med* osta malsan[iĝ]o, *(Fachspr)* osteopatio; ~**erweichung** *f*, *Fachspr* ***Osteomalazie*** *f Med* ostomoliĝo, *(Fachspr)* ostomalacio; ~**fische** *m/Pl* (*Klasse* Osteichthyes) *Ichth* ostofiŝoj *od* ostaj fiŝoj *Pl*; (Teleostei) teleosteoj *Pl* (↑ *auch* ***Riemenfisch***); ~**fraß** *m Med pop* putra difektiĝo de osto (*vgl. dazu* ***Karies***)

Knochenfuge *f Anat* ↑ ***Symphyse*** *u.* ***Synarthrose***

Knochengerüst *n* skeleto, ostaro

Knochengeschwulst *f Med* ↑ ***Osteom***

Knochen|gewebe *n Anat* osta histo; ~**gewebsentzündung** *f*, *Fachspr* ***Ostitis*** *od* ***Osteitis*** *f Med* inflamo de [la] osta histo, *(Fachspr)* ostito

knochenhart *Adj* fortika (*od* dura) kiel osto (↑ *auch* ***knüppelhart***)

Knochenhaus *n* = ***Beinhaus***

Knochenhaut *f*, *Fachspr* ***Periost*** *n Anat (derbe Bindegewebshaut, die den Knochen umgibt)* periosto; ~**entzündung** *f*, *Fachspr* ***Periostitis*** *f Med* inflamo de la periosto, <*wiss*> periostito (*vgl. dazu* ***Periostose***)

Knochen|hecht *m* (*Gattung* Lepisosteus) *Ichth* lepisosteo *[Vorkommen in Amerika]*; ~**job** *m umg für «besonders anstrengende Arbeit»* terure streĉa [kaj peniga] laboro; ~**kohle** *f eine Aktivkohle* karna karbo; ~**krebs** *m Med* osta kancero, kancero de la osta histo

Knochenleiden *n* ↑ ***Knochenerkrankung***

Knochenleim *m* osta gluo

Knochenmark *n* (Medulla ossium) *Anat* [osta] medolo, *(Rückenmark [Medulla spinalis])* mjelo; ***gelbes*** ~, *auch* ***Fettmark*** *n* (Medulla ossium flava) flava [osta] medolo

knochenmark|ähnlich *od* ~**artig**, *Fachspr* ***myeoloid*** *Adj Zytologie* medolosimila, *(Fachspr)* mjeloida

Kochenmark|entzündung *f*, *Fachspr* ***Osteomyelitis*** *f Med* inflamo de la osta medolo, *(Fachspr)* [osto]medolito; ~**leiden** *n*, *Fachspr* ***Myelopathie*** *f Med* medolopatio; ~**spender** *m* donanto de osta medolo; ~**transplantation** *f Chir* greft[ad]o de osta medolo

Knochen|mehl *n* ost[odeven]a faruno <*als Düngemittel bzw. Beifutter für Tiere*>; ~**meißel** *m Chir, Zahnmedizin* ostoĉizilo; ~**naht** *f Anat* [osta] suturo; ~**nekrose** *f*, *Fachspr* ***Osteonekrose*** *f Med* ostonekrozo (↑ *auch* ***Iselin-Krankheit***); ~**neubildung** *f Physiol (neu gebildeter Knochen)* osta novform[it]aĵo, *nach Frakturen auch* kaluso; ~**säge** *f Chir* ostosegilo

Knochenschaft *m Anat* ↑ ***Diaphyse***
Knochenschmerz(en) *m/(Pl), Fachspr Med* ***Ostealgie*** *f* ostodoloro(j) *(Pl), Fachspr* ostalgio
Knochenschwund *m Med* ↑ ***Osteoporose***
Knochen|splitter *m* ostosplito *od* splito de osto, *auch* ostero; ~**substanz** *f* ostosubstanco; ~**transplantation** *f Chir* greftado de osto(j) (*bzw.* ostopartoj)
knochentrocken *Adj* sekega
Knochen|tuberkulose *f Med* osta tuberkulozo; ~**tumor** *m Med* ostotumoro (↑ *auch* ***Osteoblastom***, ***Osteofibrom*** *u.* ***Osteosarkom***); ~**wachstum** *n Physiol* kreskado de la ostoj; ~**zange** *f Chir* ostotomo; ~**zyste** *f Med (Knochendefekt mit zystischer Hohlraumbildung)* ostokisto
knöch[e]rig *Adj knochenartig*
knöchern *Adj* osteca; *aus Knochen* el osto(j); *wie Knochen* kiel osto(j) (*vgl. dazu* ***dürr*** *u.* ***mager***); ***er hat ~e Finger*** li havas ostecajn fingrojn
knochig *Adj knöchern* osteca; *mit vielen Knochen* mult-osta; *mit starken Knochen* fort-osta; *mit hervortretenden Knochen* kun elstaraj ostoj
Knöchlein *n* ↑ ***Knöchelchen***
Knock-out *od* **Knockout** [*nɔk'aut*] *m* (*Abk* ***K.o.***) *Boxen* nokaŭto (↑ *auch* ***K.o.***)
Knock-out-Schlag *m Boxen* nokaŭt-bato *auch übertr*
knöchrig ↑ ***knöcherig***
Knödel *m Kochk* ***a)*** *reg für «Kloß»* bulo *bzw. für «Klops»* [↑ *dort*] ***b)*** *tschechischer Semmel*≗ knedliko
Knofel *m Bot, Nahr* ↑ ***Knoblauch***
Knöllchen *n* bulbeto; ~**bakterien** *f/Pl*, <*wiss*> ***Rhizobien*** *n/Pl* (*Gattung* Rhizobium) *Bakt* nodetaj bakterioj *Pl*, <*wiss*> rizobiaj bakterioj *Pl* (↑ *auch* ***Azotobacter***); ~**steinbrech** *m* (Saxifraga granulata) *Bot* bulba saksifrago
Knolle *f od (bes. reg)* **Knollen** *m Bot* tubero, *(Zwiebel einer Blume od anderer Pflanzen)* bulbo (↑ *auch* ***Fenchelknolle***)
Knollenbegonie *f* (Begonia × tuberhybrida) *Bot* tubera begonio
Knollenblätterpilz *m Mykologie (allg Bez)* bulba amanito (*vgl. dazu* ***Wulstling***); ***gelber*** ~ (Amanita citrina) citronkolora amanito; ***grauer*** ~, *auch* ***grauer*** (*od* ***gedrungener***) ***Wulstling*** *m* (Amanita spissa) dikstipa amanito; ***grüner*** ~ (Amanita phalloides) verdĉapela (*od* <*wiss*> faloida) amanito; ***[Familie der]*** ~***e*** *m/Pl* (Amanitaceae) amanitacoj *Pl*
Knollenblätterpilzgift *n* ↑ ***Amanitin***
Knollen|fenchel *m* (Foeniculum vulgare var. azoricum) bula fenkolo; ~**früchte** *f/Pl*, *Landw* ***Hackfrüchte*** *f/Pl* radikfruktoj *Pl*; ~**gewächs** *n Bot* radikfrukta planto
Knollenhahnenfuß *m Bot* ↑ *unter* ***Hahnenfuß***
Knollen|nase *f* bulboforma nazo; ~**petersilie** *f* (Petroselinum crispum subsp. tuberosum), *auch* ***Petersilienwurzel*** *f Bot, Gewürz* radikpetroselo; ~**platterbse** *f* (Lathyrus tuberosus) *Bot* tubera latiro; ~**sellerie** *f, auch* ***Wurzelsellerie*** *m* tubercelerio
knollentragend *Adj Bot* tuberhava
knollig *Adj* tuber[hav]a, bulb[ohav]a; *zwiebelförmig* bulboforma (↑ *auch* ***höckerig*** *u.* ***tuberös***)
Knopf *m* ***a)*** *an der Kleidung* butono (↑ *auch* ***Druck-***, ***Glas-***, ***Hemd[en]-***, ***Hosen-***, ***Kragen-***, ***Manschetten-*** *u.* ***Perlmuttknopf***); *einer Stecknadel* kap[et]o (*vgl. dazu* ***Kuppe***); *an einem Degen od Stock* pomelo (*vgl. dazu* ***Knauf***); *Schalt*≗ ŝalt[o]butono (↑ *auch* ***Klingel-***, ***Kontakt-***, ***Start-*** *u.* ***Stellknopf***); ***ein ~ ist abgegangen*** (***abgerissen***) butono deiĝis (deŝiriĝis); ***einen ~ drücken*** premi butonon; ***bitte näh mir [mal] den ~ an meine Jacke*** bonvolu alkudri por mi ĉi tiun butonon al mia jako ***b)*** <*österr*> *auch für «Knoten»* nodo; ***einen ~ in den Faden machen*** fari (*od* ligi) nodon en la fadeno
Knopfblässhuhn *n Orn*: ***[amerikanisches]*** ~ (Fulica americana) amerika fuliko
Knopfblume *f Bot* ↑ ***Wiesenflockenblume***
Knöpfchen *n*, *auch* ***Knöpflein*** *n* butoneto (*vgl. dazu* ***Kuppe***)
Knopfdruck *m* butonpremo
knöpfen *tr* buton[um]i (↑ *auch* ***aufknöpfen***)
Knopfhaken *m*, *auch* ***Stiefelknöpfer*** *m* butonumhoko
Knopfkraut *n Bot* ***a)*** *auch* ***Franzosenkraut*** *n* (*Gattung* Galinsoga) galinsogo; ***behaartes*** ~ (Galinsoga ciliata) hara galinsogo; ***kleinblütiges*** ~ (Galinsoga parvifolia) malgrandflora galinsogo ***b)*** (*Gattung* Scabiosa) ↑ ***Skabiose***
Knöpfle *u.* **Knöpfli** *Pl Nahr* ↑ ***Spätzle***
Knöpflein *n* ↑ ***Knöpfchen***
Knopfloch *n* butontruo; ~**inzision** *f Chir* butontrua incizo; ~**mikrofon** *n Elektroakustik*

butontrua mikrofono

Knöpfschuh *m Schuh, der mit Knöpfen geschlossen wird* butonŝuo

Knopfzelle *f El* butonĉelo <*z.B. für Uhren*>

Knorpel *m* (Cartilago) *Anat* kartilago (↑ *auch* ***Faser-***, ***Gelenk-***, ***Kehlkopf-***, ***Nasen-***, ***Ring-*** *u.* ***Rippenknorpel***)

Knorpel|aufbau *m* formiĝo de kartilago (*od* kartilaga histo), *fachsprachl.* kondrogenezo; ~**bildungszellen** *f/Pl Anat* kondroblastoj *Pl*; ~**entzündung** *f*, *Fachspr* ***Chondritis*** *f Med* inflamo de kartilago, kondrito <*bes. bei Typhus u. Paratyphus*>; ~**fische** *m/Pl* (*Klasse* Chondrichthyes) *Ichth* kartilagofiŝoj *Pl*; ~**gewebe** *n Anat* kartilaga histo

knorp[e]lig, *auch* ***knorpelartig***, *Fachspr Med* ***kartilaginär*** *Adj aus Knorpel bestehend* kartilag[ec]a, konsistanta el kartilago

Knorpelkraut *n* (*Gattung* Polycnemum) *Bot* poliknemo

Knorpelmöhre *f Bot* ↑ ***Ammi***

Knorpelplastik *f Chir* ↑ ***Chondroplastik***

Knorpelresektion *f Chir* ↑ ***Chondrektomie***

Knorpelsarkom *n Med* ↑ ***Chondrosarkom***

Knorpel|überzug *m Anat* tegaĵo de kartilago; ~**zelle** *f Anat* kartilaga ĉelo

knorplig ↑ ***knorpelig***

Knorren *m im Holz* nodo (↑ *auch* ***Astknorren***); *Auswuchs* tubero; ***voll[er]*** ~ tuberplena

knorrig *Adj voller Knorren* plena de tuberoj; *astig (Holz)* nodohava *od* nodoplena

Knospe *f Bot* burĝono (↑ *auch* ***Achsel-***, ***Adventiv-***, ***Blatt-***, ***Blüten-***, ***End-***, ***Rosen-*** *u.* ***Sprossknospe***); ***die Pflanzen sind noch in der*** ~ *sind noch nicht aufgeblüht* la plantoj estas ankoraŭ en [stato de] burĝonado

knospen *intr* burĝoni *auch übertr*; ***zu*** ~ ***beginnen*** ekburĝoni (↑ *auch* ***sprießen***)

Knospen *n od* **Knospung** *f Bot* burĝonado

Knospendeckung *f Bot* ↑ ***Ästivation***

Knospen|lage *f Bot (Anlage od Faltung der Blätter in den Knospen)* vernacio (*vgl. dazu* ***Ästivation***); ~**ruhe** *f Bot* burĝona ripozo

Knospensporen *f/Pl Mykologie* ↑ ***Blastosporen***

Knospenzwiebel *f*, *Fachspr* ***Bulbille*** *f Bot ([oberirdische] Brutzwiebel)* bulbilo

Knospung *f Bot* ↑ ***Knospen***

Knossos (*n*) *Antike (Hptst. des minoischen Kreta [südlich von Heraklion])* Knoso

Knötchen *n* ***a)*** *kleiner Knoten* nodeto *auch Anat od Med* (↑ *auch* ***Akneknötchen*** *u.* ***Papel***); ~**flechte** *f* (Lichen ruber planus) *Med (eine Dermatomykose)* liĥeno

knoten *tr* nodi; *schnüren* ŝnurumi (↑ *auch* ***binden a)*** *u.* ***verknoten***)

Knoten *m* ***a)*** *in Garn, Schnur u. dgl.* nodo (↑ *auch* ***Chirurgen-***, ***Fischer-***, ***Schifferknoten*** *u.* ***Tuber***) *auch Anat, Bot u. Geom (Knotenpunkt)*; *Bot (Halmknoten)* nodo de tigo; *Höcker, Knorren* tubero (↑ *auch* ***Astknoten***); *Med* nodaĵo (*vgl. dazu* ***Gicht-*** *u.* ***Rheumaknoten***); *Haar*$^{\underline{2}}$ hartubero; *im Drama* intrigo; ***voller*** ~ nodoplena *od nachgest* plena de nodoj; ***einen*** ~ ***aufmachen*** (*od* ***lösen***) malligi nodon; ***der*** ~ ***ist aufgegangen*** la nodo malligiĝis (*od auch* disvolviĝis); ***einen*** ~ ***machen*** (*od* ***knüpfen***) fari (*od* ligi) nodon (***in*** en); ***einen*** ~ ***zuziehen*** streĉi nodon ***b)*** (*Abk* ***kn***) *Mar (Seemeile pro Stunde)* nodo; ***eine Geschwindigkeit von 30*** ~ ***in der Stunde*** *Mar* rapideco de 30 nodoj [hore (*od* en horo)] ***c)*** *Astron*: ***absteigender*** (***aufsteigender***) ~ descenda (ascenda) nodo ***d)*** *Theat: Wendepunkt, Verwicklung im Drama* nodo ***e)*** *Fachspr Bot* ↑ ***Nodus*** ***f)*** *Verk* = ***Knotenpunkt*** ***g)*** <*österr*> ↑ ***Knopf b)***

knotenartig *Adj höckerartig* tubereca

Knoten-Beinwell *m Bot* ↑ *unter* ***Beinwell***

Knotenblume *f* (*Gattung* Leucojum) *Bot* leŭkojo (↑ *auch* ***Märzenbecher*** *u.* ***Sommerknotenblume***)

Knotenbraunwurz *f Bot* ↑ *unter* ***Braunwurz***

Knotenfilariose *f Med* ↑ ***Onchozerkose***

knotenförmig *Adj* nodoforma

Knoten|lepra *f* (Lepra tuberosa) *Med* tubera lepro; ~**punkt** *m Verk* kruciĝa punkto, kruciĝejo, nodo; *Eisenbahn*$^{\underline{2}}$ fervoja nodo; *Geom (Punkt, an dem sich die Linien eines Diagramms treffen od von dem aus sie sich verzweigen)* nodo; ~**rose** *f* (Erythema nodosum *od* Erythema contusiforme) *Med* noda eritemo; ~**schnur** *f*, *auch* ***Quipu*** [*ˈkipu*] *n Ethn (Knotenschnur der Inkas)* kipuo; ~**stock** *m* nodbastono, *auch* tubera bastono; ~**storchschnabel** *m* (Geranium nodosum) *Bot* noda geranio; ~**struma** *f* (Struma nodosa [multiplex]) *Med* nodohava (*od Fachspr* nodoza) strumo

Knöterich *m* (*Gattung* Polygonum) *Bot* poligono (↑ *auch* ***Ampfer-***, ***Orient-***, ***Schlangen-***, ***Stauden-***, ***Vogel-***, ***Wasser-*** *u.* ***Windenknöterich***); ***kleiner*** ~ (Polygonum minus) malgranda poligono; ***milder*** ~ (Polygonum mite) milda poligono; ***pfirsichblättriger*** (*od*

gemeiner) *~, auch* ***Flohknöterich*** *m, reg* ***Flohkraut*** *n* (Polygonum persicaria) persika poligono; ***wohlriechender*** *~* (Polygonum odoratum) odora poligono

Knöterichgewächse *n/Pl*: ***[Familie der]*** *~ Pl* (Polygonaceae) *Bot* poligonacoj *Pl*

knotig *Adj* ***a)*** *mit Knoten versehen* nodohava; *voller Knoten* nodoplena, *nachgest* plena de nodoj ***b)*** *knorrig* plena de tuberoj, *(Holz)* nodohava

Knotigkeit *f* nod[oplen]eco (↑ *auch* ***Nodositas***)

knuddeln *tr*: ***ein kleines Kind*** *~* karese ĉirkaŭbraki kaj kis[ad]i infaneton

Knuff *m leichter Stoß mit der Faust* puŝeto per la pugno

knüllen *tr Papier* ĉifi (↑ *auch* ***knautschen*** *u.* ***zerknüllen***)

Knüller *m umg* furoraĵo (↑ *auch* ***Clou***, ***Hit*** *u.* ***Sensation***)

knüpfen *tr knoten* nodi; *zusammenbinden* ligi *auch übertr*; ***eine Frage knüpfte sich an das Gespräch*** lige al la [inter]parolado sekvis (*od* ekestis) demando; ***daran*** *~* ***sich schöne Erinnerungen*** al tio ligiĝas belaj [re]memoroj; ***große Erwartungen an etw.*** *~* ligi grandajn ekspektojn al io

Knüpfteppich *m* nodotapiŝo

Knüppel *m* ***a)*** *dial auch* ***Knittel*** *m* bastonego, dika [kaj forta] bastono (↑ *auch* ***¹Prügel***); *Keule* klabo ◇ ***jmdm.*** *~* ***zwischen die Beine werfen*** ĵeti al iu bastonon en la radon *(Zam)*, *jmdm. Steine in den Weg legen* meti al iu trabojn sur la vojon *(Zam)* ***b)*** *Steuer*~ stirstango

Knüppeldamm *m aus Holzknüppeln gebauter Weg in einem Sumpfgebiet* ŝtipvojo [en marĉa tereno]

knüppelhart *Adj umg für «sehr hart»* ekstreme malmola (↑ *auch* ***knochenhart***)

Knüppelholz *n, auch* ***Rundlinge*** *m/Pl* bastonligno

knurren *intr Tier* murmur[eg]i, *(Hund)* graŭli (↑ *auch* ***brummen***); *übertr: vor sich hin brummen* grumbli (***über*** pri); ***mir knurrt der Magen*** en mia ventro murmuras

Knurrhahn *m* (*Gattung* Trigla) *Ichth (eine Gattung der Stachelflosser)* triglo (*vgl. dazu* ***Seekuckuck***); ***grauer*** *~* (Trigla gurnardus) gurnardo; ***roter*** *~* (Trigla corax) ruĝa triglo *[Vorkommen: Ostatlantik]*; ***[Familie der] Knurrhähne*** *Pl* (Triglidae) trigledoj *Pl*

knurrig *Adj Person* grumblema

knusp[e]rig *Adj Gebäck* kraketanta

knuspern ***a)*** *tr* krakete manĝi ***b)*** *intr* [krakete] mordeti (***an etw.*** ion) (*vgl. dazu* ***knabbern***)

Knut (*m*) *Eig männl. Vorname* Knuto *auch Name mehrerer Könige von Dänemark*

Knute *f kurze [russische] Riemenpeitsche* knuto (↑ *auch* ***Ochsenziemer*** *u.* ***Peitsche***)

knutschen *tr* suĉe kis[ad]i, longe (*od* intense) ĉirkaŭbraki kaj kisi (***jmdn.*** iun)

Knutschfleck *m* suĉmarko, *auch* kismakulo; ***sie hat einen*** *~* ***am Hals*** ŝi havas suĉmarkon sur la kolo

Knutt *m Orn* ↑ ***Küstenstrandläufer***

k.o. = *Abk für* ***knock[ed] out*** *Boxen* nokaŭtita; *umg für «völlig erschöpft»* totale (*od* plen[plen]e) elĉerpita; ***jmdn.*** *~* ***schlagen*** *Boxen* nokaŭti iun *auch i.w.S.*

K.o. = *Abk für* ***Knock-out*** (*vgl. dazu* ***K.-o.-Schlag*** *u.* ***K.-o.-Sieg***); ***technischer K.o.*** teknika nokaŭto

Koadjutor *m kath. Kirche (Amtsgehilfe [eines katholischen Geistlichen, bes. eines Bischofs]) koadjutoro*

Koagulans *n* (*Pl*: ***Koagulantia*** *od* ***Koagulanzien***) *Med, Pharm (die Blutgerinnung förderndes Mittel)* koagulanto (*vgl. dazu* ***Antikoagulans***)

Koagulat *n Chem (Geronnenes)* koagulaĵo

Koagulation *f bes. Chem* koaguliĝo

koagulieren *intr Chem, Med* koaguliĝi

Koagulopathie *f Med* ↑ ***Gerinnungsstörung***

Koagulum *n Med* ↑ ***Gerinnsel***

Koala *m, auch* ***[australischer] Beutelbär*** *m* (Phascolarctos cinereus) *Zool* koalo

koalieren *intr Parl, Pol* koalicii (***mit*** kun)

Koalition *f Parl, Pol* koalicio (↑ *auch* ***Antihitler-*** *u.* ***Regierungskoalition***); ***große*** (***kleine***) *~* granda (malgranda) koalicio; ***eine*** *~* ***bilden*** ligi koalicion, koalicii (***mit*** kun); ***sich aus der*** *~* ***zurückziehen*** retiriĝi el la koalicio

Koalitions|freiheit *f* libereco formi koalicion; ~**partei** *f* koalicia partio; ~**partner** *m* koalicia partnero; ~**programm** *n* koalicia programo; ~**recht** *n* rajto formi koalicion; ~**regierung** *f* koalicia registaro; ~**verhandlungen** *f/Pl Parl* koaliciaj intertraktadoj *Pl*; ~**vertrag** *m* koalicia kontrakto

koaxial *Adj* samaksa

Koaxialkabel *n El* samaksa kablo

Koazervate *n/Pl Chem (Kolloidkonglome-*

rate: in Kolloiden in wässriger Lösung spontan zusammentretende tröpfchenförmige Gebilde mit membranöser Oberfläche ähnlich einer lebenden Zelle) koacervatoj *Pl*

Kobalt *n, fachsprachl.* ***Cobalt*** *n (Symbol* ***Co****) Chem* kobalto

kobaltblau *Adj* kobaltblua

Kobalt|blau *n* kobaltbluo *auch Künstlerfarbe*; ~**bombe** *f Mil* kobaltbombo

Kobaltglas *n od* **Kobaltschmelze** *f* ↑ ***Schmalte***

Kobalt|kanone *f umg für ein Bestrahlungsgerät in der Isotopentherapie* kobaltkanono (*eigtl* = kobalt-radiada aparato); ~**therapie** *f Med (Radiologie)* kobaltterapio

Kobe (*n*) *eine jap. Hafenstadt [auf Hondo an der Inlandsee]* Kobeo

Kobel *m Eichhörnchennest* nesto [de sciuro] (↑ *auch* ***Taubenkobel***)

Koben *m Schweine≃* [malgranda] porkostalo

Koblenz (*n*) *eine Stadt im nördlichen Rheinland-Pfalz* Koblenco

Kobo *m kleine Währungseinheit in Nigeria* kobo (*vgl. dazu* ***Naira***)

Kobold *m Myth (böser Erdgeist)* koboldo (*vgl. dazu* ***Gnom*** *u.* ***Zwerg a)***; ↑ ***Erd-, Haus-*** *u.* ***Waldgeist***); ~**maki** *m, auch* ***Gespenstaffe*** (Tarsius tarsius) *eine Halbaffenart in Indonesien u. auf den Philippinen* tarsio (*vgl. dazu* ***[2]Lori***; ↑ *auch* ***Philippinen-*** *u.* ***Sunda-Koboldmaki***); ~**streich** *m* koboldaĵo

Kobra *f, auch* ***Brillenschlange*** *f* (Naja naja = Naja tripudians) *Zool* kobro (↑ *auch* ***Kap-, Königs-*** *u.* ***Speikobra***)

Kobsa *od* **Kobza** *f Mus (ein lautenartiges Volksmusikinstrument tatarischen Ursprungs)*; ~**spieler** *m, auch* ***Kobsar*** *m ukrainischer Volkssänger, der seinen Gesang auf der Kobsa begleitet* kobzoludanto, *auch* kobzaro

[1]Koch *m* kuiristo (↑ *auch* ***Chef-, Leib-, Meister-, Schiffs-*** *u.* ***Sternekoch***); ***ein mieser*** (*od* ***schlechter***) ~ fuŝkuiristo ◇ ***[zu] viele Köche verderben den Brei*** tro da kuiristoj kaĉon difektas *(Zam)*

[2]Koch *n reg u.* <*österr*> *Brei, Mus* kaĉo; *Erdäpfel≃* ↑ *unter* ***Kartoffelbrei***

Koch|apparat *m* kuiraparato; ~**buch** *n* kuirlibro

kochen *tr* ***a)*** *auch abs* kuiri (↑ *auch* ***zubereiten***); *abkochen, z.B. Milch* boligi; ***das Essen*** ~ kuiri la manĝo(j)n; ***Kaffee*** (***Tee***) ~ fari kafon (teon); ***Wasser*** ~ *abkochen* boligi akvon; ***meine Mutter kann gut*** ~ mia patrino estas bona kuiristino ***b)*** *intr sieden* boli *auch übertr* (↑ *auch* ***wallen***); ***Wasser kocht bei 100 Grad*** akvo bolas je temperaturo de 100 gradoj ◇ ***vor Wut*** ~ boli pro (*od* de) koler[eg]o; ***es kocht in mir*** *ich bin wütend* bolas kolero en mia koro; *ich bin höchst erregt* mi estas en stato de forta ekscitiĝo

Kochen *n als Zubereitungsart von Speisen* kuirado; *Sieden* bolado

kochend *Adj*: ~***es Wasser*** *n* bolanta akvo; ***in*** ~***es Wasser tauchen*** trempi en bolantan akvon

Kocher *m allg* kuirilo (↑ *auch* ***Eier-, Elektro-, Gaskocher, Kochapparat, Kochplatte, Reis-, Spiritus-*** *u.* ***Wasserkocher***)

Köcher *m für Pfeile* sagujo; ~**baum** *m, Trivialname [Afrikaans]* ***Kokerboom*** (Aloe dichotoma) saguja arbo *[Vorkommen: Namibia u. in der südafrik. Provinz Nordkap]*

Kocherei *f* kuirado

Köcherfliegen *f/Pl Ent*: ***[Ordnung der]*** ~ (Trichoptera) triĥopteroj *Pl*, *auch* trikopteroj *Pl* (*vgl. dazu* ***Frühlingsfliegen***)

kochfertig *Adj* preta por kuiri *nachgest*

Koch|fleisch *n* viando por kuirado; ~**geschirr** *n* ***a)*** <*schweiz*> ***Gamelle*** *f aus Blech (bes. Mil)* gamelo ***b)*** *i.w.S. Küchengeschirr (einzelnes)* kuirvazo, *(in der Gesamtheit)* kuirvazaro; ~**herd** *m* fornelo, *auch* kuirforno; *Elektroherd* elektra fornelo

Köchin *f* kuiristino

Koch|kessel *m* kaldrono [por kuiri]; ~**kiste** *f* kuirkesto; ~**kunst** *f* kuirarto; ~**kurs** *m* kurso pri kuirado; ~**löffel** *m* kuirkulero; ~**messer** *n* kuirista tranĉilo (↑ *auch* ***Küchenmesser***); ~**mütze** *f* kuirista ĉapo; ~**nische** *f* kuirniĉo; ~**platte** *f El* kuirplato (↑ *auch* ***Induktionskochfeld***); ~**rezept** *n* kuirrecepto; ~**salz** *n* [kuir]salo

Kochsalzlösung *f Pharm*: ***physiologische*** ~ (Solutio natrii chlorati physiologica) fiziologia solvaĵo de natria klorido; ***sterile isotone*** ~ sterila izotona solvaĵo de natria klorido

Koch|schinken *m Nahr* kuirita ŝinko; ~**topf** *m*, <*österr*> *u. reg auch* ***Rein*** *f bzw.* ***Reindl*** *n (flacher Kochtopf)* kuirpoto (↑ *auch* ***Schnellkochtopf***); ~**wasser** *n* akvo, en kiu legomo estis bolita; ~**wettbewerb** *m* kuirkonkurso; ~**zeit** *f* kuirdaŭro

Kode *m* ↑ ***Code***

Kodein *n*, *auch* **Codein** *n Chem, Pharm (ein Beruhigungsmittel)* kodeino

Köder *m* logaĵo (↑ *auch* ***Angelköder***), *i.w.S. auch* logilo

ködern *tr*: ***jmdn. mit etw.*** ~ [ruze] allogi iun per io (↑ *auch* ***anlocken***)

Köderwurm *m* ↑ *unter* ***Sandwurm***

Kodex *m **a)** auch* ***Codex*** *m Buchw (mittelalterliche Handschrift)* kodekso; ***Codex Argenteus*** *gotische Bibelhandschrift des Wulfila in silberverziertem Einband* Arĝenta Kodekso; ***Codex Sinaiticus*** Sinaja Kodekso ***b)*** *Jur (Gesetzbuch)* kodo

Kodiakbär *m* (Ursus [arctos] middendorffi) *Zool* kodiak-urso *od* kodiaka urso *<größte Unterart des Braunbären> [Vorkommen: auf der Kodiak-Insel u. benachbarten Inseln vor der Südküste Alaskas]*

kodieren ↑ ***codieren***

Kodierer *m*, *auch* ***Kodiereinrichtung*** *f* ↑ ***Codierer***

Kodierung *f* ↑ ***Codierung***

Kodierungsverfahren *n* metodo de kodado

Kodifikation *od* **Kodifizierung** *f Zusammenstellung zu einem Gesetzbuch* kodigo

kodifizieren *tr Jur (zu einem Gesetzbuch zusammenstellen)* kodigi

Kodifizierung *f* ↑ ***Kodifikation***

Kodizill *n Jur (Nachtrag od Zusatz zu einem Testament)* kodicilo

Kodon *n Genetik* = ***Codon***

Koeffizient *m 1. Math (Multiplikator der veränderlichen Größe[n] einer Funktion) 2. Phys (kennzeichnende Größe)* koeficiento (↑ *auch* ***Ausdehnungs-***, ***Binomial-***, ***Reflexions-***, ***Regressions-***, ***Reibungs-*** *u.* ***Temperaturkoeffizient***)

Koël *m* (Eudynamis scolopaceus) *Orn (eine australische Kuckucksart)* koelo

Koenzym *n*, *alt* ***Koferment*** *n Biochemie, Biol* kunenzimo, *alt* kunfermento

Koevolution *f Biol* kunevoluo

Koexistenz *f bes. Pol* kunekzist[ad]o; ***friedliche*** ~ paca kunekzistado

koexistieren *intr* kunekzist[ad]i

Koferment *n* ↑ ***Koenzym***

Koffein *n*, *auch* ***Coffein*** *n* kafeino

koffein|frei *Adj* senkafeina; ~**haltig**, *<österr>* ***koffeinhältig*** *Adj* kafeinhava, *nachgest* enhavanta kafeinon

Koffer *m großer [stabiler] Reise~ (bes. hist)* kofro; *Hand~* valizo (*vgl. dazu* ***Gepäck***; ↑ *auch* ***Leder-***, ***Luft-***, ***Metall-***, ***Muster-*** *u.* ***Rollkoffer***); ***öffnen Sie bitte Ihren ~!*** *Zoll* bonvolu malfermi vian valizon!

Kofferanhänger *m* kofra (*bzw.* valiza) etiketo

Köfferchen *n* valizeto

Kofferdamm *m Mar (schmale, leere Zelle zw. zwei voneinander sicher zu trennenden Räumen auf Schiffen)* koferdamo

Koffer|empfänger *m od* ~**radio** *n* portebla ricevilo (*od* radioaparato); *Transistorradio* transistora ricevilo; ~**raum** *m* pakaĵujo [de aŭto]; ~**tonbandgerät** *n* portebla magnetofono; ~**verschluss** *m* fermilo de kofro (*bzw.* valizo); ~**wort** *n*, *auch* ***Schachtelwort*** *n Ling (Neuwort aus Verschmelzung zweier Wörter)* kofrovorto *z.B.* ***Brunch*** *aus* ***Breakfast*** + ***Lunch*** [↑ *dort*]

Kogge *f Mar hist (hochbordiges bauchiges Handels- u. Kriegsschiff der Hanse; weit verbreiteter Segelschiffstyp ab dem 13. Jh.)* kogo

Kognak *m* konjako; ~**glas** *n* konjakglaso; ~**schwenker** *m* konjakpelveto

Kognat *m bes. Jur (Verwandter, der nicht der männl. Linie entstammt [Ggs: Agnat])* kognato

Kognition *f Phil (Erkennen od Wahrnehmung [als Phänomen od Handlung])* kogno, *[als Prozess]* kognado

Kognitionswissenschaft *f Erforschung bewusster u. potenziell bewusster Vorgänge* kognoscienco

kognitiv *Adj erkenntnismäßig bzw. die Erkenntnis betreffend od auf ihr beruhend* kogna; ~***e Psychologie*** *f* kogna psikologio

kohärent *Adj Opt, Phil* kohera *auch i.w.S.*

Kohärenz *f Opt* koher[ec]o

Kohärer *m*, *auch* ***Fritter*** *m El (heute veralteter Empfänger im Bereich der drahtlosen Telegrafie)* koherilo (↑ *auch* ***Quecksilberkohärer***)

kohärieren *intr Phys (Kohäsion zeigen)* koheri (*vgl. dazu* ***zusammenhängen***)

Kohäsion *f Phys (molekulare Anziehungskraft)* koher[ec]o

Kohen *m Rel (jüdischer Priester)* koheno

Kohima (*n*) *Hptst. des indischen Unionsstaates Nagaland* Kohimo

Kohinoor *od* **Koh-i-Noor** [*...nur*] *m ein berühmter Diamant* kohinuro *<heute im Besitz der britischen Krone>*

[1]Kohl *m* (Brassica oleracea) ***a)*** *Bot, Nahr* brasiko (↑ *auch* ***Blumen-***, ***China-***, ***Gemüse-***, ***Grünkohl***, ***Kraut***, ***Meer-***, ***Rosen-***, ***Rot-***, ***Spitz-*** *u.* ***Weißkohl***) ◇ ***das macht den ~ nicht fett*** tio ne grasigos la porkon ***b)*** *<österr> u. reg für «Wirsing»* savoja brasiko

²**Kohl** *m dummes Gerede* stulta diraĵo; *Unsinn* sensencaĵo ◇ ***rede nicht solchen ~!*** ne diru (*od* elbuŝigi) tian sensencaĵon!

Kohlblatt *n* brasika folio

Kohldampf *m umg für «Hunger»*: ~ ***haben*** (*od salopp* ***schieben***) esti terure malsata

Kohle *f* karbo (*vgl. dazu* ***Anthrazit*** *u.* ***Brikett***; ↑ *auch* ***Braun-***, ***Fett-***, ***Flamm-***, ***Holz-***, ***Mager-***, ***Roh-***, ***Staub-***, ***Stein-***, ***Stück-*** *u.* ***Torfkohle***); *Zeichen~* karbo por desegni; *El (Kohlebürste)* karbokrajono, *auch* braĝo; *Chem, Pharm (Kohle für medizinische Zwecke)* norito (*vgl. dazu* ***Holzkohle b)***); ***fossile*** ~ fosilia karbo; ***glühende ~n*** *Pl* ardantaj karboj *Pl*; ***medizinische*** ~ ↑ ***Aktivkohle b)***; ~ ***aufnehmen*** *bzw. Mar* ~ ***bunkern*** preni karbon, *abs auch* karbumi ◇ ***wie auf ~n sitzen*** sidi kiel sur pingloj *(Zam)*; ***feurige*** (*od* ***glühende***) ***~n auf jmds. Haupt sammeln*** *bibl u. übertr* kolekti fajrajn karbojn sur ies kapon

Kohleabbau *m* ↑ ***Kohlenabbau***

Kohleausstieg *m Ökologie* malkarbonigo, *(Beendigung des Kohlebergbaus)* ĉeso de [la] karbominado (↑ *auch* ***Braunkohleausstieg***)

Kohlebergbau *m* ↑ ***Kohlenbergbau***

Kohle|bürste *f Elektrode* karbokrajono, *auch* braĝo; ~**chemie** *f* karbokemio

kohlehaltig, *<österr>* ***kohlehältig*** *Adj Geol* karbohava

Kohle|heizung *f* hejtado per karbo, *auch* karbohejtado; ~**herd** *m* karba fornelo

Kohlehydrat *n* ↑ ***Kohlenhydrat***

Kohleindustrie *f* ↑ ***Kohlenindustrie***

Kohle|[körner]mikrofon *n Elektroakustik* karbona mikrofono; ~**kraftwerk** *n* karbocentralo, *auch* karboelektrejo

kohlen ***a)*** *tr Tech* karbonizi, karbigi ***b)*** *intr schwelen* subbruli; *Mar* sin provizi je karbo

Kohlen|abbau *m*, *auch* ***Kohleabbau*** *m Bergb* ekspluato de karbo; ~**asche** *f* cindro de karbo; ~**becken** *n Lagerstätte* karbobaseno (*vgl. dazu* ***Kohlenlager***); *[große] Kohlenpfanne für Heizzwecke* braĝujo; ~**behälter** *m* karbujo; ~**bergbau** *m*, *auch* ***Kohlebergbau*** *m* karbominado; ~**bergwerk** *n* karbominejo; ~**bunker** *m* karbotenejo

Kohlendioxid *n*, *auch* ***Kohlenstoffdioid*** *n Chem* karbona dioksido *od* karbondioksido; ~**ausstoß** *m* eligo de karbona dioksido

Kohlen|eimer *m* karbositelo *bzw.* sitelo por porti karbon; ~**flöz** *n Bergb* karbotavolo; ~**förderung** *f* elminigo de karbo; ~**glut** *f* braĝo; ~**grube** *f*, *auch* ***Kohlenzeche*** *f* karbominejo; ~**grus** *m* karbogruzo; ~**halde** *f* ŝutmonto de karbo; ~**händler** *m* karbovendisto

Kohlenhydrat *n*, *auch* ***Kohlehydrat*** *n* (*fachsprachl. Abk* ***KH***) karbonhidrato; ~**abbau** *m Physiol* karbonhidrata katabolismo; ~**stoffwechsel** *m Biochemie, Physiol* karbonhidrata metabolo

Kohle[n]industrie *f* karboindustrio

Kohlenkalkstein *m Min* ↑ ***Anthrakonit***

Kohlen|kasten *m* karbokesto, *auch* karbujo; ~**keller** *m* karbokelo; ~**lager** *n Lagerplatz für Kohle* karbostokejo; ~**lagerstätte** *f Geol* karbokuŝejo; (*vgl. dazu* ***Kohlenbecken***); ~**mann** *m umg* karbisto; ~**meiler** *m*, *kurz* ***Meiler*** *m für Holzkohle* lignokarbigejo *auch* karbigostako *od* lignostako karbigota

Kohlenmonoxid *n*, *auch* ***Kohlenoxid*** *n Chem* karbona monooksido, *auch* karbona oksido; ~**vergiftung** *f* karbonmonooksida toksiĝo *od* toksiĝo per karbona monooksido

Kohlen|pfanne *f [großes] Kohlenbecken für Heizzwecke* braĝujo; ~**revier** *n* karboekspluata regiono; ~**sack** *m Sack für Kohle* sako por karbo; *Sack mit Kohle* sako da karbo

kohlensauer *Adj Chem* karbonacida

Kohlen|säure *f Chem* karbonata acido; ~**schaufel** *f* karboŝovelilo; ~**schicht** *f* karbotavolo *od* tavolo da karbo

Kohlenspat *m Min* ↑ ***Anthrakonit***

Kohlenstaub *m* karbopolvo; ~**explosion** *f* karbopolva eksplodo; ~**lunge** *f*, *Fachspr* ***Anthrakose*** *f* ***der Lunge*** *f Med (Kohlenstaubablagerung in der Lunge)* antrakozo

Kohlenstoff *m* (*Symbol* ***C***) *Chem* karbono (↑ *auch* ***Fullerene***); ***Kohlenstoff-14*** ↑ ***Radiokohlenstoff***

Kohlenstoffatom *n Chem* karbonatomo *od* karbona atomo

Kohlenstoffdioid *n Chem* ↑ ***Kohlendioxid***

Kohlenstoff|disulfid *n Chem (eine extrem giftige, feuergefährliche Flüssigkeit)* karbona disulfido; ~**gehalt** *m* enhavo de karbono

kohlenstoffhaltig *Adj* enhavanta (*od* entenanta) karbonon

Kohlenstoff|kreislauf *od* ~**zyklus** *m Chem, Geol* karbonciklo; ~**verbindung** *f Chem* karbona kombinaĵo

Kohlen|stück *n* karbopeco; ~ **teer** *m* terkarba gudro; ~**träger** *m* karboportisto, *auch Kurzf* karbisto; ~**trimmer** *m Mar* karboŝarĝisto; ~**wagen** *m Eisenb (Waggon für Kohletransport)* karbovagono; *(Tender [an der Lok])* tendro

Kohlenwasserstoff *m Chem* hidrokarbono (*vgl. dazu* ***Alkane***, ***Azulen***, ***Buten***, ***Cycloalkane*** *u.* ***Naphthalin***); ***gesättigter*** ~ *od* ***Heptan*** *n* saturita hidrokarbono, heptano

Kohlenzeche *f Bergb* ↑ ***Kohlengrube***

Kohle|papier *n,* <*österr*> *auch* ***Karbonpapier*** karbonpapero, *umg (Durchschreibepapier) auch* trakopia papero; ~**produktion** *f* karboproduktado

Köhler *m* [ligno]karbisto

Köhlerei *f Ort* lignokarbigejo; *Vorgang* lignokarbigado (↑ *auch* ***Kohlenmeiler***)

Kohle|reserven *Pl* rezervoj *Pl* de karbo; ~**stift** *m* karbokrajono; ~**verstromung** *f Ind, Tech* karbobazita elektrogenerado; ~**zeichnung** *f Mal* karbodesegnaĵo; ~**-Zink-Zelle** *f El* karbon-zinka pilo

Kohl|gänsedistel *f, auch* ***Gemüsegänsedistel*** *f* (Sonchus oleraceus) *Bot* ordinara (*od* legoma) sonko; ~**kopf** *m,* <*österr*> *u. reg* ***Krautkopf*** *m* kapo de brasiko, *auch* brasika kapo; ~**kratzdistel** *f* (Cirsium oleraceum) *Bot* legoma cirsio; ~**meise** *f* (Parus major) *Orn* granda paruo

kohlrabenschwarz *Adj* karbonigra *od* karbe nigra, *auch* karbokolora

Kohlrabi *m,* <*schweiz*> *u. reg auch* ***Rübkohl*** *m* (Brassica oleracea var. gongyloides) *Bot u. Nahr* tigobrasiko; ~**suppe** *f Kochk* tigobrasika supo

Kohlröschen *n* (*Gattung* Nigritella) *Bot* nigritelo; ***schwarzes*** ~ (Nigritella nigra) nigra nigritelo *eine Orchidee*

Kohl|roulade *f,* <*österr*> *u. reg* ***Krautwickel*** *m Kochk* brasika rulaĵo; ~**rübe** *f, auch* ***Steckrübe*** *f od* ***Wruke***, <*schweiz*> ***Bodenkohlrübe*** *f* (Brassica napus) *Bot (Futterkohlrübe)* napo, (Brassica napus var. napobrassica) *Bot, Nahr [Kulturform: Speisekohlrübe]* brasiknapo; ~**strunk** *m* stumpo de brasiko; ~**suppe** *f* brasika supo

Kohlung *f Metallurgie* ↑ ***Karburation***

Kohl|wanze *f* (Eurydema oleracea) *Ent* brasikocimo, <*wiss*> eŭridemo; ~**weißling** *m* (Pieris brassicae) *Ent (ein Tagfalter)* brasika papilio

kohobieren *tr* ↑ *unter* ***destillieren***

Kohorte *f 1. Antike (altröm. Truppeneinheit [10. Teil einer Legion]) 2. übertr (Haufen [Leute])* kohorto

koinzident *od* **koinzidierend** *Adj* koincida

Koinzidenz *f* koincid[ec]o *auch Phys*

koinzidieren *intr [zeitlich] zusammenfallen, [räumlich] sich decken, übereinstimmen* koincidi (***mit*** kun)

koitieren *intr sex* koiti

Koitus *m* (Coitus) *sex* koito (*vgl. dazu* ***Geschlechtsakt***); ***Coitus interruptus*** interrompita koito

Koje *f Mar* litniĉo [en kajuto]; *Ausstellungsstand, z.B. auf einer Messe* ekspozici[ej]a stando

Kojote *m, auch* ***Coyote*** *m od* ***[nordamerikanischer] Präriewolf*** *m* (Canis latrans) *Zool* kojoto, *pop auch* prerilupo

Koka *f Bot* ↑ ***Kokastrauch***

Kokablätter *n/Pl* kokafolioj *Pl*

Kokain *n, auch* ***Cocain*** *n, salopp auch* ***Koks*** *m, auch n ein Rauschgift, eine Droge* kokaino; ~ ***nehmen***, *fam* ***koksen*** preni kokainon; ~ ***schnupfen*** [en]flari kokainon

Kokain|abhängigkeit *f* kokaindependeco; ~**handel** *m* kokainkomerco *od* komerco de kokaino; ~**mafia** [...*'mafja*] *f* kokainmafio; ~**schmuggler** *m* kontrabandisto de kokaino; ~**sucht** *f, auch* ***Kokainismus*** *m* kokainomanio, *Fachspr Med auch* kokainismo

kokainsüchtig *Adj* kokainmania

Kokain|syndikat *n* kokainsindikato; ~**vergiftung** *f* toksiĝo per kokaino, *auch* ko- kainismo

Kokarde *f [kleines] Abzeichen mit den Nationalfarben an Dienst- u. Uniformmützen* kokardo (*vgl. dazu* ***Abzeichen***)

Kokardenblume *f* (*Gattung* Gaillardia) *Bot* gajlardo; ***großblumige*** ~ (Gaillardia grandiflora = Gaillardia aristata) grandflora gajlardo

Kokastrauch *m* (Erythroxylon coca), *auch kurz* ***Koka*** *f Bot* kokao

Kokerboom *m Bot* ↑ ***Köcherbaum***

Kokerei *f (Gewinnungsprozess)* koaksig[ad]o; *(Werk)* koaksigejo, *auch* koaksfarejo

kokett 1. *Adj gefallsüchtig* koketa; ~***es Benahmen*** *n* koketa konduto; ***wer ist dieses ~e Mädchen da?*** kiu estas tiu koketa knab-

ino? **2.** *Adv* kokete; ~ ***lächeln*** kokete rideti
Kokette *f kokette Frau* koketulino
Koketterie *f* koketeco; *das Kokettieren* koketado
kokettieren *intr* koketi (***mit jmdm.*** kun iu *od auch* al iu) (↑ *auch* ***flirten***); ***mit sich [selbst]*** ~ koketi kun si [mem]
Kokettieren *n* koketado
Kokille *f eine Gussform* muldilo [por gisfero]
Kokken *f/Pl kugelförmige Bakterien* globbakterioj *Pl*, *i.w.S.* mikrokokoj *Pl*; ***[Familie der]*** ~ *Bakt* kokacoj (↑ *auch* ***Entero-***, ***Meningo-***, ***Mikro-*** *u.* ***Staphylokokken***)
Kokkolith *m Biol* ↑ ***Coccolith***
Koklasfasan *m*, *auch* ***Schopffasan*** *m* (Pucrasia macrolopha) *Orn* koklasfazano *[Vorkommen: Himalajaregion, Afghanistan, Kaschmir, Tibet, Nepal, West-Yünnan/ China]*
Kokon *m Ent (Insektengespinst, bes. das der Seidenraupe)* kokono; ***aus dem*** ~ ***ausschlüpfen*** (*od* ***ausschwärmen***) elkokoniĝi
Kokos|butter *f Nahr* kokosbutero; ~**creme** *f Nahr* kokoskremo *od* kokosa kremo
Kokosdieb *m Zool* ↑ ***Palmendieb***
Kokoseis *n* ↑ ***Kokosnusseis***
Kokosette *n* ↑ ***Kokosraspeln***
Kokosfasern *f/Pl*, *Hdl* ***Coir*** *n* kokosfibroj *Pl*
Kokosfett *n* ↑ ***Kokosöl***
Kokos|flocken *f/Pl Nahr* kokosflokoj *Pl*; ~**inseln** *Pl*, *auch* ***Keelinginseln*** *Pl*, *amtl* ***Cocos Islands*** *austral. Inselgruppe im Indischen Ozean [südwestlich von Java]* Kokosinsuloj *Pl*; ~**kuchen** *m* kokoskuko; ~**mark** *n* pulpo de kokos[nuks]o; ~**matte** *f* kokosmato
Kokosmilch *f* ↑ ***Kokosnussmilch***
Kokosnuss *f* kokos[nuks]o; ***Fruchtfleisch der*** ~ karno de kokosnukso (↑ *auch* ***Kopra***)
Kokos[nuss]eis *n* kokos[nuks]a glaciaĵo
Kokos[nuss]milch *f* kokosa lakto *od* kokoslakto, *auch* kokossuko; ***in*** ~ ***schmoren*** *Kochk* brezi en kokosa lakto
Kokos|[nuss]öl *n*, *auch* ***Kokosfett*** *n* kokosoleo, oleo de kokosnukso; ~**[nuss]palme** *f* (Cocos nucifera) *Bot* kokospalmo, *auch* kokosarbo; ~**[nuss]sirup** *m Nahr* kokos[nuks]a siropo; ~**pflanzung** *od* ~**plantage** *f* kokosplantejo; ~**raspeln** *f/Pl*, *<österr>* ***Kokosette*** *n Nahr* kokosraspaĵoj *Pl*; ~**wasser** *n* kokosakvo *od* kokosa akvo
Kokotte *f*, *auch* ***Halbweltdame*** *f veraltet* demimondulino (↑ *auch* ***Prostituierte***)
[1]Koks *m ein Brennstoff* koakso (↑ *auch* ***Grude-*** *u.* ***Zechenkoks***)
[2]Koks *m*, *auch n* ↑ ***Kokain***
koksen ↑ *unter* ***Kokain***
Koks|heizung *f* hejtado per koakso; ~**ofen** *m* koaks[o]forno
Kokzidien *f/Pl Biol (eine Unterklasse der Sporentierchen [Krankheiterreger bei Tieren u. Menschen])* kokcidioj *Pl*
Kokzidiose *f*, *fachsprachl.* ***Coccidiose*** *f*, *auch* ***Kokzidienkrankheit*** *f Vet (durch Kokzidien hervorgerufene Erkrankung von Haus-, Nutz- u. Wildtieren)* kokcidiozo
Kolabaum *m*, *auch* ***Kolastrauch*** *m* (Cola acuminata, Cola nitida *u. weitere Arten*) *Bot* kolaarbo
Kola-Halbinsel *f in NW-Russland* Kola-Duoninsulo
Kolanuss *f* kolanukso
Kolben *m* ***a)*** *Tech (eines Motors)* piŝto *auch einer Pumpe* ***b)*** *Chem (Glas*≗*)* [vitra] balono, flakono, *(Destillier*≗*)* distila balono, retorto (↑ *auch* ***Fraktionier-***, ***Rund-*** *u.* ***Stehkolben***) ***c)*** *einer Schusswaffe, Gewehr*≗ kolbo, kapo de pafilo; ***d)*** *Bot (kolbenförmiger Blütenstand [zu einem Kolben verdickte Blütenachse])* spadiko (↑ *auch* ***Maiskolben***); ~**bärlapp** *m*, *auch* ***Keulenbärlapp*** *m* (Lycopodium clavatum) *Bot* klaba likopodio; ~**dampfmaschine** *f* piŝta vapormaŝino; ~**ente** *f* (Netta rufina) *Orn* ruĝkapa anaso *[Vorkommen: nördlich des Kaukasus, in West- u. Mittelasien, vereinzelt in Süd- u. Mitteleuropa]*
Kolbenflügler *m*, *auch* ***Fächerflügler*** (*Gattung* Stylops) *Ent* stilopo; ***[Ordnung der]*** ~ (Strepsiptera) strepsipteroj *Pl*
kolbenförmig 1. *Adj* spadikoforma; *keulenförmig* klaboforma **2,** *Adv* spadikoforme; klaboforme
Kolbenhirse *f Bot* ↑ ***Borstenhirse***
Kolbenhub *m Kfz, Tech* iro de piŝto *auch einer Kolbenpumpe*
Kolbenlilie *f Bot* ↑ ***Keulenlilie***
Kolben|maschine *f Tech* piŝtomaŝino; ~**motor** *m* piŝta motoro; ~**pumpe** *f* piŝtopumpilo; ~**ring** *m Kfz, Tech* piŝtoringo
Kolbenschimmel *m Bot* ↑ ***Aspergillus***
Kolbenstange *f Tech* piŝtostango
Kolbenwasserläufer *m Ent*: ***großer*** ~ (Hydrous piceus) tutnigra hidroo, *pop* tutnigra akvoskarabo *<größter wasserbewohnender*

Käfer der Welt>

Kolbenweg *m Tech* piŝtovojo (*vgl. dazu* ***Kolbenhub***)

kolchisch *Adj auf Kolchis bezogen bzw. aus Kolchis stammend* kolĉida

Kolchis (*n*) *griech. Myth (Name einer antiken Landschaft an der SO-Küste des Schwarzen Meeres [Heimat der Medea])* Kolĉido

Kolchizin *f, Fachspr* ***Colchicin*** *n Biochemie, Pharm (ein Colchicumalkaloid)* kolĉikino *<ein Gicht- u. Rheumamittel>*

Kolchos *m od* **Kolchose** *f in der ehemaligen sowjetischen Landw* kolĥozo; ***Mitglied*** *n* ***einer Kolchose***, *i.w.S.* ***Kolchosbauer*** *m* kolĥozano

Kolding (*n*) *dän. Stadt in SO-Jütland* Koldingo

Kolektomie *f nur Fachspr Chir (operative Entfernung des Kolons)* kojlektomio

Koleopterologe *m* ↑ ***Käferfachmann***

Koleopterologie *f Ent* ↑ ***Käferkunde***

Koleoptile *f nur Fachspr Bot (Scheide um die Sprossknospe der Gräser)* koleoptilo, *auch* ĝermingo

Koli|bakterium *n* (Echerichia coli) kolibakterio; ~**bazillus** *m Bakt* kolibacilo

Kolibri *m* (*Familie* Trochilidae) *Orn* kolibro, *selt auch* muŝbirdo (↑ *auch* ***Bienenelfe***, ***Ecuador-***, ***Anden-***, ***Schwertschnabelkolibri***, ***Sternelfe***, ***Veilchenbrust-*** *u.* ***Veilchenohrkolibri***)

kolieren *tr nur Fachspr Tech für «[durch-] seihen»* kolati

Kolik *f Med* koliko, *im Unterleib od Magen (Leibkrämpfe)* gastra koliko (↑ *auch* ***Bauch-***, ***Gallen-***, ***Harnleiter-***, ***Magen-*** *u.* ***Nierenkolik***); ~**schmerz** *m* kolika doloro

Kolitis *f Med* ↑ ***Dickdarmentzündung***

Kolkata (*n*) ↑ ***Kalkutta***

Kolkhotar *n, auch* ***Colcothar*** *n od* ***Eisen-(III)-oxid*** *n Chem* kolkotaro

Kolkrabe *m* (Corvus corax) *Orn* granda korvo, *<wiss> auch* korako *<größter europäischer Rabenvogel>*

Koll. = *Abk für* ***Kollege***

kollabieren ↑ *unter* ***Kollaps***

Kollaborateur *m* ŝtatperfidulo, kunlaboranto kun la malamiko de la ŝtato (*vgl. dazu* ***Quisling*** *u.* ***Verräter***)

Kollaboration *f Zusammenarbeit mit dem Feind bzw. der Besatzungsmacht* kunlabor[ad]o kun la malamiko (*bzw.* fremdlandaj okupantoj)

kollagen, *auch* ***collagen*** *Adj aus Kollagen bestehend* kolagena; ~***e Fasern*** *od* ***Kollagenfasern*** *f/Pl z.B. in der Stützsubstanz des Bindegewebes* kolagenaj fibroj *Pl*

Kollagen *n, auch* ***Collagen*** *n Biochemie (das am häufigsten vorkommende Strukturprotein), Kosmetik* kolageno; ~**krankheit** *f Med* kolagena malsano

Kollagenose *f Med (mit Veränderungen des kollagenhaltigen Gewebes einhergehende Erkrankung [z.B. Rheuma])* kolagenozo

Kollaps *m* (Collapsus) *Med ([plötzliches] Versagen des peripheren Kreislaufs) u. i.w.S. (Zusammenbruch)* kolapso (↑ *auch* ***Bronchiolen-***, ***Hitze-***, ***Klima-***, ***Lungenkollaps***, ***Nervenzusammenbruch*** *u.* ***Verkehrskollaps***); ***einen ~ bekommen*** (***erleiden***), *auch* ***kollabieren*** ekhavi (suferi) kolapson, *auch (bes. i.w.S.)* kolapsi

Kollapstherapie *f Med* ↑ ***Lungenkollapstherapie***

Kollargol *n kolloidales Silber* kolargolo *<früher als Antiseptikum verwendet>*

kollationieren *tr vergleichen u. auf Vollständigkeit od Richtigkeit prüfen* [kontrole] kompari kun la originalo

Kolleg *n* ***a)*** *Univ* universitata kurso; *Vorlesung* lekcio, *i.w.S. auch* prelego; ***ein ~ halten*** fari lekcion (*od* prelegon), lekcii (***über*** pri)

Kollege *m* (*Abk* ***Koll.***) kolego; *Arbeits≗* laborkolego, kolego en la [sama] laborejo; *i.w.S. auch* kunlaboranto, kunulo, kamarado; ***meine ~n im Büro*** miaj kolegoj en la oficejo

Kollegenschaft *f* kolegaro, gekolegoj

kollegial *Adj* kolega; *i.w.S. (kameradschaftlich)* kamaradeca, *(hilfsbereit)* helpopreta, helpema; ~***e Haltung*** *f* kolega sinteno

Kollegialität *f kollegiale Art* kolegeco; *kollegiale Haltung* kolega (*od i.w.S.* kamaradeca) sinteno

Kollegin *f* kolegino; *Arbeits≗ auch* laborkolegino; *i.w.S.* kunlaborantino, kunulino, kamaradino

Kollegium *n* ***a)*** *die Kollegen in ihrer Gesamtheit, z.B. Lehrkörper einer Schule* kolegaro; *i.e.S. Univ (Professoren≗)* profesoraro, *(Lehrer≗)* instruistaro (*vgl. dazu* ***Lehrerkollegium***) ***b)*** *Körperschaft von Personen mit gleichem Amt od Beruf* kolegio, komitato de samprofesianoj; *i.e.S. (Kardi-*

nals≗) kolegio de la kardinaloj

Kollekte *f Kirche* [eklezia] monkolekto

Kollektion *f Sammlung, Zusammenstellung gleichartiger Dinge* kolekt[aĵ]o (*vgl. dazu* ***Sammlung***); *i.e.S. (Mode≗)* modkolektaĵo (↑ *auch* ***Frühjahrs-*** *u.* ***Herbstkollektion***); *Hdl (Sortiment)* kolekto da specimenoj de varoj, sortimento (↑ *auch* ***Musterkollektion***)

kollektiv 1. *Adj* kolektiva (*vgl. dazu* ***gemeinschaftlich***); *~**e Sicherheit** f* kolektiva sekureco **2.** *Adv* kolektive; *in Gemeinschaftsarbeit* en (*od* per) kolektiva laboro

Kollektiv *n* kolektivo; *Mannschaft, Team* teamo

Kollektiv|arbeit *f* kolektiva laboro; *Ergebnis od Produkt gemeinschaftlicher Arbeit* kolektiva [el]laboraĵo (*bzw.* verko); ~**ausstellung** *f* kolektiva ekspozicio

Kollektivbillett *n* ↑ ***Gruppenfahrschein***

Kollektiv|garantie *f* kolektiva garantio; ~**geist** *m* spirito de kolektiveco; ~**haftung** *f Jur* kolektiva puno

kollektivieren *tr* kolektivigi

Kollektivierung *f* kolektivigo (↑ *auch* ***Zwangskollektivierung***)

Kollektivismus *m Pol (starke Betonung des gesellschaftlichen Ganzen), Wirtsch* kolektivismo

Kollektivist *m* kolektivisto

kollektivistisch *Adj* kolektivisma

Kollektivität *f Gemeinschaftlichkeit* kolektiveco

Kollektiv|note *f Dipl* kolektiva noto; ~**pronomen** *n Gramm* kolektiva pronomo *[im Esp z.B.* ĉ***iu****]*; ~**schuld** *f* kolektiva ŝuldo; ~**strafe** *f Jur* kolektiva puno; ~**vertrag** *m* kolektiva kontrakto; *Tarifvertrag* kolektiva laborkontrakto

Kollektor *m El* kolektilo, *auch* kolektoro (↑ *auch* ***Sammler b)***)

Kollembolen *Pl Ent* ↑ ***Springschwänze***

[1]**Koller** *m umg für «Wutausbruch»* eksplodo de koler[eg]o; *i.e.S.* frenezo, furiozo; *Tropen≗* tropikfrenezo (↑ *auch* ***Gefängniskoller***)

[2]**Koller** *m* ↑ ***Schulterkragen***

[3]**Koller** *m Vet* ↑ ***Dummkoller***

Kollergang *m Tech (im Mahlwerk)* radpistilo

[1]**kollern** *intr* ***a)*** *[leicht schwankend] rollen, kullern* [iom ŝancele] ruliĝi ***b) es kollert in meinem Bauch*** muĝbruas en mia ventro

[2]**kollern** *intr*: ***der Truthahn kollert*** *gibt glucksende Geräusche von sich* la meleagro kveras (*od* rukulas)

Kolli *n* ↑ ***Frachtstück***

kollidieren *intr* kolizii *auch übertr*, kunpuŝiĝi (***mit*** kun) (*vgl. dazu* ***rammen***)

Kollier *n* ↑ ***Collier***

Kollimationsfehler *m Astron* kolimata mezur-ekarto

Kollimator *m Kernphysik, Opt, Spektroskopie* kolimatilo

kollinear *Adj Geom (auf der gleichen Linie liegend)* kolineara

Kollineation *f kollineare Abbildung zweier geometrischer Figuren aufeinander* kolineareco

Kollision *f* kolizio *auch übertr*, kunpuŝiĝo (↑ *auch* ***Aufprall***, ***Karambolage*** *u.* ***Zusammenstoß***); ***mit etw.*** (***jmdm.***) ***in ~ geraten*** (*od* ***kommen***) [ek]kolizii kun io (iu)

Kollo *n* (*Pl:* ***Kolli***) *Hdl (Frachtstück)* [unu peco da] frajtaĵo; *Warenballen* varpako; *i.w.S. (Kiste)* kesto, *(Pack)* pakaĵo

Kollodium *n zähflüssige Lösung von Nitrozellulose in Alkohol u. Äther* kolodio <*wird z.B. zum Verschließen von Wundenverwendet*>; ~**wolle** *f Textilchemie (ein Gemisch verschiedener Nitrozellulosen)* kolodia lano, *Fachspr auch (Kolloxylin)* piroksilino

Kolloid *n Chem* ↑ ***Kolloidal***

kolloidal, *auch* ***kolloid*** *Adj Chem* koloida; *~**e Dispersion** f* koloida disperso; *~**e Lösung** f* koloida solvaĵo (↑ *auch* ***[1]Sol***); *~**es Silber** n* kolargolo

Kolloidal *n*, *auch* ***Kolloid*** *n Chem (in einem Lösungsmittel sehr fein verteilter, aber nicht gelöster Stoff)* koloido

Kolloid|chemie *f* koloida kemio; ~**chemiker** *m* koloidkemiisto; ~**therapie** *f Med* koloida terapio

Kolloquium *n*, *auch* ***Colloquium*** *n bes. Univ* kolokvo (*vgl. dazu* ***Tagung***)

Kollusion *f Jur, Wirtsch (geheime, betrügerische Verabredung, sittenwidrige Absprache [zum Nachteil Dritter])* koluzio

Köln (*n*) *eine Stadt in NRW* Kolonjo

[1]**Kölner** *Adj attr*: ***der ~ Dom*** la Kolonja Katedralo *od* la Katedralo de Kolonjo; ***die ~ Messe*** la Foiro de Kolonjo

[2]**Kölner** *m Bewohner von Köln* kolonjano

kölnisch *Adj* kolonja; *aus Köln* el Kolonjo

Kölnischwasser *n*, *auch* ***Eau de Cologne*** *n* kolonja akvo

Kolobom *n* (Coloboma) *nur Fachspr Ophthalmologie ([angeborene] Missbildung in den Lidern od der Regenbogenhaut)* kolobomo (↑ *auch* ***Lidkolobom***)

Kolokasie *f* (*Gattung* Colocasia) *Bot* kolokasio

Kolombine (*f*), *ital.* ***Colombina*** *kokette Zofe u. Geliebte des Harlekin in der italienischen Komödie* Kolombina

Kolomna (*n*) *eine Stadt an der Oka* Kolomno <*Zentrum des Getreideanbaus*>

[1]**Kolon** *n*, *umg* ***Doppelpunkt*** *m* (*Zeichen* **:**) *Interpunktion* dupunkto (↑ *auch* ***Divisionszeichen***)

[2]**Kolon** *n Anat* ↑ ***Grimmdarm***

kolonial *Adj* kolonia; *~**e Unterdrückung** f* koloniisma subpremado

Kolonial|architektur *f* kolonia arkitekturo; ~**gebiet** *n* kolonia teritorio

kolonialisieren *tr zu Kolonie machen* koloniigi

Kolonialisierung *f Pol* koloniigo

Kolonialismus *m auf Erwerb von Kolonien ausgerichtete Politik eines Staates* koloniismo

Kolonialist *m Anhänger des Kolonialismus* koloniisto

kolonialistisch *Adj auf den Kolonialismus bezogen* koloniisma; *auf die Kolonialisten bezogen* koloniista

Kolonialkrieg *m* kolonia milito

Kolonialmacht *f* kolonia potenco; ***ehemalige** ~* eksa kolonia potenco

Kolonial|politik *f* koloniiga politiko; ~**regierung** *f* registaro de kolonio; ~**reich** *n* kolonia imperio; ~**stil** *m*, *engl.* ***Colonial Style*** *m Architekturstil von Beginn der Kolonisation Nordamerikas bis Ende des 18. Jh. [charakterisiert durch abgewandelte Formen der europäischen Renaissance (überwiegend übertragen auf Holzbauten)] Arch* kolonia stilo; ~**system** *n* kolonia sistemo; ~**waren** *Pl hist* koloniaj produktoj *Pl*

Kolonialzeit *f* kolonia epoko, erao de koloniismo; ***ein Relikt aus der** ~* relikto (*od* [post]restaĵo) el la kolonia epoko

Kolonie *f* ***a)*** *Gesch, Pol (ausländische Besitzung eines Staates, die politisch u. wirtschaftlich von diesem abhängig ist)* kolonio (↑ *auch* ***Halbkolonie***); ***eine ehemalige britische** ~ Pol* eksa brita kolonio *od* brita ekskolonio (↑ *auch* ***Kronkolonie***); ***römische** ~ Gesch* romia kolonio ***b)*** *Soziologie (Niederlassung einer größeren Gruppe von Menschen außerhalb ihres Heimatgebiets unter weitgehender Beibehaltung ihrer heimatlichen Lebensformen)* kolonio, *i.w.S. auch* setlejo (↑ *auch* ***Künstler-** u.* ***Malerkolonie***); ***die chinesische** ~ **in Surabaya*** la ĉina kolonio en Surabajo; ***die italienische** ~ **in Marseille*** la itala kolonio en Marsejlo ***c)*** *Biol (bes. Bakt u. Orn)* kolonio (↑ *auch* ***Ameisen-***, ***Möwen-***, ***Reiher-** u.* ***Vogelkolonie***);

Kolonisation *f das Kolonisieren* koloniigo; *Gründung einer Kolonie* establo (*od* fondo) de kolonio; *Ansiedlung (auch Biol)* koloniado (↑ *auch* ***Settlement***)

Kolonisator *m* koloniiganto

kolonisieren *tr ein Gebiet od einen Staat zur Kolonie machen* koloniigi

Kolonisierung *f Pol* koloniigo (↑ *auch* ***Besiedelung***)

Kolonist *m* ***a)*** *[europäischer] Ansiedler in einer Kolonie* kolonianto (*vgl. dazu* ***Plantagenbesitzer***) ***b)*** *jmd., der kolonisiert* koloniiganto ***c)*** *jmd., der in einer Kolonie wohnt* koloniano

Kolonnade *f Arch (überdachter Gang [z.B. eines Kurhauses], der an der Straßenseite von Säulen begrenzt ist)* arkadoj *Pl*

Kolonne *f* ***a)*** *Mil u. bei Aufmärschen* kolono (*vgl. dazu* [2]***Abteilung** u.* ***Formation***); ***in** ~ **marschieren*** kolone (*od auch* vice) marŝi ◇ ***die fünfte** ~ Pol* la kvina kolono ***b)*** *von Fahrzeugen od Personen* longa vico [da]; *Konvoi* konvojo (*vgl. dazu* ***Autoschlange***; ↑ *auch* ***Wagenkolonne***) ***c)*** *Typ* kolumno

Kolonoskopie *f*, *auch* ***Koloskopie*** *f nur Fachspr Med (endoskopische Untersuchung des Kolons)* kojloskopio

kolonoskopisch *Adj* kojloskopia

[1]**Kolophon** *m Buchw (Schlussvermerk einer mittelalterlichen Handschrift bzw. eines Frühdrucks [mit dem Namen des Druckers, dem Druckort, dem Erscheinungsjahr u. gelegentlich auch dem Titel der Druckausgabe])* kolofono

[2]**Kolophon** (*n*) *im Altertum eine Stadt im Westen Kleinasiens* Kolofono

Kolophonium *n 1. Destillationsrückstand des Kiefernharzes 2. Geigenharz* kolofono

Koloptose *f nur Fachspr Med (Senkung des Kolons)* koloptozo

Koloquinte *f* (Citrullus colocynthis) *Bot (eine Wüstenpflanze Nordafrikas u. Westasiens)* kolocinto (*vgl. dazu* ***Citrullus***)

Koloradokäfer *m alt* ↑ ***Kartoffelkäfer***

Koloradotanne *f Bot* = ***Coloradotanne***

Koloratur *f, auch **[rollender] Lauf** m Mus (Auszierung einer Gesangsstimme mit gebundenen weiträumigen Läufen, gestoßenen Intervallsprüngen u. Trillern [bevorzugt in der Arie])* koloraturo; ~**sängerin** *f* koloratura kantistino

Koloratursopran *m* koloratura soprano; ***lyrischer*** ~ lirika koloratura soprano

Koloratursoubrette *f Mus* koloratura subreto

kolorektal *Adj*: ~***es Karzinom*** *n Med (ein bösartiger Darmtumor)* kojlorektuma karcinomo

kolorieren *tr* kolorigi (↑ *auch* ***färben***)

Kolorieren *n od* **Kolorierung** *f* kolorig[ad]o

Kolorimeter *n, auch **Farb[konzentrations]-messer** m* kolorometro

Kolorimetrie *f Chem, Med* kolorometrio

kolorimetrisch *Adj*: ~***e Analyse*** *f* kolorometria analizo

Kolorit *n* kolornuanco(j), koloro; *übertr (Atmosphäre)* atmosfero, *(Stil)* stilo (*vgl. dazu* ***Charakter***, ***Eigentümlichkeit*** *u.* ***Nuance***)

Koloskopie *f Med* ↑ ***Kolonoskopie***

Koloss *m **a)** antike Arch (riesiges, überlebensgroßes Standbild)* koloso; ***der*** ~ ***von Rhodos*** *eines der Sieben Weltwunder* la Koloso de Rodiso ***b)*** *übertr für «ungewöhnlich großer, massiger Mensch» od i.w.S. «Riese»* koloso (↑ *auch* ***Hüne***)

Kolossä (*n*) *Antike (eine phrygische Stadt)* Koloso

kolossal *Adj* kolosa *auch übertr*, mamuta; *gigantisch* giganta (↑ *auch* ***enorm***, ***gewaltig*** *u.* ***riesig***)

Kolosser *m Bewohner des antiken Kolossä* kolosano; ~**brief** *m bibl* epistolo al la kolosanoj

Kolosseum *n, ital.* ***Colosseo*** *antikes Amphitheater in Rom* Koloseo

Kolostomie *f nur Fachspr Chir (operative Öffnung des Kolons)* kojlostomio

Kolostralmilch *f, auch **Kolostrum** n **a)** auch **Erstmilch** od **Vormilch** f erste Muttermilch nach der Niederkunft* kolostro, la unua lakto de akuŝintino ***b)*** *auch **Biestmilch** f beim Muttertier* kolostro, unua lakto post la nasko [de ido]

Kolozsvár (*n*) ↑ ***Cluj***

Kolpak *m* ↑ ***Kalpak***

Kolping (*m*) *Eig (ein katholischer Theologe [1813-1865])* Kolpingo; ~**werk** *n ein katholischer Gesellenverein* Kolping-asocio

Kolpitis *f Med* ↑ ***Vaginitis***

Kolpopathie *f Med* ↑ *unter* ***Vaginose***

Kolportage [...ˈtaʒə] *f Hausierhandel* kolportado; ~**roman** *m* primitiva roman[aĉ]o

Kolporteur *m Buchhandel, Ztgsw* kolportisto, migranta etvendisto

kolportieren *tr **a)** hausieren* kolporti ***b)*** *weiterverbreiten, bes. Gerüchte* [en fia maniero] diskonigi

Kolposkop *n Medizintechnik (Gerät mit Spiegel zur Untersuchung der Scheide)* kolposkopo

Kolposkopie *f nur Fachspr Med (Untersuchung der Scheidenschleimhaut mit dem Kolposkop)* kolposkopio, *auch* vaginoskopio

Kolpotomie *f, auch **Scheidenschnitt** m nur Fachspr Chir* kolpotomio

Kölsch *n ein obergäriges Bier* kolonja biero

Kolter *m* ↑ ***Pflugeisen***

Kolumbarium *n 1. röm. Antike (Grabkammer mit Wandnischen für Urnen) 2. Urnenhalle im Krematorium* kolumbario

Kolumbianer *m* kolombiano

Kolumbianerin *f* kolombianino

kolumbianisch *Adj* kolombia

Kolumbien (*n*) Kolombio *[Hptst.: Bogotá]*; ~**sumpfhuhn** *n* (Porzana columbiana) *Orn* kolombia porzano

Kolumbus *m männl. Vorname*; ***Christoph*** ~ (*m*), *ital.* ***Cristoforo Colombo***, *span.* ***Cristóbal Colón*** *Eig (Seefahrer u. Entdecker [1451-1508])* Kristoforo Kolumbo; ~**-Tag** *m Gedenktag der Entdeckung Amerikas [12. Oktober]* Kulombo-tago

Kolumne *f Typ, Ztgsw* kolumno

Kolur *m Astron (ein ausgewählter Großkreis an der scheinbaren Himmelskugel)* koluro

Kolyma *f ein Strom in Ostsibirien* [rivero] Kolimo

Koma *n, Fachspr auch **Coma** n Med* komato (↑ *auch* ***Epilepsie-***, ***Cholera-***, ***Malaria-*** *u.* ***Myxödem-***, ***Prä-*** *u.* ***Wachkoma***); ***diabetisches*** ~ (Coma diabetcum) diabeta komato; ***hepatisches*** ~ ↑ ***Leberkoma***; ***hypoglykämisches*** ~ hipoglikemia komato; ***urämisches*** ~ (Coma uraemicum) *Koma als Folge einer Urämie* uremia komato; ***zerebrales*** ~ (Coma cerebrale) *Oberbegriff für alle Formen eines Komas, die in einer hirnorganischen Erkrankung ihre Ursache haben [z.B.*

Apoplexie, Schädelhirntrauma u.a.] cerebra komato

Komantschen *m/Pl, auch* **Comanchen** *m/Pl Ethn (ein nordamerikanischer Indianerstamm [heute in einem Reservat in Oklahoma ansässig])* komanĉoj *Pl*

komatös *Adj* komata; *~***er Zustand** *m Med* komata stato

Komatsuna *m, auch* **japanischer Senfspinat** *m* (Brassica rapa var. perviridis) *Bot, Nahr (ein Blattgemüse)* komacumo <*Komatsuna wird in Japan u. Taiwan kommerziell angebaut*>

Kombattant *m Mitkämpfer* kunbatalanto; *Kriegsteilnehmer* partoprenanto en milito

Kombi *m Kfz* ↑ **Kombiwagen**

Kombinat *n Zusammenschluss eng zusammengehörender Betriebe in ehem. sozialistischen Staaten* kombinato; **elektrochemisches** *~* elektrokemia kombinato

[1]**Kombination** *f das Kombinieren, Verbinden* kombinado (↑ *auch* **Tastenkombination**); *das Kombinierte, Verbundene* kombinaĵo *auch Math*; **dies stellt eine ~ aus ... und ... dar** ĉi tio estas kombinaĵo el ... kaj ...

[2]**Kombination** *f Textil* **a)** *Hemdhose (als Damenunterwäsche)* kombineo, kalsonĉemizo, virina subvesto kombinita el ĉemizo kaj kalsoneto **b)** *zwei aufeinander abgestimmte Kleidungsstücke* kombineo (↑ *auch* **Hemdhose**) **c)** *Arbeits- od Fliegeranzug aus einem Stück, Overall* kombineo (*vgl. dazu* **Fliegerkombination**)

Kombinations|behandlung *od ~***therapie** *f Med, z.B. bei Aids* kombinita medikamentado (*od* terapio); *~***zange** *f, umg* **Kombizange** *f Handw* universala tenajlo

Kombinatorik *f Math* kombinatoriko <*beschäftigt sich ausschließlich mit endlichen Mengen u. ist Grundlage der Wahrscheinlichkeitsrechnung*>

kombinatorisch *Adj verbindend* kombina

Kombine *f Landtechnik (landwirtschaftl. Maschine, die verschiedene Arbeitsgänge gleichzeitig ausführt)* kombajno (*vgl. dazu* **Mähdrescher**)

kombinierbar *Adj* kombinebla

Kombinierbarkeit *f* kombineblo (↑ *auch* **Kompatibilität**)

kombinieren *tr* kombini (**mit** kun); *verbinden* interligi (↑ *auch* **zusammenfügen**); *folgern, herleiten* dedukti; **kombiniert** kombinita

Kombiwagen *m* (*Kurzw* **Kombi** *m*) *Kfz (kombinierter Liefer- u. Personenwagen)* pluruza aŭto [por varoj kaj personoj]

Kombizange *f umg* ↑ **Kombinationszange**

Komboskini *n Kirche (eine Gebetsschnur der orthodoxen Christen [in Griechenland])* komboskino (*vgl. dazu* **Gebetsschnur** *u.* **Rosenkranz**)

Kombu *m, auch* **Konbu** *m Nahr (in Ostasien ein aus Algenschnitzeln gewonnenes Nahrungsmittel, das aufgeweicht als Gemüse od pulverisiert in Suppen verwendet wird)* kombuo (*vgl. dazu* **Zuckertang**) <*Kombu wird auch zu Tee verarbeitet*>; **grüner** *~ [mit Malachitgrün gefärbt]* verda kombuo

Kombuloi *n ein Kettchen mit aufgereihten Perlen aus Holz, Glas, Bernstein, Metall od Kunststoff* kombulojo <*das Kombuloi dient in Griechenland als Fingerspiel, Zeitvertreib, gelegentlich auch als Meditationshilfe*>

Kombüse *f Mar (Schiffsküche)* ŝipkuirejo

Komedo *m* (*Pl*: **Komedonen**), *umg* **Mitesser** *m* (Comedo) *Med (eine Hautunreinheit)* komedono

Komedonenakne *f* (Acne comedoniensis) *Med* komedona akneo

Komenský (*m*) *Eig* ↑ **Comenius**

Komet *m Astron* kometo; **Kopf** *m* (*od Fachspr* **Koma** *f*) **eines ~en** kapo de kometo

Kometen|gestein *n* kometa rokaĵo; *~***schweif** *m* kometa vosto *od* kometvosto

Komfort *m* komforto; *i.w.S. (angenehmes Leben)* agrabla vivo, *(Luxus)* lukso; **auf ~ verzichten** rezigni pri komforto

komfortabel *Adj* komforta; *luxuriös* luksa (*vgl. dazu* **behaglich** *u.* **bequem**)

Komfortwohnung *f* komfort-loĝejo

Komi a) *Pl Ethn (Eigenbez. der Syrjänen in der Republik Komi, westl. des nördl. Urals)* komioj *Pl*; **Republik** *~ autonome Republik in der Russischen Föderation* Komia Respubliko *[westlich des nördlichen Ural]* **b)** *n Ling (Sprache der Komi)* la komia [lingvo]

Komik *f* komik[ec]o (↑ *auch* **Situationskomik**)

Komiker *m Theat* komikisto; *Clown* klaŭno; *Spaßvogel* komikulo, ŝercemulo

Kominform *n* (*kurz für* **Kommunistisches Informationsbüro**) *Pol [bestand 1947-56]* Kominformo

Komintern *f* (*kurz für* **Kommunistische Internationale**) *Gesch [bestand 1919-43]*

Kominterno <*1947 durch das Kominform ersetzt*>

komisch 1. *Adj* komika; *Lachen erregend* ridiga; *drollig* drola (↑ *auch* ***buffonesk*** *u.* ***spaßig***); *seltsam* stranga *auch Geschmack* (↑ *auch* ***eigenartig***); *~**er Kauz** m* drolulo, strangulo; *~**e Oper** f Theat* komika opero; *~**er Schauspieler** m Theat* komedia aktoro **2.** *Adv* komike; drole; strange

Komi-Syrjänisch *n Ling* ↑ ***Syrjänisch[e]***

Komitativ[um] *n Ling (Aktionsart des Verbs, die eine Handlung charakterisiert, die als Begleithandlung für eine andere auftritt)* komitativo

Komitee *n* komitato (↑ *auch* ***[1]Ausschuss, Aktions-, Ehren-, Empfangs-, Fest-, Konsultativ-*** *u.* ***Organisationskomitee***)

Komitium *n Versammlung der altrömischen Bürgerschaft* komicio

[1]Komma *n, alt od* <*österr*> ***Beistrich*** *m Gramm, Math (um Dezimalstellen zu kennzeichnen)* komo (↑ *auch* ***Dezimalkomma***); ***ein ~ setzen*** meti komon

[2]Komma *n Mus (Frequenzunterschied fast gleich hoher Töne)* komao

Kommabazillus *m Bakt* komoforma bacilo

kommaförmig 1. *Adj* komoforma **2.** *Adv* komoforme

Kommandant *od* **Kommandeur** *m Mil* komandanto (*vgl. dazu* ***Befehlshaber***; ↑ *auch* ***Bataillons-, Orts-, Regimentskommandeur*** *u.* ***Stadtkommandant***)

Kommandatur *f Mil* komandantejo

Kommandeur *m Mil* ↑ ***Kommandant***

Kommandeurinseln *Pl eine russ. Inselgruppe östl. von Kamtschatka am Südrand des Beringmeers* Komandoraj Insuloj *Pl*

kommandieren *tr* komandi, *(das Kommando haben über)* havi la komandon super; *befehlen* ordoni (↑ *auch* ***anweisen a)***)

kommandierend *Adj*: *~**er General** m* komandanta generalo

Kommanditär *m* ↑ ***Kommanditist***

Kommandit|einlage *f Anteilumme eines stillen Teilhabers [einer Kg]* komandito; **gesellschaft** *f* (*Abk* ***KG***) *Wirtsch* komandita societo

Kommanditist *m, auch* ***Kommandit-Aktionär*** *m,* <*schweiz*> ***Kommanditär*** *m Gesellschafter einer KG* komanditanto *od* komanditisto

Kommando *n* (*Abk* ***Kdo.*** *od* ***Komm.***) *Mil* ***a)*** *Befehl, Befehlswort(e)* komando *auch Befehlsgewalt*; ***das ~ führen*** (*od* ***haben***) havi la komandon; ***etw. auf ~ tun*** fari ion laŭ komando; ***das ~ übernehmen*** preni la komandon; ***unter dem ~ von ...*** sub la komando de ... ***b)*** *kleine Truppenabteilung [mit bestimmter Aufgabe]* [speciala] taĉmento

Kommando|brücke *f Mar (Führungszentrale eines Schiffs)* komandejo, *auch* [komandanta] ponto (↑ *auch* ***Steuerhaus***); **~datei** *f EDV* komanda dosiero; **~posten** *m Mil* komanda posteno; **~stab** *m als Symbol* komandobastono, *auch* ordonbastono *(Zam)*; **~stand** *m od* **~stelle** *f militärische Führungsstelle* komandejo; **~ton** *m* komandotono *od* komanda tono

Kommassation *f,* <*österr*> ***Kommassierung*** *f Flurbereinigung, Zusammenlegung von Grundstücken* komasacio

Kommelinazeen *f/Pl Bot*: ***[Familie der] ~*** (Commelinaceae) komelinacoj *Pl*

Kommeline *f* (*Gattung* Commelina) *Bot* komelino

kommen ***a)*** *intr* veni (***aus*** el; ***nach*** *bzw.* ***zu*** al; ***von*** de); *ankommen* [al]veni (***in*** en); *heranschreiten* alpaŝi *od* paŝi al; *nahen* [al]proksimiĝi; *erreichen* atingi; ***~ Sie herein!*** eniru!; ***komm*** (*od* ***kommen Sie*** *bzw.* ***kommt***) ***hierher!*** venu ĉi tien!; ***~ Sie mit mir!*** *bzw.* ***komm mit mir!*** iru kun mi!, akompanu min!; ***ich komme ja schon!*** mi ja venas!; ***der Bus kommt zehn Minuten nach vier*** la buso venos dek minutojn post la kvara [horo]; ***mit dem Flugzeug*** (***zu Fuß***) ***~*** veni aviadile (piede); ***bald kommt ein Tunnel*** baldaŭ ni estos en tunelo *od* baldaŭ ni traveturos tunelon; ***etw. ~ lassen*** venigi (*od* alportigi) ion; *schicken lassen* sendigi ion; ***jmdn. ~ lassen*** *rufen, herbeordern* voki (*od* venigi) iun; ***nicht ~ können*** ne povi veni; ***wie komme ich zur Innenstadt?*** kiel mi atingas la urbocentron? *od* kiu estas la vojo al la [urbo]centro?; ***zum Thema ~*** veni al la temo ***b)*** *erscheinen, hervortreten* aperi, ekesti; *geschehen* okazi; ***ans Licht ~*** aperi, montriĝi, evidentiĝi, konatiĝi; ***zum Vorschein ~*** aperi, subite sin montri; ***es ~ schon die ersten Blumen im Garten*** jam la unuaj floroj aperas en la ĝardeno; ***was auch ~ mag*** kio ajn okazos ***c)*** *in Aufforderungssätzen vom Typ «komm[t] ...» od «lass[t] uns ...» wird das sinntragende Verb in der u-Form gebraucht:* ***komm, wir setzen uns hier hin*** ni eksidu ĉi tie; ***kommt, wir gehen***

einfach rein ni simple eniru ***d)*** *in vielen Fügungen* ◇ ***das kommt davon!*** *das sind nun die Folgen!* jen la sekvoj!; ***das kommt wie gerufen*** tio venas vokita kaj petita; ***ich komme vor Ihnen dran!*** *beim Anstehen* mia vico estas antaŭ vi!; ***in Gang*** ~ ekfunkcii, ekiri; ***hinter ein Geheimnis*** ~ malkovri (*od* eltrovi) sekreton; ***um sein Geld*** ~ *sein Geld verlieren* perdi sian monon; ***in gute Hände*** ~ veni al bonaj manoj; ***zu Kräften*** ~ refortiĝi; ***zu kurz*** ~ nesufiĉe ricevi *od* ricevi tro malmulte, malprofiti; ***aus der Mode*** ~ eksmodiĝi, elmodiĝi; ***jmdm. in die Quere*** ~ kruci ies plano(j)n (*od* intencojn); ***in den Regen*** ~ *vom Regen überrascht werden* esti surprizata(j) de pluvoverŝo; ***zur Sprache*** ~ esti priparolata, esti tuŝata en la parolado (*od* konversacio); ***zum Thema*** ~ veni al la temo; ***zu der Überzeugung*** ~, ***dass ...*** konvinkiĝi, ke ...; ***wenn's hoch kommt*** *höchstens* maksimume; *im ungünstigsten Fall* en plej malbona (*od* malfavora) okazo; ***wieder zu sich*** ~ *od* ***wieder zu Bewusstsein*** ~ rekonsciiĝi; ***wie kommt das?*** kio estas la kaŭzo de tio?; ***wie*** ~ ***Sie darauf*** (*od* ***dazu***)***?*** kio igas vin pensi (*bzw.* fari) tion?; ***von selbst kommt nichts*** kiu mem ne penas, nenio al li venas *(Zam)*

Kommen *n* veno; *Ankunft* alveno; ***jmdm. sein*** ~ ***ankündigen*** anonci al iu sian venon

kommend *Adj* venonta; *folgend* sekv[ont]a; *zukünftig* estonta; ***die*** ~***e Generation*** la estonta generacio; ***das*** ~***e Jahr*** la venonta jaro; ***in der*** ~***en Woche*** *od kurz* ~***e Woche*** en la venonta semajno *od* venontan semajnon; ***im*** ~***en Sommer*** en (*od* dum) la venonta (*od* sekva) somero ◇ ***er ist der*** ~***e Mann*** li estos la ĉampiono de la estonto

kommensurabel *Adj Math (mit gemeinsamen Teiler)*; ***kommensurable Größen*** (***Zahlen***) *f/Pl* komunonaj grandoj (nombroj) *Pl*

Kommentar *m* komentario (***zu*** pri) *auch im Radio od TV* (*vgl. dazu* ***Erklärung***; ↑ *auch* ***Pressekommentar***); *Meinungsäußerung eines Einzelnen* komento; ***einen*** ~ ***[ab]geben*** komenti *bzw.* komentarii

kommentarlos 1. *Adj* senkomenta **2.** *Adv* senkomente

Kommentator *m* komentisto; *Berichterstatter* raportisto (↑ *auch* ***Rundfunkkommentator***)

kommentieren *tr mit [erklärenden] Anmerkungen versehen* komenti, *auch* komentarii

kommerzialisieren *tr* komercigi

Kommerzialisierung *f* komercigo

kommerziell 1. *Adj* komerca **2.** *Adv* komerce, en maniero de komercisto

Kommerzienrat *m Ehrentitel, der im Dt. Reich bis 1919 an Wirtschafts- u. Finanzmagnaten verliehen wurde* komerca konsilisto (*vgl. dazu* ***Handelsrat***)

Kommilitone *m Univ* kunstudento

Kommiss *m umg für «Militärdienst»* soldatservo, armea servo; ***beim*** ~ ***sein*** esti armeano

Kommissar *m, reg,* <*österr*> *u.* <*schweiz*> *meist* ***Kommissär*** *m* komisaro; *Polizei*≗ polica komisaro (↑ *auch* ***Kriminal-***, ***Polit-***, ***Prüfungs-*** *u.* ***Volkskommissar***)

Kommissariat *n Staatsorgan mit administrativen u. manchmal juristischer Funktion* komisariato; *Polizei*≗ komisarejo

kommissarisch *Adj vorübergehend* provizora, nur por certa tempo; *als Beauftragter* kiel komisiito (*vgl. dazu* ***vertretungsweise***)

Komissbrot *n* soldatpano

Kommission *f Ausschuss, Gremium* komisiono (↑ *auch* ***Enquete-***, ***Konflikt-***,***Kontroll-***, ***Mord-***, ***Plan-***, ***Prüfungs-***, ***Revisions-***, ***Schieds-*** *u.* ***Unterkommission***); *Hdl* komisipago; *Provision* provizio; ***in*** ~ ***nehmen*** *Hdl* [preni por] vendi komisie

Kommissionär *m Hdl* komisionero; *i.w.S. Agent* agento; *Makler* makleristo

Kommissions|gebühr *f* komisipago; ~**handel** *m* komisia komerco; ~**mitglied** *n* membro de komisiono, komisionano; ~**sitzung** *f* komisiona kunsido

Kommissstiefel *m [grober] Soldatenstiefel* [kruda] soldatboto

Kommissur *f* (Commissura) *1. Anat* ***a)*** *Querverbindung zw. symmetrischen Teilen des Zentralnervensystems, bes. zw. den beiden Hemisphären des Großhirns* komisuro; ***weiße*** ~ (Commissura alba) *nur Fachspr Anat (weiße Substanz vor dem Zentralkanal des Rückenmarks)* komisuro blanka ***b)*** *Verbindung zw. Weichteilen im Bereich der Organe* komisuro *2. Bot (an bestimmter Stelle vorgebildete Einschnürung an den Chromosomen, die diese in zwei Schenkel teilt und das Centromer umschließt)* komisuro

Kommittent *m Auftraggeber eines Kommissionärs* komisianto

Kommode *f,* <*österr*> *auch* ***Schubladkasten***

m komodo (*vgl. dazu* ***Truhe***)

Kommotion *f* (Commotio) *Med (Erschütterung mit nachfolgender [vorübergehender] Funktionsstörung)* komocio (*vgl. dazu* ***Gehirnerschütterung***)

kommunal *Adj eine Stadt, Gemeinde od Kommune betreffend* municipa, komunuma (*vgl. dazu* ***lokal***)

Kommunal|forst *m, auch* ***Gemeindewald*** *m* komunuma arbaro; ~**obligation** *f Fin* komunuma obligacio; ~**wahlen** *f/Pl* komunumaj balotoj (*od* elektoj) *Pl*

Kommunalwesen *n Angelegenheiten der Kommune* komunumaj aferoj *Pl*

Kommunarde *m Angehöriger der Pariser Kommune* ano de la Pariza Komun[um]o

Kommune *f* komunumo; ***die Pariser ~*** *Gesch* la Pariza Komun[um]o

Kommunikant *m kath. Kirche* komuniiĝanto

Kommunikation *f* komunikado (*vgl. dazu* ***Verbindung*** *u.* ***Verständigung***; ↑ *auch* ***Fachkommunikation***); ***interkulturelle*** (***nonverbale***, ***transkulturelle***) ~ interkultura (neparola, transkultura) komunikado

Kommunikationsfreiheit *f* komunikada liber[ec]o

kommunikationsfreudig *Adj* komunikema

Kommunikations|mittel *n/Pl* komunikiloj *Pl*, komunikadaj rimedoj *Pl* (*vgl. dazu* ***Medien***); ~**psychologie** *f* komunikada psikologio; ~**soziologie** *f* komunikada sociologio; ~**system** *n* komunikada sistemo; ~**technik** *f* komunikada tekniko; ~**theorie** *f* komunikado-teorio; ~**wissenschaften** *f/Pl* komunikado-sciencoj *Pl*; ~**zentrum** *n* komunikada centro

Kommunion *f kath. Kirche (Teilnahme am Abendmahl)* komunio (↑ *auch* ***Erstkommunion***)

Kommuniqué *n* komunikaĵo (↑ *auch* ***Abschlusskommuniqué***); ***ein gemeinsames ~ veröffentlichen*** publikigi komunan komunikaĵon (***über*** pri)

Kommunismus *m Pol* komunismo

Kommunist *m* komunisto

kommunistenfreundlich = ***prokommunistisch***

Kommunistin *f* komunistino

kommunistisch *Adj auf den Kommunismus bezüglich bzw. auf ihm basierend* komunisma; *auf die Kommunisten bezogen* komunista; ***Deutsche ~e Partei*** *f* (*Abk* ***DKP***) Germana Komunista Partio (*Abk* GKP); ***das ~e Manifest*** *Gesch* la Komunista Manifesto

kommunizieren *intr* interkomunikiĝi; ***übers Internet ~*** interkomunikiĝi pere de la [inter]reto

kommunizierend *Adj*: ***~e Röhren*** *f/Pl Phys* interkomunikaj tuboj *Pl*

kommutativ *Adj* ***a)*** *Ling, Math (umstellbar, vertauschbar [von sprachl. Einhheiten bzw. math. Größen])* komutebla ***b)*** *die Kommutierung betreffend* komuta

Kommutator *m, auch* ***Strom[richtungs]-wender*** *m El* komutilo (*vgl. dazu* ***Kollektor*** *u.* ***Umschalter***)

kommutieren *tr El (die Richtung des elektrischen Stroms ändern), Ling u. Math (umstellen od miteinander vertauschen)* komuti

Kommutierung *f El (Umkehrung der Stromrichtung)* komut[ad]o

Komödiant *m* ***a)*** *Theat* aktoro komedia *od* komediisto (↑ *auch* ***Schmierenkomödiant***) ***b)*** *jmd., der sich verstellt* komedianto; *i.w.S. auch pej für «Heuchler»* hipokritulo

Komödie *f Theat* komedio *auch übertr* (↑ *auch* ***Film-***, ***Kriminal-*** *u.* ***Sittenkomödie***); ***die Göttliche ~*** *ein Epos von Dante* la Dia Komedio; ***~ spielen*** *Theat u. übertr* ludi komedion, *auch* komedii

komödienhaft *Adj* komedi[ec]a (*vgl. dazu* ***falsch*** *u.* ***heuchlerisch***)

Komödienschreiber *m* komediverkisto, *auch* aŭtoro de komedioj

Komodo (*n*) *eine indonesische Insel zw. Sumbawa u. Flores* Komodo[-insulo]; ~-**waran** *m* (Varanus komodoensis) *Zool* komodo-varano

Komondor *m ein ungarischer Hirtenhund* komondoro

Komoren *Pl ein Inselstaat im Indischen Ozean* Komoroj *Pl [Hptst.: Moroni]*; ~-**Franc** *m Fin* (*Währungscode* ***KMF***) ko- mora franko

Komorer *m Bewohner der Komoren* komorano

komorisch *Adj auf die Komoren bezogen od von den Komoren stammend* komora

Komorisch[e] *n Ling (eine dem Suaheli verwandte Sprache)* la komora [lingvo]

Kompagnon [*'kompanjõ*] *m Gesellschafter* kompaniano, [kun]societano; *Mitinhaber* kunposedanto (*vgl. dazu* ***Teilhaber***)

kompakt *Adj* kompakta *auch jmds. Figur od eine Mannschaft*

Kompaktheit *f* kompakteco, *auch* monoliteco

Kompaktrevolver *m* kompakta revolvero

[1]**Kompanie** *f Mil, Wirtsch* kompanio (*bei Firmennamen auch Großschr; Abk* K-io) (*vgl. dazu* ***Firma***, ***Gesellschaft*** *u.* ***Schwadron***); ↑ *auch* ***Stabs-*** *u.* ***Strafkompanie***)

[2]**Kompanie** *f [Interessen-] Gemeinschaft, Partnerschaft*: ***mit jmdm.*** ~ ***machen*** fari kompanion kun iu, *auch* kompanii kun iu

Kompanie|chef *od* ~**führer** *m Mil* komandanto de kompanio

Komparation *f*, *auch* ***Steigerung*** *f Gramm* komparacio

Komparativ *m*, *auch* ***Vergleichsstufe*** *od* ***erste Steigerungsstufe*** *f* ***[der Komparation]*** *Gramm* komparativo; ***in den*** ~ ***setzen*** meti en la komparativon

Komparse *m Film, Theat* figuranto, statisto

[1]**Kompass** *m* kompaso (↑ *auch* ***Funk-***, ***Kreisel-***, ***Magnet-***, ***Magnetkreisel-***, ***Marsch-***, ***Peil-***, ***Schiffs-*** *u.* ***Taschenkompass***); ***nach dem*** ~ ***marschieren*** marŝi laŭ kompaso

[2]**Kompass** *m*, *Fachspr* ***Pyxis*** *f Astron (ein Sternbild des südlichen Himmels)* Kompaso

Kompass|ablenkung *f* kompasa devio; ~**nadel** *f* kompasnadlo *od* kompasa nadlo

Kompasspflanzen *f/Pl Bot* ↑ ***Meridianpflanzen***

Kompass|qualle *f* (Chrysaora hysoscella) *Zool* kompasmeduzo *[Vorkommen: Atlantik, Nordsee u. Mittelmeer]*; ~**rose** *f Gradskala auf einem Kompass* kompasrozo; ~**strich** *m*, *auch* ***Windstrich*** *m einer der Striche auf der 32 Gradeinteilungen umfassenden Skale der Windrose* rumbo [de kompasa skalo]

kompatibel *Adj Biol, Elektronik (zu einem System zusammensetzbar [von Hardware- u. Softwarekomponrnten], EDV* kompatibila; *allg für «austauschbar»* interŝanĝebla; *kongruent* kongrua (↑ *auch* ***vereinbar***); ***mit allen PCs*** ~ ***sein*** esti kompatibila kun ĉiuj personaj komputiloj

Kompatibilität *f Kombinierbarkeit (bes. von verschiedenen Computersystemen [z.B. das Benutzen eines Programms auf einem anderen Computermodell)* kompatibileco (↑ *auch* ***Vereinbarkeit***)

kompendiös *Adj [kurz] zusammenfassend* kompendia

Kompendium *n Buchw (kurz gefasstes Lehrbuch bzw. wissenschaftlicher Abriss* kompendio (↑ *auch* ***Abriss b)***)

Kompensation *f Ausgleich* kompens[ad]o *auch Med*; *Schadenersatz* perdokompens[aĵ]o, kompenso pro damaĝo(j) *od* damaĝokompenso (***für*** por); *Äquivalent* ekvivalento

Kompensationsgeschäft *n Hdl* kompensa transakcio

Kompensationskurs *m Effektenbörse* ↑ ***Liquidationskurs***

Kompensator *m El (Messgerät für elektrische Spannungen), Opt* kompensilo

kompensieren *tr* ***a)*** *Med, Phys, Tech [durch Gegenleistung] ausgleichen* kompensi (↑ *auch* ***entschädigen***) ***b)*** *ins Gleichgewicht bringen, ausgleichen* ekvilibrigi

kompetent **1.** *Adj* kompetenta (***für*** pri; ***in*** en) (*vgl. dazu* ***befugt***, ***erfahren*** *u.* ***zuständig***); *urteilsfähig* juĝokapabla **2.** *Adv* kompetente

Kompetenz *f* kompetent[ec]o (↑ *auch* ***Fach-*** *u.* ***Medienkompetenz***); ***seine*** ~***en überschreiten*** transpaŝi siajn kompetentojn

Kompetenzstreitigkeiten *f/Pl* kverelo(j) pri kompetentoj

Kompilation *f* ***a)*** *das Kompilieren* kompil[ad]o; *Resultat der Kompilation* kompilaĵo ***b)*** *meist* ***Kompilieren*** *n EDV (Vorgang der Konvertierung)* kompilado

Kompilator *m* kompilanto *bzw.* kompilinto; *jmd., der beruflich kompiliert* kompilisto

kompilieren *tr aus anderen Büchern od Schriften zusammentragen* kompili

Komplement *n 1. allg (Ergänzung) 2. Astron, Math, Mus, Naturw* komplemento; ***algebraisches*** (***topologisches***) ~ *Math* algebra (topologia) komplemento

komplementär *Adj ergänzend, eine Ergänzung bildend* komplementa, kompletiga

Komplementärfarbe *f* komplementa koloro *auch Opt*

Komplementarität *f Naturw* komplementeco

Komplementärluft *f Med (Pulmologie)* komplementa aero

Komplementärmedizin *f* ↑ ***Alternativmedizin***

Komplementwinkel *m*, *auch* ***Ergänzungswinkel*** *m [zu 90°] Geom* komplementa angulo

[1]**Komplet** [*kom'ple:t*] *f Kirche (Abendgebet als Schluss der kath. kirchlichen Tageszeiten)* kompletorio

[2]**Komplet** [*kõ'ple:*] *n Ensemble (mehrteiliges Damenkleidungsstück)* ensemblo

komplett *Adj* kompleta (↑ *auch* ***vollständig***); ***die Briefmarkensammlung ist*** ~ la poŝtmarka kolekto estas kompleta
komplettieren *tr* kompletigi
komplex *Adj* kompleksa; *zusammengesetzt* kunmetita; ***eine ~e Frage*** kompleksa demando; ***~e Methode*** (***Zahl***) *f* kompleksa metodo (nombro)
Komplex *m* komplekso *auch Chem, Geom, Neurologie u. Psych* (*vgl. dazu* ***Minderwertigkeits-***, ***Ödipus-*** *u.* ***Schuldkomplex***); *Industrie*~ industria komplekso (↑ *auch* ***Gebäude-***, ***Klinik-*** *u.* ***Wohnkomplex***); ~ ***erster*** (***zweiter***) ***Ordnung*** *Geom* unuagrada (duagrada) komplekso
Komplexamplitude *f El* ↑ *unter* ***Amplitude***
Komplexauge *n* ↑ ***Facettenauge***
Komplexbrigade *f [in ehem. sozialistischen Ländern:] Arbeitsgruppe aus verschiedenen Berufen* kompleksa brigado
Komplexion *f* ***a)*** *alt* = ***Zusammenfassung*** ***b)*** *Anthropol* kompleksio
Komplexität *f komplexe Beschaffenheit* komplekseco *auch eines Problems* (*vgl. dazu* ***Kompliziertheit***)
Komplikation *f* komplikaĵo *auch Med* (*vgl. dazu* ***Schwierigkeit*** *u.* ***Verwicklung***)
komplikationslos **1.** *Adj* senkomplika **2.** *Adv* senkomplike
Kompliment *n höfliche Redensart* komplimento (*vgl. dazu* ***Lob***); *galante Bemerkung* galanta diraĵo; *Schmeichelei* flataĵo; ***übertriebene ~e*** *Pl* troaj komplimentoj *Pl*; ***jmdm. ein*** ~ ***machen*** fari (*od* diri) komplimenton al iu, *auch* komplimenti iun; ***jmdn. mit ~en überhäufen*** (*od* ***überschütten***) ŝuti komplimentojn al iu *(Zam)*
Komplize *m Jur* komplico *auch übertr*; *Mitschuldiger* kunkulpulo
Komplizenschaft *f* kompliceco
komplizieren *tr* kompliki; *erschweren* malfaciligi; ***sich*** ~ *[noch] schwieriger werden* komplikiĝi, iĝi [ankoraŭ] pli komplika
kompliziert *Adj* komplik[it]a *auch Med (z.B. ein Krankheitsverlauf)*; *schwierig* malfacila; *verworren* konfuza (↑ *auch* ***verzwickt***); ***ein ~es Problem*** komplika problemo
Kompliziertheit *f* komplik[it]eco
Komplott *n* komploto (*vgl. dazu* ***Verschwörung***; ↑ *auch* ***Mordkomplott***); ***ein*** ~ ***aufdecken*** (*od pop auch* ***auffliegen lassen***) malkaŝi komploton; ***ein*** ~ ***schmieden*** fari komploton (***gegen jmdn.*** kontraŭ iu)
Komponente *f Chem, Geom, Ling, Tech (Teil eines Ganzen od einer Größe, z.B. einer Legierung, Mischung u.a.)* komponanto (vgl. dazu ***Bestandteil***; ↑ *auch* ***Kraftkomponente***); *Teil eines Ganzen* konsistiga parto de tutaĵo
komponieren *tr Mus* komponi, *abs* komponi muzikon (*bzw.* kanton *od* kanzonon *u.a.*)
Komponist *m Mus* komponisto
Kompositen *f/Pl Bot* ↑ ***Korbblütler***
Komposition *f* ***a)*** *Mus (das Komponieren)* komponado, *(das komponierte Stück)* komponaĵo; ***eine*** ~ ***vorstellen*** prezenti komponaĵon ***b)*** *[kunstvolles] Zusammensetzen (Vorgang)* komponado, *(Ergebnis)* komponaĵo (↑ *auch* ***Arrangement a)***)
Kompositionslehre *f Mus* scienco pri komponado
Kompositum *n Ling (zusammengesetztes Wort)* kunmetaĵo, kunmetita vorto (↑ *auch* ***Determinativ-*** *u.* ***Koordinativkompositum***); ***hybrides*** ~ *od* ***Hybridkompositum*** *n* hibrida kunmetaĵo
Kompositwerkstoff *m Tech* ↑ ***Verbundwerkstoff***
Kompost *m Gartenb* kompoŝto (*vgl. dazu* ***Mulch***); ***mit*** ~ ***düngen*** sterki per kompoŝto kompoŝti
Kompost|grube *f* kompoŝtfosaĵo; ~**haufen** *m* kompoŝtujo
kompostieren *tr* kompoŝtigi
Kompostierung *f* kompoŝtigo
Kompott *n mit Zucker gekochtes Obst* kompoto (*vgl. dazu* ***Eingemachte***; ↑ *auch* ***Birnen-***, ***Kirsch-*** *u.* ***Stachelbeerkompott***)
Komprador *m Pol (Angehöriger der Kompradorenbourgeoisie, ehemals bes. in China)* kompradoro
Kompresse *f Med* kompreso (↑ *auch* ***Gesichtskompresse***); ***eine feuchte*** ~ ***auflegen*** surmeti (*od* apliki) humidan kompreson
Kompression *f Tech* kunprem[ad]o
Kompressor *m* ***a)*** *Tech (Apparat zum Verdichten von Gasen od Dämpfen)* kompresoro ***b)*** *kurz für «Kompressionskühlschrank»* kompresora fridujo
komprimieren *tr* ***a)*** *Tech* kunpremi *auch blutende Wunden*, *(verdichten)* densigi, *Gas* kondensi ***b)*** *knapp darstellen* konciz- igi
Komprimierung *f Tech* kunpremado, densig[ad]o, kondensado
Kompromiss *m* kompromiso (*vgl. dazu* ***Zu-***

geständnis); ***einen ~ eingehen*** (*od* ***schließen***) fari (*od* aranĝi) kompromison, *auch kurz* kompromisi (***mit jmdm.*** kun iu); ***einen ~ suchen*** serĉi kompromison

kompromissbereit *Adj* preta je kompromiso

Kompromissbereitschaft *f* preteco je kompromiso

Kompromissler *m* kompromisemulo

kompromisslos, <*schweiz*> *dial* ***pickelhart*** **1.** *Adj* senkompromisa; *i.w.S. starrköpfig* obstina **2.** *Adv* senkompromise

Kompromisslösung *f* kompromisa solvo

kompromittieren *tr*: ***jmdn. ~*** kompromiti iun; ***sich ~*** *sein Ansehen aufs Spiel setzen* kompromiti sin; ***kompromittiert werden*** kompromitiĝi

kompromittierend *Adj*: ***eine ~e Situation*** kompromita situacio

Kompromittierung *f das Kompromittieren* kompromit[ad]o; *das Kompromittiertwerden* kompromitiĝo

Komsomol *m kommunistische Jugendorganisation in der ehem. UdSSR* komsomolo

Komsomolze *m Mitglied des Komsomol* komsomolano

Komsomolzin *f* komsomolanino

Komtur *m hist: Ordensritter als Leiter einer Komturei* komandoro *(Zam)*

Komturei *f hist: Verwaltungsbezirk od Ordenshaus eines geistlichen Ritterordens* komandorejo

Konbu *Nahr* ↑ ***Kombu***

Konche *f Arch (Einbuchtung od halbrunde Nische)* konko

Konchoide *f, auch* ***Muschelkurve*** *f Geom* konkoido

Konchylien *Pl Zool* ↑ ***Muscheltiere***

Konchyliologe *m* konkologo

Konchyliologie *f, auch* ***Muschelkunde*** *f Zool (Teilbereich der Malakologie)* konkologio

konchyliologisch *Adj zur Konchyliologie gehörend bzw. sie betreffend* konkologia

Kondensat *n Chem* kondensaĵo (*vgl. dazu* ***Destillat*** *u.* ***Niederschlag***)

Kondensation *f, auch* ***Kondensierung*** *f Chem, Phys* kondensado

Kondensationspunkt *m Met, Phys* ↑ ***Taupunkt***

Kondensator *m Chem, El, Phys* kondensilo (↑ *auch* ***Antennen-***, ***Elektrolyt-***, ***Tantalkondensator*** *u.* ***Leidener Flasche***); ***einstellbarer ~*** alĝustigebla kondensilo

Kondensatormikrofon *n Mikrofon, dessen Schallwandler aus einem Kondensator besteht* kondensila mikrofono

Kondenshahn *m* ↑ ***Wasserablasshahn***

kondensieren *tr Chem, Phys* kondensi (*vgl. dazu* ***verdichten***); *eindicken* densigi; ***sich ~*** *refl* kondensiĝi

kondensiert *Adj*: ***~e Milch*** *f, meist* ***Kondensmilch*** *f* densigita lakto

Kondensierung *f* ↑ ***Kondensation***

Kondensmilch *f* ↑ *unter* ***kondensiert***

Kondensor *m* ***a)*** *Opt (Sammellinse, die den Gegenstand gleichmäßig ausleuchtet [z.B. in Mikroskopen])* kondensoro ***b)*** *Phys (Verdichter)* kondensilo

Kondens|streifen *m eines Flugzeugs* kondensaĵa strio *od* kondensaĵa spuro; **~wasser** *n* kondensakvo

Kondition *f physischer Zustand* fizika stato *auch eines Sportlers*; *Zustand* stato; ***~en*** *Pl Hdl (Zahlungsbedingungen)* pagokondiĉoj *Pl*, *(Lieferbedingungen)* liverkondiĉoj *Pl*

Konditional[is] *m Gramm* kondicionalo; **~satz** *m, auch* ***Bedingungssatz*** *m Gramm* kondiĉa propozicio

Konditor *m* kukaĵisto, *(Tortenbäcker)* tortbakisto, *(Kuchenbäcker)* kuk[bak]isto

Konditorei butiko de kukaĵoj, tortbakejo (↑ *auch* ***Pâtisserie***)

Kondolenz *f* kondolenco (*vgl. dazu* ***Beileid*** *u.* ***Beileidsbezeigung***); **~besuch** *m* kondolenca vizito; **~buch** *n* kondolenca libro

Kondolenzliste *f, auch* ***Trauerliste*** *f*: ***sich in die ~ eintragen*** enskribiĝi en la kondolenca listo

Kondolenzschreiben *n* kondolenca letero

kondolieren *intr*: ***jmdm. ~*** kondolenci iun *od* esprimi sian kondolencon al iu

Kondom *n od m, auch* ***Präservativ*** *n, salopp auch* ***Pariser*** *m* kondomo; ***ein ~ benutzen*** uzi kondomon

Kondor *m Anden*[2] (Vultur gryphus) *Orn* [anda *od* sudamerika] kondoro; ***kalifornischer ~*** *od* ***Kalifornienkondor*** *m* (Gymnogyps californianus) kalifornia kondoro *[Vorkommen: Kalifornien, Arizona u. Mexiko]*

Konduktanz *f, auch* ***Wirkleitwert*** *m El* konduktanco

Kondukteur *m* ↑ ***Schaffner***

[1]**Konduktor** *m Genetik (Überträger einer im X-Chromosom lokalisierten Erbanlage)* konduktoro

[2]**Konduktor** *m* = ***[elektrischer] Leiter*** [↑ *unter* [1]***Leiter***]

Kondylom *n*, *auch* ***Feigwarze*** *f* (Condyloma) *Med (Dermatologie)* kondilomo; ***breites*** (***spitzes***) ~ plata (pinta) kondilomo

Konfekt *n* sukeraĵoj; *Süßigkeiten* dolĉaĵoj *Pl*

Konfektion *f Fertigkleidung* konfekciaj vestoj, konfekcio (↑ *auch* ***Damen-***, ***Herren-*** *u.* ***Kinderkonfektion***); *Bekleidungsindustrie* industrio de konfekciaj vestoj

konfektionieren *tr* konfekcii, *abs* produkti konfekciajn vestojn

Konfektions|geschäft *n* butiko de konfekcio; ~**kleid** *n* konfekcia robo; ~**kleidung** *f* konfekciaj vestoj Pl

Konferenz *f* konferenco (↑ *auch* ***Außenminister-***, ***Botschafter-***, ***Delegierten-***, ***Friedens-***, ***General-***, ***Gipfel-***, ***Gründungs-***, ***Jahres-***, ***Regierungs-***, ***Regional-***, ***Round-Table-***, ***Telefon-***, ***Video-*** *u.* ***Weltkonferenz***); ~ ***auf höchster Ebene*** konferenco sur plej alta nivelo; ~ ***auf Ministerebene*** ministronivela konferenco; ~ ***über Sicherheit und Zusammenarbeit in Europa*** (*Abk* ***KSZE***) *Pol* Konferenco pri Sekureco kaj Kunlaboro en Eŭropo (*Abk* KSKE) (↑ *auch* ***Abrüstungskonferenz***); ***Islamische*** ~ *Weltorganisation der islamischen Staaten (mit Sitz in Jeddah/Saudi-Arabien)* Islama Konferenco; ***zweitägige*** ~ dutaga konferenco; ***eine*** ~ ***abhalten*** okazigi konferencon; ***an einer*** ~ ***teilnehmen*** partopreni en konferenco

Konferenz|diplomatie *f* diplomatio pere de konferencoj; ~**gebäude** *n* konferencejo; ~**programm** *n* konferenca programo; ~**raum** *od* ~**saal** *m* konferenca salono; ~**teilnehmer** *m* partoprenanto de (*od* en) konferenco, *umg auch* konferencano

Konferenztisch *m*: ***am*** ~ ĉe [la] konferenca tablo

konferieren *intr od abs für «eine Konferenz abhalten»* konferenci (***über*** pri), [en kunveno] priparoli (***über etw.*** ion) (*vgl. dazu* ***diskutieren***); *sich beraten* konsultiĝi (***mit jmdm.*** kun iu)

Konfession *f allg (Religion)* religio; *christl. Rel (Glaubensbekenntnis)* konfesio; ***Angehöriger einer anderen*** ~ alikonfesiano *bzw.* alireligiano

konfessionell *Adj* konfesia (↑ *auch* ***interkonfessionell***)

konfessionslos *Adj* senkonfesia; *religionslos* senreligia (*vgl. dazu* ***atheistisch***)

Konfetti *n*, <*österr*> *alt* ***Koriandoli*** *n* konfetoj *Pl*

Konfident *m* ↑ ***Polizeispitzel***

Konfiguration *f Astron, Chem, Geogr, Phys* konfiguracio (*vgl. dazu* ***Gestaltung***); ***von irregulärer*** ~ de neregula konfiguracio

Konfirmand *m evangelisch-lutherische Kirche (Jugendlicher, der konfirmiert werden soll)* konfirmacioto

Konfirmation *f*, *auch* ***Firmung*** *f evangelisch-lutherische Kirche* konfirmacio; *Konfirmationstag* konfirmacia tago

konfirmativ *Adj bestätigend, bekräftigend* konfirma

konfirmieren *tr evangel. Kirche* konfirmacii

Konfiskation *f* konfisko

konfiszieren *tr* konfiski (↑ *auch* ***beschlagnahmen***)

Konfitüre *f* konfitaĵo (↑ *auch* ***Erdbeer-*** *u.* ***Kirschkonfitüre***); ***hausgemachte*** ~ hejme farita konfitaĵo

Konflagration *f Stoizismus (weltweite Feuersbrunst, die den Untergang des Planeten bewirkt)* konflagracio

Konflikt *m* konflikto *auch Mil u. Psych* (↑ *auch* ***Generations-***, ***Gewissens-***, ***Grenz-***, ***Handels-***, ***Interessen-***, ***Kultur-***, ***Nahost-***, ***Religions-***, ***Stammeskonflikt*** *u.* ***Widerstreit***); *Streit* kverelo (↑ *auch* ***Streitfall***); *Zusammenstoß* karambolo; ***begrenzter*** (***bewaffneter***, ***blutiger***, ***interethnischer***, ***militärischer***, ***sozialer***, ***zwischenstaatlicher***) ~ limigita (armita, sanga, interetna, milita, sociala, interŝtata) konflikto; ***einen*** ~ ***ausweiten*** plivastigi konflikton; ***in*** ~ ***mit ... geraten*** (*od* ***kommen***) trafi (*od* veni) en konflikton kun ..., *auch* ekkonflikti kun ...; ***auftretende*** ~***e lösen*** solvi aperantajn (*od* ekestantajn) konfliktojn; ***das Entstehen immer neuer*** ~***e*** senfina naskado de konfliktoj

konfliktbereit *Adj* konfliktema

Konflikt|fall *m* konflikt-kazo; ~**forschung** *f* konflikt-esploro

konfliktfrei, *auch* ***konfliktlos*** **1.** *Adj* senkonflikta, *nachgest* sen konflikto(j) **2.** *Adv* senkonflikte

Konflikt|herd *m bes. Pol* centro de konflikto; ~**kommission** *f* konfliktkomisiono

konfliktlos ↑ ***konfliktfrei***

Konflikt|lösung *f* konflikt[o]solv[ad]o; ~**potenzial** *n* konfliktpotencialo; ~**region** *f* konfliktregiono

konfliktreich *Adj* multkonflikta
Konfliktsituation *f* konfliktsituacio *od* konflikta situacio
Konföderation *f Pol (Staatenbund)* konfederacio (↑ *auch* ***Bündnis***)
konföderiert *Adj*: ***die ~en Staaten von Amerika*** *Gesch* la Konfederaciitaj Ŝtatoj de Ameriko
Konföderierte *m* ↑ ***Sezessionist b)***
konfokal *Adj Geom, Opt (mit dem gleichen Brennpunkt)* samfokusa
konform *Adj* konforma (***mit*** al) *auch Geom (winkeltreu)* (↑ *auch* ***gesetzeskonform***); ***mit jmdm. ~ gehen*** esti en konformeco kun iu, esti en plena akordo kun iu; *mit jmdm. gleicher Meinung sein* samopinii kun iu
Konformismus *m Pol* konformismo
Konformist *m Pol* konformisto
Konformität *f* konformeco (↑ *auch* ***Gesetzeskonformität***)
Konfrontation *f bes. Jur, Polizei u. Pol* konfrontado; ***nukleare ~*** nuklea konfrontado
Konfrontationskurs *m Pol* kurso de konfrontado
konfrontieren *tr* konfronti *auch Jur*; ***konfrontiert sein*** esti konfrontata (***mit*** kun)
konfus *Adj verwirrt* konfuzita; *keinen Rat mehr wissen* tute ne plu scii kion fari [tiumomente]; ***jmdn. ~ machen*** *aus dem Konzept bringen, verlegen machen, verwirren, den Kopf verdrehen* konfuzi iun; ***ganz ~ werden*** tute konfuziĝi
Konfusion *f Verwirrung* konfuz[iĝ]o; *Durcheinander* pelmelo; *Chaos* kaoso
Konfuzianer *m Schüler od Anhänger des Konfuzius* konfuceano
Konfuzianismus *m Weltanschauung, Ethik u. Soziallehre des Kung-dsï [bis zur Revolution von 1912 in China eine Art Staatsreligion]* konfuce[an]ismo
Konfuzius (*m*), *chin.* ***Kung-dsï*** *Eig (ein altchinesischer Philosoph [um 551-um 479 v. Chr.])* Konfuceo
kongenial *Adj geistig ebenbürtig* spirite egalranga, samgenia; *geistesverwandt* spirite parenca
kongenital *Adj fachsprachl. (bes. Med) für «angeboren»* denaska
Kongestion *f Med* ↑ ***Blutandrang***
Konglomerat *n Geol, Phys, Tech, Wirtsch (als Resultat od Produkt)* konglomeraĵo *auch übertr*
Konglomeration *f Konglomerieren (als Vorgang)* konglomerado
konglomerieren *Min, Phys* ***a)*** *tr [zu einem Konglomerat] zusammenballen* konglomeri ***b)*** *intr ein Konglomerat bilden, sich zusammenballen* komglomeriĝi (↑ *auch* ***sich vermengen***)
Kongo *m* ***a)*** *Strom in Mittelafrika* [rivero] Kongo ***b)*** *Gesch (ehem. franz. u. belg. Kolonie)* Kongolando; *[heute:] Bez für zwei Staaten in Äquatorialafrika*: ***Demokratische Republik ~***, *früher (1971-1997) Zaire genannter Staat in Zentralafrika* Demokratia Respubliko Kongo (*Abk* DRK), *früher* Zairio, *auch* Orienta Kongolo; ***Republik ~***, *auch* ***Kongo Brazzaville*** Respubliko Kongo, *früher auch* Okcidenta Kongolo
Kongo|becken *n ein weitläufiges Tieflandbecken in Äquatorialafrika* Kongo-baseno *<zweitgrößtes Regenwaldgebiet der Erde>*; **~kopal** *m ein fossiles od halbfossiles Naturharz* konga kopalo; **~krise** *f* krizo de Kongolando *<1960-1961>*
Kongolese *m* kongano, *früher auch* kongolano
kongolesisch *Adj* konga *bzw.* kongola
Kongopfau *m* (Afropavo congensis) *Orn* konga pavo *[Vorkommen: endemisch in den Tieflandregenwäldern des Kongobeckens]*
Kongo-Weißnasenmeerkatze *f Zool* ↑ ***Rotschwanzmeerkatze***
Kongregation *f kath. Kirche (1. Klostergemeinschaft mit einfachen Gelübden [im Ggs zum Orden] 2. Zusammenschluss mehrerer Klöster eines Ordens* kongregacio (↑ *auch* ***Kardinalskongregation***); ***Mitglied einer ~*** kongregaciano
Kongregationist *m Mitglied einer Kongregation* kongregaciano, *auch* ano (*od* membro) de kongregacio
Kongregationistin *f* kongregacianino
Kongress *m* kongreso *auch Parl* (*vgl. dazu* ***Tagung***; ↑ *auch* ***Bundes-***, ***Frauen-***, ***Gewerkschafts- Jubiläums-***, ***Jugend-***, ***Landes-***, ***Nach-***, ***National-***, ***Vor-*** *u.* ***Weltkongress***); ***außerordentlicher ~*** eksterordinara kongreso; ***der ~ in den Vereinigten Staaten [von Amerika]*** *Parl* la Kongreso de la Unuiĝintaj Ŝtatoj [de Ameriko]; ***der Wiener ~*** *Gesch* la Viena Kongreso *od* la Kongreso de Vieno *[1814/15]*; ***einen ~ abhalten*** (***besuchen***) okazigi (viziti) kongreson
Kongress|bericht *m* kongresraporto; **~besuch** *m* kongresvizito; **~buch** *n* kongres-

libro; ~**gebäude** *n* kongresejo; ~**gebühr** *f Tagungsgebühr* kongreskotizo; ~**mitglied** *n Parl (USA)* kongresano; ~**programm** *n* kongresa programo; ~**saal** *m* kongressalono; ~**stadt** *f* kongresurbo; ~**teilnehmer** *m* partoprenanto (*bzw.* partoprenintо) de [la] kongreso, *umg* kongresano; ~**thema** *n* kongresa remo; ~**zentrum** *n* kongrescentro

kongruent *Adj bes. Math* kongru[ant]a; ~ ***sein*** *auch Math (z.B. Zahlen)* esti kongrua, kongrui; ~***e Zahlen*** *f/Pl zwei Zahlen, die, durch eine dritte geteilt, gleiche Reste liefern (Zeichen ≅)* kongruaj nombroj *Pl*

Kongruenz *f Deckungsgleichheit* kongru[ec]o *auch Geom* (*vgl. dazu* ***Übereinstimmung***)

kongruieren *intr übereinstimmen, sich [völlig] decken* kongrui (***mit*** kun) *auch Geom*

Konidien *f/Pl Mykologie (durch Abschnürung entstehende ungeschlechtliche Fortpflanzungszellen bei vielen Pilzen [ein Typus von Sporen])* konidioj *Pl*

Konidiophor *od* **Konidienträger** *m bei Pilzen* konidioforo

Koniferen *f/Pl* (Coniferae) *Bot (Nadelholzgewächse)* koniferoj *Pl*, *umg* pingloarboj *Pl*; ~**honig** *m Nahr* koniferarba mielo

König *m* reĝo *auch Kart u. Schach* (↑ *auch* ***Vizekönig***); ***ehemaliger*** (*od* ***einstiger***) ~ eksreĝo; ~ ***sein*** esti reĝo, *auch* reĝi; ***als*** ~ ***herrschen über ...*** reĝi super ...; ***es war einmal ein*** ~ ***...*** *im Märchen* estis iam reĝo ... ◇ ***der*** ~ ***des Dschungels*** *bildh für «Tiger»* la reĝo de la ĝangalo; ***der*** ~ ***der Landstraße*** *fam für «LKW-Fahrer»* la reĝo de la ŝoseoj; ***der*** ~ ***der Tiere*** *bildh für «Löwe»* la reĝo de la bestoj; ***der Gast*** (***Kunde***) ***ist*** ~ la gasto (kliento) estas la reĝo

Königgrätz (*n*) ↑ ***Hradec Králové***

Königin *f* ***a)*** reĝino *auch übertr* (↑ *auch* ***Ball-*** *u.* ***Schönheitskönigin***); *Kart u. Schach auch* damo ***b)*** *Ent: Bienen*[♀] abelreĝino; ~**mutter** *f* patrino de l' reĝino

Königinnen|futtersaft *m*, *auch* ***Weiselfuttersaft*** *m od* ***Gelée royale*** *n Imkerei* abelreĝina ĵeleo; ~**zelle** *f Imkerei* [abel]reĝina ĉelo; ~**zucht** *f*, *auch* ***Weiselzucht*** *f Imkerei* bredado de abelreĝinoj

königlich **1.** *Adj* reĝa *auch übertr*; *i.w.S. (großherzig, großzügig)* grandanima, malavara, *(prächtig)* pompa (*vgl. dazu* ***luxuriös***); ***die*** ~***e Familie*** la reĝa familio *(auch Großschr)*; ~***e Garde*** *od* ***Königsgarde*** *f* reĝa gvardio **2.** *Adv* reĝe *auch übertr*; *wie ein König* kiel reĝo *nachgest*; ***jmdn.*** ~ ***bewirten*** regali iun malavare [kaj grandstile]

Königreich *n* reĝ[o]lando; ~ ***Saudi-Arabien*** Reĝolando Saud-Arabio

Königsalbatros *m* (Diomedea epomorphora) *Orn* reĝa albatroso

Königsberg (*n*) ↑ ***Kaliningrad***

Königs|familie *f* reĝa familio; ~**farn** *m* (*Gattung* Osmunda *u. die Art* Osmunda regalis) *Bot* osmundo, *pop* reĝofiliko *od* reĝa filiko

Königsfarngewächse *n/Pl*, *auch* ***Rispenfarngewächse*** *n/Pl* (Osmundaceae): ***[Familie der]*** ~ *Pl* osmundacoj *Pl*

Königsfasan *m* (Syrmaticus reevesii) *Orn* reĝ[o]fazano, *auch* reĝa fazano *[Vorkommen: Nordchina]*

Königsflieder *m Bot* ↑ *unter* ***Flieder***

Königsgambit *n Schach* reĝa gambito

Königsgarde *f* ↑ *unter* ***königlich 1.***

Königsgrab *n* reĝa tombo

Königsgranadilla *f Bot* ↑ ***Riesengranadilla***

Königs|grille *f* (Libanasidus vittatus) *Ent* salikoka grilo <*auch unter den engl. Bez.* ***parktown prawn*** *od* ***king cricket*** *bekannt*> *[Vorkommen: Angola, Namibia, Südafrika]*; ~**haus** *n* reĝa dinastio; ~**hof** *m Residenz des Königs* reĝorezidejo

Königskerze *f*, *reg* ***Fackelkraut*** *n*, *auch* ***Wollkraut*** *n* (*Gattung* Verbascum) *Bot* verbasko (↑ *auch* ***Windblütenkönigskerze***); ***flockige*** ~ (Verbascum pulverulentum) pulvora verbasko; ***großblütige*** ~ (Verbascum densiflorum) densflora (*od* grandflora) verbasko <*wird auch als Arzneidroge genutzt*>; ***kleinblütige*** ~ (Verbascum thapsus) etflora verbasko; ***schwarze*** ~ (Verbascum nigrum) nigra verbasko; ***violette*** ~ (Verbascum phoeniceum) viol[kolor]a verbasko

Königs|kobra *f* (Naja hannah = Ophiophagus hannah) *Zool* reĝa kobro <*größte Giftschlange (über 4 m lang)*>; ~**krabbe** *f* ***a)*** (Limulus polyphemus) *Zool (zu den Pfeilschwänzen gehörender krebsähnlicher Bodenbewohner der Meeresküsten)* limulo ***b)*** (Paralithodes camtschaticus) ↑ ***Kamtschatkakrabbe***; ~**krone** *f* reĝa krono; ~**krönung** *f* kronado de [la] reĝo, *auch* reĝ-kronado

Königslibelle *f Ent*: ***große*** ~ (Anax imperator) imperiestra libelo

Königs|löffler *m*, *auch* ***Schwarzschnabellöffler*** *od* ***australischer Löffler*** *m* (Platalea regia) *Orn* reĝa plataleo *[Vorkommen von*

Neuguinea bis Neuseeland]; ~**makrele** *f* (Scomber cavalla) *Ichth* reĝa skombro; ~**paar** *n*, *auch* ***königliches Paar*** *n* reĝa paro; ~**palast** *m*, *auch* ***königlicher Palast*** reĝa palaco; ~**pinguin** *m* (Aptenodytes patagonica) *Orn* reĝa pingveno; ~**python** *m* (Python regius) *Zool* reĝa pitono *[Vorkommen: Tropen West- u. Zentralafrikas]*

Königsriesenhörnchen *n Zool*: ***indisches*** ~ (Ratufa indica) hinda ratufo <*größte Art der Hörnchen*>

Königsröhrling *m*, *auch* ***Königspilz*** *m* (Boletus regius) *Mykologie* reĝa boleto

Königssaurier *m* ↑ ***Tyrannosaurus***

Königsschlange *f Zool* ↑ ***Abgottschlange***

Königs|seeschwalbe *f* (Sterna maxima) *Orn* reĝa ŝterno; ~**sittich** *m* (Aprosmictus scapularis) *Orn* reĝa papago *[Vorkommen: australische Ostküste]*; ~**sohn** *m* filo de l' reĝo, reĝido (*vgl. dazu* ***Prinz***); ~**thron** *m* reĝa trono; ~**tiger** *m*, *auch* ***Bengaltiger*** *od* ***indischer Tiger*** *m* (Panthera tigris tigris) *Zool* bengala tigro (*vgl. dazu* ***Sumatratiger***); ~**tochter** *f* filino de l'reĝo, reĝidino

königstreu *Adj* rojalista; ~***e Person*** *f* rojalisto

Königstreue *f* ↑ ***Royalismus***

Konik *m eine osteuropäische Kleinpferdrasse (in der Form dem Przewalskipferd ähnlich)* koniko; ~ ***polski*** pola koniko

Koniose *f*, *auch* ***Staubkrankheit*** *f Med* koniozo (*vgl. dazu* ***Pneumokoniose*** *u.* ***Suberose***)

konisch *Adj* konus[form]a, *nachgest auch* en formo de konuso

Konizität *f Geom* ↑ ***Kegelförmigkeit***

Konjektur *f Lit (auf Mutmaßung beruhende Lesart)* konjektaĵo

Konjugation *f* ***a)*** *Gramm (Beugung der Verben)* konjugacio ***b)*** *Opt, Geom (Zuordnung)* konjugo

konjugieren *tr Gramm* konjugacii

Konjunktion *f* ***a)*** *auch* ***Bindewort*** *n Ling* konjunkcio; ***konzessive*** ~ koncesia konjunkcio; ***koordinierende*** (*od* ***nebenordnende***) ~ kunordiga konjunkcio; ***subordinierende*** (*od* ***unterordnende***) ~, *seltener auch* ***Subjunktion*** *f* ~ subordiga konjunkcio, *auch* subjunkcio ***b)*** *Astron (optisches Zusammentreffen zweier Himmelskörper)* konjunkcio (↑ *auch* ***Syzygium***); ***in*** ~ ***stehen*** esti en konjunkcio, konjunkcii

konjunktional, *auch* ***bindewortartig*** *Adj Gramm* konjunkcia

Konjunktiv *m*, *seltener auch* ***Subjunktiv*** *m Gramm (eine Form des Verbums)* subjunktivo

konjunktivisch **1.** *Adj* subjunktiva **2.** *Adv* subjunktive

Konjunktivitis *f Med* ↑ ***Bindehautentzündung***

Konjunktur *f allgemeine Wirtschaftslage* konjunkturo, ĝenerala stato de [la] ekonomio (↑ *auch* ***Hochkonjunktur***); *i.w.S. Lage, Situation* situacio; ***politische*** ~ politika situacio; ***Rückgang*** *m* ***der*** ~ recesio

Konjunktur|anstieg *m od* ~**belebung** *f Wirtsch* konjunktura reviviĝo

konjunkturbedingt *Adj* kaŭzita de la konjunkturo (*od* ekonomia stato)

Konjunktureinbruch *m* konjunkturfalo

konjunkturell *Adj* konjunktura; ~***e Arbeitslosigkeit*** *f* konjunktura senlaboreco

Konjunktur|entwicklung *f* [tendenco al bona] ekonomia disvolviĝo; ~**forscher** *m* konjunktur-esploristo; ~**politik** *f* konjunktura politiko; ~**prognose** *f* konjunktur-prognozo; ~**rücklage** *f Fin* rezervo por ekonomia(j) fluktuado(j); ~**schwankung(en)** *f/(Pl)* konjunktura fluktuado

Konkani *n Ling (eine neuindische Sprache [bes. in Goa u. in der Küstenregion von Karnataka/Indien gesprochen])* la konkan[i]a [lingvo]

konkav *Adj bes. Opt (nach innen gewölbt)* konkava (↑ *auch* ***X-Beine***); ~ ***machen*** *höhlen* konkavigi

Konkavität *f kokave Form (von etw.)* konkaveco

Konkavlinse *f Opt* konkava lenso

Konkavspiegel *m Opt* ↑ ***Hohlspiegel***

Konklave *n kath. Kirche (Versammlung der Kardinäle zur Papstwahl)* konklavo; *Versammlungsraum der Kardinäle zur Papstwahl* konklavejo; ***sich zum*** ~ ***versammeln*** *od* ***zum*** ~ ***zusammentreten*** renkontiĝi (*od* kolektiĝi) en konklavo

Konkordanz *f Buchw (alphabetische Zusammenstellung aller in einem Werk (z.B. der Bibel) vorkommenden Wörter od Begriffe mit Angabe der Fundstellen* konkordanco (↑ *auch* ***Bibelkonkordanz***); ***terminologische*** ~ *Ling* terminologia konkordanco

Konkordat *n* ***a)*** *kath. Kirche (Vertrag zw. dem Papst u. einem Staat über die der katholischen Kirche eingeräumte Stellung)*

konkordato ***b)*** *Jur (Vergleich [mit Gläubigern])* konkordato, akordo inter bankrotinta negocisto kaj ties kreditoroj (↑ *auch* ***Zwangsvergleich***) ***c)*** *<schweiz> Amtssprache (Staatsvertrag zw. Kantonen* konkordato, traktato inter kantonoj

Konkrement *n* (Concrementum) *Med (unphysiologische feste Gebilde in Form eines sogen. "Steins" [in Hohlorganen]* konkremento (↑ *auch* ***Bursolith***, ***Gallen-*** *u.* ***Nierenstein***)

konkret 1. *Adj* konkreta; ***etwas*** **≗*es*** konkretaĵo; ~***e Vorschläge machen*** (***unterbreiten***) fari (submeti) konkretajn proponojn **2.** *Adv* konkrete (↑ *auch* ***präzise*** *u.* ***real***)

Konkretion *f* ***a)*** *Geol (mineralischer Körper in Gesteinen)* konkremento ***b)*** *Min (kugeliger, knolliger od unregelmäßiger Körper eines Mineralaggregats in Sedimentgesteinen [z.B. Lößkindel u. Feuerstein-Knollen])* konkrecio

konkretisieren ***a)*** *tr gegenständlich machen, veranschaulichen* konkretigi ***b)*** *intr gegenständlich werden, Gestalt annehmen* konkretiĝi

Konkretisierung *f das Konkretisieren* konkretigo; *das Konkretwerden* konkretiĝo

Konkretismus *Phil* ↑ ***Reismus***

Konkretum *n Gramm [Ggs: Abstraktum]* konkreta substantivo

Konkubinat *n* konkubineco

Konkubine *f* konkubino

Konkurrent *m Mitbewerber* konkuranto, *(Hdl, Wirtsch)* konkurencanto, konkurenculo; *Rivale* rivalo

Konkurrentin *f* konkurantino; rivalino

Konkurrenz *f Wirtsch* konkurenco; *Konkurrenten, Mitbewerberschaft* konkurantaro, *(Wirtsch)* konkurenculoj; *Preisausschreiben, Sport (Wettbewerb)* konkurso; ***jmdm.*** ~ ***machen***, *<österr>*, *<schweiz> u. reg* ***jmdn. konkurrenzieren*** *Wirtsch* konkurenci kun iu

konkurrenzfähig *Adj* konkurpova; *Biol, Hdl, Wirtsch* konkurenckapabla; ~ ***bleiben*** resti konkurenckapabla; ***zu*** ~***en Preisen*** je prezoj konkurenckapablaj

konkurrenzlos *Adj* nekonkurebla (↑ *auch* ***unerreichbar***, ***unübertrefflich*** *u.* ***ohnegleichen***)

konkurrieren *intr in Wettstreit stehen* konkuri (***mit jmdm.*** kun iu, *auch* kontraŭ iu); *Hdl u. Wirtsch meist* konkurenci; ***mit jmdm.*** ~ ***können*** *es mit jmdm. aufnehmen* povi konkuri kun iu; ***auf dem Weltmarkt*** ~ ***können*** *Hdl, Wirtsch* povi konkurenci kontraŭ aliaj en la monda merkato

Konkurs *m Fin, Jur (Insolvenz)* insolventeco, *(Bankrott)* bankroto (↑ *auch* ***Pleite a)***); ***[den]*** ~ ***anmelden*** anonci (*od* deklari) bankroton; ~ ***machen*** bankroti

Konkurserklärung *f* bankrota deklaro *auch übertr*

konkursit ↑ ***bankrott***

Konkursit *m* ↑ ***Bankrotteur***

Konkursmasse *f* bankrotula havo

Konkursverwalter *m Jur* ↑ ***Insolvenzverwalter***

Konnektiv *n Bot (steriles Verbindungsstück zw. den beiden Staubbeutelhälften einer Blüte)* konektivo

können ***a)*** *Hilfsv* povi; *imstande sein zu* esti kapabla [por *od auch* je], kapabli, *auch* povi; *umg auch für «dürfen»* rajti, havi la permeson, esti permesata, *umg auch* povi; ~ ***Sie ...?*** ĉu vi povas ...? *bzw.* ĉu vi kapablas ...?; ~ ***wir anfangen***? ĉu ni povas komenci?; ***es kann sein***, ***dass ...*** povas esti, ke ...; ***man kann sagen***, ***dass ...*** oni rajtas (*od auch* povas) diri, ke ...; ***alles tun*** (***od machen***) ~, ***was man will*** povi fari ĉion, kion oni volas; ***ich kann nicht umhin zu ...*** mi ne povas ne ...; ***wie*** ~ ***Sie es wagen ...?*** kiel vi rajtas (*od* povas) aŭdaci ...?; ***so gut man kann*** *es vermag* tiom kiom oni kapablas (*od* povas) ***b)*** *tr beherrschen, z.B. eine Fremdsprache* scipovi, scii; ***sie kann gut deutsch*** ŝi bone scipovas la germanan [lingvon]; ***etw. auswendig*** ~ scii ion parkere; ***ich kann nichts dafür*** *es ist nicht meine Schuld* mi ne estas kulpa pri tio *od* mi ne kulpas tion; *es ist nicht mein Fehler* ne estas mia eraro ◇ ***haste was kannste*** *salopp für «ganz schnell»* [kaj] tute rapide (*od auch* haste)

Können *n* povo; *Fähigkeit* kapabl[ec]o; *Fertigkeit* lert[ec]o; *Routine* rutino; *Kenntnisse, Wissen* konoj *Pl*, scioj *Pl*; ***meisterhaftes*** ~ *Virtuosität* virtuozeco

Konnetabel *m*, *franz.* ***Connétable*** *m*, *auch* ***Kronfeldherr*** *m Gesch ([im Mittelalter:] Oberbefehlshaber des Heeres unter dem König)* konestablo

Konnex *m Verbindung* interligo; *Verbundensein* interligiteco; *[Sach-] Zusammenhang* konekso; *Kontakt [mit Personen]* kontakto

Konnossement *n*, *auch* ***Schiffs-*** *od* ***See-***

frachtbrief *m Hdl, Seefrachtverkehr* konosamento (↑ *auch* ***Inhaber-*** *u.* ***Orderkonnossement***)

Konnotation *f Ling (mit einem Wort verbundene zusätzliche Vorstellung, z.B. «Nacht» bei «Mond»)* konotacio, *auch* kromnocio (*vgl. dazu* ***Denotation***)

konnotativ *Adj Ling* konotacia

Konoid *n Geom (kegelähnlicher Körper)* konoido

Konquistadoren *m/Pl Gesch (die Eroberer Süd- u. Mittelamerikas, i.w.S. auch anderer überseeischer Gebiete im 16. Jh. [meist spanischer od portugiesischer Herkunft])* konkista doroj *Pl*

Konrad (*m*), *auch* ***Conrad*** (*m*) *männl. Vorname* Konrado *auch Name deutscher Könige u. Kaiser*

Konrektor *m* ↑ *unter* ***Rektor***

Konsanguinität *f* = ***Blutsverwandtschaft***

Konsekration *f kath. Kirche* konsekr[ad]o (*vgl. dazu* ***Weihe***)

konsekutiv *Adj* sinsekva, sekvonta

Konsekutiv|dolmetschen *n* sinsekva interpretado; ~**übersetzen** *n od* ~**übersetzung** *f (Vorgang)* sinsekva tradukado, *(Resultat)* sinsekva traduk[aĵ]o

Konsens *m Zustimmung* aprobo; *Übereinstimmung* konformeco; *Einklang* akordo

konsequent 1. *Adj* konsekvenca; *als Eigenschaft einer Person (konsequent veranlagt, geradlinig)* konsekvencema **2.** *Adv* konsekvence (↑ *auch* ***zielstrebig***)

Konsequenz *f* konsekvenco (↑ *auch* ***Auswirkung***, ***Folge a)*** *u.* ***Folgerichtigkeit***); *Beharrlichkeit* (↑ *auch* ***Hartnäckigkeit***) persisto; ***aus*** ~ pro konsekvenco; ***bis zur letzten*** ~ ĝis la lasta konsekvenco; ***weit reichende*** ~***en*** vastaj konsekvencoj; ***die*** ~***en ziehen aus ...*** tiri la konsekvencojn el ...

Konservatismus *m* ↑ ***Konservativismus***

konservativ *Adj am Alten od Bestehendem festhaltend* konservativa (↑ *auch* ***stock-*** *u.* ***ultrakonservativ***); ~***e Ansichten*** *f/Pl* konservativa vidmaniero *Sg*; ~***e Behandlung*** (*od* ***Therapie***) *f Med* konservativa terapio; ~***e Partei*** *f Pol* konservativa partio

Konservative *m Pol* konservativulo

Konservativismus *m*, *auch* ***Konservatismus*** *m* konservativismo

Konservator *m* konservisto

Konservatorium *n*, *auch* ***Musikhochschule*** *f* konservatorio, supera lernejo pri muziko

Konserve *f Nahr* konservaĵo (↑ *auch* ***Fisch-***, ***Fleisch-***, ***Gemüse-*** *u.* ***Obstkonserve***)

Konserven|büchse *od* ~**dose** *f* konservaĵa skatolo, *auch* konservujo; ~**fabrik** *f* fabriko de konservaĵoj; ~**industrie** *f* industrio de [nutraĵaj] konservaĵoj; ~**nahrung** *f* nutraĵoj *Pl* el konservujoj; ~**öffner** *m* malfermilo por konservaĵa skatolo

konservieren *tr Nahrungs- od Genussmittel* konservi [nutraĵojn] (↑ *auch* ***einkochen*** *u.* ***einwecken***); *Denkmalpflege u.a.* konservi; ***konservierende Stomatologie*** *f Zahnmedizin* konserva stomatologio

Konservierung *f* ***a)*** *auch* ***Haltbarmachung*** *f* konservado *auch Med* ***b)*** *Instandhaltung* bontenado

Konservierungs|methode *f* metodo de konservado; ~**mittel** *n* [kemia *bzw.* artefarita] konservilo *auch zur Nutzholzbehandlung*

Konsignant *m Versender von Konsignationsgut* kondignsnto *bzw.* konsigninto

Konsignatar *od* **Konsignatär** *m Empfänger von Konsignationsgut* konsignato

Konsignations|güter *n/Pl*, ~**ware** *f* konsignaĵoj *od* konsignitaj varoj *Pl*

konsignieren *tr* ***a)*** *bes. im Kommissions- od Überseehandel (Waren zum Weiterverkauf übergeben)* konsigni ***b)*** *Mil ([unter Ausgangssperre] in der Kaserne für einen bes. Auftrag bereithalten)*: ***Truppen*** ~ konsigni trupojn

Konsilium *n Ärzteberatung* interkonsiliĝo [de kuracistoj]

konsistent *Adj kompakt, fest* kompakta, solida; *bes. Chem u. Phys auch* konsistenca; *zähflüssig* viskoza

Konsistenz *f Beschaffenheit* konsisto; *[innerer] Zusammenhang* koher[ec]o; *bes. Chem u. Phys auch* konsistenco; *Zähflüssigkeit* viskozeco

Konsistorialrat *m Kirche* konsistoria konsilisto

Konsistorium *n kath. Kirche (Versammlung von Kardinälen bzw. Bischöfen unter dem Vorsitz des Papstes)* konsistorio (*vgl. dazu* ***Kirchenrat***)

Konskription *f Gesch (zwangsweise Aushebung für den Militärdienst)* konskripcio (↑ *auch* ***Musterung a)***)

Konsole *f 1. Arch (Vorsprung als Teil einer Wand od Mauer, der etw. trägt od auf dem etw. aufgestellt werden kann)*; *am korinthischen Gesims (Sparrenkopf)* modilono *2.*

Wandbord, Wandbrett konzolo
konsolidieren *tr festigen* solidigi, fortikigi; *sichern* sekurigi
Konsolidierung *f Festigung* solidigo, fortikigo; *Sicherung* sekurigo; *das Sichkonsolidieren* solidiĝo, fortikiĝo
Konsommee *f Kochk* = ***Consommé***
Konsonant *m, auch* ***Mitlaut*** *m Phon* konsonanto (↑ *auch* ***Doppelkonsonant***); ***auslautender*** ~ fina konsonanto; ***nasaler*** ~ naza konsonanto (↑ *auch* ***Nasal***); ***stimmhafter*** (***stimmloser***) ~ voĉa (senvoĉa) konsonanto
Konsonanten|verdoppelung *f, Fachspr* ***Gemination*** *f Ling* duobliĝo de konsonanto; ~**verschiebung** *f Ling* konsonantŝoviĝo
konsonantisch *Adj* konsonanta
Konsonanz *f* ***a)*** *Mus (harmonischer Gleichklang)* konsonanco; ***eine ~ bilden*** *zu einer Klangeinheit verschmelzen* konsonanci ***b)*** *auch* ***Mitlautfolge*** *f Ling, Phon* konsonanco
Konsorten *m/Pl* ***a)*** *Wirtsch (Mitglieder eines Konsortiums)* anoj *Pl* de konsorcio ***b)*** *umg pej für «Mittäter»* komplicoj *Pl*; *i.w.S. (abscheuliche Bande)* [kun]fiularo, [grupo da] fiuloj
Konsortium *n* konsorcio (↑ *auch* ***Bankenkonsortium***)
Konspiration *f* konspiro (*vgl. dazu* ***Verschwörung***); *Komplott* komploto
konspirativ *Adj* konspira; ~***es Treffen*** *n* kunveno de konspirantoj
konspirieren *intr* konspiri (***gegen*** kontraŭ)
Konstabler *m, engl.* ***Constable*** *m veraltend für «Polizist»* konstablo
konstant *Adj ständig gleichbleibend* konstanta *auch Math* (*vgl. dazu* ***beständig*** *u.* ***unverändert***)
Konstantan *n eine Kupfer-Nickel-Legierung (für elektrische Drahtwiderstände u. Thermoelemente verwendet)* konstantano
Konstante *f Math u. Phys (unveränderliche Größe, feststehender Wert)* konstanto, *auch* konstanta valoro (↑ *auch* ***Gravitations-*** *u.* ***Solarkonstante***); ***physikalische*** ~ *physikalische Größe, deren Größenwert sich weder räumlich noch zeitlich verändert* fizika konstanto
Konstanthalter *m El: bei Wechselspannungen* konstantigilo
Konstantin (*m*) *Eig (männl. Vorname)* Konstantino, *auch* Konstanteno; ~ ***der Große*** *ein röm. Kaiser* Konstanteno la Granda
Konstantinopel (*n*) *früherer Name für «Istanbul»* Konstantinopolo (↑ *auch* ***Byzanz***)
[1]**Konstanz** [-'-] *f Beständigkeit, Stetigkeit (auch Bot: von Pflanzenarten)* konstanteco
[2]**Konstanz** ['--] (*n*) *eine dt. Stadt am Bodensee* Konstanco
Konstanze (*f*) ↑ ***Constanze***
Konstanzer *attributives Adj*: ~ ***Konzil*** *n Kirchengeschichte [1414-1418]* Konstanca Konsilio
konstatieren *tr* konstati (***dass*** ke)
Konstatierung *f* konstato
Konstellation *f* ***a)*** *Astron (Stellung der Gestirne zueinander)* konstelacio ***b)*** *Stand der Dinge* stato de la afero(j) (*vgl. dazu* ***Lage***)
Konsternation *f geh für «Bestürzung, Betroffenheit»* konstern[iĝ]o
konsternieren *tr bestürzen, betroffen machen* konsterni; ***ich war völlig konsterniert*** mi estis tute konsternita
konsternierend *Adj* konsterna
Konstipation *f Med* ↑ ***Verstopfung***
Konstituente *f Ling*: ***bestimmende*** ~, *auch* ***Bestimmungsglied*** *n* determinanta komponanto
konstituieren *tr begründen, einrichten, einsetzen* konstitui (↑ *auch* ***gründen***); ***sich*** ~ konstituiĝi, *auch* fondiĝi, formiĝi
konstituierend *Adj*: ~***e Versammlung*** *f Jur, Parl (verfassunggebende Versammlung)* konstitucianta kunveno
Konstituierung *f das Konstituieren* konstitu[ad]o; *das Sichkonstituieren* konstituiĝo
Konstitution *f* ***a)*** *Pol Grundgesetz, Verfassung* konstitucio ***b)*** *Med (körperliche Verfassung [anatomischer od physiologischer Natur])* konstitucio; ***eine kräftige, schwache***) ~ ***haben*** havi fortikan (debilan) konstitucion ***c)*** *kath. Kirche (Papsterlass)* papa dekreto
konstitutionell *Adj* ***a)*** *auf die Verfassung bezüglich, auf ihr gründend* konstitucia, *im Einklang mit der Verfassung* konforma al la konstitucio; ~***e Monarchie*** *f* konstitucia monarkio ***b)*** *auf die körperliche Verfassung bezogen* konstitucia
konstitutiv *Adj nur Fachspr Jur (rechtsbegründend)* konstitutiva
Konstriktion *f Biol, Med (Einschnürung, Verengung)* konstrikto (*vgl. dazu* ***Stenose***; ↑ *auch* ***Bronchialkonstriktion***)
konstruieren *tr erbauen, errichten* konstrui; *Ingenieurwesen, Tech (entwerfen, planen)*

konstrukcii; *Gramm* formi

Konstrukteur *m Ingenieurwesen, Tech* konstrukciisto (↑ *auch* ***Chefkonstrukteur***)

Konstruktion *f* ***a)*** *das Erbauen, Errichten (als Vorgang)* konstruado; *das Konstruieren (als Vorgang)* konstrukciado ***b)*** *Bau, Gebäude (als Ergebnis)* konstruaĵo; *(Konstrukt)* konstrukci[aĵ]o

Konstruktions|abteilung *f* konstrukcia sekcio; ~**büro** *n* konstrukcia entrepreno; *als Betriebsteil eines Unternehmens* konstrukcia sekcio, konstrukciejo; ~**elemente** *n/Pl Bauw (Bauteile, wie Träger, Stützen, Platten, aus denen sich zusammen mit anderen Konstruktionselementen eine Baukonstruktion, ein Bauwerk, eine Vorrichtung zusammensetzt)* konstruktoj *Pl*

konstruktiv 1. *Adj* konstru[iv]a; ~***e Kritik*** *f* konstruiva kritiko; ***ein*** ~***er Vorschlag*** konstruiva propono **2.** *Adv* konstru[iv]e

Konsul *m röm. Antike (höchster Beamter der röm. Republik u. Dipl* konsulo (↑ *auch* ***General-***, ***Honorar-***, ***Pro-*** *u.* ***Vizekonsul***)

Konsular|abkommen *n Pol* konsula konvencio; ~**abteilung** *f Dipl* konsula sekcio; ~**agent** *m Dipl* konsula agento; ~**bezirk** *m Amtsbezirk eines Konsuls* konsula distrikto; ~**gerichtsbarkeit** *f* konsula jurisdikcio

konsularisch *Adj Dipl* konsula; ~***e Beziehungen*** *f/Pl* konsulaj rilatoj *Pl* (***zu*** al); ~***er Dienst*** *od* ***Konsulatsdienst*** *m* konsuleja servo; ~***es Korps*** *n* (*Abk* ***CC***) konsula korpuso; ~***er Schutz*** *m* konsula protekto; ~***e Vertretung*** *f* konsula reprezentejo

Konsularvertrag *m Dipl* konsula konvencio

Konsulat *n Dipl* konsulejo (↑ *auch* ***Gesandtschaft***, ***General-*** *u.* ***Vizekonsulat***); *Amt als Konsul* konsuleco

Konsulatsdienst *m* ↑ *unter* ***konsularisch***

Konsultant *m fachmännischer Berater* konsultanto-specialisto

Konsultation *f* konsult[ad]o (↑ *auch* ***Beratung***); ***eine*** ~ ***beim*** (*od* ***bei einem***) ***Arzt*** konsultado ĉe (*bzw.* [pere] de) kuracisto

konsultativ *Adj beratend* konsult[ant]a; *sich [miteinander] beratend* konsultiĝa

Konsultativ|komitee *n* konsultiĝa komitato; ~**treffen** *n* konsulta renkontiĝo

konsultieren *tr zu Rate ziehen* konsulti (↑ *auch* ***befragen***); *i.w.S. sich wenden an* sin turni al; ***einen Arzt*** (***Fachmann***) ~ konsulti kuraciston (fakulon); ***sich*** ~ *sich beraten* konsultiĝi (***mit*** kun)

[1]**Konsum** *m Verbrauch* konsum[ad]o

[2]**Konsum** *m* (*Kurzw für* ***Konsumgenossenschaft*** *f*) konsum-kooperativo; *Laden* konsum-kooperativa magazeno (*od* butiko)

Konsumation *f* ↑ ***[1]Zeche***

Konsumdenken *n* ↑ ***Konsumismus***

Konsument *m bzw.* **Konsumentin** *f* konsumanto (↑ *auch* ***Verbraucher***)

Konsumentenkredit *m* ↑ ***Konsumtivkredit***

Konsumentenpreisindex *m* ↑ ***Verbraucherpreisindex***

Konsumentenschutz *m* protekt[ad]o de konsumantoj

Konsumgenossenschaft *f* ↑ ***[2]Konsum***

Konsum|geschäft *n* konsum-kooperativa magazeno; ~**gesellschaft** *f Soziologie* konsum-socio *od* socio de konsumado; ~**güter** *Pl* konsumproduktoj *od* konsumvaroj *Pl*

konsumieren *tr aufbrauchen, verbrauchen* konsumi; *verzehren auch* [fin]manĝi; ***konsumiert werden*** konsumiĝi, *[stärker:]* forkonsumiĝi

Konsumieren *n* konsumado

Konsumismus *m*, *auch* ***Konsumdenken*** *n auf Konsum ausgerichtete Lebenshaltung* konsumismo

Konsumtion *f Verbrauch* konsum[ad]o

konsumtiv, *auch* ***konsumptiv*** *Adj* konsuma

Konsumtivkredit *m*, *auch* ***Konsumentenkredit*** *od* ***Verbraucherkredit*** *m Fin* konsumkredito

Konsumverkaufsstelle *f* konsum-kooperativa vendejo

Kontagiosität *f Med (Bez für «das Maß der Übertragungsfähigkeit eines Krankheitserregers»)* kontaĝeco

Kontakt *m El u. allg* kontakto (***mit*** kun) (*vgl. dazu* ***Berührung***; ↑ *auch* ***Blick-***, ***Brief-***, ***Funk-***, ***Handels-***, ***Körper-*** *u.* ***Telefonkontakt***); *El (berührender Teil von elektr. Anlagen)* kontaktilo (↑ *auch* ***Steckkontakt***); ***menschliche*** (***persönliche***) ~***e*** *Pl* homaj (personaj) kontaktoj *Pl*; ***schlechter*** (*bzw.* ***falscher***) ~ *El* miskontakto (*vgl. dazu* ***Wackelkontakt***); ***außer*** ~ ***bringen*** *bes. El* malkontaktigi; ~ ***mit*** (***zu***) ***jmdm. haben*** havi kontakton kun (al) iu; ***in*** ~ ***[miteinander] bringen*** *kontaktieren* kontaktigi [unu kun la alia]; ***in*** ~ ***kommen*** *od (auch El)* ~ ***bekommen*** kontaktiĝi; ~***e zu jmdm. herstellen*** starigi (*od* ligi) kontaktojn al (*od* kun) iu; ***den*** ~ ***unterbrechen*** tranĉi la kontakton *auch El*; ***den*** ~ ***wiederherstellen*** restarigi

(*od* realigi) la kontakton (***zu*** al)
Kontakt|adresse *f* kontaktadreso; **~allergen** *n Med (Dermatologie)* kontakt-alergeno; **~anzeige** *f Ztgsw* kontakt-anonco, *auch* anonco pri konatiĝo
Kontaktaureole *f Geol* ↑ ***Kontaktzone***
Kontakt|beschränkung *f z.B. zu Zeiten einer Pandemie* kontaktlimigo *od* limigo de kontaktoj (↑ *auch* ***Lockdown***); **~draht** *m El* kontaktdrato; **~druck** *m, auch* ***Anpress-*** *od* ***Berührungsdruck*** *m* kontaktpremo; **~ekzem** *n Med (juckender Hautausschlag, der bei Kontakt der Haut mit einem Allergen vorkommt)* kontaktekzemo (↑ *auch* ***Ölkrätze***)
Kontaktelektrizität *f* ↑ ***Berührungselektrizität***
Kontaktfläche *f, auch* ***Berührungsfläche*** *f* kontaktsurfaco
kontaktfreudig *Adj* komunikema
Kontakt|gift *n, auch* ***Berührungsgift*** *n* kontaktveneno; **~gleichrichter** *m El* kontakta rektifilo
Kontakthof *m Geol* ↑ ***Kontaktzone***
kontaktieren *tr* kontakti (***jmdn.*** iun)
Kontaktinfektion *f, auch* ***Schmierinfektion*** *f Med* kontaktinfekto (↑ *auch* ***Ansteckung***)
Kontakt|insektizide *n/Pl* kontaktinsekticidoj *Pl*; **~klinke** *f El (am Fernsprechvermittlungsschalter)* ĵako; **~knopf** *m* kontaktbutono; **~linguistik** *f* kontaktlingvistiko; **~linsen** *f/Pl, umg auch* ***Haftschalen*** *f/Pl Opt* kontaktlensoj *Pl*; **~mann** *m* kontaktulo; *Informant* informanto; **~metamorphose** *f Geol, Vulkanologie (Umwandlung von Gesteinen durch den Kontakt mit dem aufdringenden glutflüssigen Magma)* kontaktmetamorfozo; **~mine** *f Mil* kontaktmino; **~mineral** *n Geol, Min (durch Kontakmetamorphose entstandenes Mineral)* kontaktmineralo; **~person** *f* kontaktpersono; **~potenzial** *n El* kontaktpotencialo; **~punkt** *m* kontaktpunkto; **~spannung** *f El* kontakta tensio; **~stift** *m El* kontaktstifto; **~stöpsel** *m* kontaktŝtopilo; **~stück** *n* kontaktpeco; **~-verbot** *n z.B. während einer Pandemie* malpermeso de kontakto(j); **~verfahren** *n Chem* kontakta proceso; **~zone** *f (auch* ***Kontakthof*** *od* ***Kontaktaureole*** *genannt) Geol (Übergangszone zw. einer magmatischen Intrusion u. dem umgebenden Gestein)* kontakt-zono
Kontamination *f Verunreinigung mit radioaktiven Stoffen, chemischen Schadstoffen od Mikroorganismen* kontamin[ad]o *auch Ling*
kontaminieren *tr* kontamini (*vgl. dazu* ***verseuchen*** *u.* ***verunreinigen***)
kontant *Adv in bar, gegen Barzahlung* kontante
Kontemplation *f* kontemplado *auch Mystik*
kontemplativ *Adj beschaulich, [in Betrachtung] versunken* kontempla
kontemporär ↑ ***zeitgenössisch***
Kontenblatt *n Bankw, Verw* kontofolio
Konter *m Sport* kontraŭatako, retroatako
Konter|admiral *m Mar* kontradmiralo, *auch* subadmiralo; **~angriff** *m, <österr> Sport auch* ***Konterattacke*** *f* kontraŭatako
Konterbande *f alt =* ***Schmuggelware***
Konterfei *n nur noch scherzh für «Bildnis»* portreto
Kontermine *f, auch* ***Gegenmine*** *f Mil hist* kontraŭmino
Kontermutter *f Handw* ↑ ***Gegenmutter***
kontern *tr widersprechen* kontraŭi; *einen Gegenangriff starten* kontraŭataki *auch Sport*; *treffend antworten* trafe respondi
Konterrevolution *f Pol (das Bemühen zur Wiederherstellung der vorrevolutionären Zustände)* kontraŭrevolucio
konterrevolutionär *Adj gegen die Revolution gerichtet* kontraŭrevolucia
Konterrevolutionär *m* kontraŭrevoluciulo
Konter|schlag *m Gegenangriff* kontraŭatako; *Boxen* kontraŭbato; **~spiel** *n z.B. bei einem Fußballspiel* kontraŭataka ludo
Kontertanz *m, auch* ***Contre*** [ˈkõ:trə] *m Tanz mit je zwei od vier einander gegenüberstehenden Paaren* kontradanco (*vgl. dazu* ***Quadrille***)
Kontext *m, auch* ***umgebender Text*** *m Ling (Textzusammenhang, Umgebung einer Schriftstelle; Entsprechung des Textes)* kunteksto (↑ *auch* ***Zusammenhang***); ***in diesem*** ~ en ĉi tiu kunteksto, *auch* ĉi-kuntekste
kontextual *od* **kontextuell** *Adj Ling (den Kontext betreffend)* kunteksta; ***~e Definition*** *f (Definition durch Kontext)* kunteksta difino *od* difino per kunteksto
Kon-Tiki-Expedition *f [1947 unter Leitung von Thor Heyerdahl]* ekspedicio Kon-Tiki
Kontinent *m Erdteil* kontinento (*vgl. dazu* ***Festland***) ◇ ***der schwarze*** ~ *bildh für «Afrika»* la nigra kontinento
kontinental *Adj 1. auf einen Erdteil bezogen 2. zu einem Erdteil gehörend od diesem ei-*

gentümlich, festländisch kontinenta (↑ *auch* ***transkontinental***)
Kontinental|böschung *f Geol* kontinenta taluso; ~**drift** *f, auch* ***Kontinentalverschiebung*** *f Geol* kontinenta driv[ad]o; ~**hang** *m Geol* kontinenta deklivo
Kontinentalklima *n* ↑ *unter* ***Klima a)***
Kontinental|schelf *od* ~**sockel** *m Geol* kontinenta ŝelfo
Kontinentalverschiebung *f Geol* ↑ ***Kontinentaldrift***
Kontingent *n allg ([Pflicht-] Beitrag, anteilig zu erbringende Leistung od Menge), Mil (Truppenstärke [eines Staates] als Anteil eines multinationalen Heeres), Wirtsch (maximale Einfuhr- bzw. Liefermenge [einer Ware])* kontingento (*vgl.dazu* ***Quote***)
kontingentieren *tr in Umfang od Menge begrenzen* kontingentigi (↑ *auch* ***einteilen***)
Kontingentierung *f* kontingentigo (*vgl. dazu* ***Quote***)
Kontingentierungssystem *n* = ***Quotensystem***
Kontingenz *f Phil (die Indifferenz eines Dinges hinsichtlich Sein u. Nichtsein)* kontingenco
kontinuierlich 1. *Adj* kontinua **2.** *Adv* kontinue (↑ *auch* ***fortdauernd*** *u.* ***stetig***)
Kontinuität *f* kontinueco
Kontinuum *n zusammenhängendes Ganzes, etw. Stetiges* kontinuaĵo
Konto *n* (*Abk* ***Kto.***) *Bankw, Hdl* konto (↑ *auch* ***Bank-***, ***Gewinn- und Verlust-***, ***Giro-***, ***Kapital-***, ***Kreditoren-***, ***Loro-***, ***Spar-*** *u.* ***Sperrkonto***); ***geheime Konten*** *Pl* sekretaj kontoj *Pl*; ***laufendes*** ~ konto kuranta; ***auf*** ~ ***von ...*** je la konto de ...; ***hundert Euro von jmds.*** ~ ***abbuchen*** debeti ies konton per cent eŭroj; ***ein*** ~ ***abschließen*** bilanci (*od* saldi) konton; ***ein*** ~ ***eröffnen*** malfermi konton [por si] (***bei*** ĉe); ***ein*** ~ ***bei der Bank*** (***Postbank***) ***haben*** havi [kurantan] konton ĉe la banko (poŝtbanko); ***ich habe heute hundert Euro auf*** ~ ***Nr. ... bei Ihrer Bank in ... überwiesen*** hodiaŭ mi ĝiris cent eŭrojn en la konton n-ro ... ĉe via banko en ...
Konto|auszug *m* konteltir[aĵ]o; ~**inhaber** *m* kontulo, *auch* kontohavanto; ~**korrent** *n Wirtsch (laufende Rechnung)* kuranta konto; ~**nummer** *f* (*Abk* ***Kto.-Nr.***) kontonumero
Kontor *n* kontoro (*vgl. dazu* ***Büro***)
Kontorist *m* kontoristo
Kontoristin *f* kontoristino
kontra *Präp* kontraŭ (*vgl. dazu* ***gegen***)
Kontra *n*: ***das Pro und*** ~ la por kaj la kontraŭ, *auch* la avantaĝo kaj la kontraŭo
Kontra|alt *m, auch* ***tiefer Alt*** *m Mus (Stimmlage)* kontralto, *(Sängerin mit dieser Stimmlage)* kontraltulino; ~**bass** *m* (*Kurzf* ***Bass*** *m*), *auch* ***Bassgeige*** *f Mus (einem Violoncello ähnliches, jedoch größeres u. tiefer gestimmtes Streichinstrument)* kontrabaso; ~**bassist** *m, kurz* ***Bassist*** *m Mus* kontrabasisto; ~**bassklarinette** *f Mus* kontrabasa klarneto; ~**bassposaune** *f Mus* kontrabasa trombono; ~**basstuba** *f Mus* kontrabasa tubjo
Kontradiktion *f Phil (Widerspruch)* kontraŭdiro
kontradiktorisch *Adj bes. Phil: widersprüchlich* kontraŭdira; *sich selbst widersprechend* memkontraŭdira
Kontrafagott *n Mus (tiefes Fagott)* kontrafagoto
kontrafaktisch *Adj der Realität nicht entsprechend, nicht wirklich gegeben* kontraŭfakta
Kontrahent *m Sport (Gegner)* kontraŭulo, *(gegnerische Mannschaft)* kontraŭula teamo; *Gegenseite, z.B. vor Gericht* kontraŭula partio; *Vertragspartner* kontraktanto
kontrahierbar, *Fachspr Med* ***kontraktil*** *Adj fähig, sich zusammenzuziehen* kontrahiĝebla (↑ *auch* ***zusammenziehbar***)
kontrahieren *tr eine Kontraktion [eines Muskels] bewirken* kontrahi; ***sich*** ~ *refl sich zusammenziehen (Muskel)* kontrahiĝi
Kontraindikation *f, auch* ***Gegenanzeige*** *f Med* kontraŭindiko
kontrakonfliktär *Adj einem Konflikt entgegenwirkend* kontraŭkonflikta
Kontrakt *m* kontrakto; *Abkommen* interkonsento (*vgl. dazu* ***Übereinkunft*** *u.* ***Vertrag***); ~**bruch** *m* rompo de [la] kontrakto
kontraktil ↑ ***kontrahierbar***
Kontraktion *f Physiol* kontrahiĝo; ~ ***des Herzmuskels*** (*od auch kurz* ***des Herzens***) *Physiol* kontrahiĝo de la kora muskolo
Kontraktkuli *m hist [in ehemaligen Kolonien:] bes. auf Plantagen* kontraktkulio (*vgl. dazu* ***Kuli***)
kontraktlich *Adj* [laŭ]kontrakta
Kontraktur *f* (Contractura) *Med ([dauernde] Muskelverkürzung)* kontrakturo
Kontrapost *m bildende Kunst (unterschied-*

liche Gestaltung der beiden Körperhälften in Ruhe u. Bewegung [bes. von Standbein u. Spielbein]) kontraposto

kontraproduktiv *Adj* neproduktiva

Kontrapunkt *m Mus (Führung mehrerer selbstständiger Stimmen im Tonsatz)* kontrapunkto

kontrapunktisch *Adj Mus* kontrapunkta

konträr *Adj gegensätzlich* kontraŭa (↑ *auch* ***entgegengesetzt***)

Kontrast *m* kontrasto *auch TV* (↑ *auch* ***Farbkontrast***); *i.w.S. [starker] Gegensatz, deutlicher Unterschied* [forta] kontrasto, klara diferenco; ~**aufnahme** *f Röntgenologie* kontrasta rentgenogramo; ~**brei** *m Med (Röntgendiagnostik)* kontrastiga kaĉo; ~**farbe** *f* kontrasta koloro

kontrastieren ***a)*** *tr in Gegensatz bringen* kontrastigi (***zu*** al *od* kun) ***b)*** *intr im Gegensatz stehen, sich von etw. abheben* kontrasti (***zu*** al *od* kun)

Kontrastmittel *n Med (Röntgendiagnostik)* kontrasta substanco

kontrastreich *Adj* fortkontrasta

Kontrazeption *f* ↑ ***Empfängnisverhütung***

Kontrazeptivum *n* ↑ ***Empfängnisverhütungsmittel***

Kontrebandist *m alt* = ***Schmuggler***

Kontribution *f Kriegsentschädigung[sleistung(en)]* kontribucio, militkompenso; ***einem Land ~en auferlegen*** puni landon per kontribucio

Kontrition *f, i.w.S.* ***Bußfertigkeit*** *f christl. Rel (vollkommene Reue als Voraussetzung für die Absolution)* kontricio (*vgl. dazu* ***Attrition***)

Kontroll|abschnitt *m z.B. an Eintrittskarten* kontrolkupono; ~**abteilung** *f* kontrolsekcio; ~**apparat** *m* kontrolaparato; ~**ausschuss** *m* kontrolkomitato; ~**behörde** *f* kontrolinstanco; ~**blatt** *n z.B. im Steuerwesen* kontrolfolio

Kontrolle *f* kontrolo (*vgl. dazu* ***Aufsicht***, ***Beherrschung***, ***Überprüfung*** *u.* ***Überwachung***; ↑ *auch* ***Anwesenheits-***, ***Doping-***, ***End-***, ***Einlass-***, ***Fahrkarten-***, ***Gepäck-***, ***Gesundheits-***, ***Geschwindigkeits-***, ***Grenz-***, ***Güte-***, ***Pass-***, ***Plan-***, ***Polizei-***, ***Preis-***, ***Qualitäts-***, ***Radar-***, ***Verkehrs-*** *u.* ***Zollkontrolle***); *das Kontrollieren od Nachprüfen* kontrolado; *Begrenzung, z.B. der Geburtenrate* limigo; *Zügelung* bridado; *Beherrschung, Herrschaft* regado; ***unter ~ von*** (*od Gen*) ... sub la kontrolo de ...; ***unter jmds. ~ stehen*** esti sub ies kontrolo; ***etw. unter ~ haben*** *beherrschen* regi ion; *beaufsichtigen* kontroli ion; ***die ~ über etw. verlieren*** perdi la regadon (*bzw.* potencon) super io; ***er hat die ~ über sich verloren*** li perdis la regadon super si mem; *er kann sich nicht mehr zügeln* li ne plu scias bridi sin ◇ ***man muss sich unter ~ haben*** oni devas kontroli siajn agojn (*bzw.* sia(j)n emocio(j)n)

Kontrolleur *m*, <*österr*> ***Kontrollor*** *m* kontrolisto (↑ *auch* ***Aufseher***, ***Fahrkarten-***, ***Gütekontrolleur*** *u.* ***Prüfer***)

Kontroll|fahrt *f* kontrolveturo; ~**funktion** *f* kontrolfunkcio

Kontrollgang *m z.B. des Wachdienstes* kontroliro; *Mil* patrolado; ***einen ~ machen*** fari kontroliron; *Mil* patroli

Kontroll|gerät *n* kontrolinstrumento, kontrolilo; ~**gruppe** *f bes. Psych* kontrolgrupo

kontrollierbar *Adj* kontrolebla

kontrollieren *tr* kontroli (↑ *auch* ***durchkontrollieren*** *u.* ***nachprüfen***); *inspizieren* inspekt[ad]i; ***die Fahrkarten werden kontrolliert*** la biletoj estas kontrolataj

Kontrollieren *n* kontrolado

Kontroll|instanz *f* kontrolinstanco; ~**instrument** *n* kontrolinstrumento; ~**karte** *f* kontrolbileto; *bes. Kino od Theat bei kurzem Verlassen des Saals* kontramarko; ~**knopf** *m* kontrolbutono; ~**kommission** *f* kontrolkomisiono; ~**lampe** *od* ~**leuchte** *f* kontrollampo; ~**liste** *f* kontrollisto; ~**lösung** *f EDV* kontrolsolvo; ~**methode** *f* kontrolmetodo; ~**öffnung** *f z.B. an Boilern, Ölbrennern u.Ä.* observa aperturo

Kontrollor *m* ↑ ***Kontrolleur***

Kontroll|organ *n* kontrol-organo; ~**punkt** *m* kontrolpunkto

Kontrollrat *m* kontrolkonsilio; ***Alliierter ~*** *Gesch (oberstes Regierungsorgan der vier Besatzungsmächte in Deutschland nach dem 2. Weltkrieg [gegründet am 8.8.1945])* Aliancana Kontrol-Konsilio

Kontroll|station *f* kontrolstacio *auch Raumf*; ~**stelle** *f* kontrolejo; *Kontrollinstanz* kontrolinstanco; ~**stempel** *m* kontrolstampo; ~**system** *n* kontrolsistemo; ~**taste** *f* (*auch* ***Ctrl-Taste*** *genannt*) *Computer* cotorolo-klavo; ~**turm** *m*, *Fachspr meist* ***Tower*** [*ˈtau...*] *m Flugw* kontrolturo; ~**untersuchung** *f* kontrol-esploro *auch Med*; ~**zeichen** *n* kontrolmarko (↑ *auch* ***Gütezeichen***); ~**zentrum**

n bes. Raumf kontrolcentro; *~***ziffer** *f* kontrolcifero

kontrovers *Adj* ***a)*** *bestreitbar, strittig* kontestebla ***b)*** *[einander] entgegengesetzt* kontraŭa

Kontroverse *f* disputo, vortbatalo; *stark umstrittene Frage* ege (*od* forte) disputata demando; *Debatte* debato; *i.w.S. Streit* kverelo

Kontumaz *f* ***a)*** *Jur ([absichtliches] Nichterscheinen vor Gericht, Ungehorsam gegen gerichtl. Ladung)* kontumaco ***b)*** *<österr>* ↑ ***Quarantäne***; *~***urteil** *n*, *auch* ***Versäumnisurteil*** *n Urteil in Abwesenheit des Angeklagten* juĝo pro kontumaco

Kontur *f Umriss[linie]* konturo (↑ *auch* ***Umriss***); ***sich [in ~en] abheben*** konturiĝi

Konturenstift *m Kosmetik* kontura krajono (↑ *auch* ***Eyeliner*** *u.* ***Kajalstift***)

Kontusion *f Med* ↑ ***Quetschung*** *u.* ***Prellung***

Konus *m Geom* konuso (*vgl. dazu* ***Kegel***)

Konusantenne *f Funktechnik* ↑ ***Kegelantenne***

Konuskupplung *f* ↑ ***Kegelkupplung***

Konvallamarin *n Biochemie, Pharm (ein Glykosid im Maiglöckchen)* konvalamarino

Konvektion *f* ***a)*** *Met (vertikale Luftbewegung, auch von Wärme)* konvekcio (*vgl. dazu* ***Advektion***; ↑ *auch* ***Wärmekonvektion***) ***b)*** *Phys (Mitführung von Energie od elektrischer Ladung durch die kleinsten Teilchen einer Strömung)* konvekto; ***durch ~ übertragen*** *tr* konvekti

konvektiv *Adj Met (durch Konvektion bewirkt bzw. auf die Konvektion bezogen)* konvekcia

Konvent *m Rel, Freimaurertum* konvento *auch im Sinne von «Zusammenkunft» [bes. von Klosterinsassen bzw. Studenten]*

Konvention *f* konvencio *auch Jur* (*vgl. dazu* ***Brauch***; ↑ *auch* ***Menschenrechtskonvention***); *allg auch für «Übereinkunft»* interkonsento (*vgl. dazu* ***Vertrag***); ***die Genfer ~*** *Jur, Pol* la Ĝeneva Konvencio

konventional *Adj auf Übereinkunft beruhend, vertraglich* konvencia

Konventionalismus *m Phil* konvenciismo

konventionell *Adj herkömmlich, üblich* konvencia; *traditionell* [laŭ]tradicia; *förmlich* formala, ceremonia; *vertragsmäßig* laŭkontrakta; *~****e Waffen*** *f/ Pl Mil* konvenciaj (*od auch* nenukleaj) armiloj *Pl*

konvergent *Adj Geom, Met, Phys (sich einander annähernd, übereinstimmend* konverĝa

Konvergenz *f das Konvergieren (auch Ozeanologie)* koverĝ[ad]o; *das Konvergentsein* konverĝ[ec]o *auch Ethn u. Met*; ***absolute ~*** absoluta konverĝo; ***stochastische ~*** konverĝo en probablo

Konvergenzschielen *n Med* ↑ ***Einwärtsschielen***

konvergieren *intr Geom, Met, Phys* konverĝi (***in*** al) *auch allg für «demselben Ziel zustreben»*; *~* ***lassen*** *tr* konverĝigi; ***gegen Null ~*** konverĝi al nulo; ***gleichmäßig ~*** unuforme konverĝi

konvergierend *Adj zusammenlaufend* konverĝa

Konversation *f [gesellige] Unterhaltung, Gespräch* konversacio (↑ *auch* ***Plauderei*** *u.* ***Tischgespräch***)

Konversationslexikon *n* enciklopedio

konversieren *intr u. abs = alt für* ***sich unterhalten*** [↑ *dort*]

Konversion *f Fin, Phys, Psych* konvert[ad]o; *Rel (Übertritt von einer Konfession zu einer anderen)* konvertiĝo

Konversionstherapie *f Psych* ↑ ***Reparativtherapie***

Konverter *m El, Metallurgie, TV* konvertoro (↑ *auch* ***Bessemer-Konverter***)

konvertierbar, *auch* ***konvertibel*** *Adj Währung* konvertebla; ***frei ~*** libere konvertebla

Konvertierbarkeit *f*, *Fachspr meist* ***Konvertibilität*** *f Fin* konvertebleco

konvertieren ***a)*** *tr Bankw (zum Wechselkurs tauschen), Naturw (umwandeln), Rel (bekehren)* konverti (↑ *auch* ***bekehren***); *Fin auch* ŝanĝi; ***eine Währung in eine andere ~*** konverti unu valuton en alian ***b)*** *intr Rel (den Glauben wechseln)* konvertiĝi (***zu*** al)

Konvertierung *f* ***a)*** *Rel (das Konvertieren)* konvertado, *(Übertritt zu einer anderen Religion)* konvertiĝo ***b)*** = ***Konversion***

Konvertit *m zu einem anderen Glauben od zu einer anderen Konfession Übergetretener* konvertito

Konvertitin *f* konvertitino

konvex *Adj bes. Opt (nach außen gewölbt)* konveksa; *~****e Linse*** *f*, *auch* ***Konvex-*** *od* ***Plusglas*** *n f Opt* konveksa lenso

Konvexität *f konvexer Zustand* konvekseco

Konvexspiegel *m*, *auch* ***Wölbspiegel*** *m Opt* konveksa spegulo

Konvoi *m*, *auch* ***Geleitzug*** *m Mar u. Mil* konvojo (*vgl. dazu* ***Eskorte***; ↑ *auch* ***Autokonvoi***)

Konvulsion *f, auch* ***klonischer Krampf*** *m, umg auch* ***Zuckungskrampf*** *m Med* konvulsio (*vgl. dazu* ***Krampf*** *u.* ***Spasmus***)

konvulsiv[isch] *Adj krampfhaft zuckend od krampfartig* konvulsia

Konya (*n*) ↑ ***Ikonion***

konzedieren *tr nach Zögern od Zweifel [schließlich] zugestehen od bewilligen* koncedi (↑ *auch* ***einräumen b)***)

Konzentrat *n angereicherter Stoff* koncentraĵo, koncentrato *auch Chem (hochprozentige Lösung bzw. hochprozentiger Auszug) od von Futter- bzw. Nahrungsmitteln*

Konzentration *f* ***a)*** *das Konzentrieren* koncentrado (***auf*** al, je *od* sur; ***in*** en) *auch Naturw* (↑ *auch* ***Anreicherung***), *der Gedanken, der Kräfte od des Willens auch* sinkoncentrado; ~ ***der Produktion*** koncentrado de la produktado ***b)*** *das Sichkonzentrieren* koncentriĝo (↑ *auch* ***Sammlung b)***); ***große ~ erfordern*** postuli grandan koncentriĝon; ***die ~ verlieren*** perdi la koncentriĝon ***c)*** *Chem (Konzentrationsgrad, z.B. einer Lösung)* [grado de] koncentriteco (*vgl. dazu* ***Konzentriertheit***)

Konzentrations|lager *n* (*Abk* ***KZ***) koncentrejo (↑ *auch* ***GULag***); ~**störungen** *f/Pl* perturboj *Pl* de sinkoncentrado; ~**vermögen** *n* kapablo de sinkoncentrado

konzentrieren *tr* ***a)*** koncentri (***auf*** al, je *od* sur; ***in*** en); *in den Mittelpunkt stellen* enfokusigi; ***seine Aufmerksamkeit*** (***sein Interesse***) ***auf etw.*** ~ koncentri sian atenton (intereson) sur ion ***b)*** *Chem, Naturw (eindicken, eindampfen* koncentri (↑ *auch* ***kondensieren***); ***konzentrierte Säure*** *f* koncentrita acido ***c)*** *refl:* ***sich*** ~ *örtl* koncentriĝi (***in*** en); *gedanklich* koncentri sin, koncentriĝi; ***sich nicht richtig ~ können*** ne povi sin bone koncentri

Konzentriertheit *f* koncentriteco *auch im Sinne von «Konzentrationsgrad»*

konzentrisch *Adj denselben Mittelpunkt habend* koncentra, samcentra *auch Math*; ~***e Kreise*** *m/Pl* samcentraj cirkloj *Pl*

Konzept *n erster Entwurf od erste Niederschrift* malneto; *Vorstellung* imago; *Skizze* skizo (*vgl. dazu* ***Plan*** *u.* ***Programm***; ↑ *auch* ***Sicherheitskonzept***) ◇ ***jmdn. aus dem ~ bringen*** konfuzi (*bzw.* [intence] erarigi) iun

Konzeption *f* ***a)*** *Phil (schöpferischer Gedanke)* koncepto (*vgl. dazu* ***Auffassung***; ↑ *auch* ***Grobkonzeption***) ***b)*** *Biol (Befruchtung der Eizelle), Med (Empfängnis) [als Vorgang]* koncipado, *[als Zustand]* koncipiĝo *od* koncipiteco

konzeptionslos 1. *Adj* senkoncepta **2.** *Adv* senkoncepte (↑ *auch* ***planlos***)

Konzern *m Wirtsch* konzerno; ***multinationaler*** ~ multnacia konzerno

Konzert *n Mus* koncerto *übertr bildh auch für «Zusammenwirken verschiedener Faktoren od [politischer] Kräfte»* (*vgl. dazu* ***Concerto***; ↑ *auch* ***Benefiz-***, ***Blues-***, ***Cello-***, ***Estraden-***, ***Freiluft-***, ***Gala-***, ***Jazz-***, ***Kammer-***, ***Klavier-***, ***Kur-***, ***Neujahrs-***, ***Open-Air-***, ***Orchester-***, ***Rock-***, ***Streich-***, ***Violin-***, ***Vokal-***, ***Wohltätigkeits-*** *u.* ***Wunschkonzert***); *Concerto (Komposition für Solopartien mit Orchesterbegleitung)* konĉerto (↑ *auch* ***Kirchenkonzert*** *u.* ***Recital***); ~ ***für Klavier und Orchester*** konĉerto por fortepiano kaj orkestro; ***ein ~ besuchen***, *umg auch* ***ins ~ gehen*** viziti koncerton; ***ein ~ geben*** doni koncerton; ***seine Stimme im europäischen ~ erheben*** *übertr bildh* aŭdigi sian voĉon en la eŭropa koncerto

Konzert|abend *m* koncertvespero (*vgl. dazu* ***Recital***); ~**café** *n* koncertkafejo; ~**halle** *Gebäude* koncertejo; *Saal* koncertsalono

konzertieren *intr Mus geh für «ein Konzert geben»* doni (*od* fari) koncerton (***in*** en), koncerti

Konzertina *f Mus (ene Handharmonika mit sechseckigem od quadratischem Gehäuse)* koncertino

Konzert|meister *m* koncertestro; ~**pavillon** *m* koncertpavilono; ~**pianist** *m* koncertpianisto; ~**reise** *f* koncertvojaĝo (***nach*** al); ~**saal** *m* koncertsalono, *i.w.S.* koncertejo; ~**stück** *n* muzikpeco por koncerto, koncertaĵo (*vgl. dazu* ***Concerto***)

Konzession *f* ***a)*** *Jur, Wirtsch* koncesio (*vgl. dazu* ***Lizenz***); ***jmdm. eine*** (*bzw.* ***die***) ~ ***erteilen für*** (*od* ***zu***) ... doni al iu [la] koncesion pri ... ***b)*** *Zugeständnis* koncedo; ~***en an jmdn. machen*** fari koncedojn al iu, koncedi al iu; ***beide Seiten waren zu ~en bereit*** ambaŭ flankoj (*bzw.* partneroj *u.a.*) estis pretaj koncedi

Konzessionär *m Inhaber einer Konzession* koncesiito

konzessionieren *tr Jur, Wirtsch*: ***jmdn.*** ~ *eine Konzession an jmdn. vergeben [z.B. für* *ein Gewerbe, den Abbau von Bodenschätzen u.a.* koncesii; ***konzessionierte Schänke*** *f* koncesiita drinkejo *(Zam)*

konzessiv *Adj einräumend* koncesia *auch Ling*; ~***e Konjunktion*** *f Ling (einräumendes Bindewort [z.B. obgleich])* koncesia konjunkcio

Konzessivsatz *m Ling (Umstandssatz der Einräumung)* koncesia propozicio (*od* frazo)

Konzil *n kath. Kirche (Versammlung katholischer Würdenträger)* koncilio (↑ *auch* ***Konklave***); ***ökumenisches*** ~ ekumena koncilio; ***Trienter*** (*od* ***Tridentinisches***) ~ Trenta Koncilio <*1545-1563*>; ***Vatikanisches*** ~ Vatikana Koncilio

konziliant *Adj freundlich* afabla; *entgegenkommend* komplezema (↑ *auch* ***kulant*** *u.* ***versöhnlich***)

konziliar[isch] *Adj zu einem Konzil gehörend bzw. einem Konzil entsprechend* koncilia

Konzilsbeschluss *m kath. Kirche* koncilia dekreto

konzipieren *tr gedanklich entwerfen* koncepti (*vgl. dazu* ***planen***); *ein schriftliches Konzept machen* fari malneton (*od* malnetan skribaĵon) (***etw.*** pri io)

Konzipieren *n od* **Konzipierung** *f* konceptado

konzis *Adj kurz, gedrängt (bes. Rhetorik u. Stilkunde)* konciza (↑ *auch unter* ***bündig***)

Koog *m* ↑ ***Polder***

Kookaburra *m, auch* ***lachender Hans*** *m* (Dacelo novaeguineae = Dacelo gigas) *Orn* kukaburo, *auch* rid-kukaburo *od* ridanta kukaburo *[eine der bekanntesten Vogelarten Australiens (eine Eisvogelart)]*

Kooperation *f* ***a)*** *Zusammenarbeit* kunlaborado (***mit*** kun) ***b)*** *genossenschaftliche Zusammenarbeit* kooperado

kooperativ *Adj auf eine Kooperative bezogen* koopera; *zusammenarbeitend* kunlaboranta (↑ *auch* ***gemeinsam***); *bereit zur Zusammenarbeit* preta por kunlabori, kunlaborema

Kooperative *f eine Art der Genossenschaft* kooperativo, koopera societo; ***Mitglied einer*** ~ ***sein*** esti membro de kooperativo

kooperieren *intr* agi (*od* labori) kune; *genossenschaftlich* kooperi, kooperative labori

Kooptation *od* **Kooptierung** *f Nach- od Zuwahl, zusätzliche Aufnahme in ein Gremium* kooptado

kooptieren *tr hinzuwählen, zusätzlich aufnehmen* koopti, *selt auch* alelekti

Koordinate *f Astron, Geogr, Geom* koordinato (↑ *auch* ***Himmels-***, ***Kugel-***, ***Näherungs-***, ***Polar-*** *u.* ***Zylinderkoordinaten***); ***affine*** (***astronomische***, ***geodätische***, ***homogene***, ***kartesische***) ~***n*** *Pl* afinaj (astronomiaj, geodeziaj, homogenaj, karteziaj) koordinatoj *Pl*; ***orthogonale*** (*od* ***rechtwinklige***) ~***n*** *Pl* ortaj koordinatoj *Pl*

Koordinaten|achse *f Geom (Achse eines Koordinatensystems)* koordinata akso; ~**linie** *f Geom* koordinata linio; ~**nullpunkt** *m Geom* origino de koordinatsistemo; ~**raum** *m Geom* koordinata spaco; ~**system** *n Geom* koordinatsistemo

Koordination *f, auch* ***Koordinierung*** *f auch Ling* kunordigo; *Koordiniertheit* kunordigiteco

Koordinativ- *od* **Kopulativkompositum** *n Ling* kunordita kunmetaĵo

Koordinator *m* kunordiganto

koordinieren *tr mehrere Dinge od Vorgänge aufeinander abstimmen* kunordigi

koordiniert *Adj* kunordigita; ~***e Suche*** *f* kunordigita serĉo

Koordinierung *f* ↑ ***Koordination***

Koordinierungsamt *n*: ~ ***der Vereinten Nationen für Katastrophenhilfe*** (*engl. Abk* ***UNDRO***) Organizaĵo de UN por Kunordigo de Katastrofohelpo

Koordinierungs|ausschuss *m* kunordiga komitato; ~**stelle** *f* kunordiga instanco

Kop. = *Abk für* ***Kopeke***

Kopaiva|balsam *m Pharm (ein Naturharz)* kopaiva balzamo <*in der Lackverarbeitung u. als Heilmittel verwendet*>; ~**baum** *m, auch* ***Kopaibabaum*** *m* (*Gattung* Copaifera) *Bot* kopaivarbo

Kopal *m ein festes Naturharz verschiedener tropischer Bäume* kopalo; *i.e.S. (Kauri*~*)* kaŭria kopalo, *(Kongo*~*)* konga kopalo, *(Madagaskar*~*)* madagaskara kopalo, *(Manila*~*)* manila kopalo

Kopalfichte *f Bot* ↑ ***Kaurifichte***

Kopeke *f* (*Abk* ***Kop.***) *Untereinheit des russischen Rubels u. der ukrainischen Hrywna* kopeko

Kopenhagen (*n*), *dän.* ***København*** *Hptst. von Dänemark* Kopenhago

Kopenhagener Schule *f Ling* ↑ ***Glossematik***

Köper *m, auch* ***Köpergewebe*** *n Textil (ein Baumwollstoff [für Hemden-, Wäsche- u. Futterstoff verwendet]* kepro; ~**bindung** *f* kepra plekto

kopernikanisch *Adj die Lehre des Kopernikus betreffend bzw. auf ihr beruhend* kopernika

Kopernikus (*m*), *latinisiert aus poln.* ***Kopernik*** *Eig (ein polnischer mittelalterlicher Astronom [1473 -1543])* Koperniko

Kopf *m* kapo; *Oberhaupt* ĉefo, estro; ***mit bloßem ~*** *ohne Kopfbedeckung (Adj)* nudkapa, *(Adv)* nudkape; ***mit dem ~ nach unten*** *d.h. zum Boden zu* kun kapo al tero, *auch* kap-al-tere; ***mit dem ~ nach vorn*** *od* ***kopfüber*** kun la kapo antaŭe[n] *od* kapantaŭe (↑ *auch* **vornüber**); ***pro ~ [der Bevölkerung]*** rilate al (*od* kalkulite laŭ) la nombro de loĝantoj; ***von ~ bis Fuß*** de kapo ĝis piedoj *od (Zam)* de l' kapo ĝis la piedoj; ***den ~ aufrecht halten*** (*od* ***tragen***) teni rekte la kapon *auch übertr*; ***bejahend mit dem ~ nicken*** kapjesi; ***den ~ heben*** (***neigen***, ***schütteln***, ***senken***) levi (klini, skui, mallevi) la kapon; ***er marschierte am ~ des Zuges*** li marŝis ĉe la kapo de la irantaro (*od Mil* plotono); ***etw. im ~ rechnen*** kalkuli ion en la kapo; ***~ stehen*** *einen Kopfstand machen* stari sur la kapo; *umgekippt sein* esti renversiĝinta; ***den ~ zur Seite wenden*** (*od umg* ***drehen***) turni la (*od auch* sian) kapon flanken; ***etw. aus dem ~ wissen*** parkere scii ion (*vgl. dazu* ***aus dem Gedächtnis, auswendig***) ◇ ***er ist nicht auf den ~ gefallen*** li ne estas stultulo; ***sich etw. durch den ~ gehen lassen*** [bone] pripensadi ion, *auch* mediti pri io; ***über meinen ~ hinweg*** *ohne mich zu fragen* sen demandi min; ***ich habe andere Dinge im ~*** mi havas aliajn aferojn en la kapo; ***was man nicht im ~ hat, hat man in den Beinen*** cerbo ne pripensas, kruroj ĝin kompensas *(Zam)*; ***ich kriege das nicht in meinen ~ [hinein]*** mi ne kapablas tion ĉi enkapigi al mi; ***sich etw. in den ~ setzen*** *sich auf etw. versteifen* obstini pri io; ***den ~ in den Sand stecken*** *eine Gefahr nicht sehen wollen* ŝovi la (*od* sian) kapon en la sablon; ***alles auf den ~ stellen*** renversi ĉion; ***den Nagel auf den ~ treffen*** trafi la kernon de la afero; ***den ~ verlieren*** *die Fassung verlieren, die Kontrolle über sich verlieren bzw. [total] verwirrt sein* perdi la (*od* sian) kapon; ***jmdm. den ~ waschen*** *Vorwürfe machen* ordigi al iu la kapon *(Zam)* *od* fari al iu bonan lavon *(Zam)*; ***er will mit dem ~ durch die Wand*** por lia volo ne ekzistas malmolo; ***nicht wissen, wo einem der ~ steht*** ne scii kion fari unue; ne scii kie komenci la ordigon [de la aferoj *u.Ä.*]; ***sich den ~ zerbrechen*** rompi al si la kapon *(Zam)*; *i.w.S. grübeln* cerbumi (***über*** pri)

Kopf|airbag *m Kfz* kapa aerkuseno; ~**arbeit** *f* spirita laboro, *umg* kaplaboro; ~**arbeiter** *m* kaplaboristo *od* cerbolaboristo (*vgl. dazu* ***Intelektuelle***); ~**bahnhof** *m Eisenb* kap[o]stacio

Kopfball *m*, *<österr>*, *<schweiz> u. reg* ***Köpfler*** *m Fußball* kapopuŝo; ~**abwehr** *f* kapopuŝa defendo; ~**duell** *n* kapopuŝa duelo; ~**tor** *n* kapopuŝa golo

Kopf|bedeckung *f* kapvesto (*vgl. dazu* ***Birett***, ***Haube***, ***Hut***, ***Kopftuch*** *u.* ***Mütze***); ~**bewegung** *f* kapmovo *od* movo de la kapo; ~**binse** *f* (Juncus capitatus) *Bot* kapeta junko

Köpfchen *n* ***a)*** *kleiner Kopf* kapeto ***b)*** *Bot (Blüten*~ *[Capitulum])* kapitulo; ~**schimmel** *m* (*Gattung* Mucor) *Mykologie (eine Gattung innerhalb der Pilzordnung ‹Mucorales›* mukoro

köpfen *tr* ***a)*** *<österr>, <schweiz> u. reg* ***köpfeln*** *Fußball* kapopuŝi, *umg auch* kapumi; ***den Ball ins Tor ~*** kapumi la pilkon en la golejon (↑ *auch* **einköpfen**) ***b)*** *enthaupten*: ***jmdn.*** ~ senkapigi iun

Kopf|ende *n des Bettes* kaploka parto [de la lito]; ~**form** *f* formo de [la] kapo; ~**füß[l]er** *Pl* ***a)*** *<wiss>* ***Zephalopoden*** *od* ***Kephalopoden*** *m/Pl* (Cephalopoda) *Zool (Klasse der Weichtiere)* kap[o]pieduloj *Pl*, *<wiss>* cefalopodoj *Pl* (↑ *auch* ***Ammoniten***) ***b)*** (Architeuthis) *Ichth (Gattung der Tintenfische, Kalmare u.a.)* arkiteŭtoj, *<wiss> auch* arĥiteŭtoj *Pl*

Kopfgras *n Bot* ↑ ***Blaugras***

Kopfgrind *m Med* ↑ ***Favus***

Kopf|grippe *f Med (volkstüml. Bez für «epidemische Enzephalitis»)* herpeta encefalito; **haar** *n* (*Ggs: Körperhaar*) kapharoj *Pl*; ~**haut** *f* kapohaŭto, haŭto de [la] kapo; ~**hörer** *Pl* kapaŭskultiloj *Pl*; ~**jäger** *m* kapĉasisto (*vgl. dazu* ***Kannibale***); ~**kissen** *n*, *<österr>* ***Kopfpolster*** *n* kapkuseno; ~**kissenbezug** *m* tegaĵo de kapkuseno; ~**kohl** *m Landw* kapobrasiko; ~**kreis** *m Tech (eines*

Zahnrads) kapcirklo; ~**lastigkeit** *f, auch* ***Buglastigkeit*** *f Flugw* nazopezeco; ~**laus** *f* (Pediculus humanus capitis) *Ent* kapopediko, homa pediko [vivanta sur la kapo]

Köpfler *m Fußball* ↑ ***Kopfstoß***

kopflos 1. *Adj* ***a)*** *ohne Kopf* senkapa, *nachgest auch* ne havanta kapon ***b)*** *übertr (unüberlegt)* senpripensa, *(verwirrt)* konfuzita, *(perplex)* perpleksa, *(konsterniert)* konsternita **2.** *Adv*: ~ ***handeln*** agi senpripense *bzw.* fari (*od* entrepreni) ion sen antaŭe ĝin pripensadi

Kopflose *Pl*, <*wiss*> ***Azephalen*** *Pl Zool* senkapuloj *Pl*, <*wiss*> acefaloj *Pl*

Kopflosigkeit *f Unüberlegtheit* senpripenseco; *Bestürztheit* konsterniteco, *Bestürzung* konsterniĝo; *i.w.S. Panik* paniko

Kopfmassage *f* kap[o]masaĝo; ***ich wünsche eine*** ~ *beim Frisör* mi deziras kapmasaĝon

Kopfnicken *n* kapoklino; *bejahendes* kapjeso; *grüßendes Zunicken* kapsaluto; *i.w.S. Wink mit dem Kopf* kapsigno

Kopfpolster *n* ↑ ***Kopfkissen***

Kopfprellung *f* (Contusio capitis) *Med* kapokontuzo

Kopfputz *m* ↑ ***Kopfschmuck***

Kopfrechnen *n* [en]kapa kalkulado

Kopfried *n* (*Gattung* Schoenus) *Bot* skeno; ***rostrotes*** ~ (Schoenus ferrugineus) rustkolora skeno; ***schwarzes*** ~ (Schoenus nigricans) nigra skeno

Kopfsalat *m, auch* ***Staudensalat*** *m, reg u.* <*ostösterr*> ***Häuptelsalat*** *m* (Lactuca sativa, var. capitata) *Bot, Nahr* [kultiva *od* nutra] laktuko, *pop auch* kapa laktuko

kopfscheu *Adj ängstlich* timema; *scheu* timida

Kopfschild *m Ent* = ***Clypeus***

Kopfschlagader *f* (Arteria carotis) *Anat* kap-arterio, <*wiss*> karotido

Kopfschmerz(en) *m/(Pl)* kapdoloro *Sg* (↑ *auch* ***²Kater***, ***Migräne*** *u.* ***Spannungskopfschmerz***); ***einseitiger*** (***hartnäckiger***, ***zervikogener***) ***Kopfschmerz*** unuflanka (obstina, cervikogena) kapdoloro; ***häufig an [starken] Kopfschmerzen leiden*** ofte suferi je [forta] kapdoloro

Kopf|schmerztablette *f* tablojdo kontraŭ kapdoloro; ~**schmuck** *m, auch* ***Kopfputz*** *m* kap-ornamo

Kopfschuppen *f/Pl, reg* ***Schinn*** *m* kapskvam[et]oj *Pl*; ***die*** ~ ***beseitigen*** *z.B. durch Haarpflegemittel* forigi la kapskvametojn

Kopf|schütteln *n* kapsku[ad]o; ~**schutz** *m* kapŝirmilo *auch eines Boxers*; ~**sprung** *m*, <*österr u. schweiz*> ***Köpfler*** *m, reg umg* ***Köpper*** *m* kapsalto; ~**stand** *m Turnen* staro sur kapo *od* surkapa staro

kopfstehend *Adj*: ~***er Aufdruck*** *m Philat* renversita surpreso

Kopf|steinpflaster *n* pavimo el rondŝtonoj, *i.w.S. auch* krudŝtona pavimo; ~**steuer** *f Gesch* kapimposto; ~**stimme** *f, auch* ***Falsett*** *n Mus* kapvoĉo, *auch* falseto; ~**stoß** *m*, <*österr*>, <*schweiz*> *u. reg* ***Köpfler*** *m Fußball* kapopuŝo; ~**stück** *od* ~**teil** *n*; *i.w.S.* ***oberes Teil*** *n* kapa parto; ~**stütze** *f* kap-apogilo *auch am Autositz* (↑ *auch* ***Nackenstütze***)

Kopftraining *n* ↑ ***Gehirntraining***

Kopftuch *n* kaptuko; ***ein*** ~ ***aufsetzen*** surmeti kaptukon; ***ein*** ~ ***tragen*** porti (*od* surhavi) kaptukon

kopfüber *Adv* kun la kapo antaŭe(n), kapantaŭe; *(sich überschlagend)* transkapiĝe; *Hals über Kopf* eksalte-senhalte; ~ ***fallen*** *purzeln* transkapiĝi

Kopf|verband *m Med* kapa bandaĝo; ~**wäsche** *f* harlav[ad]o; ~**waschmittel** *n* ŝampuo

Kopfweh *n* = ***Kopfschmerz(en)***

Kopf|wender *m* (Musculus sternocleidomastoideus) *Anat* sternoklaviomastoida muskolo; ~**wunde** *f* kapvundo; ~**zahl** *f Anzahl von Personen* nombro de personoj (*od* homoj); *Anzahl von Tieren* nombro de bestoj; ~**zeile** *f* kaplinio

Kopfzerbrechen *n* kapromp[iĝ]o; ***jmdm.*** ~ ***bereiten*** kaŭzi al iu kaprompon

Kopie *f allg* kopio *auch Mal* (↑ *auch* ***Briefkopie***, ***²Pause*** *u.* ***Xerokopie***); *Ausdruck von einem Drucker od Schreibautomaten* printo *auch Foto* (↑ *auch* ***Raub-*** *u.* ***Sicherheitskopie***); *Zweitschrift* duplikato; *Imitation* imitaĵo (↑ *auch* ***Nachahmung***); ***beglaubigte*** ~ [jurinstance] atestita kopio; ***eine*** ~ ***anfertigen*** (*od umg* ***machen***) fari kopion

kopieren *tr* kopii (***etw.*** ion) *auch Foto od ein Kunstwerk*; *ausdrucken (auf einem Printer od Schreibautomaten)* printi (*vgl. dazu* ***vervielfältigen***); *imitieren, nachahmen* [ekzakte] imiti; *Plagiat begehen* plagiati; ***nochmals*** ~ duafoje kopii, rekopii; ***ein Gemälde*** (***eine Statue***) ~ kopii pentraĵon (statuon); ***schwarz*** (***unerlaubt***) ~ *z.B. ein Computerprogramm* pirate (kontraŭleĝe) kopii

Kopieren *n* kopiado; *Imitation, Nachahmung* imitado

Kopierer *m* ***a)*** *auch* ***Kopist*** *m Abschreiber* kopiisto ***b)*** *Gerät* = ***Kopiergerät***

Kopier|erlaubnis *f* kopi-permeso; ~**gerät** *n Fotokopierer* fotokopiilo; ~**maschine** *f* maŝino por kopiado; ~**papier** *n* kopia papero; *Drucker- od Fotopapier* printpapero; *Kohlepapier* karbopapero; ~**rahmen** *m Foto* printkadro; ~**stift** *m* inkeca krajono

Kopilot *m*, *auch* ***Copilot*** *m Flugw* vicpiloto

Kopist *m* kopiisto; *Nachahmer* imitanto

Koplik-Flecken *m/Pl Med (ein Symptom bei Masern)* Koplik-makuloj *Pl*

Kopparberg (*n*) *eine mittelschwedische Provinz* [provinco] Koparbergo *[Hptst.: Falun]*

[1]**Koppel** *f [umzäuntes] Weideland* [ĉirkaŭbarita] paŝtejo

[2]**Koppel** *n Mil* ĉirkaŭtalia rimeno (↑ *auch* ***Portepee***)

koppeln *tr* ***a)*** *El (zusammenschalten), Mechanik (ankoppeln, bes. an Fahrzeuge)* kupli ***b)*** *miteinander verbinden* [kun]ligi

Kopp[e]lung *f* ***a)*** *El, Radio od von Fahrzeugen* kupl[ad]o [↑ *auch* ***Kupplung***] [↑ *auch* ***Rückkopplung***) ***b)*** *[gegenseitige] Verknüpfung f, Verbindung* kunligo

Köpper *m* ↑ ***Kopfsprung***

Kopra *f zerkleinertes u. getrocknetes Mark der Kokosnuss* kopro; ~**chips** *m/Pl* koproĉipsoj *Pl*; ~**hafen** *m* koproeksporta haveno *od* haveno por eksporti kopron

Koproduktion *f Film* komuna produktado, *auch* kunproduktado; ***eine französch-italienische*** ~ *bes. Film u. TV* komuna produktado franca-itala

Koprolalie *f Psych (krankhafter Drang, unanständige Wörter zu sagen [meist aus dem analen Bereich])* koprolalio

Koprolith *m Geol, Med* ↑ ***Kotstein***

Koprom *n*, *auch* ***Kotgeschwulst*** *f nur Fachspr Med (Scheingeschwulst in Form einer Ansammlung verhärteten Kots im Darm)* kopromo

koprophag ↑ ***kotfressend***

Koprophagie *f Biol (das Fressen von Kot [bei vielen Säugern]), Med (das Essen von Kot [bei bestimmten psychischen Erkrankungen])* koprofagio, fekomanĝemo

Koproporphyrin *n Biochemie* koproporfirino

Koprostase *f*, *auch* ***Kotstauung f [im Dickdarm]*** *nur Fachspr Med* koprostazo

Kopten *m/Pl Sammelname für die Christen Ägyptens* koptoj *Pl*

Koptin *f* koptino

koptisch *Adj* kopta; ~***er Christ*** *m* kopta kristano; ***die*** ~***e Kirche*** *die christl. Kirche Ägyptens* la kopta eklezio; ~***e Kunst*** *f die unter ägyptischen, hellenistischen, byzantinischen u. a. Einflüssen entstandene Kunst der Kopten* kopta arto

Koptisch[e] *n Ling (eine Spätform der ägyptischen Sprache [seit dem 3. Jh. n. Chr.])* la kopta [lingvo]

Koptologie *f Wissenschaft, die sich mit Geschichte u. Kultur des christlichen Ägypten, vor allem aber mit der koptischen Sprache u. Literatur befasst* koptologio *<ursprünglich Zweig der Ägyptologie, hat sich die Koptologie seit etwa 1960 zunehmend verselbstständigt>*

Kopula *f Ling (Verbindungswort zw. Substantiv u. Prädikatsnomen)* kopulo

Kopulation *f Biol* kopulacio (*vgl. dazu* ***Begattung*** *u.* ***Paarung***)

Kopulativkompositum *n Ling* ↑ ***Koordinativkompositum***

Kopulativum *n*, *auch* ***Additionswort*** *n Ling (Wort, das zwei gleichwertige Begriffe addiert [z.B. «taubstumm»])* kopulativo

Kopulativverb *n Gramm* ↑ *unter* ***Verb***

kopulieren ***a)*** *tr Gartenb (veredeln [Pflanzen])* grefti ***b)*** *intr Biol* kopulacii

Kopuliermesser *n*, *auch* ***Pfropfmesser*** *n Gartenb* greftilo

Kora (*f*) *Myth* ↑ ***Persephone***

Korach (*m*) *bibl Eig (Anführer einer Verschwörung gegen Mose u. Aaron)* Koraĥo

Koralle *f Biol (1. kolonienbildendes Hohltier tropischer Meere 2. das als Schmuck verwendete [rote] Kalkskelett der Koralle)* koralo (↑ *auch* ***Feuer-***, ***Riffkoralle***, ***Korallenpilz*** *u.* ***Madrepore***); ***rote*** ~ *od* ***Edelkoralle*** *f* (Corallium rubrum) *eine Hornkoralle des Mittelmeeres* ruĝa koralo (↑ *auch* ***Gorgonie***)

korallen *Adj* ***a)*** *aus Korallen* [farita] el koraloj ***b)*** = ***korallenrot***

Korallenbleiche *f Ausbleichen der Korallen* korala blankiĝo (*od* senkoloriĝo)

korallenfarbig *Adj* koralokolora (*vgl. dazu* ***korallenrot***)

Korallenfisch *m Ichth (Korallen bewohnender Fisch <meist außerordentlich farbenprächtig>)* korala fiŝo

Korallenflechte *f Bot* ↑ ***Becherflechte***

korallenförmig 1. *Adj* koraloforma **2.** *Adv* koraloforme

Korallen|garten *m* korala ĝardeno; **~insel** *f* korala insul[et]o; **~kalk** *m* korala kalkŝtono; **~katzenhai** *m* (Atelomycterus marmoratus) *Zool* korala katoŝarko; **~kette** *f* korala ĉeno; **~moos** *n* (*Gattung* Corallina) *Bot (eine Gattung der Rotalgen, in deren äußersten Thallus-Schichten Kalk eingelagert ist)* koralino; **~möwe** *f* (Larus audouinii) *Orn* koralmevo *[Vorkommen: Mittelmeerraum]*; **~ottern** *f/Pl* (*Gattung* Micrurus) *Zool* koralaj serpentoj *Pl [Vorkommen: Nord-, Mittel- u. Südamerika]*

Korallenpilz *m, auch* ***Keulenpilz*** *m od kurz* ***Koralle*** *f* (*Gattung* Clavaria) *Mykologie* klavario, *pop* koralfungo; ***rötliche Koralle****, auch* ***Bärentatze*** *f* (Ramaria botrytis) florbrasika klavario

Korallen|polyp *m Biol* koralpolipo; **~raute** *f* (*Gattung* Boronia) *Bot (ein australischer Strauch mit duftenden Blüten)* boronio; **~riff** *n* korala rifo *od* koralrifo; *ringförmiges Riff, das eine Lagune umschließt* atolo

korallenrot *Adj* koral[o]ruĝa, *nachgest auch* ruĝa kiel koralo

Korallen|schlange *f Zool (Bez für mehrere Gattungen der Giftnattern [Elaps, Micrurus u.a.])* korala serpento *[Vorkommen: Südamerika]* (↑ *auch* ***Surinam-Korallenschlange***); **~see** *f ein Meeresgebiet im westlichen Pazifik* Korala Maro

Korallentiere *n/Pl, auch* ***Blumentiere*** *n/Pl,* <*wiss*> ***Anthozoen*** *Pl* (*Klasse* Anthozoa) *Biol (größte Klasse der Nesseltiere mit etwa 7500 Arten)* koraluloj *Pl,* <*wiss*> antozooj *Pl* (↑ *auch* ***Seeanemonen***); ***[Ordnung der] achtstrahligen ~*** (Alcyonaria) alcioniuloj *Pl*

Korallenwurz *f* (*Orchideengattung* Corallorhiza) *Bot* koralorizo

korallogen *Adj Geol (aus Ablagerungen von Korallen gebildet [Gesteinsschichten])* koralogena

Koran *m, arab.* ***Qur'ān*** *die heilige Schrift des Islam* korano *(auch Großschr)*; ***den ~ rezitieren*** reciti la koranon

Koran|exegese *f Interpretation des Korans [Hauptgebiet der islamischen Koranwissenschaften]* koranekzegezo; **~schule** *f Islam* korana lernejo; **~sure** *f Islam* korana surao

Korb *m* ***a)*** korbo (↑ *auch* ***Abfall-***, ***Ballon-***, ***Bast-***, ***Blumen-***, ***Brot-***, ***Deckel-***, ***Eier-***, ***Einkaufs-***, ***Markt-***, ***Papier-***, ***Picknick-***, ***Span-*** *u.* ***Wäschekorb***) ***b)*** *übertr für «Ablehnung»*: ***einen ~ bekommen*** esti rifuzata; ***jmdm. einen ~ geben*** malakcepti ies peton (*bzw.* proponon); *jmdm. etw. verweigern* rifuzi ion al iu ◇ ***Hahn im ~e sein*** esti la absoluta favorato (*bzw.* dorlotato)

Korbball *m i.e.S. dem Basketball verwandtes, vorwiegend in Deutschland von Frauen nach abgewandelten Handballregeln gepflegtes Spiel* korbopilk[ad]o; *i.w.S. Basketball* basketbalo

Korbblütler *m/Pl, auch* ***Kompositen*** *f/Pl Bot*: ***[Familie der] ~*** (Compositae) kompozitacoj *Pl*; ***[Familie der] eigentlichen*** (*od* ***milchsaftlosen***) ***Korb-*** *od* ***Körbchenblütler*** (Asteraceae) asteracoj *Pl*

Körbchen *n* korbeto (↑ *auch* ***Palmblattkörbchen***)

Körbchenboden *m Bot* ↑ ***²Torus b)***

Korber *m* ↑ ***Korbmacher***

Korb|flasche *f* plektokorba (*od* ĉirkaŭplektita) botelo, *für Wein, bes. ital. Chianti* flasko (↑ *auch* ***Demijohn***); **~flechter** korboplektisto; **~macher** *m,* <*schweiz*> *alt* ***Korber*** *m* korb[o]faristo, *selt* korbisto; **~macherei** *f* korb[o]farado; **~maranthe** *f* (*Gattung* Calathea) *Bot* kalateo; **~möbel** *Pl Rattanmöbel* rotangaj mebloj *Pl*; **~reuse** *f* (*auch* ***Hummerkorb*** *genannt*) *eine Reuse zum Hummerfang* naso por kaptado de omaroj; **~sessel** *m* kanfotelo; **~stuhl** *m* kanseĝo; **~weide** *f* (Salix viminalis) *Bot* vimena saliko, *auch* vimeno; **~zellen** *f/Pl Zytologie (multipolare Ganglienzellen in der Rinde des Kleinhirns)* korboĉeloj *Pl*

Korčula (*n*) *eine kroatische Insel an der süddalmatinischen Küste* [insulo] Korĉulo

Kord *m Textil* ↑ ***Cord***

Kordel *f Zier*² kordono, plektogalono

Kordhose *f* ↑ ***Cordhose***

Kordierit *m Min (ein kristallines Mineral)* kordierito <*ein Edelstein; so benannt nach dem franz. Geologen Cordier*>

Kordilleren *f/Pl, span.* ***Cordillera*** *eine Gebirgskette an der Westküste Südamerikas* Kordileroj *Pl*

kordillerisch *Adj Pflanzengeografie (in den Kordilleren vorkommend)* kordilera

Kordit *n ein fadenförmiges, rauchschwaches Schießpulver* kordito

Kordon *m Sperr- od Postenkette* kordono

(**um** ĉirkaŭ) (*vgl. dazu* ***Absperrung***); ***einen ~ bilden*** (*od* ***ziehen***) aranĝi kordonon (**um** ĉirkaŭ)

Kordsamt *m Textil* ↑ ***Cord***

Korea (*n*) Koreio; ***Demokratische Volksrepublik ~*** (*Abk* ***DVRK***) Demokratia Popola Respubliko Koreio *[Hptst.: Pjöngjang]*; ***Republik ~*** Respubliko Koreio *[Hptst.: Seoul]*

Korea- *od* **Koyama-Fichte** *f* (Picea koraiensis = Picea koyamai) *Bot* korea piceo

Korea-Kiefer *f* (Pinus koraiensis) *Bot* korea pino

Koreaner *m* koreo

Koreanerin *f* koreino

koreanisch *Adj* korea

Koreanisch[e] *n Ling* la korea [lingvo]

Koreatanne *f Bot* ↑ *unter* ***Tanne***

Koreferat *n* ↑ ***Korreferat***

Korektopie *f* (Ektopia pupillae) *nur Fachspr Ophthalmologie (exzentrische Lage der Pupille <meist innen u. oben> mit meistens entgegengesetzter Verlagerung der Linse)* korektopio

Korfiot *m Bewohner der Insel Korfu* korfuano

Korfiotin *f* korfuanino

korfiotisch *Adj* korfua

Korfu (*n*) *größte der griech. Ionischen Inseln* Korfuo *[Hptst.: Kerkyra]*; ***Deklaration von ~*** *Gesch (eine Vereinbarung [vom 20. Juli 1917] über die Gründung eines vereinigten Königreichs der Serben, Kroaten u. Slowenen)* Deklaracio de Korfuo

Koriander *m* (*Gattung* Coriandrum, *auch die Art* Coriandrum sativum) *Bot, Gewürz* koriandro; *~***öl** *n* koriandra oleo

Koriandoli *n* ↑ ***Konfetti***

Korinth (*n*), *griech.* ***Korinthos*** *eine griech. Stadt* Korinto; ***Golf von ~*** (*auch* ***Golf von Lepanto*** *genannt*) Korinta Golfo; ***der Isthmus*** (***Kanal***) ***von ~*** la Istmo (Kanalo) de Korinto

Korinthe *f eine kleine Rosinenart* [malgranda] sekvinbero *od* rosino, *auch* korinta vinbero *(Zam)* (*vgl. dazu* ***Sultanine***)

Korinther *m* korintano; *~***brief** *m bibl* epistolo al la korintanoj *(auch Großschr)*

korinthisch *Adj* ***a)*** *auf Korinth bezogen* korinta; ***der ≗e Krieg*** *Gesch* la Korinta Milito *[395-386 v. Chr.]* ***b)*** *auf die hellenistische Architektur bezogen* korintika; ***~e Säulen*** *f/Pl* korintikaj kolonoj *Pl*; ***~er Stil*** *m* korintika stilo

Korjaken *m/Pl Ethn (ein kleines sibirisches Volk auf Kamtschatka)* korjakoj *Pl* (↑ *auch* ***Apuken***)

Kork *m* ***a)*** *Korksubstanz (Rinde der Korkeiche)* subero, *auch* korko ***b)*** *meist* ***Korken*** *m Korkstöpsel* korkŝtopilo, korko (↑ *auch* ***Sektkorken***); ***nach Korken schmeckend*** *Wein* korkogusta; ***der Wein schmeckt nach Korken*** la vino gustas je korko *od* la vino estas korkogusta

korkartig *Adj* korkeca

Korkbaum *m* (*Gattung* Phellodendron) *Bot* felodendro

korkblätterig, *Fachspr Bot auch lat.* ***suberifolius*** *Adj* korkofolia

Korkeiche *f* (Quercus suber) *Bot* korkokverko *[Vorkommen: SW-Europa, Italien u. im Maghreb]*; ***chinesische ~*** (Quercus variabilis) ĉina korkokverko *[Vorkommen: Nordchina, Korea u. Japan]*

Korken *m* ↑ ***Kork b)***

Kork[en]zieher *m*, *<österr> auch* ***Stoppelzieher*** *m* korktirilo

Korkflügelstrauch *m Bot* ↑ ***Flügelspindelstrauch***

korkfrüchtig, *Fachspr Bot auch lat.* ***phellocarpus*** *Adj* korkofrukta

korkig *Adj* ***a)*** ↑ ***korkartig*** ***b)*** *nach Korken schmeckend (Wein)* korkogusta

Korksohle *f eines Schuhs* korka plandumo *od* plandumo el korko

Korksubstanz *f* = ***Kork a)***

Korma *n Kochk (ein Gericht der indischen Küche [eine Art Curry])* kormao; ***Lamm-Korma*** *n* ŝafida kormao

Kormophyten *m/Pl Bot* ↑ ***Sprosspflanzen***

Kormoran *m*, *auch* ***Scharbe*** *f* (Phalacrocorax carbo) *Orn* [granda] kormorano (↑ *auch* ***Antarktiskormoran***, ***Auckland-***, ***Elsterscharbe***, ***Galapagos-***, ***Guano-***, ***Mittelmeerkormoran***, ***Krähen-***, ***Mohren-***, ***Ried-***, ***Rotgesichtsscharbe***, ***Sokotra-Kormoran*** *u.* ***Zwergscharbe***); ***[Familie der] ~e*** *m/Pl* (Phalacrocoracidae) falakrokorakedoj *Pl <mit 30 Arten weltweit verbreitet>*

Kormus *m Bot (der in Sprossachse, Blätter u. echte Wurzeln gegliederte Pflanzenkörper [z.B. der Krokusse u. Gladiolen])* kormo *[Ggs: **Thallus** ↑ dort]*

Korn *n* ***a)*** *von Getreide od Samenfrüchten u. i.w.S.* grajno (*vgl. dazu* ***Körnchen***; ↑ *auch* ***Hagel-***, ***Reis-*** *u.* ***Sandkorn***); *am Gewehr-*

lauf celgrajno; ***voller Körner*** plena de grajnoj, grajnoplena; ***den Hühnern Körner hinwerfen*** ĵeti grajnojn al la kokinoj; ***etw. aufs ~ nehmen*** *eigtl Bed (auf etw. zielen)* [ek]celi al io ◇ *etw. genau beobachten* intense observ[ad]i ion; ***auch eine blinde Henne findet einmal ein ~*** eĉ blinda kokino povas trovi grajnon *(Zam)* ***b)*** *reg für «Getreide [als Sammelbez.]»* [↑ *auch* ***Getreide***] greno; *umg auch für «Roggen»* sekalo ***c)*** *Kurzf von* ***Kornbranntwein*** [↑ *dort*]

Kornähre *f* [gren]spiko; *Roggenähre* sekala spiko

Kornaten *Pl, kroatisch* ***Kornati*** *Inselgruppe in der Adria vor der kroatischen Küste <Nationalpark>* Kornatoj *Pl*

Kornblume *f, auch* ***Kornflockenblume*** *od* ***Zyane*** *f* (Centaurea cyanus) *Bot* cejano, *auch* grenkampa centaŭreo

kornblumenblau *Adj* cejanblua (↑ *auch* ***ultramarin***)

Kornbranntwein *m, umg Kurzf* ***Korn*** *m* grenbrando

Körnchen *n* ***a)*** grajneto; *übertr* grajno; ***ein ~ Salz*** ereto da salo, [eta] salero ◇ ***ein ~ Wahrheit*** grajno da vero; ***es ist auch nicht nur ein ~ Sinn und Verstand in ...*** ne ekzistas eĉ guto da senco kaj logiko en ... ***b)*** *Anat, Bot, Med (Granulum)* granolo

Körnchenröhrling *m, auch* ***Schmerling*** *m* (Boletus granulatus) *Mykologie* granulata boleto

Kornea *f* = ***Cornea***

Kornelkirsche *f, auch* ***Herlitze*** *f* (Cornus mas) *Bot (ein Zier- u. Heckenstrauch mit gelben Doldenblüten u. essbaren Früchten)* flava kornuso, *(Frucht)* kornusfrukto

körnen *tr granulieren* grajnigi *auch Tech*; ***sich ~*** *sich in Körner (od körnige Substanz u.Ä.) verwandeln* grajniĝi

Körnen *n Granulierung* grajnigo

körnerfressend *Adj Tier* grajnomanĝa

Körnerfrüchte *Pl Zerealien* cerealoj *Pl*

Körnerkrankeit *f Ophthalmologie* ↑ *unter* ***ägyptisch***

Kornernte *f* ↑ ***Getreideernte***

Körnerspitze *f, auch* ***Spindelstockspitze*** *f einer Drehmaschine od Drechselbank* mandreno

[1]**Kornett** *n, <schweiz>* ***Cornett*** *n Mus (ein Blechblasinstrument [ein kleines Horn mit Ventilen])* korneto

[2]**Kornett** *m Mil alt (Fahnenträger, Fähnrich (der Kavallerie])* kornedo

Kornettist *m Mus* kornetisto

Kornfeld *n* ↑ ***Getreidefeld*** *bzw.* ***Roggenfeld***

Kornflockenblume *f Bot* ↑ ***Kornblume***

kornförmig *od* **kornicht** *Adj* grajn[o]forma

Korngarbe *f Landw* garbo

körnig *Adj* grajn[ec]a *auch Bez für «genarbt»* (↑ *auch* ***groß-*** *u.* ***kleinkörnig***)

Körnigkeit *f z.B. von Steingemischen* grajneco

Korn|käfer *m* (*Gattung* Calandra) *Ent* kalandrao (↑ *auch* ***Reiskäfer***); **~kaffee** *m* grajnkafo; **~kammer** *f Getreidespeicher* grenprovizejo, grenejo *letzteres auch übertr* (*vgl. dazu* ***Scheuer***)

Kornlilie *f Bot* ↑ ***Ixia***

Kornmaß *n* ↑ ***Getreidemaß***

Korn|motte *f* (*auch* ***weißer Kornwurm*** *genannt*) (Tinea granella = Nemapogon granella) grenotineo; **~natter** *f* (Pantherophis guttatus) *Zool* [ruĝa] grenoserpento

Kornrade *f* (*Gattung* Agrostemma) *Bot (ein Ackerwildkraut)* agrostemo, (*Art* Agrostemma githago) [greneja] agrostemo

Kornschnaps *m* = ***Kornbranntwein***

Kornschwinge *f, auch* ***Getreideschwinge*** *f Landw alt* grenventumilo

Korntrespe *f Bot* ↑ ***Roggentrespe***

Körnung *f Körnchenbildung* grajniĝo

Kornweihe *f* (Circus cyaneus) *Orn* blua cirkuo

Kornwurm *m* ↑ ***Kornmotte***

Korolla *u.* **Korolle** *f Bot* ↑ ***Blumenkrone***

Korollar[ium] *n Logik (Satz, der selbstverständlich aus einem bewiesenen Satz folgt)* korolario

Koromandelrennvogel *m* (Cursorius coromandelicus) *Orn* hinda kur-birdo *[Vorkommen: an Meeresküsten von Indien u. Sri Lanka]*

Korona *f Astron (Strahlenkranz [um die Sonne])* korono; ***äußere*** (***innere***) ~ ekstera (interna) korono

koronar *Adj zu den Herzkranzgefäßen gehörend, sie betreffend bzw. von ihnen ausgehend* koronaria; ***~e Herzkrankheit*** *f* (*fachsprachl. Abk* ***KHK***) koronaria kormalsano

Koronarangiografie *f, auch* ***Koronarografie*** *f Med (Röntgenkontrastdarstellung der Koronararterien)* koronaria angiografio

Koronararterie *f Anat* ↑ ***Kranzarterie***

Koronar|chirurgie *f Med (eine operative Methode zur Verbesserung einer durch Ko-*

ronarsklerose bedingten Mangeldurchblutung des Herzens) koronaria kirurgio; ~**dilatation** *f Med (Dilatation proximaler Stenosen an den Koronararterien)* koronaria dilat- ado

Koronarentladung *f El* ↑ ***Büschelentladung***

Koronar|gefäße *n/Pl, auch* ***Kranzgefäße*** *od* ***Koronarien*** *f/Pl* koronariaj angioj *Pl*; ~**insuffizienz** *f Med (unzureichende Koronardurchblutung)* koronaria insuficienco

Koronaritis *f, auch* ***Herzkranzgefäßentzündung*** *Med* koronariito

Koronarografie *f Med* ↑ ***Koronarangiografie***

Koronar|sklerose *f Med (Verkalkung der den Herzmuskel versorgenden Koronargefäße)* koronaria sklerozo; ~**spasmus** *m Med* ~**thrombose** *f Med (Thrombose im Bereich der Herzkranzgefäße)* koronaria trombozo

Koronarvene *f Anat* ↑ ***Kranzvene***

Koronium *n Astron, Chem (Gas der Korona)* koronio

Koronograf *m, auch* ***Koronograph*** *m Astron (Fernrohr zum Beobachten u. Fotografieren der Korona)* koronografo

Koror (*n*) *bis 2006 Hptst. von Palau [in Ozeanien]* Kororo (*vgl. dazu* ***Melekeok***)

Körper *m* ***a)*** *Anat* korpo; ~ ***und Geist*** korpo kaj animo; ***ein lebloser*** ~ senviva korpo; ***der menschliche*** ~ la homa korpo; ***gut für den*** ~ ***sein*** *der Gesundheit dienend* saniga [por la korpo], salubra; ***am ganzen*** ~ ***zittern*** [ek]tremi per la tuta korpo *(Zam)* ***b)*** *Geom (dreidimensionale geometrische Figur)* solido; ***archimedischer*** (***platonischer***) ~ arkimeda (platona) solido ***c)*** *Phys* korpo; ***fester*** ~ *od* ***Festkörper*** solida korpo, *auch* solid[aĵ]o (↑ *auch* ***Himmelskörper***); ***flüssiger*** (***gasförmiger***) ~ likva (gas[form]a) korpo ***d)*** *Chem (Stoff, Substanz)* substanco ***e)*** *selt für «Rumpf»* korpo; ~ ***eines Schiffes*** *Schiffsrumpf* ŝipa korpo *od* ŝipkorpo ***f)*** *Fülle*: ***dieser Wein hat*** ~ tiu ĉi vino havas korpon

Körperbau *m* korpokonstruo; *Statur* staturo; *Figur* figuro

körperbehindert *Adj* [korpe] handikapita

Körper|behinderte *m* handikapito; ~**behinderung** *f* korpa handikapo

Körperbemalung *f* = ***Bodypainting***

Körperbeschaffenheit *f Biol (anatomischer u. physiologischer Art)* konstitucio

Körperchen *n* ***a)*** *kleiner Körper* korpeto ***b)*** *Phys (kleinstes Teilchen der Materie)* = ***Korpuskel***

Körper|erziehung *f* korpa edukado (*vgl. dazu* ***Turnen***); ~**fett** *n* korpograso; ~**form** *f* korpoformo; ~**fülle** *f* korpulenteco; ~**gegend** *f, fachsprachl.* ***Regio*** *f Anat* [korpa] regiono; ~**geruch** *m* korpa odoro

Körpergewicht *n* korpopezo; ***das*** ~ ***reduzieren*** (*od* ***senken***) redukti (*od* malpliigi) la korpopezon; ***das*** ~ ***verlagern*** transloki la korpopezon

Körper|größe *f* korpoalto; *i.w.S.* kresko, staturo; ~**haar** *n* (*Ggs:* ***Kopfhaar***) korpharoj *Pl*; ~**haltung** *f* korpoteno *auch beim Eiskunstlauf od bei gymnastischen Übungen*

Körperkontakt *m auch beim Sport* korpa kontakto; ***direkter*** (***indirekter***) ~ rekta (nerekta) korpa kontakto

Körper|kraft *f* fizika forto; ~**kultur** *f* korpa (*od* fizika) kulturo; ~**länge** *f* korpolongo

körperlich 1. *Adj Ggs geistig* korpa; *auf Muskelarbeit bezogen, physisch, leiblich* fizika; *stofflich* materia; ~***e Aktivität*** (***Anstrengung***) *f* korpa aktivado (streĉ[ad]o); ~***e Arbeit*** *f* korpa (*od* fizika) laboro, manlabor[ad]o; ~***es Gebrechen*** *n* korpa difekto, handikapo (*vgl. dazu* ***Körperbehinderte***); ~***e Vereinigung*** *f sex* korpa kuniĝo (*vgl. dazu* ***Koitus***) **2.** *Adv*: ~ ***arbeiten*** korpe labori, manlabori; ~ ***bedingt*** *Med* somatogena; ~ ***und geistig*** korpe kaj anime

körperlos *Adj* senkorpa

Körper|-Mass-Index *m, auch* ***Körpermasseindex*** *m* (*Abk* ***KMI***) *Verhältnis von Körpergröße u. Körpergewicht* korpomasa indico; ~**pflege** *f* korpa higieno; ~**psychotherapie** *f* korpopsikoterapio

Körperscanner *m* ↑ ***Ganzkörperscanner***

Körperschaden *m* korpodifekto *od* korpa difekto

Körperschaft *f* korporacio; *Jur (eingetragene Gesellschaft)* registrita kompanio (*vgl. dazu* ***Aktiengesellschaft***); ~ ***des öffentlichen Rechts*** korporacio de publika juro; ***beratende*** (*bzw* ***gesetzgebende***) ~ asembleo

körperschaftlich 1. *Adj* korporacia **2.** *Adv* korporacie

Körperschaftssteuer *f* imposto por [registritaj] kompanioj, *kurz* kompania imposto

Körper|schwäche *f* korpa malforteco; *Kraftlosigkeit* senforteco, <*wiss*> astenio; ~**spra-**

che *f* korpa lingvo *od* lingvo de la korpo (*vgl. dazu* ***Gestik*** *u.* ***Mimik***); ~**strafe** *f* korpa puno; ~**täuschung** *f auch beim Dribbling* korpofinto *od* korpa finto; ~**teil** *m* korparto; ~**temperatur** *f* korpa temperaturo *od* korpotemperaturo

Körperübung *f*: ***~en machen*** fari korpan ekzercadon (*od* korpajn ekzercojn)

Körperverletzung *f* korpolezo *od* korpa lezo; ***gefährliche*** (***schwere***) ~ *Jur* danĝera (grava) korpolezo; ***Anzeige wegen*** ~ denunco pro korpolezo

Körper|wärme *f* korpovarmo; ~**zellen** *f/Pl Anat* korpoĉeloj *od* ĉeloj *Pl* de la [homa] korpo

Korporal *m Mil ([in einigen Armeen:] Unteroffiziersgrad [so in der Schweiz])* kaporalo (*vgl. dazu* ***Unteroffizier***) ◇ ***ein guter ~ sieht sich schon als General*** bona kaporalo revas esti generalo *(Zam)*

Korporation *f Körperschaft* korporacio (↑ *auch* ***Innung*** *u.* ***Vereinigung c)***)

Korp[oration]sgeist *m* korporaciemo

korporativ *Adj körperschaftlich* korporacia

Korps [*ko:r*] *n* ***a)*** *bes. Mil ([größerer] Truppenverband des Heeres)* korpuso (↑ *auch* ***Armee-***, ***Expeditions-*** *u.* ***Freikorps***) ***b)*** *Dipl*: ***konsularisches ~*** ↑ *unter* ***Corps***

korpulent *Adj beleibt, wohlgenährt* korpulenta; *dickbäuchig* dikventra (↑ *auch* ***dick a)***, ***dickleibig***, ***fett***, ***mollig*** *u.* ***obös***)

Korpulenz *f Beleibtheit* korpulenteco, *Med auch (Obesität)* obezeco

Korpus *n Wiss* korpuso; *Text*~ *(Belegsammlung von Texten)* teksta korpuso

Korpuskarzinom *n Med* ↑ ***Gebärmutterkrebs***

Korpuskel *n, auch f kleinstes Materieteilchen* korpusklo (*vgl. dazu* ***Partikel b)***)

korpuskular, *auch* ***korpuskulär*** *Adj Phys (1. die Korpuskeln betreffend 2. aus kleinsten Teilchen bestehend)* korpuskla

Korpuskularstrahlung *f Strahlung bewegter Korpuskel*: ~ ***der Sonne*** *Astron* korpuskla radiado de la suno (*od Fachspr* Suno)

Korrasion *f Geol (Abschleifen von Felsgestein od Mauerwerk durch windbewegten Sand [vornehmlich in Sandwüsten, wo auf diese Art Pilzfelsen entstehen können])*

Korreferat *n, auch (bes. <österr>)* ***Koreferat*** *m* dua (*od* adicia) referaĵo (*od* raporto) [pri la sama temo], *auch* kunreferaĵo

Korreferent *m, auch (bes. <österr>)* ***Koreferent*** kunreferanto, kunraportanto

Korregidor *m, auch* ***Corregidor*** *m Gesch (ehemals der oberste Verwaltungsbeamte in Spanien u. Portugal)* koregidoro

korrekt *Adj* korekta (↑ *auch* ***hyperkorrekt***); *einwandfrei* senriproĉa (↑ *auch* ***fehlerfrei***); *Benehmen auch* deca (*vgl. dazu* ***richtig***); ~ ***gekleidet [sein]*** [esti] dece vestita

Korrektheit *f* korekteco (↑ *auch* ***Perfektheit***)

Korrektion *f* korektado (↑ *auch* ***Begradigung***)

Korrektionsfilter *m Elektronik* ↑ ***Entzerrer***

Korrektor *m bes. Typ* korektisto

Korrektur *f das Korrigieren (als Vorgang)* korektado, *(als Ergebnis)* korekto (↑ *auch* ***Fehlerkorrektur***); *Typ (letzte Korrektur)* revizio; ~ ***lesen*** *z.B. von Manuskripten* kontrollegi

Korrektur|abzug *m od* ~**bogen** *m od* ~**fahne** *f Typ* presprovaĵo [por korektado *od* kontrolo], folio por korektado

korrekturbedürftig *Adj* korektinda

Korrektur|lesen *n* kontrollegado *od* provlegado; ~**linse** *f Ophthalmologie, Opt* korektiga lenso; ~**zeichen** *n im Druckwesen (Deleatur)* viŝsigno

korrelat *od* **korrelativ** *Adj sich gegenseitig bedingend* ***a)*** *Ling* korelativa; ~***e Konjunktionen*** *f/Pl* korelativaj konjunkcioj *Pl* ***b)*** *Math* korelacia

Korrelation *f Wechselbeziehung* ***a)*** *auch Biometrie u. Neurologie* korelativeco ***b)*** *Math, Statistik* korelacio; ***mehrfache*** (*od* ***multiple***) ~ multobla korelacio; ***partielle*** (***totale***) ~ parta (totala) korelacio

korrelativ ↑ ***korrelat***

Korrelativismus *m Phil (Erkenntnistheorie, nach der Subjekt u. Erkenntnisobjekt in Wechselbeziehung stehen)* korelativismo

korrelieren *intr einander bedingen* korelacii *auch Math*; *in Beziehung stehen* interrilati

Korrespondent *m Radio, TV, Ztgsw* korespondanto (↑ *auch* ***Berichterstatter***); *[in Firmen:] Handels*~ korespondisto

Korrespondentenbericht *m Ztgsw* raporto de korespondanto (***über*** pri)

Korrespondenz *f* korespond[ad]o, leterinterŝanĝo (↑ *auch* ***Schriftwechsel***)

korrespondieren *intr* ***a)*** *im Briefverkehr stehen* korespondi, interŝanĝi leterojn (***mit jmdm.*** kun iu) ***b)*** *entsprechen, übereinstimmen, zueinander passen* konformiĝi, esti konforma al, respondi al

Korridor *m* koridoro *auch politische Geogr* (*vgl. dazu* **¹Diele, Gang c)** *u.* **²Flur**; ↑ *auch* **Luftkorridor**)
korrigieren *tr berichtigen* korekti; ***irrtümlicherweise*** ~ miskorekti
korrodieren *Chem* ***a)*** *tr an- od zerfressen* korodi; ***Rost korrodiert Eisen*** rusto korodas feron ***b)*** *intr durch Korrosion zerstört werden, der Korrosion unterliegen* korodiĝi
Korrosion *f* korod[ad]o *auch Geol u.Med*; ***Schutzüberzug*** *m* ***zur Verhinderung von*** ~ *z.B. auf Autokarosserien* kontraŭkoroda tegaĵo
korrosions|beständig *od* ~**fest** *Adj* korod--imuna; *i.w.S. nicht rostend* rustimuna; ~-**hindernd** *Adj* antikoroda
Korrosionsschutz *m auch für Seeschiffe* protekto kontraŭ korodo; ~**farbe** *f* antikoroda farbo; ~**mittel** *n* protektilo kontraŭ korodo, antikoroda preventilo, *auch* kontraŭkorodaĵo; ~**öl** *n* antikoroda oleo
korrosiv *Adj Korrosion bewirkend* koroda, *nachgest auch* kaŭzanta korodon
korrumpieren *tr* korupti; *bestechen* subaĉeti, *pop auch* ŝmiri [ies manon]
Korrumpieren *n* koruptado; subaĉetado
korrupt *Adj* korupta, *bestechlich (Person)* koruptebla, subaĉetebla
Korruption *f das Korrumpieren* korupt[ad]o, *(Bestechung)* subaĉet[ad]o; *Bestechlichkeit* korupteco; ***die*** ~ ***bekämpfen*** batali (*od* lukti) kontraŭ koruptado; ***Kampf*** *m* ***gegen [die]*** ~ batalo kontraŭ korupto
Korruptions|affäre *f* afero de korupto; ~**delikt** *n* koruptodelikto; ~**fall** *m* kazo de korupt[ad]o; ~**skandal** *m* koruptoskandalo
Korsage [...*'saʒə*] *f* ↑ ***Mieder b)***
Korsak *m*, *auch* ***[eurasischer] Steppenfuchs*** *m* (Canis corsac) *Zool* korsako, *auch* tatara vulpo
Korsar *m Freibeuter* korsaro (↑ *auch* ***Flibustier*** *u.* ***Seeräuber***)
Korsarenschiff *n* korsara ŝipo (↑ *auch* ***Kaperschiff***)
Korse *m Bewohner Korsikas* korsikano
Korsengirlitz *m* (Carduelis corsicana) *Orn* korsika citronkardelo
Korsett *n* korseto (*vgl. dazu* ***Mieder*** *u.* ***Stützkorsett***)
Korsika (*n*), *franz.* ***Corse*** Korsiko *[Hptst.: Ajaccio]*; ~-**Hase** *m*, *auch* ***Apenninenhase*** *m* (Lepus corsicanus) *Zool* korsika leporo
Korsika-Kleiber *m Orn* ↑ *unter* ***Kleiber***
Korsikazeisig *m* (Carduelis corsicana) *Orn* korsika kardelo *[Vorkommen: Korsika, Sardinien u. Elba]*
Korsin *f* korsikanino
korsisch *Adj* korsika
Korso *m* ***a)*** *Flanierstraße in romanischen Ländern* korso ***b)*** *Paradefahrt geschmückter Fahrzeuge* parada veturo de ornamitaj veturiloj (*bzw.* aŭtoj)
kortikal *Adj nur Fachspr Med (von der Großhirnrinde ausgehend bzw. in der Großhirnrinde lokalisiert)* kortika
Kortikoide *n/Pl*, *auch* ***Corticoide*** *n/Pl od* ***Kortikosteroide*** *n/Pl*, *auch* ***Corticosteroide*** *n/Pl zusammenfassende Bez für «Hormone der Nebennierenrinde»* kortikoidoj *Pl od* kortikosteroidoj *Pl*; ***natürliche*** (***synthetische***) ~ *Pl* naturaj (sintezaj) kortikoidoj *Pl*
Kortikoidtherapie *f Med* kortikoterapio
Kortiko|steron *n*, *auch* ***Corticosteron*** *n Biochemie* kortikosterono; ~**tropin** *n*, *auch* ***Corticotropin*** *n Biochemie* kortikotropino
kortikotrop ↑ *unter* ***Hormon***
Kortisol *n*, *fachsprachl. meist* ***Cortisol*** *n*, *auch* ***Hydrocortison*** *n Biochemie, Med (wichtigstes der Nebennieren-Hormone)* kortizolo, *auch* hidrokortizono
Kortison *n*, *fachsprachl. meist* ***Cortison*** *n ein Steroidhormon* kortizono; ~**behandlung** *od* ~**therapie** *f Med* kortizonterapio
kortisonhaltig *Adj* kortizonhava
Kortison|spiegel *m Physiol* nivelo de kortizono; ~**spray** *n* kortizonsprajo; ~**spritze** *f Med* kortizoninjekto *od* injekto de kortizono
Kortrijk [...*rejk*] (*n*), *franz.* ***Courtrai*** *eine Stadt in Westflandern/Belgien* Kortrejko
Korund *m Min* korundo
Korvette *f Mar (1. [ehem:] kleines, dreimastiges, schnell segelndes Kriegsschiff 2. [heute:] der Fregatte ähnliches Kriegsschiff [bes. für U-Boot-Abwehr])* korveto
Korvettenkapitän *m Seeoffizier im Majorsrang* korvetkapitano, mararmea majoro
Korybanten *m/Pl Rel (Priester bzw. Verehrer der phrygischen Göttin Kybele)* koribantoj *Pl*
korybantisch *Adj wild begeistert, besessen* koribanta
Koryphäe *f* ***a)*** *Antike (Chorführer im altgriech. Drama)* korifeo ***b)*** *übertr (bedeutender Gelehrter, hervorragender Fachmann,*

führender Wissenschaftler) korifeo, eminenta specialisto (*bzw.* sciencisto)
Kos (*n*) *eine griech. Insel der Südlichen Sporaden* [insulo] Koso
Kosa *n Ling* ↑ ***Xhosa***
Kosak *m* kozako; ***Saparoger ~en*** *Pl am Asowschen Meer* zaparogoj *Pl*
Kosaken|hauptmann *m* kozaka kapitano, *Zam* jesaŭlo (↑ *auch* ***Ataman***); **~mütze** *f* kosaka ĉapo; **~unteroffizier** *n* urjadniko
Koschenillefarbstoff *m* koĉenilo
Koschenille[laus] *f, auch* ***Kaktuslaus*** *f* kakta koĉo *od* kaktokoĉo
koscher *Adj nach den jüdischen Speisegesetzen rituell rein [d.h. erlaubt]* koŝera
K.-o.-Schlag *m, auch* ***Niederschlag*** *m Boxen* nokaŭto
Koseform *f* karesa formo
Kosekans *m* (*Zeichen* ***cosec***) *Math (Goniometrie: Kehrwert des Sinus im rechtwinkligen Dreieck)* kosekanto
kosen *tr u. intr* karesi (*vgl. dazu* ***liebkosen***)
Kosename *m* karesa nomo *od* karesnomo (*vgl. dazu* ***Koseform***)
Košice (*n*), *dt.* ***Kaschau*** (*n*) *eine Stadt im Osten der Slowakei* Koŝico
K.-o.|-Sieg *m Boxen* nokaŭta venko *auch i.w.S.*; **~-Sieger** *m* venkinto per nokaŭto
Kosinus *m, auch* ***Cosinus*** *m* (*Zeichen* ***cos***) *Math (eine der Winkelfunktionen)* kosinuso (↑ *auch* ***Hyperbelkosinus***); **~satz** *m Math* kosinusteoremo
Kosmaten *m/Pl, auch* ***Cosmaten*** *m/Pl, ital.* ***Cosmati*** *eine zw. dem 12. u. 14. Jh. tätige Gruppe von Marmordekorateuren* kosmatoj *Pl* <*sie waren vor allem in Rom u. in der Region Latium im Bereich der Innendekoration von Kirchen tätig*>; **~-Fußboden** *m* kosmateska planko (↑ *auch* ***Mosaikfußboden***); **~kunst** *f* kosmateska arto
Kosmee *f Bot* ↑ ***Schmuckkörbchen***
Kosmetik *f Schönheitspflege* kosmetiko; *Kosmetikartikel* kosmetikaĵo
Kosmetika *f/Pl* kosmetikaĵoj *Pl* (↑ *auch* ***Naturkosmetika***)
Kosmetikartikel *m/Pl* kosmetikaj artikloj *Pl*
Kosmetikerin *f* kosmetikistino
Kosmetik|geschäft *n* butiko de kosmetikaĵoj; **~salon** *m* kosmetika salono; **~unternehmen** *n Ind* entrepreno produktanta kosmetikaĵojn; **~wagen** *m für Präparate bei der Behandlung* kosmetika ĉareto
kosmetisch *Adj* kosmetika
kosmisch *Adj das Weltall betreffend* kosma; ***~er Staub*** *m Astron (andere Bez für «interstellare Materie»)* kosma polvo; ***~e Strahlen*** *m/Pl Astron* kosmaj radioj *Pl*; ***~e Strahlung*** *f Astron* kosma radiado; ***zweite ~e Geschwindigkeit*** *f Raumf* dua kosma rapideco
Kosmobiologie *f* ↑ ***Astrobiologie***
kosmobiologisch *Adj* kosmobiologia
Kosmochemie *f, auch* ***Astrochemie*** *f ein neues Teilgebiet der Chemie, das sich mit der Entstehung, dem Vorkommen u. dem Nachweis chemischer Verbindungen im Kosmos befasst* kosmokemio
Kosmodrom *n Raumf (Startplatz für Raumschiffe u. Weltraumraketen)* kosmodromo
Kosmogeodäsie *f* kosma geodezio
Kosmogonie *f 1. [mythische Lehre von der] Entstehung der Welt 2. wiss. Theorienbildung über die Entstehung des Weltalls 3. Lehre von der Entstehung u. Entwicklung stellarer Gebilde im Weltall* kosmogonio
kosmogonisch *Astron* **1.** *Adj* kosmogonia **2.** *Adv* kosmogonie
Kosmografie *f, auch* ***Kosmographie*** *f veraltete Bez für «Beschreibung der Weltentstehung u. -entwicklung», [im Mittelalter für] «Geografie»* kosmografio
Kosmologie *f, selt auch* ***Weltenlehre*** *f Lehre von der Struktur u. der Entstehung des Weltalls als Ganzes* kosmologio
kosmologisch **1.** *Adj* kosmologia **2.** *Adv* kosmologie
Kosmomedizin *f* kosmomedicino
Kosmonaut *m Weltraumfahrer* kosmonaŭto (*vgl. dazu* ***Astronaut***)
Kosmonautik *f* = ***Weltraumfahrt***
Kosmonautin *f* kosmonaŭtino
Kosmopolit *m, auch* ***Weltbürger*** *m* kosmopolito; ***Lebenskonzept*** *n* (*bzw.* ***Lebensweise*** *f*) ***eines ~en*** kosmopoliteco
kosmopolitisch *Adj* kosmopolita *auch Biol* (↑ *auch* ***ubiquitär***)
Kosmopolitismus *m Weltbürgertum* kosmopolitismo; *Lebenskonzept eines Kosmopoliten* kosmopoliteco
Kosmos *m Astron, Phil* kosmo (*vgl. dazu* ***Weltall*** *u.* ***Weltraum***; ↑ *auch* ***Mikrokosmos***)
Kosmotheismus *m Phil (Anschauung, die Gott und die Welt als Einheit begreift)* kosmoteismo
Koso|baum *m* (Hagenia abyssinica) *Bot* kusoarbo; **~blüten** *f/Pl* (Koso flos) *Pharm (weibl. Blütenstände von ‹Hagenia abyssi-*

nica› [ein Wurmmittel]) kusofloroj *Pl*

Kosovare *m Bewohner des Kosovos* kosovano

Kosovarin *f* kosovanino

kosovarisch *Adj* kosova

Kosovo *m od n* Kosovo; ***Republik*** ~ Respubliko Kosovo *[unabhängig seit dem 17. Februar 2008; Hptst.: Priština]*

Kosovo|-Albaner *m* kosovo-albano; ~**-Konflikt** *m Gesch* Kosovo-konflikto; ~**krieg** *m Gesch* Kosovo-milito

Kossuth [Lajos] *(m) Eig (ungarischer Freiheitsheld [1802-1894])* Koŝuto

Kost *f Nahrung* nutraĵo (↑ *auch* ***Diät-***, ***Gefrier-***, ***Hausmanns-***, ***Kranken-***, ***Natur-*** *u.* ***Normalkost***); *Ernährung* nutrado; *Gericht, Speise* manĝaĵo (*vgl. dazu* ***Diät***); ~ ***und Logis*** [*loʒi:*] nutr[ad]o kaj loĝ[ad]o; ***gesunde*** (***leichte***, ***schmackhafte***, ***vegetarische***) ~ san[ig]a (leĝera, bongusta, vegetara) nutraĵo (*od* manĝaĵo); ***bei jmdm. in ~ sein*** manĝi ĉe iu [kontraŭ pago]

kostal *Adj nur Fachspr Anat, Med (auf die Rippen bezüglich)* ripa

Kostarika *(n)* ↑ ***Costa Rica***

kostbar *Adj wertvoll* [alt]valora, multvalora; *von guter Qualität* altkvalita; *i.w.S. teuer* multekosta

Kostbarkeit *f etw. Wertvolles, wertvoller Gegenstand* altvaloraĵo; *großer Wert* altvalor[ec]o; *etw. Teueres* multekostaĵo

[1]**kosten** *tr abschmecken* gustumi; ***nur ein wenig*** ~ *ein wenig von etw. nehmen* preni nur iomete de io [por gustumi] (*vgl. dazu* ***genießen***)

[2]**kosten** *intr* ***a)*** *einen bestimmten Preis haben, wert sein* kosti; ***was kostet das Meter?*** *z.B. Stoff* kiom kostas unu metro?; ***was kostet eine Fahrt nach ...?*** kiom kostas veturo al ...?; ***wieviel kostet ...?*** kiom kostas ...? *od* kiu estas la prezo de ...?; ***nichts*** ~ kosti nenion (*od* neniom); ***das hat mich hundert Euro gekostet*** tio kostis min cent eŭrojn ◇ ***das kostete ihm das Leben*** tio kostis al li la vivon *(Zam)* ***b)*** *erfordern* postuli, *auch* kosti *(Zam)*; *(jmdm. etw.) verursachen* kaŭzi ... [al iu]; ***es kostete viel Mühe*** postulis multe da peno, kaŭzis [al mi *u.a.*] multan penon ◇ ***koste es, was es wolle*** kostu, kiom ĝi kostos *(Zam)*

Kosten *Pl* kosto(j) *(Pl)* (*vgl. dazu* ***Unkosten***; ↑ *auch* ***Bearbeitungs-***, ***Beförderungs-***, ***Energie-***, ***Extra-***, ***Fahrt-***, ***Gemein-***, ***Gesamt-***, ***Herstellungs-***, ***Krankenhaus-***, ***Lade-***, ***Lohn-***, ***Material-***, ***Personal-***, ***Stationierungs-***, ***Umwelt-***, ***Verpackungs-***, ***Versand-***, ***Verwaltungs-***, ***Wartungs-***, ***Werbungs-*** *u.* ***Wohnkosten***); *Ausgaben* elspezoj *Pl*; *Preis* prezo; *Miete* luprezo; ***direkte*** ~ *Wirtsch (z.B. Material)* rektaj kostoj; ***feste*** (*od* ***fixe*** *od* ***konstante***) ~ *Wirtsch* fiksaj kostoj; ***immer*** (***ständig***) ***steigende*** ~ ĉiam (daŭre) altiĝantaj kostoj; ***unvorhersehbare*** ~ neantaŭvideblaj kostoj; ***variable*** ~ variaj kostoj; ***auf ~ von*** (*od Gen*) ***...*** je [la] kosto de ..., *auch* koste de ...; ***auf ~ der Armen*** je kosto de [la] malriĉuloj; ***auf eigene*** ~ propra koste; ***auf ~ Ihrer Gesundheit*** je la kostoj de via sano; ***auf ~ seines Lebens*** koste de lia vivo; ***das geht auf meine*** ~ *das bezahle ich* tion mi pagos; ***die ~ decken*** kovri la kostojn; ***es werden für Sie [daraus] keine ~ entstehen*** tio ne kaŭzos iujn elspezojn por vi; ~ ***reduzieren*** (***senken***) redukti (malaltigi) kostojn; ***keine*** (*od* ***keinerlei***) ~ ***scheuen*** ne timi iajn kostojn (*od* elspezojn); ~ ***spielen keine Rolle*** mono ne estas la problemo; ***die ~ tragen*** (*od* ***übernehmen***) transpreni la kostojn (***für*** por)

Kostenanalyse *f* analizo de [la] kostoj

Kostenanschlag *m* ↑ ***Kostenvoranschlag***

Kosten|aufteilung *f* disapartigo de kostoj; ~**aufwand** *m* kostoj *Pl*; *Ausgaben* elspezoj *Pl*; ~**[be]rechnung** *od* ~**kalkulation** *f* kostokalkulo *od* kalkulado de [la] kostoj; ~**bewusstsein** *n* kostokonscio *od* konscio pri kosto

Kostenbremse *f*: ***auf die ~ treten*** [draste] malpliigi la kostojn

Kosten|deckung *f Fin* kostokovr[ad]o *od* kovrado de kostoj; ~ **druck** *m Hdl, Wirtsch* kostopremo *od* premo de kostoj; ~**einsparung** *od* ~**ersparnis** *f* ŝpar[ad]o de kostoj; ~**erstattung** *f* kostorepago; ~**explosion** *f* kostoeksplodo; ~**externalisierung** *f Wirtsch* eksterigo de [la] kostoj; ~**frage** *f* kostoproblemo

kostenfrei ↑ ***kostenlos***

Kostengründe *Pl*: ***aus ~n*** pro kostaj (*od* financaj) kaŭzoj

kostengünstig **1.** *Adj* favorpreza **2.** *Adv* favorpreze

Kosteninflation *f* kost-inflacio

kostenintensiv *Adj* kost-intensa *od* kostointensa

Kostenkalkulation *f* ↑ ***Kostenberechnung***

kostenlos, *auch **kostenfrei*** **1.** *Adj* senkosta, senpaga **2.** *Adv* senkoste, senpage (*vgl. dazu **gratis***); ~ ***und ohne Verpflichtung*** senkoste kaj sen devoligo

Kosten-Nutzen-Rechnung *f* kosto-utilo-kalkulado

Kostenpreis *m*, *auch **Fabrik[gestehungs]-preis** m Wirtsch* kost[o]prezo, kosto de fabrikado

Kostenrechnung *f* ↑ ***Kostenberechnung***

Kosten|satz *m* tarifo; ~**schätzung** *f* kostotakso; ~**senkung** *f* kostoredukto

kostensparend 1. *Adj* kostoŝpara **2.** *Adv* kostoŝpare

Kosten|übernahme *f* transpreno de [la] kostoj (*bzw.* elspezoj); ~**vergütung** *f* repago (*od* kompenso) de la elspezoj; ~**verteilung** *f* disdivido de kostoj; ~**[vor]anschlag** *m* kostotakso; *Budget* buĝeto

Koster *m* = ***Verkoster***

Kost|gänger *m* pensionano *od* iu, kiu konstante manĝas [kontraŭ interkonsentita pago] en pensiono; ~**geld** *n Geld für regelmäßige Verköstigung* pago [por regulaj manĝoj] al la pensionestrino (*vgl. dazu **Wirtschaftsgeld***)

köstlich *Adj* delikata; *sehr wohlschmeckend* tre (*od* ege) bongusta (↑ *auch **lecker***); *übertr (sehr schön)* [tre] bela, *(amüsant)* [vere] amuza, *(entzückend, hinreißend)* rava

Köstlichkeit *f* delikataĵo, *etw. Wohlschmeckendes* bongustaĵo (*vgl. dazu **Delikatesse***)

Kostprobe *f*: ***jmdm. eine ~ geben*** doni al iu specimenon [de ...] por gustumi

Kostroma ***a)*** *f ein Nebenfluss der Wolga* [rivero] Kostromo ***b)*** (*n*) *Hptst. des gleichnamigen Oblast in Russland* [urbo] Kostromo

kostspielig *Adj teuer* multekosta; *mit [großen] Ausgaben verbunden* elspeziga (*vgl. dazu **aufwändig***)

Kostspieligkeit *f* multekosteco

Kostüm *n Textil (allg)* kostumo (↑ *auch **Anzug**, **Fantasie-**, **Fastnachts-**, **Masken-** u. **Theaterkostüm***), *(Damen~, Jackenkleid)* ĵaketvesto, ĵaketrobo; *Schneiderkostüm für Damen* tajlorkostumo (↑ *auch **Tweedkostüm***); *Theater~* teatra kostumo; ~**ball** *m od* ~**fest** *n* kostumbalo; ~**bildner** *m Theat* kostumdezajnisto, *pop auch* teatrotajloro

kostümieren *tr* kostumi, *[häufig dafür:]* vesti; ***sich ~*** *refl* sin kostumi (*vgl. dazu **sich maskieren***); *sich anziehen* sin vesti

Kostüm|probe *f Theat* kostuma provludo; ~**rock** *m* kostumjupo

K.-o.-System *n Sport* rekte elimina sistemo, *auch* nokaŭta sistemo

Kot *m* ***a)*** *Darmausscheidung, Exkremente* fekaĵo, ekskremento(j) *(Pl)* (***Kacke*** *u.* ***Scheiße***; ↑ *auch **Mäusekot***); ~ ***entleeren***, *bei Tieren ~ **absetzen*** (*od **ausscheiden***) eligi fekon, feki (↑ *auch **kacken***) ***b)*** *Dreck, Straßenschmutz* koto (*vgl. dazu **Schmutz***)

Kotangens *m* (*Zeichen **cot***) *Math (eine der Winkelfunktionen)* kotangento

Kotballen *m*: ***harter ~***, *Fachspr Med **Skybalum** n* skibalo

kotbedeckt *Adj voller Dreck* kot[o]kovrita

Kote *f darstellende Geometrie (in Richtzeichnungen)* koteo

Kotelett *n Rippenstück[scheibe]* kotleto (↑ *auch **Kalbs-**, **Lamm-** u. **Schweinekotelett***)

Köter *m pej für «Hund» (heruntergekommener)* hundaĉo, *(dreckiger bzw. hinterlistiger)* fihundo *beide auch als Schimpfw*

Kotflügel *m Kfz, Motorrad* kotŝirmilo (*vgl. dazu **Schutzblech***)

kotfressend, *auch **dungfressend***, <*wiss*> ***koprophag*** *Adj* fekomanĝa, koprofagia *z.B. Mistkäfer*

Kotgeschwulst *Med* ↑ ***Koprom***

Kotholz *n*, *auch **Stinkholz** n* (Olax) *Bot (eine Gattung der Olacaceae)* olako

Kothurn *m [im antiken griech. Theater:] dicksohliger Bühnenschuh* kotorno

kotieren *tr* kotei; ***kotierte Projektion*** *f* koteita projekcio

kotig *Adj* kota, malpurega

Kotilangbülbül *m* (Pycnonotus leucotis) *Orn* blank-orela (*od* himalaja) bulbulo

Kotillon *m ein alter französischer Gesellschaftstanz* kotiljono

Koto *f od n Mus (Wölbbrettzither [ein volkstümliches jap. Musikinstrument])* kotoo

Kotor (*n*) *eine Hafenstadt in Montenegro* Kotoro

Kotrainer *m*, *auch **Assistenztrainer** m Sport* victrejnisto, *auch* asista trejnisto

K.-o.-Tropfen *m/Pl* nokaŭtaj gutoj *Pl*

Kotschinchina (*n*), *vietnamesisch **Nam Bo** ein Gebiet im südl. Vietnam* Koĉinĉinio

Kotschinchinese ***m*** koĉinĉino

Kotstauung *f Med* ↑ ***Koprostase***

Kotstein *m*, <*wiss*> ***Koprolith*** *m 1. Geol (versteinerter Kot fossiler Tiere) 2. Med*

(ein steinartiges Gebilde im Dickdarm [bes. Blinddarm]) koprolito (*vgl. dazu* ***Enterolith***)

Kotter *m* ↑ ***Arrestzelle***

kotzen *intr derb für «sich übergeben»* vomaĉi (*vgl. dazu* ***sich erbrechen***) ◇ ***es ist zum Kotzen!*** *umg derb* estas aĉa naŭzaĵo!

Kourou [*ku'ru:*] (*n*) *eine Stadt in Französisch-Guyana* Kuruo *<in der Nähe: das europäische Raumfahrtzentrum>*

kovalent *Adj* kovalenta; ~***e Bindung*** *f Chem (Zusammenhalt der zu Molekülen vereinigten Atome)* kovalenta ligo

Kovalenz *Chem* kovalento

Kowloon [*kau'lu:n*] (*n*) *Hafenstadt in der Sonderverwaltungszone Hongkong/China* Kaŭluno

Koxalgie *f Med* ↑ ***Hüft[gelenk]schmerz***

Koxarthrose *f* ↑ ***Hüftarthrose***

Koxitis *f Med* ↑ *unter* ***Hüftgelenk***

Koyama-Fichte *f Bot* ↑ ***Koreafichte***

kp = *Zeichen für* ***Kilopond***

[1]**KP** = *Abk für* ***Kaufpreis***

[2]**KP** = *Abk für* ***Kommunistische Partei***

Kr. = *Abk für* ***Kreis***

Kraal *m* ↑ ***Kral***

Krabbe *f Zool (Zehnfußkrebs mit breitem Kopfbruststück, unter das der Hinterleib eingeschlagen wird)* krabo *auch Nahr* (*vgl. dazu* ***Garnelen*** *u.* ***Meerspinne***); *Strand*♀ (*Gattung* Carcinus) karcino (↑ *auch* ***Erbsen-***, ***Kamtschatka-***, ***Königs-***, ***Winker-*** *u.* ***Wollhandkrabbe***); ***norwegische*** ~ ↑ ***Tiefseegarnele***

krabb[e]lig *Adj umg für «kitzlig»* tiklosentema

krabbeln ***a)*** *tr umg für «kitzeln»* tikli ***b)*** *intr einen leichten Juckreiz verursachen* kaŭzi juketadon; *Insekt* krabli *auch Kleinkind*; *auf Händen und Knien kriechen* rampi

Krabbenfischer *m* krabofiŝisto

Krabbenfladen *m Nahr* ↑ ***Krupuk***

Krabben|fresser[seehund] *m* (Lobodon carcinophagus) *Zool (eine in südpolaren Gewässern verbreitete Robbe <so benannt nach ihrer ungewöhnlichen Ernährungsweise>)* kombildenta (*od* krabomanĝa) foko; ~**reuse** *f* naso por kapti krabojn; ~**salat** *m Nahr* krabosalato; ~**spinnen** *f/Pl* (*Familie* Thomisidae) *Ent* krab-araneoj *Pl*; ~**taucher** *m* (Alle alle) *Orn* malgranda aŭko; ~**triel** *m* (Easacus recurvirostris) *Orn* kurbbeka trielo *[Vorkommen: von Vorderindien bis nach SO-Asien]*

krabblig ↑ ***krabbelig***

Krach *m Lärm* bru[eg]o (*vgl. dazu* ***Knall***); *Streit* kverelo; *an der Börse* bankroto; ~ ***machen*** (*od* ***schlagen***) fari bruon, bru[ad]i; ***mach nicht so einen*** ~***!*** ne faru tian bru[eg]on! ◇ ***mit Ach und*** ~ kun grandega peno, pene apenaŭ

krachen *intr* kraki, *explosionsartig* eksplodi (*vgl. dazu* ***donnern*** *u.* ***knallen***)

Krachsalat *m Bot, Nahr* ↑ ***Eisbergsalat***

krächzen *intr Rabenvögel* graki, *auch* korvobleki; *krächzend od heiser sprechen* raŭkvoĉe paroli, *auch* graki; *heiser singen* raŭkvoĉe kanti; *ächzen* ĝem[eg]i

Krächzen *n* grakado

krächzend *Adj* graka; ~***er Laut*** *m* graka sono; *Krächzer* grako; ***mit*** ~***er Stimme*** kun graka voĉo

Krackanlage *f, auch* ***Crackanlage*** *f in Erdölraffinerien*: ***katalytische*** ~ kataliza krakiga instalaĵo

kracken, *auch* ***cracken*** *tr Chem (in einem chemischen Verfahren Schweröle in Leichtöle [Benzine] umwandeln)* krakigi

Kracken *n od* **Krackung** *f, auch* ***Cracken*** *n od* ***Crackung*** *f Chem* krakigo; ***katalytisches Kracken*** kataliza krakigo

Kräcker *m* ↑ ***Cracker***

Krackgase *n/Pl Petrolchemie* krakigitaj gasoj *Pl*

Krad *n* = *Kurzf von* ***Kraftrad*** [↑ *dort*]

Kradfahrer *m* = ***Motorradfahrer***

kraft *Präp mit Gen*: ~ ***seines Amtes*** (***seiner Autorität***) surbaze (*od* rajte) de sia pozicio (sia aŭtoritato); ~ ***des Gesetzes*** en la nomo de la leĝo

Kraft *f* forto *auch Phys od Tech* (*vgl. dazu* ***Stärke***; ↑ *auch* ***Ausdrucks-***, ***Beharrungs-***, ***Brems-***, ***Quer-***, ***Reibungs-***, ***Willens-*** *u.* ***Zugkraft***); *Stärke auch* forteco; *Tatkraft* energio; *Vermögen, Macht* povo, potenco; ~ ***verleihend*** *kräftigend* fortodona; ***angreifende*** (*od* ***wirkende***) ~ *Mechanik* efika forto; ***äußere*** (***innere***) ***Kräfte*** *Pl* eksteraj (internaj) fortoj *Pl*; ***elektromagnetische*** ~ elektromagneta forto; ***elektromotorische*** ~ (*fachsprachl. Abk* ***EMK***) elektromova forto; ***übernatürliche*** ~ supernatura forto; ***aus eigener*** ~ *od* ***aus eigenen Kräften*** per propra forto, *umg auch* propraforte; ***mit ganzer*** ~ per [la] tuta forto, *umg auch* tutforte; ***mit vereinten Kräften*** per fortoj kunigitaj

(Zam); ***die Kräfte aufzehrend*** (*od* ***aufreibend***) fortokonsuma; ***in ~ bleiben*** *weiterhin gültig sein, z.B. ein Gesetz, eine Verfügung* resti valida, plu validi ***es fehlt die ~ für*** (*od* ***um zu***) ... mankas la forto por ...; ***von Kräften kommen*** *schwach werden, verfallen* senfortiĝi; ***wieder zu Kräften kommen*** reakiri la fortojn; ***in ~ sein*** esti valida, validi; ***in ~ setzen*** ekvalidigi; ***etw. außer ~ setzen*** malvalidigi ion *od* deklari ion malvalida; ***in ~ treten*** ekvalid[iĝ]i; ***Kräfte sparen*** ŝpari fortojn; ***etw.*** (***jmdn.***) ***nach Kräften unterstützen*** subteni ion (iun) laŭpove

Kraft|anstrengung *f, auch* ***Kraftaufwand*** *m* fortostreĉo; ~**ausdruck** *m* forta (*od* drasta *od* kruda) esprimo; *Vulgärausdruck* vulgara esprimo (*od* vorto); ~**brühe** *f Kochk* [densa] buljono (*vgl. dazu* ***Consommé***)

Kraftdroschke *f alt* = ***Taxi***

Krafteck *n Tech* ↑ ***Kräftepolygon***

Kräfte|gleichgewicht *n Mil, Pol* ekvilibro de la fortoj (*od* potenco); ~**paar** *n Mechanik* fortoparo; ~**parallelogramm** *n Phys* paralelogramo de fortoj; ~**polygon** *n, auch* ***Krafteck*** *n Tech* poligono de fortoj

krafterfüllt *Adj voller Kraft* fortoplena *od nachgest* plena de forto

kräftesparend 1. *Adj* fortoŝpara **2.** *Adv* fortoŝpare

Kräfte|verfall *m Med (Hinfälligwerden)* kadukiĝo, *(Marasmus)* marasmo, *(Auszehrung, Kachexie)* kaĥeksio; ~**verschleiß** *m* eluzado (*bzw.* eluziĝo) de [siaj] fortoj

kräftezehrend *Adj* fortokonsuma

Kraftfahrer *m* motoristo, kondukisto de motorveturilo (*od* maŝinveturilo); *Autofahrer* aŭtomobilisto, *auch* ŝoforo

Kraftfahrzeug *n* (*Abk* ***Kfz***) motorveturilo; *Auto* aŭtomobilo, *umg* aŭto

kraftfahrzeugfrei *Adj Zone* senmotortrafika, motortrafiklibera *od nachgest* sen motortrafiko

Kraftfahrzeug|industrie *f* industrio de motorveturiloj; ~**kennzeichen** *n, umg* ***Kfz-Kennzeichen*** *n* aŭtomobila kodo, licencplato [de aŭto], *auch* aŭtoregistra numero *od pop (Autonummer)* aŭtonumero; ~**markt** *m* motorveturila merkato; *i.e.S. Automarkt* aŭtomobila merkato; ~**steuer** *f* motorveturila imposto; ~**technik** *f* tekniko de motorveturiloj; ~**versicherung** *f, umg* ***Kfz-Versicherung*** *f* motorveturila asekuro

Kraft|feld *n Phys* kampo de forto; ~**fluss** *m Phys* flukso; ~**futter** *f Landw, Viehzucht* koncentrita furaĝo

kräftig *Adj stark* forta *auch Getränk od Zigarre* (↑ *auch* ***stimmkräftig***); *Nahrung auch* riĉa; *tatkräftig* energia; *wirksam* efika; *heftig* forta, intensa; *kernig, stämmig* fortika; *derb, grob* kruda; ~***e Farben*** *f/Pl* intensaj (*od auch* riĉaj) koloroj *Pl*

kräftigen *tr kräftig od stark machen* fortigi; ***sich ~*** sin fortigi; *erstarken* fortiĝi; *sich erfrischen* sin refreŝigi (***mit*** per)

kräftigend *Adj z.B. Schlaf, Übungen u.a.* fortiga, *auch* fortodona

Kräftigung *f das Kräftigen* [pli]fortigo; *das Erstarken* [pli]fortiĝo

Kräftigungsmittel *n* fortigilo, *Pharm auch* toniko

Kraft|komponente *f Mechanik* komponanto de forto; ~**leistung** *f* laborkapablo *od* laborpovo; *Tech* kapacito; ~**linie** *f Phys* linio de forto

kraftlos *Adj* senforta (*vgl. dazu* ***asthenisch***); *schwach* malforta; *ohne Energie* senenergia; *erschöpft* elĉerpita (*vgl. dazu* ***k.o.***)

Kraftlosigkeit *f* senforteco, *Med auch* astenio; *Schwäche* malfort[ec]o; *Erschöpftsein* elĉerpiteco (*vgl. dazu* ***Erschöpfung***)

Kraft|maschine *f Tech (Generator)* generatoro, *(Dynamo)* dinamo, *(Motor)* motoro (*vgl. dazu* ***Rotationsmotor***); ~**mensch** *m* fort[eg]ulo, atleto (↑ *auch* ***Muskelmann***); ~**messer** *m Tech* fortomezurilo, dinamometro; ~**rad** *n, Kurzf* ***Krad*** *n* motorciklo

Kraftreserven *f/Pl* fortorezervoj *Pl*; ***große ~ haben*** *auch* havi grandan rezervon da energio

kraftsparend 1. *Adj* fortoŝpara **2.** *Adv* fortoŝpare

Kraftstoff *m Treibstoff* fuelo; *Motoren*≗ brulaĵo, karburaĵo, *umg (Benzin)* benzino (↑ *auch* ***Biokraftstoff***); ***flüssiger ~*** *od* ***Flüssigkraftstoff*** *bes. für Raketentriebwerke* likva fuelo

Kraftstoff|behälter *m Kfz* benzinujo; ~**leitung** *f* benzindukto; ~**pumpe** *f* fuelpumpilo (*vgl. dazu* ***Benzinpumpe***); ~**tank** *m* fuelujo; ~**verbrauch** *m* benzinkonsumo

kraftstrotzend *Adj* plen[plen]a de energio; *i.w.S. kerngesund* radianta de sano

Kraft|training *n Sport* fortotrejnado; ~**verkehr** *m Verkehr mit Kraftfahrzeugen* motorveturila trafiko; ~**verschwendung** *f* disipo de forto (*bzw.* energio)

kraftvoll 1. *Adj* fortoplena, energi[plen]a; *vital* vitala; *athletisch* atleta **2.** *Adv* fortoplene, energi[plen]e; vitale; atlete

Kraftwagen *m Kfz* motorveturilo; *Auto* aŭtomobilo, *umg* aŭto; ~**park** *m (alle Fahrzeuge)* tuto de motorveturiloj

Kraft|werk *n El* elektra centralo, *auch* elektrejo (↑ *auch* ***Atom-***, ***Dampf-***, ***Gezeiten-***, ***Kern-***, ***Kohle-***, ***Meeresströmungs-***, ***Stauwasser-***, ***Wärme-***, ***Wasser-***, ***Wellenkraftwerk*** *u.* ***Windkraftanlage***); ~**werksausrüstungen** *f/Pl* ekipaĵo por elektraj centraloj; ~**wurz** *f* (*Gattung* Panax) *Bot* panako (*vgl. dazu* ***Ginseng***)

Kragen *m* kolumo (↑ *auch* ***Hemd-***, ***Jacken-***, ***Leinen-***, ***Mantel-***, ***Mühlstein-***, ***Pelz-***, ***Roll-***, ***Schal-***, ***Schulter-*** *u.* ***Spitzenkragen***); ***den ~ lüften*** *od umg* ***sich den ~ aufmachen*** malstriktigi sian kolumon; ***jmdn. beim ~ fassen*** (*od* ***packen***) preni iun ĉe la kolo (↑ *auch* ***Schlafittchen***) ◇ ***bei ihm geht es um Kopf und ~*** li estas en [nepre] grandega danĝero

Kragenagame *od* **Kragenechse** *f* (Chlamydossaurus kingii) *Zool* koluma agamo *[Vorkommen: N-Australien u. Neuguinea]*

Kragenbär *m*, *auch* ***Weißbrustbär*** *m* (Ursus tibetanus = Selenarctos tibetanus) *Zool* [tibeta] kolumo-urso; ***japanischer ~*** (Selenarctos tibetanus japonicus) japana kolumo-urso

Kragenechse *f Zool* ↑ ***Kragenagame***

Kragen|ente *f* (Histrionicus histrionicus) *Orn* arlekenanaso; ~**hai** *m*, *auch* ***Schlangenhai*** *m* (Chlamydoselachus anguineus) *Zool* koluma ŝarko; ~**knopf** *m* butono de (*bzw.* por) kolumo; ~**laubenvogel** *m* (Chlamydera nuchalis) *Orn* granda laŭbobirdo

Kragentaube *f Orn* ↑ ***Nikobarentaube***

Kragentiere *n/Pl Zool* ↑ ***Hemichordata***

Kragentrappe *f* (Chlamydotis undulata) *Orn* koluma otido *[Vorkommen: Kanarische Inseln u. Nordafrika]*

Kragstein *m Arch* ↑ ***Tragstein***

Kragträger *m Tech* = ***Freiträger***

Krähe *f Orn*: *Nebel*≗ (Corvus corone cornix) korniko, *auch* griza korvo; *Raben*≗ (Corvus corone corone) nigra korvo; *Saat*≗ (Corvus frugilegus) kampokorvo, *alt auch* frugilego (↑ *auch* ***Alpen-***, ***Fisch-***, ***Glanz-***, ***Neuholland-***, ***Palmen-***, ***Raben-*** *u.* ***Salvatorikrähe***) ◇ ***eine ~ hackt der anderen kein Auge aus*** korvo al korvo okulon ne pikas *(Zam)*

krähen *intr Hahn* kokeriki *od* kokokrii ◇ ***kein Hahn wird danach ~*** neniu koko pri tio pepos

Krähen *n des Hahns* kokerikado, kokokriado

Krähenbeere *f*, *reg* ***Rauschbeere*** *f* (*Gattung* Empetrum) *Bot* empetro; ***schwarze ~*** (Empetrum nigrum) nigra empetro

Krähenbeerengewächse *n/Pl Bot*: ***[Familie der] ~ Pl*** (Empetraceae) empetracoj *Pl*

Krähenfuß *m Bot*: ***niederliegender ~*** (Coronopus squamatus) skvama koronopo

Krähen|füße *m/Pl* ***a)*** *schlechte Handschrift* terure malbela manskribo ***b)*** *Fältchen an den Augenwinkeln* apudokulaj faldetoj *Pl*; ~**nest** *n* ***a)*** *Orn* nesto de korniko (*bzw.* kampokorvo) ***b)*** *Mar (plattform- od korbartiger Ausguckstand am Schiffsmast)* gvatnesto; ~**scharbe** *f* (Phalacrocorax aristotelis) *Orn* tufkormorano; ~**schwarm** *m* svarmo da kornikoj (*bzw.* kampokorvoj) (*vgl. dazu* ***Krähe***)

Krähenwürger *m Orn* ↑ ***Graurücken-***, ***Schwarzkehl-*** *u.* ***Schwarzrücken-Krähenwürger***

Krait *m*, *auch* ***Bungar*** *m od* ***Pama*** *f* (Bungarus) *Zool (eine Gattung von Schlangen aus der Familie der Giftnattern)* bungaro *[Vorkommen: Süd-, bes. aber SO-Asien]* (↑ *auch* ***Rotkopf-Krait***); ***[gelb]gebänderter ~*** (Bungarus fasciatus) flave-nigra rubandita bungaro

Krajina *f Gesch (Bez für die nach dem Zerfall Jugoslawiens 1991 von serbischen Milizen besetzten Gebiete in Kroatien)* Krainio

Krakatau *m eine indonesische Vulkaninsel in der Sundastraße zw. Sumatra und Java* [vulkano] Krakatao

Krakau (*n*), *poln.* ***Kraków*** (*n*) *Hptst. der gleichnamigen Wojewodschaft in Polen [an der obere Weichsel]* Krakovo

Krake *m*, *umg auch f Zool Gattung achtarmiger Kraken (Achtfüßler)* oktopodo (↑ *auch* ***Bleichkrake***); ***gemeiner ~*** (Octopus vulgaris) (*auch kurz* ***Oktopus*** *genannt*) *Zool* [ordinara] oktopodo *<weltweit verbreitet>*; ***[großer] blaugeringelter ~*** *od* ***Blauringkrake*** *m* (Hepalochlaena lunulata) [granda] bluringa oktopodo *[Vorkommen: in Riffen u. Schelfen der Küsten Australiens, Indonesiens, Neuguineas u. der Philippinen]* *<besitzt ein tödliches Toxin>*

Krakeel *m* [laŭta] kriado; *allg auch für «Lär-*

men» bru[ad]o; *lauter Streit* laŭta kverelo

krakeelen *intr umg herumschreien* [laŭte] kriadi; *herumlärmen* bruadi; *laut u. unschön singen* laŭte kantaĉi

Kraków (*n*) ↑ ***Krakau***

Kral *m, auch* ***Kraal*** *m 1. kreisförmiges, durch Dornverhau od Astgestrüpp geschütztes Dorf [südafrikanischer Völker] 2. umzäunter Pferch für Vieh [afrikanischer Völker]* kralo

Kralle *f* ***a)*** *von Huhn, Katze, Vogel* ungo; *Fang eines Raubvogels* krifo; *eines Raubtiers* ungego; ***scharfe ~n*** *Pl* akraj ung[eg]oj; ***die ~n einziehen*** *Katze* entiri la (*od* siajn) ungojn ***b)*** *übertr Würgegriff* ungegoj *Pl*; ***sich aus den ~n der*** (*bzw.* ***des***) ***... befreien*** *bes. übertr* sin liberigi el la ung[eg]oj de ...

Krallenaffe *m od* **Krallenäffchen** *n* (*Gattung* Callithrix) *Zool* kalitrikso (↑ *auch* ***Tamarin***); ***[Familie der] Krallenaffen*** (Callithricidae) kalitriksedoj *Pl*

Kram *m* ***a)*** *<österr> auch* ***Kramuri*** *f wertloses Zeug* senvaloraĵo; *ungeordneter Kram* fatraso (↑ *auch* ***[1]Krempel***); *Trödel* brokantaĵo; ***unnützer ~*** neuzeblaĵo, forĵetindaĵo ***b)*** *pej für «Angelegenheiten»* afer[aĉ]oj *Pl*; *reg für «Umstände, Aufheben»* ceremonioj *Pl*; ***mach nicht so einen ~!*** ne faru tiajn ceremoniojn! ◇ ***das passt mir nicht in den ~*** tio absolute ne konvenas al mi

kramen *intr* traserĉadi, trafosi (***in etw.*** ion)

Krämer *m* ***a)*** *alt für «Besitzer eines kleinen Ladens»* butikisto ***b)*** *übertr für «engstirniger Mensch»* malvasthorizontulo; **~seele** *f kleinliche Person* pedanto-avarulo; *geiziger Kerl* [mon]avidulo

Kramerie *f, auch* ***Ratanhia*** *f* (*Gattung* Krameria) *Bot* kramerio

Kramladen *m* [malgranda] butiko por kio ajn; *für Trödel* brokantejo

Krammetsbaum *m Bot* ↑ *unter* ***Wacholder***

Krampe *f, auch* ***Krampen*** *m Bauw, Handw (Gerüstklammer, U-förmiger Metallhaken)* krampo (*vgl. dazu* ***Klammer***)

Krampf *m Med (Muskel~, tonischer Krampf [bes. in den Wadenmuskeln] (<wiss> Crampus)* kramfo *od* [muskola] spasmo; *Zuckungs~ (<wiss> Convulsio)* konvulsio (↑ *auch* ***Bronchospasmus***, ***Gefäßkrampf***, ***Graphospasmus***, ***Konvulsion***, ***Lach-***, ***Lidkrampf***, ***Magenkrämpfe***, ***Niktation***, ***Spasmus***, ***Vaginismus*** *u.* ***Wadenkrampf***); ***[die] Krämpfe haben*** konvulsii; ***einen ~ in der Wade haben*** suferi kramfon en la suro

Krampfader(n) *f/(Pl), Fachspr* ***Varize(n)*** *f/(Pl)* (Varix, *Pl*: Varices) *Med* variko(j) *(Pl)* (↑ *auch* ***Ösophagusvarizen***); ***an Krampfadern leiden*** suferi je varikoj; ***Krampfadern veröden*** *Med* sklerozigi va- rikojn

Krampfaderentfernung *f Chir* ↑ ***Varikektomie***

Krampfader|entzündung *f, fachsprachl.* ***Varikophlebitis*** *f Med* varikoflebito (*vgl. dazu* ***Trombophlebitis***); **~geschwür** *n am Unterschenkel* varika ulcero

krampfaderig ↑ ***varikös***

krampfen *intr krampfhaft zucken* konvulsii

krampferzeugend, *Fachspr Med* ***spasmogen*** *Adj* spasmiga, estiganta spasmojn

krampfhaft *Adj* ***a)*** *spastisch* spasma; *konvulsivisch* konvulsia; ***~er Husten*** *m* konvulsia tuso ***b)*** *übertr (mit aller Macht)* per ĉiuj fortoj

Krampfkraut *n Bot* ↑ ***Wiesenkönigin***

krampflösend, *Fachspr Med u. Pharm* ***spasmolytisch*** *Adj* spasmoforiga, kontraŭspasma, *Fachspr auch* antispasma; ***~es Mittel*** *n, Fachspr Pharm* ***Spasmolytikum*** *n* spasmoforiga medikamento

Kramuri *f* ↑ *unter* ***Kram a)***

Kran *m Tech* gruo (↑ *auch* ***Ausleger-***,***Auto-***, ***Brücken-***, ***Deckenlauf-***, ***Dreh-***, ***Dreibein-***, ***Dock-***, ***Hafen-***. ***Hammer-***, ***Kabel-***, ***Lauf-***, ***Portal-***, ***Schwimm-***, ***Teleskop-*** *u.* ***Turmkran***); ***ortsfester*** (*od* ***stationärer***) ~ [lok]fiksita gruo; ***auf Schienen montierter ~*** *od* ***Lokomotivkran*** *m* surrela gruo; ***etw. mit dem ~ hochziehen*** levi ion per gruo

Kranbahn *f z.B. in Montagehallen* gruo- trako

Kranbeere *f* ↑ *unter* ***Moosbeere*** *u.* ***Preiselbeere***

Kranbrücke *f des Portalkrans* gantro

Kranewittbeere *f* ↑ ***Wacholderbeere***

Kranewitter *m* ↑ ***Wacholderbranntwein***

Kranführer *m* gruo-funkciigisto; **~haus** *n* gruista kabino, *i.w.S.* gruoregejo

Krangestell *n* gruoframo

Krängung *f Mar ([vorübergehende] seitliche Neigung eines Schiffes)* kliniĝo flanken

Kranhaken *m* gruohoko

kranial *Adj bes. Med (zum Schädel od i.w.S. zum Kopf gehörig)* krania

[1]Kranich *m Orn (allg)* gruo, *in Europa in der Fachspr auch* ***grauer*** (*od* ***gewöhnlicher***)

[1]**Kranich** (Grus grus) griza (*od* ordinara) gruo (↑ *auch* ***Jungfern-***, ***Kanada-***, ***Kronen-***, ***Mandschuren-***, ***Mönchs-***, ***Paradies-***, ***Sarus-***, ***Schnee-***, ***Schrei-***, ***Schwarzhals-*** *u.* ***Weißnackenkranich***); ***sibirischer*** ~ ↑ ***Nonnenkranich***; ***[Familie der]*** ~***e*** *Pl* (Gruidae) gruedoj *Pl*

[2]**Kranich** *m*, *Fachspr* ***Grus*** *m* (*Abk* ***Gru***) *Astron (ein Sternbild des südlichen Himmels)* Gruo

Kranichbeere *f* ↑ *unter* ***Moosbeere***

Kraniologie *f*, *auch* ***Schädellehre*** *f Anthropol* kraniologio

Kraniometrie *f*, *auch* ***Schädelmessung*** *f Anthropol* kraniometrio

kraniometrisch 1. *Adj* kraniometria **2.** *Adv* kraniometrie

Kraniosklerose *f Med (Verformung des Schädels durch Knochenverdickung)* kraniosklerozo

krank *Adj* malsana (*vgl. dazu* ***bettlägerig***; ↑ *auch* ***fieber-***, ***fuß-***, ***herz-*** *u.* ***krebskrank***); ~ ***sein*** esti malsana, *auch* malsani; ~ ***werden*** malsaniĝi; ***ernstlich*** (*od* ***schwer***) ~ ***[sein]*** [esti] grave malsana (↑ *auch* ***todkrank***); ***sich*** ~ ***fühlen*** senti sin malsana; ***sich*** ~ ***stellen*** ŝajnigi sin malsana ◇ ***das macht mich noch*** ~***!*** tio kredeble malsanigos min!

Krankabel *n* gruokablo

Kranke ***a)*** *m* malsanulo (*vgl. dazu* ***Patient***); ***eingebildeter Kranker*** ↑ ***Hypochonder***; ***ein psychisch*** ~***r*** psika malsanulo; ***einen*** ~***n betreuen*** prizorgi malsanulon ***b)*** *f* malsanulino

kränkeln *intr* [daŭre] malsaneti

kranken *intr leiden* suferi (***an*** je) *auch übertr*; ***das krankt daran, dass ...*** tio (*bzw.* ĝi) suferas pro la fakto, ke ...

kränken *tr betrüben* aflikti; *beleidigen* ofend[et]i; *demütigen* humiligi (***jmdn.*** iun); ***es kränkt mich, dass ...*** min ofendas la fakto, ke ...; ***sich*** ~ afliktiĝi (***über*** pri *od* pro); ***sich gekränkt fühlen*** senti sin ofendita

Kranken|auto *n umg für «Krankenwagen»* malsanulaŭto (↑ *auch* ***Sankra***); ~**besuch** *m* vizito al malsanulo

Krankenbett *n*: ***am*** ~ ĉe [la] malsanula (*od auch* pacienta) lito

kränkend *Adj beleidigend* ofenda; *erniedrigend* humiliga

Kranken|geld *n von der SV* mono el la malsankasa asekuro; ~**geschichte** *f* malsanevoluo; ~**gymnastik** *f*, *auch* ***Heilgymnastik*** *f* kuracgimnastiko, medicina gimnastiko (↑ *auch* ***Bewegungs-*** *u.* ***Physiotherapie***)

Krankenhaus *n* malsanulejo, hospitalo (*vgl. dazu* ***Hospital***, ***Klinik***, ***Lazarett*** *u.* ***Spital***; ↑ *auch* ***Lepra-***, ***Bezirks-***, ***Unfall-*** *u.* ***Zentralkrankenhaus***); ***städtisches*** ~ urba hospitalo; ***jmdn. ins*** ~ ***bringen*** (*od* ***einliefern***) transporti iun al malsanulejo, enhospitaligi iun; ***einen Kranken im*** ~ ***besuchen*** viziti malsanulon en [la] hospitalo; ***im*** ~ ***liegen*** kuŝi (*od umg auch* esti) en malsanulejo

Krankenhaus|bedarf *m* hospitalaj bezonaĵoj *Pl*; ~**bett** *n*, *auch* ***Klinikbett*** *n* malsanuleja (*od* hospitala) lito; ~**keime** *m/Pl Med* [en]hospitalaj ĝermoj *Pl*; ~**komplex** *m* malsanuleja (*od* hospitala) komplekso; ~**kosten** *Pl* kostoj *Pl* por enhospitala restado

Kranken|kasse *f (Institution)* asekur-asocio kontraŭ malsano, *pop* malsankaso, *(Versicherung)* malsankasa asekuro (*vgl. dazu* ***Krankenversicherung***); ~**kost** *f Diät* dieto [por malsanulo]; ~**pflege** *f* flegado de malsanulo(j); ~**pfleger** *m* flegisto

Krankensalbung *f kath. Kirche* ↑ ***Letzte Ölung*** [*unter* ***Ölung***]

Kranken|schein *m* [kuracista] atesto pri malsaneco; ~**schwester** *m*, <*österr*> *auch* ***Spitalsschwester*** *f* [hospitala] flegistino; ~**stand** *m Anzahl von Kranken, z.B. in einem Betrieb* [aktuala] nombro de malsanuloj; ~**trage** *f* brankardo (*vgl. dazu* ***Behelfstrage***); ~**träger** *m* brankardisto (*vgl. dazu* ***Sanitäter***); ~**transport** *m* transporto de malsanulo(j), transporto de malsana(j) persono(j); ~**versicherung** *f* asekuro pri malsano, *auch* malsankosta asekuro

Krankenwagen *m* malsanulaŭto, ambulanco (↑ *auch* ***Sankra***); ***rufen Sie bitte einen*** ~***!*** bonvolu voki ambulancon!

Krankenzimmer *n* pacienta ĉambro

krankhaft *Adj Med* malsaneca, patologia; *übertr (nicht normal)* nenormala, *(außergewöhnlich)* eksterordinara

Krankheit *f* malsano, <*wiss*> *auch* morbo (↑ *auch* ***Begleit-***, ***Erb-***, ***Erkältungs-***, ***Folge-***, ***Gefäß-***, ***Geistes-***, ***Gemüts-***, ***Geschwulst-***, ***Haut-***, ***Herz-***, ***Infektions-***, ***Lungen-***, ***Magen-***, ***Nerven-***, ***Pflanzen-***, ***See-***, ***Strahlen-***, ***Tropen-***, ***Volks-***, ***Wurm-*** *u.* ***Zahnkrankheit***); *das Krankwerden* malsaniĝo; *das Kranksein* malsanado (*vgl. dazu* ***Leiden***); ***ansteckende*** (***bösartige***, ***chronische***, ***gutartige***, ***innere***, ***organische***, ***schwere***, ***sel-***

tene) ~ kontaĝa (maligna, kronika, benigna, interna, organa, grava, malofta) malsano; ***an einer psychischen ~ leiden*** suferi je psika malsano; ***diese ~ ist höchst ansteckend*** ĉi tiu malsano estas ege kontaĝa

Krankheitsbehandlung *f* = ***Therapie***

Krankheitsentstehung *f, Fachspr* ***Pathogenese*** *f Med* [proceso de] estiĝo de malsano, *Fachspr* patogenezo

krankheitserregend *Adj* estiganta malsanon, *meist (bes. Fachspr)* patogena; ~ ***für Pflanzen*** *phytopathogen* fitopatogena

Krankheits|erreger *m* patogena ĝermo (*od* mikrobo); ~**erscheinung** *f* simptomo de malsano; ~**gefühl** *n* malsanosento, sento de malsaniĝo

krankheitshalber *Adv* pro malsaniĝo

Krankheits|herd *m* fokuso de malsano; ~**keim** *m* ĝermo de malsano; ~**lehre** *f Med* patologio; ~**phase** *f* fazo de malsano; ~**prozess** *m* proceso de malsano; ~**stadium** *n* stadio de malsano; ~**stand** *m* morbokvanto; ~**symptom** *n* simptomo de malsano

krankheitstypisch ↑ ***pathognomonisch***

Krankheits|überträger *m* kontaĝanto [de malsano]; ~**urlaub** *m* libertempo pro malsaniĝo; ~**ursache** *f* kaŭzo de malsano; ~**verhütung** *f* prevento de malsanoj; ~**verlauf** *m* proceso de malsano; ~**vertretung** *f jmd., der einen erkrankten Kollegen zeitweise vertritt* anstataŭanto [por certa tempo] de malsan[iĝint]a kolego; ~**zeichen** *n* simptomo [de malsano] (↑ *auch* ***Ictus*** *u.* ***Symptom***)

kranklachen, sich, *auch* ***sich krummlachen*** *refl* krevi pro ridado

kränklich *Adj leicht krank* malsaneta; *dauernd krank* daŭre malsana; *zu Krankheiten neigend* malsaniĝema

krankmachend *Adj Krankheit(en) hervorrufend* malsaniga

Krankschreibung *f Med* kuracista atesto pri malsaniĝo

Kränkung *f Beleidigung* ofendo; *Demütigung* humiligo

Kranwagen *m, auch* ***Autokran*** *m Kfz, Tech* gruokamiono

Kranz *m auch zur Ehrung u.a.* [flor]krono, *Trauer*~ *fürs Grab auch* funebra krono (↑ *auch* ***Advents-***, ***Lorbeer-*** *u.* ***Siegerkranz***); ***einen ~ niederlegen*** meti florkronon (*od* funebran kronon)

Kranzarterie *f, Fachspr* ***Koronararterie*** *f* (Arteria coronaria) *Anat* koronaria arterio

Kränzchen *n* ***a)*** *kleiner Kranz* malgranda [flor]krono ***b)*** *Kaffee*~ [virina] kafoklubeto

Kranz|niederlegung *f* metado de florkrono; ~**vene** *f, auch* ***Koronarvene*** *f* (Vena coronaria) *Anat* koronaria vejno

Krapfen *m ein Gebäck* fritbulo; *Beignet* benjeto; *Kochk (Art Eierkuchen)* krespo (↑ *auch* ***Pfannkuchen***)

Krapp *m Bot* ↑ ***²Röte***

Krappgewächse *n/Pl Bot* ↑ ***Rötegewächse***

krapprot *Adj* rubi[o]ruĝa; *rubinrot* rubenruĝa

Krapprot *n* ↑ ***Alizarin***

Krasnojarsk (*n*) *eine russische Stadt im südlichen Sibirien* Krasnojarsko

krass *Adj grob* kruda; *überaus heftig od stark* fortega *od* ege forta; *äußerst* ekstrema; *augenscheinlich* evidenta; ***ein ~er Fehler*** kruda eraro; ***ein ~er Temperatursturz*** drasta temperaturfalo; ***ein ~er Unterschied*** fortega (*od* drasta) diferenco; ***in ~em Gegensatz*** (*od* ***Widerspruch***) ***zu ... stehen*** forte kontrasti al ...

¹Krater *m griech. Antike (Krug mit Fuß u. zwei Henkeln u. mit weiter Öffnung zum Mischen von Wasser u. Wein)* kratero

²Krater *m eines Vulkans bzw. auf dem Mond od auf anderen Planeten, i.w.S. auch nach Einschlag von Bomben, Granaten u.Ä.* kratero (↑ *auch* ***Bombentrichter***, ***Meteor-***, ***Mond-*** *u.* ***Vulkankrater***); ~**bildung** *f Geol* formiĝo de kratero(j)

kraterförmig 1. *Adj* kraterforma **2.** *Adv* kraterforme

Krater|rand *m* rando de kratero; ~**see** *m See in einem Krater lange nach dem Erlöschen des Vulkans* kraterlago (*vgl. dazu* ***¹See***)

Kraton *n Geol (Teil der Erdkruste, der in früheren geologischen Epochen so stark verfestigt wurde, dass er nicht mehr durch Faltung, sondern nur noch durch Brüche [Verwerfung] in seiner Struktur verändert werden kann)* kratono

Kratzbeere *f* ↑ ***Brombeere***

Kratzbürste *f* ***a)*** *Drahtbürste* dratbroso ***b)*** *übertr umg für «widerspenstige weibliche Person»* kalcitrema virino, *(barsche Person)* bruskulino

Kratzdistel *f* (*Gattung* Cirsium) *Bot* cirsio (↑ *auch* ***Acker-***, ***Bach-***, ***Kohl- Speer-*** *u.* ***Sumpfkratzdistel***); ***gemeine ~*** (Cirsium vulgare *od* Cirsium lanceolatum) lanceta cirsio; ***knollige*** ~ (Cirsium tuberosum) tubera cirsio; ***stängellose*** ~ (Cirsium acaulon) sentiga cirsio; ***verschiedenblättrige*** ~, *auch* ***Alantdistel*** *f* (Cirsium heterophyllum) felta cirsio; ***wollige*** ~ (Cirsium eriophorum) lan[kap]a cirsio

Krätze *f* (Scabies) *Med* skabio (*vgl. dazu* ***Räude***); ***an*** ~ ***leiden*** suferi je skabio

Kratzeisen *n Tech* gratilo (*vgl. dazu* ***[1]Kratzer b)*** *u.* ***Schaber***)

kratzen ***a)*** *tr* grati *auch mit Pfoten, Klauen od Krallen kratzen od scharren* (↑ *auch* ***abkratzen a)***, ***auf-***, ***auseinander-***, ***weg-*** *u.* ***zerkratzen***); *schaben* skrapi; *mit der Kratze auskämmen, z.B. Faserpflanzen od Wolle* kardi; ***mit dem Nagel*** (*od* ***den Nägeln***) ~ ungograti ◇ ***das kratzt mich nicht*** *kümmert (bzw. betrifft) mich nicht* tio ne tuŝas (*bzw.* koncernas) min; *das interessiert mich nicht* tio ne interesas min ***b)*** *intr*: ***der Hund kratzt an der Tür*** la hundo gratas ĉe la pordo; ***es kratzt mir im Halse*** (*od* ***in der Kehle***) jukas en mia gorĝo ***c)*** *refl*: ***sich*** ~ sin grati; ***sich am*** (*od* ***den***) ***Kopf*** grati al si la kapon *auch aus Verlegenheit*; ***sich hinter dem Ohr*** ~ grati sin malantaŭ (*od* post) la orelo

Kratzen *n* gratado (↑ *auch* ***Schaben***); ~ ***im Hals*** jukado en la gorĝo

[1]Kratzer *m* ***a)*** *im Glas, im Gesicht u.a.* grataĵo; *Kratzwunde, Schramme* gratvund[et]o (↑ *auch* ***Schmarre***) ***b)*** *Tech (Kratzeisen)* gratilo; *als Werkzeug (Schaber)* skrapilo

[2]Kratzer *od* **Kratzwürmer** *m/Pl Zool*: ***[Klasse der]*** ~ *Pl* (Acanthocephala) akantocefaloj *Pl*

kratzig *Adj* grata (*vgl. dazu* ***rau***)

krätzig *Adj mit Krätze behaftet* skabia

Krätzkraut *n Bot* ↑ ***Skabiose***

Krätzmilbe *f*, *auch* ***Skabiesmilbe*** *f* (Sarcoptes scabiei, *auch* Acarus siro) *Ent, Med (Erreger der Krätze)* [skabia] sarkopto

Kratzputz *m Bauw* skrapita puco

Kratztest *m Med* ↑ ***Skarifikationstest***

Kratzwunde *f* gratvund[et]o; *mit den Nägeln beigebrachte Kratzwunde* ungovundo; ***jmdm. eine*** ~ ***zufügen*** gratvundi iun

Kratzwürmer *m/Pl Zool* ↑ ***[2]Kratzer***

kraulen *intr* ***a)*** *auch* ***crawlen*** *im Kraulstil schwimmen* kraŭli ***b)*** *zart [mit den Nägeln] kratzen* [ungo]grateti *od* grateti per la ungoj

Kraulen *od* **Kraul[schwimmen]** *n*, *auch* ***Crawl*** *n* kraŭlo

kraus *Adj gekräuselt (Haar)* krispa; *faltig* faldohava, sulketa

Krause *f* krispo, *(Hals*~) *auch* ĉirkaŭkola krispo; *Papier*~, *z.B. um Blumentöpfe* papera krispo

Kräuselkrepp *m Textil* krispa krepo

kräuseln *tr Haar, Stoff, auch Wind die Wasseroberfläche* krispigi; ***sich*** ~ *z.B. Haare od Wellen* krispiĝi; ***sich leicht kräuselnd*** *Haar* krispiĝema

Krauseminze *f* (Mentha spicata crispata) *eine Heil- u. Gewürzpflanze* krispa mento

Kraushaar *n* krispa hararo *Sg od* krispaj haroj *Pl*

kraushaarig *Adj* krisphara

Krauskohl *m Bot, Nahr* ↑ ***Grünkohl***

Krauskopf *m Kopf mit krausem Haar* krisphara kapo; *Person mit krausem Haar* krispharulo *bzw.* krispharulino (↑ *auch* ***Wuschelkopf***); ~**-Blaurabe** *m* (Cyanocorax cristatellus) krispokresta garolo *[Vorkommen: Südamerika]*; ~**pelikan** *m* (Pelecanus crispus) *Orn* krispa pelikano

krausziehen *tr*: ***die Stirn*** ~ sulketigi la frunton (*vgl. dazu* ***rümpfen***)

Kraut *n* ***a)*** *reg für «Kohl»* brasiko *auch Nahr* (↑ *auch* ***Sauerkraut***) ***b)*** *Bot (Blätter)* folioj *Pl*, *(Wiesenpflanze, bes. im Hinblick auf deren Verwendbarkeit als Küchengewürz od pflanzliche Arznei)* herbo (↑ *auch* ***Arznei-*** *u.* ***Gewürzkräuter***); ***ins*** ~ ***schießen*** *Pflanze* kreskigi tro multe da folioj; *übertr* tro multe [kaj senbride] disvastiĝi ◇ ***wie*** ~ ***und Rüben*** *chaotisch, völlig ungeordnet* kaose, tute senorde; ***das macht das*** ~ ***nicht fett*** tio ne grasigos la porkon

Kräuter|aufguss *m* infuzaĵo el kuracaj herboj, tizano; ~**bad** *n Balneologie* kuracherba bano; ~**garten** *m* spicherba ĝardeno; ~**käse** *m Nahr* verda fromaĝo; ~**likör** *m* herba likvoro; ~**quark** *m Nahr* spicherba kazeo; ~**salz** *n*, *auch* ***Gewürzsalz*** *n Kochk* herb[o]salo

Kräuterseitling *m Mykologie*: ***brauner*** ~ (Pleurotus eryngii) eringia pleŭroto

Kräutertee *m* teo el kuracaj herboj *od* kuracherba teo (*vgl. dazu* ***Arzneitrank***)

Krautkopf *m* ↑ ***Kohlkopf***

Kräutlein *n* herbeto

Krautpflanzen *f/Pl* (Brassicaceae) *Bot* brasikplantoj *Pl*, <*wiss*> brasikacoj *Pl*

Krautwickel *m Kochk* ↑ ***Kohlroulade***

Krawall *m* ***a)*** *Tumult* tumulto; *Lärm* bruego ***b)*** *alt für «Revolte»* ribelo

Krawatte *f, auch* ***Schlips*** *od* ***Binder*** *m*, <*österr*> ***Selbstbinder*** *m* kravato; ***einfarbige*** (***seidene***) ~ unuklora (silka) kravato; ***eine ~ binden*** nodi kravaton; ***sich die ~ zur Schleife binden*** bantigi sian kravaton; ***eine ~ tragen*** (*od* ***umhaben***) porti (*od* surhavi) kravaton

Krawatten|knoten *m* kravatnodo; **~nadel** *f* kravatpinglo

kraxeln *intr* <*österr*> *u. reg auch für «klettern»* grimpi

Kreatin *n Biochemie (wichtiger Zellbestandteil der menschlichen u. der Wirbeltiermuskeln)* kreatino

Kreatinin *n Biochemie (Anhydrid des Kreatins)* kreatinino

Kreatinurie *f Med (Auftreten von Kreatin im Harn [eine Stoffwechselstörung])* kreatinurio

Kreation *f, auch* ***Création*** *f Kunst, Mode* kreaĵo *auch eines Designers* (*vgl. dazu* ***Schöpfung***)

kreativ *Adj* kre[iv]a (*vgl. dazu* ***schöpferisch***)

Kreativität *f schöpferische Fähigkeit, i.w.S. Einfallsreichtum* kreiv[ec]o, kreoforto

Kreatur *f Geschöpf* kre[it]aĵo

[1]**Krebs** *m* ***a)*** *Zool* kankro, *i.e.S. Edel- od Fluss*~ (Potamocius astacus) *auch* astako (↑ *auch* ***Einsiedler-***, ***Leuchtkrebs***, ***Ruderfußkrebse*** *u.* ***Taschenkrebs***); *i.w.S. Krabbe* krabo *auch Nahr* (*vgl. dazu* ***Garnele***); ***~e fangen***, *reg* ***krebsen*** kapti kankrojn; ***~e unter [den] Steinen suchen*** serĉi kankrojn sub [la] ŝtonoj; ***[Unterklasse der] niederen ~e m/Pl*** (Entomostraca) entomostrakoj *Pl* ***b)*** *Tierkreiszeichen, Sternbild am Nordhimmel* Kankro; ***Wendekreis m des ~es*** Tropiko de la Kankro

[2]**Krebs** *m Med u. Phytopathologie* kancero (*vgl. dazu* ***Karzinom***, ***Malignom***, ***Sarkom*** *u.* ***Tumor***; ↑ *auch* ***Anilin-***, ***Brustdrüsen-***, ***Darm-***, ***Dickdarm-***, ***Epithelial-***, ***Gebärmutter-***, ***Haut-***, ***Lungen-***, ***Lymphdrüsen-***, ***Magen-***, ***Obstbaum-***, ***Prostata-***, ***Raucher-***, ***Schornsteinfeger-*** *u.* ***Speiseröhrenkrebs***); ***Anzeichen n/Pl für ~*** simptomoj *Pl* de kancero; ***~ erregen*** (*od* ***hervorrufen***) kaŭzi (*od* estigi) kanceron; ***~ erregend*** ↑ ***krebserregend***; ***an ~ leiden*** suferi je kancero

[3]**Krebs** (*m*) *Eig (britisch-deutscher Biochemiker [1900-1981])* Krebso (↑ *auch* ***Krebs-Zyklus***)

Krebsangst *f*, <*wiss*> ***Kanzerophobie*** *od* ***Karzinophobie*** *f Psych* kancerofobio

Krebs|art *f Med* speco de kancero; **~behandlung** *od* **~therapie** *f* kancera terapio *od* terapio de kancero; **~bekämpfung** *f, auch* ***Kampf*** *m* ***gegen den Kebs*** lukto kontraŭ [la] kancero

krebsen *intr* ↑ *unter* [1]***Krebs a)***

Krebserkrankung *f* kancera malsan[iĝ]o

krebserregend, *auch* ***Krebs erregend***, *Fachspr* ***kanzerogen*** *od* ***karzinogen*** *Adj* kanceriga, *nachgest* kaŭzanta (*od* estiganta) kanceron, *Fachspr* kancerogena

Krebs|forscher *m* kancerologo (↑ *auch* ***Krebsspezialist***); **~forschung** *f* kancerologio, *auch* studo de la kanceroj; **~gang** *m* kankra irado; **~geschwulst** *f Med* kancera tumoro, karcinomo (↑ *auch* ***Szirrhus***)

krebskrank *Adj* malsana je (*od* pro) kancero

Krebsmarker *m Med* ↑ ***Tumormarker***

Krebs|nebel *m Astron (ein planetarischer Nebel im Sternbild Stier)* nebulozo de Kankro, *auch* Kankro-nebulozo; **~patient** *m* kancera paciento; **~prävention** *f* prevento de kancero; **~register** *n meist von Tumorzentren geführtes spezielles Krankheitsregister zur Erfassung der Karzinomhäufigkeit in einer Bevölkerung* kancer[pacient]a registro; **~risiko** *n* risko malsaniĝi je kancero

krebsrot *Adj* kankroruĝa *od nachgest* ruĝa kiel kankro

Krebs|schaden *m übertr* gangreno; **~schere** *f* ***a)*** *Zool* kankra pinĉilo ***b)*** *auch* ***Wasseraloe*** *f Bot* (Stratiotes aloides) *eine Wasserpflanze* aloa stratioto, *pop* akvosoldato *[Vorkommen: von Europa bis NW-Asien]*; **~spezialist** *m*, *auch* ***Kanzerologe*** *m* speci-alisto pri kancero, *auch* kancerologo

Krebstherapie *f* ↑ ***Krebsbehandlung***

Krebstiere *n/Pl Zool* ***a)*** *auch* ***Krustentiere*** *n/Pl*, *Fachspr* ***Krustazeen*** *f/Pl* (*Klasse* Crustaceae) krustacoj *Pl*, *pop auch* krustuloj ***b)*** ***[Unterklasse der]*** ~ (Malacostraca) malakostrakoj *Pl* <*umfasst höhere Krebse*>; (Entomostraca) entomostrakoj *Pl* <*umfasst niedere Krebse*>

Krebs|ursache *f* kaŭzo por [malsaniĝi je] kancero; **~vorbeugung** *f* kancerprofilaktiko; **~zelle** *f* kancera ĉelo; **~-Zyklus** *m, auch* ***Zitratzyklus*** *od* <*wiss*> ***Citratzyklus*** *m* (*häufig auch* ***Zitronensäure-Zyklus*** *ge-*

nannt) Biochemie (ein Kreislauf biochemischer Reaktionen, der eine wichtige Rolle im Stoffwechsel aerober Zellen von Lebewesen spielt) ciklo de Krebs, *auch* citrat[o]ciklo (*vgl. dazu* ***³Krebs***)

Kredenz *f veraltend für «Anrichte»* kredenco

kredenzen *tr ein Getränk darreichen* prezenti (*vgl. dazu* ***auftischen*** *u.* ***einschenken***)

Kredit *m* ***a)*** *Fin* kredito (*vgl. dazu* ***Anleihe***; ↑ *auch* ***Akzept-***, ***Bank-***, ***Blanko-***, ***Diskont-***, ***Emissions-***, ***Käufer-***, ***Konsumtiv-***, ***Lieferanten-***, ***Lombard-***, ***Mikro-***, ***Rembours-***, ***Waren-***, ***Wechsel-*** *u.* ***Zusatzkredit***); ***kommerzieller*** ~, *auch* ***Handelskredit*** komerca kredito; ***kurzfristiger*** (***mittelfristiger***, ***langfristiger***) ~ kurt[temp]a (meztempa, long[temp]a) kredito; ***ungedeckter*** ~ nekovrita kredito; ***auf*** ~ *od umg salopp* ***auf Pump*** kredite, je kredito; ***etw. auf*** ~ ***kaufen*** aĉeti ion kredite; ***einen*** ~ ***von der Bank bekommen*** (*od* ***erhalten***) ricevi krediton de [la] banko; ***jmdm. einen*** ~ ***geben*** (***gewähren***) doni (konsenti) krediton al iu ***b)*** *Glaubwürdigkeit* kredindeco; *Reputation* reputacio

Kreditantrag *m* peto pri kredito

kreditär *Adj das Kreditwesen betreffend* kredita

Kredit|bank *f* kredita banko; ~**begrenzung** *f* limigo de kreditoj; ~**beratung** *f* kreditkonsilado; ~**betrug** *m*, *auch* ***Kreditschwindel*** *m Erlangung von Kredit durch Betrug* kreditfraŭdo

Kreditbrief *m Fin* ↑ ***Akkreditiv b)***

Kredit|bürgschaft *f* kreditgarantio; ~**fähigkeit** *f Fin, Jur* kreditkapableco; ~**geber** *m* kreditodonanto (↑ *auch* ***Kreditor***); ~**genossenschaft** *f*, *auch* ***Kreditverein*** *m* kreditasocio, kreditsocieto; ~**gewährung** *f* donado de kredito(j)

kreditieren *tr 1. ins Haben buchen, gutschreiben 2. (etw.) auf Kredit geben, stunden* krediti

Kreditierung *f* kreditado; *Kreditvergabe* donado de kredito(j)

Kreditinflation *f* kredita inflacio

Kreditinstitut *n* = ***Bank***

Kredit|kapital *n Fin* kredita kapitalo; ~**karte** *f Bankw, Fin* kreditkarto; ~**kartenbetrug** *m Jur* kreditkarta fraŭdo; ~**kontrolle** *f*, *auch* ***Kreditüberwachung*** *f* kreditkontrolo; ~**linie** *f*, *auch* ***Kreditrahmen*** *m Bankw, Fin (betragsmäßige Obergrenze, bis zu der ein Kreditnehmer eine bestimmte Kreditart in Anspruch nehmen darf)* kreditlinio *od* kre-dita linio; ~**markt** *m* kreditmerkato; ~**nehmer** *m* kredit[o]prenanto; ~**nota** *od* ~**note** *f Gutschriftsanzeige* kreditnoto; ~**obergrenze** *f* kreditlimo

Kreditor *m Gläubiger, Forderungsberechtigter* kreditoro (↑ *auch* ***Kreditgeber***)

Kreditorenkonto *n* kreditora konto

Kreditpolitik *f* kreditpolitiko

Kreditrahmen *m* ↑ ***Kreditlinie***

Kredit|risiko *n* kreditrisko; ~**rückzahlung** *f* repag[ad]o de kredit[sum]o; ~**saldo** *m Fin* kredita saldo

Kreditschwindel *m* ↑ ***Kreditbetrug***

Kreditsumme *f* kreditsumo

Kreditüberwachung *f* ↑ ***Kreditkontrolle***

Kreditverein *m* ↑ ***Kreditgenossenschaft***

Kredit|vergabe *f* donado de kredito(j); ~**versicherung** *f* kredit-asekuro; ~**vertrag** *m* kreditkontrakto; ~**volumen** *n* kreditvolumeno

kreditwürdig *Adj* kredit-inda

Kreditwürdigkeit *f*, *auch* ***Bonität*** *f Fin, Wirtsch* kreditindeco

Krefeld (*n*) *eine Stadt in NRW* Krefeldo

Kreide *f* ***a)*** *Min od Schreib*≗ kreto (↑ *auch* ***Schlämm-***, ***Schneider-***, ***Tafel-*** *u.* ***Zeichenkreide***); ***farbige*** ~ *Malkreide* kolora kreto; ***ein Stück*** ~ peco da kreto ***b)*** *Geol* ↑ ***Kreideformation***

kreideartig *Adj* kreteca, *nachgest* simila al kreto

kreidebleich *Adj*: ***er war*** ~ ***[im Gesicht]*** lia vizaĝo estis krete blanka

Kreide|felsen *m* kretoklifo; ~**formation** *f*, *pop auch* ***Kreidezeit*** *f*, *Fachspr* ***Kreide*** *f Geol* kretaceo

kreiden *tr mit Kreide bestreichen* kreti, ŝmiri per kreto

Kreide|papier *n* kreta papero *auch Philat*; ~**sucht** *f*, *auch* ***Kalksucht*** *f*, *Fachspr* ***Muscardine*** *f Vet (eine Krankheit der Seidenraupe)* muskardino

kreideweiß *Adj* krete blanka, *nachgest auch* blanka kiel kreto

Kreidezeichnung *f* kretodesegnaĵo

Kreidezeit *f Geol* ↑ ***Kreideformation***

kreidig *Adj Kreide enthaltend* enhavanta kreton *nachgest*; *kreideartig* kreteca; ~***e Hände*** *f/Pl kreideverschmierte Hände* manoj ŝmiritaj per kreto

kreieren [*kre'i:...*] *tr* kre[ad]i (*vgl. dazu* ***er-***

schaffen u. schaffen a))

[1]**Kreis** *m a) Geom (Kreisumfang)* cirklo, *(Kreisscheibe)* disko; ***konzentrische ~e*** *Pl* samcentraj cirkloj *Pl*; ***umschriebener ~***, *auch* ***Umkreis*** *m* ĉirkaŭskribita cirklo; ***einen ~ malen*** (*od* ***ziehen***) desegni cirklon ***b)*** *Gruppe, die eine runde, geschlossene Linie bildet, auch i.w.S.* rondo (*vgl. dazu* ***Runde***; ↑ *auch* ***Freundeskreis***); *Gesellschaftsgruppe od Kreis, z.B. geladener Gäste* societo; ***der König im ~e seiner Höflinge*** la reĝo en la rondo de siaj korteganoj; ***im ~e der Familie*** *od* ***im Familienkreis*** en [la] familia rondo, enmeze de la familio; ***einen ~ um etw.*** (***jmdn.***) ***bilden*** formi rondon ĉirkaŭ io (iu); ***sich im ~ bewegen*** rondir[ad]i; ***sich im ~ drehen*** *beim Tanz u. dgl.* sin turni en rondo; ***im ~ [zusammen]sitzen*** sidi en [komuna] rondo; ***c)*** *Interessengemeinschaft od Zirkel* rondo (*vgl. dazu* ***Klub***); ***einflussreiche ~e*** *Pl* multinfluaj rondoj *Pl*; ***literarischer ~*** literatura rondo; ***gut unterrichtete ~e*** *Pl* bone informitaj rondoj ***d)*** (*Abk* ***Kr*** *od* ***Krs.***) *Verw* subdistrikto ***e)*** *Kreis, der geflogen wird (Flugzeug, Vogel)* giro

[2]**Kreis** *m, Fachspr* ***Cladus*** *m Biol (Kategorienstufe oberhalb der Klasse u. unterhalb des Stammes)* klado (↑ *auch* ***Unterkreis***)

Kreis|abschnitt *m Geom* diskosegmento *od* segmento de disko; ~**arzt** *m* subdistrikta kuracisto; ~**ausschnitt** *od* ~**sektor** *m Geom* diskosektoro *od* sektoro de disko; ~**bahn** *f Astron, Raumf* cirkla orbito

Kreisbeschleuniger *m*: ***~ für Elektronen*** *Phys* mikrotrono

Kreisbogen *m Geom* arko (*vgl. dazu* ***Arkus***)

kreischen *intr Bremse* kriĉi; *Säge* grinci; *gellend (od laut und schrill) schreien (Person od Tier)* ŝriki, ŝrikavoĉe krii

Kreisdurchmesser *m* diametro de cirklo

[1]**Kreisel** *m Spielzeug u. Phys* turbo (↑ *auch* ***Brummkreisel***); ***[mit einem] ~ spielen*** turboludi; ***sich wie ein ~ drehen*** turniĝi kiel turbo

[2]**Kreisel** *m* ↑ ***Gyroskop***

[3]**Kreisel** *m* ↑ ***Kreisverkehr***

Kreisel|käfer *m, auch* ***Taumelkäfer*** *m* (*Gattung* Gyrinus) *Ent* girino; ~**kompass** *m, auch* ***Gyrokompass*** *m* giroskopa kompaso

Kreisellüfter *m Tech* ↑ ***Turboventilator***

kreiselmagnetisch ↑ ***gyromagnetisch***

kreiseln *intr* turbi, turniĝi kiel turbo

Kreiselpumpe *f Tech* ↑ ***Zentrifugalpumpe***

Kreiselspiel *n für Kinder* turboludo

kreisen *intr* cirkuli, rondiri *auch Planet*; *Tech (rotieren)* rotacii; *Raubvogel, z.B. über seiner Beute* giri (***über*** super); *allg (sich drehen)* turniĝi (***um*** ĉirkaŭ); ***~ lassen*** *herumgeben, umlaufen lassen, z.B. eine Information* rondirigi

kreisförmig 1. *Adj* cirkloforma; *wie ein Kreis* kiel cirklo (*vgl. dazu* ***rund***) **2.** *Adv* cirkloforme

kreisfrei *Adj* sencirkla

Kreis|frequenz *f, auch* ***Pulsatanz*** *f* (*Formelzeichen* ω) *El* angula frekvenco; ~**funktionen** *f/Pl Geom* cirklaj funkcioj *Pl*

Kreishalbmesser *m* ↑ *unter* [1]***Radius***

Kreiskegel *m Geom* cirkla konuso

Kreislauf *m **a)*** cirkulado; *Blut*≗ sanga cirkulado (↑ *auch* ***Wasserkreislauf***) ***b)*** *Astron (Umlauf der Gestirne)* rivoluo

kreisläufig *Adj zyklisch* cikla

Kreislauf|probleme *n/Pl Med* [sango]cirkuladaj problemoj *Pl*; ~**störungen** *f/Pl Med* sangocirkulaj perturboj *od* perturbo(j) en la sanga cirkulado

Kreis|linie *f* cirkla linio; ~**prozess** *m Thermodynamik* ciklo; ~**ring** *m bes. Geom* cirkla ringo; ~**säge** *f* diskosegilo *od* ronda seg- ilo; ~**segment** *n Geom* segmento de cirklo

Kreissektor *m Geom* ↑ ***Kreisausschnitt***

kreißen *intr alt für «in Geburtswehen liegen»* esti naskanta infanon

Kreißsaal *m* sekcio por virinoj naskantaj

Kreis|stadt *f* subdistrikta ĉefurbo; ~**stempel** *m Philat* ronda stampo; ~**umfang** *m Geom* cirkonferenco; ~**verkehr** *m, auch* ***Verkehrskreisel*** *od kurz* ***Kreisel*** *m* trafikcirklo, *auch* rondira trafiko; ~**wirbler** *m* (*Gattung* Flustra) *Zool* flustro (↑ *auch* ***Moostierchen***)

Kreiswulst *f Geom* ↑ [1]***Torus***

Krem *f* = ***Creme***

Kremation *f Feuerbestattung* kremacio

Krematorium *n*, *<österr> auch* ***Feuerhalle*** *f* kremaciejo

kremieren ↑ ***einäschern b)***

Kreml *m **a)** allg: alter, befestigter Stadtteil russischer Städte* kremlo ***b)*** *i.e.S. auch* ***der ~ von Moskau*** la Kremlo de Moskvo

Krempe *f Hut*≗ randaĵo [de ĉapelo]

[1]**Krempel** *m wertloses Zeug* neuzeblaĵo, forĵetindaĵo; *ungeordneter Kram* fatraso (*vgl. dazu* ***Kram*** *u.* ***Plunder***)

[2]**Krempel** *f, auch* ***Karde*** *f od* ***Wollkratze*** *f*

Spinnerei (Gerät zum Lösen von flockigem Fasergut) kardilo, *(Krempelmaschine)* kardomaŝino; ~**maschine** *f Spinnerei* kardomaŝino
krempeln *tr*: ***Wolle*** ~ kardi lanon
Krempenpilze *m/Pl Mykologie*: ***[Familie der]*** ~ (Paxillaceae) <*hierher gehören die Gattungen Kremplinge, Afterleistlinge u. Ölbaumpilze*>
Krempling *m* (*Gattung* Paxillus) *Mykologie* paksilo (↑ *auch* ***Samtfußkrempling***)
Kremser *m offener Wagen mit Längssitzen [und Verdeck]* benkveturilo [kun ŝirmtegmento]
Kremser Weiß *n* ↑ ***Bleiweiß***
Kren *m Bot, Nahr* ↑ ***Meerrettich***
kreneliert *Adj mit Schießscharten od Zinnen versehen, mit regelmäßigen Kerben ausgestattet* krenelita
Kreodonten *Pl* (Creodontia) *Paläontologie (ausgestorbene Raubtiere des Tertiär)* kreodontoj *Pl*
Kreole *m Ethn (in Mittel- u. Südamerika geborener Mischling spanischer od französischer Herkunft)* kreolo
kreolisch *Adj* kreola (↑ *auch* ***Creole Jazz***)
Kreolsprachen *f/Pl, auch* ***kreolische Sprachen*** *Ling (seit dem 17. Jh. gebräuchliche Bez für Sprachen, die vor allem in Afrika u. in der Karibik als Folge des Kolonialisierungsprozesses entstanden sind, und zwar durch gegenseitige Beeinflussung der Sprache des jeweiligen Kolonialmacht und der dort gebräuchlichen nichteuropäischen Sprache)* kreolaj lingvoj *Pl* (↑ *auch* ***Papiamento*** *u.* ***Sranantongo***)
Kreolisierung *f Ling* kreoligo *bzw.* kreoliĝo
Kreon (*m*) *Eig (griechische Sagengestalt [Herrscher von Theben, Bruder der Iokaste, Onkel der Antigone])* Kreono
Kreosot *n ein Entkeimungs- u. Imprägnierungsmittel* kreozoto; ***mit*** ~ ***imprägnieren*** (*od* ***tränken***) impregni per kreozoto, *auch kurz* kreozoti
Kreosotöl *n ein Schweröl* kreozot-oleo
krepieren *intr* ***a)*** *bersten, bes. von Geschossen* eksplodi ***b)*** *derb für «verenden»* mortaĉi, kadavriĝi (*vgl. dazu* ***verrecken***)
Krepitation *f bes. Med ([leises] Knirschen, z.B. bei Knochenbrüchen)* krepitado
Krepp *m, auch* ***Crêpe*** *m Textil (Gewebe mit gekräuselter Oberfläche)* krepo (↑ *auch* ***Crêpe de Chine***, ***Georgette***, ***Kräusel-*** *u.* ***Seidenkrepp***)
kreppartig *Adj* krep[ec]a, simila al krepo
Krepp|gummi *m, auch* ***Crêpekautschuk*** *m poriger Kautschuk* krepa kaŭĉuko; ~**papier** *n* krepa papero; ~**sohle** *f* krepa (*od* krepkaŭĉuka) plandumo
Kreppstoff *m Textl* = ***Krepp***
Kresol *n Chem (ein Bestandteil des Holz- u. Steinkohlenteers)* krezolo
Kresse *f Bot: allg Bez für alle Arten von Kresse, umg aber auch für die als Gewürz verwendete Gartenkresse (Lepidium sativum)* kreso (↑ *auch* ***Brunnen-***, ***Feld-*** *u.* ***Gartenkresse***); ***breitblättrige*** ~, *reg* ***Pfefferkraut*** *n* (Lepidium latifolium) larĝfolia lepidio; ***grasblättrige*** ~ (Lepidium graminifolium) herbofolia lepidio; ***virginische*** ~ (Lepidium virginicum) virginia lepidio
Kreta (*n*), *griech.* ***Kriti*** *eine griech. Insel* Kreto *[Hptst: Heraklion]*
Kreta-Ahorn *m Bot* ↑ *unter* ***Ahorn***
Kreta-Wasserfrosch *m* (Rana cretensis = Pelophylax cretensis) *Zool* kreta rano *[Vorkommen: endemisch auf Kreta]*
kretazeisch *od* **kretazisch** *Adj Geol (in der Kreidezeit gebildet od geschehen bzw. zur Kreidezeit gehörig)* kretacea (↑ *auch* ***suprakretazeisch***)
Kretek-Zigarette *f in Indonesien (Nelkenzigarette)* kretek-cigaredo, *auch kurz* kreteko
Kreter *m Bewohner Kretas* kretano
Kreterin *f Bewohnerin Kretas* kretanino
Kretin *m Med (jmd., der an Kretinismus leidet)* kreteno *auch Schimpfw* (↑ *auch* ***Schwachkopf***)
Kretinismus *m, pop* ***Verblödung*** *f Med (durch Unterfunktion der Schilddrüse bedingtes Zurückbleiben der geistigen u. körperlichen Entwicklung)* kretenismo
kretinoid *Adj kretinähnlich, wie ein Kretin* kretenoida
kretisch *Adj auf Kreta bezogen bzw. von Kreta* kreta; ~***-mykenische Kultur*** (***Schrift***) *f* kreta-mikena kulturo (skribo)
Kreton *m Textil* ↑ ***Cretonne***
kreuz *Adv*: ~ ***und quer*** ĉiudirekte, zizage (↑ *auch* ***planlos***)
Kreuz *n* ***a)*** *als Symbol (auch Rel) u. als Orden* kruco, *(Kreuzeszeichen)* krucosigno (↑ *auch* ***Altar-***, ***Andreas-***, ***Antonius-***, ***Bischofs-***, ***Gabel-***, ***Gipfel-***, ***Haken-***, ***Hugenotten-***, ***Kardinal-***, ***Kleeblattkreuz***, ***Kruzifix***, ***Malteser-***, ***Prozessions-*** *u.* ***Verdienstkreuz***);

Mus (Erhöhungszeichen ♯) dieso (↑ *auch* ***Doppelkreuz***); *Kart* trefo; ~ ***der Ehrenlegion*** Kruco de la Honor-Legio; ~ ***des Heiligen Georg*** *od* ***Sankt-Georgs-Kreuz*** *n, auch kurz* ***Georgskreuz*** *n* kruco de Sankta Georgo, *auch kurz* Georga kruco *<das einfache Georgskreuz ist seit dem 13. Jh. die Flagge Englands, dessen Schutzheiliger St. Georg ist>*; ~ ***des Nordens*** (***Südens***) *Astron* Norda (Suda) Kruco; ***das Eiserne*** ~ *ein Orden* la Fera Kruco; ***lateinisches*** (***russisches***) ~ latina (rusa) kruco; ***das Rote*** ~ *Med* la Ruĝa Kruco; ***das Deutsche Rote*** ~ (*Abk* ***DRK***) la Germana Ruĝa Kruco; ***ein*** ~ ***über sich schlagen*** *sich bekreuzigen* fari super si la krucosignon; ***am*** ~ ***sterben*** morti sur la kruco; ***ans*** ~ ***schlagen*** alkrucigi ◇ ***vor jmdm. zu*** ~***e kriechen*** sin humiligi antaŭ iu ***b)*** *übertr (Last)* ŝarĝo, *(Leiden)* sufer[ad]o, *(Qual)* turmento, *(Unglück)* malfeliĉo; ***die Rechtschreibung in der ... Sprache ist ein wahres*** ~ la ortografio en la ... lingvo prezentas veran krucon ◇ ***es ist ein*** ~ ***mit ihm*** li estas vera problemo ***c)*** *umg für «Lendengegend»* lumba regiono, lumbo (*vgl. dazu* ***Kreuzbein*** *u.* ***Rücken a)***) ***d)*** *oberer Teil des Gymnastikgeräts Pferd* ↑ ***Rücken c)***

Kreuz|abnahme *f* dekrucigo; ~**ass** *n Kart* trefa aso

Kreuzband *n im Knie* (Ligamentum cruciatum) *Anat* krucligamento *od* krucoforma ligamento [de la genuo]; ***vorderes*** (***hinteres***) ~ antaŭa (malantaŭa) krucligamento

Kreuzbandriss *m*, *<wiss>* ***Kreuzbandruptur*** *f Med* ŝiriĝo de la krucligamento *<bes. bei Sportunfällen>*

Kreuzbein *n*, *fachsprachl. auch* ***Sakrum*** *n* (Os sacrum) *Anat* sakro; ***zum Kreuz- und Steißbein gehörend***, *Fachspr auch lat.* ***sacrococcygens*** sakrokokciga

Kreuzbeinwirbel *m/Pl* (Vertebrae sacrales) *Anat* sakraj vertebroj *Pl*

Kreuzblümchen *n* (*Gattung* Polygala) *Bot* poligalo (↑ *auch* ***Kalk-*** *u.* ***Sumpfkreuzblümchen***); ***bitteres*** ~ (Polygala amara) amara poligalo; ***gemeines*** (*od* ***gewöhnliches***) ~ (Polygala vulgaris) ordinara poligalo; ***quendelblättriges*** ~ (Polygala serpyllifolia) densfolia poligalo; ***schopfiges*** ~ (Polygala comosa) kresta poligalo

Kreuzblümchengewächse *n/Pl*: ***[Familie der]*** ~ (Polygalaceae) *Bot* poligalacoj *Pl*

Kreuzblume *f*, *auch* ***Blätter-*** *od* ***Giebelknauf*** *m Arch (ein plastisches Ornament der Gotik in Form eines kreuzförmigen Blatt- od Blütenstandes [als Bekrönungselement von Türmen, Portalbögen u.a.])* finialo

Kreuzblütler *m/Pl*, *auch* ***Kruziferen*** *f/Pl Bot*: ***[Familie der]*** ~ (Brassicaceae *od* Cruciferae) brasikacoj *Pl*, *auch* kruciferoj *Pl*

Kreuz|bramsegel *n Mar* posta bramvelo; ~**dame** *f Kart* trefa reĝino

Kreuzdorn *m* (*auch* ***Wegedorn*** *genannt*) (*Gattung* Rhamnus) *Bot* ramno (↑ *auch* ***Alpen-***, ***Purgier-*** *u.* ***Zwegkreuzdorn***); ***immergrüner*** ~ (Rhamnus alaternus) alaterno

Kreuzdorngewächse *n/Pl Bot*: ***[Familie der]*** ~ (Rhamnaceae) ramnacoj *Pl*

kreuzen ***a)*** *tr verschränken* kruci (↑ *auch* ***gekreuzt***); *Biol* kruc[ig]i (***mit*** kun), *(hybridisieren)* hibridigi (*vgl. dazu* ***paaren***); ***die Hände vor der Brust*** ~ kruci la brakojn surbruste; ***zwei verschiedene Rassen*** ~ *Biol* raskruci, *auch* rasmiksi, kunparigi, por reprodukto [du estaĵojn el malsamaj rasoj] ***b)*** *intr einander kreuzen, sich überschneiden, z.B. zwei Ebenen od Linien* intersekci; *Mar* kroz[ad]i ***c)*** *refl*: ***sich*** ~ *Straße, Weg* kruciĝi *auch Biol*; ***unsere Briefe haben sich gekreuzt*** via letero kruciĝis kun la mia [dum la poŝta transporto]

Kreuzen *n Biol* krucado; *Mar* krozado

kreuzend *Adj*: ***sich*** ~ kruciĝanta

Kreuzenzian *m* (Gentiana cruciata) *Bot* krucfolia genciano

[1]**Kreuzer** *m Mar* krozisto *od* krozoŝipo (↑ *auch* ***Zollkreuzer***); *Mil* batalkrozoŝipo

[2]**Kreuzer** *m* (*Abk* ***kr.***) *ehemalige Silber-, später Kupfermünze [in Deutschland allgemein im 16. Jh.]* krejcero

Kreuzeszeichen *n Rel* ↑ ***Kreuzzeichen b)***

Kreuzfahrer *m Gesch* krucisto (↑ *auch* ***Kreuzritter***); ~**staat** *m Gesch* krucista ŝtato

Kreuzfahrt *f Touristik* vojaĝo per krozadŝipo (↑ *auch* ***Flusskreuzfahrt***); ***eine*** ~ ***machen*** krozadi

Kreuzfahrtschiff *n* krozadŝipo

kreuzförmig **1.** *Adj* kruc[o]forma **2.** *Adv* kruc[o]forme

Kreuzgang *m eines Klosters [mit Arkaden nach dem Innenhof zu]* klostro

Kreuzgegend *f*, *fachsprachl.* ***Sakralbereich*** *m* (Regio sacralis), *umg* ***Kreuz*** *n ein Abschnitt des Rückens* sakra regiono

Kreuzgelenk *n Tech* ↑ ***Kardangelenk***

Kreuzgelenkkupplung *f Tech* kardana kupl-ilo (*vgl. dazu* ***Kupplung***)

Kreuz|gewölbe *n einer Kirche* ogiv-kruc-iĝo; ~**hacke** *f*, *<schweiz> u. reg* ***Karst*** *m Handw (zweizinkige Erdhacke)* pioĉo

kreuzigen *tr* krucumi; *ans Kreuz schlagen* alkrucigi

Kreuzigung *f* krucumado

Kreuzigungsgeschichte *f* historio de kruc-umado

Kreuz|kröte *f* (Bufo calamita = Epidalea ca-lamita) *Zool* strandbufo; ~**kraut** *n Bot* ↑ ***Greiskraut***

Kreuzkümmel *m*, *auch* ***Mutterkümmel*** *od* ***Cumin*** *m* (Cuminum cyminum) *Bot* kumi-no *auch Gewürz* (*vgl. dazu* ***Kümmel***)

Kreuzlabkraut *n* (Cruciata laevipes) *Bot* krucfolia galio; ***kahles*** ~ (Galium vernum = Cruciata glabra) kalva galio

kreuzlahm *Adj umg für «[von schwerer körperlicher Arbeit] Schmerzen im Rücken habend»* havanta [fortan] doloron en la dor-so *nachgest*

Kreuz|meißel *m Handw* kruc[o]ĉizilo; ~**ot-ter** *f* (Vipera berus) *Zool* komuna vipero

Kreuzprodukt *n Math* ↑ ***Vektorprodukt***

Kreuzrahe *f Mar* ↑ ***Besanrahe***

Kreuzreim *m*, *auch* ***gekreuzter Reim*** *Metr (Reim, bei dem sich die erste Zeile [einer Strophe] mit der dritten u. die zweite mit der vierten reimt)* kruca rimo

Kreuzritter *m Gesch* kruckavaliro (↑ *auch* ***Kreuzfahrer***); ~**orden** *m Gesch* kruckava-lira ordeno

Kreuzroyal[segel] *n Mar* posta reĝvelo (*vgl. dazu* ***Royal***)

Kreuzschlitzschraube *f* kruc-entranĉa ŝraŭ-bo

Kreuzschmerzen *m/Pl*: ~ ***haben*** havi dolo-ron en la lumba regiono (*od i.w.S.* en la dorso) (*vgl. dazu* ***Lumbalgie***)

Kreuzschnabel *m* (*Gattung* Loxia) *Orn* krucbekulo (↑ *auch* ***Binden- Fichten-*** *u.* ***Kiefernkreuzschnabel***); ***schottischer*** ~ (Loxia scotica) skota krucbekulo

Kreuz|spinne *f*, *auch* ***Gartenkreuzspinne*** *f* (Aranea diadema) *Ent* [eŭropa] diadema araneo, *umg auch* krucaraneo; ~**spule** *f We-berei* kruc[o]bobeno

Kreuzstein *m Min* ↑ ***Staurolith***

Kreuz|stich *m Nähstich, bei dem jeweils zwei Fäden ein liegendes Kreuz bilden* kru-ca kudrero *od* kruc-kudrero; ~**stütz** *m Gymnastik an den Ringen (eine Form des Haltens)* kruc[o]figuro, *auch kurz* kruco; ~**träger** *m in kirchlichen Prozessionen* kru-c[o]portanto

Kreuzung *f* ***a)*** *Straßen- od Weg*~ strato-kruciĝo *od* vojokruciĝo, *allg auch* kruciĝejo (↑ *auch* ***Gleiskreuzung***) ***b)*** *Biol (das Kreu-zen)* krucado, hibridigo, *(das Sichkreuzen)* kruciĝo, *(Produkt aus der Vermischung ver-schiedener Rassen)* krucaĵo (*vgl. dazu* ***Bas-tard b)*** *u.* ***Hybride***) ***c)*** *Anat (von Nerven-bahnen <Decussatio>)* interkruciĝo

Kreuzungsweiche *f Eisenb* kructrakforko

Kreuz|verhör *n Jur* pridemandado [fare de la prokuroro kaj la advokato]; ~**verweis** *m Bibliografie* krucreferenco *od* kruca refe-renco

Kreuzweg *m* krucvojo *auch i.w.S.*; ~ ***Christi*** *nach Golgatha* Kalvaria Vojo ◇ ***am*** ~ ***sein*** *am Scheideweg sein* esti ĉe la krucvojo

Kreuzweihe *f Kirche* beno de [la] kruco

kreuzweise *Adv* kruce (*vgl. dazu* ***quer***); ~ ***li-niiertes Papier*** *n* krucpapero, *auch* kruc-strekita papero; ~ ***übereinander liegen*** kuŝi kruce unu super la alia

Kreuzwinkel *m techn. Zeichnen* ↑ ***Reiß-schiene***

Kreuzworträtsel *n* kruc[vort]enigmo; ~ ***lö-sen*** solvi krucenigmojn

Kreuz|zeichen *n* ***a)*** krucosigno ***b)*** *Rel meist* ***Kreuzeszeichen*** *n* krucosigno; ~**zug** *m Gesch* krucmilito *od* kruca militiro; *übertr: Feldzug* kampanjo (***gegen*** kontraŭ)

Kribbe *f* ↑ ***Buhne***

Kribbelkrankheit *f* ↑ ***Mutterkornvergiftung***

kribbeln *intr eingeschlafen sein, z.B. Fuß* formiki, havi tiklosenton [en la piedo *bzw.* en la fingroj *u.a.*] (*vgl. dazu* ***Ameisenlau-fen***); *Juckgefühl empfinden* senti jukadon

Kribbeln *n* tiklado *bzw.* jukado; *auf der Haut, sog. Ameisenlaufen* formikado

Krickente *f* (Anas crecca) *Orn* kreko

Kricket *n Sport (ein engl. Schlagballspiel)* kriketo; ~ ***spielen*** ludi kriketon

Krickralle *f* (Rallus pectoralis) *Orn* grizbru-sta ralo *[Vorkommen: Ausreakien, Tasma-nien u. auf der indonesischen Insel Flores]*

Kriebelmücke *f Ent* ***a)*** (*Gattung* Simulium) simulio *<eine Gattung kleiner blutsaugen-der Mücken>* ***b)*** *pop auch* ***Büffelmücke*** *f* (*Art* Simulium damnosum) bubalo-kulo

kriechen *intr* ***a)*** *Pflanzen, Raupe, Schlange, Wurm u.a.* rampi (***durch*** tra; ***in ... [hinein]***

en *mit Akk*); ***auf etw.*** ~ *(Ort)* rampi sur io, *(Richtung)* rampi sur ion; ***aus dem Ei*** ~ eliri el la ovo, *auch* eloviĝi; ***auf Händen und Füßen*** ~ *od* ***auf allen vieren*** ~ rampi sur [la] manoj kaj piedoj *(Zam)* ***b)*** *übertr (servil sein)* esti servila (*od* aĉe servema), *(sich in kriecherischer Weise benehmen)* rampi (***vor jmdm.*** antaŭ iu); ***vor den Machthabern*** (***Vorgesetzten***) ~ rampi antaŭ la potenculoj (superuloj)

Kriechen *n* rampado

kriechend *Adj* ramp[ant]a

Kriecher *m* homo servila (*od* aĉe servema), persono humilaĉa (*od* sklave komplezema) (*vgl. dazu* ***Speichellecker***); *i.w.S. Jasager* jesulo

Kriecherei *f serviles Verhalten* servila (*od* aĉe servema *od* humilaĉa) konduto (↑ *auch* ***Servilität***)

kriecherisch *Adj* servila, aĉe servema; sklave komplezema, *auch* rampa; *überaus demütig* humilega (*vgl. dazu* ***devot***); *sich selbst erniedrigend* humilaĉa; *vulg (arschkriecherisch)* pugoleka

Kriechföhre *f Bot* ↑ ***Bergkiefer***

Kriech|klee *m*, *auch* ***kriechender Klee*** *od* ***Weißklee*** *m* (Trifolium repens) *Bot* rampa trifolio; ~**pflanze** *f Bot* rampa planto; ~**rose** *f*, *auch* ***kriechende Rose*** *od* ***Feldrose*** *f* (Rosa arvensis) *Bot* kampa rozo; ~**spur** *f Verk (für LKW)* lantmova koridoro (*od* leno); ~**tier** *n Zool* reptilio, *umg auch* rampulo (*vgl. dazu* ***Amphibie***)

Kriechtierkunde *f Zool* = ***Herpetologie***

Kriechweide *f*, *auch* ***kriechende Weide*** *f* (Salix repens) *Bot* rampa saliko

Krieg *m* milito (↑ *auch* ***Aggressions-***, ***Angriffs-***, ***Atom-***, ***Bakterien-***, ***Bauern-***, ***Bewegungs-***, ***Blitz-***. ***Bruder-***,***Bürger-***,***Cyber-***, ***Eroberungs-***, ***Falkland-***, ***Gas-***, ***Glaubens-***, ***Graben-***, ***Grenz-***, ***Guerilla-***, ***Golf-***, ***Handels-***, ***Irak-***, ***Kolonial-***, ***Luft-***, ***Offensiv-***, ***Nerven-***, ***Nuklear-***, ***Partisanen-***,***Präventiv-***, ***Religions-***, ***See-***, ***Sezessions-***, ***Stammes-***, ***Stellungs-***, ***U-Boot-***, ***Unabhängigkeits-***, ***Vernichtungs-***, ***Verteidigungs-***, ***Vietnam-***, ***Währungs-***, ***Welt-***, ***Wirtschafts-***, ***Zermürbungs-*** *u.* ***Zweifrontenkrieg***); ~ ***gegen Drogen*** milito kontraŭ [neleĝaj] drogoj; ***führend*** militanta; ***der Heilige*** ~ *Islam* la sankta milito *(auch Großschr)*; ***der Hundertjährige*** ~ *Gesch* la Centjara Milito; ***biologischer*** (***chemischer***, ***gerechter***, ***kalter***, ***lokaler***, ***psychologischer***, ***regionaler***, ***schmutziger***, ***totaler***) ~ biologia (kemia, justa, malvarma, loka, psikologia, regiona, malpura, totala) milito; ***die Gefahr eines nuklearen*** ~***es*** la danĝero de nuklea milito; ***während des*** ~***es*** dum la milito, *auch* dummilite; ***[ein]*** ~ ***ist ausgebrochen*** eksplodis milito; ***den*** ~ ***ausweiten*** (***beenden***) vastigi (ĉesigi) la militon; ***ein*** ~ ***bricht aus in den*** ~ ***eintreten*** eniri en la militon; ***den*** ~ ***erklären*** deklari militon (***gegen*** kontraŭ); ~ ***führen mit*** (*od* ***gegen***) militi kontraŭ; ***den*** ~ ***gewinnen*** gajni la militon; ***am Rande eines*** ~***es stehen*** esti sur la sojlo al milito; ***ein Land in einen*** ~ ***[hinein]ziehen*** (*od* ***stürzen***) puŝi landon al milito; ***den*** ~ ***verlieren*** perdi (*od* malgajni) la militon; ***im*** ~ ***sein*** *im Felde stehen (Soldat)* esti en la milito (*od* militejo); ~ ***spielen*** ludi militon; ***den*** ~ ***überleben*** postvivi (*od* transvivi) la militon

kriegen *tr umg für «bekommen»* ricevi, *auch* ekhavi (↑ *auch* ***erhalten***); *umg für «erwischen»* kapti; ***Angst*** ~ ektimi (***vor etw.*** ion; ***vor jmdm.*** iun); ***Bauch-*** *od* ***Leibschmerzen*** ~ ekhavi ventrodoloron; ***zu*** ~ ***sein*** havebla; ***einen Brief*** ~ ricevi leteron; ***dieses Buch ist nirgends*** (*od* ***nirgendwo***) ***zu*** ~ nenie tiu [ĉi] libro estas havebla (*od* aĉetebla); ***ich kriege den Faden nicht durch das Nadelöhr*** mi ne povas traigi la fadenon tra la kudrila truo; ***ich hab den Anschluss*** (***Zug***) ***nicht mehr gekriegt*** *umg* mi ne plu kaptis la trajnkorespondon (trajnon)

Krieger *m* ***a)*** *bes. Mil* militisto (*vgl. dazu* ***Held***) ***b)*** *Zool* ↑ ***Soldat b)***

kriegerisch *Adj militärisch* milita; *militant* militema; ***ein*** ~***er Stamm*** *Ethn* militema tribo

Kriegertermite *f* (Bellicositermes bellicosus) *Ent* batalotermito *[Vorkommen in afrikanischen Savannen u. in SO-Asien]*

Kriegführung *f* militado, maniero (*od* strategio) de militado

Kriegs|akademie *f* militakademio; ~**ausbruch** *m* militeksplodo

Kriegsbeil *n Streitaxt der [nordamerik.] Indianer <Symbol des Krieges, auch Zeremonialwaffe>* tomahoko ◇ ***das*** ~ ***begraben*** enterigi la tomahokon

Kriegs|bereitschaft *f* militpreteco; ~**berichterstatter** *m* militraportisto

kriegsbeschädigt *Adj* [korpe] lezita dum la milito; *invalide* invalida pro la milito

Kriegs|beschädigte *m* militlezito; *Kriegsinvalide* militinvalido; ~**beteiligung** *f* partopreno en [la] milito; ~**beute** *f* milita predo, militkaptaĵo (↑ *auch* ***Trophäe***); ~**buch** *n Lit* libro pri la milito; ~**dienst** *m* militservo; ~**drohung** *f* minaco per milito; ~**druck** *m Philat [z.B. bei Germania-Briefmarken]* dummilita preso; ~**eintritt** *m* eniro en la militon; ~**ende** *n* militfin[iĝ]o; ~**entschädigung** *f* militkompensaĵo (*vgl. dazu* ***Kontribution***); ~**ereignisse** *n/Pl* [dum]militaj okazaĵoj *Pl*; ~**erklärung** *f* militdeklaro; ~**erlebnis** *n* [dum]milita travivaĵo

Kriegsfall *m*: ***im*** ~ *im Falle eines Krieges* en okazo de milito

Kriegs|fanfare *f Mus* milita fanfaro; ~**film** *m* [pri]milita filmo, filmo pri la milito; ~**flotte** *f* militfloto (↑ *auch* ***Armada***); ~**flüchtling** *m* militfuĝanto *bzw.* militfuĝinto; *jmd., der im Ausland Zuflucht gefunden hat* militrifuĝinto; ~**folgen** *f/Pl* militsekvoj *Pl*; ~**freiwillige** *m* volontulo por milit[ad]o; ~**friedhof** *m* militttombejo; ~**gebiet** *n* militregiono

Kriegsgefahr *f* militdanĝero; ***die*** ~ ***bannen*** forigi (*od* haltigi) la militdanĝeron

Kriegsgefangene *m* militkaptito

Kriegsgefangenen|austausch *m* interŝanĝo de militkaptitoj; ~**lager** *n* militkaptitejo

Kriegsgefangenschaft *f* militkaptiteco; ***in*** ~ ***[sein]*** [esti] en militkaptitejo

Kriegsgegner *m Gegner des Krieges* militkontraŭulo; *Gegner im Krieg* [dum]milita malamiko (*od* kontraŭulo)

Kriegsgericht *n Jur* ↑ ***Militärgericht***

Kriegs|geschichte *f* milithistorio; ~**gewinne** *m/Pl* profito(j) pro la milito; ~**gewinnler** *m* militprofitulo *bzw.* militprofitisto; ~**glück** *n* militfortuno; ~**gott** *m* dio de [la] milito (↑ *auch* ***Jarovit***, ***[1]Mars*** *u.* ***Skanda***)

Kriegsgräber *n/Pl* militttomboj; ~**fürsorge** *f* prizorgado de militttomboj

Kriegs|gräuel *m/Pl* milithororaĵoj *Pl*, militkruelaĵoj *Pl*; ~**grund** *m* kaŭzo de [la] milito *od* militkaŭzo; ~**hafen** *m* militthaveno; ~**handlungen** *f/Pl* milit-agoj *Pl*; ~**herr** *m* militestro; ~**hetze** *f* instigo al milito; ~**hetzer** *m* instiganto al milito *od* militinstiganto; ~**hysterie** *f* milithisterio; ~**industrie** *f* militindustrio; ~**invalide** *m* militinvalido; ~**jahre** *n/Pl* jaroj *Pl* dum la milito; ~**kamerad** *n* dummilita kamarado; ~**kontribution** *f von der Besatzungsmacht auferlegte Zahlungen* kontribucio, militkompenso; ~**kosten** *Pl* kostoj de la milito; ~**kunst** *f* militarto, arto de milit[ad]o; ~**list** *f* milita ruzo

kriegslüstern *Adj* militema

Kriegs|marine *f* mararmeo; ~**maschinerie** *f* milita maŝinaro; ~**material** *n* milita materialo; ~**minister** *m* ministro pri militaj aferoj

kriegsmüde *Adj* teda pri la milito *nachgest*

Kriegs|müdigkeit *f* tedo pri la milito; ~**opfer** *n/Pl* militviktimoj, viktimoj de la milito

Kriegspfad *m*: ***auf dem*** ~ ***sein*** esti sur la militpado (*od* pado de militiro)

Kriegs|phase *f* fazo de milito; ~**politik** *f* militpolitiko; ~**potenzial** *n* militpotenco; ~**propaganda** *f* militpropagando; ~**psychose** *f* militpsikozo; ~**rat** *m* militkonsiliĝo; ~**recht** *n Jur* milita juro; ~**risiko** *n* risko de [ekesto de] milito; ~**schäden** *m/Pl* militdamaĝoj, militdifektoj; ~**schauplatz** *m* militejo, *auch* scenejo de la milito; ~**schiff** *n* militŝipo; ~**schrei** *m* batalkrio; ~**sense** *f hist: eine mittelalterliche Stangenwaffe* militfalĉilo; ~**strategie** *f* milita strategio; ~**tanz** *m* milit-danco; ~**tote** *m/Pl* militmortintoj *Pl*; ~**treiber** *m* militinstiganto; ~**verbrechen** *n* militkrimo (↑ *auch* ***Nazikriegsverbrechen***); ~**verbrecher** *m* militkrimulo; ~**verletzung** *od* ~**verwundung** *f Med* lezo (*od* vundo) el la milita tempo, *auch* milit[temp]a lezo (*od* vundo); ~**verhütung** *f* prevent[ad]o de milito; ~**veteran** *m* militveterano *od* veterano de la milito; ~**vorbereitungen** *f/Pl* militaj preparoj *Pl*; ~**waise** *f (Junge)* milit-orfo, *(Mädchen)* milit-orfino

Kriegszeit *f*: ***in*** ~***en*** en tempo de milito

Kriegs|ziel *n* militcelo; ~**zug** *m Feldzug* militiro (***nach*** al); ~**zone** *f* militzono, zono de milit[ad]o

Kriegszustand *m* milita stato *od* stato de milito; ***Beendigung des*** ~***s*** ĉesigo de la milita stato

Kriegszweck *m*: ***zu*** ~***en*** milit[o]cele

Kriemhild *od* **Kriemhilde** (*f*) *weibl. Vorname* Krimhilda *erstere auch weibliche Hauptgestalt des Nibelungenliedes [Gemahlin Siegfrieds]*

Krill *m Biol*: ***antarktischer*** ~ (Euphausia superba) antarkta krilo *<zum Zooplankton gehörig>*

Krim *f eine Halbinsel am Schwarzen Meer* Krimeo; ~**gebirge** *n*, *auch* ***Taurisches Gebirge*** *n* Krimea Montaro

Krimi *m umg für **a)** «Kriminalfilm» (Kino, TV)* krim-filmo ***b)*** *umg für «Kriminalroman»* krim-romano, *auch* detektiva romano

Kriminal|amt *n* kriminal-oficejo; **~beamte** *m* kriminala oficisto; **~fall** *m* kriminala kazo; **~film** *m* krim-filmo; **~geschichte** *f* kriminalhistorio (*vgl. dazu **Kriminalroman***)

kriminalisieren *tr 1. in die Kriminalität treiben 2. ein Verhalten als kriminell darstellen 3. [eine Zivilprozesssache] zu einer Strafsache machen* kriminaligi

Kriminalisierung *f* kriminaligo

Kriminalist *m* kriminalisto (*vgl. dazu **Strafrechtler***)

kriminalistisch *Adj* kriminalistika

Kriminalistik *f* kriminalistiko

Kriminalität *f* krimeco (↑ *auch **Cyber-, Drogen- Hass-, Jugend-, Rocker-** u. **Wirtschaftskriminalität***); ***organisierte ~*** organizita krimeco; ***Kampf** m **gegen die ~*** lukto kontraŭ la krimoj (*od auch* kontraŭ la krimularo)

Kriminalitätsrate *f* kvoto de krimeco

kriminaljuristisch *Adj* kriminaljura

Kriminal|komödie *f Film, Theat* kriminala komedio; **~kommissar** *m* kriminalkomisaro *od* kriminala komisaro; **~polizei** *f, umg häufig Kurzw **Kripo** f* kriminala polico

kriminalpolizeilich *Adj* kriminalpolica

Kriminalpolizist *m* kriminala policisto

Kriminalrecht *n Jur* ↑ ***Strafrecht***

Kriminal|roman *m* krim-romano, *auch* detektiva romano (↑ *auch **Krimi b)***); **~statistik** *f* kriminalstatistiko; **~taktik** *f* kriminaltaktiko; **~technik** *f* kriminaltekniko; **~techniker** *m* kriminalteknikisto

kriminaltechnisch 1. *Adj* kriminalteknika; ***~es Labor** n* kriminalteknika laboratorio; ***~e Untersuchung** f* (*Abk **KTU***) kriminalteknika esploro **2.** *Adv* kriminalteknike

kriminell *Adj* krima (↑ *auch **cyberkriminell***); ***~e Aktivität*** (*od **Handlung***) *f* krima aktivado; ***~e Energie** f* krim-energio; ***~e Tat** f* krima ago (*od* faro)

[1]**Kriminelle** *m* krimulo (↑ *auch **Cyberkriminelle***)

[2]**Kriminelle** *n (das) Verbrecherische* krimeco

Kriminologe *m* krimologo

Kriminologie *f* krimologio

kriminologisch 1. *Adj* krimologia; ***~es Institut** n* instituto pri krimologio **2.** *Adv* kriminologie

krimisch *Adj Pflanzengeografie (auf der südlichen Krim-Halbinsel vorkommend)* krimea

Krimkonferenz *f Gesch* ↑ *unter **Jalta***

Krim|krieg *m Gesch* Krimea Milito *[1853-56]*; **~-Linde** *f* (Tilia euchlora) *Bot* krimea tilio *<eine Hybride aus Winter- u.Schwarzmeerlinde>*

Krimskrams *m umg für «wertloses Zeug»* senvaloraĵo(j) *(Pl)* (*vgl. dazu **Kram a)***)

Krimtataren *m/Pl Ethn (ein Turkvolk auf der Krim)* krimeaj tataroj *Pl*

krimtatarisch *Adj* krime-tatara

Krimtatarisch[e] *n Ling (Sprache der Krimtataren)* la krime-tatara [lingvo]

Kringel *m **a)** ringförmiges Backwerk* kringo ***b)*** *kleiner Kreis* eta cirklo (*vgl. dazu **Schnörkel***)

Krinoline *f hist (Reifrock)* krinolino

Kripo *f* ↑ ***Kriminalpolizei***

[1]**Krippe** *f **a)** Futter*≗ [furaĝa] kripo, manĝotrogo ***b)*** *für das Jesukind* kripo

[2]**Krippe** *f = Kurzw für «Kinderkrippe»* [↑ *dort*]

Kris *m doppelschneidiger Malaiendolch mit geflammter Klinge* kriso

Krise *f **a)** auch **Krisis** f Med* krizo (↑ *auch **Akme***) ***b)*** *kritische Situation* krizo, kriza situacio (↑ *auch **Agrar-, Banken-, Börsen-, Ehe-, Energie-, Euro-, Finanz-, Finanzmarkt-, Flüchtlings-, Glaubens-, Handels-, Identitäts-, Kabinetts-, Klimakrise, Midlife-Crisis, Öl-, Regierungs-, Schulden-, Staats-, Währungs-, Weltwirtschafts-** u. **Wohnungskrise***); ***emotionale ~*** emocia krizo; ***eine ~ durchmachen*** (***lösen, überwinden***) trapasi (solvi, venki) krizon

krisenfest *Adj* kriz-imuna

Krisen|gebiet *n od* **~region** *f* kriza regiono

krisengeschüttelt *Adj* skuata (*bzw.* skuita) de krizo(j) *nachgest*

Krisen|herd *m* krizofokuso; **~intervention** *f* krizointerveno; **~lösung** *f* solvo de krizo

Krisenregion *f* ↑ ***Krisengebiet***

Krisen|situation *f* kriza situacio; **~sitzung** *f* krizokunveno; **~stab** *m od* **~team** *n* krizoteamo; **~treffen** *n Pol* krizorenkontiĝo; **~-zentrum** *n* krizocentro

[1]**Krishna** (*m*) *Hinduismus (indische Heldengestalt u. hinduistische Gottheit)* Kriŝno *auch indischer männl. Vorname*

[2]**Krishna** (*f*) *ein Fluss im Süden Indiens* [ri-

vero] Kriŝno

Krisis *f* ↑ ***Krise a)***

[1]**Kristall** *m Min* kristalo *auch i.w.S.* (↑ *auch* ***Berg-***, ***Ein-***, ***Eis-***, ***Flüssig-***, ***Phäno-*** *u.* ***Schneekristall***)

[2]**Kristall** *n*, *auch* ***Kristallglas*** *n geschliffenes Glas* kristalo (↑ *auch* ***Blei-*** *u.* ***Pseudokristall***); ***böhmisches*** ~ bohemia kristalo; ***geschliffenes*** ~ facetita kristalo

kristall|ähnlich *Adj* kristalsimila; ~**artig** *Adj* kristaleca (↑ *auch* ***kristalloid***)

Kristall|arthropathie *f Med (Arthropathie infolge artikulärer Kristallablagerungen, z.B. bei Gicht)* kristalartropatio; ~**bildung** *f Geol, Kristallografie* formiĝo de kristalo(j), kristaliĝo; ~**chemie** *f Wissenschaft von den gesetzmäßigen Beziehungen zw. den physikalischen Eigenschaften u. der chemischen Zusammensetzung der Kristalle* kemio de la kristaloj; ~**detektor** *m* kristala detektilo; ~**diode** *f El* kristala diodo

kristallelektrisch ↑ ***piezoelektrisch***

kristallen, *auch* ***kristallisch*** *Adj* kristala; *aus Kristall* el kristalo; *wie Kristall* kiel kristalo; *übertr: kristallklar* kristal[klar]a; ~***e Klarheit*** *f* kristala klareco *bes. übertr*

Kristall|form *f* kristalformo, *auch* kristala formo; ~**gitter** *n raumgitterartige Anordnung der Bausteine der Kristalle* kristalkrado; ~**glas** *n* ***a)*** *als Substanz* ↑ [2]***Kristall*** ***b)*** *Trinkglas aus Kristall* kristala glaso; ~-**gleichrichter** *m El* kristala rektifilo

kristallin, *auch* ***kristallinisch*** *Adj Chem u. Met (aus kleinen Kristallen bestehend)*: ~***e Flüssigkeiten*** *f/Pl* kristalaj likvoj *Pl*; ~***er Niederschlag*** *m Met* kristala precipitaĵo (↑ *auch* ***mikrokristallin[isch]***)

Kristallisation *f*, *auch* ***Kristallisierung*** *f Geol, Kristallografie (Bildung von Kristallen)* kristaliĝo, formiĝo de kristaloj (*vgl. dazu* ***Rekristallisation***)

Kristallisationswärme *f* (*auch* ***Erstarrungswärme*** *genannt*) *Phys* kristaliĝa varmo

kristallisch ↑ ***kristallen***

kristallisierbar *Adj* kristaligebla

kristallisieren ***a)*** *tr kristallisieren lassen* kristaligi (↑ *auch* ***umkristallisieren***) ***b)*** *intr Kristalle bilden* kristaliĝi (↑ *auch* ***auskristallisieren***); *zu Kandiszucker werden (Zucker)* kandiĝi

Kristallisierung *f* ↑ ***Kristallisation***

kristallklar *Adj* kristalklara (↑ *auch* ***glasklar a)***); *Radio- od TV-Empfang* tute klara, *auch* kristala; ***sie hat eine ~e Stimme*** ŝi havas kristalan (*od* kristale klaran) voĉon

Kristall|klasse *f Kristallografie* kristalklaso; ~**kugel** *f* kristala globo

Kristallkunde *f* = ***Kristallografie***

Kristallleuchter *m* kristal[ornamit]a lustro

Kristallmikrofon *n* ↑ *unter* ***Mikrofon***

Kristallmorphologie *f* kristalmorfologio

Kristallograf *m*, *auch* ***Kristallograph*** *m* kristalografo

Kristallografie *f*, *auch* ***Kristallographie*** *f Lehre von den Kristallen [ein Teilgebiet der Mineralogie]* kristalografio

kristallografisch, *auch* ***kristallographisch*** *Adj* kristalografia

kristalloid *Adj* kristaloida

Kristalloid *n kristallähnlicher Körper* kristaloido

Kristall|palast *m* kristala palaco; ~**physik** *f* fiziko de la kristaloj; ~**struktur** *f* kristalstrukturo *od* kristala strukturo; ~**suspension** *f Med (Aufschwemmung von kristallinen Substanzen in meist wässriger Lösung zur Injektion)* kristalsuspensio

Kristallsystem *n Kristallografie* kristalsistemo; ***kubisches*** (***hexagonales***, ***monoklines***, ***orthorhombisches***, ***rhomboedrisches***, ***triklinisches***) ~ kuba (sesangula, monoklina, ortoromba, romboedra, triklina) kristalsistemo

Kristall|vase *f* kristala florvazo; ~**zucker** *m* kristaligita sukero

Kristanz *m malaiischer Dolchtanz* kris[o]danco (*vgl. dazu* ***Kris***)

[1]**Kristiania** (*n*) *Eig* ↑ ***Christiania***

[2]**Kristiania** *m*, *auch* ***Querschwung*** *m Skilauf* kristianio

Kristiansand (*n*) *eine südnorwegische Hafenstadt am Skagerrak* Kristiansando

Kristianstad (*n*) *Hptst. der gleichnamigen südschwedischen Provinz* Kristianstado

Kristiansund (*n*) *eine westnorwegische Hafenstadt* Kristiansundo *[Zentrum der norwegischen Tangverarbeitung]*

Kriterium *n entscheidendes Merkmal* kriterio (***für*** por) (*vgl. dazu* ***Merkmal*** *u.* ***Norm***; ↑ *auch* ***Hauptkriterium***); ***das ~ der Wahrheit*** *Phil* la kriterio de la vero

Kritik *f* kritiko (↑ *auch* ***Film-***, ***Text-*** *u.* ***Theaterkritik***); *Wiss (kritische Beurteilung)* kritika prijuĝado (↑ *auch* ***Metakritik*** *u.* ***Rezension***); *Tadel* mallaŭdo; *Vorwurf* riproĉo; ***aufbauende*** (*od* ***konstruktive***) ~ konstru[iv]a kritiko; ***scharfe*** (***vernichtende***) ~ akra (detrua) kritiko (↑ *auch* ***Verriss***); ***unter aller*** ~ malinda je ĉia kritiko; ***sich der*** ~ ***aussetzen*** sin elmeti al la kritiko(j); ~ ***üben*** fari kritikon (***an*** kontraŭ)

Kritikalität *f Kerntechnik, Phys* kriteco

Kritikaster *m kleinlicher Kritiker* pedanta kritikanto; *Nörgler* kritikemulo, grumblulo

Kritiker *m jmd., der kritisiert* kritikanto; *jmd., der gern kritisiert* kritikemulo; *jmd., der beruflich Kunst od Literatur u.Ä. kritisiert* kritikisto; *Kunst*~ artkritikisto; *Literatur*~ literaturkritikisto (↑ *auch* ***Film-***, ***Kunst-***, ***Literatur-***, ***Selbst-***, ***System-*** *u.* ***Theaterkritiker***); ***ein kleinlicher*** ~ pedanta kritikanto

kritiklos **1.** *Adj* senkritika **2.** *Adv* senkritike (↑ *auch* ***bedenkenlos***); ***alles*** ~ ***akzeptieren*** (*od* ***hinnehmen***) senkritike akcepti ĉion

kritikwürdig *Adj* kritikinda

kritisch **1.** *Adj* ***a)*** *bedenklich (auch Med), zugespitzt* kriza, *bes. Phys u. Kerntechnik (eine Wende ankündigend)* krita (↑ *auch* ***überkritisch***); *i.w.S. (gefährlich)* danĝera; ~ ***werden*** *sich zuspitzen* kriziĝi; ***ein*** ~***es Alter*** kriza aĝo; ~***er Druck*** *m Phys (eines Gases)* krita premo; ~***e Lage*** (*od* ***Situation***) *f* kriza situacio *auch Mil u. Pol*; ~***e Masse*** *f Kerntechnik* krita maso; ~***er Punkt*** *m Phys* krita punkto; ~***e Temperatur*** *f Tech (z.B. bei Gasverflüssigung)* krita temperaturo; ***der Zustand des Patienten ist sehr*** ~ la paciento estas en tre kriza situacio ***b)*** *prüfend* kritika (↑ *auch* ***sozialkritisch***); ~***e Bemerkungen*** *f/Pl* kritikaj notoj (*bzw.* rimarkoj) *Pl*; ~***e Beurteilung*** *f* kritika prijuĝado **2.** *Adv* kritike; ***etw.*** ~ ***beleuchten*** (***prüfen***) kritike prilumi (ekzameni) ion

Kritische *n das Krisenhafte, bedenklicher Zustand* krizeco

kritisierbar *Adj* kritikebla

kritisieren *tr prüfend, jedoch meist negativ beurteilen, kritisch besprechen, i.w.S. auch tadeln* kritiki (*vgl. dazu* ***rezensieren***; ↑ *auch* ***kritteln***); ***das ist unbedingt zu*** ~ tio estas nepre kritikenda; ***von ... kritisiert werden*** esti kritikata de ...; ***jmdn. vor*** (*od* ***im Beisein von***) ***anderen [Leuten]*** ~ kritiki iun en ĉeesto de aliaj [homoj *od* personoj]

Kritizismus *m Phil* kritikismo (*vgl. dazu* ***Kantianismus***)

Krittelei *f* kritikaĉo

kritteln *tr (auch abs) [in kleinlicher Weise] bekritteln* kritkaĉi

Krittler *m* kritikaĉulo (*vgl. dazu* ***Nörgler***)

kritzeln *intr schlecht schreiben, schmieren* skribaĉi

Kriwoi Rog (*n*) ↑ ***Kryvyi Rih***

Krkonoše ↑ ***Riesengebirge***

Kroate *m* kroato

Kroatien (*n*), *kroat.* ***Hrvatska*** *ein Staat in SO-Europa* Kroatio *[Hptst.: Zagreb]*

Kroatin *f* kroatino

kroatisch *Adj* kroata

Krocket *n Sport (ein Rasenspiel, bei dem mit einem Holzhammer Kugeln durch kleine Tore getrieben werden müssen* kroketo; ~**schläger** *m* kroketmaleo

Kroepoek *n Nahr* = ***Krupuk***

Kroisos *od* **¹Krösus** (*m*) *Gesch Eig (König von Lydien [um 560-547 v, Chr.])* Krezo

Krokant *m mit karamellisiertem Zucker überzogener Mandelbruch* krokanto; ~**füllung** *f* krokanta farĉo

Kroketten *f/Pl Kochk* krokedoj *Pl* (↑ *auch* ***Kartoffelkroketten***)

Kroki *n*, <*schweiz*> *meist* ***Croquis*** *n Mal, Lit ([flüchtiger] Entwurf, Skizze)* krokizo

krokieren *tr [flüchtig] entwerfen od zeichnen* krokizi (↑ *auch* ***skizzieren***)

Krokodil *n* (*Ordnung* Crocodylia; *Gattung* Crocodylus) *Zool* krokodilo (*vgl. dazu* ***Alligator*** *u.* ***Gavial***; ↑ *auch* ***Australien-***, ***Leisten-***, ***Nil-***, ***Panzer-***, ***Philippinen-***, ***Salzwasser-***, ***Siam-***, ***Sumpf-*** *u.* ***Süßwasserkrokodil***); ~**kaiman** *m, auch* ***Brillenkaiman*** *m* (Caiman sclerops = Caiman crocodilus) *Zool* krokodila kajmano *[Vorkommen: Mittelamerika u. nördl. Südamerika]*

Krokodilleder *n* krokodila ledo; ***ein Portemonnaie aus*** ~ monujo [farita] el krokodila ledo

Krokodilschwanzechse *f Zool*: ***chinesische*** ~ (Shinisaurus crocodilurus) krokodila lacerto

Krokodilstränen *f/Pl geheuchelte Tränen* hipokritaj (*od auch* krokodilaj) larmoj *Pl*

Krokodilwächter *m* (Pluvianus aegyptius) *Orn (eine afrikanische Brachschwalbe)* krokodilgardulo

Krokoit *m* (*früher auch* ***Rotbleierz*** *od* ***chromsaures Blei*** *n genannt*) *Min* krokoito

Krokus *m* (*Gattung* Crocus) *Bot (eine früh blühende Gartenpflanze)* krokuso (*vgl.dazu* ***Safran a)***; ↑ *auch* ***Elfen-***, ***Frühlings-***, ***Gold-***, ***Heuffel-*** *u.* ***Silberlack-Krokus***);

zweiblütiger ~ (Crocus biflorus) duflora krokuso *[Vorkommen: Mittelmeerregion]*

Krokydolith *m Min (eine feinfaserige Abart des Minerals Riebeckit)* krokidolito

Kromlech *m Grab- u. Kultstätte der Jungsteinzeit aus hoch aufgeschichteten, kreisförmig aufgestellten Steinen* kromleĥo

Kronammer *f Orn* ↑ ***Silberkopfammer***

Kronblatt *n Bot: Blüten*~ *(Fachspr* ***Petal*** *od* ***Petalum*** *n)* petalo

Krönchen *n kleine Krone* kroneto; ~**feldsalat** *m* (Valerianella coronata) *Bot* grandkalika valerianelo

[1]**Krone** *f* krono *auch übertr* (↑ *auch* ***Adels-, Freiherrn-, Gold-, Grafen-,*** [1]***Kaiser-, Königs-*** *u.* ***Märtyrerkrone***); *eines Baumes* [arbo]krono; *Zahn*~ *(Anat)* krono [de dento], *(künstliche)* kronaĵo (↑ *auch* ***Jacketkrone***); *Zool (Wulst oberhalb von Huf u.Klaue)* krono; *Zwinge (am Schaftende befindlicher Metallring, z.B. eines Schraubendrehers)* krono; *oberer Teil eines Brillanten* krono; ***die ~ des Ruhms*** *übertr* la krono de gloro; ***einem Baum die ~ abschneiden*** fortranĉi la kronon de arbo *od kurz* senkronigi arbon; ***sich um die ~ bewerben*** aspiri la kronon (*od* al la krono) ◇ ***das setzt allem*** (*od* ***dem Fass***) ***die ~ auf!*** *das übertrifft alles bisher Dagewesene* tio superas ĉion [antaŭan]!; *das ist der Gipfel [der Frechheit]* tio estas la kulmino [de l' impertinenteco]!

[2]**Krone** *f Währungseinheit in etlichen Ländern* krono; ***dänische ~*** (*Abk* ***dkr***, *Währungscode* ***DKK***) dana krono; ***estnische ~*** (*Abk* ***ekr***, *Währungscode* ***EEK***) *[bis zur Euro-Einführung am 1.1.2011]* estona krono; ***isländische ~*** (*Abk* ***ikr***, *Währungscode* ***ISK***) islanda krono; ***norwegische ~*** (*Abk* ***nkr***, *Währungscode* ***NOK***) norvega krono; ***schwedische ~*** (*Abk* ***skr***, *Währungscode* ***SEK***) sveda krono; ***slowakische ~*** (*Abk* ***Sk***, *Währungscode* ***SKK***) *[bis zur Euro-Einführung am 1.1.2009]* slovaka krono; ***tschechische ~*** (*Abk* ***Kč***, *Währungscode* ***CZK***) ĉeĥa krono

[3]**Krone** *f, Fachspr* ***Corona*** *f, auch* ***Korona*** *f Astron* Krono; ***Nördliche ~*** *od* ***Corona Borealis*** (*Abk* ***CorB***) *ein Sternbild des nördl. Himmels* Krono Boreala; ***Südliche ~*** *od* ***Corona Australis*** (*Abk* ***CorA***) *ein Sternbild des südl. Himmels* Krono Aŭstrala

krönen *tr* kroni *auch übertr*; ***er wurde zum König gekrönt*** oni kronis lin [por esti la] reĝo; ***seine Anstrengungen wurden von Erfolg gekrönt*** liaj klopodoj estis kronataj de sukceso; ***eine Kuppel krönt den Palast*** kupolo kronas la palacon

Kronen|adler *m* (Stephanoaetus coronatus) *Orn* kronaglo *<einer der größten Adler Afrikas>*; ~**ansatz** *m Bot (unterer Ansatz der Baumkrone)* kronbazo; ~**dach** *n eines Baumes* krontegmento; ~**ducker** *m* (Sylvicapra grimmia) *Zool* kaprodukero *[Vorkommen: subsaharisches Afrika]*; ~**flughuhn** *n* (Pterocles coronatus) *Orn* krona stepkoko; ~**kiebitz** *m* (Vanellus coronatus) *Orn* krona vanelo; ~**korken** *m, auch* ***Kronkorken*** *m als Flaschenverschluss* ĉapo [de botelo]

Kronenkranich *m Orn* kronogruo, *auch* kronita gruo; ***Grauhals-Kronenkranich*** *od* ***Südafrika-Kronenkranich*** *m* (Balearica pavonina) griza kronogruo *[Vorkommen: W-Afrika u. in der Sahelzone]*

Kronen|laubsänger *m* (Phylloscopus coronatus) *Orn* kronfiloskopo (↑ *auch* ***Dachskopflaubsänger***); ~**meerkatze** *f* (Cercopithecus pogonias) *Zool* krona cerkopiteko; ~**mutter** *f Handw, Tech* krenela ŝraŭbingo; ~**papier** *n ein Papierformat* krono; ~**pinguin** *m, auch* ***Sclater-*** *od* ***Gelbschopfpinguin*** *m* (Eudyptes sclateri) *Orn* flavkresta (*od* sklatera) pingveno *[Vorkommen: Bountyinseln u. Antipodeninseln]*

Kronenschicht *f*: ***oberste ~ [mit ihrem Hauptkronendach]*** *(in ca. 40 m Höhe [im tropischen Regenwald]) nur Fachspr Bot* kanopeo

Kronenverschluss *m Flaschen[patent]verschluss* botelĉapeto *m*

Kronfeldherr *m Gesch* ↑ ***Konnetabel***

Kronglas *n* ↑ ***Crownglas***

Krongut *n*: ***[königliches] ~*** reĝa bieno

Kron|insignien *Pl* kronimsignoj *Pl*; ~**juwelen** *n/Pl od m/Pl* kronjuveloj *Pl*; ~**kolonie** *f, engl.* ***Crown colony*** *brit. Kolonialgeschichte ([früher:] eine direkt von der Krone durch einen Gouverneur verwaltete Besitzung <z.B. Straits Settlements [bis 1946]>)* kronkolonio (↑ *auch* ***setlemento***); ~**leuchter** *m* lustro

Kronos (*m*) *griech. Myth (altgriech. Wetter- u, Erntegott [in der Sage der jüngste der Titanen)* Krono

Kron|prinz *m Thronerbe direkter Abstammung in Kaiser- u. Königreichen* kronprinco; ~**prinzessin** *f* kronprincino; ~**rat** *m Beratungsorgan unter Vorsitz eines Monarchen* konsilio de la krono

Kronsbeere *f Bot, Nahr* ↑ ***Preiselbeere***

Kronschnepfe *f Orn* ↑ *unter* ***Brachvogel***

[1]**Kronstadt** (*n*) *befestigte Hafenstadt westl. von St. Petersburg im Finnischen Meerbusen [vor der Newamündung]* Kronŝtato

[2]**Kronstadt** (*n*) ↑ ***Braşov***

Krönung *f* kronado (↑ *auch* ***Kaiserkrönung***); *i.w.S. Inthronisierung* entronigo [de reĝo]; *übertr (Höhepunkt)* kulmino, *(glorreiche Vollendung) auch* krono

Krönungs|kirche *f* kronada preĝejo; ~**zeremonie** *f, auch* ***Krönungsfeierlichkeiten*** *f/Pl* kronada ceremonio

Kronwaldsänger *m* (Dendroica coronata) *Orn* flavpuga parulio

Kronwicke *f* (*Gattung* Coronilla) *Bot* koronilo, *pop auch* kronherbo; ***bunte*** ~ (Coronilla varia) dukolora koronilo; ***strauchige*** ~ *od* ***Strauchkronwicke*** *f* (Coronilla emerus) arbusta koronilo *[Vorkommen: von Südeuropa über die Balkanhalbinsel bis Westasien u. Nordafrika]*

Kronzeuge *m Jur* ĉefa atestanto

Kropf *m* ***a)*** *beim Huhn od Vogel* kropo ***b)*** *Med (Struma)* strumo

kröpfen *tr Bauw, Handw, Tech* kubuti

Kropfentzündung *f Med* ↑ ***Strumitis***

Kröpfer *m* ↑ ***Kropftaube***

Kropf|gazelle *f* (Gazella subgutturosa) *Zool (eine mittelasiatische Gazellenart)* kropa gazelo *[Vorkommen: Transkaukasien, Iran, Aserbaidschan bis zur Wüste Gobi u. Nordchina]*; ~**milch** *f, auch* ***Taubenmilch*** *f ein Kropfsekret zur Fütterung der Nestlinge durch die Elterntiere bei Flamingos, Tauben u.a.* kropolakto, *[bei Tauben:] auch* kolombolakto

Kropfoperation *f Chir* ↑ ***Struma[teil]resektion***

Kropfstorch *m Zool* ↑ ***Marabu***

Kropftaube *f, auch* ***Kröpfer*** *m eine Haustaubenart* krop[o]kolombo

Kröpfung *f Bauw, Tech (winkeliger od U-förmiger Teil)* kubuto

Kröselzange *f Handw* ↑ ***Glaserzange***

[1]**Krösus** (*m*) *Eig* ↑ ***Kroisos***

[2]**Krösus** *m sehr reicher Mann* nababo

Kröte *f, reg u. <österr> umg* ***Krot*** *f* (*Gattung* Bufo) *Zool* bufo (↑ *auch* ***Berber-***, ***Erd-***, ***Geburtshelfer-*** *u.* ***Kreuzkröte***); ***[Familie der]*** ~***n***, *<wiss>* ***Bufoniden*** *Pl* (Bufonidae) bufedoj *Pl*; ***amerikanische*** ~ (Bufo americanus) amerika bufo; ***grüne*** ~ *od* ***Wechselkröte*** *f* (Bufo viridis) verda bufo ◇ ~***n*** *Pl salopp für «Geld»* moneroj *Pl*

Kröten|echse *f* (*Gattung* Phrynosoma) *Zool* frinosomo, *pop* korn-igvano; ~**gift** *n*, *<wiss>* ***Bufotoxin*** *n im Sekret der Hautdrüsen von Kröten enthaltener Gftstoff* bufotoksino; ~**wanderung** *f* bufomigrado

Kroton *m Bot* ↑ ***Wunderstrauch***

Krotonsäuresalz *n Chem* krotonato

Krs. = *Abk für Abk* ***Kreis***

Krücke *f* ***a)*** *auch* ***Krückstock*** *m für Gehbehinderte* lamulbastono *od* bastono de lamulo, *auch* lambastono; ***an*** ~***n gehen*** iri helpe de [lamul]bastonoj ***b)*** *reg für «[gebogener] Griff» z.B. eines Regenschirms* [kurba] tenilo (↑ *auch* ***Knauf***) ***c)*** *Schimpfw für eine weibl. Person*: ***die alte*** ~ ***von nebenan*** la aĉulino el la apuda loĝejo (*bzw.* apuda domo *od* najbareco *u.a.*)

Krug *m* ***a)*** kruĉo (*vgl. dazu* ***Kanope*** *u.* ***Kruke***; ↑ *auch* ***Bier-***, ***Glas-***, ***Henkel-***, ***Milch-***, ***Wasser-*** *u.* ***Zinnkrug***); ***irdener*** ~ *od* ***Tonkrug*** *m* argila kruĉo ◇ ***der*** ~ ***geht so lange zum Wasser*** (*od* ***zum Brunnen)***, ***bis er bricht*** longe ĉerpas la kruĉo, ĝis ĝi fine rompiĝas *(Zam)* ***b)*** *reg (bes. norddt.) für «Schänke» od «Wirtshaus»* trinkejo, gastejo

Krugfarn *m* (Davallia) *Bot (eine Gattung tropischer u. subtropischer Farne)* davalio *[Vorkommen: vor allem in SO-Asien u. Polynesien]*; ***[Familie der]*** ~***e*** *m/Pl* (Davalliaceae) davaliacoj *Pl*

Kruke *f [großer] Tonkrug [bes. zur Konservierung von Lebensmitteln u.Ä.]* ĵaro

Krukenbaum *m Bot* ↑ ***Topfbaum***

Krümchen *n* ◇ ***kein*** ~ *gar nichts (im Nom)* absolute nenio, *(im Akk)* absolute nenion

Krume *f Brot≗* panero; *Stückchen* peceto, ero; *Landw (Acker≗)* humtero

krümeln *intr* pecetiĝi

krumm *Adj* kurba; *gekrümmt* kurbiĝinta; *gewunden* tordita; *gewölbt, konvex* konveksa; *verbogen* flekse deformita ◇ ~***e Wege gehen*** iri sur insidaj (*od* malhonestaj) vojoj; *i.w.S. vom rechten Weg abkommen* deflankiĝi de la ĝusta vojo devojiĝi

Krummaxt *f Handw* ↑ ***Zimmermannsaxt***

krummbeinig *Adj* kurbakrura, kurbagamba (*vgl. dazu* ***o-beinig*** *u.* ***x-beinig***)

Krumm|darm *m* (Intestinum ileum), *Fach-*

spr auch ***Ileum*** *n Anat (unterer Teil des Dünndarms)* ileo; **~dolch** *m* kurba ponardo

krümmen *tr biegen* kurbigi; ***sich*** ~ *sich biegen* kurbiĝi; *sich winden (Wurm)* tordiĝi; *sich bücken* sin klini, kliniĝi; ***sich vor Schmerzen*** ~ tordiĝi pro doloro

Krümmen *n als Handlung* kurbig[ad]o

Krummhals *m Bot* ↑ ***Wolfsauge***

Krummholzkiefer *f Bot* ↑ ***Bergkiefer***

krummlachen, sich ↑ ***kranklachen, sich***

krummnehmen *tr*: ***etw.*** ~ *etw. übelnehmen* malbone akcepti ion; *i.w.S. wegen etw. beleidigt sein* ofendiĝi pro io

Krummsäbel *m*: ***türkischer*** ~ jatagano

Krummschnabel *m Orn* ↑ ***Säbelschnäbler***

Krummschwert *n*: ***arabisches*** ~ cimitaro

Krummstab *m* = ***Bischofsstab***

Krümmung *f z.B. eines Flusses od Weges* kurbiĝo; *als Zustand (das Krummsein)* kurbeco; *etw. Krummes, auch: Kurvatur (z.B. der Magenwände)* kurbaĵo; *Bogen, Kurve* kurbo *auch Geom u. Phys*

Krümmungsradius *m Geom* radiuso de kurbeco

krumpfecht *Adj Gewebe* sanforizita; ~ ***machen*** *Textilausrüstung* ↑ ***sanforisieren***

Krung Kao (*n*) ↑ ***Ayutthaya***

Krüper's Kleiber *m Orn* ↑ *unter* ***Kleiber***

Krupp *m, auch* ***Kehlkopfdiphtherie*** *f Med (eine akute Entzündung der Schleimhaut des Kehlkopfes)* krupo

kruppartig *od* **kruppös** *Adj Med* kruposimila; ***kruppöser Husten*** *m* kruposimila tus[ad]o

Kruppe *f oberer Abschnitt der Hinterhand, Kreuz [bei Pferd, Rind od Schaf]* gropo

Krüppel *m* kriplulo; ***jmdn. zum*** ~ ***machen*** kripligi iun

krüppelhaft *od* **krüppelig** *Adj verkrüppelt* kripla

kruppös *Adj (kruppartig)* kruposimila

Krupuk *n, auch* ***Krabbenfladen*** *m Nahr (ein indonesisches Beigericht)* krupuko, *auch* salikokpano

krural *Adj zum Schenkel gehörend* krura

Krüstchen *n dünne* (*od kleine*) *Kruste* krusteto

Kruste *f* krusto (↑ *auch* ***Rinde a)*** *u.* ***Zuckerkruste***); *Brot*~ krusto de pano, pankrusto; *Med (Wundschorf)* vundkrusto; ***ein Stück mit einer*** ~ krustopeco; ***mit einer*** ~ ***bedeckt*** krustokovrita; ***eine*** ~ ***bilden*** (*od* ***bekommen***) krustiĝi

krustenartig *od* **krustig 1.** *Adj* krusteca (↑ *auch* ***schorfig***) **2.** *Adv*: ***krustenartig ausblühen*** *Geol, Min (effloreszieren)* efloreski

Krustenbewegung *f Geol*: ***langsame und weiträumige*** ~ ***der Erdoberfläche*** epirogenezo

Krustenflechte *f Bot* krusteca likeno (↑ *auch* ***Lecidea*** *u.* ***Mauerflechte***); ***[Familie der]*** ~***en*** *Pl* (Rhizocarpaceae) rizokarpacoj *Pl*

Krustentiere *n/Pl Zool* ↑ ***Krebstiere*** *u.* ***Schalentiere***

krustig ↑ ***krustenartig***

Krux *f, auch* ***Crux*** *f Betrübnis, Gram* aflikto; *Schwierigkeit* malfacilaĵo, tubero en la afero

Kruziferen *f/Pl Bot* ↑ ***Kreuzblütler***

Kruzifix *n* krucifikso; ***das*** ~ ***küssen*** kisi la krucifikson

Kryobank *f Einrichtung zur Lagerung von biologischem Material bei extrem tiefen Temperaturen* kriobanko

Kryobiologie *f Teilgebiet der Biologie, das sich mit der Einwirkung sehr tiefer Temperaturen auf Organismen befasst* kriobiologio *<bes. werden die Einwirkungen sehr niedriger Temperaturen auf Organismen, Gewebe u. Zellen erforscht>*

Kryochirurgie *f Med (Operationstechnik, bei der Kälte zur Zerstörung von kran- kem Gewebe angewandt wird)* kriokirurgio *<bes. bei Hirn- u. Augenoperationen>*

Kryogenik *f Phys (Forschungszweig, der sich mit den physikalischen Erscheinungen im Bereich tiefer Temperaturen befasst)* kriogeniko

Kryokonservierung *f Tech (Aufbewahren von Zellen durch Einfrieren in flüssigem Stickstoff [z.B. von Pflanzenproben, auch von Spermien, Eizellen u. Embryonen])* kriokonservado

Kryolith *m, auch* ***Eisstein*** *m Min* kriolito

Kryologie *f* kriologio

Kryometer *n Phys (Thermometer für Temperaturen, die unter dem Erstarrungspunkt von Quecksilber [-38,8°C] liegen)* kriometro

Kryophor *m Phys (Gerät zur Demonstration der Verdampfungswärme)* krioforo

Kryoplankton *n Biol (Bez für Organismen, die einen Teil ihres Lebens im eingefrorenen Zustand im Schnee od Eis verbringen)* krioplanktono

Kryoskalpell *n Chir (in der Kryochirurgie verwendetes Skalpell)* krioskalpelo

Kryoskopie *f Chem, Phys (Bestimmung des Molekulargewichts durch Messung der Gefrierpunktserniedrigung)* krioskopio

Kryostat *m, auch* ***Tiefsttemperaturthermostat*** *m Phys (Apparatur, um sehr tiefe Temperaturen konstant zu halten)* kriostato

Kryotechnik *f Technik der Kälterzeugung im unteren Temperaturbereich* kriotekniko

Kryotherapie *f, auch* ***Kältebehandlung*** *od* ***Kältetherapie*** *f Med (therapeutische Anwendung von Kälte als Gas [Kaltluft], Flüssigkeit [Eiswasser] od fester Aggregatzustand [Eis] lokal bzw. ganzheitlich [in einer Kältekammer])* fridoterapio, *Fachspr meist* krioterapio

Kryotron *n EDV (ein Schaltelement)* kriotrono

Krypta *f Arch, Rel a) [in frühchristlicher Zeit:] Grabraum eines Märtyrers in den Katakomben b) [später:] ein halb unterirdischer Raum unter dem Ostchor der Kirche c) [in der Romanik:] Grabkapelle* kripto *<mit der Ausprägung der Gotik entfiel der Bau von Krypten>*

Krypte *f nur Fachspr Med (Einbuchtung in Form einer Schleimhautsenkung)* kripto; *Mandelkrypten Pl* tonsilaj kriptoj *Pl*

kryptisch *Adj 1. [unklar in seiner Ausdrucksweise od Darstellung und deshalb] schwer zu deuten* (*vgl. dazu* ***geheimnisvoll***) *2. Biol: unauffällig, an Untergrund od Umgebung angepasst [z.B. die blaue Farbe mariner Tiere] <als kryptisch werden auch nicht manifeste Erbmerkmale bezeichnet>* kripta

Kryptobiose *f Biol (ein Zustand von Organismen, bei dem Stoffwechselvorgänge extrem reduziert sind [z.B. beim Bärtierchen u. bei Fedenwürmern]* kriptobiozo

Kryptogamen *f/Pl, auch* ***Sporenpflanzen*** *f/Pl* (Cryptogamae) *Bot (blütenlose Pflanzen [z.B. Algen, Farne, Moose u. Pilze])* kriptogamoj *Pl* (↑ *auch* ***Gefäßkryptogamen***); ***niedere*** ~ ĉelaj kriptogamoj

kryptogen *od* **kryptogenetisch** *Adj Med (von verborgenem Ursprung, von unbekannter Entstehung [von Krankheiten])* kriptogeneza

Kryptografie *f Geheimschrift* kriptografio

kryptografisch *Adj* kriptografia

Kryptogramm *n (als allgemein verständlich getarnter Text, dessen eigentlichen Sinn nur der Kundige erkennen kann, auch Verse, deren Anfangsbuchstaben od -wörter einen Satz od ein Wort ergeben)* kriptogramo

Kryptologie *f Wissenschaft von der Ver- u. Entschlüsselung von Nachrichten* kriptologio

kryptomagnetisch *Adj Geol (Bez für Erzlagerstätten, deren mutmaßliches Stamm-Magma in großer Entfernung liegt* kriptomagneta

kryptomer *Adj verborgen, maskiert <Bez für eine phänotypische nicht apparente, im Genotypus weitergegebene Anlage, die die Unterscheidung von Homologie u. Analogie erschwert>* kriptomeria

Kryptomerie *f Biol, Genetik (das Verborgenbleiben einer Erbanlage)* kriptomerio

Krypton *n* (*Symbol* ***Kr***) *Chem (ein seltenes Edelgas)* kriptono

Kryptophyten *m/Pl Bot (Pflanzen, die durch Ausbildung von Erneuerungsknospen extreme Umweltbedingungen <z.B. Dürre> überdauern)* kriptofitoj *Pl*

Kryptorchismus *m nur Fachspr Med (durch Entwicklungsstörungen bedingtes Ausbleiben des Absteigens des Hodens in den Hodensack beim Fetus)* kriptoorkideco

Kryptoskop *n Medizintechnik (tragbares Röntgenhilfsgerät für unverdunkelte Räume)* kriptoskopo

Krypto|vulkanismus *m Geol (vulkanische Erscheinungen unterhalb der Erdoberfläche)* kriptovulkanismo; ~**währung** *f, auch* ***Kryptogeld*** *n Fin* kriptovaluto, *auch* diĝita valuto, kriptomono (*vgl. dazu* ***Bitcoin***)

Kryptoxanthin *n Biochemie (in verschiedenen pflanzlichen u. tierischen Substanzen vorkommender gelbroter Farbstoff, der eine Vorstufe des Vitamins A darstellt)* kriptoksantino

Kryptozoen *n/Pl Zool (Bez für Lebewesen [z.B. Assekn], die unter Baumrinden u. vermodertem Holz leben)* kriptozooj *Pl*

Kryptozoikum *n Biol (Zeit des verborgenen Lebens vor 2 bis etwa 3,5 Milliarden Jahren [Geol = Präkambrium] <Einzeller waren wahrscheinlich vorhanden>)* kriptozo- iko

Kryvyi Rih (*n*), *früher* ***Kriwoi Rog*** (*n*) *eine Stadt in der Ukraine* Krivojrogo

Kshatriya *m Angehöriger des zweiten Standes der altindischen Ständegesellschaft [Kriegeradel]* kŝatrio

KSZE = *Abk für* ***Konferenz über Sicherheit und Zusammenarbeit in Europa*** [↑ *unter*

Konferenz]
Kt. = *Abk für* **[1]Kanton**
Kto. = *Abk für* **Konto**
KTU = *Abk für* ***kriminaltechnische Untersuchung***
Kuala Lumpur (*n*) *Hptst. von Malaysia* Kuala-Lumpuro
Kuantan (*n*) *Hptst. des malaysischen Gliedstaates Pahang* Kuantano
Kuba (*n*) Kubo *[Hptst.: Havanna]*
Kubaelfe *f Orn* ↑ ***Bienenelfe***
Kubaflamingo *m* (Phoenicopterus ruber) *Orn* ruĝa flamengo
Kuban *m ein Fluss in Nordkaukasien* [rivero] Kubano
Kubaner *m* kubano
Kubanerin *f* kubanino
Kubango *m* ↑ ***Cubango***
kubanisch *Adj* kuba
Kuba|specht *m* (Colaptes fernandinae) *Orn* fernandina (*od* kuba) pego Kubaspecht *m [Vorkommen: endemisch auf Kuba]*; ~**trogon** *m, auch* ***Tocororo*** *m* (Trogon temnurus = Priotelus temnurus) *Orn* kuba trogono, *auch* tokororo *[endemisch auf Kuba]* *<Nationalvogel Kubas>*
Kubebenpfeffer *m* (Piper cubeba) *Bot, Gewürz* kubebo *<wird auch als Heilpflanze genutzt>*
Kübel *m Bottich, Zuber* kuvo, *(klein)* kuveto; *[offenes, deckelloses] hölzernes Halbfass, Kufe* tino; *Fass* barelo (*vgl. dazu* ***Tonne***); *i.w.S. Eimer* sitelo; ***ein ~ [voller] Wasser*** tinopleno da akvo
Kübelpflanze *f Gartenb* kuvoplanto *bzw.* tinoplanto
Kubera *od* **Kuvera** (*m*) *Myth (indischer Gott des Reichtums [dargestellt als dickbäuchiger Zwerg])* Kubero
kubieren *tr* ***a)*** *Geom (1. in einen Würfel gleichen Inhalts verwandeln 2. den Rauminhalt eines krummebenig begrenzten Körpers bestimmen)* kubigi ***b)*** *Math (in die dritte Potenz erheben)* kubigi, potenci per tri
Kubierung *f Geom, Math* kubigo
Kubik|kilometer *m* (*Zeichen* ***km³***) kuba kilometro; ~**meter** *m* (*Zeichen* ***m³***, *früher* ***cbm***) kuba metro (*vgl. dazu* ***Fest-*** *u.* ***Raummeter***); ~**millimeter** *m* (*Zeichen* ***mm³***) kuba milimetro
Kubikwurzel *f Math (dritte Wurzel)* kuba radiko; ***die ~ von ... ziehen*** kubigi ...
Kubik|zahl *f Math (dritte Potenz [einer Zahl])* tria potenco [de nombro], kubo; ~**zentimeter** *m* (*Zeichen* ***cm³***, *früher* ***ccm***) kuba centimetro
kubisch *Adj würfelförmig* kuba *od* kuboforma; ~***e Gleichung*** *f Math* kuba ekvacio
Kubismus *m bildende Kunst (Kunststil, der in kubischen Formen gestaltet), Mal u. Plastik* kubismo *<eine Kunstrichtung des Expressionismus>*
Kubist *m Anhänger (od Vertreter) des Kubismus* kubisto, ano de [la] kubismo
kubistisch *Adj 1. den Kubismus betreffend 2. im Stil des Kubismus [gemalt]* kubisma
kubital *Adj nur Fachspr Med (1. zum Ellbogen gehörend 2. den Ellbogen betreffend)* kubuta
Kubu *Pl Ethn (malaiische Volksgruppe im SO von Sumatra/Indonesien, zum Teil mit weddidem Einschlag)* kubuoj *Pl*
Kubus *m Geom, Math (dritte Potenz)* kubo
Küche *f* kuirejo (↑ *auch* ***Gemeinschafts-*** *u.* ***Schiffsküche***); *die Art zu kochen* kuirmaniero; *Cuisine, Kochkunst* kuirarto; *Gekochtes* kuiraĵo, *i.w.S.* manĝaĵo; ***chinesische*** (***französische***) ~ ĉina (franca) kuirarto *bzw.* ĉinaj (francaj) manĝaĵoj *Pl*; ***kalte*** ~ *kalte Speisen* malvarmaj manĝaĵoj *Pl*; ***mediterrane*** ~ (*auch* ***Mittelmeerküche*** *genannt*) mediteranea kuirarto
Kuchen *m* kuko (↑ *auch* ***Apfel-***, ***Baum-***, ***Butter-***, ***Geburtstags-***, ***Hefe-***, ***Honig-***, ***Ingwer-***, ***Kartoffel-***, ***Kirsch-***, ***Kokos-***, ***Leb-***, ***Napf-***, ***Obst-***, ***Pflaumen-***, ***Quark-***,***Rosinen-***, ***Schokoladen-*** *u.* ***Topfkuchen***); ***hausbackener*** (***selbst gebackener***) ~ hejme bakita (mem bakita) kuko; ***ein Stück*** ~ peco da kuko
Küchenabfall *m* kuireja rubaĵo
Kuchen|bäcker *m* kuk[bak]isto; ~**bäckerei** *f (als Vorgang)* kukbakado; *(als Ort)* kuk[bak]ejo
Küchenbenutzung *f*: ***Zimmer*** *n* ***mit*** ~ ĉambro kun kuireja uzado
Kuchenblech *n* = ***Backblech***
Kuchenbüfett *n* kukobufedo
Küchenchef *m* ↑ ***Chefkoch***
Küchenfenster *n* kuireja fenestro
Kuchenform *f Hausw* kuk[o]muldilo (↑ *auch* ***Backform***)
Küchen|geräte *n/Pl* kuirejaj iloj *Pl*; ~**handtuch** *n* kuireja mantuko; ~**herd** *m* fornelo (↑ *auch* ***Elektro-*** *u.* ***Gasherd***); ~**hilfe** *f* kuirhel-

pistino; *i.w.S.* helpantino en la kuirejo; ~**junge** *m früher für «junger Gehilfe in einer Großküche»* kuireja knabo *(Zam)*; ~**kräuter** *n/Pl* spicherboj *Pl*; ~**löffel** *n* kuireja kulero; ~**maschine** *f* kulinara maŝino

Küchenmeister *m* ĉefkuiristo (*vgl. dazu* ***Koch***); ***der ~ empfiehlt*** *auf Speisekarten im Restaurant* la ĉefkuiristo rekomendas

Küchen|messer *n*, *<schweiz> auch* ***Rüstmesser*** *n* kuireja tranĉilo; ~**möbel** *n/(Pl)* kuireja(j) meblo(j) *(Pl)*; ~**ofen** *m* kuirforno (*vgl. dazu* ***Küchenherd***)

Kuchenplatte *f* kukoplado

Küchenreibe *f* kuireja raspilo (↑ *auch* ***Käse-*** *u.* ***Muskatreibe***)

Küchenschabe *f Ent*: ***gemeine ~***, *auch* ***Kakerlak*** *m od* ***Kakerlake*** *f*, *reg* ***Bäckerschabe*** *f* (Blatta orientalis) komuna (*od* orienta) blato (*vgl. dazu* ***[1]Schabe***)

Küchenschelle *f Bot* ↑ ***Kuhschelle***

Küchen|schere *f* kuireja tondilo; ~**schrank** *m* kuireja ŝranko (↑ *auch* ***Büfett***)

Kuchenstück *n* kukopeco

Küchenstuhl *m* kuireja seĝo

Kuchen|teig *m* kukopasto, *auch* pasto por fari kukon (↑ *auch* ***Rührteig***); ~**teller** *m* kukotelero

Küchen|tisch *m* kuireja tablo; ~**tuch** *n Geschirrtuch* kuireja sekigtuko; ~**tür** *f* kuireja pordo; ~**uhr** *f* kuireja horloĝo

Kuchenverkäufer *m* kukovendisto

Küchenwaage *f Hausw* kuireja (*od* kulinara) pesilo

Küchenzwiebel *f* ↑ ***Speisezwiebel***

[1]Küchlein *n kleiner Kuchen* kuketo

[2]Küchlein *n* ↑ ***Küken***

Kücken *n* ↑ ***Küken***

Kuckuck *m die in Mitteleuropa vorkommende Art* (Cuculus canorus) *Orn* [mezeŭropa] kukolo (↑ *auch* ***Blass-***, ***Bronze-***, ***Drongo-***, ***Einsiedler-***, ***Fächerschwanz-***, ***Fasansporn-***, ***Gelbschnabel-***, ***Gold-***, ***Häher-***, ***Hopf-***, ***Jakobiner-***, ***Kap-***, ***Klaas-***, ***Klagekuckuck***, ***Koël***, ***Madagaskar-***, ***Molukken-***, ***Pfauen-***, ***Renn-***, ***Rostbauch-***, ***Rotbauch-***, ***Schwarz-***, ***Schwarzohr-***, ***Schwarzschnabel-***, ***Senegalsporn-***, ***Smaragd-***, ***Wechsel-*** *u.* ***Weißbrauenkuckuck***); ***afrikanischer ~*** *od* ***Afrikanerkuckuck*** *m* (Cuculus gularis) afrika kukolo; ***[Familie der] ~e*** *Pl* (Cuculidae) kukoledoj *Pl*; ***kuckuck rufen*** krii kuku, *auch* kukui ◇ ***zum ~!*** *Ausruf der Ungeduld* je l' kukolo!; ***das weiß der ~*** eĉ la diablo ne scias

Kuckucksblume *f* (*Gattung* Platanthera) *Bot* platantero (↑ *auch* ***Bergkuckucksblume***); ***zweiblättrige ~***, *pop auch* ***Waldhyazinthe*** *f* (Platanthera bifolia) dufolia platantero

Kuckucks|ente *f* (Heteronetta atricapilla) *Orn* nigrakapa anaso, *pop auch* kukolanaso *[Vorkommen: N-Chile, N-Argentinien u. Paraguay]*; ~**lichtnelke** *f*, *auch* ***Fleischerblume*** *f* (Lychnis flos-cuculi) *Bot* kukola liknido, *pop* kukolfloro; ~**uhr** *f* kukolhorloĝo (↑ *auch* ***Schwarzwälder Uhr***); ~**weibchen** *n* femala kukolo; ~**weih** *m* (Aviceda cuculoides) *Orn* afrika kukolaglo *[Vorkommen: subsaharisches Afrika]*

Kudaissi (*n*) *zweitgrößte Stadt Georgiens* Kudaiso

Kuddelmuddel *m od n umg für «Durcheinander»* pelmelo, mikskonfuzo

Kuder *m Jägerspr (männliche Wildkatze)* maskla arbara kato

Kudu *m*, *auch* ***Schraubenantilope*** *f Zool (eine Antilope der afrikanischen Buschsteppen)* kuduo; ***großer ~*** *od* ***Großkudu*** *m* (Strepsiceros strepsiceros = Tragelaphus strepsiceros) granda kuduo *[Vorkommen: östl. u. südl. Afrika*; ***kleiner ~*** (Tragelaphus imbernis) malgranda kuduo *[Vorkommen: Ostafrika]*

[1]Kufe *f Gleitfläche bei Schlitten bzw. Schlittschuhen* glitilo [de sledo *bzw.* de sketilo]

[2]Kufe *f reg für «Bottich»* [ligna] barelo (*vgl. dazu* ***Bottich***, ***Kübel***, ***Wanne*** *u.* ***Zuber***; ↑ *auch* ***Weinkufe***)

Küfer *m reg u. <schweiz> für «Böttcher»* barel[far]isto; *Kellermeister* [vin]kelisto

Kufra (*n*), *arab.* ***al-Kufra*** *eine Oasengruppe im südöstlichen Libyen* Kufro

Kufstein (*n*) *eine Stadt im unteren Inntal/Österreich* Kufŝtejno

Kugel *f* ***a)*** *allg u. Geom* globo (↑ *auch* ***Arznei-***, ***Bowling-***, ***Christbaum-***, ***Erd-***, ***Glas-***, ***Halb-***, ***Himmels-***, ***Kegel-***, ***Kristall-***, ***Spiel-*** *u.* ***Stahlkugel***); *Geom (Sphäre [Oberfläche der Kugel])* sfero; *klumpen- bis kugelförmiger Körper* bulo; *Murmel* rulglobeto *od* ludglobeto; *Sport (Kugel- stoßen)* [pez]globo; ***bleierne ~*** plumba globo ***b)*** *Geschoss [in Kugelform]* kuglo (*vgl. dazu* ***Geschoss***; ↑ *auch* ***Gewehr-***, ***Kanonen-***, ***Leucht-*** *u.* ***Pistolenkugel***) ***c)*** *Sport: salopp für «Ball»* pilko

Kugelabschnitt *m Geom* globsegmento *od*

segmento de globo

Kugelamarant *m Bot* ↑ ***Gomphrene***

Kugel|ausschnitt *od* **~sektor** *m Geom* globsektoro *od* sektoro de globo; **~blitz** *m* globa fulmo

Kugelblume *f* (*Gattung* Globularia) *Bot* globulario; ***echte*** (*od* ***gemeine***) ~ (Globularia punctata) punkta globulario

Kugelblumengewächse *n/Pl Bot*: ***[Familie der]*** ~ (Globulariaceae) globulariacoj *Pl*

Kugelbombe *f Mil* kuglobombo

Kügelchen *n* globeto

Kugeldistel *f, auch* ***Kugelkopf*** *m* (*Gattung* Echinops) *Bot* ekinopso, *pop* globokardo *[Heimat: Mittelmeergebiet u. Vorderasien]*

kugelfest ↑ ***kugelsicher***

Kugelfisch *m* (*Gattung* Tetraodon) *Ichth* globfiŝo

kugelförmig 1. *Adj* globforma (*vgl. dazu* ***ballförmig***) **2.** *Adv* globforme

Kugelgelenk *n **a)** Tech* glob-artiko ***b)*** *Anat* (Articulatio sphaeroida) *kugelschalenähnliche Gelenkflächen, die Bewegungen in jede Richtung gestatten [z.B. Schultergelenk]*

Kugelginster *m Bot* ↑ ***Strahlenginster***

Kugelhagel *m, auch* ***Kugelregen*** *m* hajlo de (*od* da) kugloj

Kugelhahn *m Tech* ↑ ***Kugelventil***

Kugelhantel *f Kraftsport* globhaltero

Kugelhaube *od* **Kugelkappe** *f Geom* ↑ ***Kalotte***

Kugelhaufen *m Astron* ↑ ***Kugelsternhaufen***

kugelig *Adj* globa (↑ *auch* ***kugelförmig***)

Kugelkaktus *m Bot* ↑ ***Igelkaktus***

Kugelkoordinaten *f/Pl Geom* sferaj koordinatoj *Pl*

Kugelkreis *m Geom* ↑ *unter* ***Großkreis***

Kugelkuppel *f Arch* duonsfera kupolo; **~lager** *n Tech* globlagro

Kugellauch *m Bot* ↑ *unter* ***Lauch***

Kugelleuchte *f* globforma lampo

Kugelmesser *m Phys* ↑ ***Sphärometer***

kugeln ***a)*** *tr (etw.) rollen* ruli ***b)*** *intr* ruliĝi; *mit Murmeln spielen* ludi per [rul]globetoj ◇ ***sich vor Lachen*** ~ preskaŭ krevi pro ridado

Kugel|oberfläche *f Geom* sfera surfaco *od* surfaco de sfero; **~pfanne** *f Tech (Lagerschale, in der eine Achse od ein Schaft rotiert)* kusineto (↑ *auch* ***Lagerschale***)

Kugelregen *m* ↑ ***Kugelhagel***

kugelrund *Adj* ronda kiel globo *nachgest*; *jmds. Bauch* barelforma

Kugelschicht *f Geom* globtavolo

Kugelschreiber *m, umg* ***Kuli*** *m* globkrajono; ***Füllungen für*** ~ kartoĉoj por globkrajonoj

Kugelsektor *m Geom* ↑ ***Kugelausschnitt***

kugelsicher, *auch* ***kugelfest*** *Adj* kuglorezista; ***~es Glas*** *n Panzerglas* kuglorezista vitro; ***ein ~er Wagen*** *Kfz* kuglorezista aŭt[omobil]o; ***~e Weste*** *f* kugloprotekta veŝto

Kugel|sternhaufen *m, auch kurz* ***Kugelhaufen*** *m Astron* globa stel-amaso; **~stoßen** *n Sport* pezglob-ĵeto; **~stoßer** *m,* <*schweiz*> ***Kugelstößer*** *m Sport* pezglob-ĵetisto; **~ventil** *n, auch* ***Kugelhahn*** *m Tech* globvalvo; **~zapfen** *m Tech* sfera pivoto; **~zweieck** *n Geom (sphärisches Zweieck)* daŭbo

Kuh *f **a)*** bovino; *Milch*~ laktobovino *od* laktodona bovino; *i.w.S. Rind (als Gattungsname)* bovo; ***eine gut melkende*** ~ bovino donanta multe da lakto; ***die Kühe melken*** melki la bovinojn ◇ ***sie ist eine dämliche ~!*** ŝi estas stulta virinaĉo!; ***wie die ~ vorm neuen Tor [da]stehen*** stari kiel la bovo antaŭ la monto *(Zam)* ***b)*** *in Zus* ↑ ***Elefanten-*** *u.* ***Hirschkuh***

Kuh|antilope *f* (*Gattung* Alcelaphus) *Zool [mit drei Unterarten: Gnu, Hartebeest, Leierantilope]* alcelafo (↑ *auch* ***Buntbock***); **~baum** *m, auch* ***Milchbaum*** *m* (Brosimum galactodendron) *Bot (ein in Venezuela beheimateter Baum, dessen Milchsaft als Grundsubstanz für Kaugummi genutzt wird)* lakta brosimo

Kuhblume *f Bot* ↑ ***Löwenzahn***

Kuh|dung *m* bovosterko; **~euter** *n* bovina mamo *od* mamo de bovino; **~fladen** *m* bovofekaĵo; **~glocke** *f **a)** z.B. der Kühe auf der Alm* bov[o]sonorilo ***b)*** *auch* ***Cencerro*** *m od* ***Cowbell*** *f Mus (ein lateinamerikanisches Rhythmusinstrument)* bovosonorilo; **~handel** *m [langes] Feilschen* [longa] marĉandado

Kuhhaut *f* ◇ ***das geht auf keine*** ~ tio estas absolute nekredebla

Kuh|hirt *m* bov[in]isto, bovogardisto (*vgl. dazu* ***Cowboy*** *u.* ***Gaucho***); **~kalb** *n* bovidino (*vgl. dazu* ***Kalb***)

kühl *Adj **a)** mäßig kalt* malvarmeta; *frisch (bes. poet)* friska *auch Wind*; ***ein ~es Lüftchen*** friska venteto; ***ein ~er Sonntagmorgen*** friska dimanĉa mateno; ***das Wetter ist für die Jahreszeit zu*** ~ la vetero estas tro malvarmeta konsiderante la nunan sezonon ***b)*** *Getränk (frisch)* freŝa, *(erfrischend)* refreŝiga ***c)*** *übertr (nüchtern)* sobra, *(zurückhaltend)* sinretenema, *(indifferent, i.w.S. auch gefühllos)* indiferenta (*vgl. dazu* ***frigide*** *u.* ***gefühlskalt***); ~***es Denken*** *n* sobra pensado; ~***er Empfang*** *m* malvarma akcepto ◇ ***aus diesem ~en Grunde*** *ganz einfach deshalb* pro ĝuste tiu ĉi kaŭzo

Kühl|anlage *f, auch* ***Kühlvorrichtung*** *f Tech* fridiga instalaĵo; ~**container** *m Transportwesen* fridiga kontenero, *auch kurz* fridkontenero

Kuhle *f umg für «kleine Grube» od «kleines Loch»* kaveto *od* trueto

Kühle *f* malvarmeto; *bes. aufs Wetter bezogen auch* frisko; *Frische* freŝeco; *Nüchternheit* sobreco; *Indifferenz* indiferenteco; ***morgendliche*** ~ matena frisko

kühlen *tr* malvarm[et]igi; *bes. Tech: abkühlen (Kühlgut)* fridigi, *(Gefriergut)* kongeli ◇ ***sein Mütchen an jmdm.*** ~ *seinen Zorn an jmdm. auslassen* elverŝi sian koleron sur iun *(Zam)*

Kühler *m Kühlvorrichtung* malvarmigilo (↑ *auch* ***Kühlanlage***); *Sekt*≗ malvarmigilo por ĉampano; *Chem (Kondensator)* kondensilo; *Kfz* radiatoro; ~**figur** *f Kfz* radiatora maskoto; ~**grill** *m Kfz* radiatorkrado *od* radiatora krado; ~**haube** *f Kfz (Motorhaube)* kapoto [de aŭto]

Kühl|fach *n im Kühlschrank* frostofako; ~**kette** *f lückenlose Einhaltung der geforderten optimalen Kühllagerbedingungen bes. beim Transport von Kühlgütern* frostoĉeno; ~**krug** *m [in Spanien:] aus porösem Ton* alkarazo; ~**[last]wagen** *m Kfz* fridiga kamiono; ~**mittel** *n Kfz, Tech* malvarmigaĵo [forkondukanta varmon]; ~**raum** *m* fridĉelo

Kühlschrank *m* fridujo (↑ *auch* ***Eiskasten***, ***Haushaltskühlschrank*** *u.* ***Kompressor b)***); ***eine Flasche Bier in den ~ stellen*** (*od* ***tun***) meti botelon da biero en la fridujon

Kühl|schiff *n Mar* fridiga ŝipo; ~**system** *m* fridiga sistemo *auch Kfz*; ~**truhe** *f Tiefkühltruhe* kongelujo; ~**turm** *m Ind, Tech* frid-turo, *alt auch* malvarmiga turo

Kühlung *f das Kühlen* malvarmigo, *bes. Tech* fridig[ad]o (↑ *auch* ***Luft-***, ***Öl-***, ***Vor-*** *u.* ***Wasserkühlung***); *Kühlvorrichtung* fridiga instalaĵo

Kühlvorrichtung *f* ↑ ***Kühlanlage*** *u.* ***Kühler***

Kühl|wagen *m Eisenb* fridvagono; *Kfz* fridkamiono *od* fridiga kamiono; ~**wasser** *n* fridiga akvo

Kuhmilch *f* bovina lakto; ~**allergie** *f Med* alergio al bovina lakto

Kuhmist *m* sterko de bov[in]oj, bovosterko

kühn *Adj* ***a)*** *mutig, tapfer* kuraĝa, brava; *furchtlos* sentima; *tollkühn* temerara *risikovoll* riskoplena (*vgl. dazu* ***unternehmungslustig***) ***b)*** *verwegen, keck* aŭdaca; *frech* impertinenta (*vgl. dazu* ***dreist***)

Kühnheit *f Mut, Tapferkeit* kuraĝo, braveco; *Furchtlosigkeit* sentimeco; *Wagemut, Verwegenheit* aŭdaco (↑ *auch* ***Draufgängertum*** *u.* ***Dreistigkeit***)

Kuhpilz *m* (Boletus bovinus) *Mykologie* bovina boleto

Kuhpocken *f/Pl* (Variola vaccina) *Vet* bova variolo *Sg*; ~**lymphe** *f Med, Pharm (bei der Pockenimpfung verwandter Impfstoff)* bovina vakcino

Kuh|reiher *m* (Ardeola ibis = Bubulcus ibis) *Orn* bovardeo; ~**scheiße** *f derb* bovina merdo (*vgl. dazu* ***Kuhfladen***)

Kuhschelle *f, auch* ***Küchenschelle*** *f* (*Gattung* Pulsatilla) *Bot* pulsatilo (↑ *auch* ***Alpen-***, ***Frühlings-*** *u.* ***Wiesenkuhschelle***); ***echte*** (*od* ***gewöhnliche***) ~ (Pulsatilla vulgaris) ordinara pulsatilo, *pop auch* vila anemono

Kuhstall *m* bov[in]ostalo *od* stalo por bovinoj, *auch kurz* bov[in]ejo

Kujawien (*n*), *poln.* ***Kujawy*** *eine historische Landschaft in Polen zw. oberer Netze u. mittlerer Weichsel* Kujavio

Kujawier *m/Pl Ethn* kujavoj *Pl*

kujawisch *Adj* kujava; ~***er Tanz*** *m* kujava danco

Kujawisch[e] *n Ling* la kujava [dialekto]

Küken *n n, auch* ***Küchlein*** *n*, *<österr>* ***Kücken*** *n* kokid[et]o (↑ *auch* ***Eintags-***, ***Enten-*** *u.* ***Gänseküken***)

Ku-Klux-Klan *m ein politischer Geheimbund in den Südstaaten der USA* Ku-Kluks-Klano *<1865 gegründet>*

Kukučin (*m*) *Eig (slowakischer Schriftsteller [1860-1928])* Kukuĉino

Kukunor *m, chin.* ***Qinghai Hu*** *größter See des tibetischen Hochlandes* Kuku-Noro

Kukuruz *m* ↑ ***Mais***

Kukuruzkolben ↑ ***Maiskolben***

Kulak *m hist: Großbauer im zaristischen Russland* kulako

Kulan *m, auch* ***Dschiggetai*** *m* (Equus hemionus hemionus) *Zool (eine Halbeselart in der Mongolei u. in N-China)* hemiono (*vgl.*

dazu ***Onager***)

kulant *Adj entgegenkommend (Person)* komplez[em]a, afabla; *(Preis)* modera (↑ *auch* ***konziliant***); ~***e Bedingungen*** *f/Pl* moderaj kondiĉoj *Pl*

Kulanz *f* komplezemo, afableco; moder[ec]o (*vgl. dazu* ***Entgegenkommen***)

[1]**Kuli** *m [chinesischer] Lastenträger* kulio, *Hafen*~kulio en haveno; *Kontrakt*~, *bes. auf Plantagen* kontraktkulio

[2]**Kuli** *m umg für* ***Kugelschreiber*** [↑ *dort*]

kulinarisch *Adj auf die [feine] Küche, die Kochkunst bezogen* kulinara; ~***e Genüsse*** *m/Pl Tafelfreuden* kulinaraj ĝuoj *Pl*

Kulisse *f Theat (bewegliche Dekorationswand auf einer Theaterbühne)* kuliso *auch übertr*; *allg: Hintergrund* fono ◇ ***hinter den*** ~***n*** *meist übertr* malantaŭ (*od* post) la kulisoj, postkulise; *im Geheimen* sekrete; ***hinter die*** ~***n blicken*** rigardi trans la kulisojn; ***das ist alles nur*** ~***!*** tio estas nur fasado!

Kulissenschieber *m* ↑ ***Bühnenarbeiter***

Kulitsch *m Nahr (ein rundes russisches Osterbrot)* kuliĉo

Kuller *f* ↑ ***Murmel***

kullern *intr* ruliĝi (*vgl. dazu* ***kollern a)***)

Kulmination *f 1. Astron (Durchgang eines Gestirns durch den höchsten bzw. niedrigsten Punkt seiner Bahn am Himmelsgewölbe) 2. übertr (Erreichen der höchsten Höhe)* kulmino

Kulminationspunkt *m Astron u. übertr (Höhepunkt)* kulmina punkto

kulminieren *intr Astron* kulmini, esti ĉe sia kulmino *auch allg u. übertr* (*vgl. dazu* ***gipfeln***)

Kult *m* ***a)*** *auch* ***Kultus*** *m Rel (äußere Form der Götterverehrung od des Gottesdienstes)* kulto (↑ *auch* ***Cargo-*** *u.* ***Reliquienkult***) ***b)*** *übertr (übertriebene Verehrung)* troa (*od* kvazaŭreligia) adorado, *auch* kulto, *(Vergötterung)* kvazaŭdia adorado (↑ *auch* ***Anbetung***, ***Ahnen-***, ***Dionysos-***, ***Isis-***, ***Personen-***, ***Satans-*** *u.* ***Starkult***); ***[einen]*** ~ ***mit jmdm. treiben*** *auch im Sinne von «abgöttisch verehren»* kulti iun, *auch* kvazaŭdie adori iun

Kult|figur *f* kultfiguro; ~**film** *m* kultfilmo, *auch* kulta filmo; ~**formen** *f/Pl* kultaj formoj *Pl*; ~**gegenstand** *m od* ~**objekt** *n* kultobjekto *od* kulta objekto; ~**handlung** *f* kult-ago (*vgl. dazu* ***Ritus***)

kultisch *Adj den Kult betreffend bzw. zum Kult gehörend* kulta *i.w.S. auch gottesdienstlich*

Kultivator *m*, *auch* ***Grubber*** *m Gartenb, Landw (ein Bodenbearbeitungsgerät)* kultivatoro

kultivierbar *Adj anbaufähig [von Pflanzen]* kultivebla

kultivieren *tr* ***a)*** *Gartenb, Landw (anbauen, anpflanzen)* kultivi (*vgl. dazu* ***veredeln*** *u.* ***züchten***) ***b)*** *geistig verfeinern* kulturi; *Soziologie* civilizi (↑ *auch* ***zivilisieren***); *i.w.S. aufblühen lassen* ekflorigi (*vgl. dazu* ***entwickeln***)

kultiviert *Adj kultiviert, geistig verfeinert* kulturita; *zivilisiert* civilizita; *gebildet* klera; ***ein*** ~***er Mensch*** *jmd. mit Manieren* homo kun bonaj manieroj

Kultiviertheit *f* kulturiteco

Kultivierung *f* ***a)*** *Anbau* kultivado ***b)*** *Verfeinerung* kulturado (↑ *auch* ***Rekultivierung***)

Kultobjekt *n* ↑ ***Kultgegenstand***

Kult|opfer *n* kult-ofero; ~**stätte** *f Stätte der Anbetung* kultejo, kultloko

Kultstatus *m* kulta statuso; ~ ***erreichen*** akiri kultan statuson

Kultur *f* ***a)*** *Gesamtheit der geistigen und künstlerischen Errungenschaften einer Gesellschaft* kulturo (*vgl. dazu* ***Zivilisation***; ↑ *auch* ***Gegen-***, ***Jugend-***, ***Kykladen-***, ***Musik-***, ***Netz-***, ***Sprach-***, ***Sub-***, ***Theater-*** *u.* ***Weltkultur***); ***die antike*** (***christliche***, ***humanistische***, ***islamische***, ***lokale***, ***materielle***, ***sozialistische***) ~ la antikva (kristana, humanisma, islama, loka, materia, socialisma) kulturo ***b)*** *Anbau u. Aufzucht von Pflanzen (das Kultivieren)* kultiv[ad]o *auch Bakt*, *(das Kultivierte)* kultivaĵo (↑ *auch* ***Algen-*** *u.* ***Folienkultur***) ***c)*** *Biol, Med* kulturo; ***eine*** ~ ***anlegen*** *Biol, Med* kulturi (***von*** *mit Akk*)

Kultur|abkommen *n Dipl* interkonsento pri kulturo (*od* kulturinterŝanĝo); ~**attaché** *m Dipl (für kulturelle Belange zuständiger Attaché einer Auslandsvertretung)* kulturataŝeo; ~**austausch** *m* kulturinterŝanĝo; ~**bund** *m* kulturligo; ~**denkmal** *n* kultura monumento

kulturell *Adj* kultura (↑ *auch* ***inter-*** *u.* ***multikulturell***); ~***es Erbe*** *n* ↑ ***Kulturerbe***; ~***es Leben*** (***Niveau***) *n* kultura vivo (nivelo); ~***e Verbindungen*** *f/Pl* kulturaj interrilatoj *Pl*; ~***e Vielfalt*** *f* kultura diverseco; ~***e Werte*** *m/Pl* kulturaj valor[aĵ]oj *Pl*

Kultur|erbe *n, auch* ***kulturelles Erbe*** kultura heredaĵo; ~**festival** *n* kulturfestivalo *od* kultura festivalo; ~**film** *m* kulturfilmo; ~**flora** *f Bot* kultiva flaŭro; ~**flüchter** *m Pflanzen- od Tierart, die von der Kulturlandschaft verdrängt wird)* kulturfuĝanto; ~**folger** *m Biol (Pflanzen- od Tierart, die den menschlichen Kulturbereich als Lebensraum bevorzugt)* kultursekvanto; ~**fonds** *m* kultura fonduso; ~**form** *f einer Pflanze* kultivoformo; ~**geschichte** *f* kulturhistorio

kultur|geschichtlich *od* ~**historisch** *Adj* kulturhistoria

Kultur|haupstadt *f seit 1985 von der EU für ein Jahr benannte Stadt, die mit Kulturveranstaltungen Vielfalt u. Gemeinsamkeiten des Kulturerbes in Europa dokumentieren u. fördern soll* Kultura Ĉefurbo [de Eŭropo] *(auch Kleinschr)*; ~**haus** *n* kulturdomo

kulturhistorisch ↑ ***kulturgeschichtlich***

Kultur|institut *n* kulturinstituto; ~**kampf** *m dt. Gesch* kulturbatalo; ~**kommission** *f* kulturkomisiono; ~**konflikt** *m* konflikto inter la [diversaj] kulturoj; ~**landschaft** *f* kulturpejzaĝo; ~**leben** *n* kulturvivo

kulturlos *Adj* senkultura, *nachgest* ne havanta kulturon

Kultur|losigkeit *f* senkultureco; ~**minister** *m, auch* ***Kultusminister*** *m* kulturministro; ~**ministerium** *n, auch* ***Kultusministerium*** *n* kulturministerio *od* ministerio de (*od* pri) kulturo; ~**nachrichten** *Pl Radio, TV, Ztgsw* novaĵoj *Pl* de kulturo; ~**nation** *f* kultur[it]a nacio; ~**park** *m* kulturparko; ~**pflanze** *f* kulturplanto, *Fachspr auch* kulturvegetalo (↑ *auch* ***Nutzpflanze***); ~**philosophie** *f philosophische Untersuchung von Bedingungen, Ursprung, Sinn u. Zielen der Kultur, ihrer Geschichte u. ihrer Formen* kulturfilozofio

kulturphilosophisch 1. *Adj* kulturfilozofia **2.** *Adj* kulturfilozofie

Kultur|politik *f Tätigkeit des Staates od anderer Institutionen zur Förderung vonBildung, Wissenschaft u. Kunst* kulturpolitiko; ~**politiker** *m* kulturpolitikisto

kulturpolitisch 1. *Adj* kulturpolitika **2.** *Adv* kuturpolitike

Kultur|programm *n* kulturprogramo *od* kultura programo; ~**psychologie** *f ein Teilgebiet der Psychologie* kulturpsikologio *<sie untersucht die seelischen Bedingungen des Kulturverhaltens u. die sich dabei abspielenden psychodynamischen Prozesse>*; ~**region** *f* kulturregiono, *auch* kulturtradicia regiono

Kulturrevolution *f: die Chinesische ~ Gesch* la Ĉina Kultura Revolucio

Kultur|schaffende *m* laboranto en la kultura sfero, kulturlaboranto; ~**schock** *m Soziologie ([beim unmittelbaren Kontakt mit einer fremden Kultur:] schreckhaftes Erleben der Andersartigkeit der durch die fremde Kultur erlebbaren Realität)* kulturŝoko, *auch* kultura ŝoko

kultur|schöpferisch *Adj* kulturkreiva; ~**spezifisch 1.** *Adj* kulturspecifa **2.** *Adv* kulturspecife

Kultur|sphäre *f* kultursfero; ~**sprache** *f* kultura lingvo; ~**stiftung** *f* kulturfondaĵo; ~**stufe** *f* kulturŝtupo; ~**tradition** *f* kulturtradicio; ~**varietät** *f Bot* kulturvario; ~**veranstaltung** *f* kulturaranĝo; ~**volk** *n* kultur[it]a popolo

Kulturwald *m* ↑ ***Forst***

Kultur|wandel *m* ŝanĝiĝo de la kulturo(j), kulturŝanĝiĝo; *sozialer Wandel* sociala ŝanĝiĝo; ~**zeitschrift** *f* kultura revuo; ~**zentrum** *n* kulturcentro

Kultus *m* ↑ ***Kult a)***

Kultusministerium *n* ↑ ***Kulturministerium***

Kumamoto (*n*) *eine japanische Präfektur-Hptst. im Westen von Kyushu* Kumamoto

Kumanen *m/Pl, Eigenbez.* ***Kun*** *Pl Gesch (historisches Reitervolk vermutlich türkischer Herkunft des 11./12. Jh.s* kumanoj *Pl <ihr Reich wurde im 13. Jh. von den Mongolen unterworfen u. assimiliert>)*

Kumarin *n, fachsprachl. auch* ***Cumarin*** *n ein pflanzlicher Duft- u. Wirkstoff [z.B. im Waldmeister enthalten]* kumarino; ~**geruch** *m, i.w.S.* ***[typischer] Heugeruch*** *m* odoro de kumarino; ~**derivate** *n/Pl Med, Pharm* kumarinderivaĵoj *Pl*;

Kumarsäure *f Chem* kumarata acido; ~**salz** *n Chem* kumarato

Kumbh Mela *f Hinduismus (‹Fest des Kruges›: größtes Hindu-Pilgerfest am Ganges)* kumbmelo *(auch Großschr)*

Kümmel *m* ***a)*** *Bot: Wiesen*~ (Carvum carvi) [aroma] karvio; *Kreuz- od Mutter*~ (Cuminum cyminum) [oficina] kumino; *echter Schwarz*~ (Nigella sativa) kultiva nigelo; ***querblättriger*** ~ (Carum verticillatum) verticila karvio ***b)*** *auch* ***Kümmelkörner*** *n/Pl Gewürz* karvio, *(als Kümmelersatz)* kumino ***c)*** *auch* ***Kümmelbranntwein*** *od* ***Kümmelschnaps*** *m mit Kümmel gewürzter Branntwein* karvibrando, *auch* kuminbrando

Kümmel|käse *m Nahr* fromaĝo kun kumino; **~öl** *n* (Oleum carvi) karvi-oleo, *auch* karvia oleo

Kümmelschnaps *m* ↑ ***Kümmel c)***

Kummer *m Betrübnis, Gram* aflikto; *Ärger* ĉagreno; *Traurigkeit* trist[ec]o; *i.w.S. Trauer* funebro (**über** pri); *Sorge* zorgo; ***jmdm. ~ bereiten*** kaŭzi aflikton (*bzw.* ĉagrenon *od* zorgon) al iu

kümmerlich *Adj Mensch, Pflanze* mizera; *Vegetation* magra; *armselig* povra (↑ ***kläglich***); *kärglich* malabunda; *traurig machend* kaŭzanta tristecon; ***in einem ~en Zustand*** en mizera (*od* povra) stato

kümmern *tr*: ***das kümmert mich nicht*** *alt für «das betrübt mich nicht»* tio ne afliktas min; *das ist mir egal* tio estas [tute] egala al mi; *das interessiert mich nicht* tio ne interesas min; ***sich ~ um ...*** zorgi pri ... (*vgl. dazu* ***sich sorgen um***); ***er hat sich gut um seine Familie gekümmert*** *d.h. für sie gesorgt* li bone zorgis pri sia familio; ***sich um nichts ~*** zorgi pri [absolute] nenio; *sich für nichts interessieren* interesiĝi pri [absolute] nenio; ***~ Sie sich um Ihre eigenen Angelegenheiten!*** zorgu pri viaj propraj aferoj!; ***könnten Sie sich vielleicht um meine Blumen ~ während ich weg*** (*od* ***nicht zu Hause***) ***bin?*** ĉu vi povus prizorgi miajn florojn dum mia foresto?

kummervoll *Adj betrübt* afliktita; *traurig* trista; *besorgt, sorgenvoll* zorgoplena

Kummet *od* **Kumt** *n*, <*schweiz*> *m gepolsterter Bügel um den Hals von Zugtieren* jungil-kolumo, *pop auch* ĉirkaŭkol[aĵ]o (↑ *auch* ***Spitzkumt***)

Kumpan *m Sauf*$^{\underline{o}}$, *Zech*$^{\underline{o}}$ drinkkunulo *od* kundrinkanto; *pej für «Komplize, Mittäter»* komplico

Kumpel *m Bergmann* ministo; *übertr umg* kamarado, kolego (↑ *auch* ***Arbeitskollege***)

Kumquat *f Bot (eine aus Ostasien stammende Orangenart)* kumkvato, <*wiss*> fortunelo; ***chinesische*** (*od* ***ovale***) ~ (Fortunella margarita); *Nahr (Frucht* <*auch ‹Goldorange› genannt*>*)* ĉina (*od* ovala) kumkvato (↑ *auch* ***Hongkong-Kumquat***); ***japanische*** ~, *auch* ***Marumi-Kumquat*** *f* (Citrus japonica = Fortunella japonica) japana kumkvato

Kumran (*n*), *arab.* ***Qumrān*** *Ruinenstätte am NW-Ufer des Toten Meeres* Kumrano

Kumt *n* ↑ ***Kummet***

Kumulation *f*, *auch* ***Kumulierung*** *f das Anhäufen* akumul[ad]o, amasigo; *das Sichanhäufen* akumuliĝo, amasiĝo

kumulativ *Adj* akumula

kumulieren *tr* akumuli; ***sich ~*** akumuliĝi

Kumulonimbus *m Met (mächtig aufgetürmte Haufenwolke, i.w.S. Gewitterwolke)* kumulonimbuso

Kumuluswolke *f Met (Haufenwolke)* kumuluso (↑ *auch* ***Frakto-*** *u.* ***Stratokumulus***)

Kumykisch[e] *n Ling (eine Turksprache)* la kumuka [lingvo]

Kumys *m*, *auch* ***Kumyss*** *m Getränk aus vergorener Stuten-, Kamel- od Eselsmilch* kumiso <*bes. in Innerasien verbreitet*>

Kun *Pl Gesch* ↑ ***Kumanen***

Kuna *f* (*Abk* ***K***, *Währungscode* ***HRK***) *Fin (kroatische Währungseinheit)* kunao

kündbar *Adj* denoncebla

Kündbarkeit *f* denoncebleco

[1]**Kunde** *m Klient* kliento (*vgl. dazu* ***Käufer***; ↑ *auch* ***Bank-*** *u.* ***Neukunde***); *Käufer* aĉetanto; ***fester*** (*od* ***regelmäßiger***) ~, *umg* ***Stammkunde*** *m* regula kliento (*vgl. dazu* ***Stammgast***); ***ein gerissener*** (*od* ***schlauer***) ~ *umg iron* ruzulo; ***Suche*** *f* ***nach ~n*** (*bzw.* ***Geldgebern***) *Wirtsch* prospektorado (*vgl. dazu* ***Marktforschung***)

[2]**Kunde** *f geh für «Nachricht»* sciigo, informo, komuniko

künden *tr geh für «kundtun»* konigi, sciigi

Kunden|ansturm *m* amasa alfluo de aĉetantoj; **~berater** *m* konsilisto por klientoj; **~beratung** *f* klientokonsilado; **~dienst** *m*, *auch* ***Kundenservice*** *m* porklienta servo *od* klientoservo, *(nach dem Verkauf)* postvenda servo; **~karte** *f* klientokarto; **~kreis** *m*, <*österr*> ***Kundenstock*** *m* klientaro

kundenorientiert *Adj* klient-orientita

Kunden|parkplatz *m z.B. vor Großmärkten* klientoparkadejo, parkadejo por klientoj; **profil** *n Wirtsch* klientoprofilo

Kundenservice *m* ↑ ***Kundendienst***

Kundenzufriedenheit *f* kontenteco de [la] klientoj

kundgeben *tr feierlich mitteilen* solene sciigi (***etw.*** ion); *äußern, zeigen, z.B. Gefühle* montri

Kundgebung *f* manifestacio (↑ *auch* ***Auf-***

***marsch, Demonstration b), Großkundgebung, Meeting** u. **Protestkundgebung**)*

kundig *Adj erfahren* sperta; *sachverständig* eksperta; ***er ist des Englischen** ~* li scipovas la anglan [lingvon]

kündigen *tr Jur (Vertrag)* denonci; *entlassen* maldungi (***jmdm.*** iun); *[etw.] für ungültig od nichtig erklären* deklari [ion] malvalida; *Freundschaft* ĉesigi; ***den Mietvertrag** ~* denonci la lu-kontrakton; ***vorzeitig** ~* antaŭtempe denonci kontrakton (*bzw.* dungokontrakton)

Kündigung *f* denonco; *i.w.S. Entlassung* maldungo; ***seine ~ einreichen*** prezenti sian denoncan leteron; ***die ~ zurückziehen*** retiri (*od* nuligi) la denoncon (*bzw.* maldungon)

Kündigungs|grund *m* denonca kaŭzo *bzw. (bei Anstellungsverhältnis) auch* kaŭzo por maldungo; **~schreiben** *n* denonca (*bzw.* maldunga) letero; **~schutz** *m* protekto kontraŭ [senmotiva] maldungo

Kundin *f* klientino

Kundschaft *f **a)*** klientaro; *die Käufer* [la] aĉetantoj *Pl **b)** <österr> auch Sg (Kunde, [der] Käufer)* kliento, aĉetanto

Kundschafter *m Mil* skolto (↑ *auch **Späher***); *Spion* spiono

kundtun *tr* konigi, sciigi; *offiziell u. öffentlich* proklami; *i.w.S. (zum Ausdruck bringen)* esprimi, *(sichtbar werden lassen)* videbligi, *(kundtun, manifestieren)* manifesti

Kundus *od* **Kunduz** (*n*) *eine Stadt im NO Afghanistans* Kunduso

künftig 1. *Adj* estonta (↑ *auch **inskünftig** u. **zukünftig***); *kommend* venonta; ***die ~e Entwicklung*** la estonta evoluo (*od* disvolviĝo); ***meine ~e Schwiegermutter*** mia estonta bopatrino **2.** *Adv* estonte; *von jetzt an* [ek]de nun (*vgl. dazu **fortan** u. **in Zukunft***)

Kung-Fu *n eine chin. Selbstverteidigungsmethode* kungfuo (*vgl. dazu **Aikido**;* ↑ *auch **Shaolin-Tempel***)

Kunigundenkraut *n Bot* ↑ ***Wasserdost***

Kunkel *f* ↑ ***Spinnrocken***

Kunlun *m, chin.* ***Kun-lun Shan*** *ein Gebirgssystem in Zentralasien* Kunluno

Kunming (*n*) *Hptst. der chin. Provinz Yünnan* Kunmingo

Kunst *f* arto (↑ *auch **Barock-**, **Bau-**, **Bühnen-**, **Film-**, **Heil-**, **Kirchen-**, **Kosmaten-**, **Kriegs-**, **Laien-**, **Sakral-** u. **Volkskunst***); *Geschicklichkeit* lert[ec]o, kapabl[ec]o; *Kunststück* artaĵo; *Kniff* artifiko (*vgl. dazu List*); *~ **der Rede*** parolarto, retoriko; *~ **um der ~ willen** od **L'art pour l'art** Kunst als Selbstzweck* la arto por la arto; *~ **der Selbstverteidigung*** arto de sindefendo (*vgl. dazu **Aikido**, **Karate** u. **Kung-Fu***); ***abstrakte** (**angewandte**, **antike**, **entartete**)~* abstrakta (aplikata, antikva, degenerita) arto; ***bildende** (od **darstellende**) ~* figura arto; ***konkrete** ~ Richtung der modernen Kunst, bes. der Malerei, deren bildnerische Elemente nur sich selbst bedeuten wollen* konkreta arto; ***die schönen Künste** Pl* la belaj artoj *od* la belartoj *Pl*; ***die schwarze** ~ Magie* la nigra arto; ***zeitgenössische** ~* nuntempa arto; ***nach allen Regeln der** ~* laŭ ĉiuj leĝoj de l'arto ◇ ***das war keine** ~* estis ja facile, *auch* tio ne estis artaĵo; ***ich bin mit meiner ~ am Ende*** venis fino al mia latino *(Zam)*, *auch* nun finiĝas mia klereco; ***was macht die ~?** umg auch für «wie geht's?»* kiel vi fartas?

Kunst|akademie *f* akademio de la belaj artoj, *auch* art-akademio; **~ausstellung** *f* artekspozicio *od* ekspozicio de artaĵoj; **~blume** *f* artefarita floro (*vgl. dazu **Papierblume** u. **Plastikblume***); **~buch** *n Buchw* art-libro

Kunstdenkmal *n* artmonumento; ***ein geschütztes** ~* protektita artmonumento

Kunst|dünger *m* artefarita (*od* kemia) sterk[aĵ]o; **~eis** *n z.B. auf Eisbahnen* artefarita glacio (*vgl. dazu **Natureis***); **~erziehung** *f* arta edukado; **~fälschung** *f* falsita artaĵo (*od* art-objekto)

Kunstfaser *f, auch **Synthesefaser** f Textil* artefarita (*od* sinteza) fibro (↑ *auch **Polyacryl** u. **Rayon***); **~zellstoff** *m ein Textilzellstoff* rajonpulpo

kunstfertig *Adj sehr geschickt* ege lerta; *virtuos* virtuoza (↑ *auch **meisterhaft***)

Kunst|flug *m* aerobatiko; **~form** *f* artoformo *od* art-formo; **~freund** *m* art-amanto; *Mäzen* mecenato; **~galerie** *f* artgalerio; **~gegenstand** *m, auch **Kunstobjekt** n* artobjekto, artaĵo

kunst|gemäß *od* **~gerecht** *Adv* farita kiel de eksperto *nachgest*

Kunstgeschichte *f* arthistorio

kunstgeschichtlich 1. *Adj* arthistoria **2.** *Adv* arthistorie

Kunstgewerbe *n* dekoracia arto; *Kunsthandwerk* artmetio; **~geschäft** *n od* **~laden** *m* butiko de artmetiaĵoj

kunstgewerblich *Adj*: ***~e Gegenstände** m/Pl* artmetiaĵoj *Pl*

Kunst|griff *m List* ruzo (*vgl. dazu* ***Kniff c), Manöver u. Trick***); ~**haar** *n* artefaritaj haroj *Pl*; ~**handlung** *f* magazeno (*od* vendejo) de artaĵoj; ~**handel** *m* komercado de artaĵoj (*bzw. i.w.S.* artmetiaĵoj); ~**handwerk** *n* artmetio; ~**handwerker** *m* artmetiisto; ~**harz** *n* sinteza rezino (↑ *auch* ***Polymerisationsharz***); *Tech (elastisches od plastisches Kunst*~) gumrezino (*vgl. dazu* ***Plaste***; ↑ *auch* ***Phenoplast***); ~**historiker** *m* arthistoriisto

kunsthistorisch 1. *Adj* arthistoria **2.** *Adv* arthistorie

Kunsthonig *m aus Rohrzuckerlösungen hergestelltes, honigähnliches Nahrungsmittel* artefarita mielo (*vgl. dazu* ***Bienenhonig***)

Kunsthorn *n* ↑ ***Galalith***

kunstinteressiert *Adj* interesiĝanta pri arto *nachgest*

Kunst|kenner *m* spertulo pri artaĵoj; ~**kritiker** *m* artkritikisto; ~**leder** *n* artefarita ledo, *auch* art-ledo

Künstler *m* artisto (↑ *auch* ***Bohemien, Event-, Laien-, Varieté-, Volks- u. Zirkuskünstler***); *auf Bühne, TV u. dgl.* aktoro; ***prominenter*** ~ elstara artisto

Künstler|allüren *Pl* kapricoj *Pl* de artisto; ~**atelier** *n*, *auch* ***Künstlerwerkstatt*** *f* ateliero de artisto

Künstlerin *f* artistino

künstlerisch 1. *Adj auf die Kunst bezogen* arta, artisma; *auf den Künstler [und sein Schaffen] bezogen* artista; ~***e Gymnastik*** *f* artgimnastiko; ~***-ästhetisch*** arta-estetika **2.** *Adv* arte, artisme; ~ ***veranlagt sein*** havi dispozicion por la artoj

Künstler|jargon *m* aktora ĵargono; ~**kolonie** *f* artista kolonio; ~**leben** *n* artista vivo *od* viv[manier]o de artisto; ~**name** *m* artista nomo; ~**viertel** *n* artista kvartalo

Künstlerwerkstatt *f* ↑ ***Künstleratelier***

künstlich *Adj künstlich hergestellt, artifiziell* artefarita; *synthetisch* sinteza; *prothetisch* proteza; *i.w.S. unnatürlich* nenatura; ~***e Atmung*** *f Med* artefarita spirado; *i.w.S. (Reanimation)* reanimado; ~***e Befruchtung*** *f* artefarita fekundigo; ~***es Erzeugnis*** *f* sinteza produkto; ~***e Herzklappe*** *f Medizintechnik* proteza korvalvo; ~***er*** (*od* ***künstlich angelegter***) ***See*** *m* artefarita lago

Kunst|licht *n* art[efarit]a lumo, *[meist:] elektrisches Licht* elektra lumo; ~**liebhaber** *m* art-amanto

kunstlos 1. *Adj* senarta, *nachgest auch* prezentanta nenian arton (*vgl. dazu* ***ungekünstelt***) **2.** *Adv* senarte

Kunst|maler *m* pentr[oart]isto; ~**mappe** *f* albumo de [artaj] reproduktaĵoj; ~**markt** *m* merkato de artaĵoj; ~**mäzen** *m* meceno [de artistoj]; ~**museum** *n* arta muzeo (*vgl. dazu* ***Kunstgalerie***)

Kunstobjekt *n* ↑ ***Kunstgegenstand***

Kunst|projekt *m* artprojekto; ~**rasen** *m* artefarita gazono; ~**raub** *m* rabado de artaĵoj; ~**reiter** *m im Zirkus* rajd-akrobato; ~**richtung** *f (Stil)* arta stilo, *(Schule)* arta skolo; ~**sammler** *m* kolektanto de artaĵoj; ~**sammlung** *f* artkolekto *od* kolekto de artaĵoj; ~**schaffende** *m* artkreanto; ~**schätze** *m/Pl* art[o]trezoroj *Pl*; ~**schmied** *m* artisma forĝisto; ~**schnee** *m* artefarita neĝo; ~**seide** *f* artefarita silko, *auch* artsilko (*vgl. dazu* ***Rayon***); ~**sinn** *m* artosento

kunstsinnig *Adj* artosentema

Kunstsprache *f* ↑ *unter* ***Sprache***

Kunststoff *m* artefarita (*od* sinteza) materialo (↑ *auch* ***Biokunststoff***); *Plast* plasto (↑ *auch* ***Vinoplast***); ***glasfaserverstärkter*** ~ (*fachsprachl. Abk* ***GFK***) vitrofibrofortigita plasto, *auch kurz* vitroplasto

Kunststoff|beschichtung *f*, *auch* ***Plastüberzug*** *m* plasta tegaĵo (↑ *auch* ***Teflon***®); ~**dose** *f* plasta skatolo; ~**dübel** *m*, *auch* ***Plastdübel*** m *Handw* plasta dublo; ~**folie** *f*, *auch* ***Plastikfolie*** *f* plastfolio; ~**industrie** *f* plastindustrio; ~**mörtel** *m* plastmortero

Kunststück *n eines Akrobaten* akrobataĵo; *Kniff* artifikaĵo (↑ *auch* ***Kartenkunststück***); *Taschenspieler*~ ĵonglaĵo (*vgl. dazu* ***Trick***) ◇ ***das ist kein*** ~ *umg* tio ne estas artaĵo

Kunsttheorie *f* artoteorio *od* teorio de arto

Kunsttischler *m*: ~ ***für Einlegearbeiten*** *Intarsien* marketristo

Kunsttöpferin *f* ↑ ***Keramikerin***

Kunst|turnen *n Sport* art[o]gimnastik[ad]o; ~**unterricht** *m* artinstru[ad]o

kunstvoll *Adj* konforma al la reguloj de belartoj *bzw.* celanta impreson de beleco *beide nachgest* (*vgl. dazu* ***künstlerisch***)

Kunst|werk *n* artverko, *auch* belartaĵo, *(ein Bauwerk) auch* artkonstruaĵo; ~**wert** *m* artvaloro

kunstwidrig *Adj* kontraŭarta

Kunst|wissenschaft *f* scienco pri belartoj; ~**wissenschaftler** *m* sciencisto pri belartoj

kunterbunt 1. *Adj durcheinanderliegend*

pelmela; *chaotisch* kaosa (↑ *auch* ***wirr***); *verschiedenfarbig* multkolora, bunta **2.** *Adv* pelmele, en senorda konfuzo; kaose

Kunyaza *n eine der afrik. Sexpraktiken (in Ruanda)* kunjazo

Kunzit *m Min (eine Abart des Spodumens)* kunzito

Kuomintang *f chin. Gesch* ↑ ***Guomindang***

Kuopio (*n*) *eine Stadt in Finnland* Kuopio

Kupee *n Eisenb* ↑ ***Coupé***

kupellieren *tr Chem (von unedlen Metallen trennen)* kupeli

Kupellieren *n Chem* kupelado

Kupfer *n* (Cuprum) (*Symbol* ***Cu***) *Chem* kupro (↑ *auch* ***Elektrolytkupfer***); ***verzinntes ~*** stanita kupro; ***mit ~ überziehen*** tegi per [tavoleto da] kupro, *auch* kupr[iz]i

Kupferasbest *m* kuproasbesto

Kupferausschlag *m Med* ↑ ***Kupferrose***

Kupfer|bergbau *m* minado de kupro; **~bergwerk** *n*, *auch* ***Kupfergrube*** *od* ***Kupfermine*** *f* kuprominejo; **~blatt** *n* (Acalypha) *Bot (ein Zierstrauch)* akalifo

kupferbraun *Adj* kuprobruna

Kupfer|dach *n* kupra tegmento *od* kuprotegmento; **~draht** *f* kuprodrato

Kupferdruck *m Typ (Druck von Kupferstichen, Radierungen, Stahlstichen od Fotogravüren u.Ä.)* kuproplata presado; **~[hand-]presse** *f Typ* kuproplata presilo

Kupfererz *n Bergb* kuproerco (*vgl. dazu* ***Cuprit*** *u.* ***Enargit***)

kupferfarben, *auch* ***kupfern*** *Adj* kuprokolora, *auch* kupra (↑ ***kupferbraun***)

Kupferfasan *m* (Phasianus soemmerringii <Yamadori>) *Orn (nur auf den jap. Inseln Honshu, Shikoku u. Kyushu auftretende Fasanenart)* kuprofazano, *auch* jamadoro

Kupferfinne *f Med* ↑ ***Kupferrose***

Kupfer|gegenstand *m* kupraĵo; **~gehalt** *m* enhavo je kupro; **~geld** *n* kupra mono *od* mono el kupro; **~glucke** *f* (Gastropacha quercifolia) *Ent (ein Nachtfalter)* kverk[ofoli]a gastropako

kupferhaltig, *<österr>* ***kupferhältig*** *Adj* kuprohava, *nachgest auch* enhavanta kupron

Kupfer|kessel *m* kupra kaldrono *od* kaldrono el kupro; **~kopf** *m* (Agkistrodon contortrix) *Zool (eine wasserliebende Giftschlange im südlichen Nordamerika)* agistrodono

Kupferlasur *f Min* ↑ ***Azurit***

Kupferlegierung *f Chem* kupra alojo

Kupfermine *f* ↑ ***Kupferbergwerk***

Kupfermünze *f* kupra monero *od* monero el kupro

kupfern *Adj* kupra (*vgl. dazu* ***kupferfarben***); *aus Kupfer [hergestellt]* [farita] el kupro; *wie Kupfer* kiel kupro

Kupfer|platte *f* kuproplato; **~rose** *f*, *auch* ***Kupferfinne*** *f od* ***Kupferausschlag*** *m Med (eine Hauterkrankung des Gesichts)* kuperozo

kupferrot *Adj* kupr oruĝa

Kupfer|schmelze *f* kuprofandejo; **~schmied** *m*, *alt auch* ***Rotschmied*** *m* kuproforĝisto, *auch* kupraĵisto; **~schmiede** *f* kuproforĝejo

Kupfersmaragd *m Min* ↑ ***Atakamit***

Kupferstecher *m* kuprogravuristo

Kupfersteinzeit *f Geol* ↑ ***Chalkolithikum***

Kupferstich *m* kuprogravur[aĵ]o; **~kabinett** *n* kabineto de kuprogravuraĵoj

Kupfer|sulfat *n* (Cuprum sulfuricum) *Chem* kuprika sulfato *auch Pharm*; **~sulfid** *n Chem* kupra sulfido; **~vitriol** *n Chem (Kupfersulfat in Form blauer Kristalle)* kupra (*od* blua) vitriolo; **~zeit** *f Vorgeschichte* kuproepoko

kupieren *tr Hecke, Ohren od Schwanz eines Tiers u.a.* stuci; ***ein Hund mit kupierten Ohren*** stuc-orela hundo

Kupolofen *m*, *auch* ***Kuppelofen*** *m Metallurgie (ein Schachtofen in Gießereien zum Umschmelzen des Gießmetalls)* kupolforno, *auch* kupola fand-forno

Kupon *m*, *auch* ***Coupon*** *m* kupono (↑ *auch* ***Dividenden-*** *u.* ***Zinsschein***)

Kuppe *f Berg*~ [ronda] montosupro; *Finger*~ fingropinto; *Köpfchen einer Stecknadel od eines Streichholzes* buton[et]o

Kuppel *f Arch ([halbkugelförmige] Überdachung eines größeren Raumes* kupolo *auch i.w.S.* (↑ *auch* ***Glas-***, ***Halb-***, ***Haupt-***, ***Holz-***, ***Kugel-*** *u.* ***Panzerkuppel***); *i.w.S. gewölbte Bedeckung* volb[aĵ]o (↑ *auch* ***Wölbung***)

kuppel|artig *od* **~förmig** *Adj* kupolforma; *gewölbt* volbita

Kuppel|bau *m* kupolforma konstruaĵo; **~bolzen** *m Tech* bolto de kuplilo; **~dach** *n eine Dachform* kupolforma tegmento

Kuppelei *f* svatado

kuppelförmig ↑ ***kuppelartig***

Kuppel|grab *n monumentale Grabstätte eines Fürsten in mykenischer Zeit [etwa 1500 -1300 v.Chr.]* kupoltombo; **~kirche** *f als runder Zentralbau, bes. aus byzantinischer*

Zeit rotonda preĝejo

kuppeln ***a)*** *tr ankoppeln (Fahrzeug)* kupli (↑ *auch* ***zusammenkuppeln***); *Kfz: einkuppeln (Getriebe)* kluĉi ***b)*** *intr Kuppelei betreiben* svati

Kuppeln *n Ankoppeln* kuplado; *Einkuppeln* kluĉado (↑ *auch* ***Verkuppeln***)

Kuppelofen *m Metallurgie* ↑ ***Kupolofen***

Kuppelraum *m Anat* ↑ ***Attikus***

Kuppel|stange *f Tech* kuplostango; *Eisenb* bielo de kuplado; ~**zelt** *n* kupola tendo

Kupplerin *f* svatistino

Kupplung *f Tech (als Vorgang)* kupl[ad]o (*vgl. dazu* ***Kopp[e]lung***), *Kfz* kluĉado; *Tech (Vorrichtung od Hebel zum Kuppeln)* kuplilo, *Kfz* kluĉilo (↑ *auch* ***Anhänger-,Brems-, Einscheiben-, Kegel-,Kreuzgelenk-, Mehrscheiben-, Muffen-*** *u.* ***Schraubenkupplung***); ***automatische*** (*od* ***selbsttätige***) ~ aŭtomata kuplilo (*bzw. Kfz* kluĉilo); ***elastische*** (***elektromagnetische***, ***hydraulische***, ***mechanische***, ***starre***) ~ elasta (elektromagneta, hidraŭlika, mekanika, rigida) kuplilo; ***die ~ einlegen*** (*od* ***einrücken***) *Tech* kupli, *Kfz-Getriebe* kluĉi; ***die ~ lösen*** (*od* ***ziehen***), *umg* ***auskuppeln*** *Tech* malkupli; *Kfz* malkluĉi

Kupplungs|flansch *m Tech* kupla flanĝo; ~**hebel** *m Kfz* kluĉilo; ~**muffe** *f Tech* kuplomufo; ~**pedal** *n Kfz* kluĉpedalo; ~**scheibe** *f* kluĉodisko; ~**spiel** *n Mechanik* ludo en la kuplilo; ~**stange** *f Kfz* kluĉstango (*vgl. dazu* ***Kuppelstange***)

Kuprin (*m*) *Eig (russ. Schriftsteller [1870-1938])* Kuprino

Kuprioxid *n Chem* kuprika oksido

Kur *f Med (Behandlung)* kuracado , *(Verfahren)* kurac[metod]o (*vgl. dazu* ***Therapie***; ↑ *auch* ***Abmagerungs-***, ***Brunnen-***, ***Entfettungs-***, ***Entwöhnungs-***, ***Liege-***, ***Mast-***, ***Radikal-***, ***Saft-***, ***Schlankheits-***, ***Schwitz-***, ***Trink-*** *u.* ***Verjüngungskur***); ***zur ~ fahren*** veturi en sanatorion (*bzw.* [profilaktikan] kuracejon); ***Heim für vorbeugende ~en*** preventorio (↑ *auch* ***Sanatorium***); ***zur ~ sein*** esti en sanatorio (*od* kuracejo)

Kür *f Sport (Wahlübung), bes. Eislauf (Ggs: Pflicht)* kiro, *i.w.S.* liberaj (*od* libere elekteblaj) ekzercoj *Pl*

kurabel *Fachspr Med* = ***heilbar***

Kuranstalt *f alt Med* = ***Kureinrichtung***

Kurare *n*, *fachsprachl.* ***Curare*** *n indianisches Pfeilgift [aus Strychnosarten]* kuraro *<führt zu [tödlichen] Lähmungen>*

Kürass *m hist* ↑ ***Brustpanzer***

Kürassier *m Gesch (Reiter mit Kürass, Panzerreiter)* kirasulo

Kuratel *f Jur* ↑ ***Vormundschaft***

Kurator *m 1. Vermögensverwalter, Nachlasspfleger* (*vgl. dazu* ***Vormund***) *2. Verwalter [eines Museums, einer Stiftung]* (↑ *auch* ***Kustos***) *3. [in einigen nordischen Ländern:] Dekan [einer Fakultät]* kuratoro (*vgl. dazu* ***[1]dekano***)

Kuratorium *n* kuratoraro

Kurbel *f Tech (Hebel zur Drehung einer Welle)* kranko; ***den Motor mit der ~ anwerfen*** ekfunkciigi la motoron per [la] kranko

kurbeln *intr ankurbeln* kranki

Kurbel|stange *f Tech* bielo de kranko; ~**welle** *f Kfz, Tech* krankoŝafto; ~**wellenzapfen** *m* krankoŝafta pivoto

Kürbis *m*, *<österr> dial* ***Plutzer*** *m* (*Gattung* Cucurbita) *Bot, Nahr* kukurbo; *Flaschen~* (Lagenaria leucantha) kalabaskukurbo; *Moschus~* (Cucurbita moschata) moska kukurbo (↑ *auch* ***Feigenblatt-***, ***Hokkaido-***, ***Riesen-***, ***Spaghetti-***, ***Turban-***, ***Wachskürbis*** *u.* ***Zucchini***)

kürbisförmig *Adj* kukurboforma

Kürbisgewächse *n/Pl Bot*: ***[Familie der] ~*** *Pl* (Cucurbitaceae) kukurbacoj *Pl* (↑ *auch* ***Chayote***, ***Trichosanthes*** *u.* ***Zanonie***)

Kürbiskerne *m/Pl* kukurbokernoj *Pl*

Kürbiskernbarsch *m Ichth* ↑ ***Sonnenbarsch***

Kürbis|kernöl *n Nahr* kukurbokerna oleo; ~**samen** *Pl* (Semen cucurbitae) kukurbosemoj *Pl <enthalten fettes Öl (bes. von Cucurbita pepa)>*; ~**spinne** *f* (Araniella cucurbitina) *Ent* kukurba araneo; ~**suppe** *f Kochk* kukurba supo *od* kukurbosupo

Kurde *m Ethn (Angehöriger eines über mehrere Staaten Vorderasiens verbreiteten iranischen Volkes)* kurdo (↑ *auch* ***Zaza***)

Kurdin *f* kurdino

kurdisch *Adj* kurda; ~***e Minderheit*** *f Ethn* kurda minoritato (*od* malplimulto)

Kurdisch[e] *n Ling (eine iranische Sprache)* la kurda [lingvo]

Kurdistan (*n*) *Landschaft zw. dem Armenischen Hochland, dem Euphrat u. dem Sagrosgebirge* Kurdio

Kureinrichtung *f Med* kuracejo, sanatorio

Kurejka *f ein Fluss in Sibirien [mündet in den Jenissej]* [rivero] Kurejko

Kuren *m/Pl Ethn (ein ehemaliger baltischer*

Volksstamm) kuronoj *Pl*

küren *tr* elekti (*vgl. dazu* ***auswählen***)

Kürettage *od* **Curettage** *f Gynäkologie (Ausschabung bzw. Auskratzung der Gebärmutter zu therapeutischen od diagnostischen Zwecken)* kuretado (↑ *auch* ***Nach-*** *u.* ***Vakuumkürettage***); ***eine ~ durchführen*** (*od* ***vornehmen***) fari kuretadon

Kürette *od* **Curette** *f, umg* ***scharfer Löffel*** *m Chir, Gynäkologie* kureto

kürettieren *od* **curettieren** *tr Med* kureti

Kurfürst *m* princo-elektisto

[1]**Kurgan** *m bei den Ostslawen übliche Bez für ur- u. frühgeschichtliche Grabhügel* kurgano (*vgl. dazu* ***Hügelgrab*** *u.* ***Tumulus***)

[2]**Kurgan** (*n*) *Hptst. der gleichnamigen Oblast in W-Sibirien (Russland)* Kurgano

Kur|gast *m* kuracloka gasto; *Badegast* banloka gasto; **~haus** *n* kuracloka terapiejo, *pop* kuracdomo; **~heim** *n* kurachejmo; **~hotel** *m* kurachotelo

Kuriale *m Angehöriger der Römischen Kurie* kuriano

Kurie *f, auch* ***Curia Romana*** *f 1. röm. Antike (älteste Einteilung der römischen Bürgerschaft in 30 Kurien, nach denen sich die Comitia curiata gliederten; [später:] Bez für Kult- u. Versammlungsorte der Kurien, dann auch für den Versammlungsort des römischen Senats) 2. kath. Kirche (seit dem 11. Jh. Bez für Hof des Papstes; [später:] Bez für [Sitz der] päpstlichen Zentralbehörde)* kurio

Kurier *m Überbringer von [geheimen od eiligen] Meldungen* kuriero; *hist: laufender Bote* kuristo (↑ *auch* ***Eilbote***); ***diplomatischer ~*** *Dipl* diplomatia kuriero; ***durch*** (*od* ***per***) ~ per kuriero, *auch* kuriere

Kurierdienst *m* kuriera servo

kurieren *tr Med (ärztlich behandeln)* kuraci; *heilen* sanigi

Kurier|flugzeug *n* kuriera aviadilo; **~gepäck** *n eines diplomatischen Kuriers* diplomatia valizo

Kurilen *Pl jap.* ***Chishima*** *eine Inselkette zw. Kamtschatka u. Hokkaido* Kuriloj *Pl* *<1875-1945 japanisch, seit 1945 russisch>*; **~bambus** *m* (Sasa kurilensis) *Bot* kurila bambuo *[Vorkommen: Kurilen, N-Japan u. Korea]*; **~kirsche** *f* (Prunus kurilensis) *Bot* kurila prunuso *[Vorkommen: auf den Kurilen, auf Sachalin u. Hokkaido]*

kurios *Adj* kurioza; *eigenartig* stranga; *verwunderlich* miriga; *drollig* drola, komike stranga (↑ *auch* ***merkwürdig*** *u.* ***sonderbar***)

kurioserweise *Adv* kuriozamaniere

Kuriosität *f Merkwürdigkeit* kuriozeco; *Kuriosum, etw. Merkwürdiges* kuriozaĵo; ***~en sammeln*** kolekti kuriozaĵojn

Kuriosum *n etw. Kurioses, kurioser Gegenstand* kuriozaĵo (↑ *auch* ***Sehenswürdigkeit***)

kurisch *Adj* kurona; ***≗e Nehrung*** *f* Kurona Duoninsulo (*od* Terlango)

Kurkonzert *n* kuracloka koncerto

Kurkuma *f Bot, Gewürz* ↑ ***Gelbwurz***

Kurkuma-Papier *n mit Kurkumin getränktes Fließpapier zum Nachweis von Basen u. Laugen* kurkumopapero

Kurkumin *n, Fachspr* ***Curcumin*** *n, auch* ***Kurkumagelb*** *n Biochemie (ein orange-gelber Naturfarbstoff [gewonnen aus der Kurkumawurzel])* kurkumino

Kurland (*n*) *ehemaliges Herzogtum, heute südlichster Teil Lettlands <eine der historischen Landschaften Lettlands [1940-1991 Teil der UdSSR]>* Kurlando (*vgl. dazu* ***Livland***)

Kur|orchester *n* banloka (*od* kuracloka) orkestro; **~ort** *m* kuracloko; *Erholungsort* ripozloko; *Badeort* banloko (↑ *auch* ***Luftkurort***)

Kuroschio *m eine Strömung im Pazifischen Ozean südöstl. von Japan* Kuroŝio

Kurpark *m* kuracloka parko

Kurpfalz *f Gesch* Elekto-Palatinato, *auch* Elektoprinclando Palatinato

Kur|pfuscher *m* ĉarlatano; **~pfuscherei** *f* ĉarlataneco; *das Treiben der Scharlatane* ĉarlatanismo

kurpfuscherisch *Adj* ĉarlatana, *nachgest auch* en maniero de ĉarlatano (↑ *auch* ***scharlatanenhaft***)

Kurre *f Netzfischerei ([mit Metallkugeln beschwertes] Schleppnetz)* trolo, trenkablo

Kurrleine *f Netzfischerei* trolkablo

Kurrleinenwinde *f Mar (Winde zum Aussetzen u. Einholen eines Schleppnetzes)* vinĉo por la trolkablo

[1]**Kurs** *m* ***a)*** *Richtung* direkto, *Flugw, Mar u. Pol* kurso (↑ *auch* ***Route***); ***~ über Grund*** *Flugw* trako; ***den ~ ändern*** *Flugw, Mar* ŝanĝi la kurson; ***~ nehmen auf ...*** kursadi al ...; *Richtung nach ... einschlagen* sin direkti al ... *od* direktiĝi al ... ***b)*** *Bankw, Börse (Preis von Wertpapieren od Währungen)* kurzo (↑ *auch* ***Devisen-***, ***Dollar-***, ***Emissi-***

ons-, ***Euro-***, ***Liquidations-*** *u.* ***Tageskurs***); ***amtlicher*** (*od* ***offizieller***) ~ oficiala kurzo; ***außerbörslicher*** (*od* ***inoffizieller***) ~, *auch* ***Freiverkehrskurs*** *m* eksterborsa (*od* neoficiala) kurzo; ***nachbörslicher*** ~ postborsa kurzo; ***der*** ~ ***ist gefallen*** (***gestiegen***) la kurzo falis (altiĝis); ***außer*** ~ ***setzen*** *Banknoten, Münzen* retiri el la cirkulado; ***wie steht der*** ~***?*** kia estas la [oficiala] kurzo?

[2]**Kurs** *m*, *auch* ***Kursus*** *m Päd (Lehrgang)* kurso (↑ *auch* ***Abend-***, ***Anfänger-***, ***Computer-***, ***Einführungs-***, ***Fach-***, ***Ferien-***, ***Fern-***, ***Fortbildungs-***, ***Fortsetzungs-***, ***Grund-***, ***Intensiv-***, ***Koch-***, ***Sommer-***, ***Sprach-***, ***Trainings-***, ***Vorbereitungs-***, ***Weiterbildungs-*** *u.* ***Wochenendkurs***); ***an einem*** ~ ***teilnehmen***, *umg auch* ***einen*** ~ ***mitmachen*** partopreni en kurso, *auch* partopreni kurson

Kursachsen (*n*) ↑ *unter* ***Sachsen***

Kurs|änderung *f* direktoŝanĝo; ~**anstieg** *m Bankw, Börse* kurz[o]altiĝo

Kursant *m* ↑ ***Kursteilnehmer***

Kursbuch *n Eisenb* [trajn]horar-libro

Kürschner *m jmd., der Pelze verarbeitet* peltisto; *Pelznäher* peltkudristo

Kürschnerei *f* metiejo de peltisto; *Pelznäherei* peltkudrejo

Kurs|dauer *f Dauer eines Lehrgangs* daŭro de kurso; ~**differenz** *f Bankw, Börse* kurzodiferenco; ~**erholung** *f Bankw, Börse* kurzorestariĝo

kursieren *intr in Umlauf sein, zirkulieren* cirkuli; *kreisen, die Runde machen* rondiri

kursiv 1. *Adj Druck, Schrift* kursiva **2.** *Adv* kursive; ~ ***drucken*** *Typ* presi kursive; ~ ***gedruckt*** (***geschrieben***) kursive presita (skribita)

Kursiv|druck *m Typ* kursiva preso; ~**schrift** *f*, *auch* ***Schrägschrift*** *f schräge [Druck- od Schreib-] Schrift* kursiva skribo

Kursk (*n*) *Hptst. des gleichnamigen Oblast in Russland* Kursko

Kurs|korrektur *f* kurskorekto (↑ *auch* ***Kursänderung***); ~**leiter** *m Päd* kursestro; ~**notierung** *f*, *auch* ***Kurszettel*** *m* kurzolisto; *Tagesnotierung an der Börse* kurzokvoto, ĉiutaga fikso de valoro de kurzo en borso; ~**risikoversicherung** *f* kurzoriska asekuro; ~**schwankungen** *f/Pl Börse, Fin* kurzofluktuoj *Pl*; ~**stabilisierung** *f* kurzostabiliĝo; ~**steigerung** *f* kurz[o]altiĝo; ~**sturz** *m* kurzofalo; ~**teilnehmer** *m*, *reg* ***Kursant*** *m Päd* partoprenanto en kurso, kursano

Kursus *m Päd* ↑ [2]***Kurs***

Kurs|verlust *m Bankw, Börse* kurzoperdo; ~**wagen** *m Eisenb* rekta vagono (***nach*** al); ~**wert** *m Bankw, Börse* kurzovaloro; ~**zeiten** *f/Pl Päd* instruhoroj *Pl* de [la] kurso

Kurszettel *m Börse* ↑ ***Kursnotierung***

Kurtaxe *f* kuracloka (*bzw.* banloka) imposto

Kurtine *f Festungsbau (Verbindungsmauer zw. Bastionen)* kurtino

Kurtisane *f hist: Geliebte eines Adligen [am Hof]* kurtizano (↑ *auch* ***Kokotte***)

Kurtschatovium *n* (*Symbol* ***Ku***) *Chem (ein Transuran)* kurĉatovio *<so benannt nach dem russ. Atomphysiker Kurtschatow [1903-1960]>*

Kuru *m Med (im Osten Neuguineas auftretende, subakute bis chronisch verlaufende spongiforme Enzephalopathie)* kuruo

Kuruş [*ku'ru:ʃ*] *m ehem. türkische Währungseinheit [Untereinheit des türkischen Pfundes]* kuruŝo

Kurvatur *f Anat (Krümmung der Magenwände)* kurbaĵo; ***große*** ~ (Curvatura major) *untere, vordere, konvexe Krümmung des Magens* granda kurbaĵo; ***kleine*** ~ (Curvatura minor) *obere, hintere, konkave Krümmung des Magens* malgranda kurbaĵo

Kurve *f* kurb[iĝ]o (↑ *auch* ***Fieber-***, ***Links-***, ***Rechts-*** *u.* ***Wachstumskurve***); *Geom* kurbo (↑ *auch* ***Raumkurve***); ~ ***zweiter Ordnung*** *Geom* kurbo de la dua ordo; ***algebraische*** (***geschlossene***, ***konische***, ***logarithmische***) ~ *Geom* algebra (fermita, konika, logaritma) kurbo; ***gefährliche*** ~ *Verk* danĝera [strat]kurbiĝo; ***scharfe*** ~ *Verk (Kehre)* ĝirejo; ***die*** ~***n schneiden*** *Kfz* kurtigi la kurbojn; ***eine*** ~ ***zu schnell nehmen*** *Kfz* preni kurb[iĝ]on (*od* ĝirejon) tro rapide

Kurven|lineal *n Zeichenschablone zum Zeichnen von Kurven mit unterschiedlicher Krümmung* diverskurba liniilo; ~**messer** *m*, *auch* ***Kurvimeter*** *n*, *auch* ***Messrädchen*** *n Math (Gerät zum Messen der Bogenlänge einer Kurve), Kartogr (Gerät zur Entfernungsmessung auf Landkarten)* kurvometro, *fachsprachl. auch* kurvimetro

kurvenreich *Adj* ofte kurbiĝanta, multkurba

kurz 1. *Adj* ***a)*** *Ggs lang* mollonga, *Tech u. fachsprachl. (häufig in Zus) auch* kurta; *gedrängt, knapp* konciza; ~***e Ärmel*** *m/Pl* mallongaj manikoj *Pl*; *halblange Ärmel* duonmanikoj *Pl*; *~e Hose f* mallonga pantalono (*vgl. dazu* ***Shorts***); ***kürzer machen*** *z.B. Rock* mallongigi ***b)*** *zeitl (von kurzer Dauer)* mallong[daŭr]a, *poet auch* breva; ***drei ~e Tage*** *drei rasch vergangene Tage* tri tagoj rapide (*od* fluge) pasintaj; ***in*** (***nach***, ***seit***) ***~er Zeit*** en (post, de[post]) mallonga tempo; ***~e Zeit vor dem Start*** mallonge (*od* mallongan tempon) antaŭ la starto; ***vor Kurzem*** *kürzlich, neulich* antaŭ nelonge ◇ ***den Kürzeren ziehen*** *umg für «unterliegen»* esti la malgajnanto *od* esti tiu, kiu malgajnas (*od* malsukcesas), *i.w.S. (kein Glück haben)* ne havi bonŝancon ***c)*** *barsch* bruska; **2.** *Adv*: *~* ***danach*** (*od* ***darauf***) *zeitl* nelonge post tio; *sofort danach* tuj poste; *~* ***entschlossen*** rapidadecide; *~* ***gesagt*** koncize *od* mallonge [dirite]; *zusammenfassend* resume; *~* ***und gut*** per unu vorto, mallonge; ***über ~ oder lang*** pli-malpli frue; *~* ***vor Sonnenaufgang*** tuj antaŭ sunleviĝo; ***es ist ~ vor sechs*** estas preskaŭ la sesa [horo] *od* estas iom antaŭ la sesa [horo]; ***es ist ~ nach sechs*** estas iom post la sesa [horo]; ***sich ~ fassen*** paroli koncize; ***um es ~ zu sagen***, *auch* ***kurzum*** por diri koncize; ***kannst du das mal ~ halten*** ĉu vi povas tion ĉi mallonge [man]teni (*vgl. dazu* ***kurzhalten***); ***vor Kurzem*** antaŭ nelonge; ***zu ~ kommen*** *ungenügend bedacht werden* ne ricevi sian parton; *Schaden erleiden* suferi damaĝon; ***mach's kurz!*** *umg (mach schnell!)* rapidu!, *(komm zum Ende!)* finu!; *~* ***treten*** *das eigene Tun einschränken* limigi sian laborŝarĝon (*bzw.* sian aktivadon); *die Ausgaben einschränken* restrikti la elspezojn; *i.w.S. sparen* ŝpari

Kurz|arbeit *f* reduktita labortempo (*vgl. dazu* ***Teilzeitarbeit***); *~***arbeitergeld** *n* subteno pro [deviga] reduktita labortempo

kurz|ärm[e]lig *Adj* kurtmanika, *nachgest auch* havanta mallongajn manikojn; *~***atmig** *Adj* spiromanka

Kurzatmigkeit *f* spiromanko (↑ *auch* ***Außer-Atem-Sein*** *u.* ***Dyspnoe***); *i.w.S. Keuchen* anhelado

Kurz|besuch *m* mallonga vizito; *~***biografie** *f* konciza biografio; *~***distanz** *f Sport* kurtdistanco

Kürze *f geringe Ausdehnung od Zeitdauer* mallong[ec]o; *konzise Ausdrucksweise* konciz[ec]o; ***in ~*** *bald* baldaŭ; *kurz gefasst* koncize [dirite]; ***in aller ~*** tute mallonge; tute koncize; *sehr bald* tre baldaŭ

Kürzel *n Stenographie (stark abgekürztes Schriftzeichen)* [stenografia] siglo

kürzen *tr verkürzen* mallongigi; *knapper gestalten, zusammenfassen, z.B. eine Pressemeldung*; koncizigi; *verringern, z.B. jmds Gehalt, Honorar u. dgl.* redukti, malaltigi; ***einen Bruch ~*** *Math (Zähler u. Nenner eines Bruches durch die gleiche Zahl teilen)* redukti frakcion

kurzerhand *Adv ohne lange zu überlegen* sen multe pripensi; *ohne zu zögern* senhezite; *unverzüglich* senprokraste

Kurz|fangsperber *m* (Accipiter brevipes) *Orn* mallongkrura akcipitro; *~***film** *m* kurtfilmo; *~***flossen-Mako** *m*, *auch* ***Makohai*** *m* (Isurus oxyrinchus) *Zool* [kurtnaĝila] makoŝarko; *~***flügelweber** *m* (Ploceus nigricollis) *Orn* nigrakola teksbirdo

kurzfristig 1. *Adj* mallongtempa *od* kurttempa; *~**er Kredit*** *m* kurt[temp]a kredito **2.** *Adv* en (*od* dum) mallonga tempo

Kurz|fühlerschrecken *f/Pl* (*Unterordnung* Caelifera) *Ent* keliferoj *Pl* (*vgl. dazu* ***Langfühler[heu]schrecken***; ↑ *auch* ***brauner Grashüpfer***); *~***fußwasserläufer** *m*, *auch* ***Tüpfelgrünschenkel*** *m* (Tringa guttifer) *Orn* mallongpieda tringo

Kurzgeschichte *f Lit* novelo; *~**n schreiben*** verki novelojn

Kurz|grasprärie *f Geobotanik* malaltherba prerio; *~***haardackel** *m* mallonghara melhundo

kurzhaarig *Adj* mallonghara

kurzhalten *tr* ◇ ***jmdn.*** *~* butonumi iun malvaste *(Zam)*; *mit eiserner Hand* teni iun per fera mano

Kurz|kopf *m*, *<wiss>* ***Brachyzephalus*** *m Anthropol (eine Schädelform)* brakicefalo; *~***krallenotter** *m*, *auch* ***Zwergotter*** *m* kurt-unga lutro, *auch* azia [nana] lutro (Amblonyx cinerea = Aonyx cinerea) *[Vorkommen: Indien bis Südchina u. SO-Asien]*

kurzlebig *Adj* efemera, *nachgest* havanta mallongan vivon; *vergänglich* pasema

kürzlich *Adv vor Kurzem* antaŭ nelonge

Kurznasenhai *m Zool* ↑ ***Zitronenhai***

Kurzohr|fuchs *m* (Canis microtis = Atelocynus microtis) *Zool* atelocino *[Vorkommen im Amazonasbecken]*; *~***hase** *m* (Nesolagus netscheri) *Zool* sumatra leporo

kurzschäftig *Adj Forstw, Gartenb* ↑ ***kurzstämmig***

kurzschließen *tr El* kurtcirkviti
Kurzschluss *m El* kurta cirkvito, *versehentlicher* fuŝkontakto; ~**handlung** *f* senpripensa ago; ~**reaktion** *f* senpripensa reago
Kurzschnabelgans *f* (Anser brachyrhynchus) *Orn* mallongbeka ansero
Kurzschrift *f* stenografio; ~**maschine** *f* stenotipo
Kurzschwanz|affen *m/Pl Zool (eine Gattung der Kapuzinerartigen [im Amazonasgebiet])* mallongvostaj simioj *Pl*; ~**albatros** *m* (Phoebastria albatrus) *Orn* mallongvosta albatroso
Kurzschwanzbeutelratte *f Zool* ↑ ***Spitzmaus-Beutelratte***
Kurzschwanz|känguru *n, auch* ***Quokka*** *n* (Setonyx brachyurus) *Zool* mallongvosta kanguruo, *auch* kvokao *[Vorkommen: SW-Australien u. auf einigen vorgelagerten Inseln, bes. auf der Insel Rottnest]*; ~**-Spitzmausbeutelratte** *f* (Monodelphis brevicaudata) *Zool* mallongvosta monodelfo *[Vorkommen: Südamerika]*
Kurzschwanz-Stachelrochen *m Ichth* ↑ *unter* ***Stachelrochen***
Kurzschwanzsturmvogel *m* (Puffinus tenuirostris) *Orn* mallongvosta pufino, *pop* ŝafbirdo
kurzsichtig, *fachsprachl.* ***myop[isch]*** *Adj Med* miopa *auch übertr* (↑ *auch* ***engstirnig***)
Kurzsichtigkeit *f* miopeco *auch übertr*
kurz|stämmig, *auch* ***kurzschäftig*** *Adj Forstw, Gartenb* kurttrunka; ~**stielig** *Adj Blumen* mallongtiga
Kurzstrecke *f Sport* kurtdistanco
Kurzstrecken|flugzeug *n* kurtdistanca aviadilo; ~**lauf** *m Sport* kurtdistanca kuro (*vgl. dazu* ***Sprint***); ~**läufer** *m Sport* kurtdistanca kuristo; *Sprinter* sprintisto, sprintulo; ~**rakete** *f Mil* kurtdistanca raketo
kurzum *Adv um es kurz (od zusammenfassend) zu sagen* por diri koncize
Kürzung *f Kürzermachen* mallongigo; *Reduzierung* redukto *auch des Gehalts*; *Senkung* malaltigo; ~***en Pl im sozialen Bereich*** reduktoj de [la] socialaj servoj
Kürzungszahl *f Math* ↑ ***Reduzent***
Kurzwaren *Pl*, *<schweiz>* ***Merceriewaren*** *Pl* mercero *Sg* (↑ *auch* ***Galanteriewaren***); ~**händler** *m* merceristo, *auch* vendisto de mercero; ~**handlung** *f*, *<schweiz>* ***Mercerie*** *f od* ***Mercerieladen*** *m* mercerejo, *auch* mercerobutiko
kurzweg *Adv ohne Umschweife* senhezite kaj klare; *ganz einfach* tute simple
Kurzweil *f* amuz[aĵ]o, distro, agrabla tempopasigo; ***zur*** ~ por distro (*od* sinamuzo)
kurzweilig *Adj* amuza, distra, malenua
Kurzwelle(n) *f/(Pl) Med, Radio* kurtondo(j) *od* kurta(j) ondo(j) *(Pl)* (↑ *auch* ***Ultrakurzwelle***)
Kurzwellen|behandlung *f Med* kurtonda terapio; ~**bereich** *m Radio* kurtonda areo; ~**empfang** *m Radio* kurtonda ricevado; ~**sender** *m Radio* kurtonda [radio]stacio
Kurz|wort *n* mallongigita vorto; ~**zehenlerche** *f* (Calandrella brachydactyla) *Orn* mallongfingra alaŭdo
Kurzzeit|betrieb *m Tech* kurttempa (*od* mallongtempa) funkci[ad]o; ~**gedächtnis** *n* kurttempa memor[kapabl]o
Kuscheltier *n Plüschtier* pluŝbesteto; *Stofftier* ŝtofbesteto (↑ *auch* ***Teddybär***)
kuschitisch *Adj* kuŝita; ~***e Sprachen*** *f/Pl Ling (Unterfamilie der semitohamitischen Sprachen, die im NO Sudans, in großen Teilen Äthiopiens u. Kenias bis nach N-Tansania sowie in Djibouti u. Somalia gesprochen werden)* kuŝitaj lingvoj *Pl*
Kusine *f, auch* ***Cousine*** *f, alt* ***Base*** *f* kuzino
[1]**Kuskus** *m Kochk* ↑ ***Couscous***
[2]**Kuskus** *m, auch* ***Kletterbeutler*** *m* (*Gattung* Phalanger) *Zool (ein Beuteltier)* kuskuso, *<wiss>* falangero; *Tüpfel*~ (Phalanger maculatus) makulita kuskuso; *Seiden*~ (Phalanger vestitus) silka kuskuso; ***grauer*** ~ (Phalanger orientalis) griza kuskuso *[Vorkommen: Timor, Molukken, Neuguinea u. Salomonen]* (↑ *auch* ***Bären-*** *u.* ***Molukkenkuskus***)
Kusnezker Becken *n, Kurzw* ***Kusbass*** *m od n russ. Bergbau- u. Industriegebiet in Westsibirien* Kuznecka Baseno, *Kurzw* Kuzbaso
Kusnezk-Sibirski (*n*) ↑ ***Nowokusnezk***
Kuss *m*, *<österr> umg* ***Busserl*** *n* kiso (↑ *auch* ***Abschieds-***, ***Hand-***, ***Judas-***, ***Lippen-***, ***Nasen-*** *u.* ***Zungenkuss***); ***ein feuriger*** (***leidenschaftlicher***, ***süßer***) ~ fajra (pasia, dolĉa) kiso; ***jmdm. einen*** ~ ***geben*** doni kison al iu; ***jmdn. mit Küssen bedecken*** (***überhäufen***) kovri (superŝuti) iun per kisoj
Küsschen *n* kiseto (↑ *auch* ***Busserl***)
küssen *tr* kisi (↑ *auch* ***abküssen*** *u.* ***knutschen***); ***andauernd*** (***od immer wieder***) ~ *tr u. abs* kisadi; ***jmdm. die Hand*** ~ kisi al iu la manon; ***jmdn. auf die Wange*** ~ kisi ies

vangon; ***er küsste sie leidenschaftlich*** li pasie kisis ŝin; ***sich*** (*od* ***einander***) ~ interkisiĝi, kisi unu la alian *od* reciproke kisi

Küssen *n* kisado; ***gegenseitiges*** ~ *od salopp* ***gegenseitige Küsserei*** interkisado

küssenswert *Adj, fam auch* ***zum Küssen*** (*od* ***Anbeißen***) kisinda

Kusshand *f*: ***jmdm. eine*** ~ ***zuwerfen*** [trans]ĵeti kison al iu

Kussszene *f Film, TV* kisosceno

Küste *f* [mar]bordo (*vgl. dazu* ***Gestade***; ↑ *auch* ***Felsen-***, ***Flach-***, ***Mangrove-***, ***Schären-*** *u.* ***Steilküste***); ***an der*** ~ apud (*od* ĉe *bzw.* sur) la bordo; ***die*** ~ ***entlang*** *od* ***längs der*** ~ laŭlonge de la [mar]bordo; ***an der*** ~ ***gelegen*** situanta apud (*od* ĉe) la bordo, *auch* apudborda *od* ĉeborda

Küsten|ampfer *m* (Rumex rupestris) *Bot* duna rumekso; ~**artillerie** *f Mil* marborda artilerio; ~**banksie** *f* (Banksia littoralis = Banksia integrifolia) *Bot* marborda banksio; ~**bewohner** *m* ĉeborda loĝanto, *auch* bordano; ~**dorf** *n* ĉeborda (*od* apudborda) vilaĝo; ~**düne** *f* apudmara duno

Küstenfieber *n Med* ↑ ***Rhodesiafieber***

Küsten|fischer *m* apudborda fiŝisto; ~**fischerei** *f* ĉeborda (*od* bordoproksima) fiŝado; ~**gebiet** *n od* ~**region** *f* apudborda regiono, *direkt am Meer auch* marborda regiono; ~**gewässer** *Pl* ĉebordaj (*od* apudbordaj) akvejoj *Pl*; ~**landschaft** *f* apudborda pejzaĝo; ~**linie** *f* borda linio, *des Meeres auch* marborda linio

Küsten-Mammutbaum *m Bot* ↑ *unter* ***Mammutbaum***

Küsten|meer *n* borda maro; ~**prärie** *f Geobotanik* ĉeborda prerio *[Vorkommen in Florida u. Texas]*

Küstenregion *f* ↑ ***Küstengebiet***

Küstenschiff *n* bordoŝipo; ~**fahrt** *f* [mar]borda navigado; *Schiffsverkehr längs der Küste* marborda ŝiptrafiko

Küsten|schutz *m Wasserbau* bordoŝirmado; ~**seeschwalbe** *f* (Sterna paradisaea) *Orn* arkta ŝterno; ~**staat** *m* apudmara ŝtato; ~**stadt** *f* urbo ĉe la marbordo; ~**strandläufer** *m, reg* ***Knutt*** *m* (Calidris canutus) *Orn* granda kalidro; ~**straße** *f Verk* ĉeborda strato, strato laŭlonge de [la] bordo

Küstentaipan *m Zool* ↑ ***Taipan***

Küstentanne *f Bot* ↑ ***Riesentanne***

Küsten|terrasse *f Topografie* marborda teraso; ~**verteidigung** *f Mil* marborda defend[sistem]o; ~**wache** *f* marborda patrolo (*bzw.* polico); ~**wind** *m Seewind an der Küste* marborda brizo

Küstenzone *f Geogr*: ***[landseitige]*** ~ apudmara zono

Küster *m, auch* ***Sakristan*** *m*, <*schweiz*> ***Sigrist*** *m Kirchendiener* preĝeja servisto; *Moscheediener* moskea servisto

Kustos *m Kurator, Verwalter eines Museums od einer Stiftung* kuratoro; *Konservator, Verwalter [von Sammlungen]* konservisto

Kusunda *n Ling (Sprache einer kleinen ethnischen Gruppe in Nepal)* la kusunda [lingvo]

Kutaissi (*n*) *zweitgrößte Stadt Georgiens* Kutaiso

Kutikula *f nur Fachspr Biol (der Oberhaut aufgelagertes [nichtzelliges] Häutchen [bei oberirdischen Pflanzenorganen aus Kutin u. bei Tieren aus Chitin, Kalk od Proteinen])* kutiklo

Kutin *n Bot, Biochemie (wachsartiges Fettsäurepolymer an der Außenseite der Epidermiszellen von Blättern)* kutino (*vgl. dazu* ***Kutikula***)

Kutschbock *m* koĉera (*bzw.* fiakrista) benko

Kutsche *f* kaleŝo; *Droschke* droŝko; *Fiaker* fiakro (↑ *auch* ***Miet-***, ***Post-*** *u.* ***Prachtkutsche***); ***zweisitzige*** ~, *auch* ***Halbkutsche*** *f* kaleŝo kun [nur] du sidlokoj, duonkaleŝo

Kutscher *m* koĉero; *einer Kalesche* kaleŝisto; *Droschken*~, *Fiaker* fiakristo

Kutschpferd *n* kaleŝa ĉevalo

Kutte *f Gesch (Teil der Ritterrüstung)* kuto; *Mönchs*~ froko (*vgl. dazu* ***Kapuze***) ◇ ***die*** ~ ***ablegen*** *bildh für «das Kloster verlassen»* senfrokiĝi; ***die*** ~ ***macht nicht den Mönch*** kapuĉo monaĥon ne faras *(Zam)*

Kutteln *Pl Nahr, Kochk* ↑ ***Kaldaunen***

Kuttengeier *m Orn* ↑ ***Mönchsgeier***

Kutter *m motorgetriebenes Fischereifahrzeug* kutro; *Fisch*~ fiŝista kutro

Kuvasz *m eine ungarische Hunderasse [ein Herdenschutzhund]* kuvaso

Kuvera (*m*) *Myth* ↑ ***Kubera***

Kuvert *n **a)** Briefumschlag* koverto ***b)*** *Gedeck [für eine Person]* manĝilaro [por unu persono]

kuvertieren *tr mit einem Umschlag versehen, in einen Umschlag stecken* enkovertigi

kuvrieren *alt* = ***bedecken***

Kuwait (*n*), *auch* ***Kuweit***, *arab.* ***Al-Kuwait*** *ein Scheichtum am Persischen Golf mit*

gleichnamiger Hptst. Kuvajto
Kuwaiter *m*, *auch* ***Kuweiter*** *m* kuvajtano
Kuwaiterin *f*, *auch* ***Kuweiterin*** *f* kuvajtanino
kuwaitisch, *auch* ***kuweitisch*** *Adj* kuvajta
kV = *Zeichen für* ***Kilovolt***
kVA = *Zeichen für* ***Kilovoltampere***
kW = *Zeichen für* ***Kilowatt***
Kwacha *f Währungseinheit in Malawi u. in Sambia* kvaĉo (*vgl. dazu* ***Ngwee***)
Kwangtung (*n*) ↑ ***Guangdong***
Kwanju [*ˈkwaŋdʒu*] (*n*) *eine Provinzhptst. in Südkorea* Kŭanĵuo
Kwanyama *n Ling (eine in Angola u. Namibia gesprochene Sprache)* la kvanjama [lingvo]
Kwanza *f Währungseinheit in Angola* kvanzo (*vgl. dazu* ***Lwei***)
Kwashiorkor-Syndrom *n Tropenmedizin (schwere Ernährungsstörung in tropischen u. subtropischen Ländern [eine Eiweißmangeldystrophie])* kvaŝiorkoro
Kwass *m ein russ. alkoholisches Getränk aus gegorenem Brot, Mehl, Malz u.a.* kvaso
Kwazulu-Natal (*n*) *eine Provinz der Rep. Südafrika* Kvazulu-Natalo *[Hptst.: Pietermaritzburg]*
Kweitschou (*n*) ↑ ***Guizhou***
Kwela-Musik *f eine jazzorientierte südafrikan. Musik aus den 1950er Jahren* kvelao
kWh = *Zeichen für* ***Kilowattstunde***
Kyat *m Währungseinheit in Myanmar* kjato (*vgl. dazu* ***Pya***)
Kybernetik *f wissenschaftliche Forschungsrichtung, die vergleichende Betrachtungen über Gesetzmäßigkeiten im Ablauf von Steuerungs- u. Regelvorgängen in Technik, Biologie u. Soziologie anstellt* kibernetiko (↑ *auch* ***Bildungs-*** *u.* ***Sprachkybernetik***); ***biologische*** ~ *Wissenschaft, die sich mit den Steuerungs- u. Regelungsvorgängen in Organismen u. Ökosystemen beschäftigt* biologia kibernetiko (↑ *auch* ***Biokybernetik***)
Kybernetiker *m Wissenschaftler der Fachrichtung Kybernetik* kibernetikisto
kybernetisch *Adj* kibernetika
Kyborg *ohne Art* ↑ ***Cyborg***
Kyffhäuser *m ein Bergrücken südlich des Harzes* [montodorso] Kifhaŭso
Kyjiv (*n*), *russ.* ***Kiew*** (*n*) *Hptst. der Ukraine* Kijivo, *auch* Kievo
Kykladen *Pl*, *auch* ***Zykladen*** *Pl eine griech. Inselgruppe im Ägäischen Meer* Cikladoj *Pl*; ~**kultur** *f Vorgeschichte* ciklada kulturo
kykladisch *Adj* ciklada; ~***e Zivilisation*** *f Antike* ciklada civilizacio
Kyklop *m Myth* = ***Zyklop***
Kylindrit *m Min* ↑ ***Cylindrit***
Kymre *m keltischer Bewohner von Wales* kimro
Kymrin *f* kimrino
kymrisch *Adj* kimra (↑ *auch* ***walisisch***)
Kymrisch[e] *n Ling* la kimra [lingvo]
Kyniker *m Phil (Angehöriger einer antiken Philosophenschule, die Bedürfnislosigkeit u. Selbstgenügsamkeit forderte)* cinikulo *<Anhänger des Antisthenes u. Diogenes>* (*vgl. dazu* ***Zyniker***)
kynisch *Adj Phil (die Philosophie der Kyniker betreffend)* cinik[ism]a (↑ *auch* ***Anthistenes***)
Kynismus *m kynische Philosophie* cinikismo
Kyonju (*n*) *eine Stadt in Südkorea* Kjongĵuo
Kyoto (*n*) ↑ ***Kioto***
Kyphose *f Med (Wirbelsäulenverkrümmung nach hinten)* cifozo, *auch* kifozo (*vgl. dazu* ***Lordose***)
Kyphoskoliose *f nur Fachspr Med (Wirbelsäulenverkrümmung nach hinten u. seitlich)* cifoskoliozo
Kyrenaika *f* ↑ ***Cyrenaika***
[1]**Kyrene** (*f*) *griech. Myth (eine Nymphe)* Cirena
[2]**Kyrene** (*n*), *lat.* ***Cyrene*** (*n*) *Antike (Hptst. der Cyrenaika)* Cireno *[Hptst. heute: Bengasi]*
kyrillisch *Adj* cirila; ~***es Alphabet*** *n* cirila alfabeto; ~***e Schrift*** *f* (*auch* ***Kyrilliza*** *genannt*) cirila skribo
Kyrill[os] (*m*) *Eig* Cirilo *auch Name von Kirchenvätern u. Patriarchen*
Kyros (*m*), *auch* ***Cyrus*** (*m*) *Eig (Name persischer Herrscher aus dem Geschlecht der Achämeniden [z.B. Kyros der Große (Begründer der persischen Großmacht)])* Ciro
Kystadenom *n Med* ↑ ***Zystadenom***
Kysylkum *f eine Wüste im usbekisch-kasachischen Zentralasien zw. Amu-Darja u. Syr-Darja* [dezerto] Kizilkumo
Kythnos (*n*) *eine griech. Insel der Kykladen* [insulo] Kitnoso
Kyushu (*n*), *auch* ***Kiushu*** (*n*) *südlichste u. drittgrößte der japanischen Hauptinseln* [insulo] Kjuŝuo
KZ *n* ↑ ***Konzentrationslager***

L

l = *Zeichen für* ***Liter***
l. = *Abk für* ***links***
L = *Abk für* ***Laari***
L. = *Abk für* ***Lira***
Laari *m* (*Abk* ***L***) *kleine Währungseinheit der Rep. Malediven* laro (*vgl. dazu* ***Rufiyaa***)
Lab *n, auch* ***Labferment*** *od* ***Chymosin*** *n ein Enzym des Kälbermagens* ĉimozino, *auch* labfermento
La Bamba *f, umg auch m ein brasilianischer Tanz* labambo
Labarum *n (1. [spätrömische] Kaiserstandarte mit dem Christusmonogramm 2. [später:] byzantinische Reichsstandarte)* labaro
labb[e]rig ↑ ***breiig***
Label [ˈle:...] *n* ***a)*** *Klebemarke* glumarko ***b)*** *Schallplattenetikett* sondiska etikedo
Labellum *n nur Fachspr Bot (Teil der Blüte bei Orchideen)* labelo
laben *tr geh für «erfrischen»* refreŝigi; ***sich*** ~ sin refreŝigi; *genießen* ĝui (***an etw.*** ion), delektiĝi (***an etw.*** je io)
Laberdan *m Nahr (eingesalzener Kabeljau od Dorsch [aus Norwegen])* laberdano
labern *intr umg für «unaufhörlich u. einfältig reden»* senĉese kaj naive (*bzw.* stulte) paroli (*vgl. dazu* ***schwatzen***)
Labferment *n* ↑ ***Lab***
labial *Adj Med (die Lippen betreffend), Phon (an den Lippen gebildet)* labiala
Labial *m, auch* ***Lippenlaut*** *m Phon (mit den Lippen gebildeter Laut [z.B. p, m]* labialo, *auch* lipsono *od* lipa sono (*vgl. dazu* ***Labiodental***)
Labialisierung *f Phon* labialigo
Labiallaut *m Phon* = ***Labial***
Labiate *f/Pl Bot* ↑ ***Lippenblütler***
labil *Adj Phys* labila (*vgl. dazu* ***instabil***; ↑ *auch* ***thermolabil***); *i.w.S. wechselhaft* ŝanĝiĝema (↑ *auch* ***veränderlich***); *kritisch* kritika; ~***e Lage*** *f* kritika situacio
Labilität *f* nestabileco, ŝanĝiĝemo *auch eines ökologischen Systems*; *Met (uneinheitliche Luftbewegung)* labilo
Labiodental[laut] *m, auch* ***Lippenzahnlaut*** *m Phon (mit Unterlippe u. oberen Schneidezähnengebildeter Laut [z.B. f, w])* labiodentalo
Labiolabial *n Phon* ↑ *unter* ***bilabial***
Labiovelar[laut] *m, auch* ***Lippengaumenlaut*** *m Phon (Laut, der Lippen u. Gaumen zugleich gebildet wird [z.B. in der afrikanischen Ewesprache]* labiovelaro
Labium *n nur Fachspr* ***a)*** *Ent (die aus paarigen Anlagen verwachsene Unterlippe von Insekten)* labio (*vgl. dazu* ***Labrum***) ***b)*** *Anat* ↑ ***[1]Lippe***
Labkraut *n* (*Gattung* Galium) *Bot* galio (↑ *auch* ***Acker-***, ***Kletten-***, ***Kreuz-***, ***Sumpf-*** *u.* ***Waldlabkraut***); ***blaugrünes*** ~ (Galium glaucum) glaŭka galio; ***dreihörniges*** ~ (Galium tricornutum) trikorna galio; ***echtes*** ~ (Galium verum) vera galio; ***gemeines*** ~ ↑ ***Wiesenlabkraut***; ***nordisches*** ~ (Galium boreale) norda galio; ***weißes*** ~ (Galium album) blanka galio
Labkrautgewächse *n/Pl Bot* ↑ ***Rötegewächse***
Labmagen *m, auch* ***Fettmagen*** *m vierter Magen der Wiederkäuer* abomaso
Labor *n Kurzf von* ↑ ***Laboratorium***
Laborant *m* laboratoria asistanto (*bzw.* helpanto)
Laborantin *f* laboratoria asistantino (*bzw.* helpantino)
Laboratorium *n, Kurzf* ***Labor*** *n* laboratorio, *selt Kurzf* labo (↑ *auch* ***Forschungs-***, ***Restaurierungs-***, ***Sprach-*** *u.* ***Versuchslabor***); ***chemisches*** (***pharmazeutisches***) ~ kemia (farmacia) laboratorio
Labor|befund *m Med* laboratoria(j) rezulto(j) *Pl*; ~**bericht** *m Med* laboratoria raporto; ~**diagnose** *f Med* laboratoria diagnozo; ~**diagnostik** *f Med* laboratoria diagnostiko; ~**glas** *n (als Substanz)* laboratoria vitro
laborieren *intr*: ***an einer Krankheit*** ~ *umg für «an einer Krankheit leiden u. sie zu überwinden suchen»* suferi je [longedaŭra] malsano kaj provi ĝin venki
Labor|test *od* ~**versuch** *m* laboratoria testo (*od* eksperimento); ~**tier** *n* laboratoria besto
Laboruntersuchung *f* laboratoria ekzameno; ***das Ergebnis der*** ~ la rezulto de la laboratoria ekzameno (↑ *auch* ***Laborbefund***)
Laborversuch *m* ↑ ***Labortest***
La Bostella *f, umg auch m ein Modetanz* labostelo
Labrador ***a)*** *ohne Art*: *eine kanadische Halbinsel* Labradoro ***b)*** ↑ ***Labradorhund***; ~**becken** *n ein Tiefseebecken im Atlantischen Ozean* Labradora Baseno
Labradorer *m Bewohner von Labrador* labradorano, enloĝanto de Labradoro

Labradorhund *m, auch kurz* ***Labrador*** *m eine Hunderasse* labradora hundo

labradorisch *Adj auf Labrador a) bezogen* labradora

Labradorit *m, auch* ***Labradorstein*** *m Min (ein Plagioklas)* labradorito *auch Schmuck- u. Dekorstein*

Labrador|see *f ein Randmeer des Atlantik* Labradora Maro; ~**strom** *m eine kalte Meeresströmung vor der nordamerikanischen Ostküste* Labradora Fluo

Labrum *n nur Fachspr Ent (Oberlippe am Kopf der Insekten)* labro

Labsal *n,* <*österr*> *u. süddt. f etw. Erfrischendes* refreŝigaĵo; *Behaglichkeit* komfortaĵo; *Genuss* ĝuo

Labskaus *n Kochk (ein Seemannsgericht in Norddeutschland, Dänemark, Norwegen u. Schweden)* labskaŭso

Labuan (*n*) *eine Insel vor der Küste von Sabah/Ostmalaysia* [insulo] Labuano

Labung *f geh für «Erfrischung»* refreŝigaĵo

Labyrinth *n* ***a)*** *auch* ***Irrgang*** *od* ***Irrgarten*** *m* labirinto *auch übertr für «[undurchdringbares] Wirrsal»* (*vgl. dazu* ***Durcheinander*** *u.* ***Gewirr***), *Irrgarten auch* labirinto el heĝaro *od* labirint-ĝardeno; ***kretisches*** ~ *griech. Myth* kreta labirinto (↑ *auch* ***Daidalos***) ***b)*** *Anat* labirinto; ***Labyrinthus ethmoidalis*** (Cellulae ethmoidales) *zu den Nasennebenhöhlen gehörendes u. aus der Gesamtheit der Siebbeinzellen bestehendes Hohlraumsystem zw. Augen- u. Nasenhöhle* etmoida labirinto; ***häutiges*** ~ (Labyrinthus membranaceus) *im Innenohr* membran[ec]a labirinto; ***knöchernes*** ~ (Labyrinthus osseus) *im Innenohr* osta labirinto; ***Entzündung des*** ~***s*** *Med* ↑ ***Labyrinthitis***

Labyrinthfische *m/Pl* (*Familie* Anabantoidei) *Ichth (im Süß- u. Brackwasser des tropischen Asien u. Afrika lebende Familie der Knochenfische)* labirintfiŝoj *Pl* (↑ *auch* ***Kletterfisch***)

labyrinthisch *Adj* labirinta (*vgl. dazu* ***verschlungen*** *u.* ***verworren***)

Labyrinthitis *f, auch* ***Entzündung*** *f* ***des Labyrinths***, *allg* ***Innenohrentzündung*** *f Med* labirintito, inflamo de la labirinto (*vgl. dazu* ***Mittelohrentzündung***)

Lacerta (*Abk* ***Lac*** *od* ***Lacr***), *auch* ***Eidechse*** *f Astron (ein kleines Sternbild des nördlichen Himmels)* Lacerto

Lachanfall *m* rid-atako

La Chaux-de-Fonds (*n*) *eine Stadt im Schweizer Jura [mit Sitz des «Kultura Centro Esperantista»]* Ĉaŭdefono <*hier ist auch das «Centro de Dokumentado kaj Esploro pri la Lingvo Internacia» angesiedelt*>

[1]**Lache** *f Pfütze* flako; *Pfuhl* ŝlim[akv]ejo; ***voller*** ~***n sein*** esti plena de flakoj

[2]**Lache** *f* ***a)*** *Art zu lachen* maniero ridi ***b)*** ↑ ***Gelächter***

lächeln *intr* rideti (***über*** pri) (↑ *auch* ***anlächeln***); ***gequält*** ~ rideti per torditaj trajtoj; ***geziert*** (***traurig***, ***verschämt***) ~ afekte (triste, honteme) rideti; ***herablassend*** (*od iron auch* ***gnädig***) ~ degne rideti; ***vor sich hin*** ~ rideti por si mem

Lächeln *n* rideto (↑ *auch* ***Augurenlächeln***); ***ein flüchtiges*** (*od* ***winziges***) ~ eta rideto; ***sie empfing uns mit einem*** ~ ŝi akceptis nin ridetante; ***ein*** ~ ***huschte über ihr Gesicht*** rideto ekflagris sur ŝia vizaĝo; ***ein*** ~ ***spielte um ihren Mund*** rideto ludis ĉirkaŭ ŝia buŝo *(Zam)*; ***über ihre Lippen huschte ein*** ~ ŝiajn lipojn transkuris rideto

lachen *intr* ridi (***über*** pri) (↑ *auch* ***auf-***, ***mitlachen*** *u.* ***feixen***); ***affektiert*** (*od* ***gezwungen***) ~ afekt[it]e ridi; ***heimlich*** (*od* ***insgeheim***) ~ kaŝe ridi, *auch* subridi; ***immerzu*** (*od* ***die ganze Zeit***) ~ senĉese ridi, ridi la tutan tempon; ***laut*** ~ [tre] laŭte ridi, ridegi; ***lauthals*** (*od* ***aus voller Kehle***) ~ plengorĝe ridi; ***ohne zu*** ~ senride; ***Tränen*** ~ rid[eg]i ĝis larmoj (*od* larmoverŝo); ***er lacht gern*** li estas ridema [homo] ◇ ***da gibt es [gar] nichts zu*** ~ estas vere nenio por ridi; ***bei ihr hat er nichts zu*** ~ sub ŝia reĝimo li vere ne bone fartas; ***er lacht sich eins ins Fäustchen*** li hejme sidas kaj ĝoje ridas *(Zam)*; ***wer zuletzt lacht, lacht am besten*** bone ridas, kiu laste ridas *od* plej bone ridas tiu, kiu ridas la lasta *(beide: Zam)*

Lachen *n* rid[ad]o; ***das fröhliche*** ~ ***der Kinder*** la gaja ridado de [la] infanoj; ***lautes*** ~ laŭta ridado, ridego; ***das ist zum*** ~ *ist lustig* tio estas ridiga [afero]; *ist lächerlich* tio estas ridinda; *ist übertrieben* tio estas troigita; ***ich bin vor*** ~ ***bald erstickt*** mi preskaŭ sufokiĝis de ridego; ***ich konnte mich des*** ~***s nicht erwehren*** *geh für «ich musste einfach [heraus]lachen»* ni ne povis min reteni de rido; ***sich vor*** ~ ***den Bauch halten*** teni al si la ventron pro ridego; ***er kam aus dem*** ~ ***nicht heraus*** li ne povis ĉesigi ridadon; ***das ~ unterdrücken***, *umg auch* ***sich das ~ verbeißen*** subpremi (*od* reteni) [la] ridadon

lachend 1. *Adj* ridanta; *~er Hans m Orn (ein Eisvogel)* ↑ ***Kookaburra*** **2.** *Adv* rid[ant]e

Lacher *m* ***a)*** *jmd., derüber etw. lacht* ridanto ***b)*** *plötzliches [lautes] Lachen* subita rid-[eg]o

lächerlich 1. *Adj* ridinda; *zum Lachen anreizend* ridiga; *umg für «albern»* stulta, absurda; *i.w.S. übertrieben* troigita; *unbedeutend* [vere] bagatela; ***~er Kerl*** *m* ridindulo; ***jmdn. ~ machen*** ridindigi iun; *i.w.S. jmdn. beschämen* hontigi iun; ***mach dich nicht ~!*** ne ridindigu vin mem! **2.** *Adv* ridinde

Lächerliche *n etw. Lächerliches* ridindaĵo; ***etw. ins ~ ziehen*** ridindigi ion; *etw. verhöhnen* primoki ion

Lächerlichkeit *f* ridindeco; *etw. Lächerliches* ridindaĵo

Lach|falke *m* (Herpetotheres cachinnans) *Orn* ridfalko *[Vorkommen: S-Amerika bis Mexiko]*; **~gas** *n* ridgaso

lachhaft *Adj* ridiga; *i.w.S. absurd* absurda

Lach|krampf *m* ridospasmo; **~möwe** *f* (Larus ridibundus) *Orn* ridmevo; **~muskel** *m* (Musculus risorius) *Anat* ridmuskolo, <*wiss*> rizorio

Lachs *m*, *auch* ***Salm*** *m* (*Gattung* Salmo) *Ichth* salmo *auch Kochk* (↑ *auch* ***Huchen***, *u.* ***Saibling***); ***atlantischer ~*** (Salmo salar) atlantika salmo, *pop auch kurz* salmo; ***geräucherter ~*** *od* ***Räucherlachs*** *m* fumaĵita salmo; ***pazifischer ~*** (Oncorhynchus ssp.) pacifika salmo (↑ *auch* ***Alaska-Seelachs*** *u.* ***Rotlachs***)

Lach|salve *f* kaskado da ridoj; **~seeschwalbe** *f* (Gelochelidon nilotica) *Orn* mevobeka ŝterno

lachs|farben *od* **~farbig** *Adj* salmokolora (*vgl. dazu* ***rosa***)

Lachs|farm *f* salmokultivejo; **~filet** *n Nahr* salmofileo

Lachsfische *m/Pl Ichth*: ***[Familie der] ~*** (Salmonidae) salmedoj *Pl*

Lachs|fischen *n od* **~fischerei** *f* salmofiŝado; **~forelle** *f*, *auch* ***Meer-*** *od* ***Seeforelle*** *f* (Salmo trutta trutta) *Ichth* salmotruto; **~hai** *m* (Lamna ditropis) *Zool* salmoŝarko

Lachshering *m Ichth* ↑ *unter* ***Hering***

Lachs|reizker *m* (Lactarius salmonicolor) *Mykologie* salmokolora laktofungo; **~rogen** *m* frajo de salmo *auch Nahr*

lachsrot *Adj* salmoruĝa

Lachtaube *f Orn* ***a)*** (Streptopelia risoria) ridkolombo ***b)*** (Streptopelia roseogrisea) rozkapa turto *[Vorkommen: Mittelafrika u. Südarabien]*

Lack *m* lako *auch Kfz* (↑ *auch* ***Auto-,Email-***, ***Erst-***, ***Haar-***, ***Japan-***, ***Nagel-***, ***Nitro-***, ***Nitrozellulose-***, ***Siegel-*** *u.* ***Überzugslack***)

Lackarbeit *f od* **Lackgegenstand** *m* lakaĵo, lakita objekto

Lackbläuling *m Mykologie* ↑ *unter* ***Lacktrichterling***

Lackfarbe *f* lakfarbo

Lackgegenstand *m* ↑ ***Lackarbeit***

lackglänzend *Adj* lakobrila

lackieren *tr* laki, surkovri (*od* surpentri) per lako (*vgl. dazu* ***firnissen*** *u.* ***polieren***); *mit der Spritzpistole, z.B. eine Karrosserie* ŝpruclaki; ***die Nägel ~*** vernisi la ungojn per ungolako; ***lackiert*** lakita

Lackieren *n od* **Lackierung** *f (als Vorgang)* lakado, *der Fingernägel* vernisado; *(Lacküberzug)* laka tegaĵo

Lackierer *m* lakisto

Lackiererei *f Auto~* ŝpruclakejo [por aŭtoj]

Lack|insekten *n/Pl Ent (bestimmte Schildläuse, vor allem der Gattung Kerria, deren Weibchen aus besonderen Drüsen ein an der Luft erhärtendes Sekret ausscheiden, das ihren Körper samt der Brut umschließt)* (*vgl. dazu* ***Lackschildlaus***); **~leder** *n* lakledo *od* lakita ledo

Lackmus *m od n chem. Reagens* lakmuso; **~kraut** *n*, *auch* ***Färberkroton*** *m* (Chrozophora tinctoria) *Bot (eine mediterrane Wolfsmilchart)* tinktura krozoforo; **~papier** *n mit Lackmus getränktes Papier zur Erkennung von Säuren u. Laugen* lakmusa papero *i.w.S. auch für «Reagenzpapier»*

Lack|schaden *m/Pl* lak-damaĝoj *Pl*; **~schicht** *f* tavolo da lako; **~schildlaus** *f* (Tachardia lacca = Kerria lacca) *Ent* lakokoĉo <*aus den harzigen Ausscheidungsprodukten der Lackschildlaus wird Gummilack gewonnen*>; **~schuh** *m* lakleda ŝuo, *auch* lakŝuo; **~stiefel** *m* lakleda boto; **~streifen** *m/Pl bes. Philat* lakstrioj *Pl*

Lacksumach *m*, *auch* ***japanischer Firnisbaum*** *m* (Rhus verniciflua) *Bot* uruŝio; ***Milchsaft m des ~s*** [suko el] uruŝio

Lacktrichterling *m Mykologie*: ***amethystblauer ~***, *auch* ***Lackbläuling*** *m* (Laccaria amethystina) ametista lakario; ***rötlicher ~***

(Laccaria laccata) laka lakario

Lack|überzug *m* laka tegaĵo; ~**-Zistrose** *f* (Cistus ladanifer) *Bot* ladana cisto *[Vorkommen: Frankreich, Iberische Halbinsel, Marokko u. Algerien]*

La Coruña (*n*) *eine spanische Stadt an der NW-Küste Galiziens* La-Korunjo

Lacrosse [*la'krɔs*] *n Sport (ein dem Hockey ähnliches, in Kanada entwickeltes Torspiel französischen Ursprungs)* lakroso

Lactam *n Chem* ↑ ***Laktam***

Lactase *f Biochemie* ↑ ***Laktase***

Lactat *n Chem* ↑ ***Laktat***

lacto... *bzw.* **Lacto...** = <*wiss*> *für* ***lakto...*** *bzw.* ***Lakto...***

Lactone *n/Pl Chem* ↑ ***Laktone***

Lactose *f* ↑ ***Laktose***

Lactosurie *f Med (eine bedeutungslose Ausscheidung von Milchzucker im Harn von Schwangeren u. Wöchnerinnen)* laktozurio

Ladakh (*n*) *Hochgebirgslandschaft am oberen Indus in Kaschmir* Ladako *[Hptst.: Leh]*

Ladakhi *m Bewohner von Ladakh* ladakano

Ladanum *n aus Zistrosen gewonnene weiche Harzmasse [vor allem für Räucherpulver u. Parfüms]* ladano; ~**öl** *n* ladana oleo

Lädchen *n kleiner Laden* malgranda butiko

Lade *f Schub*[≗] tirkesto; *Kasten* kesto (*vgl. dazu* ***Bundeslade***)

Lade|baum *m*, *auch* ***Hebebaum*** *m Mar* kargobumo *od* bumgruo, *auch* levbumo; ~**fähigkeit** *od* ~**kapazität** *f LKW, Schiff* kargokapacito *od* ŝarĝokapacito; ~**gerät** *n Batterie*[≗] akumulatorŝargilo; ~**gewicht** *n normale Ladefähigkeit [eines Transporters od Schiffs]* normala kargokapacito; *Gewicht der Ladung* pezo de la kargo; ~**gleis** *n Eisenb* kargad-trako; ~**gut** *n* kargo, ŝarĝ[aĵ]o; ~**hafen** *m Mar* haveno de ŝarĝado

Ladehemmung *f Mil (beim Gewehr)* neeblo ŝargi la pafilon, *(beim Geschütz)* neeblo ŝargi la kanonon ◇ ***er hatte pkötzlich*** ~ li havis subite mentalan blokadon

Ladekabel *n El* ŝargokablo

Ladekapazität *f* ↑ ***Ladefähigkeit***

Lade|kosten *Pl* ŝarĝad-kosto; ~**kran** *m Mar* bumgruo; ~**luke** *f Mar* holdoluko; ~**meister** *m Mar (Kaiaufseher)* kargokontrolisto

[1]**laden** *tr* ***a)*** *beladen* kargi, ŝarĝi; *abs: Last od Fracht aufnehmen* preni kargon (*od* frajt[aĵ]on); *einladen* enŝarĝi (***in*** en *mit Akk*); ***das Schiff hat Getreide geladen*** la ŝipo surhavas kargon de greno ***b)*** *Akku, Batterie, Waffe* ŝargi (↑ *auch* ***einlegen e)***) ***c)*** *in anderer Bed*: ***diese Verantwortung möchte ich nicht auf mich*** ~ ĉi tiun respondecon mi ne volus (*od* emas) preni sur min ◇ ***er hat einen ganz schönen geladen*** *er hat ziemlich viel Alkohol getrunken* li estas sufiĉe ebria

[2]**laden** *tr* ***a)*** *Gäste* inviti (↑ *auch* ***einladen a)***) ***b)*** *Jur*: ***jmdn. vor Gericht*** ~ asigni (*od* [al]voki) iun antaŭ [la] tribunalon

Laden *m* ***a)*** butiko (*vgl. dazu* ***Boutique*** *u.* ***Discounter***; ↑ *auch* ***Andenken-***, ***Bäcker-***, ***Bio-***, ***Blumen-***, ***Gemüse-***, ***Ketten-***, ***Kram-***, ***Souvenir-***, ***Süßwaren-*** *u.* ***Tabakladen***); *Geschäft* vendejo, *(größeres)* magazeno; *Verkaufsstand, Kiosk* kiosko; ***einen*** ~ ***besitzen*** (*od* ***haben***) posedi (*od* havi) butikon ***b)*** *Kurzw für «Fensterladen»* ŝutro, *(mit schrägen feststehenden Brettchen)* persieno

Laden|besitzer *m*, *alt (aber noch reg)* ***Krämer*** *m* butikisto; *Kioskbesitzer* posedanto de kiosko; ~**dieb** *m* ŝtelisto en vendejo; ~**diebstahl** *m* ŝtelo en vendejo(j); ~**fenster** *n* butikfenestro; ~**gehilfe** *m* helpanto en butiko (*od* vendejo); ~**hüter** *m* nevendeblaĵo, nevendebla varo; ~**inhaber** *m* butikisto; ~**kette** *f Wirtsch* ĉeno de butikoj; ~**-preis** *m* detala prezo, vendoprezo [en la magazenoj]; ~**schild** *n* [nom]ŝildo de butiko (*od* magazeno)

Ladenschluss *m*: ***nach*** ~ post fermo de la vendejoj (*od* magazenoj)

Laden|schlusszeit *f* fermotempo de la vendejoj; ~**straße** *f* butikuma strato; ~**tisch** *m*, <*österr*> *u. reg auch* ***Budel*** *f* butika (*od* magazena) tablo, *auch* vendotablo

Ladentochter *f* ↑ ***Verkäuferin***

Laden|tür *f* pordo de butiko (*od* vendejo); ~**verkauf** *m* [en]butika vendado

Lade|rampe *f (fahrbare)* movebla kargadramplo, *(ortsfeste)* kargadkajo; ~**raum** *m* spaco por ŝarĝaĵo; *Mar* holdo; ~**platz** *m* ŝarĝejo, loko de ŝarĝado; *Mar* varfo

Ladesäule *f*: ~ ***für Elektroautos*** = ***Ladestation***

Lade|schaffner *m auf Bahnhöfen* stacia bagaĝisto; ~**schein** *m* ŝarĝ-atesto (*vgl. dazu* ***Konnossement***); ~**station** *f z.B. für Elektroautos* ŝargostacio [por elektroaŭtoj]

lädieren *tr beschädigen* difekti (*vgl. dazu* ***ramponieren***); *verletzen* lezi, vundi

Ladinisch[e] *n Ling* ↑ ***Rätoromanisch[e]***

Ladislaus (*m*), *ungar.* ***László*** (*m*) *männl. Vorname* Ladislao *auch Name mehrerer polnischer u. ungarischer Könige*

Ladnerin *f* ↑ ***Verkäuferin***

Ladogasee *m ein See in Russland [nordöstl. von St. Petersburg]* Ladoga Lago

[1]**Ladung** *f* ***a)*** *Transportwesen (Ladegut)* kargo, *umg* ŝarĝ[aĵ]o (↑ *auch* ***Deck[s]ladung***, ***Fracht***, ***LKW-Ladung***, ***Options-***, ***Rück-***, ***Schiffs-***, ***Teil-*** *u.* ***Wagenladung***); *das Verladen [von Gütern]* kargado, ŝarĝado; ***gefährliche*** ~ danĝera kargo; ***die*** ~ ***ausladen*** (*od* ***löschen***) malŝarĝi la kargon; ***die*** ~ ***kontrollieren*** (***überprüfen***) kontroli (ekzameni) la kargon ***b)*** *umg salopp für «große Menge»*: ***er hatte eine*** ~ ***Kartoffeln auf dem Teller*** li havis grandan amason da terpomoj sur la telero

[2]**Ladung** *f* ***a)*** *El (Menge an Elektrizität, die in einem Körper vorhanden ist)* ŝargo ***b)*** *Mil (Treibmittel, das dem Geschoss die Anfangsgeschwindigkeit gibt)* ŝarg[aĵ]o (↑ *auch* ***Kernladung***); ***geballte*** ~ *Mil* densa ŝargo

[3]**Ladung** *f Jur (Aufforderung zum Erscheinen)* asigno (*od auch* voko) al la tribunalo

Ladungs|liste *f od* ~**verzeichnis** *n bes. von Schiffsfracht* kargolisto

Ladungsträger *m* ↑ *unter* ***Teilchen***

Lady [*ˈle:di*] *f* sinjorino; *als Titel u. weibl. Gegenstück zu «Lord»* lordino

Laertes (*m*) *griech. Myth Eig (Vater des Odysseus)* Laerto

Lafette *f Mil (Untergestell des Geschützes)* afusto

Lafettenschwanz *m Mil* afustovosto

Laffe *m* [iom stulta] vantulo (*vgl. dazu* ***Geck***)

La Fontaine (*m*) *Eig (ein französischer Dichter [1621-1695])* Lafonteno

Lage *f* ***a)*** *Situation* situacio (↑ *auch* ***Sach-***, ***Sicherheits-*** *u.* ***Wirtschaftslage***); *Umstände* cirkonstancoj *Pl*; *Stellung* pozicio, *(Pose, [zu einem best. Zweck] angenommene Haltung)* pozo; *Zustand* stato; *Geogr* situo *auch z.B. eines Gebäudes* (↑ *auch* ***Höhenlage***); ***[an]gespannte*** ~ streĉita situacio; ***fehlerhafte*** ~ *Med (Verlagerung [von Organen])* aberacio; ***geografische*** ~ geografia situo; ***instabile*** ~ nestabila situacio; ***politische*** ~ politika situacio; ***die*** ~ ***ist ausweglos*** la situacio estas sen eliro; ***Herr der*** ~ ***sein*** esti mastro de la situacio; ***in der*** ~ ***sein zu ...*** esti kapabla al (*od* je) ...; *können* kapabli ..., *umg auch* povi ...; ***ich möchte nicht in seiner*** ~ ***sein***, *umg auch* ***ich möchte nicht mit ihm tauschen*** mi ne volus esti en lia situacio; ***jmdn. in eine peinliche*** (*od* ***unangenehme***) ~ ***bringen*** meti iun en embarasan (*od* ege malagrablan) situacion; ***die*** ~ ***verbessert*** (***verschlechtert***) ***sich*** la situacio pliboniĝas (malpliboniĝas); ***versetze dich [doch] mal in meine*** ~ imagu [do], vi estus en mia situacio (*od* sur mia loko); ***sich in einer schwierigen*** ~ ***befinden*** troviĝi en malfacila situacio ***b)*** *Schicht* tavolo ***c)*** *Mus (Stimm*~*)* registro [de voĉo]

Lagebericht *m* [situacia] raporto

Lagebesprechung *f*: ***eine*** ~ ***abhalten*** diskuti la [nunan] situacion

Lage|beurteilung *f* pritakso de la situacio; ~**plan** *m* plano pri la situo

Lager *n* ***a)*** *Ruhe*~ kuŝejo; *Mil* kampejo, bivako; *Baracken*~ barakaro; *Zelt*~ tendaro (↑ *auch* ***Durchgangs-***, ***Flüchtlings-***, ***Heer-***, ***Konzentrations-***, ***Pfadfinder-***, ***Sommer-[zelt]-***, ***Straf-***, ***Umerziehungs-***, ***Vernichtungs-*** *u.* ***Zwangsarbeitslager***); ~ ***aus Stroh*** *od* ***Strohlager*** *n um darauf zu ruhen* pajlokuŝejo; ***sozialistisches*** ~ *Gesch* socialisma tendaro ***b)*** *Waren*~, *Speicher* [var]tenejo, magazeno, provizejo; *i.w.S. Stapelplatz* staplotereno, staploloko *od* staplejo; *Lagerbestand, Vorrat* stoko; ***etw. auf*** ~ ***haben*** *Hdl* havi (*od* teni) ion en [la] tenejo (*od* stoko); ***etw. auf*** ~ ***legen*** stoki ion; ***am*** ~ ***sein*** esti en [var]tenejo (*od* stoko); ***nicht mehr am*** ~ ***sein*** jam ne esti en la [var]tenejo; *ausverkauft sein* esti disvendita (*od auch* elĉerpita) ***c)*** *Tierbau (Höhle in der Erde)* subtera kavo, kaverno, *(Erdnest)* ternesto, *i.w.S. (Versteck)* kaŝejo ***d)*** *Tech* lagro (↑ *auch* ***Achs-***, ***Gleit-***, ***Kugel-*** *u.* ***Rollenlager***)

Lagerarbeiter *m* magazenisto, laboristo en magazeno (*od* vartenejo)

Lageraufseher *m* ↑ ***Lagermeister***

Lagerbestand *m* stoko; ***den*** ~ ***aufnehmen*** *Hdl* inventarii la stokon

Lagerfeuer *n* [ĉe]tendara (*od* kampadeja) fajro, bivakfajro; ***ein*** ~ ***anmachen*** (*od* ***anzünden***) ekbruligi (*od auch* fari) fajron ĉe la tendaro

Lager|frist *f* tempo por stoki varojn; ~**führung** *f Materialbewirtschaftung* administrado de la stokoj; ~**halle** *f od* ~**haus** *n* [var]tenejo, magazeno; ~**haltung** *f* stokado [de varoj]; ~**meister** *m, früher auch* ***Lageraufseher*** *od* ***Lagerverwalter*** *m* estro de vartenejo

lagern ***a)*** *tr Hdl einlagern* stoki, enmagazenigi ***b)*** *intr am Lager sein* esti en stoko, troviĝi en [var]tenejo (*od* magazeno *od* deponejo); *im Freien lagern* kampadi, *Mil auch* bivaki (↑ *auch* ***zelten***); ***sich*** ~ *sich setzen u. rasten* eksidi sur la tero kaj ripozi [iomete]; *sich [auf die Erde] niederlegen* kuŝiĝi [sur la tero]

Lagern *n* ***a)*** *im Freien: Biwakieren* kampado (↑ *auch* ***Zelten***) ***b)*** *Hdl, Wirtsch* = ***Lagerung***

Lagerpflanzen *f/Pl Bot* ↑ ***Thallophyten***

Lager|platz *m für Güter* staplotereno; *für ein Feldlager* tereno por kampadi (*od* bivaki); ~**raum** *m* stokejo (↑ *auch* ***Depot*** *u.* ***[1]Magazin a)***); ~**schale** *f Tech (Kugelpfanne, in der eine Achse od ein Schaft rotiert)* kusineto (↑ *auch* ***Kugelpfanne***); ~**schein** *m für Dock- od Zoll-Lager* stapla kvitanco

Lagerstatt *f* loko por kuŝiĝi; *Bett* lito

Lagerstätte *f Geol, Min* kuŝejo (↑ *auch* ***Erzlagerstätte***); ***hölzerne*** ~ tabulkuŝejo (↑ *auch* ***[1]Pritsche***)

Lagerströmie *f Bot*: ***herrliche*** ~ (Lagerstroemia speciosa) *ein Zierstrauch in trop. Ländern* lagerstromo grandioza

Lagerung *f* ***a)*** *Hdl, Wirtsch* stokado [en vartenejo] (↑ *auch* ***Einlagerung***) ***b)*** *im Freien* bivakado (↑ *auch* ***Zelten***) ***c)*** *Geol (Schichtung)* tavoliĝo (*vgl. dazu* ***Sedimentation***) ***b)*** *das Hinlegen, z.B. eines Kranken* kuŝigo [en la liton]; *das Sichhinlegen* kuŝiĝo

Lagerverwalter *m* ↑ ***Lagermeister***

Lageveränderung *f* ŝanĝo de pozicio (↑ *auch* ***Dislokation*** *u.* ***Stellungswechsel***)

Lagiden *Pl Syn für «ägypt. Dynastie der Ptolemäer»* lagidoj *Pl*

Lagoa dos Patos (*f*) *eine atlantische Lagune (Haff) an der Küste des brasilianischen Gliedstaates Rio Grande do Sul* Laguno de Patoso

Lago Maggiore *m, selt dt.* ***Langensee*** *m ein ital.-schweizerischer See* Majora Lago

La Gomera (*n*) *eine der Kanarischen Inseln* La-Gomero *[Hauptort u. Hafen: San Sebastián de la Gomera]*

Lagophthalmus *m, auch* ***Hasenauge*** *n Ophthalmologie (Erweiterung der Lidspalte, Unfähigkeit des Lidschlusses)* lagoftalmio

Lagos (*n*) *ehemalige Hptst. u. Haupthafen von Nigeria* Lagoso (*vgl. dazu* ***Abuja***)

Lagrange [*la'grãʒ*] (*m*) *Eig (französischer Astronom u. Mathematiker [1736-1813])* Lagranĝo

Lagune *f Geogr (1. vom offenen Meer abgetrenntes Flachwassergebiet vor einer Küste 2. von Korallenriffen umgebene Wasserfläche eines Atolls* laguno (↑ *auch* ***Atolllagune***)

Lahar *m Vulkanologie* ↑ ***Schlammlawine***

lahm *Adj* ***a)*** *hinkend (auch wegen Hüftschadens)* lama (↑ *auch* ***kreuz-*** *u.* ***lendenlahm***); *gelähmt* paralizita ***b)*** *übertr umg (hinkend)* lama; *i.w.S. (kraftlos, schwach)* senforta, *(ohne Elan od Verve)* sen elano (*od* vervo) *nachgest, (langweilig)* enuiga (↑ ***flügellahm***); ~ ***gehen*** *hinken* lamiri, lami ◇ ~***e Ente*** *f* lamulo, *i.w.S. auch* senenergiulo

Lahme *m* lamulo

lahmen *intr lahm gehen, hinken* lami *auch übertr*; ***ein wenig*** ~ *humpeln* lameti

Lahmen *n* lamado *auch übertr*

lähmen *tr* lamigi *auch übertr*; *Med* paralizi *auch übertr* (*vgl. dazu* ***lahmlegen***)

lähmend *Adj* lamiga, paraliziga *auch übertr*

Lahmheit *f Lahmsein* lameco *auch übertr*; *i.w.S. (Kraftlosigkeit, Schwäche)* senforteco, *(Mangel an Elan od Verve)* manko de elano (*od* vervo)

lahmlegen *tr* lamigi; *paralysieren* paralizi; *[zeitweilig] zum Stillstand bringen* [por certa tempo] haltigi *bzw.* malfunkciigi; ***das Wirtschaftsleben*** ~ paralizi la ekonomion

Lähmung *f* ***a)*** *Med* paralizo (↑ *auch* ***Blasen-***, ***Fazialis-***, ***Muskellähmung***, ***Paralyse***, ***Schlucklähmung*** *u.* ***Stupor***); ~ ***der Augenmuskeln***, *Fachspr* ***Ophthalmoplegie*** *f* oftalmoplegio; ***atrophische*** ~ *Lähmung mit Muskelschwund* atrofia paralizo; ***doppelseitige [vollständige]*** ~ *insbes. der Beine, Fachspr* ***Paraplegie*** *f, umg* ***Querschnitt[s]lähmung*** *f* paraplegio (*vgl. dazu* ***Panplegie*** *u.* ***Tetraplegie***); ***halbseitige*** ~, *Fachspr* ***Hemiplegie*** *f* hemiplegio; ***unvollständige*** ~, *Fachspr* ***Parese*** *f lähmungsartige Schwäche* parezo ***b)*** *Stillstand* ĉes[iĝ]o, halto

Lahn *f* ↑ ***Lawine***

Lahore (*n*) *Hptst. der pakistanischen Provinz Punjab* Lahoro

Lahti (*n*) Lahtio *eine Stadt in Finnland* *<Wintersportplatz mit Großschanze>*

Laib *m*: ***ein*** ~ ***Brot*** bulo da pano

Laibach (*n*) ↑ ***Ljubljana***

Laich *m Eier von Tieren, deren Eiablage im Wasser erfolgt <dazu gehören Fische u. Amphibien, aber auch wirbellose Wassertiere, wie z.B. Wasserschnecken>* frajo; *Fischº* frajo de fiŝo(j) (↑ *auch* ***Rogen***); *Froschº* frajo de rano(j); ~ ***absetzen*** demeti [sian] frajon

laichen *intr* fraji

Laichen *n* frajado

Laichkraut *n* (*Gattung* Potamogeton) *Bot* potamogeto; ***schwimmendes*** ~ (Potamogeton natans) naĝa potamogeto

Laichkrautgewächse *n/Pl Bot*: ***[Familie der]*** ~ *Pl* (Potamogetonaceae) potamogetacoj *Pl*

Laich|ort *od* **~platz** *m* frajoloko *od* loko de frajado; **~schnur** *f* frajoĉeno; **~zeit** *f* frajotempo *od* tempo de frajado

Laie *m* ***a)*** *christl. Kirche (Nichtgeistlicher)* laiko ***b)*** *Nichtfachmann* laiko, nefakulo; *jmd., der von einem bestimmten Wissensgebiet nichts versteht* nekompetentulo, homo ne havanta apartan kompetentecon [pri iu fako] (*vgl. dazu* ***Dilletant***); *i.w.S. Amateur* amatoro

Laienbruder *m Kirche* laika frato

Laienbühne *f* ↑ ***Laientheater***

Laiendarsteller *m* ↑ ***Laienschauspieler***

laienhaft 1. *Adj* laika, nefakula, *nachgest* en maniero de laiko (*od* nefakulo) (*vgl. dazu* ***laikal***) **2.** *Adv* laike

Laienhaftigkeit *f* laikeco

Laien|kunst *f* amatora arto; **~künstler** *m* amatora (*od* laika) artisto; **~missionar** *m* laika misiisto; **~richter** *m Geschworener, Schöffe* laika juĝisto; **~schauspieler** *m, auch* ***Laiendarsteller*** *m* amatora aktoro; **~schwester** *f Kirche* laika fratino; **~spiel** *n Theat* amatora ludo; **~spielgruppe** *f* amatorartista trupo; **~theater** *n, auch* ***Laienbühne*** *f Theater, in dem nicht ausgebildete Schauspieler spielen* amatora teatro

Laientum *n das Laiesein auf einem best. [Fach-] Gebiet* laikeco

laikal *Adj zum katholischen Laienstand gehörig (Ggs: klerikal)* laika *i.w.S. auch für «weltlich»*

Laila *od* **Leila** (*f*), *arab.* ***Lailā*** *arabischer weibl. Vorname* Lajla

Lainsitz *f* ↑ ***Lužnice***

Laios (*m*) *Eig (griech. Sagengestalt, König von Theben, Vater des Ödipus)* Lajo

Laizismus *m weltanschauliche Richtung, die die Freiheit von religiösen Bindungen im öffentlichen Leben sowie die Trennung von Kirche u. Staat fordert* laikismo

Laizist *m Anhänger des Laizismus* laikisto

laizistisch *Adj* laikisma

Laka (*f*) *Myth (polynesische Waldgöttin [Göttin des Hulatanzes auf Hawaii])* Laka

Lakai *m* ***a)*** *Diener [in Livree]* lakeo; *kleiner Lakai, Page, bes. in Hotels früherer Tage* grumo; ***betresster*** ~ galonita lakeo ***b)*** *übertr* lakeo, *i.e.S. (unterwürfiger Mensch, Kriecher)* homo servila (*od* aĉe servema), persono humilaĉa (*od* sklave komplezema) (*vgl. dazu* ***Speichellecker***), *(Jasager)* jesulo

lakaienhaft *Adj* kiel lakeo *nachgest*

Lake *f Salzlösung zum Konservieren von Fleisch od Fisch* peklakvo

Lakedämon (*n*) *[in der Antike:] anderer Name für den altgriechischen Stadtstaat Sparta* Lacedemono

Lakedämonien (*n*) ↑ ***Lakonien***

Lakedämonier *m* lacedemonano (*vgl. dazu* ***Lakonier***)

lakedämonisch *Adj* lacedemona

Laken *n Bettº* lit[o]tuko (*vgl. dazu* ***Tuch***)

Lakhmiden *m/Pl, arab.* ***Banū Lahm*** *Gesch (Dynastie aus dem arabischen Stammesverband der Tanukh im SW Iraks [3. Jh.-Anfang des 7. Jh.s])* laĥmidoj *Pl*

Lakhnau (*n*) ↑ ***Lucknow***

Lakkadiven *Pl, engl.* ***Laccadive Islands*** *eine indische Inselgruppe vor der SW-Küste Vorderindiens* Lakadivoj *Pl* (↑ *auch* ***Amindiven***)

Lakkadiver *m/Pl Bewohner der Lakkadiven* lakadivanoj *Pl*

Lakkolith *m Geol, Vulkanologie (pilzförmige vulkanische Kuppe [aus Plutonitgestein])* lakolito

Lakonien (*n*), *auch* ***Lakedämonien*** (*n*) *eine Landschaft im Peloponnes/Griechenland* Lakonio *[Hptst.: Sparta]*

Lakonier *m Bewohner von Lakonien* lakono

Lakonik *f geh für «lakonische Art des Ausdrucks»* lakoneco

lakonisch *Adj* ***a)*** *auf Lakonien bezüglich* lakona ***b)*** *übertr (kurz und bündig, knapp [und treffend])* lakona; ~***e Antwort*** *f* lakona respondo

Lakonismus *m kurze, bündige Ausdrucksweise* lakonismo

[1]**Lakota** *Pl, auch* ***Lakota-Sioux*** *Pl Ethn (ein Stammesverband der Sioux-Indianer [heute

in Reservaten in South Dakota]) lakotoj *Pl*

²Lakota *n, auch* ***Lakota-Sprache*** *f Ling* la lakota [lingvo]

Lakritze *f, reg* ***Lakritz*** *m od n* gliciriza ekstrakto (*vgl. dazu* ***Süßholz***)

Lakshmi (*f*) *ind. Myth (Göttin des Reichtums, später hauptsächlich des Glücks u. der Vegetation; Gattin des Vishnu in all ihren Inkarnationen)* Lakŝmia (↑ *auch* ***Indira***)

Laktalbumin *n, fachsprachl. meist* ***Lactalbumin*** *n, auch* ***Milchprotein*** *n Biochemie* laktalbumino

Laktam *n, fachsprachl. meist* ***Lactam*** *n Chem* laktamo

Laktase *f, fachsprachl. meist* ***Lactase*** *f Biochemie (ein im Darmsaft enthaltenes Enzym, das Milchzucker in Traubenzucker u. Galaktose zerlegt)* laktazo

Laktat *n, fachsprachl. meist* ***Lactat*** *n, auch* ***Milchsäuresalz*** *n Chem* laktato (↑ *auch* ***Aluminiumlaktat***)

Laktation *f nur Fachspr Biol u. Med* laktado, *auch* sekreciado de [patrina] lakto

Laktationsperiode *f, auch* ***Stillzeit*** *f* periodo de laktado

Laktat|test *m Med* laktata testo; ~**werte** *m/Pl* laktatnivelo

Laktobazillus *m, fachsprachl. meist* ***Lactobacillus*** *m, auch* ***Milchsäurebakterium*** *n* laktobacilo, *auch* laktacida bacilo

Laktodensimeter *n, auch* ***Milchspindel*** *f od* ***Milch[güte]messer*** *m* laktodensometro

Laktoflavin *n, fachsprachl. meist* ***Lactoflavin*** *n andere Bez für das Coenzym Riboflavin* laktoflavino

Laktoglobulin *n, fachsprachl. meist* ***Lactoglobulin*** *n Biochemie (Eiweißstoff, der nur in geringen Anteilen in der Kuhmilch enthalten ist)* laktoglobulino

Laktometer *n Vorrichtung zur Milchprüfung* laktometro

Laktone *n/Pl, fachsprachl. meist* ***Lactone*** *n/Pl Chem (cyclische Ester)* laktonoj *Pl*

Laktose *f, fachsprachl. meist* ***Lactose*** *f, auch* ***Milchzucker*** *m* laktozo, sukero troviĝanta en lakto

laktose|frei *Adj* senlaktoza; ~**intolerant** *Adj* netolera al loktozo

Laktoseintoleranz *f, auch* ***Laktoseunverträglichkeit*** *f Med* netolereco al laktozo

Laktoskop *n Gerät zur Prüfung der Durchsichtigkeit der Milch* laktoskopo

laktovegetabil *Adj* laktovegetaĵa

Lakune *f* ***a)*** *nur Fachspr Biol (Hohlraum od Spalte in Geweben od Muskeln)* lakuno, malplenaĵo en histo (*bzw.* muskoloj) ***b)*** *Ling (Lücke im Text [bes. in mittelalterl. Manuskripten])* lakuno

Lala *Pl Ethn (eine schwarzafrikanische Ethnie im Grenzgebiet Sambias zur Demokratischen Republik Kongo)* lalaoj *Pl*

lallen *intr Baby* lalai; *stammeln* balbuti

Lallen *n* lalaado; balbutado

Lalo (*m*) *Eig (französischer Komponist spanischer Herkunft [1823-1892])* Lalo

Lalophobie *f nur Fachspr Med (Sprechangst als Sekundärsymptom bei Stottern)* lalofobio

¹Lama *n* (Lama glama) *Zool* lamo (*vgl. dazu* ***¹Alpaka***, ***Guanako*** *u.* ***Vikunja***)

²Lama *m buddhistischer Priester od Mönch in Tibet u. der Mongolei* lamao

Lamaholot *n Ling (eine Regionalsprache auf Flores u. den benachbarten Inseln Adonara, Solor u. Lembata/Indonesien)* la lamaholota [lingvo]

Lamaismus *m Rel (Form des Buddhismus in Tibet u. der Mongolei)* lamaismo

Lamaist *m Anhänger des Lamaismus* lamaisto

lamaistisch *Adj* lamaisma

La Mancha *f eine Landschaft in Zentralspanien* Manĉo

Lamantin *m, auch* ***Rundschwanzseekuh*** *f od* ***Manati*** *m Karabik-Manati* (Trichechus manatus) *Zool* manato (↑ *auch* ***Dugong***; ***afrikanischer Manati*** *m* (Trichechus senegalensis) afrika manato

Lamarck (*m*) *Eig (französischer Naturforscher <Begründer der Abstammungslehre> [1744-1829])* Lamarko

Lamarckismus *m Biol (auf Lamarck zurückgehende Theorie zur Erklärung des Artwandels im Rahmen der Abstammungslehre)* lamarkismo *<eine wissenschaftlich überholte Lehrmeinung> [Ggs: Darwinismus]*

Lamartine (*m*) *Eig (französischer Schriftsteller der Frühromantik [1790-1869])* Lamartino

Lambada *f, auch m ein Modetanz* lambado

Lambaréné (*n*) *Provinzhptst. in Gabun* Lambareno *<nahebei das Krankenhaus, in dem Albert Schweitzer tätig war>*

¹Lambda *n dem L entsprechender griech.*

Buchstabe (Λ, λ) lambda
[2]Lambda *n Anat* ↑ ***Hinterhauptfontanelle***
lambdaähnlich *od* **lambdoid** *Adj Anat* lambdoida
Lambdanaht *f* (Sutura lambdoidea) *Anat (Knochennaht zw. Hinterhauptbein u. Scheitelbeinen)* lambdoida suturo
Lambdazismus *m 1. allg fehlerhafte Aussprache des R als L 2. Med (Unfähigkeit, den Buchstaben L auszusprechen [z.B. bei Gaumenspalte])* lambdacizo
[1]Lambert *od* **Lambrecht** (*m*) *männl. Vorname* Lamberto *auch Name eines Heiligen*
[2]Lambert (*m*) *Eig (deutscher Naturwissenschaftler [1728-1777])* Lamberto <*Begründer der Fotometrie*>
Lambertsnuss *f, auch* ***Lambertshaselnuss*** *f* (Corylus maxima) *Bot (ein aus SO-Europa stammender Zierstrauch)* maksimuma korilo
Lambliasis *od* **Lambliose** *f Med (Befall mit Lamblien)* lambliozo
Lamblien *f/Pl Med (im Darm schmarotzende Flagellaten)* lamblioj *Pl*
Lambliose *f Med* ↑ ***Lambliasis***
Lambrecht (*m*) ↑ ***[1]Lambert***
Lambrequin *m [Fenster-, Tür-] Behang* lambrekino, *auch* lambrekeno
Lambrusco *m ein leicht schäumender italienischer Rotwein* lambrusko
Lamelle *f Tech (dünnes[Plättchen)* lameno; *Mykologie (des Lamellenpilzes)* lameno, *auch* lamelo
Lamellenpilz *m Mykologie* ↑ ***Blätterpilz***
lamentieren *intr pej für «jammern»* lamenti (***über*** pri); ***über etw.*** ~ *etw. beklagen* lamenti pri io (↑ *auch* ***jammern***, ***nörgeln*** *u.* ***wehklagen***)
Lamento *n* lament[ad]o (*vgl. dazu* ***Klagelied***; ↑ *auch* ***Gejammer*** *u.* ***Klage***)
Lametta *n zum Schmücken des Weihnachtsbaums* [kristarbaj] ornamfadenoj *Pl*
Lamia *f altgriech. Myth (weibliches Gespenst, das kleine Kinder raubt)* lamio
Lamina *f nur Fachspr Anat*: ~ ***cribrosa*** *Teil des Siebbeins)* kribrila lameno; ~ ***orbitalis*** *papierdünne Platte, die die laterale Begrenzung des Siebbeinlabyrinths bilden hilft* planumo
laminar *Adj aus [dünnen] Plättchen bestehend (auch Geol)* lamena
Laminat *n in Schichten erzeugter Pressstoff* laminato
laminieren *tr auswalzen, z.B. Metallblöcke* lamini
Laminieren *n od* **Laminierung** *f Tech (Auswalzen, Strecken)* laminado
Lamm *n junges Schaf* ŝafido; *junge Ziege* kaprido (↑ *auch* ***Opferlamm***) ◇ ***das*** ~ ***Gottes*** *bes. poet* la Ŝafido de Dio
Lammbraten *m Kochk* rostita ŝafidaĵo
lammen *intr*: ***das Schaf lammt*** la ŝafo naskas idon (*vgl. dazu* ***kalben***)
Lämmergeier *m Orn* ↑ ***Bartgeier***
Lämmersalat *m* (Arnoseris minima) *Bot* malgranda arnosero
Lamm|fell *n* ŝafida felo (*bzw.* ŝafida pelto); ~**fleisch** *n*, <*österr*> ***Lämmerne*** *n* ŝaf[id]a viando
lammfromm *Adj sehr zahm* malsovaĝa kiel ŝafido; *sehr geduldig* ege pacienca; *absolut friedfertig* absolute kvieta
Lammkeule *f Kochk* femuraĵo (*od* klabo) de ŝafido (↑ *auch* ***Hammelkeule***)
Lamm-Korma *n indische Kochk* ↑ *unter* ***Korma***
Lammkotelett *n Kochk* ŝafida kotleto
Lämpchen *n kleine Lampe* lampeto
Lampe *f* lampo (↑ *auch* ***Dämmerungs-***, ***Energiespar-***,***Fluoreszenz-***,***Glimm-***, ***Glüh-***, ***Gruben-***, ***Halogen-***, ***Hänge-***, ***Infrarot-***, ***Kontroll-***, ***Lese-***, ***Lötlampe***, ***Leuchte***, ***Petroleum-***, ***Prüflampe***, ***Quarz-***, ***Scheinwerfer***, ***Schreibtisch-***, ***Stirn-***, ***Tageslicht-***, ***Taschen-***, ***Tisch-*** *u.* ***Xenonlampe***); ***ewige*** ~ *Kirche* ↑ ***ewiges Licht*** [*unter* ***ewig***]; ***die*** ~ ***anmachen*** [ek-]lumigi la lampon; ***die*** ~ ***ausmachen*** (*od* ***löschen***) mallumigi la lampon
Lampedusa (*n*) *größte der ital. Pelagischen Inseln [zw. Tunesien und Malta]* [insulo] Lampeduso
Lampen|docht *m* meĉo de petrola lampo; ~**fassung** *f El* lampingo
Lampenfieber *n Theat* kulisotimo; *allg auch* publikotimo (↑ *auch* ***Nervosität***); ~ ***haben*** *Theat* senti (*od* sperti) kulisotimon; *vor einer Rede* iom timi antaŭ publika parolado
Lampen|licht *n od* ~**schein** *m* lamp[o]lumo; ***bei Lampenlicht*** ĉe [la] lumo de lampo, *auch* lampolume
Lampen|schirm *m* lamp[o]ŝirmilo; ~**zylinder** *m* lamp[o]cilindro
Lampion *m od n Papierlaterne* lampiono; ***chinesischer*** ~ ĉina lampiono
Lampionpflanze *f Bot* ↑ ***Blasenkirsche***

Lamprete *f Ichth* ↑ ***Flussneunauge***
Lamprophyr *m Min* lamprofiro
Lamur *Pl Ethn* ↑ ***Inguschen***
Lamuten *m/Pl Ethn* ↑ ***Ewenen***
Lancaster (*n*) *eine Stadt in NW-England* Lankastro; ***das Haus*** (*od* ***die Linie***) ~ *Gesch (eine Linie des engl. Königshauses [15. Jh.])* la lankastroj *Pl*
Lancelot *od* **Lanzelot** (*m*) *Eig 1. (Myth: sagenhafter keltischer Ritter der Tafelrunde des Königs Artus 2. (französische Lit: Held französischer Ritterromane* Lanceloto
lancieren *tr* lanĉi
Lancieren *n od* **Lancierung** *f* lanĉado
Lančov (*n*) *ein Dorf in Südmähren/Tschechische Rep. [Ort des* ***Somera Esperanto-Tendaro*** *(Abk* ***SET****)]* Lanĉovo
Land *n Geogr* lando (*vgl. dazu* ***Gebiet*** *u.* ***Territorium***; ↑ *auch* ***Bruder-***, ***Freundes-Heimat-***, ***Schwellen-*** *u.* ***Transitland***); *Staat* ŝtato, *auch* regno; *Land eines Bundesstaats (BRD, Österreich)* federacia lando; *Festland, im Ggs zum Meer* [firma] tero; *Ufer* bordo; *Erdboden, Erdreich* tero, grundo (*vgl. dazu* ***Acker-*** *u.* ***Weideland***); *Feld(er)* kampo(j) *(Pl)*; *im Ggs zur Stadt: ländliche Gegend, offenes Land* kamparo, ruro; *i.e.S. Dorf* vilaĝo (*vgl. dazu* ***Provinz***); *Grundbesitz* terposedaĵo, *auch* grundo; ~ ***in Sicht!*** *seemännischer Ausruf* tero [videbla]!; ***ein Stück*** ~ peco da tero *od* terpeco (*vgl. dazu* ***Parzelle***); ***die Länder der Dritten Welt*** la landoj de la Tria Mondo, *auch* la triamondaj landoj; ***Erdöl produzierende Länder*** *Pl* naftoproduktantaj landoj *Pl*; ***das flache*** (*od* ***platte***) ~ la plata lando, *im Ggs zur Stadt* la kamparo; ***fortgeschrittenes*** ~ *bes. im Hinblick auf dessen Wirtschaft* [alte] evoluinta lando; ***fremdes*** ~ fremda lando; *Ausland* eksterlando; ***an*** ~ ***bringen*** (*od* ***setzen***) albordigi *od* surbordigi, *auch* elŝipigi; ***aufs*** ~ ***fahren*** veturi (*od i.e.S.* ekskursi) en la kamparon; ***an*** ~ ***gehen*** *festen Boden betreten* surpaŝi firman teron, surteriĝi; *ans Ufer gehen* iri sur la bordon *od* surbordiĝi; *von Bord [eines Schiffes] gehen* elŝipiĝi; ***auf dem*** ~ ***leben*** vivi en [la] kamparo; ***außer*** ~***es gehen*** iri eksterlanden, forlasi la hejmlandon (*od* patrujon); ***außer*** ~***es sein*** esti en eksterlando; ***an*** ~ ***spülen*** alnaĝigi (*od* alporti) sur la bordon; ***jmdn. des*** ~***es verweisen*** ekzili iun, puni iun per ekzilo ◇ ***aus aller Herren Länder*** el kiu ajn lando *od* el ĉiuj partoj de la mondo
Land|adel *m* kampara (*od* rura) aristokrataro; ~**ambulatorium** *n* kampara ambulatorio *od* ambulatorio en la kamparo; ~**arbeit** *f* kampa laboro; ~**arbeiter** *m* kamplaboristo; ~**arzt** *m* kampara (*od* vilaĝa) kuracisto
Landassel *f Zool* (*Gattung* Armadillidium) armadilidio, (*Gattung* Porcellio) porcelio; ***[Unterordnung der]*** ~***n*** *Pl* (Oniscoidae) oniskedoj *Pl*
Landauer *m schwerer viersitziger Kutschwagen mit Faltverdeck* landaŭo (↑ *auch* ***Barouche***)
landauf *Adv* ◇ ~, ***landab*** *überall im Land* ĉie en la lando; *durchs ganze Land* tra la tuta lando (↑ *auch* ***überall***)
landaus *Adv* ◇ ~, ***landein*** *überall im Lande* ĉie en la lando; *in vielen Ländern* en multaj landoj
Landbautechnik *f* = ***Agronomie***
Landbebauung *f* = ***Ackerbau***
Land|besitz *m* terposedo; *das Land selbst* terposedaĵo; *i.e.S. [im Mittelalter] als Lehen, wobei Abgaben an den Lehnsherren zu erbringen waren* tenuro (↑ *auch* ***Freilehen***); ~**besitzer** *m* terposedanto; ~**bevölkerung** *f* kampara loĝantaro; ~**bewohner** *m* loĝanto en kamparo, vilaĝano (↑ *auch* ***Dorfbewohner***); ~**briefträger** *m* kampara leterportisto; ~**brücke** *f Paläogeografie* terponto
Lände *f reg* = ***Landungsbrücke***
Landeanflug *m* alteriĝa flugo (↑ *auch* ***Anflugphase*** *u.* ***Sinkflug***); ***wir sind jetzt im*** ~ ***zum Flughafen Leipzig*** ni estas nun en la alteriĝa fazo [de la flugo] al la flughaveno de Lepsiko
Landebahn *f*, *auch* ***Landepiste*** *f Flugw* surteriĝa leno (*vgl. dazu* ***Startbahn***); ***am Ende der*** ~ fine de la surteriĝa leno
Lande|brücke *f Mar* varfo; ~**deck** *n auf einem Flugzeugträger* surteriĝa ferdeko [sur aviadilportanto]
Landeerlaubnis *Flugw* permeso de surteriĝo; ***um [die]*** ~ ***bitten*** peti pri permeso de surteriĝo
Landefeld *n Flugw* kampo por surteriĝo
Landegeschwindigkeit *f Flugw* rapideco dum surteriĝo
Landeigentümer *m* posedanto de grundo, *auch* terposedanto
landein ↑ ***landaus***
landeinwärts *Adv* enlanden

Lande|klappen *f/Pl am Flugzeug* alteriĝaj klapoj *Pl*; ~**manöver** *n Flugw, Raumf* surteriĝa manovro

landen ***a)*** *tr an Land setzen, z.B. Truppen* albordigi ***b)*** *intr Flugw (zur Landung ansetzen)* alteriĝi, *(auf der Piste aufsetzen)* surteriĝi; *Mar* albordiĝi (*vgl. dazu* ***vor Anker gehen***); ***das Flugzeug*** (*od* ***die Maschine***) ***aus Paris ist [soeben] gelandet*** la aviadilo el Parizo [ĵus] surteriĝis; ***in der Mülltonne*** ~ *Überflüssiges* finiĝi en la rubujo

Landenge *f Geogr* ↑ ***Isthmus***

Lande|platz *m* surteriĝa loko *od* loko por surteriĝi (↑ *auch* ***Heliport***); ~**rechte** *n/Pl Flugw* rajto *Sg* je surteriĝo

Ländereien *Pl* [vasta] terposedaĵo

Länderfinanzausgleich *m* (*Abk* ***LFA***) *Pol BRD* financa kompenso inter la [germanaj] federaciaj landoj

Länderkunde *f* ***a)*** *auch* ***spezielle Geografie*** *f* speciala geografio ***b)*** *auch* ***regionale Geografie*** *f* regiona geografio

Länder|name *m* landnomo; ~**spiel** *n Sport* internacia maĉo

Landes|bank *f Bankw* regiona banko; ~**bibliothek** *f* (*Abk* ***LB***) [federaci]landa biblioteko; *der Schweiz* [svisa] nacia biblioteko (*vgl. dazu* ***Nationalbibliothek***)

Landeschneise *f Flugw* alteriĝa flugleno

Landes|farben *f/Pl*, *auch* ***Nationalfarben*** *f /Pl* naciaj koloroj *Pl*; *Nationalflagge* nacia flago; ~**fürst** *m hist* suvereno; ~**grenze** *f* landlimo; *Staatsgrenze* ŝtatlimo

Landesgruppe *f* ↑ ***Landessektion***

Landes|hauptstadt *f* ĉefurbo [de ŝtato]; ~**innere** *n Binnenland* internlando *od* landinterno *od* interno de la lando

Landeskind *m alt*: ***der König sprach zu seinen*** ~***ern*** la reĝo alparolis siajn regatojn (*od auch* subulojn)

Landes|kirche *f* landa eklezio; ~**kongress** *m* landa (*od* nacia) kongreso

Landeskrankheit *f* = ***Endemie***

Landes|kriminalamt *n* (*Abk* ***LKA***) Federacilanda Kriminala Oficejo (↑ *auch* ***Bundeskriminalamt***); ~**kunde** *f Päd* instru[ad]o (*bzw.* scienco) pri enloĝantoj, kulturo kaj geografio [de iu difinita lando *bzw.* regiono]; ~**meister** *m Sport* nacia (*od* enlanda) ĉampiono; ~**meisterschaft(en)** *f/ (Pl) Sport* nacia (*od* enlanda) ĉampionado; ~**regierung** *f des jeweiligen Staates* registaro [de iu difinita lando *od* ŝtato]; *des jeweiligen Bundesstaates* registaro de federacia ŝtato

Landesrekord *m bes. Sport* nacia rekordo; ***einen neuen*** ~ ***aufstellen*** starigi novan nacian rekordon

Landes|sektion *f*, *auch* ***Landesgruppe*** *f* landa sekcio; ~**sitte** *f* nacia moro; ~**sprache** *f Nationalsprache* nacia lingvo; *Regionalsprache* regiona lingvo; ~**teil** *m* landparto; ~**tracht** *f* nacia kostumo; ~**trauer** *f* nacia funebro

landesüblich *Adj*: ***das ist dort*** (***nicht***) ~ tio estas (ne) kutima en tiu lando (*bzw.* regiono)

Landes|vater *m* patro de la popolo (*vgl. dazu* ***Fürst*** *u.* ***Herrscher***); ~**verband** *m* landa asocio *(in Zus mit Landesnamen Großschr)* (*Abk dann:* LA); ~**verrat** *m* ŝtatperfido [al eksterlando]; ~**verräter** *m* ŝtatperfidulo; ~**verteidigung** *f* nacia defendo, defendo de la lando; ~**verweisung** *f* forpelo el la lando (*bzw.* patrujo); *Exil* ekzilo; ~**vorwahl** *f Tel* landa telefonkodo *od* telefona landokodo; ~**währung** *f* nacia mono; ~**wappen** *n* landa blazono (↑ *auch* ***Staatswappen***)

landesweit *Adj* tutlanda; ~***er Streik*** *m* tutlanda striko

Landeszentralbank *f* (*Abk* ***LZB***) federacilanda centra banko

Lande|verbot *n Flugw* malpermeso de alteriĝo; ~**zone** *f Flugw* zono de alteriĝo

Land|flucht *f* formigrado de la kampara loĝantaro en la urbojn; *Urbanisierung* urbanizado; ~**frau** *f Frau vom Lande* kamparanino, vilaĝanino

Landgans *f* ↑ ***Hausgans***

Land|gasthof *m* albergo; ~**gericht** *n* (*Abk* ***LG***) *Jur* distrikta [supera] tribunalo; ~**graf** *m Gesch* landgrafo; ~**grafschaft** *f Gesch* landgraflando; ~**gut** *n* bieno; ~**haus** *n* somerdomo [en la kamparo]; *Bungalow* bangalo (↑ *auch* ***Villa***)

Landjäger *m* ↑ ***Gendarm***

Land|jugend *f Jugend im ländlichen Raum* kampara junularo, junularo en kampara(j) regiono(j); ~**karte** *f* [geografia] mapo

Landkarten|flechte *f* (Rhizocarpon geographicum) *Bot (eine Krustenflechte)* geografia rizokarpo; ~**papier** *n Spezialpapier für den Landkartendruck* kartografia papero, papero por presado de mapoj

Land|kind *n* vilaĝa infano; ~**klima** *n Kontinentalklima* kontinenta klimato; ~**kreis** *m Verw* administracia distrikto; ~**krieg** *m* surtera milito (*vgl. dazu* ***Luft-*** *u.* ***Seekrieg***)

landläufig *Adj üblich* kutima; *allgemein verwendet* ĝenerale uzata

Landleben *n* kampara vivo *od* vivo en la kamparo

Landleguan *m*: ***Galápagos-Landleguan***, *auch* ***Drusenkopf*** *m* (Conolophus difficilis septembrionalis) *Zool* galapaga igvano *[Vorkommen: endemisch auf den Galápagosinseln]*

Landleute *Pl* kamparanoj *Pl*

ländlich *Adj* kampara, *(rural)* rura, *nachgest* kiel en la kamparo (↑ *auch* ***rustikal***)

Ländlichkeit *f* kampara (*od* rura) karaktero (*bzw.* naturo)

Landluft *f* [freŝa] aero en la kamparo

Landmacht *f Pol* kontinenta potenco (↑ *auch* ***Seemacht***)

Landmann *m alt* = ***Bauer***

Landmark *f* = ***Landesgrenze***

Landmaschine *f Landw* agrikultura maŝino

Landmeile *f*: ***englische*** ~ ↑ *unter* ***Meile***

Landmesser *m* ↑ ***Landvermesser***

Land|mine *f Mil* ter-mino (↑ *auch* ***Antipersonenmine***); ~**partie** *f Ausflug* ekskurso al la kamparo; *Essen im Freien* pikniko; ~**pfarrer** *m* vilaĝa pastoro; ~**plage** *f* plago, ĝenerala malfeliĉo [por la lando]; ~**rat** *m [in Deutschland:]* estro de administracia distrikto; ~**ratsamt** *n [in Deutschland:]* oficejo de administracia distrikto; ~**ratte** *f scherzh für «Nichtseemann» (Ggs: Seemann)* [sek-]terano; ~**regen** *m anhaltender Regen* daŭra (*od* senĉesa) pluv[ad]o; ~**rücken** *m Geogr* dorso de monteto

Landschaft *f geogr. Gebiet bestimmter Eigenart* pejzaĝo (↑ *auch* ***Fluss-***, ***Gebirgs-***, ***Karst-***, ***Kultur-***, ***Küsten-***, ***Moor-***, ***Moränen-***, ***Park-***, ***Tal-***, ***Wald-*** *u.* ***Winterlandschaft***); *Gegend* regiono; ***eine schöne*** ~ bela pejzaĝo

landschaftlich *Adv*: ***eine*** ~ ***schöne Gegend*** regiono kun naturbelaĵoj *od* regiono kun [tre] bela pejzaĝo; ***das Dorf liegt*** ~ ***einmalig*** la (*bzw.* tiu) vilaĝo estas ĉirkaŭita de fantazie bela pejzaĝo

Landschaftsarchäologie *f* pejzaĝa arkeologio

landschaftsarchäologisch *Adj* pejzaĝoarkeologia

Landschafts|architektur *f*, *auch* ***Landschaftsgestaltung*** *f aus der Landschaftsplanung sich ergebende Maßnahmen, um eine geordnete u. erholungsbietende Landschaft zu schaffen* pejzaĝa arkitekturo; ~**bild** *n Mal* pentraĵo prezentanta pejzaĝon; ~**garten** *m* pejzaĝa ĝardeno; ~**gärtner** *m* pejzaĝa ĝardenisto

Landschaftsgestaltung *f* ↑ ***Landschaftsarchitektur***

Landschafts|maler *m* pejzaĝopentristo, *selt auch* pejzaĝisto; ~**malerei** *f* pejzaĝa pentroarto; ~**ökologie** *f Lehre von den komplexen Beziehungen in u. zwischen Ökosystemen aus geografischer u. ökologischer Sicht* pejzaĝa ekologio; ~**park** *m* pejzaĝa parko; ~**planung** *f* pejzaĝoplanado; ~**schutz** *m* pejzaĝa protekto; ~**schutzgebiet** *n* (*Abk* ***LSG***) regiono de protektita pejzaĝo; ~**typ** *m* pejzaĝotipo

Landschaftszelle *f* ↑ ***Ökotop***

Landschildkröte *f Zool* [tera *od* surtere vivanta] testudo (↑ *auch* ***Gelbkopfschildkröte***); ***braune*** ~ (Manouria emys) bruna testudo; ***griechische*** ~ (Testudo hermanni) greka testudo; ***hinterindische*** ~ (Manouria impressa) kavokarapaca testudo; ***russische*** ~ ↑ ***Steppenschildkröte***; ***[Ordnung der]*** ~***n*** *Pl* (Testudinata *od* Testudines) testuduloj *Pl*, *pop* [sur]teraj testudoj *Pl*

Landschule *f* vilaĝa lernejo

Landsee *m* = ***Binnensee***

Landsenke *f Geol* ↑ ***Depression c)***

Landser *m umg* = ***[einfacher] Soldat***

Landshut (*n*) *eine Stadt in Niederbayern* Landshuto

Landsknecht *m Gesch ([im 15./16. Jh.] Angehöriger der bes. unter Maximilian I. aufkommenden Söldnertruppen, bestehend aus lanzentragendem Fußvolk)* landsknehto

Landsmann *m* (*Pl:* ***Landsleute***) samlandano, sampatriano, *(Zam)* sampatrujano; *jmd. aus derselben Region* samregionano; ***was für ein*** ~ ***sind Sie?*** el kiu regiono [de Germanio] vi venas?; *als Frage an einen Ausländer* el kiu lando vi venas?

Landsmännin *f* samlandanino

landsmännisch *Adj* samlandana

Land|spitze *f Geogr* terkapo (*vgl. dazu* ***Kap*** *u.* ***Vorgebirge***); ~**straße** *f* [kampara] ŝoseo; ~**streicher** *m* vagabondo, trampo; ~**streicherei** *f (das Sichherumtreiben)* vagabondado; *(als soziales Phänomen)* vagabondeco; ~**streitkräfte** *Pl Mil* ter-armeo; ~**strich** *m* [parto de] regiono; ~**tag** *m Parl* federacilanda parlamento; ~**tagsabgeordnete** *m* deputito de [la] federacilanda parlamento; ~**technik** *f Landw* agrikultura tekniko

Landtourismus *m* ↑ ***Agrotourismus***

Landtransport *m im Ggs zu Seetransport* surtera transport[ad]o

Landung *f Flugw (Landeanflug)* alteriĝo, *(Aufsetzen der Maschine)* surteriĝo (↑ *auch* ***Blind-***, ***Bruch-***, ***Mond-*** *u.* ***Notlandung***); *Mar* albordiĝo; ~ ***mit Instrumentenlandesystem (ILS)*** alteriĝo helpe de instrumenta alteriĝosistemo; ***harte*** ~ dura sur[ter]iĝo; ***vor*** (***nach***) ***der*** ~ antaŭ (post) la surteriĝo; ***zur*** ~ ***ansetzen*** alteriĝi; ***eine*** ~ ***durchführen*** *Flugw* fari surteriĝon, *auch kurz* surteriĝi

Landungs|brücke *f* albordiĝa ponto; *Außenpier* ĝeto (*vgl. dazu* ***Kai***); ~**operation** *f Mil* operacio por alterigi trupojn; ~**platz** *m* loko por albordiĝi, albordiĝejo; ~**steg** *m*, *auch* ***Anlege-*** *od* ***Bootssteg*** *m* albordiĝa ponteto; ~**truppen** *Pl Mil* alteriĝaj trupoj *Pl*

Land|vermesser *m*, *auch* ***Landmesser*** *m* termezuristo; *Geodät* geodeziisto; ~**volk** *n Landbevölkerung* kampara loĝantaro, [la] kamparanoj *Pl*

Landvorsprung *m* = ***Landzunge***

landw. = *Abk für* ***landwirtschaftlich***

Landwanzen *f/Pl* (Hemielytren) *Ent* duonelitraj cimoj *Pl*

landwärts *Adv* bordodirekten, al la bordo

Landweg *m*: ***den*** ~ ***nehmen*** (***wählen***) preni (elekti) la surteran vojon

Land|wehr *f Mil (Territorialarmee)* teritoria armeo; ~**wein** *m* regiona vino; ~**wind** *m*, *auch* ***ablandiger Wind*** almara vento, vento [blovanta de el la landinterno] al la maro; ~**wirt** *m* terkulturisto; *Bauer* agrikulturisto

Landwirtschaft *f i.w.S.* agrikulturo, *i.e.S. (Ackerbau)* agrokulturo, *[weiter gefasst] auch* terkulturo; *(Feldwirtschaft)* kampkultur[ad]o; ***biologisch-dynamische*** ~ biodinamika agrikulturo; ***industria*** (***intensive***, ***ökologische***) ~ industria (intensiva, ekologia) agrikulturo; ***arbeiten Sie in der*** ~ ***oder in der Industrie?*** ĉu vi laboras en agrikulturo aŭ en industrio?

landwirtschaftlich (*Abk* ***landw.***) *Adj* agrikultura; *ackerbaulich* agrokultura, terkultura; ~***er Betrieb*** *m* agrikultura entrepreno; ~***e Erzeugnisse*** (*od* ***Produkte***) *n/Pl* agrikulturaj produktoj *Pl*; ~***e Genossenschaft*** *f* agrikultura kooperativo; ~***e Maschinen und Geräte*** *Pl* agrikulturaj maŝinoj kaj ilaro; ***in der*** ~***en Praxis*** en la agrikultura praktiko; ≗***e Produktionsgenossenschaft*** *f* (*Abk* ***LPG***) *ehem. DDR* agrikultura kooperativo; ~***e Ressourcen*** *f/Pl* agrikulturaj resursoj *Pl*

Landwirtschafts|attaché *m Dipl* agrikultura ataŝeo; ~**ausstellung** *f* agrikultura ekspozicio; ~**institut** *n* agrikultura instituto; ~**kammer** *f Verw* agrikultura ĉambro

Landwirtschaftskunde *f* = ***Agronomie***

Landwirtschafts|minister *m* ministro pri agrikulturo; ~**ministerium** *n* ministerio de (*od* pri) agrikulturo; ~**schule** *f* agrikultura lernejo; ~**sektor** *m* agrikultura sektoro

Landwirtschaftswissenschaft *f* ↑ ***Agronomie***

Land|zunge *f* terlango; *i.w.S. (Kap)* kabo, *(Vorgebirge)* promontoro, *(Halbinsel)* duoninsulo

lang 1. *Adj örtl* longa (↑ *auch* ***kilometer-*** *u.* ***knielang***); *zeitl* longa, *auch* long[e]daŭra; *Person* alt[statur]a; ~***e Hose*** *f* pantalono; ~***es Kleid*** *n* longa robo; *Abendkleid* vespera robo; ***ein*** ~***er Marsch*** longa (*od* granddistanca) marŝo; ***[eine]*** ~***e Zeit brauchen*** bezoni multan tempon; ***für*** ~***e Zeit*** por longa tempo; ***über längere Zeit [hinweg]*** dum sufiĉe longa tempo *od* sufiĉe longan tempon; ***vor*** ~***en Jahren*** antaŭ multaj jaroj, antaŭ longe; ***vor*** ~***er Zeit*** antaŭ longa tempo, antaŭ longe; ***es war vor nicht allzu*** ~***er Zeit*** estis ne antaŭ longa tempo; ***etw. länger machen*** *z.B. einen Rock* [pli]longigi ion; ***längere Zeit wegbleiben*** *od* ***ziemlich lange fort sein*** foresti sufiĉe longan tempon ◇ ***etw. auf die*** ~***e Bank schieben*** prokrasti ion ĉiam denove; ~***e Finger machen*** *stehlen* ŝteli **2.** *Adv* ***a)*** *zur Bez der Zeitdauer* longe *od* longdaŭre; *seit langem* delonge; ~ ***anhaltender Beifall*** *m* longa aplaŭdo; ~ ***ersehnte Hilfe*** *f* [de]longe sopirata helpo; ***ein Jahr*** ~ tutan jaron *od* dum [la] tuta jaro; ***das ganze Jahr*** ~ (*od* ***hindurch*** *od* ***über***) dum la daŭro de unu tuta jaro, *auch* tra unu tuta jaro, *umg* tutjare; ***es dauerte fast zwanzig Jahre*** ~ daŭris preskaŭ dudek jarojn; ***zwei Stunden*** ~ dum du horoj *od* du horojn *od auch* por la daŭro de du horoj; ***das ganze Leben*** ~ dum la tuta vivo *od* la tutan vivon; ***mein Leben*** ~ dum mia tuta vivo; ***etw.*** ~ ***und breit erzählen*** detalege rakonti pri io; ***nicht länger warten können*** ne povi atendi pli longe ***b)*** *nach Maßangaben* longa *nachgest*; ***ein hundert Meter*** ~***es***

Schiff ŝipo cent metrojn longa

Langarmaffen *m/Pl Zool* longbrakaj simioj *Pl* (*vgl. dazu* ***Gibbon***, ***Lar*** *u.* ***Siamang***)

lang|ärm[e]lig *Adj* kun longaj manikoj *nachgest*; ~**armig** *Adj* longbraka; ~**atmig** *Adj übertr* tro detala, multvorta; *ermüdend* teda (↑ *auch* ***weitschweifig***); ~**bärtig** *Adj* longbarba; ~**beinig** *Adj* longgamba; *i.w.S. schlanke Beine habend* sveltgamba, *nachgest* havanta sveltajn gambojn

Langboot *n* longboato

lange *Adv* longe, long[e]daŭra; *in der Bed «viel»* multe; ~ ***genug*** nepre sufiĉe longe; ~ ***halten*** *haltbar od strapazierfähig sein* esti longe uzebla; ***bleibe*** (*od umg* ***bleib***) ***nicht so ~ [fort]!*** ne forrestu tro longe!; ***es dauert nicht ~*** ne daŭras (*od* daŭros) longe; ***bis dahin dauert es noch ~*** estas ankoraŭ longe ĝis tiam ***es dauerte zu ~*** daŭris tro longe; ***das ist noch ~ hin*** *zeitl* estas ankoraŭ longa tempo [ĝis tiam]; ***nicht ~ danach*** nur iom poste (*bzw.* post tio); ***nicht ~ fragen*** ne multe demandi; ***noch ~ nicht*** *zeitl* ne antaŭ longa tempo; *noch gar nicht* ankoraŭ tute ne (*od* neniom); ***schon ~*** *bzw.* ***es ist schon ~ her*** *bzw.* ***seit ~m*** jam [de]longe; ***das ist schon ~ vorbei*** tio estis antaŭ longa tempo, tio jam delonge pasis; ***so ~ bis ...*** tiel longe ĝis ...; ***wie ~ bleiben Sie in ...?*** kiom da tempo vi restos en ...?; ***wie ~ dauert das?*** kiel longe [tio] daŭros?; ***ziemlich ~*** sufiĉe longe; ***länger als ...*** *zeitl* pli longe ol ...; ***je länger, je lieber*** ju pli long[daŭr]e des pli bone (*bzw.* agrable); ***können Sie nicht noch etwas länger bleiben?*** ĉu vi ne povas resti [ĉi tie] iom pli longe?; ***wie ~ bist du schon hier?*** kiel (*od auch* kiom) longe vi jam estas ĉi tie?; ***wenn er das schafft, kannst du das schon ~*** se li kapablas tion fari, vi nepre [kaj verŝajne pli bone] povos tion fari ankaŭ

Länge *f örtl u. zeitl* long[ec]o; *zeitl ([Zeit]-Dauer)* [tempo]daŭro; *Entfernung* distanco; *Astron, Geogr* longitudo, *(Längengrad)* grado de longitudo; ***acht Grad östlicher ~*** *Geogr* ok gradoj de orienta longitudo; ***Einheit der ~*** *als Basiseinheit, Grundmaß* longounito (*vgl. dazu* ***Längenmaß***); ***das Pferd gewann mit einer halben ~ [Vorsprung]*** *Pferderennen* la ĉevalo gajnis per duona korpolongo; ***der ~ nach*** laŭ la direkto de la longo, laŭlonge; ***in die ~ ziehen*** [pli]longigi; *verzögern* prokrast[ad]i; ***die Sache in die ~ ziehen*** tiri la aferon longa; ***sich in die ~ ziehen*** *zeitl* fariĝi [pli kaj pli] longedaŭra; *endlose Verhandlungen auch* treniĝi

langen ***a)*** *tr*: ***nach etw. ~*** etendi la manon al io *bzw.* etendi la manon por preni (*od* kapti) ion ◇ ***jmdm. eine ~*** *jmdm. ins Gesicht schlagen* doni vangofrapon al iu, *kurz* vangofrapi iun ***b)*** *intr ausreichen* sufiĉi (***für*** por); ***der Stoff langt für einen Rock*** tiu ĉi ŝtofo estas sufiĉa por tajlori [unu] jupon

längen *tr lang machen* longigi; *länger machen* plilongigi

Längeneinheit *f Metr* longounito

längengetreu ↑ ***isometrisch***

Längengrad *m Geogr* grado de longitudo

Längenkreis *m Geogr* ↑ ***Meridian a)***

Längen|maß *n Metr* mezuro de longo (*vgl. dazu* ***Busa***, ***Inch*** *u.* ***Meter***); ~**messung** *f* mezurado de longeco

Langensee *m* ↑ ***Lago Maggiore***

Längenzuwachs *m* kresko laŭ long[ec]o

länger ↑ *unter* ***lang***

Langerhans-Inseln *Pl Anat (Teil des Pankreas [so genanntes Inselorgan] <Zellenansammlungen in der Bauchspeicheldrüse, die Insulin produzieren u. ausschütten>)* insuletoj de Langerhans, *auch* pankreataj insuletoj *Pl*

Langeweile *f* enuo; ***aus*** (*od* ***vor***) ~ pro enuo; ***tödliche ~*** morta enuo; ~ ***haben*** enui, senti enuon; ~ ***verursachend*** kaŭzanta enuon, enuiga

Langezeit *f* ↑ ***Sehnsucht***

Langfaden *m* (*Gattung* Combretum) *Bot* kombreto

Langfadengewächse *n/Pl Bot*: ***[Familie der] ~*** (Combretaceae) kombretacoj *Pl [in den Tropen u. Subtropen verbreitet, bes. in Mangrovensümpfen]*

langfas[e]rig *Adj* longfibra

Lang|finger *m scherzh für «Dieb»* ŝtelisto (*vgl. dazu* ***Dieb*** *u.* ***Taschendieb***); ~**flügelsturmvogel** *m* (Pterodroma macroptera) *Orn* grandflugila petrelo

langfristig *Adj* long[temp]a, *auch* longdaŭra (*vgl. dazu* ***kurzfristig*** *u.* ***mittelfristig***); ~***er Kredit*** *m* long[temp]a kredito; ~***er Plan*** *m* longtempa plano; ~***e Strategie*** *f* longtempa strategio

Lang|fühlerheuschrecken *f/Pl* (Ensifera) *Ent (Unterordnung der ‹Orthoptera› [dazu gehören die Laubheuschrecken, Grillenschrecken u. Grillen, einschließlich der*

Maulwurfsgrillen]) ensiferoj *Pl* (*vgl. dazu* ***Kurzfühlerschrecken***); ~**haardackel** *m* longhara melhundo

langhaarig *Adj Mensch* longhara

Langhalsschildkröte *f* (Chelodina longicollis) *Zool* longkola testudo

Langhaus *n ein Haustyp, z.B. der Dayak od Iban in Borneo* longdomo

langhin *Adv selt für «weithin»* malproksimen

Langholz *n Forstw* longtrunko(j) *(Pl)*; ~**anhänger** *m ein- od mehrachsiger Anhänger für Langholztransport* trunkremorko; ~**[transport]wagen** *m* trunkveturilo

langjährig *Adj* multjara, *nachgest* de multaj jaroj (↑ *auch* ***jahrelang***); ~***e Mitgliedschaft*** *f* multjara membreco

Langlauf *m, auch* ***Skilanglauf*** *m Wintersport* eben-skiado, longdistanca [ski]kuro; ~**ski** *m* skio por eben-skiado, kura skio

langlebig *Adj* longe (*od* longdaŭre) vivanta; *dauerhaft, lange gebrauchsfähig* longe uzebla; ~***e Konsumgüter*** *n/Pl* longe uzeblaj konsumvaroj *Pl*

Langlebigkeit *f* longviveco

langlegen, sich *refl umg* kuŝiĝi [por dormi]; ***leg dich ein bisschen lang, wenn du müde*** (*od fam* ***kaputt***) ***bist*** kuŝiĝu por iomete ripozi (*od* dormi), se vi estas laca (*od* elĉerpita)

Langleinenfischerei *f im industriellen Fischfang* longŝnura fiŝkaptado *<bes. im Südpazifik>*

länglich, *alt* ***oblong*** *Adj* longforma, oblonga

Langmut *f Geduld* pacienco; *Nachsicht* indulg[em]o

langmütig *Adj geduldig* pacienca; *nachsichtig* indulg[em]a (*vgl. dazu* ***duldsam***)

Langobarden *m/Pl Gesch (ein westgermanischer Volksstamm)* langobardoj *Pl*

langobardisch *Adj* langobarda

Langohr *n* ***a)*** *scherzh für «Hase» od «Esel»* long-orelulo ***b)*** *Zool* ↑ ***Ohrenfledermaus***

langohrig *Adj* long-orela, *(mit großen Ohren)* grand-orela

Langohrigel *m* (Erinaceus megalotis) *Zool* grand-orela erinaco

Langosch *m, ungar.* ***Lángos*** *ungar. Kochk (ein Fladen aus Hefeteig mit herzhaftem Belag, auch eine Variante mit Marmelade)* langoŝo

langrippig *Adj* longripa

längs *Präp* laŭlonge (*Gen* de), laŭ (*vgl. dazu* ***entlang*** *u.* ***quer***); ***gehen Sie ~ des Flusses*** iru laŭlonge de la rivero *od auch* iru laŭ la rivero; ***sich ~ legen*** *Mar* alflankiĝi

langsam **1.** *Adj* malrapida, *auch (bes. poet u. in Zus)* lanta; *Gehabe, Wesensart einer Person* malrapidema **2.** *Adv* ***a)*** malrapide, lante; *Mus* adaĝe; ~ ***fahren!*** *Hinweisschild* [veturu] malrapide!; ***sich ~ in Bewegung setzen*** malrapide ekmoviĝi; ***sprechen Sie bitte etwas ~er*** parolu iom pli malrapide, mi petas ◇ ~ ***aber sicher*** malrapide sed celkonscie; ***immer schön ~!*** malrapide, malrapide!; ~ ***wie eine Schildkröte*** testude [malrapide] ***b)*** *endlich*: ***es wird ~ Zeit, dass ...*** estas finfine tempo, ke ... *u. Verb in* u-*Form*

Langsamfahrt *f Fachspr Eisenb* malrapida veturado

Langsamkeit *f* malrapid[ec]o; *Saumseligkeit (einer Person)* malrapidemo

Längsbestreichung *f Mil* ↑ ***Flankenfeuer***

Langschädel *m Anthropol* ↑ ***Dolichozephalus***

Langschläfer *m* longdormulo; *i.w.S. (jmd., der gern schläft)* dormemulo

Langschnabel|pieper *m* (Anthus similis) *Orn* longbeka pipio; ~**regenpfeifer** *m, auch* ***Chatham- od Ussuriregenpfeifer*** *m* (Charadrius placidus) *Orn* longbeka pluvio; ~**wachtel** *f* (Rhizothera longirostris) *Orn* longbeka perdriko

Langschwanz|affe *od* ~**makake** *m Zool* longvosta simio (*od* makako); ~**drossling** *m* (Turdoides caudatus) *Orn* longvosta moktimalio

langschwänzig *Adj* longvosta

Langschwanz|schuppentier *n* (Manis tetradactyla) *Zool* longvosta maniso; ~**wiesel** *n* (Mustela frenata) *Zool* longvosta mustelo; ~**ziesel** *m* (Urocitellus undulatus) *Zool* longvosta zizelo *[Vorkommen: südliches Sibirien, Kasachstan, Mongolei u. Nord-China]*

Längs|fraktur *f Med (Knochenbruch in der Längsrichtung eines Knochens)* laŭlonga frakturo; ~**holm** *m, auch* ***Längsversteifung*** *f, Fachspr auch* ***Stringer*** *m Flugzeug-, Raketen- u. Schiffbau* longerono; ~**keil** *m* laŭlonga kejlo; ~**neigung** *f* laŭlonga klino

Langspielplatte *f* (*Abk* ***LP***) mikrokanela disko, *pop* longeluda disko

Längsrichtung *f* laŭlonga direkto

Langspornkiebitz *m Orn* ↑ ***Weißscheitelkiebitz***

Langspornstiefmütterchen *n Bot* ↑ ***Alpenstiefmütterchen***
Längsrichtung *f* laŭlonga direkto
Längsrips *m Textil* ↑ ***Schussrips***
Längs|schnitt *m* laŭlonga sekco; ~**schott** *n Mar* laŭlonga fakmuro
Längsseite *f*: ***frei ~ des Schiffes***, *auch* ***frei längs Schiffseite*** (*engl. Abk* ***f.a.s.***) fri apudŝipe
längsseits *Adv* apudflanke; *Mar* apudŝipe; ~ ***liegen*** *Kahn* kuŝi apudŝipe
Längsspant *n bei Flugzeug- u. Schiffsrümpfen* laŭlonga ripo (*vgl. dazu* ***Spant***)
längst *Adv seit Langem, schon längst* [jam] delonge; *vor langer Zeit* jam antaŭ longa tempo, *auch* jam antaŭ longe; ***das weiß ich*** ~ tion mi [jam] delonge scias
Längstal *n Geogr* laŭlonga valo
langstäng[e]lig *Adj Bot* longtiga
längstens *Adv spätestens* plej malfrue; *höchstens* maksimume; ~ ***in einer Woche*** plej malfrue post unu semajno
langstielig *Adj Axt, Löffel* longtenila; *Glas, Rose* longtiga
Langstrecken|bomber *m Mil* longdistanca bombaviadilo; ~**flug** *m* longdistanca flugo; ~**flugzeug** *n* longdistanca aviadilo (↑ *auch* ***Clipper***®); ~**lauf** *m Sport* longdistanca kuro; ~**läufer** *m Sport* longdistanca kuristo; ~**rakete** *f* longdistanca raketo (*vgl. dazu* ***Mittelstreckenrakete***)
Langstreckler *m* = ***Langstreckenläufer***
Längsversteifung *f* ↑ ***Längsholm***
Languedoc [*lɑ̃k'dɔk*] *n od f eine historische Landschaft in Südfrankreich* Langvedoko; ~***-Roussillon*** Langvedoko-Rusiljono *[Hptst.: Montpellier]*
Langur *m Hanuman*♀ (Presbytis entellus) *Zool (ein indischer Schlankaffe)* presbito (↑ *auch* ***Hanuman-***, ***Mentawai-*** *u.* ***Tibetlangur***)
Languste *f*, *auch* ***Stachelhummer*** *m* (*Gattung* Palinurus) *Zool (ein scherenloser Krebs)* palinuro; *umg u. Kochk* langusto
langweilen *tr* enuigi; *lästig sein* tedi (***jmdn.*** iun); ***sich*** ~ enui; ***ich langweile mich*** mi enuas; ***ich habe mich den ganzen Tag gelangweilt*** mi enuis la tutan tagon
langweilig *Adj* enuiga (↑ *auch* ***eintönig***); *lästig* teda; ***schrecklich*** ~ terure ebuiga; ~***er Kerl*** *m*, *umg auch* ***Langweiler*** *m* enuigulo; ***ein ~er Roman*** enuiga romano
Langwelle *f Phys, Radio* longa ondo
Langwellen|bereich *m Radio* long-onda areo; ~**sender** *m Radio* long-onda sendostacio
langwierig *Adj* long[e]daŭra [kaj peniga]; *Med* longedaŭra, kronika; ***eine ~e Krankheit haben*** suferi je kronika malsano
Langwierigkeit *f* longedaŭreco; kronikeco
Langzehenstrandläufer *m* (Calidris subminuta) *Orn* longfingra kalidro
Langzeit|arbeitslosigkeit *f* longdaŭra senlaboreco; ~**dünger** *m Landw* long-efika sterk[aĵ]o; ~**fasten** *n* longdaŭra fastado; ~**gedächtnis** *n* longdaŭra (*od auch* profunda) memor[kapabl]o; ~**krieg** *m* longdaŭra milito; ~**programm** *n* longdaŭra programo; ~**projekt** *n* longdaŭra projekto; ~**schutz** *m z.B. durch Schutzimpfung* longdaŭra protekto; ~**strategie** *f* longdaŭra strategio; ~**studie** *f* longdaŭra studo; ~**wirkung** *f* longdaŭra efiko *auch eines Medikaments*
Lannerfalke *m*, *auch* ***Feldeggsfalke*** *m* (Falco biarmicus) *Orn* balkanfalko
Lanolin *n ein Salbengemisch aus Wollfett, Pararaffin u. Wasser, i.w.S. auch* ***Wollfett*** *n* lanolino, *i.w.S. auch* langraso *<Grundlage vieler Kosmetika>*
Lanthan *n* (*Symbol* ***La***) *Chem* lantano
Lanthanid *n Chem* lantanido
Lanzarote (*n*) *eine der Kanarischen Inseln* Lanzaroto *[Hauptort: Arrecife]*
Lanze *f* lanco (*vgl. dazu* ***Speer***); ***mit einer ~ durchbohren*** trabori per lanco ◇ ***für jmdn. eine ~ brechen*** *für jmdn. eintreten* pledi por iu
Lanzelot (*m*) *Eig* ↑ ***Lancelot***
lanzenförmig *Adj* lancoforma
Lanzen|otter *f* (*Gattung* Bothrops) *Zool* botropo, (*Gattung* Trigonocephalus) trigonocefalo; ~**reiter** *m hist* lancorajdisto, rajdisto kun lanco, *i.w.S. auch (mit einer Lanze bewaffneter Soldat)* lancisto (*vgl. dazu* ***Ulan***); ~**schaft** *m* fusto de lanco; ~**spitze** *f* lancopinto; ~**stich** *m* lancopiko
Lanzette *f Chir (ein skalpellartiges, zweischneidiges Messer für chirurgische Eingriffe)* lanceto (↑ *auch* ***Blut-*** *u.* ***Impflanzette***)
Lanzettfischchen *n* (Branchiostoma lanceolatum) *Zool ("Vorläufer" der Wirbeltiere)* brankiostomo
lanzettlich *Adj* lanc[et]oforma *auch Blattform*
Lanzhou (*n*) *Hptst. der nordchinesischen*

Provinz Gansu Lanĝoŭo

lanzinierend *Adj Med (stechend)* lancina; ***~er Schmerz*** *m* lancina doloro

Lao *Pl Ethn (ein Volk in Laos u. Thailand)* laŭoj *Pl*

Laodicea *od* **Laodikeia** (*n*) *Name von mehreren antiken Städten im Vorderen Orient, z. T. unter den Seleukiden umbenannte ältere, neu gegründete Siedlungen* Laodiceo *od* Laodikeo (*vgl. dazu* ***Latakia***)

Lao-dse (*m*) *Eig* ↑ ***Laotse***

Laokoon (*m*) *griech. Myth (Priester des Apollon [er warnte die Trojaner vor dem hölzernen Pferd; danach mit seinen beiden Söhnen von zwei Schlangen getötet])* Laokoono

La-Ola-Welle *f besondere Art der Begeisterungsbezeigung in Sportstadien* la-ola--ondo

Laos (*n*) *ein südostasiatischer Staat* Laoso *[Hptst.: Vientiane]*

Laote *m* laosano

Laotin *f* laosanino

laotisch *Adj* laosa

Laotisch[e] *n Ling (eine Sino-Thai-Sprache [Amtssprache in Laos])* la laosa [lingvo]

Laotse (*m*), *auch* ***Lao-dse*** *od* ***Lao Zi*** (*m*) *Eig (ein altchin. Philosoph u. Weiser)* Lao-ce *<lebte wahrscheinlich im 4. bis 3. Jh. v. Chr.>*; ***die Lehre des ~*** *Phil* laoceanismo

La Palma (*n*) *eine der Kanarischen Inseln* [insulo] La-Palmo *[Hauptort: Santa Cruz de la Palma]*

Laparoskop *n Medizintechnik (Instrument zur Untersuchung der Bauchhöhle)* laparoskopo

Laparoskopie *f*, *auch* ***Bauchhöhlenspiegelung*** *f Med* laparoskopio

laparoskopisch *Adj* laparoskopia

Laparotomie *f*, *auch* ***Bauchschnitt*** *m Chir (operative Eröffnung der Bauchhöhle)* laparotomio

Laparozele *f Med* ↑ ***Bauchwandbruch***

La Paz (*n*), *amtl* ***La Paz de Ayacucho*** *Regierungssitz dersüdamerikanischen Rep. Bolivien* La-Pazo (*vgl. dazu* ***Sucre***)

lapidar *Adj **a)** in Stein geschnitten* lapidara ***b)*** *kurz [und bündig], auf das Wesentlichste beschränkt [ausgedrückt]* konciza (*vgl. dazu* ***knapp***); *lakonisch* lakona

Lapidarium *n fachsprachl. für «Sammlung von Steindenkmälern od Steinteilen eines Bauwerkes»* lapidario, kolekto de ŝtonaj monumentoj

Lapidarschrift *f Schrift in Großbuchstaben ohne Verzierung [bes. für Steininschriften]*

Lapilli *Pl Vulkanologie (erbsen- bis nussgroße Pyroklasten)* lapilo *Sg*

Lapislazuli *m Min* ↑ ***Lasurit***

Lapithen *m/Pl griech. Myth (ein Volksstamm in Thessalien [besiegten die Kentauren])* lapitoj *Pl*

[1]**La Plata** (*n*) *eine Stadt in Argentinien* La-Plato

[2]**La Plata** *m*, *eigtl* ***Río de la Plata*** *gemeinsame Mündung der Flüsse Paraná und Uruguay* Plata-rivero

Lappalie *f* bagatelo; *etw. Unbedeutendes* malgravaĵo

Läppchen *n Anat* lobeto (*vgl. dazu* [2]***Lappen***)

Lappe *od* **Lappländer** *m*, *auch* ***Same*** *m*, *Eigenbez.* ***Saami*** *Ethn* lapono, *auch* sameo

[1]**Lappen** *m **a)** Hausw (zum Abstauben)* polvoviŝilo, *(zum Abwaschen von Geschirr)* telertuko; *Wasch*≗ lavtuk[et]o (*vgl. dazu* ***Wisch-***, ***Scheuertuch***, ***Putz-***, ***Staub-*** *u.* ***Topflappen***) ***b)*** *Fetzen, abgerissenes Stück Tuch* ĉifono

[2]**Lappen** *m*, *auch* ***Flügel*** *m* (Lobus) ***a)*** *Anat (lappenförmiger Teil eines Organs od einer drüse)* lobo (↑ *auch* ***Leberlappen***, ***Lobus*** *u.* ***Lungenflügel***); ~ *Pl* ***des Großhirns*** loboj *Pl* de [la] cerebro ***b)*** *Bot (vorspringender Teil, z.B. eines Blattes)* lobo

lappenartig ↑ ***lappig***

Lappenente *f* (Biziura lobata) *Orn* loboanaso *[Vorkommen: Australien u. Tasmanien]*

Lappenfarn *m Bot* ↑ ***Sumpffarn***

Lappenkiebitz *m* (Lobivanellus) *Orn* lobovanelo; ***australischer*** ~ (Lobibyx novaehollandiae) aŭstralia lobovanelo; ***indischer*** ~ (Lobivanellus indicus) hinda lobovanelo

Lappenstar *m* (Creatophora cineracea) *Orn* lobosturno *[Vorkommen: Ost- u. Südafrika]*

Lappentaucher *m Orn* grebo (↑ *auch* ***Renntaucher***); ***[Familie der]*** ~ *Pl* (Podicipedidae) podicipedoj *Pl*

Lappenzelt *n* lapona (*od* samea) tendo

lappig, *auch* ***lappenartig*** *Adj* ĉifoneca *od nachgest* kiel ĉifono; *Anat* lobeca *od* loboforma, *nachgest* kiel lobo

Lappin *od* **Lappländerin** *f* laponino

lappisch *od* **lappländisch**, *auch* ***samisch*** *Adj* lapona, *auch* samea

läppisch *Adj kindisch* infanaĵa, *dümmlich-*

-naiv stulte naiva; *infantil, kindhaft* infaneca; *einfältig, dumm* stulta; *banal* banala

Lappland (*n*) *eine Landschaft in Nordeuropa* Laponio

Lappländer *m* ↑ ***Lappe***

lappländisch ↑ ***lappisch***

Lapplandmeise *f* (Parus cinctus = Poecile cinctus) *Orn* lapona paruo

Lappland-Waldscharbe *f Ent* ↑ ***Waldscharbe***

Lappland-Weide *f Bot* ↑ *unter* ***¹Weide***

Lapsus *m geh für «geringfügiger Fehler»* eta eraro (*od [als Tat]* misfaro)

Laptewsee *f, früher* ***Nordenskiöldsee*** *f Randmeer des Arktischen Mittelmeeres vor der sibirischen Küste* Lapteva Maro

Laptop *m EDV (kleiner tragbarer PC)* tekokomputilo (↑ *auch* ***Notebook***)

Lar *m Zool* ↑ ***Weißhandgibbon***

Lärche *f* (*Gattung* Larix) *Bot* lariko (↑ *auch* ***Felsengebirgs-, Gold-*** *u.* ***Himalayalärche***); ***amerikanische*** ~ (Larix laricina) amerika lariko; ***chinesische*** ~ (Larix potaninii) ĉina lariko; ***europäische*** (*od* ***gemeine***) ~ (Larix decidua = Larix europaea) eŭropa lariko; ***japanische*** ~ *od* ***Japan-Lärche*** *f* (Larix japonica = Larix kaempferi) japana lariko *[Vorkommen: in den Bergwäldern von Zentral-Honshu/Japan]*; ***sibirische*** ~ (Larix sibirica) siberia lariko

Lärchenröhrling *m Mykologie*: ***[goldgelber]*** ~ *od* ***Goldröhrling*** *m* (Suillus grevillei) larika boleto

Lärchen|terpentin *n* (Terebinthina laricina) larika terebinto; **~wald** *m* larika arbaro

Laren *Pl röm. Myth (Schutzgeister des Hauses u. der Familie)* laroj *Pl (auch Großschr)*

largo *Adv Mus (getragen, langsam)* large

Largo *n Musikstück im langsamsten Zeitmaß* largo

La Rioja [*...ri'ɔcha*] (*n*) *eine Region im Norden Spaniens* Rioĥo

Laristan (*n*) *trockene Gebirgslandschaft in Süd-Iran am Persischen Golf* Laristano

Lärm *m* bruo, *(starker)* bruego (*vgl. dazu* ***Aufruhr, Geräusch, Krach, Radau*** *u.* ***Tumult***; ↑ *auch* ***Flug-*** *u.* ***Verkehrslärm***); ***höllischer*** (*od geh* ***infernalischer***) ~ *od* ***Höllenlärm*** *m* infera (*od i.w.S.* terura) bru[eg]o; ***ohrenbetäubender*** ~ surdiga bru[eg]o; ***mach*** (*bzw.* ***macht***) ***nicht so einen*** ~***!*** ne faru tian bruon!; ***ohne viel*** ~ senbrue; *unbemerkt* nerimarkite, *i.w.S.* kaŝe; ~ ***schlagen*** fari bru[eg]on; ***woher kommt [denn] dieser*** ~ (*od umg* ***Krach***)***?*** de kie venas tiu bruo? ◇ ***mehr*** ~ ***als die Sache wert ist*** pli da bruo ol da faro *(Zam)*; ***viel*** ~ ***um nichts machen*** fari multe da bruo pro nenio, *auch* granda nubo, eta pluvo *(beide: Zam)*

Lärm|bekämpfung *f* batalo kontraŭ bruo; **~belästigung** *f* molestado pro bruo; **~belastung** *f der Umwelt* brua poluado; **~dickichtvogel** *m, auch* ***großer Dickichtschlüpfer*** *m* (Atrichornis clamosus) *Orn* bruema arbustbirdo *[Vorkommen: Westaustralien]*; **~emission** *f* bruo-emisio

lärmempfindlich *Adj* sensiva al (*od* pri) bruo

lärmen *intr* brui; ***immerzu*** (*od* ***ständig***) ~ senĉese bruadi; ***plötzlich zu*** ~ ***beginnen*** ekbru[eg]i; ***stark*** ~ bruegi, fari grandan bruon

Lärmen *n* bruado

lärmend, *<schweiz>* ***lärmig*** *Adj* bru[ant]a, *(Person)* bruema; *unheimlich laut* laŭtega (↑ *auch* ***geräuschvoll***)

Lärm|minderung *f* bruo-malpliigo; **~pitta** *f* (Pitta versicolor) *Orn* bruema pito; **~quelle** *f* fonto de [la] bruo *auch Tech*

Lärmschutz *m* protekto kontraŭ bruo; **~wand** *f* kontraŭbrua muro

lärmunempfindlich *Adj* nesensiva al (*od* pri) bruo

Larnaka (*n*), *griech.* ***Larnax*** *eine Hafenstadt in SO-Zypern* Larnako

La Rochelle (*n*) *eine franz. Hafenstadt* Roĉelo

La Rochefoucauld (*m*) *Eig (franz. Schriftsteller [1613-1680])* Larôsfuko

larval *Adj die Tierlarve betreffend* larva

Larval|parasiten *m/Pl* larva parazito *<z.B. Dasselfliegen u. Schlupfwespen>*; **~parasitismus** *m Parasitismus nur während der Larvalphase von Insekten* larva parazitismo; **~phase** *f Biol* larva fazo

¹Larve *f* (Larva) *Zool* larvo; *Engerling (Larve des Maikäfers)* majskaraba larvo; ***ausgewachsene*** ~ plenkreska larvo (↑ *auch* ***Ameisen-, Fliegen-, Insekten-, Jung-, Käferlarve, Kaulquappe, Libellenlarve, Made, Mückenlarve, ²Nymphe, Puppe b), Raupe*** *u.* ***Schmetterlingslarve***); ***aus der*** ~ ***schlüpfen*** eliĝi el [la] larvo

²Larve *f [vor dem Gesicht getragene] Maske* masko (↑ *auch* ***Faschingslarve***)

Larvenstadium *n Ent*: ***im*** ~ en [la] larva stadio

Larventaucher *m Orn* ↑ ***Papageitaucher***

larviert *Adj Med (nicht an den normalen Symptomen erkennbar)* maskita

Larvikit *m Min (grobkörniger Plutonit)* larvikito *<so benannt nach der norwegischen Stadt Larvik>*

Larvizide *n/Pl chemische Bekämpfungsmittel gegen Larven von Insekten* larvicidoj *Pl* (↑ *auch* ***Insektizide*** *u.* ***Pestizide***)

Laryngal *m, auch* ***Kehl[kopf]laut*** *m Phon* laringalo, *auch* laringa sono *[z.B. das H]* (*vgl. dazu* ***Glottal***)

laryngeal *Adj Med (1. den Kehlkopf betreffend 2. zum Kehlkopf gehörig bzw. von ihm ausgehend)* laringa

Laryngektomie *f Chir ([partielle od totale] operative Entfernung des Kehlkopfs)* laringektomio

Laryngismus *m Med* = ***Stimmritzenkrampf***

Laryngitis *f Med* ↑ ***Kehlkopfentzündung***

Laryngografie *f, auch* ***Laryngographie*** *f Med (Röntgenkontrastuntersuchung des Kehlkopfs)* laringografio

Laryngologe *m Med (Kehlkopfspezialist)* laringologo

Laryngologie *f Med (Lehre vom Kehlkopf u. seinen Krankheiten)* laringologio

Laryngoparalyse *f Med (Lähmung der Kehlkopfmuskulatur)* laringoparalizo

Laryngophonie *f Med, Phon (die über den Kehlkopf auskultierbare Stimme)* laringofonio

Laryngoptosis *f nur Fachspr Med (krankhaftes Absinken des Kehlkopfs)* laringoptozo

Laryngoskop *n, auch* ***Kehlkopfspiegel*** *m Medizintechnik (Instrument zum Besichtigen des Kehlkopfes)* laringoskopo

Laryngoskopie *f, auch* ***Kehlkopfspiegelung*** *f Med* laringoskopio

laryngoskopisch **1.** *Adj* laringoskopia **2.** *Adv* laringoskopie

Laryngospasmus *m Med (Krampf der Stimmritze od Glottis)* laringospasmo

Laryngostenose *f Med (krankhafte Kehlkopfverengung)* laringostenozo

Laryngotomie *f Chir* ↑ ***Kehlkopfschnitt***

Larynx *m Anat* ↑ ***Kehlkopf***

Larynxkarzinom *n Med* ↑ ***Kehlkopfkarzinom***

Lasagne [*la'zanjə*] *f ein italienischer Nudelauflauf aus Bandnudeln und Hackfleisch, mit Käse überbacken* lazanjo

lasch *Adj ohne Schwung* senverva; *energielos* senenergia (↑ *auch* ***kraftlos***); *inaktiv* neagema; *träge* inerta; *fade, geschmacklos (Speisen)* senspica, sengusta

Lasche *f am Schuh* botolango; *Tech* kunigoplato, *(an Eisenbahnschienen)* [rel]splinto

Laschenkette *f* ↑ ***Rollkette***

Laser *m Phys* lasero (↑ *auch* ***He-Na-***, ***Festkörper-*** *u.* ***Rubinlaser***); **~akupunktur** *f Med* lasera akupunkturo; **~chirurgie** *f Chirurgie, die mit Lasertechnik arbeitet* laserkirurgio, *auch* lasera kirurgio; **~diode** *f El (ein Festkörperlaser kleiner Leistung, dessen Licht wie bei einer Leuchtdiode in einem Halbleiterkristall erzeugt wird)* laserdiodo; **~disc** *f EDV (mit einem Laser lesbare Kunststoffplatte, auf der die Bildinformation analog u. die Toninformation digital aufgezeichnet wird)* laserdisko, *auch* lasera disko; **~drucker** *m EDV* lasera printilo

lasergelenkt *Adj* laser-regata

Laser|iridotomie *f Chir, Ophthalmologie* lasera irisotomio (*vgl. dazu* ***Iridotomie***); **~kanone** *f Mil* laserkanono, *auch* lasera kanono; **~kopf** *m El* laserkapo

Laserkraut *n* (Laserpitium) *Bot (eine Gattung der Doldengewächse)* lasero (↑ *auch unter* ***Rosskümmel***)

Laser|mikroskop *n* lasera mikroskopo; **~-prozessor** *m Einrichtung für Informationsverarbeitung mit Laser* lasera procesoro; **~schweißen** *n Tech* lasera veldado; **~signal** *n* lasersignalo; **~skalpell** *n Chir* laserskalpelo, *auch* lasera skalpelo; **~strahlen** *m/Pl* laserradioj *Pl*

Laserstrahler *m Phys* = ***Laser***

Laser|strahlung *f* laserradiado, *auch* lasera radiado; **~technik** *f* laserteknik o; **~technologie** *f* laserteknologio; **~therapie** *f Med* lasera terapio; **~tomografie** *f Med* lasera tomografio; **~verstärker** *m El* laser-amplifilo; **~waffe** *f Mil* laser-armilo

Lashio (*n*) *eine Stadt in Myanmar, nordöstlich von Mandalay* Laŝjo

Läsion *f Med (Verletzung [von Gewebe od Organen])* lezo

Lassa-Fieber *n Tropenmedizin (eine Viruskrankheit mit hohem Fieber, Hautblutungen, Kreislauf- u. Nierenversagen)* Lassa-febro *<so benannt nach dem Ort Lassa in Nigeria>*

lassen *tr* ***a)*** *bewirken, veranlassen* kaŭzi, igi; *beauftragen* komisii; *bei Aufforderung umg* *meist* bonvolu *u. folgendes Verb meist mit Kausativsuffix* ...igi, *z.B.*: ~ ***Sie bitte diese Hose bügeln*** bonvolu gladigi ĉi tiun pantalonon; ***den Arzt kommen*** ~ venigi la kuraciston; ***ich möchte mich rasieren*** ~ mi deziras esti razata; ***etw. verschwinden*** ~ malaperigi ion; ***jmdn. etw. wissen*** ~ *mitteilen* sciigi ion al iu ***b)*** *etw. gestatten, zulassen* permesi, lasi; ***lass mich!*** *lass mich gewähren!* lasu min fari [tion]!; *behindere mich nicht!* ne malhelpu min!; ***lass mich nur machen!*** lasu min nur agi!; ***lass ihn nicht ins Haus [rein]!*** ne lasu lin en[iri] la domon!; ***jmdn. mitspielen*** ~ lasi iun kunludi *od* permesi, ke iu kunludu; ***muss ich mich operieren ~?*** *od* ***muss ich operiert werden?*** ĉu mi devos esti operaciata?; ~ ***Sie mich [bitte] mal durch*** (*od* ***vorbei***)***!*** *umg* lasu min pasi[, mi petas]! ***c)*** *kennzeichnet Möglichkeit*: ***die Tür lässt sich nicht verschließen*** la pordo estas neŝlosebla; ***das lässt sich denken!*** jes ja, certe! ***d)*** *etw. nicht tun od bleiben lassen od unterlassen* lasi (***weil*** ĉar); ***etw. außer Acht*** ~ ne konsideri ion; *etw. ignorieren* ignori ion; ***lass das!*** *tu das nicht!* ne faru tion!, lasu [tion]!; *hör auf damit!* ĉesigu [tion]!; ***lass die Albernheiten*** (*od* ***Dummheiten***)***!*** lasu la stultaĵojn!; ***lass mich allein!*** lasu min sola!; ***lass mich in Ruhe*** (*od* ***Frieden***)***!*** lasu min trankvila!; ***lass mich aus dem Spiel!*** lasu min ekster la afero!; ***er hat es schließlich gelassen*** *seine Absicht aufgegeben* fin[fin]e li rezignis [pri sia intenco] ***e)*** *etw. nicht verändern, so belassen* ne ŝanĝi, lasi; ***das lässt sich nicht ändern*** tio ne estas ŝanĝebla; ***es lässt sich nicht leugnen, dass ...*** oni ne povas nei la fakton, ke ...; ***die Sache so*** ~ ***wie sie ist*** lasi la aferon kia ĝi estas ***f)*** *etw. überlassen* lasi (***jmdm. etw.*** ion al iu); *hinterlassen* postlasi; *liegen lassen* lasi; ***lass deinen Mantel hier [liegen]*** lasu vian mantelon ĉi tie; ***ich lass dir ja meine Puppe zum Spielen, du musst sie mir aber dann wiedergeben*** mi ja lasos al vi mian pupon por ludi, sed vi devos poste redoni [ĝin]; ***lass den Schlüssel stecken*** lasu la ŝlosilon en la seruro; ***zu Hause*** ~ lasi hejme ***g)*** *zum Ausdruck einer [höflichen] Aufforderung*: ***lasst uns aufbrechen*** (*od* ***gehen***)***!*** ni [ek]iru! ***h)*** *in besonderen Fügungen*: ***sie kann es nicht ~ zu ...*** ŝi ne povas sin deteni de ... *od* ŝi ne povas ne *u. folgendes Verb im Inf*; ***einen [fahren]*** ~ *einen Darmwind* ellasi furzon; ***das lasse ich mir gefallen!*** tion mi volonte akceptas!; ***das lässt mich kalt*** tio lasas min apatia; ***ich habe mir sagen ~, dass ...*** oni diris al mi, ke ...; ***sich gehen*** ~ *sich nicht in der Gewalt haben* ne povi bridi sin; ***Wasser*** ~ urini, *fam* pisi

lässig *Adj* leĝera; *lax, nachlässig* neglekta; *sorglos* senzorga (*vgl. dazu* **achtlos**, **cool**, ***leger*** *u.* ***ungezwungen***)

Lässigkeit *f* leĝero; *Coolness* mojos[ec]o; *Sorglosigkeit* senzorgeco

lässlich *Adj verzeihlich, nachsehbar*: ***eine ~e Sünde*** *Kirche* pardonebla (*od* veniala) peko

Lässlichkeit *f Kirche* venialeco

Lasso *m od n Wurfschlinge: lange Wurfleine zum Einfangen von Tieren* lazo (*vgl. dazu* **Fangschlinge**); ***mit einem ~ einfangen*** kapti per lazo

¹Last *f* ŝarĝo *auch übertr* (↑ *auch* ***Beweislast, Bürde, Maximallast, Soziallasten, Steuer-, Sünden-, Trag-*** *u.* ***Viruslast***); *Traglast auch* [portata] ŝarĝo; *Ladung* ŝarĝaĵo, kargo; *übertr: Mühsal* peno; ~***en*** *Pl Fin (Kosten)* kostoj *Pl*; ***die ~ der Verantwortung*** la ŝarĝo de respondeco; ***zu ~en des Käufers*** *Fin* por konto de [la] aĉetanto; ***jmdm. zur ~ fallen*** esti ŝarĝo por iu; *jmdn. belästigen* molesti iun; ***jmdm. etw. zur ~ legen*** imputi ion al iu; ***eine ~ auf sich nehmen*** preni ŝarĝon sur sin; ***eine ~ tragen*** porti ŝarĝon *auch übertr*

²Last *f Metr (engl. Gewicht od Hohlmaß, verschieden nach Ware u. Ort [meist etwa 4000 engl. Pfund od 30 hl])* laŝto; ***eine ~ Wolle*** *(= 12 Säcke od 4368 lb.)* unu laŝto da lano

Last|auto *n* ŝarĝauto, kamiono (*vgl. dazu* ***LKW***); ~**dschunke** *f Mar* ĵonko por vartransporto

lasten *intr* pez[eg]i (***auf*** sur *mit Nom*) *auch Schicksal od eine Schuld*; ***die Verantwortung dafür lastet auf ihm*** la respondeco por tio pezas sur liaj ŝultroj

Lasten|aufzug *m* ŝarĝolevilo, ŝarĝlifto, *(für Ware)* varlifto; ~**träger** *m* portisto [de ŝarĝoj]

Lastentransport *m*: ***Fahrzeug für ~*** ŝarĝoveturilo (↑ *auch* ***Lastwagen***)

Lastenverteilung *f z.B. innerhalb der EU-Staaten* ŝarĝodivido

¹Laster *n* malvirto (*vgl. dazu* **Schande**); ***einem ~ frönen*** sin fordoni al malvirto

²Laster *m umg für* ***Lastkraftwagen*** [↑ *dort*]
Lästerer *m Gottes*≗ blasfemulo
lasterhaft *Adj* malvirta; ***ein ~er Mensch*** malvirta homo, malvirtulo
Lasterhaftigkeit *f* malvirteco (↑ *auch* ***Verderbtheit***)
lästerlich *Adj maliziös* malica; *Gott schmähend* blasfema
Lästermaul *n (Mann)* kalumniulo, *(Frau)* kalumniulino (*vgl. dazu* ***Klatschbase*** *u.* ***Lästerzunge***)
lästern ***a)*** *intr schmähen* insult[eg]i; *spöttisch sprechen über* moke paroli pri (*vgl. dazu* ***klatschen***); *verleumden* eldiri kalumniojn ◇ ***wir haben gerade über dich gelästert*** *umg scherzh* ni ĵus parolis (*od [etwas derber:]* klaĉis) pri vi ***b)*** *tr u. intr alt für «fluchen»* blasfemi; ***Gott*** ~ blasfemi Dion *od* blasfemi kontraŭ Dio
Lästerung *f Schmähung* insulto; *spöttische (bzw. böswillige) Bemerkung [über jmdn.]* moka (*bzw.* malica) rimarko; *Verleumdung* kalumnio; *Gottes*≗ blasfemo
Lästerzunge *f* malica lango
Lastesel *m* ↑ ***Packesel***
Lastex® *m Textil (elastisches Gewebe aus mit Fasern umsponnenen Gummifäden)* lastekso <*vor allem für Sportbekleidung*>
lästig *Adj Überdruss hervorrufend* teda; *störend* ĝena; *aufdringlich, z.B. eine Fliege, eine Person* altrudiĝema; *allzu neugierig* tro scivolema; *beschwerlich* peniga, laciga; *unbequem* maloportuna; *unangenehm* malagrabla; ***jmdm. ~ fallen*** (*od* ***werden***) tedi iun, *[milder ausgedrückt:]* ĝeni iun; ***ein ~er Mensch*** (*od salopp* ***Kerl***) *m* tedulo
Lasting *m Textil (ein Kammgarngewebe* <*damastartiger Stoff*>*)* lastingo
Last|kahn *m Mar (seetüchtiger Frachtkahn, Leichter)* barĝo (↑ *auch* ***Schute***); **~kraftwagen** *m* (*Abk* ***Lkw***, *auch* ***LKW***), <*schweiz*> ***Camion*** [*ka'mjõ:*] *m* ŝarĝaŭto, kamiono (↑ *auch* ***Kühl[last]wagen***)
Last-Minute-Flug *m* last-minuta flugo
Lastovo (*n*) *eine kroatische Adriainsel in Süddalmatien [südl. von Korčula]* [insulo] Lastovo
Last|pferd *n* ŝarĝoĉevalo; **~schiff** *n* kargoŝipo; **~schrift** *f Bankw, Hdl* debetnoto; **~tier** *n* ŝarĝ[o]besto; **~wagen** *m Karren* ĉaro; *LKW* ŝarĝaŭto, kamiono (↑ *auch* ***Kühl[last]wagen***); **~zug** *m Kfz* kamiono kun remorkoj
lasur|blau *od* **~farben** *Adj* lazura
Lasurit *od* **Lasurstein** *m*, *auch* ***Lapislazuli*** *m Min* lazurito, *auch* lazurŝtono
Lasur|lack *m* lazurlako; **~meise** *f* (Parus cyanus) *Orn* lazura paruo
Lasurstaffelschwanz *m Orn* ↑ *unter* ***Staffelschwanz***
Lasurstein *m Min* ↑ ***Lasurit***
Las Vegas (*n*) *größte Stadt im US-Bundesstaat Nevada [mit vielen Spielcasinos])* Las-Vegaso
lasziv *Adj schlüpfrig, Geschlechtliches lüstern andeutend* lasciva (*vgl. dazu* ***geil***, ***sinnlich*** *u.* ***wollüstig***); ***eine ~e Bemerkung*** lasciva rimarko
Laszivität *f Schlüpfrigkeit, Lüsternhheit* lasciv[ec]o
László (*m*) *Eig* ↑ ***Ladislaus***
Latakia (*n*), *arab.* ***Al-Lādiqīya*** *das antike ‹Laodicea›, wichtigster Hochseehafen Syriens* Latakio (*vgl. dazu* ***Laodicea***)
Latein *n*, *auch* ***Lateinisch[e]*** *n Ling* latino, *auch* la latina [lingvo] (↑ *auch* ***Alt-***, ***Mittel-*** *u.* ***Vulgärlatein***); ***klassisches*** (***nachklassisches***) ~ klasika (postklasika) latino; ***ins Lateinische übersetzen*** traduki en la latinan lingvon, latinigi ◇ ***ich war*** (*bzw.* ***bin***) ***mit meinem ~ am Ende*** venis fino al mia latino *(Zam)*
Lateinamerika (*n*) Latin-Ameriko
lateinamerikanisch *Adj* latin-amerika; ***~e Musik*** *f Sammelbez. für die Musik in den Ländern Süd- u. Mittelamerikas* latin-amerika muziko
Latein[er]segel *m Mar* latina velo
lateinisch *Adj* latina; ***~es Alphabet*** *n* latina alfabeto; ***~es Kreuz*** *n* ↑ *unter* ***Kreuz a)***
latent *Adj Phys, Psych* latenta *auch Krankheitssymptome, i.w.S. auch für «vorhanden, aber verborgen» od «nicht in Erscheinung tretend»* (↑ *auch* ***versteckt***); ***~e Gefahr*** *f* latenta danĝero; ***~e Gene*** *n/Pl phänotypisch nicht in Erscheinung tretende Gene* latentaj genoj *Pl*; ***~e*** (*od* ***gebundene***) ***Wärme*** *f Phys* latenta varmo
Latenz *f Verstecktheit, [zeitweiliges] Verborgensein, z.B. einer Krankheit [im Sinne einer symptomfreien Zeit], unbemerktes Vorhandensein* latent[ec]o
Latenzzeit *f Med =* ***Inkubationszeit***
lateral *Adj fachsprachl. für «seitlich»* latera
Lateral[laut] *m*, *auch* ***Seitenlaut*** *m Phon* lateralo

Lateralsklerose *f Med (eine neurodegenerative Erkrankung)* lateralsklerozo; ***amyotrophe*** ~ (*Abk* ***ALS***) amiotrofia lateralsklerozo (*Abk* ALS)

Lateran *m ehemaliger Palast des Papstes in Rom* Laterano; ~**verträge** *m/Pl zw. der päpstlichen Kurie u. der italienischen Regierung (1929)* lateranaj traktatoj *Pl*

Laterit *m Geol (charakteristischer ziegelroter Verwitterungsboden der Tropen)* laterito; ~**boden** *m* laterita grundo

Laterna magica *f einfacher Lichtbildwerfer [Vorläufer der Projektionsapparate]* magia lanterno *auch Name eines Theaters in Prag (Großschr)*

Laterne *f* lanterno (*vgl. dazu* ***Lampe***, ***Lampion*** *u.* ***Leuchte***; ↑ *auch* ***Gas-***, ***Heck-***, ***Papier-***, ***Positions-***, ***Schluss-***, ***Stall-***, ***Straßen-*** *u.* ***Sturmlaterne***)

Laternen|anzünder *m hist* lanternisto; ~**fisch** *m Ichth (ein kleiner Tiefseefisch)* lanternofiŝo; ~**licht** *n* lumo de la strataj lanternoj; ~**pfahl** *m* lantern[o]fosto

Laternenträger *m/Pl Ent (vorwiegend tropische Zikaden mit langem, oft verbreitertem, laternenförmigen Kopf, denen früher irrtümlich Leuchtvermögen zugeschrieben wurde)*: ***[Familie der]*** ~ *Pl* (Fulgoridae) fulgoredoj *Pl* (↑ *auch* ***Leuchtzirpe***)

Latex *m*, *auch* ***Kautschukmilch*** *f od* ***Kautschuksaft*** *m* latekso, *auch* kaŭĉuka suko *<wird durch Zapfen aus Kautschukpflanzen gewonnen>*; ***künstlicher*** ~ artefarita latekso

Latex|farben *f/Pl bestimmte Farbensorten, die als Bindemittel Latex enthalten* lateksfarboj *Pl*; ~**handschuhe** *m/Pl z.B. des Operateurs* lateksgantoj *Pl*

Lathyrismus *m Med (chronische Vergiftung durch Samen der Platterbse [Gattung Lathyrus])* latirismo

Latifundium *n Antike ([riesiges] Landgut im Römischen Reich; i.w.S. [ausgedehnter] Großgrundbesitz)* latifundio

Latiner *m Angehöriger eines altitalischen Volkes in Latium, Bewohner von Latium* latiano (*vgl. dazu* ***Latium***)

latinisieren *tr Ling (in lateinische Sprachform bringen bzw. den lateinischen Sprachformen angleichen)* latinigi

Latinismus *m Ling (in eine andere Sprache übernommene lateinische Spracheigentümlichkeit)* latinismo

Latinist *m Fachmann auf dem Gebiet des Lateinischen* latinisto

Latinität *f 1. mustergültige lateinische Ausdrucksweise 2. auf lateinischer Herkunft beruhende Eigenart* latineco

Latin Rock *m Mus (Verbindung lateinamerik. Musik mit der Rockmusik)* latinroko (↑ *auch* ***Salsa***)

Latit *m Geol (ein Vulkanit)* latito

latitudinal *Adj den geografischen Breitengrad betreffend* latituda

Latium (*n*) *antike Landschaft zw. Albaner u. Sabiner Bergen, Anio, Tiber u. Tyrrhenischem Meer* Latio (*vgl. dazu* ***Lazio***)

Latona (*f*) *Myth* ↑ ***Leto***

La Trappe (*n*) *eine Zisterzienserabtei im Dép. Orne/Normandie* Trapo (↑ *auch* ***Trappisten***)

Latrine *f* latrino (*vgl. dazu* ***[1]Abort*** *u.* ***Bedürfnisanstalt***)

Lats *m* (*Pl*: ***Lati*** *bzw.* ***Latu***) (*Währungscode* ***LVL***) *lettische Währungseinheit [bis zur Euroeinführung am 1. Jan. 2014]* lato

latschen *intr umg für «schlurfen»* trene iri, *fam auch* plandi (↑ *auch* ***trotten***)

Latschenkiefer *f Bot* ↑ ***Bergkiefer***

Latte *f* lato; *Holz*~ ligna lato (↑ *auch* ***Dach-*** *u.* ***Messlatte***)

Latte macchiato *m ein Kaffeegetränk* kafo makulata

Latten|kiste *f* latkesto (*vgl. dazu* ***Stiege***); ~**rost** *m auf Fußböden* latplanko; *fürs Bettgestell* somiero kun latoj; ~**schuss** *m Fußball (Schuss an die Querlatte des Tores)* latoŝoto; ~**verschlag** *m od* ~**werk** *n* latapartaĵo, lataĵo

Lattenwand *f* ↑ ***Spalier a)***

Lattenzaun *m* latbarilo (↑ *auch* ***Gartenzaun***)

Lattich *m* (*Gattung* Lactuca) *Bot* laktuko (*vgl. dazu* ***Gartensalat***; ↑ *auch* ***Eichen-***, ***Gift-*** *u.* ***Tatarenlattich***)

Latwerge *f* ***a)*** *Pharm (in Breiform, mit Sirup od Mus verrührt einzunehmendes Arzneipulver)* elektuario ***b)*** *reg* ↑ ***Pflaumenmus***

Latz *m*, *fam* ***Lätzchen*** *n*, *<österr> umg* ***Hangerl*** *n Sabber*~ salivtuk[et]o [por etinfano]; ~**hose** *f* ŝelkopantalono

lau *Adj* ***a)*** *kurz für «lauwarm»* tepida, duonvarma ***b)*** *[angenehm] mild, etwas warm, z.B. Wind* [agrable] milda, *Brise auch* varmeta ***c)*** *mäßig* modera; *gleichgültig* indiferenta

Laub *n Bot (Laubwerk)* foliaro, *(Blätter)* folioj *Pl* (↑ *auch* ***Herbstlaub***); ~ ***abwerfend***, *auch Zus* ***laubabwerfend*** fal-folia; ~ ***tragend***, *auch Zus* ***laubtragend*** foliohava; ~ ***wechselnd***, *auch Zus* ***laubwechselnd*** decidua; ***trockenes*** (***verwelktes***) ~ sekaj (velkintaj) folioj *Pl*; ***mit ~ bedeckt*** *z.B. Boden im Herbst* foliokovrita; ***voller*** ~ folioplena; *stark belaubt* folioriĉa; ***das ~ verlieren*** perdi la foliojn, senfoliiĝi

Laubbaum *m Bot* foliarbo (↑ *auch* ***Heister***)

Laube *f* laŭbo (↑ *auch* ***Gartenlaube***)

Laubengang *m* ↑ ***Pergola a)***

Laubenkolonie *f* etĝardena kolonio

Laubenvogel *m Orn* laŭbobirdo (↑ *auch* ***Säulengärtner***, ***Gold-***, ***Kragen-***, ***Seiden-***, ***Weißohr-*** *u.* ***Zahnlaubenvogel***); ***[Familie der] Laubenvögel*** *Pl* (Ptilonorhynchidae) *den Paradiesvögeln nahestehende Vögel Australiens u. Neuguineas* laŭbobirdoj *Pl*

Laubfall *m*, *auch* ***Blattfall*** *m* falo de la folioj (*od* foliaro); ***kontinuierlicher*** (***periodischer***) ~ kontinua (perioda) falo de folioj

Laub|färbung *f im Herbst* foliokoloriĝo; ~**flechte** *f*, *auch* ***Blattflechte*** *f Bot (blattartige, meist flächig wachsende Flechte)* folieca likeno

Laubfrosch *m* (*Gattung* Hyla) *Zool* hilo; ***chinesischer*** ~ (*auch* ***bunter Laubfrosch*** *genannt*) (Hyla chinensis) ĉina hilo *[Vorkommen: endemisch in SO-China u. Taiwan]*; ***[europäischer]*** ~ (Hyla arborea) [eŭropa] hilo, *umg* [eŭropa] arborano *od* verda raneto; *Mittelmeer*~ (Hyla meridionalis) mediteranea hilo; ***italienischer*** ~ (Hyla intermedia) itala hilo *[Vorkommen: Italien südl. der Po-Ebene u. auf Sizilien, auch in W-Slowenien u. im südlichen Tessin/ Schweiz]*; ***[Familie der] Laubfrösche*** *m/Pl* (Hylidae) hiledoj *Pl*

Laub|gewinde *n* girlando el folioj (↑ *auch* ***Blumengewinde***); ~**heuschrecke** *f Ent* tetigonio (*vgl. dazu* ***Heupferd***)

Laubholzmistel *Bot* ↑ *unter* ***Mistel***

Laubhüttenfest *n*, *hebräisch* ***Sukkoth*** *f jüdisches Erntedankfest* festo de laŭboj

Laubmeise *f*, *auch* ***Laubsängermeise*** *f* (Sylviparus modestus) *Orn* flavbrova paruo *[Vorkommen: Himalaja-Region, Nord-Myanmar, Nord-Laos u. Thailand]*

Laubmoos *n Bot* ↑ ***Birnenmoos***

Laub|rechen *m Gartenb* foliorastilo; ~**säge** *f* arabeskosegilo

Laubsänger *m* (*Gattung* Phylloscopus) *Orn* filoskopo (↑ *auch* ***Bart-***, ***Berg-***,***Dachskopf-***, ***Fitis-***, ***Gelbbrauen-***, ***Iran-***, ***Kronen-***, ***Umbra-***, ***Wacholder-***, ***Wald-*** *u.* ***Weidenlaubsänger***); ***dunkler*** ~ (Phylloscopus fuscatus) bruna filoskopo; ***grüner*** ~ (Phylloscopus trochiloides) verda filoskopo; ***nordischer*** ~ (Phylloscopus borealis) norda filoskopo

Laubsängermeise *f Orn* ↑ ***Laubmeise***

laubtragend ↑ *unter* ***Laub***

Laubwald *m* foliarbaro

laubwechselnd ↑ *unter* ***Laub***

Laubwerk *n* foliaro

Laubwürger *m Orn* ↑ ***Vireo***

Lauch *m* (*Gattung* Allium) *Bot* ajlo (*vgl. dazu* ***Porree*** *u.* ***Zwiebellauch***; ↑ *auch* ***Bär-***, ***Knob-***, ***Rosen-***, ***Schlangen-***, ***Schnitt-*** *u.* ***Weinberglauch***); ***gekielter*** ~ *od* ***Kiellauch*** *m* (Allium carinatum) monta ajlo; ***kugelköpfiger*** ~ *od* ***Kugellauch*** (Allium spherocephalon) *ein Zierlauch* globokapa ajlo; ***runder*** ~ (Allium rotundum) ronda ajlo; ***steifer*** ~ (Allium strictum) roka ajlo

Laucharassari *m Orn* ↑ ***Smaragdtukan***

laudabel ↑ ***lobenswert***

Laudanum *n Med alt ([im Mittelalter:] in Alkohol gelöstes Opium)* laŭdano

Laudatio *f Lobrede, ehrende Ansprache (z.B. auf einen Preisträger)* laŭdacio, parolado destinita al la laŭdado de la agoj kaj faroj [de iu persono]

Laudes *f/Pl kath. Kirche* ↑ ***Morgenhore***

Lauer *f*: ***sich auf die ~ legen*** sin kaŝi embuske, embuskiĝi; ***auf der ~ liegen*** esti en embusko *od* kuŝi en embuskejo; *von einem Versteck aus beobachten* observ[ad]i el embuskejo (*od* kaŝejo)

lauern *intr*: ***auf jmdn.*** ~ *umg reg für «auf jmdn. warten»* atendadi iun (*vgl. dazu* ***jmdm. auflauern***); *im Hinterhalt liegen* embuski iun (*od* kontraŭ iu)

Lauf *m* ***a)*** kuro *auch Sport* (↑ *auch* ***Dauer-***, ***Eisschnell-***, ***End-***, ***Gelände-***, ***Hindernis-***, ***Hürden-***, ***Langstrecken-***, ***Marathon-***, ***Mittelstrecken-***, ***Orientierungs-*** *u.* ***Querfeldeinlauf***); *eines Flusses* fluo *auch übertr*; *des Gewehrs* tubo; *Bein eines Jagdtiers* kruro, piedo; *Tech* moviĝo, funkcio; ***der ~ des Lebens*** la kuro de l' vivo; ***100-Meter-Lauf*** centmetra kuro (*vgl. dazu* ***Kurzstreckenlauf***); ***im ~e unserer Unterhaltung*** dum [la fluo de] nia interparolado; ***im ~e des Gesprächs*** dum la parolado (*od* konversacio); ***im ~e der Jahrhunderte*** en la paso (*od* fluo) de l' jarcentoj; ***in vollem*** ~ plenkure; *ganz schnell* rapidege; ***im ~e der Zeit*** iom post iom; ***jmdm. freien ~ lassen*** lasi iun senbrida, ne reteni (*bzw.* malhelpi) iun ◇ ***das ist der ~ der Welt*** tia estas la mondo (*od* vivo) ***b)*** *Zool (Bein od Fuß bestimmter Tiere)* gambo (↑ *auch* ***Fuß a)***)

Laufbahn *f* ***a)*** *Berufsweg* kariero (↑ *auch* ***Karriere***); ***diplomatische*** (***wissenschaftliche***) ~ diplomata (scienca) kariero; ***eine ~ als ... beginnen*** komenci karieron kiel ... ***b)*** *Sport* [kur-]leno

Lauf|band *n* ***a)*** *Sport* kurbendo ***b)*** *auch* ***Rollband*** *od* ***Fahrsteig*** *m z.B. auf großen Flughäfen* rultrotuaro; **~brett** *n auf einem Dach, z.B. für den Schornsteinfeger* paŝtabulo; **~bursche** *m* kurierknabo

laufen *intr* ***a)*** *allg* iri *auch Maschine od Motor*; *zu Fuß gehen* piediri; *gehen, schreiten* paŝi, marŝi; *rennen* kuri *auch Sport*; *in Bewegung sein* moviĝi; *funktionieren, bes. Tech* funkcii, *i.e.S. auch* iri *bzw.* moviĝi; ~ ***lernen*** *Kleinkind* lerni piediri; ***barfuß*** ~ iri nudpiede; ***rückwärts*** ~ retropaŝi; ***wir sind nicht gefahren, sondern gelaufen*** ni ne veturis, sed piediris (*od* marŝis piede); ***das Auto ist erst 2000 Kilometer gelaufen*** la aŭto ĝis nun veturis nur dumil kilometrojn; ***nicht lange ~ können*** *z.B. wegen eines Fußleidens* ne povi marŝi longe (*od* longajn distancojn); ***Ski*** ~ skikuri, *auch* skii; ***jmdn. ~ lassen*** *weglaufen lassen* lasi iun forkuri; *nicht zurückhalten* ne reteni iun; *freilassen* doni la liberecon al iu; ***die Maschine läuft zu schnell*** la maŝino iras tro rapide; ***um die Wette*** ~ vetkuri; ***sich die Füße wund*** ~ [irante] frotvundi siajn piedojn ***b)*** *fließen* flui; *auslaufen, lecken, undicht sein* liki; ***deine Nase läuft*** *od* ***dir läuft die Nase*** via nazo mukas ***c)*** *gezeigt (od aufgeführt od gespielt) werden* esti montrata (*od* prezentata *od* ludata); ***welcher Film läuft heute?*** kiu filmo estas ludata (*od* prezentata) hodiaŭ? ***d)*** *dauern* daŭri; *lange dauern (Gespräche, Verhandlungen)* daŭradi, *auch* iri; *vergehen, z.B. die Zeit* pas[ad]i ***e)*** *gelten, gültig sein* validi; ***der Vertrag läuft [auf] zwei Jahre*** la kontrakto validas du jarojn (*od* dum daŭro de du jaroj) ◇ ***das läuft auf dasselbe hinaus*** la rezulto (*od* efiko) estos la sama; ***das läuft ins Geld*** tio konsumas multan monon; ***das Leben läuft unaufhaltsam dahin*** la vivo kuras ne tenate *(Zam)*; ***der läuft nicht ganz rund*** *od* ***der hat einen*** ~ muŝo zumas al li en la kapo *(Zam)*; ***von Pontius zu Pilatus*** ~ kuradi de unu instanco al la alia

Laufen *n* irado; *zu Fuß auch* piedirado, marŝado; *Eilen, Rennen* kurado; ***im*** ~ *od* ***während des ~s*** dum [la] irado (*od* marŝado), irante *od* marŝante; dum [la] kurado, kurante

laufend 1. *Adj* kuranta *auch übertr*; *sich bewegend* moviĝanta; *sich drehend* turniĝanta; *ständig* kontinua, daŭra; *fließend* fluanta; ***~e Amtsperiode*** kuranta oficperiodo; ***am ~en Band*** *Tech (am Fließband)* ĉe la ĉenstablo; *übertr (Adj)* senĉesa, *(Adv)* senĉese; ***im ~en Monat*** (***Jahr***) en (*od* dum) la kuranta (*od auch* nuna) monato (jaro); ***~e Nummer*** (*Abk* ***lfd. Nr.***) sinsekva numero; ***~e Rechnung*** *f Kontokorrent* kuranta konto; ***auf dem ≗en sein*** esti tre (*od* plej) bone informita pri la aktualaĵoj, scii ĉiam la lastajn novaĵojn; ***jmdn. auf dem ≗en halten über*** informi iun pri la lastaj novaĵoj (*bzw.* freŝdataj atingaĵoj) **2.** *Adv ständig, andauernd* kontinue, daŭre; *endlos* senĉese

Läufer *m* ***a)*** *Sport* kuristo (↑ *auch* ***Hürden-*** *u.* ***Langstreckenläufer***); *Schachfigur* kuriero; *Fußball* halfo (*vgl. dazu* ***Mittelläufer***); ***linker*** (***rechter***) ~ *Fußball* maldekstra (dekstra) halfo ***b)*** *kleiner Teppich* malgranda [kaj mallarĝa] tapiŝo (↑ *auch* ***Vorleger***); *Treppen≗* ŝtupara tapiŝo ***c)*** *Tierzucht* junporko ***d)*** *Tech (Rotor)* rotoro

Lauferei *f umg*: ***die ständige*** ~ la senĉesa [ĉiutaga] kurado

Läuferreihe *f Fußball* linio de la halfoj, *auch* halfa linio; *die Läufer* la halfoj *Pl*

Lauffeuer *n*: ***sich wie ein ~ verbreiten*** diskoniĝi fulmrapide

Lauffläche *f*: ~ ***des Reifens*** *Kfz* plando de pneŭmatiko

Lauf|gitter *n od* **~stall** *m*, *auch* **~ställchen** *n für Kleinkinder* ludkaĝo; **~graben** *m Mil* [komunika] tranĉeo (↑ *auch* ***Sappe*** *u.* ***Schützengraben***)

Laufhühnchen *n* (*Gattung* Turnix) *Orn* turnico; *die Art «Turnix sylvatica» auch* (***[Rotkehl-]Kampfwachtel*** *f genannt*) andaluzia turnico (↑ *auch* ***Rotbrust-***, ***Schwarzbrust-***, ***Sumba-*** *u.* ***Zwerglaufhühnchen***); ***[Familie der]*** ~ *Pl* (Turnicidae) turnicedoj *Pl*

läufig *Adj brünstig (Hündin)* pariĝema, sekskuniĝema

Läufigkeit *f bei Hunden* pariĝemo, sekskuniĝemo

Laufjunge *m für Botengänge* kurierknabo

Laufkäfer *m* (*Gattung* Carabus) *Ent* karabo, *pop* kur-skarabo (↑ *auch* ***Garten-***, ***Goldlaufkäfer***, ***Raschkäfer*** *u.* ***Sandlaufkäfer***); ***goldglänzender*** ~ (Carabus auronitens) orobrila karabo; ***körniger*** ~ (Carabus granulatus) granuleca karabo; ***[Familie der]*** ~ (Carabidae) *weltweit verbreitete Familie der Käfer mit über 40.000 Arten in 1.500 Gattungen* karabedoj *Pl*

Lauf|kamel *n*, *auch* ***Reitdromedar*** *n*, *in Nordafrika* ***Mehari*** *n* kur-dromedaro, *auch* meharo; ~**katze** *f Tech* [surrela] ĉaro por levi kaj transporti ŝarĝaĵon; ~**kran** *m Tech* rulponta gruo (↑ *auch* ***Deckenlaufkran***); ~**kunde** *m Hdl* okaza kliento; ~**kundschaft** *f* okaza klientaro; ~**leine** *f für Pferdedressur [Longe]* lonĝo; ~**masche** *f* eskalo [en (*od* sur) la ŝtrumpo]; ~**milbe** *f* (*Gattung* Trombicula) *Ent (erdbewohnende Milbe)* trombidio (*vgl. dazu* ***Trombidiose***)

Laufpass *m* ◇ ***jmdm. den ~ geben*** *jmdn. wegschicken* forpeli iun; *umg: exen* eksigi; *die Beziehung zu jmdm. lösen* ĉesi (*od* rompi) la rilatojn al iu (*vgl. dazu* ***verlassen***)

Laufrad *n* ↑ ***Hamsterrad***

Lauf|rhythmus *m eines Leichtathleten* kurritmo; ~**schrift** *f Leuchtschrift* kurantaj lumliteroj *Pl*; ~**schritt** *m* rapidpaŝoj *Pl*; ~**schuhe** *m/Pl Sport* kur-ŝuoj *Pl*

Laufstall *m od* ~**ställchen** *n* ↑ ***Laufgitter***

Lauf|steg *m*, *auch* ***Catwalk*** *m* modparada podio; ~**strecke** *f* kurvego; ~**technik** *f eines Läufers* kurtekniko; ~**werk** *n Fahrgestell* rulekipaĵo, ĉasio; *EDV* drajvo (↑ *auch* ***Diskettenlaufwerk***); ~**wettbewerb** *m Sport (Leichtathletik)* kurkonkurso

Laufzeit *f einer Maschine* funkciada tempo; *eines Wechsels* kurtempo; *Gültigkeitsdauer* daŭro de valideco; ~ ***eines Vertrags*** validodaŭro de kontrakto ***dieser Kredit hat eine ~ von zehn Jahren*** ĉi tiu kredito estas donita por daŭro de dek jaroj

Lauge *f Chem (wässrige Lösung eines Alkalihydroxids)* lesivo (↑ *auch* ***Beuche***, ***Kali-***, ***Natron-***, ***Schwarz-***, ***Soda-***, ***Sulfat-***, ***Wasch-*** *u.* ***Weißlauge***); *Seifen*≗ sap-akvo

laugen *tr Chem* lesivi *auch Wäsche*

laugenhaft *Adj alkalisch* alkala

Laugieren *n Textiltechnik (das Behandeln von Stoffen mit schwachen Alkalien [Sodalösung od verdünnte Natronlösung] zur Steigerung der Aufnahmefähigkeit für Farbstoffe)* lesivado

Lauheit *f von Abend, Wind* mild[ec]o; *von Flüssigkeit* tepideco; *Gleichgültigkeit* indiferenteco

Laumontit *m Min (meist trübes Mineral aus der Gruppe der Zeolithe)* laŭmontito

Laune *f* ***a)*** *geh* ***Kaprice*** *f*, *<österr>* ***Kaprize*** *f eigensinnige Laune, Grille* kaprico; ***die ~n des Schicksals*** la kapricoj de la sorto; ***~n des Wetters*** veterkapricoj *Pl*; ***sie hat ihre ~n*** ŝi havas siajn [kutimajn] kapricojn ***b)*** *seelische Verfassung* humoro (*vgl. dazu* ***Humor*** *u.* ***Stimmung a)***); ***gute ~ haben*** esti bonhumora; ***bei guter ~ sein*** esti en bona humoro; ***schlechte*** (*od umg* ***miese***) ***~ haben*** esti en acida humoro *(Zam)*; *mürrisch sein* esti grumblema; ***jmdm. die [gute] ~ verderben*** malbonhumorigi iun

launenhaft *od* **launisch 1.** *Adj* kaprica, *nachgest auch* plena de kapricoj; *mürrisch* grumblema; ***~er Mensch*** *m* kaprica homo, kapriculo; ***~es Wetter*** *n* vetero facile ŝanĝiĝanta (*vgl. dazu* ***Aprilwetter***); ***~ sein*** esti kaprica, *auch* kaprici; ***sie ist eine äußerst ~e Person*** ŝi estas ege kaprica persono *od* ŝi estas absoluta kapriculino ◇ ***das Glück ist launisch*** feliĉo estas ŝanĝiĝema **2.** *Adv* kaprice; ***sich ~ benehmen*** konduti kaprice

Launenhaftigkeit *f* kapriceco, *einer Person* kapricemo *bzw.* kaprica karaktero

launig *Adj humorvoll* humurplena; *witzig* sprita

launisch ↑ ***launenhaft***

Laura (*f*) *weibl. Vorname* Laŭra

Laurasia *f Geol (im Paläozoikum zusammenhängende, heute in mehrere Teile zerrissene Landmasse auf der Nordhalbkugel [umfasste Nordamerika, Europa u. Sibirien])* Laŭrazio

Laurat *n Chem (Salz der Laurinsäure)* laŭrato

Laureat *m 1. Antike (mit dem Lorbeerkranz gekrönter Dichter [Poeta laureatus]) 2. Preisträger (bes. ein öffentlich ausgezeichneter Wissenschaftler)* laŭreato

Laurentius (*m*), *franz.* ***Laurence*** (*m*) *männl. Vorname* Laŭrenco *auch Name eines Heiligen*

Laurentiusschwarm *m Astron* ↑ ***Perseiden***

Laurinsäure *f Biochemie (eine Fettsäure, die in den Samenfetten der Lorbeergewäche*

[Lauraceae] und im Palmkernöl enthalten ist) laŭrosema acido

Laus *f* laŭso; *Menschen*≗ (Pediculus humanus) pediko, *auch* homlaŭso (*vgl. dazu* ***Koschenillelaus***; ↑ *auch* ***Blatt-***, ***Filz-***, ***Holz-***, ***Kleider-***, ***Kopf-***, ***Reb-***, ***Röhren-***, ***Schild-*** *u.* ***Vogellaus***); ***Läuse haben*** havi pedikojn; ***Läuse suchen*** serĉi pedikojn (*vgl. dazu* ***entlausen***); ***Haare*** *n/Pl* ***voller Läuse*** *verlaustes Haar* hararo plena de pedikoj ◇ ***ihm ist eine ~ über die Leber gelaufen*** li estas en acida (*od* grumblema) humoro

Lausanne [*lo'zan*] (*n*) *eine Stadt am Genfer See/Schweiz* Laŭzano *[Hptst. des Kantons Waadt (Vaud)]*

Lausbub *m Wildfang* [eta *od* malgranda] petolulo (↑ *auch* ***Schlingel***)

Lauschangriff *m heimliches Anbringen von Abhörgeräten [in einer Privatwohnung]* kaŝaŭskultila operacio [en privata loĝejo]

lauschen *intr*: ***auf etw. ~*** aŭskulti ion; *heimlich zuhören* kaŝaŭskulti ion (*vgl. dazu* ***spionieren***); ***jmdm. ~*** [atente] aŭskulti al iu

Lauscher *m/Pl Jägerspr: Ohren des Schalenwilds mit Ausnahme des Schwarzwilds* orelo (↑ *auch* ***Löffel b)***)

lauschig *Adj etwas versteckt gelegen* iom kaŝita; *[angenehm] still* [agrable] kvieta; *idyllisch* idilia (↑ *auch* ***angenehm*** *u.* ***intim***)

Läuseei *n* = ***Nisse***

Lause|junge *m* malgranda diabl[et]o (↑ *auch* ***Schlingel***); **~kälte** *f* aĉa malvarmego

Läuse|kamm *m* pedikkombilo; **~krankheit** *f*, *Fachspr* ***Pediculosis*** *od* ***Pedikulose*** *f Parasitologie (Befall mit Läusen [beim Menschen])* pedika malsano, *Fachspr* pedikozo

Läusekraut *n* (*Gattung* Pedicularis) *Bot* pedikularo, *pop auch* laŭsoherbo (↑ *auch* ***Sumpfläusekraut***); ***reichblättriges ~*** (Pedicularis foliosa) multfolia pedikularo

Läusemittel *n Pharm* pedikocido

lausen *tr* senlaŭsigi, senpedikigi (*vgl. dazu* ***Laus***); *abs (Läuse suchen)* serĉi pedikojn

Läusesamen *m* ↑ ***Sabadillsamen***

lausig 1. *Adj räudig* fava; *miserabel, übel* mizera, aĉa (↑ *auch* ***elend*** *u.* ***erbärmlich***); ***~e Zeiten*** *Pl* aĉaj tempoj *Pl* **2.** *Adv*: ***es ist ~ kalt*** *äußerst kalt* estas terure malvarme

Lausitz *f*, *niedersorbisch* ***Łužyca***, *obersorbisch* ***Łužica*** *Landschaft beiderseits der Lausitzer Neiße u. der oberen Spree* Luzacio (↑ *auch* ***Nieder-*** *u.* ***Oberlausitz***)

Lausitzer ***a)*** *m Bewohner der Lausitz* luzaciano ***b)*** *attr Adj*: ***~ Gebirge*** *n*, *tschech.* ***Lužické hory*** Luzacia Montaro; ***~ Neiße*** *f ein Nebenfluss der Oder* Luzacia Niso

Lausitzerin *f* luzacianino

lausitzisch *Adj* luzacia (↑ *auch* ***sorbisch***)

[1]**laut 1.** *Adj Lachen, Schrei, Stimme* laŭta (↑ *auch* ***überlaut***); *lärmend* bru[ant]a; *tumultartig* tumulta; ***mit ~er Stimme*** per laŭta voĉo, *umg auch* laŭtvoĉe; ***laut[er] machen*** *Ton verstärken* [pli]laŭtigi; ***laut[er] werden*** [pli]laŭtiĝi; ***sei*** (*od* ***mach***) ***nicht so ~!*** ne faru tian bruon! ◇ ***das darf nicht ~ werden*** *nicht bekannt werden* tio ne devas penetri en la publikon *od* tio ne devas konatiĝi **2.** *Adv* laŭte; ***~ auflachen*** laŭte ekridi; ***~ lesen*** laŭtlegi; ***bitte sprechen Sie ~er!*** bonvolu paroli pli laŭte!

[2]**laut** (*Abk* ***lt.***) *Präp* laŭ (↑ *auch* ***gemäß***); *auf der Grundlage von* surbaze de; ***~ Vereinbarung*** laŭ interkonsento; ***~ unserem Schreiben vom ...*** laŭ nia letero de ...

Laut *m* sono *auch Phon* (*vgl. dazu* ***Geräusch***, ***Klang*** *u.* [2]***Ton***; ↑ *auch* ***Gaumen-*** *u.* ***Gutturallaut***); ***keinen ~ von sich geben*** aŭdigi ne eĉ unu sonon, tute silenti

Laut|angleichung *f Gramm, Phon* asimiliĝo de sonoj; **~bildung** *f Phon* artikulacio

Laute *f Mus* liuto (↑ *auch* ***Bandura***, ***Biva***, ***Buzuq***, ***Domra***, ***Mandora***, ***Sarod***, ***Shamisen*** *u.* ***Theorbe***); ***[die] ~ spielen*** ludi sur [la] liuto; ***zur ~ singen*** kanti kun akompano de liuto

lauten *intr den Wortlaut haben* teksti, *auch* vortiĝi; ***der Brief lautet wie folgt ...*** la letero tekstas jene ...; ***die Papiere ~ auf meinen Namen*** la dokumentoj (*bzw.* legitimaĵoj) portas mian nomon; ***das Urteil lautet auf sechs Monate Gefängnis*** la verdikto postulas ses monatojn en malliberejo (*od* prizono)

läuten ***a)*** *tr* sonorigi *auch Glocken*; ***er läutet*** *betätigt die Klingel* li sonorigas la sonorilon; ***zum Abendgebet ~*** sonorigi al la vespera preĝo; ***an jmds. Tür ~*** sonorigi ĉe ies pordo ***b)*** *intr* sonori; ***es läutet*** estas sonoro ĉe la pordo; ***das Telefon läutet*** [la] telefono sonas ◇ ***sie hat etwas ~ hören*** sonado al ŝi venis, sed de kie – ŝi ne komprenis

Läuten *n Geläute der Glocken* sonorado

Lautenspieler *m* ludanto sur liuto

[1]**lauter** *Adj* ***a)*** *rein, pur* pura; *bloß* nura; ***die ~e Wahrheit*** la nura vero ***b)*** *aufrichtig* sincera; *ehrlich, rechtschaffen* honesta

²lauter *[indeklinables] Adj bloß* nur; *nichts als ...* nenio krom ...; *eine Menge von* mult[eg]e da ...; ~ ***dummes Zeug*** *n leeres Gerede* nura babilaĵo (*od [derber:]* sensencaĵo); ***in dem Haus [da] wohnen*** ~ ***Frauen*** en tiu ĉi domo loĝas nur virinoj

Lauteraarhorn *m ein Gipfel der Berner Alpen [südlöstl. von Grindelwald]* Laŭterarhorno

Lauterkeit *f Reinheit* pureco; *geh (Aufrichtigkeit)* sincereco; *Ehrlichkeit* honesteco

läutern *tr reinigen* purigi; *Chem (wiederholt destillieren)* redistili, rektifi; *übertr: verfeinern* rafini; ***sich*** ~ puriĝi *auch übertr*; ***seine schwere Krankheit hat ihn geläutert*** lia grava malsano purigis lian animon (*bzw.* iel maturigis lin)

Läuterung *f (das Läutern)* purig[ad]o; rektifo; rafinado; *(das Sichläutern)* puriĝo

Lauterwerden *n des Tons od Schalls* plisoniĝo *od von Geräuschen* plilaŭtiĝo

Laut|form *f Phon* sonformo, *auch* fonetika formo; ~**gesetze** *n/Pl Ling, Phon (Regeln, nach denen sich einzelne Laute innerhalb der Wörter im Laufe der Sprachgeschichte ändern)* fonetikaj leĝoj *Pl*

Lautheit *f* laŭteco

lautieren *tr u. intr* legi fonetike

Lautlehre *f* fonetiko (*vgl. dazu* ***Phonologie***)

lautlich *Adj* sona, akustika; *phonetisch* fonetika

lautlos *Adj* sensona; *geräuschlos* senbrua (*vgl. dazu* ***still***); *schweigend* silenta; ***es herrschte*** ~***e Stille*** ĉio estis absolute (*od* tute) silenta

Lotlosigkeit *f* senbrueco; silento

lautmalend *od* **lautnachahmend** *Adj*: ***ein*** ~***es Wort*** *Ling* vorto imitanta sonon, *(Fachspr)* onomatopeo

Lautschrift *f phonetische Schrift* fonetika skribo; ***chinesische*** ~ ↑ ***Pinyin***

Lautschwund *m Ling* ↑ ***Apokope***

Lautsprecher *m* laŭtparolilo; ***über [den]*** ~ pere de laŭtparolilo

Lautsprecher|membran *f* membrano de laŭtparolilo; ~**übertragung** *f* komuniko per laŭtparolilo; ~**wagen** *m* aŭto kun laŭtparolilo

lautstark *Adj* sonintensa, laŭta

Lautstärke *f* sonintenso *auch von Radio, Phonogerät, TV* (*vgl. dazu* ***Phon***; ↑ *auch* ***Aufnahelautstärke***); ~**messer** *m El* mezurilo de sonintenso, fonometro; ~**regler** *m* reg[ul]ilo de sonintenso, laŭtoregilo

Laut|verschiebung *f Ling* konsonant[o]ŝoviĝo; ~**zeichen** *n Phon* fonetika simbolo

lauwarm, <*österr*> *umg salopp* ***bacherlwarm*** *Adj* tepida, *umg auch* duonvarma (↑ *auch* ***²überschlagen***)

Lava *f (Pl Fachspr:* ***Laven****) Geol, Vulkanologie* lafo (↑ *auch* ***Basalt-*** *u.* ***Kissenlava***); ***basische*** (***saure***) ~ baza (acida) lafo; ***flüssige*** ~ fluida (*od* likva) lafo; ~ ***auswerfen*** (***spucken***) elĵeti (sputi) lafon

Lavabo *n* ↑ ***Waschbecken***

Lava|dom *m* (*auch* ***Vulkandom*** *genannt*) *Vulkanismus* lafokupolo; ~**feld** *n* lafokampo; ~**felsen** *m* laforoko

Lavage [*la'va:ʒ*] *f nur Fachspr Med (Spülung)* lav[ad]o (↑ *auch* ***Magenspülung***)

Lavagesteine *n/Pl Geol* lafaj (*od* lafodevenaj) petroj *Pl* (*vgl. dazu* ***Vulkanite***)

La Valletta (*n*), *auch* ***Valletta*** (*n*) *Hptst. von Malta* La-Valeto

Lavareiher *m*, *auch* ***Galápagosreiher*** *m* (Butorides sundervalli) *Orn (eine Unterart des Mangrovereihers)* lafa ardeo, *auch* galapaga ardeo *[Vorkommen: endemisch auf den Galápagosinseln]*

Lavasch *od* **Lawash** *n ungesäuertes Fladenbrot [der armenischen, aserbaidschanischen, türkischen, kurdischen u. persischen Küche]* lavaŝo <*trockenes Lavasch wird als Hostie in der armenischen Kirche verwendet*>

Lava|see *m* lafolago; ~**strom** *m* lafofluo

Lavavulkan *m* ↑ *unter* ***Vulkan***

lavendel *Adj hell[blau]violett* levenda *od* lavendokolora, *auch* lavendoblua

Lavendel *m* (*Gattung* Lavandula) *Bot* lavendo; ***breitblättriger*** ~, *auch* ***großer Speik*** *m* (Lavendula latifolia) larĝfolia lavendo; ***echter*** ~ (*auch* ***Bienen-*** *od* ***Duftlavendel*** *genannt*) (Lavendula vera *od* Lavandula angustifolia) vera (*od* mallarĝfolia) lavendo (*vgl. dazu* ***Speik***)

Lavendel|blüte *f* lavendofloro; ~**essenz** *f Pharm* lavenda esenco

Lavendelheide *f*, *auch* ***Rosmarinheide*** *f* (Andromeda polifolia) *Bot* lavenda eriko, <*wiss*> *auch* andromedo; ***japanische*** ~ (Pieris japonica) japana andromedo *[Vorkommen: Japan, Ostchina u. Taiwan]*; ***vielblütige*** ~ (Pieris floribunda) multflora andromedo

Lavendelöl *n* (Lavandulae aetheroleum) lavenda oleo

Laverna (*f*) *Myth (Göttin des Gewinns, Beschützerin der Betrüger u. Diebe)* Laverna

lavieren *intr* ***a)*** *Mar (in Zickzacklinien gegen den Wind segeln)* boardi ***b)*** *übertr* [lerte *bzw.* ruze] manovri

Lavieren *n Mar* boardado; *übertr* [lerta *bzw.* ruza] manovrado

Lavinia (*f*) *Myth (römische Sagengestalt [Gattin des Äneas])* Lavinia

Lavoir *n* ↑ ***Waschschüssel***

Lävulose *f Biochemie* ↑ ***Fructose***

Lawash *n Nahr* ↑ ***Lavasch***

Lawine *f, reg u.* <*österr*> *dial* ***Lahn*** *f* lavango *auch übertr* (↑ *auch* ***Blech-***, ***Eis-***, ***Prozess-***, ***Schlamm-***, ***Schnee-*** *u.* ***Steinlawine***); ***mit einer ~ von Protesten überschüttet werden*** esti superŝutata per lavango da protestoj

lawinenartig *Adv* lavange, *nachgest* kiel lavango; ~ ***anwachsen*** lavange kreski

Lawinen|gefahr *f* lavangominaco, danĝero de lavango(j); ~**gletscher** *m vorwiegend durch Lawinen gespeister Gletscher [bes. im Karakorum]* lavanga glaĉero; ~**katastrophe** *f* lavangokatastrofo; ~**prognose** *od* ~**vorhersage** *f* lavangoprognozo; ~**schutz** *m* protekto kontraŭ lavangoj (↑ *auch* ***Galerie a)***); ~**warnung** *f* lavango-averto

Lawntennis *n Sport* = ***Rasentennis***

Lawrencium [*lo...*] *n* (*Zeichen* ***Lr***, *[früher:]* ***Lw***) *Chem (ein Transuran)* laŭrencio

lax *Adj lässig* leĝera; *nachlässig* neglekta; *zu Nachlässigkeit neigend (auf Personen bezogen)* neglektema (*vgl. dazu* ***lasch***, ***locker b)*** *u.* ***sorglos***)

Laxans *od* **Laxativ[um]** *n Med* laksigilo, laksiga medikamento (↑ *auch* ***Abführmittel***); ***Laxans drastica*** drasta laksigilo

Laxheit *f* leĝero; neglekt[em]o (*vgl. dazu* ***lax***)

laxieren *tr Med u. Pharm (abführen)* laksigi

Layout *n Typ (Text- u. Bildgestaltung)* paĝoaranĝo; ***grafisches*** ~ grafika aranĝo

Lazarett *n Militärkrankenhaus* lazareto, milithospitalo, *auch* soldathospitalo (*vgl. dazu* ***Quarantäne***; ↑ *auch* ***Feldlazarett***); ~**baracke** *f* lazaretbarako; ~**schiff** *n* hospitalŝipo *od* hospitala ŝipo; ~**zug** *m Eisenb* lazarettrajno

Lazaristen *m/Pl, auch* ***Vinzentiner*** *od* ***Pauliner*** *m/Pl Kirche (eine von Vinzentius von Paolo 1625 gegründete Kongregation [benannt nach dem ersten Mutterhaus Saint-Lazare in Paris])* lazaristoj, *auch* lazaranoj *Pl*

Lazarus (*m*) *Eig (auch männl. Vorname) 1. armer Mann in einem Gleichnis Jesu (Lk 16) 2. Bruder von Maria u. Martha [von Jesus nach Joh 11 von den Toten auferweckt]* Lazaro

Lazaruskreuz *n* ↑ ***Kleeblattkreuz***

Lazio (*n*) *eine italienische Region mit weit größerer Ausdehnung als das antike Latium* Lacio (*vgl. dazu* ***Latium***)

Lazulifink *m* (Passerina amoena) *Orn* lazuliemberizo

Lazzarone *m hist: Angehöriger des neapolitanischen Lumpenproletariats* lazarono

lb = *Zeichen für* ***Zweier-Logarithmus***

L-Carnitin *n Biochemie* ↑ ***Carnitin***

LCD-Bildschirm *m* ↑ ***Flüssigkristall-Bildschirm m***

LD = *Abk für* ***Letaldosis***

LDL = *Abk für* ***low density lipoproteins*** [↑ *unter* ***Lipoproteine***]

LDPD = *Abk für* ***Liberal-Demokratische Partei Deutschlands*** *(ehemalige DDR)*

LE = *Abk für* ***Längeneinheit***

Lea (*f*) *weibl. Vorname* Lea *auch bibl (erste Frau Jakobs)*

Leadership *f führende Rolle* gvida rolo; *Führer* [absoluta] gvidanto (↑ *auch* ***Branchenprimus***)

Leander (*m*), *griech.* ***Leandros*** *1. männl. Vorname 2. griech. Myth (Geliebter der Hero)* Leandro

leasen [*ˈli:...*] *tr* lizi (*vgl. dazu* ***mieten*** *u.* ***pachten***); ***ein Auto*** ~ lizi aŭton

Leasing *n* lizado

Lebe|hoch *n* vivuo; ~**mann** *m, veraltend* ***Bonvivant*** *m* bonvivanto

leben *intr* vivi; *wohnen* loĝi (***in*** en; ***bei jmdm.*** ĉe iu, ***nahe bei*** proksime de); *existieren* ekzisti; ~ ***Sie wohl!*** fartu bone!; *allg auch: tschüs!* ĝis [la]!; ***allein*** (***genügsam***, ***zusammen***) ~ vivi sola (modere, longe, kune); ***getrennt*** ~ loĝi malkune; ***lange*** ~ vivi longe (*od* multajn jarojn); ***auf dem Land[e]*** ~ loĝi (*od auch* vivi) en la kamparo (*od auch* ruro); ***er lebt vom Gehalt seiner Frau*** li vivas el la salajro de sia edzino; ***er lebt nur für seinen Sport*** li vivas ekskluzive [nur] por la sporto; ***mit jmdm. in Feindschaft*** ~ vivi kun iu en malamikeco; ***nach seinen [eigenen] Prinzipien*** ~ vivi laŭ siaj [propraj] principoj; ***sorglos und in Luxus*** ~ vivi senzorge kaj lukse; ***noch in der Steinzeit*** ~ *z.B. ein abgeschieden lebender Stamm* vivi kvazaŭ ŝtonepoke; ***lass es*** (*bzw.* ***ihn***) ~***!*** *(auf ein Tier bezogen)* lasu ĝin vivi! ◇ ***es lebe ...!*** *od* ***lang lebe ...!*** vivu ...!; ***er lebe hoch!*** *od* ***hoch soll er*** ~***!*** vivu li!; ~ ***und*** ~ ***lassen*** se vi povas profitu, sed aliajn ne incitu, *auch* zorgu vian vivon kaj lasu vivi alian *(beide Zam)*; ***herrlich und in Freuden*** ~ vivi en ĝojo kaj plezuro *(Zam)*; ***in Luxus und Überfluss*** ~, *pop auch* ***wie die Made im Speck*** ~ vivi en lukso kaj abundo; ***in Saus und Braus*** ~ vivi en ĝuo kaj bruo; ***sie*** ~ ***wie Hund und Katze*** ili vivas unu kun la alia kiel hundo kun kato, *auch (sie streiten dauernd)* ili daŭre kverel[ad]as; ***von der Hand in den Mund*** ~ vivi per sistemo «el mano al buŝo» *(Zam)*; ***von einem Tag zum anderen*** ~ vivi de tago al tago; ***von seiner Hände Arbeit*** ~ vivi de sia laboro

Leben *n*, *lat.* ***Vita*** *f individuelles, zeitlich begrenztes Leben od auf physiologische Vorgänge bezogen* vivo (↑ *auch* ***Familien-***, ***Innen-***, ***Liebes-***, ***Lotter-***, ***Privat-***, ***Sklaven-*** *u.* ***Studentenleben***); *auf Dasein, Existenz bezogen auch* ekzistado; *Seele, Geist* animo; *Lebensweise* vivmaniero; *Lebensunterhalt* vivteno; *lebhaftes Treiben* [hom]moviĝo; ~ ***spendend*** vivodona; ~ ***zerstörend*** vivodetrua; ***aktives*** (*od* ***tätiges***) ~ aktiva vivo; ***ein sehr bewegtes*** ~ tumulta vivo; ***bisheriges*** ~ *Vorleben* ĝisnuna vivo; ***elendes*** (*od* ***kümmerliches*** *od* ***miserables***) ~ mizera vivo (↑ *auch* ***Hundeleben***); ***das ewige*** ~ *Rel* la eterna vivo; ***gesellschaftliches*** ~ socia vivo; ***im häuslichen*** (***privaten***) ~ en la hejma (privata) vivo; ***das kulturelle*** ~ la kultura vivo; ***das öffentliche*** ~ la publika vivo; ***organisches*** (***pflanzliches***, ***tierisches***) ~ organa (vegetala, animala) vivo; ***im politischen*** (***täglichen***) ~ en la politika (ĉiutaga) vivo; ***mein [ganzes]*** ~ ***lang*** *od* ***Zeit meines*** ~***s***, *pop* ***mein Lebtag*** dum mia [tuta] vivo; ***fürs*** (*od* ***für das***) ***ganze*** ~ por la tuta vivo; ***voller*** ~ plena de vivo (↑ *auch* ***lebendig***); ***zwischen*** ~ ***und Tod*** inter vivo kaj morto; ***ein*** ~ ***nach dem Tode*** vivo post la morto, transmorta vivo; ***jmdm. sein*** ~ ***anvertrauen*** konfidi al iu sian vivon; ***am*** ~ ***bleiben*** *überleben* postvivi, transvivi; *noch leben* ankoraŭ vivi; *weiterleben* pluvivi; ***am*** ~ ***sein*** esti vivanta; ***ums*** ~ ***bringen*** *töten* mortigi, pereigi; *ermorden* murdi; ***mit*** ~ ***erfüllen*** vivigi; ***das*** ~ ***erleichtern*** [pli]faciligi la vivon; ***zum*** ~ ***erwecken*** vivigi; ***ein kümmerliches*** (*od* ***miserables***) ~ ***führen*** vivi mizeran vivon; ***das*** ~ ***genießen*** ĝui la vivon; ***ums*** ~ ***kommen*** perdi la vivon; *eines unnatürlichen Todes sterben, umkommen (z.B. im Krieg od bei einem Unfall)* perei; *ermordet werden* esti murdita; ***bei einem Flugzeugabsturz ums*** ~ ***kommen*** perei en aviadila kraŝo; ***das kostete ihm fast das*** ~ tio preskaŭ kostis al li la vivon; ***seinem*** ~ ***ein Ende machen*** fini sian vivon *(Zam)*; ***sich ein schönes*** ~ ***machen*** fari al si belan vivon; ***sich das*** ~ ***nehmen*** *sich umbringen* mortigi sin [mem] (↑ *auch* ***Suizid***); ***sein*** ~ ***opfern*** oferi sian vivon (***für*** por); ***jmds.*** ~ ***retten*** savi ies vivon; ***er hatte das*** ~ ***satt*** li estis tedita de la vivo; ***sie hat einem gesunden Mädchen das*** ~ ***geschenkt*** ŝi naskis sanan knabineton; ***sein*** ~ ***riskieren*** (*od* ***aufs Spiel setzen***) riski sian vivon; ***jmdm. nach dem*** ~ ***trachten*** [provi] atenci ies vivon; ***auf den Straßen war [ein] reges*** ~ sur la stratoj estis vivo kaj moviĝo ◇ ***so ist das*** ~ tia estas la vivo; ***ich möchte das für mein*** ~ ***gern haben*** mi volus treege volonte posedi (*bzw.* donace ricevi) tion; ***sein*** ~ ***hing an einem [seidenen] Faden*** lia vivo pendis nur sur unu fadeno *(Zam)*; ***das*** ~ ***läuft unaufhaltsam dahin*** la vivo kuras ne tenate *(Zam)*; ***sich durchs*** ~ ***schlagen*** trabatadi sin en la vivo *(Zam)*; ***jmdm. sein*** ~ ***verdanken*** ŝuldi sian vivon al iu

lebend *Adj* vivanta, *auch* viva (*vgl. dazu* ***lebendig***); ~ ***gebärend***, *<wiss>* ***vivipar*** *Zool* vivonaska; ~ ***oder tot*** vivanta aŭ morta; ***er war der Letzte, der das Opfer*** ~ ***gesehen hat*** li estis la lasta [persono], kiu vidis la viktimon viva

Lebende *m* vivanto; ***nicht mehr unter den*** ~***n sein*** (*od geh* ***weilen***) esti ne plu inter la vivantoj

lebendig *Adj am Leben* viv[ant]a; *aktiv* aktiva; *lebhaft, munter* vigla; *voller Leben* vivoplena, *nachgest* plena de vivo; ***bei*** ~***em Leibe*** vivanta; ***wieder*** ~ ***machen*** revivigi; ***wieder*** ~ ***werden*** reviviĝi (↑ *auch* ***wieder aufleben*** [*unter* ***aufleben***])

Lebendigkeit *f* viveco; *Aktivität* aktiveco; *Lebhaftigkeit* vigleco; *Fröhlichkeit* gajeco

Lebendzellenmikroskopie *f* ↑ ***Biomikro-***

skopie

Lebens|abend *m* vespero de la vivo; *(das Alter)* maljunaĝo; ~**abschnitt** *m* fazo en [ies] vivo; ~**alter** *n* aĝo; ~**anschauung** *od* ~**auffassung** *f* vivkoncepto, koncepto pri la vivo; ~**art** *f* vivmaniero (↑ *auch **Lebensstil** u. **Lebensweise***)

Lebensauffassung *f* ↑ ***Lebensanschauung***

Lebensaufgabe *f* viv-tasko, ĉefa tasko de (*od* en) [ies] vivo

Lebensbaum *m **a)** auch **Thuja** f*, <*österr*> *auch **Thuje** f Bot* (*Gattung* Thuja) tujo (↑ *auch **Hiba-** u. **Riesenlebensbaum***); ***abendländischer*** (*od auch **nordamerikanischer***) ~ (Thuja occidentalis) okcidenta tujo; ***morgenländischer*** ~ (Thuja orientalis) orienta tujo ***b)*** *übertr* arbo de [la] vivo

Lebensbaumzypresse *f* (Chamaecyparis lawsoniana) *Bot* kalifornia cipreso *[in Kalifornien u. Oregon/USA heimisch]*

Lebensbedingungen *f/Pl* vivkondiĉoj *Pl od* kondiĉoj *Pl* de la vivo; ***Verbesserung f der*** ~ plibonigo (*bzw.* pliboniĝo) de la vivkondiĉoj

lebens|bedrohend *od* ~**bedrohlich** *Adj* mortminaca (*vgl. dazu **lebensgefährlich***)

Lebensbedürfnisse *n/Pl* vivbezonoj *Pl*, *auch* necesaĵoj *Pl* de la vivo

lebensbejahend *Adj* pozitiva al la vivo *od nachgest auch* kun pozitiva sinteno al la vivo; *optimistisch* optimisma, optimista

Lebensbejahung *f* pozitiva sinteno al la vivo; *i.w.S. (optimistische Haltung, Optimismus)* optimisma sinteno *od* optimismo

Lebensbereich *m*: ***in allen*** ~***en*** en ĉiuj sferoj de la vivo

Lebens|beschreibung *f*, *auch lat. **Vita** f* biografio; ~**blut** *n bes. poet* vivosango; ~**daten** *Pl* viv[o]datoj *Pl*

Lebensdauer *f Biol* viv[o]daŭro *auch einer Ware*, vivolongeco; *eines Autos, Konsumguts u.Ä.* daŭro de uzebleco; ***mittlere*** ~ *Biol* meza vivodaŭro

Lebens|elixier *n* eliksiro de longa vivo; ~**ende** *n* vivofino; ~**energie** *f* viv[o]energio

lebenserfahren *Adj* vivosperta

Lebens|erfahrung *f* vivosperto; ~**erwartung** *f* vivekspekto *od* ekspektata vivodaŭro

lebensfähig *Adj* vivkapabla, *auch* vivipova

Lebens|fähigkeit *f* vivkapabl[ec]o, *auch* vivipovo; ~**form** *f* vivoformo *od* formo de vivo *auch Biol* (*vgl. dazu **Lebensweise***); ~**frage** *f* plej grava afero (***für*** por); ~**freude** *f* viv[o]ĝojo

lebensfroh *Adj lebenslustig* vivoĝoja; *i.w.S. (das Leben genießend)* vivoĝua, *(fröhlich)* gaja, *(optimistisch)* optimista

Lebensfülle *f* vitaleco

Lebensgefahr *f* danĝero de morto; ***in*** ~ ***sein*** (*od **schweben***) esti en danĝero de morto

lebensgefährlich **1.** *Adj* treege danĝera, vivoriska; *lebensbedrohlich* mortminaca; ***es ist*** ~ *jmds. Zustand* esti en tre[ege] kriza stato **2.** *Adv*: ~ ***verletzt*** treege danĝere lezita (*od auch* vundita)

Lebens|gefährte *m* vivkunulo; ~**gefährtin** *f* vivkunulino

Lebensgemeinschaft *f* vivokomuneco; *Biol* vivokomunumo, simbiozo; ***eheliche*** ~ geedzeca vivokomuneco (*vgl. dazu **Partnerschaft***)

Lebens|geschichte *f* vivhistorio, historio de [ies] vivo; *Biografie* biografio; ~**gewohnheiten** *f/Pl* [personaj] vivokutimoj *Pl*

Lebensgröße *f* natura grando; ***in*** ~ en (*bzw.* laŭ) natura grando (↑ *auch **überlebensgroß***)

Lebens|grundlage *f* vivobazo; ~**haltung** *f Einstellung dem Leben gegenüber* sinteno al la vivo (*vgl. dazu **Lebensart***)

Lebenshaltungs|index *m* vivkosta indico; ~**kosten** *Pl* vivtenaj kostoj *Pl od* kosto de vivteno

Lebens|jahr *n*, <*schweiz*> ***Altersjahr*** *n* viv[o]jaro, jaro de la vivo; ~**kampf** *m* batalo de l' vivo *(Zam)*; ~**kraft** *f* vivoforto (*vgl. dazu **Seele***); *Vitalität* vitaleco; *i.w.S. Tatkraft* energio, aktiveco

lebenskräftig *Adj* vivoforta; *voller Lebenskraft* plena de vivoforto, vitala

Lebenskrise *f* vivokrizo (↑ *auch **Midlife-Crisis***)

Lebenslage *f* situacio [dum la vivo]; ***in allen*** ~***n*** en kiu ajn situacio [de la vivo]

lebenslang **1.** *Adj* dumviva; *bis zum Tode [dauernd]* ĝismorta; ***eine*** ~***e Gefängnisstrafe verbüßen [müssen]*** [devi] sidi dumvive en prizono (*od* malliberejo) **2.** *Adv zeitlebens* dumvive, dum la tuta vivo

lebenslänglich **1.** *Adj* dumviva (*vgl. dazu **ewig***); ***er ist zu*** ~***em Gefängnis verurteilt worden*** oni kondamnis lin al dumviva malliberiĝo **2.** *Adj* dumvive, dum la tuta vivo

Lebenslauf *m Lauf des Lebens* kuro de l' vivo (↑ *auch **Lebenszyklus***); *[kurze] Biografie* [konciza] biografio, *(tabellenartig abgefasst)* vivoprotokolo *od* kariertabelo

(*vgl. dazu* ***Biografie***)

lebenslustig *Adj* vivoĝoja; *das Leben genießend* vivoĝua; *fröhlich* gaja

Lebensmitte *f* vivomezo, mezo de [ies] vivo

Lebensmittel *n/Pl* nutraĵoj *Pl* (↑ *auch* ***Biolebensmittel***); ***vegane*** (***gentechnisch veränderte***) ~ veganaj (genetike modifitaj) nutraĵoj; ***jmdn. mit ~n versehen*** *auch: jmdm. Essensvorräte mitgeben* provizi iun je nutraĵoj

Lebensmittel|abteilung *f z.B. in einem Warenhaus* sekcio de nutraĵoj *od* nutraĵosekcio; ~**chemie** *f* nutraĵokemio; ~**farbstoffe** *m/Pl* nutraĵokoloriloj *Pl*; ~**geschäft** *n* nutraĵovendejo; ~**gesetz** *n* leĝo pri nutraĵoj; ~**hilfe** *f z.B. für ein Katastrophengebiet* nutraĵ-helpo; ~**industrie** *f* nutraĵindustrio; ~**karte** *f* kuponfolio por nutraĵoj; ~**knappheit** *f* manko de (*od* je) nutraĵoj

Lebensmittelkonserven *f/Pl* konservaĵoj *Pl* de nutraĵoj *od* nutraĵaj konservaĵoj *Pl*; ~**fabrik** *f* fabriko de nutraĵaj konservaĵoj

Lebensmittel|konsum *m*, *auch* ***Lebensmittelverbrauch*** *m* konsumo de nutraĵoj *od* nutraĵkonsumo; ~**preise** *m/Pl* prezoj *Pl* de nutraĵoj; ~**skandal** *m* nutraĵoskandalo

Lebensmittelverbrauch *m* ↑ ***Lebensmittelkonsum***

Lebensmittel|vergiftung *f* nutraĵovenenîĝo; ~**versorgung** *f* provizado per nutraĵoj; ~**vorrat** *m* manĝaj provizoj *Pl*; *Proviant* provianto; ~**zusatzstoff** *m* nutraĵa aldonaĵo

lebensmüde *Adj* lacigita (*bzw.* tedita) de la vivo, *auch (bes. scherzh)* mortema

Lebensmut *m* kuraĝo konfronti la vivon *od* kuraĝo por (*od* al) la vivo

lebensnah *Adj dem wirklichen Leben sehr ähnlich* tre simila al la vera (*od* ĉiutaga) vivo; *realistisch* realisma

Lebensniveau [*...ni'vo:*] *n* viv[o]nivelo (*vgl. dazu* ***Lebensstandard***)

lebensnotwendig *Adj* viv[o]necesa, *auch* necesa por la [ĉiutaga] vivo, *Biol u. Chem (essenziell)* esenca; *vital* vitala

Lebens|partner *m* vivkunulo; ~**partnerin** *f* vivkunulino; ~**philosophie** *f* viv-filozofio, filozofio pri la [homa] vivo

Lebensplanung *f*: ***persönliche*** ~ persona planado de la vivo

Lebensqualität *f* vivokvalito *od* kvalito de la vivo; ***die ~ verbessern*** plibonigi la kvaliton de la vivo

Lebens|quell *m* vivofonto; ~**raum** *m Platz, den man zum Leben benötigt od i.w.S. Raum zur persönlichen Entfaltung* vivospaco; *Biol* biotopo; ~**recht** *n* vivorajto; ~**regel** *f* maksimo [pri la vivo]; ~**rente** *f* dumviva rento; ~**retter** *m* vivosavanto *bzw.* vivosavinto; ~**rettungsmedaille** *f* medalo por vivosavo; ~**rhythmus** *m* vivoritmo, ritmo de la vivo

Lebensstandard *m* viv[o]nivelo (*vgl. dazu* ***Lebensniveau***); ***westeuropäischer*** ~ okcidenteŭropa vivnivelo; ***den ~ erhöhen*** [pli]altigi la vivnivelon

Lebensstellung *f* posteno por la tuta vivo

Lebensstil *m* vivostilo (↑ *auch* ***Lebensart***); ***natürlicher*** (***westlicher***) ~ natura (okcidenta) vivostilo; ***die Änderung des ~s*** la ŝanĝo de la vivostilo;

Lebensüberdruss *m* vivotedo *od* tedo pri la vivo

lebensüberdrüssig *Adj* vivoteda

Lebensumstände *m/Pl od* **Lebensverhältnisse** *n/Pl* vivocirkonstancoj *Pl*

Lebensunterhalt *m* vivteno; *i.w.S. (das tägliche Brot)* vivopano; ***seinen ~ verdienen*** gajni sian vivtenon, *auch* sin vivteni (***durch*** per)

Lebensverhältnisse *n/Pl* ↑ ***Lebensumstände***

lebensverlängernd *Adj*: ***~e Maßnahmen*** *f/Pl bes. Med* vivo[pli]longigaj rimedoj *Pl*

Lebensversicherung *f* viv-asekuro, asekuro pri [la] vivo (*vgl. dazu* ***Versicherung***)

lebenswahr *Adj* vivovera

Lebens|wandel *m [sittliches] Verhalten* [morala] konduto; ~**weg** *m* vivovojo, *auch* vivoiro (↑ *auch* ***Laufbahn***)

Lebensweise *f* vivmaniero; ***natürliche*** ~ laŭnatura vivmaniero; ***verborgene*** ~ *z.B. eines Wildtiers* kaŝa vivmaniero

Lebensweisheit *f* vivosaĝo; ***praktische*** ~ *auch* filozofio

Lebens|welt *f* [ĝenerala] ĉirkaŭa medio; ~**werk** *n eines Autors od Künstlers* vivoverko

lebenswichtig *Adj* vivograva, grava por la vivo *auch Organ*; *lebensnotwendig* viv[o]necesa, necesa por la vivo; ***~e Interessen bedrohen*** minaci vivogravajn interesojn

Lebenswille *m* vivovolo

Lebenszeichen *n* vivosigno; ***keine ~ mehr zeigen*** *Med* ne plu montri signojn de vivo; ***er hat schon lange kein ~ von sich gegeben*** *übertr umg* jam delonge mi (*bzw.* ni) nenion aŭdis de (*bzw.* pri) li

Lebenszeit *f Lebensdauer* vivodaŭro; ***auf*** ~ dum la tuta vivo, dumvive; ***Mitglied n auf*** ~ dumviva membro (*Abk* DM)

Lebens|ziel *n* vivocelo *od* celo de l'vivo; ~**zyklus** *m Biol* vivociklo

Leber *f Anat* (Hepar) hepato (↑ *auch* ***Fett-Safran-*** *u.* ***Zystenleber***); *Kochk* hepataĵo (↑ *auch* ***Gänse-,Hühner-,Kalbs-*** *u.* ***Schweinsleber***); ~ ***und Grimmdarm betreffend*** *Anat bzw.* ***von*** ~ ***und Grimmdarm ausgehend***, *fachsprachl.* ***hepatocolicus*** *Med* hepatokojla; ~ ***und Magen betreffend*** *Anat bzw.* ***von*** ~ ***und Magen ausgehend***, *fachsprachl.* ***hepatogastricus*** *Med* hepatostomaka, *(Fachspr)* hepatogastra; ~ ***und Niere(n) betreffend*** *Anat bzw.* ***von*** ~ ***und Niere(n) ausgehend***, *fachsprachl.* ***hepatorenalis*** *Med* hepatorena; ***gebratene*** ~ *Kochk* rostita hepataĵo ◇ ***frei*** (*od* ***frisch***) ***von der*** ~ ***weg*** tute senĝene; *ohne zu zögern* tute senhezite

Leberabszess *m, auch* ***[intra]hepatischer Abszess*** *m Med* hepata absceso; ***pyogener*** ~ piogena hepata absceso

Leber|angiom *n, auch* ***Leberhämangiom*** *n* (Haemangioma hepaticum) *Med (gutartige Blutgeschwulst der Kapillargefäße in der Leber)* hepata angiomo; ~**arterie** *f* (Arteria hepatica) *Anat* hepata arterio; ~**atrophie** *f Med* hepata atrofio

Leberbalsam *m* (*Gattung* Ageratum) *Bot* (*eine Gattung der Korbblütler des tropischen Amerika)* agerato (*vgl. dazu* ***Blausternchen***); ***gewöhnlicher*** ~ (Ageratum houstonanium) meksika agerato *[ursprünglich in Mexiko u. Guatemala, in Europa als Zierpflanze eingeführt]*

Leberbiopsie *f Chir* ↑ ***Leberpunktion***

Leberblümchen *n* (Anemone hepatica = Hepatica nobilis) *Bot (eine der Anemone verwandte Waldblume)* hepatiko

Leberdystrophie *f Med* ↑ *unter* ***Lebernekrose***

Leberechinokokkose *f nur Fachspr Med* hepata ekinokokozo

Leberegel *m Zool* (*Gattung* Fasciola) fasciolo, (*Art:* Fasciola hepatica ***großer Leberegel***) *ein schmarotzender Saugwurm <ein Eingeweideparasit, der bes. Rinder u. Schafe>* hepata fasciolo *[kosmopolitisches Vorkommen]* (↑ *auch* ***Riesenleberegel***; ~-**krankheit** *od* ~**seuche** *f, <wiss>* ***Fasziolose*** *od* ***Faszioliasis*** *f, alt* ***Distomatose*** *f Med, Vet* [hepata] fasciolozo *<Erreger: Fasciola hepatica>*

Leberentzündung *f Med* ↑ ***Hepatitis***

Leber|erkrankung *f* hepata malsano, *auch* hepatmalsano; ~**extrakt** *m Pharm* ekstrakto el hepato; ~**fibrose** *f Med* hepata fibrozo; ~**fleck** *m* (Naevus spilus) denaska [haŭt]-makulo (*vgl. dazu* ***Muttermal***)

Leberfunktion *f Physiol* hepata funkcio; ***die*** ~ ***verbessern*** plibonigi la hepatan funkcion

Lebergewebe *n Anat* hepata histo

Leberhämangiom *n Med* ↑ ***Leberangiom***

Leberinfarkt *m Med (Infarktbildung im Lebergewebe)* hepata infarkto; ***anämischer*** (***hämorrhagischer***) ~ anemia (hemoragia) hepata infarkto

Leber|insuffizienz *f Med (Erlöschen mehrerer od aller Leberfunktionen bis zum hepatischen Koma)* hepata insuficienco; ~**karzinom** *n, Fachspr* ***hepatisches Karzinom*** *n Med* hepata karcinomo; ~**klößchen** *n/Pl Kochk* hepataj buletoj *Pl*; ~**koma** *n, auch* ***hepatisches Koma*** *n* (Coma hepaticum) *Med* hepata komato

leberkrank *Adj* hepatmalsana

Leber|kranke *m* hepatmalsanulo; ~**krankheit** *f* hepatmalsano; ~**krebs** *m Med* hepata kancero *od* kancero de la hepato; ~**lappen** *m* (Lobus hepatis) *Anat* lobo de hepato; ~-**leiden** *n, <wiss>* ***Hepatopathie*** *f Med* hepatopatio; ~**metastasen** *f/Pl Med* hepataj metastazoj *Pl*

Lebermischtumor *m Med* ↑ ***Hepatoblastom***

Lebermoos *n* (*Gattung* Hepaticus) *Bot* hepatmusko; (*Gattung* Jungermannia) jungermanio

Lebernekrose *f Med*: ***akute*** ~, *auch* ***akute Leberdystrophie*** *f* akuta hepata nekrozo

Leber|parenchym *n Anat* hepata parenkimo; ~**pastete** *f Nahr* hepata pasteĉo (*vgl. dazu* ***Gänseleberpastete***); ~**pforte** *f* (Porta hepatis) *Anat* hepata pordo; ~**pilz** *m, auch* ***Ochsenzunge*** *f* (Fistulina hepatica) *Mykologie* hepatfungo; ~**punktion** *f, auch* ***Leberbiopsie*** *f Chir* hepata punkcio (*od* biopsio); ~**schwellung** *f Med* ŝvelo de [la] hepato; ~**senkung** *f, auch* ***Wanderleber*** *f, <wiss>* ***Hepatoptose*** *f* (Hepar mobile) *Med* hepatoptozo

Leberstärke *f Biol, Chem* ↑ ***Glykogen***

Lebertran *m* moruhepata oleo, *auch* fiŝoleo; ~**emulsion** *f* moruhepata emulsio

Leber|transplantation *f Chir* transplantado de hepato; ~**tumor** *m Med* hepata tumoro

(↑ *auch* ***Hepatom***)

Lebervergrößerung *f Med* ↑ ***Hepatomegalie***

Leberwurst *f* hepata kolbaso ◇ ***sie spielt die beleidigte*** (*od* ***gekränkte***) ~ ŝi kondutas kiel ofendita primadono

Leber|zellen *f/Pl Anat* hepataj ĉeloj *Pl*; ~**zellkarzinom** *n Med* hepatoĉela karcinomo; ~**zirrhose** *f Med* hepata cirozo

Lebewesen *n* [vivanta] estaĵo, *auch* vivestaĵo; ***kleinste*** ~ *Pl* mikroorganismoj *Pl*

Lebewohl *n* adiaŭo (*vgl. dazu* ***Abschied***); ***[zu] jmdm.*** ~ ***sagen*** diri adiaŭ al iu, adiaŭi iun

lebhaft 1. *Adj* vigla *auch Verkehr*, viva *auch Börse, Markt*; *voller Leben* vivoplena; *agil* agema (↑ *auch* ***rege*** *u.* ***munter***); *aktiv* aktiva; *Interesse* forta; ~***er Beifall*** *m* forta aplaŭdo; ***er ist ein sehr*** ~***er Mensch*** li estas tre vigla homo **2.** *Adv* vigle, vive; vivoplene; ageme; aktive; forte; *Mus* alegre (↑ *auch* ***schnell***); ***ich kann mir das*** ~ ***vorstellen*** mi povas tion tre bone imagi

Lebhaftigkeit *f* vigleco, viveco; *Agilität* agemo; *Aktivität* aktiveco; *i.w.S. Eifer* fervoro

Lebkuchen *m würzig* spicokuko; *süß (Honigkuchen)* mielkuko

leblos *Adj* senviva (↑ *auch* ***tot*** *u.* ***unbelebt***); *Gestein, Sprache* malviva; *tot* mort[int]a; *i.w.S. totenstill, z.B. Straße am Abend* morte silenta

Leblosigkeit *f* senviveco

Lebtag *m*: ***[all] mein*** ~ *pop für «in meinem ganzen Leben»* dum (*od* en) mia tuta vivo; ***das habe ich mein*** ~ ***noch nicht erlebt*** (*bzw.* ***gesehen***) tion mi neniam travivis (*bzw.* vidis) en mia tuta vivo

Lebzeiten *Pl*: ***zu seinen*** ~ dum lia (*bzw.* sia) vivo

lechisch *Adj* leĥa; ~ ***Sprachen*** *f/Pl eine Untergruppe der westslawischen Sprachen* leĥaj lingvoj *Pl*

lechzen *intr*: ***nach etw.*** ~ avidi ion, sopir[eg]i ion (*od auch* al io)

Lecidea *f Bot (eine Gattung der Krustenflechten)* lecideo

Lecithin *n Biochemie* ↑ ***Lezithin***

leck *Adj*: ~ ***sein*** enlasi (*od* tralasi) akvon, liki *auch Mar*; *auslaufen* ellasi akvon (*bzw. El* kurenton), liki *auch El*; ~ ***werden*** iĝi likanta ◇ ***wenn das Schiff*** ~ ***ist, sind ihm alle Winde zuwider*** ŝipon rompitan ĉiuj ventoj atakas *(Zam)*

Leck *n* liko *auch Mar, Reaktor- u. Vakuumtechnik, auch von Behältern u. Tanks*

Lecke *f Salz*[♀] *für Vieh od Wild* sal-lekejo

[1]**lecken** *tr* leki (↑ *auch* ***ab-***, ***auf-***, ***belecken*** *u.* ***lutschen***); ***die Katze leckte ihre Jungen*** la katino lekis siajn idojn; ***die Vulva*** (*od* ***den Kitzler***) ***der Partnerin*** ~ *sex* frandzi, *auch* piĉleki (↑ *auch* ***Cunnilingus***) ◇ ***jmdn. am Arsch*** ~ *vulg* leki ies postaĵon (*od* pugo-[truo]n)

[2]**lecken** *intr ein Leck haben, undicht sein, Wasser durchlassen* liki (↑ *auch* ***auslaufen***)

Lecken *n* lekado; *Aus- od Durchlaufen* likado

lecker *Adj Speisen* [tre] bongusta, delikata (↑ *auch* ***köstlich*** *u.* ***wohlschmeckend***); *Appetit machend* apetitiga, apetitveka

Lecker|bissen *m*, *auch* ***Leckerei*** *f*, <*österr*> *u. reg* ***Schmankerl*** *n* bongustaĵo, *bei Naschwerk meist* frandaĵo; *etw. Delikates* delikataĵo (↑ *auch* ***Delikatesse*** *u.* ***Süßigkeit***); ~**maul** *n (Mann)* frandemulo, *(Frau)* frandemulino (↑ *auch* ***Naschkatze***)

leckschlagen *intr leck werden [vom Schiff]* iĝi likanta

Lectine *n/Pl Biochemie* ↑ ***Lektine***

led. = *Abk für* ***ledig***

LED ↑ *unter* ***Leuchtdiode***

Leda (*f*) *griech. Myth (Gemahlin des Tyndareos, Geliebte des Zeus)* Leda <*sagenhafte Königin von Sparta*>

LED-Anzeige *f* lumdioda indiko

Leder *n* ledo (↑ *auch* ***Chrom-***, ***Fenster-***, ***Glacé-***, ***Glanz-***, ***Juchten-***, ***Kalbs-***, ***Krokodil-***, ***Kunst-***, ***Lack-***, ***Ober-***, ***Rinds-***, ***Saffian-***, ***Sämisch-***, ***Schlangen-***, ***Schweins-***, ***Sohlen-***, ***Velours-*** *u.* ***Wildleder***); ***gekörntes*** (*od* ***genarbtes***) ~ kornoledo (↑ *auch* ***Chagrinleder***); ***in*** ~ ***gebunden*** *Buch* lede bindita; ~ ***auf Saffianart zubereiten*** marokeni ledon ◇ ***jmdm. das*** ~ ***gerben*** *jmdn. verprügeln* [forte] batadi iun, *(Zam)* tani al iu la haŭton

Leder|absatz *m am Schuh* leda kalkanumo; ~**einband** *m Buchw* leda bindaĵo

Lederer *m* ↑ ***Gerber***

Lederfabrik *f* ledofabriko

lederfarben *Adj* ledokolora

Leder|fett *n* grasaĵo por la botoj; ~**gamasche** *f* leda gamaŝo; ~**gürtel** *m* leda zono; ~**handel** *m* ledokomerco; ~**handschuhe** *m/Pl* ledaj gantoj *Pl*

Lederhaut *f* (Dermis) *Anat (Hautschicht unter der Oberhaut)* dermo; ~ ***des Auges***

(Sklera) *das Weiße im Auge* sklero; ***Entzündung f der ~ des Auges***, *Fachspr* ***Skleritis*** *f Ophthalmologie* inflamo de la sklero, sklerito

Lederhaut-Hornhaut-Entzündung *f Ophthalmologie* ↑ ***Sklerokeratitis***

Leder|hose *f (kurze)* leda kuloto; *(lange)* leda pantalono; ~**imitation** *f* ledoimitaĵo, *i.w.S, (Kunstleder)* artefarita ledo; ~**industrie** *f* ledoindustrio; ~**jacke** *f* ledojako; ~**koffer** *m* leda valizo; ~**mantel** *m* leda mantelo

ledern *Adj* ***a)*** leda; *aus Leder [hergestellt]* [farita] el ledo ***b)*** *langweilig* enuiga, teda

Leder|polster *n* leda remburajo; ~**riemen** *m* leda rimeno; ~**schildkröte** *f* (Dermochelys coriacea) *Zool* ledodorsa testudo *[Vorkommen: im Mittelmeer u. in allen warmen Ozeanen]*; ~**schuh** *m Halbschuh* leda ŝuo *od* ledoŝuo; *hoher* leda boteto; ~**schurz** *m od* ~**schürze** *f* leda antaŭtuko; ~**sessel** *m* leda fotelo; ~**sohle** *f* leda plandumo; ~**stiefel** *m* leda boto; ~**tasche** *f* ledosako; ~**waren** *Pl* ledoartikloj *Pl*, *auch* ledaĵoj *Pl*

ledig (*Abk* ***led.***) *Adj Mann* needziĝinta, fraŭla; *Frau* needziniĝinta, fraŭlina (↑ *auch* ***alleinstehend***); *frei* libera; ***aller Sorgen ~ sein*** esti libera de ĉiuj zorgoj

Ledige ***a)*** *m* needziĝinta persono (↑ *auch* ***Junggeselle***) ***b)*** *f* needziĝinta persono

lediglich *Adv* nur, sole, simple

Ledigsein *n (Mann)* fraŭleco, *(Frau)* fraŭlineco

Lee *f od n Mar (die dem Wind abgekehrte Seite)* leo (*vgl. dazu* ***Luv***); *~* ***machen*** mallofi

Leeds [*li:dz*] (*n*) *eine Stadt in NO-England* Lidzo

leer 1. *Adj [Ggs: voll]* malplena; *ohne Inhalt* senenhava *od nachgest* sen enhavo; *ohne Möbel (Wohnung)* senmebla; *hohl* kava; *frei, unbesetzt, vakant* neokupita, vak[ant]a; *übertr: eitel, nichtig* vanta; *~* ***ausgehen*** ricevi nenion; ***ein ~es Blatt Papier*** blanka paperfolio; ***~e Seite*** *f unbeschriebene od nicht bedruckte Seite* blanka paĝo; ***die ~en Wände*** *f/Pl* la nudaj muroj *Pl*; *~* ***laufen*** *[allmählich] auslaufen* [iom post iom] elflui; *Fahrrad (im Freilauf sein) u. Tech* idli; *~* ***machen*** *leeren, z.B. ein Behältnis, einen Briefkasten, eine Flasche* malplenigi; *räumen, z.B. eine Wohnung zu einem best. Termin* vakigi; ***eine Flasche Schnaps ~ machen*** (*od* ***trinken***) *umg* fintrinki (*od auch* fini) botelon da brando; *~* ***stehend*** *Wohnung* neloĝata, neokupita; ***das sind ~e Drohungen*** (***Versprechen***) tio estas nuraj minacoj (promesoj); ***mit ~en Händen vor jmdm. erscheinen*** aperi antaŭ iu kun malplenaj manoj; ***die Wohnung steht*** *~* la loĝejo estas neokupita (*vgl. dazu* ***unbewohnt***) **2.** *Adv* malplene; senenhave; neokupite; *ohne Ladung, z.B. ein LKW* sen ŝarĝaĵo *od (bes. Mar)* sen kargo *nachgest*

Leerdarm *m*, *Fachspr* ***Jejunum*** *n Anat (an den Zwölffingerdarm anschließender Teil des Dünndarms)* jejuno; ***Entzündung f des ~s***, *Fachspr* ***Jejunitis*** *f Med* inflamo de la jejuno, jejunito

Leere *f das Leersein* malplen[ec]o; *leerer Raum* malplena spaco; *luftleerer Raum* vakuo *auch i.w.S.* (*vgl. dazu* ***Vakuum***); *Eitelkeit, Nichtigkeit* vanteco

leeren *tr* malplenigi *auch ein Glas* (*vgl. dazu* ***leer machen***); ***sich*** *~* malpleniĝi

Leeren *n Aus- od Entleeren* malplenig[ad]o

Leer|gewicht *n Eigengewicht* propra pezo; *Hdl (Verpackungsgewicht)* taro; ~**gut** *n* malplenaj pakumoj *Pl*; ~**lauf** *m* ***a)*** *Fahrrad u. Tech* ↑ ***Freilauf*** ***b)*** *übertr für «nutzlos verbrachte Arbeitszeit»* senefika labortempo; ~**lok** *f*, *auch* ***Lokzug*** *m Fachspr Eisenb* solveturanta lokomotivo; ~**stand** *m von Büros* neokupiteco *von Wohnungen* neloĝateco

leerstehen ↑ *unter* ***leer***

Leertaste *f Taste für den Zwischenraum (zw. den Wörtern)* spacoklavo *od* interspaca klavo

leertrinken ↑ *unter* ***leer 1.***

Leerung *f* malplenig[ad]o; *~* ***von Briefkästen*** *Post* malplenigo de [la] poŝtkestoj; ***die ~ der Mülltonnen erfolgt wöchentlich*** la malplenigo de la rubujoj okazas unufoje en la semajno

Leerzug *m Eisenb* ↑ ***Lokzug***

Lefkas (*n*) ↑ ***Leukas***

legal 1. *Adj* [laŭ]leĝa; ***auf ~em Wege*** per vojo laŭleĝa *(Zam)* **2.** *Adv* [laŭ]leĝe

Legalisation *od* **Legalisierung** *f gesetzmäßige Bestätigung* legalizo (*vgl. dazu* ***Ratifikation***)

legalisieren *tr legal machen* legalizi, leĝe validigi

Legalisierung *f* ↑ ***Legalisation***

Legalität *f Gesetzlichkeit* leĝeco (*vgl. dazu*

Gesetz u. ***Rechtmäßigkeit)***
Legalitätsprinzip *n Jur* principo de leĝeco
Legasthenie *f, auch* ***Dyslexie*** *f Med, Psych (verminderte Lese- u. Rechtschreibfähigkeit)* legastenio, *auch* dislekcio
legasthenisch *Adj* legastenia, *auch* dislekcia
[1]**Legat** *n Jur (Vermächtnis, Zuwendung durch Testament)* legaco
[2]**Legat** *m* ***a)*** *Antike (altröm. Gesandter)* legato ***b) apostolischer*** *~, lat.* ***Legatus natus*** *päpstlicher Gesandter für besondere Anlässe* apostola legato (*vgl. dazu* ***Nuntius***)
Legation *f Dipl ([päpstliche] Gesandtschaft)* legacio (*vgl. dazu* ***Gesandtschaft***)
Legations|rat *m diplomatischer Vertreter eines Staates, der im Rang unter dem Gesandten steht* legacia konsilisto; ~**recht** *n Dipl* legacia rajto
Leg[e]henne *f* ovometa kokino
legen *tr* meti (***auf*** sur *mit Akk;* ***in*** en *mit Akk*); *an einen [bestimmten] Ort od Platz legen* loki; *hinlegen im Sinne von «betten», z.B. einen Kranken* kuŝigi; *installieren* instali; *pflanzen (Kartoffeln)* planti; *Rohre* instali; ***Eier*** ~ *Huhn, Schildkröte, Vogel* demeti ovojn; ***in Ketten*** ~ enkatenigi, *selt* enĉenigi; ***ein Kind ins Bett*** ~ kuŝigi (*od auch* meti) infanon en [la] liton; ***Minen*** ~ *Mil* meti minojn; ***auf etw. Nachdruck*** ~ emfazi ion, akcenti ion; ***etw. obenauf*** (*od umg* ***oben drauf***) ~ meti ion tute supren; ***ein Rohr*** ~ instali tubon; ***sich*** ~ *sich hinlegen* kuŝiĝi; *sich beruhigen, geringer werden, abebben z.B. Wind* kvietiĝi; *aufhören (Ärger, Regen, Wind)* ĉesi; ***sich auf etw.*** ~ *sich einer Sache widmen* sin dediĉi al io; ***sich schlafen*** ~ kuŝiĝi por dormi; ***sich zu Bett*** ~ kuŝiĝi en lito, enlitiĝi ◇ ***jmdm. etw. ans Herz*** ~ insiste rekomendi ion al iu; ***die Hände in den Schoß*** ~ maldiligente sidi kaj atendadi [kio okazos], *i.e.S. auch* ĉesi agadon (*bzw.* laboradon); ***ich möchte mich am liebsten aufs Ohr*** ~ *ich möchte am liebsten schlafen* plej volonte mi nun volus [iom] dormi; ***er hat sich tüchtig ins Zeug gelegt*** li treege favore ekagis (*od* eklaboris)
legendär *Adj* legenda (↑ *auch* ***sagenhaft***); ***ein ~er Held*** legenda heroo
Legendar[ium] *n, auch* ***Legendenbuch*** *n Sammlung von Heiligenlegenden* legendaro
Legende *f* ***a)*** *Lit (sagenhafte Erzählung)* legendo (*vgl. dazu* ***Sage***); ***Legenda aurea*** *f eine mittelalterl. Sammlung von Lebensbeschreibungen der Kalenderheiligen* la Ora Legendo ***b)*** *Erklärung auf Landkarten u. Plänen* klarigo de signoj
Legendenbuch *n* ↑ ***Legendarium***
Legenest *n der Hühner* [kokina] nesto por demeti ovojn
leger *Adj Kleidung, Mode u.a.* leĝera (*vgl. dazu* ***lässig, leicht*** *u.* ***ungezwungen***)
Legestachel *m nur Fachspr Ent* ↑ ***Ovipositor***
Leggings *Pl Textil* streĉpantalono
Leghenne *f* ↑ ***Legehenne***
legieren *tr* ***a)*** *mit Mehl od mit Ei binden, z.B. Soßen od Suppen* [iom] mallikvigi per aldono de faruno aŭ ovoflavo ***b)*** *schmelzen u. [ver]mischen (Metalle)* aloji
Legierung *f Metall*[≗] [metal]alojo
Legion *f Antike (ein altröm. Truppenverband [gegliedert in 10 Kohorten]) u. Mil* legio (*vgl. dazu* ***Ehren-*** *u.* ***Fremdenlegion***); *übertr geh für «große Menge»* multego [da], *auch* legio [da]
Legionär *m* legiano, membro de legio (*vgl. dazu* ***Söldner***)
Legionärskrankheit *f, Fachspr auch* ***Legionellose*** *f Med* legionelozo
Legionellen *f/Pl* (Legionella) *Bakt (eine Gattung gramnegativer, aerober, im Wasser vorkommender Bakterien)* legioneloj *Pl* *<Erreger der Legionärskrankheit>*
legislativ *Adj gesetzgebend* leĝdona
Legislative *f gesetzgebende Gewalt* leĝdona potenco (*od* povo)
Legislatur *f* = ***Gesetzgebung***
Legislaturperiode *f Parl (der Zeitraum, für den ein [gesetzgebendes] Parlament gewählt ist)* parlamenta periodo
legitim *Adj* legitima *auch Kind*, laŭleĝa (*vgl. dazu* ***ehelich*** *u.* ***gesetzmäßig***)
Legitimation *f* legitimado (*vgl. dazu* ***Beglaubigung*** *u.* ***Nachweis***); *Legitimationspapier* legitimaĵo *od* legitimilo (↑ *auch* ***Presseausweis***)
legitimieren *tr mit Legitimation (od [amtlichem] Ausweis) versehen* legitimi; ***sich*** ~ *sich ausweisen* sin legitimi, pruvi sian identecon (***als*** kiel; ***mit*** per)
Legitimismus *m Lehre von der Unabsetzbarkeit des angestammten Herrscherhauses* legitimismo
Legitimisten *m/Pl Vertreter des monarchischen Legalitätsprinzips [Anfang des 19. Jh.s in Frankreich]* legitimistoj *Pl*

Legitimität *f* ***a)*** *Rechtfertigung eines Anspruchs od Besitzes auf Grund höherer Werte u. Ordnungsvorstellungen* legitimeco ***b)*** *manchmal auch für «Legalität» gebraucht:* [laŭ]leĝeco

Legnica (*n*), *dt.* ***Liegnitz*** (*n*) *Hptst. der gleichnamigen polnischen Wojewodschaft* Legnico

Legoland *n, auch* ***Legolandpark*** *m Freizeitpark, der sich thematisch an Lego-Spielzeug orientiert* Legoland-parko

Legua *f Metr (Wegemaß [zw. 4,2 und 6,7 km] in Spanien, Portugal u. mehreren süd- u. mittelamerikanischen Ländern)* leŭgo

Leguan *m* (*Gattung* Iguana *u.a.*) *Zool* igvano (*vgl. dazu* ***Basilisk b)***, ***Meerechse*** *u.* ***Waran***; ↑ *auch* ***Baum-***, ***Helm-***, ***Land-***, ***Madagaskar-*** *u.* ***Wüstenleguan***); ***blauer*** ~ (*auch* ***Grand-Cayman-Leguan*** *genannt*) (Cyclura lewisi) blua igvano *eine bedrohte Art [Vorkommen: endemisch auf der Insel Grand Cayman/Karibik]*; ***grüner*** ~ (Iguana iguana) verda igvano *[Vorkommen: Guadeloupe, neuerdings auch auf Antigua[*; ***[Familie der]*** ~***e*** *Pl* (Iguanidae) igvanedoj *Pl*

Legumin *n Biochemie (Eiweißstoff in Leguminosen)* legumino

Leguminosen *f/Pl* (Leguminosae), *auch* ***Hülsenfrüchtler*** *m /Pl Bot (Pflanzen, deren Früchte Hülsen sind [z.B. Bohnen])* leguminozoj *Pl, auch* fabacoj *Pl*

Lehár (*m*) *Eig (ungarischer Operettenkomponist [1870-1948])* Leharo

Le Havre (*n*) *eine Hafenstadt in NW-Frankreich* Havro

Lehen *n Gesch* feŭdo (*vgl. dazu* ***Allod***; ↑ *auch* ***Freilehen***)

Leh[e]nseid *m, auch* ***Vasalleneid*** *m hist* omaĝoĵuro, *seltener auch kurz* omaĝo; ***den*** ~ ***schwören*** ĵuri omaĝon

lehensfrei *Adj*: ~***es Eigentum*** *n* alodo

Lehm *m* argilo (↑ *auch* ***Geschiebelehm*** *u.* ***²Ton***)

lehmartig *Adj* argileca

Lehm|boden *m* argila grundo; *lehmige Erde* argila tero; ~**grube** *f* argilminejo

lehmhaltig, *<österr>* ***lehmhältig*** *Adj* argil[o]hava

Lehm|haus *n* domo farita el argilo; ~**hütte** *f* argila kabano, *auch (Zam)* argildometo

lehmig *Adj* argila (*vgl. dazu* ***irden*** *u.* ***tönern***); ~***e Erde*** *f* argila tero

Lehmziegel *m Bauw* argila tegolo

lehnbar *Adj*: ~ ***machen*** feŭdigi (*vgl. dazu* ***vasallisch***)

Lehnbarkeit *f Feudalität* feŭdeco

Lehne *f* ***a)*** apogilo; *Stuhl* seĝapogilo *od* apogilo de seĝo (↑ *auch* ***Arm-***, ***Rücken-*** *u.* ***Sessellehne***) ***b)*** *<österr>*, *<schweiz> u. reg für «Abhang»* deklivo

lehnen ***a)*** *tr* apogi (***an etw.*** al io; ***gegen etw.*** kontraŭ io); ***seinen Kopf an jmds. Schulter*** ~ apogi sian kapon al ies ŝultro; ***die Leiter an die Wand*** ~ apogi la eskalon kontraŭ (*od auch* al) la muro ***b)*** *intr od* ***sich*** ~ apogiĝi, sin apogi (***an*** al; ***auf etw.*** sur ion; ***gegen*** kontraŭ)

Lehnseid *m* ↑ ***Lehenseid***

Lehnsessel *m*, *<österr>* ***Fauteuil*** *[fo'tœj] m* fotelo [kun dors- kaj brakapogiloj]

Lehns|herr *m Gesch* feŭdestro, feŭda sinjoro; ~**mann** *m* feŭdulo, vasalo; ~**recht** *n ein Nutzungsrecht* feŭdrajto

Lehnstuhl *m* apogseĝo

Lehnsverhältnis *n hist: Vasallenstand* vasaleco

Lehnswesen *n Gesch* feŭda reĝimo, feŭdismo

Lehnwort *n Ling* prunt[o]vorto (↑ *auch* ***Calque***); ***ein*** ~ ***aus dem Arabischen*** pruntvorto el la araba [lingvo]

lehnzinsfrei *Adj* aloda

Lehr|amt *n* instru-ofico, laboro kiel instruisto; ~**anstalt** *f* kleriga instituto, edukejo; *allg oft (Schule)* lernejo; ~**beauftragte** *m Univ* instru-komisiito; ~**befähigung** *f* instrukapablo; ~**betrieb** *m täglicher Unterricht* ĉiutaga instruado

Lehrbuch *n* lernolibro; ~ ***der Pädiatrie*** lernolibro pri pediatrio; ~ ***für Anfänger*** (*od* ***die Unterstufe***) elementa lernolibro

¹Lehre *f* ***a)*** *Unterricht* instru[ad]o ***b)*** *Phil* doktrino (↑ *auch* ***Irrlehre***); *Rel* dogmo; ***die*** ~***n*** *Pl* ***des Islam*** la dogmoj *Pl* de islamo; ***die*** ~ ***Kants*** *Phil* la doktrino de Kant[i]o *od* la kanti[an]ismo; ***die*** ~ ***der Kirche*** la dogm[ar]o de la eklezio ***c)*** *Ggs: Praxis* teorio ***d)*** *Lehrzeit* metia instruado, [metia] lerntempo; ***bei einem Tischler in der*** ~ ***sein*** lernoservi ĉe lignaĵisto ***e)*** *Erfahrung, aus der man lernen kann*: ~***n aus der Geschichte ziehen*** tiri instruon el la historio, *auch* lerni el la historio ◇ ***das soll dir eine*** ~ ***sein!*** prenu ĉi tion kiel instruon!

²Lehre *f Tech (Messwerkzeug)* kalibrilo

lehren *tr Unterricht erteilen* instrui; *Univ*

auch (dozieren) docenti, *(als Lektor)* lektori, *(als Professor)* profesori (***an*** ĉe *od* en); ***jmdm.*** (*od* ***jmdn.***) ***etw.*** ~ instrui ion al iu; *jmdm. etw. beibringen bzw. zeigen* lernigi (*bzw.* montri) ion al iu; ***wer hat dich das gelehrt?*** kiu tion lernigis al vi?; ***das wird die Zukunft*** ~ la estonto tion montros

Lehrer *m* instruisto (*vgl. dazu* ***Guru***; ↑ *auch* ***Fahr-***, ***Gymnasial-***, ***Oberschullehrer***, ***Lektor*** *u.* ***Professor***); ~ ***a. D.*** eksinstruisto; ***er ist*** ~ ***für Physik*** li estas instruisto de fiziko

Lehrer|beruf *m* profesio instruista; ~**bildungsinstitut** *n* instituto por klerigo de instruistoj; ~**diplom** *n* instruista diplomo

Lehrerfahrung *f Päd*: ~ ***haben*** havi sperton en instruado

Lehrergehalt *n* instruista salajro

Lehrerin *f* instruistino

Lehrer|kollegium *n* instruista kolegio; ~**mangel** *m* manko de instruistoj; ~**prüfung** *f* ekzameno por instruistoj

Lehrerschaft *f* instruistaro

Lehrer|seminar *n* instruista seminario; ~**zimmer** *n* instruista ĉambro

Lehrfach *n* instrufako, instruata fako

Lehrfilm *m Päd* ↑ ***Unterrichtsfilm***

Lehrgang *m Päd* kurso (*vgl. dazu* ***[2]Kurs***; ↑ *auch* ***Ausbildungslehrgang***)

Lehrgangs|leiter *m* kursestro; ~**teilnehmer** *m* partoprenanto en kurso, kursano

Lehrgeld *n* instrupago ◇ ~ ***zahlen*** spertiĝi per malsukceso

Lehrgerüst *n Bauw (Baugerüst für Gewölbe u. Torbögen)* cintro; ***ein*** ~ ***aufstellen*** starigi cintron

lehrhaft *Adj* didaktika

Lehrjahr *n* lernjaro; ~***e*** *Pl Zeit als Lehrling* jaroj *Pl* de lernoservado, jaroj *Pl* kiel metilernanto

Lehrjunge *m reg veraltet* = ***Lehrling***

Lehrkanzel *f Univ* ↑ ***Katheder*** *u.* ***Lehrstuhl***

Lehrkörper *m* instruistaro; *Univ auch* docentaro *bzw.* profesoraro (*vgl. dazu* ***Lehrerkollegium***)

Lehrkraft *f Schule, Univ* instruisto; ***es herrscht Mangel an Lehrkräften*** estas manko de instruistoj

Lehrling *m Handwerks*≗ metia lernanto *od* metilernanto (*vgl. dazu* ***Trainee***); *Lehrjunge* lernoknabo

Lehrlingsausbildung *f* edukado de metilernantoj

Lehr|mädchen *n*, *<schweiz>* ***Lehrtochter*** *f veraltet für «weiblicher Lehrling»* metia lernantino; ~**material** *n* instrumaterialo; ~**meinung** *f* doktrino; ~**meister** *m* majstro [kiu edukas metilernantojn]; *Lehrender, Lehrer* instruanto, instruisto; ~**methode** *f Päd* instrumetodo; ~**methodik** *f* instrumetodiko; ~**mittel** *n/Pl Päd* instruiloj *Pl* (*vgl. dazu* ***Lehrmaterial*** *u.* ***Lernmittel***); ~**plan** *m Päd* instruplano; ~**programm** *n* instruprogramo

lehrreich instru[iv]a

Lehrsatz *m* teoremo (*vgl. dazu* ***Dogma***; ↑ *auch* ***Metatheorem***); *These* tezo; ***der pythagoreische*** ~ la teoremo de Pitagoro

Lehrstelle *f* loko pri edukado de metilernanto

Lehrstoff *m* instrumaterio (*vgl. dazu* ***Lehrmaterial***); ***Wiederholung*** *f* ***von [bereits behandeltem]*** ~ *mithilfe eines Repetitors (bes. Univ)* repetitorado

Lehrstuhl *m*, *<österr>* ***Lehrkanzel*** *f Univ* katedro (***für*** de); ~ ***für Sinologie*** katedro de sinologio

Lehr|stunde *f* instruhoro, lernohoro; ~**system** *n Päd* instrusistemo; ~**tätigkeit** *f das Lehren* instru[ad]o; ~**veranstaltung** *f Univ* lekcio (***zu(r)*** pri); ~**verbot** *n* malpermeso instrui (*bzw.* docenti *od* lektori); ~**vertrag** *m* kontrakto pri [edukado de] metilernanto, *auch kurz* lernkontrakto; ~**weise** *f* instrumaniero; ~**zeit** *f* [metia] lern[o]tempo (↑ *auch* ***[1]Lehre d)***); ~**ziel** *n* instrucelo

Lei *m/Pl* ↑ *unter* ***Leu***

Leib *m Körper* korpo (↑ *auch* ***Rumpf***); *Unter*≗ abdomeno; *Bauch* ventro; *Taille* talio; ~ ***und Seele*** korpo kaj animo; ***er ist Arzt mit*** ~ ***und Seele*** li estas kuracisto per korpo kaj animo *(Zam)*; ***aufgetriebener*** ~ ŝvelinta abdomeno; ***bei lebendigem*** ~***e*** vivanta; ***am ganzen*** ~ ***zittern*** [ek]tremi per la tuta korpo ◇ ***sich etw.*** (***jmdn.***) ***vom*** ~***[e] halten*** ne lasi ion (iun) proksimiĝi [al si]; ***bleib mir vom*** ~***[e]!*** restu for de mi!; *lass mich [in Ruhe]!* lasu min [trankvila]!; ***halt mir den Hund vom*** ~***!*** fortenu de mi la hundon!; ***einer Sache zu*** ~***e gehen*** komenci [por solvi] aferon; ***kein Herz im*** ~***[e] haben*** *gefühllos sein* esti senkora (*od* senkorulo *bzw.* senkorulino); ***nichts im*** ~***[e] haben*** *einen leeren Magen haben* havi [tute] malplenan stomakon; ***sie besaßen nur das, was sie auf dem*** ~ ***hatten*** krom la vestoj sur la korpo ili posedis nenion *(Zam)*

Leib|**arzt** *m* persona (*od auch* propra) kuracisto; ~**binde** *f*, *umg auch* ***Bauchbinde*** *f* ĉirkaŭventra (*od* abdomena) bandaĝo, [tola] zono ĉirkaŭ la ventro

Leibchen *n* ↑ ***Mieder b)***

leibeigen *Adj* servuta

Leib|**eigene** *m* servutulo; *i.w.S. Sklave* sklavo; ~**eigenschaft** *f* servuteco (↑ *auch* ***Frondienst***); *i.w.S. auch* sklaveco (↑ *auch* ***Knechtschaft***)

Leibes|**erziehung** *f alt für «Sportunterricht»* instruado de sporto; ~**frucht** *f bis zum dritten Monat (Embryo)* embrio, *danach (Fötus)* feto, *nach der Geburt* ido

Leibeskraft *f* ***aus Leibeskräften*** *mit aller Kraft* per [la] tuta forto; ***aus Leibeskräften schreien*** krii plenvoĉe

Leibesübungen *f/Pl* korpaj ekzercoj *Pl*; *gymnastische Übungen* gimnastikaj ekzercoj *Pl* (*vgl. dazu* ***Gymnastik***)

Leibesvisitation *f* korpa traserĉo; ***jmdn. einer ~ unterziehen*** korpe traserĉi iun

Leibgarde *f Garde zum persönlichen Schutz [eines Fürsten]* [imperiestra] gvardio; *Leibwache* korpogvardio

Leibgedinge *n* ↑ ***Apanage***

Leibgericht *n*, *auch* ***Leibspeise*** *f Kochk* preferata (*od* plej ŝatata) manĝaĵo

leibhaftig *Adj real [vorhanden]* reala, reale ekzistanta; *wirklich* vera; *lebendig* viva, enkarniĝinta; *personifiziert* personiĝinta

Leibhaftige *m*: ***der ~*** *verhüllend für «der Teufel [selbst[»* la diablo mem

Leib|**koch** *m jmds. persönlicher Koch* persona kuiristo; ~**krämpfe** *m/Pl* spasmoj *Pl* en la ventro (*od i.e.S.* abdomeno) (*vgl. dazu* ***Magenkrämpfe***)

leiblich *Adj körperlich* korpa; *blutsverwandt* samsanga; *natürlich* natura; *eigen* propra; ***meine ~e Mutter*** mia propra patrino

Leib|**regiment** *n Regiment, das dem Landesfürsten untersteht* gvardia regimento; ~**rente** *f lebenslängliche Rente* dumviva rento

Leibschmerzen *m/Pl* ventrodoloro(j) *(Pl)* (↑ *auch* ***Enteralgie*** *u.* ***Leibkrämpfe***); ***starke ~ haben*** havi treegan ventrodoloron

Leibspeise *f* ↑ ***Leibgericht***

Leibung *f* ***a)*** *Arch (innere Wölbungsfläche [eines Bogens])* intradoso ***b)*** *Bauw (die innere Wandung einer Maueröffnung [für Fenster od Türen])* embrazuro

Leib|**wache** *f* korpogvardio (*vgl. dazu* ***Leibgarde*** *u.* ***Strelitzen***); ~**wächter** *m* korpogardisto, *auch* privata gardisto; ~**wäsche** *f* subtolaĵo *Sg*, subvestoj *Pl*

Leichdorn *m Med* ↑ ***Hühnerauge***

Leiche *f* kadavro (↑ *auch* ***Kadaver*** *u.* ***Leichnam***); *Verstorbener* mortinto; ***voller ~n*** plena de kadavroj; ***~n sezieren*** *Med* dissekci kadavrojn; ***die ~ wurde in die Heimatstadt überführt*** *z.B. aus dem Ausland* la mortinto estis transportata al sia hejmurbo

Leichenacker *m* ↑ ***Friedhof***

leichenähnlich *Adj* kadavrosimila

Leichen|**begängnis** *n Feier* funebra ceremonio; *Begräbnis* enterigo; ~**beschauer** *m Med* kuracisto, kiu oficiale konstatas la morton [de homo]

Leichenbeschreibung *f* ↑ ***Nekrographie***

Leichen|**bestatter** *m* sepultentreprenisto; ~**bittermiene** *f übertr (oft iron) für «kummervolles Gesicht»* funebra mieno

leichenblass *Adj* kadavre pala, pala kiel mortinto; *Fachspr Med (livid, fahl)* livida

Leichenblässe *f* kadavra paleco

Leichenflecke *m/Pl* = ***Totenflecke***

Leichen|**fledderer** *m* prirabisto de kadavro (*od* mortinto); ~**fund** *m* trovo de [homa] kadavro; ~**geruch** *m* kadavra odoro, fetoro de kadavro

Leichengerüst *n alt* = ***Katafalk***

Leichengift *n* kadavrino (*vgl. dazu* ***Kadaverin*** *u.* ***Ptomain***)

leichenhaft *Adj* kadavreca

Leichenhalle *f*, *auch* ***Leichenhaus*** *n* kadavrejo, mortintejo, *auch* kadavrodeponejo (*vgl. dazu* ***Leichenschauhaus***)

Leichenöffnung *f Med* ↑ ***Autopsie***

Leichen|**rede** *f* funebra parolado, parolado super ies tombo; ~**schau** *f* nekropsio (*vgl. dazu* ***Autopsie***); ~**schauhaus** *n*, *auch* ***Morgue*** [mɔrg] *f* kadavroelmetejo

Leichenstarre *f Med* ↑ ***Totenstarre***

Leichentuch *n* volvotuko por mortinto; ***den Verstorbenen in ein ~ hüllen*** volvi mortinton en [morto]tukon

leichenübersät *Adj voller Leichen, z.B. ein Schlachtfeld* kadavroplena *od nachgest* plena de kadavroj

Leichen|**verbrennung** *f* kremacio; ~**wachs** *n*, *<wiss>* ***Adipocire*** *f* kadavra graso, *<wiss>* adipociro; ~**wagen** *m* funebra ĉaro (*od* veturilo), *pop* ĉerk[o]veturilo; ~**zug** *m* funebra procesio, *(alle Trauernden)* funebra irantaro

Leichnam *m geh für «Leiche»* kadavro (*vgl.*

dazu Verstorbene); ***den** ~ **in die Erde senken*** enterigi la mortinton

leicht 1. *Adj* ***a)*** *von geringem Gewicht* malpeza (↑ *auch* ***feder-*** *u.* ***superleicht***); ***~er machen*** *das Gewicht (von etw.) verringern* malpezigi; ***~er als Luft sein*** esti pli malpeza ol aero ***b)*** *einfach, mühelos* facila *auch im Sinne von «leicht zu verstehen od zu verwenden»* (↑ *auch* ***kinderleicht***); ***eine ~e Arbeit*** (***Aufgabe***) facila laboro (tasko); ***das ist keine ~e Sache*** tio ne estas afero facila; ***eine ~e Sprache*** facila lingvo ***c)*** *zart* delikata ***d)*** *schwach* malforta; *unbedeutend* negrava, malgrava; *nichtig* bagatela; ***~e Erkältung*** *f* malforta malvarmumo; ***~e Ermüdbarkeit*** *f* laciĝemo; ***~er Regen*** *m* etguta pluvo, pluveto; ***eine ~e Zigarette*** malforta cigaredo ***e)*** *frivol, leichtfertig, lässig* frivola, leĝera (*vgl. dazu* ***sorglos***); *leichtlebig* facilmora, leĝere vivanta; ***~es Mädchen*** *n* leĝera (*od* facilmora) knabino ***f)*** *Mil* malpeza *od auch* leĝera; ***~e Artillerie*** *f Mil* malpeza (*od* leĝera) artilerio ***g)*** *in weiteren Fügungen*: ***eine ~e Brise*** brizeto, softa venteto; ***~en Herzens*** kun facila koro; ***~e Lektüre*** (***Mode***, ***Musik***) *f* leĝera legaĵo (modo, muziko); ***ein ~er Wein*** leĝera vino; ***ich habe einen ~en Schlaf*** [kutime] mia dormo estas malprofunda ◇ ***etw. auf die ~e Schulter nehmen*** preni ion ne sufiĉe serioze; ***~es Spiel mit jmdm. haben*** *leicht besiegen können* povi facile venki iun; *leicht überreden können* povi facile persvadi iun; *leicht betrügen können* povi facile trompi iun; **2.** *Adv*: ~ ***anzuwenden*** *z.B. ein Mittel* facile aplikebla (*od* uzebla); ~ ***berühren*** delikate (*od* [nur] iomete) tuŝi, tuŝeti; ~ ***bekleidet*** leĝere vestita; ~ ***beladen*** malpeze ŝarĝita; ~ ***beschädigt*** iom[ete] difekta; ~ ***bewaffnet*** leĝere armita; ~ ***brennbar*** facile ekbrulebla; ~ ***entzündlich*** ekflamiĝema; ***sich*** ~ ***erkälten*** facile malvarmumi; ~ ***fasslich*** facile komprenebla; ~ ***krank werden*** esti malsaniĝema; ~ ***löslich*** facile (*od auch* simple) solvebla; ~ ***übertriebene Darstellung*** *f* iom troigita prezento (*bzw.* rakonto); ~ ***verdaulich*** facile digestebla; ~ ***verderblich*** putriĝema; difektiĝema; ~ ***verständlich*** facile komprenebla; ~ ***verwundet*** negrave (*od* leĝere) vundita; ***jmdn.*** ~ ***betrügen können*** povi facile trompi iun; ***das ist*** ~ ***gesagt!*** estas facile diri tiel ĉi!; ***das ist*** ~ ***zu machen*** tio estas facile farebla; ***das ist*** ~ ***möglich*** tio estas facile ebla; ~ ***ins Schwitzen kommen*** facile ekŝviti

Leicht|athlet *m Sport* leĝera atleto; **~athletik** *f Sport* leĝera (*od* malpeza) atletiko

leichtathletisch *Adj* leĝeratletika

Leicht|bauweise *f* leĝera konstrumaniero; **~beton** *m Bauw (ein Beton mit niedriger Dichte)* leĝera (*od* malpeza) betono

leichtblütig *Adj* sangvina

Leichtblütigkeit *f* sangvineco

Leichter *m Mar (offenes Wasserfahrzeug zum Längsseitgehen bei Schiffen zur Übernahme von Ladung)* gabaro, *(Lastkahn)* barĝo; ***frei*** ~ *Hdl* fri gabaro

leichtfallen *intr keine Mühe bereiten*: ***das fällt mir nicht*** ~ *eine Entscheidung zu treffen* estas ne facile por mi decidi [pri tio]; ***ihr fallen Sprachen*** ~ ŝi facile lernas (*od auch* ekkaptas) lingvojn

leichtfertig 1. *Adj* leĝera, frivola; *oberflächlich* supraĵa; *unüberlegt* senpripensa; *nicht ernsthaft* neserioza, malserioza **2.** *Adv* leĝere, frivole; supraĵe; senpripense; neserioze, *[stärker:]* malserioze

Leichtfertigkeit *f (als Eigenschaft)* leĝereco, frivoleco, *(als Tat)* leĝera faro, frivolaĵo; *Oberflächlichkeit* supraĵeco; *Mangel an Ernsthaftigkeit* manko de seriozeco

leicht|flüssig *Adj bei niedriger Temperatur schmelzend* facile fandiĝanta; **~füßig** *Adj* facilmova; *i.w.S.* vigla

Leichtgewicht *n Boxen, Gewichtheben* leĝera pezokategorio, leĝerpezo

leichtgläubig *Adj* kredema (*vgl. dazu* ***gutgläubig*** *u.* ***vertrauensselig***); *naiv* naiva; *leicht zu täuschen* facile trompebla

Leichtgläubigkeit *f* kredemo

Leichtheit *f z.B. einer Aufgabe* facileco

leichthin *Adv ohne Ernst* senserioze; *ohne viel nachzudenken* sen multe pripensi, *[stärker:]* tute senpripense

Leichtigkeit *f* facileco; ***ich hätte es mit*** ~ ***tun können*** mi povus esti farinta ĝin (*od* tion) kun facileco

Leichtindustrie *f* leĝera (*od* malpeza) industrio

leichtlebig *Adj* leĝere vivanta; *locker, nicht so sehr auf die Sitte achtend* facilmora; *sorglos* senzorga

Leichtmetall *n* leĝera (*od auch* malpeza) metalo

leichtnehmen *tr unbekümmert hinnehmen*: ***etw.*** ~ ***nehmen*** *nicht so ernst nehmen* preni ion ne serioze *(Zam)*

Leichtsinn *m* facilanimeco; *Mangel an Ernsthaftigkeit* manko de seriozeco; *Sorglosigkeit* senzorgemo; *Nachlässigkeit* neglektemo (↑ *auch* ***Übermut***)

leichtsinnig *Adj* facilanima; *nicht ernsthaft* neserioza; *sorglos* senzorg[em]a, ne singarda; *unüberlegt* senpripensa; *nachlässig* neglektema; ~***er Mensch*** *m* facilanimulo

Leicht|verletzte *od* **~verwundete** *m bzw. f* negrave-vundito; **~wasserreaktor** *m* (*Abk* ***LWR***) *Kernphysik* malpez-akva reaktoro

Leid *n* sufer[ad]o; *Schmerz* doloro; *Traurigkeit* tristeco, *i.e.S. (bei Todesfall [Trauer])* funebro; *Gram, Herzeleid, Kummer* aflikto; *i.w.S. Unglück* malfeliĉo; ***jmdm. ein ~ antun*** (*od* ***zufügen***) aflikti (*od* suferigi) iun; ***sie hat mir ihr ~ geklagt*** ŝi elverŝis ĉiujn siajn afliktojn antaŭ mi; ***Freud und ~*** ĝojo kaj tristo; ***sich ein ~ antun*** *verhüllend für «Selbstmord begehen»* sin mortigi ◇ ***gemeinsames*** (*od* ***geteiltes***) ***~ ist halbes ~*** malfeliĉo komuna estas malpli premanta *(Zam)*

Leideform *f Gramm (Passiv)* pasivo

leiden ***a)*** *tr erleiden, erdulden* suferi; *zulassen* permesi, toleri (↑ *auch* ***durchleiden***); ***Hunger*** (***Not***) ~ suferi malsaton (mizeron); ***jmdn. [gut] ~ können*** [tre] ŝati iun; ***ich kann sie nicht ~*** mi ne ŝatas ŝin, *[milder:]* mi ne simpatias al ŝi, *[krasser:]* mi ne povas elteni ŝian ĉeeston; ***ich leide nicht, dass du so über sie sprichst*** mi ne permesas, ke vi tiamaniere parolas pri ŝi; ***die Sache leidet keinen Aufschub*** la afero ne permesas prokraston ***b)*** *intr*: ~ ***an ...*** *Med* suferi je ...; ***darunter ~, dass ...*** suferi de tio, ke ...; ***an Asthma*** (***hohem Blutdruck, Grippe, Schlafstörungen***) ~ suferi je astmo (hipertensio *od umg* alta sangopremo, gripo, dormoperturboj); ***unter der Hitze*** ~ suferi de (*od* pro) la varmego; ***an Malaria*** ~ esti malsana je malario; ***an Schlaflosigkeit*** ~ ne povi dormi dumnokte; ***sein Ruf hat stark gelitten*** lia reputacio ege suferis; ***immerzu*** (*od* ***ständig***) ~ suferadi; ***still*** ~ silente sufer[ad]i

[1]**Leiden** *n* sufer[ad]o; *chronische Krankheit* kronika malsano (↑ *auch* ***Leberleiden***); *[lange] Krankheit* [longa] malsano; *Schmerz* doloro; *Qual* turmento (*vgl. dazu* ***Leidensweg***); ~ ***verursachend*** *Adj* suferiga

[2]**Leiden** (*n*) *eine niederländische Universitätsstadt* Lejdeno

leidend *Adj* suferanta; *immerzu krank* daŭre malsana

Leidende *m* suferanto *bzw.* suferinto

Leidener Flasche *f Phys (ein 1745 erfundener Zylinderkondensator [älteste Form eines Kondensators]* lejdena botelo

Leidenfrostsches Phänomen *n Phys* kalefakcio

Leidenschaft *f, auch* ***Hingabe*** *f, geh auch* ***Passion*** *f* pasio (***für*** por *od* al) *auch sex*; *heiße Liebe, Liebesglut* arda amo; *Hobby* hobio, ŝatokupo; ***feurige*** (***ungezügelte, verborgene***) ~ arda (senbrida, kaŝita) pasio; ***Musik war seine einzige*** ~ muziko estis lia sola pasio; ***in ~ versetzen*** pasiigi, ekardigi; ***Herr über seine ~en sein*** komandi siajn pasiojn

leidenschaftlich 1. *Adj* pasia *auch sex*; *voller Leidenschaft* plena de pasio *nachgest*; *voller Lebenskraft* plena de vivoforto *nachgest*; *glühend, z.B. ein Wortgefecht* arda; *feurig* fajra; *flammend* flama; *fanatisch* fanatika; ~ ***werden*** fariĝi pasia *od* pasiiĝi; ***ein ~er Bewunderer*** entuziasma admiranto; ***eine ~e Rede halten*** fari (*od Zam* eldiri) flaman paroladon **2.** *Adv*: ***sie isst ~ gern Schokolade*** ŝi ege (*od salopp* terure) volonte ŝatas manĝi ĉokoladon

Leidenschaftlichkeit *f* pasio; *Glut* ardo; *Vehemenz* vehement[ec]o

leidenschaftslos 1. *Adj* ***a)*** senpasia; *i.w.S. (objektiv)* objektiva, *(ruhig)* trankvila, *(gezügelt)* bridita (*vgl. dazu* ***sachlich*** *u.* ***unempfindlich***) ***b)*** *antike Phil: [gewollt] gefühllos* apatia **2.** *Adv* senpasie

Leidenschaftslosigkeit *f* ***a)*** *allg* senpasieco ***b)*** *antike Phil* apatio

Leidens|gefährte *od* **~genosse** *m* kunsuferanto; *Schicksalsgefährte* samsortano; **~gefährtin** *od* **~genossin** *f* kunsuferantino; samsortanino; **~geschichte** *f* rakonto pri suferoj spertitaj; **~jahre** *n/Pl* jaroj *Pl* de suferado; **~weg** *m Erdulden* suferado; *Kreuzweg [Christi]* kalvaria vojo *auch übertr*; **~zeit** *f* tempo de sufer[ad]o

leider *Adv* bedaŭrinde; ~ ***muss ich jetzt gehen*** bedaŭrinde mi devas nun [for]iri (*bzw.* forlasi vin *u.a.*); ***das geht ~ nicht*** tio bedaŭrinde ne eblas

leidig *Adj unangenehm* malagrabla; *lästig* teda; *scheußlich* abomeninda; *verhängnisvoll* fatala

leidlich 1. *Adj ganz gut* relative bona, *auch* boneta; *hinlänglich* sufiĉe bona, *auch* sufiĉeta; *annehmbar* akceptebla; *erträglich* tolerebla; ***der Junge hat ~e Zensuren*** la knabo havas sufiĉe kontentigajn notojn [en la lernejo]; ***das Wetter ist ganz ~*** la vetero estas sufiĉe bon[et]a **2.** *Adv*: ***es geht ihm so ~*** *(Gesundheit)* li fartas (*od* sentas sin) pli-malpli bone (*vgl. dazu* ***einigermaßen*** *u.* ***halbwegs***)

Leidtragende *m Trauernde* funebranto; *übertr (Leidender)* suferanto, *(Opfer)* viktimo

leidtun *intr*: ***es tut mir leid*** mi bedaŭras (***dass*** ke); *im Sinne von «Verzeihung!»* mi petas [vian] pardonon; ***er tut mir leid*** mi kompatas lin; ***er kaufte das Buch nicht, weil ihm das Geld leid tat, sondern ...*** li ne aĉetis la libron, ĉar li domaĝis la monon, sed ...

Leidwesen *n*: ***zu meinem ~*** je mia bedaŭro

Leidzirkular *n* ↑ ***Todesanzeige***

Leie *f* ↑ ***Lys***

[1]Leier *f Mus (ein altgriech. Zupfinstrument)* liro (↑ *auch* ***Barbiton***, ***Drehleier***, ***Kithara*** *u.* ***[1]Lyra***) ◇ ***[es ist] immer die alte ~*** [estas] ĉiam la sama litanio

[2]Leier *f, Fachspr* ***Lyra*** *f* (*Abk* ***Lyr***) *Astron (ein Sternbild des nördl. Himmels)* Liro (↑ *auch* ***Wega***)

Leierkasten *m*, *auch* ***Drehorgel*** *f*, *<österr> umg u. reg* ***Werkel*** *n Mus* gurdo; ***den ~ drehen*** *abs* gurdi, ludi per gurdo ***etw. auf dem ~ spielen*** gurdi ion

Leier[kasten]mann *m*, *auch* ***Drehorgelspieler*** *m*, *<österr>* ***Werkelmann*** *m* gurdisto

leiern ***a)*** *tr dauernd drehen* [daŭre] turnadi; *eine Kurbel drehen* turni krankon ***b)*** *intr Leierkasten spielen* gurdi; *übertr für «monoton sprechen», z.B. Kind beim Gedichtaufsagen* monotone paroli (*bzw.* deklami)

Leierschwanz *m* (*Gattung* Menura) *Orn (ein Vogel der australischen Urwälder)* lirvostulo, *<wiss> auch* menuro; ***[Familie der] Leierschwänze*** *Pl* (Menuridae) menuredoj *Pl*

Leih|arbeit *f*, *auch* ***Temporär-*** *od* ***Zeitarbeit*** *f* (*auch* ***Personalleasing*** *genannt*) portempa laboro, tempolimigita laboro; **~bibliothek** *f, pop auch* ***Leihbücherei*** *f* prunta biblioteko, *pop auch* libropruntejo

leihen *tr allg* prunti; *i.e.S. (aus-, verleihen)* pruntedoni (***jmdm. etw.*** ion al iu), *(entleihen)* pruntepreni; ***sich etw. von jmdm. ~*** pruntepreni ion de iu (↑ *auch* ***anpumpen***)

Leih|fahrrad *m* prunteprenebla biciklo; **~frist** *f* pruntodaŭro; **~gabe** *f* pruntaĵo; **~haus** *n* lombardejo; **~mutter** *f*, *auch* ***Ersatz-*** *od* ***Surrogatmutter*** *f Frau, die ein Kind für eine andere Frau austrägt* surogata patrino *od* surogatpatrino; **~mutterschaft** *f* surogata patrineco; **~schein** *m Bibliothek* pruntokarto; **~verkehr** *m zw. Bibliotheken* pruntoservo; **~vertrag** *m* prunt[o]kontrakto; **~wagen** *m Kfz (von jmdm. geliehenes Auto)* pruntita aŭto, *(Mietwagen)* luebla (*bzw.* luita) aŭto

leihweise *Adv* prunte; ***jmdm. etw. ~ überlassen*** pruntedoni ion al iu

Leik *n Mar* ↑ ***Liek***

Leila (*f*) *Eig* ↑ ***Laila***

Leim *m* glu[aĵ]o (↑ *auch* ***Fisch-***, ***Holzkalt-***, ***Knochen-***, ***Stärke-***, ***Tapeten-*** *u.* ***Tischlerleim***); ***mit ~ bestreichen*** (*od* ***einschmieren***) ŝmiri per gluo, gluaĵi; ***aus dem ~ gehen*** malgluiĝi, *i.w.S.* diseriĝi, disiĝi, disfali ◇ ***jmdm. auf den ~ gehen*** esti trompata de iu

leimen *tr* glui (***an*** al; ***auf*** sur *mit Akk*) (*vgl. dazu* ***broschieren*** *u.* ***kitten***; ↑ *auch* ***an-***, ***ver-*** *u.* ***zusammenleimen***); ***geleimt*** *Bucheinband* glue bindita

Leimen *n* gluado

Leimfarbe *f Anstrichfarbe mit Leim als Bindemittel* glua farbo

Leimkraut *n Bot*: ***französisches ~*** (Silene gallica) franca sileno; ***gelbes ~*** (Silene flavescens); ***kegelfrüchtiges ~*** (Silene conica) konusa sileno; ***stängelloses ~*** (Silene acaulis) sentiga sileno (↑ *auch* ***Felsen-***, ***Meer-***, ***Ohrlöffel-***, ***Strand-*** *u.* ***Tatarenleimkraut***)

Leimmistel *f Bot* ↑ *unter* ***Mistel***

Leim|pinsel *m* glu-peniko *od* peniko por gluo; **~ring** *m an Obstgehölzen* glu-zono

Leimsüß *n Biochemie* ↑ ***Glyzin***

Leimtopf *m* glu-poto

Lein *m* ***a)*** *auch* ***Leinpflanze*** *f* (*Gattung* Linum) *Bot* lino (↑ *auch* ***Alpenlein***); ***ausdauernder ~*** (*auch* ***Staudenlein*** *genannt*) (Linum perenne) plurjara lino; ***echter ~*** *od* ***Saatlein***, *auch* ***Faserlein*** *od* ***Flachs*** *m* (Linum usitatissimum) [fibro]lino (*vgl. dazu* ***Ramiepflanze***); ***gelber ~*** (Linum flavum) flava lino; ***großblumiger*** (*od* ***roter***) ***~*** (*auch* ***Prachtlein*** *genannt*) (Linum grandiflorum) grandflora (*od* ruĝa) lino *[Vorkommen:*

Algerien]; ***klebriger*** ~ (Linum viscosum) glua lino; ***schmalblättriger*** ~ (Linum tenuifolium) mallarĝfolia lino; ***zweijähriger*** ~ (*auch **Wildlein** genannt*) (Linum bienne) dujara lino; ***Flachs hecheln*** kombi linon ***b)*** *auch **Leinsamen** m* (Semen lini) lino, *auch* lin-semo(j) *(Pl)*

Leinblatt *n* (*Gattung* Thesium) tezio (↑ *auch **Alpen-** u. **Pyrenäenleinblatt***)

leinblumig, *Fachspr Bot auch lat.* ***liniflorus*** *Adj* linoflora

Leine *f* ŝnuro; *Mar* lineo (*vgl. dazu* ***[2]Tau*** *u.* ***Strick***); *Hunde~* hundoŝnuro, *auch* hundorimeno; *Wäsche~* tolaĵoŝnuro, sekigŝnuro ◇ ~ ***ziehen*** *umg* retiriĝi, foriri, forŝteliĝi

leinen *Adj aus Leinen [gefertigt]* tola, [farita] el tolo

Leinen *n*, *geh u. poet* ***Linnen*** *n Textil (allg)* tolo, *(Gewebe mit Bindung aus Flachsgarn)* linaĵo (↑ *auch* ***Steifleinen***); *Gitter~* kanvaso; ***in*** ~ ***gebunden*** *Buch* tole bindita

Leinen|band ***a)*** *n* tola rubando; ***b)*** *m Buchw* tole bindita volumo (*od* libro); ~**einband** *m Buchbinderei* tola bindaĵo (↑ *auch **Halbleineneinband***); ~**gewebe** *n* tola teksaĵo; ~**hose** *f* tola pantalono; ~**kragen** *m* tola kolumo; ~**schuh** *m* tola ŝuo; ~**schürze** *f* tola antaŭtuko; ~**stoff** *m Gewebe mit Bindung aus Flachsgarn* teksaĵo el lino

Leinentunika *f* ↑ ***Chiton***

Leinenzeug *n* tolaĵo (*vgl. dazu* ***Wäsche***)

Leinenzwang *m* ↑ ***Anleinpflicht***

Lein[e]weber *m* teksisto de [blanka] tolo

Leinfink *m Orn* = ***Hänfling***

Leingewächse *n/Pl Bot*: ***[Familie der]*** ~ (Linaceae) linacoj *Pl*

Leinkraut *n* (*Gattung* Linaria) *Bot* linario (↑ *auch **Acker-** u. **Alpenleinkraut***); ***echtes*** (*od* ***gemeines*** *od* ***gewöhnliches***) ~ (Linaria vulgaris) densa linario; ***gestreiftes*** ~ (Linaria repens) striita linario; ***liegendes*** ~ (Linaria supina) kuŝanta linario

Leinöl *n* lin-oleo; ~**firnis** *m* lin-olea verniso

Leinölsäure *f Chem* ↑ ***Linolsäure***

Leinpfad *m* = ***Treidelpfad***

Leinpflanze *f Bot* ↑ ***Lein a)***

Lein|saat *f od* ~**samen** *m*, *auch **Flachssamen** m* (Semen lini) linsemo(j) *(Pl)*

Leintuch *n* ↑ ***Bettlaken***

Leinwand *f Leinengewebe* tola teksaĵo, *auch kurz* tolo (↑ *auch **Pack-** u. **Zeltleinwand***); *Maler~* pentrista tolo; *für Dias, im Kino* ekrano (↑ *auch **Filmleinwand** u. **Projektionswand***); ***auf der*** ~ sur la ekrano; ***auf*** ~ ***aufziehen*** *z.B. eine Landkarte* surtoligi; ***auf die*** ~ ***werfen*** *Dias* surekranigi

Leinwandbindung *f Weberei* tola plekto

Leinweber *m* ↑ ***Leineweber***

Leipzig (*n*) Lepsiko; ***Esperanto-Klub*** ~ (*Abk* ***EKL***) Esperanto-Klubo de Lepsiko (*Abk* EKL)

Leipziger 1. *Subst m Einwohner von Leipzig* lepsikano, enloĝanto de Lepsiko **2.** *attributives Adj*: ~ ***Messe*** *f* Lepsika Foiro *od* Foiro de Lepsiko

Leipzigerin *f* lepsikanino, enloĝantino de Lepsiko

leise 1. *Adj Stimme* mallaŭta; *wenig Geräusch verursachend* malbrua; *undeutlich od nur schwach hörbar* malklare (*od* nur mallaŭte) aŭdebla; *kaum hörbar* apenaŭ aŭdebla; *sanft* milda, *auch* softa; *zart* delikata; *behutsam* singarda; ***auf*** ~***n Sohlen*** senbrue, apenaŭ aŭdeble; ***ein*** ~***r Wind*** milda vento (*vgl. dazu* ***Brise***); ***er hat einen*** ~***n Schlaf*** li havas delikatan dormon; ***noch eine*** ~ ***Hoffnung haben*** havi ankoraŭ etan esperon; ***auch nicht die*** ~***ste Veranlassung haben*** ne havi eĉ la plej malgrandan (*od* etan) kaŭzon (***[um] zu*** por); ~ ***Zweifel hegen*** havi iomajn dubojn, iomete dubi **2.** *Adv vorsichtig* singarde; *heimlich, verstohlen* kaŝe; ***bitte, sei*** ~***!*** estu mallaŭte, mi petas!; ***leise[r] machen*** *Ton abschwächen* mallaŭtigi; ***leise[r] werden*** mallaŭtiĝi; ***leise[r] stellen*** *Radio, TV-Apparat* iom mallaŭtigi [la sonon] ◇ ***nicht im Leisesten*** *in keiner Weise* neniel; *ganz und gar nicht* tute ne

Leisetreter *m Opportunist* oportunisto; *Kriecher* homo (*od i.e.S.* subulo) aĉe servema; *Heuchler* hipokritulo; *scherzh (Duckmäuser) auch* malheroo

Leishmania *f Med (ein Flagellat u. Blutparasit)* lejŝmanio <*so benannt nach dem britischen Arzt Leishman*>

Leishmaniase *od* **Leishmaniose** *f Tropenmedizin (eine durch Leishmanien verursachte Infektionskrankheit)* lejŝmaniozo (↑ *auch **Aleppobeule** u. **Bahia-Beule***); ***viszerale*** ~ ↑ ***Kala-Azar***

[1]Leiste *f Rand~, Randeinfassung* listelo (↑ *auch **Abdeck-**, **Holz-** u. **Zierleiste***); *Gewebe~, Webkante* teksrando; *Latte* lato

[2]Leiste *f Anat* ingveno (*vgl. dazu* ***Leistenbeuge***)

leisten *tr tun, vollbringen, verrichten (bes.*

Arbeiten) fari, plenumi, efektivigi; *Leistung erbringen* presti; *erreichen* atingi; ***jmdm. einen Dienst*** ~ fari servon al iu; ***einen Eid*** ~ fari ĵuron *od kurz* ĵuri, *(Zam) auch* ĵuri ĵuron; ***jmdm. Gesellschaft*** ~ esti kun iu *bzw.* resti ĉe iu; *jmdn. begleiten* akompani iun; *sich zu jmdm. setzen* [veni por] kune sidi [kaj iom babili]; ***jmdm. Hilfe*** ~ doni helpon al iu, helpi al iu; ***jmdm. Widerstand*** ~ rezisti al (*od* kontraŭ) iu; ***er kann es sich*** ~, ***zu spät zu kommen*** li povas arogi al si alveni tro malfrue *od* li povas preni al si la rajton de malfruiĝo; ***ich habe mir ein Stück Torte geleistet*** mi regalis min per peco da torto

Leisten *m Schuh*≗ ŝuformilo, ŝuista ŝtipo ◇ ***alles über einen*** ~ ***schlagen*** trakti ĉion (*bzw.* ĉiun) laŭ la sama maniero, *auch* ne fari ian diferencon

Leistenbeuge *f Anat* ingvena faldo

Leistenbruch *m, fachsprachl.* ***Inguinalhernie*** *f* (Hernia inguinalis) *Med (Eingeweidebruch im Bereich des Leistenkanals)* ingvena hernio; ~**band** *n Chir* hernia bandaĝo

Leistengegend *f, Fachspr* ***Inguinalregion*** *f* (Regio inguinalis) *Anat* ingvena regiono (↑ *auch* **[2]*Weiche***); ***unter der*** ~ ***[liegend]***, *fachsprachl.* ***subinguinal[is]*** subingvena

Leistengeschwulst *f Med* ↑ ***Bubo***

Leisten|kanal *m, Fachspr* ***Inguinalkanal*** *m* (Canalis inguinalis) *Anat* ingvena kanalo; ~**krokodil** *n* (Crocodylus porosus) *Zool (ein Salzwasserkrokodil)* estuara (*od* mara) krokodilo *[Vorkommen: Ostindien über SO-Asien bis N-Australien]* *<größtes Reptil der Erde>*

Leistenring *m* (Annulus inguinalis) *Anat* ingvena ringo; ***äußerer*** (***innerer***) ~ ekstera (interna) ingvena ringo

Leistung *f* ***a)*** *Arbeit[squantum]* labor[kvant]o; *Tat* faro; *Arbeitsergebnis* rezulto [de la laboro], *(Werk)* verko; *vollbrachte Leistung bzw. geleisteter Dienst* povumo, *auch* presto (*vgl. dazu* ***Errungenschaft***; ↑ *auch* ***Best-*** *u.* ***Tagesleistung***); *i.w.S.* (*Können, Kenntnisse)* povo, scipovo *Sg*, konoj *Pl*, *(Erfolg)* [atingita] sukceso; ***glänzende*** ~ brila (*od* grandioza) laboro; *hervorragendes Ergebnis* eksterordinara rezulto (↑ *auch* ***Glanzleistung***); ***schulische*** ~ [en]lernejaj rezultoj *Pl* [de infano]; ***sportliche*** ~ sportaj rezultoj *Pl*; ~***en*** *Pl* ***der Sozialversicherung*** prestoj *Pl* de sociala asekuro (↑ *auch* ***Sozialleistungen***) ***b)*** *Phys (Arbeit in der Zeiteinheit)* povumo; *El, Tech u. allg (Leistungsfähigkeit)* kapacito

Leistungseinheiten *f/Pl* povumo-unitoj *Pl*

leistungsfähig *Adj Person* laborkapabla, laborpova; *Tech* altkapacita; *Wirtsch* produktiva; *Hdl* liverkapabla, liverpova; *effizient, wirkungsvoll* efika (↑ *auch* ***hochleistungsfähig***)

Leistungs|fähigkeit *f od* ~**vermögen** *n* laborkapablo, laborpovo; *i.w.S. Kraft* forto; *Produktivität* produktiveco; *einer Maschine* kapacito; *Effizienz, Wirkungsgrad* efikeco, *auch* efikec-kiomo; *i.w.S. das Imstandesein zu etw.* kapableco; ***physisches Leistungsvermögen*** *n* fizika kapableco; ***wie hoch ist die Leistungsfähigkeit dieser Maschine?*** kiom alta estas la kapacito de ĉi tiu maŝino?

Leistungs|herz *n Med (fachsprachl. für «Sportherz»)* atlet-koro *<Herzhypertrophie bis zu 50% u. Dilatation der Herzhöhle>*; ~**lohn** *m* funkciosalajro; *Stücklohn* laŭpeca salajro; ~**sport** *m* rekordcela sporto; ~**steigerung** *f (angestrebte)* altigo de [la] laborpovo; *(erreichte)* altiĝo de [la] laborpovo; ~**übertragung** *f Mechanik, Tech* transigo de povumo (↑ *auch* ***Druckübertragung***)

Leistungsvermögen *n* ↑ ***Leistungsfähigkeit***

Leit|artikel *m Ztgsw* ĉefartikolo (↑ *auch* ***Editorial***); ~**bild** *n Vorbild* modelo; *Ideal* idealo; ~**bündel** *n/ Pl, auch* ***Gefäßbündel*** *n/Pl Bot (bei Gefäßpflanzen)* vaskulaj faskoj *Pl* (↑ *auch* ***Phloëm*** *u.* ***Xylem***)

Leite *f* ↑ ***Berghang***

leiten *tr* ***a)*** *führen, lenken, steuern* gvidi *auch eine Delegation od Sitzung* estri; *als Präsident od Vorstand* prezidi (↑ *auch* ***regieren***); *unter sich haben, als Leiter etw. vorstehen, z.B. einer Abteilung* estri; *verwalten* administri; *in eine Richtung leiten, bes. über Leitungen od Kanalisation* konduki; ***die Aussprache*** (*od* ***Debatte***) ~ *Parl* direkti la debaton; ***einen Kursus*** (*od* ***Lehrgang***) ~ gvidi kurson; ***ein Orchester*** ~ direkti orkestron; ***durch Rohre*** ~ konduki tra tuboj; ***ein Spiel*** ~ *Fußball u.Ä.* gvidi ludon (*od* maĉon); ***eine Versammlung*** ~ gvidi (*od* estri) kunvenon; ***etw. in die Wege*** ~ *für etw. sorgen* zorgi pri io; *etw. vorbereiten* prepari ion (*vgl. dazu* ***arrangieren***); ***sich*** ~ ***lassen*** lasi sin gvidi (***durch*** per) ***b)*** *El (Strom), Phys (Schall, Wärme)* kondukti

leitend *Adj* gvid[ant]a; *El* konduktiva; ***eine***

~e Stellung innehaben havi gvidan pozicion (*bzw.* postenon)

[1]**Leiter** *m* ***a)*** *Anführer, Führer* gvidanto; *Chef* estro, ĉefo (↑ *auch* ***Abteilungs-***, ***Büro-***, ***Delegations-***, ***Filial-***, ***Instituts-***, ***Projekt-***, ***Reise-***, ***Vertriebsleiter*** *u.* ***Vorsteher***); *Direktor* direktoro; ~ ***vom Dienst*** (*Abk* ***LvD***) estro de [la] deĵoranta personaro; ***künstlerischer*** ~ artisma gvidanto; ***stellvertretender*** ~ vicestro, vicdirektoro; ***technischer*** ~ estro de [la] teknika sekcio; *techn. Direktor* teknika direktoro; ***er ist ein guter*** ~ li estas bona gvidanto (*bzw.* ĉefo *u.a.*) ***b)*** *Mus* direktisto (↑ *auch* ***Dirigent***)

[2]**Leiter** *f* eskalo, *auch* ŝtupetaro (*vgl. dazu* ***Rolltreppe***; ↑ *auch* ***Dach-***, ***Dreh-***, ***Feuerwehr-***, ***Fisch-***, ***Hühmer-***, ***Steh-*** *u.* ***Stufenleiter***); ***fest stehende*** (*od* ***eingebaute***) ~ fiksita eskalo; ***auf die ~ steigen***, *fam auch* ***die ~ hochklettern*** supreniri (*od fam* suprengrimpi) la eskalon; ***die ~ hinuntersteigen*** *od* ***von der ~ steigen*** malsupreniri la eskalon

[3]**Leiter** *m ein Stoff, der Wärme, Schall od elektr. Strom weiterführt* konduktanto *od* konduktilo (↑ *auch* ***Halb-***, ***Null-*** *u.* ***Stromleiter***)

leiterförmig *Adj* eskaloforma

Leiter|gerüst *n Bauw* eskala skafaldo; ~**haken** *m am Dachfirst* eskalhoko; ~**sprosse** *f* eskala rungo *od* eskal[o]rungo; ~**wagen** *m bes. Landw* kradĉarego

Leitfaden *m Buchw* kompendio (↑ *auch* ***Handbuch***); *übertr* gvidilo (*vgl.dazu* ***Richtlinie*** *u.* ***Vademekum***)

leitfähig *Adj El, Phys* konduktiva

Leitfähigkeit *f El, Phys* konduktiv[ec]o (↑ *auch* ***Wärmeleitfähigkeit***); ***magnetische*** ~, *auch* ***Permeanz*** *f Phys (magnetischer Leitwert)* permeanco

Leit|fossil *n Geol (ein für einen bestimmten geologischen Zeitraum charakteristisches Fossil)* karakteriza fosilio; ~**gedanke** *m* centra ideo, motivo (↑ *auch* ***Motiv***); ~**hammel** *m umg übertr* gvidanto; *pej* ĉefstultulo; ~**idee** *f* gvida ideo; ~**karte** *f Bibliothekswesen (in Katalogen)* gvidkarto

Leitlinie *f* gvidlinio *od* gvida linio (***zu*** pri); ~ ***von Kegelschnitten*** *Geom* direktrico

Leitmotiv *n* gvidmotivo *od* gvida motivo *auch Mus*; *Grundthema* baza temo

Leitomischl (*n*) ↑ ***Litomyšl***

Leit|planke *f Verk* kraŝbariero; ***in die ~ krachen*** *bei Kfz-Unfall auf der Autobahn* [kraŝ]veturi (*od* kraŝi) en la kraŝbarieron

Leit|prinzip *n od* ~**satz** *m* gvidprincipo *od* gvida principo (*vgl. dazu* ***Maxime*** *u.* ***These***); ~**schiene** *f*, *auch* ***Radlenker*** *m Eisenb* kontraŭrelo; ~**spindel** *f einer Werkzeugmaschine* gvid-ŝraŭbo; ~**spruch** *m* devizo; ~**stelle** *od* ~**zentrale** *f* regadejo *auch Verk*, centro de kunordigo (*vgl. dazu* ***Stellwerk***)

Leitsteven *m Mar* ↑ ***Rudersteven***

Leitung *f* ***a)*** *das Leiten* gvid[ad]o; *das Dirigieren od Lenken* direktado; *Direktion* direkcio; *Direktorium* direktorio (*vgl. dazu* ***Management***); *Vorstand* estraro; ***unter [der] ~ von ...*** sub [la] gvido de ...; ***die ~ [als Direktor] übernehmen*** transpreni la direktorecon (***von*** de) ***b)*** kondukilo; *Rohr*~ dukto, *auch* tubaro; *Wasser*~ akvodukto; *El, Tel (Außen*~*, Überland*~ *u.Ä.)* lineo (↑ *auch* ***Ausgangs-***, ***Benzin-***, ***Dampf-***, ***Druckrohr-***, ***Eingangs-***, ***Erdgas-***, ***Fahr-***, ***Fern-***, ***Frei-***, ***Gas-***, ***Haupt-***, ***Hochspannungs-***, ***Kraftstoff-***, ***Rück-***, ***Saug-***, ***Starkstrom-***, ***Telefon-***, ***Treibstoff-***, ***Überland-***, ***Verteilungs-*** *u.* ***Zweigleitung***); *das Leiten (als Vorgang [z.B. Stromdurchgang od Wärmeleitung]) El, Phys* kondukto; ***die ~ ist besetzt*** *Tel* la [telefona] lineo estas okupita

Leitungs|anästhesie *od* ~**blockade** *f Med (eine Form der Lokalanästhesie mit perineuraler Anwendung von Lokalanästhetika im Nervenverlauf)* anesteza nervoblokado; ~**draht** *m El* konduktilo; ~**funktion** *f einer Person* gvidfunkcio; ~**mast** *m El* masto de elektra lineo; ~**mitglied** *n* estrarano, ano de la direkcio; ~**rohr** *n od* ~**röhre** *f* konduktubo, dukto (*vgl. dazu* ***Ausführungsgang***); ~**sitzung** *f* estrarkunsido; ~**wasser** *n* akvodukta akvo *od* akvo el [la] akvodukto, *umg* kranakvo (*vgl. dazu* ***Trinkwasser***)

Leit|vermögen *n Phys* kondukta povo; ~**vorrichtung** *f bes. Tech* gvidilo; ~**währung** *f Fin* gvidvaluto; ~**werk** *n Flugw (Stabilisierungsflächen am Heck)* empeno (↑ *auch* ***Flugwerk***, ***Höhenleitwerk***, ***Steuerschwanz*** *u.* ***T-Leitwerk***)

Leitwert *m El (Konduktanz)* konduktanco (↑ *auch* ***Scheinleitwert***); ***magnetischer*** ~ *Phys* permeanco

Leitwolf *m* ↑ ***Alphawolf***

Leitzentrale *f* ↑ ***Leitstelle***

Leitzins *m z.B. der EZB* baza kvoto de interezo

[1]**Lek** *m Bez für den nördl. Mündungsarm des Rheins in den Niederlanden* [rivero] Leko

[2]**Lek** *m* (*Währungscode* ***ALL***) *Währungseinheit in Albanien* leko (↑ *auch* ***Qindar***)

Lektine *n/Pl, Fachspr* ***Lectine*** *n/Pl Biochemie (Proteine u. Glykoproteine, die spezifisch mit bestimmten Kohlenhydraten reagieren)* lektinoj *Pl*

Lektion *f* ***a)*** *Lehrvortrag* lekcio (*vgl. dazu* ***Lehre***); *Schul- od Unterrichtsstunde* leciono ***b)*** *kath. Liturgie (Lesung aus der Bibel [bei Messe u. Stundengebet])* leciono, legado el la biblio [ĉe la matenaj horpreĝoj] ***c)*** *übertr (Belehrung, Zurechtweisung)* leciono; ***jmdm. eine ~ erteilen*** doni [bonan] lecionon al iu *(Zam)* (*vgl. dazu* ***jmdm. die Leviten lesen*** [↑ *unter* [2]***Leviten***])

Lektionar[ium] *n Kirche (Sammlung von biblischen Abschnitten zum Vorlesen im Gottesdienst)* lekcionario

Lektor *m Univ* lektoro; *Verlags*≗ redaktisto [de aŭtoraj manuskriptoj] en [libro]eldonejo

lektorieren *tr*: ***ein Manuskript ~*** redakti manuskripton [en libroeldonejo]

Lektüre *f Lesestoff* legaĵo; *das Lesen* legado (↑ *auch* ***Pflicht-*** *u.* ***Zusatzlektüre***)

Lelystad (*n*) *Hauptort der niederländischen Provinz Flevoland* (*vgl. dazu* ***Flevoland***)

Le Mans (*n*) *Hptst. des westfranzösischen Départements Sarthe* Manso

Lemberg (*n*) ↑ ***L'viv***

Lemma *n* (*Pl:* ***Lemmata***) ***a)*** *Logik (Vordersatz eines Schlusses, Math (Hilfssatz, der im Verlaufe einer Beweisführung gebraucht wird)* lemo ***b)*** *Ling (Stichwort [in einem Nachschlagewerk])* kapvorto, *auch* serĉvorto

Lemming *m* (*Gattung* Lemmus) *Zool (ein zu den Wühlmäusen gehörendes Nagetier)* lemingo, <*wiss*> *auch* lemo (↑ *auch* ***Amur-, Halsband-*** *u.* ***Waldlemming***); ***brauner ~*** (Lemmus trimucronatus) bruna lemingo; ***europäischer ~*** ↑ *unter* ***Berglemming***; ***sibirischer ~*** (Lemmus sibiricus) siberia lemingo

Lemmingfieber *n Med, Vet* ↑ ***Tularämie***

Lemniscus *m nur Fachspr Anat*: ***~ lateralis*** latera lemnisko; ***~ medialis***, *auch* ***mediale Schleife*** *f Leitungsbahn im verlängerten Mark* neza lemnisko

Lemniskate *f Geom (geschlossene Kurve in Form einer liegenden Acht)* lemniskato

Lemnos (*n*), *auch* ***Limnos*** (*n*) *eine griechische Ägäis-Insel* [insulo] Lemno *[Hauptort: Mirina]*

Lemongras *n Bot* ↑ ***Zitronellagras***

Lempira *f* (*Abk* ***L***) *honduranische Währungseinheit* lempiro

[1]**Lemur[e]** *m* (*meist Pl:* ***Lemuren***) *griech. Myth (Totengeister, Schatten der Toten)* lemuroj *Pl*

[2]**Lemur[e]** *m* (Lemur) *Zool (eine Gattung auf Madagaskar heimischer Halbaffen)* lemuro (↑ *auch* ***Bambuslemur, Katta, Maki*** *u.* ***Mohrenmaki***); ***[Familie der] ~n*** *m/Pl* (Lemuridae) lemuredoj *Pl*

lemurenhaft *Adj geisterhaft, gespenstig* lemureca

[1]**Lena** *f ein Fluss in Sibirien* [rivero] Leno

[2]**Lena** *od* **Lene** (*f*) *weibl. Vorname* Lena

Lende *f Anat* lumbo; *Kochk* lumbaĵo (↑ *auch* ***Lendenbraten*** *u.* ***Rindslende***)

Lenden|bereich *m od* **~gegend** *f*, <*wiss*> ***Lumbalregion*** *f* (Regio lumbalis) *Anat* lumba regiono; **~braten** *m Kochk* rostita lumbaĵo; **~bruch** *m*, *auch* ***Lendenhernie*** *f* (Hernia lumbalis) *Med* lumba hernio

lendenlahm ***a)*** *Med (Hüftweh habend)* suferanta pro lumbalgio ***b)*** *übertr (völlig erschöpft)* tute elĉerpita

Lendenmuskel *m* (Musculus psoas) *Anat* psoaso; ***kleiner ~*** (Musculus psoas minor) minora (*od auch* eta) psoaso

Lenden|schmerz *m Med* lumbalgio (*vgl. dazu* ***Hexenschuss***); **~schurz** *m Ethn* lumbozono; **~stück** *n Kochk (von Wild u. Schlachttieren)* fileo (↑ *auch* ***Brust-*** *u.* ***Rückenstück***)

Lendenwirbel *m* (Vertebra lumbalis) *Anat* lumba vertebro; **~säule** *f* (*Abk* ***LWS***) *Anat* lumba vertebraro

Lendenwulst *m*, *fachsprachl. auch f Med (Vorwölbung einer Lendenpartie paravertebral bei Skoliose)* lumba protuberanco

Leng *m*, *auch* ***Lengfisch*** *m* (*Gattung* Molva) *Ichth (eine Art des Dorschs), Nahr* molvo; ***blauer ~*** *od* ***Blauleng*** *m* (Molva dipteryga) blua molvo

Lenin (*m*) *Eig (ein sowjetischer Staatsmann [1870 -1924])* Lenino

Leningrad (*n*) ↑ ***Sankt Petersburg***; ***Belagerung (Blockade) von ~*** *Militärgeschichte* sieĝo (blokado) de Leningrado <*8.9.1941 bis 27.1.1944*>

Leninismus *m Pol* leninismo

Leninist *m Pol* leninisto

Leninistin *f Pol* leninistino

leninistisch *Adj auf den Leninismus bezogen* leninisma; *auf die Leninisten bezogen* leninista

Lenin|orden *m Auszeichnung in der ehem. UdSSR* ordeno de Lenino; ~**preisträger** *m* laŭreato de Lenin-premio

Lenkachslokomotive *f Eisenb* ↑ *unter* ***Lokomotive***

Lenkballon *m Flugw* direktebla balono

lenkbar *Adj* direktebla; *steuerbar* stirebla

lenken *tr steuern* konduki, *auch* direkti, *Kfz, Schiff meist* stiri; *leiten, führen* gvidi *auch Regierung od Staat*; ***jmds. Aufmerksamkeit ~ auf ...*** direkti (*od* turni, *auch* meti) ies atenton al ...; ***die Aufmerksamkeit auf sich ~*** *sich in den Vordergrund rücken* elstarigi sin mem; ***jmds. Blicke auf sich ~*** altiri ies rigardojn; ***das Gespräch auf das Problem der (****bzw.* ***des) ... ~*** direkti la paroladon (*od* konversacion) al la problemo de ...; ***seine Schritte ~ nach ...*** direkti siajn paŝojn al ...

Lenker *m* ***a)*** *umg für «Lenkstange»* stirilo; *umg auch für «Lenkrad»* stirrado ***b)*** *Fahrzeugführer* kondukisto [de veturilo] (*vgl. dazu* ***Chauffeur*** *u.* ***Fahrer***) ***c)*** *geh od poet für «Führer»* kondukanto, gvidanto

Lenkflugkörper *m* (*fachsprachl. Abk* ***LFK***) *Mil* misilo (↑ *auch* ***Marschflugkörper***)

Lenkrad *n Kfz* stirrado; ***hinter dem ~ sitzen*** sidi ĉe la stirrado [de aŭto]

Lenk|rakete *f Mil* direktebla raketo; ~**säule** *f Kfz* stirkolono; ~**stange** *f, umg auch* ***Lenker*** *m des Fahrrads* stirilo (*vgl. dazu* ***Lenkung***)

Lenkung *f* ***a)*** *Vorrichtung zum Lenken* stirmekanismo; *Steuer* stirilo (*vgl. dazu* ***Lenkrad***); *das Lenken* kondukado, stirado (↑ *auch* ***Servolenkung***) ***b)*** *übertr Leitung* direktado, gvidado

lentikular *od* **lentikulär** <*wiss*> ↑ ***linsenförmig***

Lentikulariswolken *f/Pl, auch* ***lentikulare Wolken*** *Met* lentoformaj nuboj *Pl*

Lentizellen *f/Pl Bot ([bei Holzgewächsen:] porige Rindenöffnungen)* lenticeloj *Pl*

lento *Adv: eine musikalische Vortragsbezeichnung (langsam)* lante

Lenz *m* ↑ ***Frühjahr***

lenzen *intr geh od poet für «Frühling werden»* iĝi printempo

Lenzing *od* **Lenzmonat** *m = alte Bez für* ***März***

[1]**Leo** (*m*) *männl. Vorname* Leo

[2]**Leo** *m Astron* ↑ [2]***Löwe***

Leocadia *od* **Leokadia** (*f*) *weibl. Vorname* Leokadia

León (*n*) ***a)*** *eine nordspan. Provinz* Leono, *auch* provinco Leono ***b)*** *Hptst. der Provinz León* Leono, *auch* urbo Leono

Leonardo da Vinci (*m*) *Eig (italienischer Maler, Bildhauer, Baumeister u. Kunsttheoretiker [1452-1519])* Leonardo el Vinĉi

Leonberger *m eine dt. Hunderasse* leonberga hundo

Leone *m* (*Abk* ***Le***) *Währungseinheit in Sierra Leone* leono

Leonidas (*m*) *Eig (König von Sparta [5. Jh. v. Chr.])* Leonido

Leoniden *Pl Astron (ein periodischer, zw. 14. u. 20. November auftretender Meteorstrom, dessen Radiant im Sternbild Leo liegt)* Leonidoj *Pl*

Leonore (*f*) *weibl. Vorname* Leonora

Leontiasis *f, auch* ***Löwengesicht*** *n* (Facies leontina) *nur Fachspr Med (Krankheitsbild bei Knotenlepra)* leontiazo

Leopard *m Zool* ↑ ***Panther*** (↑ *auch* ***Gepard, Amur-*** *u.* ***Schneeleopard***); ***indischer ~*** (Panthera pardus fusca) hinda leopardo; ***kaukasischer ~*** (Panthera pardus ciscaucasica) kaŭkaza leopardo <*nahezu ausgerottet*>

Leopardfrosch *m* (Rana pipiens) *Zool* leoparda rano *[Vorkommen: südl. Kanada u. im Norden der USA]*

Leopold (*m*) *männl. Vorname* Leopoldo *auch Name einiger europäischer Herrscher*

Leopoldine (*f*) *weibl. Vorname* Leopoldina

Léopoldville (*n*) ↑ ***Kinshasa***

Lepanto *nur in Zus:* ***Golf von Lepanto*** ↑ *unter* ***Korinth***)

Lepidokrokit *m, auch* ***Rubinglimmer*** *m Min* lepidokrokito

Lepidopterologie *f Zool* ↑ ***Schmetterlingskunde***

Lepidosaurier *m/Pl Paläontologie, Zool* ↑ ***Schuppenechsen***

Leporello *n, auch* ***Faltbuch*** *n ein faltbares Heft in Form von harmonikaartig zusammenfaltbaren langen Papier- od Kartenstreifen* leporelo <*auch manche Kinderbücher werden als Falthefte hergestellt*>

Lepra *f, früher* ***Aussatz*** *m, Fachspr auch* ***Hansensche Krankheit*** *f Med* lepro (↑ *auch* ***Flecken-, Knoten-*** *u.* ***Nervenlepra***);

an ~ leiden suferi je lepro

Lepra|bakterium *n* (Mycobacterium leprae) *Bakt* leprobakterio; **~knoten** *m* lepromo

leprakrank, *auch* ***lepros*** *od* ***leprös*** *Adj* lepromalsana, *lepraartig* simila al lepro *nachgest*

Lepra|kranke *m*, *alt od bibl* ***Aussätzige*** *m* lepromalsanulo, leprulo; **~krankenhaus** *n* hospitalo por lepruloj

Leprastation *f* ↑ ***Leprosorium***

Lepromintest *m Tropenmedizin (Test zur Unterscheidung von Unterformen der Lepra, nachdem die Krankheit bereits diagnostiziert wurde)* leprомintesto

lepros *od* **leprös** ↑ ***leprakrank***

Leprosorium *n*, *auch* ***Leprastation*** *f od* ***Hospital*** *n* ***für Leprakranke*** leprulejo, hospitalo por lepruloj

Leptite *m/Pl Min (sehr feinkörnige präkambrische Gneise, in der Hauptsache aus Quarz u. Feldspat bestehend)* leptitoj *Pl*

Leptocephalus *m Ichth (durchsichtige, weidenblattförmige Larve des Aals [früher als eigene Art «Leptocephalus» beschrieben])* leptocefalo

Leptomeningitis *f Med (Entzündung der weichen Hirnhäute [Pia mater und Arachnoidea])* leptomeningito

[1]**Lepton** *n* (*Pl*: ***Lepta***) *1. eine alt- u. neugriech. Münze 2. seit 1828 eine neugriech. Scheidemünze* leptono

[2]**Lepton** *n Phys (Elementarteilchen mit relativ kleiner Masse [z.B. Elektron])* leptono (↑ *auch* ***Myon*** *od* ***My-Meson***)

Leptospiren *Pl* (Leptospira) *Bakt (eine Gattung gramnegativer, aerober Bakterien)* leptospiroj *Pl*

Leptospirose *f Vet (durch Spirochäten der Gattung Leptospira verursachte Infektionskrankheit)* leptospirozo *auch Med* (*vgl. dazu* ***Weil' Krankheit***) *<befällt bes. Hunde, daher auch ‹Hundetyphus› od ‹Stuttgarter Hundeseuche› genannt>*

Lepus (*Abk* ***Lep*** *od* ***Leps***), *auch* [2]***Hase*** *m Astron (ein Sternbild des südlichen Himmels)* Leporo

Lerche *f Orn* alaŭdo (↑ *auch* ***Angola-***, ***Bergkalander-***, ***Busch-***, ***Dupont-***, ***Feld-***, ***Hauben-***, ***Heide-***, ***Horn-***, ***Horsfield-***, ***Kalander-***, ***Knacker-***, ***Kurzzehen-***, ***Mohren-***, ***Mongolen-***, ***Namib-***, ***Ohren-***, ***Rost-***, ***Rotkappen-***, ***Rotschnabel-***, ***Rotschwanz-***, ***Sand-***, ***Stummel-***, ***Thekla-***, ***Ufer-***, ***Weißflügel-*** *u.* ***Wüstenlerche***); ***[Familie der] ~n*** *Pl* (Alaudidae) alaŭdedoj *Pl*

Lerchenammer *f Orn* ↑ ***Spornammer***

Lerchensporn *m* (*Gattung* Corydalis) *Bot* koridalo; ***gelber ~*** (Corydalis lutea) flava koridalo; ***hohler ~*** (Corydalis cava) kava koridalo; ***rankender ~*** *od* ***Rankenlerchensporn*** *m* (Corydalis claviculata) rampanta koridalo

Lerchenstärling *m* (Sturnella magna) *Orn* herbejtrupialo

Lérida (*n*), *katalanisch* ***Lleida*** *eine Provinzhptst. in NO-Spanien* Lerido

Lernbegierde *f* lernavido

lernbegierig *Adj* lernavida

Lerneifer *m* lernfervoro

lernen *tr u. intr* lerni (***von*** de) (↑ *auch* ***erlernen***); ***aus Fehlern ~*** lerni el [faritaj] eraroj; ***eine Fremdsprache ~*** lerni fremdan lingvon; ***für die Prüfung ~*** lerni por [la] ekzameno; ***etw. auswendig ~*** lerni ion parkere; ***seine Rolle ~*** *Schauspieler* parkerigi sian rolon; ***er hat schwimmen gelernt*** li lernis naĝi; ***das Gedicht lernt sich leicht*** la poemo estas facile lernebla

Lernen *n* lernado (↑ *auch* ***Auswendiglernen***); ***lebenslanges ~*** dumviva (*od* permanenta) lernado

Lernende ***a)*** *m* lernanto (↑ *auch* ***Lehrling*** *u.* ***Schüler***) ***b)*** *f* lernantino (↑ *auch* ***Schülerin***)

Lern|erfolg *m Päd* lernsukceso; **~ergebnis** *n* lernrezulto; **~erleichterung** *f* lernfaciligo

lernfähig *Adj* lernpova

Lerngeschwindigkeit *f Päd* lernrapideco

Lernmittel *n* helpilo por lernantoj, lernilo; **~freiheit** *f* senpageco de lerniloj

Lern|modell *n Päd* lernmodelo; **~programm** *n Päd* lernprogramo; **~prozess** *m Päd* lernproceso; **~psychologie** *f* psikologio pri lernado; **~stoff** *m* lern[o]materialo

Lernwahrscheinlichkeit *f Päd* lernprobablo; ***mittlere ~*** averaĝa lernprobablo

Lern|zeit *f Päd* lerntempo; **~ziel** *n Päd* lerncelo

lernzielorientiert *Adj Päd* lerncel-orientita

Lerwahuhn *n Orn* ↑ ***Haldenhuhn***

Lesart *f Version* versio; *Variante* varianto

lesbar *Adj* legebla (↑ *auch* ***computerlesbar***)

Lesbarkeit *f* legebl[ec]o

Lesbe *f sex* ↑ ***Lesbierin b)***

Lesbierin *f* ***a)*** *Bewohnerin der Insel Lesbos* loĝantino de Lesbo ***b)*** *salopp* ***Lesbe*** *f sex (homosexuell veranlagte Frau)* lesbanino,

auch lesbo *od* gejino
Lesbiertum *n sex* = ***lesbische Liebe***
lesbisch *Adj* lesba; *~**e Liebe** f* lesba amo; ***ein ~es Paar*** lesba paro
Lesbos (*n*) *eine griech. Insel in der Ägäis* [insulo] Lesbo
Lese|brille *f* okulvitroj *Pl* por legado; **~buch** *n* legolibro; **~gerät** *n* legilo; **~gewohnheiten** *f/Pl* legokutimoj *Pl*; **~lampe** *od* **~leuchte** *f* legolampo; **~material** *n* legaĵo (↑ *auch* ***Lektüre***)
[1]**lesen** *tr u. intr* legi (↑ *auch* ***durchlesen***); *Univ (Vorlesung halten)* lekcii, *auch* prelegi (***über*** pri); ***falsch ~*** mislegi; ***nochmals ~*** denove legi, relegi; ***jmd., der gern liest*** legemulo (↑ *auch* ***Bücherfreund***); ***er liest Literaturgeschichte*** *Univ* li lekcias (*od* prelegas) pri literaturhistorio; *er ist Dozent für Literaturgeschichte* li estas docento pri literaturhistorio; ***in einem Atemzug*** (*od* ***auf einen Ritt***) ~ legi unuspire, legi dum unu spiro; ***auf*** (*od* ***aus***) ***seinem Gesicht konnte man ~, dass ...*** sur lia vizaĝo oni povis legi, ke ...; ***nicht zu ~ sein*** *unleserlich sein* esti nelegebla; ***die Messe ~*** *Kirche* celebri [la] meson; ***dieser Roman liest sich sehr leicht*** ĉi tiu romano legiĝas tre facile
[2]**lesen** *tr etw. auflesen* pluki [de (*od* de sur) la tero]; *i.w.S. sammeln* kolekti; *ernten* rikolti; ***Ähren ~*** kolekti forgesitajn spikojn [de sur la tero post la rikolto], *kurz* spikumi
Lesen *n* legado; ***einem Kind das ~ beibringen*** instrui al infano la legadon
lesenswert *Adj* leginda
Lese|podest *n in altchristlichen u. mittelalterlichen Kirchen* ambono; **~pult** *n* pupitro [por povi pli oportune legi] (↑ *auch* ***Redner- u. Vortragspult***)
Leser *m* leganto (*vgl. dazu* ***Vorleser***; ↑ *auch* ***Zeitungsleser***); ***~ und Leserinnen*** gelegantoj *Pl*; ***sich als ~ in einer Bibliothek einschreiben lassen*** sin registrigi kiel leganto de biblioteko
Lese|ratte *f* fanatika (*od* pasia) leganto, *umg scherzh auch* legomaniulo; **~raum** *m* legoĉambro, legejo (↑ *auch* ***Lesesaal***)
Leser|briefe *m/Pl* leteroj *Pl* de legantoj *auch Ztgsw*; **~kreis** *m* gelegantoj *Pl*
leserlich *Adj* legebla
Leserlichkeit *f* legebl[ec]o
Leserschaft *f* legantaro; *Leser u. Leserinnen* gelegantoj *Pl* (↑ *auch* ***Publikum***)
Leser|telefon *n Ztgsw* telefonkonekto por legantoj; **~zahl** *f* nombro de legantoj, *auch* legantonombro; **~zuschrift** *f* letero de leganto [al la redakcio]
Lese|saal *m in Bibliotheken* legosalono; **~stoff** *m Lektüre* legaĵo; **~übung** *f* ekzerco de legado; **~vergnügen** *n* legoplezuro
lesewütig *Adj scherzh für «gern lesend»* [ege] legema
Lese|zeichen *n* legosigno; **~zimmer** *n* legoĉambro
Lesgier *Pl, russ.* ***Lezginy***, *Eigenbez.* ***Lesgi*** *Ethn (ein Stammesverband im östlichen Kaukasus [in Aserbaidschan u. Dagestan])* lezginoj *Pl*
Lesgisch[e] *n Ling (eine kaukasische Sprache)* la lezgina [lingvo]
Lesother *m* lesotano
Lesotherin *f* lesotanino
lesothisch *Adj* lesota
Lesotho (*n*) *ein afrik. Binnenstaat* Lesoto *[Hptst.: Maseru]* (↑ *auch* ***Basutoland***)
Lesseps (*m*) *Eig (franz. Diplomat u. Unternehmer <er leitete den Bau des Suezkanals [1859-1869]>)* Lesepso
Lesung *f* lego *auch im Parlament* (↑ *auch* ***Autorenlesung***); ***eine Gesetzesvorlage in zweiter ~ prüfen*** ekzameni leĝoprojekton en dua lego
letal *Adj Med (tödlich, zum Tode führend)* letala (↑ *auch* ***todbringend***); *~**e Injektion** f bei Hinrichtung* letala injekto (↑ *auch* ***Gift-*** *u.* ***Todesspritze***)
Letaldosis *f* (*fachsprachl. Abk* ***LD***) *Med* ↑ *unter* ***Dosis***
Letalfaktor *m*, *auch* ***Absterbefaktor*** *m Genetik ([genetische] Mutation, die dazu führt, dass die Zygote das fortpflanzungsfähige Alter nicht erreicht)* letala geno
Letalität *f Med (1. Tödlichkeit [einer bestimmten Erkrankung] 2. Verhältnis der Todesfälle zur Anzahl der Erkrankungsfälle)* letaleco
Lethargie *f Med u. übertr (geistige Teilnahmslosigkeit)* letargio; ***aus der ~ aufwachen*** revekiĝi el la letargio; ***jmdn. aus seiner ~ wecken*** veki iun el sia letargio
lethargisch *Adj* letargia (↑ *auch* ***träge***)
Lethe *f griech. Myth (der Fluss der Unterwelt, aus dem die Toten tranken, um ihr diesseitiges Leben zu vergessen)* Leteo *auch poet für «Vergessenheitstrank» od «Vergessenheit»* ◇ ***das Wasser des ~ trinken*** *die Erinnerung an Früheres im Leben auslö-*

schen trinki la akvon de Leteo

Leto (*f*), *lat.* ***Latona*** (*f*) *Myth (griechische Sagengestalt, Geliebte des Zeus, dem sie auf Delos das Zwillingspaar Apollon u. Artemis gebar)* Letoa, *auch* Latona

Lette *m* latvo

Letter *f Typ* [pres]litero, prestipo

Lettin *f* latvino

lettisch *Adj* latva

Lettisch[e] *n Ling (eine zum baltischen Zweig des Indogermanischen gehörende Sprache)* la latva [lingvo]

Lettland (*n*), *lettisch* ***Latvija*** Latvio *[Hptst.: Riga]*

Lettner *m Arch (Schranke zw. Chor u. Langhaus in mittelalterlichen Kirchen)* jubeo

Lëtzebuergisch *n Ling (moselfränkischer Dialekt des Deutschen [in Luxemburg eine der Amtssprachen])* la leceburga [lingvo]

Letzt *nur in Zus*: ***zu guter ~*** en la fino de l' finoj, fine kaj laste, *auch* kaj finfine

letzte *Adj der Reihenfolge bzw. der Wertschätzung nach* lasta; *vergangen* pasinta; ***~n Endes*** [fin]fine; ***in ~r Instanz*** lastinstance; ***in den ~n drei Jahren*** en la lastaj tri jaroj; ***während der ~n drei Jahre*** dum la lastaj tri jaroj; ***zum ~n Mal[e]*** por la lasta fojo, *umg auch* lastfoje; ***in ~r Minute*** en la lasta minuto, *umg auch* lastminute; ***im ~n Moment*** en la lasta momento, *umg auch* lastmomente; ***~n Montag*** pasintan lundon; ***[im] ~n Sommer*** en (*od* dum) la lasta somero *od* lastan someron, *umg auch* lastsomere; ***~ Woche*** lastan (*od* pasintan) semajnon, *umg auch* lastasemajne; ***in ~r Zeit*** en la lasta tempo, *umg auch* lastatempe (↑ *auch* ***neuerdings***); ***sein ~s Geld ausgeben*** elspezi sian lastan monon; ***in der ~n Etage wohnen*** loĝi sur la lasta (*od* plej supra) etaĝo; ***das sind die ~n fünf Seiten des Buchs*** tiuj estas la kvin lastaj paĝoj de la libro; ***seine ~ Stunde hat geschlagen*** lia lasta horo komenciĝis; ***seine ~n Kräfte zusammennehmen*** eluzi siajn lastajn fortojn

Letzte *m, f bzw. n* la lasta; ***der ~ des Monats*** la lasta tago de l' monato; ***als ~r [an]kommen*** *zuletzt kommen* [al]veni la lasta; ***sein ~s hergeben*** *seine letzten Kräfte mobilisieren* eltiri siajn lastajn fortojn; *äußerst uneigennützig sein* fordoni eĉ sian lastan havaĵon ◇ ***den ~n beißen die Hunde*** la lastan el amaso atakas la hundo *(Zam)*

letztendlich *Adv* finfine

letztens *Adv neulich* laste, antaŭ nelonge; *vor kurzem* antaŭ nelonge; *zum Schluss* finfine

Letztere *m, f bzw. n* la laste nomita, *[auch nur:]* la lasta

letztjährig *Adj* lastjara, pasintjara

letztlich *Adv* finfine, en la fino

letztwillig 1. *Adj* lastvola; *testamentarisch* testamenta; ***~e Verfügung*** *f bes. Jur* lastvola dispono **2.** *Adv* laŭ [ies] lasta volo, laŭ la testamento

Leu *m* (*Pl*: ***Lei***) (*Abk* ***L***, *Währungscode* ***ROL***) *Währungseinheit in Rumänien* leo (*vgl. dazu* ***Ban*** *u.* ***Moldau-Leu***)

Leucht|boje *f Mar* lum-buo, *auch* lumhava buo; **~dichte** *f Phys* hel-intenso; **~diode** *f* (*engl. Abk* ***LED***) *El* lum-eliganta diodo

Leuchte *f* ***a)*** *allg* lumilo; *i.e.S. (Lampe)* lampo, *(Laterne)* lanterno (↑ *auch* ***Garten-***, ***Hand-***, ***Kugel-***, ***Lese-***, ***Neon-*** *u.* ***Parkleuchte***) ***b)*** *übertr (großer Geist)* geniulo, *(Koryphäe)* korifeo, *(Star)* stelulo *bzw.* stelulino

leuchten *intr Licht ausstrahlen, Helligkeit verbreiten* lumi (***auf*** sur *mit Akk*) (*vgl. dazu* ***scheinen***); *erstrahlen, glänzen* brili (*vgl. dazu* ***aufleuchten***); ***ihre Augen leuchteten vor Freude*** ŝiaj okuloj brilis pro ĝojo; ***Hunderte Sterne leuchteten*** centoj da steloj brilis ◇ ***das leuchtet mir ein*** tio ŝajnas al mi evidenta; *das verstehe ich* tion mi komprenas

Leuchten *n* lumado (↑ *auch* ***Aufleuchten***); *Erstrahlen* brilado; ***kaltes ~ = Lumineszenz***

leuchtend *Adj* lum[ant]a; *glänzend, strahlend (Augen, Sterne u.a.)* bril[ant]a; *übertr (ausgezeichnet, brillant)* brila; ***ein ~es Rot*** bril[eg]a ruĝo

Leuchter *m Kerzen*≗ kandelingo; *Arm*≗ kandelabro; *Kron*≗ lustro (↑ *auch* ***Kristallleuchter***); ***mehrarmiger ~*** plurbranĉa kandelingo, *(Kandelaber)* kandelabro (↑ *auch* ***Menora***)

Leucht|farbe *f* lumfarbo; **~gas** *n* lumgaso; **~geschoss** *n Mil* lumraketo (*vgl. dazu* ***Lichtsignal***); **~glockentonne** *f Mar* sonoranta lum-buo; **~heultonne** *f Mar* bruanta lum-buo; **~käfer** *m Ent (Glüh- od Johanniswürmchen)* (*Gattung* Lmpyris) lampiro; (*Gattung* Luciola) luciolo; **~kalmar** *m* (Watasenia scintillans) *Ichth, auch Nahr [in Japan] (eine kleine Tintenfischart)* luciola (*od* scintilanta) kalmaro *[Vorkommen: Nordpazifik, Japanisches u. Ochotskisches Meer]* (*vgl. dazu* ***Wunderlampe***); **~körper**

m lumilo (↑ *auch* ***Lampe*** *u.* ***Leuchte***); **~-kraft** *f* lumeco; *Astron* lum-energio; **~-krebs** *m* (*Gattung* Euphausia) eŭfaŭsio; **~-kugel** *m* fajrostreka kuglo, spurkuglo; **~patrone** *f* lumkartoĉo; **~pedal** *n am Fahrrad* reflekta pedalo; **~pistole** *f* lumkartoĉa pistolo, signalpistolo; **~rakete** *f* lumraketo, *als Notsignal auch* signalraketo; **~reklame** *f* lumreklamo *od* reklamlumoj *Pl*; **~ring** *m auf dem TV-Bildschirm* haloo

Leuchtschiff *n Mar* ↑ ***Feuerschiff***

Leucht|schirm *m El (z.B. eines Röntgenapparates)* fluoreska ekrano; **~stofflampe** *f, pop auch fälschlich* ***Leuchtstoffröhre*** *f* fluoreska lampo, *pop auch fälschlich* fluoreska tubo (*vgl. dazu* ***Neonlampe***)

Leuchttierchen *n/Pl*: ***[Gattung der]*** *~ Pl* (Noctiluca) *Zool* noktilukoj *Pl* <*erzeugen Meeresleuchten*>

Leuchtturm *m* lumturo; **~wärter** *m* deĵoranto en lumturo

Leucht|zifferblatt *n der Uhr* ciferplato kun ciferoj lumantaj (*od* fosforeskaj); **~zirpe** *f* (*Ordnung* Fulgora) *Ent* fulgoro (↑ *auch* ***Laternenträger***)

Leucit *m, auch* ***Leuzit*** *m Min (ein Feldspat)* leŭcito

Leucitit *m Min (ein Vulkanit)* leŭcitito

Leucitophyr *m Min (ein Basaltgestein)* leŭcitofiro

leugnen *tr nicht eingestehen* malkonfesi; *verneinen* nei, *auch* negi (↑ *auch* ***negieren***); *bestreiten* kontesti (↑ *auch* ***desavouieren*** *u.* ***widerrufen***); ***es lässt sich nicht leugnen, dass ...*** estas neeble negi, ke ...

Leukämie *f, pop auch* ***Blutkrebs*** *m, alt* ***Weißblütigkeit*** *f Med* leŭkemio, *pop* sangokancero (↑ *auch* ***Leukose***, ***Monozyten-*** *u.* ***Präleukämie***); ***akute lymphatische*** *~* (*fachsprachl. Abk* ***ALL***) akuta limfoida leŭkemio; ***akute myeloische*** *~* (*fachsprachl. Abk* ***AML***) *vom Knochenmark ausgehende Leukämie* medola leŭkemio, *Fachspr meist* mjela leŭkemio; ***chronisch-lymphatische*** *~* (*fachsprachl. Abk* ***CLL***) kronika limfoida leŭkemio; ***an*** *~* ***leiden*** suferi je leŭkemio; ***an*** *~* ***sterben*** morti pro (*od auch* de) leŭkemio

Leukämiekranke *m* leŭkemi-malsanulo

Leukas (*n*), *neugriech.* ***Lefkas*** (*n*) *eine der Ionischen Inseln* [insulo] Leŭkado, *auch* [insulo] Lefkado

Leukoderm[a] *n od* **Leukodermie** *f nur Fachspr Med (fleckförmige Hypo- od Depigmentierung der Haut, u.a. bei Lepra)* leŭkodermio

Leukogranit *m Min (ein magmatisches Tiefengestein)* leŭkogranito

Leukolyse *f nur Fachspr Med (Auflösung bzw. Zerfall der weißen Blutkörperchen)* leŭkolizo

Leukolysine *n/Pl Physiol (Leukozyten abbauende Stoffe der Phagozyten)* leŭkolizinoj *Pl*

Leukom *n Ophthalmologie (weiße Hornhautnarbe)* leŭkomo; ***adhärierendes*** *~* (Leucoma adhaerens) *Hornhaut-Narbentrübung, an deren Rückfläche die Iris einod angeheilt ist* adhera leŭkomo

Leukomain *n Biochemie (ein basisches Alkaloid im Gewebe)* leŭkomaino

Leukopenie *f, auch* ***Leukozytopenie*** *f nur Fachspr Med (krankhafte Verminderung der weißen Blutkörperchen [als Ausdruck der körpereigenen Krankheitsabwehr])* leŭko[cito]penio

Leukoplakie *f, auch* ***Weißschwielenkrankheit*** *f Med* leŭkoplakio

Leukoplast® *n Pharm* leŭkoplasto (*vgl. dazu* ***Heftpflaster***)

Leukopoese *f, auch* ***Bildung*** *f* ***weißer Blutzellen*** *Physiol* leŭkopoezo *od* leŭkocitopoezo, formiĝo de leŭkocitoj [en la organismo]

Leukorrhö[e] *f Gynäkologie* ↑ ***Weißfluss***

Leukose *f* ***a)*** *Vet (Leukämie bei Tieren [bes. beim Hausrind, aber auch bei Hühnern u. Wildvögeln bekannt])* leŭkozo; *Rinder~* bova leŭkozo ***b)*** *Med: veraltete Bez für «Leukämie»* (↑ ***Leukämie***)

Leukotomie *f, alt* ***Lobotomie*** *f Fachspr Hirnchirurgie (Durchschneidung der weißen Hirnsubstanz)* leŭkotomio, *auch* lobotomio

Leukotoxin *n Med (Giftstoff aus zerfallenden Leukozyten)* leŭkotoksino

Leukozyten *m/Pl* (*gelegentlich als* ***Immunzellen*** *bezeichnet*) *Anat (weiße Blutkörperchen)* leŭkocitoj *Pl*

Leukozytopenie *f Med* ↑ ***Leukopenie***

Leukozytose *f Med (krankhafte, aber gutartige Vermehrung der weißen Blutkörperchen im Blut)* leŭkocitozo <*als Ausdruck der körpereigenen Krankheitsabwehr*>

Leumund *m* reputacio, famo (↑ *auch* ***Renommee*** *u.* ***Ruf d)***); ***einen guten*** *~* ***haben***

havi bonan reputacion

Leute *Pl* homoj *Pl*, personoj *Pl*; ***angenehme*** (*od* ***nette***) ~ agrablaj homoj *Pl*; ***die einfachen*** ~ la ordinaraj homoj, *umg auch* la ordinaruloj *Pl*; ***die verschiedensten*** (*od* ***alle möglichen***) ~ la plej diversaj homoj; ~ ***wie ihn findet man selten*** homojn kiaj li oni nur malofte renkontas; ***die*** ~ ***sagen, dass ...*** la homoj diras, ke ... *od* oni diras, ke ...; ***alte*** ~ maljunaj homoj; ***junge*** ~ junaj homoj, gejunuloj; ***unsere*** ~ *die Unsrigen* la niaj *Pl*; ***viele*** ~ multaj homoj *od* multe da homoj *Pl* ◇ ***wir sind geschiedene*** ~ inter ni ĉio estas finita

Leutnant *m* (*Abk* ***Lt.*** *od* ***Ltn.***) *Mil* leŭtenanto (↑ *auch* ***Ober-*** *u.* ***Unterleutnant***); ***[junger]*** ~ ***zur See*** *britische Marine (Seeoffiziersanwärter)* midŝipmano

leutselig *Adj* joviala, afabla, bonvolema

Leutseligkeit *f* jovialeco

Leuven (*n*) ↑ ***Löwen***

Leuzin *n Chem (eine Aminosäure)* leŭcino

Leuzit *m Min* ↑ ***Leucit***

Levante *f hist. Bez für die östlichen Mittelmeerländer od die entsprechenden Küstengebiete [die heutige Türkei, Syrien, Libanon, Israel, Ägypten u. Zypern]* Levantio

Levantiner *m Bewohner der Levante* levantiano

levantinisch *Adj 1. die Levante betreffend 2. aus der Levante stammend* levantia

Levi (*m*) *biblischer Eig [im Alten Testament:] dritter Sohn Jakobs u. Leas* Levio

Leviathan *m altoriental. Myth (ein Meeresdrache)* levjatano *auch bibl*

Levirat *n*, *auch* ***Schwagerehe*** *f [bei Israeliten u. Naturvölkern:] Ehe mit der Frau des kinderlos verstorbenen Bruders* levirato

Levitation *f 1. Parapsychologie (freies Schweben des menschl. Körpers [des Fakirs od okkultischen Mediums]) 2. Spiritismus (das Schweben von Gegenständen)* levitacio

[1]**Leviten** *m/Pl bibl (1. die Stammes- u. Berufsbez. der Nachkommen Levis 2. [im Alten Testament:] Tempeldiener)* levidoj *Pl*

[2]**Leviten** *m/Pl* ◇ ***jmdm. die*** ~ ***lesen*** *jmdn. energisch zurechtweisen* energie riproĉi iun, *auch* fari al iu bonan lavon *(Zam)* (*vgl. dazu* ***zurechtweisen***)

Levitikus *m bibl (3. Buch Mosis)* Levidoj *Pl*

levitisch *Adj auf die [1]Leviten bezüglich* levida

Levkada (*n*) *eine der Ionischen Inseln* [insulo] Leŭkado

Levkoje *f* (Matthiola incana) *Bot (Garten*♀ *od Sommer*♀*)* levkojo

Levkosia (*n*) ↑ ***Nikosia***

Lew *m* (*Pl:* ***Lewa***) (*Abk* ***Lw***; *Währungscode* ***BGN***) *bulgarische Währungseinheit* levo *[1 Lew = 100 Stotinki]* (*vgl. dazu* ***Stotinka***)

Lexem *n Ling (lexikalische Einheit)* leksemo; ***monosemes*** (***polysemes***) ~ monosemia (polisemia) leksemo

Lexik *f* leksiko (*vgl. dazu* ***Wortmaterial*** *u.* ***Wortschatz***; ↑ *auch* ***Fachlexik***)

lexikalisch *Adj* leksika; ~***e Bedeutung*** *f Ling* leksika signifo; ~***e Einheit*** *f* leksemo

Lexikograf *m*, *auch* ***Lexikograph*** *m* leksikografo; *Wörterbuchautor* vortaristo

Lexikografie *f*, *auch* ***Lexikographie*** *f Lehre von den Wörterbüchern* leksikografio

lexikografisch, *auch* ***lexikographisch*** *Adj* leksikografia

Lexikologe *m* leksikologo

Lexikologie *f [wissenschaftliche] Erforschung des Wortschatzes* leksikologio

lexikologisch *Adj* leksikologia

Lexikon *n* ***a)*** *[alphabetisch geordnetes] Nachschlagewerk* leksikono (*vgl. dazu* ***Enzyklopädie*** *u.* ***Wörterbuch***; ↑ *auch* ***Musik-*** *u.* ***Zitatenlexikon***); ***zweisprachiges*** ~ dulingva leksikono ***b)*** *Wortbestand einer Sprache* [kompleta] vortprovizo [de lingvo]

Lexikonformat *n Buchw:* ***im*** ~ en formato de leksikono

Leydig-Zwischenzellen *f/Pl Anat* ↑ *unter* ***interstitiell***

Leyte (*n*) *eine östliche Insel der Philippinen* [insulo] Lejto *[Hptst.: Tacloban]*

Lezithin *n*, *fachsprachl. meist* ***Lecithin*** *n Biochemie* lecitino

LFA = *Abk für* ***Länderfinanzausgleich***

lfd. Nr. = *Abk für* ***laufende Nummer***

LFK = *fachsprachl. Abk für* ***Lenkflugkörper***

L-förmig *Adj*: ~***es Eisen*** *Tech* L-fero [*lo-...*]

LG = *Abk für* ***Landgericht***

LH = *fachsprachl. Abk für* ***luteinisierendes Hormon***

Lhasa (*n*) *Hptst. von Tibet* Lasao, *auch* Lhas[a]o

[1]**Li** *m chinesische Meile [= 644,4 m]* lio

[2]**Li** *Pl Ethn (eine Minderheit in Südchina u. auf der Insel Hainan)* lioj *Pl*

[1]**Liane** (*f*) *weibl. Vorname* Liana

[2]**Liane** *f Bot (eine trop. Schling- u. Kletter-*

pflanze) liano (↑ *auch* ***Scheinmyrte***); ***biegsam wie eine*** ~ fleksebla kiel liano

Liang *m Metr (alte Einheit der Masse in China [1 Liang = 31,25 g])* ljango

Liaoning (*n*) *eine nordostchinesische Provinz [Hptst.: Shenyang]* Ljaŭningo, *auch* Ljaŭning-provinco

Lias *m od f Geol (älteste Abteilung des Jura)* liaso

liassisch *Adj zum Lias gehörend* liasa

Libanese *m* libanano

Libanesin *f* libananino

libanesisch *Adj* libana; ~***es Pfund*** *n* (*Abk* ***L£***; *Währungscode* ***LBP***) *Währung im Libanon* libana pundo

Libanon *m **a)** arab.* ***Lubnān*** *ein Staat im Vorderen Orient* Libano *[Hptst.: Beirut]* ***b)*** *auch* ***Libanon-Gebirge*** *n*, *arab.* ***Dschebel Lubnān*** *ein Gebirge im Norden des Libanon* Lebanono; ~**-Eiche** *f* (Quercus libani) *Bot* lebanona kverko; ~**zeder** *f* (Cedrus libani) lebanona cedro

Libau (*n*) ↑ ***Liepāja***

¹Libelle *f*, *auch* ***Wasserjungfer*** *f* (*Gattung* Libellula) *Ent* libelo (*vgl. dazu* ***Keiljungfer*** *u.* ***Schilfjäger***; ↑ *auch* ***Feuer-***, ***Heide-***, ***Königs-***, ***Wander-*** *u.* ***Wiesenlibelle***); ***[Ordnung der]*** ~***n*** *Pl* (Odonata) odonatoj *Pl*

²Libelle *f in Wasserwaagen sowie an Präzisionsinstrumenten* [bobel-]nivelilo

Libellenlarve *f Ent* larvo de libelo

liberal *Adj* liberala (*vgl. dazu* ***freisinnig***)

Liberaldemokrat *m* liberal-demokrato

Liberal-Demokratische Partei *f* (*Abk* ***LDP***) *Pol (ehem. DDR)* Liberala Demokratia Partio (*Abk* LDP) (↑ *auch* ***Freie Demokratische Partei*** [*unter* ***frei 1.a)***])

Liberale *m bes. Pol* liberalulo, partiano de liberalismo

liberalisieren *tr* liberaligi

Liberalisierung *f das Liberalisieren* liberaligo; *das Sichliberalisieren* liberaliĝo; ~ ***der Wirtschaft*** liberaligo de [la] ekonomio

Liberalismus *m* liberalismo (↑ *auch* ***Neoliberalismus***)

liberalistisch *Adj* liberalisma

Liberalität *f* liberaleco

Liberec (*n*), *dt.* ***Reichenberg*** (*n*) *größte Stadt in Nordböhmen/Tschechische Rep.* [urbo] Libereco

Liberia (*n*) *ein Staat in Westafrika* Liberio *[Hptst.: Monrovia]*

Liberianer *m* liberiano

Liberianerin *f* liberianino

liberianisch *Adj* liberia

Libero *m*, *umg auch* ***der freie Mann*** *Fußball (Abwehrspieler ohne direkten Gegenspieler)* liberulo

Libertinismus *m Abweichen von anerkannter Lehre od Moral* libertinismo

libidinös *Psych (die sexuelle Lust betreffend)* libida

Libido *f sexuelles Verlangen, Geschlechtstrieb* libido (↑ *auch* ***Sexualtrieb***); ~**störung** *f Med, Psych* libidoperturbo

Libra *f Astron* ↑ ***²Waage***

Libration *f Astron (scheinbare Mondschwankung)* libracio

Librationspunkt *m Astron* libracia punkto

Libretto *n Mus* libreto [kun teksto de operverko]

Libreville (*n*) *Hptst. der Rep. Gabun* Librevilo

Libuše *od* **Libussa** (*f*) *Eig 1. sagenhafte Gründerin von Prag, Ahnherrin der Přemysliden 2. tschechischer weiblicher Vorname* Libuŝa

Libyen (*n*), *arab.* ***Al-Libiya*** *ein Staat in N-Afrika* Libio *[Hptst.: Tripolis]* (↑ *auch* ***Tripolitanien***)

Libyer *m* libiano

Libyerin *f* libianino

libysch *Adj* libia; ~***er Dinar*** *m* (*Abk* ***LD*** *od* ***Lib$***) *Währung in Libyen* libia dinaro; ***die*** ***≗e Wüste*** *nordöstlicher Teil der Sahara [umfasst das östliche Libyen südlich der Kyrenaika]* la Libia Dezerto

Lic. = *Abk für* ***Lizentiat b)***

Lichen *m Med* ↑ ***Flechte a)***

Lichenin *n Biochemie (als Reservestoff u. Gerüstsubstanz dienendes Polysaccharid <es findet sich in vielen Flechten>)* likenino

Lichenologe *m* likenologo

Lichenologie *f*, *auch* ***Flechtenkunde*** *f Bot* likenologio

Lichenometrie *f Biol (Altersbestimmung deurch Flechten)* likenometrio

licht *Adj hell* luma, hela; *spärlich, dünn, schütter, z.B. Haar* maldensa; *klaren Geistes* lucida; ~***er Augenblick*** *m* klara momento; *Med* lucida intervalo; ~***e Höhe*** *f z.B. unter Brücken* libera alto; ~***e Momente*** *m/Pl Med* intervaloj de lucideco; ~***e Weite*** *f* interna diametro; ***hell wie am*** ~***en Tag*** hela kiel dum la luma tago

Licht *n [Licht-]Schein* lumo (↑ *auch* ***Abblend-***, ***Dämmer-***, ***Decken-***, ***Fern-***, ***Gegen-***, ***Kerzen-***, ***Kunst-***, ***Mond-***, ***Schluss-*** *u.* ***Sonnenlicht***); *Beleuchtung* lumigo; *Lampe* lampo; *Kerze* kandelo; ~ ***und Schatten*** lumo kaj ombro *auch bildh*; ***diffuses*** (***direktes***, ***künstliches***, ***monochromatisches***, ***reflektiertes***) ~ difuz[it]a (rekta, art[efarit]a, monokromata, reflektita) lumo; ***elektrisches*** ~ elektra lumo; *[elektr.] Lampe* [elektra] lampo; ***zirkular polarisiertes***~ cirklopolarizita lumo; ***bei künstlichem*** ~ ***arbeiten*** labori ĉe arta (*d.h.* elektra) lumo; ***voller*** ~ plena de lumo, lum[o]plena; ***das*** ~ ***andrehen*** (*od* ***anschalten*** *od umg* ***[an]machen***) ŝalti la [elektran] lumon; ***das*** ~ ***ausschalten*** (*od umg* ***ausmachen***) malŝalti (*od* elŝalti) la [elektran] lumon; *die Lampe ausschalten* malŝalti la lampon; ***bei*** ~ ***betrachtet*** *übertr* detale konsiderante (*bzw.* konsiderate); *nach genauer Erforschung* post preciza esploro; ***ans*** ~ ***kommen*** *übertr (bekannt werden)* fariĝi konata (*od* publika), *(aufgedeckt werden)* esti malkovrata ◇ ***früher oder später kommt die Wahrheit ans*** ~ tempo toleras, sed vero aperas *(Zam)*; ***er brachte*** ~ ***in diese Angelegenheit*** li iom malkaŝis [kaj klarigis] la aferon; ***jmdn. hinters*** ~ ***führen*** *betrügen* trompi iun; *veralbern* mistifiki iun; ***er ist kein großes*** ~ *iron* li [fakte *od* vere] ne estas inteligentulo (*od* korifeo); ***jmdm. grünes*** ~ ***geben für ...*** doni al iu [la] verdan lumon por ...; ***das*** ~ ***der Welt erblicken*** *bildh für «geboren werden»* vidi la lumon, esti naskita *od* naskiĝi; ***sein*** ~ ***unter den Scheffel stellen*** esti tro modesta; ***neues*** ~ ***auf etw. werfen*** ĵeti novan lumon sur ion; ***sich im besten*** ~ ***zeigen*** vidiĝi nur siajn bonajn ecojn; ***es werde*** ~, ***und es ward*** ~ *bibl* estu lumo, kaj fariĝis lumo

Licht|bad *n* lumbano; ~**bild** *n Foto* foto; *Diapositiv (projiziertes Lichtbild)* diapozitivo, *umg* lumbildo

Lichtbildervortrag *m* lumbildprelego, diapozitiva prelego; ***einen*** ~ ***halten*** fari prelegon kun montro de diapozitivoj (*od* lumbildoj), *auch* fari lumbildprelegon

Lichtbildsammlung *f* = ***Fotothek***

Licht|blick *m übertr* radio de espero, *(tröstlicher Lichtblick) auch* konsolaĵo (*vgl. dazu* ***Hoffnungsschimmer***); ~**blitz** *m* fulmo de lumo

Lichtbogen *m El* lumarko; ~**generator** *m El* lumarka generatoro; ~**gleichrichter** *m El* lumarka rektifilo; ~**schweißen** *n El* lumarka veldado

Licht|brechung *f Opt* refrakto; ~**bündel** *n Opt* fasko de lumradioj; ~**diffraktion** *f Opt* difrakto de lumo; ~**druck** *m* fototipio; *Heliogravüre* heliogravuro

lichtdurchdrungen ↑ ***euphotisch***

lichtdurch|flutet *Adj* lumotrafluata; ~**lässig** *Adj* diafana

lichtecht *Adj* ne paliĝonta

Lichteffekte *m/Pl* lumefektoj *Pl*

lichtelektrisch *Adj* lumelektra; ~***er Effekt*** *m* lumelektra efekto; ~***e Zelle*** *f* lumelektra ĉelo (*vgl. dazu* ***Fotozelle***)

lichtempfindlich *Adj Film* lumsentiva *od* sentiva al lumo

Lichtempfindlichkeit *f* sentiveco al lumo

[1]**lichten** *tr Dickicht, Wald* maldensigi (↑ *auch* ***ausdünnen***); ***sich*** ~ maldensiĝi *auch jmds. Haar*; *sich aufhellen* [pli]heliĝi; *weniger werden* malpliiĝi; *verschwinden* malaperi; ***der Nebel hat sich [etwas] gelichtet*** la nebulo [iom] maldensiĝis

[2]**lichten** *tr*: ***den Anker*** ~ levi la ankron

Licht|energie *f* lum-energio; ~**engel** *m*, *auch* ***Cherub*** *m spätere jüdische u. christliche Lit. u. Kunst* kerubo

Lichter *m Mar* = ***Leichter***

lichterloh *Adv*: ~ ***brennen*** esti en flam[eg]oj, brulegi

Lichtermeer *n* maro da lumoj

Licht|filter *m Opt* lumfiltrilo; ~**geschwindigkeit** *f* lumrapid[ec]o

Lichtgriffel *m* ↑ ***Lichtstift***

Lichthof *m* ***a)*** *Astron, Foto (überbelichtete Stelle auf Negativen infolge Reflexion an der Rückseite des Schichtträgers)* haloo, *um den Mond* luna haloo ***b)*** *Arch* [tre malvasta] vitrotegita korto inter konstruaĵoj; ~**hülle** *f umgebendes Licht (Licht um etw. herum* ĉirkaŭlumo; ~**schutz** *m Foto* kontraŭhaloilo

Licht|impulse *m/Pl* lumimpulsoj *Pl*; ~**intensität** *f* lumintens[ec]o; ~**jahr** *n* (*Abk* ***Lj.***) *Astron (astronomische Längeneinheit [9,46 Billionen km])* lumjaro (*Abk* lj.); ~**kegel** *m* lumkonuso, konuso da lumo *od* konuso el lumradioj; ~**leitkabel** *m* optika fibro; ~**leitung** *f El* [kondukto]lineo (*vgl. dazu* ***Stromkreis***); *Stromkabel* elektra kablo; ~**maschine** *f* dinamo *auch Kfz*; *Generator* generatoro; ~**mess**, *auch* ***Mariä Lichtmess*** *od* ***Mariä Reinigung*** *ohne Art: kath. Kirche*

Kandelfesto, *auch* Puriĝo de la [Sankta] Virg- ulino; ~**messung** *f od* ~**messverfahren** *n* mezurado de lumradioj (*vgl. dazu* ***Fotometrie***); ~**mikroskop** *n Opt* lummikroskopo, optika mikroskopo; ~**minute** *f Astron* lumminuto

Lichtmyrte *f Bot* ↑ ***Gagel***

Lichtnelke *f* ***a)*** (*Gattung* Lychnis) *Bot* likeno (↑ *auch* ***Kuckuckslichtnelke***) ***b)*** (*einzelne Arten aus der Gattung* Silene): ***rote*** ~ (Silene dioica) ruĝa sileno; ***weiße*** ~ (Silene alba) blanka sileno (*vgl. dazu* ***Leimkraut***)

Licht|nussbaum *m* (Aleurites mollucana) *Bot* moluka aleŭrito <*aus dessen Samen wird Candlenussöl gewonnen*>; ~**pause** *f* lumpaŭsaĵo (*vgl. dazu* ***Fotokopie***); ~**pausgerät** *n* fotostato

Lichtquant *n Phys* ↑ ***Photon***

Licht|quelle *f* lumfonto *od* fonto de lumo; ~**reflex** *m* lumreflekto

Lichtreflexionslehre *f Opt* ↑ ***Katoptrik***

Licht|reklame *f* lumreklamo; ~**schacht** *m* lum[o]ŝakto; ~**schalter** *m* [lum]ŝaltilo; ~**schein** *m* brilo [de lumo] (↑ *auch* ***Polarlicht***)

lichtscheu *Adj* lumevit[em]a; *übertr* kaŝema

Lichtschimmer *m* lumbrileto *od* brileto de l' lumo (*od* da lumo)

Lichtschmarotzer *m Bot* ↑ ***Epiphyt***

Lichtschranke *f Optoelektronik* fotoelektra sensilo

Lichtschutz *m* ŝirmo kontraŭ [sun]lumo; *(Substanz)* lumŝirmilo; ~**faktor** *m* (*Abk* ***LSF***), *auch* ***Sonnenschutzfaktor*** *m eines Sonnenschutzmittels* sunprotekta faktoro (↑ *auch* ***Sunblocker***)

Licht|schwert *n eine fiktive Fechtwaffe mit einer hochenergetischen Klinge (in Star-Wars-Filmen)* lumglavo; ~**sekunde** *f Astron* lumsekundo; ~**show** *f* lumspektaklo; ~**signal** *n das gegeben wird* lumsignalo; *als Einrichtung od Gerät* lumsignalilo; ~**spieltheater** *n alt für «Kino»* filmteatro, kinejo; ~**spielwesen** *n* kinematografio; ~**stärke** *f eine fotometrische Größe* lum-intenso; ~**stift** *m, auch* ***Lichtgriffel*** *m optoelektrisches Gerät zum Kennzeichnen einzelner Punkte od Zeichen bei Konstruktionsarbeiten am Bildschirm* lumkrajono; ~**strahlen** *m/Pl* lumradioj *Pl*

lichtstrahlend *Adj* lumradianta (*vgl. dazu* ***empyreisch***)

Lichtstrahlenwirkung *f Chem, Phys (Aktinität)* aktineco

Licht|strom *m eine fotometrische Größe* lumflukso; ~**talg** *m zur Kerzenherstellung* sebo por fari kandelojn; ~**technik** *f* lumtekniko; ~**techniker** *m* lumteknikisto; ~**therapie** *f Med* lumoterapio (*vgl. dazu* ***Heliotherapie***)

lichtundurchlässig *Adj* maldiafana, ne tralasanta [la] lumradiojn

Lichtung *f Forstw* maldensejo, senarbejo

Lichturtikaria *f Med* ↑ ***Sonnenurtikaria***

Lichtverhältnisse *n/Pl*: ***gute*** ~ ***haben*** *z.B. zum Fotografieren, für Tierbeobachtungen u.a.* havi bonajn lumcirkonstancojn

Licht|verschmutzung *f Aufhellung des Nachthimmels durch von Menschen geschaffene, installierte u. betriebene Lichtquellen, deren Licht in den unteren Luftschichten der Atmosphäre gestreut wird [Großstädte, Industrieanlagen]* luma polu[ad]o; ~**wechsel** *m, auch* ***Helligkeitsänderung*** *f Astron (die Änderung der scheinbaren Helligkeit eines Gestirns mit der Zeit, z.B. beim Mond)* briloŝanĝiĝo

Lichtwendigkeit *f Bot* ↑ ***Fototropismus*** *u.* ***Heliotropismus***

Lid *n Augen*≗ palpebro (↑ *auch* ***Ober-*** *u.* ***Unterlid***)

Liderung *f Foto (vor der Linse), Tech (Abdichtung gegeneinander gleitender Maschinenteile)* obturilo

Lidfaserplatte *f Anat* ↑ ***Tarsalplatte***

Lid|karzinom *n Med (von der Lidhaut u. ihren Anhangsgebilden ausgehende bösartige Geschwulst des Augenlids)* palpebra karcinomo; ~**knorpel** *m* (Tarsus) *Anat* tarzo

Lidknorpelentzündung *f Med* ↑ ***Tarsitis***

Lid|kolobom *n* (Coloboma palpebrae) *Ophthalmologie* palpebra kolobomo (*vgl. dazu* ***Kolobom***); ~**krampf** *m*, <*wiss*> ***Blepharospasmus*** *m Med* spasmo de la palpebro(j), *(Fachspr)* blefarospasmo; ~**ödem** *n Ophthalmologie (Flüssigkeitsansammlung im Unterhautgewebe des Augenlids)* palpebra edemo

Lidrand *m* palpebrorando *od* palpebra rando

Lidrand|drüsenentzündung *f*, <*wiss*> ***Blephar[o]adenitis*** *f Ophthalmologie* blefaroadenito <*entsteht durch Entzündung der Talg- od Schweißdrüsen*>; ~**entzündung** *f*, <*wiss*> ***Blepharitis*** *f Ophthalmologie*

inflamo de la palpebra(j) rando(j), *(Fachspr)* blefarito; ***Blepharitis squamosa*** skvama blefarito

Lidschatten *m*, *auch* **Eyeshadow** *m Kosmetik* palpebroŝminko, *auch* okul-ombro

Lidschluss *m* palpebrofermo; **~reflex** *m Physiol* palpebroferma reflekso

Lid|schwellung *f Ophthalmologie* palpebra ŝvelaĵo; **~spalt** *m Anat* palpebra fendo; **~-winkel** *m* palpebra angulo

lieb *Adj allg* kara *auch als Anrede im Brief* (*vgl. dazu* ***liebst***); *liebenswert* aminda; *geliebt* amata; *[sehr] geehrt, wert, teuer (förmliche Anrede)* [tre] estimata; *angenehm* agrabla; *folgsam, brav* obeema; *süß* dolĉa; ***er ist ein ~er Mensch*** li estas karulo; ***jmdn. ~ gewinnen*** ekŝati iun; *anfangen zu lieben* ekami iun; ***jmdn. ~ haben*** ami iun *od* senti amon por iu; ***es ist sehr ~ von dir, dass ...*** estas tre afable (*od* ĉarme) de vi, ke ...; ***das ist mir gar nicht ~*** tio estas tute ne agrabla al mi; ***~ zu jmdm. sein*** esti kara al iu; ***es wäre mir ~, wenn ...*** mi ŝatus (*od* preferus), se ...; ***es wäre mir ~er wenn ...*** mi preferus(*od* pli ŝatus), se ... ◇ ***ach, du ~e Güte*** (*od* ***Zeit***)! *Ausruf* Dio mia!; ***den ~en langen Tag*** la tutan [longan] tagon; ***ich habe meine ~e Not mit ihr*** mi havas zorgojn senfinajn pri ŝi

liebäugeln *intr verstohlen od kokett hinschauen* okulumi (***mit jmdm.*** kun iu), ludi per la okuloj; *i.w.S.* koketi, flirti (***mit*** kun); *gern haben wollen* volonte voli posedi; ***ich habe mit dem Gedanken geliebäugelt zu ...*** mia fantazio jam ludis kun la ideo ...

Liebchen *n* karulino (*vertraulich auch* karulinjo); *Geliebte* amatino; *pej* amaĵistino

[1]**Liebe** *f zu einer Person od zum Vaterland, zur Freiheit u.a.* amo (***zu*** al) (↑ *auch* ***Bruder-***, ***Eigen-***, ***Eltern-***, ***Mutter-*** *u.* ***Vaterliebe***); *sex* amoro; *Liebhaberei* ŝat-okupo, hobio; ***betrogene*** (***freie***, ***glühende***, ***jugendliche***, ***leidenschaftliche***, ***platonische***, ***romantische***, ***unglückliche***, ***verbotene***) ~ trompita (libera, arda, adoleska, pasia, platona, romantika, malfeliĉa, malpermesita) amo; ***französische ~*** *sex* ↑ ***Neunundsechzig***; ***heimliche*** (*od* ***stille***) ~ sekreta amo; ***lesbische ~*** *sex* lesba amo, safismo; ***die wahre ~*** la vera amo; ***~ auf den ersten Blick*** amo je la unua rigardo; ***aus ~ zu ...*** pro amo al ...; ***die ~ Gottes*** la amo de Dio; ***~ zur Heimat*** (*od* ***zum Vaterland***) amo al la patrio (*od* patrolando); ***~ zur Natur*** amo al la naturo; ***als Zeichen der ~*** kiel signo de amo (***zu jmdm.*** al iu); ***~ für jmdn. empfinden*** senti amon al iu; ***aus ~ heiraten*** [ge]edziĝi pro amo ◇ ***~ und Eifersucht sind Freunde*** amo kaj ĵaluzo estas gefratoj *(Zam)*; ***eine flüchtige ~*** *bildh* papilia amo

[2]**Liebe** *f Person*: ***eine alte ~ von mir*** amatino iama mia; ***meine ~*** karulino mia *auch als Anrede,* mia kara; ***meine große ~*** la granda amo en mia vivo

liebebedürftig *Adj* bezonanta amon *nachgest*

Liebe|diener *m pej* servila homo, aĉe servema homo (*od* persono); **~dienerei** *f pej* servileco, aĉa servemo; *i.w.S.* sklava komplezemo

liebedienerisch *Adj* servila, aĉe servema, sklave komplezema

liebedienern *intr* servili (***vor jmdm.*** ĉirkaŭ iu)

Liebelei *f oberflächliche Liebe* am-afereto; *Liebschaft* amaĵeto, *sex* [eta] amora afero (*vgl. dazu* ***Liebesverhältnis*** *u.* ***Techtelmechtel***); *Flirt* flirto

liebeln *intr* amaĵi; *flirten* flirti; *kosen* karesi (*vgl. dazu* ***liebkosen***)

lieben *tr* ami; *sex* amori; *gern mögen, gern tun* ŝati; *Freude od Vergnügen haben an etw.* senti ĝojon (*od* plezuron) en [io]; ***~ Sie Musik?*** ĉu vi ŝatas muzikon?; ***ich liebe dich*** mi amas vin; ***wenn du mich wirklich liebst, [dann] ...*** se vi vere amas min, [tiam] ...; ***sie ~ sich*** (*od* ***einander***) ili reciproke sin amas *od* ili amas unu la alian; *sex* ili amoras

liebend *Adv*: ***~ gern*** volontege

Liebende ***a)*** *m* amanto ***b)*** *f* amantino; *Pl*: ***die beiden ~n*** la du geamantoj

liebenswert *Adj* aminda (*vgl. dazu* ***sympathisch***)

liebenswürdig *Adj freundlich* afabla; *höflich* ĝentila; *gütig* bonkora; *gefällig* komplez[em]a; *i.w.S. galant (Damen gegenüber)* galanta; ***~ sein*** esti afabla (*bzw.* bonkora *u.a.*); ***seien Sie so ~ ...*** estu tiel afabla (*od auch* bonkora) kaj ...

Liebenswürdigkeit *f* amindeco; *Freundlichkeit* afableco *bzw.* afablaĵo; *Gefallen* komplezo; ***sich ~en sagen*** diri (*od* interŝanĝi) reciproke afablaĵojn

lieber *Adv Komp von «gut»* pli bone; *Komp von «gern»* pli volonte; *es ist besser zu ...* estas pli bone ...; *lieber mögen* pli ŝati; *lie-*

ber tun, bevorzugen preferi; ~ ***etwas als gar nichts*** pli bone io ol nenio *(Zam)*; ***je länger, je*** ~ ju pli longe, des pli bone; ***ich esse ~ Papaja als Mango*** mi pli volonte manĝas papajojn ol mangojn *od* mi preferas papajojn al mangoj (*nach* preferi *verwendet man die Präp* al *vor Subst, jedoch die Konj* ol *bei Verben*); ***ich rauche ~ Pfeife*** mi pli volonte fumas pipon; ***ich würde ~ zu Fuß gehen*** mi preferus iri piede; ***tu*** (*bzw.* ***tun Sie***) ***das ~ nicht!*** prefere ne faru tion!

Liebes|abenteuer *n* am-aventuro *od* ama aventuro; ~**affäre** *od* ~**angelegenheit** *f* amafero, *sex* amora afero (***mit*** kun); ~**beziehungen** *f/Pl* amrilatoj *Pl*; ~**brief** *m* amletero; ~**dienst** *m* amika servo; *Gefallen* komplezo; ~**erklärung** *f* amdeklaro; ~**film** *m* am-filmo; ~**gabe** *f* almozo(j) *(Pl)*; ~**gedicht** *n* poemo pri amo, ampoemo (*vgl. dazu* ***Madrigal***); *erotisch gefärbt* erotika poem[aĵ]o; ~**geschichte** *f Lit* amrakonto; *Affäre, Liebschaft* am-afero, *sex* amora afero; ~**geständnis** *n* amkonfeso; ~**gott** *m Myth* dio de la amo (*vgl. dazu* ***Amor*** *u.* ***Eros***); ~**göttin** *f Myth* diino de la amo

Liebesgras *n Bot* ↑ ***Zittergras***

Liebesheirat *f* [ge]edziĝo pro amo

liebeskrank *Adj* amovundita

Liebes|kummer *m* aflikto pro malfeliĉa am[afer]o; ~**kunst** *f*, *geh auch* ***Ars amatoria*** *f* arto de amo (*od* amoro); ~**leben** *n* amvivo; *Sexualleben* amorvivo *od* amora (*od* seksa) vivo; ~**lied** *n* amkanto

Liebesmahl *n frühchristl. Kirche* = ***Agape***

Liebesmüh[e] *f* ◇ ***vergebliche*** (*od* ***verlorene***) ~ vana (*od* perdita) peno

Liebes|nacht *f* nokto de amor[ad]o; ~**paar** *n* amanta paro (↑ *auch* ***Liebende***)

Liebespuppe *f sex* ↑ ***Silikonpuppe***

Liebes|rausch *m* ebrieco de amo; ~**roman** *m* am-romano; ~**schmerz** *m* doloro pro amo; ~**schwur** *m* ĵuro pri [fidela] amo; ~**sehnsucht** *f* amsopiro; ~**spiel** *n* am[o]ludo, *sex* amorlud[ad]o (↑ *auch* ***Petting***); ~**szene** *f im Film* am-sceno *bzw. sex* amora sceno; ~**taumel** *m* amdeliro; ~**trank** *m* amtrinkaĵo, *auch* eliksiro de amo (*vgl. dazu* ***Aphrodisiakum***)

liebestrunken *Adj* ebria de (*od* pro) amo

Liebesverhältnis *n (Beziehung)* amrilato, *(Affäre)* am-afero (↑ *auch* ***Liebschaft***); ***ein ~ anknüpfen mit ...*** komenci am-aferon kun ...

Liebeswahn *m Med, Psych* ↑ ***Erotomanie***

Liebeszeichen *n* signo de amo

Liebeszwang *m Med, Psych* ↑ ***Erotomanie***

liebevoll *Adj* amoplena; *zärtlich* tenera; ***eine ~e Tochter*** filino amanta siajn gepatrojn

liebgewinnen *alt* = ***lieb gewinnen*** [↑ *unter* ***lieb***]

liebhaben *alt* = ***lieb haben*** [↑ *unter* ***lieb***]

Liebhaber *m* ***a)*** *Geliebter* amanto, *sex auch* amoranto; ***ihr ehemaliger ~*** ŝia eksamanto ***b)*** *allg* ŝatanto, *aber auch* amanto; *Verehrer* admiranto; ***er ist ein ~ klassischer Musik*** li estas ŝatanto (*od auch* amanto) de [la] klasika muziko ***c)*** *Nichtfachmann, Amateur* nefakulo, amatoro; *Dilletant* diletanto ***d)*** *Kauflustiger* aĉetemulo

Liebhaberei *f* amatoraĵo; *Hobby* hobio; *Lieblingsbeschäftigung* ŝat-okupo

Liebhaberpreis *m* amatora prezo

liebkosen *tr* karesi; *streicheln* [karese] glatumi (***etw.*** ion; ***jmdn.*** iun)

Liebkosen *n od* **Liebkosung** *f* kares[ad]o; *[liebkosendes] Streicheln* [karesa] glatumo (*vgl. dazu* ***Zärtlichkeit***)

lieblich *Adj* ĉarma, plaĉa; *süß* dolĉa; *liebenswert* aminda

Lieblichkeit *f* ĉarm[ec]o; dolĉeco, *poet auch* dolĉo (*vgl. dazu* ***Milde*** *u.* ***Zartheit***)

Liebling *m* ***a)*** *Frau* karulino, *(als Koseform)* karulinjo, *auch* karulineto (*vgl. dazu* ***²Liebe***); *Mann* karulo ***b)*** *jmds. Günstling* favorato

Lieblings|beschäftigung *f* plej ŝatata okupo, [preferata] ŝat-okupo (*vgl. dazu* ***Hobby***); ~**buch** *n* plej ŝatata libro; ~**farbe** *f* plej ŝatata koloro; ~**gericht** *n Kochk* plej ŝatata plado (*od auch* manĝaĵo); ~**kind** *n* favorata (*od* plej ŝatata) infano, *auch* preferata infano; ~**lektüre** *f* plej ŝatata legaĵo; ~**lied** *n* plej ŝatata kanto; ~**platz** *m* plej ŝatata loko; ~**schriftsteller** *m* plej ŝatata (*od* favorata) verkisto; ~**sohn** *m* plej ŝatata filo; ~**tochter** *f* plej ŝatata filino

lieb|los *Adj* senama; *gefühllos* nesentema, *[stärker:]* sensenta; *herzlos* senkora; *grob* kruda; *kalt* malvarma; ~**reich** *Adj* amoplena *od nachgest* plena de amo

Liebreiz *m* ĉarmo; *Anziehungskraft* alloga forto *od kurz* allogo; *Schönheit* beleco

Liebschaft *f*, *<österr> umg u. reg* ***Gspusi*** *n* amaĵeto, am-afero, *sex* amora afero (***mit jmdm.*** kun iu); ***eine kurze ~*** *bildh* papilia amo; ***sie haben eine ~ miteinander*** ili havas [kune] am-aferon

liebst *Sup von «gern»: am liebsten* plej volonte; *am meisten* plej multe; ***etw. am ~en mögen*** plej multe ŝati ion

Liebste ***a)*** *f* plejkarulino, plej amata virino (*bzw.* knabino), *Koseformen:* juvelo, ĉielo, mia ĉio *u.a.* ***b)*** *m* plejkarulo, plej amata [viro *bzw.* knabo] ***c)*** *(das) Liebste* plejkaraĵo

Liebstöckel *n od m* (*Gattung* Levisticum *u. die Art* Levisticum officinale) *Bot* levistiko *auch Küchengewürz*

Liechtenstein (*n*), *amtl* ***Fürstentum Liechtenstein*** *ein Fürstentum zw. der Schweiz u. Österreich* [Princlando] Liĥtenŝtejno

Liechtensteiner *m* liĥtenŝtejnano

Liechtensteinerin *f* liĥtenŝtejnanino

liechtensteinisch *Adj* liĥtenŝtejna

Lied *n* kanto (↑ *auch* ***Chanson***, ***Kinder-***, ***Kirchen-***, ***Klage-***, ***Revolutions-***, ***Schlaf-***, ***Soldaten-***, ***Spott-***, ***Volks-*** *u.* ***Wiegenlied***); *Kirchen*~ psalmokanto, *[religiös gefärbtes] fröhliches Lied* karolo (↑ *auch* ***Weihnachtslied***); *Lobgesang* himno; *Mus (lyrisches [deutsches] Lied)* lido; ***die ~er Pl von Schumann*** la lidoj *Pl* de Schumann [Ŝ*uman*]; ***ein ~ singen*** kanti kanton ◇ ***immer das alte ~*** ĉiam la sama melodio (*od* litanio), *häufig pej* ĉiam la olda ĉanto

Liedchen *n* kanteto

Lieder|buch *n* kantaro, kantlibro (*vgl. dazu* ***Gesangbuch***); **~dichter** *m* verkisto de kantoj, lirika poeto (↑ *auch* ***Liedermacher***)

liederlich *Adj unordentlich* malordema, senzorg[em]a; *unsauber (Person)* malpurema; *ungepflegt* malbone zorgita; *nachlässig* neglektema; *ausschweifend* diboĉa; *sittenlos* senmora; *Arbeit* fuŝita, *auch ausgedrückt durch Quasi-Präfix* fuŝ... *am folgenden Subst*

Liederlichkeit *f Unordnung* malordo, *(auf eine Person bezogen)* malordemo *bzw.* senzorgemo; *Ausschweifung* diboĉo

Lieder|macher *m* kantofaristo; **~sammlung** *f* kantokolekto, *auch* kantaro; **~schatz** *m im Sinne einer Liedersammlung* kantotrezoro; **~singen** *n* kantado de kantoj

Lieferant *m Hdl, Wirtsch* liveranto (↑ *auch* ***Heeres-***, ***Hof-*** *u.* ***Unterlieferant***)

Lieferanten|eingang *m* enirejo por liverantoj; **~kredit** *m Fin, Hdl* liverantokredito

Lieferanzeige *f* avizo pri liverado

Lieferauto *n* = ***Lieferwagen***

lieferbar *Adj* liverebla

Liefer|bedingungen *f/Pl* liverkondiĉoj *Pl*; **~datum** *n* dato de livero, liverdato; **~dienst** *m* liverservo; **~frist** *f* limtempo de liver[ad]o, *auch* livertempo; **~kette** *f Logistik, Wirtsch* provizoĉeno

liefern *tr* ***a)*** liveri (***etw. an jmdn.*** ion al iu); *zustellen* ekspedi, sendi (***an*** al); ***liefert das Unternehmen auch ins Ausland?*** ĉu la entrepreno liveras (*od auch* vendas) varojn ankaŭ al eksterlando? ***b)*** *produzieren, erzeugen* produkti; ***die Biene liefert Honig und Wachs*** la abelo produktas mielon kaj vakson; ***die Speicheldrüsen ~ den Speichel*** la salivaj glandoj produktas [la] salivon ◇ ***sie lieferten sich eine Schlacht*** *kämpften gegeneinander* ili batal[ad]is unu kontraŭ la alia; ***er ist geliefert*** *umg für «sein Fiasko (bzw. sein Untergang) ist besiegelt»* lia fiasko (*bzw.* pereo) estas (*od futurisch:* estos) certa

Lieferschein *n Hdl* liveratesto *od* liverslipo; *i.w.S. allg Empfangsbescheinigung* ricevatesto (*vgl. dazu* ***Quittung***)

Lieferservice *m* ↑ ***Lieferdienst***

Liefertermin *m* dato de liver[ad]o

Lieferung *f* ***a)*** *Hdl (das Liefern)* liver[ad]o (↑ *auch* ***Auslieferung*** *u.* ***Zustellung***); *i.w.S. Versand* eksped[ad]o [de varo(j)]; *gelieferte Ware* liveraĵo; ***~ frei Haus*** ĝishejma liverado; ***falls die ~ unterbleibt*** *Hdl, Wirtsch ([Vertragsklausel:] bei Unterlassung der Lieferung)* en kazo de neliverado; ***zahlbar bei ~*** pagenda ĉe liverado ***b)*** *Heft, Folge (einer Zeitschrift, von mehrbändigen Buchausgaben)* kajero, daŭriga (*bzw.* kompletiga) aldon[aĵ]o

Lieferungsort *m*, *auch* ***Erfüllungsort*** *m* liverloko

Liefer|vertrag *m* kontrakto pri liverado [de varo(j)]; **~wagen** *m Kfz* liveraŭto, kamioneto; **~zeit** *f* livertempo [de varo(j)]

Liege *f*, *alt* ***Chaiselongue*** *n* kuŝsofo (↑ *auch* ***Campingliege*** *u.* ***Sofa***)

Liège (*n*) ↑ ***Lüttich***

Liege|geld *n Wirtsch (bei Fristüberschreitung, z.B. beim Löschen von Schiffen)* prokrastokompenso (*vgl. dazu* ***Standgeld***); **~karte** *f Eisenb (Karte für einen Platz im Liegewagen)* kuŝloka bileto; **~kur** *f Med* kuŝkuracado

liegen *intr [ausgestreckt] daliegen (von Gegenständen, Menschen, Tieren)* kuŝi (***auf*** sur); *sich befinden* troviĝi; *gelegen sein* *(bes, Geogr)* situi (***in*** en); ***halb ~***, ***halb sitzen*** duonkuŝi; ~ ***bleiben*** *noch nicht aufstehen (nach dem Schlaf)* resti kuŝanta; *unerledigt bleiben, bes. Arbeit* resti nefinita; ***etw.*** ~ ***lassen*** lasi ion kuŝanta; *vergessen mitzunehmen* forgesi [kunpreni] ion; *Arbeit* lasi ion nefarita; *nicht fortführen* ne daŭrigi ion; ***im Bett*** ~ kuŝi en [la] lito; ***auf dem Tisch*** ~ kuŝi (*od umg auch* esti) sur la tablo; ***das Dorf liegt im Tal (auf dem Berg)*** la vilaĝo situas en [la] valo (sur [la] monto); ***Dresden liegt an der Elbe*** Dresdeno situas ĉe [rivero] Elbo; ***im Fieber*** ~ kuŝi febranta; ***der Hund liegt an der Kette*** la hundo estas ĉenligita; ***in tiefem Schlaf*** ~ kuŝi en profunda dormo *(Zam)*; ***im Sterben*** ~ esti mortanta, *(im Todeskampf sein)* esti en agonio; ***der Stoff liegt einen Meter breit*** la ŝtofo estas unu metron larĝa ◇ ***an wem liegt es?*** *wessen Fehler ist es?* kies eraro estas?; *wer trägt die Schuld?* kiu kulpas [pri tio]?; ***der Fehler liegt bei mir*** estas mia eraro *od* estas mi, kiu eraris; *es ist meine Schuld* estas mia kulpo; ***daran liegt mir nichts*** tio estas malgrava (*bzw.* seninteresa) por mi; ***das liegt ihr*** *dafür hat sie Talent* por tio ŝi havas talenton; *darin ist sie geschickt* pri (*od* en) tio ŝi estas lerta; ***es liegt mir fern ...*** mi [tute] ne intencas ...; ***es liegt mir viel daran, dass ...*** multe valoras por mi, ke ...; ***zugrunde*** (*od* ***zu Grunde***) ~ prezenti la bazon; ***jmdn. links*** ~ ***lassen*** *ignorieren* tute (*od* plene) ignori iun; ***was liegt heute an?*** *umg für «was ist heute zu tun?»* kio estas hodiaŭ por fari?; ***woran liegt das?*** kio estas la kaŭzo? ◇ ***da liegt der Hase im Pfeffer*** jen la malfacilaĵo

Liegen *n* kuŝado; ***im*** ~ en kuŝa pozicio; *liegend* kuŝante

liegenbleiben *alt* = ***liegen bleiben*** [↑ *unter* ***liegen***]

liegenlassen *alt* = ***liegen lassen*** [↑ *unter* ***liegen***]

Liegenschaften *f/Pl* nemoveblaj posedaĵoj *Pl od kurz* nemoveblaĵoj *Pl*

Liegeplatz *m Mar (Ankerplatz)* ankrejo

Liegeposition *f*: ***die richtige*** ~ la ĝusta kuŝa pozicio

Liege|rad *n Fahrrad mit einer nach hinten geneigten Sitz- od Liegeposition* kuŝbiciklo; ~**sofa** *n* kuŝsofo (↑ *auch* ***Couch***); ~**stuhl** *m* faldseĝo [por kuŝi], *auch* kuŝseĝo; *auf einem Schiff meist* ferdekseĝo; ~**stütz** *m Sport* puŝlevo; ~**wagen** *m Eisenb* kuŝvagono (*vgl. dazu* ***Schlafwagen***); ~**wiese** *f* kuŝherbejo

Liegnitz (*n*) ↑ ***Legnica***

Liek *n, selt* ***Leik*** *n Mar (Tauwerk als Einfassung eines Segels)* raliko

Lien *m nur Fachspr Med* = ***Milz*** [↑ *dort*]

lienal *Adj bes. Fachspr Med (1. zur Milz gehörig 2. die Milz betreffend)* liena

Lienitis *f Med* ↑ ***Milzentzündung***

Lienterie *f nur Fachspr Med (Diarrhö[e] mit Abgang unverdauter Speisereste)* lienterio

Liepāja (*n*), *dt.* ***Libau*** (*n*) *eine lettische Hafenstadt an der Ostsee* Liepajo

Lieschgras *n, reg auch* ***Timothee-*** *od* ***Timotheusgras*** *n* (*Gattung* Phleum) *Bot* fleo, *auch* timoteo (↑ *auch* ***Alpen-***, ***Sand-*** *u.* ***Wiesenlieschgras***)

Lieschkolben *m Bot* ↑ ***Igelkolben***

Liese (*f*) ↑ ***Lisa***

Lift *m* lifto (↑ *auch* ***Aufzug***, ***Badewannenlift***, ***Fahrstuhl***, ***Ski-*** *u.* ***Treppenlift***); ~**boy** *m* liftisto

liften *tr kosmetische Chirurgie* remodli

Lig. = *Abk für* ***Ligamentum***

Liga *f Bund* ligo *auch Sport*; ~ ***für Menschenrechte*** Ligo por Homaj Rajtoj *[gegründet 1898 in Paris]*; ***Arabische*** ~ *Pol (1945 gegründeter politischer Zusammenschluss der arab. Staaten mit dem Ziel einer weitgehenden Zusammenarbeit der Mitgliedsstaaten)* Araba Ligo, *auch* Ligo de Arabaj Ŝtatoj

ligamentär *Adj Med (auf das Ligamentum bezogen)* ligamenta

Ligament[um] *n* (*Abk* ***Lig.***) *Anat* ↑ ***²Band b)***

Ligase *f Biochemie (Enzym, das bei der Verbindung zweier Moleküle als Katalysator wirkt)* ligazo

Ligatur *f* ***a)*** *Med (Ab- od Unterbinden eines Blutgefäßes)* ligaturo ***b)*** *Typ (Verbindung zweier Buchstaben zu einer einzigen Letter, zusammengegossene Buchstabentypen [z.B. œ])* ligaĵo, *bes. Fachspr auch* ligaturo ***c)*** *auch* ***Bindebogen*** *m Mus (Verbindung zweier Töne)* ligaturo; ~**führer** *m ein chirurgisches Instrument* ligatura pinĉilo

Lignin *n, auch* ***Holzstoff*** *m Bot, Chem* lignino

lignin|frei, *auch* ***holzfrei*** *Adj* senlignina; ~**haltig**, *auch* ***holzhaltig*** *Adj* lignin[en]hava

Lignit *m Braunkohle mit noch deutlicher*

Holzstruktur lignito

Ligroin *n Chem (ein als Verdünnungs- od Lösungsmittel verwendetes Leichtöl)* ligroino

Ligula *f Bot* ↑ ***Blatthäutchen***

Ligurer *m/Pl ein vorindogermanisches Volk (Urbevölkerung des nordwestlichen Mittelmeerraumes)* liguroj *Pl*

Ligurien (*n*) *eine nordital. Region am Golf von Genua* Ligurio *[Hptst.: Genua]*

ligurisch *Adj* ligura; ***die ≗en Alpen*** *südöstliches Endglied der Westalpen* la Liguraj Alpoj; ***das ≗e Meer*** *zw. Korsika u. der französisch-italienischen Rviera* la Ligura Maro; ***≗e Republik*** *f Gesch (1797 von Napoleon I. aus der Adelsrepublik Genua geschaffener Vasallenstaat von Frankreich mit demokratischer Verfassung [wurde 1805 Frankreich einverleibt])* Ligura Respubliko

Ligurisch[e] *n Ling (eine gallo-romanische Sprache, die in Ligurien [N-Italien] sowie in Teilen der südfranzösischen Mittelmeerküste u. in Monaco gesprochen wird)* la ligura [lingvo]

Liguster *m* (*Gattung* Ligustrum) *Bot* ligustro; ***gemeiner ~***, *auch* ***Rainweide*** *f* (Ligustrum vulgare) ordinara (*od* sovaĝa) ligustro; ***japanischer ~*** (Ligustrum japonicum) japana ligustro

ligusterähnlich, *Fachspr Bot auch lat.* ***ligustrinus*** *Adj* ligustrosimila

Liguster|hecke *f* ligustroheĝo; **~schwärmer** *m* (Sphinx ligustri) *Ent* ligustra sfingo

liieren, sich *refl ein Liebesverhältnis eingehen* komenci amaferon (***mit*** kun); *fusionieren, sich vereinigen* fuziiĝi (***mit*** kun); ***er ist mit einer Tänzerin liiert*** li havas amaferon kun dancistino

Likör *m* likvoro (↑ *auch* ***Anis-,Bitter-***, ***Eier-***, ***Johannisbeer-***, ***Kartäuser-***, ***Kirsch-***, ***Pfefferminz-*** *u.* ***Ratafialikör***); **~glas** *n* likvorglas[et]o *od* likvora glas[et]o, glas[et]o por likvoro; **~karaffe** *f* likvorkarafo *od* karafo por likvoro

Liktor *m römische Antike (Amtsdiener, der den Magistraten mit Imperium die Fasces <Liktorenbündel> vorantrug)* liktoro

Liktorenbündel *n* fasko de liktoroj

Likud-Block *m Pol (1973 gegründete israelische Parteienföderation <bildet in Israel das bürgerliche Gegengewicht zur Arbeiterpartei>)* Likud-bloko

lila *Adj* lila; *fliederfarben* siringokolora (*vgl. dazu* ***violett***)

Lilangeni *m* Lilangeni *m* (*Pl:* Emalangeni) *Währungseinheit in Swasiland* lilangeno

Lilie *f* (*Gattung* Lilium *u. allg deren Arten*) lilio (↑ *auch* ***Feuer-***, ***Haken-***, ***Kanada-***, ***Moor-***, ***Pyrenäen-***, ***Tiger-***, ***Schmuck-***, ***Türkenbund-*** *u.* ***Wiesenlilie***); ***japanische ~*** *od* ***Nippon-Lilie*** *f* (Rohdea) *Gattung mit nur einer Art, nämlich ‹Rohdea japonica›* [japana] rodeo-lilio

Lilienbanner *n* ↑ ***Oriflamme***

Liliengewächs *n Bot*: ***[Familie der] ~e*** *Pl* (Liliaceae) liliacoj *Pl* (↑ *auch* ***Schlangenbart***)

lilienweiß *Adj* lilioblanka (↑ *auch* ***schneeweiß***)

Liliputaner *m* liliputano (*vgl. dazu* ***Zwerg***)

Liliputanerin *f* liliputanino

liliputanisch *Adj* liliputa (↑ *auch* ***zwergenhaft***)

Lille (*n*) *eine Stadt in N-Frankreich* Lillo

Lilli *od* **Lilly** (*f*) *weibl. Vorname* Lilia

Lilongwe (*n*) *Hptst. von Malawi* Lilongvo

lim = *Zeichen für* ***²Limes***

¹Lima *f*, *auch* ***Feilenmuschel*** *f* (*Gattung* Lima) *Zool* limao; ***[Familie der] Feilenmuscheln*** *Pl* (Limidae) *meeresbewohnende Muscheln mit gerippten Schalen u. langen Tentakeln am Mantelrand* limaedoj *Pl*

²Lima (*n*) *Hptst. von Peru* Limo

Limakologe *m*, *auch* ***Schneckenkundler*** *m* limakologo

Limakologie *f*, *auch* ***Schneckenkunde*** *f Biol (Wissenschaft von den Schnecken)* limakologio

Limassol (*n*) *eine Hafenstadt im Süden Zyperns* Limasolo

limbisch *Adj* limba; ***~es System*** *n Anat (phylogenetisch altes, zum Archipallidium zählendes funktionelles System des Zentralnervensystems <umfasst den limbischen Kortex, das limbische Mittelhirn u. extra- u. intramurale limbische Fasern>)* limba sistemo

Limbo *m akrobatischer Tanz westindischer Herkunft, bei dem sich der/die Tanzende rückwärts beugt u. mit schiebenden Tanzschritten unter einer (manchmal auch brennenden) Querstange hindurchbewegt, die nach jedem gelungenen Durchgang niedriger gestellt wird* limbo, *auch* limbodanco

Limboto-See *m bei Gorontalo, N-Sulawesi*

/Indonesien Limboto-Lago

[1]**Limburg** (*n*) *eine Stadt an der Lahn [mit Bischofssitz]* [urbo] Limburgo

[2]**Limburg** (*n*) *1. Provinz in Belgien [Hptst.: Hasselt] 2. südöstliche Provinz in den Niederlanden [Hptst.: Maastricht]* [provinco] Limburgo

Limburger [Käse] *m Nahr* limburga fromaĝo

Limburgisch[e] *n Ling (eine Variante der niederfränkischen Dialektgruppe [gesprochen im Länderdreieck Niederlande/Belgien/Deutschland])* la limburga [lingvo]

Limburgit *m Min (ein foidführendes Ergussgestein, das in meist stark glasiger Grundmasse Einsprenglinge von Titanaugit und Olivin, dazu wenig Nephelin bzw. Feldspat enthält [bildet Gänge, Ströme od Kuppen])* limburgito *[Vorkommen am Kaiserstuhl/Baden]*

[1]**Limbus** *m, auch* ***[Kelch-, Kronen-*** *od* ***Perigonal-] Saum*** *m nur Fachspr Bot* limbo

[2]**Limbus** *m nur Fachspr Anat (Saum, seichte Rinne)* limbo

[3]**Limbus** *m, auch* ***Gradkreis*** *od* ***Teilkreis*** *m Geodäsie (an Winkelmessinstrumenten [mit Gradeinteilung])* limbo

[4]**Limbus** *m, auch* ***Vorhölle*** *f katholische Glaubenslehre (Aufenthaltsort [ohne Pein] der rechtschaffenen Heiden u. der ungetauft gestorbenen Kinder <Limbus Infantum>)* Limbo

[1]**Limerick** (*n*), *irisch* ***Luimneach*** (*n*) *eine südwestirische Stadt* Limeriko

[2]**Limerick** *m od n ein fünfzeiliges, gereimtes Gedicht grotesk-komischen Inhalts* limeriko

[1]**Limes** *m Antike (altröm. Grenzwall)* limeso

[2]**Limes** *m, auch* ***Grenzwert*** *m* (*Zeichen* ***lim***) *Math* limeso; ***oberer*** ~ supra limeso; ***unterer*** ~ malsupra limeso, *fachsprachl. auch* infra limeso

Limette *f, auch* ***echte*** (*od* ***saure***) ***Limette*** *f* (Citrus aurantiifolia) *eine dünnschalige Zitrone* verda citrono *Baum od Frucht*; ***süße*** ~, *auch* ***Süß-Zitrone*** *f* (Citrus limetta) limedo *Baum od Frucht*

Limetten|baum *m* (Citrus aurantiifolia) *Bot* limedarbo; ~**saft** *m* limeda suko

Limett[e]öl *n Öl aus der Schale der reifen Limette* limeda oleo

Limfjord *m eine Boddenlandschaft in Nordjütland/Dänemark* Limfjordo

Limit *n allg: Grenze* limo (↑ *auch* ***Geschwindigkeits-*** *u.* ***Zeitlimit***); *1. Hdl ([oberste] Preisgrenze) 2. Bankw (Kursgrenze, die dem Kommissionär [z.B. Banken bei Börsengeschäften] vom Auftraggeber gesetzt wird u. beim Kauf nicht über-, beim Verkauf nicht unterschritten werden darf)* limito; *Fin (oberer Grenzbetrag)* plafono (↑ *auch* ***Grenze***, [2]***Limes*** *u.* ***Maximum***)

Limitation *od* **Limitierung** *f* limigo

limitativ *Adj begrenzend, einschränkend* limiga

limitieren *tr* limigi (***auf*** je)

Limitierung *f* ↑ ***Limitation***

Limmat *f (im Oberlauf* ***Linth*** *genannt) ein Nebenfluss der Aare [in der Schweiz]* [rivero] Limato

Limmatstadt *f* ↑ ***Zürich***

Limnimeter *n Pegel zum Messen und selbsttätigen Aufzeichnen des Wasserstandes von Seen* limnometro

Limnobenthos *m die am Ufer von Binnengewässern in mehr als etwa 3 m Tiefe wurzelnden Pflanzen* limnobentoso (↑ *auch* ***Wasserpflanze***)

Limnologe *m Fachmann auf dem Gebiet der Limnologie* limnologo

Limnologie *f, auch* ***[Binnen-] Gewässerkunde*** od ***Seenkunde*** *f* limnologio

limnologisch *Adj die Limnologie betreffend, auf Binnengewässer bezüglich* limnologia

Limnoplankton *n Biol* limnoplanktono

Limo *f* ↑ ***Limonade***

Limoges [*li'mo:ʒ*] (*n*) *Hptst. des zentralfranzösischen Départements Haute-Vienne u. der Region Limousin* Limoĝo

Limonade *f* (*umg Kurzf* ***Limo*** *f*) limonado

Limonadenverkäufer *m* vendisto de limonado, *auch* limonadisto

Limone *f eine dickschalige Zitrusfrucht* limono

Limonenbaum *m* (Citrus media, var. limonium) *Bot* limonarbo

Limonengras *Bot* ↑ ***Zitronengras***

Limonit *m, auch* ***Brauneisenstein*** *m Min* limonito

Limousine [*...mu...*] *f Kfz* limuzino

Limpopo *m ein Strom im südlichen Afrika* [rivero] Limpopo

Lina *od* **Line** (*f*) *weibl. Vorname* Lina

Linalool *n Biochemie (ein zur Gruppe der Terpene gehöriger Alkohol, der in vielen ätherischen Ölen vorkommt, so im Koriander-, Linaloe-, Bergamotte-, Neroli-,*

Limette-, Lavendel- u. Ylang-Ylang-Öl u. vielen anderen) linalolo

Linarit *m Min (ein seltenes Mineral aus der Mineralklasse der Sulfate)* linarito

[1]**Lincoln** (*m*) *Eig (16. Präsident der USA (1861-65) [1809-1865])* Linkolno

[2]**Lincoln** (*n*) *1. Hptst. des US-Bundesstaates Nebraska 2. Hptst. der ostenglischen Grafschaft Lincolnshire* Linkolno

Linda *od* [1]**Linde** (*f*) *weibl. Vorname* Linda

[2]**Linde** *f* (*Gattung* Tilia) *Bot* tilio (↑ *auch* ***Krim-***, ***Silber-***, ***Winter-*** *u.* ***Zimmerlinde***); ***amerikanische*** ~, *auch* ***Schwarzlinde*** *f* (Tilia americana, *auch* Tilia nigra) amerika tilio; ***großblättrige*** ~ *od* ***Sommerlinde*** *f* (Tilia platyphyllos) grandfolia tilio; ***holländische*** ~ (Tilia vulgaris) holanda tilio; ***kaukasische*** ~ (Tilia dasystyla) kaŭkaza tilio *[Vorkommen: im Kaukasus u. im Norden Irans]*

Lindenblüten *f/Pl* (Flores tiliae *od* Tiliae flos) *Pharm* tiliaj floroj *Pl*; ~**blätter** *n/Pl* tiliofloraj folioj *Pl*; ~**honig** *m*, *auch* ***Lindenhonig*** *m* tilioflora mielo; ~**tee** *m (Droge)* tiliaj floroj *Pl*; *(Aufguss)* infuzaĵo el tiliaj floroj, *umg auch* tilioteo

Lindengewächse *n/Pl Bot*: ***[Familie der]*** ~, *Fachspr auch* ***Tiliazeen*** *Pl* (Tiliaceae) tiliacoj *Pl*

Lindenschwärmer *m* (Mimas tiliae) *Ent (ein Nachtfalter)* tiliosfingo

lindern *tr* ***a)*** *mildern* mildigi; *beruhigen* kvietigi; ***dieses Medikament wird den Husten*** ~ ĉi tiu medikamento kvietigos la tus[ad]on ***b)*** *verringern* malpliigi; *erleichtern* faciligi

Linderung *f* ***a)*** *das Lindern* mildigo, kvietigo; *das Sich-Lindern* mildiĝo, kvietiĝo; *übertr (Trost)* balzamo ***b)*** *das Erleichtern* [pli]faciligo; *das Leichterwerden* [pli]faciliĝo

Lindgren (*f*) *Eig (schwedische Kinderbuchautorin [1907-2002])* Lindgreno

lindgrün *Adj* tilioverda

Lindwurm *m*, *auch* ***Lintwurm*** *m german. Myth (ein dem Drachen ähnliches Fabelwesen)* drako [en la ĝermana mitologio]

Line (*f*) ↑ ***Lina***

Lineal *n* liniilo (↑ *auch* ***Kurvenlineal***)

linealisch *Adj Bot (eine Blattform)* linio- forma

linear *Adj* ***a)*** *in Linien bzw. Zeilen od Reihen angeordnet* linia, linie aranĝita ***b)*** *Math* lineara *auch EDV* (*vgl. dazu* ***Einwegprogramm***); ~***e Algebra*** *f* lineara algebro; ~***e Funktion*** *f Funktion ersten Grades* lineara funkcio; ~***e Gleichung*** *f* lineara ekvacio

Linearität *f* lineareco

Linearvulkan *m* ↑ ***Spaltenvulkan***

Linga *n*, *auch* ***Lingam*** *n od m Phallus als Sinnbild des indischen Gottes der Zeugungskraft [Shiva])* lingamo

Lingala *n Ling (eine Verkehrssprache in Zentralafrika)* la lingala [lingvo]

Lingam *n* ↑ ***Linga***

Lingerie *f* ↑ ***Reizwäsche***

Lingga-Inseln *Pl der südliche Teil des Riau-Archipels/Indonesien* Linga Insularo

Lingua franca *f Ling (Verkehrssprache eines größeren mehrsprachigen Raums)* interlingvo

lingual *Adj 1. zur Zunge gehörig bzw. auf die Zunge bezüglich 2. mit der Zunge gebildet* langa, *auch* formita per la lango (↑ *auch* ***extra-*** *u.* ***sublingual***)

Lingualinstrument *n Mus* anĉinstrumento (*vgl. dazu* ***Blasinstrument***)

Linguallaut *m Phon* ↑ ***Zungenlaut***

Linguist *m* lingvisto

Linguistik *f Sprachwissenschaft* lingvistiko (↑ *auch* ***Computer-***, ***Ethno-***, ***Kontakt-***, ***Makro-***, ***Meta-***, ***Öko-***, ***Psycho-*** *u.* ***Textlinguistik***); ***algebraische*** (***generative***, ***taxonomische***, ***vergleichende***) ~ algebra (genera, taksonomia, kompara) lingvistiko

linguistisch **1.** *Adj* lingvistika **2.** *Adv* lingvistike (↑ *auch* ***psycholinguistisch***)

[1]**Linie** *f allg* linio *auch Genealogie, Geom, Mil, Sport, Typ u. Verk* (*vgl. dazu* ***Route***, ***Strecke*** *u.* ***Zeile***; ↑ *auch* ***Bus-***, ***Demarkations-***, ***Eisenbahn-***, ***Flug-***, ***Horizontal-***, ***Kreis-***, ***Schifffahrts-***, ***Schlangen-***, ***Spektral-***, ***Wellen-*** *u.* ***Ziellinie***); ***aufsteigende*** ~ *Genealogie* ascenda linio; ***gerade*** (***gebrochene***, ***gestrichelte***, ***punktierte***, ***schräge***, ***strichpunktierte***) ~ *Typ* rekta (rompita, streketita, punktita, oblikva, strekopunktita) linio; ***vordere*** ~ *Mil* antaŭa [batal]linio; ***eine Straßenbahn der*** ~ ***4*** tramo de la linio 4a (= kvara); ***in erster*** ~ unuavice; *vor allem* antaŭ ĉio; *hauptsächlich* ĉefe; ***in direkter*** ~ ***vom König[shaus] abstammen*** deveni de [la] reĝo laŭ rekta linio; ***auf der gleichen*** ~ ***liegend*** *Geom* = ***kollinear*** [↑ *dort*]; ***in*** ~***n anordnen*** (*bzw.* ***aufstellen***) aranĝi laŭ linioj; ***eine*** ~ ***ziehen*** fari (*od* desegni)

linion ◇ ***die große ~ Grundlinie*** la baza linio; *Grundzug* ĉefa (*od* karakteriza) trajto; *Hauptlinie* ĉefa linio; *Leitlinie* gvida linio; ***auf seine ~ achten*** atenti sian figuron (*od* talion) *od* atenti pri sia figuro (*od* talio)

[2]**Linie** *f ein ehemaliges Längenmaß (1/12 Zoll)* lineo

Linien|blatt *n als Schreibunterlage* lini[o]folio; ~**bus** *m im Verk* [linia] urbotrafika buso; ~**diagramm** *n Math* linia diagramo

Liniendienst *m* ↑ ***Linienverkehr***

Linien|flug *m Flugw* regula [linia] flugo; ~**netz** *n Verk* linioreto; ~**papier** *n* liniita papero; ~**richter** *m*, *<österr> umg* ***Outwachler*** [*aut...*] *m Sport* liniojuĝisto; ~**schiff** *n Verk (Schiff im Liniendienst)* regula [linia] [pasaĝer]ŝipo; *Mil hist* linia militŝipo, *heute dafür meist (Schlachtschiff)* batalŝipo; ~**spektrum** *n Opt* linia spektro; ~**verkehr** *m*, *auch* ***Liniendienst*** *m* regula [linia] trafiko

linieren, *auch* ***liniieren*** *tr* linii; ***lin[i]iertes Papier*** *n* liniita papero

Liniment *n Pharm ([flüssiges] Mittel zum Einreiben)* linimento (↑ *auch* ***Kampferliniment***)

Link *m* (*Kurzf von* ***Hyperlink***) *EDV (Querverweis zu einer anderen Stelle in einem Hypertext-Dokument od einem anderen Dokument)* ligilo *<Links werden zur Navigation im WWW eingesetzt>* (↑ *auch* ***Standardlink***); ***besuchter ~*** vizitata (*bzw.* vizitita) ligilo

link|e (~**er**, ~**es**) *Adj* maldekstra, *Fachspr häufig* liva; ***~er Flügel*** *m Pol, Ballspiele* maldekstra alo; ***~e Seite*** *f* maldekstra flanko; *von Stoff* interna flanko; ***auf der ~en Seite*** je la maldekstra flanko; *bei textilem Material [Innenseite]* je la interna flanko; ***etw. auf die ~e Seite legen*** (*od* ***stellen*** *od* ***tun***) meti (*od* loki) ion al la maldekstra flanko

[1]**Linke** *f linke Hand* maldekstra mano; *linke Seite* maldekstra flanko; ***die ~*** *Pol* la maldekstro, *(linke Partei)* maldekstra partio; ***die Europäische ~*** (*Abk* ***EL***) la Eŭropa Maldekstro; ***zur ~n*** maldekstre (***von jmdm.*** de iu)

[2]**Linke** *m Pol* maldekstrulo

linkisch *Adj unbeholfen* nelerta, mallerta

links (*Abk* ***l.***) *Adv* maldekstre, *Fachspr häufig* live (↑ *auch* ***linke***); ***~ abbiegen*** *Verk* [ŝanĝi la direkton kaj] veturi maldekstren; ***~ gehen!*** marŝu (*od* iru) maldekstre!; ***~ sehen Sie ...*** je la maldekstra flanko vi vidas ...; ***Augen ~!*** *Mil* kapo maldekstren!; ***ganz ~*** ekstreme maldekstre *auch Pol*; ***nach ~*** maldekstren, *auch* liven; ***von ~*** de maldekstre; ***der Zweite von ~*** la dua [persono] de maldekstre

Links|abweichler *m Pol* maldekstra deviaciisto; ~**abweichlertum** *n Pol* maldekstra deviaciismo; ~**außen** *m Ballspiele* maldekstra avanulo

linksdrehend *Adj Biochemie* livoĝira, *auch* maldekstroĝira; ***Fruchtzucker ist ~*** levulozo estas livoĝira

linksextrem *Adj Pol* ekstreme maldekstra

Links|extremismus *m Pol* maldekstra ekstremismo; ~**extremist** *m Pol* maldekstra ekstremisto; ~**fraktion** *f Parl* frakcio de [la] maldekstruloj

linksgängig, *auch* ***linksläufig*** *od* ***linkswindend*** *Adj entgegen dem Uhrzeigersinn* maldekstruma, livuma (*vgl. dazu* ***Linksgewinde***)

Links|gewinde *n einer Schraube* livuma helico; ~**händer** *m* maldekstramanulo

links|händig *Adj* maldekstramana; ~**herum**, *umg* ***linksrum*** *Adv* trans la maldekstran flankon; *nach links* maldekstren

Links|koalition *f Parl, Pol* koalicio de [la] maldekstraj partioj; ~**kurve** *f* [strat]kurbiĝo maldekstren

linksläufig ↑ ***linksgängig***

Links|opposition *f Parl, Pol* opozicio de [la] maldekstra(j) partio(j); ~**partei** *f Pol* maldekstra partio

linksradikal *Adj Pol* radikale maldekstra

Linksruck *m z.B. nach einer Wahl* svingo al la maldekstro

linksseitig *Adj* maldekstraflanka, *Fachspr häufig* livaflanka

linksum! *Mil* maldekstren!

Linksverkehr *m* trafiko maldekstraflanka

linkswindend ↑ ***linksgängig***

Linné (*m*), *latinisiert* ***Linnaeus*** (*m*) *Eig (bedeutender schwedischer Botaniker [1707-1778])* Lineo; ***Linnésche Arten*** *f/Pl Biol (Pflanzen u. Tierarten, die von Linné benannt u. beschrieben worden sind* lineaj specioj *Pl*

Linnen *n Textil* ↑ ***Leinen***

Linolensäure *f eine ungesättigte Fettsäure [Bestandteil des Leinöls]* linolenata acido

Linoleum *n ein Fußbodenbelag* linoleumo

Linol|säure *f, auch* ***Leinölsäure*** *f Chem* linolata acido, *auch* linolato; **~schnitt** *m in Linoleum geschnittenes Bild* linoleuma gravuraĵo

Linotype® *[ˈlainotaip] f Typ* linotipo *Setz- u. Zeilengießmaschine (vgl. dazu* ***Monotype****)*; **~setzer** *m Typ* linotipisto

[1]**Linse** *f Foto, Opt* lenso; *des Auges* (Lens cristallina) kristalino, *umg auch* okullenso (↑ *auch* ***Intraokular-***, ***Kontakt-***, ***Korrektur-***, ***Sammel-*** *u.* ***Streulinse***); ***achromatische*** (***bikonkave***, ***bikonvexe***, ***elektrostatische***, ***plankonkave***, ***plankonvexe***) *~ Opt* akromata (dukonkava, dukonveksa, elektrostatika, platkonkava, platkonveksa) lenso (↑ *auch* ***Zerstreuungslinse***); ***magnetische ~*** *Elektronenoptik* magneta lenso

[2]**Linse** *f* (*Gattung* Lens) *Bot, Nahr* lento

linsenförmig, *<wiss> auch* ***lentikular*** *od* ***lentikulär*** **1.** *Adj* lentoforma; ***lentikulare Wolken*** *Met* ↑ ***Lentikulariswolken*** **2.** *Adv* lentoforme

Linsen|luxation *f* (Luxatio lensis) *Ophthalmologie* luksaciita lenso; **~suppe** *f Kochk* lentosupo

Linth *f* ↑ *unter* ***Limmat***

Lintwurm *m german. Myth* ↑ ***Lindwurm***

Linux® *n EDV (ein freies Betriebssystem)* Linukso

Lipa *f Fin (Untereinheit der Kuna)* lipao (*vgl. dazu* ***Kuna***)

Lipämie *f nur Fachspr Med (erhöhter Fettgehalt des Blutes)* lipemio [patologia]

lipämisch *Adj an Lipämie leidend* lipemia

Liparische Inseln *Pl* (*auch* ***Äolische Inseln*** *genannt*), *ital.* ***Isole di Lipari*** *eine ital. Inselgruppe im Tyrrhenischen Meer* Liparaj Insuloj *Pl, auch kurz* Liparoj *Pl [Hauptinsel: Lipari]*

Liparit *m Min* ↑ ***Rhyolith***

Lipasen *f/Pl Biochemie, Biol (Fett spaltende Enzyme [gehören zu den Hydrolasen])* lipazoj *Pl*

Lipezk (*n*) *eine Stadt in Russland [im Schwarzerdegebiet am Woronesch]* Lipecko

Lipica (*n*): ***Gestüt ~*** *n* ĉevalbredejo de Lipico (*vgl. dazu* ***Lipizzaner***)

Lipide *n/Pl, auch* ***Lipoide*** *n/Pl Biochemie (Fettkörper)* lipidoj *Pl* (↑ *auch* ***Glykolipide***)

Lipidstoffwechsel *m Physiol* ↑ ***Fettstoffwechsel***

Lipizzaner *m eine edle Pferderasse vom Gestüt Lipica/Slowenien [meist Schimmel]* lipica ĉevalo

Lipödem *n Med* lipedemo

Lipogramm *n Lit (ein Text, in dem auf die Verwendung eines od mehrerer Buchstaben des Alphabets verzichtet wird)* lipogramo

Lipoide *n/Pl Biochemie* ↑ ***Lipide***

Lipolyse *f, auch* ***Fettspaltung*** *od* ***Fettverdauung*** *f Biochemie* lipolizo

Lipom *n Med ([gutartige] Fettgewebsgeschwulst)* lipomo (↑ *auch* ***Adeno-***, ***Fibro-*** *u.* ***Myxolipom***)

Lipomatose *f Med (benigne Fettgeschwulstbildungen, vor allem im Unterhautfettgewebe, i.w.S. Fettsucht)* lipomatozo

Lipoproteine *n/Pl* (*fachsprachl. Abk* ***VLDL*** *od* ***LDL*** *bzw.* ***HDL***) *Biochemie (Komplexe im Blut, die aus Fettmolekülen u. wasserlöslichen Proteinen bestehen)* lipoproteinoj *Pl*

Lipothymie *f nur Fachspr Med (Schwund des Bewusstseins, kurzzeitige Ohnmacht)* lipotimio

Lipotropin *n Biochemie (ein aus der Hypophyse des Menschen isoliertes Hormon, das eine Fettmobilisierung bewirkt)* lipotropino

[1]**Lippe** *f* lipo, *nur Fachspr Anat* ***Labium*** *n* labio (↑ *auch* ***Ober-*** *u.* ***Unterlippe***); ***dicke*** (***wulstige***) ***~n*** *Pl* dikaj (pufaj) lipoj *Pl*; ***mit einer Zigarette zwischen den ~n*** kun cigaredo interlipe; ***mit den ~n berühren*** tuŝi per la lipoj; ***etw. mit den ~n [nur] leicht*** (*od* ***zart***) ***berühren*** tuŝeti ion per la lipoj; ***vor Schmerz die ~n [fest] zusammenpressen*** pro doloro kunpremi la lipojn; ***kein Wort soll über meine ~n kommen*** ne unusolan vorton mi diros [pri tio] ◇ ***sich auf die ~n beißen*** *z.B. weil man sich ärgert* mord[et]i al si la lipojn

[2]**Lippe** ***a)*** *f ein rechter Nebenfluss des Niederrheins* [rivero] Lipo ***b)*** *ohne Art: ehem. Grafschaft bzw. Fürstentum, später Reichsgrafschaft* [graflando] Liplando

Lippe-Detmold *ohne Art* Lipo-Detmoldo

lippenartig *od* **lippig** *Adj nur Fachspr Bot (gelippt, z.B. eine Blütenform)* labiata (↑ *auch* ***lippenförmig***)

Lippen|balsam *m Kosmetik* lipobalzamo; **~bär** *m* (Melursus ursinus) *Zool* lipourso *[Vorkommen: Vorderindien u. Sri Lanka]*

lippenblütig, *Fachspr Bot auch lat.* ***cheilanthus*** *Adj* lipoflora

Lippenblütler *m/Pl, auch* ***Labiate*** *f/Pl Bot*:

[Familie der] ~ *Pl* (Labiatae) labiacoj *Pl*

lippenförmig, *Fachspr Bot auch* ***cheiloglyphus*** lipoforma

Lippengaumenlaut *m Phon* ↑ ***Labiovelar***

Lippen|herpes *m* (Herpes labialis) *Med* lipa herpeto (*vgl. dazu* ***Herpes***); ~**kuss** *m* lipa kiso

Lippenlaut *m Phon* ↑ ***Labial***

Lippenmikrofon *n Elektroakustik* ĉelipa mikrofono

Lippenspalte *f Med* ↑ ***Hasenscharte***

Lippenstift *m* lipkolorilo *od* lippaŝtelo, *umg oft* lipruĝilo (*vgl. dazu* ***Rouge***)

Lippenzahnlaut *m Phon* ↑ ***Labiodental***

Lippfisch *m* (*Gattung* Labrus) *Ichth* labro; ***grüner*** ~ (Labrus turdus = Labrus viridis) verda labro; ***[Familie der]*** ~***e*** *m/Pl* (Labridae) *zu den Barschartigen gehörende, Brutpflege betreibende Fische mit wulstigen Lippen, die vorwiegend wärmere Meere bewohnen <viele Arten bauen Nester>* labredoj *Pl*

lippig *Bot* ↑ ***lippenartig***

lippisch *Adj (die Landschaft Lippe betreffend bzw. zu ihr gehörig od aus ihr stammend)* liplanda

Liquid *m*, *auch* ***Liquid-***, ***Fließ-*** *od* ***Schmelzlaut*** *m Phon* likvido *[l und r]*

Liquidation *od* **Liquidierung** *f Fin, Hdl, Jur* likvid[ad]o (↑ *auch* ***Auflösung, Abschaffung***); *Ausrottung* ekstermado; *Tötung* mortigo

Liquidations|kasse *f Abrechnungsstelle* likvida kaso; ~**kurs** *m*, *auch* ***Kompensationskurs*** *m Effektenbörse* likvida kurzo; ~**wert** *m*, *auch* ***Realisationswert*** *m* likvida valoro

Liquidator *m* likvidisto

Liquidbiopsie *f*, *auch* ***Flüssigbiopsie*** *Med (Tumordiagostik)* likva biopsio

liquid[e] *Adj* ***a)*** *Phon* likva ***b)*** *Fin (flüssig)* likida

liquidieren *tr Pol, Wirtsch* likvidi; *ausrotten* ekstermi; *töten* mortigi (↑ *auch* ***ermorden***)

Liquidierung *f* ↑ ***Liquidation***

Liquidität *f Fin, Wirtsch (Zahlungsfähigkeit)* likideco

Liquiditäts|mangel *m Fin, Wirtsch* manko de likidaĵoj; ~**präferenz** *f Wirtsch* prefero por likideco; ~**schwierigkeiten** *f/Pl Fin, Wirtsch* malfacilaĵoj de likideco

Lira *f* (*Pl:* ***Lire***) (*Währungscode* ***ITL***, *Abk* ***L.***) *ehemalige Währungseinheit in Italien* liro; ***maltesische*** ~ ↑ *unter* ***Pfund b)***

Lisa *od* **Liese** (*f*) *weibl. Vorname* Liza

Lisene *f Arch, Bauw* ↑ ***Mauerblende***

Lisente *m kleine Währungseinheit in Lesotho* lisento (*vgl. dazu* ***Loti***) *[100 Lisente = 1 Loti]*

LISP *n EDV (eine 1958 in USA entwickelte Programmiersprache [sie ist nach FORTRAN die zweitälteste Programmiersprache, die noch verbreitet ist])* Lispo

lispeln, *<österr> reg* ***hölzeln*** *od* ***zuzeln*** *intr, meist abs* lispi (*vgl. dazu* ***flüstern***)

Lispeln *n* lispado (↑ *auch* ***Gelispel***)

Lissabon (*n*), *portugies.* ***Lisboa*** *Hptst. von Portugal* Lisbono; ***Vertrag von*** ~ *Jur (EU-Grundlagenvertrag)* Traktato de Lisbono *<trat am 1.12.2009 in Kraft>*

Lissamphibia *Pl Zool* (*Unterklasse der Klasse ‹Lurche› (Amphibia) [Sammelbezeichnung für alle rund 6500 Arten von Amphibien der Gegenwart])* lisamfibioj *Pl*

List *f* ruzo; *Kniff* artifiko (*vgl. dazu* ***Finte***, ***Schlauheit*** *u.* ***Trick***)

Liste *f*, *<schweiz>* ***Rodel*** *od* ***Rödel*** *m* listo (↑ *auch* ***Adressen-***, ***Bestands-***, ***Einkaufs-***, ***Kandidaten-***, ***Mailing-***, ***Todes-*** *u.* ***Wählerliste***); *Register* registro; *Katalog* katalogo; ~ ***der vom Aussterben bedrohten Tiere*** listo de animaloj minacataj de forpereo; ***Rote*** ~ ***gefährdeter Arten*** ruĝa listo de endanĝerigitaj specioj; ***schwarze*** ~ nigra listo, *auch* bojkotlisto; ***auf die schwarze*** ~ ***setzen*** meti sur la nigran liston; ***in eine*** ~ ***aufnehmen*** (*od* ***eintragen***) enlistigi

Listenpreis *m Hdl* listoprezo

Listeria *f* (*Pl:* ***Listeriae*** *od* ***Listerien***) *Bakt (in der Natur [z.B. in Fäkalien] weit verbreitete, krankheitserregende Bakterie)* listerio

Listeriose *f Med, Vet (eine infektiöse, meldepflichtige Tierkrankheit [wird durch Kontakt mit Haus- u. Nagetieren manchmal auf Menschen übertragen])* listeriozo (↑ *auch* ***Schaflisteriose***)

listig *Adj schlau* ruza (*vgl. dazu* ***ausgefuchst***, ***fintenreich***, ***geschickt*** *u.* ***scharfsinnig***); ~***er Mensch*** *m* ruzulo

Listigkeit *f* ruzeco

Lit. = *Abk für* ***Literatur***

Litanei *f* ***a)*** *Rel* litanio ***b)*** *übertr für «eintöniges Gerede» od «eintönige Aufzählung»* monotona parolado, *auch* litanio ◇ ***immer dieselbe*** ~ *immer die alte Leier* ĉiam la sama litanio

Litas *m* (*Pl:* ***Litai***) (*Abk* ***Lt***, *Währungscode* ***LTL***) *Währungseinheit in Litauen [bis zur Euroeinführung am 1.1.2015]* lido

Litauen (*n*), *litauisch* ***Lietuva*** Litovio *[Hptst.: Vilnius]*; ***Großfürstentum*** ~ *Gesch* [grandduklando] Litvo

Litauer *m* litovo

Litauerin *f* litovino

litauisch *Adj* litova

Litauisch[e] *n Ling (eine zum baltischen Zweig des Indogermanischen gehörende Sprache)* la litova [lingvo]

Litchi *f* = ***Litschi***

Liter *n od m* (*Zeichen* ***l***) litro (↑ *auch* ***Dezi-*** *u.* ***Hektoliter***); ***ein halber*** ~ duona litro; ***ein*** ~ ***Milch*** [unu] litro da lakto

Literarhistoriker *m* literaturhistoriisto

literarhistorisch *Adj* literaturhistoria

Literaturkalender *m* literaturkalendaro

literarisch 1. *Adj schöngeistig* literatura; ~***es Werk*** *n* literatura verko **2.** *Adv:* ~ ***interessiert*** interesiĝanta pri literaturo

Literat *m* literaturisto, *(Zam) auch* literatoro (*vgl. dazu* ***Schriftsteller***)

Literatur *f* (*Abk* ***Lit.***) *Schrifttum* literaturo; *Belletristik, schöngeistige Literatur* beletro, *auch* beletristiko (↑ *auch* ***Barock-***, ***Erbauungs-***, ***Fach-***, ***Jugend-***, ***Kinder-***, ***Musik-***, ***Original-***, ***Tendenz-***, ***Übersetzungs-*** *u.* ***Unterhaltungsliteratur***); ***fremdsprachige*** ~ fremdlingva literaturo; ***konkrete*** ~ *Richtung der modernen Literatur, die versucht mit sprachlichen Mitteln, losgelöst von syntaktischen Zusammenhängen, rein visuell od akustisch eine Aussage zu treffen* konkreta literaturo; ***medizinische*** ~ medicina [fak]literaturo; ***populärwissenschaftliche*** ~ popularscienca literaturo; ***schöne*** (*od* ***schöngeistige***) ~ beletro, *auch* beletristiko; ***technische*** ~ teknika [fak]literaturo; ***wissenschaftliche*** ~ scienca literaturo; ***zeitgenössische*** ~ *od* ***Gegenwartsliteratur*** *f* nuntempa literaturo

Literatur|angaben *f/Pl* bibliografiaj indikoj *Pl*; ~**beilage** *f einer Zeitung* literatura suplemento; ~**denkmal** *n* literatura monumento; ~**geschichte** *f* literaturhistorio; ~**kritik** *f* literaturkritiko; ~**kritiker** *m* literaturkritikisto *od* literatura kritikisto; ~**-Nobelpreisträger** *m* Nobel-premiito pri literaturo; ~**preis** *m als Auszeichnung* literatura premio; ~**sprache** *f* literatura lingvo; ~**verzeichnis** *n* bibliografio; ~**wissenschaft** *f* literaturscienco *od* literatura scienco; ~**wissenschaftler** *m* literatursciencisto

literaturwissenschaftlich *Adj* literaturscienca

Literatur|zeitschrift *f* literatura revuo; ~**zirkel** *m* literatura rondo

Litfaßsäule *f* ↑ ***Anschlagsäule***

Lithiasis *f Med* ↑ ***Steinleiden***

Lithium *n* (*Symbol* ***Li***) *Chem (ein Alkalimetall)* litio; ~**abbau** *m Bergb* ekspluat[ad]o de litio; ~**batterie** *f El* litiobaterio; ~**isotop** *n Naturw* litioizotopo *od* izotopo de litio; ~**oxid** *n Chem* hidroksido de litio *od* litino; ~**therapie** *f bei akuter manischer Phase* litioterapio

Lithogenese *f Geol (Bez für alle Vorgänge, die zur Bildung von Sedimentgesteinen führen)* litogenezo

Lithograf *m*, *auch* ***Lithograph*** *m* litografisto

Lithografie *f*, *auch* ***Lithographie*** *f* (*Kurzw* ***Litho*** *n*) *Typ* ***a)*** *selt auch* ***Steindruckerkunst*** *f* litografio (↑ *auch* ***Chromolithografie***) ***b)*** *selt auch* ***Steindruck*** *m etw. in Steindruck Hergestelltes* litografi[aĵ]o

lithografieren, *auch* ***lithographieren*** *tr Typ (im Steindruck wiedergeben)* litografi

lithografisch, *auch* ***lithographisch*** *Adj im Steindruckverfahren hergestellt* litografia

Lithologie *f*, *auch* ***Gesteinskunde*** *f (bes. in Bezug auf Sedimentgesteine), auch* ***Steinlehre*** *f* litologio (*vgl. dazu* ***Petrografie***)

lithologisch *Adj die Lithologie betreffend bzw. auf ihr beruhend* litologia

Litholyse *f nur Fachspr Med (medikamentöse Auflösung von Steinen [z.B. von Gallen- od Nierenstinen])* litolizo

Lithopon *n*, *auch* ***Schwefelzinkweiß*** *n Chem (ein weißes Pigment [in der Farbenherstellung verwendet])* litopono

Lithoskop *n nur Fachspr Med* litoskopo

Lithosphäre *f Geol (äußere Schale der Erde [umfasst die Erdkruste u. den oberen Teil des Erdmantels (bis in 1200 km Tiefe reichend)])* litosfero

Lithotomie *f nur Fachspr Chir (operative Entfernung von Steinen, auch durch vorherige Fragmentierung)* litotomio

Lithotripsie *f nur Fachspr Med (operative od nicht operative Zertrümmerung von Nieren-, Blasen- od Gallensteinen)* litotricio

Litomyšl (*n*), *dt.* ***Leitomischl*** (*n*) *eine ostböhmische Stadt in der Tschechischen Republik* Litomiŝlo

Litoral *n Küsten- od Uferregion* borda regiono (↑ *auch* ***Gezeitenzone***)

Litotes *f nur Fachspr Rhetorik u. Stilistik (Bejahung durch doppelte Verneinung, z.B. «nicht unklug»)* litoto

Litschi *f, auch* ***Litschipflaume*** *f Frucht des tropischen Obstbaums ‹Litchi chinensis›* liĉio; ***behaarte*** ~ ↑ ***Rambutan b)***

Litschibaum *m, auch* ***chinesische Zwillingspflaume*** *f* (Litchi chinensis) *Bot (ein ursprünglich in Südchina beheimateter Baum [heute weltweit in den tropischen Klimazonen kultiviert])* liĉi-arbo

Litschipflaume *f* ↑ ***Litschi***

Little Rock (*n*) *Hptst. des US-Bundesstaats Arkansas* Litelroko

Lituanistik *f Wissenschaft von der litauischen Sprache u. Literatur* litovistiko, *auch* lituanistiko

Liturgie *f 1. griech. Antike (öffentliche Dienstleistungen) 2. Rel (festgelegte Form des Gottesdienstes)* liturgio; ***christliche*** ~ kristana liturgio

Liturgiesprache *f Ling* liturgia lingvo

liturgisch *Adj die Liturgie betreffend* liturgia; ~***e Bewegung*** *f Kirche* liturgia movado

Litze *f* ***a)*** *Borte, Tresse* pasamento, galono ***b)*** *Litzendraht elektrischer Leitungen* fibrumita konduktilo ***c)*** *Weberei (Schnurschlaufe für die gespannten Kettfäden)* varporingo

live [*laif*] *Adv*: ~ ***im Fernsehen übertragen werden*** esti rekte telesendata

Liven *m/Pl Ethn (Volksstamm finnisch-ugrischer Herkunft [südlichster Zweig der Ostseefinnen])* livoj *Pl*

Liverpool [*...pu:l*] (*n*) *eine Stadt in NW-England* Liverpolo

Live|sendung *od* ~**übertragung** *f Radio, TV* rekta [dis]sendo

livid *Adj Med (bläulich verfärbt [Haut], z.B. durch Kälteeinwirkung od Kontusion)* livida (↑ *auch* ***Kältemarmorierung***)

Livingstone (*m*) *Eig (britischer Missionar u. Afrikaforscher [1813-1873])* Livin[g]stono

Livistone *f, auch* ***Samtpalme*** *f* (*Gattung* Livistona) *Bot* livistono *<einige Arten als Zimmerpflanzen>*

Livius (*m*) *Eig (ein röm. Historiker)* Livio

Livland (*n*) *eine der Ostseeprovinzen des zaristischen Russlands, heute Lettland u. Estland zugeordnet* Livlando (*vgl. dazu* ***Kurland***)

Livländer *m Bewohner der historischen Landschaft Livland* livlandano

livländisch *Adj* livlanda

Livonia (*n*) *historische Bez für «Livland»* Livonio; ***Einwohner*** *m* ***von*** ~ livono

Livorno (*n*) *Hafenstadt u. Hptst. der mittelitalienischen Provinz Livorno* Livorno

Livree *f betresste, uniformähnliche Kleidung für Dienstpersonal* livreo; ***ein Bediensteter in*** ~ servisto vestita en livreo, *auch* livreulo

livriert *Adj in Livree [gekleidet]* [vestita] en livreo *nachgest*

Lizardit *m Min* lizardito

Lizentiat *m* = ***Lizenziat***

Lizenz *f* (*Abk* ***Lz.***) *Sport, Wirtsch* licenco (***für*** pri) (↑ *auch* ***Befugnis***, ***Exportlizenz***, ***Genehmigung***, ***Konzession***, ***Patent-***, ***Pilotenlizenz*** *u.* ***Waffenschein***); ~ ***zum Waffenexport*** licenco pri eksportado de armiloj

Lizenzausgabe *f Buchw* licenceldono

Lizenziat ***a)*** *n Univ*: *akademischer Grad in der Schweiz u. bei einigen katholisch-theologischen Fakultäten* licencio ***b)*** *m Inhaber eines Lizentiatstitels* (*Abk* ***Lic.***, *<schweiz>* ***lic.***) licenciulo (*Abk* ***lic.***)

lizenzieren *tr Lizenz erteilen* licenci

Lizenz|inhaber *od* ~**nehmer** *od* ~**träger** *m* licenc-havanto; ~**presse** *f Ztgsw* licencita gazetaro; ~**vergabe** *f* licencdon[ad]o

Lj. = *Abk für* ***Lichtjahr***

Ljubljana (*n*), *dt.* ***Laibach*** (*n*) *Hptst. von Slowenien* Ljubljano

LKA = *Abk für* ***Landeskriminalamt***

LKW *od* **Lkw** *m* (*Abk für* ***Lastkraftwagen***) kamiono, ŝarĝaŭto; ***offener*** ~ malferma kamiono; ~ ***mit Raupenantrieb*** raŭpokamiono

LKW|-Fahrer *m* kamionisto, ŝoforo de kamiono; ~**-Fahrverbot** *n* malpermeso por kamionoj; ~**-Ladung** *f* ŝarĝaĵo de kamiono; ~**-Maut** *f* vojimposto por kamionoj (*od* ŝarĝaŭtoj); ~**-Transport** *m*, *<schweiz>* ***Camionnage*** *f* kamionado; ~**-Verkehr** *m* kamiona trafiko (*vgl. dazu* ***Autoverkehr***)

Lleida (*n*) ↑ ***Lérida***

lm = *Zeichen für* ***[1]Lumen***

Loa Loa-Filariose *f Tropenmedizin* ↑ ***Loiasis***

Lob *n* laŭdo (***für*** pri; ***wegen*** pro) (↑ *auch* ***Eigen-*** *u.* ***Sonderlob***)

Lobärpneumonie *f Med* loba pneŭmonio

Lobby *f* ***a)*** *Vorhalle eines Parlamentsgebäudes, i.w.S. auch Eingangshalle* lobio (*vgl.*

dazu ***Hotelhalle****)* ***b)*** *Pol (Gesamtheit der Lobbyisten)* lobiistaro; ~**arbeit** *f* agado de lobiisto(j)

Lobbying *n (Handlung) od* **Lobbyismus** *m (System) Pol (Beeinflussung von Abgeordneten durch Interessengruppen)* lobiado *od* lobiismo

Lobbyist *m Pol (jmd., der Abgeordnete für seine Interessen zu gewinnen sucht)* lobiisto

Lobbyregister *n, auch* ***Lobbyistenregister*** *n* registro de lobiistoj

Lobektomie *f nur Fachspr Chir (Entfernung eines [erkrankten] Lungenlappens)* lobektomio

Lobelie *f* (*Gattung* Lobelia) *Bot* lobelio (↑ *auch* ***Wasserlobelie***); ***rotblütige*** ~ (Lobelia fulgens) ruĝflora lobelio

loben *tr* laŭdi (***jmdn. für etw.*** iun pro io); ***jmdn. überschwänglich*** ~ tro entuziasme laŭdi iun; ***sich selbst*** ~ laŭdi sin mem ◇ ***man soll den Tag nicht vor dem Abend*** ~ laŭdu tagon nur vespere *(Zam)*

Loben *n* laŭdado (↑ *auch* ***Lobpreisung***)

lobend *Adj* laŭda

lobenswert, *alt od geh* ***laudabel*** *Adj* laŭdinda

Lobes|hymne *f* laŭda himno; ~**worte** *n/Pl* laŭdaj vortoj *Pl*

Lob|gesang *m* kantado honore al iu (*vgl. dazu* ***Helden[lob]gesang***, ***Hymne***, ***Loblied*** *u.* ***Ode***); ~**hudelei** *f* servila flatado, flataĉado; ~**hudler** *m* aplaŭdisto (↑ *auch* ***Beifallklatscher***)

Lobito (*n*) *eine Hafenstadt in Angola* Lobito

löblich *Adj* laŭdinda (↑ *auch* ***lobenswert***)

Loblied *n* kanto honore al iu; *kirchliches* glorkanto, himno, kantiko; *übertr für «überschwängliches Lob»* [tro] entuziasma(j) laŭdo(j) *(Pl)*, *geh auch* ditirambo (*vgl. dazu* ***Lobrede***)

Lobnur *m* ↑ ***Lop Nur***

Lobotomie *f Chir* ↑ ***Leukotomie***

lobpreisen *tr* glori (***jmdn.*** iun)

Lob|preisung *f* glorado *auch Rel*; *Loben* laŭdado; ~**rede** *f* parolado destinita al la laŭdado de la agoj kaj faroj [de iu persono]; *für einen Verstorbenen* funebra oracio (↑ *auch* ***Laudatio*** *u.* ***Panegyrikos***)

lobrednerisch *Adj* panegira

lobsingen *intr Kirche* laŭd-kanti

lobulär *Adj einzelne Läppchen (bes. eines Lungenlappens) betreffend* koncernanta unuopajn lobetojn [de la pulmo]

Lobus *m nur Fachspr Anat (lappenförmiger Teil eines Organs od einer Drüse)* lobo [de organo aŭ glando] (*vgl. dazu* ***Lungenlapen***)

Locarno (*n*) *eine Bezirksstadt im Kanton Tessin/Schweiz [Kurort am Lago Maggiore]* Lokarno; ***Filmfestival*** ~ Filmfestivalo de Lokarno

Loch *n* ***a)*** truo (↑ *auch* ***Ast-***, ***Guck-***, ***Nist-***, ***Stemm-*** *u.* ***Schlüsselloch***); *Golf (Sand*≗*)* truo (↑ *auch* ***²Bunker***); *kleines Loch* trueto (↑ *auch* ***Öhr*** *u.* ***Wurmloch***); *Lochweite, Öffnung* aperturo; *i.w.S. (Aushöhlung)* kavaĵo, *(Spalt)* fendo, *(Bresche)* breĉo; ***ein*** ~ ***zum Maulwurfsbau*** truo de talpejo; ***schwarzes*** ~ *Astron* nigra truo *(auch Großschr)*; ***ein*** ~ ***bohren*** bori truon (***in etw.*** en ion); ***ein*** ~ ***flicken*** (***graben***) fliki (fosi) truon; ***ein*** ~ ***haben*** havi truon; *durchlöchert sein* esti truita; ***ein*** ~ ***stopfen*** plenigi truon *auch i.w.S.*; ***ohne*** ~ *od* ***ohne Löcher*** sen truo(j), sentrua; ***voller Löcher*** plena de truoj, tru[o]plena ***b)*** *pej für «elende Behausung» od «miserables (bzw. schmutziges od dunkles) Zimmer»* truo, kavernaĉo, mizera (*bzw.* malpura *od* malhela) loĝloko (*bzw.* ĉambraĉo); *miserable Wohnung* mizera loĝejo; *Gefängnis* aĉa arestejo, karcero ***c)*** *in übertragener Bedeutung u. i.w.S.* (↑ *auch* ***Milliardenloch***) ◇ ***er säuft wie ein*** ~ li drinkas kiel truo; ***ein*** ~ ***aufmachen***, ***um das andere zu schließen*** (*od* ***zu stopfen***) *Geld borgen, um Schulden zu bezahlen* fosi unu truon por plenigi alian; ***auf dem letzten*** ~ ***pfeifen*** ludi sur la lasta kordo

Lochband *n EDV* ↑ ***Lochstreifen***

Lochbandlocher *m EDV* bendotruilo

Loch|beitel *m Handw* morteza ĉizilo; ~**blende** *f Foto, Opt* diafragmo; ~**eisen** *n* (*auch* ***Durchschlag*** *genannt*) *Handw* mandreno

lochen *tr perforieren* liniotrui; trui *auch Fahrkarten*

Locher *m* truilo *auch im Büro* (↑ *auch* ***Lochstreifenlocher*** *u.* ***Lochzange***)

löcherig *od* **löchrig** *Adj* truhava; *mit vielen Löchern* multtrua; *voller Löcher* truplena *od nachgest* plena de truoj; *durchlöchert* truita; ~ ***werden*** truiĝi

Löcherkoralle *f Zool* ↑ ***Madreporarie***

Löcher|pilz *od* ~**schwamm** *m Mykologie* = ***Porling***

Lochien *Pl Med* ↑ ***Wochenfluss***

Lochkarte *f Datenverarbeitung* trukarto (↑ *auch* ***Hand-***, ***Schlitz-*** *u.* ***Sichtlochkarte***)

Lochkarten|kodierer *m* mekanografo; **~-leser** *m EDV* trukarto-legilo; **~locher** *od* **~stanzer** *m EDV* karto-truilo
Lochkügelchen *n zum Auffädeln* bido (↑ *auch* ***Rosenkranzperle***)
Löchlein *n* trueto
Loch Ness *m ein See in Schottland* [lago] Loĥ-Neso
löchrig ↑ ***löcherig***
Loch|säge *f Handw* tru[o]segilo; **~stickerei** *f (Vorgang)* tru-brodado, *(Gegenstand)* tru-brodaĵo (*vgl. dazu* ***Ajourstickerei***)
Lochstreifen *m*, *auch* ***Lochband*** *n EDV* trubendo; **~abtaster** *od* **~leser** *m EDV* trubend-legilo; **~locher** *m EDV* bendo-truilo; **~prüfer** *m EDV* trubendo-kontrolilo
Lochung *f das Lochen (als Vorgang)* truado; *Perforationslöcher* truetaro
Loch|zange *f für Fahrkarten* bilet-truilo; **~-ziegel** *m Bauw (Hohlziegel)* tru[hav]a briko *od* tru-briko
Lochzirkel *m Tech* ↑ ***Innentaster***
Löckchen *n* bukleto, eta buklo
Lockdown *m während einer Pandemie* lokdaŭno (↑ *auch* ***Kontaktbeschränkung***)
Locke *f* buklo (↑ *auch* ***Rastalocken***, ***Schläfen-*** *u.* ***Stirnlocke***)
[1]**locken** *tr lockig machen*: ***das Haar*** ~ bukli la harojn (*od* hararon); ***sich*** ~ bukliĝi
[2]**locken** *tr u. intr [her] anlocken* allogi; *verlocken* logi, altiri, ĉarmi (***jmdn. mit etw.*** iun per io) (↑ *auch* ***fort-***, ***heraus-*** *u.* ***weglocken***)
Locken|bürste *f* buklobroso; **~haar** *n* bukla hararo; **~kopf** *m* buklahara kapo; *Person* persono kun buklaj haroj (*od* bukla hararo); **~perücke** *f bes. hist* multbukla peruko; **~-stab** *m* [elektra] buklilo; **~wickel** *od* **~-wickler** *m* buklilo, *(Papillote)* papiloto
locker *Adj* **a)** *in der Struktur* malkompakta; *mangelhaft befestigt, wackelig* malfirma, malfiksa, malstrikta; *lose* loza; *nicht kompakt* malkompakta; *nicht fest angezogen* malstreĉita; *porös* poroza; *weich* mola; ***die Schraube ist*** (*od* ***sitzt***) ~ la ŝraŭbo estas loza **b)** *frivol, leichtfertig* frivola; *nicht auf die Sitte achtend* facilmora; *leger* leĝera; *flatterhaft* flirtema; *ausschweifend* diboĉ[em]a; *nachlässig* neglektema; *Beziehung, Bindung u.Ä.* supraĵa; *Sitten auch* malrigida ◇ ***er ist ein ~er Vogel*** li estas frivolulo (*bzw.* diboĉulo)
lockerlassen *abs übertr*: ***nicht*** ~ *nicht zurückweichen* ne cedi; *nicht nachgeben, starrköpfig sein* obstine persisti; *immerzu weiter fragen* ĉiam plu demand[ad]i
lockern *tr* [iom] malfirmigi *od* malstreĉi, *Schraube auch* [iomete] malstreĉi; *in der Struktur* [iom] malkompaktigi (↑ *auch* ***auflockern***); ***sich*** ~ malfirmiĝi, malstreĉiĝi; *in der Struktur* malkompaktiĝi; ***die Muskulatur*** ~ *Physiotherapie* [per masaĝado *u.a.*] malstreĉi la muskolaron
Lockerung *f das Lockermachen* malfirmigo, malstreĉigo; malkompaktigo; *das Sichlockern, Lockerwerden* malfirmiĝo, malstreĉiĝo; malkompaktiĝo; *Erleichterung, z.B. einer Strafmaßnahme* [ioma] plifaciligo
lockig *Adj* bukla, *auch* buklohava (↑ *auch* ***blondlockig***); *wellig* ondanta; ~ ***werden*** *sich locken* bukliĝi; **~*es Haar haben*** havi buklan hararon
Lockmittel *n* logilo *auch übertr*, logaĵo (↑ *auch* ***Köder***)
Lockout *m* ↑ ***Aussperrung*** *f*
Lockruf *m* logovoko *auch eines Vogels*
Lockung *f* allogo; *i.w.S. (Schmeichelei)* flatado, *(Versuchung)* tent[ad]o
Lockvogel *m* logbirdo; *übertr* [al]logaĵo
Locus classicus *m Lit (Haupt- bzw. Beweisstelle aus einem Buch)* lokuso
Loden *m*, *auch* ***Lodenstoff*** *m Textil (ein Wollgewebe)* lodeno; **~mantel** *m* lodena mantelo; **~rock** *m* lodena jupo
lodern *intr* flamegi, alte flam[ad]i (↑ *auch* ***auflodern***); *übertr (bes. poet)* flami, ardi *auch jmds. Wangen*
lodernd *Adj* flameganta, alte flamanta
Łódź (*n*) *zweitgrößte Stadt Polens* Lodzo
Löffel *m* **a)** kulero; *kleiner Löffel* kulereto; *Suppen*~ supkulero (↑ *auch* ***Ess-***, ***Holz-***, ***Kaffee-***, ***Koch-***, ***Küchen-***, ***Rühr-***, ***Salat-***, ***Schöpf-***, ***Silber-***, ***Soßen-***, ***Suppen-*** *u.* ***Teelöffel***); ***ein*** ~ ***[voll] Zucker*** kulero da sukero; ***scharfer*** ~ *Med* ↑ ***Kürette***; ***mit dem*** ~ ***essen*** manĝi per [la] kulero, *fam auch* kuleri manĝi *od salopp (löffeln)* kuleri **b)** *Jägerspr: Ohr des Hasen* orelo [de leporo]
Löffelbug *m Mar (eine Form des Schiffsbugs)* kuler[o]forma pruo
Löffelchen *n* kulereto
Löffelente *f* (Anas clypeata) *Orn* kuleranaso (↑ *auch* ***Kaplöffelente***); ***australische*** ~ (Tadorna rhynchotis) aŭstralia kuleranaso; ***südamerikanische*** ~, *auch* ***Fuchslöffelente*** *f* (Anas platalea) argentina kuleranaso
löffelförmig **1.** *Adj* kuler[o]forma **2.** *Adv*

kuler[o]forme

Löffelkraut *n* (*Gattung* Cochlearia) *Bot* kokleario (↑ *auch* ***Pyrenäenlöffelkraut***); ***echtes*** ~ (Cochlearia officinalis) skorbuta kokleario; ***englisches*** ~ (Cochlearia anglica) angla kokleario

löffeln *tr mit einem Löffel essen* manĝi per kulero, *auch* kulere manĝi *od* kuleri; *mit einem Löffel schöpfen* ĉerpi per kulero (*vgl. dazu* ***auslöffeln***)

Löffel|reiher *m*, *auch* ***Löffler*** *m* (Platalea leucorodia) *Orn* plataleo *[Vorkommen: Süd- u. Mittelasien u. Ostafrika <in Europa selten>]* (↑ *auch* **Gelbschnabel-** *u.* ***Königslöffler***); ~**stiel** *m* tenilo de kulero; ~**stör** *m* (Polyodon spathula) *Ichth* poliodono *[Vorkommen: in den Großen Seen/Kanada u. im Mississippi/USA]*; ~**strandläufer** *m* (Eurynorhynchus pygmeus) *Orn* kulerbeka kalidro

Löffler *m Orn* ↑ ***Löffelreiher***; ***australischer*** ~ ↑ ***Königslöffler***; ***[Familie der]*** ~ ***und Ibisse*** (Plataleidae) *Orn* plataleedoj *Pl*

Lofoten *Pl*, *selt auch* ***Lofotinseln*** *Pl Inselgruppe vor der Küste N-Norwegens* Lofotoj *Pl*, *auch* Lofot-insuloj *Pl*

Loft *n*, *auch* ***Loftappartment*** *n od* ***Loftwohnung*** *f* lofto, *auch* lofta apartamento

log = *Zeichen für* ***Logarithmus***

[1]**Log** *n Mar (Messgerät für Schiffsgeschwindigkeit)* logo; ***nach dem*** ~ ***segeln*** navigi laŭ la logo *<indem Schiffspositionen nach den Logergebnissen errechnet werden>*

[2]**Log** *n bibl (ein Flüssigkeitsmaß)* logo

Logan|beere *f*, *auch* ***Bärenbrombeere*** *f* loganbero; ~**beerstrauch** *m* (Rubus ursinus) *Bot (Hybride zw. Bärenbrombeere u. Himbeere [bes. in den USA kultiviert])* loganbera arbedo

Loganie *f* (*Gattung* Logania) *Bot* loganio *[Hauptverbreitung in Australien]*

Loganiengewächse *n/Pl Bot*: ***[Familie der]*** ~ (Loganiaceae) loganiacoj *Pl [vorwiegend in den Tropen u. Subtropen verbreitet]*

Logarithmen|system *n* logaritma sistemo; ~**tafel** *f Math* baremo (*od* tabelo) de logaritmoj

logarithmieren *tr Math* logaritmi

logarithmisch *Adj* logaritma; ~***es Netz*** *n* logaritma reto; ~***es Netzpapier*** *n* logaritma krucpapero; ~***e Skale*** *f* logaritma skalo

Logarithmus *m* (*Zeichen* ***log***) *Math* logaritmo (↑ *auch* ***Antilogarithmus***); ~ ***einer Zahl*** logaritmo de nombro; ***binärer*** ~ *od* ***Zweier-Logarithmus*** *m* (*Zeichen* **lb**) *Logarithmus, der auf dem Dualsystem basiert* binara logaritmo; ***dekadischer*** ~ *od* ***riggsscher*** ~ (*Zeichen* **ln**) decimala (*od* dekuma) logaritmo; ***gemeiner*** (*od* ***gewöhnlicher***) ~ ordinara logaritmo; ***natürlicher*** (*od* ***nepierscher***) ~ natura logaritmo

Logarithmusfunktion *f Math* logaritma funkcio

Logatom *n einsilbiges, aus Sprachlauten zusammengesetztes Kunstwort zur Messung der Silbenverständlichkeit bei akustischen u. elektroakustischen Übertragungen (z.B. bei Fernsprechanlagen)* logatomo

Logbuch *n Mar* loglibro (*vgl. dazu* ***Schiffstagebuch***)

Loge [ˈloʒə] *f Theat* loĝio (↑ *auch* ***Ehrenloge***); *Freimaurer*≗ framasona loĝio

Logen|bruder *m Freimaurerei* samloĝiano; ~**meister** *m*, *auch* ***Meister vom Stuhl*** *Freimaurerei* loĝi[o]mastro; ~**mitglied** *n Freimaurerei* loĝiano; ~**platz** *m im Kino u. dgl.* [sid]loko en loĝio

Logger *m Mar* ↑ ***Lugger***

Loggia *f Arch (1. von Pfeilern od Säulen getragene, halb offene Bogenhalle 2. auf einer Seite nach dem Freien offener Raum im Hause)* loĝio, *(in Wohngebäuden) auch* balkonloĝio

logieren *intr* [portempe] loĝi *bzw.* tranokti (***bei jmdm.*** ĉe iu *od* en la hejmo de iu)

Logik *f allg u. Phil* logiko; ***formale*** (***klassische***, ***materiale***) ~ formala (klasika, materiala) logiko; ***mathematische*** ~, *auch* ***symbolische Logik***, *früher meist* ***Logistik*** *f* matematika logiko, *auch* simbola logiko; ***mehrwertige*** (***zweiwertige***) ~ plurvalora (duvalora) logiko; ***gegen die*** ~ ***[verstoßend]*** kontraŭlogika (↑ *auch* ***unlogisch***)

Logiker *m* logikisto

Logis [*loˈʒiː*] *n Unterkunft* loĝebleco; *Wohnung* loĝejo

logisch 1. *Adj* logika (*vgl. dazu* ***rational***); *einleuchtend* komprenebla, klara **2.** *Adv* logike; ~ ***denken*** pensi logike

[1]**Logistik** *f Math* ↑ *unter* ***Logik***

[2]**Logistik** *f Mil, Wirtsch* loĝistiko; ~**abteilung** *f* sekcio por loĝistiko; ~**stab** *m* stabo por loĝistiko; ~**zentrum** *n* loĝistika centro

logistisch *Adj die Logistik betreffend* loĝistika

logo *prädikatives Adj, umg für «logisch»*:

das ist doch ~ tio estas ja logika

Logo *m od n, auch* ***Firmenlogo*** *od* ***Firmenzeichen*** *n* firmosigno (↑ *auch* ***Signet***)

Logoff *n EDV* ↑ ***Abmeldung b)***

Logogramm *n, auch* ***Wortzeichen*** *n das Zeichen für ein Wort in einer Wortschrift [Bilderschrift]* logogramo

Logogriph *m, auch* ***Buchstabenrätsel*** *n* logogrifo

Logoneurose *f nur Fachspr Med (neurotisch bedingte Sprachstörung)* logoneŭrozo

Logopäde *m, auch* ***Sprachheilkundige*** *m* logopediisto

Logopädie *f, auch* ***Sprachheilkunde*** *f Med (Vorbeugung, Diagnose, Beratung u. Behandlung von Sprach- u. Hörstörungen bei Erwachsenen u. Kindern)* logopedio

Logopädin *f, auch* ***Sprachheilkundige*** *f* logopediistino

logopädisch *Adj* logopedia

Logopathie *f nur Fachspr Med (Sprachstörung)* logopatio

Logorrhöe *f Med (pathologischer Redefluss, krankhafte Geschwätzigkeit)* logoreo

Logos *m Phil (schöpferische u. ordnende Vernunft, Weltgesetz [bes. in der griechischen Philosophie])* logoso

Log-out *n, auch m, auch* ***Ausloggen*** *n EDV (Sichabmelden)* adiaŭo

Logrolle *f Mar* logbobeno (*vgl. dazu* **[1]Log**)

Logroño (*n*) *Hptst. der nordspan. Provinz La Rioja* Logronjo

[1]Lohe *f Gerbrinde* tanŝelo (*vgl.dazu* ***Tannin***)

[2]Lohe *f geh für «lodernde Flamme(n)»* [altaj] flamoj *Pl*, flamfajro *Sg* (*vgl. dazu* ***Flammenmeer***)

[1]lohen *tr gerben* tani

[2]lohen *intr lodern* esti en flamoj

Lohengrin (*m*) *Eig (eine altdeutsche Sagen- u. Epengestalt [auch Name einer Wagner-Oper])* Lohengrino

Loh|gerber *m* tanisto; ~**gerberei** *f Vorgang* tanado; *Betrieb* tanejo

Lohn *m* ***a)*** *Arbeitsentgelt* [labor]pago; *Gehalt u. allg* salajro; *für Dienstleistungen* pago (↑ *auch* ***Akkord-***, ***Brutto-***, ***Durchschnitts-***, ***Fuhrlohn***, ***Gage***, ***Gehalt***, ***Grundlohn***, ***Heuer***, ***Honorar***, ***Hunde-***, ***Hunger-***, ***Macher-***, ***Natural- Nettolohn***, ***Sold***, ***Real-***, ***Stück-***, ***Stunden-***, ***Tarif-***, ***Überstunden-*** *u.* ***Wochenlohn***); ***ein angemessener*** ~ konvena laborpago (*od* salajro) ◇ ***wie die Arbeit, so der*** ~ kia ago, tia pago *(Zam)*; ***Undank ist der Welt*** ~ bonfaron oni facile forgesas *(Zam)* ***b)*** *übertr: Belohnung als Gegenleistung* rekompenco (↑ *auch* ***Vergeltung***); *Strafe* puno; ***als*** (*od* ***zum***) ~ ***für ...*** kiel rekompenco por *od* rekompence por ...

Lohn|abzug *m* dekalkulo de la laborpago (*od* salajro); ~**arbeit** *f* laboro kontraŭ salajro, dunga laboro; ~**arbeiter** *m* dungita laboristo, dungito; ~**aufbesserung** *f* plialtigo de la laborpago (*od* salajro); ~**ausfall** *m* perdo en la salajro(j); ~**betrieb** *m Wirtsch* salajrokomisia entrepreno; ~**bewegung** *f* salajra fluktuado; ~**buchhalter** *m* librotenisto pri salajroj; ~**empfänger** *m* salajrulo

lohnen *tr:* ***jmdm. etw.*** ~ *jmds. Güte erwidern* rekompenci ion al iu; ***sich*** ~ *der Mühe wert sein* valori la penon; *Profit abwerfen* doni profiton; *profitabel sein* esti profitiga; ***es lohnt sich, dass ...*** valoras, ke ...; ***es lohnt sich nicht, darüber zu sprechen*** ne valoras la penon paroli pri tio, *umg auch* ne penindas paroli pri tio; ***es lohnt sich unbedingt, diesen Film anzusehen*** tiu filmo estas nepre spektinda

löhnen *tr Lohn auszahlen* pagi salajron (***jmdn.*** al iu)

lohnend *Adj nützlich* utila; *Gewinn bringend* profitodona, profitiga

Lohn|erhöhung *f Ansteigen des Lohns* plialtiĝo de [la] salajro(j) *od* salajroplialtiĝo; *das Erhöhen des Lohns* plialtigo de [la] salajro(j); ~**fonds** *m Fin* salajrofonduso; ~-**forderung** *f* postulado de pli altaj salajroj (*od* laborpagoj)

Lohngrenze *f:* ***obere*** ~ salajroplafono

Lohn|gruppe *f Besoldungsgruppe* salajrogrupo; ~**inflation** *f* salajra inflacio; ~**klasse** *f* salajroklaso *od* klaso de salajroj

Lohnkosten *Pl* salajrokostoj *Pl*; ***zu hohe*** ~ tro altaj salajrokostoj

Lohn|kürzung *f* redukto de [la] salajroj (*od* laborpagoj); ~**liste** *f* salajrolisto; ~**niveau** *n* salajronivelo; ~**politik** *f* salajropolitiko; ~-**Preis-Spirale** *f, auch* ***Preis-Lohn-Spirale*** *wechselseitige inflationäre Beeinflussung von Löhnen u. Preisen* spiralo de salajro kaj prezoj; ~**rückstand** *m* ankoraŭ ne pagita salajro; ~**senkung** *f* redukto (*od* malaltigo) de [la] salajroj (*od* laborpagoj); ~**skala** *f* salajroskalo; ~**statistik** *f* salajrostatistiko(j)

Lohnsteuer *f* salajroimposto *od* salajra imposto; ~**jahresausgleich** *m* ĉiujara alĝustigo de la salajroimposto

Lohn|stopp *m* salajroblokado, *auch* salajrofrostigo, kreskolimigo de salajroj; ~**struktur** *f* salajra strukturo; ~**summe** *f* salajrosumo (↑ *auch* ***Gesamtlohnsumme***); ~**system** *n* sistemo de salajroj (*od* laborpagoj); ~**tabelle** *f* baremo de salajroj; ~**tarif** *m* salajrotarifo

Löhnung *f* pag[ad]o de salajroj (*od* laborpagoj); *Wehrsold* soldo, *alt auch* soldatsalajro

Lohn|unternehmen *n* salajrokomisia entrepreno; ~**verhandlung(en)** *f/(Pl)* negocado pri salajropagoj, *auch* salajronegoco(j); ~**zahlung** *f* pag[ad]o de salajroj (*od* laborpagoj); ~**zuwachs** *m* salajrokresko

Lohrinde *f Gerberlohe* tanŝelo (↑ *auch* ***Eichenlohrinde***)

Loiasis *f*, *auch* ***Loa Loa-Filariose*** *f od* ***Kamerunbeule*** *f Tropenmedizin (eine Wurmerkrankung [hervorgerufen durch die Filarie ‹Loa loa›])* loa[loa]-filariozo

Loipe *f Skisport* skivego

Loire [*loa:r*] *f längster Fluss Frankreichs* [rivero] Luaro

Lok *f Eisenb* ↑ *unter* ***Lokomotive***

lokal *Adj* loka (*vgl. dazu* ***einheimisch*** *u.* ***örtlich***); ~***e Industrie*** *f* loka (*od i.w.S.* regiona) industrio; ~***er Krieg*** *m* loka milito

Lokal *n allg Örtlichkeit* ejo, loko; *Gaststätte* gastejo, restoracio (↑ *auch* ***Garten-***, ***Nacht-*** *u.* ***Tanzlokal***); *Café* kafejo; *Café mit Selbstbedienung* kafeterio; *Raum für Zusammenkünfte* kunvenejo (↑ *auch* ***Örtlichkeit***)

Lokal|anästhesie *f*, *umg* ***örtliche Betäubung*** *f Med* loka anestezo (↑ *auch* ***Leitungs-*** *u.* ***Plexusanästhesie***); ~**anästhetikum** *n Med* loka anestezilo (↑ *auch* ***Novocain***® *u.* ***Procain***®); ~**anzeiger** *m Ztgsw* loka gazeto; ~**ausgabe** *f Ztgsw* loka eldono *auch Philat*; ~**bestimmung** *f Gramm* loka adverbo; ~**blatt** *f Ztgsw* loka gazeto

Lokalchronik *f* ↑ ***Ortschronik***

Lokalderby *n Sport* loka derbio

Lokales *n* ↑ ***Lokalnachrichten***

Lokal|fernsehen *n* loka televido (*bzw.* televida stacio); ~**geschichte** *f* loka historio

Lokalisation *f* ↑ ***Lokalisierung***

lokalisieren *tr* lokalizi *auch Med* (↑ *auch* ***auf einen Ort beschränken*** [*unter* ***beschränken***])

Lokalisierung *f*, *auch* ***Lokalisation*** *f* lokalizo *auch Geogr u. Med*

Lokalismus *m* ↑ *unter* ***lokalsprachlich***

Lokalität *f* loko, ejo (*vgl. dazu* ***Örtlichkeit***); *i.e.S. je nachdem* ĉambro, salono, gastejo *bzw.* kunvenejo *u.a.*

Lokal|klima *n*, *auch* ***Ortsklima*** *n* loka klimato; ~**nachrichten** *f/Pl*, *auch* ***Lokales*** *n Ztgsw, TV* lokaj novaĵoj (*od* informoj) *Pl*; ~**patriotismus** *m* loka (*od* regiona) patriotismo, *[spöttisch:]* paroĥismo; ~**redaktion** *f Ztgsw* loka redakcio; ~**sprache** *f Ling* loka lingvo (↑ *auch* ***Regionalsprache***)

lokalsprachlich *Adj* loklingva; ~***er Ausdruck*** *m*, *auch* ***Lokalismus*** *m Ling* loklingva esprimo

Lokal|termin *m Jur* esplorado en la loko de [la] krimfaro; ~**zeitung** *f* loka gazeto

Lokativ *m Gramm (Ortskasus)* lokativo

Lokführer *m Eisenb* ↑ ***Lokomotivführer***

Lokheizer *m Eisenb* ↑ ***Lokomotivheizer***

Lokleerfahrt *f Fachspr Eisenb* vakveturo de lokomotivo

Lokomobile *f*, *auch* ***fahrbare Dampf-*** *od* ***Kraftmaschine*** *f Tech* lokomobilo

Lokomotive *f* (*Kurzw* ***Lok*** *f*) *Eisenb* lokomotivo (↑ *auch* ***Allzweck-***, ***Dampf-***, ***Diesel-***, ***Drehgestell-***, ***Gasturbinen-***, ***Güterzug-***, ***Rangier-***,***Reisezug-***,***Schmalspur-***, ***Schnellzug-***, ***Strecken-***, ***Zahnradlokomotive*** *u.* ***Leerlok***); ~ ***mit einstellbaren Achsen***, *auch* ***Lenkachslokomotive*** *f* artik-aksa lokomotivo; ***dieselelektrische*** ~ dizel-elektra lokomotivo (*vgl. dazu* **E-Lok**)

Lokomotiv|führer *m*, *umg* ***Lokführer*** *m* lokomotivestro; ~**halle** *f*, *umg* ***Lokschuppen*** *m* lokomotiv-remizo; ~**heizer** *m*, *umg* ***Lokheizer*** *m* lokomotivhejtisto

Lokomotivkran *m Tech* ↑ *unter* ***Kran***

Lokomotivsignal *n* = ***Zugspitzensignal***

Lokoya *Pl Ethn (eine Völkergruppe der Niloten im südlichen O-Sudan)* lokojoj *Pl*

lokrisch *Adj*: ~***e Tonart*** *f Mus (eine Kirchentonart mit dem Grundton h)* lokra modalo

Lokschuppen *m* ↑ ***Lokomotivhalle***

Lokum *m* ↑ ***Lukum***

Lokus *m* ↑ ***¹Abort***

Lokution *f Ling (1. Redewendung, Redensart 2. Redestil, Ausdrucksweise)* lokucio

lokutionär *Adj* lokucia

Lokzug *m Eisenb* ↑ ***Leerlok***

Lola (*f*) *weibl. Vorname* Lola

Lolch *m*, *auch* ***Weidelgras*** *n* (Lolium) *Bot (eine Gattung der Süßgräser)* lolio (↑ *auch* ***Taumel-Lolch***); ***deutsches Weidelgras*** *od* ***englisches Raygras*** *n*, *auch* ***ausdauernder***

Lolch (Lolium perenne) daŭra (*od* multjara) lolio, *auch* angla rajgreso; ***welsches Weidelgras** od **italienisches Raygras** n* (Lolium multiflorum) multflora lolio, *auch* itala rajgreso

Lolita *(f) weibl. Vorname* Lolita

Lolland *(n) dänische Ostseeinsel* [insulo] Lolando *[Hauptort: Nakskov]*

Lollarden *m/Pl Religionsgemeinschaft im 14. Jh. zur Krankenpflege u. Totenbestattung* lolardoj *Pl*

Lolli *m* = ***Lutscher b)***

Lombardei *f, ital.* ***Lombardia*** *eine Region in Oberitalien* Lombardio *[Hptst.: Mailand]*

Lombarden *m/Pl Bewohner der Lombardei* lombardoj *Pl*; ~**bund** *m Gesch (1167 geschlossenes Bündnis norditalienischer Städte zur Wahrung ihrer Selbständigkeit gegen Kaiser Friedrich I.)* Lombarda Ligo

lombardisch *Adj* lombarda

Lombardisch[e] *n Ling (Bez für eine Gruppe von Dialekten, die in der südlichen Schweiz <Tessin und Graubünden>, im Trentino und in der Lombardei gesprochen werden [eine Sprachvarietät im Italienischen])* la lombarda [lingvo]

Lombardkredit *m, auch* ***Mobiliarkredit*** *m Fin (dinglich gesicherter Kredit)* lombarda kredito

Lombok *(n) eine Insel in West-Nusa Tenggara/Indonesien, östlich von Bali* [insulo] Lomboko *[Hptst.: Mataram]*; ~**-Straße** *f Meerenge zw. Bali u. Lombok* Lomboka Markolo *od* Markolo de Lomboko *<eine wichtige tiergeografische Grenze>*

Lomé *(n) Hptst. der Rep. Togo* Lomeo

London *(n) Hptst. von Großbritannien* Londono

Londoner 1. *Subst: Einwohner von London* londonano **2.** *Adj: auf London bezüglich bzw. aus London [stammend]* londona

Longanbaum *m* (Euphoria longana) *Bot (ein tropischer Obstbaum)* longanarbo

Longane *f Frucht des Longanbaums* longano

Longdrink *m mit Soda, Eiswasser o.Ä. verlängerter Drink* longtrinkaĵo

Longe [*ˈlõ:ʒə*] *f Laufleine [für Pferde]* longô

longieren *tr*: ***ein Pferd*** *~ an der Longe laufen lassen* longi ĉevalon

Longieren *n* longâdo

longitudinal *Adj längs verlaufend, in Längsrichtung* laŭlonga, longituda

Longitudinalwellen *f/Pl, auch* ***P-Wellen*** *f/Pl Phys, Seismik* longitudaj ondoj *Pl*

Longyi *m rockähnliches Kleidungsstück der Burmesen* lonjio

Lontarpalme *f Bot* ↑ ***Fächerpalme***

Looch *m Pharm (eine sirupartige Arzneizubereitung)* looko

Looping [*ˈlu:...*] *m od n 1. Kunstflug (senkrechter Schleifenflug) 2. Fallschirmsport (ein Salto im Stilspringen)* lopo; ***einen ~ ausführen*** (*od* ***drehen***) fari lopon, *auch* lopi

Lop Nur *m, auch* ***Lobnur*** *m eine abflusslose Salztonebene in Sinkiang/China, [früher:] ein wechselnd großes Seen- u. Sumpfgebiet* Lop-Nuro

Lorbeer *m* (*Gattung* Laurus) *Bot (Lorbeerbaum)* laŭro (↑ *auch* ***Kirschlorbeer***); *Lorbeerblatt* laŭrofolio *auch Gewürz*; ***echter*** (*od* ***edler***) ~, *auch* ***Gewürzlorbeer*** *m* (Laurus nobilis) *Bot* nobla laŭro; ***kalifornischer [Berg-] Lorbeer*** *m* (Umbellularia californica) kalifornia laŭro; ***kanarischer*** *~, auch* ***Azoren-*** *od* ***Kanaren-Lorbeer*** (Laurus azorica) azora laŭro; ***einen Dichter*** (***Sieger***) ***mit ~ bekränzen*** (*od* ***krönen***) laŭrokroni poeton (venkinton) (*vgl. dazu* ***Laureat***) ◇ ***~en ernten*** *Lob erhalten* rikolti laŭrojn (***für*** por); *i.w.S. Erfolg haben* havi [rimarkindan] sukceson; ***[sich] auf seinen ~en ausruhen*** ripozi sur siaj laŭroj

Lorbeer|baum *m* (*Gattung* Laurus) *Bot* laŭro (*vgl. dazu* ***Lorbeer***); ~**blatt** *n* laŭrofolio *auch Gewürz*

Lorbeere *f Frucht des Lorbeers* laŭrofrukto

Lorbeergewächse *n/Pl Bot*: ***[Familie der] ~ Pl*** (Lauraceae) laŭracoj *Pl*

Lorbeerkirsche *f Bot* ↑ ***Kirschlorbeer***

Lorbeer|kranz *m* laŭrokrono *auch übertr für «Siegerkranz [aus Lorbeer]»*; ~**öl** *n* laŭrosema oleo *<aus den Samen des Lorbeers gewonnen u. pharmazeutisch für Einreibungen genutzt>*; ~**seidelbast** *m* (Daphne laureola) *Bot* laŭra dafno; ~**taube** *f* (Columba junoniae) *Orn* laŭrokolombo *[Vorkommen: endemisch auf den Kanarischen Inseln]* (↑ *auch* ***Bolle-Lorbeertaube***); ~**wald** *m z.B. auf La Gomera* laŭroarbaro; ~**weide** *f, <schweiz>* ***fünfstaubblättrige Weide*** *f* (Salix pentandra) *Bot* laŭrosaliko, *auch* laŭra saliko; ~**zweig** *m* laŭrobranĉo

Lorchel *f* (*Gattung* Helvella) *Mykologie* helvelo (↑ *auch* ***Frühjahrslorchel***); ***gefurchte ~*** (Helvella sulcata) sulkita (*od* sulkohava) helvelo; ***krause ~*** *od* ***Herbstlorchel*** *f* (Helvella crispa) krispa helvelo; ***weißstielige ~*** (Helvella monachella) blankpieda helvelo

Lorchelpilze *m/Pl Mykologie* ***[Familie der] ~*** (Helvellaceae) helvelacoj *Pl*

Lord *m* lordo *auch Titel* ◇ ***voll wie ein ~*** *total betrunken* ebria kiel lordo

Lordkanzler *m höchster englischer Staatsbeamter u. Präsident des Oberhauses* lordo-kanceliero *(auch Großschr)*

lordmäßig *Adj einem Lord gemäß (od geziemend)* lorda

Lord Mayor [...ˈmeːə(r)] *m Titel des Oberbürgermeisters von London u. mehrerer englischer Großstädte* lord-urbestro *(auch Großschr)*

Lordose *f nur Fachspr Med ([krankhafte] Wirbelsäulenverkrümmung nach vorn)* lordozo (*vgl. dazu* ***Kyphose*** *u.* ***Skoliose***; ↑ *auch* ***Hyperlordose***)

lordotisch *Adj nur Fachspr Med für «zur Lordose gehörend» bzw. «mit Lordose einhergehend»* lordoza

Lordschaft *f*: ***Eure ~*** *od* ***Mylord*** *Anrede* via lorda moŝto

Lordsiegelbewahrer *m Träger eines hohen Titels in Großbritannien, der als Minister ohne Geschäftsbereich u. Kabinettsmitglied das private königliche Siegel führt* Lordo de la Privata Reĝa Sigelilo <*eines der ältesten Ämter in GB*>

Lore *f Feldbahnwagen* vagoneto de kampofervojo; *Eisenb (offener Güterwagen)* netegita [var]vagono

Loreley *f ein Fels am Mittelrhein [bei St. Goarshausen]* [roko] Lorelejo

Loren *m/Pl Ethn* ↑ ***Luren***

Lorestan (*n*), *auch* ***Luristan*** (*n*) *Landschaft u. Provinz in W-Iran* Lorestano, *auch* Luristano *[Hptst.: Khorramabad]*

Loreto (*n*) *ital. Stadt u. Wallfahrtsort [südl. von Ancona (Region Marken)]* Loreto

[1]**Lori** *m*, *auch* ***Pinselzungenpapagei*** *m* (*Unterfamilie der Papageien* Lorius) *Orn* lorio (↑ *auch* ***Papua-*** *u.* ***Rotlori***)

[2]**Lori** *m* (*Gattung* Loris) *Zool (ein südasiatischer Halbaffe)* loriso

Lorokonto *n Bankw (Konto, das eine Bank für eine andere Bank führt, die bei ihr Kunde ist)* lorokonto

los 1. *prädikatives Adj: ab-, aufgegangen, abgelöst* deiĝinta; *abgerissen* forŝirita; *abgebrochen* derompita; *locker, nicht fest sitzend* malfirma; *nicht angebunden* ne ligita; ***der Knopf ist ~*** la butono deiĝis (*od* forŝiriĝis); ***der Hund ist [von der Kette] ~*** la hundo elĉeniĝis ◇ ***dort ist der Teufel ~*** tie la diablo regas; ***mit ihm ist nicht viel ~*** *er ist nicht leistungsfähig* lia forto (*od* kapablo) estas minimuma; *er kränkelt laufend* li daŭre malsanetas; ***und plötzlich war ich mein Geld ~*** kaj jen – perdita (*od* for) estis mia [tuta] mono; ***was ist [denn] ~?*** *passiert* kio okazis?; *wie weiter?* nu kio?; ***was ist ~ mit dir?*** kio okazis al vi? **2.** *Adv*: ***~!*** ek!; *schnell!* rapide! *od* rapidu!; ***~, wir spielen Fußball!*** ek, ni ludu futbalon!; ***nur ~!*** ekfaru!

Los *n* ***a)*** *Los in Form eines Würfels, Zettels u. dgl.* loto; *Lotterie*[≗] loteribileto (↑ *auch* ***Frei-*** *u.* ***Gewinnlos***); ***das große ~*** la granda (*od* ĉefa) gajno; ***das ~ hat ihn getroffen*** la loto falis sur lin; ***etw. per*** (*od* ***durch das***) ***~ entscheiden*** decidi ion per lotumado ***b)*** *Fügung* destino; *Schicksal* sorto

Los Angeles (*n*) *eine Stadt in Kalifornien/ USA* Los-Anĝeleso

losarbeiten *intr* eklabori

lösbar *Adj Aufgabe, Problem u. dgl.* solvebla

Lösbarkeit *f* solvebl[ec]o

Losbaum *m* (*Gattung* Clerodendrum) *Bot (eine artenreiche Gattung der Eisenkrautgewächse im tropischen Asien u. Afrika)* klerodendro (*vgl. dazu* ***Pagodenblume***)

losbekommen *tr ablösen können, herunterbekommen* povi forigi (***von*** de)

losbinden *tr* malligi; *befreien* liberigi el ligiteco; *von Fesseln befreien* malkateni; ***jmdn. ~*** *einen Gefesselten befreien* liberigi katenitan homon

losbrechen ***a)*** *tr abbrechen* derompi; *herausbrechen* elrompi ***b)*** *intr Gelächter u.Ä.* eksplodi; *Sturm u.Ä.* ekfuriozi

Löschblatt *n* ↑ ***Löschpapier***

[1]**löschen** *tr Feuer, Kerze, Licht* estingi; *Lampe* mallumigi, estingi (↑ *auch* ***ausschalten***); *Aktennotiz, Eintragung* nuligi; *mit einem Löschblatt* [en]sorbi [per sorbopapero]; *vom Bildschirm, Schrift auf der Wandtafel, einen Beitrag im Internet, Aufzeichnungen auf Daten- od Tonträgern* forviŝi (↑ *auch* ***tilgen***); ***den Durst ~*** kvietigi (*od auch*

estingi) la soifon; ***Kalk*** ~ estingi kalkon; ***das Feuer war einfach nicht zu*** ~ la fajro (*bzw.* incendio) estis absolute ne estingebla

[2]**löschen** *tr Ladung* malŝarĝi

[1]**Löschen** *n von Feuer* estingado; *einer Eintragung* nuligo; *Entfernen von Dateien od Datenträgern u.a.* forviŝ[ad]o

[2]**Löschen** *n einer Ladung* malŝarĝado

Löscher *m Tinten~̊* [ink]sorbilo; *Feuer~̊* fajroestingilo

Lösch|fahrzeug *n Kfz* fajroestinga kamiono; ~**gerät** *n, auch* ***Löschmittel*** *n* estingilo; ~**grube** *f für Kalk* kalkfosaĵo; ~**kalk** *m* estingita kalko; ~**mannschaft** *f od* ~**trupp** *m* fajroestinga taĉmento (*vgl. dazu* ***Feuerwehr***)

Loschmidtsche Zahl *od* **Loschmidt-Konstante** *f Chem* ↑ ***Avogadrosche Zahl***

Lösch|papier *n, auch* ***Löschblatt*** *n* sorba papero *od* sorbopapero; ~**platz** *m Mar* loko de malŝarĝado; *an einem Kai* malŝarĝ-kajo; ~**taste** *f EDV* forviŝ-klavo; ~**übung** *f der Feuerwehr* fajroestinga ekzerco

Löschung *f von Feuer od Kalk* esting[ad]o; *Annullierung* nuligo; *Tilgung* repago, *(allmählich)* amortiz[ad]o (*vgl. dazu* [1]***Löschen***)

Löschzeichen *n EDV (Steuerzeichen 127 im ASCII-Code)* viŝsigno

losdonnern *intr plötzlich [zu] donnern [beginnen]* ektondri *auch übertr*

lose 1. *Adj* ***a)*** *abgegangen, losgelöst* deiĝinta; *lose [hängend], locker, nicht straff gespannt* loza, loze pendanta, malfirma, malstrikta; *offen, nicht verpackt (Ware)* ne enpakita, nepakita, *(bes. Schüttgut) auch* loza; ***ein ~s Kleid*** loza robo ***b)*** *leichtfertig* frivola; *zügellos* senbrida ◇ ***sie hat ein ~s Mundwerk*** ŝi havas malican langon **2.** *Adv unverpackt* nepakite, *auch* senpake; *in loser Schüttung* loze; ***nur*** ~ ***angebunden*** (*od* ***geknüpft***) nur loze ligita; ~ ***verkaufen*** vendi loze

Lösegeld *n* elaĉetmono *od* elaĉeta mono (*od* monsumo); ~ ***zahlen*** pagi elaĉetan monon

Lösegeldzahlung *f* pag[ad]o de elaĉeta mono

losen *intr* lotumi; , ***wer mit dem Spiel beginnen soll*** lotumi, kiu komencu la ludon

lösen *tr* ***a)*** *losmachen* deigi, forigi; *aufbinden* malligi; *aufknoten* malnodi; *aufflechten* malplekti; *lockern* [iom] malfirmigi *od* malstreĉi; ***das Haar*** ~ *lose herabfallen lassen* lasi libere flirti la harojn ***b)*** *in Flüssigkeit auflösen* [dis]solvi ***c)*** *Aufgabe, Krise, Svhwierigkeiten* solvi; ***einen Konflikt mit friedlichen Mitteln*** ~ solvi konflikton per pacaj rimedoj; ***Rätsel*** ~ solvi enigmojn; ***ein Problem*** ~ solvi problemon; ***es sind noch viele Probleme zu*** ~ ankoraŭ restas multaj problemoj solvendaj ***d)*** *Fahrkarte* aĉeti ***e)*** *refl*: ***sich*** ~ *abgehen, sich ablösen* deiĝi, foriĝi, malligiĝi (***von*** de); *Haar, Zopf* malplektiĝi; *locker werden* iĝi loza; *sich [in Wasser] auflösen* solviĝi [en akvo]; *Angelegenheit, Rätsel* solviĝi; ***sich von jmdm.*** ~ ĉesi la kontakton kun (*od* al) iu

losfahren *intr* ***a)*** *abfahren (Fahrzeug, Person)* ekveturi ***b)*** *reg für «anfallen»*: ***auf jmdn.*** ~ [subite] ataki iun, ekataki iun

los|fliegen *intr* ekflugi; ~**galoppieren** *intr* ekgalopi; *davon- od fortgaloppieren* forgalopi

losgehen *intr sich [ab]lösen* deiĝi, foriĝi; *abfahren, aufbrechen, loslaufen* ekiri; *anfangen* komenciĝi; *Schuss* [pafe] malŝargiĝi; ***auf jmdn.*** ~ *jmdn. [plötzlich] attackieren* [subite] ataki iun, ekataki iun; ***aufeinander*** ~ ekataki reciproke (*od* unu la alian); *sich gegenseitig schlagen* [subite] interbatiĝi; ***mit [den] Fäusten auf jmdn.*** ~ ataki iun per pugnobatoj (*od* per la pugnoj); ***jetzt geht's los*** *umg: es fängt jetzt an* nun komenciĝas la afero; *die Fahrt geht jetzt los* la veturo nun komenciĝas

Losgewinn *m* lotaĵo

loshaken *tr* forpreni de hoko

Loskauf *m Freikauf* elaĉeto

loskaufen *tr*: ***jmdn.*** ~ liber-aĉeti iun, pagi por liberigi iun el kaptiteco

los|keilen *tr den Keil entfernen* malkejli *bzw.* malkojni (*vgl. dazu* ***Keil***); ~**ketten** *tr* elĉenigi *od* senĉenigi; *von den Fesseln befreien* malkateni *od* senkatenigi

loskommen *intr* liberiĝi, sin liberigi (***von etw.*** de io; ***von jmdm.*** de iu); ***nicht*** ~ ne povi forlasi (***von etw.*** ion)

los|kratzen *intr plötzlich zu kratzen anfangen* ekgrati; ~**lachen** *intr auflachen, plötzlich lachen* ekridi, subite ridi

loslassen *tr* malpreni, malkapti, ellasi, malteni; *freilassen* lasi libera; ***plötzlich ließ er das Glas los und es fiel zu Boden*** subite li maltenis la glason kaj ĝi falis sur la plankon

los|laufen *intr* ekpaŝi, ekiri; *losrennen* ekkuri; ~**legen** *intr* eki, [vehemente *od* verve] komenci; *zu agieren beginnen* ekagi*; tüch-*

tig arbeiten streĉe (*od* intense) eklabori; *anfangen [energisch] zu reden* [energie] ekparoli; *zu spielen beginnen* ekludi; *zu schimpfen beginnen* ekinsult[ad]i

löslich *Adj Chem* solvebla (↑ *auch* ***säure-*** *u.* ***wasserlöslich***)

Löslichkeit *f Chem* solvebl[ec]o

loslösen *tr Haut, Rinde, Schale* forigi; *Geleimtes, Zusammengeklebtes* malglui [ion de io]; ***sich*** ~ foriĝi; *Geleimtes* malgluiĝi; *übertr: sich absondern* apartiĝi (***von*** de)

losmachen *tr umg: abmachen, ablösen, losbinden* malligi, malfiksi (***von*** de); ***ein [beschlagenes] Segel*** ~ *Mar* malferli velon

los|marschieren *intr* ekmarŝi; ~**picken** *intr* ekbeki

losreißen *tr abreißen* deŝiri; *herausreißen* elŝiri; ***sich*** ~ deŝiriĝi, sin forŝiri (***von*** de); elŝiriĝi (***aus*** el)

los|reiten *intr* ekrajdi; ~**rennen** *intr* ekkuri (↑ *auch* ***losstürmen***); ~**rutschen** *intr* ekgliti

Löss *m, auch* ***Löß*** *m Geol, Landw* leŭso

lossagen, sich *refl* sin deturni, malligiĝi (***von*** de); *abtrünnig werden* apostati

Lössboden *m, auch* ***Lößboden*** *m Bodenkunde* leŭsogrundo (↑ *auch* ***Tschernosem***)

losschießen *intr plötzlich schießen* ekpafi; *umg für «plötzlich losrennen»* [subite] ekkuri; ***als er sie sah, ist er sofort auf sie losgeschossen*** vidinte ŝin li tuj ekkuris renkonte al ŝi ◇ ***schieß los!*** *salopp: fang an!* komencu!; *rede!* nu diru!

los|schlagen ***a)*** *tr* forbati; *billig verkaufen* vendi malmultkoste (*od alt auch* malkare), *unter Wert verkaufen* vendi sub valoro ***b)*** *intr anfangen zu schlagen* ekbati (***auf jmdn.*** kontraŭ iu), *Mil auch* ekbatali (***gegen*** kontraŭ); ~**schnallen** *tr auf- od auseinanderschnallen* disbuki *od* malbuki; ~**schrauben** *tr* malŝraŭbi, malstreĉi la ŝraŭbo(j)n; ~**schreien** *intr* ekkrii (↑ *auch* ***aufschreien***); ~**segeln** *intr Mar* ekveli

lossprechen *tr freisprechen, entlasten* liberigi, malŝarĝi (***jmdn. von etw.*** iun de io); ***jmdn. von Sünden*** ~ absolvi iun de pekoj

los|springen *intr* eksalti; ~**stürmen** *intr* eksturmi; ~**stürzen** *intr* ekforsalti, ekrapidegi

lostrennen *tr* = ***auftrennen***

[1]**Losung** *f* ***a)*** *auch* ***Parole*** *f od* ***Passwort*** *n Mil* signalvorto ***b)*** *bes. Bibelspruch für jeweils einen Tag* signalvorto ***c)*** *Leit- od Wahlspruch* devizo (*vgl. dazu* ***Devise***, ***Motto***, ***Slogan*** *u.* ***Transparent***)

[2]**Losung** *f Exkremente von Wild* ekskrementoj *Pl* [de cervo, kapreolo *u.a.*]

Lösung *f* ***a)*** *einer Frage, eines Problems (auch Math)* solvo *auch eines Streitfalls* (↑ *auch* ***Einstaaten-***, ***Interims-***, ***Kompromiss-***, ***Konflikt-***, ***Krisen-***, ***Problem-***, ***Zweistaaten-*** *u.* ***Zwischenlösung***); ***exakte*** (*od* ***genaue***) ~ ekzakta solvo; ***sofortige*** ~ tuja solvo; ~ ***nicht in Sicht*** solvo ne videbla; ***die*** ~ ***des Palästina-Problems*** *Pol* la solvo de la Palestino-problemo; ***eine diplomatische*** ~ ***suchen*** serĉi diplomatian solvon; ***eine politische*** ~ ***anstreben*** aspiri politikan solvon; ***das wäre die beste*** ~ tio [ĉi] estus la plej bona solvo; ***eine*** ~ ***finden*** trovi solvon (***für*** pri) ***b)*** *Chem, Med, Pharm* solvaĵo (↑ *auch* ***Ammoniak-***, ***Fluorid-***, ***Formaldehyd-***, ***Infusions-***, ***Injektions-***, ***Seifen-***, ***Silber-*** *u.* ***Traubenzuckerlösung***); ***feste*** (***flüssige***, ***gesättigte***, ***übersättigte***, ***ungesättigte***, ***verdünnte***) ~ solida (likva, saturita, supersaturita, subsaturita, diluita) solvaĵo; ***eine fünfprozentige*** (*od* ***5-prozentige***) ~ *Chem* kvinprocenta solvaĵo

Lösungsmittel *n Chem* solvanto, *auch* solvilo; ~**zusatz** *m* diluilo [por solvantoj]

Lösungs|vorgang *m Chem* solvado; ~**vorschlag** *m* solvopropono; ~**wort** *n eines Rätsels* solvovorto *od* solva vorto

loswandern *intr zu einer Wanderung bzw. zum Vogelzug aufbrechen* ekmigri

loswerden *tr*: ***den Schnupfen werde ich einfach nicht los*** mi simple ne povas liberiĝi de tiu ĉi nazkataro; ***ich werde das Gefühl nicht los, dass ...*** mi ne povas forigi la penson, ke ...

losziehen *intr aufbrechen* ekiri; *starten* starti

[1]**Lot** *n* ***a)*** *Richt*≗ vertikalilo, *auch* plumbofadeno (↑ *auch* ***Schnurlot***); *Mar* sondilo, *(Senkblei)* plumba sondilo, *auch* sondoplumbo (↑ *auch* ***Echolot***); *Geom (Senkrechte)* perpendikularo, *auch* perpendiklo; *Lötmetall* lutaĵo ***b)*** *früher für «Münzgewicht» (ein altes Handelsgewicht)* lodo

[2]**Lot** (*m*) *bibl Eig (Neffe Abrahams; Stammvater der Ammoniter u. Moabiter)* Loto

[3]**Lot** *m ein Nebenfluss der Garonne im südlichen Frankreich* [rivero] Loto

Löt|borax *m*, *<österr> n* lut-borakso; ~**brenner** *m* lutbrulilo (↑ *auch* ***Lötpistole***); ~**draht** *m* lut-drato

loten *tr Mar (die Tiefe messen)* sondi [la profundon]; *Bauw* mezuri la vertikalecon [per plumbofadeno] (*vgl. dazu* ***ausloten***)

Loten *n od* **Lotung** *f z.B. der Wassertiefe* sondado

löten *tr* luti; *hartlöten* brazi, *auch* hard-luti (↑ *auch* ***an-***, ***zu-*** *u.* ***zusammenlöten***)

Löten *n* lutado

Lötflamme *f* lutflamo

Lothar (*m*) *Eig* Lotario *auch Name karolingischer u.a. Kaiser u. Könige*

Lothringen (*n*), *franz.* ***Lorraine*** *eine Region in Ostfrankreich* Loreno *[Hptst.: Metz]*; *Gesch (Königreich Lothringen)* Lotaringio

Lothringer *m Einwohner von Lothringen* lorenano

Lothringerin *f* lorenanino

lothringisch *Adj* lorena

Loti *m* (*Pl:* ***Maloti***): ***lesothischer*** ~ (*Abk* ***M***, *Währungscode* ***LSL***) *Währung von Lesotho* lotio (*vgl. dazu* ***Lisente***)

Lotion *f Kosmetik* locio (*vgl. dazu* ***Haarwasser***; ↑ *auch* ***Aftershave-***, ***Gesichts-*** *u.* ***Preshave-Lotion***)

Löt|kolben *m* lutilo; ~**lampe** *f* lutlampo; ~**metall** *od* ~**mittel** *n* lutaĵo, lut-likvo (*vgl. dazu* ***Lötzinn***); ~**naht** *f* lutjunto

Lotophagen *m/Pl Myth ([in Homers Odyssee:] ein Lotos essendes Märchenvolk, zu dem Odysseus verschlagen wurde)* lotofagoj *Pl*

Lotos *m*, *pop auch* ***Lotosblume*** *f allg Bez für verschiedene Seerosengewächse, bes. für solche aus warmen Gebieten [heilige Blume in Indien u. im alten Ägypten]* lotuso, *pop* lotusfloro; ***ägyptischer*** ~ (Nymphaea lotus) egipta lotuso; ***indischer*** ~, *auch (bes. Hinduismus)* ***Padma*** *m* (Nelumbo nucifera) hinda lotuso *[deren Samen u. Rhizome werden in Süd- u. Ostasien auch als Nahrung genutzt]*; ***weißer*** ~ *od* ***Wasserlilie*** *f* (Nymphaea alba) nimfeo (*vgl. dazu* ***Teichrose***)

Lotosblume *f Bot* ↑ ***Lotos***

Lotos|fries *m Arch* lotusa friso; ~**pflaume** *f* (Diospyros lotus) *Bot (ein ostasiatischer Obstbaum mit kirschgroßen Früchten)* lotusdiospiro (*vgl. dazu* ***Dattelpflaume***); ~-**säule** *f altägypt. u. ind. Kunst* lotusa kolono; ~**sitz** *m Yoga* lotusa pozicio

Lötpistole *f des Gold- u. Silberschmieds* lutbrulilo

lotrecht *Adj* vertikala, *Fachspr auch* perpendikulara

Lotrechte *f allg Senkrechte* vertikalo; *Geom* vertikala linio, perpendiklo, *auch* perpendikularo

Lotse *m Mar* piloto, *Hafen*~ havena piloto (↑ *auch* ***Schülerlotse***)

lotsen *tr Mar* piloti (***durch*** tra; ***in*** en *mit Akk*) *auch übertr*; ***ein Schiff in einen Hafen*** ~ piloti ŝipon en havenon

Lotsen *n Mar u. übertr* pilotado

Lotsen|boot *n Mar* pilotboato; ~**fisch** *m*, *auch* ***Pilotfisch*** *m* (Naucrates ductor) *Ichth* pilotfiŝo; ~**haus** *n* pilotejo; ~**schiff** *n Mar* pilotŝipo

Löt|stange *f* lutaĵa stangeto; ~**stelle** *f* lutkunigo (*vgl. dazu* ***Lötnaht***)

Lotterie *f* loterio (*vgl. dazu* ***Glücksspiel***; ↑ *auch* ***Bingo***, ***Geld-*** *u.* ***Sachwertlotterie***); ***staatliche*** ~ ŝtata loterio; ***in der*** ~ ***gewinnen*** gajni en [la] loterio; ***[in der]*** ~ ***spielen*** ludi en [la] loterio

Lotterie|einnahme *f* loteri-agentejo; ~**einnehmer** *m* loteri-agento ~**los** *n* loteribileto *od* loteria bileto; ~**spiel** *n* loteria ludo

Lotterleben *n* diboĉa vivo

Lotto *n* lotoludo (*vgl. dazu* ***Toto***; ↑ *auch* ***Zahlenlotto***); ~**schein** *m* lotokupono; ~-**zahlen** *f/Pl* lotoludaj nombroj *Pl*

Lotung *f* ↑ ***Loten***

Lotus *m* = ***Lotos***

Lotwaage *f*, *auch* ***Grund-*** *od* ***Setzwaage*** *f Bauw* masonista nivelilo

Lötwasser *n ein Flussmittel* lut-likvo, *auch* lut-akvo

Lotwurz *f*, *auch* ***Goldtropfen*** *m* (*Gattung* Onosma) *Bot* onosmo

Lötzinn *n* stano por luti, *i.w.S. (Lötmittel)* lutaĵo (*vgl. dazu* ***Lötmetall***)

Louangphrabang (*n*) ↑ ***Luang Prabang***

Louis [*ˈlu:i*] *od* **Luis** (*m*) *männl. Vorname* Luizo *auch Name mehrerer Könige*; ***Louis-quatorze*** (*m*), *auch* ***Ludwig XIV.*** (*m*) *der sogen. «Sonnenkönig» [1643-1715]* Luizo la Dekkvara

Louisdor *od* **Louis d'or** [*luiˈdo:r*] *m eine alte franz. Goldmünze* luidoro *<ab 1640 bis zur Französischen Revolution geprägt>*

Louisiana (*n*) (*Abk* ***La.***, *[postalisch]* ***LA***) *einer der Südstaaten der USA* Luiziano *[Hptst.: Baton Rouge]*; ~**moos** *n* (Tillandsia usneoides) *Bot (eine im gesamten tropischen und subtropischen Amerika beheimatete Pflanze)* usneoida tilandsio

Louisville (*n*) *größte Stadt des US-Bundesstaats Kentucky* Luizvilo

Lourdes [*lu:rd*] (*n*) *Stadt u. katholischer*

Wallfahrtsort in SW-Frankreich Lurdo
Lourenço Marques (*n*) ↑ ***Maputo***
Louvain (*n*) ↑ ***Löwen***
Louvre [*'lu:v...*] *m Nationalmuseum in Paris* Luvro
Loveč (*n*) *eine Stadt in Bulgarien* Loveĉo
Lover *m* amanto
Lowa *(ohne Art) Myth (mikronesisches Ur- und Schöpferwesen)* Lovo
[1]**Löwe** *m* (Felis leo = Panthera leo) *Zool* leono (↑ *auch* ***Berber-*** *u.* ***Massailöwe***); ***der ~ brüllt*** la leono blek[eg]as ◇ ***zu Hause ein ~, draußen ein Lamm*** esti anĝelo inter homoj, sed satano en la domo *(Zam)*
[2]**Löwe** *m, Fachspr* ***Leo*** *m Astron (ein Sternbild)* Leono *auch Tierkreiszeichen*; ***Leo Minor*** (*Abk* ***Lmi*** *od* ***Lmin***) *od* ***Kleiner Löwe*** *m ein Sternbild des nördlichen Himmels [nördlich an das Sternbild Leo angrenzend]* Malgranda Leono
Löwen (*n*), *flämisch* ***Leuven***, *franz.* ***Louvain*** *bedeutende belgische Universitätsstadt* Loveno
Löwenäffchen *n* (Leontocebus rosalia) *Zool* leonsimieto *[Vorkommen: Brasilien]*
Löwenanteil *m übertr* plej granda parto (*od* porcio), *bildh auch* leona parto; ***den ~ ausmachen*** (***bekommen***) konsistigi (ricevi) la plej grandan parton
Löwen|bändiger *m* leonodresisto *od* dresisto de leonoj; **~fell** *n* leona felo
Löwengesicht *n Med* ↑ ***Leontiasis***
Löwengolf *m, meist franz.* ***Golfe du Lion*** *große Meeresbucht an der französischen Mittelmeerküste* Leona Golfo
Löwen|grube *f* kavo de leono(j); **~junge** *n* leonido; **~kopf** *m* leona kapo
Löwenmähne *f* ***a)*** krino de [maskla] leono ***b)*** *auch* ***gelbe Haarqualle*** *f* (Cyanea capillata) *Zool (eine Art in der Ordnung der Fahnenquallen)* leonkrina meduzo <*größte Qualle der Welt*>
Löwenmaul *n, pop auch* ***Löwenmäulchen*** *n* (*Gattung* Antirrhinum) *Bot* antirino, *pop* leonfaŭko; ***großes ~*** *od* ***Gartenlöwenmaul*** *n* (Antirrhinum majus) granda (*od* maja) antirino; ***spanisches ~*** (Antirrhinum hispanicum) hispana antirino
löwenstark *Adj stark wie ein Löwe* forta kiel leono *nachgest*
Löwenzahn *m Bot* ***a)*** (*Gattung* Leontodon) leontodono (↑ *auch* ***Hundslattich***); *Herbst*~ (Leontodon autumnalis) aŭtuna leontodono; ***grauer ~*** (Leontodon incanus) griza leontodo; ***rauer ~*** (Leontodon hispidus) vila leontodono; ***Schweizer ~*** (Leontodon helveticus) svisa leontodono ***b)*** (*Gattung* Taraxacum) *reg auch* ***Butter-*** *od* ***Kuhblume*** *f* leontodo, *auch* buterfloro
Löwenzahn|blätter *n/Pl* leontodofolioj *Pl*; **~salat** *m* leontodosalato
Löwin *f* leonino
Loxodrome *f* ***a)*** *Geom (Linie auf einer Rotationsfläche, die alle Meridiane unter dem gleichen Winkel schneidet)* loksodromio ***b)*** *auch* ***Kursgleiche*** *f Mar (Navigation)* loksodromio
loyal *Adj gesetzes- od regierungstreu, aufrichtig* lojala (*vgl. dazu* ***rechtschaffen*** *u.* ***redlich***); ***ein ~er Bürger*** lojala civitano; ***~ gegenüber jmdm. sein*** esti lojala al iu
Loyalismus *m* lojalismo
Loyalist *m Regierungs- bzw. Königstreuer* lojalisto
Loyalität *f regierungstreue Gesinnung* lojaleco; *i.w.S. Ergebenheit, Treue* fideleco
Loyalitätsinseln *Pl, franz.* ***Îles Loyauté*** *eine Inselgruppe im Pazifik [gehört zum franz. Überseeterritorium Neukaledonien]* Lojaleca Insularo
Loyola (*n*) *ein spanischer Wallfahrtsort im Baskenland [Geburtsort von Ignatius von Loyola]* Lojolo
LP = *Abk für* ***Langspielplatte***
LPG = *Abk für* ***landwirtschaftliche Produktionsgenossenschaft***
LSF = *Abk für* ***Lichtschutzfaktor***
LSG = *Abk für* ***Landschaftsschutzgebiet***
LSR = *Abk für* ***Luftschutzraum***
lt. = *Abk für* [2]***laut***
Lt. *od* **Ltn.** = *Abk für* ***Leutnant***
L-Tryptophan *n Biochemie* ↑ ***Tryptophan***
Luanda (*n*) *Hptst. u. wichtigster Hafen von Angola* Luando
Luang Prabang (*n*), *auch* ***Louangphrabang*** (*n*) *ehemals königliche Residenzstadt von Laos* Luan[g]prabango
Luangwa *m linker Nebenfluss des Sambesi im südöstlichen Afrika* [rivero] Luangvo
Lübeck (*n*) *eine norddt. Stadt* Lubeko
Lübecker *m Einwohner von Lübeck* lubekano
Lübeckerin *f* lubekanino
lübeckisch *Adj* lubeka
Lublin (*n*) *Hptst. der gleichnamigen polnischen Woiwodschaft* Lublino

Lubumbashi (*n*), *bis 1961* ***Elisabethville*** (*n*) *Hptst. der Prov. Shaba/Dem. Rep. Kongo* Lubumbaŝo, *früher* Elizabetvilo

Lucan[us] (*m*) *Eig (ein altröm. Dichter syrischer Herkunft [um 120-um 180])* Lukano

[1]**Luchs** *m* (*Gattung* Lynx) *Zool* linko (↑ *auch* ***Karakal*** *u.* ***Rotluchs***); ***eurasischer*** ~ *od* ***Nordluchs*** *m* (Lynx lynx) *eine der eurasischen Luchsarten* eŭrazia linko *od* norda [eŭropa] linko; ***iberischer*** ~ *od* ***Pardelluchs*** *m* (Lynx pardinus) *südliche Unterart des Nordluchses* iberia linko; ***kanadischer*** ~ (Lynx canadensis) kanada linko

[2]**Luchs** *m Astron* ↑ ***Lynx***

Luchsaugen *n/Pl* okuloj *Pl* de linko *bes. umg übertr*

luchsäugig *Adj* link-okula (↑ *auch* ***falkenäugig***)

Luciferasen *f/Pl Enzyme, die beim tierischen Leuchten eine Rolle spielen* luciferazoj *Pl*

Luciferine *n/Pl Leuchtstoffe beim tierischen Leuchten* luciferinoj *Pl*

Lucilius (*m*) *Eig (altrömischer Dichter [um 180-um 102 v. Chr.])* Lucilio

Lucille (*f*) *weibl. Vorname* Lucila

Luciola-Leuchtkäfer *m* (*Gattung* Luciola) *Ent (ein südeuropäischer Leuchtkäfer)* luciolo

Lücke *f Mangel* manko, deficito; *leere Stelle* mankoloko *auch Philat*, malplenaĵo; *Bresche* breĉo (*vgl. dazu* ***Lakune b)***, ***Sicherheitslücke*** *u.* ***Spalt***); *Zahn*~ dentobreĉo; *Zwischenraum* interspaco; ***technologische*** ~ teknologia manko

Lückenbüßer *m umg für «Ersatzmann»* surogatulo

lückenhaft *Adj* malkompleta; *[viele] Mängel aufweisend* mankohava, *nachgest* havanta [multajn] mankojn; *Gebiss* dentobreĉa

lückenlos *Adj* kompleta, plena; *ununterbrochen* neinterrompita; *ohne Mängel* senmanka (↑ *auch* ***komplett***, ***perfekt*** *u.* ***vollständig***)

Lucknow (*n*), *auch* ***Lakhnau*** (*n*) *Hptst. des indischen Unionsstaates Uttar Pradesh* Laknaŭo

Lucretius (*m*) *Eig* ↑ ***Lukrez***

Lucull[us] (*m*), *auch* ***Lukullus*** (*m*) *Eig (röm. Feldherr [um 117-um 57 v. Chr.])* Lukulo

Lucuma *f* lukumo, *auch* lukumofrukto; ~-**Baum** *m* (Pouteria lucuma) *Bot (ein subtropisches Beerenfruchtgehölz in der Andenregion [Vokommen in Ecuador, Peru, Chile])* lukumoarbo

Luddismus *m Maschinenstürmerei im 18./19. Jh. in England* luditismo

Ludditen *m/Pl Gesch (britische Maschinenstürmer [1811-16])* luditoj *Pl*

Luder *n Aas* kadavr[aĉ]o; putraĵo; *übertr* kanajlo, fiulo, fripono; ~**leben** *n* diboĉa vivo (*vgl. dazu* ***Lotterleben***)

Ludmilla (*f*) *weibl. Vorname* Ludmila; ~ ***von Böhmen*** *Herzogin von Böhmen [* um 860, † 921], Landespatronin Böhmens* Ludmila de Bohemio

Ludwig (*m*) *Eig (männl. Vorname, auch Name mehrerer Könige u. Kaiser)* Ludoviko; ***Ludwig XIV*** ↑ *unter* ***Louis***; ***Ludwig II. von Bayern*** *[1845-1886]* Ludoviko la 2-a de Bavario; ***Ludwig der Fromme*** *ein fränkischer Kaiser [* 778, † 840]* Ludoviko la Pia

Ludwigie *f* (*Gattung* Ludwigia) *Bot* ludvigio (↑ *auch* ***Sumpflöffelchen***)

Luena *Pl*, *auch* ***Lwena*** *Pl Ethn (ein Bantustamm in W-Sambia u. O-Angola)* luenoj *Pl*

Lues *f Med* ↑ ***Syphilis***

luetisch = ***syphilitisch***

Luffa *f*, *auch* ***Netz-*** *od* ***Schwammgurke*** *f* (Luffa cylindrica) *Bot (ein tropisches Kürbisgewächs)* lufo; ~**schwamm** *m* lufospongo

Luft *f* aero (*vgl. dazu die Zus mit* ***Aero...***; ↑ *auch* ***Berg-***, ***Druck-***, ***Frisch-***, ***Frühlings-***, ***Heiß-***, ***Höhen-***, ***Kalt-***, ***Meeres-***, ***Morgen-***, ***Polar-***, ***Warm-*** *u.* ***Winterluft***); *Atmosphäre, Lufthülle der Erde* atmosfero; *Klima* klimato; ***frische*** ~ freŝa aero; ***feuchte*** (***kalte***, ***warme***, ***saubere***, ***trockene***, ***verschmutzte***) ~ humida (malvarma, varma, pura, seka, poluita) aero; ***an der [frischen]*** ~ en la freŝa (*od* libera) aero; ***die*** ~ ***anhalten*** *umg für «den Atem anhalten»* reteni la spiron; ***in die*** ~ ***fliegen*** (*od* ***gehen***) *explodieren* eksplodi; *übertr für «plötzlich zornig werden»* subite [ege] ekkoleri; ***tief*** ~ ***holen*** profunde enspiri; ***ein bisschen frische*** ~ ***schnappen*** *umg* preni iom da freŝa aero; ***nach*** ~ ***schnappen*** *völlig außer Atem sein* [per buŝo] kaptadi por aero; *schwer atmen* malfacile spiradi (*vgl. dazu* ***japsen*** *u.* ***keuchen***); ***etw. in die*** ~ ***sprengen*** eksplodigi ion; ***etw. in die*** ~ ***werfen*** ĵeti ion [alten] en la aeron ◇ ***sie behandelt mich wie*** ~ ŝi traktas min kvazaŭ mi estus ne ekzistanta; *sie ignoriert mich total* ŝi plene ignoras min;

das ist aus der ~ gegriffen *das ist eine grundlose Behauptung* tio estas senbaza aserto; *das ist frei erfunden* tio estas simple eltrovita *od* tio estas absoluta fikcio; ***er ging plötzlich in die ~*** subite li eksplodis kiel pulvo; ***seinem Zorn ~ machen*** ellasi sian koleron; ***die ~ ist rein*** *es gibt niemanden, der zuhört u. dgl.* ne ekzistas aŭskultanto (*od* [alia] ĉeestanto); ***jmdn. an die [frische] ~ setzen*** elĵeti iun, forpeli iun (*vgl. dazu* ***hinauswerfen***)

Luft|abwehr *f Mil* kontraŭaviadila defendo, *auch* aerdefendo; **~akrobat** *m Zirkus* aer--akrobato

luftakrobatisch *Adj* aer-akrobata; *auf den Kunstflug bezogen* aerobatika

Luft|alarm *m* aerataka alarmo, alarmo pro aeratako; **~angriff** *m Mil* aviadila atako, *auch* aeratako; **~aufklärung** *f Mil* elaera skoltado; **~aufnahme** *f (Vorgang)* aer-fotado; *(Bild)* elaera foto *od* aer-foto; **~austausch** *m* ŝanĝado de aero; **~bad** *das man nimmt* aerbano; *Ort zum Luftbaden* aerbanejo; **~ballon** *m* aerbalono; **~betankung** *f Betankung während des Flugs* dumfluga fuelprovizado; **~bewegung** *f Met* moviĝo de la aero; **~bild** *n* elaera foto *od* aer-foto

Luftblase *f [Dim* ***Luftbläschen*** *n]* aervezik[et]o, *in Kohlensäuregetränken auch* bobelo; ***wie eine ~ hochsteigen*** vezike sin levi (*vgl. dazu* ***perlen***)

Luftbremse *f* = ***Luftdruckbremse***

Luftbrücke *f vorübergehend eingerichteter Luftkorridor* aerponto; ***ein Katastrophengebiet über eine ~ versorgen*** provizi regionon trafita de katastrofo pere de aerponto

Lüftchen *n* venteto (*vgl. dazu* ***Brise***); ***ein kühles ~*** friska venteto; ***ein kaum spürbares ~*** apenaŭa venteto

luftdicht 1. *Adj* hermetika **2.** *Adv* hermetike; ***das Produkt ist ~ verpackt*** *Hdl* la produkto estas hermetike pakumita

Luftdichtemesser *m Phys* ↑ ***Aerometer***

Luftdichtemessung *f Phys* ↑ ***Aerometrie***

Luftdruck *m* atmosfera premo, aerpremo (↑ *auch* ***Reifendruck***); ***hoher*** (***niedriger***) ~ alta (malalta) aerpremo

Luftdruck|bremse *f* aerprema (*od* pneŭmata) bremso; **~gradient** *m Met* aerprema gradiento; **~messung** *f **a)*** mezurado de [la] aerpremo ***b)*** *der Atmosphäre* <wiss> *Met auch* ***Barometrie*** *f* barometrio; **~schreiber** *m Met* barografo

Luftduell *n Mil* enaera [aviadila] duelo

luftdurchlässig *Adj* aer-tralasiva *auch Textilien* (*vgl. dazu* ***porös***)

Luft|durchlässigkeit *f* aer-tralasiveco, *auch Textilien*; **~embolie** *f Med (durch Eindringen von Gasen [Luft] in den großen od kleinen Lungenkreislauf verursachte Embolie)* aera embolio

lüften *tr **a)** durchlüften* aerumi; *ventilieren* ventoli; *Luftaustausch vornehmen* ŝanĝi la aeron [per aerumado *bzw.* ventolado]; ***ein Geheimnis ~*** malkaŝi sekreton; *etwas Mysteriöses* senvualigi misteraĵon; ***das Geheimnis von etw. ~*** malsekretigi ion ***b)*** *leicht anheben, z.B. den Schleier* lev[et]i ◇ ***den Hut ~*** *grüßend* [salutante] levi la ĉapelon

Lüfter *m* aerumilo; *Ventilator* ventolilo

Luft|erscheinung *f Met* atmosfera fenomeno; **~fahrer** *m* aeronaŭto

Luftfahrt *f,* <schweiz> ***Aviatik*** *f* aeronaŭtiko, *mit Flugzeugen* aviado; ***kommerzielle*** (***zivile***) ~ komerca (civila) aviado

Luftfahrt|ausstellung *f* aviada ekspozicio; **~gesellschaft** *f* aviada kompanio, *auch* flugkompanio; **~industrie** *f* aviada industrio; **~medizin** *f* aviada medicino; **~ministerium** *n* ministerio pri aviado; **~museum** *n* aeronaŭtika muzeo *od* muzeo pri aviado; **~personal** *n* aviada personaro; **~pionier** *m* aviada pioniro *od* pioniro de aviado; **~unternehmen** *n* aviada entrepreno

Luftfahrzeug *n* aviadilo; ***unbemanntes ~*** senilota aviadilo

Luftfeuchtigkeit *f Met* aera humid[ec]o *od* humideco de aero, *auch* atmosfera humid[ec]o; ***absolute*** (***relative***, ***spezifische***) ~ absoluta (relativa, specifa) humideco de aero

Luftfeuchtigkeitsmesser *m Met* ↑ ***Hygrometer***

Luft|filter *m* aerfiltrilo; **~flotte** *f Mil* aerfloto (*vgl. dazu* ***Luftstreitkräfte***)

luftförmig *Adj* aer[o]forma

Luftfracht *f* aertransporta kargo; **~brief** *m* aertransporta dokumento

Luftgefecht *n Mil* enaera batalo [kun malamikaj aviadiloj]

luftgekühlt *Adj* aer-fridigita

Luftgeschwader *n Mil* eskadro de aviadiloj

luftgetrocknet *Adj* aere sekiĝinta

Luftgewehr *n* aerfusilo *od* aerpafilo

Luftgüte *f* ↑ ***Luftqualität***; **~index** *m Ökologie* aerkvalita indico

lufthaltig, <*österr*> ***lufthältig*** *Adj Luft enthaltend* aerhava

Luft|heizung *f* hejtado per varma aero, aerhejtado; **~herrschaft** *f bes. Mil* dominado en la aero; **~hoheit** *f* aer-suvereneco; **~hülle** *f der Erde* atmosfero

luftig *Adj* aera; *luftähnlich* aereca; *windig* venta; *Kleid, Mantel* leĝera; *übertr: flatterhaft* ventanima

Luftikus *m umg scherzh für «leichtsinniger Mensch»* ventanimulo (↑ *auch* ***Windbeutel b)***)

Luft|kabel *n* supertera kablo, pend-kablo; **~kammer** *f Ballonett (Luftkammer im Innern von Fesselballons u. [halbstarren] Luftschiffen)* baloneto; **~kampf** *m Mil* enaera batalo [inter malamikaj aviadiloj], interaviadila batalo (*vgl. dazu* ***Luftduell***); **~-kanal** *m der Insekten u. Spinnentiere* traĥeo

Luftkissen *n* pneŭmata kuseno, aerkuseno; **~fahrzeug** *n Mar* aerkusena ŝipo, *auch* ŝvebŝipo; **~zug** *m Eisenb* aerkusena trajno

Luft|klappe *f* aerklapo; **~koffer** *m* aviadvalizo; **~kopulation** *f Begattung während des Fluges [bei vielen Insekten u. wenigen Vögeln, z.B. beim Mauersegler]* enaera kopulacio; **~korridor** *m, auch* ***Luftschneise*** *f Flugw* aer-koridoro

luftkrank *Adj* aermalsana

Luft|krankheit *f* aermalsano; **~krieg** *m* aermilito; **~kühlung** *f z.B. von Elektro- u. Verbrennungsmotoren* peraera malvarmigo, *Tech auch* fridigo per aero; **~kurort** *m* klimata kuracloko

Luftlande|operation *f Mil* operacio de paraŝutaj trupoj; **~truppen** *Pl Mil* aerarmeaj trupoj *Pl* (*vgl. dazu* ***Fallschirmtruppen***)

luftleer *Adj* senaera, *Tech meist* vakua; ***~er Raum*** *m Vakuum* vakuo

Luftleitdienst *m Flugw* servo pri aviada navigado

Luftlinie *f gedachte kürzeste oberirdische Entfernung zw. zwei Punkten* birdfluga distanco (*vgl. dazu* ***Fluglinie***); ***~ 100 km südlich von hier*** birdfluge cent kilometrojn sude de ĉi tie

Luft|loch *n für Luftabzug* aertruo,aerkanalo, *Flugw* aerkavo; **~mangel** *m* manko de aero

Luftmassen *f/Pl Met* aermasoj *Pl*; ***arktische ~*** arktaj aermasoj

Luftmatratze *f* pneŭmata matraco, *pop auch* aermatraco

Luftmenge *f* ↑ ***Luftvolumenmenge***

Luft|mine *f Mil* aer-mino; **~myzel** *n Mykologie* aera micelio; **~not** *f* spirmanko, *Fachspr Med (Dyspnoe)* dispneo; **~pirat** *m, auch* ***Hijacker*** *m* aviadila pirato, *auch* aerpirato; **~piraterie** *f* avia piratado

Luftplankton *n Biol* ↑ ***Aeroplankton***

Luftpolsterfolie *f, auch* ***Blister-*** *od* ***Noppenfolie*** *f eine elastische, meist durchsichtige u. mindestens zweilagige Kunststofffolie, die zur Polsterung od Hohlraumfüllung in Päckchen dienst* bobelfolio (↑ *auch* ***Kunststofffolie***)

Luftpost *f, hist u. Philat auch* ***Flugpost*** *f* aerpoŝto; ***etw. per ~ schicken*** sendi ion aerpoŝte (*od* per aerpoŝto)

Luftpost|brief *m* aerpoŝta letero; **~leichtbrief** *m* aerogramo; **~papier** *n* papero por aerpoŝtaj leteroj; **~serie** *f Philat* serio da aerpoŝtmarkoj; **~umschlag** *m* aerpoŝta koverto

Luft|pumpe *f* aerpumpilo; **~qualität** *f, auch* ***Luftgüte*** *f Grad der Verunreinigung u. des Sauerstoffgehalts in der Luft* aerkvalito; **~-raum** *m* aerspaco (↑ *auch* ***Weltraum***); **~-recht** *n Jur (den Luftverkehr betreffende Rechtsvorschriften)* aertrafika juro; **~reifen** *m* pneŭmatiko, *Kurzw* pneŭo; **~reiniger** *m Haushaltchemie u. Tech* aerpurigaĵo *bzw.* aerpurigilo; *i.w.S. (Ventilator)* ventolilo, *(Filter)* [aer]filtrilo; **~reinigungsanlage** *f Tech* aerpuriga instalaĵo; **~rettung** *f z.B. durch Rettungshubschrauber*; **~röhre** *f* ***a)*** (Trachea) *Anat* traĥeo ***b)*** *Tech* aer-tubo, tubo por tralasi [la] aeron

Luftröhren|entzündung *f od* **~katarrh** *m, Fachspr* ***Tracheitis*** *f Med* inflamo de la traĥeo; **~röhrenschleimhaut** *f* traĥea mukozo; **~schnitt** *m, Fachspr* ***Tracheotomie*** *f Chir* traĥeotomio

Luft|schacht *m* aerŝakto *auch Bergb*; **~-schaukel** *f auf Rummelplätzen* svingboato

luftscheu ↑ ***aerophobisch***

Luftschicht *f* aertavolo

Luftschiff *n* aerŝipo (*vgl. dazu* ***Zeppelin***); **~-gondel** *f* nacelo de aerŝipo

Luftschiffer *m alt* = ***Luftfahrer***

Luftschifffahrt *f* aeronaŭtiko

Luft|schlacht *f Mil* enaera (*od* interaviadila) batalo; **~schlauch** *m* aertubo; **~schleuse** *f z.B. im U-Boot* aerkluzo

Luftschlösser *n/Pl* ◇ ***~ bauen*** konstrui kastelojn en la aero *(Zam)* (↑ *auch* ***[1]Chimäre b)*** *u.* ***Hirngespinst***)

Luftschlucken *n Med* ↑ ***Aerophagie***
Luftschneise *f Flugw* ↑ ***Luftkorridor***
Luftschraube *f Flugw* helico (↑ *auch* ***Propeller*** *u.* ***Zug-Luftschraube***); ***vierflügelige*** ~ kvar-ala helico
Luftschutz *m als militär. Abwehrmaßnahme* kontraŭaviadila defendo; *Schutz der Zivilbevölkerung* protekto kontraŭ aeratakoj; ~**keller** *m* bomboŝirma kelo; ~**raum** *m* (*Abk* ***LSR***) bomboŝirmejo
Luft|seilbahn *f Verk* aertelfero; ~**sperrgebiet** *n* malpermesita aerspaco; ~**spieg[e]lung** *f* miraĝo (*vgl. dazu* ***Fata Morgana***); ~**sprung** *m* aersalto; *übermütiger Sprung, Bocksprung* kapriolo; ~**strahlpumpe** *f für Flüssigkeiten* peraera injektilo (*vgl. dazu* ***Injektor***); ~**straße** *f Flugw* leno [por aertrafiko] (*vgl. dazu* ***Luftkorridor***)
Luftstreitkräfte *Pl, auch* ***Luftwaffe*** *f Mil* aerarmeo; ~ ***der Republik Indonesien*** Aerarmeo de la Respubliko Indonezio; ***strategische*** (***taktische***) ~ strategia (taktika) aerarmeo
Luft|strom *m* aerfluo; *bei der Artikulation* spirofluo; ~**strömung** *f Met* aerfluo; ~**stützpunkt** *m Mil* aerbazo, *auch* militaviadila bazo; ~**taxi** *n, auch* ***Flugtaxi*** *n* aer-taksio; ~**temperatur** *f* aertemperaturo *od* temperaturo de [la] aero; ~**terror** *m im Krieg* teror-atakoj de bombaviadiloj; ~**transport** *m* aviada transporto
Lufttransportvereinigung *f*: ***Internationale*** ~ *, Fachspr meist engl.* ***International Air Transport Association*** (*Abk* ***IATA***) Internacia Aertransporta Asocio (*Abk* IATA)
Luft|überlegenheit *f Mil* dominado en la aero; ~**überwachung** *f Mil* observado de la [nacia] aerspaco
Lüftung *f* aerumado, ventolado; *Luftaustausch* ŝanĝado de aero; *Lüftungsanlage* aeruma (*od* ventolada) instalaĵo (*vgl. dazu* ***Klimaanlage***); ***die*** ~ ***ist kaputt*** la aeruma instalaĵo estas difekt[it]a
Lüftungs|klappe *f i.w.S.* klapo por aerumado; *i.e.S. Klapp- bzw. Schiebefenster in Bodenkammern zum Lüften, in Fenstern od Türen]* vazistaso; ~**system** *n* sistemo de ventolado
Luft|unterstützung *f Mil* subteno pere de aviadiloj (*od* aviadila atako); ~**veränderung** *f Klimawechsel* klimatŝanĝo; ~**verdichtung** *f* kunpremado de aero; ~**verflüssigung** *f Phys, Tech* likvigo de aero, aerlikvigo; ~**verkehr** *m* aviada trafiko, aertrafiko
Luftverkehrsgesellschaft *f* aviada kompanio, *auch* flugkompanio
Luftverkehrslinie *f* = ***Fluglinie***
Luftverkehrs|tarif *m* aertrafika tarifo; ~**unternehmen** *n* aertrafika entrepreno (*od* kompanio)
Luftverschmutzung *f das Verschmutzen der Luft* aer-poluado, malpurig[ad]o (*od* poluado) de [la] aero; *das Verschmutztwerden der Luft* aer-malpuriĝo; ***die*** ~ ***verringern*** redukti la aer-poluadon
Luft|verteidigung *f Mil* kontraŭaviadila defendo; ~**[volumen]menge** *f* aervolumeno
Luftwaffe *f Mil* ↑ ***Luftstreitkräfte***
Luftwaffen|attaché *m Dipl* aerarmea ataŝeo; ~**stützpunkt** *m Mil* aerarmea bazo
Luftwechsel *m Klimawechsel* klimatŝanĝo
[1]**Luftweg** *m, meist Pl*: ***Luftwege*** *Anat* spiraj vojoj *Pl* (↑ *auch* ***Bronchien*** *u.* ***Luftröhre***)
[2]**Luftweg** *m* ↑ ***Flugweg***
Luft|wirbel *m* aer[o]kirliĝo, ventokirlo; ~**wurzel** *f Bot* aera radiko *od* aerradiko
Luftyam *f Bot* ↑ ***Kartoffelyam***
Luft|zirkulation *f* cirkulado de aero; ~**zug** *m* trablovo [de aero]; ~**zwischenfall** *m* incidento en la aero
[1]**Lug** *m* ◇ ***[mit]*** ~ ***und Trug*** [per] mensogoj kaj trompo (*bzw.* fraŭdo)
[2]**Lug** *ohne Art: keltischer Lichtgott [Meister der Künste u. des Handwerks, Heilsbringer der Krieger, Dichter u. Zauberer]* Lugo
Luganer See *m, ital.* ***Lago di Lugano*** Lago de Lugano
Lugano (*n*) *eine Stadt im Tessin/Schweiz* Lugano
Lugansk (*n*), *früher* ***Woroschilowgrad*** (*n*) *eine Stadt in der Ukraine* Luganско
Lüge *f* mensogo; *Unwahrheit* neveraĵo; ***jmdn.*** ~***n strafen*** pruvi, ke iu mensogis ◇ ~***n haben kurze Beine*** mensogo malproksimen ne kondukas *(Zam)*
lügen *intr* mensogi (↑ *auch* ***schwindeln***); ***schamlos*** ~ senhonte mensogi ◇ ***er lügt wie gedruckt*** *od* ***er lügt, dass sich die Balken biegen*** li mensogas kiel kalendaro *(Zam) od* li mensogas tiel, ke la muroj krakas *(Zam)*; ***wer einmal lügt, dem glaubt man nicht [und wenn er auch die Wahrheit spricht]*** kiu mensogis per unu vorto, ne trovos krediton ĝis la morto *(Zam)*
Lügen *n* mensogado
Lügen|bold *m pej* mensogulo; ~**detektor** *m*

mensogodetektilo; ~**geschichte** *f* mensoga rakonto; *Märchen* fabelo

Lügengespinst *n* ↑ ***Lügennetz***

lügenhaft *Adj erlogen* mensogita; *häufig lügend, verlogen (Mensch)* mensogema

Lügen|kampagne *f* mensoga kampanjo; ~-**märchen** *n* blago; ~**netz** *m, auch **Lügengespinst** n* reto de mensogoj; ~**propaganda** *f* mensogopropagando

Lugger *m, auch **Logger** m Mar (früher übliches zwei- od dreimastiges Fischereifahrzeug mit Luggertakelung)* lugro; ~**segel** *n Mar (bei kleinen Svhiffen verwendetes Segel, befestigt an einem schräg am Mast hängenden, aufziehbaren Baum)* lugrovelo

Lügner *m jmd., der immer lügt, Erzlügner* mensogulo; *jmd., der lügt* mesoganto; *jmd., der gelogen hat* mensoginto

lügnerisch *Adj* mensog[em]a (*vgl. dazu **lügenhaft***)

Lugo (*n*) *eine Stadt in NW-Spanien* Lugo

Luhansk (*n*) *eine Stadt in der Ostukraine* Luhansko (*vgl. dazu **Lugansk***)

Luik (*n*) ↑ ***Lüttich***

Luis (*m*) *Eig* ↑ ***Louis***

Lukács (*m*) *Eig (ungarischer Philosoph u. Literaturkritiker [1885-1971])* Lukaĉo

Lukanien (*n*) *eine hist. italienische Landschaft zw. Apulien u. Brittium* Lukanio

Lukanier *m Bewohner Lukaniens* lukano

Lukas (*m*) *Eig* Luko; ~-**Evangelium** *n bibl* evangelio laŭ Luko

Luke *f kleines Klappfenster in Gebäudewänden od Dächern* luko (*vgl. dazu **Mansardenfenster**, ↑ auch **Dachfenster** u. **Dachluke***); *Falltür* plankopordo; *Mar (Lade*≗*)* holdoluko, *(Deck*≗*: verschließbare Öffnung im Deck zum Betreten der darunter liegenden Schiffsräume* (↑ *auch **Schachtdeckel***)

Luken|deckel *m od* ~**klappe** *f mit Scharnieren* luk[o]klapo

Lukian[os] (*m*) *Eig (ein altgriech. Satiriker [um 120-um 180])* Lukiano

lukrativ *Adj gewinnbringend* lukra, *auch* [mult]enspeziga; ***eine ~e Beschäftigung*** lukra okupo; ***ein ~er Posten*** lukra posteno

Lukrecia *od* **Lukretia** (*f*) *weibl. Vorname* Lukrecia

Lukrez (*m*), *Eig (eigtl **Titus Lucretius Carus**) ein lateinischer Dichter [um 97-55 v. Chr.]* Lukrecio

lukullisch *Adj üppig, schwelgerisch* lukula (*vgl. dazu **erlesen** u. **sybaritisch***); ***ein ~es Mahl*** lukula manĝo

Lukullus (*m*) *Eig* ↑ ***Lucullus***

Lukum *m, auch **Lokum** m, arab. **Rāhat Luqūm** eine beliebte Süßigkeit in der arabischen Welt [bestehend aus einem Gemisch von Stärkemehl und Qatr (oft Zusatz aromatischer Essenzen, z.B. Orangenblüten- u. Rosenwasser), das über gehackte Pistazien, Mandeln, Haselnüsse u.Ä. gegossen wird]* lukumo

Lulatsch *m ungeschlachter Kerl* malgraciulo (↑ *auch* ***¹Tölpel***)

Luleå (*n*) *Hptst. der schwedischen Provinz Norrbotten* Luleo

lullen *tr sanft zum Einschlafen bringen [ein Kind]* luli (*vgl. dazu* ***¹wiegen***)

Luller *m* ↑ ***Schnuller***

Lulo *f Bot, Nahr* ↑ ***Naranjilla***

Luluabourg (*n*) ↑ ***Kananga***

Lumb *m Ichth* ↑ ***Brosme***

Lumbago *f Med* ↑ ***Hexenschuss***

lumbal *Adj 1. zu den Lenden gehörig bzw. von ihnen ausgehend 2. die Lenden betreffend* lumba

Lumbalanästhesie *f Med* lumba anestezo (↑ *auch **Spinalanästhesie***

Lumbalgie *f Med (Schmerz in der Lendengegend)* lumbalgio (↑ *auch **Hexenschuss***)

Lumbalpunktion *f Med (Punktion des Lendenwirbelkanals)* lumba punkcio

Lumbalregion *f Anat* ↑ ***Lendenbereich***

Lumbalskoliose *f Med* lumba skoliozo

Lumboischialgie *f Med* lumboiskiatalgio

¹Lumen *n (Zeichen **lm**) Phys (Maßeinheit des Lichtstroms)* lumeno

²Lumen *n* (*Pl*: ***Lumina***) *Anat, Biol (Hohlraum [von Organen])* kavaĵo

Luminal® *n Pharm (ein krampflösendes Beruhigungsmittel)* luminalo

Lumineszenz *f Phys (Lichterzeugung, die nicht durch Temperaturstrahlung hervorgerufen wird)* luminesko (↑ *auch **Biolumineszenz**, **Fluoreszenz**, **Foto-**, **Kathodolumineszenz**, **Phosphoreszenz** u. **Thermolumineszenz***); ***biochemische ~*** biokemia luminesko

Lumineszenz|analyse *f Phys* lumineska analizo; ~**mikroskop** *n* lumineska mikroskopo

lumineszieren *intr* lumineski

lumineszierend *Adj* lumineska

Lumme *f Orn* urio (↑ *auch **Dickschnabellumme** u. **Trottellumme***)

Lümmel *m frecher Mensch* impertinentulo;

unverschämter Mensch senhontulo (*vgl. dazu* ²***Flegel*** *u.* ***Grobian***); *Bengel, Schlingel (Junge)* bubaĉo

lümmelhaft *Adj* bubaĉa; *in unverschämter Weise* en maniero de senhontulo

Lummensturmvogel *m, auch* ***Tauchsturmvogel*** *m Orn* plonĝopetrelo (↑ *auch* ***Breitschnabel[lummen]sturmvogel***); ***[Familie der] Lummensturmvögel*** *Pl* (Pelecanoididae) pelekanoidedoj *Pl*

¹**Lump** *m vom Äußeren her* ĉifonulo (*vgl. dazu* ***Strolch***); *vom Moralischen her* fiulo, fihomo; *Schurke* kanajlo; *Gauner* fripono; *i.w.S. Verbrecher* krimulo

²**Lump** *m Ichth* ↑ ***Lumpfisch***

lumpen *intr* ◇ ***sich nicht ~ lassen*** *nicht geizig sein* [kompare kun aliaj] ne esti avarulo; *großzügig sein* esti elspezema

Lumpen *m/(Pl) Fetzen, Lappen* ĉifon[aĵ]o; *zerschlissene Kleidung* ĉifonaj vestoj *Pl*; **~gesindel** *od* **~pack** *n Strolche* kanajlaro; *i.w.S. Verbrecher* krimularo; **~händler** *od* **~mann** *m* ĉifonisto; **~kerl** *m zerlumpter Mensch* ĉifonulo

Lumpenpack *n* ↑ ***Lumpengesindel***

Lumpenpapier *n* ↑ ***Hadernpapier***

Lumpensammler *m* ĉifon[kolekt]isto

Lumperei *f Gemeinheit* fiago, fiaĵo; *lächerliche Kleinigkeit* [ridinda] bagatelo, [ridinda] malgravaĵo

Lump[fisch] *m, auch* ***Seehase*** *m Ichth* (*Gattung* Cyclopterus) cikloptero, (*Art* Cyclopterus lumpus) *ein Grundfisch des Nordatlantiks* lumpo

lumpig *Adj gemein* fia; *minderwertig* mizera *auch übertr*; *abgerissen (Kleidung)* ĉifonita, ege trivita

Lumprian *m* = ¹***Lump***

Luna (*f*) *Myth (römische Mondgöttin)* Luna

lunar *Adj den Mond betreffend* luna

Lunatiker *m* = ***Mondsüchtige***

Lunation *f Astron (vollständiger Ablauf aller Mondphasen)* lundaŭro, *(Fachspr)* lunacio

lunatisch ↑ ***mondsüchtig***

Lunatismus *m* ↑ ***Mondsüchtigkeit***

Lunch *m [in England:] leichte Mittagsmahlzeit, [außerhalb Englands meist:] zweites Frühstück* lunĉo (↑ *auch* ***Brunch***)

lunchen *intr* lunĉi

Lunchpaket *n* lunĉpaketo

Lund *m Orn* ↑ ***Papageitaucher***

Lundgren (*m*) *Eig (schwedischer Maler u. Grafiker [1815-1875])* Lundgreno

Lundquist (*m*) *Eig (schwedischer Dichter [1906-1991])* Lundkvisto

Lundú *m Mus, Tanz (ein alter afrobrasilianischer Volkstanz im 2/4-Takt [Vorläufer der Samba])* lunduo

Lüneburg (*n*) *eine Kreisstadt in Niedersachsen [alte Salz- u. Hansestadt]* Luneburgo

Lüneburger Heide *f Teil des Norddeutschen Tieflandes (im NO Niedersachsens)* Luneburga Erikejo

¹**Lünette** *f 1. Arch (halbkreisförmiger od kreissegmentförmiger Aufsatz als Abschluss über Portalen, Fenstern u.a.) 2. Edelstein in Form einer Lünette* luneto

²**Lünette** *f Tech (ein Setzstock an der Drehmaschine [Vorrichtung zum Unterstützen von langen Werkstücken])* lunedo

Lunge ***a)*** *f Anat* (Pulmo) pulmo (↑ *auch* ***Tabaklunge***); ***eiserne ~*** *Medizintechnik* ŝtalpulmo; ***aus voller ~ schreien*** krii plenpulme ***b)*** *ohne Art: Kochk* pulmaĵo

Lungenabszess *m, auch* ***pulmonaler Abszess*** *m* (Abscessus pulmonum) *Med* pulma absceso

Lungenalveolen *f/Pl* ↑ ***Lungenbläschen***

Lungenarterie *f Anat* ↑ ***Lungenschlagader***

Lungenbiopsie *f Med* pulmobiopsio

Lungenblähung *f Med* ↑ ***Lungenemphysem***

Lungen|bläschen *n/Pl, Fachspr* ***Lungenalveolen*** *f/Pl* (Alveoli pulmonis) *Anat* pulmaj alveoloj *Pl*; **~dystrophie** *f Med (langsamer Schwund von Lungengewebe)* pulmodistrofio; **~egel** *m* (*Gattung* Paragonimus) *Med, Vet, Zool* paragonimo; *Arten:* (Paragonimus africanus) afrika paragonimo *u.* (Paragonimus westermani) vestermana paragonimo; **~embolie** *f Med* pulma embolio; **~emphysem** *n, auch* ***Lungenblähung*** *f* (Emphysema pulmonum) *Med* pulma emfizemo

Lungenentzündung *f, Fachspr* ***Pneumonie*** *f Med* pneŭmonito, *auch* pneŭmonio (↑ *auch* ***Broncho-***, ***Lobär-***, ***Milzbrand-*** *u.* ***Pleurapneumonie***); ***an [einer] ~ leiden*** suferi je (*od* de) pneŭmonito

Lungen|enzian *m* (Gentiana pneumonanthe) *Bot* kalika genciano; **~erkrankung** *f, Fachspr* ***Pneumonopathie*** *f Med* pulma malsano *od* pulmomalsano, *Fachspr* pneŭmonopatio (↑ *auch* ***Byssinose***); **~facharzt** *m* specialisto pri pulmomalsanoj; **~fell** *n* (Pleura pulmonalis) *Anat (seröse Haut, die die Lungen* *überzieht)* pleŭro [de la pulmo] (*vgl. dazu* ***Brustfell***)

Lungenfibrose *f Med* ↑ *unter* ***Fibrose***

Lungenfisch *m, auch* ***Lurchfisch*** *m Ichth* pulmofiŝo; ***afrikanische ~e*** *Pl* (*Gattung* Protopterus) protopteroj *Pl*; ***äthiopischer ~*** (Protopterus aethiopicus) etiopa protoptero; ***australischer ~*** (Neoceratodus forsteri) baramundo; ***[Überordnung der] ~e*** *Pl* (Dipnoi) dipnoj *Pl eine Unterklasse der Knochenfische*

Lungen|fistel *f* (Fistula pulmonum) *Med* pulma fistulo *od* pulmofistulo; **~flechte** *f, auch* ***Grubenflechte*** *f* (Lobaria pulmonaria) *Bot (eine Blattflechte an Laubbäumen u. Felsen)* lobario *<volksheilkundlich verwendet>*; **~flügel** *m, auch* ***Lungenlappen*** *m* (Lobus pulmonum) *Anat* lobo de pulmo, *auch* pulma lobo; **~funktion** *f* pulmofunkcio; **~funktionsprüfung** *f od* **Lungenfunktionstest** *m Med* testo pri pulmofunkcio; **~gangrän** *n* (Gangraena pulmonum) *Med* pulma gangreno; **~haschee** *n Kochk* bovidpulma hakitaĵo; **~heilstätte** *f* sanatorio por pulmomalsanuloj; **~hernie** *f* (Hernia pulmonum) *Med* pulma hernio; **~hilus** *m* (Hilum [*od* Hilus] pulmonis) *Anat* pulma hilo; **~infarkt** *m Med* pulma infarkto; **~karzinom** *n Med* pulmokarcinomo (↑ *auch* ***Lungenkrebs***)

Lungenkollaps *m Med (Zusammenfallen der Lunge, z.B. bei Pneumothorax)* pulma kolapso; **~therapie** *f, auch kurz* ***Kollapstherapie*** *f Med* kolaps[o]terapio

lungenkrank *Adj* pulmomalsana

Lungen|kranke *m* pulmomalsanulo (*vgl. dazu* ***Tuberkulosekranke***); **~krankheit** *f* pulmomalsano

Lungenkraut *n* (*Gattung* Pulmonaria) *Bot* pulmonario, *pop* pulmoherbo; ***echtes ~*** (Pulmonaria officinalis) larĝfolia (*od* oficina) pulmonario; ***schmalblättriges ~*** (Pulmonaria angustifolia) mallarĝfolia pulmo- nario

Lungen|krebs *m Med* pulmokancero (↑ *auch* ***Lungenkarzinom***); **~kreislauf** *m Physiol* pulma [sango]cirkulado

Lungenlappen *m Anat* ↑ ***Lungenflügel***

Lungen|milzbrand *m* (Anthrax pulmonalis) *Med* pulma antrakso; **~ödem** *n* (Oedema pulmonum) *Med* pulma edemo; **~schlagader** *f, auch* ***Lungenarterie*** *od* ***Pulmonalarterie*** *f* (Arteria pulmonalis) *Anat* pulma arterio

Lungenschwindsucht *f* (*alt für* ***Lungentuberkulose*** *f*) *Med* ftizo

Lungen|seitling *m, auch* ***löffelförmiger Seitling*** (Pleurotus pulmonarius) *Mykologie* pulma pleŭroto; **~spitze** *f* (Apex pulmonis) *Anat* pulma apekso; **~tuberkulose** *f Med* pulma tuberkulozo (*vgl. dazu* ***Lungenschwindsucht***); **~venen** *f/Pl* (Venae pulmonales) *Anat* pulmaj vejnoj *Pl*

Lunker *m Metallguss (fehlerhafter Hohlraum in Gussstücken)* ŝrumpkavo

Lunte *f* ***a)*** *Zündschnur* meĉo ◇ ***~ riechen*** flari danĝeron ***b)*** *Schwanz [des Fuchses]* vosto [de vulpo]

Lupe *f Opt, Philat* lupeo (*vgl. dazu* ***Vergrößerungsglas***) ◇ ***etw. scharf unter die ~ nehmen*** severe ekzamenadi ion *bzw.* atente observadi ion

Luperkalien *Pl röm. Antike (Fest zu Ehren des Wölfe abwehrenden Hirtengottes Faun)* luperkalo *Sg*

Lupine *f* (*Gattung* Lupinus) *Bot* lupeno, *(Zam)* lupino (↑ *auch* ***Baumlupine***); ***blaue*** (*od* ***schmalblättrige***) ***~*** (Lupinus angustifolius) blua (*od* mallarĝfolia) lupeno; ***gelbe ~*** (Lupinus luteus) flava lupeno; ***vielblättrige ~*** (Lupinus polyphyllus) multfolia lupeno; ***weiße ~*** *od* ***Weißlupine*** *f* (Lupinus albus) blanka lupeno

lupös *Adj* lupusa

Lupulin *n, auch* ***Hopfenbitter*** *m aus den Fruchtzapfendrüsen des Hopfens stammender, stark riechender, bitterer Stoff <gibt dem Bier Geschmack u. Haltbarkeit>* lupolino

Lupus *m, pop auch* ***Schwindflechte*** *f* (Lupus vulgaris) *Med (häufigste Form der Haut-Tb)* lupuso (↑ *auch* ***Chilblain-Lupus, Erythematodes*** *u.* ***²Wolf***); **~nephritis** *f, auch* ***lupoide Nephritis*** *f Med* lupusnefrito

Lurago (*m*) *Eig (italienischer Architekt [1615-1684])* Lurago

Lurch *m Zool* amfibio (↑ *auch* ***Froschlurche*** *u.* ***Schwanzlurch***)

Lurchfisch *m Ichth* ↑ ***Lungenfisch***

Lure *f ein in der Bronzezeit bei den Germanen verbreitetes Blasinstrument* luro

Luren *m/Pl, auch* ***Loren*** *m/Pl Ethn (mit den Persern verwandtes indoeuropäisches Volk [ca.800.000] der südwestiran. Sprachgruppe in der iran. Provinz Luristan)* luroj *Pl*

Luristan (*n*) ↑ ***Lorestan***

Lusaka (*n*) *Hptst. von Sambia* Lusako ; ~-

Manifest *n*, *auch* ***Manifest des südlichen Afrikas*** *Pol (Beschluss der ost- und zentralafrikanischen Konferenz vom 14.-16.4. 1969, der für alle Völker des südlichen Afrikas das Recht verlangt, ein Regierungssystem selbst zu bestimmen, das ein Zusammenleben in Gleichberechtigung und unter Wahrung der Menschenwürde sicherstellt)* Manifesto de Lusako

Luschnitz *f* ↑ ***Lužnice***

Lushootseed *n Ling (Sprache verschiedener Indianerstämme im heutigen US-Bundesstaat Washington, die zu den Küsten-Salish der Salish-Sprachfamilie gehören)* la laŝucida [lingvo]

Lusiade *f Lit (episches Gedicht der Portugiesen von Camões)* Luziado

Lusitaner *od* **Lusitanier** *m Angehöriger eines iberischen Volksstammes* luzitano

Lusitanien (*n*) *Gesch (ehem. römische Provinz [umfasste etwa das heutige Portugal])* Luzitanio

Lust *f Neigung* emo, inklino; *Vergnügen* plezuro; *Freude* ĝojo (↑ *auch* ***Spaß***); *Wonne* delico; *Verlangen* dezirego (*vgl. dazu* ***Begierde***, ***Gier*** *u.* ***Wunsch***); *Libido, sexuelles Verlangen* libido; *Sinnenlust, Wollust* volupto; ~ ***erregend*** *sex* voluptiga, kaŭzanta volupton; ~ ***haben zu ...*** havi emon al ..., *i.w.S. auch* havi intereson por ... *bzw. (mögen)* ŝati ...; ***haben Sie ~ mitzukommen?*** ĉu vi ŝatus veni kun mi (*bzw.* ni)? *od* ĉu vi ŝatus akompani min (*bzw.* nin) [tien]?; ***nicht die geringste ~ haben zu ...*** ne havi la plej malgrandan emon al ...; ~ ***verspüren zu ...*** senti inklinon (*bzw.* dezir[eg]on *bzw.* volupton *u.a.*) al ...

Lustbarkeit *f veraltend:* amuzaĵo, plezuraĵo; *Fest* fest[et]o

Lüster *m*, <*österr*> ***Luster*** *m Kronleuchter* lustro

lüstern *Adj begierig* avida (***auf*** pri); *geil* volupta; *lasziv, Geschlechtliches lüstern andeutend* lasciva; ***ein ~er Blick*** volupta rigardo

Lüsternheit *f Begierde* avido; *Sinnlichkeit* sensamo; *Geilheit* volupteco, voluptamo; *Laszivität* lasciv[ec]o

Lust|garten *m* [granda] publika parkosimila ĝardeno, *auch* plezurĝardeno; *persische Antike* paradizo; ~**gestöhne** *n sex* amorĝemado *od* amorĝemoj *Pl*

lustig *Adj fröhlich* gaja, bonhumora; *spaßig, zum Lachen* ridiga; *fröhlich stimmend, belustigend* gajiga; *unterhaltsam* amuza; *drollig* drola; *komisch* komika; ***sich über etw. (jmdn.) ~ machen*** moki pri io (iu)

Lustigkeit *f Fröhlichkeit* gajeco, bonhumoreco; *spaßige Angelegenheit* ridiga afero

Lüstling *m* voluptulo, *bildh geh (Satyr)* satiruso (*vgl. dazu* ***Wüstling***)

lustlos 1. *Adj* senĝoja, ĝojomanka; *ohne Energie* [tute] senenergia; *ohne Vergnügen* senplezura (↑ *auch* ***gleichgültig***, ***matt*** *u.* ***müde***) **2.** *Adv* senĝoje; senenergie; senplezure

Lust|molch *m fam für «sexuell lüsterner Mann»* voluptulo; ~**mord** *m* murdo pro volupto; ~**mörder** *m* murdisto pro volupto; ~**schloss** *n Sommerresidenz* somera rezidejo

Lustspiel *n Theat* komedio; ~**dichter** *m* komediverkisto; ~**film** *m* komedia filmo

Lustwäldchen *n* bosko

lustwandeln *intr alt für «spazieren gehen»* promen[ad]i

Lutein *n Biochemie (vom α-Carotin abgeleiteter gelber Farbstoff [im Eigelb, in Bienenwachs u. Laubblättern]* luteino (↑ *auch* ***Luteolin***)

luteinisierend *Adj*: ~***es Hormon*** *n* (*Abk Fachspr* ***LH***) *Biol (Hormon des Vorderlappens der Hypophyse, das Steuerungsfunktionen im Ablauf des weiblichen Zyklus einnimmt [auch «Prolan B» od «Gelbkörperreifungshormon» genannt])* luteiga hormono

Luteinzyste *f Med (mit Granulosaluteinzellen ausgekleidete Follikelzyste, die sich aus einem atretischen Follikel entwickelt)* luteina kisto

Luteolin *n Biochemie (gelber Pflanzenfarbstoff [der Reseda u. des Fingerhuts])* luteolino (↑ *auch* ***Lutein***)

Luteom *n Med (aus luteinisierten Granulosa- bzw. Thekazellen im Ovarium bestehende tumorartige Wucherung)* luteomo

luteotrop *Adj*: ~***es Hormon*** *n* ↑ ***Prolaktin***

Lutetium *n* (*Symbol* ***Lu***), *früher* ***Cassiopeium*** *n Chem (zur Gruppe der Lanthanoide gehörendes chemisches Element)* lutecio

Luther (*m*) *Eig (dt. Reformator [1483-1546[)* Lutero; ***Lehre f Luthers*** *od* ***Luthertum*** *n* luteranismo

Lutheraner *m Kirche* luterano

Lutheranerin *f Kirche* luteranino

lutherisch *Adj* luter[an]a; ≗***er Weltbund*** *m freie Vereinigung lutherischer Kirchen [mit*

Mitgliedern in über 40 Ländern] Luterana Monda Federacio
Lutherrose *f Symbol der evangelisch-lutherischen Kirchen* rozo de Lutero
Luthertum *n* ↑ *unter* ***Luther***
Lutit *m Min (ein Sedimentgestein, das den Tonsteinen zuzurechnen ist)* lutito
lutschen, *reg* ***nutschen*** *od* ***zutschen*** *tr* suĉ[um]i, lekumi; ***ein Bonbon*** ~ suĉ[um]i bombonon; ***am Daumen*** ~ suĉi la (*od* sian) dikfingron
Lutschen *n* suĉado
Lutscher *m* ***a)*** *Babyschnuller* cicumo ***b)*** *Stielbonbon* [surstanga] suĉbombono
Lutsch|pastille *f* suĉpastelo; ~**tablette** *f Pharm* suĉtablojdo
Lüttich (*n*), *franz.* ***Liège***, *flämisch* ***Luik*** *eine Stadt in Belgien* Lieĝo
Lutz *m Drehsprung beim Eiskunstlauf u. Rollkunstlauf* luco; ***doppelter*** ~ *od* ***Doppellutz*** *m* duobla luco
Luv [*lu:f*] *f Mar* ↑ ***Luvseite***
luven, *auch* ***anluven*** *tr Mar (das Schiff mehr an den Wind bringen)* lofi
Luv[seite] *f*, *auch* ***Windseite*** *f Mar (die dem Wind zugekehrte Seite)* lofo, *auch* venta flanko (*vgl. dazu* ***Lee***); ***Luv gewinnen*** *Segelsport* gajni venton
luvwärts *Adv Mar (dem Wind zugekehrt)* ventoflanken
luwisch *Adj* luvia
Luwisch[e] *n Ling (ein hethitischer Dialekt)* la luvia [lingvo]
Lux *n* (*Zeichen* ***lx***) *Einheit der Beleuchtungsstärke* lukso (*vgl. dazu* ***Candela***)
Luxation *f* ↑ ***Verrenkung***; ***posttraumatische*** ~ *Med* posttraŭmata luksacio
[1]**Luxemburg** (*n*) *Stadt* Luksemburgo; *Staat* Luxemburgio; ***Großherzogtum*** ~ Grandduklando Luksemburgio
[2]**Luxemburg** (*f*) *Eig (deutsche Politikerin [1870-1919])* Luksemburgo
Luxemburger *m* luksemburgano
Luxemburgerin *f* luksemburganino
luxemburgisch *Adj* luksemburga
luxieren *tr Fachspr Med für «aus- od verrenken»* luksacii
Luxon *n Phys* luksono
Luxor (*n*), *arab.* ***Al-Uqsur*** *eine oberägyptische Stadt am rechten Nilufer* Luksoro
luxuriös *Adj* luksa (↑ *auch* ***prunkvoll***)
Luxus *m* lukso; *äußere Pracht* pompo (*vgl. dazu* ***Prunk***); ***im*** ~ ***leben*** vivi en lukso; ***das ist reiner*** ~ tio estas absoluta lukso
Luxus|artikel *m Hdl* luksa artiklo, luksaĵo; ~**ausführung** *f* luksa modelo; ~**ausgabe** *f Buchw* luksa eldono; ~**auto** *n*, *umg auch* ***Luxuskarosse*** *f* luksa aŭto; ~**dampfer** *m Mar* luksa [pasaĝer]ŝipo; ~**gegenstand** *m* luksa objekto, luksaĵo; ~**güter** *od* ~**waren** *Pl* luksaj varoj *Pl*; ~**hotel** *n* luksa hotelo, hotelo de luksa kategorio (↑ *auch* ***Fünfsternehotel*** *u.* ***Parador***); ~**hure** *f sex* monduma putino; ~**kabine** *f auf Kreuzfahrtschiffen* luksa kajuto; ~**kreuzfahrtschiff** *n* luksa krozadŝipo *od* krozadŝipo de [la] luksa kategorio; ~**modell** *n* luksa modelo; ~**restaurant** *n* luksa restoracio; ~**steuer** *f* imposto pri lukso; ~**villa** *f* luksa vilao
Luxuswaren *Pl* ↑ ***Luxusgüter***
Luxuszug *m Eisenb* luksa eksprestrajno
Luzern (*n*) *Hptst. des gleichnamigen Kantons in der Schweiz* Lucerno
Luzerne *f*, *auch* ***Futter-*** *od* ***Saatluzerne*** *f* (Medicago sativa) *Bot, Landw* luzerno, *auch* furaĝa (*od* kultiva) medikago
Luzerner *in Zus*: ~ ***See*** *m nördl. Ausläufer des Vierwaldstätter Sees* Lago de Lucerno
luzernisch *Adj* lucerna
luzid *Adj geh für «scharfsinnig» od «klar»* lucida
Luzifer *m [im Christentum:] eine Bez für «Teufel»* Lucifero
luziferisch *Adj teuflisch* lucifera
Lužnice *f*, *dt.* ***Luschnitz*** *od* ***Lainsitz*** *f ein rechter Nebenfluss der Moldau* [rivero] Luĵnico
Luzon (*n*) *Hauptinsel der Philippinen* Luzono *[Hptst.: Manila]*
LvD = *Abk für* ***Leiter vom Dienst***
L'viv (*n*), *russ.* ***Lwow*** (*n*), *poln.* ***Lwów*** (*n*), *dt.* ***Lemberg*** (*n*) *eine Stadt im Westen der Ukraine* Lvovo
Lwei *m* (*Abk* ***Lw***) *kleine Währungseinheit in Angola* lvejo (*vgl. dazu* ***Kwanza***)
Lwena *Pl Ethn* ↑ ***Luenu***
LWS = *Abk für* ***Lendenwirbelsäule***
lx = *Zeichen für* ***Lux***
Lyceastin *f Schülerin an einer staatlichen Oberschule (in Frankreich)* liceanino
Lycée *n [in Frankreich:] staatliche Oberschule* leceo; ***Leiter eines*** ~ estro de liceo, liceestro
Lycopin *n Biochemie (in der Tomate vorkommender, zu den Carotinoiden gehörender roter Naturfarbstoff)* likopino

Lyder *m* ↑ ***Lydier***
Lydia (*f*) *weibl. Vorname* Lidja
Lydien (*n*) *Antike (eine Landschaft im Westen Kleinasiens)* Lidio *[Hauptort: Sardes]*
Lydier *m*, *auch* ***Lyder*** *m Einwohner Lydiens* lidiano
lydisch *Adj* lidia; *~**e Sprache** f Ling (eine indogermanische Sprache in Westkleinasien* lidia lingvo *<durch Inschriften des 4. Jh.s v. Chr. bekannt>*
Lykaonien (*n*) *Antike ([im Altertum:] Bez für die nördlich des kilikischen Taurus gelegene Landschaft Kleinasiens [Hauptort: Ikonion (heute Konya)])* Likaonio
Lykien (*n*), *auch* **Lyzien** (*n*) *Antike (eine Landschaft im Westen Kleinasiens)* Likio
Lykier *m* likiano
lykisch, *auch* **lyzisch** *Adj* likia
Lykisch[e] *n Ling (eine indogermanische Sprache in Kleinasien)* la likia [lingvo]
lykurgisch *Adj* likurga
Lykurg[os] (*m*) *Eig (1. Gesetzgeber Spartas im 9. Jh. v. Chr. [vermutlich mythische Gestalt] 2. ein athenischer Redner u. Politiker [390-324 v. Chr.])* Likurgo
Lyme-Borreliose *od* **Lyme-Krankheit** *f Med* Lajm-boreliozo *od* Lajm-malsano
Lymphadenektomie *f nur Fachspr Chir (Exstirpation eines Lymphknotens)* limfadenektomio
Lymphadenitis *f Med* ↑ *unter* ***Lymphknoten***
Lymphadenom *n Med* ↑ ***Lymphom***
Lymphadenopathie *f Med (allg. Bez für Erkrankung der Lymphknoten [z.B. Lymphadenitis)]* limfadenopatio
Lymphadenotomie *f Chir (operative Lymphknoteneröffnung)* limfadenotomio
Lymphangiom *n Med (gutartige Lymphgefäßgeschwulst)* limfangiomo
Lymphangiopathie *f Med (Erkrankung der Lymphgefäße)* limfangiopatio
Lymphangitis *f*, *auch* ***Entzündung** f **der Lymphgefäße*** (*od* ***Lymphbahnen***) *Med* limfangito, inflamo de la limfaj angioj (*vgl. dazu* ***Perilymphangitis***)
lymphatisch *Adj auf die Lymphe bezogen* limfa; *auf jmds. Konstitution bezogen* limfata; *~**es Gewebe** n Anat* limfa histo; *~**es System** n* ↑ ***Lymphsystem***
Lymphatismus *m Med (eine Konstitutionsanomalie)* limfatismo; ***von** ~ **befallene Person** f* limfat[ism]ulo
Lymphbildung *f* ↑ ***Lymphogenese***
Lymphdrainage *f Med* limfa drenado *od* limfdrenado; ***manuelle** ~* [per]mana limfdrenado, *auch* limfodrena masaĝo
Lymphdrüse *f Anat (veraltete Bez für «Lymphknoten»* [↑ *dort*]*)* limfa glando *od* limfoglando
Lymphdrüsen|krebs *m Med* limfoglanda kancero; *~***schwellung** *f Med* ŝvel[ad]o de la limfa(j) glando(j)
Lymphe *f **a)** auch **Blutwasser** n Physiol (dem Stofftransport dienende Gewebsflüssigkeit)* limfo ***b)*** *Impfstoff der Pockenimpfung* [bovina] vakcino
Lymph|gefäße *n/Pl Anat* limfaj angioj (*od* vazoj) *Pl* (↑ *auch* **Lymphangitis**); *~***kapillaren** *f/Pl kleinste Lymphgefäße* limfaj kapilaroj *Pl*
Lymphknoten *m* (Nodus lymphoideus, *alt* Nodus lymphaticus) *Anat (kleines Organ innerhalb des Lymphgefäßsystems, das die Lymphozyten produziert)* limfonodo (↑ *auch* **Lymphdrüse**); ***Schwellung der** ~ Med* ŝveliĝo de la limfaj nodoj; ***entzündliche Schwellung** f **der** ~*, *Fachspr* ***Lymphadenitis*** *f* limfadenito
Lymphknotenmetastase *f Med (Onkologie)* limfnoda metastazo
Lymphknotensyndrom *n Med*: ***mukokutanes** ~* ↑ ***Kawasaki-Syndrom***
Lymphmassage *f Chiropraktik* limfata masaĝo
Lymphoblasten *m/Pl (Stammzellen der Lymphozyten mit basophilem Protoplasma u. normalerweise großem runden, kaum eingebuchtetem Kern))* limfoblastoj *Pl*
Lymphödem *n Med (durch Behinderung des Lymphabflusses verursachtes chronisches Ödem)* limfedemo; ***hereditäres*** (***primäres***, ***sekundäres***) *~* hereda (primara, sekundara) limfedemo
Lymphogenese *f*, *auch* ***Lymphbildung*** *od* ***Lymphproduktion*** *f Physiol* limfogenezo
Lymphografie *f*, *auch* ***Lymphographie*** *f Röntgendiagnostik (Verfahren zur Darstellung der Lymphgefäße u. Lymphknoten mittels Infusion eines Kontrastmittels in das lymphatische System)* limfografio
Lymphogranulomatose *f Med* ↑ ***Hodgkin-Krankheit***
lymphoid *Adj* limfoida
Lymphoidzellen *f/Pl Anat (lymphozytenähnliche Zellen)* limfoidaj ĉeloj *Pl*
Lymphokine *n/Pl nur Fachspr Anat (sog.*

Kommunikationsproteine, die von Lymphozyten produziert u. sezerniert werden) limfokinoj *Pl*

Lymphom *n, auch* **Lymphadenom** *Med ([meist bösartige] Lymphknotengeschwulst)* limfomo, *auch* limfadenomo; ***malignes ~*** maligna limfomo

Lymphopenie *f, auch* **Lymphozytopenie** *f nur Fachspr Med (krankhafte Verminderung der Lymphozyten im peripheren Blut)* limfopenio

Lymphopoese *f Physiol (Bildung der Lymphe aus der Blutflüssigkeit)* limfopoezo

Lymphproduktion *f* ↑ ***Lymphogenese***

Lymphosarkom *n Med (bösartige Geschwulst des lymphatischen Systems)* limfosarkomo

Lymphosarkomatose *f Med* limfosarkomozo

Lymphostase *f, auch* **Lymphstau** *m od* **Lymphstauung** *f Med* limfostazo

Lymphozyt *m, auch* **Lymphzelle** *f Physiol* limfocito (↑ *auch* ***T-Lymphozyten***)

Lymphozytose *f Med ([krankhafte] Vermehrung der Lymphozyten im Blut)* limfocitozo

Lymphstauung *f Med* ↑ ***Lymphostase***

Lymphsystem *n, auch* ***lymphatisches System*** *n* limfsistemo, *auch* limfata sistemo

Lymphurie *f nur Fachspr Med (Lymphausscheidung im Urin)* limfurio

Lymphzelle *f Physiol* ↑ ***Lymphozyt***

lynchen *tr* linĉi

Lynchen *n* linĉado

Lynch|justiz *f* linĉada tribunalo; **~mord** *m* linĉmurdo

Lynx *m (Abk* ***Lyn*** *od* ***Lync****), auch* **Luchs** *m Astron (ein Sternbild des nördl. Himmels)* Linko

Lyon *[li'õ] (n) eine Stadt in Südfrankreich* Liono

Lyoner *Subst* ***a)*** *m Bewohner von Lyon* lionano ***b)*** *f (Kurzf von* ***Lyoner Wurst*** *) Nahr* liona kolbaso

lyotrop *Adj Chem* liotropa

[1]**Lyra** *f, auch* **Leier** *f Mus (ein altgriechisches Zupfinstrument)* liro (↑ *auch* ***Kithara***)

[2]**Lyra** *f Astron* ↑ [2]***Leier***

Lyriden *Pl Astron (ein Meteorstrom [aus dem Sternbild Lyra kommend])* Liridoj *Pl*

Lyrik *f Lit* liriko, *(als Genre [Lyrismus])* lirikismo, *auch* lirismo; *lyrische Verse* lirikaj versoj *Pl*

Lyriker *m Dichter, der Lyrik schreibt* lirikisto; *lyrisch veranlagter Mensch* lirikulo

lyrisch *Adj* lirika *auch Mus*; ***~e Denkweise*** *(bzw.* ***Stimmung****) f* lirikismo; ***~es [deutsches] Lied*** *n Mus (z.B. ein Lied von Schumann)* lirika kanto (↑ *auch* ***Dumka***)

Lyrismus *m Kunst* lirismo

Lyrizität *f lyrische Beschaffenheit* lirikeco

Lys *f, auch* **Leie** *f linker Nebenfluss der Schelde* [rivero] Liso

Lysander *(m), griech.* ***Lysandros*** *(m) Eig (spartanischer Feldherr u. Staatsmann [um 455-395 v. Chr.])* Lizandro

Lyse *f Biol, Med* ↑ ***Lysis***

Lysergsäure *f Biochemie (Grundsubstanz des Mutterkornpilzes)* lizergata acido

Lysias *(m) Eig (ein attischer Redner [nach 450-um 380 v. Chr.])* Lizio

Lysimachos *(m) Eig (Feldherr Alexanders des Großen [355-281 v. Chr.])* Lizimaĥo

Lysimeter *n Bodenkunde, Met (Gerät zur Ermittlung von Bodenwasserhaushaltsgrößen [Versickerungsrate, Verdunstung])* lizimetro

Lysine *n/Pl Biochemie (Zellen u. Bakterien auflösende Antikörper)* lizinoj *Pl*

Lysipp[os] *(m) Eig (griech. Bronzebildhauer aus Sikyon [4. Jh. v. Chr.])* Lizipo *<Hofbildhauer Alexanders des Großen>*

Lysis *f, auch* **Lyse** *f Biol, Med (Zerfall [von Zellen, Geweben u.a.])* lizo (↑ *auch* ***Bakterio-***, ***Epidermo-*** *u.* ***Thrombolyse***)

Lysistrata *(f) griechischer weibl. Vorname* Lizistrata *<auch Titelheldin einer Komödie von Aristophanes>*

Lysol® *n Chem, Med (ein Desinfektionsmittel)* lisolo

Lysosomen *n/Pl Genetik (Zellplasmakörper: Zellbläschen mit Enzymen, die bei Freiwerden die Zelle auflösen)* lizosomoj *Pl*

Lysozym *n, auch* **Endolysin** *n od* **Muramidase** *f Biochemie (ein körpereigenes Abwehrsystem [Vorkommen beim Menschen u.a. in Tränenflüssigkeit, Nasen- u. Darmschleim, hoch konzentriert in polymorphkernigen Leukozyten, auch in Bakteriophagen])* lizozimo

Lyssa *f Med, Vet* ↑ ***Tollwut***

Lyssenko *(m) Eig (russ. Botaniker u. Vererbungsforscher [1898-1976])* Lisenko

Lyzeum *n* liceo *(vgl. dazu* ***Gymnasium****)*

Lyzien *(n)* ↑ ***Lykien***

lyzisch ↑ ***lykisch***

LZB = *Abk für* ***Landeszentralbank***

M

m = **1.** *Formelzeichen für* ***Masse*** **2.** *Zeichen für* ***Meter***

m *bzw.* **M** = *Abk für* ***Magnitude***

$\mathbf{m^2}$ = *Zeichen für* ***Quadratmeter***

$\mathbf{m^3}$ = *Zeichen für* ***Kubikmeter***

Ma = *Abk für* ***Machzahl***

mA = *Zeichen für* ***Milliampere***

µA = *Zeichen für* ***Mikroampere***

MA. = *Abk für* ***Mittelalter***

[1]Mäander *m ein Fluss im antiken Lydien* [rivero] Meandro

[2]Mäander *m 1. geschlängelter Flusslauf 2. Arch (Ornamentband [bes. auf Keramiken], Zierleiste)* meandro

mäandern *od* **mäandrieren** *intr* meandri

mäandrisch *od* **mäanderförmig** *Adj* meandra *od* meandroforma

Maar *n Geol (kreisrunde, meist von einem See gefüllte Eintiefung in der Erdoberfläche <entstanden durch vulkanische Gasexplosion ohne Lavaförderung in geologisch junger Zeit>)* eksvulkana lago

Maas *f, franz.* ***Meuse*** [*mö:z*] *f ein Fluss in Westeuropa* [rivero] Mozo

[1]Maastricht (*n*) *Hptst. der niederländischen Provinz Limburg* Mastriĥto; *~****er Vertrag*** *m Vertragswerk der Mitgliedsstatten der EG von 1992 über die Europäische Union* Traktato de Mastriĥto

[2]Maastricht *n Geol (eine Stufe der Oberen Kreide)* mastriĥtio

Maastricht-Kriterien *n/Pl* kriterioj *Pl* de Mastriĥto (*vgl. dazu* ***[1]Maastrichter Vertrag***)

Maat *m Mar (Unteroffizier auf Schiffen)* maato; *(in der französischen Marine) auch* kvartirmastro

Macadamianuss *f* (Macadamia integrifolia) *Bot (Baum u. Frucht)* makadamia nukso

Macapá (*n*) *Hptst. des nordbrasilianischen Territoriums Amapá* Makapao

Macau (*n*), *portugies.* ***Macao***, *chin.* ***Aomen*** *ein früher (bis 1999) portugiesisches Territorium an der südchin. Küste* Makao

Macbeth (*m*) *Eig 1. König von Schottland [1040-57] 2. Titelheld eines gleichnamigen Dramas von Shakespeare* Makbeto

Macchia [*'makja*] *od* **Macchie** [*'makje*] *f immergrüner Buschwald des Mittelmeergebiets* makiso (*vgl. dazu* ***Garigue***)

Macerata (*n*) *Hptst. der gleichnamigen mittelitalienischen Provinz [Region Marken]* Maĉerato

[1]Mach *n (Kurzf für* ***Machzahl*** *f [Zeichen* ***Ma***, *in der Luftfahrt* ***M***]*) Phys (das Verhältnis der Geschwindigkeit einer Strömung od eines Körpers zur Geschwindigkeit des Schalls)* maĥo *<man bezeichnet Geschwindigkeiten von mehr als einem Mach als Überschallgeschwindigkeit>*

[2]Mach (*m*) *Eig (österreichischer Physiker u. Philosoph [1838-1916])* Maĥo

Mácha (*m*) *Eig (tschechischer Schriftsteller [1810-1836])* Maĥo

Machala [*ma'tʃala*] (*n*) *Hptst. der ecuadoranianischen Provinz El Oro* Maĉalo

Machandel *m Bot* ↑ ***Wacholder***

Machart *f* fasono (↑ *auch* ***Fasson*** *u.* ***Schnitt***)

Macha-See *m, tschech.* ***Máchovo jezero*** *ein See in N-Böhmen [südöstl. von Česká Lípa]* Maĥa Lago

Machatschkala (*n*) *Hptst. der Rep. Dagestan (Russ. Föderation)* Maĥaĉkalo

machbar *Adj* farebla (↑ *auch* ***ausführbar***); *zu arrangieren (sein)* aranĝebla

Mache *f Vortäuschung* tromp[aĵ]o (↑ *auch* ***[1]Schein d)***); ***das ist nichts als*** ~ *od* ***das ist alles nur*** ~ [ĉi] tio estas nura trompaĵo ◇ ***den werde ich mir mal in die*** ~ ***nehmen*** *ihn bearbeiten* mi iomete prilaboros lin; *ihn auszuschelten* mi kaptos la okazon por skoldi lin

machen *tr* ***a)*** *allg: tun, verrichten* fari, *häufig auch durch Bildungen mit Suff* ...ig...; *anfertigen (z.B. eine Arznei), zubereiten (z.B. das Essen)* prepari, *auch* fari; ***alles alleine*** ~ fari ĉion sola; ***eine Abschrift*** (*od* ***Kopie***) ~ fari kopion (***von*** de); ***es sich zur Aufgabe*** ~ starigi al si la taskon *u. folg. Verb im Inf*; ***es sich bequem*** ~ aranĝi sin oportune, *auch* fari al si oportune; ***das Essen*** ~ fari (*od* prepari) la manĝon; ***einen Fehler*** ~ fari eraron, erari; ***Feuer*** ~ fari (*od* ekbruligi) fajron; ***Kaffee*** ~ fari kafon; ***Licht*** ~ [ek]lumigi lampon, *i.w.S. auch* lumigi [la] ĉambron (*bzw.* koridoron *usw.*); ***das Mittagessen*** ~ prepari la tagmanĝon; ***etw. noch einmal [neu]*** ~ refari ion, refoje fari ion; ***sich die Mühe*** ~ fari al si la klopodon; ***sich Mut*** ~ fari al si kuraĝon *od* kuraĝigi sin [mem]; ***einen Unterschied*** ~ ***zwischen ... und ...*** fari diferencon (*od* distingon) inter ... kaj ...; ***einen Vorschlag*** ~ fari proponon; ***lass mich nur*** ~***!*** lasu min nur agi!; ***ich mache dir das schon*** mi faros tion por vi; ***ich werde es schon*** ~

mi [tutcerte] aranĝos la aferon; ***er macht so etwas nicht*** li ne estas [la tipo de] homo, kiu faras ion tian; ***nichts [dagegen] ~ können*** ne povi fari ion kontraŭ tio [ĉi]; ***was ~ Sie heute Abend?*** kion vi faros hodiaŭ vespere?; ***was ~ wir nun?*** kion ni faru nun?; ***was soll ich ~?*** kion mi faru?; ***was hast du denn schon wieder gemacht?*** kion do vi nun faris? ***b)*** *[fabrikmäßig] herstellen* fabriki; *produzieren* produkti; *nähen* kudri, tajlori; *schaffen* krei, *(Künstler, Literat)* verki ***c)*** *veranstalten (z.B. eine Party), einrichten, arrangieren* aranĝi; ***ein Fest ~*** *d.h. ausrichten* aranĝi feston; ***das lässt sich ~*** tion oni (*bzw.* mi *od* ni) povos aranĝi (*bzw.* ebligi), tio estas aranĝebla (*bzw.* ebla) ***d)*** *in Ordnung bringen* [re]ordigi, *(Zam) auch* ordofari; ***das Bett ~*** ordigi la liton; ***Ordnung im Zimmer ~*** fari ordon en la ĉambro ***e)*** *bewirken, verursachen* kaŭzi; *zur Folge haben* sekvigi, havi la konsekvencon ke ..., *auch* fari *od durch Suffigierung des Verbs mit* ...ig...; ***jmdn. [wieder] gesund ~*** [re]sanigi iun; ***jmdn. glücklich ~*** feliĉigi iun *od* fari iun feliĉa; ***das machte ihn glücklich*** tio feliĉigis lin *od* tio faris lin feliĉa; ***jmdm. Hoffnung*** (***Mut***) ~ doni esperon (kuraĝon) al iu; ***mach*** (*bzw.* ***macht***) ***nicht so einen Krach!*** ne faru tian bruon (*od* tiom da bruo)! ***sich schön ~*** sin beligi; *sich hübsch anziehen* sin bele vesti; ***Spaß ~*** *tr: Vergnügen bereiten* amuzi; *abs: lustig sein, scherzen* ŝerci *od* fari ŝerco(j)n; *ausgelassen od übermütig sein* petoli ***f)*** *kosten* kosti; *sich belaufen auf ... (Kosten)* sumiĝi je ...; ***wie viel macht das*** (*od* ***es***)***?*** *Preis* kiom ĝi kostas?, kiu estas la prezo de [ĉi] tio?; *Kosten* kiom estas la kostoj [por tio]?; ***was macht das alles zusammen?*** *beim Bezahlen* kiom kostas [ĉi] ĉio? ***g)*** *in Fügungen* ◇ ***es macht uns nichts aus*** *wir haben nichts dagegen* ni ne kontraŭas tion; *das ist kein Problem für uns* tio ne estas problemo por ni; ***sich an die Arbeit ~*** eklabori, komenci la labor[ad]on; ***sich auf die Beine ~*** *losgehen* ekmarŝi, ekiri; ***jmdm. Beine ~*** *fortjagen* [for]kurigi iun; *jmdn. in Gang setzen* ekirigi iun; ***einen guten Eindruck ~*** fari bonan impreson; ***Ferien*** (*od* ***Urlaub***) ~ ferii (***in*** en); ***etw. zu Geld ~*** transformi ion en monon, monigi ion; *i.w.S. verkaufen* vendi ion; ***man machte ihn zum General*** oni faris lin generalo; ***die Sache macht sich*** *umg für «die Angelegenheit geht voran»* la afero progres[ad]as; ***Schulden ~*** ŝuldiĝi; ***ich mache mir nichts aus ...*** *ich mag nicht* mi ne [tre] ŝatas ... *mit Akk*; *ich interessiere mich nicht für* mi ne interesiĝas pri ... *mit Nom*; ***mach dir*** (*bzw.* ***machen Sie sich***) ***nichts draus!*** ne atentu tion!, [simple] ignoru tion!; ***das macht nichts*** tio nenion faras, tio ne gravas; *das stört nicht* tio ne ĝenas; ***mach schnell!*** rapidu!; ***mach dich fort!*** foriĝu!; ***mach's gut!*** *tschüss!* ĝis!; *bleib gesund!* restu sana!; *als Glückwunsch* feliĉon [al vi]!; ***sich aus dem Staub[e] ~*** *ausreißen* forkuri; *abhauen, verschwinden* foriĝi, *Zam auch* forpeli siajn piedojn; *Hals über Kopf fliehen* forkuregi eksalte-senhalte; ***hab keine Angst, ich mach das schon*** ne timu, mi faros (*bzw.* aranĝos) tion; ***einen Umweg ~*** fari ĉirkaŭvojon

Machenschaften *f/Pl* maĥinacioj *Pl* (*vgl. dazu* ***Intrige*** *u.* ***Umtriebe***); ***voller ~*** plena je maĥinacioj; ***~ vereiteln*** vanigi maĥinaciojn; *unmöglich machen* malebligi maĥinaciojn

Macher *m Person, die etw. zustande bringt u. dgl.* iniciatanto, [talenta] organizanto *od* aranĝanto; *i.w.S. Manager* manaĝero

Macherlohn *m* laborkostoj [por tajlori kostumon *u.Ä.*]

Machete *f Buschmesser* maĉeto

Machfus (*m*), *arab.* ***Mahfuz*** *Eig (ägyptischer Schriftsteller [1911-2006])* Maĥfuzo

Machiavelli [*makja...*] (*m*) *Eig (ein italienischer Schriftsteller, Staatsmann u. Geschichtsschreiber [1469-1527])* Makiavelo

Machiavellismus *m polit. Lehre Machiavellis* makiavelismo *übertr auch für «skrupellose Machtpolitik»*

machiavell[ist]isch *Adj Pol (völlig skrupellos in Dingen der Staatsräson u. der Machterlangung bzw. -erhaltung im Staate)* makiavela (*vgl. dazu* ***skrupellos***)

Machination *f alt für «listiger Anschlag» od «Kniff»* maĥinacio (↑ *auch* ***Machenschaften***)

Machismo *m übersteigertes Männlichkeitsgefühl, Männlichkeitswahn* maĉismo

Macho *m sich betont männlich gebender Mann* maĉisto

machohaft *Adj auf den Macho bezogen* maĉista; *auf den Männlichkeitswahn bezogen* maĉisma

Machorka *m eine russ. Tabaksorte* maĥorko

Macht *f bes.Pol* potenco, *[allgemeiner ausgedrückt:]* povo (*vgl.dazu* ***Gewalt***; ↑ *auch* ***All-***,

Besatzungs-, Groß-, See-, Staats-** u. **Supermacht); *Kraft, Stärke* fort[ec]o; *Einfluss* influo; *Befugnis* kompetent[ec]o, rajto; *Autorität* aŭtoritato; ***die ~ der Gewohnheit*** la potenco de la kutimo; ***mit ~*** *mit Gewalt* perforte; ***mit aller ~*** *mit der ganzen Kraft* per ĉiuj fortoj; ***Streben nach ~*** strebado je potenco; ***die ~ ergreifen*** (***übernehmen***) ekpreni (transpreni) la potencon (*od* povon); ***[die] ~ über jmdn. haben*** havi [la] potencon super iu; ***an die ~ gelangen*** (*od* ***kommen***) akiri la potencon; ***die*** (*bzw.* ***seine***) ***~ missbrauchen*** misuzi la (*bzw.* sian) potencon; ***an der ~ bleiben*** (***sein***) resti (esti) reganta; ***das steht nicht in meiner ~*** tio estas trans mia potenco ◇ ***~ geht vor Recht*** kontraŭ forta mano la leĝo estas vana *(Zam)*; ***wer die ~ hat, der hat auch das Recht*** kiam forto ordonas, leĝo pardonas *(Zam)*

Machtanspruch *m* pretendo pri (*od* je) potenco

Machtausübung *f Pol*: ***totalitäre ~*** totalismo

Macht|befugnis *f* rajtopovo; *Berechtigung* rajtigo (↑ *auch* ***Autorität*** *u.* ***Kompetenz***); **~bereich** *m bes. Pol* sfero de [politika] influo (*od auch* kontrolo); **~besitz** *m* posedo de potenco; **~ergreifung** *f* akiro de [politika] potenco, *(widerrechtlich bzw. gewaltsam)* uzurp[ad]o de [politika] potenco; **~gefüge** *n* strukturo de la potenco

machtgierig *Adj* potencavida

Machthaber *m*, *auch* ***Potentat*** *m* potenculo; *Herrschender* reganto (↑ *auch* ***Diktator*** *u.* ***Herrscher***); *hist: Souverän, Landesherr* suvereno; **~hunger** *m* potenc-avido

machthungrig *Adj* potenc-avida

mächtig 1. *Adj Macht besitzend* potenca (*vgl. dazu* ***einflussreich*** *u.* ***potent***); *kräftig* [ege] forta; *sehr groß* grandega, enorma; *ausgedehnt, z.B. Wälder* vast[eg]a; *gewaltig, schrecklich, z.B. Angst* terura; ***~ werden*** fariĝi potenca, potenciĝi; ***der deutschen Sprache ~ sein*** regi la germanan [lingvon]; ***seiner Sinne nicht mehr ~ sein*** ne plu povi regi sin mem **2.** *Adv* treege, enorme, *umg auch für «schrecklich»* terure; ***sich ~ ärgern*** terure ĉagreniĝi; ***da hast du dich ~ getäuscht*** tiuokaze vi faris treegan eraron

Machtkampf *m* lukto pri la potenco

machtlos *Adj* senpotenca; *nicht imstande (zu etw.)* senpova (*vgl. dazu* ***ohnmächtig*** *u.* ***schwach***) ◇ ***da ist man ~*** [pri tio] oni povas fari nenion

Macht|losigkeit *f* senpotenco, *[allgemeiner ausgedrückt:]* senpoveco; **~missbrauch** *m* misuzo de sia potenco; **~mittel** *n* instrumento de potenco; **~politik** *f* politiko de potenco (*vgl. dazu* ***Machiavellismus***); **~stellung** *f* pozicio de potenco; **~streben** *n* strebado je potenco; **~übernahme** *f* transpreno de la potenco (*vgl. dazu* ***Machtergreifung***); **~vakuum** *n* potenc-vakuo; **~verlust** *m* perdo de [la] potenco *od* potencoperdo

machtvoll *Adj* potenca, fortega

Machtwort *n* ◇ ***ein ~ sprechen*** paroli la decidan vorton; *i.w.S. seine Autorität einsetzen* uzi sian aŭtoritaton

Machu Picchu (*n*) *um 1450 errichtete Ruinenstadt der Inka im südlichen Zentralperu [nordwestlich von Cuzco]* Maĉu-Pikĉo

Machwerk *n* fuŝlaboro; *pej für das Werk eines Künstlers od Literaten* fuŝverko; *allg u. i.w.S.* fuŝaĵo ◇ ***das ist ein ~ des Teufels*** tio estas faraĵo de la diablo

Machzahl *f Phys* ↑ ***Mach***

Macke *f **a)** Marotte, Tick*: ***sie hat eine ~*** ŝi suferas je maroto(j) ***b)*** *Schaden, z.B. bei einer Maschine* difekto

Mackenzie *m ein Strom in Kanada* [rivero] Makenzio

Mackintosh *m 1. mit Kautschuk imprägnierter Baumwollstoff 2. Regenmantel aus beschichtetem Baumwollstoff* makintoŝo

MacNeill-Hirsch *m* (Cervus elaphus macneilli) *Zool* blankkoksa cervo *[Vorkommen: Ost-Tibet u. angrenzende chinesische Provinzen]*

Mâcon (*n*) *Hptst. des zentralfranzösischen Départements Saône-et-Loire* Makono

Macula lutea *f Anat (gelber Fleck in der Netzhaut des Auges)* flava makulo [en la retino]

Macumba *f Rel (ein afro-brasilianischer synkretistischer Kult)* makumbo

Madagaskar (*n*) *eine Insel im Indik* Madagaskaro; *als Staat (nämlich die ‹Repoblika Malagasy›)* Malagasio *[Hptst.: Antananarivo]*; **~ente** *f* (Anas melleri) *Orn* malagasa anaso; **~-Fauchschabe** *f* (Gromphadorrhina portentosa) *Ent* madagaskara blato; **~-Flughuhn** *n* (Pterocles personatus) *Orn* madagaskara (*od* maskita) stepkoko

Madagaskar-Flughund *m Zool* ↑ *unter* ***Flughund***

Madagaskarigel *m Zool* ↑ ***Tenrek***

Madagaskar-Immergrün *n Bot* ↑ *unter* ***Ca-***

tharanthe (↑ *auch* ***Vinca-Alkaloide***)

Madagaskar|kopal *m ein Naturharz [gewonnen von «Hymenaea verrucosum»]* madagaskara kopalo; ~**kuckuck** *m* (Cuculus rochii) *Orn* madagaskara kukolo; ~**leguan** *m* (Oplurus sebac = Oplurus cuvieri) madagaskara igvano *[Vorkommen: endemisch auf Madagaskar]*; ~**-Moorente** *f* (Aythia innotata) *Orn* madagaskara merganaso <*vom Aussterben bedrohte Art*>

Madagaskarpflaume *f Bot* ↑ ***Flacourtie***

Madagaskarsperber *m* (Accipiter madagascariensis) *Orn* madagaskara akcipitro *[Vorkommen: endemisch auf Madagaskar]*

Madagaskarspint *m Orn* ↑ ***Blauwangen-Bienenfresser*** [*unter* ***Bienenfresser***]

Madagaskar|stelze *f Orn* madagaskara motacilo (Motacilla flaviventris) *[Vorkommen: endemisch auf Madagaskar]*; ~**weber** *m* (Foudia madagascariensis) *Orn* madagaskara teksbirdo; ~**-Zwergtaucher** *m* (Tachybaptus pelzelnii) *Orn* madagaskara grebo *[Vorkommen: endemisch auf Madagaskar]*

Madagasse *m* ***a)*** *Bewohner der Insel Madagaskar* madagaskarano ***b)*** *auch* ***Malagasse*** *m Ethn bzw. als Bürger der Republik Madagaskar* malagaso

Madagassin *f* madagaskaranino

madagassisch *Adj* madagaskara *bzw.* malagasa (*vgl. dazu* ***Madagaskar***)

Madagassisch[e] *n Ling* ↑ ***Malagasy***

Madaniten *m/Pl Islam (Anhänger der Madaniyya)* madanianoj *Pl*

Madaniyya *f eine islamische Bruderschaft, die sich auf Abu Madyan († 1197) aus Tlemcen zurückführte* <*sie schlossen sich später den Schadhiliten an*> madanio

Madapolam *m Textil (ein weich ausgerüsteter Baumwollstoff für feine Wäsche u. bedruckten Kleiderstoff)* madapolamo

Mädchen *n, reg u.* <*österr*> ***Mädel*** *n* knabino (↑ *auch* ***Schulmädchen***); *i.w.S. Dienstmädchen* servistino; ***ein fünfjähriges*** ~ kvinjara knabino; ***ein hübsches blondes*** ~ ĉarma blonda knabino; ***junges*** ~ juna knabino; *Jugendliche* junulino ◇ ~ ***für alles*** ĉiofaristino, servistino por ĉia laboro, *Faktotum* faktoto; ***spätes*** ~ daŭra fraŭlino

Mädchenauge *n* (*Gattung* Coreopsis) *Bot (eine Gattung reich blühender Zierpflanzen)* koreopso; ***großblütiges*** ~ (Coreopsis grandiflora) grandflora koreopso

mädchenhaft *Adj* knabin[ec]a

Mädchen|handel *m* komerco de blankaj sklavinoj; ~**klasse** *f einer Schule* knabina klaso [en lernejo]; ~**name** *m Vorname eines Mädchens* knabina nomo; *Nachname vor der Verheiratung* fraŭlina nomo; ~**schule** *f* knabina lernejo; ~**stimme** *f* knabina voĉo

Made *f Larve eines Insekts* larvo, vermeto (↑ *auch* ***Aasmade***) ◇ ***leben wie die*** ~ ***im Speck*** vivi en lukso kaj abundo

[1]Madeira (*n*) *eine portugiesische Insel im Atlantik* Madejro *[Hptst.: Funchal]*

[2]Madeira *m ein Süßwein* madejro

[3]Madeira ↑ ***Río Madeira***

Madeira|goldhähnchen *n* (Regulus madeirensis) madejra regolo *[Vorkommen: endemisch auf Madeira]*; **-Wellenläufer** *m* (Oceanodroma castro) *Orn* madejra [ŝtorm]-petrelo

Madeirer *m Bewohner von Madeira* madejrano

Madeirerin *f* madejranino

madeirisch *Adj auf [1]Madeira bezogen* madejra

Mädel *n* ↑ ***Mädchen***

Mädelchen *n,* <*österr*> ***Mäderl*** *n* knabineto

Madenhacker *m, auch* ***Madenfresser*** *m* (*Gattung* Buphagus) *Orn (amerik. Gattung kurzachnäbliger Stare)* bufago <*suchen an größeren Säugetieren nach Parasiten*>; ***Rotschnabel-Madenhacker*** *m* (Buphagus erythrorhynchus) ruĝbeka bufago

Madenwurm *m, Fachspr* ***Oxyure*** *m* (Oxyuris vermicularis) *Med, Zool* oksiuro; ~**befall** *m, Fachspr* ***Oxyuriasis*** *f Med (Erkrankung an Madenwürmern)* oksiurozo; ~**mittel** *n Pharm* oksiuricido

Mäderl *n* ↑ ***Mädelchen***

Mädesüß *n* (*Gattung* Filipendula) *Bot (eine Gattung der Rosengewächse)* filipendulo (*vgl. dazu* ***Wiesenkönigin***); ***knolliges*** ~ (Filipendula hexapetala = Filipendula vulgaris) bulba filipendulo

Madhya Pradesh [... ˈdɛʃ] (*n*) *ein ind. Bundesstaat* Madjapradeŝo *[Hptst.: Bhopal]*

Madie *f* (*Gattung* Madia) *Bot (eine Gattung der Korbblütler [in Kalifornien u. Chile])* madio (↑ *auch* ***Öl-Madie***)

madig *Adj voller Maden* plena de vermetoj; *wurmstichig (Obst)* vermoborita

Madison (*n*) ***a)*** *Hptst. des US-Bundesstaates Wisconsin* Madisono ***b)*** *meist* ***Madison River*** *m Quellfluss des Missouri* Madison--rivero

Madjaren *od* **Magyaren** *m/Pl hist: ein Reitervolk finno-ugrischer Abstammung* madjaroj *Pl*; ~**reich** *n Gesch* madjara imperio

madjarisch *od* **magyarisch** *Adj* madjara (*vgl. dazu* ***ungarisch***)

madjarisieren *tr ungarisch machen (bzw. gestalten)* madjarigi

Madonna *f* madono, *Kirche meist* Madono ◇ ***die ~ mit dem Kinde*** *ein Gemälde [ein Marienbild]* la Madono kun la Bebo; ***die Schwarze ~*** *[in Częstochowa] christl. Kunst* la Nigra Madono

Madonnengesicht *n* vizaĝo de madono

madonnenhaft *Adj* madonosimila, *nachgest* [aspektanta] kiel madono

[1]**Madras** (*n*) ***a)*** *seit 1996 offiziell* ***Chennai*** (*n*) *Hptst. des ind. Unionsstaates Tamil Nadu* Madraso ***b)*** *bis 1969 ind. Unionsstaat* (*heute* ***Tamil Nadu*** [↑ *dort*]) Madrasio

[2]**Madras** *m*, *auch* ***Madrasgewebe*** *n Textil (ein gitterartiges Gewebe mit Baumwolle in Leinenbindung)* madraso

Madreporarie *od* **Madrepore** *f*, *auch* ***Löcher-*** *od* ***Steinkoralle*** *f* (Madrepora) *Zool* madreporo, ŝtonkoralo *eine Korallenart*

Madrid (*n*) *Hptst. von Spanien* Madrido

Madrider *od* **Madrilene** *m Einwohner von Madrid* madridano

Madriderin *od* **Madrilenin** *f* madridanino

Madrigal *n Lit, Mus* madrigalo; ~**chor** *m* madrigala koruso; ~**stil** *m mehrstimmiger, die Singstimme artikulierender Kompositionsstil [seit dem frühen 16. Jh.]* madrigala stilo

Madrilene *m* ↑ ***Madrider***

Madura (*n*) *eine Insel vor der NO-Küste von Java* Maduro *[Hptst.: Pamekasan]*; ~**fuß** *m*, *auch* ***Perikal*** *n Tropenmedizin (chronische geschwürige Erkrankung des Fußes u. Unterschenkels)* perikalo (*vgl. dazu* ***Aktinomyzetom***)

Madurese *m Ethn* madurano

maduresisch *Adj* madura

Maduresisch[e] (*n*) *eine indonesische Regionalsprache* la madura [lingvo]

Maecenas (*m*) *Eig (römischer Adliger [um 70-8 v. Chr.] aus etruskischem Geschlecht u. Förderer der großen römischen Dichter seiner Zeit)* Mecenaso (*vgl. dazu* ***Mäzen***)

maestoso *Adj: musikalische Tempobezeichnung (feierlich, würdevoll)* majeste

Maestro *m Mus* [granda] majstro

Mäeutik *f Phil* ↑ ***Maieutik***

Mafeking (*n*) *eine Stadt in der Rep. Südafrika [bis 1966 Verwaltungssitz des brit. Protektorats Betschuanaland]* Mafekingo

Mafia [*ˈmafja*] *f (eine erpresserische Geheimorganisation [ursprünglich in Sizilien])* mafio (↑ *auch* ***Drogen-***, ***Kokain-***, ***Russenmafia*** *u.* ***Ndrangheta***); ***sizilianische ~***, *auch* ***Cosa Nostra*** *f* sicilia mafio

Mafia|boss *m* mafia ĉefo; ~**methoden** *f/Pl* mafiaj metodoj *Pl*; ~**organisation** *f* mafia organizaĵo

mafios *od* **mafiös** *Adj nach Art der Mafia* mafia, laŭ maniero de [la] mafio

Mafioso *m Angehöriger od Mitglied der Mafia* mafiano, membro de [la] mafio

mag = *veraltete Abk für* ***Magnitude***

Mag. = *Abk für* ***Magister***

Magadan (*n*) *eine russische Hafenstadt am Ochotskischen Meer* Magadano

Magadha (*n*) *ein altindisches Reich [Ursprungsland des Buddhismus u. Jainismus]* Magado <*entspricht dem heutigen Bihar*>

Magadis *f Mus (harfenähnliches altgriech. Zupfinstrument)* magadiso

Magahi *n Ling (eine im SO des indischen Bundesstaates Bihar u. im Norden von Westbengalen gesprochene Sprache)* la magaha [lingvo]

Magalhães [*magalˈja:iʃ*] (*m*), *eindeutschend* ***Magellan*** (*m*) *Eig (ein portugies. Seefahrer u. Entdecker [um 1480-1521])* Magelano

Magallanes (*n*) ↑ ***Punta Arenas***

[1]**Magazin** *n* ***a)*** *Lagerraum, Depot, Vorratshaus* magazeno, deponejo, provizejo, *in Bibliotheken* [libro]magazeno, *auch* librokonservejo (↑ *auch* ***Lager b)*** *u.* ***Speicher***) ***b)*** *für Schnellfeuerwaffen, Pistole u. Kamera* magazeno (↑ *auch* ***Patronenkammer***)

[2]**Magazin** *n Unterhaltungszeitschrift* magazino; *Illustrierte* ilustrita gazeto (*od* revuo) (↑ *auch* ***Modemagazin***)

magazinieren *tr einlagern, auf Lager nehmen* enmagazenigi

Magazinierung *f Einlagerung, Unterbringung in Vorratshäusern* enmagazenigo

Magazinverwalter *m* administranto de [libro- *u.a.*]magazeno

Magd *f* ***a)*** *Dienst~* servistino ***b)*** *hist auch für «Mädchen»* knabino *bzw. für «[adliges] Fräulein»* [nobla] fraŭlino, *auch für «junge Frau»* juna virino, junulino

Magda (*f*) *weibl. Vorname* Magda

Magdalena *od* **Magdalene** (*f*) *weibl. Vorna-*

me Magdalena

Magdalénien *n eine jüngere Kulturstufe der späten Altsteinzeit* magdalenio <*so benannt nach dem Fundort, der Höhle La Madeleine in der Dordogne/Südfrankreich*>

magdalenisch *Adj auf das Magdalénien bezogen bzw. aus ihm stammend* magdalenia

Magdeburg (*n*) *Hptst. des Bundeslandes Sachsen-Anhalt* Magdeburgo

Magdeburger *m* **1.** *Subst: Einwohner von Magdeburg* magdeburgano **2.** *Adj attr*: ~ ***Halbkugeln*** *Pl die um 1656 von dem deutschen Naturforscher Otto von Guericke gebaute Vorrichtung zur anschaulichen Darstellung des atmosphärischen Drucks* magdeburgaj duongloboj (*od* hemisferoj) *Pl*

Magdeburgerin *f* magdeburganino

magdeburgisch *Adj* magdeburga

Magellan (*m*) *Eig* ↑ ***Magalhães***

Magellan|gans *f* (Chloëhaga picta) *Orn* magelana ansero; ~**-Pinguin** *m* (Spheniscus magellanicus) *Orn* magelana pingveno *eine südamerikanische Spezies der Brillenpinguine*; ~**specht** *m* (Campephilus magellanicus) *Orn* magelana pego *[Vorkommen: Argentinien u. Chile]*; ~**straße** *f, auch* ***Magalhãesstraße*** *Meeresstraße zw. dem südamerikanischen Festland u. Feuerland* Magelana Markolo; ~**zeisig** *m* (Carduelis magellanicus) *Orn* kapuĉa kardelo *[Vorkommen: Südamerika]*

Magen *m* (Stomachus *od* Ventriculus *od* Gaster) *Anat* stomako (↑ *auch* ***Blätter-***, ***Kaskaden-***, ***Kau-***, ***Lab-***, ***Muskel-***, ***Netz-***, ***Reiz-*** *u.* ***Wiederkäuermagen***); ***schwacher*** ~ malforta stomako; ***den*** ~ ***ausheben*** (*od pop* ***auspumpen***) *Med* sifoni la stomakon; ***mein*** ~ ***knurrt*** *od* ***mir knurrt der*** ~ ***[vor Hunger]*** mia stomako murmuras [pro malsato]; ***ich habe mir den*** ~ ***verdorben*** mia stomako malordiĝis ◇ ***auf den*** ~ ***schlagen*** *Magenbeschwerden hervorrufen* kaŭzi stomakperturbo(j)n; ***ein hungriger*** ~ ***hat keine Ohren*** malsata stomako orelon ne havas *(Zam)*

Magenausgang *m, auch* ***Magenpförtner*** *od kurz* ***Pförtner*** *m,* <*wiss*> ***Pylorus*** *m Anat* piloro; ***[krankhafte] Verengung*** *f* ***des*** ~***s***, <*wiss*> ***Pylorusstenose*** *f Med* pilora stenozo

Magen|ausheberung *f Med* sifonado de la stomako; ~**beschwerden** *f/Pl* stomakperturbo(j); ~**bluten** *n od* ~**blutung** *f* stomaka sangado, sangado de [la] stomako

Magenbremse *f, auch* ***Magendassel*** *od* ***Pferdebremse*** *f* (*Gattung* Gastrophilus) *Ent* gastrofilo (↑ *auch* ***Pferdemagenbremse***); ***]Familie der]*** ~***n*** *od* ***Magendasseln*** *Pl* (Gastrophilidae) gastrofiledoj *Pl*

Magenbrennen *n Med* ↑ ***Sodbrennen***

Magen-Darm-Entzündung *f Med* ↑ ***Gastroenteritis***

Magen-Darm-Grippe *f, auch* ***Bauchgrippe*** *f Med* abdomena influenco

Magen-Darm-Katarrh *m Med* ↑ ***Darmentzündung***

Magen-Darm|-Störung *f Med* gastrointesta perturbo; ~**-Virus** *n* gastrointesta viruso

Magen|drüse *f Anat* gastra glando; ~**durchbruch** *m, Fachspr* ***Magenperforation*** *f Med* stomaka perforado; ~**entleerung** *f Physiol* stomaka malpleniĝo

Magenentzündung *f Med* = ***Magenschleimhautentzündung***

Magenerweiterung *f* (Dilatatio ventriculi) *Med* gastra dilatiĝo

Magenfundus *m* ↑ ***Magengrund***

Magengegend *f,* <*wiss*> ***Epigastrium*** *n Anat* stomaka regiono, <*wiss*>epigastro

Magengekröse *n Anat* ↑ ***Mesogastrium***

Magen|geschwür *n* (Ulcus ventriculi) *Med* stomaka (*od* gastra) ulcero, ulcero de la stomako; ~**grube** *f Anat* stomaka kavaĵo (↑ *auch* ***Megengegend***); ~**grund** *m, Fachspr auch* ***Magenfundus*** *m* (Fundus ventriculi) *Anat* stomakfundo; ~**inhalt** *m* stomaka enhav[aĵ]o

Magenkarzinom *n Med* ↑ ***Magenkrebs***

Magen|katarrh *m, auch* ***Gastritis*** *f Med* stomaka (*od* gastra) kataro, gastrito; ~**kolik** *f* (Colica gastrica) *Med* gastra koliko; ~**körper** *m* (Corpus ventriculi) *Anat* stomaka korpo; ~**krämpfe** *m/Pl* gastraj spasmoj *Pl od* spasmoj en la stomako

magenkrank *Adj*: ***er ist*** ~ li havas malsanan stomakon, *auch* li [daŭre] havas perturbon en la stomako

Magen|kranke ***a)*** *m* stomakmalsanulo ***b)*** *f* stomakmalsanulino; ~**krankheit** *f* stomaka malsano (↑ *auch* ***Gastropathie***); ~**krebs** *m, Fachspr* ***Magenkarzinom*** *n* (Carcinoma ventriculi) *Med* stomaka kancero

Magenlähmung *f Med* ↑ ***Gastroparese***

Magen|mund *m* (Cardia) *Anat* [ezofaga] aperturo de la stomako, *(Fachspr)* kardjo; ~**neurose** *f Med* gastra (*od* stomaka) neŭrozo

Magenperforation *f Med* ↑ ***Magendurchbruch***

Magenpförtner *m Anat* ↑ ***Magenausgang***

Magen|pförtnerkrampf *m*, <*wiss*> ***Pylorospasmus*** *m Med* pilora spasmo, *auch* pilorospasmo; ~**polyp** *m Med* stomaka (*od* gastra) polipo

Magensaft *m* stomaka (*od* gastra) suko, *auch* stomaksuko; ~**produktion** *f Physiol* produktado de stomaksuko

magensaftresistent *Adj Keime, Tabletten* rezista al [la] gastra (*od* stomaka) suko

Magensaftuntersuchung *f Med* analizo de [la] stomaksuko

Magensäure *f* gastra acido; ~**mangel** *m Med* manko de gastra acido; ~**überschuss** *m* tromult[ec]o de gastra acido (*vgl. dazu* ***Hyperazidität***)

Magen|schlagader *f* (Arteria gastrica) *Anat* gastra arterio; ~**schlauch** *m Medizintechnik* stomaka tubo (*vgl. dazu* ***Magensonde***)

Magenschleimhaut *f Anat* stomaka mukozo; ~**entzündung** *f, auch (bes. Fachspr)* ***Gastritis*** *f Med* inflamo de la stomaka mukozo, gastrito (↑ *auch* ***Oberflächengastritis*** *u.* ***Perigastritis***)

Magenschließmuskel *m* (Musculus sphincter pylori) *Anat* pilora sfinktero

Magenschmerzen *m/Pl* stomakaj doloroj *od* stomakdoloroj *Pl*, <*wiss*> gastralgio; ***er hat ~*** lia stomako doloras *od* li havas dolorojn en la stomako

Magenschnitt *m Chir* ↑ ***Gastrotomie***

Magen|senkung *f, Fachspr* ***Gastroptose*** *f Med* gastra ptozo *od* gastroptozo; ~**sonde** *f Medizintechnik* stomaka sondilo

Magenspiegel *m Med* ↑ ***Gastroskop***

Magenspiegelung *f Med* ↑ ***Gastroskopie***

Magenspülung *f Med* stomaka lav[ad]o

magenstärkend *Adj* stomak[o]fortiga

Magensteifung *f Med* ↑ ***Gastrospasmus***

Magenstein *m* ↑ ***Bezoar[stein]*** *u.* ***Gastrolith***

Magen|tropfen *m/Pl Pharm* gutoj *Pl* por [la] stomako; ~**verstimmung** *f Med* stomaka malordiĝo; ~**wand** *f Anat* stomakvando, <*wiss*> stomaka parieto

Magenwurz *f Bot* ↑ *unter* ***Kalmus***

mager *Adj* magra *auch übertr* (*vgl. dazu* ***dürr*** *u.* ***hager***), *auch (nicht fett)* malgrasa *od* sengrasa; *kärglich* malabunda, *auch* magra; *wenig fruchtbar* malmulte fekunda, *auch* magra; *Druckbuchstabe* malgrasa; ***~er Boden*** *m Landw* magra grundo; ***~e Jahre*** *n/Pl* magraj jaroj *Pl* (↑ *auch* ***Nachkriegsjahre***)

Mager|beton *m*, *auch* ***Sparbeton*** *m* magra betono; ~**kalk** *m* magra kalko; ~ **käse** *m Nahr* magra fromaĝo

Magerkeit *f* magreco (*vgl. dazu* ***Kargheit***)

Magerkohle *f* magra karbo

Magermilch *f* senkrema lakto; ~**tank** *m in Molkerei* cisterno por senkrema lakto

Mager|quark *m Nahr* magra kazeo; ~**sucht** *f*, <*wiss*> ***Anorexie*** *f* (Anorexia nervosa) *Med (Verlust od nervös bedingte Abnahme des Appetits; i.w.S. auch die dadurch bedingte Abmagerung)* anoreksio [nervoza], *pop* malsana magreco (*vgl. dazu* ***Appetitlosigkeit*** *u.* ***Bulimie***)

magersüchtig *Adj Med* anoreksia; *bulimisch* bulimia

Magersüchtige *f* anoreksiulino

Maghreb *m Bez für «die Atlasländer Marokko, Algerien u. Tunesien»* Magrebo; ~**-ŝtatoj** Maghrebstaaten *m/Pl*

Maghrebiner *m* magrebano

maghrebinisch *Adj den Maghreb betreffend bzw. aus dem Maghreb stammend* magreba (*vgl. dazu* ***nordafrikanisch***); ***~e Literatur*** *f die überwiegend französischsprachige Literatur der Länder des Maghreb* <*weitgehend nach dem II. Weltkrieg entstanden*> magreba literaturo

Magie *f* ***a)*** *Beschwörung übernatürlicher Kräfte, die durch rituelle Handlungen verfügbar gemacht werden sollen, i.w.S. Zauberkunst* magio, *i.w.S.* sorĉarto; *magische Kraft* magia forto; ***schwarze ~*** *beschwört böse Geister* nigra magio; ***weiße ~*** *wendet sich an gute Geister* blanka magio ***b)*** *übertr (Zauber, bezaubernde Wirkung)* magio; *das Magische von etw., magisches Wesen von jmdm.* magieco (↑ *auch* ***Faszination***)

[1]**Magier** *m Angehöriger der altpersischen Priesterschaft medischen Stammes* mago (*vgl. dazu* ***die drei Weisen [aus dem Morgenland]*** [↑ *unter* ***Weise***])

[2]**Magier** *m* magiisto; *Hexer, Zauberer* sorĉisto; *Trick- od Zauberkünstler* iluziisto; *Taschenspieler* prestidigitisto

magisch 1. *Adj* magia *auch übertr*; *zauberisch* sorĉa; *feenhaft* fea *auch übertr; i.w.S. unwiderstehlich* nerezistebla (↑ *auch* ***zauberhaft***); ***magische ~en*** *Pl Atomphysik (die in bes. stabilen Atomkernen [sog. ‹magische Kerne›] auftretetende Anzahl von Protonen od Neutronen)* magiaj nombroj *Pl*; ***mit ~er***

Gewalt per magia forto; ~*e Kräfte besitzen* (*haben*) posedi (havi) magiajn fortojn (*od* povojn); *das ~e Licht des Vollmonds* la fea lumo de la plenluno **2.** *Adv* magie

Magister *m* (*Abk* ***Mag.***) *Univ (ein akademischer Grad)* magistro (*Abk* mag.)

Magistra *f weibliche Form zu «Magister»* magistrino

Magistrale *f Hauptverkehrsstraße* ĉefa trafikarterio (*vgl. dazu* ***Hauptstraße***)

Magistrat *m* magistrato, *auch* urbestraro (↑ *auch* ***Stadtverwaltung***)

Magma *n Geol, Vulkanologie (glutflüssige Masse unterhalb der Erdkruste [Gesteinsschmelzfluss des Erdinneren])* magmo (↑ *auch* ***Sima***); ***basaltisches*** *~ od* ***Basaltmagma*** *n* bazalta magmo; ***granitisches*** *~ od* ***Granitmagma*** *n* granita magmo; ***primäres*** (***sekundäres***) ~ primara (sekundara) magmo; ***sialisches*** ~ siala magmo

Magma|blase *f Vulkanologie* magma bobelo; ~**gestein** *n, auch* ***magmatisches Gestein***, ***Erstarrungs-*** *od* ***Magmatitgestein*** *n Petrologie, Vulkanologie* magmorokaĵo *od* magma (*od* magmodevena) rokaĵo (↑ *auch* ***Nebulite*** *u.* ***Pegmatit***)

Magmakammer *f* magmokamero

magmatisch *Adj das Magma betreffend bzw. aus Magma entstanden* magma

Magmatismus *m Geol (die mit dem Magma zusammenhängenden Vorgänge)* magmismo (↑ *auch* ***Plutonismus***)

Magmatitgestein *n* ↑ ***Magmagestein***

Magmen|bildung *f Vulkanologie* estiĝo de magmo; ~**zyklus** *m Vulkanologie (Aufeinanderfolge verschiedener Magmen im Ablauf einer Orogenese)* magma ciklo

Magnalium *n Chem (eine Aluminium-Magnesium-Legierung)* magnalio

Magnat *m* ***a)*** *pej* ***Schlotbaron*** *m Industrie*≗ magnato de la industrio, industrikapitano; *Finanz*≗ magnato de la financoj; *Öl*≗ magnato de la petrolo ***b)*** *hist: hoher Adliger, bes. in Polen u. Ungarn* magnato

Magnesia *f* (*alt für* ***Magnesiumoxid*** *n* ***[in Form von weißem Pulver]***) *Chem* magnezo, oksido de magnezio [en pulvora formo] <*Mittel gegen Magenübersäuerung*>

Magnesit *m, auch* ***Bitterspat*** *m Min* magnezito <*wird zur Herstellung feuerfester Steine u. zur Gewinnung von Magnesium verwendet*>; ~**zement** *m Bauw* magnezita cemento

Magnesium *n* (*Symbol* ***Mg***) *Chem* magnezio; ~**chlorid** *n Chem (farbloses Salz, das in Meerwasser u. in Sakzseen vorkommt)* magnezia klorido; ~**karbonat** *n, auch* ***kohlensaures Magnesium*** *n* magnezia karbonato; ~**mangel** *m* manko de magnezio; ~**oxid** *n, auch* ***Bittererde*** *f Chem* magnezia oksido *od* oksido de magnezio (↑ *auch* ***Magnesia***); ~**sulfat** *n Chem* magnezia sulfato; ~**verbindungen** *f/Pl Chem* magneziaj kombinaĵoj *Pl*

Magnet *m* magneto *auch übertr* (*vgl. dazu* ***Elektro-***, ***Erreger-*** *u.* ***Hufeisenmagnet***)

Magnetband *n EDV* magnetbendo; *Elektroakustik* magneta sonbendo; ***auf*** *~* ***gespeichert*** *EDV* storita sur magnetbendo

Magnetband|datenerfassungsgerät *n EDV* magnetbenda datenregistrilo; ~**gerät** *n EDV* magnetbenda aparato

Magnetbildband *n* ↑ ***Videoband***

Magnetdetektor *m* ↑ *unter* ***Detektor***

Magneteisenstein *m, auch* ***Magnetit*** *m Min* magnetito <*eisenreichstes Eisenerz*>

magnetelektrisch *Adj*: ~*e* ***Maschine*** *f* magnetomaŝino

Magnetelektrizität *f El* ↑ ***Induktionselektrizität***

Magnetfahrzeug *n, auch* ***Magnetkissenfahrzeug*** *n Eisenb* magnetvoja veturilo

Magnet|feld *n, auch* ***magnetisches Feld*** *n El, Phys* magnetkampo *od* magneta kampo; ~-**feldmessung** *f* magnetkampa mezurado *od* mezurado de la magneta kampo

Magnetfeldröhre *f Phys* ↑ ***Magnetron***

Magnet[feld]therapie *f alternative Med* magnet[o]terapio

Magnetfluss *m El* ↑ *unter* ***magnetisch***

magnetisch *Adj* magneta *auch übertr* (↑ *auch* ***gyromagnetisch***); ~*e* ***Anziehungskraft*** *f* magneta altira forto *auch übertr*; ~*e* ***Deklination*** *f Geophysik* magneta deklinacio; ~*es* ***Feld*** *n* ↑ ***Magnetfeld***; ~*er* ***Fluss*** *od* ***Magnetfluss*** *m* (*Formelzeichen* ***Φ***) *El* magneta flukso; ~*e* ***Induktion*** (*od* ***Flussdichte***) *f El* magneta induko; ~*e* ***Kraft*** *f El* magneta forto; ~*es* ***Moment*** (*od* ***Dipolmoment***) *n* (*Formelzeichen* ***m***) magneta momanto; ~*e* ***Nachwirkung*** *f El* sekundara magneta efiko; ~*e* ***Störungen*** *f/Pl od* ~*e* ***Stürme*** *m/Pl Astron (kurzzeitige Störungen des Erdmagnetfeldes)* magnetaj ŝtormoj *Pl*; ~*er* ***Verstärker*** *m El* magneta amplifilo

Magnetiseur *m mit Magnetismus behandelnder Heilkundiger* magnetizisto

magnetisierbar *Adj* magnetigebla
magnetisieren *tr* ***a)*** *Phys ([einen Stoff] magnetisch machen)* magnetigi ***b)*** *Heilkunde* magnetizi *auch übertr*
Magnetisieren *n Heilkunde* magnetiz[ad]o
Magnetisierung *f* magnetigo
Magnetisierungs|kurve *f El* magnetiga kurbo; ~**strom** *m El* magnetiga kurento
Magnetismus *m Phys (alle Erscheinungen, die mit magnetischen Kräften zusammenhängen)* magnetismo (↑ *auch* ***Erdmagnetismus***); ***fossiler*** ~ ↑ ***Paläomagnetismus***; ***tierischer*** ~ *od* ***Heil-Magnetismus*** *m magnetische Kräfte, die in verschiedener Stärke jedem Menschen innewohnen sollen* animala (*od* terapia) magnetismo
Magnetit *m Min* ↑ ***Magneteisenstein***
Magnet|karte *f* magnetkarto; ~**kartenspeicher** *m EDV* magnetkarta storo
Magnetkissenfahrzeug *n* ↑ ***Magnetfahrzeug***
Magnet|kompass *m (Messgerät zur Richtungsbestimmung unter Ausnutzung des Magnetfels der Erde)* magneta kompaso (*vgl. dazu* ***Bussole***); ~**kopf** *m El* magneta (*od* registra) kapo; ~**kreiselkompass** *m* giromagneta kompaso; ~**mine** *f Mil* magneta mino; ~**nadel** *f* magneta montrilo (*od* nadlo)
Magnetofon *n, auch* ***Magnetophon***® *n Elektroakustik (ein Tonbandgerät)*; ~**band** *n* magnetofona bendo
magnetomechanisch *Adj* magnetomekanika
Magnetometer *n Phys (ein Instrument, das zur Bestimmung der Richtung [z.B. ein Magnetkompass] od der Stärke eines magnetischen Feldes dient* magnetometro
Magneton *n Phys (Einheit der magnetischen Stärke eines Elementarteilchens [Elementargröße des Magnetismus])* magnetono
Magnetopath *m* = ***Magnetiseur***
Magnetophon® *n* ↑ ***Magnetofon***
Magnetosphäre *f Astron, Met, Phys (Bereich des erdnahen Weltraums, in dem die physikalischen Erscheinungen u. Vorgänge überwiegend von den Kräften des geomagnetischen Feldes bestimmt werden)* magnetosfero
Magnetostriktion *f, auch* ***Joule-Effekt*** *m Phys (Eigenschaft ferromagetischer Stoffe, sich bei einer Veränderung eines angelegten magnetischen Feldes mechanisch zu verformen)* magnetostringo
Magnet|peilung *f* magneta birado; ~**platte** *f EDV (ein externes Speichermedium)* magnetdisko; ~**plattenspeicher** *m EDV* magnetdiska storo; ~**pol** *m Geogr, Phys (Pol eines Magneten)* magneta poluso; ~**resonanz** *f* (*Syn:* ***Kernspinresonanz***) nuklea magneta resonanco; ~**resonanztomografie** *f* (*Abk* ***MRT***) (*Syn:* ***Kernspintomografie***) *ein bildgebendes Verfahren in der medizinischen Diagnostik* magneta resonanca bildigo (*od* tomografio) (*Abk* MRB *od* MRT)
Magnetron *n, auch* ***Magnetfeldröhre*** *f Phys (bes. für Richtfunkstrecken u. Radaranlagen)* magnetrono
Magnet|[schicht]speicher *m EDV* magneta storo; ~**schwebebahn** *f Verk* glistrajno, *Fachspr auch* maglevo; ~**spule** *f El* elektromagneta bobeno; ~**streifen** *m z.B. auf einer Chipkarte* magneta strio; ~**system** *n* magneta sistemo
Magnettherapie *f* ↑ ***Magnetfeldtherapie***
Magnet|tonband *n Elektroakustik* magnetofonbendo; ~**torpedo** *m Mil* magnettorpedo; ~**zündung** *f Tech* magneta sparkado
Magnifikat *n Lobgesang Marias [Höhepunkt der Vesperliturgie]* magnifikato
Magnifizienz *f Titel für Universitäts- u. Hochschulrektor[inn]en* rektor[in]a moŝto
Magnitogorsk (*n*) *eine Industriestadt in Russland [im südl. Ural]* Magnitogorsko
Magnitude *f, Fachspr auch* ***Magnitudo*** *f* (*Pl:* ***Magnitudines***), *meist als Kurzbezeichnung* ***m*** *bzw.* ***M*** *gebraucht, veraltet auch* ***mag*** *(Maß für die Helligkeit eines Gestirns bzw. für die Stärke von Erdbeben)* magnitudo
Magnol (*m*) *Eig (franz. Botaniker [1638-1715], nach dem die Gattung ‹Magnolia› benannt ist)* Magnolo
Magnolie *f* (*Gattung* Magnolia) *Bot* magnolio (↑ *auch* ***Gurken-*** *u.* ***Sternmagnolie***); ***großblättrige*** ~ (Magnolia macrophylla) grandfolia magnolio *[Vorkommen: im Osten u. SO der USA]*
Magnoliengewächse *n/Pl Bot*: ***[Familie der]*** ~ (Magnoliaceae) magnoliacoj *Pl*
Magnolienwaldsänger *m* (Dendroica magnolia) *Orn* magnolia parulio
Magot *m, auch* ***Berberaffe*** *m* (Macacus sylvanus) *Zool (eine Makakenart aus der Familie der Meerkatzenverwandten)* magoto *[Vorkommen im Atlasgebirge u. auf Gibraltar]*
Magyaren *m/Pl* ↑ ***Madjaren***
magyarisch ↑ ***madjarisch***
mäh! ***a)*** *lautmalend für Schafblöken* be! ***b)*** ↑ *unter* ***²mähen***

Mahabharata *n ein altindisches Heldenepos* mahabarato *(auch Großschr)*
Mahadeva (*m*) *Hinduismus (Beiname Shivas [= der Große Gott])* Mahadevo
Mahagoni *n*, *auch* ***Mahagoniholz*** *n ein tropisches Edelholz* mahagono[-ligno]; ~**baum** *m* (*Gattung* Swietenia) svitenio; (*Art* Swietenia mahagoni) *Bot* mahagono[-arbo]
mahagonibraun *Adj* mahagonobruna
Mahagonimöbel *n* meblo el mahagono
Mahakala (*m*) *eine buddhistische Schutzgottheit* Mahakalo
Maha Nuwara (*n*) ↑ ***Kandy***
Maharadscha *m indischer Großfürst (auch Herrschertitel)* maharaĝo (*vgl. dazu* ***Radscha***)
Maharani *f Frau des Maharadschas, indische Fürstin* edzino de maharaĝo
Maharashtra (*n*) *ein indischer Unionsstaat* Maharaŝtro *[Hptst.: Mumbai]*
Mahatma (*m*) *(meist ohne Art) ind. Ehrentitel für geistig hoch stehende Männer* mahatmo *(vor Namen Großschr)*
Mahavairochana *m ein Buddha* mahavajroĉano *(auch Großschr)*
Mahavamsa *n buddhistische Lit (ein Kunstgedicht in Pali, das die Geschichte Ceylons bis ins 4. Jh. behandelt)* mahavamso
Mahavira (*m*) *Eig (Ehrenname des historischen Stifters des Jainismus, des Adligen Vardhamana [549-477 v.Chr.])* Mahaviro
Mahayana *n eine Richtung des Buddhismus, sogen. «Laienbuddhismus», die sich von Nordindien nach Zentral- u. Ostasien ausbreitete* mahajano (*vgl. dazu* ***Hinayana***)
[1]**Mahd** *f das Mähen* falĉado; *das Gemähte* falĉaĵo; *Heu*~ fojn[o]falĉado
[2]**Mahd** *f <österr u. schweiz> Bergwiese* montara herbejo
Mähdrescher *m Landw* [gren]kombajno, *auch* falĉdraŝilo
Mahé- *od* **Seychellen-Brillenvogel** *m* (Zosterops modestus) *Orn* sejĉela zosteropo
[1]**mähen** *tr Landw (mit der Sense od Mähmaschine)* falĉi; *mit dem Rasenmäher* tondi
[2]**mähen** *intr*, *auch* ***mäh schreien*** *blöken (Schaf)* bei, bleki [kiel ŝafo]
Mäher *m (Person)* falĉisto; *(Gerät: Rasen*~*)* gazontondilo
Mahfūz (*m*) *Eig* ↑ ***Machfus***
Mah-Jongg® [...*dʒɔŋ*] *n*, *auch* ***Ma-Jiong*** *n ein chinesisches Spiel* maĝango; ~ ***spielen*** ludi maĝangon
Mahl *n geh* manĝo; *Fest*~ festeno (*vgl. dazu* ***Bankett***; ↑ *auch* ***Mittags-*** *u.* ***Nachtmahl***)
mahlen ***a)*** *tr mit der Mühle bzw. mit den Zähnen* mueli (↑ *auch* ***zermahlen***); ***Korn*** ~ mueli grenon; ***gemahlener Kaffee*** muelita kafo; ***gemahlene Nelken*** *(als Gewürz)* muelitaj kariofiloj ***b)*** *intr Räder im Sand od Schnee* turniĝi [kaj ne antaŭenmoviĝi]
Mahlen *n* muelado
Mahlstrom *od* **Malström** *m Geogr (starker Gezeitenstrom an den norwegischen Lofoten-Inseln)* malstromo
Mahlwerk *n* muelmekanismo
Mahlzahn *m Anat* ↑ ***Molar***
Mahlzeit *f (Essenszeit)* manĝotempo; *(das Essen selbst)* manĝo (↑ *auch* ***Haupt-*** *u.* ***Zwischenmahlzeit***); ***drei*** ~***en am Tag[e]*** tri manĝoj po tago; ***regelmäßige*** ~***en*** regula manĝado ◇ ~***!*** *guten Appetit!* bonan apetiton!; *umg (reg als Gruß zur Mittagszeit)* saluton!
Mähmaschine *f Landw* falĉ[o]maŝino; *für Grasschnitt* herbotonda maŝino (*vgl. dazu* ***Rasenmäher***)
Mahnbrief *m* admona letero; *an Schuldner* pagopostula letero
Mähne *f* ***a)*** *des Löwen od Pferds* kolharoj *Pl od* kolhararo, *auch* krino (↑ *auch* ***Löwenmähne a)***) ***b)*** *umg für «lange Haare» (beim Menschen)* long[eg]aj [kaj vilaj] haroj *Pl*
mahnen *tr in wohlwollender Weise ermahnen* admoni; *erinnern* memorigi (***wegen*** pri); *warnen* averti; *auffordern zu zahlen [bzw. zurückzuzahlen]* postuli [re]pagon (***jmdn.*** de iu); ***jmdn. zum Aufbruch*** ~ *um nach Hause zu gehen* admoni iun hejmeniri; ***jmdn. wegen des geborgten Geldes*** ~ postuli de iu repagon de pruntedonita mono
mahnend *Adj*: ~***e Worte*** *Pl* admonaj vortoj *Pl*
Mähnen|haar *n bes. des Pferds* krino (↑ *auch* ***Rosshaar***); ~**hirsch** *m*, *auch* ***Timor-*** *od* ***Molukkenhirsch*** *m* (Cervus timorensis) *Zool* timora cervo; ~**ratte** *f* (Lophiomys imhausi) *Zool (ein afrik. Nagetier)* longhara rato *[Vorkommen: Äthiopien, Sudan, Ostafrika]*; ~**robbe** *f*, *auch* ***patagonischer Seelöwe*** *m* (Otaria byronia) *Zool* kolhara orelfoko, *auch* patagonia marleono *[Vorkommen: an den Küsten Südamerikas]*; ~**schaf** *n od* ~**springer** *m*, *auch* ***Berberschaf*** *n* (Ammotragus lervia) *Zool* kolhara ŝafo
Mähnentaube *f Orn* ↑ ***Nikobarentaube***
Mähnenwolf *m* (Chrysocyon brachiurus) *Zool*

kolhara lupo, *auch* agvarao *od* aguarao <*größte Wildhundart Südamerikas*>

Mahner *m* ↑ ***Ermahner***

Mahn|gebühr *f Versäumnisgebühr* admonpago; ~**mal** *n* memoriga monumento (↑ *auch* ***Denkmal***); ~**schreiben** *n* admona letero; *an Schuldner* pagopostula letero

Mahnung *f Ermahnung* admono (↑ *auch* ***Appell***); *Mahnbrief* pagopostula letero; *Erinnerung* memorigo; *Warnung* averto

Mahn|verfahren *n* pagopostula proceduro; ~**zeichen** *n* memorsigno, memorilo

Mahón (*n*) *Hptst. der spanischen Baleareninsel Menorca* Mahono

Mahonie *f* (*Gattung* Mahonia) *Bot* mahonio; ***stechdornblättrige*** ~, *auch* ***Fliederberberitze*** *f* (Mahonia aquifolium) pikfolia mahonio

Mahout *od* **Mahut** *m Elefantenführer* mahuto

[1]**Mähre** *f*, *auch* ***Schindmähre*** *f [altes, abgemagertes Pferd* [maljuna malgrasiĝinta] ĉevalaĉo

[2]**Mähre** *m Bewohner von Mähren* moraviano

Mähren (*n*), *tschech.* ***Morava*** *östlicher Landesteil Tschechiens* Moravio *[Hptst.: Brno (Brünn)]*

Mährer *m Bewohner Mährens* moraviano

mährisch *Adj* moravia; ***~e Brüder*** *Pl*, *auch* ***Böhmische Brüder*** *Pl Rel (eine christl. Reformbewegung, die 1457 aus den Hussiten hervorgegangen ist)* moravianoj, *auch* moraviaj fratoj *Pl*; ***~er Karst*** *m*, *tschech.* ***Moravský karst*** (*früher auch* ***Mährische Schweiz*** *genannt*) *eine Mittelgebirgslandschaft in Tschechien nördlich von Brünn* Moravia Karsto; ***~e Slowakei*** *f*, *tschech.* ***Moravské Slovacko*** *ein Gebiet im SO Tschechiens (im historischen Land Mähren)* <*grenzt im SO an die Slowakei u. im S an Österreich*> Moravia Slovakio

Mahut *m* ↑ ***Mahout***

Mai *m* majo; ***der 1. Mai*** la unua de majo; ***im Monat*** ~ en monato majo; ***Anfang*** (***Ende***) ~ komence (fine) de majo

Maibaum *m* maj-arbo

Maiblume *f* ***a)*** *geh od poet auch* ***Maienblume*** *f* majfloro ***b)*** *Bot* ↑ ***Maiglöckchen***

Maidan-Revolte *f Gesch (ein Protestbewegung in Kiew auf dem Maidan [2013/14]* Majdan-revolto

Maieutik *od* **Mäeutik** *f Phil (Verfahren [des Sokrates], durch Fragen die im Gesprächspartner unbewusst schlummernden Erkenntnisse herauszufinden)* majeŭtiko

Mai|feier *f* majfesto, *am 1. Mai* festo de unua de majo; ~**fisch** *m*, *auch* ***Alse*** *f* (Alosa alosa) *Ichth* alozo

Maiglöckchen *n*, *reg* ***Maiblume*** *f* (*Gattung* Convallaria) *Bot* konvalo, *umg auch* majfloro; ***falsches*** ~ (Maianthemum dilatatum) (*auch* ***Schlangenbeere*** *genannt*) *Bot* dufolia (*od* falsa) konvalo *[Vorkommen: westl. Nordamerika (von Kalifornien bis zu den Aleuten), Kamtschatka, Japan u. Korea]*

Mai|käfer *m* (*Gattung* Melolontha) *Ent* majskarabo, <*wiss*> melolonto; ~**kätzchen** *n pop für «Blütenstand der Weide»* amento

Maikop (*n*) *Hptst. der Rep. Adygien in der Russischen Föderation* Majkopo

Mailand (*n*), *ital.* ***Milano*** *Hptst. der Provinz Milano in der Lombardei/N-Italien* Milano

Mailänder 1. *Subst: m Einwohner von Mailand* milanano **2.** *Adj attr* milana; ***die ~ Scala***, *ital.* ***Teatro alla Scala*** la Skalo

Mailbox *f EDV* retkesto, *Tel auch* leterkesto

Mailingliste *f EDV, Internet* dissendolisto

Maimonides (*m*) *Eig (ein jüdischer Arzt, Philosoph u. Theologe [1135-1204])* Majmonido <*bedeutendster jüdischer Gelehrter des Mittelalters*>

Main *m ein dt. Fluss* [rivero] Majno; ***Roter*** (***Weißer***) ~ Ruĝa (Blanka) Majno *Quellflüsse des Mains*

Maina *f Orn (eine südostasiatische Starenart)* majno; *Hirten~* (Acridotheres tristis) nigra majno (*vgl.dazu* [1]***Star***; ↑ *auch* ***Braun-*** *u.* ***Ufermaina***)

Maine (*n*) (*Abk* ***Me.***, *postalisch* ***ME***) *ein US-Bundesstaat* Mejno *[Hptst.: Augusta]*

Mainz (*n*) *Hptst. des Bundeslandes Rheinland-Pfalz* Majenco

Mainzer 1. *Subst: m Einwohner von Mainz* majencano **2.** *Adj attr*: ***der ~ Karneval*** la majenca karnavalo

mainzisch *Adj* majenca; *aus Mainz* el Majenco

Mairan *m Bot, Gewürz* ↑ ***Majoran***

Mai|regen *m* maja pluvo; ~**rose** *f*, *auch* ***Zimtrose*** *f* (Rosa majalis) *Bot* maja rozo, *auch* majrozo

Mais *m*, <*österr*> *u. reg* ***Kukuruz*** *m*, *dial* ***Türken*** *m* (Zea mays) *Bot, Landw, Nahr* maizo (↑ *auch* ***Gen-***, ***Puff-*** *u.* ***Zuckermais***); ~**anbau** *m* kultiv[ad]o de maizo; ~**bauer** *m Landw* maizofarmisto; ~**birne** *f*, *auch* ***Boxbirne*** *f ein Boxtrainingsgerät* bokspiro;

~**brei** *m* maiz[o]kaĉo (*vgl. dazu* ***Polenta***); ~**brot** *n* maiz[o]pano

Maische *f Getränkeproduktion* majŝo

maischen, *auch* ***einmaischen*** *tr* majŝi

Mais|erntemaschine *f Landw* ***maiz[o]rikolta kombajno***; ~**feld** *n* maizokampo; ~**flocken** *Pl, auch* ***Cornflakes*** *Pl Nahr* maizflokoj *Pl*

maisgelb *Adj* maizokolora

Mais|grieß *m, auch* ***Maisgrütze*** *f Nahr* maizgrio; ~**[keim]öl** *n* maiz-oleo; ~**kolben** *m*, <*österr*> ***Kukuruzkolben*** *m* maizospadiko; ~**korn** *n* maizgrajno; ~**kuchen** *m* maiz[o]kuko; ~**mehl** *n* maizfaruno; ~**protein** *n, auch* ***Zein*** *n* zeino; ~**sirup** *m Nahr* maizosiropo *od* maiza siropo; ~**stärke** *f, auch* ***Maizena®*** *n Nahr* maizamelo *od* maiza amelo; ~**stroh** *n* maiza pajlo

Maisur (*n*) ↑ [2]***Mysore***

Maitreya (*m*) *Buddhismus (Name des zukünftigen Buddha, der als Bodhisatva gegenwärtig im Tushita-Himmel weilt)* Majtrejo

Maizena® *n* ↑ ***Maisstärke***

[1]**Maja** (*f*) *weibl. Vorname* Maja

[2]**Maja** (*f*) *Myth* Maja: ***a)*** *altrömische Göttin des Wachstums* ***b)*** *indische Göttin [Symbol der Scheinwelt u. der Täuschung]*

Majakowski (*m*) *Eig* (*russ. Dichter [1893-1930])* Majakovsko

Majestät *f* ***a)*** *Titel od Anrede* majesto (↑ *auch* ***Sir***); *Gesch (Anrede von Kaisern od Königen)* imperiestra (*od* reĝa) moŝto; ***Seine*** ~ (*Abk* ***S[e]. M.***) Lia majesto *Titel* ***b)*** *Herrlichkeit, Erhabenheit* majest[ec]o; ***voller*** ~ *nachgest* plena de majesteco *od* majestoplena

majestätisch *Adj* majesta (*vgl. dazu* ***erhaben***, ***hehr***, ***herrlich*** *u.* ***würdevoll***)

Majestätsbeleidigung *f* ofendo al la imperiestro (*bzw.* reĝo *od* regnestro *u.a.*)

Ma-Jiong *n* ↑ ***Mah-Jongg***

Majolika *f eine Töpferware mit Zinnglasur* majoliko

Majonäse *f Nahr* ↑ ***Mayonnaise***

Major *m Mil* majoro; ***jmdn. in den Rang eines ~s erheben*** promocii iun al rango de majoro

Majoran *m, pop auch* ***Wurstkraut*** *n, reg* ***Mairan*** *m* (Majorana hortensis = Origanum majorana) *Bot, Gewürz* majorano; ***wilder*** ~ ↑ *unter* ***Dost***

Majorat *n Jur (Vorrecht des Ältesten auf das Erbgut)* majorato

Majordomus *m, auch* ***Haushofmeister*** *m bes. in Adligenhäusern Italiens u. Spaniens* majordomo

majorenn *Adj Jur (alt für «volljährig»)* plenaĝa (*vgl. dazu* ***mündig***)

Majorian[us] (*m*) *Eig (ein weströmischer Kaiser [† 461])* Majoriano

Majorität *f Mehrheit* plimulto, *auch* majoritato; *Stimmenmehrheit* plimulto de voĉoj

Majoritätsbeschluss *m Parl* decido per plimulto de voĉoj

Majorsrang *m* rango de majoro

Majuro (*n*) *Hauptinsel der Marshallinseln [im Süden der Ratakgruppe]* [insulo] Majuro

Majuskel *f Typ* ↑ ***Großbuchstabe***

makaber *Adj grausig-düster* makabra; *i.w.S. Schauder erregend* kaŭzanta hororon (*vgl. dazu* ***unheimlich***)

Makadam *m, auch* ***Makadamdecke*** *f eine Mischung aus Schotter, Splitt u. Sand [für den Straßenbau]* makadamo (↑ *auch* ***Asphalt-*** *u.* ***Teermakadam***)

makadamisieren *tr mit Makadam belegen, beschottern* makadami, surkovri per makadamo

Makadamisierung *f* makadamado (↑ *auch* ***Beschotterung***)

Makak *m, auch* ***Hundskopfaffe*** *m* (*Gattung* Macaca) *Zool (ein meerkatzenartiger Affe)* makako (↑ *auch* ***Arunachal-***, ***Assam-***, ***Bären-***, ***Formosamakak***, ***Hutaffe***, ***Japanmakak***, ***Magot***, ***Mohren-*** *u.* ***Schopfmakak***)

Makalu [...ˈlu:] *m ein Himalaja-Gipfel [im Grenzgebiet von Ostnepal u. Tibet]* [monto] Makaluo

Makame *f, arab.* ***Maqama*** *od* ***Maqamat*** *Lit (Gattung der arabischen Kunstprosa mit eingestreuten Versen, Sinnsprüchen, literarischen Zitaten, gewählten Redewendungen u.a.)* makamo

Makandi *f* (Plectranthus barbatus) *Bot (eine ayurvedische Heilpflanze)* barba plektranto

Makarenko (*m*) *Eig (russ. Pädagoge u. Schriftsteller [1888-1939])* Makarenko

Makaronesien (*n*), *auch* ***Makaronesische Inseln*** *f/Pl Biogeografie, Geobotanik (Florengebiet, das die im östlichen Zentralatlantik liegenden Inselgruppen vulkanischen Ursprungs umfasst [Azoren, Madeira mit Porto Santo, Ilhas Selvagens, die Kanarischen u. die Kapverdischen Inseln sowie einige kleinere Inseln])* Makaronezio

makaronesisch *Adj* makaronezia

Makassar (*n*) *früherer Name von Ujung Pandang, der Hptst. der indones. Provinz Süd-Sulawesi* Makasaro; ***Straße von ~** od **Makassarstraße** f Meeresstraße zw. Sulawesi u. Kalimantan* Makasara Markolo

Makassarer *m Bewohner von Makassar* makasarano

makassarisch *Adj* makasara

Makedonien (*n*) ↑ ***Mazedonien***

Makedonier *m* ↑ ***Mazedonier***

Makedonierin *f* ↑ ***Mazedonierin***

makedonisch ↑ ***mazedonisch***

Makel *m* makulo, neperfektaĵo (*vgl. dazu **Fehler**, **Mangel** u. **Schande***); *Schandfleck* makulo de honto, *auch* hontindaĵo

Mäkelei *f* kritikaĉado (*vgl. dazu **Nörgelei***)

mäk[e]lig *Adj* kritikaĉa; *zu wählerisch* tro elektema; ***er ist beim Essen sehr ~*** koncerne la manĝojn li estas [vere] tro elektema

makellos *Adj* senmakula, neriproĉebla; *ohne Mangel* sen [iuj] mankoj (*bzw.* difektoj) (↑ *auch **einwandfrei**, **fehlerfrei** u. **perfekt***)

makeln *intr, bes. abs: Vermittlergeschäfte machen, als Makler tätig sein* makleri

mäkeln *intr* [daŭre] kritikaĉi (***an etw.*** ion; ***über etw.*** pri io), riproĉ[et]i; *nörgeln* grumbli (***an*** pri) (↑ *auch **meckern b)***)

Makette *f* ↑ ***Maquette***

Make-up [*me:k'ap*] *n Schminke* ŝminko; *Rouge* ruĵo (↑ *auch **Permanent-Make-up***)

Maki *m* (Lemur mongoz) *Zool (ein madagassischer Halbaffe)* [bruna] makio, *auch* bruna lemuro (↑ *auch **Halsband-**, **Kobold-**, **Maus-**, **Mohren-**, **Philippinen-**, **Rotbauch-** u. **Weißkragenmaki***); ***roter ~*** (Eulemur rufus) rufa lemuro *[Vorkommen: im Westen Madagaskars]*

Makimono *n ostasiatische Kunst (Bildrolle im Querformat [aus Papier od Seide])* makimono (*vgl. dazu **Kakemono***)

Makkabäer *m/Pl Gesch (Beiname der Hasmonäer, eines jüdischen Priesterfürstengeschlechts)* makabeoj *Pl*

Makkabäerfest *n* ↑ ***Chanukka***

makkabäisch *Adj* makabea

Makkaroni *Pl Nahr* makaronioj *Pl*

Makler *m Börse, Fin* makleristo (*vgl. dazu **Kommissionär** u. **Vermittler**;* ↑ *auch **Börsen-**, **Devisen-**, **Grundstücks-**, **Häuser-**, **Immobilien-**, **Jacht-**, **Schiffs-**, **Versicherungs-** u. **Wechselmakler***); ***als ~ tätig sein*** labori kiel makleristo, *auch* makleri; ***die Dienste eines ~s in Anspruch nehmen** od **etw. über einen ~ abwickeln*** uzi la servojn de makleristo

Makler|büro *n* oficejo de makleristo; **~gebühr** *f* kurtaĝo (↑ *auch **Vermittlungsgebühr** u. **Wechselcourtage***)

mäklig ↑ ***mäkelig***

Mako[baumwolle] *f ägyptische Baumwolle* kotono el Egiptio

Makohai *m Zool* ↑ ***Kurzflossen-Mako***

[1]**Makonde** *Pl Ethn (ein Bantuvolk im südl. Tansania u. in Mosambik)* makondoj *Pl*

[2]**Makonde** *n Ling (eine in Tansania u. in Mosambik gesprochene Bantusprache)* la makonda [lingvo]

Makossa *f Mus (eine Tanzmusikrichtung, die am populärsten in den urbanen Gegenden Kameruns ist)* makoso

Makramee *n Knüpfarbeit mit [farbigen] Fransen od Kordeln* makrameo

Makrele *f* (Scomber scombrus) *Ichth, Nahr* skombro (↑ *auch **Bastard-**, **Gold-**, **Königs-** u. **Stachelmakrele***); ***[Familie der] ~n*** *Pl* (Scombridae) *Ichth* skombredoj *Pl*

Makrelen|filet *n Nahr* skombrofileo; **~hai** *m, auch **Heringshai** m* (*Gattung* Lamna) *Zool* lamno

Makro *m od n* (*kurz für **Makrobefehl** m*) *EDV* makroo

Makro|... *in Zus präfixartig mit dem Grundwort verbunden* makro...: **~analyse** *f chemische Analyse, bei der Substanzmengen im Grammbereich (0,5-10 g) eingesetzt werden* makroanalizo; **~biotik** *f Naturheilkunde (aus dem chin. Buddhismus stammende Ernährungsform u. Lebensweise [als Grundlage dient das Yin-Yang aus dem Taoismus])* makrobiotiko; **~chromosom** *n Genetik* makrokromosomo; **~fauna** *f Biol (ein Größenklassenbegriff der Fauna)* makrofaŭno; **~fotografie** *f* makrofotografio *od* makrofotado; **~gameten** *f/Pl weibl. Malariaparasiten* makrogametoj *Pl*; **~genese** *f Biol (die plötzliche Entstehung neuer Typen durch Saltation)* makrogenezo; **~klima** *n, auch **Großklima** n Met* makroklimato

makro|klimatisch *Adj* makroklimata; **~kosmisch** *Adj* makrokosma

Makrokosmos *m Phil (Bez für die gesamte Welt bzw. für den Bereich der Himmelskörper [Ggs: Mikrokosmos])* makrokosmo

makrokristallin, *auch* **grobkristallin** *Adj von Gesteinen* makrokristala

Makrolid-Antibiotika *n/Pl Pharm (Gruppe

von aus verschiedenen Streptomyzeten gewonnenen od synthetisch hergestellten Antibiotika mit einem großen Laktonring und in der Regel bakteriostatischer Wirkung) makrolidoj *Pl*

Makrolinguistik *f Gesamtbereich der Wissenschaft von der Sprache* makrolingvistiko

Makrolon® *n ein Kunststoff auf der Basis von Polycarbonaten* makrolono

Makro|meter *n Phys, Tech (eine Art Sextant)* makrometro; **~molekül** *n Chem* makromolekulo

makromolekular *Adj aus Makromolekülen bestehend* makromolekula, konsistanta el makromolekuloj

Makro|monozyt *m Med (Hämatologie)* makromonocito; **~mutation** *f, auch* ***Großmutation*** *f Genetik: 1. Mutation mit beträchtlicher phänotypischer Auswirkung 2. Mutation, die eine gleichzeitige Veränderung mehrerer Einzelmerkmale bewirkt* makromutacio

Makrone *f ein Mandelgebäck* makarono

Makroökonomik *f* makroekonomiko

makroökonomisch *Adj* makroekonomika

Makroökosystem *n* ↑ ***Biom***

Makro|peptide *n/Pl Chem (aus 100 bis über 1000 Aminosäuren bestehende Peptide)* makropeptidoj *Pl*; **~phagen** *m/Pl Histologie, Zytologie (große Phagozyten [Fresszellen])* makrofagoj *Pl*; **~physik** *f [Ggs: Mikrophysik]* makrofiziko; **~plankton** *n Biol* makroplanktono

makroskopisch *Adj mit bloßem Auge sichtbar* makroskopa, videbla per nuda okulo

Makro|spore *f, auch* ***Großspore*** *f Bot (weibliche Keimzelle einiger Farnpflanzen)* makrosporo; **~struktur** *f fachsprachl. für «ohne optische Hilfsmittel erkennbare Struktur»* makrostrukturo; **~taste** *f EDV* makroklavo; **~theorie** *f ein Teilbereich der wirtschaftswissenschaftlichen Theorie* makroteorio; **~zephalus** *m nur Fachspr Med (ein ungewöhnlich großer Schädel)* makrocefalo

Makua *n Ling (eine in Mosambik gesprochene Sprache)* la makua [lingvo]

makulär, *auch* ***makulös*** *Adj bes. Dermatologie u. Ophthalmologie für «fleckig»* makula

Makulatur *f Typ (Schmutzbogen, Ausschuss)* makulaturo *auch i.w.S.* ◇ ~ ***reden*** *dummes Zeug reden* stulte paroli, diri stultaĵojn

Makuta *f kleine Währungseinheit in der Demokratischen Republik Kongo* makuto

mal *Adv* ***a)*** *Multiplikation* ...oble; ***drei ~ fünf*** trioble kvin ***b)*** *umg für «einmal»* foje, *(betont:)* unufoje; *irgendwann einmal* iam, iufoje; ***besuch mich ~*** *umg* vizitu min foje; ***~ da, ~ dort*** foje tie kaj foje alie; ***~ lachte sie, ~ weinte sie*** foje ŝi ridis, foje ŝi ploris; ***ich habe es [schon] ~ gehört*** mi iam aŭdis tion [ĉi] ***c)*** *als Füllwort in wohlmeinender Aufforderung* do, *jedoch häufig unübersetzt*: ***komm ~ mit*** venu do [kun mi *bzw.* kun ni]; ***schau ~ auf deine Uhr*** rigardu al via horloĝo ***d)*** *in der Fügung* ***nicht ~*** eĉ ... ne; ***nicht ~ danken kann er*** li eĉ danki ne povas; ***nicht ~ das kann er*** (*od* ***bringt er zustande***) li eĉ tion ne kapablas

[1]Mal *n Zeitpunkt [in einer Reihenfolge]* fojo; ***alle ~e*** *od* ***jedes ~*** ĉiun fojon *od* ĉiufoje; *immer* ĉiam; ***jedes ~, wenn ...*** ĉiufoje kiam ...; ***ein and[e]res ~*** alian fojon *od* ali[a]foje; ***andere ~e*** aliajn fojojn *od* ali[a]foje (*vgl. dazu* ***sonst***); ***dieses ~*** ĉi-foje, *auch* je tiu ĉi fojo; ***ein für alle ~*** *für immer* [unufoje] por ĉiam; ***einige ~e*** kelkajn fojojn, kelkfoje; ***ein einziges ~*** unu solan fojon; ***jedes ~*** ĉiun fojon; ***jedes ~, wenn ...*** ĉiufoje kiam ...; ***manches ~*** kelkfoje; ***mit einem ~[e]*** per unu fojo; *plötzlich* subite; *unvermutet* neatendite; ***viele ~e*** multajn fojojn, multfoje; ***zum ersten ~*** je la unua fojo *od* la unuan fojon; ***zum letzten ~*** por la lasta fojo; ***verschiedene ~e*** diversfoje; *mehrmals* plurfoje; ***zu wiederholten ~en*** ripetajn fojojn, ripete; ***zum wie vielten ~?*** por la kioma fojo?

[2]Mal *n* ***a)*** *Zeichen* signo, marko (↑ *auch* ***Wund-*** *u.* ***Würgemal***); *andersfarbig pigmentierter Fleck auf der Haut, Muttermal* nevuso, denaska [haŭt]makulo ***b)*** *poet auch für «Denkmal»* monumento

Malabaresen *m/Pl Ethn (Drawida-Volk an der Malabarküste)* malabaranoj *Pl*

Malabar|fasänchen *n* (Euodice malabarica) *Orn (ein in Indien u. Pakistan vorkommender Vogel)* plumbobekulo; **~jasmin** *m* (Jasminum grandiflorum) *Bot* grandflora jasmeno; **~kardamome** *f* (Elettaria cardamomum) *Bot* malabara kardamomo; **~kiebitz** *m, auch* ***Gelblappenkiebitz*** *m* (Lobipluvia malabarica) *Orn* malabara vanelo *[Vorkommen: im indischen Subkontinent, Bangladesh u. Sri Lanka]*; **~küste** *f, alt auch* ***Pfefferküste*** *f eine Landschaft an der SW-Küste Indiens* Malabaro; **~spinat** *m, auch* ***indischer Spinat***

m od ***Wasserhyazinthe*** *f* (Basella alba) *Bot* bazelo, *pop auch* malabara spinaco

Malabo (*n*) (*früher* ***Santa Isabel*** *genannt*) *Hptst. von Äquatorialguinea* Malabo

Malachit *m Min* malakito *auch Schmuckstein*; ~**grün** *n Chem (ein [wenig lichtbeständiger Farbstoff)* malakita verdaĵo

[1]**Málaga** (*n*) *eine Hafenstadt in Andalusien/Südspanien* Malago

[2]**Málaga** *m* ↑ ***Málagawein***

Malagasse *m* ↑ ***Madagasse***

Malagasy *n*, *auch* ***Madagassisch[e]*** *n Ling (auf Madagaskar gesprochene u. zu den indonesischen Sprachen gehörende Sprache)* la malagasa [lingvo]

Málaga[wein] *m ein spanischer Süßwein* malaga vino

Malaie *m Ethn* malajo

Malaien|adler *m* (Ictinaëtus malayensis) *Orn* malaja aglo; ~**bär** *m, auch* ***Sonnenbär*** *m* (Helarctos malayanus) *Zool* malaja urso, *auch* sun-urso (*vgl. dazu* ***Braunbär***); ~**dolch** *m* malaja ponardo (*vgl. dazu* ***Kris***); ~**dommel** *f*, *auch* ***Schwarzdommel*** *f* (Ixobrychus flavicollis) *Orn* flavkola (*od* nigra) botaŭro *[Vorkommen: Süd- u. SO-Asien bis zu den Philippinen]*

Malaienente *f Orn* ↑ ***Weißflügelmoschusente***

Malaien-Fischuhu *m Orn* ↑ ***Sunda-Fischuhu***

Malaien|-Hornvogel *m* (Anthracocerus malayanus) *Orn* malaja bucero *[Vorkommen in SO-Asien]*; ~**ralle** *f* (Rallina fasciata) *Orn* malaja ralo

Malaienreiher *m Orn* = ***Sumatrareiher***

Malaienspint *m* (Merops viridis) *Orn* verda abelmanĝulo

Malaienstorch *m Orn* ↑ *unter* ***Marabu***

Malaienuhu *m* (Bubo sumatrana) *Orn* sumatra gufo *[Vorkommen: Süd-Thailand, Halbinsel Malakka, Große Sundainseln]*

Malaiin *f* malajino

malaiisch *Adj* malaja; ≗***er Archipel*** *m* Malaja Arkipelago; ≗***er Bund*** *m Gesch (1957-63 bestehender Bundesstaat im Süden der Halbinsel Malakka)* Malaja Federacio; ≗***e Halbinsel*** *f* ↑ ***Halbinsel Malakka***

Malaiisch[e] *n Ling* la malaja [lingvo] (↑ *auch* ***Basarmalaiisch***)

Malaita (*n*) *eine Salomonen-Insel* [insulo] Malaito *[Hauptort: Auki]*

Malakka (*n*) Malako; ***Halbinsel*** ~ (*auch* ***Malaiische Halbinsel*** *genannt*) Malaka Duoninsulo; ***Straße von*** ~ *od* ***Malakka-Straße*** *f zw. Sumatra u. der Halbinsel Malakka* Markolo de Malako *od* Malaka Markolo

Malakka-Apfel *m*, *auch* ***Jambuse*** *f od* ***Rosenapfel*** *m* (Eugenia jambos) *Bot (ein trop. Obstbaum)* jambozo *auch Frucht davon* (↑ *auch* ***Apfeljambuse***)

Malakka-Straße *f* ↑ *unter* ***Malakka***

Malakofauna *f*, *auch* ***Weichtierfauna*** *f Zool (Gesamtheit der Arten an Mollusken in einem Gebiet)* malakofaŭno

Malakologie *f ein Teilgebiet der Zoologie (Lehre von den Weichtieren)* malakologio <*befasst sich mit Muscheln, Krebsen, Schnecken u.a.*> (↑ *auch* ***Konchyliologie***)

Malang (*n*) *eine Stadt in Ostjava/Indonesien* Malango

Malaria *f*, ***Sumpf-*** *od* ***Wechselfieber*** *n*, *Fachspr auch* ***Paludismus*** *m Tropenmedizin* malario, *(Fachspr) auch* paludismo (*vgl. dazu* ***Babesiose***; ↑ *auch* ***Transfusions-*** *u.* ***Vogelmalaria***); ~ ***tertiana***, *auch* ***Dreitage-*** *od* ***Tertianafieber*** *n* malario terciana *od* terciana febro; ***zerebrale*** ~, *auch* ***Hirnmalaria*** (Malaria cerebri) cerebra malario <*Erreger: Plasmodium falciparum*>; ***an*** ~ ***leiden*** suferi je malario

Malaria|erreger *m/Pl* malariaj plasmodioj *Pl*; ~**koma** *n Med* malaria komato

Malarialogie *f*, *auch* ***Malarialehre*** *f Med (Erforschung der Malaria)* malariologio

Malaria|mittel *n Pharm* antimalaria medikamento (↑ *auch* ***Atebrin***, ***Chloroquin*** *u.* ***Proguanil***); ~**mücke** *f*, *auch* ***Fieber-*** *od* ***Gabelmücke*** *f*, <*wiss*> ***Anopheles[mücke]*** *f* (Anopheles) *Ent* malaria moskito, *(Fachspr)* anofelo; ~**plasmodien** *n/Pl Malaria erregende Protozoen* malariaj plasmodioj *Pl*; ~**programm** *n Med* programo kontraŭ malario; ~**prophylaxe** *f Maßnahmen zur Verhinderung einer Malariainfektion* malarioprofilaktiko; ~**therapie** *f Med (früher übliche Malariafiebererzeugung [zur Syphilisbehandlung]: künstliche Infektion mit Malaria tertiana als Therape)* malarioterapio

Mälarsee *m*, *schwed.* ***Mälaren*** *ein See in Ostschweden* Melar-Lago <*auf Inseln im See: die Schlösser Drottningholm u. Gripsholm*>

Malawi (*n*), *früher* ***Njassaland*** (*n*), *amtl.* ***Republic of Malawi*** *Binnenstaat in SO-Afrika (ehem. britisches Protektorat)* Malavio, *frü-*

her Njasalando *[Hptst.: Lilongwe]*

Malawier *m Einwohner von Malawi* malaviano

Malawi-Kwacha *m (Abk **MK**, Währungscode **MWK**) Fin* malavia kvaĉo

malawisch *Adj* malavia

Malawisee *m* ↑ ***Njassasee***

Malayalam *n eine indische Sprache der Drawida-Gruppe [gesprochen in Kerala/Südindien]* la malajalama [lingvo]

Malaysia (*n*) *ein Staat in SO-Asien* Malajzio *[Hptst.: Kuala Lumpur]*

Malaysiaapfel *m* ↑ ***Apfeljambuse***

Malaysier *m* malajziano

Malaysierin *f* malajzianino

malaysisch *Adj* malajzia

Malaysisch[e] *n, auch **Bahasa Malaysia** f Ling* la malajzia [lingvo] (*vgl. dazu **Malaiisch***)

Malbork (*n*), *dt. **Marienburg** (n) Stadt im Norden Polens mit Schloss des Deutschen Ordens* Malborko

Malchen *m* ↑ ***Melibokus***

Male (*n*) *Hptst. der Malediven* Maleo

Malediven *Pl, amtl **Republic of Maldives** ein Inselstaat im Indischen Ozean* Maldivoj *Pl*, Maldiva Respubliko *[Hptst.: Male]*

Malediver *m* maldivano

Maldiverin *f* maldivanino

maledivisch *Adj* maldiva

Maledivisch[e] *n Ling (eine spezielle Variante des Sinhali [auf den Malediven gesprochen])* la maldiva [lingvo]

malen *tr als Kunstmaler* pentri *auch i.w.S.*; *zeichnen* desegni; *tünchen* [mur]farbi (*vgl. dazu **kalken** u. **streichen***); ***ein Bild in Öl** ~* pentri bildon per oleo ◇ ***er malt immer alles schwarz*** li ĉiam tendencas al pesimismo (*od* al pesimista sinteno)

Malen *n als Kunstmaler* pentrado; *Zeichnen* desegnado; *Tünchen* murfarbado

malenswert *Adj wert, gemalt zu werden* pentrinda (↑ *auch **pittoresk***)

Maleo *m Orn* = ***Hammerhuhn***

[1]**Maler** *m Kunst*♀ pentristo (↑ *auch **Aquarell-**, **Ikonen-**, **Landschafts-**, **Pastell-** u. **Porträtmaler***); *Handwerker* murfarbisto

[2]**Maler** *m, Fachspr **Pictor** m (Abk **Pic** od **Pict**) Astron (ein Sternbild des südl. Himmels)* Pentristo

Malerei *f (als Tätigkeit od Hobby)* pentrado; *(als Kunstrichtung)* pentr[o]arto *od* arto de [la] pentrado; *i.w.S. Gemälde* pentraĵo (*vgl. dazu **Gouache***; ↑ *auch **Aquarell-**, **Barock-**, **Camaieu-**, **Decken-**, **Email-**, **Fels-**, **Figuren-**, **Glas-**, **Höhlen-**, **Holz-**, **Landschafts-**, **Reformations-**, **Seiden-**, **Tafel-**, **Vasen-** u. **Wandmalerei***); ***abstrakte** ~* abstrakta pentroarto; *~ **mit deckenden Wasserfarben** Guaschmalerei* guaŝa pentrado

malerisch *Adj* pitoreska (↑ *auch **pittoresk***)

Maler|kolonie *f* kolonio de pentristoj; ~**leinwand** *f* pentrista tolo

Malerrolle *f* ↑ ***Farbroller***

Malheur *n* [*ma'lö:r*] *etw. Unangenehmes* malagrablaĵo (*vgl. dazu **Missgeschick***); *Unglück* malfeliĉo; *Unfall* akcidento;◇ ***das ist doch kein ~!*** tio ja ne estas katastrofo!

Mali (*n*) *ein Binnenstaat in Westafrika* Malio *[Hptst.: Bamako]*

Malier *m Bewohner von Mali* maliano

Malierin *f* malianino

maligne *Adj bösartig (Tumor)* maligna; ***eine ~ Krankheit*** maligna malsano

Malignität *f nur Fachspr Med für «Bösartigkeit»* maligneco

Malignitätsgrad *m durch histologische Kriterien charakterisierter Grad der Malignität von Tumoren* grado de maligneco

Malignom *n Med (bösartige Geschwulst)* malignomo, maligna tumoro

Malik (*m*) *arabischer männl. Vorname* Maliko *auch Familienname*

Malikiten *m/Pl Islam (Anhänger der Malikiyya, einer sunnitischen Rechtsschule, die auf den in Medina lebenden Malik Ibn Anas zurückgeht und sich über Ägypten in Nordafrika u. Al-Andalus ausbreitete, wo sie schiitische und zahiristische Auffassungen verdrängte)* malikanoj *Pl* (↑ *auch **Salimiyya***)

Malinke *n, auch **Mandinka** od **Maninka** n Ling (eine in Westafrika gesprochene Sprache)* la malinka [lingvo]

Malipiero (*m*) *Eig (italienischer Komponist [1882-1973])* Malipiero

malisch *Adj auf Mali bezogen bzw. aus Mali stammend* malia

maliziös *Adj geh* malica (*vgl. dazu **boshaft***)

Mal|kasten *m* farboskatolo, skatolo kun farboj; ~**kreide** *f farbige Kreide* kolora kreto; ~**kunst** *f* pentroarto

Malleus *m Anat* ↑ ***Hammer c)***

Mallinie *f Football u. Rugby (seitliche Außenlinie)* taĉo

Mallorca [*ma'jorka*] (*n*) *eine span. Balearen-*

insel Majorko *[Hptst.: Palma de Mallorca]*
Mallorca-Akne *f Med* ↑ ***Sommerakne***
Mallorquin *n Ling* la majorka [dialekto *od auch* lingvo] *<das Mallorquin wird trotz eigener Sprachschöpfungen als Dialekt des Katalanischen gewertet>*
Mallorquiner [*major'ki:...*] *m Bewohner von Mallorca* majorkano
Mallorquinerin *f* majorkanino
mallorquinisch *Adj* majorka; *aus Mallorca [stammend]* el Majorko
Malm *m, auch* ***Weißjura*** *od* ***weißer Jura*** *m Geol (ein Abschnitt der Erdgeschichte, jüngste Abteilung des Jura [Bildung mächtiger Kalkablagerungen])* malmio (↑ *auch* ***²Oxford***)
Malmberg (*m*) *Eig (schwedischer Dichter [1889-1958])* Malmbergo
malnehmen *tr vervielfachen* multobligi; *multiplizieren* multipliki
Malnehmen *n* multobligo; multipliko
malochen *salopp reg* streĉe (*od auch* ŝvite) labori (*vgl. dazu* ***schuften***)
Malonsäure *f Biochemie (eine gesättigte Dicarbonsäure [u.a. in Zuckerrübensaft])* malonata acido
Maloti *Pl Fin* ↑ ***Loti***
Malpighi (*m*) *Eig (ital. Anatom u. Botaniker [1628-1694])* Malpigo
Malpighische Gefäße *n/Pl* (Vasa malpighii) *Ent (mit dem Darm in Verbindung stehende Ausscheidungsorgane der primär auf dem Lande lebenden Gliederfüßer)* malpigaj tuboj *Pl*
Malstift *m* desegnokrajono
Malström *m Geogr* ↑ ***Mahlstrom***
Malta (*n*), *amtl* ***Repubblika ta' Malta*** *ein Inselstaat im Mittelmeer* Malto *[Hptst.: La Valetta]*; ***in*** (*od* ***auf***) ~ en Malto
Maltafieber *n* (Brucella melitensis), *auch* ***Mittelmeerfieber*** *n* (Febris mediterranea) *Med* malta febro, *Fachspr* melitokokozo
Maltase *f ein Enzym* maltazo
Maltechnik *f* pentrotekniko
Malter *m Bauw* ↑ ***Mörtel***
Malteser *m* **1.** *Subst: Einwohner von Malta* maltano **2.** *attr Adj* malta; ~ ***Ritterorden*** *m* malta kavalira ordeno *(auch Großschr)*
Malteser|flockenblume *f* (Centaurea melitensis) *Bot* malta centaŭreo; ~**kreuz** *n* kruco de Malto
maltesisch *Adj* malta; *aus Malta* el Malto
Maltesisch[e] *n Ling (zu den semitischen Sprachen gehörende Sprache auf Malta mit lateinischer Schrift [beeinflusst vom Ostarabischen u. Italienischen])* la malta [lingvo]
Malthus (*m*) *Eig (engl. Nationalökonom [1766-1834])* Maltuso; ***Malthus'sche Theorie*** *f Wirtsch* teorio de Maltuso
Malthusianer *m Vertreter des Malthusianismus* maltusano
malthusianisch *Adj* maltus[an]a
Malthusianismus *m* maltus[an]ismo (↑ *auch* ***Neomalthusianismus***)
Maltose *f, auch* ***Malzzucker*** *m* (*auch* ***Maltobiose*** *genannt*), *Fachspr* ***α-Glucosidase*** *f Biochemie* maltozo
malträtieren *tr misshandeln* malbontrakti; *quälen* turmenti; *foltern* torturi
Malvasier[wein] *m ein Süßwein der Mittelmeerländer u. Madeiras* malvazio
Malve *f* (*Gattung* Malva) *Bot* malvo (↑ *auch* ***Moschus-***, ***Quirl-***, ***Rosen-*** *u.* ***Wegmalve***); ***kleinblütige*** ~ (Malva pusilla) rondfolia malvo; ***krause*** ~ (Malva verticillata, var. crispa) krispa malvo; ***wilde*** ~, *<schweiz> auch* ***Käslikraut*** *n* (Malva sylvestris) arbara (*od* granda) malvo *<deren Blüten u. Blätter werden traditionell in der Volksmedizin genutzt>*
malven|farben *od* ~**farbig**, *auch* ***mauve*** [*mo:v*] *Adj* malvokolora
Malvengewächse *n/Pl Bot*: ***[Familie der]*** ~ (Malvaceae) malvacoj *Pl*
Malwettbewerb *m* desegnokonkurso
Malz *m* malto; ~ ***zusetzen*** aldoni malton
Malz|bier *n*, *reg* ***Gerstel*** *n od* ***Mumme*** *f* malt[o]biero; ***Braunschweiger Mumme*** brunsvika maltobiero; ~**bonbon** *n* maltbombono
Malzeichen *n* (*Zeichen* ×) *Math (Mutiplikationszeichen)* multiplika signo
malzen *od* **mälzen** *tr in Malz verwandeln* maltigi; ***Gerste*** ~ maltigi hordeon
Mälzen *n Brauerei* maltigado
Mälzerei *f* maltejo
Malz|essig *m* malta vinagro; ~**extrakt** *m* maltekstrakto *od* ekstrakto de malto *<als Kräftigungsmittel, bes. für Kinder>*; ~**geschmack** *m* gusto de malto; ~**kaffee** *m* malt[o]kafo
Malzzucker *m Biochemie* ↑ ***Maltose***
Mama *f* patrino, *fam od zärtlich (Mammi)* panjo
Mamaia (*n*) *größtes rumänisches Seebad am Schwarzen Meer* Mamajo
Mamba *f Zool (baumbewohnende afrik. Gift-*

natter) mambo; ***grüne*** ~ (Dendroaspis viridis) verda mambo *[Vorkommen: Westafrika]*; ***schwarze*** ~ (Dendroaspis polylepis) nigra mambo *[Vorkommen im tropischen u. südlichen Afrika]*
Mambo *m südamerik. Tanz* mambo
Mameluck *m, auch* ***Mameluk*** *m Gesch (Söldner islamischer Herrscher)* mamluko
Mamertus (*m*) *Eig* (*ein franz. Bischof [* um 400, † um 474])* Mamerto
Mami *f Kinderspr* panjo
Mamilla *f Anat* ↑ ***Brustwarze***
Mammaamputation *f Chir* ↑ ***Mastektomie***
Mammakarzinom *n* ↑ ***Brust[drüsen]krebs***
Mammalgie *f Med* ↑ *unter* ***Brust***
Mammalia *Pl Zool* (*Sammelbez. für alle Säugetiere*) mamuloj *Pl*
Mammaplastik *f Chir (operativer Eingriff an der weiblichen Brust zur Wiederherstellung der Form [z.B. nach einer Tumoroperation])* mamoplastio
Mammektomie *f Chir ([operative] Entfernung der Brust)* mamektomio
Mammografie, *auch* ***Mammographie*** *f Medizintechnik (Röntgendarstellung der weibl. Brust)* mamografio; ***zweidimensionale*** ~ dudimensia mamografio
mammografisch, *auch* ***mammographisch*** *Adj* mamografia
Mammon *m bes. bibl* mamono *auch (meist pej) für «Reichtum» od «Geld»*
Mammonismus *m Geldgier bzw. Geldherrschaft* mamonismo
Mammut *m* (Mammonteus primigenius) *ein Elefant der Eiszeit* mamuto
mammutartig *Adj ungeheuer groß* mamuta, *nachgest auch* grandega kiel mamuto (*vgl. dazu* ***gigantisch***)
Mammutaufgabe *f* giganta tasko
Mammutbaum *m Bot (Riesen*~ *[Sequoiadendron giganteum])* sekvojadendro; *(eibennadliger ~ od Küsten*~ *[Sequoia sempervirens])* sekvojo; ***chinesischer*** ~ (Metasequoia) metasekvojo *eine Gattung der Sumpfzypressengewächse*
Mammutbronze *f* ↑ ***Deltametall***
Mammut|knochen *m Knochen eines Mammuts* osto de mamuto; ~**programm** *n* giganta programo; ~**projekt** *n* giganta projekto; ~**unternehmen** *n Wirtsch* giganta entrepreno; *Ind* giganta industria entrepreno; ~**veranstaltung** *f* giganta aranĝo
mampfen *umg für «mit vollen Backen kauen (essen)»* plenbuŝe maĉi (*od pej* manĝ[aĉ]i)
Mamsell *f Hausgehilfin* dommastrina helpistino
Mamulastelze *f* (Motacilla maderaspatensis) *Orn* blankbrova motacilo *[Vorkommen: Indischer Subkontinent]*
man *Indef Pron* ***a)*** oni; ~ ***sagt, dass ...*** oni diras, ke ...; ~ ***weiß nie, ob ...*** oni neniam scias, ĉu ...; ***darf ~ hier fotografieren?*** ĉu oni rajtas fotografi ĉi tie? ***b)*** *in gewissen Fällen übersetzbar mit* la homoj (= die Leute), iuj homoj (= irgendwelche Leute), iu (= irgendjemand) *od einem passenden Pers Pron, z.B.* vi (= du *bzw.* Sie, *2. Person Pl* ihr): ***so etw. tut man nicht*** tion bonkonduta (*bzw.* honesta) homo ne faras
Man [*mɛn*]: ***die Insel*** ~, *engl.* ***Isle of Man*** *eine britische Insel in der Irischen See* la Manks-Insulo; ***Einwohner der Insel*** ~ mankso
Mänade *f griech. Myth (verzückte, rasende Bacchantin [im Kult des Weingottes Dionysos])* menado *übertr auch für «rasendes od sich wild gebärdendes Weib»*
mänadisch *Adj rasend, in Verzückung [wild]* menada
Manado (*n*), *auch* ***Menado*** (*n*) *Hptst. der indones. Provinz Nord-Sulawesi* Manado
managebar *Adj* manaĝebla
Management *n* manaĝado (↑ *auch* ***Miss-*** *u.* ***Projektmanagement***); *das Leiten* direktado; *Leitung (die Direktoren)* direktoraro; *Direktion* direkcio; ~**problem** *n* problemo de manaĝado; ~**stil** *m* stilo de manaĝado
managen *tr* ***a)*** *1. ein Unternehmen leiten 2. einen Berufssportler betreuen* manaĝi ***b)*** *salopp für «zustande bringen»* realigi, efektivigi
Managen *n* manaĝado
Manager *m* ***a)*** manaĝisto, *auch* manaĝero *auch eines Profisportlers* (*vgl. dazu* ***Führungskraft***, ***Leiter*** *u.* ***Promoter***; ↑ *auch* ***Fonds-***, ***Hedgefonds-*** *u.* ***Projektmanager***) ***b)*** *Ordner (EDV)* ↑ ***Dateimanager***; ~**gehälter** *n/Pl* manaĝeraj salajroj *Pl*; ~**krankheit** *f Med* manaĝera malsano
Managua (*n*) *Hptst. von Nicaragua* Managvo
Manama (*n*) *Hptst. von Bahrein* Manamo
Manannan (*m*) *Myth (irischer Meeres- u. Totengott)* Mananano
Manasa (*f*) *Myth (indische Schlangen- u. Fruchtbarkeitsgöttin)* Manasa
Manaslu (*m*) *ein Himalaya-Gipfel in Zentral-*

Nepal [monto] Manaslo

Manat *m Währung in Aserbaidschan* manato

Manati *m Zool* ↑ ***Lamantin***

Manaus (*n*) *Hptst. des brasilian. Gliedstaates Amazonas* Manaŭso

Manche [*mãʃ*] *ohne Art: ein Département in NW-Frankreich, in der Normandie* Maniko

manch|er (~**e**, ~**es**, *Pl* ~**e**) *Indef Pron* ***a)*** *substantivisch, auf Dinge od Personen bezogen* kelka, [kelk]iu, *Pl* kelkaj, [kelk]iuj; ~ ***ein(e, -er)*** kelkiu; ***~e Leute behaupten, dass ...*** kelkaj (*od* iuj) homoj asertas, ke ...; ***~e von uns*** kelkaj el ni ***b)*** *adjektivisch*: ***~es Mal*** kelkfoje, iufoje; ***an ~en Tagen*** en (*od* dum) certaj tagoj

mancherlei *Adj* ***a)*** *attributiv* kelkspeca, diversa (*vgl. dazu* ***allerlei***) ***b)*** *substantivisch* kelkspecaj (*od* diversaj) aferoj

mancherorts *Adv an manchen Orten* en kelkaj (*od* iuj) lokoj, kelk[a]loke (*vgl. dazu* ***stellenweise***); *an bestimmten Orten* en certaj lokoj; *hier und da* tie kaj tie [ĉi]

[1]**Manchester** (*n*) *eine engl. Stadt* Manĉestro

[2]**Manchester** *m Textil (dicker, fester Rippsamt)* manĉestro; ~**hose** *f* manĉestra pantalono

manchmal *Adv* kelkfoje; *irgendwann einmal* iufoje; *dann und wann* iam kaj iam, foj-foje; *von Zeit zu Zeit* de tempo al tempo (*vgl. dazu* ***bisweilen*** *u.* ***zuweilen***)

Mandäer *m/Pl Rel (eine gnostische Täufersekte)* mandeoj *Pl*

mandäisch *Adj* mandea

[1]**Mandala** *n Buddhismus u. Hinduismus (kosmologisches Diagramm als Meditationshilfe)* mandalo

[2]**Mandala** (*m*) *ind. Myth (der von den Göttern zum Durchmischen des Milchbergs als Stange benutzte Berg, um den die Schlange Vasuki gewunden wurde)* Mandalo

Mandalay (*n*) *Stadt in Myanmar (buddhistischer Wallfahrtsort)* Mandalajo

Mandant *m Jur (Auftraggeber eines Rechtsanwalts)* kliento; *Kommittent, Auftraggeber des Kommissionärs* komisianto

[1]**Mandarin** *m früher europäische Bez für «hoher chinesischer Militär- od Zivilbeamter der Kaiserzeit»* mandareno

[2]**Mandarin** *n früher amtl. Bez für «chinesische Sprache»* la mandarena [lingvo] (*vgl. dazu* ***Chinesisch***)

Mandarine *f* (Citrus nobilis) *Bot (Pflanze od Frucht)* mandarino (↑ *auch* ***[2]Clementine***)

Mandarin|ente *f* (Aix galericulata) *Orn (eine asiatische Waldente)* mandarenanaso <*ein Ziervogel*> *[Heimat in SO-Asien, in Europa vor allem in Großbritannien, Holland u. Dänemark]*; ~**star** *m* (Sturnus sinensis = Sturnia sinensis) *Orn* ĉina sturno

Mandat *n Jur, Parl, Pol* mandato (↑ *auch* ***Abgeordnetenmandat***); ~ ***des Völkerbunds*** *Gesch, Pol (vor 1946)* mandato de [la] Ligo de Nacioj; ***ein ~ erhalten*** ricevi mandaton (***von*** de); ***jmdm. ein ~ erteilen*** doni al iu mandaton; ***sein ~ zurückgeben*** *Parl* redoni sian mandaton (***an*** al)

Mandatar *m* mandatulo

Mandats|dauer *f Parl (Amtszeit f eines Abgeordneten)* mandatdaŭro, daŭro de mandato [de parlamentano *od* deputito]; ~**gebiet** *n Pol* teritorio sub mandato; ~**macht** *f Pol* mandatpotenco; ~**system** *n* mandatsistemo; ~**träger** *m* mandatulo; ~**verteilung** *f Parl* distribuado de mandatoj

Mandava *f, dt.* ***Mandau*** *f linker Nebenfluss der Lausitzer Neiße* [rivero] Mandavo

[1]**Mandel** *f* ***a)*** *Frucht* migdalo (↑ *auch* ***Knackmandel***); ***bittere*** (***süße***) ~ amara (dolĉa) migdalo; ***gebrannte*** ~ pralino; ***kandierte*** ~ draĝeo ***b)*** *Anat Fachspr* ***Tonsille*** *f* tonsilo (↑ *auch* ***Gaumen-***, ***Rachen-*** *u.* ***Zungenmandel***)

[2]**Mandel** *f altes Zählmaß (= 15 Stück)* dek kvin [pecoj]

Mandelaugen *n/Pl* migdal-okuloj *od* migdalformaj okuloj *Pl*

mandeläugig *Adj* migdal-okula

Mandelbaum *m* (Prunus amygdalus = Prunus dulci) *Bot* migdalarbo; ***indischer*** ~ ↑ ***Katappabaum***

Mandel|blüte *f* migdalfloro; ~**entzündung** *f, auch* ***Tonsillitis*** *f Med* inflamo de la tonsiloj, tonsilito (↑ *auch* ***Angina***)

mandelförmig **1.** *Adj* migdalforma **2.** *Adv* migdalforme

Mandelgebäck *n* makarono

Mandelglorie *f religiöse Kunst* ↑ ***Mandorla***

Mandel|häher *m od* ~**krähe** *f Orn* ↑ ***Blauracke***

Mandel|joghurt *m Nahr* migdala jogurto; ~**kern** *m* amando; ~**krem** *f Nahr* franĝipano; ~**krypten** *f/Pl Med* tonsilaj kriptoj *Pl* (*vgl. dazu* ***Krypte***); ~**kuchen** *m* migdala kuko; ~**milch** *f aus Mandeln gewonnenes, duftendes Naturstoffgemisch* migdala lakto; ~**öl** *n* migdala oleo

Mandelpudding *m Nahr* ↑ ***Blanc-manger***

Mandel|säure *f Chem* migdalata acido <*natürliches Vorkommen in bitteren Mandeln [Verwendung für Arzneimittel]*>; ~**sirup** *m* migdala siropo; ~**törtchen** *n* makarona torteto

Mandelwaldrebe *f Bot* ↑ *unter* ***Waldrebe***

Mandelweide *f, auch* ***mandelblättrige Weide*** <*schweiz*> ***dreistaubblättrige Weide*** *f* (Salix triandra) *Bot* migdala saliko

Manderl *od* **Mandl** *n* ↑ ***Männlein***

Mandibula *f Anat* ↑ ***Unterkiefer***

Mandingo *Pl Ethn (eine Volksgruppe in W-Afrika)* mandingoj *Pl*

Mandinka *n Ling* ↑ ***Malinke***

Mandjak *Pl eine Ethnie in Guinea-Bissau, im südlichen Senegal u. in Gambia* manĝakoj *Pl*

Mandola *f Mus (Mandoline in Tenorlage mit doppelchörigem Bezug)* mandolo

Mandoline *f Mus (ein lautenähnliches Zupfinstrument)* mandolino (↑ *auch* ***Tamburizza***)

Mandolin[en]spieler *m* mandolinisto

Mandora *f Mus (ein im 13.-18. Jh. in Europa verbreitetes Lauteninstrument in Diskantlage mit relativ flachem, birnenförmigen und unmittelbar in den kurzen Hals übergehenden Korpus)* mandoro (*vgl. dazu* ***Theorbe***)

Mandorla *f, auch* ***Mandelglorie*** *f religiöse Kunst (die ganze Gestalt umgebender Heiligenschein [im Ggs zur kreisförmigen Aureole: spitz-oval])* mandorlo

Mandragora *f* ↑ ***Alraun***

Mandrill *m, auch* ***Backenfurchenpavian*** *m* (Mandrillus sphinx) *Zool (westafrik. Waldpavian)* [ruĝ-puga] mandrilo <*eine stummelschwänzige Pavianart*> (↑ *auch* ***[2]Drill***)

Mandrin *m Medizintechnik (1. Führungsstab für [weiche] Katheter 2. Einlegestab in Kanülen)* mandreno

[1]Mandschu *m/Pl Ethn (ein tungusisches Volk)* manĉuroj *Pl*

[2]Mandschu *n Ling* ↑ ***Mandschurisch***

Mandschukuo (*n*), *chin.* ***Man-zhou-guo*** *Name der Mandschurei als Kaiserreich [1934-1945]* Manĉukuo

Mandschurei *f ein Gebiet in NO-China* Manĉurio <*umfasst die drei Provinzen Heilongjiang, Jilin u. Liaoning*>; ***Bewohner der*** ~ manĉuriano

Mandschuren|dommel *f* (Ixobrychus eurhythmus) *Orn (eine Art aus der Familie der Reiher)* orienta malgranda botaŭro; ~**kranich** *m* (Grus japonensis) *Orn* japana gruo; ~**panther** *m* (Panthera pardus fontanieri) *Zool* manĉura pantero *[Vorkommen: Mandschurei, Nordchina]*

mandschurisch *Adj* manĉura

Mandschurisch[e] *od* **Mandschu** *n Ling* la manĉura [lingvo]

Manege [*ma'ne:ʒə*] *f Reitbahn [im Zirkus]* maneĝo

Maneho (*m*) *Eig (ägyptischer Oberpriester u. Tempelschreiber in Heliopolis [3. Jh. v. Chr.])* Manetono

Manen *Pl röm. Antike (die als göttlich verehrten Geister der Verstorbenen)* manesoj *Pl*

Manes (*m*) ↑ ***Mani***

Manfred (*m*) *männl. Vorname* Manfredo

Manga *n od m Comic aus Japan* mangao

Mangabe *f Zool* ↑ ***Hundsaffe***

Mangalica-Schwein *n* ↑ ***Wollschwein***

Mangalore (*n*) *eine Hafenstadt im indischen Unionsstaat Karnataka* Mangaloro

Mangan *n* (*Symbol* ***Mn***) *Chem* mangano

Manganat *n, auch* ***mangansaures Salz*** *n Chem (Salz der Mangansäure)* manganato (↑ *auch* ***Permanganat***)

Manganbraun *n* ↑ ***Bister***

Manganerz *n Min* manganerco

manganhaltig, <*österr*> ***manganhältig*** *Adj* manganhava, *nachgest auch* enhavanta manganon

Manganit *m Min* manganito

Mangankiesel *m Min* ↑ ***Rhodonit***

Mangan|kupfer *n Chem* mangankupro; ~**pneumonie** *f Med (bei Manganarbeitern vorkommende Pneumonie infolge Einatmung von Manganstaub)* manganpneŭmonio; ~**säure** *f Chem* manganacido *od* manganata acido

Manganspat *m Min* ↑ ***Rhodochrosit***

Manganstahl *m Metallurgie* manganŝtalo *od* mangana ŝtalo

Mangan-Tonerdegranat *m Min* ↑ ***Spessartin***

Mange *f* ↑ ***[2]Mangel***

[1]Mangel *m Fehlen von etw.* manko (*vgl. dazu* ***Defizit b)***; ↑ *auch* ***Antriebs-***, ***Bewegungs-***, ***Eisen-***, ***Fachkräfte-***, ***Hormon-***, ***Jod-***, ***Magensäure-***, ***Schlaf-*** *u.* ***Zeitmangel***); *Beschädigung, Defekt* difekto; *Bedürfnis* bezono; *Knappheit* malabundo (↑ *auch* ***Platzmangel***); *Not* mizero; *Unzulänglichkeit* malperfektaĵo; *Fehler* eraro; *Biol, Med (Mangel-*

zustand) karenco; ~ ***an Ernsthaftigkeit*** (***Phantasie***) manko de seriozeco (fantazio); ***aus ~ an Zeit*** pro manko de tempo; ***technische Mängel*** *Pl* teknikaj difektoj *Pl*; ~ ***haben*** (*od* ***leiden***) ***an ...*** senti mankon de ...; ***jmdn. aus ~ an Beweisen freisprechen*** *Jur* deklari iun senkulpa pro manko de pruvoj ◇ ***kommt der ~ ins Haus, flieht die Liebe hinaus*** kiam sako mizeras amo malaperas *(Zam)*

[2]**Mangel** *f, reg (süddt.) u.* <*schweiz*> ***Mange*** *f Wäsche*≗ kalandrilo por tolaĵo; *Wäschepresse* kalandrilo [por glatigi tolaĵojn] (*vgl. dazu* ***Kalander***)

Mangel|ernährung *f* malsufiĉa nutrado (↑ *auch* ***Unterernährung***); ~**erscheinungen** *f/Pl Med* simptomoj *Pl* de mankomalsano

mangelfrei *od* **mängelfrei** *Adj* senmanka; sendifekta

mangelhaft mankohava, malperfekta; *schadhaft* difekta; *ungenügend* nesufiĉa (*vgl. dazu* ***unzureichend***)

Mangelkrankheit *f Med* karenca malsano, mankomalsano (*vgl. dazu* ***Avitaminose***)

[1]**mangeln** *intr nicht ausreichend vorhanden sein* manki, foresti, esti nesufiĉa; *unpers*: ***es mangelt mir an ...*** mankas ... al mi, *auch* mi ne havas sufiĉe da ...; ***es hat ihm niemals an etw. gemangelt*** neniam io mankis al li

[2]**mangeln** *tr*: ***Wäsche ~*** kalandri tolaĵon

mangels *Präp mit Gen* pro manko de

Mangel|ware *f* mankovaro, rara artiklo (*od* komercaĵo), *etw. Rares* raraĵo; ~**zustand** *m nur Fachspr Biol u. Med* karenco

Manglebaum *m Bot* ↑ ***Mangrovebaum***

Manglebaumgewächse *n/Pl Bot*: ***[Familie der] ~*** (Rhizophoraceae) rizoforacoj *Pl*

Mango *f* ↑ ***Mangofrucht***

Mangobaum *m* (Mangifera indica) *Bot* mangoarbo <*wichtigste tropische Obstpflanze*>; ***stinkender ~*** (Mangifera foetida) fetora mangoarbo; ***[Gattung der] Mangobäume*** *m/Pl* (Mangifera) mangiferoj *Pl*

Mango|blatt *n* mangofolio; ~**chutney** *n eine [indische] Würzpaste* mangoĉatnio; ~**[frucht]** *f* mango

Mangold *m* (Beta vulgaris ssp. cicla) *Bot, Nahr* folibeto

Mangostane *f* (Garcinia mangostana) *Baum u. Frucht* mangostano

Mangrove|baum *m, i.e.S.* ***Manglebaum*** *m* (Rhizophora mangle) mangloarbo; ~**brillenvogel** *m* (Zosterops lutea) *Orn* flava zosteropo; ~**küste** *f ein Typ der Flachküste an tropischen Meeren* mangrova bordo

Mangroven *f/Pl Bot (Formation immergrüner, baumartiger Sumpfpflanzen [säumen flache, schlammreiche tropische Küsten u. Flussmündungen])* mangrovoj *Pl* (↑ *auch* ***Avicennia***); ~**sumpf** *m* mangrova marĉo; ~**wald** *m i.w.S.* mangrova arbaro, *i.e.S.* mangloarbaro

Mangrovereiher *m* (Butorides striatus) *Orn* stria ardeo

[1]**Manguste** *f Zool*: ***[Familie der] ~n*** *f/Pl* (Herpestidae) mungotedoj *Pl* (*vgl. dazu* ***Mungo***; ↑ *auch* ***Fuchs-***, ***Sumpf-***, ***Zebra-*** *u.* ***Zwergmanguste***)

[2]**Manguste** *Bot* = ***Mangostane***

Manhattan (*n*) *zentraler Stadtteil von New York* [kvartalo] Manhatano

Mani *od* **Manes** (*m*) *Eig (babylonischer Stifter des Manichäismus [216-277])* Maniĥeo

Manichäer *m Anhänger des Manichäismus* maniĥeano

manichäisch *Adj* maniĥeana

Manichäismus *m Rel (eine von Mani gestiftete synkretistische Erlösungsreligion, die vom 3. Jh. an über ein Jahrtausend lang zw. Westeuropa u. Ostasien lebendig war)* maniĥeismo

Manie *f Sucht nach etw., Versessenheit auf etw., allg für «zwanghaftes Verhalten»* manio (↑ *auch* ***Eroto-***, ***Megalo-***, ***Nympho-***, ***Pyromanie*** *u.* ***Titelsucht***); *i.w.S. (Leidenschaft)* pasio (↑ *auch* ***Besessenheit***); *Verrücktheit* frenez[ec]o; ***suizidale ~*** ↑ ***Thanatomanie***; ***das kann zur ~ werden*** tio povas ŝanĝiĝi al manio, tio povas rezultigi manion

Manier *f Art, Weise* maniero *auch Kunst (Eigenheit [z.B. eines Malers]); Benehmen* konduto (*vgl. dazu* ***Eigenart***; ↑ *auch* ***Dandymanieren***); *Umgangsform* manieroj *Pl*; ***gute ~en haben*** havi bonajn manierojn; ***in [höchst] überzeugender ~*** en [plej] konvinka maniero ◇ ***das sind ja schöne ~en!*** jen belaj manieroj!

manieriert *Adj* art-afekta, afektita (*vgl. dazu* ***gekünstelt***)

Manierismus *m Bildh, Mal (Stilbegriff für die Kunst der Zeit zw. Renaissance u. Barock [etwa 1520-1600])* manierismo

Manierist *m bes. Mal (Vertreter des Manierismus)* manieristo

manierlich 1. *Adj von gutem Benehmen* bonmaniera, bonkonduta; *höflich* ĝentila **2.** *Adv* bonmaniere; ĝentile (↑ *auch* ***gesittet***)

Manifest *n Erklärung einer Partei, Bewegung od Regierung über ihre Ziele* manifesto; ***das Kommunistische*** ~ la Komunista Manifesto

Manifestant *m* ↑ ***Demonstrant***

Manifestation *f Bekundung* manifestado, *(als Schriftstück)* manifestaĵo; *Großkundgebung* manifestacio

manifestieren *tr kundtun* manifesti; ***sich*** ~ manifestiĝi; *sichtbar werden* evidentiĝi

Manihikiinseln *Pl eine Atollgruppe der nördlichen Cookinseln in Polynesien [mit Neuseeland assoziiert]* Manihiki-Insuloj *Pl*

Maniküre *f* ***a)*** *Hand- u. Nagelpflege* manikurado ***b)*** *Handpflegerin* manikuristino

maniküren *tr* manikuri (***jmdn.*** iun)

Manikürset *n* necesujo por manikurado (*od* por ungofleg[ad]o)

Manila (*n*) *Hptst. der Philippinen* Manilo; ~**hanf** *m Bastfasern aus den Blattscheiden der Faserbanane (Musa textilis)* manila kanabo; ~**kopal** *m ein Naturharz [gewonnen aus «Agathis dammara»]* manila kopalo; ~**padoukbaum** *m* (Pterocarpus indicus) *Bot* hinda pterokarpo; ~**zigarre** *f* manila cigaro

Maninka *n Ling* ↑ ***Malinke***

Maniok *m od* **Maniokwurzel** *f, auch* ***Kassave*** *f* (Manihot utilissima = Manihot esculenta) *Bot* manioko, *als Gattungsname* manihoto; ~**mehl** *n Nahr* maniokfaruno; ~**[wurzel]knolle** *f* tubero de manioko (*vgl. dazu* ***Tapioka***)

Manipel *m, auch f kath. Kirche ([ehemals:] am Messgewand des Priesters über den linken Unterarm getragener Tuchstreifen)* maniplo <*seit 1969 unüblich*>

Manipulation *f, auch* ***Manipulierung*** *f* manipulado *auch übertr* (↑ *auch* ***Spiel- u. Steuermanipulation***); ***in ~en verstrickt sein*** esti implikita en manipuladoj

Manipulator *m Masch, Tech* manipulilo

manipulierbar *Adj* manipulebla

Manipulierbarkeit *f* manipulebl[ec]o

manipulieren *tr an etw. hantieren, z.B. an Hebeln* manipuli *auch Med (bes. Chiropraktik)*, ***jmdn.*** ~ *Einfluss auf jmdn. ausüben (auch ohne dass es derjenige merkt)* manipuli iun; ***er ist ein Mensch, der leicht zu ~ ist*** li estas homo facile manipulebla

Manipulierung *f* ↑ ***Manipulation***

Manipur (*n*) *ein indischer Unionsstaat an der Grenze zu Myanmar* Manipuro *[Hptst.: Imphal]*

Manipuri *n, auch* ***Meithei*** *n Ling (Lingua franca im indischen Staat Manipur, auch Verkehrssprache in den Naga- und Kuki-Gebieten)* la manipura [lingvo]

manisch *Adj von einer Manie befallen* mania; ~**-depressiv** *Adj Psych* mania-depresia *od* mania-deprimiĝa

Manitoba (*n*) *eine kanadische Provinz* Manitobo *[Hptst.: Winnipeg]*

Manitu *n*: ***a)*** *zauberhafte Macht des indianischen Glaubens* ***b)*** *ohne Art: personifiziert als «Großer Geist»* manituo *(auch Großschr)*

Manko *n* manko, *bes. Wirtsch* deficito; *Minus* minuso (*vgl. dazu* ***¹Mangel***)

Mann *m* ***a)*** viro; *Person* persono; *Ehe*~ edzo; ~ ***und Frau*** edzo kaj edzino; *Eheleute* geedzoj *Pl*; ~ ***gegen*** ~ viro kontraŭ viro; ***ein alter*** ~ maljuna viro, maljunulo; ***ein bedeutender*** (*od* ***großer***) ~ grava persono, gravulo, eminentulo; ***ein gut aussehender*** ~ bonaspekta viro; ***ein junger*** ~ juna viro; ***ein ~ in [den] mittleren Jahren*** mezaĝa viro; ***ihr früherer*** (*od* ***geschiedener***) ~ *ihr Ex-Ehemann* ŝia eksedzo; ***zum ~[e] werden*** iĝi viro *od* viriĝi; ***zum ~ geworden*** viriĝinta *auch im Sinne von «vermännlicht»* ◇ ***sei ein ~!*** *sei tapfer!* estu do viro!; ***der ~ im Mond*** *aus dem Mondschein gedeutete Sagengestalt* la viro en la luno; ***selbst ist der*** ~ memfarita – bonplenumita; ***ein ~, ein Wort*** promeso estas promeso; ***seinen ~ stehen*** bone plenumi siajn taskojn [kaj devojn]; *tapfer aushalten* brave (*od* kuraĝe) elteni; ***wenn Not am ~ ist*** en urĝa okazo; *bei Gefahr* en okazo de danĝero *od* se danĝero premas ***b)*** *umg auch als Mengenangabe (= Personen)* homoj *Pl*, personoj *Pl*; ***nur zwei bis drei ~ unterbringen können*** povi loki nur du ĝis tri personojn; *zum Wohnen* povi loĝigi nur du ĝis tri personojn; ***sie kamen drei ~ hoch*** *zu dritt* ili venis triope; ***zehn ~ bei einem Angriff verlieren*** *Mil* perdi dek virojn en la atako

Manna *f od n Rel, Pharm u. übertr* manao

Mannaesche *f Bot* ↑ ***Blumenesche***

Mannagras *n Bot* ↑ ***²Schwaden***

Mannatamariske *f* (Tamarix mannifera) *Bot* manaa tamariko

mannbar *Adj geschlechtsreif* sekse matura (↑ *auch* ***adult***); *heiratsfähig* edziĝopova; *erwachsen* plenkreska, *Fachspr Physiol auch* nubila; ~ ***werden*** adoltiĝi, *auch* nubiliĝi

Mannbarkeit *f Physiol* nubileco
Männchen *n* ***a)*** *Zool* (*Symbol* ♂) *(männl. Tier)* masklo (*vgl. dazu* ***Weibchen***) ***b)*** *kleiner Mann* vireto; *Menschlein* hometo (*vgl. dazu* ***Zwerg***)
Mannequin *n* manekeno (↑ *auch* ***[1]Model***)
Männer|chor *m* vira ĥoro (*od* koruso); **~hass** *m* mizandrio (↑ *auch* ***Misandrie***)
Männerheilkunde *f* ↑ ***Andrologie***
Mannerheim-Linie *f Militärgeschichte Finnland* Mannerheim-linio
Männerrock *m* ↑ ***Fustanella***, ***Kilt*** *u.* ***Longyi***
Männer|sarong *m Textil* sarongo por viro (*vgl. dazu* ***Sarong***); **~stimme** *f* vira voĉo (*vgl. dazu* ***Bariton***, ***[1]Bass*** *u.* ***Tenor***)
Männertag *m* ↑ ***Vatertag***
Männertreu *f Bot* ↑ ***Ehrenpreis***
Männerwelt *f*: ***die*** *~ die Männer* la viroj *Pl*
Mannes|alter *n* aĝo de plena [vira] forto, *fam auch* vir-aĝo; **~kraft** *f* vira forto; *sex* seksa potenco [de viro]
mannhaft *Adj* vireca; *mutig* kuraĝa (*vgl. dazu* ***männlich***)
Mannhaftigkeit *f* vireca konduto (*od* sinteno); *Mut* kuraĝo
Mannheim (*n*) *eine Stadt in Baden-Württemberg* Manhejmo
mannig|fach *od* **~faltig 1.** *Adj* varia, diversa, multspeca (↑ *auch* ***facettenreich***) **2.** *Adv mehrmals, wiederholt* plurfoje, ripetfoje
Mannigfaltigkeit *f* varieco, diverseco, multspececo (↑ *auch* ***Varianz***)
Männlein *n*, <*österr*> *umg u. reg* ***Mandl*** *od* ***Manderl*** vireto (↑ *auch* ***Alterchen*** *u.* ***[1]Knirps***)
männlich (*Abk* ***männl.***) *Adj Person* vira; *Tier* maskla; *vom Aussehen od der Gestalt her, maskulin* vireca [laŭ sia aspekto]; *in seiner Art, im Auftreten od Gehabe* vireca [laŭ sia konduto]; *in den Manieren wie ein Mann (Frau)* vireska (*vgl. dazu* ***Mannweib***); *übertr (mutig, tapfer)* kuraĝa, brava, *(unerschrocken)* sentima; *~****es Geschlecht*** *n* vira sekso; *Gramm* vira genro; *~****es Geschlechtsteil*** (*od* ***Glied***) *n* vira seksorgano, *fam auch* virilo (*vgl. dazu* ***Penis***)
Männlichkeit *f*, *geh* ***Virilität*** *f* vireco (*vgl. dazu* ***Mut*** *u.* ***Tapferkeit***)
Mannloch *n Öffnung zum Einsteigen in große Behälter, z.B. Kessel, Abwasserkanäle u.a.* luko [por eniri kaldronegon, kloakajn aperturojn *u.a.*]
Mannschaft *f Sport* teamo (↑ *auch* ***Damen-***, ***Gast-***, ***Heim-***, ***Junioren-***, ***Klub-***, ***Sieger-*** *u.* ***Spitzenmannschaft***); *Fußball*≗ futbalteamo, *(Elf)* dekunuo; *Schiffs*≗ ŝipanaro (↑ *auch* ***Wachmannschaft***); *Mil (Abteilung)* taĉmento; *Gruppe gemeinsam Arbeitender od Tätiger, Arbeitskolonne* skipo (↑ *auch* ***[2]Schicht***); ***gegnerische*** ~ kontraŭula teamo
Mannschafts|arzt *m Sport* teama kuracisto; **~aufstellung** *f Sport* teamposteniĝo; **~geist** *m* teama spirito; **~kamerad** *m* samteamano; **~kapitän** *m*, *auch* ***Mannschaftsführer*** *m Sport* teama kapitano
Mannschaftssport *m*, *auch* ***Teamsport*** *m* teama sporto; **~art** *m* teama sportspeco
Mannschaftswettbewerb *m bes. Sport* teama konkurso (↑ *auch* ***Einzelwettbewerb***)
mannshoch *Adj* ĝis alteco de plenkreskulo
Mannsknabenkraut *n* (*auch* ***stattliches Knabenkraut*** *genannt*) (Orchis mascula) maskla orkido
Mannsschild *n* (*Gattung* Androsace) *Bot* androsaco; ***Schweizer*** ~ (Androsace helvetica) svisa androsaco; ***verlängertes*** ~ (Androsace elongata) kalva androsaco
mannstoll ↑ ***nymphoman***
Mannstollheit *f sex* ↑ ***Nymphomanie***
Mannstreu *f*, *auch* ***Doldendistel*** *f* (*Gattung* Eryngium) *Bot* eringio (↑ *auch* ***Alpen-*** *u.* ***Feldmannstreu***); ***flachblättrige*** ~ (Eryngium planum) platfolia eringio
Mannweib *n*, *geh* ***Virago*** *f* virulino, vireska virino; *Amazone* amazono
Manolo (*m*) *spanischer männl. Vorname* Manolo
Manometer *n Tech (Druckmesser für Gase u. Flüssigkeiten)* manometro (↑ *auch* ***Kesseldruckmesser*** *u.* ***Sphygmomanometer***)
Manöver *n Flugw, Mar, Mil u. übertr* manovro (↑ *auch* ***Ablenkungs-***, ***Anlege-***, ***Flug-***, ***Hinhalte-***, ***Lande-***, ***Täuschungs-***, ***Truppen-*** *u.* ***Überholmanöver***); ***ein [völlig] falsches*** ~ *bes. übertr* mismanovro; ***taktisches*** ~ *allg u. Mil* taktika manovro
Manöver|kartusche *f Mil* blanka kartoĉo; **~patrone** *f Mil* ekzerca kartoĉo (↑ *auch* ***Platzpatrone***)
manövrierbar *od* **manovrierfähig** *Adj* manovrebla
manövrieren ***a)*** *tr*: ***jmdn. in eine Ecke*** ~ manovri iun en seneliran pozicion ***b)*** *intr Mil (eine Truppenbewegung vornehmen)* manovri; *übertr: (eine Taktik gebrauchen)* uzi taktikon, *(schlau vorgehen)* ruze ag[ad]i

Manövrieren *n* manovrado
manövrierfähig ↑ ***manövrierbar***
manövrierunfähig *Adj* nemanovrebla; *nicht zu lenken (od steuern) [sein]* [esti] nestirebla
Mansarde *f bewohnbares Dachgeschoss* mansardo (↑ *auch* ***Dachstube***) *<so benannt nach dem franz. Architekten Mansart>*
Mansarden|dach *n Bauw* mansarda tegmento; ~**fenster** *n* mansarda luko; ~**wohnung** *f* mansarda loĝejo
Manschette *f* ***a)*** manumo ◇ ~***n haben vor ...*** *sich [sehr] fürchten vor ...* [ege] timi pro ... ***b)*** *auch* ***Stulp*** *m Tech* kolumo
Manschettenknöpfe *m/Pl* manumbutonoj *Pl*
Mansura *od* **al-Mansura** (*n*) *eine Provinzhptst. im Nildelta/Ägypten* Mansuro
Mantarochen *od kurz* **Manta** *m*, *auch* ***Teufelsrochen*** *m* (Manta birostris) *Ichth* mantao
Mantel *m* ***a)*** *Kleidung* mantelo; *mit Kapuze* kapuĉhava mantelo, *auch* kapoto (↑ *auch* ***Damen-***, ***Gabardine-***, ***Gummi-***, ***Herren-***, ***Kamelhaar-***, ***Kapuzen-***, ***Kinder-***, ***Leder-***, ***Loden-***, ***Pelz-***, ***Persianer-***, ***Popeline-***, ***Raglan-***, ***Regen-***, ***Reise-***, ***Schaffell-***, ***Seal-***, ***Soldaten-***, ***Sommer-***, ***Staub-***, ***Tuch-***, ***Übergangs-***, ***Winter-*** *u.* ***Wollmantel***); *Überzieher* palto (↑ *auch* ***Duffle-*** *u.* ***Trenchcoat***) ***b)*** *von Bereifung* pneŭmatik[otegaĵ]o; *Tech (Umhüllung allg)* tegaĵo, *(Umhüllung eines Kabels, Ofens od Kessels)* mantelo, *(Metallüberzug)* metala tegaĵo (↑ *auch* ***Kabelmantel***) ***c)*** *Geom* mantelo; ~ ***eines Kegels*** (***Zylinders***) mantelo de konuso (cilindro) ***d)*** *Zool (den Körper der Weichtiere seitlich u. hinten umgebende Hautfalte)* mantelo ***e)*** *Geol (Mantel der Erde)* mantelo [de la Tero]; ***oberer*** (***unterer***) ~ supra (malsupra) mantelo ***f)*** *übertr* mantelo, *(Deckmantel, Schleier)* vualo, *(Vorwand)* preteksto (*vgl. dazu* ***Maske***); ***unter dem ~ der Nacht*** sub la mantelo de la nokto; ***etw. mit dem ~ des Schweigens bedecken*** kovri ion per la mantelo de silento ◇ ***er hängt den ~ nach dem Wind*** li havas ĉiun horon alian moron *od* el la sama buŝo li blovas varmon kaj malvarmon
Mantelaktinie *f* (Adamsia palliata) *Zool (in Symbiose mit Einsiedlerkrebsen lebendes Korallentier)* mantelaktinio, *<wiss>* adamsio
Mäntelchen *n* manteleto
Mantelelektrode *f El* ↑ *unter* ***Elektrode***
Mantel|fräsen *n Tech* mantela frezado; ~**fräser** *m Tech* mantelfrezilo
Mantelgesetz *n Jur* ↑ ***Rahmengesetz***
Mantelhabicht *m Orn* ↑ ***Schwarzmantelhabicht***
Mantel|kleid *n* mantela robo; ~**kragen** *m* kolumo de mantelo
Mantellinie *f Geom* ↑ ***Apothema***
Mantel|möwe *f* (Larus marinus) *Orn* nigramantela mevo; ~**pavian** *m* (Papio hamadryas = Comopithecus hamadryas) *Zool* mantela paviano, *<wiss>* hamadriado *[Vorkommen: NW-Afrika u. auf der Arabischen Halbinsel]*
Mantelrohr *n Tech* ↑ ***Muffe***
Mantel|schnur *f am mittelalterlichen Gewand* mantelŝnuro; ~**tasche** *f* mantelpoŝo; ~**tiere** *n/Pl* (Tunicata) *Zool* tunikuloj *Pl* (↑ *auch* ***Appendikularien***)
Mantilla *od* **Mantille** *f langes Spitzen- od Schleiertuch der Spanierin [bes. als festliche Kopfbedeckung]* mantilo
Mantisse *f Math (die Ziffernfolge eines Logarithmus hinter dem Komma)* mantiso
Mantova (*n*) ↑ ***Mantua***
Mantra *n Mahayana-Buddhismus u. Hinduismus (als wirkungskräftig geltender religiöser Spruch, magische Formel der Inder)* mantro (↑ *auch* ***transzendentale Meditation***)
Mantua (*n*), *ital.* ***Mantova*** (*n*) *eine Stadt in Oberitalien* Mantuo, *auch* Mantovo
Manu (*m*) *1. [in den indischen Kosmogonien:] mythischer Urvater des Menschengeschlechts 2. Eig (ein altindischer Rechtslehrer)* Manuo
Manual *n der Orgel (Ggs: Pedal)* [per la manoj ludata] klavaro de orgeno; ~**therapeut** *m Med* [per]mana terapiisto
Manuel (*m*) *Eig (männl. Vorname)* Manuelo
Manuela (*f*) *weibl. Vorname* Manuela
manuell, *bes. <österr> umg auch* **händisch** **1.** *Adj* [per]mana; ~***e Arbeit*** *f* manlaboro **2.** *Adv* [per]mane
Manufaktur *f Gewerbebetrieb* manufakturo
Manul *m Zool* ↑ ***Pallaskatze***
Manuskript *n* (*Abk* ***Ms.*** *od* ***Mskr.***), *<österr> u. <schweiz> auch Kurzf* ***Manus*** *n* manuskripto *auch Buchmanuskript* (↑ *auch* ***Palmblattmanuskript***)
Manuskriptform *f*: ***in*** ~ en formo de manuskripto, *auch* manuskripte
Manuskriptsammlung *f* kolekto de manuskriptoj *od* manuskript-kolekto

Manx *n Ling (ausgestorbene keltische Sprache auf der Isle of Man)* la manksa [lingvo]; **~katze** *f eine schwanzlose Kurzhaarkatze* manksa kato

Manyarweber *m* (Ploceus manyar flavipes) *Orn* stri[it]a ploceo (*od pop* teksbirdo)

Manyoshu n_2 *<wiss>* ***Manyōshū*** *n Lit (älteste japanische Gedichtsammlung [vom Ende des 8. Jh.s])* manjoo

Manzinellenbaum *m* (Hippomana mancinella) *Bot* mancinelo

Maoismus *m Pol* maŭismo, *auch* maoismo

Maoist *m Pol* maŭisto, *auch* maoisto

maoistisch *Adj* maŭisma, *auch* maoisma

Maori ***a)*** *m/Pl Ethn (Eigenbez. der polynesischen Urbevölkerung Neuseelands)* maorioj *Pl* ***b)*** *n Ling (eine polynesische Sprache)* la maoria [lingvo]; **~falk** *m* (Falco novaseelandiae) *Orn* nov-zelanda falko

Maori-Sturmschwalbe *f Orn* ↑ *unter* ***Sturmschwalbe***

Maoritaucher *m* (Poliocephalus rufopectus) *Orn* novzelanda grebo

Maotai *m ein hochprozentiger chinesischer Schnaps [aus Hirse u. Weizen]* maŭtajo

Mao Zedong (*m*) *Eig (chinesischer Politiker [1893-1976])* Maŭ Zedong

Mappe *f allg* paperujo, foliujo; *Schultasche* kajerujo; *Aktentasche* aktujo

Mapuche [*ma'putʃe*] *Pl* ↑ ***Araukaner***

Maputo (*n*) *[bis 1975* ***Lourenço Marques*** *genannt] Hptst. von Mosambik* Maputo

Maquette *f, auch* ***Makette*** *f Bildh (erster kleinformatiger Entwurf für eine Skulptur [in Ton, Gips, Wachs])* maketo (*vgl. dazu* ***Modell*** *u.* ***Vorlage***)

Maquis [*ma'ki:*] *m franz. Widerstandsbewegung im Zweiten Weltkrieg* makiso

Maquisard [*maki'sa:r*] *m Angehöriger des Maquis* makisano (*vgl. dazu* ***Partisan*** *u.* ***Widerstandskämpfer***)

[1]**Mara** *od* **Pampashase** *m* (*Gattung* Dolichotis) *Zool (meerschweinchenähnliches Nagetier der argentinischen Pampa)* doliĥoto

[2]**Mara** *ohne Art: Buddhismus (Verkörperung des Bösen, bes. der Versucher, der sich bemüht, im Heilsuchenden Gier und Leidenschaft zu wecken)* marao

Marabu *m, selt auch* ***Kropfstorch*** *m* (*Gattung* Leptopilus) *Orn* marabuo; ***afrikanischer ~*** (Leptoptilus crumeniferus) afrika marabuo; ***indischer ~*** (Leptoptilus dubius) hinda marabuo; ***javanischer ~****, auch* ***Sunda-Marabu*** *od* ***Malaienstorch*** *m* (Leptoptilus javanicus) java marabuo

Marabut *m, arab.* ***Murābit*** *moslemischer Einsiedler od Heiliger (in NO-Afrika)* marabuto; ***Grabmal*** *n* (*bzw.* ***Moschee*** *f*) ***eines ~*** marabutejo

Marabutstämme *m/Pl (Stämme in Nordafrika, die sich seit dem 11. Jh. unter Führung eines Marabut formierten u. die Pflege der islamischen Traditionen in den Mittelpunkt ihres Lebens stellten [zum Teil in befestigten klosterähnlichen Siedlungen <sogen. «Ribat» = Wehrklöstern>])* marabutaj triboj *Pl*

Maraca-Baum *m Bot* ↑ ***Kalebassenbaum***

Maracaibo (*n*) *eine Hafenstadt in Venezuela* Marakaibo; **~see** *m eine Lagune im NW Venezuelas* Marakaiba Lago

Maracas *Pl Mus* ↑ ***Rumbakugeln***

Maracatu *m Mus (ein brasilianischer Musikstil aus Pernambuco)* marakatuo, *auch* marakatu-stilo

Maracuja *f die essbare Frucht der Passionsblume* marakujo

Maragall (*m*) *Eig (katalanischer Schriftsteller [1860-1911])* Maragalo *<Mitbegründer des katalanischen Modernismus>*

Maramureş (*n*), *dt.* ***Marmarosch*** (*n*) *rumänische Landschaft beiderseits des Samosch im mittleren Karpatenland* Maramureŝo *[Hptst.: Baia Mare]*

Maräne *f Ichth* ↑ ***Felchen***

Marañón *m, auch* ***Rio Marañón*** *m linker Quellfluss des Amazonas* [rivero] Maranjo

marantisch ↑ ***marastisch***

Maraschino [*maras'ki:no*] *m, auch* ***Maraschinolikör*** *m ein dalmatinischer Fruchtaromalikör* maraskino

Marasmus *m Med (allgemeiner geistig-körperlicher Kräfteverfall bzw. Entkräftung bei schweren,zehrenden Krankheiten [z.B. Tuberkulose] od im Alter)* marasmo

marastisch, *auch* ***marantisch*** *Adj entkräftet* marasma (↑ *auch* ***erschöpft***)

Marathi *n Ling (eine indoarische Sprache, in Maharashtra/Indien gesprochen)* la ma[ha]rata [lingvo]

Marathon (*n*) *ein Ort in Attika, nördl. von Athen* Maratono; **~lauf** *m, auch kurz* ***Marathon*** *m Sport* maratona kuro, *auch kurz* maratono (↑ *auch* ***Halbmarathon***); **~läufer** *m* maratona kuristo; **~rede** *f* maratona parolado; **~schwimmen** *n Sport* naĝado je maratona distanco; **~sitzung** *f* maratona kunsido;

~**strecke** *f Sport* maratona distanco
Maravedi *m eine ehemalige spanische Münze* maravedo
Marbel *f* ↑ ***Murmel***
[1]**Marburg** (*n*) *eine dt. Stadt [an der Lahn]* Marburgo
[2]**Marburg** (*n*) ↑ ***Maribor***
Marburg-Virus *n Bakt (ein verhülltes RNA-Virus)* marburga viruso
Marcella (*f*) *ital. weibl. Vorname* Marĉela
[1]**Marcello** (*m*) *ital. männl. Vorname* Marĉelo
[2]**Marcello** (*m*) *Eig (italienischer Komponist [1686-1739])* Marĉelo *<typischer Komponist des italienischen Hochbarock>*
Märchen *n Lit* fabelo *auch übertr* (↑ ***Ammenmärchen, Fabel** u.* ***Volksmärchen)***; *Gerücht* famo, onidiro; *etw. Ausgedachtes* elpensaĵo; *Fiktion* fikcio; ***Andersens ~ Pl*** la fabeloj de Andersen; ~ *Pl* ***aus Tausendundeiner Nacht*** *Lit* fabeloj el Mil kaj Unu Noktoj; ***das klingt wie ein ~*** *od* ***das hört sich wie ein ~ an*** tio sonas (*od* aŭdiĝas) kvazaŭ fabelo; ***einem Kind ein ~ erzählen*** rakonti fabelon al infano; ***sich ~ ausdenken*** elpensi fabelojn; *fabulieren* fabeli ◇ ***erzähl doch keine ~!*** ne rakontu [al mi *bzw.*al ni] fabelon; *prahl nicht herum!* ne fanfaron[ad]u!
Märchen|buch *n* fabellibro (*vgl. dazu* ***Märchensammlung***); ~**erzähler** *m* rakontisto de fabeloj, fabelisto (↑ *auch* ***Geschichtenerzähler***); ~**figur** *od* ~**gestalt** *f* fabelfiguro; ~**film** *m* fabelfilmo
märchenhaft *Adj* fabela; *schön wie im Märchen* bela kiel en fabelo; *zauberhaft schön* fabele bela; *umg i.w.S. (verwunderlich)* miriga, *(wundersam)* mirakla, *(großartig)* grandioza; *(unvorstellbar)* neimagebla
Märchenhaftigkeit *f* fabeleco
Märchen|land *n* fabellando; ~**prinz** *m* fabelprinco; ~**prinzessin** *f* fabelprincino; ~**sammlung** *f* kolekto de (*od* da) fabeloj, fabelaro; ~**welt** *f* mondo de fabeloj
Marchese [*mar'ke:zə*] *m ein hoher italienischer Adelstitel* markizo
Marcion *od* **Markion** (*m*) *Eig (ein altgriech. Theologe [um 85-um 160])* Marciono
Marco (*m*) ↑ [4]***Mark***
Marco Polo (*m*) *Eig (ein venezianischer Kaufmann u. Weltreisender [1254-1324])* Marko Polo
Marcus Aurelius (*m*) *Eig* ↑ ***Mark Aurel***
Mardan (*m*) *Eig (irakischer Dichter u. Journalist [1927-1972])* Mardano
Mar del Plata (*n*) *eine argentinische Hafenstadt* Mardelplato
Marder *m* (*Gattung* Martes) *Zool* marteso; *Baum- od Edel~* (Martes martes) [arbo]marteso; *Haus- od Stein~* (Martes foina) foino, *pop* ŝtonmarteso *od* mustelkato (*vgl. dazu* ***Grison, Mink** u.* ***Zobel***; ↑ *auch* ***Bunt-, Fichten-** u.* ***Fischermarder***); ***[Familie der]*** ~ *Pl* (Mustelidae) musteledoj *Pl*; ***sibirischer ~*** ↑ ***Zobel***
Marderbär *m Zool* ↑ ***Binturong***
Marderhai *m, auch* ***Glatt-*** *od* ***Hundshai*** *m* (Mustelus) *Zool (eine Familie der Grundhaie)* marmustelo; ***falscher ~*** (*auch* ***falscher Katzenhai*** *genannt*) (Pseudotriakis microdon) falsa marmustelo; ***grauer*** (*od* ***gewöhnlicher*** *od* ***südlicher***) ***Glatthai*** *m* (Mustelus mustelus) griza marmustelo *od auch* griza glatŝarko
Marderhund *m, auch* ***Waschbärhund*** *m* (Nyctereutes procyonoides) *Zool (ein dem Waschbär ähnlicher Wildhund in N-China, im Amurgebiet u. in Japan mit der Tendenz zur Ausbreitung nach Europa)* niktereŭto
Maremma *f mittelitalienischer Küstenstrich am Tyrrhenischen Meer* Maremo *<früher malariaverseuchtes Sumpfgebiet>*
Marengo *m Textil (ein dunkel- bis schwarzgrau melierter Kammgarn- od Streichgarnstoff in Tuch- od Köperbindung)* marengo
marengofarben *Adj* marengokolora
Marfan-Syndrom *n Med (eine systemische Besonderheit des Bindegewebes aufgrund einer Genmutation)* Marfan-sindromo (*vgl. dazu* ***Akromegalie***)
Margareta *od* **Margarete** (*f*) *weibl. Vorname* Margareta *letztere auch Name dänischer Königinnen*
Margareteninsel *f, ungar.* ***Margitsziget*** *eine Insel in der Donau in Budapest* Margaretinsulo
Margarine *f* margarino (↑ *auch* ***Pflanzenmargarine***); ~**fabrik** *f* fabriko de margarino; ~**herstellung** *f* fabrikado de margarino
Marge [*'marʒə*] *f Spanne, Spielraum* marĝeno (↑ *auch* ***Verdienstspanne***)
Margerite *f, auch* ***[weiße] Wucherblume*** *od* ***Wiesenwucherblume*** *f* (Chrysanthemum leucanthemum = Leukanthemum vulgare) *Bot* [ordinara] leŭkant[em]o (*od veraltend* lekanto) (↑ *auch* ***Gänseblümchen***)
Margherita (*f*) *weibl. Vorname* Margerita
marginal *Adj* marĝena

Marginalien *f/Pl Randbemerkungen* [sur]-marĝenaj notoj *Pl*

marginalisieren *tr ins Abseits schieben, an den Rand drängen* marĝenigi

Marginalisierung *f* marĝenigo

Mari *Pl Ethn* ↑ ***Tscheremissen***

Maria (*f*), *arab.* ***Mariam*** *od* ***Maryam*** (*f*) *weibl. Vorname* Maria *auch Mutter von Jesus Christus*; ***die Jungfrau*** ~ *Kirche* la Virgulino Maria; ***Mariä Reinigung*** *od* ***[Mariä] Lichtmess*** [festo de la] Puriĝo de la [Sankta] Virgulino

Marian (*m*) *männl. Vorname* Mariano

Marianen *Pl*, *engl.* ***Mariana Islands*** *eine Inselgruppe Mikronesiens im westl. Pazifik* Marianaj Insuloj *Pl* (*vgl. dazu* ***Guam*** *u.* ***Saipan***); ~**becken** *n ein Tiefseebecken im Pazifik* Mariana Baseno; ~**graben** *m*, *Fachspr meist* ***Marianenrinne*** *f eine Tiefseerinne im westlichen Pazifik* Mariana Fosego <*tiefste bisher bekannte Stelle der Weltmeere (Maximaltiefe: 11.034 m)*>

Marian[n]a *od* **Marianne** (*f*) *weibl. Vorname* Mariana

Mariaviten *Pl Rel (eine polnische mystizistische Schwesternschaft)* mariavitoj *Pl*

mariavitisch *Adj* mariavita

Mariavitismus *m eine religiöse Erneuerungsbewegung innerhalb der röm.-katholischen Kirche* mariavitismo

Maribo (*n*) *Hauptort der dän. Insel Lolland* Maribo

Maribor (*n*), *dt.* ***Marburg*** (*n*) *eine Stadt in Slowenien* Mariboro

Marien|bild *n (Bild)* bildo de Sankta Maria; *(Statue)* statuo de Sankta Maria; ~**distel** *f*, *auch* ***Fieber-*** *od* ***Frauendistel*** *f* (Carduus marianus = Silybum marianum) *Bot* Maria-kardo, *auch (bes.* <*wiss*>*)* Maria-silibo <*wird auch pharmazeutisch genutzt*>

Marienburg (*n*) ↑ ***Malbork***

Marien|fäden *m/Pl Ent* filandroj *Pl*; ~**fest** *n kath. Kirche* Festo de Maria

Mariengras *n* (*Gattung* Hierochloa) *Bot* hierokloo; ***wohlriechendes*** ~ (Hierochloa odorata) bonodora hierokloo (*vgl. dazu* ***Büffelgras***)

Marienkäfer *m*, *pop auch* ***Glückskäfer*** *m*, *reg* ***Motschekiebchen*** (*Gattung* Coccinella) *Ent* kokcinelo, *pop* Maria-skarabo *od* mari-skarabo (↑ *auch* ***Siebenpunkt***)

Mariestadt (*n*) *Hptst. der schwedischen Provinz Skaraborg* Mariestado

Marietta (*f*) *weibl. Vorname* Marieta

Marihuana *n ein Rauschgift* mariĥuano

Marika (*f*) *weibl. Vorname* Marika

Marille *f* ↑ ***Aprikose***

Marimba *f Mus (ein dem Xylofon ähnliches Musikinstrument)* marimbo

Marimbafon *n Mus (eine Marimba mit Resonanzkörpern aus Metall)* marimbafono

Marimbula *f Mus (kubanisches Volksinstrument [ein Zupfidiophon] afrikanischer Herkunft)* marimbulo

marin *Adj im Meer lebend od (wie z.B. Sedimente) im Meer entstanden* [en]mara

[1]**Marina** (*f*) *weibl. Vorname* Marina

[2]**Marina** *f* ↑ ***Jachthafen***

Marinade *f Kochk (Essigtunke mit Gewürzen [zum Einlegen von Fleisch, Gurken u.a.])* marinaĵo (*vgl. dazu* ***Essiggemüse***)

Marine *f Kriegs*~ mararmeo (↑ *auch* ***Handelsmarine***); ***er ist bei der*** ~ li servas en la mararmeo, *auch* li estas mararmeano

Marine|akademie *f* Mararmea Akademio; ~**attaché** *m Dipl* mararmea ataŝeo; ~**blau** *n* marista blu[aĵ]o; ~**flieger** *m* mararmea aviadisto; ~**flugzeug** *m* mararmea aviadilo

Marineinfanterie *f* mararmea infanterio; ~**bataillon** *n* bataliono de mararmea infanterio;

Marine|infanterist *m*, *salopp auch* ***Mariner*** *m* mararmea infanteriano; ~**ministerium** *n z.B. in GB u. USA* mararmea ministerio; ~**museum** *n* mararmea muzeo; ~**offizier** *m* mararmea oficiro (↑ *auch* ***Maat***); ~**soldat** *m* mararmea soldato, mararmeano (*vgl. dazu* ***Matrose***); ~**stützpunkt** *m Mil* militflota bazo (↑ *auch* ***Flottenstützpunkt***)

marinieren *tr in Marinade einlegen [Fleisch od Fisch]* marini (*vgl. dazu* ***einsäuern***); ***marinierter Fisch*** (***Hering***) *m* marinita fiŝo (haringo)

Marinieren *n Einlegen in Gewürztunke* marinado

Marinismus *m Lit (Spielart des literarischen Manierismus, des italienischen barocken Schwulststils, dessen rhetorische Virtuosität und metaphorische Phantasiefülle auch die deutschen Barockdichtungen anregte)* marinismo <*so benannt nach ihrem Schöpfer G. Marino*>

Marino (*m*) *Eig (ital. Dichter [1569-1625])* Marino <*Hauptvertreter des italienischen Barock*>

Marionette *f Theat (Gliederpuppe, die an Schnüren u. Drähten bewegt wird)* marioneto *auch übertr für «willenloser Mensch, der anderen als Werkzeug dient» (auch Pol)*

marionettenhaft *Adj* kiel marioneto *nachgest*

Marionetten|regierung *f* marioneta (*od* pupa) registaro; ~**spiel** *n* marioneta ludo; ~**staat** *m* marioneta ŝtato; ~**theater** *n* marioneta teatro *od* teatro de marionetoj (↑ *auch* ***Puppentheater***)

Mariotte (*m*) *Eig (franz. Physiker [um 1620-1684])* Marioto

Marita (*f*) *weibl. Vorname* Marita

maritim *Adj das Meer od das Seewesen betreffend* mara, *nachgest* koncernanta la maron (*bzw.* marajn aferojn) (*vgl. dazu* ***nautisch***)

Maritza *f*, *türk.* ***Ewros*** *m Hauptfluss der Balkanhalbinsel (bildet teilweise die griech.-türkische Grenze)* [rivero] Marico *bzw.* [rivero] Evroso *<entspringt im Rila-Gebirge u. mündet ins Ägäische Meer>*

Mariupol (*n*), *1948-89* ***Schdanow*** (*n*) *eine ukrain. Hafenstadt am Asowschen Meer* Mariupolo

[1]**Mark** *n* ***a)*** *Anat: Knochen≗* [osta] medolo; *Rücken≗* mjelo, *umg* spina medolo; *Fett-[zellen]mark* flava medolo; *Pulpa* pulpo (↑ *auch* ***Zahnmark***); ***verlängertes*** ~ (Medulla oblongata, *[früher:]* Bulbus medullae spinalis) *Anat* mjela bulbo ◇ ***die Kälte dringt einem durch ~ und Bein*** la malvarmego penetras ĝis la ostoj ***b)*** *Bot (das von Leitbündeln umschlossene Parenchym [bei dikotylen Blütenpflanzen])* medolo ***c)*** *Frucht≗* pulpo (↑ *auch* ***Kokosmark*** *u.* ***Tomatenmark***) ***d)*** *übertr* medolo, kvintesenco

[2]**Mark** *f Währungseinheit* marko; ***Deutsche*** ~ (*Abk* ***DM***) germana marko (*vgl. dazu* ***Euro***)

[3]**Mark** *f früher für «Grenzland»* markio, limparto, limregiono; ***die ~ Brandenburg*** la Markio de Brandenburgio

[4]**Mark** *od* **Marko** (*m*), *ital. u. span.* ***Marco***, *poln.* ***Marek*** (*m*) *männl. Vorname* Marko (↑ *auch* ***Markus***)

markant *Adj* elstara, esprimplena, karakteriza, akcentita (*vgl. dazu* ***beeindruckend*** *u.* ***herausragend***)

Markasit *m*, *auch* ***Wasserkies*** *m Min (eine Abart des Pyrits)* markasito

Mark Aurel (*m*), *auch* ***Marcus Aurelius*** (*m*) *Eig (ein röm. Kaiser [121-180])* Mark-Aŭrelio

Marke *f* marko; *Brief≗* poŝtmarko (↑ *auch* ***Dauer-***, ***Sonder-*** *u.* ***Zuschlagsmarke***); *Fabrik≗* fabrikmarko; *Handels≗* komerca marko; *Quittungs-, Stempel- od Steuer≗* kvitancmarko (↑ *auch* ***Garderobenmarke***); *Lebensmittel≗*, *Marke für Essenportion u. Ä.* kupono; *Gütezeichen* kvalitmarko; *Sorte* speco

Marken (*n*), *ital.* ***Marche*** *eine mittelitalienische Region* Markio *[Hptst.: Ancona]*

Marken|artikel *m od* ~**erzeugnis** *n* marko-artiklo *od* markohava artiklo

Markensammler *m* = ***Briefmarkensammler***

Marken|schutz *m Jur* protekto de komerca(j) marko(j); ~**wein** *m* markohava vino

Markenzeichen *n*: ***geschütztes*** ~ (*Zeichen* ®) registrita varmarko

Marker *m* ↑ ***Filzschreiber***

Markerbse *f* (Pisum sativum convar. medullare) *Bot, Nahr* medolpizo

markerschütternd *Adj*: ***ein ~er Schrei*** kriego penetranta ĝis la koro

Marketender *m Mil ([früher:] die Truppe bei Manövern u. im Krieg begleitender Händler)* provizisto [de armeanoj]

Marketenderin *f Mil (in der Kaserne)* kantinistino [en kazerno] (↑ *auch* ***Kantinenwirtin***), *(auf dem Marsch, d.h. bei der Feldtruppe)* provizistino [de armeanoj]

Marketing *n Wirtsch* merkatado (↑ *auch* ***Netzwerk-Marketing***)

Markgraf *m Gesch (Träger der koniglichen Gewalt in einer Mark)* margrafo (*vgl. dazu* ***Marquis***)

Markgräfin *f Gesch* margrafino

markgräflich *Adj* margrafa

markieren *tr kennzeichnen* marki; *simulieren, vortäuschen* simuli, afekti, ŝajnigi; *hervorheben* emfazi, akcenti, substreki

Markieren *n* markado

markiert *Adj mit einem Kenn- od Erkennungszeichen versehen* markita

Markierung *f z.B. auf Straßen* farbmarko(j) *(Pl)*; *Markieren* markado (↑ *auch* ***Fahrbahnmarkierung***); *Flugw, Mar (Farb- bzw. Leuchtmarkierung auf Landeplätzen, in Fahrrinnen od an Untiefen)* balzo

Markierungszeichen *n*: ~ ***auf einem Wappen*** *Heraldik* brisuro

markig *Adj* ***a)*** *aus Mark bestehend, pulpös* pulpa ***b)*** *kraftvoll* fort[oplen]a; ***eine ~e Stimme*** fortoplena voĉo

Markion (*m*) ↑ ***Marcion***

Markise *f aufrollbares [leinenes] Sonnen-*

dach [tol]markezo *od* [tola] markezo

Markka *f* (*Abk* ***mk***) *ehemalige finnische Währung* marko

Mark|knochen *m Anat* medola osto *auch Kochk*; ~**leiden** *n Med (Rückenmarkleiden)* mjelopatio; *(Knochenmarkleiden)* medolopatio; ~**strahlen** *m/Pl Bot ([im Holz] die Gewebestränge zw. den einzelnen Leitbündeln)* medolradioj *Pl* <*sie verlaufen radial, verbinden Blätter u. äußere Pflanzenteile mit den inneren u. leiten u. speichern die in den Blättern gebideten Assimilate*>

Markstränge *m/Pl Anat*: ~ ***des Rückenmarks*** (Funiculi medullae spinalis) mjelaj funikloj *Pl*

Markt *m* bazaro (↑ *auch* ***Blumen-***, ***Fisch-***, ***Floh-***, ***Frucht-***, ***Gemüse-***, ***Käse-***, ***Super-***, ***Trödel-***, ***Vieh-*** *u.* ***Weihnachtsmarkt***); *Tages*≗, *Jahr*≗, *Wochen*≗ foiro (*vgl. dazu* ***Messe***); *Marktplatz* foirplaco, foirejo; *i.w.S. zentraler Platz in einer Stadt* centra placo; *Börse, Wirtsch* merkato (↑ *auch* ***Agrar-***, ***Arbeits-***, ***Auslands-***, ***Binnen-***, ***Energie-***, ***Finanz-***, ***Getreide-***, ***Hypotheken-***, ***Immobilien-***, ***Inlands-***, ***Kapital-***, ***Käufer-***, ***Waffen-***, ***Waren-***, ***Welt-*** *u.* ***Wohnungsmarkt***); ***schwarzer*** ~ *od* ***Schwarzmarkt*** nigra merkato; ***Gemeinsamer Europäischer*** ~, *engl.* ***Common European Market*** Komuna Eŭropa Merkato; ***in den Ländern des Gemeinsamen*** ~***es*** en la landoj de la Komuna Merkato; ***Öffnung*** *f* ***der*** ~***e*** malferm[ad]o de [la] merkatoj; ***auf dem [freien]*** ~ sur la [libera] merkato; ***auf den*** ~ ***bringen*** *z.B. ein neues Produkt* surmerkatigi; ***zum*** ~ ***gehen*** iri al la bazaro; ***der*** ~ ***ist gesättigt*** *Wirtsch* la merkato estas saturita; ***neue Märkte suchen*** serĉi novajn merkatojn; ***große Mengen ... auf den*** ~ ***werfen*** ĵeti grandajn kvantojn da ... sur la merkaton *od* surmerkatigi grandajn kvantojn da ...; ***den*** ~ ***mit ... überschwemmen*** inundi la merkaton per ...

Marktanalyse *f Wirtsch* merkatanalizo *od* analizo de [la] merkato

Marktanteil *m* merkatkvoto; ~***e an [die] Konkurrenten verlieren*** perdi merkatkvotojn al [la] konkurantoj

marktbeherrschend *Adj* dominanta la merkaton

Markt|beherrschung *f* dominado de la merkato (↑ *auch* ***Oligopol***); ~**bereinigung** *f, auch* ***Markteingriff*** *m z.B. durch den Staat* [ŝtata] merkata reguligo; ~**bewertung** *f* taksado de [la] merkato; ~**einführung** *f* surmerkatigo; ~**flecken** *m* bazarurbeto; ~**forscher** *m Wirtsch* merkatesploristo; ~**forschung** *f Wirtsch* merkatesploro, *auch* merkatreserĉo; ~**frau** *f* bazaristino; ~**führer** *m Wirtsch* [absoluta] gvidanto en la merkato (↑ *auch* ***Marktführer***)

marktgerecht, *auch* ***marktkonform*** *Adj* merkatkonforma, konforma al la [postuloj de la] merkato

Markt|halle *f* bazara halo, foirhalo; ~**handel** *m* bazarkomerco, komerco okazanta en bazaroj; ~**händler** *m, reg u.* <*österr*> ***Fierant*** *m* bazarkomercisto; ~**informationen** *f/Pl Wirtsch* merkatoinformoj *Pl*

marktkonform ↑ ***marktgerecht***

Markt|korb *m* bazarkorbo; ~**lage** *od* ~**situation** *f Wirtsch* merkata situacio; ~**malaiisch** *n Bez für ein sehr einfaches Malaiisch od Indonesisch der Sprechsprache, wie es etwa auf Märkten üblich ist* la bazarmalaja [lingvo]; ~**mechanismus** *m Wirtsch* merkatmekanismo; ~**monopol** *n* merkata monopolo

Marktnische *f, auch* ***Marktlücke*** *f* merkata niĉo; ***eine*** ~ ***entdecken*** malkovri (*od* trovi) niĉon en la merkato

Marktplatz *m* foirplaco, *auch* foirejo; *i.w.S. zentraler Platz in einer Stadt* centra placo

marktpolitisch 1. *Adj* merkatpolitika **2.** *Adj* merkatpolitike

Markt|preis *m Hdl* merkata prezo; ~**risiko** *n Wirtsch* risko(j) de la merkato; ~**sättigung** *f* satur[it]eco de la merkato; ~**schreier** *m* kristo en bazaro, *auch* bazarulo; *i.w.S.* ĉarlatano

marktschreierisch *Adj* en maniero de bazarulo *nachgest*

Marktsituation *f* ↑ ***Marktlage***

Markt|stand *m* foirbudo; ~**strategie** *f* merkata strategio; ~**struktur** *f Wirtsch* strukturo de la merkato; ~**tag** *m* bazartago

Marktwert *m* merkatvaloro *od* merkata valoro (*vgl. dazu* ***Handelswert***); ***seinen*** ~ ***erhöhen*** altigi sian merkatvaloron

Marktwirtschaft *f* merkat-ekonomio *od* merkata ekonomio; ***freie*** (***soziale***) ~ libera (sociala) merkat-ekonomio

marktwirtschaftlich 1. *Adj* merkatekonomia **2.** *Adv* merkatekonomie

Markus (*m*) *männl. Vorname* Marko; ~-**Evangelium** *n, lat.* ***Evangelium Marci*** evangelio laŭ Marko <*ältestes Evangelium des Neuen Testaments*>; ~**kirche** *f, ital.* ***Ba-***

silica di San Marco *in Venedig* Baziliko de Sankta Marko; ~**platz** *m, ital.* ***Piazza San Marco*** *in Venedig* placo [de] Sankta Marko

Marlen[e] *(f) weibl. Vorname* Marlena

Marlleine *f Mar (dünnes Hanftauwerk [Seil] zum Festmachen)* merleno

Marmarameer *n, türk.* ***Marmara denizi*** *ein Binnenmeer zw. dem europäischen u. asiatischen Teil der Türkei* Marmora Maro

Marmarosch *(n)* ↑ ***Maramureş***

Marmelade *f* marmelado (*vgl. dazu* ***Konfitüre***; ↑ *auch* ***Aprikosen-***, ***Diabetiker-***, ***Erdbeer-***, ***Hagebutten-***, ***Johannisbeer-***, ***Kirsch-*** *u.* ***Orangenmarmelade***)

Marmelalk *m* (Brachyramphus marmoratus) *Orn* marmora aŭko; ***asiatischer*** ~ *od* ***Kamtschatka-Marmelalk*** *m* (Brachyramphus perdrix) longbeka aŭko

Marmelente *f* (Anas angustirostris = Marmaronetta angustirostris) *Orn* marmor-anaso

Marmor *m Min* marmoro (↑ *auch* ***Granitmarmor*** *u. unter* ***pentelisch***); ~**brassen** *m* (Pagellus mormyrus) *Ichth* marmora pagelo; ~**bruch** *m od* ~**grube** *f* marmormin[ej]o; ~**büste** *f Bildh* marmora busto

marmorieren *tr* marmor[um]i

Marmorkatze *f* (Pardofelis marmorata) marmora kato *[Vorkommen: SO-Asien]*

Marmorknochenkrankheit *f Med* ↑ ***Osteopetrose***

Marmormolch *m* (Triturus marmoratus) *Zool* marmora trituro *[Vorkommen: SW-Europa]*

marmorn *Adj* marmora; *aus Marmor* el marmoro; *wie Marmor* kiel marmoro

Marmor|nachtschwalbe *f* (Caprimulgus inornatus) *Orn* ***senornama*** ~***o*** Marmornachtschwalbe *f*; ~**papier** *n* mamorita papero

Marmorplatte *f* marmorplato *od* marmorslabo, plato (*od* slabo) el marmoro; ***gemaserte*** ~ plato el vejna marmoro

Marmor|säule *f* marmora kolono; ~**schnepfe** *f* (Limosa fedoa) *Orn* marmora limozo *[Vorkommen: Nordamerika]*; ~**schwalm** *m* (Podargus ocellatus) *Orn* marmora ranbuŝulo *[Vorkommen: Neuguinea u. Australien]*; ~**statue** *f Bildh* marmora statuo; ~**tisch** *m* marmora tablo; ~**treppe** *f* marmora ŝtuparo

Marne *f ein franz. Fluss* [rivero] Marno; ~**schlacht** *f Gesch (Kampfhandlungen im Sept. 1914 östl. von Paris)* [la] bataloj *Pl* ĉe [rivero] Marno

marod *Adj umg* <*österr*> *für «leicht krank»* iom malsana, malsaneta

marode *Adj veraltend, aber noch reg für «erschöpft»* elĉerpita

Marodeur [...*'dör*] *m plündernder Nachzügler einer Truppe* marodisto

marodieren *intr abs* marodi (*vgl. dazu* ***plündern***)

Marokkaner *m* marokano

Marokkanerin *f* marokanino

marokkanisch *Adj* maroka

Marokko *(n) ein Staat im NW Afrikas* Maroko *[Hptst.: Rabat]*

Maromokotro *m höchster Berg auf Madagaskar* [monto] Maromokotro

[1]**Marone** *f, reg u.* <*österr*> ***Maroni*** *f,* <*schweiz*> ***Marroni*** *f, auch* ***Edel-*** *od* ***Esskastanie*** *f* marono (*vgl. dazu* ***Kastanie***)

[2]**Marone** *f Mykologie* ↑ ***Maronenpilz***

Maronenbaum *m* ↑ *unter* ***Kastanie***

Maronen|pilz *od* ~**röhrling** *m, umg* ***Marone*** *f, pop auch* ***Braunhäubchen*** *n* (Boletus badius = Xerocomus badius) *Mykologie* bruna boleto; ~**sperling** *m* (Passer eminibey) kaŝtankolora pasero *[Vorkommen in Ostafrika]*

Maroni *f* ↑ [1]***Marone***

Maronit *m Rel (Angehöriger der mit Rom unierten syrischen Kirche im Libanon)* maronito

Maronitin *f Rel* maronitino

maronitisch *Adj* maronita

Maronpflaume *f* (Flacourtia ramontchi) *Bot* ramonĉo (*vgl. dazu* ***Flacourtie***)

Maroquin *m* ↑ ***Saffian***

Marosch *(m)* ↑ ***Mureş***

Marotte *f wunderliche Neigung, Schrulle* maroto (↑ *auch* [2]***Grille*** *u.* ***Spleen***); *i.w.S. Steckenpferd* hobio

Marquesaner *m Bewohner der Marquesas-Inseln* markizano

Marquesasinseln *Pl, franz.* ***Îles Marquises*** *eine französische Inselgruppe in der Südsee* Markiz-Insularo, *auch* Markizoj *Pl* <*größte Inseln: Nuku Hiva u. Hiva Oa*>

Marquis [*mar'ki:*] *m franz. Adliger im Rang zw. Graf und Herzog* markizo (*vgl. dazu* ***Markgraf***)

Marquisat [*marki'za:t*] *n Würde od Rang eines Marquis* markizeco

Marquise [*mar'ki:zə*] *f Ehefrau eines Marquis* markizino

Marrakesch *(n), franz.* ***Marrakech***, *arab.*

Marrākuš od Marrākiš Stadt u. Provinzzentrum im Süden von Marokko Marakeŝo

Marrasch (*m*) *Eig (syrischer Schriftsteller [1835-1874])* Maraŝo

Marroni *f* ↑ ***¹Marone***

¹Mars *m Myth (röm. Kriegsgott)* Marso (*vgl. dazu* ***Ares***)

²Mars *m Mar* ↑ ***Mastkorb***

³Mars *m Astron* [planedo] Marso; ~**bewohner** *m, auch* ***Marsmensch*** *m* marsano

Marsa Matruh (*n*) *ägyptische Provinzhptst. im NW des Landes* Marsa-Matruĥo

marsch! *Mil* marŝu!, *auch* marŝ!

¹Marsch *m* ***a)*** *allg u.Mil* marŝo (↑ *auch* ***Aus-, Fuß-, Gänse-, Parade-, Rück-*** *u.* ***Todesmarsch***); ***ein anstrengender ~ über zwanzig Kilometer*** peniga dudekkilometra marŝ[ad]o; ***der Lange ~*** *der chin. Roten Armee* la Longa Marŝ[ad]o; ***sich in ~ setzen*** komenci la marŝadon, ekmarŝi ***b)*** *Mus* marŝo (↑ *auch* ***Trauermarsch***) ◇ ***jmdm. den ~ blasen*** fari al iu bonan lavon *(Zam)*

²Marsch *f fruchtbares Schwemmland im Küstenbereich, bes. der Nordsee* marsko

Marschall *m Mil (höchster militärischer Rang)* marŝalo (↑ *auch* ***Feld-*** *u.* ***Hofmarschall***)

Marschall[s]stab *m* bastono de marŝalo

Marschbefehl *m Mil* ordono ekmarŝi

marschbereit *od* **marschfertig** *Adj* preta [por] ekmarŝi

Marschboden *m* marska (*od auch* aluvia) grundo

Marschflugkörper *m, auch <engl>* ***Cruise-Missile*** *[ˈkru:s ˈmisail]* *n, umg* ***Flügelrakete*** *f Mil* krozmisilo (↑ *auch* ***Lenkflugkörper*** *u.* ***Rakete***)

marschieren *intr* marŝi *auch bei Aufmärschen u. Demonstrationen* (***durch*** tra; ***in Richtung [auf]*** *od* ***mit Kurs auf*** al) (↑ *auch* ***ab-, durch-, ein-, los-*** *u.* ***vorbeimarschieren***); ***lange ~*** longe marŝi, marŝadi *auch zur körperlichen Ertüchtigung*; ***im Takt ~*** takte marŝi, *auch* marŝi laŭ la takto

Marschieren *n* marŝado

Marsch|kolonne *f, auch* ***Marschsäule*** *f* marŝkolono; ~**kompass** *m* militista kompaso

Marschland *n* = ***²Marsch***

Marsch|musik *f* marŝmuziko; ~**ordnung** *f* marŝordo; ~**richtung** *f* marŝ[o]direkto *auch übertr*; ~**route** *f* itinero [por la marŝado]

Marschsäule *f* ↑ ***Marschkolonne***

Marschverpflegung *f Mil* pormarŝa nutraĵo

Marseillaise *[marsɛˈjɛzə]* *f franz. Revolutionslied, dann Nationalhymne Frankreichs* marseljezo

Marseille *[marˈsɛ:j]* (*n*) *eine Stadt in Süd-Frankreich* Marsejlo (↑ *auch* ***Massilia***)

Marseille-Fieber *n Med* ↑ ***Zeckenfieber***

Marsfeld *n, lat.* ***Campus Martius*** *Platz im alten Rom mit einer Kultstätte des Mars <hier fanden die Volks- bzw. Heeresversammlungen statt>* Marsokampo (*vgl. dazu* ***Champ-de-Mars***)

Marshallinseln *Pl ein Inselstaat im mittleren Pazifik* Marŝalaj Insuloj *Pl [Hptst.: Dalap-Uliga-Darrit]*

Marshallplan *m Pol (ein amerikanisches Hilfsprogramm für Westeuropa nach dem 2. Weltkrieg [1947])* Marŝal-plano

Marshmallow *n eine in USA beliebte Süßigkeit aus Zucker, Eiweiß, Gelatine* marŝmalo

Marsmensch *m* ↑ ***Marsbewohner***

Marsoberfläche *f* Marsa surfaco (*od* supraĵo); ***auf der ~ landen*** *Raumf* suriĝi sur la Marsa surfaco

Marssegel *n, auch* ***Toppsegel*** *n Mar (an der Marsstenge befestigtes Segel)* topvelo (↑ *auch* ***Gaffeltoppsegel***); ~**stenge** *f Mar (erste Verlängerung des Mastes)* topmasto

Marstall *m Gebäude für Pferde, Wagen usw. (eines Adligen)* ĉevalejo [de nobelo]

Marsupialier *m/Pl Zool* ↑ ***Beuteltiere***

Martaban *nur in Zus*: ***Golf von ~*** *Meeresbucht zw. den Mündungen der Flüsse Irawadi und Saluën (Myanmar)* Golfo de Martabano

Marter *f* tortur[ad]o (↑ *auch* ***Folter*** *u.* ***Tortur***); *i.w.S. Qual* turmento

martern *tr geh für «foltern»* martirigi, torturi (*vgl. dazu* ***foltern*** *u.* ***quälen***); ***sich ~*** torturi sin; *sich seelisch wehtun* psike dolorigi sin; *i.w.S. sich quälen* sin turmenti *od* turmentiĝi, elmeti sin al turmentoj

Martern *n od* **Marterung** *f [grausames] Quälen* torturado

Marterpfahl *m* torturfosto, *auch (bes. früher bei nordamerik. Indianerstämmen)* paliso de torturo

Marterung *f* ↑ ***Martern***

Martha (*f*) *weibl. Vorname* Marta

Martial (*m*) *Eig (ein röm. Epigrammatiker [um 40-um 102])* Marcialo

martialisch *Adj kriegerisch* militema (*vgl. dazu* ***militant***); *wild* sovaĝa; *rasend* furioza

Martin (*m*) *männl. Vorname* Marteno

Martina (*f*) *weibl. Vorname* Martina, *auch* Martena

Martingal *n*, *auch* ***Sprungzügel*** *m Reitsport* martingalo

Martini *m*: ***ein Glas*** ~ glaso da martin[i]o

Martinikaner *m Bewohner von Martinique* martinikano

Martinique [...'ni:k] (*n*) *eine Insel der Kleinen Antillen in Französisch-Westindien* [insulo] Martiniko *[Hptst.: Fort-de-France]*

Martins|horn *n am Krankenwagen* sireno de ambulanco; *an einem Polizeifahrzeug* sireno de polic-aŭto; ~**tag** *m der 11.11. eines Jahres* martenfesto

Martinstahl *m ein schmiedbarer Stahl* martenŝtalo

Martinů (*m*) *Eig (tschechischer Komponist [1890-1959])* Martinuo

Märtyrer *christl. Rel u. Islam* martiro *auch übertr*; ***jmdn. zum ~ machen*** martirigi iun *auch übertr (jmdn. peinigen od Qualen ausstehen lassen)* (↑ *auch* ***foltern*** *u.* ***martern***); ***zum ~ werden*** martiriĝi

Märtyrerin *f* martirino

Märtyrer|krone *f* krono de martireco; ~**tod** *m* martira morto; *übertr auch für «qualvoller Tod»* turmenta (*od* turmentoplena) morto

Märtyrertum *n* martireco

Märtyrerverzeichnis *n*, *geh* ***Martyrologium*** *n chronologisches Verzeichnis von Märtyrern u. ihren Festen* martir[o]libro

Martyrium *n* martireco; *Märtyrertod* martira morto (*vgl. dazu* ***Opfertod***)

Martyrologium *n* ↑ ***Märtyrerverzeichnis***

Marumi-Kumquat *f Bot, Nahr* ↑ *unter* ***Kumquat***

Marwari *n Ling (einer der Hauptdialekte des Rajasthani [gesprochen in Rajasthan/Indien])* la marvara [dialekto]

Marx (*m*) *Eig (dt. Philosoph, Nationalökonom u. Gesellschaftskritiker [Begründer des Marxismus])* Markso

Marxismus *m* marksismo (↑ *auch* ***Neomarxismus***); ~***-Leninismus*** *m* marksismo-leninismo

Marxist *m* marksisto

Marxistin *f* marksistino

marxistisch *Adj auf den Marxismus bezogen* marksisma; *auf die Marxisten bezogen* marksista

Maryam (*f*) ↑ ***Maria***

Maryland (*n*) (*Abk* ***Md.***, *[postalisch]* ***MD***) *ein Bundesstaat der USA an der mittleren Atlantikküste [Hptst.: Annapolis]* Marilando; ~**-Eiche** *f* (Quercus marilandica) *Bot* marilanda kverko

März *m* marto; ***im*** ~ en [monato] marto

Märzenbecher *m*, *auch* ***Frühlingsknotenblume*** *f* (Leucojum vernum) *Bot* printempa leŭkojo, *umg häufig Kurzf* leŭkojo

Märzenfleck[en] *m* ↑ ***Sommersprosse***

Märzente *f Orn* ↑ ***Stockente***

Marzipan *n od* <*österr*> *m* marcipano; ~**schokolade** *f* marcipana ĉokolado

Märzschneckling *m*, *reg* ***Schneepilz*** *m* (Hygrophorus marzuolus) *Mykologie* marta higroforo

Märzveilchen *n Bot* ↑ *unter* ***Veilchen***

Masada *f* ↑ ***Massada***

Masama *m*, *auch* ***Spießhirsch*** *m* (*Gattung* Mazama) *Zool* mazamo, *pop* lancocervo (↑ *auch* ***Graumasama***)

Masaryk (*m*) *Eig (tschechoslowakischer Politiker [1850-1937]* <*Mitbegründer des tschechoslowak. Nationalstaats*>*)* Masariko

Mascara *f Kosmetik (pastenförmige Wimperntusche)* maskaro (↑ *auch* ***Wimperntusche***)

Mascarpone *m Nahr (ein milder, cremiger Frischkäse aus Sahne, der mit Zitronen- od Essigsäure dickgelegt wird)* maskarpono

Masche *f* ***a)*** *Schlinge* maŝo *auch eines Netzes* (↑ *auch* ***Fangschlinge***); *Lauf*² eskalo; ***eine Reihe ~n*** *beim Stricken* kolumno de maŝoj; ***eine ~ wieder aufnehmen*** repreni maŝon; ***eine ~ fallen lassen*** *beim Häkeln od Stricken* mallevi (*od* diminui) maŝon ***b)*** <*österr*> *für «Schleife»* banto; ***eine ~ im Haar tragen*** havi [ornaman] banton en la hararo ***c)*** *übertr für «[neuer] Trick»* [nova] truko

Maschendraht *m flächiges Drahtgeflecht* dratreto

maschenfest *Adj*: ~***e Strümpfe*** *m/Pl* eskalimunaj ŝtrumpoj *Pl*

Maschinarbeiter *m* ↑ ***Maschinenarbeiter***

Maschine *f* ***a)*** maŝino (↑ *auch* ***Bau-***, ***Radauswucht-*** *u.* ***Straßenkehrmaschine***); *Motor* motoro; *umg auch für «Motorrad»* motorciklo; *Schreibmaschine* skribmaŝino; *Näh*² kudromaŝino; ***landwirtschaftliche*** ~, *auch* ***Landmaschine*** *f* agrikultura maŝino (↑ *auch* ***Erntemaschine***); ***eine ~ bedienen*** manipuli maŝinon; ~ ***schreiben***, <*österr*> ***maschinschreiben*** *intr* maŝinskribi, skribi per [la] skribmaŝino; ***mit der ~ geschrieben*** maŝinskribita, tajpita ***b)*** *Flugzeug* aviadilo, *auch Kurzf* avio; *alt (Flugmaschine)* flugmaŝino; ***zweimotorige ~*** *Flugw* dumotora aviadilo

maschinegeschrieben, *auch* ***maschinengeschrieben*** *Adj* maŝinskribita, tajpita, daktilografita

maschinell 1. *Adj* [per]maŝina **2.** *Adv* maŝine; ~ ***hergestellt*** maŝine fabrikita

Maschinenarbeiter *m*, <*österr*> ***Maschinarbeiter*** *m* maŝinlaboristo

Maschinenbau *m* maŝinkonstruado (↑ *auch* ***Schwermaschinenbau***); **~betrieb** *m* maŝinkonstrua fabriko

Maschinenbauer *m* maŝinkonstruisto

Maschinen|bauindustrie *f* maŝinkonstrua industrio *od* industrio de maŝinkonstruado; **~einsatz** *m* uzo de maŝinoj; **~elemente** *n/Pl* maŝinelementoj *Pl*; **~fabrik** *f* maŝinfabriko

maschinengeschrieben ↑ ***maschinegeschrieben***

Maschinengewehr *n* (*Abk* ***MG***) maŝinpafilo; ***schweres ~*** mitralo

Maschinengewehrschüsse *m/Pl* pafoj *Pl* de maŝinpafilo (*bzw.* mitralo)

Maschinengewehrschütze *m* = ***MG-Schütze***

Maschinen|halle *f od* **~haus** *n* maŝinejo, *auch* maŝindomo

Maschinenhammer *m Tech* ↑ ***Fallhammer***

maschinenlesbar *Adj EDV* maŝinlegebla, komputile legebla

Maschinenmeister *m* [ĉef]maŝinisto

maschinenorientiert *Adj*: ***~e [Programmier-] Sprache*** *f EDV* maŝinorientita lingvo

Maschinen|park *m Gesamtheit der Maschinen* maŝinaro; **~pistole** *f* (*Abk* ***MP*** *od* ***MPi***) mitraleto; **~raum** *m* maŝinejo; **~reparatur** *f* ripar[ad]o de maŝino(j); **~satz** *m* maŝinkompleto; **~schaden** *m* maŝina difekt[iĝ]o, difekto [de maŝino *bzw.* motoro] (*vgl. dazu* ***Panne***); **~schlosser** *m* maŝin-mekanikisto; **~schrift** *f* maŝinskribo

maschinenschriftlich *Adj* maŝinskribita, tajpita

Maschinen|sprache *f EDV (alt für «Programmiersprache»* [↑ *dort*]*)* maŝinlingvo *od* maŝina lingvo; **~stürmerei** *f Gesch* maŝindetruado; *i.e.S. Maschinenstürmerei im 18./ 19. Jh. in England [Luddismus]* luditismo (↑ *auch* ***Ludditen***); **~teil** *n* peco de maŝino

Maschinerie *f Gesamtheit von Maschinen* maŝinaro *auch übertr*; *Ausrüstung* ekipaĵo; *Mechanismus* mekanismo *auch übertr*

Maschinist *m* maŝinisto

maschinschreiben ↑ ***Maschine schreiben*** [*unter* ***Maschine a)***]

Maschrabiyya *f, arab.* ***Mašrabiya*** *holzgeschnitztes Gitter vor Fenstern u. Erkern vornehmer orientalischer Häuser* <*dient als luftdurchlässiger Sonnenschutz und gestattet gleichzeitig die unbemerkte Sicht nach außen*> maŝrabijo

Masel *n* ↑ ***Massel***

Masepa (*m*), *auch* ***Mazeppa*** (*m*) *Eig (ein Hetman der Ukraine [1644-1709])* Mazepo <*er wollte im Nordischen Krieg die Ukraine von Russland lösen*>

[1]**Maser** *m Phys (Gerät zur Verstärkung od Erzeugung von Mikrowellen)* masero

[2]**Maser** *f* ↑ ***Maserung***

maserig *Adj Holz* vejnohava, vejnostriita

masern *tr mit Masern versehen* vejni (*vgl. dazu* ***gemasert***)

Masern *Pl* (Morbilli) *Med* morbilo *Sg*; ***die ~ haben*** *od* ***an ~ erkrankt sein*** esti malsana je morbilo

Masern|enanthem *n*, *auch* ***Masernschleimhautausschlag*** *m Med* morbila enantemo; **~impfstoff** *m Pharm* vakcino kontraŭ morbilo; **~impfung** *f Med* vakcinado kontraŭ morbilo

Maseru (*n*) *Hptst. des Königreichs Lesotho* Maseruo

Maserung *f*, *auch* ***Masern*** *f/Pl in Holz, Marmor od Stein (Textur)* teksturo, [alikoloraj] vejnoj *Pl* (***in*** en)

Mashhad (*n*), *auch* ***Meschhed*** (*n*) *zweitgrößte Stadt des Iran u. Hptst. der iranischen Provinz Khorasan* Maŝhado *schiitischer Wallfahrtsort*>

Maskarenen *Pl eine Inselgruppe im Indischen Ozean [östlich von Madagaskar]* Maskarenoj *Pl*; **~-Brillenvogel** *m* (Zosterops borbonicus) *Orn* maskarena zosteropo *[Vorkommen: Mauritius u. Réunion]*; **~-Sturmvogel** *m* (Pterodroma terrima = Pseudobulweria aterrima) maskarena petrelo *[Vorkommen begrenzt auf die Insel Réunion]*

Maskarenenfluchtvogel *m Orn* ↑ ***Réunionbülbül***

Maskat (*n*), *arab.* ***Masqat*** *Hptst. u. Hafen des Sultanats Oman* Maskato

Maske *f* ***a)*** *Theat* masko *auch übertr* (*vgl. dazu* [2]***Larve*** *u.* ***Make-up***; ↑ *auch* ***Atem-[schutz]-***, ***Gas-***, ***Halb-***, ***Holz-***, ***Narkose-***,

Operations-, Sauerstoff-, Schutz-, Taucher- *u.* ***Wachsmaske***); *Fecht≗ (Schutz≗ des Fechters)* skermista masko; *Maskierter, verkleidete Person* maskito, maskita persono; ***komische*** (***tragische***) ~ *antikes Theat* komedia (tragedia) masko; ***unter der ~ der Freundschaft*** sub la masko de amikeco; ***jmdm. die ~ abreißen*** (***od vom Gesicht reißen***) senmaskigi iun; ***eine ~ tragen*** surhavi maskon ***b)*** *Kopf≗, Gesichtsabguss* masko (↑ *auch* ***Gips-*** *u.* ***Totenmaske***) ***c)*** *Kosmetik (Gesichts≗)* [kosmetika] masko ***d)*** *EDV (Benutzeroberfläche eines Programms mit Feldern für die Eingabe von Daten)* masko ***e)*** *Foto (Schablone zur Bildbegrenzung bei der Reproduktion od zur Kontrastabschwächung bei Filmmaterial)* masko

Masken|ammer *f* (Emberiza spodocephala) *Orn* maskemberizo; ~**bachstelze** *f* (Motacilla personata) *Orn* blankmaska motacilo; ~**ball** *m od* ~**fest** *n*, <*österr*> ***Redoute*** *f*, *reg* ***Mummenschanz*** *m* maskobalo *od* maskofesto; *i.w.S. Faschingsball* karnavala balo; ~**bildnerin** *f Theat* ŝminkistino

Maskenblume *f Bot* ↑ ***Gauklerblume***

Maskeneule *f Orn* ↑ ***Neuhollandeule***

Maskenfest *n* ↑ ***Maskenball***

Masken|grasmücke *f* (Sylvia rüppelli) *Orn* nigragorĝa silvio; ~**kiebitz** *m* (Vanellus miles) *Orn* maskovanelo, *auch* maskita vanelo *[Vorkommen: Indonesien, Australien, Neuguinea u. Neuseeland]*; ~**kostüm** *n* maskokostumo; ~**mikrofon** *n Elektroakustik* maskomikrofono; ~**pflicht** *f z.B. während einer Pandemie* maskodevigo, dev[ig]o surmeti maskon

Maskenschleiereule *f Orn* ↑ ***Neuhollandeule***

Masken|schwalbenstar *m* (Artamus personatus) *Orn* maska arbarhirundo; ~**spiel** *n* maskoteatr[aĵ]o; ~**stelze** *f* (Motacilla flava feldegg) *Orn* nigrakapa flava motacilo; ~**-tanz** *m* maskodanco (↑ *auch* ***Barong***); ~**tölpel** *m* (Sula dactylatra) *Orn* maskosulo; ~**würger** *m* (Lanius nubicus) *Orn* maskolanio; ~**-Zwergpapagei** *m* (Opopsitta diophthalma) *Orn* figopapago

Maskerade *f Verkleidung* maskerado *auch übertr* (*vgl. dazu* ***Maskierung***); *Maskenball* maskobalo *od* maskofesto

maskieren *tr* maski (***jmdn.*** iun) *auch übertr* (*vgl. dazu* ***bemänteln***); *Mil (tarnen)* kamufli; ***sich ~*** sin maski, *umg auch* maskiĝi *auch übertr*

maskiert *Adj mit einer Maske* maskita *auch übertr* (*vgl. dazu* ***larviert***)

Maskierte *m* maskito

Maskierung *f von etw.* maskado (*vgl. dazu* ***Verschleierung***); *von sich selbst* maskiĝado, *auch* maskerado

Maskottchen *n* maskoto (*vgl. dazu* ***Amulett*** *u.* ***Talisman***)

maskulin *Adj* vireca; *Gramm* virgenra (*vgl. dazu* ***männlich***)

Maskulinum *n Gramm* ***a)*** *männliches Geschlecht* vira genro ***b)*** *männliches Substantiv* virgenra substantivo

Masochismus *m sex (Schmerzwollust: geschlechtliche Erregung durch Erdulden von körperlichen od seelischen Misshandlungen)* masoĥismo (↑ *auch* ***Sadomasochismus***)

Masochist *m sex* masoĥisto

Masochistin *f sex* masoĥistino

masochistisch *Adj auf den Masochismus bezogen* masoĥisma; *auf die Masochisten bezogen* masoĥista

Masora *f* ↑ ***Massora***

Masoreten *m/Pl jüdische Schriftgelehrte des 7. bis 10. Jh.s, die den Text des Alten Testaments mit kritischen Anmerkungen versahen* masoristoj *Pl*

Masowien (*n*), *poln.* ***Mazowsze*** *hist. Landschaft an der mittleren Weichsel* Mazovio; ***Herzogtum ~*** *Gesch* Duklando Mazovio *[1138-1526]*

Maspéro (*m*) *Eig (franz. Ägyptologe)* Maspero <*er leitete u.a. die Ausgrabungen bei Giseh u. Sakkara*>

Maß *n* mezuro *auch Ausmaß, Größe u. übertr* (↑ *auch* ***Abmaße***); *[abgemessener] Umfang* ĉirkaŭmezuro (↑ *auch* ***Taillenmaß***); *Hohl≗* mezuro de kapacito (↑ *auch* ***Flächen-, Längen-*** *u.* ***Raummaß***); *Messwerkzeug* mezurilo; *Umfang* dimensio, skalo; *Grad* grado; *Dosis* dozo; *Grenze* limo; *Verhältnis* proporcio; *übertr (Zurückhaltung)* sindeteno; ~ ***in Metern*** metra mezuro (*vgl. dazu* ***Metermaß***); ***drei ~ Bier*** tri kruĉoj da biero; ~***e und Gewichte*** mezuroj kaj pezoj; ~ ***halten*** ↑ ***maßhalten***; ~ ***nehmen*** *Schneider* preni la mezurojn, *anmessen* almezuri; ***in beträchtlichem*** (*od i.w.S.* ***bedeutendem***) ~***e*** en konsiderinda grado; ***in dem ~e, wie ...*** laŭmezure kiel ...; ***im gleichen ~e*** egalmezure; ***in großem ~e*** grandmezure, grandskale; ***in vollem ~e*** *in vollem Ausmaß* en plena mezuro, *auch* plen[mezur]e; ***nach*** ~ laŭmezure; ***über alle ~en*** supermezure, *bildh auch* ekster ĉiuj vortoj kaj pensoj ◇ ***der Mensch ist das ~ aller Dinge*** la homo estas la mezuro de ĉiuj aferoj; ***etw. mit zweierlei ~ messen*** prijuĝi ion per malegala mezuro; ***jetzt ist das ~ voll*** nun mia (*bzw.* nia) pacienco plenplene finiĝis

Massachusetts (*n*) (*Abk **Mass.**, [postalisch] MA*) *ein Bundesstaat im NO der USA* Masaĉuseco *[Hptst.: Boston]*

Mas[s]ada *f, hebräisch **Mezada** altjüdische Bergfestung über dem SW-Ufer des Toten Meeres [um 25 v. Chr. von Herodes I. erbaut (Nationalheiligtum des israelischen Volkes)]* Masado, *auch* Masada-fortikaĵo

Massage *f* masaĝo *auch Med* (↑ *auch* ***Bindegewebs-, Bürsten-, Duftöl-, Fuß-, Ganzkörper-, Herzdruck-, Klopf-, Knet-, Kopf-, Lymphmassage,manuelle Lymphdrainage, Reflexzonen-, Rücken-, Tiefen-, Unterwasser-*** *u.* ***Vibrationsmassage***); ***erotische ~*** erotika masaĝo (↑ *auch* ***Tantramassage***)

Massage|bürste *f* masaĝ[o]broso; ~**creme** *f* masaĝokremo; ~**institut** *n od* ~**salon** *m meist sex* masaĝ-instituto *od* masaĝosalono; ~**kissen** *n* vibrokuseno; ~**öl** *n* masaĝa oleo; ~**technik** *f* masaĝotekniko *od* masaĝa tekniko; ~**tisch** *m* masaĝotablo

[1]**Massai** *m/Pl Ethn (nilotische Hirtennomaden in Kenia u. N-Tansania mit kuschitischer Sprache)* masajoj *Pl*

[2]**Massai** *n Ling (Sprache der Massai)* la masaja [lingvo]

Massai|giraffe *f, auch **Weinlaubgiraffe** f* (Giraffa camelopardalis tippelskirchi) *Zool* masaja ĝirafo *[Vorkommen: mittleres Ostafrika]*; ~**löwe** *m* (Panthera leo massaicus) *Zool* masaja leono; ~**strauß** *m* (Struthio camelus massaicus) *Orn* masaja struto *[Vorkommen in Ostafrika]*

Massaker *n* masakro (↑ *auch* ***Blutbad, Gemetzel*** *u.* ***Massenmord***)

massakrieren *tr niedermetzeln, massenhaft umbringen* masakri, amasbuĉi

Maß|anfertigung *f beim Schneider* laŭmezura tajlorado; ~**anzug** *m* laŭmezure tajlorita (*od* farita) kostumo; ~**arbeit** *f [höchst] präzise Arbeit* preciz[eg]a laboro; ~**band** *n, auch **Bandmaß** n* mezurbendo (↑ *auch* ***Rollmaßband***)

Masse *f* ***a)*** *Menge* amaso; *Menschen~, Volks~* homamaso, popolamaso; *große Menge* granda amaso, amasego; ***eine ~ Menschen*** amaso da homoj; ***die breite ~*** *das einfache Volk* la simpla popolo; ***in ~n ankommen*** (*bzw.* ***erscheinen***) *z.B. eine Flut von Zuschriften* [al]veni amase (*od auch* grandare) ***b)*** *Phys* (*Formelzeichen* ***m***) *Quotient aus Gewicht u. Beschleunigung* maso *auch übertr*; *Substanz* substanco; *Materie* materio; *El (Erdanschluss* maso, terkonekto; ***kritische ~*** *Kerntechnik* krita maso; ***spezifische ~*** *Dichte* specifa maso; ***an ~ schließen*** *El (mit Masse in Kontakt bringen)* almasigi (*vgl. dazu* ***erden***) ***c)*** *Jur, Wirtsch u. i.w,S,* maso (*vgl. dazu* ***Erb-*** *u.* ***Hirnmasse***)

Maßeinheit *f* mezurunuo, unito [de mezuro] (*vgl. dazu* ***Einheit b)***)

Massekabel *n El* kablo por terkonekto

[1]**Massel** *m,* <*österr*> ***Masel*** *n jiddisch für «Glück»* bonŝanco

[2]**Massel** *f [gegossener] Roheisenbarren* krudfera [gis]bloko

Massen|andrang *f* alfluo de amaso da homoj; ~**arbeitslosigkeit** *f* amasa senlaboreco; ~**armut** *f, veraltend **Pauperismus** m Soziologie (allgemeine Verelendung)* paŭperismo; ~**artikel** *m Hdl* amase produktita artiklo, amasproduktaĵo; ~**auflage** *f Buchw, Ztgsw* amasa eldono; ~**aufstand** *m* ribelo de la popolamaso; *Volksaufstand* popolleviĝo

Massenausstand *m* ↑ ***Massenstreik***

Massen|auswanderung *f* amasa elmigrado; ~**befall** *m durch Schadinsekten u.Ä.* amasinfestado; ~**bewegung** *f* amasmovado; ~**demonstration** *f* [amasa] manifestacio (*vgl. dazu* ***Massenkundgebung***); ~**deportation** *f* amasa deportado; ~**entlassung** *f* amasaj (*od* grandnombraj) maldungoj; ~**erschießungen** *f/Pl* amasa mortpafado; ~**fabrikation** *f* amasa fabrikado (*od* produktado); ~**flucht** *f* amasa fuĝo (***aus*** el; ***nach*** al); ~**grab** *n* amastombo; ~**gut** *n Transportwesen* amasfrajtaĵo; *Hdl* amasvaroj *Pl*

massenhaft 1. *Adj* amasa, *umg auch für «unheimlich viele»* multege da **2.** *Adv* amase, grandare (↑ *auch* ***haufenweise***)

Massen|hinrichtungen *f/Pl* amasaj ekzekutoj *Pl*; ~**hysterie** *f* amasa histerio; ~**impfung** *f Med* amasa vakcinado; ~**infektion** *f Med* amasa infektiĝo; ~**karambolage** *f* amasa aŭtomobila kraŝo; ~**kommunikation** *f* amaskomunikado; ~**kommunikationsmittel** *od* ~**medien** *n/Pl* amaskomunikiloj *Pl*; ~**kundgebung** *f* amasa mitingo (*vgl. dazu*

Massendemonstration u. Massenversammlung); ~**mord(e)** *m/(Pl)* amasmurdoj *Pl* (*vgl. dazu* ***Blutbad*** *u.* ***Massaker***); ~**mörder** *m* amasmurdisto; ~**organisation** *f* amasorganiz[aĵ]o; ~**panik** *f* amasa paniko; ~**produktion** *f* amasproduktado *od* amasa produktado; ~**psychose** *f* amasa psikozo; ~**quartier** *n* amasloĝejo; ~**schießerei** *f* amaspafado; ~**sport** *m* amasosporto; ~**start** *m Sport* amasostarto; ~**sterben** *n* amasmort[ad]o; ~**streik** *m, auch* ***Massenausstand*** *m* amasa strikado; ~**tierhaltung** *f* amasa bestotenado *od* amasa tenado de bestoj; ~**tourismus** *m* amasturismo *od* amasa turismo; ~**überwachung** *f* amasa gvatado; ~**unterkunft** *f* amasloĝejo; ~**veranstaltung** *f* amasa evento; ~**verkehrsmittel** *n/ Pl* amastransportiloj; ~**vermehrung** *f* amasa pliiĝo (*od* multobliĝo); *von Bakterien od Schädlingen [z.B. von Forstschädlingen] (Fachspr)* pululado; ~**vernichtungswaffen** *f/Pl* amasmortigaj (*od* amasdetruaj) armiloj *Pl od* armiloj por amasa mortigo; ~**versammlung** *f* amasa kunveno, amasmitingo; ~**ware** *f* amase produktita artiklo, amasproduktaĵo

massenweise *Adv* amase; ***es waren ~ Fehler in diesem Zeitungsartikel*** svarmis la eraroj en tiu gazetara artikolo

Massenzahl *f, auch* ***Nukleonenzahl*** *f Kernphysik (Gesamtzahl der Nukleonen im Kern eines Atoms)* masnombro

Masseter- *od* **Unterkieferklonus** *m Med (klonischer Krampf der Kaumuskulatur)* masetera klonuso

Masseur *m* masaĝisto

Masseurin *od veraltend* **Masseuse** *f* masaĝistino

Maßgabe *f*: ***mit der ~, dass ...*** kun la instrukcio, ke ...; ***nach ~*** *mit Gen* laŭ

maßgebend *od* **maßgeblich** *Adj* decida (***für*** por); *einflussreich* influhava, multinflua; *kompetent* kompetenta; *autoritativ* aŭtoritata; ~***e Kreise*** *Pl* influhavaj rondoj *Pl*

maßgefertigt *od* **maßgeschneidert** *Adj Anzug* laŭmezure farita (*od* tajlorita)

maßhalten, *auch* ***Maß halten*** *intr moderat sein* esti modera; *nur bis zu einer gewissen Grenze gehen [dürfen]* ne [rajti] superi certan limon, *auch* gardi la mezurojn *od* memori pri mezuro; *sich zügeln* sin bridi

Maßholder *m Bot* ↑ ***Feldahorn***

[1]**massieren** masaĝi (***jmdn.*** iun) *auch Physiotherapie*; ***mit kurzen, kräftigen Schlägen ~*** haĉi (*vgl. dazu* ***Klopfmassage***)

[2]**massieren** *tr Mil (zusammenziehen)* koncentri; ***die Kräfte wurden im Raum ... massiert*** la militfortoj estis koncentrataj en la regiono de ...

Massieren *n Phyiotherapie* masaĝado

massig *Adj groß und breit* granda kaj larĝa; *kompakt* kompakta; *massenhaft* amasa (*vgl. dazu* ***massiv*** *u.* ***voluminös***)

mäßig *Adj* ***a)*** *enthaltsam, moderat* modera, *(im Essen u. Trinken)* sobra; *i.w.S. einfach, schlicht* simpla *auch Mahl* ***b)*** *nicht sehr zufriedenstellend* ne tre kontentiga; *mittelmäßig* mezbona, mezkvalita, mezvalora

mäßigen *tr mildern* moderigi; *verringern* malpliigi; *vermindern (im Sinne von «verkleinern»)* malgrandigi, *(im Sinne von «schwächen»)* malfortigi; *zügeln* bridi; ***sich ~*** *geringer werden* moderiĝi, malpliiĝi; *schwächer werden* malfortiĝi; *sich zurückhalten, z.B. in seiner Rede* sin reteni; *sich beherrschen* reteni sian pasion (*bzw.* koleron *u.a.*); *sich zügeln, sich im Zaum halten* sin bridi (*vgl. dazu* ***sich bescheiden***); *ruhig werden* trankviliĝi

mäßigend, *auch* ***moderierend*** **1.** *Adj* moderiga **2.** *Adv* moderige

Massigkeit *f* masiveco

Mäßigkeit *f* modereco; *im Genießen, beim Essen* sobreco; *Enthaltung vom Alkohol* abstinado

Mäßigung *f* ***a)*** *das Mäßigen* moderigo; *die Zügelung* bridado ***b)*** *das Sichmäßigen* moderiĝo; *das Sichzügeln* sinbridado

Massilia (*n*) *antiker Name von Marseille*: *Kolonie der ionischen Handelsstadt Phokaia [um 600 v. Chr. an der Rhônemündung gegründet]* Masilio

massiv *Adj* masiva; *kompakt, fest gefügt* kompakta *auch Bauweise* (*vgl. dazu* ***solide***); *echt* pura; ~ ***Blutung***, *auch* ***Massivblutung*** *f Med* masiva sangado; ~***es Gold*** *n* masiva oro; ***ein ~er Angriff*** *bes. Mil* masiva atako

Massiv *n Berg*≗ montmasivo *od* masivo da montoj (*vgl. dazu* ***Gebirge***)

Massivblutung *f Med* ↑ *unter* ***massiv***

Massivität *f* masiveco

Maßkontrolle *f* gaŭĝado (↑ *auch* ***Eichung***)

Maßliebchen *n Bot* ↑ ***Gänseblümchen***

maßlos 1. *Adj* senmezura; *grenzenlos* senlima; *exzessiv* ekscesa; *unmäßig* malmodera; *übermäßig* supermezura; *übertrieben* troigita; *zügellos* senbrida **2.** *Adv* senmezure; senlime; ekscese; malmodere; supermezure; ***er ist ~ eifersüchtig*** li estas senlime (*od umg auch* freneze) ĵaluza

Maßlosigkeit *f* senmezureco; senlimeco; malmodereco; senbrideco (*vgl. dazu* ***Exzess***)

Maßnahme *f* aranĝo; *Schritte* paŝoj *Pl*; *Mittel* rimedoj *Pl*; ***~n ergreifen*** (*od* ***treffen***) fari paŝojn, apliki (*od* preni) rimedojn (***gegen*** kontraŭ); *vorsorgen* antaŭzorgi (***für*** por)

Mas[s]ora *f Rel (jüdische Textkritik des Alten Testaments)* masoro

Massoreten *m/Pl Rel (Verfasser der Massora)* masoristoj *Pl*

Maßregel *f strenge Regelung* strikta regulo (*od* dispono)

maßregeln *tr zurechtweisen* riproĉe admoni (***jmdn.*** iun); *disziplinarisch einschreiten* apliki disciplinigajn rimedojn (***jmdn.*** kontraŭ iu); *disziplinarisch bestrafen* disciplinige puni (***jmdn.*** iun)

Maßschneiderei *f (Vorgang)* laŭmezura tajlorado; *(Werkstätte)* tajlorejo [por laŭmezura tajlorado]

Maßstab *m **a)** mit Skala bzw. Gradeinteilung versehener Stab* skala (*bzw.* gradigita) rektilo (*vgl. dazu* ***Lineal***, ***Richtlatte*** *u.* ***Zollstock***) ***b)*** *Skala* skalo *auch übertr* (↑ *auch* ***Weltmaßstab***); *Richtschnur, Norm* normo (↑ *auch* ***Kriterium***); ***eine [Land-] Karte im ~ 1 : 100 000*** *Kartogr* mapo en skalo de 1 : 100 000 [= unu por cent mil]; ***in großem ~*** en granda skalo, *umg* grandskale; ***im nationalen ~*** *auf nationaler Ebene* nacinivele

maßstab[s]|gerecht *od* **~getreu** *Adj bes. Kartogr* izometria

Maßsystem *n* mezursistemo

Maß- und Gewichtskunde *f* ↑ ***Metrologie***

maßvoll *Adj das rechte Maß habend, nicht übertrieben* havanta la ĝustan mezuron, ne troigita; *mäßig, gemäßigt* modera (*vgl. dazu* ***bescheiden***); *zurückhaltend, bes. im Essen u. Trinken* sobra

[1]**Mast** *m* masto *auch Mar* (↑ *auch* ***Antennen-***, ***Beton-***, ***Flaggen-***, ***Fock-*** ***Gitter-***, ***Hochspannungs-***, ***Mittel-***, ***Radar-***, ***Telefon-*** *u.* ***Zeltmast***); *Leitungs-, Telegrafen- od Tragmast auch* fosto (↑ *auch* ***Pfosten***)

[2]**Mast** *f von Geflügel, Schlachtvieh* grasigo

Mastaba *f eine altägypt. Grabform von flacher, blockartiger Form aus Steinquadern [für Könige, Beamte u. Priester der Frühzeit u. des Alten Reiches]* mastabo

Mastbaum *m Mar* masto

Mastdarm *m*, *auch* ***Enddarm*** *m* <*wiss*> ***Intestinum rectum*** *od kurz* ***Rectum*** *od* ***Rektum*** *n Anat* rektumo (*vgl. dazu* ***After***); ***Spiegelung des ~s*** ↑ ***Rektoskopie***

Mastdarm|blutader *f*, *auch* ***Rektumvene*** *f* (Vena rectalis) *Anat* rektuma vejno; **~entzündung** *f*, *Fachspr* ***Proktitis*** *f*, *auch* ***Rektitis*** *f* inflamo de la rektumo, *Fachspr* proktito, *auch* rektumito (↑ *auch* ***Paraproktitis***); **~prolaps** *m*, *Fachspr* ***Rektumprolaps*** *m* (Prolapsus recti) *Vorfall des Mastdarms* rektuma prolapso; **~reflex** *m Physiol* rektuma reflekso; **~schmerz** *m Med* proktalgio

Mastdarmspiegel *m Medizintechnik* ↑ ***Rektoskop***

Mastdarm|stenose *f Med* stenozo de la rektumo; **~vene** *f*, <*wiss*> ***Rektumvene*** *f* (Vena rectalis) *Anat* rektuma vejno

Mastektomie *f*, *auch* ***Mammektomie*** *od* ***Mammaamputation*** *f* (Amputatio mammae) *nur Fachspr Chir* mamektomio, mamoamputado

mästen *tr* grasigi (*vgl. dazu* ***nudeln***); ***sich ~*** sin grasigi (***mit*** per)

Masterplan *m* mastroplano

Mast|futter *n Landw* grasiga furaĝo (*od auch* nutraĵo); **~gans** *f Landw* grasigita ansero

Masthahn *m*: ***kastrierter ~*** kapono

Masthuhn *n*: ***junges ~*** *Poularde* pulardo *auch Kochk*

Mastix *m Harz der Mastixpistazie* mastiko; **~pistazie** *f*, *auch* ***Mastixstrauch*** *m* (Pistacia lentiscus) lentisko, *auch* mastikarbo

Mastkorb *m*, *auch* ***Mars*** *m Mar ([früher:] korbähnlicher Aufbau auf dem Mast; [heute:] die Mastplattform als Abschluss des Untermastes)* topo

Mastkraut *n* (*Gattung* Sagina) *Bot* sagino (↑ *auch* ***Pfriemen-*** *u.* ***Strandmastkraut***); ***knotiges ~*** (Sagina nodosa) noda sagino; ***kronblattloses ~*** (Sagina micropetala) senpetala sagino; ***niederliegendes ~*** (Sagina procumbens) kuŝanta sagino

Mast|kuh *f Landw* grasigita bovino; **~ochse** *m* grasigita bovo (↑ *auch* ***Mastvieh***); **~kur** *f Med* grasiga kurac[ad]o

Mastodon *n Paläontologie (ein ausgestorbener Urelefant)* mastodonto

Mastoiditis *f*, *auch* ***Warzenfortsatzentzündung*** *f Med* mastoidito

Mastozyten *m/Pl Histologie, Zytologie* ↑ ***Mastzellen***

Mastschwein *n Landw* grasigita porko
Masttopp *m Mar* ↑ ***Topp***
Mästung *f* grasigo
Masturbation *f sex (manuelle Selbstbefriedigung)* masturbado *bzw.* sinmasturbado (*vgl. dazu* ***Onanie***)
masturbieren *sex* ***a)*** *tr* masturb[ad]i ***b)*** *intr* sin masturb[ad]i, *(Mann)* melki la kacon
Mastvieh *n Landw* grasigitaj brutoj *Pl*
Mastzellen *f/Pl*, <*wiss*> ***Mastozyten*** *m/Pl Histologie, Zytologie (Zellen, der körpereigenen Abwehr, die Botenstoffe [Heparin, Histamin] gespeichert haben* mastocitoj *Pl*
Masuren ***a)*** (*n*) *poln.* ***Mazury*** *Pl Landschaft im ehem. Ostpreußen* Mazurio *m/Pl* ***b)*** *Ethn (Bewohner Masurens)* mazuroj *Pl*
masurisch *Adj Masuren betreffend, zu ihm gehörend bzw. aus Masuren stammend* mazura; ***≗e Seen*** *m/Pl* Mazuraj Lagoj *Pl*
Masurium *n Chem (ehemaliger Name des Elements Technetium)* masurio (↑ ***Technetium***)
Masurka *f Mus, Tanz* ↑ ***Mazurka***
Masut *n Chem (ein Erdölrückstand)* mazuto <*wird zum Heizen von Kesseln verwendet*>
Matador *m Hauptkämpfer im Stierkampf, der dem Stier den Todesstoß gibt* matadoro (*vgl. dazu* ***Torero***) *i.w.S. für «Hauptperson»*
Mata Utu (*n*) *Hptst. von Wallis und Futuna* Mata-Uto
Match *n Sport* maĉo (*vgl. dazu* ***Wettkampf***)
Matcha *m [in Japan:] gemahlener Grüntee* muelita verda [pulvor]teo
Matebaum *m Bot* ↑ ***Mate-Teestrauch***
Material *n allg* materialo (*vgl. dazu* ***Utensilien***; ↑ *auch* ***Informations-***, ***Lehr-***, ***Roh-*** *u.* ***Vergleichsmaterial***); *Stoff für Kleidung* ŝtofo; *i.w.S. (Rohstoff)* krudmaterialo, krudaĵo, *(Baumaterial)* konstrumaterialo; ***rollendes*** ~ *Eisenb* ruliĝanta materialo; ***statistisches*** ~ statistika materialo (***über*** pri)
Material|basis *f z.B. für eine Dokumentation, ein Sachbuch u. dgl.* materialbazo; ~**bedarf** *m* bezono de materialo; ~**bewirtschaftung** *f* administrado de la stokoj; ~**eigenschaften** *f/Pl Pl z.B. Hitzebeständigkeit u. Reißfestigkeit* ecoj de la materialo; ~**einsparung** *od* ~**ersparnis** *f* ŝparo de materialo; ~**fehler** *m* materialdifekto
Materialisation *f Verstofflichung* materiigo
materialisieren *tr* materiigi
Materialismus *m auf Besitz u. Gewinn ausgerichtete Haltung* materialismo, *Phil (philosophische Anschauung, die alles Wirkliche auf Kräfte od Bedingungen der Materie zurückführt)* materiismo (↑ *auch* ***Vulgärmaterialismus***); ***dialektischer*** (***historischer***) ~ dialektika (historia) materiismo
Materialist *m Mensch, der nur auf den eigenen Besitz bedacht ist* materialisto, *Phil* materiisto
materialistisch *Adj auf den Materialismus bezogen* materialisma; *auf die Materialisten bezogen* materialista
Materialität *f Stofflichkeit, Körperlichkeit, materielles Wesen* materieco
Material|kosten *Pl* materialkostoj *Pl od* kostoj por materialo; ~**mangel** *m* manko de materialo; ~**ökonomie** *f, auch* ***Materialwirtschaft*** *f* materialekonomio; ~**prüfung** *f* materialtestado *od* testado de materialoj; ~**sammlung** *f* kolekto de materialo; ~**schaden** *m* materialdifekto; ~**verbrauch** *m* konsum[ad]o de materialo; ~**verlust** *m z.B. durch Ausschuss* perdo de materialo
Materialwirtschaft *f* ↑ ***Materialökonomie***
Materie *f allg* materio *auch Phil u. Phys*; ***dunkle*** ~ *Astron (nicht sichtbare Form der Materie, die nur durch Gravitationswirkung nachweisbar ist)* malluma materio; ***organische*** (***tote***) ~ organika (morta) materio
materiell **1.** *Adj auf die Materie bezüglich bzw. zur Materie gehörend* materia (↑ *auch* ***stofflich***); *auf die ökonomische Seite des Lebens bezogen* materiala; ***die ~e Grundlage*** la materiala bazo (***für*** por); ***aus ~em Interesse*** pro materiala intereso; ***~e Kultur*** *f*, <*österr*> ***Sachkultur*** *f* materia kulturo; ***~e Mittel*** *n/Pl* materialaj rimedoj *Pl*; ***die ~e Welt*** la materia mondo; ***~e Werte*** *m/Pl* materiaj valoraĵoj *Pl*; ***~er Wohlstand*** *m* materiala bonstato **2.** *Adv*: ***jmdn. ~ unterstützen*** subteni iun materiale
Mate[tee] *m, auch* ***Paraguay-Tee*** *m* mateo, *auch* paragvaja teo
Mate-Teestrauch *m, auch* ***Matebaum*** *m* (Ilex paraguaiensis) *Bot (ein südamerikanisches Stechpalmengewächs)* paragvaja ilekso, *auch* matearbo
Mathematik *f* (*Abk* ***Math.***), *Schülersprache* ***Mathe*** *f (meist ohne Art)* matematiko (↑ *auch* ***Geomathematik***); ***angewandte*** (***elementare***, ***höhere***, ***reine***) ~ aplikata (elementa, supera, pura) matematiko
Mathematiker *m* matematikisto
Mathematik|lehrbuch *n* lernolibro de ma-

tematiko; ~**lehrer** *m* instruisto pri matematiko; ~**professor** *m* profesoro pri matematiko; ~**unterricht** *m* instruado de matematiko (*vgl. dazu* ***Rechenunterricht***)

mathematisch 1. *Adj* matematika; ~***e Kommunikationstheorie*** *f* matematika komunikado-teorio; ~***e Logik*** *f* matematika logiko; ~***e Symbole*** (*od* ***Zeichen***) *n/Pl* (*z.B.* ± *od* ∞) matematikaj simboloj *Pl*; ***mit*** ~***er Genauigkeit*** kun matematika precizeco **2.** *Adv* matematike

mathematisieren *tr mathematische Methoden in etw. einführen* matematikizi (***etw.*** ion)

Mathematisierung *f* matematikizo

Mathilde (*f*) *weibl. Vorname* Matilda *auch Name einer Markgräfin u. von Königinnen*

Matička (*m*) *Eig (ein tschechischer naiver Maler [1893-1974])* Matiĉko

Matinee *f Kino, Theat* matineo (↑ *auch* ***Filmmatinee***)

Matisse (*m*) *Eig (franz. Maler, Grafiker, Zeichner u. Bildhauer [1869 -1954])* Matiso

Matjes[hering] *m*, *reg* ***Jungfernhering*** *m Nahr (junger [mild gesalzener] Hering)* virgharingo, juna [salita] haringo

Matmata (*n*) *eine Berberstadt im Sahel Tunesiens, südlich von Gabès* Matmato *<bekannt durch Höhlenwohnungen>*

Mato Grosso (*m*) *1. ein weites Hochland im SW Brasiliens 2. ein Bundesstaat Brasiliens* Matogroso *[Hptst.: Cuiabá]*

Matratze *f Bettpolster* matraco (↑ *auch* ***Futon***, ***Luft-***, ***Rosshaar- Schaumgummi-*** *u.* ***Sprungfedermatratze***)

Matratzenstoff *m Textil* ŝtofo por matracoj (*vgl. dazu* ***Zwillich***)

Mätresse *f Geliebte* amatino, *sex* amorantino; *Konkubine* konkubino

matriarchalisch *Adj* matriarka

Matriarchat *n* ↑ ***Mutterrecht***

Matrikel *f*, *auch* ***Stammrolle*** *f*, *<österr> auch* ***Matrik*** *f Namen- od Aufnahmeverzeichnis, z.B. auch in Haftanstalten, Krankenhäusern u.a.* matrikulo; *Universitäts*~ studenta matrikulo; ***Auszug*** *m* ***aus einer*** ~ matrikula eltiraĵo

Matrikelnummer *f* matrikula numero

Matrix *f* (*Pl*: ***Matrizen*** *od* ***Matrices***) *Anat, Geol, Math* matrico (↑ *auch* ***Diagonalmatrix***); ***alternierende*** ~ *Math* alterna matrico; ***extrazelluläre*** ~ *od* ***Extrazellularmatrix*** *f* (*fachsprachl. Abk* ***EZM***) *Zytologie (ein Gewebeanteil, der zw. den Zellen im sogen. Interzellularraum liegt)* eksterĉela matrico; ***inverse*** (***quadratische***, ***unitäre***) ~ *Math* inversa (kvadrata, unitara) matrico

Matrixinversion *f* inversigo de matrico

Matrize *f Tech (Gieß-, Press- od Stanz*~*), Typ (Metall*~ *[für die Setzmaschine])* matrico; *Wachs*~ stencilo; *Druckplatte* presplato

Matrizen|algebra *f Math* algebro de matricoj; ~**rechnung** *f Math* matrica kalkulo; ~-**spannvorrichtung** *f Typ* matrica ĉuko

Matrone *f römische Antike (ehrbare Frau)*; matrono; *heute meist spöttisch für «[ältere] korpulente Frau»* dik[ventr]a oldulino

Matrose *m i.e.S. (Seemann mit niedrigstem Dienstgrad an Deck)* matroso; *i.w.S. (Seemann)* maristo, *auch* ŝipano

Matrosen|anzug *m* marista kostumo; ~**bluse** *f* marista bluzo; ~**mütze** *f* marista (*od* matrosa) ĉapo, marista bireto; ~**uniform** *f* marista uniformo

Matsalubucht *f*, *dt.* ***Matzalwieck*** *f eine Meeresbucht der Ostsee in West-Estland* Matsala Golfo *<seit 2004 Bestandteil des Nationalparks Matsalu>*

Matsch *m Schlamm* ŝlimo; *durch Regen* pluvkoto; *Schnee*~ neĝokaĉo

matschig *Adj schlammig* ŝlim[ec]a, *(Weg) auch* kot[plen]a; *breiig* kaĉa (↑ *auch* ***pulpös***); *i.w.S. halb verfault* duone putra

Matschwetter *n*, *<schweiz> dial* ***Pflotschwetter*** *n umg* neĝokaĉa vetero

Matsudaira-Wellenläufer *m* (Oceanodroma matsudaire) *Orn* fulga ŝtormpetrelo

Matsutake *m* (Tricholoma matsutake) *Mykologie (ein Schmarotzerpilz auf den Wurzeln der Kiefernart «Pinus densiflora» [beliebter Speisepilz in Japan])* macutako

Matsuyama (*n*) *eine japanische Stadt im NW der Insel Shikoku* Macujamo

[1]**matt** *Adj* ***a)*** *erschöpft* elĉerpita; *ermüdet* laca; *schwächlich* febla; *kraftlos* senforta (*vgl. dazu* ***kaputt***) ***b)*** *wenig eindrucksvoll* neimpona; *unscheinbar* ne imponanta per sia eksteraĵo ***c)*** *glanzlos* nebrila; *nicht poliert, z.B. Glas* malpolurita; *Farbe* pala (↑ *auch* ***farblos***); *Licht* difuza; *Puls* malforta; ~***es Glas*** *n* difuza (*od auch* malpolurita) vitro

[2]**matt**, *auch* ***schachmatt*** *Adj Schach* mata; ~ ***in zwei Zügen*** mata en du movoj; ~ ***sein*** esti en mato, *auch* mati; ~ ***setzen*** matigi, meti en maton

Matt *n, auch* ***Schachmatt*** *n Schach* mato
mattblau *Adj* pale blua
[1]**Matte** *f aus Flechtwerk od textilem Material* mato (*vgl. dazu* ***Unterlage***; ↑ *auch* ***Bade-***, ***Bambus-***, ***Bast-***, ***Fuß-***, ***Gebets-*** *u.* ***Rohrmatte***); *in jap. Wohnhäusern* tatamo *auch Judo* (*vgl. dazu* ***Tatami***); *Gymnastik* tapiŝo; ~***n flechten*** plekti matojn
[2]**Matte** *f* ↑ ***Bergweide*** *u.* ***Wiese***
Matterhorn *n, franz.* ***Mont Cervin*** *ein Berg in den Walliser Alpen* [monto] Materhorno
Mattglas *n* difuzanta vitro
matt|gold *od* ~**golden** *Adj* malbrile orkolora
Matthäus (*m*), *ökumenisch* ***Mattäus*** (*m*) *ein Apostel u. Evangelist* Mateo; ~**-Evangelium** *n bibl* evangelio laŭ Mateo
Mattheit *f von Farben* paleco; *von Licht* difuzeco; *Glanzlosigkeit* nebrileco, senbrileco
mattieren *tr* [iom] malbriligi
Mattigkeit *f Erschöpftsein* elĉerpiteco; *Ermüdung* laceco; *Kraftlosigkeit, Schwäche* malfort[ec]o, febleco (*vgl. dazu* ***Erschöpfung***)
Mattscheibe *f Foto* enfokusiga vitro
Matumbi *Pl eine Ethnie in Tansania* matumboj *Pl*
Matura *f* ↑ ***Abitur*** *u.* ***Reifeprüfung***
Maturand *od* **Maturant** *m* ↑ ***Abiturient***
Maturin (*n*) *Hptst. des venezolanischen Gliedstaates Monagas* Maturino
Matutin *f Kirche (nächtliches Stundengebet)* matutino
Matzalwieck *f* ↑ ***Matsalubucht***
Matze *f od* **Matzen** *m, auch* ***Passahbrot*** *n ungesäuertes Fladenbrot, wie es die Juden während der Passahwoche essen* maco
Mauer *f* muro *auch übertr* (*vgl. dazu* ***Wand***; ↑ *auch* ***Brand-***, ***Festungs-***, ***Friedhofs-***, ***Grund-***, ***Kai-***, ***Stein-***, ***Umfassungs-*** *u.* ***Zwischenmauer***); ***die Berliner*** ~ *dt. Gesch* la Berlina Muro; ***etw. mit einer*** ~ ***umgeben*** *ummauern* ĉirkaŭmurigi ◇ ***eine*** ~ ***bilden*** *Fußball* fari (*od* formi) muron
Mauerassel *f* (*Gattung* Oniscus *u. die Art* Oniscus asellus) *Zool* onisko
Mauerbiene *f Ent* ↑ ***Mörtelbiene***
Mauer|blende *f* (*fachsprachl. auch* ***Lisene*** *genannt*) *Arch, Bauw (eine schmale u. leicht hervortretende vertikale Verstärkung der Wand)* pilastra friso; ~**blümchen** *n Mädchen, das beim Tanzen wenig od gar nicht aufgefordert wird* knabino ne [multe] petata al danco
Mäuerchen *n kleine od dünne Mauer* mureto
Mauer|doppelsame *m* (Diplotaxis muralis) *Bot* mura diplotakso; ~**durchbruch** *m (die Öffnung selbst)* breĉo [en (la) muro]
Mauereidechse *f* (Lacerta muralis = Podarcis muralis) *Zool* mura lacerto; ***spanische*** ~ (Podarcis hispanica) hispana [mura] lacerto; ***tyrrhenische*** ~ (Podarcis tiliguerta) tirhena [mura] lacerto *[Vorkommen: endemisch auf Korsika u. Sardinien]*
Mauerfalke *m Orn* ↑ ***Turmfalke***
Mauer|felsenblümchen *n* (Draba muralis) *Bot* mura drabo; ~**flechte** *f* (Lecanora muralis) *Bot (eine Krustenflechte)* mura lekanoro; ~**gänsefuß** *m* (Chenopodium murale) *Bot* mura kenopodio; ~**gecko** *m* (Tarentola mauritanica) *Zool (häufigster Gecko der Mittelmeerländer)* mura geko; ~**haken** *m* murhoko; ~**kranz** *m Arch* kordono (↑ *auch* ***Gesims***)
Mauerkraut *n Bot* ↑ ***Glaskraut***
Mauer|krone *f z.B. einer Talsperre* mur[o]-supro; ~**lattich** *m* (Mycelis muralis) *Bot* mura micelo; ~**läufer** *m* (Tichodroma muraria) *Orn* murgrimpulo
mauern *tr* masoni (↑ *auch* ***ein-*** *u.* ***zumauern***); [fortike] konstrui el brikoj (*od* ŝtonoj)
Mauern *n* masonado
Mauerpfeffer *m Bot*: ***milder*** ~ (Sedum sexangulare) milda sedo; ***scharfer*** ~ *u.* ***spanischer*** ~ ↑ *unter* ***Fetthenne***; ***weißer*** ~, *auch* ***weiße Tripmadam*** *f* (Sedum album) blanka sedo
Mauer|raute *f* (Asplenium ruta-muraria) *Bot* muroruto; ~**segler** *m* (Apus apus) *Orn* apuso; ~**stärke** *f* dikeco de [la] muro; ~**vertiefung** *f Nische* niĉo [en la muro]
Mauerwerk *n* masonaĵo (↑ *auch* ***Naturstein-*** *u.* ***Ziegelmauerwerk***); ***mit*** ~ ***ausfüllen*** *aus od zumauern* fermi (*od* plenigi) per masonaĵo
Mauerzimbelkraut (Cymbalaria muralis) *Bot* mura cimbalario
[1]**Mauke** *f, auch* ***Fesselekzem*** *n Vet (eine bakterielle Hautentzündung in der Fesselbeuge des Pferdes)* pasterna haŭtinflamo (*od* dermatito) (*vgl. dazu* ***[2]Fessel***)
[2]**Mauke** *f reg* ***a)*** *umg für «Fuß»* piedo ***b)*** *in Sachsen*: ***keine*** ~ ***haben zu ...*** *keine Lust zu etw. haben* havi [absolute] nenian emon ...
[3]**Mauke** *f Weinbau (krebsartige Wucherung an Trieben von Weinreben)* kancera proliferaĵo sur vizoŝosoj

Maul *n* ***a)*** buŝ[eg]o; *Spitz*≗ *bestimmter Fische, hervorstehende Schnauze bei vielen Hunderassen od des Langnasenigels u.a.* muzelo ***b)*** *meist übertr (Rachen, Schlund)* faŭko ***c)*** *derb für «Mund» [bei Menschen]* buŝaĉo; ***dreckiges*** ~ *Schandmaul* fibuŝo ◇ ***das*** ~ ***halten*** teni sian langon en la buŝo *(Zam)*; ***halt's*** ~***!*** *derb* fermu (*od* tenu) la (*od* vian) buŝaĉon!; ***ein loses*** ~ ***haben*** *derb* havi [tro] viglan langon (↑ *auch* ***Mundwerk***); ***jmdm. das*** ~ ***stopfen*** [en bruska maniero] silentigi iun ***d)*** *Tech (Maul eines Schraubenschlüssels, einer Zange)* buŝo, makzelo

Maulaffen *Pl* ◇ ~ ***feilhalten*** *[mit offenem Mund herumstehen und nur] gaffen* [stari kun melfermita buŝo kaj] gapi

Maulbeerbaum *m* (*Gattung* Morus) *Bot* moruso, *auch* morusarbo; ***chinesischer*** ~ (Morus bombycis = Morus australis) aŭstrala moruso *[Vorkommen in SO-Asien]*; ***indischer*** ~ (Morus indica) hinda moruso; ***roter*** ~ (Morus rubra) ruĝa moruso; ***schwarzer*** ~ (Morus rubra) nigra moruso; ***weißer*** ~ (Morus alba) blanka moruso

Maulbeere *f Frucht des Maulbeerbaums* morus[ber]o

maulbeerfarben *Adj* morusokolora

Maulbeerfeige *f* ↑ ***Sykomore b)***

Maulbeerfeigenbaum *m Bot* ↑ ***Sykomore a)***

Maulbeergewächse *n/Pl Bot*: ***[Familie der]*** ~ (Moraceae) morusacoj *Pl*

Maulbeerkeim *m Biol* ↑ ***Morula***

Maulbeerkeimbildung *f Biol* ↑ ***Morulation***

Maulbrüter *m Ichth, Zool* buŝbredulo

Mäulchen *n kleiner Mund* buŝeto

maulen *intr murren, mürrisch reden* grumbl[et]i (***wegen*** pro); *schmollen* paŭti

Maulesel *m*, <*österr*> *u. reg* ***Muli*** *n Zool (Kreuzung aus Pferdehengst u. Eselstute)* hino (*vgl. dazu* ***Maultier***)

Maul|füßer *m/Pl* (*Ordnung* Stomatopoda) *Zool* stomatopodoj *Pl*; ~**gatter** *n Vet (Handgerät zum Sperren u. Offenhalten des Maules größerer Säuger)* buŝ-malfermilo; ~**held** *m Phrasendrescher* fraz[aĵ]isto; *Prahler* fanfaronulo

Maulkorb *m*, *reg* ***Beißkorb*** *m* buŝumo *auch übertr*, muzelingo; ***einem Hund einen*** ~ ***anlegen*** fiksi muzelingon al hundo

Maulschelle *f alt od reg* = ***Ohrfeige***

Maul|sperre *f Med* makzelspasmo, <*wiss*> trismo (*vgl. dazu* ***Trismus***); ~**taschen** *f/Pl Nahr* ŝvabaj ravioloj *Pl*

Maultier *n*, *reg u.* <*österr*> ***Muli*** *n Zool (Kreuzung aus Eselhengst u. Pferdestute)* mulo; ~**hirsch** *m*, *auch* ***Großohrhirsch*** *m* (Odocoileus hemionus) *Zool* hemiona (*od* nigravosta) cervo *[Vorkommen: im Westen Nordamerikas]*; ~**pfad** *m* mul-pado *od* mul-vojeto; ~**treiber** *m* mulisto

Maultrommel *f*, *auch* ***Mundharfe*** *f od* ***Brummeisen*** *n Mus (ein Zupfidiophon)* buŝharpo

Maul- und Klauenseuche *f* (*Abk* ***MKS***), *auch* ***Aphthenseuche*** *f Vet* afta epidemio

Maulwurf *m*, <*österr*> *u. reg* ***Scher*** *m*, <*schweiz*> *u. reg* ***Schermaus*** *f* (*Gattung* Talpa) *Zool* talpo (↑ *auch* ***Blindmaulwurf***); ***europäischer*** ~ (Talpa europaea) eŭropa talpo; ***[Familie der] Maulwürfe*** *Pl* (Talpidae) talpedoj *Pl* ◇ ***blind wie ein*** ~ blinda kiel talpo

Maulwurfs|bau *m* talpejo; ~**falle** *f* talpokaptilo; ~**fell** *n* talpa felo *od* talpofelo; ~**gang** *m* talpa galerio; ~**grille** *f*, <*österr*>, <*schweiz*> *u. reg auch* ***Werre*** *f* (*Gattung* Gryllotalpa) *Ent* talpogrilo (*vgl. dazu* ***Grille***); ~**haufen** *od* ~**hügel** *m* elfosita teramaso de talpo, *pop* talpomonteto; ~**natter** *f* (Pseudaspis cana) *Zool* talposerpento *[Vorkommen: Südafrika[*

Maulwurfsratte *f Zool* ↑ ***Bandikutratte***

Mauna Kea *m ein Vulkan auf Hawaii [mit astronomischen Observatorium]* [vulkano] Maŭnakeo

Maure *m Angehöriger eines nordafrikanischen Mischvolks* maŭro

Maurer *m* masonisto; ~**hammer** *m Handw* masonista martelo; ~**kelle** *f Handw* masonista trulo, trulo [de masonisto]

Maurerklavier *n* <*österr*> *umg scherzh für* ***Ziehharmonika*** [↑ *unter* ***Akkordeon***]

Maurer|meister *m* masona majstro; ~**polier** *m* ĉefmasonisto; ~**waage** *f* masonista nivelilo; ~**werk** *n das Gemauerte* masonaĵo, *(Füllwerk, Gussmauerwerk)* rablo; ~**werkzeug** *n (als Gesamtheit)* masonista ilaro

Mauretanien (*n*), *arab.* ***Mūritānīya***, *amtl* ***Islamische Republik Mauretanien*** *ein Staat in NW-Afrika* Maŭritanio, *amtl* Islama Respubliko Maŭritanio *[Hptst.: Nouakchott]*

Mauretanier *m* maŭritaniano

Mauretanierin *f* maŭritanianino

mauretanisch *Adj* maŭritania

Maurice (*m*) *männl. Vorname* Maŭrico

Mauriner *m/Pl Rel (franz. Benediktiner-*

Kongregration <1618 gegründet> [1790 in den Wirren der Französischen Revolution untergegangen]) maŭristoj *Pl*

maurisch *Adj die Mauren betreffend* maŭra; *~**e Kunst** f Stilrichtung der islamischen Kunst in Nordafrika (mit Fès als Zentrum) u. in Andalusien [11.-15. Jh.]* maŭra arto; *~**er Stil** m Arch* maŭra stilo

Mauritier *m Bewohner von Mauritius* maŭriciano

Mauritierin *f* maŭricianino

mauritisch, *auch **maurizisch** Adj* maŭricia

[1]**Mauritius** (*m*) *ein christl. Heiliger* Maŭricio *<Schutzheiliger der Infanterie>*

[2]**Mauritius** (*n*) *ein Inselstaat im Indischen Ozean* Maŭricio *[Hptst.: Port Louis]*; **~-Ralle** *f* (Aphanapterix bonasia) *Orn* ruĝa ralo *[Vorkommen bis vor 1700 endemisch auf Mauritius (ausgestorbene Art)]*

[1]**Maus** *f Zool* muso; *Haus≃* (Mus musculus) [en]doma muso (↑ *auch **Baum-**, **Blind-**, **Brand-**, **Erd-**, **Feld-**, **Gelbhals-**, **Grashüpfer-**, **Hasel-**, **Haus-**, **Kirchen-**, **Pinselschwanz-**, **Renn-**, **Rötel-**, **Scher-**, **Schlaf-**, **Schnee-**, **Spitz-**, **Spring-**, **Sumpf-**, **Wald-**, **Wühl-** u. **Zwergmaus***); ***weiße** ~* blanka muso; *scherzh für «Verkehrspolizist»* trafikpolicisto; ***Mäuse fangen*** kapti musojn; ***die ~ fiept*** la muso pepetas; ***[Familie der echten] Mäuse** f/Pl, auch **Langschwanzmäuse** f/Pl* (Muridae) *Zool* musedoj *Pl [umfasst über 70 Gattungen]*

[2]**Maus** *f, auch **Mouse** f Computer≃* muso (*vgl. dazu **Mauspad** u. **Maustaste***)

[1]**mauscheln** *intr Jiddisch sprechen* paroli jide (*od* la jidan [lingvon])

[2]**mauscheln** *intr beim Kartenspiel betrügen* trompe ludi [dum kartludo]

Mäuschen *n* museto

mäuschenstill *prädikatives Adj u. Adv*: ***es wurde** ~* fariĝis plena silento *(Zam)*

Mäuse|befall *m* musoinfestado *bzw.* musoinfestiĝo; ~**bussard** *m* (Buteo buteo) *Orn* musobuteo, *umg meist kurz* buteo *<häufigster Greifvogel Mitteleuropas>*

Mäusedorn *m* (*Gattung* Ruscus) *Bot* rusko; ***gemeiner*** (*od **stacheliger***) ~ (Ruscus aculeatus) dorna rusko *<dieser wird auch pharmazeutsich genutzt>*

Mäusefalke *m Orn* ↑ ***Turmfalke***

Mausefalle *f, <österr> auch **Mausfalle** f* muskaptilo

Mäuse|fänger *m, <schweiz> **Mauser** m* muskaptisto; ~**gerste** *f* (Hordeum murinum) *Bot* musa (*od* sovaĝa) hordeo; ~**gift** *n* musoveneno; ~**junge** *n* musido; ~**kot** *m* musofekaĵo

Mauseloch *n, selt **Mäuseloch** n, <schweiz> **Mausloch** n* musotru[et]o

mausen ***a)** auch **mopsen** tr u. abs* ŝteli [malgrandan aĵon] (*vgl. dazu **klauen** u. **stehlen***) ***b)** intr Mäuse fangen* kapti musojn

Mäusenest *n* nesto de muso(j)

Mäuseohr *n Zool* ↑ ***Zweifarbfledermaus***

Mäuseplage *f* musoplago

[1]**Mauser** *f Federwechsel der Hühner od Vögel* plumŝanĝ[iĝ]o; *Zeit des Federwechsels* plumŝanĝiĝa sezono

[2]**Mauser** *m* ↑ ***Mäusefänger***

Mausergewehr *n erstes Mehrladegewehr* maŭzerpafilo *<so benannt nach den Konstrukteuren Paul u. Wilhelm von Mauser>*

Mäuserich *m fam* virmuso

mausern *intr u. refl **sich** ~ refl Huhn, Vogel* ŝanĝi la plumojn

Mauserpistole *f, Kurzw **Mauser**® eine Selbstladepistole* maŭzerpistolo

mausetot, *<österr> umg auch **maustot** Adj salopp* tute senviva

Mausfalle *f* ↑ ***Mäusefalle***

maus|farben *od* ~**farbig** *Adj* musokolora; ~**grau** *Adj* musogriza, *nachgest* griza kiel muso

Mausklick *m, auch **Mouseclick** m EDV (Betätigen der Maustaste)* musoklako; ***mit einem** ~* per unu musoklako (*od* alklako) (↑ *auch **Doppelklick***)

Mausloch *n* ↑ ***Mauseloch***

Mausmaki *m Zool*: ***grauer** ~* (Microcebus murinus) griza musolemuro *[Vorkommen: endemisch auf Madagaskar]*

Mausoleum *n [ursprünglich:] Grabgebäude für König Mausolos II; [heute:] monumentaler Grabbau od kunstvolle Grabstätte überhaupt* maŭzoleo

Mausolos II. (*m*) *Eig (Dynast von Karien [4. vorchristl. Jh.])* Maŭzolo

Mauspad [*'...pɛd*] *n, auch <engl> **Mousepad** EDV* musomato *bzw.* musoplato

Maustaste *f EDV (Taste der Computermaus)* musklavo; ***die rechte** ~ **drücken*** premi la dekstran musklavon

Mauswiesel *n* (Mustela nivalis) *Zool* neĝmustelo

Maut *f, reg (bes. in Österreich) **Mautgebühr** f Straßenbenutzungsgebühr* vojimposto (*vgl. dazu **Wegegeld***); *Gebühr für Brückenüber-*

fahrt pont-imposto; ***Pkw-Maut*** *f* aŭtomobila vojimposto

Mautstraße *f* vojimposta strato

mauve [*mo:v*] ↑ ***malvenfarben***

m. a. W. = *Abk* ***mit anderen Worten***

Max (*m*) *männl. Vorname* Makso

Maxilla *f Anat* = ***Oberkiefer***

maxillar ↑ *unter* ***Oberkiefer***

Maxim (*m*) *männl. Vorname* Maksimo

maximal 1. *Adj größt- od höchstmöglich* maksimuma; *zeitl: längstens* plej longe; *~e* ***Nutzlast*** [permesita] maksimuma ŝarĝo **2.** *Adv ([aller]höchstens)* maksimale

Maximal|belastung *f* maksimuma ŝarĝo; ~**dauer** *f* maksimuma daŭro; ~**dosis** *f Med, Pharm* maksimuma dozo; ~**gehalt** *n* ***a)*** *Fin* maksimuma salajro ***b)*** *an Inhalt* maksimuma enhavo; ~**gewicht** *n* maksimuma pezo; ~**kapazität** *f* maksimuma kapacito; ~**last** *f* ŝarĝomaksimumo, *auch* maksimumo de ŝarĝo; ~**lohn** *m* maksimuma laborpago; ~**preis** *m* maksimuma prezo; ~**profit** *m* maksimuma profito; ~**strafe** *f Jur* maksimuma puno (↑ *auch* ***Todesstrafe***); ~**temperatur** *f* maksimuma temperaturo; ~**wert** *m bes. Math* maksimuma valoro

Maxime *f allgemeiner Grundsatz* maksimo (*vgl. dazu* ***Lebensregel*** *u.* ***Leitsatz***)

maximieren *tr* maksimumigi

Maximierung *f* maksimumigo (↑ *auch* ***Gewinnmaximierung***)

Maximilian (*m*) *männl. Vorname* Maksimiliano *auch Name einiger deutscher Herrscher*

Maximum *n* maksimumo *auch Math*; *Met (Höchsttemperatur innerhalb eines bestimmten Zeitraums)* plej alta temperaturo [dum unu tago *bzw.* dum unu semajno *u. dgl.*]; *Höchstgrenze* maksimumo, *Hdl* limito; *Maximalwert* maksimuma valoro; ~**karte** *f Philat* maksimumkarto

[1]**Maxwell** (*m*) *Eig (engl. Physiker [1831-1879])* Maksvelo

[2]**Maxwell** *n* (*Zeichen* ***M*** *od* ***Mx***) *Phys ([veraltete] Einheit des magnetischen Flusses)* maksvelo

[1]**Maya** *m Ethn (Angehöriger eines ehem. indian. Kulturvolkes in Mittelamerika)* majao (↑ *auch* ***[1]Quiché***)

[2]**Maya** *n Ling (Sprache der Maya)* la majaa lingvo

Mayakultur *f* majaa kulturo

Mayonnaise *f, auch* ***Majonäse*** *f, umg auch Kurzf* ***Mayo*** *f Nahr* majonezo (↑ *auch* ***Hummermayonnaise***); ~[**n**]**soße** *f Kochk* majo- neza saŭco

Mayotte [*ma'jot*] (*n*) *östlichste Insel der Komoren im Indischen Ozean [Hauptort u. Hafen: Dzaoudzi]* Majoto *<Mayotte hat politisch den Status einer Gebietskörperschaft der Französischen Republik>*

Mazar-i Sharif (*n*) *Provinzhptst. in Nord-Afghanistan [an der alten Seidenstraße]* Mazar-i-Ŝarifo

Mazatlán (*n*) *eine Hafenstadt an der Westküste von Mexiko* Mazatlano

Mazdaismus *m iranische Rel* mazdaismo *<so benannt nach dem höchsten Gott Ahura Mazda>*

Mazdayasnier *m Bekenner des Mazdaismus* mazdaisto

Mazedonien (*n*), *auch* ***Makedonien*** (*n*) (*später umbenannt in* ***Nordmazedonien***) *ein Staat auf dem Balkan* Makedonio, *später* Nord-Makedonio *[Hptst.: Skopje]*

Mazedonier *m, auch* ***Makedonier*** *m* makedono

Mazedonierin *f, auch* ***Makedonierin*** *f* makedonino

mazedonisch, *auch* ***makedonisch*** *Adj* makedona

Mazedonisch[**e**] *n, auch* ***Makedonisch[e]*** *n Ling* la makedona [lingvo]

Mäzen *m 1. Kunstfreund 2. freigebiger Gönner* mecenato (*vgl. dazu* ***Maecenas***; ↑ *auch* ***Förderer***, ***Gönner***, ***Sponsor*** *u.* ***Wohltäter***)

Mäzenatentum *n* mecenateco

mäzenatisch *Adj nach Art eines Mäzens* mecenata (↑ *auch* ***gönnerhaft***)

Mazeppa (*m*) *Eig* ↑ ***Masepa***

Mazerat *n Med, Naturw, Pharm* maceraĵo

Mazeration *f Med (Gewebeerweichung), Naturw, Pharm (Gewinnung eines Drogenauszugs [mittels Wassers, Alkohols od anderer Lösungsmittel])* macerado

mazerieren *tr 1. einweichen, bes. um Stoffe aus Pflanzen auszuziehen 2. aufweichen, bes. in Alkohol od Essig* maceri; ***mazerierte*** (*od* ***faultote***) ***Frucht*** *f längere Zeit vor der Geburt abgestorbener Fetus* macerita feto

Mazis *m, auch* ***Muskatblüte*** *f Hdl (als Gewürz)* maciso, *auch* muskatfloro

Mazurka *f, auch* ***Masurka*** *f 1. poln. Nationaltanz 2. Musik für diesen Tanz, z.B. in der Kunstmusik des 19. Jh.s* mazurko

mb *od* **mbar** = *Abk für* ***Millibar***

µbar = *Zeichen für* ***Mikrobar***

MB *od* **Mbyte** *od* **MByte** = *Zeichen für* ***Megabyte***

Mbabane (*n*) *Hptst.von Swasiland im südl. Afrika* Mbabano

Mbandu *Pl Ethn* ↑ ***Herero a)***

Mbini (*n*), *früher* ***Río Muni*** *das Festlandsgebiet von Äquatorialguinea, zw. Kamerun und Gabun* Mbin[i]o, *[früher:]* Riomunio

Mbit = *Zeichen für* ***Megabit***

Mbuti *Pl Ethn* ↑ ***Bambuti***

MC = *Abk für* ***Mikrocomputer***

McCarthyismus *m Gesch USA (zu Beginn der 50er Jahre betriebene Verfolgung von Kommunisten u. Linksintellektuellen)* makkartismo

Mc-Cormick-Raubmöwe *f, auch* ***Südpolarskua*** *f* (Stercorarius maccormicki) *Orn* sudpolusa rabmevo

MD = *Abk für* ***MiniDisc***

MDMC ↑ *unter* ***Methylon***

m. E. = *Abk für* ***meines Erachtens***

Meatus *m nur Fachspr Anat für «Gang»* meato; ~ ***acusticus internus*** *innerer Gehörgang* interna akustika meato

Mechanik *f* ***a)*** *als Wissenschaft (Zweig der Physik: Lehre vom Zusammenwirken der Kräfte u. Bewegungen)* mekaniko (↑ *auch* ***Aero-***, ***Bio-***, ***Fein-***, ***Himmels-***, ***Hydro-*** *u.* ***Quantenmechanik***); ***angewandte*** ~ aplikata mekaniko ***b)*** *Mechanismus* mekanismo

Mechaniker *m* mekanikisto (↑ *auch* ***Auto-*** *u.* ***Flugzeugmechaniker***); *Monteur* muntisto

mechanisch 1. *Adj* mekanika; ~***e Energie*** *f* mekanika energio **2.** *Adv* mekanike (*vgl. dazu* ***routinemäßig***); *wie eine Maschine* kiel maŝino *nachgest*; ***sich [ganz]*** ~ ***bewegen*** moviĝi mekanike *auch eine Person*

mechanisieren *tr auf mechanischen od maschinellen Betrieb umstellen* mekanizi

Mechanisierung *f* mekanizo; ~ ***der Landwirtschaft*** mekanizo de agrikulturo

Mechanismus *m* mekanismo *auch Biol, Phil u. übertr*; ***Anhänger des*** ~ mekanisto

Mechanotherapie *f Med (Anwendung mechanischer Hilfsmittel zu Heilzwecken)* mekanoterapio

Mechelen (*n*), *dt.* ***Mecheln*** (*n*) *eine Stadt in Flandern [in der Provinz Antwerpen]* Meĥleno, *auch* Meĥlino

Meckerer *m Nörgler* grumblulo

Meckerfritze *m umg pej* aĉa grumblulo

meckern *intr* ***a)*** *Ziege* meki ***b)*** *nörgeln* grumbl[aĉ]i (***über*** pri) (↑ *auch* ***mäkeln***); *i.w.S. (pedantisch u. boshaft kritisieren)* pedante kaj malice kritik[aĉ]i

Mecklenburg (*n*) Meklenburgo

Mecklenburger *m* **1.** *Subst: Einwohner von Mecklenburg* meklenburgano **2.** *Adj (nur in Zus)*: ~ ***Seenplatte*** *f* Meklenburga Lagaro

Mecklenburgerin *f* meklenburganino

mecklenburgisch *Adj* meklenburga; ≗***e Seenplatte*** *f* Meklenburga Lagaro

Mecklenburg-Vorpommern (*n*) Meklenburgo-Antaŭpomerio

med. = *Abk für* ***medizinisch***

Medaille *f* medalo *auch als Auszeichnung* (↑ *auch* ***Bronze-***, ***Gedenk- Gold-***, ***Olympia-***, ***Rettungs-***,***Silber-***,***Tapferkeits-*** *u.* ***Verdienstmedaille***); ***jmdn. mit einer*** ~ ***auszeichnen*** (***schmücken***) honori (dekori) iun per medalo; ***eine*** ~ ***gewinnen*** *bes. Sport* gajni medalon; ***eine*** ~ ***prägen*** *in der Münzanstalt* stampi medalon ◇ ***jede*** ~ ***hat zwei Seiten*** ĉiu medalo du flankojn havas (*od* posedas) *(Zam)*

Medaillen|gewinner *m* medalgajninto, *umg auch* medalulo; ~**sammlung** *f* kolekto da medaloj; ~**spiegel** *m* listo pri gajnitaj medaloj

Medaillon *n* medaliono (↑ *auch* ***Schmuckanhänger***)

Medan (*n*) *Hptst. der indonesischen Provinz Nord-Sumatra* Medano

Medea (*f*) *Myth (griechische Sagengestalt, kolchische Königstochter)* Medea (*vgl. dazu* ***Kolchis***)

Medellin (*n*) *zweitgrößte Stadt Kolumbiens* Medeĝino, *früher auch* Medel[j]ino

Medelpad (*n*) *nordschwedische Landschaft an der Bottensee* Medelpado *[Hauptort: Sundsvall]*

Meder *m Ethn (Angehöriger eines indoeuropäischen Volks im NW Irans)* medo (*vgl. dazu* ***[1]Medien***)

medial *Adj Anat, Geom, Med* mediana

median *Adj Geom (in der Mittelebene verlaufend bzw. liegend), Med (in der Mittellinie des Körpers verlaufend)* mediana

Medianebene *f durch die Körpermitte verlaufende Symmetrieebene des menschlichen Körpers* mediana ebeno

Mediante *f Mus (Mittelton [der Tonleiter])* medianto

Medianwert *m mathematische Statistik* mediana valoro

Mediastinalemphysem *n* (Emphysema mediastinale) *Med* mediastina emfizemo (*vgl.*

dazu ***Emphysem***)

Mediastinitis *f Med* ↑ *unter* ***Mittelfell***

Mediastinum *n Anat* ↑ ***Mittelfell***

Mediation *f Jur, Pol: a) Vermittlung eines Staates in der Auseinandersetzung zweier anderer Staaten b) Konflikt dämmende Verfahren zwischen Kontrahenten* mediacio (↑ *auch* ***Vermittlung***)

mediatisieren *tr Gesch ([einem Gebiet] die Reichsunmittelbarkeit entziehen)* mediatizi

Mediatisierung *f* mediatizo

Mediator *m Vermittler, Unterhändler* mediacianto, peranto

Mediävistik *f Wissenschaft von der Geschichte, Kunst, Literatur usw. des europäischen Mittelalters* scienco (*od auch* studoj) pri la [eŭropa] mezepoko

mediceisch *Adj* mediĉa; ***die* ~*e Venus*** *Venusstatue in Florenz* la Mediĉa Venuso

Medici *Pl, auch* ***Mediceer*** *m/Pl Eig Gesch (ein florentinisches Patriziergeschlecht [Anfang des 15. Jh.s])* Mediĉoj *Pl*

[1]**Medien** (*n*) *das von den Medern bewohnte Gebiet in NW-Iran [Hptst. des Reiches war Ekbatana (heute: Hamadan)]* Medio

[2]**Medien** *Pl* ↑ *unter* ***[1]Medium c)***

Medien|kompetenz *f* mediokompetento; **~-politik** *f* mediopolitiko

Medikament *n* medikamento; *Heilmittel* kuracilo (***gegen*** kontraŭ) (*vgl. dazu* ***Arznei*** *u.* ***Präparat***; ↑ *auch* ***Aids-*** *u.* ***Schmerzmedikament***); ***antivirales*** (***immunosuppressives***, ***mildes***, ***starkes***, ***wirksames***) ~ kontraŭvirusa (imun-subpremanta, milda, forta, efika) medikamento; ***einem Patienten ein* ~ *verordnen*** (*od* ***verschreiben***) preskribi medikamenton al (*od* por) paciento

Medikamenten|missbrauch *m* misuzo de medikamentoj; **~schrank** *m* medikamentŝranko

medikamentös *Adj* [per]medikamenta; ***~e Behandlung*** *f* [per]medikamenta kuracado (*od* terapio)

Medikation *f Med (Behandlung mit Arzneimitteln)* medikamentado; ***symptomatische* ~** *Behandlung, die auf Beseitigung der Symptome (nicht der Ursache) ausgerichtet ist* kontraŭsimptoma medikamentado

Medina (*n*), *arab.* ***al-Madīna*** *Islam (eine Pilgerstadt in Saudi-Arabien)* Medino

medioker *Adj selt für «mittelmäßig»* mezkvalita

medisch *Adj auf die Meder od [1]Medien bezogen bzw. von den Medern stammend* meda

Medisch[e] *n Ling (zu den indogermanischen Sprachen gehörende Sprache der Meder)* la meda [lingvo]

Meditation *f* meditado; ***transzendentale* ~** transcenda meditado (*vgl. dazu* ***Mantra***)

Meditationstechnik *f* tekniko de meditado, *auch* meditada tekniko

mediterran *Adj*: ***a)*** *zum Mittelmeer u. den angrenzenden Ländern gehörig bzw. von dort stammend* ***b)*** *biogeografische Bez für «im Mittelmeer od im Mittelmeergebiet lebend od aus diesem Bereich stammend»* mediteranea

Mediterranflora *f* ↑ ***Mittelmeerflora***

meditieren *intr* medit[ad]i (***über*** pri) (↑ *auch* ***nachsinnen***)

[1]**Medium** *n* ***a)*** *Okkultismus, Spiritismus (Person, die angeblich zur Vermittlung von Geistererscheinungen veranlagt ist)* mediumo (*vgl. dazu* ***Schamane***) ***b)*** *Phys, Tech* medio; *vermittelndes Element* perilo (↑ *auch* ***Träger e)***) ***c)*** *Kommunikationsmittel* ***Medien*** *Pl* komunikiloj *Pl*, komunikadaj rimedoj *Pl* (↑ *auch* ***Massen-*** *u.* ***Printmedien***); ***audiovisuelle Medien*** *Pl, auch* ***AV-Medien*** *Pl* aŭd-vidaj komunikiloj *Pl*; ***elektronische*** (***soziale***) ***Medien*** *Pl* elektronikaj (sociaj) komunikiloj *Pl*; ***die Berichterstattung durch die Medien*** la informado pere de la komunikadaj rimedoj

[2]**Medium** *n Ling (im altgriechischen Verbalsystem eine neben Aktiv u. Passiv vorkommende dritte Flexionsform, die die Rückbezüglichkeit des Verbalinhalts zum Subjekt bezeichnet)* medialo

Mediumismus *m Okkultismus (Glaube an die Möglichkeit der Verbindung zu einer Geisterwelt)* mediumismo

Medizin *f* ***a)*** *Wissenschaft* medicino (↑ *auch* ***Aero-***, ***Allgemein-***, ***Alternativ-***, ***Arbeits-***, ***Bio-***, ***Ernährungs-***, ***Ethno-***, ***Gerichts-***, ***Human-***, ***Intensiv-***, ***Kosmo-***, ***Luftfahrt-***, ***Notfall-***, ***Nuklear-***, ***Palliativ-***, ***Phyto-***,***Pränatal-***, ***Präventiv-***, ***Schlaf-***, ***Schul-***, ***Sozial-***, ***Sport-***, ***Tele-***, ***Transfusions-***, ***Tropen-***, ***Umwelt-***, ***Unfall-***, ***Verkehrs-***, ***Veterinär-***, ***Volks-*** *u.* ***Zahnmedizin***); ***anthroposophische* ~**, *auch* ***Ganzheitsmedizin*** *f* antropozofia medicino; ***biokybernetische*** (***psychosomatische***, ***rehabilitative***) ~ biokibernetika (psikosomata, rehabilita) medicino ***b)*** *Arznei* medikamento, *i.w.S.* kuracilo; ~ ***einnehmen*** (***schlucken***) preni (gluti) medikamenton

Medizinal|pflanze *f* medicina planto; ~**rat** *m* (*Abk* ***Med.-R.*** *od* ***MR***) *auch als Titel* medicina konsilisto; ~**rhabarber** *m* (Rheum officinale) *Bot* oficina rabarbo, <*wiss*> oficina reumo

Medizinball *m Heilgymnastik, Turnen* medicin-pilko

Mediziner *m* medicinisto (↑ *auch* ***Sportmediziner***); *Arzt* kuracisto

Medizinerkreise *m/Pl*: ***in ~n*** en rondo de medicinistoj, *(unter Ärzten)* inter kuracistoj

medizinhistorisch 1. *Adj* medicinhistoria **2.** *Adv* medicinhistorie

medizinisch (*Abk* ***med.***) **1.** *Adj* medicina (↑ *auch* ***gerichts-*** *u.* ***sportmedizinisch***); *ärztlich* kuracista; ***~e Betreuung*** *f* medicina priservado; ***~e Fakultät*** *f* medicina fakultato; ***~e Hilfe*** *f* medicina (*od* kuracista) helpo; ***~e Versorgung*** *f* medicina prizorg[ad]o; ***zu ~en Zwecken*** por medicinaj celoj **2.** *Adv*: ***kostenlos ~ versorgt werden*** ricevi medicinan prizorgon senpage

Medizin|schränkchen *n* medikamento-ŝranketo; ~**student** *m* medicina studento

Med.-R. = *Abk für* ***Medizinalrat***

medullar *od* **medullär** *Adj* medola; *i.e.S. nur Fachspr Med (auf das [verlängerte] Mark bezogen)* mjela, koncernanta la mjelan bulbon, *(zum [verlängerten] Mark gehörig)* apartenanta al la mjela bulbo

Meduse *f* ***a)*** *Myth (1. weibl. Ungeheuer 2. [in der altgriech. Sage] eine der drei Gorgonen)* Meduza, *auch* Meduzo ***b)*** *Zool* = ***Qualle***

Medusenhaupt *n bes. bildh (Ausdruck für etwas Grauen erregendes, was denjenigen erstarren lässt, der es erblickt* kapo de Meduza

medusoid ↑ ***quallenartig***

Meer *n* maro *auch übertr* (*vgl. dazu* ***²See***; ↑ *auch* ***Küsten-***, ***Rand-*** *u.* ***Territorialmeer***); *Welt*~ oceano; ***Gelbes*** (***Japanisches***, ***Rotes***, ***Schwarzes***) ~ Flava (Japana, Ruĝa, Nigra) Maro; ***die Gezeiten des ~es*** la tajdo de la maro; ***das offene ~*** la libera maro; *die hohe See* la alta maro; ***Südchinesisches ~*** Sud-ĉina Maro; ***das Tote ~*** la Maro Morta; ***auf dem ~*** sur la maro; ***am ~*** ĉe la maro; ***am ~ [gelegen]*** apudmara, ĉemara; ***ans ~ fahren*** veturi al la maro; ***aufs ~ [hinaus]schauen*** rigardi sur la maron; ***im ~ versinken*** malaperi en la maro *auch Sonne am Horizont des Meers*; ***ein ~ von Blut*** *übertr* maro da sango; ***Freiheit der ~e*** *Mare liberum* libereco de la maroj ◇ ***er hat schon alle sieben ~e befahren*** li jam traveturis sep oceanojn

Meeraal *m* (*Gattung* Conger) *Ichth* kongro, *pop* marangilo (↑ *auch* ***Seeaal***); ***japanischer ~*** (Conger nigriaster) blankmakul[it]a kongro

Meeräsche *f* (*Gattung* Mugil) *Ichth* mugilo (↑ *auch* ***Goldmeeräsche***); ***großköpfige*** (*od* ***dünnlippige***) ~ (Mugil capito) grandkapa mugilo; ***weiße ~*** (Mugil curema) blanka mugilo; ***[Familie der] ~n*** *f/Pl* (Mugilidae) mugiledoj *Pl*

Meerbarbe *f Ichth*: ***rote ~*** (Mullus barbatus) barba muluso; ***[Familie der] ~n*** *Pl* (Mullidae) mulusedoj *Pl*

Meerblick *m*: ***Hotelzimmer mit ~*** hotelĉambro kun vido al la maro

Meer|busen *m Geogr* golfo; ~**echse** *f* (Amblyrhynchus cristatus) *Zool (eine Leguanart)* [galapaga] mar-igvano *od* mara igvano *[Vorkommen: endemisch auf den Galápagos-Inseln]*

Meereichel *f Zool* ↑ ***Seepocke***

Meerenge *f Geogr* markolo

Meerengel *m*, *auch* ***Engelhai*** *m* (*Gattung* Squatina) *Ichth* skvateno; ***japanischer Engelhai*** (Squatina japonica) japana skvateno

Meeres|alge *f Bot* mara algo; ~**biologe** *m* marbiologo, specialisto (*od* fakulo) pri marbiologio; ~**biologie** *f* marbiologio *od* mara biologio

meeresbiologisch *Adj* marbiologia

Meeres|boden *m* marfundo; ~**fauna** *f* mara faŭno

Meeresfazies *f Geol* ↑ *unter* ***Fazies***

Meeres|fische *m/Pl z.B. Dorsch, Hering, Kabeljau, Thune u.a.* maraj fiŝoj *Pl*; ~**fischerei** *f* mara fiŝado; ~**flora** *f Gesamtheit der im Meer lebenden pflanzlichen Organismen* mara flaŭro; ~**forschungsinstitut** *n* maresplora instituto; ~**früchte** *Pl Kochk* marfruktoj *od* maraj fruktoj *Pl*; ~**gott** *m Myth* dio de la maro (↑ *auch* ***Jamm***, ***¹Neptun*** *u.* ***Poseidon***)

Meeresgrund *m* marfundo, *auch* fundo de la maro (*vgl. dazu* ***Meeresboden***); ***auf dem ~*** sur la marfundo *od* sur la fundo de la maro

Meeresheilkunde *f* = ***Thalassotherapie***

Meeresklima *n Met* mara klimato

Meereskunde *f* oceanologio *od* oceanografio; ~**museum** *n* oceanografia muzeo

meereskundlich *Adj* oceanografia

Meeres|küste *f* marbordo; ~**luft** *f* mara aero;

~**navigation** *f* mara navigado; ~**oberfläche** *f* surfaco de [la] maro; ~**ökologie** *f, auch* ***marine Ökologie*** mara ekologio; ~**pflanze** *f* mara vegetaĵo; ~**plankton** *n Biol* mara planktono (*vgl. dazu* ***Nekton***); ~**säuger** *m od* ~**säugetier** *n* mara mamulo <*Wale, Delfine, Robben, Seekühe u. Seeotter*> (*vgl. dazu* ***Meerestier***)

Meeresschildkröte *f, auch* ***Seeschildkröte*** *f* (Chelonia mydas) *Zool* martestudo, <*wiss*> kelonio *od* ĥelonio (↑ *auch* ***Karettschildkröte***); ***[Familie der]*** ~***n*** *Pl* (Cheloniidae) keloniedoj *Pl, auch* ĥeloniedoj *Pl, umg* martestudoj *Pl*

Meeres|schnecke *f Zool* marlimako *[zu den Nacktkiemern (Nudibranchia) gehörig]*; *(mit Gehäuse)* marheliko; ~**sediment** *n, auch* ***marines Sediment*** *n Ablagerung des Meeres* mar[fund]a sedimento

Meeresspiegel *m* marnivelo; ***über dem*** ~ (*Abk* ***ü.d.M.***) super [la] marnivelo; ***unter dem*** ~ (*Abk* ***u.d.M.***) sub [la] marnivelo; ***Anstieg*** *m* ***des*** ~***s*** altiĝo de la marnivelo; ***Schwankungen*** *f/Pl* ***des*** ~***s*** fluktuoj *Pl* de la marnivelo

Meeres|strömung *f* marfluo; ~**strömungskraftwerk** *n Wasserkraftwerk, das aus der natürlichen Meeresströmung Energie erzeugt* marflua centralo; ~**tiefe** *f* marprofundo

Meerestiefenmesser *m* ↑ ***Bathometer***

Meeres|tier *n Zool* mara animalo (*od* besto); ~**ufer** *n* marbordo; ~**ungeheuer** *n Myth* mara monstro *od* marmonstro; ~**vegetation** *f Bot* mara vegetaĵaro; ~**verschmutzung** *f* malpurigo (*od* poluado) de la maro; ~**vogel** *m Seevogel* marbirdo; ~**welle** *f, auch* ***Seewelle*** *f* marondo

Meer|fenchel *m, auch* ***Seefenchel*** *m* Crithmum maritinum) *Bot* [mara] kritmo; ~**floh** *m* (*Gattung* Talitrus) *Ent* talitro, *pop* marpulo

Meerforelle *f Ichth* ↑ ***Lachsforelle***

Meer|gott *m Myth* dio de l' maro (*vgl. dazu* ***[1]Neptun***); ~**göttin** *f Myth* diino de l' maro

meergrün *Adj* glaŭka, bluverda

Meergrundel *f* (*Gattung* Gobius) *Ichth* gobiuso (↑ *auch* ***Grundel***); ***[Familie der]*** ~***n*** *Pl* (Gobiidae) gobiusedoj *Pl*

Meerjungfrau *f eine Märchengestalt bei Andersen* marvirineto (*vgl. dazu* ***Nixe***)

Meerkatze *f* (*Gattung* Cercopithecus) *Zool* cerkopiteko, *in Zus meist* hundosimio (↑ *auch* ***Diadem-***, ***Gold-***, ***Husaren-***, ***Kronen-***, ***Rotbauch-***, ***Rotschwanz-***, ***Silber-*** *u.* ***Weißkehlmeerkatze***); ***blaumäulige*** ~ *od* ***Blaumaulmeerkatze*** *f, auch* ***Schnurrbart-Meerkatze*** *f* (Cercopithecus cephus) blulipa hundosimio

Meerkatzenverwandte *Pl* (*Familie* Cercopithecidae) *Zool* cerkopitekedoj *Pl*

Meerkohl *m* (*Gattung* Crambe) *Bot* krambo; ***weißer*** ~ (Crambe maritima) [mara] krambo, *pop* marbrasiko

Meerleimkraut *n, auch* ***Strandleimkraut*** *n* (Silene maritima) *Bot* mara sileno

Meernapfschnecke *f Zool* ↑ ***Napfschnecke***

Meer|neunauge *n* (Petromyzon marinus) *Ichth* mara petromizo *[Vorkommen: Nordatlantik]*; ~**nymphe** *f Myth* marnimfo (*vgl. dazu* ***Okeaniden***; ↑ *auch* ***Galatea*** *u.* ***[1]Thetis***)

Meerohr *n Zool* ↑ ***Seeohr***

Meerotter *m Zool* ↑ ***Seeotter***

Meerpinsel *m* (Sabella penicullus) *Zool (eine im Meer lebende Ringelwurmart)* sabelo (*vgl. dazu* ***Fächerwürmer***)

Meerrettich *m,* <*österr*>*, auch in Südtirol u. reg* ***Kren*** *m* (Armoracia rusticana) *Bot, Nahr* kreno; ~**baum** *m, auch* ***Moringabaum*** *m* (Moringa oleifera) *Bot* moringoarbo, *auch kurz* moringo; ~**soße** *f Kochk* krena saŭco

Meer|salat *m* (Ulva lactuca) *Bot* laktuka ulvo, *pop* marlaktuko (*vgl. dazu* ***Ulva***); ~ **salz** *n* marsalo (↑ *auch* ***Rohsalz***); ~**sau** *f, auch* ***großer roter Drachenkopf*** *m* (Scorpaena scrofa) *Ichth* ruĝa skorpeno

Meerschaum *m, Fachspr* ***Sepiolith*** *m Min* marŝaŭmo, *Fachspr* sepiolito; ~**pfeife** *f* marŝaŭma pipo

Meerschwein *n Zool* ↑ ***Tümmler***

Meerschweinchen *n Zool* (*Gattung* Cavia) kavio; (*Art* Cavia aperea *[wildes Meerschweinchen]*) [sovaĝa] kavio *[Vorkommen: Südamerika]*; (*Art* Cavia porcellus cobaya *[Haus*~*]*) kobajo

Meerschweinchenverwandte *m/Pl*: ***[Familie der]*** ~***n*** (Caviidae) kaviedoj *Pl* (*vgl. dazu* ***Tukotuko***)

Meerseide *f, auch* ***[2]Byssus*** *m Textil ([in der Antike u. im Mittelalter:] aus dem fädigen Sekret von «Pinna nobilis» im Mittelmeerraum gewonnenes feines Gewebe, u.a. für Mumienbinden)* bisino *(Zam)*

Meerspinne *f*: ***kleine*** ~ (Maja squinado) *Zool (eine Krabbenart)* verukkrabo

Meerstrand|dreizack *m* (Triglochin maritima) (*auch* ***Stranddreizack*** *genannt*) *Bot* mara triglokino; ~**läufer** *m* (Calidris maritima) *Orn* markalidro

Meerträubel *od* **Meerträubchen** *n* (*Gattung* Ephedra) *Bot* efedro; *die Art ‹Ephedra sinica› [Vorkommen: China]* ĉina efedro

Meerträubelgewächse *n/Pl Bot*: ***[Familie der]*** ~ (Ephedraceae) efedracoj *Pl*

meerwärts *Adv* marodirekten

Meerwasser *n* marakvo *od* mara akvo (*vgl. dazu* ***Brackwasser***); ~**aquarium** *n* marakva akvario; ~**becken** *n* marakva baseno *od* baseno kun marakvo; ~**entsalzung** *f* sensaligo de marakvo; ~**entsalzungsanlage** *f* instalaĵo por sensaligi marakvon; ~**swimmingpool** *m* marakva naĝbaseno, *auch* marakva naĝejo [en hotelo]

Meerzwiebel *f Bot* ***a)*** (Drimia maritima = Urginea maritima) mara drimio ***b)*** = ***Blaustern***

Meeting [ˈ*mi:tiŋ*] *n meist Pol (öffentliche Großveranstaltung)* mitingo (*vgl. dazu* ***Kundgebung***, ***Tagung*** *u.* ***Treffen***)

Mega|bit *n* (*Zeichen* ***Mbit*** *od* ***MBit***) *EDV* megabito; ~**byte** [*...bait*] *n* (*Zeichen* ***MB*** *od* ***Mbyte*** *od* ***MByte***) *EDV* megabajto; ~**chip** *m hochintegriertes elektronisches Bauelement [mit einer Speicherkapazität von einer Million Bit]* megaĉipo; ~**event** *n*, *auch* ***Großereignis*** *n* megaevento; ~**fauna** *f Biol (ein Größenklassebegriff der Fauna)* megafaŭno

Megafon *n*, *auch* ***Megaphon*** *n* megafono

Megahertz *n* (*Zeichen* ***MHz***) *El* megaherco

Megaira (*f*) ↑ ***Megäre a)***

Mega|joule [*...dʒu:l*] *n* (*Zeichen* ***MJ***) *Phys* megaĵulo; ~**karyozyten** *m/Pl Biol (Thrombozyten bildende Knochenmarkriesenzellen)* megakariocitoj *Pl*; ~**kolon** *n nur Fachspr Med (mit chronischer Obstipation einhergehende Dilation des Dickdarms)* megakolono

Megalith *m vorgeschichtliches Denkmal aus großen Steinen* megalito; ~**grab** *n* megalita tombo (*vgl. dazu* ***Dolmen***)

megalithisch *Adj* megalita

Megalithkultur *f Kultur der Jungsteinzeit, für die Megalithgräber und der Ornamentstil der Keramik typisch sind* megalita kulturo

Megaloblasten *m/Pl Med (abnorm große, kernhaltige Vorstufe der Megalozyten)* megaloblastoj *Pl*

Megalomanie *f Psych* ↑ ***Größenwahn a)***

Megalosaurus *m Paläontologie (ein Dinosaurier aus dem Jura)* megalosaŭro

Megalothymus *m nur Fachspr Med (vergrößerter Thymus)* megalotimuso

Megalozyten *m/Pl abnorm große rote Blutzellen* megalocitoj *Pl* (*vgl. dazu* ***Megaloblasten***)

Megaohm, *auch* ***Megohm*** *n* (*Zeichen* ***MΩ***) megaomo

mega-out *Adj*: ~ ***sein*** *umg für a) «ganz aus der Mode sein»* esti totale eksmoda *b) «total überholt sein»* esti totale malnoviĝinta

Megapascal *n* (*Zeichen* ***MPa***) *Phys* megapaskalo

Megaphon *n* ↑ ***Megafon***

Megäre *f* ***a)*** *griech.* ***Megaira*** (*f*) *Myth (eine der drei Erinnyen)* Megera, *auch* Megero ***b)*** *übertr (böses Weib)* megero (↑ *auch* ***Furie***)

megaschlecht *Adj umg* terure malbona

Megatherium *n*, *auch* ***[fossiles] Riesenfaultier*** *n Paläozoologie* megaterio

Mega|star *m* megastelulo *bzw.* megastelulino (*vgl. dazu* ***³Star***); ~**tonne** *f* (*Zeichen* ***Mt***) *eine Million Tonnen* megatuno; ~**volt** *n El* (*Zeichen* ***MV***) megavolto; ~**watt** *n* (*Zeichen* ***MW***) *El* megavato

Meghalaya (*n*) *Gliedstaat im NO der Indischen Union* Megalajo *[Hptst.: Shillong]*

Megohm *n* ↑ ***Megaohm***

Megohmmeter *n*, *auch* ***Isolationsmessgerät*** *n El* megommetro, *auch* izolmetro

Mehari *n* ↑ ***Laufkamel***

Mehl *n* faruno (↑ *auch* ***Bananen-***, ***Gersten-***, ***Hafer-***, ***Panier-***, ***Reis-***, ***Roggen-***, ***Stärke-***, ***Vollkorn-***, ***Weiß-*** *u.* ***Weizenmehl***); *Pulver* pulvoro; ***fein gemahlenes*** ~ fajne muelita faruno; ***etw. zu*** ~ ***stampfen*** *im Mörser* pisti ion ĝis ĝi fariĝas faruno (*bzw.* pulvoro)

mehlartig *Adj* faruneca (*vgl. dazu* ***mehlig***)

Mehl|beerbaum *m* (Sorbus aria) *Bot* alizarbo; ~**beere** *f*, *auch* ***Elsbeere*** *f* alizo; ~**brei** *m*, *reg od salopp* ***Mehlpapp*** *m*, <*österr*> ***Mehlkoch*** *n* faruna kaĉo; ~**fabrik** *f* farunfabriko

mehl|farben *Adj* farunokolora; ~**haltig** *Adj* farunohava

mehlig *Adj mehlartig* faruneca; *mit Mehl bedeckt* farunokovrita; *voller Mehl* plena de faruno; *mehlhaltig* farun[ohav]a

Mehl|käfer *m* (*Gattung* Tenebrio *u. die Art ‹Tenebrio molitor›*) *Ent* tenebrio, *pop* farunoskarabo <*dessen Larven sind die allseits bekannten «Mehlwürmer»*>; ~**kleister** *m*

farunglu[aĵ]o; *Stärkekleister* amelglu[aĵ]o; **~kloß** *m* farunbulo

Mehlkoch *n* ↑ ***Mehlbrei***

Mehlmotte *f* (*Gattung* Ephestia) *Ent* efestio

Mehlpapp *m* ↑ ***Mehlbrei***

Mehl|sack *m Sack für Mehl* sako por faruno; *Sack voller Mehl* sako da faruno; **~schlüsselblume** *f, auch* ***Mehlprimel*** *f* (Primula farinosa) *Bot* faruna primolo; **~schwalbe** *f* (Delichon urbica) *Orn* murhirundo; **~schwitze** *f, reg auch* ***Einbrenn[e]*** *f Kochk* farunrostaĵo, [en graso] rostita faruno; **~sieb** *n* farun[o]kribrilo; **~sorte** *f* speco de faruno; **~speise** *f* ***a)*** *Kochk* faruna manĝaĵo, farunaĵo ***b)*** *umg* ***Mehlspeis*** *f* <*österr*> *1. für «Süßspeise» (auch wenn diese ohne Mehl zubereitet wird [z.B. Germknödel])* dolĉa manĝaĵo, dolĉaĵo *2. für «Kuchen»* kuko; **~suppe** *f Kochk* faruna supo

Mehltau *m Bez für verschiedene Pflanzenkrankheiten, die durch Pilze der Gattung ‹Erysiphe› verursacht werden* melduo (↑ *auch* ***Rebenmehltau***); **~pilze** *Pl Bot* meldufungoj *Pl*

Mehl|wurm *m Larve des Mehlkäfers* farunvermo; **~zünsler** *m* (Pyralis farinalis) *Ent* faruna piralo

mehr *Adv* ***a)*** *Menge* pli (***als*** ol), *vor Subst* pli [multe] da; *ferner[hin]* plu; ***er hat ~ Geld als ich*** li posedas pli da mono ol mi; *er ist reicher als ich* li estas pli riĉa ol mi; ***ich brauche noch zwei ~*** mi bezonas du pliajn; ***je ~, desto besser*** ju pli des pli bone; ***noch ~*** ankoraŭ pli; ***um ~ als das Doppelte*** je pli ol la duoblo; ***um einiges ~*** *Adv* multoble pli (***als*** ol); ***um so ~ als*** tiom pli ĉar *od* des pli multe ĉar ***b)*** *Verneinung*: ***nicht ~*** *(in die Zukunft weisend)* ne plu; *(rückweisend)* jam ne; ***er ist kein Kind ~*** li jam ne estas infano; ***ich erinnere mich nicht ~*** mi ne jam memoras [pri tio]; ***keinerlei Zweifel ~ haben*** havi neniajn dubojn plu; ***jmdn. nicht ~ unterstützen*** ne plu subteni iun *od* ne subteni iun plu ***c)*** *in Fügungen*: ***~ oder weniger*** pli aŭ malpli *od* pli-malpli; ***~ und ~*** *od* ***immer ~*** pli kaj pli; ***und dergleichen ~*** kaj similaj, kaj pliaj similaj ekzemploj, kaj tiel plu ◇ ***das schmeckt nach ~*** *scherzh* tio vekas plian apetiton

Mehr *n Überschuss* plio, pluso *auch Wirtsch*; *Zuwachs* kresko; *Rest* rest[aĵ]o; **~arbeit** *f zusätzliche Arbeit* plia (*od* aldona) laboro

mehratomig *Adj Molekül* pluratoma

Mehrausgabe *f Fin* plia (*od* aldona) elspezo

mehrbändig *Adj Buchw* plurvoluma

Mehr|bedarf *m* plia bezono; **~betrag** *m* aldona (*od* ekstra) [mon]sumo (*vgl. dazu* ***Plus** u,* ***Überschuss***); **~bogenbrücke** *f Bauw* mult-arka ponto

mehrdeutig *Adj* plursenca, *geh auch* ambigua (*vgl. dazu* ***zweideutig***)

Mehrdeutigkeit *f* plursenceco, ambigueco

mehrdimensional *Adj* multdimensia

Mehrehe *f Vielehe* poligamio; *meist jedoch: Vielweiberei* poliginio

Mehreinnahmen *f/Pl Fin* pliaj enspezoj *Pl*

mehren *tr vermehren* pli[mult]igi; *vergrößern* pligrandigi; *anwachsen lassen* plikreskigi; *vervielfachen* pliobligi (↑ *auch* ***steigern***); ***sich ~*** pli[mult]iĝi; pligrandiĝi; *anwachsen* kreski; *sich vervielfachen* pliobliĝi

mehrere *Indef Pron Pl* pluraj *nur vor Subst im Pl*; *einige* kelkaj, *auch* kelke da; *verschiedene* diversaj; ***~ Male*** (***Tage***) pluraj fojoj (tagoj); ***~ Jahre [lang] warten*** atendi plurajn jarojn; ***~n Zielen*** (*od* ***Zwecken***) ***dienend*** *Adj* plurcela; ***zu ~n*** *einige zusammen* kelkope

mehrerlei *Adj umg* diversspeca(j)

mehrfach 1. *Adj mehrmalig* plurfoja, plurobla; *vielfach* multobla; ***in ~er Hinsicht*** en pluraj rilatoj; ***in ~er Ausfertigung*** en pluraj ekzempleroj, kun kelke da kopioj **2.** *Adv mehrmals* plurfoje, pluroble; *wiederholt* ripetfoje; *i.w.S. (oft)* ofte, *(immer wieder)* ĉiam denove (↑ *auch* ***häufig***)

Mehrfach|antenne *f Funktechnik* multobla anteno; **~fraktur** *f, auch* ***Mehrfach[knochen]bruch*** *m Med* multobla frakturo; **~geburt** *f, auch* ***Mehrlingsgeburt*** *f* multobla nasko; **~impfung** *f Med* multobla vakcinado; **~infektion** *f, auch* ***Mischinfektion*** *f Med* multobla infekt[iĝ]o; **~telefonie** *f, auch* ***Trägerfrequenztelefonie*** *f* kombundtelefonio

Mehr|familienhaus *n* multloĝeja domo; **~farbendruck** *m Typ (Verfahren)* kromotipio, polikromia presado, *(das mehrfarbig Gedruckte)* polikromia presaĵo

mehrfarbig, <*österr*> ***mehrfärbig*** *Adj* plurkolora (*vgl. dazu* ***bunt***); *bes. Typ (polychrom)* polikromia

Mehrfunktionsröhre *f El* plursistema tubo

mehrgängig *Adj*: ***~es Mittagessen*** plurplada tagmanĝo

Mehrgewicht *n* plipezo

mehrgliedrig *Adj aus mehreren Elementen bestehend* plurelementa

Mehrheit *f* plimulto, *(die große Mehrheit) auch* plejmulto (*vgl. dazu* ***Majorität***; ↑ *auch* ***Stimmenmehrheit***); ***absolute*** (***einfache***, ***klare***, ***relative***, ***überwältigende***) ~ absoluta (simpla, klara, relativa, grandioza) plimulto; ***etw. mit großer ~ billigen*** aprobi ion per granda plimulto; ***mit absoluter ~ gewählt werden*** esti elektata per absoluta plimulto; ***sich der ~ unterordnen*** (*od auch* ***beugen***) sin submeti al la plimulto

Mehrheits|beschluss *m bes. Parl* decido de plimulto; **~beteiligung** *f Wirtsch (Beteiligung, bei der sich ein Unternehmen über die Mehrheit der Anteile od durch höheren Kapitaleinsatz an einem anderen beteiligt)* majoritata partopreno; **~fraktion** *f Parl* majoritata frakcio

mehrjährig *Adj* plurjara, kelkjara (*vgl. dazu* ***perenn*** *u.* ***vieljährig***); ***eine ~e Pflanze*** plurjara (*od Fachspr* peren[ant]a) planto

Mehrkampf *m Sport* plurdisciplina konkurso, *auch* kunmetitaj disciplinoj *Pl*

Mehrkettenenzym *n Biochemie* ↑ *unter* ***Enzym***

mehrköpfig *Adj z.B. ein Fabeltier* multkapa; *Delegation* plurpersona

Mehrkosten *Pl* pliaj (*od* aldonaj) kostoj *Pl*

mehrlagig *Adj mehrschichtig* plurtavola

Mehrlingsgeburt *f* ↑ ***Mehrfachgeburt***

mehr|malig *Adj* plurfoja, kelkfoja; *häufig* ofta; **~mals** *Adv* plurfoje; *einige Male* kelkfoje; *wiederholt* ripetfoje; *immer wieder* ĉiam denove; **~monatig** *Adj* plurmonata; **~motorig** *Adj* plurmotora

Mehrparteiensystem *n Pol* plurpartia sistemo, *auch kurz* plurpartiismo

Mehrphasen|generator *m El* plurfaza generatoro; **~strom** *m El (mehrfach verketteter Wechselstrom)* plurfaza kurento

mehr|phasig *Adj El* plurfaza; **~polig** *Adj* plurpolusa

Mehr|prozessorcomputer *m EDV* plurprocesora komputilo; **~scheibenkupplung** *f Tech* plurdiska kluĉilo

mehr|schichtig *Adj mehrlagig* plurtavola; **~seitig** *Adj Abkommen* plurflanka, *(auf Länder bezogen)* plurlanda (↑ *auch* ***mutilateral***); *Broschüre* plurpaĝa; *Geom* plurlatera; **~silbig** *Adj Ling, Metr* plursilaba; **~sinnig** *Adj mehrdeutig* plursenca; *mehrere Bedeutungen habend* plursignifa; **~sitzig** *Adj* plursidloka; **~sprachig** *Adj* plurlingva, *auch* kelklingva (↑ *auch* ***vielsprachig***, *<wiss>* ***multilingual***)

Mehrsprachigkeit *f*, *m* plurlingveco, *<wiss>* plurlingvismo (↑ *auch* ***Vielsprachigkeit***)

mehr|spurig *Adj Autobahn* plur-lena; **~stimmig** *Mus* **1.** *Adj* plurvoĉa, polifonia **2.** *Adv* plurvoĉe

Mehrstimmigkeit *f Mus* plurvoĉeco, polifonio

mehrstöckig *Adj Gebäude* pluretaĝa, kelketaĝa

Mehrstufe *f Gramm* = ***Komparativ***

Mehrstufenrakete *f Raumf* plurŝtupa raketo

mehr|stufig *Adj* plurŝtupa; **~stündig** *Adj* plurhora, kelkhora; **~tägig** *Adj* plurtaga, kelktaga; **~teilig** *Adj* plurparta *bzw.* multparta, kompleksa, *nachgest* konsistanta el pluraj (*od* multaj) partoj (*od* pecoj)

Mehr|verbrauch *m* kroma konsum[ad]o; **~-wegflasche** *f* plur-uza botelo (↑ *auch* ***Pfandflasche***); **~wert** *m Wirtsch* plusvaloro; *Hdl (Mehrwert an Einnahmen)* plivaloro

mehrwertig *Adj* multvalora; *Chem (vielwertig)* multvalenta, *Fachspr auch* polivalenta

Mehrwert|steuer *f* (*Abk* ***MwSt*** *od* ***Mw.-St.***) aldonvalora imposto (*Abk* AVI); **~theorie** *f Wirtsch* plusvalora teorio *od* teorio de plusvaloro

mehrwöchig *Adj* plursemajna, kelksemajna

Mehrzahl *f* plimulto (↑ *auch* ***Majorität*** *u.* ***Mehrheit***); *Gramm* plurnombro, pluralo

mehr|zeilig *Adj* plurlinia; **~zellig** *Adj bes. Biol* plurĉela

Mehrzweck... *in Zus* plurcela, plur-uza, universala

Mehrzweck|gebäude *n* plur-uza konstruaĵo; **~halle** *f* plur-uza halo; **~möbel** *n* plur-uza meblo; **~rechner** *m EDV* plurcela komputilo; **~register** *n* plurcela registro

Mehrzwecktraktor *m* ↑ ***Universaltraktor***

Meibom (*m*) *Eig (dt. Arzt u. Anatom [1638-1700])* Mejbomo; **~-Drüsen** *f/Pl* (Glandulae tarsales Meibomi) *Anat (Talgdrüsen der Augenlider, die am freien Lidrand münden)* mejbomaj glandoj *Pl*

meiden *tr einer Sache bzw. jmdn aus dem Weg gehen* eviti (*vgl. dazu* ***ausweichen*** *u.* ***vermeiden***); *sich enthalten* sin deteni de

Meierei *f reg* ↑ ***Molkerei***

Meile *f* mejlo; ***deutsche*** (*od* ***preußische***) ~ (= 7532 m) germana mejlo; ***englische ~***, *auch* ***englische Landmeile*** *f* (= 1609 m) angla mejlo; ***französische*** ~ (= 7422 m) franca majlo; ***geografische*** ~ (= 7421,6 m) geografia mejlo; ***nautische*** ~ *od* ***Seemeile*** (*Abk* ***sm***) (= 1852 m) *Mar* mara mejlo, *auch* [internacia] marmejlo

meilenlang *Adj* mejlolonga (*vgl. dazu* ***endlos***)

Meilenstein *m Verk u. übertr* mejloŝtono

meilenweit *Adv* mejlovaste

Meiler *m Kohlen*~ lignokarbigejo; *Atom*~ atompilo, nuklea reaktoro

mein (~**e**, *Pl* ~**e**) **1.** *Poss Pron Sg* mia, *Pl* miaj; ~***e Frau*** mia edzino; ~***e Bekannten*** *Pl* miaj konatoj; ~***e Herrschaften!*** *Anrede* gesinjoroj!; ***das ist*** ~ tio [ĉi] estas la mia; *das gehört mir* tio apartenas al mi; ***das*** ~***e*** la mia; ~***er Ansicht*** (*od* ***Meinung***) ***[nach]*** laŭ mia opinio, *umg auch* miaopinie; ~***es Wissens*** *od* ***nach*** ~***em Wissen*** laŭ mia scio **2.** *Pers Pron*: ***erinnerst du dich*** ~***er?*** ĉu vi memoras pri mi?

Meine *n*: ***das*** ~ *mein Eigentum* mia propraĵo; *mein Teil* mia parto; ***die*** ~***en***, *auch Kleinschr* ***die meinen*** miaj familianoj *Pl*, *(meine Familie)* mia familio; ***ich fahre zu den*** ~***en*** *zu meinen Angehörigen* mi veturas (*bzw.* veturos) al mia familio

Meineid *m*, *auch* ***Falscheid*** *n Jur* falsa (*od* mensoga) ĵuro; ***einen*** ~ ***leisten*** (*od* ***schwören***) false (*od* mensoge) ĵuri

meineidig *Adj* false ĵurinta; ~ ***werden*** ĵuri falsan ĵuron

Meineidige *m* persono false ĵurinta

meinen *tr der Ansicht od Meinung sein* opinii (***dass*** ke) (*vgl. dazu* ***dafürhalten*** *u.* ***erachten***); *glauben* kredi; *annehmen, vermuten* supozi; *umg denken* pensi (***über*** pri); *beabsichtigen* intenci, celi (***etw.*** ion); *sagen, bemerken* diri, rimarki; *wollen* voli; ~ ***Sie?*** ĉu vi opinias, ke jes?; *wirklich?* ĉu vere?; ***man sollte*** ~, ***dass ...*** oni povus kredi (*od* supozi), ke ...; ***es ehrlich*** ~ havi honestajn intencojn; ***es ernst*** ~ paroli serioze, tute ne ŝerci; ***er meint es gut mit mir*** li celas mian bonon *od* li havas bonajn intencojn al mi; ***er meint mich*** li celas min; ***was*** ~ ***Sie damit?*** kion vi volas diri per tio?; ***damit ist er gemeint*** *das betrifft ihn* tio koncernas lin; *das zielt auf ihn ab* tio celas lin; ***wen*** ~ ***Sie?*** pri kiu vi parolas?; ***wie*** ~ ***Sie das?*** kion vi volas esprimi per tio?; ***wir sollten jetzt besser losgehen, meinst du nicht [auch]?*** estus pli bone se ni nun ekirus, ĉu ne? ◇ ***ich habe es nicht so gemeint*** *das war keine böse Absicht* mi ne intencis malbonon; *ich wollte dich (bzw. Sie) nicht beleidigen* mi ne volis ofendi vin

meinerseits *Adv von meiner Seite aus* miaflanke; *meiner Meinung nach* miaopinie; *was mich betrifft* kio koncernas min

meinesgleichen *Pron* [homo] simila al mi; *so einer (bzw. eine) wie ich* tia kiel mi, *auch* tia kia mi, *pluralisch auch* miaj egaluloj

meinet|halben *od* ~**wegen** *od* ~**willen** *Adv* pro mi; *ich habe nichts dagegen* mi ne kontraŭas; *für mich, mir zuliebe* por mi; *es ist mir egal* tio estas tute egala (*od* indiferenta) al mi, *auch* por mi [tio] tute egalas (*od* indiferentas)

Mein[ig]e *n*: ***das*** ~ la mia; ***die*** ~***n*** *meine Familie* mia familio; ***ich habe das Meine getan, nun bist du dran!*** mi faris la miaĵon, nun estas vi, kiu devas agi!

Meinung *f Ansicht* opinio (***über*** pri); *Absicht* intenco; *Standpunkt* starpunkto; *jmds. Sicht [der Dinge]* vidpunkto; *Überzeugung* konvink[iĝ]o; *Mutmaßung, Vermutung* supozo, *(aufgrund von Schlüssen)* konjekto; *Urteil* juĝo; ***eine abweichende*** ~ diverĝ[ant]a opinio; ***die allgemeine*** (***öffentliche***) ~ la ĝenerala (publika) opinio; ***eine sehr verbreitete*** ~ tre disvastigita opinio; ***seine*** ~ ***ändern*** ŝanĝi sian opinion; ***seine*** ~ ***äußern*** esprimi sian opinion (***zu*** pri); ~***en austauschen*** interŝanĝi opiniojn; ***bei seiner*** ~ ***bleiben*** resti ĉe sia opinio; ***die*** ~***en darüber gehen sehr auseinander*** la opinioj pri tio tre (*od* ege) diverĝas; ***einer*** ~ ***sein*** *od* ***gleicher*** ~ ***sein*** havi saman (*od* konsentan) opinion, *umg auch* samopinii (***mit jmdm.*** kun iu; ***über etw.*** pri io); ***ich bin der*** ~, ***dass ...*** mi opinias, ke ...; ***ich bin [völlig] anderer*** ~ mi havas [komplete *od* tute] alian opinion; ***ich bin derselben*** ~ mi havas la saman opinion, *umg* mi samopinias; ***man kann darüber anderer*** ~ ***sein*** oni povas havi pri tio [ankaŭ] alian opinion, *auch* oni povas malsamopinii pri tio; ***ich bin ganz Ihrer*** ~ mi tute samopinias kun vi *od* mi plene aprobas vian opinion; ***meiner*** ~ ***nach*** laŭ mia opinio, *umg auch* miaopinie; ***nach*** ~ ***von ...*** laŭ opinio de ...; ***sich eine eigene*** ~ ***bilden*** formi al si propran opinion (***über*** pri); ***jmdm. offen seine*** ~ ***sagen*** malkaŝe diri al iu sian opinion

Meinungs|änderung *f* ŝanĝiĝo de [sia] opinio; ~**äußerung** *f* opiniesprimo

Meinungsaustausch *m* interŝanĝo de opinioj (***über*** pri); *Gedankenaustausch* interŝanĝo de ideoj; ***mit jmdm. einen freundschaftlichen ~ unterhalten*** havi kun iu amikan interŝanĝon de opinioj

Meinungs|bildung *f* formado de opinio; **~-forschung** *f* opiniosond[ad]o *od* sondado de opinioj, demoskopia esploro; *Demoskopie* demoskopio; **~forschungsinstitut** *n* instituto pri demoskopia esploro; **~freiheit** *f* libereco de opini-esprim[ad]o, *auch* libereco de opinio(j); *Redefreiheit* libero de parolo, *auch* parollibero; **~umfrage** *f* opinienketo, demoskopia enketo, sondado de opinioj; **~unterschiede** *m/Pl* diferencoj *Pl* inter la [esprimitaj] opinioj; **~verschiedenheit** *f Unterschied[e] in den Meinungen* malsameco de opinioj *od* diverĝo de opinioj (*vgl. dazu* ***Uneinigkeit***); *Meinungsstreit* diskuto pri diverĝantaj opinioj, polemiko (↑ *auch* ***Debatte***); *Auseinandersetzung, Streit* [akra] disputo (*vgl. dazu* ***Disput***)

Meiose *f, auch* ***Reduktionsteilung*** *od* ***Reifeteilung*** *f Genetik, Histologie (Teilung einer diploiden Zelle in haploide Geschlechtszellen)* mejozo

meiotisch *Adj* mejoza

Meiran *m* ↑ ***Majoran***

Meise *f Orn* paruo (↑ *auch* ***Bart-***, ***Berg-***, ***Beutel-***, ***Blau-***, ***Carp-***, ***Fichtenmeise***, ***Goldköpfchen***, ***Hauben-***, ***Holz-***, ***Indianer-***, ***Kohl-***, ***Lappland-***,***Lasur-***,***Laub-***, ***Schwanz-***, ***Schwarzkopf-***, ***Sumpf-***, ***Tannen-***, ***Turkestan-***, ***Wacholder-*** *u.* ***Weidenmeise***); ***[Familie der] ~n*** *Pl* (Paridae) paruedoj *Pl*

Meisen|gimpel *m* (Uragus sibiricus) *Orn* longvosta pirolo; **~häher** *m* (Perisoreus canadensis) *Orn* griza (*od* kanada) garolo *[Vorkommen: Alaska, Kanada, Rocky Mountains u. südl. bis New Mexico u. Arizona]*; **~sänger** *m* (Parula americana) *Orn* parulio

Meißel *m Handw* ĉizilo (*vgl. dazu* ***Grabstichel***, ***Hohlbeitel***, ***Nut-*** *u.* ***Stemmeisen***; ↑ *auch* ***Bohr-***, ***Flach-***, ***Hand-***, ***Knochen-***, ***Pressluft-*** *u.* ***Steinmeißel***)

meißeln *tr* ĉizi (↑ *auch* ***ab-***, ***ein-*** *u.* ***herausmeißeln***)

Meißeln *n* ĉizado

meist 1. *Adj* (*Sup von* ***viel***) plej multa; ***die ~en Studenten*** la plej multaj studentoj, *auch* la plejmulto el la studentoj; ***die ~en von ihnen*** la plej multaj el ili; ***die ~en glauben, dass ...*** la plej multaj [homoj] kredas, ke ...; ***in den ~en Fällen*** en la plej multaj okazoj; *im Allgemeinen* ĝenerale **2.** *Adv* plej ofte, *auch* pleje; *in den meisten Fällen* en la plej multaj okazoj; *gewöhnlich* kutime; *im Allgemeinen* ĝenerale; ***am ~en*** plej multe; *am häufigsten* plej ofte; ***das gefällt mir am ~en*** tio plaĉas al mi plej multe

Meistbegünstigungsklausel *f in staatlichen Handelsverträgen* klaŭzo de la plej favorata nacio

meistbietend *Adv* plejpropone; ***etw. ~ verkaufen*** vendi ion plejpropone *od* vendi ion al tiu, kiu plej multe proponas

meistens *od* **meistenteils** *Adv* pleje; *am häufigsten* plej ofte; *großenteils* grandparte; *gewöhnlich* kutime (*vgl. dazu* ***häufig***)

Meister *m Handwerks*≗ [metia] majstro; *Fachmann* fakulo, *auch* majstro; *Chef* mastro, ĉefo, estro (↑ *auch* ***Experte*** *u.* ***Spezialist***); *Sport* ĉampiono (↑ *auch* ***Europa-*** *u.* ***Weltmeister***); *Kunst, bes. Mal* majstro (*vgl. dazu* ***Maestro***); *Freimaurerei* majstro; ***die Alten*** ≗ *Pl Maler des 13. bis 17. Jh.* la malnovaj majstroj *Pl*; ***ein unbekannter ~*** *Mal* anonima majstro; ***er hat in ihm seinen ~ gefunden*** li trovis en li sian majstron; ***er ist ein ~ seines Fach[e]s*** li estas majstro en sia fako ◇ ***es ist noch kein ~ vom Himmel gefallen*** ĝis nun neniu [en la mondo] naskiĝis perfektulo; ***das Werk lobt seinen ~*** koniĝas majstro laŭ sia verko *(Zam)*, *i.w.S. auch* faro farinton rekomendas

Meisterbrief *m Handw* majstrodiplomo

meisterhaft *od* **meisterlich** *Adj* majstra; *sehr gut* tre[ege] bona; *vorbildlich* modela, ekzemplodona; *virtuos* virtuoza (↑ *auch* ***bravourös***)

Meisterhaftigkeit *f* majstreco; *meisterhaftes Können, Virtuosität* virtuozeco

Meisterin *f* majstrino

Meisterkoch *m* majstro-kuiristo (↑ *auch* ***Sternekoch***)

meisterlich ↑ ***meisterhaft***

meistern *tr* [pri]majstri; *zügeln* bridi; *bezwingen* subigi, venki (*vgl. dazu* ***beherrschen*** *u.* ***bewältigen***)

Meisterprüfung *f* ekzameno por fariĝi [metia] majstro

Meisterschaft *f* majstreco; *Fähigkeit, Können* kapabl[ec]o, povo; *Sport* (*auch* ***~en***) *(Wettkampf)* ĉampionado, *(Meisterwürde)* ĉampioneco; *i.w.S. Perfektion* perfekteco; ***die ~en werden in Norwegen ausgetragen*** *Sport* la ĉampionado okazos en Norvegio

Meisterschaftsspiel *n Sport* ĉampionada maĉo

Meister|schütze *m* majstropafisto; ~**singer** *m/Pl Gesch* majstroj-kantistoj *Pl*; ~**stück** *od* ~**werk** *n 1. Handw (bei Meisterprüfung) 2. bes. Bühne, Film, Lit, Kunst* majstroverko; *außergewöhnliche Tat* eksterordinara faro; *allg (auch iron)* majstraĵo; ~**titel** *m Sport* ĉampiona titolo; *Meisterschaft* ĉampioneco

Meisterwerk *n* ↑ ***Meisterstück***

Meistgebot *n z.B. auf einer Auktion* plej alta propono

meist|gekauft *Adj* plej multe (*od* ofte) aĉetata (*bzw.* aĉetita); ~**gelesen** *Adj* plej multe (*od* ofte) legata (*bzw.* legita); ~**genannt** *Adj* plej ofte menciata (*bzw.* menciita)

Meiststufe *f Gramm* = ***Superlativ***

Meithei *n Ling* ↑ ***Manipuri***

Meitner (*f*) *Eig (österreichische Physikerin [1878-1968])* Mejtnero

Meitnerium *n* (*Symbol* ***Mt***) *Chem (ein Transactinoid)* mejtnerio

Mekka (*n*), *arab.* ***al-Makka*** *religiöses Zentrum des Islam (in Saudi-Arabien)* Mekko (↑ *auch* ***Kaaba***); ***nach ~ pilgern*** pilgrimi al Mekko; ***Wallfahrt nach ~***, *auch* ***Had[d]sch*** *m Islam* pilgrim[ad]o al Mekko, haĝo

Mekkapilger *m Islam, auch* ***Had[d]schi*** *m bes. als Titel nach erfolgter Wallfahrt* haĝulo

Meknès (*n*), *arab.* ***Miknās*** *Stadt u. Provinzzentrum in Marokko* Mekneso

Mekong *m ein Fluss in Südostasien* [rivero] Mekongo; ~**delta** *n* delto de Mekongo; ~-**Riesenwels** *m* (Pangasianodon gigas) mekonga giganta siluro *[Vorkommen ausschließlich im Mekong]*; ~**stelze** *f* (Motacilla samveasnae) *Orn* mekonga motacilo *[Vorkommen: endemisch im Einzugsbereich des unteren Mekong in S-Laos u. NO-Kambodscha]*

Mekonium *n* ↑ ***Kindspech***

Melaena *f, auch* ***Teerstuhl*** *m nur Fachspr Med* meleno *[z.B. bei Darmbluten]*

Melamin *n Chem (ein Zwischenprodukt für Melaminharze)* melamino

Melanämie *f, auch* ***Hämachromatose*** *f Med [z.B. bei Malaria]* melanemio

Melancholie *f* melankolio *auch Psych*; ***tiefe ~*** profunda melankolio; ***in ~ versinken*** droni en melankolio

Melancholiker *m* melankoliulo

Melancholikerin *f* melankoliulino

melancholisch *Adj* melankolia (*vgl. dazu* ***schwermütig*** *u.* ***wehmütig***)

Melanchthon (*m*) *Eig (dt. Humanist u. Reformator [1497-1560])* Melanktono

Melanesien (*n*) *ein westpazifisches Inselgebiet* Melanezio

Melanesier *m Ethn* melaneziano

Melanesierin *f* melanezianino

melanesisch *Adj* melanezia

Melange *f* <*österr*> *Milchkaffee* laktokafo

Melania *od* **Melanie** (*f*) *weibl. Vorname* Melania

Melanin *n Biol (dunkler Farbstoff)* melanino <*schützt die Haut vor kurzwelligem Licht*>

Melanismus *m, auch* ***Melanose*** *f nur Fachspr Biol u. Med für «durch Melanine bewirkte Verdunkelung der Grundkörperfärbung bzw. der Haut»* melanismo

Melanit *m Min (eine Abart des Andradits)* melanito

Melanoblastom *n nur Fachspr Med* melanoblastomo

Melanodermie *od* **Melanose** *f Med (krankhafte] Dunkelfärbung der Haut od Schleimhaut durch Einlagerung von Melanin od ähnlichen Substanzen)* melanozo, *auch* melanodermio

Melanom *n Med (eine bösartige Geschwulst)* melanomo (↑ *auch* ***Schleimhautmelanom***)

Melanosarkom *n Med* melanosarkomo

Melanose *f Med* ↑ ***Melanodermie***

Melanotropin *n ein im Mittellappen der Hypophyse gebildetes Proteohormon, das speziell beim Pigmentstoffwechsel wechselwarmer Tiere eine Rolle spielt [dient dem Farbwechsel (Verdunklung der Haut); Gegenspieler ist das Melatonin]* melanotropino (*vgl. dazu* ***Melatonin***)

Melanozyten *m/Pl Med (zur Melaninbildung befähigte Zellen)* melanocitoj *Pl*

Melaphyr *m Min (ein basisches Vulkanitgestein)* melafiro

Melasse *f Rückstand bei der Zuckergewinnung* melaso

Melatonin *n 1. ein Hormon, das bei Säugetieren (einschließlich des Menschen) die Schilddrüsenfunktion hemmt u. den Stoffwechsel senkt 2. Hormon der Zirbeldrüse, das bei Amphibien Aufhellung der Haut bewirkt, sogen. «Schlafhormon» [Gegenspieler des Melanotropins]* melatonino

Melbourne (*n*) *Hptst. des australischen Bundesstaates Victoria* Melburno

Melchior (*m*) *männl. Vorname* Melkioro

Melchisedek (*m*) *bibl Eig (Priesterkönig von Salem [Jerusalem] zur Zeit Abrahams)* Melkicedeko

Melchiten *m/Pl Rel (oriental. Christen, die nach dem Konzil von Chalzedon nicht Monophysiten wurden, sondern die orthodoxe Zweinaturenlehre akzeptierten)* melĥitoj *Pl*

Melchter *m* ↑ ***Melkeimer***

Melde *f* (*Gattung* Atriplex) *Bot* atriplo; *Garten*≗ (Atriplex hortensis) ĝardena atriplo (↑ *auch* ***Strandmelde***); ***gelappte*** ~ (Atriplex laciniata) loba atriplo; ***spießblättrige*** ~ *od* ***Spießmelde*** *f* (Atriplex hastata) triangula atriplo

Meldeamt *n Einwohner*≗ [polica] registrejo [por enloĝantoj]

melden *tr mitteilen* sciigi (***jmdm. etw.*** ion al iu), informi (***jmdm. etw.*** iun pri io); *registrieren* registri; *ankündigen* anonci; *berichten (Rundfunk, TV od Zeitung)* raporti (***aus*** el); *anzeigen, denunzieren* denunci; ***sich*** ~ sin prezenti, sin anonci (***bei*** ĉe); *sich registrieren lassen* registrigi sin; *(etw.) von sich hören lassen* iam doni vivsignon *bzw.* iam sendi poŝtkarton *u. ähnliche Bildungen*; ***sich bei der Polizei*** ~ *zur Registratur, z.B. seines Aufenthalts irgendwo* registrigi sin ĉe la polica registrejo; ***sich zu Wort*** ~ [mansigni por] peti la parolon

Melden *n Berichten* raportado

Meldepflicht *f* ↑ ***Anzeigepflicht***

Melder *m bes. Mil* kuriero, mesaĝisto

Melde|reiter *m Gesch (reitender Eilbote)* stafetrajdanto; ~**stelle** *f Einwohnermeldeamt* [polica] registrejo

Meldung *f Mitteilung, Nachricht* sciigo, komunikaĵo (*vgl. dazu* ***Bekanntmachung*** *u.* ***Veröffentlichung***; ↑ *auch* ***Pressemeldung***); *bes. an eine Instanz od einen Vorgesetzten (bes. Mil)* raporto; *Information* informo; *Ankündigung* anonco; ***vertrauliche*** ~ konfidenca sciigo

Meleagros (*m*) *1. griech. Myth (Sagengestalt, Sohn des Oineus u. der Althaia) 2. altgriech. Dichter u. Philosoph)* Meleagro

Melekeok (*n*) *seit 2006 Hptst. von Palau* Melekeoko (*vgl. dazu* ***Koror***)

Melibokus *m, auch* ***Malchen*** *m ein Berg im Odenwald [nahe Bensheim]* [monto] Meliboko

meliert *Adj*: ***grau ~es Haar*** haroj *Pl* kun penetrinta grizo, haroj iom[ete] griziĝintaj

Melilith *m Min (ein Silicatmineral)* melilito

Melilla [*mɛˈlilja*] (*n*) *eine spanisch verwaltete Hafenstadt in N-Marokko* Melilo

Melinda (*f*) *weibl. Vorname* Melinda

Melinit *n ein Sprengstoff* melinito

Melioration *f Verbesserung des Bodens, z.B. durch Be- od Entwässerung* melioracio

meliorieren *tr bes. Landw (den Ackerboden verbessern)* melioracii

Meliosma *f* (Meliosma) *Bot (Gattung vorwiegend in Süd- u. Ostasien auftretender Pflanzenarten der Familie ‹Sabiaceae› [Bäume u. Sträucher])* meliosmo

Melissa (*f*) *weibl. Vorname* Melisa

Melisse *f* (*Gattung* Melissa) *Bot* meliso (*vgl. dazu* ***Zitronenmelisse***); ***türkische*** ~ (Dracocephalum moldavica) moldaviko

Melissengeist® *m Pharm (ein Heilkräuterdestillat)* melis-akvo

Melitta (*f*) *weibl. Vorname* Melita

Melk|anlage *f* melkinstalaĵo; ~**apparat** *m* melkaparato; ~**eimer** *m*, <*schweiz*> ***Melchter*** *m* melksitelo

melken *tr* melki; ***die Kühe*** ~ melki la bovinojn; ***eine Ziege*** ~ melki kaprinon; ***eine gut melkende Kuh*** bovino donanta multe da lakto

Melken *n* melkado

Melker *m* melkisto

Melkerin *f* melkistino

Melk|kuh *f* laktobovino; ~**maschine** *f* melkmaŝino; ~**schemel** *m* melktabureto

Mellotron *n Mus (ein durch zusätzliche Bausteine weiterentwickelter Synthesizer)* melotrono

Mellum (*n*) *eine Nordseeinsel zw. Jade- u. Wesermündung* <*Vogelschutzgebiet*> [insulo] Melumo

Melnik (*n*) *eine Stadt in SO-Bulgarien* Melniko

Mělnik (*n*) *eine tschechische Stadt* Melniko

Melnosee *m, poln.* ***Melno jezioro*** *ein See in Ermland-Masuren/Polen* Lago de Melno

Melodie *f* melodio (↑ *auch* ***Opernmelodien***); *Lied* kanto; ***eine einschmeichelnde*** ~ orelflata (*od* orelkaresa) melodio; ***nach der*** ~ ***von ...*** laŭ la melodio de ...; ***ohne*** ~ sen melodio, *adjektivisch (vorangest)* senmelodia

Melodielehre *od* [1]**Melodik** *f* melodiscienco

[2]**Melodik** *f Mus* ***a)*** *(melodische Eigenart, melodischer Charakter [eines Musikstücks,*

Themas usw.]) melodieco ***b)*** ↑ ***Melodielehre***

melodiös *od* **melodisch** *Adj* melodia *auch Stimme* (*vgl. dazu* ***harmonisch***)

Melodram *od* **Melodrama** *n Theat u. übertr* melodramo

melodramatisch *Adj* melodrama

Melomane *m* ↑ ***Musiknarr***

Melomanie *f* ↑ ***Musikbesessenheit***

[1]**Melone** *f*, *auch* ***Zuckermelone*** *f* (Cucumis melo) *Bot* melono *(Pflanze od Frucht)*; *Wasser~* akvomelono (↑ *auch* ***Kantalupe-*** *u.* ***Netzmelone***)

[2]**Melone** *f runder steifer Hut* melonĉapelo, rigida rondĉapelo

Melonenbaum *m Bot* ↑ ***Papayabaum***

Melonenbaumgewächse *n/Pl Bot*: ***[Familie der]*** ~ (Caricaceae) karikacoj *Pl*

Melonen|kaktus *m* (*Gattung* Melocactus) *Bot* melonkakto; ~**schale** *f* melonŝelo

Melopöie *f Mus (1. [in der griech. Antike:] die Kunst, ein Melos, d.h. ein Lied, zu erschaffen 2. Lehre vom Melodienbau)* melopeo

Melos (*n*), *ital.* ***Milo*** (*n*) *eine Insel der Kykladen* [insulo] Meloso; ***die Venus von Milo*** la Venuso de Meloso

Melpomene (*f*) *griech. Myth (Muse der Tragödie)* Melpomena

Melton *m Textil (weicher Kammgarnstoff in Köperbindung mit samtiger, leicht verfilzter Oberfläche)* meltono

Melusine (*f*) *Myth (altfranzösische Sagengestalt [eine Meerfee])* Meluzina

Melville (*m*) *Eig (US-amerikanischer Schriftsteller [1819-1891])* Melvilo

membranartig *Adj* membraneca

Membran[e] *f Anat, Bot, Tech* membrano (*vgl. dazu* ***Häutchen***); *im Lautsprecher od Telefon* diafragmo; ***mit einer ~ versehen [sein]*** *Anat, Bot* membranhava

Membranophone *n/Pl*, *auch* ***Fellklinger*** *m/Pl Mus (nach der Systematik der Musikinstrumente die Hauptgruppe der Instrumente, die durch Schwingungen einer gespannten Membran zum Klingen gebracht werden [z.B. Pauken, Trommeln])* membranofonoj

Membranpumpe *f Tech (eine Sonderform der Kolbenpumpe)* membrana pumpilo

[1]**Memel** (*n*) ↑ ***Klaipeda***

[2]**Memel** *f* ↑ ***Njemen***

Memme *f fam* tim[em]ulo, malkuraĝulo (↑ *auch* ***Feigling*** *u.* ***Schwächling***)

Memmert *m eine der Ostfriesischen Inseln zw. Borkum u. Juist* [insulo] Memerto *<Naturschutzgebiet>*

Memnon (*m*) *Myth (griech. Sagengestalt, Sohn der Eos u. des Tithonos [5. Jh.v.Chr.])*

Memoiren *Pl* rememoroj *Pl*; *Denkwürdigkeiten* memuaroj *Pl*; ~**schreiber** *m* memuaristo

Memorandum *n* memorando *auch Dipl*, memornoto [pri proceso, kontrakto, eventoj *u.a.*] (↑ *auch* ***Denkschrift***)

Memorialmuseum *n* ↑ ***Gedenkmuseum***

[1]**Memphis** (*n*) *eine Stadt im US-Staat Tennessee* Memfiso

[2]**Memphis** (*n*) ↑ ***Men-nefer***

Mänade *f 1. griech. Myth (verzückte, rasende Bacchantin [im Kult des Weingottes Dionysos]) 2. übertr: sich wild gebärdendes, rasendes Weib* menado

mänadisch *Adj rasend, in Verzückung [wild]* menada

Menado (*n*) ↑ ***Manado***

Menage [*me'naʒə*] *f* ***a)*** *Gewürzständer* kondimentujo ***b)*** *<österr> Mil (Verpflegung [für die Truppen])* provianto [por la trupoj]

Menagerie *f*, *auch* ***Tierschau*** *f* menaĝerio (*vgl. dazu* ***Tiergarten***)

Menam *m*, *thailändisch* ***Cao Phraya*** *wichtigster Fluss Thailands* [rivero] Menamo

Menandros (*m*), *auch* ***Menander*** (*m*) *Eig (altgriech. Komödiendichter [342-um 291 v. Chr.])* Menandro

Menarche *f nur Fachspr Med (erste Menstruation)* unua menstruo

Mencius (*m*) *Eig* ↑ ***Mengzi***

Mendel (*m*) *Eig (dt. Botaniker [1822-1884])* Mendelo; ***Mendel'sche Gesetze*** *n/Pl Genetik* leĝoj *Pl* de Mendelo, *auch* mendelaj leĝoj *Pl*

Mendelejew (*m*) *Eig (russ. Chemiker [1834-1907])* Mendel[ej]evo

Mendelevium *n* (*Symbol* ***Md***) *Chem (ein Transuran)* mendelevio

Mendelismus *m Genetik* mendelismo

Mendelssohn-Bartholdy (*m*) *Eig (dt. Komponist, Pianist u. Dirigent [1809-1847])* Mendelson-Bartoldo

Mendesantilope *f* (Addax nasomaculatus) *Zool (eine nordafrik. Großantilope)* adakso

Mendikant *m* ↑ ***Bettelmönch***

Mendoza (*n*) ***a)*** *eine Provinz in Argentinien* [provinco] Mendozo ***b)*** *Hptst. der argentinischen Andenprovinz Mendoza* [urbo] Mendozo

Menelaos (*m*) *griech. Myth (Bruder des Agamemnon, Gemahl der Helena)* Menelao <*rief die Griechen zum Trojanischen Krieg auf*>

Menelik II. (*m*) *Eig (Kaiser von Äthiopien [1889-1913])* Meneliko

Menes (*m*) *Eig ([nach der Überlieferung:] erster altägyptischer König [um 3000 v. Chr.])* Meneso <*Gründer von Memphis*>

Meness (*m*) *Myth (lettischer Mondgott)* Meneso

Menestrel *m [im Mittelalter:] altprovenzalischer Sänger, Hofsänger, fahrender Spielmann* menestrelo (*vgl. dazu* ***Troubadour***)

Menge *f* ***a)*** *[große] Anzahl* amaso, [granda] aro; *Quantität (meß- od wägbar)* kvanto; *Menschen*~ homamaso (↑ *auch* ***Volksmenge***); ***eine ~ Arbeit*** amaso da laboro; ***eine ~ Kinder*** granda aro da infanoj; ***eine ~ Obst*** amaso da fruktoj *bzw.* granda kvanto da fruktoj; ***in großer ~*** *od* ***in großen*** (*od umg auch* ***rauen***) ***~n*** [grand]amase, grandare, grandkvante; *überreichlich* abunde ***b)*** *Math* aro; ***endliche*** (***gleiche***, ***kompakte***, ***leere***, ***polare***, ***unendliche***) ~ finia (egala, kompakta, malplena, polusa, nefinia) aro

mengen *tr vermengen* miksi (***mit*** kun) (↑ *auch* ***beimengen***); ***sich unter die Menschen ~*** sin miksi en la hom-amason; ***sich in etw. ~*** *sich in andrer Leute Dinge einmischen* enmiksiĝi en la aferojn de alia(j) homo(j); *sich in die Diskussion einmischen* sin enmiksi en la diskuton

Mengen|algebra *f Math* algebro de aroj; **~angabe** *f* indiko de kvanto; **~funktion** *f Math* funkcio de aro

mengenmäßig *Adv* [laŭ]kvante

Mengen|rabatt *m Hdl* rabato ĉe aĉeto de grandaj kvantoj; **~system** *n Math* sistemo de aroj; **~unterschied** *m* diferenco laŭ kvanto *od* kvanteca diferenco; **~verhältnis** *n* proporcio

Mengzi (*m*), *latinisiert* ***Mencius*** (*m*) *Eig (altchin. Denker [um 389-305 v. Chr.], Vertreter des frühen Konfuzianismus)* Menzio

Menhir *m*, *auch* ***Hünenstein*** *od* ***Hinkelstein*** *m Jungsteinzeit (unbehauene vorgeschichtliche Steinsäule)* menhiro

meningeal *Adj nur Fachspr Anat (die Hirnhäute betreffend)* meninga

Meningealzeichen *n Med (Neurologie)* meninga signo

Meningen *f/Pl Anat* ↑ ***Hirnhaut***

Meningitis *f*, *auch* ***Hirnhautentzündung*** *f Med* meningito, inflamo de la meningoj (↑ *auch* ***Enzephalo-***, ***Influenza-***, ***Lepto-*** *u.* ***Myelomeningitis***); ***bakterielle ~*** bakteria meningito; ***eitrige*** (*od fachsprachl.* ***purulente***) ~ pusa meningito; ***lymphozytäre ~*** limfocita meningito; ***tuberkulöse ~*** (Meningitis tuberculosa) tuberkula meningito

Meningo|enzephalitis *f Med (auf das Gehirn übergreifende Meningitis)* meningoencefalito (↑ *auch* ***Frühsommer-Meningoenzephalitis***); **~kokken** *m/Pl* (Neisseria meningitidis) *Bakt (Krankheitserreger der Hirnhautentzündung)* meningokokoj *Pl*; **~kokkose** *f*, *auch* ***Meningokokkenerkrankung*** *f* meningokokozo

Meninx *f Anat* ↑ ***Hirnhaut***

Meniskektomie *f*, *auch* ***operative Meniskusentfernung*** *f Chir* meniskektomio

[1]**Meniskus** *m Phys (Wölbung der Flüssigkeitsoberfläche in Kapillaren)* menisko

[2]**Meniskus** *m*, *auch* ***Menisken-*** *od* ***Punktalglas®*** *n Opt (stark gekrümmte, sichelförmige Linse)* menisko; ***positiver ~*** konverĝa menisko

[3]**Meniskus** *m* (*Pl*: ***Menisken***), *auch* ***Gelenkmeniskus*** *m* (Meniscus articularis) *Anat (Faserknorpelring in Gelenken [bes. der im Kniegelenk])* menisko, *auch* artika menisko (↑ *auch* ***Innenmeniskus***); ***Verletzung am*** (*od* ***des***) *~ od* ***Meniskusläsion*** *f Med* lezo de la menisko *od* meniskolezo

Meniskus|operation *f Chir* menisko-operacio; **~riss** *m*, *fachsprachl.* ***Meniskusruptur*** *f Med* meniskoŝiriĝo; **~schaden** *m*, *Fachspr* ***Meniskusläsion*** *f Med (Verletzung am Meniskus)* meniskolezo

Menispermin *n Chem (ein Alkaloid)* menispermino

Men-nefer (*n*), *griech.* ***Memphis*** *früheste Hptst. u. Handelsstadt Ägyptens* Menefro (*vgl. dazu* ***Sakkara***) <*heute: altägyptische Ruinenstätte am linken Nilufer, südlich von Kairo*>

Mennige *f*, *auch* ***Mennig*** *m Chem (eine Bleiverbindung [eine rote Anstrichfarbe, Rostschutzmittel])* minio

Mennigspecht *m* (Picus miniaceus = Chrysophlegma miniaceum) *Orn* vermiljona pego *[Vorkommen: SO-Asien]*

Mennoniten *m/Pl Angehörige einer evangelischen Freikirche* menonitoj *Pl* (↑ *auch* ***Amische***)

mennonitisch *Adj* menonita
Menno Simons (*m*) *Eig (niederländischer Theologe [1496-1561])* Menono <*Gründer der evangelischen Freikirche*>
Menopause *f Physiol (Aufhören der Regelblutung im Klimakterium)* menopaŭzo (↑ *auch* ***Postmenopause*** *u.* ***Wechseljahre***)
Menopausensyndrom *n, auch* ***vegetativ--klimakterisches Syndrom*** *n Med* menopaŭza sindromo
Menora *f siebenarmiger kultischer Leuchter der jüdischen Liturgie* menoro <*beim Chanukka-Fest wird die Menora angezündet*>
Menorca (*n*), *früher* ***Minorca*** (*n*) *zweitgrößte Insel der Balearen* Menorko *[Hptst.: Mahón]*
Menorquiner *m Bewohner von Menorca* menorkano
Menorquinerin *f* menorkanino
menorquinisch *Adj* menorka
Menorrhagie *f nur Fachspr Med (starke u. lang andauernde Regelblutung)* menoragio (↑ *auch* ***Dysmenorrhö***)
Mensa *f Univ* studenta manĝejo (*od* kantino)
Mensch *m* homo (*vgl. dazu* ***Individuum***, ***Leute*** *u.* ***Menschengeschlecht***); ***~!*** *Ausdruck des Erstaunens* he [vi]!; ***~en*** *Pl* homoj *Pl, mit Grundzahlwörtern auch* personoj *Pl*; ***ein anderer ~*** alia homo; ***ein einfacher ~*** ordinara (*od* simpla) homo; ***erwachsene ~en*** *Pl* plenkreskaj homoj *Pl*; ***gutherziger*** (*od* ***gütiger***) ~ bonkora homo; ***jeder ~*** ĉiu homo; ***kein ~*** neniu [homo]; ***der ~ von heute*** la nuntempa homo; ***der moderne ~*** la moderna homo; ~, ***was machst du da?*** he, kion vi faras [tie]?; ***voller ~en sein*** esti homplena *od* esti plena de homoj; ***er ist ein eigenartiger*** (*od* ***seltsamer***) ~ li estas strangulo (*od* stranga homo); ***er ist ein herzensguter ~*** *od* ***er ist eine Seele von einem ~en*** li estas elkore bona homo ◇ ***der ~ denkt, Gott lenkt*** homo proponas, Dio disponas *(Zam)*
Menschenaffe *m* (*Gattung* Pongo) *Zool* antropomorfa simio, *umg auch* homsimio (*vgl. dazu* ***Gorilla*** *u.* ***Orang-Utan***); ***[Familie der echten] ~n*** *Pl* (Pongidae) pongedoj *Pl*
menschenähnlich ↑ ***anthropoid*** *u.* ***anthropomorph***
Menschen|alter *m Lebensdauer* viv[o]daŭro, vivolongeco; *als Zeitmaß* generacio; **~ansammlung** *f* kolektiĝo de (*od auch* da) multaj homoj; *Menschenmenge* hom-amaso
Menschenbild *n*: ***christliches ~*** *Theologie* kristana homobildo
Menschenfeind *m, [stärker:] auch* ***Menschenhasser*** *m, geh* ***Misanthrop*** *m* mizantropo
menschenfeindlich, *geh* ***misanthropisch*** *Adj* mizantrop[i]a
Menschen|fleisch *n* hom-karno *od* karno de homo(j); **~floh** *m* (Pulex irritans) *Ent* homa pulo, *auch* [hom]pulo; **~fresser** *m* hommanĝulo, *(meist:) Kannibale* kanibalo; **~-fresserei** *f* kanibalismo (↑ *auch* ***Anthropophagie***); **~freund** *m, geh* ***Philanthrop*** *m* filantropo
menschenfreundlich, *geh* ***philanthropisch*** *Adj* filantrop[i]a
Menschenfreundlichkeit *f* filantropio; *Güte gegenüber dem Mitmenschen* bonkoreco kontraŭ la kunhomo
Menschengedenken *n*: ***seit ~*** de [iel] memoreblaj tempoj
menschengemacht *Adj durch den Menschen verursacht (Klimawandel)* homokaŭzita
Menschengemeinschaft *f* homa komunumo
Menschengeschlecht *n*: ***das ~*** la homa gento; *die Menschheit* la homaro
Menschengestalt *f*: ***in ~*** en homa formo
Menschen|gewühl *n Gedränge* interpremiĝo de homoj; **~gruppe** *f* homgrupo
Menschenhai *m Zool* ↑ ***Weißhai***
Menschen|handel *m* homkomerc[ad]o; *Sklavenhandel* sklavokomerc[ad]o; **~händler** *m* homkomercisto, negocisto pri homoj; *Sklavenhändler* sklavokomercisto; **~hass** *m* malamo kontraŭ la homoj, mizantropeco
Menschenhasser *m* ↑ ***Menschenfeind***
Menschen|jagd *f* homĉaso; **~kenner** *m* konanto de la homa naturo; **~kenntnis** *f* kono pri [la] homoj (*od* la homa naturo), kapablo trafe prijuĝi la homojn
Menschenkette *f eine Form der Demonstration* homĉeno; ***eine ~ bilden*** formi homĉenon (***für*** por; ***gegen*** kontraŭ)
Menschen|kind *n* homido; **~laus** *f Ent, Med* homlaŭso, <*wiss*> (Pediculus humanus) pediko
Menschenleben *n* homa vivo; *Dauer eines menschl. Lebens* daŭro de homa vivo; ***der Unfall hat zwei ~ gefordert*** la akcidento postulis du viktimojn
menschenleer *Adj* senhoma; *i.w.S. unbewohnt* neloĝata, *nachgest auch* sen loĝantoj; *verödet* dezerta; *verlassen* forlasita [de

homoj *bzw.* iamaj loĝantoj *u.a.*]; ~ ***machen*** senhomigi (↑ *auch* ***entvölkern***); ~ ***werden*** senhomiĝi

Menschen|liebe *f* filantropio; *Mildtätigkeit* bonfaremo, karitato; *Menschlichkeit* humaneco; ~**massen** *f/Pl* homamasoj *Pl*

Menschenmenge *f* hom-amaso (*vgl. dazu* ***Herde***); ***sich unter die ~ mischen*** sin miksi en la hom-amason

menschenmöglich *Adj*: ***alles ²e tun*** fari ĉion, kion kapablas homaj fortoj, *auch* fari ĉion fareblan

Menschen|opfer *n* [homa] viktimo; *[kultisch-rituell:]* hom-ofero, *(das Opfern von Menschen [Vorgang])* hom-oferado; ~**pflicht** *f* [morala] devo de homo; ~**rasse** *f* homa raso; ~**raub** *m Jur* kidnap[ad]o (*vgl. dazu* ***Entführung***); ~**räuber** *m Entführer* kidnapisto

Menschenrechte *n/Pl* homaj rajtoj *Pl*; ***Deklaration*** (*od* ***Erklärung***) ***der ~e*** *Gesch* Deklaracio pri la Homaj Rajtoj *[zuerst proklamiert 1776 in den USA, dann 1789 von der Franz. Nationalversammung verabschiedet]*; ***Deklaration der Menschen- und Bürgerrechte*** Deklaracio pri Homaj kaj Civitanaj Rajtoj; ***Allgemeine Erklärung der ~***, *auch* ***Deklaration der ~*** Universala Deklaracio de Homaj Rajtoj (*Abk* UDHR) *<am 10. 12.1948 von der Generalversammlung der UN verkündet>*; ***Tag der ~*** Tago de Homaj Rajtoj *[10. Dezember]*; ***die ~ verletzen*** lezi *od* malobservi (*od [stärker:]* rompi) la homajn rajtojn

Menschenrechtler *m* aktivulo por homaj rajtoj

Menschenrechtskonvention *f*: ***Europäische ~*** Eŭropa Konvencio pri Homaj Rajtoj (*Abk* EKHR)

Menschenrechts|organisation *f* organizaĵo por defendo de homaj rajtoj; ~**verletzung** *f* lezo de la homaj rajtoj

menschenscheu *Adj* homevit[em]a; ***er ist ~*** *auch* li estas homevitulo

Menschen|scheu *f* homevitemo, *<wiss>* antropofobio; ~**schinder** *m* turmentisto, [kru- cla] ĉikanulo; *Ausbeuter* ekspluatisto, elsuĉisto; ~**schlächter** *m* hombuĉisto, masakristo; *Massenmörder* amasbuĉisto; ~**schlag** *m* raso, gento; ~**schmuggel** *m* kontrabandado dehomoj

Menschenseele *f* ◇ ***es war keine ~ da*** estis eĉ ne unu homo tie

Menschenstrom *m ein Strom von Menschen* torento da homoj

menschenunwürdig *Adj nachgest* nekonforma al la homa digno, *[stärker:]* kontraŭa al la homa digno; *inhuman* nehumana, *[stärker:]* malhumana

Menschenverachtung *f* malestimo al homoj

Menschenverstand *m* homa intelekto (*od* racio); *auf das Denkvermögen bezogen* [la] homa cerbo; ***der gesunde ~*** la sana prudento *(Zam)* (*vgl. dazu* ***Vernunft***)

Menschenwürde *f* homa digno

menschenwürdig *Adj* konforma (*od* inda) al la homa digno

Menschewik *m* (*Pl*: ***Menschewiken*** *od* ***Menschewiki***) *russ. Gesch, Pol* menŝeviko

Menschewismus *m russ. Gesch, Pol (die gemäßigte Richtung der russischen Sozialdemokratischen Arbeiterpartei)* menŝevismo

menschewistisch *Adj den Menschewismus betreffend* menŝevisma

Menschheit *f* homaro

menschheitlich *Adj* homara

Menschheits|geschichte *f* historio de la homaro *od* homara historio; ~**traum** *m* revo (*od auch* sonĝo) de la homaro

Menschlein *n Kerlchen, [kleiner] Wicht* hometo

menschlich *Adj dem Menschen eigentümlich* homa (↑ *auch* ***übermenschlich***); *human, mitmenschlich* humana; ***der ~e Körper*** la homa korpo; ***die ~e Natur*** la homa naturo; ***eine ~e Tragödie*** homa tragedio ◇ ***Irren ist ~*** homo estas erarema; *i.w.S. jeder Mensch macht Fehler* ĉiu homo ja faras erarojn

Menschlichkeit *f Humanität* humaneco; ***aus reiner ~*** pro pure humanaj kaŭzoj

Menschwerdung *f* homiĝado; *Anthropol auch* antropogenezo

Menses *Pl Physiol* ↑ ***Menstruation***

menstrual *AdjMed (zur Menstruation gehörend)* menstrua

Menstruation *f*, *auch* ***Menses*** *Pl*, *umg* ***Periode*** *od* ***Regel*** *f od* ***Tage*** *Pl Physiol* menstruo, *umg* monataĵo (↑ ***A-***, ***Dysmenorrhö*** *u.* ***Menorrhagie***); ***erste ~***, *Fachspr Med* ***Menarche*** *f* unua menstruo; ***das Aufhören der in den Wechseljahren*** la ĉeso de la menstruoj en la klimaktero, *Med meist* menopaŭzo; ***Menstruatio praecox*** *f verfrühtes Auftreten der Regelblutung* tro frua menstruo

Menstruations|beschwerden *Pl* menstruaj perturboj *Pl*; ~**blut** *n*, *auch* ***Menstrualblut*** *n*

menstrua sango; ~**kalender** *m, auch* ***Regelkalender*** *m* menstrua kalendaro; ~**schmerzen** *m/Pl* menstruaj doloroj *Pl*; ~**zyklus** *m, auch* ***Regel[blutungs]zyklus*** *m Physiol* menstrua ciklo, *fachsprachl. auch* oestra ciklo

menstruieren *intr u. abs* menstrui, *umg auch* havi sian monataĵon

Mensur *f* ***a)*** *Chem (mit Maßeinteilung versehenes Messglas)* mezurglas[et]o ***b)*** *Sport (Abstand [zweier Fechter voneinander])* distanco [inter du skermistoj] ***c)*** *hist ([in schlagenden Verbindungen:] studentischer Zweikampf mit Degen od Säbel)* studenta duelo

mensurabel *Adj geh für «messbar»* mezurebla

Mensurabilität *f* ↑ ***Messbarkeit***

mental 1. *Adj* mentala **2.** *Adv* mentale (*vgl. dazu* ***gedanklich***, ***geistig*** *u.* ***spiritual***)

Mentalität *f geistige Verfassung, Denk- od Anschauungsweise (eines Menschen od einer Gruppe), Geistes- od Sinnesart* mentaleco (↑ *auch* ***Siegermentalität***)

Mentawai|-Archipel *m od* ~**-Inseln** *Pl eine indonesische Inselgruppe westlich von Sumatra* Mentavaj-Insularo (↑ *auch* ***Siberut***); ~**-Langur** *m* (Presbytis potenziani) *Zool (ein langschwänziger Schlankaffe)* mentavaja presbito *[Vorkommen: endemisch auf den Mentawai-Inseln]* (↑ *auch* ***Hulman***)

Menthan *n Chem* mentano

Menthol *n Chem, Pharm (Bestandteil des Pfefferminzöls)* mentolo; ~**zigarette** *f* mentolcigaredo

[1]**Mentor** (*m*) *Eig (Lehrer des Telemachos, des Sohnes des Odysseus)* Mentoro

[2]**Mentor** *m bes. Univ* mentoro; ***als ~ tätig sein*** agi kiel mentoro, *auch* mentori

[1]**Menü** *n,* <*schweiz*> ***Menu*** *n Speisenfolge* menuo, sinsekvo de [la] pladoj (↑ *auch* ***Drei-Gänge-Menü*** *u.* ***Festmenü***); ***ein raffiniertes ~*** rafinita menuo; ***das~ zusammenstellen*** aranĝi la menuon

[2]**Menü** *n EDV (auf dem Bildschirm angebotene Programmauswahl)* menuo (↑ *auch* ***Start-***, ***Tabulator-*** *u.* ***Untermenü***); ~**befehl** *m EDV* menukomando

Menuett *n Mus, Tanz* menueto

menügestützt *Adj*: ~***es System*** *n EDV* menu-bazita sistemo

Mephisto *od* **Mephistopheles** (*m*) *Teufel in der Faustlegende* Mefisto *od* Mefistofelo

mephistophelisch *Adj* mefistofela

Meran (*n*), *ital.* ***Merano*** *ein Kurort in Südtirol/Italien* Merano

Merapi *m ein aktiver Schichtvulkan in Zentraljava/Indonesien (nahe der Stadt Yogyakarta)* [vulkano] Merapio

Merbromin *n Pharm (ein Antiseptikum u. Desinfektionsmittel)* merbromino

Mercaptan *n Chem* ↑ ***Merkaptan***

Mercalli-Skala *f Seismologie, Vulkanologie* skalo de Mercalli

Mercator (*m*) *Eig (ein flandrischer Geograf [1512-1594])* Merkatoro; ~**projektion** *f Kartogr (eine winkeltreue zylindrische Kartenprojektion)* projekcio de Merkatoro <*Netzentwurf von Landkarten*>

Mercer (*m*) *Eig (engl. Techniker [1791-1866])* Mercero (*vgl. dazu* ***Merzerisation***)

Mercerie *f* ↑ ***Kurzwarenhandlung***

Mercurius *m Myth* ↑ [1]***Merkur***

Mercurochrom *n roter, quecksilberhaltiger, als Antiseptikum verwendeter Farbstoff* merkurokromo

Merengue *m eine lateinamerik. Musikrichtung aus der Dominikanischen Rep. bzw. der dazugehörige Tanz* merengo

Mergel *m,* <*österr*> *u. reg* ***Schlier*** *m Min (ein graues od gelbliches Sedimentgestein)* marno *auch Landw (als Düngemittel)* (*vgl. dazu* ***Geschiebe-***, ***Kalk-***, ***Sand-*** *u.* ***Tonmergel***); ***dolomitischer ~*** dolomita marno; ***Quedlinburger ~*** kvedlinburga marno; ***den Boden mit ~ verbessern*** *Landw* plibonigi la grundon per marno

Mergel|boden *m Bodenkunde* marna grundo; ~**grube** *f* marnominejo

mergeln *tr mit Mergel düngen* marni, sterki per marno

Mergeln *n Landw* marnado, grundoplibonigo per marno

Mérida (*n*) *1. eine spanische Stadt in der Estremadura [östlich von Badajoz] 2. Hptst. des mexikanischen Gliedstaates Yucatán* Merido

Meridian *m* ***a)*** *auch* ***Längen-*** *od* ***Mittagskreis*** *m Geogr* meridiano (↑ *auch* ***Hauptmeridian***); ***~ von Greenwich***, *auch* ***Nullmeridian*** *m Geogr, Kartogr* grenviĉa meridiano, *auch* nula meridiano *od* meridiano nul; ***magnetischer ~*** magneta meridiano ***b)*** *Astron (größter Kreis der Himmelskugel, der durch Zenit u. Nadir geht)* [astra] meridiano (*vgl. dazu* ***Himmelsmeridian***)

Meridian|bogen *m* meridianarko; ~**höhe** *f Astron* meridiana alt[ec]o; ~**konvergenz** *f* meridiankonverĝo; ~**kreis** *m Astron (ein Winkelmessgerät zur Bestimmung der Kulmination eines Sternes u. seiner Deklination)* meridiana lorno; ~**pflanzen** *f/Pl* (*Syn:* ***Kompasspflanzen***) *Bot (Pflanzen mit Profilstellung von Organen [bes. Blättern] in Nord-Süd-Richtung, so dass diese von der Mittagssonne in Kantenstellung, nur am Abend u. Morgen auf der Spreite getroffen werden u. dadurch eine Überhitzung vermieden wird)* meridianaj plantoj *Pl*; ~**streifen** *m Geogr, Kartogr* meridianzono

meridional *Adj 1. Geogr (den Meridian betreffend, in Richtung des Meridians, nordsüdlich) 2. Biogeografie (Bez für eine Florenzone u. für Vorkommen in den südlichsten Breiten der Holarktis)* meridiana

Merina *Pl Ethn (größte Bevölkerungsgruppe [etwa 26%] Madagaskars* merinoj *Pl* *<Siedlungsgebiet: im zentralen Hochland von Antananarivo>*

Meringue *f* ↑ ***Baiser***

Merino *m ein feiner wollener Kammgarnstoff* merinoŝtofo; ~**schaf** *n* merino; ~**wolle** *f* merinolano (↑ *auch* ***Zephirwolle***)

Meristem *n Bot (pflanzliches Bildungs- und Teilungsgewebe)* meristemo

Meriten *Pl geh für «Verdienste»* meritoj *Pl* (*vgl. dazu* ***²Verdienst***)

Merk *m* (*Gattung* Sium) *Bot (ein Doldengewächs)* siumo; ***breitblättriger*** ~ (Sium latifolium) larĝfolia siumo

Merkaba[h] *f jüdische Mystik (Thronwagen Gottes)* merkabo

Merkantilismus *m od* **Merkantilsystem** *n Gesch (vorherrschendes Wirtschaftssystem des europäischen Absolutismus im 16.-18. Jh.)* merkantilismo

Merkantilist *m Anhänger des Merkantilismus* merkantilisto

Merkaptan *n, Fachspr* ***Mercaptan*** *n, auch* ***Thioalkohol*** *m Chem* merkaptano

Merkatorprojektion *f Kartogr* = ***Mercatorprojektion***

merkbar *Adj wahrnehmbar* perceptebla; *im Gedächtnis zu behalten* memortenebla

Merk|blatt *n* informfolio; ~**buch** *n Vormerkbuch, Verzeichnis zu erledigender Dinge* agendo (*vgl. dazu* ***Notizbuch***)

merken *tr wahrnehmen* percepti; *bemerken* rimarki; *verstehen* kompreni; *mitkriegen (fam)* kapti; *erfahren, [selbst] durchmachen* [persone] sperti (*vgl. dazu* ***durchleben***); *beherzigen* priatenti; ***sich etw.*** ~ *im Gedächtnis behalten* memorteni ion, *auch* noti ion en la kapo (***etw.*** ion); *notieren, vermerken* noti; ***davon merkt man kaum etwas*** [pri tio] oni rimarkas apenaŭ ion; *fühlt man kaum etwas* [pri tio] oni sentas apenaŭ ion; ***erst jetzt merke ich, dass ...*** nur nun mi rimarkas (*bzw.* komprenas *bzw.* sentas), ke ...; ***ich habe ihn*** ~ ***lassen, dass ...*** *spüren lassen* mi igis lin senti, ke ...; ***die Regel lässt sich leicht*** ~ la regulo facile memorteniĝas; ~ ***Sie sich, dass ...*** memortenu (*od* [bone] notu), ke ...; ***ich ließ mir nichts*** ~ *ich zeigte keine Emotionen* mi montris nenian signon de emocio; *ich tat so, als sei nichts geschehen* mi kondutis kvazaŭ nenio estas okazinta

merklich *Adj spürbar, wahrnehmbar* sentebla, perceptebla, rimarkebla; *offensichtlich* evidenta; *i.w.S. (beträchtlich)* konsiderinda, *(bedeutsam)* grava

Merkmal *n Kennzeichen* signo, marko, rekonilo; *Unterscheidungs*≗ distingilo; *Charakteristikum* karakterizaĵo *auch Statistik* (↑ *auch* ***Herkunftsmerkmal***); *Eigenart, Wesenszug* eco; *Symptom* simptomo; ***einschränkendes*** (***klassifizierendes qualitatives***, ***wesentliches***) ~ limiga (klasifika, kvalita, esenca) karakterizaĵo

¹Merkur *m, lat.* ***Mercurius*** *m Myth (röm. Gott des Handels; Götterbote)* Merkuro (*vgl. dazu* ***Hermes***)

²Merkur *m Astron (der innerste Planet des Sonnensystems)* Merkurio

Merkurstab *m Attribut des Gottes Merkur* merkura bastono

merkwürdig *Adj seltsam* stranga; *kurios* kurioza; *mysteriös* mistera; *wundersam, i.w.S. ([ganz] erstaunlich)* mirakla, *(bemerkenswert)* rimarkinda, *(Verwunderung od Staunen hervorrufend)* miriga; ***das erscheint mir*** ~ *od* ***das kommt mir*** ~ ***vor*** tio ŝajnas al mi stranga (*bzw.* kurioza *od* mistera *u.a.*)

merkwürdigerweise *Adv* strange [por diri], sed ... (*vgl. dazu* ***eigenartigerweise***); ~ ***hat er davon nichts erwähnt*** strange, sed li menciis nenion pri tio

Merkwürdigkeit *f als Charakteristikum od Eigenart* strangeco; kuriozeco; *etw. Sonderbares od Seltsames [als Ereignis od Tat]* strangaĵo, kuriozaĵo

Merkzeichen *n* rimarkilo

Merlan *m Ichth* ↑ ***Wittling***
Merle *f Orn* ↑ ***Amsel***
[1]**Merlin** *m, auch* ***Zwergfalke*** *m* (Falco columbarius) *Orn* kolombofalko; ***indischer*** ~ ↑ ***Rotkehlfälkchen***
[2]**Merlin** (*m*) *Eig (eine keltische Sagengestalt, Zauberer u. Prophet am Hofe des Königs Artus)* Merlino
Merlinfalke *m Orn* = ***[1]Merlin***
meromorph *Adj Geom* meromorfa; ***~e Funktion*** *f* meromorfa funkcio
Merostomata *n/Pl Zool (Klasse der zu den Gliederfüßern gehörenden Fühlerlosen [Chelicerata])* merostomoj *Pl* *<es sind nur 5 im Meer lebende Arten bekannt, die Mehrzahl der Merostomata ist ausgestorben>*
Merowinger *m/Pl Gesch (Angehörige eines fränkischen Königsgeschlechts)* merovidoj *Pl* *<751 wurden sie durh die Karolinger aus der Königsherrschaft verdrängt>*; **~-reich** *m* Merovida Regno
merowingisch *Adj* merovida
Merseburg (*n*) *eine Stadt an der mittleren Saale/Sachsen-Anhalt* Merseburgo
Merseburger ***a)*** *Einwohner von Merseburg* merseburgano ***b)*** *attr in Zus*: ~ ***Zaubersprüche*** *m/Pl in althochdeutscher Sprache* magiaj formuloj *Pl* de Merseburgo *<1841 in einer theologischen Handschrift des 9./10. Jh.s im Domkapitel zu Merseburg entdeckt>*
Mertensie *f* (*Gattung* Mertensia) *Bot* mertensio
[1]**Meru** *m Hinduismus (mythischer Berg, Mittelpunkt der Erdscheibe, Sitz der Götter)* [monto] Meruo
[2]**Meru** *m ein Vulkan in Tansania* [vulkano] Meruo
Merzerisation *f od* **Merzerisieren** *n ein Veredlungsverfahren für Baumwolle* mercerizado
merzerisieren *tr Stoffen Seidenglanz geben* mercerizi
Mesalliance [*meza'ljã:s*] *f, auch* ***Missheirat*** *f nicht standesgemäße Heirat* mezalianco
Mescalin *n Biochemie* ↑ ***Meskalin***
Meschhed (*n*) ↑ ***Mashhad***
meschugge *Adj fam für «verrückt»* freneza
Mesencephalon *n Anat* = ***Mittelhirn***
Mesenchym *n Biol, Med (embryonales Bindegewebe, aus dem sich die Stütz- u. Bindegewebe entwickeln)* mezenkimo
mesenchymal *Adj zum Mesenchym gehörend bzw. es betreffend* mezenkima
mesenteral *Adj zum Mesenterium gehörend bzw. es betreffend* mesoentera
Mesenterium *n, auch* ***[Dünndarm-] Gekröse*** *n Anat (den Dünndarm umschließender, faltenartiger Teil des Bauchfells)* mesoentero
Meskalin *n, auch* ***Mescalin*** *od* ***Mezkalin*** *n Biochemie (ein Alkaloid des mexikanischen Peyotl-Kaktus mit halluzinogener Potenz [heutzutage als Rauschgift verwendet])* meskalino
[1]**Mesmer** *m Kirche* ↑ ***Mesner***
[2]**Mesmer** (*m*) *Eig (ein dt. Arzt u. Theologe [1734-1815])* Mesmero
mesmerisch *Adj* mesmera
Mesmerismus *m Naturw hist: Lehre von der heilenden Wirkung magnetischer Kräfte* mesmerismo; ***Anhänger m des*** ~ mesmerano
Mesner *m, auch* ***Messner*** *m*, *<schweiz>* ***Mesmer*** *m reg für «Kirchendiener»* preĝeja servisto
Mesoderm *n, auch* ***Mesoblast*** *n Biol, Med (mittleres der drei embryonalen Keimblätter)* mezodermo
mesodermal *Adj 1. das Mesoderm betreffend 2. aus dem Mesoderm hervorgehend [von Organen u. Geweben]* mezoderma
Mesogastrium *n, auch* ***Magengekröse*** *n Anat* mesogastro
Mesokarp[ium] *n Bot (die mittlere Schicht der Fruchtwand, z.B. das fleischige Gewebe der Steinfrüchte)* mezokarpo
Mesolithikum *n, auch* ***mittlere Steinzeit*** *od* ***Mittelsteinzeit*** *f Geol* mezolitiko
mesolithisch *Adj* mezolitika
mesomer *Adj Chem (durch Mesomerie verursacht bzw. auf Mesomerie beruhend)* mezomera; ***~es Molekül*** *n* mezomera molekulo
Mesomerie *f, auch* ***Strukturresonanz*** *f nur Fachspr Chem* mezomereco
Meson *n, veraltend* ***Mesotron*** *n Teilchenphysik (instabiles Elementarteilchen mittlerer Masse)* mezono (↑ *auch* ***Theta-Meson*** *u.* ***Myon***)
Mesophyten *m/Pl Bot (Pflanzen, die an mäßig feuchten Standorten vorkommen* mezofitoj *Pl*
Mesopotamien (*n*) Mezopotamio (*vgl. dazu* ***Zweistromland***)
Mesopotamier *m* mezopotamiano
Mesopotamierin *f* mezopotamianino
mesopotamisch *Adj* mezopotamia

Mesosaurier *m/Pl* (*Ordnung* Mesosauria) *Paläozoologie* mezosaŭroj *Pl*

Mesosphäre *f 1. Geol (der unterste Teil des oberen Erdmantels) 2. Geophysik, Met (in der Atmosphäre die über der Stratosphäre folgende Schicht)* mezosfero

Mesostichon *n Metr, Poetik (Gedicht, bei dem die an bestimmter Stelle in der Versmitte stehenden Buchstaben, von oben nach unten gelesen, ein Wort od. einen Satz ergeben)* mezostiko (↑ *auch* ***Akrostichon*** *u.* ***Telestichon***)

Mesothorax *m, auch* ***Mittelbrustring*** *m einer Biene* mezotorako

Mesothorium *n Phys (Zwischenprodukt der radioaktiven Thoriumzerfallsreihe)* mezotorio

Mesotron *n Phys* ↑ ***Meson***

Mesozoen *Pl, auch* ***Mitteltierchen*** *n/Pl* (Mesozoa) *Zool (eine Abteilung der Vielzeller mit etwa 50 Arten)* mezozooj *Pl* *<Mesozoen leben als Endoparasiten>*

Mesozoikum *n, auch* ***Erdmittelalter*** *n Geol [vor 230-65 Mio Jahren]* mezozoiko, *auch* mezozoika erao *<das Mesozoikum wird in Trias, Jura u. Kreide unterteilt>*

mesozoisch *Adj* mezozoika

Mesquitebaum *m, auch* ***Süßhülsenbaum*** *m* (*Gattung* Prosopis) *Bot* prozopo (↑ *auch* ***Samt-Mesquite***)

Mesquitebusch *m*: ***chilenischer*** ~ (Prosopis chilensis) *Bot* ĉilia prozopo (↑ *auch* ***Samt-Mesquite***)

Mesrop (*m*) *Eig (ein armenischer Mönch u. Missionar [um 361-440])* Mesropo

Message *f Nachricht* mesaĝo

Messalina (*f*) *Eig (dritte Frau des röm. Kaisers Claudius)* Mesalina *<galt als sittenlos>*

Messband *n* mezurbendo (↑ *auch* ***Feinmessband***)

messbar *Adj* mezurebla

Messbarkeit *f, geh* ***Mensurabilität*** *f* mezurebl[ec]o

Messbecher *m Hausw* mezurkruĉ[et]o (↑ *auch* ***Messglas***)

Messbildverfahren *n Geodäsie* fotogrametrio

Messbrücke *f El* ↑ ***Brücke f)***

Messbuch *n kath. Kirche* ↑ ***Missal[e]***

Messdiener *m* ↑ ***Ministrant*** *u.* ***Akoluth***

[1]Messe *f* foiro; *Handels*≃ komerca foiro; *Industrie*≃ industria foiro; *Muster*≃ specimena foiro (*vgl. dazu* ***Ausstellung***; ↑ *auch* ***Buchmesse***); ***Leipziger*** ~ Lepsika Foiro *od* Foiro de Lepsiko; ***vor*** (***nach***) ***der*** ~ antaŭ (post) la foiro

[2]Messe *f kath. Kirche* meso (↑ *auch* ***Abend-***, ***Chrisam-***, ***Christ-***, ***Früh-***, ***Mitternachts-Opfer-***, ***Votiv-*** *u.* ***Totenmesse***); ***heilige*** (***katholische***) ~ sankta (katolika) meso; ***eine*** ~ ***abhalten*** (*od* ***zelebrieren***) celebri (*od auch* fari) meson

[3]Messe *f Offiziers*≃ kantino (*od* manĝejo, *geh auch* manĝosalono) por [la] oficiroj

Messe|besucher *od* ~**gast** *m* foirvizitanto, *auch* foirvizita gasto; ~**gelände** *n* areo de la foiro, [industria] foirejo; ~**halle** *f Ausstellungshalle* foira halo, [ekspozicia] halo sur la areo de la foiro

messen ***a)*** *tr Länge, Temperatur u.a.* mezuri (***etw. mit*** ion per) (↑ ***ab-***, ***aus-*** *od* ***vermessen***); *Tech [durch Messgerät, Tachometer u.Ä.] zusammenzählen od messen* kompti; ***seine seine Kräfte mit jmdm.*** ~ *im Kampf, Sport u.a.* mezuri siajn fortojn kontraŭ iu *od* kompari siajn fortojn kun iu; ***die Körpertemperatur*** ~ mezuri la korpotemperaturon; ***den Stromverbrauch*** (***Gasverbrauch***) ~ kompti la uzitan elektron (gason); ***sich*** ~ *im Vergleich* sin kompari; *wetteifern* konkuri; *rivalisieren* rivali (***mit jmdm.*** kun iu); ***komm, wir wollen uns miteinander*** ~***!*** *sehen wer stärker ist* venu, ni komparu niajn fortojn! ***b)*** *intr eine Länge von ... haben* havi longon de ..., *auch* longi ... *mit Akk*; *eine Breite von ... haben* havi larĝon de ..., *auch* larĝi ... *mit Akk*

Messen *n* mezurado

Messepavillon *m* foira pavilono

[1]Messer *n* tranĉilo (*vgl.dazu* ***Skalpell***; ↑ *auch* ***Brot-***, ***Busch-***, ***Butter-***, ***Fleischermesser***, ***Hirschfänger***, ***Jagd-***, ***Käse-***, ***Kaviar-***, ***Koch-***, ***Küchen-***, ***Papier-***, ***Schinken-***, ***Schnapp-***, ***Schuster-***, ***Taschen-*** *u.* ***Teppichmesser***); ***eine Garnitur*** (*od* ***ein Satz***) ~ *z.B. in einer Fleischerei od in der Küche* kompleto da tranĉiloj; ***ein scharfes*** (***stumpfes***) ~ akra (malakra) tranĉilo ◇ ***unters*** ~ ***müssen*** *salopp für «operiert werden müssen»* devi esti operaciata *od salopp* devi esti sub la skalpelo [de kirurgo]; ***jmdm. das*** ~ ***an die Kehle*** (*od salopp* ***Gurgel***) ***halten*** (*od* ***setzen***) meti tranĉilon al ies gorĝo; ***die Sache steht auf des*** ~***s Schneide*** la afero estas nun en sia kriza fazo

²Messer *m Messgerät* mezurinstrumento, mezurilo, *(techn. Messgerät) auch* gaŭĝo (↑ ***Lautstärkemesser** u. **Messuhr***)

Messeraal *m, auch **südamerikanischer Messerfisch** m* (*Gattung* Gymnotus) gimnoto (*vgl. dazu **Zitteraal***); ***[Familie der]** ~e Pl* (Gymnotidae) gimnotedoj *Pl*

Messerattacke *f* atako per tranĉilo

Messergebnis *n* mezurrezulto

Messer|griff *m, auch **Messerheft** n* tenilo de tranĉilo; ~**klinge** *f* klingo de tranĉilo; ~**rücken** *m* dorso de tranĉilo

messerscharf *Adj* akrega, akra kiel tranĉilo (*bzw.* razklingo *u.a.*)

Messer|schmied *m* tranĉilfaristo; ~**schmiede** *f Werkstatt eines Messerschmieds* tranĉilfarejo; ~**schmiedehandwerk** *n* tranĉilfarado, metio de tranĉilfaristo; ~**schneide** *f* eĝo de tranĉilo; ~**spitze** *f* pinto de tranĉilo; ~**stecherei** *f* interbatalado per tranĉiloj; ~**stich** *m* piko de tranĉilo; ~**werfer** *m Zirkus* ponardo-ĵetisto

Messe|stadt *f* urbo de [internaciaj] foiroj, *auch kurz* foirurbo; ~**stand** *m* [ekspozicia] stando en foiro

Mess|fehler *m, auch **Messungsfehler** m* mezur-eraro *od* eraro de mezuro (*vgl. dazu **Annäherungsfehler***); ~**fernrohr** *n Geodäsie* mezurlorno

Messgehilfe *m* ↑ ***Ministrant b)***

Mess|gerät *n* mezurinstrumento, mezurilo (↑ *auch **Präzisions-** u. **Temperaturmessgerät***), *Tech* gaŭĝo (↑ *auch **Blutdruckmessgerät***); ~**gesang** *m Kirche* meskanto; ~**gewand** *n zur Messe getragenes Gewand des Priesters* mesornato, *auch* mesrobo (*vgl. dazu **Albe Kasel** u. **Phelonion***); ~**glas** *n Glas zum Abmessen* mezurglaso (↑ *auch **Messbecher***)

messianisch *Adj zum Messias gehörig bzw. von ihm ausgehend* mesia

Messianismus *m 1. Rel (Erwartung des verheißenden Messias, Erlöserglaube) 2. Pol u. übertr (Sendungsbewusstsein)* mesianismo

Messias *m christl. Kirche (Beiname Jesu Christi)* Mesio (↑ *auch **Erlöser** u. **Heiland***); *übertr (Heilsbringer)* mesio

Messidor *m, auch **Erntemonat** m 10. Monat des franz. Revolutionskalenders* mesidoro

Messina (*n*) *eine Hafenstadt auf Sizilien* Mesino; ***Meerenge** (od **Straße**) **von** ~ zw. dem italienischen Festland u. Sizilien* Markolo de Mesino *od* Mesina Markolo

Messing *n* latuno (↑ *auch **Deltametall***)

Messingbarbe *f Ichth* ↑ ***Grünbarbe***

Messing|blech *n* latuna plato; ~**rohr** *n* latuna tubo *od* tubo [farita] el latuno

Mess|instrument *n* mezurinstrumento (*vgl. dazu **²Messer** u. **Schiebelehre***); ~**kännchen** *n kath. Kirche [für Wasser u. Wein]* bureto; ~**kanon** *m kath. Kirche* kanono (↑ *auch **Bibelkanon***); ~**kelch** *m kath. Kirche* meskaliko; ~**kette** *f des Geometers* ĉeno de termezuristo

Messkunde *f* ↑ ***Metrologie***

Mess|latte *f bes. Geodäsie* mezurlato; ~**libelle** *f in einer Wasserwaage* mezurbobelujo

Messner *m Kirche* ↑ ***Mesner***

Messpipette *f* mezurpipeto

Messrädchen *n Kartogr* ↑ ***Kurvenmesser***

Messschieber *m Handw* ↑ ***Schiebelehre***

Mess|stab *m* skala (*bzw.* gradigita) rektilo (*vgl. dazu **Richtlatte***); ~**technik** *f* mezurtekniko *auch Opt*

Messtisch *m* mezurtablo; ~**blatt** *n Geodäsie, Kartogr* folio de topografia mapo; ~**platte** *f* plato de mezurtablo

Mess|transformator *m* (*auch **Messwandler** genannt*) *El* instrumenta transformatoro; ~**uhr** *f* ciferplata mezurilo

Messung *f* mezurado (↑ *auch **Dicke- Entfernungs-**, **Längen-** u. **Wärmemessung***); ~ ***des Blutdrucks** Med* mezurado de la sangopremo; ~ ***der Himmelsstrahlung** Met* mezurado de [la] ĉiela radiado

Messungsfehler *m* ↑ ***Messfehler***

Messwandler *m El* ↑ ***Messtransformator***

Messzahl *f* ↑ ***Index f)***

Messzylinder *m z.B. im Labor* mezurcilindro

Mestize *m Mischling mit weißem u. indianischem Elternteil* mestizo

Mestizin *f* mestizino

¹Met *m, auch **Honigwein** m alkoholisches Getränk aus vergorenem Honigwasser* medo, *auch* mielvino

²Met = *fachsprachl. Abk für **Methionin***

Meta (*f*) *weibl. Vorname* Meta

metabol[isch] *Adj Biol u. Med (den Stoffwechsel betreffend)* metabola

Metabolismus *m Physiol* = ***Stoffwechsel***

Metabolit *m Biochemie (Substanz, deren Vorhandensein für den normalen Ablauf der Stoffwechselprozesse unentbehrlich ist [z.B. Vitamine, Enzyme, Hormone])* metabolito

Meta|diphenol *n Chem* metadifenolo; ~**genese** *od* ~**genesis** *f, auch **Ammenzeugung** f Biol (eine Form des Generationswechsels*

[Teilung, Knospung] metagenezo

metagenetisch *Adj die Metagenese betreffend* metageneza

Metageometrie *f* metageometrio

metakarpal *Adj Anat (zur Mittelhand gehörend bzw. sie betreffend)* metakarpa

Meta|kresol *n Chem* metakrezolo; ~**kritik** *f Phil (Kritik der Kritik)* metakritiko

Metaldehyd *m Chem (eine Art Trockenspiritus)* metaldehido

Metalepse *od* **Metalepsis** *f rhetorische Figur, bei der das Nachfolgende mit dem Vorhergehenden vertauscht wird od ein mehrdeutiges Wort zu einer im Kontext nicht gemeinten Bedeutung ersetzt* metalepso

metaleptisch *Adj* metalepsa

Metalinguistik *f Zweig der Sprachwissenschaft, der sich mit dem Zusammenhang zw. Sprache und anderen Erscheinungen der Kulturwelt befasst* metalingvistiko

Metall *n* metalo (↑ *auch* ***Alkali-***, ***Bunt-***, ***Edel-***, ***Erdalkali-***, ***Gieß-***, ***Hart-***, ***Leicht-***, ***Nicht-***, ***Nichteisen-***, ***Schwer-*** *u.* ***Weißmetall***); ~ ***bearbeiten*** prilabori metalon; ~ ***verarbeitende Industrie*** metalprilabora industrio; ***in*** ~ ***verwandeln*** *eine Substanz* ŝanĝi al metalo, metaligi (↑ *auch* ***metallisieren***)

Metall|arbeiter *m*, *umg auch* ***Metaller*** *m* metallaboristo, laboristo en la metalindustrio; ~**bau** *m Konstruktion aus Metall* konstruaĵo el metalo; ~**beschichtung** *f als Vorgang (das Beschichten)* tegado per metalo, *Resultat (die Schicht)* metala teg[aĵ]o; ~**blech** *n* metalplato; ~**deckung** *f Bankw* metalkovro (↑ *auch* ***Golddeckung***); ~**detektor** *m* metaldetektilo; ~**dichtung** *f Tech* metala garnaĵo

metallen *Adj* metala; *aus Metall* [farita] el metalo; *wie Metall* kiel metalo

Metaller *m* ↑ ***Metallarbeiter***

Metall|folie *f* metalfolio; ~**geld** *n*, *auch* ***Hartgeld*** *n* metalmono *od* metala mono; ~**gemisch** *n* metalmiksaĵo; ~**gießerei** *f* metalgisejo; ~**glanz** *m* metala glaceo (*vgl. dazu* ***Glanz b)***)

Metallguss *m Metallurgie* metalgiso; ~**verfahren** *n* metalgisa proceso

metallhaltig, *<österr>* ***metallhältig*** *Adj* metalhava, *nachgest* enhavanta metaldonan ercon

Metallindustrie *f* metalindustrio; *Metall verarbeitende Industrie* metalprilabora industrio

metallisch *Adj* metala *auch i.w.S.*; *aus Metall* [farita] el metalo; *wie Metall* kiel metalo; ~***er Glanz*** *m* metala brilo; *Widerschein* metala rebrilo; ***eine*** ~***e Stimme*** *f* metala voĉo

metallisieren *tr mit einer Metallschicht überziehen; auch: Metallglanz geben od verleihen* metalizi

Metall|koffer *m* metala valizo; ~**konstruktion** *f* konstruaĵo el metalo

Metallkunde *f* ↑ ***Metallografie***

Metalllegierung *f* [metala] alojo, miksaĵo el [kunfanditaj] metaloj

Metallofon *n*, *auch* ***Metallophon*** *n Idiophon aus Metall, z.B. Becken, Gong, Vibraphon u.a.* metalofono

Metallografie *f*, *auch* ***Metallographie***, *auch* ***Metallkunde*** *f* metalografio, *auch* scienco pri la metaloj

metallografisch, *auch* ***metallographisch*** *Adj* metalografia

Metalloid *n* (*veraltete Bez für «nicht metallischer Grundstoff»*) metaloido

Metallophon *n* ↑ ***Metallofon***

Metallothermie *f metallurgisches Verfahren zur Reduktion von Metalloxiden durch stark reduzierend wirkende Metalle wie z.B. Aluminium od Silicium* metalotermio

Metall|rahmen *m* metalframo *od* metala framo; ~**rohr** *n od* ~**röhre** *f* metaltubo *od* metala tubo; ~**säge** *f Handw* segilo por metalo; ~**schaum** *m* metalŝaŭmo; ~**schere** *f Tech* ĉizojo (↑ *auch* ***Blechschere***); ~**schlacke** *f Metallurgie (ein Verhüttungsrückstand)* ŝlako; ~**schlauch** *m* metalhoso; ~**schraube** *f Schraube zum Verbinden von Metallteilen* ŝraŭbo por metalo; *metallene Svhraube* metala ŝraŭbo; ~**speiche** *f* metala spoko; ~**stecher** *m* cizelisto (↑ *auch* ***Ziseleur***)

Metallsuchgerät *n* = ***Metalldetektor***

Metallüberzug *m* metala tegaĵo

Metallurg[e] *m* metalurgiisto

Metallurgie *f*, *auch* ***Hüttenkunde*** *f od* ***Hüttenwesen*** *n* metalurgio (↑ *auch* ***Hydro-***, ***Nichteisen-*** *u.* ***Pulvermetallurgie***)

metallurgisch, *auch* ***hüttenkundlich*** *Adj* metalurgia

Metall|verarbeitung *f* prilaborado de metalo; ~**waren** *Pl* metalaj produktoj *Pl*; ~**wärmflasche** *f* metala varmobotelo

Metallzunge *f*: ***frei schwingende*** (*od* ***durchschlagende***) ~ *z.B. bei Hamonikainstrumenten u. beim Harmonium* libere oscilanta anĉo

Metalogik *f* metalogiko

Metamer *n* ***a)*** *Zool (Segment, z.B. bei Ringelwürmern)* metamero, segmento ***b)*** *Biol (Segment eines Embryos)* metamero, segmento de embrio

Metamerie *f Biol ([homonome] Segmentierung)* metamereco

metamorph[isch] *Adj die Gestalt od einen Zustand wandelnd* metamorfa *bes. Geol;* ~***e Beschaffenheit*** *f* metamorfeco; ~***es Gestein*** *od* ***Metamorphitgestein*** *n, auch* ***Umwandlungsgestein*** *n* metamorfa rokaĵo (↑ *auch* ***Eklogit***)

Metamorphose *f Biol (Gestaltwandel [bei Tieren u. Pflanzen], Geol (intensive Umwandlung von Gestein durch hohe Temperatur u. Druck, teilweise unter Neubidung von Mineralien), Myth (durch die Götter bewirkte Verwandlung von Menschen in Tiere, Pflanzen, Steine u.a.)* metamorfozo; ***vollständige*** (***unvollständige***) ~ *Biol (bes. Ent)* kompleta (nekompleta) metamorfozo

Metamorphosehormon *n bei Insekten* metamorfoza hormono (*vgl. dazu* ***Ecdyson***)

metamorphotisch *Adj* metamorfoza

Metaphase *f Genetik (zweite Phase der indirekten Zellkernteilung)* metafazo

Metapher *f Ling, Lit (bildlicher od bildhafter Ausdruck)* metaforo (↑ *auch* ***Trope***)

Metaphonie *f Ling* ↑ ***Umlaut***

metaphorisch **1.** *Adj* metafora (*vgl. dazu* ***bildlich***) **2.** *Adv* metafore

Metaphysik *f philosophische Disziplin od Lehre, die das hinter der sinnlich erfahrbaren, natürlichen Welt Liegende, die letzten Gründe u. Zusammenhänge des Seins behandelt* metafiziko

Metaphysiker *m Phil* metafizikisto

metaphysisch *Adj Phil (zur Metaphysik gehörend, jede mögliche Erfahrung überschreitend; übersinnlich* metafizika

Metaplasie *f Biol, Med (reversible Umwandlung eines differenzierten Gewebes in ein anderes differenziertes Gewebe)* metaplazio

Metaplasmus *m Ling (Umgestaltung von Wortformen aus Gründen des Wohlklangs, der Metrik u.a. [z.B. durch Apokope])* metaplasmo

Metapolitik *f Festlegung von politischen Prinzipien, aus denen politische Entscheidungen u. Zielsetzungen abgeleitet werden können* metapolitiko

Metapsychik *f* ↑ ***Parapsychologie***

Meta|psychologie *f Psych (von Siegmund Freud gewählte Bezeichnung für die von ihm begründete psychologische Lehre in ihrer ausschließlich theoretischen Dimension)* metapsikologio; ~**sediment** *n Geol* metasedimento; ~**somatose** *f Geol, Min (Stoffaustausch im Gestein [bestimmte Stoffe werden durch andere Stoffe verdrängt od im Austausch ersetzt])* metasomatozo; ~**sprache** *f Ling (diejenige Ethno- od Plansprache, in der man bei der Untersuchung über die Objektsprache spricht und die Regeln aufstellt)* metalingvo *auch EDV*

meta|sprachlich *Adj* metalingva; ~**stabil** *Adj Chem, Phys* metastabila

Meta|stase *f, auch* ***Tochtergeschwulst*** *f Med* metastazo (↑ *auch* ***Lymphknotenmetastase***); ~**tarsalgie** *f nur Fachspr Med (Sammelbegriff für am Mittelfuß auftretende, oft belastungsabhängige Schmerzen [z.B. bei Spreizfuß])* metatarsalgio (*vgl. dazu* ***Tarsalgie***)

metastasieren *intr, auch* ***Tochtergeschwülste bilden*** metastazi

Metastasierung *f, auch* ***Bildung*** *f* ***von Tochtergeschwülsten*** *Med* metastazado, *auch* formiĝo de metastazoj; ***multiple*** ~ multobla metastazado

Meta|tarsalgie *f nur Fachspr Med (Schmerz im Mittelfußknochen [z.B. bei Spreizfuß])* metatarsalgio; ~**theorem** *n Logik, Phil* metateoremo; ~**theorie** *f wissenschaftliche Theorie, die ihrerseits eine Theorie zum Gegenstand hat* metateorio; ~**these** *od* ~**thesis** *f, auch* ***Interversion*** *od* ***Transposition*** *f Ling (Umstellung von Lauten [im Wort] z.B. der r-Umsprung im Deutschen* (Brunnen > Born) metatezo; ~**thorax** *m nur Fachspr Ent (der hintere Brustabschnitt, der das dritte Beinpaar u. die Hinterflügel trägt)* metatorako

Metatron *m guter Dämon und Engel der jüdischen Mystik* metatrono *(auch Großschr)*

Metauro *m ein Fluss in Mittelitalien [mündet in die Adria]* [rivero] Metaŭro

metazentrisch *Adj das Metazentrum betreffend* metacentra

Metazentrum *n Mar (Schiffbau: der für die Stabilität wichtige Schnittpunkt der Auftriebsrichtung mit der vertikalen Symmetrieachse eines geneigten Schiffes)* metacentro

Metazoen *n/Pl, auch* ***Vielzeller*** *m/Pl* (Metazoa) *Zool (vielzellige Tiere)* metazooj *Pl, auch* plurĉeluloj *Pl*

Metencephalon *n Anat* ↑ ***Hinterhirn***

Meteor *m Astron* meteoro (*vgl. dazu* ***Bolide a)*** *u.* ***Sternschnuppe***; ↑ *auch* ***Hydrometeor***)

Meteora-Klöster *n/Pl in NW-Griechenland* monaĥejoj *Pl* de Meteoro

Meteorfluss *m Astron* ↑ ***Meteorstrom***

meteorisch *Adj* meteora

Meteorismus *m, alt od reg* ***Blähsucht*** *f Med (abnorme Gasbildung im Magen-Darm-Kanal mit Auftreibung des Leibs)* meteorismo (*vgl. dazu* ***Tympanie***)

Meteorit *m, auch* ***Meteorstein*** *m Astron* meteorito (↑ *auch* ***Aerolith***, ***Chondrit***, ***Mikro-*** *u.* ***Steinmeteorit***)

meteoritisch *Adj* meteorita

Meteorkrater *m Astron* meteorita kratero

Meteorograf *m, auch* ***Meteorograph*** *m Met (Gerät zur gleichzeitigen Registrierung mehrerer Größen wie Temperatur, Druck, Luftfeuchtigkeit)* meteorografo

Meteoroid *m Astron (kleinerer interplanetarer Körper)* meteoroido

Meteorologe *m* meteorologo, *Fachspr meist* meteologo

Meteorologie *f Lehre von Wetter u. Klima)* meteorologio, *Fachspr meist* meteologio (↑ *auch* ***Atmosphärologie***, ***Agro-***, ***Bio-***, ***Hydro-***, ***Mikro-*** *u.* ***Satellitenmeteorologie***); ***Weltorganisation für Meteorologie*** (*engl. Abk* ***WMO***) Monda Organizaĵo pri Meteorologio

meteorologisch **1.** *Adj* meteorologia **2.** *Adv* meteorologie

Meteoropathie *f* ↑ ***Wetterfühligkeit***

Meteorschauer *m Astron* meteorpluvo

Meteorstein *m* ↑ ***Meteorit***

Meteorstrom *m, auch* ***Meteorfluss*** *m Astron* meteorfluo (↑ *auch* ***Lyriden***)

Meter *m, auch n* (*Zeichen* **m**) metro (*Zeichen* m) (↑ *auch* ***Kubik-***, ***Quadrat-*** *u.* ***Raummeter***); ***zwei ~ Stoff*** du metroj da ŝtofo; ***zwei ~ dick*** (***hoch***, ***lang***) ***sein*** esti du metrojn dika (alta, longa)

Meter|maß *n Gerät* metra mezurilo (*vgl. dazu* ***Bandmaß***); *Maß in Metern* metra mezuro; *Metermaßstab* metra skalo; **~sekunde** *f* (*Zeichen* ***m/s***, *älter auch* ***m/sek***) *Geschwindigkeit in Metern je Sekunde* metrosekundo; **~ware** *f textile Stoffe, die meterweise verkauft werden* ŝtofo (*od* tekstilaĵo) vendata laŭ metromezuro

meterweise *Adv* laŭ metromezuro, pometre

meterweit *Adv*: ***er schoß ~ [am Tor] vorbei*** lia ŝoto maltrafis [la golejon] je kelkaj metroj

Methadon® *n Med, Pharm (synthetisches, mit Morphin verwandtes Arzneimittel [Ersatzdroge für Heroinabhängige])* metadono; **~therapie** *f Med* metadonterapio

Methamphetamin *n Chem, Pharm (Bestandteil nicht-halluzinogener Drogen [z.B. Crystal Meth])* metamfetamino

Methan *n* ↑ ***Methangas***

Methanal *n Chem* metanalo

Methan|bakterien *f/ Pl* metanbakterioj *Pl*; **~gärung** *f Bildung von Methan im Sediment von Gewässern durch Methanbakterien* metanfermentado; **~[gas]** *n Chem* metano (↑ *auch* ***Gruben-***, ***Sumpfgas*** *u.* ***Trichlormethan***)

Methanol *n od* **Methylalkohol** *m, pop auch* ***Holzgeist*** *m Chem* metanolo *od* metilalkoholo

Methionin *n* (*fachsprachl. Abk* ***Met***) *Biochemie (eine schwefelhaltige Aminosäure)* metionino; **~synthese** *f* metioninsintezo

Methode *f* metodo (*vgl. dazu* ***Verfahren***; ↑ *auch* ***Unterrichtsmethode***); *Art, Weise* maniero; ***deduktive ~*** *Päd u. Wiss* dedukta metodo; ***dialektische ~*** dialektika metodo; ***didaktische ~*** *Päd* didaktika metodo; ***direkte ~*** *z.B. im Sprachunterricht* rekta metodo

Methodik *f* metodiko *auch Päd*

Methodiker *m* metodikisto

methodisch **1.** *Adj* metoda; *i.w.S. geordnet* ordigita **2.** *Adv* metode (↑ *auch* ***planmäßig***)

Methodismus *m Rel* metodismo

Methodist *m Anhänger der Methodistenkirche* metodisto

methodistisch *Adj Rel (auf den Methodismus bezogen)* metodisma; *(auf die Methodisten bezogen)* metodista

Methodologe *m* metodologo

Methodologie *f Lehre von den wissenschaftlichen Methoden* metodologio

methodologisch *Adj zur Methodologie gehörend* metodologia

Methoxybenzol *n Chem* ↑ ***Anisol***

Methusalem (*m*), *ökumenisch* ***Metuschelach*** (*m*) *bibl Eig* Metuŝelaĥo *i.w.S. auch für «steinalter Mann» (dann Kleinschr)*

Methyl *n Chem (einwertiger Rest des Methans)* metilo

Methylalkohol *m Chem* ↑ ***Methanol***

Methyl|amin *n Chem* metilamino; **~chlorid** *n Chem (ein farbloses Gas)* metilklorido

Methylen *n Chem* metileno; **~blau** *n Chem (ein synthetischer organischer Farbstoff)*

metilenbluo; ~**verbindungen** *f/Pl Chem* metilenkombinaĵoj *Pl*
Methylgruppe *f Chem* metoksilo
Methylon *n* (*auch bekannt als* ***MDMC***) *Chem (eine psychoaktive Substanz [Wirkstoff in Ecstasy-Tabletten])* metilono
Methyl|phenidat *n Pharm* metilfenidato; ~**-quecksilber** *n Chem* metilhidrargo *od* metila hidrargo; ~**violett** *n* metilviolo <*im Labor auch zur Bakterienfärbung verwendet*>
Metical *m* (*Abk* ***MT***) *m Währungseinheit in Mosambik* metikalo
Metier [*me'tje:*] *n Beruf* profesio; *Aufgabe* tasko
Metonymie *f Stilistik (Ersetzung eines Wortes od einer Fügung durch einen verwandten Begriff, z.B. «Dolch» durch «Stahl» od «Jung und Alt» durch «alle»)* metonimio
metonymisch *Adj die Metonymie betreffend bzw. nach Art der Metonymie* metonimia
Metope *f Arch (Verzierung am Fries des dorischen Gebälks)* metopo (↑ *auch* ***Triglyph***)
Metrik *f Dichtkunst (Verslehre), Math (die Abstandformel, mit der sich der ‹Abstand› zweier ‹Punkte› eines ‹Raumes› berechnen lässt, Mus (die Lehre vom Takt bzw. der Taktbetonung, von den Zählzeiten u. deren Abstufung)* metriko
Metriker *m jmd., der sich mit den Gesetzen der Verskunst befasst, sie ergründet und beherrscht* metrikisto
metrisch *Adj* ***a)*** *auf dem Meter [als Längenmaß] beruhend* metra; ***das ~e System*** la metra sistemo (↑ *auch* ***MKS-System***) ***b)*** *zur Metrik gehörend bzw. auf ihr beruhend* metrika; ***~er Raum*** *m Math* metrika spaco
Metritis *f, auch* ***Myometritis*** *f Med (Entzündung der Muskelschicht der Gebärmutter)* metrito (↑ *auch* ***Gebärmutterentzündung*** *u.* ***Parametritis***)
Metro *f Verk* metroo (*vgl. dazu* ***U-Bahn***)
Metrologie *f, auch* ***Messkunde*** *f od* ***Maß- und Gewichtskunde*** *f* metrologio
metrologisch *Adj* metrologia
Metronom *n, auch* ***Taktmesser*** *m Mus* metronomo, *auch* taktmezurilo
Metropole *f Weltstadt* metropolo *auch i.w.S.* (*vgl. dazu* ***Groß-*** *u.* ***Hauptstadt***)
Metropolit *m orthodoxe Kirche* metropolito <*in Bulgarien u. Griechenland Titel der Diözesanbischöfe*>
Metrostation *f* metroa stacio
Metrum *n Metr* ↑ ***Versmaß***

Mett *n Nahr* ↑ ***Hackepeter***
Mette *f nächtlicher Gottesdienst* [dum]nokta di-servo
Metteur [*me'tö:r*] *m Typ* ↑ ***Handsetzer***
Mettwurst *f Nahr* itala kolbaso
Metuschelach (*m*) *bibl Eig* ↑ ***Methusalem***
Metz (*n*) *Hptst. des Départements Moselle u. der Region Lothringen* Messo
Metzelei *f* [amasa hom]buĉado; *Blutbad* masakro
Metzelsuppe *f reg für «Fleischsuppe»* viandosupo
metzgen ↑ ***schlachten***
Metzger *m reg u.* <*schweiz*> *für «Fleischer»* viandisto; *Schlachter* buĉisto
Metzgerei *f, auch* ***Metzge*** *f reg für «Fleischerei»* viandejo, viandbutiko; *Schlächterei* buĉejo
Metzgerpalme *f Bot* ↑ ***Aukube b)*** *bzw.* ↑ ***Schildblume***
Meuchel|mord *m heimtückischer Mord* insida murdo; ~**mörder** *m* insida murdisto
meucheln *tr alt für «heimtückisch ermorden»* inside murdi, asasini (***jmdn.*** iun)
meuchlings *Adv* inside, de post la dorso
Meuse *f* ↑ ***Maas***
Meute *f* ***a)*** *eigtl: Gruppe von Jagdhunden* [ĉas]hundaro ***b)*** *meist übertr: Horde, Schar* bando, aro; *pej (Pack)* kanajlaro
Meuterei *f* ribelo (***gegen*** kontraŭ) (↑ *auch* ***Aufstand***, ***Rebellion*** *u.* ***Revolte***); ***eine ~ niederschlagen*** sufoki ribelon
Meuterer *m* ribelanto *od* ribelulo
meutern *intr* ribeli (***gegen*** kontraŭ); ***anfangen zu ~*** ekribeli
Mexikaner *m* meksikano
Mexikanerin *f* meksikanino
mexikanisch *Adj* meksik[i]a
Mexiko (*n*) ***a)*** *amtl* ***Ciudad de México*** *Stadt* Meksik-urbo ***b)*** *Land* Meksik[i]o; ***Golf von ~*** Golfo de Meksikio
Meyerhabicht *m* (Accipiter meyerianus) *Orn* moluka akcipitro
MEZ = *Abk für* ***mitteleuropäische Zeit***
Mezkalin *n Biochemie* ↑ ***Meskalin***
Mezquita-Catedral de Córdoba ↑ *unter* ***Córdoba***
Mezzanin *n od m* ↑ ***Halb-*** *u.* ***Zwischengeschoss***
mezzoforte (*Abk* ***mf***) *Adv Mus* mezforte
Mezzosopran *m Mus* ***a)*** *dunkler, tiefer Sopran: mittlere Frauenstimme zw. Sopran u. Alt* mezosoprano ***b)*** *Sängerin mit dieser*

Stimmlage) mezosopranulino

Mezzotinto *n, auch* ***Schabkunst*** *f* ***a)*** *eine Technik des Kupferstichs, bes. im 17. Jh.* mezotinto ***b)*** *ein Erzeugnis dieser Technik* mezotintaĵo

mf = *Abk für* ***mezzoforte***

µF = *Zeichen für* ***Mikrofarad***

mg = *Zeichen für* ***Milligramm***

MG = *Abk für* ***Maschinengewehr***

MG|-Nest *n Mil* mitralista embuskejo; **~-Schütze** *m,* <*schweiz*> ***Mitrailleur*** [*mitra'jö:r*] *m Mil* mitralisto

µg = *Zeichen für* ***Mikrogramm***

Mgr. *od* **Msgr.** = *Abk für* ***Monsignore***

mhd. = *Abk für* ***mittelhochdeutsch***

MHD = *Abk für* ***Mindesthaltbarkeitsdatum***

MHz = *Zeichen für* ***Megahertz***

Mi. = *Abk für* ***Mittwoch***

Mia (*f*) *weibl. Vorname* Mia

Miao *Pl Ethn (Bergvolk in SW-China und im angrenzenden Gebiet Vietnams, Laos, Thailands u. Myanmars)* mjaŭoj *Pl*

Miasma *n [früher angenommene] giftige Ausdünstung des Bodens* miasmo <*eigtl* ***Pesthauch*** *m: die von der hippokratischen Schule angenommenen krankheitserzeugenden Erdausdünstungen; i.w.S. verseuchte Ausdünstung, schlechte Luft*>

miasmatisch *Adj* miasma (↑ *auch* ***giftig***)

miau! *lautmalend* miaŭ!

miauen *intr* miaŭi; ***die Katze miaut*** la kato miaŭas

Miauen *n* miaŭ[ad]o

mich (*Akk von* **ich**) min; ***er fragt*** (***ruft***) ~ li demandas (vokas) min; ***er hat ~ nicht gesehen*** li ne vidis min

Michael (*m*) *männl. Vorname* Miĥaelo *od* Mikaelo *auch Name einiger Fürsten*; ***Erzengel ~***, *auch* ***Heiliger Michael*** *m ein in der Bibel erwähnter Erzengel, der für Anhänger aller drei abrahamitischen Religionen von Bedeutung ist* Arkianĝelo Mikaelo, *auch* Sankta Mikaelo

Michaelistag *m* Mikaelfesto, *auch* festo de Sankta Mikaelo *[29.9.]*

Michelangelo [Buonarroti] (*m*) *Eig (italienischer Maler, Bildhauer u. Baumeister [1475-1564])* Mikelanĝelo

Michif *n, eingedeutscht* ***Mitschif*** *n Ling (eine Mischsprache, die selten noch in den kanadischen Provinzen Manitoba u. Saskatchewan sowie in Nord-Dakota/USA gesprochen wird)* la miĉifa [lingvo]

Michigan (*n*) (*Abk* ***Mich.***, *[postalisch]* ***MI***) *Bundesstaat der USA im nördl. Mittelwesten* Miĉigano *[Hptst.: Lansing]*; **~see** *m, auch* ***Lake Michigan*** *südlichster der Großen Seen* Miĉigan-Lago, *auch* Lago Miĉigano

Michoacán (*n*) *mexikan. Gliedstaat an der Pazifikküste* Miĉoakano *[Hptst.: Morelia]*

mick[e]rig *Adj umg: verkümmert, im Wuchs zurückgeblieben* ege malbone kreskinta; *schwächlich, von schwacher Konstitution* fizike ege tro febla; *zu klein* ege tro malgranda; *geizig* [ege] avara

Mickiewicz (*m*) *Eig (polnischer Schriftsteller [1798-1855])* Mickjeviĉo

Mickymaus *f, engl.* ***Mikey Mouse*** *eine Trickfilm- u. Comicfigur* miki-muso (*vgl. dazu* ***Donald Duck***)

Microcircuit *m El* ↑ ***Mikroschaltkreis***

Microsoft *ohne Art: größter Softwarehersteller der Welt* Mikrosofto

Midas (*m*) *Eig (König von Phrygien [† um 690 v. Chr.])* Midaso

Midasohr *n Zool* ↑ ***Ohrschnecke***

Middelburg (*n*) *Hptst. der niederländischen Provinz Seeland* Midelburgo

Midgard *m Myth ([in der nordischen Sage:] die zw. Totenreich u. Himmel liegende, von den Menschen bewohnte Erde [sie wird umschlungen von der Midgardschlange, die im Weltmeer lebt])* midgardo; **~schlange** *f Myth* midgarda serpento

Midinette *f [im 19. Jh.:] Scherzname für die [junge] Pariser Näherin u. Modistin* midineto

Midlife-Crisis *f Krise in der Mitte des Lebens* vivomeza (*od auch* mezaĝa) krizo

Midrasch *m jüdische Auslegung des Alten Testaments seit nachexilischer Zeit* midraŝo

Midshipman *m [in England u. in den USA:] Seeoffiziersanwärter* midŝipmano

Midwayinseln *Pl eine Inselgruppe im Pazifik* Midvejinsuloj *Pl* <*bei den Midwayinseln 1942 wichtiger Seesieg der USA über Japan*>

Mieder *n* ***a)*** *veraltend* ***Hüftgürtel*** *od* ***Hüfthalter*** *m* gaino ***b)*** *auch* ***Korsage*** *f od* ***Leibchen*** *n Mieder u. Korsett in einem Stück* korsaĵo (↑ *auch* ***Korsett*** *u.* ***Schnürmieder***); **~hose** *f* gain-kuloto

Mief *m umg für «schlechte Luft»* mefito (*vgl. dazu* ***Gestank***): ***was ist denn das für ein ~ hier!*** kia mefito ĉi tie!

miefen *intr* mefiti (↑ *auch* ***stinken***)

Miene *f* mieno (↑ *auch* ***Trauer-*** *u.* ***Unschuldsmiene***); *Gesichtsausdruck* vizaĝesprimo; ***drohende*** (***ernste***, ***heitere***, ***sorgenvolle***) ~ minaca (serioza, serena, zorgoplena) mieno; ***mit spöttischer*** ~ kun moka mieno; ***eine ernste*** ~ ***aufsetzen*** alpreni seriozan mienon; ***eine saure*** ~ ***machen*** fari acidan mienon, *auch* havi vinagron en la mieno *(Zam)*; ***er machte*** ~ ***zu gehen*** *schickte sich an aufzubrechen* li estis foriironta ◇ ***gute*** ~ ***zum bösen Spiel machen*** fari mienon fieran al ludo mizera *(Zam)*

Mienenspiel *n* mienludo, mimiko; *Gestikulieren* gestado

Miere *f* (*Gattung* Minuartia) *Bot* minuartio (↑ *auch* ***Büschel-***, ***Frühlings-***, ***Stern-*** *u.* ***Vogelmiere***); ***klebrige*** ~ (Minuartia viscosa) glua minuartio; ***krummblättrige*** ~ (Minuartia recurva) kurbofolia minuartio; ***zweiblütige*** ~ (Minuartia biflora) duflora minuartio

mies 1. *Adj umg für «schlecht» od «übel»* aĉa; *miserabel* mizera; *niederträchtig* fia; ***ausgesprochen*** (*od* ***unheimlich***) ~ ekstreme aĉa, aĉega; ~***es Wetter*** *n* aĉa vetero; ~***es Zeug*** *n* aĉaĵo (↑ *auch* ***Schund***) **2.** *Adv*: ***die Sache steht*** ~***!*** la afero statas mizere (*bzw.* senespere)!

miesmachen *tr*: ***etw.*** ~ *etw. schwarzsehen* rigardi ion pesimiste; *in düsteren Farben schildern* nigrigi ion (*vgl. dazu* ***nörgeln***)

Miesmacher *m jmd., der immerzu klagt* lamentulo; *Pessimist* pesimisto; *Defätist* defetisto (*vgl. dazu* ***Schwarzseher***); *Nörgler* grumblulo

Miesmuschel *f* (*Gattung* Mytilus) *Zool* mitulo; ***essbare*** ~, *auch* ***Pfahlmuschel*** *f* (Mytilus edulis) manĝebla mitulo <*bildet Muschelbänke, als Speisemuschel gezüchtet*>

Mietauto *n* ↑ ***Mietwagen***

Mietbakterien *f/Pl Bakt* ↑ ***Symbionten a)***

[1]**Miete** *f Mietpreis, Mietzins* lu-pago, lu-prezo (↑ *auch* ***Haus-***, ***Kalt-***, ***Monats-***, ***Unter-***, ***Warm-*** *u.* ***Wohnungsmiete***); ***wie hoch ist die*** ~***?*** kiom [alta] estas la lu-prezo?, *i.e.S.* kiom multe da mono oni (*bzw.* vi) pagas por lui la domon (*bzw.* loĝejon *od* ĉambron)?

[2]**Miete** *f Landw (Erdgrube zum frostsicheren Überwintern von Kartoffeln, Rüben u.a.)* [ter]silo (*vgl. dazu* ***Silo***)

mieten *tr* lui *od* lupreni (↑ *auch* ***vermieten***)

Mieten *n* luado *od* lupreno

Mieter *m*, <*österr*> *auch* ***Inwohner*** *m (gegenwärtiger)* luanto [de loĝejo *u.a.*], *(ehemaliger)* luinto [de loĝejo *u.a.*] (↑ *auch* ***Untermieter***)

Mieterhöhung *f* altigo de la luprezo

Mieterschutz *m Jur (gesetzlich geregelter Schutz für Mieter)* [leĝe fiksita] protekto de luantoj

mietfrei *Adv*: ~ ***wohnen*** loĝi senkoste

Miet|kutsche *f* fiakro; ~**preis** *m*, <*österr*>, <*schweiz*> *u. reg* ***Hauszins*** *od* ***Mietzins*** *m* lu-pago *od* lu-prezo; ~**senkung** *f* redukto de [la] lu-prezo(j)

Mietshaus *n*, <*österr*> *u. reg* ***Zinshaus*** *n*, <*schweiz*> ***Renditenhaus*** *n* lu-domo; *i.w.S. Mehrfamilienhaus* multfamilia domo

Miet|steigerung *f* altigo de la lu-pago; ~**vertrag** *m* lu-kontrakto (↑ *auch* ***Pachtvertrag***); ~**wagen** *m*, *auch* ***Mietauto*** *n* luita aŭto; *Taxi* taksio

mietweise *Adv* luprene, pere de luado

Miet|wohnung *f*, *reg u.* <*österr*> ***Zinswohnung*** *f* luita loĝejo; ~**zahlung** *f* pag[ad]o de la lu-prezo; ~**zins** *m reg*, <*österr*> *u.* <*schweiz*> lu-pago, lu-prezo

miez, miez! *Lockruf für Katzen* kat', kat'!

Miezchen *n Kinderspr* [eta] kat[in]eto

Mieze[katze] *f fam (bes. Kindersprache) für «[kleine] Katze»* kateto *od* katineto

MiG *f ein Flugzeugtyp* avio de tipo MIG

Migmatite *m/Pl*, *auch* ***Mischgesteine*** *n/Pl Geol, Min* migmatitoj *Pl* (↑ *auch* ***Agmatit*** *u.* ***Anatexite***)

Migräne *f Med* migreno; *einseitiger Kopfschmerz* unuflanka kapdoloro; ***ophthalmische*** ~ ↑ ***Augenmigräne***; ***retinale*** ~ retina migreno; ***an*** ~ ***leidend*** suferanta je migreno

Migräneanfall *m od* **Migräneattacke** *f Med* migrena atako

Migrant *m Soziologie (Auswanderer)* elmigranto, *(Einwanderer)* enmigranto

Migration *f Biol, Soziologie* migrado (↑ *auch* ***Binnen-***, ***Remigration*** *u.* ***Wanderung***)

Mihrab *m*, *auch n Islam (Gebetsnische in der Wand der Moschee [in Gebetsrichtung nach Mekka])* mihrabo

Mikado *m historischer, nur noch in der Dichtung benutzter Titel des japanischen Kaisers* mikado; ~**fasan** *m* (Syrmaticus mikado) *Orn* mikadofazano *[Vorkommen: endemisch in den Bergregionen Taiwans]*

Mikey Mouse *f* ↑ ***Mickymaus***

Mi'kmaq *od* **Mikmaq** *Pl Ethn (ein indianisches Volk im östlichen Nordamerika [ansässig bes. in den maritimen Provinzen Ka-*

nadas <Nova Scotia, Prince Edward Island u.a.>]) mikmakoj *Pl*

mikro..., Mikro... *in Zus* mikro... (*Zus* ↑ *im Alphabet*)

Mikro|alge *f Biol* mikroalgo (↑ *auch* ***Spirulina***); ~**ampere** [...ˈpɛ:r] *n* (*Zeichen* ***µA***) *El* mikroampero; ~**analyse** *f chemische Analyse, bei der nur sehr geringe Substanzmengen (meist weniger als 10 mg) eingesetzt werden* mikroanalizo

mikroanalytisch *Adj* mikroanaliza; ***~e Untersuchung*** *f Wiss* mikroanaliza ekzamenado

Mikrobar *n* (*Zeichen* ***µbar***) *Met* mikrobaro *od* barjo

Mikrobe *f Bakt* mikrobo (*vgl. dazu* ***Mikroorganismus***); *i.e.S.* bakterio

Mikrobengenetik *f* mikroba genetiko

mikrobiell *Adj* mikroba; *durch Mikroben verursacht* kaŭzita de mikroboj

Mikro|biologe *m* mikrobiologo; ~**biologie** *f Wissenschaftszweig, der sich mit den Lebensbedingungen der Mikroorganismen beschäftigt, deren [pathologischen] Einfluss auf andere Lebewesen u. mögliche Therapien untersucht* mikrobiologio (↑ *auch* ***Hydromikrobiologie***); ~**biologin** *f* mikrobiologino

mikrobiologisch 1. *Adj* mikrobiologia **2.** *Adv* mikrobiologie

Mikro|biom *n Gesamtheit aller den Menschen besiedelnden Mikroorganismen* mikrobiomo; ~**biotop** *n od m Biol (Kleinstlebensraum [z.B. in Blatttrichtern von Bromeliengewächsen])* mikrobiotopo; ~**biozönose** *f Biol (Lebensgemeinschaft von Mikroorganismen in einem Kleinlebensraum)* mikrobiocenozo; ~**bizid** *n Med, Pharm (keimtötendes Mittel)* mikrobicido; ~**chemie** *f Teilgebiet der Chemie, das sich mit minimalen Substanzmengen beschäftigt* mikrokemio; ~**chip** *m Elektronik* mikroĉipo; ~**chirurgie** *f Operationsverfahren unter dem Mikroskop* mikrokirurgio

mikrochirurgisch 1. *Adj* mikrokirurgia **2.** *Adv* mikrokirurgie

Mikro|computer *m* (*Abk* ***MC***) *EDV (ein mikroelektronisches System, als Einheit von Hardware u. Software konzipiert)* mikrokomputilo; ~**elektronik** *f* mikroelektroniko

mikroelektronisch 1. *Adj* mikroelektronika **2.** *Adv* mikroelektronike

Mikroelemente *n/Pl* ↑ ***Spurenelemente***

Mikro|farad *n* (*Zeichen* ***µF***) *El* mikrofarado; ~**faser** *f* mikrofibro

Mikrofauna *f Biol (von mikroskopisch kleinen Organismen [z.B. Einzellern] bewohnter Teil der Fauna)* mikrofaŭno; ***pelagische ~*** pelaga mikrofaŭno

Mikro|fiche [...fi:ʃ] *n od m EDV* mikrofiĉo; ~**filarie** *f ein Fadenwurm* mikrofilario

Mikrofilm *m* mikrofilmo; ***etw. auf ~ aufnehmen*** mikrofilmi ion

Mikro|filmlesegerät *n* mikrofilm-legilo; ~**finanzwesen** *n* mikrofinancado

Mikroflora *f Bot* mikroflaŭro (↑ *auch* ***Bodenmikroflora***); ***~ des Darms*** *Physiol* mikroflaŭro de la intest[ar]o

Mikrofon *n*, *auch* ***Mikrophon*** *n* (*Kurzw* ***Mikro*** *n*) mikrofono (↑ *auch* ***Atelier-***, ***Bändchen-***, ***Kehlkopf-***, ***Knopfloch-***, ***Kohle-***, ***Kondensator-***, ***Lippen-***, ***Masken-***, ***Richt-***, ***Sonden-***, ***Stereo-***, ***Studio-*** *u.* ***Tauchspul[en]mikrofon***); ***dynamisches ~*** dinamika mikrofono; ***piezoelektrisches ~*** *od* ***Kristallmikrofon*** *n* piezoelektra mikrofono; ***ungerichtetes ~*** ĉiudirekta mikrofono (*vgl. dazu* ***Richtmikrofon***); ***ans ~ treten*** paŝi al la mikrofono; ***ein ~ verwenden*** uzi mikrofonon

Mikrofon|effekt *m* mikrofonefekto; ~**galgen** *m Film, TV* mikrofongruo

mikrofonisch, *auch* ***mikrophonisch*** *Adj* mikrofona

Mikro|fossilien *n/Pl Geol* mikrofosilioj *Pl*; ~**fotografie** *f*, *auch* ***Fotografie mikroskopischer Präparate*** mikrofotografio; ~**gameten** *m/Pl männliche Malariaparasiten* mikrogametoj *Pl*; ~**grafie** *f*, *auch* ***Mikrographie*** *f* mikrografio; ~**gramm** *n* (*Zeichen* ***µg***) mikrogramo; ~**habitat** *n Biol (Kleinlebensraum mit geringer räumlicher Ausdehnung, z.B. Flechtenrasen auf Baumrinde)* mikrohabitato; ~**kamera** *f* mikrokamerao; ~**karzinom** *n Med (echtes, invasiv wachsendes Karzinom von sehr geringer Ausdehnung [nur histologisch erfassbar])* mikrokarcinomo; ~**klima** *n*, *auch* ***Klein-*** *od* ***Standortklima*** *n Met (Klima der bodennahen Luftschichten)* mikroklimato; ~**kokkus** *m* (*Pl:* ***Mikrokokken***), *fachsprachl.* ***Micrococcus*** *m Bakt (Gattung grampositiver aerober Bakterien)* mikrokoko; ~**kopie** *f* mikrokopio

mikrokosmisch *Adj zum Mikrokosmos gehörend* mikrokosma

Mikrokosmos *m Naturphilosophie*, *i.w.S. auch* ***Welt f im Kleinen*** *bes. von Menschen* mikrokosmo

Mikrokredit *m, auch* ***Kleinstkredit*** *m Bankw, Fin* mikrokredito

mikrokristallin[isch] *Adj* mikrokristala

Mikro|läsion *f nur Fachspr Med* mikrolezo; **~linguistik** *f Teil der Makrolinguistik, der sich mit der Beschreibung des Sprachsystems selbst befasst* mikrolingvistiko; **~liter** *n od m* (*Zeichen* ***µl***) mikrolitro

Mikrolith *m* ***a)*** *Vorgeschichte ([im Mesolithikum:] kleines Feuersteingerät)* mikrolito ***b)*** *Geol (mikroskopisch kleiner Kristall in vulkanischem Glas)* mikrolito

mikrolithisch *Adj Geol (aus Mikrolithen bestehend)* mikrolita

Mikrologie *f Abhandlung über mikroskopische Körper* mikrologio

mikrologisch 1. *Adj* mikrologia **2.** *Adv* mikrologie

Mikro|meteorit *m Astron (aus dem Weltraum in die Erdatmosphäre eindringendes staubteilchen mit einem Durchmesser von unter 200 µm, das nicht durch Reibungshitze verglüht* mikrometeorito; **~meteorologie** *f* mikrometeorologio

Mikrometer *n ein Feinmessgerät* mikrometro; **~schraube** *f* mikrometra ŝraŭbo

Mikrometrie *f, auch* ***Feinmessung*** *f* mikrometrio

mikrometrisch *Adj das Mikrometer betreffend* mikrometra

Mikro|modell *n* mikromodelo; **~mutation** *f, auch* ***Kleinmutation*** *f Genetik (Mutation, die nur ein Gen betrifft)* mikromutacio

Mikron *n* (*Zeichen* ***µ***) *Chem, Phys* mikrono

Mikronährstoffe *m/Pl Biochemie* ↑ ***Spurenelemente***

Mikro|nation *f, auch* ***Fantasiestaat*** *m* mikronacio; **~nekton** *n Biol (schnell schwimmende Organismen des Makroplanktons im Meer)* mikronektono (*vgl. dazu* ***Nekton***)

Mikronesien (*n*) Mikronezio; ***Föderierte Staaten Pl von ~***, *amtl* ***Federated States of Micronesia*** *Pazifikstaat, der den größten Teil der Inselgruppe der Karolinen umfasst* Federaciaj (*od* Federitaj) Ŝtatoj *Pl* de Mikronezio *[Hptst.: Palikir (auf der Hauptinsel Ponape)]*

Mikronesier *m/Pl Sammelbez. für die Bevölkerung der Inselwelt Mikronesiens* mikronezianoj *Pl*

Mikronesierin *f* mikronezianino

mikronesisch *Adj* mikronezia

Mikro|ökologie *f Wissenschaft von der Ökologie der Mikroorganismen (Bakterien, Pilze, Algen, Protozoen)* mikroekologio; **~ökonomie** *f ein Teilgebiet der Wirtschaftswissenschaften* mikroekonomiko

mikroökonomisch *Adj* mikroekonomika

Mikro|organismus *m, auch* ***Klein-*** *od* ***Kleinstlebewesen*** *n Bakt, Biol (mit freiem Auge nicht erkennbares Kleinstlebewesen)* mikroorganismo (*vgl. dazu* ***Mikrobe***; ↑ *auch* ***Mikrophyt***); **~paläontologie** *f Zweig der Paläontologie, der mikroskopisch kleine pflanzliche u. tierische Fossilien untersucht* mikropaleontologio; **~parasit** *m* mikroparazito

Mikrophon *n* ↑ ***Mikrofon***

Mikrophysik *f Bereich der Physik, in dem Objekte untersucht werden, die im Allgemeinen kleiner als Moleküle sind, wobei quantenmechanische Effekte zu berücksichtigen sind [Ggs: Makrophysik]* mikrofiziko

Mikrophyt *m Biol (pflanzlicher Mikroorganismus)* mikrofito

Mikro|plankton *n Biol* mikroplanktono; **~-plastik** *n* mikroplasto

Mikroplutonit *m Geol* ↑ ***Ganggestein***

Mikro|population *f Biol* mikropopulacio; **~programm** *n EDV* mikroprogramo; **~programmierung** *f Entwicklung von Mikroprogrammen* mikroprogramado; **~prozessor** *m EDV (zentraler Baustein eines Mikrocomputers mit Steuer- u. Rechenfunktionen)* mikroprocesoro; **~pyle** *f nur Fachspr Biol (1. Öffnung in der Eihülle, durch welche der Samenfaden eindringt 2. Öffnung für den Pollendurchtritt in pflanzl. Samenanlagen)* mikropilo; **~radiometer** *n Messgerät für kleinste Strahlungsmengen* mikroradiometro; **~rille** *f einer Schallplatte* mikrokanelo; **~schaltkreis** *m od* **~schaltung** *f, auch engl.* ***Microcircuit*** *m El* mikrocirkvito; **~sekunde** *f* (*Abk* ***ms*** *od* ***µs***) mikrosekundo

Mikroskop *n* mikroskopo (↑ *auch* ***Ablese-, Binokular-, Elektronen-, Fluoreszenz-, Laser-, Licht-, Lumineszenz-, Präparier-, Protonen-, Rastertunnel-, Röntgen-, Ultra-*** *u.* ***Zoommikroskop***); ***etw. unter dem ~ untersuchen*** ekzameni ion sub la mikroskopo

Mikroskopablesung *f* mikroskop-lego

Mikroskopie *f* mikroskopio (↑ *auch* ***Bio-*** *u.* ***Ultramikroskopie***)

mikroskopisch *Adj* mikroskopa *auch übertr für «winzig klein»*; ***~e Untersuchung*** *f* mikroskopa ekzamenado (↑ *auch* ***Gewebeprobe***)

Mikrosomen *n/Pl Zytologie (kleinste lichtbrechende Körnchen im Zellplasma [diese enthalten an der Außenseite Ribosomen, im Innern Enzyme])* mikrosomoj *Pl*

Mikrosoziologie *f Untersuchung soziologischer Teilprozesse* mikrosociologio

mikrosoziologisch 1. *Adj* mikrosociologia **2.** *Adv* mikrosociologie

Mikro|sporangium *n Biol (Sporangium, in dem Mikrosporen entstehen)* mikrosporangio; ~**spore** *f Bot, Med (abnorm kleine Spore)* mikrosporo

Mikrosporie *f Med (eine Hautpilzerkrankung)* mikrosporozo, *auch* mikrospora tinio

Mikro|struktur *f* mikrostrukturo; ~**therapie** *f Med (lokal stark engegrenzte Behandlung od Operation)* mikroterapio

Mikrotom *m od n Mikroskopie, bes. Biol u. Med (Präzisionsgerät zur Herstellung feinster Schnitte für mikroskopische Zell- u. Gewebeuntersuchungen)* mikrotomo

Mikrotomie *f, auch* ***Dünnschnittverfahren*** *n Med, Mikroskopie* mikrotomio

Mikrotron *n Phys (Kreisbeschleuniger für Elektronen)* mikrotrono

Mikro|virus *n, auch m Bakt* mikroviruso; ~**volt** *n (Zeichen* ***μV****) El* mikrovolto; ~**waage** *f eine Analysenwaage mit größter Genauigkeit für geringste Substanzmengen (± 5 μg bei Höchstlast 20-30g)* mikropesilo; ~**watt** *n (Zeichen* ***μW****) El* mikrovato

Mikrowellen *f/Pl El* mikroondoj *Pl*; ~**gerät** *n od* ~**herd** *m, umg* ***Mikrowelle*** *f Hausw* mikroonda fornelo; ~**spektroskopie** *f Phys* mikroonda spektroskopio; ~**technik** *f Sammelbez. für die Erzeugung u. Nutzung von Mikrowellen* mikroonda tekniko

Mikrozephalie *f Med* mikrocefalio *<ein Zusammenhang mit dem Zika-Virus wird vermutet>*

Mikrozephalus *m nur Fachspr Med (ungewöhnlich kleiner Schädel)* mikrocefalo

Milan *m Orn* milvo (↑ *auch* ***Hauben-***, ***Schmarotzer-*** *u.* ***Schwarzohrmilan***); ***roter*** ~ *od* ***Rotmilan*** *m, auch* ***Gabelweihe*** *f* (Milvus milvus) ruĝa milvo; ***schwarzer*** ~ *od* ***Schwarzmilan*** *m* (*auch* ***brauner Milan*** *genannt*) (Milvus migrans) nigra milvo

Milano (*n*) ↑ ***Mailand***

Milbe *f* (*Gattung* Acarus *u. benachbarte Gattungen*) *Ent* akaro; *Krätz*~ [skabia] sarkopto (↑ *auch* ***Bienen-***, ***Erd-***, ***Ernte-***, ***Gall-***, ***Haarbalg-***, ***Hausstaub-***, ***Lauf-*** *u.* ***Spinnmilbe***); ***[Ordnung der]*** ~***n*** (Acarina) akaruloj *Pl*

milbenresistent *Adj z.B, eine Matratzenauflage für Allergiker* akarorezista

Milbenseuche *f,* *<wiss>* ***Akarinose*** *f Med, Vet* akarozo (*vgl. dazu* ***Akariasis***)

Milch *f* ***a)*** lakto (↑ *auch* ***Büffel-***, ***Butter-***, ***Dick-***, ***Esels-***, ***H-***, ***Kamel-***, ***Kokos-***, ***Kondens-***, ***Kuh-***, ***Mutter-***, ***Sauer-***, ***Schafs-***, ***Stuten-***, ***Trocken-***, ***Voll-*** *u.* ***Ziegenmilch***); ***entrahmte*** ~ *od* ***Magermilch*** *f* senkrema lakto; ***fettarme*** (***frische***, ***geronnene***, ***saure***) ~ grasoreduktita (freŝa, koaguliĝinta, acida) lakto; ~ ***in den Kaffee gießen*** verŝi lakton en la kafon ***b)*** *auch* ***Milchner*** *m Samenflüssigkeit männlicher Fische* laktumo ***c)*** *Emulsion* emulsio ◇ ***ein Land, in dem*** ~ ***und Honig fließen*** lando, en kiu fluas lakto kaj mielo *(Zam)*; ***das Mädchen sah aus wie*** ~ ***und Blut*** la knabino aspektis kiel lilioj kaj rozoj *od* la knabino aspektis freŝa kiel matena roso

milchartig *Adj* lakteca (*vgl. dazu* ***milchig***)

Milch|bar *f* laktokoktelejo; ~**bart** *m, auch* ***Bartflaum*** *m erster Bartwuchs* barblanugo; ~**bauer** *m Landw* laktofarmisto

Milchbaum *m Bot* ↑ ***Kuhbaum***

Milch|bonbon *n* lakta bombono (*od* tofeo); ~**brei** *m Kochk* laktokaĉo; ~**brötchen** *n* laktobulko; ~**bruder** *m* laktofrato, *auch* mamofrato; ~**drüse** *f* (Glandula lactifera) *Anat* laktoglando; ~**eimer** *m* sitelo por lakto; ~**eiweiß** *n* lakta albumino; ~**erzeugung** *f* laktoproduktado

milch|farben *od* ~**farbig** *Adj* laktokolora

Milch|fett *n* lakta graso (*vgl. dazu* ***Rahm*** *u.* ***Sahne***); ~**fieber** *n pop für «Wochenbettfieber»* lakta febro (*vgl. dazu* ***Kindbettfieber***); ~**flasche** *f* laktobotelo, *fürs Baby meist* suĉbotelo, *auch* bebobotelo; ~**gänge** *m/Pl der weibl. Brustdrüse* (Ducti lactiferi) laktoduktoj *Pl*; ~**gebiss** *n* laktodentoj *Pl*; ~**geschäft** *n* laktovendejo, *umg auch* laktejo; ~**glas** *n* ***a)*** glaso por lakto, *auch* laktoglaso ***b)*** *Mattglas (milchig-weißes, durchscheinendes, aber undurchsichtiges Glas* difuzanta (*od auch* lakta) vitro

Milch[güte]messer *m* ↑ ***Laktodensimeter***

Milch|hai *m* (Rhizoprionodon acutus) *Zool* laktoŝarko *[Vorkommen: in trop. u. subtrop. Gewässern in Küstennähe]*; ~**händler** *m* laktovendisto; *Milchmann* laktisto

milchig *Adj milchartig* lakteca; *milchfarben*

laktokolora; *Milch enthaltend* laktohava, *nachgest* enhavanta lakton; *emulsionsartig* simila al emulsio; *weißlich* blanketa

Milchjaspis *m Min* ↑ ***Milchstein***

Milch|kaffee *m* laktokafo (↑ *auch* ***Melange***); *Kaffee mit Milch* kafo kun lakto,; ~**kännchen** *n* laktokruĉeto; ~**krug** *m* laktokruĉo; ~**kuh** *f* laktobovino, laktodona bovino, *auch* melkbovino; ~**lattich** *m* (*Gattung* Cicerbita) *Bot* cicerbito (↑ *auch* ***Alpen-Milchlattich***)

Milchling *m*, *auch* ***Reizker*** *m Mykologie* laktofungo, <*wiss*> laktario (↑ *auch* ***Indigo-***, ***Kiefern-*** *u.* ***Lachsreizker***); *Pfeffer*~ (Lactarius piperatus) pipra laktofungo; ***echter*** ~ *od* ***Edelreizker*** (Lactarius deliciosus) karotsuka laktofungo, *auch* dolĉagariko; ***falscher*** (*od* ***zottiger***) ~, *auch* ***Birken-Milchling*** *m* (Lactarius torminosus) vila laktario ***rotbrauner*** ~, *auch* ***Braunreizker*** *m od* ***Paprikapilz*** *n* (Lactarius rufus) rufa laktofungo; ***süßlicher*** ~, *auch* ***Buchenmilchling*** *m* (Lactarius subdulcis) dolĉeta laktofungo

Milch|mann *m* laktisto; *Milchverkäufer* laktovendisto; ~**mischgetränk** *n* lakta koktelo (↑ *auch* ***Milchshake***)

Milchner *m* ↑ ***Milch b)***

Milchopal *m Min* ↑ *unter* ***Opal***

Milchpocken *Pl Med* ↑ ***Alastrim***

Milch|produkte *n/Pl* laktoproduktoj *Pl*; ~**produktion** *f* laktoproduktado *od* produktado de lakto

Milchprotein *n Biochemie* ↑ ***Laktalbumin***

Milch|pulver *n* laktopulvoro, pulvorigita lakto (↑ *auch* ***Trockenmilch***); ~**pumpe** *f zum Abpumpen von Muttermilch* mampumpilo; ~**quote** *f der EU* laktokvoto [de EU]; ~**reis** *m Kochk* rizo kuirita en lakto; ~**saft** *m Bot* laktosuko (*vgl. dazu* ***Kautschuk*** *u.* ***Latex***); ~**säure** *f* (Acidum lacticum) laktata acido, *auch* laktacido

Milchsäurebakterium *n* ↑ ***Laktobazillus***

Milchsäuresalz *n Chem* ↑ ***Laktat***

Milchschaf *n* laktoŝafo, laktodona ŝafo; ***ostfriesisches*** ~ *eine Hausschafrasse* orientfrisa ŝafo

Milch|schokolade *f* laktoĉokolado; ~**sekretion** *f* laktosekrecio; ~**shake** [..ʃe:k] *m Milchmixgetränk [mit Eis]* lakta koktelo, kirlita lakto kun glaciaĵo; ~**speise** *f* manĝaĵo el lakto, laktaĵo

Milchspindel *f* ↑ ***Laktodensimeter***

Milchstein *m*, *auch* ***Milchjaspis*** *m Min* galaktito

Milchstern *m*, *auch* ***Vogelmilch*** *f* (*Gattung* Ornithogalum) *Bot* ornitogalo (↑ *auch* ***Pyrenäenmilchstern***); ***doldiger*** ~ (Ornithogalum umbellatum) ombrela ornitogalo

Milchstraße *f Astron* Lakta Vojo

Milchstraßenebene *f* ↑ *unter* ***galaktisch***

Milchstraßensystem *n* = ***Galaxis***

Milch|suppe *f Kochk* laktosupo *od* lakta supo; ~**topf** *m* laktopoto; ~**uhu** *m*, *auch* ***Blassuhu*** *m* (Bubo lacteus) *Orn* lakta (*od* pala) gufo *[Vorkommen: in Galeriewäldern Afrikas]*; ~**verarbeitung** *f* laktoprilabor[ad]o; ~**verkäufer** *m* laktovendisto; ~**vieh** *n* laktodonaj brutoj *Pl*; ~**zahn** *m* laktodento; ~**zentrifuge** *f* laktocentrifugilo

Milchzucker *m* ↑ ***Laktose***

mild 1. *Adj Speise, Strafe, Tabak, Wein, Zigarette* milda *auch sanftmütig (von Personen)*, *Tabak auch* malforta; *nachsichtig, von nachgiebigem Wesen* indulgema, malsevera (*vgl. dazu* ***lieblich***, ***sanft*** *u.* ***zart***); ~***e Gaben*** *f/Pl* almozoj *Pl*; ~***e Krankheitsform*** *f* milda formo de malsano; ***der Zustrom ~er Meeresluft hält an*** *Met* la alfluo de milda mar-aero daŭradas **2.** *Adv* milde; indulgeme

Milde *f* mild[ec]o; *Güte* bonkoreco; *Mildtätigkeit* bonfaremo, karitato; *Nachsicht* indulg[em]o ◇ ***durch ~ erreicht man mehr als durch Härte*** pli allogas kulero da mielo ol da vinagro barelo *(Zam)*

mildern *tr abschwächen* mildigi; *besänftigen* kvietigi; *erleichtern* plifaciligi; ***die Not*** ~ mildigi la mizeron; ***mildernde Umstände*** *Pl Jur* mildigaj cirkonstancoj *Pl*; ***sich*** ~ mildiĝi

Milderung *f* mildigo; kvietigo; plifaciligo (↑ *auch* ***Strafmilderung***); *Mäßigung* moderigo; *das Milderwerden* mildiĝo; kvietiĝo; plifaciliĝo; moderiĝo

mildtätig *Adj* bonfara, karitata. [almoz]donema (*vgl. dazu* ***karitativ*** *u.* ***wohltätig***)

Mildtätigkeit *f* bonfaremo, karitato (↑ *auch* ***Karitas***)

Milena (*f*) *weibl. Vorname* Milena

miliar *Adj nur Fachspr Med (hirsekornförmig)* miliara

Miliaria *Pl Med* ↑ ***Schweißfrieseln***

Miliartuberkulose *f Med (eine schwere Verlaufsform der Lungentuberkulose)* miliara tuberkulozo; ***typhoide*** ~ tifoida miliara tuberkulozo

Milieu [*mil'jö:*] *n Umwelt* medio; *Lebenskreis auch* vivomedio; ***im häuslichen*** ~ en la hejma (*od i.e.S.* familia) medio

Milieuwechsel *m* ŝanĝo de la [vivo]medio
militant *Adj kämpferisch* militema
[1]**Militär** *n Armee, Streitkräfte* armeo, militfortoj *Pl*, soldatoj *Pl*, trupoj *Pl*; ***beim ~ sein*** servi kiel soldato, esti en la armeo; *den Wehrdienst ableisten* militservi
[2]**Militär** *m [höherer] Offizier* [altranga] oficiro, *i.w.S. Berufssoldat* [profesia] armeano
Militär|akademie *f* militakademio; ~**aktion** *f* milita operacio; ~**angehörige** *m* armeano; ~**arzt** *m* armea kuracisto, *auch* militkuracisto; ~**attaché** *m Dipl* armea ataŝeo; ~**ausgaben** *f/Pl* militaj elspezoj *Pl*; ~**basis** *f* militbazo; ~**block** *m Pol* militbloko; ~**budget** *n* buĝeto por la [nacia] armeo
Militärdienst *m* = ***Wehrdienst***
Militär|diktatur *f* militista diktaturo; ~**fahrzeug** *n* armea veturilo; ~**flugzeug** *n* militaviadilo; ~**gefängnis** *n* armea prizono (*od* malliberejo)
Militärgeistliche *m* ↑ ***Armeegeistliche***
Militärgelände *n* armea tereno
Militärgericht *n, auch* ***Kriegsgericht*** *od* ***Militärtribunal*** *n Jur* milita tribunalo; ***Internationales ~ in Nürnberg*** *1945 in Nürnberg abgehaltenes Kriegsverbrechertribunal* Internacia Milita Tribunalo en Nurenbergo
Militärgeschichte *f* milithistorio
militärgeschichtlich *Adj* milithistoria
Militär|gouverneur *m* militguberniestro; ~**hafen** *m Mar* milithaveno
militärisch *Adj* milita (*vgl. dazu* ***kriegerisch***); militista; ***~er Befehl*** *m* militista ordono; ***~es Eingreifen*** *n od* ***~e Intervention*** *f* milita interveno; ***~e Einrichtungen*** *f/Pl* militaj instalaĵoj *Pl*
Militarisierung *f* militiz[ad]o
Militarismus *m* militarismo
Militarist *m* militaristo
militaristisch *Adj auf den Militarismus bezogen* militarisma; *auf die Militaristen bezogen* militarista
Militär|junta [...'*chunta*] *f* militista ĥunto; ~**kapelle** *f* armea orkestro; ~**krankenhaus** *n* milithospitalo *od* soldathospitalo (*vgl. dazu* ***Lazarett***)
Militärkreise *m/Pl in Zus*: ***in ~n*** en rondo de armeanoj
Militärlastwagen *m* armea ŝarĝaŭto (*od* kamiono)
Militärmarke *f Philat, Post* ↑ ***Feldpostmarke***
Militär|musik *f* soldata muziko; ~**operation** *f* militoperacio; ~**pakt** *m* milita pakto; ~**parade** *f* milita parado; ~**pflicht** *f* deviga militservo
militär|pflichtig *Adj* servodeva [en la armeo]; ~**politisch** *Adj* militpolitika
Militär|polizei *f* armea polico; ~**putsch** *m* armea (*od* militista) puĉo; ~**recht** *n Jur* milita juro; ~**regierung** *f* militista registaro; ~**regime** *n* militista reĝimo; ~**richter** *m Jur* armea juĝisto; ~**schüler** *m* kadeto; ~**seelsorge** *f* armea animzorgado; ~**strafrecht** *n, auch* ***Wehrstrafrecht*** *n Jur* armea kriminala juro; ~**stützpunkt** *m* militbazo; ~**taktik** *f* militaktiko; ~**technik** *f* milita tekniko, militteknologio; ~**tribun** *m röm. Antike (Tribunus militum)* milita tribunuso
Militärtribunal *n Jur* ↑ ***Militärgericht***
Militär|uniform *m, <schweiz> geh auch* ***Wehrkleid*** *n* soldata uniformo; ~**wissenschaft** *f* militcienco
Military *f Vielseitigkeitsprüfung [im Reitsport]* militario
Militärzeit *f, auch* ***Wehrdienstzeit*** *f* militserva tempo, servotempo en la armeo
Miliz *f* milico (↑ *auch* ***Dschihadisten-***, ***Terror-*** *u.* ***Volksmiliz***); ~**heer** *n* milica armeo
Milizionär *m Angehöriger einer Miliz* milicano
Mill. = *Abk für* ***Million(en)***
Millenium *n Jahrtausend* jarmilo; ~**fieber** *n die Euphorie zur Jahrtausendwende* jarmil-febro
Milli... *in Zus* mili... (*Zus* ↑ *im Alphabet*)
Milliampere *n* (*Zeichen* ***mA***) *El (Maßeinheit für Stromstärke)* miliampero
Milliardär *m* miliardulo
Milliarde *f* (*Abk* ***Md.*** *od* ***Mrd.***) miliardo
Milliardenloch *n Fin* truo de pluraj miliardoj [en la bilanco]
Millibar *n* (*Zeichen* ***mbar***, *Met nur* ***mb***) *Met, Phys (alte Maßeinheit für den Luftdruck)* milibaro
Millième *m kleine Währungseinheit in Ägypten* miliemo
Milli|gramm *n* (*Zeichen* ***mg***) miligramo; ~**liter** *m* (*Zeichen* ***ml***) mililitro
Millimeter *n, umg m* (*Zeichen* ***mm***) milimetro; ~**papier** *n* milimetra krucpapero
Millimol *n* (*Zeichen* ***mM*** *od* ***mmol***) milimolo
Million *f* (*Abk* ***Mill.*** *od* ***Mio.***) miliono; ***eine ~*** unu miliono; ***eine halbe ~*** duona miliono; ***eine ~ Jahre*** unu miliono da jaroj; ***über ~en Jahre [hinweg]*** tra milionoj da jaroj; ***zwei***

~*en Dollar* du milionoj da dolaroj
Millionär *m* milionulo
Millionärin *f* milionulino
Millionenbetrag *m* miliona [mon]sumo
millionenfach 1. *Adj* milionobla **2.** *Adv* milionoble
Millionenfisch *m Ichth* ↑ ***Guppy***
Millionen|gewinn *m **a)** Wirtsch* profito de milionoj ***b)*** *in Lotto od Lotterie* gajno de [unu] miliono; ~**metropole** *f* milionmetropolo; ~**publikum** *n* milionpubliko; ~**stadt** *f* milionurbo, urbo kun pli ol unu miliono da loĝantoj
Millionstel *n* milionono
Millisekunde *f* (*Abk* ***ms***) milisekundo
Millisievert *n Radiologie* milisiverto
Milo (*n*) ↑ ***Melos***
Miltenberg (*n*) *eine Stadt in Unterfranken [am Mainknie zw. Odenwald u. Spessart]* Miltenbergo
Miltiades (*m*) *Eig (ein athenischer Feldherr [um 550-489 v. Chr.])* Miltiado
Milton (*m*) *Eig (engl. Dichter [1608-1674])* Miltono
Milu *m Zool* ↑ ***Davidshirsch***
Milwaukee [*mil'wɔ:ki*] (*n*) *größte Stadt in Wisconsin/USA [am Michigansee]* Milvokio
Milz *f* (Lien *od* Splen) *Anat* lieno, *Fachspr (meist nur in Zus) auch* spleno (↑ *auch* ***Nebenmilz***); ***Schmerzen*** *m/Pl* **in der** ~, *i.w.S. pop* ***Seitenstechen*** *n* liendoloro *Sg*; ***teilweise*** (*bzw.* ***totale***) ***Entfernung*** *f* ***der*** ~ *Chir* lienektomio, parta (*bzw.* totala) ablacio de la lieno
Milzbälkchen *n/Pl Anat* ↑ ***Milztrabekel***
Milzbrand *m, auch* ***Anthrax*** *m Med, Vet* antrakso (↑ *auch* ***Darm-*** *u.* ***Lungenmilzbrand***); ***an*** ~ ***erkrankt [sein]*** [esti] malsana je antrakso
Milzbrand|anschlag *m Terrorismus* atako per antraksbaciloj, antraksatako (***auf jmdn.*** kontraŭ iu); ~**bazillus** *m* (Bacillus anthracis) *Bakt (Erreger von Milzbrand)* antraksa bacilo *od* antraksbacilo; ~**impfstoff** *m* antraksvakcino; ~**pneumonie** *f Med* antrakspneŭmonio
Milzentzündung *f, Fachspr* ***Lienitis*** *od* ***Splenitis*** *f Med* inflamo de [la] lieno, lienito *od* splenito
Milzfarn *m Bot* ↑ ***Streifenfarn***
Milzinfarkt *m* (Infarctio lienis) *Med* liena infarkto *od* lienoinfarkto
Milzkraut *n* (*Gattung* Chrysosplenium) *Bot* krizosplenio; ***wechselblättriges*** ~ *od* ***Goldmilzkraut*** *n* (Chrysosplenium alternifolium) alternfolia krizosplenio
Milz|pulpa *f* (Pulpa lienis) *Anat* liena pulpo; ~**riss** *m Med* ŝiriĝo de [la] lieno; ~**schwellung** *f Med* ŝvelo de [la] lieno *od* lienoŝvelo; ~**trabekel** *f/Pl, auch* ***Milzbälkchen*** *n/Pl* (Trabeculae lienis *od* Trabeculae splenicae) *Anat* trabekloj *Pl* de la lieno (*vgl. dazu* ***Trabekel***); ~**vergrößerung** *f Med* plilarĝiĝo de [la] lieno, *(Fachspr)* splenomegalio
Mimas *m Astron (ein Mond des Saturn)* Mimaso
Mimbar *m Islam (Predigtkanzel in der Moschee)* mimbaro
Mime *m Theat (Gebärdenspieler)* mimo; *scherzh für «Schauspieler»* aktoro
mimen *tr i.e.S.* mimikadi; *i.w.S.* aktori, ludi; *eine Rolle spielen* ludi rolon; *umg auch für «vortäuschen»* pretendi, simuli, ŝajnigi
Mimeograf *m, auch* ***Mimeograph*** *m Typ (ein Vervielfältigungsapparat)* mimeografo (↑ *auch* ***Hektograf***); ***mittels*** ~ ***vervielfältigen*** mimeografi
Mimese *f Biol* ↑ ***Mimikry***
Mimik *f Mienenspiel (bes. als Ausdruck seelischer Regungen)* mimiko; *Gesichtsausdruck* vizaĝesprimo (*vgl. dazu* ***Gestik***)
Mimikry *f, auch* ***Mimese*** *f, auch* ***Verbergetracht*** *f Biol (schützende Gestalt- u. Farbenübereinstimmung von Tieren mit der Umwelt)* mimetismo; ***molekulare*** ~ *Med (angenommener Mechanismus der Entstehung von Autoimmunkrankheiten)* molekula mimetismo
Mimin *f Theat* mimino
mimisch 1. *Adj durch Gebärden (od Mienenspiel) [darstellend]* mimika **2.** *Adv* mimike (↑ *auch* ***schauspielerisch***)
Mimnermos (*m*) *Eig (altgriechischer Lyriker [um 600 v. Chr.])* Mimnermo
Mimose *f **a)** Bot* (*Gattung* Mimosa) mimozo; (*Art* Mimosa pudica), *auch* ***schamhafte Sinnpflanze*** *f, reg* ***Springkraut*** *od* ***Rührmichnichtan*** *n* sentema mimozo ***b)*** *übertr für «überempfindliche Person»* mimozo; ***zart wie eine*** ~ *bes. bildh* delikata kiel mimozo
Mimosengewächse *n/Pl Bot*: ***[Familie der]*** ~ (Mimosaceae) mimozacoj *Pl*
mimosenhaft *Adj* kiel mimozo, *bes. übertr* tro sentema (↑ *auch* ***zart***)

Min. = *Abk für* ***Minute***

Mina (*f*) *weibl. Vorname* Mina

Minahasa *Pl Ethn (Volk auf der Nordhalbinsel von Sulawesi/Indonesien)* minahasoj *Pl*

Minangkabau *Pl eine Ethnie in Mittelsumatra/Indonesien* minankabaŭanoj *Pl*; ***das ~ Ling*** *(eine Regionalsprache auf Sumatra/Indonesien)* la minankabaŭa [lingvo]

Minarett *n, arab.* ***Manara*** *Islam (Turm neben der Moschee, auf dem der Muezzin zum Gebet ruft)* minareto

Minas Gerais (*n*) *ein ostbrasilian. Gliedstaat* Minaŝgerajso *[Hptst.: Belo Horizonte]*

Mindanao (*n*) *eine philippinische Insel* Mindanao *[Hptst.: Zamboanga]*

Mindel-Eiszeit *od* **Mindel-Kaltzeit** *f Geol (älteste Eiszeit des Pleistozäns im Alpengebiet)* mindela glaciepoko, *(Fachspr)* mindela glacialo *od kurz* mindelo

Minden (*n*) *eine Stadt an der Weser* Mindeno

minder 1. *Adj* malsupera; ***von ~er Qualität*** de malsupera kvalito, malaltkvalita **2.** *Adv* malpli; ***mehr oder ~*** pli-malpli *od* pli aŭ malpli

minder|begabt *Adj* malpli talentita; **~bemittelt** *Adj* ***a)*** *wenig Geld besitzend* nesufiĉe provizita per monrimedoj, havanta nur malmultan monon ***b)*** *umg spöttisch od scherzh für «geistig begrenzt» od «dumm»* spirite limigita *od* stulta

Minderbetrag *m Fin* deficito

Mindurertrag *m* ↑ ***Defizit a)***

Minderheit *f* malplimulto, minoritato (↑ *auch* ***Minorität***); *kleine Gruppe* malgranda grupo; *ein kleiner Teil* malgranda parto; ***nationale*** (***sprachliche***) ***~en*** *Pl* naciaj (lingvaj) minoritatoj *Pl*; ***in der ~ sein*** esti en minoritato

Minderheiten|frage *f* minoritata problemo, *auch* problemo de minoritatoj; **~schutz** *m* protekto al minoritatoj; **~sprache** *f von einer ethnischen od anderen Minderheit verwendete eigenständige Sprache* minoritata lingvo

Minderheits|beteiligung *f Wirtsch* minoritata partopreno; **~partei** *f Pol* minoritata partio; **~rechte** *Pl* rajtoj *Pl* de minoritatoj; **~regierung** *f Parl, Pol* minoritata registaro; **~sprache** *f Ling* minoritata lingvo

minderjährig, *auch* ***unmündig*** *Adj Jur* neplenaĝa

Minderjährige ***a)*** *m* neplenaĝulo ***b)*** *f* neplenaĝulino

Minderjährigkeit *f* neplenaĝeco

mindern *tr* malpliigi, redukti

Minderung *f* malpliigo, redukto (↑ *auch* ***Reduktion*** *u.* ***Verringerung***)

minderwertig *Adj* malplivalora; *von minderer Qualität* de malsupera kvalito *nachgest*; *i.w.S. wertlos* senvalora

Minderwertigkeit *f* malplivaloreco; *geringe Qualität* malsupera kvalito

Minderwertigkeitsgefühl *n* sento de malplivalor[ec]o; ***~e haben*** havi senton de malplivaloro

Minderwertigkeitskomplex *m* komplekso de malplivaloreco, *auch* minuskomplekso

Minderwuchs *m* ↑ ***Kleinwuchs***

Minderzahl *f* malplimulto, minoritato

mindest *Adj* minimuma; ***nicht im °en*** tute ne, nepre ne; ***sie hat nicht die ~e Aussicht*** (*od* ***Chance***) ŝi havas eĉ ne etan ŝancon; ***zum °en*** *Adv wenigstens [unbetont:]* almenaŭ, *[betont:]* minimume [almenaŭ]

Mindest|abstand *m* minimuma distanco; **~alter** *n* minimuma aĝo; **~anzahl** *f* minimuma nombro; **~betrag** *m* minimuma [mon]sumo; **~einkommen** *n* minimuma enspezo

mindestens *Adv* minimume (*vgl. dazu* ***wenigstens***); ***~ zwei Wochen bleiben*** rest[ad]i minimume du semajnojn *od* resti ne malpli ol du semajnoj

Mindest|entfernung *f* minimuma distanco; **~fahrpreis** *m* minimuma veturpago; **~fluggeschwindigkeit** *f* minimuma flugrapido; **~forderung** *f* minimuma postulo; **~fracht** *f* minimuma frajto; **~gebot** *n* minimuma oferto; **~gehalt** ***a)*** *n* minimuma salajro ***b)*** *m* minimuma enhav[aĵ]o; **~geschwindigkeit** *f* minimuma rapid[ec]o; **~gewicht** *n* minimuma pezo; **~haltbarkeitsdatum** *n* (*Abk* ***MHD***) dato de minimuma konserveblo; **~kapital** *n* minimuma kapitalo; **~leistung** *f* minimuma povo; **~lohn** *m* minimuma pago (*od auch* salajro); **~mengentarif** *m* minimumkvanta tarifo; **~preis** *m* minimuma prezo; **~sicherheitsabstand** *m* minimuma distanco de sekureco; **~strafe** *f Jur* minimuma puno; **~tarif** *m* minimuma tarifo; **~umtausch** *m in eine andere Währung* minimuma deviga [mon]ŝanĝo; **~wert** *m* minimuma valoro; **~zahl** *f* minimuma nombro

Mindoro (*n*) *eine philippinische Insel* [insulo] Mindoro *[Hauptort: Calapan]*; **~büffel** *m*, *auch* ***Tamarao*** *m* (Bubalus arnee mindorensis) *Zool* mindora bubalo *[Vorkommen: endemisch auf Mindoro]*

Mindoro-Krokodil *n Zool* ↑ ***Philippinenkrokodil***

[1]**Mine** *f* ***a)*** *Bergb (Gesteinsgang)* mino, *(Bergwerk, Grube, Zeche)* minejo (↑ *auch* ***Gipsmine***) ***b)*** *Mil* mino (↑ *auch* ***Antipersonen-***, ***Kontakt-***, ***Konter-***, ***Land-***,***Magnet-***, ***Panzer-***, ***See-***, ***Teller-***, ***Treib-*** *u.* ***Tretmine***); ~***n legen*** *Mil* meti minojn (*vgl. dazu* ***verminen***); ~***n räumen*** forigi (*od* balai) minojn ***c)*** *Kugelschreiber*[®] [globkrajona] kartoĉo (↑ *auch* ***Tintenpatrone***)

[2]**Mine** *f Antike (eine altgriech. Münze)* mino

Minen|feld *n Mil* minkampo; ~**gürtel** *m verminter Geländestreifen* minosemita [strio de] tereno; ~**legen** *n* minmetado, metado de minoj; ~**leger** *m Mar* minmeta ŝipo; ~**räumboot** *od* ~**räumschiff** *n* (*Abk* ***MRS***), *auch* ***Minenräumer*** *od* ***Minensucher*** *m Mar* minforiga ŝipo; ~**räumen** *n* forigo de minoj; ~**suche** *f* serĉado de minoj

Minensucher *m Mar* ↑ ***Minenräumboot***

Minen|suchgerät *n* minserĉilo; ~**suchhund** *m* minoserĉa hundo; ~**verlegung** *f Mil* metado de minoj; ~**werfer** *m Mil* min[o]ĵetilo

Mineral *n* mineralo (*vgl. dazu* ***Gestein***; ↑ *auch* ***Gipsmineral***); ***akzessorische ~e*** *Pl oft nur mit weniger als 1% in Gesteinen vorkommende Minerale, z.B. Zirkon, Apatit od Magnetit* akcesoraj mineraloj *Pl*; ***reich an ~ien sein*** enhavi multajn mineralojn; ***in ein ~ verwandeln = mineralisieren***

Mineral|bad *n* mineralbanejo; ~**boden** *m Bodenkunde (vorwiegend aus organischem, mineralischem Material zusammengesetzter Boden [Ggs: Moorboden]* minerala grundo; ~**dünger** *m* minerala sterk[aĵ]o; ~**farbe** *f* minerala farbo

Mineraliensammlung *f* mineralogia kolekto

mineralisch *Adj* minerala

mineralisieren 1. *tr in ein Mineral verwandeln* mineraligi **2.** *intr zum Mineral werden* mineraliĝi

Mineralisierung *f Geol* mineraliĝo

Mineralität *f* mineraleco

Mineraloge *m* mineralogo

Mineralogie *f Wissenschaft von der Zusammensetzung der Mineralien u. Gesteine, ihrem Vorkommen u. ihren Lagerstätten* mineralogio

mineralogisch *Adj* mineralogia

Mineralöl *n* minerala oleo (*vgl. dazu* ***Erdöl***); ~**steuer** *f* mineralolea imposto

Mineral|quelle *f* mineralakva fonto; ~**reich** *n Naturw* minerala regno; ~**salze** *n/Pl* mineralaj saloj *Pl*; ~**wasser** *n* minerala akvo (*vgl. dazu* ***Selterswasser*** *u.* ***Sprudel a)***)

Minerva (*f*) *Myth (eine italische [sabinische] Göttin <auch von den Etruskern als ‹Menerva› verehrt>, danach römische Göttin des Handwerks, der Weisheit u. der Künste)* Minerva

Minestra *od* **Minestrone** *f Kochk (eine gehaltvolle [italienische] Gemüsesuppe mit Reis od Teigwaren)* minestrono

Minette *f 1. Min (dunkelgraues, in gangförmiger Lagerung auftretendes Gestein) 2. Geol (eisenhaltige, abbauwürdige Schichten des Mittleren Juras in Lothringen und Luxemburg)* mineto

Mineur [*mi'nö:r*] *m Mil (früher für «im Minenbau ausgebildeter Pionier»)* ministo

Ming-Dynastie *f chin. Gesch (Name einer chin. Dynastie [1368-1644])* Ming-dinastio

Mingrelien (*n*) *eine Küstenlandschaft im westl. Georgien* Mingrelio *<Mitte des 16. Jh.s bis 18. Jh. selbstständiges Fürstentum>*

Mingrelier *m/Pl Ethn (an Georgier assimilierte Reste eines bis 1930 noch eigenständigen Volkes im nördlichen Georgien u. in der Türkei)* mingrelanoj *Pl*

Mingrelisch[e] *n Ling (eine zu den kaukasischen Sprachen gehörende schriftlose Sprache in Georgien)* la mingrela [lingvo]

Miniatur *f* miniaturo *auch Kunst u. Mal*; ***in ~*** en miniatura formato, miniature

Miniatur|ausgabe *f allg* produkto en miniformato; *Buchw* miniatura eldon[aĵ]o (*vgl. dazu* ***Minibuch***); ~**bild** *n Kunst* miniatura pentraĵo; ~**bonsai** *m Bot* miniatura bonsajo

miniaturisieren *tr Bauteile, elektronische Elemente* miniaturigi

Miniaturisierung *f* miniaturigo

Miniaturmaler *m* miniaturisto

Mini|bikini *m sehr knapper Bikini* minibikino; ~**buch** *n* minilibro; ~**bus** *m Kfz* minibuso; ~**car** *m, auch* ***Kleinstwagen*** *m Kfz* miniaŭto; ~**computer** *m, auch* ***Minirechner*** *m* minikomputilo

MiniDisc *f* (*Abk* ***MD***) *Elektroakustik (ein von SONY entwickeltes digitales magneto-optisches Speichermedium)* minidisko

Minigolf *n* minigolfo; ~**anlage** *f* minigolfejo

Minikleid *n* minirobo

Mini-Kumquat *f Bot* ↑ ***Hongkong-Kumquat***
minimal 1. *Adj* minimuma, *selt* minima **2.** *Adv* minimume (↑ *auch* ***geringfügig***)
Minimal|forderung *f* minimuma postulo; ~**habitat** *n, auch* ***Minimallebensraum*** *m od* ***Minimalareal*** *n der für die langfristige Existenz einer Population unbedingt notwendige Lebensraum* minimuma habitato
minimalinvasiv *Adj*: ~***e Chirurgie*** (***Therapie***) *f Med* minimum-invada kirurgio (terapio)
Minimal|lohn *m* minimuma salajro (*od* [labor]pago); ~**preis** *m* minimuma prezo; *niedrigster Preis* plej malalta prezo; ~**temperatur** *f* minimuma temperaturo; ~**wert** *m* minimuma valoro
minimieren *tr* minimumigi
Minimierung *f* minimumigo (↑ *auch* ***Risikominimierung***)
Mini|mode *f* minimodo; ~**modell** *n* minimodelo, *auch* etmodelo
Minimum *n geringstes Maß* minimumo (↑ *auch* ***Existenzminimum***); *i.w.S. niedrigste Grenze* plej malalta limo; ~**gesetz** *n nach J. von Liebig* leĝo de minimumo
Minirechner *m* ↑ ***Minicomputer***
Minirock *m* minijupo; ***einen*** ~ ***tragen*** porti (*od* surhavi) minijupon
Minister *m* ministro (↑ *auch* ***Justizminister***); ~ ***für auswärtige Angelegenheiten***, *kurz* ***Außenminister*** *m* ministro pri (*od* de) ekster[land]aj aferoj; ~ ***für Finanzen*** ministro pri financoj; ~ ***ohne Geschäftsbereich*** (*od* ***Portefeuille***) ministro sen portfolio; ***ehemaliger*** ~ eksministro; ***stellvertretender*** ~ vicministro, *auch* subministro
Ministeramt *n, auch* ***Portefeuille*** *n* portfolio
Ministerebene *f*: ***auf*** ~ sur nivelo de ministroj
Ministerialbeamte *m* oficisto en ministerio
ministeriell *Adj von einem Minister ausgehend bzw. verfügt* ministra; *von einem Ministerium ausgehend bzw. verfügt* ministeria
Ministerin *f* ministrino
Ministerium *n*, *<schweiz>* ***Departement*** *n* ministerio; ~ ***für Auswärtige Angelegenheiten***, *auch kurz* ***Außenministerium*** *n*, *BRD auch* ***Auswärtiges Amt*** ministerio pri eksterlandaj aferoj; ~ ***für Bergbau*** ministerio pri minindustrio; ~ ***für Gesundheitswesen*** ministerio pri sanitaraj aferoj; ~ ***des Innern*** *od* ***Innenministerium*** *n*, *<schweiz>* ***Departement des Innern*** ministerio pri internaj (*od* enlandaj) aferoj; ~ ***für Maritime Angelegenheiten*** ministerio pri maraj aferoj
Minister|komitee *n* komitato de ministroj; ~**konferenz** *f* konferenco de ministroj; ~**posten** *m* ministra posteno *od* posteno de ministro; ~**präsident** *m, auch* ***Premierminister*** *m* ministroprezidanto, ĉefministro; ~**rat** *m Parl* konsilantaro de ministroj *od* ministra konsilio; *Kabinett* kabineto; ~**verordnung** *f* ministra dekreto
Ministrant *m kath. Kirche* ***a)*** *auch* ***Messdiener*** *m* mesoservanto ***b)*** *i.w.S.* ***Messgehilfe*** *m (Laie, der während der Messe bestimmte Dienste am Altar verrichtet)* akolito
Minizoo *m* minizoo
Mink *m, auch* ***amerikanischer Nerz*** *m* (Mustela vison) *Zool (ein amerik. Verwandter des Nerz [eine Marderart])* vizono
Minna *f*: ***die grüne*** ~ *salopp für «Polizeigefangenenwagen»* [polica] aŭto por arestitoj
Minne *f alt od poet für «Liebe»* amo
Minnesang *m Mus (eine Form der gesungenen Liebeslyrik [12./13. Jh.]* mezepoka amkanto; ***Epoche*** (*od* ***Zeit***) ***des*** ~***s*** *in Frankreich* trobadora epoko (↑ *auch* ***Aubade***)
Minnesänger *m* mezepoka amkantisto; *in Frankreich* trobadoro; *Menestrel* menestrelo
Minneapolis (*n*) *größte Stadt im US-Bundesstaat Minnesota* Mineapolo
Minnesota (*n*) (*Abk* ***Minn.***, *[postalisch]* ***MN***) *ein US-Bundesstaat* Minesoto *[Hptst. Saint Paul]*
minoisch *Adj auf den kretischen Sagenkönig Minos bezogen bzw. i.w.S. auf die altkretische Kultur bezogen* minoa (*vgl. dazu* ***kretisch***)
Minorca (*n*) ↑ ***Menorca***
minorenn *alt* = ***minderjährig***
Minorität *f* minoritato (↑ *auch* ***Minderheit***)
Minoriten *m/Pl* (*lat.* ***Fratres minores***) *Rel (Bez für Franziskaner, insbes. für die Angehörigen des Zweigs der Konventualen [nach ihrer Tracht auch «Schwarze Franziskaner» genannt])* minoritoj *Pl*
Minoritenorden *m* ↑ ***Franziskanerorden***
Minos (*m*) *griech. Myth Eig* Minoo
Minotaur[us] *m Myth (eine Sagengestalt mit Menschenleib u. Stierkopf)* Minotaŭro; *übertr (verschlingendes Ungeheuer)* minotaŭro
Minsk (*n*) *Hptst. von Belarus* Minsko
Mintai *m Ichth* ↑ ***Alaska-Pollack***
mint[grün] *Adj* mentoverda

Minuend *m Math (Zahl, von der etw. abgezogen werden soll)* malpliigato, minusato

minus (*Zeichen* –) **1.** *Präp Math* minus (*vgl. dazu* ***abzüglich*** *u.* ***weniger*** *2.*) **2.** *Adv bei Temperaturangaben* minus, *auch* sub [la] nulo; ***heute sind ~ zehn Grad*** (*od* ***zehn Grad unter Null***) hodiaŭ estas minus dek gradoj *od* hodiaŭ estas dek gradoj sub [la] nulo

Minus *n* ***a)*** *Wirtsch* deficito (*vgl. dazu* ***Fehlbetrag***); *übertr auch für «Mangel» bzw. «Nachteil»* manko, *auch* minuso *bzw.* malavantaĝo ***b)*** *Minuszeichen* minussigno

Minusbetrag *m Fin* deficito

Minuskel *f Typ* ↑ ***Kleinbuchstabe***

Minus|pol *m El* minuspoluso *od* negativa poluso; **~temperatur** *f Met* temperaturo sub la frostpunkto; **~zeichen** *n Math* (*Zeichen* –) minussigno (↑ *auch* ***Subtraktionszeichen***); **~zins** *m Bankw* negativa interezo

Minute *f* (*Abk* ***Min.***, *Zeichen* ***min***, *Geom Zeichen* ') minuto; *Augenblick auch* momento; ***eine ~!*** *einen Augenblick!* unu momenton!, *auch* minuton!; ***es wird nur ein paar ~n dauern*** daŭros nur kelkajn minutojn; ***in ein paar ~n*** *innerhalb einiger Minuten* en (*od* dum) kelke da minutoj; *nach einigen Minuten* post kelkaj (*od* kelke da) minutoj; ***in letzter ~*** en la lasta minuto, *umg auch* lastminute; ***auf die ~*** ekzaktatempe; ***zehn ~n nach zwölf*** dek minutojn post la dekdua [horo]; ***zwanzig ~n vor vier*** dudek minutojn antaŭ la kvara

minutenlang **1.** *Adj* daŭranta(j) [kelkajn] minutojn **2.** *Adv* dum [kelkaj] minutoj, kelkminute, kelkajn minutojn

Minutenzeiger *m der Uhr* minuta montrilo

minutiös, *auch* ***minuziös*** *Adj* skrupul[eg]a. precizega; *übertrieben genau* pedante preciza (*vgl. dazu* ***pedantisch***)

minütlich **1.** *Adj* ĉiuminuta **2.** *Adv* ĉiuminute (*vgl. dazu* ***jeden Moment***)

Minze *f* (*Gattung* Mentha) *Bot* mento (↑ *auch* ***Acker-***, ***Pfeffer-***, ***Ross-*** *u.* ***Wasserminze***); ***ährige*** (*od* ***grüne***) ~ (Mentha spicata) spika (*od* verda) mento (↑ *auch* ***Krauseminze***); ***langblättrige*** ~ (Mentha longifolia) longfolia mento; ***rundblättrige*** ~ (Mentha rotundifolia) rondfolia mento

Mio. = *Abk für* ***Million(en)***

Miosis *f*, *auch* ***Pupillenverengung*** *f Med* miozo, *auch* mallarĝiĝo de la pupilo

miozän *Adj zum Miozän gehörend* miocena

Miozän *n Geol (jüngere Abteilung des Tertiärs zw. Oligozän u. Pliozän)* mioceno (↑ *auch* ***Tortonien***)

Miquelon (*n*) *Teil des französischen Übersee-Dép. Saint-Pierre und Miquelon [südl. von Neufundland/Kanada]* Mikelono

mir **1.** *Pers Pron* (*Dat von* ***ich***) al mi; ***ein Freund von ~*** unu el miaj amikoj, *auch* unu mia amiko; ***kommen Sie mit ~*** venu kun mi; *folgen Sie mir* sekvu min; ***glaube ~!*** kredu [tion] al mi!; ***rechts und links von ~*** dekstre kaj maldekstre de mi **2.** *Refl Pron* por mi, *auch unübersetzt*: ***ich werde ~ einen neuen Mantel kaufen*** mi aĉetos novan mantelon [por mi]; ***es gelang ~ zu ...*** mi sukcesis ... ◇ ***~ nichts, dir nichts*** *völlig ohne Grund* tute senkaŭze; *plötzlich* [tute] subite; *ohne Umstände* [tute] senceremonie; ***von ~ aus!*** *ich habe nichts dagegen* mi ne kontraŭas; *wenn ich entscheiden müsste, könnten Sie das tun* se mi devus decidi, vi povus tion fari

Mira *f*, *auch* ***Mira Ceti*** *Astron (ein Stern im Sternbild Walfisch)* Mirao

Mirabelle *f* ***a)*** *auch* ***Mirabellenbaum*** *m* (Prunus institita, var. syriaca) *Bot* mirabelarbo ***b)*** *reg* ***Wachspflaume*** *f (Frucht)* mirabelo

Mirakel *n alt für «Wunder[werk]»* miraklo; **~spiel** *n Theat (mittelalterliches geistliches Drama über die Wundertaten der Heiligen [im Mittelalter aufgekommen u. bis in die Neuzeit gepflegt])* mirakloludo

mirakulös *Adj alt für «wunderbar»* mirakla

[1]**Miranda** (*f*) *weibl. Vorname* Miranda

[2]**Miranda** *f Astron (kleinster u. innerster der Uranus-Monde)* Mirando

[3]**Miranda** (*n*) *ein Gliedstaat im Norden Venezuelas* Mirando *[Hptst.: Los Teques]*

Mirdasiden *Pl*, *arab.* ***Mirdāsīyūn*** *Pl Gesch (arabisch-islamische Fürstendynastie in N-Syrien [1023-1078])* mirdasidoj *Pl*

Miroslav (*m*) *slawischer männl. Vorname* Miroslavo

Mirzapur (*n*) *eine Stadt im indischen Unionsstaat Uttar Pradesh* Mirzapuro

Misandrie *f krankhafte Männerscheu, Männerhass* mizandrio

Misanthrop *m* ↑ ***Menschenfeind***

Misanthropie *f*, *auch* ***[krankhafter] Menschenhass*** *m Psych* mizantropeco

misanthropisch ↑ ***menschenfeindlich***

mischbar *Adj* miksebla

Mischbarkeit *f* miksebl[ec]o

Misch|batterie *f*, *auch* ***Mischarmatur*** *f*

mikskrano; ~**ehe** *f* miksedziĝo

mischen *tr* miksi (*vgl. dazu* ***mixen***; ↑ *auch* ***bei-, hinein-*** *u.* ***zusammenmischen***); ***die Spielkarten*** ~ miksi la ludkartojn; ***sich*** ~ miksiĝi *od* sin miksi (***in eine Sache*** en aferon); ***sich unter die Menge*** ~ sin miksi inter la [hom]amason; ***sich in ein Gespräch*** ~ sin miksi en paroladon de iu

Mischen *n* miksado

Mischer *m Tech* miksilo (*vgl. dazu* ***Mixer***; ↑ *auch* ***Beton-*** *u.* ***Rüttelmischer***)

mischerbig *Biol, Genetik* ↑ ***heterozygot***

Misch|frankatur *f Philat* miks-afranko; ~**futter** *n Landw* miksfuraĝo; ~**gebiete** *n/Pl Biol (heterogene Lebensräume, in denen die Verhältnisse verschiedener Biotope miteinander kombiniert auftreten u. daher einer Mischflora u. Mischfauna die Existenz ermöglichen)* miksregionoj *Pl*; ~**gemüse** *n Kochk* divers[spec]aj legomoj *Pl*; ~**gericht** *n Kochk* miks[o]poto (↑ *auch* ***Eintopf*** *u.* ***Irish Stew***)

Mischgesteine *n/Pl Geol, Min* ↑ ***Anatexite*** *u.* ***Migmatite***)

Mischgetränk *n* = ***Mixgetränk***

Mischinfektion *f Med* ↑ ***Mehrfachinfektion***

Mischling *m* miksrasulo; *i.e.S. (Mestize)* mestizo (↑ *auch* ***Zambo***); *Biol* bastardo, hibrido

Mischlingshund *m* miksrasa hundo

Mischmasch *m* mikskonfuzo, miksamaso, pelmelo; *Durcheinander* kaoso

Mischmaschine *f* miksmaŝino (*vgl. dazu* ***Mixer***)

Mischna *f Sammlung der außerhalb der Tora ursprünglich nur mündlich überlieferten Lehren des Judentums* miŝno *(auch Großschr)*

Misch|pult *n Elektroakustik* mikspupitro; ~**rasse** *f Zool* miksraso; *Ethn (Mischvolk)* miksa popolo; ~**röhre** *f El* miksa tubo; ~**sprache** *f Ling* mikslingvo (↑ *auch* ***Kreolsprachen***); ~**trommel** *f z.B. einer Betonmischmaschine* mikstamburo; ~**tumor** *m Med (Tumor, der sich aus verschiedenen Gewebearten zusammensetzt)* mikstumoro

Mischung *f* ***a)*** *das Mischen* miksado ***b)*** *Gemisch* miksaĵo; ***instabile*** ~ *Chem* malstabila miksaĵo

Mischungsverhältnis *n* proporcio de la opaj partoj [de miksaĵo]

Misch|volk *n Ethn* miksa popolo; ~**wald** *m Wald aus verschiedenen Baumarten* miksarbaro, *auch* miks[it]a arbaro; ~**watt** *n* miksvado (*vgl. dazu* ***[1]Watt***); ~**wort** *n Ling* hibridvorto; ~**zement** *m Bauw* mikscemento

miserabel 1. *Adj elend, erbärmlich* mizera *umg auch: Charakter, Essen, Straße, jmds. Verhalten* (↑ *auch* ***elend*** *u.* ***hundsmiserabel***); *bemitleidenswert* kompatinda; *umg für «sehr schlecht»* mizere malbona *od kurz* mizera (↑ *auch* ***dürftig***); ***sein Englisch ist*** ~ liaj konoj de la angla [lingvo] estas mizeraj **2.** *Adv* mizere; kompatinde

Misere *f [großes] Elend, Not[lage]* mizer[eg]o; *i.w.S. Dilemma, Klemme* dilemo

Miskito *Pl Ethn (indigenes Volk im Grenzgebiet Nicaragua/Honduras)* miskitoj *Pl*

Miskolc (*n*) *drittgrößte Stadt Ungarns* Miŝkolco

Miso *f od n Kochk (in der jap. Küche weit verbreitete, aus der Sojabohne über mehrere Fermentierungsprozesse gewonnene Sojapaste <mit veränderlichen Anteilen von Reis, Gerste od anderem Getreide>)* [sojfaba] misoo (↑ *auch* ***Misosuppe***)

Misogamie *f geh für «Ehescheu»* mizogamio

misogyn *Adj geh für «frauenfeindlich»* mizogina

Misogyn *m Psych (Weiberfeind)* mizogino

Misogynie *f geh für «[gehässige] Abneigung gegen Frauen» bzw. «[krankhafte] Scheu vor Frauen»* mizogineco

Misosuppe *f Kochk (ein japanisches Nationalgericht)* misosupo

Mispel *f* (*Gattung* Mespilus) *Bot (Baum)* mespil[arb]o, *(Frucht)* mespilo (↑ *auch* ***Zwergmispel***); ***deutsche*** ~ (Mespilus germanica) germana mespilo; ***welsche*** ~ ↑ ***Azarolweißdorn***

Misrata (*n*) *Stadt u. Provinzzentrum in Libyen [an der Westküste der Großen Syrte]* Misrato *<1916-1918 Sitz der Verwaltung von Tripolitanien>*

missachten *tr vernachlässigen* neglekti; *verachten* malestimi; *nicht befolgen, z.B. Gesetze, Recht* malobei, ne atenti

Missachtung *f Vernachlässigung* neglekto; *Verachtung* malestimo; *Nichtbefolgung* malobeo, malatento

Missal[e] *n*, *auch* ***Messbuch*** *n Buch mit den für die kath. Messe vorgeschriebenen Lesungen* misalo, *auch* meslibro

Missbehagen *n* malplezuro, malplaĉo (*vgl. dazu* ***Unbehagen***)

missbilden *tr* misformi

Missbildung *f Biol* misformiĝo, anomalio; *etw. Verkrüppeltes* kriplaĵo; *Deformität* deformaĵo *auch Med*; ***angeborene*** ~ denaska misformiĝo (*od* anomalio)
missbilligen *tr* malaprobi (*vgl. dazu* ***verdammen***); *ablehnen* rifuzi
missbilligend *Adj* malaproba
Missbilligung *f* malaprobo; *Ablehnung* rifuzo
Missbrauch *m* misuzo, *[stärker:] pej* fiuzo (↑ *auch* ***Alkohol-***, ***Arzneimittel-***, ***Asyl-***, ***Drogen-***, ***Macht-***, ***Medikamenten-***, ***Nikotin-*** *u.* ***Vertrauensmissbrauch***); ~ ***der Amtsgewalt*** misuzo de [la] oficiala aŭtoritato; ***sexueller*** ~ seksa misuzo (↑ *auch* ***Vergewaltigung b)***)
missbrauchen *tr* misuzi, *[stärker:]* fiuzi; *entehren, schänden* [sekse] perforti (*vgl. dazu* ***vergewaltigen***); ***sein Amt*** (*od* ***seine Stellung***) ~ malversacii
missbräuchlich *Adv*: ***etw.*** ~ ***benutzen*** *z.B. Geld, Medikamente* misuzi ion; *Geräte* uzi en maniero malĝusta
Missbrauchsfall *m sex* kazo de seksa misuzo
missdeuten *tr falsch auslegen* misinterpreti; *falsch erklären* malĝuste klarigi; *falsch verstehen* miskompreni
Missdeutung *f* misinterpret[ad]o
missen *tr entbehren* malhavi (***etw.*** ion), senti la mankon (***etw.*** de io); *i.w.S. sich zurücksehnen nach* sopiri al (*od mit Akk*); ***etw. nicht*** ~ ***können*** fakte [tre] bezoni ion
Misserfolg *m* malsukceso; *totaler* [plena] fiasko (↑ *auch* ***Debakel*** *u.* ***Fehlschlag***); ***einen totalen*** ~ ***davontragen*** (*od* ***erleben***) renkonti plenan fiaskon; ***mit einem*** ~ ***end[ig]en*** finiĝi per malsukceso (*bzw.* fiasko)
Missernte *f* malbona rikolto; *Erntedefizit* rikoltodeficito
Misse|tat *f alt* malbonfaro, *(abscheuliche Tat)* fifaro *od* fiago; ~**täter** *m* malbonfarulo *bzw.* malbonfarinto; *jmd., der eine Sünde begangen hat* pekinto (↑ *auch* ***Übeltäter*** *u.* ***Verbrecher***)
missfallen *intr*: ***das missfällt mir*** tio [ege] malplaĉas al mi
Missfallen *n* malplaĉo, malplezuro; *i.w.S. Unzufriedenheit* malkontento; ***großes*** ~ ***erregen*** kaŭzi grandan malplaĉon (*bzw.* malkontenton) (***bei jmdm.*** al iu)
missfällig 1. *Adj missbilligend* malaproba; *verächtlich* malestima **2.** *Adv* malaprobe; malestime, *auch* kun malaprobo
missgebildet *Adj* misformita (*vgl. dazu* ***missgestaltet***); *verkrüppelt* kripla
Missgeburt *f* fuŝnaskaĵo; *übertr pej auch* monstro
missgelaunt *Adj* moroza (↑ *auch* ***mürrisch***)
Miss|geschick *n* misfortuno, malfeliĉaĵo, fatalaĵo; ~**gestalt** *f jmd., der missgestaltet ist* kriplulo; *Ungeheuer* monstro
miss|gestaltet *Adj* kripla; *monströs* monstra (↑ *auch* ***missgebildet***); ~**gestimmt** *Adj* malbonhumora; *mürrisch* grumblema
missglücken *intr* malsukcesi (↑ *auch* ***fehlschlagen*** *u.* ***scheitern***); *kaputtgehen* difektiĝi; ***total*** ~ fiaski
Missglücken *n* malsukceso (↑ *auch* ***Fiasko***); *schlechtes Gedeihen* malprospero
missgönnen *tr*: ***jmdm. etw.*** ~ envii ion al iu (*vgl. dazu* ***neiden***)
Miss|griff *m* maltrafo; *falsche Handlung* erara ago; *falsche Entscheidung* malĝusta decido; *falsche Mutmaßung* malĝusta konjekto (*vgl. dazu* ***Fehler*** *u.* ***Irrtum***); ~**gunst** *f* envio (↑ *auch* ***Böswilligkeit*** *u.* ***Neid***)
missgünstig *Adj* envi[em]a (*vgl. dazu* ***misstrauisch*** *u.* ***neidisch***)
misshandeln *tr* mistrakti (*vgl. dazu* ***foltern*** *u.* ***quälen***); ***ein Kind*** ~ mistrakti infanon
Misshandlung *f als Handlung* mistrakt[ad]o (↑ *auch* ***Kindesmisshandlung***); *[erduldete] Qual* turmentiĝo
Missheirat *f* ↑ ***Mesalliance***
Misshelligkeit *f* malakordo, malharmonio, *auch* disonanco (*vgl. dazu* ***Diskrepanz***)
Missile *n* = *Kurzw für* ***Cruise-Missile*** [↑ *unter* ***Marschflugkörper***]
missinterpretieren *tr* misinterpreti
Mission *f Kirche* misio *auch Dipl u. übertr* (↑ *auch* ***Bahnhofs-***, ***Goodwill-***, ***Handels-*** *u.* ***Sondermission***); ***diplomatische*** (***militärische***) ~ diplomatia (milita) misio; ***geheime*** ~ *Geheimauftrag* sekreta misio; ***Innere*** ~ *Kirche* interna misio; ***Rheinische*** ~ *eine evangelische Missionsgesellschaft [1828-1971]* Rejna Misio; ***ständige*** ~ permanenta misio; ***seine*** ~ ***erfüllen*** plenumi sian mision
Missionar *m christl. Kirche, Rel* misiisto (↑ *auch* ***Bekehrer*** *u.* ***Laienmissionar***); ***christlicher*** ~ kristana misiisto
Missionarin *f* misiistino
missionarisch *Adj auf die Mission bezogen* misia; *auf die Missionare bezogen* misiista
Missionarsstellung *f sex* misiista pozicio
missionieren *intr als Missionar arbeiten* la-

bori kiel misiisto (***in*** en); *Mission betreiben* disvastigi sian religion [inter la nekredantoj]
Missionierung *f* misiado
Missions|arzt *m* misia kuracisto; **~chef** *m Dipl* ĉefo de [diplomatia] misio; **~krankenhaus** *n* misiista hospitalo; **~schule** *f* misiista lernejo; **~station** *f Rel* misiejo; **~tätigkeit** *f* misi[ist]a agado, *auch* misiado
Mississippi ***a)*** *m größter Strom der USA* Misisipo ***b)*** (*n*) (*Abk* ***Miss.***, *[postalisch]* ***MS***) *ein Bundesstaat der USA* Misisipio *[Hptst.: Jackson]*; **~-Alligator** *m*, *auch* ***Hechtalligator*** *m* (Alligator mississippensis) *Zool* misisipa aligatoro
Missklang *m* ***a)*** *Mus (Dissonanz)* disonanco *auch übertr*, *(Kakophonie [schlecht klingende Laut- od Wortfolge])* kakofonio ***b)*** *übertr auch* malharmonio, malakordo
Misskredit *m*, *auch* ***Diskredit*** *m schlechter Ruf*: ***jmdn. in ~ bringen*** diskrediti (*od* senkreditigi) iun, difekti (*od stärker* detrui) ies bonfamon; ***in ~ geraten*** (*od* ***kommen***) perdi sian reputacion, malbonfamiĝi; *i.w.S. nicht mehr angenommen werden, z.B. ein Produkt* esti ne plu ŝatata
Misslaunigkeit *f* moroz[ec]o
misslich *Adj* misa, mava (*vgl. dazu* ***übel*** *u.* ***unangenehm***); *dilemmatisch* dilema; *gefährlich* danĝera; *fatal* fatala; *in Verlegenheit befindlich* embarasa
missliebig *Adj* neagrabla, neplaĉa, neŝatata (*vgl. dazu* ***unbeliebt*** *u.* ***unpopulär***)
misslingen *intr* malsukcesi (*vgl. dazu* ***ein Fiasko erleiden***); *schlecht gehen od laufen, nicht recht vorankommen* malprosperi; *kaputtgehen* difektiĝi; ***ein misslungener Versuch*** malsukces[int]a provo
Missmanagement *n* mismanaĝado
Missmut *m Mürrischkeit* moroz[ec]o; *Verdrießlichkeit* ĉagreniteco; *Unzufriedenheit* malkontento; *Niedergeschlagenheit* deprim[itec]o
missmutig *Adj verdrießlich* ĉagren[it]a; *unzufrieden* malkontenta; *niedergeschlagen* deprimita; *mürrisch* moroza; *brummig, nörgelig* grumblema (↑ *auch* ***mürrisch***)
Missouri [*mi'su:ri*] ***a)*** *m ein Nebenstrom des Mississippi* [rivero] Misuro ***b)*** (*n*) (*Abk* ***Mo.***, *[postalisch]* ***MO***) *ein Bundesstaat im Mittelwesten der USA* Misurio *[Hptst.: Jefferson City]*
[1]**missraten** *intr*: ***der Kuchen ist mir ~*** la kuko [kiun mi bakis] fuŝiĝis (↑ *auch* ***danebengehen b)*** *u.* ***missglücken***)
[2]**missraten** *Adj übertr*: ***ein ~es Kind*** infano nebone evoluinta
Missstand *m* malfunkcio *od* misfunkcio; *Mangel* manko; *etw. Unangebrachtes od Unangemessenes* malkonvenaĵo; ***einen ~ abstellen*** (*od* ***beseitigen***) forigi mankon; ***Missstände aufdecken*** [publike] videbligi mankojn [en la administracio *u. Ä.*]
Missstimmung *f* disharmonio; *Nichtübereinstimmung, z.B. mit jmds. Meinung* malkonsento; *Niedergeschlagenheit* deprim[itec]o
Misston *m bes. übertr* mistono; *Mus* disonanco *auch übertr* (*vgl. dazu* ***Missklang***); ***einen ~ in etw. bringen*** porti disonancon en ion
misstönend *Adj* malbele sonanta, kakofonia *dissonant* disonanca (*vgl. dazu* ***disharmonisch***)
misstrauen *intr*: ***jmdm.*** *~ hinsichtlich dessen Gesinnung* malkonfidi iun; *sich nicht verlassen auf (hinsichtlich jmds. Kompetenz od Ehrlichkeit)* malfidi iun (*od* al iu *od* je iu); *i.w.S. für verdächtig halten* suspekti iun
Misstrauen *n* malkonfido *bzw.* malfido (***gegen[über]*** al *od* kontraŭ); *Argwohn* suspekto (↑ *auch* ***Skepsis***); ***aus ~ gegen ...*** pro malkonfido (*bzw.* malfido *od* suspekto) al ...; ***gegenseitiges ~*** reciproka malkonfido
Misstrauens|antrag *m Parl* mocio de nekonfido (*od i.w.S.* demisio); **~votum** *n Parl* deklaro de nekonfido
misstrauisch *Adj* malkonfida (***gegen[über]*** al *od* kontraŭ); *Person* malkonfidema *bzw.* malfidema; *argwöhnisch* suspektema; ***das hat mich ~ gemacht*** tio igis min inklina al malkonfido (*bzw.* malfido)
Missvergnügen *n* malplezuro; *Unzufriedenheit* malkontent[ec]o
missvergnügt *Adj* malplezura; malkontenta
Missverhältnis *n* misproporcio (↑ *auch* ***Diskrepanz***); ***in einem ~ stehend*** misproporcia, *[stärker:]* senproporcia
missverständlich **1.** *Adj* miskompreniga **2.** *Adv* miskomprenige (↑ *auch* ***zweideutig***)
Missverständnis *n* miskompreno; ***eine Kette von ~sen*** ĉeno da miskomprenoj; ***ein ~ ausräumen*** (***beseitigen***) forigi miskomprenon
missverstehen *tr falsch verstehen* miskompreni; ***[durch eigene Schuld]*** *~* fuŝkompreni
Misswahl *f* belecokonkurso
Misswirtschaft *f* fuŝmastrum[ad]o
Mist *m* ***a)*** sterko (*vgl. dazu* ***Dünger***, ***Kompost***; ↑ *auch* ***Kuhmist***, ***Pferde-***, ***Stalldung***,

Vogelmist); *tierischer Kot (von Vieh) auch* brutaj ekskrementoj *Pl*; ***eine Fuhre*** ~ ĉarpleno da sterko ***b)*** *fam pej* sterko, *(Unsinn)* sensencaĵo, *(dummes Zeug)* stultaĵo, stulta diraĵo (↑ *auch* ***Quatsch***); *ungenutztes Zeug* neuzitaĵo(j) *(Pl)* ◇ ***mach keinen*** ~***!*** ne faru stultaĵo(j)n!; ***nur*** ~ ***reden*** (*od umg* ***erzählen***) nur stulte babili (*od auch* paroli)

Mist|beet *n Gartenb* sterkobedo; ~**bude** *f od* ~**laden** *m derb* sterkejo, merdejo (*vgl. dazu* ***Scheißladen***)

Mistel *f* (*Gattung* Viscum) *Bot* visko (*vgl. dazu* ***Laubholzmistel***); ***amerikanische*** ~ (*Gattung* Phoradendron) foradendro, *auch* amerika visko; ***weiße*** (*od* ***weißbeerige***) ~, *auch* ***Laubholz-*** *od* ***Leimmistel*** *f* (Viscum album) blanka visko, *auch* ordinara visko

mistelartig *Adj* viskeca

Misteldrossel *f* (Turdus viscivorus) *Orn* viskoturdo

Mistelgewächse *n/Pl Bot*: ***[Familie der]*** ~ *Pl* (Loranthaceae) lorantacoj *Pl*

Mist|forke *od* ~**gabel** *f Landw* sterkoforko; ~**fuhre** *f eine Fuhre Mist* ĉarpleno da sterko; ~**grube** *f* sterkofoso, sterkokavo (↑ *auch* ***Jauchengrube***); ~**haufen** *m*, *<schweiz> meist* ***Miststock*** *m* sterk-amaso, sterkejo; ~**-hund** *od* ~**kerl** *m umg für «gerissene Person»* [fia] ruzulo; ~**käfer** *m*, *reg* ***Rosskäfer*** *m* (Geotrupes stercorarius) *Ent* sterkoskarabo (↑ *auch* ***Frühlings-*** *u.* ***Hornmistkäfer***); ~**karre** *f Landw* sterkoĉarumo

Mistkerl *m* ↑ ***Misthund***

Mistladen *m* ↑ ***Mistbude***

Mistral *m ein kalter, oft starker Nord[west]-wind im unteren Rhônetal, in der Provence u. an der französischen Mittelmeerküste* mistralo *<ein Fallwind>*

Miststock *m* ↑ ***Misthaufen***

Miststück *od* **Mistvieh** *n pej* bastardo; ~**wetter** *n umg für «sehr schlechtes Wetter»* ege aĉa vetero, *Zam auch* kota vetero

Misurata (*n*) = ***Misrata***

mit *Präp* ***a)*** *zusammen mit etw. od jmdm.* kun; *nebst, zusammen mit* kune kun; ~ ***klopfendem Herzen*** kun batanta koro; ***Kaffee*** ~ ***Milch*** kafo kun lakto; ~ ***Vergnügen*** kun plezuro; ***sich*** ~ ***jmdm. treffen*** renkontiĝi kun iu ***b)*** *mittels* per; ~ ***dem Auto*** per aŭto[mobilo], *auch* aŭtomobile; ~ ***allen Kräften*** per ĉiuj fortoj; ~ ***dem Kugelschreiber schreiben*** skribi per globkrajono; ~ (*od* **per**) ***Luftpost*** per aerpoŝto *od* aerpoŝte; ~ ***großen Schritten*** per grandaj paŝoj; ***jmdn.*** ~ ***einem Stock schlagen*** bati iun per bastono; ~ ***Waffengewalt*** per forto de armiloj, per armita forto; ***ein Wort*** ~ ***großem Anfangsbuchstaben schreiben*** skribi vorton per granda komenclitero; ~ ***dem Zug fahren*** veturi per [la] trajno, *umg* trajne veturi, *auch* trajnveturi ***c)*** *betreffs, was ... angeht* pri; ~ ***etw. zufrieden sein*** esti kontenta pri io ***d)*** *in Fügungen*: ~ ***anderen Worten*** (*Abk* **m.a.W.**) ali[a]-vorte; ***ein Haus*** ~ ***zehn Etagen*** domo havanta dek etaĝojn, deketaĝa domo; ~ ***Müh und Not*** pene apenaŭ; ~ ***Sonnenaufgang*** ĉe (*od* je) sunleviĝo; ~ ***gesenktem Kopf dastehen*** stari kun klinita kapo; ***was ist*** ~ ***dir los?*** *was ist mit dir passiert?* kio okazis al vi?

Mitarbeit *f* kunlaboro (↑ *auch* ***Kooperation***)

mitarbeiten *intr* kunlabori; *helfen* helpi

Mitarbeiter *m* kunlaboranto; *Helfer* helpanto (*vgl. dazu* ***Assistent***); ***wissenschaftlicher*** ~ scienca kunlaboranto

Mit|arbeiterstab *m* kunlaborantaro; ~**autor** *m* kunaŭtoro; ~**begründer** *m* kunfondinto *bzw.* kunfondanto

mitbekommen *tr*: ***nur die Hälfte*** ~ *nur einen Teil hören (bzw. verstehen)* aŭdi (*bzw.* kompreni) nur la duonon [de la parolado *od* prelego *u.a.*] ◇ ***hast du das noch nicht*** ~***?*** *bemerkt* ĉu vi vere ne jam rimarkis tion?

mitbenutzen, *reg, <österr> u. <schweiz> meist* ***mitbenützen*** *tr* kune (*bzw.* komune) uzi

Mit|benutzung *f* komuna uzado, ebleco kune uzi ion; ~**besitzer** *m* kunposedanto

mitbestimmen *tr* kundecidi, partopreni en la decido

Mit|bestimmung *f* kundecido, partopreno en la decido; ~**bestimmungsrecht** *n* kundecida rajto, rajto pri kundecido *od* rajto [por] partopreni en komuna decido

mitbeteiligt *Adj*: ~ ***sein an ...*** [kune kun aliaj] partopreni en ...

Mitbewerber *m* kunaspiranto; *Konkurrent* konkuranto, *(bes. Hdl u. Wirtsch) auch* konkurencanto; *Rivale* rivalo

Mitbewohner *m* kunloĝanto; *Nachbar* najbaro; ***die*** ~ ***in unserem Haus*** la aliaj loĝantoj de nia domo

mitbringen *tr* ***a)*** *Sachen* kun[al]porti (***etw. für jmdn.*** ion por iu); *Personen* kunvenigi ***b)*** *Befähigung, Voraussetzung* havi, posedi ◇ ***du hast*** (*bzw.* ***Sie haben*** *od* ***ihr habt***) ***schönes Wetter mitgebracht!*** vi alportis belan veteron [ĉi tien]!

Mit|bringsel *n* memorigaĵo [pri vizito al *bzw.* restado en iu loko] (*vgl. dazu* ***Geschenk*** *u.* ***Souvenir***); ~**bruder** *m einer Gemeinschaft* kunfrato; ~**bürger** *m allg* samcivitano, *auch* kuncivitano, *(einer Stadt)* samurbano, *(eines Staates)* samnaciano, samŝtatano

mit|demonstrieren *intr* kune [kun aliaj homoj] manifestacii (***für*** por); ~**dürfen** *intr* rajti (*od* esti permesata) kuniri (*bzw.* kunveni) (***nach*** *od* ***zu*** al)

Miteigentümer *m*, *auch* ***Miteigner*** *m* kunposedanto

miteinander *Adv* unu kun [la] alia; *gemeinsam* kune, komune; *wechselseitig* reciproke; ~ ***leben*** vivi kune, kunvivi; ***wir kommen gut ~ aus*** ni bone akordas; ***sie sind ~ liiert*** *sie haben ein Liebesverhältnis miteinander* ili havas amajn interrilatojn; ***sie reden nicht mehr ~*** ili ne plu parolas unu kun la alia; ~ ***verzahnt sein*** esti interkonektita (*od* interplektita) ◇ ***guten Tag ~!*** *reg* bonan tagon al vi ĉiuj!

Miteinander *n*: ***ein ~ ist besser als ein Gegeneinander*** estas pli bone labori unu kun la alia ol unu kontraŭ la alia

mitempfinden *intr*: ***mit jmdm. ~*** kunsenti kun iu

Mitempfinden *n* kunsento (↑ *auch* ***Mitgefühl*** *u.* ***Sympathie***)

Miterbe *m* kunheredanto *bzw.* kunheredinto

mit|erben *tr u. abs* kunheredi; ~**erleben** *tr* kune sperti (*od* travivi)

mitessen *tr u. intr*: ***wollen Sie nicht ~?*** ĉu vi ne volas manĝi [kune] kun ni?

Mitesser *m* ***a)*** *jmd., der mitisst* kunmanĝanto ***b)*** *fachsprachl.* ***Komedo*** *m* (Comedo) *eine Hautunreinheit* komedono

mitfahren *intr*: ***mit jmdm. ~*** *zusammen mit jmdm. fahren* veturi kune kun iu *od* kunveturi kun iu; *in jmds. Wagen* kunveturi en ies aŭto (***nach*** al) (↑ *auch* ***mitreisen***); ***fährt er mit?*** ĉu li kunveturos?; ***wie viel[e] Leute können bei dir ~?*** kiom da personoj povas kunveturi en via aŭto?

Mitfahrer *m* kunveturanto (*vgl. dazu* ***Autostopper***); *Fahrgast* pasaĝero

Mitfahrt *f Mitfahren* kunvetur[ad]o

mitfeiern *tr u. intr* kunfesti

mitfühlen *intr*: ***mit jmdm. ~*** kunsenti kun iu; *mit jmdm. sympathisieren* simpatii kun iu

mitfühlend *Adj* kunsentema (*vgl. dazu* ***mitleidig*** *u.* ***teilnahmsvoll***)

mit|führen *tr* preni kun si; *tragend* kunporti; ~**geben** *tr* doni (***jmdm. etw.*** ion al iu por ke li/ŝi kunprenu ĝin); *mit Proviant versehen* provizi

Mitgefangene *m in Gefangenschaft* kunkaptito, *im Gefängnis* samprizonulo

Mitgefühl *n Anteilnahme, Mitempfinden* kunsento; *Sympathie* simpatio; *Mitleid* kompato; ***jmdm. sein ~ aussprechen*** *bei einem Todesfall* kondolenci al iu

mitgehen *intr* iri kun; *gemeinsam gehen* kune iri; *begleiten* akompani; ***darf*** (***kann***) ***ich ~?*** ĉu mi rajtas (povas) kuniri?; ***geh mit!*** iru kun mi! *bzw.* iru kun ni!

mitgenommen *Adj ermüdet* lacigita, laca; *erschöpft* elĉerpita; *beschädigt* difektita; *zerschlissen* trivita; ***Sie sehen ziemlich ~ aus*** vi aspektas sufiĉe lacigita (*bzw.* elĉerpita)

Mitgift *f Aussteuer* dot[aĵ]o; ~**jäger** *m* dotoĉasanto

Mitglied *n einer Partei, Gesellschaft, der Familie u.a.* membro (↑ *auch* ***Akademie-***, ***Ausschuss-***, ***Ehren-***, ***Einzel-***, ***Gruppen-***, ***Leitungs-***, ***Nicht-***, ***Parlaments-*** *u.* ***Vollmitglied***); *Anhänger* ano; ~ ***des Aufsichtsrats*** (***der Jury***) membro de la kontrolkonsilio (ĵurio); ~ ***der königlichen Familie*** membro de la reĝa familio; ~ ***des diplomatischen Korps*** membro de la diplomata korpuso; ~ ***eines Komitees*** (***einer Partei***, ***des Vorstands***) ***sein*** esti membro de komitato (de [politika] partio, de la direkcia konsilio); ~ ***auf Lebenszeit*** dumviva membro (*Abk* DM); ***assoziiertes*** (***außerordentliches***, ***einfaches***, ***förderndes***, ***gleichberechtigtes***, ***korporatives***, ***ständiges***, ***ursprüngliches***, ***zahlendes***) ~ asociita (eksterordinara, simpla, patrona, egalrajta, korporacia, permanenta, origina, paganta) membro; ***korrespondierendes ~*** *bes. einer Akademie* korespondanta membro

Mitgliederbeitrag *m* ↑ ***Mitgliedsbeitrag***

Mitglieder|liste *f*, *auch* ***Mitgliederverzeichnis*** *n* membrolisto; ~**statistik** *f* membrostatistiko; ~**versammlung** *f* membrokunveno; ~**verwaltung** *f* membroadministrado; ~**werbung** *f* membrovarbado; ~**zahl** *f* membronombro; ~**zeitschrift** *f* membrorevuo; ~**zunahme** *f od* ~**zuwachs** *m* membrara kresko *od* kresko de [la] membraro

Mitglieds|ausweis *m* legitimilo pri membreco, *häufig dafür* membrokarto; ~**beitrag** *m*, <*schweiz*> ***Mitgliederbeitrag*** *m* membrokotizo *od* kotizo por membreco

Mitgliedschaft *f das Mitgliedsein* membreco, aneco (*in* en) (↑ *auch* ***Einzel-*** *u.* ***EU-Mitgliedschaft***); *die Gesamtheit der Mitglieder* membraro, anaro; ***langjährige ~*** multjara membreco

Mitglieds|karte *f* membrokarto; **~staat** *m z.B. in einer internationalen Organisation* membroŝtato

mithaben *tr* havi kun si; ***hast du alles mit?*** ĉu vi havas ĉion [kun vi]?

mithelfen *intr* kunhelpi (***bei*** ĉe *bzw.* por)

Mit|helfer *m* kunhelpanto, *meist kurz:* helpanto; **~herausgeber** *m Buchw* kuneldonanto *bzw.* kuneldoninto

mithilfe *Adv* ↑ *unter* ***Hilfe***

Mithilfe *f* [kun]helpo, asisto; ***unter ~ von ...*** kun helpo de ... *od* helpe de ...

mithin *Adv folglich* sekve; *deshalb* tial; *demgemäß* laŭ tio; *also* do (*vgl. dazu* ***somit***)

mithören *tr (heimlich od unerlaubt)* kaŝe aŭskulti, subaŭskulti *auch Telefongespräche*; ***es hört jmd. mit*** estas iu, kiu aŭskultas [kion ni diras]

Mithrakult *m Rel (Verehrung des altiranischen Lichtgottes Mithra[s])* mitraismo

Mithridates (*m*) *Eig Gesch (Name mehrerer kleinasiatischer Herrscher)* Mitridato

Mithridatismus *m Med (durch Gewöhnung erworbene Giftfestigkeit)* mitridatismo

Mitilini (*n*) ↑ ***Mytilene***

Mit|inhaber *m* kunposedanto; **~kämpfer** *m* kunbatalanto *bzw.* kunbatalinto

mitklatschen *intr* kune aplaŭdi

mitkommen *intr* kunveni; ***nicht mehr ~*** *zurückbleiben* resti malantaŭe; ***kommst du mit ins Kino?*** ĉu vi kunvenos al la kinejo [kun mi *bzw.* kun ni]?; ***ich bin gerade noch mit dem Zug mitgekommen*** kvazaŭ lastmomente mi kaptis la trajnon

mit|lachen *intr* kune ridi; **~laufen** *intr auch an einem Lauf teilnehmen* kunkuri

Mitläufer *m Jasager* jesulo

Mitlaut *m Phon* ↑ ***Konsonant***

Mitlautfolge *f* ↑ ***Konsonanz b)***

Mitleid *n* kompato (↑ *auch* ***Barmherzigkeit***, ***Erbarmen***, ***Mitgefühl*** *u.* ***Teilnahme***); ***aus ~*** pro kompato; ***ohne ~*** sen kompato *od* senkompate; ***~ mit jmdm. empfinden*** (***haben***) [ek]senti (havi) kompaton al iu; ***bei jmdm. ~ erwecken*** veki kompaton en iu *(Zam)*; ***haben Sie ~ mit meinem Kind!*** kompatu mian infanon!; ***vor ~ vergehen*** fandiĝi de (*od* pro) kompato *(Zam)*

Mitleidenschaft *f*: ***etw. in ~ ziehen*** *beschädigen* damaĝi ion, *[stärker:]* difekti ion; *Med (ein anderes Organ)* ankaŭ afekcii

mitleiderregend *Adj* kompatiga, kompatoveka

mitleidig *Adj* kompat[em]a; *voller Mitleid* kompatoplena (*vgl. dazu* ***barmherzig*** *u.* ***mitfühlend***)

mitleid[s]|los *Adv* senkompata; *i.w.S. (unnachsichtig)* senindulga, *(grausam)* kruela (*vgl. dazu* ***hart*** *u.* ***unbarmherzig***); **~voll** *Adv* kompatoplena *od nachgest* plena de kompato

mitmachen ***a)*** *tr teilnehmen* partopreni (***etw.*** ion *od* en io) (↑ *auch* ***sich beteiligen***); *durchleben, durchmachen* traviv[ad]i; *erleiden* [tra]suferi; ***die Mode ~*** sekvi la [plej lastan] modon ***b)*** *intr mitwirken* kunagi, kunlabori; *mitspielen* kunludi; ***meine Beine machen da nicht mehr mit*** miaj gamboj (*od auch* piedoj) ne plu eltenos tion; ***wenn das Wetter mitmacht*** se la vetero permesos

Mitmensch *m* kunhomo, kunvivanto; *Nächste* proksimulo; *Rel* homfrato; *Zeitgenosse* samtempulo

mitmenschlich *Adj* humana

mitmüssen *intr umg* devi kuniri (*bzw.* kunveturi); ***ich muss mit!*** mi devas kuniri!

mitnehmen *tr* ***a)*** kunpreni, preni kun si; *wegnehmen* forpreni; ***jmdn. ~*** *zum Mitkommen veranlassen* kunvenigi iun; *z.B. im Auto, auf dem Rücksitz des Motorrads u. dgl.* kunpreni iun; ***jmdn. mit ins Kino nehmen*** kunvenigi iun en kinejon; ***jmdn. mit auf die Polizeiwache nehmen*** *abführen* konduki iun al policejo ***b)*** *sich zunutze machen, z.B. eine Chance* uzi; ***eine Chance*** (***Gelegenheit***) ***~*** uzi ŝancon (okazon) ***c)*** *ermüden, schwächen* lacigi, malfortigi, *[stärker:]* senfortigi; *erschöpfen* elĉerpigi; *leiden lassen* suferigi; ***die Krankheit hat ihn tüchtig mitgenommen*** tiu malsano sufiĉe multe senfortigis lin ***c)*** *stehlen* ŝteli

Mitnehmer[stift] *m Tech* fiksa stifto

mitnichten *Adv (veraltend) keineswegs* neniel; *durchaus nicht* nepre ne

Mitochondrien *n/Pl, alt auch* ***Chondriosomen*** *n/Pl Biol (faden- od kugelförmige Gebilde in Zellen, die der Atmung u. dem Stoffwechsel dienen)* mitokondrioj *Pl*

Mitose *f Biol, Genetik (eine Zellkernteilung mit Längsspaltung)* mitozo (*vgl. dazu* ***Zell-***

teilung); ~**gifte** *n/Pl, auch* ***Zellteilungsgifte*** *n/Pl chemische Stoffe, durch die der normale Ablauf der Kernteilung in den Zellen gestört wird* mitozaj toksoj *Pl*; ~**index** *m, auch* ***Zellteilungsindex*** *m* mitoza indekso, *auch* ĉeldividiĝa indekso; ~**phase** *f* mitoza fazo

Mitra *f kath. u. anglikanische Kirche (Kopfbedeckung hoher Geistlicher)* mitro (↑ *auch* ***Bischofsmütze***)

Mitrailleur [*mitra'jö:r*] *m* ↑ ***MG-Schütze***

Mitral|klappe *f* (Valva mitralis = Valva atrioventricularis sinistra) *Anat* mitrala valvo; ~**[klappen]stenose** *f Med* mitrala stenozo

mit|rechnen *tr* kunkalkuli (*vgl. dazu* ***einbeziehen***); *in die Rechnung einschließen* inkluzivi en la kalkulon; ~**reden** *intr* partopreni en la diskuto (*bzw.* konversacio *u.a.*); *mitbestimmen* kundecidi

Mitreise *f* kunvojaĝado

mitreisen *intr* kunvojaĝi (***mit jmdm.*** kun iu)

Mitreisende ***a)*** *m* kunvojaĝanto ***b)*** *f* kunvojaĝantino (↑ *auch* ***Reisegefährte***)

mitreißen *tr* forŝiri (*bzw.* tir[eg]i) kun si; *übertr (begeistern)* entuziasmigi, *(enzücken)* ravi

mitreißend *Adj* entuziasmiga (↑ *auch* ***oratorisch a)*** *u.* ***schmissig***)

mitsamt *Präp* kune kun (*vgl. dazu* ***mit a)***)

Mitschif *n Ling* ↑ ***Michif***

mit|schleifen *tr* kuntreni; ~**schneiden** *tr auf Tonträger aufzeichnen*; *auf Videoband aufnehmen* registri

Mitschnitt *m (als Vorgang)* registrado; *(als Resultat)* registraĵo

mitschreiben *tr*: ***etw.*** ~ *etw. notieren* noti ion (*vgl. dazu* ***protokollieren***)

Mitschuld *f* kunkulp[ec]o *auch Jur*; *Mittäterschaft* kompliceco

mitschuldig *Adj*: ~ ***sein*** esti ankaŭ (*od* same) kulpa

Mit|schuldige *m* kunkulpulo; *Komplize* komplico; ~**schuldner** *m Fin* kunŝuldanto; ~**schüler** *m* kunlernanto; *Schüler derselben Klasse* samklasano; *Schulkamerad* kamarado el la lerneja tempo (*vgl. dazu* ***Schulfreund***)

Mitschurin (*m*) *Eig (russischer Agronom u. Biologe [1855-1935])* Miĉurino

Mitschurinsk (*n*) *eine Stadt in Russland [am oberen Woronesch]* Miĉurinsko

mitsingen *intr* kunkanti (***mit jmdm.*** kun iu); ***in einem Chor*** ~ kanti en koruso

mitspielen *intr* kunludi, ludi kune kun; ***darf ich mit Federball spielen?*** ĉu mi rajtas (*od umg auch* povas) kunludi?; ***jmdn.*** ~ ***lassen*** lasi iun kunludi ◇ ***jmdm. übel*** ~ malbone (*od [stärker:]* terure) trakti iun

Mit|spieler *m* kunludanto *auch Kart*; ~**streiter** *m* kunbatalanto *bzw.* kunbatalinto (*vgl. dazu* ***Anhänger b)***)

Mittag *m* tagmezo; ***am*** (*od* ***zu***) ~ dum tagmezo, tagmeze (*vgl. dazu* ***mittags***); ***gegen*** ~ ĉirkaŭ tagmezo; ***heute*** (***morgen***) ~ hodiaŭ (morgaŭ) tagmeze; ***zu*** ~ ***essen*** tagmanĝi; ~ ***machen*** *umg* fari (*bzw.* havi) la tagmezan paŭzon

Mittag|essen, *reg auch* ***Mittagbrot*** *n* tagmanĝo; ***ein gemeinsames*** ~ komuna tagmanĝo; ***beim*** ~ dum [la] tagmanĝo; ***das*** ~ ***ist fertig*** la tagmanĝo estas preta; ***jmdn. zum*** ~ ***einladen*** inviti iun al tagmanĝo; ***das*** ~ ***zubereiten*** (*od umg* ***machen***) prepari la tagmanĝon

mittäglich *Adj* tagmeza

mittags *Adv zu Mittag* tagmeze, dum tagmezo; *jeden Mittag* ĉiun tagmezon, ĉiutagmeze; ***um ein Uhr*** ~ je la unua [horo] tagmeze

Mittagsausgabe *f Ztgsw* tagmeza eldono [de gazeto]

Mittagsblume *f* (*Gattung* Mesembryanthemum) *Bot* mezembrianto *<eine artenreiche Gattung der Eiskrautfewächse>*; ***essbare*** (*od* ***gelbe***) ~, *auch* ***Hottentottenfeige*** *f* (Carpobrotus edulis) manĝebla karpobroto

Mittags|gold *n* (*auch* ***Sonnentaler*** *genannt*) (Gazania cultivars) *Bot* [kultiva] gazanio; ~**hitze** *f* tagmeza varmego

Mittagskreis *m Astron* ↑ ***Meridian a)***

Mittagsmahl *n geh*, **Mittagsmahlzeit** *f* tagmanĝo (↑ *auch* ***Lunch***)

Mittagsoffizium *n* ↑ ***²None***

Mittags|pause *f* tagmeza paŭzo, paŭzo por tagmanĝo; ~**rast** *od* ~**ruhe** *f od* ~**schläfchen** *n* tagmeza ripozo, siesto, dormeto post tagmanĝo; ~**sonne** *f* tagmeza sun[bril]o

Mittagsstunde *f* tagmanĝa horo; ***um die*** ~ *od* ***zur*** ~ ĉirkaŭ tagmezo

Mittagszeit *f* tagmeza tempo, tagmezo; ***um die*** ~ ĉirkaŭ tagmezo

mittanzen *intr* kundanci

Mittäter *m Jur* komplico; *Mitschuldiger* kunkulpulo (*vgl. dazu* ***Helfershelfer***)

Mittäterschaft *f Jur* kompliceco (***bei*** en); ***jmds.*** ~ ***beweisen*** pruvi ies komplicecon

Mitte *f* mezo; *Mittelpunkt* centro; *Kreis, Run-*

de rondo; ***um die*** (***bis zur***) ~ ***der neunziger Jahre*** ĉirkaŭ (ĝis) la mezo de la naŭdekaj jaroj; ~ ***März*** meze de [monato] marto; ~ ***des Monats*** meze de la monato; ***in der*** ~ en la mezo; ***in der*** ~ ***des Weges*** mezvoje; *auf halbem Wege* duonvoje; ***in der*** ~ ***des Zimmers*** en la mezo de la ĉambro *od* meze de la ĉambro; ***genau in die*** ~ ***treffen*** trafi ĝuste (*od* ekzakte) en la mezon; ***wir freuen uns, Sie in unserer*** ~ ***begrüßen zu dürfen*** ni ĝojas saluti vin en nia rondo (*od auch* mezo) ◇ ***die goldene*** ~ *eine Lösung, die allen Beteiligten gerecht wird* la ora mezo; ***Reich der*** ~ *bildh für «China»* Mez-Imperio

mitteilbar *Adj* komunikebla

mitteilen *tr in Kenntnis setzen* komuniki, sciigi (***jmdm. etw.*** ion al iu); *[öffentlich] bekannt geben* [publike] informi; ***hierdurch teile ich Ihnen mit, dass ...*** per ĉi tiu letero (*bzw.* noto *od* skribaĵo *u.a.*) mi informas vin, ke ...; ***sich jmdm.*** ~ *jmdm. etw. vertrauensvoll erzählen* konfidoplene rakonti ion [tre privatan] al iu; ***er kann sich gut*** (***schlecht***) ~ interkomunikiĝo ŝajnas esti por li facila (malfacila) afero

mitteilsam *Adj* komunikema; *redselig* babilema; *gesprächig* parolema

Mitteilung *f* komunik[aĵ]o, sciigo, informo (***über*** pri); *öffentliche Bekanntgabe* publika informo (*vgl. dazu* ***Bericht, Botschaft, Kommentar, Meldung, Nachricht, Rapport*** *u.* ***Statement***; ↑ *auch* ***Pressemitteilung***); ***laut*** ~ laŭ komuniko [de]; ***eine*** ~ ***über bringen*** transdoni komunikaĵon

Mitteilungsbedürfnis *n*: ***sie hat ein großes*** ~ ŝi sentas grandan neceson paroli kun aliaj homoj (*od* personoj)

mittel 1. *Adj* ↑ ***mittlere*** **2.** *Adv umg für «nicht besonders gut»* ne tro bone, mezbone

Mittel *n* ***a)*** rimedo (***für*** por; ***gegen*** kontraŭ) *auch Fin, Med u. Pharm* (↑ *auch* ***Schmerz-*** *u.* ***Universalmittel***); *Hilfs*~ helpilo; ***mit allen*** ~***n*** per ĉiuj rimedoj, ĉiurimede; ***mit friedlichen*** ~***n*** *bes. Pol* per pacaj rimedoj; ***alle möglichen*** ~ ***anwenden*** apliki ĉiujn eblajn rimedojn ***b)*** *Mittelwert, Medianwert* meza valoro, meznombro, mediano ***c)*** *Med* kuracilo, medikamento (***gegen*** kontraŭ), *auch* rimedo (↑ *auch* ***Gegenmittel***); ~ ***gegen Magenschmerzen*** medikamento kontraŭ stomaka doloro; ***fiebersenkendes*** ~ febroredukta (*od* febromalaltiga) rimedo (*od* medikamento); ***harntreibendes*** (***schweißtreibendes***) ~ diureziga (ŝvitiga) medikamento; ***vorbeugendes*** ~ *Med, Pharm* profilaktika rimedo (*vgl. dazu* ***Verhütungsmittel***) ***d)*** *Pl: Geld*~ monrimedoj, financaj rimedoj; *Maßnahmen* aranĝoj; *Kapital* kapitalo; *Möglichkeiten* eblecoj; *Reserven* rezervoj; *Handlungen* agoj; *Schritte* paŝoj; ***das übersteigt*** (*od* ***geht über***) ***meine [finanziellen]*** ~ tio superas miajn financajn rimedojn; ***sich ins*** ~ ***legen*** *vermitteln, z.B. in einem Streit* interveni, peri (*vgl. dazu* ***sich einmischen***)

Mittelachse *f* meza akso

Mittelalter *n* (*Abk* ***MA.***) *das Zeitalter zw. Altertum u. Neuzeit [476-15/16. Jh.]* mezepoko; ***im*** ~ en (*od* dum) [la] mezepoko

mittelalterlich *Adj* mezepoka; ~***e Mauern*** *f/Pl* mezepokaj mur[eg]oj *Pl*; ~***es Stadtzentrum*** *n* mezepoka urbocentro

Mittelamerika (*n*) Mez-Ameriko *od* Centra Ameriko

mittelamerikanisch *Adj* mezamerika

Mittel|armnerv *m* (Nervus medianus) *Anat* mediana nervo, *Kurzw* mediano; ~**asien** (*n*) Mez-Azio *od* Centra Azio

mittelbar 1. *Adj* nerekta **2.** *Adv* nerekte (*vgl. dazu* ***indirekt***)

Mittelbrustring *m* ↑ ***Mesothorax***

Mittel|deck *n Mar* meza ferdeko; ~**decker** *m Flugw* mez-ala monoplano

mitteldeutsch *Adj Geogr* mezgerman[i]a

Mitteldeutschland *n* Meza (*od* Centra) Germanio

Mittelding *n*: ***ein*** ~ ***zwischen ... und ...*** io inter ... kaj ..., miksaĵo el ... kaj ... (*vgl. dazu* ***Mischung***)

Mitteldistanz *f Sport* mezdistanco (*vgl. dazu* ***Kurzdistanz*** *u.* ***Sprintdistanz***)

Mittelente *f Orn* ↑ ***Schnatterente***

Mittel|europa (*n*), *auch* ***Zentraleuropa*** (*n*) Mez-Eŭropo, Meza (*od* Centra) Eŭropo; ~**europäer** *m* mezeŭropano

mitteleuropäisch *Adj* mezeŭropa; ~***e Zeit*** (*Abk* ***MEZ***) mezeŭropa tempo

Mittelfahne *f Fußball* mez-linia flago

Mittelfeld *n bes. Sport (Ballsportarten)* meza sektoro [de la ludkampo]; ~**spieler** *m* mezludisto, *[bei klarem Kontext auch:]* mezulo

Mittelfell *n*, *Fachspr* ***Mediastinum*** *n Anat (Scheidewand [der Brusthöhle])* mediastino; ***Affektion*** *f* ***des*** ~***s***, *Fachspr* ***Mediastinitis*** *f Med* mediastinito

Mittel|finger *m* meza fingro *od* mezfingro; ~**franken** (*n*) Meza Frankonio *[Hptst.: Ans-*

bach]

mittelfränkisch *Adj* mezfrankonia

mittelfristig *Adj* meztempa; *~**er Kredit** m* meztempa kredito

Mittelfuß[knochen] *m* (Metatarsus) *Anat* metatarso; ***Metatarsus varus*** *Med (Klumpfußstellung des Mittelfußes* vara metatarso *<meist erworben>*

Mittel|gebirge *n* mez[alt]a montaro; ~**gewicht** *n od* ~**gewichtsklasse** *f Boxen* mezpezo *od* mezpeza klaso; ~**glied** *n Anat* meza falango; ~**griechenland** (*n*) Meza Grekio *[Hptst.: Lamia]*

mittelgroß *Adj* mezgranda *od* meze granda, *Person auch* mezalta

Mittelhand *f od* ~**knochen** *m* (Metacarpus) *Anat (Teil zw. Handwurzel u. Fingern)* metakarpo

Mittelhirn *n* (Mesencephalon) *Anat* mezencefalo

mittelhochdeutsch (*Abk **mhd.***) *Adj* mezaltgermana

Mittelhochdeutsch[e] *n Ling (eine ältere Sprachstufe der deutschen Sprache [zw. 1050 u. 1360])* mezaltgermana [lingvo], *auch* mezepoka germana lingvo; ~**java** (*n*) Centra Javo *[Hptst.: Semarang]*

Mittelklasse *f Soziologie* meza klaso (↑ *auch **Mittelstand***); *mittlere Qualität* meza kvalito; ~**hotel** *n*, *<schweiz> **Mittelklasshotel** n* mez-klasa hotelo

Mittelkurs *m Börse* meza kurzo

mittelländisch *Adj*: ***das ²e Meer***, *umg **Mittelmeer** n* Mediteraneo

Mittel|lappen *m Anat* meza lobo; ~**latein** *n Ling* mezepoka latino; ~**läufer** *m Fußball* centra mezludisto (*od* mezulo), centra halfo

Mittellinie *f* mezlinio *od* meza linio; ***rote ~*** *Eishockey* ruĝa mezlinio

mittellos *Adj [völlig] ohne Geld* [tute] senmona, sen monaj rimedoj, senrimeda, *auch* senhava (*vgl. dazu **arm***); *nicht zahlungsfähig* nepagokapabla; *insolvent* nesolventa (*vgl. dazu **bankrott** u. **pleite***)

Mittellosigkeit *f* senmoneco (*vgl. dazu **Armut** u. **Zahlungsunfähigkeit***)

mittelmäßig 1. *Adj* mezbona, *nachgest auch* de meza kvalito; *nicht besonders gut* ne tro bona; *durchschnittlich* averaĝa, meznombra; *einigermaßen, z.B. jmds. Befinden* sufiĉe bona **2.** *Adv*: *~ **begabt*** meze talentita

Mittel|mäßigkeit *f der Qualität* meza kvalitoklaso (*vgl. dazu **Durchschnitt***); *der Fähigkeit* meza kapableco; ~**mast** *m Mar* meza masto

Mittelmeer *n = umg für **Mittelländisches Meer*** [↑ *dort*]

Mittelmeeranämie *f Med* ↑ ***Thalassämie***

Mittelmeerfieber *n Med* ↑ ***Maltafieber***

Mittelmeer|flora *f*, *auch **Mediterranflora** f Pflanzenwelt der Mittelmeerländer* mediteranea flaŭro; ~**igel** *m*, *auch **Wanderigel** m* (Erinaceus algirus) *Zool* alĝeria erinaco

mittelmeerisch *Adj*

Mittelmeer-Kiefer *f Bot* ↑ ***Pinie***

Mittelmeer|kormoran *m* (Phalacrocorax aristoteles desmarestii) *Orn* mediteranea kormorano; ~**kost** *f Nahr* mediteranea dieto

Mittelmeerküche *f* ↑ *unter **Küche***

Mittelmeer|laubfrosch *m* (Hyla meridionalis) *Zool* mediteranea hilo; ~**raubwürger** *m* (Lanius meridionalis) *Orn* suda lanio; ~**raum** *m* mediteranea regiono; ~**steinschmätzer** *m* (Oenanthe hispanica) *Orn* mediteranea saksikolo; ~**stöcker** *m* (Trachurus mediterraneus) *Ichth* mediteranea trakuruso; ~**würger** *m* (Lanius meridionalis) *Orn* suda lanio

Mittelmeerzypresse *f Bot* ↑ *unter **Zypresse***

Mittelmoräne *f Geol* meza moreno

Mittelohr *n* (Auris media) *Anat* meza orelo; ~**entzündung** *f* (Otitis media) *Med* inflamo de la meza orelo, *(Fachspr)* meza otito

mittelprächtig *prädikatives Adj umg (auf jmds. Befinden bezüglich)* mezbona *od* meze bona; *ziemlich schlecht* sufiĉe malbona

Mittelpunkt *m* centro *auch Geom* (*vgl. dazu **Zentrum***); *Mitte* mezo; *Fokus* fokuso; ***optischer ~ einer Linse*** optika centro de lenso; ***außerhalb des ~s [befindlich]*** ekstercentra; ***zum ~ hin*** alcentra; ***etw. in den ~ rücken*** (*od **stellen***) meti ion en la centron (*od* fokuson), encentrigi ion; *sich auf etw. konzentrieren* koncentriĝi sur (*od* al) io

Mittel|punktswinkel *m*, *auch **Zentriwinkel** m Geom* centra angulo; ~**rah[e]** *f Mar* meza jardo; ~**reiher** *m* (Egretta intermedia) mezgranda egretardeo

mittels, *alt auch **mittelst** Präp mit Gen* pere de, per; *mit Hilfe von* helpe de; *unter Verwendung von* uzante

Mittel|säger *m* (Mergus serrator) *Orn* mezgranda merĝo; ~**scheitel** *m* hardislimo en la mezo

Mittelschicht *f Soziologie* meza klaso; *Ind* meza skipo; ***in der ~ arbeiten*** *Ind* labori (*od*

auch esti) en la meza skipo

Mittel|schiff *n einer Kirche* meza navo; **~schule** *f* mezlernejo, *auch* mez[grad]a lernejo, *<österr> u. <schweiz>* gimnazio (↑ *auch* ***Realschule***)

mittelschwer *Adj z.B. ein Text* meze malfacila; *Verletzung* modere severa

Mittelsenkrechte *f Geom* mezortanto

Mittelsmann *m* peranto; *Hdl (Geschäftsvermittler)* agento (*vgl. dazu* ***Mittler*** *u.* ***Vermittler***)

Mittelspecht *m* (Dendrocopus medius) *Orn* mezgranda buntpego

mittelst ↑ ***mittels***

Mittelstand *m Soziologie* meza(j) klaso(j) *(Pl)* (*vgl. dazu* ***Bürgertum*** *u.* ***Kleinbürgertum***); ***er stammt aus dem ~*** li devenas de mezaklasa familio

mittelständig *Bot* ↑ ***perigyn***

mittelständisch *Adj* mezaklasa

Mittel|ständler *m* mezklasano; **~steinzeit** *f Geol* mezolitiko; **~strecke** *f* meza distanco *auch Sport*

Mittelstrecken|flugzeug *n* mezdistanca aviadilo; **~lauf** *m Leichtathletik* mezdistanca kuro *[über Strecken von 800-2000 m]*; **~läufer** *m Sport* mezdistanca kuristo; **~rakete** *f Mil* mezdistanca raketo; **~waffen** *f/Pl* mezdistancaj armiloj *Pl*

Mittel|streifen *m der Autobahn* meza dividstrio; **~stück** *n* meza peco, peco en la mezo; **~stürmer** *m, <schweiz>* ***Centreforward*** *m Fußball* meza avanulo, *auch* meza sturmanto; **~teil** *m od n* meza parto

Mitteltierchen *n/Pl Zool* ↑ ***Mesozoen***

Mittelwasser *n Mar* normala akvonivelo

Mittelweg *m* ◇ ***der goldene ~*** la ora mezo

Mittelwelle *f Radio* meza ondo

Mittelwert *m* meza valoro, meznombro (*vgl. dazu* ***Durchschnittswert***); *Geom* mediano; *Statistik* statistika meznombro, averaĝo; ***arithmetischer ~*** aritmetika meznombro, averaĝo

Mittelwort *n Gramm* ↑ ***Partizip***

mitten *Adv* [en]meze (***in*** de); *in der Mitte von* en la mezo de; *im Mittelteil* en la meza parto; ~ ***durch ...*** [rekte] tra la mezo de ...; ~ ***ins Gesicht*** rekte en la vizaĝon; ~ ***in der Nacht*** meze de (*od* en) la nokto; ~ ***unter ...*** meze inter ...; ~ ***auf der Straße anhalten*** halti meze de la strato; ***ich war ~ in der Arbeit*** mi estis ĝuste en la kulmino de la laboro, mi estis ĉiuflanke ĉirkaŭita de farendaĵoj

mitten|drin *Adv* [rekte] en la mezo; *im Zentrum* [rekte] en la centro; *übertr* en la kulmino de, ĝuste en la mezo de; **~drunter** *Adv* enmeze de; tute intermiksita en; **~durch** *Adv* meze tra, [rekte] tra la mezo

Mitte-rechts|-Bündnis *n Parl* koalicio inter dekstruloj kaj centruloj; **~-Regierung** *f Pol* centra-dekstra registaro

Mitternacht *f* noktomezo; ***bis nach ~*** ĝis post noktomezo; ***gegen ~*** ĉirkaŭ noktomezo; ***um ~*** noktomeze; ***vor*** (***nach***) ~ antaŭ (post) noktomezo

mitternächtlich *Adj* noktomeza *od* meznokta; ***zu ~er Stunde*** dum tempo noktomeza; *gegen Mitternacht* ĉirkaŭ noktomezo

Mitternachts|messe *f Kirche* noktomeza meso; **~sonne** *f* noktomeza suno

Mittler *m* peranto (***zwischen ... und ...*** inter ... kaj ...) (*vgl. dazu* ***Makler***, ***Medium***, ***Mittelsmann*** *u.* ***Vermittler***)

mittler|e (~er, ~es) *Adj* meza; *mittelmäßig* mezbona; *durchschnittlich* meznombra, averaĝa; ***eine Person im ~en Alter*** mezaĝa persono; ***von ~er Größe*** de meza staturo (*od* kresko); ***von ~er Höhe*** de meza alto, mezalta ***~e Lebensdauer*** *f* meza vivodaŭro; ***im ≗en Osten*** en Mez-Oriento; ***von ~er Qualität*** mezkvalita; ***~e Temperatur*** *f* meza temperaturo

Mittler|rolle *f* rolo de peranto; **~sprache** *f Ling* peranta (*od* vehikla) lingvo

mittlerweile *Adv* dume, intertempe (*vgl. dazu* ***unterdessen***); *allmählich, nach und nach* iom post iom; ***ich habe mich ~ daran gewöhnt*** intertempe (*od* iom post iom) mi alkutimiĝis al tio

mittrinken *tr*: ***wollen Sie nicht ~?*** ĉu vi ne volas trinki kune kun ni?

mittschiffs *Adv Mar* en la mezo de l' ŝipo

Mittsommer *m* somermezo (*vgl. dazu* ***Hochsommer***); **~nacht** *f* somermeza nokto; **~zeit** *f* somermeza tempo

mittun *intr* kunagi *od* kune agi

Mittwoch *m* (*Abk* ***Mi.***) merkredo; ***am ~*** merkredon *od* merkrede, dum merkredo(j)

mittwochs *Adv* merkrede; *jeden Mittwoch* ĉiun merkredon *od* ĉiumerkrede

mitunter *Adv von Zeit zu Zeit, ab und zu* de tempo al tempo, iam kaj iam; *manchmal* kelkfoje; *bisweilen* iafoje

mit|unterschreiben *od* **~unterzeichnen** *tr* ankaŭ subskribi

Mitunterzeichner *m* ankaŭ-subskribanto *bzw.*

ankaŭ-subskribinto

mitverantwortlich *Adj*: ~ ***sein*** kunrespondeca, komune respondeca (***für*** pri)

Mit|verantwortlichkeit *f* kunrespondeco; **~verantwortung** *f* komuna (*od* kolektiva) respondeco; **~verfasser** *m* kunaŭtoro; **~verschulden** *n Jur* kunkaŭzado; **~verschwörer** *m* kunkonspiranto *bzw.* kunkonspirinto; *jmd., der mit an einem Komplott beteiligt ist bzw. war* kunkomplotanto *bzw.* kunkomplotinto; **~versicherung** *f* kunasekuro

mit|verursachen *tr* komune (*od* kolektive *od* kune) kaŭzi, kunkaŭzi (***etw.*** ion); **~weinen** *intr u. abs* kune (*od* ankaŭ) plori; **~wirken** *intr ebenfalls agieren* kunagi; *beitragen* kontribui; *Film, Theat* kunaktori; *mitarbeiten* kunlabori (***bei*** pri; ***in*** en); *teilnehmen* [kune] partopreni (***bei*** en); *mithelfen* kunhelpi; *assistieren, [im Dienst] unterstützen, zur Hand gehen* asisti

Mitwirkende *m* kunaganto, kontribuanto; *Film, Theat* [kun]aktoro; *Mitarbeiter* kunlaboranto; *jmd., der einen Beitrag zu etw. leistet, z.B. bei Programmen od Veranstaltungen* kontribuanto

Mitwirkung *f* kunagado, kunlaboro; *Film, Theat* kunaktorado; *Teilnahme* partopreno

Mitwissen *n*: ***ohne mein*** ~ sen mia scio

Mitwisser *m*: ~ ***[einer Sache] sein*** scii pri la afero

mit|wollen *intr* voli kuniri (*bzw.* kunveturi); **~zählen** *tr mitgezählt werden* esti enkalkulata (***bei*** en); *in die Rechnung einbezogen werden* esti inkluzivata en la kalkulon; **~ziehen** ***a)*** *tr z.B. an einem Seil* kune tiri ***b)*** *intr in eine andere Gegend, Wohnung u.Ä.* kune forloĝiĝi

Mix *m* miksaĵo (***aus*** el)

mixen *tr* miksi (***mit*** kun) (↑ *auch* ***mischen***)

Mixer *m* ***a)*** *Bar*[♀] koktel[miks]isto ***b)*** *auch* ***Mixgerät*** *n Hausw* [elektra] miksilo (↑ *auch* ***Hand-*** *u.* ***Stabmixer***) ***c)*** *Studiotechnik (kurz für «Tonmischer»)* [son]miksilo

Mixgetränk *n* mikstrinkaĵo (↑ *auch* ***Cocktail*** *u.* ***Smoothie***)

Mixofibrom *n Med (Mischgeschwulst aus Binde- und Schleimgewebe)* miksfibromo, *auch* miksa fibromo

Mixtur *f Gemisch, Mischung* miksaĵo; *Pharm* miksturo

Mizar *m Astron (ein Stern im Sternbild Großer Bär)* Mizaro

Mizell *n od* **Mizelle** *f Biol (dichte Molekülgruppe als kleinster Baustein pflanzlicher Strukturen [bes. von Zellwänden])* miĉelo

Mizoram (*n*) *ein Gliedstaat der Indischen Union* Mizoramo *[Hptst.: Aizawl]*

MJ = *Zeichen für* ***Megajoule***

mk = *Abk für* ***Markka***

MKS = *Abk für* ***Maul- und Klauenseuche***

MKS-System *n Naturw (physikalisches Maßsystem, das auf den Grundeinheiten Meter, Kilogramm und Sekunde aufgebaut ist)* MKS-sistemo (*vgl. dazu* ***CGS-System***)

ml = *Zeichen für* ***Milliliter***

Mljet (*n*) *eine kroatische Insel vor der südlichen Küste Dalmatiens* [insulo] Mljeto

MLM = *Abk für* ***Multi Level Marketing***

mm = *Zeichen für* ***Millimeter***

mM *od* **mmol** = *Zeichen für* ***Millimol***

Mmabatho (*n*) *Hptst. des ehem. Homelands Bophuthatswana in Südafrika* Mabato

Mnemonik *od* **Mnemotechnik** *f Kunst, das Gedächtnis durch Lern- od Gedächtnishilfen zu stärken* mnemoniko *od* mnemotekniko (↑ *auch* ***Gedächtnistraining***)

Mnemosyne (*f*) *griech. Myth (Mutter der neun Musen)* Mnemozina

mnemotechnisch *Adj* mnemonika *od* mnemoteknika

Mo. = *Abk für* ***Montag***

MΩ = *Zeichen für* ***Megaohm***

Moa *m* (Dinornis) *Paläontologie (ein ausgestorbener neuseeländischer Riesenvogel)* dinornito

Moab (*m*) *Eig (mythischer Vorfahr der Moabiter)* Moabo

Moabiter *m/Pl Gesch* moabidoj *Pl* <*nach dem Alten Testament bewohnten sie eine Gebirgslandschaft östl. des Toten Meeres*>

Moabsperling *m* (Passer moabiticus) *Orn* tamarika pasero

Mob *m* kanajlaro (*vgl. dazu* ***Gesindel***)

Mobbing *n Psychoterror, z.B. am Arbeitsplatz* psikoteroro (*od* psika terorigado) en la laborejo

Möbel *n Möbelstück* meblo (↑ *auch* ***Anbau-***, ***Büro-***, ***Holz-***, ***Küchen-***, ***Rattan-***, ***Sitz-***, ***Stil-*** *u.* ***Teakholzmöbel***); *Mobiliar* meblaro; ~ ***aus Serienproduktion*** meblo el seria fabrikado; ***antike*** (***neue***, ***rustikale***) ~ *Pl* antikvaj (novaj, rustikaj) mebloj *Pl*

Möbel|fabrik *f* meblofabriko; **~geschäft** *n*, *auch* ***Einrichtungshaus*** *n* meblomagazeno, *auch* meblovendejo; **~herstellung** *f* meblofarado; **~industrie** *f* mebloindustrio; **~lager**

n od ~**speicher** *m* meblotenejo; ~**schreiner** *od* ~**tischler** *m* meblofaristo; ~**verkäufer** *m* meblovendisto; ~**wagen** *m* meblokamiono [por transloĝiĝoj]

mobil *Adj* ***a)*** *beweglich* movebla ***b)*** *umg für «gesund und munter»* sana kaj vigla; *umg für «behände»* vigla, agema, aktiva (*vgl. dazu* ***flink***) ***c)*** *Mil (einsatz-, kriegsbereit)* mobilizita, militpreta

Mobile *n künstlerischer Raumschmuck aus dünnen, an Fäden od federnden Drähten schwebenden Blechscheiben etc.* mobilo

Mobiliar *n das Möbel als Gesamtheit, z.B. in einem Raum* meblaro (*vgl. dazu* ***Einrichtung b)***)

Mobiliarkredit *m Fin* ↑ ***Lombardkredit***

mobilisieren *tr Hilfsmittel, Kräfte u.a.* mobilizi *auch Med u. Mil*

mobilisierend *Adj* mobiliza

Mobilisierung *f* mobiliz[ad]o; ***die ~ der Massen*** mobilizado de la popolamaso(j)

Mobilität *f Beweglichkeit* movebl[ec]o (↑*auch* ***Elektromobilität***); *Bereitschaft zum Wohnsitzwechsel* preteco ŝanĝi la loĝlokon

mobilmachen *tr Mil* mobilizi

Mobilmachung *f Mil* mobiliz[ad]o (↑ *auch* ***General-*** *u.* ***Teilmobilmachung***); ***die allgemeine ~ anordnen*** ordoni la ĝeneralan mobilizadon

Mobilmachungsbefehl *m Mil* ordono por mobilizo

Mobiltelefon *n* portebla telefono (↑ *auch* ***Handy***, ***Festnetztelefon*** *u.* ***Smartphone***)

möblieren *tr [mit Hausrat] einrichten* mebli, *auch* ekipi (*od* provizi) per mebloj; ***ein möbliertes Zimmer*** *n zur Miete* meblita luĉambro (↑ *auch* ***teilmöbliert***)

Moçambique [*mosam'bi:k*] (*n*) = ***Mosambik***

Mocassin *m* ↑ ***Mokassin***

Mocca *m* ↑ ***Mokka***

möchte(n) ↑ *unter* ***mögen***

Mockturtlesuppe [*...tö:tl...*] *f Kochk (nachgeahmte Schildkrötensuppe aus Kalbsbrühe, Kalbfleisch, Champignons u. Gewürzen)* imitita (*od* imitaĵo de) testuda supo

modal *Adj Gramm, Logik, Mus (kirchentonartlich: auf die mittelalterlichen Kirchentöne bezogen), Phil (die Art des Seins betreffend)* modala

Modalbestimmung *f Gramm* modala (*od auch* maniera) adverbo

Modalität *f Logik, Mus, Phil* modaleco *auch i.w.S.*; *von Verfahren u. dgl.* proceduro; ***die ~en Pl der Stimmabgabe*** *Parl* la proceduroj *Pl* de la voĉdonado

Modalverb *n Gramm* modala verbo

Mode *f* modo *auch übertr* (↑ *auch* ***Frühjahrs-***, ***Haar-***, ***Herbst-*** *u.* ***Herrenmode***); *Gepflogenheit, Sitte* kutimo (*vgl. dazu* ***Stil***); ***aus der ~ kommen*** fariĝi eksmoda, elmodiĝi (*vgl. dazu* ***altmodisch*** *u.* ***unmodisch***); ***die ~ mitmachen*** sekvi la [plej novan] modon; ***das ist die letzte ~*** tio [ĉi] estas la lasta modo; ***die neueste Pariser ~*** la plej nova pariza modo; ***in ~ sein*** esti en modo, *auch* esti laŭmoda; ***nicht mehr in ~ sein*** esti ne plu aktuala modo, esti eksmoda; *nicht mehr verwendet werden* esti ne plu uzata (*vgl. dazu* ***altmodisch***); ***ganz aus der ~ sein***, *umg* ***mega-out sein*** esti totale eksmoda ◇ ***völlig aus der ~ sein*** jam aparteni al la arkivo

Mode|artikel *m/Pl* modaj artikloj *Pl*, modaĵoj *Pl*; ~**ausdruck** *m Ling* mod-esprimo

modebewusst *Adj* modokonscia

Mode|design [*...di'zain*] *n* mododezajno; ~**designer** *m* mododezajnisto (*vgl. dazu* ***Modeschöpfer***); ~**droge** moda drogo; ~**farbe** *f* [laŭ]moda koloro; *i.w.S.* moderna koloro; ~**haus** *n* vendejo de modaĵoj; *Boutique* mod[o]butiko; ~**kollektion** *f* mod[o]kolektaĵo

[1]**Model** *n*, *auch* ***Fotomodell*** *Mannequin* manekeno; *(Modell)* model[in]o, pozistino

[2]**Model** *m* ↑ ***Modul e)***

Modell *n allg (Muster, Vorbild), auch Bautechnik, Kunst u. Math* modelo (*vgl. dazu* ***Schablone***; ↑ *auch* ***Gips-***, ***Lern-***, ***Luxus-***, ***Mikro-***, ***Mini-*** *u.* ***Wachsmodell***); *weibl. Modell (für Bildhauer, Maler, Modemacher)* pozistino, model[in]o; *Gießform* muldilo; ***dynamisches*** (***kybernetisches***, ***mathematisches***, ***statisches***) ~ dinamika (kibernetika, matematika, statika) modelo; ***ein gewagtes ~*** *z.B. ein Kleid* iom [tro] kuraĝa modelo; ***für einen Künstler*** (***Maler***) ***~ stehen*** (*od* ***sitzen***) pozi por artisto (pentristo)

Modell[eisen]bahn *f* miniatura fervojo

Modelleur [*...'lö:r*] *m*, *auch* ***Modellierer*** *m* modlisto

modellhaft *Adj* modela (*vgl. dazu* ***beispielgebend*** *u.* ***vorbildlich***)

modellieren *tr aus weicher Masse, in Ton od Wachs* modli; *formen* formi, modeli; *einen Abdruck nehmen von etw.* muldi; *[einem Kleidungsstück] Fasson geben* fasoni

Modellieren *od* **Modellierung** *f* modlado; *Herstellen eines Abgusses, einer Totenmaske*

u.a. muldado

Modellierer *m a) für zu erwartende Abläufe, z.B. in einer Pandemie* modelisto *b) in Ton, Wachs u. anderen Materialien* ↑ ***Modelleur***

Modellier|holz *n Handw* ligna modlilo; ~**kunst** *f* plastika arto; ~**masse** *f od* ~**ton** *m* modla argilo

Modell|kleid *n* modelrobo; ~**projekt** *n* modelprojekto; ~**puppe** *f im Schaufenster* manekeno [en montrofenestro]; *beim Schneider* manekeno [kiun tajloro uzas por alĝustigi vestojn]; ~**versuch** *m bes. Phys u. Tech* [model]eksperimento

Modem *m od n* (*Kurzw aus* ***Mo**dulator/**De**-**m**odulator*) *EDV (Zusatzgerät für die Übertragung digitaler Daten über das Telefonnetz)* modemo

Mode|macher *m umg für «Modedesigner»* mododezajnisto; ~**magazin** *n* modmagazeno; ~**messe** *f* foiro de modo

Modemkabel *n* modemkablo

Modena (*n*) *Hptst. der gleichnamigen Provinz in Norditalien* Modeno

Modenarr *m* ↑ ***Dandy***

Mode[n]|schau *f* modparado; ~**zeitung** *f* modrevuo, ĵurnalo pri modoj

Moder *m* putraĵo, mucidaĵo (*vgl. dazu* ***Modergeruch** u. [2]**Schimmel***)

moderat *Adj* modera (↑ *auch* ***gemäßigt** u. **maßvoll***); ~***e Haltung*** *f* modera sinteno

Moderator *m a)* prezentanto; *Diskussionsleiter, z.B. im Fernsehen* gvidanto de diskutrondo *b) Kerntechnik (Medium bei Kernreaktoren, in dem die bei der Kernspaltung entstehenden schnellen Neutronen auf die zur Erhaltung der Kettenreaktion notwendige Geschwindigkeit abgebremst werden)* moderigaĵo

Modergeruch *m muffiger Geruch* mucida odoro

moderieren *tr Radio, TV* prezent[ad]i

moderierend ↑ ***mäßigend***

mod[e]rig *Adj muffig* mucida (*vgl. dazu* ***schimmelig***)

Mod[e]rigkeit *f* mucid[ec]o

modern ['--] *intr faulen* putri; *dumpf od muffig werden* iĝi mucida; *schimmeln* ŝimi

modern [-'-] **1.** *Adj* moderna, *auf die Neuzeit bezogen auch* novtempa (↑ *auch* ***neuzeitlich** u. **supermodern***); *modisch* [laŭ]moda; *neuest* plej nova (↑ *auch* ***aktuell** u. **zeitgemäß***); *progressiv* progresema; ~***e Unterrichtsmethoden*** *f/Pl* modernaj instrumetodoj *Pl*; ***nicht mehr** ~ **sein*** esti ne plu moderna; ~ ***werden*** moderniĝi **2.** *Adv*: ***eine Wohnung** ~ **einrichten*** ekipi (*od* provizi) loĝejon per moderna meblaro

Modern Art *f* ↑ ***Jugendstil***

Moderne *a) f moderne Richtung [in der Kunst]* moderna direkto [en la arto] *b) n*: (***etw.***) ***Modernes*** modernaĵo; *etw. Neues* novaĵo

modernisieren *tr modernen Verhältnissen anpassen* modernigi (*vgl. dazu* ***erneuern** u. **umbauen a)***)

Modernisierung *f* modernigo

Modernisierungs|programm *n* programo de modernigo; ~**prozess** *m* proceso de modernigo

Modernismus *m Kunst, Lit, Mus, Rel* modernismo

Modernist *m Anhänger des Modernismus* modernisto

modernistisch *Adj* modernisma

Modernität *f neuzeitliches Gepräge* moderneco (↑ *auch* ***Neuheit***)

Modern Jazz *m seit Anfang der 50er herausgebildete Musizierstile des West-Coast Jazz u. des East Coast Jazz* moderna ĵazo

Modertorf *m* ↑ ***Sumpftorf***

Modeschau *f* ↑ ***Modenschau***

Mode|schmuck *m* fantazia biĵuterio; ~**schöpfer** *m, umg auch* ***Modemacher*** *m* modokreanto (*vgl. dazu* ***Modedesigner***); ~**schöpfung** *f* modokreaĵo

Modeschrei *m*: ***der letzte** ~* la plej nova modo

Modeschriftsteller *m* verkisto nuntempe ege ŝatata

modest *Adj alt für «bescheiden»* modesta

Modest (*m*) *männl. Vorname* Modesto

Mode|tanz *m* danco nuntempe ege ŝatata (*od* populara); ~**torheit** *f* frenezaĵo de la modo

Modetrend *m* [ĝenerala] tendenco de la modo; ***dem** ~ **folgen*** sekvi la plej novan modon

Mode|waren *f/Pl* modaĵoj *Pl*; ~**welt** *f* mondo de la modo; ~**wort** *n* moda vorto (*vgl. dazu* ***Modeausdruck** u. **Schlagwort***)

Modezeitung *f* ↑ ***Modenzeitung***

Modifikation *od* **Modifizierung** *f* modif[ad]o (*vgl. dazu* ***Abänderung***)

modifizierbar *Adj* modifebla

modifizieren *tr* modifi

Modifizierung *f* ↑ ***Modifikation***

modisch *Adj* [laŭ]moda, *nachgest auch* laŭ la lasta (*od* plej nova) modo (*vgl. dazu* ***schick***); ~***e Kleidung*** *f* moda vestaĵo

Modistin *f, auch* ***Putzmacherin*** *f* modistino
modrig ↑ ***moderig***
Modul ***a)*** *n El* modjulo (↑ *auch* ***Solarmodul***) ***b)*** *m Math (absoluter Wert)* absoluta valoro, *auch* modulo ***c)*** *m Arch (Grundmaß [bzw. in der Antike: der untere Säulenradius], das als Verhältniszahl für die Proportionen einzelner Bauglieder u. ihre Stellung zueinander bestimmend ist)* modulo ***d)*** *m Tech ([bei Zahnrädern:] Kenngröße für das Verhältnis vom Durchmesser des Teilkreises zur Zähnezahl)* modulo ***e)*** *auch* ***Model*** *m Numismatik (Münzdurchmesser)* modulo
Modulation *f* ***a)*** *El, Tel (Veränderung einer hochfrequenten Schwingung od eines Pulses durch die jeweiligen Augenblickswerte eines niederfrequenten Signals)* modulado (↑ *auch* ***Amplituden-*** *u.* ***Demodulation***) ***b)*** *Mus (Überleitung [von einer Tonart in eine andere])* modulado, *auch* gamŝanĝo
Modulator *m El, Tel* modulilo
modulieren *tr El, Mus, Tel* moduli
Modus *m* (*Pl*: ***Modi***) ***a)*** *1. Gramm (Aussageweise des Verbs) 2. Statistik (häufigster Wert)* modo ***b)*** *Art u. Weise* maniero, vojo ***c)*** *Mus (Tongeschlecht)* modalo; ***dorischer*** (***phrygischer***) ~ doria (frigia) modalo (↑ *auch* ***Durgeschlecht*** *u.* ***Mollgeschlecht***) ***d)*** *EDV* reĝimo (↑ *auch* ***Grafikmodus***)
Mofa *n* ↑ ***Motorfahrrad***
Mogadischu (*n*), *auch* ***Muqdišu*** (*n*) *Hptst. von Somalia* Mogadiŝo
Mogelei *f* [ioma] trompado
mogeln *intr ein wenig schwindeln* iom trompi, tromp[et]i
mögen *tr* ***a)*** *gern haben od tun* ŝati, *[stärker:]* ami; ***jmdn.*** ~ ŝati iun; *Sympathie empfinden für jmdn.* havi simpation por iu, simpatii al iu; ***ich mag sie nicht*** mi ne ŝatas ŝin; *sie gefällt mir nicht* ŝi ne plaĉas al mi; ***sie mag keine Pilze*** ŝi ne ŝatas [manĝi] fungojn ***b)*** *als Hilfsverb zum Ausdruck eines Wunsches ([gern] wollen)* voli, deziri, ŝati; ***er möchte Arzt werden*** li volas fariĝi kuracisto; ***ich möchte [gern] wissen, ob ...*** mi ŝatus scii, ĉu ...; ***ich möchte lieber jetzt kommen*** mi pli volonte ŝatus veni nun *od* mi preferus veni nun; ***ich möchte Ihnen mein Beileid aussprechen*** mi volas [tutkore] kondolenci al vi; ***möchten Sie tanzen?*** ĉu vi ŝatus danci [kun mi]?; ***ich mchte wissen, ob ...*** mi volus scii, ĉu ...; ***möge ...!*** *zur Einleitung von Wunschsätzen: das sinntragende Verb erscheint in der* u-*Form, z.B.* ***möge Euer Leben glücklich sein!*** via vivo estu feliĉa! ***c)*** *als Hilfsverb zum Ausdruck einer Aufforderung in indirekter Rede*: ***er sagte, wir möchten kommen*** li diris, ke ni venu; ***er wünscht, sie möchte warten*** li deziras, ke ŝi atendu ***d)*** *als Hilfsverb zum Ausdruck einer Möglichkeit od Wahrscheinlichkeit* eble *u. andere Übersetzungsmöglichkeiten*: ***es mag sein, dass ...*** povas esti, ke ...; ***wer mag das sein?*** kiu povus esti li (*od im Falle einer Frau* ŝi)?; ***sie mag achtzehn Jahre alt sein*** ŝi havas eble dek ok jarojn; ***es mag sein, dass er Recht hat*** povas esti, ke li pravas ***e)*** *als Hilfsverb zum Ausdruck von «sollen»*: ***mag er nur kommen!*** li do venu!; ***sie mag sich nur vorsehen!*** ŝi do [bone] gardu sin! ***f)*** *in Konzessivsätzen*: ***was er auch tun mag, ich werde ihn unterstützen*** kion ajn li faros, mi subtenos lin
Moghul *m* ↑ ***Mogul***
möglich (*Abk* ***mögl.***) **1.** *Adj* ebla; *etwaig, eventuell* eventuala; *ausführbar* farebla, efektivigebla (*vgl. dazu* ***praktikabel***); ***etw.*** ~ ***machen*** ebligi ion; ***wenn ich es*** ~ ***machen kann*** se mi povas (*bzw.* povos) ebligi ĝin, se mi [iel] povos aranĝi ĝin (*od* tion); ***es ist*** ~, ***dass ...*** estas eble, ke ... *od auch* la ebleco estas granda, ke ...; ***ist es*** ~, ***dass ...?*** ĉu estas eble, ke ...?; *auf jmds. Fähigkeit bezogen (könnten Sie?)* ĉu vi povus ...?; *könnte es passieren, dass ...?* ĉu povus okazi, ke ...?; ***das ist*** (***nicht***) ~ tio estas (ne) ebla, *umg auch* tio eblas (ne eblas); ***wie ist das*** ~***?*** *wie macht man das?* kiel oni tion faras?; *wie kann das passieren?* kiamaniere tio povas okazi? **2.** *Adv vielleicht* eble; ***so bald*** (***gut***) ***wie*** ~ kiel eble plej baldaŭ (bone); ***soweit*** ~ laŭeble; *falls möglich* se eble; *wenn irgend möglich* se iel eble; ***wenn*** ~ *od* ***wo*** ~ se eble; ***wenn irgend*** ~ se iel eble
Mögliche *n*: ***alles*** ~ ***tun*** fari ĉion eblan
möglichenfalls *Adv vielleicht* eble; *falls möglich* se eble; *falls es möglich ist* se eblas
möglicherweise *Adv vielleicht* eble; *kann sein* povas esti [ke ...] (↑ *auch* ***eventuell***)
Möglichkeit *f* ebl[ec]o (↑ *auch* ***Anwendungsmöglichkeit***); *Gelegenheit* okazo; *Chance* ŝanco; *möglicher Fall* eventualaĵo; ***nach*** ~ laŭeble *od* laŭ ebleco; *falls möglich* se eble; ***die*** ~ ***erhalten*** *etw. zu tun u.Ä.* ricevi la eblecon; ***jmdm. die*** ~ ***geben*** doni al iu la eblecon (***zu*** *mit nachfolg. Verb im Inf*) ◇ ***ist das***

die ~! *das kann doch nicht wahr sein! [als erstaunter Ausruf]* tio ne povas esti la vero!

Möglichkeitsform *f Gramm* konjunktivo

möglichst 1. *Adj* [laŭ]eble plej granda (*bzw.* bona *u.a.*); ***mit ~er Genauigkeit*** kun eble plej granda ekzakteco (*od* precizeco) **2.** *Adv* kiel eble plej *od* laŭeble plej (*vgl. dazu* ***möglich 2.***); ~ ***bald*** (***gut***, ***schnell***) kiel eble plej baldaŭ (bone, rapide); ***in ~ kurzer Zeit*** laŭeble en plej mallonga tempo *(Zam)*; ***er hat sein ≗es getan*** li faris sian plejeblon *od* li faris ĉion, kion li povis

Mogul *m, auch* ***Moghul*** *m Gesch (ein von Timur abstammendes indisches Herrscherhaus [1526-1858])* mogolo (↑ *auch* ***Großmogul***); ~**kaiser** *m* mogola imperiestro; ~**kunst** *f* mogola arto; ~**reich** *n indische Gesch* mogola imperio

Mohair *od* **Mohär** *m, auch* ***Angorawolle*** *f Textil* mohajro, *auch* angura lano

Mohammed (*m*), *arab.* ***Muhammad*** (*m*) *Stifter des Islam* Mohamedo *od* Mahometo *auch arabischer männl. Vorname*

Mohammedaner *m* ↑ ***Muslim***

Mohammedanerin *f* ↑ ***Muslima***

mohammedanisch *Adj* ↑ ***muslimisch***

Mohär *m* ↑ ***Mohair***

Mohikaner *m/Pl Ethn (ein nordamerikanischer Stamm der Algonkin-Indianer)* mohikanoj *Pl* *<ursprünglich am oberen Hudson River, heute in einer Reservation in Wisconsin>*

Mohn *m* (*Gattung* Papaver) *Bot* papavo *auch Nahr*; *Klatsch≗* papaveto, *auch* kampopapavo, *pop auch* grenrozo (↑ *auch* ***Alpen-, Sand-*** *u.* ***Schlafmohn***); ***arktischer*** (*od* ***sibirischer***) ~ (Papaver radicatum) arkta (*od* siberia) papavo *[Vorkommen: zirkumpolar in arktischen Klimazonen]* *<mit leuchtend gelben Blüten>*; ***gelb milchender*** ~ (Papaver lecoqii) flavlakta papavo; ***nacktstängeliger*** ~ ↑ ***Islandmohn***

Mohn[blumen]gewächs *n Bot*: ***[Familie der] ~e*** *Pl* (Papaveraceae) papavacoj *Pl*

Mohn|brötchen *n Nahr* papavosema bulko; ~**feld** *n zum Zwecke der Opiumgewinnung* kampo de opiopapavo; ~**öl** *n* papava oleo, *auch* papav-oleo

mohnrot *Adj* papavoruĝa

Mohr *m alt* negro ◇ ***der ~ hat seine Schuldigkeit getan, er kann gehen*** pano estas alportita, korbo estu forĵetita *(Zam)*

Möhre *od* **Mohrrübe** *f*, *<schweiz>* ***Rüebli*** *n*, *auch (bes. <österr>)* ***Karotte*** *f* ***a)*** *Bot* (Daucus carota) karoto *auch Nahr*; ***geraspelte ~n*** *Pl* raspitaj karotoj *Pl* ***b)*** *i.e.S.* ***Karotte*** *f kurze, rundliche, zarte Möhre* karoteto

Mohren|fächerschwanz *m* (Rhipidura atra) *Orn* nigra ventumilvostulo (*od* *<wiss>* ripiduro); ~**habicht** *m* (Accipiter melanoleucus) *Orn* nigra akcipitro

Mohrenhirse *f Bot, Nahr* ↑ ***Sorghum***

Mohren|kaiman *m, auch* ***schwarzer Kaiman*** (Caiman niger) *Zool* nigra kajmano; ~**lerche** *f* (Melanocorypha yeltoniensis) *Orn* nigra alaŭdo *[Vorkommen: Russland]*; ~**makak** *m* (Macaca maura) *Zool (eine auf Sulawesi/ Indonesien auftretende Makakenart)* sulavesia makako; ~**maki** *m* (Eulemur macaco) *Zool (ein madagassischer Halbaffe)* nigra lemuro; ~**ralle** *f* (Limnocorax flavirostra) *Orn* nigra porzano

Möhrensaft *m, auch* ***Karottensaft*** *m* karotsuko

Mohrenscharbe *f* (Phalacrocorax niger) *Orn* eta kormorano

Mohrenschwarzkehlchen *n Orn* ↑ ***Trauersteinschmätzer***

Mohrenweihe *f* (Circus maurus) *Orn* nigra cirkuo *[Vorkommen: Südafrika u. Namibia]*

Mohrrübe *f Bot, Nahr* ↑ ***Möhre***

Mohrschneehuhn *n* (Lagopus lagopus) *Orn* blanka lagopo; ***schottisches*** ~ (Lagopus scoticus) skota lagopo

Moiré [*moa're:*] *m od n* muaro

moirieren [*moa'ri:...*] *tr mit Moiré versehen (metallene Gegenstände od Textilien)* muari; ***moiriert*** *geflammt* muar[it]a

Mojmiriden *Pl tschechische Gesch (ein Herrschergeschlecht in der Zeit des Großmährischen Reiches [830-906])* mojmiridoj *Pl*

Mojo [*'...cho*] *Pl Ethn (ein indianisches Volk der Arawak-Sprachfamilie in Bolivien)* moĥoj *Pl*

mokant *Adj geh für «spöttisch» od «höhnisch»* moka

Mokassin *m*, *<schweiz>* ***Mocassin*** *m* mokaseno

mokieren, sich *refl* moke paroli (***über*** pri); *verspotten* primoki (***über etw.*** ion; ***über jmdn.*** iun)

Mokka *m*, *<österr> auch* ***Mocca*** *m* mokao; ***eine Tasse*** ~ taso da mokao

Mokpho (*n*) *od* **Mokpo** *eine südkoreanische Hafenstadt* Mokpoo

Mol *n (Zeichen **mol**), alt **Grammmolekül** n Chem (gesetzliche Einheit der molaren Masse [Maßeinheit der Stoffmenge])* molo, *alt* grammolekulo (↑ *auch **Millimol***)
molar *Adj Chem (das Mol betreffend bzw. je ein Mol)* molara; *~**e Lösung** od **Molarlösung** f Lösung, die 1 Mol einer chemischen Substanz in 1 Liter enthält* molara solvaĵo
Molar *m, auch **Mahlzahn** m, <schweiz, österr> u. reg **Stockzahn** m Anat ([hinterer] Backenzahn)* molaro, *umg* [malantaŭa] mueldento (*vgl. dazu **Prämolar***)
Molasse *f Geol (1. weicher, lockerer Sandstein im Alpenrandgebiet [bes. in der Schweiz] 2. Sandstein u. Konglomeratschichten tertiären Alters im nördlichen Alpenvorland)* molaso
Molch *m Zool **a)** (Gattung* Triturus) *Wasser*☐ trituro (↑ *auch **Berg-,Feuerbauch-,Kamm-, Karpaten-** u. **Marmormolch***) ***b)*** (*Gattung* Salamandra) ↑ ***Salamander***
[1]**Moldau** *f, tschech. **Vltava** f linker u. größter Nebenfluss der Elbe* [rivero] Vultavo
[2]**Moldau** *f, rumän. **Moldava** Gesch (Landschaft zw. Ostkarpaten u. Prut, ehem. Fürstentum)* Moldavujo *[Hauptort: Iaşi]* (*vgl. dazu **Moldawien***)
moldauisch *Adj* moldava
Moldauisch[e] *n Ling* la moldava [lingvo]
Moldau-Leu *m* (*Währungscode **MDL***) *Währungseinheit in Moldawien* moldava leo
Moldava *f* ↑ [2]***Moldau***
Moldavit *m Min (ein glasiges Gestein [wahrscheinlich ein Glasmeteorit])* moldavito
Moldawien (*n*), *amtl **Republik Moldau** f, **Moldova*** (*n*) [Respubliko] Moldavio *[Hptst.: Chişinău]*
Moldawier *m* moldavo
Moldawierin *f* moldavino
Moldoveanu *m höchster Berg Rumäniens [im Făgăraşgebirge (Südkarpaten)]* [monto] Moldoveano
Mole *f, auch **Hafendamm** m, <österr> **Molo** m Mar* moleo, havendigo (*vgl. dazu **Pier***)
Molekül *n kleinste Einheit einer chemischen Verbindung* molekulo (↑ *auch **Makromolekül***); ***einatomiges*** (***mehratomiges***) ~ unuatoma (pluratoma) molekulo
molekular *Adj* molekula (↑ *auch **bi-**, **mono-** u. **zwischenmolekular***)
Molekular|biologe *m* molekulbiologo; ~**biologie** *f Teilgebiet der Biologie, das die Lebensvorgänge im molekularen Bereich erforscht sowie Struktur u. Funktion der Biopolymere untersucht* molekula biologio; ~**gas** *n* molekula gaso; ~**genetik** *f Teilgebiet der Genetik u. Molekularbiologie, das sich mit den Zusammenhängen zw. der Vererbung u. den chemisch-pjysikalischen Eigenschaften der Gene beschäftigt* molekula genetiko; ~**geometrie** *f Chem* molekula geometrio; ~**gewicht** *n veraltete Bez für «Molekülmasse»* molekula pezo; ~**pathologie** *f Med* molekula patologio; ~**physik** *f* molekula fiziko; ~**volumen** *n Chem* [gram-]molekula volumeno
Molekül|masse *f Atomphysik (die Summe der relativen Atommassen der Atome, die in einem Molekül enthalten sind)* molekula maso; ~**spektrum** *n* molekulspektro
molestieren *tr veraltet für **belästigen*** [↑ *dort*]
Molière (*m*), *eigtl **Jean Baptiste Poquelin** Eig (franz. Komödiendichter [1622-1673])* Moliero
Molise (*f*) *eine mittelitalienische Region an der Adria [umfasst die Provinzen Campobasso u. Isernia]* [regiono] Moliso
Molke *f, <schweiz> u. reg **Schotte** f* selakto
Molkerei *f, reg **Meierei** f* laktejo, *auch* laktofabriko; ~**genossenschaft** *f* laktoprodukta kooperativo; ~**produkte** *n/Pl* laktoproduktoj *Pl*
Moll *n Mus (ein Tongeschlecht)*: ***in*** ~ minora
Moll|akkord *od* ~**dreiklang** *m Mus* akordo minora; ~**geschlecht** *n Mus* modalo minora
mollig 1. *Adj **a)** reg u. <österr> **mollert** dicklich, rundlich (Person)* diketa; *vollschlank (Frau)* ŝvelsvelta ***b)*** *behaglich* agrabla (*vgl. dazu **weich***) **2.** *Adv*: ~ ***warm*** *angenehm warm* agrable varma
Moll|tonart *f Mus* tonalo minora; ~**tonleiter** *f Mus* minora gamo
Molluske *f, auch **Weichtier** n Zool* molusko (↑ *auch **Schalweichtiere***)
Molluskizide *n/Pl gegen Schnecken wirksame [chemische] Bekämpfungsmittel* moluskicidoj *Pl <vor allem gegen an Kulturen schädliche Nacktschnecken>*
Mollymauk *m* (Diomedea melanophris) *Orn (ein Albatros der Südhalbkugel)* brovalbatroso
Molo *m Mar* ↑ ***Mole***
[1]**Moloch** (*m*) ***a)*** *[im Alten Testament:] Name für eine heidnische Gottheit, der Menschenopfer dargebracht wurden* Moloĥo, *bibl auch* Moleĥ[o] ***b)*** *übertr [dann Kleinschrei-*

bung] Macht, die alles verschlingt moloĥo
²**Moloch** *m*, *auch* ***Dorn-*** *od* ***Wüstenteufel*** *m* (Moloch horridus) *Zool (eine australische Echse)* moloĥo, *auch* dorna agamo
Molokanen *m/Pl hist*: *Angehörige einer weit verzweigten christlichen Sekte des 18. Jh.s in Russland* molokanoj *Pl*
Molotow (*m*) *Eig (ein sowjetischer Politiker [1890-1986])* Molotovo; ~**cocktail** *m Mil* Molotov-koktelo, benzingrenado
Moltebeere *f* (Rubus chamaemorus) *Bot (ein mit der Brombeere verwandtes Gewächs [in Mooren u. Heiden])* marĉa rubuso, <*wiss*> kamemoro *Bez für die Pflanze bzw. deren Frucht [Vorkommen: bes. in Lappland]*
Molukken *Pl*: ***die*** ~ *eine indonesische Inselgruppe zw. Sulawesi u. Neuguinea [Hptst.: Ambon]* (*früher in Europa auch* ***Gewürzinseln*** *f/Pl genannt*) la Molukaj Insuloj *od kurz* la Molukoj *Pl* (↑ *auch* ***Südmolukken***)
Molukken|-Brillenvogel *m* (Zosterops chloris) *Orn* citronventra (*od auch* moluka) zosteropo; ~**-Drongokuckuck** *m* (Suniculus musschenbroeki) *Orn* moluka drongokukolo; ~**falke** *m* (Falco moluccensis) *Orn* moluka falko
Molukkenhirsch *m Zool* ↑ ***Mähnenhirsch***
Molukken|kakadu *m* (Cacatua moluccensis) *Orn* moluka kakatuo; ~**kauz** *m* (Ninox squamilia) *Orn* moluka strigo *[Vorkommen: endemisch auf den Molukken]*; ~**kuckuck** *m* (Cacomantis heinrichi) *Orn* moluka kukolo *[endemisches Vorkommen auf den Molukken/ Indonesien (bes. auf Halmahera u. Bacan)]*; ~**kuskus** *m* (Phalanger rothschildi) *Zool (ein Kletterbeutler)* moluka kuskuso; ~**see** *f Teil des Australasiatischen Mittelmeeres [zw. Sulawesi u. Halmahera]* Moluka Maro; ~**star** *m* (Aplonis mysolensis) *Orn* moluka sturno
Molukker *m* molukano, enloĝanto de [unu el] la Molukaj Insuloj
molukkisch *Adj auf die Molukken bezogen bzw. von den Molukken stammend* moluka
Molybdän *n* (*Zeichen* ***Mo***) *Chem* molibdeno; ~**oxid** *n* molibdena oksido; ~**stahl** *m mit Molybdän, meist zusammen mit Chrom, Nickel od Mangan legierter Stahl* molibdena ŝtalo
Molybdat *n*, *auch* ***molybdänsaures Salz*** *n Chem* molibdenato, *auch* salo de molibdenata acido
Mombacho *m ein Vulkan in Nicaragua* [vulkano] Mombaĉo
Mombasa (*n*) *eine Hafenstadt in Kenia* Mombaso
Mombinpflaume *f Bot*: ***gelbe*** ~ (Spondias mombin) *(Baum od Frucht) [ursprünglich beheimatet in den Regen- u. Trockenwäldern von Mexiko bis Peru u. Brasilien, heute aber auch in Afrika sowie in SO-Asien kultiviert]* flava mombino, *auch* flava mombinpruno
¹**Moment** *m* momento (↑ *auch* ***Augenblick***); ***einen*** ~, ***bitte!*** [unu] momenton, mi petas!; *einen Moment noch* [unu] momenton ankoraŭ; ***bis zum letzten*** ~ ĝis la lasta momento; ***im letzten*** ~ en la lasta momento, *umg auch* lastmomente; ***in diesem*** ~ en tiu ĉi momento, *umg* tiumomente; *jetzt eben* ĵus; ***im jetzigen*** ~ en la nuna momento; ***im richtigen*** ~ en la ĝusta momento, *umg* ĝustamomente; ***im selben*** ~ en la sama momento, *umg* sammomente; ***im unpassendsten*** ~ en la plej malkonvena momento; ***jeden*** ~ ĉiun momenton, *umg* ĉiumomente; ***er kann jeden*** ~ ***hier sein*** ĉiumomente li povas alveni [ĉi tie]; ***gedulden Sie sich [bitte] einen*** ~ *od* ***bitte warten Sie einen*** ~ bonvolu atendi [unu] momenton!; ***der entscheidende*** ~ ***ist gekommen*** venis la decida momento
²**Moment** *n* ***a)*** *Phys, Tech* momanto (↑ *auch* ***Bestandteil*** *u.* ***Element***); *Trägheits*~ momanto de inercio; ***magnetisches*** ~ magneta momanto ***b)*** *Faktor* faktoro; *Umstand* cirkonstanco; *Psych (Beweggrund)* motivo
momentan **1.** *Adj* [ĉi-]momenta; *gegenwärtig* nun[temp]a **2.** *Adv* [ĉi-]momente; *gegenwärtig* nun *od* nuntempe; *vorübergehend* por momento; *genau jetzt* ĝuste nun
Momentaufnahme *f Foto* momenta fot[ad]o
Momentchen *n* momenteto
Momenterl *n* <*österr*> *umg für «Augenblick»* moment[et]o
Mon *Pl Ethn (ein hinterindisches Volk in Myanmar u. W-Thailand)* monoj *Pl* (↑ *auch* ***Mon-Khmer***)
Mona (*f*) *weibl. Vorname* Mona
Monaco (*n*), *amtl* ***Fürstentum Monaco***, *franz.* ***Principauté de Monaco*** *ein Kleinstaat in Südeuropa* Monako, *amtl* Princlando Monako *[Hptst.: Monaco]*
Monade *f Phil (in sich geschlossene, unteilbare Einheit [bei Leibniz])* monado
monadisch *Adj Phil* monada
Monadologie *f Phil (Lehre von den Monaden)* monadologio

Monarch *m gekröntes Staatsoberhaupt* monarko (*vgl. dazu* ***Regent***; ↑ *auch* ***Alleinherrscher***); ~**falter** *m* (Danaus plexippus) *Ent (ein amerikanischer Tagfalter* <*ein typischer Wanderfalter*>*)* monarka papilio

Monarchie *f* monarkio (↑ *auch* ***Erb-*** *u.* ***Wahlmonarchie***); ***absolute*** (***demokratische***, ***konstitutionelle***, ***parlamentarische***) ~ absoluta (demokratia, konstitucia, parlamenta) monarkio

Monarchin *f* monarkino

monarchisch **1.** *Adj* monarka **2.** *Adv* monarke

Monarchismus *m 1. monarchisches System 2. ideologische Rechtfertigung der Monarchie* monarkismo

Monarchist *m Anhänger der Monarchie* monarkisto, partiano de [la] monarkio

monarchistisch *Adj auf den Monarchismus bezogen* monarkisma; *auf die Monarchisten bezogen* monarkista

Monarchofaschismus *m* monarkofaŝismo

Monarde *f*, *auch* ***Bienenbalsam*** *m od* ***Goldmelisse*** *f* (Monarda) *Bot (nordamerikanische Gattung der Lippenblütler)* monardo (↑ *auch* ***Zitronenmonarde***)

monastisch ↑ ***mönchisch***

Monat *m* monato (↑ *auch* ***Ente-*** *u.* ***Vormonat***); ~ ***für*** (*od* ***um***) ~ ***verging*** (*od* ***verstrich***) monato post monato pasis; ***dieses*** ~***s*** (*Abk* **d.M.**) de la nuna (*od* kuranta) monato; ***ein halber*** ~ duona monato; ***einmal im*** (*od* ***pro***) ~ unufoje monate; ***im*** ~ ***April*** en [monato] aprilo; ***in einem*** ~ *(Dauer)* en (*od* dum [daŭro de]) unu monato; *(späterer Zeitpunkt)* post unu monato; ***er kommt in drei*** ~***en*** *(späterer Zeitpunkt)* li venos post tri monatoj; ***im kommenden*** ~ en la sekvanta monato; ***jeden*** ~ ĉiun monaton *od* ĉiumonate; ***in den letzten*** ~***en*** en la lastaj monatoj; ***es ist schon einen*** ~ ***her*** jam pasis unu monato (***seit*** de post); ***es sind zwei volle*** ~***e vergangen*** pasis plenaj du monatoj; ***sie ist im fünften*** ~ ***[schwanger]*** ŝi estas graveda de kvin monatoj; ***über*** ~***e [hinweg]*** *monatelang* dum (*od* por [daŭro de]) monatoj

monatelang *Adj* dum (*bzw.* por) monatoj *nachgest*; ***nach*** ~***em Warten*** post atendado dum monatoj

monatlich (*Abk* ***mtl.***) **1.** *Adj* ĉiumonata, *auch* monata; ~***e Ratenzahlung*** *f* monata partopago **2.** *Adv* [ĉiu]monate, *nachgest* ĉiun monaton; ~ ***stattfinden*** okazi ĉiumonate

Monats|abschluss *m Buchhaltung* monata bilanco; ~**anfang** *od* ~**beginn** *m* monatkomenco; ~**bericht** *m* [ĉiu]monata raporto; ~**binde** *f der Frau* menstrusorbilo; ~**blutung** *f* monataĵo (*vgl. dazu* ***Menstruation***)

Monatsende *n* monat[o]fino; ***am*** ~ monatofine

Monatserste *m* unua tago de la monato

Monatsfrist *f (Zeitraum)* daŭro de unu monato, *(Zeitbegrenzung, Zeitpunkt)* tempolimo de unu monato; ***in*** ~ *innerhalb eines Monats* dum [daŭro de] unu monato; *nach einem Monat* post unu monato

Monats|gehalt *n*, <*schweiz*> ***Monatssalär*** *n* monata salajro; ~**hälfte** *f* duono de monato; ~**karte** *f bes. für öffentliche Verkehrsmittel* monata abonbileto; ~**lohn** *m* monata laborpago; ~**miete** *f* monata lu-prezo; ~**mitte** *f* monatmezo; ~**name** *m* nomo de [la] monato

Monatsrate *f* monata partopago; ***in*** ~***n von ... Euro*** en partopagoj de ... eŭroj ĉiumonate

Monatssalär *n* ↑ ***Monatsgehalt***

Monats|schmerz *m Gynäkologie* perturboj *Pl* dum la monataĵo (*od* menstruo); ~**schrift** *f Ztgsw* monata revuo

monatsweise *Adv jeden Monat* ĉiumonate *od* ĉiun monaton

Monazit *m*, *auch* ***Turnerit*** *m Min (ein gelbbraunes Mineral)* monazito

Mönch *m* monaĥo, *pej* frokulo; *Buddhismus* bikŝuo (↑ *auch* ***Augustiner-***, ***Benediktiner-***, ***Bettel-***, ***Franziskanermönch*** *u.* ***Zönobit***); ~ ***werden*** monaĥiĝi *od* fariĝi monaĥo

mönchisch, *geh* ***monastisch*** *Adj* monaĥa

Mönchs|geier *m*, *auch* ***Kuttengeier*** *m* (Aegypius monachus) *Orn* monaĥvulturo; ~**grasmücke** *f*, *reg* ***Schwarzplättchen*** *n* (Sylvia atricapilla) *Orn* nigraĉapa silvio

Mönchskappe *f Bot* ↑ *unter* ***Eisenhut***

Mönchskloster *n* [vira] monaĥejo

Mönchskranich *m Orn* ↑ ***Nonnenkranich***

Mönchskraut *n* (*Gattung* Nonnea) *Bot* noneo; ***braunes*** ~ (Nonnea pulla) bruna noneo

Mönchs|kutte *f* froko; ~**leben** *n* monaĥa vivo; *Leben als Mönch* vivo kiel monaĥo; ~**orden** *m* monaĥa ordeno; ~**republik** *f* monaĥa respubliko (*vgl. dazu* ***Athos***)

Mönchsrhabarber *m Bot* ↑ ***Alpenampfer***

Mönchs|robbe *f* (Monachus monachus) *Zool* brunkolora foko; ~**sittich** *m* (Myiopsitta monacha) *Orn* monaĥpsitako *[Vorkommen: Südamerika]*

Mönch[s]tum *n (als religiöses System)* monaĥismo

Mönchswaldsänger *m Orn* ↑ *unter* ***Waldsänger***

Mönchszelle *f* ĉelo de monaĥo

Mond *m* luno, *Fachspr Astron* Luno (↑ *auch* ***Blut-, Halb-*** *u.* ***Vollmond***); ***der abnehmende*** (***zunehmende***) ~ la malkreskanta (kreskanta) lun[ark]o; ***die Sichel des ~es*** la lunarko; ***der ~ geht auf*** la luno leviĝas; ***auf dem ~ aufsetzen*** (*od* ***landen***) *Raumf* surluniĝi

mondän *Adj* monduma (*vgl. dazu* ***luxuriös***)

Mond|aufgang *m* lunleviĝo; **~bahn** *f Astron (Mondumlauf um die Erde)* luna orbito; **~bein** *n* (Os lunatum) *Anat (ein Handwurzelknochen)* lunato

Möndchen *n am Fingernagelansatz* ungokrescendo, duonluneto [ĉe la bazo de ungo]

Mondenschein *m geh u. poet* = ***Mondschein***

Mond|fest *n in Ostasien, Taiwan, Thailand u. Vietnam* luna festo; **~finsternis** *f*, *<österr> auch* ***Mondesfinsternis*** *f Astron* luneklipso; **~fisch** *m*, *auch* ***Sonnenfisch*** *m* (Mola mola) *Ichth* molao, *pop* lunfiŝo *<größter Knochenfisch der Erde>*

mondförmig 1. *Adj* lun[o]forma **2.** *Adv* lun[o]forme

Mondgestein *n Astron* rokaĵo de la Luno

mondhell *Adj* lunluma

Mond|hof *m Astron* luna haloo; **~jahr** *n Astron* lun[o]jaro; **~kalb** *n umg veraltend für «dummer Mensch»* stultulo; **~kalender** *m <bes. in China üblich>* luna kalendaro; **~karte** *f Kartogr* lunmapo; **~krater** *m* luna kratero; **~landschaft** *f* luna pejzaĝo

Mondlandung *f Raumf* surluniĝo; ***weiche ~*** mola surluniĝo

Mond|licht *n* lunlumo *od* lumo de la luno; **~mobil** *n Raumf* lunomobilo; **~nacht** *f* lunluma nokto; **~oberfläche** *f* surfaco de la Luno; **~phase** *f Astron* lun-fazo *od* fazo de luno (*vgl. dazu* ***Lunation***)

Mondraute *f* (*Gattung* Botrychium) *Bot* botriĥio; ***echte ~*** (Botrychium lunaria) luna botriĥio; ***einfache ~*** (Botrychium simplex) simpla botriĥio; ***virginische ~*** (Botrychium virginianum) virginia botriĥio

Mond|regenbogen *m Met (ein Regenbogen, der durch das Mondlicht entsteht [ein optisches Phänomen der Erdatmosphäre])* luna ĉielarko; **~rotation** *f Astron* rotacio de la Luno **~rückseite** *f Astron* dorsa flanko de Luno; **~same** *m* (*Gattung* Menispermum) *Bot* menispermo, *pop* lunsemo

Mondsamengewächse *n/Pl Bot*: ***[Familie der]*** ~ (Menispermaceae) menispermacoj *Pl*

Mondschein *m Mondlicht* lunlumo *od* lumo de la luno; ***im ~*** en la lunlumo (*vgl. dazu* ***Mondenschein***)

Mond|sichel *f* lunarko; **~stein** *m*, *<wiss>* ***Adular*** *m Min* lunŝtono, *<wiss>* adulario

mondsüchtig, *geh* ***lunatisch*** *Adj* lunatika

Mondsüchtige *m* lunatiko; *Nachtwandler* somnambulo

Mondsüchtigkeit *f* ↑ ***Schlafwandeln***

Mond|umlaufbahn *f Astron, Raumf* orbito de la Luno, *auch* luna orbito; **~viertel** *n Astron* kvaronluno; **~zyklus** *m*, *auch* ***Mondzeitkreis*** *m* luna ciklo, ciklo de la lunfazoj *[Zyklus von 19 Jahren]*

Monegasse *m* monakano

Monegassin *f* monakanino

monegassisch *Adj* monaka; *aus Monaco* el Monako

Monelmetall *n eine korrosionsbeständige Nickel-Kupfer-Legierung* monelmetalo

Monem *n Ling* ↑ ***Morphem***

monetär *Adj* mona (*vgl. dazu* ***finanziell*** *u. die Zus mit* ***Finanz...***)

Monferrat (*n*), *ital.* ***Monferrato*** *Hügelland im oberitalienischen Piemont [ehemals: Grafschaft bzw. Herzogtum]* Monferato

Mongo *m kleine Währungseinheit in der Mongolei* mongo (*vgl. dazu* ***Tugrik***)

Mongole *m* mongolo

Mongolei *f ein Staat in Zentralasien* Mongolio *[Hptst.: Ulan-Bator]*; ***die Äußere ~*** *Gesch* Ekstera Mongolio; ***die Innere ~*** Interna Mongolio

Mongolen|bussard *m* (Buteo hemilasius) *Orn* mongola buteo; **~falte** *f*, *<wiss>* ***Epikanthus*** *m Oberliddeckfalte* mongola faldo, *<wiss>* epikanto *<Merkmal für Mongolide, pathologisch bei Mongolismus>*; **~fleck** *m ein Nävus, der bes. bei Asiaten auftritt* mongola makulo; **~lerche** *f* (Melanocrypha mongolica) *Orn* mongola alaŭdo *[Vorkommen: Mongolei u. Nordchina]*; **~regenpfeifer** *m*, *auch* ***Steinregenpfeifer*** *m* (Charadrius mongolus) *Orn* mongola pluvio *[Vorkommen: Fernost, Kamtschatka u. Aleuten]*; **~reich** *n* mongola imperio *(auch Großschr) [Blütezeit 13.-17. Jh.]*; **~star** *m* (Sturnus sturninus) *Orn* mongola (*od* purpurdorsa) sturno *[Vorkommen: Asien]*

Mongolin *f* mongolino

mongolisch *Adj* mongola; ***~e Schrift*** *f Ende*

des 12. Jh.s bei den Mongolen eingeführtes Alphabet aramäischen Ursprungs [seit 1941 durch die kyrillische Schrift ersetzt]) mongola skribo

Mongolisch[e] *n Ling* la mongola [lingvo]

Mongolismus *m alt Med* ↑ ***Downsyndrom***

Mongolistik *f Wissenschaft von der mongolischen Sprache, Literatur, Geschichte u. Kultur* mongolistiko

mongoloid *Adj 1. den Mongolen ähnlich 2. Med (Symptome des Down-Syndroms aufweisend)* mongoloida

Mongoloide *m, f Med* mongoloida persono

monieren *tr mahnen* admoni; *kritisieren* kritiki; *beanstanden, sich beklagen über* plendi pri; *reklamieren* reklamacii (*vgl. dazu* ***bemängeln*** *u.* ***meckern b)***)

Monika (*f*), *franz.* ***Monique*** (*f*), *ital.* ***Monica*** (*f*) *weibl. Vorname* Monika

Monilia *f Bot (Pilz, der eine Erkrankung an Obst, bes. Steinobst, hervorruft)* monilio *<tritt als Blüten- od Fruchtfäule auf>*

Monismus *m Phil (Lehre, die jede Erscheinung auf ein einheitliches Prinzip zurückführt [daher auch ‹Einheitslehre› genannt])* monismo (↑ *auch* ***Psychomonismus***)

Monist *m Phil* monisto, adepto de monismo

monistisch *Adj auf den Monismus bezüglich* monisma; *auf die Monisten bezüglich* monista

[1]**Monitor** *m EDV (Bildschirm [zur Verfolgung interner Vorgänge]), TV (Kontrollbildschirm im Fernsehstudio od Fernsehübertragungswagen), Tech (elektr. Kontroll- u. Registriergerät zur laufenden Überwachung u. Aufzeichnung technischer Vorgänge)* monitoro (*vgl. dazu* ***Bildschirm***; ↑ *auch* ***Farbmonitor***); ***auf dem ~*** sur la monitoro

[2]**Monitor** *m veraltete Bez für «flach gehendes, meist gepanzertes, gut bestücktes Kriegsschiff in Flüssen u. in [flachen] Küstengewässern»* monitoro *(Zam)*

[3]**Monitor** *m Päd (älterer Schüler, in USA auch Student, der Aufsichts- u. Strafgewalt hat, Klassenordner)* monitoro

Monitoring *n Dauerbeobachtung f [einer bestimmten Art bzw. eines bestimmten Systems]* monitorado (↑ *auch* ***Wolfsmonitoring***)

Mon-Khmer *Pl Ethn (Völker in Hinterindien mit austroasiatischen Sprachen [benannt nach den beiden bedeutendsten Völkern der Gruppe: Mon und Khmer])* mon-kmeroj *Pl*

mono ↑ ***monofon***

Mono *n* ↑ ***Monofonie***

Monochiprechner *m EDV* = ***Mikroprozessor***

monochrom[atisch] *Adj Opt (einfarbig)* monokromata; ***~es Licht*** *n* monokromata lumo; ***monochrome Malerei*** *f* (*auch* ***Monochromismus*** *genannt) Bez für eine Maltechnik, bei der entweder ein einziger Farbton od nur minimal voneinander unterschiedliche Farbabstufungen verwendet werden* monokromata pentrado

Monochromator *m Opt (Vorrichtung zur Erzeugung von Strahlung einheitlicher Wellenlänge bzw. von Teilchen einheitlicher Energie)* monokromatoro, *auch* monokromatigilo

Monodie *f Mus (eine etwa um 1600 in Italien aufgekommene neue Art von Musik, die aus Einzelgesang mit sparsamer Instrumentalbegleitung bestand)* monodio

Monodrama *n Theat* ↑ ***Einpersonenstück***

monofon *od* **monophon**, *auch* ***einkanalig***, *umg meist* ***mono*** *Adj Elektroakustik* monofonia

Monofonie *od* **Monophonie** *f, auch* ***Monowiedergabe*** *f, umg meist* ***Mono*** *n Elektroakustik* monofonio

Monogamie *f, auch* ***Einehe*** *f* monogamio

monogam[isch] *Adj* monogamia

Monogenese *f Biol* ***a)*** *auch* ***Monogonie*** *f ungeschlechtliche Fortpflanzung* monogenezo ***b)*** *Gleichheit der Abstammung* monogenezo

monogenetisch *Adj Biol u. Geol (gemeinsamen Ursprungs)* monogeneza

Monogonie *f Biol* ↑ ***Monogenese a)***

Monografie *f, auch* ***Monographie*** *f Buchw ([wissenschaftliche] Einzeldarstellung)* monografio

monografisch, *auch* ***monographisch*** *Adj* monografia

Monogramm *n [ineinander verschlungene] Anfangsbuchstaben eines Namens* monogramo; ***ein Taschentuch mit gesticktem ~*** poŝtuko kun brodita monogramo

Monohydroxybernsteinsäure *f Biochemie* ↑ ***Apfelsäure***

Monokel *n, alt auch* ***Einglas*** *n Augenglas [für nur ein Auge]* monoklo

monoklin *Adj* ***a)*** *Geol, Min (nur in einer Richtung geneigt [Gesteinsschichten])* monoklina; ***~es Kristallsystem*** *n* monoklina kristalsistemo ***b)*** *auch* ***gemischtgeschlechtig***

Bot (Staub- u. Fruchtblätter in einer Blüte tragend) monoklina

monoklonal *Adj aus einem Zellklon gebildet, einen einzigen Zellklon enthaltend, z.B. Antikörper* unuklona *od (bes. <wiss>)* monoklona

monokotyl *Bot* ↑ ***einkeimblättrig***

Monokotyledonen *f/Pl, auch* ***einkeimblättrige Pflanzen*** *f/Pl Bot* monokotiledonoj *Pl*

Monokratie *f Pol (Alleinherrschaft, Herrschaft eines/einer Einzelnen)* monokratio

Monokultur *f Landw (einseitiger Anbau einer Kultur- od Wirtschaftspflanze)* unukultivo *<bes. bei Wein, Obst, Kaffee, Fichten>*

Monolatrie *f Theologie (Verehrung eines Gottes, ohne die Existenz anderer Gottheiten auszuschließen)* monolatrio (*vgl. dazu* ***Monotheismus***)

monolingual *Adj Ling (einsprachig)* unulingva

Monolith *m 1. großer Steinblock 2. aus einem einzigen Stein gemeißeltes monumentales Werk [bes. ein Obelisk od eine Säule]* monolito

monolithisch *Adj* monolita (*vgl. dazu* ***kompakt***)

Monolog *m* monologo *bes. im Drama*

monologisch *Adj* monologa

monologisieren *intr einen Monolog führen* monologi

Monom *n Math (eingliedrige Zahlengröße)* monomo

Monomane *m Psych (von einer fixen Idee Besessener)* monomaniulo

Monomanie *f Psych (Besessenheit eines Menschen von einer bestimmten Vorstellung [fixe Idee])* monomanio

Monomanin *f Psych* monomaniulino

monoman[isch] *Adj Psych (an Monomanie leidend)* monomania

Monomere *n/Pl Chem* monomeroj *Pl*

Monometallismus *m Währungssystem, bei dem nur ein Metall, z.B. Gold, für Währungsmünzen verwendet wird [Ggs: Bimetallismus]* unumetalismo

monomolekular *Adj Chem* unumolekula

Mononukleose *f, auch* ***Pfeiffersches Drüsenfieber*** *n, Fachspr* ***Morbus Pfeiffer*** *Med* mononukleozo

Mononymie *f Ling* mononimio

monopetal *Adj Bot (mit nur einem Kronblatt)* unupetala, *Fachspr auch* monopetala

Monophobie *f, auch* ***[krankhafte] Angst*** *f* ***vor dem Alleinsein*** *Psych* monofobio

monophon ↑ ***monofon***

Monophonie *f Elektroakustik* ↑ ***Monofonie***

Monophthong *m Phon (einfacher Vokal [im Unterschied zum Diphthong u. Triphtong)* monoftongo

Monophysiten *m/Pl Rel (Anhänger der altchristlichen Lehre von der einen, d.h. göttlichen, Natur Christi, in die die menschliche Natur übergegangen sei)* monofizitoj *Pl*

Monophysitismus *m Theologie (auf dem Konzil von Chalkedon 451 abgelehnte Lehre, in Christus seien menschliche u. göttliche Natur zu einer göttlichen Natur verbunden)* monofizitismo

Monoplegie *f, auch* ***Lähmung*** *f* ***eines einzelnen Glieds*** *Med* monoplegio

Monopol *n* monopolo (***auf*** *od* ***für*** pri) (↑ *auch* ***Gewalt-***, ***Handels-***, ***Markt-***, ***Staats-*** *u.* ***Tabakmonopol***); ~**bildung** *f* monopoligo

monopolisieren *tr* monopoligi *auch übertr*

Monopolisierung *f* monopoligo

Monopolist *m* monopolisto

monopolistisch *Adj* monopolista

Monopol|kapital *n* monopolkapitalo; ~**kapitalismus** *m* monopolkapitalismo; ~**kapitalist** *m* monopolkapitalisto

monopolkapitalistisch *Adj* monopolkapitalisma

Monopolstellung *f* monopola pozicio

Monopoly® *n ein Brettspiel mit Würfeln, dessen Regeln dem Maklerberuf entnommen sind* monopolio

Monosaccharid *n Chem* monosakarido (↑ *auch* ***Galaktose***)

monosem *Adj Ling (nur eine Bedeutung habend)* monosemia

Monosemie *f Ling* monosemio

Monosemisierung *f Ling (das Eindeutigmachen eines polysemen Wortes durch Aktualisierung nur einer Bedeutung mithilfe von Kontext u. Darstellung der Situation, so dass weitere potenzielle Bedeutungen ausgeschlossen werden)* monosemiigo

Monosomie *f Genetik (eine Form der Chromosomenanomalie)* monosomio

monosyllabisch *Adj Ling (einsilbig)* unusilaba; ~***e Sprachen*** unusilabaj lingvoj *Pl*

Monosyllabum *n nur Fachspr Ling (aus nur einer Silbe bestehendes Wort)* unusilaba vorto, *früher auch* monosilabo

monosymmetrisch ↑ ***zygomorph***

Monotheismus *m Rel* monoteismo

Monotheist *m Rel* monoteisto
monotheistisch *Adj auf den Monotheismus bezogen* monoteisma; *auf die Monotheisten bezogen* monoteista
monoton *Adj* monotona (↑ *auch* ***langweilig***)
Monotonie *f* monotoneco
Monotropie *f Chem (nur in eine Richtung mögliche Umwandelbarkeit eines Stoffes)* monotropio
Monotype® [...*taip*] *f, auch* ***Einzeltypen-Setzmaschine*** *f Typ* monotipo
Monowiedergabe *f* ↑ ***Monofonie***
Monoxid *n Chem* monooksido
Monozelle *f El* pilo
monözisch *Bot* ↑ ***einhäusig***
Monozön *n nur Fachspr Biol (Bez für die Gesamtheit aller Beziehungen zw. einem Lebewesen und seiner Umwelt)* monoceno
monozygot *Biol* ↑ ***eineiig***
Monozyten *m/Pl Med (Hämatologie): größte Form der weißen Blutkörperchen [im strömenden Blut])* monocitoj *Pl* (↑ *auch* ***Makromonozyt***); ~**leukämie** *f Med (eine Erkrankungsgruppe der myelotischen Leukämie)* monocita leŭkemio
Monozytose *f Med (übermäßige Vermehrung der weißen Blutkörperchen)* monocitozo
Monroedoktrin *f Pol* monroismo
Monrovia (*n*) *Hptst. von Liberia* Monrovio
Monserrat (*n*) ↑ ***²Montserrat***
Monsignore *m* (*Abk* ***Mgr.*** *od* ***Msgr.***) *Titel hoher Würdenträger der kath. Kirche* monsinjoro
Monster *od* **Monstrum** *n* monstro
Monstera *f, auch* ***Fensterblatt*** *n* (*Gattung* Monstera) *Bot (ein Aronstabgewächs des trop. Amerika [Zimmerpflanze])* monstero
Monstranz *f kath. Kirche* monstranco, *auch* hosti-montrilo
monströs *Adj* ***a)*** *unförmig, missgestaltet, vom normalen Bau abweichend* monstra, misformita ***b)*** *übertr (ungeheuerlich)* monstra, miriga (*bzw.* timiga) pro siaj nenormalaj ecoj, *(riesengroß)* monstra, kolosa, supermezure granda (*vgl. dazu* ***entsetzlich*** *u.* ***fürchterlich***)
Monströse *n*: ***etw.*** *~**s*** monstraĵo
Monstrosität *f mönströse Beschaffenheit* monstreco; *monströse (od ungeheuerliche) Tat* monstraĵo, monstra faro
Monstrum *n* ↑ ***Monster***
Monsun *m Met* musono (↑ *auch* ***Passatwind***, ***Sommer-*** *u.* ***Westmonsun***)
monsunisch *Adj* musona
Monsun|klima *n* musona klimato; ~**regen** *m* musona pluv[eg]o; ~**wald** *m Bot* musona arbaro; ~**wind** *m* musona vento; ~**wolken** *f/Pl* musonaj nuboj *Pl*; ~**zeit** *f* musona sezono (↑ *auch* ***Regenzeit***)
Montafon *n das obere Ill-Tal in Vorarlberg /Österreich* Montafono; ***Montafoner Rind*** *n* ↑ *unter* ***Rind***
Montag *m* (*Abk* ***Mo.***) lundo; ***jeden*** ~ ĉiun lundon *od* ĉiulunde
Montage *f* muntado (*vgl. dazu* ***Zusammenbau***; ↑ *auch* ***Antennen-*** *u.* ***Unterputzmontage***); ~ ***eines Gerüsts*** *od* ***Gerüstaufbau*** *m Erstellen eines Gerüsts* starigo de skafaldo
Montagearbeiten *f/Pl* muntad-laboroj *Pl* (↑ *auch* ***Installation***)
Montageband *n* ↑ ***Fließband***
Montagegestell *n*: ***fahrbares*** ~ *Tech (niedriger Transportwagen)* dolio
Montage|halle *f* halo por muntado, *auch* muntad-halo; ~**plan** *m* muntad-plano; ~**platte** *f für elektronische Bauelemente (Platine)* cirkvita tabulo; ~**rahmen** *m Grundplatte, z.B. eines Rundfunkapparats* ĉasio
montags *Adv jeden Montag* ĉiun lundon, ĉiulunde; *am Montag* lundon, *umg auch* lunde
Montaigne (*m*) *Eig (franz. Philosoph u. Schriftsteller [1533-1592] <Begründer der Gattung des literarischen Essays>)* Montanjo
Montalvo (*m*) *Eig (ecuadorianischer Schriftsteller [1832-1889])* Montalvo
Montana (*n*) (*Abk* ***Mont.***, *[postalisch]* ***MT***) *ein Bundesstaat der USA* Montano *[Hptst.: Helena]*
Montanindustrie *f* mineja-metalurgia industrio, karbo- kaj ŝtalindustrio
Montauban (*n*) *Hptst. des südfranzösischen Départements Tarn-et-Garonne* Montaŭbano *<einst ein Hauptstützpunkt der Hugenotten>*
Montblanc [*mõ'blã:*] *m, franz.* ***Mont-Blanc*** *höchster Gipfel der Alpen u. Europas* Monto Blanka
Montbretie *f* (*Gattung* Crocosmia) *Bot (ein Irisgewächs)* krokosmio
Monte Carlo (*n*) *durch seine Spielbank bekannter Badeort in Monaco [ein Stadtbezirk von Monaco]* Montekarlo
Monte Celio ↑ ***Caelius***
Montecristo (*n*), *franz.* ***Monte-Cristo*** *eine italienische Felseninsel im Ligurischen*

Meer südlich von Elba [insulo] Montekristo; ***der Graf von ~ ein Roman von** A. Dumas* la Grafo de Montekristo

Montenegriner *m* montenegrano

Montenegrinerin *f* montenegranino

montenegrinisch *Adj* montenegra

Montenegro (*n*), *serbisch* ***Crna Gora*** *ein Staat in SO-Europa* Montenegro *[Hptst.: Podgorica]*

Monterrey (*n*) *Hptst. des mexikanischen Gliedstaates Nuevo León* Monterejo

Monterrey-Zypresse *f Bot* ↑ *unter* ***Zypresse***

Monteur *m* muntisto (*vgl. dazu* ***Installateur***; ↑ *auch* ***Elektro-*** *u.* ***Heizungsmonteur***)

Montevideo (*n*) *Hptst. von Uruguay* Montevideo

Montgomery (*n*) *Hptst. des US-Bundesstaates Alabama* Montgomero

montieren *tr bes. Tech* munti (↑ *auch* ***aufbauen***, ***einbauen***, ***installieren*** *u.* ***zusammensetzen***)

Montierung *f* = ***Montage***

Montmartre [*mõ'martrə*] *ohne Art: ein Stadtteil von Paris <Künstler- u. Vergnügungsviertel>* [kvartalo] Montmartro

Montmorillonit *m Min (ein Tonmineral)* montmorilonito *<so benannt nach der französischen Stadt Montmorillon>*

Montmorillonitton *m Min* ↑ ***Bentonit***

Montparnasse [*mõpar'nas*] *ohne Art: ein Stadtviertel von Paris mit berühmtem Friedhof* Montparnaso

Montpelier [*mɔnt'pi:ljə*] (*n*) *Hptst. des US-Bundesstaates Vermont* Montpeliero

Montpellier [*mõpɛl'je:*] (*n*) *Hptst. des franz. Dép. Hérault u. der Region Languedoc-Roussillon* Montpeliero

Montreal (*n*) *eine kanadische Hafenstadt* Montrealo *<größte Stadt Kanadas>*

[1]**Montserrat** *m*, *auch* ***Monserrat*** *m Bergstock an der Küste Kataloniens in NO-Spanien [einer der bedeutendsten Wallfahrtsorte Spaniens]* [monto] Mon[t]scrato

[2]**Montserrat** (*n*), *auch* ***Monserrat*** (*n*) *Insel der Kleinen Antillen, britische Kronkolonie mit begrenzter Selbstverwaltung* [insulo] Mon[t]serato *[Hptst.: Plymouth]*

Montur *f* ***a)*** *umg für «Arbeitskleidung»* laborvesto(j) ***b)*** *<österr> auch für «Uniform»* uniformo

Monument *n* monumento (↑ *auch* ***Denkmal*** *u.* ***Geschichtsmonument***); ***ein ~ erbauen*** (***errichten***) konstrui (starigi) monumenton (***zu Ehren von*** *od mit Gen* honore al)

monumental *Adj* monumenta (*vgl. dazu* ***eindrucksvoll***, ***gewaltig*** *u.* ***großartig***)

Monumentalbau *m* monumenta konstruaĵo

Monumentalität *f Gewaltigkeit, Riesengröße* monumenteco

Monzonit *m Min (ein Tiefengestein mit reichlich Feldspat u. etwas Augit)* monzonito *<so benannt nach Monzoni-Berg im Fassatal in Norditalien>*

Moor *n*, *reg* ***Luch*** *n*, *<österr>*, *<schweiz> u. reg auch* ***Moos*** *n eine Bez für großflächige Vorkommen von Torf* marĉo (*vgl. dazu* ***Torf***; ↑ *auch* ***Binsen-***, ***Flach-***, ***Flechten-***, ***Hoch-***, ***Moos-***, ***Süßwasser-***, ***Torf-*** *u.* ***Waldmoor***); *Sumpfland od sumpfige Stelle* marĉejo; ***im ~ versinken*** droni en la marĉo

Moor|bad *n* marĉobano (↑ *auch* ***Moorheilbad***); **~bärlapp** *m*, *auch* ***Sumpfbärlapp*** *m* (Lycopodiella inundata) *Bot* marĉa likopodio

Moorbeere *f Bot, Nahr* ↑ ***Rauschbeere***

Moor|bildung *f Biol* formiĝo de marĉo(j); **~binse** *f*, *auch* ***Schuppensimse*** *f* (Isolepis) *Bot (eine Gattung der Zypergrasgewächse)* izolepido; **~birke** *f* (Betula pubescens) *Bot* mola betulo; **~boden** *m* marĉogrundo *od* marĉa grundo (*od* tero)

Mooreidechse *f Zool* ↑ ***Waldeidechse***

Moor|ente *f* (Aythya nyroca) *Orn (eine Tauchente)* blank-okula anaso (↑ *auch* ***Madagaskar-Moorente***); **~frosch** *m* (Rana arvalis) *Zool* marĉa rano; **~greiskraut** *n* (Senecio palustris) *Bot* marĉa senecio

Moorheide *f Bot* ↑ ***Glockenheide***

Moorheilbad *n* marĉoterapia banloko

Moorhuhn *n Orn* = ***Moorschneehuhn***

moorig *Adj* marĉa

Moorkarpfen *m Ichth* ↑ ***Karausche***

Moor|landschaft *f* marĉa pejzaĝo; **~leiche** *f* marĉomumio

Moorlilie *f*, *auch* ***Ährenlilie*** *f Bot*: ***gelbe ~*** (Narthecium ossifragum) nartecio

Moorrenaturierung *f* renaturigo de marĉo(j)

Moorschneehuhn *n* (Lagopus lagopus) *Orn* blanka lagopo; ***schottisches*** ~ (Lagopus scoticus) skota lagopo

Moos *n* ***a)*** *Bot* musko (↑ *auch* ***Haar[mützen]-***, ***Leber-*** *u.* ***Torfmoos***) ***b)*** *<österr>*, *<schweiz> u. reg auch für «Moor»* [↑ *dort*]

moosbedeckt *Adj von Moos bedeckt* muskokovrita *od nachgest* kovrita de musko

Moosbeere *f*, *auch* ***Sumpfmoosbeere*** *od* ***Torfbeere*** *f* (Vaccinium oxycoccus) *Bot,*

Nahr oksikoko, *umg* torfbero; ***amerikanische*** (*od* ***großfrüchtige***) ~ (*im Handel bekannt vor allem unter der engl. Bez* ***Cranberry***), *reg* ***Kran-*** *od* ***Kranichbeere*** *f* (Vaccinium macrocarpon = Oxycoccus macrocarpus) *Bot, Nahr* amerika okcikoko *[Vorkommen: im Westteil von Nordamerika]*

moosbewachsen *Adj* surkreskita de musko *nachgest*

Moosdecke *f Bot* muskokovraĵo

Moosfarn *m* (*Gattung* Selaginella) *Bot* selaginelo; ***Schweizer*** ~ (Selaginella helvetica) svisa selaginelo

Moosfarngewächse *n/Pl Bot*: ***[Familie der]*** ~ (Selaginellaceae) selaginelacoj *Pl*

Moosflechte *f Bot* ↑ *unter* ***isländisch***

Moosglöckchen *n, auch* ***Erdglöckchen*** *n* (Linnaea borealis) *Bot* kloŝa lineo

moosgrün *Adj* muskoverda

Moos|haube *f, Fachspr* ***Calyptra*** *f Bot* kufo de musko; ~**heide** *f* ***a)*** *als Landschaft* muska erikejo ***b)*** *Bot* ↑ ***Blauheide***; ~**hummel** *f* (Bombus muscorum) *Ent* muskoburdo

moosig *Adj* muska; *moosbedeckt* muskokovrita; *~**e Steine*** *m/Pl* musk[okovrit]aj ŝtonoj *Pl*

Mooskunde *f Bot* ↑ ***Bryologie***

Moos|moor *n Biol* muska marĉo; ~**pflanzen** *f/Pl, <wiss>* ***Bryophyten*** *m/Pl* (Bryophyta) *Bot (Laub- u. Lebermoose)* muskoplantoj *Pl, <wiss>* briofitoj *Pl*; ~**schicht** *f* muskotavolo, tavolo da musko; ~**steinbrech** *m* (Saxifraga hypnoides) *Bot* muska saksifrago; ~**teppich** *m* muskotapiŝo, *auch* tapiŝo de musko; ~**tierchen** *n/Pl* (Bryozoa), *Fachspr* ***Bryozoen*** *n/Pl Zool (ein Stamm der Weichtierähnlichen)* briozooj *Pl*; ~**torf** *m* muska torfo; ~**tundra** *f Geogr* muska tundro

Moped *n Kfz* mopedo (↑ *auch* ***Mofa***); ~**fahrer** *m* mopedveturanto, *auch* mopedisto

Mopp *m Hausw (Fransen*~*)* franĝa balailo, *(zum Polieren)* polurbalailo (*vgl. dazu* ***Schwabber*** *u.* ***Wischmopp***)

Mops *m eine Hunderasse* mopso

mopsen ↑ ***mausen***

Mopsfledermaus *f* (Barbastella barbastella) *Zool* barbastelo

[1]**Mora** *f 1. Prosodik (quantitative Einheit einer kurzen Silbe in quantitierenden Sprachen) 2. Metr (kleinste Zeiteinheit im Verstakt)* morao

[2]**Mora** *od* **Morra** *f ein Fingerspiel in romanischen Ländern, bes. in Italien* morao

Moral *f* ***a)*** *Sittlichkeit* moralo *auch der ethische Kern* (↑ *auch* ***Arbeits-***, ***Doppel-***, ***Geschäfts-***, ***Sexualmoral*** *u.* ***Sitte***); ***christliche*** ~ kristana moralo; ***seine eigene*** ~ ***haben*** havi sian propran moralon ◇ ***und die*** ~ ***von der Geschicht'*** kaj la moralo de l' afero ***b)*** *Sittenlehre* etiko, moralinstruo ***c)*** *sittliche Einstellung* morala sinteno

Moral|apostel *m bildh* apostolo de la moroj; ~**gesetz** *n* morala leĝo; ~**hüter** *m* gardanto de la publika moralo

moralisch 1. *Adj sittlich [einwandfrei]* morala (*vgl. dazu* ***ethisch***); ~***e Prinzipien*** (***Werte***) *Pl* ~***aj principoj*** (***valoroj***) *Pl*; ***ein*** ~***er Sieg*** morala venko; ~***e Unterstützung bekommen*** ricevi moralan subtenon (***von*** de) **2.** *Adv* morale, en morala maniero; ~ ***rein*** morale pura

moralisieren ***a)*** *tr sittlich gestalten* moraligi ***b)*** *intr (bes. abs) moralische Betrachtungen anstellen* moralumi

Moralismus *m Phil (Betonung der sittlichen Grundsätze)* moralismo *auch pej*

Moralist *m* moralisto *auch Lit*; *i.w.S. Sittenprediger* predikanto pri moroj (*od* virto), *auch* moralisto (↑ *auch* ***Ethiker***)

moralistisch *Adj auf den Moralismus bezogen* moralisma; *auf die Moralisten bezogen* moralista

Moralität *f* moraleco (*vgl. dazu* ***Moral***)

Moral|kodex *m* morala kodo; ~**pauke** *f umg* ted-admono (*vgl. dazu* ***Moralpredigt***); ~**philosophie** *f* moralfilozofio *od* morala filozofio; ~**prediger** *m Sittenprediger (bes. Phil)* moralisto, *(bes. i.w.S. umg)* predikanto de virto

Moralpredigt *f* prediko pri [la] moroj, virtoprediko, *(Moralpauke)* ted-admono; ***jmdm. eine*** ~ ***halten*** *jmdm. Moral predigen* fari al iu predikon pri moroj *(Zam)*

Moral|theologie *f, lat.* ***Theologia moralis*** *Teilgebiet der katholischen Theologie, das den Anspruch des Glaubens an die sittliche Lebensführung zum Gegenstand hat* moralteologio *od* morala teologio; ~**wissenschaft** *f* moralscienco

Morana (*f*) *Myth (Göttin des Todes in der slawischen Mythologie)* Morana

Moräne *f Geol, Glaziologie (von Gletschern mitgeführter od nach Abschmelzen des Eises abgelagerter Gesteinsschutt)* moreno (↑ *auch* ***End-***, ***Grund-***, ***Oberflächen-*** *u.* ***Seitenmoräne***)

Moränen|landschaft *f* morena pejzaĝo; ~**see**

m morena lago

Morast *m Schlamm* ŝlimo; *schlammiger (bzw. sumpfiger) Boden* ŝlima (*bzw.* marĉa) grundo; *Sumpfland* marĉejo (*vgl. dazu* ***Moor*** *u.* ***Sumpf***)

morastig *Adj schlammig* ŝlima; *sumpfig* marĉa

Morat *od* **Morato** (*n*) ↑ ***Murten***

Moratorium *n befristete Stundung [von Schulden], Zahlungsaufschub* moratorio

Morava *f 1. rechter Nebenfluss der Donau in Serbien 2. linker Nebenfluss der Donau (Hauptfluss Mährens)* [rivero] Moravo

morbid *Adj* ***a)*** *kränklich* malsaneta ***b)*** *brüchig* rompiĝema, disfalema ***c)*** *übertr ([moralisch] verfallend)* ruiniĝanta

Morbidität *f morbider Zustand* stato de rompiĝemo (*od* disfalemo); *Med (Erkrankungsziffer: Angabe zur Häufigkeit u. Verteilung von Krankheitsfällen [in der Gesamtbevölkerung])* morbokvanto

Morbihan (*n*) *ein Département in Westfrankreich (in der Bretagne)* [departemento] Morbihano *[Hptst.: Vannes]*

Morbus *m* (*Abk* ***M.***) *nur Fachspr Med (Krankheit)* morbo; ~ ***Bright*** *od* ***Bright' Krankheit*** *f* morbo de Bright [*brait*]; ~ ***Basedow*** *m* ↑ ***Basedowkrankheit***; ~ ***Crohn*** *eine chronisch-entzündliche Erkrankung des Darms* morbo de Crohn [*kro:n*]; ~ ***Parkinson*** ↑ ***Parkinsonkrankheit***; ~ ***Pfeiffer*** ↑ ***Mononukleose***

Morchel *f Mykologie* morkelo (↑ *auch* ***Speise-***, ***Spitz-***, ***Stinkmorchel*** *u.* ***Verpel***)

Mord *m* murdo (↑ *auch* ***Auftrags-***, ***Bruder-***, ***Doppel-***, ***Ehren-***, ***Gift-***, ***Kinder-***, ***Kindes-***, ***Lust-***, ***Lynch-***, ***Massen-***, ***Meuchel-***, ***Raub-***, ***Ritual-***, ***Ruf-***, ***Sexual-***, ***Vater-*** *u.* ***Völkermord***); ~ ***auf offener Straße*** surstrata murdo; ***politischer*** (***versuchter***, ***vorsätzlicher***) ~ politika (provita, intenca) murdo; ***wegen ~es angeklagt sein*** esti akuzita pro murdo; ***einen ~ begehen*** (***planen***) fari (plani) murdon

Mordanklage *f Jur* akuzo pro murdo; ***unter ~ stehen*** esti akuzita pro murdo

Mord|anschlag *m* atenco [al ies vivo] (***auf*** *od* ***gegen*** kontraŭ); ~**drohung** *f* minaco de murdo

Mordechai (*m*) *bibl Eig (Onkel der Esther)* Mordeĥajo

morden *tr* murdi *auch abs* (↑ *auch* ***ermorden***); ***meuchlerisch*** ~ asasini (***jmdn.*** iun)

Morden *n* murdado

Mordent *m*, *auch* ***Pralltriller*** *m Mus (Verzierung durch ein- od mehrmaligen schnellen Wechsel zw. Hauptnote u. diatonischer Untersekunde)* mordanto

Mörder *m jmd., der [ständig] mordet* murdisto (*vgl. dazu* ***Attentäter*** *u.* ***Killer***; ↑ *auch* ***Raub-***, ***Selbst-*** *u.* ***Serienmörder***); *jmd., der einen Mord begangen hat* murdinto; ***gedungener*** ~ dungita murdisto, *geh auch* sikario (↑ *auch* ***Auftragsmörder***); ***kaltblütiger*** ~ fridsanga murdisto

Mörderbande *f* bando da murdistoj

Mördergrube *f* ◇ ***aus seinem Herzen keine ~ machen*** *mit seiner Meinung nicht zurückhalten* tute malkaŝe paroli pri io

Mörderin *f* murdistino

mörderisch *Adj* ***a)*** *mordend* murda, mortiga ***b)*** *grausam* kruela ***c)*** *übertr umg für «furchtbar, schrecklich»* terur[eg]a

Mörderwal *m Zool* ↑ ***Schwertwal***

Mordfall *m* kazo de murdo; ***ein nicht aufgeklärter*** ~ nesolvita kazo de murdo

Mord|gier *od* ~**lust** *f* murdemo, sangavido, deziro murdi

mordgierig *Adj* murdema, sangavida

Mordkäfer *m Ent* ↑ ***Puppenräuber***

Mord|kommission *f*, *auch* ***Morduntersuchungskommission*** *f* murdoesplora komisio; ~**komplott** *n* komploto pri murdo

Mordlust *f* ↑ ***Mordgier***

Mord|opfer *n* murdviktimo *od* viktimo de murdo; ~**plan** *m* plano de murd[ad]o; ~**prozess** *m Jur* proceso pri murdo, *auch* murdproceso

Mordsangst *f umg*: ***[eine] ~ haben*** senti teruran timon (***vor*** antaŭ)

Mordserie *f* vico (*od* sinsekvo) da murdoj

Mordshunger *m umg*: ***einen ~ haben*** esti malsata kiel lupo *(Zam)*

Mords|kerl *m [körperlich] starker Mensch* fortikulo; *tüchtiger Mensch* kapablulo; ~**lärm** *m* terura bru[eg]o

Mordtat *f* murdo

Morduntersuchungskommission *f* ↑ ***Mordkommission***

Mordversuch *m* provo de murdo

Mordwinen *m/Pl Ethn (ein ostfinnisches Volk)* mordvinoj *Pl*

Mordwinien (*n*) *autonome Rep. innerhalb der Russischen Föderation* Mordvinio *[Hptst.: Saransk]*

mordwinisch *Adj* mordvina

Morelia (*n*) *Hptst. des zentralmexikanischen Gliedstaates Michoacán* Morelio

Morgagni-Turner-Albright' Syndrom *n Med* ↑ ***Turner' Syndrom***

Morgan (*m*) *Eig* Morgano: ***a)*** *amerikanischer Ethnologe (Begründer der vergleichenden Völkerkunde) [1818-1881]* ***b)*** *amerikanischer Biologe (Begründer der modernen Genetik) [1866-1945]*

Morgana (*f*), *meist franz.* ***Morgan le Fay*** *Eig (eine weibliche Figur in der Mythologie um König Artus [Artussage])* Morgana, *meist* Feino Morgana

morganatisch *Adj zur linken Hand [getraut], standesungleich* morganata; ~***e Ehe*** *f, auch* ***Ehe zur linken Hand*** *od* ***standesungleiche Ehe*** morganata geedzeco

Morganit *m Min (eine rosafarbene bis violette Abart des Berylls)* morganito *[Hauptfundorte: Brasilien u. Madagaskar]*

morgen *Adv* morgaŭ; ~ ***Abend*** morgaŭ vespere; ~ ***früh***, *auch* ~ ***Früh*** morgaŭ matene; ~ ***Nachmittag*** morgaŭ posttagmeze; ~ ***oder übermorgen*** morgaŭ aŭ postmorgaŭ; ***bis*** ~***!*** *grußformelartig* ĝis morgaŭ!; ***die Welt von*** ~ la morgaŭa (*od* futura) mondo ◇ ~ ***sehen wir weiter*** morgaŭ frue venos plue *(Zam)*

[1]**Morgen** *m* mateno (↑ *auch* ***Tagesanbruch***); ***am*** ~ en la mateno, matene; ***sehr früh am*** ~ tre frue en la mateno; *vor Sonnenaufgang auch* antaŭ sunleviĝo; ***am nächsten*** (*od* ***darauf folgenden***) ~ en la venonta (*od* sekva) mateno, *auch* venontan matenon *od* sekvamatene; ***eines*** ~***s*** iun matenon, *umg* iumatene; ***den ganzen*** ~ ***[lang]*** la tutan matenon; ***gegen*** ~ ĉirkaŭ la mateno; ***guten*** ~***!*** bonan matenon!; ***heute*** ~ hodiaŭ matene; ***jeden*** ~ ĉiun matenon *od* ĉiumatene; ***vom*** ~ ***bis zum Abend*** de mateno ĝis vespero; ***zu früh am*** ~ tro frue en la mateno; ***zu*** ~ ***essen*** *<schweiz> für «frühstücken»* matenmanĝi

[2]**Morgen** *m ein altes Feldmaß* [germana] akreo

[3]**Morgen** *n die Zukunft*: ***das*** ~ la morgaŭo

Morgen|andacht *f Kirche* matena preĝo; ~**appell** *m bes. Mil* matena apelo; ~**ausgabe** *f Ztgsw* matena eldono; ~**dämmerung** *f od* ~**grauen** *n* matena krepusko, mateniĝo *od* tagiĝo

morgendlich *Adj am Morgen geschehend* [dum]matena, okazanta matene

Morgen|dunst *m* frumatena nebulaĵo; ~**essen** *n <schweiz> für «Frühstück»* matenmanĝo; ~**gebet** *n* matena preĝo; ~**gottesdienst** *m* matena diservo

Morgengrauen *n* ↑ ***Morgendämmerung***

Morgen|gymnastik *f* [fru]matena gimnastiko *od* matengimnastiko, *(nach dem Wachwerden)* postvekiĝa gimnastiko; ~**hore** *f od* ~**lob** *n, auch* ***Laudes*** *f/Pl kath. Kirche* matena laŭdo; ~**kleid** *n od* ~**rock** *m, auch* ***Negligé*** [...ˈʒeː] *n* matena robo, *auch* negliĝo; ~**land** *n veraltet für «Orient»* [landoj de la] oriento (*vgl. dazu* ***Orient***)

morgenländisch *Adj* orientlanda

Morgenlicht *n* matena lumo

Morgenluft *f* [fru]matena aero ◇ ***er wittert*** ~ *er ahnt einen Vorteil für sich* li supozas avantaĝon por si; *er schöpft wieder Hoffnung* li ree ekesperas

Morgen|messe *f Kirche* matena meso, *auch* matenmeso; ~**muffel** *m umg für «jmd., der morgens nach dem Aufstehen mürrisch ist»* matena grumblulo; ~**nebel** *m Met* [fru]matena nebulo

Morgenrock *m* ↑ ***Morgenkleid***

Morgen|rot *n od* ~**röte** *f* matenruĝo (***über*** super), *bes. poet* aŭroro; ***die Morgenröte zieht auf*** leviĝas la matena ruĝo

morgenrotfarben *Adj wie Morgenrot glänzend* aŭrora

morgens *Adv am Morgen* matene, en la mateno; *jeden Morgen* ĉiumatene; ***[sehr] früh am*** ~ [tre] frue en la mateno (↑ *auch* ***frühmorgens***); ***um vier Uhr*** ~ je la kvara [horo] matene; ***von*** ~ ***früh bis spät[abends]*** de frumatene ĝis malfrue en la vespero

Morgen|sonne *f* matena suno; ~**spaziergang** *m* matena promeno; ~**steifigkeit** *f Med* matena rigideco; ~**stern** *m Astron* matena stelo, *auch* matenstelo

Morgenstunde *f* matena horo ◇ ~ ***hat Gold im Munde*** matena horo estas plena de oro *(Zam)*

Morgentau *m* matena roso

Morgentemperatur *f* ↑ ***Basaltemperatur***

Morgen|wache *f (Wachdienst am Morgen)* matena gardodeĵoro, *(Zeitraum der Morgenwache)* matena gardotempo; ~**zeitung** *f* matena gazeto; ~**zug** *m Eisenb* matena trajno

morgig *Adj* morgaŭa; ***der*** ~***e Tag*** la morgaŭa tago

Morgue *f* ↑ ***Leichenschauhaus***

moribund *Adj nur Fachspr Med für «im Sterben liegend»* moribunda *i.w.S. auch geh für «[dahin]sterbend»*

Moringabaum *m Bot* ↑ ***Meerrettichbaum***
Morion *m Min (tiefbrauner Quarz)* moriono (↑ *auch* ***Rauchquarz***)
Morisken *m/Pl, span.* ***moriscos*** *span. Gesch (die nach der Reconquista in Spanien zurückgebliebenen Mauren, die meist zwangsgetauft, [äußerlich] Christen geworden waren)* moriskoj *Pl*; ***Kunst*** *f* ***der*** ~ hispanomaŭra arto
Moritat *f* murdobalado
Moritatensänger *m* kantisto de murdobaladoj
Moritz (*m*), *<österr> auch* ***Moriz*** *männl. Vorname* Morico *auch Name von dt. Fürsten (Oranien, Sachsen)*
Moritzburg (*n*) *ehemaliges Jagdschloss der sächsischen Kurfürsten, nördl. von Dresden* Moricburgo *<heute Barock-Museum u. Käthe-Kollwitz-Gedenkstätte>*
Mormone *m Rel (Angehöriger einer nordamerikan. Glaubensgemeinschaft)* mormono (↑ *auch* ***Josephiten***)
Mormonen|kirche *f, auch* ***Kirche Jesu Christi der Heiligen der Letzten Tage*** *(als Glaubensgemeinschaft)* mormona eklezio; ~**tempel** *m* mormona templo
Mormonentum *n Rel* mormonismo
Mormonin *f Rel* mormonino
mormonisch *Adj* mormona
Mornellregenpfeifer *m* (Eudromias morinellus) *Orn* morinelo
Morón (*n*) *eine argentinische Stadt im westl. Einzugsbereich von Buenos Aires* Morono
Moroni [...*'ni*] (*n*) *Hptst. der Komoren [auf Grande Comore]* Moronio
Morphem *n, auch* ***Monem*** *n Ling (kleinste bedeutungstragende Spracheinheit)* morfemo, *auch* monemo *<von einigen Linguisten wird ‹Monem› an Stelle von ‹Morphem› verwendet>* (↑ *auch* ***Grundmorphem***); ***grammatisches*** (***lexikalisches***, ***terminologisches***) ~ gramatika (leksika, terminologia) morfemo
Morphematik *od* **Morphemik** *f Ling (Wissenschaft von den Morphemen)* morfemiko
Morpheus (*m*) *griech. Myth (Gott der Träume)* Morfeo ◇ ***in Morpheus' Armen sein*** *bildh für «schlummern»* esti en la brakoj de Morfeo
Morphin *n* ↑ ***Morphium***
Morphinismus *m Med* ***a)*** *[chronische] Morphinvergiftung* morfinismo ***b)*** ↑ ***Morphiumsucht***
Morphinismusbehandlung *f Med* ↑ ***Morphiumentzug***
Morphinist *m* ↑ ***Morphiumsüchtige***
Morphinvergiftung *f Med*: ***chronische*** ~ kronika toksiĝo per norfino
Morphium *n, auch* ***Morphin*** *n Hauptalkaloid des Opiums* morfino (↑ *auch* ***Apomorphin***); ~**entzug** *m, auch* ***Morphinismusbehandlung*** *f Med* demorfinizo; ~**spritze** *f Med* morfininjekto; ~**sucht** *f, auch* ***Morphinomanie*** *od* ***Morphinismus*** *Med* morfinomanio
morphiumsüchtig *Adj* morfinomania
Morphiumsüchtige *m, auch* ***Morphinist*** *m* morfinomaniulo
Morphogenese *od* **Morphogenesis** *f Naturw (1. ein Zweig der Geomorphologie, der die Prozesse erklärt, die zur Herausbildung der Oberflächenformen führen 2. Biol: Formentwicklung von Lebewesen)* morfogenezo
morphogenetisch *Adj Naturw (gestaltbildend)* morfogeneza
Morphologie *f* ***a)*** *auch* ***Gestaltlehre*** *Biol* morfologio ***b)*** *auch* ***Formenlehre*** *f Ling* morfologio *auch Naturw*
morphologisch *Adj die Morphologie betreffend bzw. zu ihr gehörig, die Gestalt od Form betreffend* morfologia
Morphophonologie *f Ling (sprachwissenschaftliche Disziplin, die die Beziehungen zw. Phonologie u. Morphologie untersucht)* morfofonologio
Morphotaktik *f Ling ([nach Bloomfield:] die Gesetzmäßigkeiten der Morphemkombinierbarkeit)* morfotaktiko
Morra *f* ↑ ***²Mora***
morsch *Adj baufällig* kaduka; *spröde, brüchig* rompiĝema; *faulend* putranta, *verfault* putrinta; *übertr* kaduka, putra, malfortika
Morse|alphabet *n* morsa alfabeto; ~**apparat** *m* mors-aparato; ~**code** *m* morsa kodo
Morselampe *f* ↑ ***Morsesignallampe***
morsen ***a)*** *tr* morsi ***b)*** *intr (bes. abs)* signali per mors-aparato
¹Mörser *m, auch* ***Reibschale*** *f Gefäß zum Zerkleinern harter Stoffe mit dem Stößel (auch in der Labortechnik)* pistujo; ~ ***und Stößel*** pistujo kaj pistilo; ***etw. im*** ~ ***zerstoßen und dabei gleichzeitig mischen*** pisti kaj samtempe miksi ion [en la pistujo], *auch kurz* pistomiksi ion
²Mörser *m Mil* bombokanono; *Granatwerfer* grenadĵetilo
Mörserstößel *m, auch* ***Pistill*** *n* pistilo

Morse|**[signal]lampe** *f* morsa lumilo; ~**taste** *f* morsa klavo; ~**zeichen** *n* morsa signalo

Mortadella *f Nahr (eine Wurstsorte)* mortadelo

Mortalität *f Med* ***a)*** *Sterblichkeit* morteco ***b)*** *Sterblichkeitsziffer* mortokvanto

Mörtel *m, reg* ***Speis*** *m, <österr> umg* ***Malter*** *m Bauw* mortero (↑ *auch* ***Injektions-***, ***Kalk-***, ***Kunststoff-***, ***Plast-***, ***Polymer[isations]-*** *u.* ***Zementmörtel***); ***hydraulischer*** ~ *od* ***Wassermörtel*** *m* hidraŭlika mortero

Mörtel|**biene** *f, auch* ***gemeine Mauerbiene*** *f* (Chalicodoma muraria) *Ent* masona abelo, *auch* mur-abelo; ~**kasten** *od* ~**kübel** *m Bauw* mortertrogo; ~**kelle** *f Handw* mortertrulo; ~**mischer** *m od* ~**mischmaschine** *f* mortermiksilo *od* mortermiksmaŝino; ~-**pumpe** *f* morterpumpilo; ~**sand** *m* mortersablo

Morula *f, auch* ***Maulbeerkeim*** *m Biol (eine Entwicklungsstufe des Embryos [frühes Keimentwicklungsstadium])* morulo (*vgl. dazu* ***Blastula*** *u.* ***Gastrula***)

Morulation *f, auch* ***Maulbeerkeimbildung*** *f Biol* estiĝo de [la] morulo

Morus (*m*) *Eig (engl. Humanist u. Staatsmann [1477-1535])* Moruso

Mosaik *n* mozaiko *auch Genetik u. Gynäkologie*; ~**fenster** *n* mozaika fenestro; ~**fußboden** *m* mozaika planko (↑ *auch* ***Kosmaten-Fußboden***); ~**krankheit** *f Phytopathologie* mozaikmalsano (↑ *auch* ***Tabakmosaikkrankheit***); ~**parkett** *n* mozaika pargeto

mosaisch *Adj 1. i.e.S.: auf Mose bezogen bzw. von Mose 2. i.w.S.: jüdisch* mosea

Mosambik (*n*), *portugies.* ***Moçambique*** *ein Staat in Ostafrika* Mozambiko *[Hptst.: Maputo]*

Mosambikaner *m* mozambikano

Mosambikanerin *f* mozambikanino

mosambikanisch *Adj* mozambika

Mosambik|**girlitz** *m* (Crithagra mozambica) *Orn* mozambika (*od* flavfrunta) serino *[Vorkommen: Afrika südl. der Sahara]*; ~-**Speikobra** *f* (Naja mossambica) *Zool* mozambika najo

Moschaw *m* ↑ ***Moshav***

Moschee *f islamisches Gotteshaus, in dem sich die Gläubigen täglich fünfmal zum Gebet versammeln* moskeo (↑ *auch* ***Al-Aqsa-*** *u.* ***Omar-Moschee***); ~**wächter** *m* moskeogardisto

Moschus *m ein Riechstoff* mosko; ***nach*** ~ ***riechen*** odori je mosko

Moschus|**duft** *m, auch* ***Moschusgeruch*** *m* moska odoro *od* mosk[o]odoro; ~**ente** *f* (Cairina moschata) *Orn* moska kairino (↑ *auch* ***Weißflügelmoschusente***); ~**gauklerblume** *f* (Mimulus moschatus) *Bot* moska mimulo

Moschusgeruch *m* ↑ ***Moschusduft***

Moschushirsch *m, auch* ***Moschustier*** *n Zool* moskulo, *auch* moskocervo *od* moskobesto (*vgl. dazu* ***Kantschil***); ***sibirisches Moschustier*** (Moschus moschiferus) siberua moskulo; ***Kaschmir-Moschustier*** (Moschus cupreus) kaŝmira moskulo *[Vorkommen: Kaschmir, NO-Pakistan, Nuristan]*; ***[Unterfamilie der]*** ~***e*** *Pl* (Moschinae) moskulenoj *Pl*

Moschuskraut *n* (Adoxa moschatellina) *Bot* [moska] adokso, *pop* moskokubeto

Moschuskrautgewächse *n/Pl Bot*: ***[Familie der]*** ~ (Adoxaceae) adoksacoj *Pl*

Moschus|**kürbis** *m, auch* ***Bisamkürbis*** *m od* ***Butternuss*** *f* (Cucurbita moschata) *Bot* moska kukurbo; ~**malve** *f* (Malva moschata) *Bot* moska malvo; ~**ochse** *m* (Ovibos moschatus) *Zool* ovibovo, *pop* moskobovo *[Vorkommen: Grönland u. arktisches Nordamerika]*; ~**reiherschnabel** *m* (Erodium moschatum) *Bot* moska erodio; ~**rose** *f* (Rosa moschata) *Bot* moska rozo

Moschusschildkröte *f Zool*: ***gewöhnliche*** ~ (Sternotherus odorata) moska testudo *[Vorkommen: östl. u. südöstl.Nordamerika]*; ***kleine*** ~ (Sternotherus minor) malgranda moska testudo

Moschusspitzmaus *f, auch* ***asiatische Hausspitzmaus*** *f* (Suncus murinus) *Zool* bruna sunko

Moschustier *n Zool* ↑ ***Moschushirsch***

Möse *od* **Muschi** *f, derb* ***Fotze*** *f, <schweiz>* ***Futz*** *f sex* piĉo

Mosel *f ein Nebenfluss des Rheins* [rivero] Mozelo; ~**tal** *n* valo de [la rivero] Mozelo; ~**wein** *m* mozela vino *od* mozelvino

Moses (*m*), *ökumenisch* ***Mose*** (*m*), *arab.* ***Musa*** *bibl Eig: jüd. Gesetzgeber im Alten Testament* Moseo; ***die fünf Bücher Mosis*** (*od* ***des Moses*** *od* ***Mose***) la kvin libroj de Moseo (*vgl. dazu* ***Pentateuch*** *u.* ***Thora***)

Moshav *m, auch* ***Moschaw*** *m Genossenschaftssiedlung von Klein- u. Mittelbauern in Israel mit Privatbesitz* moŝavo (*vgl. dazu* ***Kibbuz***)

Moskau (*n*), *russ.* ***Moskwa*** *Hptst. von Russ-*

land Moskvo

Moskauer *m* ***a)*** *veraltend auch* ***Moskowiter*** *m Bewohner von Moskau* moskvano ***b)*** *attr*: ~ ***Glas*** *n Min* ↑ ***Muskovit***

moskauisch, *auch* ***moskowitisch*** *Adj* moskva; *aus Moskau* el Moskvo

Moskito *m Ent (tropische Stechmücke)* moskito (*vgl. dazu* ***Malariamücke***); ~**larve** *f* moskitolarvo

Moskitonetz *n* moskitoreto; *Mückenschleier* kulvualo; ***unter dem ~ schlafen*** dormi sub [la] moskitoreto

Moskitotüll *m Textil* moskitotulo

Moskowiter *m* ↑ ***Moskauer***

moskowitisch ↑ ***moskauisch***

Moskwa *f* ***a)*** *linker Nebenfluss der Oka [durchfließt Moskau]* Moskvo-rivero ***b)*** ↑ ***Moskau***

Moslem *m* ↑ ***Muslim***

moslemisch ↑ ***muslimisch***

Mossul (*n*), *arab.* ***Al-Mausil*** *Hptst. der nordirakischen Provinz Ninive* Mosulo

Most *m* ***a)*** *frisch gepresster, unvergorener Fruchtsaft, bes. Traubensaft* mosto (↑ *auch* ***Süß-*** *u.* ***Traubenmost***) ***b)*** *<österr> u. reg für «Apfelwein»* pomvino, cidro; ~**apfel** *m* pomo [taŭga] por fari cidron

Mostar (*n*) *alte Hptst. der Herzegowina [an der Neretva]* Mostaro

Mosterei *f* mostfarejo

Mostrich *m reg* mustardo (↑ *auch* ***Senf***)

Motel *n Hotel an der Autobahn* motelo

Motette *f Mus (geistliches Chorwerk)* moteto

Motilität *f Bewegungsvermögen* kapablo moviĝi; *Beweglichkeit [bes. von Muskeln]* movebl[ec]o

Motiv *n* motivo *auch einer Geschichte od eines Romans bzw. für einen Mord* (↑ *auch* ***Tatmotiv***); *Thema* temo; *Grund* kaŭzo (↑ *auch* ***Beweggrund*** *u.* ***Ursache***); ***aus persönlichen ~en*** pro personaj motivoj; ***ohne erkennbarbares ~*** sen evidenta motivo

Motivation *od* **Motivierung** *f* motivado

Motivator *m Sache, die motiviert* motivilo; *Person, die motiviert* motivanto

motivgleich *Adj* sammotiva

motivieren *tr* motivi (*vgl. dazu* ***anspornen, begründen*** *u.* ***rechtfertigen***)

Motiviertheit *f* motiviteco

Motivierung *f* ↑ ***Motivation***

Motivsammlung *f Philat* laŭtema kolekto

Moto-Cross *n eine Motorrad- u. Quad-Sportart* motokroso

Motodrom *n Rennstrecke für den Auto- u. Motorradsport mit ovaler Trassenführung [in USA z.B. Indianapolis, in Deutschland z.B. Hockenheim]* motodromo

Motor *m* ***a)*** *Tech* motoro; *Benzin*~ benzina motoro (↑ *auch* ***Außenbord-***, ***Diesel-***, ***Elektro-***, ***Gleichstrom-***, ***Heck-***, ***Kolben-***, ***Raketen-***, ***Rotations-***, ***Stern-***, ***Verbrennungs-***, ***Vierzylinder-*** *u.* ***Wankelmotor***); ***den ~ anlassen*** (*od* ***starten***) ekfunkciigi (*od* startigi) la motoron; ***der ~ setzt aus*** (***springt nicht an***, ***stottert***, ***klopft***) la motoro balbutas (ne startas, tusas, frapas) ***b)*** *übertr (treibende Kraft, Seele [z.B. eines Unternehmens])* motoro; ***er wurde zum [eigentlichen] ~ dieser Vereinigung*** li iĝis la [vera] motoro de tiu societo (*bzw.* asocio)

Motor|antrieb *m* motorpropulso; ~**block** *m Kfz* motorbloko

Motorboot *n Mar* motorboato; ~**rennen** *n Sport* motorboata konkurso; ~**sport** *m wettkampfmäßige Form des Motorbootfahrens* motorboata sporto

Motor|defekt *m* motordifekto; *Motorpanne* motora paneo; ~**draisine** *f, auch* ***Gleiskraftwagen*** *m Eisenb* motordrezino

Motoren|bau *m* konstruado de motoroj; ~**geräusch** *n* sono de motoro(j); ~**lärm** *m* bruo de motoro(j); ~**öl** *n ein Schmiermittel* motora lubrik-oleo

Motor|fähre *f Flussschifffahrt* motorpramo; ~**fahrrad** *n* (*Kurzw* ***Mofa*** *n*), *<schweiz>* ***Motorvelo*** *n Fahrrad mit Hilfsmotor* motorbiciklo; ~**fahrzeug** *n bes. <schweiz> für «Kraftfahrzeug»* motorveturilo (↑ *auch* ***Quad***); ~**generator** *m El* motora generatoro, dinamotoro; ~**haube** *f Kfz* kapoto

Motorik *f Bewegungsvermögen* kapablo moviĝi *od* movokapablo, *auch* movopovo (↑ *auch* ***Bewegungslehre***)

motorisch *Adj Anat,Physiol* motora; ~***er Nerv*** *m* (Nervus motorius) *Anat* motora nervo

motorisieren *tr* motorizi; ***motorisierte Division*** *f Mil* motorizita divizio

Motorisierung *f* motoriz[ad]o

Motor|jacht *f Mar* motorjakto, *auch* motora jakto; ~**kettensäge** *f Handw* motor-ĉensegilo; ~**leistung** *f* motora povumo (*od* forto); ~**panne** *f* motora paneo *od* paneo de motoro; ~**pflug** *m Landw* traktorplugilo

Motorrad *n*, *<schweiz> kurz für «Motorrad»* ***Moto*** *n*, *dial* ***Töff*** *n* motorciklo; ~ ***mit Beiwagen*** motorciklo kun kromĉaro; ***er fährt***

mit dem ~ li veturas per [la] motorciklo

Motorrad|fahrer *m*, <*schweiz*> *dial* ***Töfffahrer*** *m* motorciklisto; ~**rennen** *n Sport* motorcikla konkurso; ~**unfall** *m* motorcikla akcidento

Motor|roller *m*, *auch* ***Scooter*** *m Kfz* skotero (↑ ***Kabinenroller***); ~**säge** *f* motorsegilo; ~**schaden** *m* motora difekto (*od* paneo) *od* paneo de motoro; ~**schiff** *n* (*Abk* ***MS***) motorŝipo, dizelmotora ŝipo; ~**schlitten** *m*, *auch* ***Schneemobil*** *n* motorsledo; ~**sport** *m* motorsporto; ~**takt** *m Tech* ciklo

Motorvelo *n* ↑ *unter* ***Fahrrad***

Motorwinde *f Tech* motorvinĉo

Motown [Sound] [*'moutaun saund*] *m Mus (eine Stilvariante des Soul)* motaŭno

Motschekiebchen *n reg für* ***Marienkäfer*** [↑ *dort*]

Motte *f*, <*schweiz*> *u. reg* ***Schabe*** *f* (*Ordnung* Tinea) *Ent* tineo (↑ *auch* ***Kartoffel-***, ***Kleider-***, ***Korn-*** *u.* ***Mehlmotte***); ***[Familie der]*** ~***n*** *Pl* (Tineidae) tineedoj *Pl*, *auch* moteoj *Pl*; ***von*** ~***n zerfressen [sein]*** [esti] tramanĝita de tineoj

mottenfest *Adj* tineoimuna, tineorezista

Motten|fraß *m* truo(j) kaŭzita(j) de tineoj; ~**kugel** *f* naftalenbuleto [kontraŭ tineoj]; ~**pulver** *od* ~**schutzmittel** *n* insekticido kontraŭ tineoj

Mottenschildläuse *f/Pl*: ***[Familie der]*** ~ (Aleurodidae) *Ent* aleŭrodedoj *Pl*

mottenzerfressen *Adj* difektita (*od* tramanĝita) de tineoj

Motto *n Leit- od Wahlspruch* moto; *Losung* devizo (*vgl. dazu* ***Devise*** *u.* ***Maxime***)

Mottsumpfhuhn *n*, *auch* ***kleines Sumpfhuhn*** *od* ***Kleinralle*** *f* (Porzana parva) *Orn* malgranda porzano (↑ *auch* ***Zwergralle***)

mouillieren [*mu'ji:...*] *tr Phon (erweichen, d.h. ein «j» nachklingen lassen, bes. in der span. u. franz. Sprache)* moligi

Moulmein (*n*) *eine Hafenstadt in Myanmar [an der Mündung des Saluën]* Mulmejno

Mountain|bike [*'mauntnbaik*] *n* mont[o]biciklo; ~**biker** *m* mont[o]biciklisto; ~**biking** *n* montobiciklado

Mount Everest *m* ↑ ***Everest***

Mount Rainier *m ein erloschener Vulkan südlich von Seattle/USA* Rajniera Monto

Mourad (*m*) ↑ ***Murad***

Mouse [*maus*] *f EDV* ↑ ***²Maus***

Mouseclick *m EDV* ↑ ***Mausklick***

Moussaka *od* **Mussaka** *n od f Kochk (Auflauf aus Hackfleisch, Auberginen u.a.)* musako *[üblich bes. in Bulgarien u. Griechenland]* (*vgl. dazu* ***²Auflauf***)

Mousseline *f Textil* ↑ ***Musselin***

Moustérien [*muster'jɛ̃*] *n eine Kulturstufe der älteren Altsteinzeit* musterio <*so benannt nach den Höhlenfunden bei Le Moustier/Südfrankreich*>

Möwe *f Orn* mevo (↑ *auch* ***Anden-***, ***Armenier-***, ***Azteken-***, ***Bering-***, ***Blutschnabel-***, ***Bonaparte-***, ***Braunkopf[lach]-***, ***Dominikaner-***, ***Dreizehen-***, ***Dünnschnabel-***, ***Eis-***, ***Elfenbein-***, ***Fisch-***, ***Franklin-***, ***Gelbfuß-***, ***Grau-***, ***Graukopf-***, ***Hemprich-***, ***Herings-***, ***Kamtschatka-***, ***Korallen-***, ***Japan-***, ***Lach-***, ***Mantel-***, ***Pazifik-***, ***Polar-***, ***Raub-***, ***Relikt-***, ***Ringschnabel-***, ***Schwalben-***, ***Schwarzkopf-***, ***Silber-***, ***Steppen-***, ***Sturm-***, ***Tundra-***, ***Weißaugen-*** *u.* ***Zwergmöwe***); ***kalifornische*** ~ (Larus californicus) kalifornia mevo; ***[Familie der]*** ~***n und Seeschwalben*** (Laridae) laredoj *Pl*

Möwen|kolonie *f* kolonio de mevoj; ~**schrei** *m* mevokrio *od* krio de mevo

Möwenvögel *m/Pl Orn*: ***[Ordnung der]*** ~ (Lariformes) laroformaj [birdoj] *Pl*

Moxa *f*, *auch* ***Brennkraut*** *n Med* mokso; ~**kegel** *m* moksokonuso; ~**nadel** *f* moksonadlo

Moxibustion *f Med (eine altchinesische Behandlungsmethode, durch Einbrennen von Moxa in bestimmte Hautstellen Heilwirkungen zu erzielen)* moksokaŭterizo, *pop auch* moksbrulo; ***Akupunktierpunkte*** *m/Pl* ***für*** ~ moksaj punktoj *Pl*

Mozaraber *m/Pl Gesch (Angehörige der «arabisierten» spanischen Christen der Maurenzeit)* mozaraboj *Pl*

mozarabisch *Adj*: ~***er Stil*** *m Buchmalerei, Kirchenarchitektur* mozaraba stilo

Mozart (*m*) *Eig (dt.-österreichischer Komponist [1756-1791])* Mozarto

Mozzarella[käse] *m Nahr (ein italienischer Käse aus Büffel- od Kuhmilch)* mocarelo

MP *od* **Mpi** = *Abk für* ***Maschinenpistole***

MP3|-Player *m Mus* MP3-ludilo; ~**-Technik** *f* MP3-tekniko

MPa = *Zeichen für* ***Megapascal***

MR = *Abk für* ***Medizinalrat***

Mrd. = *Abk für* ***Milliarde(n)***

MRT = *Abk für* ***Magnetresonanztomografie***

ms = *Abk für* ***Millisekunde***

m/s *u.* **m/sek** = *Zeichen für* ***Metersekunde***

Ms. *od* **Mskr.** = *Abk für* ***Manuskript***

¹MS = *Abk für* ***Motorschiff***

²MS = *fachsprachl. Abk für* ***multiple Sklerose***

Msgr. ↑ ***Mgr.***

Mt = *Zeichen für* ***Megatonne***

MT = *fachsprachl. Abk für* ***manuelle Therapie*** [↑ *unter* ***Therapie***]

mtl. = *Abk für* ***monatlich***

Muay Thai *n* ↑ ***Thai-Boxen***

Mucilaginosum *n Pharm (ein schleimiges Arzneimittel [meist Gummen od Pflanzenschleime enthaltend])* mucilago *<enthält einhüllende Quellstoffe zum Schutz der Schleimhäute, bes. des Magens>*

Mucin *od* **Muzin** *n, auch* ***Schleimstoff*** *m Sekret der Schleimhäute (z.B. Speichel) od von Hautdrüsen, Schmierstoff in Gelenken u. an Sehnen od Kittstoff im Bindegewebe* mucino (*vgl. dazu* ***Pflanzenschleim***)

Mucius (*m*) *Eig (ein altrömisches Plebejergeschlecht)* Mucio; ~ ***Scaevola*** (*m*) *Eig (altrömischer Jurist u. Lehrer Ciceros [† 82 v. Chr.])* Mucio Skevolo

Mucke *f Grille, Laune* kapricо; *Sonderlichkeit* strangaĵo (*vgl. dazu* ***Extravaganz***); ***er hat seine ~n*** li havas siajn kapricojn; ***die Sache hat ihre ~n*** *ist nicht ohne Schwierigkeiten* la afero ne estas sen malfacilaĵoj

Mücke *f Ent* (Culex *u. verwandte Gattungen*) kulo; *Malaria*≗ (Anopheles) anofelo, malaria moskito (↑ *auch* ***Gelbfieber-***, ***Haar-***, ***Kriebel-***, ***Malaria-***, ***Stechmücke***, ***Moskito*** *u.* ***Schnake***) ◇ ***aus einer ~ einen Elefanten machen*** fari el muso elefanton *(Zam)*

Muckefuck *m umg für «Ersatzkaffee» od «sehr dünner Kaffee»* kafsurogato *od* akveca kafo, ege malforta kafo

Mückengaze *f* gazo kontraŭ kuloj *od* kuloprotekta gazo (***am Fenster*** sur la fenestro)

Mückenhändelwurz *f Bot* ↑ *unter* ***Händelwurz***

Mückenlarven *f/Pl* kulolarvoj *Pl*

Mückennetz *n* = ***Moskitonetz***

Mücken|schleier *m* kul[o]vualo; ~**schwarm** *m* svarmo da kuloj; ~**stich** *m* piko de kulo (*bzw.* anofelo), kulopiko

Mucks *m* ◇ ***er sagte keinen ~*** li ne movis la buŝon, li diris ne unu vorteton, *auch* li [tute] ne movis la buŝon; ***er tat keinen ~*** *od* ***er muckste sich nicht*** *er saß unbeweglich da* li sidis tute senmove; *er bewegte keinen Finger* eĉ fingron li ne movis

mucksen *intr*: ***er muckste sich nicht*** ↑ *unter* ***Mucks***

mucksmäuschenstill *Adv* absolute silentega; ~ ***dasitzen*** sidi [tie] kaj diri eĉ ne vorteton, *(Zam) auch* sidi kiel muso sub balailo

Mud *m reg (norddt.) für «Schlamm» od «Morast»* [↑ *dort*]

müde *Adj* ***a)*** laca; *i.e.S. (schläfrig)* dormema; *i.w.S. (erschöpft, fertig, k.o.)* elĉerpita (↑ *auch* ***hundemüde***, ***kraftlos***, ***matt***, ***schlapp*** *u.* ***todmüde***); ~ ***machen*** lacigi; ~ ***werden*** laciĝi; ***einer Sache ~ sein*** *überdrüssig sein* tediĝi pri io; ***sich ~ fühlen*** senti sin laca; ***sich ~ laufen*** marŝi (*od* piediri) ĝis laciĝo ◇ ***zum Umfallen ~ sein*** esti terure lacega ***b)*** *überdrüssig*: ***einer Sache ~ sein*** esti [tro] tedita de io

Mudéjaren *m/Pl Gesch (nach der christlichen Rückeroberung des Landes in Spanien verbliebene Mauren)* mudeĥaroj *Pl*

Mudéjarstil *m Kunst (Bau- u. Dekorationsstil des 14./15. Jh. in Spanien)* mudeĥara stilo

Müdigkeit *f* lac[ec]o; *das Ermüden, Müdewerden* laciĝo (↑ *auch* ***Ermüdung*** *u.* ***Frühjahrsmüdigkeit***); *Überdruss* tedo; ***vor ~ umfallen*** fali pro laciĝo ◇ ***nur keine ~ vorschützen!*** ne haltu!, antaŭen! *od* ne paŭzu, ek [al la laboro]!

Müdigkeitsgefühl *n* sento de laceco *od* lacosento

Mudschahedin *m/Pl* (*Sg:* ***Mudschahed***) *(Islamische Glaubenskämpfer, Freischärler [im islamischen Raum])* muĝahedoj *Pl*

Müesli *n Nahr* ↑ ***Müsli***

Muezzin *m islamischer Gebetsrufer, der vom Dach od vom Minarett der Moschee fünfmal täglich die Gläubigen zum Gebet auffordert <heute häufig durch Tonband u. Lautsprecher ersetzt>* muezino

¹Muff *m zum Wärmen beider Hände [meist aus Pelz]* mufo [el pelto]

²Muff *m reg für «Schimmel»* ŝimo

Muffe *f, auch* ***Mantelrohr*** *n Tech* mufo (↑ *auch* ***Kabel-***, ***Kupplungs-*** *u.* ***Rohrmuffe***); ***mit einer ~ versehen*** provizi per mufo, *auch kurz* mufi ◇ ~ (*od* ***Muffensausen***) ***haben*** *Angst haben* havi (*od* senti) timon

¹Muffel *m umg für «mürrischer Mensch»* grumblulo (↑ *auch* ***Morgenmuffel***)

²Muffel *f Tech (verschließbares, feuerfestes Gefäß zum Erhitzen von Gegenständen unter Luftabschluss u. zum Schutz vor der direkten Flamme [bes. für empfindliche Keramik])* muflo; ***in der ~ erhitzen*** (***trocknen***) varmigi (sekigi) en muflo, mufli

[3]Muffel ***a)*** *n Zool* ↑ ***Mufflon*** ***b)*** *m Jägerspr (kurze Schnauze)* kurta muzelo

muffelig *Adj reg für «mürrisch»* grumblema

[1]muffeln *intr mürrisch sein* grumbli, esti grumblema

[2]muffeln *od* **müffeln** *intr muffig riechen* mucide odori

Muffelofen *m* mufloforno <*Einsatz im Labor, in der Zahntechnik u.a.*> (*vgl. dazu* ***[2]Muffel***)

Muffenkupplung *f Tech* mufa kluĉilo

Muffensausen *n umg für «Angst»* timo (↑ *auch unter* ***Muffe***)

Muffenverbindung *f z.B.von Rohren* mufa junto

[1]muffig *reg für «mürrisch»* grumblema

[2]muffig *Adj dumpf, nach [2]Muff od [2]Schimmel riechend* mucida (*vgl. dazu* ***mod[e]rig***)

Muffigkeit *f* mucid[ec]o

Muffin [*ˈmafin*] *m ein Kleingebäck* mufeno

Mufflon *m, auch* ***Muffel*** *n* (Ovis [orientalis] musimon = Ovis ammon musimon) *Zool (ein europäisches Wildschaf)* muflono <*ursprünglich auf Korsika u. Sardinien*>; ***armenischer*** ~ (Ovis orientalis gmelin) armena muflono

Mufti *m islamischer Rechtsgelehrter, der das Recht offiziell auslegt u. Rechtsgutachten [Fetwa] erteilt* muftio

Mugel *m* ↑ ***Hügel a)***

mug[e]lig ↑ ***hüg[e]lig***

Mühe *f* peno (*vgl. dazu* ***Anstrengung***; ↑ *auch* ***Mühewaltung***); *das Abmühen* penado; *Bemühung* klopodo; *i.w.S. Schwierigkeit* malfacilaĵo; ~ ***haben zu ...*** havi penon ...; ***es ist nicht der*** ~ ***wert*** [ĝi] ne valoras la penon (***dass*** ke); ***keine*** ~ ***scheuen*** ne ŝpari penon (*vgl. dazu* ***sich abrackern***); ***sich große*** ~ ***geben*** penegi, [tre]ege klopod[ad]i; ***er ist ein Schüler, der sich wirklich*** ~ ***gibt*** (*od* ***der sich anstrengt***) li estas vere penema lernanto ◇ ***er hat weder*** ~ ***noch Geld gescheut*** li ne domaĝis (*od* ŝparis) monon nek penon *(Zam)*; ***mit Müh und Not*** pene apenaŭ; *mit letzter Kraft* per lasta forto

mühelos 1. *Adj* senpena; *leicht* facila **2.** *Adv* senpene *od nachgest* sen peno; *leicht* facile

Mühelosigkeit *f* senpeneco; *Leichtigkeit* facil[ec]o

muhen *intr Kuh, Wasserbüffel* muĝi

mühen, sich *refl* peni, *(dauernd od wiederholt)* penadi; *sich bemühen* klopod[ad]i; *hart arbeiten* [ege] streĉe labori

mühevoll *Adj voller Mühen* pen[o]plena *od nachgest* plena de peno(j); *Mühe bereitend* peniga (↑ *auch* ***schwer*** *u.* ***schwierig***)

Mühewaltung *f geh für* ***Mühe*** [↑ *dort*]; *bes. Briefstil: freundliches Entgegenkommen* afabla komplezemo, *Wohlwollen* bonvol[em]o (↑ *auch* ***Hilfsbereitschaft*** *u.* ***Verständnis***)

Mühl|bach *m* mueleja rivereto; ~**damm** *m, auch* ***Mühlwehr*** *n* mueldigo

Mühle *f* ***a)*** muelejo (↑ *auch* ***Dampf-***, ***Getreide-***, ***Öl-***, ***Papier-***, ***Reis-***, ***Senf-*** *u.* ***Wassermühle***); *Wind*~ ventmuelejo (↑ *auch* ***Bockmühle***); *Hausw* muelilo (↑ *auch* ***Gewürz-***, ***Kaffee-***, ***Pfeffer-*** *u.* ***Schlagmühle***) ◇ ***das ist Wasser auf seine*** ~ ĝi (*od* tio) estas akvo al lia muelilo *(Zam)*; ***die*** ~***n Gottes mahlen langsam aber sicher*** la muelŝtonoj de Dio mueladas malrapide sed fajne ***b)*** *auch* ***Mühlespiel*** *n ein Brettspiel* muelilo-ludo

Mühlebrett *n* tabulo por muelilo-ludo

Mühl|graben *od* ~**kanal** *m ein Kanal, der für den Betrieb einer Wassermühle angelegt wurde* mueleja kanalo

Mühlhausen (*n*) *eine Kreisstadt in Thüringen* Mulhaŭzo

Mühlrad *n* muelrado

Mühlstein *m* muelŝtono; ~**kragen** *m an historischen Gewändern* muelŝtona kolumo

Mühlwehr *n* ↑ ***Mühldamm***

Muhme *f alt für «Tante»* onklino

Mühsal *f* pen[eg]o; *das Abmühen* penado; *Gram, Kummer* aflikto; *Sorge* zorgo ~ ***bereiten*** kaŭzi aflikton (*bzw.* zorgon)

mühsam *od* **mühselig** *Adj* peniga; *anstrengend* streĉa; *schwierig* malfacila; ***das ist mir zu*** ~ tio estas tro peniga por mi

Mühsamkeit *od* **Mühseligkeit** *f Mühe* peno; *Schwierigkeit* malfacileco

Muisca *Pl Ethn (ein indianisches Volk der Hochebene um Bogotá [nach Unterwerfung durch die Spanier untergegangen])* muiskoj *Pl* <*Träger der sagenhaften El Dorado-Hochkultur*>

Mukden (*n*) *ehemaliger Name von Shenyang [Hptst. der chin. Provinz Liaoning]* Mukdeno (↑ *auch* ***Shenyang***)

Mukoproteid *n, auch* ***Mukoid*** *n Biol, Chem* mukoproteido

mukopurulent *Adj nur Fachspr Med für «schleimig-eitrig»* mukopusa

mukokutan *Adj*: ~***es Lymphknotensyndrom*** *n Med* ↑ ***Kawasaki-Syndrom***

Muko|stase *f, auch* ***Schleimstauung*** *f nur Fachspr Med (Störung des Schleimabflusses z.B. aus den Bronchien)* mukostazo; ~**viszidose** *f* (*auch* ***zystische Fibrose*** *genannt*) *Med (eine Stoffwechselanomalie)* mukoviskozeco, kista fibrozo

Mukozele *f* (*auch* ***Schleimzyste*** *genannt*) *nur Fachspr Med* (*Schleimansammlung in einem Hohlraum ohne Abfluss z.B. in der Nasenhöhle)* mukocelo

Mukro *n nur Fachspr Bot (kurzes spitzes und festes Endstück eines Blattes od Blütenblatts)* mukro

Muksun *m od* **Muksun-Renke** *f, auch* ***Muksun-Maräne*** *f* (Coregonus muksun) *Ichth* muksuno (↑ *auch* ***Felchen***)

Muktananda (*m*) *Eig* (*indischer Guru u. Heiliger [1908-1983])* Muktanando

Mulatte *m Nachkomme eines weißen u. eines schwarzen Elternteils* mulato

Mulattin *f* mulatino

Mulch *m Gartenb* mulĉo

mulchen *tr mit Mulch bedecken* mulĉi, kovri per mulĉo

Mulchen *n, auch* ***Mulchung*** *f Gartenb* mulĉado

[1]**Mulde** *f* ***a)*** *Bodensenke, flache Vertiefung im Boden* plata kavaĵo [en la tero] (*vgl. dazu* ***Talbecken***); *Geol (Synklinale [der nach unten gerichtete Teil einer Falte])* sinklinalo ***b)*** *reg für «Futtertrog»* trogo [por furaĝo]

[2]**Mulde** *f linker Nebenfluss der mittleren Elbe* [rivero] Muldo

muldenförmig *Adj* trogoforma; *Geol (synklinal [von Lagerstätten])* sinklinala

Muleta *f rotes Tuch der Stierkämpfer* muletao

Mülhausen (*n*), *franz.* ***Mulhouse*** *eine Stadt im Oberelsass/Frankreich* Mulhaŭzo

Mülheim (*n*) ***an der Ruhr*** *eine Stadt in NRW* Mulhejmo, *meist* Mulhejmo ĉe Rur-rivero

Muli *n* ↑ ***Maultier***

Mulimba *Pl Ethn (eine schwarzafrikanische Ethnie in S-Kamerun)* mulimboj *Pl*

[1]**Mull** *m Verband*≗ gazo [por pansi vundon] (*vgl. dazu* ***Musselin***; ↑ *auch* ***Mullbinde***)

[2]**Mull** *m Zool* ↑ ***Nacktmull***

Müll *m Abfall* rub[aĵ]o *auch i.w.S.*; *Hausmüll auch* hejma rub[aĵ]o; *Abfall aus industrieller Produktion* industria rub[aĵ]o (↑ *auch* ***Atom-***, ***Bio-***, ***Daten-***, ***Gift-***, ***Glas-***, ***Haus-***, ***Plastik-***, ***Rest-***, ***Sonder-***, ***Sperr-***, ***Verpackungs-*** *u.* ***Weltraummüll***); *i.w.S. Schmutz* malpuraĵo; ***organischer*** ~ organika rub[aĵ]o; ***den*** ~ ***abfahren*** fortransporti (*od i.w.S.* forigi) la rub[aĵ]on; ~ ***abladen verboten!*** [estas] malpermesite deponi rubon [ĉi tie]!

Müll|abfuhr *f* rub[aĵ]oforigo; ~**abladeplatz** *m* rub[aĵ]odeponejo

Mullah *m Titel [der untersten Stufe] der islamischen Koran- u. Gesetzeslehrer* mulao, *i.w.S. islamischer Geistlicher, Lehrer od Prediger*

Müll|auto *n* rubokamiono; ~**berg** *m* rubomonto *od* monto da rub[aĵ]o; ~**beseitigung** *f* forigo de rubo; ~**beutel** *m* rubosaketo

Mullbinde *f* gazobandaĝo (↑ *auch* [1]***Mull***)

Müll|deponie *f, auch* ***Müllhalde*** *od* ***Müllkippe*** *f* rub[aĵ]odeponejo; ~**eimer** *m* rubositelo; *Müllbehälter* rubujo

Müller *m* muelisto

Müllerin *f* muelistino

Müll|export *m* eksporto de rub[aĵ]o; ~**fahrer** *m* ŝoforo de rubokamiono; ~**grube** *f* rubofosaĵo

Müllhalde *f* ↑ ***Mülldeponie***

Müll|handel *m* rubotrafiko; ~**haufen** *m* amaso da rub[aĵ]o

Müllkippe *f* ↑ ***Mülldeponie***

Müllmann *m* ↑ ***Müllwerker***

Müll|problem *n* problemo pri rub[aĵ]o; ~**sack** *m* rubosako, sako por rub[aĵ]o; ~**sammler** *m* rub[aĵ]okolektisto; ~**schlucker** *m* ruboŝakto *od* ŝakto por rubo

Mülltonne *f* rubobarel[eg]o, rubujo, *(mit Rädern versehene)* surrada (*od* radohava) rubujo; ***Abfall in die*** ~ ***werfen*** ĵeti rubaĵon en la rubujon

Müll|transport *m* rubotransport[ad]o *od* transporto de rubo; ~**trennung** *f* rubodivido; ~**verbrennung** *f* rubo[for]bruligo; ~**verbrennungsanlage** *f* instalaĵo por rubo[for]bruligo, *Kurzf* rubobruligejo; ~**verwertung** *f* reciklado de rubo; ~**wagen** *m* rubokamiono; ~**werker** *m (Berufsbezeichnung)*, *pop meist* ***Müllmann*** *m* rubaĵisto

Mulm *m verfaultes Holz* putrinta lign[aĵ]o; ~**bock** *m* (Ergates faber) *Ent (ein Bockkäfer)* bruna kaprokorna skarabo

mulmig *Adj übertr (gefährlich)* danĝera (↑ *auch* ***morsch***): ***die Sache wird*** ~ la afero [far]iĝas (*od* komencas [far]iĝi) danĝera

Multi *m* ↑ *unter* ***multinational***

multi|disziplinär *Adj* multfaka, *nachgest auch* koncernanta multajn fakojn; ~**ethnisch** *Adj* multetna; ~**faktoriell** *Adj auf viele*

Faktoren zurückzuführen(d) multfaktora; **~funktional** *od* **~funktionell** *Adj vielen Funktionen gerecht werdend* multfunkcia
Multifunktionstaste *f* multfunkcia klavo
Multikauf *m Kaufhaus für alle möglichen Waren* ĉiovendejo (*vgl. dazu* ***Kaufhaus***)
Multikulturalismus *m* multkulturismo
multikulturell, *pop* ***multikulti*** *Adj viele Kulturen bzw. Angehörige mehrerer Kulturen umfassend* multkultura; *~**e Gesellschaft** f Soziologie* multkultura socio
multilateral *Adj* multlatera; *vielseitig* multflanka; *mehrseitig* plurflanka; *mehrere Länder od Staaten betreffend od umfassend* plurlanda *od* plurŝtata
Multilateralismus *m Pol* multlaterismo
Multi Level Marketing *n* ↑ ***Netzwerk-Marketing***
multilingual ↑ ***vielsprachig***
Multilingualismus *m* multlingvismo
Multimedia *n EDV (Zusammenwirken von verschiedenen Medientypen wie Texten, Bildern, Grafiken, Ton, Animationen, Videoclips)* plurmedio
multimedial *Adj* plurmedia, multkomunikila
Multimillionär *m* multmilionulo
multinational *Adj* multnacia; *~**e Allianz** f* multnacia alianco; *~**er Konzern** m, umg auch Kurzw **Multi** m* multnacia konzerno; *~**es Unternehmen** n* multnacia entrepreno
Multiorganversagen *n Med* sindromo de multorgana disfunkcio, *[stärker:]* multorgana kolapso
multipel *Adj* multobla; ***multiple Sklerose** f* (*Abk Fachspr **MS***) *Med* multobla sklerozo
Multiplett *n Phys (Folge eng benachbarter Werte einer messbaren physikalischen Größe, z.B. in der Spektroskopie eine Gruppe dicht beieinander liegender Spektrallinien)* multipleto (*vgl. dazu* ***Singulett***)
Multiplexer *m EDV, Elektronik (eine Selektionsschaltung in der analogen u. digitalen Elektronik)* multipleksilo
Multiplikand *m Math (Vervielfältigungszahl: Zahl, die mit einer anderen Zahl multipliziert wurde bzw. werden soll* multiplikato *bzw.* multiplikendo
Multiplikation *f Vervielfachung* multipliko
Multiplikations|tabelle *f* multiplika tabelo; **~zeichen** *n* multiplika signo
Multiplikator *m allg u. Math* multiplikanto
multiplizierbar *Adj* multiplikebla
multiplizieren *tr Math* multipliki, multobligi (***mit*** per) (↑ *auch* ***vervielfältigen***); ***kreuzweise*** *~* kruce multipliki
multiresistent *Adj gegenüber Erregern, Keimen u.a.* multrezista
Multitalent *n vielseitig begabter Mensch* multtalentita (*od* mulflanke talentita) homo
Multitasking *n EDV (Fähigkeit eines Betriebssystems, mehrere Tasks [Aufgaben] nebenläufig auszuführen)* plurtaskado
Multituberkulaten *Pl* (Multituberculata) *Paläontologie* multetuberuloj *Pl*
multivalent ↑ ***vielwertig***
Multivitamintabletten *f/Pl* multvitaminaj tablojdoj *Pl*
Mumbai (*n*) ↑ ***Bombay***
Mumie *f* mumio; ***eine ägyptische*** *~* egipta mumio
mumienhaft *Adj wie eine Mumie* kiel mumio *nachgest*
Mumiensarg *m* mumioĉerko
Mumifikation *od* **Mumifizierung** *f* mumigo (*vgl. dazu* ***Einbalsamierung***)
mumifizieren *tr* mumigi
Mumm *m umg für «Mut» od «Schneid»*: ***keinen*** *~* ***[mehr] haben*** *keinen Mut [mehr] haben* ne [plu] havi kuraĝon; *keine Kraft [mehr] haben* ne [plu] havi forton ◇ *~* ***in den Knochen haben*** *energisch u. mutig sein* havi medolon en la ostoj *(Zam)*
Mumme *f* ↑ ***Malzbier***
Mummel *f Bot*: ***große*** *~* ↑ *unter* ***Teichrose***
Mummenschanz *m* ↑ ***Maskenfest***
Mumpitz *m umg für «Unsinn» od «Schwindel»* sensencaĵo, blago; ***so ein*** *~**!*** kia sensencaĵo! *bzw.* kia blago!
Mumps *m, auch* ***Ziegenpeter*** *m* (Parotitis epidemica) *Med (Ohrspeicheldrüsenentzündung [durch Virusinfektion])* mumpso, <*wiss*> epidemia parotidito; ~**orchitis** *f* mumpsa orkidito; ~**-Virus** *n* (Rabula inflans) mumpsviruso
Munch (*m*) *Eig (norwegischer Maler u. Grafiker [1863-1944])* Munko <*Wegbereiter des Expressionismus*>
München (*n*) Munkeno
Münch[e]ner 1. (*m*) *Subst: Einwohner von München* munkenano **2.** *Adj* munkena; *~* ***Abkommen*** *n Gesch* Munkena Interkonsento <*im Jahre 1938*>; *~* ***Bier*** *n* munkena biero; *~* ***Sicherheitskonferenz*** *f Pol* Munkena Konferenco pri Sekureco <*Schwerpunkt: globale Außen- u. Sicherheitspolitik*>
Münch[e]nerin *f* munkenanino

Mund *m* buŝo (*vgl. dazu* ***Maul*** *u.* ***Schnauze***); *Öffnung innerer Organe* orifico; ***einen ~ voll ...*** plenbuŝo da ...; ***einen ~ voll Wasser nehmen*** preni plenbuŝon da akvo; ***mit dem ~*** per la buŝo, *umg auch* perbuŝe; ***mit vollem ~*** plenbuŝe; ***von ~ zu ~*** de buŝo al buŝo *auch Atemspende u. übertr*; ***durch den ~ atmen*** spiri tra la buŝo; ***in den ~ gelangen*** enbuŝiĝi, veni en la buŝon; ***den großen ~ haben*** *großsprecherisch reden* fanfarone paroli; ***den ~ halten*** teni la buŝon fermita *od* teni la langon en la buŝo (*vgl. dazu* ***schweigen*** *u.* ***still sein***); ***halt den ~!*** fermu la buŝon!; *schweig!* silentu!; ***in den ~ nehmen*** (*od* ***stecken*** *od* ***tun***) enbuŝigi, preni (*od* ŝovi *od* meti) en la buŝon; ***den ~ schließen*** (*od* ***zumachen***) fermi la buŝon; ***den ~ spitzen*** pintigi la buŝon (*vgl. dazu* ***schmollen***) ◇ ***~ und Nase aufsperren vor Erstaunen*** gapi pro mir[eg]o; ***sie ist nicht auf den ~ gefallen*** ŝi vorton en la poŝo ne serĉas *(Zam)*; ***von ~ zu ~ gehen*** *im Handumdrehen bekannt werden* transflugi el unu buŝo en alian *(Zam)*; ***den ~ nicht voll genug kriegen*** al kavo senfunda ŝtopado ne helpas *od* sakon kun truo vi neniam plenigas *(beide Zam)*; ***sie nahm [sich] kein Blatt vor den ~*** ŝi parolis tute malkaŝe; ***dieses Wort nehme ich nicht in den ~*** mi neniam uzas tiun vorton; ***jmdm. eins auf den ~ hauen*** bati la buŝon al iu *(Zam)*; ***jmdm. nach dem ~ reden*** [flate] paroli laŭ (*od* por) ies plaĉo

Mundart *f Ling* dialekto (*vgl. dazu* ***Idiom***); ***~ sprechen*** paroli dialekte

Mundartforschung *f* ↑ ***Dialektologie***

mundartlich 1. *Adj* dialekta; ***~er Ausdruck*** *m* dialekta esprimo **2.** *Adv in Mundart* [dirita] en dialekto; *nach der Mundart* laŭ dialekta dirmaniero; ***das Wort wird ~ gebraucht*** la vorto estas uzata en dialekto

Mundartwörterbuch *n*, *<wiss>* ***Idiotikon*** *n Ling* dialekt-vortaro, idioma vortaro

Munda-Sprachen *Pl Ling (Sprachen, die verstreut in Ostindien, vor allem im Bergland von Chota-Nagpur, in Orissa und im südlichen Bihar gesprochen werden)* mundaj lingvoj *Pl*

Mündchen *n* buŝeto

Mündel *n od m Jur* persono (*od* zorgato) sub kuratoreco

munden *intr geh für «[gut] schmecken»* bongusti; ***dieser Wein mundet mir vorzüglich*** tiu ĉi vino ege bongustas al mi; ***sie ließen es sich ~*** ili manĝis kun videbla plezuro

münden *intr Fluss* enbuŝiĝi, flui (***in*** en *mit Akk*); *Straße, Weg* kondukas (***in*** al *mit Nom*) *auch übertr*; ***diese Straße mündet auf einen Platz*** ĉi tiu strato kondukas al placo

Mundentzündung *f Med* stomatito

mundfaul *Adj*: ***~ sein*** *nicht gern redend* malparolema; *zu faul zum Reden sein* esti tro pigra por paroli (↑ *auch* ***wortkarg***)

Mundfäule *f Stomatologie* ulcera stomatito

mundfern = ***aboral***

Mundflora *f Med* flaŭro de la buŝo

Mundgeruch *m* (Foetor ex ore), *Fachspr Med* ***Halitosis*** *f* malbona (*od* fetora) buŝa odoro, *auch* halitozo, *pop* malbona spiro; ***er hat ~*** lia buŝo malbonodoras *od* lia spiro malbone odoras

Mundharfe *f Mus* ↑ ***Maultrommel***

Mund|harmonika *f Mus* buŝharmoniko *od* blovharmoniko; **~höhle** *f* (Cavum oris) *Anat* buŝkavo *od* buŝa kavo; **~hygiene** *f*, *i.w.S.* ***Mundgesundheit*** *f* buŝhigieno *od* buŝa higieno

mündig *Adj* plenaĝa (↑ *auch* ***majorenn***)

Mündigkeit *f Groß- od Volljährigkeit* plenaĝ[ec]o, *(Fachspr Jur) auch* majoritato (↑ *auch* ***Strafmündigkeit***)

Mundkranz *m Zool* ↑ ***Peristom b)***

mündlich 1. *Adj* buŝa; ***~e Prüfung*** *f* buŝa ekzameno **2.** *Adv* buŝe

Mund|pflege *f* buŝhigieno; **~pfropf** *m Knebel* buŝoŝtopilo; **~raum** *m* buŝkavo *auch Phon*; **~region** *f Anat* buŝa regiono

Mundsaum *m Bot* ↑ ***Peristom a)***

Mundschenk *m* vinverŝisto (*vgl. dazu* ***Ganymed[es]***)

Mundschleimhaut *f* buŝa mukozo; ***Entzündung der ~*** (Stomatitis) *Med* inflamo de la buŝa mukozo, stomatito

Mundschutz *m* antaŭbuŝa masko *auch des Chirurgen*

Mundsperre *f Med* ↑ ***Kieferklemme***

Mund|spiegel *m*, *auch* ***Dentalspiegel*** *m Zahnmedizin* buŝospegulo, *fachsprachl.* stomatoskopo; **~spray** *n* buŝosprajo; **~stellung** *f bei Artikulation* pozicio de la buŝo, buŝpozicio; **~stück** *n an Blasinstrumenten, an einer Pfeife* buŝpeco, *auch* buŝaĵo

mundtot *Adj*: ***jmdn. ~ machen*** [ĉiarimede] silentigi iun *od* devigi iun silenti

Mundtuch *n* buŝtuko (↑ *auch* ***Serviette***)

Mündung *f* ***a)*** *Geogr* enbuŝiĝo, enfluejo, *auch* [river]buŝo, *(eines Flusses ins Meer)*

auch enmariĝo; *den Gezeiten ausgesetzte Fluss*~ estuaro (↑ *auch* ***Trichtermündung***) ***b)*** *einer Schusswaffe* buŝo [de pafilo *u.a.*], *eines Geschützes auch* faŭko [de kanono]

Mündungsdelta *n Geogr* deltosimila enbuŝiĝo [de rivero]

Mund | vorrat *m* [nutro]provizoj *Pl*, provianto [por la vojo] (*vgl. dazu* ***Wegzehrung***); ~**wasser** *n Kosmetik* [kosmetika] gargaraĵo, *Pharm auch* kolutorio

Mundwerk *n*: ***ein böses*** ~ (*od derb* ***Maul***) ***haben*** havi malican langon; ***ein loses*** ~ ***haben*** havi [tro] viglan langon; ***sie hat ein ganz schönes*** ~ *pej* ŝi estas sufiĉe langolerta (*vgl. dazu* ***Schnauze c)***)

Mundwinkel *m* buŝangul[et]o, *auch* lipangulo, angulo de la lipoj; ~**rhagade** *f*, *auch* ***Perlèche*** *f* (Angulus infectiosus) *Med (Symptom bei Riboflavinmangel)* perleĉo

Mund-zu-Mund-Beatmung *f* buŝ-al-buŝa spirdonado

Mungbohne *od* **Mungobohne** *f*, *auch* ***Urdbohne*** *f* (Phaseolus mungo = Vigna mungo, var. aureus) *Bot (Pflanze [auf dem Balkan, in Mittelasien, Indien u.kultiviert] u. Frucht)* mung[fab]o

Mungg *m Zool* ↑ ***Murmeltier***

Mungo *m Zool (eine Schleichkatzenart in Indien u. SO-Asien <Schlangenvertilger>)* mungoto (↑ *auch* ***Ichneumon***); ***indischer*** ~ (Herpestes edwardsi) hinda mungoto; ***kleiner*** ~ (Herpestes javanicus) java mungoto

Mungobohne *f Bot, Nahr* ↑ ***Mungbohne***

Muni *m* ↑ ***Bulle*** *u.* ***Zuchtstier***

Munir (*m*) *arab. männl. Vorname* Muniro

Munition *f Mil* municio (↑ *auch* ***Streu-*** *u.* ***Übungsmunition***); ***panzerbrechende*** ~ tankorompa municio

munitionieren *tr mit Munition versorgen* provizi per municio

Munitions | depot *n z.B. auf Kriegsschiffen* municiejo; ~**fabrik** *f* fabriko de municio; ~**kasten** *m od* ~**kiste** *f* municia kesto; ~**lager** *n* municiejo; ~**park** *m Mil* municia parko; ~**wagen** *m* municia vagono; ~**zug** *m Eisenb, Mil* municia trajno

munizipal *Adj* municipa (↑ *auch* ***städtisch***)

Munizipium *n römische Gesch (städtische Gemeinde mit örtlicher Selbstverwaltung)* municipo

munkeln *intr im Geheimen reden* subdiri; ***es wird über ihn gemunkelt ...*** subdire la homoj parolas pri li, ke ...

Munotstadt *f* ↑ ***Schaffhausen***

[1]**Münster** *n Dom, Stiftskirche* katedralo

[2]**Münster** (*n*) *eine Universitätsstadt in NRW* Monastero

Münsteraner *m Einwohner von Münster/ Westfalen* monasterano

Münsterland *n Teil der Westfälischen Bucht* Monastera Lando

Muntenien (*n*), *rumän.* ***Muntenia*** *eine Landschaft im Süden Rumäniens* Muntenio *[Hauptort: Bucureşti]*

munter *Adj wach* maldorma; *lebhaft* vigla, viva (↑ *auch* ***flink***); *gesund* sana; *heiter, vergnügt* gaja (↑ *auch* ***fröhlich***); ***ich werde [morgens] leicht*** (***schwer***) ~ matene mi vekiĝas facile (malfacile)

Munterkeit *f* vigleco, viveco; *Fröhlichkeit* gaj[ec]o

Muntjak *m*, *auch* ***Muntjakhirsch*** *m* (Muntiacus muntjak) *Zool (eine asiatische Hirschart)* munĉako *[Vorkommen: von Sri Lanka über ganz Süd- u. SO-Asien u. die Großen Sundainseln bis nach Bali]*; ***chinesischer*** ~ (Muntiacus reevesi); ĉina munĉako *[Vorkommen: Südchina u. Taiwan]*

Münz | anstalt *f* stampejo de moneroj; ~**auktion** *f* akcio de moneroj

Münze *f Geldstück* monero (↑ *auch* ***Gedenk-***, ***Gold-***, ***Jubiläums-***, ***Scheide-*** *u.* ***Silbermünze***); *Prägestätte für Münzen* stampejo de moneroj; ~***n*** *Pl Metallgeld im Ggs zu Papiergeld* metalmono ◇ ***etw. für bare*** ~ ***nehmen*** [naive] kredi ion laŭvorte; ***jmdm. etw. mit gleicher*** ~ ***heimzahlen*** (*od* ***zurückzahlen***) redoni al iu laŭ liaj (*bzw.* ŝiaj) faroj

münzen ***a)*** *tr prägen* stampi [monerojn] ***b)*** *intr*: ***das ist auf mich gemünzt*** *das zielt auf mich ab* tio estas adresita (*od* celita) al mi

Münz | fälscher *m* falsisto de moneroj; ~**fernsprecher** *m od* ~**telefon** *n alt* monera telefono; ~**kabinett** *n* numismatika kolekto *od* kolekto de moneroj kaj medaloj; ~**kunde** *f* numismatiko; ~**prägestätte** *f* stampejo de moneroj; ~**prägung** *f* stampadoj de monero(j); ~**recht** *n* rajto stampi monerojn; ~**sammlung** *f* kolekto de moneroj, numismatika kolekto; ~**stätte** *f* monfarejo (*vgl. dazu* ***Münzanstalt***)

Münztelefon *n* ↑ ***Münzfernsprecher***

Muqdišu (*n*) ↑ ***Mogadischu***

Murad (*m*), *auch* ***Mourad*** *od* ***Murat*** (*m*) *arab. männl. Vorname* Murato

Muramidase *f Biochemie* ↑ ***Lysozym***

Muräne *f* (*Gattung* Muraena) *Ichth* mureno *<eine Gattung aalartiger Knochenfische, bes. in tropischen u. subtropischen Meeren>*; ***gefleckte*** ~ (Echidna nebulosa) stela mureno *[Vorkommen: in den tropischen Meeren des Indopazifiks]*; ***[Familie der] ~n*** *Pl* (Muraenidae) murenedoj *Pl*

mürbe, *auch (bes. reg)* ***mürb*** *Adj* ***a)*** *weich [und zart], z.B. Fleisch* mola [kaj delikata]; *Backwerk* friabla ***b)*** *zermürbt* ne plu kapabla rezisti; *willfährig* konsentema *od* [finfine] cedema

Mürbegebäck *n* murba bakaĵo

Mürbeteig *m* murbo, *auch* friabla pasto; **~-Tortenboden** *m* murba tortofundo

Mürbling *m Mykologie* ↑ ***Faserling***

Murcia (*n*) *Hptst. der autonomen Region Murcia in SO-Spanien* Murcio

Mure *f*, *auch* ***Murbruch***, ***Murgang*** *od* ***Schlammstrom*** *m Geol (im Gebirge [nach starken Regengüssen od plötzlicher Schneeschmelze])* ŝlimfluo (*vgl. dazu* ***Erdrutsch***)

Mureş *m*, *ungar.* ***Maros***, *dt.* ***Marosch*** *od* ***Mieresch*** *m längster Nebenfluss der Theiß* [rivero] Mureŝo

Murg *f ein rechter Nebenfluss des Oberrheins* [rivero] Murgo

Murgab *m ein afghanisch-turkmenischer Fluss* [rivero] Murgabo

Murgang *m Geol* ↑ ***Mure***

Murks *m umg für «wertloses Produkt»* fuŝprodukto (*vgl. dazu* ***[2]Ausschuss***); *Pfusch, Schluderarbeit* fuŝaĵo, fuŝlaboro; ***so ein ~!*** kia fuŝaĵo!

murksen *intr* fuŝlabori

Murkser *m* fuŝulo

Murkserei *f* fuŝado

Murmansk (*n*) *eine Hafenstadt in NW-Russland [auf der Halbinsel Kola]* Murmansko

Murmel *f*, *reg* ***Marbel*** *od* ***Kuller*** *f Spielkügelchen [für Kinder]* ludglobeto, *auch* rulglobeto; ***[mit] ~n spielen*** ludi globetojn

[1]murmeln ***a)*** *intr Bächlein* [softe] murmuri (↑ *auch* ***plätschern***) ***b)*** *tr leise (bzw. undeutlich) sagen* murmuri (***etw.*** ion) (↑ *auch* ***brummeln***)

[2]murmeln *intr mit Murmeln spielen* ludi per [lud]globetoj

Murmeln *n 1. leises Plätschern 2. [leises] Murren* murmur[ad]o

Murmelspiel *n ein Kinderspiel* ludo per rulglobetoj

Murmeltier *n*, *<schweiz> reg* ***Mungg*** *m* (*Gattung* Marmota) *Zool* marmoto (↑ *auch* ***Alpen-***, ***Altai-*** *u.* ***Kamtschatka-Murmeltier***); ***gelbbäuchiges*** ~ *od* ***Gelbbauchmurmeltier*** (Marmota flaviventris) flav-ventra marmoto *[Vorkommen: SW-Kanada u. im Westen der USA]*; ***langschwänziges*** ~ (Marmota caudata) longvosta marmoto; ***russisches*** (*od* ***sibirisches***) ~ ↑ ***Bobak***; ***tibetisches*** ~ (Marmota himalayana) himalaja marmoto ◇ ***schlafen wie ein*** ~ dormi kiel marmoto

Murraykiefer *f Bot* ↑ ***Drehkiefer***

murren *intr vor sich hin nörgeln, mürrisch sein* grumbli (***über*** pri); *[unzufrieden] murmeln* [nekontente] murmuri (↑ *auch* ***brummeln***); ***ohne zu ~ gehorchen*** senmurmure obei

Murren *n* ◇ ***etw. ohne ~ über sich ergehen lassen*** silente toleri ion

mürrisch, *<schweiz>* ***hässig*** *Adj nörglerisch* grumblema; *missgelaunt* moroza (↑ *auch* ***griesgrämig*** *u.* ***verdrossen***); ***ein ~er Mensch*** *misslauniger Mensch* moroza homo (↑ *auch* ***[1]Muffel***); *Nörgler* grumblulo

Mürrischkeit *f Misslaunigkeit* moroz[ec]o

Murrkopf *m alt od reg* = ***mürrischer Mensch***

murrköpfisch *reg* = ***mürrisch***

Murten (*n*), *franz.* ***Morat***, *ital.* ***Morato*** *eine Stadt im Kanton Freiburg/Schweiz* Morato

Mururoa (*n*), *auch* ***Mururoa-Atoll*** *n franz. Atomwaffen-Versuchsgelände im Südpazifik* Mururoo, *auch* Mururoa Atolo

Mus *n Püree* pureo; *Brei* kaĉo (↑ *auch* ***Apfel-***, ***Kartoffel-*** *u.* ***Pflaumenmus***)

Musaios (*m*), *lat.* ***Musäus*** (*m*) *Eig (griech. Epiker [5. od 6. Jh.])* Muzeo

Musak *ohne Art: spezielle Form der funktionalen Musik [in USA entwickelt]* muzako

Musca *f Astron* ↑ ***[2]Fliege***

Muscardine *f Vet* ↑ ***Kreidesucht***

Muscarin *n* ↑ ***Muskarin***

Muschel *f* ***a)*** *Zool (Gehäuse der Weichtiere od das Tier selbst)* konko (*vgl. dazu* ***[1]Lima***; ↑ *auch* ***Island-***, ***Perl-***, ***Riesen-*** *u.* ***Teichmuschel***); *Muschelschale, leere Muschel* konkaĵo; ***zweischalige ~n*** *Pl* (Bivalvia) *Zool (eine Klasse der Weichtiere)* duvalvuloj, ***mit einer ~ [versehen]*** *bzw.* ***[fossile] ~n enthaltend*** *als Einschlüsse im Gestein* konkohava; ***~n am Strand sammeln*** kolekti konkaĵojn sur la plaĝo ***b)*** *Anat (Ohr~)* (Auricula) orelkonko ***c)*** *Tel (Hör~)* aŭdkonko

muschel|artig, *auch* ***schalenartig*** *Adj* konkeca; ~**blätt[e]rig**, *Fachspr auch lat.* ***conchifolius*** *Adj* konkofolia

Muschelerde *f Min* ↑ ***[1]Falun***

muschelförmig *Adj* konkoforma

Muschelkalk *m Geol (mittlere Abteilung der germanischen Trias)* muŝelkalko

Muschelkrebs *m Zool:* ***[Ordnung der]*** ~***e*** *Pl*, *<wiss>* ***Ostrakoden*** *m/Pl* (Ostracoda) ostrakodoj *Pl*

Muschelkunde *f Zool* ↑ ***Konchyliologie***

Muschelkurve *f Geom* ↑ ***Konchoide***

Muschelschieber *m Tech* ↑ ***D-Schieber***

Muschelseide *f Bot* ↑ ***[1]Byssus***

Muschel|tiere *n/Pl*, *<wiss>* ***Konchylien*** *Pl* (Conchiferae) *Zool* konkobestoj *od* konkuloj *Pl* (*vgl. dazu* ***Schalweichtiere***); ~**vergiftung** *f*, *Fachspr* ***Mytilismus*** *m Med* militismo

Muschi *f sex* piĉ[et]o, *auch* buĥto (↑ *auch* ***Fotze*** *u.* ***Scheide c)***)

Muschik *m Bauer im zaristischen Russland* muĵiko

Muse *f* ***a)*** *Myth (eine der neun griechischen Göttinnen der Künste [und Wissenschaften]* Muzo; ~ ***des Tanzes*** Terpsikora ◇ ***aus dem Quell der*** ~***n trinken*** *inspiriert werden* trinki el la fonto de la Muzoj ***b)*** *übertr (einen Dichter od Künstler inspirierende Frau)* muzo

museal *Adj ins (bzw. zum) Museum gehörend* muzea; ~***er Wert*** *m* muzea valoro

Muselman *m* ↑ ***Muslim***

Musensohn *m geh scherzh od poet für «Dichter»* muzido (*vgl. dazu* ***Poet***); ~**tempel** *m* ***a)*** *hist* templo de la Muzoj ***b)*** *scherzh für «Theater»* [↑ *dort*]

Museo del Prado *n eines der größten u. bedeutendsten Kunstmuseen der Welt [in Madrid]* Prado-Muzeo

Museologe *m Fachmann auf dem Gebiet der Museumswissenschaft* muzeologo

Museologie *f*, *auch* ***Museumskunde*** *od* ***Museumswissenschaft*** *f* muzeologio

museologisch *Adj* muzeologia

Museum *n* muzeo (↑ *auch* ***Armee-***, ***Buch-***, ***Eisenbahn-***, ***Forschungs-***, ***Freilicht-***, ***Gemälde-***, ***Glas-***, ***Heimat-***, ***Hygiene-***, ***Industrie-***, ***Kunst-***, ***Marine-***, ***Meereskunde-***, ***Musikinstrumenten-***, ***Naturkunde-***, ***Religions-***, ***Seefahrt-***, ***Spielzeug-*** *u.* ***Völkerkundemuseum***); ~ ***der bildenden Künste*** muzeo de la figuraj (*od* plastikaj) artoj, *auch* belarta muzeo; ***Jüdisches*** ~ *in Frankfurt/Main* juda muzeo *(auch Großschr)*; ***kunsthistorisches*** ~ arthistoria muzeo; ***naturhistorisches*** ~ naturhistoria muzeo *od* muzeo pri [la] naturhistorio; ***regionalgeschichtliches*** (***stadtgeschichtliches***) ~ regionhistoria (urbhistoria) muzeo

Museums|direktor *m* direktoro de muzeo; ~**führer** *m (Broschüre)* muzea gvidilo (*od* gvidlibro); *(Person)* muzea gvidisto; ~**gegenstand** *m*, *auch* ***museales Objekt*** *n* muzea objekto; ~**käfer** *m*, *auch* ***Kabinettkäfer*** *m* (Anthrenus museorum) *Ent* muzea skarabo; ~**katalog** *m* muzea katalogo

Museumskunde *f* ↑ ***Museologie***

Museums|mitarbeiter *m* muzea kunlaboranto; ~**personal** *n* muzea personaro; ~**schiff** *n* muzea ŝipo; ~**stück** *m* muzeaĵo, muzea objekto; *(als Ausstellungsstück)* muzea eksponaĵo

Museumswissenschaft *f* ↑ ***Museologie***

Musi *f* ↑ ***Musikkapelle***

Musical *n eine Gattung des populären Musiktheaters (bes. in den USA)* muzikalo

Musik *f*, *alt* ***Tonkunst*** *f* muziko (↑ *auch* ***Ballett-***, ***Barock-***, ***Begleit-***, ***Blas-***, ***Bühnen-***, ***Disko-***, ***Film-***, ***Gamelan-***, ***Hintergrund-***, ***Instrumental-***, ***Janitscharen-***, ***Jazz-***, ***Kammer-***, ***Katzen-***, ***Kirchen-***, ***Klavier-***, ***Operetten-***, ***Opern-***, ***Orchester-***, ***Pop-***, ***Programm-***, ***Radio-***, ***Rap-***, ***Renaissance-***, ***Schrammel-***, ***Sphären-***, ***Tanz-***, ***Trauer-***, ***Unterhaltungs-***, ***Volks-***, ***Zigeunermusik*** *u.* ***Techno***); ~ ***machen*** muziki; ***absolute*** ~ *im 19. Jh. geprägter u. seitdem in der Musikästhetik widersprüchlich gedeuteter Begriff, gemeinhin für eine – im Gegensatz zu angewandter Musik, Programm- u. Gebrauchsmusik – von "außermusikalischen" Bindungen (wie zu Dichtung, Malerei, Philosophie od Natur) bzw. von Sprache, Tanz u. szenischer Aktion losgelöste "reine" Musik, die eine "abgesonderte Welt für sich selbst" bilde [fälschlich wird auch jede Instrumentalmusik im Ggs zur textgebundenen Musik diesem Begriff zugeordnet]* absoluta muziko; ***elektronische*** (***ernste***, ***klassische***) ~ elektronika (solena, klasika) muziko; ***konkrete*** ~ *Richtung der modernen Musik, bei der Geräusche aus dem täglichen Leben in elektronischer Verarbeitung im Vordergrund stehen* konkreta muziko; ***leichte*** ~ leĝera muziko; *Unterhaltungsmusik* distra muziko; *i.w.S. Tanzmusik* dancmuziko; ***mittelalterli-***

che ~ *[5.-15. Jh.]* mezepoka muziko; ***zeitgenössische*** ~ nuntempa muziko ◇ ~ ***im Blut haben*** esti muziktalent[it]a

Musikakademie *f* muzikakademio *od* muzika akademio *(mit Namen auch Großschr)*

Musikalien *Pl* muzikaĵoj *Pl*; ~**handlung** *f* vendejo de muzikaĵoj; ~**sammlung** *f* kolekto de muzikaĵoj

musikalisch *Adj zur Musik gehörend, auf ihr beruhend* muzika (↑ *auch* ***kammermusikalisch***); *musikbegabt* muziktalent[it]a; *musizierfreudig, musikinteressiert, Musik liebend* muzikema, muzikama *od nachgest* amanta la muzikon

Musikalität *f Musikbegabung* talento por muziko, muziktalento; *Musikempfinden* sentemo por muziko; *musikalische Wirkung* muzika efiko

Musikant *m* muzikanto (*vgl. dazu* ***Musiker***)

Musik|ästhetik *f Teilgebiet der systematischen Musikwissenschaft, das sich mit Wesen u. Funktion der Musik sowie den Beziehungen des Menschen zu der im musikalischen Kunstwerk widergespiegelten Wirklichkeit befasst* muzikestetiko; ~**automat** *m* muzikaŭtomato

musikbegabt *Adj* muziktalent[it]a (*vgl. dazu* ***musikalisch***)

Musik|begabung *f* talento por muziko, muziktalento; ~**begleitung** *f* muzika akompano

Musikbesessene *m* ↑ ***Musiknarr***

Musik|besessenheit *f, auch* ***[närrische] Musikschwärmerei*** *f, geh* ***Melomanie*** *f* muzikmanio, *geh* melomanio; ~**bibliografie** *f* muzikbibliografio; ~**bibliothek** *f* muzikbiblioteko

Musikbox *f* ↑ ***Jukebox***

Musik|clown *m Zirkus* muzikklaŭno; ~**drama** *n im 19. Jh. geprägte Bez. für musikalische Bühnenwerke, in denen alle am Bühnengeschehen beteiligten Künste (Musik, Dichtung, Bühnenbild) zu einer Einheit verschmolzen werden sollen* muzikdramo (↑ *auch* ***Tetralogie***); ~**empfinden** *n* sentemo pri muziko

Musiker *m Berufs*≗ muzikisto (↑ *auch* ***Jazz-*** *u.* ***Rockmusiker***); *Schöpfer eines musikalischen Werks* muzika verkisto, komponisto; *Musikant, Spielmann* muzikanto; ***die*** ~ *Pl alle Musiker [z.B. eines Orchesters]* la muzikistaro

Musik|erziehung *f* muzikedukado; ~**ethnologie** *f Wissenschaft von der Musik außereuropäischer Völker sowie von der europäischen Volksmusik* muziketnologio; ~**fest** *n* muzikfesto; ~**festival** *n* muzikfestivalo; ~**film** *m Film, bei dem Musik u. Musiker nicht nur begleitende Funktion haben, sondern im Mittelpunkt des Filmes stehen* muzikfilmo *od* muzika filmo; ~**geschichte** *f* muzikhistorio; ~**gruppe** *f* muzikista grupo (*vgl. dazu* [2]***Band***); ~**hochschule** *f Konservatorium* konservatorio; ~**instrument** *n* muzikinstrumento, *umg auch* muzikilo; ~**instrumentenmuseum** *n* muzikinstrumenta muzeo; ~**journalismus** *m* muzikĵurnalismo; ~**kanal** *m TV* televida kanalo [speciale] por muziko; ~**kapelle** *f, reg (Bayern) u.* <*österr*> ***Musi*** *m* [malgranda] orkestro; ~**korps** *n Militärmusikkapelle* armea muzikistaro *od auch* orkestra taĉmento; ~**kritik** *f* muzikkritiko; ~**kritiker** *m* muzikkritikisto, muzikcenzisto; ~**kultur** *f* muzika kulturo *od* muzikkulturo; ~**leben** *n z.B. in einer Großstadt* muzika vivo; ~**lehrer** *m* muzikinstruisto; ~**lehrerin** *f* muzikinstruistino; ~**lexikon** *n alphabetisch geordnetes Nachschlagewerk für das Gebiet der Musik* muzikleksikono; ~**liebhaber** *m* muzik-amanto; ~**literatur** *f* muzikliteraturo; ~**narr** *m, auch* ***Musikbesessene*** *m, geh* ***Melomane*** *m* muzikmaniulo, *geh* melomano

Musikologe *m* ↑ ***Musikwissenschaftler***

Musikologie *f* ↑ ***Musikwissenschaft***

musikologisch *Adj* muzikologia

Musik|pädagoge *m* muzikpedagogo; ~**pädagogik** *f* muzikpedagogio; ~**pavillon** *m* muzikpavilono; ~**schaffende** *m* muzikverkisto (*vgl. dazu* ***Komponist***); ~**schule** *f* muziklernejo

Musikschwärmerei *f* ↑ ***Musikbesessenheit***

Musik|sendung *f Radio, TV* muzika elsendo; ~**soziologie** *ein gemeinsames Teilgebiet der Soziologie und Musikwissenschaft, das sich mit dem Zusammenhang von Musik und Gesellschaft beschäftigt* muziksociologio; ~**stil** *m* muzikstilo; ~**stück** *n, alt* ***Tonstück*** *n* muzikpeco *od* peco da muziko, muzikaĵo (↑ *auch* ***Scherzo***); ~**stunde** *f Päd* muzikleciono; ~**theater** *n* muzikdrama teatro; ~**theorie** *f* muzikteorio *od* muzika teorio; ~**therapie** *f Med (künstlerische Therapieform der anthroposophischen Medizin [eine Form der Psychotherapie]* muzikterapio; ~**tradition** *f* muziktradicio; ~**unterricht** *m* muzikinstru[ad]o; ~**verein** *m* muziksocieto; ~**video** *n* muzikvideo[bendo]; ~**werk** *n* muzikverko (*vgl. dazu* ***Komposition***); ~**wettbewerb** *m* muzika konkurso

Musik|wissenschaft *f*, *auch* ***Musikologie*** *f* muzikscienco, *auch* muzikologio; ~**wissenschaftler** *m*, *auch* ***Musikologe*** *m* muziksciencisto, *auch* muzikologo

musikwissenschaftlich, *auch* ***musikologisch*** *Adj* muzikscienca, *auch* muzikologia

Musik|zeitschrift *f* fakrevuo pri muziko; ~**zimmer** *n* muzikĉambro

musizieren *intr* muziki

musizierfreudig *Adj* muzikema

Muskarin *n*, *auch* ***Muscarin*** *n giftiges Alkaloid aus dem Fliegenpilz u. aus Wulstlingen* muskarino <*ein Nervengift*>; ~**intoxikation** *od* ~**vergiftung** *f* veneniĝo (*od* toksiĝo) je muskarino

Muskatblüte *f* ↑ ***Mazis***

Muskatbutter *f das Fett der Samen des in den Tropen wachsenden Baumes ‹Myristica fragrans› (mit eigentümlichem Muskatgeruch)* muskatbutero

Muskatellersalbei *m*, *auch* ***großes Scharlachkraut*** *n* (Sclarea sclarea) *Bot* sklareo

Muskateller[wein] *m* moskatelo *od* moskatela vino

Muskatfink *m* (Lonchura punctulata) *Orn* punktita manekeno

Muskatnuss *f Frucht, Gewürz* muskato <*als Gewürz verwendete Sammenhülle der Muskatfrucht*>; ~**baum** *m* (*Gattung* Myristica) miristiko, (*Art* Myristica fragrans) *Bot* muskatarbo, <*wiss*> aroma miristiko; ~**reibe** *f*, *auch* ***Muskatreibe*** *Hausw* muskatraspilo

Muskel *m* (Musculus) *Anat* muskolo (↑ *auch* ***Arm-***, ***Backen-***, ***Bauch-***, ***Bein-***, ***Brust-***, ***Flug-***, ***Gesäß-***, ***Gesichts-***, ***Herz-***, ***Kinn-***, ***Lenden-***, ***Nacken-***, ***Papillar-***, ***Rauten-***, ***Rücken-***, ***Säge-***, ***Skelett-***, ***Steißbein-***, ***Stimm-***, ***Stirn-***, ***Streck-***, ***Trapez-***, ***Viszeral-*** *u.* ***Zungenmuskel***); ***Musculus*** *m* ***quadriceps femoris*** *nur Fachspr Anat* kvadricepso; ***dreiköpfiger*** ~ ↑ ***Trizeps***; ***zweiköpfiger*** ~ (Musculus biceps) bicepso; ***die ~n anspannen*** (***entspannen***) streĉi (malstreĉi) la muskolojn

Muskel|arbeit *f* muskola laboro; ~**atrophie** *f*, *pop meist* ***Muskelschwund*** *m* (Atrophia musculorum [progressiva]) *Med* muskola atrofio; ~**biopsie** *f Med* muskola biopsio; ~**bruch** *m*, *auch* ***Muskelhernie*** *f Med* muskola hernio; ~**dystrophie** *f* (Dystrophia musculorum [progressiva]) *Med (Sammelbez. für verschiedene Krankheitsbilder mit Entartung der quer gestreiften Muskelfasern infolge ungeklärter Stoffwechselstörungen bei Kindern u. Jugendlichen)* muskola distrofio; ~**eiweiße** *n/Pl Eiweiße des Zytoplasmas der Muskelzelle* muskolaj proteinoj *Pl*

Muskelentspannung *f* muskola rilaksado; ***progressive*** ~ *eine Entspannungstechnik nach Jacobson* progresiva muskola rilaksado

Muskel|entzündung *f*, *Fachspr auch* ***Myositis*** *f Med* muskola inflamo; ~**erkrankung** *f* malsaniĝo de muskolo(j), *Fachspr* miopatio

Muskelfaser *f Anat* muskola fibro; ~**riss** *m Med* muskolfibra ŝir[iĝ]o

Muskel|gewebe *n Anat* muskola histo; ~**glykogen** *n Biochemie* muskola glikogeno; ~**hypertrophie** *f übermäßiger Muskelaufbau, z.B. bei Bodybuilding* muskola hipertrofio; ~**kater** *m* muskola(j) doloro(j) *(Pl)* (*vgl. dazu* ***Myalgie***); ~**kontraktion** *f Physiol (das Sichzusammenziehen des Muskels)* muskola kontrahiĝo; ~**kraft** *f* muskola forto *od* muskolforto; ~**krampf** *od* ~**spasmus** *m* muskola spasmo (*vgl. dazu* ***Spasmus***; ↑ *auch* ***Tetanie***); ~**lähmung** *f*, *Fachspr auch* ***Myoparalyse*** *f Med* muskola paralizo; ~**magen** *m bei Körner fressenden Vögeln* muskolstomako (↑ *auch* ***Kaumagen***); ~**mann** *m*, *umg auch* ***Muskelpaket*** *n* fortmuskola viro, muskolulo; ~**masse** *f* muskola maso; ~**probleme** *n/Pl* muskolaj problemoj *Pl*; ~**protz** *m jmd., der mit seinen Muskeln prahlt* muskolmontremulo; ~**rheumatismus** *m Med* muskola reŭmatismo; ~**rigidität** *f Med* muskola rigideco; ~**riss** *m od* ~**ruptur** *f Med* muskolŝiriĝo

Muskelschmerz *m*, *Fachspr* ***Myalgie*** *f* muskola doloro, *Fachspr* mialgio (↑ *auch* ***Fibromyalgie***); ~***en haben*** havi muskolan doloron *od* suferi je mialgio (*vgl. dazu* ***Hexenschuss*** *u.* ***Muskelkater***)

Muskel|schwäche *f*, *Fachspr auch* ***Myasthenie*** *f* muskola malfort[ec]o, *Fachspr auch* miastenio

Muskelschwund *m Med* ↑ ***Muskelatrophie***

Muskelspannung *f Med*: ***gesteigerte*** ~ hipertonio; ***herabgesetzte*** ~ hipotonio

Muskelspasmus *m* ↑ ***Muskelkrampf***

Muskel|stärke *f* muskola fort[ec]o; ~**starre** *od* ~**steifigkeit** *f* muskola rigideco; ~**tonus** *m Physiol* muskola tonuso; ~**training** *n* muskola trejnado *od* trejnado de la muskoloj; ~**verkürzung** *f Med* muskola kontrakturo; ~**verspannung** *f Med* trostreĉiĝo de muskolo; ~**zellen** *f/Pl*, *auch* ***Muskelfaser-***

zellen** f/Pl* muskolaj ĉeloj *Pl*, *auch* muskolaj fibroj *Pl*; *~zerrung** *f Med* trostreĉo de [la] muskolo *od* muskola trostreĉo

Muskete *f altes Luntenschlossgewehr* musketo *od (Zam)* muskedo

Musketier *m Gesch* ***a)*** *(mit einer Muskete bewaffneter Landsknecht [im 17. Jh. unter Ludwig XIII.])* muskedisto ***b)*** *i.e.S. (berittener [französischer] Musketier [im 17. Jh. unter Ludwig XIII.])* musketero

Muskovit *m*, *auch* ***Moskauer Glas*** *n od* ***[heller] Kaliglimmer*** *m Min* muskovito; *~***schiefer** *m Min (ein Glimmerschiefer)* muskovitskisto

muskulär *Adj den Muskel betreffend bzw. zu ihm gehörig* muskola (↑ *auch* ***intramuskulär***)

Muskularis *f* (Tunica muscularis) *Anat (die glattmuskuläre Wandschicht der Hohlorgane)* muskolozo

Muskulatur *f* muskolaro (↑ *auch* ***Fuß-*** *u.* ***Nackenmuskulatur***); ***gestreifte*** *~* stria muskolaro; ***glatte*** (*od* ***unwillkürliche***) *~ Anat* glata muskolaro, muskoloj *Pl* el glataj fibroj

muskulös *Adj* [fort]muskola (↑ *auch* ***athletisch*** *u.* ***stark***)

Müsli *n*, *<schweiz>* ***Müesli*** *n ein Rohkostgericht (bes. aus Getreideflocken)* muslio

Muslim *m*, *veraltend* ***Moslem*** *m*, *früher auch* ***Mohammedaner*** *od* ***Muselman*** *m* islamano, *früher auch* mahometano *od* muzulmano; ***die Muslims*** *Pl* la islamanoj *Pl auch als Glaubensgemeinschaft* (*vgl. dazu* ***Islam*** *u.* ***Sarazenen***)

Muslima *od* **Muslimin** *f*, *früher* ***Mohammedanerin*** *od* ***Muselmanin*** *f* islamanino, *früher* mahometanino *od* muzulmanino

Muslimbruderschaft *f Pol, Islam* islama frataro *(auch Großschr)*

muslimisch, *auch* ***moslemisch***, *früher auch* ***mohammedanisch*** *od* ***muselmanisch*** *Adj* islama, *früher auch* mahometana *od* muzulmana

Muspelheim (*n*) *altnordische Myth (Land des Feuers [in der dreigeteilten Welt der heidnischen Germanen])* muspelhejmo *(auch Großschr)*

Muss *n* devo (↑ *auch* ***Zwang***)

Mussaenda *f Bot (eine Gattung tropischer Rötegewächse <Rubiaceae>* musendo *[ca. 100 Arten in Afrika, Asien u. Polynesien]*

Mussaka *n od f Kochk* ↑ ***Moussaka***

Mussala (*m*) *höchster Berg Bulgariens [im Rila-Gebirge]* [monto] Musalo

Muße *f freie Zeit* libera tempo; *Ruhe* trankvilo; *Beschaulichkeit* kontemplado; ***etw. mit ~ betrachten*** rigardi ion en trankvilo

Musselin *m*, *<schweiz>* ***Mousseline*** *f Textil (ein feines, locker gewebtes Baumwollgewebe)* muslino (*vgl. dazu* ***Mull***); *Seiden*~ silka muslino

musselinen *Adj aus Musselin bzw. wie Musselin* muslina

müssen *Hilfsverb zum Ausdruck* ***a)*** *der Notwendigkeit, des Zwanges* devi; ***ich muss jetzt leider gehen*** bedaŭrinde mi devas nun [for]iri; ***wir ~ schnell machen*** *od* ***wir ~ uns beeilen*** ni devas rapidi; ***du musst ihm helfen!*** vi devas helpi lin (*od* al li); ***b)*** *der moralischen Verpflichtung (man müsste)* oni devus; *(es wäre besser, wenn ...)* estus pli bone, se ...; ***man müsste es ihr sagen*** oni devus tion diri al ŝi; ***du müsstest schon hingehen*** estus pli bone, se vi irus tien ***c)*** *der Möglichkeit* bezoni, esti necese; ***Sie ~ nicht unbedingt kommen*** vi ne nepre bezonas veni *bzw.* estas ne nepre necese, ke vi venu ***d)*** *der Aufforderung:* ***du musst nicht immer so spät kommen*** vi ne devas ĉiam [al]veni tiel malfrue; ***man muss nicht alles glauben, was die Leute erzählen*** oni ne devas ĉion kredi, kion la homoj diras; ***das hättest du sehen ~!*** [ĉi] tion vi devus esti vidinta! ***e)*** *der Vermutung* kredeble, supozeble, verŝajne *od verbal* ŝajnas, ke ...; ***er muss [wohl] krank sein*** supozeble li estas malsana *od* ŝajnas, ke li estas malsana; ***jmd. muss es ihm gesagt haben*** iu [tut]certe diris al li; ***sie muss [wohl] hier gewesen sein*** verŝajne ŝi estis ĉi tie *od* ŝajnas, ke ŝi estis ĉi tie; ***sie müsste bald kommen*** ŝi devus baldaŭ [al]veni ***f)*** *des Ärgers:* ***da muss auch noch die Schwiegermutter reinreden!*** [kaj nun] eĉ la [sinjorino] bopatrino devas enmiksiĝi ***g)*** *der Anerkennung:* ***das muss man sagen, er gibt sich Mühe*** oni [tamen] devas diri, ke li [ege *od* multe] klopodas ***h)*** *einer unwillkürlichen Handlung:* ***plötzlich musste ich lachen*** subite (*od auch* vole-nevole) mi devis ridi ***i)*** *eines Nichtumhinkönnens* ne povi ne *mit folgendem Verb im Inf:* ***sie musste einfach*** (*od* ***unwillkürlich***) ***lächeln*** ŝi ne povis ne rideti

Musseron *m Mykologie* ↑ ***Knoblauchschwindling***

Mußestunde *f*: ***in den ~n*** en la liberaj (*bzw.* trankvilaj) horoj de la tago (↑ *auch* ***Freizeit***)

müßig 1. *Adj unnütz* senutila; *unbeschäftigt* senokupa; *vergeblich* vana; *träge* inerta, malag[em]a **2.** *Adv*: ~ ***herumsitzen*** [nur] sidadi kaj ne labori (↑ *auch* ***herumhängen***)

Müßig|gang *m* neniofarado (*vgl. dazu* ***Faulheit***); ~**gänger** *m* neniofaranto

Mussolini (*m*) *Eig (italienischer Faschist [1883-1945])* Musolino

Mustafa (*m*) *arabischer u. türkischer männl. Vorname* Mustafo *auch Name osmanischer Sultane*

Mustang *m wild lebendes Präriepferd* mustango (↑ *auch* ***Przewalski-Wildpferd***)

Muster *n* ***a)*** *Vorbild* modelo; *Beispiel* ekzemplo; *Waren*~, *Probestück, Spezimen* specimeno (↑ *auch* ***Angebots-***, ***Kauf-*** *u.* ***Typenmuster***); ~ ***ohne Wert*** *Post, Wirtsch* specimeno sen valoro; ***er ist ein ~ von Ehrlichkeit*** li estas modelo de honesteco ***b)*** *Gramm* paradigmo ***c)*** *Dessin auf Stoff, Tapete u. dgl.* desino; *auf Gewebe, Papier od Karton eingeprägtes Muster [Gaufrage]* gofraĵo; *i.w.S. Verzierung* ornamaĵo

Muster|beispiel *n* klasika (*bzw.* perfekta) ekzemplo (***für*** por); ~**ehe** *f* modela geedzeco; ~**gatte** *m umg* modela edzo

mustergültig, *auch* ***musterhaft*** *Adj* modela (↑ *auch* ***vorbildlich***); *i.w.S. (ideal)* ideala, *(perfekt)* perfekta; ***er ist ein ~er Arbeiter*** li estas modela laboristo

Muster|klammer *f für Bürobedarf* paperstifto; ~**koffer** *m eines Vertreters* specimenkofro; ~**kollektion** *f* kolekto de specimenoj; ~**messe** *f Wirtsch* specimena foiro

mustern *tr aufmerksam (bzw. forschend) betrachten* atente (*bzw.* esplore) rigardi (*vgl. dazu* ***anstarren***); *inspizieren, prüfend besichtigen, z.B. Truppen* inspekti, *alt* revui; *i.w.S. untersuchen* esplori; ***Rekruten*** ~ *Mil* [medicine] ekzameni rekrutojn

Muster|sammlung *f* kolekto de specimenoj; ~**schüler** *m* modela lernanto

Musterung *f* ***a)*** *Inspektion* [atenta *bzw.* severa] inspektado; *[sorgfältige] Prüfung* [zorga] ekzamenado; *Mil* konskripcio, rekrutekzamen[ad]o, [medicina] ekzamenado de la rekrutoj [por elimini tiujn, kiuj ne kapablas fari militservon] (↑ *auch* ***Konskription***) ***b)*** *von Stoff, Tapete u. dgl.* desino

Mut *m Tapferkeit* kuraĝo (*vgl. dazu* ***Furchtlosigkeit***, ***Heldenmut*** *u.* ***Männlichkeit***); *Heldenmut* heroeco; *Risikobereitschaft* riskemo; *Hoffnung* espero; ***wieder ~ fassen*** (*od* ***schöpfen***) denove kolekti (*od* ĉerpi) kuraĝon, rekuraĝiĝi; ***den ~ haben zu ...*** havi la kuraĝon *u. Verb im Inf*; ***jmdm.*** ~ ***machen*** inspiri al iu kuraĝon, kuraĝigi iun; ***wir machten uns gegenseitig*** ~ ni reciproke kuraĝigis nin; ***den*** ~ (*od* ***die Courage***) ***verlieren*** perdi la kuraĝon; ***frischen*** (*od* ***guten***) ~***es sein*** *hoffnungsvoll sein* esti plena de espero; *fröhlich sein* havi gajan humoron

Mutagene *n/Pl Genetik (äußere Einwirkungen, die Mutationen od Chromosomenaberrationen auslösen, also das Erbgut eines Organismus verändern)* mutagenoj *Pl*; ***physikalische*** (***chemische***) ~ fizikaj (kemiaj) mutagenoj

Mutagenität *f Genetik (Fähigkeit einer chemischen Substanz od ionisierender Strahlung als Mutagen Erbgutveränderungen zu bewirken)* mutageneco

Mutante *f Biol (durch Mutation entstandenes Lebewesen)* mutaciaĵo (↑ *auch* ***Virusmutante***); *Genetik (Individuum, in dessen Genom mindestens ein Gen infolge Mutation verändert wurde)* mutaciulo

Mutarotase *f Biochemie (ein Enzym)* mutarotazo

Mutarotation *f nur Fachspr Opt (Änderung des Drehungsvermögens für polarisiertes Licht)* mutarotacio

Mutation *f* ***a)*** *Biol, Genetik (plötzlich auftretende Veränderung des Erbguts)* mutacio (↑ *auch* ***Gen-***, ***Makro-***, ***Mikro-***, ***Parallel-***, ***Punkt-***, ***Retro-***, ***Spontan-***, ***System-*** *u.* ***Virusmutation***); ***somatische*** ~ somata mutacio; ***eine ~ bei ... auslösen*** mutaciigi ... *mit Akk* ***b)*** ↑ ***Stimmwechsel***

Mutationstheorie *f*, *auch* ***Mutationismus*** *m Biol* mutaciismo (↑ *auch* ***Neodarwinismus***)

Mutativ *m Gramm* ↑ ***Translativ b)***

Mütchen *n* ↑ *unter* ***kühlen***

muterfüllt *Adj* kuraĝoplena

Muthanna[h] (*n*) *eine Provinz im Irak an der Grenze zu Saudi-Arabien* [provinco] Mutanao *[Hptst.: as-Samawah]*

mutieren *intr Biol, Genetik (sich spontan im Erbgefüge ändern)* mutacii; *Physiol (die Stimme wechseln)* voĉoŝanĝiĝi (*vgl. dazu* ***transmutieren*** *u.* ***sich verändern***)

mutig *Adj* kuraĝa; *furchtlos* sentima; *tapfer* brava; *heldenmütig* heroa (↑ *auch* ***kühn***)

Mutilation *f Fachspr Med für «Verstümmelung»* mutilado

Mutismus *m Med, Psych (Stummheit bei in-*

takter Wahrnehmung, erhaltenem Sprachvermögen und intakten Sprechorganen z.B. bei depressivem Syndrom) mutismo; ***neurotischer*** ~ neŭroza mutismo

mutlos 1. *Adj* senkuraĝa; ~ ***werden*** malkuraĝiĝi, *[stärker:]* senkuraĝiĝi **2.** *Adv* senkuraĝe

Mutlosigkeit *f* malkuraĝ[ec]o, *[stärker:]* senkuraĝeco; *Ängstlichkeit, Kleinmut* timemo; *Niedergeschlagenheit* deprimiteco (*vgl. dazu* ***Hoffnungslosigkeit***)

mutmaßen *tr aufgrud von Schlüssen vermuten, für wahrscheinlich halten* konjekti (*vgl. dazu* ***vermuten***)

mutmaßlich *Adj* konjektebla; *vermutlich* supozebla (*vgl. dazu* ***wahrscheinlich***)

Mutmaßung *f* konjekt[ad]o

Mutprobe *f* provo de (*od* pri) kuraĝo

Mutran (*m*) *Eig (libanesischer Dichter u. Übersetzer [1871-1949])* Mutrano

Mutschli *od* **Mütschli** *n* ↑ ***Brötchen***

Muttchen *n reg Koseform von* [1]*Mutter* panjo

[1]**Mutter** *f* patrino, *[Koseform:]* panjo (*vgl. dazu* ***Mütterchen*** *u.* ***Mutti***; ↑ *auch* ***Leih-, Raben-*** *u.* ***Tagesmutter***); ~ ***Natur*** *poet* patrino Naturo; ***von derselben ~ [stammend]*** sampatrina; ~ ***von vier Kindern*** patrino de kvar infanoj; ***stillende Mütter*** *Pl* mamnutrantaj patrinoj *Pl*; ~ ***werden*** patriniĝi ◇ ***Vorsicht ist die ~ der Weisheit*** (*od salopp* ***Porzellankiste***) kiu sin gardas, tiu sin savas

[2]**Mutter** *f Schrauben*~ ŝraŭbingo (↑ *auch* ***Flügel-, Kronen-, Sechskant-*** *u.* ***Überwurfmutter***); ***eine ~ anziehen*** (*od* ***festziehen***) firme fiksi ŝraŭbingon

Mutterbaum *m bes. Forstw* ↑ ***Samenbaum***

Mütterberatungsstelle *f, umg auch kurz* ***Mütterberatung*** *f Med* konsultejo por gravedulinoj (*od* junaj patrinoj)

Mutterbrust *f* patrina mamo

Mütterchen *n* patrineto, panjo (↑ *auch* ***Mami*** *u.* ***Mutti***)

Muttererde *f* ↑ ***Ackerkrume***

Mutter|freuden *Pl* ĝojoj *Pl* de patrineco; ~**gesellschaft** *f Wirtsch* patrina kompanio

Muttergottesauge *n Bot* ↑ *unter* ***Frauenspiegel***

Mutterharz *n* ↑ ***Galbanum***

Mutter|herz *n* patrina koro; ~**instinkt** *m* patrina instinkto ~**komplex** *m Psych* patrinkomplekso, komplekso de Edipo

Mutterkorn *n* (Secale cornutum) *Bot (auf Roggen od anderen Gramineen parasitierende schwärzlich-violette Dauerform von ‹Claviceps purpurea›)* ergoto <*auch pharmazeutisch genutzt*>

Mutterkuchen *m* ↑ ***Plazenta*** *u.* ***Nachgeburt***

Mutterkümmel *m Bot* ↑ ***Kreuzkümmel***

Mutter|land *n Heimat* hejmlando (*vgl. dazu* ***Vaterland***); *Herkunftsland [von Produkten]* devenlando [de produktoj]; ~**lauge** *f Chem* postsedimenta solvaĵo; ~**leib** *m* patrina ventro

Mütterlein *n* patrineto, panjo

mütterlich 1. *Adj* patrina; ~***e Fürsorge*** (***Liebe***) *f* patrina prizorgado (amo) **2.** *Adv als Mutter bzw. wie eine Mutter* kiel patrino *nachgest*; ~ ***umsorgen*** prizorgi kiel patrino

mütterlicherseits *Adv* patrinflanke *od nachgest* de la patrina flanko; ***die Großeltern ~*** la patrinflankaj geavoj

Mütterlichkeit *f* patrineco

Mutterliebe *f* patrina amo

mutterlos *Adj* senpatrina

Muttermal *n, auch kurz* ***Mal*** *n,* <*wiss*> ***Nävus*** *od* ***Naevus*** *m Med* denaska makulo, nevuso; ***Naevus araneus*** *m, auch* ***Spinnen-*** *od* ***Sternnävus*** *m* aranea nevuso

Mutter|milch *f* patrina lakto, *auch* mamlakto (↑ *auch* ***Kolostralmilch***); ~**mund** *m* (Ostium uteri *bzw.* Orificium internum canalis isthmi) *Anat* utera orifico (↑ *auch* ***Gebärmutterhals***); ~**pflichten** *f/Pl* devoj *Pl* de patrino; ~**recht** *n, auch* ***Matriarchat*** *n Gesellschaftssystem, in dem die alleinige Macht von Frauen ausgeübt wird* matriarkeco

Mutterpilz *m* (Claviceps purpurea) *Mykologie* ergotfungo (*vgl. dazu* ***Lysergsäure***); ~**vergiftung** *f, pop auch* ***Kribbelkrankheit*** *f,* <*wiss*> ***Ergotismus*** *m Med (Vergiftung durch Alkaloide des Mutterkornpilzes)* ergotismo

Mütterrente *f* patrina pensio

Muttersau *f Viehzucht* suĉiganta porkino

Mutterschaft *f* patrineco (↑ *auch* ***Leihmutterschaft***)

Mutter|schiff *n* bazoŝipo (*vgl. dazu* ***Flugzeugträger***); ~**schutz** *m* protekto de [la] graveda(j) virino(j)

mutterseelenallein *Adj ganz allein* tute sola, *auch* ʒol ʒola

Mutter|söhnchen *n* patrina dorlotito (*bzw.* dorlotato) (*vgl. dazu* ***Weichling***); ~**sprache** *f* gepatra (*od* patrina) lingvo; ~**sprachler** *m* denaska parolanto

Mutterstelle *f*: ~ ***vertreten*** anstataŭi la patrinon [por iu]

Mutter|tag *m* Tago de [la] Patrino; *Internationaler Frauentag* Internacia Tago de Virino; ~**tempel** *m Haupttempel eines Tempelkomplexes* patrina templo; ~**tier** *n Zool* patrina besto; ~**witz** *m* natura saĝo (*od* sprit[ec]o); ~**wurz** *f* (*Gattung* Ligusticum) *Bot* ligustiko; ~**zelle** *f Biol* patrina ĉelo

Mutti *f* panjo *auch Anrede*

mutual ↑ ***wechselseitig***

Mutualismus *m 1. Biol (fördernde, aber nicht lebensnotwendige Wechselbeziehung zw. zwei Lebewesen) 2. utopischer Sozialismus (ein von Proudhon entwickeltes Gesellschaftsmodell) 3. Soziologie (einräumende Gegenseitigkeit, gegenseitige Hilfsbereitschaft)* mutualismo

mutvoll *Adj* kuraĝoplena

Mutwille *m Übermut* troa petol[em]o; *Absicht* intenco; ***aus ~n*** *absichtlich* intence; ***etw. mit ~n tun*** fari ion [tute] intence

mutwillig 1. *Adj absichtlich* intenca; *ausgelassen, z.B. ein Kind* petola **2.** *Adv absichtlich* intence (*vgl. dazu* ***übermütig***)

Mützchen *n* ĉapeto

Mütze *f* ĉapo; *Schirm*≗ kaskedo (*vgl. dazu* ***Basecap, Haube a), Kappe*** *u.* ***Mitra***; ↑ *auch* ***Bäcker-, Bärenfell-, Basken-, Cord-, Fell-, Fuchspelz-, Jakobiner-, Koch-, Kord-, Kosaken-, Matrosen-, Nacht-, Pelz-, Pudel-, Schiffer-, Strick-, Studenten-, Wildleder-, Woll-*** *u.* ***Zipfelmütze***)

Mützen|band *n z.B. an der Matrosenmütze* ĉap[o]rubando; ~**schild** *od* ~**schirm** *m* viziero de kaskedo

Muzaffarabad (*n*) *Hptst. des pakistanischen Teils von Kaschmir* Muzafarabado

Muzaffariden *Pl Gesch (arabische Dynastie im 14. Jh. in Südiran [Hptst.: Shiraz])* muzafaridoj *Pl*

Muzak *ohne Art: Mus (eine spezielle, in USA entwickelte Form der funktionalen Musik)* muzako <*Hintergrundmusik für Büros, Einkaufszentren*>

Muziano (*m*) *Eig* (*genannt* ***il Giovane dei Paesi***) *ital. Maler [1528-1592]* Muziano

Muzin *n* ↑ ***Mucin***

MV = *Zeichen für* ***Megavolt***

μV = *Zeichen für* ***Mikrovolt***

MW = *Zeichen für* ***Megawatt***

μW = *Zeichen für* ***Mikrowatt***

MwSt. *od* **Mw.-St.** = *Abk für* ***Mehrwertsteuer***

Mx = *Zeichen für* ***Maxwell***

Myalgie *f Med* ↑ ***Muskelschmerz***

Myanmar [*'mjanma:r*] (*n*), *birmanisch* ***Myanma Naingngan*** [*heutige Bez für* ***Birma*** *od* ***Burma*** (*n*)] Mjanmo, *auch noch* Birmo *od* Burmo *[Hptst.: Naypyidaw (früher: Rangoon)]*

Myanmare *m Einwohner von Myanmar* mjanmano (↑ *auch* ***Birmane*** *od* ***Burmese***)

Myanmarin *f* mjanmanino

myanmarisch *Adj* mjanma

Myasthenie *f Med* ↑ ***Muskelschwäche***

Myco|bakterium *n* (*Pl*: ***Mycobakterien***) *Bakt (Gattung grampositiver, säurefester, aerober, unbeweglicher, morphologisch variabler Stäbchenbakterien der Familie Mycobacteriaceae)* mikobakterio; ~**plasma** *n Bakt (Gattung zellwandloser Bakterien der Familie Mycoplasmataceae)* mikoplasmo

Mydriasis *f Med* ↑ ***Pupillenerweiterung***

mydriatisch *Adj Ophthalmologie (pupillenerweiternd (z.B. Augentropfen])* midriaza

Myelencephalon *n*, *auch* ***Nachhirn*** *n Anat (Teil des Rhombencephalon)* mjelencefalo

Myelin *n Anat* ↑ ***Nervenmark***

Myelitis *f Med* ↑ ***Rückenmarkentzündung***

Myelo|blast(en) *m/(Pl) Zytologie (Mutterzellen der Myelozyten im Knochenmark)* mjeloblasto(j) *(Pl)*; ~**dysplasie** *f Med* mjelodisplazio

myelogen *Adj nur Fachspr Med (aus dem Knochenmark entstanden)* mjelogena

Myelografie *f*, *auch* ***Myelographie*** *f Med (röntgenologische Darstellung des Wirbelkanals mithilfe von Kontrastmitteln)* mjelografio

myeloid ↑ ***knochenmarkähnlich***

Myelom *n* (*auch als* ***Plasmozytom*** *od* ***Kahler-Krankheit*** *bezeichnet*) *Med (bösartige Geschwulstbildung bestimmter Knochenmarkzellen)* mjelomo

Myelomeningitis *f Med (Entzündung des Rückenmarks u. seiner Häute)* mjelomeningito

Myelopathie *f Med* ↑ ***Knochenmarkleiden*** *od* ***Rückenmarkleiden***

Myelozyten *Pl Zytologie (unreife, noch teilungsfähige Vorstufen der Granulozyten im Knochenmark)* mjelocitoj *Pl*

Myiase *od* **Myiasis** *f*, *auch* ***Madenfraß*** *od* ***[Fliegen-] Madenkrankheit*** *f Med, Vet (durch Fliegenmaden hervorgerufene Erkrankung der Haut od innerer Organe [bei Menschen u. Wirbeltieren])* mijozo

Mykenä *od* **Mykene** (*n*) *griech. Antike (Burg-*

festung u. Stadt in der Argolis/Griechenland) Miceno

mykenisch *Adj* micena

Mykerinos (*m*) *Eig (sechster Pharao der altägyptischen vierten Dynastie im Alten Reich)* Mikerino <*Erbauer der dritten Pyramide von Gizeh*>

Mykologe *m, auch* ***Pilzkundige*** *m* mikologo *od* micetologo, *auch* fungologo

Mykologie *f, auch* ***Pilzkunde*** *f* mikologio *od* micetologio, *pop* fungologio

Mykonos (*n*) *eine Insel der Kykladen/Griechenland* [insulo] Mikonoso

Mykor[r]hiza *f Symbiose von Pilzen mit den Wurzeln bestimmter höherer Pflanzen* mikorizo (*vgl. dazu* ***Symbiose***)

Mykose *f, auch* ***Pilzinfektion*** *f Bot, Med, Vet* mikozo, *auch* fungozo (↑ *auch* ***Botryo-, Chromo-, Endo-, Epidermo-, Oto-, Rhino-, Tricho-*** *u.* ***Vaginalmykose***)

Mykropyle *f nur Fachspr Biol* mikropilo

Mylonit *m, auch* ***Knetgestein*** *n Geol (ein nach seiner Entstehung durch Gebirgsdruck zertrümmertes u. nachträglich wieder verfestigtes Gestein)* milonito

mylonitisch *Adj Geol (die Struktur eines zerriebenen Gesteins betreffend)* milonita

mylonitisieren *tr Geol (durch tektonische Kräfte zu feinen Bruchstücken zerreiben [von Gesteinen])* milonitigi

Mylord *ohne Art* ↑ *unter* ***Lordschaft***

My-Meson *n Phys* ↑ ***Myon***

Myoblast *m Anat (Bildungszelle für die Muskelfasern)* mioblasto

Myofibrillen *Pl Anat (elastische Elemente der Muskelzelle für die Kontraktur)* miofibretoj *Pl*

Myoglobin *n Biochemie (einkettiges Hämoprotein der Skelettmuskulatur mit Sauerstoffspeicherfunktion)* mioglobino

Myokard *n Anat* ↑ ***Herzmuskel***

Myokardie *od* **Myokardose** *f Med (nicht entzündliche Herzmuskelerkrankung)* miokardiozo

Myokardinfarkt *m Med* ↑ ***Herzinfarkt***

Myokarditis *f, auch* ***Herzmuskelentzündung*** *f Med* inflamo de la miokardio

Myokard[ium] *n Anat* ↑ ***Herzmuskel***

Myokardose *f Med* ↑ ***Myokardie***

Myom *n Gynäkologie (gutartige Geschwulst des Muskelgewebes [bes. der Gebärmutter])* miomo (↑ *auch* ***Fibromyom***)

Myometritis *f Med* ↑ ***Metritis***

Myon *od* **My-Meson** *n Kernphysik (instabiles Elementarteilchen mit Elementarladung [den Leptonen zugehörig])* muono

Myoparalyse *f Med* ↑ ***Muskellähmung***

Myopathie *f Med (entzündliche od degenerative Muskelerkrankung)* miopatio

Myope *m nur Fachspr Med für «kurzsichtiger Mensch»* miopulo

Myopie *f Med (Kurzsichtigkeit)* miopeco (↑ *auch* ***Nachtmyopie***); ***benigne*** (***maligne***) ~ benigna (maligna) miopeco

myop[isch] *Adj nur Fachspr für «kurzsichtig»* miopa

Myosarkom *n Med (maligner mesenchymaler Tumor des Muskelgewebes)* miosarkomo

Myosin *n Biochemie (ein an der Muskelkontraktion beteiligtes Protein)* miozino

Myositis *f Med* ↑ ***Muskelentzündung***

Myria... *internationales Präf (Wortelement mit der Bed «zehntausend»)* miria...

Myriaden *f/Pl*: ~ ***von ...*** miriadoj da ... (*vgl. dazu* ***Unmenge*** *u.* ***Unzahl***)

Myriameter *n altes Maß von 10.000 Metern* miriametro

Myriapode *m Zool* ↑ ***Tausendfüßler***

Myrikawachs *od* **Myrtenwachs** *n* (*auch* ***Myrikatalg*** *genannt*) mirika (*od* mirta) vakso

Myringektomie *f nur Fachspr Chir (operative Entfernung [eines Teiles] des Trommelfells)* miring[o]ektomio

Myringitis *f Med* ↑ ***Trommelfellentzündung***

Myringotomie *f Chir* ↑ ***Parazentese***

Myrizyl *n Chem* miricilo

Myrmekologie *f, auch* ***Ameisenkunde*** *f* mirmekologio

myrmekophag *Adj nur Fachspr Zool (sich von Ameisen ernährend)* mirmekofaga

Myrmekophile *f, auch* ***Ameisengast*** *m nur Fachspr Ent (ein mit Ameisen zusammen lebendes Insekt)* mirmekofilo

Myrmekophyten *m/Pl, auch* ***Ameisenpflanzen*** *f/Pl Fachspr Bot u. Ent* mirmekofitoj *Pl*

Myrmidonen *m/Pl griech. Gesch (ein sagenhafter achäischer Volksstamm in Thessalien)* mirmidonoj *Pl*

Myrobalane *f Bot (1. in Südasien als Gerb- u. Färbemittel verwendete Frucht des Wolfsmilchgewächses ‹Phyllanthus emblica› 2. Frucht verschiedener Terminalia-Arten Asiens [ein Gerbmittel])* mirobalano

Myrobalanenbaum *m Bot* mirobalanarbo

Myron (*m*) *Eig (ein attischer Bildhauer [tätig*

im 5. Jh. v. Chr.]) Mirono

Myrrhe *f od* **Myrrhenharz** *n ein aromatisches Harz* mirho

Myrrhen|öl *n ätherisches Öl aus Myrrhenharz* mirha oleo; ~**strauch** *m* (*Gattung* Commiphora) *Bot* komiforo; ~**tinktur** *f* (Myrrhae tinctura) *Pharm* mirha tinkturo

Myrte *f* (*Gattung* Myrtus) *Bot* mirto; *Wachs- od Licht*~ (*Gattung* Myrica) miriko (↑ *auch* ***Torfmyrte***)

Myrtengewächse *n/Pl Bot*: ***[Familie der]*** ~ (Myrtaceae) mirtacoj *Pl*

Myrtenheide *f* (*Gattung* Melaleuca) *Bot* melaleŭko; (*Art* Melaleuca quinquenervia) *ein immergrüner Baum [im Osten Australiens, in Neukaledonien u. Papua-Neuguinea beheimatet]* kvinripa melaleŭko

Myrtenwachs *n* ↑ ***Myrikawachs***

Myrtenzweig *m* mirtobranĉo

Mysien (*n*) *antike Landschaft im NW Kleinasiens [ab 280 v. Chr. Kernland des Königreichs Pergamon]* Mizio

[1]**Mysore** (*n*) *bis 1973 Name des indischen Unionsstaates Karnataka* Majsurio

[2]**Mysore** (*n*), *auch* ***Maisur*** (*n*) *eine südindische Stadt* Majsuro

Mysterien|kulte *m/Pl* misteroj *Pl* <*im Wesentlichen vorgriechischen Ursprungs*>; ~**spiel** *n [im Mittelalter:] Drama mit biblischem Stoff, geistliches Drama* religia dramo

mysteriös *Adj* mistera; *voller Geheimnisse* plena de misteroj *nachgest* (↑ *auch* ***geheimnisvoll***, ***rätselhaft*** *u.* ***unergründlich***)

Mysterium *n unergründliches Geheimnis [religiöser Art]* mister[aĵ]o

Mystifikation *od* **Mystifizierung** *f Irreführung* mistifik[ad]o (↑ *auch* ***Täuschung***)

mystifizieren *tr mystisch betrachten* mistifiki

Mystik *f Phil* mistiko *auch übertr*

Mystiker *m Anhänger der mystischen Frömmigkeit* mistikulo; *Phil (Vertreter der Mystik)* mistikisto

mystisch *Adj geheimnisvoll* mistika; *wundersam* mirakla

Mystische *n von etw.* mistikeco

Mystizismus *m Rel, Phil (Wunderglaube, Glaubensschwärmerei, Neigung zu schwärmerischer Religiosität)* mistikismo; *das Mystische von etw.* mistikeco

mystizistisch *Adj* mistikisma

Mythe *f* ↑ ***Mythos***

mythenhaft *od* **mythisch** *Adj* mita *auch Lit* (↑ *auch* ***erdichtet*** *u.* ***sagenhaft***)

Mythologe *m*, *auch* ***Sagenforscher*** *m* mitologo

Mythologie *f*, *auch* ***Sagenkunde*** *od* ***Götterlehre*** *f* mitologio; ***germanische*** (***griechische***) ~ ĝermana (greka) mitologio

mythologisch **1.** *Adj* mitologia **2.** *Adv* mitologie

mythologisieren *tr in mythischer Weise darstellen* mitologiigi

Mythomanie *f Psych (krankhafter Hang zur Übertreibung und Prahlerei)* mitomanio; ***an*** ~ ***Leidender*** *m i.w.S. Phantast* mitomaniulo

Mythos *m*, *auch* ***Mythus*** *m*, *[ehemals:] auch* ***Mythe*** *f Götter- od Heldensage (bes. im Altertum)* mito (↑ *auch* ***Legende a)***); ***etw.*** (***jmdn.***) ***zu einem*** ~ ***machen*** mitigi ion (iun)

Mythra[s] (*m*) *Myth (iranischer Lichtgott)* Mitrao

Mythras|anbetung *f od* ~**dienst** *od* ~**kult** *m Rel (Anbetung des Mythra)* mitraismo

Mytilene (*n*), *neugriech.* ***Mitilini*** *Hptst. u. Hafen der griech. Insel Lesbos* Mitileno

Mytilismus *m Med* ↑ ***Muschelvergiftung***

Myxödem *n* (Myxodermia diffusa) *Med (schleimige Infiltration des Unterhautgewebes)* miksedemo; ~**koma** *n Med* miksedema komato

Myxo|fibrom *n Med (Fibrom, das aus Schleim- u. Bindegewebe besteht)*; ~**lipom** *n Med (Lipom, das aus Schleim- u. Fettgewebe besteht)* miksolipomo

Myxom *n*, *auch* ***Schleimgewebegeschwulst*** *f Med* miksomo (↑ *auch* ***Myxosarkom***); ***zystisches*** ~ (Myxoma cavernosum) kista miksomo

Myxomatose *f*, *pop* ***Kaninchenpest*** *f Vet (eine tödlich verlaufende Viruskrankheit bei Hasen u. Wildkaninchen)* miksomatozo

Myxosarkom *n Med (malignes, sehr zellreiches Myxom [dem Sarkom nahestehend])* miksosarkomo

Myzel[ium] *n*, *auch* ***Pilzgeflecht*** *n Bot ([unter der Erde wachsendes] Fadengeflecht der Pilze)* micelio (↑ *auch* ***Luftmyzel*** *u.* ***Sklerotium***); ***primäres*** ~ primara micelio

Myzelstrang *m Mykologie* rizomorfo; ***dünner*** ~ micelia filamento

Myzetismus *m Med* ↑ ***Pilzvergiftung*** [↑ *dort*]

Myzetom *n Med, Parasitologie (chronische Granulationsgeschwulst in den Tropen u. Subtropen [verursacht durch Bakterien od Pilze])* micetomo (↑ *auch* ***Aktinomyzetom***)

N

N = *Abk für* **1.** ***Newton*** **2.** ***Nord[en]***

na *Interj* ***a)*** *aufmunternd od um etw. zu bekräftigen bzw. zu bestätigen* nu!; ~, ***versuch's doch mal selbst!*** nu, provu do mem! ***b)*** *fragend* nu; ~, ***wird's bald?*** *umg* nu, ankoraŭ ne preta?

Nabatäer *m/Pl [im Altertum:] ein arabisches Handelsvolk in Palästina* nabateoj *Pl*

nabatäisch *Adj* nabatea; ~***e Schrift*** *f* nabatea skribo *[Vorläufer der arabischen Schrift]*

Nabe *f Rad*[≗] nabo [de rado] (↑ *auch* ***Freilauf-*** *u.* ***Propellernabe***)

Nabel *m* (Umbilicus) *Anat (Bauchnabel)* umbiliko *auch übertr* (↑ *auch* ***Hilum***); ***er glaubt, er ist*** (*od geh* ***sei***) ***der ~ der Welt*** *iron* li kredas, ke li estas la umbiliko de la mondo; ***am ~ der deutschen Politik*** *im Zentrum der dt. Politik* en la centro de la germana politiko

Nabel|arterie *f* (Arteria umbilicalis) *Anat* umbilika arterio; ~**band** *n* (Ligamentum umbilicalis) *Anat* umbilika ligamento; ~**binde** *f Med* umbilika bendo (*od* bandaĝo); ~**bläschen** *n Embryologie* vitela sako; ~**blut** *n* umbilika sango; ~**blutung** *f Med* umbilika hemoragio; ~**bruch** *m* (Hernia umbilicalis) *Med* umbilika hernio; ~**bruchbrand** *n Med* umbilikhernia bandaĝo; ~**fistel** *f* (Fistula umbilicalis) *Med* umbilika fistulo

nabelförmig **1.** *Adj* umbilikoforma **2.** *Adv* umbilkoforme

Nabel|gefäß *n Anat* umbilika angio; ~**geschwür** *n Med* umbilika ulcero; ~**infektion** *f* umbilika infektiĝo; ~**kolik** *f* imbilika koliko

Nabelmiere *f* (*Gattung* Moehringia) *Bot* meringio; ***dreinervige ~*** (Moehringia trinervia) trinervura meringio

Nabel|nuss *f* (*Gattung* Omphalodes) *Bot (eine vorwiegend mediterrane Gattung der Raublattgewächse)* omfalodo; ~**phlegmone** *f Med* umbilika flegmono; ~**piercing** *n ein Körperschmuck* umbilika traboraĵo; ~**punkt** *m Geom* umbilikpunkto; ~**schnecke** *f* (*Gattung* Natica) *Zool* natiko

Nabel|schnur *f od* ~**strang** *m* (Funiculus umbilicalis) *Anat* umbilika ŝnuro (*od* funiklo); ***die Nabelschnur durchtrennen*** *abnabeln* tranĉi la umbilikan ŝnuron

Nabelschnur|blut *n* umbilikŝnura sango; ~**vorfall** *m Med* umbilikŝnura prolapso *od* prolapso de la umbilika ŝnuro

Nabelschwein *n Zool* ↑ ***Pekari***

Nabel|stumpf *m* stumpo de la umbilika ŝnuro; ~**vene** *f* (Vena umbilicalis) *Anat* umbilika vejno

Naben|bremse *f z.B. am Fahrrad* nabobremso *od* naboprema bremso; ~**dynamo** *m beim Fahrrad* nabodinamo

Nabi = *Abk für* ***Nationalbibliothek***

Nabil (*m*) *arab. männl. Vorname* Nabilo

Nablus (*n*), *arab.* ***Nabulus***, *bibl* ***Sichem*** (*n*) *eine Stadt im Bergland von Samaria (Westjordanland)* Nabluso

Nabob *m 1. [ursprünglich:] islamischer Provinzstatthalter in Indien 2. [später:] in Indien reich gewordener Engländer od Holländer 3. übertr: [sehr] reicher Mann* nababo

NABU = *Abk für* ***Naturschutzbund***

nach **1.** *Adv*: ~ ***und*** ~ iom post iom (↑ *auch* ***kleckerweise***); *Schritt für Schritt* paŝo[n] post paŝo (↑ *auch* ***schritt-***, ***portions-*** *u.* ***stufenweise***); ~ ***wie vor*** *wie gewöhnlich* kiel kutime; *wie vorher* [nun *bzw.* poste] kiel antaŭe; *wie in früheren Zeiten* kiel en antaŭaj tempoj; *noch immer* ankoraŭ [nun] **2.** *Präp* ***a)*** *Richtung* al; ~ ***Berlin fahren*** veturi al Berlino, *salopp auch* veturi Berlinon; ~ ***Hause*** hejmen; ~ ***innen*** al interne, *umg meist* internen; ~ ***links*** maldekstren; ~ ***oben*** supren; ~ ***rechts*** dekstren; ~ ***allen Richtungen*** al ĉiuj direktoj; ~ ***unten*** suben, malsupren ***b)*** *zeitl* post *auch bei der Uhrzeit*; ~ ***Ankunft in ...*** post [la] alveno en ..., *auch* alveninte en ...; ~ ***der Arbeit*** post la laboro, *nachdem man von der Arbeit nach Hause gekommen ist* hejmenveninte (*od* post hejmenveno) el la laborejo; ~ ***Christus*** (*Abk* ***n. Chr.***) post Kristo (*Abk* p.K.); ~ ***dem Essen*** post la manĝo; ~ ***den Feiertagen*** (*od* ***Festtagen***) post la festotagoj; ~ ***einem Jahr*** post unu jaro; ~ ***Mitternacht*** post noktomezo; ~ ***dem Schwimmen*** post la naĝado; ~ ***Sonnenuntergang*** post sunsubiro *od* post malleviĝo de la suno; ***es ist jetzt zehn Minuten ~ sechs*** estas nun dek minutoj post la sesa [horo] ***c)*** *Reihenfolge*: ***ich komme ~ Ihnen*** *z.B. beim Anstehen* mia vico estas malantaŭ (*od* post) vi!; ***einer ~ dem anderen*** *bzw.* ***eins nach dem anderen*** unu post la alia ***d)*** *gemäß, entsprechend, in Übereinstimmung mit* laŭ, konforme al; ~ ***Bedarf*** laŭbezone; ~ ***dem Gesetz*** *od* ***dem Gesetz ~***

laŭ (*od* konforme al) la leĝo; ~ ***Gewicht verkaufen*** vendi laŭ la pezo; ~ ***Kräften*** laŭforte; ***meiner Meinung*** ~ *od* ~ ***meiner Meinung*** laŭ mia opinio, *auch* miaopinie; ~ ***Möglichkeit*** laŭeble; ***jmdn. nur dem Namen*** ~ ***kennen*** koni iun nur laŭ la nomo; ~ ***Wunsch*** laŭdezire; ***Zitat*** ~ ***Zamenhof*** citaĵo laŭ Zamenhof ***e)*** *Ähnlichkeit mit etw.* je; ~ ***Rosen riechen*** odori je rozoj ***f)*** *in weiteren Fügungen*: ***hat jmd.*** ~ ***mir gefragt?*** ĉu iu demandis pri mi?; *wollte jmd. mit mir sprechen?* ĉu iu volis paroli kun mi?; ***jmdn.*** ~ ***dem Weg fragen*** demandi iun pri la vojo; ~ ***jmdm. verlangen*** *mit jmdm. sprechen wollen* deziri paroli al (*od* kun) iu; *Sehnsucht nach jmdm. haben* sopiri al iu; ***wir bitten die Passagiere*** ~ ***... zum Flugsteig 10*** *Flugw* la pasaĝeroj al ... estas petataj veni al pordo numero 10

nach|äffen *tr* [kvazaŭ simio] imiti, simii; *pej* imitaĉi; ~**ahmen** *tr eine Person, jmds. Stimme* imiti (↑ *auch* ***parodieren***); *Mode, jmds. Verhalten* kopii

nachahmenswert *Adj* imitinda; kopiinda

Nach|ahmer *m jmd., der etw. imitiert* imitanto; ~**ahmung** *f Vorgang (das Nachahmen)* imitado, *(das Fälschen)* falsado, *(das Kopieren)* kopiado; *(als Ergebnis: etw. Nachgeahmtes)* imitaĵo, *(plagiierte Nachahmung)* plagiato, *(Fälschung)* falsaĵo, *(Kopie)* kopio; ~**ahmungstrieb** *m* instinkto de imitado; ~**amputation** *f Chir* reamputado *od* refoja amputado; ~**auflage** *f Buchw* represita eldono; *Neudruck* represo

Nachbar *m* najbaro (↑ *auch* ***Tisch- u. Zimmernachbar***); ***unser*** ~ ***drei Häuser weiter*** *umg* nia najbaro [loĝanta] en la tria domo de ĉi tie

Nachbar|dorf *n* najbara vilaĝo; ~**garten** *m* najbara ĝardeno; ~**gleis** *n Eisenb, Straßenbahn* najbara trako; ~**haus** *n* najbara domo

Nachbarin *f* najbarino

Nachbarland *n* najbara lando

nachbarlich *Adj* najbara (↑ *auch* ***gutnachbarlich***)

Nachbar|ort *m* najbara loko; ~**provinz** *f* najbara provinco

Nachbarschaft *f* ***a)*** *nachbarliche Lage* najbareco; *i.w.S. Nähe* proksimeco; ***in der*** ~ en la najbareco (*od* proksimeco), proksime (**von** de); ***in unmittelbarer*** ~ en senpera najbareco ***b)*** *benachbartes Gebiet* najbara regiono, najbaraĵo; *i.w.S. Umgegend* ĉirkaŭaĵo ***c)*** *die Nachbarn* la najbaroj *Pl* (↑ *auch* ***Umgebung***)

Nachbarschafts|hilfe *f* internajbara helpo *od* helpo inter najbaroj; ~**streit** *m* internajbara kverelo *od* kverelo inter najbaroj

Nachbars|familie *f* najbara familio; ~**kind** *n* najbara infano; ~**leute** *Pl* najbaroj *Pl*

Nachbar|staat *m* najbara ŝtato; ~**stamm** *m Ethn* najbara tribo; ~**tisch** *m* najbara tablo

nachbauen *tr Gebäude, Gerät* kopii

Nach|beben *n nach einem Erdbeben* sekva(j) skuo(j) [de tertremo]; ~**behandlung** *f Med* postmalsana terapio

nachbekommen *tr umg*: ***kann ich noch etwas*** ~***?*** *z.B. beim Essen* ĉu mi povas ricevi ankoraŭ iom[ete]?

Nachbemerkung *f* postnoto

nachbessern *tr* poste [iom] plibonigi (↑ *auch* ***abändern***)

nachbestellen *tr*: ***etw.*** ~ remendi (*od* ankoraŭfoje mendi) ion, mendi plion de io

Nach|bestellung *f* remendo *od* ankoraŭfoja mendo; *Hdl* mendo de plia varo; ~**bestrahlung** *f Med* postoperacia radioterapio

nach|beten *tr nachplappern* papage ripeti, papag[um]i; ~**bezahlen** *tr später bezahlen* pagi poste; *den Rest bezahlen* pagi la reston [de la sumo]; ~**bilden** *tr* kopii, imiti; *reproduzieren* reprodukti (*vgl. dazu* ***kopieren u. modellieren***)

Nachbildung *f Vorgang (Nachbilden)* kopiado, imitado; *Ergebnis (nachgebildeter Gegenstand, Imitat[ion])* imitaĵo, *(Fälschung)* falsaĵo, *(Reproduktion)* reproduktaĵo; *plagiierte Nachbildung (bes. Kunst)* plagiato (↑ *auch* ***Plagiat***)

nachblicken *intr*: ***jmdm.*** ~ sekvi iun per [la] rigardo, postrigardi iun (*vgl. dazu* ***nachsehen b)***)

nachbluten *intr* poste ankoraŭ [iom] sangadi

Nachblutung *f Med* sekundara hemoragio, *(nach Operation)* postoperacia hemoragio, *(nach Geburt)* postnaska hemoragio

nachbörslich *Adj nach der Börsenzeit*: ~***er Kurs*** *m Fin* postborsa kurzo

nachchristlich *Adj*: ***in den ersten*** ~***en Jahrhunderten*** en la unuaj jarcentoj post Kristo

nachdatieren *tr zurückdatieren (mit einem zurückliegenden Datum versehen [Ggs: vordatieren])* retrodati

nachdem *Konj* ***a)*** post kiam; ***je*** ~ *abhängig von der Situation* depende de la situacio; *den Umständen entsprechend* laŭ la cirkonstancoj; ***je ~, ob ...*** depende de tio, ĉu ... ***b)*** *bei Satzgefüge mit gleichem Subjekt* ...inte, *z.B.* ~ ***ich mit ihm gesprochen hatte, ging ich sofort zu ...*** parolinte kun li mi tuj iris al ...

nachdenken *intr überdenken* pripens[ad]i (***über etw.*** ion) (↑ *auch* ***überlegen***); *nachsinnen* mediti; *grübeln* cerbumi (***über*** pri) (↑ *auch* ***hirnen***); ***denk mal nach!*** pripensu tion!; ***denk erst nach, dann antworte*** unue pripensu ĝin, nur poste respondu; ***denk erst gründlich*** (*od* ***richtig***) ***nach!*** unue bone pripensu ĝin (*od* tion)!

Nachdenken *n* pripensado; *Nachsinnen* meditado; ***ich brauche Zeit zum ~*** mi bezonas tempon por pripensi tion (*bzw.* [ĉi] ĉion); ***gib mir ein bisschen Zeit zum ~*** donu al mi iom da tempo por pripensi [tion]

nachdenklich *Adj* meditema; *in Gedanken versunken* enpensiĝinta (↑ *auch* ***besinnlich*** *u.* ***grüblerisch***); ~ ***werden*** enpensiĝi

nachdrängen *intr* preme puŝi de malantaŭe

[1]**Nachdruck** *m Betonung* akcento; *Emphase* emfazo; *Energie, Tatkraft* energio; ***mit ~*** kun emfazo, emfaze; energie (↑ *auch* ***nachdrücklich***); ***etw. mit ~ fordern*** energie postuli ion; ~ ***auf etw. legen*** akcenti ion; emfazi ion

[2]**Nachdruck** *m Typ (Vorgang)* represo, *(Ergebnis)* repres[aĵ]o

nachdrucken *tr Typ* represi, denove presi (*vgl. dazu* ***reproduzieren***)

nachdrücklich 1. *Adj* emfaza; *energisch* energia; *eindringlich* insista; *dringlich* urĝa **2.** *Adv* emfaze; energie; insiste; urĝe; *ausdrücklich* eksplicite; ***jmdn. ~ warnen*** insiste averti iun [pri io]

Nachdrücklichkeit *f Beharrlichkeit, Eindringlichkeit* insisteco; *Dringlichkeit* urĝeco

nachdunkeln *intr z.B. ein Anstrich, das Holz* poste ankoraŭ [iom] malheliĝi

nacheifern *intr* fervore sekvi; ***er bemüht sich, ihm nachzueifern*** li penas egaliĝi al li

nacheilen *intr*: ***jmdm.*** ~ rapidi post iu (↑ *auch* ***folgen*** *u.* ***hinterherrennen***)

nacheinander *Adv* unu post la alia; *in der Abfolge* sinsekve; ***dreimal*** ~ trifoje sinsekve; ***kurz*** ~ mallonge sinsekve

Nacheiszeit *f* ↑ ***Holozän***

nachempfinden *tr* kunsenti, *auch* postsenti *od* samsenti; *Verständnis für etw. haben* havi komprenon (***etw.*** por io); ***ich kann Ihre Freude*** ~ mi povas kunsenti (*od auch* kompreni) vian ĝojon

Nachen *m reg od poet für «Kahn»* boat[et]o, barketo, *auch* kanoto

nacherzählen *tr* rerakonti, ripetrakonti

Nacherzählung *f* rerakonto, ripetrakonto

Nachf. = *Abk für* ***Nachfolger***

Nachfahr[e] *m selt für «Nachkomme»* posteulo (↑ *auch* ***Abkömmling***)

nachfahren *intr*: ***jmdm.*** ~ sekvi iun [per la aŭto *u.a.*]

nach|färben *tr* poste ankoraŭ [iom] farbi; **~feiern** *tr nachträglich feiern* postfesti, postdate festi

Nach|finanzierung *f Bankw, Wirtsch* suplementa financado; **~folge** *f Rechtsnachfolge* sukcedo (↑ *auch* ***Staatennachfolge***); *im Amt* transpreno de ofico [de antaŭulo]; *Erbe* heredaĵo

nachfolgen *intr* ***jmdm.*** ~ *im Amt* transpreni ies oficon (*bzw.* postenon); *jmdm. folgen od hinterhergehen* sekvi (*od* postiri) iun

nachfolgend *Adj* sekv[ant]a; *spätere(r)* posta; ***im ~en wird darauf ausführlich eingegangen*** *im folgenden Text* poste en la teksto ni detale pritraktos ĉi tion (*bzw.* ĉi tiun problemon *u.Ä.*)

Nachfolger *m* (*Abk* ***Nachf.***) sekvanto, posteulo

Nachfolgestaat *m*, *auch* ***Sukzessionsstaat*** *m z.B. nach dem Zerfall der Sowjetunion* sukceda ŝtato

nachfordern *tr nachträglich fordern* poste postuli; *außerdem fordern* krompostuli

Nachforderung *f* posta postulo

nachforschen *intr* serĉesplori, *oft allg* serĉi; *durch Umfrage* enketi; *ausfindig machen* [provi] eltrovi (↑ *auch* ***ermitteln***)

Nachforschung *f* serĉesplor[ad]o, serĉo; *durch Umfrage* enketado; ***~en anstellen*** serĉ[esplor]i (***bei*** ĉe; ***in*** en)

Nachfrage *f Anfrage* demando; *Bitte um Auskunft* informpeto (*vgl. dazu* ***Erkundigung***); *Hdl* postul[ad]o (***nach*** pri), *(Bedarf)* bezono; ***Angebot und*** ~ *Hdl, Wirtsch* propon[ad]o kaj postul[ad]o

nachfragen *intr erfragen* demandi (***nach etw.*** pri io); *erbitten* [el]peti; *Auskunft erbitten* informpeti; *sich erkundigen* informiĝi

Nachfrost *m* printempa frosto (↑ *auch* ***Eisheilige***)

nachfühlen *tr* kunsenti; *Verständnis für etw. haben* havi komprenon (***etw.*** por io) (*vgl.*

dazu ***nachempfinden***)

nachfüllen *tr* denove plenigi, replenigi; *hinzufügen* aldoni

nachgeben *intr* ***a)*** cedi (***jmdm.*** al iu) *auch unter einer Last, Partnerin den sexuellen Wünschen des Mannes*; *[auf Druck od Zug hin] sich biegen* esti fleksiĝema, fleksiĝi; *[schließlich] einwilligen* [fine] konsenti; *den Widerstand aufgeben* ne plu rezisti; ***jmds. Bitten*** ~ cedi al ies petoj (*od* petado); ***beide wollten nicht*** ~ ambaŭ [el ili] ne volis cedi; ***bei jedem Schritt gab der Boden unter unseren Füßen nach*** ĉiupaŝe la tero cedis sub niaj paŝoj ***b)*** *Börse, Wirtsch (Kurse, Preise)* fali, malaltiĝi

Nachgeben *n* ced[ad]o

Nachgebühr *f, auch* ***Nach-*** *od* ***Strafporto*** *n Post* punpago [pro nesufiĉa afranko]

Nachgeburt *f, auch* ***Mutterkuchen*** *m*, <*wiss*> ***Plazenta*** *f Anat* postnaskaĵo, <*wiss*> placento; ***Ausstoßen der*** ~ postakuŝo

Nachgeburtsblutung *f* postakuŝa hemoragio

nachgehen *intr* postiri, sekvi (***jmdm.*** iun); *erforschen* esplori; *sich beschäftigen mit* okupiĝi pri; *Uhr* malfrui; ***einem Beruf*** ~ *einen Beruf ausüben* praktiki profesion; *einen Beruf haben* havi profesion; ***ich werde der Sache*** ~ *untersuchen* mi provos esplori la aferon; ***deine Uhr geht fünf Minuten nach*** via horloĝo malfruas je kvin minutoj

nachgelassen *Adj veraltend für «hinterlassen»* postlasita, postmorta (↑ *auch* ***postum***)

nachgemacht *Adj imitiert* imitita; *gefälscht* falsa; *künstlich hergestellt* artefarita; *nachträglich hinzugefügt, unecht, falsch* (*vgl. dazu* ***nachmachen***)

nachgenannt *Adj* pli sube menciita

nachgerade *Adv schließlich* fine, *[betonter:]* finfine; *allmählich* iom post iom; *wirklich* vere; *nach wie vor, noch immer* ankoraŭ [nun]; ***es wäre*** ~ ***an der Zeit ...*** finfine estus la tempo por ...

Nach|gerbung *f Gerberei* retanado; ~**geschmack** *m* postgusto

nachgestellt *Adj Wort* postmetita

nachgewiesenermaßen ↑ ***erwiesenermaßen***

nachgiebig *Adj* ***a)*** *elastisch* elasta, fleksebla *auch übertr*; *weich* mola ***b)*** *Mensch* cedema (*vgl. dazu* ***nachgeben a)*** *u.* ***willfährig***); *bereitwillig der Meinung anderer folgend* konsentema; *nachsichtig* indulga (***gegen*** kontraŭ)

Nachgiebigkeit *f* ***a)*** *Elastizität* elasteco, fleksiĝemo ***b)*** *Willfährigkeit* cedemo, konsentemo; *Nachsicht* indulg[em]o

nach|gießen *tr* [verŝe] aldoni; ~**grübeln** *intr* cerbumi, rompi al si la kapon (***über*** pri)

nachgucken *intr umg* = ***nachsehen***

Nachhall *m* resono (*vgl. dazu* ***Echo*** *u.* ***Widerhall***); *El, Phys (Resonanz)* resonanco

nachhallen *intr* resoni, eĥi

nachhaltig *Adj sich lange auswirkend* [long]daŭre efika *od* efika por longa tempo (*vgl. dazu* ***dauerhaft***, ***hartnäckig*** *u.* ***wirksam***); *Ökologie* daŭripova; *Mil (Widerstand)* persista; ~***e Entwicklung*** *f Ökologie* daŭripova evoluigo; ***einen*** ~***en Eindruck hinterlassen*** postlasi daŭran efikon

Nachhaltigkeit *f* longa efik[ec]o; *Ökologie auch* daŭripovo

nachhängen *intr*: ***seinen Erinnerungen*** ~ perdiĝi en siaj rememoroj

Nachhauseweg *m* hejmenvojo

nachhelfen *intr [ein bisschen] helfen* [iomete] helpi; *Druck machen* [iom] urĝigi

nachher *Adv* ***a)*** *zeitl (danach)* [pli] poste; ***bis*** ~***!*** *umg* ĝis poste! ***b)*** *konsekutiv (und dann)* kaj poste *od* kaj post tio, *(in der Folge)* [kaj] sekve *bzw.* konsekvence

Nachhilfe *f* helpo, *(korrigierend)* korekto; *Unterstützung* subteno (↑ *auch* ***Repetition***); ~**lehrer** *m bes. Univ* [privata] repetitoro; ~**unterricht** *m Päd* kromlecionoj *Pl*; *Privatstunden* privataj [help]lecionoj *Pl*

Nachhinein *nur in*: ***im*** ~ *hinterher, nachträglich* [nur] poste

nachhinken *intr hinterherhinken* postlami

Nachhirn *n Anat* ↑ ***Myelencephalon***

nachholen *tr Unterrichtsstoff* ankoraŭ ellabori; *Versäumtes noch tun od nachträglich machen* ankoraŭ fari, postfari, refari (↑ *auch* ***nachfeiern***); *zurückgewinnen* regajni; ***sich noch eine Portion*** ~ *z.B. in der Kantine* [iri por] preni aldonan (*od* kroman) porcion

Nachhut *f Mil* ariergardo

Nachitschewan (*n*) *eine autonome Rep. Aserbaidschans (Exklave im Gebiet zw. Armenien u. Iran mit gleichnamiger Hptst.)* Naĥiĉevano

nachjagen *intr hinterherrennen* postkuregi (***jmdm.*** iun); *zu Pferde* postgalopi (***jmdm.*** iun) *auch übertr*; *verfolgen* [kure *bzw.* rajde *u.a.*] persekuti; ***dem Geld*** ~ *umg* ĉasi monon; ***ich habe ihr gleich ein Telegramm nachgejagt*** *umg* mi tuj postsendis al ŝi telegramon

Nach|kalkulation *f Hdl* postkalkulado; **~-klang** *m* resono; *Echo* eĥo; *übertr (Erinnerung)* rememoro

nachklassisch *Adj* postklasika

Nachkomme *m* posteulo, ido (↑ *auch* ***Abkömmling***)

nachkommen *intr später kommen* veni poste; *folgen* sekvi; *erfüllen* plenumi; *realisieren* realigi, efektivigi; *befolgen* obei (↑ *auch* ***gehorchen***); ***einer Bitte*** ~ plenumi peton; ***seiner Pflicht*** ~ plenumi sian devon

Nach|kommenschaft *f* posteularo, idaro; **~-kongress** *m* postkongreso

Nachkriegs... *in Zus* postmilita

Nachkriegs|entwicklung *f* postmilita evoluo; **~jahre** *n/Pl* postmilitaj jaroj *Pl*; **~periode** *f* postmilita periodo; **~zeit** *f* postmilita tempo

Nachkürettage *f Gynäkologie* sekundara kuretado

nachladen *tr Schusswaffe* reŝargi *od* denove ŝargi

Nachlass *m* ***a)*** *Jur (Hinterlassenschaft)* postlasaĵo, *(Erbe)* heredaĵo; *Lit (eines Schriftstellers)* postlasitaj verkoj *Pl* ***b)*** *Hdl (Rabatt)* rabato, *(Ermäßigung)* redukto, *(Preis*~*)* prezoredukto (↑ *auch* ***Steuernachlass***); ***zehn Prozent*** ~ ***bekommen*** (***gewähren***) ricevi (konsenti) rabaton de dek procentoj

nachlassen ***a)*** *tr hinterlassen* postlasi; *vererben* heredigi; *vom Preis* rabati, redukti ***b)*** *intr abnehmen, geringer werden* malkreski, [iom] malpliiĝi, malaltiĝi; *schwächer werden* malfortiĝi, *Fieber auch* cedi *od* fali); *Schmerz* iom post iom malpliiĝi, mildiĝi; ***er hat in der Arbeit nachgelassen*** lia laboremo malfervoriĝis; ***der Regen hat nachgelassen*** la pluvo malfortiĝis (*od* malpliiĝis)

Nachlassgericht *n Jur* tribunalo pri heredaj aferoj

nachlässig 1. *Adj* neglekt[em]a; *sorglos* nezorg[em]a, malzorg[em]a, *[stärker:]* senzorga (*vgl. dazu* ***säumig***); *nicht sorgfältig* neakurata (*vgl. dazu* ***gleichgültig***, ***unordentlich*** *u.* ***vergesslich***); *zu leger* tro leĝera; ~ ***in der Erfüllung seiner Pflichten*** *nicht gewissenhaft genug* malasidua **2.** *Adv*: ~ ***gekleidet sein*** esti tro leĝere vestita

Nachlässigkeit *f* neglekt[em]o; nezorgemo, *[stärker:]* malzorgemo; neakurateco; *Auslassungssünde* preterlaso

Nachlässigkeitsklausel *f Seetransport* klaŭzo pri neglekto

Nachlasspfleger *m Jur* kuratoro [pri la administrado de la postlasaĵo]

nachlaufen *intr* [daŭre] postkuri (***jmdm.*** iun)

Nachlaufen *n* postkurado

nachlegen *tr*: ***noch Holz*** (***Kohlen***) ~ meti ankoraŭ pli da ligno (karbo) en la fajron

Nachlese *f Landw, Weinbau* postrikolto *auch übertr*; *i.w.S. Ährenlesen* spikumado; *übertr (Anhang, Supplement)* aldono, suplemento; ~ ***halten*** *Landw* postrikolti *auch übertr*

nachlesen *tr* ***a)*** *Landw (Feldfrüchte)* postrikolti, *(Ähren)* spikumi ***b)*** *noch einmal lesen* ankoraŭfoje (*od* refoje) legi; *sich in Lexika u. dgl. informieren* legi kaj laŭvorte kompari (***in einem Lexikon*** en leksikono)

nachleuchten ↑ ***phosphoreszieren***

Nachleuchten *n* ↑ ***Phosphoreszenz***

nachliefern *tr Hdl* liveri poste

Nachlieferung *f spätere Lieferung* posta liver[ad]o (*bzw. [die Ware selbst]* liveraĵo); *erneute Lieferung* denova liver[ad]o (*bzw. [die Ware selbst]* liveraĵo)

nachlösen *tr u. abs*: ***ich muss im Zug*** ~ mi devas dumvojaĝe aĉeti bileton [ĉe la konduktoro]

nachm. = *Abk für* ***nachmittags***

nachmachen *tr imitieren* imiti; *fälschen* falsi; *nachäffen* [kvazaŭ simio] imiti, simii; *pej* imitaĉi, *spöttisch nachahmen* moke imiti; ***sie macht mir alles nach*** ŝi imitas (*od* kopias) ĉion kion mi faras

nachmessen *tr* ankoraŭfoje mezuri

Nachmieter *m* sekvanta (*od* posta) luanto [de la loĝejo *bzw.* domo *u. dgl.*]

Nachmittag *m* posttagmezo; ***am*** ~ en la posttagmezo, posttagmeze; ***am späten*** ~ en la malfrua posttagmezo *od* malfrue en la posttagmezo; ***gestern*** (***heute***, ***morgen***) ~ hieraŭ (hodiaŭ, morgaŭ) posttagmeze; ***im Laufe*** (*od* ***während***) ***des*** ~***s*** dum la [daŭro de la] posttagmezo; ***den ganzen*** ~ ***warten*** atendi dum la tuta posttagmezo *od* atendi la tutan posttagmezon

nachmittags (*Abk* ***nachm.***) *Adv* posttagmeze (*Abk* ptm.); *jeden Nachmittag* ĉiun posttagmezon, *auch* ĉiuposttagmeze; ***gegen fünf Uhr*** ~ ĉirkaŭ la kvina [horo] posttagmeze

Nachmittags|imbiss *m* kolaziono; **~kleid** *n* posttagmeza robo; **~schlaf** *m* posttagmeza dorm[et]o *od* dorm[et]o post tagmanĝo, siesto; **~sitzung** *f* posttagmeza kunsido; **~spaziergang** *m* posttagmeza promenado

Nachmittagsstunde *f*: ***in den ~n*** en (*od* dum) la posttagmezaj horoj

Nachmittagsvorstellung *f* posttagmeza prezent[ad]o

Nachnahme *f Post* remburso; ***gegen*** (*od Hdl auch* ***unter***) *~ od* ***per*** *~ bes. Post* per remburso *od* remburse

Nachnahme|paket *n Post* paketo per remburso; **~sendung** *f Post* sendaĵo per remburso, *auch* rembursa sendaĵo

Nachname *m* familia nomo, *umg kurz* nomo

Náchod (*n*) *eine Stadt in Ostböhmen [am NW-Rand der Orlické hory]* Naĥodo

Nachodka (*n*) *eine russ. Hafenstadt am Japanischen Meer mit großem Seehafen in der Nachodka-Bucht* Naĥodko

Nachoperation *f z.B. zur Metastasenausräumung bei Krebsleiden* refoja operacio

nach|plappern *tr* papagumi *bes. abs*, papage ripeti (***etw.*** ion); **~polieren** *tr* repoluri, ankoraŭfoje poluri, *(mit einem Glanz- od Poliermittel od mit Möbelpolitur)* repolituri

Nachporto *n Post* ↑ ***Nachgebühr***

Nachportomarke *f* = ***Portomarke***

nachprüfbar *Adj* kontrolebla; ***von jedem leicht*** *~* (*od* ***nachzuprüfen***) de ĉiu facile kontrolebla

nachprüfen *tr* [poste] kontroli; *revidieren* revizii

Nachprüfung *f* [posta] kontrolado, revizio

nachrechnen *tr* kontroli [la kalkulon *bzw.* monsumon *u. Ä.*], rekalkuli

Nachrede *f Theat* epilogo (↑ *auch* ***Nachwort***); ***üble*** *~ Verleumdung* kalumnio (*vgl. dazu* ***Klatsch***); ***jmdn. in üble ~ bringen*** kalumnii (*od* malbonfamigi) iun

nachrennen *intr*: ***jmdm.*** *~ [schnell] hinterherrennen* [rapide] postkuri iun

Nachricht *f Mitteilung* sciigo, komunik[aĵ]o; *einem andern zu übermittelnde Nachricht* mesaĝo; *Neuigkeit* novaĵo; *Information(en)* informo(j) *(Pl)*; ***telefonische*** *~* telefona mesaĝo; ***~en*** *Pl Radio, TV* novaĵoj *Pl* (↑ *auch* ***Lokalnachrichten***); ***die allerneu[e]sten ~en*** la aktualaj novaĵoj; ***ich habe eine freudige ~ für dich*** mi havas ĝojigan mesaĝon (*od* sciigon) por vi; *~* ***erhalten*** ricevi sciigon (***von jmdm.*** de iu); ***jmdm. ~ geben*** sciigi al iu, informi iun; *jmdm. schreiben* skribi al iu; ***eine ~ hinterlassen*** lasi mesaĝon

Nachrichten|agentur *f od* **~büro** *n* novaĵ-agentejo; **~dienst** *m* ***a)*** informservo; *Geheimdienst* sekreta servo ***b)*** *Nachrichtenbüro* novaĵagentejo ***c)*** *Radio, TV (Nachrichtensendung)* elsendo de novaĵoj

nachrichtendienstlich *Adj*: ***~e Quelle*** (***Tätigkeit***) *f* sekretserva fonto (agado)

Nachrichtenfilm *m* novaĵ-filmo

Nachrichtensatellit *m* ↑ ***Fernmeldesatellit***

Nachrichten|sendung *f Radio, TV* elsendo de novaĵoj; **~sofortversand** *m, meist <engl>* ***Instant Messaging*** *n* (*kurz* ***IM***) *EDV, Internet* tujmesaĝado; **~sperre** *f* blokado de transdono kaj publikigo de informoj; **~sprecher** *m Radio, TV* novaĵ-anoncisto; **~sprecherin** *f Radio, TV* novaĵ-anoncistino; **~wesen** *n* interkomunika sistemo (↑ *auch* ***Fernmeldewesen***)

nachrücken *intr* moviĝi antaŭen; ***bitte ~!*** *z.B. als Zuruf im überfüllten Bus* antaŭenmoviĝu!

Nachruf *m* nekrologo; ***kurzer*** *~* nekrologa notico

Nachrufschreiber *m Schreiber von Nekrologen* nekrologisto

nachrüsten *tr*: ***ein Gerät mit ...*** *~ Tech* ekipi instrumenton (*bzw.* ilon *od* maŝinon *u.a.*) per ...; ***die Armee hat nachgerüstet*** la armeo pligrandigis sian arsenalon de armiloj

nachsagen *tr*: ***jmdm. etw.*** *~ etw. von andern Gesagtes wiederholen* ripeti (*od* ripete diri) ion kion alia [antaŭe] diris; ***ihm wird nachgesagt, dass ...*** oni (*od* la homoj) diras pri li, ke ...; ***man kann ihm nichts Schlechtes*** *~* oni povas diri nenion malbonan pri li

Nachsaison *f bes. Tour* postsezono *auch Hdl*

nachsalzen *tr* aldoni iom da salo *od* meti ankoraŭ salon (*od* iom da salo) [en ion *bzw.* sur ion]

Nachsatz *m Ling* subpropozicio, dua membro de propozicio; *Zusatzerläuterung* aldona (*od* kroma) klarigo (*vgl. dazu* ***Apodosis***)

nachschauen *tr überprüfen* rigardi kaj kontroli ***(ob*** ĉu) (*vgl. dazu* ***nachsehen***)

nachschicken *tr* ↑ ***nachsenden***

Nachschlag *m zusätzliche Portion (bes. Soldatensprache)* aldona (*od* kroma) porcio

nachschlagen ***a)*** *tr*: ***ein Wort [im Wörterbuch]*** *~* serĉi vorton [en vortaro] ***b)*** *intr*: ***er schlägt ganz seinem Vater nach*** *od* ***er schlägt ganz nach seinem Vater*** li similiĝas [en siaj manieroj *bzw.* en sia karaktero] al sia patro

Nachschlagewerk *n Buchw* konsultlibro, referenca verko (*od* libro), *i.e.S. (Lexikon)*

leksikono, *(Handbuch)* manlibro, *(Enzyklopädie)* enciklopedio (↑ *auch* ***Wörterbuch***)
nachschleichen *intr*: ***jmdm.*** ~ [kaŝe] spioniri post iu; *i.w.S.* kaŝe postiri iun
nachschleifen *tr*: ***a) etw.*** ~ *hinter sich herschleifen* posttreni ion *od* treni ion post si ***b) ein Messer*** ~ ankoraŭfoje akrigi tranĉilon
nachschleppen *tr [hinter sich her] ziehen (zumeist mit einiger Kraftanstrengung) auch ein Trawler z.B. ein Fangnetz* treni [post si] (*vgl. dazu* ***nachziehen***)
Nachschlüssel *m* falsŝlosilo; *i.w.S. (Dietrich)* dirko; ~**diebstahl** *m* ŝtelo pere de falsŝlosilo
nachschreiben *tr*: ***etw.*** ~ *Gehörtes aufschreiben* noti ion, kion oni aŭdis; *nach Diktat* skribi (*bzw.* stenografi) ion laŭ dikto (*od* parolado); *nach Vorlage* [skribante] kopii
Nachschrift *f Notizen* notoj *Pl*; *von Uni-Vorlesungen auch* noticoj faritaj dum la lekcioj; *Nachtrag, Zusatz* postskribo *auch in Briefen* (*Postskriptum [Abk* ***P.S.****]*); *Diktat* diktaĵo
Nachschub *m Mil (Versorgen mit Proviant)* provizado per provianto; *neue Ausrüstung* nova ekipaĵo (*bzw.* armiloj); *an Truppen* freŝaj trupoj (*od* taĉmentoj) *Pl*
Nachschubgebiet *n Mil*: ~ ***hinter der Front*** *Etappe* ariero
nachschwatzen *intr od abs* papagumi
Nachschwätzer *m jmd., der alles nachplappert* papago
nachsehen ***a)*** *tr suchen* serĉi (***ob*** ĉu); *überprüfen* kontroli; ***etw. in einem Buch*** ~ serĉi ion en libro; ***ich sehe dir das nach*** [koncerne tion] mi havas indulgon kontraŭ vi (*vgl. dazu* ***vergeben*** *u.* ***verzeihen***) ***b)*** *intr*: ***jmdm.*** ~ *jmdm. mit Blicken folgen* sekvi iun per rigardo (*od* la okuloj), postrigardi iun
Nachsehen *n*: ***das*** ~ ***haben*** *zu spät kommen* veni tro malfrue; *nichts mehr bekommen* jam ne ricevi ion *bzw.* ne plu trovi ion
nachsenden *tr*, *auch* ***nachschicken*** *allg* sendi; *später senden* sendi poste, postsendi; ***senden Sie bitte meine Post an meine neue Adresse nach*** bonvolu sendi miajn poŝtaĵojn al mia nova adreso
nachsetzen *intr* ***a)*** *dahinter setzen*: ***etw.*** ~ postmeti ion ***b)*** *verfolgen*: ***einem Dieb*** ~ persekuti ŝteliston ***c)*** *springend hinterherlaufen* salt[ant]e postkuri (***jmdm.*** iun)
Nachsicht *f*, *auch* ***Indulgenz*** indulg[em]o; *Milde* mildo; *i.w.S. (Güte)* bonkoreco, *(Geduld)* pacienco, *(Verzeihung)* pardon[em]o, *(Verständnis)* kompren[em]o; ***jmdn. um*** ~ ***bitten*** peti indulgon de iu; ***mit jmdm.*** ~ ***haben*** (*od* ***üben***) havi indulgon kontraŭ iu
nachsichtig *Adj*: ~ ***gegenüber jmdm. sein*** esti indulg[em]a kontraŭ iu; *gütig zu jmdm. sein* esti bonkora al iu; *voller Verständnis gegenüber jmdm. sein* esti tre komprenema al iu
Nachsichtigkeit *f* indulgemo; komprenemo (*vgl. dazu* ***Geduld*** *u.* ***Nachsicht***)
Nachsichtwechsel *m Fin* postvida kambio
Nachsilbe *f Gramm* sufikso
nach|sinnen *intr* mediti (***über etw.*** pri io) (↑ *auch* ***nachdenken***); ~**sintern** *tr Metallurgie (nochmals sintern)* resintri; ~**sitzen** *intr Schule* [devi] resti en lernejo post leciono
Nach|sommer *m* postsomero; ~**sorge** *f Med* posta [prizorga] terapio; ~**speise** *f* postmanĝaĵo, deserto (*vgl. dazu* ***Nachtisch***)
Nachspiel *n Theat* epilogo, postludo; *übertr: Folgen Pl* sekvoj, *Konsequenzen* konsekvencoj *Pl*; ***das geht nicht ohne*** ~ ***ab*** tio ne estos sen konsekvencoj; ***diese Sache hat ein*** ~ tiu ĉi afero havos konsekvencojn
nachspionieren *intr*: ***jmdm.*** ~ spione observi iun
nach|sprechen *tr* ripeti [ies vortojn] (*vgl. dazu* ***nachplappern***); ~**spüren** *intr* spione sekvi, *umg auch* postflari (***jmdm.*** iun); *eingehend untersuchen* funde esplori
nächst 1. *Adj* ***a)*** *örtl* plej proksima; *Reihenfolge* sekv[ant]a *bzw.* sekvonta (*vgl. dazu* ***kommend***); ***der*** ***≗e bitte!*** la sekvantan, mi petas!; ***wer ist der ≗e?*** kiu estas la sekvanta [persono]?; *wer ist an der Reihe?* kies vico estas nun? ***b)*** *zeitl* sekva, venonta; ~***es Jahr od im*** ~***en Jahr*** venontan jaron, venontjare *od* en la sekva (*od* venonta) jaro; ***das*** ~***e Mal*** venontan fojon, venontfoje; ***in*** ~***er*** ~ *mit Gen* plej proksime de; ***in den*** ~***en Tagen*** en la sekvantaj tagoj; ***in*** ~***er Zeit*** proksimatempe ***c)*** *Beziehung od Entfernung* plej proksima; ***wo ist die*** ~***e Bushaltestelle?*** kie estas (*od* troviĝas) la plej proksima aŭtobushaltejo? **2.** *Adv*: ***am*** ~***en*** plej proksime; ***fürs*** ***≗e*** *vorläufig* intertempe; *für die nächste Zeit* por la venonta tempo; *provisorisch* provizore **3.** *Präp selt für «nahe» bzw. «gleich nach»* [tuj] apud *bzw.* tuj post
Nachstar *m* (Cataracta secundaria) *Ophthalmologie (nach einer Staroperation zurückbleibende Linsentrübung)* sekundara katarakto
Nächstbeste *m bzw. f*: ***der*** (*bzw.* ***die***) ~ la

unua renkontata *(Zam)*

Nächste *m Mitmensch* proksimulo (*vgl. auch die Beispiele unter* ***nächst 1.***); *Person in der Reihenfolge* la sekvanto *od* la sekvanta [persono *u.a.*] ◇ ***jeder ist sich selbst der ~*** ĉiu besto zorgas pri sia nesto *(Zam)*; ***liebe deinen ~n wie dich selbst*** amu vian proksimulon kiel vin mem

nachstehen *intr*: ***a)*** *Gramm*: ***im Französischen steht das Adjektiv meist nach*** en la franca lingvo la adjektivo kutime sekvas la substantivon ***b) jmdm. nicht ~*** *z.B. an Ausdauer od Fleiß* ne esti malpli bona ol iu

nachstehend 1. *Adj* sekv[ant]a, jena; ***die ~en Worte*** la sekvantaj vortoj **2.** *Adv* pli sube, pli malsupre

nachstellen ***a)*** *tr Gerät, Schraube* reĝustigi; *zurückstellen (Uhr)* malfruigi ***b)*** *intr verfolgen*: ***jmdm. ~*** persekuti iun; *in hinterlistiger Weise* insidi iun; *jmdn. jagen* ĉasi iun

Nachstellung *f* ***a)*** *Tech* reĝustigo; *Verfolgung* persekuto; *Tücke* insido ***b)*** *Jagd* ĉaso

Nächstenliebe *f* amo al la proksimulo; *Selbstlosigkeit [im Denken und Handeln]* altruismo; ***christliche ~*** kristana homamo, karitato (*vgl. dazu* ***Mildtätigkeit*** *u.* ***Mitgefühl***)

nächstens *Adv künftig* estonte; *bald* baldaŭ; *in nächster Zeit* proksimatempe, post nelonge; *das nächste Mal* la sekvan fojon

nächst|folgend *Adj* tuj sekvanta (*vgl. dazu* ***nachfolgend***); **~jährig** *Adj* sekvajara, venontjara; **~möglich** *Adj* laŭeble plej proksima

nachstreben *intr*: ***jmdm. ~*** strebi atingi la samajn kapablojn de iu

nachsuchen *intr*: ***um etw. ~*** peti pri io, demandi ion (↑ *auch* ***beantragen***)

Nacht *f* nokto (*vgl. dazu* ***Dunkelheit*** *u.* ***Finsternis***; ↑ *auch* ***Frost-, Frühlings-*** *u.* ***Liebesnacht***); ***~ für*** (*od* ***um***) ***~*** nokton post nokto; ***eine endlose*** (***kalte, ruhige, schlaflose, tiefe***) ***~*** senfina (malvarma, trankvila, sendorma, profunda) nokto; ***bei ~*** *od* ***in der ~*** en la nokto; ***in finsterer ~*** en nigra nokto; ***bis tief in die ~*** *od* ***bis in die tiefe*** (*od* ***späte***) ***~ [hinein]*** ĝis profunda nokto; ***des ~s*** *geh* nokte, dum la nokto; ***eines ~s*** iun nokton, iunokte; ***die ganze ~ [hindurch*** *od* ***lang*** *od* ***über]*** la tutan nokton *od* dum (*od* tra) la tuta nokto, tutnokte; ***die [ganze] ~ durchschlafen*** tradormi la [tutan] nokton; ***gestern*** (***heute***) ***~*** hieraŭ (hodiaŭ) nokte; ***gute ~!*** bonan nokton!; ***jede ~*** ĉiun nokton, ĉiunokte; ***letzte*** (***vergangene***) ***~*** lastan (pasintan) nokton; ***morgen ~*** morgaŭ nokte; ***spät in der ~*** malfrue en la nokto; ***Tag und ~*** tage kaj nokte; ***es wird ~*** *od* ***die ~ bricht an*** (*od* ***herein***), *<schweiz>* ***es nachtet [ein]*** [komencas] noktiĝi; ***die ~ verbringen*** pasigi la nokton (***bei jmdm.*** ĉe iu; ***in*** en; ***mit jmdm.*** kun iu); ***plötzlich wurde es ~*** subite noktiĝis ◇ ***die ewige ~*** *poet für «der Tod»* la nokto de la tombo; ***bei ~ sind alle Katzen grau*** kiam nokto vualas, ĉiuj koloroj egalas *od* en nokto malhela neniu koloro estas bela *(beide: Zam)*; ***Märchen aus Tausendundeiner ~*** fabelo el Mil kaj Unu Noktoj

Nachtaffen *m/Pl* (*Gattung* Aotes) *Zool* noktosimioj *Pl*, *<wiss>* aotoj *Pl*

nachtaktiv *Adj*: ***~es Tier*** *n*, *auch* **Nachttier** *n Zool* nokte ĉasanta besto, *auch* noktobesto, *umg auch* noktulo

Nachtangst *f* (Pavor nocturnus) *Med u. Psych* noktofobio, *(Fachspr)* niktofobio

nachtanken *tr*: ***ich muss ~*** *Kfz* mi devas preni [iom] pli da benzino

Nacht|arbeit *f* [dum]nokta laboro; **~[be]-kleidung** *f*, *fam auch* ***Nachtzeug*** *n* nokt[o]-vesto; **~blindheit** *f*, *<wiss>* ***Hemeralopie*** *f Med* noktoblindeco, *<wiss>* hemeralopio

Nachtblume *f Bot* ↑ *unter* ***Nachtkerze***

Nacht|bus *m Verk* nokta buso; **~creme** *f Kosmetik* nokta kremo *od* noktokremo

Nachtdienst *m* nokta deĵoro; ***welche Apotheke hat heute ~?*** kiu apoteko hodiaŭ nokte deĵoras?

Nacht[dienst]zuschlag *m* noktdeĵora krompago

Nachteil *m* malavantaĝo; *Mangel* manko; *Schaden* damaĝo, malutilo; *Kehrseite* negativa (*od* malagrabla) flanko; ***finanzieller ~*** financa damaĝo, malprofito; ***im ~ gegenüber jmdm. sein*** esti malavantaĝa kontraŭ iu

nachteilig 1. *Adj* malavantaĝa; malprofitiga; *abträglich, schädlich* malutila; *ungünstig* malfavora (*vgl. dazu* ***negativ*** *u.* ***unvorteilhaft***); ***~ für jmds. Gesundheit sein*** esti malutila al (*od* por) ies sano **2.** *Adv*: ***er hat sich sehr ~ über mich geäußert*** li parolis tre malfavore pri mi; ***jmdn. ~ behandeln*** trakti iun malfavore

Nachteiligkeit *f Abträglichkeit, Schädlichkeit* malutileco

nächtelang *Adv* dum tutaj noktoj; *Nacht für Nacht* nokton post nokto

nachten *intr* <*schweiz*> ↑ *unter* ***Nacht***
nächtens *Adv nachts* nokte, *auch* dumnokte
Nachtessen *n* ↑ ***Abendessen***
Nacht|fahrverbot *n* dumnokta malpermeso de [aŭto]veturado; ~**falter** *m Ent [Ggs: Tagfalter]* nokt[o]papilio *od* nokta papilio
Nachtflug *m* [dum]nokta flugo; ~**verbot** *n* malpermeso de noktaj flugoj
Nacht|frost *m Met* [dum]nokta frosto *od* frosto dum la nokto(j); ~**gebet** *n* antaŭnokta preĝo; ~**geschirr** *n* noktovazo (↑ *auch* ***²Ente***); ~**gespenst** *n* noktofantomo; ~**hemd** *n* noktoĉemizo; ~**himmel** *m* nokta ĉielo; ~**hyazinthe** *f, auch* ***Tuberose*** *f* (*Gattung* Polianthes) polianto, (*Art* Polianthes tuberosa) *Bot* tubera polianto, *auch* tuberoso
Nachtigall *f* (Luscinia megarhynchos) *Orn* najtingalo (↑ *auch* ***Blau-***, ***Rotkopf-***,***Schwirrnachtigall*** *u.* ***Sprosser***)
Nachtigallenschlag *m Gesang der Nachtigall* najtingala kant[ad]o
Nachtigall|rohrsänger *od* ~**schwirl** *m Orn* ↑ ***Rohrschwirl***
nächtigen *intr übernachten* [tra]nokti, *(die Nacht verbringen)* pasigi la nokton (***bei jmdm.*** ĉe iu; ***in*** en)
Nächtigung *f* ↑ ***Übernachtung***
Nachtisch *m* deserto (*vgl. dazu* ***Nachspeise***)
Nachtkästchen *n* ↑ ***Nachtschränkchen***
Nachtkerze *f* (*Gattung* Onagra = Oenothera) *Bot* enotero, *alt* onagro; ***gemeine*** (*od* ***gewöhnliche***), *pop auch* ***Nachtblume*** *f od* ***gelber Nachtschatten*** (Oenothera biennis) *eine Zierpflanze* dujara (*od* meza) enotero; ***kleinblütige*** ~ (Oenothera cambrica = Oenothera parviflora) malgranda enotero
Nachtkerzengewächse *n/Pl Bot*: ***[Familie der]*** ~ *Pl* (Onagraceae = Oenotheraceae) enoteracoj *Pl*, *alt* onagracoj *Pl*
Nachtkleidung *f* ↑ ***Nachtbekleidung***
Nacht|klub *m* noktoklubo; ~**kühle** *f* nokta frisko (*od* malvarmeto); ~**lager** *n* loko por tranokti, [nokt]kuŝejo (*vgl. dazu* ***Bett*** *u.* ***Biwak***); ~**leben** *n* noktovivo
nächtlich *Adj* nokta; ~***e Stille*** *f* nokta silento; ***zu ~er Stunde*** en malfrua horo
Nacht|lokal *n* nokta amuzejo (*od* distrejo); *i.e.S. Bar* koktelejo; ~**luft** *f* nokta aero; ~**mahl** *n* vespermanĝo
nachtmahlen *intr* <*österr*> *für «zu Abend essen»* vespermanĝi
Nacht|markt *m* nokta bazaro; ~**marsch** *m bes. Mil* [dum]nokta marŝo; ~**mensch** *m umg für «jmd., der abends gern lange aufbleibt» od «jmd., der eher abends aktiv ist»* nokta homo, *auch* vespera homo; ~**musik** *f* dumnokte ludata muziko; *Notturno* nokturno; *Serenade* serenado; ~**mütze** *f, auch* ***Schlafmütze*** *f* nokta ĉapo; ~**myopie** *f Med (das Kurzsichtigwerden des Auges beim Übergang zu geringen Lichtdichten)* nokta miopeco; ~**nelke** *f* (*Gattung* Melandrium) *Bot* melandrio; ~**portier** *m* noktdeĵora pordisto; ~**programm** *n Radio, TV* nokta programo; ~**quartier** *n* tranoktejo, dumnokta restadejo (*vgl. dazu* ***Bleibe***)
Nachtrag *m* suplemento; *Anlage, Beilage* aldonaĵo (*vgl. dazu* ***Anhang***)
nachtragen *tr hinterhertragen* postporti (***jmdm. etw.*** ion por iu); *ergänzen* suplementi, aldoni; ***jmdm. etw.*** ~ *jmdm. [heimlich] grollen* neniam pardoni ion al iu
nachtragend *Adj*: ***er ist*** ~ li tute ne emas pardoni
nachträglich 1. *Adj hinterher erfolgend* poste okazanta, posta (↑ *auch* ***posthum***); *verspätet* malfruiĝinta; *zusätzlich, ergänzend* suplementa, aldona, plia **2.** *Adv später* [pli] poste; ~ ***gratulieren*** postfeste gratuli
Nachtrags... *in Zus* suplementa; amenda
nachtrauern *intr*: ***einer Sache*** ~ longan tempon bedaŭri ion; *mit Sehnsucht an etw. zurückdenken* sopire pensi pri io pasinta; ***den alten Zeiten*** ~ sopiri pri la malnovaj tempoj
Nacht|reiher *m* (Nycticorax nycticorax) *Orn* noktardeo; ~**ruhe** *f* nokta ripozo
nachts *Adv* nokte, *auch* dumnokte; ***ein Uhr*** ~ je la unua [horo] nokte
Nachtschatten *m* (*Gattung* Solanum) *Bot* solano; ***bittersüßer*** ~ , *reg* ***Bittersüß*** *n* (Solanum dulcamara) dolĉ-amara solano *od kurz* dolĉamaro; ***gelber*** ~ ↑ *unter* ***Nachtkerze***; ***schwarzer*** ~ (Solanum nigrum) nigra solano
Nachtschattengewächse *n/Pl Bot*: ***[Familie der]*** ~ (Solanaceae) solanacoj *Pl*
Nacht|schicht *f* noktoskipo; *die in dieser Schicht Arbeitenden* laboristoj de la noktoskipo *od* noktoskipaj laboristoj *Pl*, ~**schlaf** *m* [dum]nokta dormo; ~**schränkchen** *od* ~**tischchen** *n, bes.* <*österr*> *auch* ***Nachtkästchen*** *n* apudlita ŝranketo
Nachtschwalbe *f, auch* ***Ziegenmelker*** *m* (*Gattung* Caprimulgus) *Orn* kaprimulgo (↑ *auch* ***Argus-***, ***Falken-***, ***Marmor-***, ***Pracht-***

u. ***Rothalsnachtschwalbe***); ***ägyptische*** ~, *auch* ***Pharaonennachtschwalbe*** *f od* ***Pharaonenziegenmelker*** *m* (Caprimulgus aegyptius) egipta kaprimulgo; ***europäische*** ~ (Caprimulgus europaeus) eŭropa kaprimulgo; ***indische*** ~, *auch* ***Dschungelnachtschwalbe*** *f* (Caprimulgus indicus) hinda kaprimulgo; ***nubische*** ~, *auch* ***nubischer Ziegenmelker*** *od* ***Nubien-Ziegenmelker*** *m* (Caprimulgus nubicus) nubia kaprimulgo; ***[Familie der]*** ~***n*** (Caprimulgidae) kaprimulgedoj *Pl*

Nacht|schwärmer *m* noktulo-amuzulo; ~**schweiß** *m* (Sudor nocturnus) *nächtliches Schwitzen* [dum]nokta ŝvitado; ~**schwester** *f Med* noktdeĵora flegistino; ~**sichtgeschoss** *n* noktovidilo; ~**sichtigkeit** *f, Fachspr auch* ***Nyktalopie*** *f Ophthalmologie* niktalopeco; ~**sitzung** *f* [dum]nokta kunsido; ~**speicherofen** *m El* [dum]nokta kurentoakumulilo [per hejti la loĝejon]

Nachtstrom *m El* nokta kurento; ~**tarif** *m El* noktokurenta tarifo

Nachtstuhl *m Med (tragbares Zimmerklosett für Kranke)* fekseĝo

Nachtstunde *f*: ***in den*** ~***n*** en (*od* dum) la noktaj horoj

nachtsüber *Adv* dumnokte, dum la nokto(j)

Nacht|tarif *m* nokta tarifo; ~**temperatur** *f Met* nokta temperaturo

Nachttier *n Zool* ↑ *unter* ***nachtaktiv***

Nachttischchen *n* ↑ ***Nachtschränkchen***

Nacht|tischlampe *f* lampo sur la apudlita ŝranketo, dormolampo; ~**topf** *m Nachtgeschirr* noktovazo, *(derb)* pispoto

nachtun *intr*: ***es jmdm.*** ~ same fari kiel iu

Nacht|verkehr *m* nokta [aŭto]trafiko; ~**viole** *f, auch* ***Frauenviole*** *f* (*Gattung* Hesperis) *Bot (eine Kreuzblütlergattung)* hesperido; ~**vogel** *m Orn* noktobirdo; ~**vorstellung** *f Kino, Theat* [dum]nokta prezentado; ~**wache** *f* nokta gardo; ~**wächter** *m* nokt[o]gardisto

nachtwandeln *intr* dumdorme marŝi; *schlafwandeln* vagadi dum dormo

Nachtwanderung *f* [dum]nokta migrado

Nachtwandler *m* ↑ ***Schlafwandler***

Nachtwäsche *f* litvestoj *Pl*; ~**zeit** *f* nokta tempo

Nachtzeug *n* ↑ ***Nachtbekleidung***

Nachtzug *m Eisenb* nokta trajno

Nachtzuschlag *m* ↑ ***Nachtdienstzuschlag***

Nachuntersuchung *f Med* [medicina] kontrolekzamen[ad]o [post certa tempo]

nach|vollziehbar *Adj* komprenebla (↑ *auch* ***fasslich*** *u.* ***verständlich***); ~**vollziehen** *tr* kompreni; ~**wachsen** *intr* kreski denove

Nach|wahl *f, auch* ***Ergänzungswahl*** *f Parl* aldona (*od* suplementa) elekto; ~**wehen** *f/Pl Med* postakuŝaj (*od* postnaskaj) doloroj *Pl*; *übertr* [dolorigaj *bzw.* malagrablaj] sekvoj *Pl*

nachweinen *intr*: ***dieser Sache weine ich keine Träne nach*** pri tiu afero mi verŝos ne unu larmon

Nachweis *m Beweis* pruvo (↑ *auch* ***Test***); *Beweisstück* pruvilo; *Attest* atesto (↑ *auch* ***Befähigungsnachweis***); *Bestätigung* konfirmo *bzw.* konfirmilo; ***den*** ~ ***erbringen*** (***od führen od liefern***) pruvi (***dass*** ke)

nachweisbar *Adj* pruvebla [per dokumentoj *bzw.* atesto *od* faktoj *u.a.*]; ***histologisch*** ~ *z.B. ein Karzinom* histologie pruvita

nachweisen *tr beweisen* pruvi; *mit Urkunden belegen* dokumenti, pruvi per dokumento(j); *spezifizieren* specifi; *aufzeigen* montri; ***sein Alibi*** ~ pruvi sian alibion; ***die Wahrheit von etw.*** ~ pruvi la verecon de io

Nachweisen *n* pruvado

nachweislich 1. *Adj nachweisbar* pruvebla, dokumentebla; *nachgewiesen* pruvita **2.** *Adv* pruveble, dokumenteble

nachweißen *tr nochmals weißen* refoje blankigi; *nochmals mit Kalk tünchen* refoje kalk[um]i

Nachwelt *f* estontaj generacioj *Pl*; *Nachkommen* posteularo

nachwiegen *tr* refoje pesi

Nach|wiegen *n nochmaliges Wiegen* repesado, refoja pesado; ~**winter** *m* malfrua vintro

nachwirken *intr Einfluss haben* [ankoraŭ poste] efiki (*od auch* influi) (***auf etw.*** ion); *zur Folge haben* havi sekvojn (***auf etw.*** sur ion)

Nach|wirkungen *f/Pl z.B. einer Therapie* post-efikoj *Pl*; *allg: Folgen* sekvoj *Pl* (*vgl. dazu* ***Effekt*** *u.* ***Konsequenz***); ~**wort** *n bes. in einem Buch* postparolo; *Epilog, Nachrede* epilogo

Nachwuchs *m* ***a)*** *die neue Generation* la nova generacio; *Nachkommen* posteuloj *Pl*; *die Jugend* junularo; *Kinder in der Familie* infanoj en la familio; ***der wissenschaftliche*** ~ la nova generacio de sciencistoj ◇ ***was macht der*** ~***?*** *wie geht's den Kindern?* Kiel fartas la infanoj? ***b)*** *das Nachwachsen od Wiederwachsen* rekresk[ad]o

Nachwuchskräfte *f/Pl* junaj kadroj *Pl*

nach|würzen *tr Kochk* refoje [iom] spici; **~zahlen** *tr* postpagi (*vgl. dazu* ***zuzahlen***); **~zählen** *tr* ankoraŭfoje nombr[ad]i, refoje nombri [por kontroli]; *i.w.S. prüfen* kontroli, ekzameni

Nachzahlung *f* postpago *od* posta pago; *zusätzliche Zahlung* krompago *od* kroma pago (*vgl. dazu* ***Aufschlag c)***)

nachzeichnen *tr kopieren* kopii; *durchpausen* paŭsi

nachziehen *tr **a)** hinter sich herziehen* treni [post si]; ***das Bein*** *~ beim Gehen* treni la gambon ***b)*** *Mutter, Schraube u. Ä. erneut festziehen* [denove] fiksi ***c)*** *Augenbrauen, Lippen* konturi [per brovokrajono *bzw.* lipkolorilo]

Nach|zug *m Eisenb* sekva kromtrajno (*vgl. dazu* ***Vorzug***); **~zügler** *m* postvenanto; *jmd., der zu spät kommt bzw. kam* malfruiĝanto *bzw.* malfruiĝinto

Nackedei *m fam für «nacktes Kind»* nuduleto

Nacken *m* nuko *auch übertr* (*vgl. dazu* ***Genick*** *u.* ***Hals***); ***vor jmdm. den ~ beugen*** klini la nukon antaŭ iu

Nackenhebel *m Ringen* ↑ ***[1]Nelson***

Nacken|massage *f* nukomasaĝo *od* masaĝ[ad]o de la nuko; **~muskel** *m Anat* nuka muskolo, <*wiss*> splenio; **~muskulatur** *f Anat* nuka muskolaro; **~reflex** *m* nuka reflekso; **~schmerz** *m* nuk[o]doloro; **~schutz** *m* nukoŝirmilo; **~steife** *od* **~steifigkeit** *f, fachsprachl.* ***Nackenrigidität*** *f Med* nuka rigideco; **~stück** *n Fleischerei, Kochk* nukaĵo; **~stütze** *f* nuk-apogilo (↑ *auch* ***Kopfstütze***); **~wirbel** *m Anat* nuka vertebro

nackert *reg (auch* <*österr*> *umg)*, **nackig** *umg für* ***nackt*** [↑ *dort*]

nackt *Adj* nuda *auch übertr* (↑ *auch* ***splitternackt***); *unbekleidet* senvest[it]a, *nachgest* sen vestoj; *kahl, ohne Vegetation* kalva, senvegetaĵa; *schmucklos* senornama; *einfach, schlicht* simpla; ***halb*** ~ duonnuda *od* duone nuda; ***mit ~en Füßen*** nud[a]piede, *i.w.S. (ohne Schuhe)* sen ŝuoj; ***völlig*** (*od* ***ganz [und gar]***) ~ tute nuda; ***auf der ~en*** (*od* ***blanken***) ***Erde schlafen*** dormi sur la nuda tero ◇ ~ ***wie ein Wurm*** *bildh* nuda kiel vermo; ***jmdm. die ~e Wahrheit sagen*** *jmdm. unverblümt die Wahrheit sagen* diri al iu la nudan veron *(Zam)*

Nacktaale *m/Pl Ichth*: ***[Familie der]*** ~ (Gymnotidae) gimnotedoj *Pl*

nacktarmig 1. *Adj* nudbraka **2.** *Adv* nud[a]brake, *nachgest* kun nudaj brakoj

Nacktaugenkakadu *m* (*auch* ***Rotzügelkakadu*** *genannt*) (Cacatua sanguinea) *Orn* sanga kakatuo; **~baden** *n* nudban[iĝ]ado (*vgl. dazu* ***FKK***); **~badestrand** *m* nudista plaĝo

nacktblumig *Fachspr Bot auch lat.* ***gymnanthus*** *Adj* nudflora

Nacktbrustkänguru *n* (Caloprymus campestris) dezerta rat-kangaruo *[Vorkommen: ehemals in Australien (nach 1935 ausgestorben)]*

Nackte ***a)*** *m ein Nackter* nudulo ***b)*** *f eine Nackte* nudulino ***c)*** *Blöße, etw. Nacktes* nudaĵo

Nacktfarn *m Paläophytologie* ↑ ***Urfarn***

Nackt|fingergecko *m* (*Gattung* Cyrtodactylus) *Zool* nudfingra geko *[Vorkommen z.B. auf Korsika]*; **~foto** *n, auch* ***Nacktaufnahme*** *f* nudfoto; **~frosch** *m scherzh für «nacktes Kind»* nuduleto (↑ *auch* ***Nackedei***); **~fußwiesel** *n* (Mustela nudipes) *Zool* malaja mustelo *[Vorkommen: SO-Asien]*

Nacktheit *f, geh* ***Nudität*** *f* nudeco

Nackthund *m*: ***mexikanischer*** *~ eine Hunderasse* meksika nuda hundo

Nacktkiemer *m/Pl* (Nudibranchia) *Zool (größte Unterordnung der Hinterkiemerschnecken* <*umfasst mehr als 3000 Arten der Nacktschnecken, die im Meer leben*>*)* nudbrankuloj *Pl*

Nacktkultur *f* = ***Freikörperkultur***

Nackt|modell *n* nudmodelino; **~mull** *m* (Heterocephalus glaber) *Zool* nuda talporato, <*wiss*> heterocefalo *[Vorkommen: Somalia, Süd-Äthiopien, Sudan, Ostafrika (Kenia)]*; **~nasenwombat** *m* (Vombatus ursinus) *Zool* kutima (*od* ursa) vombato; **~samer** *m/Pl*, <*wiss*> ***Gymnospermen*** *f/ Pl* (*Abteilung* Gymnospermae) *Bot (Pflanzen, deren Samenanlagen offen an den Fruchtblättern sitzt)* gimnospermoj *Pl*

nacktsamig *Adj Bot* gimnosperma

Nacktscanner ↑ ***Ganzkörperscanner***

Nackt|schnecke *f, auch* ***Acker-, Egel-*** *od* ***Wegschnecke*** *f* (*Gattung* Limax) *Zool* limako (*vgl. dazu* ***Gehäuseschnecke***); **~-schwanzgürteltier** *n* (Cabassous) *Zool* nudvosta dazipo; **~tänzerin** *f* nuddancistino

Nadel *f **a)** an Messgeräten, am Kompass, zur Akupunktur od Injektion* nadlo *auch des*

Grammophons; *Näh*~ kudrilo; *Steck*~ pinglo; *Sicherheits*~ sendanĝera nadlo; *Ansteck*~ broĉpinglo, *kurz:* broĉo (↑ *auch* ***Akupunktur-***, ***Impf-***, ***Kompass-***, ***Krawatten-***, ***Haar-***, ***Häkel-***, ***Hut-***, ***Punktier-*** *u.* ***Spicknadel***); ***eine ~ einfädeln*** enkudriligi [la] fadenon; ***etw. mit einer ~ anheften*** (*od* ***anstecken***) fiksi ion per pinglo (***an*** al) ◇ ***wie auf ~n sitzen*** sidi [kiel] sur pingloj *(Zam)*; ***eine ~ im Heuhaufen suchen*** serĉi pinglon en fojnamaso ***b)*** *Bot (der Nadelbäume)* pinglo (↑ *auch* ***Fichten-*** *u.* ***Tannennadeln***)

Nadel|abweichung *f auf dem Kompass* nadlodevio; **~arbeit** *f Näharbeit (Vorgang)* kudrolaboro(j) *(Pl)*, *(Ergebnis)* kudraĵo; **~baum** *m Bot* konifero, *auch* pingloarbo; **~büchse** *od* **~dose** *f Schneiderei* pinglujo; **~drucker** *m EDV* matrica (*od* nadlara) printilo

Nadeleisenerz *n Min* ↑ ***Goethit***

nadelförmig 1. *Adj* nadloforma *bzw.* pingloforma *auch Bot* **2.** *Adv* nadloforma *bzw.* pingloforma (*vgl. dazu* ***Nadel***)

Nadel|holz *n Holz von Nadelbäumen* konifera ligno; **~hölzer** *n/Pl Bot (Klasse der Nadelbäume), Forstw* koniferoj *Pl*; **~kerbel** *m* (*Gattung* Scandix) *Bot* skandiko *[Vorkommen: Mittelmeergebiet]* (*vgl. dazu* ***Venuskamm***); **~kissen** *n Schneiderei* pinglokuseneto; **~kopf** *m* kap[et]o de pinglo

Nadellehre *f* = ***Akupunktur***

nadeln *intr die Nadeln verlieren (von Tannen u.a.)* perdi la (*od* siajn) pinglojn

Nadel|öhr *n* kudrilotru[et]o; **~palme** *f* (Rhapidophyllum histrix) *Bot (eine winterharte kleinwüchsige Palmenart)* pinglopalmo; **~spitze** *f* pinto de pinglo; **~stich** *m bei Näharbeit* kudrero; *der Stich mit einer Nadel* piko per pinglo; **~sumpfried** *n* (Eleocharis acicularis) pingla eleokaro

Nadelwald *m Bot* konifera arbaro, *umg* pingloarbaro; ***borealer ~*** boreala konifera arbaro

Naderer *m* ↑ ***Denunziant***

Nadeshda (*f*) *weibl. Vorname* Nadeĵda

Nadine (*f*) *weibl. Vorname* Nadina

Nadir *m*, *auch* ***Fußpunkt*** *m Astron (dem Zenit gegenüberliegender Punkt auf der Himmelskugel)* nadiro; **~winkel** *m* nadir-angulo

Nadja (*f*) *weibl. Vorname* Nadja

Nadjib (*m*) *arab. männl. Vorname* Naĝibo

Nadjran (*n*), *<wiss>* ***Nağrān*** *fruchtbare Taloase im SW Saudi-Arabiens mit dem gleichnamigen Hauptort* Naĝrano

Naevus *m Med* ↑ ***Muttermal***

Nafisa (*f*) *arab. weibl. Vorname* Nafisa

NAFTA = *Abk für* ***North American Free Trade Agreement*** (↑ *unter* ***Freihandelsabkommen***)

Naftali (*m*), *auch* ***Naphthali*** (*m*) *bibl Eig (ein Sohn Jakobs, Ahnherr des israelit. Stammes Naftali im Osten Galiläas)* Naftalio

Nafud *f* ↑ ***Nefud***

Naga *Pl Ethn (Bergvölker im Grenzgebiet von Assam [Indien] u. Myanmar)* nagaoj *Pl*

Nagaika *f geflochtene Lederpeitsche der Kosaken u. Tataren* nagajko

Nagaland *n*, *[später] auch* ***Naga Pradesh*** *ohne Art: ein Gliedstaat im NO der Indischen Union, an der Grenze zu Myanmar* Nagalando *[Hptst.: Kohima]*

Nagana *f Vet (durch die Tsetsefliege übertragbare Pferde- u. Rinderseuche [in Afrika])* nagano

Nagano (*n*) *eine japanische Stadt auf Hondo* Nagano *<buddhistischer Wallfahrtsort>*

Nagaoka (*n*) *eine japanische Stadt auf Hondo* Nagaoko

Nagari *n* = *Kurzf von* ***Devanagri*** [↑ *dort*]

Nagasaki (*n*) *eine japanische Stadt auf Kyushu* Nagasako

Nagel *m* ***a)*** *Handw* najlo (↑ *auch* ***Draht-***, ***Holz-***, ***Huf-***, ***Papp-***, ***Reiß-*** *u.* ***Sargnagel***); ***einen ~ in die Wand schlagen*** [en]bati najlon en la muron; ***mit Nägeln beschlagen*** (*bzw.* ***versehen***) provizi per najloj, najlizi ◇ ***etw. an den ~ hängen*** *[völlig] auf etw. verzichten* [plene] rezigni pri io; *sich [total] aus etw. zurückziehen* sin [tute] retiri el io; ***den ~ auf den Kopf treffen*** *den Kernpunkt von etw. treffen od erfassen* trafi la kernon de la afero ***b)*** *Anat: Finger*~ (Unguis) ungo (*vgl. dazu* ***Zehennagel***); ***ein eingewachsener ~*** (Unguis incarnatus) enkarniĝinta ungo; ***an den Nägeln kauen*** mordeti al si la ungojn; ***sich die Nägel sauber machen*** (***schneiden***) purigi (tondi) al si la ungojn; ***mit den Nägeln [zer]kratzen*** (***verletzen***) ungograti (ungovundi); ***leise*** (*od* ***zart***) ***mit den Nägeln kratzen*** *kraulen* grateti per la ungoj *od* ungograteti ***c)*** *Bot (verschmälerter unterer Teil verschiedener Blütenblätter [z.B. bei Nelkengewächsen])* ungolo

Nagelbettentzündung *f*, *Fachspr* ***[Nagelfalz-]Panaritium*** *n Med* panaricio, *(mit Na-*

gelbetteiterung [Paronychie]) paroniĥio

Nagel|brett *n, auch* ***Fakirbett*** *n* najlolito; ~**bürste** *f Kosmetik* ungobroso

Nägelchen *n kleiner Nagel* najleto; *kleiner Fingernagel* ungeto

Nagelfeile *f Kosmetik* ungofajlilo

Nagelgeschwür *n Med =* ***Nagelbettentzündung***

Nagel|haut *f Anat* ungohaŭt[et]o; ~**kauen** *od* **Nägelkauen** *n, auch* ***Nägelknabbern*** *n das Kauen an den Fingernägeln* ungomordado

Nagelklaue *f Handw* ↑ ***Nagelzange***

Nagelkopf *m* najlokapo

Nagelkraut *n Bot*: ***vierblättriges*** ~ (Polycarpon tetraphyllum) kvarfolia polikarpo

Nagellack *m Kosmetik* ungolako, *auch* ungoverniso; ~**entferner** *m* solvilo por ungolako, *umg auch* ungolak-forigilo

Nagelmykose *f Med* ↑ ***Nagelpilz***

nageln *tr* najli *auch Chir*; *annageln* alnajli (↑ *auch* ***zusammennageln***); ***etw. an die Wand*** ~ [al]najli ion al la muro

Nageln *n* najlado

nagelneu *Adj umg* [ankoraŭ] tute nova, brile nova

Nagel|pflege *f Kosmetik* ungofleg[ad]o (↑ *auch* ***Maniküre a)***); ~**pilz** *m, auch* ***Nagelpilzinfektion*** *od* ***Nagelmykose*** *f*, *<wiss>* ***Onychomykose*** *od* ***Tinea ungulum*** *f Med* ungofungozo, *auch* ungomikozo, *<wiss>* oniĥomikozo; ~**schaft** *m* tigo de najlo; ~**schere** *f* manikura tondilo, *umg* ungotondilo; ~**schmied** *m [früher:] jmd., der berufsmäßig Nägel schmiedet* najlofaristo; ~**schuhe** *m/Pl für Bergsteiger* ŝuoj *Pl* kun najlizitaj plandoj; ~**studio** *n Kosmetik* ungoflega salono

nageltragend *Adj Zool (mit Nägeln [bzw. Krallen] versehen)* ungohava

Nagelung *f Chir: eines Knochens* najlado

Nagel|wurzel *f Anat* ungoradiko; ~**zange** *f* ***a)*** *Kosmetik* ungotondilo ***b)*** *auch* ***Nagelklaue*** *f Handw* najlotirilo

nagen *tr od abs* ronĝi (***an etw.*** ion) *auch übertr* (↑ *auch* ***abnagen*** *u.* ***knabbern***); ***eine Ratte hat am Brot genagt*** rato ronĝ[et]is la panon; ***Kummer nagte an seinem Herzen*** *übertr* aflikto ronĝis lian koron ◇ ***am Hungertuch*** ~ havi preskaŭ nenion por manĝi

Nager *m od* **Nagetier** *n Zool* ronĝulo; ***[Ordnung der] Nagetiere*** (Rodentia) ronĝuloj *Pl*

Nagerpest *f Vet* ↑ ***Tularämie***

Nagezahn *m* ronĝodento

Nagorny-Karabach *(n)* ↑ ***Bergkarabach***

Nagoya *(n) eine japanische Hafenstadt auf der japanischen Hauptinsel Hondo* Nagojo

Nagpur *(n) eine Stadt im ind. Unionsstaat Maharashtra [im 18./19. Jh. Hptst. eines Marathenstaates]* Nagpuro

Nagualismus *m Myth ([bes. in Zentralamerika verbreiteter] Glaube an einen meist als Tier od Pflanze vorgestellten persönlichen Schutzgeist, den sich ein Individuum während der Pubertätsweihen in der Einsamkeit durch Fasten u. Gebete erwirbt u. mit dem es sich in schicksalhafter Simultanexistenz verbunden fühlt)* nagualismo

nah *Adv* [↑ *auch* ***nahe***]: ***aus*** (*od* ***von***) ~ ***und fern*** de proksime kaj fore; *i.w.S. von überall her* de ĉie [ajn]; *aus allen Ecken* de ĉiuj anguloj de la lando (*bzw.* de la mondo *u.Ä.*)

Näharbeit *f (Vorgang)* kudrolaboro(j) *(Pl)*, *(Ergebnis)* kudraĵo (*vgl. dazu* ***Schneiderarbeiten***)

Nah|aufnahme *f Film, Foto (als Vorgang)* filmado (*bzw.* fotado) de proksima distanco, *(als so aufgenommenes Foto)* foto de proksima distanco (↑ *auch* ***Close-up***); ~**bereich** *m Nähe* proksimeco; ~**brille** *f Opt* okulvitroj *Pl* por proksima distanco

Nahdistanz *f*: ***aus*** ~ el proksima distanco, de proksime *auch Sport*

nahe 1. *Adj örtl u. zeitl* proksima [↑ *auch* ***nah***]; ***der*** ≗ ***Osten*** la Proksima Oriento (*vgl. dazu* ***Nahost***); ***ein*** ~***r Verwandter*** proksima parenco; ***in*** ~***r Zukunft*** en [la] proksima estont[ec]o; ***eine*** ~ ***Beziehung zu ... haben*** havi proksiman interrilaton al ... **2.** *Adv*: ~ ***liegend a)*** *örtl* proksime situanta, *auch kurz* proksima ***b)*** *übertr in Zus*: ***naheliegend*** facile komprenebla (*bzw.* trovebla); *offensichtlich* evidenta; ***es ist naheliegend, dass ...*** *es steht zu vermuten, dass ...* estas [fakte] supozeble, ke ...; *es ist offensichtlich, dass ...* estas evidente, ke ...; ***jmdm. zu*** ~ ***treten*** *jmdn. verletzen* ofend[et]i iun; ***dem Weinen*** ~ ***sein*** preskaŭ plori, *auch* esti ploronta **3.** *Präp* proksime (***an*** *od* ***bei*** de); ~ ***der Grenze*** proksime de la [land]limo

Nahe *f ein linker Nebenfluss des Rheins* [rivero] Naho

Nähe *f örtl (Nahesein)* proksim[ec]o; *Nachbarschaft* najbareco; *Umgebung* ĉirkaŭ[aĵ]o; ***aus nächster*** ~ de tre proksime; ***in der*** ~ en la proksim[ec]o; ***in allernächster*** ~ *mit Gen* plej proksime de; ***ganz in der*** ~

von ... tute proksime de ...; ***gibt es hier in der ~ ...?*** ĉu ie proksime troviĝas ...?

nahebei *Adv* en la [tuja] proksimeco, [tute] proksime

nahebringen *tr*: ***jmdm. etw. ~ bringen*** *erläutern* klarigi ion al iu

nahegehen *intr*: ***jmdm.*** *~ traurig machen* malĝojigi iun, tristigi iun; ***sein Tod geht mir nahe*** lia morto tristigas min

nahekommen *intr in die Nähe (von etw.) kommen, sich annähern* [al]proksimiĝi; *fast identisch sein* esti preskaŭ identa (***einer Sache*** kun io); ***sie sind einander nahe gekommen*** ili interproksimiĝis

nahelegen *tr empfehlen, zu etw. raten* rekomendi

naheliegend ↑ *unter* ***nahe 2.***

nahen *intr* proksimiĝi; *allg auch* veni; ***der Frühling naht*** printempo proksimiĝas

Nahen *n das Herannahen* [al]proksimiĝo (*vgl. dazu* ***²Anzug***)

nähen *tr* kudri (↑ *auch* ***an-***, ***auf-***, ***ein-*** *u.* ***zusammennähen***); *Chir* suturi; ***noch einmal ~*** *Genähtes umarbeiten* rekudri; ***von Hand genäht*** mane kudrita; ***mit Heftstichen ~*** *Schneiderei* duonkudri; ***die Wunde muss genäht werden*** *Med* la vundo devas esti suturata; ***dieser Stoff näht sich sehr gut*** (***schlecht***) tiu ĉi ŝtofo estas tre facile (malfacile) kudrebla

Nähen *n* kudrado

näher 1. *Adj* pli proksima; *genauer* pli ekzakta; *präziser* pli preciza; *ausführlicher* pli detala; ***~e Auskünfte*** *f/Pl* pli detalaj (*bzw.* ekzaktaj *od* precizaj) informoj *Pl*; ***bei ~er Betrachtung der Fakten*** detale konsiderante la faktojn; ***dieser Weg ist ~*** tiu ĉi vojo estas pli mallonga **2.** *Adv* pli proksime; pli ekzakte; pli precze; pli detale; ***auf etw. ~ eingehen*** [pli] detale priparoli ion; ***~ aneinanderrücken*** [iom pli] [inter]proksimiĝi

Nähere *n* detaloj *Pl*, pli detalaj informoj *Pl*

Näherei *f Nähstube* kudrejo

Naherholungsgebiet *n* proksim-urba regiono por ripozi *od* regiono por ripozi proksime de la urbo

Näherin *f* kudristino

näherkommen *intr*: ***jmdm.*** *~ zu jmdm. in eine [engere] Beziehung treten* ekhavi pli intiman rilaton al iu

nähern, sich *refl* [al]proksimiĝi; ***der Sommer nähert sich dem Ende*** la somero komencas finiĝi

Näherung *f Math* ↑ ***Approximation***

Näherungsfehler *m Math* eraro de aproksimo

Näherungsformel *f Math* aproksima formulo; ***mit ~n errechnen*** poli (↑ *auch* ***extrapolieren*** *u.* ***interpolieren***)

Näherungs|koordinaten *f/Pl Geom* proksimumaj koordinatoj *Pl*; **~lösung** *f Math* aproksima solvo; **~rechnung** *f*, *auch* ***Überschlagsrechnung*** *f Math* aproksima kalkulado; **~verfahren** *n*, *auch* ***Approximation*** *f Naturw* proksimumado

nahestehen *intr*: ***jmdm.*** *~ gute Beziehungen zu jmdm. haben* havi bonajn rilatojn al iu; *mit jmdm. gut befreundet sein* esti bona amiko (*bzw.* amikino) de iu

nahezu *Adv* preskaŭ (↑ *auch* ***fast*** *u.* ***ziemlich***)

Näh|faden *m od* **~garn** *n* kudrofadeno

Nahkampf *m Mil* proksim-batalo

Nähkästchen *n* ↑ *unter* ***plaudern***

Näh|körbchen *n* kudrokorbeto; **~maschine** *f* kudromaŝino; **~maschinenmotor** *m* motoro de [la] kudromaŝino; **~nadel** *f* kudrilo

Nahost *ohne Art* Proksim-Oriento *od* Proksima Oriento; **~konflikt** *m* araba-israela konflikto

nahöstlich *Adj* proksim-orienta

Nähr|boden *m Bakt* nutromedio *auch übertr*; **~bouillon** [*...bu'jõ*] *f Nährlösung zum Züchten von Mikroorganismen* mikrobokultiva buljono; **~creme** *f Kosmetik* nutrokremo

nähren ***a)*** *tr* nutri (***jmdn. mit etw.*** iun per io) *auch übertr*; *stillen (ein Baby)* mamnutri; ***sich ~*** sin nutri (***von*** per); ***die Hoffnung ~*** *übertr* nutri la esperon (***dass*** ke) ***b)*** *intr nahrhaft sein*: ***Brot nährt*** pano estas nutroriĉa

nahrhaft *Adj* nutra, nutroriĉa; *i.w.S. gesund, der Gesundheit zuträglich* salubra

Nahrhaftigkeit *f* nutroriĉ[ec]o

Nähr|hefe *f* nutrogisto; **~lösung** *f* nutrosolvaĵo *auch für Topfpflanzen u. dgl.* (*vgl. dazu* ***Nährbouillon***); **~mittel** *n/Pl Teigwaren* pastaĵoj *Pl*; *Erzeugnisse aus Mehl* farunaĵoj *Pl*; **~salze** *n/ Pl* nutraj saloj *Pl*

nährstoffarm *Adj* ***a)*** *Nahrung* malriĉa je nutraj substancoj ***b)*** *Biol (Böden od Gewässer)* oligotrofa

Nähr|stoffbedarf *m* bezono de nutraj substancoj; **~stoffe** *m/Pl* nutraj substancoj *Pl* (↑ *auch* ***Phytonährstoffe***); **~stoffmangel** *m*

manko de nutraj substancoj

nährstoffreich *Adj* ***a)*** *Nahrung* riĉa je nutraj substancoj; *i.w.S. nahrhaft* nutroriĉa ***b)*** *Fachspr Biol (Pflanzenstandorte bzw. Gewässer, wenn diese mit organischen Stoffen überreichert sind)* ***eutroph*** eŭtrofa (*vgl. dazu* ***oligotroph***); ***eutrophe Pflanzen*** *f/Pl Pflanzen, die einen hohen Nährsalzbedarf haben und daher große Ansprüche an den Boden stellen* eŭtrofaj plantoj *Pl*

Nahrung *f* nutraĵo (↑ *auch* ***Baby-***, ***Ersatz-***, ***Haupt-***, ***Konserven-***, ***Tiernahrung*** *u.* ***Kost***); ~ ***aus der Dose*** ladskatola manĝaĵo, *auch kurz* ladmanĝaĵo; ~ ***suchen*** *Tier* serĉi nutraĵon; ***gesunde*** ~ saniga nutraĵo; ***die tägliche*** ~ la ĉiutaga nutraĵo; ***vollwertige*** ~ plenvalora nutraĵo (↑ *auch* ***Biolebensmittel***)

Nahrungs|bedarf *m* bezono de nutraĵo(j); ~**ergänzungsmittel** *n/Pl, auch* ***Nahrungsergänzungsstoffe*** *m/Pl* nutraĵo[bio]suplementoj *Pl*; ~**fette** *n/Pl* nutraĵaj grasoj *Pl*; ~**getreide** *n* nutraĵa greno; ~**kette** *f Biol* nutroĉeno; ~**mangel** *m* manko de nutraĵo

Nahrungsmittel *n/Pl* nutraĵoj *Pl* (*vgl. dazu* ***Lebensmittel*** *u.* ***Vegetabilien***); ~ ***aus der Region*** (*od* ***aus regionalem Anbau***) regione kultivitaj nutraĵoj

Nahrungsmittel|allergie *f Med* nutraĵokaŭzita alergio; ~**chemie** *f* nutraĵokemio; ~**industrie** *f* nutraĵindustrio *od* nutraĵa industrio; ~**knappheit** *f* manko de nutraĵo(j) (↑ *auch* ***Nahrungsmangel***); ~**produktion** *f* nutraĵ-produktado *od* produktado de nutraĵoj; ~**vergiftung** *f* nutraĵovenenigo

Nahrungs|pflanzen *f/Pl* nutraĵ[o]plantoj *Pl*; (*vgl. dazu* ***Nutzpflanzen***); ~**quelle** *f* nutraĵfonto; ~**suche** *f* serĉado de nutraĵo(j); ~**verweigerung** *f* rifuzo de manĝado

Nährwert *m* nutrovaloro *od* nutra valoro; ~**tabelle** *f* tabelo pri nutrovaloroj

Näh|seide *f* silka kudrofadeno; ~**stube** *f Näherei* kudrejo

Naht *f Schneiderei* [kun]kudro (*vgl. dazu* ***Saumnaht***); *Saum* orlo; *Anat (Knochen- od Schädel*~*) u. Chir (Wund*~ *[Sutur])* suturo (↑ *auch* ***Bänder-***, ***Primärnaht*** *u.* ***Raphe***); *Tech (Löt*~*)* lutjunto, *(Schweiß*~*)* veldojunto (↑ *auch* ***Gussnaht***) ◇ ***aus allen Nähten platzen*** *zu dick werden (Mensch)* [absolute] trodikiĝi; *zu voll werden, z.B. ein gepackter Koffer* tropleniĝi

Nähtisch *m* tablo por kudrado

Nahtknochen *m des Schädels* (Os suturarum) *Anat* sutura osto, *Fachspr* vormiano

Nahtlinie *f Anat* ↑ ***Raphe***

nahtlos *Adj* ***a)*** *Strümpfe, Textilien* sen kunkudro *nachgest* ***b)*** *übertr: Übergang (glatt)* glata, *(problemlos)* senproblema

Naht|material *n Chir* sutura materialo (*vgl. dazu* ***Katgut***); ~**stelle** *f* junto; *Mil* ĉarniro; ~**technik** *f Chir* sutura tekniko

Nahua ***a)*** *Pl Selbstbezeichnung* ***Náhuatl*** *Pl Ethn (Völkergruppe in Mittelamerika, die zu den Uto-Azteken gehört)* naŭatloj *Pl* (↑ *auch* ***Tolteken***) ***b)*** *n Ling (von Mexiko bis Costa Rica verbreitete Sprachgruppe)* nahua (*od* naŭatla) lingvo *<ursprünglich Sammelbezeichnung für die (im Ggs zu den mehr südlich gelegenen Maya-Sprachen) mehr im nördlichen Mexiko gesprochenen Sprachen>*

Nahum (*m*) *bibl (einer der zwölf ‹Kleinen Propheten›)* Naĥumo

Nah|verkehr *m* regiona (*od* kurtdistanca) trafiko, proksim-trafiko; ~**verkehrsmittel** *n* kurtdistanca trafikilo

Nahverkehrszug *m Eisenb* ↑ ***Regionalzug***

Nähzeug *n Hausw* kudrogarnituro, *auch* kudrilaro

Nahziel *n* proksima celo

Naira *f Währungseinheit in Nigeria* najro (*vgl. dazu* ***Kobo***)

Nairobi (*n*) *Hptst. von Kenia* Najrobio

Naischabur (*n*), *heute* ***Neyshabur*** *od* ***Neyshabour*** *eine Stadt im NO des Iran [durch sie führt die Seidenstraße]* Nejŝaburo

naiv *Adj* naiva (*vgl. dazu* ***arglos***, ***einfältig*** *u.* ***kindlich***); ~***e Malerei*** *f* naiva pentrado (*od* pentroarto); ***ein*** ~***er Mensch*** *m* naiva homo, naivulo

Naivität *f* naiveco (*vgl. dazu* ***Arglosigkeit*** *u.* ***Einfalt***)

Naivling *m naiver Mensch* naivulo; *einfacher [etwas törichter] Mensch* simpla [kaj iom stulta] homo

Najade *f griech. Myth (Quell- od Flussnymphe)* najado *<sie konnten auch dem Regen gebieten>*

Naliwka *f leichter russ. Fruchtbranntwein* nalivko

Namas *od* **Namaz** *n Islam (täglich fünfmal zu verrichtendes Stundengebet der Muslime)* namaso

Name *m* nomo (↑ *auch* ***Arten-***, ***Bei-***, ***Deck-***, ***Doppel-***, ***Ehren-***, ***Eugen-***,***Familien-***,***Kose-***, ***Künstler-***, ***Mädchen-***, ***Nutzer-***, ***Orts-***, ***Per-***

sonen-, ***Ruf-***, ***Scherz-***, ***Schimpf-***, ***Spitz-***, ***Tauf-***, ***Vater[s]-***, ***Vor-*** *u.* ***Zuname***); *guter Ruf* reputacio, renomo, famo; ***im ~n von*** (*od mit Gen*) ... en la nomo de ... *od* nome de ...; ***im ~n des Volkes*** en la nomo de la popolo; ***mit anderem ~*** *anders genannt, alias* ali[a]-nome; ***unter falschem ~n*** sub falsa nomo; ***unter fremden ~n*** pseŭdonime; ***sein voller ~ ist*** (*od* ***lautet***) ... lia plena nomo estas ...; ***jmdn. nur dem ~n nach kennen*** koni iun nur laŭnome (*od* laŭ la nomo); ***wie ist Ihr ~?*** kiu estas via nomo?; ***mein ~ ist ...*** mia nomo estas ... *od (ich heiße)* mi nomiĝas ...; ***eine Liste*** (*od* ***Auflistung***) ***von ~n*** nomaro

Namenaktie *f Fin, Wirtsch* ↑ ***Namensaktie***

Namenforschung *f Ling* ↑ ***Onomastik***

Namengedächtnis *n* ↑ ***Namensgedächtnis***

Namenkunde *f Ling* ↑ ***Onomastik***

namenkundlich *Adj* ↑ ***onomastisch***

Namenliste *f* ↑ ***Namensliste***

namenlos *Adj* ***a)*** sennoma; *ohne Verfassernamen* anonima; *i.w.S. [völlig] unbekannt* [tute] nekonata ***b)*** *übertr (unsäglich)* neeldirebla, *(äußerst, ausgesprochen)* treega; ***~e Traurigkeit*** *f* neeldirebla (*bzw.* treega *od* eksterordinara) trist[ec]o

Namen|lose *m* sennomulo; **~losigkeit** *f* sennomeco; *Unbekanntheit* nekonateco

namens 1. *Adv: mit Namen* kun nomo **2.** *Präp mit Gen: im Namen von* nome de ..., en la nomo de ...

Namens|aktie *f, auch* ***Namenaktie*** *f Fin, Wirtsch (Aktie, die auf den Namen des Aktionärs ausgestellt ist)* akcio je nomo *od* nom-akcio; **~änderung** *f* nomŝanĝ[iĝ]o; **~aufruf** *m* voko de la nomo(j); **~form** *f* nomformo

Namen[s]gedächtnis *n* memor[kapabl]o pri nomoj

namensgleich *Adj* samnoma

Namenskonossement *n Hdl, Wirtsch* nomkonosamento

Namen[s]liste *f* nomlisto *od* listo de nomoj, *auch* nomaro

Namenspatron *m* nomopatrono

Namen[s]schild *n* nomŝildo

Namens|tag *m Rel* nomtago, *(Fest zum Namenstag)* nomfesto; **~verzeichnis** *n* nomlisto *od* listo de nomoj; **~vetter** *m* samnomulo; **~zug** *m Unterschrift* subskribo; *abgekürzter Namenszug* parafo (*vgl. dazu* ***Monogramm*** *u.* ***Paraphe***)

namentlich 1. *Adj auf den Namen bezüglich* noma; *[nur] dem Namen nach [bestehend]* nominala; ***~e Abstimmung*** *f Parl (Abstimmung durch Namensaufruf)* voĉdonado post alvoko de la nomo [de la voĉdonanto(j)]; ***~e Liste*** *f* listo de nomoj **2.** *Adv* nome; *vor allem* antaŭ ĉio; *besonders, in der Hauptsache* precipe, ĉefe; ***jemand, der nicht ~ genannt werden möchte*** iu, kiu ne deziras esti nomata

Namenverzeichnis *n* = ***Namensverzeichnis***

Namenwechsel *m* nomŝanĝo *od* ŝanĝo de la nomo (*vgl. dazu* ***Adressenänderung***)

namhaft *Adj renommiert* renoma; *bekannt* konata; *berühmt* fama *od* fame konata, eminenta (↑ *auch* ***prominent***); *groß* granda; *wichtig* grava; *beträchtlich* konsiderinda

Namib *f, auch* ***(die) Wüste Namib*** *eine Wüste in SW-Afrika* Namibo, *auch* [la] Namiba Dezerto; **~gecko** *m* (*auch* ***Schwimmfußgecko*** *genannt*) (Pachydactylus rangei) *Zool* namiba geko *[Vorkommen: ausschließlich in der Namib-Wüste]*

Namibia (*n*), *amtl* ***Republic of Namibia*** *ein Staat in SW-Afrika* Namibio *[Hptst.: Windhoek]*; **~-Dollar** *m* (*Zeichen* ***N$***; *Währungscode* ***NAD***) *Fin* namibia dolaro

Namibier *m* namibiano

Namibierin *f* namibianino

namibisch *Adj* namibia

Namiblerche *f* (Ammomanes grayi = Ammomanopsis grayi) *Orn* namibia dezertalaŭdo

Namibschnäpper *m Orn* ↑ ***Hereroschnäpper***

nämlich 1. *Adj* [tiu] sama; ***am ~en Tag*** en tiu sama tago **2.** *Konj* nome; *das ist* tio estas (*Abk* t.e.)

Nampo (*n*) *eine nordkoreanische Hafenstadt am Gelben Meer* Nampo

Namur (*n*) *Hptst. der Provinz Namur* Namuro; ***die Provinz ~*** *im südlichen Belgien* la provico Namuro

Namurien *od* **Namurium** *n Geol (die untere Stufe des Oberkarbons)* namurio

Nana (*f*) *1. Myth: phrygische u. armenische Muttergöttin 2. weibl. Vorname* Nana

Nanaier *m/Pl, Eigenbez.* ***Nanai*** *Ethn (ein kleines Volk mit tungusischer Sprache in Russisch-Fernost)* nanajoj *Pl*

Nanchang [...*tʃ*aŋ] (*n*) *Hptst. der chin. Provinz Jiangxi* Nanĉango

Nancy (*n*) *eine Stadt in Frankreich [in Lothringen]* Nancio

Nandu *m* (*Gattung* Rheidae) *Orn (ein straußenähnlicher Laufvogel)* reao, *auch* nanduo; *die Art ‹Rhea americana›* amerika nanduo *[Vorkommen: vom Osten Brasiliens bis zur Nordhälfte Argentiniens, Paraguay u. Uruguay]*

Nanga Parbat *m höchster Gipfel (8126 m) im westl. Himalaja* [monto] Nanga-Parbato

Nangka *f* ↑ ***Jackfrucht***

Nanino (*m*) *Eig (italienischer Komponist [1543-1607])* Nanino

Nanismus *m Biol, Med* ↑ ***Kleinwüchsigkeit*** *od* ***Zwergwuchs***

[1]**Nanking** (*n*), *chin.* ***Nanjing*** *Hptst. der mittelchinesischen Provinz Jiangsu* Nankino

[2]**Nanking** *m ein Baumwollgewebe* nankeno

Nano|farad *n* (*Zeichen* ***nF***) *Phys* nanofarado; ~**gramm** *n* (*Zeichen* ***ng***) *1 Milliardstel Gramm* nanogramo; ~**meter** *n* (*Zeichen* ***nm***) *Metr (1 Milliardstel Meter)* nanometro; ~**partikel** *n Phys (organische od anorganische Materialstrukturen, deren Größe im Nanometerbereich liegt)* nanopar- tiklo; ~-**plankton** *n Biol (durch Zentrifugieren des Wassers gewonnenes allerkleinstes Plankton)* nanoplanktono; ~**plastik** *f* nanoplasto; ~**sekunde** *f* (*Zeichen* ***ns***) nanosekundo; ~**technologie** *f Gebiet der physikalischen Forschung u. Halbleitertechnik, die sich mit der Manipulation von Materie im Größenbereich von Atomen beschäftigt* nanoteknologio

nanotechnologisch *Adj* nanoteknologia

Nanschan *m*, *auch* ***Nanshan*** *m Teil des zentralasiat. Gebirgssystems Kunlun* Nanŝano, *auch* Nanŝan-Montaro

Nansen (*m*) *norwegischer Polarforscher [1861-1930]* Nanseno *<1922: Friedensnobelpreisträger>*

Nantes [*nã:t*] (*n*) *eine franz. Stadt in der Bretagne* Nanto; ***Edikt von*** ~ *Gesch (1598 von Heinrich IV. erlassenes Edikt, das den Hugenotten u.a. Religionsfreiheit gewährte* Edikto de Nanto

nanu! *Interj* ba!

Naos *m Antike (zentraler Teil, bes. Innenraum des griechischen Tempels)* naoso

Napalm® *n Chem, Mil* napalmo; ~**bombe** *f Mil* napalmbombo

Napf *m*, *bes. reg* ***Asch*** *m* pelv[et]o (↑ *auch* ***Blech-***, ***Fress-***, ***Futter-*** *u.* ***Spucknapf***)

Napfkuchen *m*, *reg* ***Aschkuchen*** *m*, *reg u.* *<österr>* ***Gugelhupf*** *m* pelvokuko (↑ *auch* ***Topfkuchen***); *i.e.S. (mit Rosinen u. Rum)* babao; ~ ***mit Sahne-*** *od* ***Fruchtfüllung*** savarino

Napfschildläuse *f/Pl Ent*: ***[Familie der]*** ~ (Coccidae) koĉedoj *Pl*

Napfschnecke *f*, *auch* ***Meernapfschnecke*** *f* (*Gattung* Patella) *Zool* patelo

napfschneckenförmig *Adj* pateloforma

Naphtha *n Chem* nafto (*vgl. dazu* ***Erdöl***)

Naphthali (*m*) *Eig* ↑ ***Naftali***

Naphthalin *n Chem (aus Steinkohlenteer gewonnener Kohlenwasserstoff)* naftaleno

Naphthene *n/Pl Chem (gesättigte Kohlenwasserstoffe)* naftenoj *Pl*

Naphthole *n/Pl Chem (Hydroxylderivate des Naphthalins)* naftoloj *Pl*

Naphthyl *n Chem* naftilo; ~**amine** *n/Pl Chem* naftilaminoj *Pl*

Napoleon (*m*) *Eig (ein franz. Kaiser [1769-1821])* Napoleono (*vgl. dazu* ***Bonaparte***)

napoleonisch *Adj* napoleona; ***das*** ≗***e Frankreich*** *Gesch* la napoleona Francio; ***die*** ≗***en Kriege*** *Pl Gesch [1803-1815]* la napoleonaj militoj *Pl*

Napoli (*n*) ↑ ***Neapel***

Naqqara *f Mus (kleine arabische Doppelpauke aus kupfernen od tönernen Kesseln)* nakaro *<die Naqqara wird sowohl in der Kunst- als auch in der Volksmusik benutzt>*

Naranjilla *od* **Quitotomate** *f*, *auch* ***Lulo*** *f* (Solanum quitoense) *Bot, Nahr (Baum, Frucht)* naranjilo *[stammt aus den nördlichen Anden]*

Narayana *ohne Art: Hinduismus (ein durch Gottesliebe verehrtes höchstes Wesen des frühen Hinduismus, das später mit Vishnu identifiziert wurde)* Narajano

Narbada *f ein Fluss in Indien* [rivero] Narbado *<von den Hindus als heilig verehrt>*

Narbe *f* ***a)*** *Med* (Cicatrix) cikatro; (↑ *auch* ***Brand-***, ***Hornhaut-***, ***Impf-***, ***Operations-*** *u.* ***Pockennarbe***); ***hypertrophe*** ~ hipertrofia cikatro (*vgl. dazu* ***Keloid***); ***mit*** ~***n übersät*** *od* ***voller*** ~***n*** plena de cikatroj, cikatroplena (↑ *auch* ***pockennarbig***) ***b)*** *Gerberei (die Haarseite)* hara flanko [de felo] ***c)*** *Bot* ↑ ***Stigma c)***

Narben|bildung *f* formiĝo de cikatro(j); ~**bruch** *m*, *auch* ***Narbenhernie*** *f* (Hernia cicatricae) *Med* cikatra hernio; ~**ektropion** *od* ~**ektropium** *n* (Ectropium cicatricum) *Med* cikatra ektropio; ~**gesicht** *n* cikatroplena vizaĝo; ~**gewebe** *n* cikatra histo

Narbenhernie *f Med* ↑ ***Narbenbruch***
Narbenleder *n* = ***Chagrinleder***
Narben|neuralgie *f Med (Bez für einen druckschmerzhaften Narbenbezirk)* cikatra neŭralgio; **~salbe** *f Pharm* [por]cikatra ungvento
narbig, *Fachspr Med* ***cicatriciell*** *Adj* cikatra; *voller Narben* cikatroplena *od nachgest* plena de cikatroj; *pockennarbig* variol- markita; ***~e Atrophie*** *f Med* cikatra atrofio
Narbonne (*n*) *eine Stadt in Südfrankreich [südwestlich von Montpellier]* Narbono
Narbung *f auf Gewebe, Papier od Karton* gofraĵo (*vgl. dazu* ***Gaufrage***)
Narde *f Bot (Name verschiedener wohlriechender Pflanzen, die teils schon im Altertum für Salböle verwendet wurden)* nardo
Nardenbaldrian *m* (*Gattung* Nardostachys) *Bot* nardostakio
Narden[bart]gras *n Bot* ↑ ***Zitronellagras***
Nargileh *f* ↑ *unter* ***Wasserpfeife***
Närke (*n*) *eine nittelschwedische Landschaft u. historische Provinz [zw. Väner-, Vätter- u. Hjälmarsee]* Neriko
Narkissos (*m*) *Myth* ↑ ***Narziss***
Narko|analyse *f Psychoanalyse (unter Narkose od deren Nachwirkung durchgeführte Befragung [des Patienten])* narkoanalizo; **~hypnose** *f Neurologie, Psych* narkohipnozo
Narkolepsie *f* (*auch* ***narkoleptisches Syndrom*** *genannt*) *nur Fachspr Med (zwanghafte Schlafanfälle am Tag)* narkolepsio
narkoleptisch *Adj* narkolepsia; ***~er Anfall*** *m Med* narkolepsia atako
Narkomanie *f nur Fachspr Med (Sucht nach Schlaf- u. Betäubungsmitteln)* narkomanio
Narkose *f* narkozo (*vgl. dazu* ***Anästhesie***; ↑ *auch* ***Insufflations- u. Vollnarkose***); ***nach der ~ [auftretend]*** postnarkoza; ***durch ~ bedingt*** narkozokaŭzita; ***aus der ~ aufwachen*** revekiĝi el narkozo
Narkose[fach]arzt *m* ↑ ***Anästhesist***
Narkose|gewehr *n Tiermedizin (bes. in Tierreservaten od in Zoos genutzt)* narkota pafilo; **~maske** *f, auch* ***Äthermaske*** *f Chir* anesteza masko
Narkotikum *n Med, Pharm* narkot[ik]aĵo, narkota substanco (*vgl. dazu* ***Anästhetikum u. Betäubungsmittel***)
Narkotin *n Hauptalkaloid des Opiums* narkotino
narkotisch *Adj Med (auf Narkose beruhend bzw. Narkose herbeiführend)* narkota
narkotisieren *tr* narkoti (*vgl. dazu* ***anästhesieren***)
Narkotisiertsein *n* narkotiĝo; *Zustand des Betäubtseins* narkoteco
Narkotisierung *f* narkotado (↑ *auch* ***Betäubung***)
Narkotismus *m Med (1. Sucht nach Narkosemitteln 2. narkotische Wirkungen)* narkotismo
Narodniki *Pl russ. Gesch (Anhänger einer agrarsozialistischen Richtung innerhalb der russ. Revolutionsbewegung in der zweiten Hälfte des 19. Jh.s)* narodnikoj *Pl*
Narr *m Tor* malsaĝulo; *Dummkopf* stultulo (*vgl. dazu* ***Idiot***, ***Tölpel*** *u.* ***Verrückter***); *Harlekin* arlekeno; *Possenreißer* burleskulo (↑ *auch* ***Hofnarr***); *Sonderling* strangulo; ***er ist ein ausgemachter ~*** li estas absoluta malsaĝulo (*od derb* stultulo); ***jmdn. zum ~en halten*** trompi iun; *zum Scherz* mistifiki iun; ***sich zum ~en machen*** sin ridindigi ◇ ***einen ~en an jmdm. gefressen haben*** *jmdn. über das vernünftige Maß hinaus mögen* havi blindan pasion por iu
narren *tr foppen* mistifiki; *täuschen* trompi
Narrenhaus *n* frenezulejo, *[derb:]* idiotejo
Narrenorden *m* ↑ ***Karnevalsorden***
Narren|posse *f od* **~streich** *m* arlekenaĵo, burleskaĵo
narrensicher, *salopp auch* ***idiotensicher*** *Adj umg für «leicht handhabbar» (techn. Gerät)* facile manipulebla
Narrenzepter *n des Karnevalsprinzen* karnavala sceptro
Narretei *od* **Narrheit** *f* malsaĝeco; stulteco; *närrische Tat* stultaĵo; *Posse* burleskaĵo (*vgl. dazu* ***Narr***)
Närrin *f* malsaĝulino; stultulino; burleskulino (*vgl. dazu* ***Narr*** *u.* ***Narretei***)
närrisch *Adj dumm* stulta; *verrückt* freneza; *ein bisschen verrückt* fola; *possenhaft* burleska; *drollig* drola; *sonderbar* stranga (*vgl. dazu* ***komisch***); ***~er Einfall*** *m* fola ideo; *i.w.S. [toller] Streich* kapriolo; ***~ auf etw. sein*** ege ŝati ion; *gierig auf etw. sein* esti avida je io
Narthex *m Arch (schmale, quer gelagerte Vorhalle der frühchristl. Basilika [zum Kircheninneren gehörig])* nartekso
Narva ***a)*** (*n*) *estnische Hafenstadt* Narvo ***b)*** *f Abfluss des Peipus-Sees in den Finnischen Meerbusen* [rivero] Narvo

Narvik (*n*) *eine Hafenstadt in N-Norwegen* Narviko

Narwal *m, auch* ***Einhornwal*** *m od* ***See-Einhorn*** *n* (Monodon monoceros) *Zool (ein im Nördl. Eismeer lebender Gründelwal)* narvalo

Narzein *n Chem (ein Alkaloid des Opiums)* narceino

Narziss (*m*), *griech.* ***Narkissos*** (*m*), *lat.* ***Narcissus*** (*m*) *griech. Myth ([in sich selbst] verliebter schöner Jüngling)* Narciso *auch übertr*

Narzisse *f* (*Gattung* Narcissus) *Bot* narciso (↑ *auch* ***Asturien-***, ***Dichternarzisse***, ***Jonquille***, ***Osterglocke***, ***Sternnarzisse*** *u.* ***Tazette***); ***gelbe*** (***weiße***) ~ flava (blanka) narciso

Narzissengewächse *n/Pl Bot*: ***[Familie der]*** ~ (Amaryllidaceae) amarilidacoj *Pl*

Narzissenschnäpper *m, auch* ***Goldfliegenschnäpper*** *m* (Ficedula narcissina) *Orn* narcisomuŝkaptulo *[Vorkommen: Insel Sachalin, Japan, Philippinen, Borneo]*

Narzissmus *m, auch* ***Autoerotismus*** *m [krankhafte bzw. übersteigerte] Verliebtheit in die eigene Person* narcisismo

Narzisst *m* narcisisto

narzisstisch *Adj auf den Narzissmus bezogen* narcisisma; *auf die Narzissten bezogen* narcisista

NASA *f* ↑ *unter* ***Raumfahrtbehörde***

nasal *Adj Med u. Phon* naza; *durch die Nase gesprochen, genäselt* nazosona

Nasal *m Phon* ↑ ***Nasallaut*** *u.* ***Nasalvokal***; *Anat* ↑ ***Nasenbein***

nasalieren *tr Phon auch* nazaligi

Nasalierung *f Phon* nazaligo

Nasal|laut *m, kurz* ***Nasal*** *m Phon* naza sono, *Fachspr meist* nazalo; ~**vokal** *m Phon Vokal mit nasaler Färbung)* nazala vokalo

naschen *tr*, <*österr*>, <*schweiz*> *u. reg* ***schlecken*** frandi; *heimlich kosten* ŝtelgustumi

Naschen *n, auch* ***Schlecken*** *n* frandado

Näschen *n* nazeto (↑ *auch* ***Stupsnäschen***)

Näscherei *f, auch* ***Naschwerk*** *n* frandaĵo (↑ *auch* ***Ame***, ***Leckerbissen*** *u.* ***Süßigkeiten***)

naschhaft *Adj* frandema

Naschhaftigkeit *f*, <*schweiz*> ***Schlecksucht*** *f* frandemo

Naschkatze *f (Frau)* frandemulino *auch i.w.S. sex*; *(Mann)* frandemulo

Naschwerk *n* ↑ ***Näscherei***

NASDAQ® [*ˈnɛsdɛk*] *m* (*Kurzw für* ***National Association of Securities Dealers Automated Quotations System***) *Fin (amerikanische voll automatisierte Computerbörse)* NASDAKO

Nase *f* ***a)*** *Anat* nazo (↑ *auch* ***Adler-***, ***Haken-***, ***Höcker-***, ***Hunde-***, ***Knollen-***, ***Schnaps-***, ***Spür-***, ***Stumpf-*** *u.* ***Stupsnase***); ***gebogene*** (*od* ***krumme***) ~ kurba nazo; ***verstopfte*** ~ *Med* obstrukcita (*od pop* ŝtopita) nazo; ***mit dem Finger in der ~ bohren*** per la fingro bori en la nazo; ***ihm läuft die*** ~ lia nazo mukas, *auch* fluetas el lia nazo; ***[sich] die ~ putzen*** (*od reg* ***schnauben*** *od* ***schnäuzen***) purigi [al si] la nazon, nazpurigi, *auch* mungi, *(geräuschvoll)* blovpurigi la nazon; ***durch die ~ reden*** (*od* ***sprechen***) *näseln* paroli tra la nazo, *(Zam) auch* nazparoli; ***die ~ rümpfen*** (*od* ***runzeln***) sulkigi (*od* suprentiri) la nazon [pro malplaĉo]; ***meine ~ ist zu*** mia nazo estas obstrukcita (*od* ŝtopita) ◇ ***mit langer ~ abziehen*** *enttäuscht sein* foriri kun longa nazo *(Zam)*; ***immer der ~ nach*** (*od* ***lang***) *salopp für «immer geradeaus»* ĉiam rekten; ***eine gute*** ~ (*od pop* ***einen guten Riecher***) ***haben*** *richtig erraten od vermuten* havi bonan nazon *(Zam)*; ***jmdn. an der ~ herumführen*** konduki iun je la nazo *(Zam)*; ***seine ~ in alles hineinstecken*** *sich einmischen* ŝovi la (*od* sian) nazon en fremdan vazon *(Zam)*; ***er trägt die ~ ziemlich hoch*** *er ist ziemlich arrogant* li tenas la nazon sufiĉe supren *(Zam)*; ***die ~ vorn haben*** *zu den Ersten gehören* aparteni al la sukcesuloj ***b)*** *Geruchssinn od i.w.S. Gespür* flar[kapabl]o ◇ ***eine feine*** (*od* ***gute*** *od* ***scharfe***) ~ ***haben*** *richtig vermuten* havi bonan nazon *(Zam)* ***c)*** *Arch (Nase am gotischen Maßwerk)* kuspo ***d)*** *nasenähnlicher Vorsprung, z.B. eines Gefäßes (bes. Tech)* nazo *auch vorderer Teil eines Flugzeugs* (*vgl. dazu* ***[1]Bug***, ***Schnauze c)*** *u.* ***Tülle***)

naselang ↑ ***nasenlang***

näseln *intr* paroli tra la nazo, *Zam auch* nazparoli

Nasen|affe *m* (Nasalis larvatus) *Zool* nazosimio *[Vorkommen: Borneo u. Kalimantan]*; ~**atmung** *f* tranaza spirado; ~**bär** *m* (*Gattung* Nasua) *Zool (ein amerikanischer Kleinbär)* nazourso, <*wiss*> nazuo

Nasenbein *n* (Os nasale) *Anat* naz-osto, <*wiss*> *auch* nazalo; ~**bruch** *m od* ~**fraktur** *f Med* frakturo de la naz-osto

Nasen|bluten *n, Fachspr* ***Epistaxis*** *f Med* nazosangado *od* elnaza sangado, *(Fachspr)*

epistakso; ~**dusche** *f Med* naza duŝo *od* nazoduŝo; ~**endoskopie** *f Med* nazoendoskopio; ~**flügel** *m* (Ala nasi) *Anat* alo de nazo, naz[o]lobo; ~**frosch** *m, auch **Darwinfrosch*** *m* (Rhinoderma darwinii) *Zool* darvin-rano *[Vorkommen: Südamerika]*; ~-**furunkel** *m* (Furunculus nasi) *Med* naza furunko; ~**gang** *m* (Meatus nasi) *Anat* naza meato

Nasenheilkunde *f Med* ↑ ***Rhinologie***

Nasen|höhle *f* (Cavum [*od* Cavitas] nasi) *Anat* naza kavo; ~**kakadu** *m* (Cacatua tenuirostris) longbeka kakatuo *[Vorkommen: Australien]*; ~**infektion** *f Med* naza infektiĝo

Nasenkatarrh *m Med* ↑ ***Schnupfen***

Nasen|knochen *m* (Os nasi) *Anat* naza osto; ~**knorpel** *m* (Cartilago nasi) *Anat* naza kartilago; ~**kuss** *m* naza kiso; ~**labyrith** *n Anat* naza labirinto

nase[n]lang *nur in*: ***alle*** ~ *salopp für «dauernd» od «immer wieder»* daŭre *od* ĉiam denove

Nasenlaut *m Phon* = ***Nasallaut***

Nasen|loch *n* naz[o]truo (*vgl. dazu **Nüster***); ~**muschel** *f* (Concha nasalis) *Anat* nazokonko, *auch* naza konko

Nasenneben|höhle *f* (Sinus paranasales) *Anat* [naza] sinuso; ~**höhlenentzündung** *f* (Sinusitis paranasales) *Med* [naza] sinusito

Nasen|plastik *f, Fachspr Chir **Rhinoplastik** f chirurgische Umformung der Nasenstruktur unter funktionellen u. ästhetischen Gesichtspunkten* rinoplastio; ~**polyp** *m, auch **nasaler Polyp** Med (meist gestieltes Fibrom der chronisch entzündeten Nasenschleimhaut* naza polipo; ~**rachenkatarrh** *m Med* nazofaringito; ~**region** *f* (Regio nasalis) *Anat* naza regiono; ~**ring** *m z.B. eines Bullen od Zirkusbären* nazoringo; ~**rücken** *m* (Dorsum nasi) *Anat* nazodorso; ~**salbe** *f Pharm* nazoungvento; ~**scheidewand** *f, fachsprachl. auch **Nasenseptum** n* (Septum nasi) *Anat* naza septo

Nasenschleim *m* naza muko; ~**haut** *f* (Tunica mucosa nasalis) *Anat* naza mukozo

Nasen|sekret *n* naza sekreciaĵo; ~**spiegel** *m Medizintechnik* naza spegulumo, *(Fachspr) auch* rinoskopo

Nasenspiegelung *f Med* ↑ ***Rhinoskopie***

Nasen|spitze *f* nazopinto; ~**spray** *m od n Pharm* nazosprajo; ~**spülung** *f Med* naza duŝo *od* nazoduŝo

Nasenstein *m Med* ↑ ***Rhinolith***

Nasen|stimme *f* naza voĉo; ~**stüber** *m* nazopuŝeto; ~**tampon** *m* nazotampomo; ~**tamponade** *f z.B. bei starkem Nasenbluten* naza tamponado; ~**tropfen** *m/Pl Pharm* gutoj kontraŭ nazkataro; ~**vorhof** *m* (Vestibulum nasi) *Anat* naza vestiblo; ~**wurzel** *f* (Radix nasi) *Anat* nazradiko

naseweis *Adj* trudiĝema; *respektlos* malrespekta (*vgl. dazu **indiskret***); *neugierig* scivol[em]a

nasführen *tr*: ***jmdn.*** ~ mistifiki iun

Nashi *f, auch **Orient-Birne** f* (Pyrus serotina = Pyrus pyrifolia) *Bot, Nahr* naŝio *[die Art stammt aus Korea, N-China u. Japan]*

Nashorn *n, auch **Rhinozeros** n Zool* rinocero (↑ *auch **Panzernashorn***); *Java- od Schuppen*≗ (Rhinoceros sondaicus) java rinocero *[Vorkommen: nur noch im Ujung-Kulon-Nationalpark/SW-Java] <vom Aussterben bedroht>*; *Spitzmaul*≗ (Diceros bicornis) pintlipa rinocero *od* afrika dukorna rinocero *[Vorkommen: Kenia, Tansania, S- u. SW-Afrika]*; *Breitmaul*≗ (Ceratotherium simum) larĝlipa rinocero *[Vorkommen: in Grassavannen Afrikas]*; ***zweihörniges*** ~, *auch **Sumatranashorn** n* (Rhinoceros sumatranus = Dicerorhinus sumatrensis) sumatra rinocero *<die kleinste Nashornart>*; ***[Familie der] Nashörner*** *Pl* (Rhinocerotidae) rinoceredoj *Pl*

Nashorn|käfer *m* (Oryctes nasicornis) *Ent* rinocera skarabo; ~**viper** *f* (Bitis nasicornis) *Zool* rinocera vipero *[Vorkommen: in westafrikanischen Urwäldern]*; ~**vogel** *m, kurz **Hornvogel** m* (*Gattung* Buceros) *Orn* bucero, *pop auch* rinocera birdo (↑ *auch **Hornrabe**, **Doppel-**, **Malaien-** u. **Nepalhornvogel***)

Nashville (*n*) *Hptst. des US-Bundesstaats Tennessee* Naŝvilo

Nasigoreng *n Kochk (ein indonesisches Reisgericht)* fritita rizo laŭ indonezia maniero

Nasran (*n*) ↑ ***Nazran***

nass *Adj* malseka (↑ *auch **klatsch-**, **pudel-** u. **schweißnass***); ~ ***machen*** malsekigi; ~ ***werden*** malsekiĝi; ~ ***bis auf die Haut*** (*od **Knochen***) malsekiĝi ĝis la haŭto, *umg auch* malsekiĝi ĝisoste

Nassau (*n*) *1. Hptst. der Bahamas 2. eine deutsche Stadt an der Lahn* Nasaŭo

Nassauer *m Schmarotzer* parazito

nassauern *intr* paraziti (*bei jmdm.* ĉe iu)
Nassdampf *m* saturita vaporo
Nässe *f* malsekeco; *Feuchtigkeit* humideco
nasskalt *Adj*: ~*es Wetter n* humida [kaj] malvarma vetero
Nass|rasur *f* malseka razado; ~**schnee** *m* malseka neĝo
Nastuch *n* <*schweiz*> *u. reg* ↑ ***Taschentuch***
naszierend *Adj geh für «entstehend» od «im Werden begriffen»* naskanta, estiĝanta
[1]**Natal** (*n*) *eine Landschaft der Rep. Südafrika [am Indischen Ozean]* Natalo *[Hptst.: Pietermaritzburg]* (*vgl. dazu* ***Kwazulu-Natal***)
[2]**Natal** (*n*) *Hptst. des brasilian. Staates Rio Grande do Norte* Natalo
Nataldducker *m Zool* ↑ ***Rotducker***
Natalfrankolin *m* (Francolinus natalensis) *Orn* natala frankolino *[Vorkommen: Südafrika]*
Natalia *od* **Nat[h]alie** (*f*) *weibl. Vorname* Natalia; ***Natalia von Córdoba*** *Eig (eine spanische Märtyrerin u. Heilige [im 9. Jh.])* Natalia de Kordovo
Natalität *f nur Fachspr Statistik für «Geburtenhäufigkeit»* naskokvanto, *auch* natalitato
Natalzwergfischer *m Orn* ↑ ***Zwergkönigsfischer***
Natascha (*f*) *weibl. Vorname* Nataŝa
Nathalie *f* ↑ ***Natalia***
Nathan (*m*), *ökumenisch* ***Natan*** *Eig* Natano *auch bibl. Prophet*
Nation *f* nacio (↑ *auch* ***Mikronation***, ***Staat*** *u.* ***Volk***); ***die deutsche*** ~ la germana nacio
national *Adj* nacia (*vgl. dazu* ***staatlich***; ↑ *auch* ***supramational***); ~***e Befreiungsbewegung*** *f* naciliberiga movado; ~***e Besonderheit*** *f* nacia apartaĵo; ≗***e Front der DDR*** *Gesch* Nacia Fronto de GDR; ~***e Minderheit*** *f* nacia minoritato; ≗***es Olympisches Komitee*** *n* (*Abk* ***NOK***) Nacia Olimpia Komitato (*Abk* NOK); ~***es Recht*** *n* nacia juro; ~***e Sicherheit*** *f* nacia sekureco; ~***e Souveränität*** (*od i.w.S.* ***Unabhängigkeit***) *f* nacia suvereneco *od i.w.S.* nacia sendependeco
Nationalbank *f* nacia banko
nationalbewusst *Adj* nacikonscia
National|bewusstsein *n* nacia konscio; ~**bibliothek** *f* (*Abk* ***Nabi***) nacia biblioteko; ~**charakter** *m* nacia karaktero; ~**denkmal** *n* nacia monumento; ~**einkommen** *n* nacia enspezaro; ~**elf** *f Fußball* nacia futbal-teamo; ~**epos** *n* nacia eposo
Nationalfarben *f/Pl* ↑ ***Landesfarben***
National|feiertag *m* nacia festotago; ~**flagge** *f* nacia flago; ~**galerie** *f* nacia galerio
Nationalgarde *f* nacia gvardio; ***Truppen*** *Pl* ***der*** ~ trupoj *Pl* de la nacia gvardio
National|gericht *n Kochk* nacia manĝaĵo; ~**getränk** *n* nacia trinkaĵo; ~**heilige** *m* nacia sanktulo; *f* nacia sanktulino; ~**held** *m* nacia heroo; ~**heldin** *f* nacia heroino
Nationalhymne *f* nacia himno; ***die*** ~ ***singen*** (***spielen***) kanti (ludi) la nacian himnon
nationalisieren *tr* naciigi (*vgl. dazu* ***einbürgern***, ***naturalisieren*** *u.* ***verstaatlichen***)
Nationalisierung *f* naciigo (*vgl. dazu* ***Verstaatlichung***)
Nationalismus *m* naciismo; ***bürgerlicher*** (***engstirniger***, ***gefährlicher***) ~ burĝa (fermitkapa, danĝera) naciismo
Nationalist *m* naciisto
nationalistisch *Adj auf den Nationalismus bezogen* naciisma; *auf die Nationalisten bezogen* naciista
Nationalität *f* nacieco; *Staatsbürgerschaft* ŝtataneco; *nationale Minderheit* nacia minoritato (*od* malplimulto)
Nationalitätenstaat *m* multnacia ŝtato (*vgl. dazu* ***Nationalstaat*** *u.* ***Vielvölkerstaat***)
National|kongress *m* nacia kongreso; ~**kultur** *f* nacia kulturo; ~**literatur** *f* nacia literaturo; ~**mannschaft** *f Sport* nacia teamo; ~**museum** *n* nacia muzeo
Nationalpark *m* nacia parko; ~ ***Garajonay*** *auf La Gomera/Kanarische Inseln* Nacia Parko [de] Garajonay *[...ĥonaj]* <*bekannt durch seine subtropischen Lorbeerwälder*>
Nationalpreis *m* nacia premio; ~**träger** *m* (*Abk* ***NPT***) nacia premiito
National|rat *m Abgeordnetenkammer des österr. bzw. Schweizer Parlaments* Nacia Konsilio [de Aŭstrio *bzw.* Svisio] <*entspricht dem Bundestag der BRD*>; ~**sozialismus** *m Pol* nacisocialismo; (*Abk* ***NS***) *dt. Gesch [1933-45] Nazismus* naziismo
nationalsozialistisch *Adj* nacisocialisma; *nazistisch* nazia
National|spieler *m Sport* ludisto de [la] nacia teamo; ~**sprache** *f* nacia lingvo
nationalsprachig *Adj* nacilingva (*vgl. dazu* ***ethnosprachig***)
Nationalstaat *m* [unu]nacia ŝtato
nationalstaatlich *Adj* naciŝtata
National|stolz *m* nacia fiero; ~**tanz** *m* nacia danco; ~**team** *n* nacia teamo
Nationaltheater *n* nacia teatro; ***das Deut-***

sche ~ la Germana Nacia Teatro

National|torhüter *m* golulo de [la] nacia teamo; ~**tracht** *f* nacia kostumo; ~**trainer** *m Sport* naciteama trejnisto, trejnisto de [la] nacia teamo

Nationaltrauer *f* ↑ ***Staatstrauer***

Nationalversammlung *f* nacia asembleo *(auch Großschr)*

NATO *f* (*engl. Kurzw für* ***North Atlantic Treaty Organization***) NATO, *auch* Nato (*Kurzw für* Nord-Atlantika Traktat-Organizo); ~**-Beitritt** *m* NATO-aliĝo *od* NATO-membriĝo; ~**-Draht** *m eine Variante des Stacheldrahts* hoka (*od* razilklinga) drato; ~**-Mitglied** *n* NATO-membro; ~**-Mitgliedschaft** *f* NATO-membreco

Natrium *n* (*Symbol* ***Na***) *Chem* natrio; ~**acetat** *n Chem (Natriumsalz der Essigsäure)* natria acetato; ~**batterie** *f El* natria baterio; ~**bicarbonat** *n Chem* natria bikarbonato; ~**bromid** *n Chem* natria bromido; ~**chlorid** *n* (Natrium chloratum) *Chem* natria klorido, *umg: Kochsalz* kuirsalo; ~**cyanid** *n Chem* natria cianido; ~**[dampf]lampe** *f eine Metalldampflampe mit Natriumfüllung* natri[vapor]a lampo; ~**fluorid** *n* natria fluorido *[Mittel zur Fluoridierung von Zahnpasten]*; ~**gehalt** *m* enhavo de natrio; ~**hydroxid** *n Chem* natria hidroksido; ~**karbonat** *n*, *auch* ***kohlensaures Natrium*** *n Chem* natria karbonato, sodo; ~**nitrat** *n Chem* natria nitrato; ~**peroxid** *n Chem* natria peroksido; ~**sulfat** *n* (Natrium sulfuricum) *Chem* natria sulfato (↑ *auch* ***Glaubersalz***); ~**verbindung** *f Chem* natria kombinaĵo

Natrolith *m Min (weißes bis gelbliches Mineral aus der Gruppe der Zeolithe)* natrolito *<häufig in Blasenräumen von Basalten u. Phonolithen>*

Natron *n Chem* natro; ~**hydroxid** *n Chem* natria hidroksido; ~**lauge** *f*, *auch* ***Ätznatron*** *n Chem* natria lesivo, *(technisches Ätznatron)* kaŭstika sodo (↑ *auch* ***Sodalauge***); ~**seife** *f* natra sapo

Natter *f Zool* (*Gattung* Coluber) kolubro; *Wasser~* (*Gattung* Natrix) natrikso; *Gift~*, *Viper* (*Gattung* Vipera) vipero (*vgl. dazu* ***Schlange***; ↑ *auch* ***Balkanzorn-***, ***Baum-***, ***Glatt-***, ***Kletter-***, ***Korn-***, ***Maulwurfs-***, ***Pfeil-***, ***Ringel-*** *u.* ***Zornnatter***); ***[Familie der]*** ~***n*** *Pl* (Colubridae) kolubredoj *Pl*

Natternkopf *m* (*Gattung* Echium) *Bot* ekio; ***gemeiner*** (*od* ***gewöhnlicher***) ~ (Echium vulgare) ordinara ekio

Natternzunge *f* (*Gattung* Ophioglossum) *Bot* ofiogloso

Natternzungengewächse *n/Pl Bot*: ***[Familie der]*** ~ *Pl* (Ophioglossaceae) ofioglosacoj *Pl*

Natur *f* naturo *auch Wesensart* (*vgl. dazu* ***Charakter*** *u.* ***Temperament***); *Körperbeschaffenheit* konstitucio; ***die menschliche*** ~ la homa naturo; ***in der freien*** ~ en la libera naturo; ***Bewahrung*** (*od* ***Erhaltung***) ***f der*** ~ konservado de [la] naturo; ***sie hat eine gesunde*** ~ ŝi havas fortikan konstitucion (*od allg* sanon); ***in der freien*** ~ en la libera naturo; ***in der nordischen*** ~ en la nordlanda (*od i.e.S. auch* skandinavia) naturo; ***ist ihr Haar gefärbt? – nein, das ist alles*** ~ ĉu ŝiaj haroj estas tinkturitaj? – ne, ili estas naturaj; ***seiner*** ~ ***nach ist er ...*** laŭ sia naturo (*od auch* karaktero) li estas ...; ***von*** ~ ***aus*** *Adv* denature; ***zurück zur*** ~***!*** reen al la naturo!; ***International Union for Conservation of Nature*** (*Abk* ***IUCN***) Internacia Unio por la Konservo de Naturo *[Sitz: Gland in der Schweiz]*

Naturalien *Pl* naturaĵoj *Pl*; *Naturprodukte* naturproduktoj; *i.e.S. Lebensmittel* nutraĵoj *Pl*; ***in*** ~ ***bezahlen*** pagi per naturaĵoj

Naturaliensammlung *f (Kabinett)* kabineto de naturaĵoj, *(die Objekte)* kolekto de naturaĵoj

naturalisieren *tr* naturalizi *auch Biol* (*vgl. dazu* ***einbürgern*** *u.* ***nationalisieren***); ***sich*** ~ ***lassen*** fariĝi naturalizita, alpreni la ŝtatanecon [de la gastiga lando]

Naturalisierung *f*, *auch* ***Naturalisation*** *f Einbürgerung* naturalizado *auch Biol*

Naturalisierungsurkunde *f* ↑ ***Einbürgerungsurkunde***

Naturalismus *m Kunst, Lit, Phil* naturalismo

Naturalist *m Kunst, Lit, Phil* naturalisto, adepto de [la] naturalismo

naturalistisch *Adj auf den Naturalismus bezogen* naturalisma; *auf die Naturalisten bezogen* naturalista

Natural|leistung *f* pago per naturaĵoj; ~**lohn** *m* [labor]pago per naturaĵoj; ~**steuer** *f* imposto per naturaĵoj

Natur|anlage *f* natura dispono; *Talent* [natura] talento; ~**arzneimittel** *n* naturmedikamento; ~**asphalt** *m* naturasfalto; ~**beobachtung** *f* observado de [la] naturo; ~**beschreibung** *f* priskribo de [la] naturo; ~**bühne** *f Theat* liberaera scenejo; ~**bursche** *od* ~-

mensch *m* homo de l' naturo (↑ *auch* ***Naturfreund*** *u.* ***Naturkind***); ~**denkmal** *n* natura monumento; ~**dünger** *m* sterko; ~**eis** *n* [natura] glacio (↑ *auch* ***Kunst-*** *u.* ***Speiseeis***)

naturell *Adj Kochk (ohne Zusätze)* sen [iaj] aldonaĵoj, *(ohne Gewürze)* sen spicaĵoj

Naturell *n Charakter* karaktero; *Temperament* temperamento (↑ *auch* ***Veranlagung***)

Naturerscheinung *f* naturfenomeno *od* natura fenomeno

naturfarben *Adj Wolle* naturkolora

Natur|faser *f* natura fibro; ~**forscher** *m* naturesploranto *bzw.* naturesploristo; ~**freund** *m* naturamiko (↑ *auch* ***Naturliebhaber***)

Naturgarten *m* ↑ ***Ökogarten***

Naturgas *n* ↑ ***Erdgas***

naturgemäß 1. *Adj* laŭnatura, konforma al la naturo; *natürlich* natura; ***eine ~e Lebensweise*** vivmaniero konforma al la naturo **2.** *Adv* laŭnature, konforme al la naturo

Naturgeschichte *f* naturhistorio

naturgeschichtlich 1. *Adj* naturhistoria; ***~es Museum*** *n* naturhistoria muzeo **2.** *Adv* naturhistorie

Naturgesetz *n* naturleĝo *od* natura leĝo

naturgetreu *Adj bzw. Adv* [ekzakte *od* tute] laŭ [la] naturo *nachgest*

Natur|gewalten *f/Pl* naturfortoj *Pl od* fortoj de la naturo; ~**gummi** *m* natura gumo; ~**hafen** *m* natura haveno; ~**harz** *n*, *auch* ***natürliches Harz*** natura rezino (↑ *auch* ***Kopal*** *u.* ***Schellack***); ~**heilkunde** *f* naturkuracado; ~**holz** *n* natura ligno; ~**joghurt** *m Nahr* natura jahurto; ~**katastrophe** *f* naturkatastrofo; ~**kautschuk** *m*, *auch* ***natürlicher Kautschuk*** natura kaŭĉuko (↑ *auch* ***Roh[natur-]kautschuk***); ~**kind** *n* infano de la naturo; *i.w.S. (Naturliebhaber)* naturamanto *od* amanto de la naturo; ~**kosmetik(a)** *f/(Pl)* naturaj kosmetikaĵoj *Pl*; ~**kost** *f* natura nutraĵo; ~**kräfte** *f/Pl* fortoj *Pl* de la naturo; ~**kundemuseum** *n* naturscienca muzeo *od* muzeo pri [la] natursciencoj

natürlich 1. *Adj* natura; *der Natur entsprechend* konforma al la naturo; *naturgegeben (Begabung, Charme)* naturdevena; *angeboren* denaska; *einfach* simpla; ***~e Auslese*** (*od* ***Selektion***) *f Biol* natura selektado; ***~e Grenze*** *f Geogr* natura limo; ***~es Hindernis*** *n* natura obstaklo; ***~e Lebensmittel*** *n/Pl* naturaj nutraĵoj *Pl*; ***~e Ressourcen*** *f/Pl* naturaj resursoj *Pl*; ***die ~e Umwelt des Menschen*** la natura medio de l' homo **2.** *Adv von Natur aus* nature; *selbstverständlich* [mem]kompreneble (↑ *auch* ***verständlicherweise***); ***~!*** *als Ausruf* kompreneble!; ***sich ganz ~ benehmen*** konduti tute nature

Natürlichkeit *f* natureco; *Ungezwungenheit* senĝeneco; *Ungekünsteltheit* senafekteco; *i.w.S. Einfachheit* simpleco

Naturliebhaber *m* naturamanto *od* amanto de la naturo (↑ *auch* ***Naturfreund***)

Naturmensch *m* ↑ ***Naturbursche***

Naturmystik *f Glaube an die Existenz geheimnisvoller Kräfte in der Natur, die mit bekannten Messverfahren nicht nachweisbar sind* naturmistiko

naturnah *Adj* naturproksima; ***in einen ~en Zustand zurückführen*** ↑ ***renaturieren***

Natur|park *m* naturparko; ~**phänomen** *n* naturfenomeno *od* natura fenomeno; ~**produkt** *n* naturprodukto; ~**psychologie** *f* naturpsikologio; ~**recht** *n* natura rajto; *Grundrecht* fundamenta rajto; ~**reichtümer** *m/Pl od* ~**schätze** *Pl* naturriĉaĵoj *Pl*; ~**religion** *f* naturreligio; ~**reservat** *n* naturrezervejo, *i.w.S. auch* naturprotektata regiono; ~**schauspiel** *n* naturspektaklo *od* spektaklo de la naturo; ~**schönheiten** *f/Pl (konkret)* naturbelaĵoj *Pl*, *(abstrakt)* naturbeleco

Naturschutz *m* naturprotekt[ad]o; ***unter ~ stehen*** esti sub naturprotektado; ***diese Alpenblumen stehen unter ~ und dürfen nicht gepflückt werden*** ĉi tiuj alpaj floroj estas sub naturprotekto kaj oni ne rajtas pluki ilin

Naturschutzbund *m* (*Abk* ***NABU***) asocio pri maturprotekto *(auch Großschr)*

Naturschützer *m* naturprotektanto *bzw.* naturprotektisto

Naturschutz|gebiet *n* (*Abk* ***NSG***) naturprotektata regiono; *Naturreservat* naturrezervejo; ~**verein** *m* naturprotekta societo

Naturseide *f* natura silko (*vgl. dazu* ***Kunstseide***)

Naturstein *m* naturŝtono; ~**mauerwerk** *n Bauw* naturŝtona masonaĵo

Natur|talent *n* natura talento; ~**theater** *n* subĉiela teatro; ~**trieb** *m Biol* [natura] instinkto (*vgl. dazu* ***Appetenz***); **trompete** *f Mus (eine Trompete ohne Ventile u. Klappen [bis Anfang des 19. Jh.s in Gebrauch])* naturtrumpeto (*vgl. dazu* ***Posthorn***)

naturverbunden *Adj* natur-ama *od nachgest* amanta la naturon

Naturwald *m* natur-arbaro

naturwidrig *Adj* kontraŭnatura

Natur|wiese *f* natura herbejo; ~**wissenschaften** *f/Pl* natursciencoj *Pl*; ~**wissenschaftler** *m* natursciencisto

naturwissenschaftlich 1. *Adj* naturscienca **2.** *Adv* naturscience

Natur|wunder *n* naturmiraklo, *auch* natura miraklo *od* miraklo de la naturo; ~**zerstörung** *f* detruado de la naturo; ~**zustand** *m* natura stato

'nauf *Adv dial für* ***hinauf*** [↑ *dort*]

Naumachie *f Antike (Darstellung einer Seeschlacht in der altröm. Arena)* naŭmakio

Naumannsdrossel *f* (Turdus naumanni naumanni) *Orn* kaŝtana stepturdo

Naumburg (*n*) *eine Stadt an der Saale* Naŭmburgo

Naumburger *attr*: ~ ***Dom*** *m* katedralo de Naŭmburgo <*UNESCO-Weltkulturerbe*>

Nauru [*na'uru*](*n*), *amtl* ***Republic of Nauru*** *ein Inselstaat im zentralen Pazifik [Regierungssitz: Yaren]* Nauro <*1888-1914 deutsche Kolonie*>

Nauruer *m Bewohner von Nauru* naurano

Nauruerin *f* nauruanino

nauruisch *Adj* naura

Nauruisch[e] *n Ling (eine auf Nauru gesprochene polynesische Sprache)* la naura [lingvo]

'naus *Adv dial für* ***hinaus*** [↑ *dort*]

Nausikaa (*f*) *griech. Myth (eine Sagengestalt* <*Tochter des Alkinoos, die den schiffbrüchigen Odysseus findet und zu ihrem Vater bringt*>*)* Naŭsikaa

Nautik *f Wissenschaft von der Seefahrt* naŭtiko, *auch* arto de la navigacio

Nautilus *m*, *auch* ***Perlboot*** *od* ***Schiffsboot*** *n* (*Gattung* Nautilus) *Zool (eine altertümliche Gattung der Kopffüßer)* naŭtilo

nautisch *Adj* naŭtika (*vgl. dazu* ***maritim***); ~***e Dämmerung*** *f* naŭtika krepusko; ~***es Jahrbuch*** *n od* ~***er Kalender*** *m jährlich erscheinendes Tabellenwerk mit Angaben über die genauen Standorte der wichtigsten Gestirne u.a.* naŭtika almanako; ~***e Meile*** *f* naŭtika (*od* mara) mejlo

Navajo [*na'vacho*] ***a)*** *Pl*, *auch* ***Navaho*** *Pl Ethn (ein Indianervolk im SW der USA)* navaĥoj *Pl* ***b)*** *n Ling (Sprache der Navajo)* la navaĥa [lingvo]

Navarra (*n*) *eine Autonome Gemeinschaft u. historische Provinz in den span. Westpyrenäen* Navaro *[Hptst.: Pamplona]*; ***Königreich*** ~ *Gesch* Reĝlando de Navaro

Navarrese *m* navarano

navarresisch *Adj* navara

Navelorange *f*, *auch* ***Bahia-Orange*** *f* umbilika oranĝo <*ursprünglich in Brasilien beheimatet*>

Navi *n* ↑ ***Navigationsgerät***

Navigation *f Flugw, Mar u. i.w.S.* navigacio, *auch* navigado

Navigations|fehler *m* navigacia eraro; ~**gerät** *od* ~**instrument** *n*, *umg auch kurz* ***Navi*** *n* navigacia instrumento, *kurz* navigaciilo; ~**karte** *f* navigacia mapo; ~**offizier** *m Mar* navigacia oficiro; ~**periode** *f* navigacia periodo; ~**periskop** *n des U-Boots* naviga periskopo; ~**radar** *m od n* navigacia radaro; ~**raum** *m* navigejo

Navigationsschule *f* ↑ ***Seefahrtsschule***

Navigationssystem *n* navigacia sistemo

Navigator *m Flugw, Mar* navigisto

navigieren *tr u. intr* navigi

Navikular[e]fraktur *f Med* ↑ ***Kahnbeinfraktur***

Nävus *m* ↑ ***Muttermal*** (↑ *auch* ***Flammen-***, ***Haar-***, ***Pigment-***, ***Spinnen-*** *u.* ***Talgdrüsennävus***); ***blauer*** ~ (Naevus caeruleus [*od* coeruleus]) blua nevuso; ***epidermaler*** ~ epiderma nevuso

Nävuszellen *f/Pl Zytologie* nevusaj ĉeloj *Pl*

naxisch *Adj von Naxos* el Nakso

Naxos (*n*) *eine griech. Kykladeninsel mit gleichnamiger Hptst.* [insulo] Nakso

Nay *m Mus (mundstücklose, beiderseitig offene Längsflöte aus Bambus- od Schilfrohr mit sechs vorderen Grifflöchern)* najo <*sie wurde schon im alten Ägypten benutzt u. ist in ihren verschiedenen Formen das einzige Blasinstrument der traditionellen arabischen Kunstmusik*>

Naypyidaw (*n*) *Hptst. von Myanmar* Nepjido

Nazaräer *od* **Nazoräer** *m/Pl im Neuen Testament eine Bez für Jesus u. seine Anhänger* nazoreoj *Pl (auch Großschr)*

Nazarener *m Einwohner von Nazareth* nazaretano <*auch Beiname Jesu*>

Nazareth (*n*), *ökumenisch* ***Nazaret*** (*n*), *arab.* ***An-Nasira*** *Stadt u. Wallfahrtsort in Israel [westl. des Sees Genezareth]* Nazareto

Nazi *m Pol* nazio (*vgl. dazu* ***Neonazi***); ~-**deutschland** *n dt. Gesch (1933-45)* nazia Germanio; ~**herrschaft** *f* nazia regado

Nazikriegs|verbrechen *n/Pl* militkrimoj de la nazioj; ~**verbrecher** *m* nazia militkrimulo (↑ *auch* ***Naziverbrecher***)

Nazi|offizier *m* nazi-oficiro; ~**partei** *f Pol* nazipartio; ~**regime** *n* nazireĝimo *od* nazia reĝimo; ~**reich** *n* nazi[ism]a regno

Nazismus *m Pol* naziismo (↑ *auch* ***Neonazismus***)

Nazist *m* naziisto

nazistisch *Adj auf die Nazis bezogen* nazia; *auf den Nazismus bezogen* naziisma (↑ *auch* ***neonazistisch***)

Nazi|terror *m* naziteroro *od* nazia teroro; ~**verbrecher** *m* nazikrimulo *od* nazia krimulo; ~**zeit** *f* naziperiodo [en Germanio]

Nazoräer *m/Pl* ↑ ***Nazaräer***

Nazran (*n*), *auch* ***Nasran*** (*n*) *Hptst. der Rep. Inguschetien in der Russischen Föderation [im nördlichen Kaukasusvorland]* Nazrano

Nazwa *od* **Nizwa** (*n*) *Bergfestung u. Oasensiedlung in Oman [seit 1913 Ibaditenresidenz]* Nazvo

NB = *Abk für* ***notabene***

n. Chr. = *Abk für* ***nach Christus***

Ndebele ***a)*** *Pl Ethn (eine Bantu-Etnie in Transvaal/Südafrika)* ***b)*** *n Ling (eine in Simbabwe u. Südafrika gesprochene Bantu-Sprache)* la ndebela [lingvo]

N'Djamena (*n*) *Hptst. des Tschad* Nĝameno

Ndonga *n Ling (eine in Angola u. im Norden Namibias gesprochene Bantu-Sprache)* la ndonga [lingvo]

Ndrangheta *f kalabresische Form der Mafia* ndrangeto

ne! *od* **nee!** *umg* = ***nein!***

Neandertal *n bei Düsseldorf* Neandertalo

Neandertaler *m* (Homo [sapiens] neandertalensis) *Anthropol* neandertala homo *od* homo de Neandertalo, *auch* neandertalulo <*so benannt nach dem Fundort Neandertal*>

Neapel (*n*), *ital.* ***Napoli*** (*n*) *eine Hafenstadt in Süditalien* Napolo *Hptst. von Kampanien*

Neapolitaner *m* ***a)*** *Einwohner von Neapel* napolano ***b)*** ↑ *unter* ***Waffel***

neapolitanisch *Adj* napola; ~***e Schule*** *f Komponistenkreis des ausgehenden 17. u. des 18. Jh.s mit dem Zentrum Neapel* napola skolo

Nebel *m* ***a)*** *Astron, Met u. übertr* nebulo (↑ *auch* ***Advektions-***, ***Boden-***, ***Eis-***, ***Hoch-***, ***Morgen-*** *u.* ***Seenebel***); ***dichter*** ~ densa nebulo, *umg auch* nebulego; ***undurchdringlicher*** ~ ne[tra]penetrebla nebulo; ***es ist*** (*od* ***herrscht***) ~, *reg* ***es nebelt*** nebulas; ***der ~ hat sich gelichtet*** la nebulo maldensiĝis; ***das Tal ist in ~ [ein]gehüllt*** la valo estas vualita de nebulo; ***der ~ hebt sich*** *od* ***der ~ steigt auf*** la nebulo leviĝas; ***~ liegt über dem Tal*** nebulo kuŝas super la valo; ***dichter ~ lag über den Wiesen*** densa nebulo kovris la herbejojn ◇ ***bei Nacht und ~ schlich er sich davon*** tute sekrete li [kaŝe] forŝteliĝis ***b)*** *Astron* nebulozo (↑ *auch* ***Andromeda-***, ***Emissions-***, ***Krebs-***, ***Reflexions-*** *u.* ***Spiralnebel***); ***außergalaktische*** (*od* ***extragalaktische***) ~ *Pl* ekstergalaksiaj nebulozoj *Pl*; ***planetarische*** ~ *Pl Gruppe von leuchtenden Gasnebeln, die im Ggs zu den diffusen Gasnebeln meist relativ regelmäßige Formen haben* planedaj nebulozoj *Pl*

Nebel|bank *f Met* benko da nebulo, *auch* nebulbenko; ~**bildung** *f Met* formiĝo de nebulo; ~**decke** *f Met* nebulkovraĵo; ~**fleck** *m auf einem Röntgenbild* nebulaĵo; ~**geschoss** *n od* ~**granate** *f od* ~**kerze** *f Mil* fumgrenado

nebelgrau *Adj* nebulogriza, griza kiel nebulo

nebelhaft *Adj* nebuleca *auch übertr* (*vgl. dazu* ***undurchsichtig***, ***unklar***, ***verschwommen*** *u.* ***verworren***); ***es ist mir ~, wie ich das anpacken soll*** mi ne havas ajnan ideon kiel (*od* kiamaniere) mi faru tion

Nebelhaftigkeit *f* nebuleco *auch übertr*

Nebelhorn *n Mar (ein akutisches Signalgerät)* nebulkorno (↑ *auch* ***Nebelsignal***)

nebelig ↑ ***neblig***

Nebel|kammer *f*, *auch* ***Wilsonkammer*** *f Kernphysik (Gerät zur Sichtbarmachung der Bahnen von Ionen u. ionisierender Strahlung)* nebulĉambro, *auch* ĉambro de Wilson

Nebelkerze *f Mil* ↑ ***Nebelgeschoss***

Nebelkrähe *f*, *reg* ***Aschkrähe*** *f* (Corvus corone cornix) *Orn* griza korvo, *auch* korniko

Nebel|lampe *od* ~**leuchte** *f Kfz* = ***Nebelscheinwerfer***

Nebelmeer *n* maro da nebulo

nebeln *intr unpers*: ***es nebelt*** nebulas

Nebel|parder *m* (Neofelis nebulosa) *Zool* nebulopantero; ~**regen** *m Met* pluvnebulo (↑ *auch* ***Sprühregen***); ~**scheinwerfer** *m*, <*schweiz*> ***Nebellicht*** *n Kfz* kontraŭnebula reflektoro, *auch* nebullumilo; ~**schleier** *m Met* nebula vualo; ~**schwaden** *m/Pl* strioj *Pl* de nebulo; ~**signal** *n* nebulsignalo

nebelverhüllt *Adj* nebule vualita

Nebel|wald *m auf Gomera u. Teneriffa od in tropischen Gebirgsregenwäldern* nuba (*od* nebula) arbaro; ~**warnung** *f* nebul-averto; ~**wetter** *n* nebula vetero; ~**wüste** *f ein Wüstentyp, den man vor allem an kontinentalen Westküsten antrifft, z.B. die Namib in SW-Afrika* nebula dezerto

neben *Präp* apud; *seitlich von* flanke de; *ausser* krom; ***eine ~ der anderen*** *bzw.* ***einer ~ dem anderen*** unu apud la alia; ~ ***dem Bahnhof*** apud la stacidomo; ~ ***dem Gehalt bekommt er eine Menge Trinkgeld*** krom la salajro li ricevas sufiĉe da trinkmono; ***sie saß ~ mir*** ŝi sidis apud mi *od* ŝi sidis ĉe mia flanko

Neben|abrede *f Jur* suplementa interkonsento; ~**altar** *m* flanka altaro

nebenan *Adv* apude; ***gleich*** ~ ĉi-apude; ***er wohnt*** ~ li loĝas apude *bzw. i.e.S.* li loĝas en la apuda ĉambro (*bzw.* loĝejo *od* domo *u.a.*)

Neben|anschluss *m Tel* paralela telefonaparato; ~**auftragnehmer** *m Wirtsch* subkontrakta entrepreno (*od* firmo), *(bei Kommission)* komisio-entrepreno; ~**ausgaben** *f/Pl* kromaj elspezoj *Pl* (↑ *auch* ***Nebenkosten***); ~**ausgang** *m* flanka elirejo; ~**bahn** *f Eisenb (Nebenstrecke)* duaranga fervoj-linio; ~**bedeutung** *f* kromsignifo

nebenbei *Adv beiläufig* parenteze; *im Vorbeigehen* preterire, preterpase; *außerdem* krome, krom tio; ~ ***bemerkt*** (*od* ***erwähnt***) parenteze menciite; *am Rande bemerkt* marĝene dirite; ~ ***gesagt*** parenteze (*od auch* cetere) dirite

nebenberuflich *Adv* ekster la normala profesia okupo; *als Zweitberuf* kiel dua profesio

Neben|blatt *n, Fachspr* ***Stipula*** *f Bot* stipulo; ~**buhler** *m* konkuranto *od* rivalo [en la amo] (*vgl. dazu* ***Konkurrent*** *u.* ***Rivale***); ~**buhlerin** *f* rivalino; ~**buhlerschaft** *f* rivaleco; ~**effekt** *m* flanka efiko; *zusätzliche Konsequenz* kroma konsekvenco

Nebeneierstock *m Anat* ↑ ***Epoophoron***

nebeneinander *Adv (einer neben dem anderen)* unu apud la alia, *(einer neben den anderen* unu apud la alian; *Seite an Seite* flankon ĉe flanko; *Schulter an Schulter* ŝultro ĉe ŝultro

Nebeneinander *n* kunekzistado (↑ *auch* ***Koexistenz***); ***das friedliche*** ~ la paca kunekzistado

nebeneinander|sitzen *intr* sidi unu apud la alia; ~**stellen** *tr örtl* meti unu apud la alia; *vergleichen* kompari [unu kun la alia]; ~**wohnen** *intr* loĝi unu apud la alia

Neben|eingang *m* flanka enirejo (*od* pordo); ~**einkommen** *n od* ~**einkünfte** *Pl od* ~**einnahmen** *Pl* kromenspezoj *Pl od* ekstraj enspezoj *Pl*; ~**erwerb** *m zusätzlicher Gewinn* kromgajno; ~**fach** *n Schule* duagrada instru-objekto; ~**fahrwasser** *n Mar* flanka (*od* sekundara) ŝanelo; ~**flügel** *m eines Gebäudes* flanka alo [de konstruaĵo (*bzw.* domo *u.Ä.*); *Nachbargebäude* najbara konstruaĵo; ~**fluss** *m* flanka rivero; ~**form** *f bes. Gramm* kromformo (↑ *auch* ***Variante*** *u.* ***Varietät***); ~**frau** *f, auch* ***Konkubine*** *f, früher auch* ***Kebse*** *f sex* kromedzino, konkubino; ~**gasse** *f* flanka strateto; ~**gebäude** *n* apuda konstruaĵo; *Anbau* alkonstruaĵo; ~**gebühren** *f/Pl* kromkostoj *Pl*; ~**gedanke** *m* kaŝita (*od* sekreta) penso; ~**gelenker** *Pl* (Xenarthra) *Zool (eine Ordnung der Säugetiere)* ksenartroj *Pl*; ~**gleis** *n Eisenb (Gleis für Rangierfahrten)* akcesora trako (*vgl. dazu* ***Hauptgleis***); ~**halle** *f* apuda halo; ~**haus** *n* apuda domo; *Nachbarhaus* najbara domo

nebenher *Adv* flanke de tio; *außerdem* krome *od* krom tio; *zusätzlich* aldone; *an jmds. Seite* ĉe la flanko de (iu)

nebenher|fahren *intr* veturi apude; ~**gehen** *od* ~**laufen** *intr* iri (*od* marŝi) apude; *zur gleichen Zeit stattfinden* samtempe okazi

Nebenhoden *m, Fachspr* ***Epididymis*** *f Anat* epididimo; ~**entzündung** *f, Fachspr* ***Epididymitis*** *f Med* inflamo de la epididimo(j), *Fachspr* epididimito; ~**gang** *m Anat* epididima dukto

Nebenhöhle *f Anat* = *Kurzf für* ***Nasennebenhöhle*** [↑ *dort*]

Neben|kosten *Pl* kromkostoj *od* kromaj kostoj *Pl* (*vgl. dazu* ***Nebenausgaben***); ~**leistung** *f* kroma presto; ~**mann** *m* apudulo; *Nachbar* najbaro; ~**milz** *f* (Lien accessorius) *Med (eine Abnormität des Milzgewebes)* akcesora lieno; ~**niere** *f* (Glandula suprarenalis) *Anat* surrena glando

Nebennieren|rinde *f* (Cortex glandulae suprarenalis) (*Fachspr Abk* ***NNR***) *Anat* kortiko de la surrena glando, *auch kurz* surrena kortiko; ~**tumor** *m Med* paranefromo

nebenordnen *tr Ling* kunordigi

Neben|ordnung *f Ling (Syntax)* kunordigo; ~**produkt** *n* kromprodukto, *auch* subprodukto; ~**raum** *m* apuda ĉambro (*bzw.* salono); ~**rolle** *f Film, Theat* epizoda rolo, *pop auch* malgrava rolo; ~**sache** *f* flanka afero;

etw. Unbedeutendes malgravaĵo; *Bagatelle* bagatelo

nebensächlich *Adj* flanka, akcesora; *unwichtig* negrava (*vgl. dazu* ***bedeutungslos***)

Nebensatz *m Gramm* subpropozicio *od* subordigita propozicio, *auch* subfrazo

Nebenschiff *n Arch* ↑ ***Seitenschiff***

Nebenschilddrüsen *f/Pl Anat* ↑ ***Epithelkörperchen***

Nebenschluss *m El*: ***in den ~ legen*** *parallel schalten* ŝunti

Neben[schluss]widerstand *m El* ↑ ***Shunt***

nebenstehend *Adj z.B. Abbildung* ĉi-apuda

Neben|stelle *f Filiale* filio; ~**straße** *f* flanka strato; ~**strecke** *f Eisenb* regiona fervojlinio; ~**tisch** *m* apuda tablo; ~**umstand** *m weiterer (zusätzlicher) Umstand* plia (akcesora) cirkonstanco; *nicht wichtiger Umstand* malgravaĵo; ~**verdienst** *m* kroma gajno; *zusätzliches Gehalt* kromsalajro; ~**vertrag** *m Zusatzvertrag* akcesora kontrakto; ~**winkel** *m Geom* apuda (*od* suplementa) angulo; ~**wirkung** *f* kromefiko *auch Med u. Pharm*; *als Konsequenz* kroma konsekvenco; ~**wurzel** *f*, *auch* ***Beiwurzel*** *f Bot* sekundara radiko (*vgl. dazu* ***Seitenwurzel***); ~**zimmer** *n* apuda ĉambro; ~**zweck** *m* kroma celo

neblig, *auch* ***nebelig*** *Adj* nebula; *neblig-verhangen, diesig* bruma (↑ *auch* ***trüb***); ***ein ~er Morgen*** nebula mateno; ***es ist ~***, *reg auch* ***es nebelt*** *es herrscht Nebel* nebulas

Nebraska (*n*) (*Abk* ***Nebr.***, *[postalisch]* ***NE***) *ein Bundesstaat der USA [Hptst.: Lincoln]*

nebst *Präp: und* kaj; *zusammen mit* [kune] kun; *außer* krom; *inklusive* inkluzive (*Abk* inkl.); *eingerechnet* enkalkulite; ***Herr Pett ~ Familie*** sinjoro Pett kaj familio

Nebukadnezar (*m*), *ökumenisch* ***Nebukadnezzar*** (*m*) *Eig (Name babylonischer Könige)* Nebukadnecaro

Nebulite *m/Pl Geol (Magmatite, deren ursprüngliches Gefüge durch die Bildung von wolkig verteilten Feldspäten verwischt ist)* nebulitoj *Pl*

nebulös *Adj nebelhaft* nebul[ec]a; *übertr undurchsichtig* bruma (*vgl. dazu* ***unklar***, ***verschwommen*** *u.* ***verworren***)

Necessaire *n* necesujo (*vgl. dazu* ***Toilettenbeutel***)

Nechbet (*f*) *Myth (ägypt. Muttergöttin [Landesgöttin von Oberägypten])* Neĥbeta

Necho (*m*) *Eig (ein altägypt. König)* Neĥo

Neckar *m ein rechter Nebenfluss des Oberrheins* [rivero] Nekaro

Neckarsulm (*n*) *eine Stadt in Baden-Württemberg* Nekarsulmo

necken *tr*: ***jmdn. ~*** *seinen Scherz mit jmdm. treiben* ŝerce provok[et]i iun; *jmdn. etwas aufreizen od anstacheln* inciteti iun, *(lockend)* loge incit[ad]i iun; *i.w.S. mit jmdm. kokettieren* koketi kun iu

neckisch *Adj* incit[em]a, petole (*bzw.* loge) provok[em]a; *drollig* drola; *kokett* koketa

Nedschd (*m*), *arab.* ***Nağd*** *Bergland im zentralen Teil Saudi-Arabiens u. ehemaliges Wahhabiten-Reich* Neĝdo

Neffe *m* nevo (↑ *auch* ***Großneffe***); ~***n und Nichten*** *Pl* genevoj *Pl*

Nefud *f*, *arab.* ***an-Nefud*** *od* ***Nafud*** *eine Wüste im Nordosten von Saudi-Arabien* [dezerto] Nefudo

Negation *f* negacio *auch Gramm*, neado

negativ 1. *Adj* negativa *auch El, Foto u. Math* (↑ *auch* ***abschlägig***); ~***e Zahl*** *f Math* negativa nombro **2.** *Adv* negative; ~ ***kritisieren*** negative kritiki

Negativ *n Foto* negativo

Negativismus *m bes. Phil u. Psych* negativismo *allg auch für «negatives Verhalten»*

Negativist *m Phil (Anhänger des Negativismus)* negativisto *allg auch für «jmd., der aus Grundsatz verneint od ablehnt»*

Negativität *f* negativeco

Negativ|rekord *m* negativa rekordo; ~**saldo** *m Fin* negativa saldo

Negaton *n El (andere Bez für Elektron, um eine dem Positron analoge Wortbildung zu erhalten)* negatono

Negatron *n El (eine Art Elektronenröhre, die Schwingungen erzeugt)* negatrono

Negeb *od* **Negev** *m*, *auch f wüstenhafte Tafellandschaft im Süden Israels [Hauptort: Beer Sheva]* Negebo *od* Negevo, *auch* Negev-dezerto

Neger *m alt od diskriminierend* negro (*vgl. dazu* ***¹Schwarze a)***)

Negerin *f alt od diskriminierend* negrino

Neg[e]ri Sembilan (*n*) *ein Bundesstaat von Malaysia* Negri-Sembilano *[Hptst.: Seremban]*

Negersklave *m Gesch* negra sklavo

Negev *m* ↑ ***Negeb***

negierbar *Adj* negebla

negieren *tr* nei, *bes. fachsprachl. auch* neg[ad]i (*vgl. dazu* ***ablehnen***); ***das ist nicht zu ~*** tio estas ne negebla

Negierung *f* neado, *auch* negado
Negligé *n* ↑ ***Morgenkleid***
negrid *Adj Anthropol* negrida
Negritos *m/Pl Ethn (asiatische Zwergvölker [z.B. Andamanen, Aëtas, Semang u. Senoi])* negritoj *Pl*
negroid *Adj Anthropol* negroida
Negroide *m Anthropol* negroidulo
Negus *m [früher:] Titel für den Kaiser von Äthiopien* neguso *(auch Großschr)*
nehmen *tr **a)** allg* preni *auch Bus, Taxi, Zug*; *wegnehmen* forpreni; *erfassen* kapti; *entreißen* forŝiri; ***ein Bad*** ~ preni banon; ***Gift*** ~ preni venenon; ***Maß*** ~ *Schneider* preni la mezurojn, *anmessen* almezuri; ***Nahrung zu sich*** ~ *geh* ingesti nutraĵon, *pop* manĝi; ***Platz*** ~ eksidi, *umg auch* sidiĝi; ***sich ein Taxi zum Bahnhof*** ~ preni taksion por iri al la stacidomo; ***etw. auf sich*** ~ preni ion sur sin; ***etw. plötzlich*** (*bzw.* ***schnell***) ~ subite (*bzw.* rapide) preni ion, ekpreni ion; ***etw. zu sich*** ~ *essen* manĝi ion; *trinken* trinki ion; ***jmdn. beim Arm*** ~ preni iun ĉe la brako; ***ein Kind an die*** (*od* ***bei der***) ***Hand*** ~ preni infanon ĉe (*od* je) la mano; ***das Leben so*** ~ ***wie es ist*** akcepti la vivon tia kia ĝi estas; ***ich werde mir ein Zimmer im Hotel*** ~ mi prenos (*od* mendos) hotelĉambron (*od* ĉambron en hotelo) ◇ ***ganz wie man's nimmt*** dependas tute de la vidpunkto; ***mit dir wird es ein böses Ende*** ~ vi havos tre malbonan finon; ***sie nimmt den Mund reichlich voll*** *übertreibt sehr* ŝi [certe] multe troigas ***b)*** *fordern, z.B. einen Preis für eine Ware* postuli
Nehmen *n* pren[ad]o
Nehrung *f Geogr (schmale Landzunge)* [laguna] terlango
Neid *m* envio (↑ *auch* ***Missgunst***); *neidische Natur od Veranlagung (auf eine Person bezogen)* enviemo; ***der blanke*** (*od* ***schiere***) ~ la nura envio; ***voller*** ~ 1. *Adj* envioplena 2. *Adv* envioplene; ~ ***erregen*** kaŭzi envion (***bei*** ĉe); ***in jmdm.*** ~ ***erwecken*** (*od i.w.S.* ***hervorrufen***) veki en iu envion
neiden *tr*: ***jmdm. etw.*** ~ *missgönnen* envii ion al iu; ***anderen den Erfolg*** ~ envii la aliajn pro ties sukcesoj
Neider *m*, *pej auch* ***Neidhammel*** *m* enviulo
neidisch 1. *Adj Blick* envia; *neidisch veranlagt (Person)* enviema (*vgl. dazu* ***missgünstig***); ***sie ist*** ~ ***auf dich*** ŝi envias vin **2.** *Adv* envie
neidlos 1. *Adj* senenvia **2.** *Adv* senenvie
Neige *f Rest* rest[aĵ]o (↑ *auch* ***Überrest***); *Ende* fino; ***zur*** ~ ***gehen*** *Vorrat* iom post iom finiĝi; ***das Geld geht zur*** ~ la mono ekfiniĝas (*od* elĉerpiĝas); ***bis zur*** ~ *gänzlich* ĝisfunde; ***ein Glas bis zur*** ~ ***leeren*** eltrinki glason ĝisfunde (*od* ĝis la fundo); ***seine Kraft geht zur*** ~ liaj fortoj [for]konsumiĝas; ***der Sommer geht zur*** ~ la somero baldaŭ finiĝos; ***der Tag geht zur*** ~ [la tago] jam vesperiĝas
neigen ***a)*** *tr beugen* klini (↑ *auch* ***kippen***); ***den Kopf*** ~ klini la kapon; ***etw. zur Seite*** ~ klini ion flanken ***b)*** *intr geneigt sein* esti inklina, inklini (***zu*** al, *auch* por); *tendieren* tendenci (***zu*** al); *mögen* emi (***zu*** al); ***ich neige dazu, das zu zu glauben*** mi rmas kredi tion; ***ich neige zu der Meinung, dass ...*** mi inklinas al la opinio, ke ...; ***sie neigt zum Katholizismus*** ŝi tendencas al katolikismo; ***zu Kopfschmerzen*** ~ havi dispozicion por kapdoloro, *umg auch* facile ekhavi kapdoloron ***c)*** *refl*: ***sich*** ~ kliniĝi, sin klini (***vor*** antaŭ); ***sich zur Seite*** ~ kliniĝi (*od* sin klini) flanken; ***das Jahr neigt sich seinem Ende zu*** la jaro proksimiĝas al sia fino
Neigung *f **a)*** klin[iĝ]o; *Geneigtsein* kliniteco; *Abwärts*~, *Gefälle* dekliveco; *Astron, Math, Phys (Inklination)* inklinacio ***b)*** *Hang zu etw.* inklino, emo; *Tendenz* tendenco (***zu*** al) (↑ *auch* ***Schauerneigung***); *Med (Disposition)* dispozicio (↑ *auch* ***Anlage***); *Zuneigung* simpatio (*vgl. dazu* ***Vorliebe***); ~ ***zu Blutungen*** *Med* hemoragia diatezo; ***wunderliche*** ~ *zu etw.* maroto (↑ *auch* ***Schrulle***)
Neigungsmesser *m Geodäsie* ↑ ***Klinometer***
Neigungs|skala *f Geodäsie* deklivometra skalo; ~**winkel** *m Geom* angulo de deklivеco (*od* inklinacio) (↑ *auch* ***Böschungswinkel***)
nein *Adv* ne; ~, ***danke*** ne, mi dankas; ***nicht Nein sagen können*** ne povi diri «ne»
Neinstimme *f bei einer Wahl* ne-voĉo
Neiße *f*, *poln.* ***Nysa*** *ein dt.-polnischer Fluss* [rivero] Niso; ***Lausitzer*** ~ Luzacia Niso
Nekrobiose *f Med (langsmes Absterben einzelner Zellen, lokaler Gewebstod)* nekrobiozo
nekrobiotisch *Adj* nekrobioza.
Nekrografie *od* **Nekrographie** *f*, *auch* ***Leichenbeschreibung*** *f* nekrografio
Nekrolog *m **a)** Nachruf [auf einen Verstorbenen]* nekrologo ***b)*** *meist* ***Nekrologium*** *n*

Sammlung von Lebensbildern jüngst Verstorbener nekrologaro

Nekrologie *f Gebiet der Ökologie, das sich mit den Todesursachen bei Populationen befasst* nekrologio

Nekromanie *f* = ***Nekrophilie***

Nekromantie *f, auch* ***Totenbeschwörung*** *f* nekromancio

nekrophil *Adj* nekrofilia

Nekrophilie *f Psych (krankhafte Vorliebe für Leichen, [sexuelle] Leichenschändung)* nekrofilio

Nekrophobie *f [zwanghafte] Furcht f vor Toten od vor dem Tod* nekrofobio

Nekropole *od* **Nekropolis** *f, auch* ***Totenstadt*** *f Antike (Begräbnisstätte vor den Toren der Stadt)* nekropolo

Nekropsie *f mit Obduktion verbundene Leichenschau* nekropsio (*vgl. dazu* ***Autopsie***); ***eine ~ an einem Toten vornehmen*** nekropsii mortinton; ***Arzt, der eine ~ vornimmt*** *Gerichtsmedizin* nekropsiisto

Nekrose *f* (Necrosis) *Biol, Med ([örtlicher] Gewebstod: Absterben von Gewebs- od Organteilen, während die umliegenden Zellen weiterleben)* nekrozo (↑ *auch* ***Iselin-Krankheit, Adipo-, Haut-, Leber-*** *u.* ***Osteonekrose***); ***nach der ~ auftretend*** postnekroza

Nekrosektomie *od* **Nekrotomie** *f Chir (Ausschneidung von totem Gewebe)* nekrozektomio

Nekrospermie *f nur Fachspr Med (Zeugungsunfähigkeit infolge toter Spermien od deren Unbeweglichkeit)* nekrospermio

nekrotisch *Adj abgestorben, tot (Zellgewebe)* nekroza

nekrotisieren *tr Med* nekrozigi

Nekrotomie *f Chir* ↑ ***Nekrosektomie***

Nektar *m* ***a)*** *auch* ***Blütenhonig*** *m Bot* nektaro, *auch* flormielo ***b)*** *griech. Myth (ewige Jugend spendender Göttertrank)* nektaro; ~ ***spendend*** *Adj* nektardona

Nektardrüse *f Bot* ↑ ***Honigdrüse***

Nektarfresser *m/Pl Orn* nektarmanĝuloj *Pl*

Nektarie *f Bot* ↑ ***Honigdrüse***

Nektarine *f* (Prunus persica nectarina *od* Prunus persica var. nucipersica) *Bot (Baum)* nektarinarbo; *(Frucht) eine Pfirsichart mit glatthäutigen Früchten* nektarino

Nektar|pflanze *f, Fachspr (bes. Imkerei) auch* ***Nektarspender*** *m bes. Imkerei* nektardona planto; ~**vogel** *m, auch* ***Honigsauger*** *m* (*Familie* Nectarinia) *Orn (ein tropischer Vogel)* nektarbirdo (↑ *auch* ***Glanz-, Grünbrust-, Jericho-*** *u.* ***Purpurnektarvogel***)

Nekton *n Biol (die Gesamtheit der im Wasser sich aktiv bewegenden Tiere [Organismen mit starker Eigenbewegung, die das Pelagal bewohnen])* nektono (↑ *auch* ***Mikronekton***)

Nelke *f* ***a)*** *Blume* dianto (↑ *auch* ***Alpen-, Bart-, Edel-, Feder-, Felsen-, Garten-, Heide-, Kartäuser-, Nacht-, Pech-, Pracht-, Sand-*** *u.* ***Wildnelke***); ***chinesische ~*** *od* ***Kaisernelke*** *f* (Dianthus chinensis) ĉina dianto *[Vorkommen: nördl. China, Korea, Mongolei, SO-Russland]*; ***raue ~*** (Dianthus armeria) vila dianto; ***ein Strauß ~n*** bukedo da diantoj ***b)*** *Gewürz*≗ kariofilo

Nelkengewächse *n/Pl*: ***[Familie der] ~*** *n/Pl* (Caryophyllaceae) *Bot* kariofilacoj *Pl*

Nelkenleimkraut *n Bot* ↑ ***Pechnelke***

Nelkenöl *n* (Caryophylli aetheroleum) *ätherisches Öl aus den Blütenknospen des Gewürznelkenbaums* kariofila oleo

Nelkenpfeffer *m* ↑ ***Piment***

Nelkenpfefferbaum *m Bot* ↑ ***Pimentbaum***

Nelkenschwindling *m, auch* ***Feld-*** *od* ***Rasenschwindling*** *m* (Marasmius oreades) *Mykologie* oreado-marasmio

Nelkenwurz *f, reg* ***Erdrose*** *f* (*Gattung* Geum) *Bot* geumo (↑ *auch* ***Bach-*** *u.* ***Gebirgsnelkenwurz***); ***echte*** (*od* ***gemeine***) ~ (Geum urbanum) urba geumo <*in der Volksheilkunde genutzt*>; ***steife*** ~ (Geum strictum) rekta geumo

Nelkenwurz-Odermennig *m Bot* ↑ ***Aremonie***

[1]**Nelson** *m, auch* ***Nackenhebel*** *m Ringen* nelsono; ***doppelter*** (***einfacher***) ~ duobla (simpla) nelsono

[2]**Nelson** (*m*) *Eig (englischer Admiral [1758-1805])* Nelsono <*Nelson vernichtete 1798 die französische Flotte bei Abukir*>

Nelson River *m ein Fluss in Kanada* [rivero] Nelsono

Nemadi *Pl Ethn (ehemalige maurische Jägerbevölkerung heterogener Herkunft im südöstlichen u. mittleren Teil Mauretaniens u. in der Westsahara)* nemadoj *Pl*

Neman *m* ↑ ***Njemen***

Nemathelminthen *f/Pl, auch* ***Rund-*** *od* ***Schlauchwürmer*** *m/Pl* (*Klasse* Nemathelminthes) *Zool* nemathelmintoj *Pl*

Nematoden *m/Pl, auch* ***Fadenwürmer*** *m/Pl* (*Ordnung* Nematoda) *Zool* nematodoj *Pl,* *auch* fadenvermoj *Pl* (↑ *auch* ***Filarie***); (*Ordnung* Strongylida) strongiluloj *Pl*; ~**befall** *m* infestiĝo pro nematodoj; ~**mittel** *n*, *auch* ***Nematozid*** *n Pharm (Medikament gegen Fadenwürmer)* nematocido

Nematodologie *f Zool (Lehre von den Nematoden in Forschung, Lehre u. Praxis)* nematodologio

Nemea *f Antike (ein Tal in Argolis, in dem Herkules den Nemeischen Löwen tötete)* Nemeo

nemeisch *Adj* nemea; ***der ≗e Löwe*** *griech. Myth (Löwe mit unverletzlichem Fell, der die Einwohner Nemeas heimsuchte u. von Herakles erwürgt wurde)* la Nemea Leono; ***≗e Spiele*** *Pl panhellenische Spiele zu Ehren des Zeus* Nemeaj Ludoj *Pl*

Nemesis (*f*) *Myth (griechische Rachegöttin)* Nemeza

NE-Metall *n* ↑ ***Nichteisenmetall***

Nemetona (*f*) *Myth (keltische Kriegsgöttin)* Nemetona

Nemunas *m* ↑ ***Njemen***

'nen = *umg für* ***einen***

Nena (*f*) *weibl. Vorname* Nena

nennen *tr benennen, Namen geben* nomi; *betiteln* titoli; *anführen, erwähnen* mencii; *zitieren* citi; ***das nenne ich schön*** tion mi nomas bela; ***er nannte seinen Sohn Tilo*** li nomis sian filon Tilo; ***er nannte keinen Grund [dafür]*** li menciis nenian kaŭzon por tio; ***aus den genannten Gründen*** pro la menciitaj kaŭzoj; ***jmdn. einen Lügner*** ~ nomi iun mensoganto; ***die oben genannte These*** la supre menciita (*od* citita) tezo; ***sich*** ~ sin nomi; *heißen* nomiĝi ◇ ***das nenne ich ehrlich!*** jen [kia] honestulo!

Nennen *n Benennen* nomado

nennenswert *Adj erwähnenswert* menciinda (*vgl. dazu* ***zitierenswert***); *i.w.S. (beträchtlich)* konsiderinda, *(wichtig)* grava

Nenner *m Math* denominatoro; ***gemeinsamer*** ~ komuna denominatoro; ***kleinster gemeinsamer*** ~, *auch* ***Hauptnenner*** *m* plej malgranda komuna denominatoro

Nennfall *m Gramm* = ***Nominativ***

Nennform *f Gramm* = ***Infinitiv***

Nenn|leistung *f Tech* nominala povumo; ~**spannung** *f El* nominala tensio

Nennung *f* mencio, cit[ad]o (*vgl. dazu* ***Erwähnung***)

Nennwert *m*, *auch* ***Nominalwert*** *m von Briefmarken, Münzen, Wertpapieren* nominala valoro *auch Tech*, denominacio (↑ *auch* ***pari***); ***über*** (***unter***) ***dem*** ~ super (sub) [la] nominala valoro; ***zum*** ~ *zu pari* nominalvalore

Nennwort *n Gramm* = ***Nomen***

Nenzen *m/Pl*, *Eigenbez.* ***Nenez*** *Ethn (größtes Restvolk der samojedischen Sprachgruppe in N-Sibirien)* nenecoj *Pl* (↑ *auch* ***Jamal-Nenzen***)

Nenzensprachen *f/Pl* ↑ *unter* ***samojedisch***

neo... *in Zus* nov..., *auch, bes.* <*wiss*> neo... (*Zus mit* ***neo...*** ↑ *im Alphabet*)

Neodarwinismus *m Biol* novdarvinismo, *auch* neodarvinismo (*vgl. dazu* ***Mutationstheorie***)

Neodym *n* (*Symbol* ***Nd***) *Chem (ein Metall aus der Gruppe der Lanthanoiden)* neodimo

Neo|faschismus *m Pol (faschistische Bestrebungen nach dem 2. Weltkrieg)* novfaŝismo; ~**faschist** *m Pol* novfaŝisto

neofaschistisch *Adj auf den Neofaschismus bezogen* novfaŝisma; *auf die Neofaschisten bezogen* novfaŝista

Neogen *n*, *auch* ***Jungtertiär*** *n [mit den Abteilungen Miozän u. Pliozän] Geol* neogeno

Neogotik *f Bau- u. Kunststil des 19. Jh.s* novgotiko

neogotisch *Adj* novgotika

Neo|impressionismus *m Mal* novimpresionismo *od* neoimpresionismo; ~**klassizismus** *m*, *auch* ***Neuklassizismus*** *m Kunst* novklasikismo *od* neoklasikismo; ~**kolonialismus** *m* novkoloniismo

neokolonialistisch *Adj auf den Neokolonialismus bezogen* novkoloniisma; *auf die Neokolonialisten bezogen* novkoloniista

neokom *Adj die unterste Stufe der unteren Kreide betreffend* neokomia

Neokom *n Geol (unterste Stufe der unteren Kreide)* neokomio

Neokommunismus *m an ältere kommunistische Theorien anknüpfende politische Bewegung des 21. Jh.s* novkomunismo

neokommunistisch *Adj* novkomunisma

Neoliberalismus *m Wirtsch* novliberalismo

neoliberal[istisch] *Adj* novliberala; *auf den Neoliberalismus bezogen auch* novliberalisma; *auf die Neoliberalisten bezogen auch* novliberalista

Neolithikum *n Geol (Jungsteinzeit [etwa von 4000 bis 1800 v. Chr.])* neolitiko

neolithisch *Adj jungsteinzeitlich* neolitika

Neologe *m Ling (Schöpfer von Neologismen)* neologo

Neologismus *m Ling (sprachl. Neubildung, neues Wort)* neologismo; ***jmd., der gern Neologismen gebraucht*** neologismemulo

Neo|malthusianismus *m* novmaltusanismo; ~**marxismus** *m Pol* novmarksismo

Neomycin *n ein Antibiotikum* neomicino

Neon *n* (*Symbol* ***Ne***) *Chem (ein Edelgas)* neono

Neo|natalogie *f, auch* ***Neugeborenenmedizin*** *f* neonatalogio; ~**nazi** *m Pol* novnazio; ~**nazismus** *m Form des Rechtsextremismus, die an den Nationalsozialismus od an eine bestimmte Variante anzuknüpfen sucht* novnaziismo

neonazistisch *Adj Pol* novnazia

neonfarben *Adj* neonkolora (*vgl. dazu* ***grell***)

Neon|lampe *od* ~**leuchte** *f* neonlampo; ~**licht** *n* neonlumo; ~**reklame** *f* neonreklamo; ~**röhre** *f* neontubo

Neopaganismus *m Rel* novpaganismo

Neophobie *f Scheu vor Neuerungen* neofobio

Neophyt *m Rel* ↑ ***Neubekehrte***

Neoplasie *f, auch* ***Gewebsneubildung*** *f Med* neoplazio (*vgl. dazu* ***Dys-*** *u.* ***Hyperplasie***)

Neoplasma *n Med (neu gebildetes Gewebe [in Form einer Geschwulst])* neoplasmo; ~**bildung** *f* formiĝo de neoplasmo

Neoplatoniker *m* novplatonisto

Neo|platonismus *m Phil (eine mystisch-idealistische Richtung der spätantiken Philosophie)* novplatonismo; ~**positivismus** *m, auch* ***logischer Positivismus*** *Phil (eine vor allem logisch, mathematisch und wissenschaftstheoretischausgerichtete Strömung des Positivismus [durch den sogen. Wiener Kreis in Europa u. in den USA einflussreich geworden])* novpozitivismo, *auch* neopozitivismo

Neopren® *n ein Synthesekautschuk* neopreno; ~**anzug** *m vor Kälte schützender Anzug für Taucher u.a.* neoprenvesto (↑ *auch* ***Taucheranzug***)

Neorealismus *m Film, Lit, Phil* novrealismo, *auch* neorealismo

Neornithes *Pl Orn (Unterklasse der eigentlichen Vögel)* neornitoj *Pl*

neoten *Adj Biol* neotena

Neotenie *f 1. Biol (das Verbleiben im Larvenzustand bei Erlangung der Geschlechtsreife [z.B. beim Axolotl u. beim Olm]) 2. Med (unvollkommener Entwicklungszustand eines Organs)* neoteneco

Neothomismus *m Phil* nov-tomismo, *auch* neotomismo (*vgl. dazu* ***Thomismus***)

Neotropis *f Tier- u. Pflanzengeografie* neotropiso, *auch* neotropisa ekozono <*die Neotropis umfasst Mittel- u. Südamerika mit den westindischen Inseln*>

neotropisch *Adj den Tropen der Neuen Welt angehörend* neotropisa

Neo|verismus *m Richtung der zeitgenössischen italienischen Dichtung u. Filmkunst* neoverismo; ~**vitalismus** *m Phil (Lehre von den Eigengesetzlichkeiten des Lebendigen)* neovitalismo (*vgl. dazu* ***Vitalismus***)

Neozoikum *n Geol (Erdneuzeit)* neozoiko (↑ *auch* ***Känozoikum***)

neozoisch *Adj* neozoika

Nepal (*n*) *ein Königreich im Himalaja* Nepalo *[Hptst.: Kathmandu]*

Nepalese *m* nepalano (↑ *auch* ***Gurkha***)

Nepalesin *f* nepalanino

nepalesisch, *auch* ***nepalisch*** nepala

Nepal|gimpel *m* (Pyrrhula nipalensis) *Orn* nepala pirolo; ~**hornvogel** *m* (Aceros nipalensis) *Orn* brunkola bucero

Nepali *n Ling* la nepala [lingvo] <*Amtssprache in Nepal*>

nepalisch ↑ ***nepalesisch***

Nepal-Kardamom *m* ↑ *unter* ***Kardamom***

Nepaluhu *m* (Bubo nipalensis) *Orn* nepala (*od* punktoventra) gufo *[Vorkommen: Himalaya-Region, SW-China, Indochina, Malaysia]*

Nepenthes *f od n griech. Myth (ein Zaubertrunk)* nepento

Neper *n* (*Zeichen* ***Np***) *Nachrichtentechnik, Phys (Maßeinheit für die Dämpfung bei elektrischen u. akustischen Schwingungen)* nepero <*so benannt nach dem schottischen Mathematiker John Napier*>

Nephelin *m Min (ein Mineral aus der Gruppe der Feldspatvertreter)* nefelino (↑ *auch* ***Eläolith***)

Nephometer *n Met (Gerät zur unmittelbaren Bestimmung der Wolkendichte u. -geschwindigkeit)* nefometro

Nephoskop *n Met (Gerät zur Bestimmung der Zugrichtung u. -geschwindigkeit von Wolken)* nefoskopo

Nephralgie *f Med* ↑ ***Nierenschmerzen***

Nephrektomie *f nur Fachspr Chir (operative Entfernung einer od beider Nieren)* nefrektomio

Nephridium *n, auch* ***Segmentalkanal*** *m Zool (Ausscheidungsorgan niederer Tiere)* nefridio

Nephrit *m, auch* ***Beilstein*** *m Min (ein Strahlsteinaggregat)* nefrito (*vgl. dazu* ***Jade***)

Nephritis *f Med* ↑ ***Nierenentzündung***; ***interstitielle*** ~ interstica nefrito (↑ *auch* ***Glomerulonephritis***)

Nephro|blastom *n, auch* ***Wilms-Tumor*** *m Med (ein maligner Nierentumor)* nefroblastomo; ~**dystrophie** *f Med* nefrodistrofio

nephrogen ↑ *unter* ***Niere a)***

Nephrolithiasis *f Med* ↑ ***Nierensteinkrankheit***

Nephrologe *m Med (Facharzt für Nierenkrankheiten)* nefrologo

Nephrologie *f Med (Lehre vom Bau, von der Funktion u. den Krankheiten der Niere)* nefrologio

nephrologisch *Adj* nefrologia

Nephrom *n, auch* ***[maligne] Nierengeschwulst*** *f Med (bösartiger Nierentumor)* nefromo (↑ *auch* ***Hypernephrom***)

Nephron *n Anat (kleinste funktionelle Einheit der Niere)* nefrono

Nephropathie *f Med* ↑ ***Nierenleiden***; ***hypertensive*** ~ *Nierenkrankheit als Folge einer länger bestehenden arteriellen Hypertonie* hipertensia nefropatio

Nephropexie *f Chir (operative Fixation der Niere in korrekter anatomischer Position bei Nephroptose)* nefropeksio

Nephroptose *od* **Nephroptosis** *f, pop* ***Sack-***, ***Senk-*** *od* ***Wanderniere*** *f* (Ren mobilis) *Med* nefroptozo, *auch* ptozo de reno, *pop* sakoforma (*od* ŝvebanta) reno

Nephrose *f Med* nefrozo (↑ *auch* ***Pyo-*** *u.* ***Zystonephrose***)

Nephrosklerose *f, auch* ***Schrumpfniere*** *f Med* nefrosklerozo

nephrotisch *Adj zur Nephrose gehörend bzw. durch die Nephrose bedingt* nefroza

Nephrotomie *f Chir (Einschnitt in das Nierenparenchym)* nefrotomio

Nephrozystitis *f Med (gleichzeitige Nieren- u. Blasenentzündung)* nefrocistito

Nephtys (*f*) *Myth (eine altägyptische Göttin [Schwester der Isis, Gemahlin des Seth])* Neftisa

Nepomuk (*m*) *Eig (ein böhmischer Geistlicher [* um 1350, † 1394])* Nepomuko *<Brückenheiliger der Moldau>*

Nepotismus *m, auch* ***Vettern-*** *od* ***Günstlingswirtschaft*** *f, <österr> umg* ***Freunderlwirtschaft*** *f Bevorzugung von Verwandten bei Vergabe von Würden u. Ämtern [ursprünglich auf das Papsttum gemünzt]* nepotismo

Nepp *m*: ***das ist ~!*** tio estas [vere] forrabo de mono!

[1]**Neptun** (*m*) *Myth (altröm. Gott der Landwasser, [später:] Meeresgott)* Neptuno (*vgl. dazu* ***Poseidon***)

[2]**Neptun** *m Astron* [planedo] Neptuno; ***Neptun IV*** ↑ ***Thalassa***

Neptunismus *m Geol (Lehre, dass die Gesteine durch Ablagerungen aus dem Meer entstanden seien <eine widerlegte geologische Hypothese>)* neptunismo

Neptunium *n* (*Symbol* ***Np***) *Chem (ein radioaktives Element)* neptunio

Nereiden *f/Pl Myth ([in der griechischen Sage:] Meeresnymphen, die 50 Töchter des «Meergreises» Nereus)* nereidinoj *Pl*

Neretva *f Hauptfluss der Herzegowina [mündet in die Adria]* [rivero] Neretvo

Nereus (*m*) *Myth (griech. Meer- u. Wassergott [Vater der Nereiden])* Nereo

Nerfling *m Ichth* ↑ ***Aland***

neritisch *Adj Meereskunde (den zur Flachsee gehörenden Bereich eines Meeres [bis etwa 200 m Tiefe] betreffend)* neritika; ~***e Sedimente*** *n/Pl* neritikaj sedimentoj *Pl*; ~***e Zone*** *f* neritika zono

Nero (*m*) *Eig (ein römischer Kaiser [37-68 n. Chr.])* Nerono

Nerol *n Biochemie* nerolo *[kommt in der Natur im Neroliöl, Rosenöl u. anderen etherischen Ölen vor]*

neron[ian]isch *Adj 1. auf Nero bezogen 2. übertr für «grausam und despotisch»* nerona

Neruda (*m*) *Eig 1. (Jan Neruda) tschechischer Schriftsteller (Begründer des tschechischen Realismus) [1834-1891] 2. (Pablo Neruda) chilenischer Schriftsteller (Lyriker) [1904-1973]* Nerudo

Nerv *m Anat* nervo (↑ *auch* ***Gehör-***, ***Geruchs-***, ***Ischiasnerv***, ***Rückenmarks-***, ***Sakralnerven***, ***Seh-*** *u.* ***Zahnnerv***); *Bot (Blattrippe)* ripo de folio; ***dreigeteilter*** ~, *auch* ***Drillingsnerv*** *od* ***Trigeminusnerv*** *m* (Nervus trigeminus) triĝemina (*od auch* triĝemela) nervo; ***gefäßverengende*** ~***en*** *Pl Vasokonstriktoren* vazokonstriktaj nervoj *Pl*; ***das fällt*** (*od* ***geht***) ***mir auf die*** ~***en*** tio agacas (*od* ekscitas) miajn nervojn; *das* *macht mich nervös* tio nervozigas min; ***sie ging ihm mit ihren täglichen Ermahnungen unheimlich auf die ~en*** ŝi terure tedadis lin per siaj ĉiutagaj admonoj; ***die ~en anspannen*** streĉi la nervojn; ***starke ~en haben*** havi fortajn nervojn; ***die ~en verlieren*** perdi la nervojn; *nervös werden* nervoziĝi; *sich nicht [mehr] beherrschen können* ne [plu] povi bridi sin; *die Beherrschung verlieren* perdi la sinregon ◇ ***er hat ~en aus Stahl*** li havas ŝtalajn nervojn *od* li havas nervojn tiom fortajn kiel ŝtalo

nerval *Adj durch Nerventätigkeit erfolgend bzw. zur Nerventätigkeit gehörig* nerva

Nerven|anspannung *f* nervostreĉo; **~arzt** *m* specialisto pri nervaj malsanoj (↑ *auch* ***Neurologe***); *i.w.S. Psychiater* psikiatro

nervenaufreibend *Adj* nervostreĉa, nervoziga

Nerven|beruhigungsmittel *n Pharm* sedativo; **~bündel** *n Anat* fasko da nervoj; *übertr: nervöser Mensch* [absoluta] nervozulo; **~chirurgie** *f* neŭrokirurgio; **~druckpunkt** *m* nervoprempunkto; **~endigungen** *f/Pl Anat* nervofinaĵoj *Pl*; **~entzündung** *f, Fachspr* ***Neuritis*** *f Med* nerv[o]inflamo, neŭrito; **~faser** *f Anat* nervofibro

Nervenganglion *n* ↑ ***Ganglion a)***

Nervengas *n* neŭrotoksa gaso (*vgl. dazu* ***Neurotoxin***); **~anschlag** *m* atenco per neŭrotoksa gaso

Nerven|geflecht *n* (Plexus nervorum) *Anat* nerva plekso, *auch* neŭroplekso (*vgl. dazu* ***Plexus***); **~gewebe** *n Anat* nerva histo

Nervengifte *n/Pl* ↑ ***Neurotoxine***

Nerven|heilanstalt *f* mensmalsanulejo, psikiatria hospitalo; **~impuls** *m Physiol* nervoimpulso, *auch* nerva impulso; **~kitzel** *m* nervotiklo; **~klinik** *f* psikiatria kliniko

Nervenknoten *m, auch* ***Ganglion*** *n Med* ganglio; **~entzündung** *f, auch* ***Ganglienentzündung*** *f,* <*wiss*> ***Ganglionitis*** *f* gangliito

Nervenkostüm *n* ◇ ***ein schwaches*** (***starkes***) ***~ haben*** havi malfortajn (fortajn) nervojn

nervenkrank *Adj* nervomalsana, neŭropatia (*vgl. dazu* ***neurotisch***)

Nerven|kranke ***a)*** *m* nervomalsanulo ***b)*** *f* nervomalsanulino; **~krankheit** *f* nervomalsano (*vgl. dazu* ***Neuropathie*** *u.* ***Neurose***); **~krieg** *m* milito de la nervoj; **~lähmung** *f Med* neŭroparalizo; **~leiden** *n* neŭropatio; **~lepra** *f* (Lepra nervosa) *Med* nerva lepro; **~mark** *n,* <*wiss*> ***Myelin*** *n* mjelino; **~naht** *f Chir* nervosuturo; **~quetschung** *f Med* kontuzo de nervo; **~säge** *f umg salopp für «jmd., der einem auf die Nerven geht»* homo, kiu [terure] nervozigas

nervenschädigend *Adj* damaĝa al la nervoj

Nerven|schmerz *m, Fachspr* ***Neuralgie*** *f* nervodoloro; neŭralgio; **~schnitt** *m Chir* neŭrotomio; **~schock** *m Med* nervoŝoko; **~schwäche** *f, Fachspr* ***Neurasthenie*** *Med* malfortaj nervoj *Pl*, *(Fachspr)* neŭrastenio; **~stärke** *f* nervofort[ec]o

nervenstärkend *Adj* nervofortiga (*vgl. dazu* ***Tonikum***)

Nerven|stimulation *f Med (Hemmung der Schmerzempfindung durch elektrische Reizung der Nervenfasern)* nervostimul[ad]o; **~stimulator** *m* nervostimulilo

Nervensystem *n* nervosistemo *od* nerva sistemo (*vgl. dazu* ***Zentralnervensystem***); ***autonomes*** (*od* ***vegetatives***) ~ (*Abk* ***ANS*** *bzw.* ***VNS***), *auch* ***Vegetativum*** *n* aŭtonoma (*od* vegetativa) nervosistemo (*fachsprachl. Abk* ANS *bzw.* VNS); ***peripheres*** ~ (*fachsprachl. Abk* ***PNS***) periferia nervosistemo (*fachsprachl. Abk* PNS)

Nerven|wurzel *f Anat* nervoradiko; *im Rückgrat od Schädel (Radicula)* radiklo (*vgl. dazu* ***Radikulitis***); **~zelle** *f Anat* nervoĉelo (*vgl. dazu* ***Neuron***); **~zentrum** *n* nervocentro; **~zusammenbruch** *m pop* kolapso de la nervosistemo

nervig *Adj* ***a)*** *kräftig* fortika, fortmuskola; *kernig* kerneca ***b)*** *umg für «die Nerven strapazierend, lästig»* nervostreĉiga, teda

Nervo (*m*) *Eig (mexikanischer Schriftsteller [1870-1919])* Nervo

nervös *Adj* nervoza (↑ *auch* ***hypernervös*** *u.* ***reizbar b)***); *umg häufig für «aufgeregt»* ekscitita; ***~er Mensch*** *m* nervoza homo, nervozulo; ***~ machen*** nervozigi (***jmdn.*** iun); ***~ werden*** nervoziĝi *od* iĝi nervoza; ***ich bin seit heute früh ~*** ekde hodiaŭ matene mi estas nervoza

Nervosität *f (das Nervössein)* nervozeco; *(das Nervöswerden)* nervoziĝo

Nervus *m nur in fachsprachl. Zus mit «Nerv»:* ***~ depressor*** depresora nervo, ***~ laryngeus recurrens*** rekuranta laringa nervo; ***~ opticus*** opta nervo (↑ *auch* ***Sehnerv***); ***~ zygomaticus*** zigoma nervo

Nerz *m, reg* ***Wasserwiesel*** *n* (Mustela lutreola) *Zool* lutreolo; *Nerzfell* lutreola felo; ***amerikanischer ~*** ↑ ***Mink***

Nerzkragen *m* lutreolfela kolumo
Nesidioblastom *n Med* ↑ *unter* ***Insulinom***
Nesisch *n* (*auch* ***Keilschrifthethitisch*** *genannt*) *Ling (eine ausgestorbene indogermanische Sprache)* la neza [lingvo] <*so benannt nach der alten Stadt Neša*>
[1]**Nessel** *f Brenn*≗ urtiko
[2]**Nessel** *m Textil* kruta kotonaĵo (*vgl. dazu* ***Kattun***)
Nessel|ausschlag *m od* ~**sucht** *f, pop auch* ***Quaddelsucht*** *f* (Urticaria) *Med* urtikario (↑ *auch* ***Sonnenurtikaria***)
Nesselblatt *n Bot*: ***raues*** ~ (Acalypha hispida) *ein Zierstrauch mit überhängenden Blütenständen* rigidhara akalifo
Nessel|kapsel *f Biol (bei einigen Hohltieren)* knido; ~**qualle** *f* (*Gattung* Cyanea) *Zool* brulmeduzo, <*wiss*> cianeo; ~**stoff** *m Textil* kruda kotonaĵo
Nesselsucht *f Med* ↑ ***Nesselausschlag***
Nesseltiere *n/Pl* (Cnidaria) *Zool* kniduloj *Pl* (↑ *auch* ***Aknidarier*** *u.* ***Hydrozoen***)
Nest *n* nesto *auch übertr* (*vgl. dazu* ***Horst a)*** *u.* ***Kobel***; ↑ *auch* ***Ameisen-***, ***Diebes-***, ***Hornissen-***, ***Krähen-***, ***Mäuse-***, ***Ratten-***, ***Raupen-***, ***Spatzen-***, ***Storchen-***, ***Vogel-*** *u.* ***Wespennest***); ***[sich] ein ~ bauen*** konstrui [al si] neston ◇ ***ins ~ gehen*** (*od* ***steigen***) *fam für «zu Bett gehen»* enlitiĝi
Nestbau *m* nest[o]konstruado; ~**instinkt** *m Zool (bei Winterschläfern [z.B. bei Murmeltieren u. Hamstern])* nestkonstrua instinkto
Nestchen *n* nesteto
Nest|farn *m* (Asplenium nidus) *Bot* nest[o]asplenio; ~**flüchter** *m Zool (bes.Orn):(Bez für Tierarten, deren Junge bald nach der Geburt laufen können [viele bodenbrütende Vögel u. weidende Herdentiere])* nestfuĝulo; ~**hocker** *m Orn* malfrumatura birdo, <*wiss*> altricia birdo; ~**innere** *n* nestinterno
Nestling *m Orn* birdido en nesto [ne jam flugipova]
Nestor *m weiser Berater, Ältester einer Gemeinschaft, ältester Gelehrter eines Faches* <*nach einem hochbetagten weisen König der griech. Sage*> nestoro
Nestorianer *m/Pl Rel (Mitglieder der Alten Apostolischen Kirche des Ostens, einer autokephalen dyophysischen Kirche des ostsyrischen Ritus)* nestorianoj *Pl*
nestorianisch *Adj* nestoriana
Nestorianismus *m Rel* nestorianismo
Nestorius (*m*) *Eig (Patriarch von Konstantinopel)* Nestorio
Nestorpapagei *m Orn* ↑ ***Kea***
Nest|parasitismus *m, auch* ***Brutparasitismus*** *m Biol* nestparazitismo *[kommt bei Vögeln u. Insekten vor]*; ~**wärme** *f bildh* feliĉa familia vivo; ~**wurz** *f, auch* ***Vogelnest-Orchis*** *f* (Neottia nidus-avis) *Bot (eine einheimische Orchideenart)* birdonesta orkideo, <*wiss*> [nesto]neotio
nett 1. *Adj* ***a)*** *Person (hübsch)* bela, *(gefällig)* plaĉa, *(höflich)* ĝentila, *(freundlich)* afabla, *(angenehm)* agrabla, *(sympathisch)* simpatia; *Kleidung, Wohnung* bela, ĉarma; ***das ist sehr ~ von Ihnen*** vi estas tre afabla [al mi] ***b)*** *ansehnlich, recht groß* sufiĉe granda **2.** *Adv*: ~ ***aussehen*** *auf Kleidung bezogen* aspekti ĉarma
netterweise *Adv* afablamaniere
Nettigkeiten *Pl nette Worte*: ***jmdm. ~ sagen*** diri al iu afablaĵojn
netto *Adv* nete; *das Gewicht der Verpackung nicht eingerechnet* sentare
Netto|charter *m Wirtsch* ekskluziva ĉarto; ~**einkommen** *n bzw.* ~**erlös** *od* ~**ertrag** *m* neta enspezo; ~**[füll]gewicht** *n* neta pezo; ~**gehalt** *n* neta salajro; ~**gewinn** *m Reingewinn* neta gajno (*od* profito); ~**lohn** *m für Arbeiter* neta laborpago, *für Beamte u. Angestellte* neta salajro; ~**prämie** *f Versicherungswesen* neta premiumo; ~**preis** *m Hdl* neta prezo; ~**registertonnen** *f/Pl Mar* neta tonelaro *od* regsitra tonelaro; ~**sozialprodukt** *m* neta nacia produkto
Netz *n* ***a)*** *allg* reto *auch übertr* (↑ *auch* ***Außen-***, ***Fang-***, ***Plankton-***, ***Schwarm-*** *u.* ***Tarnnetz***); *Spinnen*≗ aranea reto, *auch* araneaĵo; *Fisch*≗ fiŝreto, *i.e.S. (Schlepp*≗*)* sejno, *(Wurf*≗*)* ĵetreto (↑ *auch* ***Kegelnetz***); *Haar*≗ harreto; *Einkaufs*≗ bazarreto (*vgl. dazu* ***Strickbeutel***); *Tennis, Volleyball u.a.* reto; ***ein ~ von Intrigen***, *auch* ***Intrigennetz*** *n* reto de intrigoj; ***dreimaschiges ~*** *Fischerei* tramelo; ***ein ~ auslegen*** (*od* ***auswerfen***) etendi reton [po fiŝkapti]; ***der Ball ging ins ~*** la pilko trafis en la reton; ***ins ~ geraten*** kaptiĝi en reto, enretiĝi; ***die Spinne webt ihr ~*** la araneo teksas sian reton; ***das ~ aus dem Meer ziehen*** *Fischerei* tiri la reton el la maro ***b)*** *verzweigtes System [von Verkehrswegen, Leitungen, Einrichtungen, Organisationen u. Vorgängen]* reto (↑ *auch* ***Bahn-***, ***Breitband-***, ***Eisenbahn-***, ***Entwässerungs-***, ***Fernsprech-***, ***Gewässer-***, ***Kanal-***,

Service-, ***Straßen-***, ***Strecken-*** *u.* ***Verteilernetz****)* ***c)*** *Netz von Vertretern, Agenten u.a.* reto (↑ *auch* ***Spionagenetz***); *Delegiertenº des Esperanto-Weltbundes* delegita reto de UEA ***d)*** *Anat*: ***kleines*** ~ (Reticulum) retikulo (↑ *auch* ***Gefäßnetz*** *u.* ***Omentum*** ***e)*** *Kurzf von* ***Internet***: ***ins*** ~ ***gehen*** *EDV* enretiĝi; ***etw. ins*** ~ ***stellen*** *EDV* enretigi ion

Netz|aktivist *m im Internet* ret-aktivisto; ~**anschluss** *m El* elektra konekto; ~**arbeit** *f, auch* ***Filetarbeit*** *f Stickerei* reta brodaĵo

netzartig *Adj netzförmig* retforma; *wie ein Netz* kiel reto

Netzätzung *f Typ* ↑ ***Autotypie***

Netzauge *n* ↑ ***Facettenauge***

Netzblatt *n* (*Gattung* Goodyera) *Bot (eine Orchideengattung)* gudjero; ***kriechendes*** ~ (Goodyera repens) rampa gudjero

Netzdiagramm *n* reta diagramo

Netzegge *f, auch* ***Unkrautstriegel*** *m Landw* skarifikatoro; ***mit der*** ~ ***eggen*** skarifiki

Netzflügler *m/Pl* (*Ordnung* Neuroptera) *Ent* neŭropteroj *Pl*

netzförmig 1. *Adj* ret[o]forma; *Fachspr Biol u. Med auch (areolar)* areola, *(retikular)* retikula **2.** *Adv* retforme

Netz|giraffe *f* (Giraffa camelopardis reticulata) *Zool* somalia ĝirafo *[Vorkommen: Somalia, Äthiopien u. nördl. Kenia]*; ~**haut** *f des Auges, Fachspr* ***Retina*** *f* (Tunica oculi interna) *Anat* retino

Netzhautablösung *f* ↑ *unter* ***Ablation***

Netzhaut|blutung *f Ophthalmologie* retina hemoragio; ~**entzündung** *f, Fachspr* ***Retinitis*** *f* retina inflamo, *(Fachspr)* retinito (↑ *auch* ***Neuroretinitis***); ~**ödem** *n* retina edemo; ~**schaden** *m z.B. bei Diabetes* [diabeta] retinodamaĝo; ~**stäbchen** *n/ Pl, auch* ***Sehstäbchen*** *n/Pl Anat* bastonetoj *Pl* de la retino; ~**zapfen** *m Anat* retina konuso

Netz|hemd *n* retmaŝa subĉemizo; ~**jargon** *m in Datennetzen* interreta ĵargono (*od* slango); ~**karte** *f für öffentl. Verkehrsmittel* regionreta bileto, *kurz* region-bileto; ~**kultur** *f EDV (Kultur der digitalen Kommunikation in Datennetzen)* retkulturo; ~**magen** *m* (Centipellio) *zweiter Magen im Magensystem der Wiederkäuer* retstomako, <*wiss*> centipelio; ~**melone** *f* (Cucumis melo, var. reticulans) *Bot, Nahr* retmelono; ~**pfosten** *m des Tennis- od Volleyballnetzes* ret[o]fosto

Netzplan *m El, Wirtsch* taskreto; ~**technik** *f Verfahren der Termin- u. Ablaufplanung für Großprojekte, zur Erfassung parallel ablaufender Vorgänge u. deren gegenseitige logische Verkopplung* ret-analizo

Netz|python *m* (Malayopython reticulatus) *Zool* retopitono, <*wiss*> retikulata pitono <*ausschließlich nachtaktiv*> *[Vorkommen: SO-Asien u. Philippinen]*; ~**richter** *m Tennis* <*durch Einführung techn. Hilfsmittel heute nicht mehr benötigt*> retjuĝisto; ~-**spannung** *f El* tensio de la elektra reto

Netzstecker *El*: ***den*** ~ ***[heraus]ziehen*** eltiri la kontaktŝtopilon

Netz|strümpfe *m/Pl* aĵuraj ŝtrumpoj *Pl*; ~-**weide** *f* (Salix reticulata) *Bot* reta saliko

Netzwerk *n* reto *auch El u. Tech*, reta strukturo; *Drahtgeflecht* dratplektaĵo (↑ *auch* ***Drahtnetz***); *EDV* ret[ej]o (↑ *auch* ***Computernetzwerk***); ***drahtloses*** ~ sendrata reto; ***soziales*** ~ *EDV, Soziologie* socia reto; ***virtuelles*** ~ *EDV* virtuala reto

Netzwerk|dienst *m EDV* retservo; ~**karte** *f EDV* retkarto; ~-**Marketing** *n, Fachspr auch* <*engl*> ***Multi Level Marketing*** (*Abk* ***MLM***) *Wirtsch (eine Spezialform des Direktvertriebs)* multnivela merkatado (*Abk* MNM); ~**profil** *n EDV* reta profilo

neu 1. *Adj* nova (*vgl. dazu* ***neuartig***; ↑ *auch* ***fabrik-*** *u.* ***funkelnagelneu***); *modern* moderna; *frisch* freŝa; *letzt* lasta; *erst vor kurzem erfolgt bzw. seit kurzem bekannt* ĵusa; ~***este Forschungen*** *f/Pl* plej novaj (*od auch* ĵusaj) esploroj *Pl*; ~***e Kartoffeln*** *f/Pl* novaj terpomoj *Pl*; ***der*** ~***este Tanz aus Kuba*** la plej nova danco el Kubo; ***das ist mir*** ~ tio estas novaĵo por mi **2.** *Adv* nove; moderne; freŝe; *soeben erst* ĵus; ~ ***erbaut*** nove konstruita; ~ ***eröffnet*** nove malfermita; ~ ***gewählt*** nove elektita; ~ ***vermählt*** *wieder vermählt* denove edziĝinta (*bzw.* edziniĝinta) (↑ ***neuvermählt*** *in Zusammenschreibung*); ***von*** ~***em*** *erneut* denove; *von Beginn an* [denove] de la komenco; *noch einmal* ankoraŭfoje; ***etw.*** ~ ***beginnen*** rekomenci ion *od* denove (*od* ankoraŭfoje) komenci ion

Neu-Amsterdam (*n*) ***a)*** *der ursprünglich niederländische Name (Nieuw-Amsterdam) der Stadt New York* Nov-Amsterdamo ***b)*** *eine Vulkaninsel im Indischen Ozean* insulo Nov-Amsterdamo

Neu|ankömmling *m* novalvenanto *bzw.* novalveninto; ~**anschaffung** *f* nova akiraĵo; ~**ansteckung** *f Med* reinfektiĝo

neu|apostolisch *Adj Kirche* novapostola;

~**artig** *Adj* novspeca, novstila *od dem Subst nachgest* de nova speco (*bzw.* stilo *od* tipo); *i.w.S. (modern)* moderna, *(neu)* nova

Neuauflage *f Buchw* nov-eldono *od* nova eldono *bzw.* reeldono (↑ *auch* ***Neuerscheinung***); *Nachdruck (Vorgang)* represo, *(Ergebnis)* repres[aĵ]o; ***wann wird eine ~ von diesem Buch erscheinen?*** kiam aperos nova eldono de ĉi tiu libro?

neubacken *Adj*: ***~es Brot*** freŝe bakita pano

Neubau *m Wiederaufbau* rekonstruado; *neu errichtetes Haus od Gebäude* nove konstruita domo (*od* konstruaĵo); ~**wohnung** *f* loĝejo en nove konstruita domo

Neu|beginn *m* denova komenco; *Wiederbeginn* rekomenciĝo; ~**bekehrte** *m*, *auch* ***Neophyt*** *m Rel* ĵuskonvertito, *geh* neofito (↑ *auch* ***Proselyt b)***); ~**belebung** *f* revivigo; ~**bewertung** *f* retaksado

Neubildung *f (Vorgang)* reformado, *(Ergebnis)* reformaĵo; *Ling (als Vorgang)* kreado de nova vorto, *(als Ergebnis)* neologismo, nove kreita vorto (*od* termino); ***[krankhafte] ~ von Gewebe*** *Med* neoplasmo, [mal- saneca] histo rezultanta el neoplazio (*vgl. dazu* ***Tumor***)

Neu|brandenburg (*n*) *eine Kreisstadt des Landkreises Mecklenburgische Seenplatte* Novbrandenburgo; ~**braunschweig** (*n*), *engl.* ***New Brunswick***, *franz.* ***Nouveau-Brunswick*** *eine kanadische Provinz* Nov-Brunsviko *[Hptst.: Fredericton]*; ~**britannien** (*n*), *engl.* ***New Britain*** (*n*) *größte Insel des Bismarckarchipels* Nov-Britio *[Hauptort: Rabaul]*

Neuchâtel (*n*), *dt.* ***Neuenburg*** (*n*) *Hptst. des gleichnamigen Kantons in der W-Schweiz*; Neŭŝatelo; ***Kanton ~*** Kantono Neŭŝatelo; ***Neuenburger See*** *m*, *franz.* ***Lac de Neuchâtel*** *ein Jura-Randsee* Lago de Neŭŝatelo

Neu-Delhi (*n*) *Regierungssitz der Rep. Indien* Nov-Del[h]io

Neudruck *m Buchw* repres[aĵ]o

[1]**Neue** *n*: ***aufs ~*** *erneut* denove, ree; ***das ~*** la novo, *auch* la nova *mit gedachtem Bezugswort*; *Neuigkeit* la novaĵo; ***hast du etwas ~s gehört?*** ĉu vi aŭdis ion novan?; ***was gibt es ~s?*** *od umg* ***was gibt's ~s?*** kio nova?; ***weißt du schon das ~ste?*** ĉu vi jam scias (*od* konas) la plej novan (*od* lastan) novaĵon?

[2]**Neue** *f Jägerspr für «frisch gefallener Schnee»* freŝe (*od auch* ĵus) falinta neĝo

Neueinschätzung *f* retaksado

Neueinsteiger *m* ↑ ***Einsteiger***

Neuenburg (*n*) ↑ ***Neuchâtel***

Neu|england (*n*) *Bez für «die nordöstlichen Staaten der USA»* Nov-Anglio <*Maine, New Hampshire, Vermont, Massachusetts, Rhode Island u. Connecticut*>; ~**entdeckung** *f* nova eltrov[aĵ]o; ~**entwicklung** *f (als Vorgang)* nova evoluigo, *(als Ergebnis)* nove evoluigita produkto

neuerdings *Adv* ***a)*** *in letzter Zeit* lastatempe; *in den letzten Tagen* en la lastaj tagoj ***b)*** <*österr*> *u.* <*schweiz*> *nochmals, wiederum, erneut* denove, ankoraŭfoje

Neuerer *m jmd., der eine Neuerung entwickelt od durchsetzt* noviganto; *Reformer* reformanto *od* reformisto (*vgl. dazu* ***Bahnbrecher*** *u.* ***Pionier***)

neuerlich *Adj* denova (↑ *auch* ***erneut***)

Neuerscheinung *f Buchw* nova publikaĵo, *(ein neu erschienenes Buch)* nove aperinta libro (*vgl. dazu* ***Neuauflage***); ***Liste f der ~en*** *Buchw* listo de novaj publikaĵoj

Neuerung *f Einführung von Neuem* enkonduko de novaĵo(j); *Erneuerung* novig[ad]o; *Neuheit* nov[ig]aĵo; *etw. Neues* io nova (*vgl. dazu* ***Innovation*** *u.* ***Neuigkeit***)

Neuerungssucht *f* novismo

Neu|erwerbung *f* nova akiraĵo; ~**fassung** *f eines Textes* novtekstigo

Neufundland (*n*), *engl.* ***New Foundland*** (*n*) ***a)*** [insulo] Nov-Fundlando *eine Insel an der atlantischen Küste Kanadas* ***b)*** [provinco] Nov-Fundlando *Provinz auf der gleichnamigen Insel im Osten Kanadas und dem Ostteil der Labradorhalbinsel; Hptst.: Saint John's]*; ~**bank** *f*, *engl.* ***Grand Banks*** *eine Gruppe von Unterwasserplateaus südöstl. von Neufundland* Nov-Fundlandaj Benkoj *Pl*

Neufundländer *m* ***a)*** *Bewohner Neufundlands* nov-fundlandano ***b)*** *eine Hunderasse* nov-fundlanda hundo

neugeboren *Adj* novnaskita ◇ ***sich wie ~ fühlen*** senti sin kvazaŭ denove naskita

Neu|geborene *n* nov[e]naskito, ĵus naskita infaneto (*od* bebo) (↑ *auch* ***Säugling***); ~**geborenengelbsucht** *f*, *fachsprachl.* ***Neugeborenenikterus*** *m* (Icterus neonatorum) *Physiol* iktero de novnaskitoj

Neugeborenenmedizin *f* ↑ ***Neonatalogie***

Neugestaltung *f* refarado, reform[ad]o, reorganiz[ad]o; *neue Anordnung* nova aranĝado; *Modifikation* modif[ad]o; *Umgestal-*

tung transformado (*vgl. dazu* ***Neuerung, Umstrukturierung*** *u.* ***Veränderung***)

Neugewürz *n* ↑ ***Piment***

Neugier *od* **Neugierde** *f* scivol[em]o, *[krasser:]* sciavido (↑ *auch* ***Wissbegier***); ***vor ~ fast platzen*** *umg* preskaŭ krevi pro scivolemo

neugierig 1. *Adj* scivol[em]a, *[krasser:]* sciavida; ~ ***sein, ob ...*** esti scivola, ĉu ...; ***sei nicht so ~!*** ne estu tiel sciavida! **2.** *Adv* scivol[em]e

Neugliederung *f* reorganiz[ad]o

neugotisch *Adj*: ~***er Stil*** *Arch* novgotika stilo

neugriechisch *Adj* novgreka

Neugriechisch[e] *n Ling* la novgreka [lingvo] (*vgl. dazu* ***Altgriechisch***)

Neugründung *f* nova fondado

Neuguinea (*n*) Nov-Gvineo; *Staat Papua-Neuguinea* Papuo-Novgvineo *[Hptst.: Port Moresby]* (↑ *auch* ***Irian***)

neuhebräisch *Adj* novhebrea

Neuhebräisch[e] *n, auch* ***Iwrit[h]*** *n Ling (Amtssprache in Israel)* la novhebrea [lingvo]

Neuheit *f* novaĵo *auch im Sinne von «etw. Neumodisches»*; *das Neusein* noveco

Neuholland|eule *f, auch* ***Masken[schleier]-eule*** *f* (Tyto novaehollandiae) *Orn* novholanda turstrigo *[Vorkommen: von Sulawesi bis Neuguinea u. Australien]*; ~**krähe** *f* (Corvus coronoides) *Orn* aŭstralia korniko

Neuigkeit *f* novaĵo (↑ *auch* ***Innovation***)

Neu|infektion *f Med* nova infekt[iĝ]o; ~**inszenierung** *f Theat* nova enscenigo

Neuirland (*n*), *engl.* ***New Ireland*** (*n*) *zweitgrößte Insel des Bismarckarchipels* Nov-Irlando *[Hauptort: Kavieng]*

Neujahr *n* novjaro *(auch Großschr)*; ***glückliches ~!*** feliĉan novjaron!

Neujahrs|ansprache *f* novjara parolado; ~**botschaft** *f* novjara mesaĝo; ~**empfang** *bes. Dipl* novjara akcepto

Neujahrsfest *n*: ***chinesisches*** ~ ĉina novjara festo <*wichtigster traditioneller chinesischer Feiertag*>

Neujahrs|geschenk *n* novjara donaco; ~**glückwunsch** *m* novjara bondeziro; ~**gruß** *m* novjara saluto; ~**karte** *f* novjara [bondezira] karto; ~**konzert** *n* novjara koncerto; ~**nacht** *f* silvestra nokto; ~**tag** *m* novjara tago; ~**wünsche** *m/Pl* novjaraj bondeziroj *Pl*

Neukaledonien (*n*) *1. amtl* ***Nouvelle Calédonie*** *franz. Überseeterritorium im Pazifik 2. amtl* ***Grande Terre*** *größte Insel des Territoriums Neukaledonien* Nov-Kaledonio

Neukaledonier *m* nov-kaledoniano

Neukantianer *m Phil* nov-kant[i]ano

Neukantianismus *m Phil* nov-kant[i]ismo

Neukastilien (*n*), *span.* ***Castilla la Nueva*** Nov-Kastilio

Neuklassizismus *m* ↑ ***Neoklassizismus***

Neukunde *m Hdl* nova kliento

Neuland *n* ***a)*** *Landw* novalo, virga (*bzw.* ripozanta) tero ***b)*** *unerforschtes Gebiet* [tute] neesplorita tereno, *auch* novalo; ***wissenschaftliches*** ~ scienca novalo

neulateinisch (*Abk* ***nlat.***) *Adj Ling* novlatina

Neulateinisch[e] *n Ling* la novlatina [lingvo] *[es verdrängte Ende des 14. Jh.s das mittelalterliche Latein]*

neulich *Adv* antaŭ nelonge (*vgl. dazu* ***kürzlich***)

Neuling *m* novulo; *Neuankömmling* novalvenanto *bzw.* novalveninto; *Unerfahrener* nespertulo, *auch* novico (↑ *auch* ***Anfänger*** *u.* ***Debütant***)

Neume *f Mus ([vor Erfindung der Notenschrift:] frühmittelalterliches Notenhilfszeichen)* neŭmo

Neu-Mexico (*n*) ↑ ***New Mexico***

neumodisch *Adj* novmoda, modernmoda, konforma al la lasta modo

Neumond *m Astron* novluno

neun *Num* naŭ

Neun *f*: ***die*** ~ *Zahl, Ziffer* la nombro (*od* cifero) naŭ, la naŭo

Neun|auge *n, reg* ***Bricke*** *f* (*Gattung* Petromyzon) *Ichth* petromizo (↑ *auch* ***Donau-, Fluss-*** *u.* ***Meerneunauge***); ~**binden-Gürteltier** *n* (Dasypus novemcinctus) *Zool* naŭzona dazipo

Neuneck *n Geom* naŭangulo

neunerlei *Adj* naŭ specoj de

neunfach 1. *Adj* naŭobla **2.** *Adv* naŭoble

Neunfache *n* naŭoblo

neun|hundert *Num* naŭcent; ~**jährig** *Adj* naŭjara; ~**mal** *Adv* naŭfoje; ~**tägig** *Adj* naŭtaga; ~**tausend** *Num* naŭmil

neunte(r, ~s) *Num* naŭa

Neuntel *n* naŭono; ***ein*** ~ unu naŭono

neuntens *Adv* naŭe, en la naŭa loko

Neuntöter *m Orn* ↑ ***Rotrückenwürger***

Neunundsechzig *f, auch* ***soixante-neuf***, *pop* ***französische Liebe*** *f sex (gegenseitiger oral-genitaler Kontakt)* sesdeknaŭo

neun|zehn *Num* dek naŭ; ~**zehnte(r, ~s)**

Num deknaŭa
neunzig *Num* naŭdek; ~**jährig** *Adj* naŭdekjara
Neunzigjährige ***a)*** *m* naŭdekjarulo ***b)*** *f* naŭdekjarulino
neunzigste(r, ~s) *Num* naŭdeka
Neu|ordnung *f* novordigo *od* reordigo; *Umgestaltung* reformado, transformado (↑ *auch* ***Restrukturierung***); *Reorganisation* reorganiz[ad]o; *i.w.S. Reform* reformo; ~**orientierung** *f* novorientiĝo
Neuplatonismus *m Phil* = ***Neoplatonismus***
Neuprägung *f*: ***die ~ von Münzen*** la stampado de novaj moneroj
Neuprotestantismus *m Rel (eine Strömung des Protestantismus [seit dem 17. Jh.])* novprotestantismo
Neuralbogen *m Anat* ↑ ***Wirbelbogen***
Neuralgie *f Med* neŭralgio (↑ *auch* ***Interkostal-***, ***Interorbital-***, ***Oberschenkel-***,***Narben-***, ***Trigeminus-***, ***Viszeral-***, ***Zahn-*** *u.* ***Ziliarneuralgie***); ***postherpetische*** (*od* ***postzosterische***) ~ *nach einer Gürtelrose auftretende Neuralgie [eine Komplikation nach Herpes zoster]* postherpeta neŭralgio; ***zervikobrachiale*** ~ *od* ***Zervikobrachialgie*** *f neuralgische Schmerzen im Hals-Schulter-Arm-Bereich bei Reizung des Plexus cervicobrachialis od seiner Äste* cerviko-braka neŭralgio
Neuralgiker *m Med* neŭralgiulo
neuralgisch *Adj* neŭralgia
Neuralkanal *m Anat* ↑ ***Wirbelkanal***
Neuraltherapie *f Alternativmedizin* neŭroterapio
Neurasthenie *f Med* neŭrastenio
Neurastheniker *m* neŭrasteniulo
neurasthenisch *Adj* neŭrastenia
Neu|reg[e]lung *f* reguligo sur nova bazo; *Reorganisation* reorganiz[ad]o; ~**reiche** *m* novriĉulo; *Emporkömmling* parvenuo
Neurektomie *f Chir (partielle Resektion eines peripheren Nerven)* neŭrektomio
Neurilemma *n Anat* ↑ ***Schwann'sche Scheide***
Neuritis *f Med* ↑ ***Nervenentzündung*** (↑ *auch* ***Poly-*** *u.* ***Serumneuritis***); ***lumbale*** (***toxische***, ***zervikale***) ~ lumba (toksa, cervika) neŭrito
neuritisch *Adj* neŭrita
Neuro|anatomie *f Med (Anatomie des Nervensystems)* neŭroanatomio, anatomio de la nerva sistemo; ~**biologie** *f Biol* neŭrobiologio; ~**bionik** *f Med, Naturw (aus der Zusammenarbeit zw. Nanotechnik u. der Medizin neu entstehendes Gebiet, das sich mit dem Einsatz winziger Halbleiterbauelemente im Nervengewebe befasst)* neŭrobioniko; ~**blastom** *n Med* neŭroblastomo; ~**chemie** *f* neŭrokemio; ~**chirurg** *m* neŭrokirurgo; ~**chirurgie** *f* neŭrokirurgio
neurochirurgisch *Adj* neŭrokirurgia
Neurodermitis *f Med* neŭrodermito
neurodermitisch *Adj* neŭrodermita
Neuroektoderm *n Embryologie* neŭroektodermo
neuroendokrin *Adj die Sekretion von Neurohormonen betreffend* neŭroendokrina
Neuro|epithel *n* neŭroepitelio; ~**fibrom** *n Med (gutartige, von der Bindehaut einer Nervenzelle ausgehende Geschwulst)* neŭrofibromo; ~**fibrille** *Anat* neŭrofibreto; ~**fibromatose** *f*, *auch* ***Recklinghausen-Krankheit*** *f* (Fibroma molluscum multiplex) *Med* neŭrofibromatozo
neurogen *Adj von Nerven ausgehend* neurogena; ~***er Schock*** *m Med* neŭrogena ŝoko
Neuro|histologie *f* neŭrohistologio; ~**hormone** *n/Pl Hormone aus Hypophyse, Hypothalamus u. APUD-System sowie Neurotransmitter* neŭrohormonoj *Pl*; ~**hypophyse** *f Anat (ein Teil der Hypophyse)* neŭrohipofizo; ~**leptikum** *n* (*Pl*: ***Neuroleptika***) *Pharm, Psych* neŭroleptaĵo
Neurologe *m* neŭrologo
Neurologie *f Med* neŭrologio
Neurologin *f* neŭrologino
neurologisch *Adj* neŭrologia; ~***e Abteilung*** *f eines Krankenhaues* neŭrologia sekcio
Neurolyse *f nur Fachspr Med (therapeutische Nervenauflösung, z.B. bei inkurablen Schmerzzuständen)* neŭrolizo
Neurom *n Med (Geschwulst aus wuchernden Nervenfasern u. -zellen)* neŭromo
neuromuskulär *Adj* neŭromuskola
Neuromyelitis *f Med* neŭromjelito
Neuron *n Anat (Nervenzelle [mit ihren Fortsätzen])* neŭrono (↑ *auch* ***Spiegelneuron***)
Neuro|onkologie *f Med* neŭroonkologio; ~**ophthalmologie** *f* neŭrooftalmologio
Neuropath *m* neŭropato
Neuropathie *f Med (1. Nervenleiden 2. Erkrankung peripherer Nerven)* neŭropatio (↑ *auch* ***Polyneuropathie***); ***diabetische*** (***periphere***) ~ diabeta (periferia) neŭropatio
neuropathisch *Adj* neŭropatia (↑ *auch* ***nervenkrank***); ~***er Schmerz*** *m* neŭropatia do-

loro (↑ *auch* ***Neuralgie***)
Neuropathologie *f Med (Lehre von den Krankheiten des Nervensystems)* neŭropatologio
neuropathologisch 1. *Adj* neŭropatologia **2.** *Adv* neŭropatologie
Neuro|peptid *n Biochemie (ein neurosekretorischer Botenstoff)* neŭropeptido; **~physik** *f* neŭrofiziko **~physiologe** *m* neŭrofiziologo
Neurophysiologie *f Med* neŭrofiziologio; ***klinische*** ~ klinika neŭrofiziologio
Neuro|plasma *n Zytoplasma der Nervenzelle* neŭroplasmo; **~plegika** *n/Pl, Fachspr auch* ***Neuroplegica remedia*** *Pharm (Arzneimittel mit dämpfender Wirkung auf das ZNS)* neŭroplegiaj medikamentoj *Pl*; **~psychiatrie** *f Med (Lehre von den Nerven- u. Geisteskrankheiten)* neŭropsikiatrio; **~psychologie** *f Arbeitsrichtung der experimentellen Psychologie u. Neurophysiologie, die sich mit dem Zusammenhang von psychischen u. kognitiven Funktionen u. dem Nervensystem befasst* neŭropsikologio
neuro|psychologisch 1. *Adj* neŭropsikologia **2.** *Adv* neŭropsikologie; **~psychopathisch** *Adj nerven- u. geisteskrank* neŭropsikopatia
Neuro|radiologie *f Med (Röntgenaufnahmetechnik des Nervensystems)* neŭroradiologio; **~retinitis** *f nur Fachspr Ophthalmologie (Entzündung des Sehnerven u. des benachbarten Netzhautteils)* neŭroretinito
Neurose *f Med* neŭrozo (↑ *auch* ***Angst-***, ***Entero-***, ***Gefäß-***, ***Logo-***, ***Magen-***, ***Organ-***, ***Psychoneurose***, ***Sinistrose***, ***Tropho-*** *u.* ***Zwangsneurose***)
Neuro|sekretion *f Physiol* neŭrosekrecio; **~-sklerose** *f Med* neŭrosklerozo
Neurosomen *n/Pl* ↑ ***Nukleosomen***
Neurospora crassa *f Biochemie, Mykologie (ein Schimmelpilz)* neŭrosporo
Neuro|syphilis *f Med (Syphilis des Nervensystems [Quartärstadium der Syphilis])* neŭrosifiliso; **~tensin** *n Biochemie (ein gastrointestinales Hormon)* neŭrotensino; **~therapie** *f Nervenbehandlung* neŭroterapio
Neurotiker *m* neŭrozulo
Neurotikerin *f* neŭrozulino
neurotisch 1. *Adj* neŭroza **2.** *Adv* neŭroze
Neurotomie *f Chir (Nervendurchtrennung, Nervenschnitt)* neŭrotomio
Neuro|toxine *n/Pl, auch* ***Nervengifte*** *n/Pl Stoffe, die das Nervengewebe schädigen [z.B. Thallium, Quecksilber, bakterielle Ektotoxine]* neŭrotoksinoj *Pl* (↑ *auch* ***Nervengas*** *u.* ***Nowitschok***); **~transmitter** *m Physiol* neŭrotransmisiilo *od* neŭroperanto
neurotrop *Adj Biol, Med (die Nerven od das Nervengewebe beeinflussend)* neŭrotropa
Neurowissenschaft *f Naturw* neŭroscienco
Neurula *f Biol (Entwicklungsstadium der Wirbeltiere nach der Gastrulation)* neŭrulo
Neuruppin (*n*) *eine Stadt in Brandenburg* Novrupino
[1]**Neusatz** *m Typ (Vorgang)* nova kompostado, *(Ergebnis)* nova kompostaĵo
[2]**Neusatz** (*n*) ↑ ***Novi Sad***
Neuschnee *m* nova neĝo, neĝo ĵus falinta; ***über Nacht gab es*** ~ falis nova neĝo dum la [pasinta] nokto
Neuschottland (*n*), *amtl* ***Nova Scotia*** (*n*) *eine ostkanadische Provinz* Nov-Skotio, *auch* Nova Skotio *[Hptst.: Halifax]*
Neuseeland (*n*), *amtl* ***New Zealand*** *ein Staat südöstlich von Australien* Nov-Zelando *[Hptst.: Wellington]*
Neuseeländer *m* nov-zelandano
Neuseeländerin *f* nov-zelandanino
neuseeländisch *Adj* nov-zelanda
Neuseelandspinat *m* (Tetragonia tetragonioides = Tetragonia expansa) *Bot* tetragonio, *pop* nov-zelanda spinaco
neusibirisch *Adj*: ***≗e Inseln*** *Pl russ. Archipel im Nördlichen Eismeer* Novsiberiaj Insuloj *Pl [umfasst drei Inselgruppen]*
Neusilber *n* ↑ ***Argentan***
Neuss (*n*), *bis 1970* ***Neuß*** (*n*) *eine Stadt am Niederrhein* Neŭso
Neuston *n Biol (Gesamtheit aller Mikroorganismen des Oberflächenhäutchens stehender Gewässer)* neŭstono
Neustrelitz (*n*) *eine Stadt an der Mecklenburgischen Seenplatte* Novŝtrelico
Neustrien (*n*) *Gesch (ein Teilbezirk des Fränkischen Reiches [zw. Schelde u. Loire])* Neŭstrio
Neusüdwales [*...we:lz*] (*n*), *amtl* ***New South Wales*** *ein Gliedstaat des Australischen Bundes* Nova Sud-Kimrio *[Hptst.: Sydney]*
neutral 1. *allg, bes. Pol (unparteiisch)* neŭtrala (↑ *auch* ***klimaneutral***); *Chem (weder sauer noch basisch), El (weder positiv noch negativ [geladen], Naturw* neŭtra; **~*e Haltung*** *f bes. Pol* neŭtrala sinteno; ***eine ~e Lösung*** *Chem* neŭtra solvaĵo; ***~e Zone*** *f* neŭtrala zono **2.** *Adv* neŭtrale; neŭtre
Neutrale *m* neŭtralulo (↑ *auch* ***Unpartei-***

ische)

Neutralfilter *m El* neŭtra filtrilo

Neutralisation *od* **Neutralisierung** *f Pol u. Phon* neŭtraligo; *Naturw* neŭtrigo

neutralisieren *tr Pol (für neutral erklären)* neŭtraligi *auch Phon*; *Naturw (gegenseitig unwirksam machen)* neŭtrigi; ***neutralisierte Zone*** *f* neŭtraligita zono

Neutralisierung *f* ↑ ***Neutralisation***

Neutralismus *m bes. Pol* neŭtralismo

Neutralist *m Pol (Anhänger des Neutralismus)* neŭtralisto

neutralistisch *Adj* neŭtralisma

Neutralität *f bes. Pol* neŭtraleco; *Chem, El, Naturw* neŭtreco

Neutralitäts|erklärung *f* deklaro (*bzw.* proklam[ad]o) de neŭtraleco; ~**politik** *f* politiko de neŭtraleco

Neutrino *n Kernphysik (neutrales Elementarteilchen)* neŭtrino

Neutrodyn *n Radio* neŭtrodino

Neutron *n Kernphysik* neŭtrono; ***einfallendes (freies)*** ~ incidenta (libera) neŭtrono; ***thermische ~en*** *Pl Neutronen mit einer mittleren Bewegungsenergie von etwa 0,025 eV* termikaj neŭtronoj *Pl*

Neutronen|bombe *f Mil* neŭtrona bombo; ~**einfang** *m Kernphysik (eine Kernreaktion)* neŭtronkapt[ad]o; ~**fluss** *m* neŭtrona flukso *od* neutron-flukso; ~**physik** *f* neŭtrona fiziko; ~**sterne** *m/Pl Astron (visuell im Allgemeinen nicht beobachtbare, aber sehr wahrscheinlichexistierende Sterne von ungeheurer Dichte, die aus eng zusammengepackten Neutronen bestehen)* neŭtronaj steloj *Pl*; ~**strahlung** *f Kernphysik (die bei der Kernfusion od Kernspaltung auftretende radioaktive Strahlung)* neŭtrona radiado; ~**waffe** *f Mil* neŭtrona armilo

Neutropenie *f nur Fachspr Med (Verminderung der neutrophilen Granulozyten im Blut [als Folge von Zytostatika-Behandlung, Sepsis od Bestrahlung])* neŭtropenio

Neutrozytopenie *f* ↑ *unter* ***Agranulozytose***

Neutrum *n Gramm* neŭtra substantivo

Neuutraquisten *m/Pl Kirche* novutrakvistoj *Pl*

neuvermählt *Adj eben erst vermählt* ĵus geedziĝinta, *(Mann)* ĵus edziĝinta, *(Frau)* ĵus edziniĝinta (↑ ***neu vermählt*** [*unter* ***neu 2.***])

Neuverschuldung *f Fin* novŝuldiĝo

Neuwahl *f Parl* novaj elektoj *Pl*, *(Wiederwahl)* reelekto, *(Wiederabstimmung)* rebaloto; ***eine ~ durchführen*** okazigi (*od* fari) novajn elektojn (*bzw.* rebaloton)

Neuweltgeier *m/Pl Orn*: ***[Familie der]*** ~ *Pl* (Cathartidae) katartedoj *Pl* (*vgl. dazu* ***Hühnergeier***)

Neuwert *m* aĉet-valoro

neuwertig *Adj* kvazaŭ nova *od* kvazaŭ nove aĉetita

Neuzeit *f (als Epoche)* nova (*od* moderna) epoko; *(als Jetztzeit)* nuntempo

neuzeitlich *Adj* nunepoka; nuntempa, moderna (*vgl. dazu* ***kontemporär***)

Nevada (*n*) (*Abk* ***Nev.***, *[postalisch]* ***NV***) *ein US-Bundesstaat* Nevado *[Hptst.: Carson City]*

Newa *f ein Fluss in NW-Russland* [rivero] Nevo *<Abfluss des Ladogasees>*

Newari ***a)*** *Pl Ethn (eines der Altvölker in Nepal [im Kathmandu-Tal])* nevaroj *Pl* ***b)*** *n Ling (eine in Nepal gesprochene Sprache)* la nevara [lingvo]

New Britain (*n*) ↑ ***Neubritannien***

New Brunswick [*nju:'branswik*] (*n*) *eine kanadische Provinz am Sankt-Lorenz-Golf* Nov-Brunsviko *[Hptst.: Fredericton]*

Newcomer [*'nju:ka...*] *m* = ***Neuling***

New Georgia [*nju:'dʒɔ:dʒə*] (*n*) *eine Insel der Salomonen* Nov-Georgio

New Hampshire (*n*) [... *'hämpʃə*] (*Abk* ***N.H.***, *[postalisch]* ***NH***) *ein US-Bundesstaat* Nov-Hampŝiro *[Hptst.: Concord]*

New Ireland (*n*) ↑ ***Neuirland***

New Jersey (*n*) (*Abk* ***N.J.***, *[postalisch]* ***NJ***) *ein Bundesstaat der USA* Nov-Ĵerze[j]o *[Hptst.: Trenton]*

New Mexico (*n*) (*Abk* ***N.Mex.*** *od* ***N.M.***, *postalisch* ***NM***), *dt.* ***Neu-Mexiko*** (*n*) *ein Bundesstaat der USA* Nov-Meksikio *[Hptst.: Santa Fé]*

New Orleans (*n*) *eine Stadt in Louisiana/ USA [am unteren Mississippi]* Nov-Orleano

New-Orleans-Jazz *m ein Musizierstil des Old-Time-Jazz* nov-orleana ĵazo

Newsgroup *f ein Diskussionsforum im Usenet, einem Teil des Internets* novaĵ-grupo

New South Wales (*n*) ↑ ***Neusüdwales***

[1]**Newton** [*'nju:tn*] (*m*) *Eig (engl. Physiker, Mathematiker u. Astronom [1642-1727])* Neŭtono; ***das Newton'sche System*** la sistemo de Neŭtono

[2]**Newton** [*'nju:tn*] *n* (*Zeichen* ***N***) *Maßeinheit der Kraft im MKS-System* neŭtono, *auch*

nutono (↑ *auch* ***Kilonewton***)

Newtonmeter *n (Zeichen* ***Nm****) Phys (Einheit der Energie u. der Arbeit)* neŭtonmetro

New York (*n*) ***a)*** *Stadt* Nov-Jorko *od* Novjorko (↑ *auch* ***Neu-Amsterdam***) ***b)*** (*Abk* ***N.Y.***, *[postalisch]* ***NY****) ein US-Bundesstaat* Novjorkio *[Hptst.: Albany]*

New Yorker 1. *m Einwohner von New York* novjorkano **2.** *Adj* novjorka; ***die ~ Metro*** la novjorka metroo

New Zealand (*n*) ↑ ***Neuseeland***

Neyshabur (*n*) ↑ ***Naischabur***

nF = *Zeichen für* ***Nanofarad***

Ngorongoro[-Krater] *m ein riesiger Einbruchkrater im Hochland von Tansania <mit 600 m Tiefe u. 22 km Durchmesser>* Ngorongoro, *auch* Ngorongoro-kratero

Ngultrum *m* (*Abk* ***NU*** *od* ***Nu.***) *Währung in Bhutan* nultrumo (*vgl. dazu* ***Chetrum***)

Ngwee *m kleine Währungseinheit in Sambia* gveo (*vgl. dazu* ***Kwacha***)

Niacin *n Biochemie* ↑ ***Nikotinsäure***

Niagara *m, auch* ***Niagara River*** [rivero] Niagaro; ~**fälle** *Pl, engl.* ***Niagara Falls*** Niagaraj Akvofaloj *od* Katarakto de Nia- garo

Niamey (*n*) *Hptst. der Rep. Niger* Niameo

Niam-Niam *Pl Ethn* ↑ ***Azande***

Nias (*n*) *eine indonesische Insel vor der Westküste Sumatras* [insulo] Niaso *[Hptst.: Gunungsitoli]*

Nibelungen *Pl german. Myth* Nibelungoj *Pl*; ~**lied** *n Lit (um 1200 entstandenes mittelhochdeutsches strophisches Heldenepos eines unbekannten Dichters aus dem Donauraum)* nibelunga kanto; ~**sage** *f* nibelunga sagao; ~**treue** *f* firma lojaleco

Nicaenum *n, auch* ***Symbolicum Nicaenum***, *dt.* ***Nikänisches Glaubensbekenntnis*** *n Rel (auf dem ökumenischen Konzil von Nicaea [im Jahre 325] angenommenes Glaubensbekenntnis)* Simbolo de Niceo

Nicander (*m*) *Eig* ↑ ***Nikandros***

Nicaragua *od* **Nikaragua** (*n*) *ein Staat in Zentralamerika* Nikaragvo *[Hptst.: Managua]*

Nicaraguaner *od* **Nikaraguaner** *m* nikaragvano

Nicaraguanerin *od* **Nikaraguanerin** *f* nikaragvanino

nicaraguanisch *od* **nikaraguanisch** *Adj* nikaragva

Nichiren *Eig (ein japanischer buddhistischer Priester des 13. Jh.s <Gründer der Nichiren- od Hokke-Sekte>)* Niĉireno *[entstanden im Jahre 1253]*; ***Doktrin*** *f* ***der Nichiren-Sekte*** *Rel* niĉirenismo

nicht *Adv* ***a)*** *Negation von Verben u. Adjektiven* ne; ~ ***anwesend*** (*od* ***da***) ***sein*** ne ĉeesti; ~ ***dürfen*** ne rajti; ~ ***gern [tun]*** *od* ~ ***mögen*** ne ŝati; ~ ***haben*** ne havi, *(nicht besitzen) auch* ne posedi; ~ ***imstande sein zu ...*** *od* ~ ***können*** ne kapabli *od* ne povi; ~ ***jadgbare Tiere*** *n/Pl* bestoj *Pl*, kiujn oni ne rajtas ĉasi; ~ ***müde sein*** ne esti laca; ~ ***müssen*** *bzw.* ~ ***brauchen*** ne devi *bzw.* ne bezoni; ***es ist ~ nötig [, dass ...]*** ne estas necese [, ke ...]; ~ ***öffentlich*** malpermesita (*od* malfermita) por la [ĝenerala] publiko; *privat* privata; ~ ***rostender Stahl*** *m* rust-imuna ŝtalo; ~ ***verantwortlich*** ne respondeca (***für*** por); ~ ***wollen*** ne voli; ***sich ~ getrauen zu ...*** ne kuraĝi ... *od* ne havi la kuraĝon ...; ***das ist ~ wahr*** tio ne estas vera (*od* la vero) ***b)*** *Negation von Substantiven, Pronomen u. Numeralia* ne (*vgl. dazu* ***kein***); ***das ist ~ das Flugzeug aus ...*** tio ne estas la aviadilo el ...; ***ich bin der Fahrer, ~ du!*** mi ŝoforas, ne vi!; ***das sind ~ vier, sondern fünf*** tio ne estas kvar sed kvin ***c)*** *Negation des Imperativs, um [gut gemeinte] Verbote auszusprechen* ne; ~ ***berühren!*** ne tuŝu!; ~ ***doch!*** *umg* ne faru [tion]!; ***fürchte dich ~!*** ne timu!; ***geh ~ dorthin!*** ne iru tien!; ***sei ~ so laut!***, *umg auch* ***mach ~ so einen Krach!*** ne estu tiel (*od* tiom) laŭta! *od* ne faru tian bruon!; ***tu*** (*od* ***mach***) ***das ~!*** ne faru [tion]! ***d)*** *Partikel in rhetorischen od Vergewisserungsfragen*: ~ ***[wahr]?*** ĉu ne vere?; *ist es nicht so?* ĉu ne estas tiel ĉi?; *am Satzende* ĉu ne?; ***der Bus nach Köln fährt doch um zwölf ab, ~ wahr?*** la buso al Kolonjo foriros je la dekdua, ĉu ne? ***e)*** *in (oft ironischen) Fragen, umg* ĉu ... ne ...?; ***ist das ~ [genau] dasselbe?*** ĉu tio ne estas [tute] la sama? ***f)*** *in mehrteiligen Konjunktionen*: ~ ***nur ... sondern auch ...*** ne nur ... sed ankaŭ ...; ~ ***einmal*** *selbst* eĉ ... ne ...; ~ ***einmal Spezialisten können das verstehen*** eĉ specialistoj ne povas kompreni tion ***g)*** *in weiteren Fügungen*: ~ ***mehr*** *(zurückweisend)* jam ne; *(vorausweisend)* ne plu; ***absolut*** (***ganz und gar***) ~ absolute (tute) ne; ***auch*** ~ ankaŭ ne, same ne; ***durchaus*** ~ nepre ne; ***ebenfalls*** ~ same ne; ***noch*** ~ ankoraŭ ne, *auch* ne jam; ***sie wird ~ so bald wiederkommen*** ŝi certe ne baldaŭ revenos

Nicht|achtung *f* nerespekto (***gegenüber*** al); *Nichtbeachtung* ignor[ad]o; ~**adlige** *m Gesch (Bürgerlicher im Ggs zum Adligen)* nenobelo

nicht|akademisch *Adj* neakademia; ~**amtlich 1.** *Adj* neoficiala **2.** *Adv* neoficiale

Nichtanerkennung *f* neagnosko

Nichtangriffs|pakt *m Pol* pakto pri [reciproka] neagreso; ~**vertrag** *m* traktato pri [reciproka] neagreso

Nichtannahme *f* neakcept[ad]o

Nichtanwendung *f* neuzo, neaplik[ad]o; ~ ***von Gewalt*** neuzo de forto

Nicht|beachtung *od* ~**befolgung** *f* neobserv[ad]o; *das Ignorieren (von etw.)* ignorado; ~**bestehen** *n* neekzist[ad]o; ~**christ** *m* nekristano; ~**dasein** *n* neesto

Nichte *f* nevino (↑ *auch* ***Großnichte***)

Nicht|einführung *f z.B. von Vorschlägen* neenkonduko; ~**einhaltung** *f* neobserv[ad]o

Nichteinmischung *f*, *auch* ***Nichtintervention*** *f bes. Pol* neenmiksiĝo, *auch* neinterveno; ~ ***in die inneren Angelegenheiten anderer Staaten*** neenmiksiĝo en la internajn aferojn de aliaj ŝtatoj

Nichteinmischungsgarantie *f bes. Pol* garantio pri neinterveno

Nichteisen|metall *n*, *kurz* ***NE-Metall*** *n* nefera metalo; ~**metallurgie** *f* nefera metalurgio

Nicht|erfüllung *f* neplenumo; ~**erscheinen** *n Nichtanwesenheit* neĉeesto (↑ *auch* ***Kontumaz***); ~**esperantist** *m* ne-esperantisto

nichteuklidisch *Adj*: ~***e Geometrie*** *f* neeŭklida geometrio

Nicht|fachmann *m* nefakulo; ~**funktionieren** *n* nefunkciado

nichtig *Adj eitel* vanta; *ungültig* malvalida, *auch* nula; *bedeutungslos* sensignifa, *(nachgest)* ne havanta signifon (*od* gravecon); *wertlos* senvalora; *geringfügig* malgranda, bagatela, *unwichtig* malgrava; ***etw. für [null und]*** ~ ***erklären*** deklari ion malvalida (*vgl. dazu* ***annullieren***)

Nichtigkeit *f* ***a)*** *belanglose Sache, unbedeutendes Problem* bagatelo; *etw. Bedeutungsloses od Unwichtiges* malgravaĵo; *etw. Nichtiges* neniaĵo, frivolaĵo (↑ *auch* ***Firlefanz***) ◇ ***sie gibt ihr Geld für*** ~***en aus*** ŝi elspezas sian monon por frivolaĵoj ***b)*** *Ungültigkeit* malvalideco

Nichtigkeitserklärung *f* deklaro de malvalideco; *durch ein Gericht nächster Instanz* kasacio (↑ *auch* ***Kassation***)

Nichtintervention *f Pol* ↑ ***Nichteinmischung***

nichtkristallin *Adj*: ***von*** ~***er Struktur*** [de] amorfa [strukturo]

nichtkürzbar *Adj Math* nereduktebla

Nicht|leiter *m El* nekonduktanto, *(nicht leitendes Medium)* dielektriko (*vgl. dazu* ***Dielektrikum*** *u.* ***Isolator***); ~**lieferung** *f* neliver[ad]o; ~**metall** *n chem. Element, das kein Metall ist* metaloido; ~**mitglied** *n* nemembro; ~**paktgebundenheit** *f Pol* nealianciteco

Nichtraucher *m* nefumanto; ***ich bin*** ~ mi estas nefumanto *od (ich rauche nicht)* mi ne fumas

Nicht|raucherabteil *n alt: Eisenb* kupeo por nefumantoj; ~**regierungsorganisation** *f* (*Abk* ***NRO***) neregistara organizaĵo

nichts *Indef Pron* nenion, *quantitativ auch* neniom; ~ ***ahnend*** nenion suspektanta; ~ ***als ...*** *im Nom* nenio krom ..., *im Akk* nenion krom ...; ~ ***anderes als ...*** *im Nom* nenio alia ol (*od* krom) ..., *im Akk* nenion alian ol (*od* krom) ...; ~ ***[anderes] als Ärger mit ... haben*** havi nenion krom ĉagreno pro ...; ~ ***dergleichen*** *im Nom* nenio ĉi-speca, *im Akk* nenion ĉi-specan; ~ ***mehr*** (*od* ***weiter***) *im Nom* nenio plu, *im Akk* nenion plu; ~ ***Neues*** nenio nova; ***alles oder*** ~ *im Nom* ĉio aŭ nenio, *im Akk* ĉion aŭ nenion; ***das macht*** (*od reg* ***tut***) ~ tio faras nenion, tio estas negrava; *das stört nicht* tio ne ĝenas; ***er sagte*** ~ li diris nenion; ~ ***dagegen haben*** ne kontraŭi; ***da können Sie*** ~ ***machen*** [pri tio] vi povas fari [absolute] nenion; ***du hast*** (*bzw.* ***Sie haben***) ***hier*** ~ ***zu suchen*** vi havas nenion por fari ĉi tie; ***für*** ~ ***und wieder*** ~ por nenio [kaj fakte nenio]; *völlig umsonst* tute vane; ***und weiter*** ~ kaj nenion pli ◇ ~ ***wie weg!*** ni foriĝu [de ĉi tie]!; ***mir*** ~ ***dir*** ~ *ohne Grund* sen iu kaŭzo, absolute senkaŭze ◇ ***wer*** ~ ***hat, gilt*** ~ kiu havas nenion, estas nenio *(Zam)*

Nichts *n* neni[aĵ]o; *pej für eine Person* absoluta malgravulo, nulo; ***vor dem*** ~ ***stehen*** alfronti [kompletan] ruiniĝon

Nichtschwimmer *m* nenaĝanto; ~ ***sein*** ne povi naĝi

Nichtschwimmerbecken *n* baseno por nenaĝantoj

nichtsdestoweniger *Adv trotz allem* malgraŭ

ĉio [ĉi]; *dennoch* tamen

Nichtsein *n* neesto

Nichts|könner *m* neniopovanto, homo, kiu kapablas fari [absolute] nenion; ~**nutz** *m*, *<österr> auch* ***Haderlump*** *m*, *<schweiz> auch* ***Fötzel*** *n jmd., der zu nichts taugt* sentaŭgulo (*vgl. dazu* ***Taugenichts***); *Nichtstuer* neniofaranto; *derb (wertloser Mensch)* senvalorulo

nichtsnutzig *Adj* taŭga por nenio *nachgest*

nichtssagend, *auch* ***nichts sagend*** *unbedeutend* sensignifa; *banal* banala; *phrasenhaft* frazaĵa (↑ *auch* ***schwunglos***); ***ein ~er Roman*** banala (*od auch* senverva) romano

nichtstaatlich, *auch* ***nicht staatlich*** *Adj* neŝtata

Nichts|tuer *m* neniofaranto (*vgl. dazu* ***Faulpelz***); ~**tun** *n* neniofarado, *poet auch* farniento; *Faulheit* maldiligento

nichtswürdig *Adj* seninda; *pej* fia, kanajla

Nicht|teilnahme *f* nepartopreno; ~**übereinstimmung** *f* nekonformeco (↑ *auch* ***Diskrepanz***); ~**vergessen** *n* neforgeso; ~**verstehen** *n* nekompren[ad]o (↑ *auch* ***Unverständnis***); ~**vorhandensein** *n* neesto; ~**wähler** *m Parl* neelektanto; ~**wissen** *n* nescio (*vgl. dazu* ***Dummheit***); ~**zahlung** *f* nepago

nichtzielend, *auch* ***nicht zielend*** *Adj*: ***~es Verb*** *n Gramm* netransitiva verbo

Nichtzutreffende *n*: ***~s bitte streichen!*** *auf Fragebögen u. dgl.* kio ne koncernas vin bv. (= bonvolu) forstreki!

Nickel *n* (*Symbol Ni*) *Chem* nikelo; ~**chlorid** *n Chem* nikela klorido

Nickelin *m Min (Kupfernickel)* nikelino

Nickel|legierung *f Chem* nikel-alojo; ~**oxid** *n Chem* nikeloksido

Nickelporphyrin *n Min* ↑ ***Abelsonit***

Nickel|stahl *m* nikela ŝtalo; ~**tetracarbonyl** *n Chem* nikela tetrakarbonilo; ~**verbindungen** *f/Pl Chem* nikelaj kombinaĵoj *Pl*

nicken *intr* ***a)*** *mit dem Kopf* kapoklini, *(um ein Zeichen zu geben)* kapsigni, *(bejahend)* kapjesi, *(um zu grüßen)* kapsaluti; ***zustimmend mit dem Kopf ~*** konsente kapoklini, kapjese montri sian konsenton ***b)*** *leicht schlummern* dormeti [sidante]

Nickerchen *n umg*: ***ein [kleines] ~ machen*** iomete dormeti (*vgl. dazu* ***Siesta***)

Nickhaut *f*, *auch* ***Blinzelhaut*** *f Zool ([bei Haien, Froschlurchen, Reptilien u. Vögeln:] Bindehautfalte, die beim Blinzeln rasch über das Auge gezogen wird, sogen. «drittes Augenlid» <Palpebra tertia>)* niktita membrano

Nicki[pullover] *m Textil (Pullover aus samtartigem Baumwollstoff)* velura pulovro

Nicole *od* **Nikola** (*f*) *weibl. Vorname* Nikola

Nicol'sches Prisma *n Opt* nikola prismo, *auch kurz* nikolo

Nicosia (*n*) ↑ ***Nikosia***

Nicotin *n Chem* ↑ ***Nikotin***

Nicotinamid *n*, *auch* ***Nikotinsäureamid*** *n Biochemie* nikotin[at]a amido, *auch* amido de nikotina acido

Nidel *m od f* ↑ ***Sahne***

Nidwalden (*n*): ***Kanton*** *~ in der Zentralschweiz* kantono Nidvaldo *[Hauptort: Stans]*

nie, *auch* ***niemals***, *reg od poet* ***nimmer*** *Adv* neniam; ***jetzt oder nie*** [ĝuste] nun aŭ neniam; ***noch nie*** neniam [antaŭe]; ***~ wieder!*** neniam plu!; ***ich hatte Schmerzen wie ~ zuvor [in meinem Leben]*** mi havis doloron kiel neniam antaŭe [en mia vivo]

nieder **1.** *Adj weniger bedeutend* malalta; *ethisch minderwertig, z.B. Gesinnung* malnobla (↑ *auch* ***primitiv***); ***der ~e Adel*** la malalta nobelaro; ***die ~e Geistlichkeit*** la malalta ekleziularo **2.** *Adv nach unten* malsupren; ***auf und ~*** supren-malsupren **3.** *Interj*: ***~ [mit] ...!*** bas ...!; ***~ mit dem König!*** *als Ausruf* bas la reĝon!

niederbay[e]risch *Adj* malsuprabavar[i]a

Niederbayern (*n*) Malsupra Bavario *[Hptst.: Landshut]*

niederbeugen *tr* malsuprenfleksi; *übertr* kurbigi, *(erniedrigen)* humiligi; ***sich ~*** sin fleksi malsupren

niederbrennen ***a)*** *tr* forbruligi ***b)*** *intr* forbruli (*vgl. dazu* ***niedergebrannt***)

niederdeutsch *Adj Ling* basgermana, *auch* malaltgermana

Niederdeutsch[e] *n Ling* la malaltgermana [lingvo]

Niederdruck *m Tech* basa premo; ~**dampfheizung** *f* basprema vaporhejtado

niederdrücken *tr* premi [malsupren]; *deprimieren* deprimi; *unterdrücken* subpremi; *den Mut nehmen* senkuraĝigi, *betrüben* aflikti

Niederdruck|heizung *f* basprema hejtado; ~**zylinder** *m Tech* basprema cilindro

niederfallen *intr* fali; *auf die Knie fallen* fali sur la genuojn *(Zam)*

Nieder|franken (*n*) Malsupra Frankonio;

~**frequenz** *f El* malalta (*od* basa) frekvenco
Niedergang *m* ***a)*** *Verfall (bes. sittlich u. kulturell)* dekadenco, *(Degeneration)* degenerado; *eines Imperiums* [dis]falo; *verminderung des Wohlstands* malprospero; ~ ***der Demokratie*** dekadenco de la demokratio; ***wirtschaftlicher*** ~ ekonomia falo ***b)*** *eines Gestirns* malleviĝo, *auch* subiro
niedergebrannt *Adj* [plene] forbrulinta
niedergeh[e]n *intr sich senken (auch Vorhang im Theater)* malleviĝi; *Flugzeug* alteriĝi; ***ein Regenguss ging nieder*** pluvoverŝo falis teren
niedergeschlagen *Adj deprimiert* deprimita; *trübsinnig, wehmütig* melankolia (*vgl. dazu* ***traurig***); *hoffnungslos* senespera; *mutlos* senkuraĝa, *nachgest auch* perdinta la kuraĝon
Niedergeschlagenheit *f Deprimiertheit* deprimiteco; *Wehmut, Trübsinn* melankolio; *Hoffnungslosigkeit* senespereco
nieder|halten *tr nach unten drücken* premi [malsupren]; *unterdrücken, z.B. das Volk* subpremi; ~**hauen** *tr zu Boden schlagen* terenbati; *fällen, z.B. einen Baum* faligi; ~**hocken, sich** *refl* kaŭre sidiĝi
niederholen *tr*: ***die Flagge wurde niedergeholt*** la flago estis malhisata
nieder|knien *intr* surgenuiĝi, *auch* [sur]genui (***vor*** antaŭ); ~**knüppeln** *tr* klabi teren
niederkommen *intr alt für «von einem Kind entbunden werden»* akuŝi, *alt für «ein Kind zur Welt bringen»* naski infanon; ***sie ist mit Zwillingen niedergekommen*** ŝi akuŝis je ĝemeloj
Niederkunft *f geh für «Entbindung»* akuŝo
Niederlage *f* ***a)*** *Mil, Sport* malvenko (↑ *auch* ***Punktniederlage***); *Misserfolg* malsukceso (↑ *auch* ***Wahlniederlage***); ***mit einer*** ~ ***enden*** finiĝi en (*od auch* per) malvenko; ***eine*** ~ ***erleiden*** suferi malvenkon; ***eine*** ~ ***in einen Sieg verwandeln*** turni malvenkon en venkon ***b)*** *Lager* [var]tenejo, magazeno ***c)*** *Filiale* filio
Niederlande *Pl*: ***die*** ~ Nederlando *[Residenzstadt: Den Haag]* (↑ *auch* ***Holland***)
Niederländer *m* nederlandano
Niederländerin *f* nederlandanino
niederländisch *Adj* nederlanda
Niederländisch|-Guayana (*n*) *bis 1975 niederl. Kolonie an der Küste von Guayana* Nederlanda Gvajano *[Hptst.: Paramaribo]* (*vgl. dazu* ***Guayana*** *u.* ***Surinam***); ~**-Indien** (*n*) *Gesch* Nederlanda Hindio *[damalige Hptst.: Batavia]* (↑ *auch* ***Indonesien***)
niederlassen *tr herunterlassen* mallevi; ***sich*** ~ *siedeln, ständig wohnen* setli (***in*** en); *sein Domizil aufschlagen* ekloĝi (***in*** en), *(Firma, Unternehmen)* sin establi *od* establiĝi (***in*** en); *sich hinsetzen* eksidi (***auf*** sur)
Niederlassung *f Siedlung* setlejo; *Filiale* filio; *Agentur* agentejo; *Etablissement* establaĵo; *Vertretung* reprezentejo
Niederlassungsrecht *n* rajto je setlado
Niederlausitz *f* (*Abk* ***N.L.***) Malsupra Luzacio
niederlegen *tr auf den Boden legen* meti sur la teron; *reg für «fällen» (einen Baum)* faligi; ***sein Amt*** ~ demisii; ***die Arbeit*** ~ ĉesigi la (*od* sian) laboron; *streiken* [ek]striki; ***einen Kranz*** (*od* ***ein Blumengebinde***) ~ meti florkronon (*od* funebran kronon); ***sich*** ~ *um zu ruhen* kuŝiĝi [por ripozi], *um zu schlafen* kuŝiĝi [por dormi]; *ins Bett gehen* enlitiĝi; ***die Waffen*** ~ formeti (*od* demeti) la arm- ilojn; *kapitulieren* kapitulaci (*vgl. dazu* ***sich ergeben***)
Niederlegung *f Amt, Mandat* rezigni pri; *freiwillige Amts*≗ abdiko
nieder|mähen *tr bes. übertr für «dahinraffen»* falĉi; ~**metzeln** *tr* amasbuĉi, masakri
Niederösterreich (*n*) (*Abk* ***NÖ***) Malsupra Aŭstrio *[Hptst.: Sankt Pölten]*
niederprasseln *intr Hagel, Regen*: ***aufs Dach*** ~ batadi (*od* marteli) la tegmenton
niederreißen *tr* faligi *auch übertr*, malkonstrui; *i.w.S. zerstören* detrui
Niederrhein *m* Basa (*od* Malsupra) Rejno
niederrheinisch *Adj* malsuprarejna
niederringen *tr überwältigen* superforti, *auch* [perforte] subigi; *besiegen* venki
Niedersachsen (*n*) *dt. Bundesland* Malsupra Saksio *[Hptst.: Hannover]*; ***Esperanto-Verband*** ~ Esperanto-Ligo Malsupra Saksio (*Abk* EMAS)
niedersächsisch *Adj* malsuprasaksa
niederschießen *tr [bedenkenlos] erschießen* [senskrupule *od auch* simple] pafmortigi
Niederschlag *m* ***a)*** *Chem (Ausfällung)* precipitaĵo, *(Bodensatz)* sedimento; ***radioaktiver*** ~ radioaktiva precipitaĵo; ***einen*** ~ ***bilden*** *sich niederschlagen* precipitiĝi ***b)*** *Met* [atmosfera] precipitaĵo, *i.e.S. (Regen)* pluvo, *(Schnee)* neĝo, *(Nebel)* nebulo; ***künstlicher*** ~ artefarita pluvo ***c)*** *Boxen* sterno, *(K.-o.-Schlag)* nokaŭto
niederschlagen *tr* ***a)*** *Chem (ausfällen)* preci-

piti *auch Met, (als Bodensatz absetzen)* sedimenti; ***sich*** ~ *Chem (ausfällen)* precipitiĝi *auch Met, (als Bodensatz)* sedimentiĝi ***b)*** *einen Aufstand, eine Revolution u.Ä.* frakasi, sufoki; *zu Boden schlagen (eine Person)* bati teren; *Zweifel* forigi ***c)*** *Boxen* sterni, *i.e.S. (k.o. schlagen)* nokaŭti ***d)*** *Jur (ein schwebendes Strafverfahren)* abolicii ***e)*** *senken, z.B. den Blick* mallevi; ***die Augen*** ~ mallevi la rigardon [teren] ***f)*** *refl*: ***sich*** ~ *sichtbar od erkennbar werden, sich zeigen* vid[ebl]iĝi, montriĝi; *zustande kommen* efektiviĝi

niederschlagsarm *Adj*: ***ein ~es Gebiet*** *Met* regiono malriĉa je pluvo

niederschlagsfrei *Adj Met* senprecipitaĵa *od nachgest* sen precipitaĵo; *ohne Regen* senpluva; *ohne Schnee* senneĝa

Niederschlagsintensität *f Met* intenso de precipitado (*od i.e.S.* pluvo)

Niederschlagsmenge *f Met* precipitaĵa kvanto; ***jährliche*** ~ jara averaĝo de precipitaĵo

Niederschlagung *f z.B. einer Revolte* frakaso, sufok[ad]o; *Jur (eines schwebenden [Straf-] Verfahrens)* abolicio

Niederschlesien (*n*), *poln.* ***Dolny Śląsk*** Malsupra Silezio

nieder|schmetternd *Adj übertr* [profunde] senkuraĝiga, *auch* frakasa; **~schreiben** *tr* noti, skribi; *verfassen* verki, *auch* skribi

Niederschrift *f das Niederschreiben* notado; *Protokoll* protokolo (*vgl. dazu* ***Notiz***)

niedersetzen *tr*: ***etw.*** ~ *[aus den Händen od Armen] auf den Boden, auf den Tisch usw. setzen* meti ion sur *mit Akk*; ***sich*** ~ sin sidigi, eksidi (↑ *auch* ***sich hinsetzen***)

niedersorbisch *Adj* malsuprasoraba

Niedersorbisch[e] *n Ling* malsuprasoraba [lingvo] (↑ *auch* ***Obersorbisch***)

Niederspannung *f El* malalta (*od* basa) tensio; *Schwachstrom* kurento de malalta tensio

niederstechen *tr*: ***jmdn.*** ~ piki iun per armilo [ĝis la atakato falas teren]

niedersteigen *intr* malsupreniri, descendi

niederstoßen *tr*: ***jmdn.*** ~ puŝi iun teren

niederstrecken *tr*: ***jmdn.*** ~ *durch Schläge* per batoj faligi iun [teren]; *durch Schüsse [bedenkenlos] erschießen* [senskrupule *od* simple] pafmortigi iun

niederstürzen *intr* fali [teren]

Niedertracht *f* fia faro, fiago *od* fiaĵo (*vgl. dazu* ***Bosheit***, ***Gemeinheit*** *u.* ***Infamie***)

niederträchtig *Adj schändlich* fia, kanajla, kovarda; *infam* infamia (*vgl. dazu* ***boshaft***, ***charakterlos***, ***ehrlos***, ***gemein***, ***hinterhältig***, ***rachsüchtig*** *u.* ***schamlos***)

niedertreten *tr* piedpremi *auch den Rasen*, forte terenpremi per la piedoj, [sur]treti

Niederung *f Geogr* malalta tereno, *auch* malaltaĵo (↑ *auch* ***Senke***)

niederwalzen *tr* [totale] platigi

niederwerfen *tr* terenĵeti *od* ĵeti teren; ***einen Aufstand*** ~ frakasi (*od* sufoki) ribelon; ***sich*** ~ *auf den Boden* sin ĵeti teren (*vgl. dazu* ***niederknien***)

Niederwerfung *f*: ~ ***eines Aufstands*** frakaso (*od* sufok[ad]o) de ribelo

Niederwild *n Jagd (alle jagdbaren Vögel [außer Auerwild], Hase, Dachs, Fuchs u.a.)* ĉaseblaj birdoj kaj malgrandaj ĉasbestoj *Pl*

nieder|ziehen *tr* tiri suben (*od* malsupren), *runter auf die Erde ziehen* tiri teren; **~zwingen** *tr* [preme *od* streĉe] subigi (*od* venki)

niedlich *Adj Kind, Mädchen* minjona; *süß* dolĉa; *reizend* ĉarma (*vgl. dazu* ***drollig*** *u.* ***hübsch***)

niedrig *Adj* malalta *auch Einkommen*; *ethisch minderwertig* malnobla; *gemein* vulgara (*vgl. dazu* ***schuftig***); ***in ~er Dosis*** *bzw.* ***in ~en Dosen*** *Med* en malaltaj dozoj

Niedrigeinkommen *n* malalta enspezo

Niedrigkeit *f gemeine Tat* fiago; *zynische Tat* cinikaĵo; *zynische Art* cinikeco

Niedriglohn *m* malalta laborpago; **~land** *n*, *auch* ***Billiglohnland*** *n* malaltsalajra lando, lando de malalta laborpago; **~sektor** *m* malaltsalajra sektoro

Niedrigwasser *n* malalta akvo; *Ebbe* basa tajdo; **~periode** *f* malaltakva periodo

niellieren *tr* ↑ *unter* ***Niello***

Niellierer *m Verfertiger von Nielloarbeiten* nielisto

Niello *n 1. eine Verzierungstechnik der Goldschmiedekunst 2. auch* ***Nielloarbeit*** *f ein mit dieser Technik verziertes Kunstwerk* nielo; ***mit*** ~ ***auslegen***, *auch* ***niellieren*** dekoracii per nielo, *auch* nieli

niemals ↑ ***nie***

niemand *Indef Pron* neniu (↑ *auch* ***keine(r, -s)***; ~***em gehörig*** nenies; ~ ***ander[e]s als ...*** neniu alia ol ...; ***es ist*** ~ ***da*** (*od* ***zu Hause***) estas neniu [en la domo *od* hejme *u.a.*]

niemandes *Pron* nenies; ***er war*** ~ ***Freund*** li estis nenies amiko

Niemandsland *n 1. Land, das zw. zwei Fronten od Grenzen liegt 2. unerforschtes,* *unbesideltes Land* nenieslando

Niere *f* ***a)*** *Anat* (Ren) reno; ***künstliche ~e*** *Medizintechnik (Dialysegerät)* dializa aparato, *umg auch* artefarita reno (*vgl. dazu* ***ekstrakorporale Dialyse***; ↑ *auch* ***Hufeisen-***, ***Schrumpf-***, ***Wander-*** *u.* ***Zystenniere***); ***von der ~ ausgehend***, <*wiss*> ***nephrogen*** nefrogena ◇ ***das geht mir an die ~n*** *das rührt mich* tio [ege] afliktas min ***b)*** <*österr*> ***Nierndl*** n *Kochk (Gericht aus Niere[n])* renaĵo

Nieren|abszess *m Med* rena absceso; **~affektion** *f, auch* ***Nierenbefall*** *m Med* rena afekcio; **~angiographie** *f Radiologie* rena angiografio; **~arterie** *f* (Arteria renalis) *Anat* rena arterio; **~atrophie** *f* (Atrophia renalis) *Med* rena atrofio

Nierenbaum *m Bot*: ***westindischer ~*** ↑ ***Cashewnussbaum***

Nierenbecken *n* (Pelvis renalis, *auch* Pyelum) *Anat* rena pelveto, *auch* pielo; **~entzündung** *f, Fachspr* ***Pyelitis*** *f Med* inflamo de la rena pelveto, *auch* pielito (↑ *auch* ***Zystopyelitis***)

Nierenbefall *m Med* ↑ ***Nierenaffektion***

Nieren|biopsie *f Chir (Biopsie der Nieren zur Gewinnung von Nierenparenchym)* rena biopsio; **~blutung** *f Med* rena sangado (*od* hemoragio); **~degeneration** *f Med* rena degenerado; **~diabetes** *m* (Diabetes renalis) *Med (renale Glukosurie)* rena diabeto; **~-diagnostik** *f Med* rena diagnostiko; **~ektopie** *f, auch* ***ektope Niere*** *f* (Ectopia renis) *Med* ektopia reno; **~embolie** *f Med* rena embolio; **~entzündung** *f, Fachspr* ***Nephritis*** *f Med* rena inflamo, *(Fachspr)* nefrito (↑ *auch* ***Glomerulo-***, ***Lupus-*** *u.* ***Paranephritis***); **~-epithel** *n Anat* rena epitelio; **~fistel** *f* (Fistula renalis) *Med* rena fistulo

nierenförmig **1.** *Adj* renoforma *auch Bot (eine Blattform)* **2.** *Adv* renoforme

Nieren|funktion *f* ren-funkcio; **~funktionsprüfung** *f* kontrolo de la ren-funkcio

Nierengeschwulst *f Med* ↑ ***Nephrom***

Nieren|grieß *m* rena gruzo; **~infarkt** *m Med* rena infarkto; **~insuffizienz** *f Med* rena insuficienco (↑ *auch* ***Nierenversagen***); **~karbunkel** *m Med (großer eingeschmolzener Nierenabszess)* rena karbunklo; **~karzinom** *n Med* rena karcinomo (↑ *auch* ***Hypernephrom***); **~kelche** *m/Pl* (Calyces renales) *Anat* renaj kalikoj *Pl*; **~kolik** *f* (Colica renalis) *Med* rena koliko *od* renokoliko

nierenkrank *Adj* renomalsana

Nieren|krankheit *f od* **~leiden** *n, Fachspr* ***Nephropathie*** *f* renomalsano, *Fachspr* nefropatio; ***hypertensive Nephropathie*** *f Nierenkrankheit als Folge einer länger bestehenden arteriellen Hypertonie* hipertensia nefropatio

Nieren|mark *n* (Medulla renalis) rena medolo; **~papillen** *f/Pl* (Papillae renales) *Anat* renaj papiloj *Pl*; **~parenchym** *n Anat* rena parenkimo; **~rinde** *f* (Cortex renis) *Anat* rena kortiko; **~röntgen[kontrast]darstellung** *f, Fachspr Med* ***Renografie*** *f* renografio; **~schaden** *m* renodifekto; **~schale** *f nierenförmiges Gefäß* renoforma pelvo; **~schmerzen** *m/Pl, Fachspr auch* ***Nephralgie*** *f* renodoloro, *Fachspr auch* nefralgio; **~sonografie** *f Med* renosonografio

Nierenstein *m* (Calculus renalis) *Med* ren[o]ŝton[et]o, <*wiss*> rena kalkuluso (*vgl. dazu* ***Urolithiase***; ↑ *auch* ***Cystin-*** *u.* ***Oxalatstein***); ***an ~en leiden*** suferi pro renoŝtonetoj

Nierenstein|krankheit *f od* **~leiden** *n, Fachspr* ***Nephrolithiasis*** *f Med* rena litiazo, *Fachspr* nefrolitiazo; **~zange** *f Chir, Urologie* renoŝtona forcepso

Nieren|stiel *m* (Pedunculus renalis) *Anat* rena pedunklo; **~szintigrafie** *f Nuklearmedizin* rena scintilografio; **~tätigkeit** *f* rena funkcio *od* ren-funkcio; **~tisch** *m* renoforma tablo

Nierentransplantation *Chir* renogreft[ad]o, *auch* renotransplant[ad]o; ***eine ~ vornehmen*** fari renogrefton

Nieren|trauma *n Med* rena traŭmato; **~tuberkulose** *f Med (hämatogene Infektion beider Nieren durch Mycobacterium tuberculosis)* rena tuberkulozo; **~tumor** *m Med* rena tumoro; **~versagen** *n Med* kompleta misfunkcio de la reno; **~zellenkarzinom** *n Med* renoĉela karcinomo (↑ *auch* ***Hypernephrom***); **~zyste** *f Med* rena kisto

Niesanfall *m Med* atako de ternado

nieseln *intr* drizli; ***es nieselt*** drizlas

Nieselregen *m* drizlo, *bei Nebellage auch* nebulpluvo

niesen *intr* terni

Niesen *n* tern[ad]o; ***zum ~ bringen*** ternigi; ***zum ~ reizend*** *od* ***~ hervorrufend*** terniga

Nies|pulver *n* terniga pulvoro; **~reflex** *m* terniga reflekso; **~reiz** *m* terniga irito

Nießbrauch *m, auch* ***Nutznießung*** *f Jur*

(Nutzungsrecht) fruktuzo

Nieswurz *f (Gattung* Helleborus) *Bot* heleboro; ***grüne*** ~ (Helleborus viridis) verda heleboro; ***schwarze*** ~, *pop auch* ***Christ-, Schnee-*** *od* ***Weihnachtsrose*** *f* (Helleborus niger) nigra heleboro, *pop auch* kristrozo *od* kristnaska rozo; ***stinkende*** ~ (Helleborus foetidus) fetora (*od* fiodora) heleboro; ***weiße*** ~ ↑ *unter* ***Germer***

Niet *m*, *umg* **¹Niete** *f Tech* nito; *Verbindungsbolzen [aus Metall]* vinkto

²Niete *f* ***a)*** *allg* sengajna loto, *in der Lotterie* sengajna loteribileto ***b)*** *Versager (Mensch)* fiaskulo, nulo

nieten *tr Tech* niti, *(mit Nieten verbinden)* fiksi per nitoj (*bzw.* vinktoj)

Nieten *n Tech* nitado (↑ *auch* ***Kaltnieten***)

Niet[en]hose *f* vakera pantalono; *Jeans* ĝinzo

Niet|hammer *m Tech* nitmartelo; ~**kopf** *m* nitkapo; ~**maschine** *f Tech* nitmaŝino; ~**verbindung** *f* nit-kunligo

Nietzsche (*m*) *Eig (dt. Philosoph u. klassischer Philologe [1844-1900])* Niĉeo; ***die philosophische Lehre ~s*** niĉeismo

Niger (*m*) ***a)*** *ein Fluss in Afrika* [rivero] Niĝero ***b)*** *amtl* ***Republik Niger*** *ein Binnenstaat in Westafrika* Niĝerlando, *auch* Niĝera Respubliko *[Hptst.: Niamey]*

Nigeria (*n*) *ein Staat in Westafrika* Niĝerio *[Hptst.: Abuja]* (↑ *auch* ***Biafra***)

Nigerianer *m* niĝeriano

Nigerianerin *f* niĝerianino

nigerianisch *Adj* niĝeria

Niger-Kongo-Sprachen *m/Pl Ling* Niĝer--Kongo-lingvoj (↑ *auch* ***Ful*** *u.* ***Wolof***)

Nigrer *m Bewohner von Niger* niĝer[land]ano

Nigrerin *f* niĝer[land]anino

nigrisch *Adj* niĝer[land]a

Nihilismus *m Phil, Pol (Verneinung aller Werte, Ziele od Glaubensinhalte)* nihilismo

Nihilist *m Phil, Pol* nihilisto

nihilistisch *Adj auf den Nihilismus bezogen* nihilisma; *auf die Nihilisten bezogen* nihilista

Niigata (*n*) *eine jap. Provinzhptst. an der Westküste Hondos* Niigato

Nijmegen (*n*), *dt.* ***Nimwegen*** (*n*) *eine niederländ. Stadt (Provinz Gelderland)* Nimego

Nikäa (*n*) *eine antike Stadt in Bithynien* Niceo (↑ *auch* ***nikänisch***)

Nikab *m*, *arab.* ***Niqāb*** *Islam (Gesichtsschleier mit zwei Augenschlitzen)* nikabo (*vgl. dazu* ***Burka***, ***Hidschāb*** *u.* ***Tschador***)

Nikandros (*m*), *lat.* ***Nicander*** (*m*) *Eig (hellenistischer Dichter [um 200 v. Chr.])* Nikandro

nikänisch *od* **nizäisch** *Adj das Konzil von Nikäa betreffend* nicea; ***das ≗e Glaubensbekenntnis*** *n* (Symbolum Nicaenum) *Rel* la Nicea Kredkonfeso *od* Simbolo de Niceo

Nikaragua (*n*) ↑ ***Nicaragua***

Nikita (*m*) *slaw. männl. Vorname* Nikito

Nikobaren *Pl eine Inselgruppe im Indischen Ozean [zu Indien gehörig]* Nikobaroj *Pl*, *auch* Nikobaraj Insuloj *Pl [Hauptort: Nancowrie]*; ~**-Spitzhörnchen** *n* (Tupaia nicobarica) *Zool* nikobara tupajo; ~**taube** *f*, *auch* ***Kragen-*** *od* ***Mähnentaube*** *f* (Caloenas nicobarica) *Orn* nikobara kolombo

Nikobarer *Pl Ethn (Bewohner der Nikobaren, insbes. deren autochthone Restbevölkerung mit einer Eigensprache aus der Mon-Khmer-Gruppe)* nikobaranoj *Pl*

Nikodemus (*m*) *bibl. Eig* Nikodemo

Nikola (*f*) ↑ ***Nicole***

Nikolaikirche *f*: ***die ~ in Leipzig*** la Preĝejo Sankta Nikolao en Lepsiko

Nikolaus (*m*) *Eig* Nikolao *auch Name von Päpsten u. russischer Zaren*; ***heiliger*** ~ Sankta Nikolao

Nikolaustag *m 6. Dezember* Tago de Sankta Nikolao

Nikomedes (*m*) *Eig (Name mehrerer Könige von Bithynien)* Nikomedo

Nikopol (*n*) *eine Stadt im Süden der Ukraine [am Dnjepr]* Nikopolo

Nikosia (*n*), *auch* ***Nicosia*** (*n*), *griech.* ***Levkosia*** (*n*) *Hptst. von Zypern* Nikozio

Nikotin *n*, *Fachspr* ***Nicotin*** *n Chem (Alkaloid des Tabaks)* nikotino; ~**abhängigkeit** *f* nikotina dependeco

nikotinfrei *Adj* sennikotina *od nachgest* ne enhavanta nikotinon

Nikotingehalt *m* nikotinenhavo

nikotin|gelb *Adj* nkotinflava; ~**haltig** *Adj* nikotinhava, *nachgest* enhavanta nikotinon

Nikotinismus *m Med* ↑ ***Nikotinvergiftung***

Nikotin|missbrauch *m* nikotinmusuzo; ~**-pflaster** *n Pharm* kontraŭnikotina sparadrapo

Nikotinsäure *f*, *auch* ***Niacin*** *n Biochemie* nikotin[at]a acido

Nikotinsäureamid *n Biochem* ↑ ***Nicotinamid***

Nikotin|sucht *f* nikotinmanio; ~**vergiftung** *f*, *i.w.S.* ***Nikotinismus*** *m Med* nikotinveneniĝo *od* nikotintoksiĝo, *i.w.S.* nikotinismo

Niktation *od* **Niktitation** *f, auch* ***Blinzelkrampf*** *m* (Spasmus nictitans) *nur Fachspr Neurologie (durch eine schnelle Folge von Zuckungen gekennzeichneter Krampf im Lid)* niktacio

Nil *m*: ***der*** ~ la Nilo *<längster Fluss der Erde>*; ***Blauer*** (***Weißer***) ~ Blua (Blanka) Nilo

Nil|barsch *m, Hdl* ***Viktoriabarsch*** *m* (Lates niloticus) *Ichth (eine Art der Glasbarsche), Nahr* nila perko; ~**delta** *n* delto de Nilo; ~**gans** *f* (Alopochen aegyptiacus) *Orn* egipta ansero

Nilgauantilope *f, auch* ***Nilgai*** *od* ***Blaubulle*** *m* (Boselaphus tragocamelus) *Zool (eine indische Großantilope)* boselafo

Nilkrokodil *n* (Crocodylus niloticus) *Zool* afrika (*od* nila) krokodilo

Niloten *m/Pl Ethn (Angehörige negrider Völker am oberen Nil)* nilotoj *Pl* (*vgl. dazu* ***Dinka a)***, ***Lokoya*** *u.* ***Samburu***)

nilotisch *Adj* nilota; ~***e Sprachen*** *f/Pl Ling (Bez für eine Sprachengruppe, die in Kenia, Tansania, Uganda, Zaire, Äthiopien u. in Teilen des Sudan gesprochen wird)* nilotaj lingvoj *Pl <bisher nur uneinheitlich klassifiziert>* (↑ *auch* ***Dinka b)***)

Nilpferd *n Zool* ↑ ***Flusspferd***

Nilwaran *m* (Varanus niloticus) *Zool* nila varano

Nimbostratus *m Met (schichtförmige Regenwolke)* nimbostratuso *<Aufgleitwolke einer vorrückenden Warmfront>*

[1]**Nimbus** *m Heiligenschein, Strahlenkranz (auf Gemälden etc.)* nimbo, glorkrono; *übertr* aŭreolo, [alta] prestiĝo; ***seinen*** ~ ***verlieren*** *übertr* perdi sian aŭreolon

[2]**Nimbus** *m Met ([graue] Regenwolke)* nimbuso

Nîmes [*ni:m*] (*n*) *Hptst. des südfranz. Départements Gard* Nimo *<mit Amphitheater aus römischer Zeit>*

nimmer ↑ ***nie***

nimmermüde *Adj* neniam laca

[1]**Nimmersatt** *m* nesatigebla homo, nesatiĝulo; *Fresssack* glut[em]ulo

[2]**Nimmersatt** *m Orn Gattung* ↑ ***Ibis***; *Spezies* (Mycteria ibis) arbara cikonio

Nimrod (*m*) *bibl Eig ([im Alten Testament] Herrscher über Babylon, Uruk u. Akkad; [ursprünglich vielleicht] der sumerisch-babylonische Kriegs- u. Jagdgott Ninurta von Nippur)* Nimrodo *<Gründer von Ninive>*

Nimwegen (*n*) ↑ ***Nijmegen***

Nina (*f*) *weibl. Vorname* Nina

Ningbo (*n*) *eine Hafenstadt in der chin. Provinz Zhejiang* Ningbo

Ninive (*n*) ***a)*** *ehem. Hptst. des antiken assyrischen Reiches* Ninevo *[heute Ruinenstätte in Irak]* ***b)*** *Provinz in NO-Irak* provinco Ninevo *[Hptst.: Mossul]*

Niob *n, auch* ***Niobium*** *n* (*Symbol* ***Nb***) *Chem* niob[i]o *<früher auch als ‹Colombium› (Symbol Cb) bezeichnet>*

Niobe (*f*) *griech. Myth (Tochter des Tantalos, Gemahlin des Königs Amphion von Theben)* Nioba

Niobium *n Chem* ↑ ***Niob***

Nippel *m Tech (1. Rohrverbindungsstück mit Gewinde 2. Speichennippel)* niplo (↑ *auch* ***Schmiernippel***)

nippen *intr* [tuŝe] trinketi (***an etw.*** de io); *übertr* tuŝeti, kiseti

Nippes *m od* **Nippsachen** *Pl* ornama figureto *od* ornamfiguretoj [el porcelano] (*vgl. dazu* ***Figurette***)

Nippflut *f, auch* ***Nipptide*** *f, selt* ***taube Flut*** *f Mar* morta tajdo

Nippon (*n*) *Eigenbez. der Japaner für ihr Land* Nipono (*vgl. dazu* ***Japan***); ~**-Ibis** *m, auch* ***japanischer Schopfibis*** *m* (Nipponia nippon) *Orn* ruĝa ibiso *od* japana krestoibiso, *<wiss> auch* niponio

Nippon-Lilie *f Bot* ↑ *unter* ***Lilie***

Nippsachen *Pl* ↑ ***Nippes***

Nipptide *f* ↑ ***Nippflut***

Niqāb *[ni'ka:p] m Islam* ↑ ***Nikab***

nirgends *Adv* nenie, *[betont:]* ***überhaupt*** ~ nenie ajn

nirgend|wo *Adv* nenie; *an keinem Ort* nenialoke; ~**woher** *Adv* de nenie; ~**wohin**, *auch* ***nach nirgendwo*** *Adv* nenien

Nirosta® *m* (*Kurzw aus «nicht rostender Stahl»* rustimuna ŝtalo

Nirvana *od* **Nirwana** *n Buddhismus (Bez des Heilsziels in indischen Religionen: selige Ruhe als Endzustand des gläubigen Buddhisten)* nirvano

Niš (*n*), *dt.* ***Nisch*** (*n*) *eine Stadt in Serbien* Niŝo

Nisaba (*f*) *Myth (eine sumerische Göttin)* Nisaba

Nisan *od* **Nissan** *m der 7. Monat des jüdischen Kalenders [Mitte März/Mitte April]* nisano

Nisch (*n*) ↑ ***Niš***

Nische *f 1. kleine Vertiefung (in einem Raum od einer Wand) 2. Pathologie* niĉo (↑ *auch* ***Alkoven, Gebets-, Grabnische, Konche*** *u.* ***Tunnelnische***); ***ökologische*** ~ *Biol (Gebiet, in dem eine bestimmte Pflanzen- od Tierart überleben kann)* ekologia niĉo

Nischenzeichen *n nur Fachspr Radiologie* niĉosigno

Nischni Nowgorod (*n*) *(zeitweise [1932-1990]* ***Gorki*** *genannt) alte Kultur- u. Handelsstadt an der Wolga* Niĵni-Novgorodo

Nissan *m* ↑ ***Nisan***

Nisse *f Ei der Laus* pedika ovo; ***voller ~n***, *auch* ***nissig*** plena de pedikaj ovoj

nissig ↑ *unter* ***Nisse***

nisten *intr* nesti (***auf*** sur; ***in*** en; ***unter*** sub); ***in Baumhöhlen*** ~ nesti en arbokavoj

Nisten *n* nestado

Nisthöhle *f* nestkaverno; *Orn* nestkav[aĵ]o

Nistkasten *m Orn* nestkesto; ***hölzerner*** ~ ligna nestkesto; ***das Anbringen von Nistkästen*** la fiksado (*bzw.* lokigo) de nestkestoj

Nist|loch *n Orn* nesttruo; ~**material** *n* materialo por nestkonstruado; ~**möglichkeit** *f* nestadebleco, ebleco por nestadi

Nistplatz *m*, *auch* ***Niststätte*** *f* nestadejo, nestloko; ~**schutz** *m* protektado de nestejo(j)

Nistzeit *f* sezono de nestado

Niterói (*n*) *Hptst. des brasilianischen Gliedstaates Rio de Janeiro* Niterojo

Niton *n*, *auch* ***Radiumemanation*** *f Chem* nitono (*vgl. dazu* ***Radon***)

Nitrat *n Chem (Salz der Salpetersäure)* nitrato (↑ *auch* ***Ammonium-*** *u.* ***Kaliumnitrat***); ~**bakterien** *f/Pl Bakt (Bodenbakterien, die durch Nitrifikation Nitrit in Nitrat umwandeln können)* nitrobakterioj *Pl*; ~**vergiftung** *f Med* nitratveneniĝo

Nitrid *n Chem (Verbindung von Stickstoff mit einem anderen Element [meist mit einem Metall])* nitrido (↑ *auch* ***Bornitrid***)

nitrieren *tr Chem* nitr[o]izi

Nitrierung *f Chem, Verfahrenstechnik* nitroiz[ad]o

Nitrile *n/Pl Chem (organisch-chemische Zyanverbindungen)* nitriloj *Pl*

Nitrit *n Chem (Salz der salpetrigen Säure)* nitrito, *auch* salo de nitrita acido

Nitrobenzol *n*, *fachsprachl.* ***Nitrobenzen*** *n Chem (giftiges, bittermandelähnlich riechendes Öl)* nitrobenzeno

Nitrogen[ium] *n* (*Symbol N*) *Chem* nitrogeno (*vgl. dazu* ***Stickstoff***)

Nitro|glyzerin *n*, *Fachspr auch* ***Nitroglycerin*** *n Chem (Trisalpetersäureester des Glyzerins)* nitroglicerino; ~**gruppe** *f Chem* nitrogrupo; ~**lack** *m* nitrolako; ~**methan** *n Chem* nitrometano; ~**phenol** *n Chem (eine organische Verbindung mit chromosomenverändernder Wirkung)* nitrofenolo

nitrophil *Adj stickstoffliebend* nitrofila; ***~e Pflanzen*** *f/Pl*, *auch* ***Stickstoffzeiger*** *n/Pl* nitrofilaj plantoj *Pl*

Nitroprusid *n Chem* nitroprusido

Nitroso|benzol *n Chem* nitrozobenzeno; ~**gruppe** *f Chem* nitrozogrupo

Nitrosomonas *Bakt (eine Gattung gramnegativer Bakterien [viele Arten davon kommen in Böden vor])* nitrozomonado

Nitrosoverbindungen *f/Pl Chem* nitrozokombinaĵoj *Pl*

Nitrosyl *n Chem* nitrozilo

Nitrozellulose *f*, *Fachspr* ***Zellulosenitrat*** *n Chem* nitrocelulozo; ~**lack** *m* nitroceluloza lako

Niue [*ni'uɛi*] (*n*) *eine neuseeländische Insel im Südpazifik* Niuo *[Hauptort: Alofi]*

nival-äolisch *Adj Geol, Met* neĝ-eola

Nival|bereich *m Biogeografie (an die alpine Tundra anschließende Region des ewigen Schnees und Eises)* neĝa regiono (*od* zono); ~**biotop** *n od m Bot (Lebensraum im Hochgebirge, der lange unter Schneebedeckung liegt u. daher eine kurze Vegetationszeit besitzt)* neĝoregiona biotopo; ~**fauna** *f Zool (Tierwelt der Schneeregion der Hochgebirge u. Polargebiete [z.B. Gletscherfloh, Schneehuhn])* neĝoregiona faŭno; ~**flora** *f Bot (Pflanzenwelt der Schneeregion der Hochgebirge u. Polargebiete [insbesondere verschiedene Moose u. Flechten])* neĝoregiona flaŭro

Niveau [*ni'vo:*] *n* nivelo (*vgl. dazu* ***Grad, Qualität, Rang*** *u.* ***Stufe***; ↑ *auch* ***Bildungs-, Preis-*** *u.* ***Weltniveau***); ***das kulturelle*** (***künstlerische, sprachliche***) ~ la kultura (arta, lingva) nivelo; ***auf gleichem ~ mit jmdm. stehen*** esti (*od auch*) stari samnivele kun iu; ***auf hohem ~ [stehend]*** altnivela

Niveauunterschied *m* niveldiferenco

niveauvoll 1. *Adj* altnivela **2.** *Adv* altnivele

nivellieren *tr Geodäsie (Höhenunterschiede bestimmen, den Höhenstand messen)* niveli *auch übertr*; *gleichmachen* niveligi *auch übertr*; *einebnen* ebenigi (↑ *auch* ***planieren***)

Nivellieren *n od* **Nivellierung** *f 1. Geodäsie (Bestimmen der Höhenunterschiede) 2. übertr (Angleichen)* nivelado

Nivellierinstrument *n Handw, Tech* nivelada instrumento, nivelilo

Nivellierung *f* ↑ ***Nivellieren***

Nivometer *n, auch* ***Schneemengenmess- gerät*** *n nur Fachspr Met* nivometro

Nivôse *m 4. Monat des franz. Revolutionskalenders [21. Dez. bis 19. Jan.]* nivozo

Niwchen *m/Pl Ethn* ↑ ***Giljaken***

nix *umg* = ***nichts***

Nix *m Myth (german. Wassrgeist)* nikso

Nixe *f Myth (Meerjungfrau)* niksino (*vgl. dazu* ***Najade*** *u.* ***¹Nymphe***)

Nizwa (*n*) ↑ ***Nazwa***

Nizza (*n*), *franz.* ***Nice*** *eine Stadt in Südfrankreich [Hptst. des Départements Alpes-Maritimes]* Nico; ***Vertrag von ~*** *Pol* Traktato de Nico

Njassaland (*n*) *ehemaliges britisches Protektorat, 1953-63 Teil der Zentralafrikanischen Föderation Rhodesien und Njassaland [seit 1964 als Malawi unabhängige Republik]* (↑ *auch* ***Malawi***)

Njassasee *m, auch* ***Malawisee*** *m ein Binnensee in Ostafrika [zw. Tansania, Mosambik u. Malawi gelegen]* Njasa Lago, *auch* Malavi-Lago

Njemen *m, russ.* ***Neman****, litauisch* ***Nemunas****, dt.* ***Memel*** *f russisch-litauischer Fluss* [rivero] Njemeno, *auch* [rivero] Nemano

N.L. = *Abk für* ***Niederlausitz***

nm = *Zeichen für* ***Nanometer***

No *n, auch* ***No-Spiel*** *n Theat (ein jap. lyrisches Bühnensingspiel)* noo (↑ *auch* ***No-Maske***); ***Text eines No-Spiels*** *bzw.* ***musikalischer Vortrag eines No-Textes*** utajo

NO = *Abk für* ***Nordost[en]***

NÖ = *Abk für* ***Niederösterreich***

Noah (*m*), *ökumenisch* ***Noach*** (*m*), *arab.* ***Nuh*** *bibl Eig* Noa; ***die Arche ~*** la Arkeo de Noa

nobel *Adj erhaben, edel* altanima, nobla; *adlig* nobela; *fein* belega; *freigebig* malavara, malŝpara; ***ein nobler Mensch*** nobla homo

Nobel (*m*) *Eig (schwed. Chemiker [1833-1896] <Stifter des Nobelpreises>)* Nobelo

Nobel|bekassine *f* (Gallinago nobilis) *Orn* nobla galinago; **~herberge** *f od* **~hotel** *n* hotelo de la luksa klaso, luksa hotelo

Nobelium *n (Symbol* ***No****) Chem* nobelio

Nobelpreis *m* Nobel-premio (↑ *auch* ***Friedensnobelpreis***); ***~ für Literatur*** (***Medizin***) Nobel-premio pri literaturo (medicino); ***den ~ erhalten*** ricevi la Nobel-premion; ***mit dem ~ ausgezeichnet [worden]*** nobelpremiita

Nobelpreis|komitee *n* Nobel-komitato; **~-träger** *m* Nobel-premiito, *auch* laŭreato de Nobel-premio;

Nobelstiftung *f* Nobel-fondaĵo

noch 1. *auch* ***noch immer*** *Adv* ankoraŭ; ***~ einmal****, umg auch* ***~ mal*** ankoraŭ unufoje, *umg* ankoraŭfoje; ***~ einmal soviel*** la duobla sumo (*bzw.* kvanto); ***~ fünfzehn Minuten*** ankoraŭ dekkvin minutojn; ***~ nicht*** ankoraŭ ne, ne jam; ***~ nie*** neniam [antaŭe], *selt auch* ankoraŭ neniam; ***ich habe dich hier ~ nie gesehen*** mi neniam antaŭe vidis vin ĉi tie; ***warte ~ fünf Minuten*** atendu ankoraŭ kvin minutojn; ***~ vor drei Tagen*** ankoraŭ antaŭ tri tagoj **2.** *Konj*: ***weder ... ~ ...*** nek ... nek ...; ***ich möchte gerne ~ bleiben*** mi ŝatus ankoraŭ resti pli longe; ***ich habe weder ihn ~ sie gesehen*** mi vidis nek lin nek ŝin *od* mi ne vidis lin nek ŝin

nochmalig *Adj* ankoraŭfoja, refoja; *erneut* denova

nochmals *Adv* ankoraŭfoje, refoje; *erneut* denove (*vgl. dazu* ***neuerdings b)***)

Nochtscho *m Ethn* ↑ ***Tschetschene***

Nocken *m, auch* ***Kamm*** *od* ***Hebedaumen*** *m Tech (Vorsprung an einer Welle)* kamo; **~rad** *n* kamrado; **~welle** *f* kamŝafto

Nockerln *n/Pl Kochk* nokoj *Pl* (*vgl. dazu* ***Spätzle***)

Nockerlsuppe *f bes. <österr> Kochk* nokosupo

Nocturne [*nok'türn*] *od* **Notturno** *n Mus* nokturno (*vgl. dazu* ***Serenade***)

Noddiseeschwalbe *f* (Anous stolidus) *Orn* bruna ŝterno

nodös *Adj Med (mit Knötchenbildung [z.B. bei einem Exanthem])* noda

Nodositas *f bes. Fachspr Med (Knotigkeit)* nodeco

Nodus *m* (*Pl*: ***Nodi***) ***a)*** *nur Fachspr Bot (1. eines Halms 2. im Holz: Ast, Knorren)* nodo (↑ *auch* ***Halmknoten***) ***b)*** *nur Fachspr Anat (Knoten)* nodo (↑ *auch* ***Lymphknoten***)

Noetik *f, auch* ***Erkenntnislehre*** *f Phil (Lehre vom Denken, vom Erkennen geistiger Gegenstände)* noetiko

noetisch *Adj zur Noetik gehörend, i.w.S. verstandesmäßig* noetika

Nofretete (*f*) *altägypt. Königin (Gemahlin*

von Amenophis IV.) Nefreteta

Nogaier *Pl, Eigenbez.* ***Nogai*** *Ethn (eine turksprachige Volksgruppe [im Nordkaukasus])* nogajoj *Pl*

Nogaier Steppe *f großes Steppengebiet im nördl. Vorland des Kaukasus* Nogaja Stepo

Nogaiisch[e] *n Ling (eine Turksprache)* la nogaja [lingvo]

NOK = *Abk für* ***Nationales Olympisches Komitee***

Noktambulismus *m Neurologie* ↑ ***Schlafwandeln***

nolens volens *wohl oder übel* vole-nevole

Noma *n od f, auch* ***Wangenbrand*** *m Med ([fauliger] Zerfall des Wangengewebes)* nomao, gangrena stomatito

Nomade *m* nomado (*vgl. dazu* ***Beduine*** *u.* ***Schukriyya***)

Nomadenleben *n* nomada viv[manier]o; *unstetes Leben* vaga vivo

Nomadentum *n, auch* ***Nomadismus*** *m* nomadismo

Nomaden|volk *n* nomada popolo; **~zelt** *n* nomada tendo

Nomadin *f* nomadino

nomadisch *Adj umherziehend* nomada

nomadisieren *intr umherziehen* nomadi, vivi kiel nomado(j); ***nomadisierende Stämme*** nomadaj triboj

Nomadismus *m* ↑ ***Nomadentum***

Nomarch *m Gesch* nomarko

Nomarchie *f Gesch (Statthalterei im alten Ägypten)* nomarkio

No-Maske *f Maske der Schauspieler im japanischen No-Spiel* no-masko

Nomen *n* (*Pl*: ***Nomina***) *Ling* substantivo; ~ ***proprium*** ↑ ***Eigenname***

nomenklatorisch 1. *Adj* nomenklatura **2.** *Adv* nomenklature

Nomenklatur *f Wiss* nomenklaturo; ***binäre*** (*od* ***binominale***) ~ *Biol (von Linné zur wissenschaftl. Benennung der Tiere u. Pflanzen eingeführte Bezeichnungsweise, durch die jede Art mit zwei lateinischen od latinisierten Namen eindeutig angegeben werden kann)* binara nomenklaturo

Nominalismus *m Phil (Denkrichtung, nach der die Begriffe nur als Namen, Bezeichnungen für einzelne Erscheinungen der Wirklichkeit fungieren, d.h. als Allgemeinbegriffe nur im Denken existieren u. keine Entsprechungen in der Realität haben)* nominalismo

Nominalist *m Anhänger (od Vertreter) des Nominalismus* nominalisto

Nominalsatz *m Ling* substantiva propozicio

Nominalwert *m* ↑ ***Nennwert***

Nomination *f Ling* nominacio

Nominativ *m, alt* ***Werfall*** *m Gramm* nominativo; ***im ~ stehen*** stari en nominativo

nominativisch *Adj zum Nominativ gehörig bzw. in seiner Form auftretend* nominativa

nominell *Adj 1. [nur] dem Namen nach [bestehend] 2. nur auf dem Papier stehend* nominala

nominieren *tr* nomumi (*vgl. dazu* ***benennen*** *u.* ***ernennen***); ***jmdn. als Kandidaten ~*** nomumi iun kandidato

Nominierung *f* nomumo (↑ *auch* ***Oscar-Nominierung***)

Nominierungsparteitag *m Parl, Pol* partikongreso por nomumi kandidaton [por la publikaj elektoj]

Nomografie *f, auch* ***Nomographie*** *f Math (Verfahren, mit Nomogrammen rechnerische Probleme zeichnerisch zu lösen)* nomografio

Nomogramm *n Math (Schaubild od Zeichnung zum zeichnerischen Rechnen)* nomogramo

Nomokratie *f Pol (Herrschaft auf Grund von [geschriebenen] Gesetzen [Ggs: Autokratie])* nomokratio

Nonagon *n* = ***Neuneck***

Nonan *n Chem* nonano

[1]None *f Mus (das Intervall zw. einem Grundton u. dessen 9. diatonischer Stufe)* naŭno

[2]None *f, auch* ***Mittagsoffizium*** *n röm.-kath. Kirche (Teil des kath. Stundengebets)* nono

[1]Nonen [...ˈneːn] *n Chem* noneno

[2]Nonen [ˈno...] *Pl [im altröm. Kalender:] neunter Tag vor den Iden* nonoj *Pl* (*vgl. dazu* ***Iden***)

Nonenakkord *m Mus (Fünfklang aus vier übereinandergelagerten Terzen)* naŭna akordo

Nonius *m Geodäsie (verschiebbarer Messstabzusatz)* verniero

Nonkonformismus *m Soziologie (Nichtübereinstimmung mit den herrschenden Ansichten, individualistische Einstellung)* nekonformismo

Nonkonformist *m* nekonformisto

nonkonformistisch *Adj auf den Nonkonformismus bezogen* nekonformisma; *auf die Nonkonformisten bezogen* nekonformista

Nonkonformität *f geh für «Nichtübereinstim-*

mung» nekonformeco

[1]**Nonne** *f* monaĥino (↑ *auch* ***Kartäusernonne***) ◇ ~ ***werden*** *bildh für «ins Kloster gehen»* [al]preni la vualon

[2]**Nonne** *f od* **Nonnenspinner** *m* (Porthetria monacha = Lymantria monacha) *Ent (ein Forstschädling)* monaĥpapilio

Nonnengans *f Orn* ↑ ***Weißwangengans***

Nonnen|kloster *n* monaĥinejo (↑ *auch* ***Beginenhaus***); ~**kranich** *m*, *auch* ***Mönchs-*** *od* ***Schneekranich*** *m bzw.* ***sibirischer Kranich*** *m* (Grus leucogeranus *od* Grus monacha) *Orn (weiße Kranichart in Sibirien)* blanka (*od* siberia) gruo, *auch* blankkapa gruo

Nonnenmeise *f Orn* ↑ ***Sumpfmeise***

Nonnen|orden *m* monaĥina ordeno; ~**schleier** *m* monaĥina vualo

Nonnenspinner *m Ent* ↑ [2]***Nonne***

Nonnensteinschmätzer *m* (Oenanthe leucomela) *Orn* monaĥsaksikolo

Nonnos [von Panopolis] *m Eig (ein byzantinischer Dichter des 5. Jh.s <Verfasser des Epos ‹Dionysiaka›>* Nono [el Panopoliso]

Nonose *f Chem* nonozo

Non-Profit-Unternehmen *n ohne Gewinnerzielungsabsicht tätiges Unternehmen* senprofita entrepreno

Nonsens *m Unsinn* sensencaĵo

nonstop *Adv ohne Halt* senhalte, seninterrompe; ~ ***nach ... fliegen*** flugi senhalte al ...

Nonstop|-Flug *m Flug ohne Zwischenlandung* senhalta (*od* seninterrompa) flugo; ~**-Kino** *n* kinejo kun kontinua programo

nonverbal *Adj* neparola

Nopalkaktus *m* (Nopalea coccinellifera) *Bot (ein mexikanischer Kaktus, verwendet zur Zucht Farbstoff liefernder Schildläuse)* nopalo (*vgl. dazu* ***Opuntie***)

Noppenfolie *f* ↑ ***Luftpolsterfolie***

Noradrenalin *n Biochemie, Pharm (ein Hormon u. Pharmakon mit Wirkung auf das Nerven- u. Herz-Kreislauf-System)* noradrenalino

Norawank (*n*): ***Kloster*** ~ *eine Klosteranlage aus dem 13. Jh. in Armenien* Noravank-monaĥejo *<heute: UNESCO-Weltkulturerbe>*

Norbert (*m*) *männl. Vorname* Norberto

Nord *ohne Art* (*Abk* ***N***) *bes. Geogr u. Met* nordo (*vgl. dazu* ***Norden***); ~**afrika** (*n*) Nord-Afriko *od* Norda Afriko

nordafrikanisch *Adj* nordafrika (*vgl. dazu* ***maghrebinisch***)

Nordamerika (*n*) Nord-Ameriko *od* Norda Ameriko (*vgl. dazu* ***USA***)

nordamerikanisch *Adj* nordamerika; *falls nur auf die USA bezogen* usona

Nordäquatorialstrom *m eine Meeresströmung* Nord-Ekvatora Fluo

nordasiatisch *Adj* nordazia

Nord|asien (*n*) Nord-Azio *od* Norda Azio; ~**atlantikpakt** *m*, *auch* ***Nordatlantische Vertragsorganisation*** *f* (*engl. Abk* ***NATO***) *Pol* Nord-Atlantika Traktat-Organizaĵo, *Kurzw* NATO; ~**brabant** (*n*), *niederl.* ***Noordbrabant*** *eine Provinz in den südlichen Niederlanden* Nordbrabanto *[Hptst.: 's-Hertogenbosch]*

Nord-Dakota (*n*), *amtl* ***North Dakota*** (*Abk* ***N.D.***, *[postalisch]* ***ND***) *ein Bundesstaat der USA* Nord-Dakoto *[Hptst.: Bismarck]*

norddeutsch *Adj* nordgermana; ≗***er Bund*** *m dt. Gesch* Nordgermana Konfederacio *<er vereinte alle deutschen Staaten nördl. der Mainlinie unter preußischer Führung [1867-1870]>*

Nord|deutsche ***a)*** *m* nordgermano ***b)*** *f* nordgermanino; ~**deutschland** (*n*) Nord-Germanio *od* Norda Germanio

Norden *m* (*Abk* ***N***) nordo; ***aus [dem]*** ~ el [la] nordo; ***im [hohen]*** ~ en la [alta *od* ekstrema] nordo; ***nach*** ~, *geh od poet auch* ***gegen*** (*od* ***gen***) ~ al [la] nordo, norden

Nordenskiöldsee *f* ↑ ***Laptewsee***

Norderney (*n*) *eine ostfriesische Nordseeinsel* [insulo] Nordernejo

Nord|europa (*n*) Nord-Eŭropo *od* Norda Eŭropo; *als Bez für «die Länder Nordeuropas»* Nordio; ~**europäer** *m* nordeŭropano

nord|europäisch *Adj* nordeŭropa; ~**französisch** *Adj* nordfranca; ~**friesisch** *Adj* nordfrislanda

Nord|germanen *m/Pl hist: germanische Stämme in Nordeuropa, aus denen die späteren Wikinger, Dänen, Schweden, Norweger u. Isländer hervorgingen* nordĝermanoj *Pl*; ~**halbkugel** *f Geogr* norda duonglobo (*od* hemisfero)

Nordhausen (*n*) *eine Stadt im südl. Harzvorland* Nordhaŭso

Nordic Walking *eine Ausdauersportart* [nordia] bastonmarŝado

nordirisch *Adj* nordirlanda

Nordirland (*n*), *engl.* ***Northern Ireland*** Nord-Irlando *[Hptst.: Belfast]*

nordisch *Adj* norda (*vgl. dazu* ***altnordisch***); *falls auf die nördl. Länder bezogen auch* nordlanda *od* nordia; ***der Große ≗e Krieg*** *Gesch (zw. Russland u. Schweden [1700-1721])* la Granda Norda Milito; ***die ~e Natur*** la nordlanda naturo; ***der ≗e Rat*** *m Pol (übernationales Beratungsorgan der Parlamente der nordischen Staaten)* la Nordia Konsilio; ***die ~en Staaten*** *m/Pl Bez für die Länder Nordeuropas* Nordio

Nord|kap *n Nordspitze Europas* Nordkabo *od* Norda Kabo; **~kaper** *m, auch* ***Biskayawal*** *m* (Eubalaena glacialis) *Zool (ein Glattwal des nördl. Atlantiks)* nordkaba (*od* nigra) baleno; **~korea** (*n*) Nordkoreio *[Hptst.: Pjöngjang]*; **~koreaner** *m* nordkoreo

nordkoreanisch *Adj* nordkorea

Nord|küste *f* norda bordo; **~länder** *m Einwohner eines nordischen Landes* nordlandano

nördlich 1. *Adj* norda (*vgl. dazu* ***nordisch***); *arktisch* arkta; ***≗es Eismeer*** ↑ ***Nordpolarmeer***; ***~er Polarkreis*** *m* arkta cirklo **2.** *Adv* norde (***von*** de); *in Richtung Norden* en norda direkto, norden

Nord|licht *n* (Aurora borealis) *Astron* arkta (*od* boreala) aŭroro, *pop meist* nordlumo, *auch* norda lumo; **~luchs** *m* (Lynx lynx) *Zool* norda [eŭropa] linko; **~mann[s]tanne** *f* (Abies nordmanniana) *Bot* Nordmann'a abio

Nordmazedonien (*n*) ↑ *unter* ***Mazedonien***

Nordmongolisch *n* ↑ *unter* ***burjatisch***

Nord-Opossum *n Zool* ↑ ***Virginia-Opossum***

Nordosten *m od* **Nordost** *ohne Art* (*Abk* ***NO***) nordoriento, *Fachspr (bes. Flugw, Mar u. Met) meist* nord-eosto (*Abk* NE)

Nordostkap *n* ↑ *unter* ***Kap***

nordöstlich 1. *Adj* nordorienta **2.** *Adv* nordoriente (***von*** de)

Nord|ostwind *m* nordorienta vento (↑ *auch* ***Harmattan***); **~pazifik** *m* Nord-Pacifiko; **~pol** *m* norda poluso

Nordpolar|gebiet *n* nordpolusa regiono (*vgl. dazu* ***Arktis***); **~länder** *Pl* nordpolusaj landoj *Pl*; **~meer** *n, auch* ***Nördliches Eismeer*** *n, auch* ***Arktischer Ozean*** *m* Arkta Oceano

Nordpolexpedition *f* nordpolusa ekspedicio

Nordrand *m*: ***am ~ von ...*** ĉe la norda rando de ...

Nordrhein-Westfalen (*n*) (*Abk* ***NRW***) *ein dt. Bundesland* Nordrejn-Vestfalio *[Hptst.: Düsseldorf]*

nordrhein-westfälisch *Adj* nordrejn-vestfalia

Nordrhodesien (*n*) ↑ ***Sambia***

nordsamisch *Adj*: ***~e Sprache*** *f od* ***Nordsamisch[e]*** *n Ling (größte Sprache aus der Gruppe der samischen Sprachen)*

Nordsee *f* Norda Maro; **~garnele** *f, auch* ***Sandgarnele*** *f* (Crangon crangon) *Zool* krangono, *pop* sablokrabo

Nordseetaucher *m Orn* ↑ ***Sterntaucher***

Nordseite *f* norda flanko

Nordstern *m Astron* ↑ ***Polarstern***

Nordstrand *ohne Art: eine nordfriesische Insel* [insulo] Nordstrando <*mit Dammverbindung zum Festland*>

Nord-Süd-Dialog *m Pol* nord-suda dialogo

Nord|sulawesi (*n*) *eine Provinz Indonesiens* Nord-Sulavesio *[Hptst.: Manado]*; **~sumatra** (*n*) *eine Provinz Indonesiens* Nord-Sumatro *[Hptst.: Medan]*; **~teil** *m* norda parto; **~territorium** *n, engl.* ***Northern Territory*** *ein Territorium des Australischen Bundes in Zentral- u. Nordaustralien* Norda Teritorio *[Hptst.: Darwin]*

Nordwal *m Zool* ↑ ***Grönlandwal***

nordwärts *Adv* norden

Nordwest *ohne Art od* **Nordwesten** *m* (*Abk* ***NW***) nordokcidento, *Fachspr (bes. Flugw, Mar u. Met) meist* nord-uesto (*Abk* NU)

nordwestlich 1. *Adj* nordokcidenta **2.** *Adv* nordokcidente (***von*** de)

Nord|westwind *m* nordokcidenta vento; **~wind** *m* norda vento (*vgl. dazu* ***Bise***); *in Italien u. Südfrankreich: Wind, der über das Gebirge weht* tramontano

Norfolkinsel *f, amtl* ***Norfolk Island*** *eine austral. Insel in der Tasmansee* Norfolk-Insulo *[Hauptort: Kingston]*

Norfolk-Brillenvogel *m Orn* ↑ ***Weißbrustbrillenvogel***

Nörgelei *f*; *[ständige] griesgrämige Brummelei* [daŭra] grumblado; *kleinliche Kritisiererei* [pedanta] kritikaĉ[ad]o

nörgelig ↑ ***nörglerisch***

nörgeln *intr* grumbli (***über*** pri); *i.w.S. kritteln* kritikaĉi; ***er hat immer etw. zu ~*** li ĉiam ion trovas por grumbli

Nörgler *m* grumblulo, grumblema homo (*od* persono) (*vgl. dazu* ***Griesgram***); *Krittler* kritikaĉulo (↑ *auch* ***Besserwisser***)

nörglerisch, *auch* ***nörgelig*** *Adj* grumblema; kritikaĉema (*vgl. dazu* ***Nörgelei***)

Norilsk (*n*) *eine Stadt im Norden Westsibiriens* Norilsko <*nördlichste Großstadt der Erde*>

Norm *f* normo *auch Leistungssoll* (*vgl. dazu*

Quote, Rechtsnorm, Regel, Richtschnur** u. **Standard**; ↑ auch **Abgasnorm** u. **ISO-Normen**); **statistische** ~* statistika normo; ***außerhalb der ~ [liegend]** Adj* eksternorma; ***der ~ entsprechend** Adj* laŭnorma; ***etw. der** (od **einer**) ~ **anpassen (*od* ***angleichen***) laŭnormigi ion; ***~en für etw. festlegen*** fiksi normojn pri io; ***die ~(en) vereinheitlichen*** *z.B. von verschiedenartigen Produkten* unuecigi la normo(j)n, samnormigi

normal 1. *Adj* normala; *gewöhnlich, üblich* ordinara; ***~e Beziehungen** f/Pl* normalaj rilatoj *Pl* (***zwischen ... und ...*** inter ... kaj ...) **2.** *Adv* normale

Normal|algorithmus *m EDV, Math* normala algoritmo; ~**atmung** *f Med* normala spirado; ~**ausrüstung** *f* normala ekipaĵo; ~**biss** *m Stomatologie* normala (*od* fiziologia) okluzio; ~**bürger** *m* ordinara civitano

Normaldruck *m*: ***auf ~ halten** Flugzeugkabine, Raumanzug* presurizi

Normale *f Geom* normalo

normalerweise *Adv* normal-okaze; *im Normalfall* en normala okazo; *gewöhnlich, üblicherweise* kutime

Normalfall *m*: ***im*** ~ en normala okazo; *normalerweise* normal-okaze

Normal|fracht *f Hdl, Mar* ordinara kargo; ~**gewicht** *n, auch* ***Normgewicht*** *n* normala [korpo]pezo; ~**grenze** *f* normala limo

normalisieren *tr* normaligi; ***sich*** ~ normaliĝi; ***sicher wieder*** ~ renormaliĝi

Normalisierung *f das Normalisieren* normaligo; *das Sichnormalisieren* normaliĝo

Normalisierungsprozess *m bes. Dipl u. Pol* proceso de normaliĝo

Normalität *f* normaleco (*vgl. dazu* ***Normalzustand***)

Normal|lösung *f Chem* normala solvaĵo; ~**kost** *f* normala dieto; ~**lage** *od* ~**position** *f* normala pozicio *auch eines Embryos im Mutterleib*

normalsichtig *Adj* eŭmetropa

Normalsichtigkeit *f Ophthalmologie* eŭmetropeco

Normalspur *f Eisenb* normala ŝpuro *od* normalŝpuro; ~**bahn** *f Eisenb* normalŝpura fervojo; ~**gleis** *n Eisenb* normalŝpura trako

Normal|tarif *m voller Tarifsatz* normala tarifo; ~**temperatur** *f* normala temperaturo; ~**vektor** *m Math* normalovektoro; ~**verbraucher** *m* normala konsumanto; ~**verdauung** *f* normala digest[ad]o, *Fachspr Med* eŭpepsio; ~**wert** *m* normala valoro; ~**zustand** *m* normala (*od* ordinara) stato

Normandie *f eine Landschaft in NW-Frankreich (beiderseits der unteren Seine)* Normandio *[Hptst. Rouen]*

Normannen *m/Pl **a)** Gesch (nordgermanische Seefahrer u. Eroberer [8.-11. Jh.])* normanoj *Pl* (↑ *auch* ***Wikinger***) ***b)*** *Bewohner der Normandie* normandoj *Pl*

normannisch *Adj **a)** auf die Normannen bezogen* normana ***b)*** *auf die Normandie od deren Bewohner bezogen* normand[i]a; ***der normannische [Bau-] Stil** Arch [im 11./12. Jh.]* la normandia [arkitektura] stilo; ***die ≗en Inseln*** ↑ ***Kanalinseln***

normativ *Adj als Richtschnur dienend, maßgebend* normiga

normen *od* **normieren** *tr 1. normgerecht gestalten 2. standardisieren, zur Norm erheben* normigi (***etw.*** ion); *Normen festlegen auch* fiksi normojn (***etw.*** por io); *an eine Norm anpassen* samnormigi

normgerecht *Adj* konforma al la normo(j)

Normgewicht *n* ↑ ***Normalgewicht***

normieren *tr **a)** Math* normumi ***b)*** ↑ ***normen***

normierend *Adj* normiga

Normierung *od* **Normung** *f* normig[ad]o (↑ *auch* ***Standardisierung***); ***Deutsches Institut für Normung*** (*Abk* ***DIN***) Germana Instituto pri Normigado

Normoblasten *m/Pl nur Fachspr Med (kernhaltige Vorstufen der Erythrozyten)* normoblastoj *Pl*

Normoblastose *f Med* normoblastozo

Normozyten *m/Pl nur Fachspr Med (normale Erythrozyten)* normocitoj *Pl*

Normterminus *m* ↑ *unter* ***Terminus***

Normung *f* ↑ ***Normierung***

Nornen *f/Pl germanische u. nordische Myth (Schicksalsgöttinnen)* Nornoj *Pl*

Norovirus *n Erreger einer Infektionskrankheit <so benannt nach der amerikanischen Stadt Norwalk>* noroviruso

Norrbotten (*n*) *nördlichste Provinz Schwedens* Norda Botnio *[Hptst.: Luleå]*

Norrland (*n*) *Bez für den nördlichen Teil Schwedens* Nor[r]lando *<Norrland umfasst 60% der Gesamtfläche des Landes>*

Norrländisch[e] *n Ling (ein im Norden Schwedens gesprochener Dialekt)* la nor[r]landa [dialekto]

North Carolina (*n*) ↑ *unter* ***Carolina***

North Dakota (*n*) ↑ ***Nord-Dakota***

North Stream 2, *pop* ***Ostseepipeline*** *f von Russland aus auf dem Grund der Ostsee nach Deutschland verlaufende Gaspipeline* Norda Fluo 2 [= du]

Norwegen (*n*), *amtl* ***Königreich Norwegen***, *norweg.* ***Kongeriket Norge*** Norvegio, *amtl* Reĝlando Norvegio *[Hptst.: Oslo]*

Norweger *m* norvego

Norwegerin *f* norvegino

norwegisch *Adj* norvega; ***≗er Strom*** *m warme Meeresströmung entlang der norwegischen Küste [gehört zum System des Golfstroms]* Norvega Fluo

Norwegisch[e] *n Ling* la norvega [lingvo] (*vgl. dazu* ***Nynorsk***)

Noscapin *n Biochemie, Pharm (ein Opiumalkaloid)* noskapino

Nosemaseuche *f Darmseuche der Bienen [verursacht durch ‹Nosema apis›]* nozemozo

No-Spiel *n Theat* ↑ ***No***

Nostalgie *f* nostalgio (*vgl. dazu* ***Heimweh***); **~welle** *f* ondo de nostalgio

Nostalgiker *m* nostalgiulo

nostalgisch *Adj* nostalgia

Nostradamus (*m*), *eigtl* ***Michel de No[s]tre-Dame*** *Eig (ein mittelalterlicher franz. Arzt u. Astrologe [1503-1566])* Nostradamo

Not *f Elend* mizero (↑ *auch* ***Armut***); *Bedürfnis* bezono; *Notwendigkeit* neceso; *Notfall, Notlage* kazo de bezono (*od* neceso *bzw.* danĝero); *Gefahr* danĝero; *Mangel* manko (↑ *auch* ***Geldnot***); *Schwierigkeit* malfacilaĵo (↑ *auch* ***Problem***); ***jmdm. in der ~ beistehen*** (*od* ***helfen***) helpi al iu dum mizero; ***~ leiden*** suferi mizeron; *im Elend leben* vivi en mizero; ***~ leidend*** suferanta mizeron; *sehr arm* tre malriĉa; ***jmds. ~ lindern*** mildigi ies mizeron; ***es tut ~, dass ...*** estas necese, ke ...; ***deine Hilfe tut ~*** via helpo necesas; ***es tut ihm ~*** li bezonas; ***in ~ geraten*** fali en mizeron; ***in ~ sein*** esti en malfacilaĵoj (*bzw.* malfeliĉo *u.a.*); *Hilfe nötig haben* bezoni helpon; ***zur ~*** *im äußersten Fall* en [plej] ekstrema okazo; *gegebenenfalls* eventuale ◇ ***in tausend Nöten sein*** esti en mil embarasoj; ***man muss aus der ~ eine Tugend machen*** el la mizero oni devas fari virton *(Zam), bildh auch* se forestas la suno, sufiĉas la luno *(Zam)*; ***in der ~ schmeckt jedes Brot*** instruas mizero manĝi panon sen butero *(Zam)*;

notabene *Adv* ***a)*** (*Abk* ***NB***) *wohlgemerkt* notu bone ***b)*** *übrigens* cetere

Not|amputation *f Chir* urĝa amputado; **~anzeige** *f Fin (bei Wechselgeschäften)* sciigo pri protesto

Notar *m* notario

Notariat *n* notariejo, *auch* notaria oficejo *od* oficejo de notario

Notariats|akte *f Jur* notaria akto; **~kanzlei** *f* notaria oficejo *od* oficejo de notario, *auch kurz* notariejo

notariell 1. *Adj* notaria; ***~e Urkunde*** *f* notaria akto **2.** *Adv*: ***eine ~ beglaubigte Abschrift*** kopio atestita fare de notario (*od auch* notariejo)

Notarzt *m* sukura kuracisto, kuracisto por urĝaj kazoj; **~wagen** *m Kfz* aŭto de sukura kuracisto *od kurz* sukurista aŭto

Notation *f System von Zeichen od Symbolen* notacio, *Mus auch* muzika notacio

Not|aufnahme *f einer Klinik, z.B. für Sofortversorgung von Notfallopfern* urĝejo [de kliniko]; **~ausgang** *m, aus Flugzeugen u.a. meist* ***Notausstieg*** *m* danĝer-elirejo; **~ausrüstung** *f* ekipaĵo por kazo de danĝero (*od* por danĝer-situacio)

Notausstieg *m* ↑ ***Notausgang***

Not|behelf *m Provisorium* provizoraĵo, *geh auch Palliativum*; **~beleuchtung** *f* provizora (*od* rezerva) lumigo; **~beleuchtungsanlage** *f* instalaĵo por provizora lumigo

Notbremsassistent *m Kfz-Technik* antikolizia (*od* kolizi-evita) sistemo

Notbremse *f* danĝerbremso; ***die ~ ziehen*** funkciigi la danĝerbremson

Notbremsung *f* danĝerbremsado

Notbrücke *f* ↑ *unter* ***Brücke a)***

Notdienst *m*: ***ärztlicher ~*** urĝa medicina servo

Notdurft *f* korpa necesaĵo; ***seine ~ verrichten*** *i.w.S. (austreten gehen)* iri al [la] necesejo; *i.e.S.* urini *bzw.* feki

notdürftig 1. *Adj nur knapp ausreichend* apenaŭ sufiĉa; *ärmlich* povra, *i.w.S. auch* mizera; *provisorisch* provizora; ***ein ~es Auskommen finden*** havi sole la plej necesan por vivi **2.** *Adv* apenaŭ sufiĉe; *ärmlich* povre, *i.w.S.* mizere; *provisorisch* provizore; *irgendwie* iele-iome; ***nur ~ bekleidet sein*** nur iomete vestita; *fast nackt* preskaŭ nuda; ***~ flicken*** (***reparieren***) provizore fliki (ripari)

Note *f* ***a)*** *Schule, Wertungs≗* noto (*vgl. dazu* ***Punkt b)*** *u.* ***Zensur c)***; ↑ *auch* ***Betragens-***

note); ***die höchsten ~n erhalten*** ricevi la plej altajn notojn *auch Sport* ***b)*** *Mus* [muzik]noto; ***ganze*** (***halbe***) ~ plena (duona) noto (↑ *auch* ***Achtel-*** *u.* ***Viertelnote***); ***nach ~n spielen*** ludi laŭ notoj ***c)*** *diplomatische Note* diplomatia noto (↑ *auch* ***Kollektiv-, Protest-*** *u.* ***Verbalnote***); ***gleichlautende ~n*** identaj notoj; ***vertrauliche*** ~ konfidenca noto; ***eine ~ überreichen*** transdoni noton; ***die Annahme einer ~ verweigern*** rifuzi la akcepton de noto ***d)*** *Geld*≗ monbileto; *Bank*≗ bankbileto ***e)*** *übertr ([besondere] Eigenart, Nuance)* noto, nuanco, *(Anmerkung)* rimarko, (*wissenschaftliche Anmerkung)* noto (*vgl. dazu* ***Fußnote*** *u.* ***Randbemerkung***); ***sein Stil hat eine ganz persönliche ~*** lia stilo havas tute personan noton

Notebook [*'no:tbuk*] *n EDV (ein tragbarer, zusammenklappbarer Kleincomputer [Personalcomputer im Buchformat])* poŝkomputilo, [malgranda portebla kaj faldebla] tekokomputilo (↑ *auch* ***Laptop***)

Noten|austausch *m, auch* ***Notenwechsel*** *m Dipl* interŝanĝo de [diplomatiaj] notoj; **~-bank** *f Fin* emisia banko; **~fähnchen** *n Mus* vosto de [muzika] noto; **~hals** *m Mus* tigo de [muzika] noto; **~kopf** *m Mus* kapo de [muzika] noto; **~linie** *f Mus* notlinio; **~papier** *n* notpapero; **~pult** *n, auch* ***Notenständer*** *m Mus* muzikpupitro; **~schlüssel** *m Mus* kleo (↑ *auch* ***Bass-*** *u.* ***Violinschlüssel***); **~-schrift** *f Mus (grafische Darstellung von Tönen u. Tonfolgen)* muzika notacio

Notenständer *m* ↑ ***Notenpult***

Notenumlauf *m Fin* cirkulado de bankbiletoj

Notenwechsel *m* ↑ ***Notenaustausch***

Note Verbale *f Dipl* ↑ ***Verbalnote***

Notfall *m* ekstrema okazo; okazo de bezono (*od* neceso *bzw.* danĝero); *Med* [danĝera] urĝa kazo; *Gefahrensituation* danĝera situacio; **~ambulanz** *f* ambulatorio por urĝaj kazoj; **~medizin** *f* urĝeca medicino; **~operation** *f Chir* urĝeca operacio

notfalls *od* **nötigenfalls** *Adv, auch* ***im Notfall*** *falls nötig* se necese; *falls man gezwungen ist* se oni estas devigata; *im äußersten Fall* en ekstrema okazo; *gegebenenfalls* eventuale

notgedrungen *Adv* pro neceso (*vgl. dazu* ***notfalls***)

Nothafen *m Mar* ↑ ***Zufluchtshafen***

Not|halt *m* urĝa halto; **~hilfe** *f Med* sukurado (*vgl. dazu* ***Erste Hilfe***)

notieren *tr* ***a)*** *auf- od niederschreiben* noti ***b)*** *festsetzen, z.B. den Wertpapierkurs* kvoti

Notieren *n Aufschreiben* notado

notierenswert 1. *Adj* notinda (*vgl. dazu* ***bemerkenswert***) **2.** *Adv* notinde

Notierung *f Börsen*≗ kvot[ad]o [de kurzo(j)] (↑ *auch* ***Kursnotierung***); ***direkte*** ~ *Notierung mit dem festen Währungsbetrag im Inland* kvoto propravaluta; ***indirekte*** ~ *Notierung mit dem festen Währungsbetrag im Ausland* kvoto en eksterlanda valuto

Notifikation *f alt für «Benachrichtigung»* sciigo [pri io]

nötig *od* **notwendig** necesa, bezona; ***dringend*** (*od* ***unbedingt***) ~ urĝe necesa (↑ *auch* ***unabdingbar***); ~ ***sein*** esti necesa, necesi; ***es ist ~, dass ...?*** estas necese, ke ...?; *man muss ...* oni devas ...; *es gehört sich, dass ...* decas, ke ...; ***es ist nicht ~, dass ...*** ne estas necese, ke ...; *man braucht nicht* oni ne bezonas ...; ***etw.*** ~ ***haben*** bezoni ion; ***falls*** ~ se necese; ***wenn ~ mit Gewalt*** se necesas, per forto; ***sich als ~ erweisen*** montriĝi necesa

nötigen *tr zwingen* devigi (***jmdn.*** iun); *bedrängen* insisti (***jmdn.*** al iu); *aufdrängen* altrudi (***jmdn.zu etw.*** iun al io); *energisch bitten od einladen* insiste peti (*od* inviti); *vergewaltigen* perforti; ***genötigt sein*** *gezwungen sein* esti devigata; ***ich sehe mich genötigt, Sie zu erinnern, dass ...*** mi devas vole-nevole rememorigi al vi, ke ... *od* mi sentas, ke finfine mi devas rememorigi al vi, ke ...; ***sie ließ sich nicht lange*** ~ oni bezonis ne tre longe insisti al ŝi

nötigenfalls ↑ ***notfalls***

Nötigung *f Zwang* devigo; *i.w.S. Druck* [forta] premo (*vgl. dazu* ***Drohung*** *u.* ***Einschüchterung***); *dringende Bitte bzw. Einladung* insista peto (*bzw.* invito)

Notion *f Phil (Begriff, [klar definierte] Idee)* nocio (↑ *auch* ***Allgemein-*** *u.* ***Individualbegriff***)

Notiz *f [kurze] Aufzeichnung* noto; *längere, meist themen- od personenbezogene Notiz* notico; *Hdl, Jur (Memorandum: [kurze] Aufzeichnung vereinbarter Punkte)* memorando; ***keine ~ von etw. nehmen*** tute ignori ion; ***von etw. ~ nehmen*** bone noti ion; *einer Sache Beachtung schenken* priatenti ion; ***sich ~en machen*** fari notojn [por si mem]

Notiz|block *m* notbloko; **~buch** *n* notlibr-

[et]o (*vgl. dazu* ***Merkbuch***); ~**heft** *n* notkajero; ~**kalender** *m* notkalendaro; ~**zettel** *m* notbloka slipo

Notlage *od* **Notsituation** *f* urĝa situacio; *gefährliche Lage* danĝera situacio; *schwierige Lage* malfacil[eg]a situacio (*vgl. dazu* ***Dilemma***, ***Elend***, ***Not*** *u.* ***Verlegenheit***)

notlanden *intr* fari devigan surteriĝon

Notlandung *f Flugw* deviga surteriĝo (*vgl. dazu* ***Bruchlandung***)

notleidend *alt* = ***Not leidend*** [↑ *unter* ***Not***]

Notlösung *f provisorische Lösung* provizora solvo

Notlüge *f* ◇ ***eine kleine ~ ist erlaubt*** iom da malvero ne estas danĝero *(Zam)*

Notmaßnahme *f* urĝa proceduro

notorisch *Adj allbekannt* ĉie (*od* ĝenerale) konata; *offenkundig* evidenta; *gewohnheitsmäßig* laŭkutima; *verrufen* malbonfama; *berüchtigt* fifama

[1]**Notos** *m Met (im östlichen Mittelmeer zeitweise im Winterhalbjahr wehender feucht-warmer Südwind [entspricht dem Schirokko])* notoso

[2]**Notos** (*m*) *griech. Myth (Gott des Südwindes)* Notoso

Notportion *f u.* **Notration** *f* ↑ *unter* ***Ration***

Not|ruf[nummer] *m Tel* danĝer-numero; ~**schrei** *m* krio pri helpo, alarmkrio; ~**signal** *n Mar* signalo de senhelpeco, alarmsignalo

Notsituation *f* ↑ ***Notlage***

Not|sitz *m zusätzlich aufgestellter Stuhl, z.B. in einem Saal bei vollem Haus* kromseĝo; ~**stand** *m* krizostato *od* kriza stato; ĝenerala mizero

Notstands|gebiet *n* krizostata regiono; ~**gesetz(e)** *n/(Pl) od* ~**verordnung(en)** *f/(Pl)* leĝoj *Pl* por nacia kriza stato

Nottingham (*n*) *eine Stadt in Mittelengland [nordöstl. von Birmingham]* Notingamo

Notturno *n Mus* ↑ ***Nocturne***

Notunterkunft *f* provizora tranoktejo [en danĝera *bzw.* ekstrema situacio]

Notverband *m bei Unfallhilfe* sukura bandaĝo; ***einen ~ anlegen*** ĉirkaŭligi (*od* fiksi) sukuran bandaĝon

Not|vorrat *m* rezervo [por ekstrema okazo]; ~**wehr** *f* necesa (*od* legitima) sindefendo (*vgl. dazu* ***Selbstverteidigung***)

notwendig ↑ ***nötig***

Notwendige *n* necesaĵo

notwendigerweise *Adv* pro [urĝa] neceso; *zwangsläufig* neeviteble, nepre

Notwendigkeit *f* neces[ec]o

Notzucht *f* ↑ ***Vergewaltigung a)***

notzüchtigen ↑ ***vergewaltigen a)***

Nouakchott (*n*), *arab.* ***Nuwakhschut*** *Hptst. der Rep. Mauretanien* Nuakŝoto

Nougat *n* ↑ ***Nugat***

Nouméa [*nu'me:a*] (*n*) *Hptst. von Neukaledonien* Numeo

Nov. = *Abk für* ***November***

Nova *f* (*Pl*: ***Novae***) *Astron (innerhalb kurzer Zeit zu großer Helligkeit anwachsender veränderlicher Stern, dessen Helligkeit um 10-13 Größenklassen zunimmt und im Verlauf von einigen Jahren bis zu 100 Jahren seine ursprüngliche Helligkeit wieder erreicht)* novao (↑ *auch* ***Supernova***)

Nova Scotia (*n*) ↑ ***Neuschottland***

Novation *f* ↑ ***Schuldumwandlung***

Novelle *f **a)** Lit* novelo ***b)*** *Parl* amenda leĝo

Novellensammlung *f Lit* novelkolekto *od* kolekto de noveloj

Novellenschreiber *m* ↑ ***Novellist***

Novellette *f*, *auch* ***kleine Novelle*** *f Lit* noveleto, mallonga novelo

novellieren *tr Parl* amendi

Novellist *m*, *selt auch* ***Novellenschreiber*** *m* novelisto

Novellistik *f Lit (1. Kunst der Novelle 2. Gesamtheit der Novellendichtung)* novelistiko

Novellistin *f* novelistino

November *m* (*Abk* ***Nov.***) novembro (*Abk* nov.); ~**aufstand** *m* (*auch* ***Polnisch-Russischer Krieg*** *genannt*) *Gesch* Novembra Ribelo *[1830/1831]*; ~**nebel** *m* novembra nebulo

Novi Sad (*n*), *dt.* ***Neusatz*** (*n*) *Hptst. der Wojwodina/Serbien* Novisado

Novität *f Neuheit, etw. Neues* novaĵo; *Neuerscheinung* nov-eldono

Novize *m Rel* novico *auch übertr*

Novizenhaus *n* novicejo

Noviziat *n dem Ordensgelübde vorausgehende Probezeit [der Mönche]* noviceco, novicotempo *od* tempo de [ies] noviceco

Novizin *f Rel* novicino *auch übertr*

Novocain® *n Pharm (ein Lokalanästhetikum)* novokaino (↑ *auch* ***Procain***) <*ungiftiger synthetischer Ersatzstoff für Kokain*>; ~**intoxikation** *f* novokain-toksiĝo

Novodur® *n*: *eine Gruppe thermoplastischer Kunststoffe, die sich durch mechanische Festigkeit, Wärmebeständigkeit u. Widerstandsfähigkeit auszeichnen* novoduro

Nowaja Semlja (*n*) *eine russ. Inselgruppe im Nordpolarmeer* Nova-Zemlo
Nowgorod (*n*) *eine Stadt in Russland [am Wolchow]* Novgorodo <*eine der ältesten russ. Städte*>
Nowitschok (*n*) *ein stark wirkendes Nervengift* noviĉoko <*auch mehrfach für Mordanschläge eingesetzt*>
Nowo-Archangelsk (*n*) ↑ ***Sitka***
Nowokusnezk (*n*), *früher* ***Kusnezk-Sibirski*** (*n*) *eine Stadt in Russland* Novokuznecko
Noworossijsk (*n*) *eine russ. Hafenstadt am Schwarzen Meer* Novorosijsko
Nowosibirsk (*n*) *eine Stadt am Ob/Russland (West-Sibirien)* Novosibirsko
Noxen *Pl Schadstoffe* nocaj substancoj *Pl*
Np = *Zeichen für* ***Neper*** [↑ *dort*]
Nr. = *Abk für* ***Nummer***
NRO = *Abk für* ***Nichtregierungsorganisation***
NRW = *Abk für* ***Nordrhein-Westfalen***
NS = *Abk für* ***Nationalsozialismus***
NSG = *Abk für* ***Naturschutzgebiet***
Nu *m od n nur in Zus*: ***im ~*** *od* ***in einem ~*** subite, tuj; *blitzschnell* fulmrapide
Nuance *f feiner Unterschied, [geringe] Abstufung, Schattierung* nuanco (*vgl. dazu* ***Stilfärbung***); ***um eine ~ zu laut*** iomete tro laŭta (*bzw. adverbiell* laŭte)
nuancenreich *Adj* nuancoriĉa, *nachgest auch* riĉa (*od* plena) de nuancoj
nuancieren *tr* nuanci
Nuancieren *n od* **Nuancierung** *f* nuancado
'nüber = *dial für* ***hinüber*** [↑ *dort*]
Nubien (*n*) *eine Landschaft in NO-Afrika zw. Assuan/Ägypten [Unternubien] u. Al-Khartum/Sudan [Obernubien]* Nubio
Nubien-Ziegenmelker *m, auch* ***nubischer Ziegenmelker*** *m Orn* ↑ *unter* ***Nachtschwalbe***
Nubier *m/Pl Sammelbez. für Volksgruppen im Niltal zw. Wadi Halfa u. dem Zusammenfluss des Weißen u. Blauen Nils* nubianoj *Pl*
Nubierin *f* nubianino
Nubiertrappe *f* (Neotis nuba) *Orn* nubia otido
nubisch *Adj* nubia; *~**e Kunst*** *f die Kunst des Königreichs Nubien [9.-14. Jh.]* nubia arto; ***die ≗e Wüste***, *arab.* ***As-Sahra an-Nubija*** la Nubia Dezerto
Nubisch[e] *n Ling (eine nilotische Sprache [vor allem im Sudan gesprochen])* la nubia [lingvo]

Nubuk *od* **Nubukleder** *n wildlederähnliches Rinds- od Kalbsleder* <*ein feines Rauleder*> nubuko *od* nubukledo
nüchtern *Adj* ***a)*** *mit leerem Magen* ne manĝinta [kaj trinkinta], *pop* kun malplena stomako; *ohne Alkoholgenuss vorher* ne trinkinta alkoholon, malebria; ***wieder ~ werden*** *nach Alkoholgenuss* malebriiĝi ***b)*** *besonnen* sobra; *ruhig überlegend* trankvile pripensanta; *emotionslos* senemocia; *phantasielos* senfantazia; *prosaisch* proza; *leidenschaftslos* senpasia; *~**e Fakten*** *m/Pl* sobraj faktoj *Pl*
Nüchternheit *f Besonnenheit* sobreco; *Arch, Mal (Schmucklosigkeit)* senornameco, *(Einfachheit)* simpleco, *auch* aŭstereco
Nuckel *m* ↑ ***Schnuller***
Nuckelflasche *f* ↑ ***Babyflasche***
nuckeln *intr u. abs* suĉi je la cicumo
Nuclease *f* ↑ ***Nuklease***
Nuclein *n Biol, Chem* ↑ ***Nuklein***
Nucleo... ↑ ***Nukleo...***
Nucleus *m* ↑ ***Nukleus***
Nucleus-pulposus-Hernie *f Med* ↑ ***Bandscheibenvorfall***
Nudel|auflauf *m Kochk* nudelsufleo (↑ *auch* ***Lasagne***); **~gericht** *n Kochk* nudela manĝaĵo; **~holz** *n*, <*österr*> *u. reg* ***Nudelwalker*** *m*, <*schweiz*> ***Wallholz*** *n Hausw* pastorulo *od* rulknedilo
nudeln *tr (eine Gans) stopfen* ŝtopnutri *auch übertr scherzh* (*vgl. dazu* ***mästen***)
[1]**Nudeln** *f/Pl Nahr* nudeloj *Pl*; *Dampf≗* stufitaj nudeloj *Pl*; *Eier≗* ovonudeloj *Pl*; *Faden≗* vermiĉeloj *Pl* (*vgl. dazu* ***Makkaroni***, ***Spaghetti*** *u.* ***Tortellini***; ↑ *auch* ***Dampf-***, ***Glas-*** *u.* ***Reisnudeln***)
[2]**Nudeln** *n eine Form der Geflügelmast* ↑ ***Stopfen***
Nudel|salat *m Nahr* nudela salato; **~suppe** *f Kochk* nudel[o]supo
Nudelwalker *m Hausw* ↑ ***Nudelholz***
Nudismus *m* ↑ ***Freikörperkultur***
Nudist *m* nudisto
Nudität *f* ↑ ***Nacktheit***
Nudophobie *f [übertriebene] Scheu vor Nacktheit* nudofobio
Nugat *n, auch m, auch* ***Nougat*** *n, auch m* nugato; **~füllung** *f* nugatfarĉo; **~schokolade** *f* nugatĉokolado
Nuggi *m* ↑ ***Schnuller***
nuklear *Adj den Atomkern betreffend* nuklea (↑ *auch* ***thermonuklear***); *~**er Abfall*** *m* nu-

klea defalaĵo; ~*e* ***Bedrohung*** (***Konfrontation***, ***Selbstvernichtung***) *f* nuklea minaco (konfrontado, memekstermado)
Nuklear|anlage *f* nuklea instalaĵo; ~**brennstoff** *m* nuklea fuelo; ~**explosion** *f* nuklea eksplodo; ~**krieg** *m* nukle[armil]a milito; ~**macht** *f* ŝtato posedanta nukleajn armilojn; ~**medizin** *f Radiologie* nuklea medicino; ~**physik** *f* nuklea fiziko; ~**sicherheit** *f* nuklea sekureco
Nukleartechnik *f* ↑ ***Kerntechnik***
Nuklear|strategie *f Mil* nuklea strategio; ~**test** *m*, *auch* ***Kern-*** *od* ***Nuklearwaffentest*** *m* nuklea testo; ~**unfall** *m*, *auch* ***Atomunfall*** *m* nuklea akcidento; ~**waffen** *f/Pl*, *auch* ***nukleare Waffen*** nukleaj armiloj *Pl*; ~**waffenarsenal** *n Mil* arsenalo de nukleaj armiloj
Nuklearwaffentest *m* ↑ ***Nukleartest***
Nuklease *f*, *Fachspr* ***Nuclease*** *f Chem (ein Nukleinsäuren spaltendes Enzym)* nukleazo
Nukleid *n*, *Fachspr* ***Nucleid*** *n* nukleido
Nuklein *n*, *Fachspr* ***Nuclein*** *n Biol, Chem* nukleino; ~**säure** *f Chem* nukleina acido
Nukleobase *od* **Nukleinbase** *f Biochemie* nukleobazo, *auch* nuklea bazo
Nukleolus *m Biol (Kernkörperchen: ein Kompartiment des Zellkerns)* nukleolo
Nukleon *n Atomkernbaustein* nukleono
Nukleonenzahl *f Kernphysik* ↑ ***Massenzahl***
Nukleonik *f*, *auch* ***Atomlehre*** *f* nukleoniko
Nukleoplasma *n*, *auch* ***Kernplasma*** *n Biol* nukleoplasmo
Nukleoproteide *n/Pl*, *<wiss> auch* ***Nucleoproteide*** *n/Pl Biochemie* nukleoproteidoj *Pl*
Nukleoside *n/Pl*, *<wiss> auch* ***Nucleoside*** *n/Pl Biochemie (Verbindungen der in den Nukleinsäuren bzw. Nukleotiden vorkommenden Basen mit Zuckern)* nukleozidoj *Pl*
Nukleosomen *n/Pl*, *auch* ***Neurosomen*** *n/Pl Mitochondrien der Nervenzellen [globuläre Untereinheiten des Chromatins]* nukleosomoj *Pl*
Nukleotidasen *f/Pl Biochemie (Enzyme, die die Bindung zw. dem Zucker u. der Base in einem Nukleosid lösen)* nukleotidazoj *Pl*
Nukleotide *n/Pl*, *<wiss> auch* ***Nucleotide*** *n/Pl Biochemie (Verbindungen aus einer organischen Base, einer Ribose u. Phosphorsäure)* nukleotidoj *Pl*
Nukleus *m*, *Fachspr* ***Nucleus*** *m Biol (Zellkern)* nukleo, *auch* ĉelnukleo
Nuklid *n Kernphysik* nuklido; ***stabile*** ~*e Pl nicht radioaktive Nuklide <entstanden aus Radionukliden nach deren radioaktiven Zerfall>* stabilaj nuklidoj *Pl*
Nuku'alofa (*n*) *Hptst. von Tonga* Nukualofo
Nukus (*n*) *Hptst. der Rep. Karakalpakstan (in Usbekistan)* Nukuso
null 1. *Num* nulo, *in Zahlenfolgen auch* nul; ~ ***Komma fünf Meter*** *Nom* nul komo kvin metroj, *Akk* nul komo kvin metrojn; ***eins zu*** ~ *Sport* unu per nulo; ***fünf Grad über*** (***unter***) ~ kvin gradoj super (sub) [la] nulo; ***das Thermometer steht auf*** ~ la termometro montras la nulpunkton; ***die Maschine fliegt genau*** ~ ***Uhr fünf [Minuten]*** la aviadilo ekflugos precize je nul horo kaj kvin minutoj **2.** *Adj*: ~ ***und nichtig*** nula [kaj senvalida] ◇ ***in*** ~ ***Komma nichts*** *scherzh für «sehr schnell»* treege rapide (↑ *auch* ***pfeilschnell***)
Null *f* ***a)*** *Ziffer 0* nulo (*vgl. dazu* ***null***); *Nullpunkt* nulpunkto; ***größer als*** ~ *Math (positiv)* pozitiva; ***das Thermometer zeigt zehn Grad über*** ~ la termometro montras dek gradojn super [la] nulo ***b)*** *umg für «Versager» od «Niete»* nulo; ***er ist eine absolute*** ~ li estas absoluta (*od* altranga) nulo
Null|diät *f*, *auch* ***totales Fasten*** *n* totala fastado; ~**isotherme** *f Met (Linie durch alle Orte mit Null Grad mittlerer Jahrestemperatur)* nul-izotermo; ~**leiter** *m El (geerdeter Leiter, der als Neutral- od Schutzleiter dient)* nulokonduktilo; ~**linie** *f* nul-linio; ~**matrix** *f Math* nulmatrico
Nullmeridian *m Geogr* ↑ *unter* ***Meridian a)***
Null|punkt *m auf einer Skala* nulpunkto (↑ *auch* ***Gefrierpunkt***); ~**serie** *f Ind (erste Versuchsserie einer Fertigung)* nul-serio *od* nula serio (↑ *auch* ***Prototyp***); ~**spannung** *f El* nul-tensio; ~**stelle** *f Math* nuliganto
Nulltarif *m*: ***zum*** ~ senpage, senkoste
Null|teiler *m Math* nuldivizoro; ~**vektor** *m Math* nulvektoro; ~**wachstum** *n Biol, Wirtsch* nula kresko
Numa Pompilius (*m*) *Eig (der röm. Sage nach der zweite der sieben Könige Roms <von Herkunft Sabiner>)* Numo Pompilio
Numbat *m Zool* ↑ ***Ameisenbeutler***
Numedal (*n*) *eine Landschaft im Süden Norwegens* Numedalo *[Hauptort: Kongsberg]*
Numen *n Rel (göttliches Wirken)* numeno
Numerale *n Ling (Zahlwort)* numeralo
numerisch numera, rilata al numeroj
Numerus *m* (*Pl:* ***Numeri***) *Ling (Zahlform des Substantivs)* gramatika nombro (*vgl. dazu* ***Singular*** *u.* ***Plural***)

Numider *m* ↑ ***Numidier***
Numidien (*n*) *ein antikes nordafrik. Reich (das Gebiet westl. u. südl. von Karthago)* Numidio
Numidier *m, auch* ***Numider*** *m hist* numido
numidisch *Adj* numida
Numismatik *f Münzkunde* numismatiko
Numismatiker *m 1. Münzkundler 2. Münzsammler* numismato, *auch* numismatikisto
numismatisch *Adj* numismatika
Nummer *f* (*Abk* ***Nr.***) numero (*Abk* n-ro) *auch einer Zeitung* (*vgl. dazu* ***Zahl*** *u.* ***Ziffer***; ↑ *auch* ***Ausgabe***, ***Exemplar***, ***Extra-***, ***Gewinn-***, ***Konto-*** *u.* ***Zulassungsnummer***); *Telefon*≗ telefonnumero (↑ *auch* ***Geheim-***, ***Handy-*** *u.* ***Vorwahlnummer***); *Programm*≗ programero; ***laufende*** ~ (*Abk* ***lfd. Nr.***) kuranta numero; ***die ~ eins im Tennis*** tenisisto numero unu en la mondo; ***eine ~ größer*** (***kleiner***) *Hemd, Schuhe u.a.* unu [grando]numero (*bzw.* [grando]numeron) pli granda (malgranda); ***eine ~ eintippen*** (*od* ***wählen***) *z.B. am Automaten od Telefon* klavi numeron
Nummerator *m, auch* ***Nummerierungsapparat*** *m* numerilo, aparato por [aŭtomate] numeradi
nummerierbar *Adj* numerebla
nummerieren *tr* numer[ad]i (***etw.*** ion), signi per numero; ***sind die Plätze nummeriert?*** ĉu la sidlokoj havas numerojn?
Nummerierung *f* numerado; ***provisorische*** (*od* ***vorläufige***) ~ provizora numerado
Nummerierungsapparat *m* ↑ ***Nummerator***
Nummern|konto *n Bankw* ciferkonto; **~scheibe** *f Tel* ciferdisko; **~schild** *n Kfz* numerplato [de aŭto]
Nummuliten *m/Pl, pop* ***Münz[en]steine*** *m/Pl* (Nummulitidae) *Bot, Paläontologie (kreisrunde od elliptisch geformte Einzeller aus der Gruppe der Foraminiferen [versteinerte Wurzelfüßer im Eozän])* numulit[ed]oj *Pl*
nun 1. *Adv* nun; ~ ***erst recht!*** nun des pli! ***von ~ ab*** (*od* ***an***) [ek]de nun; ***was ~?*** kio (*bzw. im Akk* kion) nun?; ***was machen wir ~?*** *was sollen wir jetzt tun?* kion ni faru nun? **2.** *Interj (als Ausruf zur Fortsetzung der Rede, zur Ermunterung od Anstachelung)* nu; ~ ***gut!*** nu bone!; ~ ***ja*** nu jes; ~, ***was sagst du dazu?*** nu, kion vi diras pri tio?
Nunatak *Pl aus dem Inlandseis herausragende einzelne Berge od Felsen)* nunatako
Nunavut (*n*) *ein Territorium im NO Kanadas [unter Inuit-Verwaltung] (westlich u. nördlich der Hudson Bay) [Hptst.: Iqaluit (auf der Baffin-Insel)]* Nunavuto
nunmehr *Adv jetzt* nun; *von jetzt an* [ek]de nun (*vgl. dazu* ***künftig***)
'nunter *Adv dial für* ***hinunter*** [↑ *dort*]
Nuntiatur *f Amt eines Nuntius* nuncieco; *Sitz eines Nuntius* nunciejo
Nuntius *m, auch* ***päpstlicher Botschafter*** *m Dipl (ständiger Botschafter des Papstes bei weltlichen Regierungen im Rang eines Botschafters)* nuncio, papa ambasadoro (↑ *auch* ***²Legat b)*** *u.* ***Pronuntius***); ***der apostolische*** ~ la apostola nuncio, *(vor Namen Großschr)* la Apostola Nuncio
Nupe *Pl Ethn (ein Sudanvolk am oberen Niger in Nigeria/Westafrika)* nupoj *Pl*
nur *Adv* ***a)*** nur; *einzig* sole; ~ ***ein bisschen*** (*od* ***wenig***) nur iomete; ~ ***falls*** nur se; ~ ***wenn*** nur kiam; ~ ***zu!*** do ek!; ***nicht ~, dass ...*** ne nur, ke ...; ***nicht ~ ..., sondern auch ...*** ne nur ..., sed ankaŭ ... ***b)*** *in Wunschsätzen* ke; ***hätte ich ~ ...*** ho, ke mi havu ...! ***wenn er ~ käme!*** ke li do venu!
Nurag[h]en *Pl Archäol (aus Stein erbaute Wohntürme, bes. des bronzezeitlichen Sardiniens)* nuragoj *Pl*
Nurhausfrau *f* plentempa hejmmastrino
Nuristan (*n*), *früher* ***Kafiristan*** (*n*) *eine Landschaft im afghanischen Hindukusch* Nuristano, *früher* Kafiristano
Nuristani *m(Pl) Bewohner Nuristans* nuristanano(j) *(Pl)*
Nürnberg (*n*) *eine Stadt in Mittelfranken* Nurenbergo; ***die Meistersinger von ~*** *[Oper von R. Wagner]* la Majstroj-Kantistoj de Nurenbergo
Nürnberger 1. *Adj*: ***die ~ Prozesse*** *m/Pl Gesch u. Jur* la Nurenbergaj Procesoj *Pl* **2.** *Subst Einwohner von Nürnberg* nurenbergano
Nürnbergerin *f* nurenberganino
Nusairier *m/Pl Rel* ↑ ***Alawiten***
nuscheln *intr näseln* naz-paroli; *i.w.S. undeutlich sprechen* fuŝparoli
Nusku (*m*) *Myth (sumerischer u. akkadischer Licht- u. Feuergott)* Nuskuo
Nuss *f* ***a)*** *allg* nukso; *Betel*≗ kateĉunukso; *Erd*≗ ternukso; *Hasel*≗ avelo; *Kokos*≗ kokosnukso, *auch* kokoso; *Macadamia*≗ makadamia nukso; *Para*≗ brazila nukso; *Peca*≗ pekano; *Wal*≗ juglando; ***gesalzene Nüsse*** *Pl Nahr* salitaj nuksoj *Pl*; ***Nüsse knacken*** krevigi (*od* rompi) nuksojn ◇ ***das***

ist eine harte ~ tio estas afero (*bzw.* tasko) [tre] malfacila ***b)*** *auch* ***Kugel*** *f od* ***Maus*** *f Fleischstück aus der Keule von Rind, Kalb od Schwein* nukso (↑ *auch* ***Nussschinken***)

Nussbaum *m* nuksarbo; *Walnussbaum* juglandarbo (↑ *auch* ***Haselstrauch***)

nuss|braun *od* ~**farben** *Adj* nuksokolora; *haselnussbraun* avelokolora

Nussbutter *f Nahr* nuksa butero (↑ *auch* ***Erdnussbutter***)

Nusseibe *f* (Torreya) *Bot (eine Gattung der Eibengewächse)* torejo; ***große*** ~ (Torreya grandis) granda torejo; ***japanische*** ~ (*auch* ***japanische Stinkeibe*** *genannt*) (Torreya nucifera) japana torejo; ***kalifornische*** ~ (Torreya californica) kalifornia torejo

Nuss-Halva *n Nahr* nuksa halvao

nussig *Adj*, *nachgest* ***mit Nussgeschmack*** nuksogusta

Nuss|kern *m* nuksokerno; ~**knacker** *m* nuksorompilo

Nüsslisalat *m Bot, Nahr* ↑ ***Feldsalat***

Nuss|öl *n* nuksa oleo (↑ *auch* ***Walnussschalenöl***); ~**pflanzen** *f/Pl Bot* nuksoplantoj *Pl*; ~**schale** *f* ŝelo de nukso, nuksoŝelo; ~**schinken** *m Nahr* nuksoŝinko; ~**schokolade** *f* ĉokolado kun nuksoj; ~**torte** *f* nuksotorto

Nüster *f*: ~***n Pl des Pferdes*** nazotruoj *Pl* de ĉevalo

Nut *f Tech, umg* ***Nute*** *f* ***a)*** *Holztechnik (Tischlerei, Zimmerei)* foldo (↑ *auch* ***Führungsnut***); *Zapfenloch [in Holz] bzw. Keilnut einer Schwalbenschwanzverbindung* mortezo (*vgl. dazu* ***Falz a)*** *u.* ***b)***); ~ ***und Feder*** foldo kaj lango; ***Zapfen und*** ~ tenono kaj mortezo; ***etw. in eine*** ~ ***[hin]einfügen*** *einfugen* enfoldigi (*vgl. dazu* ***nuten***) ***b)*** *Auskehlung, lange axiale Nut (bes. auf Zylinderflächen)* kanelo (*vgl. dazu* ***Rille***)

Nutation *f 1.Astron (Schwankung der Erdachse gegen den Himmelspol) 2. Bot (Krümmung von Pflanzen durch ungleiches Wachstum verschiedener Seiten eines Pflanzenteils) 3. Mechanik (periodische Bewegung der Kreiselachse um die Achse ihres Drehimpulses) 4. Med (ständiges Wackeln des Kopfes)* nutacio

Nute *f Handw, Tech* ↑ ***Nut***

Nuteisen *n Handw* foldoĉizilo

nuten *tr Holztechnik* foldi; *Holz- u. Metallbearbeitung (eine Keilnut bzw. Aussparung einschneiden od ausstemmen)* mortezi

Nutria *f*, *auch* ***Biberratte*** *f od* ***Sumpfbiber*** *m* (Myocastor coypus) *Zool* kojpo <*wird als Pelztier auch gezüchtet*>

nutschen ↑ ***lutschen***

Nutte *f* publikulino, stratulino, *[derb:]* seksmatraco, piĉulino (↑ *auch* ***Dirne***, ***Hure*** *u.* ***Prostituierte***)

nuttenhaft, *auch* ***nuttig*** *Adj* kiel (*od* en maniero de) publikulino *nachgest*

nutz = ***nütze***

Nutzanwendung *f* praktika aplik[ad]o

nutzbar *Adj brauchbar, verwendbar* uzebla; *verwertbar* utiligebla; *abbaubar (Bergb), ausnutzbar* ekspluatebla; ~ ***machen*** utiligi (↑ *auch* ***nutzen*** *u.* ***verwerten***); *Mine* ekspluati (*vgl. dazu* ***ausbeuten***)

Nutzbarkeit *f*: ~ ***in der Praxis*** praktika uzebleco

Nutzbarmachung *f* uzado; utilig[ad]o (*vgl. dazu* ***Ausbeutng***, ***Verarbeitung*** *u.* ***Verwertung***); ekspluat[ad]o

nutzbringend *Adj*: ~ ***sein*** havanta utilon (***für*** por); *profitabel sein* esti profitodona (*od* profitiga)

nütze *Adj*: ***zu nichts mehr*** ~ ***sein*** esti [absolute] ne plu utila (*bzw.* taŭga) por io

Nutzeffekt *m Wirksamkeit* efikeco; *Wirkungsgrad* grado de efikeco, *(bes. Tech)* rendimento (↑ *auch* ***Nutzleistung***); ***ökonomischer*** ~ ekonomika efikeco

nutzen *od* **nützen** ***a)*** *tr nutzbar machen* utiligi (***etw.*** ion); *ausnützen* ekspluati (***für*** por); *Vorteil ziehen aus etw.* profiti de (*od mit Akk*); ***die Gelegenheit*** ~ utiligi la okazon (***um zu ...*** por *u. folg. Verb im Inf*) ***b)*** *intr* utili; ***das nützt mir nichts*** tio nenion utilas al mi; ***das nützt Ihrer Gesundheit*** tio estos bona por via sano; ***was nützt das?*** kion tio utilas? *od futurisch (was wird das nützen?)* kion tio utilos?; ***wem nützt das?*** al kiu tio utilas (*bzw.* utilos)?; *wer profitiert davon?* kiu profitas (*bzw.* profitos) de tio?; ***das nützt niemandem*** tio utilas (*bzw.* utilos) al neniu

Nutzen *m* ***a)*** utilo (↑ *auch* ***Gemeinnutz***); *Gewinn* profito; *i.w.S. Vorteil* avantaĝo; ~ ***ziehen aus ...*** profiti el ...; ***es wäre von*** ~, ***wenn ...*** estus utile, se ..., ***von*** ~ ***sein für ...*** esti utila por ...; ***welchen*** ~ ***bringt das?*** kiun utilon tio alportos?; ***jmdm. einigen*** ~ ***bringen*** alporti al iu kelkan utilon; ***zum*** ~ ***von ...*** por la utilo de ...; ***zum gegenseitigen*** ~ por reciproka utilo (*bzw.* profito); ~ ***ziehen aus ...*** profiti de (*od* el) ... ***b)*** *Benut-*

zung, Verwendung uz[ad]o

Nutzer *m* uzanto *auch EDV*; ~**name** *m*, *auch* ***Username*** *m in Internetforen* salutnomo

Nutzfaktor *m* faktoro de utiligo

Nutzfläche *f*: ***landwirtschaftliche*** ~ kultivita (*od* agrikultura) tereno

Nutz|garten *m* utilĝardeno *od i.w.S.* kultiva ĝardeno; ~**holz** *n* timbro; *Bauholz* konstruligno

Nutzlast *f* ***a)*** *Tragkraft, die ein Transportfahrzeug aufnehmen kann* ŝarĝokapablo, kargokapablo, *auch* utilŝarĝo ***b)*** *beförderte Last* transportata ŝarĝo; ***maximale*** ~ maksimuma ŝarĝo [kiu estas permesata]

Nutzleistung *f Tech (die von einer Kraftmaschine erzeugte, nutzbare Energiemenge)* efektiva kapacito [da energio]

nützlich 1. *Adj* utila (*vgl. dazu* ***profitabel***); *i.w.S. vorteilhaft* avantaĝa (***für jmdn.*** por iu); ***ein*** ~***er Ratschlag*** (*od kurz* ***Rat***) utila konsilo **2.** *Adv* utile; ***jmdm.*** ~ ***sein*** esti utila al iu

Nützliche *n*: ***etw.*** ~***s*** utilaĵo

Nützlichkeit *f* utileco; *Gewinn* profito; *i.w.S. Vorteil* avantaĝo

Nützlichkeitsstandpunkt *m* = ***Utilitarismus***

Nützling *m* utila besto, *(Insekt)* utila insekto

nutzlos 1. *Adj* senutila; *vergeblich* vana; ~***er Gegenstand*** *m od* ~***es Zeug*** *n* senutilaĵo, sentaŭgaĵo **2.** *Adv* senutile, sentaŭge; vane

Nutzlose *n*: ***etw.*** ~***s*** senutilaĵo

Nutzlosigkeit *f* senutileco; *Vergeblichkeit* vaneco

Nutznießer *m* profitanto (↑ *auch* ***Profiteur***)

Nutznießung *f* ↑ ***Nießbrauch***

Nutzpflanzen *f/Pl Pflanzen, die in irgendeiner Form vom Menschen genutzt werden* utilplantoj *od* utilaj plantoj *Pl* (*vgl. dazu* ***Nahrungspflanzen***)

Nutzung *f* utiligo; *Ausnutzung, bes. von Bodenschätzen (im Sinne von «Abbau»)* ekspluat[ad]o; *Gebrauch* uz[ad]o (↑ *auch* ***Wassernutzung***); ***friedliche*** ~ ***der Atomenergie*** porpaca utiligo de [la] atomenergio; ***kostenlose*** ~ senpaga utiligo (*bzw.* uzo); ~ ***der Wasserkraft*** utiligo de akvoforto(j)

Nutzungs|effizienz *f* utiliga efikeco; ~**recht** *n allg* uz-rajto; *Jur (Recht auf die Nutzung fremden Eigentums)* [leĝa] rajto je fruktuzo

Nutzwald *m* ↑ ***Forst*** *u.* ***Wirtschaftswald***

Nutzwert *m*, *auch* ***ökonomischer Wert*** *m* ekonomia valoro

Nuuk (*n*), *dän.* ***Godthåb*** (*n*) *Hptst. von Grönland* Nuuko, *früher* Godhabo

n.u.Z. = *Abk für* ***nach unserer Zeitrechnung***

NW = *Abk für* ***Nordwest[en]***

Nyanja *n Ling (eine in Malawi, Mosambik, Sambia u. Simbabwe gesprochene Sprache)* la njanĝa [lingvo]

Nyiragongo *m ein Vulkan in der Demokratischen Republik Kongo* [vulkano] Njiragongo

Nyktalgie *f*, *auch* ***Nachtschmerz*** *Med* dumnokta doloro, *fachsprachl. auch* niktalgio

Nyktalopie *f Ophthalmologie* ↑ ***Nachtsichtigkeit***

Nylon® [*ˈnai...*] *n Textil* nilono (↑ *auch* ***Rayon***); ~**bluse** *f* nilona bluzo; ~**hemd** *n* nilona ĉemizo; ~**strümpfe** *m/Pl*, *alt auch* ***Nylons*** *Pl* nilonaj ŝtrumpoj *od* nilonŝtrumpoj *Pl*

[1]**Nymphe** *f Myth (eine griech. Naturgöttin)* nimfo (↑ *auch* ***Baumnymphe***, ***Dryade***, ***Najade***, ***Oreade***, ***Quellnymphe*** *u.* [2]***Sylphe***)

[2]**Nymphe** *f Ent (Larvenform bei Insekten mit unvollkommener Metamorphose [z.B. bei Heuschrecken u. Termiten])* nimfo (*vgl. dazu* [1]***Larve*** *u.* ***Puppe b)***)

nymphenhaft *Adj Myth u. übertr* nimfosimila

Nymphensittich *m* (Nymphicus hollandicus) *Orn* nimfokakatuo *[Vorkommen: Australien]*

Nymphitis *f*, *auch* ***Entzündung f der kleinen Schamlippen*** *Med* nimfito, *auch* inflamo de la vulvaj lipetoj

nymphoman ↑ ***nymphomanisch***

Nymphomanie *f*, *auch* ***Mannstollheit*** *f gesteigertes sexuelles Verlangen der Frau* nimfomanio, virina afrodizio

Nymphomanin *f sex (mannstolle Frau)* nimfomaniulino, nimfomania virino

nymphoman[isch], *auch* ***mannstoll*** *Adj sex* nimfomania

Nynorsk *n Ling (neunorwegische Schriftsprache, die auf den Dialekten beruht)* la novnorvega [lingvo]

Nysa (*f*) ↑ ***Neiße***

Nystagmus *m*, *auch* ***Augenzittern*** *n Ophthalmologie (Zittern des Augapfels)* nistagmo; ***galvanischer*** (***oszillatorischer***, ***physiologischer***, ***rhythmischer***) ~ galvana (oscila, fiziologia, ritma) nistagmo; ~ ***der Stimmbänder*** *Med* nistagmo de la voĉkordoj

Nystatin *n Pharm (ein Antimykotikum)* nistatino *<wirkt gegen Hefen u. Pilze>*

O

o, *alleinstehend meist* **oh** *Interj* ***a)*** *Erstaunen* ho; ***oh, fein!*** ho, belege!; ***o weh*** *od* ***oh weh!*** ho ve!; *so ein Pech!* kia malfeliĉo!; *es tut mir Leid* ho, mi bedaŭras! ◇ ***o Gott!*** ho, [bona] Dio! ***b)*** *Schmerz* aŭ!

O = *Abk für* ***Ost*** *od* ***Osten***

Oahu (*n*) *drittgrößte Hawaii-Insel* Oahuo *[Hptst.: Honolulu]*

OAS ↑ *unter* ***Organisation a)***

Oase *f Wasserstelle in der Wüste* oazo *auch übertr* (↑ *auch* ***Steueroase***); ***eine ~ der Ruhe sein*** esti oazo de trankvilo

Oasenbewohner *m* oazoloĝanto

OAU ~ *engl. Abk für* ***Organization of African Unity*** [↑ *unter* ***Organisation a)***]

ob 1. *Konj* ĉu; ~ ***man will oder nicht*** vole-nevole; ***als*** ~ kvazaŭ; ***ich möchte [gern] wissen***, ~ ***...*** mi [tre] deziras (*od* ŝatus) scii, ĉu ... *od* mi scivolas, ĉu ...; ***und ~!*** *als positive Antwort auf eine Entscheidungsfrage* nu kompreneble!, nu certe!, nature!, *(unbedingt)* nepre! **2.** *Präp* ***a)*** *mit Gen, veraltend für «wegen»* pro ***b)*** *mit Dat, alt od reg für «oberhalb» bzw. «über»* supre de *bzw.* super

o.B. = *Abk für* ***ohne Befund***

Ob *m ein Strom in Russland* [rivero] Obo

OB *od* **OBM** = *Abk für* ***Oberbürgermeister***

Obacht *f Aufmerksamkeit* atento; *das Wachsamsein* atentemo; ~ ***geben auf ...*** atenti pri ...; *beaufsichtigen* zorgi pri ... (*vgl. dazu* ***beherzigen***)

Obdach *n geschützter Ort* ŝirmejo; *Zufluchtsort* rifuĝejo (*vgl. dazu* ***Asyl***); *für die Nacht* tranoktejo; *i.w.S. [eigenes] Heim* [propra] hejmo; ***kein ~ haben*** esti senhejma

obdachlos, *<österr> auch* ***unterstandslos*** *Adj* senhejma; ~ ***werden*** perdi sian hejmon, fariĝi senhejmulo

Obdachlose ***a)*** *m* senhejmulo ***b)*** *f* senhejmulino (↑ *auch* ***Clochard***)

Obdachlosenasyl *n* azilo por senhejmuloj

Obdachlosigkeit *f* senhejmeco

Obduktion *f Med ([gerichtlich angeordnete] Leichenöffnung zur Klärung der Todesursache* obdukcio (*vgl. dazu* ***[2]Sektion***)

Obduktions|befund *m* rezulto(j) de [la] obdukcio; ~**bericht** *m Gerichtsmedizin* obdukcia raporto

Obduration *f nur Fachspr Med (Verhärtung [von Körpergewebe])* obduracio

obdurieren *intr nur Fachspr Med (sich verhärten)* obduracii

obduzieren *tr* obdukcii (*vgl. dazu* ***sezieren***)

O-Bein *n* (Genu varum), *meist Pl:* ***O-Beine*** konveksaj gamboj *Pl*, *Fachspr Med auch* varaj genuoj *Pl*

o-beinig, *auch* ***O-beinig*** *Adj* konveksgamba

[1]Obelisk *m Arch (frei stehende, vierkantige, nach oben spitz zulaufende Säule)* obelisko *<in Ägypten als Sonnenuhr bzw. als Kultsymbol des Sonnengottes verwendet>*

[2]Obelisk *m Typ (1. in Textausgaben oft Zeichen für unechte od verdächtige Stellen 2. Verweisungszeichen auf Fußnoten, Randbemerkungen etc. [Zeichen †])* obeluso (↑ *auch* ***Verweiszeichen***)

oben *Adv* supre; ~ ***genannt(e, ~er, ~es)*** supre menciita, supre citita; ~ ***gesagt*** supre dirite; ~ ***am Himmel*** supre en la ĉielo; ~ ***ohne*** *umg für «busenfrei»* kun mamoj nekovritaj; ~ ***rechts*** supre dekstre; ***bis*** ~ ĝis supre; *bis zur Spitze* ĝis la [monto]pinto; ***dort*** ~ tie supre; ***irgendwo*** ~ ie supre; ***nach ~ [hin]*** supren; ***nach ~ fliegen*** flugi supren *od* suprenflugi; ***nach ~ kommen*** veni supren; *an die Oberfläche kommen* veni al la supraĵo [*z.B.* de la akvo *u.a.*]; ***nach ~ tragen*** suprenporti; ***von ~ [herab od herunter]*** de supre *auch übertr* (*vgl. dazu* ***ex cathedra***); ***wie ~ erwähnt*** (*od* ***genannt***) kiel supre menciita; ***ganz ~ wohnen*** loĝi en la plej supra etaĝo *od auch* loĝi tute supre ◇ ***den Kopf ~ behalten*** *[trotz allem] ruhig bleiben* resti [tamen] tute trankvila; ***jmdn. von ~ herab behandeln*** trakti iun de supre, trakti iun en ege aroganta maniero

obenan *Adv ganz oben* tute supre; *an erster Stelle* unualoke, en la unua loko

oben[dr]auf *Adv (Ort)* tute supre, *(Richtung)* tute supren; ~ ***liegen*** kuŝi tute supre

oben|drein *Adv außerdem* krome; *noch dazu* [kaj] aldone [al tio]; ~**drüber** *Adv* tute supren

oben[he]rum *Adv umg für «im oberen Teil»* en la supra parto

obenhin *Adj nach oben* supren; *übertr (flüchtig)* supraĵe, *(skizzenhaft)* skize

ober *Präp <österr> für «über» od «oberhalb von»* super (*vgl. dazu* ***obere***); ***das Schild hängt ~ der Tür*** la ŝildo pendas super la pordo

Ober *m* ***a)*** *Kellner* kelnero *auch als Anruf*;

[Herr] ~, die Rechnung bitte! kelnero, mi volas pagi!; ***[Herr] ~, die Speisekarte bitte!*** kelnero, mi petas la manĝokarton! ***b)*** *Kart (auf deutschen Spielkarten)* damo

Oberallgäu *n* Supra Algovio

Oberarm *m Anat* supra brako; **~fraktur** *f Med* frakturo de la supra brako, *auch* humera frakturo; **~knochen** *m*, <*wiss*> ***Humerus*** *m* (Os humeri) *Anat* humero; **~rolle** *f* (Trochlea humeri) *nur Fachspr Anat* humera trokleo

Ober|arzt *m* ĉefa kuracisto de hospitala sekcio; **~assistent** *m Univ* supera asistanto; **~aufsicht** *f* ĝenerala inspekto; **~bau** *m Bauw (als Bauwerk)* supertera konstruaĵo, *(als Fachgebiet)* supertera konstrufako; *Eisenb, Straßenbahn* relvoja surkonstruaĵo

Oberbauch *m od* **Oberbauchgegend** *f, Fachspr* ***Epigastrium*** *n Anat* epigastro; ***im rechten Oberbauch*** en la dekstra [flanko de la] epigastro

Ober|bauchbruch *m, auch* ***Oberbauchhernie*** *f* (Hernia epigastrica) *Med* epigastra hernio; **~bayern** (*n*) Supra Bavario *[Hptst.: München]*

oberbayrisch *Adj* suprabavar[i]a

Oberbefehl *m Mil* ĉefkomando *od* ĉefa komando; ***den ~ über die Streitkräfte haben*** esti la supera ĉefkomandanto de la militfortoj

Ober|befehlshaber *m Mil* ĉefkomandanto; **~begriff** *m allg* supernocio; *Biol* genra nocio; *Logik* maĵora termo; **~bekleidung** *f Kleidung, die über der Unterwäsche getragen wird* superaj vestoj *Pl*, vestoj, kiujn oni [sur]portas super la aliaj; **~bramsegel** *n Mar* supra bramvelo; **~bürgermeister** *m* (*Abk* ***OB*** *od* ***OBM***) ĉefurbestro (*vgl. dazu* ***Lord Mayor***); **~deck** *n Mar* supra (*od* unua) ferdeko

oberdeutsch (*Abk* ***obd.***) *Adj Geogr* sudgermana; *Ling* altgermanlingva

Ober|deutsch[e] *n Ling* la altgermana lingvo; **~devon** *n Geol* supra devonio (↑ *auch* ***Frasnien***)

obere(r, ~s) *Adj höher liegend* supra; *Klasse, Stand* supera; ***am oberen Rand*** ĉe la supra rando; ***der Obere See*** *einer der Seen der kanadisch-amerikanischen Seenplatte* la Supera Lago; ***der obere Teil einer Treppe*** la supra parto de ŝtuparo

Obere *m* ***a)*** *Höheres* supra parto ***b)*** *Vorgesetzter* superulo (*vgl. dazu* ***Chef*** *u.* ***¹Leiter***)

Oberfeldwebel *m Mil* ĉefserĝento

Oberfläche *f* supraĵo, *bes. Geom u. Naturw* surfaco (↑ *auch* ***Erd-*** *u.* ***Wasseroberfläche***); ***an die ~ kommen*** *emporkommen* veni al la supraĵo; *i.w.S. u. übertr ([plötzlich] auftauchen)* ekaperi; ***sich unter der ~ abspielen*** *z.B. ein Machtkampf* okazi malantaŭ la kulisoj

Oberflächen|behandlung *f Tech* surfac-traktado; **~fund** *m Archäol, Geol* surfaca trovaĵo; **~gastritis** *f Med* surfaca gastrito; **~härtung** *f Tech* surfaca hardado; **~moräne** *f Geol* surfaca moreno; **~spannung** *f Phys (an der Oberfläche von Flüssigkeiten wirkende Kraft)* surfaca tensio; **~temperatur** *f* surfaca temperaturo; **~wasser** *n z.B. das oberste Wasser in Gewässern u. Seen* surfaca akvo; **~wellen** *f/Pl Seismologie (durch Erdbeben erzeugte Schwingungen, die sich an der Erdoberfläche wellenförmig ausbreiten)* sismaj surfacaj ondoj *Pl*

oberflächlich 1. *Adj an der Oberfläche* supraĵa *auch übertr, nachgest auch* koncernanta la supraĵon; *nicht tiefgründig* malprofunda *auch Atmung* (*vgl. dazu* ***seicht***); *leger* [sufiĉe] leĝera (*vgl. dazu* ***flach*** *u.* ***leichtfertig***); *unüberlegt* nepripensita; *nachlässig* neglekta; *nicht seriös, nicht ernsthaft* neserioza, malserioza; ***eine ~e Wunde*** supraĵa vundo **2.** *Adv*: ***etw. sehr ~ beurteilen*** prijuĝi ion tre supraĵe

Oberflächlichkeit *f* supraĵeco; malprofundeco; leĝer[ec]o; nepripensiteco; neseriozeco *od [stärker:]* malseriozeco

Ober|förster *m* ĉefarbaristo, *auch* ĉefforstisto; **~franken** (*n*) Supra Frankonio *[Hptst.: Bayreuth]*

oberfränkisch *Adj* suprafrankonia

Ober|gefreite *m Mil* supera soldato; **~geschoss** *n eines Hauses* supra etaĝo (↑ *auch* ***Dachgeschoss***); **~gewalt** *f* suvereneco; **~gewand** *n von den Schultern bis zu den Füßen reichend, z.B. häufig bei Orientalen* robo; **~grenze** *f* supra limo (↑ *auch* ***Limit***)

oberhalb *Präp mit Gen* supre (***von*** *od* ***mit*** *Gen* de) (*vgl. dazu* ***über***)

Oberhand *f*: ***die ~ gewinnen*** gajni superecon (***über*** al); ***die ~ haben*** havi [la] superan pozicion; *dominieren* domini

Oberhaupt *n Chef, Leiter* ĉefo, estro; ***~ der Familie*** familiestro; ***~ des Staates***, *auch* ***Staatschef*** *m* ŝtatestro (↑ *auch* ***Herrscher***)

Oberhaus *n engl. Parl* Ĉambro de Lordoj *od*

Lorda Ĉambro

Oberhausen (*n*) *eine Stadt im Ruhrgebiet/ NRW* Oberhaŭzo

Oberhaut *f*, *Fachspr* ***Epidermis*** *f Anat (äußerste Zellschicht der Haut)* epidermo

Oberhemd *n* [glad]ĉemizo (↑ *auch* ***T-Shirt*** *u.* ***Unterhemd***); ~ ***mit langem Arm*** *od* ***langärmeliges*** ~ ĉemizo kun longa maniko *od* longmanika ĉemizo; ***gestärktes*** ~ amelita ĉemizo

Ober|hemdenstoff *m Shirting* ŝirtingo; ~**herrschaft** *od* ~**hoheit** *f* plej supera povo; *Souveränität* suvereneco; ~**hitze** *f im Backofen* [de]supra varmo

Oberin *f Rel (Leiterin eines Nonnenklosters)* priorino, estrino [de monaĥ(in)ejo]; *(im Krankenhaus)* ĉefino [de la flegistinoj]

Ober|ingenieur *m* (*Abk* ***Ob.-Ing.***) ĉefinĝeniero; ~**inspektor** *m* ĉefinspektisto

oberirdisch *Adj über dem Erdboden gelegen, z.B. Kabel u.a.* surtera *bzw.* supertera

Oberkellner *m* ĉefkelnero

Oberkiefer *m* (Maxilla) *Anat* supra makzelo, <*wiss*> maksilo; ***zum*** ~ ***gehörend***, <*wiss*> ***maxillar*** apartenanta al la maksilo, <*wiss*> maksila

Oberkiefer|arterie *f* (Arteria maxillaris) *Anat* maksila arterio; ~**höhle** *f* (Sinus maxillaris) *Anat* maksila sinuso

Ober|klasse *f Soziologie* alta klaso [de la socio]; ~**kommandierende** *Mil* ***a)*** *m* ĉefkomandanto ***b)*** *f* ĉefkomandantino; ~**kommando** *n Mil* ĉefa komando

Oberkörper *m (Rumpf)* supra parto de la korpo, torso; *i.e.S. (Brustkorb)* torako; ***machen Sie den*** ~ ***frei!*** *beim Arzt* senvestigu la torakon!; ***mit bloßem*** (*od* ***freiem*** *od* ***nacktem***) ~ ***arbeiten*** labori kun nuda torso; ***den*** ~ ***nach rechts drehen*** turni la torakon dekstren

Oberland *n* ↑ *unter* ***Berner 2.***

Oberlauf *m eines Flusses* supra [river]parto; ***am*** ~ ***des Rheins*** ĉe (*bzw.* en) la supra parto de [rivero] Rejno

Ober|lausitz *f* (*Abk* ***O.L.***) *Landschaft zw. Bautzen u. Görlitz* Supra Luzacio; ~**leder** *n Leder des Oberteiles [vom Schuh]* supra ledo [de ŝuo], *auch* suproledo [de ŝuo], *i.w.S. auch* ŝudorso

Oberlehensherr *m* ↑ ***Suzerän***

oberlehensherrlich *Adj hist* suzerena

Ober|lehrer *m* ĉefinstruisto; ~**leitung** *f* ***a)*** ĉefa direktado (*od* gvidado) ***b)*** *Eisenb, O-Bus* ↑ ***Fahrleitung***

Oberleitungsomnibus *m* ↑ ***O-Bus***

Ober|leutnant *m* (*Abk* ***Oblt.***) *Mil* ĉefleŭtenanto; ~**licht** *n*, *reg u.* <*österr*> ***Oberlichte*** *f Bauw* lumkovralo, *(falls Fensterchen)* supra (*bzw.* [en]plafona) fenestreto; ~**lid** *n Anat* supra palpebro; ~**lippe** *f Anat* supra lipo (↑ *auch* ***Labrum***); ~**lippenrinne** *f*, <*wiss*> ***Philtrum*** *n Anat (Einbuchtung in der Mitte der Oberlippe)* filtrumo

[1]**Oberon** (*m*) *Myth (Elfenkönig)* Oberono *[auch Name einer Oper von C. M. von Weber]* (*vgl. dazu* ***Titania***)

[2]**Oberon** *m Astron (ein Mond des Planeten Uranus)* Oberono

Ober|österreich (*n*) (*Abk* ***OÖ***) Supra Aŭstrio *[Hptst.: Linz]*; ~**pfalz** *f ein Regierungsbezirk im Osten Bayerns* Supra Palatinato *[Hptst.: Regensburg]*

Oberpfälzer Wald *m* Suprapalatinata Arbaro

oberpfälzisch *Adj* suprapalatinata

Ober|putz *m Bauw* supra puco; ~**rabbiner** *m* ĉefrabeno; ~**rhein** *m* Supra Rejno

oberrheinisch *Adj* suprarejna

Oberrichter *m Jur* ĉefa juĝisto *od* ĉefjuĝisto

Obers *n* ↑ ***Sahne***

Oberschenkel *m*, *auch kurz* ***Schenkel*** *m Anat* femuro; ~**bruch** *m od* ~**fraktur** *f Med* frakturo de la femuro; ~**hals** *m* (Collum [ossis] femoris) *Anat* kolo de femurosto *od* <*wiss*> femurala kolo; ~**halsbruch**, *m*, *auch* ***Oberschenkelhalsfraktur*** *od Kurzf* ***Schenkelhalsfraktur*** *f Med* frakturo de la femurala kolo; ~**knochen** *m* (Os femoris, *auch* Femur) *Anat* femurosto *od* femura osto, <*wiss*> femuralo; ~**kopf** *m*, *fachsprachl.* ***Femurkopf*** *m* (Caput femoris) *Anat* femurala kapo; ~**krampf** *m Med* kramfo de la femuro

Oberschenkelmuskel *m Anat*: ***zweiköpfiger*** ~ (Musculus biceps femoris) femura bicepso

Oberschenkel|neuralgie *f*, *fachsprachl.* ***Femurneuralgie*** *f* femura neŭralgio; ~**schlagader** *f* (Arteria femoralis) *Anat* femura arterio

Ober|schicht *f die Oberen der Gesellschaft* la altaj klasoj *Pl* (*vgl. dazu* ***Elite***); ~**schlesien** (*n*), *poln.* ***Górny Śląsk*** Supra Silezio; ~**schulbildung** *f* gimnazia edukiteco

Oberschule *f* mezgrada lernejo; *Gymnasium* gimnazio; *in Frankreich* liceo; ***die*** ~ ***besu-***

chen** od **in die ~ gehen frekventi (*od* viziti) la gimnazion, iri en la mezgradan lernejon

Oberschullehrer *m* gimnazia instruisto, *[in einigen Ländern:]* profesoro

Oberschulzeit *f*: ***in*** (*od* ***während***) ***der ~*** dum la gimnazia tempo

Ober|schwelle *f*, *auch* ***Sturz*** *m Bauw (oberer waagerechter konstruktiver Abschluss einer Wandöffnung, z.B. für Fenster u. Türen* lintelo (↑ *auch* ***Fenster-*** *u.* ***Türsturz***); **~schwester** *f Med* ĉefflegistino *od* ĉefa flegistino; **~seite** *f* supra flanko

Oberskren *m* <*österr*> *Kochk (kalte Sauce aus Sahne u. Kren [Meerrettich])* saŭco [farita] el kremo kaj kreno

obersorbisch *Adj* suprasoraba

Obersorbisch[e] *n Ling* la suprasoraba [lingvo] (↑ *auch* ***Niedersorbisch***)

Oberst *m Mil* kolonelo

Oberstaatsanwalt *m Jur* ĉefprokuroro

oberständig *Bot* ↑ ***epigyn***

Oberstdorf (*n*) *im Oberallgäu* Oberstdorfo

oberste(r, ~s) *Adj* plej supra; *höchste* plej alta; *erste* unua; ***der Oberste Gerichtshof*** la Supera Kortumo

Obersteiger *m Bergb* gvida ĉefministo

Oberstleutnant *m Mil* subkolonelo

Ober|stufe *f Schule* supera klaso, dua grado; **~teil** *n* supra parto

Obertöne *m/Pl Mus* ↑ ***Harmonische a)***

Obertongesang *m Mus* ↑ ***Kehlgesang***

Oberton|pfeife *f Mus* supratona fajfilo; **~-register** *n*, *auch* ***Aliquotregister*** *n Mus (ein Orgelregister, bei dem nicht der angeschlagene Ton selbst, sondern einer seiner aliquoten Obertöne erklingt)* supratona registro; **~reihe** *f Mus (Abfolge der harmonischen Teiltöne eines Klangs)* supratona spektro

Oberverwaltungsgericht *n* (*Abk* ***OVG***) *Jur* supera administracia kortumo

Obervolta (*n*) ↑ ***Burkina Faso***

Oberwagenlaterne *f Eisenb* ↑ ***Schlusslaterne***

Oberwasser *n* ◇ ***~ haben*** *im Vorteil sein* havi avantaĝon; *überlegen sein* esti supera

Oberweite *f* ***a)*** *als Schneidermaß* ↑ ***Brustumfang b)*** *umg scherzh für «Busen»*: ***sie hat eine beachtliche ~*** ŝi havas nepre rimarkindan mamon (↑ *auch* ***Vorbau***)

Obesität *f*, *auch* ***Obesitas*** *f Med (Fettleibigkeit, [durch zu reichliche Ernährung bedingte] Fettsucht)* obezeco

obgleich *Konj* kvankam (↑ *auch* ***obwohl*** *u.* ***wenngleich***)

Obhut *f Schutz* ŝirmo, protekt[ad]o; *Bewachung* gard[ad]o; *fürsorgliche Betreuung* prizorgado (↑ *auch* ***Fürsorge***); *Schirmherrschaft* aŭspicio(j) *(Pl)*, patronado

Obi *m 1. [kunstvoller] Gürtel zum Kimono aus Seide 2. Judo (Gürtel der Kampfbekleidung)* obio

obig(e, -s) *Adj* [ĉi-]supra; *oben genannt* supre menciita

Ob.-Ing. = *Abk für* ***Oberingenieur***

Objekt *n* ***a)*** *Ding, Gegenstand* objekto, aĵo ***b)*** *Gramm* objekto *auch Phil*, komplemento (↑ *auch* ***Akkusativ-*** *u.* ***Dativobjekt***); ***direktes*** (***indirektes***) ~ *Gramm* rekta (nerekta) komplemento (↑ *auch* ***Komplement***)

Objekt|analyse *f* objektanalizo *od* analizo de objekto(j); **~auswahl** *f Selektion der Objekte* elekt[ad]o de objektoj; **~beschreibung** *f* priskribo de objekto(j)

objektiv 1. *Adj sachlich* objektiva *auch Phil* (*vgl. dazu* ***sachlich***); *unparteiisch* neŭtrala; ***~e Notwendigkeit*** *f* objektiva neceso; ***~e Schwierigkeiten*** *f/Pl* objektivaj malfacilaĵoj *Pl*; ***~e Symptome*** *n/Pl Med* objektivaj simptomoj *Pl* **2.** *Adv* objektive; ***etw. ~ betrachten*** objektive rigardi ion; ***etw. ~ beurteilen*** (*od* ***einschätzen***) *bzw.* ***über etw. ~ urteilen*** objektive prijuĝi ion

Objektiv *n Foto, Opt* objektivo (*vgl. dazu* ***[1]Linse***; ↑ *auch* ***Fischaugen-***, ***Foto-***, ***Immersions-***, ***Sucher-***, ***Tele-***, ***Weitwinkel-*** *u.* ***Zoomobjektiv***)

objektivieren *tr vergegenständlichen* konkretigi

Objektivismus *m Kunst, Phil* objektivismo

Objektivist *m Anhänger der Lehre des Objektivismus* objektivisto

objektivistisch *Adj auf den Objektivismus bezogen* objektivisma; *auf die Objektivisten bezogen* objektivista

Objektivität *f Sachlichkeit* objektiveco

Objekt|satz *m Ling* objekta subpropozicio; **~sprache** *f Ling (jede natürliche od künstliche Sprache, die in einer bestimmten Untersuchung Gegenstand [Objekt] dieser Untersuchung wird [Ggs: Metasprache]* objektlingvo; **~träger** *m Mikroskopie* muntovitro, objekta vitro [por mikroskopaj observoj]; **~typ** *m* objekt-tipo *od* tipo de objekto

Oblate *f* oblato *auch als ungeweihte Hostie*

obliegen *intr*: ***es obliegt uns ... verpflichtet uns zu ...*** ni estas devigataj ...; *wir sind verantwortlich für ...* ni estas respondecaj (*od* responsaj) pri ...

Obliegenheit *f Pflicht* devo; *Verantwortung* respondeco, *auch* responseco (*vgl. dazu* ***Amt***)

obligat *Adj unentbehrlich, unerlässlich* nemalhavebla, nepre necesa; <*österr*> *auch für «obligatorisch»* deviga

Obligation *f, auch* ***Schuldverschreibung*** *f Fin, Jur* obligacio (↑ *auch* ***Anleihe***, ***Gold-***, ***Industrie-***, ***Kommunal-***, ***Partial-***, ***Vorzugsobligation*** *u.* ***Wandelschuldverschreibung***); ~ ***mit aufgeschobener Verzinsung*** obligacio kun prokrastita rento; ***ausgeloste*** (*od* ***gezogene***) ~ lotita obligacio

Obligationsanleihe *f Fin* obligacia prunto

obligatorisch *Adj verbindlich, bindend* deviga (↑ *auch* ***obligat***)

Obligo *n*: ***ohne*** ~ (*Abk* ***o.O.***), <*österr*> ***außer*** ~ *ohne Gewähr* sen garantio

oblique [*ob'li:k*] *Adj*: ~***r Kasus*** *m, auch* ***Casus obliquus*** *m Gramm (jeder Beugungsfall außer dem Nominativ u. Vokativ <sog. abhängiger Fall>)* oblikva kazo

Obliquität *f Ling, Med* oblikveco

oblong *Adj veraltet für* ***länglich*** [↑ *dort*]

oblongatus *Adj nur Fachspr Med (verlängert)* oblonga (*vgl. dazu* ***verlängertes Mark*** [↑ *unter* [1]***Mark a)***])

Oblt. = *Abk für* ***Oberleutnant***

OBM ↑ ***OB***

Obmann *m* ↑ ***Vertrauensmann***

Oboe *f Mus* hobojo (↑ *auch* ***Englischhorn***, ***Heckelphon*** *u.* ***Tenoroboe***)

Oboist *m, auch* ***Oboebläser*** *m Mus* hobojisto

Obolus *m* ***a)*** *hist: kleine Münze im alten Griechenland* obolo ***b)*** *auch* ***Scherflein*** *n kleine Geldspende, kleiner Beitrag* obolo; ***sein Scherflein zu etw. beitragen*** alporti sian obolon al io

obös *Adj meist Fachspr für «fettleibig»* obeza (↑ *auch* ***dick***, ***dickbäuchig*** *u.* ***korpulent***)

oboval *Adj Bot (verkehrt eirund [eine Blattform])* obovala

Obrigkeit *f* [superaj] aŭtoritatoj *Pl*; *die Oberen* la superuloj *Pl*; *die Verantwortlichen* la respondeculoj; *i.w.S. die Regierung* la registaro

Obrist *m* ***a)*** *veraltet für «Oberst»* kolonelo ***b)*** *Mitglied einer Militärjunta* ano de militista ĥunto

obschon = ***obgleich***

Observation *f* ***a)*** *wissenschaftl. Beobachtung* scienca observado ***b)*** *auch* ***Observierung*** *f [kriminalistische od polizeiliche] Überwachung* [kriminalista *od* polica] observado

Observatorium *n Astron, Met* observatorio

observieren *tr beobachten* [kaŝe] observadi; ***von der Polizei observiert werden*** esti sub observado de la polico

Observierung *f* ↑ ***Observation b)***

Observierungsbericht *m* raporto pri observado

Obsession *f Psych (Zwangsvorstellung)* obsedo *auch Rel*

obsessiv *Adj* obsed[ant]a

Obsidian *m, auch* ***Glaslava*** *f Min (vulkanisches Glas)* obsidiano

obskur *Adj 1. dunkel, finster 2. übertr (unklar, verworren) 3. unbekannter Herkunft, zweifelhaft* obskura (↑ *auch* ***dubios*** *u.* ***fragwürdig***); *i.w.S. (verdächtig)* suspektinda; ~***e Pläne*** *m/Pl* obskuraj planoj *Pl*

Obskurant *m* obskuranto

Obskurantismus *m das Bestreben, Aufklärung jeder Art fernzuhalten, [in dem Sinne:] Aufklärungs- u. Wissenschaftsfeindlichkeit* obskur[ant]ismo

obskurantistisch *Adj dem Obskurantismus entsprechend* obskurantisma

Obskurität *f* obskur[ec]o (*vgl. dazu* ***Unklarheit*** *u.* ***Dunkelheit***)

obsolet *Adj* ***a)*** *nicht mehr üblich* jam ne uzata ***b)*** *inaktuell geworden* malaktualiĝinta (↑ *auch* ***veraltet***)

Obst *n* fruktoj *Pl* (↑ *auch* ***Back-***, ***Beeren-***, ***Dörr-***, ***Fall-***, ***Kern-***, ***Spalier-***, ***Stein-***, ***Tafel-*** *u.* ***Trockenobst***); ***frisches*** ~ freŝaj fruktoj ◇ ***mach dich nicht zum*** ~ *fam* ne ridindigu vin mem

Obst|[an]bau *m* kultivado de fruktoj; ~**bauer** *m* fruktokultivisto

Obstbaukunde *f* ↑ ***Pomologie***

Obst[bau]kundige *m* ↑ ***Pomologe***

obstbaulich *Adj* fruktokultiva

Obstbaum *m* fruktarbo; ~**krebs** *m Phytopathologie* fruktarba kancero; ~**schnitt** *m Gartenb* pritranĉado (*od* stucado) de fruktarboj

Obstblüte *f*: ***zur Zeit der*** ~ dum la florado de la fruktarboj

Obst|blütenhonig *m Nahr* fruktflora mielo; ~**ernte** *f* rikolt[ad]o de fruktoj; ~**essig** *m* fruktovinagro (↑ *auch* ***Apfelessig***)

Obstetrik *f Med ([Lehre von der] Geburtshilfe)* obstetriko, *auch* akuŝologio

Obstfliege *f Ent* ↑ ***Taufliege***

Obst|garten *m* fruktoĝardeno; ~**händler** *m*, *reg* ***Obstler*** *m* frukt[ovend]isto *od* vendisto de fruktoj; ~**handlung** *f*, *auch* ***Obstladen*** *m* fruktovendejo *od* vendejo de fruktoj, *auch* frukt[o]butiko; ~**horde** *f* hurdo por stokado de fruktoj

obstinat ↑ ***starrsinnig*** *u.* ***widerspenstig***

Obstipation *f Med* ↑ ***Verstopfung***

Obstjahr *n* jaro riĉa je fruktoj

Obstkenner *m* ↑ ***Pomologe***

Obst|kern *m* frukt[o]kerno *od* kerno de frukto; ~**konserven** *f/Pl* fruktaj konservaĵoj *Pl*; ~**korb** *m* frukt[o]korbo; ~**kuchen** *m* frukt[o]kuko

Obstladen *m* ↑ ***Obsthandlung***

Obstlager *n*, *auch* ***Obstspeicher*** *m* fruktotenejo

Obstler *m* ***a)*** *aus Obst gebrannter Schnaps* fruktobrando (↑ *auch* ***Pflaumenschnaps***) ***b)*** ↑ ***Obsthändler*** *od* ***Obstverkäufer***

Obst|markt *m* frukt[o]bazaro; ~**messer** *n Hausw* fruktotranĉilo; ~**pflücker** *m Gartengerät* frukt[o]plukilo; *Arbeiter, der Obst pflückt* frukt[o]plukisto; ~**plantage** *f* fruktoplantejo

obstreich *Adj* fruktoriĉa

obstruieren *tr geh od fachsprachl. 1. hindern, entgegenarbeiten, Widerstand leisten, zu verhindern suchen [z.B. einen Parlamentsbeschluss] 2. Med (verstopfen [z.B. einen Kanal durch entzündliche Veränderungen])* obstrukci

Obstruktion *f allg u. Parl* obstrukco *auch Med* (*vgl. dazu* ***Verstopfung***); ***die ~ von etw. beseitigen*** *auch im Sinne von «wieder frei machen»* malobstrukci

Obstruktionsikterus *m Med* ↑ ***Verschlussikterus***

Obstruktionspolitik *f* obstrukca politiko

Obst|saft *m* frukt[o]suko (↑ *auch* ***Apfel-*** *u.* ***Kirschsaft***); ~**salat** *m* frukt[o]salato; ~**schädling** *m* fruktparazito; ~**schale** *f* frukt[o]ŝelo; *Schale mit Früchten* plado kun fruktoj; ~**schwemme** *f Überfluss an Obst* abund[eg]o da fruktoj; ~**sorte** *f* fruktospeco *od* speco de frukto

Obstspeicher *m* ↑ ***Obstlager***

Obst|stand *m* frukt[o]stando; ~**strauch** *m* fruktarbusto; ~**torte** *f* frukt[o]torto

Obsttrockenkonserve *f Nahr* = ***Trockenobst***

Obst|verkäufer *m*, *reg* ***Obstler*** *m* fruktovendisto *od* vendisto de fruktoj; ~**wein** *m* frukt[o]vino

Obstwiese *f* ↑ ***Streuobstwiese***

Obstzeit *f* sezono de [la] fruktoj

obszön *Adj* obscena (*vgl. dazu* ***schamlos***, ***schlüpfrig***, ***unflätig*** *u.* ***zotenhaft***); ***ein ~er Mensch*** (*od derb* ***Kerl***) obsceno homo, obscenulo (↑ *auch* ***Zotenreißer***)

Obszönität *f (als Abstraktum)* obsceneco; *obszöne Tat od obszöner Vorgang, Zote* obscenaĵo

O-Bus *m* (*Kurzf von* ***Oberleitungsomnibus***) *Verk* trolebuso

Obwalden (*n*), *amtl* ***Unterwalden ob dem Wald*** *Halbkanton von Unterwalden [Hauptort: Sarnen]* Obvaldo

Obwaldner *m* obvaldano

obwaldnerisch *Adj* obvalda

obwohl *Konj* kvankam

Obzor (*n*) *Badeort an der bulgarischen Schwarzmeeküste [südl. von Varna]* Obzoro

obzwar *alt* = ***obwohl***

Ochlokratie *f*, *auch* ***Pöbelherrschaft*** *f im alten Griechenland* oĥlokratio

Ochotsk (*n*) *ein russ. Fischereihafen am Ochotskischen Meer* Oĥotsko *<ältester russ. Hafen am Pazifik>*

ochotskisch *Adj* oĥotska *auch als pflanzengeografische Bez*; ***≗es Meer*** *n ein Randmeer des Pazifik* Oĥotska Maro

Ochrana *f politische Geheimpolizei im zaristischen Russland [1881-1917]* oĥrano

Ochse *m*, *<österr> u. reg auch* ***Ochs*** *m* ***a)*** *kastriertes männl. Rind* bovuko *od* okso, *umg meist* bovo *auch in Zus* (↑ *auch* ***Mastochse***) ***b)*** *übertr (Dummkopf)* [vera] stultulo, *([absolut] ungeschickter Mensch)* [absoluta *od pej* stulta] mallertulo

ochsen *intr umg für «angestrengt arbeiten»* streĉe labori

Ochsenauge *n* ***a)*** *auch* ***Rindsauge*** *n* (*Gattung* Buphthalmum) *Bot* buftalmo ***b)*** *reg für «Spiegelei»* fritita ovo

Ochsenfisch *m* (Boops boops) *Ichth* bopso

Ochsenfrosch *m Zool*: ***nordamerikanischer ~*** (Rana catesbeiana) taŭrorano *<einer der größten Frösche>*

Ochsen|gespann *n* bovojungitaro; ~**karren** *m* bovoĉaro *od* ĉaro kun bovoj; ~**knecht** *m* bov[gard]isto; ~**kopf-Proterobas** *m*, *auch* ***Fichtelgebirgsporphyr*** *od* ***Grünporphyr*** *m*

Min (ein Naturstein) proterobaso; **~-schwanz** *m, <österr>* ***Ochsenschlepp*** *m* bovovosto; **~schwanzsuppe** *f, <österr>* ***Ochsenschleppsuppe*** *f Kochk* bovovosta supo *od* buljono el bova vosto; **~treiber** *m* ***a)*** *Rinderhirt* bovisto ***b)*** *auch* ***Stiertreiber*** *m Astron (ein Sternbild des nördlichen Himmels)* la Bovisto; **~ziemer** *m* [mallonga] plurrimena vipo (*vgl. dazu* ***Peitsche***)

Ochsenzunge *f* ***a)*** (*Gattung* Anchusa) *Bot (eine Gattung der Borretschgewächse)* ankuzo, *pop* bov-lango (↑ *auch* ***Wolfsauge***); ***italienische*** ~ (Anchusa azurea = Anchusa italica) itala ankuzo ***b)*** *Mykologie* ↑ ***Leberpilz***

Ocker *m od n Min (eine Tonerde, Farbpigment)* okro (↑ *auch* ***²Siena***)

ocker[farben] *Adj gelbbraun* okr[okolor]a

Octan *n Chem* ↑ ***Oktan***

Octans *m Astron* ↑ ***²Oktant***

Octavia (*f*), *auch* **Oktavia** (*f*) *[römischer] weibl. Vorname* Oktavia

Octavius *od* **Octavian[us]** (*m*) *Eig* Oktavio *auch Beiname des röm. Kaisers Augustus*

Ocytocin *od* **Oxytocin** *n Biochemie (ein uteruswirksames Hormon <löst die Wehentätigkeit bei der Geburt aus>)* ocitocino *<ein Hormon der Hirnanhangsdrüse>*

od. = *Abk für* ***oder***

Odaliske *f, auch* ***[weiße] Haremssklavin*** *f hist* odalisko

Ode *f Lit (Lobgesang bzw. feierliches Gedicht)* odo

öde, *auch* **öd** *Adj wüst* dezerta (*vgl. dazu* ***dürr***); *menschenleer* senhoma; *eintönig* monotona; *langweilig* enuiga, teda; *inhaltslos* senenhava; *totenstill* morte silenta

Öde *f Einöde, ödes Land* dezertejo (↑ *auch* ***Wüstenei***); *Verlassenheit* dezerteco; *Langweiligkeit* enuo

Odeion *n griech. Antike* ↑ ***Odeon***

Odem *m geh od poet für «Atem»* spiro

Ödem *n, auch* ***Gewebewassersucht*** *f Med* edemo (↑ *auch* ***Angio-***, ***Gehirn-***, ***Glottis-***, ***Haut-***, ***Hunger-***, ***Kehlkopf-***, ***Lip-***, ***Lungen-***, ***Myx-*** *u.* ***Uvulaödem***); ***allergisches*** (***anaphylaktisches***, ***hepatogenes***, ***latentes***, ***renales***, ***traumatisches***) ~ alergia (anafilaksia, hepatogena, latenta, rena, traŭmata) edemo

ödemartig *od* **ödematös** *Adj mit Ödemen einhergehend* edema

Odense (*n*) *eine dänische Stadt (Hauptort der Insel Fünen)* Odenso

Odenwald *m Bergland östlich des Oberrheinischen Tieflandes [zw. Neckar u. unterem Main]* Odenvaldo

Odeon *od* **Odeion** *n, auch* ***Odeum*** *n griech. Antike (überdachtes Gebäude für musikalische Aufführungen, mit halbrundem Zuschauerraum* odeono

oder (*Abk* **od.**) *Konj* aŭ; *falls nicht* se ne; ***entweder ...*** ~ ***...*** aŭ ... aŭ ...

Oder *f, poln.* ***Odra*** *dt.-polnischer Fluss* [rivero] Odro

Odermennig *m* (*Gattung* Agrimonia) *Bot* agrimonio; ***gemeiner*** (*od* ***gewöhnlicher*** *od* ***kleiner***) ~ (Agrimonia eupatoria) herbeja agrimonio; ***großer*** (*od* ***wohlriechender***) ~ (Agrimonia procewra) alta agrimonio

Oder-Neiße|-Grenze *f* landlimo Odro-Niso; **~-Linie** *f Gesch* linio Odro-Niso

Odessa (*n*) *eine ukrain. Hafenstadt* Odeso

Odette (*f*) *weibl. Vorname* Odeta

Odeum *n* ↑ ***Odeon***

Odeur *n geh* = ***[wohlriechender] Duft***

Odin (*m*) *altnordische Myth (nordische Namensform für den germanischen Gott Wodan)* Odino

Odinshühnchen *n, auch* ***Halsbandwassertreter*** *m* (Phalaropus lobatus) *Orn* mallarĝbeka falaropo

Ödipus (*m*) *griech. Myth (König von Theben)* Edipo; **~komplex** *m Psych* komplekso de Edipo

Ödland *n, geh auch* ***Ödnis*** *f* nekultivata tereno, senkultivejo (*vgl. dazu* ***Brachland***)

Odontoblasten *m/Pl* ↑ ***Zahnbeinbildner***

Odontoglossum *n Bot (eine amerikanische Orchideengattung)* odontogloso

Odontolith *m* = ***Zahnstein***

Odontologie *f Med* ↑ ***Zahnheilkunde***

Odontom *n nur Fachspr Zahnmedizin (ein Tumor aus Zahngewebe)* odontomo

Odor *m* = ***Geruch***

Odul *Pl Ethn* ↑ ***Jukagiren***

Odyssee *f* ***a)*** *Lit (ein griech. Heldenepos, in dem die zehnjährige abenteuerliche Heimfahrt des Odysseus nach Beendigung des Trojanischen Krieges geschildert wird)* Odiseado ***b)*** *übertr für «Irrfahrt»* odiseado

odysseisch *Adj die Odyssee betreffend* odisea

Odysseus (*m*) *Eig griech. Myth (König von Ithaka)* Odiseo

OECD *f* ↑ *unter* ***Organisation***

Oersted *n* (*Zeichen* ***Oe***) *Phys (heute nicht mehr gebräuchliche Maßeinheit der mag-*

netischen Feldstärke) orstedo

Oestradiol *od* **Östradiol** *n Biochemie, Endokrinologie (wirksamstes natürliches Östrogen)* oestradiolo

Oeuvre *n* ↑ ***Gesamtwerk***

OEZ = *Abk für* ***osteuropäische Zeit***

ÖFB = *Abk für* ***Österreichischer Fußball-Bund*** [↑ *unter* ***österreichisch***]

Ofen *m* forno *auch Tech* (*vgl. dazu* ***Herd***; ↑ *auch* ***Back-***, ***Dauerbrand-***, ***Dreh[rohr]-***, ***Gas-***, ***Grude-***, ***Härte-***, ***Heiz-***, ***Kachel-***, ***Kalk-***, ***Kanonen-***, ***Koks-***, ***Küchen-***, ***Kupol-***, ***Muffel-***, ***Sauna-***, ***Schacht-***, ***Siemens-Martin-***, ***Tiegel[schmelz]-***, ***Tunnel-*** *u.* ***Ziegelofen***); *Wohnzimmer*$^{\circ}$, *auch Ofen zu Heizungszwecken* stovo; *Küchenherd* fornelo; ***den ~ anzünden*** *umg für «Feuer [im Ofen] machen»* ekbruligi fajron [en la forno]; ***immer am ~ hockend*** fornosida *(Zam)* (*vgl. dazu* ***Stubenhocker***)

Ofen|bank *f* fornobenko; **~dunst** *m* forna haladzo

ofenfertig *Adj*: ***eine ~e Pizza*** pico preta por la fornelo

ofenfrisch *Adj*: ***ein ~es Brot*** pano [tute] freŝe bakita

Ofen|heizung *f* hejtado per forno; **~hocker** *m reg für «Stubenhocker»* fornosidulo, *Zam auch* fornosidisto; **~klappe** *f* fornoklapo; **~loch** *n eines Hochofens* faŭko [de altforno]; **~platte** *f* fornoplato; **~rohr** *n als Rauchabzug* fornotubo, fumtubo; **~röhre** *f, reg* ***Rohr*** *n Kochk* fornokesto; **~schirm** *m* fornoŝirmilo, *i.w.S.* ekrano; **~schlacke** *f* fornoskorio; **~setzer** *m*, *<österr>*, *<schweiz> u. reg* ***Hafner*** *m* fornoinstalisto, *auch kurz* fornisto; **~tür** *f* fornopord[et]o

Ofenvogel *m Orn* ↑ ***Pieperwaldsänger***

offen 1. *Adj* ***a)*** *geöffnet* malferm[it]a; *nicht verschlossen, z.B. Brief, Gefäß, Tür* nefermita; *ohne Deckel* senkovrila *od nachgest* sen kovrilo; *nicht abgeschlossen* neŝlosita; *nicht zugeknöpft* nebutonita; *unbedeckt* nekovrita; *nicht versteckt* malkaŝ[it]a; ***halb ~*** *z.B. eine Tür* duone fermita; ***ein ~er Brief*** publika letero (***an*** al); ***~er Bruch*** *m Med* aperta frakturo; ***~er Güterwagen*** *m Eisenb* netegita (*od* malferma) varvagono; ***mit ~em Visier*** kun malfermita viziero; ***~ bleiben*** *Tür* resti malfermita; *unbeantwortet bleiben* resti nerespondita; *ungelöst bzw. unentschieden bleiben* resti nesolvita (*bzw.* nedecidita); ***~ halten*** *nicht schließen (den Laden)* ne malfermi; ***~ lassen*** *Tür* lasi nefermita; *Frage* lasi nerespondita; *anstehendes Problem* lasi nedecidita; *unausgefüllt lassen, z.B. Angabe in einem Formular* lasi neplenigita; ***~ stehen*** *nicht geschlossen sein* esti malferm[it]a ***b)*** *ohne Hindernisse, frei zugänglich* senbara, libera; ***das ~e Meer*** *od* ***die ~e See*** la libera maro; ***in die ~e Steppe hinausreiten*** rajdi eksteren al la libera stepo ***c)*** *frei, unbesetzt*: ***~e Stelle*** *f* vak[ant]a laborloko (*bzw.* ofico) ***d)*** *ungewiss, unentschieden*: ***~e Frage*** *f* nerespondita demando; ***e)*** *unverblümt* malkaŝ[it]a; *aufrichtig* sincera; *ehrlich* honesta ***f)*** *in best. Fügungen*: ***~e Beine*** *n/Pl Med* kruraj ulceroj *Pl* (↑ *auch unter* ***postthrombotisch***) **2.** *Adv*: ***~ gesagt*** *od* ***~ gestanden*** sincere dirite; ***es liegt ~ auf der Hand, dass ...*** estas tute evidente, ke ...; ***ich muss dir ~ sagen, dass ...*** mi devas tute sincere (*od* malkaŝe) diri al vi, ke ...; ***jmdm. ~ seine Meinung sagen*** malkaŝe diri al iu sian opinion

offenbar 1. *Adj* evidenta **2.** *Adv* evidente; *allem Anschein nach* [laŭ]ŝajne; *aller Wahrscheinlichkeit nach* plej verŝajne; *es scheint so, als ob ...* ŝajnas, ke ...; ***der Bus hat ~ Verspätung*** ŝajnas, ke la buso malfruiĝas

offenbaren *tr sichtbar werden lassen* evidentigi; *aufdecken* malkaŝi, malkovri *auch ein Geheimnis*; *Rel* revelacii; ***sich ~*** fariĝi evidenta, vidiĝi; *sich zeigen* montriĝi, manifestiĝi (***in*** en); ***sich jmdm. ~*** *sich jmdm. anvertrauen* sin konfidi al iu; ***darin offenbart sich das ganze Problem*** en tio montriĝas la tuta problemo *od* en tio oni vidas la tutan problemon

Offenbarung *f* malkaŝo, malkovro; *Rel* revelacio; ***die ~ eines Geheimnisses*** malkaŝo de sekreto; ***~ des Johannes*** *bibl (das letzte Buch des Neuen Testaments)* Libro de la Revelacio *od* Apokalipso de Johano

Offenbarungseid *m Jur* ĵura deklaro pri senposedo (↑ *auch* ***eidesstattliche Erklärung***)

Offenheit *f* malkaŝeco, malfermiteco *auch übertr* (↑ *auch* ***Freimütigkeit***); *Aufrichtigkeit* sincereco; ***mit einer ~ fragen, die verwundert*** demandi kun malfermiteco, kiu mirigas

offenherzig *Adj* malkaŝema; *aufrichtig* sincera; *i.w.S. (mitteilsam)* komunikema, *(gesprächig)* parolema

Offenherzigkeit *f* malkaŝemo; *Aufrichtigkeit*

sincereco (↑ *auch* ***Gesprächigkeit***)

offenkundig *od* **offensichtlich 1.** *Adj* evidenta; *i.w.S. klar* [tute] klara (↑ *auch* ***eklatant***); ***es war [ganz] ~, dass ...*** estis [tute] evidente, ke ... **2.** *Adv* evidente; *klar, deutlich* klare; *anscheinend* [laŭ]ŝajne

Offenkundigkeit *f* evidenteco

Offenmarktpolitik *f Bankw* politiko de malfermitaj merkatoj

offensichtlich ↑ ***offenkundig***

Offensichtlichkeit *f* evidenteco

offensiv *Adj* ofensiva

Offensivallianz *f Pol* ofensiva alianco

Offensive *f Mil u. übertr* ofensivo (***gegen*** kontraŭ) (↑ *auch* ***Friedensoffensive***); ***die ~ ergreifen*** *übertr* ekagi, ekkomenci; ***eine ~ eröffnen*** (*od* ***starten***) komenci ofensivon; ***in die ~ gehen*** transiri al ofensivo; ***eine ~ vorbereiten*** prepari ofensivon

Offensiv|krieg *m* ofensiva milito; **~spieler** *m Sport* ofensiva ludisto; **~strategie** *f* ofensiva strategio; **~waffen** *f/Pl Mil* ofensivaj armiloj *Pl*

öffentlich 1. *Adj* publika (*vgl. dazu* ***amtlich***); *frei zugänglich* libere alirebla, malfermita al ĉiuj, *auch* aperta; ***nicht ~*** *unter Ausschluss der Öffentlichkeit (Adj)* malpublika, *(Adv)* malpublike; ***~es Ärgernis*** *n* publika skandalo; ***~es Bad*** *n* publika banejo; ***~er Charakter*** *m Öffentlichkeit* publikeco; ***~e Dienste*** *m/Pl* publikaj servoj *Pl*; ***~er Fernsprecher*** *m* publika telefono, *(an der Straße) auch* strattelefono; ***~er Garten***, *i.w.S. auch* ***~e Grünanlage*** *f* publika ĝardeno; ***das ~e Leben*** la publika vivo; ***~e Meinung*** *f* publika (*od* ĝenerala) opinio; ***~e Ordnung*** *f* publika ordo; ***~er Personennahverkehr*** *m* (*Abk* ***ÖPNV***) publika pasaĝera proksimtrafiko; ***~es Recht*** *n Jur* publika juro; ***~e Sicherĝeit*** *f* publika sekureco; ***~e Toilette*** *f* publika necesejo; ***~e Transportmittel*** (***Verkehrsmittel***) *n/Pl* publikaj trafikiloj (transportiloj) *Pl*; ***~e Versammlung*** *f* malferma (*od* aperta) kunveno; ***der ~en Versorgung dienend*** *z.B. Elektrizitäts-, Gas-, Wasserwerk* publikutila (↑ *auch* ***gemeinnützig***) **2.** *Adv* publike; ***nicht ~*** malpublike, sen ĉeesto (*bzw.* ekskludе) de [la] publiko; ***~ bekannt machen*** *publik machen* publike konigi, *auch* publikigi; ***~ bekannt werden*** publike konatiĝi; ***~ einweihen*** [oficiale] inaŭguri; ***~ reden*** (*od i.w.S.* ***auftreten***) paroli publike; ***~ sanktioniert*** publike sankciita

Öffentlichkeit *f öffentlicher Charakter, Publicity* publikeco; *Publikum* publiko (*vgl. dazu* ***Allgemeinheit*** *u.* ***Zuhörerschaft***); ***die breite ~*** la vasta publiko; ***in*** (*od* ***vor***) ***aller ~*** sur la publika forumo; ***im Rampenlicht der ~ stehen*** esti (*od* stari) en la hela lumo de l' publikeco; ***vor die ~ treten*** aperi (*od* sin prezenti) antaŭ la publiko, publike sin vidigi; *i.w.S. (öffentlich handeln)* publike ag[ad]i

Öffentlichkeitsarbeit *f*, *häufig engl.* ***Public Relations*** *Pl* (*Abk* ***PR***) publikaj rilatoj *Pl*, *auch* rilatoj *Pl* al la publiko *od* publika informado; *i.e.S. Werbung* varbado

offerieren *tr bes. Hdl* oferti, *i.w.S. (anbieten)* proponi

Offerieren *n* ofertado, proponado

Offerte *f Hdl (das Offerieren)* ofertado; *Preisangebot* oferto (*vgl. dazu* ***Angebot***)

Offertorium *n kath. Kirche (1. Opfergebet 2. in der kath. Messe der vierte Gesang, gesungen zu Beginn der Gabenbereitung)* ofertorio

Office *n engl. für «Büro»* oficejo

offizialisieren *tr (einer Sache) offiziellen Charakter geben* oficialigi

Offizialisierung *f* oficialigo

offiziell 1. *Adj amtlich, behördlich* oficiala; *förmlich* formala; ***~e Verlautbarung*** *f* oficiala publikigo **2.** *Adv* oficiale; formale

Offizier *m Mil* oficiro (↑ *auch* ***Adjutant***, ***Navigations-***, ***Polizei-*** *u.* ***Verbindungsoffizier***); ***~ der Seestreitkräfte*** mararmea oficiro (↑ *auch* ***Marineoffizier***); ***hoher ~*** altranga oficiro; ***wachhabender ~***, *auch* ***Wachoffizier*** *m Mil* gardodeĵora oficiro, *bei der Marine* vaĉ-oficiro, vaĉanta oficiro

Offizierin *f* oficirino

Offiziers|anwärter *m* oficir-aspiranto (*vgl. dazu* ***Fahnenjunker*** *u.* ***Kadett***); **~kajüte** *f Mar* oficira kajuto; **~karriere** *od* **~laufbahn** *f* kariero de oficiro; **~mantel** *m* oficira palto; **~messe** *f* oficira manĝejo; **~rang** *m* rango de oficiro; **~schule** *f* oficirlernejo (*vgl. dazu* ***Kadettenanstalt***); **~uniform** *f* oficira uniformo

Offizin *f* ***a)*** *alt für «Arbeitsraum in einer Apotheke»* oficino, preparejo de medikamentoj en apoteko ***b)*** *alt* = ***Buchdruckerei***

offizinal *od* **offizinell** *Adj in Apotheken erhältlich; als Heilmittel anerkannt* oficina

offiziös *Adj halbamtlich* duonoficiala

offline [*...lain*] *Adj EDV* eksterreta, *auch* ne

konektita (*vgl. dazu* ***online***)

öffnen *tr* malfermi, *etw. mit Kork od Pfropfen Verschlossenes öffnen auch* forigi la [kork]ŝtopilon de; *mit dem Schlüssel* malŝlosi; *sezieren (Leiche)* dissekci; ***sich ~*** *aufgehen* malfermiĝi, *auch* apertiĝi; ***wann ist ... geöffnet?*** je kioma horo estas malferma la ...?; ***bis spät abends geöffnet sein*** *Geschäft* esti malferma ĝis malfrue en la vespero

Öffner *m* malfermilo (↑ *auch* ***Dosen-*** *u.* ***Flaschenöffner***)

Öffnung *f* ***a)*** *offene Stelle* malfermaĵo, *bes. Tech* aperturo (↑ *auch* ***Kontrollöffnung***); *Loch* truo; *Ritze, Spalt* fendo; *Luke* luko; *Tech ([kleine] Öffnung mit einem Schieber)* [malgranda] giĉeto ***b)*** *das Öffnen* malferm[ad]o; *einer Leiche (Sektion)* sekcado; ***~ der Berliner Mauer*** malfermo de la Berlina Muro *[am 9. November 1989]* ***c)*** *Fachspr Anat auch* ***Orificium*** *n* orifico; ***Orificium urethrae***, *auch* ***Harnröhrenöffnung*** *f* uretra orifico ***d)*** *Opt* ↑ ***Apertur***

Öffnungsblende *f Foto, Opt* ↑ ***Aperturblende***

Öffnungslaut *m Phon* ↑ ***Sonant***

Öffnungszeit *f*: ***~en*** *Pl* ***der Geschäfte*** malfermaj horoj *Pl* de vendejoj

Offroadfahrzeug *n Kfz* ↑ ***Geländefahrzeug***

Offsetdruck *m Typ* ofseta preso *od* ofseto; ***im ~ hergestellt*** ofsete presita

Offsetdruckmaschine *f* ofseta presmaŝino

Offside [*ˈɔfsaid*] *n* ↑ ***Abseits***

Ofir *n bibl* ↑ ***Ophir***

o-förmig *Adj*: ***~e Öffnung*** *f bes. Tech* O-aperturo

oft *Adv* ofte; *viele Male* multfoje; ***wie ~?*** kiom (*od auch* kiel) ofte?; *wie viele Male?* kiom da fojoj?; ***so ~ wie möglich*** kiel eble plej ofte; ***so ~ du willst*** tiel ofte kiel vi volas

öfter[s], *auch* ***des Öfteren*** *Adv [ziemlich] oft* [sufiĉe] ofte; *nicht selten* ne malofte; *mehrmals* plurfoje; ***öfter als ...*** pli ofte ol ...

oft|malig *Adj nur attr* multfoja, plurfoja (*vgl. dazu* ***häufig***); **~mals** *Adv* ofte; *mehrmals* plurfoje; *wiederholt* ripete

o.g. = *Abk für* ***oben genannt***

Ogaden-Region *f ein Tafelhochland (Wüstengebiet) in SO-Äthiopien* [regiono] Ogadeno

Ogbomosho (*n*) *eine Stadt im westl. Nigeria* Ogbomoŝo

Oger *m [im (französischen) Märchen:] Menschenfressendes Ungeheuer (meist ein Riese)* ogro

Oğibwa *n* ↑ ***Ojibwa***

ogival *Kunstwissenschaft* ↑ ***spitzbogig***

Ogivalstil *m Arch (ein Baustil der [franz.] Gotik)* ogiva stilo

oh! *Interj* ↑ ***o***

Oheim *m*, *auch* ***Ohm*** *m alt für «Onkel»* onklo

Ohio [*oˈhaio*] (*n*) ***a)*** *auch* ***Ohio River*** *m Nebenfluss des Mississippi* [rivero] Ohio, Ohiorivero *od* Ohio-Rivero ***b)*** (*Abk* ***Oh.***, *[postalisch]* ***OH***) *ein US-Bundesstaat* Ohio *[Hptst.: Columbus]*

[1]**Ohm** *n* (*Zeichen* ***Ω***) *El (Einheit des elektrischen Widerstands)* omo (↑ *auch* ***Megaohm***); ***das Ohm'sche Gesetz*** *Phys* leĝo de Ohm; ***der Ohm'sche Widerstand*** rezistanco de Ohm

[2]**Ohm** *m* ↑ ***Oheim***

Öhmd *n* ↑ ***Grummet***

Ohmmeter *n*, *auch* ***Widerstandsmesser*** *m El (Messgerät zur Bestimmung von elektr. Widerständen)* ommetro (*vgl. dazu* ***Rheostat***)

ohne 1. *Präp* sen; *ausgenommen* escepte de; *nicht [ein]gerechnet* ne enkalkulite; ***~ Absicht*** senintence; ***~ [irgendwelche] Schwierigkeiten*** sen [iuj] malfacilaĵoj; ***~ Weiteres***, <*österr*> *auch* ***ohneweiters*** sen pluaĵoj; *ohne Komplikation(en)* sen [iuj] komplikaĵoj; *bedenkenlos* tute senpripense; ***~ sein Wissen*** sen lia scio; ***Kaffee mit Zucker aber ~ Sahne*** kafo kun sukero sed sen kremo ◇ ***das ist gar nicht so ~*** *ist beachtlich* tio estas tamen konsiderinda; *macht einige Schwierigkeiten* tio [ĉi] pli malfacilas ol mi supozis *bzw.* tio estas pli komplika ol [ĝi ŝajnis] ĉe unua rigardo; *ist nicht übel* fakte tio ne estas [tro] malbela (*od* malagrabla *u.Ä.*) **2.** *Konj* ***a) ~ dass ...*** sen tio, ke ...; ***~ dass sie es wusste*** sen tio, ke ŝi sciis *od* sen ŝia scio; ***~ zu ...*** sen *mit Inf*; *auch* ne ...ante; ***er ging ~ zu grüßen vorüber*** li preteriris sen saluti *od* li preteriris ne salutante ***b)*** *in Partzipialkonstruktionen* ne ...inte; ***~ gegessen zu haben, rannte er davon*** ne manĝinte li forkuris

ohne|dies *od* **~hin** *Adv* sen tio, aparte de tio; *auf jeden Fall* ĉiuokaze; **~gleichen** *Adj (nur attributiv [dem Subst nachgest]))* nekomparebla *od [stärker:]* senkompara

ohneweiters ↑ *unter* ***ohne 1.***

Ohnmacht *f Med* sveno; *Bewusstlosigkeit* senkonscieco (↑ *auch* ***Lipothymie***); *übertr: Machtlosigkeit* senpotenco, *[allgemeiner ausgedrückt:]* senpoveco (↑ *auch* ***Schwäche***); ***aus einer ~ erwachen*** vekiĝi el sveno; ***in ~ fallen*** sveni (*vgl. dazu* ***bewusstlos werden***); ***in ~ versetzen*** svenigi *auch übertr*

ohnmächtig *Adj Med* sveninta; *bewusstlos* senkonscia; *übertr für «machtlos»* senpotenca, *[allgemeiner ausgedrückt:]* senpova (*vgl. dazu* ***schwach***); ***~ werden*** sveni, *Zam auch* fali svene; *bewusstlos werden* senkonsciiĝi; ***~ geworden*** *Med* sveninta

Ohnmachtsanfall *m* atako de sveno

oho! *Interj (drückt Überraschung aus)* oho!

Ohr *n* orelo (↑ *auch* ***Schlappohren***); *Gehör (Fähigkeit zu hören)* aŭdkapablo; ***das äußere~*** (Auris externa) *Anat* la ekstera orelo; ***das innere ~*** *od* ***Innenohr*** (Auris interna) *Anat* la interna orelo (*vgl. dazu* ***Mittelohr***); ***jmdn. am ~ ziehen*** tiri al iu la orelon ◇ ***mir ist zu ~en gekommen, dass ...*** mi aŭdis (*od auch* eksciis), ke ...; ***ganz ~ sein*** streĉ[eg]i la orelojn [por aŭskulti]; ***die ~en hängen lassen*** *niedergeschlagen sein* esti deprimita; *mutlos sein* esti senkuraĝa, *den Mut verlieren* perdi [la] kuraĝon; ***jmdn. übers ~ hauen*** superruzi iun; ***sich übers ~ hauen lassen*** lasi superruzi sin; *Zam auch (sprichwortartig)* fordoni anseron, ricevi paseron; ***sie hat es faustdick hinter den ~en*** ŝi estas frotita kaj polurita *(Zam)*; ***vor tauben ~en predigen*** prediki al surduloj; ***sich etw. hinter die ~en schreiben*** *sich etw. gut od sorgfältig merken* bone (*od* zorge) memorteni ion; *etw. nicht vergessen* [nepre] ne forgesi ion; ***die ~en spitzen*** *aufmerksam hinhören* streĉ[eg]i la orelojn, *auch* akrigi la orelojn *(Zam)*; ***Wände haben ~en*** la muro havas orelojn *(Zam)*

Öhr *n kleines Loch* trueto; *Nadel*~ kudrilotru[et]o

Öhrchen *n kleines Ohr* oreleto; **~gänsekresse** *f* (Arabis auriculata = Arabis recta) *Bot* rektpetala arabiso

Ohrclip *m, auch* ***Ohrklipp*** *m ein Modeschmuck* orelklipo

Ohren|arzt *m i.e.S.* orelkuracisto; *i.w.S. HNO-Arzt* otorinolaringologo; **~beichte** *f kath. Kirche (im Beichtstuhl abgelegte Beichte)* sakramenta konfeso

ohrenbetäubend *Adj* surdiga

Ohrenentzündung *f* (Otitis) *Med* inflamo de la orelo *od* orelinflamo, *fachsprachl.* otito

Ohrenfledermaus *f, auch* ***Großohrfledermaus*** *f od* ***[braunes] Langohr*** *n* (Plecotus auritus) *Zool* long-orela (*od* grand-orela) vesperto; ***graues Langohr*** *n* (Plocetus austriacus) griza vesperto

Ohren|geier *m* (Torgos tracheliotus) *Orn* orelvulturo; **~klappe** *f z.B. an der Pelzmütze* orelumo; **~klingen** *n* orela(j) zumado(j) *(Pl)*

ohrenkrank *Adj* orelmalsana

Ohrenkrankheit *f* orelmalsano

Ohrenkriecher *m* ↑ ***Ohrwurm***

Ohren[lappen]pilz *m* (*Gattung* Auricularia) *Mykologie* aŭrikulario, *pop* orelfungo; ***[Familie der] ~e*** *Pl* (Auriculariaceae) aŭrikulariacoj *Pl*

Ohren|leiden *n* [kronika] orelmalsano; **~lerche** *f* (Eremophila alpestris) *Orn* montalaŭdo

Ohrenmaki *m Zool* ↑ ***Galago***

Ohrenpilz *m* ↑ ***Ohrenlappenpilz***

Ohren|qualle *f* (Aurelia aurita) *Zool* orelmeduzo, <*wiss*> aŭrelio; **~robbe** *f* (*Gattung* Otaria) *Zool* orelfoko, <*wiss*> otario

Ohrensausen *n* (Susurrus auricum) *Med* orela zumado (*vgl. dazu* ***Tinnitus***); ***unter ~ leiden*** suferi je orela zumado

Ohrenschliefer *m* ↑ ***Ohrwurm***

Ohrenschmalz *n,* <*wiss*> ***Cerumen*** *n* orelvakso, <*wiss*> cerumeno; **~drüsen** *f/Pl* (Glandulae ceruminosae) *im äußeren Gehörgang* cerumenaj glandoj *Pl*

Ohren|schmaus *m bildh* [vera] ĝuo por la oreloj; **~schmerz** *m,* <*wiss*> ***Otalgie*** *f Med* oreldoloro, *(Fachspr)* otalgio; **~schuppentier** *n, auch* ***chinesisches Schuppentier*** *n* (Manis pentadacctyla) *Zool* ĉina maniso *[Vorkommen: Südchina/Insel Hainan]*; **~schützer** *m* orelŝirmilo, *auch* orelumo; **~sessel** *m* orelhava fotelo; *i.w.S. Sessel mit Kopfstütze* fotelo kun kapapogilo; **~spiegel** *m, fachsprachl.* ***Otoskop*** *n Med* orela spegulumo, otoskopo; **~taucher** *m* (Podiceps auritus) *Orn* orelgrebo; **~tropfen** *m/Pl Pharm* gutoj *Pl* kontraŭ oreldoloro

ohrenzerreißend *Adj Lärm u. dgl.* orelŝira

Ohreulen *f/Pl* (*Gattung* Asio) *Orn* orelstrigoj *Pl* (↑ *auch* ***Streifen-***, ***Sumpf-***, ***Wald-*** *u.* ***Zwergohreule***)

Ohrfeige *f* vangofrapo *od stärker* vangobato, *alt od selt* survango (*vgl. dazu* ***Backpfeife***)

ohrfeigen, *reg* ***backpfeifen*** *tr:* ***jmdn. ~*** vangofrapi (*od stärker* vangobati) iun

Ohr|flecktaube *f* (Zenaida auriculata) *Orn* orelturto *[Vorkommen in Südamerika]*; **~-gehänge** *n* orelpendaĵo; **~geräusche** *n/Pl*, *Fachspr* ***Tinnitus*** *m Med* orela zumado, tinito; **~hörer** *Pl* kapaŭskultiloj *Pl*

Ohrid (*n*) *eine Stadt in Makedonien* Oĥrido; **~see** *m See auf der albanisch-makedonischen Grenze* Oĥrida Lago

Ohrklipp *m* ↑ ***Ohrclip***

Ohrkrempe *od* **Ohrleiste** *f Anat* ↑ ***²Helix***

Ohr|läppchen *n*, *<österr> umg* ***Ohrwasch[e]l*** *n* orela lob[et]o; **~löffelleimkraut** *n* (Silene otites) *Bot* orela sileno; **~muschel** *f* (Auricula) *Anat* orelkonko

Ohrmuschelhöcker *m Anat* = ***Antitragus***

Oropax® *n/Pl* ↑ ***Ohrstöpsel***

Ohrring *m* orelring[et]o; ***~e tragen*** porti (*od* surhavi) orelringojn

Ohr|schmuck *m* orelornam[aĵ]o; **~schnecke** *f*, *auch* ***Midasohr*** *n* (*Gattung* Auriculus) *Zool* aŭrikulo

Ohrspeicheldrüse *f* (Glandula parotidea) *Anat* parotido; ***Ausführungsgang der ~*** ↑ *unter* ***Ausführungsgang***

Ohr|speicheldrüsenentzündung *f*, *Fachspr* ***Parotitis*** *f Med* inflamo de la parotido, parotidito (*vgl. dazu* ***Mumps***); **~stöpsel** *m/Pl*, *[in Deutschland] auch* ***Ohropax®*** *n/Pl* orelŝtopiloj *Pl*; **~trompete** *f*, *auch* ***eustachische Röhre*** *f* (Tuba auditiva [Eustachii]) *Anat* oreltubo, *auch* eŭstakia tubo, *umg auch* aŭdotubo

Ohrwasch[e]l *n* ↑ ***Ohrläppchen***

Ohrweide *f* (Salix aurita) *Bot* orela saliko

Ohrwurm *m*, *umg* ***Ohrenkriecher*** *m*, *<österr> umg* ***Ohrenschliefer*** *m* (*Gattung* Forficula *u. die Art* Forficula auricularia) *Ent* forfikulo (↑ *auch* ***Zwerg-Ohrwurm***); ***Familie der Ohrwürmer*** (Forficulidae) forfikuledoj *Pl*; ***Ordnung der Ohrwürmer*** (Dermaptera) *Ent* dermapteroj *Pl*

oi! *Interj (drückt Schmerz od Bedauern aus)* oj!

Oidium albicans *n Bakt (Erreger der Soorkrankheit beim Menschen)* ojdio

Oimjakon (*n*) *ein Ort in Ostsibirien (Russ. Föderation)* Ojmjakono *<ein Kältepol der Erde>*

Oise [*o'a:z*] *f ein rechter Nebenfluss der Seine* [rivero] Uazo

Oite (*m*), *meist* ***der Berg Oite*** *griech. Myth (der Berg auf dem Herakles starb)* [monto] Ojto

oje! *Interj* ho ve!

Ojibwa *n*, *auch* ***Oğibwa*** *n eine Indianersprache in Zentralkanada* la oĝibŭa [lingvo]

o.k. = *Abk für* ***okay*** [↑ *dort*]

¹Oka *f ein rechter Nebenfluss der Wolga* [rivero] Oko

²Oka *f Metr* = ***Okka***

Okapi *n* (Okapia johnstoni) *Zool* okapio *[Vorkommen: im NO von Zaire]*

Okarina *f Mus (ein tönernes od porzellanenes Blasinstrument [moderne Form der Gefäßflöte])* okarino

Okavango *m*, *auch* ***Okawango*** *m Unterlauf des Cubango im südl. Afrika* Okavango (*vgl. dazu* ***Cubango***)

okay! (*Abk* ***o.k.***) *Interj: in Ordnung!* okej!

Okeaniden *f/Pl*, *auch* ***Ozeaniden*** *f/Pl Myth (Töchter des griech. Meergottes Okeanos, i.w.S. Meernymphen)* Oceanidinoj *Pl*

Okeanos (*m*), *lat.* ***Ozeanus*** (*m*) *griech. Myth (einer der Titanen, Sohn des Uranos, [bei Homer:] Vater der Flüsse u. der Meereswogen)* Oceano

Okinawa (*n*) *die Hauptinsel der Riukiu-Inseln zw. Taiwan u. Kyushu* Okinavo; **~-Ralle** *f* (Hypotaenidia okinawae) *Orn (flugunfähige Ralle in den Bergen der japanischen Insel Okinawa <erst 1981 wieder entdeckt>)* okinava ralo

Okka *f Metr (früheres türkisches Handels- u. Münzgewicht)* okao

Okklusion *f 1. Met (der Teil des Frontensystems eines Tiefdruckgebiets, bei dem die sich schneller bewegende Kaltfront die Warmfront eingeholt hat) 2. Med (Verschluss eines Hohlorgans von innen [durch Steine, Wurmknäuel]) 3.Stomatologie* okluzio (↑ *auch* ***Bissstellung*** *u.* ***Normalbiss***)

Okklusionsileus *m Med* ↑ ***Darmverschluss***

Okklusionsikterus *m Med* ↑ ***Stauungsikterus***

Okklusiv *m Phon* ↑ ***Explosivlaut***

okkult *Adj* okulta *auch Med* (*vgl. dazu* ***geheim***, ***übersinnlich*** *u.* ***verborgen***)

Okkultismus *m Lehre vom Übersinnlichen* okultismo (*vgl. dazu* ***Parapsychologie***)

Okkultist *m Anhänger des Okkultismus* okultisto

Okkupant *m* okupanto

Okkupation *f **a)** Mil (Besetzung [fremden Gebietes])* okupado, *auch* okupacio ***b)*** *Jur* ↑ *unter* ***Aneignung***

Okkupationsheer *m Mil* okupada armeo
okkupieren *tr Mil u. übertr (besetzen)* okupi
Oklahoma (*n*) (*Abk* ***Okla.***, *[postalisch]* ***OK***) *ein US-Bundesstaat* Oklahomo *[Hptst.: Oklahoma City]*
öko *umg kurz für* ***ökologisch*** [↑ *dort*]
Ökofaktoren *m/Pl* ↑ *unter* ***ökologisch***
Öko|floritik *f eine Arbeitsrichtung der Pflanzengeografie* ekofloristiko; ~**garten** *m, auch* ***Naturgarten*** *m* ekoĝardeno; ~**geografie** *f Biogeografie auf ökologischer Grundlage* ekogeografio
ökogeografisch *Adj* ekogeografia
Ökokatastrophe *f, auch* ***ökologische Katastrophe*** ekokatastrofo *od* ekologia katastrofo; ~**klima** *n das Klima des Bestandes, des Biotops od Standorts, z.B. eines Moores od eines Berghanges* ekoklimato; ~**lebensmittel** *n/Pl* ekonutraĵoj *Pl*; ~**linguistik** *f Erforschung der Wechselwirkung zw. Sprachen u. zw. Sprachen u. ihrer Umwelt, d.h. der Gesellschaft, in der sie verwendet werden* ekolingvistiko
Ökologe *m Wissenschaftler auf dem Gebiet der Ököögie* ekologo
Ökologie *f Wissenschaft von den Beziehungen der Organismen untereinander u. mit ihrer Umwelt* ekologio (↑ *auch* ***Boden-***, ***Gewässer-***, ***Hochgebirgs-***, ***Landschafts-***, ***Populations-***, ***Stadt-***, ***Vegetations-***, ***Wald-*** *u.* ***Zoo-Ökologie***); ***chemische*** ~ kemia ekologio; ***evolutionäre*** ~ *od* ***Evolutionsökologie*** evolucia ekologio *od* evoluci-ekologio; ***experimentelle*** ~ eksperimenta ekologio; ***klinische*** ~ *der Wissenschaftsbereich, der sich mit dem Einfluss der Umweltverschmutzung auf die Gesundheit des Menschen befasst* klinika ekologio; ***marine*** ~ ↑ ***Meeresökologie***
Ökologieverträglichkeit *f* ↑ ***Umweltverträglichkeit***
ökologisch 1. *Adj* ekologia (↑ *auch* ***dendroökologisch***); ~***e Amplitude*** *f Wirkungsbreite eines Umweltfaktors (z.B. Temperatur, Feuchtigkeit, Licht, Salzgehalt) für eine bestimmte Art od Rasse* ekologia amplitudo; ~***e Effizienz*** (*od* ***Wirksamkeit***) *f* ekologia efikeco; ~***e Faktoren*** *m/Pl, auch* ***Ökofaktoren*** *od* ***Umweltfaktoren*** *m/Pl Einwirkung der Umgebung auf ein Lebewesen* ekologiaj faktoroj *Pl, auch* ekofaktoroj *od* [viv]mediaj faktoroj *Pl*; ~***er Fußabdruck*** *m* ekologia premsigno; ~***es Gefüge*** *n* ekologia strukturo; ~***es Gleichgewicht*** *n* ekologia ekvilibro; ~***e Isolation*** *f* ekologia izoliĝo; ~***e Kompensation*** *f* ekologia kompensado; ~***e Landwirtschaft*** *f* ekologia agrikulturo; ~***e Nische*** *f* ekologia niĉo; ~***es Optimum*** *n* ekologia optimumo; ~***e Potenz*** (*od* ***Valenz***) *f die Reaktionsbreite einer Art einem bestimmten Umweltfaktor gegenüber* ekologia potenco (*od* valento); ~***e Prognose*** *f Vorhersage der Eigenschaften u. Zustände von Populationen od Ökosystemen aus Umweltbedingungen aufgrund von Simulationsmodellen* ekologia prognozo; ~***e Situation*** *f* ekologia situacio; ~***es Spektrum*** *n die anteilmäßige Zusammensetzung der Organismen eines Lebensraums nach ihren Lebensformen, ohne Rücksicht auf ihre systematische Verwandtschaft* ekologia spektro; ~***e Toleranz*** *f* ekologia tolero; ~***e Valenz*** *f* ↑ ***ökologische Potenz***; ~***e Wiederherstellung*** (*od* ***Sanierung***) *f* ekologia restaŭrado **2.** *Adv* ekologie; ~ ***angebautes Gemüse*** ekologie kultivitaj legomoj
Ökonom *m* ***a)*** ekonomiisto (*vgl. dazu* ***Wirtschaftswissenschaftler***) ***b)*** <*österr*> *alt für «Landwirt»* agronomo, terkulturisto
Ökonometrie *f mathematisch-statistisches Verfahren zur Untersuchung ökonomischer Zusammenhänge [eine Wirtschaftslehre]* ekonometrio
Ökonometriker *m* ekonometriisto
ökonometrisch *Adj* ekonometria
Ökonomie *f Wirtschaft* ekonomio (↑ ***Plan-***, ***Privat-*** *u.* ***Weltwirtschaft***); *Wirtschaftsstruktur* ekonomia strukturo; *Wirtschaftswissenschaft* ekonomia scienco; *Sparsamkeit* ŝparemo, *als Vorgang (das Sparen)* ŝparado; ***politische*** ~ politika ekonomio, ekonomiko
Ökonomik *f Wirtschaftstheorie; wirtschaftliche Verhältnisse* ekonomiko; *Wirtschaftswissenschaften* ekonomiaj sciencoj *Pl*
ökonomisch *Adj* ekonomia *auch in der Bed «sparsam»*; ~***er Fortschritt*** (***Schaden***) *m* ekonomia progreso (damaĝo); ~***e Schwierigkeiten*** *f/Pl* ekonomiaj malfacilaĵoj *Pl*; ***auf*** ~***em Gebiet*** sur la kampo de ekonomio
Öko|physiologie *f Forschungsrichtung der Physiologie, die sich mit den unmittelbaren Anpassungen u. Reaktionen der Organismen auf unterschiedliche Umweltanforderungen befasst* ekofiziologio; ~**politik** *f, auch* ***grüne Politik*** ekopolitiko, *auch* verda

politiko; ~**region** *f Bio- u. Geoökologie* ekoregiono, *auch* ekologia regiono *<eine Ökoregion ist die nächstkleinere Einheit unterhalb der Ökozone>*; ~**siedlung** *f, auch engl.* ***Ecovillage*** *n* ekovilaĝo; ~**spezies** *f eine Pflanzen- od Tierart, die im Ggs zur klassischen Auffasung von Linné nicht so sehr nach morphologischen Kriterien, sondern aus einer ökologischen Blickrichtung in ihrer Anpassung an die Umwelt definiert wird* ekospecio; ~**sphäre** *f* (*Syn:* ***Biosphäre***) *Biol* ekosfero; ~**steuer** *f* ekologia imposto *od kurz* ekoimposto; ~**strom** *m, umg auch* ***«grüner Strom»*** ekokurento, *umg auch* verda kurento

Ökosystem *n Biol (Beziehungsgefüge der Lebewesen untereinander u. mit ihrem Lebensraum)* ekosistemo (↑ *auch* ***Agro-Ökosystem***); ***ein noch intaktes*** ~ ankoraŭ sendifekta (*od* sana) ekosistemo

Ökosystemanalyse *f Untersuchung von Ökosystemen auf Arteninventar, Siedlungsdichte, Biomasse der Organismen u. Interaktionen* ekosistema analizo

Ökoton *n, auch* ***Saumbiotop*** *m od n Biol (kleinste Raumeinheit einer geografischen Landschaftsgliederung)* ekotono

Ökotop *n, auch* ***Landschaftszelle*** *f kleinste ökologische Einheit einer Landschaft* ekotopo

Öko|tourismus *m, auch* ***naturnaher Tourismus*** *m* ekoturismo *od* ekologia turismo; ~**toxikologie** *f, auch* ***Umwelttoxikologie*** *f Wissenschaft, die sich mit den Auswirkungen von chemischen Substanzen auf Organismen od Gesellschaften von Pflanzen u. Tieren sowie Ökosystemen beschäftigt* ekotoksikologio; ~**typ** *od* ~**typus** *m eine erblich fixierte intraspezifische Standortform* ekotipo

Okoumé *od* **Okume** *f* (Aucoumea) *Bot: Gattung mit nur einer Art (Aucoumea klaineana); ein afrikanischer Nutzholzbaum* aŭkumeo *[Vorkommen: äquatoriales Westafrika, bes. in Gabun]*

Okra *f, auch* ***Gombobohne*** *f od* ***essbarer Eibisch*** *m* (Abelmoschus esculentus = Hibiscus esculentus) *Bot, Nahr (eine Art der Malvengewächse mit fingerdicken, gelben bis grünen pfefferschotenartigen Früchten [Vorkommen im tropischen Asien u. Afrika (heutzutage auch in Südeuropa verbreitet)])* okrao, *auch* gombo

Okt. = *Abk für* ***Oktober***

Oktaeder *m Geom* ↑ ***Achtflach***

Oktagon *n Geom* = ***Oktogon***

Oktan *n, auch* ***Octan*** *n Chem* oktano; ***Radikal des*** ~ oktilo

[1]**Oktant** *m* ***a)*** *Geom* ↑ ***Achtelkreis*** ***b)*** *Mar (nautisches Winkelmessgerät)* oktanto

[2]**Oktant** *m, Fachspr* ***Octans*** *m* (*Abk* ***Oct*** *od* ***Octn***) *Astron (ein Sternbild, in dem der südliche Himmelspol liegt)* Oktanto

Oktanzahl *f* (*Abk Fachspr* ***OZ***) *Kfz, Tech (Maßzahl für die Klopffestigkeit von Motorkraftstoffen)* oktannombro, *auch* oktan-indico (↑ *auch* ***Cetanzahl***)

Oktav *n* ***a)*** *auch* ***Achtel[bogen]größe*** *f Typ* oktavo ***b)*** *Buchw* ↑ ***Oktavformat*** ***c)*** *Mus* ↑ *unter* ***Oktave a)***; ~**band** *m Buchw* volumo en okonfolia formato, *auch* oktavovolumo

Oktave *f* ***a)*** *<österr>* ***Oktav*** *f Mus (achtstufige Tonleiter)* oktavo (↑ *auch* ***Diapason***) ***b)*** *Kirche (der 8. Tag bzw. die Woche nach einem kirchlichen Festtag)* oktavo

Oktav|format *n, auch kurz* ***Oktav*** *n* (*Zeichen* ***8°***) okonfolia formato, *auch* oktavo; ~**gattung** *f Mus (Tongeschlecht)* modalo

Oktavia (*f*) ↑ ***Octavia***

Oktett *n Mus (1. Gruppe von acht Soloinstrumentalisten 2. Komposition für acht Soloinstrumente bzw. Solostimmen)* okteto

Oktober *m* (*Abk* ***Okt.***) oktobro (*Abk* okt.); ~**fest** *n ein seit 1810 in München gefeiertes Volksfest auf der Theresienwiese* munkena bierfestivalo; ~**revolution** *f russ. Gesch* Oktobra Revolucio *[1917]*

Oktogon *n Geom* okangulo, *<wiss> auch* oktogono; *Arch (Achteckbau)* oktogona konstruaĵo

Oktopode *od* **Oktopus** *m* ↑ ***Achtfüß[l]er*** *u. unter* ***Krake***

oktroyieren [*...troa'ji:...*] *tr aufdrängen, aufzwingen* [perforte] trudi

Okular *n Opt* okulario

Okulation *f od* **Okulieren** *n, auch* ***Äugeln*** *n Gartenb (eine Veredelungsart)* burĝongreftado

okulieren *tr Gartenb* burĝongrefti (*vgl. dazu* ***propfen*** *u.* ***veredeln***)

Okulieren *n* ↑ ***Okulation***

okulomotorisch *Adj*: ***~er Nerv*** *m* (Nervus oculomotorius) *Anat* okulomotora nervo

Okume *f Bot* ↑ ***Okoumé***

Ökumene *f Kirche* ekumenismo; *ökumenische Bewegung* ekumena movado

ökumenisch *Adj Kirche* ekumena; *~e* ***Bewegung*** *f* ekumena movado, *auch* ekumenismo; *°es* ***Esperanto-Jugendzeltlager*** *n* Junulara Ekumena Esperanto-Tendaro (*Abk* JET); *~er* ***Gottesdienst*** *m* ekumena diservo; *~es* ***Konzil*** *n* ekumena koncilio *(auch Großschr)*; *~er* ***Patriarch*** *m Titel des Patriarchen von Konstantinopel* ekumena patriarko; *°er* ***Rat der Kirchen*** ↑ ***Weltkirchenrat***

Okzident *m geh für «westliche Welt»* la okcidenta mondo; *die westlichen Länder* la okcidentaj landoj *Pl* (*vgl. dazu* ***Abendland, Europa*** *u.* ***Westen***)

okzipital *Adj Anat (das Hinterhaupt betreffend)* okcipita

okzitanisch *Adj* okcitana; *~e* ***Literatur*** *f oft noch als «provenzalische Literatur» bezeichnet* okcitana literaturo

Okzitanisch[e] *n Ling (das Südfranzösische [«langue d'oc»], das in zahlreichen Mundarten südlich der Loire gesprochen wird)* la okcitana [lingvo] (*vgl. dazu* ***Provenzalisch***)

O.L. = *Abk für* ***Oberlausitz***

Öl *n* oleo; *Speise°* vegetala oleo [uzata en la kuirejo], *auch* manĝoleo; *Mineral°* minerala oleo (↑ *auch* ***Heiz-*** *u.* ***Schweröl***); *Diesel°* dizeloleo; *Erd° (roh)* nafto, *(weiterverarbeitet)* petrolo; *Schmier°* lubrika oleo; ***ätherische*** *~e Pl* volatilaj oleoj *Pl*; ***pflanzliches*** ~ vegetaĵa (*od* vegetala) oleo (↑ *auch* ***Avocado-, Bade-, Birkenrinden-, Brat-, Dattel[kern]-, Duft-, Eukalyptus-, Fenchel-, Getreidekeim-, Immersions-, Ingwer-, Jasmin-, Jojoba-, Kamillen-, Kampfer-, Kokos[nuss]-, Koriander-, Kümmel-, Kürbiskern-, Lavendel-, Lein-, Lorbeer-,Mandel-, Massage-, Myrrhen-, Nelken-, Nuss-, Oliven-, Palm-, Pfefferminz-, Pflanzen-, Raps-, Rizinus-, Rosen-, Salb-, Senf-, Sandel[holz]-, Sesam-, Sonnenblumen-, Teebaum-, Thuja-, Thymian-, Traubenkern-, Walnussschalen-, Wacholderbeer-, Weizenkeim-, Zedernholz-, Zimt-*** *u.* ***Zitronellaöl***) ◇ ~ ***ins Feuer gießen*** (*od* ***schütten***) *den Streit noch mehr anfachen bzw. eine Erregung noch mehr steigern* [en]verŝi oleon sur (*od* en la) fajron *(Zam)*; ~ ***auf die Wogen gießen*** *beschwichtigen* verŝi oleon sur la ondojn; ***mit*** ~ ***[ein]schmieren*** ŝmiri per oleo, *auch* oleoŝmiri

Ölabscheidung *f Tech* sengrasigo

Olaf *od* **Olav** (*m*) *männl. Vorname* Olafo *ersterer auch Name norwegischer Könige*

Öland (*n*) *eine schwedische Ostseeinsel* [insulo] Oelando *[zentrale Stadt: Borgholm]*; *~***-Sonnenröschen** *n* (Helianthemum oelandicum) *Bot* oelanda heliantemo *[Vorkommen: endemisch auf Öland]*

ölartig *Adj* oleeca (↑ *auch* ***ölig***)

Öl|baron *m* reĝo de l' petrolo (*vgl. dazu* ***Ölmagnat***); *~***baum** *m Bot* ***a)*** ↑ ***Olivenbaum*** ***b)*** (*Gattung* Olea) oleo

Ölbaumgewächse *n/Pl Bot*: ***[Familie der]*** *~ Pl* (Oleaceae) oleacoj *Pl*

Öl|berg *m [im Neuen Testament:] Ort der Gefangenname und Himmelfahrt Jesu* Monto Olivarba; *~***bohrung** *f* naftoborado

Oldenburg (*n*) *1. ehem. Großherzogtum u. Freistaat 2. eine Stadt in Niedersachsen* Oldenburgo

oldenburgisch *Adj* oldenburga

Oldovai *od* **Olduvai** (*n*) *Archäol (Tal in der Serengetisteppe mit wichtigen Fossilfunden des Frühmenschen)* Oldovajo, *auch* Oldovaja Ravino

Öldruck *m* ***a)*** *Typ (ein Farbendruck) (Verfahren)* oleografio, *(nach diesem Verfahren hergestelltes Bild)* oleografiaĵo ***b)*** *Tech* oleopremo; *~***bremse** *f Kfz-Technik* oleoprema bremso; *~***messer** *m Kfz, Tech* oleopremometro; *~***verfahren** *n Tech* oleografio

Oldtimer *m Kfz* klasika aŭto

Olduvai (*n*) ↑ ***Oldovai***

Oleander *m Bot* (*Gattung* Oleandra *u. die Art* Nerium oleandrum) oleandro, (*Gattung* Nerium) *<wiss> auch* nerio

Oleandergewächse *n/Pl Bot*: ***[Familie der]*** ~ oleandracoj *Pl*

Oleaster *m* (Olea europaea, var. sylvestris) *Bot (ein Strauch der Macchie [bes. in Spanien u. auf Korsika], Wildform des Ölbaums)* oleastro, *auch* sovaĝa olivarbo (*vgl. dazu* ***Ölbaum b)***)

Oleat *n Chem (Salz der Ölsäure)* oleato

Olefine *n/Pl Chem (Kohlenwasserstoffe mit einer Doppelbindung [z.B. Butylen, Ethylen u. Propylen])* olefinoj *Pl*

olefinreich *Adj* olefinriĉa *od nachgest* riĉa je olefino

Olein *n*, *auch* ***Ölsäuretriglyzerid*** *n Chem (ungereinigte Ölsäure)* oleino

Oleinsäure *f Chem* ↑ ***Ölsäure***

Ölembargo *n* petrolembargo

ölen *tr einölen* olei; *mit Öl einschmieren* ŝmiri per oleo, *i.w.S. (mit Schmieröl od*

Schmiermittel) lubriki

Ölen *n Einölen* oleado (↑ *auch* ***Ölung***)

Oleosomen *n/Pl, auch* ***Sphärosomen*** *n/Pl nur Fachspr Bot (Tröpfchen angefüllt mit Speicherfett im Endosperm bzw. in den Kotyledonen fettreicher Samen)* oleosomoj *Pl, auch* sferosomoj *Pl*

Ölerzeuger *m* petrol-produktanto *od* produktanto de petrolo; ~**länder** *n/(Pl)* petrolproduktantaj landoj *Pl*

Oleum *n* ***a)*** *lat. Bez für «Öl»* [↑ *dort*] ***b)*** *auch* ***rauchende Schwefelsäure*** *f Chem* oleumo

Ölexport *m* petroleksporto; ~**hafen** *m* petroleksporta haveno

Ölextraktion *f* ekstraktado de oleo (***aus*** el)

Olfaktometer *n 1. Med (Gerät zur Prüfung des Geruchssinns) 2. Biol (Gerät zum Prüfen der Wirkung von Duftstoffen auf Organismen)* olfaktometro

Olfaktometrie *f nur Fachspr Med* olfaktometrio

olfaktorisch *Adj nur Fachspr Med (den Geruchssinn betreffend)* olfakta

Öl|farbe *f* oleofarbo; ~**fass** *n* oleobarelo; ~**feld** *n* petrolkampo; ~**film** *m* maldika oleotavolo; ~**filter** *m Tech* oleofiltrilo; ~**firnis** *m* oleoverniso; ~**fläschchen** *n* oleoboteleto; ~**fleck** *m* oleomakulo; ~**früchte** *f/Pl Landw* oleohavaj (*od* oleodonaj) fruktoj *Pl*

Olga *(f) weibl. Vorname* Olga *auch Name einer Großfürstin von Kiew [* um 890, † 969]*

Öl|gemälde *n* oleopentraĵo; ~**gesellschaft** *f Ind, Wirtsch* petrolkompanio

ölgetränkt *Adj* trempiĝinta en oleo

Ölhafen *m Mar (Hafen für Rohöl)* naftohaveno

ölhaltig, *<österr>* ***ölhältig*** *Adj* oleohava, *nachgest auch* enhavanta (*od* entenanta) oleon; *Ölfrucht auch* oleodona; *ölgetränkt* trempiĝinta en oleo; *übertr (mild wie Öl)* olea, milda kiel oleo

Ölheizung *f (Vorgang)* oleohejtado; *(Heizsystem)* hejtsistemo per oleo

Olibanum *n ein afrikanisches Harz aus Somalia, Erythräa u. Vorderindien, das als Weihrauch verwendet wird* olibano (*vgl. dazu* ***Weihrauchbaum***)

Olifant *m hist: elfenbeinernes Jagd- od Signalhorn des Mittelalters [in der Sage «das Horn Rolands»]* olifanto

ölig *Adj* ***a)*** *ölartig* oleeca; *ölhaltig* oleohava, *nachgest* enhavanta (*od* entenanta) oleon (*vgl. dazu* ***fettig***); ~***e Beschaffenheit*** *f Öligkeit* oleeco ***b)*** *übertr (salbungsvoll sanft)* olea (↑ *auch* ***mild***)

Oligarch *m Mitglied einer Oligarchie* oligarko, membro de oligarkio

Oligarchie *f Herrschaft einer nur kleinen Schicht* oligarkio, *auch* oligarĥio

Oligarchin *f* oligarkino

oligarchisch *Adj* oligarkia

Öligkeit *f ölige Beschaffenheit* oleeco

Oligochäten *Pl Zool* ↑ ***Wenigborster***

Oligoklas *m Min (ein Feldspat)* oligoklazo

Oligomere *n/Pl Bez für «Makromoleküle, die aus zwei od mehreren meist identischen Untereinheiten bestehen»* oligomeroj *Pl*

Oligopeptide *n/Pl Chem* oligopeptidoj *Pl*

Oligophrenie *f Med, Psych (Bez für «geistige Behinderung»)* oligofrenio (*vgl. dazu* ***Debilität*** *u.* ***Schwachsinn***)

Oligopol *n Wirtsch (die Herrschaft weniger Großunternehmen auf dem Gebiet der Produktion, auf dem Markt od auf beiden zugleich)* oligopolo

Oligosaccharide *n/Pl Biochemie (Gruppe aus zwei bis sechs Monosacchariden aufgebauter Zucker [z.B. Milch- bzw. Rohrzucker])* oligosakaridoj *Pl*

Oligosialie *f nur Fachspr Med (verminderte Sekretion von Speichel)* oligosialio

Oligospermie *f* (*Syn*: ***Hypospermie***) *nur Fachspr Med (starke Verminderung der Spermien im Ejakulat)* oligospermio

Oligotherapie *f alternative Med (Behandlung mit Spurenelementen)* oligoterapio

oligotroph *Adj nährstoffarm (Gewässer, Böden)* oligotrofa (*vgl. dazu* ***nährstoffreich b)***); ~***e Pflanzen*** *f/Pl Bewohner magerer Böden (Dünen, Rohhumusböden)* oligotrofaj plantoj *Pl*

Oligotrophie *f* oligotrofeco

oligozän *Adj Geol (das Oligozän betreffend)* oligocena

Oligozän *n Geol (mittlere Abteilung des Tertiärs)* oligoceno

Oligurie *f nur Fachspr Med (mengenmäßig stark verminderte Harnproduktion od -ausscheidung)* oligurio *<bis 500 ml pro Tag>*

Ölindustrie *f* petrolindustrio

oliv *od* **oliv[en]farben** *Adj* olivokolora (*vgl. dazu* ***moos-*** *u.* ***olivgrün***)

Olive *f* olivo; ~***n entkernen*** senkernigi olivojn

Oliven|baum *m, auch* ***Ölbaum*** *m* (Olea europaea) *Bot* olivarbo (*vgl.dazu* ***Oleaster***); ~**ernte** *f* oliv[o]rikolto

oliven|farben *od* ~**farbig** *Adj* olivokolora; **förmig 1.** *Adj* olivoforma **2.** *Adv* olivoforme

Olivenit *m Min* olivenito

Oliven|öl *n* oliv-oleo, *auch* oliva oleo (↑ *auch* ***Provence[r]öl***); ~**spötter** *m* (Hippolais olivetorum) *Orn* olivhipolao; ~**zweig** *m* olivbranĉo, *auch* olivarba branĉ[et]o <*auch als Sinnbild des Friedens*>

Oliver (*m*) *männl. Vorname* Olivero

olivfarben ↑ ***oliv***

olivgrün *Adj* olivoverda

Olivia (*f*) *weibl. Vorname* Olivia

Olivin *m Min (in prismatischen bis dicktafligen Kristallen auftretendes glasig glänzendes, flaschenrün bis gelblich durchscheinendes Mineral* oliveno (↑ *auch* ***Peridotit***)

Olivinfels *m Min* ↑ ***Dunit***

Öljacke *f Mar* oleotola jako

Oljokma *f rechter Nebenfluss der Lena [in Sibirien]* [rivero] Oljokmo

Öl|käfer *m* (*Gattung* Meloe) *Ent* meloo; ~**kanne** *f* oleokruĉo; ~**käufe** *m/Pl* aĉetoj *Pl* de petrolo

Ölkautschuk *m Chem* ↑ ***Faktis***

Ölkönig *m* = ***Ölbaron*** *bzw.* ***Ölmagnat***

Öl|krätze *f Med (Bez für «Kontaktekzem durch Öle u. Ölemulsionen»)* oleoekzemo; ~**krise** *f Wirtsch* petrolkrizo *od* petrola krizo; ~**kühlung** *f Tech (Wärmeabfuhr mittels Öl als Wärmeträger)* malvarmigo pere de oleo; ~**lampe** *f* oleolampo; ~**leck** *n* oleoliko *bzw.* petrol-liko; ~**leitung** *f* oleodukto; *Pipeline* petrolodukto, *(für Rohöl)* naftodukto

Olm *m* (*Gattung* Proteus) *Zool (ein Schwanzlurch)* proteo; ***[europäischer] Grottenolm*** *m* (Proteus anguinus) eŭropa proteo

Öl|-Madie *f* (Madia sativa) *Bot* kultiva madio <*ihre Samen liefern ein Speiseöl*> (*vgl. dazu* ***Madie***); ~**magnat** *m* magnato de la petrolo; ~**malerei** *f Malen mit Ölfarben* ole[o]pentrado

Olmeken *Pl Gesch (Träger der mittelamerikanischen Venta-Kultur [Meister der Steinbearbeitung])* olmekoj *Pl*

Öl|millionär *m* petrolmilionulo; ~**mühle** *f z.B. für Olivenöl* oleomuelejo

Olomouc (*n*), *dt.* ***Ölmütz*** (*n*) *eine Stadt in N-Mähren/Tschechische Rep.* Olomoŭco

Öl|palme *f* (Elaeis guineensis) *Bot (eine Fiederpalme* oleopalmo <*Früchte liefern Palmöl u. Palmkernöl*>; ~**pest** *f* grandskala poluado [de la maro *u.a.*] per oleo; ~**pflanzen** *f/Pl Bot* oleodonaj plantoj *Pl, auch* oleoplantoj *Pl*; ~**pipeline** *f* petrolodukto; ~**plattform** *f im Meer* enmara nafta borstacio; ~**produzent** *m* oleoproduktanto; ~**pumpe** *f* ole[o]pumpilo; ~**quelle** *f* oleofonto, petrolfonto; ~**raffinerie** *f* naftorafinejo

ölreich *Adj z.B. Samen von Ölpflanzen* oleoriĉa

Öl|reserve(n) *f/(Pl)* oleorezervoj *od* naftorezervoj *Pl*; ~**rettich** *m* (Raphanus sativus var. oleifera) *Bot* oleorafano; ~**sardinen** *f/Pl* sardinoj [konservitaj] en oleo

Ölsäure *f, auch* ***Oleinsäure*** *f* (Acidum oleinicum) *Biochemie* oleata acido <*die häufigste Fettsäure*>

Ölsäuretriglyzerid *n Chem* ↑ ***Olein***

Öl|scheich *m* oleoŝejko; ~**schicht** *f* oleotavolo; ~**schiefer** *m, auch* ***bituminöser Schiefer*** *Geol (ein bitumenreicher Tonschiefer)* oleoskisto; ~**schmierung** *f* lubrik[ad]o per oleo

Olše *f ein rechter Nebenfluss der Oder [teilweise Grenzfluss Polen/Tschechien]* [rivero] Olŝo

Ölsektor *m Wirtsch* petrola sektoro

Öl-Shampoo *n für Haarpflege* oleoŝampuo

Ölstand *m* oleonivelo; ***den ~ prüfen*** *Kfz* kontroli la oleonivelon

Öl|standsanzeiger *m Kfz* nivelindikilo de oleo, *meist kurz* oleoindikilo; ~**suche** *f* naftoserĉado

Ölsüß *n* ↑ ***Glyzerin***

Olsztyn (*n*), *dt.* ***Allenstein*** (*n*) *Hptst. der gleichnamigen Woiwodschaft in NO-Polen* Olŝtino

Olt *m, dt.* ***Alt*** *m linker Nebenfluss der Donau in Rumänien* [rivero] Olto

Öl|tank *m* oleocisterno, *für Rohöl* naftocisterno; ~**tanker** *m, auch* ***Öltankschiff*** *n Mar* petrolŝipo

Oltenien (*n*) (*auch* ***Kleine Walachei*** *genannt*), *rumän.* ***Oltenia*** *eine Landschaft im Süden Rumäniens (westl. des Olt)* Oltenio *[Hauptort: Craiova]*

Ölteppich *m auf dem Meer* [surmara] oleotavolo

Ölung *f* oleado; *Schmierung* lubrikado; ***Letzte ~***, *auch* ***Krankensalbung*** *f kath. Kirche (eines der Sakramente, gespendet an die in Todesgefahr schwebenden Kranken)* lasta unktado (*od* sanktoleado) (*vgl. dazu* ***Viatikum***)

Ölverbrauch *m* oleokonsumo

ölverschmiert *Adj* oleoŝmirita

Öl|verschmutzung *f z.B. des Meeres, eines Gewässers u.a.* poluado per oleo; ~**vorkommen** *n* oleotrovejo; ~**wanne** *f Kfz, Tech* oleokuvo; ~**wechsel** *m Kfz, Tech* ŝanĝo de oleo *od* oleoŝanĝo

Ölweide *f* (*Gattung* Elaeagnus) eleagno; ***schmalblättrige*** ~ (Elaeagnus augustifolia) *Oleaster (Wildform des Ölbaums)* oleastro; ***vielblütige*** ~ (Eleagnus multiflora) multflora eleagno

Ölweidengewächse *n/Pl Bot*: ***[Familie der]*** ~ (Elaeagnaceae) eleagnacoj *Pl*

Ölweihe *f kath. Kirche* ↑ ***Chrisammesse***

Olymp *m 1. ein Gebirgsstock in Griechenland 2. altgriech. Myth (Wohnsitz der Götter)* Olimpo

[1]**Olympia** (*n*) *griech. Antike (panhellenisches Heiligtum in Elis [im NW des Peloponnes])* Olimpio

[2]**Olympia** (*n*) *Hptst. des Staates Washington/ USA* Olimpio

Olympiade *f* ***a)*** *griech. Antike (der Zeitraum von vier Jahren zw. zwei Olympischen Spielen)* olimpiado (↑ *auch* ***Paralympics***) ***b)*** *griech. Antike (Olympische Spiele, von 776 v.Chr. bis 394 n.Chr. alle vier Jahre zu Ehren des Zeus in Olympia veranstaltetes Kultfest)* olimpikoj *Pl* ***c)*** *Sport* Olimpiaj Ludoj *Pl* (↑ *auch* ***Schacholympiade***)

Olympiadorf *m* ↑ *unter* ***olympisch***

Olympia|mannschaft *f Sport* olimpia teamo; ~**medaille** *f* olimpia medalo; ~**sieger** *m* venkinto dum Olimpiaj Ludoj; ~**stadion** *n* olimpia stadiono

Olympionike *m Olympiateilnehmer* partoprenanto en la Olimpiaj Ludoj

olympisch *Adj* olimpia; ~***es Dorf*** *n, auch* ***Olympiadorf*** *n* olimpia vilaĝo; ~***er Eid*** *m* olimpia ĵuro; ~***e Fackel*** *f* olimpia torĉo; ~***e Fahne*** *f* olimpia flago; ***der*** ~***e Geist*** la olimpia spirito; ~***e Goldmedaille*** *f* olimpia ormedalo; ***die*** ~***en Götter*** *Pl* ***la*** olimpiaj dioj *Pl*; ~***e Klasse*** *f internationale Bootsklasse, die für die Olympischen Spiele ausgewählt wurde [z.B. Finn Dinghy, Flying Dutchman u.a.]*; ~***e Medaille*** *f* olimpia medalo; ~***er Rekord*** *m* olimpia rekordo; ≗***e Spiele*** *n/Pl* ***a)*** *griech. Antike (von 776 v. Chr. bis 394 n. Chr. alle vier Jahre zu Ehren des Zeus in Olympia veranstaltetes Kultfest* olimpikoj *Pl* ***b)*** *in der Neuzeit meist* Olimpiaj Ludoj *Pl*; ≗***e Sommerspiele*** *Pl, umg auch* ***Sommerolympiade*** *f* Someraj Olimpiaj Ludoj *Pl*; ≗***e Winterspiele*** *Pl, umg auch* ***Winterolympiade*** *f* Vintraj Olimpiaj Ludoj *Pl*; ***Internationales*** ≗***es Komitee*** *n* (*Abk* ***IOK***) Internacia Olimpia Komitato (*Abk* IOK)

Öl|zeug *n Mar* oleotolaĵo; ~**zweig** *m* olivarba branĉ[et]o

Oma *od* **Omi** *f* avino, *[zärtlich:]* avinjo (↑ *auch* ***Großmutter*** *u.* ***Uroma***)

Omaijaden *od* **Umayyaden** *Pl arab. Kalifendynastie [661-750]* omajadoj *Pl*

Oman (*m*), *häufig ohne Art: ein Staat im SO der Arabischen Halbinsel* Omano *[Hptst.: Maskat]*; ***der Golf von*** ~, *arab.* ***Halīǧ ʻUmān*** la Golfo de Omano *od* la Omana Golfo

Omaner *m* omanano

Omanerin *f* omananino

omanisch *Adj* omana

Omar (*m*) *arab. männl. Vorname* Omaro; ***die*** ~***-Moschee in Jerusalem*** *der Felsendom* la Moskeo de Omaro en Jerusalemo

Omar Chayyam (*m*) *Eig (pers. Dichter u. Gelehrter [um 1045-um 1122])* Ĥajamo

Omasus *m* ↑ ***Blättermagen***

ombrogen *Adj Bez für Gebiete, die durch Niederschläge entstanden sind* ombrogena; ~***es Moor*** *n* ombrogena marĉo

Ombudsmann *m Mann, der die Rechte der Bürger[innen] gegenüber den Behörden wahrnimmt (bes. in Schweden)* ombudsmano

Omdurman (*n*), *arab.* ***Umm Durman*** *eine Stadt im Sudan [am Weißen Nil]* Omdurmano

Omega *n* (**Ω**) *letzter Buchstabe des griech, Alphabets* omego, *Fachspr meist* omega; ~**-3-Fettsäuren** *f/Pl Biochemie* grasacidoj omega-3 *[= tri]*

Omelett *n, auch* ***Eierkuchen*** *m*, *<österr> u. <schweiz>* ***Omelette*** *f Kochk* omleto; ***Omelette confiture***, *<österr>* ***Palatschinke*** *f, meist Pl* omleto farĉita [per konfitaĵo]

Omen *n Vorbedeutung, Vorzeichen* aŭguro (*vgl. dazu* ***Augurium***); ***böses*** (***gutes***) ~ malbona (bona) aŭguro (***für*** por)

Omentum *n, auch* ***Epiploon*** *n, umg auch* ***Netz*** *n Anat (ein Teil des Bauchfells)* omento, *auch* epiploo; ***großes Netz*** (Omentum

majus) granda (*od* gastrokojla) omento
Omer *ohne Art: bibl (ein altes hebräisches Hohlmaß für Getreide)* omero
Omi *f* ↑ ***Oma***
Omikron-Variante *f Epidemiologie* omikron-varianto; ~**virus** *n* omikron-viruso
ominös *Adj* ***a)*** *unheilvoll* malbonaŭgura (*vgl. dazu* ***orakelhaft***) ***b)*** *umg meist für «bedenklich» od «verdächtig»* dubinda, suspekt[ig]a (*vgl. dazu* ***anrüchig***)
Omnibus *m alt für «Autobus»* omnibuso, *umg meist* [aŭto]buso (*vgl. dazu* ***Bus***)
omnipotent *Adj* ↑ ***allmächtig***
Omnipotenz *f* ↑ ***Allmacht***
omnipräsent *Adj* = ***allgegenwärtig*** [↑ *dort*]
Omnivoren *m/Pl Zool* ↑ ***Allesfresser***
Omorikafichte *f* ↑ *unter* ***Fichte***
Omphalos (*m*) *griech. Antike (heiliger Kultstein in Delphi [als Mittelpunkt der Erde erklärt])* omfaloso
Omsk (*n*) *russ. Stadt in Westsibirien* Omsko
Onager *m, auch* ***persischer Halbesel*** *m* (Equus hemionus onager) onagro, *auch* persa azeno *[Vorkommen: SW-Asien]*
Onan (*m*) *biblischer männl. Eig* Onano
Onanie *f, auch* ***Ipsation*** *f sex* onanismo (↑ ***Masturbation*** *u.* ***Selbstbefriedigung b)***)
onanieren *intr sex* onani (↑ *auch* ***masturbieren***)
ÖNB = *Abk für* ***Österreichische Nationalbibliothek***
Onchozerkose *f, auch* ***Flussblindheit*** *f od* ***Knotenfilariose*** *f Tropenmedizin (eine Wurmkrankheit im tropischen Afrika u. in Mittelamerika)* onkocerkozo, *auch* riverblindeco <*Erreger: Onchocerca volvulus*>
ondulieren *tr*: ***die Haare*** ~ ondumi la harojn
Onega *f ein Fluss in NW-Russland* [rivero] Onego; ~**see** *m* Onega Lago
One-Night-Stand *m* (*Abk in Kontaktanzeigen* ***ONS***) *sex (flüchtiges sexuelles Abenteuer)* [hazarda] ununokta [seks]afero (*od* amor[ad]o) (↑ *auch* ***Quickie***)
Onkel *m* onklo (↑ *auch* ***Großonkel***); ~ ***und Tante*** *Sg bzw.* ***Onkel und Tanten*** *Pl* geonkloj *Pl*
Onkelchen *n als Kosewort* oĉjo
onkogen *Adj nur Fachspr Med* kancerogena
Onkologie *f Med (Wissenschaft von den Geschwulstkrankheiten)* onkologio, kancerologio (↑ *auch* ***Neuroonkologie***)
onkologisch **1.** *Adj* onkologia **2.** *Adv* onkologie
online [...*lain*] *Adj* enreta, *auch* konektita
Online-Community *f EDV* retkomunumo, *auch* virtuala komunumo
Onlinehandel *m* ↑ ***E-Commerce***
Online|shop *m* retbutiko; ~**shopping** *n EDV (internetgestütztes Einkaufen)* retbutikumado; ~**video** *n EDV* retvideo
Önologie *f* ↑ ***Weinbaukunde***
Onomastik *f, auch* ***Namenforschung*** *f od* ***Namenkunde*** *f Ling* onomastiko
onomastisch, *auch* ***namenkundlich*** *Adj die Onomastik betreffend* onomastika
Onomatopoetikon *od* **Onomatopoetikum** *n, auch* ***Schallwort*** *n Ling (Klänge nachahmendes, lautmalendes Wort)* onomatopeo
onomatopoetisch *Adj* onomatopea
Onomatopöie *f Ling (Laut-, Schallnachahmung)* onomatopeo *[z.B. «Kuckuck»*
Ontario ***a)*** (*n*) *eine kanad. Provinz* [provinco] Ontario *[Hptst.. Toronto]* ***b)*** *m, meist* ***Ontariosee*** *m* Lago Ontario
on the rocks *[bei Getränken:] mit Eiswürfeln*: ***Whisky*** ~ viskio kun glacikubetoj
Ontogenese *od* **Ontogenie** *f, auch* ***Individualentwicklung*** *f Biol (Geschichte der individuellen Entwicklung eines Lebewesens)* ontogenezo *od* ontogenio, *auch* individugenezo
ontogenetisch *Adj die Entwicklung des Individuums betreffend* ontogeneza
Ontologie *f Phil (Wissenschaft vom Seienden)* ontologio
ontologisch *Adj* ontologia
Onycholyse *f nur Fachspr Med (Ablösung der Nagelplatte vom Nagelbett)* oniĥolizo
Onychomykose *f Med* ↑ ***Nagelpilz***
Onychose *f nur Fachspr Med (Veränderung der Finger- u. Zehennägel)* oniĥozo <*Erreger: Trichophyton- od Candidaarten*>
Onyx *m Min (ein Halbedelstein)* onikso
OÖ = *Abk für* ***Oberösterreich***
Oogenese *od* **Ovogenese** *f n nur Fachspr Biol, auch* ***Eibildung*** *f Biol (Entwicklung der Eizelle)* oogenezo *od* ovogenezo
oogenetisch *Adj die Oogenese betreffend* oogeneza
Oogonium *n Bot (weibl. Geschlechtsorgan bei Algen u. Pilzen [Bildungsstelle der Eizelle(n)])* oogon[i]o
Oolith *m, auch* ***Rogenstein*** *m Min* oolito
Ologe *m Orn* oologo
Oologie *f Orn (Wissenschaft vom Vogelei [ein Zweig der Ornithologie])* oologio

oologisch, *auch* ***eierkundlich*** *Adj* oologia
Oomoto *ohne Art: synkretistische jap. Neureligion mit weltweiter Mission unter Benützung des Esperanto* Oomoto
Oomyzeten *Pl Biol (eine Ordnung der Algenpilze, zu denen zahlreiche Erreger von Pflanzenkrankheiten gehören)* oomicetoj *Pl*
Oophagie *f nur Fachspr Biol (besondere Form des Kannibalismus, bei der die abgelegten Eier durch das Muttertier od andere Artgenossen gefressen werden)* oofagio
Oosparit *m Min* oosparito
Oospore *f Bot, Mykologie (starkwandige Dauerspore, die sich aus einer befruchteten Eizelle bildet)* oosporo
Oostende (*n*) ↑ ***Ostende***
Oothek *f nur Fachspr Ent (eine Sekretkapsel od schaumige Hülle, die die abgelegten Eier umschließt)* ooteko
Oozyt *m od* **Oozyte** *f Physiol (Eimutterzelle, aus der durch zwei Teilungen im Verlauf der Oogenese die reife Eizelle entsteht)* oocito
Ouguiya *f große Währungseinheit in Mauretanien* ugijo (*vgl. dazu* ***Khoum***)
op. *Mus* ↑ *unter* ***Opus***
OP = *Abk für* ***Operationssaal***, *auch für* ***Operation***
Opa *od als Koseform* **Opi** *m fam für «Großvater»* avo (↑ *auch* ***Uropa***)
opak *Adj lichtundurchlässig* opaka, ne tralasanta [la] lumon (↑ *auch* ***undurchsichtig***)
Opakglas *n*, *auch* ***Trübglas*** *n ein Flachglas, das für Licht völlig undurchlässig ist* opaka vitro
Opal *m Min (ein Schmuckstein)* opalo (↑ *auch* ***Hyalit***); ***weißer*** ~, *auch* ***Edel-*** *od* ***Milchopal*** *m* blanka opalo *od* laktoopalo
opalen *Adj aus Opal [gefertigt]* [farita] el opalo; *durchscheinend wie ein Opal* diafana kiel opalo
opaleszent *od* **opalisierend** *Adj Opt* opaleska
Opaleszenz *f Opt* opalesko
Opalglas *n milchig schimmerndes Glas* opala vitro (↑ *auch* ***Milchglas b)***)
opalisierend ↑ ***opaleszent***
Opapa *m* = ***Opa***
Opava (*n*), *dt.* ***Troppau*** (*n*) *eine Stadt im tschechischen Teil Schlesiens* Opavo
Opazität *f fachsprachl. für «Lichtundurchlässigkeit» od «Undurchsichtigkeit»* opakeco

OPEC [*'o:pɛk*] *f* ↑ *unter* ***Organisation***
Open-Air|**-Festival** *n* subĉiela [muzik]festivalo; ~**-Konzert** *n* subĉiela koncerto
Open Shop *m im amerikanischen Arbeitsrecht (Betrieb, der auch Nichtgewerkschaftsmitglieder einstellen darf)* opensôpo
Oper *f Mus* opero (↑ *auch* ***Pekingoper***); *Opernhaus* operejo, operdomo (↑ *auch* ***Staatsoper***); ***komische*** ~, *ital.* ***Opera buffa*** komika opero; ***eine*** ~ ***in vier Akten*** kvarakta opero; ***in die*** ~ ***gehen*** viziti la operejon
operabel, *auch* ***operierbar*** *Adj Med* operaciebla
Operateur *m* ***a)*** *Chir* operaciisto, *dafür meist (Chirurg)* kirurgo ***b)*** *jmd., der einen Apparat bedient (z.B. ein Filmvorführer)* operatoro
Operation *f Chir, EDV, Math, Mil* operacio (↑ *auch* ***Angriffs-***, ***Bypass-***, ***Bruch-***, ***Geheim-***, ***Guerilla-***, ***Herz-***, ***Landungs-***, ***Meniskusoperation***, ***Militäraktion***, ***Notfall-***, ***Rechen-***, ***Schönheits-*** *u.* ***Staroperation***); ***arithmetische*** ~ *Math* aritmetika operacio; ***eine nicht dringliche*** ~ *Med* neurĝa operacio; ***gemeinsame*** ~ *z.B. von Polizei u. Zoll* komuna operacio; ***inverse*** (*od* ***umgekehrte***) ~ *Math* inversa operacio; ***kosmetische*** ~ *Med* kosmetika operacio; ***logische*** ~ *EDV* logika operacio; ***nach einer*** ~ ***auftretend*** postoperacia; ***die*** ~ ***war erfolgreich*** *Med, Mil, Polizei* la operacio estis sukcesa; ***eine*** ~ ***durchführen*** (*od* ***vornehmen***) fari operacion (***an*** je); ***eine*** ~ ***in Betracht ziehen*** konsideri operacion; ***sich einer*** ~ ***unterziehen*** *Med* sin submeti al operacio; ***ohne sofortige*** ~ ***könnten überall in seinem Körper Metastasen auftreten*** sen tuja operacio metastazoj povus lokiĝi ie ajn en lia korpo
Operations|**basis** *f Mil* bazo de [milita(j)] operacio(j) (*vgl. dazu* ***Stützpunkt***); ~**besteck** *n Medizintechnik* operaciaj instrumentoj *Pl*; ~**einverständnis** *n* konsento [de la paciento] al [la[operacio; ~**gebiet** *n Mil* tereno de [milita(j)] operacio(j); ~**leuchte** *f*, *auch* ***OP-Leuchte*** *f Medizintechnik* operacia lumilo (*od pop* lampo); ~**maske** *f des Chirurgen* kirurga masko; ~**messer** *n Chir* operacia tranĉilo; *i.e.S. (mit feststehender Klinge)* skalpelo, *(mit beweglicher Klinge)* bisturio; ~**methode** *f Chir* operacia metodo; ~**narbe** *f Med* [post]operacia cikatro; ~**plan** *m Mil* plano de [milita(j)] operacio(j); ~**planung** *f Wirtsch* operacia planado; ~-

saal *m* (*Abk* ***OP***) *Chir* operaciejo; ~**schwester** *f*, *meist* ***OP-Schwester*** *f* operacia asistantino; ~**technik** *f Chir* operacia tekniko; ~**tisch** *m*, *auch* ***OP-Tisch*** *m Chir* operacia tablo; ~**verfahren** *n Chir* operacia proceduro; ~**ziel** *n Mil* celo de la [milit]operacio

operativ 1. *Adj* operacia (↑ *auch* ***strategisch***); ~***e Koordination*** *f* operacia koordinado **2.** *Adv Med (auf chirurgischem Wege)* pere de operacio

Operator *m 1. Math (Rechensymbol)* operatoro *2. EDV (jmd.,der eine EDV-Anlage bedient u. überwacht)* [komputila] operatoro

Operculum *n nur Fachspr Bot u. Zool* operkulo (*vgl. dazu* ***Kelchdeckel***)

Operette *f Mus* opereto (*vgl. dazu* ***Musical***); *Gebäude* opereta teatro

Operetten|melodie *f* opereta melodio; ~**musik** *f* opereta muziko; ~**sängerin** *f* opereta kantistino; ~**theater** *n* opereta teatro

operierbar ↑ ***operabel***

operieren ***a)*** *tr Chir* operacii; ***sich ~ lassen*** sin submeti al operacio; ***operiert werden*** esti operaciata; ***er ist am Herzen operiert worden*** li estis operaciita je la koro ***b)*** *intr Mil* operacii (***in*** en; ***mit*** per)

Opern|arie *f* opera ario; ~**aufführung** *f* opera prezentado *od* prezentado de opero

Opernball *m* ↑ *unter* ***Wiener 2.***

Opern|glas *n* teatra binoklo; ~**haus** *n* operdomo, operejo; ~**melodien** *f/Pl* operaj melodioj *Pl*; ~**musik** *f* opera muziko; ~**saison** *f* opersezono; ~**sänger** *m* operkantisto; ~**sängerin** *f* operkantistino, *auch* opera kantistino; ~**tenor** *m* opera tenor[ul]o

Operon *n Genetik (Bez für eine Regulationseinheit im Genom von Prokaryonten)* operono

Opfer *n* ofero *auch i.w.S. (Betroffener, Geschädigter)*, *(Opfergabe)* ofer[don]aĵo; *Menschen- od Tier*~ viktimo, *(beim Tier*~ *auch)* buĉ-ofero (↑ *auch* ***Erdbeben-***, ***Kriegs-***, ***Kult-***, ***Mord-***, ***Unfall-*** *u.* ***Verkehrsopfer***); *Beute [eines Raubtiers]* predo *auch übertr* (↑ *auch* ***Raub***); ***unschuldige ~*** *Pl* senkulpaj viktimoj *Pl*; ***~ unter der Zivilbevölkerung*** viktimoj inter la civiluloj; ***große ~ von jmdm. [ab]fordern*** postuli grandajn oferojn de iu; ***das Erdbeben hat viele ~ gefordert*** la tertremo postulis multajn viktimojn; ***die ~ waren auf beiden Seiten sehr hoch*** *Mil* ambaŭflanke la viktimoj estis tre altaj; ***ein ~ von AIDS werden*** *d.h. an AIDS sterben* morti je (*od* pro) aidoso; ***sie ist das ~ eines Verbrechens geworden*** ŝi fariĝis viktimo de krim-ago; ***eine Gazelle fiel einem Leoparden zum ~*** gazelo fariĝis predo de leopardo

opferbereit *Adj zu Opfern bereit* oferema, *umg auch* volonte oferanta *od* preta oferi [*z.B.* sian forton, tempon, monon *u.a.*]

Opfer|bereitschaft *f*, *auch* ***Opferwilligkeit*** *f* oferemo; ~**familie** *f* familio de la viktimo

Opfergabe *f für Geister, Götter* oferaĵo, *auch* oferdon[aĵ]o (***für*** al); ***einer Gottheit ~n darbringen*** doni oferojn al diaĵo

Opfer|lamm *n* oferota ŝafido; *umg übertr für «jmd., der etw. unschuldig erleiden muss»* senkulpa viktimo; ~**messe** *f kath. Kirche* ofermeso

opfern *tr Rel u. übertr* oferi; ***seine besten Jahre ~ für ...*** oferi siajn plej bonajn jarojn por ... *(Zam)*; ***seine Zeit ~ für ...*** oferi sian tempon por ... *(Zam)*; ***sich ~*** sin oferi, *auch* sin fordoni (***für*** por)

Opfer|stätte *f Rel* ofer-loko, loko por oferado (*od* oferdonoj); ~**tier** *n* oferbesto; ~**tod** *m* ofera morto

Opferung *f Rel u. übertr (Opfern)* oferado

Opferwilligkeit *f* ↑ ***Opferbereitschaft***

Ophelia (*f*) *eine Frauengestalt bei Shakespeare [Geliebte des Hamlet]* Ofelia

Ophikleide *f Mus (ein Klappenhorn in Basslage mit 8-12 Klappen)* ofiklejdo

Ophiolatrie *f* ↑ ***Schlangenanbetung***

Ophiolithe *m/Pl Min (Sammelbez. für «submarine Magmatite der Geosynklinalen»)* ofiolitoj *Pl*

Ophir *n*, *ökumenisch* ***Ofir*** *n (meist ohne Art) bibl: fernes, sagenhaftes Goldland im Alten Testament [wahrscheinlich das südwestliche Arabien od Ostafrika]* Ofiro

Ophit *m Min* ofito

Ophthalmologe *m* ↑ ***Augenarzt***

Ophthalmologie *f*, *auch* ***Augenheilkunde*** *f Med* oftalmologio

ophthalmologisch *Adj* oftalmologia

Ophthalmoplegie *f* ↑ *unter* ***Lähmung***

Ophthalmoskop *n* ↑ ***Augenspiegel***

Ophthalmoskopie *f Untersuchung des Augeninneren, bes. des Augenhintergrunds* oftalmoskopio

ophthalmoskopisch *Adj* oftalmoskopia

Opi *m* ↑ ***Opa***

Opiate *n/Pl Pharm* (*Arzneimittel, die Opium od Alkaloide des Opiums enthalten [z.B.*

Morphin, Codein, Papaverin]) opiaĵoj *Pl*

Opioide *n/Pl bes. Pharm (halb- od vollsynthetische Pharmaka bzw. körpereigene Substanzen mit morphinartiger Wirkung [z.B. als Injektionsnarkotika verwendet])* opioidoj *Pl* (*vgl. dazu* ***Morphium***)

opistographisch *Adj* opistografa

Opistograph[os] *m Antike (1. beidseitig beschrifteter Papyrus- od Pergamentbogen 2. beidseitig mit Inschriften versehener Stein)* opistografo

Opium *n* opio (*vgl. dazu* ***Laudanum***); ~ ***rauchen*** fumi (*od selt* konsumi) opion ◇ ***Religion ist das ~ des Volkes*** religio estas la opio de la popolo

Opium|alkaloid *n Biochemie* opia alkaloido (↑ *auch* ***Narzein***); ~**handel** *m* komerco de opio; ~**höhle** *f* opiofumejo *od* ejo de opiofumantoj; ~**krieg** *m chin. Geschichte [1839 -1842]* Opio-Milito; ~**missbrauch** *m* misuzo de opio; ~**raucher** *m* opiofumanto *od* fumanto de opio; ~**sucht** *f* opiomanio; ~**-süchtige** ***a)*** *m* opiomaniulo ***b)*** *f* opiomaniulino; ~**vergiftung** *f* veneniĝo (*od* toksiĝo) per opio, *fachsprachl. auch* tebaismo

ÖPNV = *Abk für* ***öffentlicher Personennahverkehr*** [↑ *unter* ***öffentlich***]

Opole (*n*), *dt.* ***Oppeln*** (*n*) *eine Stadt in Schlesien/Polen* Opolo

Opopanax *m* (Opopanax chironium) *Bot (ein Doldengewächs des Mittelmeergebietes)* opopanako <*aus ihm wurde früher Gummiharz gewonnen*>

Opossum *n* ***a)*** *Zool* ↑ ***Beutelratte*** ***b)*** *Fell od Pelz der amerikanischen Beutelratte* oposumo

Opotherapie *f, auch* ***Behandlung f mit Organextrakten*** *Med* opoterapio

Oppeln (*n*) ↑ ***Opole***

Oppenheim-Zeichen *n Med (ein Krankheitszeichen bei Pyramidenbahnschädigung)* signo de Oppenheim

Oppidum *n* (*Pl:* ***Oppida***) *Archäol (befestigter Siedlungsplatz in erhöhter od schwer zugänglicher Lage, durch Wall u. Graben geschützt, zumeist ein großes Gemeinwesen der keltischen Spätzeit [2./1. Jh. v. Chr.])* opidumo

Opponent *m Gegner, bes. im Redestreit* oponanto

opponieren *intr* oponi, *(bes. Parl) auch* opozicii; *sich widersetzen* kontraŭstari

Opponieren *n* opon[ad]o

opportun *Adj* oportuna (*vgl. dazu* ***bequem***, ***gelegen b)***, ***günstig***, ***passend*** *u.* ***vorteilhaft***)

Opportunismus *m Handeln nach günstiger Gelegenheit* oportunismo (↑ *auch* ***Zweckmäßigkeit***)

Opportunist *m* oportunisto

opportunistisch *Adj auf den Opportunismus bezogen* oportunisma; *auf die Opportunisten bezogen* oportunista

Opportunität *f* oportuneco; *günstige Gelegenheit* oportunaĵo

Opposition *f* ***a)*** *das Opponieren* oponado, *(bes. Parl, Pol)* opozicio (↑ *auch* ***Linksopposition***); *allg: Widerstand* kontraŭstaro, rezist[ad]o; ***in ~ stehen*** (*od* ***sein***) stari en opozicio, opozicii (***zu*** al) ***b)*** *Astron (Stellung eines Gestirns zur Sonne u. zur Erde, bei der alle drei in einer Geraden liegen)* opozicio

oppositionell *Adj zum Widerspruch neigend* opozicia; ~***e Kreise*** opoziciaj rondoj *Pl*

Oppositionelle *m* opoziciulo

Oppositions|chef *od* ~**führer** *m* estro de la opozicio; ~**partei** *f* opozicia partio; ~**politiker** *m* politikisto de la opozicio

Oppression *f* ***a)*** *alt od geh für «[tyrannische] Unterdrückung»* opres[ad]o ***b)*** *Fachspr Med für «[Atem-]Beklemmung»* opresio

OP-Schwester *f Med* operacia asistantino

Opsonine *n/Pl nur Fachspr Biol (Plasmabestandteile, die durch Anlagerung an körperfremde antigene Substanzen u. Mikroorganismen deren Elimination durch Phagozytose begünstigen [z.B. Antikörper])* opsoninoj *Pl*

optativ *Adj (1. den Optativ betreffend 2. einen Wunsch ausdrückend)* optativa

Optativ *m Gramm, Rhetorik (ein Modus des Verbums, der die Erwünschtheit einer Handlung od eines Sachverhalts ausdrückt (z.B.* tiel estu! = so sei es!*)* optativo

Optik *f Lehre von Licht [ein Teilgebiet der Physik]* optiko; *Linsensystem* sistemo de lensoj (↑ *auch* ***Elektro-*** *u.* ***Glasfaseroptik***)

Optiker *m* optikisto *auch Augen*≗; ~**waren** *Pl* optikaj instrumentoj, okulvitroj kc.

Optikus|atrophie *f* (Atrophia nervi optici) *Ophthalmologie* atrofio de la opta nervo; ~**neuropathie** *f* optikoneŭropatio

optimal *Adj bestmöglich* optimuma; *i.w.S. auch* plej bona *bzw.* plej profitodona

Optimaltemperatur *f einer der Kardinalpunkte der Temperatur* optimuma temperaturo

Optimaten *m/Pl Gesch (Selbstbez. der Mitglieder des römischen Senatsadels, die sich im Ggs zu den Popularen für einen vom Senat konservativ regierten Staat einsetzten)* optimatoj *Pl*

optimieren *tr optimal gestalten* optimumigi

Optimierung *f* optimumigo

Optimismus *m Zuversicht[lichkeit]* optimismo

Optimist *m* optimisto

optimistisch *Adj auf den Optimismus bezogen* optimisma; *auf den Opimisten bezogen* optimista; *hoffnungsvoll* esperplena

Optimum *n höchster erreichbarer Wert, das Bestmögliche* optimumo *auch Math*; ***approximatives*** ~ *Math* aproksima optimumo; ***ökologisches*** ~ ekologia optimumo

Option *f* ***a)*** *bes. Jur u. Wirtsch (Voranwartschaft auf Erwerb od zukünftige Lieferung von etw.)* opcio; *Vorkaufsrecht* prioritata aĉetrajto; ***eine ~ haben auf ...*** havi opcion pri ... ***b)*** *Bankw, Börse (Vereinbarung, eine bestimmte Menge eines Basiswertes zu einem festgelegten Preis zu einem fixierten Termin zu kaufen od zu verkaufen)* opcio; ***die Bank hat die ~ auf den Rest der Anleihe*** la banko havas la opcion pri la resto de la prunto ***c)*** *freie Wahl* libera elekto, *auch* opcio; *Entscheidung für die Zugehörigkeit zu einem Staat* elekt[rajt]o pri ŝtataneco

optional *Adj bes. Fachspr für «nicht zwingend»* opcia (*vgl. dazu* ***fakultativ***)

Options|hafen *m Hdl* opcia haveno; ~**klausel** *f* opcia klaŭzo; ~**ladung** *f Mar (Ladung, deren Bestimmungshafen beim Laden noch nicht festgelegt ist)* opcia kargo; ~**recht** *n* rajto je opcio

optisch *Adj* optika; ~***e Achse*** *f geometrische Optik* optika akso; ~***e Dichte*** ↑ ***Brechungsindex***; ~***es Gerät*** optika instrumento; ~***e Illusion*** (***Täuschung***) *f* optika iluzio (trompo); ~***e Zeichenerkennung*** *f Informationstechnik (automatische Texterkennung von Bildern)* optika signorekono

Optoelektronik *f Technik zur Nutzung der Wechselwirkungen zw. Licht und elektrischem Strom [ein Teilgebiet der Elektronik]* optoelektroniko

optoelektronisch *Adj* optoelektronika

Optometer *n Ophthalmologie (Instrument zur Bestimmung der Sehweite)* optometro

Optometrie *f*, *auch* ***Sehkraftbestimmung*** *f* optometrio, determino de la vid-akreco

opulent *Adj geh für «reichlich, üppig»*: ***ein ~es Mahl*** abunda [kaj bongusta] manĝo

Opuntie *f*, *auch* ***Feigenkaktus*** *m* (*Gattung* Opuntia) *Bot (Gattung niedriger bis baumartiger, oftmals stark verzweigter Kakteen)* opuntio, *auch* figokakto

Opuntienseitling *m* (Pleurotus opuntiae) *Mykologie* pulma pleŭroto <*er zersetzt die Zellulose u. das Leitbündelnetz von Agaven u. Kakteen*>

Opus *n* (*Abk in der Musik* ***op.***) *Mus* verko *auch eines Autors*

Oradea (*n*), *dt.* ***Großwardein*** (*n*) *Hptst. des Bezirks Bihor/Rumänien* Oradeo

Orakel *n* orakolo (↑ *auch* ***Vogelflugorakel***); *i.w.S. Prophezeiung (Vorgang)* profetado, *(Ergebnis)* profetaĵo; ***das ~ von Delphi*** la orakolo de Delfo (*vgl. dazu* ***[1]Pythia***); ***das ~ befragen*** konsulti la orakolon

orakelhaft *Adj* orakola (↑ *auch* ***ominös***)

Orakelknochen *m/Pl chin. Altertum* orakolaj ostoj *Pl*

orakeln *intr* orakoli (↑ *auch* ***weissagen***); *übertr (in rätselhaften Andeutungen sprechen)* sin esprimi enigme [kaj nur alude]

Orakelspruch *m* orakola eldiro (*vgl. dazu* ***Orakel***)

oral **1.** *Adj Med* perbuŝa **2.** *auch* ***peroral*** *Adv* (*Fachspr* ***per os***) perbuŝe, trabuŝe

Oral|chirurgie *f Teilgebiet der Zahnmedizin* stomatologia kirurgio; ~**sex** *umg od* ~**verkehr** *m sex* [per]buŝa seksumado

Oran (*n*), *arab.* ***Ouahrān*** *od* ***Wahrān*** *eine Stadt in Algerien* Orano <*wichtigste Hafenstadt Westalgeriens*>

orange, *auch* ***orange[n]farben*** *od* ***orange[n]farbig***, *umg auch* ***orangen*** *Adj* oranĝa, *meist* oranĝkolora

[1]Orange *f Apfelsine* oranĝo (*vgl. dazu* ***Pomeranze***; ↑ *auch* ***Blut-***, ***Calamondin-***, ***Navelorange*** *u.* ***Tachibana***)

[2]Orange (*n*) *eine franz. Stadt im Rhônetal* [urbo] Oranĝo

Orangeade *f* oranĝa limonado; *Orangengetränk* oranĝotrinkaĵo

Orangeat *n kandierte Orangenschale* kandizita oranĝoŝelo

Orange-Becherling *m Mykologie* ↑ *unter* ***Becherling***

Orange|blaufink *m* (Passerina leclancheri) *Orn* oranĝbrusta emberizo; ~**kehlbrillenvogel** *m* (Zosterops ruficollis) *Orn* rufgorĝa zosteropo

Orangen|baum *m* (Citrus aurantium, var. sinensis) *Bot* oranĝarbo; ~**blüte** *f* oranĝofloro

orange[n]|farben *od* ~**farbig** ↑ ***orange***

Orangengeschmack *m*: ***mit*** ~ oranĝogusta

Orangen|getränk *n* oranĝotrinkaĵo; ~**marmelade** *f* oranĝa marmelado; ~**öl** *n* oranĝo-oleo

Orangensaft *m*, <*österr*> ***Orangenjuice*** *m* oranĝosuko; ***ein Glas*** ~ glaso da oranĝosuko

Orangenschale *f* oranĝoŝelo, *auch* ŝelo de oranĝo

Orangerie *f* oranĝerio

Orang-Utan *m* (Pongo pygmaeus, *auch* Simia satyrus) *Zool (ein Menschenaffe)* orangutano (↑ *auch* ***Borneo-Orang-Utan***)

Oranje *m ein Fluss in Südafrika* [rivero] Oranjo; ~***-Freistaat*** *m eine Provinz der Rep. Südafrika* Oranja Liber-Ŝtato *[Hptst.: Bloemfontein]*

Oranjestad (*n*) *Hptst. von Aruba/Niederländische Antillen* Oranjestado

Orator *m bes. Antike ([begabter bzw. öffentlicher] Redner)* oratoro (*vgl. dazu* ***Rhetor***)

Oratorianer *m Rel (Mitglied einer Gemeinschaft von Weltpriestern, bes. der vom heiligen Philipp Neri [1558] in Rom gegründeten)* oratoriano

oratorisch *Adj* ***a)*** *rednerisch, auch i.w.S. für «mitreißend»* oratora (*vgl. dazu* ***eloquent***); ~***e Gewandtheit*** *f* oratora lerteco ***b)*** *Mus (in der Art eines Oratoriums)* oratoria

[1]**Oratorium** *n Mus (mehrteiliges Musikstück für Gesangssolisten, Chor u. Orchester)* oratorio <*ohne szenische Handlung mit meist religiösen od episch-dramatischen Stoffen*> (↑ *auch* ***Weihnachtsoratorium***)

[2]**Oratorium** *n Arch (Raum in Klöstern od Schlössern, in den man sich zum Gebet zurückzieht; i.w.S. Hauskapelle)* oratorio

Orava *f größter rechter Nebenfluss des Váh* [rivero] Oravo

Orbit *m Astron (Umlaufbahn von Satelliten), Raumf (Umlaufbahn)* orbito (↑ *auch* ***Erdumlauf-***, ***Kreis-***, ***Planeten-*** *u.* ***Sonnenbahn***)

Orbita *f Anat* ↑ ***Augenhöhle***

orbital *Adj* ***a)*** *Anat (zur Augenhöhle gehörend)* orbita, apartenanta al la orbito (*od* okula kavo) ***b)*** *Astron, Raumf (die Umlaufbahn betreffend bzw. zur Umlaufbahn gehörend)* orbita, koncernanta la [ĉirkaŭteran] orbiton (↑ *auch* ***inter-*** *u.* ***suborbital***)

Orbital|phlegmone *f Med (akute Entzündung der Augenhöhle)* orbita flegmono; ~**rakete** *f Raumf* orbita raketo; ~**region** *f* (Regio orbitalis) *Anat* orbita regiono; ~**station** *f Raumf* orbita stacio

Orbitotomie *f nur Fachspr Chir (operative Eröffnung der Augenhöhle)* orbitotomio

Orbona (*f*) *Myth (röm. Göttin, die bei Kindesverlust angerufen wurde)* Orbona

Orca *m Zool* ↑ ***Schwertwal***

Orchester *n Mus* orkestro (↑ [2]***Kapelle***, ***Barock-***, ***Blas-***, ***Gamelan-***, ***Kur-***, ***Streich-*** *u.* ***Studioorchester***); ***sinfonisches*** (*od* ***symphonisches***) ~ simfonia orkestro; ***Mitglied*** *n* ***eines*** ~***s*** orkestrano

Orchester|begleitung *f* orkestra akompan[ad]o; ~**konzert** *n* orkestra koncerto; ~**leiter** *m* orkestrestro; *Dirigent* dirigento; ~**musik** *f* orkestra muziko; ~**partitur** *f* orkestra partituro; ~**suite** *f Mus* orkestra suito

orchestral *Adj 1. zum Orchester gehörend 2. von orchesterhafter Klangfülle* orkestra

Orchestration *od* **Orchestrierung** *f Mus (Instrumentation eines Orchesterwerks)* orkestrado (↑ *auch* ***Instrumentation***)

orchestrieren *tr Mus (für ein Orchester instrumentieren)* orkestri

Orchestrion *n Mus (ein mechanisches Musikinstrument mit Zungenpfeifen)* orkestriono <*vor allem Jahrmarktinstrument*>

Orchialgie *f*, ***Hodenschmerz*** *m nur Fachspr Med* orkialgio, testika doloro

Orchidee *f Bot* (*Gattung* Orchis) orkido, *als Spezies* (*auch* ***Knabenkraut*** *genannt*) orkideo (↑ *auch* ***Baum-***, ***Blet-Orchidee***, ***Cattleye***, ***Cymbidium***, ***Frauenschuh***, ***Honigorchis***, ***Korallen-***, ***Nestwurz***, ***Odontoglossum***, ***Purpurknabenkraut***, ***Sumpfwurz***, ***Weichorchis*** *u.* ***Widerbart***)

Orchideengewächse *n/Pl* (Orchidaceae) *Bot*: ***[Familie der]*** ~ *Pl* orkidacoj *Pl* <*größte Familie der Blütenpflanzen [etwa 15.000 Arten]*>

Orchitis *f Med* ↑ ***Hodenentzündung***

Orcus *od* **Orkus** (*m*) *Myth (1. röm. Gott der Unterwelt 2. Name des Totenreiches [entspricht dem griech. «Hades»])* Orko

Ordal *n* ↑ ***Gottesurteil***

Orden *m* ***a)*** *Auszeichnung, Ehrenzeichen* ordeno (↑ *auch* ***Hosenband-***, ***Lenin-*** *u.* ***Verdienstorden***); ~ ***der Ehrenlegion*** ordeno de Honora Legio; ***jmdn. mit einem*** ~

auszeichnen** od **jmdm. einen ~ verleihen dekoraccii (*od* honori) iun per ordeno, *kurz* ordeni iun ***b)*** *Gesch u. Rel* ordeno (↑ *auch* ***Augustiner-**, **Barfüßer-**, **Benediktiner-**, **Bettel-**, **Birgitten-**, **Derwisch-**, **Dominikaner-**, **Jesuiten-**, **Johanniter-**, **Kapuziner-**, **Kartäuser-**, **Klarissen-**, **Kreuzritter-**, **Mönchs-**, **Nonnen-** u. **Ritterorden***); ***~ der Heiligen Ursula**, lat. **Ordo Sanctae Ursulae** (Abk **OSU**) eine kath. Klostergenossenschaft* Ordeno de la Sankta Ursula; ***Deutscher ~** od **Deutscher Ritterorden*** Teŭtona Ordeno *od* Ordeno de la Teŭtonaj Kavaliroj; ***religiöser** (od **geistlicher**) ~* religia ordeno (↑ *auch **Kongregation***)

ordengeschmückt *Adj* ornamita per ordeno(j)

[1]**Ordensband** *n* (*Gattung* Catocala) *Ent (Eulenfalter)* katokalo; ***rotes** ~* (Catocala nupta) ruĝa katokalo

[2]**Ordens|band** *n* ordena rubando; **~bruder** *m kath. Kirche* [samordena] frato (↑ *auch **Frater** u. **Mönch***); **~gelübde** *n* religia voto; **~kunde** *f*, *<wiss> **Phaleristik** f* faleristiko; **~provinzial** *m kath.Kirche* ordena provincestro, provincialo; **~regeln** *f/Pl* ordenregularo; **~schwester** *f kath. Kirche* [samordena] fratino (*vgl. dazu **Nonne***); **~schloss** *n* ordena kastelo; **~stern** *m* ordenstelo; **~verleihung** *f* honorigo per ordeno

ordentlich 1. *Adj **a)** ordnungsgemäß* [laŭ]orda; *wohlgeordnet* bonord[it]a *auch Zimmer*; *in Ordnung* en ordo ***b)*** *ordnungsliebend* ordema; *akkurat* akurata ***c)*** *anständig* deca, bonkonduta; *ehrlich* honesta; *ehrenwert* respektinda ***d)*** *angemessen (Kleidung)* konvena ***e)*** *umfangreich, groß (Mahlzeit, Schluck)* granda; ***~es Gericht** n Jur* ordinara tribunalo (*od* kortumo); ***er ist ~er Professor an der Universität München*** li estas plenranga profesoro en la universitato de Munkeno; ***das war ein ~es Stück Arbeit** es war allerhand zu tun* tio estis sufiĉe granda (*od* multa) laboro; ***ein ~er Mensch** ordnungsliebender Mensch* ordema homo; *ehrlicher Mensch* honesta homo; *ehrbarer Mensch* respektinda homo **2.** *Adv sehr* tre, multe, forte; *iron auch* bele, bone, dece; *ganz leidlich* sufiĉe bone; ***alles ~ ausführen (od tun)*** plenumi (*od* fari) ĉion bonorde; ***ich möchte mich mal ~ ausschlafen*** almenaŭ unufoje mi volus ĝissate dormi; ***lang ~ zu!** beim Essen gesagt* manĝu kiom vi povas!

Order *f Hdl (Bestellung)* mendo; *Befehl* ordono, komando; **~klausel** *f Hdl* ordonklaŭzo; **~konnossement** *n Hdl* ordonkonosamento; **~scheck** *m Fin, Hdl* ordonĉeko

Ordinalzahl *f* ↑ ***Ordnungszahl a)***

ordinär *Adj **a)** alltäglich, gewöhnlich* ordinara ***b)*** *unanständig* maldeca; *grob* kruda; *unmoralisch* malmorala; *ekelhaft* fia; *vulgär* vulgara

Ordinarius *m Univ (ordentlicher Professor mit Lehrstuhl)* plenranga profesoro kun katedro (***für*** pri)

Ordinate *f Geom (in einem ebenen, rechtwinkligen Koordinatensystem der Abstand eines Punktes von der x-Achse od die [senkrechte] Achse der abhängigen Veränderlichen selbst)* ordinato; ***schiefe** ~* oblikva ordinato

Ordination *f **a)** Kirche [feierliche] Weihe zum geistlichen Amt, [in diesem Sinne:] Amtseinsetzung* ordinado ***b)*** *ärztliche Verordnung* kuracista preskribo ***c)*** *<österr> auch für «ärztliche Behandlungsräume [einschließlich Warteräume usw.]»* kuracista praktikejo

ordinieren *tr weihen, in ein geistliches Amt einsetzen* ordini

ordnen *tr regeln, in Ordnung bringen* ordigi; *klären* klarigi; *anordnen, arrangieren* aranĝi (↑ *auch **einrichten***); *klassifizieren* klasifiki, ordigi laŭ sistemo de klasoj; *systematisieren* sistemigi (***nach*** laŭ); ***alphabetisch** (od **nach dem Alphabet**) ~* alfabete ordigi *od* ordigi laŭ la alfabeto; ***neu** ~* denove ordigi (*bzw.* aranĝi); *wieder in Ordnung bringen* reordigi; ***seine Angelegenheiten ordnen** (od **in Ordnung bringen**)* reguligi (*od* ordigi) siajn aferojn; ***seine Gedanken** ~* ordigi siajn pensojn

Ordnen *n* ordigo (↑ *auch **Regelung** u. **Regulierung***)

Ordner *m Akten*♀ dosierujo

Ordnung *f geordneter Zustand* ordo (*vgl. dazu **Disziplin** u. **Zucht***); *Anordnung* aranĝo, *(das Ordnen od Regeln, Anordnung [als Vorgang])* ordig[ad]o, aranĝado; *Vorschrift* instrukcio, regulo (*vgl. dazu **Gesellschaftsordnung***); ↑ *auch **Geschäftsordnung***); *Abfolge, Reihenfolge* sinsekvo, vico; *System* sistemo; *Statut* statuto, regularo; *Gesetz* leĝo; *Bot, Math, Zool* ordo (↑ *auch **Hack-**, **Rang-** u. **Überordnung***); ***chronologische** (**öffentliche**, **soziale**, **verfassungsmäßige**) ~*

kronologia (publika, socia, konstitucia) ordo; ***in** ~**!*** *gut!* bone!; ***es ist alles in*** ~ estas ĉio en ordo; ***alles war in schönster*** ~ ĉio estis en la plej bela ordo (*od* stato); ***ist etw. nicht in*** ~***?*** ĉu io ne estas en ordo?; ***in streng alphabetischer*** ~ laŭ strikte alfabeta ordo; ***in*** ~ ***bringen*** *in geordneten Zustand versetzen* ordigi; *reparieren* ripari; *regeln* reguligi; *[schön] anordnen* [bele] aranĝi; *vorbereiten, zurechtmachen* prepari; ~ ***im Zimmer machen*** *Hausw* fari ordon en la ĉambro *od* ordigi la ĉambron; ***jmdn. zur*** ~ ***rufen*** *Parl* revoki iun al la ordo

ordnungsgemäß 1. *Adj* laŭorda, laŭregula; *umg auch für «richtig» od «korrekt»* ĝusta, korekta **2.** *Adv* laŭorde, laŭregule; *wie es sich gehört* kiel decas, laŭ la deca ordo; *richtig* ĝuste, korekte

Ordnungshüter *m scherzh* = ***Polizist***

Ordnungsliebe *f, auch* ***Ordnungssinn*** *m* amo (*od* ŝato) de la ordo, ordemo

ordnungsliebend *Adj* ordema

Ordnungs|prinzip *n* sistemo [por ordigi *bzw.* klasifiki ion]; ~**ruf** *m Parl (Ruf zur Ordnung)* revoko al la ordo

Ordnungssinn *m* ↑ ***Ordnungsliebe***

Ordnungsstrafe *f* puno pro neobservo de la leĝo; *Disziplinarstrafe* disciplina puno

ordnungswidrig *Adj* kontraŭorda, kontraŭregula; *gesetzeswidrig* kontraŭleĝa

Ordnungszahl *f **a)** auch* ***Ordinale*** *n,* ***Ordnungszahlwort*** *n u.* ***Ordinalzahl*** *f Gramm* orda numeralo ***b)*** *auch* ***Atomnummer*** *f od* ***Kernladungszahl*** *f Chem* atomnumero

Ordo *m kath. Kirche (Weihegrad)* ordino (*vgl. dazu* ***Ordination a)***)

Ordon[n]anz *f Mil* servosoldato [de oficiro]

Ordovizium *n Geol (auf das Kambrium folgende System des Paläozoikums [Unterabteilung des Silurs])* ordovicio

Öre *n, auch f Scheidemünze in Dänemark, Norwegen u. Schweden* oero

Oreade *f, auch* ***Bergnymphe*** *f griech. Myth* oreado, montara nimfo

Oregano *m, auch* ***Origano*** *m* (*Gattung* Origanum) *Bot, Gewürz* origano (↑ *auch* ***Dost***)

Oregon (*n*) (*Abk* ***Ore.*** *od* ***Oreg.***, *[postalisch]* ***OR***) *ein Bundesstaat der USA* Oregono *[Hptst.: Salem]*; ~**ahorn** *m* (Acer macrophyllum) *Bot* grandfolia (*od* oregona) acero *[Vorkommen: Küstenbereich des pazifischen Nordamerika]*; ~**esche** *f* (Fraxinus oregona) *Bot* oregona frakseno; ~**sedum** *n* (Sedum oreganum) *Bot* oregona sedo *[Vorkommen: Oregon u. Kalifornien]*

Orel (*n*) ↑ ***Orjol***

Orenburg (*n*), *[1938-1957]* ***Tschkalow*** (*n*) *eine Stadt in Russland [am Fluss Ural]* Orenburgo

Orendit *m Min (ein seltenes magnetisches Gestein, das zu den Lamproiten gerechnet wird)* orendito *[Vorkommen: Italien, Türkei, Wyoming/USA]*

Orest[es] (*m*) *Eig* Oresto *auch griech. Sagengestalt (Sohn des Agamemnon u. der Klytämnestra)*

Öresund *m, dän.* ***Øresund*** *Meerenge zw. Seeland/Dänemark u. Schonen/Schweden* Sundo; ~**brücke** *f zw. Kopenhagen u. Malmö* sundoponto *(auch Großschr)*

Orfe *f Ichth* ↑ ***Aland***

Organ *n Anat, Pol, Ztgsw* organo (↑ *auch* ***Atmungsorgane***, ***Geschlechts-***, ***Gleichgewichts-***, ***Seh-*** *u.* ***Sekretionsorgan***); *Instrument auch* aparato, ilo, instrumento; *Stimme auch* voĉo; ***ausführendes*** ~ *od* ***Exekutivorgan*** *n Pol (Vollzugsgewalt)* ekzekutiva organo *od* ekzekutivo; ***beratendes*** (***leitendes***, ***ständiges***) konsilanta (gvida, permanenta) organo (↑ *auch* ***Kontrollorgan***); ~ ***«Esperanto aktuell» ist das offizielle*** ~ ***des Deutschen Esperanto-Bundes*** «Esperanto aktuell» estas la oficiala organo de la Germana Esperanto-Asocio; ***er hat ein volltönendes*** ~ li havas sonoran voĉon (*od auch* organon)

organähnlich *Adj Biol* organoida

Organ|anlage *f Biol (Keim eines sich entwickelnden Organs)* orimento ~**bank** *f Med (Sammelstelle für entnommene u. konservierte Organe, die für Organtransplantationen bereitgestellt werden)* organbanko [por greftaĵoj]

Organdy *m Textil (ein feinfädiges, [fast] durchsichtiges Baumwollgewebe)* organdio

Organell *n od* **Organelle** *f Biol ([bei Einzellern:] organartige Plasmabildung)* organelo

Organerkrankung *f Med* malsaniĝo de organo, *fachsprachl.* organopatio

Organextrakt *m*: ***Behandlung mit*** ~***en*** ↑ ***Opotherapie***

Organhandel *m Schattenwirtschaft* organkomerco

Organigramm *n, auch* ***Organisationsschaubild*** *n, auch* ***Ablaufschema*** *n bes. Wirtsch*

(schematische Darstellung des Aufbaus einer Organisation) organigramo

organisabel ↑ ***organisierbar***

Organisation *f a)* organizaĵo *auch Verband* (↑ *auch* ***Dach-***, ***Geheim-***, ***Hilfs-***, ***Jugend-***, ***Studenten-***, ***Unter-*** *u.* ***Wohltätigkeitsorganisation***); *das Organisieren* organiz[ad]o; ~ ***für Afrikanische Einheit*** (*Abk* ***OAE***, *engl. Abk* ***OAU***) Organizaĵo por Afrika Unueco (*Abk* OAU) *[Sitz: Addis Abeba]*; ~ ***Amerikanischer Staaten*** (*Abk* ***OAS***) Organizaĵo de Amerikaj Ŝtatoj (*Abk* OAŜ) *[Sitz: Washington]*; ~ ***Erdöl exportierender Länder*** (*engl. Abk* ***OPEC***) Organizaĵo de Petrol-Eksportantaj Landoj (*Abk* OPEL) *[Sitz: Wien]*; ~ ***arabischer Erdöl exportierender Länder*** (*engl. Abk* ***OAPEC***) Organizaĵo de Arabaj Petrol-Eksportantaj Landoj (*Abk* OAPEL) *[Sitz: Al-Kuweit]*; ~ ***der Islamischen Konferenz*** (*engl. Abk* ***OIC***) Organizaĵo de Islama Konferenco *[Sitz: Dschidda/Saudi-Arabien]*; ~ ***der Vereinten Nationen für Ernährung und Landwirtschaft***, *Fachspr oft kurz* ***FAO*** *f* Organizaĵo de la Unuiĝintaj Nacioj pri Nutrado kaj Agrikulturo *[Sitz: Rom]*; ~ ***für wirtschaftliche Zusammenarbeit und Entwicklung*** (*engl. Abk* ***OECD***) Organizaĵo pri Ekonomia Kunlaboro kaj Disvolviĝo (*Abk* OEKD) *[Sitz:Paris]*; ***gemeinnützige*** (***halbamtliche***, ***karitative***, ***nichtamtliche***, ***regionale***, ***supranationale***, ***terroristische***, ***überregionale***, ***zwischenstaatliche***) ~ neprofitcela (duonoficiala, karitata, neregistara, regiona, supranacia, terorista, superregiona, interŝtata) organizaĵo; ***eine ~ gründen*** (***schaffen***) fondi (krei) organizaĵon ***b)*** *auch* ***Organisierung*** *f* organiz[ad]o; ***innere ~*** *z.B. in Unternehmen* interna organiz[ad]o

Organisations|büro *n* organiza buroo; **~fehler** *m* eraro en la organizado; **~form** *f* organiza formo; **~komitee** *n* organiza komitato; **~probleme** *n/Pl* organizaj problemoj *Pl*

Organisationsschaubild *n* ↑ ***Organigramm***

Organisations|struktur *f* organiza strukturo; **~talent** *n* talento por organizi ion; *(Person)* persono, kiu havas talenton por organizi ion; **~theorie** *f* teorio de organizado

Organisator *m* organizanto *bzw.* organizinto (↑ *auch* ***Veranstalter***)

organisatorisch *Adj* organiza; ***~e Schwierigkeiten*** *f/Pl* organizaj malfacilaĵoj *Pl*; ***in ~er Hinsicht*** koncerne (*od* kio koncernas) la organiz[ad]on

organisch *Adj bes. Biol u. Med* organa; *Chem* organika; ***~e Chemie*** *f* organika kemio; ***~er Fehler*** *m Med* organa difekto; ***~e Krankheiten*** *f/Pl [Ggs: funktionelle Krankheiten]* organaj malsanoj *Pl*; ***~e Verbindungen*** *f/Pl Chem* organikaj kombinaĵoj *Pl*

organisierbar, *geh auch* ***organisabel*** *Adj* organizebla

organisieren *tr* organizi; ***sich ~*** *sich zusammenschließen, z.B. in einer Partei od einem Verband* organiziĝi *od* iĝi organizita(j) (***in*** en)

Organisierung *f* ↑ ***Organisation b)***

organismisch *Adj auf den Organismus bezogen bzw. zu einem Organismus gehörend* organisma

Organismus *m Biol (das Lebewesen als Einheit u. Ganzheit)* organismo (*vgl. dazu* ***Lebewesen***; ↑ *auch* ***Mikroorganismus***); *i.w.S. Körper* korpo; ***gentechnisch veränderter ~*** genteknike modifita organismo; ***parasitische Organismen*** *Pl* parasitische Organismen *Pl* (*vgl. dazu* ***Parasitozönose***); ***stenotherme Organismen*** *Pl nur Fachspr Biol (Bez für Organismen, die nur innerhalb eines bestimmten Temperaturbereichs leben u. größere Temperaturdifferenzen daher nicht ertragen können)* stenotermaj organismoj *Pl*; ***im ~ selbst entstanden*** aŭtogena; ***den ~ schwächen*** malfortigi la organismon (*od* korpon)

Organist *m Orgelspieler* orgenisto

Organistin *f* orgenistino

Organneurose *f Med (durch seelische Einflüsse hervorgerufene organische Erkrankung)* organneŭrozo

organogen *Adj unter Mithilfe von Organismen entstanden* organogena

Organogenese *od* **Organogenie** *f Biol ([embryologisches] Wachstum mit Herausbildung der Organanlagen in den ersten zwölf Lebenswochen)* organogenezo *od* organogenio

Organografie *f*, *auch* ***Organographie*** *f Biol, Med (Beschreibung der Organe u. ihrer Entstehung)* organografio

organografisch, *auch* ***organographisch*** *Adj* organografia

organoid *Adj Biol (organähnlich)* organoida

Organologie *f*, *auch* ***Organlehre*** *f Biol, Med* organologio

Organotherapie *f Med (die Verwendung menschlicher od tierischer Organe zur Behandlung von Krankheiten)* organoterapio

Organ|spende *f Med* organdon[ad]o; **~spender** *m Med* organdonanto; **~spende[r]ausweis** *m,* <*schweiz*> ***Organspendekarte*** *f* organdona legitimilo; **~transplantation** *od* **~verpflanzung** *f Chir* organgreftado

Organversagen *n Med* organkolapso; ***multiples*** ~ multobla organkolapso

Orgasmus *m sex (Höhepunkt der geschlechtlichen Erregung)* orgasmo; ***klitoraler*** (***vaginaler***) ~ *der Frau* klitora (vagina) orgasmo; ***einen [starken]*** ~ ***bekommen*** [ek]havi [fortan] orgasmon, *auch* [forte] orgasmi; ***zum*** ~ ***kommen*** atingi la orgasmon

Orgasmusfähigkeit *f sex* orgasmokapablo

orgastisch *Adj 1. den Orgasmus betreffend 2. wollüstig* orgasma

Orgel *f Mus* orgeno (↑ *auch* ***Hammond-, Kino-*** *u.* ***Kirchenorgel*** *u.* ***²Regal***); ***elektronische*** ~ elektronika orgeno; ***[auf der]*** ~ ***spielen*** ludi orgenon

Orgel|balg *m* balgo de orgeno; **~bau** *m* orgenkonstruo; **~bauer** *m* orgenkonstruisto *od* konstruisto de orgenoj; **~baumeister** *m* orgenkonstrua majstro; **~chor** *m Standort einer Orgel* orgenejo; **~empore** *f in der Kirche* orgena galerio; **~konzert** *n* orgena koncerto; **~pfeifen** *f/Pl* orgentuboj *Pl od* tuboj de orgeno; **~prospekt** *m [künstlerisch gestaltete] Ansichts- od Schauseite einer Orgel* orgenfasado; **~punkt** *m Mus (ein lang ausgehaltener od im bestimmten Rhythmus wiederholter gleicher Ton, zu dem sich andere Stimmen frei bewegen)* pedaltono; **~spiel** *n* orgenludo; **~spieler** *m* orgenludisto (↑ *auch* ***Organist***)

orgiastisch *Adj hemmungslos, zügellos* orgia (*vgl. dazu* ***wild***)

Orgie *f 1. i.e.S. ekstatische Feier in griechischen Geheimkulten, bes. im Dionysos-Kult 2. i.w.S. ausschweifendes [Trink- od Fress-] Gelage bzw. keine Grenzen kennendes Ausmaß von etw.* orgio (↑ *auch* ***Ausschweifung*** *u.* ***Sexorgie***)

Orient *m der Osten* Oriento; *die Länder des Orients* la landoj oriente de Eŭropo (*vgl. dazu* ***Nahost*** *u.* ***Fernost***)

Orientale *m Bewohner der Länder des Orients* orient[land]ano; *i.w.S. Asiate* aziano

orientalisch *Adj den Orient betreffend, morgenländisch* orientlanda; *auf Studien, Kulturen od Sitten der Länder des Orients bezüglich* orientala; ***das*** ≗***e Institut in Prag*** la Orientala Instituto en Prago

Orientalist *m* orientalisto

Orientalistik *f Wissenschaft von den orientalischen Sprachen, Literaturen u. Kulturen* orientalistiko

orientalistisch *Adj* orientalist[ik]a

Orientbeule *f Med* ↑ ***Aleppobeule***

Orient-Birne *f Bot, Nahr* ↑ ***Nashi***

Orientbrachschwalbe *f* (Glareola maldivarum) *Orn* orienta kolumglareolo

Orientbuche *f Bot* ↑ *unter* ***Buche***

orientieren *tr* orienti; ***sich*** ~ sin orienti, *umg* orientiĝi (***an*** je; ***in*** en; ***über*** pri)

Orientierung *f* ***a)*** *die gegeben wird* orientado; *das Sichorientieren, das Sichzurechtfinden* orientiĝo; ***politische*** (***sexuelle***) ~ politika (seksa) orientiĝo; ***die*** ~ ***verlieren*** perdi la orientiĝon ***b)*** *i.w.S. (Richtschnur, Vorbild)* normo; *Information* informado; *Instruktion* instrukcio

Orientierungs|flug *m der Bienen* orientiĝa flugo; **~lauf** *m Sport* orientiĝa kuro

orientierungslos *Adj* neebla orientiĝi *od* sen orientiĝo *beide nachgest* (↑ *auch* ***verwirrt***)

Orientierungs|punkt *m* orientiĝa punkto (*od auch* signo); **~sinn** *m* senso de orientiĝo; **~vermögen** *n* povo de orientiĝo

Orientknöterich *m* (Persicaria orientalis = Polygonum orientale) *Bot* orienta poligono

Orientkunde *f* = ***Orientalistik***

Orient|-Turteltaube *f* (Streptopelia orientalis) *Orn* orienta turto; **~-Zwergohreule** *f* (Otus sunia) *Orn* orienta orelstrigo

Orificium *n Anat* ↑ ***Öffnung b)***

Oriflamme *f, auch* ***Lilienbanner*** *n alte Kriegsfahne der franz. Könige (12.-15.Jh.)* oriflamo *übertr auch für «Fanal»* <*ursprünglich Fahne der Abtei Saint-Denis*>

Origami *n traditionelle japanische Kunst des Papierfaltens* origamo

Origano *m Bot, Gewürz* ↑ ***Oregano***

Origenes (*m*) *Eig (griech. Kirchenvater u. Philosoph [185-um 254])* Origeno <*Begründer der Bibelforschung*>

Origenisten *m/Pl Anhänger der Theologie des Origenes* origenistoj *Pl*

original *Adj* originala; *echt* aŭtentika (*vgl. dazu* ***rein***, ***pur*** *u.* ***ursprünglich***)

Original *n* ***a)*** *Urfassung* originalo; *Urtext auch* originala teksto ***b)*** *Mensch mit sonderlichen Einfällen u. Gepflogenheiten* originalulo; *Sonderling* strangulo, stranga (*bzw.* komika) homo; ~**ausgabe** *f Buchw* unua eldono; ~**farbe** *f* originala koloro

Originalfassung *f*: ***läuft der Film in ~?*** ĉu la filmo estas en la originallingva versio?

originalgetreu *Adj* [aspektanta] kiel la originalo *nachgest*

Originalität *f **a)** Ursprünglichkeit* originaleco; *Echtheit* aŭtentikeco ***b)*** *Besonderheit* specifikeco; *Eigenart* aparteco

Original|literatur *f* originala literaturo; ~**-ton** *m*, *Kurzf* ***O-Ton*** *m Radio, TV* originala sono; ~**übertragung** *f Radio, TV (Direktübertragung)* rekta dissendo (*od* transsendo); ~**version** *f* originala versio

originär *Adj ursprünglich* originala; *grundlegend neu* fundamente nova; *eigenständig* memstara

originell *Adj ursprünglich* originala; *ungewöhnlich* neordinara, nekutima; *apart* aparta; *kurios* kurioza; *eigenartig* stranga

Orinoko *m*, *span.* ***Orinoco***, *auch* ***Río Orinoco*** *ein Strom in Venezuela (im Mittellauf die Grenze zu Kolumbien bildend)* [rivero] Orinoko; ~**aguti** *n* (Dasyprocta guamara) *Zool* orinoka agutio (*vgl. dazu* ***Aguti***)

[1]**Orion** (*m*) *Myth (griech. Sagengestalt [Sohn des Poseidon])* Oriono

[2]**Orion** *m* (*Abk* ***Ori*** *od* ***Orio***) *Astron (ein Sternbild der Äquatorzone)* Oriono; ~**nebel** *m Astron (galaktischer Nebel im Sternbild Orion)* nebulozo de Oriono

Orissa (*n*) *ein Gliedstaat der Indischen Union* Oriso *[Hptst.: Bhubaneshwar]*

Oristano (*n*) *Hptst. der gleichnamigen ital. Provinz im Westen Sardiniens* Oristano

Oriya ***a)*** *Pl Ethn (Name des Volkes von Orissa, einem Gliedstaat der Indischen Union)* orijoj *Pl* ***b)*** *n Ling (eine neuindoarische Sprache)* la orija [lingvo] <*dem Bengali nahestehend*>

Orizaba (*n*) *eine Stadt im mexikanischen Gliedstaat Veracruz* Orizabo; ***Pico de Orizaba*** *m od* ***Citlaltépetl*** *m* monto (*od* vulkano) Orizabo

Orjahovo (*n*) *eine Gemeinde im Vraca-Distrikt/Bulgarien mit großer Esperanto-Tradition (‹Insulo Esperanto› in der Donau)* Orjaĥovo

Orjol (*n*), *auch* ***Orel*** (*n*) *eine russ. Stadt an der oberen Oka* Orjolo

Orkan *m Met* uragano *auch übertr*; ***wie ein ~ wüten*** furiozi kiel uragano

orkanartig *Adj* [furioza] kiel uragano *nachgest*; *bes. übertr* uragana

Orkanstärke *f*: ***mit ~*** per uragana forto

Orkneyinseln *Pl eine Inselgruppe nördl. von Schottland* Orkadaj Insuloj *od kurz* Orkadoj *Pl [Hptst.: Kirkwall]*

Orkus (*m*) *Myth* ↑ ***Orcus***

Orland|o *eine Stadt in Florida/USA* Orlando

Orleanbaum *m* (Bixa orellana) *Bot (seine Samenschalen enthalten den roten Farbstoff Bixin)* bikso, *auch* rokuarbo

Orleaner *m Einwohner von Orleans* orleanano

Orlean-Farbstoff *m* rokuo <*aus dem Orleanbaum extrahiert*>

Orléans [ɔrle'ɑ̃] (*n*) *eine Stadt in Frankreich an der mittleren Loire* Orleano; ***die Herzöge von ~*** *hist* la dukoj de Orleano

Orlice *f*, *dt.* ***Adler*** *f ein linker Nebenfluss der Elbe in Böhmen/Tschechische Rep.* [rivero] Orlico

Orlické hory *Pl* ↑ ***Adlergebirge***

Orlon® *n Textil (eine Kunstfaser aus Polyacrylnitril)* orlono

Orlopdeck *n*, *auch* ***Raum-*** *od* ***Plattformdeck*** *n Mar (unterstes Deck)* orlopa ferdeko, *auch kurz* orlopo

Ormazd *od* **Ormuzd** (*m*) *Eig (mittelpersischer Name des zoroastrischen Schöpfergottes Ahura Mazda)* Ormuzdo (*vgl. dazu* ***Ahura Mazda***)

Ornament *n* ornamaĵo (*vgl. dazu* ***Verzierung*** *u.* ***Schmuck***; ↑ *auch* ***Zickzackornament***); ***florales ~*** *Kunst (z.B. im Jugendstil)* flora ornamaĵo

ornamental *Adj schmückend, zierend* ornama; *mit Ornamenten versehen* ornamaĵohava

Ornamentglas *n* ornama vitro

ornamentieren *tr mit Ornamenten versehen* provizi per ornamaĵoj

Ornat *m od n feierliche [kirchliche] Amtstracht (z.B. das liturgische Gewand)* ornato

Orne *f ein Fluss in NW-Frankreich* [rivero] Orno

Ornis *f Vogelwelt [einer Landschaft]* avifaŭno [de certa pejzaĝo]

Ornithischier *Pl* (Ornithischia) *Paläozoologie (eine Ordnung der Dinosaurier [vogelähnliche Dinosaurier])* ornitiskioj *Pl* (*vgl. dazu* ***Saurischier***)

Ornithogamie *f nur Fachspr Biol (Blütenbestäubung durch Vögel, z.B. durch Honig-*

sauger, Kolibris u. Pinselzüngler) ornitogamio <*kommt bes. in den Tropen u. Subtropen vor*>

Ornithologe *m*, *auch* ***Vogelkundige*** *m* ornitologo, *pop auch* birdologo

Ornithologie *f*, *auch* ***Vogelkunde*** *f* ornitologio, *pop auch* birdologio

ornithologisch, *auch* ***vogelkundlich*** *Adj* ornitologia, *auch* birdologia; *~**e Station** f* ornitologia stacio

ornithophil, *auch* ***vogelblütig*** *Adj nur Fachspr Biol (den Blütenstaub durch Vögel übertragen lassend [in Bezug auf bestimmte Pflanzen])* ornitofila (*vgl. dazu* ***Vogelblumen***)

Ornithose *f Med (von Vögeln auf den Menschen übertragbare Krankheit)* ornitozo (*vgl. dazu* ***Papageienkrankheit***)

Ornithozönose *f Biol (Teil der Biozönose, soweit sie Vögel umfasst)* ornitocenozo

orogen *Geol (gebirgsbildend)* orogena

Orogenese *f Geol (Gebirgsbildung)* orogenezo, montaroformiĝo

orogenetisch *Adj Geol (die Gebirgsbildung betreffend)* orogena

Orografie *f*, *auch* ***Orographie*** *f Geogr (Beschreibung der Reliefformen eines Landes)* orografio

orografisch, *auch* ***orographisch*** *Adj reliefbezogen, d.h. die Ebenheiten u. Unebenheiten eines Landes betreffend* orografia

Orohydrografie *f*, *auch* ***Orohydrographie*** *f Geogr (Gebirgs- u. Wasserlaufbeschreibung)* orohidrografio

Orokisch[e] *n Ling (eine auf Sachalin gesprochene mandschu-tungusische Sprache)* la oroka [lingvo]

Oromo ***a)*** *Pl (größte Volksgruppe in Äthiopien, auch im Norden Kenias)* oromoj *Pl* ***b)*** *n Ling (eine in Äthiopien gesprochene Sprache)* la oroma [lingvo]

Oroya-Fieber *n* (Verruga peruviana) *Med (eine nach der Stadt Oroya in Peru benannte Infektionskrankheit in Südamerika)* verugao

Orpheus (*m*) *griech. Myth* Orfeo; *~* ***in der Unterwelt*** Orfeo en Hadeso

Orpheus|grasmücke *f* (Sylvia hortensis) *Orn* orfeosilvio; *~***spötter** *m* (Hippolais polyglotta) *Orn* melodia hipolao

Orphik *eine auf den Mythos des Orpheus zurückgehende Geheimlehre* orfismo

orphisch *Adj* orfea (*vgl. dazu* ***geheimnisvoll***)

Orphismus *m Mal (eine Richtung der modernen Malerei)* orfeismo

Ørsted (*m*) *Eig (dänischer Physiker [1777-1851])* (*vgl. dazu* ***Oersted***)

Ort *m* loko, *allg auch* ejo (*vgl. dazu* ***Platz*** *u.* ***Stelle***; ↑ *auch* ***Nachbarort***); *Ortschaft (je nach Größe:)* vilaĝo *bzw.* [malgranda] urbo, urbeto; *~* ***[eines pathologischen Geschehens]*** *Fachspr Med* lokiĝo; ***geometrischer*** *~* lokuso; ***am angeführten*** *~* (*Abk* ***a.a.O.***) en la menciita (*od* nomita) loko; ***an*** *~* ***und Stelle*** en la ĝusta loko [mem]; *vor Ort* surloke; ***von*** *~* ***zu*** *~* de loko al loko; ***vor*** *~* ***arbeiten*** *Bergb* labori subtere [en minejo]

Örtchen *n fam für «Toilette»* necesejo

orten *tr* lokalizi; *Flugw auch* determini [per radaro] la pozicion [de]; *Mar auch* determini [per eĥosondilo] la pozicion [de]; *El* detekti; ***ein Unterseeboot*** *~* lokalizi submaran ŝipon

Orten *n* ↑ ***Ortung***

Orthese *f Med, Orthopädie* ortezo *od* ortopedia protezo

Orthikon *n Fernsehtechnik (Speicherröhre zur Aufnahme von Fernsehbildern)* ortikono <*nach dem Prinzip der Braunschen Röhre*>

Orthit *m* (*Syn:* ***Allanit***) *Min* ortito

orthochromatisch *Adj 1. Foto (farbempfindlich) 2. Opt (farbrichtig)* ortokromata

Orthodontie *f*, *auch* ***Zahnorthopädie*** *od* ***zahnärztliche Orthopädie*** *f* ortodontio

orthodox *Adj* ortodoksa *übertr auch für «am Alten festhaltend»* (↑ *auch* ***rechtgläubig***, ***griechisch-orthodox*** *u.* ***ultraorthodox***); ***die*** *~**e Kirche*** la ortodoksa eklezio

Orthodoxe *m Rel u. übertr* ortodoksulo

Orthodoxie *f Rel (Rechtgläubigkeit)* ortodokseco *auch übertr für «strenges Festhalten am Alten» bzw. «orthodoxer Charakter»*

Orthodrome *f Geom, Nautik ([auf einem Großkreis verlaufende] kürzeste Verbindung zw. zwei Punkten auf der Erdoberfläche)* ortodromo

orthodrom[isch] *Adj* ortodroma

Orthogenese *f Biol (Hypothese, nach der die stammesgeschichtliche Entwicklung der Lebewesen zielgerichtet ist)* ortogenezo

orthognath *Adj nur Fachspr Zahnmedizin (einen normalen Biss bei gerader Stellung beider Kiefer aufweisend)* ortognata

Orthognatie *f Zahnmedizin (gerade Kieferstellung [Ggs: Prognathie])* ortognateco

orthogonal ↑ ***rechtwinklig***

Orthogonalsystem *n Math* ortogona sistemo

Orthografie *f, auch* ***Orthographie*** *f* ortografio; ~**reform** *f* ortografia reformo

orthografisch, *auch* ***orthographisch*** *Adj* ortografia; ~***er Fehler*** *m* ortografia eraro

Orthogramm *n* ↑ ***Rechteck***

Orthoklas *m Min (weißes od hell gefärbtes Mineral aus der Gruppe der Feldspäte)* ortoklazo

Orthopäde *m* ortopediisto (*vgl. dazu* ***Prothetiker***)

Orthopädie *f Med (Lehre u. Behandlung von Fehlbildungen u. Erkrankungen der Bewegungsorgane)* ortopedio (↑ *auch* ***Fuß-*** *u.* ***Kieferorthopädie***); ~**schuhmacher** *m* ŝuisto por ortopediaj ŝuoj

orthopädisch *Adj* ortopedia; ~***e Schuhe*** *m/Pl* ortopediaj ŝuoj *Pl*

Orthophonie *f nach bestimmten Regeln festgelegte Aussprache der Wörter* ortofoneco (↑ *auch* ***Sprecherzieher***)

orthophonisch *Adj Med, Phon* ortofona (*vgl. dazu* ***Sprecherziehung***)

Orthoporphyr *od* **Orthophyr** *m Min (ein Vulkanitgestein)* ortofiro <*wenig verbreitet*>

orthorhombisch *Adj Kristallografie* ortoromba

Orthoskop *n Gerät für kristallografische Beobachtungen* ortoskopo

Orthoskopie *f Opt (unverzerrte [d.h. winkeltreue] Abbildung durch Linsen)* ortoskopio

orthoskopisch 1. *Adj* ortoskopia **2.** *Adv* ortoskopie

Orthostase *f nur Fachspr Med (Bez für «aufrechte Körperhaltung»)* ortostazo

orthostatisch *Adj die Orthostase betreffend* ortostaza

orthotrop *Adj Bot (senkrecht aufwärts od abwärts wachsend [in Bezug auf Pflanzen od Pflanzenteile])* ortotropa

Ortler *m höchster Gipfel der Ortlergruppe/Südtirol* [monto] Ortlero

örtlich *Adj* loka; *ortsansässig* loksida; *am Ort befindlich* [sur]loka; ~***e Betäubung*** *f Med* loka anestezo

Örtlichkeit *f* loko, *allg auch* ejo

Ortolan *m Orn* ↑ ***Gartenammer***

Ortrud (*f*) *weibl. Vorname* Ortruda

Ortsangabe *f* indiko de [la] loko

ortsansässig *Adj* loksida, loka

Orts|ansässige *m* enloĝanto de ĉi tiu urbo; *Einheimische* loka (*bzw.* tiea) loĝanto (*vgl. dazu* ***Eingeborene***); ~**beschreibung** *f Geogr* topografio

Ortschaft *f allg* loko, *[je nach Größe:] Dorf* vilaĝo (↑ *auch* ***[1]Kaff***), *kleine Stadt* urbeto, *Siedlung* setlejo (*vgl. dazu* ***Ort***)

Orts|chronik *f, auch* ***Lokalchronik*** *f* loka kroniko; ~**durchfahrt** *f* veturado [meze] tra urbo; *Durchfahrtsstraße* traurba strato

ortsfest *Adj stationär* lokfiksita

ortsfremd *Adj*: ***ich bin hier*** ~ mi [mem] estas fremdulo ĉi tie

Orts|geschichte *f* loka historio; ~**gespräch** *n Tel* loka (*od* enurba) telefonaĵo; ~**gruppe** *f örtliche Gruppe [eines Vereins, Verbandes od einer Partei]* loka grupo; ~**kasus** *m Gramm* lokativo; ~**kenntnis** *f* konoj pri la loko (*od i.w.S.* regiono)

Ortsklima *n* ↑ ***Lokalklima***

Ortskommandant *m Mil* loka komandanto

ortskundig *Adj* konanta la [tiean] lokon (*bzw.* regionon)

Orts|meridian *m Nautik (Himmelsmeridian des Beobachtungsorts)* loka meridiano; ~**name** *m* loknomo; ~**namenforschung** *f, auch* ***Ortsnamenkunde*** *f*, <*wiss*> ***Toponymie*** *od* ***Toponymik*** *f* toponimio; ~**schild** *n* lokŝildo; ~**sinn** *m* sinorienta kapablo, loksento; ~**tafel** *f Verk* loknoma tabulo

ortsüblich *Adj* loke kutima, kutima (*od* kutime uzata) en tiu loko (*bzw.* regiono); *typisch für den Ort bzw. die Region* tipa por tiu loko (*bzw.* tiu regiono)

Ortsveränderung *f* ↑ ***Ortswechsel***

Orts|verkehr *m* loka trafiko; ~**vorsteher** *m Dorfschulze* vilaĝestro; ~**wechsel** *m, auch* ***Ortsveränderung*** *f* lokŝanĝo *od* ŝanĝo de loko(j)

Ortszeit *f* loka tempo; ***um 06.40 Uhr*** ~ je la sesa horo kvardek laŭ [tiu]loka tempo

Ortung *f, auch* ***Orten*** *n* lokalizo [de la pozicio]; *mit einem Detektor* detekto (↑ *auch* ***Echo-*** *u.* ***Funkortung***)

Ortungs|gerät *n* lokalizilo; *Detektor* detektilo (↑ *auch* ***Schallortungsgerät***); ~**system** *n* pozici-trova sistemo

Orumieh (*n*) ↑ ***Urmia***

Orvieto (*n*) *eine italienische Stadt in Umbrien* Orvieto <*ehemaliger Papstsitz*>

Oryx|antilope *f, auch* ***Spießbock*** *m* (*Gattung* Oryx) *Zool (Gattung der Pferdeböcke)* orikso (↑ *auch* ***Säbelantilope***); ~**weber** *m* (Euplectes oryx) *Orn* ruĝa ploceo (*od pop*

teksbirdo)

öS = *Abk für* ***österreichischer Schilling***

Osaka (*n*) *drittgrößte Stadt Japans* Osako

Oscar *m ein Filmpreis [Academy Award]* oskaro *(auch Großschr)* <*volkstümlicher Name der Statuette, die für künstlerische Leistungen im Film [seit 1927] verliehen wird*>; ***für einen ~ nominiert sein*** esti nomumita por oskaro (*od* por ricevi oskaron)

Oscar|nominierung *f* nomumo por oskaro; **~preisträger** *m* oskar-premiito; **~verleihung** *f* ceremonio de transdono de oskaroj

Oscillatoria *Pl eine Bakteriengattung* oscilatorio

Öse *f* hok[et]ingo; *in einem Drahtseil od Kabel* buklo; *~* ***für den Schnürsenkel*** *am Schuh* truo por la ŝu-laĉoj

Ösel (*n*) ↑ ***Saarema***

Oshogbo (*n*) *eine Stadt im westl. Nigeria* Oŝogbo

Osiris (*m*) *Myth (eine altägyptische Gottheit [Gemahl der Isis])* Oziriso <*ägyptischer Totengott, auch Gott des Nils*>

Oskar (*m*) *Eig (männl. Vorname)* Oskaro *auch Name einiger schwedischer u. norwegischer Könige*

Osker *m/Pl Gesch (ein indogermanischer Volksstamm der Italiker, der ursprünglich das Bergland des Apennin bewohnte [ging im Römertum auf])* oskoj *Pl*

Oskisch[e] *n Ling* la oska [lingvo] <*war Mundart in Pompeji*>

Oskulation *f Geom (Berührung zweier Kurven)* oskulado

Oskulationskreis *m, auch* ***Schmiegungskreis*** *m Geom* oskula cirklo

oskulieren *intr Geom (mit höherer Ordnung berühren)* oskuli

oskulierend *Adj Geom* oskula

Oslo (*n*) *Hptst. von Norwegen* Oslo (↑ *auch* ***Christiania***); **~fjord** *m ein 100 km weit vom Skagerrak landeinwärts reichender Fjord in SO-Norwegen* Oslofjordo

[1]**Osman** (*m*) *Eig (Begründer des Osmanischen Reiches [um 1258-1326])* Osmano

[2]**Osman** (*m*) *Eig* ↑ ***Othman***

Osmane *m, auch* ***Ottomane*** *m Gesch (Bewohner des Osmanischen Reiches)* otomano

Osmanin *f, auch* ***Ottomanin*** *f* otomanino

osmanisch *Adj* otomana (↑ *auch* ***türkisch***); ***das ≗e Reich*** *Gesch (das türkische Reich von 1300-1922)* la Otomana (*od selt* Osmana) Regno

Osmium *n (Symbol* ***Os****) Chem (ein Platinmetall)* osmio; **~verbindungen** *f/Pl* osmiaj kombinaĵoj *Pl*

Osmometer *n Chem* osmozometro

Osmose *f Biol, Chem (Übergang des Lösungsmittels einer Lösung in eine stärker konzentrierte Lösung durch eine feinporige Scheidewand)* osmozo

osmotisch *Adj auf Osmose beruhend* osmoza; ***~er Druck*** *m* osmoza premo, *Physiol auch* osmoza tensio (*vgl. dazu* ***isotonisch***); ***~es Spektrum*** *n* osmoza spektro

Os multangulum minus *n Anat* ↑ ***Os trapezoideum***

Osnabrück (*n*) *eine Stadt in Niedersachsen [nördl.des Teutoburger Waldes]* Osnabruko

ösophagisch *Adj zur Speiseröhre gehörend bzw. die Speiseröhre betreffend* ezofaga

Ösophagitis *f, auch* ***Entzündung f der Speiseröhre*** *Med* ezofagito, inflamo de la ezofago

Ösophago|gastroskopie *f* ezofagogastroskopio; **~gramm** *n Med (röntgenologische Kontrastdarstellung der Speiseröhre)* ezofagogramo; **~plastik** *f Chir* ezofagoplastio

Ösophagoskop *n Medizintechnik (Instrument zur Besichtigung der Speiseröhre)* ezofagoskopo

Ösophagoskopie *f Med (endoskopische Untersuchung der Speiseröhre mit einem flexiblen Spezialendoskop [Ösophagoskop])* ezofagoskopio

Ösophagospasmus *m, auch* ***Speiseröhrenkrampf*** *m Med* ezofaga spasmo

Ösophagus *m Anat* ↑ ***Speiseröhre***

Ösophagus|blutung *f Med* ezofaga hemoragio; **~divertikel** *m Med* ezofaga divertikulo; **~ektasie** *f Med (spindel- od zylinderförmige Erweiterung der Speiseröhre durch Stauung od durch Spasmus infolge Innervationsstörung, bei Entzündung [reflektorisch] u.a.)* ezofaga ektazio; **~hernie** *f Med* ezofaga hernio

Ösophaguskarzinom *n Med* ↑ ***Speiseröhrenkrebs***

Ösophagus|katheter *m Medizintechnik* ezofaga katetero; **~paralyse** *f Med* ezofaga paralizo; **~ruptur** *f Med* ezofaga ŝiriĝo; **~sonde** *f Medizintechnik* ezofaga sondilo; **~stenose** *f Med* ezofaga stenozo; **~stimme** *f, auch* ***Ruktusstimme*** *f körpereigene Ersatzstimme für Patienten nach Laryngektomie* ezofaga voĉo; **~tumor** *m Med* ezofaga tumoro; ~**ulkus** *m Med* ezofaga ulkuso; ~**varizen** *f/Pl Med (Erweiterung der Speiseröhrenvenen)* ezofagaj varikoj *Pl*

ossal *od* **ossär** *Adj nur Fachspr Anat u. Med (die Knochen betreffend)* osta

Ossein *n Anat (Gerüsteiweiß der Knochen)* osteino

Osseten *m/Pl, Eigenbez.* ***Iron*** *Ethn (ein Volk mit iranischer Sprache im mittleren Kaukasus)* osetoj *Pl* (*vgl. dazu* ***Alanen*** *u.* ***Allagiren***)

Ossetien (*n*) *Gebirgsland im zentralen Kaukasus* Osetio *<teils zu Russland, teils zu Georgien gehörig>*

ossetisch *Adj* oseta

Ossetisch[e] *n Ling (eine iranische Sprache)* la oseta [lingvo]

Ossian (*m*) *Eig Myth (ein südirischer Barde)* Osiano

Ossifikation ***a)*** *auch* ***Osteogenese*** *f, auch* ***Knochenbildung*** *f Physiol* ostogenezo, formiĝo de la osta histo ***b)*** *auch* ***Verknöcherung*** *f Med (als pathologische Veränderung)* ostiĝ[ad]o

Ost *m* ↑ ***Osten***

Ostafrika (*n*) Orienta Afriko, *auch* Orient-Afriko

ost|afrikanisch *Adj* orientafrika; ~**asiatisch** *Adj* orientazia

Ostasien (*n*) Orienta Azio, *auch* Orient-Azio

Ostasien-Grünfink *m Orn* ↑ *unter* ***Grünfink***

Ost|bengalen *n eine Landschaft in Bangladesch* Orienta Bengalio; ~**berlin** (*n*) *hist* Orienta Berlino; ~**berliner** *m* orientberlinano

Ostbeskiden *Pl* ↑ *unter* ***Beskiden***

Ostblock *m Gesch* orienta bloko *(häufig Großschr)*; ~**staaten** *m/Pl* ŝtatoj *Pl* de la orienta bloko

Ostchinesisches Meer *n* Orient-Ĉina Maro

ostdeutsch *Adj* orientgermana

Ost|deutsche ***a)*** *m* orientgermano ***b)*** *f* orientgermanino; ~**deutschland** (*n*) Orienta Germanio

Ostealgie *f Med* ↑ ***Knochenschmerz***

Osteitis *f Med* ↑ ***Knochenentzündung***

Ostelbien (*n*) *die östlich der Elbe gelegenen Gebiete des Nordeutschen Tieflandes* [regiono] Orient-Elbio

Osten *m, auch* ***Ost*** *ohne Art* (*Abk* ***O***) oriento *(in Eig auch Großschr), auch (meist nur Fachspr Flugw u. Mar)* eosto (*Abk* E); ***Ost und West*** oriento kaj okcidento; ***der Ferne*** ~ la Malproksima (*od* Ekstrema) Oriento; ***der Mittlere*** ~ la Meza Oriento; ***der Nahe*** ~ la Proksima Oriento; ***nach*** (*od* ***gen***) ~ orienten; ***der Wind weht aus*** ~, *Met u. Mar auch* ***der Wind weht aus Ost*** la vento blovas el oriento

Ostende (*n*), *flämisch* ***Oostende*** *Seebad u. Hafenstadt in Belgien* Ostendo

Ostensorium *n kath. Kirche* ↑ ***Monstranz***

Ostentation *f* ↑ ***Schaustellung***

ostentativ **1.** *Adj auf Beachtung berechnet, deutlich betont; i.w.S. herausfordernd* ostenta **2.** *Adv* ostente

Osteoarthritis *f Med (Gelenkentzündung mit Knochenbeteiligung)* ostoartrito

Osteoblast *m, auch* ***Knochenbildungszelle*** *f Anat, Histologie* ostoblasto

Osteoblastom *n Med (ein benigner Knochentumor)* ostoblastomo

Osteochondritis *f Med (Knochen- und Knorpelentzündung)* ostokondrito

Osteochondrom *n Med (eine gutartige Knochengeschwulst)* ostokondromo

Osteochondrose *f Med* ostokondrozo

Osteoektomie *f Chir (operative Entfernung eines Knochenstücks durch Ausmeißeln)* ostektomio (*vgl. dazu* ***Osteotomie***)

Osteofibrom *n Med (seltener, benigner Tumor aus Knochen- u. Bindegewebe)* ostofibromo

osteogen *Adj Knochen bildend* ostogena

Osteogenese *f* ↑ ***Ossifikation***

Osteoklast *m, auch* ***Knochenabbauzelle*** *f Anat, Histologie (mehrkernige, das Knochengewebe zerstärende Riesenzelle)* ostoklasto

Osteologe *m Fachanatom der Osteologie* ostologo

Osteologie *Med (Wissenschaft von den Knochen bzw. dem Skelettsystem)* ostologio

osteologisch *Adj Med (die Osteologie betreffend)* ostologia

Osteolyse *f Med (Auflösung und Abbau von Knochengewebe [z.B. bei Knochentumoren od Knochenentzündung])* ostolizo

Osteom *n, auch* ***[gutartige] Knochen[gewebs]geschwulst*** *f Med* ostomo

Osteomalazie *f Med* ↑ ***Knochenerweichung***

osteomuskulär *Adj*: ~***e Krankheit*** *f Med* ostomuskola malsano

Osteomyelitis *f Med* ↑ ***Knochenmarkentzündung*** *u.* ***Wirbelosteomyelitis***

Osteonekrose *f Med* ↑ ***Knochennekrose***

Osteopathie *f Med* ↑ ***Knochenerkrankung***; ***intestinale*** *~ Bez für Veränderungen des Skeletts aufgrund von Erkrankungen des Magen-Darm-Trakts mit Malabsorption* intesta ostopatio; ***toxische*** *~ Knochenveränderungen, die durch anorganische u. organische Substanzen u. Medikamente entstehen* toksa ostopatio

Osteopetrose *f, auch* ***Marmorknochenkrankheit*** *f Med* ostopetrozo

Osteophyt *m Med (vom Periost ausgehende umschriebene, meist reaktive Knochenneubildung [z.B. bei Arthrose)* ostofito

Osteoplastik *f Chir (operatives Schließen von Knochenlücken)* ostoplastio

Osteoporose *f (pop auch* ***Knochenschwund*** *m genannt) Med* ostoporozo; ***posttraumatische*** *~* posttraŭmata ostoporozo

osteoporotisch *Adj*: ***~er Bruch*** *m Med* ostoporoza frakturo

Osteopsathyrose *f nur Fachspr Med (angeborene Knochenbrüchigkeit infolge unvollkommener Bildung fester Knochensubstanz)* ostopsatirozo

Osteosarkom *n Med (ein maligner Knochentumor)* ostosarkomo

Osteosklerose *f Med (Verhärtung des Knochengewebes)* ostosklerozo

Osteotomie *f Chir (operative Durchtrennung von Knochen)* ostotomio (*vgl. dazu* ***Osteoektomie***)

Ostereier *n/Pl* paskaj ovoj *Pl*; ~**suchen** *n* paska ovoserĉado

Oster|ferien *Pl* paskaj ferioj *Pl*; ~**fest** *n* paskofesto *(auch Großschr)* (↑ *auch* ***Passahfest***); ~**glocke** *f, auch* ***Trompetennarzisse*** *f* (Narcissus pseudonarcissus) *Bot* arbara narciso, *umg auch* trumpetnarciso

Östergötland (*n*) *eine ostschwedische Provinz (zw. Vättersee u. Ostsee)* Ostrogotio *[Hptst.: Linköping]*

Osterhase *m* paska leporo

Osterinsel *f, auch* ***Rapanui*** (*n*), *meist ohne Art, span.* ***Isla de Pascua*** *eine zu Chile gehörende Insel im Pazifischen Ozean* Paskinsulo *[Hauptort: Hanga Roa]*

österlich *Adj* paska, paskofesta

Osterluzei *f, auch* ***Pfeifenblume*** *od* ***Pfeifenwinde*** *f* (*Gattung* Aristolochia) *Bot* aristolokio

Osterluzeigewächse *n/Pl Bot*: ***[Familie der]*** ~ (Aristolochiaceae) aristolokiacoj *Pl*

Ostermontag *m zweiter Osterfeiertag* paskolundo *(auch Großschr)*

Ostern *n* (<*österr*> *u.* <*schweiz*> *immer Pl*) Pasko; ~ ***ist ein hohes Fest*** Pasko estas solena festo; ***zu*** ~ dum (*od* je) Pasko; ~ ***feiern*** festi Paskon; ***frohe ~!*** feliĉan Paskon!

Österreich (*n*) Aŭstrio *[Hptst.: Wien]* (↑ *auch* ***Nieder-*** *u.* ***Oberösterreich***); ~**-*Ungarn*** *Gesch (ehemalige Doppelmonarchie [1868-1920])* Aŭstrio-Hungario

Österreicher *m* aŭstro

Österreicherin *f* aŭstrino

österreichisch *Adj* aŭstra, *auch* aŭstria; ***≗es Esperanto-Institut*** *n* Aŭstra Esperanto-Instituto; ***≗e Esperanto-Jugend*** *f* Aŭstra Esperanto-Junularo (*Abk* AEJ); ***≗er Esperantisten-Verband*** *m* Aŭstria Esperantista Federacio (*Abk* AEF); ***≗er Fußball-Bund*** *m* (*Abk* ***ÖFB***) Aŭstria Futbal-Asocio <*gegründet 1904 in Wien*>; ***≗e Nationalbibliothek*** *f* (*Abk* ***ÖNB***) Aŭstria Nacia Biblioteko <*in der ÖNB ist auch das Esperanto-Museum untergebracht*>

österreichisch-ungarisch aŭstra-hungara

Oster|segen *m* paska beno; ~**sonntag** *m* paskodimanĉo *(auch Großschr)*; ~**tage** *m/Pl* paskaj tagoj *Pl*; ~**woche** *f* paska semajno

Osteuropa (*n*) Orienta Eŭropo

Osteuropäer *m* orienteŭropano

Osteuropäerin *f* orienteŭropanino

osteuropäisch *Adj* orienteŭropa; ***~e Zeit*** *f* (*Abk* ***OEZ***) orienteŭropa tempo

Ost|flandern (*n*), *flämisch* ***Oost-Vlaanderen***, *franz.* ***Flandre Orientale*** *eine belgische Provinz* Orienta Flandrio *[Hptst.: Gent]*; ~**franken** (*n*) *historische Landschaft [u.a. östlicher Teil des merowingischen Fränkischen Reiches]* Orienta Frankonio

ostfränkisch *Adj* orientfrankonia

Ostfriese *m* orientfriso *od* orientfrislandano

ostfriesisch *Adj* orientfrisa; ***≗e Inseln*** *f/Pl* Orientfrisaj Insuloj *Pl*

Ost|friesland (*n*) *Küstenlandschaft in NW-Deutschland* Orienta Frislando; ~**front** *f Mil (bes. in den beiden Weltkriegen)* orienta fronto; ~**goten** *m/Pl Gesch (Teilstamm der ostgermanischen Goten)* ostrogotoj *Pl*

Ostia (*n*) *Hafen des alten Roms* Ostio

Ostigel *m Zool* ↑ ***Weißbrustigel***

Ostindonesien (*n*) Orienta Indonezio

Ostitis *f* ↑ ***Knochen[gewebs]entzündung***

Ostjaken *m/Pl Ethn (ein Nomaden- u. Fischervolk in Westsibirien)* ostjakoj *Pl*

ostjakisch *Adj* ostjaka

Ost|java (*n*) *eine indones. Provinz* Orienta Javo *[Hptst.: Surabaya]*; ~**jude** *m* orienteŭropa judo; ~**kalimantan** (*n*) *eine indones. Provinz* Orienta Kalimantano *[Hptst.: Samarinda]*; ~**karpaten** *Pl, rumän.* ***Carpaţii Orientali*** *der östlich des Transsilvanischen Hochlands gelegene Teil des Karpatenbogens* Orientaj Karpatoj *Pl*; ~**küste** *f* orienta [mar]bordo

östlich 1. *Adj* orienta **2.** *Adv* oriente (***von*** de); *Richtung* orienten; ***50 km ~ von ... liegt ...*** 50 kilometrojn oriente de ... situas ...

Ost|mark *f Fin ([früher] umg für «Währung der DDR»* orientgermana marko; ~**monsun** *m Met* orienta musono; ~**politik** *f* politiko koncerne la orienteŭropajn ŝtatojn; ~**preußen** (*n*) *hist* Orienta Prusio

ostpreußisch *Adj* orientprusa

Östradiol *n Biochemie* ↑ ***Oestradiol***

Ostrakoden *m/Pl* (Ostracoda), *auch* ***Muschelkrebse*** *m/Pl Biol, Geol, Paläontologie (Kleinfossilien)* ostrakodoj *Pl*

Ostrakodermen *Pl* (Ostracodermi) *Paläozoologie (zu den Kieferlosen zählende, an Fische erinnernde Wirbellose des Erdaltertums, bes. desSilurs u. des Devons)* ostrakodermoj *Pl*

Ostrakon *n* (*Pl*: ***Ostraka***) *Scherbe [von zerbrochenen Tongefäßen]* ostrako *<im antiken Ägypten u. im alten Griechenland als [billiges] Schreibmaterial verwendet>*

östral *od* **östrisch** *Adj*: ***~er Zyklus*** *m a) [bei Tieren:] die periodische Brunst b) [bei der Frau:] der Menstruationszyklus* oestra ciklo

Os trapezium *n nur Fachspr Anat (das große Vieleckbein)* trapeza osto

Os trapezoideum *n, auch* ***Os multangulum minus*** *n nur Fachspr Anat (der kleine vieleckige Knochen aus der distalen Reihe der Handwurzelknochen)* trapezoida osto

Ostrava (*n*), *dt.* ***Ostrau*** (*n*) *eine Stadt in Nordmähren/Tschechische Rep.* Ostravo

Ostrazismus *m, auch* ***Scherbengericht*** *n Antike (Volksgericht im alten Athen, auf Grund dessen ein Bürger verbannt werden konnte)* ostracismo *auch übertr für «Verfemung»*

Östrin *n Endokrinologie* oestrino

östrisch ↑ ***östral***

Östrogen *n Biochemie, Endokrinologie (weibl. Keimdrüsenhormon)* oestrogeno; ~**-behandlung** *od* ~**therapie** *f* oestrogenterapio; ~**mangel** *m* oestrogenmanko; ~**test** *m* oestrogentesto

Ostrom *n, meist* ***Oströmisches Reich*** *n Gesch* Orientromia Imperio (↑ *auch* ***Byzantinisches Reich***)

Östron *n Biochemie (ein Vertreter der Östrogene)* oestrono

Ostrumelien (*n*) *der östliche Teil Rumeliens* Orienta Rumelio *<er umfasst den SO Bulgariens zw. Balkan und Rhodopen, Trajanspforte u. Schwarzem Meer>* (*vgl. dazu* ***Rumelien***)

Östrus *m Biol (Zustand gesteigerter geschlechtlicher Erregung u. Paarungsbereitschaft [bei Tieren])* oestro (↑ *auch* ***Brunst***)

Ostsee *f* Balta Maro; ~**bad** *n* baltmara banloko; ~**garnele** *f, auch* ***Fels-*** *od* ***Steingarnele*** *f* (Palaemon squilla) *Zool* palemono; ~**hering** *m Ichth, Nahr* baltmara haringo

Ostseepipeline *f* ↑ ***North Stream 2***

Ostseeslawen *m/Pl* orientaj slavoj *Pl*

ostslawisch *Adj*: ***~e Sprachen*** *f/Pl Ling* orientslavaj lingvoj *Pl*

Ost|sumatra (*n*) Orienta Sumatro; ~**teil** *m* orienta parto; ~**timor** (*n*), *als eigener Staat* ***Timor Leste*** (*n*) *(umfasst den östlichen Teil der Insel Timor)* Orienta Timoro *[Hptst.: Dili]*; ~**tirol** (*n*) Orienta Tirolo

Osttscherkessisch *n Ling* ↑ ***Kabardinisch***

Ostwald (*m*) *Eig (deutscher Chemiker [1853 -1932])* Ostvaldo *<Begründer der physikalischen Chemie>*

ostwärts *Adv* orienten, al oriento

Ost-West-Gespräche *n/Pl Pol* paroladoj inter oriento kaj okcidento

Ostwind *m* orienta vento

Oswald (*m*) *männl. Vorname* Osvaldo

OSU = *Abk für* ***Ordo Sanctae Ursulae*** [↑ *unter* ***Orden***]

Oszillation *f Biol, Phys* oscilado (*vgl. dazu* ***Schwingung***)

Oszillator *m, auch* ***Schwingungserzeuger*** *m Phys* oscililo (↑ *auch* ***Impuls-*** *u.* ***Quarzoszillator***); ***harmonischer ~*** harmona oscililo

oszillieren *intr Phys, Tektonik* oscili

oszillierend *Adj* oscilanta

Oszillograf *m, auch* ***Oszillograph*** *m Phys* oscilografo (↑ *auch* ***Kathodenstrahloszillograf***)

Oszillografie *f, auch* ***Oszillographie*** *f Phys, auch Med* oscilografio

Oszillogramm *n Phys (von einem Oszillografen aufgezeichnetes Schwingungsbild)*

oscilogramo

Oszilloskop *n Phys (Apparatur zum Beobachten von Schwingungen)* osciloskopo

Otalgie *f Med* ↑ ***Ohrenschmerz***

Othello *(m) eine Tragödie von Shakespeare u. deren Titelheld* Otelo

Othman *(m), auch* ***Osman*** *(m) Eig Islam (der dritte der sog. rechtgeleiteten Kalifen)* Usmano

Ot[h]mar *(m) männl. Vorname* Otmaro

Otitis *f Med*: ~ ***externa*** *Entzündung des äußeren Gehörganges* ekstera otito; ~ ***media*** = ***Mittelohrentzündung*** [↑ *dort*]

Otolith *m, auch* ***Hörstein*** *m Anat* otolito

Otologie *f Med (Lehre vom Ohr u. seinen Erkrankungen)* otologio

Otomykose *f nur Fachspr Med (Pilzinfektion im äußeren Gehörgang)* otomikozo

O-Ton *m* ↑ ***Originalton***

Otorhinolaryngologie *f Med* ↑ ***Hals-Nasen-Ohren-Heilkunde***

Otoskop *n Med* ↑ ***Ohrenspiegel***

Otoskopie *f Med (Besichtigung des Trommelfells)* otoskopio

Otostroboskop *n Medizintechnik (Gerät zur optischen Beurteilung der Trommelfellschwingungen)* otostroboskopio

Otranto *(n) eine süditalienische Stadt [mit Fischerhafen]* Otranto; ***Straße von*** ~ *Meeresstraße zw. Apulien/Italien u. Albanien* Markolo de Otranto

Ottawa *(n) Hptst. von Kanada* Otavo

[1]**Otter** *m Fisch*♀ *(Gattung* Lutra) *Zool* lutro (↑ *auch* ***Fleckenhals-***, ***Haarnasen-*** *u.* ***Riesenotter***); ***japanischer*** ~ (Lutra nippon) japana lutro

[2]**Otter** *f Zool (eine Giftschlange)* vipero, *allg auch* serpento (↑ *auch* ***Kaukasus-***, ***Korallen-***, ***Kreuz-***, ***Lanzen-***, ***Tiger-*** *u.* ***Todesotter***)

Otterfell *n* lutrofelo

Ottilia *od* **Ottilie** *(f) weibl. Vorname* Otilia

Otto *(m) männl. Vorname* Otto *auch Name deutscher u. griechischer Könige*

Ottokar *(m) männl. Vorname* Otokaro *auch Name böhmischer Könige*

[1]**Ottomane** *f* ↑ [2]***Diwan***

[2]**Ottomane** *m* ↑ ***Osmane***

ottomanisch *Adj* otomana (*vgl. dazu* ***osmanisch***)

Ottomotor® *m* ↑ ***Benzinmotor***

Ouagadougou *(n) Hptst. von Burkina Faso* Vagaduguo

Ouguiya *(m) Währung in Mauretanien* ugijo (↑ *auch* ***Khoum***)

Ounce [*auns*] *f britische Gewichtseinheit (= 28,35 g)* brita unco

Outback [*ˈautbɛk*] *n das Landesinnere Australiens ([unbebautes] Hinterland, offenes Land)* la aŭstralia boŝo (↑ *auch* ***Busch***)

Outcasts *m/Pl Hinduismus* ↑ ***Kastenlose***

Output *m, auch n Wirtsch (Produktionsmenge)* produktokvanto

Outsider [*ˈautsai...*] *m* eksterulo

Outsourcing [*ˈautsɔ:siŋ*] *n Wirtsch (Übergabe von bestimmten Firmenbereichen an spezialisierte Dienstleistungsbereiche außerhalb des Unternehmens)* subkontraktado, forlokado [de laboro al ...]

Outwachler [*aut...*] *m Sport* ↑ ***Linienrichter***

Ouvertüre *f Mus (ein instrumentales Einleitungsstück zu Opern, Oratorien und Suiten)* uverturo

Ouzo [*ˈu:zo*] *m griech. Anisbranntwein* ouzo

oval, *selt* ***eirund*** *Adj länglich rund* ovala (↑ *auch* ***eiförmig*** *u.* ***oboval***); ~***es Gesicht*** *n* ovala vizaĝo; ~ ***machen*** *od* ***in eine*** ~***e Form bringen*** ovaligi

Oval *n* ovalo *auch Geom*

Oval Office *n Amtszimmer des amerik. Präsidenten im Weißen Haus* Ovala Oficejo [en la Blanka Domo]

Ovambo *Pl, auch* ***Ambo*** *Pl Ethn (ein Bantuvolk im Grenzgebiet von Angola u. Namibia)* ovamboj *Pl* <*zu den Stämmen der Ovambo gehören die Kwanyama, Ndonga, Kwambi u.a.*>; ~**land** *n eine Trockensavanne im nördl. Namibia* Ovambolando

ovarial *Adj* ovaria

Ovarialabszess *m Med* ovaria absceso

Ovarialagenesie *f Med* ↑ ***Turner' Syndrom***

Ovarial|biopsie *f Chir (Probeexzision aus dem Ovarium)* ovaria biopsio; ~**fibrom** *n Med* ovaria fibromo; ~**fimbrie** *f* (Fimbria ovarica) *Anat* ovaria fimbrio *[am Ende des Eileiters]*; ~**gravidität** *f Med (Schwangerschaft, bei der sich die Leibesfrucht im Eierstock entwickelt)* ovaria gravedeco; ~**hernie** *f Med* ovaria hernio; ~**hormone** *n/Pl Bez für «im Eierstock gebildete Hormone» [vor allem Östrogene u. Gestagene, aber auch Androgene]* ovariaj hormonoj *Pl*; ~**insuffizienz** *f Med* ovaria insuficienco; ~**tumor** *m Med* ovaria tumoro; ~**zyklus** *m* ovaria ciklo; ~**zyste** *f Med (im Ovarium lokalisierte funktionelle bzw. Retentionszyste)* ovaria kisto

Ovar[i]ektomie *f Chir (Entfernung des Eierstocks od beider Eierstöcke)* ovariektomio

Ovariopathie *f Gynäkologie* ovariopatio

Ovar[ium] *n* ↑ ***Eierstock*** *bzw.* ***Fruchtknoten***

Ovation *f Antike u. übertr (begeisterter Beifall)* ovacio (*vgl. dazu* ***Applaus***, ***Beifall*** *u.* ***Jubel***); ***jmdm. ~en bereiten*** fari al iu ovaciojn *od* ovacii iun (↑ *auch* ***zujubeln***)

Overall *m [einteiliger] Arbeitsanzug* supertuto

OVG = *Abk für* ***Oberverwaltungsgericht***

Ovid (*m*) *Eig (ein altröm. Dichter [43 v. Chr.-18 n. Chr.])* Ovido

Ovidukt *m Anat, Biol* = ***Eileiter***

Oviedo (*n*) *eine Stadt in NW-Spanien* Oviedo *[Hptst. der Region Asturien]*

Ovi-Mbundu *n Ling (eine in Süd-Angola gesprochene Bantusprache)* la ovimbunda [lingvo]

ovipar *Adj nur Fachspr Biol für «Eier legend» bzw. «sich durch Eier fortpflanzend»* ovipara (*vgl. dazu* ***ovovivipar***); ***~e Lebewesen*** *n/Pl* oviparaj vivaĵoj *Pl* *<sie legen unentwickelte, einzellige Eier ab, wie z.B. viele Fische, Amphibien u. Insekten>*

Ovipositor *m, auch* ***Legestachel*** *m nur Fachspr Ent (Strukturen, die die artgemäße Eiablage an bestimmten, meist nicht ohne weiteres zugänglichen Stellen ermöglichen)* ovometilo

Ovizide *n/Pl chemische Bekämpfungsmittel gegen Eier von Insekten od Milben* ovicidoj *Pl* (↑ *auch* ***Insektizide*** *u.* ***Akarizide***)

Ovogenese *f Biol* ↑ ***Oogenese***

ovoid[isch] ↑ ***eiförmig***

Ovo-Lacto-Vegetarier *m* ovo-lakto-vegetarano

ovovivipar *Adj Fachspr Biol für «Eier mit mehr od weniger entwickelten Embryonen legend»* ovovivonaska (*vgl. dazu* ***ovipar***)

Ovulation *f Physiol* ↑ ***Follikelsprung***

Ovulations|hemmer *m Med, Pharm* inhibitoro de ovolado; **~zyklus** *m Physiol* ovolada ciklo (*vgl. dazu* ***Menstruation***)

Oxalat *n, auch* ***kleesaures Salz*** *n Chem (Salz der Oxalsäure)* okzalato; **~stein** *m Med (Nierenstein aus oxalsaurem Kalk)* okzalata kalkuluso

Oxalit *m Min (ein gelbes erdiges Mineral, das aus dem Eisensalz der Oxalsäure besteht)* okzalito

oxalsauer *Adj* okzala

Oxal|säure *f, auch* ***Kleesäure*** *f* (Acidum oxalicum) *Chem (eine giftige, technisch verwendete organische Säure)* okzalata acido; **~succinat** *n* okzalata sukcinato

Oxalurie *f nur Fachspr Med (vermehrte Ausscheidung von Oxalsäure im Harn)* okzalurio

Oxalyl *n Chem* oksalilo

Oxana (*f*) *russ. weibl. Vorname* Oksana

Oxazol *n Chem* oksazolo

Oxer *m Pferdesport (Hindernis bei Springprüfungen)* oksero

[1]**Oxford** (*n*) *engl. Universitätsstadt* Oksfordo

[2]**Oxford** *n Geol (unterste Stufe des Malms)* oksford[i]o

Oxford-Bewegung *f anglikanische Kirche* Movado de Oksfordo

Oxhoft *n Metr (ein altes Flüssigkeitsmaß [1,48-2,35 hl])* okshofto

Oxid *n, alt* ***Oxyd*** *n Chem (eine Sauerstoffverbindung)* oksido (↑ *auch* ***Blei-***, ***Magnesium-*** *u.* ***Zinnoxid***); ***anderthalbfaches ~*** *nur Fachspr Chem* seskvi-oksido

Oxidans *od* **Oxidationsmittel** *n Chem* oksidilo

Oxidase *f, alt* ***Oxydase*** *f Biochemie (ein Sauerstoff übertragendes Enzym)* oksidazo

Oxidation *f, alt* ***Oxydation*** *f Chem (Herbeiführung der Oxidation)* oksidado, *(Eingehen einer Sauerstoffverbindung)* oksidiĝo

Oxidationsmittel *n* ↑ ***Oxidans***

Oxidationsprozess *m* procedo de oksidiĝo

oxidieren, *alt* ***oxydieren*** *Chem* ***a)*** *tr (bewirken, dass sich eine Substanz mit Sauerstoff verbindet)* oksidi ***b)*** *intr (sich mit Sauerstoff verbinden, Sauerstoff aufnehmen)* oksidiĝi; ***oxidiert sein*** esti oksidiĝinta; ***nicht oxidierend*** neoksidebla

Oxidierung *f, alt* ***Oxydierung*** *f Chem* oksidado *bzw.* oksidiĝo (*vgl. dazu* ***oxidieren***)

Oxidkathode *f El ([in Elektronenröhren] eine Glühkathode, die mit einer Oxidschicht eines der Erdalkalimetalle Calcium, Barium od Strontium überzogen ist)* oksida katodo

Oxim *n Chem (eine Isonitrosoverbindung)* oksimo

Oxonium *n Chem* oksonio; **~salze** *n/Pl Biochemie (salzartige Verbindungen von Äther)* oksoniaj saloj *Pl*

Oxybiose *f Biol* ↑ ***Aerobiose***

Oxyd *n Chem* ↑ ***Oxid***

Oxydase *f Biochemie* ↑ ***Oxidase***

Oxydation *f Chem* ↑ ***Oxidation***
oxydieren ↑ ***oxidieren***
Oxygenase *f Biochemie (Enzym, das Sauerstoff in Metaboliten einführt)* oksigenazo
Oxygen[ium] *n* (*Symbol* ***O***) = ***Sauerstoff***
Oxyhämin *n Biochemie* ↑ ***Hämatin***
Oxyhämoglobin *n sauerstoffhaltiger Blutfarbstoff* oksihemoglobino
Oxymoron *n rhetorische Figur durch Verbindung zweier sich widersprechender Begriffe [z.B. «Eile mit Weile»], im Esp z.B. «lia silento estas elokventa»)* oksimoro
Oxyrhynchos (*n*) *eine antike Stadt in Ägypten* Oksirinĥo *<hier zahlreiche Papyrusfunde aus griechisch-römischer Zeit>*; ***Papyrus aus*** ~ oksirinĥa papiruso
Oxytetracyclin *n Biochemie (ein Antibiotikum)* oksitetraciklino
Oxytocin *n Biochemie* ↑ ***Ocytocin***
Oxytokie *f Med* ↑ ***Sturzgeburt***
oxytoniert, *auch* ***endsilbenbetont*** *Adj Ling* oksitona
Oxytonon *n Ling (auf der letzten, kurzen Silbe betontes Wort)* oksitona vorto (↑ *auch* ***Paroxytonon***)
Oxyure *m* ↑ ***Madenwurm***
Oxyuriasis *f Med* ↑ ***Madenwurmbefall***
Oybin (*n*) ***a)*** [kuracloko] Ojbino *ein Kurort im Zittauer Gebirge* ***b)*** [monto] Ojbino *ein Berg im Zittauer Gebirge*
OZ = *Abk für* ***Oktanzahl***
Ozäna *f, auch* ***Stinknase*** *f* (Rhinitis atrophicans cum foetore) *nur Fachspr Med (eine chronische Erkrankung der Nasenschleimhaut mit Absonderung eines übel riechenden Sekrets)* ozeno
Ozean *m Weltmeer* oceano; ***Atlantischer*** ~, *auch* ***Atlantik*** *m* Atlantika Oceano; ***Arktischer*** ~ ↑ ***Nordpolarmeer***; ***Indischer*** ~, *auch* ***Indik*** *m* Hinda Oceano; ***Pazifischer*** (*od* ***Stiller***) ~ *od* ***Pazifik*** *m* Pacifika Oceano
Ozeanarium *n Anlage mit Meerwasseraquarien* oceanario
Ozean|dampfer *m Mar* transoceana vaporŝipo; ~**frachter** *m* transoceana kargoŝipo
Ozeaniden *f/Pl Myth* ↑ ***Okeaniden***
Ozeanien (*n*) *Gesamtheit der Pazifikinseln zw. Amerika, den Philippinen u. Australien* Oceanio
Ozeanier *m* oceaniano
ozeanisch *Adj* ***a)*** *den Ozean od das Meer betreffend* oceana (↑ *auch* ***euozeanisch***, ***inter- u. transozeanisch***); ~***es Becken*** *n Geol* oceana baseno; ~***es Klima*** *n Met* oceana klimato ***b)*** *zu Ozeanien gehörig* oceania, apartenanta al Oceanio; *aus Ozeanien [stammend]* [devenanta] el Oceanio
Ozeanistik *f Wissenschaft von der Kultur der ozeanischen Völker* oceanistiko
Ozeanit *m Min (ein Basaltgestein)* oceanito
Ozeanograf *m, auch* ***Ozeanograph*** *m* oceanografo
Ozeanografie *f, auch* ***Ozeanographie*** *f Geogr u. Geophysik* oceanografio
ozeanografisch, *auch* ***ozeanographisch*** *Adj* oceanografia
Ozeanologie *f* = ***Ozeanografie***
Ozeanus (*m*) *griech. Myth* ↑ ***Okeanos***
Ozelle *f nur Fachspr Zool (1. Lichtsinnesorgan bei Insekten u. Spinnentieren 2. runder Farbfleck, der von einem andersfarbigen Ring umgeben ist [auf Schmetterlingsflügeln])* ocelo
Ozelot *m, auch* ***Pardelkatze*** *f* (Leopardus pardalis = Felis pardalis) *Zool (eine bis 1 m lange Wildkatze, in vielen Unterarten in den Wäldern Süd- u. Mittelamerikas <mit wertvollem Fell>)* oceloto
Ozokerit *m, auch* ***Erd-*** *od* ***Bergwachs*** *n Min (sehr hartes mineralisches Wachs aus festen gesättigten Kohlenwasserstoffen [ein Oxidationsprodukt paraffinischer Erdöle])* ozokerito, *auch* tervakso *od* tera vakso
Ozon *m, Fachspr nur n eine besondere Form des Sauerstoffs* ozono; ~**erzeuger** *m Chem* ozonizilo; ~**gehalt** *m* enhavo de ozono
ozonhaltig, *<österr>* ***ozonhältig*** *Adj* ozonhava
ozonisieren *tr in Ozon verwandeln* ozonigi; *mit Ozon anreichern bzw. behandeln, z.B. zur Keimfreimachung* ozonizi
Ozonisierung *f, auch* ***Ozonentkeimung*** *f* ozonigo; ozonizo
Ozon|killer *m umg für «Ozon zerstörende Substanz»* ozondetruanto *bzw.* ozondetruilo; ~**loch** *n durch Treibgase verursachte Zerstörung der Ozonschicht in der Stratosphäre* ozontavola truo, *umg auch* ozontruo
Ozonometer *n Met, Phys* ozonometro
Ozonosphäre *f Met (Ozonschicht der Atmosphäre: durch höheren Ozongehalt gekennzeichnete Schicht der Erdatmosphäre)* ozonosfero
ozonreich *Adj* ozonriĉa
Ozon|schicht *f Met* ozontavolo; ~**therapie** *f Med (Sauerstofftherapie)* ozon[o]terapio

P

p = *Zeichen für* **1.** ***Pond*** **2.** ***Proton*** **3.** ***Penny***
P. = *Abk für* ***Paise***
Pa = *Zeichen für* ***²Pascal***
p. A. = *Abk für* ***per Adresse***
PA = *Kurzzeichen für* ***Polyamid***
Päan *m 1. vielstimmiger Gesang zu Ehren des Apollo 2. übertr (Sieges- od Jubelgesang)* peano
Pa'anga *f Währung in Tonga* paango (*vgl. dazu* ***Seniti***)
paar 1. *Indef Pron*: ***ein ~*** *einige* kelkaj; *eine gewisse Anzahl* certa nombro [da]; ***[ein] ~ Minuten lang*** dum kelkaj minutoj; ***alle ~ Tage*** regule post kelkaj tagoj; ***in ein ~ Tagen*** post kelkaj tagoj; ***noch ein ~ Tage*** ankoraŭ kelkajn tagojn; ***vor ein ~ Tagen*** antaŭ kelkaj tagoj; ***ich habe nur ein ~ Worte mit ihm gewechselt*** mi nur iomete parolis kun li **2.** *Adj Math*: ***~e Zahl*** *f* para nombro
Paar *n gleicher, zusammengehöriger Dinge, Tiere od Personen* paro (↑ *auch* ***Freundespaar***); *Ehe*~ geedza paro; ***ein ~ Handschuhe*** (***Schuhe***) paro da gantoj (ŝuoj); ***homosexuelle und lesbische ~e*** *Pl* gejaj kaj lesbaj paroj *Pl*; ***ein ~ werden*** fariĝi paro, *(Mann und Frau werden)* fariĝi edzo kaj edzino; ***ein hübsches*** (***reizendes***) ~ bela (ĉarma) paro; ***das junge ~*** la juna paro; *die Neuvermählten auch* la junaj geedzoj *Pl* ◇ ***aus denen wird bestimmt [bald] ein ~*** *Ehepaar* verŝajne ili [baldaŭ] geedziĝos
paaren *tr* parigi *auch Viehzucht* (*vgl. dazu* ***kreuzen***); ***sich ~*** pariĝi, *Biol meist* kopulacii, *umg sex* sekskuniĝi; *übertr* kuniĝi (***mit*** kun, *auch* al)
Paarhufer *m/Pl, auch* ***Paarzeher*** *m/Pl* (*Ordnung* Artiodactyla) *Zool* parhufuloj *Pl* (*vgl. dazu* ***Unpaarhufer***)
paarig 1. *Adj* para; *doppelt* duobla **2.** *Adv zu zweien od in Paaren* pare; *paarweise angeordnet* pare aranĝita; ~ ***gefiedert*** *Bot (eine Blattform)* pare pinata
Paarlauf *m od* **Paarlaufen** *n Eiskunstlauf* para art[o]sketado
paarmal, *auch* ***ein paarmal*** *Adv einige Male* kelkfoje *od* kelkajn fojojn, kelkoble; *mehrmals* plurfoje *od* plurajn fojojn, pluroble; ***ein ~ so viel wie ...*** kelkoble pli ol ...
Paarung *f Biol* kopulacio, *auch* pariĝo (*vgl. dazu* ***Begattung***)
paarungswillig *Adj* pariĝema
Paarungszeit *f der Tiere* pariĝa sezono (↑ *auch* ***Brunst-*** *u.* ***Reihzeit***)
paarweise *Adv* pare; *zu zweit* duope; *Paar für Paar* paro post paro; ~ ***angeordnet*** pare aranĝita
Paarzeher *m/Pl Zool* ↑ ***Paarhufer***
Pablo (*m*) *spanische Namensform zu Paul* Pablo (↑ *auch* ***Paul***)
Paca *f Zool* ↑ ***Paka***
Pachacamac *ohne Art*: *Ruinen- u. Kultstätte südlich von Lima, bedeutender vorinkaischer Orakel- u. Wallfahrtsort an der peruanischen Küste* Paĉakamako *<so benannt nach dem ‹Erdschöpfer› Pachamama, dessen Tempel hier stand>*
Pachamama (*m*) *bis heute wichtige Gottheit der indianischen Hochlandbevölkerung Perus, Boliviens u. NW-Argentiniens* paĉamamo *(auch Großschr)*
Pachomius (*m*) *Eig (ein ägyptischer Mönch [um 287-347])* Paĥomo *<er gründete um 320 das Kloster in Tabennisi>*
Pacht *f Pachtung* farmado (↑ *auch* ***Erbpacht***); *Pachtgeld* farmopago; ~ ***für den Boden*** farmopago por la grundo (*od auch* tero); ***etw. in ~ geben*** farmigi ion; ***in ~ nehmen*** lupreni *od* lue preni, farmi
pachten *tr* lue preni laŭ kontrakto [por difinita tempo]; *Land, um es zu bewirtschaften* farmi (***von*** de),; ***eine Parzelle ~*** farmi parcelon; ***etw. gepachtet haben*** havi ion en farmo *(Zam)*
Pächter *m von Grund und Boden* farmanto *od* farmisto (*vgl. dazu* ***Farmer*** *u.* ***Mieter***)
pachtfrei *Adj u.Adv* sen farmopago *nachgest*
Pacht|geld *n, auch* ***Pachtzins*** *m* farmopago; ~**gut** *n* farm[o]bieno; ~**haus** *n* farmodomo; ~**land** *n* farma tero
Pachtung *f* farm[ad]o
Pachtvertrag *m* farmkontrakto (*vgl. dazu* ***Mietvertrag***)
pachtweise *Adv* surbaze de farmkontrakto (*vgl. dazu* ***leihweise***)
Pachtzins *m* ↑ ***Pachtgeld***
Pachuca de Soto (*n*) *Hptst. des mexikanischen Gliedstaats Hidalgo* Paĉuka-de-Soto
Pachydermie *f Med* ↑ ***Elefantiasis***
pachyrhizus *Bot* ↑ ***dickwurzelig***
Pachymeninx *f Anat* = ***harte Hirnhaut***
Pacini-Körperchen *Pl* (Corpusculae lamellosae) *Anat (große lamellöse Endkörperchen von Nervenfasern in der Unterhaut für die Wahrnehmung von Vibrationen <lokali-*

siert z.B. im Handteller, in der Fußsohle, in Endsehnen u.a.>) paĉiniaj korpuskloj *Pl*

[1]**Pack** *m* pak[aĵ]o; *Bündel, Zusammengeschnürtes* kunligitaĵo (↑ *auch* ***Ballen***); *Stapel, z.B. Bücher, Zeitungen* stako ◇ ***mit Sack und ~*** *mit aller Habe* kun pakaĵo kaj havaĵo *(Zam)*

[2]**Pack** *n Gesindel* kanajlaro (*vgl. dazu* [2]***Brut***)

Päckchen *n*, *<österr> umg* ***Packerl*** *n* pakaĵeto; *Post* malgranda poŝtpaketo; ***ein ~ Tabak*** (***Zigaretten***) paketo da tabako (cigaredoj) ◇ ***jeder hat sein ~ zu tragen*** *jeder hat seine Sorgen u. Lasten* ĉiu havas siajn zorgojn kaj penojn

Packeis *n an den Polen* bankizo(j)

packen *tr* ***a)*** *einpacken u. Hdl (verpacken, bes. in Kisten, zu Ballen u. Ä.)* paki; *einwickeln* envolvi; ***ein Paket ~*** paki (*od auch* ŝnurumi) paketon; ***pack deine Sachen [zusammen] und geh!*** paku viajn aĵojn kaj foriru! ***b)*** *ergreifen, fangen* kapti (*vgl. dazu* ***nehmen***); ***jmdn. am Arm ~*** kapti iun ĉe la brako; ***jmdn. am Hals ~*** preni iun je la kolo ***c)*** *rühren* kortuŝi, emocii, *Roman auch* kapti [ies koron] ◇ ***hast du die Prüfung gepackt?*** ĉu vi sukcesis trapasi la ekzamenon?; ***pack dich!*** *scher dich fort!* forpafiĝu!

[1]**Packen** *n das Ein- od Verpaken* pakado; ***bist du mit dem ~ [der Koffer] fertig?*** ĉu vi finis la pakadon [de la valizoj]?

[2]**Packen** *m* = [1]***Pack***

packend *Adj spannend* streĉa, ekscita; *ergreifend, rührend* emocia, kortuŝa

Packer *m* pakisto

Packerl *n* ↑ ***Päckchen***

Packerlsuppe *f* ↑ ***Instantsuppe***

Packesel *m*, *auch* ***Lastesel*** *m* ŝarĝoazeno; *übertr* ŝarĝobesto

Packl *n* ↑ ***Paket***

Pack|leinwand *f* paktolo; **~material** *n* pakmaterialo *od* pakuma materialo; **~papier** *n* pakpapero; **~pferd** *n* ŝarĝoĉevalo; **~raum** *m* pakejo; **~sattel** *m*, *auch* ***Saumsattel*** *m* ŝarĝoselo; **~tasche** *f am Sattel* selopoŝo

Packung *f* ***a)*** *Schachtel* skatolo (*vgl. dazu* ***Frischhalte-*** *u.* ***Zehnerpackung***); *Dose* ladskatolo; *Zigaretten* paketo (*vgl. dazu* ***Päckchen***) ***b)*** *Verpackung* pakumo; *Med* envolvaĵo (↑ *auch* ***c)*** *Balneologie* ↑ ***Fangopackung*** *u.* [1]***Wickel c)***

Packwagen *m Eisenb* pakaĵvagono (*vgl. dazu* ***Fourgon***)

Pädagoge *m* pedagogo (↑ *auch* ***Musikpädagoge***); *Erzieher* edukisto; *Lehrer* instruisto

Pädagogik *f* pedagogio (↑ *auch* ***Andragogik*** *u.* ***Psychopädagogik***); ***kybernetische ~*** kibernetika pedagogio

pädagogisch **1.** *Adj* pedagogia (↑ *auch* ***erzieherisch***); ***aus ~er Sicht*** laŭ pedagogia vidpunkto **2.** *Adv* pedagogie

Padang (*n*) *Hptst. der indonesischen Provinz Westsumatra* Padango

Padanien (*n*) *eine Großregion in Norditalien* Padanio

Paddel *n Rudern* padelo; *Stech*~ *(beim Kanu od Kajak)* pagajo; *Doppel*~ *(Paddel mit einem Blatt an jeder Seite, z.B. fürs Faltboot)* duobla pagajo; ***einfaches ~*** *(beim Kanu od Kajak)* simpla pagajo

Paddelboot *n* padelboato *od* padelkanoto; *Kanu* kanuo (*vgl. dazu* ***Faltboot***)

paddeln *intr* padeli (*vgl. dazu* ***rudern***); *im Kanu od Kajak* pagaji

Paddeln *n* padelado

Paddyreiher *m* (Ardeola grayii) *Orn* rizej-ardeo

Päderast *m sex (Homosexueller mit bes. auf männliche Jugendliche gerichtetem Sexualempfinden)* pederasto (↑ *auch* ***Kinderschänder***)

Päderastie *f sex (sexuelle Beziehung von Männern zu Knaben)* pederastio

Paderborn (*n*) *eine Stadt in NRW* Paderborno

Pädiater *m* ↑ ***Kinderarzt***

Pädiatrie *f*, *auch* ***Kinderheilkunde*** *f Med* pediatrio

pädiatrisch *Adj die Kinderheilkunde betreffend* pediatria

Padma *m Bot* ↑ *unter* ***Lotos***

Padmasambhava (*m*) *Eig (ein ind. Heiliger, der im 8. Jh. als Missionar in Tibet wirkte)* Padmasambavo

Pädogenese *f nur Fachspr Biol (Fortpflanzung im Larvenstadium [ein Sonderfall der Parthenogenese])* pedogenezo

Pädologe *m* pedologo

Pädologie *f Wissenschaft vom gesunden Kind unter Berücksichtigung der jeweiligen Entwicklungsstufe* pedologio

pädologisch *Adj erzieherisch, die Pädologie betreffend* pedologia

Pädomorphose *f*, *auch* ***Verjugendlichung*** *f Fachspr Biol (Beibehaltung jugendl. Merkmale im Erwachsenenalter)* pedomorfozo

pädophil **1.** *Adj* pedofilia **2.** *Adv* pedofilie

Pädophile *m* pedofiliulo

Pädophilie *f sexuelle Neigung Erwachsener zu Kindern od Jugendlichen beiderlei Geschlechts* pedofilio

Padre *m Kirche* ↑ ***Pater***

Padua (*n*), *ital.* ***Padova*** *eine Stadt in Venetien/Italien* Padovo

Paduaner *m Einwohner von Padua* padovano

Pedunculus *m nur Fachspr Anat* pedunklo

Padus *m* ↑ ***²Po***

Paella [*pa'ɛlja*] *f Kochk (span. Reisgericht mit verschiedenen Sorten Fleisch, Fisch, Muscheln, Krebsen, Gemüse u.a.)* paeljo; ~**pfanne** *f, span.* ***Paellera*** *f große flache [eiserne] Pfanne für die Zubereitung von Paella* paeljopato

paff! *lautmalend* paf!, klak!

paffen *intr salopp für «rauchen»* [puŝblove] fumi

Pagaie *f* ↑ ***Stechpaddel***

Pagan (*n*) ↑ ***Bagan***

Paganini (*m*) *Eig (italienischer Violinvirtuose u. Komponist [1782 -1840])* Paganino

paganisieren *tr dem Heidentum zuführen* paganigi

Paganismus *m* ↑ ***Heidentum***

Page [*'pa:ʒə*] *m* ***a)*** *auch* ***Edelknabe*** *m im Palast* paĝio (*vgl. dazu* ***Diener*** *u.* ***Knappe***) ***b)*** *in Cafés früherer Zeiten* grumo; *Hotel*~ lakeo (*vgl. dazu* ***Lakai***)

Page Down-Taste *f Computer* paĝo-malsupren-klavo

Pagenfrisur *f od* **Pagenkopf** *m eine Damenfrisur* paĝia hararanĝo

Page Up-Taste *f Computer* paĝo-supren--klavo

paginieren *tr Typ (mit Seitenzahlen versehen)* paĝigi, numeri la paĝojn [de libro *bzw.* kajero *u.Ä.*] (*vgl. dazu* ***nummerieren***)

Pagode *f buddhistischer Tempel* pagodo

Pagoden|ärmel *m* pagoda maniko; ~**blume** *f* (Clerodendrum paniculatum) *Bot* panikla klerodendro; ~**star** *m* (Sturnus pagodarum) *Orn* pagoda sturno *[Vorkommen: Ostpakistan, Nepal, Indien, Sri Lanka]*

Pago Pago (*n*) *Hptst. von Amerikanisch-Samoa [auf Tutuila]* Pago-Pago

pah! *Interj (kennzeichnet Geringschätzung od Ungeduld)* pa!

Pahang (*n*) *größter Bundesstaat Malaysias* Pahango *[Hptst.: Kuantan]*

Pahlawi *od* **Pehlewi** *n Ling (mittelpersische Sprache [war die Sprache des Sassanidenreiches])* pahlavio

Pailletten *f/Pl Flitter [kleine runde Metall- od Glasplättchen zum Aufnähen als Kleiderschmuck]* pajletoj *Pl*

Pair *m Gesch ([früher:] Mitglied des höchsten französischen Adels)* pajro (↑ *auch* ***Peer***)

Paisa *m* (*Abk* ***Ps***) *kleine Währungseinheit in Nepal u. Pakistan* pajso

Paise *f* (*Abk* ***P.***) *kleine Währungseinheit in Indien* pajso

Pak *f* = *Kurzw für* ***Panzerabwehrkanone***

Paka *n, auch* ***Paca*** *f* (Agouti paca = Cuniculus paca) *Zool (ein südamerik. Nagetier [ein Meerschweinchenverwandter])* pakao (*vgl. dazu* ***Aguti***)

Pakarana *f* (Dinomys branickii) *Zool (ein südamerik. Nagetier)* pakarano

Paket *n,* <*österr*> *umg auch* ***Packl*** *n Post* paketo; *Post*~ poŝtpaketo; *i.w.S. Postsendung* poŝta sendaĵo; ***ein ~ aufgeben*** ekspedi (*od* forsend[ig]i) paketon

Paket|annahme *f Post* akceptejo de [poŝt]-paketoj; ~**ausgabe** *f* eldonejo de [poŝt]paketoj; ~**karte** *f Post* poŝtpaketa formularo

Paketkokkus *m Bakt* ↑ ***Sarcina***

Paket|schalter *m* giĉeto por [poŝt]paketoj; ~**zusteller** *m Post* liverado de [poŝt]paketoj

Pakistan (*n*), *amtl* ***Islamische Republik Pakistan*** Pakistano *[Hptst.: Islamabad]*

Pakistaner *m, auch* ***Pakistani*** *m* pakistanano

Pakistanerin *f, auch* ***Pakistani*** *f* pakistananino

pakistanisch *Adj* pakistana

Pakt *m Jur (Übereinkunft), Pol (Bündnis)* pakto; *zwischenstaatlicher Vertrag* interŝtata kontrakto (↑ *auch* ***Bündnis***, ***Beistands-***, ***Militär-***, ***Nichtangriffs-***, ***Sicherheitspakt***, ***Traktat a)***, ***Übereinkunft*** *u.* ***Vertrag***)

paktieren *intr einen Pakt abschließen* konkludi pakton; *übertr (oft pej) für «gemeinsame Sache machen»* paktumi (***mit*** kun)

Paktolus *m ein goldführender Fluss des alten Lydien* [rivero] Paktolo

Paläanthropologe *m* paleoantropologo

Paläanthropologie *f Wissenschaft, die nach den Ursachen u. Bedingungen sucht, die zur Menschwerdung geführt haben [Teil der Anthropologie, der sich mit den fossilen Hominiden befasst]* paleoantropologio

Paläarktis *f, auch* ***paläarktische Region*** *f Biogeografie* palearktiso, *auch* palearkt[is]a

[eko]zono

paläarktisch *Adj* palearkt[is]a; *~e* ***Region*** *f Tiergeographie* palearkt[is]a regiono *(das ist: Europa, Nordafrika, Asien außer Indien)*

Paläasiaten *m/Pl Ethn* ↑ ***Paläoasiaten***

Paladin *m i.e.S. vornehmer Held im Gefolge Karls des Großen bzw. i.w.S. Ritter als Gefolgsmann eines Herrschers* paladino *auch übertr (dann oft pej)*

Paladon® *n Kunststoff für Zahnersatz* paladono

Palagonit *m Geol (ein Aschentuff)* palagonito

Palais [*pa'lɛ:*] *n Palast* palaco; *Schloss* kastelo

Palamedes (*m*) *Eig (Sohn des Königs Nauplios von Euböa [Berater des Griechenheers vor Troja])* Palamedo

Palankin *m sänftenähnlicher Tragstuhl [früher im Orient u. in SO-Asien gebräuchlich]* palankeno (*vgl. dazu* ***Sänfte***)

Paläoasiaten *od* **Paläasiaten** *m/Pl, auch* ***Paläo-*** *od* ***Altsibirier*** *m/Pl Ethn (die älteste Bevölkerung Sibiriens [Tschuktschen, Korjaken, Kamtschadalen, Jukagiren, Ewenen, Jenissejer], Sachalins [Giljaken] u. Nordjapans [Aïnu])* paleoazianoj *Pl*

paläoasiatisch *Adj*: *~e* ***Sprachen*** *f/Pl, auch* ***hyperboreische Sprachen*** *f/Pl Ling (eine Gruppe von Sprachen im NO Asiens)* paleoaziaj lingvoj *Pl*

Paläobiologie *f Teilgebiet der Paläontologie, das sich mit den fossilen Organismen, deren Lebensumständen u. ihren Beziehungen zur Umwelt befasst* paleobiologio

Paläobotanik *f, auch* ***Paläophytologie*** *od* ***Phytopaläontologie*** *f Wissenschaft von den ausgestorbenen Pflanzen vergangener Erdzeitalter* paleobotaniko

Paläobotaniker *m* paleobotanikisto

paläobotanisch *Adj die Paläobotanik betreffend bzw. zu ihr gehörend od auf ihr beruhend* paleobotanika

Paläodemografie *f, auch* ***Paläodemographie*** *f* paleodemografio

Paläogen *n Geol (das Alttertiär mit den Abteilungen Paläozän, Eozän, Oligozän)* paleogeno

Paläogeografie *f, auch* ***Paläogeographie*** *f ein Teilgebiet der Geologie, das sich mit der geografischen Gestaltung der Erdoberfläche in früheren geologischen Zeiten befasst* paleogeografio

paläogeografisch, *auch* ***paläogeographisch*** *Adj paleogeografia*

Paläograf *m, auch* ***Paläograph*** *m* paleografo

Paläografie *f, auch* ***Paläographie*** *f Wissenschaft von den Schriftarten u. Beschreibstoffen des Altertums u. Mittelalters, ihrer Entstehung u. Entwicklung* paleografio

paläografisch, *auch* ***paläographisch*** paleografia

Paläohistologie *f Wissenschaft von den Geweben der fossilen Lebewesen* paleohistologio

Paläoklimatologie *f Wissenschaft von den Klimaten der Erdgeschichte* paleoklimatologio

Paläökologie *f* ↑ ***Paläoökologie***

Paläolinguistik *f Wissenschaft, die sich mit einer [angenommenen] allen Völkern gemeinsamen Ursprache befasst* paleolingvistiko

paläolinguistisch *Adj die Paläolinguistik betreffend bzw. auf ihr beruhend* paleolingvistika

Paläolithikum *n, auch* ***Altsteinzeit*** *f Geol* paleolitiko (↑ *auch* ***Acheuléen***)

paläolithisch, *auch* ***steinzeitlich*** *Adj* paleolitika; *~e* ***Funde*** *m/Pl Archäol* paleolitikaj trovaĵoj *Pl*

Paläologe *m Kenner des Altertums* paleologo

Paläomagnetismus *m, auch* ***fossiler Magnetismus*** *Geophysik* paleomagnetismo

Paläontologe *m* paleontologo

Paläontologie *f Wissenschaft von den Lebewesen vergangener Erdperioden* paleontologio (↑ *auch* ***Mikropaläontologie***)

paläontologisch *Adj die Paläontologie betreffend bzw. zu ihr gehörend od auf ihr beruhend* paleontologia

Paläoökologie *f, auch* ***Paläökologie*** *f Fachgebiet zur Erforschung der vergangenen Lebensepochen auf der Basis ökologischer Auffassungen u. Methoden* paleoekologio

Paläopathologe *m* paleopatologo

Paläopathologie *f Wissenschaftszweig, der sich mit der Erforschung krankhafter Veränderungen am Körper längst verstorbener einzelner Individuen u. ganzer Populationen befasst* paleopatologio

Paläophytologie *f* ↑ ***Paläobotanik***

Paläopsychologie *f Psychologie von den Urzuständen des Seelischen* paleopsikologio

Paläosibirier *m/Pl Ethn* ↑ ***Paläoasiaten***

Paläospezies *f Biol (eine nur fossil bekannte Art)* paleospecio
paläozän *Adj das Paläozän betreffend* paleocena
Paläozän *od* **Paleozän** *n Geol (älteste Abteilung des Tertiärs)* paleoceno
Paläozoikum *n, auch* ***Erdaltertum*** *n od* ***Erdaltzeit*** *f Geol* paleozoiko
paläozoisch *Adj das Paläozoikum betreffend* paleozoika
Paläozoologe *m* paleozoologo
Paläozoologie *f Wissenschaft von den ausgestorbenen Tieren vergangener Erdzeitalter* paleozoologio
paläozoologisch *Adj die Paläozoologie betreffend bzw. zu ihr gehörend od auf ihr beruhend* paleozoologia
Palast *m, ital.* ***Palazzo*** *m, franz.* ***Palais*** *n, span.* ***Palacio*** *m* palaco (↑ *auch* ***Dogen-***, ***Kaiser-***, ***Königs-***, ***Renaissance-***, ***Zarenpalast*** *u.* ***²Schloss***)
palastartig *Adj wie ein Palast* kiel palaco; *schön wie ein Palast* bel[eg]a kiel palaco *(beide: nachgest)*; *i.w.S. luxuriös* luksa
Palästina (*n*) *Gebiet zw. Mittelmeer u. Jordan* Palestino *auch «Gelobtes Land» der Juden, «Heiliges Land» der Christen*; **~-flüchtling** *m Pol* fuĝinto el Palestino
Palästinenser *m* palestinano
Palästinenserin *f* palestinanino
palästinensisch, *auch* ***palästinisch*** *Adj* palestina; *aus Palästina* el Palestino; ***~es Autonomiegebiet*** aŭtonoma teritorio de Palestino; ***≗e Befreiungsorganisation*** (*engl. Abk* ***PLO***) Palestina Liberiga Organizaĵo (*Abk* PLO)
Palästra *f griech. Antike (Kampf- od Übungsplatz der Ringer [häufig in Verbindung mit Badeanlagen])* palestro
Palast|revolte *f* palaca ribelo; **~revolution** *f Umsturzversuch von Personen in der nächsten Umgebung eines Herrschers od Staatsoberhaupts* palaca revolucio; **~wache** *f* palaca gvardio
palatal *Adj 1. Anat (das Palatum, d.h. den Gaumen betreffend) 2. Phon (im vorderen Mund am harten Gaumen gebildet [von Lauten])* palata
palatalisieren *tr* ***a)*** *Ling (einen nicht palatalen Laut in einen palatalen umwandeln)* palataligi *2. Phon (Konsonanten durch Anhebung des vorderen Zungenrückens gegen den vorderen Gaumen erweichen)* palatalizi
Palatalisierung *f Phon* palataligo *bzw.* palatalizo
Palatal[laut] *m, auch* ***Gaumenlaut*** *m Phon* palatalo, *auch* palatala sono (*od* konsonanto) (*im Esp z.B.* j *od* ŝ)
¹Palatin *m 1. [im Mittelalter:] Pfalzgraf 2. [bis 1848] Reichsverweser in Ungarn* palatino
²Palatin *m einer der sieben Hügel des alten Rom* Palatino (↑ *auch* ***Esquilin***)
Palatinat *n [früher:] Rang od Würde eines Pfalzgrafen* palatineco
palatinisch *Adj* ***a)*** *den ²Palatin betreffend* palatina ***b)*** ↑ ***pfälzisch***
Palatograf *m, auch* ***Palatograph*** *m Phon (Instrument zur Durchführung der Palatografie)* palatografo
Palatografie *f, auch* ***Palatographie*** *f Experimentalphonetik (Methode zur Ermittlung u. Aufzeichnung der Berührungsstellen zw. Zunge u. Gaumen beim Sprechen eines Lautes)* palatografio
Palatogramm *n Experimentalphonetik (Abbildung mit dem Palatografen)* palatogramo
Palatoplastik *f Chir (operativer Verschluss einer Gaumenspalte)* palatoplastio
Palatschinke *f Kochk* ↑ *unter* ***Omelett***
Palau (*n*), *auch* **Belau** (*n*) *ein mikronesischer Inselstaat im westl. Pazifik [umfasst die Palau-Inseln]* Palaŭo, *auch* Belaŭo *[Hptst.: Melekeok (bis 2006 Koror)]*
Palauer *m Bewohner von Palau* palaŭano
palauisch *Adj* palaŭa
Palaver *n 1. Ratsversammlung afrik. Stämme 2. übertr für «endloses Gerede und Verhandeln»* palavro; ***sinnloses ~*** sensenca palavro (↑ *auch* ***Hickhack***)
palavern *intr endlos reden [und verhandeln]* palavri
Palawan (*n*) *eine philippinische Insel, nördlich von Borneo [Hptst.: Puerto Princesa]* [insulo] Palavano
Palazzo *m* ↑ ***Palast***
Palea *f Bot* ↑ ***Spreublättchen***
Pale Ale [*ˈpe:l ˈe:l*] *n ein helles, englisches Bier* pelelo
Palembang (*n*) *Hptst. der indonesischen Provinz Südsumatra* Palembango
Paleozän *n Geol* ↑ ***Paläozän***
Palerm|o (*n*) *Hptst. der italienischen Autonomen Region Sizilien* Palermo (*n*)
Palestrina (*m*) *Eig (italienischer Komponist [* um 1525, † 1594])* Palestrino

Paletot [*...to:*] *m alt für «[leicht taillierter] doppelreihiger Herrenmantel»* palto

Palette *f* ***a)*** *<schweiz>* ***Palett*** *n Mal* paletro (↑ *auch* ***Farbpalette***) ***b)*** *Untersatz zum Stapeln für Stückgüter [genormtes Lademittel für Stückgüter]* paledo ***c)*** *übertr [reiche] Auswahl* [riĉa] elekto *od* oferto *od* sortimento; *Skala* gamo; ***eine große ~ an Waren*** riĉa sortimento da varoj

Paletten|hubwagen *m z.B. in Lagerhallen, Supermärkten* ĉarelo, *auch* paled[o]ĉaro; **~stauung** *f Mar* stivado de paledoj

palettieren *tr Versandgüter auf einer Palette stapeln und von da aus verladen* paledizi

Pali *n Ling (Schriftsprache der Mönche des südlichen Buddhismus)* la palia [lingvo]; **~kanon** *m Sammlung der Heiligen Bücher des südlichen Buddhismus, die in der mittelindischen Palisprache abgefasst sind u. den Kanon der Theravadaschule darstellen [aufgezeichnet im 1. Jh. in Ceylon]* palikanono

Palimpsest *m od n Lit (von Neuem beschriebenes Pergament [nämlich nach Abreiben der ursprünglichen Schrift])* palimpsesto

Palindrom *n Wortfolge od Satz, die bzw. der vorwärts wie rückwärts gelesen [den gleichen] Sinn ergibt* palindromo *<im Esp z.B. ‹ne mateno, bone tamen›>*

palindromisch *Adj*: ***~er Vers*** *m* palindroma verso

Palingenese *f 1. Biol (Auftreten von Merkmalen stammesgeschichtlicher Vorfahren während der Keimesentwicklung) 2. Petrografie (vollständige Aufschmelzung eines Gesteins, das somit Bestandteil des Magmas wird) 3. Phil (Wiederentstehung der Welt bzw. Wiedergeburt des Menschen)* palingenezo

Palinodie *f Lit (dichterischer Widerruf eines vorangegangenen kränkenden Gedichts)* palinodio

Palisade *f Mil hist (Verschanzung aus [oben zugespitzten] Pfählen)* palisaro

Palisaden|wurm *m* (Dioctophyme renale) *Parasitologie (ein schmarotzender Fadenwurm), Zool* dioktofimo; **~zellen** *f/ Pl Bot* palisadaj ĉeloj *Pl*

Palisander *m, auch* ***Palisanderholz*** *n ein Edelholz* palisandro

Palla *f Antike (rechteckiger Überwurf der altröm. Frauenkleidung mit Fransen od Knoten an den Längsseiten)* palao

[1]**Palladium** *n griech. Myth (Schutzbild der Pallas Athene)* paladio *auch übertr für «schützendes Heiligtum»*

[2]**Palladium** *n (Symbol* ***Pd****) Chem (ein Platinmetall)* paladio

Pallas *m Astron (ein Planetoid)* Palaso; **~ammer** *f* (Emberiza pallasi) *Orn* malgranda kanemberizo (↑ *auch* ***Rohrammer***)

Pallas Athene (*f*) *Myth* ↑ ***Athene***

Pallaskatze *f (auch* ***Steppenluchs*** *od* ***Manul*** *m genannt)* (Otocolobus manul) *Zool (eine kleine zentralasiat. Wildkatze)* palasa kato

Pallawatsch *m* ↑ ***Durcheinander***

palliativ *Adj nur Fachspr Med (symptomatisch lindernd)* paliativa

Palliativ|behandlung *od* **~therapie** *f Med* paliativa terapio; **~medizin** *f* paliativa medicino; **~mediziner** *m* paliativa medicinisto (*od* kuracisto)

Palliativ[um] *n Med, Pharm (symptomatisch wirkendes Arzneimittel n: schmerzlinderndes Mittel, das jedoch nicht die Krankheitsursache bekämpft)* paliativo *auch übertr (Hilfe für den Augenblick [ohne das Grundübel zu beseitigen])* (↑ *auch* ***Notbehelf***)

Pallium *n 1. Antike (mantelartiger Umhang der Römer aus einer Stoffbahn) 2. Mittelalter (Krönungsmantel der Kaiser) 3. ringförmiges weißes Schulterband des Papstes u. der Erzbischöfe* paliumo

Pallor *m Med* ↑ ***Blässe***

Palma de Mallorca (*n*) *Hptst. von Mallorca* Palma-de-Majorko

Palmarum ↑ ***Dies palmarum*** [↑ *unter* ***Palmsonntag***]

Palmblatt *n* palmfolio; **~körbchen** *n südostasiatische Kochk* palmfolia korbeto; **~manuskript** *n z.B. in altjavanischer od balinesischer Schrift* palmfolia manuskripto; **~tang** *m* (Palmaria palmata) *eine Rotalge (auch Nahr)* palmario

Palme *f Bot* palmo; *Kokos~* (Cocos nucifera) kokospalmo; *Areca- od Betel~* (Areca catechu) kateĉupalmo, *auch* kateĉuareko; *Sago~* (Metroxylon sagu) sagupalmo (*weitere Palmenarten* ↑ *im Alphabet*); ***[Familie der] ~n*** *Pl* (Palmae) palmacoj *Pl* ◇ ***Goldene ~*** *ein Filmpreis* Ora Palmo; ***das bringt mich auf die ~*** *das macht mich wütend* tio furiozigas min

Palmenart *f Bot* palmospecio

Palmen|blatt *n* palm[o]folio; **~dieb** *m, auch* ***Kokos[nuss]dieb*** *m* (Birgus latro) *Zool (ein*

Einsiedlerkrebs<Kokosnussräuber>, größtes an Land lebendes Krebstier der Erde [Vorkommen: auf Inseln der Südsee (auch auf dem Bikini-Atoll) u. dem Malaiischen Archipel]) birgo; ~**farn** *m* (*Gattung* Cycas) *Bot* cikaso (*vgl. dazu* ***Farnpalmen***)

Palm[en]herz(en) *n(/Pl)* (*auch* ***Palmito*** *genannt*) *Nahr (als Gemüse od Salat zubereitetes Mark bestimmter Palmen)* palmomedolo; *(die als Gemüse verzehrten Blattknospen od. Sämlinge mit zartem Mark einiger Palmenarten)* palmoŝosoj *Pl*

Palmenkatechu *n* ↑ ***Katechu b)***

Palmenkrähe *f* (Corvus palmarum) *Orn* palmokorvo *[Vorkommen: endemisch auf der Karibikinsel Hispaniola]*

Palm[en]lilie *f Bot* ↑ ***Yucca***

Palmen|segler *m* (Cypsiurus parvus) *Orn* [afrika] palmapuso; ~**waldsänger** *m* (Dendroica palmarum) *Orn* palmparulio

Palm[en]|wedel *od* ~**zweig** *m* palmobranĉo

Palmette *f palmblattartiges Ornament* palmeto *<in der klassisch antiken Kunst ausgebildet, von der Renaissancekunst wieder aufgenommen, auch im Spätbarock verwendet>*

Palmfett *n* = ***Palmöl***

Palmgeier *m* (Gypohierax angolensis) *Orn* palmovulturo *[Vorkommen: West- u. Zentralafrika, Südsudan]*

Palmitat *n Chem (Salz der Palmitinsäure)* palmitato

Palmitin *n Chem (Fett der mit Glycerin veresterten Palmitinsäure <ein Hauptbestandteil von Palmöl>)* palmitino; ~**säure** *f Biochemie* palmitata acido *<Bestandteil vieler natürlicher Fette u. Wachse>*

Palmito *m Nahr* ↑ ***Palm[en]herz(en)***

Palm|öl *n* palm-oleo; ~**saft** *m [ungegorener] Saft von Palmenblütenständen* palmflora suko

Palmsegler *m Orn*: ***afrikanischer*** ~ (Cypsiurus parvus) afrika palmapuso; ***asiatischer*** ~ (Cypsiurus balasiensis) azia palmapuso *[Vorkommen: Indien, Sri Lanka, SO-Asien u. Philippinen]*

Palm|sonntag *m, lat.* ***Dies palmarum*** *Kirche (erster Tag der Karwoche)* palmodimanĉo, *auch* palmofesto; ~**taube** *f* (Streptopelia senegalensis) *Orn* palmturto

Palmweide *f Bot* ↑ ***Salweide***

Palmwein *m, auch* ***Toddy*** *m gegorenes Getränk aus dem Stammsaft mancher Palmen* palm[o]vino

Palmwine-Musik *f ein westafrikanisches Musikgenre [bes. in Sierra Leone u. Liberia]* palmvina muziko

Palmyra (*n*) *im Altertum reiche Handelsstadt u. wichtiger Stützpunkt an der Karawanenstraße vom Mittelmeer zum Euphratknie, heute eine Oasenstadt in Syrien westl. von Tadmur <mit antiken Ruinen>* Palmiro; ~**insel** *f eine von den USA verwaltete polynesische Koralleninsel* Palmira Insulo

palmyrisch *Adj* palmira

Palmzucker *m brauner Zucker von der Arengapalme* palmsukero

Palmzweig *m* ↑ ***Palmenzweig***

palpabel *Adj Fachspr Med ([unter der Haut] zu ertasten)* palpebla

Palpation *f, auch* ***Untersuchung*** *f* ***durch Abtasten*** *Med* palpado, *auch* ekzamenado per palpado

Palpe *f Zool (Taster [bei Gliederfüßern])* palpilo

palpebral *Adj nur Fachspr Med (auf das Augenlid bezüglich bzw. zu ihm gehörig)* palpebra

palpieren *tr Med (betastend untersuchen)* palpi, *(nach etw. tasten)* palpe serĉi [ion]

Palpitation *f Med* ↑ *unter* ***Herzklopfen***

Paludismus *m Med* ↑ ***Malaria***

Palygorskit *m Min* paligorskito

Palynologie *f, auch* ***Pollenforschung*** *f Bot (Erforschung fossiler pflanzlicher Pollen u. Sporen in Böden, Sedimenten u. Lockergesteinen)* polenologio (*vgl. dazu* ***Pollenanalyse*** *u.* ***Pollenmorphologie***)

Pama *f Zool* ↑ ***Krait***

Pamela (*f*) *weibl. Vorname* Pamela

Pamir *m, auch n ein Faltengebirge in Innerasien («Dach der Welt»)* Pamiro

Pampa *f baumlose Grassteppe in Südamerika, bes. in Argentinien* pampo; ***feuchte*** ~ humida pampo

Pampanga *m ein Fluss auf Luzon/Philippinen* [rivero] Pampango; ***Provinz*** ~ provinco Pampango *[Hptst.: San Fernando]*

Pampas (*n*) *eine argentinische Region südlich des Gran Chaco* Pampaso *<landwirtschaftliches Kernland Argentiniens>*; ~-**fuchs** *m* (Pseudalopex gymnocercus) *Zool* pamp[as]a lupovulpo *[Vorkommen in Südamerika]*; ~**gras** *n, auch* ***[amerikanisches] Pampasgras*** *n od* ***Silbergras*** *n* (Cortadena selloana) *Bot (ein Ziergras)* pampoherbo

Pampashase *m Zool* ↑ ***[1]Mara***
Pampelmuse *f, auch* ***Pomelo*** *f eine Zitrusfrucht* pampelmuso (*vgl. dazu* ***Grapefruit***)
Pampelmusenbaum *m* (Citrus grandis = Citrus maxima) *Bot* pampelmusarbo
Pamphlet *n [polemische od auch politische] Streit- od Schmähschrift, verunglimpfende Flugschrift* pamfleto (*vgl. dazu* ***Pasquill***)
Pamphletist *m Verfasser von Pamphleten* pamfletisto (*vgl. dazu* ***Schreiberling***)
Pamphylien (*n*) *antiker Name der südkleinasiatischen Küstenebene zw. Lykien u. Kilikien* Pamfilio
pampig *Adj* ***a)*** *nord- u. mitteldt. für «breiig»* [aĉe] kaĉa ***b)*** *umg für «[unverschämt] frech»* [aĉe] impertinenta (↑ *auch* ***patzig***)
Pamplona (*n*) *Hptst. der span. Provinz Navarra [im Pyrenäenvorland]* Pamplono
Pampusche *f* ↑ ***Babusche***
Pamukkale (*n*) *heutiger Name der Ruinenstätte Hierapolis im westl. Anatolien/Türkei* <*hier: Sinterterrassen*> Pamukalo
Pan (*m*) *Myth (1. [ursprünglich:] arkadisch-griechischer Fruchtbarkeitsgott der Hirten u. Jäger 2. [später:] griech. Wald- u. Weidegott [Sohn des Hermes])* Pajno
panafrikanisch *Adj* tutafrika
Panafrikanismus *m Pol* tutafrikanismo
Panama (*n*) ***a)*** *ein Staat in Mittelamerika* Panam[i]o ***b)*** *auch* ***Ciudad de Panamá*** *Hptst. von Panama* [urbo] Panamo
Panamaer *m,* <*österr*> ***Panamene*** *m* panamano
Panamaerin *f* panamanino
Panamaholz *n* ↑ ***Sassafrasholz***
Panamahut *m* panama ĉapelo
panamaisch, <*österr*> ***panamenisch*** *Adj* panama
Panamakanal *m, auch* ***Panama-Kanal*** *m* Panama Kanalo, *auch* Kanalo de Panamo
panamerikanisch *Adj* tutamerika
Panamerikanismus *m Pol (Bestrebung zur wirtschaftl. u. polit. Zusammenarbeit aller amerikanischer Staaten)* tutamerikanismo
panarabisch *Adj* tutaraba
Panarabismus *m Pol (1918 entstandene Bewegung für ein Bündnis aller arabischer Staaten)* tutarabismo
Panaritium *n Med (Sammelbez. für «eitrige [nicht nach außen durchbrechende] Entzündungen an Finger u. Hand»)* panaricio (*vgl. dazu* ***Nagelbettentzündung***)
panasiatisch *Adj* tutazia
Panathenäen *Pl jährlich, bes. aber alle vier Jahre gefeiertes Fest zu Ehren der Athene im alten Athen* panateneoj *Pl (auch Großschr)*
Panazee *f Allheil- od Wundermittel* panaceo
Pancasila *meist ohne Art* (*Bez für «die fünf moralischen Grundprinzipien, auf denen der indonesische Staat beruht»* <*die von Sukarno 1945 verkündete indonesische Nationalideologie*>*)* panĉasilo; ~**-Philosophie** *f* filozofio de panĉasilo; ~**-Staat** *m der indonesische Staat auf der Grundlage der Pancasila u. der Verfassung von 1945* panĉasilo-ŝtato
Panchatantra *n ind. Lit (eines der ältesten Fabelbücher der Weltliteratur in fünf Teilen)* panĉatantro <*ein Vorbild für die Fabelbücher der Perser u. Araber*>
Pancha-Tathagata *n Buddhismus (der fünffache Buddha, d.h. die fünf Dhyani-Buddhas Amithaba, Amoghasiddhi, Akshobhya, Ratnasambhava u. Vairochana)* Panĉatatagato
Panchen-Lama *m* = ***Pantschen-Lama***
panchromatisch *Adj Foto (empfindlich für alle Farben u. Spektralbereiche [von Filmmaterial])* pankromata
Panda *m, auch* ***Bambusbär*** *m Zool* pando; ***großer*** ~ (Ailuropoda melanoleuca) granda pando; ***kleiner*** (*od* ***roter***) ~, *auch* ***Katzenbär*** (Ailurus fulgens) malgranda (*od* ruĝa) pando *[Vorkommen: in den Gebirgswäldern Südchinas u. Nordmyanmars, in Assam, Tibet, Sikkim u. Bhutan]*
Pandaimonium *od* **Pandämonium** *n Lit (meist in übertragener Bed für «Ort des Lasters und der Korruption»)* pandemonio
Pandane *f od* **Pandanuspalme** *f Bot* ↑ ***Schraubenbaum***
Pandavas *m/Pl indische Myth (die fünf Söhne der zwei Gattinnen des Pandu, die von fünf Göttern gezeugt wurden)* pandavoj *Pl* (↑ *auch* ***Pandu***)
Pandeiro *n Mus (eine Schellentrommel [bes. in Brasilien])* pandejro
Pandekten *Pl Jur (Hauptbestandteil des ‹Corpus Iuris Civilis›: die zw. 530 und 533 zusammengestellten 50 Bücher des röm. Juristenrechts [ius vetus])* pandektoj *Pl*
Pandemie *f Med (länderübergreifend od sogar weltweit auftretende Epidemie)* pandemio (*vgl. dazu* ***Endemie*** *u.* ***Epidemie***; ↑ *auch* ***Coronavirus-Pandemie***)

pandemiebedingt *Adj* kaŭze (*od* kaŭzita) de la pandemio *nachgest*
Pandemieprävention *f* pandemi-prevento
pandemisch *Adj Med (sehr weit verbreitet)* pandemia; *~e* ***Lage*** *f* pandemia situacio
Pandit *m Titel der [brahmanischen] Schriftgelehrten im Hinduismus* pandito *[auch für Träger dieses Titels gebraucht]*
Pandora (*f*) *Eig (griech. Myth)* Pandora ◇ ***die Büchse der ~*** *Quell des Unheils* la skatolo de Pandora
Pandschab *n, engl.* ***Punjab*** *eine Landschaft in Vorderindien* Panĝabo
Pandschabi *n od* **Punjabi** *Ling (eine neuindische Sprache)* la panĝaba [lingvo] <*offizielle Sprache in Pakistan u. im indischen Bundesstaat Pandschab*>
Pandu (*m*) *Vater der fünf Pandavas, deren Krieg mit den Kauravas im Mahabharata geschildert wird* Panduo (*vgl. dazu* ***Pandavas***)
Paneel *n* panelo (*vgl. dazu* ***Täfelung***)
paneelieren *tr mit Paneel versehen, täfeln* paneli, tegi per panelo
Panegyriker *m Antike (Verfasser eines Panegyrikos)* panegiristo
Panegyrikos *m 1. Antike (Festrede, auch Preis- od Dankrede [z.B. von Plinius]) 2. Lobrede od Lobgedicht* panegiro
panegyrisch *Adj lobrednerisch* panegira
Panentheismus *m religiös-philosophische Lehre, nach der die Welt in Gott eingeschlossen ist, ihren Halt hat* (*eigtl* All-in-Gott-Lehre) panenteismo
Panenzephalitis *f Med* panencefalito; ***subakute sklerosierende ~***, *auch* ***Bogaert-Enzephalitis*** *f* subakuta skleroziga panencefalito
paneuropäisch *Adj* tuteŭropa
Paneuropäismus *m Pol* tuteŭropismo
Panflöte *f, auch* ***Hirtenflöte*** *f Mus (altes Blasinstrument aus einer Reihe grifflochloser Eintonpfeifen verschiedener Länge)* pajnoŝalmo, *auch* paŝtista fluto
Pangäa *f große geschlossene Landmasse im Bereich des Äquators während der frühen Zeit der Erdgeschichte bis zum Erdaltertum (Paläozoikum)* Pangeo <*gilt nach der Kontinentalverschiebungstheorie als alleiniger Urkontinent, von dem sich die heutigen Kontinente abgespalten haben*>
Pangamsäure *f Biochemie (eine Vitamin-B-ähnliche Substanz)* pangamika acido
Pangasius *m* (Pangasius pangasius) *Ichth, Nahr (ein weißfleischiger Speisefisch aus der Gruppe der Welse)* pangasio
pangermanisch, *auch* ***alldeutsch*** *Adj* tutĝermana
Pangermanismus *m Bestrebung, alle Deutschen in einem Staat zu vereinen* tutĝermanismo, *auch* panĝermanismo
Panhellenismus *m, auch* ***Allgriechentum*** *n Pol* tuthelenismo, *auch* panhelenismo
panhellenistisch *Adj* tuthelenisma
Panier *n Mil* (*alt für «Banner»*) standardo
panieren *tr Kochk* panerumi
Paniermehl *n* panerumaĵo (↑ *auch* ***Semmelbrösel***)
Panierung *f das Panieren* panerum[ad]o
Panik *f* paniko (*vgl. dazu* ***Schreck*** *u.* ***Verwirrung***); ***es brach ~ aus*** ekestis paniko; ***~ erzeugen*** kaŭzi panikon; ***in ~ geraten*** (*od* ***verfallen***) ekpaniki, fali en panikon ◇ ***nur keine ~!*** ne ekpaniku!
Panik|anfall *m od* **~attacke** *f Psych* panikatako *od* atako de paniko; **~käufe** *Pl* panikaĉetado; **~mache** *f* panikfarado; **~verkäufe** *m/Pl an der Börse* panikaj vendoj *Pl*
panisch 1. *Adj* panika; *~e* ***Angst*** terura timo **2.** *Adv* panike
panislamisch *Adj* tutislama
Panislamismus *m Pol (Bewegung innerhalb der islamischen Welt mit dem Ziel des politischen Zusammenschlusses sowie der religiösen Erneuerung u. Rückbesinnung auf die Traditionen des Islam)* tutislamismo, *auch* panislamismo
Pankration *n griech. Antike (eine Kampfübung, die Ringen und Boxen vereinte)* pankraco
Pankratius (*m*), *auch* ***Pankraz*** (*m*) *Eig (röm. Märtyrer u. Heiliger; einer der Eisheiligen u. der 14 Nothelfer)* Pankraco *auch männl. Vorname*
Pankrazlilie *f* (*Gattung* Pancratium) *Bot* pankracio
Pankreas *f Anat* ↑ ***Bauchspeicheldrüse***
Pankreas|adenom *n Med* pankreata adenomo; **~enzym** *n* pankreata enzimo; **~exstirpation** *od* **~resektion** *f Chir* pankreatektomio; **~hormon** *n, auch* ***Bauchspeicheldrüsenhormon*** *n* pankreata hormono; **~karzinom** *n, auch* ***Bauchspeicheldrüsenkrebs*** *m Med* pankreata karcinomo, *umg* pankreata kancero; **~ödem** *n, auch* ***Zöpfel-Ödem*** *n Pankreasschwellung* pankreata edemo

Pankreassaft *m* ↑ ***Bauchspeicheldrüsensekret***

Pankreaszirrhose *f* (Cirrhosis pancreatis) *Med* pankreata cirozo

Pankreatin *n Biochemie, Pharm (Enzymgemisch der Bauchspeicheldrüse [enthält bes. Trypsin, Amylase und Lipase])* pankreatino

pankreatisch *Adj nur Fachspr Med (auf die Bauchspeicheldrüse bezogen bzw. auf deren Funktion zurückzuführen)* pankreata

Pankreatitis *f Med* ↑ *unter* ***Bauchspeicheldrüse***

Panlogismus *m Phil (Lehre nach der das ganze Weltall als Verwirklichung der Vernunft aufzufassen ist)* panlogismo

Panmunjom *od* **Panmunjon** (*n*) *Ort in der entmilitarisierten Zone zw. Nord- u. Südkorea* Panmunĵomo *od* Panmunĵono

Pannacotta *f eine ital. Süßspeise* panakoto

Panne *f **a)** Kfz* paneo *auch Tech* (↑ *auch* ***Betriebsstörung***, ***Defekt*** *u.* ***Schaden***); ***eine ~ haben*** panei, *Kfz (Motor~)* la motoro difektiĝis, *(Reifen~)* la pneŭmatiko difektiĝis (*bzw.* krevis) (↑ *auch* ***Autopanne***) ***b)*** *übertr umg für «Missgeschick»* [↑ *dort*]

Pannen|dienst *m od* ~**hilfe** *f z.B. des ADAC* helposervo por aŭtopaneoj

Panniculitis *od* **Pannikulitis** *f, auch* ***Entzündung f des Unterhautfettgewebes*** *Med* paniklito, inflamo de la paniklo

Pannon *od* [1]**Pannonien** *n Geol (Regionalstufe des oberen Miozäns)* panonio

[2]**Pannonien** (*n*) *Gesch (altrömische Provinz zw. Save, Donau u. Alpen)* Panonio

Pannonier *m/Pl* panonoj *Pl*

pannonisch *Adj **a)*** panonia ***b)*** *<österr> auch für «burgenländisch»* burgenlanda

Pannus *m nur Fachspr Med (Sammelbez. für alle Zustände, bei denen normalerweise gefäßlose Hornhaut von Blutgefäßen durchsetzt wird)* panuso; ~ ***trachomatosus*** trakoma panuso

Panoptikum *n Schausammlung (bes. von Kuriositäten od Wachsfiguren)* panoptiko (*vgl. dazu* ***Wachsfigurenkabinett***)

Panorama *n Rundblick bzw. Rundbild* panoramo; *Mal (Rundgemälde)* panorama pentraĵo; ***ein herrliches*** (***wunderschönes***) ~ grandioza (mirinde bela) panoramo

Panorama|blick *m* panorama vido (↑ *auch* ***Rundblick***); ~**bus** *m Kfz, Tour* panoramo[aŭto]buso; ~**fenster** *n* panorama fenestro; ~**film** *m* panorama filmo; ~**wagen** *m Eisenb, Straßenbahn (Aussichtswagen)* panoramovagono; ~**weg** *m* panorama vojo

panoramisch *Adj mit Rundblick bzw. guter Aussicht* panorama

Panplegie *f nur Fachspr Med (allgemeine, vollständige Lähmung der Muskulatur)* panplegio

panschen ***a)*** *tr vermischen* miksi; *verdünnen* [per akvo] dilui; *verfälschen* falsi ***b)*** *intr z.B. Kinder im Wasser* [petole] ludi en la akvo (*bzw.* en naĝbaseno *u.a.*) (↑ *auch* ***planschen***)

Pansen *m größter der drei Vormagen der Wiederkäuer* rumeno

Panserbismus *m Pol* tutserbismo, *auch* panserbismo

Panslawismus *m Pol (Streben im 19. Jh., alle slawischen Völker zu vereinen)* tutslavismo, *auch* panslavismo

panslaw[ist]isch *Adj* tutslava, *auch* panslava

Pantagruel (*m*) *eine Romanfigur bei Rabelais* Pantagruelo

pantagruelisch *Adj geh* pantagruela *i.w.S. auch für «derb», «deftig» bzw. «lebensvoll»*

Pantalone *m Theat (Figur des italienischen Volkslustspieles <sie verkörpert einen alten mürrischen Geizkragen>)* Pantaleono

Pantelleria (*n*), *eine ital. Insel südwestl. von Sizilien* [insulo] Pantelerio

Pantheismus *m, auch* ***Allgottlehre*** *f Phil (1. Weltanschauung, nach der Gott und die Welt eins sind 2. Anschauung, nach der Gott das Leben des Weltalls selbst ist)* panteismo (*vgl. dazu* ***Panentheismus***)

Pantheist *m Phil (Anhänger des Pantheismus)* panteisto

pantheistisch *Adj auf den Pantheismus bezogen bzw. in der Art des Pantheismus* panteisma; *auf die Pantheisten bezogen* panteista

Pantheon *n röm. Antike (allen Göttern geweihter Tempel)* panteono *i.w.S. für «Ehrentempel»*; ***das ~ in Rom*** la Panteono en Romo *<größter Kuppelbau der Antike>*

Panther *m, auch* ***Leopard*** *m* (Felis pardus) *Zool* pantero, *auch* leopardo (↑ *auch* ***Amur-***, ***Leopard-***, ***Florida-*** *u.* ***Mandschurenpanther***); ***schwarzer*** ~ nigra pantero

Panther|chamäleon *n* (Chamaeleo pardalis = Furcifer pardalis) *Zool* pantera ĥameleono *[Vorkommen: Madagaskar]*; ~**fell** *n* felo de pantero

Pantherkatze *f Zool* ↑ ***Ozelot***

Panther|pilz *m* (Amanita pantherina) *Mykologie* pantera amanito; ~**schildkröte** *f* (Testudo pardalis = Geochelone pardalis) *Zool* leoparda testudo *[Vorkommen: südl. u. östl. Afrika]*; ~**vogel** *m* (*Gattung* Pardalotus) *Orn* pardaloto (↑ *auch* ***Flecken-***, ***Gelbbürzel-*** *u.* ***Tasmanpanthervogel***)

Pantine *f reg für «Holzschuh» od «Holzpantoffel»* lignoŝuo *od* ligna pantoflo

Pantoffel *m*, *<österr> u. reg* ***Schlapfen*** *od* ***Patschen*** *m* pantoflo (↑ *auch* ***Bade-***, ***Filz-*** *u.* ***Holzpantoffel***) ◇ ***unter dem ~ stehen*** *Ehemann* esti sub la ŝuo de la edzino; ***unter den ~ geraten*** (*od* ***kommen***) estiĝi edzo sub la ŝuo de la edzino

Pantoffelblume *f*, *auch* ***Kalzeolarie*** *f*, *<österr>* ***Froschgoscherl*** *n* (*Gattung* Calceolaria) *Bot* kalceolario, *pop* pantoflofloro

Pantöffelchen *n* pantofleto *od* eta pantoflo

Pantoffel|held *m*, *<österr> u. reg umg* ***Simandl*** *n* edzo sub la ŝuo de la edzino, sklava edzo, *scherzh auch* hejma malheroo; ~**tierchen** *n* (*Gattung* Paramecium) *Biol (ein Einzeller aus dem Stamm der Wimpertierchen)* paramecio

Pantograf *m*, *auch* ***Pantograph*** *m*, *pop auch* ***Storchschnabel*** *m Gerät beim technischen Zeichnen* pantografo

[1]**Pantomime** *f Theat (schauspielerische Darstellung nur durch Mimik, Gebärden, Bewegungen, ohne Worte)* pantomimo, *[tänzerisch dargeboten] auch* pantomima danco

[2]**Pantomime** *m Darsteller einer Pantomime* pantomima aktoro (↑ *auch* ***Mime***)

pantomimisch 1. *Adj* pantomima; ~***er Tanz*** *m* pantomima danco **2.** *Adv* pantomime

Pantothensäure *f Biochemie (ein zum Vitamin-B-Komplex gehörendes Vitamin)* pantoten[at]a acido

pantschen = ***panschen***

Pantschen-Lama *m zweites religiöses Oberhaupt der Tibeter nach dem Dalai-Lama* Panĉen-lamao

Pantun *n Lit (eine malaiische Gedichtform [vierzeiliges Sinngedicht])* pantuno

Pänultima *f Ling (vorletzte Silbe in einem Wort)* antaŭlasta silabo [de vorto]

Panurg (*m*) *Eig (eine Romangestalt bei Rabelais)* Panurgo ◇ ***wie die Schafe des ~*** *Bez für «menschliche Hammelherde»* kiel la ŝafoj de Panurgo

Panzer *m* ***a)*** *alt* ***Tank*** *m Mil* tanko (↑ *auch* ***Amphibien-***, ***Flugabwehr-***, ***Kampf-*** *u.* ***Schwimmpanzer***); ***leichter*** (***mittlerer***, ***schwerer***) *~ Mil* leĝera (meza, peza) tanko ***b)*** *Harnisch, Brust*~ kiraso, brustkiraso (↑ *auch* ***Kettenpanzer***); *Stahl*~ ŝtala kiraso *Sg*, ŝtalplatoj *Pl* ***c)*** *Zool: der Schildkröte u. bei zahlreichen Käfern* karapaco (↑ *auch* ***Chitinpanzer***, ***Rückenschild*** *u.* [2]***Schale b)***)

Panzerabwehr *f* kontraŭtanka defendo; ~**artillerie** *f* kontraŭtanka artilerio; ~**hubschrauber** *m* kontraŭtanka helikoptero; ~**kanone** *f*, *Kurzw* ***Pak*** *f* kontraŭtanka kanono; ~**rakete** *f* kontraŭtanka raketo; ~**waffen** *f/Pl* kontraŭtankaj armiloj *Pl*

Panzer|artillerie *f Mil* kirasita artilerio; ~**bataillon** *n Mil* tankbataliono *od* tanka bataliono

panzerbrechend *Adj*: ~***e Munition*** *f Mil* tankorompa municio

Panzerdivision *f Mil* tankdivizio

Panzerechse *f Zool* = ***Panzerkrokodil***

Panzereinheit *f Mil*: ***Soldat einer ~*** tankisto

Panzer|fahrzeug *n gepanzertes Fahrzeug* kirasita veturilo; ~**falle** *f Mil* tankokapta instalaĵo; ~**faust** *f*, *auch* ***Bazooka*** *f*, *selt auch* ***Panzerschreck*** *m Mil* bazuko; ~**glas** *n* kuglorezista vitro; ~**graben** *m Mil* kontraŭtanka fosaĵo, *auch kurz* tank[o]fosaĵo; ~**granate** *f Mil* kontraŭtanka grenado; ~**haubitze** *f Mil* tankhaŭbizo; ~**hemd** *n [im Mittelalter:] Kettenpanzer* maŝkiraso; ~**kanone** *f* tankokanono; ~**kreuzer** *m Mar, Mil* kirasita krozoŝipo; ~**krokodil** *n* (Crocodylus cataphractus) *Zool* stretmuzela krokodilo *[Vorkommen: westl. u. mittleres Afrika[*

Panzerlurche *m/Pl Paläozoologie* ↑ ***Stegozephalen***

Panzermine *f Mil* kontraŭtanka mino

panzern *tr* provizi per kirasplatoj (*bzw.* ŝtalplatoj); ***gepanzertes Fahrzeug*** kirasita veturilo

Panzer|nashorn *n*, *auch* ***indisches Panzernashorn*** (Rhinoceros unicornis) *Zool* kirasa (*od* hinda) rinocero *[Vorkommen: Indien (Assam), Bhutan u. Nepal] <vom Aussterben bedroht>*; ~**platte** *f* kirasplato; *Stahlplatte* ŝtalplato; ~**reihe** *f Mil* vico da tankoj; ~**schrank** *m* kirasŝranko; *i.w.S. Geldschrank* monŝranko (↑ *auch* ***Safe*** *u.* ***Tresor***)

Panzerschreck *m Mil* ↑ ***Panzerfaust***

Panzer|schurz *m der Ritterrüstung* maŝkirasa ŝorto; ~**schutz** *m Mar (Bewehrung für Geschützbänke auf Kriegsschiffen)*;

~spähwagen *m Mil* kirasaŭto; **~sperre** *f Mil* kontraŭtanka baraĵo (↑ *auch* ***Panzerfalle***); **~truppen** *Pl Mil* tankotrupoj *Pl*; **~turm** *m* tankotureto

Panzerung *f (als Vorgang)* provizado per kirasplatoj (*od* ŝtalplatoj); *Panzerplatten* kirasplatoj *od* ŝtalplatoj *Pl*, kiraso *Sg* (↑ *auch* ***²Blendung***)

Panzer|wagen *m gepanzertes Fahrzeug* kirasita veturilo; *Panzerspähwagen* kirasaŭto; **~zug** *m Mil* kirastrajno

Panzootie *f Vet (Tierseuche, die über ein großes geografisches Gebiet verbreitet ist, z.B. Rinderpest)* panzootio *<Panzootie entspricht der Pandemie beim Menschen>* (↑ *auch* ***Tierseuche***)

Paola (*f*) ↑ ***Paula***

Päonie *f Bot* ↑ ***Pfingstrose***

Papa *m Vater* patro, *[liebkosend:]* paĉjo

Papadam *n indische Kochk (ein dünner frittierter Fladen aus Linsen- od Kichererbsenmehl)* papadamo (*vgl. dazu* ***Puri***)

Papagei *m Orn* papago; *i.e.S. Grau~* (Psittacus erithacus) griza papago, *<wiss> auch* psitako (*vgl. dazu* ***Sittich***; ↑ *auch* ***Amazonenpapagei***, ***Ara***, ***Kakadu***, ***Kakapo***, ***Kea***, ***¹Lori***, ***Masken-***, ***Zwergpapagei*** *u.* ***Wellensittich***); ***etw. [wie ein ~] nachplappern*** *ohne Sinn od Inhalt zu begreifen* papage ripeti ion; ***[Familie der] ~en*** *Pl* (Psittacidae) psitakedoj *Pl*

Papageialk *m, auch* ***Rotschnabelalk*** *m* (Cyclorrhynchus psittacula) *Orn* papagaŭko

Papageiamadine *f Orn*: ***dreifarbige ~*** (Erythrura trichroa) bluvizaĝa estrelo

papageiengrün *Adj* papagoverda

papageienhaft *Adv wie ein Papagei* kiel papago *nachgest, auch* papage

Papageien|-Heliconie *f Bot* psitaka helikonio *[Vorkommen in Guayana u. Brasilien]* (*vgl. dazu* ***Heliconie***); **~krankheit** *f, <wiss>* ***Psittakose*** *f Med, Vet (eine auf den Menschen übertragbare Ornithose)* papagomalsano, *<wiss>* psitakozo

Papagei|fische *m/Pl* (*Unterfamilie* Scarinae) *Ichth* papagofiŝoj *Pl [Vorkommen: tropische Meere (bes. an Korallenbänken)]*; **~-taucher** *m* (Fratercula arctica), *auch* ***Larventaucher*** *od* ***Lund*** *m, pop auch* ***Seepapagei*** *m Orn* fraterkulo, *pop* marpapago (↑ *auch* ***Hornlund***)

Papageivögel *Pl*: ***[Ordnung der] ~*** *Pl* (Psittaciformes) *Orn* psitakoformaj birdoj *Pl*

Papageno (*m*) *Vogelhändler in Mozarts «Zauberflöte»* Papageno

Papain *n Biochemie, Pharm (ein Thiolenzym aus ‹Papaya latex›, dem Milchsaft des Papayabaums)* papaino

papal = ***päpstlich*** [↑ *dort*]

Papamobil *n Fahrzeug des Papstes* papomobilo

Paparazzi *m/Pl* (*Sg:* ***Paparazzo***) *Sensationsfotografen* paparacoj *Pl*

Papat *m, auch n Amt u. Würde des Papstes* papeco

Papaturra *f* (Solandra grandiflora) *Bot (eine in Mittelamerika vorkommende Art der Nachtschattengewächse)* grandflora solandro

Papau- *od* **Papawbaum** *m Bot* azimeno; *[die zur Unterfamilie ‹Annonoideae› gehörende, in Amerika verbreitete Art ‹Asimina triloba› liefert essbare Früchte* triloba azimeno, *auch* papaŭo*]*

Papaverin *n Biochemie, Pharm (Alkaloid des Schlafmohns [Opiumalkaloid])* papaverino

Papaya *f, auch* ***Baummelone*** *f Frucht des Papayabaums* papajo; **~baum** *m, auch* ***Melonenbaum*** *m* (Carica papaya) *Bot* papajoarbo, *auch* melonarbo

Papeete (*n*), *tahitianisch* ***Pape'ete*** *Hptst. von Französisch-Polynesien [auf Tahiti]* Pape[e]to

Papel *f, auch* ***[derbes, flaches] Knötchen*** *n von Hirsekorn- bis Linsengröße* (Papula) *Med* papulo (*vgl. dazu* ***Pustel***; ↑ *auch* ***Epidermispapel***); ***syphilitische ~n*** *Pl bes. auf der Mundschleimhaut* sifilisaj papuloj *Pl*

Paperback *n kartoniertes Buch [Ggs: Hardcover]* kartonita libro

Papeterie *f* ↑ ***Schreibwarengeschäft***

Paphlagonien (*n*) *in der Antike Landschaftsbez. für den nördlichen, gebirgigen Teil Mittelkleinasiens* Paflagonio *<unter Diokletian eine römische Provinz>*

Paphos (*n*) *eine Stadt in SW-Zypern* Pafoso

Papi *m Koseform von «Papa»* paĉjo

Papiamento *n Ling (eine Mischsprache [Kreolensprache] auf Aruba, Curaçao u. Bonaire/Niederländ. Antillen)* papiamento

Papier *n* papero (↑ *auch* ***Adhäsions-***, ***Alabaster-***, ***Back-***, ***Banknoten-***, ***Blaupaus-***, ***Brief-***, ***Buchdruck-***,***Bütten-***,***Dekorations-***, ***Druck-***, ***Einschlag-***, ***Filter-***, ***Hadern-***, ***Hart-***, ***Karton-***, ***Kohle-***, ***Kreide-***, ***Krepp-***,

Kurkuma-, ***Lackmus-***, ***Landkarten-***, ***Marmor-***, ***Paus-***, ***Pergament-***, ***Recycling-***, ***Reis-***, ***Sack-***, ***Schreibmaschinen-***, ***Seiden-***, ***Toiletten-***, ***Velin-***, ***Velours- Wachs-*** *u.* ***Zigarettenpapier***); *Dokument, Urkunde* dokumento (*vgl. dazu* ***Schriftstück***); *Ausweis* identigilo; ~***e*** *Pl Dokumente* dokumentoj *Pl*; *Ausweispapiere* legitimaĵoj *Pl*; *Wertpapiere* biloj *Pl*, *auch* valorpaperoj *Pl*; ***grafisches*** (***gummiertes***)~ grafika (gumita) papero; ***handgeschöpftes*** ~ mane farita papero (↑ *auch* ***Japanpapier***); ***kariertes*** ~ [ordinara] krucpapero; ***logarithmisches*** (***satiniertes***) ~ logaritma (kalandrita) papero; ***ein Blatt*** ~ folio da papero, paperfolio; ***Ihre*** ~***e***, ***bitte!*** *um sich zu legitimieren* [montru] viajn legitimilojn, mi petas!; ***etw. zu*** ~ ***bringen*** *aufschreiben, notieren* noti ion, *auch* surpaperigi ion; ***etw. in*** ~ ***wickeln*** (*od* ***einschlagen***) envolvi ion en paperon ◇ ~ ***ist geduldig*** al papero ne mankas tolero *(Zam)*

Papierabfälle *m/Pl* paperrubaĵoj *Pl* (*vgl. dazu* ***Altpapier***)

papierähnlich *Adj* paper[o]simila, *nachgest auch* simila al papero

Papierart *f* paperspeco *od* speco de papero

papierartig *Adj* papereca

Papier|blatt *n* paperfolio; ~**blume** *f* paperfloro (*vgl. dazu* ***Kunstblume***); ~**boot** *n*, *auch* ***Papiernautilus*** *m* (Argonauta) *Ichth (Gattung der Tintenfische u. die Art ‹Argonauta arga›)* argonaŭto *[Vorkommen: Mittelmeer]*

Papierchen *n* papereto (*vgl. dazu* ***Zettel***)

Papier|chromatografie *f*, *auch* ***Papierchromatographie*** *f ein Trennverfahren der Chromatografie* paperkromatografio; ~**drachen** *m ein Kinderspielzeug* kajto

papieren *Adj aus Papier [hergestellt]* [farita] el papero

Papier|fabrik *f* paperfabriko; ~**fabrikation** *f* paperfabrikado; ~**falten** *n das [kunstvolle] Falten von Papier* paperfaldado (*vgl. dazu* ***Origami***); ~**fetzen** *m* paperŝiraĵo; ~**format** *n* paperformato; ~**geld** *n* papermono *od* papera mono; ~**girlande** *f* papera girlando, girlando el ornama paero; ~**handlung** *f*, *<schweiz>* ***Papeterie*** *f* papervendejo *od* vendejo de papervaroj; ~**handtuch** *n* papera mantuko; ~**herstellung** *f* paperfarado; ~**industrie** *f* paperindustrio; ~**korb** *m* paperkorbo; ~**krause** *f z.B. um Blumentöpfe* papera krispo; ~**krieg** *m salopp für «endloser Schriftverkehr»* senfina korespondado [kun instancoj]; *i.w.S.* burokratismo; ~**kugel** *f* paperbulo; ~**laterne** *f* lampiono (↑ *auch* ***Lampion***); ~**maschee** *n*, *auch* ***Pappmaché*** *n Papierherstellung (verformbare Papiermasse)* papermaĉaĵo

Papiermassefänger *m* ↑ ***Pulpefänger***

Papier|messer *n* papertranĉilo; ~**mühle** *f* papermuelejo

Papiernautilus *m Ichth* ↑ ***Papierboot***

Papier|presse *f* paperpremilo; ~**produktion** *f* paperproduktado; ~**qualität** *f* paperkvalito; ~**rolle** *f* paperrul[aĵ]o; ~**sack** *m* ***a)*** papersako *od* papera sako, sako el papero ***b)*** *<österr> u. <schweiz> für «Papiertüte»* papersaketo; ~**serviette** *f* papera buŝtuko; ~**streifen** *m* paperstrio; ~**tapete** *f* papera tapeto; ~**taschentuch** *n*, *umg auch* ***Tempotaschentuch*** *n* papera poŝtuko (*od* naztuko); ~**tiger** *m übertr: nur dem Schein nach starke Person (bzw. Macht)* papertigro *od* papera tigro; ~**tüte** *f* papersaketo; ~**waren** *Pl* papervaroj, *umg auch* paperaĵoj *Pl*

papillar *od* **papillär** *Adj warzenartig* papila

Papillarmuskel *m* (Musculus papillaris) *Anat* papila muskolo

Papille *f* (Papilla) *Anat (Wärzchen)* papilo (↑ *auch* ***Geschmacks-***, ***Nieren-*** *u.* ***Zungenpapillen***); ~ ***des Sehnervs*** (Papilla nervi optici) papilo de la opta nervo

Papillenentfernung *f Chir*: ***[operative]*** ~ papilektomio

Papillom *n Med (Warzen- od Zottengeschwulst aus gefäßhaltigem Bindegewebe)* papilomo (↑ *auch* ***Blasen-***, ***Kehlkopf-*** *u.* ***Viruspapillom***)

Papillomatose *od* **Papillomatosis** *f Med* papilomozo

Papilloma- *od* **Warzenvirus** *n Bakt* papiloma viruso

Papillote *f*, *auch* ***Lockenwickler*** *m*, *umg auch* ***Haarwickel*** *m* papiloto

Papillotomie *f Chir (Entfernung eines Papilloms)* papilotomio

Papirossa *f eine russ. Zigarettenart* papiroso

Papismus *m* ***a)*** *meist pej: engherzige Papsttreue* papismo (*vgl. dazu* ***Cäsaropapismus***) ***b)*** = ***Papsttum***

Papist *m Anhänger des Papsttums* papisto

Papistin *f* papistino

papistisch *Adj dem Papsttum anhängend* papista

Papp|band *m* (*Abk* ***Ppbd.***) *Buchw (in Pappe*

gebundenes Buch kartona bindita libro (↑ *auch* ***Pappeinband***); ~**dach** *n* asfaltkartona tegmento; ~**deckel** *m* kartona kovrilo

Pappe *f* kartono (*vgl. dazu* ***Karton a)***; ↑ *auch* ***Asbest-***, ***Dach-***, ***Grau-***, ***Stroh-*** *u.* ***Wellpappe***) ◇ ***das ist nicht von*** *~ das ist recht beachtlich* tio [tamen] estas konsiderinda [afero *bzw.* faro *u.a.*]

Papp[ein]band *m Buchw (kartonierte Broschur)* kartona bindaĵo

Pappel *f* (*Gattung* Populus) *Bot* poplo (↑ *auch* ***Balsam-***, ***Grau-***,***Großblatt-***,***Schwarz-***, ***Silber-*** *u.* ***Zitterpappel***); ***kanadische*** *~ od* ***Kanadapappel*** *f* (Populus canadensis) kanada poplo; ***lorbeerblättrige*** *~* (Populus laurifolia) laŭrofolia poplo

Pappel|blattkäfer *m* (Melasoma populi) *Ent* popla folioskarabo; ~**holz** *n* poploligno; ~-**schüppling** *m* (Pholiota destruens) *Mykologie* popla folioto

pappen *intr anhaften* algluiĝi (***an*** al)

Pappenfabrik *f* kartonfabriko (↑ *auch* ***Kartonagenfabrik***)

Pappenheimer *m* ◇ ***ich kenne meine*** *~* mi konas [la] homojn de tiu speco [kaj scias kiel trakti ilin]

Pappenstiel *m* ◇ ***das ist doch kein*** *~* tio do ne estas bagatelo; ***das ist keinen*** *~* ***wert*** tio valoras eĉ ne unu cendon

pappig *Adj Speisen, bes. Reis* kaĉosimila *auch zu weiches Obst* (↑ *auch* ***breiig***); ~***er Schnee*** *m* gluiĝema neĝo (↑ *auch* ***Nassschnee***)

Papp|karton *m od* ~**schachtel** *f* kartonskatolo

Pappmaché *n* ↑ ***Papiermaschee***

Papp|nagel *m z.B. zum Annageln von Dachpappe* platkapa najlo; ~**schachtel** *f* [kartona] skatolo; ~**schild** *n* kartona tabulo

Pappschnee *m* ↑ *unter* ***Schnee a)***

Pappteller *m* kartona telero

Paprika *m od f* (*auch* ***spanischer Pfeffer*** *genannt*) (Capsicum annuum) *Bot* papriko *auch Gewürz* (↑ *auch* ***Capsicum***, ***Cayennepfeffer*** *u.* ***Tomatenpaprika***); ***süßer*** *~* dolĉa papriko

Paprikagulasch *n od m Kochk* paprika gulaŝo

Paprikapilz *m Mykologie* ↑ *unter* ***Milchling a)***

Paprikapulver *n Gewürz* kapsika pulvoro

Paprikaschote *f* kapsikofrukto, *auch kurz* kapsiko (*vgl. dazu* ***Peperoni***); ***gefüllte*** ~***n*** *Pl Kochk* farĉitaj kapsikoj *Pl*

paprizieren *tr Kochk* <*österr*> *für «mit Paprika würzen»* spici per papriko

Papst *m* ***a)*** *kath. Kirche* papo *häufig Großschr (immer vor Namen), bildh auch* vikario de Jesuo Kristo (↑ *auch* ***Pontifex maximus***); *~* ***Johannes Paul II.*** Papo Johano Paŭlo 2a (*sprich:* la dua); ***Unfehlbarkeit des*** ~***es*** neerar[i]pov[ec]o de la papo ***b)*** *übertr* «Papst» *Bez für jmd., der sich für unfehlbar hält*

Papst|besuch *m Besuch des Papstes* vizito de la papo (***in*** en); *Besuch beim Papst* vizito ĉe (*od* al) la papo; ~**erlass** *m* papa dekreto; ~**fink** *m* (Passerina ciris) *Orn* ĉielarka emberizo; ~**herrschaft** *f* papa regado

Päpstin *f* papino

Papstkanzlei *f* papa kancelario (*vgl. dazu* ***Kurie***)

päpstlich *Adj* papa (*vgl. dazu* ***apostolisch***); ~***er Delegat*** (***[Ab-] Gesandter***) *m* papa delegito (legato); ~***er Erlass*** *m Papsterlass* papa dekreto (*vgl. dazu* ***Breve*** *u.* ***²Bulle***); ***die*** ~***en Gemächer*** *n/Pl* la papaj apartamentoj *Pl*; ~***es Rundschreiben*** *n* papa cirkulero, encikliko ◇ ~***er als der Papst sein*** esti pli katolika ol la papo [mem]

Papsttum *n* ***a)*** *1. Amtszeit od Herrschaft eines Papstes 2. Papstwürde* papeco ***b)*** *pej: Papismus* papismo

Papstwahl *f* elekto de [nova] papo

Papstwürde *f* = ***Pontifikat*** [↑ *dort*]

Papua *m Ethn (Eingeborener von Neuguinea)* papuo

Papuakasuar *m Orn* ↑ ***Bennettkasuar***

Papua|lori *m* (Charmosyna papou) *Orn* papua lorio *[Vorkommen: endemisch auf Neuguinea]*; ~-**Neuguinea** (*n*) *ein Inselstaat im westl. Pazifik* Papuo-Novgvineo *[Hptst.: Port Moresby]*

papua-neuguineisch *Adj* papuo-novgvinea

papuanisch *Adj* papua

Papua|python *m* (Apodora papuana) *Zool* papua pitono *[endemisch auf Neuguinea u. dessen vorgelagerten Inseln]*; ~**schnäpper** *m* (Microeca papuana) *Orn* papua muŝkaptulo; ~-**Sprachen** *f/Pl Ling (zahlreiche untereinander stark abweichende Sprachen der nicht-melanesischen Bevölkerung Neuguineas u. der benachbarten Inseln)* papuaj lingvoj *Pl*; ~**teichhuhn** *n* (Gallinula tenebrosa) *Orn* tenebra galinolo; ~**waran** *m* (Varanus salvadorii) *Zool* papua varano *[endemisches Vorkommen in Neuguinea]*; ~**weihe** *f* (Circus spilothorax) *Orn* papua cirkuo *[Vorkommen: endemisch auf Neuguinea]*

papulös *Adj Med (flachknotig)* papuloza (*vgl. dazu* ***Papel***)

Papyrologe *m*, *auch* ***Papyruskundler*** *m* papirologo, *auch* papirusologo

Papyrologie *f*, *auch* ***Papyruskunde*** *f od* ***Wissenschaft f vom Papyrus*** papirologio, *auch* papirusologio

Papyrus *m* (*Pl* ***Papyri***) *1.* (Cyperus papyrus) *Bot (Papyrusstaude) 2. Papier aus Papyrus (ein antiker Beschreibstoff) 3. Manuskript auf Papyrus* papiruso (↑ *auch* ***Oxyrhynchos-Papyrus***)

Papyruskunde *f* ↑ ***Papyrologie***

Papyruskundler *m* ↑ ***Papyrologe***

Papyrus|rolle *f* papirusa rul[aĵ]o; ~**säule** *f altägypt. Kunst* papirusa kolono; ~**staude** *f* (Cyperus papyrus) *Bot* papiruso

Para *m 1. türkische Münze 2. ehem. jugoslawische Münzeinheit* parao

Pará (*n*) *ein nordbrasilianischer Gliedstaat [Hptst.: Belém]* Parao

Parabel *f* ***a)*** *Geom (Kegelschnittkurve [einer der Kegelschnitte])* parabolo; ***Achse*** (***Äste***, ***Scheitel***) ***der*** ~ *Geom* akso (branĉoj, vertico) de parabolo ***b)*** *Lit ([zu einer Erzählung erweitertes] Gleichnis)* parabolo

Parabeldüne *f Geol* parabola duno

parabelförmig ↑ ***parabolisch b)***

Parabene *Pl Chem* parabenoj *Pl* *<auch in Kosmetika od als Konservierungsstoffe in der Lebensmittekindustrie eingesetzt>*

Parabiologie *f Wissenschaft, die okkultistische Erscheinungen auf biologischem u. psychophysischem Weg klären will* parabiologio

Parabolantenne *f*, *umg* ***Satellitenschüssel*** *f Radio, TV* parabola anteno

parabolisch *Adj* ***a)*** *gleichnishaft* parabola *auch Lit* (*vgl. dazu* ***bildlich***) ***b)*** *auch* ***parabelförmig*** *Geom* parabola

Paraboloid *n Geom (Körper, dessen Schnitte mit gewissen Ebenen Parabeln sind)* paraboloido; ***elliptisches*** (***hyperbolisches***) ~ elipsa (hiperbola) paraboloido

Parabol|rinne *f Solartechnik* parobola suntrogo; ~**spiegel** *m Opt* parabola spegulo (↑ *auch* ***Hohlspiegel***)

paracelsisch *Adj* paracelsa

Paracelsus (*m*) *Eig (Schweizer Arzt u. Naturphilosoph [1493-1541])* Paracelso

Paracetamol *n Pharm (ein Analgetikum)* paracetamolo

Parachor *m Chem (von der chem. Bindungsart abhängige Molekülkonstante)* parakoro

[1]**Parade** *f [prunkvoller] Aufmarsch od Vorbeimarsch, bes. von militärischen Verbänden* parado (↑ *auch* ***Aufmarsch***, ***Defilee***, ***Flotten-***, ***Militär-*** *u.* ***Truppenparade***)

[2]**Parade** *f Sport ([gelungene] Abwehr eines Angriffs, bes. bei Ballspielen, Boxen u. Fechten)* parato (↑ *auch* ***Flug-***, ***Glanz-***, ***Quint-*** *u.* ***Terzparade***)

Paradeiser *m* ↑ ***Tomate a)***

Parademarsch *m* parada marŝo

Paradentose *f Zahnmedizin* ↑ ***Parodontose***

Parade|pferd *n* parada ĉevalo; *[ehemals:] von Herrschern zu Zeremonien u. Feierlichkeiten gerittenes, prunkvoll gezäumtes Pferd* palefreno; ~**platz** *m Mil* parad[o]placo; ~**uniform** *f* parada uniformo

paradieren *intr* paradi; ***arrogant*** (*od* ***stolz***) ~ arogante (*od* fiere) paradi, pranci

Paradies *n bibl* paradizo *auch übertr* (*vgl. dazu* ***Garten Eden***, ***Firdaus***, ***Inselparadies***, ***Jenseits*** *u.* ***Traumland***); ~ ***auf Erden*** paradizo sur tero *od* surtera paradizo; ***[fast] wie im ~ leben*** vivi kvazaŭ en paradizo; ***jmdm. das ~ auf Erden versprechen*** promesi al iu paradizon surteran

Paradiesapfel *m reg* = ***Tomate***

paradiesisch **1.** *Adj* paradiza; *wie im Paradies* kiel en paradizo (*vgl. dazu* ***herrlich*** *u.* ***himmlisch***) **2.** *Adv*: ~ ***schön*** paradize bela

Paradiesjungfrau *f Islam* ↑ ***Huri***

Paradies|kranich *m* (Grus paradisea = Tetrapteryx paradise) *Orn* paradizgruo *[Vorkommen: Südafrika]*; ~**schnäpper** *m Orn*: ***afrikanischer*** ~ (Terpsiphone viridis) blua paradiza muŝkaptulo (↑ *auch* ***Hainparadiesschnäpper***); ~**sittich** *m* (Psephotus pulcherrimus) *Orn* paradiza papago *[ehemals endemisch in Queensland u. New South Wales/Australien (gilt als ausgestorben)]*

[1]**Paradiesvogel** *m Orn* paradizeo, *umg* paradizbirdo; ***[Gattung der] Paradiesvögel*** *Pl* (Paradisea) paradizeoj *Pl*

[2]**Paradiesvogel** *m*, *Fachspr* ***Apus*** *m* (*Abk* ***Aps***) *Astron (ein Sternbild des südlichen Himmels)* paradizeo

Paradiesvogelblume *f Bot* ↑ ***Strelitzie***

Paradiesvogelfeder *f* plumo de paradizbirdo

Paradigma *n* ***a)*** *auch* ***Bedeutungsmuster*** *n*

Gramm, Ling (Gesamtheit der Flexionsformen einer lexikalischen Einheit) paradigmo ***b)*** *Wissenschaftstheorie (Denkmuster, das das wissenschaftliche Weltbild, die Weltsicht einer Zeit prägt)* paradigmo (*vgl. dazu* ***Beispiel*** *u.* ***Muster***)

paradigmatisch *Adj a) Ling (das Paradigma betreffend) b) allg (als Muster dienend)* paradigma (↑ *auch* ***beispielhaft***)

Parador *m, auch n staatliches spanisches Luxushotel für Touristen* paradoro

paradox **1.** *Adj* ***a)*** paradoksa (*vgl. dazu* ***widersinnig***) ***b)*** *umg auch für «sonderbar»* stranga **2.** *Adv* paradokse; strange

Paradoxie *f Widersinnigkeit* paradokseco

Paradoxon *n 1. Phil (scheinbar falsche Aussage, die aber bei genauerer Analyse auf eine höhere Wahrheit hinweist) 2. allg u. Naturw (Aussage, die der allgemeinen Ansicht zuwiderläuft)* paradokso; ***Olbers'sches*** *~ Astron* paradokso de Olbers

Paraffin *n Chem* parafino (↑ *auch* ***Erdwachs)***; ~**bad** *n Physiotherapie* parafina bano; ~**behandlung** *f Dermatologie, Physiotherapie* parafinterapio; ~**emulsion** *f* parafina emulsio; ~**kerze** *f* parafina kandelo; ~**öl** *n* parafinoleo *od* parafina oleo

Paraffinwachs *n* parafinvakso *od* parafina vakso; ~**applikation** *f Physiotherapie* aplik[ad]o de parafina vakso

Paragleiter *m* ↑ ***Gleitschirm***

Paragliding *n* ↑ ***Gleitschirmfliegen***

Paragneis *m Min (ein metamorphes Gestein mit Gneisstruktur)* paragnejso <*Paragneise sind z.B. Quarz u. Feldspat*>

Paragoge *f Ling (Hinzufügung eines Lautes od einer Silbe am Satzende)* paragogo

Paragraf *m, auch* ***Paragraph*** *m Typ (Abschnitt [in Texten]), Jur (Einzelvorschrift in einem Gesetz [durch das §-Zeichen gekennzeichnet])* paragrafo

Paragrafen|dickicht *n, auch* ***Paragrafendschungel*** *m unüberschaubare, unverständliche, verwirrende Menge verschiedener Paragrafen in einem Vertrag, Gesetzbuch u.Ä.* labirinto da paragrafoj; ~**zeichen** *n Typ 1.* (*Zeichen* **§**) *2. ein p-ähnliches Verweis- od Absatzzeichen* (*Zeichen* **¶**) paragraf[o]signo

Paraguay (*n*) ***a)*** *ein Binnenstaat in Südamerika* Paragvajo *[Hptst.: Asunción]* ***b)*** *meist* ***Río Paraguay*** *m ein Nebenfluss des Paraná* Paragvaj-rivero

Paraguayer *m* paragvajano

Paraguayerin *f* paragvajanino

paraguayisch *Adj* paragvaja

Paraíba (*n*) *ein brasilianischer Gliedstaat [Hptst.: João Pessoa]* Paraibo

Parakautschukbaum *m, auch* ***echter Federharzbaum*** *m, pop* ***Gummibaum*** *m* (Hevea brasiliensis) *Bot* brazila heveo <*sein Milchsaft liefert den Naturkautschuk*>

Parakeratose *f nur Fachspr Med (Verhornungsstörung der Epidermis)* parakeratozo

Paraklase *f Geol (eine durch Verwerfung entstandene Spalte od Kluft im Gestein)* paraklazo

Paraklet *m bibl ([im Neuen Testament] Bez für den Heiligen Geist)* parakleto *(auch Großschr)*

Paraldehyd *m Chem* paraldehido

parallaktisch *Adj* paralaksa; ~***e Eklipse*** *f Astron* paralaksa eklipso

Parallaxe *f Astron, Foto, Opt* paralakso (*vgl. dazu* ***Parsec***; ↑ *auch* ***Horizontalparallaxe***); ***dynamische*** (***jährliche***, ***spektroskopische***, ***tägliche***, ***trigonometrische***) *~ Astron* dinamika (jara, spektroskopia, diurna, trigonometria) paralakso

Parallaxen|fehler *m Astron, Opt* paralaksa ekarto (*od* eraro); ~**messung** *f* paralaksomezurado

Parallaxensekunde *f Astron* ↑ ***Parsec***

parallel **1.** *Adj Geom, Tech* (*Geom Zeichen* ‖) *u. i.w.S. parallel [laufend] od gleichlaufend z.B. Forschungen* paralela; *analog* analoga; ~***e Linien*** *f/Pl* paralelaj linioj *Pl*; ~***e Übersetzung*** *f Buchw* paralela traduko **2.** *Adv* paralele (***zu*** al *od* kun); ~ ***geschalteter Widerstand*** *m El* ŝunto; ~ ***anordnen*** paraleligi, aranĝi paralele; ~ ***ausrichten*** *Lichtstrahlen* kolimati; ~ ***schalten*** *El* ŝunti; ***beide Straßen verlaufen*** ~ ***zueinander*** ambaŭ stratoj estas (*od* troviĝas) paralelaj

Parallele *f Geom, Geogr u. übertr* paralelo (↑ *auch* ***Ähnlichkeit*** *u.* ***Gleichheit***); *vergleichbarer Fall* komparebla kazo, *Vergleich* komparo; ***eine*** ~ ***zu ... aufstellen*** (*od* ***ziehen***) paraleligi ion kun ...

Parallelenaxiom *n Geom* aksiomo de paraleleco

Parallelepiped[on] *n, auch* ***Parallelflach*** *n od* ***Parallelflächner*** *m Geom (von drei Paaren paralleler Ebenen begrenzter Körper)* paralelepipedo (↑ *auch* ***Rechtkant***)

Parallelgesellschaft *f Pol, Soziologie (grö-*

ßere, nicht integrierte Gruppe innerhalb einer Gesellschaft) paralela socio

parallelisieren *tr [vergleichend] nebeneinanderstellen, in Parallele setzen* paraleligi

Parallelisierung *f* paraleligo

Parallelismus *m Ling (inhaltlich u. grammatisch gleichmäßiger Bau von Satzgliedern od Sätzen) u. allg* paralelismo

Parallelität *f* paraleleco (*vgl. dazu* ***Übereinstimmung***)

Parallelitätszeichen *n* (*Zeichen* ‖) signo de paraleleco

Parallel|kreis *m, auch* ***Breitenkreis*** *m Geogr (zum Äquator parallel laufender Kreis [Ggs: Längenkreis])* paralela cirklo, *auch* cirklo de latitudo; ~**linie** *f* paralela linio; ~**mutation** *f Genetik* paralela mutacio

Parallelogramm *n Geom (Viereck mit paarweise parallelen Seiten)* paralelogramo (↑ *auch* ***Orthogramm***)

Parallel|projektion *f Geom (Darstellung eines räumlichen Gebildes auf einer Ebene durch parallele Strahlen)* paralela projekcio; ~**rechner** *m ein elektronischer Rechner, in dem zur Erhöhung der Leistung mehrere Zentraleinheiten (CPUs) gleichzeitig tätig sind und evtl. auch unterschiedliche Operationen ausführen können* paralela komputilo

Parallelschalten *n El* ↑ ***Shunten***

Parallel|schaltung *f El* paralela konekt[ad]o; ~**slalom** *m Skisport* paralela slalomo (*od* slalomskiado) (*vgl. dazu* ***Slalom***); ~**stelle** *f z.B. gegenüberstehender Wortlaut* paralelaĵo; ~**straße** *f* paralela strato

Paralogismus *m, auch* ***Fehlschluss*** *m Logik (ein Schluss, bei dem falsche Folgerungen aus den [unter Umständen richtigen] Voraussetzungen gezogen werden* paralogismo

Paralympics *Pl Weltspiele der Behinderten im Anschluss an eine Olympiade [seit 1960]* paralimpikoj *Pl (auch Großschr)*

Paralyse *f, auch* ***Paralysis*** *f Med ([vollkommene] Bewegungslähmung)* paralizo (↑ *auch* ***Lähmung***, ***Laryngoparalyse*** *u.* ***Parese***); ***progressive*** ~ *Spätfolge der Syphilis* progresiva paralizo; ***sensorische*** ~, *auch* ***Gefühlslähmung*** *f od* ***Gefühlsverlust*** *m* sensora paralizo

paralysieren *tr* paralizi *auch übertr* (*vgl. dazu* ***lähmen***)

Paralytiker *m Med (an Paralyse Erkrankter)* paralizulo, paralizita homo

paralytisch *Adj Med (zur Paralyse gehörend bzw. an Paralyse leidend)* paraliza

paramagnetisch *Adj Paramagnetismus aufweisend bzw. ihn betreffend* paramagneta

Paramagnetismus *m El Verstärkung des Magnetismus durch Stoffe mit [von den Drehimpulsen der Elementarteilchen erzeugtem] atomarem magnetischem Moment* paramagnetismo

Paramaribo (*n*) *Hptst. u. Hafen der südamerikanischen Rep. Suriname* Paramaribo

Parameter *m Math, Phys, Tech* parametro; ***technische*** ~ *Pl* teknikaj parametroj *Pl*

parametrisch *Adj* parametra

Parametritis *f Med (Entzündung des Beckenzellgewebes in der Gebärmutterumgebung)* parametrito

paramilitärisch *Adj* paramilitista

Paramita *Buddhismus (Bez für Vollkommenheit od [die zehn] Kardinaltugenden)* paramito

Paramyoklonus multiplex *m nur Fachspr Neurologie* paramioklonio

Paraná ***a)*** *m auch* ***Río Paraná*** *Hauptstrom des südamerik. La-Plata-Systems* [rivero] Paranao ***b)*** (*n*) *ein brasilian. Gliedstaat* Paranao *[Hptst. Curitiba]*

Paranaguá (*n*) *eine brasilianische Hafenstadt im Gliedstaat Paraná* Paranagvao

Paranephritis *f* (*Syn:* ***Epinephritis*** *f*) *nur Fachspr Med (meist hämatogene, aber auch von der Niere od umgebenden Organen übergreifende Entzündung der Nierenfettkapsel u. Tendenz zur Abszedierung)* paranefrito

Paranoia *f Psych Geistesstörung mit Wahnvorstellungen [bei völliger Erhaltung der sonstigen Persönlichkeit]* paranojo (↑ *auch* ***Verfolgungswahn***)

paranoid *Adj der Paranoia ähnlich, wahnhaft* paranojoida

Paranoiker *m an Paranoia Leidender* paranojulo (*vgl. dazu* ***Wahnsinnige a)***)

paranoisch *Adj geistesgestört* paranoja

paranormal *Adj Parapsychologie (nicht auf natürliche Weise erklärbar, übersinnlich)* paranormala

Paranthropus *m Paläontologie (dem Plesianthropus ähnlicher südafrikanischer Frühmensch des Pliozäns)* parantropo

Paranuss *f, auch* ***Brasilnuss*** *f Nahr (Frucht des südamerik. Paranussbaums [Bertholletia excelsa])* brazila nukso, *auch* brazilnukso; ~**baum** *od* ~**strauch** *m* (Bertholletia excelsa) *Bot* bertoletio

Parapett *n Mil hist (Brustwehr f [eines Walles]) parapeto*

Paraphasie *f nur Fachspr Med (Sprechstörung, die durch Ersetzen, Auslassen, Hinzufügen od Umstellen einzelner Laute in einem Wort od durch Verwechslung von Wörtern gekennzeichnet ist [Vorkommen z.B. bei Aphasie])* parafazio

Paraphe *f 1. [abgekürzter] Namenszug, Namenszeichen 2. Schnörkel hinter dem Namenszug* parafo

paraphieren *tr mit der Paraphe (od dem Namenszug) versehen, abzeichnen* parafi *auch Dipl*

Paraphierung *f* parafado *auch Dipl*

Paraphimose *f nur Fachspr Med (Einklemmung der zu engen Vorhaut in der Eichelkranzfurche)* parafimozo

Paraphrase *f Ling, Lit (die verdeutlichende Umschreibung bzw. freie Wiedergabe eines Textes)* parafrazo *auch Mus für «erweiternde ausschmückende Bearbeitung von Originalmelodien»*

paraphrasieren *tr [verdeutlichend] umschreiben* parafrazi

paraphrastisch *Adv (in der Art einer Paraphrase ausgedrückt)* parafraze

Paraphyse *f, auch nur* ***Füll-*** *od* ***Saftfaden*** *m Fachspr Biol (1. bei Moosen u. Farnen vorkommende haarartige Zelle 2. bei manchen Pilzen vorkommende sterile Zelle)* parafizo

Paraplasma *n Zytologie (im Zytoplasma der Zelle enthaltene Stoffwechselprodukte verschiedener Art [z.B. Fette, Kohlenhydrate, Sekrete u. Exkrete], die zum Teil Reservestoffe, um Teil Abbauprodukte darstellen)* paraplasmo

Paraplegie *f Med* ↑ *unter* ***Lähmung***

paraplegisch *Adj Med (1. auf die Paraplegie bezogen bzw. von ihr herrührend 2. an Paraplegie leidend* paraplegia

Paraproktitis *f nur Fachspr Med (Entzündung des den Mastdarm umgebenden Bindegewebes)* paraproktito

Parapsoriasis *f, auch* ***Schüppchenflechte*** *f Med* parapsoriazo

Parapsychologe *m* parapsikologo

Parapsychologie *f, auch* ***Metapsychik*** *f Wissenschaft von den okkulten, außerhalb der normalen Wahrnehmbarkeit liegenden, übersinnlichen Erscheinungen [z.B. Telepathie u. Telekinese]* parapsikologio, *auch* metapsikio

parapsychologisch *Adj* parapsikologia

Paraquat *ohne Art: Chem (ein Kontaktherbizid)* parakvato

Parasit *m Parasitologie* parazito *auch übertr* (↑ *auch* ***Schmarotzer***, ***Blut-***, ***Darm-***, ***Ekto-***, ***Entero-***, ***Innen-***, ***Larval-***, ***Sekundär-***, ***Xenoparasit***); ***fakultativer*** ~ fakultativa parazito; ***auf*** (*od* ***in***) ***Pflanzen lebender*** ~ *od* ***Phytoparasit*** *m* surplanta (*od* enplanta) parazito, fitoparazito; ***auf Tieren lebender*** ~ *od* ***Zooparasit*** *m* surbesta parazito, zooparazito; ***unechte*** ~***en*** ↑ ***Pseudoparasiten***; ~***en tötendes Mittel*** ↑ ***Antiparasitikum***

parasitär *od* **parasitisch** *Adj schmarotzend* parazita *auch übertr*

Parasitenbefall *m Med* ↑ ***Parasitose***

Parasitenfolge *f Reihenfolge verschiedener, sich ablösender Parasiten, welche die einzelnen Entwicklungsstadien ihres Wirtes befallen* sekvenco de parazitoj

Parasitenkunde *f* ↑ ***Parasitologie***

parasitieren *intr Biol* paraziti *auch übertr* (*vgl. dazu* ***nassauern*** *u.* ***schmarotzen***)

parasitisch ↑ ***parasitär***

Parasitismus *m, auch* ***Schmarotzertum*** *n Biol, Med* parazitismo *auch übertr* (↑ *auch* ***Brut-***, ***Larval-*** *u.* ***Nestparasitismus***)

Parasitoide *Pl Bez für «Parasiten (z.B. Larven der Schlupfwespe), die ihren Wirt im Verlaufe ihrer Entwicklung abtöten)* parazitoidoj *Pl*

Parasitologe *m* parazitologo

Parasitologie *f, auch* ***Parasitenkunde*** *f Wissenschaft von den pflanzlichen u. tierischen Schmarotzern, besonders den krankheitserregenden* parazitologio

parasitologisch *Adj die Parasitologie betreffend bzw. zu ihr gehörend* parazitologia

Parasitose *f, auch* ***Parasitenbefall*** *m Med (Erkrankung durch Parasiten)* parazitozo, infestiĝo per parazitoj

Parasitozönose *f Biol (die Lebensgemeinschaft von Wirtstieren mit ihren Parasiten), Parasitologie (die Gesamtheit der in einem Organ od in einem Wirt lebenden parasitischen Organismen)* parazitocenozo

Parasolpilz *m,* (*Kurzf* ***Parasol*** *m*), *auch* ***Schirmpilz*** *m* (*Gattung* Lepiota) *Mykologie* parasolfungo, <*wiss*> lepioto (↑ *auch* ***Riesenschirmpilz***)

Parästhesie *f, auch* ***Taubheitsgefühl*** *n Med*

(eine Sensibilitätsstörung der Nerven) parestezio (*vgl. dazu* ***Hypästhesie***)

Parasympathikotonie *f Med* ↑ **Vagotonie**

Parasympathikus *m Physiol (der dem Sympathikus entgegengesetzt wirkende Teil des vegetativen Nervensystems)* parasimpato

parasympathisch *Adj*: *~**es Nervensystem** n* parasimpata nervosistemo

parat *Adj bereit* preta

parataktisch *Adj Ling (beigeordnet, nebenordnend)* parataksa

Parataxe *f, alt* ***Parataxis*** *f Ling (Beiordnung von Sätzen od Satzteilen, Verbindung syntaktisch gleichwertiger Teile [Ggs: Hypotaxe])* paratakso

Para|tendinitis *f nur Fachspr Med (Entzündung des die Sehne einhüllenden Gewebes)* paratendenito (↑ *auch* ***Sehnenscheidenentzündung***); ~**trachom** *n Med (dem Trachom ähnliche, jedoch von anderen Erregern verursachte Augenkrankheit)* paratrakomo (*vgl. dazu* ***Trachom***); ~**typhus** *m Med (dem Typhus ähnliche, aber leichter verlaufende Infektionskrankheit)* paratifo

Paravent *m od n = alt für* ***Ofen-*** *od* ***Wandschirm*** [↑ *dort*]

paravertebral *Adj Anat* apudvertebra

par avion *[Aufschrift auf Postsendungen:] durch Luftpost* per aerpoŝto *od* aerpoŝte

Parazentese *f, auch* ***Stichinzision*** *f, Fachspr* ***Myringotomie*** *f Chir (Inzision des Trommelfells zur Entleerung des Eiters [bei Mittelohrentzündung])* paracentezo, incizo de [la] timpana membrano

Parazoen *n/Pl, auch* ***Gewebelose*** *Pl* (Parazoa) *Biol (niedrig organisierte, vielzellige Tiere ohne echte Gewebe u. Organe [nur durch die Schwämme vertreten])* parazooj *Pl, auch* senhistuloj *Pl*

Pärchen *n* ***a)*** *Zool* paro [de masklo kaj femalo] ***b)*** *junges Paar* juna paro; *Liebespaar* amanta paro

Pärchenegel *m/Pl Parasitologie, Zool* ↑ ***Bilharzien***

Parcours [*par'ku:r*] *m Reitsport* parkuro, obstaklovego [por saltrajdado]

Pardelkatze *f Zool* ↑ ***Ozelot***

Pardelluchs *m Zool* ↑ *unter* ***¹Luchs***

Pardelroller *m, auch* ***Fleckenroller*** *m* (*Gattung* Nandina) *Zool (eine Gattung afrik. Schleichkatzen)* nandino

pardon! pardonon! *od* pardonu!

Pardon *m, auch n Verzeihung* pardono; *Nachsicht* indulgo; ***kein*** ~ ***kennen*** ne esti pardonema (*bzw.* indulgema)

Pardubice (*n*), *dt.* ***Pardubitz*** (*n*) *eine Stadt in Ostböhmen/Tschech. Rep. [am Oberlauf der Elbe]* Pardubico

Pardune *f Mar* ↑ ***Backstag***

Paredros *m griech. Antike (Helfer eines politischen Funktionsträgers od einer Gottheit)* paredro

Parenchym *n* (Parenchyma) *1. Anat (Funktionsgewebe der Gewebe [im Unterschied z.B. zum Fettgewebe])* (↑ *auch* ***Leber-*** *u.* ***Nierenparenchym***) *2. Bot [pflanzliches] Grundgewebe, Schwammschicht des Blattes* parenkimo (↑ *auch* ***Holz-*** *u.* ***Pseudoparenchym***)

parenchymal *Adj auf das Parenchym bezogen* parenkima

Parenchymembolie *f Med* parenkima embolio

Parenthese *f Ling (eingeschalteter Satz bzw. eingeschobenes Wort n [häufig in Klammern od durch Gedankenstriche markiert]* parentezo; *Klammerzeichen (Pl)* krampoj *Pl*

parenthetisch *Adj Ling* parenteza *auch i.w.S. für «eingeschaltet» od «eingeflochten», z.B. in eine Rede*

Pareo *m Wickeltuch der Polynesier* pareo (*vgl. dazu* ***Longyi***, ***Sari*** *u.* ***Sarong***)

Parese *f nur Fachspr Med (unvollständige Lähmung, lähmungsartige Erscheinung od Schwäche)* parezo (↑ *auch* ***Zerebralparese***)

paretisch *Adj Med (teilweise od nicht vollständig gelähmt)* pareza

Parfait [*par'fɛ:*] *n Eisparfait: Halbgefrorenes mit Fruchtmark* parfeo

Parforcejagd *f Hetzjagd berittener Jäger mit Hunden auf Wild* pelĉaso *od* kurĉaso *<in Deutschland verboten>*

Parfüm *n, <österr> häufig auch* ***Parfum*** *n* parfumo (↑ *auch* ***Rosenwasser***); ***aufdringliches*** ~ maldiskreta parfumo; ***französisches*** ~ franca parfumo; ***ein Fläschchen*** ~ flakono da parfumo; ~ ***aufs Taschentuch spritzen*** ŝpruceti parfumon sur la poŝtukon

Parfümduft *m* parfum-odoro

Parfümerie *f* parfum[vend]ejo, parfumbutiko

Parfümeur *m 1. Fachkraft in der Parfümindustrie 2. Hersteller und Verkäufer von Duftstoffen* parfumisto

Parfümfläschchen *n* parfumflakono

parfümieren *tr* parfumi; ***sich*** ~ sin parfumi

(*mit* per); ***parfümierte Seife*** parfumita sapo
Parfümierung *f* parfumado
Parfüm|industrie *f* parfumindustrio; ~**marke** *f* parfummarko; ~**wolke** *f* nubo da parfumo; ~**zerstäuber** *m* sprajilo por parfumo
pari *Adv Bankw (zum Nennwert)*: ***über*** ~ super alparo, super [la] nominala valoro; ***unter*** ~ sub alparo, sub [la] nominala valoro; ***zu*** ~ alpare, nominalvalore
Paria *m Hinduismus ([ursprünglich] Angehöriger einer bestimmten niedrigen Kaste in Südindien; [später] ein wegen seiner religiösen Unreinheit für einen Höherkastigen «Unberührbarer»* pario *auch übertr für «Ausgestoßener»*
[1]**parieren** *tr [erfolgreich] abwehren (bes. Sport [bei Ballspielen, Boxen u. Fechten])* parati; ~ ***und sofort erwidern*** *Fechten* riposti; ***einen Schlag*** ~ *Boxen* parati baton [de la kontraŭulo]
[2]**parieren** *intr umg für «[unbedingt] gehorchen»* [nepre] obei (*vgl. dazu* ***folgen d)***)
parietal *Adj Anat (zur Körperwandung gehörig, eine [Körper-] Wand bildend, wandständig)* parieta
[1]**Paris** [*'pa:ris*] (*m*), *auch* ***Alexandros*** (*m*) *eine griech. Sagengestalt* Pariso *(Zam)*
[2]**Paris** [*pa'ri:s*] (*n*) *Hptst. von Frankreich* Parizo
parisch *Adj von der Insel Paros [stammend]* parosa (*vgl. dazu* ***Paros***); ~***er Marmor*** *m* parosa marmoro
[1]**Pariser** *m* **1.** *Subst: Einwohner von Paris* parizano **2.** *attributives Adj:* ~ ***Blau*** *n* ↑ ***Preußischblau***; ~ ***Bluthochzeit*** *f* ↑ ***Bartholomäusnacht***; ~ ***Charme*** (***Chic***) *m* pariza ĉarmo (ŝiko); ~ ***Kommune*** *f Gesch* Pariza Komun[um]o; ***neueste*** ~ ***Mode*** *f* plej nova pariza modo; ***er wohnt in der*** ~ ***Region*** li vivas en la regiono ĉirkaŭ Parizo
[2]**Pariser** *m salopp: veraltend für «Kondom»* kondomo
Pariserin *f* parizanino
Parität *f* ***a)*** *Gleichberechtigung* egalrajteco; *Gleichstellung* samrangigo ***b)*** *Bankw* alparo, egaleco de valoro (*vgl. dazu* ***Wechselkurs***; ↑ *auch* ***Goldparität***)
paritätisch *Adj gleichberechtigt* egalrajta; *zu gleichen Teilen* egalparta; *gleichrangig* samranga
Park *m* ***a)*** *Gartenanlage* parko (↑ *auch* ***Barock-***, ***Kur-***, ***Landschafts-***, ***National-***, ***Natur-***, ***Schloss-*** *u.* ***Stadtpark***) ***b)*** *Depot, Sammellager, bes. für Fahrzeuge od Gerät* parko (↑ *auch* ***Fahrzeug-***, ***Munitions-*** *u.* ***Wagenpark***) ***c)*** ↑ ***Austernpark***
Parka *m knielanger, oft gefütterter Anorak mit Kapuze* [ĝisgenua] anorako kun kapuĉo
Park|allee *f* park-aleo; ~**bank** *f* parkbenko; ~**dauer** *f Verk* parkad-daŭro; ~**eingang** *m* park-enirejo
parken, <*schweiz*> ***parkieren a)*** *tr* park[ad]i *od* parkumi; ***das Fahrzeug*** ~ park[ad]i la veturilon; ***ein parkendes Auto*** parkanta aŭto ***b)*** *intr* parkumi (↑ *auch* ***falschparken***)
Parken *n*, <*schweiz*> ***Parkieren*** *n Verk* parkado; ~ ***verboten!*** parkado malpermesita!; ***vorschriftswidriges*** ~ kontraŭregula park[um]ado (↑ *auch* ***Falschparken***); ***Platz*** *m* ***zum*** ~ *eines Fahrzeugs* loko por park[um]i (*vgl. dazu* ***Parkplatz***)
Parker *m Verk* parkumanto (↑ *auch* ***Falschparker***)
Parkett *n* ***a)*** *Kino, Theat* partero ***b)*** *auch* ***Parkettfußboden*** *m getäfelter Fußboden* pargeto, pargeta planko (↑ *auch* ***Mosaikparkett***); ***den Fußboden mit*** ~ ***auslegen*** kovri la plankon per pargeto
parkettieren *tr Fußboden u.a. täfeln* pargeti
Parkettleger *m* pargetisto
Park|gebühr *f für Kfz* parkadkotizo *od* parkuma kotizo; ~**haus** *n*, *auch* ***Hochgarage*** *f*, <*österr*> *auch* ***Parkgarage*** *f*, <*schweiz*> *auch* ***Parking*** *n für Kfz* parkad-domego, multetaĝa parkejo
parkieren ↑ ***parken***
Parkier[ungs]verbot *n* ↑ ***Parkverbot***
Parkingmeter *m* ↑ ***Park[zeit]uhr***
Parkinsonie *f* (Parkinsonia) *Gattung [mit nur 2 Arten] Bot* parkinsonio; *die im tropischen Amerika (vor allem auf den Westindischen Inseln) vorkommende Art ‹Parkinsonia aculeata› mit leuchtend schwefelgelben Blüten* dorna parkinsonio
Parkinsonkrankheit *f*, *auch* ***parkinsonsche Krankheit*** *f* (Morbus Parkinson) *od* ***Parkinsonismus*** *m* (Paralysis agitans), (*früher* ***Schüttellähmung*** *f genannt*) *Med* Parkinson-malsano *od* parkinsona malsano (*od* morbo), *pop* tremiga paralizo <*so benannt nach dem britischen Arzt J. Parkinson [1755-1824]*>
Park|kralle *f*, *auch* ***Autokralle*** *f eine Wegfahrsperre an Kfz von Falschparkern* radblokilo; ~**landschaft** *f* park[osimil]a pejzaĝo; ~**leuchte** *f Kfz* parkadlampo

Parklicht *n Kfz* ↑ ***Standlicht***

Park|lücke *f* parkadloko [inter vico da parkantaj aŭtoj]; ~**möglichkeit** *f* ebleco por parki [aŭton], park[ad]ebleco

Parkometer *n, auch m* ↑ ***Parkuhr***

Parkordnung *f* parkregularo

Parkplatz *m* park[ad]ejo *od* parkumejo, aŭtoparkejo, (↑ *auch* ***Bus-*** *u.* ***Kundenparkplatz***); *umg: Platz zum Parken* loko por parkadi; ***bewachter*** ~ gardata park[ad]ejo; ***es ist kein [freier] ~ mehr da*** ne plu estas [libera] loko por parkumi la aŭton

Parkplatzwächter *m* parkeja gardisto

Parkplatzsuche *f* serĉ[ad]o de parkadloko

Parkproblem *n* parkuma problemo; ***das ~ lösen*** solvi la parkuman problemon

Park|schein *m* parkuma bileto; ~**uhr** *f, auch* ***Parkzeituhr*** *f,* <*österr*> *meist* ***Parkometer*** *n, auch m,* <*schweiz*> *auch* ***Parkingmeter*** *m* park[ad]ometro; ~**verbot** *m,* <*schweiz*> *auch* ***Parkier[ungs]verbot*** *n Verk* malpermeso de parkado *od* parkadmalpermeso; ~**vogel** *m Vogel, der in Parks auftritt od gehalten wird, z.B. Schwäne* parkobirdo

Park|wächter *m* ***a)*** *Wächter in einem Park* parkgardisto ***b)*** ↑ ***Parkplatzwächter***; ~**weg** *m* parkvojo, vojo en parko

Parkzeituhr *f* ↑ ***Parkuhr***

Parlament *n gewählte Volksvertretung* parlamento *(in Zus auch Großschr)* (*vgl. dazu* ***Bundestag***; ↑ *auch* ***Bundes-*** *u.* ***Stadtparlament***); *Parlamentsgebäude* parlamentejo; ***Europäisches*** ~ Eŭropa Parlamento; ***das ~ auflösen*** (***zusammenrufen***) dissolvi (kunvoki) la parlamenton; ***Mitglied*** *n* ***des ~s*** membro de [la] parlamento

Parlamentär *m Unterhändler* intertraktanto; *Mil (Unterhändler zw. Kriegführenden)* parlamentario (↑ *auch* ***Unterhändler***); ~**flagge** *f* parlamentaria flago

Parlamentarier *m* parlamentano, membro de [la] parlamento (↑ *auch* ***Abgeordnete***)

parlamentarisch *Adj* parlamenta (↑ *auch* ***außer-*** *u.* ***interparlamentarisch***); ~***er Ausschuss*** *m* parlamenta komisiono; ~***e Demokratie*** *f* parlamenta demokratio; ~***e Immunität*** *f* parlamentana imuneco; ~***e Mehrheit*** *f* parlamenta plimulto; ~***es System*** *n* parlamenta sistemo; *Parlamentarismus* parlamentismo; ~***es Verfahren*** *n* parlamenta proceduro; ≗***e Versammlung*** *f des Europarats* Parlamenta Asembleo; ~***e Vertretung*** *f* ***der Parteien*** parlamenta reprezentado de la partioj

Parlamentarismus *m parlamentarisches System* parlamentismo

Parlaments|abgeordnete *m* deputito de [la] parlamento; ~**auflösung** *f* dissolvo de la parlamento; ~**ausschuss** *m* parlamenta komisiono; ~**debatte** *f* parlamenta debato; ~**ferien** *Pl* parlamentaj ferioj *Pl*; ~**fraktion** *f* parlamenta frakcio; ~**gebäude** *n* parlamentejo; ~**mitglied** *n* membro de [la] parlamento, parlamentano; ~**sitz** *m* parlamenta seĝo; ~**sitzung** *f* parlamenta kunsido; ~**wahl** *f (als Vorgang)* parlamenta balotado (*od* elektado), *(als Ereignis)* parlamentaj balotoj (*od* elektoj) *Pl*

parlieren *intr* ***a)*** *alt für «Konversation betreiben»* konversacii ***b)*** *alt für «in einer fremden Sprache reden»* paroli en fremda lingvo ***c)*** *geh für «angeregt sprechen»* vigle paroli (***mit jmdm.*** kun iu)

Parma (*n*) *eine Stadt in N-Italien* Parmo

Parmaer *od* **Parmesaner** *m Einwohner von Parma* parmano

parmaisch *od* **parmesanisch** *Adj aus Parma [stammend]* parma

Parmaschinken *m Nahr* ŝinko de Parmo

Parmelia *f Bot (eine Gattung der Flechten)* parmelio

Parmenides (*m*) *Eig (ein altgriech. Philosoph aus Elea [5. Jh. v. Chr.])* Parmenido

Parmesaner *m* ↑ ***Parmaer***

parmesanisch ↑ ***parmaisch***

Parmesan[käse] *m, ital.* ***Parmigiano*** *Nahr (ein Hartkäse [Reibkäse])* parmezano *od* parma fromaĝo; ***geriebener*** ~ raspita parmezano *od* permezanraspaĵo(j)

Parnaíba *m, auch* ***Rio Parnaíba*** *m ein Fluss in NO-Brasilien* [rivero] Parnaibo, *auch* Parnaibo-Rivero

Parnass *m 1. Gebirgszug in Mittelgriechenland 2. Myth: Sitz Apolls u. der Musen [in Delphi] 3. übertr: [Reich od Symbol der] Dichtkunst, «Musenberg»* Parnaso

parnassisch *Adj 1. den Parnass (Sitz Apolls u. der Musen) betreffend 2. i.w.S.: der Dichtkunst geweiht* parnasa

Parnassismus *m* parnasismo

parochial *Adj zur Pfarrei od zum Kirchspiel gehörig* paroĥa, *auch* paroka

Parochialkirche *f* ↑ ***Pfarrkirche***

Parochie *f Kirchspiel, Pfarrbezirk* paroĥo, *auch* paroko

Parodie *f Lit, Mus u. übertr* parodio

parodieren *tr satirisch bzw. scherzhaft nachahmen* parodii (↑ *auch* ***verspotten***)

Parodist *m* parodiisto

parodistisch 1. *Adj* parodia **2.** *Adv* parodie

Parodontitis *f Zahnmedizin (Zahnbettentzündung)* parodontito

Parodontium *n* ↑ ***Zahnhalteapparat***

Parodontopathien *f/Pl Zahnmedizin (Sammelbegriff für alle Erkrankungen des Zahnhalteapparats)* parodontopatioj *Pl*

Parodontose *f, älter auch* ***Paradentose*** *f Zahnmedizin (Zahnbetterkrankung [meist mit Lockerung der Zähne])* parodontozo

Parole *f* ***a)*** *Devise* devizo (*vgl. dazu* ***Motto***, ***Schlagwort*** *u.* ***Slogan***) ***b)*** *Mil* ↑ ***[1]Losung a)***

Paroli *n nur in:* ***jmdm. ~ bieten*** *Widerstand entgegensetzen* rezisti kontraŭ iu

Paronomasie *f Ling, Rhetorik (Redefigur der Wiederholung, die auf einer – häufig nur geringfügigen – Änderung des Wortkörpers beruht <im Esp z.B.* post festo venas fasto> *od* trompita trompanto*)* paronomazio

Paronychie *f, auch* ***Nagelfalzpanaritium*** *n Med für «Nagelbettentzündung [mit Eiterung]»* paroniĥio

Paronyme *n/Pl* (*Sg:* ***Paronymon***) *Ling (ähnlich klingende, in ihrer Bedeutung aber unterschiedliche Wörter <im Esp z.B.* pesi – pezi *od* juro – ĵuro>*)* paronimoj *Pl*

Paronymie *f Ling (das Nebeneinander von ähnlich klingenden, aber bedeutungsunterschiedenen, einer Wortart angehörenden Bildungen zu einem gemeinsamen Grundwort)* paronimeco, *auch* paronimio

Paros (*n*) *eine griech. Kykladeninsel* [insulo] Paroso <*bekannt durch den parischen Bildhauermarmor*>

Parotis *f Anat* = ***Ohrspeicheldrüse***

Parotitis *f Med* ↑ ***Ohrspeicheldrüsenentzündung***

Paroxetin *n Pharm (ein Antidepressivum)* paroksetino

paroxysmal *Adj anfallsweise auftretend* paroksisma

Paroxysmal|stadium *n bes. Med* paroksisma stadio; **~zustand** *m* paroksisma stato

Paroxysmus *m* ***a)*** *Med (anfallartige [hochgradige] Steigerung von Krankheitserscheinungen)* paroksismo (*vgl. dazu* ***Anfall***) *auch übertr für «Höhepunkt eines Gefühlsausbruchs»* ***b)*** *Geol, Vulkanologie (aufs Höchste gesteigerte Tätigkeit eines Vulkans)* paroksismo [de vulkana aktiveco]

Paroxytonon *n Ling (auf der vorletzten Silbe betontes Wort [z.B. im Esperanto])* paroksitona vorto

Parrot-Kaufmann-Syndrom *n Med* ↑ ***Achondroplasie***

Parse *m Anhänger der Lehre Zarathustras in Iran u. Vorderindien* parsio

Parsec *od* **Parsek** *f od n* (*Kurzw für* ***Parallaxensekunde*** *f*) (*Zeichen* ***pc***) *ein astronomisches Längenmaß* parseko

Parsifal (*m*) ↑ ***Parzifal***

parsisch *Adj die Parsen betreffend* parsia

Parsismus *m Religion der Parsen* parsiismo (*vgl. dazu* ***Mazdaismus*** *u.* ***Zoroastrismus***)

[1]Part *m Anteil* parto; *Theat (Rolle)* rolo

[2]Part *m Mus (Stimme eines Instrumental- od Gesangsstücks)* voĉo (↑ *auch* ***Violinpart***)

part. = *Abk für* ***parterre***

Part. = *Abk für* ***Parterre***

Partcella *f Mus* ↑ ***Particell***

Partei *f* ***a)*** *Pol* partio (↑ *auch* ***Arbeiter-***, ***Koalitions-***, ***Links-***, ***Nazi-***, ***Oppositions-***, ***Rechts- Regierungs-*** *u.* ***Volkspartei***); ***christdemokratische*** (***extremistische***, ***gemäßigte***, ***kommunistische***, ***liberale***, ***linke***, ***politische***, ***rechte***, ***sozialistische***) ~ kristandemokrata (ekstremista, modera, komunista, liberala, maldekstra, politika, dekstra, socialista) partio; ***einer ~ beitreten*** aliĝi al partio; ***er ist aus der ~ ausgeschlossen worden*** li estas eksigita el [la] partio ***b)*** *Jur* partio; ***die gegnerische ~*** *Jur (Gegenseite)* la kontraŭula partio; ***geschädigte ~*** damaĝita partio; ***vertragschließende ~en*** *od* ***Vertragsparteien*** *Pl* kontraktantaj partioj *Pl*; ***~ für jmdn. ergreifen ...*** preni [la] partion de iu ***c)*** *Mieter [in einem Mietshaus]*: ***in diesem Haus wohnen acht ~en*** en tiu domo estas ok loĝejoj

Partei|abzeichen *n* insigno de partio; **~basis** *f* bazo (*od auch* membroj) de la partio; **~beitrag** *m* membrokotizo de partio; **~beschluss** *m* decido de partio; **~chef** *m* partiestro; **~disziplin** *f* partia disciplino; **~führer** *m* gvidanto de [la] partio, partiestro; **~führung** *f Führungsgremium einer Partei* gvidantaro de partio; **~funktionär** *m Pol* funkciulo de partio *od* partia funkciulo; **~gänger** *m* partiano; **~hierarchie** *f* partia hierarkio

parteiisch *Adj* parti[ec]a; *nicht neutral* ne neŭtrala; *nicht objektiv* ne objektiva (*vgl.*

dazu ***befangen*** *u.* ***voreingenommen***)

Partei|konferenz *f Pol* partikonferenco; ~**kongress** *m* partikongreso; ~**leitung** *f* gvidantaro de partio

parteilich *Adj* ***a)*** *eine Partei betreffend* koncernanta [la] partion (↑ *auch* ***innerparteilich***) ***b)*** *parteiisch* partieca; *nicht neutral* ne neŭtrala

Parteilichkeit *f* partieco (*vgl. dazu* ***Voreingenommenheit***)

Parteilinie *f* linio de partio

parteilos 1. *Adj* senpartia **2.** *Adv* senpartie

Parteilose *m* senpartiulo, homo ne apartenanta al [politika] partio

Partei|mitglied *n Pol* membro de [politika] partio, partiano; ~**organisation** *f Pol* partiorganizaĵo; ~**politik** *f* partipolitiko

parteipolitisch 1. *Adj* partipolitika **2.** *Adv* partipolitike

Partei|presse *f* partia gazetaro; ~**programm** *n* programo de [politika] partio; ~**sekretär** *m in ehem. soz. Staaten* sekretario de [la] partio; ~**statuten** *n/Pl* partiaj statutoj *Pl*; ~**tag** *m Pol* partikongreso; ~**versammlung** *f* partikunveno; ~**vorsitzende** ***a)*** *m* partiestro ***b)*** *f* partiestrino; ~**vorstand** *m* partiestraro; ~**zeitung** *f* parti-gazeto; ~**zugehörigkeit** *f* membreco en [politika] partio

parterre (*Abk* ***part.***) *Adv ebenerdig, im Erdgeschoss* teretaĝe, en la teretaĝo

Parterre *n* (*Abk* ***Part.***) *Erdgeschoss* teretaĝo; *Kino, Theat* partero; ~**wohnung** *f* loĝejo en [la] teretaĝo

Parthenogenese *od* **Parthenogenesis** *f, auch* ***Jungfernzeugung*** *f Biol (Entwicklung der Eizelle ohne vorhergegangene Besamung [eingeschlechtliche Form der Fortpflanzung <bei Pflanzen u. wirbellosen Tieren nicht selten>])* partenogenezo

parthenogenetisch *Adj die Parthenogenese betreffend* partenogeneza

Parthenon *m Antike (Tempel der Athene auf der Akropolis von Athen [447- 432 v. Chr. errichtet])* Partenono

Parther *m/Pl Gesch (ein ehemaliges iranisches Reitervolk)* partoj *Pl*; ~**reich** *n Gesch (ein um 250 v. Chr. im heutigen Chorasan unter der Dynastie der Arsakiden gegründetes Reich, das 226 n. Chr. von den Sassaniden unterworfen wurde)* Parta Imperio (↑ *auch* ***Arsakiden***)

Parthien (*n*) *im Altertum Name einer Landschaft südöstlich des Kaspischen Meeres, Land der Parther* Partio

parthisch *Adj*: ~***e Kunst*** *f* arto (*bzw.* artaĵoj) de la partoj

Partial|druck *m Phys (Teildruck eines Gases in einem Gasgemisch)* parta premo; ~**insuffizienz** *f der Atmung* parta insuficienco; ~**obligation** *f Bankw* parta obligacio; ~**töne** *m/Pl Mus* supratonoj *Pl* (*vgl. dazu* ***Harmonische a)***)

Particell *n, auch* **Particella** *f Mus (1. ausführlicher Kompositionsentwurf 2. Entwurf zu einer Partitur* partiĉelo

Partie *f* ***a)*** *Posten, größere Warenmenge* [iom granda] kvanto da varo ***b)*** *Mus, Theat* parto ***c)*** *alt für «[gemeinsamer] Ausflug»* [komuna] ekskurso ***d)*** *Spiel* partio, ludo; ***die ~ gewinnen*** (***verlieren***) gajni (perdi) la partion; ***eine ~ Billard spielen*** ludi partion de bilardo ◇ ***eine gute ~ machen*** *Frau bei Heirat* iĝi edzino de riĉa viro

Partieführer *m* ↑ ***Vorarbeiter***

partiell 1. *Adj* parta; ~***e Finsternis*** *f Astron* parta eklipso **2.** *Adv teilweise* parte; *zur Hälfte* duone

Partikel ***a)*** *f Ling (nicht flektierbares Wort [u.a. alle Konjunktionen u. Präpositionen])* partikulo (↑ *auch* ***Verneinungspartikel***) ***b)*** *n od m El, Kernphysik u. i.w.S.* partiklo (*vgl. dazu* ***Teilchen*** *u.* ***Elementarteilchen***; ↑ *auch* ***Asche-, Nano-*** *u.* ***Rußpartikel***); ~**filter** *m Kfz-Technik* partiklofiltrilo; ~**strahlung** *f, auch* ***Teilchenstrahlung*** *f* partikloradiado (*vgl. dazu* ***Korpuskularstrahlung***)

partikular *od* **partikulär** *Adj einen Teil od eine Minderheit betreffend* partikulara

Partikularismus *m Pol (Bewahrung der politischen Selbstständigkeit gegenüber einer größeren staatlichen Einheit [z.B. Streben eines Gliedstaates nach Selbstständigkeit])* partikularismo

Partikularist *m Pol* partikularisto

partikularistisch *Adj auf den Partikularismus bezüglich* partikularisma; *auf die Partikularisten bezüglich* partikularista

Partisan *m [bewaffneter] Widerstandskämpfer im feindlich besetzten Hinterland* partizano (*vgl. dazu* ***Guerilla*** *u.* ***Maquisard***)

Partisanen|abteilung *f* partizana taĉmento; ~**armee** *f* partizana armeo; ~**bewegung** *f* partizana movado; ~**gebiet** *n* partizana regiono; ~**kampf** *m* partizana batalo; ~**krieg** *m* partizana milito

Partisanin *f* partizanino

partitiv *Adj Ling (die Teilung bezeichnend)* partitiva; *~**er Artikel** m* ↑ ***Teilungsartikel***; *~**er Genitiv** m, auch **Teilfall** m* partitiva genitivo; *~**e Präposition** f* partitiva prepozicio *[im Esp mit **da** gebildet]*

Partitivzahl *f Math* ↑ ***Bruchzahl***

Partitur *f Mus (Zusammenstellung aller zu einem Musikstück gehörenden Stimmen)* partituro (↑ *auch **Klavierauszug** u. **Orchesterpartitur***)

Partizip *n, auch **Mittelwort** n Gramm (adjektivartige Ableitung des Verbs)* participo (↑ *auch **Adverbialpartizip***); *~ **der Gegenwart*** (***Vergangenheit***) prezenca (preterita) partcipo; ***absolutes** ~ Partizip mit auffordernder Bedeutung (z.B.* aufgepasst!) absoluta participo

Partizipation *f geh für «Teilhabe»* partopreno *(**an** en)*

Partizipialform *f Gramm* participa formo

Partizipient *m Jur (Teilhaber [an einem von mehreren juristisch selbstständigen Personen ausgeführtem Handelsgeschäft])* partoprenanto *bzw.* partopreninto [en negoco farita de pluraj jure memstaraj personoj]

partizipieren *intr geh für «teilnehmen» od «teilhaben»* partopreni (en ...)

Partner *m Biol, Film, Sport, Theat u. Wirtsch* partnero *auch sex*; *Tanz*~ kundancanto, partnero [en danco]; *Spiel*~ *(auch Kart)* kunludanto; *Geschäfts*~ komerca partnero, asociito (↑ *auch **Ansprech-**, **Dialog-**, **Handels-**, **Koalitions-** u. **Wirtschaftspartner***); *Lebens*~ vivkunulo, *allg auch* kunulo

Partnerin *f* partnerino *auch sex*

Partnerland *n* partnera lando

Partnerschaft *f* partnereco (*vgl. dazu **Lebensgemeinschaft***); ***eingetragene*** (***gleichgeschlechtliche***) ~ registrita (samseksa) partnereco

Partnerschaftsbeziehungen *f/Pl*: *~ **zwischen Städten*** ĝemelurbaj rilatoj *Pl*

Partner|stadt *f* ĝemelurbo *od* ĝemela urbo; ~**suche** *f* serĉo de partnero (*bzw.* partnerino); ~**tausch** *m, auch **Partnerwechsel** m* partner[o]ŝanĝo *auch sex*; ~**wahl** *f* partnerelekto, elekto de [la] partnero(j)

partout [*par'tu:*] *Adv unbedingt* nepre; *um jeden Preis* je kia ajn kosto

Party *f privates [zwangloses] Fest* privata [leĝera] festo (↑ *auch **Coktail-** u. **Grillparty***)

Parusie *f christliche Rel ([im Neuen Testament:] Wiederkunft Christi beim Jüngsten Gericht)* paruzio

Parvenü *m, <österr> **Parvenu** m **a)** geh für «[kleinbürgerlicher] Emporkömmling»* parvenuo ***b)*** *geh für «Neureicher»* novriĉulo

parvenühaft *Adj wie ein Parvenü* en maniero de parvenuo *(nachgest)*

Parzelle *f [kleines] vermessenes Grundstück, Flurstück* parcelo; ***in** ~**n aufteilen*** parceligi

parzellieren *tr in Parzellen aufteilen* parcel[ig]i

Parzellierung *f* parcel[ig]ado

Parzen *f/Pl Myth (röm. Schicksalsgöttinnen <nämlich: Atropos, Klotho u. Lachesis> [den griechischen Moiren entsprechend])* parcoj *Pl, (Zam) auch* parcinoj *Pl*

Parzival *(m), [bei Richard Wagner] auch **Parsifal** (m) Held der Artussage* Parsifalo

Pasadena *(n) 1. Stadt im Vorortbereich von Los Angeles/USA 2. Stadt im SO von Texas/ USA* Pasadeno

Pasardschik *(n) bulg. Stadt an der Maritza [nordwestl. von Plowdiw]* Pazarĝiko

[1]**Pascal** *(m) Eig (franz. Mathematiker u. Philosoph [1623-1662])* Paskalo

[2]**Pascal** *n (Zeichen **Pa**) Phys (die abgeleitete SI-Einheit des Drucks)* paskalo

[3]**PASCAL** *(n) EDV (eine Programmiersprache (bes. für logische Prozesse)* Paskalo

Pascalsekunde *f (Zeichen **Pa s**) die SI-Einheit der dynamischen Viskosität*

Pascha *m [ursprünglich:] Titel der türkischen Prinzen, [später:] (dem Namen nachgest) von hohen Offizieren im Osmanischen Reich <seit dem 19. Jh. wurde der Titel auch an Zivilbeamte verliehen; 1934 in der Türkei und 1953 in Ägypten abgeschafft>* paŝao

paschen *intr veraltet für «schmuggeln»* kontrabandi; *abs* okupiĝi pri kontrabando

Paschtu *n Ling (eine der beiden Amtssprachen in Afghanistan)* la paŝtua (*od* paŝtuna) [lingvo]

Paschtunen *m/Pl, auch **Pathanen** m/Pl Ethn (ein Volk iranischer Sprache im Grenzgebiet von Afghanistan u. Pakistan)* paŝtunoj *Pl, auch* patanoj *Pl*

Pashupati *(m) Hinduismus (ein Beiname Shivas)* Paŝupato

Pasigrafie *f, auch **Pasigraphie** f von den einzelnen Sprachen unabhängiges Zeichensystem (z.B. Musiknoten od arab. Zahlen)* pazigrafio (*vgl. dazu **Ideografie***)

Paso doble *m ein Tanz* pasodoblo
Paspel *f Zierstreifen in Nähten od am Saum* ornama bordero [sur la orlo de vesto]
Pasquill *n anonyme Schmäh- od Spottschrift, schriftlich verbreitete Beleidigung* paskvilo (*vgl. dazu* ***Pamphlet***)
[1]**Pass** *m Reise*~ pasporto (*vgl. dazu* ***Dienst-***, ***Diplomatenpass*** *u.* ***Personalausweis***); ***gefälschter*** ~ falsita pasporto; ***ein gültiger*** ~ ***mit Visum zur Einreise nach ...*** valida pasporto kun vizo por eniro al ...; ***einen*** ~ ***ausstellen*** elfari pasporton
[2]**Pass** *m Bergübergang* transpasejo [en montaro], montpasejo
[3]**Pass** *m [gezielte] Ballabgabe beim Fußball* pasigo (*od* transludo) [de la pilko] (*vgl. dazu* ***Abspiel***; ↑ *auch* ***Diagonal-***, ***Doppel-*** *u.* ***Querpass***)
passabel *Adj [recht] befriedigend* [sufiĉe] kontentiga; *akzeptabel* akceptebla (↑ *auch* ***annehmbar***); *erträglich* tolerebla
Passabteilung *f des Konsulats* pasporta sekcio [de konsulejo]
Passacaglia *f Mus, Tanz (ursprünglich spanischer Tanz im ¾-Takt)* pasakaljo
Passage *f* ***a)*** *das Passieren, Durchfahren* trapas[ad]o, trair[ad]o (*vgl. dazu* ***Transit***); *Schiffs*~ veturo (*od* vojaĝo) per ŝipo ***b)*** *Durchgang* trapasejo, trairejo; *überdachte Ladenstraße* arkado kun butikoj ***c)*** *Textabschnitt* [difinita] tekstparto
Passagier *m* pasaĝero (↑ *auch* ***Deckspassagier***, ***Fahr-***, ***Fluggast***, ***Reisende*** *u.* ***Transitpassagier***); ***blinder*** ~ kaŝpasaĝero
Passagier|dampfer *m alt od* ~**schiff** *n* pasaĝera vaporŝipo, pasaĝerŝipo
Passagier|fähre *f Mar* pasaĝera pramo; ~-**flugzeug** *n* pasaĝeraviadilo, *auch Kurzf* pasaĝeravio; ~**gut** *n* bagaĝo de la pasaĝeroj; ~**kai** *m Mar* pasaĝerkajo; ~**kilometer** *m Verk* pasaĝero-kilometro; ~**liste** *f Flugw, Mar* [nom]listo de la pasaĝeroj
Passagierschiff *n* ↑ ***Passagierdampfer***
Passahbrot *n* ↑ ***Matze***
Passah|fest *n, auch* ***Pessachfest*** *n, ökumenisch* ***Paschafest*** *n jüdisches Osterfest* juda Paskofesto, *auch* Pesaĥo; ~**lamm** *n jüdische Rel (aus Anlass des Passahfests geschlachtetes Lamm)* paskofesta ŝafido
Passamt *n* pasporta oficejo
Passant *m Vorübergehender* pasanto, preteriranto; *Fußgänger* piediranto
Passat[wind] *m Met (gleichmäßig wehender Tropenwind)* alizeo (*vgl. dazu* ***Antipassat***)
Passbild *n* pasporta foto, foto [malgranda] por [la] pasporto
passé *nur in Zus*: ***das ist*** ~ *umg für «vorbei»* tio estas pasinta *bzw. «beendet»* tio estas finita
Passeiertal *n ein linkes Seitental der Etsch in Südtirol* Pasiria Valo
passen *intr* ***a)*** *Kleidung* esti bona (*od* konvena *od* ĝusta), *(stehen, passen zu jmds. Äußerem)* konveni; *Gegenstand* esti konforma al, *auch* taŭgi, alĝustiĝi, adaptiĝi; ***die Schuhe*** ~ ***ausgezeichnet*** la (*od* tiuj ĉi) ŝuoj absolute ĝustas laŭ grando; ***der Rock passt mir nicht*** la (*od* tiu ĉi) jupo ne ĝustas por mia grando ***b)*** *angebracht sein, zusagen* konveni; *taugen* taŭgi; ***passt es Ihnen zu dieser Zeit?*** ĉu tiu tempo konvenas al vi?; ***das passt mir absolut nicht*** *das sagt mir absolut nicht zu* tio absolute ne konvenas al mi; ***das passt mir ausgezeichnet*** tio (*bzw.* tiu dato *u.Ä.*) treege konvenas al mi; ***wenn es dir passt*** se [tio] konvenas al vi ◇ ***das passt wie die Faust aufs Auge*** *das passt überhaupt nicht* tio absolute ne taŭgas ***c)*** *übereinstimmen, harmonieren* akordi, harmonii ***d)*** *sich schicken* deci ***e)*** *Sport*: ***den Ball zu ...*** ~ pasigi (*od* [trans]ludi) la pilkon al ... ***f)*** *Kart*: ***ich passe*** mi rezignas, *auch* mi faras ĉeson
passend 1. *Adj richtig* ĝusta, *auch (gut)* bona; *angemessen* adekvata; *tauglich* taŭga; *schicklich* deca; *dazu passend* konvena; ***zu*** ~***er Zeit*** en konvena tempo **2.** *Adv*: ~ ***machen*** *Kleid* alfari, alĝustigi
Passepartout [*paspar'tu:*] *n*, *<schweiz> m Wechselrahmen [für Bilder, Fotos, Grafiken u. dgl.]* paspartuo
Passerelle *f* ↑ ***Fußgängerbrücke***
passeriform ↑ ***sperlingsartig***
Pass|foto *n* foto por [la] pasporto; ~**gang** *m, auch* ***Zeltergang*** *m bei Reittieren* amblo *[Ggs: Kreuzgang]*; ~**genauigkeit** *f bei Ballspielen* precizeco de pasigo [de la pilko]
passierbar *Adj überschreitbar* transpasebla; *durchschreitbar* trapasebla
passieren *intr* ***a)*** *über bzw. durch etw. fahren od gehen* pasi (***durch*** tra; ***über*** trans), *(Fluss, Grenze, Gebirgszug u.a.)* transpasi; *vorbeigehen an* preteriri, preterpasi; *vorbeifahren* preterveturi, preterpasi; *überschreiten* transiri; [trans]pasi; ***lassen Sie mich*** ~***!***

lasu min pasi! ***b)*** *sich ereignen, stattfinden* okazi (*vgl. dazu* ***geschehen***); *widerfahren* okazi (***jmdm.*** al iu); ***es passiert ziemlich oft, dass ...*** okazas sufiĉe ofte, ke ...; ***ist Ihnen etw. passiert?*** ĉu io okazis al vi?; *haben Sie sich verletzt?* ĉu vi lezis vin?; ***wann*** (***wo***) ***ist das passiert?*** kiam (kie) tio okazis?; ***was ist passiert?*** kio okazis? ***c)*** *tr Kochk (durch ein Sieb rühren)* premi tra kribrilo ***d)*** *Weberei (einziehen)* tredi

Passier|schein *m* paspermesilo (*vgl. dazu* ***Einreiseerlaubnis***); **~stab** *m Hausw* trapremilo

Passinhaber *m* havanto de pasporto

Passion *f* ***a)*** *Leidenschaft* pasio; *starke Neigung* forta emo (***für*** al); *Hobby* hobio, ŝatokupo ***b)*** *Mus (Vertonung der Passionstexte aus den Evangelien)* pasiono ***c)*** *Rel (Passion [Darstellung der Leidensgeschichte Christi])* Pasiono [de Jesuo]

passioniert *Adj leidenschaftlich* pasia (↑ *auch* ***feurig***, ***glühend*** *u.* ***heiß***); *enthusiastisch* entuziasma; *[ganz] eifrig* fervor[eg]a (↑ *auch* ***begeistert***)

Passions|blume *f* (*Gattung* Passiflora) *Bot* pasifloro *[Vorkommen: tropisches Amerika]* <*wird auch pharmazeutisch genutzt*>; **~frucht** *f die Frucht von ‹Passiflora edulis›* grenadil[ber]o (*vgl. dazu* ***Grenadilla***)

passiv 1. *Adj* pasiva *auch Gramm* (*vgl. dazu* ***teilnahmslos*** *u.* ***untätig***); ***~e Handelsbilanz*** *f* pasiva (*od auch* malfavora) komerca bilanco; ***~e Immunität*** *f durch Impfung* pasiva imuneco; ***~er Widerstand*** *m*, *geh* ***~e Resistenz*** *f* pasiva rezist[ad]o **2.** *Adv* pasive

Passiv *n*, *auch* ***Passivum*** *n Gramm (Leideform)* pasivo, pasiva voĉo; ***ins ~ setzen*** *passivisch ausdrücken* pasivigi

Passiva *Pl Fin (Verbindlichkeiten, Habenseite)* pasivo

Passivform *f Gramm* pasiva voĉo

passivisch *Adj Gramm* en pasiva voĉo *nachgest*

Passivität *f* pasiveco (*vgl. dazu* ***Gleichgültigkeit*** *u.* ***Untätigkeit***)

Passiv|rauchen *n* pasiva fumado; **~saldo** *m Wirtsch (Verlustvortrag)* negativa (*od* debeta) saldo; **~satz** *m Gramm* pasiva propozicio

Passivum *n Gramm* ↑ ***Passiv***

Pass|kontrolle *f* pasporta kontrolo; **~nummer** *f* numero de pasporto; **~stelle** *f* pasport-oficejo; **~straße** *f* strato transpasanta [alt]montaron

Passus *m Abschnitt aus einem Schriftwerk, Textpassage* tekstloko *od* tekstparto

Passwort *n* ***a)*** *EDV* pasvorto ***b)*** ↑ ***[1]Losung a)***

Pasta *f* = ***Paste***

Paste *f zähflüssige Masse* pasto *auch Kochk*; *Gel* ĝelo; *Klebstoff, Leim* gluaĵo; *Zahn~* dentpasto (↑ *auch* ***Creme*** *u.* ***Salbe***)

Pastell *n Mal (mit Pastellfarben gemaltes Bild)* paŝtelo; ***in ~ malen*** pentri per paŝtelo

Pastell|bild *od* **~gemälde** *n Mal* paŝtela bildo *od* pentraĵo farita per paŝtelo

pastellen *Adj* paŝtela

Pastellfarbe *f (als Farbton)* paŝtelkoloro, *(als Farbstoff)* paŝtelfarbo; ***mit ~n gemaltes Portrait*** paŝtela portreto

pastellfarben *Adj* paŝtelkolora

Pastell|maler *m* paŝtelisto; **~malerei** *f* pentrado per paŝtelo; **~stift** *m* paŝtela krajono; **~zeichnung** *f* paŝteldesegnaĵo *od* paŝtela desegnaĵo

Pasternak (*m*) *Eig (russ. Schriftsteller [1890-1960])* Pasternako

Pastetchen *n* pasteĉeto

Pastete *f Kochk* pasteĉo (↑ *auch* ***Croustade***, ***Gänseleber-***, ***Leberpastete***, ***Pirogge*** *u.* ***Vol-au-vent***)

Pastetenbäckerei *f* = ***Pâtisserie***

Pasteur [...'*tö:r*] (*m*) *Eig (franz. Bakteriologe u. Chemiker [1822-1895]* Pasteŭro

Pasteur-Institut *n* Pasteŭr-instituto

Pasteurisation *od* **Pasteurisierung** *f Entkeimung* pasteŭriz[ad]o

pasteurisieren *tr* pasteŭrizi; ***pasteurisierte Milch*** *f*, <*schweiz*> *auch Kurzf* ***Pastmilch*** *f* pasteŭrizita lakto

Pasteurisierung *f* ↑ ***Pasteurisation***

Pasticcio [...'*titʃo*] *n*, *franz.* ***Pastiche*** *m 1. Mal (Bild, das in betrügerischer Absicht in der Manier eines großen Meisters gemalt wurde) 2. Mus (aus Stücken verschiedener Komponisten mit einem neuen Text zusammengesetzte Oper)* pastiĉo; ***in Form eines ~ imitieren*** pastiĉi

Pastillen *f/Pl Pharm* pasteloj *Pl*, lozanĝoj *Pl* (↑ *auch* ***Lutschpastille***)

Pastinak *m od* **Pastinake** *f* (*Gattung* Pastinaca) *Bot* pastinako; ***gewöhnliche[r] ~*** (Pastinaca sativa) kultiva pastinako; ***wilder*** (*od* ***zottiger***) ~ (Pastinaca sativa ssp. sylvestris) sovaĝa pastinako

Pastis *m* ↑ *unter* ***Anislikör***

Pastmilch *f* ↑ *unter* ***pasteurisieren***

Pastor *m Rel: allg Bez für Pastor, Pfarrer, Geistlicher, Priester* pastro, *protestantischer Pfarrer auch* pastoro (↑ *auch* ***Geistlicher*** *u.* ***Pfarrer***); ~ ***a. D.*** ekspastro

pastoral *Adj* ***a)*** *1. seelsorgerisch 2. i.w.S. auch [übertrieben] feierlich* pastra ***b)*** *das Hirtenleben schildernd* pastorala

Pastorale *n od f 1. Theat (Hirten- od Schäferspiel) 2. Mus (Hirtenlied [ein Instrumentalstück idyllischen Charakters]) 3. Lit (Hirten- od Schäfergedicht)* pastoralo

Pastorat *n (als Amt bzw. Eigenschaft)* pastreco *bzw.* pastoreco; *(Amtswohnung des Pfarrers)* pastorejo

Pastorenschaft *f die Pastoren insgesamt* pastraro

Pastorin *f Rel* pastrino, *protestantische Pfarrerin auch* pastorino

Pastorsfrau *f* edzino de pastro, pastoredzino

Pataca *f Währungseinheit in Macau [bis 1999]* patako

Patagonien (*n*) *südlichster Teil Amerikas* Patagonio

Patagonier *m* patagono (↑ *auch* ***Tehuelche***)

Patagonierin *f* patagonino

patagonisch *Adj* patagona; ***≗e Anden*** *Pl Gebirge in Chile* Patagoniaj Andoj *Pl*

Patan (*n*) *eine Stadt in Nepal [nahe Kathmandu]* Patano *<um 300 v. Chr. als ‹Lalitpur› gegründet>*

Patchwork *n aus bunten Flicken gearbeitetes Material (falls genäht)* pecokudraĵo, *(falls gestrickt)* pecotrikaĵo; ***das Herstellen von*** ~ pecokudrado *bzw.* pecotrikado

Patchworkfamilie *f, auch* ***Stieffamilie*** *f* stiffamilio

Pate *m Rel (Tauf≗)* baptopatro; *Sponsor* sponsoro (*vgl. dazu* ***Patron***)

Patecatl (*m*) *Myth (aztekischer Gott der Fruchtbarkeit u. der Heilkunde* Patekatlo

Patella *f Anat* = ***Kniescheibe***

Patella|fraktur *f* (Fractura patellae) *Med (Fraktur der Kniescheibe)* frakturo de la patelo; ~**hochstand** *m* (Patella alta) *Med (eine Fehlstellung der Kniescheibe)* patelo alta

patellar *Adj bes. Fachspr Med (zur Kniescheibe gehörig bzw. von ihr ausgehend)* patela

Patellarluxation *f* (Luxatio patellae) *Med (Verrenkung der Kniescheibe)* luksacio de la patelo

Patellar[sehnen]reflex *m Med* ↑ ***Kniescheibenreflex***

Patellasehne *f, auch* ***Kniescheibenband*** *n* (Ligamentum patellae) *Anat* patela ligamento (*od ungenau* tendeno)

Patellektomie *f Chir ([operative] Kniescheibenentfernung)* patelektomio

Patene *f, auch* ***Hostienteller*** *m kath. Kirche (Teller zur Darreichung der Hostie)* pateno

Patenkind *n männl.* baptofilo; *weibl.* baptofilino

Patenschaft *f* ***a)*** *Kirche (Verhältnis zum Patenkind)* baptopatreco *bzw.* baptopatrineco ***b)*** *i.w.S. (Patronat)* patroneco, *(Förderung, Schutz)* patronado, *(Unterstützung)* subteno (↑ *auch* ***Städtepatenschaft***); ***die ~ übernehmen für ...*** transpreni la patronecon pri ... *od auch* patron[ad]i *mit Akk*; ***unter der ~ von ...*** sub la patronado de ...

Paten|sohn *m* baptofilo; ~**stadt** *f* ĝemelurbo (↑ *auch* ***Städtepatenschaft***)

patent *Adj geschickt* lerta; *praktisch, z.B. Einfall, Vorschlag u.a.* treege praktika, [bon]ege taŭga

Patent *n* ***a)*** *Dokument für eine Erfindung* patento; *patentierer Artikel* patentita artiklo, patentaĵo; *patentierte Erfindung* patentita inventaĵo (*od* eltrovaĵo), patentaĵo; ***ein ~ eintragen lassen*** registrigi patenton; ***ein ~ auf etw. erteilen*** doni patenton pri io ***b)*** *Befähigungszeugnis für einen Schiffsführer* diplomo

Patent|amt *n, auch* ***Patentbüro*** *n* patentoficejo, *auch* patentagentejo; ~**anker** *m Mar (stockloser Anker mit beweglichen Flunken)* senŝtoka ankro (*vgl. dazu* ***Stockanker***); ~**anwalt** *m* patentagento

patentieren *tr* patenti; ***eine Erfindung ~ lassen*** patentigi inventaĵon (*od pop* eltrovaĵon)

patentiert *Adj i.w.S. durch Warenzeichen gesetzlich geschützt (Zeichen ®)*; ***ein ~er Artikel*** patentita artiklo; ***eine ~e Erfindung*** patentita eltrovaĵo

Patent|inhaber *m* patentposedanto; ~**lizenz** *f* patentlicenco

Patentochter *f* baptofilino

Patent|recht *n Schutzrecht für eine Erfindung* rajto je patento; *Gesamtheit der Rechtsnormen zur Regelung der mit Patenten zusammenhängenden Rechtsfragen* patentjuro; ~**register** *n od* ~**rolle** *f* patentregistro; ~**schutz** *m* protekto de patento(j)

Pater *m, in Italien u. Spanien* ***Padre*** *m kath. Kirche (Anrede für einen Ordenspriester)* patro

Paternalismus *m Soziologie (väterliche Bevormundung [bes. durch den Arbeitgeber od Staat])* paternalismo

Paternoster[aufzug] *m ein Personenaufzug mit Kabinen als Endloskette* paternosterlifto

Pathanen *m/Pl Ethn* ↑ ***Paschtunen***

Pathanf *m Bot* ↑ ***Jute b)***

pathetisch 1. *Adj* patosa (*vgl. dazu* ***leidenschaftlich*** *u.* ***theatralisch***) **2.** *Adv* patose

pathogen *Adj Med (krankheitserregend)* patogena *[Ggs:* ***apathogen*** ↑ *dort]* (↑ *auch* ***virulent***); *~**e Bakterien** f/Pl* patogenaj bakterioj *Pl*

Pathogenese *f Med (Krankheitsentstehung, Krankheitsentwicklung)* patogenezo

Pathogenität *f Med (Ansteckungsfähigkeit: Fähigkeit bestimmter Organismen od Eigenschaft bestimmter Stoffe, krankhafte Zustände hervorzurufen)* patogeneco (*vgl. dazu* ***Virulenz***)

pathognomonisch, *auch* ***krankheitstypisch*** *Adj Med (für ein Krankheitsbild kennzeichnend)* patognomonia

Pathologe *m Med* patologo (↑ *auch* ***Veterinärpathologe***)

Pathologie *f ein Teilgebiet der Medizin (Krankheitslehre)* patologio (↑ *auch* ***Geo-***, ***Histo-***, ***Neuro-***, ***Phyto-***, ***Psycho-***, ***Zoo-*** *u.* ***Zytopathologie***)

pathologisch *Adj krankhaft* patologia (↑ *auch* ***pflanzenpathologisch***); *~**er Wahn** m Psych* paranojo

Pathophysiologie *f Lehre von den krankhaften Lebensvorgängen u. gestörten Funktionen im menschl. Organismus* patofiziologio

Pathos *n leidenschaftlich-bewegter Ausdruck bzw. feierliche Ausdrucksweise* patoso (↑ *auch* ***Verve***); ***voller*** ~ plena de patoso

Patient *m* paciento (↑ *auch* ***Dialyse-***, ***Klinik-*** *u.* ***Krebspatient***), *i.w.S. ([regelmäßiger] Patient in einer Arztpraxis) auch* kliento; *(der) Kranke* malsanulo; ***einen ~en im Bett aufsetzen*** helpi al paciento eksidi en la lito

Patienten|karte *f* pacienta karto [por sinregistrigo); ~**kartei** *f* sliparo de la pacientoj; ~**sicherheit** *f* pacientosekureco; ~**zimmer** *n, i.w.S.* ***Krankenzimmer*** *n* pacienta ĉambro [en kliniko *u.a.*]

Patientin *f* pacientino

Patin *f, reg* ***Godin*** *f Rel (Tauf~)* baptopatrino

Patina *f, selt auch* ***Edelrost*** *m ein grünlicher Überzug auf Kupfer, Kupferlegierungen u. Bronze* patino

Pâtisserie *f Pastetenbäckerei* pasteĉobakejo; *Konditorei* tortbakejo

Patmos (*n*) *eine griech. Insel des Dodekanes* [insulo] Patmo *[Hauptort: Chora]*

Patna (*n*) *Hptst. des indischen Unionsstaates Bihar [NO-Indien]* Patno

Patras (*n*) *eine griech. Hafenstadt an der Nordküste des Peloponnes* Patraso; ***Golf von*** ~ Golfo de Patraso

Patriarch *m* ***a)*** *auch* ***Erzvater*** *m bibl ([im Alten Testament:] Bez der Erzväter Abraham, Isaak u. Jakob sowie deren Söhne)* patriarko ***b)*** *orthodoxe Kirche (Titel für Oberbischof)* patriarko; ***der ~ von Moskau*** la patriarko de Moskvo ***c)*** *übertr* ehrwürdiger Alter *m bes. einer mit vielen Nachkommen*

patriarchalisch *Adj* patriarka (*vgl. dazu* ***ehrwürdig***)

Patriarchalismus *m Gesellschaftsordnung, in der auch außerfamiliäre Bereiche als Patriarchat strukturiert sind* patriarkismo

Patriarchat *n Patriarchenwürde* patriarkeco

Patrick (*m*) *männl. Vorname* Patriko; ***der Heilige*** ~ *Schutzpatron Irlands* la Sankta Patriko; ***St. Patrick's Day*** *m irischer Nationalfeiertag* Tago de Sankta Patriko

Patrimonium *n [im röm. Recht:] väterliches Erbgut* patra heredaĵo, *selt* patrimonio

Patriot *m* patrioto

Patriotin *f* patriotino

patriotisch *Adj* patriota

Patriotismus *m* patriotismo, *auch* patrioteco (↑ *auch* ***Vaterlandsliebe***)

Patristik *od* **Patrologie** *f Theologie (Wissenschaft über die Kirchenväter)* patristiko *od* patrologio

Patrize *f 1. Typ (Stempel, Prägestock mit erhaben herausgearbeitetem Bild [Ggs: Matrize]) 2. Schmiedehandwerk (bewegliches Oberteil des Gesenks) 3. beim Prägen u. Stanzen (oberer, sich bewegender Teil des Werkzeugs)* patrico

Patrizia (*f*) *weibl. Vorname* Patricia

Patrizier *m* patricio; ***die*** ~ *Pl (als Gesamtheit [Patriziat])* la patriciaro

Patrizierin *f* patriciino

patrizisch *Adj* patricia

Patroklos (*m*) *griech. Myth (ein griechischer Kämpfer vor Troja [Freund des Achill])* Patroklo

Patrologie *f Theologie* ↑ ***Patristik***

Patron *m 1. Schutzherr (bes.im röm. Recht) 2. Kirchenpatron, Schutzheiliger 3. übertr für «Beschützer, Förderer, Gönner [einer Person od Institution]»* patrono (*vgl. dazu* ***Namenspatron***, ***Schutzherr*** *u.* ***Sponsor***)

Patronat *n*, *<österr>* ***Patronanz*** *f Schirm- od Schutzherrschaft* patroneco

[1]**Patrone** *f **a)** Mil* kartoĉo (↑ *auch* ***Manöver-*** *u.* ***Sprengpatrone***); ***blinde*** ~, *meist* ***Platzpatrone*** *f* ekzerca (od blanka) kartoĉo ***b)*** *für einen Kleinbildfilm* [film]kartoĉo ***c)*** *Füllung für Kugel- u. Tintenschreiber* kartoĉo (*vgl. dazu* [1]***Mine c)***; ↑ *auch* ***Drucker-*** *u.* ***Tintenpatrone***)

[2]**Patrone** *f Jacquardweberei (auf kariertem Papier angefertigte Zeichnung, auf der die Bindungsart von Geweben u. Gewirken zu erkennen ist)* patroneo

Patronen|fabrik *f* kartoĉfabriko; ~**füller** *m* kartoĉa fontoplumo; ~**gurt** *od* ~**gürtel** *m* kartoĉozono; ~**hülse** *f* kartoĉmantelo; ~**kammer** *f*, *auch* ***Patronenlager*** *n* kamero [por kartoĉoj], *(bei Repetiergewehren)* magazeno [por kartoĉoj]; ~**riemen** *m* kartoĉrimeno *bzw.* kartoĉrubando; ~**tasche** *f* kartoĉujo

Patronin *f Schutzheilige, Schutzherrin* patronino

patronisieren *tr [gönnerhaft] fördern* patroni (↑ *auch* ***beschützen***)

Patronymikon *n Ling (nach dem Namen des Vaters gebildeter Name [z.B. Petersen = Peters Sohn])* patronimiko

patronymisch *Adj Ling* patronimika

Patrouille *f Kontrollgang, Streife (auch Mil)* patrolo (*vgl. dazu* ***Spähtrupp***); ***auf*** ~ ***sein*** rondiri kiel patrolo, patroli

Patrouillen|boot patrolŝipo (*vgl. dazu* ***Zollkreuzer***); ~**flug** *m* patrola flugo

patrouillieren *intr* patroli (***durch*** tra); ***durch die Straßen*** ~ patroli tra la stratoj

Patrouillieren *n* patrolado (↑ *auch* ***Kontrollgang***)

Patsche *f* ◇ ***in der*** ~ ***sitzen*** *in einer ausweglosen Lage sein* esti en situacio sen eliro; *in großer Verlegenheit sein* esti en granda embaraso

Patschen *m* ↑ ***Pantoffel***

patsch[e]nass *Adj umg* tute malseka

Patschuli|öl *n* paĉulo-oleo; ~**pflanze** *f* (Pogostemon cablin = Pogostemon patchouli) *Bot (ein ostindischer Strauch, dessen Blätter das ätherische Patschuliöl liefern)* paĉulo

patt *prädikatives Adj*: ~ ***sein*** *Schach* esti pata; ~ ***setzen*** *Schach* patigi

Patt *n Schach* pato (*vgl. dazu* ***remis***)

Pattaya (*n*) *ein Touristenzentrum an der Ostküste Thailands* Patajo

Patte *f Taschenklappe (an Kleidungsstücken)* poŝklapo

patzig *Adj z.B. Antwort* [aĉe] impertinenta

Pau (*n*) *eine Stadt in SW-Frankreich* Paŭo

Pauke *f Mus (Kessel*[♀]*)* timbalo (↑ *auch* ***Pedalpauke***); ***die*** ~ ***schlagen*** bati (*od auch* ludi) la timbalon

Paukenbein *n* (Os tympanicum) *Anat* timpanalo

Paukenhöhle *f* (Cavum tympani) *Anat (Teil des Mittelohrs)* timpana kavo, *umg auch kurz* timpano; ***Entzündung der*** ~, *Fachspr* ***Tympanitis*** *f Med* inflamo de [la] timpano, timpanito

Pauken|saite *f* (Chorda tympani) *Anat (ein Nerv)* timpana kordo; ~**schläger** *m* ↑ *unter* ***Pauker b)***

Pauker *m **a)** Schülersprache auch für «Lehrer»* instruisto ***b)*** *meist* ***Paukenschläger*** *m*, *auch* ***Paukist*** *m Mus* timbalisto

Paul *od* **Paulus** (*m*) *männl. Vorname* Paŭlo (↑ *auch* ***Pablo***); ***der Apostel Paulus*** *bibl* la apostolo Paŭlo; ***Anhänger*** *m* ***des Apostels Paulus*** paŭlano

Paula (*f*), *ital.* ***Paola*** (*f*) *weibl. Vorname* Paŭla, *auch* Paola

Pauline (*f*) *weibl. Vorname* Paŭlina

Pauliner *m/Pl Kirche* ↑ ***Lazaristen***

Paulinismus *m christl. Theologie (Lehre des Apostels Paulus)* paŭlanismo

Paulus (*m*) ↑ ***Paul***

Pauperismus *m* ↑ ***Massenarmut***

Pausanias (*m*) *Eig (1. König von Sparta [† um 385 v. Chr.] 2. ein spartanischer Feldherr [† um 467 v. Chr.] 3. ein altgriech. Schriftsteller [2. Jh. n. Chr.])* Paŭzanio

Pausbacken *Pl* pufaj vangoj *od* pufvangoj *Pl*

pausbäckig, *auch* ***pausbackig*** *Adj* pufvanga

pauschal 1. *Adj **a)** alles zusammen[gerechnet]* totalsuma, ĉion inkluzivanta; *alles im Preis inbegriffen* ĉioninkluzivpreza; *alles beinhaltend* ĉion entenanta ***b)*** *sehr allgemein, undifferenziert* ege ĝenerala **2.** *Adv **a)***

rund gerechnet rondcifere ***b)*** ege ĝenerale
Pauschale *od* **Pauschalsumme** *f, auch* ***Pauschalbetrag*** *m* ĉioninkluziva sumo
Pauschal|police *f Versicherungswesen* totalsuma poliso; ~**preis** *m* ĉioninkluziva prezo; ~**reise** *f* ĉioninkluzivpreza vojaĝo
[1]**Pause** *f* paŭzo *auch in der Schule* (↑ *auch* ***Arbeits-, Feuer-, Halbzeit-, Kaffee-, Mittagspause, Rast, Ruhe-, Schul-, Sommer-, Teepause, Unterbrechung, Verschnauf-, Zwangs-*** *u.* ***Zwischenpause***); *im Theater* interakto; *Mus* silento (↑ *auch* ***Achtel-*** *u.* ***Viertelpause***); *Sport (Halbzeit≗)* [paŭzo post] ludoduono; *Parl (Sommer≗)* somera [parlamenta] paŭzo; ***ganze ~*** *Mus* plena silento; ***eine kurze ~ machen*** fari mallongan paŭzon; *sich ein wenig ausruhen* iomete ripozi; ***eine ~ beim Singen machen*** fari paŭzon dum kantado
[2]**Pause** *f Kopie mittels Durchzeichnung* paŭsaĵo (↑ *auch* ***Lichtpause***); *i.w.S. Kopie* kopio
pausen *tr durchzeichnen* paŭsi, trakopii
Pausen *n* paŭsado
pausenlos 1. *Adj* senpaŭza **2.** *Adv* senpaŭze
Pausenplatz *m* ↑ ***Schulhof***
Pausen|stand *m Fußball (Spielstand zur Halbzeit)* paŭzorezulto; ~**taste** *f z.B. am Kassettenrecorder* paŭzoklavo, *(falls knopfartig)* paŭzobutono; ~**zeichen** *n Radio, TV* paŭzosignalo; *Mus* paŭzosigno, *(Fachspr) auch* silentosigno
pausieren *intr* paŭzi, fari paŭzon; *sich ausruhen* [iom] ripozi (↑ *auch* ***rasten***)
Pauspapier *n* paŭspapero; *Kohlepapier* karbopapero
Pavane *f ein langsamer Schreittanz im Viervierteltakt (in den Mittelmeerländern)* pavano
Pavia (*n*) *eine Stadt in Oberitalien u. Hptst. einer oberital. Provinz* Pavio
Pavian *m* (*Gattung* Pavio) *Zool* paviano (↑ *auch* ***Bärenpavian, [2]Drill, Dschelada, Mandrill*** *u.* ***Mantelpavian***); ***gelber ~*** *od* ***Steppenpavian*** *m* (Papio cyanocephalus) flava paviano; ***grüner ~*** ↑ ***Anubispavian***; ***roter ~*** ↑ ***Guinea-Pavian***
Pavillon [*'paviljõ:*] *m, reg u.* <*österr*> ***Salettl*** *n* pavilono *auch auf Messen u. Ä.* (*vgl. dazu* ***Kiosk***; ↑ *auch* ***Ausstellungs-, Konzert-, Messe-*** *u.* ***Musikpavillon***); ~**dach** *n Bauw (eine Dachform)* pavilona tegmento
Pavo *m Astron* ↑ ***[2]Pfau***

Pay-TV *n* ↑ ***Bezahlfernsehen***
Pazifik *od* **Pazifischer Ozean** *m* Pacifiko *od* Pacifika Oceano (*vgl. dazu* ***Stiller Ozean***; ↑ *auch* ***Nordpazifik***)
Pazifik|küste *f* bordo de la Pacifiko; ~**möwe** *f, auch* ***Dickschnabelmöwe*** *f* (Larus pacificus) pacifika mevo *[Vorkommen in der australischen Region]*
Pazifik-Pakt *m* ↑ ***ANZUS-Pakt***
Pazifikpieper *m* (Anthus rubescens) *Orn* lagopipio; ***sibirischer ~*** (Anthus japonicus) siberia lagopipio
Pazifik|segler *m* (Apus pacificus) *Orn* forkvosta apuso; ~**taucher** *m* (Gavia pacifica) *Orn* pacifika kolimbo; ~**waran** *m* (Varanus indicus) *Zool* mangrova varano *[Vorkommen: bes. in Küstenbereichen Neuguineas, der Marshall-Inseln u. der Salomonen]*
pazifisch *Adj* pacifika; ***≗er Feuerring*** *m, auch* ***zirkumpazifischer Feuerring*** *Vulkanologie* pacifika fajroringo *(auch Großschr)*; ***≗er Ozean*** ↑ ***Pazifik***; ***im ~en Raum*** en la regiono de la Pacifika Oceano
Pazifismus *m* pacifismo, *auch* pacismo
Pazifist *m* pacifisto, *auch* pacisto
pazifistisch *Adj auf den Pazifismus bezogen* paci[fi]sma; *auf die Pazifisten bezogen* pac[if]ista
pc *Zeichen für* ***Parsec*** (= ***Parallaxensekunde***)
PC *m EDV* ↑ ***Personalcomputer*** *u.* ***Tablet-PC***
PCR-Test *m Epidemiologie* PCR-testo [*'po 'tso'ro...*]
PDF|-Datei *f* pdf-dosiero [*'po'do'fo ...*]; ~**-Format** *n EDV* pdf-formato
Pecannuss *od* **Pekannuss** *f Frucht von «Carya pecan», einer nordamerik. Hickorynussart* pekano
Pech *n* ***a)*** *Chem* peĉo (↑ *auch* ***Asphalt, Bitumen*** *u.* ***Teer***); ***schwarz wie ~*** nigra kiel peĉo; ***~ sieden*** boligi peĉon ***b)*** <*österr*> *u. reg für «Harz»* rezino ***c)*** *übertr ([ärgerliches] Missgeschick, unglücklicher Zufall)* malbonŝanco, malfeliĉa hazardo (*vgl. dazu* ***Misserfolg*** *u.* ***Unglück***); ***er hat immer ~*** ĉiam li estas malbonŝanca; ***so ein ~!*** kia malbonŝanco! *od stärker* kia malfeliĉo!
Pech|blende *f, auch* ***Uranpecherz*** *n Min* peĉblendo, *auch* urania peĉerco, uraninito (↑ *auch* ***Kleveit***); ~**draht** *m, auch* ***Schusterdraht*** *m* peĉa fadeno; ~**fackel** *f* peĉa torĉo

pechig *Adj* peĉa; *voller Pech* plena de peĉo

Pechkiefer *f* (Pinus rigida) *Bot* rigida pino

Pechkohle *f* ↑ ***Gagat***

Pechnelke *f, auch* ***Garten-*** *od* ***Nelkenleimkraut*** *n* (Silene armeria) *Bot* roza sileno; ***gemeine*** ~ (Lychnis viscaria) glua liknido (↑ *auch* ***Alpenpechnelke***)

pechschwarz *Adj* peĉe-nigra, nigra kiel peĉo

Pech|strähne *f* serio da malbonŝancoj; ~**vogel** *m umg für «Mensch, der [immerzu] Unglück hat»* malbonŝanculo; *armer Kerl od Teufel* povrulo *od [stärker:]* povra mizerulo (↑ *auch* ***Unglücksmensch***)

pecken ↑ ***picken***

Pedal *n* pedalo *auch des Klaviers*; *Pedaltaste der Orgel* pedalklavo (↑ *auch* ***Brems-, Gas-, Kupplungs-*** *u.* ***Leuchtpedal***); ***mit ~en [versehen sein]*** pedalhava; ***in die ~e treten***, *<schweiz> scherzh* ***pedalen*** *z.B. ein Fahrradfahrer* treti la pedalojn, pedali

Pedalharfe *f Mus* pedalharpo *od* pedala harpo

Pedalium *n Bot (eine Gattung der Sesamgewächse)* pedalio

Pedalo *n* ↑ ***Tretboot***

Pedaltaste *f der Orgel* pedalklavo

pedant ↑ ***pedantisch***

Pedant *m Kleinigkeitskrämer* pedanto

Pedanterie *f, alt* ***Pedantismus*** *m übertriebene Genauigkeit bzw. Ordnungsliebe* pedanteco (↑ *auch* ***Bürokratismus***)

Pedantin *f* pedantino

pedantisch, *<österr> auch* ***pedant*** **1.** *Adj* pedanta **2.** *Adv* pedante (*vgl. dazu* ***kleinlich*** *u.* ***penibel***)

Pedell *m alt für «Hausmeister [einer Hochschule od am Gericht]»* pedelo (↑ *auch* ***Gerichtsdiener***)

Pedicellus *m nur Fachspr Ent (das auf den Schaft folgende Wendeglied der Antennen, das die bewegliche Basis der bei den meisten Insekten die in sich aktiv nicht beweglichen Fühlergeißel bildet)* pedicelo

Pedikulose *f Med* ↑ ***Läusekrankheit***

Pediküre *f* ***a)*** *Fußpflege* pedikuro ***b)*** *Fußpflegerin* pedikuristino

pediküren *tr*: ***jmdn.*** ~ *bei jmdm. eine Fußpflege vornehmen* pedikuri iun

Pediment *n Geogr (terrassenartige mit Sandmaterial bedeckte Fläche am Fuß von Gebirgen in Trockengebieten)* pedimento

Pedologe *m* ↑ ***Bodenkundler***

Pedologie *f* ↑ ***Bodenkunde***

Peeling *n Kosmetik* frotpurigado de la [vizaĝa] haŭto

Peepshow *f sex* seksgapejo

Peer *m Gesch (Adliger, der einem der fünf hohen Adelsränge angehört)* pajro (↑ *auch* ***Pair***)

PEG = *fachsprachl. Abk für* ***Pneumoenzephalografie***

Pegasos *od* [1]**Pegasus** *m, auch* ***Flügelross*** *n griech. Myth* Pegazo, *bes. poet auch* flugilhava ĉevalo *<in der Neuzeit als ‹Dichterross› Sinnbild dichterischer Fantasie>*

[2]**Pegasus** *m* (*Abk* ***Peg*** *od* ***Pegs***) *Astron (ein Sternbild am Nordhimmel)* Pegazo

Pegel *m* ***a)*** *Wasserstandsmesser* mezurilo por akvonivelo, *auch kurz* nivelmezurilo (*vgl. dazu* ***Limnimeter***) ***b)*** *auch* ***Pegelstand*** *m Wasserstand* akvonivelo; ~**latte** *f* akvogaŭĝo; ~**null** *n* nulo de nivelmezurilo; ~**stand** *m Wasserstand* akvonivelo; ~**stelle** *f* hidrometria stacio

Pegmatit *m ein Magmatitgestein* pegmatito

Pegnitz ***a)*** (*n*) *eine Stadt an der Pegnitz [im Landkreis Bayreuth]* [urbo] Pegnico ***b)*** *f ein Fluss in Bayern* [rivero] Pegnico

Pegu (*n*) *eine Stadt in Myanmar [14. bis 18 Jh. Hptst. des Mon-Reiches]* Peguo; ~**-Hase** *m* (Lepus peguensis) *Zool* birma leporo

Pehlewi *n Ling* ↑ ***Pahlawi***

Peilantenne *f* bir-anteno

peilen *intr die Wassertiefe bestimmen* sondi [la (akvo)profundon]; *die Richtung bestimmen* biri [la direkton]

Peilen *n* sondado; birado (*vgl.dazu* ***Peilung***)

Peil|frequenz *f* bir-frekvenco; ~**gerät** *n* birilo; ~**kompass** *m* bir-kompaso

Peilung *f der Wassertiefe* sondado [de la (akvo)profundo]; *der Richtung* birado [de la direkto]; ***magnetische*** (***relative, wahre***) ~ magneta (relativa, vera) birado

Pein *f Qual* turmento; *Tortur* torturo; *Leiden* sufer[ad]o; *Traurigkeit* trist[ec]o; *[psychischer] Schmerz* [psika] dolor[eg]o

peinigen *tr Qualen verursachen* turmenti; *foltern* torturi; *wehtun (bes. seelisch)* kaŭzi aflikton (*vgl. dazu* ***quälen***)

Peiniger *m* turmentanto, *[stärker: Folterknecht]* torturisto

peinlich **1.** *Adj* ***a)*** *unangenehm* ĝenanta, *[milder:] auch* malagrabla; *Verlegenheit erzeugend* embarasa, kaŭzanta embarason; *beschämend* hontiga ***b)*** *äußerst sorgfältig* tre zorgema, skrupula (*vgl. dazu* ***pedan-***

tisch) **2.** *Adv sehr, überaus:* ~ ***genau*** ege ekzakte (*bzw.* precize) [farita]; *übergenau, pingelig* puntilie; *Logik u. Phil* rigora

Peipussee *m, estnisch* ***Peipsi järv****, russ.* ***Tschudskoje Osero*** *ein Binnensee an der estnisch-russischen Grenze* [lago] Pejpuso

Peirithoos (*m*) *griech. Myth (König der Lapithen u. Freund des Theseus)* Piritoo

Peisistratos (*m*), *lat.* ***Pisistratos*** (*m*) *griech. Antike (ein athenischer Staatsmann [Tyrann von Athen])* Pisistrato

Peitsche *f,* <*österr*> *dial u. reg* ***Geißel*** *f* vipo (↑ *auch* ***Knute***, ***Nagaika***, ***Pferde-***, ***Reit-*** *u.* ***Riemenpeitsche***); ***mit der*** ~ ***knallen*** klaki per la vipo; ***die*** ~ ***knallen lassen*** klakigi la vipon; ***ein Pferd mit der*** ~ ***antreiben*** instigi ĉevalon per vipo

peitschen ***a)*** *tr* vipi; *abs: mit einer Peitsche schlagen* bati per vipo ***b)*** *intr*: ***der Regen peitschte an*** (*od* ***gegen***) ***die Fenster*** la pluvo vipis la fenestrojn *od* la pluvo vipe batis kontraŭ la fenestroj

Peitschen *n* vipado

Peitschen|antenne *f Funktechnik* fleksebla anteno; ~**hieb** *m* vipobato; ~**knall** *m* vipoklako *od* klako de vipo, *auch* vipoknalo; ~**natter** *f* (Ahaetulla prasina) *Zool* orienta vipovipero; ~**riemen** *m* viporimeno; ~**schlag** *m* vipobato; ~**schnur** *f* viposnuro; ~**wurm** *m* (Trichuris trichiura) *Parasitologie, Zool (ein Fadenwurm)* vipvermo

pejorativ **1.** *Adj* pejorativa **2.** *Adv* pejorative

Pejorativum *n Ling (Wort mit abwertender Bedeutung od Stilfärbung)* pejorativa vorto, *(Fachspr) auch* pejorativo

Pekannuss *f* ↑ ***Pecannuss***

Pekari *n, auch* ***Nabelschwein*** *n* (*Gattung* Pecari) *Zool* pekario; *Halsband*≗ (Tayassu tajacu = Dicotyles torquatus) kol-rubanda pekario *[Vorkommen: Südamerika]*

Pekesche *f verschnürter, pelzverbrämter Männerüberrock (bes. in Ungarn, Polen u. der Ukraine)* bekeŝo *(Zam)*

Pekinese ***a)*** *meist* ***Pekinger*** *m Einwohner von Peking* pekinano ***b)*** *Hunderasse* pekina hundo

pekinesisch *Adj* pekina

Peking (*n*), *chin.* ***Beijing*** *Hptst. von China* Pekino; ~**-Dialekt** *m Ling* pekina dialekto; ~**-Flieder** *m* (Ligustrina pekinensis = Syringa pekinensis) pekina siringo *[Vorkommen in N-China]*

Pekingkohl *m Bot, Nahr* ↑ ***Chinakohl***

Pekingmensch *m Anthropol* ↑ ***Sinanthropus***

Pekingoper *f Theat (europäische Bez für das klassische chinesische Musiktheater)* pekina opero *od* pekin-opero

Pektin *n Biochemie (gelierender Pflanzenstoff in Früchten, Wurzeln u. Blättern)* pektino

Pektinase *f ein pflanzl. Enzym* pektinazo

Pektinsäure *f Biochemie* pektinata acido

pektoral *Adj nur Fachspr Med (die Brust betreffend)* brusta

Pektorale *n Kirche* ↑ ***Brustkreuz***

pekuniär *Adj geldlich, das Geld od Vermögen betreffend* mona, *nachgest auch* koncernanta la monon (*vgl. dazu* ***finanziell***)

Pelade *f Med (Dermatologie) ([kreisrunder] Haarausfall [verursacht durch eine Dermatose])* pelado

pelagial ↑ ***pelagisch***

Pelagial *n Biol, Ökologie (Lebensbereich sowie Gesamtheit der Lebewesen des freien, bodenfernen Wassers, namentlich des freien Ozeans und größerer Seen [Ggs: Benthal])* pelago (*vgl. dazu* ***Epipelagial***)

Pelagianer *m Anhänger der Lehre des Pelagius* pelagianoj *Pl*

Pelagianismus *m Rel (eine theologische Richtung der altchristlichen Kirche)* <*so benannt nach dem aus Britannien stammenden Mönch Pelagius*> pelagianismo (*vgl. dazu* ***Pelagius***)

pelagisch, *auch* ***pelagial*** *Adj 1. Biol (im freien Meer od in weiträumigen Binnenseen lebend bzw. befindlich od gebildet) 2. Geol (im Pelagial abgelagert)* pelaga; ~***e Fische*** *m/Pl* pelagaj fiŝoj *Pl*

Pelagische Inseln *Pl, ital.* ***Isole Pelagie*** *Pl eine italienische Vulkaninselgruppe zw. Malta u. Tunesien* Pelagaj Insuloj *Pl*

Pelagius (*m*) *Eig (ein aus Britannien stammender Mönch, der um die Wende vom 4. zum 5. Jh. in Rom lebte [† 418])* Pelagio (*vgl. dazu* ***Pelagianer*** *u.* ***Pelagianismus***)

Pelagonien (*n*) *eine Beckenlandschaft im W der Rep. Makedonien* <*reicht im Süden bis Griechenland*> Pelagonio

Pelagonit *m Min (ein vollständig devitrifiziertes Gesteinsglas)* pelagonito

Pelargonie *f Bot* ↑ ***Storchschnabel***

Pelasger *m/Pl ein vorindogermanischer Stamm, der wahrscheinlich in Thessalien beheimatet war [angenommene Urbevölkerung Griechenlands]* pelasgoj *Pl*

pelasgisch *Adj* pelasga
pêle-mêle [ˈpɛlˈmɛl] *Adv [völlig] durcheinander, kunterbunt, drunter und drüber* pelmele
Pelemele *n* ↑ ***Durcheinander***
Pelerine *f einem Cape ähnlicher [ärmelloser] Umhang* pelerino (*vgl. dazu **Poncho***)
Peleus (*m*) *Myth (griech. Sagengestalt aus Thessalien [Vater des Achill])* Peleo
Pelikan *m* (*Gattung* Pelecanus) *Orn* pelikano; *Rosa*~ (Pelecanus roseus = Pelecanus onocrotalus) blanka pelikano (↑ *auch **Brillen-**, **Grau-**, **Krauskopf-** u. **Rötelpelikan***); ***brauner*** ~ ↑ ***Braunpelikan***; ***[Familie der]*** ~***e*** *Pl* (Pelecanidae) pelikanedoj *Pl*
Pelikannebel *m Astron* Pelikano
Pelion *m ein Gebirge in Thessalien/Ostgriechenland* [montaro] Peliono
Pelit *m Geol (ein Sedimentgestein mit staubfeiner Körnung)* pelito
Pellagra *n Med (eine Avitaminose)* pelagro
pellagrös *Adj* pelagra
Pelle *f reg für «Haut» bzw. «Schale»* haŭto *bzw.* ŝelo; *Wursthaut* kolbashaŭto ◇ ***jmdm. auf die*** ~ ***rücken*** *jmdn. bedrängen* sin altrudi al iu [en ties hejmo]
pellen *tr reg für «schälen»* senŝeligi
Pelletierin *n Chem (ein Alkaloid)* peletierino
Pellkartoffeln *f/Pl Kochk* ŝelkuiritaj terpomoj *Pl*, terpomoj [kuiritaj] *Pl* kun ŝelo (*vgl. dazu **Salzkartoffeln***)
Pellworm (*n*) *eine nordfriesische Insel <zw. Amrum u. Nordstrand>* [insulo] Pelvormo
Pelmeni *Pl russ. Kochk (mit Fleisch gefüllte gekochte Teigtaschen)* pelmenoj *Pl*
Pelmikrit *m Geol (ein Sedimentgestein)* pelmikrito
Peloponnes *m, auch f, griech.* ***Peloponnesos*** *eine südgriechische Halbinsel* Peloponezo
peloponnesisch *Adj* peloponeza; ***der*** ~***e Krieg*** *Gesch* la Peloponeza Milito *[431-404 v. Chr.]*
Pelops (*m*) *griech. Myth (Sohn des Königs Tantalos, Ahnherr des fluchbeladenen Geschlechts der Atriden)* Pelopso
Pelota *f Sport (ein baskisches Ballspiel <ähnlich dem angelsächsischen Squash>)* peloto
Pelsparit *m Min (ein Karbonatgestein)* pelsparito
Peluschke *f reg Bot* ↑ ***Felderbse***
Pelvimetrie *f Med* pelvometrio
Pelz *m Balg* felo; *gegerbt u. zubereitet* pelto (↑ *auch **Biber-**, **Fuchs-**, **Schafs-** u. **Wolfspelz***); *Pelzwerk* peltaĵo; *Pelzjacke* pelta jako; *umg auch für «Pelzmantel»* peltmantelo (↑ *auch **Webpelz***) ◇ ***da hast du dir aber eine Laus in den*** ~ ***gesetzt!*** per tio vi vere havigis al vi belegan malagrablaĵon!
pelzartig *Adj* pelteca
Pelzbesatz *m*: ***einen Kragen mit*** ~ ***versehen*** borderi kolumon per pelto
pelzbesetzt *Adj* borderita per pelto, pelt[o]garnita
Pelzflatterer *m, auch* ***Flattermaki*** *m* (*Gattung* Galeopithecus *u. die Art* Galeopithecus volans) *Zool* galeopiteko; ***[Ordnung der]*** ~ *Pl, auch* ***Flugmakis*** *od* ***Riesengleitflieger*** *m/ Pl* (Dermoptera) dermopteroj *Pl*
Pelzfutter *n Schneiderei* pelta subŝtofo
pelzgefüttert *Adj* pelte subŝtofita *od* interne peltita, *nachgest* kun pelto interne
Pelz|handel *m* peltokomerco; ~**händler** *m* peltokomercisto; ~**handlung** *f* pelt[o]butiko, pelt[o]vendejo
pelzig *Adj* pelteca
Pelz|industrie *f* pelta industrio; ~**jacke** *f* pelt[o]jako *od* pelta jako; ~**käfer** *m* (Attagenus pellio) *Ent* atageno *<Larve zerfrisst Pelze u. Wollgewebe>*; ~**kragen** *m* peltkolumo *od* pelta kolumo; ~**mantel** *m* peltmantelo *od* pelta mantelo; ~**mütze** *f* peltĉapo (↑ *auch **Fuchspelzmütze***); ~**näherin** *f* peltkudristino; ~**robbe** *f Zool* peltfoko (*vgl. dazu **Robbe***)
Pelzstiefel *m* pelta boto; ***mit*** ~***n an den Füßen*** kun peltaj botoj sur la piedoj
Pelztier *n* felhava besto, *auch* peltobesto; ~**zucht** *f* bredado de peltobestoj
Pelz|umhang *m* pelta pelerino; ~**waren** *Pl, auch* ***Pelzwerk*** *n* pelt[produkt]aĵoj *Pl*, peltoj *Pl*; ~**warengeschäft** *n* vendejo de peltaĵoj
Pemba (*n*) *eine Insel des ostafrikanischen Sansibar-Archipels [gehört zur Rep. Tansania]* [insulo] Pembo
Pemmikan *m Konserve [indianischen Ursprungs] aus getrocknetem u. pulverisiertem Bison- od Rentierfleisch, mit Fett u. Trockenbeeren angereichert* pemikano
Pemphigus *m nur Fachspr Med (Bez für «intraepidermal Blasen bildende Hauterkrankungen»)* pemfigo (↑ *auch **Tropenpemphigus***)
Penalty [ˈpenlti], *<schweiz>* [peˈnalti] *m* ↑ ***Strafstoß***
Penang (*n*) ***a)*** *ein Gliedstaat von Malaysia*

Penango *[Hptst.: George Town]* ***b)*** *meist* ***Insel Penang*** *f, malaysisch* ***Pulau Penang*** *eine malaysische Insel* insulo Penango

Penaten *Pl* ***a)*** *Myth (römische Schutzgottheiten des Herdfeuers u. der Familie)* Penatoj *Pl* ***b)*** *übertr für «[eigenes] Haus od Heim»* penatoj *Pl*

Pence *Pl* ↑ *unter* ***Penny***

PEN-Club *m internationale Schriftstellervereinigung [gegründet 1921]* PEN-klubo

Pendant [*pã'dã:*] *n [ergänzendes] Gegenstück* komplemento (*vgl. dazu* ***Entsprechung***)

Pendel *n* pendolo (↑ *auch* ***Horizontalpendel***); *Uhr*$^{\underline{o}}$ horloĝa pendolo, *auch* perpendiklo; ~**aufhängung** *f Tech* pendola suspensio; ~**bewegung** *f* pendola movo

pendeln *intr* pendoli (*vgl. dazu* ***oszillieren*** *u.* ***schwingen***); *Verk (hin- und herfahren)* navedi, [daŭre] veturi tien kaj reen

Pendel|schwingung *f* oscil[ad]o de pendolo; ~**tür** *f Schwingtür* svingpordo; ~**uhr** *f* pendolhorloĝo; ~**verkehr** *m Verk* naveda servo (*od* trafiko) (*vgl. dazu* ***Zubringerbus***); ~**zug** *m Eisenb* naveda trajno

Pendentif *n Arch* ↑ ***Hängezwickel***

Pendler *m* navedulo, laboristo ĉiutage veturanta de sia loĝloko al aliurba laborejo

Peneleos (*m*) *griech. Myth (Anführer der Böotier im Trojanischen Krieg)* Peneleo

Penelope (*f*) *griech. Myth (Gemahlin des Odysseus, Mutter des Telemachos)* Penelopa

Peneplain *f, auch* ***Fastebene*** *f od* ***Rumpffläche*** *f Geogr (fast ebenes od flachwelliges Gebiet mit breiten Tälern u. flachen Schwellen)* peneplano

penetrant *Adj Blick, Geruch, Geschmack* penetrema, penetranta (*vgl. dazu* ***aufdringlich***); ***ein ~er Kerl*** *jmd., der äußerst aufdringlich ist* [treege] altrudiĝema ulo

Penetranz *f* penetremo

Penetration *f* penetrado *auch Med u. sex*

penetrieren *tr eindringen in* penetri

penetrierend *Adj Med (z.B. ein Krankheitsprozess in ein anderes Organ, bes. in ein Nachbarorgan)* penetranta

Penetrometer *n Straßenbau (Gerät zum Messen der Eindringtiefe [bei Schwarzdecken])* penetrometro

peng! *lautmalend für den Knall einer Explosion od beim Durchbrechen der Schallmauer* bang!

Pengö *m frühere ungarische Währungseinheit [seit 1946: Forint]* pengo

penibel *Adj* pedanta (***bei*** *od* ***in*** pri); *sehr genau* treege ekzakta

Penicillin *n Pharm* ↑ ***Penizillin***

Penicillinase *f Biochemie (Penizillin inaktivierendes, von verschiedenen grampositiven [z.B. Staphylokokken] u. gramnegativen [z.B. Kolibakterium] Bakterien gebildetes Enzym)* penicilinazo

Penicillium *n, auch* ***Pinselschimmel*** *m Bot [einige Arten sind bekannte Antibiotikabildner]* penicilio, *auch* penikŝimo

Peninsula *f alt =* ***Halbinsel***

peninsular[isch] *Adj* duoninsula

Penis *m, umg* ***Pimmel*** *m, reg* ***Piepel*** *m* peniso, *fam* kaco (*vgl. dazu* ***Eichel b), männliches Glied, Linga*** *u.* ***Rute c)***); ~**entzündung** *f Med* inflamo de la peniso, penisito; ~**erektion** *f Versteifung des Glieds* peniserektiĝo; ~**futteral** *n od* ~**stulp** *m bei nackt lebenden Primitiven* penisingo; ~**ring** *m sex* penisringo; ~**schaft** *m* (Corpus penis) *Anat* peniskorpo; ~**wurzel** *f* (Radix penis) *Anat* penisradiko

Penizillin *n, Fachspr u. <österr>* ***Penicillin*** *n Pharm (bekanntestes Antibiotikum)* penicilino (↑ *auch* ***Breitband-Penizillin***); ~ ***injizieren*** (*od umg* ***spritzen***) injekti penicilinon

Penizillinallergie *f, auch* ***Penizillinüberempfindlichkeit*** *f Med* penicilinalergio

Penizillinase *f, auch* ***Penizillase*** *f Biochemie =* ***Penicillinase***

Penizillin|behandlung *od* ~**therapie** *f Med* kuracado per penicilino, penicilinterapio

penizillinresistent *Adj* penicilin[o]rezista; *~er* ***Streptokokkenstamm*** *m* penicilinrezista stamo de streptokokoj

Penizillin|säure *f Biochemie* penicilia acido; ~**spritze** *f Med* penicilininjekto

Penizillintherapie *f* ↑ ***Penizillinbehandlung***

Penizillinüberempfindlichkeit *f* ↑ ***Penizillinallergie***

Pennantsittich *m* (Platycercus elegans) *Orn* karmina rozelo

Penne *f Schülersprache für «Schule»* lernejo

pennen *intr umg für «schlafen»* dormi ◇ *salopp (sich von innen anschauen)* rigardi siajn palpebrojn de interne

Penner *m Landstreicher* vagabondo

Penni *m* (*Pl:* ***Penniä***) *ehemalige finnische Kleinstmünze (= 1/100 Markka)* penio

Penninisches Gebirge *n, engl.* ***Pennine Chain*** *f ein Mittelgebirge in N-England* Peninoj *Pl*

Pennsylvania (*n*) (*Abk* ***Pa.***,*[postalisch]* ***PA***) *ein US-Bundesstaat [Hptst.: Harrisburg]* Pensilvanio

Pennsylvanian *n Geol (ein Systembegriff für das nordamerik. Oberkarbon)* pensilvanio

Penny *m* (*Pl*: ***Pence*** [*pens*]) (*Abk* ***p***, *früher* ***d***) *eine engl. Münze*) penco; ***sechs Pence*** (*Abk* ***6p***) ses pencoj

[1]**Pension** *f Ruhegehalt* pensio (↑ *auch* ***Alterspension*** *u.* ***Rente***); ***in ~ gehen*** pensiuliĝi, *auch* fariĝi pensiulo

[2]**Pension** *Fremdenheim* pensiono

Pensionär *m, auch* ***Ruheständler*** *m,* <*österr*> *u.* <*schweiz*> *u. reg* ***Pensionist*** *m* pensiulo

Pensionat *n* ***a)*** *Mädchen*~ pensionato ***b)*** <*österr*> *u. reg alt für «Internat»* internulejo

pensionieren *tr in den Ruhestand versetzen* pensii (***jmdn.*** iun); ***pensioniert sein*** esti pensiita; ***pensioniert werden*** esti pensiata (***im Alter von ... [Jahren]*** en [la] aĝo de ... [jaroj])

Pensionierung *f* pensiado

Pensionist *m* ↑ ***Pensionär***

Pensions|alter *n* pensia aĝo; *Renteneintrittsalter* aĝo de pensiuliĝo; ~**anspruch** *m* rajto je pensio

pensionsberechtigt *Adj* pensiorajta, havanta la rajton ricevi pension *nachgest*

Pensions|berechtigung *f* pensiorajtoj *Pl*; ~**fonds** *m Fin* pensia fonduso, *auch* fonduso por financi pensiojn; ~**gast** *m* pensionano, gasto en pensiono; ~**mutter** *f* pensionestrino *(Zam)*; ~**preis** *m* pensionpago *od* pensionprezo, kosto(j) por tranoktado kaj manĝado; ~**wechsel** *m, auch* ***Depotwechsel*** *m Bankw, Fin* pensiona kambio

Pensum *n* [farenda] labor[kvant]o; *[zu erledigende] Aufgaben* [farendaj] taskoj *Pl*

Pentachord *n nur Fachspr Mus (Streich- od Zupfinstrument mit fünf Saiten)* pentakordo

Pentaeder *n Geom* ↑ ***Fünfflach***

[1]**Pentagon** *n Geom* ↑ ***Fünfeck***

[2]**Pentagon** *n das auf einem fünfeckigen Grundriss errichtete Verteidigungsministerium der USA* Pentagono

Pentagramm *n 1. Fünfeckstern [als mystisches od magisches Symbol] 2. [im Mittelalter:] Bez für «Drudenfuß»* pentagramo

Pentameter *m Metr (fünffüßiger Vers)* pentametro

Pentan *n Chem (ein aliphatischer Kohlenwasserstoff)* pentano

Pentanol *n Chem* pentanolo

Pentapeptide *n/Pl Biochemie* pentapeptidoj *Pl*

Pentateuch *m zusammenfassende Bez für «die fünf Bücher Mose im Alten Testament»* pentateŭko *(auch Großschr)*

Pentathlon *n Sport ([antiker bzw. moderner] Fünfkampf)* pentatlono, kvin-disciplino (*vgl. dazu* ***Fünfkampf***)

Pentatonik *f* ↑ ***Fünftonmusik***

pentatonisch *Adj Mus (auf der fünfstufigen Tonfolge beruhend [in außereuropäischer Musik])* kvintona

Pentekostler *m/Pl, auch* ***Pfingstbewegung*** *f Rel (Bez für enthusiastische christliche Gruppen [entstanden in baptistischen u. methodistischen Kreisen Nordamerikas nach 1850])* pentekostanoj *Pl, auch* pentekostismo *od* pentekosta kristanismo

Pentelikon *m ein Gebirge nordöstlich von Athen mit bedeutenden Marmorbrüchen* [montaro] Penteliko

pentelisch *Adj*: ***~er Marmor*** *m* pentelika marmoro

Penthesilea (*f*) *Myth (Königin der Amazonen, Tochter des Ares)* Pentezilea <*auch Name eines Dramas von H. von Kleist*>

Pentode *f, auch* ***Fünfpolröhre*** *f El (Elektronenröhre mit 5 Elektroden <häufigster Röhrentyp>)* pentodo, *auch* kvinelektroda elektrontubo (↑ *auch* ***Hochfrequenzpentode***)

Pentosane *Pl Chem (aus Pentosen aufgebaute Polysaccharide [z.B. Zellwand- u. Speichersubstanzen bei Pflanzen])* pentozanoj *Pl*

Pentosen *f/Pl Chem (Bez für «Monosaccharide mit fünf Kohlenstoffatomen» [z.B. Ribose, Xylose u.a.])* pentozoj *Pl*

Penumbra *f nur Fachspr Astron ([nicht ganz dunkles] Randgebiet eines Sonnenflecks)* penumbro

Peon *m 1. Tagelöhner auf südamerikanischen Farmen 2. durch Geldschulden zu Dienst verpflichteter Arbeiter [früher bes. in Mexiko]* peono

Peonage *f 1. früheres, bes. während der spanischen Herrschaft in Mexiko übliches Lohnsystem 2. i.w.S. Leibeigenschaft* peonismo

Peperoni *f/Pl, auch* ***Chili*** *m scharfe, kleine Paprikaschoten* kapsiketoj *Pl* (*vgl. dazu* ***Cayennepfeffer*** *u.* ***Paprika***)

Peplos *m Antike (altgriech. ärmelloses wollenes Gewand für Frauen [etwa 5. Jh. v. Chr.])* peplo

Pepsin *n ein Enzym des Magensafts* pepsino *auch Pharm*

Pepsinogen *n Biochemie (inaktive Vorstufe des Pepsins)* pepsinogeno

Pepsin|therapie *f* pepsinterapio; ~**verdauung** *f Physiol* pepsindigestado; ~**wein** *m* tonika vino

Peptidbindung *f Biol, Chem* peptida ligo

Peptide *n/Pl Biochemie (Zwischenprodukte beim Abbau von Eiweißkörpern)* peptidoj *Pl* (↑ *auch* ***Makro-***, ***Neuro-***, ***Oligo-*** *u.* ***Pentapeptide***)

Peptidasen *f/Pl Biochemie (Enzyme, die Peptidbindungen von Eiweißen spalten können [z.B. Verdauungsenzyme])* peptidazoj *Pl*

Peptid|bindung *f* peptida ligo; ~**hormon** *n, auch* ***Proteohormon*** *n* peptida hormono (↑ *auch* ***Adiponektin***, ***Gastrin*** *u.* ***Glukagen***)

peptisieren *od* **peptonisieren** *tr Biochemie (ein Gel in ein Sol zurückverwandeln)* peptizi *od* peptonizi

Pepton *n Biochemie (ein Abbaustoff des Eiweißes)* peptono

Peptonurie *f nur Fachspr Med (Peptonausscheidung im Harn)* peptonurio

per *Präp: durch, mit, mittels* per, *auch* pere de; *für* por; ~ ***Adresse*** (*Abk* ***p. A.***) ĉe [adreso de]; ~ ***Arm*** *Arm in Arm* brakon sub brako; ~ ***Bahn*** fervoje; *mit dem Zug* per trajno, trajne; ~ ***Luftpost*** per aerpoŝto, aerpoŝte; ~ ***os*** ↑ ***peroral*** *u.* ↑ ***oral 2.***; ~ ***Post*** per poŝto, poŝte; ~ ***Schiff*** per ŝipo, ŝipe; ~ ***Telefon*** per telefono, telefone

Peräa (*n*) *eine der vier Provinzen des antiken Palästina östlich des Jordangrabens* Pereo *[Hptst.: Gadara]*

Perak (*n*) *ein Bundesstaat von Malaysia* Perako *[Hptst.: Ipoh]*

Perche *f Metr (ein altes französisches Längenmaß (= 1/100 Arpent])* perĉeo

perdu [...ˈdyː] *Adj umg für «verloren [gegangen]» bzw. «weg»* perdita *od* perdiĝinta *bzw.* for

Perenne *f Bot u. Gartenb* ↑ *unter* ***Pflanze***

perenn[ierend] *Adj Bot (ausdauernd; i.w.S. winterhart)* perenanta *[Ggs:* ***ephemer*** *bzw.* ***temporär*** (↑ *dort*)*]*; ***perennierende*** (*od* ***mehrjährige***) ***Pflanze*** *f [Stauden u. Holzgewächse]* perenanta planto, *auch kurz* pereno

Perestroika *f russ. Gesch (die von M. Gorbatschow 1985 eingeleitete Reformpolitik in der damaligen Sowjetunion)* perestrojko

perfekt 1. *Adj vollkommen* perfekta; *erledigt* finita; ***etw.*** ~ ***machen*** *etw. zu Ende bringen* fini ion; *unterzeichnen, z.B. einen Vertrag* subskribi; ***er ist ein*** ~***er Idiot*** *derb* li estas perfekta idioto; ***sie ist eine*** ~***e Köchin*** ŝi estas perfekta kuiristino **2.** *Adv* perfekte; ~ ***bis ins Kleinste*** perfektege; ~ ***Esperanto sprechen*** perfekte paroli Esperanton

Perfekt *n Gramm (Vorgegenwart)* perfekto

Perfekte *n*: ***etw.*** ~***s*** *etw. Vollkommenes* perfektaĵo

Perfektheit *od* **Perfektion** *f Vollkommenheit* perfekteco

perfektibel *Adj vervollkommnungsfähig* perfektigebla

perfektionieren *tr vervollkommnen* perfektigi; ***seine spanischen Sprachkenntnisse*** ~ perfektiĝi en la hispana [lingvo]

Perfektionierung *f* perfektigo

Perfektionismus *m übertriebenes Streben nach Vervollkommnung* perfektismo

Perfektionist *m* perfektisto

perfektionistisch *Adj* perfektisma *bzw.* perfektista

perfektiv *Adj Ling (einen Vorgang als vollendet od begrenzt darstellend)* perfektiva; ~***er Aspekt*** *m* perfektiva aspekto

Perfektivum *n Ling (Verb der perfektiven Aktionsart bzw. des perfektiven Aspekts)* perfektivo (*vgl. dazu* ***Aorist***)

perfid *<österr> nur so, od* **perfide** *Adj* perfida (↑ *auch* ***niederträchtig***)

Perfidie *od selt* **Perfidität** *f* perfideco; *perfide Angelegenheit od Tat* perfidaĵo

Perforation *f* ***a)*** *das Perforieren* truado; *die Löcher in etw.* truetoj *Pl* ***b)*** *<wiss> auch* ***Perforatio*** *f Med (Durchbohren, Durchbruch)* perforado

Perforationslöcher *n/Pl* truetaro

Perforator *m Locher* truilo

perforieren *tr lochen* trui; *Med (durchbohren)* perfori

pergamenisch *Adj aus Pergamon* pergama

Pergament *n* pergameno; *Druck*~, *Velin* veleno

pergament|ähnlich *od* ~**artig** *Adj* pergameneca

pergamenten *Adj aus Pergament* pergamena, *nachgest* [farita] el pergameno

Pergamenthaut *f Dermatologie* ↑ ***Xerodermie***

Pergament|papier *n* pergamen[it]a papero; ~**rolle** *f* pergamena kunvolvaĵo

Pergamon (*n*) *Eig (eine antike Stadt im NW Kleinasiens)* Pergamo (*vgl. dazu* ***Mysien***)

Pergola *f **a)** auch* ***Laubengang*** *Gartenarchitektur (von rankenden Pflanzen überwachsenes Holzgerüst)* pergolo ***b)*** *Arch (laubenähnlicher Anbau an Gebäuden)* pergolo

Perhydrol *n Chem* perhidrolo

peri... *bzw.* **Peri...** *wiss. Wortelement mit der Bed **a)*** «um ... herum» *od* «rund um» ***b)*** *bes. Med* «umgebend» ***c)*** «nahe bei» *od* «daneben» (*Zus mit* ***peri...*** ↑ *im Alphabet*)

Perianth[ium] *n Bot (gegliederte Blütenhülle, die aus Kelch- u. Blütenblättern besteht [z.B. beim Apfel])* perianto

Periarthritis *f Med (Entzündung in der Umgebung von Gelenken)* periartrito

Periastron *od* **Periastrum** *n Astron (Sternnähe bei Doppelsternen)* periastro

Periderm *n nur Fachspr Bot (sekundäres Abschlussgewebe der Sprosse vieler zweikeimblättriger Pflanzen)* peridermo

Peridie *f Mykologie (Fruchtkörperhülle der Bauchpilze)* peridio

Peridot *m Min (gelegentliches Synonym für das Mineral Olivin, vor allem aber Bez für die edlen, d.h. gleichfarbig grünen und durchsichtigen Olivin-Abarten, die als Schmuckstein verwendet werden [ein gesteinsbildendes Mineral])* peridoto (*vgl. dazu* ***Olivin***)

Peridotit *Geol (ein dunkles, kieselsäurearmes Plutonitgestein [besteht vor allem aus Olivin])* peridotito (↑ *auch* ***Eulysit***)

perifokal *Adj Med (um einen Krankheitsherd herum [auftretend])* ĉirkaŭfokusa

Perigalaktikum *n Astron (Bahn eines Sterns um das Zentrum des Milchstraßensystems)* perigalaksio

Perigastritis *f nur Fachspr Med (Entzündung des Bauchfellüberzuges des Magens)* perigastrito

Perigäum *n, auch* ***Erdnähe*** *f Astron (erdnächster Punkt der Bahn eines Körpers um die Erde [Ggs: Apogäum])* perigeo

periglazial *Adj nur Fachspr Geol u. Klimakunde (1. auf die Umgebung des Eises bezogen 2. in der Umgebung vergletscherter Gebiete [auftretend])* periglacia

Periglazialgebiet *n* periglacia regiono

Perigon[ium] *n* (*fachsprachl. Zeichen* ***P***), *auch* ***[einfache] Blütenhülle*** *f Bot (Blütenhülle aus gleichartigen, meist auffällig gefärbten Blättern [nicht in Kelch- u. Blütenblätter gegliedert]* perigono; ***abfallendes*** ~ decidua perigono; ***bleibendes*** (*od* ***dauerndes***) ~ daŭra perigono; ***hüllkelchartiges*** ~ kalika perigono

Perigonblatt *n Bot (Hüllblatt einer Blüte)* tepalo; ***dünn-*** *od* ***feinhäutiges*** ~ membraneca tepalo; ***grünes*** ~ verda tepalo; ***schuppiges*** ~ skvameca tepalo

Périgord [...ˈgɔr] *n eine Landschaft in SW-Frankreich (ehemalige Grafschaft)* Perigordo *[Hauptort: Périgueux]*

Périgordtrüffel *f Mykologie* ↑ *unter* ***Trüffel***

Périgueux [...ˈgö] (*n*) *Hptst. der Dordogne in SW-Frankreich* Perigozo

perigyn, *auch* ***mittelständig*** *Adj Bot [bezogen auf Blüten mit schüssel- od becherförmigem Blütenboden, der den Fruchtknoten umfasst, nicht mit ihm verwachsen ist]* perigina (*vgl. dazu* ***epigyn*** *u.* ***hypogyn***)

Perihel[ium] *n, auch* ***Sonnennähe*** *f Astron (Punkt einer Planeten- od Kometenbahn, der der Sonne am nächsten liegt)* perihelio

Perihepatitis *f nur Fachspr Med (Entzündung der Leberkapsel)* perihepatito

Perikal *n Med* ↑ ***Madurafuß***

Perikard *n Anat* ↑ ***Herzbeutel***

perikardial *Adj Anat (zum Herzbeutel gehörig)* perikardia (↑ *auch* ***extraperikardial***)

Perikarditis *f Med* ↑ ***Herzbeutelentzündung***

Perikarp *n Bot* ↑ ***Fruchtwand***

Perikles (*m*) *Eig (ein athenischer Staatsmann [um 490-429 v. Chr.])* Periklo

Perikope *f Kirche (Bibelabschnitt zur Vorlesung im Gottesdienst od als Predigttext)* perikopo

Perikranium *n nur Fachspr Anat für «äußeres Periost des Schädeldaches»* perikranio

Perilla *f* (Perilla frutescens) *Bot (ein asiatischer Lippenblütler, dessen Samen zur Herstellung des Perilla-Öls verwendet werden [u.a. Speise u. Lacköl])* duonligna periljo, ~**-Öl** *n* perilja oleo

Perilymphangitis *f nur Fachspr Med (Entzündung des die Lymphgefäße umgebenden Gewebe)* perilimfangito

Perilymphe *f Anat (klare Flüssigkeit in Labyrinth u. Schnecke des Ohres)* perilimfo

Perimetritis *f nur Fachspr Med (Entzündung des Perimetriums)* perimetriito

Perimetrium *n nur Fachspr Anat (Bauchfellüberzug der Gebärmutter)* perimetrio

perinatal *Adj Med (die Zeit während, kurz vor u. nach der Geburt betreffend)* ĉirkaŭ la naskotempo *nachgest*

perineal *Adj Anat (auf den Raum zw. After u. Genitalien bezogen)* perinea

Perinephritis *f nur Fachspr Med (Entzündung des Bauchfellüberzugs der Niere)* perinefrito

Perineum *n Anat* = ²***Damm***

Periode *f* ***a)*** *Zeitabschnitt, Zeitraum* periodo *auch Astron, Gramm u. Math* (↑ *auch* ***Fortpflanzungs-***, ***Frost-***, ***Schlechtwetter-***, ***Sitzungs-***, ***Transfer-*** *u.* ***Vegetationsperiode***); ***hellenistische*** ~ helenisma periodo ***b)*** *El, Phys (Schwingungszahl)* ciklo (↑ *auch* ***Halbperiode***); ***~n pro Sekunde*** cikloj en sekundo ***c)*** *Menstruation, Monatsblutung* menstruo, *umg* monataĵo; ***ihre ~ ist ausgeblieben*** ŝi ne havis sian monataĵon ***d)*** *Ling (in Haupt- u. Nebensatz od Nebensätze gegliedertes, größeres Satzgefüge)* periodo

Periodensystem *n Chem* perioda sistemo

Periodenzähler *m El* ↑ ***Frequenzmesser***

Periodik *f* ↑ ***Periodizität***

Periodikum *n Buchw, Ztgsw* periodaĵo, perioda eldonaĵo

periodisch *Adj regelmäßig auftretend, wiederkehrend [Ggs: aperiodisch]* perioda; ***~e Schriften*** *f/Pl Buchw* periodaj eldonaĵoj *Pl*; ***~es System*** (*od* ***Periodensystem***) *n* ***[der chemischen Elemente]*** perioda sistemo

periodisieren *tr* dividi laŭ periodoj

Periodisierung *f* divido laŭ periodoj

Periodizität *f, auch* ***Periodik*** *f* periodeco

Periodogramm *n Geom, Tech, Wirtsch* periodogramo

Periodontitis *f Zahnmedizin* ↑ ***Wurzelhautentzündung***

Periorchitis *f nur Fachspr Med (Entzündung der [serösen] Hodenhüllen)* testika vaginalito

Periost *n Anat* ↑ ***Knochenhaut***

periostal *Adj die Knochenhaut betreffend* periosta (↑ *auch* ***subperiostal***)

Periostitis *f Med* ↑ ***Knochenhautentzündung***

Periostose *f Med (chronische Veränderungen der Knochenhaut)* periostozo

Perioxisomen *n/Pl Zytologie (Zellorganellen in eukaryotischen Zellen, die von einer Biomembran umgeben sind)* perioksizomoj *Pl*

Peripatetiker *m/Pl Schüler des Aristoteles [† 322 v.Chr.], die im Gehen zu lehren pflegten* peripatetikuloj *Pl*

peripatetisch *Adj* peripatetika; ***~e Schule*** *f Phil (eine von Aristoteles gegründete Schule in Athen, die philosophische u. naturwissenschaftliche Forschung betrieb)* peripatetika skolo

Peripetie *f, auch* ***Schicksalswende*** *f Lit (entscheidender Wendepunkt), Theat (plötzlicher Umschwung [im Drama])* peripetio

peripher *Adj* periferia; ***~e Blutgefäße*** *n/Pl Anat* periferiaj sangovazoj *Pl*; ***~e Einheit*** *f od* ***~es Gerät*** *n EDV* periferia aparato; ***dieses Problem ist nur*** ~ tiu ĉi problemo estas nur periferia

Peripherie *f* periferio *auch EDV, Geom (Begrenzungslinie eienes Kreises) u. Randgebiet [einer Großstadt u.a.]*; *Rand* rando (↑ *auch* ***Stadtrand***); ***an der ~ von Paris*** en la periferio de Parizo

Peripheriewinkel *m, auch* ***Umfangswinkel*** *m Geom (Winkel, der die Endpunkte einer Sehne mit dem Mittelpunkt eines Kreises bildet)* periferia angulo

Periphlebitis *f nur Fachspr Med (Entzündung der Adventitia der Vene u. des umgebenden Bindegewebes)* periflebito

Periphrase *f Ling (Umschreibung), Rhetorik* perifrazo, ĉirkaŭfrazo

Periproktitis *f nur Fachspr Med (Entzündung des den After u. den Mastdarm umgebenden Bindegewebes)* periproktito

Perisalpingitis *f Med (Entzündung des Bauchfellüberzugs des Eileiters)* perisalpingito

Periskop *n Opt ([ausfahrbares, drehbares] Sehrohr, bes. von U-Booten, auch von Bunkern u. Panzern)* periskopo (↑ *auch* ***Navigationsperiskop*** *u.* ***Scherenfernrohr***)

Perisperm *n Bot (Nährgewebe in den Samen von Nelkengewächsen u.a., das im Ggs zum Endosperm aus dem Nuzellus entsteht)* perispermo

Perisplenitis *f nur Fachspr Med (Entzündung des Bauchfellüberzugs der Milz [oft mit Bildung von Verwachsungen])* perisplenito

Perispomenon *n nur Fachspr Ling (Wort mit steigend-fallendem Akzent auf der letzten

Silbe) perispomena vorto
Peristaltik *f Physiol (peristaltische Bewegungen od Kontraktionen [Speiseröhre, Magen, Darm])* peristaltaj movoj (*od* kontrahiĝoj) *Pl*
peristaltisch *Adj* peristalta
Peristom *n* ***a)*** *auch* ***Mundsaum*** *m Bot (Zahnkranz an der Mündung der Kapsel bei Laubmoosen)* peristomo ***b)*** *auch* ***Mundkranz*** *m Zool (Umgebung der Mundöffnung niederer Tiere [z.B. bei Wimpertierchen])* peristomo
Peristyl[ium] *n Arch (von Säulen umgebener Innenhof des antiken Hauses bzw. Säulenumgang am griech. Tempel)* peristilo
Perithecium *n Mykologie (birnenförmiges bis kugeliges kleines Ascocarp mit apikaler Öffnung)* peritecio
peritoneal *Adj zum Bauchfell gehörend* peritonea
Peritonealdialyse *f, auch* ***Bauchfelldialyse*** *f Med (eine intrakorporale Dialysetechnik)* peritonea dializo
Periotonealhöhle *f Anat* ↑ ***Bauchhöhle***
Peritoneum *n Anat* = ***Bauchfell***
Peritonitis *f Med* ↑ ***Bauchfellentzündung***
Perkal *m Textil (ein stark appretierter u. kalandrierter Baumwollstoff in Leinwandbindung [für Inletts u. dgl.])* perkalo
Perknit *m Min (ein mafitisches Ergussgestein)* perknito
Perkolat *n bes. Pharm (durch Perkolation gewonnener Pflanzenauszug)* perkolaĵo
Perkolation *f, auch* ***Perkolieren*** *n Pharm (Extraktionsmethode für Pflanzenextrakte, deren Wesen in einer Verdrängung der Extraktflüssigkeit durch das nachfließende Lösungsmittel besteht)* perkolado
Perkolator *m Pharm, Tech (Gerät zur Perkolation)* perkolilo (↑ *auch* ***Filtrierapparat***)
perkolieren *tr bes. Drogen, Kaffee, [gepulverte] Pflanzenteile* perkoli (*vgl. dazu* ***durchseihen*** *u.* ***filtrieren***)
Perkussion *f Med (Abklopfen n der Körperoberfläche zur Untersuchung innerer Organe)* perkutado; *Finger*≗ perfingra perkutado
Perkussionshammer *m Med* perkutmartelo, *auch* perkutilo
Perkussionsinstrument *n Mus* ↑ ***Schlaginstrument***
perkussorisch *Adj u. Adv Med (durch Perkussion nachweisbar)* pere de perkutado *nachgest*
perkutan *Adj Med (durch die Haut [hindurch])* tra la haŭto *nachgest*
perkutieren *tr Med (abklopfen)* perkuti
Perla (*f*) *weibl. Vorname* Perla
Perlauster *f* (*Gattung* Meleagrina = Pinctada) *Zool* <*wiss*> meleagreno *od* pinktado (↑ *auch* ***Perlmuschel***)
Perlboot *n Zool* ↑ ***Nautilus***
Perlbrustschwalbe *f* (Hirundo dimidiata) *Orn* perlobrusta hirundo
Perle *f* perlo *auch übertr* (↑ *auch* ***Zuchtperle***); *Glas-, Holz-, Plastik*≗ *zum Auffädeln* bido; *Wasser*≗ bobelo; ~***n*** *Pl Jägerspr (häufig kornartige, aber auch unterschiedlich geformte, verschieden große Erhebungen an Geweih- od. Gehörnstangen)* perloj *Pl*; ***nach ~n fischen*** *abs* perlofiŝi, *auch* perloĉasi ◇ ***sie ist eine wahre*** ~ ŝi estas vera perlo (↑ *auch* ***Juwel***); ~***n vor die Säue werfen*** ĵeti perlojn antaŭ la porkojn *(Zam)*
Perlèche *f Med* ↑ ***Mundwinkelrhagade***
Perleidechse *f* (Lacerta lepida = Timon lepidus) *Zool* ocela lacerto *[Vorkommen: westliche Mittelmeerländer]* <*größte Eidechse Europas*>
[1]**perlen** ***a)*** *intr Sekt, Selters u.a.* bobeli; *Schweiß, Tränen* perli (*vgl. dazu* ***tropfen***); ***Schweiß perlte ihm auf der Stirn*** ŝvito perlis sur lia frunto ***b)*** *tr granulieren, körnen* perligi
[2]**perlen** *Adj aus Perlen [hergestellt]* [farita] el perloj *nachgest*
Perlen|collier *n* perlokoliero; ~**diadem** *n* perlodiademo
perl[en]farben *od* **perlenfarbig** *Adj* perlokolora
Perlen|fischer *od* ~**taucher** *m* perlofiŝisto, *auch* perloĉasisto
perlen|förmig **1.** *Adj* perloforma **2.** *Adv* perloforme; ~**gleich** *Adj* perlosimila
Perlenkette *f* perloĉeno; *Collier aus Perlen* koliero de perloj
Perlentaucher *m* ↑ ***Perlenfischer***
Perlenzüchter *m* perlokultivisto
Perlfluss *m, auch* ***Kantonfluss*** *m, chin.* ***Zhu Jiang*** *ein Fluss in der südchinesischen Provinz Guangdong* Perlo-rivero
Perlgras *n* (*Gattung* Melica) *Bot* meliko; ***einblütiges*** ~ (Melica uniflora) unuflora meliko; ***nickendes*** ~, *pop* ***Flohgras*** *n* (Melica nutans) klinita meliko
perlgrau *Adj* perlogriza

Perlhalstaube *f* (Streptopelia chinensis) *Orn* makula (*od* punktita) turto

Perlhuhn *n Orn Helm*² (Numida meleagris) kaskonumido (↑ *auch* ***Geier-*** *u.* ***Weißbrustperlhuhn***); ***[gemeines]*** ~ numido *auch die domestizierte Form*; ***[Familie der] Perlhühner*** *Pl* (Numididae) numidedoj *Pl*

Perlis (*n*) *nordwestlichster u. kleinster Bundesstaat Malaysias (an der Grenze zu Thailand)* Perliso *[Hptst.: Kangar]*

¹**Perlit** *m Min (ein nicht kristallisiertes Vulkanitgestein)* perlito

²**Perlit** *Tech (ein Gefügebestandteil des Stahls, ein Eutektoid von Ferrit u. Zementoid)* perlito; ~**beton** *m Bauw* perlita betono

Perlmuschel *f Zool* perlokonko (*vgl. dazu* ***Perlauster***); *Fluss*² rivera perlokonko; ***indische*** ~ perl-ostro

perlmutten *Adj* perlamota

Perlmutter *f, kurz* ***Perlmutt*** *n* perlamoto

perlmutt[er]farben *Adj* perlamotkolora

Perlmutt[er]knopf *m* perlamota butono

Perlon® *n Textil (eine Kunstfaser aus Polyamid)* perlono; ~**strümpfe** *m/Pl* perlonaj ŝtrumpoj *od* perlonŝtrumpoj *Pl*

Perlpilz *od* **Perlwulstling** *m Mykologie* ↑ *unter* ***Wulstling***

Perlwein *m* perlanta vino

perlweiß *Adj* perloblanka

Perlziesel *m, auch* ***Suslik*** *m* (Citellus suslicus = Spermophilus suslicus) *Zool* punktita zizelo *[Vorkommen in Osteuropa]*

¹**Perm** *n Geol (jüngste Formation des Paläozoikums)* permio

²**Perm** (*n*) *eine russ. Stadt an der Kama* Permo

Permafrost *m, auch* ***Dauerfrost*** *m Met* ĉiamfrosto, eterna frosto; ~**boden** *m, auch* ***Dauerfrostboden*** *m* ĉiamfrosta grundo *od* eterne frostiĝinta grundo; ~**region** *f, auch* ***Dauerfrostregion*** *f Geogr* ĉiamfrosta regiono

Permalloy® *n Tech (Legierung aus Nickel u. Eisen, die sehr geringe Koerzitivkraft aufweist)* permalojo

permanent **1.** *Adj* permanenta **2.** *Adv* permanente (↑ *auch* ***dauernd*** *u.* ***ständig***)

Permanent-Make-up *n Kosmetik* permanenta ŝminko

Permanenz *f* permanent[ec]o; ***in*** ~ ***tagen*** kunsidi seninterrompe

Permanganat *n Chem* permanganato (↑ *auch* ***Kaliumpermanganat***)

permeabel *Adj meist nur fachsprachl. für «durchlässig» (bes. von Membranen bzw. ganz allg von porenhaltigen Bildungen [z.B. Gesteinen] u. für bestimmte Stoffe, bes. für Flüssigkeiten u. Gase)* permeabla (*vgl. dazu* ***durchlässig***)

Permeabilität *f Bodenkunde, Geol, Phys* permeablo (↑ *auch* ***Phasenpermeabilität***); ***absolute*** ~ *magnetische Feldkonstante* absoluta permeablo; ***relative*** ~ *od* ***Permeabilitätszahl*** *f* relativa permeablo

Permeanz *f Phys (magnetischer Leitwert, magnetische Leitfähigkeit)* permeanco

permisch *Adj Geol (auf das Perm bezogen bzw. zu ihm gehörend od aus dem Perm stammend)* permia

Permjaken *m/Pl Ethn* ↑ ***Syrjänen***

permutabel *od* **permutierbar** *Adj Ling, Math (aus- od vertauschbar)* permutebla

Permutation *f Ling, Math (Permutierung [als Handlung])* permut[ad]o, *(als Ergebnis)* permutaĵo

permutierbar ↑ ***permutabel***

permutieren *tr Ling, Math (vertauschen, in der Reihenfolge verändern)* permuti; ***permutiertes Register*** *n* permutita indekso

Permutit® *n Tech (ein durch Zusammenschmelzen von Quarz mit Kaolin u. Soda hergestellter Austauschstoff)* permutito

Pernambuco (*n*) *ein Gliedstaat im NO von Brasilien* Pernambuko *[Hptst.: Recife]*

perniziös *Adj Med*: ~***e Anämie*** *f* (Anaemia perniciosa) pernicioza anemio; ~***e Malaria*** *f, auch* ***Tropenfieber*** *n* (Malaria febris tropica) pernicioza febro

Perón (*m*) *Eig (argentinischer Politiker [1895-1974])* Perono

Peronismus *m eine politisch-soziale Bewegung in Argentinien [in den Jahren 1946-1955]* peronismo

Peronist *m Anhänger des Peronismus* peronisto

peronistisch *Adj auf den Peronismus bezogen* peronisma; *auf die Peronisten bezogen* peronista

peroral **1.** *Adj, Fachspr* ***per os*** *Med (durch den Mund)* trabuŝa, perbuŝa; ~***e Intubation*** *f* trabuŝa intubacio **2.** *Adv* trabuŝe

Peroxid *n, auch* ***Peroxyd*** *n* (*fälschlich* ***Superoxid*** *n*) *Chem (sauerstoffreiche chem. Verbindung)* peroksido (↑ *auch* ***Bariumhyperoxid***)

per pedes *lat. «zu Fuß»* piede

Perpendikel *n* ***a)*** *Uhrpendel* horloĝa pendolo ***b)*** *Lot- od Senkrechte* perpendiklo

perpendikular *od* **perpendikulär** *Adj lot-, senkrecht* perpendikla

Perpetuum mobile *n* eterna movilo

Perpignan *(n) Hptst. des südfranz. Départements Pyrénées-Orientales* Perpinjano

perplex 1. *Adj* perpleksa; ~ ***machen*** perpleksigi **2.** *Adv* perplekse (↑ *auch* ***bestürzt, entgeistert, verdutzt*** *u.* ***verwirrt***)

Perplexität *f* perplekseco

Perron *m Eisenb* ↑ ***Bahnsteig***

Perseiden *Pl, auch* ***Laurentiusschwarm*** *m Astron (ein Meteorstrom [tritt in der ersten Augusthälfte auf])* Perseidoj *Pl*

Persenbeug *nur in:* ***Schloss*** *~ an der Donau in Niederösterreich* Kastelo Persenbeŭgo *<bereits 907 urkundlich erwähnt>*

Persenning *f Mat (geteertes Segeltuch [zum Bedecken von Beibooten, Luken u.a.])* gudrotuko

Persephone *(f), lat.* ***Proserpina*** *(f), auch* ***Kora*** *(f) Myth (griechische Göttin, Tochter des Zeus <von Pluto in die Unterwelt entführt, wo sie sich ein Drittel des Jahres aufhält>)* Persefona, *auch* Prozerpina

Persepolis *(n) Gesch (Hptst. Altpersiens [heute: eine achämenidische Ruinenstätte nordöstlich von Shiraz])* Persepolo

Perser *m* perso (↑ *auch* ***Iraner***)

Perserin *f* persino

Perser|katze *f* persa kato; ~**teppich** *m* persa tapiŝo

[1]**Perseus** *(m) Eig (1. griech. Sagengestalt, Sohn des Zeus und der Danae 2. letzter König von Makedonien)* Perseo

[2]**Perseus** *m (Abk* ***Per*** *od* ***Pers****) Astron (ein Sternbild des nördlichen Himmels)* Perseo

Persianer|[mantel] *m* [mantelo el] karakulo; ~**[pelz]** *m* karakulo

Persien *(n) ältere Bez für «Iran»* Persio

Persienne *f* ↑ ***Fensterladen***

Persien-Wüstenhuhn *n* (Ammoperdix griseogularis) *Orn* fajfperdriko

Persimone *f, auch* ***Götterpflaume*** *f (Gattung* Diospyros) *Bot* persimono *(Pflanze od die essbare Frucht einer nordamerikanischen Dattelpflaumenart)*

persisch *Adj* persa; *~****er Golf*** *m, arab.* ***Al-Khalidj al-Arabi*** Persa Golfo; *~****es Reich*** *n Gesch (antikes Großreich der Perser [etwa 550 bis 330 v.Chr.])* Persa Imperio; *~****er Teppich*** = ***Perserteppich***

Persisch[e] *n, auch* ***Farsi*** *n Ling (zur SW-Gruppe der iranischen Sprachen gehörende Sprache mit zahlreichen Dialekten, Amtssprache in Iran [mit seinen Varianten Dari u. Tadshikisch in Afghanistan u. Mittelasien verbreitet, vereinzelt auch in einzelnen arabischen Ländern <Irak, Golfstaaten> gesprochen])* la persa [lingvo] (*vgl. dazu* ***Altpersisch*** *u.* ***Pahlawi***)

persistent *Adj anhaltend, beharrlich* persista

Persistenz *f geh od Fachspr für a) Fortdauer b) Pflanzenschutz (Beständigkeit eines Pestizids in der Umwelt) c) Med (Bestehenbleiben eines Zustandes über längere Zeiträume od Zähigkeit von Keimen)* persisteco (↑ *auch* ***Beharrlichkeit*** *u.* ***Beständigkeit***)

persistieren *intr geh für «fortdauern» u. Fachspr Biol u. Med* persisti; ***persistierend*** *Adj [über längere Zeiträume] bestehen bleibend* persistanta

Person *f* persono *auch Jur, Gramm u. Theat* (*vgl. dazu* **Individuum**, **Mensch** *u.* ***Wesen***); ***handelnde*** *~ Lit, Theat* rolanto; ***juristische*** *~, auch* ***juristische Einheit*** *f Jur (eine Personenvereinigung od eine Vermögensmasse, die aufgrund gesetzlicher Anerkennung rechtsfähig ist)* jura persono; ***natürliche*** *~ Jur* natura (*od* reala) persono; ***eine weitere*** *~ i.w.S. ein Dritter* kroma persono; ***die zweite*** (***dritte***) *~ Gramm* dua (tria) persono; ***ich für meine*** *~* kio koncernas min, mi mem; ***in eigener*** *~* en propra persono, [propra]persone (↑ *auch* ***höchstpersönlich***); ***sie ist die Güte in*** *~* ŝi estas la personiĝinta boneco; ***er ist eine wichtige*** *~* li estas grava persono, *auch* li estas gravulo (*od* eminentulo)

Persona ingrata *Dipl* = ***Persona non grata***

Personal *n* personaro *od* personalo *auch auf Schiffen od in Flugzeugen* (↑ *auch* ***Besatzung, Bordpersonal, Crew, Dienerschaft, Hotelpersonal*** *u.* ***Mannschaft***); *Mitarbeiterstab* stabo (*vgl. dazu* ***Belegschaft***); ***fliegendes*** *~ Flugw (Mitarbeiter eines Luftfahrtunternehmens, die ein Luftfahrzeug führen od während des Flugs technisch bedienen [Kabinenpersonal wird zumeist auch dazu gerechnet])* fluganta [aviada] personaro; ***medizinisches*** (***ständiges***) ~ medicina (permanenta) personaro; ***[das]*** *~* ***abbauen*** redukti la personaron

Personal|abbau *m* redukto de [la] personaro; ~**abteilung** *f od* ~**büro** *n* personara

sekcio; ~**akte** *f* persondosiero
Personalausgaben *Pl* ↑ ***Personalkosten***
Personalausweis *m* legitimaĵo *od* legitimilo (↑ *auch* ***¹Pass***)
Personalbüro *n* ↑ ***Personalabteilung***
Personal|chef *m* estro de [la] personara sekcio, *auch* personalestro; ~**computer** *m EDV* (*Abk* ***PC***) persona komputilo; ~**eingang** *m, auch* ***Diensteingang*** *m* enirejo por personaro
Personalien *Pl* personaĵoj; *Angaben zur Person* person-indikoj *Pl*
Personalimmunität *f Dipl, Parl* persona imuneco
Personalismus *m Phil, Psych* personismo
Personalkosten *Pl, auch* ***Personalausgaben*** *Pl* kostoj por personalo
Personalleasing *n* ↑ ***Leiharbeit***
Personal|mangel *m* manko de personalo; ~**politik** *f* personalpolitiko; ~**pronomen** *n, auch* ***persönliches Fürwort*** *n Gramm* persona pronomo; ~**union** *f Vereinigung mehrerer Ämter in einer Person* persona unio
Persona non grata *f, auch* ***unerwünschte Person*** *f Dipl* nedezirata persono; ***zur ~ erklärt werden*** esti deklarata nedezirata persono
Persönchen *n* personeto, eta persono
personell *Adj* personara, koncernanta la personalon *nachgest*; ***ein ~er Neuanfang*** nova komenco sur [la] personara nivelo
Personen|aufzug *m* personlifto (*vgl. dazu* ***Fahrstuhl*** *u.* ***Lift***); ~**bahnhof** *m Eisenb* pasaĝer-stacio *od* pasaĝera stacio; ~**beförderung** *f* persontransporto; ~**beschreibung** *f,* <*österr*> ***Personsbeschreibung*** *f z.B. eines Täters* personpriskribo; ~**kontrolle** *f* personkontrolo; ~**kraftwagen** *m* (*Abk* ***Pkw*** *od* ***PKW***) person-aŭto; *Limousine* limuzino; ~**kult** *m* personkulto *od* persona kulto
Personenmine *f Mil* = ***Antipersonenmine***
Personenname *m, Fachspr auch* ***Anthroponym*** *n* persona nomo
Personenschaden *m* damaĝo al persono(j) *[Ggs:* ***Sachschaden****] i.w.S. Opfer* viktimo
Personenschützer *m* ↑ ***Bodyguard***
Personen|stand *m* civila stato; ~**standsregister** *n Verw* civilstata registro; ~**tarif** *m für öffentl. Verkehrsmittel* pasaĝertarifo; ~**transport** *m* persontransporto, pasaĝertransporto *od* pasaĝera transporto
Personenunterführung *f Eisenb* ↑ ***Bahnsteigtunnel***
Personen|verkehr *m, auch* ***Reiseverkehr*** *m* pasaĝera trafiko *od* pasaĝertrafiko; ~**versicherung** *f* persona asekuro; ~**verzeichnis** *n* indekso de personoj ~**waage** *f* personpesilo
Personenwagen *m Eisenb* ↑ ***Reisezugwagen***
Personenzahl *f Anzahl der Personen* nombro de personoj
Personenzug *m Eisenb* ↑ ***Regionalzug*** *u.* ***Reisezug***
Personifikation *od* **Personifizierung** *f* personig[ad]o (*vgl. dazu* ***Verkörperung***)
personifizieren *tr* personigi (*vgl. dazu* ***verkörpern***)
Personifizierung *f* ↑ ***Personifikation***
persönlich 1. *Adj* persona; *privat* privata; *individuell* individua; ~***e Angelegenheit*** *f* privata afero, privataĵo; ~***er Besitz*** *m od* ~***es Eigentum*** *n* persona posedaĵo (*od* proprietaĵo); ~***e Einkünfte*** *Pl* personaj enspezoj *Pl*; ***nach meiner ~en Erfahrung*** laŭ mia persona sperto; ~***e Freiheit*** *f* persona libereco; ~***es Fürwort*** *n Gramm* persona pronomo; ~***e Kontakte*** *m/Pl* personaj kontaktoj *Pl*; ~***e Meinung*** *f* privata opinio; ~***e Sicherheit*** *f* persona sekureco **2.** *Adv* persone; *privat* private; *selbst* mem; ***ich kenne ihn nicht ~*** mi ne konas lin persone; ***ich möchte mit Herrn ... ~ sprechen*** mi deziras paroli kun sinjoro ... persone
Persönlichkeit *f abstrakt* personeco (*vgl. dazu* ***Charakter b)***); *bedeutende Person* grava (*od* eminenta) persono, *auch* eminentulo, *(hochgestellte Persönlichkeit)* altrangulo; ***weithin bekannte ~*** fama persono, *auch* famulo
Persönlichkeitsentwicklung *f* disvolviĝo de [la] personeco
Persönlichkeitsforschung *f* ↑ ***Charakterkunde***
Persönlichkeitsstörung *f Psych* personeca perturbo; ***zwanghafte ~*** obseda personeca perturbo
Personsbeschreibung *f* ↑ ***Personenbeschreibung***
Perspektive *f Kunst, Mal u. übertr* perspektivo (*vgl. dazu* ***Frosch-***, ***Vogel-***, ***Zentralperspektive***); *Sicht* vido; *Blickwinkel* vidpunkto; ***in der ~*** en la perspektivo
perspektivisch 1. *Adj* perspektiva **2.** *Adv* perspektive
Perspektivismus *m Phil* perspektivismo
Perspektivität *f* perspektiveco
perspektivlos 1. *Adj* senperspektiva **2.** *Adv*

senperspektive
Perspektivplan *m* perspektiva plano
Perspiration *f Ausdünstung durch die Haut* perspirado (*vgl. dazu* ***Hautatmung***)
perspirieren *intr durch die Haut ausdünsten* perspiri (*vgl. dazu* ***schwitzen***)
Perth (*n*) *Hptst. von Westaustralien* Perto
Perthit *m Min (ein Kalifeldspat mit Albitlamellen)* pertito
Perthosit *m Min (ein perthitisch ausgebildeter Feldspat)* pertosito
Perturbation *f Astron (Störung [der Bewegung eines Gestirns])* perturbo
Pertussis *f Med* ↑ ***Keuchhusten***
Peru (*n*) *rin Staat in Südamerika* Peruo *[Hptst.: Lima]*
Peruaner *m* peruano
Peruanerin *f* peruanino
peruanisch *Adj* perua
Perubalsam *m* (Balsamum peruvianum) perua balzamo *auch Pharm* (↑ *auch* ***Tolubalsam***)
Perücke *f* peruko (↑ *auch* ***Locken-***, ***Teil-*** *u.* ***Zopfperücke***); ***gepuderte*** ~ pudrita peruko; ***eine ~ tragen*** surhavi (*od auch* porti) perukon
Perücken|baum *od* ~**strauch** *m*, *auch* ***Fisettholz*** *n* (Cotinus coggygria) *Bot (eine Pflanze aus der Familie der Sumachgewächse [Vorkommen: östlicher Mittelmeerraum, SW-Asien, Nepal u. China])*; ~**flockenblume** *f* (Centaurea phrygia) *Bot* frigia centaŭreo; ~**macher** *m* perukofaristo
Perugia [...*dʒa*] (*n*) *eine Stadt in Umbrien/ Italien* Peruĝo
Perun *m Myth (slawischer Donnergott)* Peruno
Perureis *m Bot, Nahr* ↑ ***Quinoa***
Peruseeschwalbe *f* (Sternula lorata) *Orn* perua ŝterno
pervers *Adj verdorben, verderbt* perversa; *bes. Psych u. sex (abartig, widernatürlich)* perversia (*vgl. dazu* ***widernatürlich***)
Perverse *m pervers veranlagter Mensch* perversiulo
Perversion *f Med, Psych (Abweichung vom Normalen) u. sex (abwegige Triebrichtung)* perversio (↑ *auch* ***Verirrung***)
Perversität *f Verdorbenheit, Verkehrung der Empfindungen* perverseco
pervertieren *tr 1. [sittlich] verderben 2. ins Gegenteil verkehren* perversigi
Pervertierung *f* perversigo
perzeptibel *Adj [geistig] wahrnehmbar, [sinnlich] fassbar* perceptebla
Perzeption *f Phil (Wahrnehmung, sinnliche Erfassung)* percept[ad]o (↑ *auch* ***Wahrnehmungsprozess***)
PES = *Kurzzeichen für* ***Polyesterfasern***
Pescara (*n*) *eine italienische Hafenstadt an der Adria (Region Abruzzen)* Peskaro
Peschitta *f syrische Übersetzung der Bibel [4./5. Jh.]* peŝito *(auch Großschr)*
Peschmerga *Pl*, *eigtl* ***Peschmerge*** *Pl* (*kurdisch* «die vor dem Tod [gehen]», *meist übersetzt als* «die zum Sterben Bereiten» *Selbstbezeichnung der kurdischen Freiheitskämpfer im Irak u. Iran)* peŝmergoj *Pl*
Peseta *f* (*Abk* ***Pta***, *Währungscode* ***ESP***), *auch* ***Pesete*** *f ehem. Währungseinheit in Spanien* peseto
Pesewa *m kleine Währungseinheit in Ghana* pesevo (*vgl. dazu* ***Cedi***)
Peshawar (*n*) *eine Provinzhptst. in NW-Pakistan [am Kabulfluss]* Peŝavaro
Peso *m Währungseinheit in einigen süd- u. mittelamerik. Ländern, in Guinea-Bissau u. auf den Philippinen* peso; ***argentinischer*** ~ (*Abk* ***arg$***, *Währungscode* ***ARS***) argentina peso
Pessachfest *n* ↑ ***Passahfest***
Pessanha *Eig portugies. Dichter [1867-1926]* Pesanjo
Pessar[ium] *n*, *auch* ***Gebärmutterring*** *m bei Prolaps od zur Enpfängnisverhütung* pesario (↑ *auch* ***Diaphragma-***, ***Intrauterin-***, ***Prolapspessar*** *u.* ***Spirale***)
Pessimismus *m auch Phil*, *umg auch* ***Schwarzseherei*** *f* pesimismo
Pessimist *m*, *auch* ***Schwarzseher*** *m* pesimisto
Pessimistin *f* pesimistino
pessimistisch *Adj auf den Pessimismus bezogen* pesimisma; *auf die Pessimisten bezogen* pesimista; ***ich bin da nicht so*** ~ [pri tio *od* koncerne tion] mi ne estas tiel (*od* tro) pesimisma
Pest *f*, *alt* ***Pestilenz*** *f Med* pesto (↑ *auch* ***Beulenpest***) *auch übertr für «Geißel» od «Verderben»*; ***die ~ bringend*** (*od* ***übertragend***) pestodona ◇ ***jmdn. fürchten*** (***meiden***) ***wie die*** ~ timi (eviti) iun kiel la peston; ***stinken wie die*** ~ mefiti kiel la pesto
Pestbeule *f* pestbubono
Pesthauch *m* ↑ *unter* ***Miasma***
Pestilenz *f* ↑ ***Pest***

Pestimpfstoff *m* pestvakcino
pestizidbelastet *Adj* pesticid[o]ŝarĝita
Pestizide *n/Pl Gartenb, Landw (Schädlingsbekämpfungsmittel)* pesticidoj *Pl* (↑ *auch* ***Insektizide***); ***Versprühen von ~n*** disŝprucado de pesticidoj
pestizidfrei *Adj* senpesticida
Pestkranke ***a)*** *m* pestmalsanulo, *auch* pestulo ***b)*** *f* pestmalsanulino
Pesto *n od m Nahr (eine italienische Würzpaste aus Olivenöl, Knoblauch, Basilikum, Pinienkernen u.a.)* pesto
Pestratte *f Zool* ↑ ***Bandikutratte***
Pestvirus *m od n Bakt* pesta viruso
Pestwurz *f* (*Gattung* Petasites) *Bot* petasito (↑ *auch* ***Alpenpestwurz***); ***gemeine*** (*od* ***rote***) ~ (Petasites hybridus) granda petasito; ***weiße*** ~ (Petasites albus) blanka petasito
PET = *fachsprachl. Abk für* ***Positronenemissionstomografie***
peta... *fachsprachliches Präf mit der Bed «das Billiardenfache einer Einheit» [Vorsatz bei Maßeinheiten]* (*Abk* ***P***)
Petajoule *n Phys* petaĵulo
Petal *od* **Petalum** *n Bot* ↑ ***Blütenkronblatt***
petaloid *Adj nur Fachspr Bot* ↑ ***blütenblattähnlich***
Petaloidie *f nur Fachspr Bot (blütenblattartiges Aussehen der Staubgefäße od anderer Blütenteile)* petaloideco
Petarde *f Mil hist (Sprengbüchse)* petardo
Petasos *m griech. Antike (ein breitkrempiger Hut)* petazo
Petawatt *n* (*Abk* ***PW***) *El* petavato
Petechien *Pl Med (punktförmige Hautblutungen, veranlasst durch Zerreißen der Kapillaren)* pestiĉio
Petent *m* = ***Bittsteller***
Peter (*m*), *franz.* ***Pierre***, *ital.* ***Piètro***, *niederl.* ***Pieter***, *reg* ***Piet*** (*m*) *männl. Vorname* Petro; ~ ***der Große***, *auch* ***Peter I.*** *russ. Zar* Petro la Granda, *auch* Petro la Unua *[1672-1725]*
[1]**Peterle** (*n*) *Dim von «Peter»* Peĉjo
[2]**Peterle** *u.* **Peterli** *m* ↑ ***Gartenpetersilie***
Petermännchen *n* (*Gattung* Trachinus) *Ichth* traĥino, *auch* trakino
Petersburg (*n*) *kurz für* ***Sankt Petersburg*** [↑ *dort*]
Petersdom *m*, *eigtl* ***Basilika Sankt Peter im Vatikan***, *ital.* ***Basilica Sancti Petri*** *od* ***San Pietro in Vaticano*** *Papstkirche in Rom* Baziliko de Sankta Petro
Petersfischartige *Pl* (*Ordmung* Zeiformes) *Ichth* zeŭsoformaj fiŝoj *Pl*, *auch* zeoformaj fiŝoj *Pl*
Petersfische *m/Pl*: ***[Familie der]*** ~ *Pl* (Zeidae) *Ichth (hochrückige, seitlich stark abgeplattete Fische [häufig mit Stacheln])* zeedoj *Pl* (↑ *auch* ***Sonnenfisch***)
Petersil *m* ↑ ***Gartenpetersilie***
Petersilie *f* (*Gattung* Petroselinum) *Bot* petroselo (↑ *auch* ***Garten-*** *u.* ***Knollenpetersilie***); ***ein Bund*** ~ fasko da petroselo
Petersilienwurzel *f Bot: Knollenpetersilie* (Petroselinum tuberosum) radikpetroselo; *Kochk (als Gewürz)* petrosela radiko
Petersplatz *m in Rom* Placo de Sankta Petro
Petition *f Gesuch* peticio (*vgl. dazu* ***Bittschrift***)
petitionieren *tr* peticii, peti ... per peticio
Petit[schrift] *f*, *auch* ***Achtpunktschrift*** *f Typ* petito *od* petit[liter]a skribo
[1]**Petra** (*f*) *weibl. Vorname* Petra
[2]**Petra** (*n*), *arab.* ***Batrā*** *Ruinenstätte im südlichen Jordanien [im 2. Jh. v. Chr. Hptst. des Nabatäerreiches u. ein wichtiger Knotenpunkt an den Karawanenstraßen nach Fernost u. S-Arabien (Weihrauchstraße)]* Petro
Petrarca (*m*) *Eig (ital. Dichter u. Humanist [1304-1374])* Petrarko; ~ ***nachahmen*** *d. h. Petrarcas Stil imitieren* petrarkizi, *auch* petrarkumi
Petrarkismus *m Lit (formal virtuose Liebeslyrik in Renaissance u. Barock mit Motiven u. Formelementen von Petrarca)* petrarkismo
Petrefakt *n* ↑ ***Fossil*** *u.* ***Versteinerung***
Petrischale *f Glasschale, in der Bakterienkulturen angelegt werden <so benannt nach dem deutschen Bakteriologen J. R. Petri>* Petri-plado
petro... *fachsprachl. Wortelement mit der Bed* ***a)*** «Fels», «Gestein» *od* «Stein» ***b)*** «Petrolium enthaltend» (*Zus mit* ***petro...*** ↑ *im Alphabet*)
Petrochemie *f* ***a)*** *Wissenschaft von der chemischen Zusammensetzung der Gesteine* petrokemio ***b)*** ↑ ***Petrolchemie***
Petrodollar *m Fin (amerik. Währung im Besitz der Erdöl produzierenden Staaten, die auf dem internationalen Markt angelegt wird)* petrodolaro
Petrogenese *f Entstehungsgeschichte der Gesteine, Gesteinsbildung* petrogenezo
Petrograd (*n*) *ehemaliger Name von Sankt*

Petersburg [1914-1924] Petrogrado

Petrograf *m, auch* ***Petrograph*** *m Forscher auf dem Gebiet der Petrografie* petrografo

Petrografie *f, auch* ***Petrographie*** *f, auch* ***[beschreibende] Gesteinskunde*** *f Geol (Wissenschaft von der mineralogischen u. chemischen Zusammensetzung der Gesteine, ihrer Gefüge, ihrer Nomenklatur u. Klassifikation)* petrografio (*vgl. dazu* ***Lithologie*** *u.* ***Petrologie***)

petrografisch, *auch* ***petrographisch*** *Adj gesteinskundlich* petrografia

Petrol *n* ↑ ***Petroleum***

Petroläther *m Chem (Leichtbenzin [u.a. als Lösungsmittel verwendet])* petrola etero

Petrolatum-Vaseline *f Tech* petrola ĝelo

Petrolchemie *f, ungenau auch* ***Petrochemie*** *f Zweig der technischen Chemie, dessen Aufgabe bes. in der Gewinnung von chem. Rohstoffen aus Erdöl u. Erdgas besteht* petrolkemio (*vgl. dazu* ***Petrochemie a)***)

petrolchemisch *Adj*: *~e* ***Fabrik*** *f* petrolkemia fabriko

Petroleum *n, <schweiz> auch* ***Petrol*** *n* petrolo (*vgl. dazu* ***Erdöl***); *Brennöl für Petroleumlampen* keroseno; ~**fraktion** *f Chem* petrola frakcio; ~**kocher** *m* kerosena kuirilo; *Primuskocher* primuso; ~**lampe** *f* kerosenlampo, *auch* petrollampo

Petrologe *m Wissenschaftler der Petrologie* petrologo

Petrologie *f Geol (Teilgebiet der Petrografie, das sich mit den physikalisch-chemischen Bildungsbedingungen der Gesteine befasst)* petrologio

Petronilla *od* **Petronella** (*f*) *Eig (eine Märtyrerin des frühchristlichen Rom [Patronin von Rom; Heilige])* Petronila

Petron[ius] (*m*) *Eig (ein altröm. Dichter [† 66 n. Chr.])* Petronio

Petropawlowsk (*n*) *eine Stadt in Kasachstan* Petropavlovsko

Petrophyten *m/Pl Biol (Epiphyten, die aufragende Felsen als Unterlage benutzen)* petrofitoj *Pl*

Petrópolis (*n*) *eine Stadt im brasilianischen Gliedstaat Rio de Janeiro* Petropolo

Petrosavodsk *od* **Petrozavodsk** (*n*) *Hptst. der Rep. Karelien innerhalb der Russischen Föderation* Petrozavodsko

Petrowskie *f Bot*: ***fiederschnittige*** *~, auch* ***russischer Salbei*** *m, pop* ***Blauraute*** *f* (Petrovskia abrotanoides) petrovskio

Petrus (*m*) *bibl (ein Apostel)* Petro

Petschaft *n Stempel zum Siegeln* sigelilo

Petschenegen *m/Pl Gesch (turktatarisches Reitervolk in den südrussischen Steppen u. im östlichen Balkangebiet [zw. 850 u. 1180])* peĉenegoj *Pl*

Petschora *f ein Fluss im nördl. Russland* [rivero] Peĉoro; ~-**Pieper** *m* (Anthus gustavi) *Orn* tundropipio

Petticoat [*'petiko:t*] *m steifer Taillenunterrock* petikoto

Petting *n sex (Liebesspiel ohne eigentlichen Geschlechtsverkehr)* sekskaresado

Petunie *f* (*Gattung* Petunia) *Bot* petunio

Petze *f* ↑ ***Füchsin*** *bzw.* ***Hündin***

petzen, *auch* ***verpetzen*** *tr u. abs* stukaĉi (***jmdn.*** iun)

peu à peu [*'pö: a'pö:*] *Adv allmählich, nach und nach* iom post iom

Peyotl[-Kaktus] *m, auch* ***Schnapskopf*** *m* (Lophophora williamsii) *Bot (eine kleine, kugelige mexikanische Kaktusart <enthält u.a. das Rauschgift Meskalin>)* pejotlo

pF = *Zeichen für* ***Pikofarad***

Pf. = *Abk für* ***Pfennig***

[1]**Pfad** *m* pado (↑ *auch* ***Dschungel-*** *u.* ***Kriegspfad***); *kleiner Weg* vojeto, *Fußweg auch* ir--vojo; ***ein glitschiger*** ~ glitiga pado

[2]**Pfad** *m EDV* pado

Pfadfinder *m, <schweiz> auch Kurzf* ***Pfader*** *m od fam* ***Pfadi*** *m* skolto (↑ *auch* ***Rover***); ~**bewegung** *f* skolta movado

Pfadfinderin *f, <schweiz>* ***Pfadi*** *f* skoltino

Pfadfinderlager *n* skolta bivako (*bzw.* tendaro)

Pfadfindertreffen *n* skolta renkontiĝo; ***internationales*** *~, auch* ***Jamboree*** [*dʒɛmbə'ri:*] ĵamboreo

Pfadfinderwesen *n* skoltismo

pfadlos *Adj* senpada *od nachgest* sen pado

Pfaffe *m pej für «Geistlicher»* pastraĉo

Pfaffenhütchen *n* (*Gattung* Euonymus) *Bot* evonimo (↑ *auch* ***Spindelstrauch***); ***europäisches*** ~ (Euonymus europaea) eŭropa evonimo

Pfahl *m hölzerner, zumeist oben od auch unten zugespitzter Pfahl* paliso (↑ *auch* ***Ramm-*** *u.* ***Zaunpfahl***); *Archäol (im Sumpfboden bzw. in der Wasserfläche eines Sees eingerammter Pfahl zur Errichtung von Wohnhütten* palafito (*vgl. dazu* ***Pfosten***; ↑ *auch* ***Laternenpfahl***); ***mit Pfählen die Äste eines Obstbaums [ab]stützen*** subteni per palisoj la branĉojn de fruktarbo; *etw.* ***mit Pfählen umschließen*** (*od* ***umzäunen***) ĉirkaŭi ion per palisoj, *auch* palisumi ion

Pfahlbau *m* (*Pl*: ***Pfahlbauten***) surfosta kabano (*od* dom[et]o), *Archäol* palafito; ***neolithische Pfahlbauten*** neolitikaj palafitoj *Pl*

Pfahl|brücke *f* fostoponto; ~**dorf** *n* surfosta (*od* palafita) vilaĝo

pfählen *tr hist (auf einen Pfahl aufspießen)* palisumi (***jmdn.*** iun)

Pfahlmuschel *f Zool* ↑ ***Schiffsbohrwurm*** *bzw.* ↑ ***essbare Miesmuschel***

Pfahl|rohr *n*, *auch* ***Riesenschilf*** *m* (*Gattung* Arundo) arundo; (*die Art* Arundo donax) *Bot* donako; ~**schuh** *m* ŝuo de paliso; ~**wurzel** *f Bot* pivotradiko

Pfalz *f südl. Teil des Bundeslandes Rheinland-Pfalz* Palatinato (↑ *auch* ***Kur-*** *u.* ***Oberpfalz***)

Pfälzer *m* **1.** *Subst* palatinatano **2.** *attributives Adj* palatinata; ~ ***Wald*** *m nordwestliches Randgebirge der Oberrheinischen Tiefebene* Palatinata Arbaro; ~ ***Wein*** *m* palatinata vino

Pfälzerin *f* palatinatanino

Pfalzgraf *m Gesch Mittelalter* palatino

pfälzisch, *auch* ***palatinisch*** *Adj* palatinata

Pfand *n* (*Pl:* ***Pfänder***) garantiaĵo *auch beim Pfandleiher od im Leihhaus* (↑ *auch* ***Flaschenpfand***); ***etw. gegen*** ~ ***leihen*** prunte preni ion kontraŭ [depono de] garantiaĵo; ***etw. als*** ~ ***hinterlegen*** (***zurücklassen***) deponi (lasi) ion kiel garantiaĵon

pfändbar *Adj Jur* sekvestrebla

Pfandbrief *m Schuldverschreibung* obligacio; *Hypotheken≗* hipotekbanka obligacio

pfänden *tr Jur*: ***etw.*** ~ preni ion kiel garantiaĵon, sekvestri ion (↑ *auch* ***exekutieren b)***)

Pfänden *n Jur* sekvestrado

Pfand|flasche *f* retropaga botelo (↑ *auch* ***Flaschenpfand***); ~**leihanstalt** *od* ~**leihe** *f*, *<österr> u. reg* ***Versatzamt*** *n*, *umg* ***Pfandl*** *n* lombardejo; ~**leiher** *m* lombardisto; ~**recht** *n Jur* garantiaĵa rajto; ~**sache** *f* garantiaĵo; ~**schein** *m* lombarda kvitanco

Pfändung *f Jur [vorläufige] Zwangsverwaltung* sekvestrado; *Beschlagnahme von Eigentum* [juĝeja] konfisko de posedaĵo

Pfanne *f* ***a)*** *Brat≗* pato; *Schmor≗*, *Kasserolle* kaserolo (↑ *auch* ***Aluminium-***,***Eisen-***, ***Paella-***, ***Stielpfanne*** *u.* ***Wok***) ***b)*** *Anat (Gelenk≗)* acetabulo

Pfannen|deckel *m* kovrilo por [la] pato; ~**gericht** *n Kochk* pataĵo, manĝaĵo preparita en pato; ~**stiel** *m* tenilo de pato

Pfannkuchen *m* patkuko; *Krapfen* krespo (↑ *auch* ***Omelett***)

Pfarr|amt *n* paroĥa (*od* pastra) oficejo; ~**bezirk** *m auch* ***Pfarre*** *od* ***Pfarrei*** *f* paroĥo

Pfarrei *f* ***a)*** *Pfarrhaus* paroĥestra domo ***b)*** *unterster kirchlicher Bereich unter Leitung eines Pfarrers* ↑ ***Pfarrbezirk***

Pfarrer *m* pastro, *protestantischer auch* pastoro; *Gemeinde≗* paroĥestro, pastro gvidanta paroĥon (*vgl. dazu* ***Pastor*** *u.* ***Priester***); ~ ***werden*** pastriĝi

Pfarr|haus *n* pastra (*od* paroĥestra) domo; ~**kind** *n Mitglied einer Kirchgemeinde* paroĥano; ~**kirche** *f*, *auch* ***Parochialkirche*** *f* paroĥa preĝejo; ~**siegel** *n* paroĥa sigelo

Pfarrwald *m* ↑ ***Kirchenforst***

[1]**Pfau** *m* (*Gattung* Pavo) *Orn* pavo *auch bildh für «Geck»* (↑ *auch* ***Kongopfau***); ***blauer*** ~ (Pavo cristatus) blua pavo *[Vorkommen: Indien u. Sri Lanka]*; ***grüner*** ~, *auch* ***Ährenträgerpfau*** *m* (Pavo muticus) ◇ ***stolz wie ein*** ~ fiera kiel pavo

[2]**Pfau** *m*, *Fachspr* ***Pavo*** *m* (*Abk* ***Pav***) *Astron (ein Sternbild des südl. Himmels)* Pavo

Pfauen|auge *n* ***a)*** *runder, von einem andersfarbigen Ring umgebener Farbfleck auf der Pfauenfeder* ocelo ***b)*** *Ent (ein Schmetterling)* ↑ ***Tagpfauenauge***; ~**feder** *f* plumo de pavo, pavoplumo; ~**henne** *f* pavino, femala pavo; ~**kuckuck** *m* (Dromococcyx pavoninus) *Orn* pavokukolo; ~**taube** *f eine Haustaubenrasse* pavokolombo; ~**thron** *m hist: Thronsessel der Schahs von Persien* pavotrono

Pfauentrogon *m Orn* ↑ [1]***Quetzal***

Pfauentruthuhn *n* (Meleagris ocellata) *Orn* jukatana meleagro *[Vorkommen: endemisch auf der Halbinsel Yucatán/Mexiko]*

Pfaufasan *m* (*Gattung* Polyplectron) *Orn* poliplektro, *pop* pavofazano; ***malaiischer*** ~, *auch* ***malaiischer Spiegelpfau*** *m* (Polyplectron malacense) malaja pavofazano *[Vorkommen im Tiefland der Malaiischen Halbinsel]*

Pfau|hahn *m* maskla pavo; ~**henne** *f* femala pavo, *auch* pavino

Pfd. = *Abk für* ***Pfund***

Pfeffer *m* ***a)*** *Bot u. Küchengewürz* pipro (↑ *auch* ***Cayenne-***, ***Kawa-*** *u.* ***Kubebenpfeffer***); ***grüner*** ~ *Gewürz (früh geerntete Pfef-*

ferkörner <daher milder als schwarzer Pfeffer>) verda pipro; ***roter*** ~ (Capsicum annuum) *Bot, Gewürz* ruĝa pipro; ***schwarzer*** ~ (Piper nigrum) *Bot, Gewürz* nigra pipro; ***spanischer*** ~ ↑ ***Paprika***; ***weißer*** ~ *Gewürz* blanka pipro; ***mit ein wenig ~ würzen*** spici per iom da pipro ◇ ***bleib, wo der ~ wächst*** *salopp* iru al la diablo; ***da liegt der Hase im*** ~ jen la tubero en la afero *(Zam)* ***b)*** *übertr für «die Würze von etw.»* pipro

Pfefferbaum *m* (*Gattung* Schinus) *Bot* skino; ***peruanischer*** ~ (Schinus molle) molio *[Vorkommen: ursprünglich in Südamerika (Peru, Brasilien, Uruguay), heute fast überall in den Tropen angebaut]*

Pfefferfresser *m Orn* ↑ ***[1]Tukan***

Pfeffergewächse *n/Pl Bot*: ***[Familie der]*** ~ *Pl* (Piperaceae) pipracoj *Pl*

pfeff[e]rig *Adj* pipr[ec]a; *gepfeffert* piprita

Pfefferknöterich *m Bot* ↑ ***Wasserpfeffer***

Pfefferkörner *n/Pl* piprograjnoj *Pl*

Pfefferkraut *n Bot* ↑ ***Bohnenkraut*** *u. unter* ***Kresse***

Pfeffer|kuchen *m* spicokuko (*vgl. dazu* ***Honig-*** *u.* ***Lebkuchen***); ~**milchling** *m*, *auch* ***grünender Pfeffermilchling*** (Lactarius piperatus) *Mykologie* pipra laktofungo

Pfefferminzbonbon *n* pipromenta bombono

Pfefferminze *f* (Mentha piperita) *Bot, Gewürz* pipromento, *auch* pipra mento

Pfefferminzkampfer *m* = ***Menthol***

Pfefferminz|likör *m* pipromenta likvoro; ~**öl** *n* (Menthae piperitae aether-oleum) *bes. Pharm* pipromenta oleo; ~**tee** *m (unzubereitet)* pipromenta teo, *(aufgebrüht)* infuzaĵo de pipromento

Pfeffermühle *f* pipromuelilo

pfeffern *tr Kochk* pipri, spici per pipro

Pfefferrinde *f Bot* ↑ ***Seidelbast***

Pfeffer|röhrling *m* (Chalciporus piperatus) *Mykologie* pipra boleto; ~**soße** *f Kochk* pipra saŭco *od* piprosaŭco (↑ *auch* ***Tabasco***); ~**spray** *n* piprosprajo; ~**steak** *n Kochk* piprita bova steko; ~**strauch** *m* (*Gattung* Piper) *Bot* piproarbedo; ~**streuer** *m* piproŝutilo, *auch* piprujo

pfeffrig ↑ ***pfefferig***

Pfeife *f* ***a)*** *Tabaks~* [tabak]pipo (↑ *auch* ***Haschisch-***, ***Imker-***, ***Meerschaum-*** *u.* ***Wasserpfeife***); ***[eine] ~ rauchen*** fumi pipon; ***sich eine ~ stopfen*** ŝtopi al si pipon da tabako ***b)*** *Schalmei* ŝalmo; *Orgel~* [orgen]tubo; *Signal~ u. Mus* fajfilo; *Triller~* trilfajfilo ◇ ***nach jmds. ~ tanzen*** danci laŭ ies fajfilo *(Zam)*

pfeifen ***a)*** *tr* fajfi; ***eine Melodie*** ~ fajfi melodion ***b)*** *intr Lokomotive, Mensch, Vogel, Wind* fajfi, *Star auch* kanti; *Gewehrkugel od Stockschlag durch die Luft* sibli *auch Wasserkessel* ◇ ***ich pfeif darauf*** mi fajfas pri tio; ***die Spatzen ~ es schon von allen Dächern*** tio estas jam [ĉie] diskonata *od (Zam)* pri tio jam ĉiuj paseroj babilas

Pfeifen *n* fajfado; ~ ***von Kugeln in der Luft*** siblado de kugloj en la aero

Pfeifenblume *f Bot* ↑ ***Osterluzei***

Pfeifen|deckel *m* pipoĉapo, ĉapo de tabakpipo; ~**gras** *n Bot* ***a)*** (*Gattung* Molinia) molinio ***b)*** *auch* ***Blauschmiele*** *f* (*Art* Molinia caerulea) blua molinio; ~**kopf** *m* ***a)*** *Kopf der Tabakspfeife* ĉapo de [tabak]pipo ***b)*** *dummer Kerl* stultulo; ~**raucher** *m* pipfumanto; ~**reiniger** *m* pipopurigilo *od* purigilo por [tabak]pipo; ~**rohr** *n* pipotubo; ~**ständer** *m* piporako

Pfeifenstrauch *m* (*Gattung* Philadelphus) *Bot* filadelfo; ***europäischer*** (*od* ***großer*** *od* ***wohlriechender***) ~, *auch* ***falscher Jasmin*** *m* (Philadelphus coronarius) odora filadelfo *<ein Hortensiengewächs>*

Pfeifentabak *m* pipotabako

Pfeifente *f* (Anas penelope) *Orn* [eŭrazia] fajfanaso; ***[nord]amerikanische*** ~ (Anas americana) amerika fajfanaso

Pfeifenwinde *f Bot* ↑ ***Osterluzei***

Pfeiffersches Drüsenfieber *n*, *Fachspr* ***Morbus Pfeiffer*** *Med* ↑ ***Mononukleose***

Pfeifgans *f Orn*: ***gelbe*** ~ *od* ***Gelbbrustpfeifgans*** *f* (Dendrocygna bicolor) dukolora arbanaso (↑ *auch* ***Indien-***, ***Sichel-*** *u.* ***Witwenpfeifgans***)

Pfeifhase *m* (*Gattung* Ochotona) *Zool* fajfleporo, *<wiss>* oĥotono (↑ *auch* ***Alpen-*** *u.* ***Zwergpfeifhase***); ***mongolischer*** ~ (Ochotona pallasii ssp. pricei) mongola fajfleporo; ***roter*** ~ (Ochotona rutila) ruĝa fajfleporo; ***[Familie der]*** ~***n*** *Pl* (Ochotonidae) oĥotonedoj *Pl* (*vgl. dazu* ***Hasentiere***)

Pfeif|kessel *m Hausw* fajfkaldrono; ~**signal** *n* fajfsignalo; ~**ton** *m* fajfa sono

Pfeil *m* ***a)*** sago *auch übertr* (↑ *auch* ***Giftpfeil***); ***mit ~ und Bogen*** kun [paf]arko kaj sago; ***einen ~ abschießen*** ekpafi sagon (***auf*** al); ***wie ein ~ dahinschießen*** ĵetiĝi tiel rapide kiel sago, *auch* sagi ◇ ***von Amors*** ~

getroffen sein esti trafita de l' sago de Amoro ***b)*** *zur Richtungsanzeige od als Verweis (auch auf der Computertastatur)* sago *auch Typ* (↑ *auch* ***Richtungs-*** *u.* ***Verweispfeil***); ~ ***links*** (←) sago maldekstren; ~ ***rechts*** (→) sago dekstren; ~ ***oben*** (↑) sago supren; ~ ***unten*** (↓) sago suben ***c)*** *auch* ***Bogenhöhe*** *f Geom (Pfeil eines Kreisbogens)* sago

Pfeilblatt *n* (*Gattung* Alocasia) *Bot* alokazio

Pfeiler *m Wand*≗ pilastro (*vgl. dazu* ***Pilaster***); *Brücken*≗ *[aus Mauerwerk, Beton od Stahl]* piliero; *Säule* kolono (↑ *auch* ***Beton-***, ***Bündel-***, ***Grund-*** *u.* ***Strebepfeiler***); ~**spiegel** *m Trumeau ([zur Innendekoration eines Raumes gehörender] großer schmaler Wandspiegel an einem Pfeiler zw. zwei Fenstern)* trumo

pfeilförmig 1. *Adj* sagoforma *auch Bot (eine Blattform)* **2.** *Adv* sagoforme

pfeilgeschwind ↑ ***pfeilschnell***

Pfeilgift *n*: ***malaiisches*** ~ upaso *[aus dem Milchsaft des Upasbaums gewonnen]* (↑ *auch* ***Kurare***)

Pfeilgiftfrösche *m/Pl Zool* ↑ ***Baumsteigerfrösche***

Pfeilhecht *m Ichth* ↑ ***Barrakuda***

Pfeilkraut *n* (*Gattung* Sagittaria) *Bot (eine Wasserstaude)* sagitario; ***echtes*** ~ (Sagittaria sagittifolia) granda sagitario

Pfeilnaht *f*, *auch* ***Sagittalnaht*** *f* (Sutura sagittalis) *Anat (in der Mittellinie zw. beiden Scheitelbeinen)* sagitala suturo; ~**fontanelle** *f Anat* sagitala fontanelo

Pfeilnatter *f* (*Gattung* Acontias) *Zool* akontio

pfeilschnell, *bes. poet auch* ***pfeilgeschwind*** **1.** *Adj* sagorapida **2.** *Adv* sagorapide

Pfeilschwänze *m/Pl*, *auch* ***Schwertschwänze*** *m/Pl* (*Ordnung* Xiphosura) *Zool (krebsähnliche Bodenbewohner der Meeresküsten)* ponardvostuloj, <*wiss*> ksifozuroj *Pl* (*vgl. dazu* ***Königskrabbe***)

Pfeilschwanzente *f Orn* ↑ ***Spießente***

Pfeilschwanzkrebse *m/Pl* (*Familie* Limulidae) (*auch* ***Hufeisenkrebse*** *genannt*) *Zool* hufumkraboj *Pl*

Pfeil|spitze *f* sagopinto; ~**taste** *f Computer* sagoklavo; ~**würmer** *m/Pl*, *auch* ***Borstenkiefer*** *m/Pl* (*Stamm* Chaetognatha) *Zool (leben im Plankton der Weltmeere)* ĥetognatoj *Pl*; ~**wurz** *f* (*Gattung* Maranta) *Bot* maranto; ~**wurzel** *f Bot Queensland-Pfeilwurzel* (Canna edulis) manĝebla kanao

Pfennig *m* (*Abk* ***Pf.***) pfenigo (↑ *auch* ***Sparpfennig***) ◇ ***ohne einen*** ~ ***in der Tasche*** sen groŝo en poŝo *(Zam)*; ***wer den*** ~ ***nicht ehrt, ist des Talers nicht wert*** kiu groŝon ne respektas, riĉecon ne kolektas *(Zam)*

Pfennigabsatz *m*, *auch* ***Stiletto-Absatz*** *m eines Damenschuhs* pikkalkanumo *od* pinta kalkanumo

Pfennigbeträge *m/Pl* ◇ ***das sind nur*** ~ tio estas nur eteta sumo, *auch* tio kostas nur kelkajn cendojn

Pfennigfuchser *m*, <*schweiz*> ***Rappenspalter*** *m* groŝoskrapulo, *i.w.S.* avarulo (*vgl. dazu* ***Geizhals***)

Pfennigfuchserei *f* groŝoskrapado

pfennigfuchserisch *Adj* groŝoskrapa

Pfenniggilbweiderich *m*, *pop auch* ***Pfennigkraut*** *n* (Lysimachia nummularia) *Bot* monera lizimakio

Pfennigkraut *n Bot* ↑ ***Hellerkraut*** *u.* ***Pfenniggilbweiderich***

Pferch *m* ĉirkaŭbarejo, ĉirkaŭfermejo, *(für eine [Vieh-]Herde auch* gregejo

pferchen *tr in einen Pferch treiben, z.B. Schafe* peli en ĉirkaŭbarejon; *i.w.S. hineinzwängen* [en]premi (***in etw.*** en ion)

Pferd *n* ***a)*** ĉevalo (*vgl. dazu* ***[1]Mähre***; ↑ *auch* ***Berber-***, ***Camargue-***, ***Deichselpferd***, ***Gaul***, ***Haflinger***, ***Hand-***, ***Islandpferd***, ***Konik***, ***Kutsch-***, ***Last-***, ***Pack-***, ***Parade-***, ***Przewalskipferd***, ***Rappe***, ***Rasse-***, ***Reitpferd***, ***Ross***, ***Schecke***, ***[1]Schimmel***, ***Turnier-***, ***Warmblut-***, ***Wild-*** *u.* ***Zirkuspferd***); ***ein feuriges*** ~ arda ĉevalo; ***das*** ~ ***bäumt*** (***schlägt [hinten] aus***, ***tänzelt***, ***wiehert***) la ĉevalo baŭmas (kalcitras, prancas, henas); ***ein*** ~ ***vor den Wagen spannen*** jungi ĉevalon al ĉaro (*od* veturilo); ***hintereinander gespannte*** ~***e*** *Pl* tandeme jungitaj ĉevaloj; ***ein*** ~ ***satteln*** seli ĉevalon; ***aufs*** ~ ***setzen*** (*od* ***heben*** *bzw.* ***packen***) surĉevaligi; ***aufs*** ~ ***steigen*** *(aufsitzen)* surĉevaliĝi, *(in den Sattel steigen)* enseliĝi; ***vom*** ~ ***steigen*** deĉevaliĝi; ***zu*** ~***e*** surĉevale, rajde ◇ ***das*** ~ ***am Schwanz aufzäumen*** jungi la bovojn malantaŭ la plugilon *(Zam)*; ***da würden mich keine zehn*** ~***e hinbringen!*** eĉ ĉiu oro de la mondo min tien ne logus! ***b)*** *Turngerät* [gimnastika] ĉevalo; ***ein*** ~ ***ohne Pauschen*** *(= Haltegriffe) Gerätturnen* senansa ĉevalo

Pferdchen *n* ĉevaleto

Pferdeantilope *f*, *auch* ***Rossantilope*** *f* (Hippotragus equinus) *Zool* ĉeval[o]antilopo *[Vorkommen in Afrika, südl. der Sahara]* (*vgl. dazu* ***Rappenantilope***)

Pferdeäpfel *m/Pl* ↑ ***Pferdedung***

Pferdebahn *f Verk (hist)* ĉevaltramo

Pferdebremse *f Ent* ↑ ***Magenbremse***

Pferde|bürste *f* ĉevalbroso (*vgl. dazu* ***Striegel***); ~**decke** *f* ĉevalkovrilo (*vgl. dazu* ***Schabracke***); ~**dieb** *m* ĉevalŝtelisto; ~**dressur** *f Dressieren od auch Zureiten von Pferden* ĉevaldresado; ~**droschke** *f*, *<österr>* ***Fiaker*** *m* fiakro; ~**dung** *od* ~**mist** *m*, *pop auch* ***Pferdeäpfel*** *m/Pl* ĉevala sterko; ~**fell** *n* ĉevalfelo; ~**fleisch** *n (roh)* ĉevalviando *od* ĉevala viando; *Kochk (als Gericht)* ĉevalaĵo; ~**fuhrwerk** *n* ĉevalveturilo; ~**futter** *n* furaĝo [por ĉevaloj]; ~**gebiss** *n am Zaum* enbuŝaĵo; ~**gerippe** *n* ĉevalskeleto; ~**geschirr** *n* jungilaro [por ĉevalo(j)]; ~**haar** *n* ĉevalharo(j) *(Pl)*; ~**händler** *m* ĉevalkomercisto, ĉevalvendisto

Pferdehirsch *m Zool* ↑ ***Sambar[hirsch]***

Pferde|huf *m* ĉevala hufo *od* hufo de ĉevalo; ~**knecht** *m* grumo, ĉevalzorganta servisto; ~**kopf** *m* ĉevala kapo; ~**kur** *f*, *auch* ***Rosskur*** *f umg* [tro] drasta (*od scherzh* barbara) kurac[metod]o; ~**länge** *f bei Pferderennen als Maß für den Abstand zum Sieger* ĉevallongo; ~**magenbremse** *f* (Gasterophilus intestinales) *Ent* intesta gastrofilo; ~**markt** *m* ĉevalmerkato, ĉevalfoiro

Pferdemilch *f* = ***Stutenmilch***

Pferdeminze *f* (Monarda punctata) *Bot* punkta monardo

Pferdemist *m* ↑ ***Pferdedung***

Pferde|peitsche *f* ĉevalvipo; *Reitpeitsche* rajdovipo; ~**pocken** *f/Pl* (Variola equina) *Vet* ĉevala variolo *Sg*; ~**rasse** *f* ĉevala raso; ~**rennbahn** *f* ĉevalkonkursejo, hipodromo; ~**rennen** *n* ĉevalkurado *od* ĉeval-vetkuroj *Pl*, *auch* vetrajd[ad]o *Sg*; ~**schlächter** *m*, *auch* ***Rossschlächter*** *m* ĉevalbuĉisto; ~**schlitten** *m* ĉevalsledo; ~**schwanz** *m* ĉevalvosto *od* ĉevala vosto; *als Frisur* harvosto, *auch* ponevosto; ~**schwemme** *f (Vorgang)* ĉevalban[ad]o, *(Ort)* ĉevalbanejo; ~**sport** *m Reitsport* rajdsporto; ~**stall** *m* ĉevalstalo, *umg auch* ĉevalejo

Pferdestärke *f* (*Abk* ***PS***) ĉevalpovo, *auch* ĉevalforto; ***ein 70 PS-Motor*** motoro de sepdek ĉevalpovoj

Pferde|striegel *m* ĉeval[o]striglilo; ~**wagen** *m* ĉevalveturilo, ĉevala ĉaro; *i.w.S.* kamparana ĉaro (*od* veturilo); ~**wechsel** *m* ĉevalŝanĝo; ~**zucht** *f* ĉevalbredado; ~**züchter** *m* ĉevalbredisto

Pfette *f Bauw (parallel zum First verlaufender waagrechter Dachbalken, der die schrägen Dachsparren trägt)* patno (↑ *auch* ***Fachwerk-***, ***First-*** *u.* ***Holzpfette***)

Pfiff *m* fajfo *auch der Lokomotive, der Trillerpfeife, z.B. des Unparteiischen* (*vgl. dazu* ***Abpfiff*** *u.* ***Abseitspfiff***)

Pfifferling *m*, *umg (bes. <österr>) auch* ***Eierschwamm*** *m od umg* ***Eierschwammerl*** *n* (Cantharellus cibarius) *Mykologie* [manĝebla] kantarelo, *umg auch* ovofungo; ***blasser*** ~ (Cantharellus pallens) pala kantarelo; ***falscher*** ~ (Cantharellus aurantiaca = Hygrophoropsis aurantiaca) falsa kantarelo ◇ ***keinen ~ wert sein*** esti valora eĉ ne unu cendon

pfiffig *Adj* [lerte] ruza, elturniĝema

Pfiffigkeit *f* [lerta] ruzeco

Pfiffikus *m umg (Schlaukopf)* lerta ruzulo

Pfingstbewegung *f Rel* ↑ ***Pentekostler***

Pfingsten (*n*) *Kirche* Pentekosto *(auch Kleinschr)*

Pfingst|ferien *Pl* pentekostaj ferioj *Pl*; ~**fest** *n* pentekosta festo; ~**montag** *m* pentekosta lundo

Pfingstrose *f*, *auch* ***Päonie*** *f*, *reg* ***Bauernrose*** *f* (*Gattung* Paeonia) *Bot* peonio; ***gelbe*** ~ (Paeonia lutea) flava peonio

Pfingstrosengewächse *n/Pl Bot*: ***[Familie der] Pfingstrosengewächse*** (Paeoniaceae) peoniacoj *Pl*

Pfingstsonntag *m* pentekosta dimanĉo

Pfingstvogel *m Orn* ↑ ***Pirol***

Pfirsich *m* persiko (↑ *auch* ***Nektarine***); ~ ***Melba*** *m Pfirsich mit Vanilleeis u. Himbeermark* persika melbo

Pfirsich|baum *m* (Prunus persica) *Bot* persikarbo; ~**blüte** *f* persik[o]floro

pfirsichfarben *Adj* persikokolora

Pfirsichkompott *n* persika kompoto

Pflänzchen *n* planteto

Pflanze *f* planto (↑ *auch* ***Balkon-***, ***Beeren-***, ***Beet-***, ***Blatt-***, ***Duft-***, ***Dünen-***, ***Faser-***, ***Futter-***, ***Gehölz-***, ***Gemüse-***, ***Gewürz-***, ***Gift-***, ***Jung-***, ***Kannen-***, ***Kautschuk-***, ***Kletter-***, ***Medizinal-***, ***Meridian-***, ***Moos-***, ***Nektar-***, ***Nutz-***, ***Öl-***, ***Pionier-***, ***Pollen-***, ***Polster-***, ***Schling-***, ***Topf-***, ***Urwald-***, ***Wasser-***, ***Wild-***, ***Wirts-***, ***Wurzelstock-***, ***Wüsten-***, ***Zeiger-***, ***Zier-*** *u.*

Zimmerpflanze); *i.w.S.* vegetaĵo *od* vegetalo; *Gewächs* kreskaĵo; *Steckling, Steckreis* stikaĵo; ~***n**, **die für ihre Samenkeimung Licht benötigen***, *Fachspr* ***Lichtkeimer*** *m/Pl* plantoj bezonantaj lumon por ĝermado; ***ausdauernde*** (*od* ***perennierende***) ~, *Fachspr Bot u. Gartenb* ***Perenne*** *f* plurjara (*od* perena) planto; ***essbare*** (*od* ***genießbare***) ~***n*** *Pl* manĝeblaj plantoj *Pl*; ***fossile*** ~***n*** *Pl Geobotanik* fosiliaj plantoj *Pl*; ***fleischfressende*** ~ karnomanĝa planto; ***gentechnisch veränderte*** ~***n*** *Pl* genteknike modifitaj plantoj *Pl*; ***immergrüne*** ~***n*** *Pl* ĉiamverdaj plantoj *Pl*; ***insektenfressende*** ~***n*** *Pl* insektovoraj plantoj *Pl*; ***kriechende*** ~***n*** *Pl* rampantaj plantoj *Pl*; ***schädliche*** ~***n*** *Pl* nocaj plantoj *Pl*; ***tagneutrale*** ~***n*** *Pl Pflanzen, die fotoperiodisch nicht empfindlich sind u. speziell bei der Blütenbildung nicht vom täglichen Licht-Dunkel-Zyklus abhängen* tagneŭtralaj plantoj *Pl*; ***winterharte*** ~***n*** *Pl* vintrorezistaj plantoj *Pl*

pflanzen *tr* planti; ***auf etw.*** ~ surplanti ion; ***Blumen*** ~ planti florojn; ***in Reihen*** ~ planti en vicoj

Pflanzen *n (als Vorgang)* plantado, *von Senkern u. Stecklingen* stikado

Pflanzenanatomie *f* ↑ ***Phytotomie***

Pflanzen|art *f Bot* plantospecio; ~**butter** *f* vegetaĵa (*od* vegetala) butero (*vgl. dazu* ***Margarine***)

Pflanzendaune *f* ↑ ***Kapok***

Pflanzen|decke *f* vegetaĵaro (↑ *auch* ***Vegetation***); ~**dünger** *m* sterko por plantoj; ~**experte** *od* ~**fachmann** *m* eksperto pri plantoj (*vgl. dazu* ***Biologe***)

Pflanzenextrakt *m* plant[o]ekstrakto; ***in Alkohol gelöster*** ~ *Pharm* alkoholaturo

Pflanzen|familie *f Bot (Taxonomie)* planta familio *od* familio de plantoj; ~**faser** *f* plantofibro *od* planta fibro, *auch* vegetaĵa (*od* vegetala) fibro

Pflanzenfasergeschwulst *f* ↑ ***Phytobezoar***

Pflanzenfett *n* vegetaĵa (*od* vegetala) graso

pflanzenfressend *Adj* herbovora

Pflanzen|fresser *m/Pl*, <*wiss*> ***Herbivoren*** *Pl Zool* herbovoroj *od* herbovoraj bestoj *Pl*, *auch* plantmanĝuloj *Pl*; ~**gallen** *f/Pl* plantogajloj *Pl* (*vgl. dazu* ***²Galle***)

Pflanzengeografie *f*, *auch* ***Phytogeografie*** *f od* ***Geobotanik*** *f Wissenschaft von der räumlichen Verbreitung der Pflanzen auf der Erde* plantgeografio *od* fitogeografio, *auch* geobotaniko; ***ökologische Geobotanik*** ekologia geobotaniko

Pflanzengesellschaft *f*, <*wiss*> ***Phytozönon*** *n Bot* plantokomunumo, <*wiss*> fitocenozo

Pflanzengift *n* ↑ ***Phytotoxin***

Pflanzenheilkunde *f* ↑ ***Phytomedizin***

Pflanzenhormone *n/Pl* ↑ ***Phytohormone***

Pflanzenhygiene *f Landw, Ökologie (vorbeugende Maßnahmen, um Kulturpflanzen möglichst gesund zu erhalten [z.B. Anbau an geeigneten Standorten, Bodenentwässerung, Anlage von Schutzhecken u.a.])* plant[o]higieno

Pflanzenkost *f* = ***Rohkost***

Pflanzen|krankheit *f* plantmalsano; ~**kunde** *f* plantologio (*vgl. dazu* ***Botanik***)

Pflanzenläuse *f/Pl Ent*: ***[Unterordnung der]*** ~ (Sternorrhyncha) sternorinkoj *Pl*

Pflanzen|margarine *f* vegetaĵa (*od* vegetala) margarino; ~**morphologie** *f* plantomorfologio; ~**name** *m* plant[o]nomo; ~**öl** *n* vegetaĵa (*od* vegetala) oleo, *pop auch* planta oleo; ~**pathologe** *m* plantpatologo; ~**pathologie** *f Lehre von den Pflanzenkrank- heiten* plantpatologio, <*wiss*> *auch* fito- patologio

pflanzenpathologisch *Adj* plantpatologia, <*wiss*> *auch* fitopatologia

Pflanzenphysiologie *f Biol* ↑ ***Phytophysiologie***

Planzen|reich *n* (Regnum vegetabile) *Biol* planta (*od* vegetala) regno; ~**saft** *m Nahr* vegetaĵa suko; *Bot* plantosuko; ~**sammlung** *f* herbokolekt[aĵ]o, *i.e.S.* herbario; ~**schädling** *m* plant[o]damaĝulo; ~**schleim** *m Bot* mucilago, *auch* vegetala muko (↑ *auch* ***Agar-Agar***, ***Mucilaginosum*** *u.* ***Mucin***); ~**schnitt** *m* plantotondado

Pflanzenschutz *m* plantprotektado, *auch* plantŝirmado; ~**mittel** *n* plantprotektilo, *auch* plantprotekta preparaĵo (*od i.e.S.* kemiaĵo)

Pflanzensystematik *f Biol* sistematiko de plantoj

Pflanzentiere *n/Pl Biol* ↑ ***Zoophyten***

Pflanzen|wachstum *n* kreskado de la plantoj; ~**welt** *f* vegetaĵa regno, flaŭro, *pop auch* plantaro *od* vegetaĵaro (↑ *auch* ***Pflanzenreich*** *u.* ***Vegetation***); ~**wuchs** *m Bewuchs* kreskaĵaro

Pflanzenwuchsstoffe *m/Pl* ↑ ***Phytohormone***

Pflanzen|wurzel *f* radiko de planto; ~**zelle** *f* planta ĉelo

Pflanzer *m* plantisto (↑ *auch* ***Tabak-*** *u.* ***Zu-***

ckerrohrpflanzer)

Pflanzholz *n*, *auch* ***Steckholz*** *n od* ***Pflanzstock*** *m Gartenb* plantilo

pflanzlich *Adj* planta, *Fachspr meist* vegetala; *~**es Eiweiß*** *n* vegetala proteino

Pflänzling *m junge Pflanze* plantido

Pflanzloch *n Gartenb* truo por enplanti planton (*bzw.* plantidon)

Pflanzloswüste *f* ↑ ***Vollwüste***

Pflanzung *f Plantage* plantejo; *das Pflanzen* plantado (↑ *auch* ***Reihenpflanzung***)

Pflanzzeit *f Gartenb, Landw* sezono por planti (*od* plantado)

Pflaster *n* ***a)*** *Med, Pharm* plastro, sparadrapo (↑ *auch* ***Arznei-***, ***Heft-***, ***Kantharidinpflaster***, ***Kataplasma***, ***Leukoplast***, ***Nikotin-***, ***Senf-***, ***Wärme-*** *u.* ***Wundpflaster***); ***ein neues ~ auf eine Wunde tun*** surmeti novan plastron sur la vundon ***b)*** *Straßen*♀ pavimo (↑ *auch* ***Asphalt-***, ***Holz-***, ***Kopfstein-*** *u.* ***Ziegelpflaster***) ◇ ***ein gefährliches*** (*od* ***heißes***) *~* danĝera zono; ***diese Stadt ist ein teures ~*** estas [terure] elspezige vivi en tiu [ĉi] urbo

Pflasterer *m*, *<schweiz> u. reg* ***Pflästerer*** *m jmd., der berufsmäßig pflastert* pavimisto

pflastern, *<schweiz> u. reg* ***pflästern*** *tr* pavimi, tegi per pavimo; ***die Straße ist gepflastert*** la strato estas pavimita

Pflaster|ramme *f Straßen- u. Wegebau* pavimobatilo; *~***stein** *m* pavimŝtono

Pflasterung *f*, *<schweiz> u. reg* ***Pflästerung*** *f (das Pflastern)* pavimado; *(Pflaster [einer Straße])* pavimo

Pfläumchen *n* pruneto

Pflaume *f* pruno (↑ *auch* ***Dörr-***, ***Hauspflaume***, ***Mirabelle***, ***Mombinpflaume***, ***Reneklode***, ***Trockenpflaume*** *u.* ***Zwetsche***); ***japanische ~*** umeo

Pflaumenbaum *m* (Prunus domestica) *Bot* prunarbo; ***japanischer ~*** (Prunus mume) *Bot* umearbo

pflaumenblau *Adj* prunoblua

Pflaumen|kern *m* prun[o]kerno; *~***kompott** *n* pruna kompoto; *~***kopfsittich** *m*, *auch* ***Pflaumenkopfpapagei*** *m* (Psittacula cyanocephala) *Orn* plumkapa papag[et]o *[Vorkommen: indischer Subkontinent u. Sri Lanka]*; *~***kuchen** *m* prunokuko; *~***marmelade** *f* pruna marmelado; *~***mus** *n*, *auch* ***Zwetschenmus*** *od reg* ***Zwetschgenmus*** *n*, *auch* ***Latwerge*** *f*, *<österr>* ***Powidl*** *m Nahr* prun[o]kaĉo, povidlo; *~***schnaps** *m*, *<schweiz> dial* ***Pflümli*** *n* prun[o]brando, svisa prunobrando (*vgl. dazu* ***Sliwowitz***)

Pflege *f allg u. Med* fleg[ad]o (↑ *auch* ***Alten-***, ***Gefieder-***, ***Intensiv-***, ***Körper-*** *u.* ***Krankenpflege***); *Fürsorge* prizorgado, zorgo pri ... *auch übertr*; ***häusliche ~*** enhejma flegado *od* flegado hejme; ***jmdm. ein Kind in ~ geben*** doni infanon al iu por prizorgado

pflegebedürftig *Adj* flegobezona *od nachgest* bezonanta fleg[ad]on

Pflege|bedürftige *m*, *i.w.S.* ***Pflegefall*** *m* fleg[o]bezonulo; *~***bedürftigkeit** *f* bezono pri flegado; *~***bett** *n z.B. in Alten- od Pflegeheimen* flegada lito

Pflegedienst *m* flegoservo; ***ambulanter ~*** ambulatoria flegoservo

Pflegeeltern *Pl* geedza paro, kiu prizorgas infanon [de iu] por certa tempo; *i.e.S.* edukaj gepatroj *od (Adoptiveltern)* adoptaj gepatroj *Pl*

Pflegefall *m* ↑ ***Pflegebedürftige***

Pflegefamilie *f* fleg[o]familio; ***in einer ~ leben*** vivi en flegofamilio

Pflege|heim *n* flegejo; *~***kind** *n*, *alt* ***Ziehkind*** *n* zorgato; *Adoptivkind* adopta infano; *~***kosten** *Pl* flegokostoj *Pl* (***für*** por)

pflegeleicht *Adj* facile flegebla

pflegen ***a)*** *tr Med* flegi *auch i.w.S. (z.B. Beziehungen, Blumen, seinen Bart, Kranke u.a.*; *betreuen* prizorgi *od* zorgi pri *auch Blumen, Kranke*; *Wohnung*; *Beziehungen, Talent u.a. auch* kulturi; ***die Haut ~*** *Kosmetik* flegi la haŭton; ***Tag und Nacht ein krankes Kind ~*** tage kaj nokte flegi malsanan infanon; ***dieses Theater pflegt die klassische Kunst*** tiu teatro flegas la klasikan arton ***b)*** *intr geh für «gewohnt sein»* kutime (***zu*** *mit nachfolgendem Verb*); ***er pflegt nachmittags zu schlafen*** kutime li [iom] dormas posttagmeze ***c)*** *refl*: ***sich ~*** sin flegi

Pflegende *m jmd., der [zu Hause] Krankenpflege betreibt* fleganto (*vgl. dazu* ***Pfleger***)

Pflegepersonal *n* flegistaro

Pfleger *m Med (Kranken*♀*)* flegisto [de malsanuloj en kliniko] (*vgl. dazu* ***Kurator***, ***Pflegende***, ***Tierpfleger*** *u.* ***Wärter***)

pfleglich *Adv* zorg[em]e; ***etw. ~ behandeln*** trakti ion zorg[em]e

Pflegling *m Pflegebefohlener* zorgato, flegato (↑ *auch* ***Pflegekind*** *u.* ***Mündel***)

Pflegschaft *f Jur alt* ↑ ***Vormundschaft***

Pflicht *f* devo (***gegenüber*** al) (↑ *auch* ***Amts-***, ***Anwesenheits-***, ***Beweis-***, ***Bürger-***, ***Ehrenpflicht***, ***Hausfrauen-***, ***Maskenpflicht***, ***Mut-***

terpflichten, *Schul-*, *Steuer-*, *Versicherungs-*, *Visum-* u. *Wehrpflicht*); *Aufgabe* tasko; ***moralische*** (***religiöse***) ~ morala (religia) devo; ***aller ~en ledig sein*** esti libera de (*od* pri) ĉiuj devoj; ***frei von ~en*** (*od* ***Verpflichtungen***) ***sein*** esti libera de [ĉiuj] devoj; esti devolibera; ***in der ~ sein*** havi la devon, devi fari (*bzw.* plenumi) [ion]; ***seiner ~ nachkommen*** plenumi sia(j)n devo(j)n; ***seine ~ erfüllen*** (***tun***) plenumi (fari) sian devon ◇ ***die ~ ruft*** devo vokas

Pflicht|bewusstsein *n* konscio pri sia(j) devo(j) (***gegenüber*** al); ~**eifer** *m* asidueco (↑ *auch* ***Assiduität***)

pflichteifrig *Adj dienstbeflissen* asidua

Pflichtenlehre *f auf dem Gebiet der Ethik* deontologio

Pflicht|erfüllung *f* plenumo de sia(j) devo(j); ~**gefühl** *n* sento pri sia(j) devo(j)

pflichtgemäß *Adv* konforma al sia(j) devo(j); *folgsam* obeema

Pflicht|lektüre *f Päd* deviga legaĵo; ~**programm** *n* deviga programo; ~**spiel** *n Sport* deviga maĉo; ~**teil** *m od n Jur (Erbteil, das einem Erbberechtigten zusteht)* deviga parto, [leĝa] minimumo de heredaĵo; ~**versicherte** *m* devoasekurito; ~**versicherung** *f* deviga asekuro

pflichtwidrig *Adj* kontraŭdeva, kontraŭa al la (*bzw.* sia[j]) devo[j])

Pflock *m* fosteto, paliseto (*vgl. dazu* ***Keil***); *Holz*~ ligna fosteto

Pflotsch *m* ↑ ***Schneematsch***

Pflotschwetter *n* ↑ ***Matschwetter***

pflücken, *<österr> u. reg auch* ***[ab]brocken*** *od* ***klauben*** *tr* pluki; *abnehmen* depreni; *abreißen* deŝiri; ***Blumen*** (***Obst***) ~ pluki florojn (fruktojn); ***Tee*** ~ pluki te-foliojn (*od* *[laienhaft:] auch* teon)

Pflücken *n* plukado

Pflücker *m bzw.* **Pflückerin** *f auf einer Plantage* plukisto *bzw.* plukistino (↑ *auch* ***Obstpflücker*** *u.* ***Teepflückerin***)

Pflug *m Landw* plugilo (↑ *auch* ***Haken-***, ***Holz-***, ***Karren-*** *u.* ***Motorpflug***)

pflügbar *Adj* plugebla

Pflugeisen *n*, *auch* ***Voreisen*** *n*, *reg* ***Kolter*** *n Messer vor der Pflugschar* koltro, *auch* plugilfero *od* plugiltranĉilo

pflügen *tr u. intr* plugi *auch übertr u. bildh*; *abs* plugi la teron (↑ *auch* ***beackern***, ***durch*** *u.* ***umpflügen***); ***die Felder*** ~ plugi la kampojn; ***gepflügte Felder*** (*od i.w.S.* ***Land***) plugitaj kampoj

Pflügen *n Landw* plugado; ***das ~ der Felder*** la plugado de la kampoj

Pflüger *m* pluganto *od* plugisto

Pflug|furche *f* plugosulko; ~**körper** *m* plugilkorpo

Pflugschar *f od n* soko, *auch* plugilbeko (↑ *auch* ***Schneepflugschar***); ***Messer vor der*** ~, *reg* ***Kolter*** *n* ↑ ***Pflugeisen***

Pflugbein *n*, *Fachspr* ***Vomer*** *m Anat (Teil des Nasenseptums [beim Menschen])* vomero

Pflugsterze *m/Pl Führungsgriffe des Pfluges* plugilteniloj *Pl*

Pflümli *n <schweiz>* ↑ ***Pflaumenschnaps***

Pfortader *f* (Vena portae) *Anat* porda vejno; ~**enzündung** *f*, *Fachspr* ***Pylephlebitis*** *f Med* inflamo de la porda vejno, *Fachspr* pileflebito; ~**hochdruck** *m Med* pordvejna hipertensio

Pforte *f* ***a)*** *Tür* pordo; *kleine Tür* pordeto (*vgl. dazu* ***Portal***) ***b)*** *Anat* (Porta) pordo (*vgl. dazu* ***Leberpforte***)

[1]**Pförtner** *m*, *<schweiz> auch* ***Concièrge*** *m Türwächter, Portier* pordisto (↑ *auch* ***Nachtportier***)

[2]**Pförtner** *m* (Pylorus) *Anat* ↑ ***Magenausgang***

Pförtner|häuschen *n od* ~**loge** *f* pordistejo (*vgl. dazu* ***Rezeption***)

Pförtnerin *f*, *in Frankreich* ***Concièrge*** *f* pordistino

Pforzheim (*n*) *eine Stadt am Nordrand des Schwarzwalds* Pforchejmo

Pfosten *m* fosto *auch Bauw (z.B. zur Gründung)* (*vgl. dazu* ***Mast***, ***Pfahl***, ***Pflock***; ↑ *auch* ***Türpfosten***); *Ständer eines Treppengeländers* pilastro; *Tor*~ *des Fußballtors* goleja fosto *od* fosto de la golejo; ***auf ~ bauen*** (*bzw.* ***stützen***) surfostigi; ***auf ~ stehend*** *Adj* surfosta; ***im Wasser stehende*** *d.h. eingerammte* ~ (*od* ***Pfähle***) *Pl* enakvaj fostoj *Pl*; ***der Ball ging an den ~*** *Fußball* la pilko trafis la foston

Pfostenschuss *m Fußball* fostoŝoto

Pfote *f* piedo [de besto] (*vgl. dazu* ***Pranke***); *scherzh für «schlechte Handschrift»* aĉa manskribo

Pfriem *m Handw* ↑ ***Ahle***

Pfriemengras *n Bot* ↑ ***Federgras***

Pfriemenmastkraut *n*, *auch* ***Sternmoos*** *n* (Sagina subulata) *Bot* kvinpetala sagino

Pfrille *f Ichth* ↑ ***Elritze***

Pfropf *m* ŝtopaĵo; *Blut*~ sangokoagulaĵo (↑ *auch* ***Blutkuchen***), *(im Blutgefäß)* trombo, *(im Blutstrom)* embolo

¹pfropfen *tr Gartenb (durch Aufsetzen eines Edelreises Obstgehölze u. Sträucher veredeln)* grefti (***auf*** sur *mit Akk*) (*vgl. dazu* ***okulieren***)

²pfropfen *tr [eine Flasche] verkorken, zustopfen* korki, [prem]ŝtopi; *vollstopfen* plenŝtopi; ***der Saal war gepfropft voll*** la salono estis preme plena

¹Pfropfen *m auch* ***Pfropfung*** *f Gartenb (Veredeln)* greftado

²Pfropfen *m* ***a)*** *Flaschenverschluss, Stöpsel* [kork]ŝtopilo (*vgl. dazu* ***Kork b)***) ***b)*** *Material zum Zustopfen* ŝtopaĵo (↑ *auch* ***Pfropf*** *u.* ***Tampon***)

Pfropf|messer *n Gartenb* greftilo, [speciala] tranĉilo por grefti; ~**reis** *n, auch* ***Pfröpfling*** *m Gartenb* greftbranĉeto, *auch* greftaĵo

Pfropfung *f Gartenb* ↑ ***¹Pfropfen***

Pfründe *f* ***a)*** *Einkünfte aus einem Kirchenamt* prebendo (↑ *auch* ***Benefizium***) ***b)*** *übertr umg für «[fast] müheloses Einkommen»* [preskaŭ] senpene akirita enspezo (↑ *auch* ***Sinekure***)

Pfründen|besitzer *m* beneficulo; ~**handel** *m Kauf u. Verkauf von geistlichen Ämtern* simonio (↑ *auch* ***Ämterschacher***)

Pfuhl *m* marĉeto, ŝlim[akv]ejo; *i.w.S. (Kloake)* kloako; *kotige Stelle* kotejo

Pfuhlschnepfe *f Orn* ↑ *unter* ***Uferschnepfe***

pfui! *Interj* fi! (↑ *auch* ***äh!*** *u.* ***puh!***)

Pfund *n* ***a)*** (*Abk* ***Pfd.***) *Gewichtsangabe (= 500 g)* funto (↑ *auch* ***Viertelpfund***); ***ein ~ Äpfel*** funto da pomoj ***b)*** *Währungseinheit:* ***britisches ~*** (*Zeichen* ***£***, *Währungscode* ***GBP***), *auch* ***Pound Sterling*** *n* (*Zeichen* ***£***) brita (*od* sterlinga) pundo; ***ägyptisches ~*** (*Abk* ***ägypt£***, *Währungscode* ***EGP***) egipta pundo; ***irisches ~*** (*Abk* ***Ir£***, *Währungscode* ***IEP***) *ehemalige irische Währungseinheit* irlanda pundo; ***maltesisches ~***, *[später:]* ***maltesische Lira*** *f* (*Abk* ***Lm***, *Währungscode* ***MTL***) malta pundo *[am 1.1.2008 durch den Euro abgelöst]*; ***syrisches ~*** (*Abk* ***syr.£***, *Währungscode* ***SYP***) siria pundo (↑ *auch* ***Falkland-*** *u.* ***Zypern-Pfund***)

pfundig *Adj veraltend umg für «großartig»* grandioza (*vgl. dazu* ***klasse*** *u.* ***toll b)***)

pfundweise *Adv* funtokvante

Pfundzeichen *n* (***£***) pundosigno

Pfusch *m od* **Pfuscharbeit** *f* fuŝaĵo, fuŝlaboraĵo *od* fuŝa laboraĵo ◇ ***es ist nur Pfusch [dabei herausgekommen]*** el faraĉo fariĝis kaĉo *(Zam)*

pfuschen *tr od abs* ***a)*** *reg* ***hudeln*** *unsorgfältig arbeiten* fuŝi; *hinschludern, zusammenpfuschen* fuŝfari *od* fuŝe fari ***b)*** <*österr*> *u. reg für «schwarzarbeiten»* nigre labori

Pfuscher *m* fuŝisto *od* fuŝulo (↑ *auch* ***Murkser*** *u.* ***Stümper***)

Pfuscherei *f* = ***Pfuscharbeit***

pfuscherhaft *od* **pfuscherisch** **1.** *Adj* fuŝa **2.** *Adv* fuŝe

pfutsch ↑ ***futsch***

Pfütze *f* flako (*vgl. dazu* ***Lache***, ***Pfuhl*** *u.* ***Tümpel***)

PG = *fachsprachl. Abk für* ***Prostaglandin***

pH [*ˈpe:ˈha:*] *Chem* pH [*ˈpoˈho*]

Phäake *m Myth ([in Homers Odyssee:] Angehöriger eines [glücklichen, genussliebenden] Seefahrervolkes der griech. Sage)* feako *auch übertr für «sorgloser Genießer»*

Phäakenleben *n geh für «glückliches [und sorgloses] Leben»* feaka vivo

Phaedra *od* **Phaidra** (*f*) *griech. Myth (Stiefmutter des Hippolytos, die ihn aus verschmähter Liebe bei seinem Vater Theseus verleumdete)* Fedra

Phaedrus (*m*) *Eig (altrömischer Fabeldichter [† um 50 n. Chr.])* Fedro

Phaethon (*m*) *griech. Myth (Sohn des Sonnengottes Helios)* Faetono

Phaeton *m leichte vierrädrige offene Kalesche [ohne Türen]* faetono *(Zam)* (*vgl. dazu* ***Landauer***)

phägedänisch *Adj* ↑ *unter* ***Ulkus***

Phagen *m/Pl* ↑ ***Bakteriophagen***

Phagozyten *m/Pl, auch* ***Fresszellen*** *f/Pl Biol, Med* fagocitoj *Pl*

Phagozytose *f Physiol* fagocitozo

Phaidra (*f*) *griech. Myth* ↑ ***Phaedra***

Phakolit *m, auch* ***Bohnenstein*** *m Min (eine Art Chabasit)* fakolito

Phakomatose *f nur Fachspr Med (Überbegriff, ursprünglich für tuberöse Hirnsklerose und Neurofibromatosis, später auf die Lindau' Krankheit und das Sturge-Weber-Syndrom erweitert)* fakomatozo

¹Phalanx *f griech. Antike ([geschlossene] Schlachtreihe der Fußtruppen)* falango

²Phalanx *od* **Phalanstère** *f Gesch (Grundzelle im utopischen Sozialismus Fouriers)* falango, *auch* falanstero

³Phalanx *f nur Fachspr Med (Finger- bzw.*

Zehenglied falango

Phaleristik *f* ↑ ***Ordenskunde***

phallisch *Adj den Phallus betreffend* falusa

[1]**Phallus** *m Skulptur od andere Darstellung des [erigierten] Penis als Symbol der Kraft und Fruchtbarkeit* faluso (*vgl. dazu* ***Linga*** *u.* ***Penis***)

[2]**Phallus** *m geh* = ***Penis***

Phanarioten *m/Pl Gesch* ↑ ***Fanarioten***

Phanerogamen *Pl* (Phanerogamae) *Bot (Pflanzen, die sich durch Blüten- u. Samenbildung auszeichnen)* fanerogamoj *Pl*

Phanerozoikum *n Geol (die Zeit des anhand von Fossilien deutlich erkennbaren Tierlebens vom Kambrium bis heute)* fanerozoiko

Phänokristalle *m/Pl Geol (Einsprenglingskristalle in magmatischem Gestein)* fenokristaloj *Pl*

Phänologie *f Biol (Lehre von den Erscheinungen des jahreszeitlichen Ablaufs in der Pflanzen- u. Tierwelt, z.B. der Laubverfärbung der Bäume)* fenologio

phänologisch *Adj Biol* fenologia; *~**e Jahreszeit** f* fenologia sezono; *~**er Kalender** m* fenologia kalendaro

Phänomen *n **a)** Phil, Naturw u. übertr außergewöhnliche Erscheinung* fenomeno (↑ *auch* ***Naturphänomen***); *i.w.S. (Wunder)* miraklo ***b)*** *(ungewöhnlich talentierte Person)* eksterordinare talentita persono, *(überaus kluger Kopf)* eksterordinare klera (*od auch* inteligenta) homo (↑ *auch* ***Genie b)***); ***auf seinem Fachgebiet ist er ein ~*** en sia fako li havas fenomenajn kapablojn

phänomenal *Adj Phil (auf Beobachtung beruhend) u. übertr umg (ganz außerordentlich, eizigartig)* fenomena (↑ *auch* ***erstaunlich*** *u.* ***fantastisch***); ***ein ~es Gedächtnis haben*** havi fenomenan memorkapablon

Phänomenalismus *m Phil (philosophische Lehre, man erkenne nur die Erscheinung, nicht diese selbst)* fenomenismo; ***objektiver ~*** *[zuerst bei Kant]* objektiva fenomenismo

Phänomenologie *f Med, Phil* fenomenologio

phänomenologisch 1. *Adj* fenomenologia **2.** *Adv* fenomenologie

Phänometrie *f Wachstumsmessungen an pflanzen bei Wachstumsvorgängen, um den Einfluss von Außenfaktoren auf die Entwicklungsabläufe zu erfassen* fenometrio

phänotypisch *Adj Biol, Genetik* fenotipa

Phänotyp[us] *m Biol, Genetik (das Erscheinungsbild eines Organismus, das durch Erbanlagen u. Umwelteinflüsse geprägt wird)* fenotipo (*vgl. dazu* ***Genotyp[us]***)

Phantasie *f* ↑ ***Fantasie a)***

Phantasiegebilde *n* ↑ ***Fantasiegebilde***

Phantasiekostüm *n* ↑ ***Fantasiekostüm***

phantasielos ↑ ***fantasielos***

phantasieren ↑ ***fantasieren***

phantasievoll ↑ ***fantasiereich***

Phantasma *n Psych (Sinnestäuschung, Trugbild)* fantasmo

Phantasmagorie *f 1. Truggebilde 2. optische Vorspiegelung von übernatürlichen Dingen 3. i.w.S. Blendwerk* fantasmagorio

Phantast *m* ↑ ***Fantast m***

phantastisch ↑ ***fantastisch***

Phantom *n **a)** Schein- od Trugbild* fantomo; *Chimäre, Hirngespinst* ĥimero (*vgl. dazu* ***Illusion*** *u.* ***Halluzination***) ***b)*** *Gespenst, Spuk* fantomo; *~***bild** *n, <schweiz>* ***Robotbild*** *n* fantombildo; *~***leitung** *f, auch* ***Viererleitung*** *f El* fantoma lineo; *~***schmerz** *m Med (Schmerzgefühl an einem amputierten Glied)* fantoma doloro *auch übertr*

Phäochromozytom *n nur Fachspr Med (aus den spezifischen Zellen des Nebennierenmarkes entstehende Geschwulst)* feokromocitomo

Phäophorbid *n Biochemie* feoforbido

Phäophyten *m/Pl* (Phaeophyta) *Biol (eine Gruppe Braunalgen)* feofitoj *Pl*

Phäophytine *od* **Pheophytine** *n/Pl Biochemie (Chlorophyllmoleküle, bei denen das zentrale Magnesiumatom fehlt)* feofitinoj *Pl*

[1]**Pharao** *n, auch* ***Pharo*** *n Kart (ein altes französisches Kartenglücksspiel)* farao

[2]**Pharao** *m altägypt. König* faraono *(auch Titel)*; *~***ameise** *f* (Monomorium pharaonis) *Ent* faraona formiko *<wahrscheinlich ursprünglich in Indien beheimatet, aber weltweit verschleppt>*

Pharaofeige *f Bot* ↑ ***Sykomore b)***

Pharaonengrab *n* faraona tombo

Pharaonenratte *f Zool* ↑ ***Ichneumon***

Pharaonentempel *m* faraona templo

Pharaonenziegenmelker *m Orn* ↑ ***ägyptische Nachtschwalbe*** [*unter* ***Nachtschwalbe***]

pharaonisch *Adj den [2]Pharao betreffend* faraona

Pharisäer *m Gesch u. übertr* fariseo (*vgl. dazu* ***Heuchler***)

Pharisäerin *f* fariseino

pharisäisch *Adj* farisea *auch übertr für «heuchlerisch» od «scheinheilig»*
Pharisäismus *m Lehre u. Lebensform der Pharisäer* fariseismo *auch übertr (vgl. dazu **Heuchelei** u. **Selbstgerechtigkeit**)*
Pharmaindustrie *f ↑ unter **pharmazeutisch***
Pharmakodynamik *f Teilgebiet der Medizin u. Pharmazie, auf dem man sich mit den spezifischen Wirkungen der Arzneimittel u. Gifte befasst* farmakodinamiko
pharmakodynamisch *Adj* farmakodinamika
Pharmakogenetik *f Teilgebiet der Medizin, auf dem man sich mit den möglichen Einwirkungen der Arzneimittel auf die Erbbeschaffenheit des Menschen befasst* farmakogenetiko
pharmakogenetisch *Adj*: *~**e Forschung** f* farmakogenetika reserĉo; *~**es Profil** n* farmakogenetika profilo
Pharmakologe *m Fachmann auf dem Gebiet der Arzneimittelkunde* farmakologo
Pharmakologie *f, auch **Pharmazeutik** f Arzneimittelkunde* farmakologio (*↑ auch **Chrono-** u. **Psychopharmakologie***)
Pharmakologin *f* farmakologino
pharmakologisch **1.** *Adj* farmakologia **2.** *Adv* farmokologie
Pharmakonzern *m* farmacia konzerno
Pharmakopöe *f Verzeichnis der offizinellen Arzneimittel* farmakopeo
Pharmako|psychiatrie *f Teilgebiet der Psychiatrie, auf dem man sich mit der Behandlung bestimmter Geisteskrankheiten mit Psychopharmaka befasst* farmakopsikiatrio; ~**psychologie** *f Teilgebiet der Psychologie, das die Wirkung von Arzneimitteln u. Drogen auf die seelischen Vorgänge befasst* farmakopsikologio; ~**radiografie** *f, auch **Pharmakoradiographie** f Med (röntgenologische Untersuchungsmethode, bei der die Funktion von Organen unter dem Einfluss von Pharmaka untersucht wird)* farmakoradiografio; ~**therapie** *f Behandlung mit Arzneimitteln* farmakoterapio
Pharmaunternehmen *n* farmacia entrepreno
Pharmazeut *m* farmaciisto (*vgl. dazu **Apotheker***)
Pharmazeutik *f ↑ **Pharmakologie***
pharmazeutisch *Adj* farmacia; *~**er Betrieb** m* farmacia fabriko, produktejo de farmaciaĵoj; *~**e Industrie** f, auch **Pharmaindustrie** f* farmacia industrio; *~**es Institut** n* farmacia instituto; *~**e Produkte** n/Pl* farmaciaj produktoj *Pl*
Pharmazie *f, auch **Arzneimittelkunde** f Lehre von der Arzneimittelzubereitung* farmacio (*↑ auch **Biopharmazie***); ***klinische** ~* klinika farmacio
Pharo *n Kart ↑ ***[1]**Pharao***
Pharos (*n*), *lat.* ***Pharus** Gesch (ehem. Insel vor Alexandria, auf der die Römer den ersten Leuchtturm errichteten)* [insulo] Faroso
Pharsalos (*n*) *antike Stadt in Thessalien, bei der 48 v. Chr. Cäsar über Pompejus siegte <besiedelt seit dem Neolithikum>* Farsalo; ***Schlacht** f **von** ~ Gesch* batalo de Farsalo
Pharyngal *m Phon (im Mundrachen gebildeter Konsonant)* faringalo
Pharyngealtubus *m Med ↑ **Rachentubus***
Pharyngitis *f Med ↑ **Rachenentzündung***
Pharyngoplegie *f Med ↑ **Schlucklähmung***
Pharyngoskop *n Medizintechnik ↑ **Rachenspiegel***
Pharyngospasmus *m Med ↑ **Schlundkrampf***
Pharynx *m = **Rachen** od **Schlund***
Phase *f allg u. Astron, Biol, Chem, El, Phys* fazo (*↑ auch **Mondphase***); *Stadium, Stufe* stadio, ŝtupo, fazo (*↑ auch **End-**, **Entwicklungs-**, **Kriegs-**, **Planungs-** u. **Vorbereitungsphase***); ***in dieser** ~* en ĉi tiu fazo
Phasen|ausfall *m El* paneo de fazo; ~**diagramm** *n Chem, Phys* fazodiagramo; ~**differenz** *f, auch **Phasenunterschied** m Phys* fazodiferenco *od* faza diferenco; ~**entzerrer** *m El* fazokompensilo; ~**gleichheit** *f, auch **Phasenübereinstimmung** f El* fazokoincido, *auch* samfazeco; ~**konstante** *f, auch **Phasenmaß** n El* fazokonstanto; ~**länge** *f El* fazolongo; ~**messer** *m El* fazomezurilo; ~**modulation** *f bes. Funktechnik* fazomodulado; ~**permeabilität** *f, auch **Phasendurchlässigkeit** f* fazopermeablo; ~**spannung** *f El (Sternspannung beim Drehstrom [die Effektivspannung bei Drehstromnetzen zw. Phase u. Nullleiter])* faza tensio
Phasenübereinstimmung *f Phys ↑ **Phasengleichheit***
Phasenumformer *m El* fazokonvertoro
Phasenunterschied *m ↑ **Phasendifferenz***
Phasenverzerrung *f El* distordo de fazo *od* faza distordo
Pheidias (*m*) *Eig ↑ **Phidias***
Phelonion *n, auch **Phelonium** n Mess-*

gewand, das vom orthodoxen Priester getragen wird feloniono

Phenacetin *n Pharm (ein Analgetikum u. Antipyretikum)* fenacetino

Phenanthren *n Chem (aromatischer Kohlenwasserstoff im Steinkohlenteer mit vielen wichtigen Abkömmlingen <Verwendung u.a. zur Herstellung von Arzneimitteln u. Farbstoffen>)* fenantreno

Phenetol *n Chem (Äthyläther des Phenols)* fenetolo *<eine Flüssigkeit von aromatischem Geruch>*

Phenobarbital *n Pharm (ein Barbiturat mit langer Wirkdauer)* fenobarbitalo

Phenol *n Chem* fenolo (↑ *auch* ***Karbolsäure***); ***dreiwertiges*** ~ trifenolo (↑ *auch* ***Phloroglucin***)

Phenol|phthalein *n Chem, Med, Pharm (eine zu den Phthaleinen gehörende farblose, kristalline Verbindung [ein Triphenylmethanfarbstoff] <einer der bekanntesten pH-Indikatoren>)* fenolftaleino; ~**vergiftung** *f Med* fenolveneniĝo

Phenoplast *m, auch* ***Phenolplast*** *m ein Kunstharz* fenoplasto

Phenothiazin *n Chem, Pharm (synthetisches Ausgangsprodukt zahlreicher Medikamente u. Farbstoffe)* fenotiazino; ~**derivate** *n/Pl von Phenothiazin abgeleitete Verbindungen* fenotiazinaj derivaĵoj *Pl <Verwendung als Neuroleptika od Antihistaminika>*

Phenyl *n Chem* fenilo; ~**alanin** *n Biochemie (eine essenzielle Aminosäure)* fenilalanino

Phenylketonurie *f, auch* ***Fölling-Krankheit*** *f od* ***Phenyl-Benztraubensäure-Schwachsinn*** *m nur Fachspr Med (eine durch einen Gendefekt bedingte [angeborene] Stoffwechselkrankheit)* fenilketonurio

Pheophytine *n/Pl Biochemie* ↑ ***Phäophytine***

Pheromone *n/Pl Biol* ↑ ***Ektohormone***

Pheromonfalle *f, auch* ***Lockstofffalle*** *f Pflanzenschutz* feromona kaptilo

Phidias (*m*), *griech.* ***Pheidias*** *Eig (ein athenischer Bildhauer, Bronzeplastiker u. Maler [um 500/490-um 430/420 v.Chr.])* Fidio

phidiassisch *Adj* fidia, *nachgest* de Fidio

Philadelphia (*n*) *größte Stadt von Pennsylvania/USA* Filadelfio

Philadelphos (*m*) *Eig (Beiname griechisch-ägyptischer Könige)* Filadelfo

Philanthrop *m* ↑ ***Menschenfreund***

Philanthropie *f* ↑ ***Menschenfreundlichkeit***

philanthropisch ↑ ***menschenfreundlich***

Philatelie *f* filatelo; ***thematische*** ~ laŭtema filatelo (↑ *auch* ***Aerophilatelie***)

Philatelist *m* filatelisto (*vgl. dazu* ***Briefmarkensammler***)

philatelistisch *Adj* filatela; ***~e Fachzeitschrift*** *f, umg auch* ***Briefmarkenzeitung*** *f* filatela magazino

Philbysteinhuhn *n* (Alectoris philbyi) *Orn* nigragorĝa perdriko

Philemon (*m*) *Eig (1. griech. Sagengestalt [Gemahl der Baucis] 2. altgriech. Dichter [im 4. Jh. v. Chr.] 3. christlicher Gutsbesitzer in Kolossae, an den Paulus den Philemonbrief des Neuen Testaments richtete)* Filemono

Philharmonie *f Mus* filharmonio

Philharmoniker *m/Pl* filharmonianoj *Pl*

philharmonisch *Adj* filharmonia

Philipp (*m*), *franz.* ***Philippe***, *span.* ***Felipe*** *männl. Vorname* Filipo *auch Name etlicher Herzöge u. Könige*; ***Philipp II. von Makedonien*** *[um 382-336 v. Chr.]* Filipo II. (= la dua) de Makedonio

Philipper *m/Pl* filipianoj *Pl*; ~**brief** *m bibl (Brief des Paulus an die Gemeinde von Philippi)* epistolo [de Paŭlo] al la filipianoj

Philippi (*n*) *eine antike Stadt im östl. Makedonien, frühe christl. Gemeinde* Filipio

Philippika *f 1. Gesch (Kampfrede des Demostenes gegen König Philipp II. von Makedonien) 2. übertr: Strafrede* filipiko

Philippinen *Pl*: ***die*** ~ *als Inselgruppe* la Filipinoj, *als Staat auch* Filipinio *[Hptst.: Manila]*

Philippinen|adler *m, auch* ***Affenadler*** *m* (Pithecophaga jefferyi) *Orn (ein adlerähnlicher Raubvogel der südl. Philippinen)* filipina aglo; ~**ente** *f* (Anas luzonica) *Orn* filipina anaso, *auch* simia aglo; ~**-Koboldmaki** *m* (Carlito syrichta = Tarsius syrichta) *Zool* filipina tarsio *[Vorkommen: nur auf den südöstl. Philippinen (Samar, Leyte, Bohol u. Mindanao]*; ~**-Krokodil** *n* (*auch* ***Mindoro-Krokodil*** *genannt*) (Crocodylus mindorensis) *Zool* filipina krokodilo *[Vorkommen: endemisch auf den philippinischen Inseln] <die Art ist vom Aussterben bedroht>*; ~**uhu** *m, auch* ***Streifenuhu*** *m* (Bubo philippensis) *Orn* filipina gufo; ~**würger** *m* (Lanius validirostris) *Orn* filipina lanio *[Vorkommen: endemisch auf den Philippinen]*

Philippiner *m, auch* ***Filipino*** *m* filipinano

philippinisch *Adj* filipina
Philister *m* ***a)*** *Gesch (Angehöriger des Nachbarvolkes der Israeliten [im Alten Testament])* filiŝto ***b)*** *übertr für «Spießbürger»* filistro
philisterhaft *Adj* filistra (*vgl. dazu* ***spießbürgerlich***)
Phillumenie *f das Sammeln von Streichholzschachteln bzw. deren Etiketten* filumenio
Philo (*m*) *Eig* ↑ ***Philon***
Philodendron *m, auch n* (Philodendron) *Bot (eine artenreiche Gattung der Aronstabgewächse [beliebte Topfpflanzen])* filodendro
Philoktet[es] *m Eig (griech. Sagengestalt, Freund des Herakles)* Filokteto
Philologe *m* filologo (↑ *auch* ***Sprachforscher***)
Philologie *f (Sprachwissenschaft)* filologio
Philologin *f* filologino
philologisch 1. *Adj* filologia; ~***e Fakultät*** *f Univ* filologia fakultato **2.** *Adv* filologie
Philomela *od* **Philomele** (*f*) *griech. Myth (Tochter des Königs Pandion von Athen u. Schwester der Prokne)* Filomela
Philomena (*f*) *weibl. Vorname* Filomena
Philo[n] (*m*) *Eig* Filono; ***Philo von Alexandria*** *vorchristl. jüdisch-hellenistischer Religionsphilosoph* Filono de Aleksandrio
Philosemit *m geh, auch* ***Judenfreund*** *m* filosemito
philosemitisch, *auch* ***judenfreundlich*** *Adj* filosemita
Philosemitismus *m* filosemitismo *auch Pol*
Philosoph *m* filozofo
Philosophie *f* filozofio *auch übertr für «[praktische] Lebensweisheit»* (↑ *auch* ***Lebens-***, ***Rechts-*** *u.* ***Religionsphilosophie***)
philosophiehistorisch 1. *Adj* filozofihistoria **2.** *Adv* filozofihistorie
philosophieren *intr* folozofii; *i.w.S. umg* filozofiumi (***über*** pri)
Philosophin *f* filozofino
philosophisch 1. *Adj* filozofia **2.** *Adv* filozofie (↑ *auch* ***kulturphilosophisch***)
Philtrum *n Anat* ↑ ***Oberlippenrinne***
Phimose *f Med* ↑ ***Vorhautverengung***
Phiole *f birnenförmiges Fläschchen mit langem, engem Hals* fiolo
Phlebektomie *f* (Venae sectio) *Chir (operative [Teil-] Resektion einer Vene [z.B. bei Varizen])* flebektomio
Phlebitis *f Med* ↑ ***Venenentzündung***
Phlebografie *f, auch* ***Phlebographie*** *f (Syn:* ***Venografie****) Med (Röntgen-Kontrast-Darstellung der Venen)* flebografio
Phlebolith *m, auch* ***Venenstein*** *m Med (verkalkter Venenthrombus)* flebolito
Phlebologe *m Facharzt für Venenkrankheiten* flebologo, specialisto pri vejnomalsanoj
Phlebothrombose *f Med (tiefe Venenthrombose)* flebotrombozo
Phlebotomie *f Med (operative Eröffnung einer Vene [Venae sectio])* flebotomio (↑ *auch* ***Aderlass***)
Phlebotomus *m Ent* ↑ *unter* ***Kleinmücke***
Phlegeton *m, auch* ***Pyriphlegeton*** *m griech. Myth (ein Feuerfluss der Unterwelt)* Flegetono
Phlegma *n* flegmo (*vgl. dazu* ***Trägheit***)
Phlegmasia *f nur Fachspr Med ([innere] Entzündung)* flegmazio; ~ ***alba dolens*** *f Becken- u. Oberschenkelvenenthrombose [meist nach Parametritis puerperalis]* blanka dolora flegmazio
Phlegmatiker *m, umg scherzh* ***Phlegmatikus*** *m* flegmulo
phlegmatisch *Adj* flegma (*vgl. dazu* ***träge***)
Phlegmone *f, auch* ***eitrige Zellgewebsentzündung*** *f Med* flegmono (↑ *auch* ***Orbitalphlegmone***)
phlegmonös *Adj mit Phlegmonen einhergehend* flegmona
Phlegräische Felder *Pl, ital.* ***Campi Flegrei*** *Pl ein westl. des Vesuvs gelegenes Gebiet mit hoher vulkanischer Aktivität* Flegreaj Kampoj *Pl* <*dieses Gebiet wird als Supervulkan eingestuft*>
Phloëm *n, auch* ***Bast-*** *od* ***Siebteil*** *n Bot (Teil der Leitbündel der Pflanzen, der dem Transport der organischen Stoffe dient)* floemo (*vgl. dazu* ***Xylem***)
Phlogiston *n, auch* ***Feuerstoff*** *m früher angenommene Substanz, die aus brennenden Stoffen entweichen sollte* flogistono
Phlorogluzin *n Chem (ein dreiwertiges Phenol)* floroglucinolo
Phlox *m od f, auch* ***Flammenblume*** *f* (*Gattung* Phlox) *Bot* flokso; (*die Art* Phlox paniculata panikl[ohav]a flokso *(eine Zierpflanze)*
Phlyktänen *f/Pl Med (kleine rundliche Infiltrationen mit gelblicher Kuppe in der Augapfelbindehaut [z.B. bei Keratoconjunctivitis scrophulosa])* fliktenoj *Pl*
pH-neutral *Adj Med (einen weder sauren noch alkalischen pH-Wert aufweisend)* pH-

neŭtra [ˈpoˈho-...]; *~e* ***Seife*** *f* pH-neŭtra sapo

Phnom-Penh (*n*) *Hptst. von Kambodscha* Pnompeno

Phobie *f, auch* ***krankhafte Furcht*** *f Med, Psych (exzessive inadequate Angstreaktion, die durch bestimmte Gegenstände od Situationen ausgelöst wird* fobio (*vgl. dazu* ***Krebs-*** *u.* ***Platzangst***; ↑ *auch* ***Aero-***, ***Akaro-***, ***Bakterio-***, ***Nekro-***, ***Phono-***, ***Pyro-***, ***Toxo-*** *u.* ***Zoophobie***)

Phobiker *m krankhaft furchtsame Person* fobiulo

phobisch *Adj krankhaft furchtsam* fobia

Phobos *m Astron (ein Satellit des Mars)* Fobo

Phöbus (*m*) *Eig (Beiname Apollos)* Febo

Phoenix [*ˈfi:niks*] (*n*) *Hptst. des US-Bundesstaats Arizona* Fenikso

Phoker *m/Pl* focidanoj *Pl*

Phokis (*n*) *von den Phokern bewohnte Landschaft in Mittelgriechenland* Focido

Phokomelie *f nur Fachspr Med (angeborene körperliche Missbildung, die in mangelhafter od fehlender Entwicklung der langen Arm- u. Beinknochen und Sitz der Hände od Füße unmittelbar oder nahe am Rumpf besteht [z.B. bei Contergan-Kindern])* fokomelio (*vgl. dazu* ***Contergan***)

Phon *n, auch* ***Fon*** *n Phys (Maßeinheit für die Lautstärke)* fono (*vgl. dazu* ***Dezibel***)

Phonem *n Ling* fonemo; ***segmentales*** *~* segmenta fonemo; ***suprasegmentales*** *~, auch* ***Prosodem*** *n* suprasegmenta fonemo

phonematisch *Adj* fonema

Phonemik *f, auch* ***Phonemlehre*** *f Ling* fonemiko

Phonendoskop *n, auch* ***Schlauchstethoskop*** *n Medizintechnik* fonendoskopo

Phonetik *f, auch* ***Lautlehre*** *f Ling* fonetiko (↑ *auch* ***Phonometrie***)

Phonetiker *m Fachmann auf dem Gebiet der Phonetik* fonetikisto

phonetisch *Adj* fonetika; *~e* ***Transkription*** (*od* ***Umschrift***) *f* fonetika transskribo

Phonetismus *m Lautsystem (bes. in Gegenüberstellung zum grafischen System einer Sprache)* fonetismo

Phoniatrie *f, auch* ***Stimm- und Sprachheilkunde*** *f Med* foniatrio

phoniatrisch *Adj* foniatria

Phönikier *m/Pl* ↑ ***Phönizier***

[1]**Phönix** *m 1. ägypt. Myth (Bez für den als Silberreiher dargestellten Sonnenvogel des altägyptischen Mythos [Verkörperung bes. von Re und Osiris]) 2. i.w.S. auch Sinnbild der Unsterblichkeit [auch christliches Symbol der Auferstehung]* fenikso ◇ ***wie [ein]*** *~* ***aus der Asche steigen*** renaskiĝi el sia propra cindro kvazaŭ fenikso

[2]**Phönix** *m Astron (ein Sternbild)* Fenikso

[3]**Phoenix** (*n*) *Hptst. des US-Bundesstaates Arizona* Fenikso

Phönizien (*n*) *Antike (Küstenland an der Ostküste des Mittelmeers)* Fenicio

Phönizier *m/Pl, auch* ***Phönikier*** *m/Pl ein semitisches Volk* fenicoj *Pl* *<gegen Ende des 3. Jahrtausends v. Chr. in die syrische Küstenlandschaft eingewandert>*

Phönizierin *f* fenicino

phönizisch *Adj* fenica; *~e* ***Schrift*** *f seit dem 17.Jh.v.Chr. überlieferte Buchstabenschrift ohne Vokalbezeichnung* fenica skribo

Phönizisch[e] *n Ling* la fenica [lingvo] *[ehemals gesprochen in der Levante u. im östlichen Mittelmeerraum]*

Phonogramm *n, auch* ***Fonogramm*** *n 1. grafisches Zeichen zur Wiedergabe eines Lautes [im Ggs zum Ideogramm] 2. Experimentalphonetik (phonographische Aufzeichnung von Texten u.a. [z.B. auf Tonträgern, in Form von Kymogrammen])* fonogramo

Phonograph *m, auch* ***Fonograf*** *m* fonografo

Phonographie *f, auch* ***Fonografie*** *f veraltet für «lautgetreue Schreibung»* fonografio

Phonokardiografie *f Med (Methode zur Aufzeichnung des Herzschalls)* fonokardiografio

Phonolith *m, auch* ***Fonolith*** *m, pop* ***Klingstein*** *m Min (ein Ergussgestein)* fonolito

Phonologie *f Ling (Wissenschaft, die die Funktion der Laute in einem Sprachsystem untersucht)* fonologio (↑ *auch* ***Morphophonologie***)

phonologisch *Adj* fonologia; *~e* ***Opposition*** *f Ling* fonologia opozicio

Phonometer *n, auch* ***Lautstärke-*** *od* ***Hörschärfenmesser*** *m* fonometro

Phonometrie *f Ling (Richtung in der neueren Phonetik, die das Hauptgewicht auf Lautmessungen legt)* fonometrio

phonometrisch *Adj* fonometria

Phonon *n, auch* ***Gitterschwingungs-*** *od* ***Schallquant*** *n Phys, Quantenmechanik (Teilchen zur Veranschaulichung der*

Schwingungen eines Kristallgitters) fonono
Phonophobie *f, auch* ***Sprechfurcht*** *f z.B. bei Stotterern* fonofobio
Phonophor *n El (Hörgerät am Ohr od am Brillenrahmen)* fonoforo, *pop* aŭd-aparato
Phonoskop *n Med (Stethoskop mit eingebautem Mikrofon zu Unterrichtszwecken)* fonoskopo
phonostatistisch *Adj Ling* fonemstatistika
Phonotaktik *f Phon* fonotaktiko
Phonotechnik *f, auch* ***Fonotechnik*** *f* fonotekniko
Phonothek *f, auch* ***Fonothek*** *f Sammlung von Tonaufnahmen* fonoteko
Phorminx *f Mus (ein altgriech. Zupfinstrument zu Zeiten Homers)* formingo (↑ *auch* ***Kithara***)
Phosgen *n Chem (ein giftiges Gas)* fosgeno; ~**vergiftung** *f* fosgena veneniĝo
Phosphat *n Chem (Salz der Phosphorsäure)* fosfato
Phosphatasen *f/Pl Biochemie (zur Gruppe der Hydrolasen gehörende Enzyme, die organische Phosphorsäuremonoester od -diester in ihre Komponenten spalten* fosfatazoj *Pl*; ***saure*** (***alkalische***) ~ acidaj (alkalaj) fosfatazoj
Phosphatdünger *m* ↑ ***Phosphordünger***
phosphathaltig *Adj* fosfathava *od nachgest* enhavanta fosfaton
Phosphatide *n/Pl Biochemie (komplexe Lipide, die Phosphorsäure in Esterform enthalten)* fosfatidoj *Pl*
Phosphatidsäure *f Zwischenprodukt bei der Synthese von Triglyzeriden u. Phosphatiden* fosfatida acido
Phosphatieren *n od* **Phosphatierung** *f* fosfatizado
Phosphaturie *f, auch* ***Kalkariurie*** *f nur Fachspr Med (zu große Ausscheidung von Kalksalzen im Urin)* fosfaturio
Phosphen *n Med (Lichterscheinung, die auf eine nicht adäquate Reizung des Sehorgans zurückzuführen ist)* fosfeno
Phosphid *n Chem (Verbindung des Phosphors mit einem elektropositiven Element)* fosfido (↑ *auch* ***Zinkphosphid***)
Phosphin *n, auch* ***Phosphorwasserstoff*** *m Chem* fosfino, *auch* hidrogena fosfido
Phosphit *n Chem (Salz der phosphorigen Säure)* fosfito, salo de [la] fosfita acido
Phosphokreatin *n Biochemie (ein Phosphagen der Wirbeltiermuskulatur)* fosfokreatino
Phosphor *n* (*Symbol* ***P***) *Chem* fosforo; ***gelber*** (***weißer***) ~ flava (blanka) fosforo
Phosphor|bombe *f Mil* fosfora bombo; ~**dünger** *m, auch* ***Phosphatdünger*** *m* fosfora (*od* fosfata) sterko (↑ *auch* ***Superphosphat***)
Phosphoreszenz *f, auch* ***Nachleuchten*** *n vorher bestrahlter Stoffe* fosforesko (*vgl. dazu* ***Fotolumineszenz***)
phosphoreszieren, *auch* ***nachleuchten*** *intr* fosforeski
phosphoreszierend *Adj* fosforeska
phosphorhaltig, *auch* ***phosphorig***, <*österr*> ***phosphorhältig*** *Adj* fosforhava *od nachgest* enhavanta fosforon
Phosphorit *m Min (eine Abart des Apatits)* fosforito
Phosphor|öl *n* (Oleum phosphoratum) *Pharm* fosfora oleo; ~**pentachlorid** *n Chem* fosfora pentaklorido; ~**säure** *f* (Acidum phosphoricum) *Chem* fosfata acido; ~**trichlorid** *n Chem* fosfora triklorido; ~**verbindungen** *f/Pl Chem* fosforaj kombinaĵoj *Pl* (*vgl. dazu* ***Phosphid***)
Phosphorwasserstoff *m Chem* ↑ ***Phosphin***
phosphorylieren *tr Biochemie (eine Phosphatgruppe auf ein organisches Molekül übertragen)* fosforili
Phosphorylierung *f Biochemie (Anlagerung eines Phosphorsäurerests an organischen Verbindungen)* fosforilado; ***oxidative*** ~, *auch* ***Atmungskettenphosphorylisierung*** *f* oksida fosforilado
Photo... ↑ *auch* ***Foto...***
photographieren ↑ ***fotografieren***
Photon *n, auch* ***Lichtquant*** *n Phys (kleinstes Emergieteilchen einer elektromagnetischen Strahlung)* fotono
photonisch *Adj* fotona
Photostat® *m eine Art Fotokopierer (frühes 20. Jh.]* fotostato
Phrase *f* ***a)*** *Ling (Redewendung)* frazeologiaĵo ***b)*** *pej: nichtssagende Äußerung* frazaĵo *i.w.S. (hochtrabende Worte)* altflugaj paroloj *Pl, auch* ŝvelparolo, (*leere Worte*) senenhavaj paroloj *Pl* (*vgl. dazu* ***Floskel***); ***mit ~n um sich werfen***, *umg auch* ***Phrasen dreschen*** fari (*od* ĵetadi) frazojn
Phrasendrescher *m pej* fraz[aĵ]isto
phrasenhaft *Adj* frazaĵa, bombasta
Phrasensammlung *f in Buchform* frazaro, frazolibro

Phraseologie *f Ling (Gesamtheit der für eine Sprache charakteristischen Redewendungen)* frazeologio
phraseologisch *Adj Ling* frazeologia
Phraseologismus *m Ling (fest zusammengehörende, unzerlegbare Wortverbindung, deren Gesamtbedeutung häufig nicht mehr die Summe der Bedeutungen ihrer Einzelkomponenten darstellt, sondern eine Umdeutung erfahren hat* frazeologiaĵo (↑ *auch* ***Redewendung*** *u.* ***Phrase***)
Phrasierung *f Mus* frazado
Phratrie *f Gentilgesellschaft u. griech. Antike (Verband mehrerer Geschlechter mit eigenem Kult u. gemeinsamem Besitz)* fratrio
Phrenologe *m* frenologo
Phrenologie *f Lehre von der Lokalisation geistiger Fähigkeiten im Gehirn* frenologio
phrenologisch 1. *Adj* frenologia **2.** *Adv* frenologie
Phrygien (*n*) *eine antike kleinasiatische Landschaft* Frigio
Phrygier *m* frigiano
phrygisch *Adj* frigia; *~**e Tonart** f Mus* frigia tonalo
Phryne (*f*) *Gesch Eig (berühmte Hetäre im Athen des 4. Jh.s v. Chr. [Geliebte u. Modell des Praxiteles])* Frina
Phthalat *n Chem (Salz der Phthalsäure)* ftalato
Phthaleine *n/Pl Chem (aus Phthalsäureanhydrid u. Phenolen hergestellte Triphenylmethanfarbstoffe)* ftaleinoj *Pl*
Phthalsäure *f Chem* ftalata acido
Phthisiologie *f Med alt (Lehre von der Auszehrung [Schwindsucht])* ftizologio
Phtia (*n*) *eine altthessalische Stadt* Ftio
phtiotisch *Adj aus Phtia [stammend] bzw. auf Phtia bezogen* ftia
Phuket [*'pu...*] (*n*) *eine thailändische Insel* [insulo] Puketo
pH-Wert *m Chem* pH-valoro [*'po' ho-...*]
Phyco|bilin *n Biochemie* fikobilino <*tritt in Blaualgen auf*>; ~**erythrin** *n Biochemie (roter Farbstoff der Blau- u. Rotalgen)* fikoeritrino
Phylakterion *n* (*Pl*: ***Philakterien***) *jüdischer Gebetsriemen* filakterio
Phyllis (*f*) *weibl. Vorname* Filisa
Phyllit *m, auch* ***Urtonschiefer*** *m Min* filito (↑ *auch* ***Pyrophyllit***)
Phyllodie *f Bot (spreitenloser Blattstiel, z.B. bei manchen Akazienarten [etwa bei ‹Acacia heterophylla› auf Réunion])* filodio
Phylogenese *od* **Phylogenie** *f, auch* ***Stammesgeschichte f der Lebewesen*** *Biol* filogenezo *od* filogenio
phylogenetisch *Adj* filogeneza
Phylum *n Biol (Tier- od Pflanzenstamm [Hauptkategorienstufe oberhalb der Klasse u. unterhalb der Abteilung])* filumo (↑ *auch* ***Subphylum***)
Physalis *f Bot, Nahr* ↑ ***Andenbeere***
Physik *f* fiziko (↑ *auch* ***Astro-***, ***Atom-***, ***Bio-***, ***Elektro-***, ***Experimental-***, ***Festkörper-***, ***Hochdruck-***, ***Hochenergie-***, ***Kern-***, ***Kristall-***, ***Mikro-***, ***Makro-***, ***Molekular-***, ***Plasma-***, ***Quanten-***, ***Reaktor-***, ***Teilchen-*** *u.* ***Tektonophysik***); ***experimentelle*** (***statistische***) ~ eksperimenta (statistika) fiziko
physikalisch *Adj* fizika; *~**e Chemie** f* fizika kemio; ***ein ~es Experiment*** fizika eksperimento; ***~e Gesetze*** *n/Pl* fizikaj leĝoj *Pl*; ***eine ~e Karte von Europa*** fizika mapo de Eŭropo
Physiker *m* fizikisto
Physikerin *f* fizikistino
Physiklehrer *m* instruisto de (*od* pri) fiziko
Physiogeografie ↑ *unter* ***Geografie***
Physiognomie *f* ↑ ***Gesichtsausdruck***
Physiognomik *f Ausdrucksdeutung: die Kunst, von der Physiognomie her auf seelische Eigenschaften zu schließen* fiziognomiko
Physiografie *f, auch* ***Physiographie*** *f Naturw (ein von Th. Huxley eingeführter Begriff für Naturbeschreibung)* fiziografio
Physiokrat *m Vertreter od Anhänger der Pjysiokratie* fiziokrato
Physiokratie *f od* **Physiokratismus** *m volkswirtschaftl. Theorie des 18. Jh.s, die die Landwirtschaft als Quelle des Nationalreichtums ansah)* fiziokratio *od* fiziokratismo
Physiologe *m* fiziologo
Physiologie *f Lehre von den Lebensvorgängen* fiziologio (↑ *auch* ***Elektro-***, ***Neuro-***, ***Öko-***, ***Patho-***, ***Pflanzen-*** *u.* ***Psychophysiologie***)
Physiologin *f* fiziologino
physiologisch 1. *Adj* fiziologia **2.** *Adv* fiziologie
Physiotherapeut *m Med* fizioterapiisto
Physiotherapeutin *f* fizioterapiistino
physiotherapeutisch 1. *Adj* fizioterapia **2.**

Adv fizioterapie

Physiotherapie *f, auch* ***physikalische Therapie*** *f Med* fizioterapio

Physis *f* konstitucio (↑ *auch* ***Körperbeschaffenheit***)

physisch 1. *Adj* fizika; *körperlich auch* korpa; ***die ~e Seite*** *eines Menschen* la fizika flanko **2.** *Adv* fizike; ***es ist mir ~ nicht möglich*** estas por mi fizike ne eble

Physostigmin *n Chem, Pharm (ein Alkaloid der Kalabarbohne)* fizostigmino <*wird in der Augenheilkunde verwendet*>

Phytin *n Biochemie (eine bioaktive Substanz)* fitino

Phyto|balneologie *f Bereich der Balneologie, der sich mit der Wirkung und Wirksamkeit von Kräuterbädern beschäftigt* fitobalneologio; ~**benthos** *n nur Fachspr Biol (pflanzliches Benthos)* fitobentoso, *auch* planta bentoso; ~**bezoar** *m, auch* ***Pflanzenfasergeschwulst*** *f im Magen od Darm sich entwickelnde Konkremente aus Pflanzenfasern nach Kauen von Gräsern* fitobezoaro; ~**chemie** *f Teilgebiet der Chemie, das sich mit der Zusammensetzung von Pflanzen u. den chemischen Vorgängen befasst* fitokemio; ~**chrome** *n/Pl Bot, Biochemie (pflanzliche Stoffe, die Rotlicht verschiedener Wellenlänge absorbieren u. dadurch lichtabhängige Entwicklungsvorgänge [z.B. Samenkeimung] einleiten)* fitokromoj *Pl*; ~-**energetik** *f* fitoenergetiko

Phytoflagellaten *n/Pl Biol (pflanzliche Einzeller)*: ***[Klasse der]*** *~ Pl* (Phytomastigophorea) fitoflageluloj

phytogen *Adj Min (aus Pflanzen entstanden bzw. von Pflanzen bedingt)* fitogena, *auch* estiĝinta el plantoj; ***~e Gesteine*** *n/Pl Geol* fitogenaj rokaĵoj *Pl*

Phytogeografie *f* ↑ ***Pflanzengeografie***

Phyto|geologie *f Wissenschaft von den fossilen Pflanzen* fitogeologio; ~**hormone** *n/Pl, auch* ***Pflanzenhormone*** *n/Pl od* ***Pflanzenwuchsstoffe*** *m/Pl* fitohormonoj *Pl*

Phytol *n Biochemie (ein Abbauprodukt des Chlorophylls)* fitolo

Phytolith *m Geol (Sedimentgestein, das ausschließlich od. größtenteils aus Pflanzenresten entstanden ist [z.B. Kohle])* fitolito

Phyto|medizin *f, auch* ***Pflanzenheilkunde*** *f Wissenschaft von den Ursachen u. der Bekämpfung und der Vermeidung der Pflanzenkrankheiten* fitomedicino; ~**nährstoffe** *m/Pl* fitonutraĵoj *Pl*

Phytopaläontologie *f* ↑ ***Paläobotanik***

Phytoparasit *m auf od in Pflanzen lebender Parasit* fitoparazito

phytopathogen *Adj für Pflanzen krankheitserregend* fitopatogena

Phytopathologie *f Wissenschaft von den Pflanzenkrankheiten u. -schädlingen sowie von deren Bekämpfung* fitopatologio

phytopathologisch 1. *Adj* fitopatologia **2.** *Adv* fitopatoöogie

Phytophage *m = fachsprachl. für* ***Pflanzenfresser*** [↑ *dort*]

Phyto|pharmakon *n* (*Pl*: ***Phytopharmaka***) *pflanzliches Medikament* fitofarmaciaĵo; ~-**pharmazie** *f* fitofarmacio

Phytophtora *f Biol (Gattung der Eipilze, z.B. der Kartoffelpilz [Erreger der Kraut- u. Knollenfäule der Kartoffel])* fitoftoro

Phyto|physiologie *f, auch* ***Pflanzenphysiologie*** *f Biol* fitofiziologio; ~**plankton** *n Gesamtheit der im Wasser schwebenden pflanzlichen Organismen (z.B. Mikro- u. Kieselalgen)* fitoplanktono, *auch* vegetaĵa planktono (*vgl. dazu* ***Zooplakton***)

phytosaprophag *Adj Bez für Tiere, die sich von totem pflanzlichen Material ernähren* fitosaprofaga

Phyto|sterole *n/Pl, auch* ***Phytosterine*** *n/Pl Biochemie* fitosteroloj *Pl [Vorkommen in fettreichen Pflanzenteilen, z.B. in Sonnenblumensamen, Weizenkeimen, Sojabohnen]*; ~**therapie** *f Med (Heilbehandlung mit pflanzlichen Substanzen)* fitoterapio

Phytotomie *f, auch* ***Pflanzenanatomie*** *f Gewebelehre der Pflanzen* fitotomio, *auch* anatomio de la plantoj

Phyto|toxikologie *f Wissenschaft von den Pflanzengiften* fitotoks[ik]ologio; ~**toxin** *n, auch* ***Pflanzengift*** *n* fitotoksino; ~**zönologie** *f, auch* ***Soziologie*** *f* ***der Pflanzen*** *od* ***Vegetationskunde*** *f Biol (Lehre von den Pflanzengesellschaften u. ihren Beziehungen zur Umwelt [ein Teilgebiet der Pflanzengeografie])* fitocenologio

Phytozönon *n Bot* ↑ ***Pflanzengesellschaft***

Phytozönose *f Bot (der pflanzliche Anteil einer Biozönose)* fitocenozo

Pi *n 1.* (***Π, π***) *ein griechischer Buchstabe 2. Math (Zahl, die das Verhältnis von Kreisumfang zu Kreisdurchmesser angibt [π = 3,1415...])* pi

Pia (*f*) *weibl. Vorname* Pia

Piacenza (*n*) *eine Stadt in Oberitalien* Plaĉenzo

Piaffe *f Reitsport (Trab auf der Stelle [eine Lektion der Hohen Schule]*) piafo

piaffieren *intr die Piaffe ausführen* piafi

Pia mater *f nur Fachspr Anat (eine der beiden weichen Hirnhäute)* piamatro

Pianino *n Mus (kleines Piano)* pianeto

Pianist *m* pianisto (↑ *auch* ***Jazz-*** *u.* ***Konzertpianist***)

Pianistin *f* pianistino

Piano *n* (*kurz für* ***Pianoforte*** *n*) *veraltet für* ***Klavier*** [↑ *dort*] *Mus* piano

Pianola *n mechanisches (= selbsttätig spielendes) Klavier* pianolo

Piaristen *m/Pl Rel (ein Anfang des 17. Jh.s gestifteter kath. Lehrorden)* piaristoj *Pl*

Piassava *f Blattfaser verschiedener Palmen* piasavo *<wird zur Herstellung von Besen u. Bürsten, sowie als Bindebast verwendet>*; ~**besen** *m* piasavo-balailo

Piasten *m/Pl Gesch (eine polnische Dynastie [1370 ausgestorben])* piastoj *Pl*

Piaster *m 1. alte Bez für «Peso» im europäischen Handelsverkehr 2. Scheidemünze in Ägypten, Libanon, Sudan u. Syrien* piastro

Piauí (*n*) *ein Gliedstaat im NO Brasiliens, am Atlantik* Piaŭhio *[Hptst.: Teresina]*

Piblokto *od* **Pibloktoq** *n Med (eine psychische Störung bei den Inuit im Osten Kanadas u. auf Grönland)* piblokto

Pibroch *n Mus (altschottische Dudelsackweise mit reich verzierten Variationen)* pibroĥo

Pica *f Typ (ein genormter Schriftgrad für Schreibmaschine u. Computer [mit 2,6 mm Schrifthöhe])* pigo

Picador *m, auch* ***Pikador*** *m berittener Stierkämpfer, der dem Stier mit einer Lanze die ersten Verletzungen zufügt* pikadoro

Picarde *m Bewohner der Picardie* pikardo

Picardie *f hist. Provinz u. Landschaft in N-Frankreich* Pikardio *[Hptst.: Amiens]*

picardisch *Adj* pikarda

Picasso (*m*), *eigtl* ***Ruiz y Picasso*** *spanischer Maler, Grafiker u. Bildhauer [1881-1973]* Pikaso

Piccoloflöte *f, auch* ***Pikkoloflöte*** *f, ital.* ***flauto piccolo*** *Mus (kleine Querflöte)* pikolo (↑ *auch* ***Flageolett***)

Picener *m/Pl, auch* ***Picenter*** *m/Pl Gesch (ein antikes Volk, das im 3. Jh. v. Chr. im Römischen Reich aufging)* picenoj *Pl*

Pick *m <österr> umg für* ***Klebstoff*** [↑ *dort*]

[1]**Pickel** *m Med (Hautpustel)* [pinta] akno [enhavanta puson] (***im Gesicht*** en la vizaĝo) (*vgl. dazu* ***Akne*** *u.* ***Mitesser b)***)

[2]**Pickel** *m* ↑ ***Spitzhacke***

pickelhart ↑ ***kompromisslos***

pick[e]lig *Adj* aknoplena, aknohaŭta

picken, *<österr> umg* ***pecken*** *tr u. intr* piki [per (la) beko] (*vgl. dazu* ***hacken***)

Pickerl *n* ↑ ***Aufkleber***

pickern *tr u. abs reg für* ***essen*** [↑ *dort*]

pickert *od* **pickig** ↑ ***klebrig***

Pickles *Pl Nahr (in Essig eingelegtes Gemüse)* pikloj *Pl*

picklig ↑ ***pickelig***

Picknick *n Ausflug mit Imbiss od Mahlzeit im Freien* pikniko

picknicken *intr, auch* ***ein Picknick machen*** pikniki

Picknick|koffer *m* piknikvalizo; ~**korb** *m* piknikkorbo

Pickstander *m Mar* ↑ ***Gaffelstander***

picksüß *Adj <österr> für «sehr süß»* tre dolĉa

Picofarad *n, auch* ***Pikofarad*** *n* (*Zeichen* ***pF***) *El (ein billionstel Farad)* pikofarado

Picolin *n Chem* pikolino

Pictor *m Astron* ↑ [2]***Maler***

PID = *fachsprachl. Abk für* ***Präimplantationsdiagnostik***

Pidginenglisch *n, auch* ***Pidgin-Englisch*** *n* [*'pidʒin...*] *n Ling* piĝino (*vgl. dazu* ***Tok-Pisin***)

Piedestal *n Arch (Sockel od Untersatz, z.B. von Standbildern)* piedestalo (↑ *auch* ***Postament***)

pieken *tr u. abs fam für «stechen»* pik[et]i

piek|fein *Adj* aparte bela, laŭmode eleganta (↑ *auch* ***schick***); ~**sauber** *Adj* brile pura

Piemont (*n*), *ital.* ***Piemonte*** *eine historische Landschaft u. Region im westl. Oberitalien* Piemonto *[Hptst.: Turin]*

Piemontese *m Bewohner des Piemont* piemontano

Piemontesin *f* piemontanino

piemontesisch, *auch* ***piemontisch*** *Adj* piemonta

Piemontit *m Min (ein seltenes braunrotes od schwarzes Mineral aus der Mineralklasse der Silikate)* piemontito *<so benannt nach der Fundstelle im Piemont>*

Piepel *m* ↑ ***Penis***

piepen *od* **piepsen** *intr Küken, Maus* pep-

[et]i *auch i.w.S. für «(etw.) mit vogelähnlicher Stimme sagen»*

[1]**Piepen** *od* **Piepsen** *n* pepado

[2]**Piepen** *Pl umg für* ***Geld*** [↑ *dort*]

Pieper *m* (*Gattung* Anthus) *Orn* pipio (↑ *auch* ***Brach-***, ***Kanaren-***, ***Langschnabel-***, ***Pazifik-***, ***Petschora-***, ***Rotkehl-***, ***Sporn-***, ***Strand-***, ***Wald-***, ***Wasser-*** *u.* ***Wiesenpieper***); ***[Familie der]*** *~ Pl* ***und Stelzen*** *Pl* (Motacillidae) motaciledoj *Pl*

Pieperwaldsänger *m Orn* ↑ ***Gelbstirnwaldsänger***

Piep|matz *od* **~vogel** *m Kindersprache* birdeto

piep, piep! *lautmalend für Gepiepe* pep pep!

piepsen ↑ ***piepen***

piepsig *Adj*: ***eine ~e Stimme*** pepvoĉo

Pier *m od f Mar (Stein- od Betondamm in Hafenbecken zum Anlegen von Schiffen <verläuft im Ggs zum Kai senkrecht od schräg zum Ufer>)* ĝeto (*vgl. dazu* ***Kai***)

piercen *tr die Haut zur Anbringung von Körperschmuck durchbohren* trabori [la haŭton]

Piercing *n ein Körperschmuck* traboraĵo (↑ *auch* ***Brustwarzenpiercing*** *u.* ***Nabelpiercing***)

[1]**Pierre** (*n*) *Hptst. des US-Bundesstaates Süd-Dakota* Piero

[2]**Pierre** (*m*) ↑ ***Peter***

Pierrette *f weibl. Lustspielfigur* pierotino

Pierrot [*pjɛ'ro:*] *m komische Figur des italienischen Theaters in Paris [meist: der betrogene Liebhaber]* pieroto

piesacken *tr umg für «[dauernd] quälen»* [daŭre] turmenti, turmentadi

Piet (*m*) ↑ ***Peter***

Pietät *f [ehrerbietiger] Respekt bzw. Ehrfurcht vor dem religiösen Empfinden anderer* pietato; *Frömmigkeit* pieco

pietät|los 1. *Adj* senpietata **2.** *Adv* senpietate; **~voll** *Adj* plena de pietato *nachgest*

Pieter (*m*) ↑ ***Peter***

Pietermaritzburg (*n*) *Hptst. der Provinz Kwazulu-Natal (Rep. Südafrika)* Pitermaricburgo

Pietismus *m Rel (protestantische Bewegung des 17. u. 18. Jh.s, die durch vertiefende Frömmigkeit u. tätige Nächstenliebe die Orthodoxie zu überwinden suchte)* pietismo

Pietist *m Anhänger bzw. Vertreter des Pietismus* pietisto

Piètro (*m*) ↑ ***Peter***

piezoelektrisch, *auch* ***kristallelektrisch*** *Adj* piezoelektra

Piezoelektrizität *f Phys (durch Druck entstehende Elektrizität an der Oberfläche bestimmter Kristalle)* piezoelektro

Piezometer *n Tech (Instrument zur Messung des Grades der Zusammendrückbarkeit von Flüssigkeiten, Gasen u. festen Stoffen)* piezometro; **~stand** *m* piezometra nivelo

piezometrisch 1. *Adj* piezometra; ***~es Gefälle*** *n* piezometra gradiento **2.** *Adv* piezometre

Pigment *n Biol (Farbsubstanz in Geweben [z.B. in Haut, Haaren, Federn])* pigmento *auch Chem u. Tech (praktisch unlösliche, mikroskopisch kleine, feste Farbsubstanz)*; ***sich durch ~e einfärben*** pigmentiĝi

Pigmentation *od* **Pigmentierung** *f* pigmentado *bzw.* pigmentiĝo (↑ *auch* ***Chloasma***)

Pigment|bildung *f* pigmentiĝo; **~epithel** *n* pigment-epitelo; **~farbe** *f* pigmentfarbo; **~flecken** *m/Pl* pigmentmakul[et]oj *Pl*

pigmentieren *tr* pigmenti

Pigmentierung *f* ↑ ***Pigmentation***

pigmentlos *Adj* senpigmenta

Pigment|mangel *m* pigmentmanko *od* manko de pigmentiĝo; **~nävus** *m Med* pigmenta nevuso *[Muttermal im eigentlichen Sinne]* (*vgl. dazu* ***Muttermal***)

Pigmentophagen *m/Pl Med (mit Pigment beladene Phagozyten, z.B. bei Malaria)* pigmentofagoj *Pl*

Pigmentzellen *f/Pl* pigment[o]ĉeloj *Pl*

[1]**Pik** *m Bergspitze* montpinto

[2]**Pik** *n*, *<österr> auch f eine Spielkartenfarbe* piko

[3]**Pik** *m heimlicher Groll* sekreta koler[eg]o (***auf jmdn.*** kontraŭ iu) ◇ ***ich habe einen ~ auf ihn*** li estas por mi osto en la gorĝo *(Zam)*

Pikador *m* ↑ ***Picador***

pikant *Adj* ***a)*** *Speise* pikanta (↑ *auch* ***würzig***); ***mit ~er Soße*** kun pikanta saŭco ***b)*** *reizvoll* plena de [iom incita] ĉarmo ***c)*** *leicht anzüglich* iomete obscena

pikaresk *od* **pikarisch** *Adj schelmenhaft* pikareska; ***~er Roman*** ↑ ***Schelmenroman***

Pikass *n*, *auch* ***Pik-Ass*** *Kart* pik-aso

Pike *f* ◇ ***von der ~ auf dienen*** *umg für «im Beruf bei der untersten Stellung anfangen»* komenci sian profesian karieron de tute sube

piken = ***pieken***

[1]**Pikett** *n ein franz. Kartenspiel für zwei Personen, bei dem es keine Trumpffarbe gibt* pikedo

[2]**Pikett** *n <schweiz> Mil, Polizei (Bereitschaftseinheit)* pikedo

pikieren *tr Gartenb ([zu dicht stehende junge Pflanzen] in größeren Abständen neu einpflanzen* prikli

Pikieren *n Gartenb* priklado

pikiert *Adj*: ~ ***sein*** esti [ŝajne] iom ofendita

Pikkoloflöte *f Mus* ↑ ***Piccoloflöte***

Pikofarad *n El* ↑ ***Picofarad***

Pikrat *n Chem (Salz der Pikrinsäure)* pikrato

Pikrinsäure *f* (Acidum picronitricum) *Chem (eine organische Verbindung, die früher als Färbemittel u. Sprengstoff verwendet wurde)* pikrata acido; ***Radikal*** *m* ***der*** ~ pikrilo

Pikrit *m Min (ein fein- bis grobkörniges Vulkanit, das zur Gesteinsfamilie der Basalte zählt)* pikrito *<Pikrite sind Metabasalte>*

Pikten *Pl frühgeschichtlicher, wohl vorkeltischer, zu den außerhalb der römischen Grenzbefestigungen siedelnden Kaledoniern gehörender Stamm in Schottland* piktoj *Pl*

Piktogramm *n grafisches Symbol [mit international festgelegter Bedeutung] auf Bahnhöfen u. anderswo, z.B.* ✉, ✈, ☎ piktogramo (*vgl. dazu* ***Ideogramm***)

Pilaf *od* **Pilaw** *m Kochk (ein orientalisches Reisgericht mit Hammelfleisch)* pilafo (↑ *auch* ***Biryani***)

Pilaster *m Arch (aus der Wandfläche vortretender Pfeiler, der wie eine Säule in Basis, Schaft u. Kapitell gegliedert ist, i.w.S. [viereckiger] Wandpfeiler)* pilastro

Pilatus (*m*) *Eig* ↑ *unter* ***Pontius***

Pilaw *m Kochk* ↑ ***Pilaf***

Pilchard *m Ichth* ↑ ***Sardine a)***

Pilcomayo, *meist* ***Río Pilcomayo*** *m ein Nebenfluss des Río Paraguay* rivero Pilkomajo

Pilger *m*, *veraltet* ***Pilgrim*** *m* pilgrimanto, pilgrimulo; *Mekka*~ haĝulo; ~**fahrt** *od* ~**reise** *f* pilgrim[ad]o (***nach*** al); *nach Mekka* haĝo

Pilgermuschel *f Zool* ↑ ***Jakobsmuschel***

pilgern *intr wallfahren* pilgrimi (***nach*** *bzw.* ***zu*** al) *auch i.w.S. [z.B. zu den architektonischen Wunderwerken der Welt]* (*vgl. dazu* ***wandern***); ***nach Mekka*** ~ *Islam* pilgrimi al Mekko

Pilgerreise *f* ↑ ***Pilgerfahrt***

Pilger|stab *m* bastono de [la] pilgrimanto; ~**stätte** *f* pilgrimejo; ~**tour** *f* piedira pilgrimado

Pilgrim *m alt* ↑ ***Pilger***

Pille *f Pharm* pilolo *auch Antibabypille* (*kurz für* kontraŭkoncipa pilolo) (↑ *auch* ***Abführ-Beruhigungspille*** *u.* ***Bolus***); ***die*** ~ ***«danach»*** *sex* la postkoita pilolo; ***sie nimmt die*** ~ ŝi prenas la pilolon ◇ ***wir müssen die bittere*** ~ ***schlucken*** ni devas gluti la amaran pilolon

Pillendreher *m Ent* ↑ ***Skarabäus***

Pillen|farn *m* (Pilularia globulifera) *Bot* pilulario, *pop* pilol-filiko; ~**segge** *f* (Carex pilulifera) *Bot* pilola karekso

Pillenwespe *f Ent* ↑ ***Glockenwespe***

Pilocarpin *od* **Pilokarpin** *n Chem, Pharm (ein Alkaloid, das für medizinische u. kosmetische Zwecke verwendet wird [in Blättern einiger Pilocarpus-Arten])* pilokarpino

Pilokarpus *m* (*auch* ***Jaborandi*** *genannt*) (*Gattung* Pilocarpus) *Bot (eine Gattung der Rautengewächse)* pilokarpo

Pilot *m Flugw (Flugzeugführer)* piloto, *(Flieger)* aviadisto (↑ *auch* ***Auto-***, ***Bomber-***, ***Kamikaze-***, ***Ko-*** *u.* ***Testpilot***)

Pilotenfehler *m* eraro de [la] piloto

Pilotenkanzel *f* ↑ ***Cockpit***

Pilotenlizenz *f*, *pop* ***Pilotenschein*** *m* pilota licenco, *pop* pilota permesilo

Pilotfilm *m ein Film, der zur Einführung einer Fernsehserie konzipiert wurde* pilota filmo

Pilotfisch *m Ichth* ↑ ***Lotsenfisch***

Pilotprojekt *n* ↑ ***Versuchsprojekt***

Pilotwal *m Zool* ↑ ***Grindwal***

Pils *n* ↑ ***Pilsener Bier***

Pilsen (*n*), *tschech.* ***Plzeň*** *eine Stadt in Tschechien* Pilzeno

Pilsener [Bier] *n*, *umg auch Kurzf* ***Pils*** *n* pilzena biero

Pilz *m* ***a)*** *<österr>*, *<schweiz> u. reg* ***Schwamm*** *m*, *auch* ***Schwammerl*** *n*, *reg m Bot* fungo; *allg Bez für Pilz aus der Ordnung der Blätterpilze (Agaricales) od auch Pilz der Egerlingsarten (Agaricus ssp.) auch* agariko (↑ *auch* ***Bauch-***, ***Baum-***, ***Becher-***, ***Blätterpilz***, ***Bovist***, ***Butterpilz***, ***Egerling***, ***Faden-***, ***Fäulnis-***, ***Fliegen-***, ***Gift-***, ***Habichts-***, ***Hefe-***, ***Hut-***, ***Korallen-***, ***Krempen-***, ***Kuh-***, ***Lamellen-***, ***Lorchel-***, ***Maro-***

nen-, Panther-, Röhren-, Scheiben-, Schlauch-, Schleimpilz, Schwamm, Speise-, Ständer-, Stein- u. Strahlenpilz); ***essbarer*** (***giftiger***) ~ manĝebla (venena) fungo; ***höhere ~e m/Pl***, <*wiss*> ***Eumyceten*** *Pl* (Eumycetes) eŭmicetoj *Pl*; ***imperfekte ~e*** *Pl*, <*wiss*> ***Deuteromyceten*** *Pl* (Deuteromycetes) *Pilze, die nur noch ungeschlechtliche Nebenformen bilden u. ohne Rücksicht auf Verwandtschaft in einer systematischen Kategorie zusammengefasst werden* fungoj neperfektaj *Pl* <*bedeutend als Antibiotikabildner*>; ~ ***sammeln*** (***suchen, trocknen***) kolekti (serĉi, sekigi) fungojn ◇ ***wie ~e aus dem Boden*** (*od* ***aus der Erde***) ***schießen*** elkresk[ad]i kiel fungoj post pluvo *(Zam)* ***b)*** *Bez für etw. Pilzähnliches (nur in Zus)* ...fungo (*vgl. dazu* ***Atompilz*** *u.* ***Stopfpilz***)

pilzabtötend ↑ ***fungizid***

pilzähnlich *Adj* fungosimila (↑ *auch* ***pilzartig***)

Pilz|anker *m Mar (Anker in der Form eines Pilzes)* fungoforma ankro; ~**art** *f Biol* fungospecio, *allg u. Hdl* fungospeco

pilzartig *Adj* fungeca (*vgl. dazu* ***fungös***)

Pilz|befall *m* infestiĝo per fungoj; ~**erkrankung** *f Med* micetozo *od* fungozo

Pilzfaden *m Mykologie* ↑ ***Hyphe*** *u.* ***Sklerotium***

Pilzflora *f Mykologie* fungoflaŭro

pilzförmig 1. *Adj in der Form eines Hutpilzes* fungoforma **2.** *Adv* fungoforme

Pilzgeflecht *n Mykologie* ↑ ***Myzel***

Pilz|gericht *n Kochk* fungaĵo; ~**gift** *n* funga veneno (↑ *auch* ***Amanitin, Gyromitrin*** *u.* ***Muskarin***); ~**hut** *m* fungoĉapelo

Pilzinfektion *f Med* ↑ ***Mykose***

Pilzjahr *n*: ***ein gutes*** ~ bona fungojaro

Pilzkunde *f* ↑ ***Mykologie***

Pilzkundige *m* ↑ ***Mykologe***

Pilz|kurs *od* ~**lehrgang** *m z.B. an der Volkshochschule* kurso pri fungoj (*od* mikologio); ~**ragout** *n Kochk* fungoraguo

pilzresistent *Adj widerstandsfähig gegen Pilzbefall* fungorezista

Pilz|sachverständige *m* spertulo pri fungoj (*vgl. dazu* ***Mykologe***); ~**saison** *f*, *pop auch* ***Pilzzeit*** *f* fungosezono; ~**sammler** *m* kolektanto de fungoj; ~**soße** *f Kochk* fungosaŭco; ~**spore** *f Mykologie* fungosporo (↑ *auch* ***²Gemme***); ~**suche** *f* fungoserĉado; ~**suppe** *f*, <*österr*> ***Schwammerlsuppe*** *f Kochk* fungosupo, *auch* funga supo

pilztötend *Adj* ~***es Mittel*** *n Pharm* ↑ ***Fungizid***

Pilzvergiftung *f*, *auch* ***Myzetismus*** *m Med* fungoveneniĝo, funga toksiĝo

Pilzzeit *f* ↑ ***Pilzsaison***

Piment *m od n*, *auch* ***Nelkenpfeffer*** *m od* ***Englischgewürz*** *n*, *pop* ***Gewürzkörner*** *n/Pl*, <*österr*> ***Neugewürz*** *n* pimento; ~**baum** *m*, *auch* ***Nelkenpfefferbaum*** *m* (Pimenta officinalis) *Bot* pimentarbo; ~**öl** *n* pimenta oleo

Pi-Meson *n*, *auch* ***π-Meson*** *n Phys* ↑ ***Pion***

Pimmel *m* ↑ ***Penis***

Pimpernell *m od* **Pimpinelle** *f Bot* ↑ ***Bibernelle***

Pimpernuss *f*, *reg* ***Blasennuss*** *f* (*Gattung* Staphylea) *Bot* stafileo; ***gefiederte*** ~ (Staphylea pinnata) pinata stafileo

Pimpernussgewächse *n/Pl Bot*: ***[Familie der]*** ~ *Pl* (Staphyleaceae) stafileacoj *Pl*

Pimpinelle *f Bot* ↑ ***Bibernelle***

PIN *f* = *Abk für* ***persönliche Identifikationsnummer*** *persönliche Geheimzahl* persona identiga numero

Pinakel *n Arch ([kleine] Spitzsäule od Zinne als Ornament)* pinaklo

Pinakoid *n eine Kristallform* pinakoido

Pinakol *n Chem* pinakolo

Pinakolon *n* (*Syn:* ***3,3-Dimethyl-2-Butanon***) *eine chemische Verbindung, die als Zwischenprodukt zur Herstellung von Pi- valinsäure u. anderen chemischen Verbindungen dient* pinakolono

Pinakothek *f Gemäldesammlung (bes. eine fürstliche bzw. in einem Museum untergebrachte)* pinakoteko; ***die Münchner*** ~ la Munkena Pinakoteko

Pinangpalme *f Bot* ↑ ***Betelpalme***

Pinasse *f Mar (größeres Beiboot [von Schiffen])* pinaso

Pinatubo *m Vulkan im Norden der philippinischen Insel Luzon* [vulkano] Pinatubo

PIN-Code *m* PIN-kodo

pindarisch *Adj auf Pindaros bezogen bzw. im Stil von Pindaros* pindara

Pindar[os] (*m*) *Eig (altgriech. Lyriker [522 od 518-nach 446 v. Chr.])* Pindaro <*bedeutender Odendichter*>

Pindos (*n*) *eine mittelgriechische Gebirgskette* [montaro] Pindo

Pinealauge *n*, *auch* ***Stirnauge*** *n Zool (rudimentäres, lichtempfindliches, unpaariges*

Sinnesorgan, das sich auf dem Kopf, z.B. von Reptilien befindet) pineala okulo (*vgl. dazu* ***Ozelle***)
Pinealdrüse *f Anat* ↑ ***Zirbeldrüse***
Pinealom *n nur Fachspr Med (nur Männer befallende Geschwulst der Zirbeldrüse)* pinealomo
Pinen *n Chem (Hauptbestandteil der Terpentinöle)* pineno
pingelig ↑ ***übergenau***
Pingo *m, fachsprachl. auch* ***Hydrolakkolith*** *m Geol (eine isoliert stehende Bodenerhebung, meist ein Hügel, mit einem Eiskern in Permafrostgebieten)* pingo
Pingpong *n <österr> alt für* ***Tischtennis*** [↑ *dort*]
Pinguin *m Orn* pingveno (↑ *auch* ***Adelie-***, ***Brillen-***, ***Dickschnabel-***, ***Esels-***, ***Felsen-***, ***Galápagos-***, ***Gelbaugen-***, ***Goldschopf-***, ***Hauben-***, ***Humboldt-***, ***Kaiser-***, ***Königs-***, ***Kronen-***, ***Magellan-***, ***Schopf-*** *u.* ***Zwergpinguin***); ***Brutplatz*** *m* ***von ~en*** kovloko (*od* kovejo) de pingvenoj
Pinguin-Tauchsturmvogel *m* (Pelecanoides georgicus) *Orn* sudgeorgia mergopetrelo
Pinie *f, auch* ***italienische Steinkiefer***, ***Mittelmeer-*** *od* ***Schirmkiefer*** *f* (Pinus pinea) *Bot (eine Kiefer mit schirmförmiger Krone)* pinio <*Charakterbaum des Mittelmeerraumes*>
Pinien|kerne *m/Pl* piniosemoj *Pl auch Nahr*; ~**wald** *m* pinia arbaro
pink ↑ ***pinkfarben***
Pinkelbude *f* ↑ ***Pissoir***
pinkeln, *<österr>* ***pischen*** *intr umg für «urinieren»* urini, *fam od scherzh* maltrinki (*vgl. dazu* ***pissen***)
Pinkelpause *f*: ***der Bus hielt zu einer ~*** *umg (salopp)* la buso haltis por neceseja paŭzo
pink[farben] *Adj* intense roz[kolor]a
Pinne *f* ***a)*** *Mar (Hebelarm am Steuerruder)* tenilo de rudro ***b)*** *allg: kleiner Nagel, Stift* najleto, stifto
Pinnwand *f Tafel zum Anheften von Merkzetteln u. Ä.* notofiksa panelo, panelo por fiksi notojn
Pinocchio (*m*) *eine Kinderbuchfigur des ital. Autors Carlo Collodi* Pinokjo
Pinscher *m eine Hunderasse* pinĉero (↑ *auch* ***Griffon*** *u.* ***Zwergpinscher***); ***deutscher*** (***österreichischer***) ~ germana (aŭstra) pinĉero
[1]**Pinsel** *m Handw, Mal* peniko (↑ *auch* ***Dachshaar-***, ***Fächer-***, ***Farb-***, ***Flach-***, ***Haar-***, ***Leim-***, ***Rasier-***, ***Rund-***, ***Schreib-***, ***Tünch-*** *u.* ***Tupfpinsel***)
[2]**Pinsel** *m umg für «Dummkopf, törichter Mensch»* stultulo, stulta homo
Pinselaffe *m Zool* ↑ ***Seidenaffe***
Pinselchen *n kleiner Pinsel* peniketo
pinselförmig *Adj* penikoforma
Pinselkäfer *m Ent* ↑ ***Haarkäfer***
pinseln *intr* peniki (↑ *auch* ***einpinseln***)
Pinseln *n od* **Pinselung** *f* penikado
Pinselschimmel *m Bot* ↑ ***Penicillium***
Pinselstrich *m* penikstreko *bzw. Mal* penikotuŝo; ***er malte mit zarten ~en*** li pentris per delikataj tuŝoj [de la peniko]
Pinselung *f* ↑ ***Pinseln***
Pinselzungenpapagei *m Orn* ↑ ***[1]Lori***
Pinsk (*n*) *eine Stadt in Weißrussland* Pinsko
Pint [*paint*] *n* (*Abk* ***pt***) *ein angelsächsisches Hohlmaß* pindo (*vgl. dazu* ***Schoppen***)
Pintadera *f Archäol, Ethn (Stempel aus gebranntem Ton, zur Markierung von Gefäßen [in mehreren Kulturen vorgeschichtlicher Zeit gebräuchlich, bes. im Mittelmeergebiet])* pintadero
Pinte *f, <schweiz> u. reg* ***Schänke*** *f [einfache] Gaststätte* trinkejo, [simpla] gastejo (↑ *auch* ***Wirtshaus***)
Pin-up-Girl *n leicht od kaum bekleidete hübsche Frau auf Illustriertenbildern, die an die Wand geheftet werden können* pinupulino
Pinyin *ohne Art: Bez für «die von der Schriftreformkommission der VR China entwickelte Lautschrift, die die phonetischen Werte der chin. Schriftzeichen in lateinische Buchstaben umsetzt»* pinjino
Pinzette *f* pinĉileto *auch Philat* (↑ *auch* ***Hakenpinzette***)
Piombino (*n*) *eine italienische Hafenstadt am Ligurischen Meer [gegenüber der Insel Elba] <Region Toskana>* Piombino
Piombo (*m*) *Eig (ital. Maler [um 1485-1547])* Piombo
Pion *n, auch* ***Pi-Meson*** *od* ***π-Meson*** *n Phys* piono (*vgl. dazu* ***Meson***)
Pionier *m* ***a)*** *<schweiz>* ***Sappeur*** *m Mil* (*Soldat der techn. Truppe des Heeres*) pioniro ***b)*** *Biol (Bez für eine Tier- od Pflanzenart, die als erstes Lebewesen ein neu entstandenes Gebiet besiedelt)* pioniro ***c)*** *übertr: Erschließer von Neuland, Bahnbrecher, Vorkämpfer, Wegbereiter* pioniro (↑ *auch* ***Luftfahrtpionier***) ***d)*** *kurz für* ***Jungpionier*** *m in*

ehemaligen sozialistischen Staaten [jun]pioniro; ~**abteilung** *f Mil* pionirtaĉmento

Pionierarbeit *f* pionira laboro; ~ ***leisten*** fari pioniran laboron

Pionier|gemeinschaft *Bot (Lebensgemeinschaft im ersten Stadium einer Sukzession, z.B. an Ufern, auf Rohböden nach dem Rückgang eines Gletschers)* pionira komunumo; ~**gruppe** *f in ehemaligen sozialistischen Staaten* junpionira grupo

Pionierin *f* pionirino (*vgl. dazu* ***Pionier***)

Pionier|lager *n in ehemaligen sozialistischen Staaten* junpionira tendaro; ~**organisation** *f in ehemaligen sozialistischen Staaten* junpionira organizaĵo; ~**pflanzen** *f/Pl Geobotanik (Kulturpflanzen, die karge Böden für anspruchsvolle Pflanzen besiedelbar machen [z.B. Lupinen])* pioniraj plantoj *Pl*; ~**regiment** *n Mil* pionir-regimento; ~**tat** *f* pionira faro; ~**treffen** *n in ehemaligen sozialistischen Staaten* junpionira renkontiĝo

Pipe *f* *<österr> Fasshahn* barelkrano; ***die ~ aufdrehen*** malfermi la barelkranon

Pipeline [*'paiplain*] *f Rohrleitung [für Erdöl bzw. Gas]* naftodukto, *auch* oleodukto *bzw.* gas[o]dukto

Pipette *f [gläserner] Stechheber, Saugröhrchen* pipeto (↑ *auch* ***Messpipette***)

Pippau *m* (*Gattung* Crepis) *Bot* krepido (↑ *auch* ***Alpen-***, ***Borsten-***, ***Gold-***, ***Sumpfpippau*** *u.* ***Wiesen-Grundfeste***); ***kleinköpfiger*** ~ (Crepis capillaris) malgranda krepido; ***rätischer*** ~ (Crepis rhaetica) retia krepido *[Vorkommen: Schweiz u. Südtirol]*; ***stinkender*** ~ (Crepis foetida) fiodora krepido; ***weicher*** ~ (Crepis mollis) mola krepido

Pippin (*m*) *Name fränkischer Fürsten* Pipino

Pips *m Vet* ↑ ***Vogelpocken***

pirandellesk *Adj Lit (in der Art des Luigi Pirandello [geschrieben])* pirandeleska

Pirandello (*m*) *Eig (italienischer Schriftsteller [1867-1936])* Pirandelo

Piranha [*pi'ranja*] *m*, *auch* ***Piraya*** *m* (Serrasalmus piraya) *Ichth (ein südamerik. Raubfisch)* piranjo; ***roter*** (*od* ***rotbäuchiger***) ~ (Pygocentrus nattereri) ruĝventra piranjo

Piranhas *m ein Fluss in Brasilien* [rivero] Piranjo

Pirat *m* pirato (*vgl. dazu* ***Bukanier***, ***Flibustier***, ***Freibeuter***, ***Korsar*** *u.* ***Seeräuber***)

Piraten|küste *f*, *engl.* ***Pirate Coast*** *Bez für die arabische Küstenlandschaft im SO des Persischen Golfs [gehört zum Territorium der Vereinigten Arabischen Emirate]* Pirata Bordo *<die dortigen versteckten Buchten dienten früher Seeräubern als Schlupfwinkel>*; ~**partei** *f Pol* pirata partio; ~**schatz** *m* pirata trezoro; ~**schiff** *n* pirata ŝipo; ~**sender** *m*, *pop auch* ***Schwarzsender*** *m Radio* pirata [radio]sendostacio

Piraterie *f* ***a)*** *Seeräuberei* piratado [sur maro], marrabado; *Luft*~ avia piratado (↑ *auch* ***Flugzeugentführung***); ~ ***betreiben*** pirati, agi kiel pirato ***b)*** *i.w.S.* ↑ ***Biopiraterie***

Piratin *f* piratino

Piräus (*n*), *griech.* ***Peiraieus*** *eine griech. Hafenstadt [Hafen von Athen]* Pireo

Piraya *m Ichth* ↑ ***Piranha***

Pirin *m*, *auch* ***Piringebirge*** *n ein Gebirge in SW-Bulgarien* Pirino, *auch* Pirin-Montaro

Pirmasens (*n*) *eine Stadt im Pfälzer Wald* Pirmasenso

Piroge *f Mar (Einbaum [der südamerik. Indianer u. der Südseeinsulaner])* pirogo

Pirogge *f Kochk (eine polnische od russische Pastetenart)* pirogo

Pirol *m*, *pop* ***Pfingstvogel*** *m* (Oriolus oriolus) *Orn* oriolo (↑ *auch* ***Gelbpirol*** *u.* ***Weißbauchpirol***); ***[Familie der] ~e*** *Pl* (Oriolidae) orioledoj *Pl*

Piroplasmose *f Med, Vet* ↑ ***Babesiose***

Pirouette *f Sport (Eiskunstlauf, Kunstturnen, Kunstflug- u. Reitsport), Tanz* pirueto; ***eine ~ ausführen*** (*od* ***drehen***), *auch* ***pirouettieren*** fari pirueton, *auch* pirueti

Pirsch *f*, *auch* ***Pirschgang*** *m Jagd* [kaŝa] ĉasirado, *oft allg* ĉaso; ***auf die ~ gehen*** iri por ĉasi

pirschen *intr* ĉasiri, kaŝe proksimiĝi al la ĉasaĵo

Pisa (*n*) *eine Stadt in der Toskana/Italien* Pizo; ***der Schiefe Turm von*** (*od* ***zu***) ~ la kliniĝanta turo de Pizo

Pisaner *m Einwohner von Pisa* pizano

Pisanerin *f* pizanino

Pisang|holz *n* pizangligno; ~**wachs** *n*, *auch* ***Bananenwachs*** *n* pizangvakso

Pisano (*m*) *Name einer ital. Bildhauerfamilie* Pisano *[13.-14. Jh.]*

Pisces *Pl Astron* ↑ *unter* ***Fisch b)***

pischen ↑ ***pinkeln***

Pisidien (*n*) *Antike (Bez für die Berglandschaft im südl. Kleinasien, im Hinterland von Pamphylien)* Pisidio

Pisistratos (*m*) *Eig* ↑ ***Peisistratos***

Pisolith *m Min* ↑ ***Erbsenstein***

pispern *reg für* ***wispern*** [↑ *dort*]

Pisse *f derb für «Harn»* pisaĵo

pissen *intr derb für «urinieren»* pisi

Pisser *m derb* pisulo *auch Schimpfw*

Pissoir [*pi'soa:*] *n, salopp* ***Pinkelbude*** *f öffentl. Toilette für Männer* [publika] pisejo (↑ *auch* ***Bedürfnisanstalt***)

Pisspott *m derb für «Nachttopf»* pispoto

Pistazie *f* ***a)*** (Pistacia) *Bot (eine Gattung der Sumachgewächse)* pistakarbedo (↑ *auch* ***Mastixpistazie***) ***b)*** *auch* ***Pistazienkern*** *m od* ***Pistaziennuss*** *f Samenkern der Pistazie* pistako

Pistazit *m Min* ↑ ***Epidot***

Piste *f Ski*[2] skivego; *Rollbahn auf Flugplätzen (Verbindungsweg zu den Start- u. Landebahnen)* rulvojo

Pistenraupe *f,* *<schweiz>* ***Pistenfahrzeug*** *n,* *<in Südtirol>* ***Schneekatze*** *f* neĝotraktoro

Pistill[um] *n* ↑ ***Mörserstößel*** *bzw. Bot* ↑ ***Stempel b)***

[1]**Pistole** *f* pistolo (↑ *auch* ***Browning***, ***Löt-***, ***Mauser-***, ***Start-*** *u* ***Wasserpistole***); ***9 mm-Pistole*** pistolo de naŭmilimetra kalibro; ***die ~ auf jmdn. richten*** direkti pistolon al iu ◇ ***jmdm. die ~ auf die Brust setzen*** *jmdn. zu einer Entscheidung zwingen* devigi iun tuj fari decidon

[2]**Pistole** *f hist (frühere, ursprünglich spanische Goldmünze [von Philipp II. eingeführt])* [hispana] piŝtolo

Pistolen|griff *m* tenilo de pistolo; **~kugel** *f* pistola kuglo; **~schießen** *n Schießsport* pistolpafado; **~schuss** *m* pistolpafo

Pistolero *m Revolverheld* pistolulo

Piston *n Pumpenkolben* piŝto [de pumpilo]

Pitanga *f Bot* ↑ ***Surinamkirsche***

Pitcairninseln *Pl, amtl* ***Pitcairn Islands*** *britisches Überseegebiet im SO der Tuamotu-Inseln/Pazifik* Pitkern-Insularo *[Hauptort: Adamstown]*

Piteşti (*n*) *eine rumänische Stadt im Vorland der Südkarpaten [am Argeş]* Piteŝto

Pithecanthropus *m Anthropol (javanischer u. chinesischer Frühmensch des Diluviums <von E. Haeckel geprägte, heute aufgegebene Gattungsbezeichnung für eine hypothetische Übergangsform zw. Menschenaffen u. Menschen>)* pitekantropo

pithiatisch *Adj nur Fachspr Med* pitiata

Pithiatismus *m Med* pitiatismo

Pitomba *f* (Talisia esculenta) *Bot (Baum od Frucht (mit essbarem Samenmantel)* pitombo *[Vorkommen in Bolivien, Brasilien u. Paraguay]*

pitsch[e]nass *od fam* **pitschepatschenass** *Adj umg* malseka ĝis la haŭto (↑ *auch* ***klatschnass***)

Pitta *f, auch* ***Prachtdrossel*** *f* (*Gattung* Pitta) *Orn* pito (↑ *auch* ***Angola-***, ***Granat-***, ***Lärm-***, ***Regenbogen-*** *u.* ***Spiegelpitta***); ***[Familie der] Pittas*** (Pittidae) pitedoj *Pl* *<farbenprächtige, drosselgroße, kurzschwänzige Singvögel> [Vorkommen: tropische Urwälder der Alten Welt]*

pittoresk *Adj geh für «malerisch»* pitoreska

Pittsburgh (*n*) *eine Industriestadt in Pennsylvania/USA [am oberen Ohio]* Pitsburgo

Pituita *f nur Fachspr Med (wässriger, fadenziehender Schleim [aus Nase od Magen])* pituito

Pituitrinpräparat *n Pharm (Hypophysenhormon)* pituitrino

Pityriasis *f Dermatologie (Hautkrankheit mit feiner, kleieförmiger Abschilferung)* pitiriazo

Pityusen *Pl, span.* ***Islas Pitiusas*** *eine span. Inselgruppe der Balearen, bestehend aus Ibiza, Formentera sowie zahlreichen kleineren unbewohnten Felseninseln* Pitiusoj *Pl*

PIV *n Esperantologie = Abk für* ***Plena Ilustrita Vortaro [de Esperanto]*** *Vollständiges Bildwörterbuch [des Esperanto]* (↑ *auch* ***Waringhien***)

pivotieren *intr sich [wie] um einen Zapfen od eine Achse drehen* pivoti

Pixel *n* (*Kunstwort aus* ***picture element***) *EDV (Bildpunkt: kleinstes Element bei der gerasterten, digitalisierten Darstellung eines Bildes)* pikselo

Pizza *f Kochk* pico (↑ *auch* ***Schinkenpizza***); ***~ frutti di mare***, *auch* ***Pizza mit Meeresfrüchten*** pico kun marfruktoj; ***~ funghi***, *auch* ***Pizza mit Pilzen [belegt]*** pico kun fungoj; ***neapolitanische ~***, *ital.* ***Pizza neapolitana*** napola pico *od* pico laŭ napola maniero; ***~ quatre stagioni***, *auch* ***Pizza vier Jahreszeiten*** *in Vierteln beliebig verschieden belegt* kvarsezona pico

Pizza|bäcker *m* picobakisto; **~bringdienst** *od* **~service** *m* alportoservo de picoj; **~ofen** *m* picoforno; **~teig** *m* picopasto; **~verkäufer** *m* picovendisto *od* vendisto de picoj

Pizzeria *f* picejo, *auch* picomanĝejo

Pizzikato *n Mus (Zupfen der Saiten)* pinĉado

[de la kordoj]; ~ ***spielen*** pinĉi [la kordojn]
Pjatigorsk (*n*) *eine Stadt in Russland [am Nordrand des Kaukasus]* Pjatigorsko
Pjöngjang (*n*) *Hptst. von Nordkorea* Pjongjango
PK = *Abk für* ***Pressekonferenz***
Pkt. = *Abk für* ***Punkt***
Pkw *od* **PKW** *m* = *Abk für* ***Personenkraftwagen***
Pkw-Fahrer *m* ŝoforo de person-aŭto
Pkw-Maut *f* ↑ *unter* ***Maut***
pl. *od* **Pl.** = *Abk für* ***Plural***
Place [*plas*] *f*: ~ ***de la Concorde*** *größter Platz in Paris* Placo de la Konkordo
Placebo *n Med (Scheinmedikament [ohne Wirkstoffe])* placebo, *auch* ŝajnmedikamento; ~**effekt** *m durch ein Placebo hervorgerufene Wirkung* placebo-efiko
Placet *n* ↑ ***Plazet***
Placida (*f*) *altröm. weibl. Vorname* Placida
Placido *od* **Placid[i]us** (*m*) *altröm. männl. Vorname <ersterer auch in Spanien üblich>* Placido
placieren *alt* = ***platzieren***
placken, sich *refl umg für «sich sehr abmühen»* terure peni, ŝvite labori; *sich quälen* sin turmenti
Plackerei *f* terura penado; turmentiĝo
pladdern *intr reg für «heftig regnen»* forte pluvi; ***der Regen pladdert aufs Dach*** la pluvego tamburas sur la tegmento
plädieren *intr Jur (eine der beiden Parteien [vor Gericht] vertreten), allg (eine Sache verteidigen), auch übertr (eintreten)* pledi (***für*** por)
Plädoyer [*...doa'je:*] *n Jur (Verteidigungsrede)* pled[ad]o *auch übertr (Verteidigung eines Gedankens od eines Systems, Eintreten z.B. für eine Idee od ein Programm)*
Plafond [*pla'fõ:*] *m* ***a)*** *künstlerisch gestaltete Zimmerdecke* arte aranĝita plafono ***b)*** *Fin (oberer Grenzbetrag)* plafono
plafonieren *tr bes. <schweiz> Geschäftssprache (nach oben begrenzen)* plafoni
plagal *Adj Mus*: ~***e Kadenz*** *f od* ~***er Schluss*** *m harmonische Schlusswendung von der Subdominante zur Tonika* plagala kadenco
Plage *f [große] Mühe* pen[eg]o; *Qual* turmento; *[schwere] Last* [peza] ŝarĝo; *bibl: Heimsuchung (als Strafe Gottes)* plago *auch i.w.S. für «[große] Not»* (↑ *auch* ***Wespenplage***)
Plagegeist *m lästiger Kerl* tedulo (↑ *auch* ***Quälgeist***)
plagen *tr quälen* turmenti; *heimsuchen, strafen (bes. bibl)* plagi *auch i.w.S.*; *belästigen* ted[eg]i; ***sich*** ~ *sich quälen* sin turmenti; *sich placken, schwer arbeiten* pene labori, penadi, penegi (*vgl. dazu* ***schuften***); ***schon die ganze Woche plage ich mich mit meinem Heuschnupfen herum*** jam la tutan semajnon la fojnkataro turmentas min
Plaggenhaus *n* ↑ ***Torfplaggenhaus***
Plagiat *n Diebstahl geistigen Eigentums* plagiato; ***[ein]*** ~ ***begehen*** ↑ ***plagiieren***
Plagiator *m* plagiatisto
Plagiatorin *f* plagiatistino
Plagiatsvorwurf *m* riproĉo de plagiato (***gegen jmdn.*** al iu)
plagiieren *intr od abs ein Plagiat begehen* fari plagiaton
Plagifoyait *m Geol, Min (ein Eruptivgestein)* plagifojaito
plagiieren *intr* plagiati
Plagioklas *m*, *auch* ***Kalknatronfeldspat*** *m Min (ein zu den Feldspaten gehörendes Mineral)* plagioklazo (↑ *auch* ***Albit***, ***Anorthit*** *u.* ***Labradorit***)
Plagiostomen *Pl Ichth (fachsprachl. Bez für* ***Quermäuler*** *Pl [Haie u. Rochen])*: ***[Ordnung der]*** ~ plagiostomoj *Pl*
Plagiotropismus *m nur Fachspr Bot (horizontale Wachstumsweise, z.B. von kriechenden od niederliegenden Pflanzensprossen, Rhizomen, Blättern)* plagiotropismo
Plaid [*ple:t*] *n Textil (1. Reisedecke [aus kariertem Wollstoff] 2. großes meist kariertes Umhangtuch aus Wolle [bes. des Schottenkostüms]* plejdo
Plakat *n* afiŝo (↑ ***Anschlag a)***, ***Reklame-***, ***Wahl-*** *u.* ***Werbeplakat***); ***ein*** ~ ***ankleben*** surglui afiŝon
Plakataufschrift *f* afiŝ-surskribo
plakatieren *tr durch Plakat bekannt machen* afiŝi; *Plakate ankleben* [al]glui afiŝojn
Plakatierung *od* **Plakation** *f* afiŝado
Plakatwerbung *f* reklamado per afiŝoj
Plakette *f kleine [meist geprägte] Platte mit Reliefdarstellung* plakedo (*vgl. dazu* ***Medaille***); *Abzeichen auch* insigno
Plakodermen *Pl Paläontologie (ausgestorbene Panzerfische der Obersilur- u. Unterdevonzeit [älteste Wirbeltiere])* plakodermoj *Pl*, *auch* kirasŝarkoj *Pl*
plan *Adj* ebena (*vgl. dazu* ***eben*** *u.* ***flach***); ~ ***schleifen*** *Handw, Tech* ebenŝlifi

Plan *m* plano *auch zeichnerisch dargestellter Plan* (↑ *auch* ***Bauplan***, ***Entwurf***, ***Grundriss***, ***Idee***, ***Lehr-***, ***Master-***, ***Restrukturierungs-***, ***Vierjahresplan*** *u.* ***Vorhaben***); *Stunden*~, *Zeit*~ horaro; *Absicht* intenco; *Grundriss* horizontala plano (*od* projekciaĵo); *Skizze (Plan in großen Zügen)* skizo; *Entwurf* projekto (*vgl. dazu* ***Programm***); ***nach [dem]*** ~ laŭ [la] plano, laŭplane; ***einen*** ~ ***aufstellen*** (*od* ***erstellen***) fari planon; ***den*** ~ ***erfüllen*** plenumi la planon; ***Pläne machen*** fari planojn; ***Pläne schmieden*** forĝi planojn *(Zam)*; ***ehrgeizige*** (*od* ***hochfliegende***) ***Pläne haben*** havi ambiciajn planojn; ***die Sache ist nicht nach*** ~ ***gelaufen*** la afero ne marŝis laŭplane

Planalto da Borborema (*m*) *eine Gebirgszone in NO-Brasilien* Borboremo

planbar *Adj* planebla

Planbarkeit *f* planebleco

Planche *f Fechtbahn* skermoplanko, skermejo

Plandirektive *f* plandirektivo

Plane *f Abdeck*~ ŝirmtolo *od* ŝirma tolo, *bes. Wagen*~ *für offenen LKW od Güterwagen* baŝo [por protekti ŝarĝaĵon] (*vgl. dazu* ***Persenning***); *Plastik*~ plasta ŝirmtolo

planen *tr* plani; *projektieren* projekcii; *entwerfen, skizzieren* projekti, skizi; *beabsichtigen* intenci

Planen *n* planado

Planer *m* plananto; *jmd., der etw. projektiert* projekcianto *bzw.* projekciinto (*vgl. dazu* ***Projektant***)

Pläneschmieden *n* forĝado de planoj

Planet *m*, *auch* ***Wandelstern*** *m Astron* planedo (*vgl. dazu* ***Asteroiden***; ↑ *auch* ***Zwergplanet***); ***äußere*** (***innere***) ~***en*** *Pl* eksteraj (internaj) planedoj *Pl*; ***extrasolarer*** ~, *auch* ***Exoplanet*** *m* ekstersunsistema planedo, *auch* ekzoplanedo

planetar[isch] *Adj **a)** zu den Planeten gehörend* planeda ***b)*** *einem Planeten ähnlich* planedosimila; ***planetarische Nebel*** *m/Pl* ↑ *unter* ***Nebel b)***

Planetarium *n Astron, Opt* planetario

Planeten|aberration *f Astron* planeda aberacio; ~**bahn** *f Astron* planeda orbito *od* orbito de planedo; ~**system** *n Astron* planeda sistemo *od* planedosistemo

Planetoid *m Astron* planedoido

Planetologie *f Astron (Erforschung u. Deutung der Oberflächenformationen der Planeten u. ihrer Satelliten)* planedologio, planedoscienco

plangemäß 1. *Adj* laŭplana **2.** *Adv* laŭplane *od nachgest* laŭ plano

Planheit *f Ebenheit, Flächigkeit* ebeneco

Planierarbeiten *f/Pl* ter-ebenigaj laboroj *Pl*

planieren *tr* ebenigi; *nivellieren* niveli

Planierraupe *f Bauw, Kfz* dozro *od* ebeniga buldozro

Planierung *f* ter-ebenigo

Planiglob[ium] *n Kartogr (kartografische Darstellung der Erdhalbkugeln in zwei Kreisflächen)* planisfero

Planimeter *n*, *auch* ***Flächenmesser*** *m Geom, Tech (Instrument zum mechanischen Ausmessen krummlinig begrenzter ebener Flächen [ein mechanisches Integriergerät])* planimetro

Planimetrie *f*, *auch* ***Flächenmessung*** *f Geom (Geometrie der Ebene), Tech (Messung u. Berechnng von Flächeninhalten)* planimetrio

planimetrisch 1. *Adj* planimetria **2.** *Adv* planimetrie

Planke *f [dickes] Brett* [fortika] tabulo; *Dielenbrett* plankotabulo (↑ *auch* ***Leitplanke***)

Plänkelei *f Mil* bataleto (*vgl. dazu* ***Scharmützel***); *kleinere Auseinandersetzung* [eta] disputo (*vgl. dazu* ***Konflikt***)

Plänkler *m Mil ehem* ↑ ***Tirailleur***

Plankommission *f*: ***staatliche*** ~ ŝtata planada komisiono

plankonkav *Adj Opt* ebenkonkava

Plankontrolle *f* plankontrolo

plankonvex *Adj Opt* ebenkonveksa

Planktologie *f ein Teilgebiet der Ozeanologie* planktonologio

Plankton *n Biol (Sammelbez. für alle im Wasser schwebenden Organismen, die keine größere Eigenbewegung ausführen u. passiv durch Wasserbewegungen verdriftet werden [Ggs: Nekton])* planktono (↑ *auch* ***Aero-***, ***Kryo-***, ***Meeres-***, ***Mikro-***, ***Nano-***, ***Phyto-***, ***Potamo-***, ***Proto-***, ***Salzwasser-***, ***Seen-*** *u.* ***Zooplankton***); ~**fresser** *m/Pl*, *<wiss>* ***Planktophagen*** *Pl Zool (Tiere, die mithilfe von Strudelbewegungen od durch Filtrieren, wie z.B. Muscheln, planktonhaltige Nahrung aufnehmen)* planktonmanĝuloj *Pl*

planktonisch *Adj* planktona

Planktonnetz *n feinmaschiges Netz aus Seiden- od Kunstfasergaze zum Fang von*

Plankton plankton-kapta reto, *auch kurz* planktonreto

planlos 1. *Adj* senplana; *[völlig] ungeordnet* [tute] neordigita; *systemlos* sensistema, sen ia sistemo; *ziellos* sencela (↑ *auch* ***kreuz und quer*** *u.* ***unüberlegt***) **2.** *Adv* senplane; [tute] neordigite; sensisteme; sencele

Planlosigkeit *f* senplaneco; neorditeco; sensistemeco; senceleco

planmäßig 1. *Adj nach Plan* laŭplana *od nachgest* laŭ plano (↑ *auch* ***planvoll***); *methodisch* metoda; *systematisch* sistema **2.** *Adv* laŭplane; metode; [laŭ]sisteme

Planmäßigkeit *f* laŭplaneco

Planschbecken *n* vadbaseno [de naĝejo]

planschen *intr*: ***im Wasser*** ~ ludi (*bzw.* petoli) en akvobaseno (*od* vadbaseno *u.a.*)

planschleifen = ***plan schleifen*** [↑ *unter* ***plan***]

Plansprache *f Interlinguistik* planlingvo (↑ *auch* ***Esperanto***, ***Ido*** *u.* ***Volapük***)

Plansprachenprojekt *n* planlingva projekto

plansprachlich *Adj* planlingva

Plantage *f* plantejo (↑ *auch* ***Baumwoll-***, ***Kaffee-***, ***Kautschuk-***, ***Kokos-***, ***Obst-***, ***Tabak-***, ***Tee-*** *u.* ***Zuckerrohrplantage***)

Plantagen|arbeiter *m* planteja laboristo; **~besitzer** *m* proprietulo de plantejo

Plantar|flexion *f Physiol (Beugung des Fußes nach unten, auf die Fußsohle zu)* plandoflekso; **~reflex** *m Med, Physiol (Reaktion des Fußes mit Plantarflexion bei Bestreichen der Fußsohle)* plandoreflekso

Plantarwarze *f Med* ↑ ***Dornwarze***

Planum *n Eisenb (Gleisbau)* [ebenigita] trakbazo; *Straßenbau* ebenigita fundamentbazo

Planung *f* planado (↑ *auch* ***Bau-***, ***Familien-***, ***Finanz-***, ***Regional-***, ***Stadt-***, ***Unterrichts-***, ***Vor-***, ***Wirtschafts-***, ***Zeit-*** *u.* ***Zukunftsplanung***); ***langfristige*** ~ longtempa planado

Planungs|hoheit *f* suvereneco de planado *bzw.* planada kompetento; **~phase** *f* planada fazo *od* fazo de planado; **~sicherheit** *f* planada sekureco *od* sekureco pri planado

planvoll *Adj [nach Plan] geordnet* [laŭplane] ordigita (*vgl. dazu* ***planmäßig*** *u.* ***taktisch***)

Plan|wirtschaft *f zentral geleitete Wirtchaft* planata (*od* laŭplana) ekonomio; **~zeitraum** *m* planperiodo; **~ziel** *n* planata celo

Plapperei *f* babilado (↑ *auch* ***Geschwätz***)

Plapperer *m od* **Plappermaul** *n* babilulo

plappern *intr* babili [kiel etinfano]

Plapperverein *m meist scherzh od pej* papagejo (↑ *auch* ***Kaffeeklatsch***)

Plaque [*plak*] *f* ***a)*** *umg* ***Zahnbelag*** *m* plako [sur (la) dento(j)], [bakteria] denta plako ***b)*** *Ablagerung in den Blutgefäßen* plako; ***arteriosklerotische*** *~s Pl* arteriosklerozaj plakoj *Pl*

plärren *intr laut weinen* laŭte plor[aĉ]i; *[laut] schreien* [laŭte] kri[aĉ]i; *unschön singen* kantaĉi (↑ *auch* ***grölen***)

Plasma *n Astron, Biol, El, Med, Phys* plasmo (↑ *auch* ***Ekto-***, ***Endo-***, ***Karyo-***, ***Proto-***, ***Sonnen-*** *u.* ***Trockenplasma***); *Blut*~ sangoplasmo; *Zell*~ ĉelplasmo (↑ *auch* ***Zytoplasma***); **~bildschirm** *m TV* plasma ekrano

Plasmabrücken *f/Pl* ↑ *unter* ***Plasmodesmen***

Plasma|chemie *f Bez für «chemische Reaktionen, die in einem Plasma ablaufen»* plasmokemio; **~ersatzstoffe** *m/Pl* plasmosubstituaĵoj *Pl*; **~fernseher** *m* plasmotelevidilo

Plasmalemm[a] *n Anat* ↑ ***Zellmembran***

Plasmapherese *f nur Fachspr Med (Blutplasmatrennung: Gewinnung von Blutplasma mit Wiederzuführung der roten [und weißen] Blutkörperchen an den Blutspender)* plasmoferezo

Plasma|physik *f Teilgebiet der Physik, das sich mit der Herstellung eines Plasmas, der Erforschung seiner Eigenschaften u. seinen technischen Anwendungen befasst* plasmofiziko; **~proteinoj** *Pl im Blut vorhandene Eiweiße* plasmoproteinoj *Pl*; **~verschmelzung** *f Zellbiologie* plasmogamio; **~zelle** *f*, *<wiss>* ***Plasmozyt*** *m Biol* plasmoĉelo

Plasmide *n/Pl Genetik, Molekularbiologie (nicht auf Chromosomen liegende Träger von Erbinformationen [DNA-Moleküle] in Bakterien)* plasmidoj *Pl*

Plasmodesmen *Pl*, *auch* ***fädige Plasmabrücken*** *f/Pl Biol (vom Protoplasma gebildete feinste Plasmaverbindungen zw. benachbarten Zellen)* plasmodesmoj *Pl*

Plasmodium *n* (*meist Pl*: ***Plasmodien***) *1. Biol (vielkernige Zytoplasmamasse, die aus einer Zelle durch wiederholte Kernteilungen ohne nachfolgende Zellteilungen entstanden ist [bes. bei Schleimpilzen, aber auch bei einigen Algen] <fast identisch mit «Synzytium»>) 2. Parasitologie (artenreiche Gattung von Hämatozoa, zu der auch der Erreger der Malaria gehört)* plasmodio (*Parasitologie meist Pl:* plasmodioj)

Plasmogamie *f Zellbiologie (Plasmaverschmelzung, bei der sich Protoplasmen von*

zwei Gameten vereinigen [z.B. bei der Befruchtung]) plasmogamio

Plasmolyse *f Biol (Ablösung der Protoplasten von der Zellwand)* plasmolizo

Plasmozyt *m Biol* ↑ ***Plasmazelle***

Plasmozytom *n Med* ↑ ***Myelom***

Plast *m od* **Plaste** *f, auch* ***Plastik*** *n* plasto (*vgl. dazu* ***Kunststoff***; ↑ *auch* ***Mikro-***, ***Nanoplastik*** *u.* ***Vinoplast***)

Plastbeton *m Bauw* plastbetono

Plastdübel *m Handw* ↑ ***Kunststoffdübel***

Plasteinband *m Buchw* plasta bindaĵo

Plasteplane *f* ↑ ***Plastikplane***

Plasteverpackung *f* ↑ ***Plastikverpackung***

Plastfolie *f* ↑ ***Plastikfolie***

Plastifikator *m Chem, Tech* ↑ ***Weichmacher***

plastifizieren *tr Tech* plastigi

Plastifizierung *f Bez für Verfahren, wie z.B. Mahlen u. Einschmelzen von Kunststoffgemischen, die für Recycling erforderlich sind* plastigo

Plastik *f* ***a)*** *Bildh* plastiko (↑ *auch* ***Bronzeplastik***) ***b)*** *Chir* plastio (↑ *auch* ***Chondro-***, ***Dermato-***, ***Nasen-***, ***Reduktions-*** *u.* ***Thorakoplastik***) ***c)*** *ein Kunststoff* ↑ ***Plast***

Plastik|abfall *m* plastorub[aĵ]o *od* plasta rub[aĵ]o; ~**becher** *m* plasta glaso; ~**beutel** *m, auch* ***Plastebeutel*** *m,* *<österr> u. reg* ***Plastiksackerl*** *n* plasta saketo; ~**blume** *f* plasta floro (↑ *auch* ***Kunstblume***); ~**bombe** *f* plastobombo; ~**eimer** *m* plastositelo *od* plasta sitelo; ~**flasche** *f* plastbotelo

Plastikfolie *f* ↑ ***Kunststofffolie***

Plastikgeld *n umg auch für «Kreditkarte»* plasta mono; ~**handschuhe** *m/Pl* plastaj gantoj *Pl*; ~**industrie** *f* plastindustrio

Plastikmörtel *m Bauw* = ***Plastmörtel***

Plastik|müll *m* plastorub[aĵ]o *od* plasta rub[aĵ]o; ~**plane** *f, auch* ***Plastplane*** *f* plasta ŝirmtolo; ~**rohr** *n* plastotubo; ~**sack** *m* plasta sako

Plastiksackerl *n* ↑ ***Plastikbeutel***

Plastik|schlauch *m* plasta hoso, hoso el plasto; ~**spielzeug** *n* ludilo(j) el plasto; ~**sprengstoff** *m* plasta eksplodaĵo

Plastiktüte *f* = ***Plastikbeutel***

Plastikverpackung *f, auch* ***Plasteverpackung*** *f* plasta pakumo

Plastikverschmutzung *f* plasta polu[ad]o

Plastilin *n (österr nur so) od* **Plastilina** *f, auch* ***Knetmasse*** *f zum Modellieren, umg* ***Knete*** *f* plastilino, *auch* modlopasto *od* kned[o]pasto

Plastinat *n* plastinaĵo

Plastination *f ein Konservierungsverfahren, das vor allem bei anatomischer Präparierung von Körpern u. Körperteilen angewendet wird* plastinado

plastinieren *tr* plastini

plastisch *Adj anschaulich, deutlich hervortretend* plastika *auch übertr*; *auf Kunststoff bezogen* plast[ec]a; *Med (auf plastische Operationen bezogen)* plastia (↑ *auch* ***formbar*** *u.* ***knetbar***); ~***e Chirurgie*** *f* plastia kirurgio; ~***e Kunst*** *f* plastika arto; ~***e Operation*** *f Chir* plastia operacio

Plastizität *f* ***a)*** *1. Formbarkeit 2. übertr (Bildhaftigkeit, Anschaulichkeit)* plastikeco ***b)*** *auf Kunststoff bezogen* plasteco

Plast|mörtel *od* ~**putz** *m Bauw (eine Art Außenputz)* plastmortero (↑ *auch* ***Putz b)***)

Plastomere *Pl Chem (Gruppe von Polymeren, die zur Verarbeitung erwärmt werden u. dann plastisch sind, die jedoch nicht vernetzbar sind u. auch nicht hochelastisch werden können)* plastomeroj *Pl*

Plastüberzug *m Kunststoffbeschichtung* plasta tegaĵo

Platää (*n*) *eine antike Stadt in Böotien <bereits in vormykenischer Zeit besiedelt>* Plateo

Platane *f* (*Gattung* Platanus) *Bot* platano; ***abendländische*** ~ (Platanus occidentalis) okcidenta platano; ***ahornblättrige*** ~ (Platanus acerifolia) acerfolia platano; ***morgenländische*** ~ (Platanus orientalis) orient[land]a platano

Platanenblatt *n* platan[o]folio

Platanengewächse *n/Pl Bot*: ***[Familie der]*** ~ (Platanaceae) platanacoj *Pl*

Plateau [*pla'to:*] *n Geogr* plataĵo; *Hochebene* altebenaĵo (↑ *auch* ***Felsplateau***)

Plateaugletscher *m* ↑ ***Eiskappe b)***

Plateauschuh *m Schuh mit einer auffallend starken Sohle* platforma ŝuo

Plateosaurier *m Paläozoologie (ein fossiles Reptil aus der Trias)* plateosaŭro

Platin *n* (*Zeichen* ***Pt***) *Chem (ein Edelmetall)* plateno

platinblond *Adj* platenblonda

Platine *f El (Montageplatte für elektronische Bauelemente)* cirkvita tabulo

platinieren *tr mit Platin überziehen* plateni, tegi per plateno

Platituden *f/Pl* ↑ ***Plattitüden***

Plato *od* **Platon** (*m*) *Eig (ein altgriech. Phi*

losoph [427-347 v.Chr.]) Platono; ***die Lehre Platos*** la platona doktrino

Platoniker *m Anhänger der Lehre Platos* platonano

platonisch *Adj 1. die Philosophie Platons betreffend bzw. auf ihr basierend 2. rein seelisch-geistig* platona *auch übertr* (↑ *auch* ***harmlos***); ***~e Liebe*** *f* platona amo

Platonismus *m Phil (Weiterentwicklung u. Abwandlung der Philosophie Platos)* platonismo (↑ *auch* ***Neoplatonismus***)

platsch! *lautmalend* plaŭ! *(Zam)*

platschen *intr*: ***ins Wasser ~*** plaŭde (*od [stärker:]* brue) fali en la akvon

Plätschergeräusch *n* plaŭda bru[et]o

plätschern *intr Regen, Wasser* plaŭd[et]i [↑ *auch* ***[1]murmeln a)***); ***etw. ~ lassen*** plaŭdigi ion

Plätschern *n* plaŭd[ad]o

platt 1. *Adj **a)** flach [wie eine Platte], abgeplattet* plata (*vgl. dazu* ***tafelförmig***); *eben* ebena; ***werden*** *sich abplatten* platiĝi; ***auf dem ~en Land*** sur la plata lando; *außerhalb der Stadt* en la kamparo ***b)*** *übertr (banal)* banala, *(trivial)* triviala, *(fade, seicht* plata (*vgl. dazu* ***alltäglich***); *fam: verblüfft* perpleksa ◇ ***ich war ganz ~, als ich das hörte*** mi estis tute perpleksa, kiam mi aŭdis tion **2.** *Adv*: ***~ drücken*** platpremi, platigi; ***die Nase an der Fensterscheibe ~ drücken*** platigi sian nazon sur la fenestra vitro

Platt *n* ↑ ***Plattdeutsch[e]***

Plättbrett *n* ↑ ***Bügelbrett***

plattdeutsch *Adj* platdiĉa

Plattdeutsch[e] *n, kurz* ***Platt*** *n Ling (das Niederdeutsche)* la basgermana [lingvo], *auch* la platdiĉa [lingvo]; ***Platt sprechen*** paroli basgermane *od* paroli la basgermanan (*od i.w.S.* nordgermanan) [lingvon]

[1]Platte *f **a)** allg. Bez für flache, ebene, dünne Scheibe od Tafel* plato (↑ *auch* ***Asbest-, Beton-, Glas-, Grab-, Holzfaser-*** *u.* ***Marmorplatte***); *platte Fläche (von etw.)* plataĵo; *Tisch*~ tabloplato; *Stein*~, *Bodenfliese* plato el ŝtono, slabo; *Metall*~ metala plato (↑ *auch* ***Kupfer-*** *u.* ***Stahlplatte***) ***b)*** *Servierbrett* pleto; *Nahr (Speisen*~*)* plado (↑ *auch* ***Gemüseplatte***); ***kalte ~*** plado kun viandaĵo [malvarma] ***c)*** *kurz für «Schallplatte»* [gramofon]disko; ***eine neue ~ auflegen*** surmeti (*od* ludigi) novan diskon; ***auf ~ aufnehmen*** (*od* ***aufzeichnen***) surdiskigi ***d)*** *alt: Foto*~ plako ***e)*** *umg für «Glatze»* kalvaĵo; ***er hat eine ~*** li havas kalvaĵon (*od* kalvan kapon) ***f)*** *Geol, Tektonik* plato; ***eurasische (pazifische, tektonische) ~*** eŭrazia (paci- fika, tektona) plato; ***das Beben ereignete sich zufolge der Reibung zwischen der indoaustralischen und eurasischen ~*** *Seismik* la tertremo okazis kaŭze de moviĝo inter la hindoaŭstrala kaj la eŭrazia platoj ***g)*** *Typ (Druckplatte, Tiegel)* platino ◇ ***das kommt nicht auf die ~!*** *darüber reden wir erst gar nicht* pri tio ni eĉ ne diskutos!

[2]Platte *m salopp für «Reifen ohne Luft»* ◇ ***ich hatte einen ~n*** pneŭmatiko de mia aŭto (*bzw.* biciklo *u.a.*) krevis (*od* estis tute senaera [pro truo en ĝi])

Plätte *f od* **Plätteisen** *n* ↑ ***Bügeleisen***

plätteln ↑ ***kacheln***

plätten *tr* ↑ ***bügeln***

Plattenbau *m* (*Pl:* ***Plattenbauten***) *Bauw* panelkonstruaĵo

Plattenepithel *n Anat*: ***einschichtiges ~*** *z.B. Innenhaut der Blut- u. Lymphgefäße* endotelio

Plattenhülle *f Schall*~ diskokoverto

Plattenladen *m umg* = ***Schallplattengeschäft***

Plattensee *m, ungar.* ***Balaton*** *m ein See in Ungarn <größter Binnensee Mitteleuropas>* Balatono

Plattenspieler *m* diskludilo (*vgl. dazu* ***Grammophon***); ***~ mit Verstärker und Lautsprecher*** elektrofono

Plattentektonik *f, auch* ***Großschollentektonik*** *f Geol, Geophysik* platotektoniko

Platterbse *f* (*Gattung* Lathyrus) *Bot* latiro (↑ *auch* ***Berg-, Gras-, Knollen-, Ranken-*** *u.* ***Wiesenplatterbse***); ***behaartfrüchtige ~*** (Lathyrus hirsutus) vila latiro; ***breitblättrige ~*** (Lathyrus latifolius) larĝfolia latiro; ***bunte ~*** ↑ ***Wicke*** *f*; ***erbsenartige ~*** (Lathyrus pa- lustris) marĉa latiro; ***schwarzwerdende ~*** (Lathyrus niger) nigra latiro; ***verschiedenblättrige ~*** (Lathyrus heterophyllus) diversfolia latiro

Plätterin *f, auch* ***Büglerin*** *f, <schweiz>* ***Glätterin*** *f* gladistino

Plattfisch *m* (*Gattung* Pleuronectes) *Ichth* pleŭronekto, *pop* platfiŝo (*vgl. dazu* ***Flunder*** *u.* ***[2]Scholle***)

Plattform *f **a)*** platformo *auch eines Eisenbahnwagens, Lade- u. andere Plattform eines LKWs* (↑ *auch* ***Aufzugsplattform***) ***b)*** *Estrade, Podium* estrado, podio ***c)*** *übertr*

(Grundlage) fundamento, *(Basis)* bazo ***c)*** *Pol (öffentliches Forum bzw. parteipolitische Grundsätze)* platformo (*vgl. dazu* ***Parteiprogramm***; ↑ *auch* ***Bürgerplattform***)

Plattformbirne *f Boxen* ↑ ***Punchingball***

Plattformdeck *n Mar* ↑ ***Orlopdeck***

Plattfuß *m* (Pes planus) *Med* platpiedo

plattfüßig *Adj* platpieda

Plattheit *f* ***a)*** *Flachheit, platte od flache Form* plateco ***b)*** *übertr für «Seichtheit»* plateco; *Banalität* banaleco; *Trivialität* trivialeco; *Geistlosigkeit* senspriteco; *~**en** f/Pl Trivialitäten* trivialaĵoj; *banales Zeug, leere Phrasen* banalaĵoj *Pl* (*vgl. dazu* ***Plattitüden***)

plattieren *tr Metallurgie ([eine dünne Edelmetalldeckschicht auf unedlen Grundstoff] aufwalzen)* plaki

Plattierung *f* plataĵo (↑ *auch* ***Doublé***)

Plattitüden *f/Pl, auch* ***Platituden*** *f/Pl nichtssagende Worte, Plattheiten* banalaĵoj *Pl*

Plattler *m* klakdanco (↑ *auch* ***Schuhplattler***)

Plättli *n* ↑ ***Kachel***

plattmachen *tr abflachen, abplatten* platigi

plattnasig *Adj* platnaza

Plattschweifsittich *m Orn* ↑ ***Rosella***

Plättwäsche *f zu plättende Wäsche* gladota tolaĵo; *bereits geplättete Wäsche* gladita tolaĵo

Plattwürmer *m/Pl* (Plathelminthes) *Zool (Tierstamm niederer Würmer <Strudelwürmer, Saugwürmer u. Bandwürmer> [über 12000 Arten])* platvermoj *Pl*, *<wiss>* plathelmintoj *Pl*; ***[Klasse der] Platt-*** *od* ***Bandwürmer*** (Cestodes) *Zool* cestodoj *Pl*

Platymeter *n El (eine Vorrichtung zur Messung der Kapazität von Kondensatoren)* platimetro

Platysma *n* (Musculus platysma) *Anat (Hautmuskel des Halses)* platismo

Platz *m* ***a)*** *allg: Ort, Stelle* loko, ejo (↑ *auch* ***Appell-***, ***Fußball-***, ***Lager-***, ***Tennis-*** *u.* ***Übungsplatz***); ***das erste Hotel*** (*od auch* ***Haus***) ***am*** ~ la plej bona hotelo en la urbo ◇ ***Platz!*** *Zuruf an einen Hund* ↑ ***sitz! b)*** *offene Fläche im Freien, öffentlicher Platz* [publika] placo (*vgl. dazu* ***Esplanade b)***; ↑ *auch* ***Rathausplatz***); ***der*** ~ ***des Himmlischen Friedens in Peking*** la Placo de Ĉiela Paco en Pekino; ***der Rote*** ~ ***in Moskau*** la Ruĝa Placo en Moskvo ***c)*** *freier Raum, der sich bietet od über den etw. od jmd. verfügt* spaco; ~ ***bieten*** doni lokon (*bzw.* spacon) (***für*** por); ***viel*** ~ ***brauchen*** (***einnehmen***) bezoni (okupi) multan spacon; ~ ***lassen für ...*** lasi spacon por ...***d)*** *Sitz*° sidloko (↑ *auch* ***Eck-***, ***Fenster-*** *u.* ***Logenplatz***); ***ein reservierter*** ~ rezervita [sid]loko; ***ist dieser*** ~ ***besetzt*** (***frei***)***?*** ĉu tiu ĉi [sid]loko estas okupita (libera)?; ***entschuldigen Sie***, ***das ist mein*** ~ pardonu, tiu ĉi estas mia [sid]loko; ***dieser*** ~ ***ist reserviert*** tiu [ĉi] loko estas rezervita; ***sind hier noch Plätze frei?*** ĉu ĉi tie estas ankoraŭ liberaj lokoj?; ***möchten Sie den*** ~ ***mit mir tauschen?*** ĉu vi deziras ŝanĝi vian sidlokon kun la mia?; ~ ***nehmen*** eksidi, *umg auch* sidiĝi; ***nehmen Sie bitte hier*** ~***!*** bonvolu eksidi ĉi tie!; ***zum*** ~ ***zurückgehen*** *Schüler im Klassenzimmer* reiri al sia benko; ***vom*** ~ ***stellen*** *Sport (aus dem Spiel nehmen [bes. wegen eines groben Fouls])* elludigi ***e)*** *in Tabellen od Wertungen, bes. Sport* rango, pozicio; ***auf*** ~ ***vier*** *Sportstatistik* en la kvara pozicio (*od* loko); ***sie kam auf den dritten*** ~ ŝi okupis la trian rangon (*od* lokon); ***den vierten*** ~ ***einnehmen*** *z.B. in einer Tabelle* okupi la kvaran lokon; ***von*** ~ ***fünf auf*** ~ ***zwei*** vorrücken (*od* ***vorstoßen***) *Sport* antaŭeniĝi de pozicio kvina al pozicio dua

Platzangst *f, Fachspr* ***Agoraphobie*** *f Psych (starke Beklemmung beim Überqueren freier Plätze u. Straßen [Ggs: Klaustrophobie])* agorafobio

Platz|anweiserin *f* lok-montristino [en kinejo *bzw.* teatro]; ~**bedarf** *m* spac-bezono

Plätzchen *n/Pl Kleingebäck* etaj bakaĵoj *Pl*; *aus Zuckerwerk* pastelo

platzen *intr auseinander- od zerplatzen, bersten* krevi, *[betonte Form:]* diskrevi; *Bombe* eksplodi *auch übertr* (*vgl. dazu* ***detonieren***); ***ein geplatzter Reifen*** krevinta pneŭmatiko; ***ein Reifen ist geplatzt*** pneŭmatiko krevis ◇ ***vor Lachen*** ~ krevi (*od [stärker:]* eksplodi) pro rid[ad]o; ***vor Wut*** ~ eksplodi pro furiozo

Platzhirsch *m* alfacervo

platzieren *tr etw. an einen bestimmten Platz setzen, stellen od legen, Platz anweisen* loki; *Fin ([Kapital] anlegen)* plasi

Platzieren *n od* **Platzierung** *f* lokado (↑ *auch* ***Erstplatzierung***)

Platzkarte *f Bus, Eisenb, im Kino od Theat* sidloka bileto, *auch kurz* lokbileto

Platzmangel *m* spacomanko *od* manko de spaco; *an Sitzplätzen* manko de sidlokoj; ***aus*** ~ pro manko de spaco (*bzw.* sidlokoj)

Platz|patrone *f Mil* ekzerca kartoĉo, *auch* blanka kartoĉo; **~regen** *m* batanta pluvo; *[plötzlicher] Starkregen* [subita kaj] torenta pluvoverŝo
Platzreservierung *f* lokrezervado, *auch* rezervado de [sid]loko(j); ***telefonische ~*** [per]telefona lokrezervado
Platzwechsel *m Fin (Wechsel, bei dem der Ausstellungsort auch der Zahlungsort ist)* lokotrato
Plauderei *f* babilado (***mit*** kun; ***über*** pri); *Gespräch* parolado (↑ *auch* ***Konversation***)
plaudern *intr* [iomete] interparoli, babil[ad]i; ***ein bisschen*** (*od* ***eine Weile***) ~ iomete babili (***mit jmdm.*** kun iu); ***miteinander*** ~ interbabili ◇ ***aus dem Nähkästchen*** (*od* ***aus der Schule***) ~ elbabili sekretaĵon, disbabili privataĵo(j)n
Plauen (*n*) *eine Stadt im Vogtland* Plaŭeno
Plauenit *m Min* plaŭenito
plauschen *reg* = ***plaudern***
plausibel *Adj einleuchtend* klara, evidenta; *verständlich* komprenebla (↑ *auch* ***begreiflich***); *glaubhaft* kredebla; *glaubwürdig* kredinda (↑ *auch* ***überzeugend***)
Plautus (*m*) *Eig (ein altröm. Komödiendichter [um 254-184 v. Chr.])* Plaŭto
Play-back *n*, *auch* ***Playback*** *n Film, TV (nachträgliches Abstimmen der Bildaufnahme mit der schon vorliegenden Tonaufzeichnung)* sonmuntaĵo; *i.w.S. Tonwiedergabe* sonreproduktado
Play-off-|Finale *n Sport (gesonderte Endrunde in Mannschaftssportarten zur endgültigen Ermittlung des Meisters)* lasta maĉo de la finalturniro; **~Runde** *f Sport* finalturniro
Playstation® *f EDV* ↑ ***Spielkonsole***
Plazenta *f 1. auch* ***Mutterkuchen*** *m Anat* (*vgl. dazu* ***Nachgeburt***) *2. auch* ***Samenleiste*** *f Bot (Ansatzpunkt der Samenanlage im Fruchtknoten)* placento; ***Lappen*** *m* ***der*** ~ (Cotyledo) *Anat* placenta kotiledono
plazentar *die Plazenta betreffend bzw. zur Plazenta gehörend* placenta
Plazentalier *m/Pl od* **Plazentatiere** *n/Pl* (Placentalia) *Zool (eine Unterklasse der Säugetiere, deren Embryo mit dem mütterlichen durch eine Plazenta verbunden sind)* placentuloj *Pl*
Plazentitis *f Med (entzündliche Infektion der Plazenta)* placentito
Plazet *n*, *auch* ***Placet*** *n Bestätigung, Erlaubnis*: ***sein*** ~ ***zu etw. geben*** doni sian permeson al io (↑ *auch* ***Einwilligung***, ***Erlaubnis*** *u.* ***Zustimmung***)
Plebejer *m röm. Antike* plebano *auch übertr für «ungehobelter Mensch»*
Plebejerin *f* plebanino
plebejisch *Adj 1. zum Plebs gehörend 2. pej: ungebildet, ungehobelt* pleba
Plebiszit *n [Entscheidung durch] Volksabstimmung* plebiscito (***über*** pri) (*vgl. dazu* ***Referendum***)
plebiszitär *Adj* plebiscita; *durch Volksentscheid* pere de plebiscito *nachgest*
Plebs *m*, *<österr> f Pöbel* plebo (*vgl. dazu* ***Mob***)
...plegie *Wortelement in fachsprachlichen medizinischen Ausdrücken mit der Bed «Lähmung»*, *z.B.* ***Paraplegie*** [↑ *dort*]
Pleisthenes (*m*) *griech. Myth (ein Spross des fluchbeladenenTantalidengeschlechts)* Plisteno
pleistozän *Adj Geol (auf das Pleistozän bezogen bzw. aus ihm stammend)* plejstocena
Pleistozän *n Geol (untere Abteilung des Quartärs)* plejstoceno (*vgl. dazu* ***Eiszeit***; ↑ *auch* ***Diluvium***)
pleite *Adj umg für «zahlungsunfähig»* bankrota, nesolventa; ~ ***sein*** esti bankrota
Pleite *f* ***a)*** *Bankrott* bankroto (*vgl. dazu* ***Konkurs***); ~ ***machen*** bankroti ***b)*** *Fiasko, Reinfall* fiasko; *[völliger] Misserfolg* [plena *od* totala] malsukceso
Pleitier [*plait'je:*] *m umg für «jmd., der pleite ist»* bankrotinto *od (bes. übertr)* bankrotulo
Plejaden *Pl*, *auch* ***Siebengestirn*** *n Astron (ein Sternhaufen im Sternbild Stier)* Plejadoj *Pl* (↑ *auch* ***Alcyone***)
Plektron *od* **Plektrum** *n Mus (Plättchen aus Metall, Elfenbein, Schildpatt od Horn zum Anreißen der Saiten verschiedener Zupfinstrumente)* plektro (↑ *auch* ***Fingerpick***)
Plektrumgitarre *od* **Schlaggitarre** *f Mus* plektra gitaro
Plenar|saal *m* plenkunsida salono; **~sitzung** *od* **~tagung** *f od* **Plenum** *n* plenkunsido, *auch* plena kunsido (↑ *auch* ***Vollversammlung***)
plentern *tr nur Fachspr Forstw* plenti
Plenterwald *m Forstw (ein Forst, in dem ständig alle Altersstufen von einjährigen bis zum fällbaren Baum auf derselben Fläche gemischt vorkommen)* plent-arbaro

Plenum *n* ↑ ***Plenarsitzung***

Pleochroismus *m nur Fachspr Kristallografie u. Min (Eigenschaft vieler Mineralien, bei durchfallendem Licht in verschiedenen Richtungen drei verschiedene Farben zu zeigen)* pleokroismo

Pleonasmus *m Ling, Rhetorik (unnötige Verbindung od Häufung sinngleicher Begriffe [z.B. «pechrabenschwarz» od «weißer Schimmel»])* pleonasmo (*vgl. dazu* ***Tautologie***)

pleonastisch *Ad einen Pleonasmus darstellendj* pleonasma

Plesiosaurier *od* **Plesiosaurus** *m, auch* ***Schlangenhalssaurier*** *m Paläozoologie (ein langhalsiges Reptil des Lias)* plesiosaŭro

Pleskau (*n*) ↑ ***Pskow***

Pleskehäher *m* (Podoces pleskei) *Orn* suda tergarolo

Plethora *f* (Plethora sanguinea) *Med: veraltet für «[krankhafte] Vollblütigkeit, vermehrter Blutandrang»* pletoro (↑ *auch* ***Blutfülle***)

plethorisch *Adj Med (blutüberfüllt, vollblütig)* pletora

Pleuel *m od* ~**stange** *f Kfz, Tech* bielo

Pleura *f Anat (die inneren Wände des Brustkorbs auskleidende Haut* ↑ ***Brustfell*** *u.* ***Lungenfell***; ***außerhalb der ~ [gelegen]***, *fachsprachl.* ***extrapleural*** *Adj* eksterpleŭra

Pleura|biopsie *f Med* pleŭra biopsio; ~**druck** *m nur Fachspr Med* pleŭra premo; ~**empyem** *n, auch* ***Pleuravereiterung*** *f Med (eitriger Erguss in der Pleurahöhle <vor allem bei Lungenerkrankungen>)* pleŭra empiemo; ~**erguss** *m Med (übermäßige Flüssigkeitsansammlung in der Pleurahöhle)* pleŭra hidropso; ~**höhle** *f* (Cavitas pleuralis) *Anat* pleŭra kavo

pleural *Adj die Pleura betreffend bzw. zur Pleura gehörend* pleŭra (↑ *auch* ***extrapleural***)

Pleuralgie *f, auch* ***Pleuraschmerz*** *m Med (Rippen[fell]schmerz)* pleŭralgio

Pleura|pneumonie *f Med (Pneumonie mit begleitender Pleuritis)* pleŭropneŭmonio; ~**punktion** *f Med* pleŭra punkcio

Pleuraschmerz *m* ↑ ***Pleuralgie***

Pleura|sinus *m* (Sinus pleurae) *Anat* pleŭra sinuso; ~**tuberkulose** *f Med* pleŭra tuberkulozo

Pleuravereiterung *f Med* ↑ ***Pleuraempyem***

Pleurazotte *f Anat* pleŭra vilo

Pleuritis *f Med* ↑ ***Brustfellentzündung*** *od* ***Rippenfellentzündung*** (↑ *auch* ***Pneumopleuritis***)

Pleuropneumonie *f Med (Pneumonie mit begleitender Pleuritis)* pleŭropneŭmonio

Pleuston *n Biol (Gesamtheit der an der Wasseroberfläche lebenden Pflanzen u. Tiere)* pleŭstono

Plewen (*n*), *auch* ***Pleven*** (*n*) *eine Stadt in Nordbulgarien* Pleveno

Plexiglas® *n ein glasartigerKunststoff* [speco de] akrila vitro, *pop* vitroplasto

Plexus *m Anat ([Gefäß- od Nerven-] Geflecht)* plekso (↑ *auch* ***Adergeflecht*** *u.* ***Sonnengeflecht***); ~ **lumbalis** *Nervengeflecht der Lende* lumba plekso

Plexusanästhesie *f Med (eine Form der Lokalanästhesie)* pleksoanestezo

Plinius (*m*) *Eig (altrömische Schriftsteller)* Plinio; ~ ***der Ältere*** Plinio la Maljuna *[um 23-79 n. Chr.]*; ~ ***der Jüngere*** Plinio la Juna *[61-um 113 n. Chr.]*

Plinse *f, auch* ***Plinze*** *f reg Kochk* flano (*vgl. dazu* ***Eierkuchen*** *u.* ***Fladen***); *Hefe*~ *aus Buchweizenmehl, sog. Blini* blino

Plinthe *f Arch (quadratische od rechteckige Steinplatte, auf der die Basis einer Säule od Ähnlichem ruht)* plinto

pliozän *Adj Geol (das Pliozän betreffend)* pliocena

Pliozän *n Geol (jüngste Stufe des Tertiärs)* plioceno

Plissee *n Textil (in Fältchen gelegtes Gewebe)* plisaĵo; ~**rock** *m* plisita jupo

plissieren *tr in Falten legen (Stoff)* plisi; ***plissiert*** plisita

Plitwitzer Seen *Pl, kroatisch* ***Plitvička Jezera*** *eine Gruppe von 16 Gebirgsseen in Kroatien, die durch Wasserfälle u. Stromschnellen miteinander verbunden sind <ein Nationalpark>* Plitvicaj Lagoj *Pl, auch* lagoj de Plitvice

PLO *f* ↑ *unter* ***palästinensisch***

Ploieşti (*n*) *eine rumänische Stadt am Südabfall der Südkarpaten* Plo[j]eŝto

Plombe *f* ***a)*** *Bleiverschluss od auch Metallverschluss [zur Verschlusssicherung von Behältern, Wagentüren u.a.])* plumbaĵo (↑ *auch* ***Siegel a)*** *u.* ***Zollplombe***); ***mit einer ~ versehen*** *verplomben* sigeli per plumbaĵo ***b)*** *Zahnfüllung* plombo; ***die ~ ist herausgefallen*** la plombo eliĝis

plombieren *tr* ***a)*** *mit einer Plombe versie-*

geln plumbi, provizi (*od* sigeli) per plumbaĵo ***b)*** *Zahn* plombi; ***ein plombierter Zahn*** plombita dento; ***können Sie [mir] den Zahn ~?*** ĉu vi povas plombi ĉi tiun denton?

Plombieren *n od* **Plombierung** *f* ***a)*** plumbado, provizado per plumbaĵo ***b)*** *eines Zahns* plombado [de dento]

Plosiv *m Phon =* ***Explosivlaut***

Plotin[os] (*m*) *Eig (ein altgriech. Philosoph [205-270] <Begründer des Neoplatonismus>)* Plotino

Plötze *f, auch* ***Rotauge*** *n, reg* ***Ridde*** *f* (Leuciscus rutilus = Rutilus rutilus) *f Ichth* ploto; ***unechtes Rotauge*** ↑ ***Rotfeder***

plötzlich **1.** *Adj* subita; *abrupt* abrupta; *unerwartet* neatendita, ***sein ~er Tod*** lia subita (*bzw.* neatendita) morto **2.** *Adv* subite; abrupte; neatendite (*vgl. dazu* ***auf einmal*** *u.* ***schlagartig***); ***ganz ~*** tute subite

Plötzlichkeit *f* subiteco; abrupteco; neatenditeco

Plovdiv *od* **Plowdiw** (*n*) *eine Bezirkshptst. in Bulgarien [an der Maritza] <Hauptort der Thrakischen Niederung>* Plovdivo

Pluderhose *f, auch* ***Pumphose*** *f* pufpantalono *<Modetracht des 16. u. 17. Jh.s>*

Plumbat *n Chem (Salz der Bleisäure)* plumbato

Plumeau [*plü'mo:*] *n* ↑ ***Federbett***

plump *Adj unförmig* plumpa, *[milder:]* malgracila; *grob* kruda; *schwerfällig* pezaĵa; *[höchst] ungeschickt* mallert[eg]a; *unverschämt* senhonta; *taktlos* sentakta; ***~e Person*** *f, pej* ***Trampel*** *m od* ***Trampeltier*** *n (Mann)* plumpulo, *(Frau)* plumpulino

Plumpbeutler *m/Pl Zool* ↑ *unter* ***Wombat***

Plumpheit *f* plumpeco; *Ungeschicktheit* mallert[ec]o; *Unverschämtheit* senhont[ec]o

Plumplori *m* (Nycticebus coucang) *Zool (eine Halbaffenart SO-Asiens)* kukango

plumps! *lautmalend für Fallgeräusch* pum!, *(Zam) auch* puf!

plumpsen *intr platschen*: ***ins Wasser ~*** plaŭde (*od [stärker:]* brue) fali en la akvon

Plumula *f Bot* ↑ ***Sprossknospe***

Plumpudding *m* kristnaska pudingo

Plunder *m altes Zeug* fatraso (*vgl. dazu* ***Kram a)***, ***Krempel***, ***Krimskrams*** *u.* ***Zeug***)

Plünderer *m* marodisto *auch im Krieg* (*vgl. dazu* ***Räuber***)

plündern *tr* marodi *auch im Krieg* (*vgl. dazu* ***marodieren***); *ausrauben* elrabi

Plünderung *f* marodado *bes. im Krieg, bei Aufruhr od Naturkatastrophen*; *allg* elrab[ad]o (↑ *auch* ***Ausrauben***)

Plural *m* (*Abk* ***Pl.*** *od* ***Plur.***), *auch* ***Mehrzahl*** *f Gramm* pluralo, *auch* plurnombro (*vgl. dazu* ***Dual***); ~ ***der Bescheidenheit*** (Pluralis modestiae) pluralo de modesteco

Pluralendung *f* plurala finaĵo

pluralisch *Adj Gramm (im Plural [gebraucht bzw. vorkommend])* plurala

pluralisieren *tr geh für «Wörter in die Mehrzahl setzen»* pluraligi

Pluralisierung *f* pluraligo

Pluralismus *m Phil, Soziologie* plurismo

pluralistisch *Adj* plurisma; ***~e Gesellschaft*** *f* plurisma socio

Pluralität *f Ling* pluraleco (*vgl. dazu* ***Mehrheit*** *u.* ***Mehrzahl***)

pluri|form *Adj vielgestaltig* plurforma; **~-glandulär** *Adj nur Fachspr Med (viele Drüsen betreffend)* plurglanda

plus (*Zeichen* +) *Adv* plus: ***a)*** *drückt Addition aus*: ***zwei ~ zwei ist vier*** du plus du estas kvar ***b)*** *drückt aus, dass eine Zahl über dem Nullwert liegt* plus; ~ ***fünf Grad*** plus kvin gradoj *od* kvin gradoj super la nulo

Plus *n Überschuss* pluso; *(das) Mehr* plio; *Pluszeichen* (+) plussigno; *Profit* profito (↑ *auch* ***Gewinn***); *übertr (Vorteil)* avantaĝo

Plüsch *m Textil (stark flauschiger Kettsamt [ein Florgewebe])* pluŝo (↑ *auch* ***Baumwollplüsch***)

plüschartig *Adj* pluŝeca; *von plüschartigem Aussehen* pluŝaspekta

Plüsch|kopfente *f* (Somateria fischeri) *Orn* okulvitra molanaso; **~mäntelchen** *n* pluŝmanteleto

Plüschpapier *n* ↑ ***Velourspapier***

Plüsch|sessel *m* pluŝfotelo; **~sofa** *n* pluŝsofo; **~tier** *n* pluŝbest[et]o (↑ *auch* ***Stofftier*** *u.* ***Teddybär***)

Plusglas *n Opt* ↑ *unter* ***konvex***

Plus|grad *n Grad über dem Gefrierpunkt* plusgrado *od* plusa grado; **~pol** *m El* pluspoluso *od* pozitiva poluso

Plusquamperfekt *n, alt* ***Vorvergangenheit*** *f Gramm* pluskvamperfekto

Pluszeichen *n* (*Zeichen* +) *Math* plussigno

Plutarch[os] (*m*) *Eig (altgriech. philosophischer Schriftsteller [um 45-um 125 n. Chr.])* Plutarko

[1]**Pluto** *od* **Pluton** (*m*) *Myth (Beiname des Hades: griech. Gott der Unterwelt)* Plutono

[2]**Pluto** *m Astron (äußerster Planet unseres

Sonnensystems) Plutono *[wird seit 2006 als Zwergplanet klassifiziert]*

Plutokrat *m jmd., der durch seinen Reichtum politische Macht ausübt* plutokrato

Plutokratie *f Geldherrschaft* plutokratio

Plutokratin *f* plutokratino

plutokratisch *Adj* plutokratia

Pluton (*m*) *Myth* ↑ ***[1]Pluto***

plutonisch *Adj 1. Myth (der Unterwelt zugehörig) 2. Geol (in der Tiefe der Erdkruste entstanden bzw. auf Plutonismus beruhend)* plutona; plutonisma; *~**es Gestein** n, auch **Tiefengestein** n* plutona rokaĵo

Plutonismus *m, auch **Tiefenvulkanismus** m Geol (Erscheinungen, die mit den Magmabewegungen im Erdinnern zusammenhängen [Aufdringen, Erstarren, Metamorphose])* plutonismo (↑ *auch **Magmatismus***)

Plutonit *m, auch **Plutonitgestein** od **plutonisches Gestein** n Geol, Min (Tiefen- od Intrusivgestein)* plutonito, plutona rokaĵo (↑ *auch **Aphanit**, **Batholith**, **Gabbro**, **Larvikit**, **Leukogranit** u. **Pyroxenit***)

Plutonium *n* (*Symbol **Pu***) *Chem (ein künstlich hergestelltes radioaktives Element)* plutonio

Plutos (*m*) *Myth (griech. Gott des Reichtums u. des Überflusses)* Pluto

Plutzer *m Bot* ↑ ***Kürbis***

Pluviale *n kath. Kirche (offener Überwurf [mit Kapuze] des Priesters [eines der liturgischen Gewänder])* pluvialo

Pluviograf *m, auch **Pluviograph** m, auch **[selbst schreibender] Regenmesser** m Met (Gerät zum Aufzeichnen der Niederschlagsmenge)* pluvografo

Pluviometer *n Met* ↑ ***Regenmesser***

Pluviose [*ply'vjo:s*] *m, auch **Regenmonat** m 5. Monat des französischen Revolutionskalenders [20. Jan. bis 18. Feb.]* pluviozo

PLZ = *Abk für **Postleitzahl***

Plzeň (*n*) ↑ ***Pilsen***

p.m. = *Abk für **post mortem***

PMS = *fachsprachl. Abk für **prämenstruelles Syndrom***

PND = *fachsprachliche Abk für **Pränataldiagnostik***

Pneu *m* ↑ ***[2]Pneumatik** bzw. **Pneumothorax** u. unter **[2]Reifen a)***

Pneumarthrosis *f nur Fachspr Med (Luftansammlung im Gelenk)* pneŭmoartrozo

[1]Pneumatik *f Phys (Lehre von den Luftbewegungen u. vom Verhalten der Gase sowie deren technischer Anwendung)* pneŭmatiko

[2]Pneumatik *m,* <*österr*> *f, Kurzf* <*österr*> *u.* <*schweiz*> ***Pneu** m Luftreifen* pneŭmatiko, *auch* pneŭmatika bendo

pneumatisch *Adj durch Luft[druck] bewegt, mit Pressluft betrieben, lufthaltig* pneŭmata; *auf die Pneumatik bezogen* pneŭmatika (↑ *auch **elektropneumatisch***); *~**e Bremse** f, auch **Druckluftbremse** f* pneŭmata bremso

Pneumatose *f Med (Bildung von Gas- u. Luftzysten)* pneŭmatozo

Pneumektomie *f Med* ↑ ***Pneumonektomie***

Pneumo|enzephalografie *f* (*fachsprachl. Abk **PEG***) *Med (Röntgenologie)* pneŭmoencefalografio <*gilt heutzutage als obsolete Technik*>; *~**kokkenangina** f Med* pneŭmokoka angino; *~**kokkus** m* (*Pl*: ***Pneumokokken***) (Streptococcus pneumoniae) *Bakt (Krankheitserreger, bes. der Lungenentzündung)* pneŭmokoko; *~**koniose** f nur Fachspr Med (Bez für alle durch Staubinhalation verursachten Lungenveränderungen)* pneŭmokoniozo (↑ *auch **Asbestose**, **Silikose** u. **Staublunge***)

Pneumologie *f Med (Lehre u. Wissenschaft von den Lungenkrankheiten)* pneŭmonologio

Pneum[on]ektomie *f Chir (operative Entfernung eines [erkrankten] Lungenflügels)* pneŭmonektomio

Pneumonie *f Med* ↑ ***Lungenentzündung**; **toxische** ~* toksa pneŭmonio (↑ *auch **Lobär-**, **Milzbrand-** u. **Pleurapneumonie***)

Pneumonopathie *f Med* ↑ ***Lungenerkrankung***

Pneumo|perikard *n Med (Ansammlung von Luft im Herzbeutel)* pneŭmoperikardio; *~**peritoneum** n Med (Einbringen von Luft in den Bauchraum [zur Laparotomie u.a.])* pneŭmoperitoneo; *~**pleuritis** f Med (Pleurits bei Pneumonie)* pneŭmopleŭrito; *~**radiografie** f Med* pneŭmoradiografio; *~**thorax** m, Kurzf **Pneu** m Med (Ansammlung von Luft im Brustkorb [bes. im Pleuraraum])* pneŭmotorako (↑ *auch **Spontanpneumothorax***)

PNS = *fachsprachl. Abk für **peripheres Nervensystem***

pn-Übergang *m El* ↑ *unter **Übergang c)***

[1]Po *m* postaĵo (↑ *auch **Arsch** u. **Hintern***)

[2]Po *m, lat. **Padus** m ein Fluss in Norditalien* [rivero] Pado (↑ *auch **Po-Ebene***)

Pobacke *f umg für «Hinterbacke»* sidvango

Pöbel *m* plebo (↑ *auch* ***Gesindel*** *u.* ***Plebs***)

pöbelhaft *Adj* pleba *od* plebana, *nachgest* kiel la plebo *od* kiel plebano

Pöbelherrschaft *f* ↑ ***Ochlokratie***

pochen *intr anklopfen* frapi; *Herz, Puls* bati; ***auf etw.*** ~ *etw. mit Nachdruck verlangen* insiste postuli ion *od* insisti pri io

pochieren *tr Kochk (Speisen, bes. aufgeschlagene Eier, in kochendem Wasser gar werden lassen)* poĉi; ***pochierte*** (*od umg* ***verlorene***) ***Eier*** *n/Pl* poĉitaj ovoj *Pl*

Pochkäfer *m* ↑ ***Klopfkäfer***

Poch|trog *m*, *auch* ***Stampftrog*** *m Metallurgie* pistujo; ~**werk** *n Bergb (Maschine zum Zerstampfen von vorgebrochenen Steinen od Erzen)* pistomaŝino (*vgl. dazu* ***Desintegrator***)

Pocken *Pl Med* ***a)*** *alt auch* ***Blattern*** *f/Pl* (Variola vera) variolo *Sg*; ***weiße*** ~ ↑ ***Alastrim b)*** *Vet auch* ***Pockenseuche*** *f* variolo (↑ *auch* ***Kuh-, Pferde-, Schaf-, Schweine-*** *u.* ***Vogelpocken***)

pockenartig *Adj* varioleca

Pocken|epidemie *f* epidemio de variolo; ~-**impfstoff** *m*, *auch* ***Pockenvakzin*** *n* kontraŭvariola vakcino, *(Kuhpockenlymphe)* bovina vakcino; ~**impfung** *f*, *auch* ***Pockenschutzimpfung*** *f* kontraŭvariola vakcinado (↑ *auch* ***Jenner-Pockenimpfung***); ~**kranke** *m* homo trafita de variolo; ~**narbe** *f* variolmarko

pockennarbig, *auch* ***blatternarbig*** *Adj* variolmarkita *od* markita de variolo

Pockenpustel *f Med, Vet* variola pustulo

Pockenschutzimpfung *f* ↑ ***Pockenimpfung***

Pockenseuche *f* ↑ ***Pocken b)***

Pockenvakzin *n* ↑ ***Pockenimpfstoff***

Pockenvirus *n Bakt* variola viruso

Pocketbook *n engl.* = ***Taschenbuch*** [↑ *dort*]

Pockholz *n* ↑ ***Guajakholz***

Pockholzbaum *m Bot* ↑ ***Guajakbaum***

Podagra *n*, *auch* ***Fuß-*** *od* ***Zehengicht*** *f*, *alt* ***Zipperlein*** *n Med* podagro

podagrisch *Adj an Fußgicht leidend* podagra

Podcast *m Beitrag od Ä. zum Herunterladen als Audiodatei aus dem Internet* podkasto

podcasten *tr* podkasti

Podest *n*, *auch m [kleines] Podium* [malgranda] podio (↑ *auch* ***Lesepodest***); *Treppenabsatz* interŝtupara placeto; *i.w.S. Tribüne* tribuno

Podgorica (*n*), *zeitweise [1946-92]* ***Titograd*** (*n*) *Hptst. von Montenegro* Podgorico, *früher* Titogrado

Podium *n* (*Pl*: ***Podien***) *erhöhter Bühnenfußboden od trittartige Erhöhung [für Musiker, Redner u.a.]* podio (*vgl. dazu* ***Bühne*** *u.* ***Estrade***); ***ans*** ~ ***treten*** paŝi al la podio

Podiums|diskussion *f od* ~**gespräch** *n* podia diskut[ad]o

Podlachien (*n*), *poln.* ***Podlasie*** *eine historische Landschaft in Ostpolen beiderseits des mittleren Bug <ursprünglich von Masuren besiedelt>)* Podlaĥio

Podlasier *m* podlaĥiano

Podocarpus *m Bot (eine Gattung aus der Familie der Stieleibengewächse* podokarpo

Podolien (*n*) *eine hist. Landschaft in der westl. Ukraine zw. Dnjestr u. Bug* Podolio

Podsol[boden] *m*, *auch* ***Bleich-*** *od* ***Grauerde*** *f Geol (ein durch humussaure Auswaschung im Oberboden aschfahl gebleichter Oberboden mit einer Anreicherungszone im Unterboden [ein terrestrischer Bodentyp])* podzolo

Po-Ebene *f Ebene des Flusses Po* ebenaĵo de rivero Pado

Poem *n alt od scherzh* [longa] poemo

Poesie *f* poezio; *Gedicht* poemo; *übertr: Stimmungsgehalt, Charme od Zauber, z.B. einer Landschaft* poezi[ec]o

Poet *m* poeto

Poetik *f [Lehre von der] Dichtkunst* poetiko

Poetin *f* poetino

poetisch *Adj dichterisch* poeta; *auf Poesie bezogen* poezia

Pogrom *m od n* pogromo *i.w.S. [gewalttätige] Ausschreitungen gegen nationale, religiöse od rassische Gruppen* (↑ *auch* ***Judenpogrom***); ~**nacht** *f Gesch* pogroma nokto

Pohutukawa *m*, *auch* ***neuseeländischer Weihnachtsbaum*** *m* (Metrosideros excelsa) *Bot* apudmara metrosidero *[Vorkommen: endemisch in Neuseeland]*

poikilotherm *Biol* ↑ ***wechselwarm[blütig]***

Pointe *f überraschender Schlusseffekt* pint[um]o [de ŝerco *u.Ä.*] (*vgl.dazu* ***Gag***)

Pointer *m*, *auch* ***English Pointer*** *eine engl. Hunderasse <ein großer, kurzhaariger Vorstehhund>* [angla] pojntero

Poise *f* (*Zeichen* ***P***) *Phys (seit 1978 nicht mehr zulässige Maßeinheit der dynamischen Viskosität)* puazo

Poitiers (*n*) *eine Stadt in Westfrankreich* Puatiero

Poitou *n eine Landschaft in Westfrankreich (südl. der Loire) [ehemalige Provinz]* Puatuo; ~**-Esel** *m* (Equus africanus f. asinus) *eine gefährdete Großeselrasse, die nach der Region Poitou benannt ist* puatua azeno

Pokal *m* pokalo *auch Sport, (als Preis) auch* premiovazo (↑ *auch* ***Cup***, ***UEFA-***, ***Sieger-*** *u.* ***Wanderpokal***); ***den ~ erringen*** (*od* ***gewinnen***) gajni la pokalon; ***jmdm. einen ~ überreichen*** transdoni al iu pokalon (*od auch* premiovazon)

Pokal|endspiel *od* ~**finale** *n Sport* pokalfinalo; ~**finalist** *m* pokalfinalisto; ~**sieger** *m Sport* pokalvenkinto; ~**spiel** *n Sport* pokalmaĉo; ~**system** *n* pokalsistemo; ~**wettbewerb** *m Sport* pokalkonkurso

Pökel *m Pökel-, Salzlake* peklakvo; ~**fleisch** *n*, *<österr>* ***Surfleisch*** *n* peklita viando

pökeln, *<österr> u. reg* ***suren*** *tr* pekli

Pökeln *n* peklado

Pokemon® *n Figur einer japanischen Zeichentrickserie für Kinder* Pokemono

Poker *n od m, auch* ***Pokerspiel*** *n Kart* pokero, *auch* pokerludo; ***~ spielen***, *auch* ***pokern*** ludi pokeron

Pokergesicht *n, auch engl.* ***Pokerface*** [... *fe:s*] *n* pokervizaĝo; ~**miene** *f* pokermieno

pokern ↑ *unter* ***Poker***

Pokerspiel *n* ↑ ***Poker***

Pokerwürfel *m* pokerkubo

Pol *m Astron, El, Geogr, Math, Phys (Ort höchster Konzentration von Feldlinien eines Kraftfelds)* poluso (↑ *auch* ***Himmels-***, ***Nord-*** *u.* ***Südpol***); ***geografischer ~*** geografia poluso; ***magnetischer ~*** *od* ***Magnetpol*** magneta poluso; ***negativer ~*** *od* ***Minuspol*** *m El* negativa poluso, *auch* minuspoluso; ***positiver ~*** *od* ***Pluspol*** *m El* pozitiva poluso, *auch* pluspoluso; ***~ eines Kreises*** *Geom* poluso de cirklo

Polaben *m/Pl im frühen Mittelalter ein Slawenstamm nördl. der Unterelbe* polaboj *Pl*

polar *Adj* ***a)*** *in Polargebieten liegend bzw. durch Polarklima geprägt* polusa (↑ *auch* ***zirkumpolar***) ***b)*** *Naturw (entgegengesetzt wirkend)* polara

Polar|achse *f Math* polusa akso; ~**birkenzeisig** *m* (Acanthis hornemanni exilipes) *Orn* siberia flamkardelo (*vgl. dazu* ***Grönland-Polarbirkenzeisig***); ~**dorsch** *m* (Boreogadus saida) *Ichth* arkta (*od* polusa) moruo

Polare *f analytische Geom (Verbindungslinie der Berührungspunkte zweier Tangenten an einem Kegelschnitt)* polajro

Polar|eis *n* polusa glacio; ~**expedition** *f* polusa ekspedicio; ~**fauna** *f* polusa faŭno; ~**forscher** *m* polusa esploristo; ~**front** *f Met* polusa fronto; ~**fuchs** *m, auch* ***Eis-*** *od* ***Weißfuchs*** *m* (Canis lagopus) *Zool* arkta vulpo, *pop auch* blanka vulpo, *<wiss>* izatiso *<es existiert auch eine blaugraue Variante* (= blua vulpo); ~**gebiet** *n od* ~**gegend** *f od* ~**region** *f Geogr* polusa regiono; ~**hase** *m* (Lepus arcticus) *Zool* arkta (*od* polusa) leporo

Polarhund *m* ↑ ***Eskimohund***

Polarimeter *n Opt (Instrument zur Messung der Drehung der Polarisationsebene des Lichtes in optisch aktiven Substanzen)* polarimetro

Polarimetrie *f chem. Analyse u. Opt (Messung der optischen Aktivitäten von Substanzen)* polarimetrio

polarimetrisch *Adj* polarimetria

Polarisation *od* **Polarisierung** *f El* polarigo *auch übertr*; *Opt* polarizo (↑ *auch* ***Depolarisation***); ***dielektrische*** (***magnetische***) *~ El* dielektrika (magneta) polarigo

Polarisations|ebene *f El, Opt* ebeno de polarizo; ~**filter** *m Foto, Opt* polariza filtrilo; ~**mikroskop** *n Opt* polariza mikroskopo; ~**prisma** *n Opt* polariza prismo; ~**richtung** *f* direkto de polarizo; ~**vektor** *m ein Einheitsvektor, der die Richtung des bei der Polarisation betrachteten Feldes, Spins od Dipolmoments angibt* polariza vektoro

Polarisator *m Opt (Vorrichtung, die linear polarisiertes Licht aus natürlichem erzeugt)* polarizilo

polarisierbar *Adj* polarizebla

Polarisierbarkeit *f Naturw (die Möglichkeit zur Ladungstrennung bei dielektrischen Werkstoffen* polarizeblo

polarisieren *tr Phys* polusigi *auch übertr*; *Opt* polarizi; ***zirkular polarisiertes Licht*** *n* cirklopolarizita lumo

Polarisierung *f El, Opt* ↑ ***Polarisation***

Polariskop *n Opt* polariskopo

Polarit *m Min (ein sehr seltenes Mineral aus der Klasse der Sulfide u. Sulfosalze)* polarito

Polarität *f 1. El (Vorhandensein zweier Pole) 2, Biol (bei Pflanzen die Verschiedenheit von Basis u. Spitze des Vegetationskörpers)* poluseco

Polar|klima *n Met* polusa klimato; ~**koordi-**

naten *f/Pl Geom* polusaj koordinatoj *Pl*

Polarkreis *m Geogr* polusa cirklo; ***nördlicher*** (***südlicher***) ~ arkta (antarkta) cirklo *auch Großschr*

Polar|licht *n, auch **polare Aurora** f* (Aurora borealis) polusa aŭroro; *Nordlicht* nordlumo, <*wiss*> boreala (*od* arkta) aŭroro; *Südlicht* sudlumo, <*wiss*> aŭstrala (*od* antarkta) aŭroro; ~**luft** *f* polusa aero; ~**meer** *n* Polusa Maro; ~**möwe** *f* (Larus glaucoides) *Orn* blankflugila mevo; ~**nacht** *f* polusa nokto

Polarograf *m, auch **Polarograph** m Chem, Tech (Gerät zur Ausführung elektrochemischer Analysen durch [fotografische] Aufzeichnung von Stromspannungskurven)* polarografo

Polarografie *f, auch **Polarographie** f Elektrochemie, Tech (elektrochemische Analysenmethode zur qualitativen u. quantitativen Bestimmung reduzierbarer Kationen, mancher Anionen u. bestimmter organischer Kationen)* polarografio

polarografisch, *auch **polarographisch** Adj* polarografia

Polaroidkamera® *f, auch **Sofortbildkamera** f Foto* polaroido

Polarplanimeter *n Geom* polusa planimetro

Polarregion *f* ↑ ***Polargebiet***

Polarspitz *m* ↑ ***Grönlandhund***

Polarstern *m, auch **Nordstern** m,* <*wiss*> ***Stella polaris*** *Astron* polusa stelo *(auch Großschr), auch* norda stelo

Polartaucher *m Orn* ↑ ***Prachttaucher***

Polar|weide *f* (Salix polaris) *Bot* polusa saliko; ~**wolf** *m, auch **Weißwolf** m* (Canis lupus arctos) *Zool* arkta lupo; ~**zone** *f Geogr, Geobotanik* polusa zono

Polder *m **a)** eingedeichtes Land [in Ostfriesland u. den Niederlanden]* poldero ***b)** meist **Koog** m nördlich der Elbe gelegenes Deichland* poldero; ~**deich** *m* polderdigo

Pole *m* polo

Polemik *f Meinungsstreit, [heftige geistige] Auseinandersetzung* polemiko (***gegen*** kontraŭ)

Polemiker *m* polemikulo, *Ztgsw* polemikisto

polemisch **1.** *Adj* polemika **2.** *Adv* polemike (*vgl. dazu **kämpferisch***)

polemisieren *intr* polemiki (***gegen*** kontraŭ)

polen *tr El* poluskonekti, *abs (an einen [elektrischen] Pol anschließen)* konekti al [elektra] poluso

Polen (*n*) Pollando *od* Polio *[Hptst.: Warschau]*

Polenta *f,* <*österr*> *reg **Plenten** m Kochk (ein Gericht aus Maisgrieß)* polento

Polente *f salopp für «Polizei»* polico

Polentum *n* poleco

Poleposition *f, auch **Pole-Position** f beste Startposition bei Autorennen* polpozicio *auch übertr für «Marktführer»*

Polhöhe *f Astron (Winkelabstand des Himmelspols vom Horizont eines Beobachtungsortes)* polus-alto

Police *f,* <*österr*> ***Polizze** f Versicherungsschein* poliso (↑ *auch* ***Blanko-***, ***Börsen-***, ***Pauschal-*** *u.* ***Universalversicherungspolice***); ~ ***ohne Wertangabe*** *od* ***offene*** ~ netaksita poliso; ***prämienfreie*** ~ senpremiuma poliso; ***Nachtrag*** (*od* ***Zusatz***) *m **zu einer [schon vorhandenen]*** ~ polisa anekso, *auch* krompoliso

Polier *m Vorarbeiter der Maurer bzw. Zimmerleute* ĉefmasonisto *bzw.* ĉefĉarpentisto

Polierbürste *f* polurbroso

polieren, <*österr*> *(bes. in Ostösterreich)* ***politieren*** *tr [glatt und] glänzend machen* poluri (*vgl. dazu* ***glätten***); *mit einem Glanz- od Poliermittel od mit Möbelpolitur* polituri; ***auf Hochglanz*** ~ poluri ĝis brilego (↑ *auch* ***wichsen a)***) ◇ ***jmdm. die Schnauze*** (*od vulg* ***Fresse***) ~ bati la buŝon al iu *(Zam)*

Polieren *n* polurado

Polierer *m* poluristo

Polierfeile *f Handw* polurfajlilo

Poliermittel *n* polurilo; ***mit einem Polier-*** *od* ***Glanzmittel überziehen*** *z.B. mit Schellack (bes. Möbel)* polituri

Polier|tuch *n* polurtuko; ~**wachs** *n* vakso por poluri (↑ *auch* ***Bohnerwachs***)

Poliklinik *f medizinische Einrichtung zur ambulanten Behandlung* polikliniko (↑ *auch* ***Betriebspoliklinik***)

poliklinisch *Adj* poliklinika

Polin *f* polino

Polio *f = Kurzf von* ***Poliomyelitis***

Polio|dystrophie *f nur Fachspr Med (fortschreitende Degeneration der grauen Substanz des Zentralnervensystems infolge von Enzymopathien)* poliodistrofio; ~**enzephalitis** *f nur Fachspr Med (entzündliche Erkrankung der grauen Massen des Gehirns, insbesondere des Hirnstammes)* polioencefalito; ~**enzephalomyelitis** *f Med* polioencefalomjelito; ~**infektion** *f Med* infektiĝo je poliomjelito

Poliomyelitis *f* (*Kurzf* ***Polio*** *f*), *umg auch* ***spinale Kinderlähmung*** *f Med* poliomjelito, *umg auch* infana paralizo; ~**viren** *m/Pl Bakt* poliomjelitaj virusoj *Pl*

Polio[schutz]impfung *f Med* vakcinado kontraŭ poliomjelito

Polisario *f, span.* ***Frente Polisario*** *Gesch (nationale Befreiungsbewegung in der Westsahara [gegründet 1973])* Polisario

Politbüro *n* (*Kurzw für* ***Politisches Büro***) *Gesch (Führungsorgan einer kommunistischen Partei)* politburoo (*kurz für* politika buroo)

[1]**Politesse** *f alt für «Höflichkeit»* ĝentileco

[2]**Politesse** *f Verk* parkadokontrolistino, policistino kontrolanta parkantajn aŭtojn

politieren ↑ ***polieren***

Politik *f* politiko (*vgl. dazu* ***Taktik***; ↑ *auch* ***Abrüstungs-***, ***Abwehr-***, ***Aggressions-***, ***Agrar-***, ***Appeasement-***, ***Arbeitsmarkt-***, ***Asyl-***, ***Außen-***, ***Befriedungs-***, ***Bevölkerungs-***, ***Bildungs-***, ***Bündnis-***, ***Dividenten-***, ***Einkreisungs-***, ***Einschüchterungs-***, ***Energie-***, ***Entspannungs-***, ***Ethno-***, ***Europa-***, ***Expansions-***, ***Flüchtlings-***, ***Freihandels-***; ***Gesundheits-***, ***Handels-***, ***Hochschul-***, ***Hochzins-***, ***Innen-***, ***Integrations-***, ***Isolations-***, ***Kolonial-***, ***Kultur-***, ***Lohn-***, ***Macht-***, ***Medien-***, ***Neutralitäts-***, ***Obstruktions-***, ***Preis-***, ***Real-***, ***Reform-***, ***Regierungs-***, ***Regional-***, ***Sicherheits-***, ***Sozial-***, ***Spalter-***, ***Stabilitäts-***, ***Steuer-***, ***Struktur-***, ***Verkehrs-***, ***Verständigungs-***, ***Währungs-*** *u.* ***Zinspolitik***); ~ ***der offenen Tür*** politiko de malferma pordo; ***gemäßigte*** ~ modera politiko; ***grüne*** ~ ↑ ***Ökopolitik***; ***undurchsichtige*** ~ ambigua politiko; ***die*** ~ ***leiten*** direkti la politikon; ***über*** ~ ***diskutieren*** (***reden*** *od* ***sprechen***) diskuti (paroli) pri politiko, *umg auch (politisieren)* politikumi; ***eine*** ~ ***festlegen*** difini politikon; ***sich aus der*** ~ ***zurückziehen*** retiriĝi el la politiko (*od* politika vivo)

Politikberater *m* politika konsilisto (↑ *auch* ***Sicherheitsberater***)

Politiker *m* politikisto

Politikerin *f* politikistino

Politikum *n* politikaĵo, afero de politiko

Politik|verdrossenheit *f* politika apatio; ~**verständnis** *n* politika kompren[em]o; ~**wechsel** *m* ŝanĝo de la [ĝisnuna] politiko, politikŝanĝo; ~**wissenschaft** *f, auch* ***Politologie*** *f* politikscienco, *auch* polit[ik]ologio

Politikwissenschaftler *m, auch* ***Politologe*** *m* politiksciencisto, *auch* polit[ik]ologo

politikwissenschaftlich *Adj* politikscienca

politisch 1. *Adj* politika; ~***er Beobachter*** *m* politika observanto; ~***e Einflusssphäre*** (***Entwicklung***) *f* politika influsfero (disvolviĝo); ~***er Gefangener*** *m* politika malliberulo; ***aus*** ~***en Gründen*** pro politikaj kaŭzoj; ~***es Klima*** *n* politika klimato; ~***e Lage*** (***Lösung***, ***Überzeugung***) *f* politika situacio (solvo, konvinko); ~***er Streitfall*** *m* politika disputo; ***um*** ~***es Asyl bitten*** peti pri politika azilo **2.** *Adv* politike; ~ ***tätig sein*** agi sur la kampo politika

politisieren ***a)*** *tr bei jmdm. Anteilnahme (od Interesse) an der Politik erwecken* poltikigi ***b)*** *intr* politikumi, diskuti (*od* paroli) pri politiko; ***am Biertisch*** ~, *alt* ***kannegießern*** politikumi en trinkejo

Politisierung *f* politikigo

Polit|kommissar *m in der ehemaligen UdSSR (politischer Führer in einer militärischen Truppe [auch* ***Politruk*** *genannt])* politika komisaro; ~**ökonomie** *f* politika ekonomio

Politologe *m* ↑ ***Politikwissenschaftler***

Politologie *f* ↑ ***Politikwissenschaft***

politologisch *Adj* politologia

Politruk *m* ↑ ***Politkommissar***

Politsatire *f* politika satiro

Politur *f Glanz* polur[itec]o; *Poliermittel* polurilo; ***die*** ~ (*od* ***den Glanz***) ***nehmen*** *durch eine bestimmte Behandlung* malpoluri; ***mit*** ~ ***überziehen*** *z.B. mit Schellack (bes. Möbel)* poluturi

Polizei *f Behörde, Dienst od Vertreter der Polizei* polico (↑ *auch* ***Bahn-***, ***Flughafen-***, ***Gebiets-***, ***Gesundheits-***, ***Hafen-***, ***Kriminal-***, ***Militär-***, ***Sitten-***, ***Verkehrs-***, ***Volks-*** *u.* ***Wasserschutzpolizei***); *Polizeidienststelle* policejo; ***politische*** ~ *in totalitären Regimen* politika polico; ***zur*** (*od reg* ***auf die***) ~ ***gehen*** iri al policejo; ***etw. der*** ~ ***melden*** raporti (*od auch* sciigi) ion al la polico; ***rufen Sie die*** ~***!*** voku la policon!; ***die*** ~ ***verständigen*** kontakti la policon; ***die*** ~ ***ist ihm schon auf der Spur*** la polico estas jam sur liaj spuroj

Polizei|akademie *f* polica akademio; ~**aktion** *f* polica operacio; ~**angaben** *f/Pl* policaj informoj *Pl*; ~**apparat** *m* polica aparato

Polizeiaufgebot *n* ↑ ***Polizeistaffel***

Polizei|auto *n* policaŭto; *Streifenwagen* polica patrol-aŭto, ~**beamte** *m*, *<schweiz>* *auch*

Polizeimann *m* polic-oficisto; ~**bericht** *m* polica raporto; ~**bezirk** *m* polica distrikto; ~**chef** *m* policestro *od* ĉefo de la polico; ~**dienststelle** *f*, *<schweiz>* ***Polizeiposten*** *m* policejo (*vgl. dazu* ***Gendarmerie b)***); ~**einsatz** *m* polica aktivado (↑ *auch* ***Razzia***); ~**eskorte** *f* polica eskorto; ~**gefangenenwagen** *m*, *pop auch* ***grüne Minna*** *f* polic-aŭto por arestitoj; ~**gesetz** *n Jur* leĝo pri [la] polico; ~**gewalt** *f* polica perforto; ~**hauptmann** *m* polica kapitano; ~**hund** *m* polichundo, *auch* polica serĉhundo

Polizeiknüppel *m* ↑ ***Schlagstock***

Polizei|kommissar *m* polica komisaro; ~**kommissariat** *n* [polica] komisarejo; ~**kontrolle** *f* polica kontrolo; ~**kordon** *m* policista kordono; ~**kräfte** *Pl* policaj fortoj *Pl*

polizeilich 1. *Adj* polica; ~***e Umfrage*** *f* polica enketo **2.** *Adv* [pere] de la polico; ~ ***gesucht werden*** esti serĉata de la polico; ~ ***überwacht werden*** esti sub polica observado; ***sich ~ anmelden*** registrigi sin ĉe la polico

Polizeimann *m* ↑ ***Polizeibeamte*** *u.* ***Polizist***

Polizei|offizier *m* polica oficiro; ~**posten** *m* ***a)*** polica pikedo ***b)*** *<schweiz>* ↑ ***Polizeidienststelle***; ~**präfekt** *m* polica prefekto; ~**razzia** *f* polica razio; ~**recht** *n Jur* polica juro; ~**regime** *n pej* polica reĝimo; ~**revier** *n* [subdistrikta] policejo

Polizeischutz *m* polica protekto *od* protekto fare de la polico; *Polizeieskorte* polica eskorto; *Bewachung* polica gardo; ~ ***anfordern*** postuli polican eskorton *bzw.* postuli, ke ... estu protektata (*bzw.* gardata) de la polico

Polizei|spitzel *m*, *<österr>* ***Konfident*** *m* polica spiono; ~**staat** *m* polica ŝtato; ~**staffel** *f*, *auch* ***Polizeiaufgebot*** *n* polica taĉmento; ~**streife** *f* polica patrolo; ~**streifenwagen** *m* polica patrol-aŭto

Polizeistunde *f* ↑ ***Schließzeit***

Polizei|terror *m* polica teroro; ~**uniform** *f* policista uniformo; ~**verhör** *f* polica pridemandado; ~**wache** *f* urbdistrikta policejo, *auch kurz* policejo

Polizeiwesen *n* polica sistemo *bzw.* polica organizo

Polizist *m*, *alt* ***Schutzmann*** *m*, *pej* ***Bulle*** *m*, *<österr>* ***Wachmann*** *m*, *<schweiz>* ***Polizeimann*** *m* policisto *od* policano (*vgl. dazu* ***Constable*** *u.* ***Gendarm***; ↑ *auch* ***Verkehrs-*** *u.* ***Volkspolizist***)

Polizistin *f* policistino

Polizze *f* ↑ ***Police***

Polje *n Geol (allseits umschlossenes Becken mit ebenem Boden im Karstgebiet)* poljo

Polka *f Mus, Tanz* polko; ~ ***tanzen*** danci polkon, *auch* polki

Polkamasurka *f eine Abart der Polka [ein Tanz im ¾-Takt]* polko-mazurko

Polkappen *f/Pl Astron (helle Gebiete um die Pole des Mars)* polusaj kalotoj *Pl*

polken *intr reg für «[mit den Fingern] bohren»*: ***mit dem Finger in der Nase*** ~ bori la fingron en la nazon

Polklemme *f El* polusa klemo

Pollen *m* (Pollinum) *Bot (Blütenstaub)* poleno (↑ *auch* ***Gräserpollen***); ***mit ~ bestäuben*** fekundigi per poleno, *auch* poleni

Pollen|allergie *f*, *Fachspr auch* ***Pollinosis*** *f Med* polenalergio *od* alergio al polenoj, *Fachspr auch* polenozo (*vgl. dazu* ***Heuschnupfen***); ~**allergiker** *m* polenalergiulo; ~**analyse** *f Bot, Geol (Untersuchung des in Seeablagerungen, in Torf od der Braunkohle eingeschlossenen Pollens [hilft mit, prähistorische Funde altersmäßig einzuordnen])* polenanalizo, *auch* analizo per poleno(j) (*vgl. dazu* ***Palynologie***); ~**blumen** *f/Pl Pflanzen, die den besuchenden Insekten nur Pollen, keinen Nektar bieten* polenaj floroj *Pl*; ~**diagramm** *n Geol* polendiagramo; ~**ersatz** *m Imkerei* polensurogato *od* polena surogato; ~**extrakt** *m Naturheilkunde (Auszug aus Gräserpollen <von Roggen, Wiesenlieschgras, Mais>)* polena ekstrakto; ~**filter** *m* polenfiltrilo

Pollenflug *m*: ***mäßiger*** (***schwacher***) ~ modera (malforta) flugado de polenoj

Pollen[flug]kalender *m* polenkalendaro

pollenfrei *Adj* senpolena

Pollenkorn *n Bot* polengrajno, polenero

Pollen|krankheit *f Med* polena malsano, *fachsprachl. auch* polenozo; ~**morphologie** *f ein Teilgebiet der Polynologie, das sich mit der Beschreibung und anderen, damit zusammenhängenden Fragen, z.B. der Typisierung rezenten u. fossilen Pollens beschäftigt* (↑ *auch* ***Polynologie***); ~**pflanze** *f Bot u. Imkerei* polen[don]a planto; ~**sack** *m Bot (Teil des Staubblatts, in dem die Pollenkörner gebildet u. aufbewahrt werden)* polensako; ~**saison** *f* polena sezono, sezono dum kiu flugadas polenoj; ~**schlauch** *m Bot* polentub[et]o *od* polena tub[et]o

Poller *m Mar (Vertäu*~ *) zylindrische niedrige Stahl- od Holzsäule auf Kais zum Befestigen von Schiffen mittels Leinen* bolardo, *Decks*~ *(Holz- od Metallpfosten an Deck zur Befestigung der Taue)* bito (↑ *auch* ***Doppelpoller***)

Pollination *f Bot* ↑ ***Bestäubung***

Pollinosis *f Med* ↑ ***Pollenallergie***

Pollution *f, auch* ***Samenerguss*** *m* ***im Schlaf*** (Pollutio nocturna) polucio [dum dormo]

[1]**Pollux** (*m*) *Myth (ein Held der griech. Sage)* Polukso

[2]**Pollux** *m Astron (Zwillingsstern im Sternbild Gemini)* Polukso

polnisch *Adj* pola; *aus Polen* el Pollando; ~***-Russischer Krieg*** *Gesch* ↑ ***Novemberaufstand***

Polnisch[e] *n Ling* la pola [lingvo]; ***auf Polnisch [abgefasst]*** pollingva

Polo *n Sport (ein zu Pferde gespieltes Treibballspiel)* poloo, *auch (Pferde*~*)* surĉevala poloo (*vgl. dazu* ***Radpolo***); ~**hemd** *n, auch* ***Poloshirt*** *n* polo-ĉemizo; ~**kragen** *m* polo-kolumo

Polonaise *f, auch* ***Polonäse*** *f ein Reihentanz* polonezo

polonisieren *tr polnisch machen* poligi

Polonistik *f Wissenschaft von der polnischen Sprache u. Kultur* scienco pri la pola lingvo kaj pola kulturo

Polonium *n* (*Symbol* ***Po***), *auch* ***Radium F*** *n Chem (ein radioaktives Element)* polonio

Polonnaruwa (*n*) *eine buddhistische Ruinenstätte in Sri Lanka* Polonaruvo

Poloschläger *m Sport* polo-maleo

Poloshirt *n* ↑ ***Polohemd***

Polster *n*, <*österr*> *m Polsterung* remburaĵo; *Kissen* kuseno; ~**bank** *f* remburita benko

Polsterei *f* remburejo, remburista metiejo

Polsterer *m für Möbel* [meblo]remburisto

Polsterhocker *m* ↑ [3]***Puff a)***

Polster|kissen *n rundes gepolstertes Kissen, Puff* pufkusen[et]o; *in Kleidung* kuseneto; ~**material** *n* rembura materialo, remburaĵo; ~**möbel** *n* remburita meblo

polstern *tr*: ***etw.*** ~ remburi ion (***mit*** per) (↑ *auch* ***auspolstern***)

Polster|pflanzen *f/Pl Bot* kusenplantoj *Pl*; ~**sessel** *m* remburita fotelo; ~**stuhl** *m* remburita seĝo; ~**tür** *f* remburita pordo

Polsterung *f das Auspolstern* remburado; *Polstermaterial* remburaĵo, rembura materialo

Poltawa (*n*) *eine Stadt in der Ukraine* Poltavo

Polterabend *m etwa:* vespero antaŭ la geedziĝa festo

poltern *intr* ***a)*** *lärmen* bruegi, *(bei mehreren Aufschlägen auf etw. [lautmalend auch:])* pumpumi ***b)*** *laut zanken* brue (*od* laŭte) kvereli

poly... *bzw.* **Poly...** *Wortelement (meist Fachspr) mit der Bed* «viel» poli...

Polyacryl *n eine Kunstfaser* poliakrilo

Polyalkohole *m/Pl, auch* ***Polyole*** *n/Pl Chem (Verbindungen mit zahlreichen Hydroxylgruppen im Molekül)* polialkoholoj *Pl*

Polyamid *n* (*Kurzzeichen* ***PA***) *Chem (ein elastischer Kunststoff)* poliamido; ***aliphatische*** ~***e*** *Pl* alifataj poliamidoj *Pl*

Polyamine *n/Pl chemische Verbindungen mit zahlreichen Aminogruppen im Molekül* poliaminoj *Pl* <*dienen als Härter für Epoxidharze*>

Polyandrie *f 1. Ethn, Soziologie (Vielmännerei, eheliche Verbindung einer Frau mit mehreren Männern, meist Brüdern z.B. in Tibet) 2. Zool (eine seltene Form der Polygamie)* poliandrio

Polyarchie *f Pol (Herrschaft mehrerer in einem Staat [im Unterschied zur Monarchie])* poliarkio

Polyarthritis *f Med (gleichzeitige Entzündung mehrerer Gelenke)* poliartrito (↑ *auch* ***Gelenkrheumatismus***)

Polyäthylen *n, Fachspr meist* ***Polyethylen*** *n Chem (ein Kunststoff)* polietileno

Polybios (*m*) *Eig (ein altgriech. Geschichtsschreiber u. Staatsmann [um 200-120 v. Chr.])* Polibio; ~**-Chiffre** *f, auch* ***Polybius-Chiffre*** *f* kvadrato de Polibio

Polybutadien *n, auch* ***Butadienkautschuk*** *m* (*Kurzzeichen* BR) *ein Synthesekautschuk* polibutadieno

Polybuten *n durch Polymerisation gewonnener Kunststoff mit guter Beständigkeit gegen die meisten Chemikalien* polibuteno <*Verwendung für Warmwasserrohre u. chemische Apparaturen*>

Polycaprolactam *n durch Polykondensation von Caprolactam gewonnene Chemiefasern mit sehr guten Gebrauchseigenschaften [bekannte Handelsnamen sind: Nylon® u. Perlon®]* polikaprolaktamo

polychrom ↑ ***vielfarbig***

Polychromie *f* ↑ ***Vielfarbigkeit***

polycyclisch ↑ ***polyzyklisch***
Polydaktylie *f, auch* ***Hyperdaktilie*** *f nur Fachspr Med (Bildung von überzähligen Fingern od Zehen)* polidaktilio
Polydämonismus *m Glaube an eine Vielzahl von Dämonen* polidemonismo
Polydektes (*m*) *griech. Myth (König der Insel Seriphos)* Polidekto
Polydipsie *f nur Fachspr Med (gesteigertes Durstempfinden, z.B. bei Diabetes)* polidipsio, ekscesa soifo
Polyeder *m Geom* ↑ ***Vielflach***
Polyene *n/Pl chem. Verbindungen mit mehreren Doppelbindungen im Molekül [z.B. Diene]* polienoj *Pl* (↑ *auch* ***Dien***)
Polyester *m ein Kunststoff* poliestero; ~**fasern** *f/Pl* (*Kurzzeichen* ***PES***) poliesteraj fibroj *Pl*
Polyethylen *n Chem* ↑ ***Polyäthylen***
Polyeukt (*m*) *Eig* (*ein christlicher Märtyrer des 3. Jh.s)* Polieŭkto <*Titelheld der gleichnamigen Tragödie von Corneille*>
polyfon, *auch* ***polyphon*** *Adj Mus (mehr- od vielstimmig)* polifonia
Polyfonie *f, auch* ***Polyphonie*** *f Mus (mehrstimmige Satzweise, in der alle Stimmen innerhalb des harmonischen Rahmens eigenständig geführt sind)* polifonio
polygam *Adj* poligamia *auch Bot u. Zool*
Polygamie *f Mehr- od Vielehe* poligamio *auch Zool*; *[meist jedoch:] Vielweiberei* poliginio
Polygamist *m* poligamiulo
Polygenese *od* **Polygenesis** *f biologische Theorie von der stammesgeschichtlichen Herleitung jeder gegebenen Gruppe von Lebewesen aus jeweils mehreren Stammformen [Ggs: Monogenese]* poligenezo
Polyglobulie *f Med* ↑ ***Hyperglobulie***
polyglott *Adj vielsprachig bzw. viele Sprachen sprechend* poliglota
Polyglotte *m jmd., der viele Sprachen spricht* poligloto, *auch* plurlingvulo
Polygon *n Geom* ↑ ***Vieleck***
polygon[al] *Adj vieleckig [aber meist regelmäßig]* poligona
Polygon[al]bau *m Bauw (Gebäude mit regelmäßigem Vieleck als Grundriss)* poligona konstruaĵo
Polygrafie *f, auch* ***Polygraphie*** *f* poligrafio
polygrafisch, *auch* ***polygraphisch*** **1.** *Adj* poligrafia **2.** *Adv* poligrafie
polygyn *Adj die Polygynie betreffend bzw. in Vielweiberei lebend* poliginia
Polygynie *f* ↑ ***Vielweiberei***
Polyhistor *m Gelehrter, der in vielen Fächern bewandert ist* polihistoro, *pop* multesciulo
Polyhymnia *od* **Polymnia** (*f*) *griech. Myth (Muse des Tanzes u. des ernsten Gesanges)* Polimnia
Polyklet (*m*), *griech.* ***Polykleitos*** *Eig (ein altgriech. Bildhauer u. Erzgießer des 5. Jh.s v. Chr. aus Argos)* Poliklito
Polykrates (*m*) *Eig Gesch (Tyrann von Samos [6. Jh. v. Chr.])* Polikrato
polymer *Adj Chem (aus größeren Molekülen bestehend)* polimera
Polymer *od* **Polymere** *n Chem (eine Verbindung aus Riesenmolekülen)* polimero (*vgl. dazu* ***Monomere***)
Polymerase *f Biochemie (Enzym, das Polymere auf- u. abbaut)* polimerazo (↑ *auch* ***Primase***)
Polymerchemie *f* kemio de polimero
Polymerie *f Chem, Genetik* polimereco
Polymerisation *f Chem* polimerigo *bzw.* polimeriĝo (↑ *auch* ***Lösungs-*** *u.* ***Suspensionspolymerisation***)
Polymerisations|grad *m* grado de polimeriĝo; ~**harz** *n Kunstharz mit der gleichen prozentualen Zusammensetzung der Elemente wie die Ausgangsstoffe (Monomeren)* polimerizita rezino
Polymer[isations]mörtel *m Bauw* polimera mortero
polymerisierbar *Adj* polimerigebla, *auch* polimerizebla
polymerisieren ***a)*** *tr* polimerigi, *auch* polimerizi; ***polymerisierte Isoprene*** *n/Pl* polimerizitaj izoprenoj *Pl* ***b)*** *intr* polimeriĝi
poly|metamorph *Adj Geol (mehrmals metamorph verändert)* polimetamorfa (*vgl. dazu* ***metamorph***); ~**mikrobiell** *Adj* polimikroba
Polymnia (*f*) *griech. Myth* ↑ ***Polyhymnia***
polymorph, *auch* ***vielgestaltig*** *Adj Biol, Chem, Min* polimorfa, *auch* multforma
Polymorphie *f od* **Polymorphismus** *m, auch* ***Vielgestaltigkeit*** *od* ***Verschiedengestaltigkeit*** *f Biol (Vielgestaltigkeit der Individuen einer Art), Chem, Genetik, Kristallografie, Min* polimorfeco
Polyneikes (*m*) *griech Myth Eig (Sohn des Ödipus)* Poliniko
Polynesien (*n*) Polinezio (↑ *auch* ***Französisch-Polynesien*** *u.* ***Ozeanien***)

Polynesier *m* polineziano
Polynesierin *f* polinezianino
polynesisch *Adj* polinezia
Poly|neuritis *f Med (Entzündung mehrerer peripherer Nerven mit motorischen u. sensiblen Ausfallerscheinungen)* polineŭrito; ~**neuropathie** *f Med (Oberbegriff für Erkrankungen des peripheren Nervensystems, die mehrere Nerven betreffen)* polineŭropatio
Polynom *n Math (vielgliedrige Größe)* polinomo (↑ *auch* ***Binom***); ***reduzibles*** ~ reduktebla polinomo
Polynomfunktion *f Math* polinoma funkcio
polynomisch *Adj* polinoma
Polynucleotide *od* **Polynukleotide** *n/Pl Chem (aus Nukleotideinheiten aufgebaute polymere Kettenmoleküle [z.B. Nukleinsäuren])* polinukleotidoj *Pl*
polynuklear *od* **polynukleär**, *auch* ***vielkernig*** *Adj Biol (von mehreren Kernen ausgehend), Med* polinuklea
polyöstrisch *Adj nur Fachspr Zool (mit jährlich mehrmals auftretender Brunst)* polioestra (*vgl. dazu* **östrisch**)
Polyole *n/Pl Chem* ↑ ***Polyalkohole***
Polyp *m **a)** Zool* polipo; *veraltet für «Tintenfisch»* sepio ***b)*** *Med* (Polypus) *gestielte Geschwulst* polipo, pedikla tumoro (↑ *auch* ***Anal-***, ***Blasen-***, ***Gebärmutter-***, ***Kehlkopf-***, ***Nasen-***, ***Uterus-***, ***Vaginalpolyp*** *u.* ***adenoide Vegetationen*** [↑ *unter* ***Vegetation***])
Polypeptide *n/Pl Biochemie* polipeptidoj *Pl*
Polypeptidhormone *n/Pl z.B. die meisten Gewebehormone* polipeptidaj hormonoj *Pl*
Polyphem[os] (*m*) *griech. Myth (einer der Zyklopen)* Polifemo
Polyphenol *n Chem* polifenolo
polyphon ↑ ***polyfon***
Polyphosphate *n/Pl Chem (in Wasch- u. Reinigungsmitteln enthaltene Salze der Polyphosphorsäuren)* polifosfatoj *Pl*
polyploid *Adj Genetik (Bez für Zellkerne mit mehr als doppeltem Satz von Chromosomen)* poliploida
Polyploidie *f Genetik (Vervielfachung von diploiden Chromosomensätzen [eine Form der Heteroploidie])* poliploideco, *auch* plurploideco
Polyposis *f nur Fachspr Med (ausgebreitete Polypenbildung, Vorkommen zahlreicher Polypen in einem Hohlorgan)* polipozo; ~ ***gastrointestinalis*** *f Erkrankung mit multiplen Polypen im Magen-Darm-Trakt* gastro-intesta polipozo
Polypropylen *n Chem (ein thermoplastischer Kunststoff)* polipropileno
Polyptychon *n 1. aus Holztäfelchen bestehendes Notizbuch 2. Altarbild mit mehreren Flügeln* poliptiko
Polyradikulitis *f, auch* ***Polyneuroradikulitis*** *f nur Fachspr Med (Entzündung mehrerer Nervenwurzeln)* poliradiklito
Polysa[c]charid *n Biochemie (Vielfachzucker [z.B. Glykogen])* polisakarido
polysem, *auch* ***polysemantisch*** *Adj Ling (mehrere Bedeutungen habend [Wort])* polisemia (↑ *auch* ***mehrdeutig*** *u.* ***vieldeutig***)
Polysemie *f Ling (Mehrdeutigkeit [von Wörtern])* polisemi[ec]o
Polyspermie *f nur Fachspr Biol u. Med (Eindringen mehrerer Samenfäden in eine Eizelle)* polispermio
Polystyrol *n, Hdl* ***Styropor®*** *n ein Kunststoff* polistireno; ***Styropor-Flocken*** *f/Pl* polistirenflokoj *Pl*; ***Styropor-Platte f*** polistirenslabo
Polysulfide *n/Pl Chem (Derivate des Schwefelwasserstoffs)* polisulfidoj *Pl*
polysyllabisch ↑ ***vielsilbig***
Polysyllogismus *m Phil* polisilogismo
polysyndetisch *Adj Ling (durch Konjunktionen verbunden)* polisindeta
Polysyndeton *n Ling, Stilistik (durch Konjunktionen verbundene Wort- od. Satzreihe)* polisindeto <*z.B.* kaj la viroj, kaj la infanoj kaj la bestoj diskuradis>
Polytechnikum *n frühere Bez für «[höhere] technische Lehranstalt»* [supera] teknika faklernejo, *(Zam) auch* politekniko; ***Student am*** ~ studento en politekniko, politeknikano
polytechnisch *Adj (viele Zweige der Technik umfassend)* politeknika
Polyterpene *n/Pl Chem (Kohlenwasserstoffe aus der Klasse der Terpene)* politerpenoj *Pl* <*Hauptvertreter sind Kautschuk u. Guttapercha*>
Polytheismus *m Rel (Glaube an viele Götter)* politeismo
Polytheist *m Rel* politeisto
polytheistisch *Adj auf den Polytheismus bezogen bzw. zu ihm gehörend* politeisma; *auf die Polytheisten bezogen* politeista
Polytonalität *f Mus (Überlagerung mehrerer Tonarten)* plurtonaleco

polytonisch *Adj Ling* politona; *~**e Sprachen** f/Pl Sprachen mit Tonkorrelation im phonologischen System* politonaj lingvoj *Pl*

Polyurethan *n* (*Kurzzeichen* ***PUR***) *Chem (ein Kunststoff od Kunstharz)* poliuretano

Polyurie *f, pop* ***Harnflut*** *f nur Fachspr Med (Ausscheidung eines pathologisch erhöhten Harnvolumens [bes. bei Diabetes insipidus])* poliurio

polyvalent *Adj mehrfach wirksam* polivalenta

Polyvalenz *f breit gefächerte Einsatzmöglichkeit* polivalenteco

Polyvinyl|acetat *n Chem* polivinilacetato; **~chlorid** *n* (*Abk* ***PVC***) *Chem (ein säurefester Kunststoff)* polivinilklorido

Polyxene (*f*), *lat.* ***Polyxena*** (*f*) *griech. Myth (Tochter des Priamos u. der Hekabe)* Poliksena

polyzyklisch, *fachsprachl.* ***polycyclisch*** *Adj Chem* policikla

Polyzythämie *f, auch* ***Rotblütigkeit*** *f Med (krankhafte Vermehrung der roten Blutzellen)* policitemio

Pomade *f mit Duftstoffen versetzte Haarsalbe* pomado; ***mit ~ einreiben**, selt **pomadisieren*** ŝmiri per pomado, *auch* pomadi

pomadig *umg für «träge»* inerta

pomadisieren ↑ *unter* ***Pomade***

Pomaken *m/Pl, auch* ***Bulgaro-Mohammedaner*** *m/Pl Ethn (Angehörige einer muslimischen Ethnie, die verstreut in Bulgarien [bes. in den Rhodopen] u. anderen Balkanstaaten, sowie in Griechenland u. der Türkei leben)* pomakoj *Pl*

Pomarape *m ein Vulkan in Bolivien* [vulkano] Pomarapo

Pomelo *f* ↑ ***Pampelmuse***

Pomeranze *f, auch* ***Bigardie*** *f od* ***Bitter-*** *od* ***Sevillaorange*** *f* (Citrus aurantium, var. amara) *Baum, Frucht* bigarado *<die Pomeranze wird in Südasien u. im Mittelmeergebiet kultiviert>*

Pommer *m* pomero

Pommerellen (*n*), *poln.* ***Pomorze*** *Landschaft in Polen nördl. der Netze u. westl. der Weichsel* Pomerelio

pommerellisch *Adj* pomerelia; *~**e Kultur** f Fundgruppe der späten Bronzezeit u. der frühen Eisenzeit* pomerelia kulturo *<kennzeichnend sind Steinkistengräber u. Gesichtsurnen>*

Pommerin *f* pomerino

pommerisch *od* **pommersch** *Adj auf Pommern bezogen bzw. von dort stammend* pomera

Pommern (*n*), *poln.* ***Pomorze*** Pomerio (↑ *auch* ***Mecklenburg-Vorpommern*** *u.* ***Westpommern***)

Pommes frites [*pɔm 'frit*] *Pl Kochk* terpom--fritoj *Pl*

Pomologe *m, auch* ***Obst[bau]kundige*** *od* ***Obstkenner*** *m* pomologo

Pomologie *f, auch* ***Obst[bau]kunde*** *f* pomologio

pomologisch *Adj den Obstbau betreffend* pomologia

Pomona (*f*) *Myth (altitalische, bes. römische, Göttin des Obstbaus und der fruchttragenden Bäume)* Pomona

Pomp *m, poet auch* ***Gepränge*** *n [übertriebener] Prunk* [troa] pompo (*vgl. dazu* ***Pracht*** *u.* ***Prunk***)

Pompadour (*f*): ***Marquise de ~*** *Mätresse Ludwigs XV. von Frankreich [1721-1764]* markizino de Pompaduro

Pompeji (*n*), *ital.* ***Pompei*** *eine antike Stadt am Fuß des Vesuvs* Pompejo

Pompejer *m, selt* ***Pompejaner*** *m* pompejano

pompejisch, *selt* ***pompejanisch*** *Adj* pompeja

Pompejus (*m*) *Eig (ein röm. Feldherr u. Politiker [106-48 v. Chr.])* Pompeo

pomphaft *od* **pompös** *Adj [übertrieben] prächtig* pompa (↑ *auch* ***prunkhaft***); *umg auch für «luxuriös» od «luxuriös ausgestattet»* luksa *od* lukse ekipita

Pompon [*põ'põ*] *m dicke [kugelförmige] Quaste aus Wolle od Seide [als Zierbesatz verwendet]* pompono (*vgl. dazu* ***Troddel***); **~dahlie** *f Bot (eine gefüllte Dahlie)* pompona dalio

pompös ↑ ***pomphaft***

Ponape (*n*) *eine der Hauptinseln der Karolinen u. der Föderierten Staaten von Mikronesien [im Osten des Archipels]* Ponapeo

ponceau [*põn'so:*] *Adj leuchtend orangerot, von der Farbe des Klatschmohns* punca (*vgl. dazu* ***hochrot***)

Poncho [*'pɔntʃo*] *m capeartiger Indiomantel* ponĉo *<von den Indianern in den Anden als Überwurf getragen> auch ein Damenmodestil*

Pond *n* (*Zeichen* ***p***) *Phys (veraltete Einheit der Kraft: tausendster Teil eines Kiloponds [1978 durch die Einheit ‹Newton› abgelöst])* pondo

Pondicherry (*n*), *franz.* ***Pondichéry*** *ein Territorium der Indischen Union an der SO-Küste (früher franz. Besitzung)* Pondiĉero

Pongé [*põ'ʒe:*] *m, auch* ***Japanseide*** *f ein Seidengewebe* ponĝeo

Pongiden *Pl Anthropol (große Menschenaffen)* pongedoj *Pl*

Pons *m Anat* ↑ ***Brücke f)***

Ponta Delgada (*n*) *Hptst. der Azoren* Ponta-Delgado

Pontano (*m*) *Eig (italienischer Dichter u. Humanist [1426-1503])* Pontano

Pontederia *f* (*Gattung* Pontederia) *Bot (eine Sumpfpflanzengattung auf dem amerik. Kontinent)* pontederio

Pontianak (*n*) *Hptst. der Provinz Westkalimantan/Indonesien* Pontianako

Pontifex *m 1. röm. Antike (im alten Rom Mitglied des höchsten Priesterkollegiums, dem die Aufsicht u. Entscheidungsgewalt über die Kulte oblag) 2. kath. Kirche (auch Bez für den Bischof)* pontifiko; ~ ***maximus*** *m Bez für den Papst* ĉefpontifiko

pontifikal *Adj kath. Kirche (1. bischöflich 2. päpstlich)* pontifika

Pontifikal|amt *n kath. Kirche (vom Bischof od einem hierzu berechtigten Prälaten zelebrierte Messe)* pontifika meso; ~**gewand** *n Priestergewand, das zu den Messen getragen wird* pontifika vesto

Pontifikalien *Pl kath. Kirche (liturgische Abzeichen u. Gewänder der Bischöfe, z.B. Mitra, Stab, Scheitelkäppchen)* pontifikaĵoj *Pl*

Pontifikat *n kath. Kirche (Amtsdauer u. Regierung eines Bischofs od Papstes, Hohepriesteramt)* pontifikeco

pontinisch *Adj*: ~***e Sümpfe*** *m/Pl ehem. stark versumpftes Gebiet in der Küstenebene von Rom* Pontinaj Marĉoj *Pl*

pontisch *Adj* ponta (*vgl. dazu* ***Pontos***); ~***e Eiche*** *f* (*auch* **armenische Eiche** *genannt*) (Quercus pontica) *Bot* ponta kverko *[Vorkommen: in Gebirgswäldern des Kaukasus u. Armeniens]*

Pontius (*m*) *altrömischer männl. Vorname* Poncio; ~ ***Pilatus*** (*m*) *Eig (Prokurator der röm. Provinz Judäa [26 bis 36 n.Chr.])* Poncio Pilato

Ponton [*põ'tõ:*] *m flacher, kahnartiger Schwimmkörper [verwendet als Tragteil für bewegliche Pontonbrücken u. Anlegestege]* pontono (↑ *auch* ***Baggerponton***); ~**brücke** *f* pontonponto

Pontormo (*m*), *eigtl* ***J. Carrucci*** (*m*) *Eig (italienischer Maler [1494-1557])* Pontormo *<ein Hauptmeister des Manierismus>*

Pontos (*n*) *Antike (kleinasiat. Küstenlandschaft am Schwarzen Meer)* Ponto

Pontresina (*n*) *ein Urlaubsort in Graubünden im Oberengadin/Schweiz* Pontresino

Pontus Euxinus *m antike Bez für «Schwarzes Meer»* Pont-Eŭksino

[1]**Pony** *n eine kleine Pferderasse* poneo (↑ *auch* ***Shetland-Pony***)

[2]**Pony** *m od* **Ponyfrisur** *f fransenartig in die Stirn gekämmtes Haar* franĝofrizo

Ponyreiten *n* rajd[ad]o sur poneo(j)

[1]**Pool** [*pu:l*] *m Kurzf von* ***Swimmingpool*** [↑ *dort*]

[2]**Pool** [*pu:l*] *m Wirtsch (1. Interessengemeinschaft in Form eines Kartells mit dem Zweck, die Gewinne aus best. Einnahmequellen nach einem vereinbarten Schlüssel an die Mitglieder zu verteilen 2. loser Zusammenschluss mehrerer Versicherer zum Zweck des Risikoausgleichs)* poŭlo

Poolbar *f* koktelejo ĉe [hotela] naĝbaseno

Poona [*'pu:na*] (*n*), *auch* ***Pune*** *eine Stadt im indischen Unionsstaat Maharashtra* Puneo *<in den 1970er Jahren religiöses Zentrum der Bhagwan-Bewegung>*

Pop *m = kurz für* ***Popmusik***

Pop|-Art *f Kunstrichtung der späten 50er u. der 60er Jahre [vor allem in Großbritannien u. den USA* pop-arto; ~**-Club** *m* popklubo

Popcorn *n Nahr* ↑ ***Puffmais***

Pope *m russisch-orthodoxe Kirche* popo

Popel *m umg für «verhärteter Nasenschleim»* [eta malmola] nazmukaĵo

Popelin *m od* **Popeline** *m od f Textil* poplino (↑ *auch* ***Baumwollpopeline***)

Popelinemantel *m* poplina mantelo (*vgl. dazu* ***Staubmantel***)

pop[e]lig *Adj umg für «armselig» bzw. «geizig»* mizera *bzw.* [ege] avara

popeln *intr umg für «in der Nase bohren»* bori en la nazo, *auch* nazbori

Pop|festival *n* popfestivalo; ~**gruppe** *f Mus* popmuzika grupo; ~**idol** *n* popidolo; ~**-Jazz** *m eine Stilrichtung der Popmusik* popĵazo; ~**konzert** *n* popkoncerto; ~**kultur** *f* popkulturo; ~**kunst** *f* pop-arto

poplig ↑ ***popelig***

popliteal *Adj nur Fachspr Anat (zur Knie-*

kehle gehörig) poplita

Poplitealpunkt *m Anat, Med (Druckpunkt für den Ischiasnerv in der Kniekehle)* poplita punkto

Poplitealregion *f Anat* ↑ *unter* ***Kniekehle***

Pop|musik *f, auch kurz* ***Pop*** *m* popmuziko (↑ *auch* ***Reggae***); ~**musiker** *m* popmuzik- isto

Popocatépetl *m ein Vulkan in Mexiko* [vulkano] Popokatepetlo

Popović (*m*) *Eig (serbischer Schriftsteller [1806-1856])* Popoviĉo

poppen *intr sex umg* seksumi (↑ *auch* ***bumsen*** *u.* ***ficken***)

Pop|rock *m* poproko; ~**sänger** *m* popkantisto; ~**sängerin** *f* popkantistino; ~**song** *m* popkanto; ~**star** *m (männl.)* popstelulo, *(weibl.)* popstelulino

populär *Adj 1. volkstümlich, [beim Volk] beliebt 2. gemeinverständlich, allgemein gebraucht od verwendet* populara (***bei*** ĉe)

popularisieren *tr* popularigi

Popularisierung *f* popularig[ad]o

Popularität *f* populareco

populärwissenschaftlich *Adj* popularscienca *od* scienc-populara

Population *f Biol (Artbestand eines bestimmten Lebensraums)* populacio (*vgl. dazu* ***Wildbestand***)

Populations|dichte *f, auch* ***Bevölkerungs-*** *od* ***Siedlungsdichte*** *f Biol* populacia dens[ec]o; ~**druck** *m Biol* populacia premo; ~**dynamik** *f Biol (alle Wandlungen der Strukturelemente einer Population)* populacia dinamiko; ~**genetik** *f Wissenschaft von den für eine Bevölkerung gültigen Gesetzmäßigkeiten der Vererbung u. der auf die Population wirkenden Evolutionsfaktoren [ein Spezialgebiet der Genetik]* populacia genetiko; ~**größe** *f Biol (Bez für das mengenmäßig erfasste Auftreten einer Art in einem Gebiet, zu einem bestimmten Zeitpunkt)* populacia grando; ~**ökologie** *f Lehre von den Bevölkerungen, ihren Struktur- u. Funktionsmerkmalen u. ihrer Dynamik* populacia ekologio; ~**struktur** *f formale u. funktionale Eigenschaften einer Population, z.B. Bevölkerungsdichte, Altersstruktur, Natalität, Mortalität, Sexualindex u.a.* populacia strukturo; ~**wachstum** *n Biol* populacia kresko (↑ *auch* ***Wachstumsrate b)***); ~**welle** *f Biol* populcia ondo; ~**zyklus** *m Ökologie (regelmäßig auftretende Änderung der Populationsdichte durch zyklische Schwankungen des Nahrungsangebots od zeitverzögerte Räuber-Beute-Systeme)* populacia ciklo

Populismus *m Pol* popolismo

Populist *m Pol (opportunistischer Politiker, der die Gunst der Massen zu gewinnen sucht)* popolisto

Populistin *f Pol* popolistino

populistisch *Adj auf den Populismus bezogen* popolisma; *auf die Populisten bezogen* popolista

Pore *f der Haut* poro *auch in Feststoffen*; ***die ~n der Haut*** la poroj de la haŭto; ***voller ~n sein*** esti plena de poroj

Poreč (*n*) *ein kroatischer Hafen- u. Badeort an der Westküste Istriens* Poreĉo

Poren|beton *m Oberbegriff für Gas- und Schaumbeton* porohava betono *od* porobetono; ~**tierchen** *n/Pl, auch* ***Kammerlinge*** *m/Pl, Fachspr* ***Foraminiferen*** *f/Pl* (Foraminifera) *Biol (zu den Wurzelfüßern gehörende Urtierchen)* foraminiferoj *Pl* (↑ *auch* ***Fusulinen***)

porig *Adj Poren aufweisend* porohava; *voller Poren* plena de poroj (↑ *auch* ***porös***)

Porigkeit *f* poreco

Poriomanie *f Med, Psych (bei Epileptikern bzw. bei Psychupathen)* vagomanio (↑ *auch* ***Wandertrieb***)

Pörkölt *n Kochk (dem Gulasch ähnliches Fleischgericht mit Paprika)* perkelto (*vgl. dazu* ***Gulasch***) <*ein typisch ungarisches Gericht*>

Porling *m* (*Gattung* Polyporus) *Mykologie* poliporo, *pop* porofungo <*einige Arten verursachen Holzfäule*> (↑ *auch* ***Birken-***, ***Büschel-***, ***Schaf-***, ***Schmetterlings-*** *u.* ***Schwefelporling***); ***schuppiger ~*** (Polyporus squamosus) skvama poliporo; ***[Familie der] ~e*** *od auch* ***Löcherschwämme*** *Pl* (Polyporaceae) poliporacoj *Pl*; ***[Ordnung der] ~e*** *Pl* (Polyporales) *[überwiegend Holzpilze aus den Familien der Porlinge u. Knäuelinge]* poliporaloj *Pl*

Porno|darsteller *m* pornoaktoro; ~**film** *m, umg auch Kurzf* ***Porno*** *m* pornografia filmo, *umg* pornofilmo; ~**foto** *n* pornografia foto, *umg* pornofoto

Pornograf *m, auch* ***Pornograph*** *m Schriftsteller pornographischer Werke* pornografo

Pornografie *f, auch* ***Pornographie*** *f* pornografio

pornografisch, *auch* ***pornographisch*** *Adj*

pornografia

Porno|roman *m* pornografia romano, *auch kurz* pornoromano; ~**star** *m* pornostelulino; ~**video** *n* pornografia videobendo, *auch kurz* pornovideo; ~**zeitschrift** *f* pornografia magazeno, *auch kurz* pornomagazeno

porös *Adj* por[oz]a (↑ *auch* ***luftdurchlässig***)

Porose *f Med* porozo (↑ *auch* ***Osteoporose***)

Porosität *f* por[oz]eco

Porphyr *m Min (ein Ergussgestein)* porfiro

Porphyra *f Bot (eine Rotalgengattung)* porfuro

porphyrartig *Adj* porfireca

Porphyrin *n Biol, Chem (Vorstufe des Häms [von zentraler Bedeutung im Stoffwechsel <biologische Oxidation>])* porfirino

Porphyrinurie *f Med (Auftreten von Porphyrin im Harn)* porfirinurio

Porphyrios (*m*) *Eig (altgriech. Philosoph [um 232-304])* Porfiro

porphyrisch *Adj* porfira; ~***e Struktur*** *f Gesteinsgefüge, das bei magmatischen Gesteinen, insbes. bei Ganggesteinen vorkommen kann* porfira strukturo

porphyrisieren *tr Pharm (zu einem sehr feinen Staub zerreiben)* porfirizi

Porphyrit *m Min (ein Vulkanitgestein aus der Zeit des Paläozoikums)* porfirito

Porphyrozyten *m/Pl Med (Erythrozyten, die im UV-Licht infolge ihres Gehalts an Protoporphyrin fluoreszieren)* porfirocitoj *Pl*

Porree *m*, *selt auch* ***[spanischer] Lauch*** *m* (Allium porrum) *Bot, Nahr* poreo (↑ *auch* ***Winterlauch***)

Porridge [*'poritʃ*] *m*, *auch n*, ***Hafer[mehl]brei*** *m bes. als Frühstücksspeise in England* poriĝo

Porst *m* (*Gattung* Ledum) *Bot* ledumo (↑ *auch* ***Sumpfporst***)

Portal *n* ***a)*** *Arch (1. [prunkvolles] Tor 2. Fassade einer Kirche)* portalo (*vgl. dazu* ***Portikus***; ↑ *auch* ***Haupt-*** *u.* ***Seitenportal***) ***b)*** *EDV (Website, die als Einstieg ins Internet dient)* portalo (↑ *auch* ***Facebook-***, ***Informations-*** *u.* ***Vergleichsportal***) ***c)*** *Kranbrücke (für den Portalkran)* gantro

Portal|figur *f Arch u. assyrische Kunst* portalfiguro; ~**kran** *m Tech* gantrogruo

Port Arthur (*n*) *Hafenstadt in China (heute Teil de Stadt Lüda)* Port-Arturo

Portatile *n* ↑ ***Tragaltar***

Port-au-Prince (*n*) *Hptst. der Rep. Haiti* Portoprinco

Portefeuille *n Amtsbereich [eines Ministers]* portfolio; ***Minister ohne*** ~ (*od* ***Geschäftsbereich***) ministro sen portfolio

Port Elizabeth (*n*) *Hafenstadt in der Rep. Südafrika* Port-Elizabeto

Portemonnaie *n*, *auch* ***Portmonee*** *n* monujo (*vgl. dazu* ***Geldbörse***)

Portepee *n [ursprünglich] lederner Halteriemen am Griff des Degens; [im 18. Jh.] Schmuckriemen mit Quaste als Abzeichen der Offiziere, später auch der Feldwebel u. Wachtmeister <in einigen Armeen am Griff der Seitenwaffe getragen>* portepeo

Porter *m*, *auch n*, *<österr> nur n dunkles [englisches] Starkbier* portero

Port Fuad (*n*) *ein ägypt. Hafen am Sueskanal [gegenüber Port Said]* Port-Fuado

Portier [*por'tje:*] *m* pordisto [de hotelo *u.a.*] (↑ *auch* ***Hotelportier***, ***[1]Pförtner*** *u.* ***Türsteher***)

Portiere *f Türvorhang* pordokurteno

Portierenstange *f* stango por [la] pordokurteno

Portikus *m Arch (von Säulen od Pfeilern getragener Portalvorbau)* portiko

Portion *f* porcio (↑ *auch* ***Essensportion***); *Quote* kvoto (*vgl. dazu* ***Anteil***); *Quantum* kvanto; *i.e.S. Dosis* dozo; ***eine*** ~ ***Eis*** porcio da glaciaĵo; ***die Hälfte der*** ~ la duono de la porcio ◇ ***man braucht eine große*** ~ ***Geduld*** oni bezonas (*od* devas havi) multe da pacienco

portionieren *tr* porciigi

portionsweise *Adv in [kleinen] Portionen* en [etaj] porcioj

Portland (*n*) *1. eine Hafenstadt in Oregon/USA 2. eine Hafenstadt in Maine/USA 3. eine Hafenstadt im SW des australischen Bundesstaats Victoria* Portlando

Portland[ium] *n Geol (eine Stufe des oberen Jura [Malm])* portlandio

Portlandzement *m Bauw* portlanda cemento; ~**klinker** *m* portlandcementa klinkero (*vgl. dazu* ***Klinker***)

Port Louis (*n*) *Hptst. von Mauritius* Port-Luizo

Port Moresby [*'mo:sbi*] (*n*) *Hptst. von Papua-Neuguinea* Port-Morsbo

[1]Porto *n Post* sendkosto(j) *(Pl)*, afrankokosto(j) *(Pl)*, afrankaĵo (↑ *auch* ***Brief-*** *u.* ***Inlandsporto***)

[2]Porto (*n*) *Hptst. der portugiesischen Provinz Douro Litoral u. des Distrikts Pôrto*

Porto
Pôrto Alegre (*n*) *Hptst.des brasilian. Gliedstaates Rio Grande do Sul* Portoalegro
Portoerhöhung *f Post* plialtigo de la afrankokostoj
portofrei 1. *Adj senafrana,* libera je afrankokostoj (*od* sendkostoj) **2.** *Adv: für den Empfänger* afrankite (*vgl. dazu* ***franko***)
Port of Spain [*...spe:n*] (*n*) *Hptst. von Trinidad u. Tobago* Portospeno
Portomarke *f,* <*schweiz*> ***Taxmarke*** *f Post* afrankoŝulda poŝtmarko *auch Philat*
Portonovo (*n*) *Hptst. von Benin* Portonovo *od* Portonovo
portopflichtig *Adj* afrankenda
Porto Praia (*n*) ↑ ***Praia***
Portorož (*n*) *ein slowenischer Kurort [Ortsteil von Piran] an der Adriaküste* Portorozo
Portosenkung *f Post* redukto de afrankaĵo (*od* [la] afrankokostoj)
Porto Velho (*n*) *Hptst. des brasilian. Gliedstaates Rondônia* Portoveljo
Porträt [*...'trɛ:*] *n* portreto (*vgl. dazu* ***Bildnis*** *u.* ***Ebenbild***); *i.w.S. Foto* foto
porträtieren *tr* portreti (***jmdn.*** iun); ***sich ~ lassen*** portretigi sin
Porträtist *od* **Porträtmaler** *m* portretisto
Port-Royal[-des-Champs] (*n*) *ein ehemaliges Zisterzienserinnenkloster südwestlich von Versailles* Port-Rojalo
Port Said (*n*), *arab.* ***Bur Sa'īd*** *Stadtgouvernorat u. Hafenstadt am Nordende des Suezkanals in Ägypten* Port-Saido
Port Sudan (*n*), *arab.* ***Bur Sudan*** *eine Hafenstadt am Roten Meer u. sudanesische Provinzhptst.* Port-Sudano
Port Talbot (*n*) *Hafenstadt in Südwales [am Bristolkanal]* Port-Talboto
Portugal (*n*) *ein Staat in SW-Europa* Portugalio *[Hptst.: Lissabon]* (↑ *auch* ***Lusitanien***)
Portugiese *m* portugalo
Portugiesin *f* portugalino
portugiesisch *Adj* portugala
Portugiesische *n Ling* la portugala [lingvo]
Portugiesisch-Guinea (*n*) *Gesch (früherer Name von Guinea-Bissau)* Portugala Gvineo
Portulak *m*, *reg* ***Burzelkraut*** *n* (*Gattung* Portulaca) portulako; ***größblütiger ~***, *auch* ***Portulakröschen*** *n* (Portulaca grandiflora) *Bot* grandflora portulako *[Vorkommen in Argentinien, Brasilien u. Uruguay]* <*auch als Zierpflanze*>
Portulakgewächse *n/Pl Bot:* ***[Familie der] ~*** (Portulacaceae) *krautige, meist sukkulente Pflanzen* portulakacoj *Pl*
Portulakröschen *n Bot* ↑ *unter* ***Portulak***
Port Victoria (*n*) ↑ ***³Victoria***
Port Vila (*n*) *Hptst. von Vanuatu [im Pazifischen Ozean]* Port-Vilao
Portwein *m ein dunkler Süßwein [aus Portugal]* portvino; ~**glas** *n* glaso por portvino
Porzellan *n 1. feinste, lichtdurchlässige, gebrannte Tonware (aus Kaolin, Feldspat, Quarz) 2. Gesamtheit des Porzellangeschirrs eines Haushalts* porcelano (↑ *auch* ***Biskuitporzellan***); *Tafelgeschirr aus Porzellan* porcelanaĵoj *Pl*; ***chinesisches ~*** ĉina porcelano
porzellanen *Adj aus Porzellan [hergestellt]* porcelana *od nachgest* [farita] el porcelano
Porzellan|erde *f Min (weiches Tongestein [für Porzellan u. Steingut])* porcelantero (*vgl. dazu* ***Kaolin***); ~**fabrik** *f* fabriko de porcelanaĵoj; ~**figur** *f* porcelana figur[et]o; ~**industrie** *f* porcelana industrio; ~**kachel** *f* porcelana kahelo
Porzellankiste *f* ↑ *unter* ***Mutter*** ◇
Porzellan|laden *m* porcelanvendejo; ~**maler** *m* porcelanpentristo; ~**malerei** *f* pentrado de porcelano *od* porcelanpentrado; ~**manufaktur** *f* porcelanmanufakturo; ~**scherbe** *f* porcelanrompaĵo; ~**schnecke** *f* (*Gattung* Cypraea) *Zool* cipreo, *auch* konko de Venera (↑ *auch* ***Kaurischnecke***); ~**schüssel** *f* porcelana plado; ~**service** [*...ser'vi:s*] *n* porcelana servico; ~**sockel** *m El (einer Fassung)* porcelana soklo; ~**tasse** *f* porcelana taso; ~**teller** *m* porcelana telero; ~**vase** *f* porcelana vazo; ~**waren** *Pl* porcelanaĵoj *Pl*; ~**zahn** *m Zahnmedizin* porcelandento *od* porcelana dento
Posadas (*n*) *Hptst. der argentinischen Provinz Misiones [an der Grenze zu Paraguay]* Posado
Posamenten *n/Pl*, *auch* ***Besatzartikel*** *m/Pl od* ***Besatzwaren*** *Pl z.B. Borten, Quasten, Schnüre u.a. für Kleider, Polstermöbel u.Ä.* pasamentoj *Pl*
Posamenterie *f*, *auch* ***Besatzartikelhandlung*** *f Handlung für Besatzartikel* pasamentvendejo
Posamentierer *m*, *auch* ***Posamentenmacher*** *bzw.* ***Posamentenhändler*** *m* pasamentisto
Posaune *f Mus (ein Blechblasinstrument)*

trombono (↑ *auch* ***Alt-,Bass-***, ***Kontrabass-***, ***Tenor-***, ***Ventil-*** *u.* ***Zugposaune***)

posaunen *intr u. abs* blovi [la] trombonon ◇ ***etw. in die Welt*** ~ trumpeti ion al la mondo

Posaunenbläser *od* **Posaunist** *m* trombonisto

Poschettchen *n* ↑ ***Einstecktuch***

Pose *f zu einem bestimmten Zweck angenommene od bewusst eingenommene Haltung, gekünstelte Stellung* pozo (↑ *auch* ***Siegerpose***); ***eine ~ einnehmen*** *bzw.* ***sich in ~ stellen*** preni pozon, *auch kurz* pozi

Poseidon (*m*) *griech. Myth (Gott des Meeres u. der Gewässer [Sohn des Kronos u. der Rhea])* Pozidono (*vgl. dazu* **[1]Neptun**)

Posen (*n*) ↑ ***Poznań***

posieren *intr* pozi (***vor*** antaŭ) (↑ *auch* ***Modell sitzen***)

Positano (*n*) *ein Ort an der Amalfiküste [auf der Halbinsel von Sorrent]* Positano

Position *f* ***a)*** *Stellung* pozicio *auch allg (beruflich, sexuell od sozial), Mil u. Mar* (↑ *auch* ***Grund-*** *u.* ***Startposition***); *Lage auch* situacio; *Standort* pozicio, loko; *Zustand* stato; *Rang* rango; ***seine ~ ausbauen*** evoluigi sian pozicion; ***eine führende*** (*od* ***leitende***) ***~ einnehmen*** okupi gvidan pozicion; ***seine ~ festigen*** stabiligi sian pozicion; ***eine verantwortliche ~ innehaben*** havi respondecan pozicion (***bei*** *bzw.* ***in*** en); ***ich bin in einer schwierigen ~*** mi estas en malfacila situacio ***b)*** *Astron (Stand)* pozicio

Positionsastronomie *f* ↑ ***Astrometrie***

Positionslaterne *f Mar* navigacia lampo (*od* lanterno)

Positionslichter *n/Pl Verk* trafiklumiloj *Pl*; *Flugw u. Mar (die Leuchten selbst)* pozicilumiloj *Pl*, *(der Schein derselben)* pozicilumoj *Pl*; *Mar auch* navigaciaj lumoj *Pl*; ***seitliche ~*** *am Flugzeug* alopintaj lumiloj

positiv *Adj* positiva *auch Chem, El, Foto, Gramm, Logik, Math u. Phys*; *günstig* favora (↑ *auch* ***vorteilhaft***); *profitabel* profitiga; ***~es Denken*** *n* pozitiva pensado; ***ein ~es Ergebnis*** (*od* ***Resultat***) *n* pozitiva rezulto; ***~e Reaktion*** *f Chem* pozitiva reakcio; ***eine ~e Antwort erhalten*** ricevi pozitivan respondon; ***[einen] ~en Einfluss auf jmdn. ausüben*** (*od umg* ***haben***) havi pozitivan influon sur iun; ***der Test war ~*** la testo estis pozitiva

[1]Positiv *m Gramm (Grundform des Eigenschaftsworts vor der Steigerung)* pozitivo

[2]Positiv *n Foto, Reproduktionstechnik (vom Negativ gewonnenes, seitenrichtiges Bild)* pozitivo

Positive *n allg* pozitivo (***von*** *etw.* de)

Positivismus *m Phil (philosophische Position, die allein das Tatsächliche als Gegenstand der Erkenntnis zulässt [von Auguste Comte begründet])* pozitivismo; ***logischer ~*** ↑ ***Neopositivismus***

Positivist *m Anhänger bzw. Vertreter des Positivismus* pozitivisto

positivistisch *Adj Phil (auf den Positivismus bezogen)* pozitivisma, *(auf die Positivisten bezogen)* pozitivista

Positivschnitt *m Holzschneidekunst* pozitiva gravuraĵo

Positivum *n etw. Positives* pozitivaĵo

Positron *n*, *auch* ***Positon*** *n Kernphysik (positiv geladenes Elementarteilchen mit demselben Gewicht wie das Elektron)* pozitrono

Positronenemissionstomografie *f* (*fachsprachl. Abk* ***PET***) *Nuklearmedizin (ein bildgebendes Verfahren, das Schnittbilder vom lebenden Organismus erzeugt)* pozitrona emisia tomografio

Positur *f* speciala korpa teniĝo [en certa momento]; *Pose, gekünstelte Stellung* pozo; ***sich in ~ stellen*** alpreni specialan korpan teniĝon (*vgl. dazu* ***posieren***)

Posse *f allg (Ulk)* burleskaĵo; *Theat (derbkomisches Bühnenstück)* burleska komedio, *(Farce)* farso *auch übertr*

Possen *m*: ~ ***reißen*** petoli; *Spaß machen* fari ŝercojn

possenhaft *Adj derb-komisch* burleska; *wie eine Farce* farsa, *nachgest* kiel farso

Possen|reißer *m* burleskulo, *bes. bei Hofe* bufono; *in der italienischen Volkskomödie (Bajazzo)* pajaco; **~spieler** *m Theat* farsisto (*vgl. dazu* ***Bajazzo*** *u.* ***Buffo***)

Possession *f Fachspr Jur für «Besitz»* posed[aĵ]o

Possessivpronomen *n*, *auch* ***besitzanzeigendes Fürwort*** *n*, *alt auch* ***Possessivum*** *n Ling* poseda pronomo, *alt auch* posesivo *(Zam)*

possierlich *Adj klein und lustig* eta kaj gaja; *drollig* drola; *i.w.S. (komisch)* komika, *(burlesk)* burleska

Post *f als Dienst od Einrichtung bzw. eingehende Post* poŝto (↑ *auch* ***Bahn-***, ***Ballon-***, ***Flug-***, ***Rohr-*** *u.* ***Schiffspost***); *Postamt* poŝtoficejo, *umg meist* poŝtejo; *Postsendungen*

(Pl) poŝtaĵoj *Pl*; ***elektronische*** ~ ↑ ***E-Mail***; ***die heutige*** ~ la hodiaŭa poŝto; ***durch die*** ~ *od* ***per*** ~ *od* ***mit der*** ~ per [la] poŝto, *auch* poŝte; ***mit gesonderter*** ~ apartapoŝte; ***mit gleicher*** ~ sampoŝte; ***die*** ~ ***ist da*** (*od* ***gekommen***) la poŝto venis; ***ist*** ~ ***für mich gekommen?*** ĉu estas poŝto por mi?; ***bei der*** ~ ***arbeiten*** labori ĉe la poŝto; ***zur*** ~ ***geben*** (*od* ***bringen***) *aufgeben, z.B. einen Brief* enpoŝtigi; ***zur*** (*od reg* ***auf die***) ~ ***gehen*** iri al la poŝt[ofic]ejo

Postadresse *f* ↑ ***Postanschrift***

Postagentur *f* poŝt-agentejo

postalisch 1. *Adj* poŝta; *von der Post* de la poŝto *nachgest* **2.** *Adv* per poŝto, poŝte

Postament *n*, *auch* ***Unterbau*** *m Sockel einer Säule od Statue* postamento (↑ *auch* ***Piedestal***)

Postamt *n* poŝtoficejo, *umg meist* poŝtejo (↑ *auch* ***Sonderpostamt***); ***Leiter des*** ~***s*** poŝtestro

Post|angestellte *od* ~**beamte** *m* poŝtoficisto; ~**anschrift** *f*, *auch* ***Postadresse*** *f* poŝta adreso; ~**anweisung** *f* poŝtmandato; ~**auto** *n* poŝtaŭto; ~**bank** *f Bankw* poŝtbanko; ~**bote** *m Briefbote* leterportisto, *i.w.S.* poŝtisto; ~**briefkasten** *m zum Briefversand* poŝtkesto; *zum Briefempfang, z.B. am Haus* leterkesto, *auch* poŝtkesto

Postcheck *m* ↑ ***Postscheck***

Post|dampfer *m* poŝtŝipo; ~**dienst** *m* poŝta servo

postembryonal *Adj Biol, Med (nach dem embryonalen Stadium)* postembria

Posten *m* ***a)*** posteno *auch Mil* (↑ *auch* ***Beobachtungs-*** *u.* ***Kommandoposten***); *Polizei*~ polica pikedo; <*schweiz*> ↑ ***Polizeidienststelle***; ~ ***stehen*** postene stari, *auch* posteni (***vor*** antaŭ) ***b)*** *Funktion, Stelle od Stellung* posteno (*vgl. dazu* ***Amt***, ***Position*** *u.* ***Rang***; ↑ *auch* ***Direktorenposten***); ***ein gut bezahlter*** ~ bone salajrata (*od auch* pagata) pos- teno; ***einen hohen*** ~ ***haben*** (*od geh* ***be- kleiden***) havi (*od* okupi) gravan postenon ***c)*** *Summe* sumo; *Quantum* kvanto ◇ ***auf verlorenem*** ~ ***stehen*** stari sur perdota (*od* senŝanca) posteno; ***nicht [ganz] auf dem*** ~ ***sein*** *sich nicht wohlfühlen* farti ne tute bone, senti sin ne sufiĉe sana

Postenkette *f Mil, Polizei (Kordon, Sperrkette)* kordono

Poster *n plakatartiges, großformatiges gedrucktes Bild* postero, art-afiŝo; *Reklameplakat* reklam-afiŝo

Postfach *n*, *auch* ***Postschließfach*** *n* (*Abk* ***PSF***) [ŝlosebla] poŝtfako

post festum ↑ *unter* ***Fest***

Post|filiale *f* poŝtfilio; ~**flugzeug** *n*, *auch* ***Postmaschine*** *f* poŝtaviadilo

postfrisch *Adj Philat (ungestempelt)* nestampita, *(ungebraucht)* neuzita

Post|gebühren *f/Pl Porti* sendkosto(j) *(Pl)*, afrankokosto(j) *(Pl)*, *auch* poŝtkostoj *Pl* (*vgl. dazu* ***Posttarif***); *als Ausgaben, bes. Wirtsch* poŝtaj elspezoj; ~**geheimnis** *n* poŝta sekreto; ~**geschichte** *f* historio de la poŝto; ~**girokonto** *n* poŝtĝira konto

postherpetisch *Adj Med (nach einer Gürtelrose [Herpes zoster] auftretend, z.B. eine Neuralgie)* postherpeta

Posthorn *n* poŝtkorno *auch als heraldisches Zeichen*

posthum *od* **postum** *Adv nach jmds. Tod [erfolgend]* postmorta (*vgl. dazu* ***nachgelassen***); ~***es Werk*** *n* postmorta verko

postieren *tr*: ***jmdn.*** ~ postenigi iun; ***sich*** ~ *refl sich aufstellen* posteniĝi

Postillion *m*, *auch* ***Postkutscher*** *m* postiljono

postinfektiös *Adj* postinfekta; ~***er Husten*** *m Med* postinfekta tuso

Postkarte *f* poŝtkarto (*Abk* pk.) (↑ *auch* ***Ansichts-*** *u.* ***Auslandspostkarte***); *Ansichts*~ ilustrita poŝtkarto (*Abk* il. pk.), *umg auch* bildkarto

Postkarten|format *n od* ~**größe** *f* poŝtkarta formato; ***im Postkartenformat*** poŝtkartformate; ~**gruß** *m* poŝtkarta saluto

Postkasten *m* poŝtkesto (↑ *auch* ***Postbriefkasten***)

post|koital *Adj nach dem Koitus [auftretend]* postkoita; ~**kolonial** *Adj* postkolonia

postkommunistisch *Adj nach dem Zusammenbruch eines kommunistischen Regierungssystems* postkomunisma (↑ *auch* ***postsowjetisch***); ~***e Länder*** *n/Pl* postkomunismaj landoj *Pl*

Postkutsche *f* ***a)*** poŝta kaleŝo ***b)*** *auch* ***Diligence*** [*dili'ʒã:ns*] *f hist: [pferdebespannter] Eilpostwagen* diliĝenco; ***mit der*** ~ ***fahren*** (***reisen***) veturi (vojaĝi) per diliĝenco (*od auch* poŝto)

Postkutscher *m* ↑ ***Postillion***

postlagernd 1. *Adj*: ***Schalter*** *m* ***für*** ~***e Sendungen*** giĉeto por sendaĵoj poŝtrestantaj **2.** *Adv* poŝtrestante

Postleitzahl *f* (*Abk* ***PLZ***) poŝtkodo

Postler *m umg reg u.* <*österr*> *jmd., der bei der Post arbeitet* poŝtisto; *Postbeamter* poŝtoficisto

Postludium *n Mus (musikalisches Nachspiel)* [muzika] postludo

Postmaschine *f* ↑ ***Postflugzeug***

Postmeister *m hist* poŝtestro

Postmenopause *f Physiol (Abschnitt des Klimakteriums nach der Menopause)* postmenopaŭzo

Post|minister *m* ministro pri poŝtaj aferoj; ~**ministerium** *n* ministerio pri poŝtaj aferoj

postmodern *Adj* postmoderna; ~***e Architektur*** *f* postmoderna arkitekturo

Postmoderne *f Bez für verschiedene Strömungen der gegenwärtigen Architektur, Kunst u. Kultur* postmodernismo

postmortal (*Abk* ***p.m.***) *Adj bes.Fachspr Med (nach dem Tode [eintretend])* postmorta

post mortem (*Abk* ***p.m.***) *Adv nach dem Tode* postmorte

Postmuseum *n* poŝtmuzeo

postnatal *Adj bes. Fachspr Med (nach der Geburt [auftretend bzw. stattfindend])* postnaska; ~***e Depression*** *f* postnaska depresio

postnekrotisch *Adj Med (nach einer Nekrose auftretend)* postnekroza

Postojna (*n*), *dt.* ***Adelsberg*** (*n*) *ein Ort in Slowenien* Postojno; ***die Höhle von ~***, *slowenisch* ***Postojnska Jama*** la kaverno de Postojno <*größte Höhle von Europa*>

postoperativ *Adj Med (nach der Operation [auftretend bzw. stattfindend])* postoperacia; ~***e Versorgung*** *f* postoperacia prizorgado

Post|paket *n* poŝtpaketo; ~**pferde** *n/Pl Gesch* poŝtĉevaloj *Pl od* ĉevaloj *Pl* por poŝto; ~**position** *f Ling ([dem Substantiv] nachgestelltes Wort, bes. Adjektiv od Präpostion)* postpozicio; ~**sachen** *f/Pl Briefschaften, Post* poŝtaĵoj; ~**sack** *m* poŝt[o]sako; ~**schalter** *m* poŝt[o]giĉeto

Postscheck *m*, <*schweiz*> ***Postcheck*** *m Fin* poŝtĉeko; ~**amt** *n* (*Abk* ***PSchA***) poŝtĉekoficejo; ~**konto** *n alt* poŝtĉekkonto *od* poŝta ĉekkonto (*Abk* pĉk)

Postschiff *n* poŝtŝipo

Postschließfach *n* ↑ ***Postfach***

Postsendung *f* poŝta sendaĵo, *umg* poŝtaĵo

postskapulär ↑ *unter* ***Schulterblatt***

Postskriptum *n* (*Abk* ***PS*** *od* ***P.S.)*** postskribo

postsowjetisch *Adj*: ~***e Staaten*** *m/Pl die nach dem Zerfall der Sowjetunion nunmehr eigenständigen Staaten* postsovetaj ŝtatoj *Pl*

Postsparkasse *f* poŝta ŝparkaso

Poststempel *m (Stempel zum Entwerten)* poŝtstampilo, *(als Abschlag auf Briefmarken od Postsendungen)* poŝtstampo *od* poŝta stampo *auch Philat*; ***Datum*** *n* ***des ~s*** dato de poŝtstampo; ***den ~ vom 10. Januar 2022 tragen*** surhavi la poŝtstampon de la deka de januaro 2022

poststenotisch *Adj nur Fachspr Med* poststenoza (*vgl. dazu* ***Dilatation*** *u.* ***Stenose***)

Posttarif *m* poŝttarifo *od* poŝta tarifo (*vgl. dazu* ***Postgebühren***)

postthrombotisch *Adj nach einer Thrombose [auftretend]* posttromboza; ~***es Syndrom*** *n*, *pop* ‹***offenes Bein***› *n Med* posttromboza sindromo

posttraumatisch *Adj Med (zeitlich nach dem Unfall gelegen [meist im Sinne einer Folge des Unfalls u. mit diesem im Zusammenhang stehender Krankheitserscheinungen])* posttraŭmata (*vgl. dazu* ***Traumatismus***); ~***e Luxation*** *f* posttraŭmata luksacio

Postulat *n Phil* postulato; *allg [unbedingte] Forderung* [nepra] postulo

postulieren *tr Phil (als vorhanden voraussetzen) u. geh: fordern* postuli (***dass*** ke); *Phil (als vorhanden voraussetzen)* premisi

postum ↑ ***posthum***

Postur *f* ↑ ***Figur***

postvakzinal *Adj Med (nach einer Impfung [auftretend])* postvakcinada

Post|verbindung *f* poŝta komunikado; ~**verkehr** *m* poŝta komunikiĝo (*bzw.* trafiko); ~**verwaltung** *f* poŝtadministracio; ~**wagen** *m allg od Kfz* poŝtveturilo; *Eisenb* poŝtvagono (↑ *auch* ***Postkutsche b)***)

postwendend *Adv* poŝtrevene, *auch* revenpoŝte; *gleich nach Erhalt* tuj post ricevo [de poŝtaĵo]; *i.w.S. schnellstmöglich* kiel eble plej rapide; *sofort* tuj

Postwertzeichen *n* poŝtmarko (*vgl. dazu* ***Briefmarke***)

postzosterisch *Adj*: ~***e Neuralgie*** *f*, *auch* ***Postzosterneuralgie*** *f Med (nach einer Gürtelrose auftretende Neuralgie)* postzostra neŭralgio

Post|zug *m Eisenb* poŝta trajno; ~**zusteller** *m* leterportisto; *i.w.S. (Postler)* poŝtisto

Potala[-Palast] *m in Lhasa/Tibet* Potala Palaco

Potamologie *f*, *auch* ***Flusskunde*** *od* ***Fließ-***

gewässerkunde *f Teilgebiet der Hydrologie u. Geografie, das sich mit den fließenden Gewässern befasst* hidrologio de riveroj

Potamoplankton *n nur Fachspr Hydrologie (Plankton im frei fließenden Wasserkörper der großen Flüsse)* potamoplanktono

Potemkin (*m*) *Eig* ↑ ***Potjomkin***

potent *Adj mächtig* potenca (↑ *auch* ***einflussreich*** *u.* ***machtvoll***); *sex* sekse potenca (*od* forta)

Potentat *m* ↑ ***Machthaber***

Potential *n* ↑ ***Potenzial***

Potentialität *f* ↑ ***Potenzialität***

potentiell ↑ ***potenziell***

Potentiometer *n El* ↑ ***Potenziometer***

Potenz *f* ***a)*** potenco; *i.w.S. Kraft* forto; ***männliche*** ~ *sex* vira potenco; ***sexuelle*** ~ seksa potenco ***b)*** *Math (Produkt aus gleichen Faktoren)* potenco (↑ *auch* ***Primzahlpotenz***); ~ ***der Inversion*** potenco de inversio; ***zweite*** ~ *Quadratzahl* dua potenco; ***eine Zahl in die dritte*** ~ ***erheben*** levi nombron al la tria potenco *od* potenci per tri

Potenza (*n*) *Hptst. der südital. Region Basilicata u. der Provinz [am Oberlauf des Basento]* Potenco

Potenzbrocken *m sex* pistolulo

Potenzial *n, auch* ***Potential*** *n* ***a)*** *Macht* potenco; *Kraft* forto (↑ *auch* ***Gefährdungs-***, ***Konfliktpotenzial*** *u.* ***Leistungsfähigkeit***); *Ressourcen* resursoj *Pl*; ***militärisches*** ~ *od* ***Militärpotenzial*** militpotenco ***b)*** *El, Chem, Phys* potencialo; ***Newtonsches*** ~ *Phys* potencialo de Newton (*od* Neŭtono)

Potenzialität *f, auch* ***Potentialität*** *f bes. Phil (Möglichkeit)* potencialeco

potenziell, *auch* ***potentiell*** *Adj* ***a)*** *bes. Phil ([der Anlage nach] möglich* potenciala; *vorstellbar* imagebla (*vgl. dazu* ***möglich***); ~***e Bedrohung*** *f* imagebla (*od auch* ebla) minaco; ~***er Käufer*** *m* [ebla] aĉetonto; ~***er Partner*** *m bes. Wirtsch* ebla partnero; ***die*** ~***e Rolle des Esperanto*** la potenciala rolo de Esperanto (***bei*** ĉe; ***innerhalb*** *mit Gen* ene de) ***b)*** *El, Phys* potenciala; ~***e Energie*** *f Phys* potenciala energio

potenzieren *tr Math (zur Potenz erheben)* potenc[ig]i; *übertr (vervielfältigen)* multobligi, *(steigern)* plimultigi, pli[grand]igi

Potenzieren *n od* **Potenzierung** *f* potencigo; *Math* potencado

Potenziometer *n, auch* ***Spannungsteiler*** *m od* ***Schiebewiderstand*** *m El (ein von Strom durchflossener Widerstand, an dem über einen Schiebekontakt eine beliebige Spannung abgegriffen werden kann, die man aus den beiden Teilwiderständen berechnet)* potenciometro

Potenzreihe *f Math* potencoserio

potenzsteigernd *Adj sex* potenc-altiga

Poterne *f Mil ehem (eine Art unterirdischer Geheimausgang zum Wallgraben, Ausfallpforte)* poterno

Potjomkin (*m*), *auch* ***[Fürst] Potemkin*** (*m*) *russischer Staatsmann u. Feldherr [1739-1791]*; ***Potemkinsche Dörfer*** *n/Pl* potjomkinaj vilaĝoj *Pl*

Potomac *od* **Potomac River** *m ein Fluss im Osten der USA [mündet trichterförmig in die Chesapeakebay]* [rivero] Potomako

Potpourri *n Mus* kvodlibeto *(Zam)*

Potsdam (*n*) *Hptst. des Bundeslandes Brandenburg* Potsdamo *<bis 1918 zweite königliche Residenz>*

Potsdamer *attr:* ~ ***Abkommen*** *n [1945] Gesch* Akordoj de Potsdamo

[1]**Pott** *m bes. reg* ***a)*** *große Tasse* tasego; *Topf* poto ***b)*** *[altes] Schiff* ŝipo [ege malnova]

[2]**Pott** (*m*) *Eig (engl. Chirurg [1714-1788]):* ~**-Krankheit** *f, auch* ***Wirbeltuberkulose*** *f* (Spondyllitis tuberculosa) *Med* morbo de Pott

Pottasche *f, auch* ***Kaliumkarbonat*** *n Chem* potaso

Pottbäcker *m* ↑ ***Töpfer***

potthässlich *Adj reg für «ausgesprochen hässlich»* ekstreme hida

Pottwal *m, auch* ***Spermwal*** *m* (Physeter macrocephalus = Physeter catodon) *Zool (ein Zahnwal)* kaĉaloto *[europäisches Vorkommen: im Tiefseegraben vor Kreta]*

Poularde [*pu'...*] *f [verschnittenes] junges Masthuhn* pulardo *auch Kochk* (*vgl. dazu* ***Kapaun***)

poussieren [*pu'si:...*] *umg veraltend, noch reg* ***a)*** *tr umwerben* amindumi; *umschmeicheln* kaĵoli (***jmdn.*** iun) ***b)*** *intr flirten* flirti (***mit jmdm.*** kun iu); *zärtlich sein* tenerumi (***zu jmdm.*** kun iu)

Poussin (*m*) *Eig (franz. Maler [1593-1665])* Puseno

Powidl *m* ↑ ***Pflaumenmus***

Poznań (*n*), *dt.* ***Posen*** (*n*) *Hptst. der westpolnischen Woiwodschaft Poznań* Poznano

Pozzolanerde *f Min* ↑ ***Puzzolanerde***

Ppbd. = *Abk für* ***Pappband***

PP-Faktor *m* ↑ ***Antipellagra-Vitamin***
PR = *Abk für* ***Public Relations***
Präadaptation *f Naturw (die im Evolutionsgeschehen beobachtete Erscheinung, dass sich Lebewesen veränderten Umweltbedingungen sofort anpassen können, weil sie durch bereits vorhandene erbliche Potenzen [Merkmale od Gene] «vorangepasst» sind, d.h. ihre Potenzen sind größer, als es die unmittelbar wirksamen Umweltbedingungen erfordern)* preadaptiĝo
Präambel *f* ***a)*** *Vorrede od Einleitung zur Verfassung od zu Gesetzesdokumenten* preamblo ***b)*** *Vorrede* antaŭparolo (*vgl. dazu* ***Einleitung*** *u.* ***Vorspiel***)
Präbende *f hist: kirchliche Pfründe* prebendo
präbiotisch *Adj* prebiota
Pracht *f Prunk* pompo (*vgl. dazu* ***Pomp***); *Glanz* bril[eg]o; *äußerliche Pracht, z.B. prunkvolle Kleidung* pompa eksteraĵo; ~**ammer** *f* (Emberiza chrysophrys) *Orn* flavbrova emberizo; ~**ausgabe** *f Buchw (Luxusausgabe)* luksa eldono; ~**band** *m Buchw* luksa volumo; ~**bau** *m* pompa konstruaĵo
Prachtdrossel *f Orn* ↑ ***Pitta***
Pracht|eiderente *f* (Somateria spectabilis) *Orn* reĝa molanaso; ~**exemplar** *n* belega objekto (↑ *auch* ***Kabinettstück***); *(Tier)* belega besto (↑ *auch* ***Prachtkerl***)
Prachtfink *m* ↑ ***Astrild***; ***[Familie der]*** *~**en*** *Pl* (Estrildidae) *Orn* estrildedoj *Pl*
Pracht|fregattvogel *m* (Fregata magnificens) *Orn* grandioza fregato; ~**[frucht]taube** *f* (Ptilinopus superbus) *Orn* superba fruktokolombo *[Vorkommen: Neuguinea, Molukken, Sulawesi, Salomonen u. NO-Australien]*; ~**häher** *m* (Garrukus lidthi) *Orn* japana garolo *[Vorkommen: endemisch auf den südjapani- schen Ryukyu-Inseln]*
prächtig *od* **prachtvoll** *Adj wunderschön* mirinde (*od* fantazie) bela, belega; *glänzend, strahlend* brila, splenda; *schön und kostbar* bela kaj valora; *elegant u. luxuriös* splenda (↑ *auch* ***pompös*** *u.* ***luxuriös***)
Pracht|junge *od* ~**kerl** *m* grandioza junulo (*bzw.* homo); ~**käfer** *m* (*Gattung* Buprestis) *Ent* bupresto; ~**kutsche** *f Karosse* kortega (*bzw.* nobla) kaleŝo
Prachtlein *m Bot* ↑ *unter* ***Lein a)***
Pracht|nachtschwalbe *f* (Caprimulgus eximius) *Orn* ora kaprimulgo; ~**nelke** *f* (Dianthus superbus) *Bot* superba dianto
Prachtspiere *f Bot* ↑ ***Astilbe***
Prachtstück *n* = ***Prachtexemplar***
Prachttanne *f* (Abies magnifica) *Bot* majesta abio
Prachttaube *f Orn* ↑ ***Prachtfruchttaube***
Prachttaucher *m*, *auch* ***Polartaucher*** *m* (Gavia arctica) *Orn* arkta kolimbo
prachtvoll ↑ ***prächtig***
pracken ↑ *unter* ***klopfen a)***
Pracker *m Hausw* ↑ ***Teppichklopfer***
Prädator *m nur Fachspr Ökologie, Pflanzenschutz u. Zool* predanto (↑ *auch* ***Spitzenprädator***)
Prädentin *n*, *auch* ***Dentinoid*** *n Stomatologie (noch unverkalkte Dentinmatrix)* predentino, *auch* dentinoido
Prädestination *f*, *auch* ***Vorherbestimmung*** *f* antaŭdestino *auch Rel*
prä|destiniert *Adj vorherbestimmt* antaŭdestinita; ~**diabetisch** *Adj Med* prediabeta
Prädikat *n Gramm (Satzaussage)* predikato; *Beurteilung, Bewertung* juĝo, taksado; *Schulnote, Zensur* noto
prädikativ *Adj Gramm (das Prädikat betreffend)* predikata
Prädikativ[um] *n Gramm (substantivischer [Prädikatsnomen] oder adjektivischer Teil/ Ergänzung des Prädikats)* predikativo <*tritt im Esp z.B. auf bei* esti, fariĝi, resti *und* ŝajni, *z.B. ist im Satz* «li fariĝis kapitano» *das Wort* kapitano *Prädikatsnomen*>
Prädikatsnomen *n ältere Bez für «Prädikativ[um]»* substantiva predikativo
prädisponieren *tr* ***a)*** *im Vorhinein festlegen* fiksi jam antaŭe ***b)*** *empfänglich machen, bes. für Krankheiten* predispozicii
Prädisposition *f Veranlagung, Anlage; Med: Anfälligkeit, Empfänglichkeit* predispozicio (***für*** al)
Prad|o, *auch* ***muzeo Prado*** *spanisches Nationalmuseum in Madrid* Prado *m*
prädominieren *tr geh für «vorherrschen»* domini, superregi
Präeklampsie *f Med* ↑ ***Gestose***
Präfation *f Kirche (Dankgebet als Teil der kath. Eucharistiefeier u. des evangelischen Abendmahlgottesdienstes)* prefacio
Präfekt *m 1. hoher Zivil- od Militärbeamter im alten Rom 2. oberster Verwaltungsbeamter eines Departements in Frankreich bzw. einer Provinz in Italien* prefekto (↑ *auch* ***Polizeipräfekt***)
Präfektin *f* prefektino
Präfektur *f Amt des Präfekten* prefekteco;

Amtsräume des Präfekten prefektejo; *Amtsbezirk eines Präfekten* prefektujo

Präferenz *f* prefero (*vgl. dazu* ***Priorität, Vorliebe*** *u.* ***Vorrang***)

Präferenzzölle *m/Pl Hdl (Zölle, die einen Handelspartner bes. begünstigen)* preferdoganoj *Pl*

präferieren *tr geh für «bevorzugen» od «den Vorzug geben»* preferi (***etw.*** ion), doni la preferon (***etw.*** al io)

präfigieren *tr Ling (mit einer Vorsilbe versehen)* prefiksi

präfigiert *Adj*: ***ein ~es Verb*** (***Wort***) *Gramm* prefiksita verbo (vorto)

Präfigierung *f Ling (Versehen mit einem Präfix)* prefiksado; *(das Zum-Präfix-werden)* prefiksiĝo

Präfix *Ling (Vorsilbe)* prefikso (↑ *auch* ***Verbalpräfix***)

Präfixoid *n, auch* ***Halbpräfix*** *n Ling (einem Präfix ähnelnder Wortbestandteil)* prefiksoido <*im Esperanto: diejenigen Präfixe, die nach den Wortbildungsregeln als selbstständige Worte fungieren [z.B.* inter *od* kontraŭ*]*>

Präfixverb *n Ling* = ***präfigiertes Verb***

Prag (*n*), *tschech.* ***Praha*** *Hptst. der Tschechischen Republik* Prago

Prägeanstalt *f* stampejo de moneroj

prägen *tr Tech ([durch Pressen] umformen)* pregi; ***Medaillen*** (***Münzen***) ~ stampi medalojn (monerojn); ***ein Wort*** (***einen Ausdruck***) ~ krei novan vorton (novan esprimon), krei neologismon

Prager ***a)*** *m Einwohner von Prag* pragano ***b)*** *attributives Adj*: ~ ***Altstadt*** *f, tschech.* ***Staré Město*** Malnova Urb[opart]o de Prago; ***die ~ Burg*** *[auf dem Hradschin], tschech.* ***Pražský hrad*** la Praga Burgo; ***der ~ Frühling*** *Pol* la Praga Printempo; ~ ***Kleinseite*** *f, tschech.* ***Malá Strana*** Malgranda Kvartalo de Prago; ~ ***Schinken*** *m Nahr* ŝinko de Prago

Pragerin *f* praganino

Präge|stempel *m* moner-stampilo; ~**stock** *m Typ: mit erhaben herausgearbeitetem Bild [Ggs: Matrize]* patrico

präglazial *Adj Geol (den Zeitabschnitt vor der ersten pleistozänen Vereisung betreffend)* preglacia

Pragmatik *f* ***a)*** *das Pragmatische, Orientierung auf die Sachbezogenheit* pragmateco ***b)*** *Ling (der Zweig der Semiotik, der die Beziehung zw. den sprachlichen Zeichen u. den Menschen, die sie vereinbaren u. anwenden, beschreibt)* pragmatiko

Pragmatiker *m Phil* pragmatisto; *i.w.S. (pragmatischer Mensch)* pragmatulo

pragmatisch *Adj auf praktisches Handeln gerichtet, dem Handeln [und der Praxis] dienend, sachbezogen* pragmata

Pragmatische *n* pragmateco

Pragmatismus *m Phil (philosophische Lehre, die im Handeln das Wesen des Menschen erblickt u. Wert u. Unwert des Denkens danach bemisst)* pragmatismo *auch i.w.S.*

prägnant *Adj* ***a)*** esenca [kaj trafa]; *genau* ekzakta; *gedrängt, konzis, knapp* konciza ***b)*** = ***schwanger***

Prägung *f*: ~ ***von Münzen*** stampado de moneroj; ***die ~ neuer Worte*** kreado de novaj vortoj

Praha (*n*) ↑ ***Prag***

prähellenisch ↑ ***vorhellenisch***

Prähistorie *f* ↑ ***Vorgeschichte a)***

Prähistoriker *m* prahistoriisto

prähistorisch, *auch* ***vorgeschichtlich*** *Adj (aus der Vorgeschichte stammend od zu ihr gehörig)* prahistoria

prahlen *intr angeben, protzen* fanfaroni; *großsprecherisch reden* fanfarone paroli; ***mit etw.*** ~ *angeben* fanfaroni per io; *zur Schau stellen* paradi (*od* pavi) per io (↑ *auch* ***herumprahlen***)

Prahlen *n* fanfaronado

Prahler *od fam* **Prahlhans** *m* fanfaronulo, *Großmaul auch* granda parolisto (↑ *auch* ***Protz***)

Prahlerei *f das Prahlen* fanfaronado; *prahlerische Äußerung* fanfaronaĵo

prahlerisch *Adj* fanfarona

Prahlhans *m* ↑ ***Prahler***

Prahm *m Mar (flacher Lastkahn)* barĝo

Praia (*n*), *auch* ***Porto Praia*** (*n*) *Hptst. von Kap Verde* Prajo

Präimago *f Ent (der Imaginalhäutung vorausgehendes Entwicklungsstadium bei Insekten)* preimagino (*vgl. dazu* ***Imago***)

Präimplantationsdiagnostik *f* (*fachsprachliche Abk* ***PID***) *Med* preenplantada diagnostiko

präjudizieren *tr Jur (der [richterlichen] Entscheidung vorgreifen)* juĝi antaŭ la juĝista decido (*vgl. dazu* ***vorverurteilen***)

präkambrisch *Adj Geol* antaŭkambria,

<*wiss*> *auch* prekambria

Präkambrium *n Geol (Archaikum u. Algonkium umfassender Zeitraum der erdgeschichtlichen Frühzeit)* antaŭkambrio, <*wiss*> *auch* prekambrio

präkanzerös *Adj Med (zu krebsiger Entartung neigend)* prekancera

Präkanzerose *f* (Carcinoma in situ) *Med (Gewebsveränderung, die zu präkarzinomatöser Entartung neigt, als Vorstadium eines Krebses aufzufassen ist)* prekancerozo

präkarbonisch *Adj Geol (vor dem Karbon liegend)* prekarbona

Präklimakterium *n Physiol (der Zeitraum vor den Wechseljahren der Frau)* preklimaktero

präklinisch *Adj klinisch noch nicht manifest [ein Krankheitsgeschehen]* preklinika; ***in der ~en Phase*** en la preklinika fazo

präkolumbisch *Adj Archäol (die Zeit vor der Entdeckung Amerikas durch Kolumbus betreffend)* prekolumba

Präkoma *n Med (Stoffwechselentgleisung ohne Bewusstseinsstörung, die in ein Koma überzugehen droht)* prekomato

Prakrit *n Ling (Sammelbez. für mittelindische Volkssprachen)* prakrito

Praktik *f* praktiko; *Anwendung* apliko; ***~en*** *Pl pej* maĥinacioj *Pl*, [sekretaj] intrigoj *Pl*

praktikabel *Adj* praktikebla; *benutzbar, brauchbar* uzebla; *zweckentsprechend* celkonforma, celtaŭga; praktika (↑ *auch* ***praktisch*** *u.* ***realisierbar***)

Praktikant *m*, <*schweiz*> ***Stagiaire*** *m* staĝanto; *Volontär* volontulo

Praktiker *m **a)** Ggs Theoretiker* praktikulo *bzw. (als praktizierender Arzt od Advokat)* praktikisto; *erfahrene Person* spertulo ***b)*** *umg für «praktischer Arzt»* praktikanta kuracisto

Praktikum *n*, <*schweiz*> ***Stage*** *f* ŝtaĝo (↑ *auch* ***Klinikum b)***); ***ein ~ absolvieren*** (*od* ***ableisten*** *od umg* ***machen***) fari staĝon, *auch kurz* staĝi

praktisch 1. *Adj* praktika (*vgl. dazu* ***geschickt, nützlich*** *u.* ***zweckmäßig***); ***~ veranlagter Mensch*** praktikema homo; ***~er Arzt*** *m* praktikanta kuracisto [pri ĝenerala medicino]; ***~e Erfahrung*** *f* praktika sperto; ***~er Rat*** *m* praktika konsilo **2.** *Adv* praktike; *umg: tatsächlich* fakte; ***~ gibt es das gar nicht*** fakte tio ne ekzistas

Praktische *n von etw.* praktikeco

praktizieren *intr* praktiki (***als*** kiel); ***frei ~der Arzt*** libere praktikanta kuracisto

Praktizieren *n* praktikado

Praktizismus *m das Aufgehen in rein technisch-organisatorischen Aufgaben bei Unterschätzung und Vernachlässigung der theoretischen Fundierung* praktikismo

Prälat *m kath. Kirche (Titel eines geistlichen Würdenträgers [mit besonderen Befugnissen])* prelato; **~fasan** *m* (Lophura diardi) *Orn* siama fazano *[Vorkommen: Thailand, Myanmar, Laos, Kambodscha u. Vietnam]*

Präleukämie *f Med (Vorstadium einer Leukämie)* preleŭkemio

Praline *f, reg,* <*österr*> *u.* <*schweiz*> ***Praliné*** *n **a)** eigtl: gebrannte Mandel* pralino ***b)*** *i.w.S. mit Schokolade überzogene Süßigkeit* ĉokolada bombono, ĉokoladaĵeto

prall *Adj aufgetrieben, angeschwollen* ŝvelinta (*vgl. dazu* **dick**); *strotzend [vor Blutfülle], prall gefüllt (Zell- od Körpergewebe)* turga; *allg: voll* plena, *[stärker:]* plenplena; *bauschig* pufa; *fest, kräftig* firma, fortika; *eng anliegend* streta; ***ein ~es Segel*** plenblovita velo; ***in der ~en Sonne*** en la plenbrila suno

prallen *intr* [forte] puŝiĝi (***auf*** *od* ***gegen*** kontraŭ); ***der Schuss prallte gegen den Pfosten*** *Fußball* la ŝoto puŝiĝis kontraŭ la goleja fosto; ***die Sonne prallt*** la suno forte bril[eg]as

Pralltriller *m Mus* ↑ ***Mordent***

präludieren *intr geh für «mit einem Vorspiel beginnen, einleitend spielen»* preludi

Präludium *n*, *auch* ***Vorspiel*** *n Mus* preludo

Prambanan *ohne Art*: ***Tempelkomplex*** *m* ***von ~*** *bei Yogyakarta/Zentraljava* templokomplekso de Prambanano <*größte hinduistische Tempelanlage Indonesiens*> (*vgl. dazu* ***Borobodurtempel***)

prämenstruell *Adj der Menstruation vorausgehend* antaŭmenstrua, <*wiss*> premenstrua; ***~es Syndrom*** *n* (*fachsprachl. Abk* ***PMS***) *Med (in den Tagen vor der Regelblutung auftretende körperliche u. psychische Beschwerden)* premenstrua sindromo

Prämie *f **a)*** premio (*vgl. dazu* ***Preis***; ↑ *auch* ***Buch-, Einfuhr-*** *u,* ***Geldprämie***); *Gratifikation, Sonderzuwendung* gratifiko (*vgl. dazu* ***Bonus***); *Hdl, Wirtsch (Werbe~, Vergünstigung für die Abnahme größerer Warenmengen)* premio (*vgl. dazu* ***Rabatt***) ***b)***

Versicherungs~ *(der vom Versicherungsnehmer zu leistende Beitrag)* premiumo

prämienfrei *Versicherungswesen* **1.** *Adj* senpremiuma **2.** *Adv* senpremiume

Prämien|geschäft *n, auch* ***Dontgeschäft*** *n Wertpapierhandel (bedingtes Termingeschäft, bei dem innerhalb einer bestimmten Frist der Rücktritt gegen Zahlung einer Prämie möglich ist)* premiuma negoco; **~-reserve** *f, auch* ***Deckungsrückstellung*** *f Versicherungswesen* premiuma rezervo; **~-versicherung** *f* premiuma asekuro

prämieren *od* **prämiieren** *tr* premii (***jmdn.*** iun) (↑ *auch* ***auszeichnen b)***)

Präm[i]ierung *f* premiado, disdono de la premioj

Prämisse *f Phil (Vordersatz [eines logischen Schlusses])* premiso; *[gegebene] Voraussetzung* kondiĉo

Prämolar *m* ↑ *unter* ***Backenzahn***

Prämonstratenser *m/Pl* (***Ordo Praemonstratensis***) *Kirche (ein 1121 gegründeter Orden)* premonstratoj *Pl* <*so benannt nach dem ersten Kloster Prémontré bei Laon*>

pränatal, *auch* ***vor der Geburt*** *od* ***der Geburt vorausgehend*** *Adj Med* prenaska, *auch* [okazanta] antaŭ la nasko *nachgest*

Pränatal|diagnostik *f* (*fachsprachliche Abk* ***PND***) *Med (Untersuchung des ungeborenen Kindes)* prenaska diagnostiko; **~infektion** *f Med (Infektion der Frucht mit Viren, Bakterien bzw. Protozoen)* prenaska infektiĝo; **~medizin** *f* prenaska medicino

prangen *intr* fiere (*bzw.* belege *od* grandioze) videbli; *prunken* pompi

Pranger *m, auch* ***Schandpfahl*** *m hist* pilorio, *auch* kolono de malhonoro ◇ ***jmdn. an den ~ stellen*** meti iun al la pilorio; *übertr* publike akuzi (*bzw.* hontigi) iun

Pranke *f Pfote eines Raubtiers* [kapt]piedego (↑ *auch* ***Klaue***, ***Pfote*** *u.* ***Tatze***)

Pränumeration *f geh für «Vorauszahlung»* antaŭpago

pranzen *intr reg für «prahlen»* fanfaroni

präoperativ *Adj Med* antaŭoperacia, *auch (bes. Fachspr)* preoperacia

Präparat *n Kosmetik, Pharm* preparaĵo *auch Exponat in Naturkundemuseen u.Ä.* (↑ *auch* ***Enzym-*** *u.* ***Vitaminpräparat***)

Präparation *f bes. Biol u. Chem* preparado

Präparator *m*, <*wiss*> ***Taxidermist*** *m jmd., der Tiere präpariert (ausstopft), z.B. in einem Naturkundemuseum* taksidermiisto (↑ *auch* ***Tierpräparator***)

präparieren *tr* ***a)*** *Biol, Chem, Pharm* prepari ***b)*** *Med (sezieren)* dissekci ***c)*** *vorbereiten* prepari; ***sich*** ~ sin prepari (***auf*** al *od* por)

Präpariermikroskop *n Medizintechnik* dissekca mikroskopo

Präposition *f Ling (Verhältniswort)* prepozicio

präpositional *Adj Ling* prepozicia

Präpositiv *m Ling (von einer Präposition abhängiger Kasus [z.B. im Russischen])* prepozitivo

Präpubertät *f Zeit vor der Pubertät* prepubereco

Präputium *n Anat* ↑ ***Vorhaut***

Prärie *f Geobotanik, Geogr (Grassteppe in Nordamerika)* prerio (↑ *auch* ***Hochgras-***, ***Kurzgras-*** *u.* ***Küstenprärie***); **~ammer** *f* (Calamospiza melanocorys) *Orn* nigra emberizo; **~hund** *m* (*Gattung* Cynomys) *Zool (eine Gattung nordamerikanischer Erdhörnchen)* prerihundo; *Schwarzschwanz-Präriehund* (Cynomys ludovicianus) nigravosta prerihundo; **~indianer** *m/Pl Ethn* preri-indianoj *Pl*

Präriekauz *m Orn* ↑ ***Kaninchenkauz***

Prärie-Klapperschlange *f, auch* ***westliche Klapperschlange*** *f* (Crotalus viridis) *Zool* preria krotalo *[Vorkommen: im Westen von Kanada, in USA u. Nordmexiko]*; ***Texas-Klapperschlange*** *f* (Crotalus atrox) teksasa krotalo *[Vorkommen: SW-USA (bes. Texas) u. Nordmexiko]*

Prärieläufer *m Orn* ↑ ***Bartrams Uferläufer***

Präriemöwe *f Orn* ↑ ***Franklinmöwe***

Präriewolf *m Zool* ↑ ***Kojote***

Prärogativ *n od* **Prärogative** *f [herrschendes] Vorrecht des Staatsoberhauptes* prerogativo (*vgl. dazu* ***Vorrecht***)

Präsens *n Ling (Gegenwart)* prezenco

präsent *prädikatives Adj*: ~ ***sein*** *anwesend sein* ĉeesti; ***ich war einen Augenblick nicht ~*** *ich war einen Augenblick geistig abwesend* dum momento mi estis ne atentema

Präsent *n [kleineres] Geschenk* [malgranda *od* eta] donaco (*vgl. dazu* ***Geschenk***)

Präsentation *f* [publika] prezentado (*vgl. dazu* ***Aufmachung***, ***Darbietung*** *u.* ***Vorstellung***)

präsentieren *tr vorlegen, vorzeigen, auch Fakten bzw. einen Tanz od ein Theaterstück* prezenti (***jmdm. etw.*** ion al iu); *anbieten* proponi, *auch* prezenti; ***sich*** ~ prezentiĝi;

***einen Wechsel** ~ Bankw* prezenti kambion

Präsentierteller *m Servierbrett* pleto ◇ ***[wie] auf dem ~ sitzen** den Blicken aller ausgesetzt sein* troviĝi kvazaŭ sur pleto [kaj esti rigardata de ĉiuj]

präsentisch *Adj Ling (das Präsens betreffend)* prezenca

Präsenz *f Anwesenheit* ĉeesto; ~**bibliothek** *f* referenca biblioteko

Präsenzliste *f* = ***Anwesenheitsliste***

Präsenzpflicht *f* ↑ ***Anwesenheitspflicht***

Praseodym *n* (*Symbol* ***Pr***) *Chem (Seltenerdmetall)* prazeodimo

Präservativ *n, umg auch Kurzw* ***Präser*** *m sex* kondomo

Präsident *m einer Republik od eines Staates* prezidento (↑ *auch* ***Bundes-, Staats-*** *u.* ***Vizepräsident***); *Vorsitzender eines Gremiums, Unternehmens Vereins u.a.* prezidanto (*Abk* prez.) (↑ *auch* ***Alters-*** *u.* ***Ehrenpräsident***); ***Herr ~*** *Anrede* sinjoro prezidanto

Präsidenten|garde *f* prezidenta gvardio; ~**palast** *m* prezidenta palaco; ~**veto** *n Parl* prezidenta vetoo; ~**wahl(en)** *f/(Pl)* prezidenta(j) elekto(j) *(Pl)*

Präsidentschaft *f Vorsitz* prezidanteco; *Amtsdauer des Präsidenten auch* oficperiodo de prezidanto (*bzw.* prezidento); ***während der ~ von ...*** dum la prezidanteco de ...

Präsidentschaftskandidat *m* kandidato por prezidanteco, *auch* prezidenta kandidato

präsidial *Adj den Präsidenten betreffend* prezidanta *bzw.* prezidenta; *das Präsidium betreffend* koncernanta la prezidantaron *nachgest*

Präsidialrat *m* prezidia konsilio

präsidieren *intr, bes. abs: einem Gremium vorstehen* prezidi (↑ *auch unter* ***Vorsitz***)

Präsidium *n* prezidio (*vgl. dazu* ***Vorstand***); ***~ des Obersten Sowjets der UdSSR*** *Gesch* Prezidio de la Supera Soveto de USSR

Präsidiums|mitglied *n* membro de la prezidio; ~**sitzung** *f* kunsido de la prezidio; ~**tisch** *m* prezidia tablo

präsilurisch *Adj Geol (vor dem Silur [liegend])* antaŭsiluria, <*wiss*> presiluria

Präsklerose *f Med (1. Vorstadium einer Arterienverkalkung 2. im Verhältnis zum Lebensalter zu früh eintretende Arterienverkalkung)* presklerozo

Präskription *f alt für «Vorschrift»* preskribo

präskriptiv *Adj auf Vorschriften beruhend* bazanta sur preskriboj *nachgest*

prasseln *intr Feuer* kraketadi; *Hagel, Regen* frapadi; *wie Trommelschläge* tamburi; ***der Regen prasselt auf das Dach*** pluvo tamburas sur la tegmento

Prasseln *n Geknister des Feuers* kraketado [de la fajro]; *des Hagels od Regens* frapado

prassen *intr im Überfluss leben* vivi en abundo [kaj ĝuo]; *ausschweifend leben* vivi diboĉe, diboĉi; *schlemmen* diboĉe manĝi [kaj trinki] (↑ *auch* ***schwelgen***)

Prasserei *f* vivo en abundo [kaj ĝuo], diboĉado; diboĉa manĝado [kaj trinkado]

Prätendent *m jmd., der auf etw. Anspruch erhebt* pretendanto; *Anwärter, Bewerber* aspiranto; *jmd., der Anspruch auf den Thron erhebt* tronpretentanto

prätendieren *tr* pretendi

prätentiös *Adj anspruchsvoll, anmaßend* pretendema (*vgl. dazu* ***selbstgefällig***)

Präterition *f Rhetorik, Stilistik (vermeintliche Auslassung)* pretericio

Präteritum *n Ling (Vergangenheit)* preterito (*vgl. dazu* ***Imperfekt***)

Prätor *m röm. Antike (höchster Justizbeamter im alten Rom)* pretoro

Prätoren|amt *n od* ~**würde** *f* pretoreco

Prätorianer *m/Pl od* ~**garde** *f Garde der römischen Kaiser, die aus den ausgewählten Schutztruppen der römischen Feldherren hervorgingen* pretoranoj *Pl od* pretora gvardio

prätorianisch *Adj den Prätor betreffend* pretora

Prätorium *n röm. Antike (1. Feldherrenzelt inmitten des röm. Lagers 2. [in festen Lagern:] Palast des Oberkommandierenden 3. [in der Kaiserzeit:] Hauptquartier des Herrschers mit seiner Leibgarde)* pretorejo

Prau *f Mar (ein malaiischer Bootstyp)* praho (*vgl. dazu* ***Sampan***)

Prävention *f Vorbeugung* prevent[ad]o (*vgl. dazu* ***Prophylaxe*** *u.* ***Verhütung***; ↑ *auch* ***Gewaltprävention***)

präventiv *Adj* preventa *auch Med* (*vgl. dazu* ***vorbeugend***)

Präventiv|behandlung *f Med* profilaktiko; ~**krieg** *m* preventa milito; ~**medizin** *f, auch* ***präventive Medizin*** preventa medicino; ~**schlag** *m bes. Mil* preventa bato

Praxis *f a) Ggs Theorie* praktiko; *[praktische] Erfahrung* [praktika] sperto; ***in der ~ anwenden*** apliki en la praktiko; ***etw. in die***

~ ***einführen*** enkonduki ion en la praktikon ***b)*** *Brauch* kutimo ***c)*** *Räumlichkeiten zur Berufsausübung* kuracista (*bzw.* advokata) konsultejo (↑ *auch* ***Anwaltspraxis***)

praxisbezogen *Adj* praktikorilata *od nachgest* rilata al la praktiko

Praxiteles (*m*) *Eig (ein altgriech. Bildhauer im 4. Jh. v. Chr.)* Praksitelo <*besondere Meisterschaft in der Marmorbehandlung*>

Präzedenz *n*, *meist* ~**fall** *m bes. Jur (vorangegangener Fall, der für die Beurteilung eines späteren ähnlichen Falls von Bedeutung ist)* precedenco; ***einen Präzedenzfall schaffen*** krei precedencon

Präzeptum *n kath. Kirche (göttliches Gebot, göttliche Regel)* precepto

Präzession *f 1. Astron (Verlagerung der Äquinoktialpunkte infolge der Massewirkung von Sonne, Mond u. Planeten auf die rotierende u. die Sonne umlaufende Erde) 2. Phys (Umlaufbewegung der Achse eines Kreisels auf einer Kegelfläche unter dem Einfluss äußerer Kräfte)* precesio

Präzipitat *n Chem (Ausfällung)* precipitaĵo (*vgl. dazu* ***Bodensatz***)

präzipitieren *tr Chem* precipiti (*vgl. dazu* ***ausfällen***)

Präzipitine *n/Pl Physiol (Antikörper des Blutes, die mit den entsprechenden Antigenen in Form einer Ausflockung reagieren)* precipitinoj *Pl*

präzis, *auch* ***präzise*** **1.** *Adj Angaben, Vorschrift, Uhr u.a.* preciza (*vgl. dazu* ***exakt*** *u.* ***genau***) **2.** *Adv* precize

präzisieren *tr genau[er] angeben* precizigi

Präzisierung *f* precizigo; ***einige ~en vornehmen*** fari kelkajn precizigojn

Präzision *f* precizeco (*vgl. dazu* ***Genauigkeit***)

Präzisions|arbeit *f* laboro farita per [granda] precizeco; *Arbeit, die Präzision erfordert* laboro postulanta [grandan] precizecon; ~**gewehr** *n* snajpera fusilo; ~**instrument** *n* preciz-instrumento; ~**messgerät** *n* preciz-mezurilo; ~**technik** *f* preciz-tekniko; ~**uhr** *f eine Groß- od Kleinuhr von hoher Fertigungs- u. Funktionsgüte, die aufgrund dessen das Prädikat «Präzisionsuhr» von einer amtlichen Prüfstelle erhalten hat* preciz-horloĝo; ~**waage** *f* preciz-pesilo

Predella *f Arch, Kunst (Unterbau od Sockel eines Altaraufsatzes od Altargemäldes)* predelo

predigen ***a)*** *tr bes. übertr (zu etw. ermahnen)* prediki (***etw.*** ion) (*vgl. dazu* ***ermahnen***) ◇ ***Wasser ~ und Wein trinken*** akvon prediki kaj brandon trinki ***b)*** *intr Kirche* prediki (***über*** pri) *auch* ◇ ***jmdm. Moral ~*** fari al iu predikon pri moroj

Predigen *n* predikado

Prediger *m* predikanto; *Berufs*♀ predikisto (↑ *auch* ***Ablassprediger***)

Predigt *f Rel* prediko *auch übertr* (↑ *auch* ***Berg-***, ***Moralpredigt*** *u.* ***Sermon***); ***eine ~ halten*** *Kirche* fari predikon; ***er hat mir wegen meiner Verspätung eine furchtbare ~ gehalten*** *übertr* li faris al mi teruran predikon pro mia malfruiĝo

Predigttext *m* predikoteksto (*vgl. dazu* ***Perikope***)

Prednisolon *n Pharm (ein Steroid mit Nebennierenrindenhormonwirkung)* prednisolono

Preis *m* ***a)*** *Hdl* prezo (*vgl. dazu* ***Kosten***; ↑ *auch* ***Abonnements-***, ***Amkaufs-***, ***Bar-***, ***Bezugs-***, ***Brutto-***, ***Extra-***, ***Fahr-***, ***Großhandels-***, ***Grund-***, ***Herstellungs-***, ***Höchst-***, ***Kauf-***, ***Kosten-***, ***Listen-***, ***Markt-***, ***Netto-***, ***Pauschal-***, ***Schätz-***, ***Sonder-***, ***Stück-***, ***Tax-***, ***Wahnsinns-***, ***Weltmarkt-*** *u.* ***Wucherpreis***); *für in Anspruch genommene Dienstleistungen, für Hotelzimmer u.Ä. meist* pago; ***ein angemessener*** (*od* ***annehmbarer*** *od i.w.S.* ***moderater***) ~ akceptebla (*od i.w.S.* modera) prezo; ***feste ~e*** *Pl* fiksitaj prezoj *Pl*; ***garantierter ~***, *i.w.S. auch* ***staatlicher Abnahmepreis*** *m* garantiita prezo; ***herabgesetzter*** (*od* ***reduzierter***) ~ reduktita prezo; ***ein hoher*** (***niedriger***) ~ alta (malalta) prezo; ***vertraglich vereinbarte ~e*** *Pl Hdl* kontraktitaj prezoj *Pl*; ***zivile ~e*** *Pl* moderaj prezoj *Pl*; ***um jeden ~*** *od* ***zu jedem ~*** *was es auch kosten mag* ĉiapreze, kia ajn estas la prezo [estas] *od* je kia ajn kosto; ***um keinen ~*** neniel, por nenia rekompenco; ***um keinen ~ der Welt*** *um nichts in der Welt* por nenio en la mondo; ***zum ~ von ... Euro*** je prezo de ... eŭroj; ***zum gleichen ~*** *Adj* sampreza; *Adv* sampreze; ***zu reduzierten ~en*** je reduktitaj prezoj ***einen ~ von ... fordern*** postuli prezon de ...; ***um den ~ feilschen*** marĉandi pri la prezo; ***im ~ gleich sein*** *od* ***den gleichen ~ haben*** esti samkosta; ***zum gleichen ~ erhältlich*** samkoste havebla; ***den ~ auf ... Euro schätzen*** taksi la prezon je ... eŭroj; ***über die gestiegenen ~e schimpfen*** grumbli pri la altiĝintaj prezoj; ***den halben ~ zahlen*** pagi la duonan prezon; ***wie hoch ist der ~ für eine Übernachtung?*** kiom oni pagas por unu tranokto? ***b)*** *Auszeichnung, Belohnung,Prämie* premio (↑ *auch* ***Haupt-, Literatur-, Sach-*** *u.* ***Trostpreis***); ***~ in einem Wettbewerb*** konkursa premio; ***einen ~ auf die Ergreifung eines Kriminellen aussetzen*** anonci premion pro la kapto de krimulo; ***den ersten*** (***zweiten***) ***~ gewinnen*** gajni la unuan (duan) premion; ***jmdm. einen ~ zuerkennen*** aljuĝi premion al iu ***c)*** *poet (Lob)* laŭdo, *(Ruhm)* gloro

Preis|abschlag *od* **~abzug** *m* prezoredukto (*vgl. dazu* ***Rabatt***; ↑ *auch* ***Preisnachlass***); **~änderung** *f* ŝanĝo de la prezo(j)

Preisangabe *f* prezindiko; ***ohne ~*** sen indiko de la prezo(j), *auch* prezo ne montrata

Preis|angebot *n* prez-oferto; **~anstieg** *m* prezaltiĝo, *auch* prezokresko *od* kresko de prezoj; **~aufgabe** *f* konkursa (*od* premia) tasko (*vgl. dazu* ***Quiz*** *u.* ***Rätsel***)

Preisausschreiben *n* premia konkurso (↑ *auch* ***Gewinnspiel***); ***an einem ~ teilnehmen*** partopreni en premia konkurso

preisbewusst *Adj z.B. Verbraucher* prezokonscia

Preis|bildung *f* formiĝo de [la] prezoj; **~differenz** *f* prez[o]diferenco; **~differenzierung** *od* **~diskrimierung** *f Hdl, Wirtsch* prezdiferencigo *od* prezdiskriminacio

Preiselbeere *f, reg* ***Kranbeere*** *od* ***Kronsbeere*** *f* (Vaccinium vitis-idaea) *Bot, Nahr* [ruĝa] vakcinio (*vgl. dazu* ***Rauschbeere***)

preisen *tr loben* laŭd[eg]i; *rühmen* glori; ***preiset den Herrn!*** *Kirche* gloru la Eternulon!

Preis|entwicklung *f* prez-evoluo; **~erhöhung** *f das Erhöhen der Preise* prezaltigo; *Preisanstieg* prezaltiĝo, *auch* kresko de [la] prezoj; **~ermäßigung** *f Senken der Preise* malaltigo (*od* redukto) de [la] prezoj (*vgl. dazu* ***Rabatt***); *Fallen der Preise* malaltiĝo de [la] prezoj; **~festsetzung** *f* fiksado de [la] prezo(j); **~frage** *f eine Frage des Preises* demando pri [la] prezo; *im Preisausschreiben od Quiz* konkursdemando; **~führerschaft** *f Ind, Wirtsch* preza gvidanteco

Preisgabe *f* forcedo, fordono; malkaŝo

preisgeben *tr* fordoni, forlasi; *enthüllen* malkaŝi; ***jmdn. ~*** ne plu helpi al iu, ne plu subteni iun, ne plu protekti iun; ***jmdn. der Gefahr ~*** elmeti iun al danĝero; ***ein Geheimnis ~*** malkaŝi sekreton; ***sich ~*** sin fordoni; ***sich der Schande ~*** sin prostitui *auch i.w.S.*

preisgekrönt *Adj* premiita

Preis|gericht *n* ĵurio; **~gestaltung** *f* fiksado de [la] prezo(j); **~grenze** *f* prezlimo (*vgl. dazu* ***Limit***)

preisgünstig 1. *Adj* favorpreza; *preiswert* prezinda **2.** *Adv* favorpreze; prezinde

Preis|index *m* prez-indico; **~kalkulation** *f* prezokalkulado; **~kartell** *n Wirtsch* prezokartelo; **~kategorie** *f* prezokategorio; **~kontrolle** *f* prezokontrolo

Preislage *f* prez[o]nivelo, *meist kurz* prezo; ***in den ~n von ... bis ...*** je la prezo (*od* kosto) de ... ĝis ...; ***in jeder ~*** je diversnivelaj prezoj *od* en multaj prezokategorioj

Preisliste *f* prezlisto *od* listo de prezoj; *im Laden* tabelo de [la] prezoj, *auch* prezaro

Preis-Lohn-Spirale *f* ↑ ***Lohn-Preis-Spirale***

Preis|mechanismus *m Wirtsch* prezmekanismo; **~nachlass** *m* prezoredukto (*vgl. dazu* ***Rabatt*** *u.* ***Skonto***); **~niveau** [*...ni'vo:*] *n* prez[o]nivelo (*vgl. dazu* ***Preislage***); **~politik** *f* prezopolitiko; **~rätsel** *n* enigmokonkurso

preisreduziert *Adj* prezoreduktita

Preis|richter *m* konkursa juĝanto; **~rückgang** *m* malaltiĝo de [la] prezoj; **~schild[chen]** *n* prez-indikilo, *auch* prezmarko; **~schwankung** *f* fluktuado de [la] prezoj; **~senkung** *f das Heruntersetzen der Preise* prezoredukto, redukto (*od* malaltigo) de [la] prezoj; *das Sinken der Preise* malaltiĝo de [la] prezoj; **~spanne** *f Hdl* prezmarĝeno

preisstabil *Adj* prezostabila

Preis|stabilität *f* prezostabileco, stabileco de [la] prezoj; **~steigerung** *f das Anheben des Preises* prezaltigo; *Preisanstieg* prezaltiĝo; **~stopp** *m* prezofrostigo; **~stufe** *f* prezokategorio; **~sturz** *m* prezofalo; **~tabelle** *f* prezotabelo, tabelo de [la] prezoj; **~tafel** *f allg* prez-tabulo; *Wirtsch* baremo de prezoj; **~träger** *m* premiito, laŭreato (*vgl. dazu* ***Laureat***); **~treiberei** *f* prezopuŝado (*vgl. dazu* ***Wucher***); **~überwachung** *f* prezokontrolo; **~unterschied** *m* prez[o]diferenco; **~vergabe** *od* **~verleihung** *f, umg auch* ***Preisverteilung*** *f* disdon[ad]o de [la] premio(j); **~vergleich** *m* komparo de prezoj

preiswert *Adj* prezinda, *Zam auch* prezo-inda; *billig* malaltpreza *od* malmultekosta (*vgl. dazu* ***preisgünstig***)

prekär *Adj peinlich* embarasa; *misslich*

misa; *unangenehm* malagrabla; *schwierig* malfacila; *Fachspr Soziologie* prekara

Prekariat *n Pol, Soziologie (in Armut lebender Teil der Bevölkerung)* prekarularo

Prekarisierung *f Entwicklung zum Prekariat hin* prekaruliĝo

Prellbock *m Eisenb* [trakfina] bufrobloko

prellen *tr betrügen* trompi; *überlisten* superruzi (***jmdn. um etw.*** iun pri io); ***sich*** ~ *Med* [falante *od* pro puŝiĝo] sin kontuzi ◇ ***die Zeche*** ~ foriĝi sen pagi

Prellerei *f Betrügerei* trompado

Prellung *f* (Contusio) *Med* kontuzo; *geprellte Stelle [am Körper]* kontuzaĵo; *Erschütterung* komocio (↑ *auch* ***Brustkorb-***, ***Knie-*** *u.* ***Kopfprellung***)

Premier *m* ↑ ***Premierminister***

Premiere *f Film, Theat (Erstaufführung)* premiero, unuafoja prezentado [de filmo *bzw.* teatraĵo] (↑ *auch* ***Weltpremiere***)

Premierenabend *m* premiera vespero

Premierminister [*pre'mje:...*] *m* ĉefministro

Preprint *n Buchw* ↑ ***Vorabdruck***

Presbyopie *f* ↑ ***Alters[weit]sichtigkeit***

Presbyter *m 1. urchristlicher Amtsträger, der den Bischof, mit dem er zusammen das Presbyterium bildete, im Gottesdienst u. im Lehramt unterstützte und vertrat 2. kath. Kirche (zweiter höherer Weihegrad) 3. reformierte Kirche (gewähltes Mitglied des Presbyteriums)* presbitero

Presbyterianer *m Anhänger der Presbyterianerkirche* presbiteriano

Presbyterianerin *f* prebiterianino

Presbyterianertum *n* presbiterianismo

presbyterianisch *Adj* presbiteriana

preschen *intr umg* rapidegi; *i.e.S.* rapidege (*bzw.* furioze *od* freneze) kuri (*bzw.* rajdi *od* veturi *u.a.*) (***durch*** tra)

Preshave-Lotion *f Kosmetik* antaŭraza locio

Preslaw (*n*) *eine historische Stadt südwestlich von Schumen [893-972 Hptst. des ersten Bulgarenreiches]* Preslavo

Pressbeton *m Bauw* premita betono

Pressburg (*n*) Presburgo *deutscher Name von Bratislava* (*vgl. dazu* ***Bratislava***)

Pressdeckel *m Typ* timpano

Presse *f a) reg* ***Quetsche*** *f Handw, Hausw, Tech* premilo, premmaŝino (↑ *auch* ***Honig-***, ***Papier-***, ***Rotations-***, ***Saft-***, ***Strohpresse***, ***Weinkelter*** *u.* ***Zitronenpresse***); ***hydraulische*** ~ *Tech* hidraŭlika premilo ***b)*** *Druck*≗ presilo (↑ *auch* ***Druckmaschine***) ***c)*** *Ztgsw (Gesamtheit der Zeitungen)* gazetaro, *(die Journalisten)* ĵurnalistaro *Sg od* ĵurnalistoj *Pl* (↑ *auch* ***Auslands-***, ***Boulevard-***, ***Fach-***, ***Lizenz-***, ***Regenbogen-***, ***Sensations-***, ***Skandal-***, ***Tages-*** *u.* ***Weltpresse***); ***ständig von der*** ~ ***gejagt werden*** *umg* esti daŭre ĉasata de ĵurnalistoj

Presse|abteilung *f* gazetara sekcio; ~**agentur** *f* gazetara agentejo; ~**amt** *n* gazetara oficejo; ~**archiv** *n* gazetara arkivo; ~**attaché** *m Dipl* gazetara ataŝeo

Presseaussendung *f* ↑ ***Pressemitteilung***

Presseausweis *m* ĵurnalista legitimilo

Pressebericht *m* gazetara raporto; ~***en zufolge od nach*** ~***en*** laŭ gazetaraj raportoj

Presse|berichterstatter *m* gazetara raportisto, reportero; ~**büro** *n* gazetara oficejo; ~**dienst** *m* gazetara servo

Presseerklärung *m* ↑ ***Pressemitteilung***

Presse|feldzug *m od* ~**kampagne** *f* gazetara kampanjo; ~**fotograf** *m* gazetfotografisto; ~**freiheit** *f* libereco de la gazetaro; ~**geschichte** *f* historio de la gazetaro

Pressegespräch *n*: ***in einem*** ~ en (*od* dum) gazetara intervjuo

Presseinterview *n* gazetara intervjuo

Pressekampagne *f* ↑ ***Pressefeldzug***

Pressekommentar *m* gazetara komentario

Pressekonferenz *f* (*Abk* ***PK***) gazetara konferenco; ***eine*** ~ ***abhalten*** okazigi gazetaran konferencon

Presse|mann *m* (*Pl*: ***Presseleute***) *umg für «Journalist»* ĵurnalisto, *fam auch* gazetisto; ~**meldung** *od* ~**mitteilung** *f*, *auch* ***Presseerklärung*** *f*, *<österr>* ***Presseaussendung*** *f* gazetara komunik[aĵ]o

pressen *tr* ***a)*** prem[eg]i (*vgl. dazu* ***glätten***; ↑ *auch* ***durch-***, ***heraus-*** *u.* ***zusammenpressen***); *glanzpressen (von Tuch)* katizi; *auspressen* elpremi; *extrahieren, z.B. Öl* ekstrakti; *Glas, Plaste* muldi ***b)*** *übertr: zwingen* perforti; ***Kinder zum Kriegsdienst*** ~ perforti infanojn al militservo

Pressen *n* prem[eg]ado

Presse|stelle *f* sekcio pri kontaktoj al la gazetaro; ~**tribüne** *f z.B. im Stadion* gazetara tribuno; ~**vertreter** *m* reprezentanto de la gazetaro; ~**zentrum** *n* gazetara centro

Press|glanz *m Textil* katizo; ~**honig** *m*, *auch* ***Stampfhonig*** *m* premita mielo

pressieren *intr bes. reg, <schweiz> u. <österr> für «drängen» od «eilig sein»* urĝi; ***es pressiert*** urĝas

Pressluft *f* kunpremita aero; ~**bohrer** *m* pneŭmata martelborilo; ~**hammer** *m*, *auch* ***Drucklufthammer*** *m* pneŭmata martelo; ~**meißel** *m* pneŭmata ĉizilo

Pressschweißen *n Tech* prema veldado

Presssintern *n Metallurgie* ↑ ***Drucksintern***

Pressspan *m geglättete Pappe für Bucheinbände od in der Elektrotechnik als Isoliermaterial* premkartono; *Bauw* muldokartono; ~**platte** *f Bauw* muldokartona plato

Pressung *f* premado

Pressure-Group *f Interessenverband, der [oft mit Druckmitteln] Einfluss zu gewinnen sucht* premgrupo

Pressverdichtung *f Tech* kompaktigo per premado *auch einer Betonmischung*

Prestige *n* prestiĝo (*vgl. dazu* ***Ansehen***, ***Geltung b)*** *u.* ***Ruf d)***); ***an ~ gewinnen*** (***verlieren***) gajni (perdi) prestiĝon

Prestigefrage *f* demando de prestiĝo

Prestigegründe *m/Pl* kaŭzoj *Pl* de prestiĝo; ***aus ~n*** pro kaŭzoj de prestiĝo *od* pro prestiĝaj kaŭzoj

Prestige|projekt *n*, *auch* ***Vorzeigeprojekt*** *n* prestiĝa projekto; ~**verlust** *m* perdo de prestiĝo

Prestigewert *m*: ***einen hohen ~ haben*** esti tre prestiĝa

presto *Adv Mus* rapide

pretiös ↑ ***preziös***

Pretiosen *f/Pl* ↑ ***Preziosen***

Pretoria (*n*) (*auch* ***Tshwane*** *genannt*) *Hptst. der Rep. Südafrika* Pretorio

Preuße *m* pruso

Preußen (*n*) Prusio (↑ *auch* ***Ost-*** *u.* ***Westpreußen***)

Preußin *f* prusino

preußisch *Adj* prusa (↑ *auch* ***altpreußisch***); ***~e Disziplin*** *f* prusa disciplino; ***~er Offizier*** *m* prusa oficiro; ***~ machen*** *bzw.* ***nach ~em Muster umbilden***, *pej auch* ***verpreußen*** prusigi

Preußischblau *n* (*auch* ***Pariser Blau*** *genannt*) *ein Blaupigment* prusa bluo

preziös, *auch* ***pretiös*** *Adj überfeinert, unnatürlich (Sprache, Stil)* precioza (*vgl. dazu* ***geschraubt*** *u.* ***geziert***)

Preziosen *f/Pl*, *auch* ***Pretiosen*** *f/Pl* juveloj *Pl*, valoraj ornamaĵoj *Pl* (*vgl. dazu* ***Juwelen***)

Priabon[ium] *od* **Priabonien** (*n*) *Geol (eine Stufe des Eozäns)* priabonio

Priamos *od* **Priamus** (*m*) *griech. Myth (Sagengestalt, [in Homers Ilias:] letzter König von Troja)* Priamo

Priapeen *Pl*, *auch* ***Priapea*** *Pl Lit (kürzere derb-erotische Scherzgedichte auf den Fruchtbarkeitsgott Priapos)* priapaj poemoj *Pl*

priapeisch *od* **priapisch** *Adj unzüchtig, zotig, schamlos* priapa

Priapismus *m Med, sex (krankhaft anhaltende, schmerzhafte Erektion des männlichen Glieds ohne sexuelle Erregung)* priapismo

Priapos *od* **Priapus** (*m*) *Myth (griechisch-römischer Fruchtbarkeitsgott)* Priapo

Priapuskult *m* kulto al Priapo

prickeln *intr* pikpiki, piketi; *perlen, z.B. Kohlensäure, Sekt* bobeli; ***es prickelt in der Nase*** pikpikas en la nazo

prickelnd *Adj aufreizend* sensotikla

prickly heat *Med* ↑ *unter* ***rot***

Prielwurm *m Zool* ↑ ***Sandwurm***

Priem *m [ein Stück] Kautabak* [peco de] maĉtabako (↑ *auch* ***Betelpriem***)

priemen *intr* tabakmaĉi *od* maĉi tabakon

Priester *m Rel allg* pastro (*vgl. dazu* ***Bonze a)***, ***Kohen***, ***Pastor*** *u.* ***Pfarrer***; ↑ *auch* ***Zauberpriester***); *anglikanische, katholische od orthodoxe Kirche* sacerdoto (*vgl. dazu* ***Sazerdotium***); ~**gewand** *n* pastra vesto; sacerdota vesto (↑ *auch* ***Amikt***, ***Ornat*** *u.* ***Pontifakalgewand***); ~**herrschaft** *f* pastroregado, hierokratio

Priesterin *f* pastrino

priesterlich *Adj* pastra; sacerdota

Priester|rock *m* sutano; ~**weihe** *f kath. Kirche* ordinado (↑ *auch* ***Ordination a)***)

Prignitz *f Landschaft im NW der ehemaligen Mark Brandenburg [zw. Dosse, Elbe u. Elde]* [regiono] Prignico

[1]**Prim** *f Fechten (eine Klingenlage)* primo

[2]**Prim** *f kath. Kirche (erste Hore des Stundengebets [Morgengebet im katholischen Brevier])* primo

prima 1. *Adj* unuakvalita, plej bon[kvalit]a; *erstklassig* unuaklasa; *erstrangig* unaranga; *großartig* grandioza, bonega; ***das ist wirklich ~!*** tio estas fakte bonega! **2.** *Adv* grandioze, bonege, belege (*vgl. dazu* ***super***); ***das hast du ~ gemacht*** tion vi faris bonege; ***das schmeckt ~*** tio gustas bonege

Prima|ballerina *f* unua baletistino *od* ĉefbaletistino; ~**donna** *f* (*Pl*: ***Primadonnen***) *Theat (erste Sängerin)* primadono

primär 1. *Adj (zuerst vorhanden)* primara;

hauptsächlich ĉefa; *grundlegend* fundamenta; *ursprünglich* origina; ***die ~en Bedürfnisse** n/Pl* la fundamentaj bezonoj *Pl*; ***das ~e Stadium einer Krankheit*** la primara stadio de malsano **2.** *Adv vorrangig* antaŭ ĉio, prioritate

Primäraffekt *m Med* ↑ *unter* ***syphilitisch***

Primar[arzt] *m* ↑ ***Chefarzt***

Primärbronchus *m Anat* ↑ ***Hauptbronchus***

Primär|elektron *n Kernphysik* primara elektrono; **~element** *n El (z.B. Zellen von Taschenlampenbatterien)* primara elemento; **~energie** *f* primara energio; **~follikel** *m Gynäkologie* primara foliklo; **~infektion** *f Parasitologie, Phytopathologie (Infektion eines noch nicht von Parasiten befallenen Wirtes)* primara infektado; **~ionisierung** *f Phys* primara ionigo; **~läsion** *f Med* primara lezo; **~naht** *f Chir* primara suturo; **~parasit** *m Parasitologie (ein Parasit od meist eigentlich ein Parasitoid, der den Wirt, in dem er sich entwickelt, direkt angreift* primara parazito; **~quelle** *f Wiss* primara fonto

Primarschule *f* ↑ ***Grundschule***

Primär|stängel *m Bot* primara tigo; **~strom** *m El* primara kurento; **~tumor** *m Med* primara tumoro (↑ *auch* ***Hepatom***); **~veröffentlichung** *f Buchw (Erstveröffentlichung)* primara (*od* unua) publikigo; **~wald** *m Bot* primara arbaro; **~wicklung** *f eines Induktors od Transformators* primara volvaĵo

Primas *m kath. Kirche (1. [früher:] Metropolit, mit dessen Sitz gewisse Rechte über alle anderen Metropoliten u. Bischöfe eines Landes verbunden waren) 2. [heute:] Ehrentitel mancher Bischöfe* primaso

Primase *f Biochemie (eine RNA-Polyme- rase)* primazo

[1]**Primat** *m od n Vorrang, bevorzugte Stellung* prioritato, preferata pozicio

[2]**Primat** *m, meist Pl* ***Primaten** m/Pl* (Primata), *selt auch* ***Herrentiere** n/Pl Zool* primatoj *Pl <eine Ordnung innerhalb der Unterklasse der höheren Säugetiere>*

Primatologe *m* primatologo

Primatologie *od* **Primatenkunde** *f Zool (Wissenschaft von den Primaten)* primatologio

Primel *f, auch* ***Schlüsselblume*** (*Gattung* Primula) *Bot* primolo (↑ *auch* ***Frühlings-, Mehl-** u.* ***Waldschlüsselblume***); ***chinesische*** ~ (Primula sinensis) ĉina primolo; ***duftende*** (*od* ***echte***) ~ (Primula veris) primtempa primolo; ***hohe*** ~ (Primula elatior) svelta primolo; ***japanische*** ~ (Primula japonica) japana primolo; ***stängellose*** ~ (Primula vulgaris) sentiga primolo

Primelgewächse *Bot* ↑ ***Schlüsselblumengewächse** n/Pl*

Primfaktor *m Math* primfaktoro

primitiv 1. *Adj* ***a)*** *urzuständlich* primitiva *häufig pej* (*vgl. dazu* ***einfach***, ***rückständig*** *u.* ***ungebildet***); ***~e Kunst*** *f Bez für die Kunst der Naturvölker, zum Teil auch für die zeitgenössische naive Malerei* primitiva arto; ***~e Maler** m/Pl Kunst* primitivaj pentristoj *Pl*; ***~e Völker** n/ Pl Ethn* primitivaj etnoj *Pl* ***b)*** *Biol auf niedriger Entwicklungsstufe [stehend]* **2.** *Adv* primitive

Primitive *m/Pl* ***a)*** *Ethn* primitivuloj *Pl* ***b)*** *Mal* = ***primitive Maler***

primitivisieren *tr* primitivigi

Primitivisierung *f* primitivigo

Primitivismus *m Kunst (Tendenz zu naiver, vereinfachender Darstellung)* primitivismo

primitivistisch *Adj* primitivisma

Primitivität *f* primitiveco

Primitivling *m umg für «primitiver Mensch»* primitivulo (*für* primitiva homo)

Primiz *f kath. Kirche (erste [feierliche] Messe eines neu geweihten katholischen Priesters)* primico

Primizien *Pl röm. Antike (die den Göttern dargebrachten ersten Früchte des Jahres)* primicoj *Pl*

Primordial|blatt *n Bot* primordia folio; **~-zelle** *f Bot* primordia ĉelo

Primordium *n nur Fachspr Bot (Pflanzenzellmasse, aus der ein Organ [Blatt, Wurzel od Blüte] entstehen wird)* primordio

Primorsko (*n*) *ein bulgarischer Kurort am Schwarzen Meer [südöstlich von Burgas]* Primorsko

Primus *m Klassenbester* la unua en la klaso; **~kocher** *m Petroleumkocher* primuso (*vgl. dazu* ***Spirituskocher***)

Primzahl *f Math (nur durch 1 und durch sich selbst teilbare Zahl)* primo; ***Gaußsche*** ~ gaŭsa primo

Primzahlpotenz *f Math* prim[o]potenco

[1]**prim|o** *Math* Primzahl *f*: nur durch 1 und durch sich selbst teilbare Zahl;

Prinie *f* (*Gattung* Prinia *aus der Familie der Halmsängerartigen*) *Orn* prinio (↑ *auch* ***Rahmbrust-**, **Streifen-** u.* ***Wüstenprinie***)

Printer *m EDV* ↑ ***Drucker***

Printmedien *n/Pl Zeitungen, Zeitschriften u. Bücher* presaĵoj [en vasta senco]; *i.w.S. auch* presitaj komunikiloj *Pl*

Print Screen Key *f EDV (Taste für Druck des Bildschirminhalts)* printu-ekranon--klavo

Prinz *m* princo (↑ *auch* ***Kron-*** *u.* ***Märchenprinz***); *[junger] Prinz (Sohn eines Fürsten od Herrschers)* princido; *i.w.S. Königssohn* reĝido

Prinz-Edward-Insel *f Insel u. kleinste Provinz Kanadas* Princ-Eduarda Insulo *[Hptst.: Charlottetown]*

Prinzengarde *f beim Karneval* karnavalprinca gvardio, gvardio de la karnavala princo

Prinzessin *f (Fürstin)* princino; *Tochter eines Fürsten od Herrschers* princidino ◇ ~ ***auf der Erbse*** *Märchentitel* reĝidino sur pizo *(Zam) auch Bez für «zartes Persönchen»*

Prinzgemahl *m* princo-edzo

Prinzip *n* (*Pl*: ***Prinzipien***) *Grundsatz* principo *auch Phys u. Tech* (↑ *auch* ***Auswahl-***, ***Einstimmigkeits-***, ***Gerechtigkeits-***, ***Grund-***, ***Kausal-***, ***Leit-*** *u.* ***Souveränitätsprinzip***); *Norm, Regel* normo; ~ ***von der Erhaltung der Energie*** *Phys* principo de la konservado de energio; ***ein allgemein anerkanntes*** ~ ĝenerale agnoskita principo; ~ ***der Gegenseitigkeit*** *od* ***Gegenseitigkeitsprinzip*** *n* principo de reciprokeco; ***die*** ~***ien*** *Pl* ***der Ökonomie*** la principoj *Pl* de ekonomio; ***im*** ~ en principo, principe; ***im*** ~ ***sind wir uns einig*** principe ni [ja] interkonsentas; ***von dem*** ~ ***ausgehen, dass ...*** deiri de la principo, ke ...

prinzipiell 1. *Adj* principa (↑ *auch* ***grundsätzlich***) **2.** *Adv* principe (↑ *auch* ***im Prinzip***); ***ich bin*** ~ ***einverstanden*** principe (*od* en principo) mi konsentas (***dass*** ke)

prinzipien|fest *od* ~**treu** *Adj* fidela al siaj principoj *nachgest*

Prinzipienfrage *f grundsätzliche Frage* principa demando

prinzipienlos *Adj* ne havanta iujn principojn

Prinzipienreiter *m umg* principmaniulo; *i.w.S. Dogmatiker* dogmulo

prinzipientreu ↑ ***prinzipienfest***

prinzlich *Adj fürstlich* princa

Prionen *n/Pl Med (Bez für infektiöse Eiweißpartikel, die vermutlich BSE u. andere Hirnkrankheiten auslösen)* prionoj *Pl*

Prior *m Rel (1. Klostervorsteher 2. Stellvertreter eines Abtes 3. Titel für Würdenträger in einigen Orden)* prioro

Priorin *f [in Frauenklöstern]* priorino

priorisieren *tr den Vorrang geben* prioritatigi (***etw.*** ion; ***jmdn.*** iun) (↑ *auch* ***bevorzugen***)

Priorisierung *f* prioritatigo

prioritär *oberste Priorität habend* **1.** *Adj* prioritata **2.** *Adv* prioritate (↑ *auch* ***dringlich***)

Priorität *f* prioritato (*vgl. dazu* ***Vorrang***); ***je nach*** ~ laŭ prioritato, prioritate; ***die*** ~ ***geben*** doni prioritaton [al]; ***[je] nach*** ~ ***entscheiden*** decidi laŭ prioritato; ~***en festlegen*** (***setzen***) fiksi (starigi) prioritatojn

Prioritätenliste *f* listo de prioritatoj

Pripjat (*m*), *ukrain.* ***Prypjat*** (*m*) *rechter Nebenfluss des Dnjepr [in der Ukraine u. im Süden Weißrusslands]* [rivero] Pripjato

Prischwin (*m*) *Eig (russ. Schriftsteller [1873-1954])* Priŝvino *<Meister der Tiergeschichte u. Naturschilderung>*

Prise *f* pinĉpreno; ***eine*** ~ ***Salz*** pinĉpreno (*od auch* pinĉaĵo) da salo

Prisma *n* (*Pl*: ***Prismen***) ***a)*** *auch* ***Polyeder*** *n Geom* prismo, *auch* poliedro; ***dreiseitiges*** (***gerades***, ***hexagonales***, ***regelmäßiges***, ***schiefes***, ***vierseitiges***) ~ triangula (rekta, sesangula, regula, oblikva, kvarangula) prismo ***b)*** *Opt (lichtbrechender Körper)* prismo (↑ *auch* ***Dreikant-***, ***Polarisations-*** *u.* ***Reflexionsprisma***)

prismatisch *od* **prismenförmig 1.** *Adj* prisma *od* prismoforma **2.** *Adv* prisme *od* prismoforme

Prismatoid *n Geom* ↑ ***Prismoid***

Prismen|feldstecher *m od* ~**[fern]glas** *n* prisma binoklo

prismenförmig ↑ ***prismatisch***

Prismen|spektrografie *f Opt (Aufzeichnung von Lichtspektren, die mit einem Prisma erzeugt wurden)* pisma spektrografio; ~-**spektrometer** *n* prisma spektrometro; ~-**spektroskopie** *f* prisma spektroskopio

Prismoid *n, auch* ***Prismatoid*** *n Geom (ein Polyeder mit zwei ebenen, zueinander paralellen Vielecken als Grund- u. Deckfläche und mit Dreiecken od Trapezen als Seiteflächen)* prismoido *<Prisma, Pyramide u. Pyramidenstumpf sind Sonderformen des Prismoids>*

Priština (*n*) *Hptst. des Kosovo* Priŝtino

[1]**Pritsche** *f hölzerne Lagerstätte* tabulkuŝejo

[2]**Pritsche** *f Narren*≗ [karnavala] klak-batilo

privat 1. *Adj* privata; *eigen* propra; *individuell* individua; *nicht amtlich* neoficiala; *nicht für die Öffentlichkeit* ne por la ĝenerala publiko *nachgest*; ~***e Fernsehstation*** *f* privata televid-stacio; ~***er Investor*** *m Wirtsch* privata investanto (*bzw.* investinto); ***das ist meine ~e Angelegenheit*** tio estas mia privata afero; ***auf ~e Initiative hin*** laŭ privata iniciato **2.** *Adv* private; ***ein ~ versicherter Patient*** private asekurita paciento; ~ ***wohnen*** *allein wohnen* loĝi sola; *im eigenen Haus wohnen* loĝi en [la] propra domo

Privat|adresse *f* privata adreso; ~**angelegenheit** *f* privata afero, *auch* privataĵo; ~**audienz** *f* privata aŭdienco; ~**bank** *f* privata banko; ~**besitz** *m* privata posed[aĵ]o (*vgl. dazu* ***Privateigentum***); ~**betrieb** *m* privata entrepreno; ~**bibliothek** *f* privata biblioteko; ~**detektiv** *m* privata detektivo; ~**diskont** *m Bankw* privata diskonto; ~**dozent** *m Univ* privata docento; ~**eigentum** *n* privata propraĵo (*od* proprieto); ~**fahrzeug** *n i.w.S.* privata veturilo, *meist i.e.S.* privata aŭto (↑ *auch* ***Privatwagen***); ~**fernsehen** *n* privata televido (↑ *auch* ***Bezahlfernsehen***); ~**flugzeug** *n* privata aviadilo

Privatgebrauch *m*: ***zum ~*** por privata uzo

Privat|gespräch *n* parolado pri privataĵoj (*od* privataj aferoj); ~**haus** *n* privata domo

Privatier [...'*tje:*] *m alt* = ***Privatmann*** *bzw.* ***Rentner***

privatim *Adv veraltend für «[ganz] persönlich» bzw. «vertraulich»* [tute] private *bzw.* konfidence (↑ *auch* ***unter vier Augen***)

Privat|initiative *f* privata iniciativo; ~**interesse** *n* persona intereso; ~**investor** *m* privata investanto (*bzw.* investinto)

privatisieren *tr* privatigi (↑ *auch* ***reprivatisieren***)

Privatisierung *f* privatigo; ***die ~ von staatlichen Unternehmen*** la privatigo de ŝtataj entreprenoj

Privatisierungsprozess *m* privatiga proceso

privatkapitalistisch *Adj auf die Privatkapitalisten bezogen* privatkapitalista; *auf den Privatkapitalismus bezogen* privatkapitalisma

Privat|klinik *f* privata kliniko; ~**konto** *n Bankw* privata [bank]konto; ~**krankenhaus** *n* privata malsanulejo (*od* hospitalo)

Privatleben *n* privata vivo; ***in meinem ~*** en mia privata vivo

Privat|lehrer *m* privata instruisto; ~**mann** *m* (*Pl*: ***Privatleute***) *od* ~**person** *f* privatulo; ~**patient** *m* privata paciento; ~**quartier** *n* privata tranoktejo; ~**recht** *n Jur* privatjuro; *Zivilrecht* civila juro; ~**sache** *f* privata afero, *auch* privataĵo; ~**sammler** *m* privata kolektanto; ~**sammlung** *f bes. von Kunstgegenständen* privata kolekto; ~**schule** *f* privata lernejo (*vgl. dazu* ***Internat***); ~**sekretär** *m* privata sekretario; ~**sekretärin** *f* privata sekretariino; ~**sektor** *m Wirtsch* privata sektoro; ~**sphäre** *f* privatsfero *od* privata sfero

Privatstunden *f/Pl Päd* privataj lecionoj *Pl*; ~ ***erteilen*** (*od* ***geben***) doni privatajn lecionojn; ~ ***nehmen*** preni privatajn lecionojn

Privat|universität *f* privata universitato; ~**unterkunft** *f* loĝigo en privataj ĉambroj; ~**unternehmen** *n* privata [komerca *bzw.* industria *u.a.*] entrepreno

Privatunterricht *m Päd* privataj lecionoj *Pl*; ~ ***nehmen*** preni privatajn lecionojn (***ei jmdm.*** ĉe iu)

Privat|vermögen *n* privata posedaĵo; ~**versicherung** *f* privata asekuro; ~**wagen** *m Kfz* privata aŭto (*vgl. dazu* ***Privatfahrzeug***); ~**weg** *m* privata (*od* nepublika) vojo; ~**wirtschaft** *f* privata [sektoro de la] ekonomio; ~**wohnung** *f* privata loĝejo; ~**zimmer** *n* privata ĉambro

Privileg *n Sonder- od Vorrecht* privilegio *auch im Sinne von «Vergünstigung»*

privilegieren *tr jmdm. ein Sonderrecht einräumen* privilegii (***jmdn.*** iun) (↑ *auch* ***bevorrechten***)

privilegiert *Adj* privilegi[it]a

Privilegierte *m* privilegiito, priveligiulo

pro *Präp* por, po (*vgl. dazu* ***je u. für***); ~ ***Jahr*** en unu jaro; ~ ***Stück*** po [unu] peco; ~ ***Tag*** en unu tago; ***einmal ~ Woche*** unufoje en la semajno

proamerikanisch *Adj* porusona

probabel *alt für «wahrscheinlich»* probabla

Probabilismus *m 1. Phil (die Auffassung, dass man in Philosophie und Wissenschaft nur zu einer Wahrscheinlichkeit, nicht zu sicheren Erkenntnissen kommen kann) 2. kath. Moraltheologie (die Lehre, dass in Zweifelsfällen eine Handlung sittlich erlaubt ist, wenn gute [probable] Gründe dafür, obgleich andere dagegen sprechen)* probablismo

Probabilität *f* ↑ ***Wahrscheinlichkeit***

Proband *m bzw.* **Probandin** *f* testpersono

probat *Adj erprobt* elprovita

Probe *f* ***a)*** *Versuch* provo, *(das zu prüfende Objekt)* provaĵo (*vgl. dazu* ***Weinprobe***); *Mus, Theat* provludo (*vgl. dazu* ***General-*** *u.* ***Kostümprobe***); *Test* testo; *Experiment* eksperimento; *Warenmuster* specimeno; *Beweis* pruvo (*vgl. dazu* ***Prüfung***); ***Arbeit auf ~*** prova laboro; ***jmdn. auf eine harte ~ stellen*** elmeti iun al forta provo ***b)*** *kleine Menge von etw., das untersucht werden soll* provaĵo (↑ *auch* ***Gewebe-*** *u.* ***Wasserprobe***)

Probe|abzug *m Typ* presprovaĵo; **~arbeit** *f Schule (nicht vorher angekündigte Arbeit)* ekstemporalo; **~aufnahme(n)** *f/(Pl) Film* prov-filmado; **~bilanz** *f Wirtsch* provbilanco; **~bohrung** *f Bergb* provborado

Probeexemplar *n Buchw, Ztgsw* provekzemplero (↑ *auch* ***Probeheft***); ***kostenloses ~*** senkosta provekzemplero

Probe|exzision *f Chir (Ausschneidung von Gewebsstücken aus einem erkrankten Organ zur mikroskopischen, chemischen od mikrobiologischen Untersuchung)* esplora ekscizo (*vgl. dazu* ***Biopsie***); **~flug** *m* prova flugo, testflugo

probehalber *Adv* prov[temp]e, por provi (*bzw.* testi) ĝin (*od* tion)

Probe|heft *n Buchw* specimena kajero; **~jahr** *n* prov[o]jaro; **~lektion** *f* provleciono

proben *tr u. abs bes. Mus u. Theat* provludi; *üben* ekzerc[ad]i

Probe|nummer *f Ztgsw* provnumero, *auch* specimeno; *zu Reklamezwecken* reklama [prov]ekzemplero; **~seite** *f Typ* specimena paĝo; **~sendung** *f* specimena sendaĵo

probeweise *Adv als Muster* kiel specimeno(n); *versuchsweise* prove (*vgl. dazu* ***provisorisch***)

Probezeit *f Zeit, um z.B. eine Neuentwicklung zu testen* provoperiodo *od* tempo de provado; *Einarbeitungszeit eines kommissarisch Angestellten, Stage* [periodo de] prova laboro, staĝo[periodo]

probieren *tr versuchen* provi; *erproben, testen* testi, *auch* elprovi; *experimentieren* eksperimenti; *abschmecken, kosten* [prove] gustumi; ***kann ich mal ~?*** *versuchen* ĉu mi rajtas provi?; *kosten* ĉu mi rajtas gustumi?; ***ich habe es erst gar nicht probiert*** *versucht* mi eĉ tute ne provis

Probieren *n* provado

Probiotikum *n* (*Pl*: ***Probiotika***) probiotiko

probiotisch *Adj* probiotika

Problem *n schwer zu lösende od schwierige Frage bzw. noch der Lösung harrende Aufgabe* problemo (*vgl. dazu* ***Frage***; ↑ *auch* ***Arbeitslosen-***, ***Ernährungs-***, ***Grund-***, ***Kern-***, ***Management-***, ***Müll-***, ***Teil-*** *u.* ***Wohnungsproblem***); ***inhaltliche ~e*** *Pl* enhavaj problemoj *Pl*; ***ein unlösbares ~*** nesolvebla problemo; ***ein ~ darstellen*** (***lösen***) prezenti (solvi) problemon; ***das ist gar*** (*od* ***überhaupt***) ***kein ~!*** *umg* nenia problemo!; ***das ist ein technisches ~*** tio estas teknika problemo; ***vor einem ~ stehen*** troviĝi antaŭ problemo; ***ein schwieriges ~ steht vor uns*** malfacila problemo staras antaŭ ni; ***darin zeigt*** (*od* ***offenbart***) ***sich das ganze ~*** en tio montriĝas la tuta problemo; ***~e sind da, um gelöst zu werden*** problemoj ekzistas por esti solvitaj

Problemanalyse *f* problemanalizo *auch EDV*

Problematik *f Gesamtheit von Problemen* problemaro; *das Problematische von etw., Problemhaftigkeit* problemeco

problematisch *Adj* problema *auch Phil* (*vgl. dazu* ***zweifelhaft***); *schwierig u. etwas fragwürdig* malfacila kaj iom dubinda; ***~ sein*** *auch* prezenti problemon; *schwer zu lösen sein* esti malfacile solvebla

Problemhaftigkeit *f* problemeco

Problem|kern *m* kerno (*od* esenco) de la problemo; **~kind** *n* problem-infano

problemlos 1. *Adj* senproblema **2.** *Adv* senprobleme

Problem|lösung *f* problemsolvo; **~lösungsverfahren** *n* metodo de problemsolvo

problemorientiert *Adj bes. EDV u. Ling* problem-orientita

Problemstellung *f Problematik* problemaro

Probus (*m*) *Eig (ein römischer Kaiser [* 232, † 282])* Probo

Procain® *n ein Lokalanästhetikum* prokaino

Processus *m*, *auch* ***Fortsatz*** *m nur Fachspr Anat*: *~* ***ciliaris*** ciliara proceso

Procne (*f*) ↑ ***Prokne***

Procris (*f*) *griech. Myth (Tochter des Erechtheus u. der Praxithea)* Prokrisa

Procyon *od* **Prokyon** *m Astron (der hellste Stern im Sternbild «Kleiner Hund»)* Prociono

Prodatarius *m kath. Kirche* ↑ ***Datar***

Prodekan *m Univ* vicdekano

Prodikos [von Keos] (*m*) *Eig (altgriech. Philosoph, Sophist [4. Jh.v.Chr.])* Prodiko

Prodolomit *m Min (ein Naturstein)* prodolomito

Prodrom *n Med (den Symptomen der ausgebrochenen Krankheit vorangehendes Krankheitszeichen [z.B. Kopf- u. Gliederschmerzen])* prodromo (↑ *auch* ***Prodromalsymptom***)

prodromal *Adj Med (einem Krankheitsverlauf vorausgehend, z.B. Kopf- u. Gliederschmerzen)*

Prodromal|stadium *n* (Stadium prodromorum) *Biol, Med (Phase im Befalls- od Krankheitsverlauf eines Organismus)* prodroma stadio; ~**symptom** *n Med (Vorbote einer Krankheit)* prodroma simptomo

Produkt *n* ***a)*** *Erzeugnis* produkt[aĵ]o (↑ *auch* ***Final-***, ***Neben-*** *u.* ***Rohprodukt***); ***landwirtschaftliche ~e*** *Pl* agrikulturaj produktoj *Pl* (↑ *auch* ***Agrar-*** *u.* ***Bioprodukte***) ***b)*** *Math (Zeichen* ***Π****)* produto; ~ ***einer Reihe von Faktoren*** = ***²Fakultät***; *übertr (Ergebnis)* rezulto, *(Konsequenz)* konsekvenco; ***inneres ~*** ↑ ***Skalarprodukt***; ***kartesisches*** (***logisches***) ~ *Math* kartezia (logika) produto; ***tensorielles ~*** *od* ***Tensorprodukt*** *n Math* tensora produto

Produkt|einführung *f Wirtsch* produktlanĉo; ~**entwicklung** *f Entwicklung von neuen Produkten* produktevoluigo, evoluigo de novaj produktoj; ~**haftung** *f Wirtsch* responseco por la produkto(j)

Produktion *f Erzeugung, Herstellung* produktado (*vgl. dazu* ***Fertigung***; ↑ *auch* ***Inlands-***, ***Jahres-***, ***Ko-***, ***Serien-***, ***Über-***, ***Unter-***, ***Waren-*** *u.* ***Weltindindustrieproduktion***); *Produkt* produkto; *Gesamtheit der Erzeugnisse (eines Betriebes, eines Landes), Ausstoß* produktokvanto; ***die ~ erhöhen*** (*od* ***steigern***) [pli]altigi la produktadon

Produktions|effizienz *f* produktada efikeco, *auch* efikeco de produktado *auch Fachspr Bot*; ~**faktoren** *m/Pl* faktoroj *Pl* de [la] produktado; ~**fehler** *m* produktada eraro; ~**genossenschaft** *f* produkta kooperativo; ~**kapazität** *f* produktokapacito *od* produktokapablo; ~**kartell** *n Wirtsch* produktadokartelo; ~**kette** *f Ind, Wirtsch* produktada ĉeno; ~**kosten** *Pl* kosto *Sg* de [la] produktado; ~**menge** *f* produktokvanto; ~**methode** *f* metodo de produktado *od* produktada metodo; ~**mittel** *n/Pl* produktadaj rimedoj *od* rimedoj *Pl* de produktado; ~**plan** *m* plano de produktado; ~**programm** *n* produktada programo *od* programo de produktado; ~**prozess** *m* produktada procedo *od* procedo de produktado; ~**stand** *m* nivelo de la produktado; ~**stätte** *f* produktejo; *i.e.S.* fabriko (*vgl. dazu* ***Betrieb*** *u.* ***Werk***); ~**steigerung** *f Vorgang* altigo de la produktado; ~**system** *n* produktada sistemo; ~**verfahren** *n* metodo de produktado; ~**verhältnisse** *n/Pl* produktadaj kondiĉoj *od* kondiĉoj *Pl* de produktado; ~**volumen** *n* produktokvanto; ~**weise** *f* produktada maniero *od* maniero de produktado; ~**ziel** *n* celo de [la] produktado *od* produktada celo; ~**zweig** *m* branĉo de [la] produktado

produktiv *Adj* produktiva *auch i.w.S.*; *schöpferisch* kreiva

Produktivität *f* produktiveco

Produktivkräfte *f/Pl* produktivaj fortoj *Pl*

Produktsicherheit *f* produktsekureco

Produzent *m Hersteller* produktanto *bzw.* produktisto (↑ *auch* ***Erzeuger*** *u.* ***Kleinproduzent***); *Film, TV* produktoro (↑ *auch* ***Filmproduzent***)

produzierbar *Adj* produktebla

produzieren *tr* produkti, *(fabrikmäßig)* fabriki, *umg auch* fari; ***sich*** ~ *[prahlerisch] seine Fähigkeiten zeigen* [fanfarone] montri siajn kapablojn

Proenzym *n Biochemie* proenzimo (↑ *auch* ***Trypsinogen*** *u.* ***Zymogene***)

Prof *m umg Kurzw für* ***Professor***

Prof. = *Abk für* ***Professor***

profan *Adj alltäglich, ungeweiht, unheilig, weltlich* profana, *weltlich auch* sekulara

Profanation *f*, *auch* ***Profanierung*** *f Entweihung, Schändung* profanado

Profane *m*, *auch* ***Ungeweihte*** *m* profano (↑ *auch* ***Laie***)

profanieren *tr bes. Rel* profani

Profanität *f* profaneco, *Weltlichkeit auch* sekulareco

Profession *f* profesio (*vgl. dazu* ***Beruf***)

professionalisieren *tr* profesiigi

Professionalisierung *f* profesiigo

Professionalismus *m* profesiismo

Professionalität *f* profesieco; ***Mangel*** *m* ***an*** ~ manko de profesieco

professionell 1. *Adj beruflich, berufsmäßig* profesia; *fachmännisch* faksperta; ~***e medizinische Hilfe*** *f* profesia medicina helpo **2.** *Adv* profesie; fakspertte

Professionelle *m* = *umg* ***Profi***

Professor *m* (*Abk* ***Prof.***), *Studentensprache auch* ***Prof*** *m Univ* profesoro (*Abk* prof.) (↑

auch ***Emeritus***, ***Gast-***, ***Honorar-*** *u.* ***Universitätsprofessor***); ~ ***h.c.*** profesoro honorkaŭza; ~ ***für asiatische Sprachen*** profesoro de (*od* pri) aziaj lingvoj; ~ ***mit Lehrstuhl*** katedra profesoro (↑ *auch* ***Ordinarius***); ***emeritierter*** (***ordentlicher***) ~ emerita (plenranga) profesoro; ***zum*** ~ ***ernannt worden sein*** esti nomumita profesoro

professoral *Adj* profesora, en maniero de profesoro (↑ *auch* ***würdevoll***)

Professorenfrau *f* edzino de profesoro

Professorenschaft *f die Professoren [einer Universität]* profesoraro

Professor[en]titel *m* profesora titolo

Professorin *f* profesorino

Professur *f Amt od Stellung als Professor* profesoreco; *Lehrstuhl* [profesora] katedro

Profi *m umg (bes. für «Berufssportler»)* profesia sportulo, *kurz* profesiulo; *Spezialist* specialisto; ~**boxer** *m* profesia boksisto; ~**fußball** *m* profesia futbalo; ~**klub** *m* profesiula klubo

Profil *n* ***a)*** *auch* ***Seitenansicht*** *f* profilo *auch des Gesichts*; ***im*** ~ *von der Seite (Adj)* profila, *(Adv)* profile ***b)*** *Geol, Tech (Form der Querschnittsfläche durch einen Körper z.B. bei Schienen, Profileisen u. Tragflächen)* profilo; ***etw. mit einem*** ~ ***versehen*** *Tech* provizi ion per profilo, profil[ig]i ion ***c)*** *charakteristisches Erscheinungsbild* [tipa] profilo (↑ *auch* ***Kundenprofil***)

Profildicke *f* dik[ec]o de profilo

Profileisen *n* profilfero (↑ *auch* ***T-Eisen*** *u.* ***U-Eisen***); ~ ***in V-Form*** V-fero [*vo-...*]

Profilfräser *m Tech* profilfrezilo

profilieren *tr 1. Mal (im Profil zeichnen) Tech (im Quer- od Längsschnitt zeichnen)* profili; ***sich*** ~ *sich abzeichnen, hervortreten* profiliĝi

Profisport *m* profesia sporto

Profil|stahl *m* profil[ig]ita ŝtalo; ~**zeichnung** *f Mal* profila desegnaĵo

Profit *m* profito (*vgl. dazu* ***Erlös***, ***Ertrag***, ***Gewinn***, ***Nutzen*** *u.* ***Vorteil***; ↑ *auch* ***Maximalprofit***); ~ ***machen*** profiti (***bei*** de); ***nur nach*** ~ ***trachtend*** *(Person)* profitema, *[stärker:]* profitama; ***etw. mit*** ~ ***verkaufen*** vendi ion profite; ~ ***ziehen aus ...*** [el]tiri profito(j)n el ...

profitabel *od* **profitbringend** *Adj*, *auch* ***Profit bringend*** profit[ig]a *od* profit[o]dona (***für*** por) (*vgl. dazu* ***nutzbringend***)

Profiteur *m* profitanto (↑ *auch* ***Nutznießer***)

Profitgier *f* profit-avido

profitgierig *Adj* profit-avida

Profitgründe *m/Pl*: ***aus*** ~***n*** profitocele

profitieren *intr* profiti (***an*** *od* ***von*** de); ***jmdn.*** ~ ***lassen von ...*** profitigi iun de ...; ***er hat mich von seiner Erfahrung*** ~ ***lassen*** li profitigis min de sia sperto

Profit|jäger *m* profitĉasanto; ~**streben** *n* streb[ad]o al profito

profitsüchtig *Adj* profit-avida

Pro-forma-Rechnung *f Wirtsch (vorläufige Rechnung ohne unmittelbare Zahlungsverpflichtung [z.B. als Bestätigung eines eingegangenen Auftrags])* proforma fakturo

Profos *m Gesch (Feldrichter u. Strafvollstrecker in mittelalterlichen Landsknecht- u. Söldnerheeren)* provoso

profund *Adj* ***a)*** *gründlich, z.B. Kenntnisse* profunda ***b)*** *Med (tief liegend)* profunda

Progesteron *n* ↑ ***Gelbkörperhormon***

Prognathie *f Anat, Anthropol (deutliches Vorstehen der Kiefer im Gesichtsprofil)* prognateco (*vgl. dazu* ***Orthognathie***)

prognathisch *Adj Anat (1. mit vorstehenden Backenknochen 2. vorstehend [Kinn])* prognata (*vgl. dazu* ***orthognath***)

Prognose *f allg, Med, Met* prognozo (*vgl. dazu* ***Voraussage***; ↑ *auch* ***Absatz-*** *u.* ***Wirtschaftsprognose***); ***günstige*** (***ungünstige***, ***zweifelhafte***) ~ favora (malfavora, duba) prognozo

Prognosefehler *m* eraro de prognozo

Prognostik *f 1. Lehre von der Prognose 2. Kunst der Prognose* prognoz[ist]iko

prognostisch *Adj voraussagend* prognoza

prognostizieren *tr* prognozi; ***ein Wirtschaftswachstum von 2,5%*** ~ prognozi ekonomian kreskon de 2,5%

Prognostizierung *f* prognozado

Programm *n allg* programo *auch EDV, Kino, Pol, Radio, Theat u. TV* (*vgl. dazu* ***Programmheft***; ↑ ***Abend-***, ***Antiviren-***, ***Anwendungs-***, ***Atomenergie-***, ***Ausflugs-***, ***Beschäftigungs-***, ***Besuchs-***, ***Computer-***, ***Damen-***, ***Einweg-***, ***Folklore-***, ***Forschungs-***, ***Früh-***, ***Hilfs-***, ***Impf-***, ***Infrastruktur-***, ***Ki- no-***, ***Klimaschutz-***, ***Koalitions-***, ***Kultur-***, ***Lern-***, ***Mammut-***, ***Modernisierungs-***, ***Rahmen-***, ***Reform-***, ***Regierungs-***, ***Sanierungs-***, ***Satelliten-***, ***Strukturanpassungs-***, ***Such-***, ***Test-***, ***Textverarbeitungs-***, ***Theater-***, ***Therapie-***, ***Trainings-***, ***Unterhaltungs-*** *u.* ***Varietéprogramm***); ***ein buntes*** (***umfangreiches***) ~

varia (ampleksa) programo; ***ein vollgepacktes*** (*od i.w.S.* ***volles***) ~ dense pakita (*od* plenŝtopita) programo; ***ein ~ aufstellen*** starigi programon *auch EDV*; ***ins ~ aufnehmen*** meti en la programon, enprogramigi; ***auf dem ~ stehen*** esti sur la programo

Programm|änderung *f* programŝanĝo *od* ŝanĝo de [la] programo; ~**angebot** *n* program-oferto; ~**bearbeiter** *m Radio, TV* programisto; ~**datei** *f EDV* programdosiero; ~**direktor** *m Radio, TV* programdirektoro; ~**diskette** *f EDV* programdiskedo

programmgemäß 1. *Adj* laŭprograma; *plangemäß* laŭplana **2.** *Adv*: *auch* (*nachgest)* ***nach Programm*** laŭprograme, laŭ programo; *planmäßig* laŭplane, laŭ plano

programmgesteuert *Adj EDV* programregita

Programmheft *n* programkajero

programmierbar *Adj* programebla

programmieren *tr [im Ablauf] festlegen* programi *auch EDV od eine Radio- od TV-Sendung*; ***programmierter Unterricht*** *m Päd* programita instruado

Programmieren *n*, *auch* **Programmierung** *f bes. EDV* programado (↑ *auch* ***Systemprogrammierung***)

Programmierer *m EDV (Fachkraft zur Entwicklung u. Erstellung von Software)* programisto (↑ *auch* ***Systemprogrammierer***)

Programmiersprache *f EDV* programlingvo, *auch* programada lingvo (↑ *auch* ***²ALGOL***, ***Assemblersprache***, ***BASIC*** *u.* ***³PASCAL***)

Programmierung *f* ↑ ***Programmieren***

Programm|kassette *f EDV* programkasedo; ~**musik** *f* programmuziko *od* programa muziko; ~**punkt** *m bes. einer Veranstaltung* programero, *auch* programpunkto; ~**speicher** *m EDV* programstoro; ~**vorschau** *f Film, TV* informoj *Pl* pri filmoj montrotaj; ~**zyklus** *m EDV* programciklo

Progress *m geh für «Fortschritt»* progreso

Progression *f Math (Zahlenfolge)* progresio (*vgl. dazu* ***Reihe***; ↑ *auch* ***Steuerprogression***); ***arithmetische*** (***endliche***, ***geometrische***, ***unendliche***) ~ aritmetika (fina, geometria, senfina) progresio

progressiv *Adj* ***a)*** *Jur, Naturw (stufenweise fortschreitend bzw. sich stufenweise entwickelnd)* progresiva; ~***e Steuer*** *od* ***Progressivsteuer*** *f gestaffelte Steuer* progresiva imposto ***b)*** *fortschrittlich* progresema; ***ein ~er Politiker*** progresema politikisto

Proguanil *n Pharm (eine Substanz zur medikamentösen Malariaprophylaxe)* proguanilo

Prohibition *f staatliches Verbot, bes. von Herstellung, Ein- u. Ausfuhr, Beförderung, Kauf u. Besitz alkoholhaltiger Getränke* prohibicio

Prohibitionist *m Befürworter der Prohibition* prohibiciisto

Projekt *n* projekto *auch Bauw, Forschung u. Tech* (↑ *auch* ***Brücken-***, ***Gegen-***, ***Industrie-Mammut-***, ***Prestige-*** *u.* ***Reformprojekt***); *Plan* plano (↑ *auch* ***Entwurf*** *u.* ***Vorhaben***); ***interkulturelles*** ~ interkultura projekto; ***ein ~ finanzieren*** financi projekton

Projektant *m* projektanto *bzw.* projektinto *bzw.* projektisto (*vgl. dazu* ***Planer***)

Projektfinanzierung *f* financado de [planita] projekto *bes. Bankw u. Wirtsch*

projektieren *tr* projekti, *allg auch* plani

Projektierung *f* projektado (↑ *auch* ***Planung***)

Projektil *n Geschoss* pafaĵo

Projektion *f Arch, Geom, Kartogr, Psych (Verlagerung eines inneren Vorgangs in die Außenwelt)* projekcio *auch Mal*, *(das Projizieren [Handlung])* projekciado *auch von Filmen, Folien u. dgl.*, *(das projektive Bild)* projekciaĵo (↑ *auch* ***Azimutal-***, ***Mercator-***, ***Parallel-***, ***Vertikal-***, ***Zentral-*** *u.* ***Zylinderprojektion***); ***isotrope*** (***orthogonale***) ~ *Geom* izotropa (orta) projekcio

Projektions|apparat *m od* ~**gerät** *n*, *umg* ***Projektor*** *m* projekcia aparato, *auch* projekciilo (↑ *auch* ***Diaprojektor***); ~**ebene** *f* projekci-ebeno; ~**schirm** *m od* ~**wand** *f* [projekcia] ekrano

projektiv *Adj*: ~***e Geometrie*** *f od* ***Geometrie*** *f* ***des ~en Raumes*** projektiva geometrio

Projektivität *f Geom* projektiveco

Projekt|leiter *m* estro (*od* gvidanto) de [la] projekto; ~**management** *n* projekto-manaĝado; ~**manager** *m* projektmanaĝero

Projektor *m* ↑ ***Projektionsapparat***

projizieren *tr* projekcii

Prokain *n Pharm* ↑ ***Novokain***

Prokaryonten *od* **Prokaryoten** *Pl Genetik, Zytologie (Organismen, deren Zellen keinen durch eine Membran getrennten Zellkern aufweisen)* prokariotoj *Pl*

prokaryo[n]tisch *Adj* prokariota

Proklamation *f*, *auch* ***Proklamierung*** *f [öffentliche] Verkündigung* [oficiala *bzw.*

publika] proklamado

proklamieren *tr [öffentlich] ausrufen od erklären, [laut] verkünden* proklami (*vgl. dazu* ***ausrufen*** *u.* ***verkünden***)

Proklitikon *n Ling (schwach betontes Wort, das sich an das unmittelbar folgende voll betonte Wort im Satz anschließt [im Esp ist dies häufig der Artikel* la > l'*])* proklitiko

proklitisch *Adj Ling* proklitika

Proklos (*m*) *Eig (hellenistischer Philosoph [Hauptvertreter der athenischen Neuplatonikerschule])* Proklo

Prokne (*f*), *lat.* ***Procne*** (*f*) *griech. Myth (Frau des Tereus)* Prokna

prokommunistisch *Adj dem Kommunismus zuneigend* porkomunisma

Prokonsul *m im alten Rom (Statthalter [einer Provinz], der früher Konsul war)* prokonsulo

Prokonsulat *n Amt des Statthalters, Statthalterschaft* prokonsuleco

Pro-Kopf|-Einkommen *n* popersona enspezo; ~**-Verbrauch** *m* popersona konsumo

Prokop[ios] (*m*), *lat.* ***Procopius*** (*m*) *Eig (byzantinischer Historiker u. Rhetor [* um 490, † nach 562])* Prokopo

Prokrustes (*m*) *griech. Myth (ein Unhold bei Eleusis)* Prokrusto; ~**bett** *n Myth u. übertr für «Zwangslage» bzw. «Schema, in das etw. od jmd. gewaltsam gezwängt wird»* prokrusta lito, *auch* perforte trudita skemo

Proktalgie *f nur Fachspr Med (After- od Mastdarmschmerz)* proktalgio

Proktitis *f Med* ↑ ***Mastdarmentzündung***

Proktologe *m Med (Facharzt für Erkrankungen im Bereich des Mastdarms)* proktologo

Proktologie *f Med (Subspezialgebiet, das sich mit Erkrankungen des Afters und des Mastdarms beschäftigt)* proktologio

proktologisch *Adj* proktologia

Proktoskop *n Medizintechnik (ein röhrenförmiges Darmspekulum)* proktoskopo

Proktoskopie *f Med (Inspektion des Analkanals und des unteren Abschnitts des Rektums unter Verwendung eines Proktoskops)* proktoskopio

Proktospasmus *m Med (Krampf des Afterschließmuskels)* proktospasmo

Prokura *f Hdl, Jur ([kaufmännische] Vollmacht)* prokuro

Prokurator *m 1. Antike (röm. [Provinz-] Statthalter) 2. in der ehemaligen Republik Venedig (einer der neun höchsten Staatsbeamten, unter denen der Doge gewählt wurde)* prokuratoro

Prokurist *m Inhaber einer Prokura* prokuristo

Prokuristin *f* prokuristino

Prokyon *m Astron* ↑ ***Procyon***

Prolaktin *n, Fachspr auch* ***Prolactin*** *n früher auch* ***luteotropes Hormon*** *n* (*Abk* ***LTH***) *Biochemie, Physiol (Hormon, das die Milchsekretion auslöst u. vermehrte Bildung von Progesteron bewirkt)* prolaktino

Prolamine *n/Pl Biochemie (pflanzliche Proteine mit hohem Gehalt an Glutaminsäure u. Prolin)* prolaminoj *Pl*

Prolan *n Biochemie (ein luteinisierendes Hormon)* prolano

Prolanämie *f Med (Vorhandensein von Prolan im Blut)* prolanemio

Prolaps *m Med* ↑ ***²Vorfall***

Prolapspessar *n Med* prolapspesario

Prolegomenon *n* (*Pl:* ***Prolegomena***) *[einleitende] Vorbemerkung zu einer größeren Schrift* prolegomeno

Prolepse *od* **Prolepsis** *f Ling u. Rhetorik (1. Vorausbeantwortung möglicher Einwände 2. Vorwegnahme, d.h. Anwendung eines Adjektivs zur Einführung eines vom Satze selbst erst angedeuteten Gedankens)* prolepso

proleptisch *Adj vorwegnehmend* prolepsa

Prolet *m pej* ↑ ***Proletarier***

Proletariat *n* proletaro (↑ *auch* ***Industrie-*** *u.* ***Weltproletariat***); ***Diktatur f des ~s*** *Marxismus* diktaturo de la proletaro

Proletarier *m, pej (ungebildeter, ungehobelter Mensch)* ***Prolet*** *m* proleto, *auch* proletario; *i.w.S. Arbeiter* laboristo; ***zum ~ werden*** proletiĝi ◇ ***~ aller Länder, vereinigt euch!*** proletoj de (*od* el) ĉiuj landoj, unuiĝu!

proletarisch *Adj* proleta; ***~er Internationalismus*** *m* proleta internaciismo

proletarisieren *tr zu Proletariern machen* proletarigi

Proletarisierung *f* proletarigo *bzw.* proletariĝo

Proliferation *f Biol, Med (Gewebevermehrung durch [schnelles] Wachstum od Wucherung durch Zellvermehrung)* proliferado; ***zu ~ neigend*** proliferema

proliferativ *Adj Biol, Med (wuchernd)* prolifera

proliferieren *intr Biol (sich durch schnelle Knospung od Zellteilung fortpflanzen, in* *schneller Folge hervorbringen [durch Zellteilung]), Med (wuchern)* proliferi

Prolin *n Chem (eine Aminosäure)* prolino

Prolog *m Lit, Theat (Vorrede, Vorspiel)* prologo

Prolongation *f Verlängerung eines Frist* plilongigo de tempolimo *od* limdato (*vgl. dazu* ***Aufschub*** *u.* ***Moratorium***)

prolongieren *tr* plilongigi tempolimon (*od* limdaton) por (*vgl. dazu* ***stunden***)

PROM (*Kurzw für* ***Programmable Read Only Memory***) *EDV (ein vom Anwender einmal programmierbarer Festwertspeicher)* promo

Promenade *f Spaziergang* promen[ad]o; *Promenadenstraße* promenejo (↑ *auch* ***Strand-*** *u.* ***Uferpromenade***)

Promenaden|deck *n Mar* promena ferdeko; ~**mischung** *f umg scherzh für «nicht reinrassiger Hund»* miksrasa hundo; ~**straße** *f* promenejo (↑ *auch* ***Boulevard***)

promenieren *intr ehem od geh für «spazieren gehen»* promeni (↑ *auch* ***lustwandelnd***)

prometheisch *Adj bes. übertr für «an Kraft, Gewalt, Größe alles übertreffend»* prometea

[1]**Prometheus** (*m*) *griech. Myth (Sohn des Titanen Iapetos [brachte den Menschen das von Zeus gehütete Feuer])* Prometeo

[2]**Prometheus** *m Astron (ein Satellit des Saturn [1980 entdeckt])* Prometeo

Promethium *n* (*Symbol* ***Pm***) *Chem* prometio; ~**-Isotope** *n/Pl* izotopoj *Pl* de prometio

Promi *m* ↑ ***Prominente***

Promille *n Tausendstel* promilo *od* elmilo; ~**zeichen** *n* (*Zeichen ‰*) signo de promilo

prominent *Adj* elstara, eminenta, *neuerdings auch* prominenta (*vgl. dazu* ***bedeutend***, ***hervorragend***, ***maßgebend*** *u.* ***namhaft***)

Prominente, *umg Kurzf* ***Promi*** *m* ***a)*** *m* eminentulo ***b)*** *f* eminentulino

Prominentia *f nur Fachspr Anat (Vorwölbung, hervorstehender Teil, [Knochen-] Vorsprung)* prominenco

Prominenz *f hervorragende Persönlichkeiten* eminentuloj *Pl*

Promiskuität *f sex (Geschlechtsverkehr mit häufig wechselnden Partnern)* promiskuado

promiskuitiv, *fachsprachl.* ***promisk*** *Adj sex* promiskua

Promontorium *n nur Fachspr Anat (in das Becken ragender Vorsprung der Wirbelsäule zw. 5. Lendenwirbel und Kreuzbein)* promontoro

promoten *tr* [reklame] subteni, patroni

Promoter *m Förderer* patrono (*vgl. dazu* ***Manager***)

[1]**Promotion** *f Univ* promocio, *meist* doktoriĝo

[2]**Promotion** *f Wirtsch (Förderung)* patronado

Promovend *m Univ* doktoriĝanto

promovieren ***a)*** *tr*: ***jmdn.*** ~ *Univ* promocii iun al rango de doktoro ***b)*** *intr* doktoriĝi; ***an der Universität Bandung ~ über ...*** doktoriĝi en la Universitato de Bandungo pri ...

prompt 1. *Adj* prompta; *schnell* rapida; *unverzüglich* senprokrasta; *exakt* ekzakta (*vgl. dazu* ***pünktlich***, ***rechtzeitig*** *u.* ***sofortig***); ***~e Bezahlung*** *f* prompta pag[ad]o **2.** *Adv* prompte; rapide; senprokraste; ekzakte

Prompt *m*, *auch* ***Eingabeaufforderung*** *f EDV* prompto

Promptheit *f* prompteco

Promulgation *f Bekanntgabe od Veröffentlichung [eines Gesetzes bzw. Konzilsbeschlusses]* promulgo (↑ *auch* ***Erlass***)

Pronation *f Med (Einwärtsdrehung von Hand [Drehen der Hand rumpfwärts] od Fuß [Senken des inneren Fußrandes])* pronado

Pronator *od* **Pronationsmuskel** *m*, *auch* ***Einwärtsmuskel*** *m* ***[der Hand]*** *Anat* pronatoro; ***Musculus pronator quadratus*** *nur Fachspr* kvadrata pronatoro

pronieren *tr Med (die Handflächen einwärts od nach unten drehen)* proni

Pronomen *n Gramm* ↑ ***Fürwort***

pronominal 1. *Adj Gramm* pronoma **2.** *Adv* pronome

prononcieren *tr scharf betonen, [bestimmt] erklären* prononci, [decide] deklari

Pronotum *n nur Fachspr Ent (Rückenspange des ersten Brustsegments, [bei Käfern:] Halsschild)* prenotumo

Prontosil® *n Pharm (ein Sulfonamid mit antibiotischer Wirkung)* prontosilo

Pronuntius *m Dipl (päpstlicher Nuntus mit Kardinalswürde)* pronuncio (*vgl. dazu* ***Nuntius***)

Propädeutik *f Päd (vorbereitende Einführung in eine Wissenschaft)* propedeŭtiko

propädeutisch *Adj vorbereitend, [in ein Studienfach] einführend* propedeŭtika; ***der ~e Wert des Esperanto*** la propedeŭtika valoro de Esperanto

Propaganda *f* propagando (*vgl. dazu* ***Reklame*** *u.* ***Werbung***; ↑ *auch* ***Antikriegs-*** *u.*

Flüsterpropaganda); ~ ***im Untrgrund*** *d.h. außerhalb der Legalität* subtera propagando; ~ ***betreiben*** (*od* ***machen***) fari propagandon; ~ ***für etw. machen*** propagandi ion *od* fari propagandon por io, *in der Produktwerbung auch* reklami ion

Propaganda|apparat *m* propaganda aparato; ~**feldzug** *m od* ~**kampagne** *f* propaganda kampanjo; ~**film** *m* propaganda filmo; ~**maschine** *f* propagandomaŝino; ~**material** *n* propaganda materialo; ~**ministerium** *n* propaganda ministerio

Propagandazweck *m*: ***zu ~en*** propagandocele

Propagandist *m* propagandisto

propagandistisch *Adv* helpe de propagando

Propagation *f nur Fachspr Biol u. Phys (Aus- od Verbreitung)* propag[ad]o

propagieren *tr für etw. Propaganda machen (bes. für politische Ideen)* propagandi, *in der Werbung meist* reklami (↑ *auch* ***werben a)***)

Propan[gas] *n Chem (gesättigter Kohlenwasserstoff, der bes. als Brenngas verwendet wird)* propano

2-Propanol *Chem* ↑ ***Isopropanol***

Propanon *n Chem* ↑ ***Azeton***

Proparoxytonon *n nur Fachspr Phon (auf der drittletzten, kurzen Silbe betontes Wort)* proparoksitona vorto

Propeller *m*, *Fachspr meist* ***Luftschraube*** *f Flugw, Mar* helico; ~**flugzeug** *n od* ~**maschine** *f* helice pelata aviadilo, *auch* helicoplano; ~**nabe** *f* nabo de helico; ~**pumpe** *f*, *auch* ***Flügelradpumpe*** *f Tech* helica (*od* helic-ala) pumpilo; ~**turbine** *f Tech* helica turbino

Propen *od* **Propylen** *n Chem (ein gasförmiger ungesättigter Kohlenwasserstoff [ein farbloses brennbares Gas])* propeno *od* propileno

Propenyl *n Chem (Radikal des Propens)* propenilo

proper *Adj umg* ***a)*** *sauber und ordentlich* pura kaj bone ordigita ***b)*** *nett* belaspekta

Prophase *f Biol, Genetik (erste Phase der Kernteilung,in der die Chromosomen sichtbar werden)* profazo (*vgl. dazu* ***Mitose***)

Prophet *m Rel* profeto *auch übertr* (↑ *auch* ***Seher***, ***Verkünder*** *u.* ***Wahrsager***); ***die Großen ~en*** *Pl bibl* la maĵoraj profetoj *(auch Großschr)*; ***die Kleinen ~en*** *Pl bibl* la minoraj profetoj *Pl (auch Großschr)* ◇ ***der ~ gilt nichts im eig[e]nen Lande*** neniu estas profeto en sia urbeto *(Zam)*; ***ich bin doch kein ~!*** mi [ja] ne povas antaŭdiri estontaĵojn!

Prophetie *f Propheten- od Sehergabe* profeteco; *Prophezeiung* profetado

Prophetin *f*, *auch* ***Seherin*** *f bes. übertr* profetino

prophetisch *Adj seherisch, wahrsagerisch* profeta

Prophetismus *m Rel* profetismo

prophezeien *tr voraussagen, wahrsagen* profeti (***jmdm. etw.*** ion al iu); *prognostizieren* prognozi; ***die Meteorologen ~ gutes Wetter*** la meteorologoj prognozas bonan veteron (*od* ke la vetero estos bona)

Prophezeiung *f als Vorgang* profetado; *Ergebnis (das Vorhergesagte)* profetaĵo (*vgl. dazu* ***Orakel***)

Prophylaktikum *n Med, Pharm (vorbeugendes Mittel)* profilaktika rimedo (*od* medikamento)

prophylaktisch *Adj* profilaktika; *präventiv* preventa

Prophylaxe *f Med u. als Pflanzenschutz* profilaktiko (*vgl. dazu* ***Vorbeugung***; ↑ *auch* ***Dental-***, ***Infektions-***, ***Karies-***, ***Malaria-***, ***Thromboseprophylaxe*** *u.* ***Präventivbehandlung***); *Verhütung* prevent[ad]o

Propionat *n*, *auch* ***propionsaures Salz*** *n Chem* propionato

Propionsäure *f Chem (farblose, stechend riechende organische Säure, die z.B. zur Herstellung von Arzneimitteln verwendet wird)* propionata acido

Propolis *f*, *auch* ***Bienen[kitt]harz*** *n Wabenbaustoff der Bienen* propoliso *[auch medizinische Verwendung]*

propolisieren *tr mit Bienenharz verkitten [Waben]* propolisi

Proportion *f 1. allg: [richtiges] Größen- od Maßverhältnis, Gleichmaß 2. Math:Gleichheit von zwei Zahlenverhältnissen)* proporcio (*vgl. dazu* ***Größenverhältnis***); ***geometrische ~*** geometria proporcio

proportional, *auch* ***verhältnisgleich*** **1.** *Adj* proporcia **2.** *Adv* proporcie (***mit*** *od* ***zu*** al) *auch Math*

Proportionalität *f*, *auch* ***Verhältnisgleichheit*** *f* proporcieco

proportionieren *tr in ein Verhältnis setzen* proporciigi (***zu*** al)

Proporz *m Parl* proporcia reprezentado;

~**wahl** *f <österr u. schweiz> für «Verhältniswahl»* [laŭ]proporcia baloto

Proposition *f Ling, Logik (Wahrheitswert einer sprachlichen Äußerung)* propozicio

Propst *m Kirche* preposto (↑ *auch* ***Dompropst***)

Propstei *f Amtsräume eines Propstes* prepostejo

Pröpstin *f Kirche* prepostino

Propyl *n Chem* propilo

Propyläen *Pl Arch (1. Säulenvorhalle [am Eingang eines griechischen Tempels] 2. Ein- od Durchgang aus Säulen)* propileo

Propylen *n Chem* ↑ ***Propen***

Propylenglycol *n Chem* propilenglikolo

Propylit *m Geol, Min (bereits metamorphisch veränderter Andesit [eine dunkle Art des Andesits])* propilito

Prorektor *m* ↑ *unter* ***Rektor***

Prosa *f freie, ungebundene, nicht durch Reim, Rhythmik u. Vers gebundene Form der Sprache* prozo; ~**dichtung** *f Lit* lirika prozo

prosaisch 1. *Adj in Prosa abgefasst* proza *auch übertr für «[allzu] nüchtern»* **2.** *Adv* proze

Prosaist *od* **Prosaschriftsteller** *m* prozisto *od* proza verkisto, verkisto en prozo

Prosa|stil *m Lit* proza stilo; ~**stück** *n Lit* prozaĵo, peco verkita en prozo

Prosekretkörnchen *n Anat* ↑ ***Zymogenkörnchen***

Prosektor *m Pathologe, der Sektionen an Leichen vornimmt bzw. diese überwacht* prosektoro

Proselyt *m* ***a)*** *i.e.S. zum Judentum Übergetretener (ursprünglich: Heide, der durch Beschneidung Jude wurde)* prozelito ◇ ~ ***des Tores*** *Proselyt ohne Beschneidung* prozelito de la pordo ***b)*** *i.w.S. ein zu einer anderen Konfession, Richtung od anderen Partei Übergetretener* prozelito; *Neubekehrter* ĵuskonvertito

Proselytenmacherei *f pej für «aufdringliche Werbung für einen Glauben od eine Anschauung»* prozelitismo

Proselytin *f* prozelitino

Proseminar *n, auch* ***Seminar n für Studienanfänger*** *Univ* [sciencmetoda] seminario por studentoj de la unua semestro

Proserpina (*f*) *Myth* ↑ ***Persephone***

prosit!, *umg auch* ***prost!*** *beim Trinken* sanon!; ~ ***Neujahr!*** sanon en la nova jaro!

Proskription *f Ächtung [politischer Gegner]* proskripcio *od* proskribo *(beide: Zam)*

Prosodem *n Ling* ↑ *unter* ***Phonem***

Prosodie *f, auch* ***Prosodik*** *f antike Metrik, Ling (Lehre von der Metrik u. der Rhythmik der Sprache)* prozodio (↑ *auch* ***Verslehre***)

prosodisch *Adj* prozodia

Prosopografie *f, auch* ***Prosopographie*** *f hist. Hilfswissenschaft, die sich mit den Biografien einzelner Personen u. der Geschichte von Personengruppen befasst [bes. von Personen der Antike u. Spätantike]* prozopografio

Prosopoplegie *f, auch* ***periphere Fazialislähmung*** *od* ***Gesichtslähmung*** *f Med* prozopoplegio

Prosopopöie *f Rhetorik (1. Personifizierung lebloser Dinge 2. Einführung einer abwesenden Person)* prozopopeo

Prosopospasmus *m, auch* ***Gesichts[muskel]- od Fazialiskrampf*** *m Med* prozopospasmo

Prospekt *m* ***a)*** *<österr> auch n Werbeschrift* prospekto [kun ilustraĵoj] (***über*** pri) *auch Waren*~ *u.Ä.* (↑ *auch* ***Faltprospekt***) ***b)*** *Bühnenhintergrund* fono de scenejo ***c)*** *Ansicht, bes. von Gebäuden, Straßen u.a.* vidaĵo

Prospektion *f Geol (Erkundung nutzbarer Bodenschätze)* prospektorado

Prospektionsseismik *f* prospektorada sismologio

Prospektor *m Bergb, Geol* prospektoro (↑ *auch* ***Schürfer***)

prosperieren *intr gedeihen, vorankommen* prosperi *auch ein Unternehmen* (*vgl. dazu* ***gedeihen*** *u.* ***glücken***); ***eine ~de Stadt*** prospera urbo; ***ein ~des Unternehmen*** *Wirtsch* prospera entrepreno

Prosperität *f geh für «das Gedeihen»* prosper[ad]o (↑ ***Wohlergehen*** *u.* ***Wohlstand***)

prost! ↑ ***prosit!***

Prostaglandin *n* (*fachsprachl. Abk* ***PG***) *Biochemie, Pharm (hormonähnlicher Stoff mit gefäßerweiternder u. die Wehen auslösender Wirkung)* prostaglandino

Prostata *f, auch* ***Vorsteherdrüse*** *f Anat* prostato; ***Entzündung*** *f* ***der*** ~ ↑ ***Prostatitis***; ***operative Entfernung*** *f* ***der*** ~, *Fachspr* ***Prostatektomie*** *Chir* prostatektomio

Prostatahypertrophie *f Med* ↑ ***Prostatavergrößerung***

Prostata|karzinom *n od* ~**krebs** *m auch* ***Vorsteherdrüsenkrebs*** *m Med* prostata karcinomo *od* prostata kancero; ~**massage** *f*

Med prostata masaĝo; ~**phlegmone** *f Med* prostata flegmono

prostataspezifisch *Adj*: ~***es Antigen*** *n* (*fachsprachl. Abk* ***PSA***) prostatospecifa antigeno

Prostatavergrößerung *f*, *Fachspr* ***Prostatahypertrophie*** *f Med* hipertrofio de la prostato

Prostatektomie *f Chir* ↑ *unter* ***Prostata***

Prostatitis *f* (*fachsprachl. für* ***Entzündung f der Prostata***) prostatito, inflamo de la prostato

Prosthese *od* **Prosthesis** *f Ling (Vorsetzen eines Buchstabens od einer Silbe vor ein Wort)* prostezo

prosthetisch *Adj Chem* prosteta; ~***e Gruppe*** *f* prosteta grupo

prostituieren *tr sex* prostitui; ***sich*** ~ *sich gewerbsmäßig hingeben* sin prostitui

Prostituierte *f*, *alt* ***Freudenmädchen*** *n* prostituitino, *auch* putino, *umg* ĉiesulino; *Straßenmädchen* stratulino, *[milder ausgedrückt:]* stratfraŭlino (*vgl. dazu* ***Dirne***, ***Hure*** *u.* ***Nutte***); ~, ***die in einem Bordell arbeitet*** prostituitino en bordelo, bordelanino

Prostitution *f* prostituado, *Zam auch* prostitucio (*vgl. dazu* ***Straßenstrich***; ↑ *auch* ***Kinder-*** *u.* ***Zwangsprostitution***); ***Ort*** *m* ***der*** ~ prostituejo (↑ *auch* ***Bordell***, ***Freudenhaus*** *u.* ***[2]Puff***)

Prostration *f Med ([hochgradige] Entkräftung, bes. bei schweren Formen akuter Erkrankungen)* prostracio

Proszenium *n Theat (1. [in der Antike:] im Theater vor dem Bühnengebäude (Skene) gelegene Spielfläche, die podiumartig erhöht und durch Stufen mit der Orchestra verbunden war 2. Teil der Bühne zw. Vorhang u. Orchester)* proscenio, *auch* antaŭscenejo

Protactinium *n*, *auch* ***Protaktinium*** *n* (*Symbol* ***Pa***) *Chem (ein radioaktives Element [Metall])* protaktinio

Protagonist *m bes. Film, Lit u. Theat* protagonisto, ĉefrolulo *i.w.S. auch für «zentrale Gestalt» bzw. «Verfechter [einer Idee]»* (*vgl. dazu* ***Hauptdarsteller*** *u.* ***Romanheld***)

Protagoras (*m*) *Eig (griech. Philosoph [480 -410 v. Chr.])* Protagoro

Protaktinium *n Chem* ↑ ***Protactinium***

Protamin *n Biochemie* protamino *Heparinantagonist*

Protea *f* (Protea) *Bot (eine südafrikanische Gattung der Silberbaumgewächse)* proteo

Protease *f Biochemie (ein Enzym, das Proteine od Peptide spaltet)* proteazo

Protegé [...ˈʒeː] *m* protektato *bzw.* protektito, favorato (*vgl. dazu* ***Günstling***)

protegieren *beschützen* protekti; *fördern* sponsori; *begünstigen* favori (***jmdn.*** iun)

Proteid *n Biochemie (zusammengesetzter Eiweißkörper)* proteido (↑ *auch* ***Glyko-*** *u.* ***Mukoproteid***)

Protein *n Biochemie (einfacher Eiweißkörper)* proteino (*vgl. dazu* ***Eiweiß*** *u.* ***Myoglobin***; ↑ *auch* ***Bakterien-***, ***Enzym-***, ***Gerüst-***, ***Glyko-***, ***Insekten-***, ***Lipo-***, ***Mais-***, ***Plasma-***, ***Schutz-*** *u.* ***Xanthoprotein***); ***fibrilläres*** ~ ↑ ***Strukturprotein***; ***natürliches*** (***tierisches***) ~ natur[deven]a (animala) proteino

proteinartig *Adj* protein[simil]a

proteinarm *Adj*: ~***e Diät*** *f* dieto malriĉa je proteino

Proteinase *f Biochemie (ein Enzym [veraltete Bez für «Endopeptidase»])* proteinazo

Proteinbiosynthese *f* ↑ ***Proteinsynthese***

Proteingehalt *m* ↑ ***Eiweißgehalt***

proteinhaltig, *<österr>* ***proteinhältig*** *Adj* proteinhava

Protein|katabolismus *m*, *auch* ***Eiweißabbau[stoffwechsel]*** *m Biochemie* proteinkatabolo; ~**kette** *f* proteina ĉeno; ~**komplex** *m eine Zusammenlagerung mehrerer Proteine* proteinkompekso; ~**molekül** *n Chem* proteina molekulo; ~**quelle** *f* proteinfonto *od* fonto de proteino

proteinreich *Adj* riĉa je proteino *nachgest*

Proteinstoffwechsel *m* = ***Eiweißstoffwechsel***

Protein|struktur *f Biochemie* proteina strukturo; ~**synthese** *f*, *auch* ***Proteinbiosynthese*** *f od* ***Eiweißaufbau*** *m* proteinsintezo *od* proteina sintezo; ~**therapie** *f*, *auch* ***Eiweißbehandlung*** *f* proteinterapio

Proteinurie *f Eiweißausscheidung im Harn* proteinurio

Protektion *f* protekt[ad]o (*vgl. dazu* ***Förderung***, ***Fürsprache*** *u.* ***Schutz***)

Protektionismus *m Wirtsch (Schutz der einheimischen Produktion [durch Schutzzölle, Einfuhrverbote usw.] gegenüber ausländischer Konkurrenz)* protektismo

Protektionist *m* protektisto, adepto (*od* subtenanto) de protektismo

protektionistisch *Adj* protektisma

Protektor *m geh für «Beschützer»* protektanto (↑ *auch* ***Förderer*** *u.* ***Schirmherr***)

Protektorat *n Schutz, Schirm* protekt[ad]o; *sog. Schutzherrschaft* protektorato; ***unter dem ~ von*** (*od Gen*) ***...*** sub la protekto de ...

Proteohormon *n Biochemie* ↑ ***Peptidhormon***

Proteolyse *f Biochemie* ↑ ***Eiweißabbau***

proteolytisch *Adj Biochemie (Protein spaltend, Eiweiß abbauend, Eiweiß verdauend)* prote[in]oliza; *~es **Enzym** n* prote[in]oliza enzimo

Proteomik *f Biol, Zytologie* proteomiko

Proterozoikum *n* (*früher* ***Algonkium*** *genannt*) *Geol (jüngere Formation des Präkambriums)* proterozoiko, *früher* algonkio (↑ *auch* ***Stenium***)

Protest *m **a)*** protesto (***gegen*** kontraŭ) (*vgl. dazu* ***Einspruch*** *u.* ***Verwahrung***; ↑ *auch* ***Bürgerprotest***); ***scharfer*** (***stiller***) ~ akra (silenta) protesto; ***sich dem ~ anschließen*** aligi sian voĉon al la protesto ***b)*** *Fin (Wechsel*≗*)*: ~ ***mangels Annahme*** (***Zahlung***) protesto pro neakcepto (nepago)

Protestaktion *f* protestagado (*vgl. dazu* ***Protestdemonstration***)

Protestant *m Angehöriger der protestantischen Kirche* protestanto (*vgl. dazu* ***Lutheraner***)

protestantisch (*Abk* ***prot.***) *Adj* protestanta (↑ *auch* ***evangelisch***); ***die ≗e Kirche*** *als Glaubensgemeinschaft* la protestanta eklezio

Protestantismus *m Bez für Kirchen u. Geisteshaltungen, die sich dem historischen Ereignis der Reformation verdanken* protestantismo (↑ *auch* ***Neuprotestantismus***)

Protest|bewegung *f* protestmovado; ~**brief** *m* protestletero *od* protesta letero (***an*** *bzw.* ***nach*** al); ~**camp** *n* protestkampadejo; ~**demonstration** *f* protesta manifestacio

protestierbar *Adj Wechsel* protestebla

protestieren *intr **a)*** protesti (***bei jmdm.*** ĉe iu; ***gegen*** kontraŭ) ***b)*** *Fin*: ***einen Wechsel ~ lassen*** protestigi traton

Protestieren *n* protestado

Protestierende *m*, *salopp auch* ***Protestler*** *m* protestanto

Protest|kampagne *f* protestkampanjo; ~**kundgebung** *f* protestmanifestacio *od* protesta manifestacio; ~**marsch** *m* protestmarŝo; ~**meeting** *n* protestmitingo *od* protesta mitingo

Protestnote *f Dipl* noto de protesto; ***eine ~ überreichen*** transdoni noton de protesto

Protest|schrei *m* protest[o]krio; ~**schreiben** *n* protestletero (***an*** *bzw.* ***nach*** al); ~**streik** *m* proteststriko; ~**sturm** *m* ŝtormo (*od* tempesto) da protestoj; ~**versammlung** *f Pol* protestkunveno *od* protesta kunveno; ~**wechsel** *m Fin* protestotrato; ~**welle** *f* ondo da protestoj, *auch* protest-ondo

[1]**Proteus** (*m*) *griech. Myth (ein Meergreis, der die Bewohner des Meeres, bes. die Robben, weidet)* Proteo

[2]**Proteus** *m Astron (zweitgrößter Mond des Neptun)* Proteo

Prothese *f Med (künstliches Körperglied, orthopädischer Ersatz)* protezo (↑ *auch* ***Arm-***, ***Bein-***, ***Fuß-***, ***Hüft[gelenk]prothese*** *u.* ***Orthese***); *Zahn*≗ denta protezo, *pop auch (falsche Zähne)* falsa dentaro (*vgl. dazu* ***Gebiss a)***; ↑ *auch* ***Teil-*** *u.* ***Totalprothese***)

Prothetiker *m Hersteller von Prothesen* protezisto (*vgl. dazu* ***Orthopäde***)

prothetisch *Adj die Prothese betreffend bzw. auf ihr beruhend* proteza (*vgl. dazu* ***künstlich***)

Prothorax *m nur Fachspr Ent (das erste der drei Brustsegmente der Insekten [Vorderbrust])* pretorako

Prothrombin *n*, *auch* ***Thrombinogen*** *n Biochemie, Hämatologie (Vorstufe des Enzyms Thrombin)* protrombino *<ein in der Leber gebildetes Glykoproteid>*; ~**mangel** *m* manko de protrombino

proto... *internationales fachsprachl. Wortelement mit der Bed **a)*** «erst» ***b)*** «urtümlich» ***c)*** «einfach» (*Zus mit* ***proto...*** ↑ *im Alphabet*)

Protobiozönose *f Bez für Lebensgemeinschaften, die in der Frühzeit der Erde auftraten* protobiocenozo

Protobulgaren *m/Pl Angehörige von Turkstämmen, die im 2. Jh. aus Mittelasien nach Europa kamen u. anfangs die Gebiete zw. dem Kaspischen u. dem Schwarzen Meer besiedelten* protobulgaroj *Pl*

protobulgarisch *Adj*: ***~e Sprache*** *f zu den Turksprachen gehörende, nicht mehr existierende Sprache der Protobulgaren <mit ihr ist u.a. das Tschuwaschische verwandt>* protobulgara lingvo

Protogalaxie *f Astron (eine entstehende Galaxie)* protogalaksio

Protokoll *n* protokolo *auch Dipl (Zeremoniell bei Staatsfeierlichkeiten) u. EDV (die standardisierten Regeln u. Vereinbarungen für die Datenübertragung in u. zwischen*

Rechnernetzen u. zwischen Rechnern u. Peripheriegeräten) (↑ *auch* ***Geheim-***, ***Sitzungs-***, ***Sonder-***, ***Übergabe-*** *u.* ***Zusatzprotokoll***); *i.w.S. Bericht* [oficiala] raporto; ***außerhalb des ~s*** *bes. Dipl* ekster la protokolo; ***ein ~ zu etw. abfassen*** *od* ***etw. zu ~ nehmen*** fari protokolon pri io; ***etw. ins ~ aufnehmen*** [en]skribi ion en la protokolon; ***wir müssen ein ~ aufnehmen*** *z.B. auf der Polizeiwache* ni devas fari protokolon; ***ein ~ verlesen*** [laŭt]legi protokolon; etw. ***im ~ vermerken*** registri ion en la protokolo

Protokollabteilung *f Dipl, Parl* protokola sekcio

Protokollant *od* **Protokollführer** *m* protokolanto *bzw.* protokolisto (*vgl. dazu* ***Schriftführer***)

protokollarisch *Adj* protokola; *in Übereinstimmung mit dem Protokoll (bes. Dipl)* konforme al la protokolo

Protokoll|beamte *m Dipl* oficisto de protokola sekcio; ~**buch** *n* protokollibro; ~**chef** *m Dipl (Chef des Protokolls)* protokolestro

Protollführer *m* ↑ ***Protokollant***

protokollieren *tr u. abs*: ***etw. ~*** protokoli ion *od* fari protokolon pri io

Protokollieren *n od* **Protokollierung** *f* protokolado

Proton *n* (*Zeichen* ***p***) *Kernphysik (positiv geladenes Elementarteilchen)* protono (↑ *auch* ***Antiproton***)

Protonema *n nur Fachspr Bot (ein den Moosen u. farnartigen Pflanzen eigentümlicher fadenförmiger Vorkeim)* protonemo

Protonen|mikroskop *n Opt* protona mikroskopo; ~**synchrotron** *n Kernphysik* protona sinkrotrono

Protoorganismen *m/Pl Biol* protoorganismoj *Pl*

Protophyten *m/Pl Bot (einzellige Pflanzen)* protofitoj *Pl*

Proto|plankton *n Biol (pelagisch lebende Bakterien u. einzellige Organismen)* protoplanktono; ~**plasma** *n Biol (Grundsubstanz der Zelle)* protoplasmo

protoplasmatisch *Adj Biol (aus Protoplasma bestehend)* protoplasma

Protoporphyrin *n Biochemie (aus vier Pyrrolringen aufgebauter Farbstoff [eine Vorstufe des Hämoglobins])* protoporfirino

Protostern *m, auch* ***Urstern*** *m Astron (Vorstufe eines Sterns)* protostelo

prototroph *Adj Biol (Bez für Mikroorganismen, bei denen alle Enzyme, die für die Synthese von Körperbausteinen notwendig sind, in den Zellen vorhanden sind <sogen. Wildformen>)* prototrofa

Prototyp *m Urtyp* prototipo *auch Tech (vor dem Serienbau gefertigte Einzelkonstruktion)*; ~**form** *f* prototipa formo

Protozoen *n/Pl* (*Sg*: ***Protozoon***) *Biol ([einzellige] Urtierchen)* protozooj *Pl*; ***durch ~ bewirkt*** (*od* ***hervorgerufen***) kaŭzita de protozooj

Protozoeninfektion *f Med* protozoa infekto

Protozoenkrankheit *f Med* ↑ ***Protozoose***

protozoisch *Adj* protozoa

Protozoologie *f, auch* ***Lehre f von den Protozoen*** protozoologio

protozoologisch *Adj* protozoologia

Protozoose *f, auch* ***Protozoenkrankheit*** *f Med, bes. Tropenmedizin (durch Protozoen hervorgerufene Krankheit)* protozoozo, malsano kaŭzita de protozooj

Protuberanz *f* ***a)*** *Astron* protuberanco (↑ *auch* ***Sonnenprotuberanz***) ***b)*** *auch* ***Auswuchs*** *od* ***Höcker*** *m Anat (Vorsprung an Organen, bes. an Knochen)* protuberanco; ***Protuberantia occipitalis*** okcipita protuberanco

Protz *m umg für «Angeber» od «Prahler»* fanfaronulo

protzen *intr angeben, prahlen* fanfaroni (↑ *auch* ***sich brüsten*** *u.* ***umherstolzieren***); *sich aufblasen* sin plenblovi, brustoŝveli; *großsprecherisch reden* fanfarone paroli

protzig *Adj* ***a)*** *prahlerisch* fanfarona ***b)*** *den Reichtum herausstellend*: ***ein ~es Haus*** pompa novriĉula domo

Proudhon (*m*) *Eig (franz. Ökonom u- Soziologe [1809-1865])* Prudono

Proudhonismus *m eine sozialpolitische Strömung* prudonismo *<der Proudhonismus hat maßgeblich den Anarchismus mitgeprägt>*

Proust [*pru:st*] (*m*) *Eig (franz. Schriftsteller [1871-1922])* Prusto

Prov. = *Abk für* ***Provinz***

Provence [*pro'vã:ns*] *f eine Landschaft u. historische Provinz in SO-Frankreich* Provenco; ~**grasmücke** *f* (Sylvia undata) *Orn* purpura silvio

Provence[r]öl *n Nahr (ein Olivenöl südfranzösischer Herkunft)* provenca [oliv]oleo *<ein bei geringem Druck kalt gepresstes Olivenöl>*

Provenienz *f Herkunft* deveno; *Ursprung* origino

Provenzale *m Bewohner der Provence (Südostfrankreich)* provencano

provenzalisch *Adj* provenca (↑ *auch* ***okzitanisch***); *≗**e Alpen** Pl, franz.* ***Alpes des Provence*** *südwestlichster Teil der Alpen* Provencaj Alpoj *Pl*

Provenzalisch[e] *n, auch* ***Langue d'oc*** *Ling (Bez für die in der Provence gesprochenen Dialekte des Okzitanischen)* la provenca [lingvo] (*vgl. dazu* ***Okzitanisch***)

proverbialisch *od* **proverbiell** ↑ ***sprichwörtlich***

Proviant *m bes. Mil* provianto (↑ *auch* ***Mundvorrat***, ***Verpflegung***, ***Vorrat*** *u.* ***Wegzehrung***); ***mit ~ versorgen*** provizi per provianto

Proviantraum *m* proviantejo *auch auf Schiffen*

proviantieren *alt* = ***verproviantieren***

Providence (*n*) *Hptst. u. wichtigster Hafen des US-Bundesstaates Rhode Island* Providenco

Provider *m EDV* ↑ ***Anbieter***

Provinz *f* (*Abk* ***Prov.***) *1. als Verwaltungseinheit 2. als Ggs zur Hauptstadt (auch pej)* provinco (↑ *auch* ***Nachbarprovinz***); ***Bewohner der ~*** loĝanto en provinco, provincano (*vgl. dazu* ***Provinzler***)

Provinz|gans *f pej für eine weibl. Person vom Lande* provinca ansero *(Zam)*; *~***hauptstadt** *f* provinca ĉefurbo

Provinzial *m kath. Kirche (Ordens≗ [Ordensvorgesetzter der Klöster einer Provinz])* provincialo, provincestro de ordeno

Provinzialismus *m* ***a)*** *kleinstädtische Lebensart* provincismo *auch pej* ***b)*** *Ling (regional gebundene Spracheigentümlichkeit [z.B. «Topfen» für «Quark»])* provincismo, *auch* provincialismo

Provinzialregierung *f* provinca registaro

provinziell *Adj 1. die Provinz betreffend 2. übertr (häufig pej): kleinstädtisch, provinzlerisch* provinca (*vgl. dazu* ***zurückgeblieben***)

Provinzler *m pej* [naiva] provincano

Provinz|stadt *f* provinca urbo; *~***zeitung** *f, auch* ***Provinzblatt*** *n* provinca gazeto

Provirus *n Bakt, Genetik (in das Genom der Wirtszelle integriertes Virusgenom bzw. dessen DNA-Kopie)* proviruso, enkromosoma viruso

Provision *f Vermittlungsgebühr, Vergütung [für Geschäftsbesorgung]* provizio, *auch* komisipago; *Makler≗* makleraĵo, *(bei Börsengeschäften)* kurtaĝo (↑ *auch* ***Akzept-*** *u.* ***Delkredereprovision***)

provisorisch *vorläufig, behelfsmäßig* **1.** *Adj* provizora; *~**e Regierung** f* provizora registaro **2.** *Adv* provizore (*vgl. dazu* ***probeweise***)

Provisorium *n Notbehelf* provizoraĵo; *vorläufiger Zustand* provizora stato

Provitamin *n Biochemie (Vorstufe einer Substanz mit Vitamincharakter, die im Organismus in die biologisch wirksame Form umgewandelt werden kann)* previtamino

provokant 1. *Adj* provok[ant]a, *(Person)* provokema **2.** *Adv* provoke

Provokateur *m* provokanto *bzw.* provokisto (*vgl. dazu* ***Hetzer*** *u.* ***Unruhestifter***)

Provokation *f* provok[ad]o (*vgl. dazu* ***Herausforderung***)

provokativ *od* **provokatorisch** *Adj herausfordernd* provoka, *auch* provokanta

Provolone *m ein ital. Hartkäse* provolono

Provost *m 1. Gesch (oberster Leiter, Vorsteher [in königlichen Diensten]) 2. Mil ehem (Offizier der Militärpolizei u. zugleich Feldrichter)* provosto

provozieren *tr* provoki (***jmdn. zu etw.*** iun al io); *reizen* inciti (*vgl. dazu* ***herausfordern***); ***einen Krieg ~*** provoki militon

provozierend *Adj* provok[ant]a

prowestlich *Adj* por-okcidenta

Prozedur *f übliches od systematisches Vorgehen* proceduro *auch Parl* (*vgl. dazu* ***Prozess a)*** *u.* ***Verfahren***); *allg (Weise)* maniero

Prozent *n* (*Abk* ***p.c.***; *Zeichen %*) procento; ***drei ~ der Studenten*** tri procentoj el la studentoj; ***zu drei ~*** por tri procentoj; ***um fünf ~ reduzieren*** redukti je kvin procentoj

...prozentig *in Zus* ...-procenta (*vgl. dazu* ***dreiprozentig***)

Prozent|punkt *m Bankw, Börse* procenta punkto; *~***satz** *m* procentaĵo

prozentual, *<österr>* ***prozentuell*** *in Prozenten ausgedrückt, im Verhältnis zum Hundert* **1.** *Adj* procenta **2.** *Adv* laŭprocente

Prozentzeichen *n* (*Zeichen %*) procent[o] signo

Prozess *m* ***a)*** *Vorgang, Vorgehen, Verfahren* procedo (*vgl. dazu* ***Prozedur***; ↑ *auch* ***Entspannungs-***, ***Industrialisierungs- Normalisierungs-*** *u.* ***Privatisierungsprozess***); ***demokratischer*** (***geschichtlicher***, ***revolutio-***

närer, schöpferischer) ~ demokratia (historia, revolucia, kre[iv]a) procedo; ***den ~ beschleunigen*** akceli la procedon; ***das ist ein langer historischer ~*** tio estas longa historia procedo ***b)*** *[natürlicher] Ablauf von Ereignissen, Fortgang* proceso (↑ *auch* ***Anpassungs-***, ***Auflösungs-***, ***Entscheidungs-***, ***Entzündungs-***, ***Innovations-*** *u.* ***Reifeprozess***) ***c)*** *Chem, Jur (gerichtliches Verfahren, Rechtsstreit), Phys u. Tech* proceso (↑ *auch* ***Schauprozess***); ***einen ~ gegen jmdn. anstrengen*** *Jur* iniciati proceson kontraŭ iu *od* ekprocesi kontraŭ iu; ***den ~ gewinnen*** (***verlieren***) *Jur* gajni (perdi) sian proceson ◇ ***kurzen ~ machen*** ne fari longajn ceremoniojn *od* agi senceremonie

Prozess|akten *f/Pl Jur* procesaj aktoj *Pl*; ~**beobachter** *m Jur* observanto de jurproceso(j); ~**führende** *m Jur* procesanto

prozessieren *intr Jur* procesi (***gegen jmdn.*** kontraŭ iu; ***um etw.*** pri io)

Prozessieren *n Jur* procesado

Prozession *f bes. kath. Kirche* procesio (↑ *auch* ***Fronleichnamsprozession*** *u.* ***Umzug***); ***religiöse ~*** religia procesio

prozessionsartig *Adv* procesie; *wie in einer Prozession* kiel en procesio *nachgest*

Prozessionskreuz *n*, *auch* ***Tragkreuz*** *n Kirche* procesia kruco

Prozessionsspinner *m Ent* procesio-papilio (↑ *auch* ***Eichen-*** *u.* ***Kiefernprozessionsspinner***); ***[Familie der] ~*** *Pl* (Thaumetopoeidae) taŭmetopeedoj *Pl*

Prozess|kosten *Pl Jur* proceskostoj *Pl*; ~**lawine** *f wachsende Anzahl von Prozessen, die einen bestimmten Sachverhalt betreffen* lavango da procesoj

Prozessor *m EDV* procesoro (↑ *auch* ***Mikroprozessor*** *u.* ***Zentraleinheit***)

Prozess|partei *f Jur (einer der beiden prozessierenden Parteien)* procespartio; ~**recht** *n Jur* procedura juro

prozesssüchtig *Adj (Person)* procesema

prozessual[isch] *Adj* procesa

prüde 1. *Adj übertrieben schamhaft (bes. in sexuellen Dingen)* pruda (*vgl. dazu* ***geziert***, ***spröde*** *u.* ***zimperlich***); ~***e Frau*** *f* prudulino, *fam auch* netuŝumino (↑ *auch* ***Zimperliese***); ***alles andere als ~*** *auch sex* absolute ne pruda, *auch* malpruda **2.** *Adv* prude

Prüderie *f* prudeco (↑ *auch* ***Zimperlichkeit***)

Prud'hon (*m*) *Eig (französischer Maler u. Zeichner [1758-1823])* Prudono

prüfen *tr z.B. einen Schüler od Studenten* ekzameni; *testen* testi; *untersuchen* esplori; *kontrollieren* kontroli; *ausprobieren, erproben* [el]provi; *inspizieren* inspekti; *prüfend durchsehen* revizii (*vgl. dazu* ***verifizieren***)

prüfend *Adj*: ***ein ~er Blick*** ekzamena rigardo

Prüfer *m* ekzamenanto *auch im Examen* (↑ *auch* ***Examinator***); *Tester* testanto; *jmd., der etw. untersucht* esploranto (↑ *auch* ***Bilanz-***, ***Finanzprüfer***, ***Kontrolleur***, ***Korrektor*** *u.* ***Revisor***)

Prüf|gerät *n Tech* instrumento (*od* ilo) por kontrolo (↑ *auch* ***Testgerät***); ~**lampe** *f El* testlampo

Prüfling *m* ekzamenato

Prüfstand *m Testgerät* instrumento por testado (*od* por testi ion) ◇ ***auf den ~ stellen*** *nochmals überprüfen* ankoraŭfoje ekzameni (*od* testi; *neu definieren* nove difini; *revidieren* revizii

Prüf|stein *m übertr* provilo (↑ *auch* ***Kriterium***); ~**stück** *n Probe[objekt]* provaĵo

Prüfung *f Schule, Univ* ekzameno (*vgl. dazu* ***Examen*** *u.* ***Untersuchung***; ↑ *auch* ***Doktor-***, ***Eignungs-***, ***Fahr-***, ***Meister-***, ***Reife-*** *u.* ***Sprachprüfung***); *Testen* testado; *Überprüfung, Nachforschung* esplor[ad]o; *Kontrolle* kontrol[ad]o; *Ausprobieren* [el]prov[ad]o (*vgl. dazu* ***Versuch***); *Inspektion* inspekt[ad]o; *Revision* revizio; *das Geprüftwerden* ekzameniĝo; ***mündliche*** (***schriftliche***) ~ buŝa (skriba) ekzameno; ***theoretische ~*** *z.B. zum Erwerb des Führerscheins* teoria ekzameno; ***eine ~ ablegen*** (*od umg* ***machen***) trapasi ekzamenon; ***eine ~ bestehen*** sukcese trapasi ekzamenon *od* sukcesi en ekzameno; ***bei*** (*od* ***in***) ***einer ~ durchfallen*** *od* ***durch eine ~ fallen*** fiaski en ekzameno; ***sich einer ~ unterziehen*** sin submeti al ekzameno, *umg* ekzameniĝi

Prüfungs|angst *f* ekzamenotimo; ~**aufgabe** *f* ekzamena tasko; ~**ausschuss** *m od* ~**kommission** *f* ekzamena komisiono; ~**ergebnis** *n* ekzamena rezulto; *Untersuchungsergebnis* rezulto de la esploroj; ~**fach** *n* ekzamena fako; ~**frage** *f* ekzamena demando; ~**gebühr(en)** *f/(Pl)* kotizo por la ekzameno; ~**kommisar** *m* komisaro de ekzamenoj

Prüfungskommission *f* ↑ ***Prüfungsausschuss***

Prüfungs|system *n* ekzamena sistemo; ~**tag** *m* ekzamena tago; ~**teilnehmer** *m* partoprenanto en ekzameno; ~**vorbereitung(en)** *f/(Pl)* sinprepar[ad]o por [la] ekzameno; ~**vorschriften** *f/Pl* ekzamena regularo; ~**zeit** *f* ekzamena tempo; *Dauer einer Prüfung* daŭro de ekzameno; ~**zeugnis** *n* ekzamena atesto (*vgl. dazu* ***Diplom***)

Prüf|verfahren *n Tech* testmetodo *od* metodo de testado; ~**zeichen** *n* kontrolsigno; ~**ziffer** *f* kontrolkodo

[1]**Prügel** *m Stock zum Schlagen* bastono [por bati]; *Knüppel* bastonego; *Keule* klabo

[2]**Prügel** *Pl Schläge* batoj *Pl*; *Stockschläge* bastonbatoj *Pl*; ***eine Tracht*** ~ plendorso da batoj; ***eine tüchtige Tracht*** ~ ***beziehen*** ricevi plendorson (*od* bonan porcion) da batoj

Prügelei *f* interbatiĝo

Prügelknabe *m* propeka kapro

prügeln *tr* bat[eg]i (*vgl. dazu* ***dreschen*** *u.* ***hauen***); ***sich*** ~ interbatiĝi

Prügelstrafe *f* = ***Körperstrafe***

Prunk *m* pompo (*vgl. dazu* ***Pracht***); *eitler Prunk, Gepränge* parado; *Luxus* lukso

Prunkbohne *f Bot* ↑ ***Feuerbohne***

prunken *intr* pompi; *[parademäßig] daherstolzieren* paradi

prunkhaft *od* **prunkvoll** *Adj* pompa; *luxuriös* luksa (↑ *auch* ***feierlich***, ***pompös*** *u.* ***weihevoll***)

Prunkheck *n z.B. eines historischen Schiffstyps* ornama pobo

Prunksarg *m*: ***steinerner*** ~ *meist mit Skulpturen od Inschriften* sarkofago (↑ *auch* ***Sarkophag*** *u.* ***Steinsarg***)

prunkvoll ↑ ***prunkhaft***

Prunkwinde *f*, *auch* ***Strahlenwinde*** *f* (*Gattung* Ipomea) *Bot* ipomeo (*vgl. dazu* ***Batate*** *u.* ***Jalape***)

pruriginös *Adj bes. Med für «[stark] juckend»* pruriga

Prurigo *f nur Fachspr Med (Bez für eine ätiologisch u. morphologisch uneinheitliche Gruppe von Hauterkrankungen)* prurigo

Pruritus *m Med* ↑ ***Hautjucken***

Pruth *m ein linker Nebenfluss der Donau [Rumänien/Moldova]* [rivero] Pruto

Prypjat (*m*) ↑ ***Pripjat***

Przewalski-Wildpferd *n* (Equus przewalskii) *Zool (ein asiatisches Urwildpferd [eine der Stammformen des Hauspferdes])* prĵevalska ĉevalo *od* prĵevalski-ĉevalo *<1879 als Wildform in der Mongolei entdeckt>*

Ps = *Abk für* ***Paisa***

PS = *Abk für* ***1. Pferdestärke 2. Postskriptum***

PSA = *fachsprachl. Abk für* ***prostataspezifisches Antigen***

Psalm *m geistliches Lied [aus dem Psalter]* psalmo; ***das Buch der*** ~***en*** *bibl* la Psalmaro

Psalmengesang *m* ↑ ***Psalmodie***

Psalmist *m*, *auch* ***Psalmendichter*** *m* psalmisto

Psalmodie *f*, *auch* ***Psalmengesang*** *m rezitierender Kirchengesang* ĉanto, *auch* parolkanto *od* mezepoka preĝeja kanto

[1]**Psalter** *m*, *auch* ***Psalmensammlung*** *f bes. die im Alten Testament* psalmaro

[2]**Psalter** *m od* **Psalterium** *n Mus (ein mittelalterliches Zupfinstrument)* psalterio

Psammetich (*m*) *Eig (Name altägyptischer Könige)* Psametiko

Psammite *m/Pl nur Fachspr Geol (mittelklastische Sedimente mit Korndurchmesser von 0,02 bis 2 mm)* psamitoj *Pl*

PSchA = *Abk für* ***Postscheckamt***

pscht! *Interj* ↑ ***pst!***

Psephite *m/Pl Geol (grobklastische Sedimente mit Korndurchmesser über 2 mm)* psefitoj *Pl*

Pseudarthrose *f Med (Gelenkneubildung an falscher Stelle [nach Frakturen])* pseŭdoartrozo

pseudo... *bzw.* **Pseudo...**, *[vor Vokalen] auch* **pseud...** *bzw.* **Pseud...** *Wortelement in meist fachsprachlichem Zus mit der Bed* «Schein»

Pseudo|adiabate *f Met, Phys* pseŭdoadiabato (*vgl. dazu* ***Adiabate***); ~**allele** *n/Pl Genetik* pseŭdoaleloj *Pl*; ~**coelomata** *Pl Zool (Tiere mit Pseudocoel [z.B. die Schlauchwürmer])* pseŭdocelomuloj *Pl* (*vgl. dazu* ***Acoelomata***); ~**demenz** *f Med (vorgetäuschter Schwachsinn)* pseŭdodemenco; ~**effekt** *m Scheinwirkung nach außen hin* pseŭdoefekto

Pseudoetymologie *f Ling* ↑ ***Volksetymologie***

Pseudo|halogene *n/Pl Naturw (Verbindungen, die in ihren chem. u. physikal. Eigenschaften den Halogenen ähneln)* pseŭdohalogenoj *Pl*; ~**hermaphroditismus** *m*, *auch* ***Scheinzwitterbildung*** *f Biol (Zwitterbildung der äußeren Geschlechtsteile bei normalen Keimdrüsen <die äußeren Geschlechtsorgane eines männlichen Tieres können unvollkommen ausgebildet sein u. denen eines Weibchens od die weiblichen denen eines Männchens ähneln>)* pseŭdohermafroditeco; ~**ikterus** *m Med* pseŭdoiktero

pseudoklassisch *Adj* pseŭdoklasika

Pseudo|krise *f Med (vorübergehend rascher Fieberanfall)* pseŭdokrizo; ~**kristall** *n kristallähnliches Gebilde* pseŭdokristalo

pseudoliberal *Adj nur zum Schein liberal [gesinnt bzw. handelnd]* pseŭdoliberala

Pseudomorphose *f Min (Mineralgebilde, das äußerlich eine ihm fremde Kristallform zeigt [z.B. durch Überkrusten anderer Mineralien])* pseŭdomorfozo

pseudonym *Adj unter einem Decknamen verfasst (bzw. erschienen)* pseŭdonima

Pseudonym *n angenommener Name, Deckname* pseŭdonimo, *auch* pseŭdonomo, *(eines Autors) auch* plumnomo

Pseudo|parasiten *m/Pl, auch **unechte Parasiten** m/Pl Organismen, die versehentlich in andere Lebewesen geraten u. von diesen dann wie Parasiten ihre Nahrung beziehen* pseŭdoparazitoj *Pl*; ~**parasitismus** *m Med* pseŭdoparazitismo; ~**parenchym** *n Bot, Mykologie (Gewebetyp, der aus kugeligen od fast kugeligen Zellen besteht)* pseŭdoparenkimo

Pseudopodium *n Biol* ↑ ***Scheinfüßchen***

Pseudo|rabies *od* **Pseudowut** *f, auch **Tollkrätze** f Vet (Viruserkrankung vieler Haustiere <Hunde, Katzen, Rinder, Pferde, Schafe, Ziegen u. Schweine> mit geringer Pathogenität für den Menschen* pseŭdorabio

Pseudo|rheumatismus *m Med* pseŭdoreŭmatismo; ~**suffix** *n Ling (suffixähnliche Stammendung)* pseŭdosufikso; ~**tumor** *m, auch **falscher Tumor** Med (sogenannter Scheintumor [z.B. Retentionszyste])* pseŭdotumoro; ~**wissenschaft** *f* pseŭdoscienco

pseudowissenschaftlich 1. *Adj* pseŭdoscienca **2.** *Adv* pseŭdoscience

Pseudowut *f Vet* ↑ ***Pseudorabies***

PSF = *Abk für **Postschließfach***

Psidium *n Bot (eine Gattung aus der Familie der Myrtengewächse)* psidio

Psittakose *f Med* ↑ ***Papageienkrankheit***

Pskow *(n), dt.* ***Pleskau*** *(n) eine Stadt in Russland [südlich des Peipussees]* Pskovo

Psoralene *n/Pl Biochemie (in einigen Pflanzen vorkommende photosensibilisierende Furanocumarine)* psoralenoj *Pl <zur Behandlung von Dermatosen verwendet>*

Psoriasis *f Med* ↑ ***Schuppenflechte***

PSR = *fachsprachl. Abk für **Patellar[sehnen]reflex***

PSS = *fachsprachl. Abk für **progressive systemische Sklerose***

pst!, *auch* ***pscht!*** *Interj (Aufruf zum Stillsein)* ŝŝ! *od* ts!, *auch* ĉit!; *Ruhe!* silentu! *od* silenton!

Psychanalyse *f* = ***Psychoanalyse***

Psychasthenie *f Neurologie* psikastenio

[1]**Psyche** *(f) Myth (Geliebte des Eros [allegorische Verkörperung der Seele])* Psika

[2]**Psyche** *f* psiko (*vgl. dazu* ***Seele***); ***die menschliche*** ~ la homa psiko

psychedelisch, *auch* ***psychodelisch*** *Adj Med, Psych (Bez für einen Zustand mit veränderter sensorischer Wahrnehmung, meist verursacht durch die Einnahme von Halluzinogenen, bewusstseinserweiternd [durch Einnahme von Rauschmitteln, wie z.B. LSD])* psikedela; ~***e Kunst*** *f, auch engl.* ***Psychedelic Art*** *eine Richtung der modernen Kunst, die versucht, LSD-Visionen u. andere Drogenerfahrungen künstlerisch nachzugestalten* psikedela arto; ~***e Musik*** *f, meist engl.* ***Psychedelic Music*** *ein Überbegriff der Nusik, die sich mit psychedelischen Themen u. der Verwendung von Drogen beschäftigt* psikedela muziko (↑ *auch* ***Psychedelic Rock*** [↑ *unter* [2]***Rock***]

Psychedelismus *m Psych (eine Art Wachtraum)* psikedelismo

Psychiater *m* psikiatro

Psychiatrie *f* psikiatrio (↑ *auch* ***Pharmakopsychiatrie***)

psychiatrisch *Adj* psikiatria; ~***e Abteilung*** *f einer Klinik* psikiatria sekcio; ~***es Krankenhaus*** *n* psikiatria hospitalo (*od* malsanulejo); ~***e Klinik*** *f* psikiatria kliniko

psychisch 1. *Adj seelisch* psika; ~***er Defekt*** (***Druck***) *m* psika difekto (premo); ~***e Störung*** *f* psika perturbo; ***durch*** ~***e Faktoren hervorgerufen*** kaŭzita de psikaj faktoroj; ~***e Wunden hinterlassen*** postlasi psikajn vundojn **2.** *Adv* psike; ~ ***krank sein*** esti psike malsana

psychoaktiv, *<wiss> auch* ***psychotrop*** *Adj auf die Psyche einwirkend od psychische Prozesse beeinflussend* psikoaktiva, psikotropa

Psycho|analyse *f Verfahren zur Untersuchung unbewusster seelischer Vorgänge* psikoanalizo; ~**analytiker** *m* psikoanalizisto, specialisto pri psikoanalizo

psychoanalytisch *Adj* psikoanaliza

Psychochirurgie *f Med (operative Therapie-*

methode am Hirn zur Behandlung schwerer psychischer Störungen) psikokirurgio

psychodelisch ↑ ***psychedelisch***

Psychodrama *n szenische Darstellung persönlicher Konflikte und sozialer Rollen mit Deutung und Verarbeitung durch Spieler u. Beobachter* psikodramo

psychogen *Adj, auch* ***seelisch bedingt*** psikogena, psike kaŭzita; ~***e Störungen*** *f/Pl Med* psikogenaj perturboj *Pl*

Psycho|hygiene *f Pflege der seelischen und geistigen Gesundheit, vor allem Vermeidung von Überlastung u. Fehlentwicklungen sowie Stärkung der Persönlichkeit* psikohigieno; ~**kinese** *f Parapsychologie (physikalisch nicht erklärbare, unmittelbare Einwirkung eines Menschen auf die Körperwelt [z.B. das Bewegen eines Gegenstands, ohne ihn zu berühren]);* ~**kybernetik** *f* psikokibernetiko; ~**linguist** *m* psikolingviato; ~**linguistik** *f Wissenschaftszweig der Linguistik mit den Gegenstandsbereichen Sprachverstehen, Sprache und Denken, Spracherwerb, Sprachstörungen u.a.* psikolingvistiko

psycholinguistisch *Adj* psikolingvistika

Psychologe *m* psikologo

Psychologie *f* psikologio (↑ *auch* ***Geo-***, ***Individual-***, ***Kommunikations-***, ***Lern-***, ***Pharmako-***, ***Sozial-***, ***Tiefen-*** *u.* ***Tierpsychologie***); ***evolutionäre*** ~ *od* ***Evolutionspsychologie*** *ein Forschungszweig, der Erleben und Verhalten des Menschen mit Erkenntnissen über die Evolution erklärt* evolua psikologio; ***klinische*** (***kognitive***, ***medizinische***) ~ klinika (kogna, medicina) psikologio

Psychologin *f* psikologino

psychologisch 1. *Adj* psikologia; ~***er Aspekt*** *m* psikologia aspekto; ~***e Kriegführung*** *f* psikologia milito **2.** *Adv* psikologie

Psychometrie *f 1. Psych (Messung der Zeitdauer psychischer Abläufe) 2. Parapsychologie (Herstellung eines außersinnlichen Kontaktes zu Personen od Situationen mittels eines Gegenstandes)* psikometrio

psychometrisch 1. *Adj* psikometria **2.** *Adv* psikometrie

Psycho|monismus *m Phil (philosophische Lehre, die besagt, dass alle Wirklichkeit psychischer Natur sei)* psikomonismo; ~**neurose** *f Med, Psych (nach S. Freud zusammenfassende Bez. für die Formen der Neurose, die aus der unvollständigen Verdrängung von Triebimpulsen des Es durch das Ich entstehen)* psikoneŭrozo; ~**pädagogik** *f* psikopedagogio

Psychopath *m Person mit [konstitutioneller] psychischer Abartigkeit* psikopato, *auch* psikopatiulo (↑ *auch* ***[1]Irre***)

Psychopathie *f [konstitutionelle] psychische Abartigkeit* psikopatio

psychopathisch *Adj* psikopatia

Psychopathologie *f Teilgebiet der Psychiatrie, das sich mit abnormen psychischen Erscheinungsformen befasst* psikopatologio

psychopathologisch *Adj* psikopatologia

Psycho|pharmakologie *f Med (Fachgebiet, das sich mit der Erforschung chemischer Substanzen befasst, die seelische Veränderungen bewirken)* psikofarmakologio; ~**physiologie** *f Disziplin der Psychologie, die die Beziehungen zw. psychischen u. physischen Prozessen untersucht* psikofiziologio

Psychose *f Med (Neurologie)* psikozo (↑ *auch* ***Degenerations-***, ***Depressions-***, ***Gefängnis-***, ***Kriegs-*** *u.* ***Wochenbettpsychose***); ***manisch-depressive*** (***postnatale***, ***posttraumatische***) ~ mania-deprimiĝa (postnaska, posttraŭmata) psikozo

Psychosomatik *f, auch* ***psychosomatische Medizin*** *f* psikosomata medicino

psycho|somatisch *Adj* psikosomata; ~**sozial** *Adj* psikosociala

Psycho|stimulanzien *n/Pl Pharmaka, die vor allem den Antrieb steigern u. psychisch anregend wirken* psikostimulantoj *Pl*; ~**syndrom** *n Med (psychische Störungen, die auf organische Schädigungen zurückzuführen sind)* psikosindromo; ~**technik** *f Anwendung der Psychologie in der Lebenspraxis* psikotekniko

psychotechnisch *Adj* psikoteknika

Psycho|terror *m* psikoteroro (↑ *auch* ***Mobbing***); ~**therapeut** *m die Psychotherapie anwendender Arzt od Psychologe* psikoterapiisto; ~**therapeutin** *f* psikoterapiistino

psychotherapeutisch 1. *Adj* psikoterapia; ~***e Behandlung*** *f* psikoterapia kuracado **2.** *Adv* psikoterapie

Psychotherapie *f [Kranken-] Behandlung mit psychischen Mitteln und gemäß psychologischer Methoden* psikoterapio

psychotisch *Adj* psikoza

Psycho|trauma *n* psikotraŭmato; ~**traumatologie** *f Lehre von den psychischen Traumafolgen* psikotraŭmatologio

psychotrop *Adj Med, Pharm (anregend od dämpfend auf die Psyche auswirkend [von Arzneimitteln])* psikotropa; *~e* ***Substanzen*** *f/Pl, auch* ***Psychotropika*** *Pl* psikotropaj substancoj *Pl, [als Drogen]* psikotropaj drogoj *Pl* (↑ *auch* ***Amphetamin***)

psychovegetativ *Adj Med*: *~e* ***Störung*** psikovegetativa malregulaĵo

Psychovitalismus *m*: *philosophische Lehre, die zur Erklärung des organischen Geschehens ein besonderes psychisches Prinzip annimmt* psikovitalismo

Psychrometer *n Met (Gerät zur Messung der Luftfeuchtigkeit mit zwei Thermometern)* psikrometro (*vgl. dazu* ***Hygrometer***)

pt = *Abk für* ***Pint***

Pta = *Abk für* ***Peseta***

Ptah *ohne Art*: *altägyptischer menschengestaltiger Gott, Hauptgott der Residenzstadt des Alten Reiches Memphis [Vater des Sonnengottes Re]* Ptaho

Pteranodon *m Paläontologie (ein Flugsaurier der Kreidezeit)* pteranodonto

Pterodactylus *m Paläontologie (eine fossile Flugechse)* pterodaktilo

Pterosaurus *m Paläontologie* = ***Flugsaurier***

Pterothorax *m nur Fachspr Ent (der Teil des Thorax, an dem die Flügel aufsitzen)* pterotorako

Pterygium *n, auch* ***Flügelfell*** *m* (Pterygium conjunctivae) *nur Fachspr Ophthalmologie (eine Bindehauthypertrophie)* pterigio

Ptolemäer *m Angehöriger eines makedonischen Herrschergeschlechts in Ägypten* ptolemeano (↑ *auch* ***Lagiden***)

ptolemäisch *Adj* ptolemea

Ptolemaios *od* **Ptolemäus** (*m*) *Eig* ***a)*** *ein altgriech. Astronom u. Geograf [lebte um 140 n. Chr. in Alexandria]* ***b)*** *Name mehrerer ägypt. Könige* Ptolemeo; *~* ***I.*** *Eig (einer der Diadochen u. Begründer der hellenistischen Ptolemäerdynastie [4.-3. Jh.v. Chr.])* Ptolemeo I. (= la unua)

Ptomain *n Chem (toxische Substanz, die bei Fäulnis u. Verwesung entsteht)* ptomaino (*vgl. dazu* ***Leichengift***)

Ptose *od* **Ptosis** *f Med (fachsprachl. für «Senkung [eines inneren Organs]»)* ptozo (*vgl. dazu* ***Magensenkung***, ***Nephro-*** *u.* ***Viszeroptose***)

Ptyalin *n Biochemie (Stärke spaltendes Enzym im Speichel)* ptialino (*vgl. dazu* ***Amylase***)

Ptyalismus *m nur Fachspr Med (abnorme Vermehrung des Speichels)* ptialismo

Pubeotomie *od* **Pubotomie** *f, auch* ***Hebetomie*** *od* ***Hebosteotomie*** *f Chir (Schambeinspaltung <ein Eingriff bei einer schweren Geburt>)* pubiotomio

pubertär *Adj zur Pubertät gehörig bzw. mit ihr zusammenhängend* pubera

Pubertät *f Physiol* ***a)*** *auch* ***Pubertätszeit*** *f* pubereco (↑ *auch* ***Vorpubertät***); ***während der*** *~* dum la pubereco ***b)*** *Zeitpunkt (Eintritt der Geschlechtsreife)* puberiĝo

pubertieren *intr u. abs* puberiĝi

Publicity *f Bekanntsein [in der Öffentlichkeit]* publikeco (↑ *auch* ***Bekanntheit***)

Public Relations *Pl* ↑ ***Öffentlichkeitsarbeit***

publik *Adj* publika; *~* ***werden*** publike konatiĝi; ***etw.*** *~* ***machen*** publikigi (*od auch* diskonigi) ion

Publikation *f das Publizieren* publikigo; *das Publizierte (Buchw)* publikaĵo, *(Ztgsw)* publicaĵo (*vgl. dazu* ***Veröffentlichung***); *Herausgabe* eldonado; ***wissenschaftliche*** *~* scienca publikaĵo

publikationsreif *Adj* preta por publikigo (*bzw.* publicado)

Publikationstätigkeit *f* publikiga agado

Publikum *n* publiko (*vgl. dazu* ***Öffentlichkeit***); *Zuschauer* spektantaro; *Zuhörerschaft* aŭskultantaro (*vgl. dazu* ***Hörer***); ***vor [dem]*** *~* ***auftreten*** aperi (*od* sin prezenti) antaŭ la publiko

Publikumsgeschmack *m* gusto de la publiko

Publikumsverkehr *m*: ***für den*** *~* ***zugänglich*** (*bzw.* ***geöffnet***) ***sein*** esti disponebla al (*bzw.* malferma por) la [ĝenerala] publiko (↑ *auch* ***Öffentlichkeit***)

publizieren *tr veröffentlichen* publikigi; *Ztgsw meist* publici *auch Buchw* (↑ *auch* ***abdrucken***)

Publizist *m* publicisto; *Journalist* ĵurnalisto (*vgl. dazu* ***Autor*** *u.* ***Schriftsteller***)

Publizistik *f* publicistiko (*vgl. dazu* ***Journalistik***)

publizistisch *Adj* publicista

Pubotomie *f Med* ↑ ***Pubeotomie***

Puck *m Eishockeyscheibe* [hoke-]disko

Pud *n Metr (ein altes russisches Gewicht [= 16,38 kg])* pudo

Puddeleisen *n* ↑ ***Puddelroheisen***

puddeln *Metallurgie (aus Roheisen Schweißstahl gewinnen)* pudli

Puddeln *n Metallurgie (Herstellung von*

Stahl aus Roheisen im Puddelofen [heute nicht mehr üblich]) pudlado

Puddel|ofen *m* pudloforno; ~**[roh]eisen** *n* pudlofero

Pudding *m* pudingo (↑ *auch* ***Himbeer-, Karamell-, Reis-, Schokoladen-*** *u.* ***Vanillepudding***); ~**pulver** *n* pudingpulvoro

Pudel *m eine Hunderasse* pudelo (↑ *auch* ***Zwergpudel***)

Pudelmütze *f* pompona ĉapo

pudel|nackt *Adj umg* tute nuda; ~**nass** *Adj umg* tute malseka

pudelwohl *Adj*: ***sich ~ fühlen*** senti sin agrable kontenta

Pudendum *n fachsprachl. Bez für «Schamgegend bis zum After»* pudendo

Puder *m* pudro (↑ *auch* ***Baby-*** *u.* ***Schwefelpuder***); *Talk*~ [pulvora] talko; *Wund*~ pudro por vundoj; *i.w.S. Pulver* pulvoro; ~**dose** *f* pudrujo

pud[e]rig *Adj u. Adv* kiel pudro *nachgest*

pudern *tr* pudri; ***sich ~*** sin pudri; ***sich das Gesicht ~*** pudri al si la vizaĝon

Puder|quaste *f* pudrokvasto, *i.w.S.* pudrilo; ~**zucker** *m*, *auch* ***Staubzucker*** *m* pulvorsukero, pulvorigita sukero; *Glasurzucker* glazursukero

Pudu *m* (Pudu pudu) *Zool ([südamerikanischer] Zwerghirsch)* puduo <*kleinster Hirsch der Welt (kaum größer als ein Hase)*>

Puebloindianer *m/Pl Ethn (Indianerstämme im SW der USA)* pueblo-indianoj *Pl* <*leben heute in Reservaten in Colorado, Arizona u. New Mexico*>

Puelche *Pl Ethn (berittener Indianerstamm in den argentinischen Pampas [1880 im Kampf gegen die Spanier fast aufgerieben])* puelĉoj *Pl*

pueril *Adj geh für «kindlich [geblieben]»* [restinta] infaneca *nachgest* (↑ *auch* ***knabenhaft***)

puerperal *Adj Med (zum Wochenbett gehörend bzw. darauf bezogen)* puerpera

Puerperalfieber *n Med* ↑ ***Kindbettfieber***

Puerperalpsychose *f Med* ↑ ***Wochenbettpsychose***

Puerperium *n* ↑ ***Wochenbett***

Puerto-Ricaner *od* **Puerto Ricaner** (*m*) portorikano, *auch* puertorikano

puerto-ricanisch *Adj* portorika, *auch* puertorika

Puerto Rico (*n*) *eine Insel der Großen Antillen* Portoriko, *auch* Puerto-Riko

Puerto-Rico-Amazone *f* (Amazona vittata) *Orn* puertorika amazono *[Vorkommen: endemisch auf Puerto Rico]* <*eine vom Aussterben höchst bedrohte Art*>

[1]**Puff** *m umg Stoß* puŝo; *Schlag* bato

[2]**Puff** *m*, <*österr*> *n salopp für «Bordell»* prostituejo, bordelo

[3]**Puff** *m* ***a)*** *auch* ***Polsterhocker*** *m* puftabureto ***b)*** *auch* ***[rundes] Polsterkissen*** *n* pufkuseno ***c)*** *reg für «Bausch» od «Wulst»* pufo

Puffärmel *m* pufa maniko *od* pufmaniko

Puffe *f*, *auch* ***Quetschfalte*** *f Schneiderei (Bausch an der Kleidung)* puffaldaĵo (↑ *auch* ***Ärmelpuffe***)

puffen *tr umg für «stoßen»* puŝi

[1]**Puffer** *m an Eisenbahnwagen* bufro

[2]**Puffer** *m* (*kurz für* ***Kartoffelpuffer***) *Kochk* terpomflano

[3]**Puffer** *m EDV (Zwischenspeicher, der Daten vorübergehend aufnimmt)* bufro (↑ *auch* ***Indexbuffer***); ***primärer ~*** ĉefa bufro

Puffer|batterie *f El (eine Akkumulatorenbatterie, die übergroße, stoßweise erfolgende elektrische Stromentnahmen in Leitungsnetzen ausgleicht)* bufra baterio; ~**lösung** *f Physiol* bufrosolvaĵo

puffern *tr EDV* bufri

Puffer|speicher *m EDV* bufrostoro, *auch* bufra storo (↑ *auch* ***Cache***); ~**staat** *m Pol* bufroŝtato; ~**system** *n Physiol* bufrosistemo; ~**teller** *m Eisenb* bufrodisko *od* bufroplato; ~**wirkung** *f* bufro-efiko *od* bufra efiko; ~**zone** *f Pol (entmilitarisierte, neutrale Zone)* bufrozono

puffig *Adj bauschig* pufa

Puffmais *m*, *umg* ***Popcorn*** *n Nahr* pufmaizo

Puffmutter *f sex* bordelestrino, prostituistino

puh! *Interj (Ekel, Gestank)* pu!

Pul *m* (*Pl*: ***Puls***) *kleine Währungseinheit in Afghanistan* pulo (*vgl. dazu* ***Afghani***)

[1]**Pula** *f Währungseinheit in Botsuana* pulao (*vgl. dazu* ***Thebe***)

[2]**Pula** (*n*) *eine Hafenstadt in Istrien/Kroatien* Pulo <*mit römischem Amphitheater*>

Pulaskit *m Min (ein Naturstein)* pulaskito

Pülcher *m* ↑ ***Gauner***

Pulcinell[a] *m* ***a)*** *Theat (komischer Diener, Hanswurst in der neapolitanischen Commedia dell'Arte)* pulĉinelo ***b)*** *Puppenspiel* ↑ ***Kasperle***

Puli *m eine ungarische Hunderasse mit bo-*

denlanger Schnüren-Behaarung puli-hundo

Pulle *f umg für «Flasche»* botelo

Pullman- *od* **Salonwagen** *m Eisenb* pulmano *<so benannt nach dem amerikanischen Industriellen G. M. Pullman>*

Pullover *m, umg auch* ***Pulli*** *m* pulovro (↑ *auch* ***Nicki***, ***Kapuzen-***, ***Rollkragen-*** *u.* ***Wollpullover***); ***ärmelloser*** ~, *auch* ***Pullunder*** *m* senmanika pulovro; ***ein selbst gestrickter*** ~ memtrikita pulovro

pulmonal *Adj 1. zur Lunge gehörig 2. von der Lunge ausgehend* pulma; ~***e Fibrose*** *f Med* ↑ *unter* ***Fibrose***

Pulmonalarterie *f Anat* ↑ ***Lungenschlagader***

Pulmonal|klappe *f* (Valva trunki pulmonalis) *Anat (eine der vier Herzklappen)* pulmarteria valvo; ~**sklerose** *f Med* pulma sklerozo

Pulo *m Ethn* ↑ ***Fulbe***

Pulpa *f **a)** Bot (Fruchtmark)* pulpo (↑ *auch* ***Fruchtfleisch*** *u.* ***Kokosmark***) ***b)*** *auch* ***Mark*** *n Gewebemasse im Zahn u. in der Milz* pulpo (↑ *auch* ***Milzpulpa***, ***Zahnmark*** *u.* ***Zahnwurzelpulpa***); ~**granulom** *n Zahnmedizin (umschriebene granulierende Entzündung der Zahnpulpa)* pulpogranulomo

pulpafrei *Adj* senpulpa (*vgl. dazu* ***zahnmarkfrei***)

Pulpahöhle *f im Zahninneren* pulpokavo

pulpal *Adj auf die Pulpa gerichtet bzw. zur [Zahn- u.a.] Pulpa gehörig* pulpa

Pulpe *od* **Pülpe** *f **a)** weiche entwässerte Masse [Pressrückstand], z.B. von Rüben* pulpo ***b)*** *auch* ***Papierbrei*** *m Faserbrei zur Papierfabrikation* pulpo, paperkaĉo; ***Kochkessel für die Pulpe*** *Papierherstellung* pulpokaldrono; ***zu*** ~ ***verwandeln*** redukti al pulpo, pulpigi

Pulpefänger *m, auch* ***Papiermassefänger*** *m Papierherstellung* pulpokaptilo

pulpen *tr vom Fruchtfleisch befreien* senpulpigi

Pulpitis *f Med* ↑ ***Zahnmarkentzündung***

pulpös *Adj fleischig, markig bzw. aus weicher Masse bestehend* pulpa; *reich an Pulpa* pulporiĉa

Pulque [ˈ*pulkə*] *m, auch* ***[mexikanischer] Agavenwein*** *m* pulko, [meksika] agavovino (↑ *auch* ***Tequila***)

Puls *m **a)** Physiol* pulso (*vgl. dazu* ***Pulsschlag***; ↑ *auch* ***Kapillar-*** *u.* ***Venenpuls***); ***aussetzender*** ~ (Pulsus intermittens) *Med* intermita pulso; ***dreischlägiger*** ~ ↑ ***Trigeminismus***; ***fadenförmiger*** ~ (Pulsus filiformis) *Med* fadenforma pulso; ***harter*** ~ (Pulsus durus) *Med (Puls, der schwer zu unterdrücken ist)* dura pulso; ***ohne*** ~ sen pulso, *(Adj: pulslos)* senpulsa; ***paradoxer*** ~ (Pulsus paradoxus) *Med* paradoksa pulso; ***regelmäßiger*** ~ (Pulsus regularis) *Physiol* regula pulso; ***schwirrender*** ~ (Pulsus vibrans) *Med* vibr[ant]a pulso; ***unregelmäßiger*** ~ (Pulsus irregularis) *Med* neregula pulso; ***weicher*** ~ (Pulsus mollis) *Med (Puls, der leicht zu unterdrücken ist)* mola pulso; ***Doppelschlag*** *m* ***des*** ~***es***, *Fachspr Med auch* ***Bigeminie*** *f eine Herzrhythmusstörung* duĝemina pulso; ***jmdm. den*** ~ ***fühlen*** palpi al iu la pulson ***b)*** *El (eine periodische Folge von Impulsen od Schwingungsgruppen)* pulso (*vgl. dazu* ***Impuls***)

Pulsader *f Anat* arterio (*vgl. dazu* ***Arterie***); ***sich die*** ~ ***[am Handgelenk] aufschneiden*** tranĉi al si la arterion [ĉe la manartiko]

Pulsar *m Astron (kosmische Strahlungsquelle mit Strahlungspulsen von höchster periodischer Konstanz)* pulsostelo *od* pulsanta stelo

Pulsatanz *f El* ↑ ***Kreisfrequenz***

Pulsation *f Astron, El* pulsado; *Physiol (Pulsieren des Herzens)* pulsado de la koro

Puls|defizit *n Med (Kardiologie)* pulsdeficito; ~**diagnose** *f antike od indisch-chinesische Med* pulsdiagnozo

pulsen ↑ ***pulsieren***

Pulsfrequenz *f Med* pulsofrekvenco *od* pulsonombro [en unu minuto]

pulsieren, *auch* ***pulsen*** *intr rhythmisch schlagen od klopfen* pulsi *auch übertr*

Pulsieren *n* pulsado *auch übertr*

pulsierend *Adj* pulsanta; ~***e Amplitude*** *f El* pulsanta amplitudo; ~***es Leben*** *n* pulsanta vivo; ~***er Strom*** *m El* pulsanta kurento

pulslos *Adj* ↑ *unter* ***Puls***

Pulsschlag *m Physiol* pulsobato

Pulsschreiber *m Medizintechnik* ↑ ***Sphygmograph***

Pulsschreibung *f Med* ↑ ***Sphygographie***

Pulswelle *f Kardiologie* puls-ondo

Pult *n* pupitro; *Redner*~ oratora pupitro; *Vortrags*~ lekcia pupitro; *erhöhtes Pult für einen Prediger od Vortragenden auch* katedro (*vgl. dazu* ***Katheder***; ↑ *auch* ***Bedienungs-***, ***Dirigenten-***, ***Lese-***, ***Noten-***, ***Regie-***, ***Schalt-***, ***Schreib-***, ***Steuer-*** *u.* ***Vor-***

tragspult); ~**dach** *n Bauw* pupitra tegmento; ~**vitrine** *f z.B. in Museen* pupitra vitrino

Pulver *n Schieß*≗ pulvo (↑ *auch* ***Schwarzpulver***); *staubfeine Materie* pulvoro *auch Nahr u. Pharm* (↑ *auch* ***Kaffee-***, ***Kakao-***, ***Milch-*** *u.* ***Scheuerpulver***); ***zu ~ werden*** pulvoriĝi ◇ ***er hat das ~ [auch] nicht [gerade] erfunden*** *übertr für «er ist nicht besonders schlau»* li pulvon ne elpensis *od* li ne estas el la grandaj saĝuloj *(beide: Zam)*

pulverartig *Adj* pulvoreca

Pulver|behälter *m* pulvujo; ~**dampf** *m Rauch, der durch Abfeuern von Feuerwaffen entsteht* fumo de pulvo; ~**fabrik** *f* pulvofabriko

Pulverfass *n* ◇ ***geladen wie ein ~*** eksplodema kiel pulvo; ***wie auf einem ~ sitzen*** sidi kvazaŭ sur la pinto de vulkano

Pulverflagge *f eine Zollflagge [zeigt feuergefährliche Ladung an]* pulvoflago

Pulverform *f*: ***in ~*** en formo de pulvoro

Pulverhorn *n* pulvokorno

pulv[e]rig *Adj* pulvora; *pulverartig, pulverförmig* pulvoreca; *auf Schießpulver bezogen* pulva

Pulverisator *od* **Pulverisierer** *m Tech (Gerät zum Herstellen von Pulver)* pulvorigilo

pulverisierbar *Adj* pulvorigebla

pulverisieren *tr* pulvorigi; *im Mörser fein zerkleinern* tre subtile dispisti

Pulverisierer *m Tech* ↑ ***Pulverisator***

Pulver|kaffee *m* kafpulvoro; ~**kammer** *f hist: auf Schiffen* pulvejo; ~**magazin** *n Mil* pulvomagazeno; ~**metallurgie** *f ein Zweig der Metallurgie, der sich mit der Herstellung von Metallpulvern u. deren Weiterverarbeitung befasst* pulvormetalurgio; ~**schnee** *m* pulvora neĝo; ~**schorf** *m auf Kartoffelknollen* pulvorskabo; ~**turm** *m [früher:] Turm, in dem ein Munitionslager untergebracht ist* pulvoturo; ~**wurst** *f zur Minenzündung* pulvokolbaso

pulvrig ↑ ***pulverig***

Puma *m*, *Laienbez. auch* ***Berg-*** *od* ***Silberlöwe*** *m* (Felis concolor = Puma concolor) *Zool* pumo (↑ *auch* ***Florida-Panther***)

pummelig *Adj umg für «dicklich»* iom dika

Pump *m umg*: ***auf ~ kaufen*** kredite aĉeti; ***bei jmdm. einen ~ aufnehmen*** sin turni al ies poŝo *(Zam)*

Pumpe *f* pumpilo (↑ *auch* ***Benzin-***, ***Beton-***, ***Einspritz-***, ***Flügelzellen-***, ***Hand-***, ***Jauche-***, ***Kolben-***, ***Kraftstoff-***, ***Luft-***, ***Membran-***, ***Milch-***, ***Propeller-***, ***Rotations-***, ***Sauerstoff-***, ***Saug-***, ***Schrauben-***, ***Strahl-***, ***Tauch-***, ***Treibstoff-***, ***Turbinen-***, ***Umlauf-***, ***Wärme-***, ***Zahnrad-*** *u.* ***Zentrifugalpumpe***)

pumpen *tr* ***a)*** pumpi (***etw. aus [... heraus]*** ion el ...; ***etw. in [... hinein]*** ion en ... *mit Akk* (↑ *auch* ***aus-***, ***heraus-***, ***hinein-*** *u.* ***hochpumpen***) ***b)*** *umg für «borgen»* prunti; ***jmdm. Geld ~*** prunti (*od* prunte doni) monon al iu; ***von jmdm. etw. ~*** prunti (*od* prunte preni) ion de iu

Pumpen *n* pumpado

Pumpen|haus *n* pumpejo; *Pumpstation* pumpstacio; ~**schwengel** *m* anso (*od* manilo) de pumpilo

Pumpenstiefel *m* ↑ ***Pumpenzylinder***

Pumpen|ventil *n* valvo de pumpilo; ~**wärter** *m jmd., der eine Pumpe bedient* pumpisto; ~**zylinder** *m*, *auch* ***Pumpenstiefel*** *m* pumpocilindro

pumperlgesund ↑ ***kerngesund***

Pumpernickel *m*, *auch n ein [westfälisches] Roggenschrotbrot* pumperniklo

Pumphose *f* ↑ ***Pluderhose***

Pumps *m [ausgeschnittener Damenschuh mit höherem Absatz* eskarpeno

Pump|station *f Tech* pumpstacio; ~**werk** *n Tech* pumpinstalaĵo

Punakha (*n*) *ehem. Hptst. u. Winterresidenz des Himalaja-Staates Bhutan* Punako (*vgl. dazu* ***Thimbu***)

Punchingball *m*, *auch* ***Birnball*** *m*, ***Box-***, ***Mais-*** *od* ***Plattformbirne*** *f ein Boxtrainingsgerät* bokspiro (↑ *auch* ***Sandsack***)

Pune (*n*) ↑ ***Poona***

punisch *Adj das alte Karthago betreffend* punika; ~***er Apfel*** ↑ ***Granatapfel***; ***die ≗en Kriege*** *m/Pl Gesch (drei Kriege zw. Römern u. Karthagern [Puniern] um die Vorherrschaft im mittleren u. westlichen Mittelmeer)* la punikaj militoj *Pl*

Punisch[e] *n Ling (die Stadtsprache des alten Karthago)* la punika lingvo

punitiv ↑ ***strafend***

Punjab (*n*) ↑ ***Pandschab***

Punjabi *Ling* ↑ ***Pandschabi***

[1]**Punk** [*paŋk*] *od* **Punker** *m Jugendlicher, der seinen Protest gegen bürgerliche Lebensformen durch auffallendes Äußeres ausdrückt* punkulo

[2]**Punk [Rock]** *m Mus (bewusst primitiv-exaltierte Rockmusik)* punko

Punkerin *f* punkulino

punkig *Adj den Punk betreffend bzw. für ihn typisch, punkartig* punk[ec]a

Punkt *m* (*Abk* ***Pkt.***) ***a)*** *allg (Standort, Stelle), Geom (bes. als Schnittpunkt von zwei Geraden), Geogr, Interpunktion (Satzzeichen), Typ (Punkt zur Bestimmung der Schriftgröße)* punkto *auch i.w.S.* (↑ *auch* ***Ausgangspunkt***, ***Kern c)***, ***Orientierungspunkt***, ***Problem***, ***Schluss-***, ***Tagesordnungs-***, ***Verhandlungspunkt*** *u.* ***Vokalpunkte***); *Paragraph* paragrafo; ***drei ~e*** *Pl Interpunktion (...)* tripunkto; ***der alles entscheidende ~***, *umg auch* ***der springende ~*** la ĉiondecida punkto, *auch* la kruca punkto; ***kitzliger*** (***wunder***) ***~*** *übertr* tikla (vunda) punkto; ***toter ~*** *Tech* morta punkto, *auch* mortopunkto (↑ *auch* ***Umkehrpunkt***); ***trigonometrischer ~*** *Geodäsie, Kartogr* trigonometria punkto; ***der erste ~ der Tagesordnung*** la unua punkto de la tagordo; ***~ für ~ berichten*** raporti punkton post punkto; ***rote ~e auf der Haut haben*** *z.B. bei einer Allergie* havi ruĝajn punktojn sur la haŭto; ***einen ~ setzen*** *Interpunktion* meti punkton ◇ ***auf den ~ kommen*** alfronti (*bzw.* priparoli *od* diskuti) la kernon de la problemo (*bzw.* afero) ***b)*** *Sport (bes. Ballspiele) u. in Bewertungstabellen* poento; ***~e machen*** *gewinnen* gajni punktojn; ***jmdn. nach ~en schlagen*** venki iun laŭ poentoj ***c)*** *Augenblick, Moment* momento ***d)*** *vor Uhrzeitangaben* akurate je; ***~ acht Uhr*** akurate je la oka [horo]

Punktalglas® *n Opt* ↑ ***²Meniskus***

Punktat *n Med (mittels Punktion entnommene Körperflüssigkeit)* punkciaĵo

Punktation *f Ling (Kennzeichnung der Vokale, z.B. in der hebräischen Schrift, durch Punkte über od unter den Konsonanten)* punktado

Pünktchen *n* punkteto; **~ente** *f*, *auch* ***Affenente*** *f* (Stictonetta naevosa) punkta anaso, *auch* lentug-anaso *[Vorkommen: Australien]*

pünkteln *tr tüpfeln* punkteti

punkten *intr Boxsport* kolekti poento(j)n

Punkte|skala *f* poenta skalo; **~system** *n* poenta sistemo

punktförmig *Adj* punkt[o]forma

Punkt|gewinn *n Sport* poentogajno; **~gleichheit** *f Sport* egaleco de poentoj

punktieren *tr* ***a)*** *1. durch Punkte darstellen 2. Ling (mit Vokalpunkten versehen [bes. hebräische od sonstige semitische Sprachtexte])* punkt[ad]i; ***punktierte Linie*** *f* punktita linio, *auch* punktolinio ***b)*** *Med* punkcii

Punktieren *n od* **Punktierung** *f* punktado

Punktiernadel *od* **Punktionsnadel** *f Med* punkcinadlo (↑ *auch* ***Trokar***)

Punktion *f*, *auch* ***Punktur*** *f Med (Einstich mittels Punktiernadel zur Flüssigkeits- od Gewebsentnahme aus einer Körperhöhle [zu diagnostischen Zwecken])* punkcio (*vgl. dazu* ***Biopsie***; ↑ *auch* ***Gelenk-***, ***Leber-***, ***Lumbal-***, ***Pleura-***, ***Sternal-***, ***Thorax-***, ***Venen-*** *u.* ***Ventrikelpunktion***)

Punktionsnadel *f* ↑ ***Punktiernadel***

pünktlich **1.** *Adj* akurata; *prompt* prompta; *rechtzeitig* ĝustatempa; ***sei [bitte] ~!*** venu [mi petas] ĝustatempe! **2.** *Adv* akurate; prompte; *rechtzeitig* ĝustatempe

Pünktlichkeit *f* akurateco; prompteco; ***übertriebene ~*** troa akurateco

Punkt|mutation *f Genetik* punkta mutacio; **~niederlage** *f Sport* malvenko laŭ poentoj; **~richter** *m*, *auch* ***Wertungsrichter*** *m Sport, Turniertanz u.a.* poentjuĝisto (*vgl. dazu* ***Schiedsrichter***)

punktschweißen *tr Tech* punktoveldi

Punkt|schweißen *n Tech* punkta veldado *od* punktoveldado; **~sieg** *m Sport* venko laŭ poentoj; **~spiel** *n Sport* poenta maĉo

Punktur *f Med* ***a)*** *auch* ***nadlopunkturo*** *(Einstich in Haut od Gewebe [als Therapie])* punkturo (↑ *auch* ***Akupunktur*** *u.* ***Elektropunktur***) ***b)*** *zur Gewebeentnahme* ↑ ***Punktion***

Punkt|verlust *m Sport* poentoperdo; **~zahl** *f Sport* nombro de (*od* da) poentoj

Punsch *m ein alkoholisches Getränk* punĉo (↑ *auch* ***Eierpunsch***, ***Rumtopf*** *u.* ***Sangria***); **~glas** *n* punĉglaso; **~ujo**, *auch* ***[vitra] pelvo por punĉo*** Punschschüssel *f*

Punta Arenas (*n*), *[1927-37* ***Magallanes*** *genannt] Hptst. der südchilenischen Region Magallanes y Antártida* Punta-Areno

Punze *f Handw (Ziselier², Grabstichel [für feine Metallarbeiten])* cizelilo

punzen *od* **punzieren** *tr mit der Punze bearbeiten* cizeli

Punzieren *n* cizelado

Pup *od* **Pups** *m*, *auch* ***Pupser*** *m umg für «abgehende Blähung»* puo (*vgl. dazu* ***Furz***)

pupen *od* **pupsen** *umg (einen Pup abgehen lassen)* pui

Pupillarreflex *m* ↑ ***Pupillenreflex***

Pupille *f* (Pupilla) *Anat* pupilo

Pupillen|achse *f* (Axis pupillaris) pupila akso; ~**distanz** *f* interpupila distanco

pupillenerweiternd, *Fachspr Ophthalmologie* ***pupillodilatorisch***, *auch* ***mydriatisch*** *Adj* pupilodilata, *auch* midriaza

Pupillen|erweiterung *f*, *Fachspr* ***Mydriasis*** *f Med* dilatiĝo de la pupiloj, *Fachspr* midriazo; ~**reaktion** *f* pupila reakcio; ~**reflex** *m*, *auch* ***Pupillarreflex*** *m* pupila reflekso; ~**starre** *f pathologischer Ausfall der Pupillenreaktionen* pupila rigideco

Pupillenverengung *f Med* ↑ ***Miosis***

pupillodilatorisch ↑ ***pupillenerweiternd***

Pupillometrie *f Ophthalmologie (Messung der Pupillengröße u. Pupillenrundung)* pupilometrio

Püppchen *n*, *<österr>* ***Pupperl*** *n* pupeto

Puppe *f* ***a)*** *reg auch* ***Docke*** *f Spielzeug* pupo *auch Glieder- od Schneider*~ *u. übertr* (*vgl. dazu* ***Dummy*** *u.* ***Marionette***; ↑ *auch* ***Hand-***, ***Schaufenster-***, ***Stoff-*** *u.* ***Wachspuppe***); *im Kasperletheater* [ganto]pupo; *salopp für «hübsches Mädchen»* pupo; ***mit ~n spielen*** ludi kun pupoj ◇ ***bis in die ~n schlafen*** satdormi ĝis malfrua antaŭtagmezo ***b)*** *<wiss>* ***Chrysalide*** *od* ***Chrysalis*** *f Ent (letzte Larvenform von Kerbtieren)* pupo, *<wiss>* krizalido (*vgl. dazu* ***Kokon*** *u.* ***[1]Larve***) ***c)*** *Landw (Garbenhaufen)* garbaro

Puppen|bett *n* pupolito; ~**gesicht** *n* pupa vizaĝo

puppenhaft *Adj* simila al pupo *od* kiel pupo *beide nachgest*

Puppen|haus *n*, *auch* ***Puppenstube*** *f ein Mädchenspielzeug* pupodomo; ~**kleid** *n* vesto de pupo; ~**klinik** *f Gewerbebetrieb, in dem Puppen repariert werden* puporiparejo

Puppenräuber *m*, *auch* ***Raupentöter*** *od* ***Mordkäfer*** *m* (*Gattung* Calosoma) *Ent* kalosomo; ***großer*** ~ (Calosoma sycophanta) granda kalosomo, *pop* granda puporabisto *<der Puppenräuber gehört zur Familie der Laufkäfer (Carabidae)>*

Puppenspiel *n Theat* marioneta ludo, pupteatraĵo (↑ *auch* ***Wayang-Puppenspiel***)

Puppenstube *f* ↑ ***Puppenhaus***

Puppen|theater *n* teatro de pupoj *od* pupteatro (↑ *auch* ***Kasperle-*** *u.* ***Marionettentheater***); ~**wagen** *m Mädchenspielzeug* pupoĉar[et]o

Pupperl *n* ↑ ***Püppchen***

Pups *od* **Pupser** *m* ↑ ***Pup***

pupsen ↑ ***pupen***

pur *rein, unvermischt (auch Getränk)* pura; *bloß* nura; ~***es Gold*** *n* pura oro; ~***er Neid*** *m* nura envio; ***aus ~er Neugier*** pro nura scivol[em]o; ~***er Unsinn*** *m* absoluta sensencaĵo; ***das ist ~e Zeitverschwendung*** tio estas nura perdo de tempo; ~***er Zufall*** *m* nura hazardo

PUR = *Kurzzeichen für* ***Polyurethan***

Puranas *n/Pl indische Lit (anonyme hinduistische Verswerke aus den ersten nachchristlichen Jahrhunderten)* puranoj *Pl*

Purbeckium *n Geol (eine lagunäre Fazies des obersten Malms mit marinen Einschaltungen)* purbekio *<so benannt nach der Halbinsel Purbeck an der Südküste Englands>*

Püree *n Kochk (feiner Brei)* pureo (*vgl. dazu* ***Brei*** *u.* ***Mus***; ↑ *auch* ***Erbs-***, ***Kartoffel-*** *u.* ***Tomatenpüree***)

purgativ *Adj Med* (*fachsprachl. für «abführend»*) laksiga

Purgativ *od* **Purgiermittel** *n Med (fachsprachl. für «Abführmittel»)* laksigilo

Purgatorium *n antike Rel u. kath. Kirche* ↑ ***Fegefeuer***

purgieren *tr Med* (*fachsprachl. für «abführen»*) laksigi

Purgierkreuzdorn *m* (Rhamnus catharticus) *Bot* laksiga ramno *auch pharmazeutisch genutzt <Rinde u. Früchte dienen als Abführmittel>*

Purgiermittel *n Med* ↑ ***Purgativ***

Puri *n od* **Puri-Fladen** *m indische Kochk (ein indisches Fladenbrot)* purio (*vgl. dazu* ***Papadam***)

pürieren *tr* purei; ***pürierte Erbsen*** *f/Pl od* ***Erbspüree*** *n* pureitaj pizoj *Pl*, pizopureo

Purim[fest] *n jüdisches Fest, das zur Erinnerung an die Errettung der persischen Juden vor dem Anschlag Hamans gefeiert wird* purimo

Purinbasen *f/Pl Biochemie (Bausteine der DNS u. der RNS)* purinbazoj *Pl*

Purine *n/Pl Biochemie (stickstoffhaltige Ringverbindungen [z.B. Harnsäure])* purinoj *Pl* (↑ *auch* ***Theophyllin***)

Purismus *m Ling [übertriebenes] Streben nach Sprachreinheit* purismo

Purist *m Ling (jmd., der streng auf die Reinheit der Sprache od einer Stilrichtung achtet)* puristo

puristisch *Adj auf den Purismus bezogen* purisma; *auf die Puristen bezogen* purista

Puritaner *m 1. i.e.S. Kirche (Anhänger des Puritanismus) 2. i.w.S. (Anhänger einer strengen, bis zur Prüderie gehenden Lebensführung)* puritano

Puritanerin *f* puritanino

puritanisch *Adj auf die Puritaner bezogen* puritana *i.w.S. streng bes. im Hinblick auf die Moral* (*vgl. dazu* **sittenstreng**); *auf den Puritanismus bezogen* puritanisma

Puritanismus *m Rel (Anschauungen u. Ordnung der Puritaner)* puritanismo

Purkyně (*m*) *Eig (tschechischer Physiologe [1787-1869])* Purkinje; **~-Zellen** *f/Pl Ganglienzellen in der grauen Rindensubstanz des Kleinhirns der Wirbeltiere* ĉeloj *Pl* de Purkinje

Purpur *m 1. bläulich roter Farbstoff 2. purpurfarbenes Gewand [früher von Königen u. heute von Kardinälen getragen]* purpuro ◇ ***jmdm. den ~ verleihen*** *bildh für «jmdn. zum Kardinal ernennen»* levi iun al la purpuro

Purpura *f, auch* ***Blutfleckenkrankheit*** *f Med* purpurao (↑ *auch* ***Werlhof'sche Krankheit***)

Purpurblaurabe *m* (Cyanocorax cyanomelas) *Orn* purpura garolo *[Vorkommen: Peru, Argentinien, Paraguay]*

Purpurenzian *m Bot* ↑ *unter* ***Enzian a)***

Purpureokomplexe *m/Pl Chem (Komplexverbindungen des Chroms, Kobalts, Rhodiums u. Rutheniums vom Typ Chloropentaminkobalt(III)-chlorid)* purpureokompleksoj *Pl*

purpur|farben *od* **~farbig** *od* **purpurn** *od* **purpurrot** *Adj* purpura; ***purpurrot färben*** purpurigi; ***die untergehende Sonne färbte den Himmel purpurrot*** la malleviĝanta suno purpurigis la ĉielon

Purpur|fichte *f* (Picea purpurea) *Bot* purpura piceo *[Vorkommen: Zentralchina]*; **~-fleckgrundel** *f* (Mogurnda mogurnda) *Ichth* mogurndo *[Vorkommen im Süßwasser Neuguineas u. Australiens]*; **~gimpel** *m* (Carpodacus purpureus) *Orn* amerika ruĝa pirolo; **~grackel** *f* (Quiscalus quiscula) *Orn (ein Stärling)* briltrupialo, <*wiss*> kviskalo *[Vorkommen: Nordamerika]*

Purpurhuhn *n Orn* ↑ ***Purpurralle***

Purpur|klee *m, auch* ***Fuchsschwanzklee*** *m* (Trifolium arubens) *Bot* purpura trifolio; **~kopfstaffelschwanz** *m* (Malurus coronatus) *Orn* purpurkrona maluro; **~knabenkraut** *n* (Orchis purpurea) *Bot* purpura orkido *[eine der größten heimischen Orchideen]*; **~mantel** *m* purpura mantelo

purpurn ↑ ***purpurfarben***

Purpur|nektarvogel *m* (Cinnyris asiaticus = Nectarinia asiatica) *Orn* purpura nektarbirdo *[Vorkommen: Indien u. Sri Lanka]*; **~-ralle** *f, auch* ***Purpurhuhn*** *n* (Porphyrio porphyrio) *Orn* purpura porfirio; **~reiher** *m* (Ardea purpurea) *Orn* purpura ardeo

purpurrot ↑ ***purpurfarben***

Purpur|schnecke *f* (*Gattung* Purpura) *Zool* purpureo; (*Gattung* Murex) murekso; **~-schwalbe** *f* (Progne subis) *Orn* purpura hirundo; **~skabiose** *f, auch* ***Samtblume*** *f* (Scabiosa atropurpurea) *Bot* purpura skabiozo; **~storchschnabel** *m* (Geranium purpureum) *Bot* purpura geranio; **~tanne** *f* (Abies amabilis) *Bot* purpura abio; **~-Waldmeister** *m* (Asperula purpurea) purpura asperulo; **~weide** *f* (Salix purpurea) *Bot* purpura saliko

Purser [ˈpö:sə] *m* ***a)*** *Zahlmeister auf einem Schiff* [ĉef]kasisto [sur pasaĝerŝipo] ***b)*** *Chefsteward [im Flugzeug]* ĉefstevardo [en aviadilo]

purulent *Fachspr Med* ↑ ***eitrig***

Purus *m, meist* ***Río Purus*** *m ein Nebenfluss des Amazonas* [rivero] Puruso

Purzelbaum *m* transkapiĝo; ***einen ~ machen*** (*od* ***schlagen***) transkapiĝi

purzeln *intr* transkapiĝe fali, [rul]fali; ***die Preise purzelten*** la prezoj faladis

Pusan (*n*) *eine Hafenstadt in Südkorea* Pusano

Puschkin (*m*) *Eig (russ. Schriftsteller [1799-1837])* Puŝkino

Push-up-BH *m* suprenpuŝa mamzono

Puste *f umg auch für «Atem»* spiro ◇ ***ganz außer ~ sein*** esti tute perdinta la spiron

Pustel *f, auch* ***Eiterbläschen*** *od* ***Eiterpickel*** *n* (Pustula), <*österr*> *dial* ***Bibeli*** *n Med* pustulo; ***mit ~n bedeckt*** *od* ***voller ~n*** kovrita de pustuloj

pustelartig *od* **pustulös**, *Fachspr* ***impetiginös*** *Adj* pustuleca, *Fachspr* impetigina

Pustelausschlag *m, auch* ***Bläschenausschlag*** *m Med* pustula erupcio, pustulozo

pusten *intr reg für «stark blasen»* forte blov[ad]i

Pusterohr *n bes. für Kinder* blov[o]tubeto (↑ *auch* ***Blasrohr***)

Pustertal *n, ital.* ***Val Pusteria*** *ein Alpenlängstal zw. Dolomiten u. Zentralalpen*

<westlicher Teil italienisch, östlicher Teil österreichisch> Pusteria Valo
pustulös ↑ ***pustelartig***
Puszta Hortobágy ↑ ***Hortobágy***
Pusztaschänke *f* ↑ ***Csárda***
Putbus (*n*) *ein Ort auf Rügen* Putbuso
Pute *f* meleagr[in]o
Puten|brust *f Nahr* meleagra brusto; *Kochk* meleagra brustaĵo; ~**fleisch** *n Nahr* meleagra viando
Puter *m* [vir]meleagro
puterrot *Adj* ruĝega
Putrefaktion *od* **Putreszenz** *f* ↑ ***Fäulnis***
putreszieren ↑ ***verwesen***
putrid *Adj fachsprachl. (bes. Med) für «faulig»* putra
Putsch *m Pol* puĉo (*vgl. dazu* ***Aufstand***, ***Coup d'Etat***, ***Revolte***, ***Staatsstreich*** *u.* ***Umsturz***)
putschen *intr einen Staatsstreich durchführen* puĉi; *rebellieren* ribeli (***gegen*** kontraŭ)
Putschist *m* puĉisto
Putschversuch *m* provo de puĉo
Putz *m* ***a)*** *Schmuck* ornamaĵo(j) *(Pl)*; *modisches Beiwerk* galanterio (*vgl. dazu* ***Besatz***) ***b)*** *Bauw* puco, *(Außen*~*)* ekstera puco (*vgl. dazu* ***Stuck***; ↑ *auch* ***Außen-***, ***Decken-***, ***Edel-***, ***Gips-***, ***Grob-***, ***Innen-***, ***Kalk-***, ***Kratz-***, ***Ober-***, ***Stuck-***, ***Unter-***, ***Wand-*** *u.* ***Zementputz***); ***eine Mauer mit ~ bewerfen*** (*od* ***verkleiden***) *od* ***eine Mauer abputzen*** (*od auch* ***verputzen***) apliki pucon sur muro, puci muron, *auch* tegi muron per puco
Pütz *od* **Pütze** *f Mar für «Eimer»* sitelo
Putzbrett *n Bauw* ↑ ***Reibebrett***
Putze *f* ↑ ***Putzfrau***
putzen *tr* ***a)*** *schmücken* ornami (*vgl. dazu* ***dekorieren***; ↑ *auch* ***herausputzen***) ***b)*** *reinigen* purigi (↑ *auch* ***¹wischen***); *polieren* poluri, [per frotado] briligi; *Fisch* senskvamigi; ***Fenster ~*** purigi la fenestrovitraĵojn; ***Gemüse ~*** purigi la legomon; ***Schuhe ~*** [bril]purigi ŝuojn; ***sich die Nase ~*** purigi [al si] la nazon; ***[sich] die Zähne ~*** purigi [al si] la dentojn
Putzer *m Bauw* pucisto
Putzerei *f* ↑ *unter* ***Reinigung***
Putz|fimmel *m umg* purigomanio; ~**frau** *f*, *auch* ***Raumpflegerin*** *f*, *pej* ***Putze*** *f*, *alt* ***Reinemachefrau*** *f* [ĉambro]purigistino
putzig *Adj umg für «drollig» od «possierlich»* drola, komike-ĉarma (***komisch***, ***niedlich*** *u.* ***spaßig***); *i.w.S. seltsam* stranga
Putzlappen *m*, *auch* ***Putztuch*** *n*, *reg* ***Putzlumpen*** *m* lavĉifono, tuko por purigi (*vgl. dazu* ***Staublappen***)
Putzmacherin *f* ↑ ***Modistin***
Putzmittel *n Reinigungsmittel* deterganto
putzsüchtig *Adj Person* ornamiĝema (*vgl. dazu* ***eitel***)
Putzteufel *m* ◇ ***sie ist ein wahrer ~*** ŝi estas absoluta purigomaniulino
Putztuch *n* ↑ ***Putzlappen***
Putzwaren *Pl* galanterio
PUVA-Therapie *f Dermatologie (eine fotoaktivierte Chemotherapie)* puva-terapio *<zur Behandlung von Psoriasis, Vitiligo>*
puzzeln *intr Puzzle zusammensetzen* puzli
Puzzle *n*, *auch* ***Puzzlespiel*** *n* puzlo *auch i.w.S. für «Geduldsspiel»* (↑ *auch* ***Rätsel*** *u.* ***Quiz***)
Puzzolanerde *f*, *auch* ***Pozzolanerde*** *f Min (ein aus Italien stammender, poröser vulkanischer Tuff [Sedimentgestein])* puzolano *<Verwendung als hydraulisches Bindemittel>*
PV *n Esperantologie = Abk für* ***Plena Vortaro [de Esperanto]*** *Vollständiges Wörterbuch [des Esperanto]*
PVC *n Chem = Abk für* ***Polyvinylchlorid***
PVC-Belag *m* polivinilklorida tegaĵo, *kurz* PVC-tegaĵo
PW = *Abk für* ***Petawatt***
P-Wellen *f/Pl Seismik* ↑ ***Longitudinalwellen***
Pya *m* (*Pl*: ***Pyas***) *kleine Währungseinheit in Myanmar [Burma]* pjaso (*vgl. dazu* ***Kyat***)
Pyämie *f nur Fachspr Med (Vorkommen zahlreicher Eitererreger in der Blutbahn <eine Form der Blutvergiftung>)* pioemio
Pyknidie *f od* **Pycnidium** *n Mykologie (Sporenbehälter der imperfekten Pilze [krug- od birnenförmiger Fruchtkörper der Rostpilze, in dem die einkernigen Pyknosporen gebildet werden])* piknido
Pyelitis *f Med* ↑ ***Nierenbeckenentzündung***
Pyelografie *f*, *auch* ***Pyelographie*** *f Med (röntgenologische Darstellung des Nierenbeckens)* pielografio
Pyelogramm *n Med (Röntgenvild von Nierenbecken u. der Harnwege)* pielogramo
Pyelonephritis *f Med (Entzündung von Nierenbecken u. Nieren)* pielonefrito
Pyelozystitis *f Med (Entzündung von Nierenbecken u. Blase)* pielocistito (*vgl. dazu* ***Nephrozystitis***)
Pygmäe *m* ***a)*** *Ethn (Angehöriger eines der*

Zwergvölker in Asien <Negritos> und Afrika <Bambutide> (↑ *auch* ***Bayaka*** *u.* ***Bambuti***) ***b)*** *Myth (Angehöriger eines sagenhaften Zwergenvolkes das mit den Kranichen kämpfte)* pigmeo (↑ *auch* ***Zwerg***)

pygmäenhaft, *auch* ***pygmäisch*** *Adj kleinwüchsig* pigmea, *nachgest auch* kiel pigmeo (↑ *auch* ***zwergenhaft***)

Pygmalion (*m*) *Eig 1. griech. Sagengestalt, König von Tyros 2. legendärer König von Kypros (Zypern)* Pigmaliono

Pyjama [...*dʒ*...] *m*, *<österr> u. <schweiz> n* piĵamo (↑ *auch* ***Schlafanzug***); ***einen ~ anhaben*** (*od* ***tragen***) surhavi (*od auch* porti) piĵamon

Pyjama|hose *f* piĵama pantalono; **~jacke** *f* piĵama jako

Pyknidie *f od* **Pycnidium** *n Mykologie (Sporenbehälter der imperfekten Pilze [krug- od birnenförmiger Fruchtkörper der Rostpilze, in dem die einkernigen Pyknosporen gebildet werden])* piknido

Pyknometer *n*, *auch* ***Dichtemesser*** *m Phys (Glasgefäß zur Ermittlung der Dichte von Flüssigkeiten u. Pulvern)* piknometro

Pyknosporen *f/Pl Mykologie (ungeschlechtliche Keimzellen der Rostpilze, die in besonderen Fruchtkörpern <Pyknidien> gebildet werden)* piknosporoj (*vgl. dazu* ***Pyknidie***)

pyknotisch *Adj nur Fachspr Med (verdickt, verdichtet, dicht zusammengedrängt, bes. Zellkernmasse)* piknota

Pylades (*m*) *griech. Myth (Freund des Orest)* Pilado

Pylephlebitis *f Med* ↑ ***Pfortaderentzündung***

Pylon *m*, *auch* ***Pylone*** *f* ***a)*** *Arch ([in der altägypt. Baukunst:] monumentaler Torturm zu beiden Seiten der Eingänge der Tempel od auch von Palästen)* pilono ***b)*** *auch* ***Brückenpylon*** *m Bauw (Turm aus Mauerwerk od Stahl von Hängebrücken, der die Hängegurte trägt)* [ponta] pilono

pylorisch *Adj (den Magenausgang betreffend)* pilora

Pylorospasmus *m Med* ↑ ***Magenpförtnerkrampf***

Pylorus *m Anat* ↑ ***Magenausgang***

Pylorusreflex *m Physiol* pilora reflekso

Pylorusstenose *f Med* ↑ *unter* ***Magenausgang***

Pylorusulkus *m* (Ulcus pyloricum) *Med* pilora ulcero

pyogen 1. *Adj nur Fachspr Med (Eiterung hervorrufend bzw. durch Eiterung entstanden)* piogena; ***~es Granulom*** *n eine exophytische Gefäßproliferation* piogena granulomo; ***~e Streptokokken*** *f/Pl* piogenaj streptokokoj *Pl* **2.** *Adv* piogene

Pyonephrose *f nur Fachspr Med (Nierenvereiterung als Endstadium einer Nephrose)* pionefrozo

Pyorrhö[e] *f nur Fachspr Med (eitriger Ausfluss)* pioreo

pyorrhoisch *Adj* piorea

pyramidal ↑ ***pyramidenförmig***

Pyramide *f Akrobatik, Anat, Arch, Geom* piramido (↑ *auch* ***Cheops-***, ***Spitz-*** *u.* ***Stufenpyramide***); ***gerade*** (*od* ***senkrechte***) *~ Geom* rekta piramido; ***regelmäßige*** (*od* ***reguläre***) *~ Geom* regula piramido; ***schiefe*** *~ Geom* oblikva piramido

Pyramidenbahn *f* (Tractus pyramidalis) *Anat* piramida vojo

Pyramidenbahnsystem *n Anat* ↑ *unter* ***extrapyramidal***

Pyramidendach *n eine Dachform* rotonda tegmento

pyramidenförmig, *auch* ***pyramidal*** **1.** *Adj* piramidoforma, *auch* piramida **2.** *Adv* piramidoforme, *auch* piramide; *~* ***konstruiert*** konstruita en formo de piramido

Pyramiden|günsel *m* (Ajuga pyramidalis) *Bot* piramida ajugo; **~star** *m* (Cataracta pyramidalis) *Ophthalmologie* piramida katarakto; **~stumpf** *m Geom* piramidostumpo *od* trunkita piramido; **~system** *n*, *auch* ***Schneeballsystem*** *n Fin* piramida sistemo, *auch* financa piramido

Pyramidon® *n Pharm (ein Fiebermittel)* piramidono

Pyramis *f nur Fachspr Anat* = ***Pyramide***

Pyramus (*m*) *Eig (eine antike Sagengestalt [in Babylon])* Piramo (↑ *auch* ***Thisbe***)

Pyran® *n ein drahtloses Brandschutzglas, chemisch ein thermisch gehärtetes Borosilicatglas <zerfällt bei Bruch in kleine Krümel>* pirano

Pyranometer *n Met (Gerät zur Messung der Globalstrahlung)* piranometro

Pyranosen *f/Pl Chem (Bez für alle Monosaccharide, die den Pyranring mit 5 C-Atomen u. einem O-Atom enthalten)* piranozoj *Pl*

Pyrenäen *Pl ein Gebirge in SW-Europa* Pireneoj *Pl*, *auch* Pirenea Montaro; **~baldrian** *m* (Valeriana pyrenaica) *Bot* pirenea valeriano; ~-**Eiche** *f* (Quercus pyrenaica) *Bot* pirenea kverko; ~**friede** *m Gesch* Paco (*od* Traktato) de Pireneoj *<1659>*; ~**frosch** *m* (Rana pyrenaica) pirenea rano*[Vorkommen auf kleine Areale in den Pyrenäen begrenzt]*; ~**gamander** *m* (Teucrium pyrenaicum) *Bot* pirenea teŭkrio; ~**gämse** *f* (Rupicaria pyrenaica) *Zool* pirenea ĉamo

Pyrenäengeißblatt *n Bot* ↑ *unter* ***Heckenkirsche***

Pyrenäen|halbinsel *f* Pirenea Duoninsulo; ~**hund** *m eine Hunderasse aus den Pyrenäen [ähnlich dem Kuvasz]* pirenea hundo; ~**leinblatt** *n*, *auch* ***Wiesenleinblatt*** *n* (Thesium pyrenaicum) *Bot* pirenea tezio; ~**lilie** *f* (Lilium pyrenaicum) *Bot* pirenea lilio; ~**löffelkraut** *n* (Cochlearia pyrenaica) pirenea kokleario; ~**milchstern** *m* (Ornithogalum pyrenaicum) *Bot* pirenea ornitogalo *[Vorkommen: Frankreich, Spanien u.Norditalien]*; ~**storchschnabel** *m* (Geranium pyrenaicum) *Bot* pirenea geranio; ~**sumpfkresse** *f* (Rorippa pyrenaica) *Bot* pirenea roripo *[Vorkommen: Südeuropa (von den Pyrenäen bis zu den Karpaten)]*

pyrenäisch *Adj* pirenea

Pyrenomyceten *Pl*, *auch* ***Kernpilze*** *m/Pl Mykologie* pirenomicetoj *Pl*

Pyrethroide *n/Pl zum Pyrethrum strukturverwandte, durch chemische Synthese hergestellte Insektizide* piretroidoj *Pl*

Pyrethrum *n*, *auch* ***Dalmatinisches Insektenpulver*** *n ein Insektizid <aus einer Chrysanthemenart gewonnnen>* piretro

Pyretikum *n Med, Pharm (Fieber erzeugendes Arzneimittel)* medikamento kaŭzanta febron

Pyrex® *n*, *auch* ***Pyrexglas*** *n (ein farbarmes u. temperaturwechselbeständiges Tafelglas aus Borosilicaten [u.a. für Laborgläser])* pirekso

Pyrgeometer *n Met (Gerät zur Messung der Erd[aus]strahlung)* pirgeometro

Pyrheliometer *n Met (Gerät zur Messung der direkten Sonnenstrahlung)* pirhelio- metro

Pyridin *n Chem (eine heterozyklische Base, von der sich zahlreiche Alkaloide und das Pyridoxin ableiten)* piridino (↑ *auch* ***Aminopyridin***); ***Radikal*** *m* ***des ~s*** piridilo

Pyridoxin *n Chem (ein Derivat des Pyridins)* piridoksino (*vgl. dazu* ***Pyridin***)

Pyrimidine *n/Pl Chem (stickstoffhaltige, heterocyclische Verbindungen)* pirimidinoj *Pl*

Pyriphlegeton *m griech. Myth* ↑ ***Phlegeton***

Pyrit *m*, *auch* ***Eisen-*** *od* ***Schwefelkies*** *m*, *pop* ***Katzengold*** *n Min* pirito (↑ *auch* ***Markasit***)

pyrithaltig, *<österr>* ***pyrithältig*** *Adj* pirithava, *auch nachgest* enhavanta piriton

pyritisch *Adj* pirita

pyrochemisch 1. *Adj Chem* pirokemia **2.** *Adv* pirokemie

pyroelektrisch 1. *Adj* piroelektra **2.** *Adv* piroelektre

Pyroelektrizität *f* piroelektreco

Pyrofotometer *n*, *auch* ***Pyrophotometer*** *n Phys (Instrument zur optischen Messung hoher Temperaturen)* pirofotometro

Pyrogallol *n Chem (dreiwertiges aromatisches Phenol, das u.a. als fotografischer Entwickler verwendet wird)* pirogajlolo

pyrogen *Adj* ***a)*** *Geol (magmatisch entstanden)* pirogena ***b)*** *Med (Fieber erzeugend)* kaŭzanta febron, *fachsprachl. auch* pirogena

pyroklastisch *Adj Geol* piroklasta; ~***e Gesteine*** *n/Pl* piroklastaj rokaĵoj *Pl*; ~***er Strom*** *m Vulkanologie (eine Feststoff-Gas-Dispersion, die bei vulkanischen Eruptionen auftreten kann u. die sich sehr schnell hangabwärts bewegt)* piroklasta fluo; ~***e Wolke*** *f Vulkanologie* piroklasta nubo

Pyrolusit *m*, *auch* ***Braunstein*** *m od* ***Weichmanganerz*** *n Min* piroluzito

Pyrolyse *f*, *auch* ***trockene Destillation*** *f Zersetzung chem. Verbindungen durch sehr große Wärmeeinwirkung)* pirolizo

pyrolytisch *Adj die Pyrolyse betreffend bzw. auf Pyrolyse beruhend* piroliza

pyromagnetisch *Phys* **1.** *Adj* piromagneta **2.** *Adv* piromagnete

Pyromagnetismus *m Phys* piromagnetismo

Pyromane *m*, *pop auch* ***Feuerteufel*** *m jmd., der an Pyromanie leidet* piromaniulo, *auch* fajromaniulo

Pyromanie *f Psych (zwanghafter Trieb, Feuer od Brände zu legen)* piromanio

Pyromanin *f* piromaniulino

pyroman[isch] *Adj Psych (1. auf Pyromanie bezogen bzw. auf Pyromanie beruhend 2. an Pyromanie leidend)* piromania

Pyrometer *n Phys, Tech (Gerät zur Messung von Temperaturen über rund 700° Celsius)* pirometro

Pyrometrie *f Astron, Phys (Messung der*

Oberflächentemperatur glühender Körper u.Stoffe [z.B. von Metallschmelzen u. Sternoberflächen]) pirometrio

Pyromorphit *m Min (meist grün od braun, aber auch in anderen Farben auftretendes Mineral)* piromorfito *<wichtiges Bleierz>*

Pyrop *m Min (ein blutrotes Mineral aus der Gruppe der Granate <auch als Schmuckstein>)* piropo

Pyrophobie *f Psych (krankhafte Furcht vor [dem Umgang mit] Feuer)* pirofobio

pyrophor *Adj 1. sich bei Kontakt mit Luft selbst entzündend, in feinster Verteilung an der Luft aufglühend 2. Funken gebend (bei Schlag)* pirofora

Pyrophosphat *n Chem* pirofosfato

Pyrophotometer *n Phys* ↑ ***Pyrofotometer***

Pyrophyllit *m Min (ein monoklin kristallisierendes Mineral von weißer bis blassgelber Farbe [chemisch: ein wasserhaltiges Aluminiumsilikat])* pirofilito

Pyrophyten *m/Pl nur Fachspr Bot (Pflanzen, die Feuer für ihre optimale Entwicklung <Wuchs, Samenkeimung u. Samenausbreitung> benötigen od durch Feuer gefördert werden) [in Mitteleuropa z.B. Kiefer (Pinus sylvestris) u. Heidekraut (Calluna vulgaris)]* pirofitoj *Pl*

pyroplastisch 1. *Adj* piroplastika **2.** *Adv* piroplastike

Pyrosäure *f Chem (Säure mit geringerem Wassergehalt als die entsprechende Orthosäure)* piroacido

Pyrosis *f Med* ↑ ***Sodbrennen***

Pyrosulfat *n Chem* pirosulfato

Pyrotartrat *n Chem* pirotartrato

Pyrotechnik *f **a)** 1. Sammelbez. für Herstellung und Abbrennen von Feuerwerkskörpern 2. Mil (die Technik des Umgangs mit Munition, Treib- u. Sprengladungen sowie Entschärfung von Spreng- u. Brandwaffen)* piroteknikо ***b)** Feuerwerkskörper [als Produkt]* piroteknikaĵoj *Pl*

Pyrotechniker *m **a)** Fachmann auf dem Gebiet der Pyrotechnik* fakulo pri piroteknikо ***b)** auch **Feuerwerker** m* piroteknikisto

pyrotechnisch 1. *Adj* piroteknika **2.** *Adv* piroteknike

Pyroxene *m/Pl Min (Sammelname für eine Gruppe verbreiteter gesteinsbildender, häufig dunkler Mineralien [Hauptvertreter: Augit, Diopsid, Hedenbergit, Jadeit, Spodumen u.a.) <gelegentlich ist **Augit** [↑ dort] Syn zu Pyroxen>]* piroksenoj *Pl* (↑ *auch **Ägirin**, **Bronzit**, **Diopsid** u. **Enstatit***)

Pyroxenit *m Min (ein körniges Tiefengestein von meist dunkler bis fast schwarzer Farbe, im Wesentlichen aus Pyroxenen bestehend)* piroksenito

Pyrrhon *m* **[von Elis]** *Eig (ein altgriech. Philosoph [um 360-270 v. Chr.])* Pirono

pyrrhonisch *Adj* pirona

Pyrrhonismus *m Phil (Lehre des Pyrrhon von Elis <ein extremer Skeptizismus>)* pironismo

Pyrrhus (*m*) *Eig (König von Epirus)* Pirho; **~sieg** *m mit zu großen Opfern erkaufter Sieg* perdoriĉa venko, *auch* venko de Pirho

Pyrrol *n Chem (eine heterocyclische Verbindung <chloroformartig riechendes Öl>)* pirolo; **~-Alkaloide** *n/Pl* pirol-alkaloidoj *Pl*

Pythagoras (*m*) *Eig (altgriech. Philosoph u. Mathematiker [um 580-um 496 v. Chr.])* Pitagoro

Pythagoreer *m*, *<österr>* ***Pythagoräer*** *m Anhänger des Pythagoras* pitagorano

pythagoreisch, *<österr>* ***pythagoräisch*** *Adj* pitagora; ***~e Lehre*** *f* pitagorismo; ***~er Lehrsatz*** *m Geom* teoremo de Pitagoro *<grundlegender Satz der Geometrie>*; ***~e Philosophie*** *f* pitagora filozofio; ***~es Zahlentripel*** (*od kurz **Tripel***) *n Math* pitagora triopo

[1]**Pythia** (*f*) *griech. Antike (die Orakelpriesterin im Apollon-Tempel in Delphi <sie sagte in orakelhafter Weise Zukünftiges voraus>)* Pitia

[2]**Pythia** (*n*) *griech. Antike (ursprünglicher Ortsname von Delphi)* Pitio

pythisch *Adj auf* [2]*Pythia bezogen* pitia *i.w.S. für «orakelhaft, rätselhaft, dunkel»*; ***≗e Spiele** Pl altgriechische panhellenische Spiele, die in Delphi von 582 v. Chr. an bis zu ihrem Verfall in der röm. Kaiserzeit alle vier Jahre zu Ehren des Gottes Apollon abgehalten wurden* la Pitiaj Ludoj *Pl*

[1]**Python** *m*, *auch **Pythonschlange** f* (*Gattung* Python) *Zool (Riesenschlange)* pitono (↑ *auch **Angola-**, **Baum-**, **Blut-**, **Felsen-**, **Flecken-**, **Netz-**, **Papua-**, **Schwarzkopf-**, **Sumatrakurzschwanz-** u. **Tigerpython***)

[2]**Python** *m griech. Myth (Bez für einen schlangenartigen Drachen, der von Apollo getötet wurde)* Pitono *<er bewachte das Orakel von Delphi>*

Pyxidium *n Bot* ↑ ***Deckelkapsel***

Pyxis *f Astron* ↑ [2]***Kompass***

Q

q = *Kurzzeichen für* ***Quintal***
Q kuo *Bez für den im Esp-Alphabet nicht vorhandenen Buchstaben Q*
Qaanaaq (*n*) ↑ ***Thule***
Qabis ↑ ***Gabés***
Qat *n* ↑ ***¹Kat***
Q-Fieber *n Med* ↑ ***Queenslandfieber***
Qiang *Pl Ethn (eine nationale Minderheit in China [im Westen der Provinz Sichuan])* ĉjangoj *Pl*
Qibla *f Islam* ↑ ***Kibla***
Qigong [*tʃiˈgɔng*] *n (meist ohne Art) eine chin. Methode, sich zu entspannen* ĉigongo; ~**-Therapie** *f* ĉigongterapio
Qindar [*ˈkin...*] *m Untereinheit des albanischen Lek* kindaro (*vgl. dazu* ***²Lek***)
Qingdau (*n*), *auch* ***Tjingdau*** (*früher [bes. in Europa] auch* ***Tsingtau*** *genannt*) *eine Hafenstadt in der Provinz Shandong [von 1898 bis 1914 deutsche Kolonie]* Ĉingdaŭo
Qinghai (*n*), *auch* ***Tjinghai*** (*n*) *eine westchinesische Provinz [Hptst.: Xining]* Ĉinghajo, *auch* Ĉinghaj-provinco
Qiqihar (*n*) *eine Stadt in der nordostchin. Provinz Heilongjiang* Ĉiĉiharo
Qirsh *m Währung in Saudi-Arabien* kirŝo
Qom [*ko:m*] (*n*), *auch* ***Qum*** *od* ***Ghom*** *Hptst. der gleichnamigen Provinz Qom [eine der heiligen Städte der Schiiten]* Komo
qua *lat. für «[in der Eigenschaft] als» bzw. «laut»*: ~ ***Beamter*** [en sia eco] kiel oficisto; ~ ***amtlicher Befugnis*** laŭ ofica aŭtoritato
quabb[e]lig *Adj reg für a) «wabbelig» bzw. b) «fett»* ***a)*** tro mol[karn]a; *unangenehm weich* molaĉa, malagrable mola ***b)*** grasa
Quackelei *f reg für «ständiges, törichtes Reden»* daŭra stulta babilado
Quackeler *od* **Quackler** *m reg für «Schwätzer»* [stulta] babil[ad]ulo
quackeln *intr reg* daŭre kaj stulte babil[ad]i
Quacksalber *m* ĉarlatano (↑ *auch* ***Kurpfuscher*** *u.* ***Scharlatan***)
Quacksalberei *f Scharlatanerie (als Tat)* ĉarlatanaĵo (*vgl. dazu* ***¹Schwindel***); *(die Methoden eines Scharlatans)* ĉarlatanismo
quacksalbern *intr* ĉarlatani
Quad [*kvɔt*] *n Kfz (geländegängiges vierrädriges Motorrad)* kvado
Quaddel *f bei Nesselsucht* flikteno *auch nach einer Injektion*, blazo [pro urtiktuŝo]
Quaddelsucht *f Med* ↑ ***Nesselausschlag***
Quaden *m/Pl Gesch (ein kleiner suebischer Volksstamm der Germanen)* kvadoj *Pl*
Quader *m* ***a)*** *Geom* kvadro ***b)*** *auch* ***Quaderstein*** *m großer rechteckig behauener Naturstein* kvadroŝtono; *allg: Steinblock* ŝtonbloko
quaderförmig *Adj* kvadroforma
Quadragesima *f die vierzigtägige christliche Fastenzeit vor Ostern* kvadragesimo
Quadrangel *n alt* = ***Viereck***
Quadrant *m*, *auch* ***Viertelkreis*** *m Geom (der zw. den Schenkeln eines rechten Winkels liegende Teil einer Ebene)* kvadranto
Quadrantiden *Pl (auch Großschr) Astron (ein Meteorstrom)* kvadrantidoj *Pl*
Quadrat *n*, *auch* ***Geviert*** *n* ***a)*** *Geom* kvadrato (*vgl. dazu* ***Karree*** *u.* ***Viereck***); *Math (zweite Potenz [einer Zahl])* dua potenco, *auch* kvadrato; ***magisches*** ~ magia kvadrato; ~ ***der mittleren Abweichung*** *Math (Varianz)* varianco; ***eine Zahl ins*** ~ ***erheben*** levi nombron al la dua potenco, kvadratigi ***b)*** *Typ (Bleistück zum Ausfüllen nicht druckender Stellen)* kadrato
Quadratdezimeter *m od n* (*Zeichen* ***dm²***) kvadrata decimetro
quadratförmig *Adj* havanta la formon de kvadrato *nachgest* (*vgl. dazu* ***quadratisch***)
Quadratfuß *m Metr* kvadrata futo
quadratisch *Adj viereckig* kvadrata, kvarangula; *in der zweiten Potenz* kvadrata, en la dua potenco; ~***e Gleichung*** *f Math (eine algebraische Gleichung 2. Grades)* kvadrata ekvacio; ***in*** ~***e Form bringen*** kvadratigi
Quadrat|kilometer *m od n* (*Zeichen* ***km²***) kvadrata kilometro; ~**meile** *f* kvadrata mejlo; ~**meter** *m od n* (*Zeichen* ***m²***) kvadrata metro; ~**millimeter** *m od n* (*Zeichen* ***mm²***) kvadrata milimetro
Quadratur *f Astron, Geom (ein Verfahren zur Flächenberechnung)* kvadraturo ◇ ~ ***des Kreises*** *bildh für «unlösbare Aufgabe»* kvadraturo de la cirklo
Quadraturmalerei *f Kunstwissenschaft* kvadratura pentrado (*od* pentroarto)
Quadrat|wurzel *f* (*Zeichen* √) *Math* kvadrata radiko; ~**zahl** *f Math (zweite Potenz)* kvadrato, dua potenco; ~**zentimeter** *m* (*Zeichen* ***cm²***, *alt* ***qcm***) kvadrata centimetro
quadrieren *tr* ***a)*** *karieren, mit Würfelzeichnung mustern* kvadrati ***b)*** *Math ([eine Zahl] ins Quadrat erheben)* kvadratigi
Quadriga *f Antike (zweirädriger [Streit-]*

Wagen mit vier nebeneinander gespannten Pferden) kvadrigo (↑ *auch* ***Vier[er]gespann***)

Quadrik *f Geom (Fläche zweiter Ordnung)* kvadriko; ***singuläre*** (***zweidimensionale***) ~ singulara (dudimensia) kvadriko

Quadrille [*k(v)a'drilјə*] *f ein Tanz zu vieren od vier Paaren [ein Ende des 18. Jh.s in Frankreich entstanden]* kvadrilo (*vgl. dazu* ***Kontertanz***)

Quadrillion *f vierte Potenz einer Million* kvariliono, *auch* kvadriliono

Quadrinom *n Math (die Summe aus vier Gliedern)* kvadrinomo

Quadrireme *f antikes Kriegsschiff mit vier übereinander liegenden Ruderbänken* kvadriremo

Quadrofonie *f, auch* ***Vierkanalstereofonie*** *f, Kurzw* ***Quadro*** *n Mus* kvadrofonio

quadrofon[isch] *Adj Mus* kvadrofonia

Quadrupel *n vier zusammengehörende mathematische Größen* kvaropo; ~**allianz** *f, auch* ***Vierbund*** *m od* ***Viermächtebündnis*** *n Völkerrecht (Allianz zwischen vier Staaten)* kvaropa alianco

Quadruplexbetrieb *m, auch* ***Vierfachbetrieb*** *m Telegrafie* kvadruplekso

Quagga *n Zool* ↑ ***Steppenzebra***

Quai [*ke:*] *n od n <schweiz> Uferstraße* apudborda (*od* ĉeborda) strato

quak! *lautmalend für Froschquaken* kva! *od* kvak!, *für Krötenlaute* kŭaks!; ***quak! quak!*** *Entengeschnatter* gik-gak *(Zam)*

quaken ***a)*** *intr Ente, Frosch* kvaki, *Frosch auch* [ran]bleki ***b)*** *übertr umg für «in lästiger Weise reden»*: ***sie quakt ununterbrochen*** ŝi kvakas seninterrompe (*vgl. dazu* ***quasseln***)

Quaken *n Gequake* kvakado

quäken *intr Kind* kriĉeti

Quäker *m Rel (Angehöriger der christlichen Glaubensgemeinschaft «Society of Friends»* [↑ *auch dort*]*)* kvakero; ~**bund** *m* Kvakera Societo

Quäkertum *n* kvakerismo

Qual *f* turmento (↑ *auch* ***Tantalusqualen*** *u.* ***Todesqual***); *Folter, Marter* torturo *auch übertr*; *seelischer Schmerz* psika doloro; *Leiden* [daŭra] suferado; ***Erleiden von ~en*** turmentiĝo; ***Mittel*** (*bzw.* ***Werkzeug***) *n* ***der*** ~ turmentilo; ***eine Stätte der*** ~ turmentejo; ***jmdm. [grausame] ~en zufügen*** submeti iun al torturo

quälen *tr peinigen, plagen (auch i.w.S.)* turmenti; *foltern* torturi *auch moralisch* (↑ *auch* ***martern***); *Leid verursachen* suferigi, kaŭzi suferon al; *wehtun (bes. seelisch)* dolorigi (***jmdn.*** iun *od* ies koron); ***dauernd*** (*od* ***immerzu***) ~ daŭre turmenti, turmentadi; ***von ständigen Zweifeln gequält werden*** esti turmentata de (*od* per) konstantaj duboj; ***zu Tode*** ~ ĝismorte turmenti; ***sich*** ~ sin turmenti, *auch* turmentiĝi; *sich Schmerz zufügen* dolorigi sin mem; *sich abmühen, sich schinden* ekstreme penadi, penege labori [ĝis turmentiĝo] (↑ *auch* ***sich placken***)

Quälen *n* turmentado

quälend *Adj* turmenta; *qualvoll* turmentoplena; *Schmerz bereitend* doloriga; *Leiden verursachend* suferiga; *bildh* tantaliga (*vgl. dazu* ***Tantalusqualen***)

Quäler *m Peiniger* turmentanto (*vgl. dazu* ***Folterknecht***)

Quälerei *f (Qual)* turmento, *(das Quälen)* turmentado (*vgl. dazu* ***Grausamkeit***); *Folterung* torturado; ***das ist wirklich eine*** ~ *umg* tio estas vera turmento

quälerisch *Adj* tantaliga (↑ *auch* ***quälend***)

Quälgeist *m aufdringliche Person* sintruda persono, [ega] trudulo (↑ *auch* ***Plagegeist***)

Qualifikation *f* (*umg auch Kurzw* ***Quali*** *f*) kvalifiko *auch Sport* (*vgl. dazu* ***Sachkenntnis***, ***Meisterschaft*** *u.* ***Fähigkeit***); *das Sichqualifizieren* kvalifikiĝo; ***hohe wissenschaftliche*** ~ alta scienca kvalifiko

Qualifikations|grad *m* grado de kvalifiko; ~**spiel** *n Sport* kvalifika maĉo

qualifizieren *tr* kvalifiki (***jmdn. zu etw.*** iun por io); ***sich*** ~ kvalifikiĝi *od* sin kvalifiki *auch Sport*

qualifiziert *Adj* kvalifikita; *diplomiert* diplomita

Qualifizierung *f das Qualifizieren* kvalifikado; *das Sichqualifizieren* kvalifikiĝo *auch Sport* (↑ *auch* ***Weiterbildung***)

Qualifizierungsmöglichkeiten *f/Pl* eblecoj *Pl* de kvalifikiĝo

Qualität *f* kvalito (↑ *auch* ***Güte***, ***Export-***, ***Lebens-*** *u.* ***Tonqualität***); ***erstklassige*** ~ unuaranga kvalito; ***von guter*** (***hoher***, ***minderer***) ~ de bona (supera, malsupera) kvalito; ***die*** ~ ***erhöhen*** [pli]altigi la kvaliton

qualitativ *dem Wert nach* **1.** *Adj* kvalita **2.** *Adv* laŭkvalite *od* laŭ kvalito

Qualitäts|arbeit *f* bonkvalita laboro; ~**erzeugnis** *n* produkto de alta (*od* unuaranga)

kvalito, altkvalita produkto; ~**garantie** *f* garantio pri kvalito; ~**kontrolle** *f* kvalitkontrolo *od* kontrolo de [la] kvalito; ~**management** *n Wirtsch (Gesamtheit der Maßnahmen zur Absicherung einer Mindestqualität von Produkten u. Dienstleistungen)* kvalit[o]-manaĝado; ~**mangel** *m* manko de kvalito

Qualitätsminderung *f* ↑ ***Qualitätsverminderung***

Qualitäts|produkt *n* produkto de alta (*od* unuaranga) kvalito, altkvalita produkto, bonkvalita varo; ~**prüfung** *f* kontrolo de kvalito

Qualitätssiegel *n* ↑ ***Gütezeichen***

Qualitäts|standard *m* normo pri kvalito; ~**steigerung** *f* altigo de kvalito; ~**unterschied** *m* diferenco laŭ kvalito; ~**[ver]minderung** *f, auch* ***Qualitätsverlust*** *m* malpliiĝo (*od* malaltiĝo) de [la] kvalito; ~**ware** *f* bonkvalita varo; ~**wein** *m* [bon]kvalita vino; ~**zertifikat** *od* ~**zeugnis** *n* kvalito-atesto, atesto pri bona kvalito

Qualle *f Zool: Scheiben*♀ meduzo (↑ *auch* ***Blasen-***, ***Kompass-***, ***Nessel-***, ***Ohren-***, ***Rippenqualle*** *u.* ***Löwenmähne b)***)

quallenartig *Adj* meduzoida

Qualm *m* densa [nigra] fumo

qualmen ***a)*** *intr* dense fumi, fumegi; *rußen* fulgi; ***das Feuer qualmt*** la fajro fume brulas ***b)*** *salopp für «[viel od stark] rauchen»* multe (*od* forte) fum[eg]i [cigaredojn] ◇ ***er qualmt wie ein Schlot*** li fumas kiel kamentubo

Qualmerei *f* [senĉesa] fumado

qualmig *Adj voller Rauch* fumoplena, plena de [densa] fumo; *durch Zigaretten- u. dgl. Rauch* plena de cigareda (*bzw.* tabaka *u.a.*) fumo

qualvoll *Adj* turmentoplena; *voller Leid* plena de sufero(j) *nachgest*; ***ein ~er Tod*** turmentoplena morto

Quant *n Phys (kleinste Energiemenge)* kvantumo (↑ *auch* ***Energie-*** *u.* ***Gammaquant***)

Quäntchen *n*: ***ein ~ Glück*** iometo da feliĉo

Quanten|biologie *f ein Teilgebiet der Biophysik* kvantuma biologio; ~**mechanik** *f Phys* kvantuma mekaniko *od* kvantummekaniko

quantenmechanisch *Adj* kvantummekanika

Quanten|optik *f Teilgebiet der Physik, das sich mit der Wechselwirkung zw. Licht u. Materie befasst* kvantuma optiko; ~**physik** *f* kvantuma fiziko; ~**sprung** *m* kvantuma salto *auch übertr für «[durch eine Entdeckung, Erfindung u.Ä. ermöglichter] entscheidender Fortschritt»*; ~**theorie** *f Phys (Theorie der mikrophysikalischen Erscheinungen u. Objekte)* kvantumteorio *od* teorio pri kvantumoj; ~**zahl** *f Phys* kvantumnombro

Quantil *n Math (Bruchteil einer geordneten statistischen Reihe)* kvantilo (*vgl. dazu* ***Quartil***)

Quantität *f* kvanto (*vgl. dazu* ***Menge***)

quantitativ *der Quantität nach, mengenmäßig* **1.** *Adj* kvant[ec]a **2.** *Adv* laŭ kvanto *nachgest*, laŭkvante, *auch kurz* kvante

Quantor *m* ***a)*** *Math (mathematisches Symbol, das in der mathematischen Logik eine mengenmäßige Beziehung ausdrückt)* kvantizanto (↑ *auch* ***All-*** *u.* ***Existenzquantor***) ***b)*** *EDV, Logik* kvantoro

Quantum *n* kvanto; *Menge* nombro; *Anteil* parto; *Portion* porcio (*vgl. dazu* ***Anzahl***, ***Dosis*** *u.* ***Maß***)

Quappe *f* = *Kurzw für* ***Kaulquappe*** [↑ *dort*] (↑ *auch* ***Aalquappe***)

Quarantäne *f*, *<österr> Amtssprache alt* ***Kontumaz*** *f Med* kvaranteno; ***freiwillige ~*** libervola kvarateno; ***in ~ legen*** *od* ***unter ~ stellen*** kvarantenigi, *auch* meti en kvarantenon; ***in ~ sein***, *<österr> alt* ***kontumazieren*** esti en kvaranteno

Quarantäne|beschränkungen *f/Pl* kvarantenaj restriktoj *Pl*; ~**flagge** *f ein Arztrufsignal auf Schiffen* kvarantena flago *<gelbe Flagge>*; ~**pflicht** *f* devigo esti en kvaranteno; ~**regeln** *f/Pl* reguloj *Pl* de kvaranteno; ~**station** *f* kvarantena stacio (↑ *auch* ***Isolierstation***); ~**vorschriften** *f/Pl* kvarantena regularo

[1]**Quark** *n Naturw (hypothetisches Elementarteilchen)* kvarko (↑ *auch* ***Antiquarks***)

[2]**Quark** *m* ***a)*** *auch* ***Weißkäse*** *m*, *<österr> u. reg* ***Schotten*** *od* ***Topfen*** *m Nahr* kazeo (*vgl. dazu* ***Käse***); ***zu ~ gerinnen*** *intr* kazeiĝi; ***zu ~ gerinnen lassen*** *tr* kazeigi ***b)*** *übertr (Unsinn)* sensencaĵo, *(ein Nichts)* neniaĵo, *(etw. Wertloses)* senvaloraĵo, *(Belanglosigkeit)* bagatelo (*vgl. dazu* ***Quatsch***); ~**kuchen** *m*, *auch* ***Käsekuchen*** *m* kazeokuko

[1]**Quart** *f*, *auch* ***Quarte*** *f Mus (1. vierter Ton der diatonischen Tonleiter 2. Intervall im Abstand von vier Stufen)* kvarto

[2]**Quart** *n* ***a)*** *auch* ***Quartformat*** *n Typ (ein*

Papiermaß) kvarto ***b)*** *auch* ***Quartel*** *n ein altes deutsches Trocken- u. Flüssigkeitsmaß unterschiedlicher Größe* kvarto

Quarta *f veraltend für «dritte Klasse [des Gymnasiums]»* tria klaso [de gimnazio]

Quartal *n* kvaronjaro, *auch* jarkvarono (↑ *auch* ***Vierteljahr***); ***im ersten ~ dieses Jahres*** en (*od* dum) la unua ĉi-jara kvaronjaro; ***im letzten ~*** en la lasta kvaronjaro

Quartals|ende *n* kvaronjara fino; **~säufer** *m, Fachspr* ***Dipsomane*** *m* dipsomaniulo

quartal[s]weise *Adv* kvaronjare; *jedes Vierteljahr* ĉiun kvaronjaron

Quartanfieber *n, kurz* ***Quartana*** *f, auch* ***Viertagefieber*** *n Med (eine Verlaufsform der Malaria)* kvartana febro

quartär *Adj zum Quartär gehörig* kvaternara

Quartär *n Geol (obere Formation des Känozoikums [jüngste Formation der Erdneuzeit])* kvaternaro

Quarte *f Mus* ↑ ***[1]Quart***

Quartel *n* ↑ ***[2]Quart b)***

quarternär, *auch* ***vierbindig*** *Chem* kvaternara

Quarteron *m alt für «männlicher Nachkomme eines Weißen u. einer Terzeronin»* kvarterono

Quartett *n Mus (Musikstück für vier Stimmen bzw. Gruppe von vier Ausführenden)* kvarteto (*vgl. dazu* ***Streichquartett***)

Quartformat *n Buchw, Typ* kvarto

Quartier *n* ***a)*** *[vorübergehende] Unterkunft* [provizora] loĝejo, tranoktejo (↑ *auch* ***Herberge***, ***Elends-***, ***Massen-*** *u.* ***Winterquartier***); ***jmdm. ~ für eine Nacht geben*** doni al iu loĝadon por unu nokto; ***ein billiges ~ suchen*** serĉi malmultekostan tranoktejon ***b)*** *<schweiz>* ***Kantonnement*** *n Mil (Truppenunterkunft)* kantonmento; ***in ~ liegen*** restadi en kantonmento, *auch* kantonmenti ***c)*** *<schweiz>* ↑ ***Viertel b)***

Quartier Latin *n Stadtteil von Paris mit der Sorbonne <Studentenviertel>* Latina Kvartalo

Quartiermacher *m Mil* furiero

Quartil *n Math (Bruchteil einer geordneten statistischen Reihe bei Teilung in 4 Teile)* kvarilo

Quarz *m Min* kvarco (↑ *auch* ***Amethyst***, ***Aventurin***, ***Bergkristall***, ***Kieselsäure***, ***Morion***, ***Rauch-*** *u.* ***Rosenquarz***); **~diorit** *m Min* kvarcdiorito; **~frequenz** *f El* kvarcfrekvenco; **~filter** *m Schwachstromtechnik* kvarcfiltrilo; **~glas** *n durchsichtiges Kieselglas* kvarcvitro, *auch* kvarca vitro

quarzhaltig, *<österr>* ***quarzhältig*** *Adj* kvarchava, *nachgest* enhavanta kvarcon

quarzig *Adj* kvarca; *wie Quarz* kiel kvarco; *quarzhaltig* kvarchava, *nachgest* enhavanta kvarcon

Quarzit *m Geol, Min (ein metamorphes Gestein mit vorherrschendem Quarzgehalt u. granoblastischem Gefüge [vor allem aus Sandsteinen entstanden])* kvarcito (↑ *auch* ***Itabirit***); ***paläozoischer*** (***tertiärer***) ~ paleozoika (terciara) kvarcito

Quarz|kristall *m* kvarckristalo *od* kvarca kristalo *auch El*; **~lampe** *f Med, Philat* kvarclampo; **~metronom** *n Mus* kvarcmetronomo; **~oszillator** *m El* kvarc-oscilatoro; **~porphyr** *m Min (ein Magmatitgestein)* kvarcporfiro; **~sand** *m* kvarcsablo *od* kvarca sablo; **~sandstein** *m* kvarcsabla ŝtono; **~schiefer** *m Min* kvarcskisto; **~uhr** *f* kvarchorloĝo (↑ *auch* ***Chronometer***)

Quasar *m* (*Kurzw aus* ***quasistellare Radioquelle***), *auch* ***quasistellares Objekt*** *n Astron* kvazaro, *auch* kvazaŭstela objekto

quasi *Adv als ob, fast wie, gleichsam* kvazaŭ; *sozusagen* por tiel diri; **~offiziell** *Adj* kvazaŭoficiala; **~stellar** *Adj Astron* kvazaŭstela (↑ *auch* ***Quasar***)

Quasisynonym *n Ling* kvazaŭsinonimo

Quasselei *f* [senĉesa] babilado

quasseln *intr pausenlos reden* [senĉese *od* seninterrompe] babil[aĉ]i; *dumm reden* stulte paroli; *unsinniges Zeug reden* elbuŝigi sensencaĵon (*od* stultaĵo[j]n)

Quasseltante *f* ↑ ***Quatschtante***

Quassie *f, auch* ***[südamerikanischer] Bitterholzbaum*** *m od* ***Surinam-Quassie*** *f* (Quassia amara) *Bot* [amara] kvasio *<liefert Bitterstoff, der als Heilmittel verwendet wird>*

Quaste *f* kvasto (*vgl. dazu* ***Pompon***, ***Portepee*** *u.* ***Troddel***; ↑ *auch* ***Puder-***, ***Säbel-*** *u.* ***Schwanzquaste***)

Quasten|flosser *m/Pl Ichth* (Crossopterygii) krosopterigoj *Pl*; *die Art* (Latimeria chalumnae) latimerio (↑ *auch* ***Coelacanthus*** *u.* ***Rhipidistia***); **~schwanz** *m z.B. des Esels* tuf-vosto; **~stachler** *m* (*Gattung* Atherurus) *Zool* penikvosta histriko

Quästor *m* ***a)*** *röm. Antike (hoher Finanzbeamter)* kvestoro ***b)*** *<schweiz> geh: Kassenwart [eines Vereins]* kasisto [de societo] ***c)*** *Schatzmeister von Körperschaften, Parlamenten, Universitäten* trezoristo, *auch* kvestoro ***d)*** *[in Italien:] Polizeipräsident [einer Provinz od einer Großstadt], Polizeichef* kvestoro (↑ *auch* ***Vizequestore***)

Quästur *f röm. Antike* ***a)*** *Amt des Quästors* kvestoreco ***b)*** *Amtsraum des Quästors* kvestorejo ***c)*** *<österr> Kassenstelle [einer Hochschule]* kas[ej]o [de altlernejo]

Quatsch *m dummes Gerede* stulta diraĵo; *sinnloses, verworrenes Gerede* galimatio; *sinnloses Zeug* sensencaĵo; *Alberei, Scherz* petolaĵo, ŝerco; *törichte Handlung* stultaĵo (↑ *auch* ***²Quark a)***); ***das hab ich nur aus ~ gesagt*** tion mi diris nur ŝerce; ***mach keinen ~!*** ne faru stultaĵon!

quatschen *intr unaufhörlich reden, plappern* senĉese paroli (*od* babili); *schwatzen* babiladi, *pej* babilaĉi; *Unsinn reden* stulte paroli, diri sensencaĵo(j)n (↑ *auch* ***quasseln***)

Quatschkopf *m, reg* ***Sabbelkopf*** *m Schwätzer* babil[aĉ]ulo; *jmd., der ausplaudert* maldiskretulo

quatschnass *Adj reg für «ganz durchnässt»* plenplene malseka, malseka ĝis la haŭto

Quatschtante *f, auch* ***Quasseltante*** *f* babil[aĉ]ulino

Quazbegi *m* ↑ ***Kasbek***

Quebec (*n*) ***a)*** *eine Hafenstadt in Kanada* Kebeko ***b)*** *auch* ***provinco Kebekio*** *eine kanadische Provinz* Kebekio

Quebrachin *n Chem* ↑ ***Yohimbin***

Quebracho[holz] [*ke'bratʃo...*] *n ein hartes Holz südamerik. Baumarten* kebraĉo; ***weißes ~*** *Holz der Art ‹Aspidosperma quebracho-blanco›* blanka kebraĉo

Quechua *od* **Ketschua** ***a)*** *m Ethn (Angehöriger eines indianischen Volkes in Peru)* keĉuo ***b)*** *n Ling (in Peru gesprochene Indianersprache)* la keĉua [lingvo]

Quecke *f* (*Gattung* Agropyrum) *Bot* agropiro; *Hunds*~ *(Agropyrum caninum)* hundherbo *od* hunda herbo; ***gemeine*** (*od* ***kriechende***) ~ (Agropyrum repens) *ein ausdauerndes Unkraut* ordinara (*od* rampa) agropiro (↑ *auch* ***Strandquecke***)

Quecksilber *n* (Hydrargyrum) (*Symbol* ***Hg***) *Chem* hidrargo *auch übertr* (↑ *auch* ***Knall- u. Methylquecksilber***)

Quecksilber-I-Chlorid *n* ↑ ***Kalomel***

Quecksilber|barometer *n* hidrarga barometro; ~**dampfgleichrichter** *m, auch* ***Quecksilberdampfventil*** *n El (ein Gasentladungsventil mit einem Quecksilberteich als Katode)* hidrargovapora rektifilo (↑ *auch* ***gasgefüllter Gleichrichter*** [*unter* ***Gleichrichter***])

quecksilberhaltig, *<österr>* ***quecksilberhältig*** *Adj nachgest* enhavanta hidrargon

quecksilb[e]rig *übertr* vigla kiel hidrargo

Quecksilber|kathode *f El* hidrarga katodo; ~**kohärer** *m El* hidrarga koherilo (*vgl. dazu* ***Kohärer***); ~**säule** *f Phys* hidrarga kolono; ~**[tauch]unterbrecher** *m El* hidrarga interuptoro; ~**thermometer** *n* hidrarga termometro; ~**vergiftung** *f Med* hidrarga toksiĝo

Quedlinburg (*n*) *eine Stadt im nördl. Harzvorland/Sachsen-Anhalt* Kvedlinburgo

Queen [*kvi:n*] *f engl. Königin* [brita] reĝino

Queene *f reg für «Färse»* [↑ *dort*]

Queensland ['*kvi:nslɛnt*] *ein Bundesstaat im NO Australiens* Kvinslando *[Hptst.: Brisbane]*; ~**fieber** *n, auch kurz* ***Q-Fieber*** *n Med (eine Rickettsieninfektion, bes. in den Tropen)* kvinslanda febro, *kurz* kuo-febro; ~**-Flaschenbaum** *m* (Brachychiton rupestris) *Bot* kvinslanda botelarbo; ~**-Kaurifichte** *f* (Agathis robusta) *Bot* kvinslanda kaŭrio; ~**-Pfeilwurzel** *f, auch* ***essbare Canna*** *f* (Canna edulis) *Bot* manĝebla kanao *<die Pflanze wird in Australien u. Brasilien zur Stärkegewinnung angebaut>*

Quell *m poet =* ***Quelle*** (↑ *auch* ***Lebensquell***)

Quell|code *m, auch* ***Quelltext*** *od* ***Source Code*** *m EDV, Informatik* fontokodo; ~**dokument** *n auch EDV* fonta dokumento

Quelle *f* fonto *auch übertr* (↑ *auch* ***Born, Einnahme-, Energie-, Fehler-, Fluss-, Gefahren-, Geld-, Heil-, Informations-, Inspirations-, Mineral-, Primär-, Protein-, Rohstoff-, Schwefel-, Sol-, Spring-, Thermal- u. Ursprungsquelle***); *Brunnen* puto; ***die ~ des Lebens*** la fonto de [la] vivo; ***~ des Reichtums*** fonto de riĉeco (*vgl. dazu* ***Goldgrube***); ***bibliografische*** (***diplomatische***) ~***n*** *Pl* bibliografiaj (diplomatiaj) fontoj *Pl*; ***schriftliche ~*** skriba fonto; ***die ~ angeben*** citi (*od* indiki) la fonton; ***aus gut unterrichteter ~ verlautet ...*** el bone informita fonto oni ekscias, ke ...

quellen *intr aufquellen (auch Teig), anschwellen, sich blähen (Segel)* ŝveli; *herausquellen* fonti (***aus*** el), eliĝi el fonto

Quellen|angabe *f Wiss* fontindiko; ~**material** *n Wiss* font[o]materialo

Quellensprache *f Ling* ↑ ***Ausgangssprache***

Queller *m, auch* ***Glasschmalz*** *n* (*Gattung*

Salicornia) *Bot* salikornio; ***gemeiner*** ~ (Salicornia europaea) eŭropa salikornio

Quell|gebiet *n von Wasserläufen* fonta regiono; *Ursprungsquelle eines Flusses* origina fonto de rivero; ~**nymphe** *f, auch **Flussnymphe** f griech. Myth* najado (↑ *auch **Arethusa***)

Quellried *n Bot*: ***fuchsrotes*** ~ (Blysmus rufus = Scirpus rufus) rufa (*od auch* ruĝa) skirpo; ***zusammengedrücktes*** ~ (Blysmus compressus = Scirpus planifolius) plata skirpo

Quelltext *m EDV, Informatik* ↑ ***Quellcode***

Quellungsstar *m* (Cataracta intumescens) *Ophthalmologie* intumeska katarakto

Quell|wasser *n* fonta akvo; ~**wolken** *f/Pl Met* kumulusoj *Pl*

Quendel *m, auch **Feldthymian** m* (Thymus serpyllum) *Bot* serpilo, <*wiss*> serpila timiano <*Teile des Quendels werden auch als Arzneidroge verwendet*>; ~**sandkraut** *n* (Arenaria serpyllifolia) *Bot* sabla arenario

Quengelei *f Nörgelei* grumblado

quengeln *intr weinerlich um etw. bitten, bes. Kind* [senpaŭze kaj] ploreme petadi; *nicht still sitzen können, zappelig sein* daŭre barakti, baraktadi; *nörgeln* grumbl[ad]i

quer 1. *Adj transversal, schräg [verlaufend]* transversa; *diagonal* diagonala; *horizontal* horizontala; ~***er Bauchmuskel** m* (Musculus transversus abdominis) *Anat* abdomena transverso; ~***er Zungenmuskel** m, auch **Binnenmuskel der Zunge*** (Musculus transversus linguae) *Anat* langa transverso; **2.** *Adv* transverse; diagonale; horizontale; *kreuzweise* kruce; *der Breite nach* laŭlarĝe; ~ ***gestreift*** horizontale striita; ***kreuz und*** ~ zigzage, ĉiudirekte; ***der LKW stand*** ~ ***auf der Fahrbahn*** la kamiono staris transverse sur la strato; ***ein*** ~ ***über die Brust getragenes Band*** rubando portata transverse de la brusto **3.** *quasipräfixartig, bes. in technischen bzw. fachsprachlichen Zusammensetzungen* kver...

Quer|achse *f Tech* kverakso; ~**bahnsteig** *m Eisenb* transversa kajo; ~**balken** *m z.B. eines Zauns, an dem die senkrecht stehenden Latten befestigt werden* ŝpalo (↑ *auch **Schenkel d)***); *Bauw* transversa trabo; *zur Türverriegelung* transversa riglilo

querbeet *Adv umg für «ohne festgelegte Richtung»* sen fiksita direkto

Querbewehrung *f Bauw* transversa armaturo (*vgl. dazu **Bewehrung***)

Quercetin *n, auch **Querzetin** n Biochemie, Pharm (ein gelber Naturfarbstoff aus der Gruppe der Polyphenole u. Flavonoide* <*wird bei Herzinsuffizienz eingesetzt*>) kvercetino

Quer|damm *od* ~**deich** *m Mar od an Flussläufen* transversa digo; ~**denker** *m Pol* [politike aktiva] nekonformisto (↑ *auch **Impfgegner***)

Quere *f* transversa direkto ◇ ***jmdm. in die*** ~ ***kommen** a) salopp für «jmdm. zufällig begegnen»* hazarde renkonti iun [surstrate] ***b)*** *jmds. Absichten od Pläne durchkreuzen* kruci ies intencojn (*od* planojn); ***mir geht heute alles der*** ~ hodiaŭ ĉio malsukcesas, kion mi faras

Querele *f* (*meist Pl*: ***Querelen***) kverelo(j) *(Pl)* (*vgl. dazu **Gezänk** u. **Streit***)

Querfalte *f* transversa faldo

querfeldein *Adv* rekte tra la kampo (*od* naturo)

Querfeldein|lauf *m od* ~**rennen** *n* (*auch **Cross Country** genannt*) ***a)*** *Sport* kuro tra la kampo ***b)*** *nur **Querfeldeinrennen** Radsport* = ***Cyclocross***

Quer|flöte *f Mus* kverfluto *od* transversa fluto (↑ *auch **Piccoloflöte** u. **Querpfeife***); ~**format** *n* horizontala (*od* oblonga) formato

quergehen *intr missglücken* malsukcesi, fiaski

Quer|holz *n **a)*** kverligno ***b)*** *Kricket (eines der beiden Querstäbchen, die über den «stumps» liegen)* bejlo; ~**keil** *m Handw, Masch* transversa kejlo; ~**kopf** *m* obstinulo; ~**kraft** *f Phys* transversa forto; ~**latte** *f* kverfosto *auch des Fußballtors*

querlegen, sich *refl: andere behindern* [provi] bari la intencojn (*od* planojn) de aliaj

Quermäuler *n/Pl Ichth*: ***a) [Ordnung der]*** ~ (Selachii) selakoj *Pl* ***b)*** ↑ ***Plagiostomen***

Quer|pass *m Fußball* transversa pasigo [de la pilko]; ~**pfeife** *f Mus (eine kleine klappenlose Querflöte)* fifro; ~**rinne** *f Verk* vojsulko, transversa sulko [sur la strato]; ~**ruder** *n Flugw* alerono; ~**schiff** *n einer Basilika* transepto; ~**schläger** *m Mil (abgelenktes Geschoss)* resaltinta pafaĵo; ~**schnitt** *m **a)** Ggs: Längsschnitt* transversa sekc[aĵ]o, *bes. Tech* kverprofilo, *umg auch* horizontala (*od* laŭlarĝa) tranĉo ***b)*** *charakteristische Auswahl* karakteriza elekto

querschnitt[s]gelähmt *Med* paraplegia, paralizita sube de la talio
Querschnitt[s]lähmung *f, Fachspr* ***Paraplegie*** *f Med* paralizo sube de la talio, paraplegio
Querschott *n Mar* transversa fakmuro
Querschwingung *f Phys* ↑ ***Transversalschwingung***
Querschwung *m Skilauf* ↑ ***²Kristiania***
Quer|straße *f Verk* kverstrato, *auch* kruca (*od* transversa) strato (*vgl. dazu* ***Weggabelung***); ~**streifen** *m* horizontala strio; ~**summe** *f, auch* ***Ziffernsumme*** *f Math (die Summe der Ziffern einer Zahl)* kversumo, cifersumo; ~**tal** *n, auch* ***Durchbruchstal*** *n* transversa valo; ~**treiber** *m* [konstanta] malhelpanto; *i.w.S. Intrigant* intrigulo, intriganto; ~**treiberei** *f* [konstanta] malhelpado, intrigado
querüber *Adv schräg gegenüber* transverse [vidalvide]
Querulant *m Streitsüchtiger* kverel[em]ulo; *Nörgler* grumblulo
Quer|verbindung *f* konekso, koneksa linio; ~**verweis** *m Buchw* krucreferenco
Querwelle *f Phys* ↑ ***Transversalwelle***
Querzahnmolch *m* (*Gattung* Amblystoma) *Zool* amblistomo
Querzetin *n Biochemie, Pharm* ↑ ***Quercetin***
Questammerfink *m* (Nesospiza questi) *Orn* najtingalinsula fringo *[Vorkommen: endemisch auf der Nachtigall-Insel im Tristan da Cunha-Archipel (Südatlantik)]*
Quetsche *f* ↑ ***Presse a)***
quetschen *tr pressen* prem[eg]i; *zusammendrücken* kunpremi, premi de du kontraŭaj flankoj; *platt drücken* [preme] platigi; *zwicken* pinĉi; *Med* kontuzi; ***Kartoffeln*** ~ *Kochk* kaĉigi terpomojn; ***gequetscht werden*** *Med* kontuziĝi; ***sich*** ~ *Med* sin kontuzi, kontuziĝi
Quetschfalte *f* ↑ ***Puffe***
Quetschfleck *m Med* kontuzmakulo (*vgl. dazu* ***blauer Fleck*** [↑ *unter* ***Fleck***])
Quetschung *f, Fachspr* ***Kontusion*** *f* (Contusio) *Med* kontuzo (↑ *auch* ***Prellung***); *Quetschwunde (Vulnus contusum)* kontuzvundo, *pop* premvundo; *gequetschte Stelle [am Körper]* kontuzaĵo (↑ *auch* ***Brustkorbquetschung*** *u.* ***Hirnkontusion***)
¹Quetzal [*kɛt'sal*] *m, auch* ***Pfauentrogon*** *m* (Pharomachrus mocinno) *Orn* kecalo *<heiliger Vogel der Azteken, Wappentier von Guatemala>*
²Quetzal [*kɛt'sal*] *m Währungseinheit in Guatemala* kecalo
Quetzalcoatl [*kɛt'sal...*] (*m*) *Myth (eine synkretistische Gottheit mehrerer mesoamerikanischer Kulturen)* kecalkoatlo *(auch Großschr) [bei den Azteken Gott des Winds, des Himmels u. der Erde <meist als gefiederte Schlange dargestellt>]*
Queue [*kö:*] *f, auch (bes. österr) m* ↑ ***Billardstock***
Quiche [*kiʃ*] *f eine Art Speckkuchen* kiŝo; ~ ***lorraine*** *lothringischer Speckkuchen, der mit einer Eiercreme bedeckt ist* lorena kiŝo
¹Quiché [*ki'tʃe*] *Pl Ethn (ein Volk der Maya im Hochland Guatemalas nördlich des Atitlansees)* kiĉeoj *Pl*
²Quiché [*ki'tʃe*] *od* **Kiče** *n, auch* ***Guatemaltek*** *n Ling (eine Sprache des Maya-Kiče-Zweigs)* la kiĉea [lingvo]
Quickborn *m alt für* ***Jungbrunnen*** [↑ *dort*]
Quickie *m sex salopp für «rasch vollzogener GV»* rapidfiko, *i.w.S.* spontanfiko
quicklebendig *Adj* treege vigla, plen[eg]a de vivo; *i.w.S. voller Tatendrang* plena de energio (↑ *auch* ***springlebendig***)
Quickstepp *m Tanzsport (ein Standardtanz im 4/4-Takt in schnellem Marschtempo u. stampfendem Rhythmus, der durch Fußspitzen- u. Fersenschläge ausgedrückt wird)* kvikstepo
quieken *intr* kviki (*vgl. dazu* ***kreischen***)
Quieken *n* kvikado
Quieker *m einzelner quiekender Laut* kviko
Quieszenz *f Biol (eine unmittelbar von den Umweltfaktoren abhängige Entwicklungshemmung bei wechselblütigen Tieren, die in jeder Phase der Ontogenese bei ungünstigen Bedingungen eintreten kann u. nach Einsetzen günstiger Bedingungen sofort wieder aufhört)* kvieco; ***im Stadium der*** ~ ***[befindlich]*** *Adj* kvia (↑ *auch* ***Winterschlaf***)
Quietismus *m Rel [bes. die mystische Lehre Miguel de Molinos u. seiner Anhänger]* kvietismo
quietschen *intr Rad, Tür, alte Wetterfahne* grinci (*vgl. dazu* ***knarren*** *u.* ***kreischen***)
Quinke-Ödem *n Med* ↑ ***Angioödem***
Quinoa *m, auch* ***Inka-*** *od* ***Perureis*** *m, selt auch* ***Inkakorn*** *n* (Chenopodium quinoa) *Bot, Nahr (eine einjährige, ästige, bis zu 2 m hohe krautige Pflanze, deren weiße, stär-*

kereiche, hirsekornähnliche Samen in den Anden u. Kordilleren ein wichtiges Nahrungsmittel sind) kvinoo

Quinquagesima *f Kirche (der letzte Sonntag vor der Passions- und Fastenzeit [siebter Sonntag vor Ostern])* kvinkagesimo

Quint *f Mus* ↑ ***Quinte***

Quinta *f veraltend für «zweite Klasse [des Gymnasiums]»* dua klaso [de gimnazio]

Quintal *m (Kurzzeichen **q**) ein Gewichtsmaß* kvintalo

Quinte *f,* <*österr*> *nur **Quint** f Mus (1. die 5. Stufe der diatonischen Tonleiter 2. Intervall im Abstand von fünf Stufen, als reine, verminderte od übermäßige Quinte)* kvinto

Quintessenz *f Phil u. übertr* kvintesenco (*vgl. dazu* ***Hauptinhalt***, ***Kern*** *u.* ***Wesen c)***); *umg auch für «Ergebnis»* [fina] rezulto

Quintett *n Mus (Gruppe von fünf Solisten)* kvinteto; *Komposition für fünf Instrumente (bzw. Singstimmen)* komponaĵo por kvin instrumentoj (*bzw.* voĉoj)

Quintilian[us] (*m*) *Eig (ein altröm. Redner, Verfasser eines lat. Lehrbuchs der Rhetorik [um 35-96 n. Chr.])* Kvintiliano

Quintillion *f Math ([engl.-deutsches System:] 5. Potenz der Million)* kvintiliono

Quintparade *f Fechten* kvinta parato

Quintus Curtius [Rufus] (*m*) *Eig (ein altröm. Historiker [1. Jh. n. Chr.)* Kvinto-Kurcio

Quintus Ennius (*m*) ↑ ***Ennius***

Quipu [*'kipu*] *n* ↑ ***Knotenschnur***

Quirinal *m 1. einer der sieben Hügel Roms 2. der daraufbefindliche Palast: [seit 1948] Sitz des ital. Staatspräsidenten* Kvirinalo

Quirl *m **a)** Hausw* kirlilo ***b)*** *Bot* ↑ ***Wirtel***

quirlen *tr mit dem Quirl verrühren* kirli

Quirlen *n* kirlado

Quirlmalve *f* (Malva verticillata) *Bot* verticila malvo (↑ *auch* ***krause Malve*** [*unter* ***Malve***])

quirlständig ↑ ***wirtelig***

Quisling *m pej für «Kollaborateur»* kvislingo (*vgl. dazu* ***Verräter***) <*nach dem norwegischen Faschistenführer Vidkun Quisling*>

Quito [*'ki:to*] (*n*) *Hptst. von Ecuador* Kito

Quitotomate *f Bot, Nahr* ↑ ***Naranjilla***

quitt *Adj ausgeglichen, frei von Verbindlichkeiten* kvita; ***nun sind wir*** ~ ni sekve nun estas kvitaj *(Zam)*

Quitte *f **a)** **Quittenbaum** m* (*Gattung* Cydonia) *Bot* cidonio, *auch* cidoniarbo; (*die Art* Cydonia oblonga *od* Cydonia vulgaris) [ordinara] cidonio; ***japanische*** ~ (*od* ***Zierquitte***) (Chaenomeles japonica) japana kenomelo, *pop* flor-cidonio ***b)*** *birnen- od apfelförmige Frucht des Quittenbaums* cidonio

quitte[n]gelb *Adj* cidonioflava

quittieren *tr*: ***den Dienst*** ~ forlasi la servon; *aus dem Amt ausscheiden* eksiĝi el [sia] ofico; ***eine Rechnung*** ~ [subskribe] kvitanci fakturon

Quittung *f Empfangsbescheinigung* kvitanco, ricev-atesto; *Einzahlungs*≗ kvitanco pri ricevita mono, pag-atesto; *Bescheinigung über die Tilgung einer Schuld* kvit-atesto

Quittungssteuer *f, auch* ***Stempelsteuer*** *od* ***Stempelgebühr*** *f* stampimposto

quiwitt rufen *intr, abs* kviviti *auch* krii kvivit *ein Vogel*

Quiz *n Frage-und-Antwort-Spiel (bes. im Rundfunk u. TV)* kvizo; ~**frage** *f* kvizdemando (↑ *auch* ***Preisaufgabe***); ~**master** *m TV* kvizmastro

Qumrān (*n*) ↑ ***Kumran***

Quodlibet *n Mus (eine im 16.-18. Jh. beliebte Kompositionsform ähnlich dem Potpourri [im 19. Jh. häufig gleichbedeutend mit ‹Potpourri› gebraucht])* kvodlibeto

Quokka *Zool* ↑ ***Kurzschwanzkänguru***

Quorum *n, auch* ***Beschlussfähigkeit*** *f Parl (die zur Beschlussfassung notwendige Anzahl von Mitgliedern [einer parlamentarischen Vereinigung od einer Körperschaft])* kvorumo; ***das*** ~ ***ist nicht erreicht worden*** la kvorumo ne estis atingita; ***die Beschlussfähigkeit feststellen*** konstati, ke la kvorumo estas atingita

Quote *f Math, Wirtsch auch* kvoto (*vgl. dazu* ***Anteil*** *u.* ***Kontingent***; ↑ *auch* ***Amortisations-***, ***Arbeitslosen-***, ***Einschalt-***, ***Export-***, ***Fang-***, ***Frauen-***, ***Gewinn-*** *u.* ***Trefferquote***); ***Festsetzung*** *f* ***von*** ~***n*** fiksado de kvotoj (↑ *auch* ***Kontingentierung***)

Quotensystem *n* kvotosistemo

Quotient *m Math (Ergebnis einer Division)* kvociento (↑ *auch* ***Intelligenzquotient***); ***der*** ~ ***von 12 durch 4 ist*** 3 *od* ***vier ist der*** ~ ***der Division 12 : 3*** la kvociento de 12 per 4 estas 3

Quotientengruppe *f, auch* ***Faktorgruppe*** *f Math* kvocienta grupo

quotieren *tr z.B. Börsenwerte* kvoti

Quotierung *f von Kursen, Preisen* kvotado

R

r = *Zeichen für* **[1]Radius**
r. = *Abk für* **rechts**
R = **1.** *Abk für* **[2]Rand** **2.** *Abk für* **Riel** **3.** *Abk für* **Ringgit** **4.** *Zeichen für* **Röntgen**
Rabat (*n*), *arab.* **ar-Rabat** *od* **Ribāt al-Fath** *Hptst.von Marokko u. Hafenstadt am Atlantik* Rabato
Rabatt *m Hdl, Wirtsch* rabato (*vgl. dazu* **Ermäßigung** *u.* **Preisnachlass**; ↑ *auch* **Frühbucher-** *u.* **Mengenrabatt**); ~ **erhalten** ricevi (*od auch* ĝui) rabaton (**auf** je); ~ **geben** (*od* **gewähren**) doni (*od* konsenti) rabaton; **mit 5%** ~ kun rabato de kvin procentoj *od* kun kvinprocenta rabato; **mit ~ verkaufen** vendi rabate; **ohne** ~ *zum Nettopreis* senrabate
Rabatte *f* **a)** *Gartenb* platbando; *Blumen*~ florbedo [ĉe la rando] **b)** *alt für «Aufschlag an Jacke u. Ärmel»* roverso [de jako *bzw.* maniko]
rabattieren *tr Rabatt gewähren* rabati
Rabauke *m umg für «Rüpel» (gewalttätiger [junger] Mensch, Rohling)* [juna] krudulo (*od [stärker:]* brutulo) (*vgl.dazu* **Hooligan**)
Rabaul (*n*) *wichtigste Stadt u. Haupthafen des zu Papua-Neuguinea gehörenden Bismarckarchipels (Neubritannien)* Rabaŭlo; ~**habicht** *m* (Accipiter luteoschustaeus) *Orn* ardezdorsa akcipitro *[Vorkommen: endemisch in Papua-Neuguinea]*
Rabbi *m Anrede u. Titel jüdischer Schriftgelehrter* rabeno *(Zam) (vor Eig auch Großschr)*
Rabbinat *n*, *auch* **Rabbineramt** *n Amt od Würde eines Rabbiners* rabeneco
Rabbiner *m jüdische Rel* rabeno, kultestro de juda komunumo (↑ *auch* **Oberrabbiner**)
rabbinisch *Adj* rabena
Rabbinismus *m Lehre der Rabbiner* rabenismo
Rabbinist *m Anhänger des Rabbinismus* rabinisto
[1]Rabe *m* (*Gattung* Corvus) *Orn* korvo (*vgl. dazu* **Dohle**; ↑ *auch* **Erz-**, **Kolkrabe**, **Rabenkrähe**, **Schild-** *u.* **Wüstenrabe**); **kleiner** ~ korveto; **der** ~ **krächzt** la korvo grakas; **er ist schwarz wie ein** ~ *bildh* li estas nigra kiel korvo
[2]Rabe *m*, *Fachspr* **Corvus** *m* (*Abk* **Crv** *od* **Corv**) *Astron (ein kleines Sternbild südlich des Himmelsäquators)* Korvo
Räbe *f* <*schweiz*> *Bot* ↑ **Wasserrübe**
Rabelais (*m*) *Eig (ein französischer Satiriker, Humanist, Geistlicher u. Arzt [um 1494-1553])* Rabelezo; **im Stil** (**in der Art**) **von** ~ en stilo (maniero) de Rabelezo
Raben|eltern *Pl bildh für «schlechte Eltern»* malbonaj gepatroj *Pl*; ~**geier** *m* (Coragyps atratus) *Orn* nigra [amerika] vulturo (*od* <*wiss*> katarto) *[Vorkommen: Süd- u. Mittelamerika]*; ~**gekrächze** *n* korvograkado *od* grakado de korvoj; ~**krähe** *f* (Corvus corone corone) *Orn* nigra korvo; ~**mutter** *f bildh für «lieblose Mutter»* malbona [kaj senama] patrino; ~**schnabelfortsatz** *m* (Processus coracoideus) *Anat (am Schulterblatt)* korakoida apofizo (*od Fachspr auch* proceso)
rabenschwarz *Adj* korvonigra (*vgl. dazu* **tiefschwarz**)
Rabenvater *m bildh für «schlechter Vater»* malbon[eg]a patro
Rabenvögel *m/Pl Orn*: **[Familie der]** ~ *Pl* (Corvidae) korvedoj *Pl*
rabiat *Adj wütend* rabia, furioza; *grob, roh* kruda; *gewalttätig* perforta, violenta; *grausam* kruela; *brutal* brutala (*vgl. dazu* **jähzornig**, **rücksichtslos** *u.* **zornig**)
Rabies *f Med, Vet* ↑ **Tollwut**
Rabiesvirus *n* ↑ **Tollwutvirus**
Rabitzwand *f*, *auch* **Rabitz-Wand** *f* (*auch* **Drahtputzwand** *genannt*) *Bauw (eine feuerhemmende, freitragende dünne [Gips]-Wand mit einer Einlage aus Drahtgeflecht u. Mörtel)* rabic-vando
Racemat *n Chem* ↑ **Razemat**
racemisch ↑ **razemisch**
racemisieren ↑ **razemisieren**
rächbar *Adj* venĝebla
Rache *f* venĝo (*vgl. dazu* **Revanche** *u.* **Vergeltung**; ↑ *auch* **Blutrache**,); **nach** ~ **dürsten** *bes. poet* sopiri je venĝo; ~ **an jmdm. für etw. nehmen** fari venĝon al (*od* kontraŭ) iu pro io; **sie nehmen** ili terure venĝos; **nach** (*od poet* **um**) ~ **schreien** krii al (*od* pri) venĝo ◇ ~ **ist süß** venĝo estas dolĉa
Rache|akt *m* ago pro venĝo; ~**durst** *m Gier nach Rache* avido je venĝo; ~**engel** *m* anĝelo de venĝo; ~**gefühl** *n* venĝosento; ~**gelüst** *n Trachten nach Rache* venĝosopiro
Rachegöttin *f Myth* diino de venĝo (↑ *auch* **Furie a)** *u.* **Nemesis**); ~**en** *Pl* ↑ *auch* **Erinnyen**)
Rachen *m* **a)** *auch* **Schlundkopf** *m* (Pharynx)

Anat faringo (↑ *auch* ***[1]Hals***); ***Dach** n **des Schlundkopfs*** (Fornix pharyngis) faringa fornikso ***b)*** *Maul eines wilden Tiers, auch einer Schlange* faŭko ***c)*** *übertr: Schlund (auch eines Vulkankraters), gähnender Abgrund* faŭko, [osceda] abismo (↑ *auch* ***Kluft a)***)

rächen *tr*: ***jmdn.*** ~ venĝi iun; ***er rächte den Mord an seinem Vater*** li venĝis pro la mortigo de sia patro; ***sich*** ~ sin venĝi (***für*** *od* ***wegen*** por *od* pro) (↑ *auch* ***sich revanchieren***); ***sie werden sich schrecklich*** ~ ili terure venĝos ◇ ***das wird sich*** ~ *das wird üble Folgen haben* tio havos malbonajn sekvojn *od* malbonaj sekvoj ne forrestos

Rächen *n das Rachenehmen* venĝado

Rachenblütler *Pl Bot*: ***[Familie der]*** ~ (Scrophulariaceae) skrofulariacoj *Pl*

Rachenbräune *f Med* ↑ ***Diphtherie***

Rachen|entzündung *f od* ~**katarrh** *m*, *auch* ***Rachenkatarr*** *m*, *<wiss>* ***Pharyngitis*** *f Med* faringa inflamo, faringito; ***akuter (chronischer) Rachenkatarrh*** akuta (kronika) faringito

Rachenhöhle *f*, *auch* ***Schlundhöhle*** *f* (Cavum pharyngis) *Anat* faringa kavo

Rachenmandel *f*, *auch* ***Rachentonsille*** *f* (Tonsilla pharyngica) *Anat* faringa tonsilo (*vgl. dazu* ***Gaumenmandel***); ~**entzündung** *f* ***a)*** *<wiss>* ***Pharyngitis*** *f* inflamo de la faringa tonsilo ***b)*** *i.w.S. <wiss>* ***Adenoitis*** *f Med (Hyperplasie der Rachenmandel)* adenoidito

Rachenmandelwucherungen *f/Pl Med* ↑ ***adenoide Vegetationen*** *[unter* ***Vegetation****]*

Rachen|muskelkrampf *m Med* faringomuskola spasmo *od kurz* faringospasmo; ~**polyp** *m Med* faringa polipo; ~**schleimhaut** *f* faringa mukozo; ~**spiegel** *m*, *Fachspr* ***Pharyngoskop*** *n Medizintechnik* faringoskopo; ~**spiegelung** *f*, *Fachspr* ***Pharyngoskopie*** *f* faringoskopio

rächenswert *Adj der Rache wert* venĝinda

Rachentonsille *f Anat* ↑ ***Rachenmandel***

Rachentubus *m*, *<wiss>* ***Pharyngealtubus*** *m Anat* faringa tubo

Racheplan *m* plano pri venĝo; ***Rachepläne schmieden*** plani venĝon

Rächer *m* venĝanto *bzw.* venĝinto *bzw.* venĝonto

Rache|schrei *m* krio pri venĝo; ~**schwert** *n* venĝa glavo; ~**schwur** *m* ĵuro pri venĝo

Rachgier *od* **Rachsucht** *f* venĝemo, avido al venĝado; ***seine*** ~ ***befriedigen*** satigi sian venĝemon

Rachialgie *f nur Fachspr Med (Schmerzen in der Wirbelsäule)* rakialgio (*vgl. dazu* ***Rückenschmerz***)

Rachitis *f*, *früher auch* ***englische Krankheit*** *f Med* rakito*<durch Mangel an Vitamin D>*

rachitisch *Adj*, *alt auch* ***an der englischen Krankheit leidend*** rakita, suferanta je rakito; ~***es Becken*** *n* (Pelvis rachitica) *Med* rakita pelvo

Rachsucht *f* ↑ ***Rachgier***

rachsüchtig *Adj* venĝema

Racine [*ra'si:n*] (*m*) *Eig (französischer Tragödiendichter [1639-1699])* Racino

Racke *f Orn*: ***[Familie der]*** ~***n*** *Pl* (Coraciidae) koraciedoj *Pl* (↑ *auch* ***Bengalen-*** *u.* ***Blauracke***); ***abessinische*** ~ *od* ***Senegalracke*** *f* (Coracias abyssinica) abisena koracio

Racker *m fam scherzh für «kleines, keckes, drolliges Kind»* eta petolulo, [drola] friponeto (↑ *auch* ***Schlingel***); *fam für «übermütiges Kind»* koboldo

rackern *intr schwer arbeiten* laboregi, streĉe labori; *sich abmühen, sich schinden* pene labor[ad]i, penegi

Racket *n*, *auch* ***Rakett*** *n* ***a)*** *Tennis, Federball* rakedo (↑ *auch* ***Tennisschläger***) ***b)*** *Schneeteller, Schneereifen (hölzerner Rahmen mit Geflecht, um beim Gehen im Tiefschnee nicht einzusinken)* rakedo, *meist* neĝorakedo

Raclette *n*, *auch f ein Walliser Käsegericht aus Hartkäse* rakledo

rad = *Zeichen für* ***Radiant***

Rad *n* ***a)*** *allg u. Mechanik* rado (↑ *auch* ***Antriebs-***, ***Ersatz-***, ***Hinter-***, ***Holz-***, ***Mühl-***, ***Reserve-***, ***Scheiben-***, ***Speichen-***, ***Spinn-***, ***Vorder-***, ***Wagen-*** *u.* ***Zahnrad***); ***das*** ~ ***der Geschichte*** la rado de la historio; ***ein*** ~ ***schlagen*** *Pfau, Truthahn* disetendi la vostoplumojn ◇ ***das*** ~ ***des Lebens*** *bildh für «die Wechselfälle des Lebens»* la vivorado; ***fünftes*** (*od* ***das fünfte***) ~ ***am Wagen sein*** esti la kvina rado ĉe veturado *(Zam)* ***b)*** *kurz für «Fahrrad»* biciklo (*vgl. dazu* ***Fahrrad***); ***mit dem*** ~ per la biciklo, *umg auch* bicikle; ~ ***fahren*** bicikli ***c)*** *ein mittelalterliches Foltergerät* rado (*vgl. dazu* ***rädern***)

Rad|achse *f Tech* radakso; ~**achslager** *n Tech* radakslagro (*vgl. dazu* ***Radlager***)

Radar *m od n* radaro (↑ *auch* ***Beobachtungs-***, ***Navigations-***, ***Schall-*** *u.* ***Suchra-***

dar); ~**abwehrflugkörper** *m Mil* antiradara misilo; ~**antenne** *f* radaranteno; ~**astronomie** *f* radarastronomio; ~**bild** *n* radarbildo; ~**blindlandung** *f Flugw* radar-helpata surteriĝo; ~**entfernungsmesser** *m* radara telemetro; ~**falle** *f*, *umg* ***Blitzer*** *m Verk* radarkaptilo; ~**flugzeug** *n meist Mil* radaraviadilo, *auch Kurzf* radaravio

radargeleitet *Adj* radardirektata *bzw.* radardirektita

Radargerät *n* radaro, *auch* radar-aparato

radargestüzt *Adj* radarhelpata *bzw.* radarhelpita

Radar|holografie *f*, *auch* ***Radarholographie*** *f* radarholografio; ~**horizont** *m* radarhorizonto; ~**karte** *f Kartogr* radarmapo; ~**kontrolle** *f Verk* radarkontrolo, kontrolo [de rapideco] per radaro; ~**mast** *m* radarmasto; ~**meteorologie** *f* radarmeteorologio; ~**prisma** *n* radarprismo; ~**rundsichtgerät** *n* panorama radaro

Radarschirm *m Bildleuchtscheibe eines Radargeräts* radarekrano; ***auf dem ~ als ... erscheinen*** aperi sur la radarekrano kiel ...

Radar|schirmbild *n* radarekrana bildo; ~**sender** *m* radarsendilo

radarsicher *Adj* radarsekura

Radar|signal *n* radarsignalo; ~**station** *f*, *auch* ***Radarstelle*** *f od* ***Funkmessstation*** *f* radarstacio; ~**stützpunkt** *m Mil* radarbazo; ~**turm** *m* radarturo; ~**wagen** *m* radar-aŭto

Radau *m* bru[eg]o, tumulto (↑ *auch* ***Krach*** *u.* ***Lärm***); ~ ***machen*** bru[eg]i, tumulti

Radau|bruder *od* ~**macher** *m* bruemulo, tumultemulo

Rad|aufhängung *f Kfz* rada suspensio; ~**auswuchtmaschine** *f für Kfz-Räder* rad-ekvilibra maŝino; ~**ball** *m (als Sportart)* biciklopilkado; ~**bremse** *f Tech* radbremso

Rädchen *n* radeto (↑ *auch* ***Teigrädchen***)

Raddampfer *m* rad-vaporŝipo

radebrechen *intr*: ***er radebrechte indonesisch*** li balbute parolis indonezie

Radegunde *od* **Radegundis** (*f*) *weibl. Vorname* Radegunda; ***Radegundis von Thüringen*** *Frankenkönigin (Gemahlin von Chlothar I.), Klostergründerin, Heilige [518-587]* Radegunda de Turingio

radeln *intr* bicikli (***nach*** al) (↑ *auch* ***heimradeln***); ***zur Uni*** ~ bicikli al la universitato

Rädelsführer *m* komplotestro, ĉefagitisto (*vgl. dazu* ***Anführer*** *u.* ***Drahtzieher b)***)

rädern *tr hist: durch das Rad hinrichten [eine Art der Folterung od Hinrichtung])* radumi, ekzekuti sur rado ◇ ***ich bin wie gerädert*** *alle Knochen tun mir weh* mi sentas kvazaŭ miaj ostoj rompiĝis; *ich bin völlig erschöpft* mi estas [lacega kaj] tute elĉerpita

Rädern *n hist: eine Hinrichtungsmethode* radumo

Rädertierchen *n/Pl Zool*: ***[Klasse der]*** ~ (Rotatoria) *kleine Mehrzeller, bes. in Binnengewässern* rotaciuloj *Pl* <*etwa 1700 Arten*>

Räderwerk *n Mechanik* radoaro *od* radetaro

radfahren = ***Rad fahren*** [↑ *unter* ***Rad b)***]

Rad|fahrer *m* biciklisto (*vgl. dazu* ***Radsportler***); ~**[fahr]weg** *m* biciklovojo; ~**fahrtouristik** *f od* **Radwandern** *n* biciklo-turismo; ~**felge** *f* radrondo

Radha (*f*) *ind. Myth (Hirtin u. Geliebte des Krishna [von einzelnen Gruppen des Vishnuismus kultisch verehrt])* Rada

Radi *m* ↑ ***Rettich***

radial *Adj* radiala

Radialität *f radiale Anordnung* radialeco

Radial|reifen *m Kfz* radiala pneŭmatiko *od* radialpneŭmatiko; ~**richtung** *f* radiala direkto; ~**triangulation** *f Geodäsie* radiala triangulado; ~**turbine** *f Tech* radiala turbino; ~**winkel** *m* radialangulo

Radiant *m* (*Zeichen* ***rad***) *Geom (SI-Einheit des ebenen Winkels)* radiano

radiär ↑ ***strahlenförmig***

Radiästhesie *f Parapsychologie (physikalisch nicht geklärte Fähigkeit von bestimmten Personen, mithilfe von Wünschelruten od. Pendeln sogenannte Erdstrahlen wahrzunehmen und auf diese Weise Wasseradern od Erzvorkommen aufzuspüren)* radiestezo

Radiästhet *m Parapsychologie* radiestezisto (*vgl. dazu* ***Wünschelrutengänger***)

Radiation *f* ↑ ***Strahlung***

Radiator *m Heiz- u. Kältetechnik* radiatoro

Radiccio *m Bot, Nahr* ↑ ***Chicorée***

radieren *tr* ***a)*** [for]skrapi [per gumo] (*vgl. dazu* ***aus-*** *u.* ***wegradieren***) ***b)*** *Kunst* akvaforti

Radierer *m* ***a)*** *umg für «Radiergummi»* skrapgumo ***b)*** *Künstler, der Radierungen anfertigt* akvafortisto

Radiergummi *m* skrapgumo

Radiernadel *f* ↑ ***Graviernadel***

Radierung *f (als Verfahren)* akvafortado;

(das Blatt als Ergebnis) akvaforto

Radieschen *n/Pl* (Raphanus sativus var. sativus) *Bot, Nahr* rafanetoj *Pl*

radikal 1. *Adj* radikala *auch Pol* (*vgl. dazu* ***drastisch, rigoros*** *u.* ***rücksichtslos***); ***der ~e Flügel dieser Partei*** *Pol* la radikala alo de tiu partio; ***~e Gruppe*** *f Pol* radikala grupo; ***~e Veränderungen*** *f/Pl* radikalaj ŝanĝoj (*bzw.* ŝanĝiĝoj) *Pl* **2.** *Adv* radikale; *grundlegend* ĝisfunde; *völlig* tute, plene (*vgl. dazu* ***total***); *durch und durch* plene kaj tute, *fam* ĝisoste; ***etw. ~ verändern*** radikale ŝanĝi ion

Radikal *n* ***a)*** *Chem (als Bestandteil von Molekülen auftretende Atomgruppierung mit einem freien ungepaarten Elektron)* radikalo; ***freie ~e*** *Pl Chem, Med* liberaj radikaloj *Pl* ***b)*** *Math (Wurzelzeichen)* radikilo, radiksigno ***c)*** *Ling (Basiszeichen im Chinesischen)* radikalo

Radikalachse *f Math* radikala akso

Radikale *m, umg pej auch* ***Radikalinski*** *m Pol* radikalulo

radikalisieren *tr* radikaligi; ***sich ~*** radikaliĝi

Radikalisierung *f das Radikalisieren* radikaligo; *das Sichradikalisieren* radikaliĝo

radikalislamisch *Adj* radikale islama (↑ *auch* ***dschihadistisch***)

Radikalismus *m Pol* radikalismo (*vgl. dazu* ***Extremismus***)

Radikalkur *f Med* radikala kuracado

Radikand *m Math (Zahl, deren Wurzel zu ziehen ist)* radikato

radikulär *Adj (1. zur Wurzel gehörend 2. die Wurzel betreffend)* radika

Radikulitis *f nur Fachspr Med (Entzündung von Spinalnervenwurzeln)* radiklito

Radio *n 1. Funk 2. umg für «Radioapparat»* radio (*vgl. dazu* ***Funkwesen, Radiophonie*** *u.* ***Rundfunk***; ↑ *auch* ***Autoradio***); ***~ hören*** aŭskulti radion; ***das ~ anstellen*** (*od* ***einschalten***) ŝalti la radion; ***das ~ abstellen*** (*od* ***ausschalten***) malŝalti la radion; ***im ~*** en la radio

radioaktiv *Adj* radioaktiva; ***~e Abfälle*** *m/Pl aus nuklearmedizinischen od kerntechnischen Prozessen stammende Rückstände, die Radioaktivität aufweisen* radioaktivaj defalaĵoj *Pl*; ***~e Halbwertzeit*** *f* radioaktiva duoniĝodaŭro; ***~e Isotope*** *n/Pl* (*Syn:* ***Radioisotope*** *n/Pl*) radioaktivaj izotopoj *Pl*; ***~es Material*** *n* radioaktiva materialo; ***~er Niederschlag*** *m* radioaktiva precipitaĵo (*od* falaĵo); ***~es Nuklid*** *n* radioaktiva nuklido; ***~e Strahlung*** *f* radioaktiva radiado; ***~e Substanzen*** *f/Pl* radioaktivaj substancoj *Pl*; ***~e Wolke*** *f* radioaktiva nubo

Radio|aktivität *f* radioaktiveco; **~amateur** *m* radioamatoro; **~apparat** *m* (*Kurzw* ***Radio*** *n*) radioaparato; **~astronom** *m* radioastronomo; **~astronomie** *f Teilgebiet der Astronomie, auf dem die von Gestirnen u. kosmischen Objekten sowie aus dem interstellaren Raum kommende Radiofrequenzstrahlung untersucht wird* radioastronomio; **~biologie** *f, auch* ***Strahlenbiologie*** *f Teilgebiet der Biologie, das sich mit der Wirkung von Strahlen auf Lebewesen (bes. Menschen) u. mit deren Reaktion auf Strahlen befasst* radiobiologio

Radiocarbon *n Naturw* ↑ ***Radiokohlenstoff***

Radiochemie *f, auch* ***Strahlenchemie*** *f Chemie der radioaktiven Elemente und ihrer Verbindungen* radiokemio

radiochemisch 1. *Adj* radiokemia **2.** *Adv* radiokemie

Radiodermatitis *f Med* ↑ ***Strahlendermatitis***

Radiodetektor *m El* radiodetektilo

radioelektronisch *Adj* radioelektrona

Radiofonie *f, auch* ***Radiophonie*** *f drahtlose Telefonie* radiofonio (*vgl. dazu* ***Funk***)

Radio|galaxie *f Astron (ein extragalaktisches Sternsystem mit sehr intensiver Radiofrequenzstrahlung)* radiogalaksio; **~geschäft** *n umg* radiovendejo; **~goniometer** *n, auch* ***Winkelmesser*** *m* ***für Funkpeilung*** *El* radiogoniometro

Radiografie *f, auch* ***Radiographie*** *f 1. ein Verfahren der zerstörungsfreien Werkstoffprüfung unter Verwendung durchdringender ionisierender Strahlung 2. Med (Untersuchung mit Röntgenstrahlen)* radiografio (*vgl. dazu* ***Röntgenologie***; ↑ *auch* ***Pharmakoradiografie***)

Radiogramm *n Med* radiogramo

Radio|hörer *m* radioaŭskultanto; **~interferometer** *n Astron (eine Zusammenschaltung mehrerer Radioteleskope zur Vergrößerung der Richtwirkung)* radiointerferometro; **~interview** *n* radiointervjuo; **~isotope** *n/Pl Naturw (Bez für radioaktive Isotope eines bestimmten Elements)* radioizotopoj *Pl*; **~isotopengenerator** *m* (*engl. Abk* ***RTG***), *auch* ***Atombatterie*** *od* ***Radionuklidbatterie*** *f* radioizotopa termoelektra generatoro; ~**karbondatierung** *f Paläoanthropologie, physikalische Analyse* radiokarbona datado; ~**kardiografie** *f, auch **Herzröntgen[kontrast]darstellung** f Nuklearmedizin (Form der Herzszintigrafie zur Untersuchung des Herzkreislaufs mit Radionukliden [z.B. Iod-131 od Technetium-99] und grafischer Aufzeichnung des Blutdurchflusses durch die Herzkammern)* radiokardiografio; ~**kohlenstoff** *m, auch **Radiocarbon** n od **Kohlenstoff-14** m Naturw* radiokarbono

Radiolarien *f/Pl Zool* ↑ ***Strahlentierchen***; ~**schlamm** *m kieselsäurehaltiges Meeressediment, das aus den Resten der Skelette von Radiolarien besteht* radiolaria ŝlimo

Radiolarit *m Geol, Min (aus den Skeletten von Radiolarien entstandenes rotes od braunes, sehr hartes Gestein)* radiolarito

Radiologe *m Röntgenarzt* radiologo

Radiologie *f Med (Strahlen[heil]kunde)* radiologio

radiologisch 1. *Adj* radiologia; ~*e **Abteilung** f z.B. in einem Krankenhaus* radiologia sekcio **2.** *Adv* radiologie

Radiolyse *f Chem (durch Ionenstrahlen bewirkte Veränderung in chemischen Systemen)* radiolizo

Radio|meteorologie *f* radiometeorologio; ~**meter** *n Phys (auf dem Radiometereffekt beruhendes Strahlungsmessgerät)* radiometro

Radiometrie *f Archäol, Phys (Verfahren zur Untersuchung der Radioaktivität von Gesteinen)* radiometrio

radiometrisch 1. *Adj* radiometria **2.** *Adv* radiometrie

Radiomusik *f* radiomuziko

Radionuklidbatterie *f* ↑ ***Radioisotopengenerator***

Radio|nuklide *n/Pl Sammelbez. für Nuklide, die sich durch ihre Radioaktivität von stabilen Atomarten abheben* radionuklidoj *Pl*; **ökologie** *f Lehre vom Einfluss ionisierender Strahlung auf die Organismen* radioekologio

Radiophonie *f* ↑ ***Radiofonie***

Radio|programm *n Rundfunkprogramm* radioprogramo; ~**sender** *m* radiostacio; ~**sendung** *f* radioelsendo, radiodisaŭdigo; ~**signal** *n* radiosignalo

Radioskopie *f Durchleuchtung mit Röntgenstrahlen* radioskopio

Radio|sonde *f Aerologie, Met* radiosondilo (*vgl. dazu **Registrierballon***); ~**sondierung** *f* radiosondado; ~**station** *f* radiostacio; ~**telegrafie** *f, auch **Radiotelegraphie** f* radiotelegrafio; ~**teleskop** *n Astron, Raumf (Gerät zum Empfang u. zur Lokalisierung kosmischer Radiostrahlung im Wellenbereich von wenigen Millimetern bis etwa 20 m)* radioteleskopo; ~**therapie** *f, auch **Strahlentherapie** f Med* radioterapio; ~**toxizität** *f Med (Bez für «die Schädigungen durch eingenommene Radionuklide»)* radiotokseco; ~-**wecker** *m* radiovekhorloĝo; ~**wellen** *f/Pl El (elektromagnetische Wellen im Bereich zw. etwa 100 Kilohertz u. 10 Gigahertz, die zur Übertragung von Information in der Erdatmosphäre geeignet sind)* radioondoj *Pl*

Radium *n* (*Symbol **Ra***) *Chem* radiumo; ~ ***F*** ↑ ***Polonium***

Radiumbehandlung *f Med* ↑ ***Radiumtherapie***

Radiumchlorid *n Chem* radiuma klorido

Radiumemanation *f Chem* ↑ ***Niton***

radiumhaltig, *<österr>* ***radiumhältig*** *Adj* enhavanta radiumon *nachgest*

Radium|strahlung *f* radiumradiado; ~**therapie** *f, auch **Radiumbehandlung** f Med (heute nur noch selten angewendete Form der Strahlentherapie mit Radium-226)* radiumterapio

[1]**Radius** *m* (*Zeichen **r***) *Geom (Halbmesser)* radiuso *auch i.w.S.* (↑ *auch **Aktions-** u. **Krümmungsradius***); ~ ***eines Kreises***, *auch **Kreishalbmesser** m* radiuso de cirklo

[2]**Radius** *m Anat* ↑ ***Speiche b)***

Radiusfraktur *f Med* ↑ ***Speichenfraktur***

Radiusvektor *m Geom (Leitstrahl)* radiusvektoro

radizieren *tr u. abs Math ([aus einer Zahl] eine Wurzel ziehen)* radiki

radizivor, *auch **wurzelfressend** [Tier] Adj nur Fachspr Biol* radikovora

Radjab *od* **Rağab** *m 7. Monat des islamischen Kalenders* raĝabo *<in den Radjab fällt die Himmelfahrt Muhammads>*

Radjahgans *f* (Tadorna rajah) *Orn* blankkapa tadorno

Rad|kappe *f Kfz* naboĉapo; ~**kranz** *m* radkrono; ~**lader** *m eine Baumaschine* radŝarĝilo; ~**lager** *n Eisenb, Tech* radakslagro

Radleier *f Mus* ↑ ***Drehleier***

Radlenker *m Eisenb* ↑ ***Leitschiene***

[1]**Radler** *m Radfahrer* biciklisto

²Radler *m reg: Getränk aus Bier und Limonade* [miks]trinkaĵo farita el biero kaj limonado

Radlinie *f Math* ↑ ***Epizykloide***

Radmacher *m reg* ↑ ***Stellmacher***

Rad|marathon *m* bicikla maratono, *(als Sportart)* ciklista maratono; ~**nabe** *f* radnabo *od* nabo de rado

Radnetzspinnen *f/Pl Ent*: ***[Familie der]*** ~ (Araneidae) araneedoj *Pl*

Radom (*n*) *eine Stadt im mittleren Polen* Radomo

Radon *n* (*Symbol* ***Rn***) *Chem (ein Edelgas)* radono; ~**bad** *n Balneologie* radonbano; ~**kur** *od* ~**therapie** *f z.B. bei Arthrosen* radonterapio

Rad|polo *n Sport* surbicikla poloo (*vgl. dazu* ***Polo***); ~**reifen** *m* radringo; ~**rennbahn** *f Sport* velodromo; ~**rennen** *n* biciklokonkurso (↑ *auch* ***Fliegerrennen*** *u.* ***Straßenradrennen***); ~**rennfahrer** *m* konkursbiciklisto; ~**rennsport** *m* konkursa ciklismo; ~**satz** *m Eisenb* rad-akso

Radscha *m indischer u. malaiischer Fürstentitel* raĝo (*vgl. dazu* ***Maharadscha***)

Radschasthan (*n*), *auch* ***Rajasthan*** (*n*) *ein Gliedstaat der Indischen Union* Raĝastano, *auch* Raĵastano *[Hptst.: Jaipur]*

Radschputen *m/Pl*, <*wiss*> ***Rajputen*** *m/Pl hinduistische Adels- u. Kriegerkaste* raĝputoj *Pl*

Rad|speiche *f* radspoko *od* spoko de rado; ~**sport** *m* biciklosporto, ciklismo (↑ *auch* ***Bahn-*** *u.* ***Straßenradsport***); ~**sportler** *m* ciklisto; ~**spur** *f* premspuro de rado(j)

Radstand *m Kfz* ↑ ***Achsstand***

Radtour *f Tagesausflug mit dem Fahrrad [meist in einer Gruppe]* tuttaga perbicikla ekskurso [en grupo]

Radwandern *n* ↑ ***Radfahrtouristik***

Rad|wanderung *f* [per]bicikla migrado; *Ausflug mit dem Fahrrad* perbicikla ekskurs[et]o; ~**wechsel** *m* radŝanĝo

Radweg *m* ↑ ***Radfahrweg***

Radzahn *m eines Zahnrads* noĉo

RAF = *Abk für* ***Rote-Armee-Fraktion***

Rafael (*m*) ↑ ***Raphael***

Raffael (*m*), *eigtl.* ***Raffaelo Santi*** (*m*) *Eig (italienischer Maler u. Baumeister [1483-1520])* Rafaelo

raffaelisch *Adj nach Art Raffaels* rafaeleska

Raffel *f Hausw* ↑ ***Reibe***

raffeln ↑ ***raspeln b)***

raffen *tr* ***a)*** *mit einer Spange* agrafe levi, agrafi (***etw.*** ion); *schürzen, hochnehmen, z.B. ein langes Kleid* permane levi ***b)*** *Stoffe in [schöne] Falten legen, drapieren* drapiri ***c)*** *gierig fassen* avide ekpreni (*od* kapti); *begierig sein* avidi (***etw.*** ion); ***etw.* hastig an sich** ~ haste kapti ion [kaj firme teni ĝin] ***d)*** *etw. in eine knappere Form bringen, auf das Wesentliche kürzen* koncizigi (***etw.*** ion)

Raffgier *f* avido al (*od* je) posedaĵo (*bzw.* mono *od* profito *u. dgl.*) (*vgl. dazu* ***Gier***, ***Geldgier*** *u.* ***Habgier***)

raffgierig, *reg auch* ***raffig*** *Adj* avida [je posedaĵo *bzw.* mono *od* profito *u. dgl.*] (↑ *auch* ***geldgierig***); ~***er Mensch*** *m od* ~***e Person*** *f, umg auch* ***Raffke*** *m*, *reg* ***Raffzahn*** *m* [mon]avida persono, [mon]avidulo

Raffiafaser *f hanfähnliche Blattfaser der Raffiapalme* <*wird zu Möbelstoffen verarbeitet*> rafiofibro

Raffiapalme *f Bot* ↑ ***Bastpalme***

raffig ↑ ***raffgierig***

Raffinade *f od* **Raffinadezucker** *m* sukerrafinaĵo

Raffination *f Raffinieren* rafinado

Raffinerie *f* ***a)*** *Tech (Anlage zur Reinigung u. Veredelung von Naturstoffen od techn. Produkten [z.B. Treibstoffe, Glyzerin u.a.])* rafinejo; *Erdöl*² rafinejo de petrolo (↑ *auch* ***Zuckerraffinerie***) ***b)*** *das Raffinieren (als technischer Vorgang)* rafinado

Raffinesse *f Feinheit* rafineco *auch übertr für «Raffiniertheit»*; *Schläue* ruz[ec]o

raffinieren *tr Erdöl, Fett, Zucker* rafini

Raffinieren *n* rafinado

raffiniert *Adj verfeinert, z.B. Öl od Zucker* rafinita *auch übertr*; *schlau* ruza (*vgl. dazu* ***durchtrieben*** *u.* ***gerissen***)

Raffiniertheit *f übertr* rafineco

Raffinose *f Biochemie (eine Zuckerart [ein Kohlehydrat, das vor allem in Zuckerrübenmelasse vorkommt])* rafinozo

Raffke *m* ↑ *unter* ***raffgierig***

Rafflesie *f* (*Gattung* Rafflesia *u. die Art «Rafflesia arnoldii»*), *auch* ***Riesenblume*** *f Bot* raflezio *[Vorkommen im Regenwald von Sumatra]*

Raffzahn *m* ↑ *unter* ***raffgierig***

raften *intr (meist abs) Rafting betreiben* rafti

Rafter *m* raftanto

Rafting *n das Wildwasserfahren einer Gruppe im Schlauchboot* raftado (↑ *auch* ***Kanu-***

*u. **Snowrafting***)

Raga *m Mus (melodisches Grundmodell in der indischen Musik)* rago

Rağab *m* ↑ ***Radjab***

Rage *f Wut* furiozo, koler[eg]o (↑ *auch **Raserei***); *Aufgeregtheit* ekscititeco; ***in ~ geraten*** (*od **kommen***) ekfuriozi, ekkoleregi

ragen *intr sich hoch (über anderes) erheben* leviĝi [pli] alten (***über ... hinaus*** ol ...), altiĝi (***über*** super); *hervorstehen* elstari (***aus*** el) (↑ *auch **herausragen***)

Raglanärmel *m/Pl* raglanaj manikoj *Pl*

Raglan[mantel] *m Mantel, bei dem Schulter u. Ärmel aus einem Stück geschnitten sind [entsprechend auch bei Kleidern, Jacken u. Pullovern]* raglano

Ragnarök *f germanische Myth (der Kampf der Götter mit den feindlichen Mächten, ihr Untergang und die Vernichtung der Erde)* ragnaroko

Ragout [*ra'gu:*] *n*, *<schweiz>* ***Voressen*** *n Kochk* raguo (↑ *auch **Frikassee**, **Fisch-**, **Hasen-** u. **Pilzragout***); *~ **fin*** raguo fajna

Ragtime ['*rektaim*] *m Mus (volkstümlicher Pianostil aus dem Mittelwesten der USA [ein Vorläufer des Jazz], auch der auf dieser Form beruhende Gesellschaftstanz)* ragtajmo

Ragwurz *f* (*Gattung* Ophrys) *Bot (eine Orchideengattung)* ofriso (↑ *auch **Bienen-**, **Fliegen-** u. **Spinnenragwurz***)

Rah *od* **Rahe** *f Mar* jardo, *(fürs Lateinersegel)* anteno (↑ *auch **Besan-**, **Fockrahe**, **Großrah**, **Mittelrahe** u. **Royalrah***); ***ein Segel an der ~ befestigen*** fiksi velon al la jardo, *auch* aljardigi velon

Rahab *ohne Art: jüdische Myth (ein die gottesfeindlichen Mächte verkörperndes Meerungeheuer [dargestellt als Schlange])* rahabo

Rahm *m reg für «Sahne»* kremo (*vgl. dazu **Sahne***)

Rahmapfel *m* ↑ ***Cherimoya***

rahmartig *Adj sahnig* krem[ec]a

Rahm|brustprinie *f* (Prinia subflava) *Orn* grizbruna prinio; *~***butter** *f* krembutero

Rähmchen *n* kadreto (↑ *auch **Diarähmchen***)

rahmen *tr z.B. ein Bild* enkadrigi, *auch* kadri

Rahmen *m eines Bilds, eines Fensters, einer Tür* kadro (↑ *auch **Passepartout***); *eines Schuhs* rando; *Tech (tragendes Gerüst, [Montage- u.a.] Gestell)* framo (↑ *auch **Sägegatter***); *Fahrrad*[≗] framo [de biciklo] (↑ *auch **Metallrahmen***); *Chassis, Fahrgestell* ĉasio; *übertr* kadro; ***im ~ von ...*** en la kadro de ... *od* enkadre de ...

Rahmen|antenne *f El* kadroanteno *od* kadra anteno; *~***bedingungen** *f/Pl* ĝeneralaj kondiĉoj *Pl*; *~***fabrik** *f* kadrofabriko; *~***gesetz** *n*, *auch **Mantelgesetz** n Jur (Gesetz mit allgemeinen Vorschriften, das der Ergänzung durch Einzelgesetze bedarf)* kadroleĝo; *~***-programm** *n* kadra programo

Rahmensäge *f* ↑ ***Gattersäge***

Rahmen|thema *n* kadra temo; *~***trommel** *f Mus* kadrotamburo (↑ *auch **Bandir** u.* **²*Tympanon***)

rahmfarben *Adj* kremkolora

rahmig ↑ ***sahnig***

Rahmkäse *m*, *auch **Sahnekäse** m Nahr* kremfromaĝo

Rahmsoße *f Kochk* kremsaŭco; ***weiße** ~ Béchamelsoße* beŝamela saŭco

Rahmung *f* enkadrigo

Rahsegel *n Mar* jardovelo

Raimund (*m*) *männl. Vorname* Rajmondo

Rain *m Waldrand* arbara rando; *Grenze, kleiner Weg als Grenze z.B. zw. Feldern* lim[vojet]o

Rainald (*m*) ↑ ***Reinald***

Reinammer *f* (Chondestes grammacus) *Orn* alaŭdemberizo

Rainfarn *m* (*Gattung* Tanacetum) *Bot* tanaceto; ***gewöhnlicher*** ~ (Tanacetum vulgare) ordinara tanaceto

Rainkohl *m* (*Gattung* Lapsana) *Bot* lapsano; ***gewöhnlicher*** ~ (Lapsana communis) ordinara lapsano

Rainweide *f Bot* ↑ *unter **Liguster***

Rajahgans *f* (Tadorna rajah) *Orn* blankkapa tadorno

Rajasthan (*n*) ↑ ***Radschastan***

Rajasthani *n Ling (eine neuindoarische Sprache)* la raĝastana [lingvo] *<untergliedert in vier große [Juipuri, Mewali, Malwi, Marwari] u. diverse kleine Dialekte>*

Rajkot ['*radʒkot*] (*n*) *größte Stadt auf der Halbinsel Kathiawar (westl. Indien)* Raĝkoto

Rajputen *m/Pl* ↑ ***Radschputen***

Rakahout *n Nahr (ein arabisches Nährmittel)* rakahuto

Rakel *f*, *auch **Abstreicher** m Textildruck* raklo; *~***messer** *n Typ* raklo

Rakete *f Mil, Raumf* raketo *auch als Feuer-*

werkskörper od Signal (↑ *auch* ***Abwehr-***, ***Anti-Raketen-***, ***Boden-Luft-***, ***Einstufen-***, ***Feststoff-***, ***Fliegerabwehr-***, ***Flügel-***, ***Flüssigkeits-***, ***Forschungs-***, ***Hybrid-***, ***Langstrecken-***, ***Lenk-***, ***Leucht-***, ***Mehrstufen-***, ***Mittelstrecken-***, ***Panzerabwehr-***, ***Saturn-*** *u.* ***Trägerrakete***); ***ballistische*** ~ balistika raketo; ***bemannte*** ~ homloĝata (*od* pilotita) raketo; ***interkontinentale*** ~ *od* ***Interkontinentalrakete*** *f* interkontinenta raketo; ***startklare*** ~ lanĉopreta raketo; ***taktische*** ~ taktika raketo; ***unbemannte*** ~ nehomloĝata raketo; ~***n*** *Pl* ***mit Atomsprengköpfen*** raketoj ekipitaj per atomaj eksplodkapoj

Raketen|abschuss *m* raketolanĉo *od* lanĉado de raketo(j); ~**[abschuss]basis** *f Mil* bazo de raketoj; ~**abwehrrakete** *f Mil (z.B. die amerikanische Patriot)* raketo-defendraketo; ~**angriff** *m Mil* raket-atako, atako per raketoj; ~**antrieb** *m* raketa propulso; ~**artillerie** *f Mil* raketa artilerio; ~**brennkammer** *f* brulkamero de [la] raket[motor]o; ~**flugzeug** *n Flugzeug mit Antrieb durch Flüssigkeitsraketen-Motor* raketaviadilo

raketengetrieben *Adj* propulsita de raketo(j)

Raketen|motor *m od* ~**triebwerk** *n Flugw* raketa motoro; ~**potenzial** *n Mil* raketa potencialo; ~**ruder** *n* raketa stir-alo; ~**silo** *n* raketsilo; ~**start** *m* lanĉo de raketo; ~**stellung** *f Mil* bazo de raketoj

Raketensystem *n Mil*: ***taktische*** ~***e*** *Pl* taktikaj raketsistemoj *Pl*

Raketen|technik *f* raketa tekniko; ~**technologie** *f* raketa teknologio

Raketentriebwerk *n Flugw* ↑ ***Raketenmotor***

Raketen|versuche *m/Pl* raketaj provoj *Pl*; ~**waffen** *f/Pl* raketaj armiloj *Pl*; ~**werfer** *m Mil* raketpafilo, *auch* raketĵetilo (↑ *auch* ***Katjuscha***)

Rakett *n Tennis, Federball* ↑ ***Racket***

Ralf *od* **Ralph** (*m*) *männl. Vorname* Ralfo

Ralle *f Orn* ralo (↑ *auch* ***Cayenne-***, ***Dreifarben-***, ***Flecken-***, ***Halmahera-***, ***Karolina-***, ***Klein-***, ***Krick-***, ***Malaien-***, ***Mauritius-***, ***Okinawa-***, ***Rothals-***, ***Schiefer-***, ***Sultans-***, ***Teich-***, ***Tüpfel-***, ***Virginia-***, ***Wasser-***, ***Weißkehl-***, ***Wiesen-*** *u.* ***Zwergralle***); ***[Familie der]*** ~***n*** *Pl* (Rallidae) *zu den Kranichartigen zählende Familie der Vögel* raledoj *Pl*

Rallenkranich *m Orn* ↑ ***Kagu*** *bzw.* ↑ ***Takahe***

Rallenreiher *m* (Ardeola ralloides) *Orn* ralardeo

Rallye [*ˈrɛli* od. *ˈrali*] *f Motorsport (Automobilwettbewerb [in mehreren Etappen] mit Sonderprüfungen)* ralio (↑ *auch* ***Autorallye*** *u.* ***Sternfahrt***); ~ ***Paris-Dakar*** Ralio Parizo-Dakaro

Ralph (*m*) ↑ ***Ralf***

RAM *n (Abk für <engl>* ***r**andom **a**ccess **m**emory*) *EDV (Informationsspeicher mit wahlfreiem Zugriff)* ramo

Rama (*m*) *Myth Eig (mythischer indischer Prinz u. späterer König von Ayodhya [Hauptheld des Ramayana])* Ramo

Ramadan *m Islam (9. Monat des islamischen Mondjahrs [Fastenmonat der Muslime])* ramadano *(auch Großschr)* (↑ *auch* ***Bairam***)

Ramajana *n* ↑ ***Ramayana***

Ramakrishna (*m*) *Eig (ind. Mystiker vedantischer Prägung [1836-1886])* Ramakriŝno

Ramapithecus *m Anthropol (eine aufgrund von Kieferfunden aus Indien u. Ostafrika ausgestorbene mögliche Vorform des Menschen)* ramapiteko

Ramayana *n*, *auch* ***Ramajana*** *n ind. Lit (epische Gestaltung der über ganz Indien, Hinterindien u. Indonesien verbreiteten Sage von Rama* (*vgl. dazu* ***Rama***) ramajano; ~**epos** *n ind. Lit* ramajano-eposo

Rambutan *f* ***a)*** (Nephelium lappaceum) *Bot (eine Art der Seifenbaumgewächse [bes. in Malaysia u. Indonesien kultivierter Baum mit etwa pflaumengroßen Früchten <in SO-Asien einer der häufigsten Obstbäume>])* rambutano ***b)*** *auch* ***behaarte Litschi*** *f (Frucht)* [frukto de] rambutano *<gegessen wird der glasig-weißliche, süße Samenmantel der Rambutan>*

Ramganga *f ein linker Nebenfluss des Ganges* [rivero] Ramgango *[entspringt im westlichen Himalaya]*

Ramiefaser *f* ↑ *unter* ***Chinagras***

Ramie[pflanze] *f* (Boehmeria nivea) *Bot (eine ostasiatische Faserpflanze)* ramio

Rammbär *m*, *auch* ***Rammgewicht*** *n Fallgewicht an der Ramme* ram-maso

Ramme *f Tech (Gerät zum Eintreiben von Pfählen, Rohren u. Spundwandeisen in den Boden)* ramo (↑ *auch* ***Pflasterramme***)

rammen *tr ein Auto od Schiff ein anderes* [puŝ]rami (↑ *auch* ***kollidieren***); *[hin]einrammen, z.B. Pfähle* rami

Rammgerüst *n Tech* ram-turo
Rammler *m männl. Kaninchen* virkuniklo, maskla kuniklo
Ramm|pfahl *m hist* ram-paliso; ~**sporn** *m hist (an Schiffen)* ram-sprono
Ramondie *f Bot* ↑ ***Felsenteller***
Rampe *f* ***a)*** *Auffahrt od Verladebühne* ramplo; *fahrbare Lade*~ movebla kargadramplo; *ortsfeste Lade*~ kargadkajo; *Wegebau (i.w.S.: geneigte Strecke)* dekliva vojosekcio ***b)*** *Theat* planka lumilaro ***c)*** *Raumf (Abschuss*~ [raketo]lanĉejo, instalaĵo por lanĉi raketojn
Rampenlicht *n Theat* planklumoj *Pl* ◇ ***im ~ der Öffentlichkeit stehen*** stari (*od* esti) en la hela lumo de la publikeco
ramponieren *tr umg für «stark beschädigen [durch Stoß]»* forte [puŝ]difekti
Ramsch *m Plunder* fatraso; *wertloses Zeug* senvaloraĵo, senvaloraj aĵoj *Pl* (*vgl. dazu* ***Schund*** *u.* ***Trödel***); *Hdl pej* fikomercaĵo
Ramses (*m*) *Eig (Name von 11 ägyptischen Königen der 19. u. 20. Dynastie)* Ramseso
Ramus *m Anat (1. Zweig eines Nervs, einer Arterie od einer Vene 2. astartiger Teil eines Knochens)* branĉo
ran = *umg für* ***heran*** ◇ ~ ***an den Speck!*** *salopp* ek al la faro!
Ranch *f Viehfarm, bes. in USA* ranĉo
Rancher *m nordamerikanischer Viehzüchter* ranĉisto
[1]**Rand** *m* (*Pl:* ***Ränder***) rando *auch i.w.S.* (↑ *auch* ***Stadt-***, ***Wald-*** *u.* ***Wegesrand***); *Astron (Rand eines Himmelskörpers)* limbo; *Ufer* bordo; *äußerster Rand, Grat* eĝo (*vgl. dazu* ***Kante***); *Randbesatz aus textilem Material* bordero; *einer bedruckten od beschriebenen Seite* marĝeno; ***am oberen ~*** ĉe la supra rando; ***am ~ des Abgrunds*** ĉe la rando de l' abismo *auch übertr*; ***am ~e des Todes*** sur la bordo de la morto *(Zam)*; ***sich am ~e des Bankrotts befinden*** troviĝi ĉe rando de bankroto; ***am ~e der Stadt*** ĉe la urborando (*vgl. dazu* ***Peripherie***); ***am ~ des Waldes*** ĉe la rando de l' arbaro; ***an den ~ drängen*** *marginalisieren* marĝenigi; ***am ~ gehen*** iri ĉe la rando; ***am ~ vermerken*** noti en la marĝeno [de teksto]; *beiläufig bemerken* rimarki marĝene; ***bis zum ~*** ĝis la rando, ĝisrande (*vgl. dazu* ***randvoll***) ◇ ***außer ~ und Band sein*** *ungezügelt sein* esti tute senbrida; *die Selbstkontrolle verloren haben* esti perdinta la memregon; ***halt den*** (*od* ***deinen***) ~***!*** *derb für «halt den Mund!»* fermu la faŭkon!; ***mit etw. nicht zu ~e kommen*** [absolute] ne scii kiamaniere aranĝi (*bzw.* manipuli *od* fari) ion, tute ne scii kiel fari ion
[2]**Rand** *m* (*Abk* ***R***; *Währungscode* ***ZAR***) *Währungseinheit der Rep. Südafrika* [sudafrika] rando
randalieren, *auch* ***Randale machen*** *intr* huligani, [laŭtvoĉe] bruegi, [senbride] tumulti
Randalierer *m* huligano
Rand|bemerkung *f, auch* ***Randglosse*** *od* ***Randnotiz*** *f auf einer Buchseite* [sur]marĝena noto, gloso; ~**bezirk** *m od* ~**gebiet** *n z.B. eines Habitats* randteritorio; *Peripherie* periferio, periferia regiono; *Grenzregion* apudlima regiono
Rändelrolle *f Tech* ruledo, *auch* rultranĉilo
Rand|gruppe *f bes. Soziologie* marĝena [hom]grupo; ~**meer** *n Geogr* marĝena (*od* randa) maro
Randmoräne *f Geol* ↑ ***Seitenmoräne***
Randnotiz *f* ↑ ***Randbemerkung***
Randstaat *m* periferia ŝtato
Randstreifen *m neben einer Straße* ŝoseflanko, *auch* vojflanko (↑ *auch* [2]***Bankett***)
randvoll *Adj* ĝisrande plena; ***ein ~es Glas Tee*** ĝisrande plena glaso da teo
Ranft *m reg* = ***Brotkanten*** *od* ***Brotkruste***
Rang *m* ***a)*** rango *auch Dipl od militärischer Dienstgrad* (↑ *auch* ***Adelsrang***); *Titel* titolo; *Grad, Stand, Status* grado, stato (*vgl. dazu* ***Position*** *u.* ***Stellung***); *Klasse* klaso; *in Ranglisten, Tabellen (bes. Sport)* loko; ***auf dem dritten ~ sein*** esti en la tria loko; ***militärischer ~*** militista rango (↑ *auch* ***Majors-*** *u.* ***Offiziersrang***); ***im ~ aufsteigen*** rangaltiĝi; ***er wurde in den ~ eines Majors erhoben*** oni promociis lin al rango de majoro; ***denselben ~ haben*** okupi la saman rangon, *umg* samrangi; ***im ~ eines Botschafters stehen*** havi la rangon de ambasadoro ◇ ***jmdm. den ~ ablaufen*** *jmdn. übertreffen* superi iun ***b)*** *im Kino od Theater* balkono; ***oberster ~*** galerio
Ranga (*m*) *indischer männl. Vorname* Rango
Rangabzeichen *n* insigno de rango
Range *f lautes, ungebärdiges Kind* laŭta petolema infano; *Straßenjunge* stratbubo
Rang|erhöhung *f das Erheben in einen höheren Rang* rangaltigo (*vgl. dazu* ***Beförderung***); *das Aufrücken in einen höheren Rang* rangaltiĝo, promocio; ~**folge** *f* vico

laŭ rango; *Hierarchie* hierarkio (↑ *auch* ***Rangordnung***)

Rangierbahnhof *m, auch* ***Verschiebebahnhof*** *m,* *<österr>* ***Verschubbahnhof*** *m Eisenb* ranĝadstacio

rangieren ***a)*** *tr Eisenb (Wagen ordnen)* ranĝi; *(Fahrzeuge im Bahnhof bewegen)* *<österr>* ***verschieben*** manovrigi ***b)*** *intr einen [bestimmten] Rang innehaben bzw. auf einem [bestimmten] Tabellenplatz stehen* rangi (***hinter*** malantaŭ; ***vor*** antaŭ; ***zwischen*** inter); ***auf dem ersten Platz*** ~ rangi sur la unua loko

Rangieren *n,* *<österr> auch* ***Verschub*** *m Eisenb* ranĝado *bzw.* manovrigo

Rangierer *m,* *<österr>* ***Verschieber*** *m Eisenb* manovristo

Rangier|gleis *n Eisenb* ranĝotrako; ~**lokomotive** *f, umg auch* ***Rangierlok*** *f,* *<österr>* ***Verschublokomotive*** *f Eisenb* manovra lokomotivo

Rangiersignal *n Eisenb:* ***ortsfestes*** ~ manovradsignalilo

Rangierstellwerk *n Eisenb* manovradregadejo

Rangliste *f bes. Sport* ranglisto

rangmäßig **1.** *Adj* laŭranga **2.** *Adv* laŭrange

Rangoon (*n*) ↑ ***Rangun***

Rangordnung *f* rangordo; *Hierarchie* hierarkio (↑ *auch* ***Rangfolge***); ***diplomatische*** ~ hierarkio de diplomatoj

Rangstufe *f* rango

rangsüchtig *Adj (Person)* rangavida

Rangsüchtigkeit *f* rangavido

Rangun (*n*), *engl.* ***Rangoon***, *birmanisch* ***Yangon*** *bis 2005 Hptst. von Myanmar [Birma]* Ranguno, *auch* Jangono

Rangunterschied *m* diferenco laŭ rango

Rani *f indische Fürstin* raĝino; *Frau des Radscha* edzino de raĝo

Ranitidin *n Pharm (ein Arzneistoff gegen Refluxkrankheiten u. zur Magengeschwürprophylaxe)* ranitidino

rank *Adj geschmeidig, biegsam* fleksiĝema ◇ ~ ***und schlank*** fleksiĝema kaj svelta

Ranke *f, Fachspr auch* ***Cirrus*** *m Bot* grimpotigo, ĉiro (*vgl. dazu* ***Klimmer***); ~ ***des Weinstocks*** *und zwar der diesjährige fruchtbare Trieb* sarmento

Ränke *Pl* maĥinacioj *Pl*; *Intrigen* intrigoj *Pl*; *Listen* ruzaĵoj *Pl*; ~ ***schmieden*** maĥinacii, intrigi

ranken, sich *refl Pflanze* volviĝi *od* sin volvi *od* volve grimpi (***um*** ĉirkaŭ) (↑ *auch* ***sich emporranken, sich schlingen*** *u.* ***sich winden***)

rankenförmig *Adj* ĉiroforma

Rankenfuß *m, auch* ***Wimper*** *f z.B. der Rankenfußkrebse* ĉiro

Rankenfüßer *m/Pl, auch* ***Rankenfuß-*** *od* ***Haftkrebse*** *m/Pl Zool:* ***[Ordnung der]*** ~ (Cirripedia) ciripedoj *Pl*

Ranken|gewächs *n od* ~**pflanze** *f Bot* ĉirohava planto (*vgl. dazu* ***Kletterpflanze***)

Rankenlerchensporn *m Bot* ↑ *unter* ***Lerchensporn***

Ränke|schmied *m alt od poet für «Intrigant»* intrigulo, intriganto *bzw.* intriginto (↑ *auch* ***Verschwörer***); ~**spiel** *n, alt* ***Kabale*** *f* kabalo (*vgl. dazu* ***Ränke***)

rankig *Adj Pflanze* ĉirohava; *rankenförmig* ĉiroforma

ranklotzen *intr salopp od derb für «schwer arbeiten»* terure multe kaj streĉe [ek]labori

rankommen ↑ ***herankommen***

Ranula *f Med* = ***Fröschleingeschwulst***

Ranunkelstrauch *m Bot* ↑ ***Kerrie***

Ranzen *m* tornistro; *Schul*~ lerneja tornistro

Ranzidität *f* ↑ ***Ranzigkeit***

ranzig *Adj* ranca; ~ ***werden*** *z.B. Butter, Öl od Speck* rancîĝi

Ranzigkeit *f, Fachspr* ***Ranzidität*** *f* ranceco

Ranzigwerden *n* rancîĝo

Rap *m ein Popmusikstil* *<ein Musikstil mit charakteristischem Sprechgesang über hartem Disco-Beat, sogen. «funky beat»>* repo, repmuziko; *als Sprechgesang* repkantado (↑ *auch* ***Rappen***)

Rapacki-Plan *m Gesch (Plan, der vorsah Polen, die Tschechoslowakei, DDR u. BRD sollten zu einer militärisch verdünnten Zone mit vereinbarter u. kontrollierter Rüstung werden [1957 formuliert])* Rapacki-plano

Rapakiwi[granit] *m Min (eine Abart des Granits)* rapakivo, *meist* rapakiva granito

Rapallo (*n*) *ein Kurort bei Genua* Rapal[l]o; ~**vertrag** *m Gesch a) italienisch-jugoslawischer Vertrag über den Freistaat Fiume [1920] b) deutsch-sowjetischer Vertrag über Wiederaufnahme staatlicher Beziehungen [1922]* Traktato de Rapallo

Rapanui (*n*) ↑ ***Osterinsel***

Rapazität *f* ↑ ***Raublust***

Rapfen *m, reg* ***Schied*** *m* (Aspius aspius) *Ichth (ein Karpfenfisch Ost- u. Mitteleuro-*

pas) aspio

Raphael (*m*), *ökumenisch u.* <*österr*> ***Rafael*** (*m*) *kath. Kirche (einer der Erzengel u. Schutzpatron der Reisenden)* Rafaelo, *auch* Sankta Rafaelo

Raphe *f*, *auch* ***Naht-*** *od* ***Verwachsungslinie*** *f* ***[von Organen]*** *nur Fachspr Anat u. Med* rafeo; ~ ***scroti*** rafeo de skroto

rapid[e] *Adv* [ekstreme] rapide

Rapier *n*, *auch* ***Haudegen*** *m eine historische Fecht- u. Duellwaffe* rapiro (*vgl. dazu* ***Florett***)

Rapmusik *f* repmuziko

Rappe *m schwarzes Pferd* nigra ĉevalo ◇ ***auf Schusters ~n [reiten]*** *scherzh für «zu Fuß»* veturi sur sia paro da ŝuoj *(Zam)*

Rappel *m umg* ◇ ***einen ~ haben*** *sich verrückt benehmen* freneze konduti

rappeltrocken *Adj reg für «völlig trocken»* sekega (*vgl. dazu* ***dürr***)

rappen [ˈrɛpən] *intr Mus (einen Rap singen od spielen)* repi

[1]**Rappen** *od* **Rapping** *n Mus* repado

[2]**Rappen** *m* (*Abk* ***Rp.***) *kleine schweizerische Währungseinheit* centimo

Rappenantilope *f* (Hippotragus niger) *Zool* nigra ĉevaloantilopo *[Vorkommen: Süd- bis Ostafrika]*

Rappenspalter *m* ↑ ***Pfennigfuchser***

Rapper *m jmd., der rappt* repisto; *Rapsänger* repkantisto

Rapport *m Mil* raporto [al superulo *od* supera instanco] (*vgl. dazu* ***Bericht***)

rapportieren *tr Mil* raporti

Raps *m*, *reg* ***Reps*** *m* (Brassica napus, var. sativa biennis) *Bot, Nahr* kolzo

Rapsänger *m* repkantisto

Rapsdotter *f* (*Gattung* Rapistrum) *Bot* rapistro; ***ausdauernde*** ~ (Rapistrum perenne) daŭra rapistro

Raps|feld *n Landw* kolzokampo; ~**honig** *m Nahr* kolza mielo; ~**öl** *n Nahr* kolz-oleo

Rapünzchen *n od reg* **Rapunzel** *f Bot, Nahr* ↑ ***Feldsalat***

Rapünzchensalat *m*, *reg* ***Rapunzelsalat*** *m Nahr* rapunkola salato

Rapunzelglockenblume *f* (Campanula rapunculus) *Bot* rapunkolo, *auch* helviola kampanulo

rar *Adj kostbar* rara; *außergewöhnlich* eksterordinara; *selten* malofta, *(selten vorkommend bzw. passierend)* malofte okazanta, rara, *(selten zu bekommen)* malofte havebla (*od* akirebla) ◇ ***sich ~ machen*** *sich selten blicken lassen* malofte aperi; *selten kommen* malofte veni; *sich zurückziehen* retiriĝi

Rarität *f seltenes Stück, Kostbarkeit, Seltenheit* raraĵo (*vgl. dazu* ***Kuriosität***)

Rarotonga (*n*) *Hauptinsel der Cook-Inseln im Südpazifik* Rarotongo *[Hptst.: Avarua]*

Ras al-Khaima (*n*), *auch* ***Ras al-Khaymah*** *kleines Emirat am Pers. Golf u. im Küstenhinterland des Golfes von Oman mit gleichnamigem Hauptort* Rasalĥajmano

rasant 1. *Adj umg für «äußerst schnell»* ekstreme rapida; *furios* furioza; *schwungvoll* verva; *stürmisch* ŝtorma; *großartig* grandioza; *attraktiv* aktrakcia; *sehr schick* tre ŝika; ***eine ~e Frau*** alloga [kaj tre aparta] virino **2.** *Adv*: ~ ***fahren*** furioze veturi

rasch 1. *Adj schnell* rapida; *behend, flink* rapidmova, lertmova, facilmova; *glatt vonstatten gehend* prompta **2.** *Adv*: ***wie ~ die Zeit vergeht!*** kiom rapide la tempo pasas!

rascheln *intr Seide, zerknülltes Papier* susuri; *knistern* kraketi; *i.w.S. ein leises Geräusch von sich geben* brueti; ***die Blätter der Bäume ~ im Wind*** la folioj de la arboj susuras en vento

Raschheit *f* rapid[ec]o (↑ *auch* ***Hastigkeit***)

Raschkäfer *m* (*Gattung* Elaphrus) *Ent* elafro

Ras Daschan *m höchster Berg von Äthiopien* [monto] Rasdaŝano *od* Ras-Daŝano

rasen *intr* ***a)*** *eilen* rapidegi (↑ *auch* ***preschen***); *schnell rennen* kuregi; *umg: Kfz* furioze veturi; ***ras doch nicht so!*** ne marŝu tiel rapide! *bzw.* ne veturu tiel rapide (*od* furioze)! ◇ ***die Zeit rast*** *vergeht im Fluge* la tempo forflugas ***b)*** *toben, wüten (auch Sturm)* furiozi; *in Wut sein* esti furioza (*od* kolerega)

Rasen *m* gazono (*vgl. dazu* ***Wiese***; ↑ *auch* ***Kunstrasen***); ***den ~ mähen*** falĉi la gazonon, *(mit dem Rasenmäher)* tondi la gazonon

Rasen|ameise *f* (Tetramorium caespitum) *Ent* herboformiko; ~**binse** *f* (Scirpus cespitosus = Trichophorum cespitosum) *Bot* torfa skirpo

rasend 1. *Adj wütend* furioza *auch übertr*; *menadisch* menada; *sehr schnell* rapidega; *Schwindel erregend* kapturna; *Hunger, Schmerz* terura, *salopp auch* freneziga; ~ ***machen*** *in Raserei (od Wut) versetzen* furiozigi; ~ ***werden***, <*österr*> *umg auch* ***aufdrehen*** furioziĝi **2.** *Adv*: ~ ***verliebt sein*** esti freneze enamiĝinta

Rasen|dünger *m Gartenb* gazonsterko; **~-heizung** *f in Fußballstadien* gazonhejtado

Rasenhockey *n Sport* ↑ ***Feldhockey***

Rasenmäher *m* gazontondilo, *auch* herbotondilo (↑ *auch* ***Akkurasenmäher***); ***elektrischer ~*** elektra gazontondilo

Rasenplatz *m Tennis* gazona tenisludejo

Rasenschwindling *m Mykologie* ↑ ***Nelkenschwindling***

Rasen|sprenger *m Gartenb* gazon-aspergilo; **~tennis** *n Sport (Tennis auf Rasenplätzen)* gazonteniso, *(Zam) auch* laŭnteniso

Raser *m im Verkehr* furioz-veturanto *od pej* frenez-veturanto

Raserei *f mit Kfz* freneza vetur-stilo; *Tobsucht, sinnlose Wut* rabio; *wahnsinnige Wut* furiozo; ***in ~ geraten*** furioziĝi, ekkoleregi

Rasgrad (*n*) *eine Stadt in NO-Bulgarien* Razgrado

Rash *m Med* ↑ *unter* ***Exanthem***

Rashnu [*raʃ'nu:*] (*m*) *Myth (iranischer Gott [Personifikation der Gerechtigkeit])* raŝnuo *(auch Großschr)*

Rasierapparat *m, umg kurz* ***Rasierer*** *m* razaparato, razilo; ***elektrischer ~***, *umg auch* ***Elektrorasierer*** elektra razilo

Rasiercreme *f* razokremo

rasieren *tr* razi (***jmdn.*** iun); ***sich ~*** sin razi; ***schlecht rasiert*** malbone razita

Rasieren *n* razado

Rasierer *m* ↑ ***Rasierapparat***

Rasier|klinge *f* razoklingo; **~messer** *n* [tranĉil-]razilo; **~pinsel** *m* razopeniko; **~-schaum** *m* razoŝaŭmo; **~seife** *f* razosapo; **~spiegel** *m* razospegulo; **~wasser** *n nach der Rasur (Aftershavelotion)* postraza locio; **~zeug** *n* ilaro por razado

Raskolniki *m/Pl Rel (Angehörige einer der zahlreichen russischen Sekten zur Zarenzeit, bes. die so genannten Altgläubigen)* raskolnikoj *Pl* (↑ *auch* ***Molokanen***)

Räson *f Ratio, Verstand* racio; *Vernunft* [sana] prudento (*vgl. dazu* ***Einsicht***); ***jmdn. zur ~ bringen*** *erreichen, dass jmd. zur Einsicht kommt* instigi iun al prudento, prudentigi iun; ***zur ~ kommen*** [kompreni kaj] fine prudente konduti, iĝi prudenta *od* prudentiĝi

räsonabel *Adj alt für «vernünftig denkend (od urteilend), verständig» (Person)* rezonema

räsonieren *intr vernünftig urteilen, durchdacht schließen* rezoni

Räsonieren *n* rezonado

Raspatorium *n, auch* ***Schabeisen*** *n Chir* rugino; *zum Abschieben der Knochenhaut* raspatorio; ***mit dem ~ schaben*** skrapi per rugino, *auch kurz* rugini

Raspel *f **a)** Handw (eine grobe Feilenart zur Holz-, Leder-, Plast- od Metallbearbeitung)* raspilo (*vgl. dazu* ***Reibe***; ↑ *auch* ***Holzraspel***) ***b)*** *etw. Geraspeltes* raspaĵo

raspeln *tr **a)** Handw u.Tech* raspi *Holz od Metall* (↑ *auch* ***abraspeln***) ***b)*** *<schweiz> u. reg* ***raffeln*** *Hausw*: ***Äpfel*** (***Möhren***) ~ raspi pomojn (karotojn); ***[auf einer Reibe] ~*** raspi *z.B. auch das Kernfleisch der Kokosnuss*

Raspeln *n **a)** (Vorgang)* raspado ***b)*** *Pl (Geraspeltes, Raspelspäne)* raspaĵo (↑ *auch* ***Kokos-*** *u.* ***Schokoraspeln***)

Raspelspäne *m/Pl Handw* raspaĵo *Sg*

Rasputin (*m*) *Eig (ein russ. mystischer Wundertäter [1864 od 1865-1916])* Rasputino

räß *od* **räss** *Adj reg u. <schweiz> dial **a)** scharf gewürzt* forte spicita ***b)*** *scharfzüngig (bes. von Frauen)* akralanga; *i.w.S. barsch, unfreundlich* bruska, malafabla

Rasse *f Anthropol, Bot u. Zool (bes. als Ergebnis der Züchtung)* raso (*vgl. dazu* ***Art***, ***Ethnie***, ***Geschlecht***, ***Hunde-***, ***Menschen-***, ***Pferderasse*** *u.* ***Stamm***); ***gelbe*** (***schwarze***, ***weiße***) ~ *Anthropol* flava (nigra, blanka) raso; ***ökologische ~***, *auch* ***Standortrasse*** *Zool* eko- logia raso

Rasse|huhn *n* purrasa kokino; **~hund** *m* purrasa hundo; **~kaninchen** *n* purrasa kuniklo

Rasselgeräusch(e) *n/Pl* ***[in den Bronchien]*** *Med* raslo; ***trockene ~*** seka raslo; ***~ von sich geben*** *Bronchien* rasli

rasseln *intr metallisch klingen* tinti; *klappern* klak[et]i; *Wecker* laŭte sonori; *Med (in den Bronchien)* rasli

Rasseln *n* tintado; klak[et]ado; *Med* raslo; ***krepitierendes ~*** (*auch* ***Knisterrascheln*** *genannt*) *Med* krepita raslo

Rassen|diskriminierung *f* rasa diskriminacio; **~frage** *f* rasa problem[ar]o; **~hass** *m* rasa malamo; **~integration** *f* rasa integriĝo; **~kämpfe** *m/Pl* interrasaj bataloj *Pl*; **~problem** *n* rasa problem[ar]o; **~trennung** *f* rasa apartigo (*od* segregacio); *Apartheid* apartismo; **~unruhen** *f/Pl* [inter]rasaj tumultoj *Pl*; **~unterschiede** *m/Pl* rasaj diferencoj *Pl*; **~verfolgung** *f* rasa persekuto;

~**vermischung** *f* rasmiksiĝo; ~**vorurteile** *n/Pl* rasaj antaŭjuĝoj *Pl*; ~**vorwürfe** *m/Pl* riproĉoj *Pl* pro rasista sinteno

Rassepferd *n* purrasa ĉevalo

rasserein *Adj reinrassig* purrasa

Rassereinheit *f Biol* pureco de [la] raso

rassig *Adj* ***a)*** *von edler Rasse* de nobla raso *nachgest*, bonrasa (*vgl. dazu* ***rasserein***) ***b)*** *mit ausgeprägten, schönen Gesichtszügen*: ***ein ~es Weib*** belulino kun esprimplena vizaĝo

rassisch *Adj auf die Rasse bezogen* rasa

Rassismus *m* rasismo; ~**vorwürfe** *m/Pl* riproĉoj *Pl* pro rasista sinteno

Rassist *m* rasisto

rassistisch *Adj auf den Rassismus bezogen* rasisma; *auf die Rassisten bezogen* rasista; ***~e Diskriminierung*** *f* rasisma diskriminacio; ***eine ~e Organisation*** rasisma organizaĵo

Rast *f Unterbrechung* halto; *Ruhepause* ripozo (↑ *auch* ***Halt a)***, ***Mittagsrast*** *u.* ***Pause***); ***wir machten ein paar Minuten ~*** ni ripozis kelkajn minutojn

Rastafari-Bewegung *f Rel (eine in Jamaika in den 1930er Jahren entstandene, heute weltweit verbreitete Glaubensrichtung, die aus dem Christentum entstanden ist u. viele alttestamentliche Bezüge aufweist [die Bewegung lehrt die Göttlichkeit Haile Selassies])* rastafaria movado

Rastafaris *m/Pl od engl.* **Rastafarians** *Pl* rastafarianoj *Pl*

Rastalocken *f/Pl aus Haarsträhnen gezwirbeltes od geflochtenes Haar* rasta-bukloj *Pl*, *pop auch* feltharoj *Pl*

Rastatt (*n*) *eine Stadt in Baden-Württemberg [an der Murg]* Rastato

Rastel *n* ↑ ***Drahtgeflecht***

rasten *intr* halti (↑ *auch* ***anhalten***); *[aus]ruhen* ripozi (↑ *auch* ***pausieren***) ◇ ***wer rastet, der rostet*** kiu restas, rustas

Raster *m Computer- u. Fernsehtechnik, Typ* rastrumo

Rasterätzung *f Typ* ↑ ***Autotypie***

Raster|druck *m Typ* rastruma preso; ~**grafik** *f* rastruma grafiko

rastern *tr Reproduktionstechnik, TV (ein Bild durch Rasterpunkte zerlegen)* rastrumi, *i.w.S. scannen* skani

Raster|punkte *m/Pl* rastrumaj punktoj *Pl*; ~**tunnelmikroskop** *n* (*Abk* ***RTM***) *Opt* tunelefika mikroskopo

rastlos 1. *Adj ohne einzuhalten* senhalta; *ohne sich auszuruhen* senripoza; *unermüdlich* senlaca; *i.w.S. hastig* hasta **2.** *Adv* senhalte; senripoze; senlace; haste (↑ *auch* ***emsig***)

Rastplatz *m* loko por ripozi, ripozejo; *an der Autobahn* parkumejo-ripozejo [apud aŭtoŝoseo], piknik-areo; *Mil* haltloko [de marŝanta trupo], etapo

Rastral *n Gerät mit fünf Zinken zum Ziehen von Notenlinien* rastralo

rastrieren *intr, meist abs: Notenlinien mit dem Rastral ziehen* rastrali

Rasur *f das Rasieren* razado; ***ich wünsche eine ~*** *beim Frisör* mi deziras razadon

Rat *m* ***a)*** *Ratschlag* konsilo; *Empfehlung, Vorschlag* rekomendo, propono (↑ *auch* ***Anregung*** *u.* ***Hinweis***); ~ ***suchend***, *auch* ***ratsuchend*** serĉanta konsilon; ***jmds. ~ befolgen*** sekvi ies konsilon; ***jmdn. um ~ bitten*** (*od* ***fragen***) peti iun pri konsilo, konsulti iun; ***jmdm. einen ~ geben (****od geh* ***erteilen)*** doni konsilon al iu; ***um ~ fragen*** *od* ***zu ~e ziehen*** konsulti ◇ ***mit ~ und Tat*** per konsilo kaj helpo; ***da ist guter ~ teuer*** konsilu, kiu povas *(Zam)* ***b)*** *Beratung* [inter]konsiliĝo; *als Behörde, Beratungsorgan od Körperschaft* konsilio, *auch* konsilantaro (↑ *auch* ***Exekutiv-***, ***Kron-***, ***Minister-***, ***National-***, ***Präsidial-***, ***Regional-***, ***Sicherheits-*** *u.* ***Verbandsrat***); ~ ***für Gegenseitige Wirtschaftshilfe*** (*Abk* ***RGW***) *Gesch* Konsilio de Reciproka Ekonomia Helpo (*Abk* KREH); ~ ***der Stadt*** urba konsilantaro; *Magistrat* magistrato; ~ ***der Volkskommissare*** *Gesch UdSSR [bis 1946]* Konsilio de la Popolkomisaroj; ***Asiatisch-Pazifischer ~*** (*engl. Abk* ***ASPAC***) Azia-Pacifika Konsilio; ***ständiger ~*** permanenta konsilio; ***Mitglied eines*** (*od* ***des***) ***~s*** membro de [la] konsilio, *auch* konciliano ***c)*** *als Titel für eine Person* konsilisto (↑ *auch* ***Botschafts-***, ***Geheim-***, ***Handels-***, ***Medizinal-***, ***Sanitäts-*** *u.* ***Stadtrat***)

Ratafia[likör] *m ein Fruchtsaftlikör* ratafio

Ratanhia *f Bot* ↑ ***Kramerie***

Ratatouille [...ˈtuj] *f od n Kochk (Gemüse aus Auberginen, Zucchini u. Tomaten)* ratatujo

Rate *f Fin (Ratenzahlung)* pago laŭ partoj, *umg* partopago; *Quote* kvoto; *bestimmte Menge* [difinita] kvanto (↑ *auch* ***Arbeitslosen-***, ***Geburten-***, ***Inflations-***, ***Steigerungs-***, ***Sterbe-***, ***Teuerungs-***, ***Überlebens-*** *u.* ***Unfallrate***); ***in ~n zahlen*** pagi laŭparte (*od* laŭ la poparta pagosistemo); ***in monatlichen ~n von ...*** kun ĉiumonata pago de ...

raten ***a)*** *tr herauszufinden suchen* diveni; ***rate mal!*** provu diveni!; ***falsch geraten!*** malĝusta diveno!; ***Rätsel ~*** solvi enigmo(j)n ***b)*** *intr Rat geben* konsili (***jmdm. zu etw.*** iun *u. Verb im Inf*); *empfehlen, nahelegen* rekomendi; ***ich rate dir*** (*bzw.* ***Ihnen***), ***den Vorschlag von ... anzunehmen*** mi rekomendas al vi akcepti la proponon de ...

Ratenzahlung *f* laŭparta (*od* poparta) pag[ad]o

Räterepublik *f Gesch* respubliko de sovetoj

Rate|spiel *n* divenludo (↑ *auch* ***Quiz***); **~wahrscheinlichkeit** *f* divenprobablo

Ratgeber *m* ***a)*** *Person* konsilanto (↑ *auch* ***²Mentor***) ***b)*** *Leitfaden* gvidilo, gvidlibro, kompendio (↑ *auch* ***Handbuch***); ***ein praktischer ~ für ...*** praktika gvidilo por ...

Rathaus *n* urbdomo; **~platz** *m* urbdoma placo; **~turm** *m* urbdoma turo

Rätien (*n*), *auch* ***Rhätien*** (*n*), *lat.* ***Raetia*** *Gesch (eine altrömische Provinz)* Retio (↑ *auch* ***Graubünden***)

Ratifikation *od* **Ratifizierung** *f Pol* ratifiko, *auch* ratifo *Bestätigung od Anerkennung bes. von völkerrechtlichen Verträgen* (*vgl. dazu* ***Legalisation***); ***dieser Vertrag bedarf der ~*** tiu ĉi traktato devas esti ratifikota

Ratifikationsklausel *f* klaŭzo de ratifiko

Ratifizierungsurkunde *f Dipl* ratifikaj dokumentoj (*od* aktoj) *Pl*; ***Austausch der ~n*** interŝanĝo de la ratifikaj aktoj

ratifizieren *tr* ratifiki, *auch* ratifi (↑ *auch* ***genehmigen***)

Ratifizierung *f* ↑ ***Ratifikation***

Rätikon *m*, *früher* ***Rhätikon*** *m Gruppe der Nördlichen Kalkalpen zw. dem Tal der Ill im Norden u. dem Prättigau im Süden [im Grenzgebiet von Österreich, Liechtenstein u. der Schweiz]* Retikono

Ratingagentur *f Agentur, die die Bonität von Unternehmen, Wertpapieren u.Ä. einschätzt* taksad-agentejo

Ratio *f geh für «Verstand, logisches Denkvermögen»* racio (*vgl. dazu* ***Vernunft***)

Ration *f* [taga] porcio (↑ *auch* ***Tagesration***); *bestimmte Menge* difinita kvanto (*vgl. dazu* ***Quote***); *Teil* parto; ***doppelte ~*** duobla porcio; ***eiserne ~***, *auch* ***Notration***, *<schweiz>* ***Notportion*** *f Mil* lastrezerva [nutraĵ]porcio

rational 1. *Adj* ***a)*** *Math, Phil* racionala; ***~e Zahl*** *f Math* racionala nombro, *Fachspr auch* racionalo ***b)*** *vernünftig, logisch begründet* racia; *logisch* logika **2.** *Adv* racionale; racie (*vgl. dazu* ***besonnen***, ***einleuchtend*** *u.* ***vernunftbegabt***)

Rationalisator *m* raciiganto

rationalisieren *tr Verw, Wirtsch* raciigi

Rationalisierung *f* raciig[ad]o

Rationalisierungs|plan *m* plano de raciigo; **~vorschlag** *m* raciiga propono

Rationalismus *m Phil* racionalismo, *auch* raciismo; ***kritischer ~*** kritika racionalismo

Rationalist *m Phil (Anhänger des Rationalismus)* racionalisto; *rational denkender Mensch* racie pensanta homo

rationalistisch *Adj Phil (auf die Rationalisten bezogen)* racionalista, *(auf den Rationalismus bezogen)* racionalisma

Rationalität *f Vernuftgemäßheit* racieco

rationell *Adj zweckmäßig* celkonforma; *wirtschaflich* ekonomia (*vgl. dazu* ***sparsam***)

rationieren *tr in Portionen teilen* porciigi; *in relativ kleinen Mengen zuteilen* porciumi *od* porciolimigi

Rationierung *f* porciigo; *in Kriegszeiten, z.B. über Lebensmittelkarten* porciolimigo

rätisch, *alt* ***rhätisch*** *Adj auf Rätien [Graubünden] bezogen bzw. von dort stammend* retia; ***die ≗en Alpen*** *Pl westlichster Teil der zentralen Ostalpen*; *i.e.S. auch Bez für das Hochland Graubünden* la Retiaj Alpoj *Pl*

Ratiten *Pl Orn* ↑ ***Flachbrustvögel***

ratlos *Adj sich keinen Rat wissend* senkonsila; *hilflos* senhelpa; *bestürzt, perplex* konsternita, perpleksa; *verzweifelt* senespera; ***wir waren völlig ~***, ***was wir tun sollen*** (*od* ***sollten***) ni estis tute senkonsilaj (*od* senhelpaj) kion fari (*od* kion ni faru)

Ratlosigkeit *f* senkonsileco; *Hilflosigkeit* senhelpeco; *Bestürztsein* konsterniteco, perplekseco (↑ *auch* ***Verlegenheit***)

Ratnasambhava (*m*) *Buddhismus (einer der transzendenten Buddhas)* Ratnasambavo

Rätoromane *m* reti-romanĉo

rätoromanisch *Adj Ling* reti-romanĉa

Rätoromanisch[e] *n*, *auch* ***Ladinisch[e]*** *n od* ***Romantsch*** *od* ***Rumantsch*** *n Ling (in Graubünden u. in Südtirol gesprochene Sprache[n])* la reti-romanĉa [lingvo], *i.e.S. auch* la ladina [lingvo] *bzw.* la romanĉa [lingvo]

ratsam *Adj (selt attributiv)*: ***es ist ~ ...*** estas konsilinde ...; *empfehlenswert* estas rekomendinde ...; ***ich halte es für ~, das zu tun*** mi opinias konsilinde tion fari

Ratsbeschluss *m* decido de la loka konsilio

Ratsche *f* ↑ ***Knarre a)***

Ratschlag *m* konsilo (*vgl. dazu* ***Rat a)***); ***jmdm. taktische Ratschläge erteilen*** (*od* ***geben***) doni al iu taktikajn konsilojn

Rätsel *n* enigmo (*vgl.dazu* ***Rebus***, ***Puzzle*** *u.* ***Quiz***; ↑ *auch* ***Kreuzwort-***, ***Preis-*** *u.* ***Worträtsel***); *Geheimnis* sekreto (*vgl. dazu* ***Mysterium***); ***ein ~ aufgeben*** (*od* ***darstellen***) prezenti enigmon; ***ein ~ lösen*** solvi enigmon; ***es ist mir ein ~, wie ...*** estas mistero por mi, kiel ...; ***voller ~ [sein]*** [esti] enigmoplena *od* [esti] plena de enigmoj; ***des ~s Lösung*** la solvo de la enigmo ◇ ***in ~n reden*** (*od* ***sprechen***) paroli per enigmoj *(Zam)*; ***das ist des ~s Lösung!*** jen la solvo!

Rätselecke *f in einer Zeitung* rubriko de enigmoj

rätselhaft, *geh* ***enigmatisch*** *Adj* enigma, enigmoplena; *geheimnisvoll* plena de sekretoj *nachgest*; *geh auch* sibila; *mysteriös* mistera; *übersinnlich* mistika (↑ *auch* ***unbegreiflich***); ***auf ~e Weise*** misteromaniere

Rätsel|haftigkeit *f* enigmeco; mistereco; **~lösung** *f* enigmosolvo

rätseln *intr zu erraten versuchen* provi diveni

rätselvoll *Adj geh* mistera (*vgl. dazu* ***rätselhaft***)

Rats|herr *m* magistratano, membro de la magistrato (↑ *auch* ***Alderman***); **~keller** *m* restoracio en la keletaĝo de [la] urbdomo; **~mitglied** *n* membro de la magistrato (*od* loka konsilio; **~sitzung** *od* **~versammlung** *f* kunsido de magistratanoj

ratsuchend *Adj* ↑ *unter* ***Rat a)***

Rattan *n* ↑ ***Rotan b)*** *u.* ***Rotanrohr***

Ratte *f*, *<österr> u. reg auch* ***Ratz*** *m Zool* ***a)*** (*Gattung* Rattus) rato *auch Schimpfw* (↑ *auch* ***Bambus-***, ***Bandikut-***, ***Baum-***, ***Bisam-***, ***Hamster-***, ***Haus-***, ***Mähnen-***, ***Reis-***, ***Reisfeld-*** *u.* ***Wanderratte***); ***pazifische ~*** (Rattus exulans) pacifika rato; ***weibliche ~*** femala rato, *auch* ratino ***b)*** *allg kurz für Haus*≗ (Rattus rattus) domrato ◇ ***die ~n verlassen das sinkende Schiff*** la ratoj forlasas la sinkantan ŝipon

rattenähnlich *Adj* rat[o]simila

Rattenbiss *m* ratomordo; **~krankheit** *f*, *auch* ***Sodoku*** *m Med (eine bes. in Japan auftretende Erkrankung)* sodokuo

Ratten|falle *f* ratkaptilo; **~fänger** *m* ratkaptisto (↑ *auch unter* ***Hameln***); **~floh** *m* (*auch* ***Pestfloh*** *genannt*) (Xenopsylla cheopis) *Ent* rata pulo; **~gift** *n* ratveneno, *auch* raticido (↑ *auch* ***Arsenik***); **~loch** *n* ratotruo; **~nest** *n* rat[o]nesto; **~schwanz** *m* ***a)*** ratvosto *od* vosto de rato ***b)*** *übertr* tuta aro da sekvoj (*od* problemoj sekvantaj)

rattern *intr* pumpumi

Ratz *m Zool* ↑ ***Iltis*** *bzw.* ↑ ***Ratte***

Ratzefummel *m scherzh (bes. Schülersprache) für* ***Radiergummi*** [↑ *dort*]

ratzekahl *Adv* totale, komplete

rau *Adj uneben* malglata, *(bes. von Oberflächen) auch* aspra; *heiser (Stimme)* raŭka; *grob* kruda, *(Sitten [grausam, wild]) auch* feroca; *Wesensart* malmilda; *barsch, grob* bruska, kruda; *struppig* hirta; *kalt u. etw. schneidend, z.B. Wetter* malvarma kun [iom] tranĉa vento; ***ein ~er Wind*** tranĉa vento ◇ ***in ~en Mengen*** en grand[eg]aj kvantoj, grandkvante

Raub *m* rabo (*vgl. dazu* ***Diebstahl*** *u.* ***Fang***; ↑ *auch* ***Bank-***, ***Juwelen-*** *u.* ***Kirchenraub***); *das Rauben* rabado (↑ *auch* ***Plünderung***); *das Geraubte* rabaĵo, *auch* rabitaĵo (*vgl. dazu* ***Diebesgut***); *Beute* predo; *[gewaltsame] Entführung* kidnap[ad]o; **~adler** *m* (Aquila rapax) *Orn* rabaglo

Raubbau *m* ekscesa (*od* troa) ekspluato; *übertr* troekspluato; ***~ [be]treiben*** troekspluati (***an*** *od* ***mit*** *u. Subst im Akk*); ***mit seiner Gesundheit ~ treiben*** ruinigi sian san[ec]on

Raub|bein *n z.B. des Wasserskorpions* rab-kruro; **~delikt** *n Jur* rabdelikto; **~druck** *m Buchw (unerlaubter Nachdruck [unter Verletzung des Urheberrechts])* pirata eldono

rauben *tr* rabi *auch i.w.S.*; *ausrauben, plündern* elrabi; *rauben und fortschaffen* forrabi (↑ *auch* ***aus-*** *u.* ***berauben***); *See- od Luftpiraterie betreiben* pirati *auch i.w.S.*; *[gewaltsam] entführen* kidnapi; ***der Krieg raubte ihm zwei Söhne*** dum la milito la morto rabis al li du filojn ◇ ***du raubst mir [noch] die letzten Nerven!*** vi komplete sennervigas min!

Rauben *n* rabado

Räuber *m* rabisto (↑ *auch* ***Bank-*** *u.* ***Straßenräuber***); *im Tierreich* predokapta besto, *auch* rabisto *od* rabemulo; *Bandit* bandito (*vgl. dazu* ***Einbrecher*** *u.* ***Entführer***) ◇ ***«~ und Gendarm» spielen*** *ein Kinderspiel im*

Freien ludi «rabistoj kaj ĝendarmoj» *(Zam)*
Räuberbande *f* rabista bando *od* bando da rabistoj
Räuberei *f* rabado; *Piraterie* piratado
Räuber|geschichte *f* rakonto pri rabistoj; ~**hauptmann** *m* rabista bandestro; ~**höhle** *f od* ~**nest** *n* nesto de rabistoj *od* rabista nest[aĉ]o, ŝtelistejo
räuberisch *Adj* rabista; *raublustig* rabema; *gierig* avida; ***in ~er Absicht*** kun la intenco rabi; ***~es Verhalten*** *n von Raubtieren u. i.w.S.* predado
Raub|fisch *m Ichth* rabfiŝo; ~**gier** *f Gier* avido; *Wildheit* sovaĝeco, feroca sinteno; ~**insekt** *n Ent* rabinsekto; ~**kopie** *f EDV* pirata kopio; ~**kunst** *f* rabitaj artaĵoj *Pl*
Raublattaster *f Bot* ↑ *unter* ***Aster***
Raublattgewächse *n/Pl Bot*: ***[Familie der]*** ~ (Boraginaceae) boragacoj *Pl*
Raublust *f*, *alt* ***Rapazität*** *f* rabemo
raublustig *Adj* rabema
Raub|mord *m* rabmurdo; ~**mörder** *m* rabmurdisto
Raubmöwe *f (allg Bez)*, ***Skua*** *f (spezielle Bez) Orn* rabmevo (↑ *auch* ***Chileskua***, ***McCormick-Raubmöwe*** *u.* ***Schmarotzerraubmöwe***); ***braune Skua*** *od* ***Subantarktisskua*** *f* (Stercorarius antarcticus) bruna rabmevo; ***große ~*** *od* ***Skua*** *f* (Stercorarius skua) granda rabmevo; ***kleine*** ~, *auch* ***Falkenraubmöwe*** *f* (Stercorarius longicaudus) longvosta rabmevo; ***mittlere*** ~, *auch* ***Spatelraubmöwe*** *f* (Stercorarius pomarinus) larĝvosta rabmevo; ***[Familie der] ~n*** *Pl* (Stercorariidae) sterkorariedoj *Pl*
Raubseeschwalbe *f* (Hydroprogne caspia) *Orn* rabŝterno
Raubtier *n Zool* rabobesto, *auch* predobesto; ***katzenartige ~e*** *Pl* (*Familie* Felidae) felisedoj *Pl*
Raubtierkäfig *m* rabobesta kaĝo
Raubüberfall *m* [perforta] rabatako (*vgl. dazu* ***Raubzug***); ~ ***auf eine Tankstelle*** rabatako al benzinstacio
Raubutt *m Ichth* ↑ ***Flunder***
Raubvogel *m Orn (alt od pop für «Greifvogel»)* rabobirdo
Raubwanze *f Ent*: ***[Familie der] ~n*** *f/Pl* (Reduviidae) reduviedoj *Pl*
Raub|wespe *f*, *auch* ***Sandwespe*** *f* (*Gattung* Sphex) *Ent* sfego, *pop* rabvespo; ~**würger** *m* (Lanius excubitor) *Orn* granda lanio
Raubzug *m* rabir[ad]o; *in fremdes Territorium hinein* rab-invado; ***auf ~ gehen*** *(Einbrecher)* fari serion da raboj; *(Tier)* iri por ĉasi [predon]
Raucedo *Med* ↑ ***Heiserkeit***
Rauch *m*, *reg* ***Schmok*** *m* fumo *auch übertr für «etw. schnell Vergängliches»* (*vgl. dazu* ***Dunst*** *u.* ***Qualm***; ↑ *auch* ***Tabak-*** *u.* ***Zigarrenrauch***); ***beißender*** (***dichter***, ***erstickender***) ~ mordanta (densa, sufoka) fumo; ***in ~ aufgehen*** *gänzlich verbrannt werden* tute forbruli; *übertr (z.B. jmds. Hoffnungen od Pläne)* [totale] disneniiĝi (*od* foriĝi) kiel fumo; ***mit ~ erfüllen*** *verräuchern* fum[o]plenigi; ***von ~ geschwärzt sein*** esti nigrigita de fumo; ***in den ~ hängen*** *räuchern, z.B. Fleisch, Wurst u.a.* fumaĵi, meti ... en la fumaĵejon; ***zu ~ werden*** fumiĝi ◇ ***kein ~ ohne Feuer*** *od* ***wo ~ ist, da ist auch Feuer*** *alles hat seine Ursache* ne ekzistas fumo sen fajro *(Zam)*
Rauch|abzug *m*, *auch* ***Rauchaustritt*** *m* fumellasejo; ~**abzugsrohr** *n* fumtubo
rauchbar *Adj* fumebla
Rauchbombe *f Mil* fumbombo
rauchen *tr u. intr* fumi; *intr Rauch ausstoßen, z.B. Krater od Schlot* ellasi fumon, fumi; ***aufhören zu ~*** ĉesu la fumadon; ***zu ~ beginnen*** *od* ***anfangen zu ~*** *z.B. ein Feuer* ekfumi; ***mit dem ~ wieder anfangen*** rekomenci la fumadon; ~ ***Sie?*** ĉu vi fumas?; ***darf man hier ~?*** ĉu oni rajtas fumi ĉi tie?; ***viel*** (*od* ***stark***) ~ multe (*od* forte) fumi *od* esti forta fumanto; *Kette rauchen* ĉenfumi, *auch* senĉese fumi; *wie ein Schlot rauchen* fumi kiel kamentubo; ***Opium*** ~ fumi opion; ***passiv*** ~ fumi pasive; ***Pfeife*** ~ fumi pipon; ***zwanzig Zigaretten pro Tag*** ~ fumi dudek cigaredojn tage (*od* en unu tago) ◇ ***er raucht vor Zorn*** *bildh für «er ist sehr erzürnt»* li fumas pro kolero
Rauchen *n* fumado (↑ *auch* ***Passivrauchen***); ~ ***verboten!*** fumado malpermesita!; ***das ~ aufgeben***, *umg auch* ***aufhören zu rauchen*** rezigni pri fumado, ĉesi fumadon; ***mit dem ~ wieder anfangen*** rekomenci la fumadon; ***sich das ~ abgewöhnen*** sin malkutimigi de fumado
rauchend *Adj* fumanta; ***ein ~er Vulkan*** fumanta vulkano
Rauchentwicklung *f* formiĝo de fumo; ***unter ~ brennen*** *blaken* fume bruli
Raucher *m* fumanto (↑ *auch* ***Gelegenheits-***, ***Ketten-***, ***Opium-*** *u.* ***Pfeifenraucher***); ***mäßi-***

***ger* (*starker*)** ~ modera (forta) fumanto

Räucheraal *m, reg* ***Spickaal*** *m Nahr* fumaĵita angilo

Raucherabteil *n Eisenb (ehem)* kupeo por fumantoj

Räucherei *f i.w.S.* fumaĵejo; *i.e.S. (Fisch*~*)* fiŝfumaĵejo, *(Aal*~*)* angilfumaĵejo

Räucher|fisch *m Nahr* fumaĵita fiŝo; **~fleisch** *n Nahr* fumaĵita viando; *i.e.S. bei Naturvölkern, bes. bei Indianern* bukano; **~hering** *m Nahr* fumaĵita haringo (*vgl. dazu* ***²Kipper***)

Raucherhusten *m Med* tuso de la fumantoj

räucherig *Adj verraucht (z.B. eine Kneipe), voller Rauch* fum[o]plena *od nachgest* plena de fumo

Raucherin *f* fumantino

Räucherkammer *f Raum zum Räuchern* fumaĵejo (*vgl. dazu* ***Rauchkammer***)

Raucherkrebs *m Med umg* kancero de la fumantoj

Räucherlachs *m Nahr* ↑ *unter* ***Lachs***

räuchern *tr* ***a)*** *Lebensmittel, bes. Fisch, Fleisch od Schinken in den Rauch hängen* fumaĵi, *(bei Naturvölkern, bes. den Indianern)* bukani; ***mit Weihrauch*** ~ incens[ad]i, bruligi incenson ***b)*** *Pflanzenschutz (mit Nebelmitteln behandeln)* fumizi; *zur Desinfektion ausräuchern od ausgasen, bes, geschlossene Räume* fumigacii

Räucher|schinken *m* fumaĵita ŝinko; **~speck** *m Nahr* fumaĵita lardo; **~stäbchen** *n* incensaĵo [konusforma]; **~waren** *Pl geräucherte Fleisch- od Fischwaren* fumaĵoj *Pl od i.e.S.* fumaĵitaj viandaĵoj (*bzw.* fiŝaĵoj) *Pl*; **~werk** *n allg* fumaĵo; *Material, das beim Abbrennen Wohlgeruch erzeugt* incensa substanco *od* incensaĵo (*vgl. dazu* ***Weihrauch***)

Raucherzone *f* zono por fumantoj

Rauch|fahne *f* fumstrio; **~fang** *m* <*österr*> *u. reg für «Schornstein»* kamentubo *od auch* (*Rauchabzugsrohr*) fumtubo (*vgl. dazu* ***Esse*** *u.* ***Schornstein***)

Rauchfangkehrer *m* ↑ ***Schornsteinfeger***

rauchfarben *od* **rauchfarbig** *Adj* fumkolora (*vgl. dazu* ***dunkelgrau***)

Rauchfleisch *n Nahr* fumaĵita viando

rauchfrei *Adj* senfuma *od nachgest* sen fumo

Rauchgas *n* fumgaso

rauchgeschwärzt *Adj* fumonigrigita

Rauchglas *n* fumkolora vitro, *auch* fum[o]vitro

rauchig *Adj verraucht (z.B. eine Kneipe), voller Rauch* fum[o]plena *od nachgest* plena de fumo; *nach Rauch schmeckend, z.B. Tee* fumogusta; *rauchfarben* fumkolora

Rauch|kammer *f Tech* fumkamero (*vgl. dazu* ***Räucherkammer***); **~kasten** *m der Dampfmaschine* fumkesto; **~klappe** *f z.B. auch im Indianerzelt* fum[o]klapo

rauchlos *Adj ohne Rauch [zu hinterlassen] bzw. (Geschoss) mit geringer Rauchentwicklung* senfuma *od nachgest* sen fumo

Rauch|meldeanlage *f* fumodetekta instalaĵo; **~melder** *m* fumodetektilo *od* detektilo de fumo; **~quarz** *m Min* fumkvarco; **~ring** *m* fumringo; **~salon** *m* fumsalono, *auch kurz* fumejo; **~säule** *f* fumkolono *od* kolono de fumo; **~schleier** *m* fumovualo *od* vualo de fumo; **~schwaden** *m/Pl* rubandoj *Pl* de fumo; **~schwalbe** *f* (Hirundo rustica) *Orn* kamphirundo; **~signal** *n* fumosignalo; **~tabak** *m* fumtabako, *[meist:] Pfeifentabak* pipotabako

Rauchverbot *n* malpermeso de fumado; ~ ***in öffentlichen Gebäuden*** malpermeso de fumado en publikaj konstruaĵoj

Rauch|vergiftung *f* toksiĝo pro fumo; **~verzehrer** *m* fumsorbilo; **~waren** *Pl* ***a)*** *Tabakwaren* tabakvaroj *Pl* ***b)*** *Pelzwaren* peltproduktaĵoj *Pl*

Rauchwolke *f* nubo el fumo, fumnubo; ~***n ausstoßen*** eligi nubojn el fumo

Rauchzeichen *n* fumsignalo

Raucidas *f Med* ↑ ***Heiserkeit***

Räude *f Med (Krätze)* skabio, *(Grindflechte [Favus])* favo; *Vet* [besta] skabio

räudig *Adj* skabia, fava *auch pej* (↑ *auch* ***schäbig***); ~***er Hund*** *m pej, bes. als Schimpfw* fava hundo, favulo ◇ ***ein*** ~***es Schaf macht die ganze Herde krank*** unu fava ŝafo tutan ŝafaron infektas *(Zam) auch i.w.S.*

rauf *Adv*: ~ ***und runter*** *umg für «auf und nieder»* supren-malsupren

Raufbold *m* batemulo (↑ *auch* ***Rabauke*** *u.* ***Rowdy***)

Raufe *f Futter*~ rako [por furaĝo], furaĝa rako; *Heu*~ *(im Stall od für Wild)* fojnorako *od* rako por fojno

raufen *intr od* **sich** ~ *refl* interbatiĝi (***um etw.*** pro io) (*vgl. dazu* ***sich balgen***)

Rauferei *f* interbatiĝo

rauflustig *Adj* interbatiĝema

Raufußbussard *m* (Buteo lagopus) *Orn* vilkrura buteo *[Vorkommen: Europa, Nordasien u. Nordamerika]*

Raufußhühner *n/Pl Orn*: ***[Familie der]*** ~ (Tetraonidae) tetraonedoj *Pl* (↑ *auch* ***Birkhuhn***)

Rau|fußkauz *m* (Aegolius funereus) *Orn* funebra strigo; ~**futter** *n Landw* furaĝo el fojno kaj pajlo

rauh *alt* = ***rau***

Rauhaardackel *m* malglathara melhundo

Rauhaarpinscher *m* ↑ ***Griffon***

Rauhai *m*, *auch* ***Walhai*** *m* (Rhinodon typicus) *Zool* malglata ŝarko, *auch* balenŝarko *<größter Meeressäuger der Welt>*

Rauheit *f Unebenheit* malglateco; *Grobheit* krudeco; *des Klimas* malmildeco; *der Stimme* raŭkeco (*vgl. dazu* ***rau***)

Rauke *f Bot* ***a)*** (*Gattung* Sisymbrium) sisimbrio (↑ *auch* ***Knoblauchs-, Weg-*** *u.* ***Wolgarauke***); ***niedrige*** ~ (Sisymbrium supinum) kuŝanta sisimbrio; ***orientalische*** ~ (Sisymbrium orientale) orienta sisimbrio; ***österreichische*** ~ (Sisymbrium austriacum) aŭstra sisimbrio; ***schlaffe*** ~ (Sisymbrium irio) larĝfolia sisimbrio; ***ungarische*** (*od* ***hohe***) ~ (Sisymbrium altissimum) hungara sisimbrio ***b)*** *auch* ***Rucola*** *od* ***Rukola*** *f* (*Gattung* Eruca) eruko; (*die Art* Eruca vesicaria ssp. sativa) *Ölrauke (eine Salatpflanze)* kultiva eruko

Raul [*ra'u:l*] (*m*) *spanischer männl. Vorname* Raulo

Rau-Limone *f* ↑ ***Papeda***

raum *Adj*: ~***er Wind*** *m Mar (Wind, der schräg von hinten weht)* larga vento *auch* raŭmo

Raum *m* ***a)*** *Örtlichkeit* loko, ejo; *[freier] Platz, über den man od etw. verfügt* spaco, *auch* loko (*vgl. dazu* ***Platz a)***; ↑ *auch* ***Lebens-*** *u.* ***Vorratsraum***); *Math, Phil* spaco; *Rauminhalt* volumeno; ~ ***und Zeit*** spaco kaj tempo; ***affiner*** (***euklidischer***, ***linearer***, ***metrischer***) ~ *Math* afina (eŭklida, lineara, metrika) spaco; ***luftleerer*** ~ vakuo; ~ ***beanspruchen*** *Platz brauchen* bezoni spacon (***für*** por); ***viel*** ~ ***einnehmen*** okupi multan spacon; ***[freien]*** ~ ***lassen für ...*** lasi spacon por ... ***b)*** *Geogr (Gebiet)* regiono, *(Areal)* areo, *(Terrain)* tereno; *(Welt*≗*)* kosma spaco *auch Raumf*; ***im*** ~ ***[von] Berlin*** en la regiono de Berlino; ***im kosmischen*** ~ en la kosma spaco; ***im pazifischen*** ~ en la regiono de la Pacifiko ***c)*** *Zimmer* ĉambro; *größerer Raum, bes. für Publikum* salono (↑ *auch* ***Aufenthalts-*** *u.* ***Konferenzraum***); ***in geschlossenen Räumen*** en fermitaj ĉambroj (*bzw.*lokoj); ***dieser*** ~ ***dient zum Schlafen*** tiu ĉambr[et]o servas por dormi ***d)*** *übertr (Gelegenheit)* okazo, *(Möglichkeit)* ebleco, *(Bewegungsfreiheit, Spielraum)* [sufiĉa] libero (***für*** por); ***zum langen Überlegen blieb kein*** ~ ne estis ebleco [por] longe pripensi [la aferon *bzw.* situacion *u. dgl.*]

Rauma (*n*) *eine Stadt an der Westküste Finnlands* Raŭmo (*vgl. dazu* ***Raumismus***)

Raum|anzug *m Raumf (Schutzanzug für Raumfahrer)* kosm[onaŭt]a skafandro, *auch* kosmovesto; ~**ausstatter** *m* fakulo pri interna dekoracio; ~**bild** *n* stereoskopia bildo

Raumbildseher *m Opt* ↑ ***Stereoskop***

Räumboot *n Minen*≗ minforiga ŝipo

Raumchemie *f* ↑ ***Stereochemie***

Raumdeck *n Mar* ↑ ***Orlopdeck***

Raumeinheiten *f/Pl Metr* volumenounitoj *Pl*

räumen *tr leer machen (auch besetztes Gebiet)* malokupi, *(Wohnung zu einem bestimmten Termin)* vakigi; *evakuieren* evakui; *ausräumen* malplenigi; *verlassen* forlasi; *Lager ausverkaufen* rabate disvendi, likvidi; *Ordnung schaffen* ordigi; ***bis wann muss ich das Zimmer*** ~***?*** *Hotel* ĝis kioma horo mi devas malokupi (*od auch* liberigi) la ĉambron?; ***Schnee*** ~ forigi [la] neĝon; ***Schwierigkeiten aus dem Weg*** ~ forigi malfacilaĵojn [barantaj la vojon]

Raum|entfernungsmesser *m* stereoskopa telemetro; ~**ersparnis** *f* ŝparo de spaco; ~**fähre** *f Raumf* kosmopramo; ~**fahrer** *m* astronaŭto *od* kosmonaŭto

Raumfahrt *f* kosma veturado, spacvetur[ad]o (↑ *auch* ***Weltraumfahrt***); ***unbemannte*** ~ senpilota spac-veturo

Raumfahrtbehörde *f*: ***Nationale Luft- und*** ~ ***der USA*** (*engl. Abk* ***NASA***) Nacia Aeronaŭtika kaj Spaca Administracio

Raumfahrt|flugplatz *m* kosmodromo; ~**mission** *f* spacvetura misio; ~**programm** *n* spacvetura programo; ~**technik** *f* teknologio de spacveturado; ~**unternehmen** *n* spacvetura entrepreno; ~**zentrum** *n* centro de spacveturado

Raum|fahrzeug *n* kosmoveturilo, spacveturilo; ~**flug** *m* kosma (*od* interastra) flugo; ~**flugkörper** *m zur Erforschung des interplanetaren Raums [z.B. die US-amerikani-*

schen Raumsonden Voyager]; ~**forschung** *f* spacesplorado, *auch* kosma riserĉo; ~**gestaltung** *f Innenausstattung* interna dekoracio (*od* dezajno)

Raumgewinn *m* gajnita ekstra spaco; ***der ~ war nicht sehr groß*** ni ne gajnis multan [ekstran] spacon

Raum|gleiter *m Raumf* kosma glisilo; ~**inhalt** *m* volumeno (*vgl. dazu* ***Kapazität***); *i.w.S. Inhalt* enhavo

Raumismus *m Esperantologie ([nach dem Manifest, das Esperantisten auf dem 38. TEJO-Kongress 1980 in der finn. Stadt Rauma verabschiedet haben:] in den 80er Jahren entstandene Auffassung, nach der ihre Anhänger die Esperanto-Sprachgemeinschaft als eine alternative sprachliche Minderheit betrachten, die sich um die Festigung ihrer inneren kulturellen Werte bemüht, nicht aber um die Realisierung der als unrealistisch empfundenen Ideen Zamenhofs nach einer weltweiten Einführung des Esperanto als Lingua franca)* raŭmismo; ***Anhänger*** *m/Pl* ***des ~*** raŭmistoj *Pl*

Raumisomerie *f Chem* ↑ ***Stereoisomerie***

Raum|kapsel *f Raumf* spackajuto; ~**klima** *n* enĉambra (*od* endoma) klimato (*vgl. dazu* ***Raumtemperatur***); ~**kurve** *f Geom* spaca kurbo

Raumlehre *f* = ***Geometrie***

räumlich 1. *Adj den Raum betreffend* spaca, *nachgest* rilata al spaco (*vgl. dazu* ***lokal***); *Phys (stereoskopisch)* stereoskopia, *(stereofon)* stereofonia **2.** *Adv* rilate (*od* en rilato) al spaco (*vgl. dazu* ***dreidimensional***)

Räumlichkeit(en) *f/(Pl)* ejo(j) *(Pl)*; *i.e.S. Zimmer* ĉambro; *größerer Raum (bes. für Publikum)* salono

raumlos *Adj unbegrenzt* senspaca

Raum|mangel *m* spacomanko *od* manko de spaco; ~**maß** *n* mezuro de volumeno; ~**meter** *m od n* (*Abk* ***Rm***, *früher* ***rm***) *ein Holzmaß* stero (↑ *auch* ***Kubikmeter***)

Raumpflegerin *f* ↑ ***Putzfrau***

Räumpflug *m im Winterdienst* neĝoplugilo

Raumplanung *f* terspaca planado; ***regionale ~*** regiona terspaca planado

Raum|schiff *n Raumf* spacoŝipo *od* spacŝipo, kosmoŝipo; ~**sonde** *f Raumf* kosmosondilo, spacosondilo; ~**station** *f Raumf* spaca (*od* orbita) stacio; ~**teiler** *m Trennwand* septovando; ~**temperatur** *f* [en]ĉambra temperaturo; ~**thermostat** *m* [en]ĉambra termostato; ~**ton** *m* stereofonia sono

Raumtransporter *m* = ***Raumfähre***

Räumung *f* malokupado; *eines Hauses, einer Wohnung* vakigo; *eines Gebiets* evaku[ad]o (*vgl. dazu* ***Rückzug***); *allg* forigo *auch von Minen*

Raum|verschwendung *f* disipo de spaco; ~**winkel** *m Geom* spaca angulo; ~**zeit** *f*, *auch* ***Raum-Zeit*** *f Phys (Verknüpfung von räumlichen u. zeitlichen Koordinaten zu einem vierdimensionalen physikalischen Raum)* spacotempo

raunen *tr u. intr geh für «ganz leise, murmelnd sprechen»* [mallaŭte] murmure paroli; *i.w.S. flüstern* flustri

Raupe *f* ***a)*** *Zool ([Schmetterlings-] Larve)* raŭpo (*vgl. dazu* ***Kokon***; ↑ *auch* ***Seidenraupe***) ***b)*** *Tech* ↑ ***Raupenkette***

raupen ↑ ***abraupen***

Raupen|antrieb *m Tech* movigo per raŭpoj; ~**fahrzeug** *n* raŭpoveturilo; ~**fänger** *od* ~-**fresser** *m* (*Gattung* Coracina) *Orn* koracino (↑ *auch* ***Kleinraupenfänger***); ~**kette** *f*, *umg auch* ***Raupe*** *f Tech* ĉenbendo, *auch* raŭpo

Raupenklee *m Bot* ↑ ***Skorpionskraut***

Raupen|nest *n* raŭponesto; ~**schlepper** *m Kfz* ĉenbenda traktoro, *auch* raŭpotraktoro

Raupentöter *m Ent* ↑ ***Puppenräuber***

Rauputz *m Bauw* ↑ ***Grobputz***

Raureif *m Met* prujno

raus *umg für «heraus» bzw. «hinaus» Adv*: ***ich muss mal ~*** *austreten gehen* mi devas iri al [la] necesejo

Rausch *m* ebrieco *auch übertr* (*vgl. dazu* ***Kaufrausch***, ***Leidenschaft*** *u.* ***Taumel***; ↑ *auch* ***Schwips***); *Ekstase* ekstazo (*vgl. dazu* ***Entzücken***); ***im ~ der Begeisterung*** en la ebrieco de entuziasmo; ***im ~ der Gefühle*** en la ekstazo de emocioj; ***einen ~ haben*** *vom Alkohol* esti [sufiĉe] ebria; ***in einen ~ versetzen*** *übertr* ebriigi; ekstazigi; ***seinen ~ ausschlafen*** fordormi sian ebriecon

Rauschbecken *n Mus (ein in der Tanzmusik verwendetes Einzelbecken)* plaŭda cimbalo

Rauschbeere *f* ***a)*** *auch* ***Moor-*** *od* ***Trunkelbeere*** *f*, *reg* ***Sumpfheidelbeere*** *f* (Vaccinium uliginosum) *Bot, Nahr* nigra vakcinio ***b)*** *reg* ↑ ***Krähenbeere***

rauschen *intr* ***a)*** *Brandung, Sturm* muĝi; *Bach, Wasser* murmuri, *[sanft:]* lirli; *Blätter, Seide* susuri ***b)*** *Jägerspr* = ***brünstig sein***

Rauschgelb *n Min* ↑ ***Auripigment***

Rauschgift *n* narkot[ik]aĵo (↑ *auch* ***Droge***,

Halluzinogene, *Haschisch u. Kokain*); ~ ***nehmen*** preni narkotaĵojn; ***mit*** ~ ***handeln*** komerci per narkotaĵoj

Rauschgift|handel *m* komerc[ad]o per narkotaĵoj (↑ *auch Drogenhandel*); ~**händler** *m* komercistoj de narkotaĵoj; ~**schmuggel** *m* kontraband[ad]o de narkotaĵoj; ~**sucht** *f*, <*wiss*> ***Narkotismus*** *m* narkotismo; ~**süchtige** ***a)*** *m* narkotikmaniulo (*vgl. dazu* ***Fixer***) ***b)*** *f* nartikmaniulino

rauschhaft *Adj* ekstaza

Rauschrot *n Min* ↑ ***Realgar***

Rauschzeit *f Jägerspr (Brunftzeit beim Schwarzwild)* seksarda tempo

raus|kriegen *tr* povi eligi (*bzw.* eltiri) (***etw. aus etw.*** ion el io) *auch einen Splitter aus dem Finger*; *herausfinden* malkovri, eltrovi; *lösen können* povi solvi, trafi la solvon de (***etw.*** io) *z.B. ein Rätsel* (↑ *auch* ***herausbekommen***); ~**lassen** *tr* lasi iri eksteren

räuspern, sich *refl* kraĉotusi *auch um auf seine Anwesenheit aufmerksam zu machen*; *hüsteln* tuseti (↑ *auch* ***hüsteln***)

raus|reißen *tr* elŝiri (↑ *auch* ***herausziehen***); ~**schaffen** *tr umg für «nach draußen bringen»* porti (*od* meti) eksteren, *auch* eksterigi

rausschmeißen *od* ~**werfen** *tr umg* ***a)*** *hinausschmeißen* ĵeti eksteren ***b)*** *kündigen*: ***sein Chef hat ihn rausgeworfen*** *hat ihm fristlos gekündigt* lia ĉefo simple eksigis lin el la laborloko (*od* firmao *u.a.*) (↑ *auch* ***feuern a)***); ***das ist rausgeschmissenes Geld*** tio estas [absolute] disipita mono

Rauswurf *m* ↑ ***Herauswurf***

[1]**Raute** *f Rhombus (auch Geom bzw. als Ornament u. als rautenförmige Facette eines geschliffenen Edelsteins)* rombo; *Heraldik (rautenförmiges Wappenschild)* lozanĝo

[2]**Raute** *f* (*Gattung* Ruta) *Bot* ruto (↑ *auch* ***Geiß-*** *u.* ***Mauerraute***); ***korsische*** ~ (Ruta corsica) korsika ruto

Rautenflächner *m Geom* ↑ ***Rhomboeder***

rautenförmig **1.** *Adj* romboforma **2.** *Adv*: ~ ***angeordnet***, *auch* ***gerautet*** *Heraldik (in rautenförmige Felder eingeteilt)* lozanĝe aranĝita

Rautengewächse *n/Pl Bot*: ***[Familie der]*** ~ (Rutaceae) rutacoj *Pl*

Rautengrube *f Anat (Boden des 4. Hirnventrikels)* romboida foso

Rautenhirn *n Anat* ↑ ***Rhombencephalon***

Rautenmuskel *m* (Musculus rhomboideus) *Anat* romboida muskolo

Rauwacke *f Min (Dolomit od Kalkstein, der wegen zahlreicher Hohlräume porig aussieht)* traĥita (*od* trakita) tofo

Rauwolfia *f* (*Gattung* Rauvolfia) *Bot (eine Gattung der Hundsgiftgewächse)* raŭvolfio

Ravana (*m*) *Eig (ein hinduistischer Dämonenfürst [Anführer der Rakshas und Held des Ramayana])* Ravano

Ravel (*m*) *Eig (franz. Komponist [1875-1935])* Ravelo

Ravelin *m Militärgeschichte (Vorschanze, Außenwerk vor den Kurtinen älterer Festungen)* ravelino

Ravenala *Bot (Gattung bzw. die Art «Ravenala madagascariensis» [auch* ***Baum der Reisenden*** *genannt])* arbo de la vojaĝantoj

Ravenna (*n*) *eine Stadt in N-Italien* Raveno

Ravensburg (*n*) *eine oberschwäbische Stadt* Ravensburgo

Ravioli *Pl Kochk, Nahr (mit Fleisch, Fisch od Gemüse gefüllte kleine Nudelteigtaschen)* ravioloj *Pl* (↑ *auch* ***Maultaschen***)

Rawalpindi (*n*) *bis 1966 Hptst. von Pakistan* Ravalpindo (*vgl. dazu* ***Islamabad***)

Raygras *n Bot* ↑ *unter* ***Lolch***

Rayon *od* **Reyon** [*rɛ'jõ:*] *m od n*, <*schweiz*> ***Rayonne*** *f*, *auch* ***Viskoseseide*** *f Textil (eine Chemiefaser)* rajono, *auch* viskoza silko

Razemat *n*, *Fachspr* ***Racemat*** *n Chem (zu gleichen Teilen aus rechts- und linksdrehenden Molekülen einer optisch aktiven Substanz bestehendes Gemisch, das nach außen keine optische Aktivität aufweist)* racemaĵo

razemisch, *Fachspr* ***racemisch*** *Adj Chem* racema

razemisieren *tr*, *Fachspr* ***racemisieren*** *Chem* racemigi

Razemisierung *f Chem* racemigo

Razzia *f* razio (↑ *auch* ***Polizeirazzia***); ***eine*** ~ ***durchführen*** fari razion

Rbl = *Abk für* ***Rubel***

rd. = *Abk für* ***rund*** [↑ *unter* ***rund 2.***]

Re *ohne Art: Myth (altägyptischer Sonnengott [ursprünglich wohl Bez für «Sonnenscheibe» od «Morgensonne»])* Reo (↑ *auch unter* ***Amun***)

Reagens *n*, *auch* **Reagenz** *n Chem (Stoff, der mit einem anderen eine bestimmte chemische Reaktion herbeiführt und diesen so identifiziert)* reakcianto, *auch* reaganto

Reagenzglas *od* **Reagenzröhrchen** *n Chem*

(Prüfglas) provtub[et]o (↑ *auch* ***Bürette***); **~papier** *n zur Prüfung auf saure u. alkalische Reaktion* lakmusa papero

reagieren *intr* reagi (***auf*** al, *auch* je); *Chem, Naturw, Tech meist* reakcii, *auch* reagi (*vgl. dazu* ***Reaktion***); ***schnell auf neue Herausforderungen*** ~ rapide reagi al novaj defioj

Reaktanz *f, auch* ***Blindwiderstand*** *m El ([in Wechselstromkreisen:] zu überwindender Widerstand, der durch Kapazitäten u. Induktivitäten bewirkt wird)* reaktanco (↑ *auch* ***Antennenblindwiderstand*** *u.* ***Elektrodenreaktanz***)

Reaktion *f allg: Gegen- od Rückwirkung* reago *auch Mechanik* (*vgl. dazu* ***Folgeerscheinung***; ↑ *auch* ***Abwehr-***, ***Trotz-*** *u.* ***Überreaktion***); *Chem, Med, Pol, Psych, Serologie* reakcio (***auf*** je) (↑ *auch* ***Flockungs-***, ***Ketten-***, ***Pupillen-*** *u.* ***Strahlenreaktion***); ***alkalische*** (***basische***, ***bimolekulare***, ***chemische***, ***endotherme***) ~ *Chem* alkala (baza, dumolekula, kemia, endoterma) reakcio; ***pathologische*** ~ *Med, Vet (Gegenwirkung des menschlichen bzw. tierischen Körpers auf schädliche Eingriffe [z.B. Entzündungen])* patologia reakcio (↑ *auch* ***Entzündungsreaktion***); ***psychologische*** ~ psikologia reag[em]o; ***thermonukleare*** ~ *Kernphysik* termonuklea reakcio; ***eine allergische*** ~ ***hervorrufen*** *Med* kaŭzi alergian reakcion; ***eine heftige*** ~ ***hervorrufen bei ...*** kaŭzi fort[eg]an reagon (*bzw. Chem u. Med* reakcion) ĉe ...; ***eine*** ~ ***überdecken*** *Chem* maski reakcion; ***keinerlei*** ~ ***zeigen*** montri nenian reagon (*bzw. Chem u. Med* reakcion)

reaktionär *Adj Pol (rückschrittlich)* reakcia (↑ *auch* ***stockreaktionär***); ***~e Kräfte*** *f/Pl* reakciaj fortoj *Pl*

Reaktionär *m Pol* reakciulo

Reaktionsfähigkeit *f* kapablo [tuj] reagi; ***Alkohol vermindert die*** ~ alkoholo malpliigas (*od* reduktas) la reagokapablon

Reaktions|geschwindigkeit *f Chem (Dauer einer chemischen Reaktion)* reakcia rapid[ec]o, daŭro de [kemia] reakcio; **~kinetik** *f Chem* reakcia kinetiko

Reaktionsmotor *m* ↑ ***Strahltriebwerk***

reaktionsschnell *Adv*: ***er bremste*** ~ li reagis rapide kaj bremsis

reaktionsträge *Adj Chem (inaktiv)* inerta

Reaktions|trägheit *f, fachsprachl.* ***Inertie*** *f Chem* inerteco; **~vermögen** *n* reakci-povo; **~wärme** *f Chem* reakcia varmo; **~zeit** *f* reakcia tempo

reaktivieren *tr* reaktivigi *auch Chem*; *wieder beleben* revivigi

Reaktivierung *f das Reaktivieren* reaktivigo; *das Wiederaktivwerden* reaktiviĝo

Reaktivität *f* reaktiveco

Reaktor *m Kernphysik, Tech* reaktoro (↑ *auch* ***Atom-***, ***Bio-***, ***Brut-***, ***Druckwasser-***, ***Flüssigsalz-***,***Forschungs-***,***Fusions-***, ***Hochtemperatur-***, ***Kern-***, ***Leichtwasser-*** *u.* ***Siedewasserreaktor***); ***kritischer*** ~ krita reaktoro

Reaktorkern *m Kernphysik (der zentrale Teil eines Kernreaktors, in dem aus Kernreaktionen Energie gewonnen wird)* reaktorkerno; ***Schmelzen*** *n* ***des ~s*** ↑ ***Kernschmelze***

Reaktor|physik *f* reaktora fiziko; **~sicherheit** *f Kernphysik* reaktora sekureco *od* sekureco de reaktoroj; **~typ** *m* reaktortipo

real *Adj wirklich, tatsächlich* reala, efektiva; *deutlich* klara; *gegenständlich* materia (*vgl. dazu* ***konkret*** *u.* ***sachlich***); ***~e Bedürfnisse*** *n/Pl* realaj bezonoj *Pl*; (***etw.***) ***≗es*** realaĵo

Real *m 1. alte spanische Silbermünze 2. in Portugal [bis 1911] u. Brasilien [bis 1927] kleine Kupfermünze (Pl: Reis)* realo

Realeinkommen *n* reala enspezo

Realgar *m, auch* ***Rauschrot*** *n Min (ein glänzendes, durchscheinend rotes Mineral, [chemisch:] Arsensulfid)* realgaro

Realien *Pl* realaĵoj *Pl auch Päd*; *Fakten* [realaj] faktoj *Pl*

Realisation *od* **Realisierung** *f (Vorgang)* realigo *auch des Plansolls*; *(Ergebnis)* realiĝo

Realisationswert *m* ↑ ***Liquidationswert***

realisierbar *Adj* realigebla (↑ *auch* ***praktikabel***)

Realisierbarkeit *f* realigebl[ec]o

realisieren *tr* ***a)*** *verwirklichen, in die Tat umsetzen (Ideen, Pläne, Programm)* realigi ***b)*** *Wirtsch (in Geld umwandeln)* transformi en monon, monigi ***c)*** *erkennen, verstehen* ekkoni, kompreni (↑ *auch* ***kapieren***)

Realisierung *f* ↑ ***Realisation***

Realismus *m Lit, Kunst, Phil* realismo *auch allg (wirklichkeitsnahe Einstellung)*; ***Neuer*** ~, *auch franz.* ***Nouveau Réalisme*** *m eine Richtung der modernen Aktions- u. Objektkunst* nova realismo

Realist *m* ***a)*** *allg (Tatsachenmensch)* realisto ***b)*** *Phil, Lit, Kunst (Anhänger od Vertreter des Realismus)* realisto, ano de realismo

realistisch 1. *Adj auf den Realismus bezogen* realisma; *auf die Realisten bezogen* realista; ***wir müssen ~ genug sein um zu ...*** ni devas esti sufiĉe realismaj por ... **2.** *Adv* realisme; realiste; ***etw. ganz ~ betrachten*** rigardi ion tute realisme

Realität *f Phil* realo; *Wirklichkeit* realeco; *wirklicher Zustand* reala stato; *tatsächliche Lage* reala situacio; *etw. Reales, Realie* realaĵo; ***[zur] ~ werden*** iĝi realaĵo

realitätsfern *Adj* malproksima de la realeco

Realitäts|sinn *m* sento pri realismo; **~verlust** *m* perdo de realismo

Reality-TV *n Sparte des Fernsehens, in der Realityshows produziert werden* realeco-televido

Real|lohn *m* reala salajro; **~politik** *f* realisma politiko; **~schule** *f* mezlernejo; **~wert** *m* reala valoro

Reanimation *f, auch* ***Reanimierung*** *f Med (Wiederbelebung)* reanimado

reanimieren *tr Med: wiederbeleben* (*auch übertr für «neu beleben»)* reanimi

Réaumur (*m*) *Eig (französischer Physiker u. Zoologe [1683-1757])* Reaŭmuro; **~-Skala** *f* (*Zeichen* ***R***) *Gradeinteilung beim heute veralteten 80-teiligen Thermometer* reaŭmura skalo

Reaven-Syndrom *n Med* ↑ *unter* ***Syndrom***

Rebab *f Mus (zur Gruppe der Stiellauten gehörendes, zweisaitiges Streichinstrument im Gamelanorchester [in Indonesien])* rebabo; ~ ***spielen*** ludi [la] rebabon

Rebbau *m* ↑ ***Wein[an]bau***

Rebe *f* ***a)*** *Weinstock* (Vitis vinifera) *Bot* vito, *i.e.S. (der Stamm selbst)* rebo (↑ *auch* ***Wildrebe***) ***b)*** *Ranke vom Weinstock* vitobranĉo

Rebec *m Mus (eine dreisaitige mittelalterliche Geige arabischen Ursprungs)* ribeko

Rebekka (*f*) *1. [im Alten Testament:] Frau Isaaks, Mutter Esaus u. Jakobs 2. auch* ***Rebecca*** *weibl. Vorname* Rebeka

Rebell *m* ribelanto *od* ribelulo (*vgl. dazu* ***Aufrührer***, ***Insurgent*** *u.* ***Meuterer***)

rebellieren *intr* ribeli (***gegen*** kontraŭ) (↑ *auch* ***aufbegehren***, ***sich auflehnen***, ***protestieren***); ***anfangen zu ~*** ekribeli

Rebellion *f* ribelo (*vgl. dazu* ***Aufruhr***, ***Aufstand***, ***Putsch*** *u.* ***Revolte***; ↑ *auch* ***Gefangenenrebellion*** *u.* ***Militärputsch***)

rebellisch *Adj* ribela, *(Mensch)* ribelema; *wie ein Rebell* kiel ribelo *nachgest* (↑ *auch* ***aufrührerisch*** *u.* ***renitent***); ~ ***machen*** *zum Aufruhr verleiten* ribeligi *auch i.w.S.*

Rebendolde *f Bot* ↑ ***Wasserfenchel b)***

Reben|mehltau *m* (Uncinula necator) *Phytopathologie (weißlicher Belag auf Blättern und Trieben des Weinstocks)* vitoŝimo; **~-saft** *m Lit od scherzh für «Wein»* vino; **~-schädling** *m* vit-parazito

Rebhuhn *n, auch* ***Feldhuhn*** *n* (*Gattung* Perdix *u. die Art* Perdix perdix) *Orn* perdriko *auch Nahr* (↑ *auch* ***Bambus-***, ***Bartreb-***, ***Felsen-*** *u.* ***Tibetrebhuhn***); ***ein Schwarm*** (*od* ***Volk***) ***Rebhühner*** svarmo da perdrikoj

Reb|laus *f* (*Gattung* Phylloxera) *Ent* vinlaŭso, <*wiss*> filoksero; **~sorte** *f* vitospeco

Rebsortenkunde *f* ↑ ***Ampelographie***

Rebstock *m Bot* ↑ ***Weinstock***

Rebus *m od n, auch* ***Bilderrätsel*** *n* rebuso (*vgl. dazu* ***Scharade***)

Receptaculum *n Bot* ↑ ***Blütenboden***

Recessus *m nur Fachspr Anat (Aus- od Einbuchtung, Tasche, Vertiefung)*: ~ ***epitympanicus*** *m* (*auch* ***Atticus*** *genannt*) *Kuppelraum der Paukenhöhle* epitimpana receso; ~ ***pinealis*** *m Ausbuchtung des 3. Hirnventrikels in der Epiphyse* pineala receso

rechen *tr* <*österr*>, <*schweiz*> *u. reg für «harken»* rasti

Rechen *m* rastilo (↑ *auch* ***Harke***, ***Heu-***, ***Laub-*** *u.* ***Schlepprechen***)

Rechen|apparat *m* kalkulaparato, *auch* kalkulilo; **~aufgabe** *f* aritmetika problemo (*vgl. dazu* ***Exempel***); **~brett** *od* **~gestell** *n mit Kugeln an Stäben* abako (*vgl. dazu* ***Abakus***); *jap. Rechenbrett* sorobano; **~ergebnis** *n* rezulto de kalkulo; **~fehler** *m* kalkuleraro; **~formeln** *f/Pl Berechnungsformeln* kalkulformuloj *Pl*

Rechengestell *n* ↑ ***Rechenbrett***

Rechen|maschine *f* kalkulmaŝino; **~operation** *f* aritmetika (*od* kalkula) operacio

Rechenschaft *f allg* [klariga] raporto; *Finanzbericht* financa raporto, raporto pri la financoj (*od* financa stato); ~ ***ablegen*** (*od* ***geben***) fari raporton (***über etw.*** pri io); ***jmdn. zur ~ ziehen*** postuli klarigon de iu, *auch* responsigi iun (***wegen*** pri)

Rechenschaftsbericht *m* agad-raporto (*vgl. dazu* ***Finanzbericht***)

rechenschaftspflichtig *Adj*: ~ ***gegenüber jmdm. sein*** esti respondeca raporti al iu

[pri io]

Rechen|schema *n* skemo de kalkulo; ~**schieber** *od* ~**stab** *m* glitkalkulilo; ~**stunde** *f Schule* leciono de aritmetiko; ~**tabelle** *od* ~**tafel** *f* kalkultabelo *od* kalkula tabelo (*vgl. dazu* ***Berechnungstabelle***); ~**unterricht** *m* instruado de kalkulado (*vgl. dazu* ***Mathematikunterricht***); ~**zentrum** *n EDV* komputocentro

Recherche *f bes. Information/Dokumentation* reserĉo; *i.w.S.* esplor[ad]o

recherchieren *tr, intr* reserĉi (*vgl. dazu* ***nachforschen***)

rechnen *intr* ***a)*** kalkuli *auch übertr* (*vgl. dazu* ***zählen***); *Math auch* operacii; ***im Kopf*** ~ mense kalkuli, *Zam auch* kalkuli en la kapo ◇ ***alles in allem gerechnet*** *wenn man das Ganze betrachtet* rigardante la tuton ***b)*** *erwarten* atendi (***mit etw.*** ion); *vermuten* supozi; *hoffen* esperi; *befürchten* timi; ***ich rechne damit, dass ...*** mi atendas (*bzw. negativ* [eĉ] timas), ke ...; *ich erhoffe, dass ...* mi [ja] esperas, ke ...; ***ich rechne fest mit dir*** *ich verlasse mich völlig auf dich* mi plene kalkulas je vi; ***sich etw. zur Ehre*** ~ rigardi ion honoro (*od* kiel honoron)

Rechnen *n als Vorgang* kalkulado (*vgl. dazu* ***Mathematik***; ↑ *auch* ***Kopfrechnen***); *Schule (Rechenunterricht)* [instrufako] aritmetiko; ***Schwierigkeiten beim*** ~ ***haben*** havi malfacilaĵojn dum kalkulado

Rechner *m EDV* komputilo (↑ *auch* ***Analog-***, ***Vorschaltrechner*** *u.* ***Computer***); ~**-code** *m EDV* komputila kodo

rechnerisch **1.** *Adj* kalkula **2.** *Adv* pere de kalkulado

Rechnung *f Berechnung, Kalkulation* kalkul[ad]o, *im Restaurant* kalkulo (↑ *auch* ***Hotel-***, ***Integral-***, ***Kosten-Nutzen-***, ***Matrizen-***, ***Rentabilitäts-***, ***Tensor-*** *u.* ***Vektorrechnung***); *für Dienstleistungen od Waren* fakturo (↑ *auch* ***Pro-forma-Rechnung*** *u.* ***Telefonrechnung***); ***spezifizierte*** ~ specifita fakturo; ***auf seine*** ~ ***kommen*** trovi sian profiton, kontentige profiti; ***auf Ihre*** ~ ***und Gefahr*** *Hdl* je via konto kaj risko; ***den Umständen*** ~ ***tragen*** konsideri la cirkonstancojn; ***machen Sie bitte die*** ~ ***fertig*** bonvolu fari la kalkulon, *salopp* mi volas pagi ◇ ***die*** ~ ***ohne den Wirt machen*** fari kalkulon sen la mastro *(Zam)*; ***jmdm. einen Strich durch die*** ~ ***machen*** krucigi la projektojn (*od* planojn *bzw.* intencojn) de iu, *Zam auch* meti makulon en ies kalkulon

Rechnungs|art *f* kalkulmetodo; ~**beamte** *m, auch* ***Kalkulator*** *m* kalkulisto; ~**betrag** *m od* ~**summe** *f* faktursumo; ~**führer** *m* kontisto (↑ *auch* ***Buchhalter***); ~**hof** *m* [ŝtata] financkontrolejo; ~**jahr** *n Buchhaltung* financa jaro (*vgl. dazu* ***fiskalisches Jahr***)

Rechnungssumme *f* ↑ ***Rechnungsbetrag***

Rechnungswesen *n* sistemo de kontado

recht **1.** *Adj* ***a)*** *Ggs linke(r)* dekstra *auch Pol*; ***der*** ~***e Fuß*** la dekstra piedo; ***an seiner*** ~***en Seite*** ĉe lia dekstra flanko; ***eine*** ~***e Partei*** *Pol* dekstra partio ***b)*** *richtig* ĝusta; *wahr* vera; *geeignet, passend* konvena, taŭga; *entsprechend* konforma; *rechtmäßig* legitima; *recht habend* prava; ***du hast ja*** ~ vi ja pravas; ***er hat [ganz od völlig]*** ~ li estas [tute] prava *od* li [tute] pravas; ***im*** ~***en Augenblick*** (*od* ***Moment***) en [la] ĝusta momento; ***zur*** ~***en Zeit*** ĝustatempe ***c)*** *dem [Gefühl für] Recht entsprechend* justa; ***das ist nur*** ~ ***und billig*** tio estas fakte justa kaj prava; ***das geschieht ihm*** ~ li tion meritas **2.** *Adv genau, exakt* ĝuste, ekzakte; *ziemlich* sufiĉe (*vgl. dazu* ***einigermaßen***); *i.w.S. sehr* tre; ~ ***gut*** sufiĉe bone; ***er weiß es erst*** ~ ***nicht*** li eĉ malpli ĝin (*od* tion) scias; ***gerade*** (*od* ***genau***) ~ ***kommen*** *genau zur richtigen Zeit* [al]veni ĝustatempe; ***nun erst*** ~***!*** nun spite!; ***wenn es Ihnen*** ~ ***ist*** *passt* se konvenas al vi; *Ihre Zustimmung trifft* se vi konsentas; ***es ist mir*** ~ *passt mir* [tio] konvenas al mi; *ich bin einverstanden* mi konsentas [pri tio]; ***wenn ich mich*** ~ ***erinnere*** se mi ĝuste memoras ◇ ***du bist wohl nicht*** ~ ***gescheit*** (*od* ***bei Trost***)***?*** ĉu prudenton vi perdis?; ***allen Leuten*** ~ ***getan, ist eine Kunst, die niemand kann*** klopodi pri ĉies favoro estas pleje malsaĝa laboro *(Zam)*

Recht *n* ***a)*** *Jur* juro (↑ *auch* ***Agrar-***, ***Besitz-***, ***Budget-***, ***Disziplinar-***, ***EG-***, ***Ehe-***, ***Eigentums-***, ***Enteignungs-***, ***Erb-***, ***Familien-***, ***Finanz-***, ***Gewohnheits-***, ***Handels-***, ***Kirchen-***, ***Luft-***, ***Militär-***, ***Options-***, ***Polizei-***, ***Privat-***, ***Prozess-***, ***Scheidungs-***, ***Seekriegs-***, ***Sozial-***, ***Straf-***, ***Strafprozess-***, ***Urheber-***, ***Vereins-***, ***Verfahrens-***, ***Verfassungs-***, ***Versicherungs-***, ***Vertrags-***, ***Verwaltungs-***, ***Völker-***, ***Waffen-***, ***Wechsel-***, ***Wettbewrbs-***, ***Zivil-*** *u.* ***Zivilprozessrecht***); *Rechtswissenschaft* jurscienco; *Gerechtigkeit* just[ec]o; *Gesetz* leĝo; ***angelsächsisches*** ~ anglosaksa juro; ***ausschließliches*** ~ ↑ ***Alleinrecht***; ***nach***

dem geltenden ~ laŭ la valida juro, laŭ (*od* konforme al) la validaj leĝoj; ***geschriebenes*** (*od* ***gesetztes***) ~ leĝa juro; ***nach internationalem*** ~ laŭ (*od* konforme al) internacia juro; ***internes*** (*od* ***innerstaatliches***) ~ interna juro; ***islamisches*** (***kanonisches***, ***kodifiziertes***, ***mittelalterliches***, ***nationales***, ***öffentliches***, ***römisches***, ***supranationales***, ***vergleichendes***) ~ islama (kanona, kodigita, mezepoka, nacia, publika, romia, supernacia, kompara) juro; ***das*** ~ ***der Europäischen Gemeinschaft***, *auch* ***das EU-Recht*** *n* la juro de la Eŭropa Komunumo, *auch* la juro de [la] EK (↑ *auch* ***Vertrag von Lissabon*** [*unter* ***Lissabon***]); ***das*** ~ ***des Siegers*** la leĝo de la venkinto; ***das*** ~ ***des Stärkeren*** la leĝo de la pli forta; ~ ***anwenden*** apliki juron ***b)*** *Berechtigung, rechtlicher od moralischer Anspruch* rajto (***auf*** je *od* pri) (↑ *auch* ***Abänderungs-***, ***Besitz-***, ***Bürger-***, ***Faust-***, ***Garantie-***, ***Gesetzgebungs-***, ***Hoheits-***, ***Koalitions-***, ***Natur-***, ***Niederlassungs-***, ***Nutzungs-***, ***Options-***, ***Rückkaufs-***, ***Rücktritts-***, ***Selbstbestimmungs-***, ***Stimm-***, ***Veto-***, ***Vorkaufs-*** *u.* ***Vorzugsrecht***); *Vorrecht* privilegio; *Konzession* koncesio; ***bürgerliche*** (***demokratische***) ~***e*** *Pl* civitanaj (demokratiaj) rajtoj *Pl*; ~ ***auf Alimente*** *Unterhaltsanspruch* rajto je alimento; ~ ***auf Arbeit*** (***Bildung***, ***Eigentum***, ***Mitbestimmung***, ***Urlaub***) rajto je (*od* pri) laboro (edukado, proprieto, kundecido, libertempo); ~ ***auf Ergreifung des Wortes*** *bes. Parl, Dipl meist franz.* ***droit à la parole*** parolrajto; ***die*** ~***e*** *Pl* ***der Frauen*** la rajtoj *Pl* de virinoj; ~ ***auf gleichen Lohn für gleiche Arbeit*** rajto je egala kompenso por egala laboro; ~ ***auf Unterstützung*** *Unterhaltsanspruch* rajto je subteno; ***ein*** ~ ***ausüben*** apliki (*od* praktiki) rajton; ***sein*** ~ ***fordern*** postuli sia(j)n rajto(j)n; ***das*** ~ ***haben zu ...*** *befugt sein etw. zu tun, dürfen* rajti; ***gleiche*** ~***e haben*** havi egalajn rajtojn; ***sich das*** ~ ***nehmen zu ...*** preni al si la rajton *u. folgendes Verb im Inf*; ***im*** ~ ***sein*** esti prava, pravi; ***seine*** ~***e verteidigen*** defendi siajn rajtojn; ***von*** ~***s wegen*** laŭ juro, leĝe kaj rajte *(Zam)*; ***zu*** (*od* ***mit***) ~ prave *bzw.* rajte; ***mit Fug und*** ~ leĝe kaj rajte *(Zam)*; ***man kann zu*** ~ ***sagen, dass ...*** oni povas prave diri, ke ... ◇ ***die Großen und nicht der kleine Mann bekommt*** ~ kiu jam havas, tiu pravas *(Zam)*

Rechte *f rechte Hand* dekstra mano; *rechte Seite* dekstra flanko; ***die*** ~ *Pol a) die Rechten* la dekstruloj *Pl b) der rechte Flügel, z.B. einer Partei* la dekstra alo [de partio]; ***zur*** ~***n*** *auf der rechten Seite* sur la dekstra flanko; ***zu seiner*** ~***n*** dekstre de li; *an seiner rechten Seite* ĉe (*od* je) lia dekstra flanko

Rechteck *n, Fachspr* ***Orthogramm*** *n Geom* rektangulo, ortangulo, *(rechteckiges Parallelogramm)* ortogramo (*vgl. dazu* ***Parallelogramm***)

rechteckig *Adj* rektangula, ortangula

rechtens *Adv von Rechts wegen* laŭ juro; *in Übereinstimmung mit dem Recht* konforme al la [validaj] leĝoj; *rechtmäßig* legitima, laŭleĝa; *i.w.S. gerecht* justa

rechtfertigen *tr* pravigi; *in Wort od Schrift verteidigen* apologii; *i.w.S. (verteidigen)* defendi, *(entschuldigen)* senkulpigi; ***gerechtfertigt werden*** praviĝi; ***sich*** ~ sin pravigi, defendi sian konduton (*bzw.* agmanieron *od* parolojn) (***vor*** kontraŭ)

Rechtfertiger *m bes. einer Lehre* apologianto

Rechtfertigung *f* pravigo; *Verteidigungsrede od -schrift* apologio; *i.w.S. (Verteidigung)* defendo, *(Entschuldigung)* senkulpigo; ***er konnte nichts zu seiner*** ~ ***sagen*** li nenion povis diri por sia pravigo

rechtgläubig *Adj Kirche (orthodox)* ortodoksa

Rechthaben *n* [persisto pri] praveco

rechthaberisch *Adj* pravema, necedema; *i.w.S. überheblich* orgojla

Rechtkant *m Geom* orta paralelepipedo (↑ *auch* ***Quader***)

rechtlich *Adj dem Gesetz nach, de jure* laŭleĝa *od nachgest* laŭ la leĝo; *in Übereinstimmung mit den Gesetzen [erfolgt]* leĝokonforma; *rechtmäßig* legitima; *juristisch* jura; ~***e Basis*** (*od* ***Grundlage***) *f* jura bazo (***für*** por)

Rechtlichkeit *f* laŭleĝeco; leĝokonformeco; legitimeco

rechtlos 1. *Adj* senrajta **2.** *Adv* senrajte (*vgl. dazu* ***vogelfrei a)***)

Rechtlose *m* senrajtulo, senrajta homo (*od* persono)

Rechtlosigkeit *f* senrajteco

rechtmäßig *Adj Jur* legitima, laŭleĝa; *berechtigt* rajt[igit]a

Rechtmäßigkeit *f Gesetzlichkeit, Übereinstimmung mit dem Gesetz* [laŭ]leĝeco, legitimeco (*vgl. dazu* ***Berechtigung***)

rechts (*Abk* **r.**) *Adv* dekstre; *auf der rechten Seite* sur la dekstra flanko; ~ ***um!*** *militär. Kommando* dekstren!; ~ ***und links der Straße*** je ambaŭ flankoj de la strato; ~ ***stehend*** *Pol* dekstr[ul]a; ***ganz*** ~ tute dekstre; ***nach*** ~ dekstren; ***von*** ~ de dekstre, de la dekstra flanko; ***von*** ~ ***kommender Verkehr*** dedekstra trafiko *od* trafiko de dekstre; ***der Vierte von*** ~ la kvara [persono] de dekstre

Rechts|abteilung *f Jur* jura sekcio; ~**abweichler** *m Pol* dekstra deviaciisto; ~**abweichung** *f Pol* dekstradeviacio (*od auch* dekliniĝo); ~**angelegenheit** *f Jur* jura afero; ~**anspruch** *m Jur* jura (*od* laŭleĝa) pretendo (***auf*** je)

Rechtsanwalt *m* ↑ ***Anwalt***

Rechtsanwaltsbüro *n* ↑ ***Anwaltsbüro***

Rechts|anwendung *f Jur* jurapliko; ~**auffassung** *f, auch* ***Rechtsbegriff*** *m Jur* koncepto pri justeco; ~**ausschuss** *m Jur, Pol* jura komisiono; ~**außen** *m Sport* dekstra avanulo (*od* sturmanto)

rechtsbegründend *Adj Jur* konstitutiva

Rechts|beistand *od* ~**berater** *m Jur* jura (*od* leĝa) konsilisto; *Anwalt* advokato; ~**beratung** *f* jura konsilado; ~**beratungsstelle** *f Jur* jura konsultejo, *auch* advokata konsultejo; ~**bewusstsein** *n Jur* jura konscio; ~**brechung** *f od* ~**bruch** *m Jur* kontraŭleĝa ago, kontraŭleĝeco

rechtschaffen *Adj ehrlich* honesta, *auch* brava (*vgl. dazu* ***ordentlich*** *u.* ***redlich***)

Rechtschaffenheit *f Ehrlichkeit* honesteco

Recht|schreib[e]buch *n* lernolibro pri ortografio; ~**schreibfehler** *m* ortografia eraro; ~**schreibung** *f* ortografio

Rechts|drall *m od* ~**drehung** *f des Balls* dekstren-turniĝo [de la pilko]

rechtsdrehend *Adj* ***a)*** *Schlingpflanze* dekstruma ***b)*** *Fachspr Chem* ***dextrogyr*** dekstroĝira

Rechtsexperte *m* jura eksperto

rechtsextrem *Adj Pol* ekstremdekstra

Rechts|extremismus *m Pol* dekstra ekstremismo; ~**extremist** *m Pol* dekstra ekstremisto, *auch* ekstremdekstrulo; ~**fähigkeit** *f Jur* jura kapablo; ~**fall** *m Jur* jura kazo (*vgl. dazu* ***Rechtsangelegenheit***); ~**folge** *f Jur* jura konsekvenco; ~**frage** *f Jur* jura demando (*od* problemo)

rechtsgängig *Adj Gewinde* dekstruma

Rechts|gebiet *n Jur* jura (*od* jurscienca) branĉo; ~**gelehrte** *m Jur* juristo; *islamischer* muftio; ~**geschichte** *f Jur* historio de juro; ~**gewinde** *n Tech* dekstruma ŝraŭbkanelo (*od* helico)

rechtsgewunden *Adj Schneckengehäuse* dekstruma

Rechts|grundlage *f Jur* jura bazo; ~**grundsatz** *m Jur* jura principo

rechtsgültig *Adj nach dem bestehenden Recht gültig* [laŭ]leĝe valida; ***ein*** ~***er Vertrag*** leĝe valida kontrakto; ~ ***werden*** validiĝi

Rechts|gültigkeit *f Jur* [laŭ]leĝa valideco; ~**händer** *m* dekstramanulo

rechtsherum *Adv* dekstren, en la dekstran direkton

Rechtshilfe *f Jur* jurista helpo; ***Anspruch auf*** ~ rajto je jurista helpo

Rechts|irrtum *m Jur* eraro pri juraj normoj; ~**koalition** *f Parl, Pol* koalicio de dekstraj partioj; ~**kollision** *f* konflikto de leĝoj; ~**kommission** *f* jura komisiono; ~**komplott** *n Pol* komploto de dekstruloj; ~**konsulent** *m bes. in Großbritannien* solicitoro

Rechtskraft *f Jur* leĝoforto; ~ ***des Urteils*** leĝoforto de la juĝo

rechtskräftig *Adj Rechtskraft habend* leĝoforta *od nachgest* havanta leĝoforton; ***das Urteil ist*** ~ la verdikto havas leĝoforton

Rechtskräftigkeit *f Jur* leĝoforto

rechtskundig *Adj* sperta pri juraj (*od* leĝaj) aferoj

Rechts|kurve *f Verk* kurbiĝo dekstren, *(scharfe Kurve)* ĝirejo dekstren; *Drehung nach rechts* turniĝo dekstren; ~**lage** *f Jur* jura situacio; ~**medizin** *f* jurmedicino ~**nachfolge** *f, auch* ***Sukzession*** *f* sukcedo (↑ *auch* ***Staatennachfolge***); ~**nachfolger** *m* jura posteulo; ~**norm** *f* jurnormo *od* jura normo, regulo(j) de juro; ~**opposition** *f Parl* opozicio de [la] dekstra(j) partio(j); ~**ordnung** *f Jur* jurordo *od* jura ordo; ~**partei** *f* dekstra partio; ~**pflege** *f* administro de juro, justico; ~**philosophie** *f* jurfilozofio, filozofio pri juro; ~**populismus** *m* dekstra popolismo; ~**position** *f Jur* jura pozicio; ~**praxis** *f Jur* jurpraktiko *od* jura praktiko

Rechtsprechung *f Jur (Jurisdiktion)* jurisdikcio

Rechtsprechungsbericht *m Jur* jurisprudenca raporto

Rechts|quelle *f Jur* jura fonto; ~**radikale** *m Pol* dekstra radikalulo; ~**radikalismus** *Pol* dekstr[ul]a radikalismo; ~**regel** *f Jur* jura

regulo
rechtsrheinisch *Adv* dekstre de l' Rejno
Rechts|sache *f Jur* jur-afero; ~**schutz** *m* jura protekt[ad]o
rechtssetzend *Adj*: *~es* ***Organ*** *n* jurdona organo
Rechts|sicherheit *f* jura (*od* leĝa) sekureco; ~**soziologie** *f* jursociologio *od* sociologio de juro; ~**spruch** *m Jur* juĝdecido, verdikto (*vgl. dazu* ***Urteil***); ~**staat** *m* konstitucie jura ŝtato; ~**status** *m* jura stato; ~**stellung** *f z.B. eines Anwalts* jurstato; ~**steuerung** *f Kfz* dekstraflanka stirrado; ~**streit** *m Jur* juĝafero submetita al tribunalo (*vgl. dazu* ***Prozess***); ~**system** *n Jur* jursistemo *od* jura sistemo; ~**terrorist** *m* dekstra teroristo
rechtsum! *Adv militärisches Kommando* dekstren!
rechtsverbindlich *Adj* leĝe devontiga (*od* devoliga); *rechtskräftig* leĝoforta
Rechts|verkehr *m Verk* dekstraflanka trafiko; ~**verletzung** *f Jur* lezo de la juro
Rechtsweg *m Jur*: ***auf dem*** ~ per juraj rimedoj, pere de justicinstancoj; ***den*** ~ ***beschreiten*** transdoni aferon al la justicaj organoj, sin turni al tribunalo
Rechtswesen *n Jur* justico
rechtswidrig **1.** *Adj* kontraŭjura **2.** *Adv* kontraŭjure
Rechts|wirkung *f* jur-efiko; ~**wissenschaft** *f* jur[o]scienco, *selt (= förmlich)* jurisprudenco; ~**wissenschaftler** *m* jursciencisto
recht|wink[e]lig, *bes. Geom auch* ***orthogonal*** *Adj* rektangula, *bes. Geom auch* orta; ~**zeitig**, *<österr> auch* ***zeitgerecht*** **1.** *Adj* ĝustatempa **2.** *Adv* ĝustatempe, *auch* en la ĝusta tempo; *im richtigen Moment* en la ĝusta momento (*vgl. dazu* ***prompt*** *u.* ***pünktlich***)
Recife (*n*) *Hptst. des brasilianischen Gliedstaates Pernambuco* Recifo
Recital *n*, *auch* ***Rezital*** *n solistischer Konzertvortrag eines Künstlers (auch mit Begleitung)*; *i.w.S. [Solisten-] Konzert, Konzertabend* recitalo
Reck *n Turnen* reko (↑ *auch* ***Trapez a)***)
Recke *m poet für «[mutiger] Held»* [kuraĝa] heroo (*vgl. dazu* ***Koloss*** *u.* ***Riese***)
recken *tr dehnen* streĉi; *ausstrecken* [dis]etendi; ***den Hals*** ~, ***um etw. [besser] sehen zu können*** streĉi la (*od* sian) kolon por povi pli bone vidi; ***sich*** ~ disetendi siajn membrojn; *sich aufrichten* rektigi sin (*od* sian korpon *od* siajn membrojn); *sich erheben, z.B. ein Turm* [alten] leviĝi
Recklinghausen (*n*) *eine Stadt im Ruhrgebiet* Reklinghaŭso
Recklinghausen-Krankheit *f Med* ↑ ***Neurofibromatose***
Reckstange *f Turnen* rekstango
Recorder *od* **Rekorder** *m Gerät zum Aufzeichnen u. zur Wiedergabe von elektr. Signalen* registrilo (↑ *auch* ***Sound Recorder*** *u.* ***Videorecorder***)
recycelbar *Adj* recikligebla; ***nicht*** ~***er Verpackungsmüll*** *m* ne recikligebla pakumrubo
recyceln [*ri'saikln*] *tr einem Recycling zuführen* recikligi (↑ *auch* ***wieder verwerten***)
Recycling [*ri'saikliŋ*] *n Wiederverwertung bereits benutzter Rohstoffe* recikligo; ~**papier** *n* recikligita papero (↑ *auch* ***Aufbereitung***)
Redakteur [*redak'tö:r*] *m*, *<schweiz>* ***Redaktor*** *m* redaktisto, *auch* redaktoro (*Abk* red.) (↑ *auch* ***Chef-*** *u.* ***Zeitungsredakteur***)
Redaktion *f Ztgsw, Verlagswesen (Gremium)* redakcio (*Abk* red.), *(Gebäude od Raum)* redaktejo, *(Gesamtheit der Redakteure einer Zeitung)* redaktistaro (↑ *auch* ***Lokalredaktion***); *das Redigieren* redaktado (↑ *auch* ***Endredaktion***)
redaktionell *Adj auf die Redaktion [als Ort] bezogen* redakcia; *auf das Redigieren bezogen* redakta; *~e* ***Arbeiten*** *f/Pl* redaktaj laboroj *Pl*
Redaktions|ausschuss *m od* ~**komitee** *n* redakta komitato
Redaktionsschluss *m* redaktofino; ***bei*** ~ je redaktofino
Redaktions|sekretär *m* redakteja sekretario; ~**sitzung** *f* redakta kunsido; ~**stab** *m* redakcia stabo
Redaktor *m* ↑ ***Redakteur***
Rede *f* *a) Ansprache od Gespräch* parolado (***über*** pri) (↑ *auch* ***Eröffnungs-***, ***Fest-***, ***Jungfern-***, ***Tisch-***, ***Trauer-*** *u.* ***Verteidigungsrede***); *Vortrag* prelego; *nach den Regeln der Rhetorik aufgebaute Rede od Teil einer solchen* retorikaĵo; ***davon ist nicht die*** ~ *davon spreche ich nicht* pri tio mi ne parolas; *darum geht es nicht* pri tio ne temas; ***es ist nicht der*** ~ ***wert*** estas ne inde por esti menciata *od* tute ne menciindas; *als Erwiderung auf Dank «keine Ursache»* nenia kaŭzo; ***jmdn. in die*** ~ ***fallen*** interrompi ies

parolojn; ***eine ~ halten*** fari paroladon; *öffentlich Reden halten (bes. Antike)* oratori; ***jmdn. zur ~ stellen*** postuli klarigo(j)n de iu [pri io]; ***wovon ist die ~?*** pri kio oni parolas?; *was hat er (bzw. sie) gesagt?* kion li (*bzw.* ŝi) diris?: ***die Kunst der ~*** parolarto (*vgl. dazu* ***Rhetorik***) ***b)*** *Gramm* parolo; ***direkte*** (***indirekte***) ~ rekta (nerekta) parolo

Rede|figur *f Ling* parolfiguro; ~**formel** *f kurze Begriffsbestimmung* formulo, preciza mallonga dirformo; ~**freiheit** *f* libero de parolo, *auch* parolliber[ec]o (*vgl. dazu* ***Meinungsfreiheit***)

redegewandt *Adj eloquent* elokventa; *zungenfertig* langolerta

Rede|gewandtheit *f* elokvent[ec]o; *Zungenfertigkeit* langolert[ec]o; ~**kunst** *f* retoriko, *umg auch* parolarto

Redemptoristen *m/Pl Rel (eine kath., den Jesuite verwandte Kongregation)* redemptoristoj *Pl*

reden *intr* paroli (***mit jmdm.*** kun iu; ***über etw.*** pri io); *plaudern* babili (*vgl. dazu* ***schwatzen***), *sich unterhalten* interparoli; ; ***öffentlich*** ~ *vor Publikum reden* paroli publike; ***salbungsvoll*** ~ *im Predigtton sprechen* prediki; ***über dies und jenes*** ~ paroli pri tio kaj jeno; ***zu viel*** ~ tro multe paroli; ***über Fußball*** ~ paroli (*od* diskuti) pri futbalo; ***jmdm. ins Gewissen*** ~ veki ies konsciencon; ***jmdm. nach dem Mund[e]*** ~ paroli [nur] por plaĉi al iu *od* [flate] paroli laŭ (*od* por) ies plaĉo; ***schlecht über jmdn.*** ~ malbone paroli pri iu; ***in der Zeichensprache*** (*bzw.* ***mit den Händen***) ~ paroli per gestoj ◇ ***rede nicht, handle!*** vortojn ŝparu, agojn faru! *(Zam)*

Reden *n* parolado ◇ ***mit ~ allein erreicht man nichts, es muss schon der Verstand mitsprechen*** lango neniam atingas, se ĝin saĝo ne svingas *(Zam)*

Redensart *f bes. für übertragenen u. bildhaften Sprachgebrauch* parolturno; *sprichwörtliche Redeweise* proverba dirmaniero; *Sprichwort* proverbo; ***hohle*** ~ frazaĵo (*vgl. dazu* ***Allgemeinplatz***, ***Floskel***, ***Phrase***, ***Redewendung*** *u.* ***Slogan***)

Rede|schwall *m* torento da vortoj; *Redeerguss* tirado; ~**schwulst** *m [hochtrabender] Wortschwall* bombasto, ŝvelparolo, trograndigo en la parolo; ~**weise** *f* parolmaniero, dirmaniero; *i.w.S. Akzent, Mundart* akcento, dialekto; ~**wendung** *f* parolturno; *idiomatische Wendung* idiomaĵo; *leere Worte* senenhavaj frazoj *Pl*, *auch* frazaĵo *Sg*

Redezeit *f Parl* [permesita] paroltempo; ***die ~ begrenzen*** limigi la paroltempon

redigieren *tr druckfertig machen* redakti; ***ein Manuskript*** ~ redakti manuskripton

Redigieren *n* redaktado

Redingote *f Mode (kurzer, stark taillierter Frauenmantel)* redingoto

redlich *Adj ehrlich* honesta (*vgl. dazu* ***loyal***, ***rechtschaffen*** *u.* ***reell***)

Redlichkeit *f* honesteco; *Loyalität* lojaleco (↑ *auch* ***Ehrlichkeit*** *u.* ***Rechtschaffenheit***)

Redner *m derjenige, der gerade eine Ansprache hält* parolanto; *Berufs*~, *Orator: bes. Antike ([begabter bzw. öffentlicher] Redner*) oratoro (↑ *auch* ***Referent***, ***Rhetor***, ***Rhetoriker***, ***Sprecher*** *u.* ***Vorredner***); ***er ist ein glänzender*** ~ li estas brila retorikulo (*od* oratoro); ***den ~ unterbrechen*** *bes. Parl* interrompi la parolanton *auch i.w.S.*

Redner|bühne *od* **Redner|tribüne** *f* oratora podio, tribuno; ~**gabe** *f* oratora talento

rednerisch *Adj oratorisch* oratora; *rhetorisch* retorika

Rednerliste *f* listo de [la] parolantoj; ***jmdn. in die ~ eintragen*** enskribi iun sur la liston de parolantoj

Rednerpult *n* oratora pupitro (↑ *auch* ***Vortragspult***)

Rednertribüne *f* ↑ ***Rednerbühne***

Redoute [*re'dut*] *f* ***a)*** *Festungsbau (früher für «geschlossene, oft netzförmig gebaute Festungsschanze»)* reduto ***b)*** ↑ ***Maskenball***

Redox-Potential *n Chem* ↑ ***Reduktions-Oxidations-Potential***

Redox|reaktion *f*, *eigtl* ***Reduktions-Oxidations-Reaktion*** *f eine chemische Reaktion, bei der ein Reaktionspartner Elektronen auf den anderen überträgt* redoksa reakcio; ~**system** *n* (*Kurzw aus* ***Reduktionsoxidationssystem***) *System von zwei Substanzen, die durch Reduktion bzw. Oxidation ineinander überführbar sind* redoksa sistemo

redselig *Adj gesprächig* parolema; *zu viel redend* troparolema; *schwatzhaft* babilema (*vgl. dazu* ***geschwätzig***)

Reduit *m od n Mil: ehem (Kernwerk einer Befestigungsanlage, Kasematte einer Festung)* reduktejo

Reduktasen *f/Pl Biochemie (heterogene Gruppe von Enzymen, bei der ein Reaktionsverlauf in Richtung Reduktion des*

angegebenen Substrats vorliegt) reduktazoj *Pl*

Reduktion *f allg u. fachsprachlich: Verminderung* redukto, *(von Ausgaben, Kosten) auch* malpliigo (↑ *auch* ***Gewichtsreduktion***); *Vereinfachung* simpligo; *Chemietechnik (eine Reaktion, die mit einer Zufuhr von Elektronen verbunden ist; i.e.S. der Entzug von Sauerstoff, die Umkehrung der Oxidation)* redukto; *Math (Zerlegung in nicht weiter zerlegbare [irreduzible] Einheiten* redukto; *Med (Wiedereinrichtung, Reposition [z.B. von Knochenbrüchen]* redukto

Reduktionismus *m Phil* reduktismo

reduktionistisch *Adj* reduktisma

Reduktionsmittel *n Chem, Foto* reduktilo

Reduktions-Oxidations-Potential *n, Kurzf* ***Redox-Potential*** *n Chem (Maß für die Reduktions- bzw. Oxidationskraft)* redukto-oksidiĝa (*od kurz* redoksa) potencialo

Reduktions|plastik *f Med (chirurgische Methode zur Verkleinerung eines Organs, z.B. zur Verkleinerung der Brüste [Mammaplastik])* reduktoplastio; ~**probe** *f Med (auf Reduktion beruhender chem. Nachweis von Kohlenhydraten im Harn)* reduktotesto

Reduktionsteilung *f Biol* ↑ ***Meiose***

redundant *Adj Redundanz aufweisend* redundanca, *auch* redunda; ~***er Code*** *m EDV* redundanca kodo

Redundanz *f 1. Gramm, Informationstheorie (mehrfach wiederholte Information bzw. Beschreibung) 2. EDV (nicht notwendiger Teil einer Information)* redundanco, *auch* redundo; ***absolute*** (***relative***, ***verborgene***) ~ absoluta (relativa, latenta) redundanco

Reduplikation *f Ling (Verdopplung [einer Silbe od eines Wortes])* duobligo; *redupliziertes Wort* duobligita vorto

Reduzent *m, auch* ***Kürzungszahl*** *f Math* reduktanto

reduzibel *Adj Math, Med, Phil* reduktebla

reduzierbar *Adj* reduktebla

reduzieren *tr* redukti *auch Chem, Math (kürzen)* (↑ *auch* ***drosseln a)*** *u.* ***vermindern***); *mäßigen* moderigi; ***einen Bruch*** ~ *Med (einen Knochenbruch wieder einrichten)* redukti frakturon; ***sich*** ~ *sich verringern* reduktiĝi (***auf*** al)

Reduzierung *f* redukt[ad]o, malpliigo; ~ ***der strategischen Waffen*** redukt[ad]o de la strategiaj armiloj

Reduzierventil *n, auch* ***Druckminderer[ungs]ventil*** *n Tech* redukta valvo, *auch* prem-redukta valvo

Reede *f Mar (Ankerplatz für Seeschiffe außerhalb des eigentlichen Hafens [dient als Vorhafen od als Hafenersatz])* rodo; ***auf [der]*** ~ ***liegen*** esti en la rodo

Reeder *m* estro de ŝipveturiga entrepreno; *Schiffseigner* ŝipposedanto

Reederei *f* ŝipveturiga entrepreno, *umg auch* ŝipkompanio; ~**flagge** *f* ŝipkompania flago

Reel [*ri:l*] *m schottisch-keltischer Volkstanz, der von einer kleinen Gruppe [3-8 Personen] getanzt wurde* rilo *[heute auch Bez für englische Longways]*

reell *Adj verlässlich* fidinda; *ehrlich* honesta; *Firma* solida, fidinda; *Preis* [vere] akceptebla (↑ *auch* ***anständig***); *Math* reela; ~***e Zahl*** *f Math* reela nombro

Reep *n Mar reg für «Trosse»* kablo (↑ *auch* ***Bojen-*** *u.* ***Ruderreep***)

Reepschläger *m* ↑ ***Seiler***

Reexport *m Ausfuhr importierter Waren* reeksport[ad]o

reexportieren *tr* reeksporti

Refektorium *n, auch* ***Remter*** *m Speisesaal [in Burgen u. Klöstern]* refektorio

Referat *n auf einem Kongress* referaĵo (***über*** pri); *i.w.S. (Bericht [über ein bestimmtes Thema])* raporto, *i.w.S. (Rede)* parolado; ***ein*** ~ ***halten*** fari referaĵon

Referendar *m* referendario

Referendum *n, auch* ***Volksbefragung*** *f od* ***Volksentscheid*** *m Pol* referendumo (*vgl. dazu* ***Plebiszit***)

Referent *m auf einem Kongress od vor einem wissenschaftl. Gremium* referanto; *Berichterstatter* raportanto; *Sprecher* parolanto; *derjenige, der referiert (gesprochen) hat* referinto, parolinto

Referenz *f Empfehlung* rekomendo, *auch (bes. im Hinblick auf zu benutzende Literatur u. Ä.)* referenco (*vgl. dazu* ***Verweis***); *Empfehlungsschreiben* rekomenda letero, *i.w.S. auch* referenco; ***erstklassige*** ~***en*** *Pl* unuarangaj referencoj *Pl*

Referenz|parameter *m* referenca parametro *od* referenc-parametro; ~**sprache** *f Ling* referenca lingvo; ~**werk** *n Buchw* referenc-verko

referieren *intr vortragen [bes. vor einem wissenschaftlichen Gremium]* referi; *[wissenschaftlich od sachkundig] berichten* science (*od* faksperte) raporti (***über*** pri)

Reff *n Mar* refo; ~**band** *n od* ~**leine** *f Mar* refilo

reffen *tr*: ***ein Segel*** ~ *Mar (durch Aufrollen ein Segel verkleinern)* refi velon

Reffleine *f Mar* ↑ ***Reffband***

refinanzieren *tr* refinanci

Refinanzierung *f* refinancado

Reflation *f Fin (finanzpolitische Maßnahme zur Erhöhung der im Umlauf befindlichen Geldmenge und damit zur Überwindung einer Depression)* reflacio

reflationär *Adj die Reflation betreffend* reflacia

reflektieren ***a)*** *tr Licht, Strahlen, Wärme* reflekti *auch übertr für «widerspiegeln»* ***b)*** *intr nachdenken* pripensadi, mediti (***über etw.*** pri io); ***auf etw.*** ~ *nach etw. streben* aspiri al io, celi ion; *etw. bekommen wollen* voli akiri ion; *auf etw. Anspruch erheben* pretendi pri (*od* je) io; *seinen Blick auf etw. richten* direkti la rigardon al io ***c)*** *refl*: **sich** ~ esti reflektata (*bzw.* reflektita) (***in*** en) (*vgl. dazu* ***sich widerspiegeln***)

Reflektometrie *f Methode zur quantitativen Analyse von Substraten u. Enzymen mit trägergebundenen Reagenzien durch Messung des reflektierten Lichts* reflektometrio

Reflektor *m El, Opt* reflektilo *auch am Fahrrad* (*vgl.dazu* ***Rückstrahler*** *u.* ***Scheinwerfer***; ↑ *auch* ***Sonnen-*** *u.* ***Spiegelreflektor***); *Rück- od Schlusslicht* postlumo; *Fernrohr mit Parabolspiegel* teleskopo kun parabola spegulo

reflektorisch *Adj* ***a)*** *Phys u. übertr* reflekta ***b)*** *Physiol (als Reflex ablaufend bzw. durch einen Reflex bedingt)* refleksa

Reflex *m* ***a)*** *Rückstrahlung [von Licht]* rebrilo [de lumo] (↑ *auch* ***Widerschein***) ***b)*** *Physiol* reflekso (↑ *auch* ***Abdominal-***, ***Adduktoren-***, ***Ellenbogen-***, ***Fibular-***, ***Glutäal-***, ***Plantar-***, ***Pupillen-***, ***Pylorus-*** *u.* ***Sehnenreflex***); ***bedingter*** ~ kondiĉita reflekso

reflexartig *Adv* refleksmove

Reflexbewegung *f* refleksa movo; *ungewollt ausgeführte Bewegung* senvole farita movo

Reflexion *f* ***a)*** *Zurückstrahlen von Licht* reflekto ***b)*** *sinnendes Nachdenken* medit[ad]o (***über*** pri) ***c)*** *Phil od geh (auf die eigenen Handlungen u. Gedanken gerichtetes, prüfendes Nachdenken)* reflekt[ad]o

Reflexions|**grad** *m Phys* grado de reflekto; ~**klystron** *n El* refleksa klistrono; ~**koeffizient** *m bes. Elektronik* koeficiento de reflekto; ~**nebel** *m Astron* reflekta nebulozo; ~**prisma** *n, auch* ***Spiegelprisma*** *n Opt* reflekta prismo; ~**winkel** *m Opt (Winkel zw. reflektiertem Strahl u. Einfallslot)* refleksa angulo

reflexiv *Adj Gramm* refleksiva

Reflexivität *f, auch* ***Rückbezüglichkeit*** *f Gramm* refleksiveco

Reflexivpronomen *n, alt* ***Reflexivum*** *n Gramm (rückbezügliches Für- bzw. Zeitwort)* refleksiva pronomo, refleksivo

Reflexivverb *n* ↑ *unter* ***Verb***

Reflexologie *f* ***a)*** *i.e.S.: Lehre von den bedingten Reflexen* ***b)*** = ***Reflexzonenmassage***

Reflexzonenmassage *f ein alternativmedizinisches Behandlungsverfahren (eine Form der Segmenttherapie)* refleksologio

Reform *f Neuordnung* reformo (*vgl. dazu* ***Erneuerung***; ↑ *auch* ***Agrar-***, ***Bildungs-***, ***Renten-***, ***Schul-***, ***Steuer-***, ***Struktur-***, ***Unterrichts-***, ***Währungs-*** *u.* ***Wirtschaftsreform***)

Reformation *f Gesch (Zeitalter der Reformation)* [epoko de] Reformacio; *Kirche* reformacio *(auch Großschr)*; *allg* reformado, *(Erneuerung)* renovigo

Reformations|**malerei** *f* pentroarto de Reformacio; ~**tag** *m Kirche* Reformacio-tago *[31. Oktober]*; ~**zeit** *f Gesch* tempo de Reformacio; ~**zeitalter** *n Gesch* epoko de Reformacio

Reformator *m Gesch* elstara persono [en la epoko de Reformacio]; *allg: Erneuerer* reformanto

reformbedürftig *Adj* bezonanta reformon *nachgest*

Reform|**bestrebungen** *f/Pl* reformstreboj *Pl*; ~**bewegung** *f* reformmovado

Reformer *m* reformanto *bzw.* reforminto, reformemulo (*vgl. dazu* ***Reformist***; ↑ *auch* ***Erneuerer*** *u.* ***Verbesserer***)

reformerisch *Adj*: ~ ***gesinnt*** reformema

reformieren *tr* reformi; *erneuern* renovigi; *i.w.S. verbessern* plibonigi (↑ *auch* ***umformen***); ***sich*** ~ reformiĝi

Reformierte *m/Pl Protestantismus (Anhänger der reformierten Kirche)* reformitoj *Pl*

Reformierung *f Neu- od Umgestaltung* reformado

Reformislam *m* ↑ ***Salafismus***

Reformismus *m Pol, Soziologie* reformismo

Reformist *m Pol, Soziologie* reformisto (*vgl. dazu* ***Reformer***)

reformistisch *Adj auf den Reformismus be-*

zogen reformisma; *auf die Reformisten bezogen* reformista; ~***e Bewegung*** *f* reformisma movado

Reform|länder *n/Pl Pol* reformlandoj *Pl*; ~**pläne** *m/Pl* reformplanoj *Pl*; ~**politik** *f* reformpolitiko; ~**programm** *n* reformprogramo; ~**projekt** *n* reformprojekto; ~**versuch** *m* reformprovo; ~**vorschlag** *m* reformpropono *od* reforma propono

Refrain *m Lit, Mus* refreno, *alt od selt* rekantaĵo

Refraktion *f 1. Astron (Ablenkung des Sternenlichts durch Brechung in der Erdatmosphäre) 2, Ophthalmologie u. Opt (Richtungsänderung von Lichtstrahlen durch Brechung)* refrakto (*vgl. dazu* ***Diffraktion***; ↑ *auch* ***Doppelbrechung***)

refraktiv *Adj*: ~***e Chirurgie*** *f Ophthalmologie* refrakta kirurgio

Refraktions|index *m*, *auch* ***Brechungsindex*** *m Opt (Brechungsverhältnis)* refrakta indico *od* refraktoindico; ~**koeffizient** *m Opt* refraktokoeficiento; ~**kurve** *f Opt* refraktokurbo; ~**vermögen** *n*, *auch* ***Brechungsvermögen*** *n des Auges bzw. einer Substanz* refrakteco

Refraktometer *n*, *auch* ***Brechzahlmesser*** *m 1. techn. Chemie (Gerät zur Bestimmung der Brechzahlen von flüssigen u. festen Körpern) 2. Ophthalmologie (Gerät zur Refraktionsbestimmung des Auges)* refraktometro (↑ *auch* ***Eintauchrefraktometer***)

Refraktometrie *f Ophthalmologie, Opt (Lehre von der Bestimmung der Brechungsgrößen)* refraktometrio (↑ *auch* ***Immersionsrefraktometrie***)

refraktometrisch 1. *Adj* refraktometria **2.** *Adv* refraktometrie

Refraktor *m Opt (Linsenfernrohr mit mehreren Sammellinsen als Objektiv)* refraktilo, *Astron auch* refraktoro

Refrakturierung *f Chir (erneutes Brechen eines in Fehlstellung verheilten Knochens zur Stellungskorrektur)* refrakturigo

Refugialstandort *m*, *auch* ***Rückzugsgebiet*** *od* ***Refugium*** *n z.B. für bedrohte Pflanzen- od Tierarten* areo de rifuĝo, *auch* rifuĝejo

Refugium *n* ***a)*** *geh für «Zufluchtsort»* rifuĝejo (↑ *auch* ***Asyl*** *u.* ***Unterschlupf***) ***b)*** *Biol* ↑ ***Refugialstandort***

Refutation *f* ↑ ***Widerlegung***

[1]**Regal** *n* bretaro (↑ *auch* ***Etagere*** *u.* ***Gestell***)

[2]**Regal** *n Mus (eine tragbare Kleinorgel, die nur mit Zungenpfeifen bestückt ist)* rigalo

regalieren *tr alt (noch reg) für «bewirten»* regali (***mit*** per)

Regatta *f Wassersport* boatkonkurso, *auch* regat[t]o; *i.e.S. (Ruder*[♀]*)* remboata konkurso (↑ *auch* ***Hochsee-*** *u.* ***Segelregatta***)

rege 1. *Adj aktiv, eifrig* aktiva, agema, vigla; *beweglich* moviĝema; ~ ***Diskussionen*** *f/Pl* viglaj diskutoj *Pl* **2.** *Adv* aktive, vigle

Regel *f* ***a)*** *Vorschrift* regulo (*vgl. dazu* ***Norm*** *u.* ***Richtlinie***; ↑ *auch* ***Faust-***, ***Grund-***, ***Rundungs-***, ***Spiel-***, ***Verhaltensregel***); *Prinzip* principo; ***eine Ausnahme von der*** ~ escepto el regulo; ***in der*** ~ ordinare; *gewöhnlich* kutime; *im Allgemeinen* ĝenerale; *normalerweise* normale; ***von der*** ~ ***abweichend*** eksterregula (*vgl. dazu* ***regelwidrig***); *außerhalb der Norm liegend* eksternorma; ***[es gibt] keine*** ~ ***ohne Ausnahme*** ne ekzistas regulo sen escepto *(Zam)*; ***nach den diplomatischen*** ~***n*** laŭ la diplomatiaj reguloj; ***jmdn. von der*** ~ ***ausnehmen*** escepti iun el la regulo ◇ ***nach allen*** ~***n der Kunst*** laŭ ĉiuj leĝoj de la arto *(Zam)* ***b)*** *Gewohnheit* kutimo ***c)*** *Physiol (Monatsblutung)* monataĵo (↑ *auch* ***Menstruation***)

regelbar *Adj* reguligebla

Regelblutung *f der Frau* menstru[ad]o, *umg* monataĵo; ***schmerzhafte*** ~, *Gynäkologie* <*wiss*> ***Dysmenorrhö*** *f* dolora menstru[ad]o, <*wiss*> dismenoreo (↑ *auch* ***Hypomenorrhö***)

Regel[blutungs]zyklus *m Physiol* ↑ ***Menstruationszyklus***

Regeldetri *f Math* ↑ ***Dreisatz***

Regelfall *m*: ***im*** ~ en normala okazo, normalokaze

regel|gemäß *od* ~**gerecht** *Adj* laŭregula *od nachgest* laŭ la reguloj (*od* regularo)

Regelkalender *m* ↑ ***Menstruationskalender***

regellos *Adj* senregula, eksterregula; *ungeordnet* senorda *od nachgest* sen ordo

Regellosigkeit *f* senreguleco (*vgl. dazu* ***Unregelmäßigkeit***)

regelmäßig 1. *Adj* regula *auch Gramm* (*vgl. dazu* ***normal***, ***pünktlich*** *u.* ***zyklisch***); ~***e Gesichtszüge*** *m/Pl* vizaĝo kun regulaj trajtoj; ***in*** ~***en Zeitabständen zusammenkommen*** (*od* ***zusammentreten***) renkontiĝi en regulaj intervaloj **2.** *Adv* regule; ~ ***schwimmen gehen*** regule iri al naĝejo (*od* por iri naĝi)

Regelmäßigkeit *f* reguleco (*vgl. dazu*

Gleichmäßigkeit *u.* ***Korrektheit***)
regeln *tr* reguligi *auch Tech u. Verk*; *Angelegenheiten* ordigi (*vgl. dazu* ***justieren***, ***normen***, ***ordnen***, ***regulieren*** *u.* ***richten***); ***die Lautstärke*** ~ reguligi la sonintenson; ***den Verkehr*** ~ reguligi la trafikon; ***etw. mit friedlichen Mitteln*** ~ ordigi (*od* solvi) ion per pacaj rimedoj
regelrecht 1. *Adj einer Regel entsprechend* laŭregula; *korrekt* korekta (*vgl. dazu* ***normal***) **2.** *Adv* fakte, vere; ***er wurde*** ~ ***unverschämt*** li iĝis fakte impertinent[eg]a
Reg[e]lung *f Regel, Vorschrift* regulo; *das Regeln (auch des Verkehrs)* reguligo (↑ *auch* ***Maßregel*** *u.* ***Steuerung***); *das Ordnen* ordigo *i.w.S. Normalisierung* normaligo; *Normierung* normig[ad]o; *Beilegung, z.B. eines Streits* ĉesigo; ~ ***des Verkehrs*** reguligo de la trafiko
Regelungsalgorithmus *m EDV, Math* regulada algoritmo
Regel|verstoß *m Sport* kontraŭregulaĵo (↑ *auch* ***Foul***); ~**werk** *n z.B. im Sport* reguloj *Pl*, regularo (↑ *auch* ***Satzung***)
regelwidrig kontraŭregula, kontraŭnorma; *unnormal* nenormala; *anomal* anomalia
Regel|widrigkeit *f* kontraŭregulaĵo; *Anomalie* anomalio; ~**zug** *m Fachspr Eisenb* regula trajno
Regelzyklus *m Physiol* ↑ ***Menstruationszyklus***
regen ***a)*** *tr bewegen* movi; ***ich konnte vor Kälte kaum noch die Finger*** ~ pro malvarm[eg]o mi apenaŭ povis movi la fingrojn ***b)*** *refl*: ***sich*** ~ *sich [ein wenig] bewegen* [iom(et)e] moviĝi (*od* sin movi); *aufkommen, entstehen* ekesti; *umg auch für «fleißig sein»* diligente (*od* vigle) labori ◇ ***sich*** ~ ***bringt Segen*** sin movi alportad benon
[1]**Regen** *m* pluvo *auch übertr* (*vgl. dazu* ***Niederschlag b)***; ↑ *auch* ***Asche[n]-***, ***Eis-***, ***Gewitter-***, ***Land-***, ***Mai-***, ***Nebel-***, ***Platz-***, ***Schlamm-***, ***Sprüh-*** *u.* ***Strichregen***); ***dichter*** (***gefrierender***, ***künstlicher***, ***saurer***) ~ densa (glaciiĝanta, artefarita, acida) pluvo; ***heftiger*** (*od* ***kräftiger*** *od* ***starker***), *auch* ***Starkregen*** ~ fort[eg]a pluvo *od* ekstreme forta pluvo, *auch* pluvego; ***leichter*** (***mäßiger***) ~ leĝera (modera) pluvo; ***der*** ~ ***hört gleich auf*** la pluvo baldaŭ ĉesos; ***der*** ~ ***hat aufgehört*** *od* ***der*** ~ ***ist vorüber*** la pluvo ĉesis; ***der*** ~ ***hält an***, *umg auch* ***es regnet immer weiter*** la pluvo daŭras; ***der*** ~ ***schlägt*** (*od* ***prasselt***) ***gegen die Scheiben*** la pluvo batas la vitrojn; ***der*** ~ ***strömte*** la pluvo torentis; ***es sieht nach*** ~ ***aus*** la ĉielo aspektas kvazaŭ pluvo venos ◇ ***auf*** ~ ***folgt Sonnenschein*** post vetero malbela lumas suno plej hela *(Zam)*; ***vom*** ~ ***in die Traufe geraten*** (*od* ***kommen***) trafi el sub la pluvo en riveron *(Zam) od* fali de sitelo en barelon *(Zam) od* salti el la pato en la fajron *(Zam)*
[2]**Regen** (*m*) *ein Nebenfluss der Donau [mündet bei Regensburg]* [rivero] Regeno
regenarm *Adj* pluvomanka
Regenbekleidung *f* pluvovesto(j) *(Pl)*
regenbeständig *Adj* pluvoimuna
Regenbogen *m* ĉielarko (↑ *auch* ***Mondregenbogen***); ~**fahne** *f* ĉielarka flago; ~**familie** *f Familie mit gleichgeschlechtlichem Elternpaar* ĉielarka familio
Regenbogenfarbe *f*: ***in*** ~***n schillern*** irizi
regenbogen|farben *od* ~**farbig** *Adj* iriza, *nachgest auch* en la koloroj de ĉielarko *od* en ĉielarkaj koloroj
Regenbogenforelle *f* (Salmo irideus) *Ichth* iriza truto
Regenbogenhaut *f* (Iris) *des Auges* iriso; ***Entzündung*** *f* ***der*** ~ *Med* inflamo de la iriso, *Fachspr auch* irisito (*vgl. dazu* ***Iridochorioiditis***)
Regenbogen|pitta *f* (Pitta iris) *Orn* ĉielarka pito; ~**presse** *f Ztgsw (Gesamtheit der Wochenblätter, deren Beiträge sich im Wesentlichen aus trivialer Unterhaltung, gesellschaftlichem Klatsch u. dgl. zusammensetzen)* flava ĵurnalismo; ~**spint** *m* (Merops ornatus) *Orn* ĉielarka (*od* ornama) abelmanĝulo; ~**tukan** *m*, *auch* ***Fischertukan*** *m* (Ramphastus sulfuratus) *Orn* ĉielarka tukano *[Vorkommen: Mittel- u. Südamerika]*
Regenbrachvogel *m* (Numenius phaeopus) *Orn* malgranda kurlo
regendicht *Adj* pluvimuna
Regeneratfasern *f/Pl Textil* duonsintezaj fibroj *Pl*
Regeneration *f Biol, Med, Physiol* regenerado (*vgl. dazu* ***Erneuerung***); *das Sicherneuern* regeneriĝo
Regenerations|fähigkeit *od* ~**kapazität** *f* povo de regenerado; ~**prozess** *m* proceso de regenerado
regenerativ *Adj* regenera
regenerieren *tr Biol, Chem, Tech* regeneri; *erneuern* renovigi; ***sich*** ~ regeneriĝi
Regenerierung *f Chem, Tech* regenerado

Regen|fälle *m/Pl* pluvado *Sg*; ~**fallrohr** *n Dachdeckerei* pluvotubo; ~**fass** *n* pluvakva barelo; ~**front** *f Met* pluvofronto

Regengestirn *n Astron* ↑ ***Hyaden***

Regen|gürtel *m Met, Klimakunde* pluvozono; ~**guss** *m* pluvoverŝo; ~**mantel** *m* pluvimuna mantelo, *umg meist kurz* pluvmantelo (*vgl. dazu* ***Mackintosh***); ~**menge** *f Met* pluvokvanto; ~**messer** *m*, *Fachspr* ***Pluviometer*** *n Met* pluvomezurilo, pluvometro (↑ *auch* ***Pluviograf***)

Regenmoor *n* ↑ ***Hochmoor***

Regenperiode *f* ↑ ***Regenzeit***

Regenpfeifer *m Orn* pluvio, <*wiss*> *(als Gattungsname)* ĥaradrio (↑ *auch* ***Doppelband-***, ***Fluss-***, ***Gold-***, ***Hirten-***, ***Keilschwanz-***, ***Kiebitz-***, ***Langschnabel-***, ***Mongolen-***, ***Rotkopf-***, ***Sand-***, ***Schwarzstirn-***, ***See-***, ***Steppen-***, ***Weißstirn-*** *u.* ***Wüstenregenpfeifer***); ***kaspischer*** ~ *od* ***Wermut-Regenpfeifer*** *m* (Charadrius asiaticus) kaspia pluvio *[Vorkommen in Steppengebieten beiderseits der unteren Wolga]*; ***[Familie der]*** ~ *Pl* (Charadriidae) ĥaradriedoj *Pl*

regenreich *Adj*: ***ein*** ~***es Gebiet*** pluvoriĉa regiono

Regenrinne *f* pluvo-defluilo

Regensburg (*n*) *eine Stadt in Bayern [an der Donau], Hptst. der Oberpfalz* Ratisbono *od (Zam)* Regensburgo

Regen|schatten *m die niederschlagsarme Seite [eines Gebirges]* pluv-ombro; ~-**schauer** *m*, *reg* ***Husche*** *f Met* pluvoŝaŭro, [mallonga *od* eta] pluvoverŝo

Regenschirm *m* pluv-ombrelo; ***den*** ~ ***aufspannen*** malfermi la pluv-ombrelon

Regensensor *m Kfz* pluvosensilo

Regent *m regierender Fürst* regento

Regentag *m* pluva tago, *völlig verregneter Tag* tago de senĉesa (*od* senfina) pluvado

Regentin *f* regentino

Regen|tonne *f* pluvakva barelo, pluvakvujo; ~**tropfen** *m* pluv[o]guto, *auch* pluvero

Regentschaft *f* regenteco

Regen|wachtel *f* (Coturnix coromandelica) *Orn* nigrabrusta koturno *[Vorkommen: Sri Lanka, Indien u. Myanmar]* ~**wahrscheinlichkeit** *f Met* pluvoprobablo

Regenwald *m Bot* pluvarbaro; ***tropischer*** ~ tropika pluvarbaro (↑ *auch* ***Amazonas-Regenwald***)

Regenwasser *n* pluvakvo; ~**behälter** *m* pluvakvujo

Regen|wetter *n* pluva vetero; ~**wolke** *f* pluva nubo, *Met meist* nimbuso (*vgl. dazu* ***Nimbostratus***)

Regenwurm *m* (*Gattung* Lumbricus *u. andere Gattungen*) lumbriko, *umg auch* tervermo; ***[Familie der] Regenwürmer*** *m/Pl* (Lumbricidae) *Zool* lumbrikedoj *Pl*

Regenzeit *f*, *auch* ***Regenperiode*** *f z.B. in den Tropen* pluva sezono (↑ *auch* ***Monsunzeit***); ***während der*** ~ dum la pluva sezono

Reggae [ˈrege] *m ein aus Jamaika stammender Musikstil* <*eine Stilrichtung der Popmusik*> regeo

Reggaeton *m ein lateinamerik. Musikstil* regetono

Regie [...ˈʒiː] *f* ***a)*** *Film, Theat, TV* reĝio *auch i.w.S.*, *(Regieführung, Spielleitung)* reĝisorado; ~ ***führen bei ...*** reĝisori ... *mit Akk* ***b)*** *unmittelbare Verwaltung öffentlicher Unternehmen durch öffentliche Körperschaften (Staat, Gemeinde), staatl. Monopol* regio ***c)*** *Leitung, Verwaltung* administrado

Regie|assistent *m* reĝisora asistanto; ~**assistentin** *f* reĝisora asistantino; ~**buch** *n* reĝisora libro; ~**führung** *f* reĝisorado; ~**pult** *n Theat* reĝisora pupitro

regieren ***a)*** *tr u. intr Pol* regi (***in*** en; ***über*** super *od mit Akk*); *i.w.S. beherrschen* estri, direkti; *Gramm* postuli ***b)*** *intr herrschen (als König)* reĝi (***in*** en); *übertr* regi; ***die Vernunft regiert*** prudento regas

regierend *Adj* reganta

Regierende *m* reganto (↑ *auch* ***Regent***)

Regierung *f Pol: als staatsleitendes Verfassungsorgan* registaro (↑ *auch* ***Allparteien-***, ***Bundes-***, ***Exil-***, ***Gebiets-***, ***Kantons-***, ***Koalitions-***, ***Regional-***, ***Marionetten-***, ***Militär-***, ***Minderheits-***, ***Mitte-rechts-***, ***Provinzial-***, ***Revolutions-***, ***Übergangs-***, ***Volksfront-*** *u.* ***Zentralregierung***); *das Regieren* regado; *Regierungsform, Regierungssystem* formo (*od* sistemo) de regado (↑ *auch* ***Regime***); ***demokratisch gewählte*** ~ demokratie elektita registaro; ***provisorische*** ~ provizora registaro; ***rechtmäßige*** (***verfassungsmäßige***) ~ [laŭ]leĝa ([laŭ]konstitucia) registaro; ***unter*** (***während***) ***der*** ~ ***von König ...*** sub (dum) la regado de reĝo ...; ***eine neue*** ~ ***bilden*** formi novan registaron; ***die*** ~ ***stürzen*** (*od* ***zu Fall bringen***) renversi la registaron

Regierungs|abkommen *n (bilateral)* interregistara interkonsento, *(multilateral)* interregistara konvencio; ~**apparat** *m* registara aparato (*vgl. dazu* ***Staatsapparat***); ~**bank** *f Parl* registara benko; ~**beamte** *m* registara oficisto; ~**behörde** *f* registara instanco; ~**beschluss** *m* registara decido

Regierungsbildung *f* formado de [la] registaro; ***mit der ~ beauftragt werden*** esti komisiita formi registaron

Regierungs|chef *m* estro de la registaro (*vgl. dazu* ***Premierminister*** *u.* ***Präsident***); ~**delegation** *f* registara delegacio; ~**erklärung** *f* registara deklaro; ~**erlass** *m* registara dekreto

regierungsfeindlich *Adj* kontraŭregistara (*vgl. dazu* ***oppositionell***)

Regierungsform *f* formo de regado, reĝimo; ***parlamentarische ~*** reprezenta reĝimo

Regierungs|gebäude *n* registara konstruaĵo; ~**gewalt** *f* registara potenco; *i.w.S.* rega potenco; ~**instanz** *f* registara instanco; ~**koalition** *f Pol* registara koalicio; ~**kommission** *f* registara komisiono; ~**konferenz** *f* interregistara konferenco

Regierungskreise *Pl*: ***in ~n*** ene de la registaranoj

Regierungs|krise *f* registara krizo; ~**organe** *n/Pl* registaraj organoj *Pl*; ~**partei** *f Parl* reganta partio; ~**politik** *f* registara politiko; ~**programm** *n* registara programo; ~**rat** *m* registara konsilisto *auch als Titel*; ~**sitz** *m* sidejo de la registaro; ~**stelle** *f* registara instanco; ~**system** *n* sistemo de regado, *auch* regadsistemo

regierungstreu *Adj* fidela al la registaro, lojala (*vgl. dazu* ***loyal***); ***~e Truppen*** *Pl* lojalaj trupoj *Pl*

Regierungs|truppen *Pl Mil* registaraj trupoj *Pl*; ~**umbildung** *f* transformado (*od* ŝanĝo) de la [nuna] kabineto; ~**vertreter** *m* registara reprezentanto; ~**wechsel** *m* ŝanĝo de la registaro; ~**zeit** *f* registara periodo; ~**zeitung** *f* registara gazeto

Regietisch *m* reĝisora tablo

Regime [*re'ʒi:m*] *n Pol (1. Regierungs- od Staatsform, Regierung [hinsichtlich ihrer Form] 2. oft pej gebraucht)* reĝimo (↑ *auch* ***Feudalregime***); ***ein diktatorisches ~*** *pej* diktatora reĝimo (↑ *auch* ***Diktatur***, ***Polizei-*** *u.* ***Terrorregime***); ***das herrschende politische ~*** la reganta politika reĝimo

Regiment *n Mil* regimento (↑ *auch* ***Garde-***, ***Infanterie-*** *u.* ***Kavallerieregiment***); *Herrschaft* regado, reĝimo; ***das ~ führen*** esti la reganta (*od* komandanta) persono, esti la estro (*od* mastro), *allg auch* regi, estri, mastri

Regiments|kommandeur *m Mil* regimentestro; ~**stab** *m Mil* regimenta stabo

[1]**Regina** *od* **Regine** (*f*) *weibl. Vorname* Reĝina

[2]**Regina** [*ri'dʒainə*] (*n*) *Hptst. der kanadischen Provinz Saskatchewan* Reĝino

Reginald (*m*) *männl. Vorname* Reginaldo

Region *f* regiono *auch Anat* (*vgl. dazu* ***Bereich***, ***Gebiet***, ***Gegend*** *u.* ***Sphäre***; ↑ *auch* ***Alpen-***, ***Grenz-***, ***Küsten-***, ***Öko-***, ***Permafrost-***, ***Tourismus-***, ***Ufer-***, ***Unter-*** *u.* ***Voralpenregion***); *[größeres] Gebiet, Territorium* teritorio; ***autonome ~*** *z.B. Südtirol in Italien* aŭtonoma regiono; ***die Staaten dieser ~*** la ŝtatoj de tiu [ĉi] regiono ◇ ***er schwebt in höheren ~en*** li vivas en la mondo de fantazioj

regional 1. *Adj* regiona, *nachgest auch* koncernanta nur unu regionon (↑ *auch* ***interregional***); ***~e Dialekte*** *m/Pl Ling* regionaj dialektoj *Pl*; ***~er Krieg*** *m* regiona milito **2.** *Adv* regione

Regional|büro *n* regiona oficejo; ~**bus** *m Verk* regiona aŭtobuso; ~**fernsehen** *n* regiona televido; ~**flughafen** *m* regiona flughaveno; ~**geschichte** *f* regiona historio

Regionalismus *m Kunst, Ling, Pol* regionismo

Regionalist *m Vertreter des Regionalismus* regionisto

Regional|konferenz *f* regiona konferenco; ~**markt** *m Wirtsch* regiona merkato; ~**museum** *n* regiona muzeo; ~**planung** *f* regiona planado; ~**politik** *f* regiona politiko; ~**politiker** *m* regiona politikisto; ~**programm** *n Radio, TV* regiona programo; ~**rat** *m* regiona konsilio; ~**regierung** *f* regiona registaro; ~**sprache** *f* regiona lingvo; ~**verkehr** *m* regiona trafiko; ~**wahlen** *f/Pl Parl* regionaj balotoj *Pl*; ~**zeitung** *f* regiona gazeto

Regionalzug *m*, *alt* ***Nahverkehrszug*** *od* ***Personenzug*** *m*, *pop* ***Bummelzug*** *m Eisenb* regiona trajno

regionär *Adj Med (einen bestimmten Körperbereich betreffend)* regiona

Regisseur *m Film, Theat, TV* reĝisoro *auch i.w.S.* (↑ *auch* ***Film-*** *u.* ***Theaterregisseur***)

Register *n* ***a)*** *[geordnetes] Verzeichnis* registro (↑ *auch* ***Geburten-***, ***Handels-***, ***Mehrzweck-***, ***Patent-***, ***Personenstands-*** *u.* ***Ster-***

beregister); *Liste* listo; *Index* indekso (↑ *auch* ***Daumen-***, ***Index-***, ***Sach-*** *u.* ***Schlagwortregister***); *Wörterverzeichnis* vortlisto; ***alphabetisches*** ~ alfabeta registro (*od* indekso) ***b)*** *Mus (des Cembalos od der Orgel)* registro, *(Stimmlage)* registro de voĉo ***c)*** *EDV* registrumo ◇ ***alle ~ ziehen*** ludi per ĉiuj klavoj

Registertonne *f* (*Abk* ***RT***) *Mar* tonelo <*bis 1994 gültige Volumeneinheit für Handelsschiffe*>

Registrande *f* ↑ ***Einschreibebuch***

Registrator *m*, *auch* ***Registrierungsbeamte*** *m* registristo

Registratur *f* ***a)*** *das Registrieren* registrado ***b)*** *Ort* <*österr*> *auch* ***Evidenzbüro*** *n* registrejo [de aktoj *u.Ä.*] ***c)*** *Aktenschrank [in der Registratur]* aktoŝranko [en la registrejo] ***d)*** *die Registerzüge [der Orgel]* la tirbutonoj *Pl* [de orgeno]

Registrier|apparat *m Tech (Zählwerk)* totalizatoro; ~**ballon** *m*, *auch* ***Versuchsballon*** *m od* ***Ballonsonde*** *f Met (mit meteorologischen Registriergeräten ausgerüsteter unbemannter Ballon, der früher für Messungen in der Atmosphäre benutzt wurde* <*heute werden Radiosonden verwendet*>*)* sondobalono; ~**einrichtung** *f od* ~**gerät** *n od* ~**vorrichtung** *f bes. Met (ein Aufzeichnungsgerät)* registrilo, aparato aŭtomate registranta [ion]

registrieren *tr* ***a)*** *Verw* registri (***bei*** ĉe); *notieren* noti; *in ein Matrikel od ein amtl. Verzeichnis eintragen* enmatrikuligi, noti en matrikulo (↑ *auch* ***einschreiben***); ***sich ~ lassen*** registrigi sin ***b)*** *bemerken* rimarki

Registrier|gerät *n* registrilo; ~**kasse** *f* kasregistrilo; ~**nummer** *f* numero de registrado

Registrierung *f Verw* registrado; *das Notieren* notado; *der Eintrag in ein Matrikel* enmatrikuligo

Registrierungsbeamte *m* ↑ ***Registrator***

Registriervorrichtung *f* ↑ ***Registriereinrichtung***

Reglement *n bes. Verw od Staat (die Gesamtheit aller geltenden Vorschriften für spezielle Gebiete)* reglamento (*vgl. dazu* ***Vorschrift***)

reglementieren *tr* reglamenti

Reglementierung *f* reglamentado

Regler *m Tech* regilo, *(Regulator)* reguligilo (↑ *auch* ***Dimmer***, ***Lautstärke-*** *u.* ***Schieberegler***); *regelbarer elektrischer Widerstand* reostato; *Temperatur*~ termostato; ***den ~ schließen*** *Tech* fermi la regilon (*bzw.* reguligilon)

Reglerbügeleisen *n Hausw* termostata gladilo

Reglung *f* ↑ ***Regelung***

regnen *intr* pluvi *auch übertr*; ***ein bisschen ~*** pluveti (↑ *auch* ***nieseln*** *u.* ***tröpfeln***); ***es regnet*** pluvas; ***es begann zu ~*** komencis pluvi *od* ekpluvis; ***regnet's?*** *umg* ĉu pluvas?; ***es hat aufgehört zu ~*** ĉesis pluvi; ***sich nass ~ lassen*** restadi sub la pluvo; ***es regnet in Strömen*** pluvas torente, *auch* pluvegas; ***ich warte bis es aufhört zu ~*** mi atendos la pluvoĉeson *od* mi atendos ĝis la pluvo ĉesas; ***es regnete Beschimpfungen*** pluvis insultoj [sur lin *bzw.* ilin *u.a.*]

Regnen *n Regen als Vorgang* pluvado

regnerisch *Adj* pluv[em]a

Regnitz *f ein linker Nebenfluss des oberen Mains in Bayern [mündet bei Bamberg]* [rivero] Regnico

Regress *m Jur* regreso

Regression *f*, *auch* ***Rückbildung*** *f Biol (Verkleinerung des Areals, das eine Population besiedelt), Naturw, Med* regreso *auch von Tumoren unter Therapie*; ***~ eines Meeres*** *Geol (Rückzug eines Meeres infolge epirogenetisch bedingten Aufsteigens eines Festlands [Ggs: Emersion]* regreso de maro

Regressionskoeffizient *m Math* koeficiento de regresio

regressiv *Adj* regres[ant]a

regsam *Adj* aktiva, agema, vigla (*vgl. dazu* ***rege***)

regulär *Adj* regula; *gewöhnlich* kutima, *normal* normala

Regulation *f bes. Physiol* reguligo

Regulationsmechanismus *m* reguliga mekanismo *auch Physiol*

regulativ, *auch* ***regulierend*** *Adj* reguliga

Regulator *m* ***a)*** *eine besondere Art Pendeluhr* regulatoro ***b)*** *Tech (Regler)* regul[ig]ilo; ~**gen** *n Genetik* reguliga geno

regulierbar *Adj* reguligebla (*vgl. dazu* ***einstellbar***)

regulieren *tr* reguligi *auch Uhrwerk* (*vgl. dazu* ***einstellen***); *i.w.S. festsetzen* fiksi

regulierend ↑ ***regulativ***

Regulierung *f* reguligo (*vgl. dazu* ***Steuerung***; ↑ *auch* ***Fluss-***, ***Schaden[s]-*** *u.* ***Überregulierung***)

[1]**Regulus** *m Astron (Hauptstern im Sternbild Löwe)* Reguluso

[2]**Regulus** *(m) Eig (ein altrömischer Feldherr)* Regulo

Regung *f Bewegung* moviĝo; *Gefühls*~, *Gemüts*~ emocio, *i.w.S. (plötzliches Fühlen)* eksento

regungslos *Adj bewegungslos* senmova, nemoviĝanta; *ruhig, seelisch gefasst* trankvila; *emotionslos* senemocia (↑ *auch* ***kaltherzig***); *körperlich u. geistig regungslos, ganz erstarrt, wie vor den Kopf gestoßen* stupora

Regungslosigkeit *f* senmoveco (*vgl. dazu* ***Torpor***); *Stupor* stuporo

Regurgitation *f nur Fachspr Med (Wiederhochkommen verschluckter Speisen u. Flüssigkeit sofort nach der Nahrungsaufnahme bes. bei Stenosen der Speiseröhre)* regurgito

regurgitieren *intr nur Fachspr Med (zurückströmen von Speisen in die Mundhöhle)* regurgiti

regurgitierend *Adj Fachspr Gastrologie u. Kardiologie* regurgit[ant]a

Reh *n* (*Gattung* Capreolus) *Zool* kapreolo (*vgl. dazu* ***Wasserreh***; ↑ *auch* ***Rehbock*** *u.* ***Ricke***)

Rehabilitation *od* **Rehabilitierung** *f* rehabilit[ad]o (*vgl. dazu* ***Resozialisierung***); ***medizinische Rehabilitation*** medicina rehabilito

Rehabilitationszentrum *n, pop* ***Rehazentrum*** *n Med* centro de rehabilitado

rehabilitativ *Adj*: ***~e Medizin*** *f* rehabilitada medicino

rehabilitieren *tr Jur* rehabiliti; ***sich ~*** *sein Ansehen wieder herstellen* sin rehabiliti

Rehabilitierung *f* ↑ ***Rehabilitation***

Rehbock *m* virkapreolo

reh|farben *od* **~farbig** *Adj* kapreolkolora

Reh|geiß *f* kapreolino; **~keule** *f Kochk* femuraĵo de kapreolo; **~kitz** *n* kapreolido

Rehpilz *m Mykologie* ↑ ***Habichtspilz***

Rehpinscher *m* ↑ ***Zwergpinscher***

Rehrücken *m Kochk* dorsaĵo de kapreolo

Reibahle *f Stahlstab mit Längsschneiden zur Abtragung von Material in Bohrungen* alezilo (↑ *auch* ***Winkelreibahle***); ***geschliffene*** (***konische***) ~ akrigita (konusa) alezilo

Reibe *f od* **Reibeisen** *n, <schweiz> u. reg* ***Raffel*** *f Hausw* raspilo (↑ *auch* ***Käse-, Küchen-*** *u.* ***Muskatreibe***)

Reibebrett *n, auch* ***Putzbrett*** *n ein Handwerkzeug zum Glätten u. Abreiben von frisch aufgebrachtem Putz* pucfrotilo

Reibeisen *n* ↑ ***Reibe***

Reibelaut *m Phon* ↑ ***Frikativ***

reiben ***a)*** *tr* froti (↑ *auch* ***ein-*** *u.* ***wegreiben***); *auf einer Reibe* raspi; *zu Pulver reiben* pulvorigi, *(im Mörser)* pisti; ***kräftig*** ~ forte froti, frotegi; ***geriebene Möhren*** *f/Pl* raspitaj karotoj *Pl*; ***sich die Augen*** (***Nase***) ~ froti al si la okulojn (nazon); ***sich vor Freude die Hände*** ~ pro ĝojo froti al si la manojn *(Zam)* ***b)*** *intr* frot[prem]i; ***der Schuh reibt*** la (*od* tiu) ŝuo frotpremas

[1]**Reiben** *n Einreiben, Frottieren* frotado; *Raspeln* raspado

[2]**Reiben** *n Handw, Tech (spanabhebende Bearbeitung mit einem Reibwerkzeug, mit der zylindrische od keglige Bohrungen zur Verbesserung der Maßgenauigkeit u. Oberflächengüte nachgearbeitet werden)* alezado

Reiberei *f ständiges Reiben* [daŭra] frotado; ***~en*** *Pl umg für «kleine Streitigkeiten»* negrava konflikto (*od* malakordo) (*vgl. dazu* ***Zwist***)

Reibfläche *f an einer Streichholzschachtel* frot-surfaco

Reibschale *f* ↑ [1]***Mörser***

Reibtrommel *f Mus* ↑ ***Friktionstrommel***

Reibung *f* froto (***an*** sur); *das Reiben* frotado (*vgl. dazu* ***Friktion***); *das [gegenseitige] Aneinanderreiben* interfrotiĝo; ***innere*** ~ *Mechanik* interna froto; ***Leuchterscheinung durch*** ~ *Phys* triboluminesko

Reibungs|elektrizität *f, auch* ***Triboelektrizität*** *f El (entgegengesetzte elektrische Aufladung zweier verschiedener Isolatoren, wenn sie aneinander gerieben werden)* frotelektro *od* elektro per frotado, *auch* triboelektro; **~fläche** *f* frotsurfaco; **~kern** *m Mechanik (die gemeinsame Fläche zweier Reibungswinkel)* frotkerno; **~koeffizient** *m Mechanik* frotkoeficiento *od* frotada koeficiento; **~kraft** *f Phys* frotada forto

reibungslos **1.** *Adj glatt, zügig* glata; *ohne Hindernisse, Schwierigkeiten od Störungen* sen malhelpoj (*bzw.* malfacilaĵoj *od* ĝenoj) *nachgest* **2.** *Adv* glate, sen malhelpoj (*od* ĝenoj *u.a.*), ***~ vonstatten gehen*** iri (*od* funkcii) glate

Reibungsmesskunde *f bzw.* **Reibungsmessung** *f Phys* ↑ ***Tribometrie***

Reibungs|walze *f Tech (eines Reibungsgetriebes)* frotocilindro; **~winkel** *m Mechanik* frot-angulo

reich 1. *Adj a) allg* riĉa (↑ *auch* ***steinreich***); *begütert, gut situiert* [finance] bonstata (↑ *auch* ***wohlhabend***); ***unermesslich*** (*od umg* ***unheimlich***) ~ eksterordinare riĉa, riĉega (*vgl. dazu* ***steinreich***); ~ ***werden*** riĉiĝi; ~ ***geworden*** riĉiĝinta ***b)*** *kostbar* multekosta; *wertvoll* altva-lora ***c)*** *eine große Fülle aufweisend, üppig* abunda, riĉa; ~ ***an ...*** riĉa je ...; ~ ***an Wissen und Erfahrung*** riĉa je scio kaj sperto; ~***e Ernte*** *f* abunda (*od* riĉa) rikolto; ~***er Reim*** *m Metr* riĉa rimo ***d)*** *vielfältig, umfassend, zahlreich* multspeca, multampleksa, multa; ~***er Beifall*** *m* multa aplaŭdo **2.** *Adv* riĉe; abunde; ~ ***bebildert*** (*od* ***illustriert***) riĉe ilustrita; ~ ***verziert*** riĉe ornamita

Reich *n* regno; *König*~ reĝlando; *Kaiser*~ imperio (*vgl. dazu* ***Imperium*** *u.* ***Weltreich***); *Staat* ŝtato; *übertr (Welt)* mondo; ***das ~ Gottes*** la Regno de Dio (↑ *auch* ***Himmelreich***); ***das ~ der Tiere*** *od* ***dasTierreich*** (Regnum animale) la regno de la bestoj *od* la animala (*od* besta) regno; ***die Drei ~e*** *chin. Gesch [220-280 n. Chr.]* la Tri Regnoj; ***das Dritte ~*** *dt. Gesch* la Tria Regno; ***das Heilige Römische ~*** *Gesch* la Sankta Romia Imperio; ***das Osmanische*** (*od* ***Ottomanische***) ~ *Gesch* la Otomana Regno; ***die Streitenden ~e*** *chin. Gesch [475-221 v. Chr.]* la Militantaj Regnoj

reichblumig *Bot* ↑ ***vielblumig***

Reiche ***a)*** *m* riĉulo (↑ *auch* ***²Krösus*** *u.* ***Neureiche***) ***b)*** *f* riĉulino; ***die ~n*** *Pl* la riĉuloj *Pl*

reichen ***a)*** *tr herreichen, geben* [trans]doni; *jmdm. etw. anbieten (Getränk, Speise)* prezenti (***jmdm. etw.*** ion al iu); ~ ***Sie mir bitte das Salz*** bonvolu pasigi (*od auch* doni) al mi la salujon; ***jmdm. die Hand [zum Gruß] ~*** [salute] prezenti la manon al iu ***b)*** *intr an etw. heranreichen* atingi (***bis*** ĝis *od* ***mit*** *Akk*); *sich erstrecken* etendiĝi (***von ... bis [nach*** *od* ***zu] ...*** de ... ĝis ...); *ausreichen, genügen* sufiĉi; ***reicht das nicht?*** ĉu tio ne sufiĉas?; ***das reicht!*** *das ist genug!* [tio] sufiĉas!; ***wird das Benzin ~?*** ĉu la benzino sufiĉos?; ***der Stoff reicht nur für eine Bluse***, *umg auch* ***der Stoff gibt nicht mehr her als eine Bluse*** la materialo estas sufiĉa nur por fari (*od* tajlori) bluzon; ***der Weihnachtsbaum reichte fast bis zur Zimmerdecke*** la kristnaska arbo preskaŭ tuŝis la plafonon; ***die Wurst muss übers Wochenende ~*** *fam* la kolbaso devas esti sufiĉa por la semajnfino ◇ ***jmdm. nicht das Wasser ~ können*** *nicht vergleichbar sein mit jmdm.* neniel esti komparebla kun iu; *nicht jmds. Wissen od dessen Erfahrung erreichen* neniel atingi ies sciojn (*bzw.* spertojn)

Reichenberg (*n*) ↑ ***Liberec***

Reichensteuer *f* imposto por riĉuloj

reichhaltig *Adj* riĉenhava, enhavoriĉa; *vielerlei umfassend* multampleksa; *übermäßig viel* tro multa; *überquellend viel* abunda

Reichhaltigkeit *f* riĉeco; multampleksеco; abund[ec]o (↑ *auch* ***Üppigkeit***)

reichlich 1. *Adj* abunda, plensufiĉa; *freigebig* malavara **2.** *Adv* abunde; malavare; *recht, ziemlich* sufiĉe; *mehr als* pli ol; *i.w.S. sehr* tre, ege; ***sie hat vor ~ einem Jahr bei uns angefangen*** antaŭ iom pli ol unu jaro ŝi ekdeĵoris en nia laborejo (*od* entrepreno); ***es ist schon ~ spät*** estas jam sufiĉe malfrue; ***im Camp sind ~ zweitausend Flüchtlinge*** en la kampadejo estas pli ol dumil rifuĝintoj

Reichs|apfel *m hist* regnestra (*od* imperiestra) globo; ~**archiv** *n* regna arkivo; ~**graf** *m Gesch* imperia grafo; ~**kanzler** *m Gesch* regna kanceliero; ~**kristallnacht** *f* (*später* ***Reichspogromnacht*** *genannt*) *dt. Gesch* kristala nokto *od* nokto de rompita vitro <*vom 9. zum 10. November 1938*>; ~**tag** *m* ***a)*** *Gesch* regna parlamento ***b)*** *Parlament bestimmter Staaten (als Institution)* parlamento, *(Gebäude)* parlamentejo; ~**tagsbrand** *m dt. Gesch (Brand des Reichtagsgebäudes in Berlin durch Brandstiftung in der Nacht vom 27. auf den 28. Feb. 1933)* Incendio de la Germana Regna Parlamento

Reichtum *m* riĉaĵo, *auch (bes. poet)* riĉo (*vgl. dazu* ***Besitztümer***); *Reichsein* riĉeco; *Fülle, Überfluss* abund[ec]o (*vgl. dazu* ***Luxus***; ↑ *auch* ***Formenreichtum***); *i.w.S. bildh für «Schatzkammer»* trezorejo; ***großen ~*** (*od* ***große Reichtümer***) ***anhäufen*** kolekti grandajn riĉaĵojn ◇ ***Glück und ~ macht Neider*** feliĉo kaj riĉo envion elvokas *(Zam)*

Reichweite *f von jmds. Arm* atingo; *Aktionsradius* agada radiuso *od* radiuso de [ies] agado; *eines Radiosenders* atingodistanco *od* atingopovo, *auch* efikdistanco; *Aktions- od Tragweite einer Waffe* atingodistanco *od* atingopovo, *(Treffsicherheit)* trafopovo; *Entfernung zu einem Ziel* distanco [ĝis la celo]; ***das ist außerhalb meiner ~*** *Macht* tio estas ekster mia povo

reif *Adj Früchte, Getreide, Käse, Person* matura; *erwachsen* adolta, plenkreska; *~es Alter n* matura aĝo; ***das Geschwür ist ~*** *es wird bald aufgehen od es kann eröffnet werden* la absceso estas matura; ***~ werden*** maturiĝi *auch übertr*; ***seine letzten Werke sind [zugleich] seine reifsten*** liaj lastaj verkoj estas liaj plej maturaj; ***die Zeit ist ~ für ...*** estas fine la [ĝusta] tempo por ...

[1]**Reif** *m gefrorener Tau* prujno (*vgl. dazu* [1]***Tau***); ***sich mit ~ bedecken*** kovriĝi de (*od* per) prujno

[2]**Reif** *m Arm*~ ringo [por la brako]; *Stirn*~ diademo; *Fingerring* fingra ringo; *Fassreifen [aus Eisen]* [fera] barelringo

[3]**Reif** *m Heraldik (um die Köpfe der Kaiser u.a.)* nimbo

Reife *f das Reifsein* matureco; *das Reifwerden* maturiĝo (*vgl. dazu* ***Geschlechts-*** *u.* ***Vollreife***)

[1]**reifen** *intr Frucht, Getreide, Reis auf dem Halm, Person* maturiĝi; ***Wein in Eichenfässern ~ lassen*** lasi vinon maturiĝi en kverkaj bareloj

[2]**reifen** *intr* [1]*Reif ansetzen (bes. unpers. mit «es»)* prujni; ***letzte*** (*od* ***heute***) ***Nacht hat es gereift*** pasintan nokton prujnis

[1]**Reifen** *n Reifwerden, Heranreifen* maturiĝ[ad]o

[2]**Reifen** *m **a)** Fahrrad, Kfz* pneŭmatiko, *umg auch* pneŭo (↑ *auch* ***Alt-***, ***Auto-***, ***Ersatz-***, ***Fahrrad-***, ***Ganzjahres-***, ***Radial-***, ***Reserve-***, ***Sommer-***, ***Spike[s]-***, ***Winter-*** *u.* ***Zwillingsreifen***); ***ein defekter*** (*od umg* ***kaputter***) ~ difekta pneŭo; ***ein geplatzter ~*** krevinta pneŭo; ***schlauchloser ~*** sentuba pneŭo; ***undichter ~*** lika pneŭo; ***einen ~ aufpumpen*** pumpi aeron en pneŭmatikon; ***einen ~ aufziehen*** (*od* ***montieren***) munti pneŭmatikon; ***einen ~ runderneuern*** rekaŭĉuki pneŭmatikon ***ein ~ ist geplatzt*** pneŭmatiko krevis ***b)*** *aus Rotan od Metall, bes. für Fässer, Trommeln u.a.* ring[eg]o; *Eisen*~ ferringo *od* ringo el fero (↑ *auch* ***Fassreifen***); ***einen ~ um etw. legen*** meti (*od* fiksi) ringon ĉirkaŭ ion ***c)*** *Arm*~ brakringo (*vgl. dazu* ***Armband***) ***d)*** *ringförmiger Gegenstand (auch)* ringo, *(als Spielgerät)* ludringo (↑ *auch* ***Gymnastikreifen*** *u.* ***Hula-Hoop-Reifen***); ***mit dem ~ spielen*** *den Reifen rollen [ein früher übliches Kinderspiel]* ludi per rulringo(j)

Reifen|abdruck *m, auch* ***Reifenspur(en)*** *f/(Pl)* premsigno(j) *(Pl)* de pneŭmatiko(j); **~druck** *m* pneŭmatika aerpremo; **~fabrik** *f* fabriko de pneŭmatikoj; **~heber** *m zur Demontage von Reifen* pneŭ-malmuntilo; **~panne** *f od* **~schaden** *m* difekto de pneŭmatiko; *geplatzter Reifen* krevinta pneŭmatiko; **~profil** *n* pneŭmatika profilo

Reifenspur *f* ↑ ***Reifenabdruck***

Reifenwechsel *m* ŝanĝo de pneŭmatiko(j)

Reife|prozess *m* proceso de maturiĝo; **~prüfung** *f* ekzameno pri matureco; *Abitur* abiturienta ekzameno

Reifeteilung *od* **Reifungsteilung** *f Histologie* ↑ ***Meiose***

Reife|zeit *f das Reifwerden* maturiĝo (↑ *auch* ***Adoleszenz***); *z.B. von Obst od Wein* maturiĝa tempo; **~zeugnis** *n* diplomo pri matureco; *Abiturzeugnis* abiturienta diplomo

Reifglätte *f* glata(j) strato(j) *(Pl)* pro frostiĝinta prujno

reiflich 1. *Adj* zorga, detala, [ĝis]funda; ***nach ~er Überlegung*** post zorga konsidero **2.** *Adv* zorge, detale, ĝisfunde

Reifmonat *m* ↑ ***Frimaire***

Reifrock *m hist* krinolino

Reifung *f das Reifwerden, das Heranreifen* maturiĝ[ad]o

Reifungsteilung *f Histologie* ↑ ***Meiose***

Reigen *m ein Schreittanz* rondodanco *od* cirklodanco <*sehr alte Tanzformen*>; *übertr (Reihe)* vico; ***er eröffnete den ~ der Gratulanten*** li estis la unua en la [longa] vico de gratulantoj

Reihe *f neben- od hintereinander geordnet* vico (***von*** da, *bei Zahlen* de) (↑ *auch* ***Baum-***, ***Häuser-*** *u.* ***Sitzreihe***); *Ab-, Aufeinanderfolge* sinsekvo (***von*** da); *im Buch (Linie)* linio, *(Spalte)* kolumno; *Serie (auch Chem, Math)* serio (*vgl. dazu* ***Progression***); ***aliphatische ~***, *auch* ***Fettreihe*** *f Chem* alifata serio; ***alternierende*** (***arithmetische***, ***divergente***, ***geometrische***, ***harmonische***, ***konvergente***, ***oszillierende***, ***unendliche***) ~ *Math* alternanta (aritmetika, diverĝa, geometria, harmona, konverĝa, oscilanta, senfina) serio; ***vorderste ~*** *einer militärischen od anderen Abteilung (auch Sport)* avano (↑ *auch* ***Stürmerreihe***); ***eine ~ von Jahren*** plurajn jarojn, sufiĉe multajn jarojn, *Zam auch* grandan serion da jaroj; ***eine ~ von Katastrophen*** sinsekvo da katastrofoj; ***eine ~ von Unfällen ereignete sich gestern auf***

der Strecke ... sinsekvo da akcidentoj hieraŭ okazis sur la aŭtovojo ...; ***eine ~ von sechs Personen*** vico de ses personoj; ***aus*** (*od* ***außerhalb***) ***der ~*** ekstervice; ***wer ist [jetzt] an der ~?*** al kiu [nun] venis la vico?; ***jetzt bin ich an der ~*** nun estas mia vico; ***warten bis man an der ~ ist*** atendi sian vicon; ***aus ihren ~n kommen die Fachleute der Zukunft*** el iliaj vicoj venos la fakuloj de la estonto; ***der ~ nach*** laŭvice; ***in einer ~*** en unu vico, *auch* unuvice; ***sich in einer ~*** (*bzw.* ***der ~ nach***) ***aufstellen*** viciĝi *bzw.* ekstari en unu vico; ***in ~n*** laŭ vicoj; *reihenweise* en vicoj; ***sich in eine ~ einordnen*** enviciĝi; ***Petersilie in ~n säen*** *Gartenb* semi petroselon laŭ linioj; ***in ~ schalten*** *El* serie konekti; ***schließt die ~n!*** *Imp* densigu la vicojn! *auch Mil*; ***in der ~ stehen [und warten]*** stari en la vico [de la atendantoj]; ***in vorderster ~ stehen*** *Mil, Pol* esti en la plej antaŭa vico *auch übertr* ◇ ***in Reih und Glied*** laŭ vicoj; ***sich in Reih und Glied aufstellen*** sin starigi en vico kaj linio; ***sie tanzt immer aus der ~*** *verhält sich anders als die anderen (meist auf störende Weise)* ŝi ĉiam troviĝas ekster la vico

reihen *tr in Reihen ordnen* vicigi, aranĝi laŭ vicoj (*vgl. dazu* ***aufreihen***); ***Perlen auf eine Schnur ~*** surfadenigi perlojn (*bzw. Glasperlen* bidojn); ***sich ~*** sin envicigi, enviciĝi; *Ereignisse* senpere (*od* rekte) sekvi, okazi en sinsekvo

Reihen *m* ↑ ***Fußrücken***

Reihenabstand *m bes. Forstw, Gartenb, Landw* intervica distanco *auch i.w.S.*

Reihenfolge *f Abfolge, Aufeinanderfolge* sinsekvo (↑ *auch* ***Chronologie*** *u.* ***Turnus***); *Rangfolge* rangordo; *Serie* serio; *Reihe* vico; ***in alphabetischer ~*** laŭ [la] alfabeta ordo; ***in der richtigen ~*** en la ĝusta sinsekvo

Reihen|haus *n* envica domo; **~pflanzung** *f Gartenb, Forstw* linio-plantado (↑ *auch* ***in Reihen säen*** [*unter* ***säen***])

Reihenschaltung *f El* ↑ ***Serienschaltung***

Reihen|schutzimpfung *f Med* amasa vakcinado (↑ *auch* ***Immunisierungsimpfung***); **~transformation** *f Math* transformo de serioj

reihenweise *Adv* ***a)*** *in Reihen* en vicoj ***b)*** *in Massen* amase; *in großer Zahl* multnombre, *auch* grandnombre

Reiher *m Orn* ardeo; *Grau- od Fisch*≗ (Ardea cinerea) griza ardeo; *Silber*≗ (Egretta alba) granda egretardeo; *Mangrove*≗ (Butorides striatus) stria ardeo; *Grün*≗ (Butorides virescens) verda ardeo; *Nacht*≗ (Nycticorax nycticorax) noktardeo (↑ *auch* ***Bacchus-, Blau-, Dreifarben-, Elster-, Glocken-, Goliath-, Kanada-, Kappen-, Kuh-, Lava-, Löffel-, Mittel-, Paddy-, Purpur-, Rallen-, Riff-, Rötel-, Schmuck-, Schwarzkopf-, Seiden-, Sumatra-, Weißgesicht-*** *u.* ***Weißhalsreiher***); ***[Familie der] ~*** *Pl* (Ardeidae) ardeedoj *Pl*

Reiher|ente *f* (Aythya fuligula) *Orn* tuf-anaso; **~feder** *f* plumo de ardeo; **~horst** *m* nesto de ardeo; **~jagd** *f, Jägerspr* ***Reiherbeize*** *f* ĉas[ad]o al ardeoj; **~kolonie** *f Orn* kolonio de ardeoj; **~läufer** *m* (Dromas ardeola) *Orn* krabopluvio *[Vorkommen: Sri Lanka, Indien, Andamanen u. Nikobaren]*

reihern *intr umg für «erbrechen»* vomi

Reiherschnabel *m* (*Gattung* Erodium) *Bot* erodio (↑ *auch* ***Moschusreiherschnabel***)

reihum *Adv*: ***~ gehen*** rondiri

Reihzeit *f Jägerspr (Paarungszeit [der Enten])* pariĝa sezono [de la anasoj]

Reim *m Metr* rimo; *Vers* verso (↑ *auch* ***Abzähl-, Binnen-, End-, Kreuz-*** *u.* ***Schlagreim***); ***gekreuzter ~*** kruca rimo; ***männlicher*** (*od* ***stumpfer***) ~ vira rimo; ***reicher ~*** riĉa rimo; ***weiblicher*** (*od* ***klingender***) ~ ina rimo; ***in ~e bringen*** rimi

reimen *tr* ***a)*** *in Reime bringen* rimi; *abs: Verse machen od schreiben, dichten* verki versojn; ***sich ~*** rimiĝi, prezenti rimon (***auf*** *od* ***mit*** kun) ***b)*** *übertr*: ***wie reimt sich das zusammen?*** kiel tiuj (*od* ambaŭ) aferoj akordiĝas?, kiel tio kongruas?

Reimer *m jmd., der Verse macht* rimanto

reimlos *Adj* senrima; ***~e Verse*** *m/Pl Blankverse* blankaj versoj *Pl*

Reimplantation *f Chir* ↑ ***Replantation***

Reimport *m Hdl (Wiedereinfuhr bereits ausgeführter Güter)* reimport[ad]o

Reims (*n*) *eine franz. Stadt in der Champagne [988-1825 die Krönungsstadt Frankreichs]* Remso

Reim|schmied *m scherzh für «Versemacher»* versisto; **~wörterbuch** *n* rimvortaro

[1]rein 1. *Adj* ***a)*** *sauber* pura *auch i.w.S.* (↑ *auch* ***pur***); *klar, bes. Gewässer* klara; ***~en Gewissens*** purkonscience; ***~e Luft*** *f* pura aero; ***~*** (*od* ***reine) machen*** purigi; ***~ werden*** puriĝi; ***ein ~es Gewissen haben*** havi puran konsciencon ***b)*** *unverfälscht, echt,* *pur* nefalsita, pura (↑ *auch* ***genuin***); ***~es Gold*** (***Olivenöl***) *n* pura oro (oliv-oleo) ***c)*** *sittlich makellos, unbefleckt* senmakula; *unschuldig* senkulpa ***d)*** *umg für «völlig» od «vollkommen»*: ***das ist der ~ste Hohn*** tio estas vere absoluta mokado; ***das ist ~er Unsinn*** (***Wahnsinn***) tio estas absoluta sensencaĵo (frenezaĵo); ***das ist die ~e Wahrheit*** tio estas la pura vero ◇ ***etw. ins ≗e bringen*** finfine ordigi ion; ***etw. [nochmal] ins ≗e schreiben*** reskribi ion nete; ***jmdm. ~en Wein einschenken*** diri al iu la nudan (*od* nekaŝitan) veron; ***die Luft ist ~*** *es besteht keine Gefahr* ne estas danĝero [nun]; *niemand ist in der Nähe und lauscht* estas neniu, kiu aŭskultas (*od* povas aŭskulti) **2.** *Adv* pure; klare [↑ *auch* **³*rein***]; ***ein ~ privates Gespräch*** pure privata interparolo

²rein *umg für* ***herein*** *bzw.* ***hinein*** [↑ *dort*]

³rein *Adv ganz und gar, völlig* absolute; tute, plene; *wahrlich* vere; ***~ gar nichts*** *Nom* absolute nenio; *Akk* absolute nenion; ***~ leinen***, *auch* ***reinleinen*** [farita] el pura tolo *nachgest*; ***~ seiden***, *auch* ***reinseiden*** [farita] el pura silko *nachgest*; ***~ zufällig*** *Adv* tute hazarde; ***es ist mir ~ unmöglich*** estas tute neeble por mi

Rein *f bzw.* **Reindl** *n* ↑ ***Kochtopf***

Reinald (*m*), *auch* ***Rainald*** (*m*) *männl. Vorname* Rejnaldo

reinbringen ↑ ***hereinbringen***

reindustrialisieren *tr* reindustriigi

Reindustrialisierung *f* reindustriigo

Reine *f* ↑ ***Reinheit***

Reineclaude *f* ↑ ***Reneklode***

reinemachen *tr* = ***reine machen*** [↑ *unter* **¹*rein 1. a)***]

Reinemachen *n* purigado [de la loĝejo *u.a.*]

Reinemachefrau *f alt* ↑ ***Putzfrau***

reinerbig *Biol, Genetik* ↑ ***homozygot***

Rein|erlös *od* **~ertrag** *m* neta enspezo

reineweg, *auch* ***reinweg*** *Adv ganz und gar* absolute, tute, plene; ***das ist ~ erlogen*** tio estas absoluta mensogo

Reinfall *m*, <*österr*> *auch* ***Aufsitzer*** *m Fiasko* fiasko; *Enttäuschung* seniluziiĝo; *Schwindel* blago; ***das Stück war ein ~*** *Theat* tiu teatraĵo montriĝis fiasko

reinfallen ↑ ***hereinfallen*** *u.* ***hineinfallen***

Re|infarkt *m Med (wiederholter Infarkt)* reinfarkto; **~infektion** *f Med* reinfektiĝo

reinfizieren, sich *refl* reinfektiĝi

reingehen ↑ ***hineingehen***

Rein|gewicht *n* neta pezo; **~gewinn** *m* neta profito

Reinhaltung *f*: ***die ~ der Flüsse und Meere*** la zorgo pri la pureco de riveroj kaj maroj

reinhängen, sich *refl umg für «sich bei (od für) etw. engagieren»* sin aktive (*od* forte) engaĝi en (*od* pri) io

Reinhard (*m*) *männl. Vorname* Rejnhardo

reinhauen *tr u. abs*: ***enorm ~*** *umg für «über die Maßen essen»* manĝegi (↑ *auch* ***fressen***)

Reinheit *f*, *geh auch* ***Reine*** *f Sauberkeit* pureco; *Echtheit, Unverfälschtheit* malfalseco; *Keuschheit* ĉasteco; ***~ der Luft*** (***des Wassers***) *Frische* freŝeco de [la] aero (akvo); *Ökologie* pureco de [la] aero (akvo)

reinigen *tr sauber machen* purigi; *waschen* lavi; *filtern, z.B. Abwässer* filtri (*vgl. dazu* ***raffinieren***); *Alkohol* rektifiki; *mit Detergenzien* detergi; *raffinieren (von Gasen, Flüssigkeiten u. Feststoffen)* rafini (↑ *auch* ***feinen*** *u.* ***frischen***); ***erneut*** (*od* ***nochmal***) ***~*** repurigi; ***sich ~*** *sauber werden* puriĝi; ***das muss ich ~ lassen*** *chemisch, z.B. Kleidung* tion mi devos doni al kemia purigejo; ***eine Wunde ~*** *Med* detergi vundon

Reinigen *n* purig[ad]o

Reiniger *m od* **Reinigungsmittel** *n* purigilo *od* rimedo por purigado; *(synthetisch hergestellt: Detergens)* detergento (↑ *auch* ***Rektifizierapparat***)

Reinigung *f Säubern* purig[ad]o (↑ *auch* ***Rohr-*** *u.* ***Straßenreinigung***); *Reinigung aus sich selbst heraus, Läuterung* puriĝo; *Waschen* lavado; *Raffination* rafinado; *durch Destillation* rektifiko; ***~ von Abgasen*** purigo de emisiaj gasoj; ***chemische ~***, <*österr*> *auch* ***Putzerei*** *f* kemia purigado, sekpurigado

Reinigungs|arbeiten *f/Pl* purigaj laboroj *Pl*; **~creme** *f Kosmetik* haŭtpuriga kremo; **~milch** *f Kosmetik* haŭtpuriga lakto

Reinigungsmittel *n* ↑ ***Reiniger***

Reinkarnation *f bes. Buddhismus* reenkarniĝo; ***an die ~ glauben*** kredi je [la] reenkarniĝo

reinkarnieren, sich *refl* reenkarniĝi

reinkommen ↑ ***hereinkommen*** *u.* ***hineinkommen***

reinkriegen *tr salopp*: ***kriegst du das denn nicht in deinen Kopf rein?*** *kapierst du das denn nicht?* ĉu vi vere ne enkapigas tion?

Reinkultur *f Bakt, Biol* pura mikroba kultivaĵo ◇ ***das ist Kitsch in*** ~ tio [ĉi] estas plej perfekta kiĉo

reinlassen ↑ ***hereinlassen***

reinlegen ↑ ***hereinlegen*** *od* ***hineinlegen***

reinleinen *Adj* ↑ *unter* ***³rein***

reinlich *Adj sauber* pura; *auf Sauberkeit Wert legend (Person)* purema; *i.w.S. adrett* pura kaj belaspekta

Reinlichkeit *f Sauberkeit* pureco; *auf Personen bezogen* puremo (*vgl. dazu* ***reinlich***)

Reinnachlass *m Jur (Nachlass nach Abzug von Schulden u. Vermächtnissen)* reziduo

Reinokulation *f Med* reinokulado

reinrassig *Adj* purrasa; ***ein ~er Hund*** purrasa hundo

reinreden ↑ ***dareinreden***

Reinreden *n Einmischung f in Angelegenheiten anderer* enmiksiĝo [en aferojn de alia persono *bzw.* de aliaj homoj]

reinregnen ↑ ***hereinregnen***

reinschreiben ↑ ***hineinschreiben***

Reinschrift *f* neto, neta kopio; ***in*** ~ *(ins Reine geschrieben)* neta *Manuskript, Schriftstück*

reinseiden *Adj* ↑ *unter* ***³rein***

reinstellen ↑ ***hineinstellen***

Reintegration *f das Wiedereingliedern* reintegrado; *das Sichwiedereingliedern* reintegriĝo

Reinüberschuss *m Fin, Wirtsch* neta surpluso

reinvestieren *tr Fin, Wirtsch* reinvesti

Reinvestition *f Fin, Wirtsch* reinvesto, *(das Reinvestieren [als Vorgang])* reinvestado

reinwaschen *tr*: ***jmdn.*** ~ *jmdn. von einem Makel befreien* senmakuligi iun

reinweg ↑ ***reineweg***

¹Reis *m* (Oryza sativa) *Bot* rizo *auch Nahr* (*vgl. dazu* ***Risotto***; ↑ *auch* ***Basmati-***, ***Milch-***, ***Wasser-*** *u.* ***Wildreis***); *Reispflanze* rizoplanto; *Kleb~* (Oryza sativa, var. glutinosa) *Bot, auch Nahr (bes. in Asien)* glueca rizo *od* glurizo; *Reisgericht* rizaĵo; ~ ***im Kochbeutel*** rizo en kuir-saketo(j); ~ ***im Palmblattkörbchen [gekocht]*** *südostasiatische Kochk* rizo [kuirita] en palm-folia korbeto; ~ ***mittlerer Güte*** *Hdl* mezkvalita rizo; ***gebratener*** ~ *Kochk (Nasi Goreng)* fritita rizo; ***gekochter*** ~ kuirita rizo; ***geschälter enthülster*** *od* ***polierter***) ~ senŝeligita (*od* polurita) rizo; ***kanadischer*** ~ *Bot* ↑ ***Wildreis***; ~ ***anbauen*** (*od* ***[an]pflanzen***) kultivi rizon; ~ ***kochen*** kuiri rizon; ~ ***stampfen*** (*bzw.* ***ausdreschen***) draŝi rizon

²Reis *n kleiner Zweig* [malgranda kaj delikata] branĉeto; *Spross, Trieb* ŝoso; *Gartenb (Pfropf~)* greftbranĉeto, *auch* greftaĵo

Reis[an]bau *m* rizokultivado *od* kultivado de rizo; ~**fläche** *f* rizokultiva areo

Reis|auflauf *m Kochk* rizosufleo; ~**bauer** *m* rizokultivisto; ~**branntwein** *m, auch* ***Reisschnaps*** *m* rizobrando; *Arrak* arako; ~**brei** *m* rizokaĉo; ~**drusch** *m* draŝado de rizo

Reise *f* vojaĝo (***nach*** al); *i.e.S. (See~)* marvojaĝo, *(Reise zum Vergnügen)* plezurvojaĝo (*vgl. dazu* ***Ausflug***; ↑ *auch* ***Ab-***, ***Abenteuer-***,***An-***,***Auslands-***,***Dienst-***,***Durch-***, ***Entdeckungs-***, ***Ferien-***, ***Fern-***, ***Flug-***, ***Forschungs-***, ***Geschäfts-***, ***Gruppen-***, ***Hin-***, ***Hochzeits-***, ***Pauschal-***, ***Pilger-***, ***Rück-***, ***See-***, ***Studien-***, ***Vergnügungs-***, ***Vortrags-*** *u.* ***Weiterreise***); ***eine kostenlose*** ~ senpaga vojaĝo; ***eine*** ~ ***in die Vergangenheit*** vojaĝo en la pasintecon; ~ ***mit dem Zug***, *umg auch* ***Bahnreise*** *f* vojaĝo per trajno *od* trajnvojaĝo; ***angenehme*** (*od* ***glückliche***) ~***!*** agrablan (*od* bonan) vojaĝon!; ***eine*** ~ ***um die Welt*** ĉirkaŭmonda vojaĝo; ***eine*** ~ ***antreten*** komenci vojaĝon; ***die*** ~ ***fortsetzen*** daŭrigi la vojaĝon (***nach*** al); ***eine*** ~ ***machen*** (***unternehmen***) fari (entrepreni) vojaĝon (***nach*** al); ***die*** ~ ***unterbrechen*** interrompi la vojaĝon (***in*** en); ***Grund der*** ~ *Frage z.B. in Visaanträgen* celo de [la] vojaĝo

Reise|agentur *f* vojaĝagentejo (↑ *auch* ***Reisebüro***); ~**andenken** *n Mitbringsel* memorigaĵo [pri vizito al iu loko *bzw.* pri restado en iu loko] (*vgl. dazu* ***Souvenir***); ~**begleiter** *m* kunvojaĝanto; ~**bekanntschaft** *f* nova konatulo dum vojaĝo; ~**bericht** *m* raporto pri vojaĝo; ~**beschränkungen** *f/Pl z.B. in einer Katastrophensituation od Pandemie* limigo de vojaĝ-ebloj (*bzw.* vojaĝoceloj); ~**beschreibung** *f* vojaĝpriskribo; ~**büro** *n* turisma oficejo, *auch* oficejo de turismo; ~**bus** *m* longdistanca buso [por vojaĝoj]; *Touristenbus* turista buso; ~**decke** *f* plejdo [por la vojaĝo], vojaĝ-kovrilo (↑ *auch* ***Plaid***); ~**diarrhö** *f, auch engl.* ***traveller's diarrhoea*** *Med* diareo de la vojaĝantoj); ~**dokumente** *n/Pl* vojaĝ-dokumentoj *Pl*; ~**eindrücke** *m/Pl* vojaĝ-impresoj *od* vojaĝaj impresoj *Pl*; ~**erzählung** *f Lit* vojaĝ-rakonto

reisefertig *Adj* vojaĝopreta, preta por [la] vojaĝo, preta ekvojaĝi

Reise|fieber *n* antaŭvojaĝa ekscitiĝo (*od* malkvieto), *auch* vojaĝfebro; ~**freiheit** *f* libereco por vojaĝi
reisefreudig *Adj* vojaĝema
Reise|führer *m (Buch)* [turista] gvidlibro; *(Person)* [turista] gvidisto (↑ *auch* ***Fremdenführer***); ~**gefährte** *m* kunvojaĝanto, kunulo dum vojaĝo (↑ *auch* ***Mitreisende***)
Reisegepäck *n* bagaĝo, *auch* pasaĝera pakaĵo, pakaĵo [por la vojaĝo]; ~**aufbewahrung** *f* bagaĝodeponejo
Reise|gruppe *f* turista grupo; ~**gutschein** *m* kreditbileto [de vojaĝagentejo] por vojaĝo; ~**kosten** *Pl* vojaĝkosto(j) *(Pl)*, vojaĝelspezoj *Pl*
Reisekrankheit *f Med* ↑ ***Kinetose***
Reise|leiter *m* vojaĝgrupa gvidanto; *bei einer Kurzfahrt* ekskursgvidanto (*vgl. dazu* ***Reiseführer***); ~**lust** *f* vojaĝemo
reiselustig *Adj* vojaĝema
Reise|mantel *m* vojaĝmantelo; ~**möglichkeit** *f* vojaĝ-eblo
reisen *intr* ***a)*** vojaĝi (***nach*** *bzw.* ***zu*** al) (↑ *auch* ***an-***, ***be-***, ***durch-***, ***mit-***, ***ver-*** *u.* ***weiterreisen***); *fahren* veturi, *i.w.S. (bes. umg) auch* iri (***von ... nach ...*** de ... al ...); ***gern*** ~ esti vojaĝema; ***ins Ausland*** ~ vojaĝi eksterlanden; ***mit dem Flugzeug*** ~ vojaĝi per aviadilo *od* vojaĝi aviadile; ***eine viel gereiste Person*** multvojaĝinta persono ***b)*** *abreisen* forvojaĝi; ***wann*** ~ ***Sie [ab]?*** kiam vi forvojaĝos?
Reisen *n* vojaĝado
Reisende *m* ***a)*** vojaĝanto; *Tourist, Vergnügungs*~ turisto; *in öffentlichen Verkehrsmitteln (Fahrgast, Passagier)* pasaĝero (↑ *auch* ***blinder Passagier*** [↑ *unter* ***Passagier***]); ***ein ~r ohne gültigen Fahrausweis*** pasaĝero sen valida bileto ***b)*** *Handlungs*~ vojaĝa komizo; *Geschäfts*~ komerca vojaĝisto
Reise|papiere *n/Pl* vojaĝ-dokumentoj *Pl*; ~**pass** *m* pasporto; ~**prospekt** *m* turisma prospekto
Reisernte *f Landw* rizorikolto
Reiseroute *f*, *auch* ***Reiseweg*** *m* itinero, *auch* vojaĝvojo
Reiserzeugung *f* produktado de rizo
Reisesaison *f* ↑ ***Reisezeit***
Reise|scheck *m Fin* vojaĝoĉeko; ~**schreibmaschine** *f* portebla skribmaŝino; ~**spesen** *Pl* vojaĝelspezoj *Pl*; ~**tasche** *f* vojaĝsako
Reiseverkehr *m* ↑ ***Personenverkehr*** *u.* ***Touristenverkehr***
Reiseversicherung *f* asekuro pri vojaĝo(j)
Reiseweg *m* ↑ ***Reiseroute***
Reise|welle *f* turista ondo; ~**zeit** *f*, *auch* ***Reisesaison*** *f* vojaĝsezono (↑ *auch* ***Hauptreisezeit***); ~**ziel** *n* vojaĝocelo
Reisezug *m*, *alt od pop* ***Personenzug*** *m Eisenb* pasaĝertrajno; *falls der Ggs zum D-Zug betont werden soll auch* ordinara (*od* ĉiustacia) [pasaĝer]trajno (↑ *auch* ***Autoreisezug***); ~**lokomotive** *f Eisenb* pasaĝertrajna lokomotivo; ~**wagen** *m*, *alt od pop* ***Personenwagen*** *m Eisenb* pasaĝertrajna vagono
Reisfeld *n* rizokampo; *i.e.S. (Nass*~*)* irigacia rizokampo, *(Trocken*~*)* seka rizokampo; ~**fieber** *n Med* rizokampa febro; ~**ratte** *f* (Rattus argentiventer) *Zool* rizokampa rato; ~**schlange** *f Zool* rizokampa serpento
Reis|fink *m* (Padda oryzivora) *Orn* rizobirdo; ~**gericht** *n*, *auch* ***Reisspeise*** *f Kochk* rizaĵo (↑ *auch* ***Kedgeree***, ***Nasigoreng***, ***Pilaf*** *u.* ***Sushi***); ~**göttin** *f Myth* diino de la rizoplantoj
Reisig *n* sekaj branĉ[et]oj *Pl*; ~**besen** *m* balailo [farita] el sekaj branĉetoj (↑ *auch* ***Astholz***); ~**bündel** *n* fasko da [sekaj] branĉetoj; *zur Sicherung von Uferböschungen u.Ä.* fasko el branĉetoj [por fortikigi riveran bordon], fasĉino (*vgl. dazu* ***Faschine***)
Reis|import *m* import[ad]o de rizo; ~**käfer** *m* (Calandra oryzae = Sitophilus oryzae) *Ent* rizoskarabo, <*wiss*> *auch* rizokalandrao; ~**kleie** *f* rizobrano; ~**kocher** *m Hausw* rizokuirilo; ~**korn** *n* rizograjno, *auch* rizero; ~**kuchen** *m* rizokuko
Reislamisierung *f* reislamigado
Reisläufer *m* ↑ ***Söldner***
Reis|mehl *n* rizofaruno; ~**mühle** *f* rizomuelejo
Reismus *m* (*auch* ***Konkretismus*** *genannt*) *Phil (Theorie, dass nur die Dinge existieren, die der Mensch erkennt)* reismo
Reis|nudeln *f/Pl Kochk, Nahr* nudeloj *Pl* farita el rizofaruno; ~**papier** *n* rizopapero; ~**pflanze** *f* rizoplanto; ~**pflanzung** *f* rizoplantejo; ~**protein** *n* rizoproteino; ~**pudding** *m* rizopudingo; ~**puder** *m* rizopudro; ~**ratte** *f*, *auch* ***Sumpfreisratte*** *f* (Oryzomys palustris) *Zool* [marĉa] rizorato
Reißaus *nur in*: ~ ***nehmen*** [haste] forkur[eg]i (↑ *auch* ***davonlaufen***)
Reißblei *n Min* ↑ ***Graphit***
Reißbrett *n* desegnotabulo; ~**stift** *m* deseg-

nonajlo (↑ *auch* ***Reiß-*** *u.* ***Reißzwecke***)

Reis|scheune *f od* **~speicher** *m* tenejo de rizo, *i.w.S.* rizejo

Reisschnaps *m* ↑ ***Reisbranntwein***

reißen ***a)*** *tr* ŝiri; *zerreißen* disŝiri; *gewaltsam fortreißen* perforte fortiri, fortiregi; *wegreißen* forŝiri; *Raubtier seine Beute* terenĵeti [kaj mortigi]; *ziehen* tir[eg]i; *mit der Reißnadel kennzeichnen* traci; ***sie riss alles an sich*** ĉi ĉion tiregis al si, ŝi ĉion kaptis por si mem; ***die Macht an sich*** ~ akapari (*od* uzurpi) la potencon; ***mit sich*** ~ *fortspülen* forfluigi; ***der Fluss hat die Brücke mit sich gerissen*** la rivero forfluigis la ponton; ***jmdm. etw. aus der Hand*** ~ forŝiri ion el la manoj de iu; ***Zoten*** ~ diri malĉastaĵojn ***b)*** *intr* ŝiriĝi; *rissig werden* fendiĝi; *zerren* tir[eg]i (***an etw.*** ion); ***mir riss die Geduld*** min subite forlasis la pacienco ***c)*** *refl*: ***sich*** ~ *sich verletzen* [ŝir]vundiĝi (***an*** je); *stark begehren* batali, *[krasser:]* preskaŭ interbatiĝi (***um etw.*** pro io); ***sich an einem [herausstehenden] Nagel*** ~ ŝirvundi sin je [elstaranta] najlo ◇ ***er hat sich meine Zigaretten unter den Nagel gerissen*** *salopp* li simple enpoŝigis miajn cigaredojn [kaj malaperis *u.Ä.*], *[krasser:]* li tutsimple ŝtelaĉis miajn cigaredojn; ***wenn alle Stränge*** ~ se ankaŭ la lasta rimedo ne efikos *bzw.* se eĉ tiamaniere vi ne sukcesos

¹Reißen *n Med* ***a)*** *reißende Schmerzen* ŝiraj doloroj *Pl* ***b)*** *pop für «Rheuma»* reŭmatismo

²Reißen *n Gewichtheben* ŝiro; ***beidarmiges*** (***einarmiges***) ~ dumana (unumana) ŝiro

reißend 1. *Adj Fluss, Strömung* torente fluanta; *i.w.S. äußerst schnell* rapidega; *wildes Tier* vorema, *(blutdürstig, wild)* feroca; *Schmerz* ŝir[ant]a (*vgl. dazu* ***¹Reißen***) **2.** *Adv*: ***die Ware geht*** ~ ***ab*** la varo tre rapide vendiĝas

Reißfeder *f* desegnoplumo

reißfest, *auch* ***zerreißfest*** *Adj* ŝir-rezista

Reiß|leine *f zum Öffnen des Fallschirms* ŝirŝnuro; **~nadel** *f für metallene Werkstücke* tracnadlo; **~nagel** *m* desegnonajlo

Reisspeicher *m* ↑ ***Reisscheune***

Reisspeise *f* ↑ ***Reisgericht***

Reißschiene *f*, *auch* ***Kreuzwinkel*** *m techn. Zeichnen* T-ortilo [*to-...*]

Reißstock *m Handw* ↑ ***Streichmaß***

Reis|stampfer *m* rizopistilo, ilo por pisti rizon; **~stärke** *f* (Amylum orizae) rizoamelo, amelo [ekstraktita] el rizo

Reisstärling *m Orn* ↑ ***Bobolink***

Reis|stroh *n* riza pajlo *od* rizopajlo; **~suppe** *f Kochk* rizosupo

Reißverschluss *m*, <*österr*> ***Zipp®*** *od* ***Zippverschluss*** *m* zipo, *auch* fulmofermilo; ***den*** ~ ***öffnen*** (*od umg* ***aufmachen***) malfermi la zipon (***von etw.*** de io) *od* malzipi (***von etw.*** ion); ***den*** ~ ***schließen*** (*od umg* ***zumachen***) fermi la zipon (***von etw.*** de io) *od* zipi, *auch* zipofermi (***von etw.*** ion)

Reiß|wolf *m* paperdisŝirilo; **~zähne** *m/Pl eines Raubtiers* ŝirdentoj *Pl*; **~zeug** *n* cirkelgarnituro; **~zirkel** *m* cirkelo; **~zwecke** *f* premnajleto; *Reißbrettstift* desegnonajlo

Reis|terrassen *f/Pl Landw* rizoterasoj *Pl*; **~wasserstühle** *m/Pl Med (reiswasserähnliche Stühle bei Cholera)* riz-akvaj ekskrementoj *Pl*; **~wein** *m* rizovino, *japanischer* sakeo (*vgl. dazu* ***Reisschnaps***)

Reit|anzug *m*, *auch* ***Reitdress*** *m* rajdkostumo *od* rajdvesto; **~bahn** *f* rajdejo, hipodromo; *im Zirkus* maneĝo

Reitdromedar *n* ↑ ***Laufkamel***

reiten *intr* rajdi (***auf*** sur; ***nach*** al) (*vgl. dazu* ***hinterher-*** *u.* ***losreiten***); ***auf einem Esel*** ~ *od* ***einen Esel*** ~ rajdi sur azeno; ***die Hexe ritt auf einem Besenstiel*** la sorĉistino rajdis sur balaila bastono ◇ ***ihn*** (*od* ***den***) ***reitet der Teufel*** la diablo lin pelas

Reiten *n* rajdado (↑ *auch* ***Dressur-***, ***Jagd-***, ***Pony-*** *u.* ***Springreiten***)

reitend *Adj* rajdanta

Reiter *m* ***a)*** *jmd., der reitet* rajdanto; *Berufs*≗, *bes. Mil* rajdisto, *(Kavallerist)* kavaleriano (↑ *auch* ***Kunst-***, ***Lanzen-***, ***Spring-***, ***Turnier-*** *u.* ***Zirkusreiter***) ***b)*** *Klemme zum Kennzeichnen von Karteikarten* rajdanto, *auch* indikilo [rajdanta] ***c)*** *Mil hist* ↑ ***²Kavalier***; **~abteilung** *f Mil* kavaleria taĉmento

Reiterei *f berittene Truppe, Kavallerie* kavalerio

Reiterin *f* rajdantino; *Berufs*≗ rajdistino

Reiterlein *n Astron* ↑ ***Alkor***

Reiter|regiment *n Mil* kavaleria regimento; **~standarte** *f das Feldzeichen der Kavallerie* kavaleria standardo; **~standbild** *n od* **~statue** *f* rajdista statuo *od* statuo de rajdisto; **~turnier** *n* rajd-turniro; **~zug** *m ein Zug Reiter* rajdantaro; *prächtiger Reiteraufzug, bes. bei Schaustellungen* kavalkado

Reit|gerte *od* **~peitsche** *f* rajdvipo

Reitgras *n* (*Gattung* Calamagrostis) *Bot* kalamagrostido, *pop auch* tufokano

Reit|hose *f* rajdkuloto; ~**knecht** *m* grumo (↑ *auch* ***Pferdeknecht***); ~**kunst** *f* rajd-arto

Reitpeitsche *f* ↑ ***Reitgerte***

Reit|pferd *n* rajda ĉevalo, *auch* rajd-ĉevalo; ~**sattel** *m* rajdselo; ~**schule** *f* ***a)*** rajdlernejo ***b)*** ↑ ***Karussell***; ~**sport** *m* rajdsporto; ~**stiefel** *m* rajdista boto, *auch* rajdboto; ~**therapie** *f*, *auch* ***Hippotherapie*** *f Med (ein tiergestütztes physiotherapeutisches Verfahren)* rajdoterapio *od* terapio per rajdado, *pop auch* ĉevalterapio; ~**tier** *n* rajdbesto; ~**turnier** *n* rajdkonkurso

Reitwechsel *m Fin* ↑ ***Kellerwechsel***

Reit|weg *m* rajdvojo; ~**zeug** *n* ekipaĵo por rajdado

Reiz *m* ***a)*** *Stimulus* stimulo; *Erregung* ekscito *auch Med u. Physiol* (*vgl. dazu* ***Sinnesempfindung***); *Irritation, Reizung (bes. Biol, Med u. Psych)* irito (↑ *auch* ***Brech-***, ***Juck-*** *u.* ***Niesreiz***); ***körpereigene ~e betreffend*** (*bzw.* ***wahrnehmend***) propriocepta ***b)*** *Anreiz* instigo ***c)*** *Liebreiz, Charme* ĉarmo (*vgl. dazu* ***Anziehungskraft*** *u.* ***Zauber***); ***eine Landschaft von besonderem ~*** pejzaĝo de aparta ĉarmo ***d)*** *Verlockung, Versuchung* logo, tento; *Faszination* fascino

reizbar *Adj* ***a)*** *[leicht] zu erregen* [facile] ekscitebla; *aufreizbar* incitebla ***b)*** *sich leicht erregend* ekscitiĝema *auch Med u. Physiol*; *irritabel, empfindlich (z.B. jmds. Magen)* iritebla (*vgl. dazu* ***nervös***; ↑ *auch* ***Reizblase***, ***Reizdarm*** *u.* ***Reizkolon***); *schnell aufgebracht* incitiĝema; *leicht zu empören* indignema; *schnell zornig werdend* [ek]kolerema; *cholerisch* kolerika

Reizbarkeit *f* ***a)*** *bes. Med u. Physiol (Fähigkeit auf Reize zu reagieren)* eksciteblo; *das Sichleichterregen* ekscitiĝemo; ***nervöse ~*** agaco de la nervoj ***b)*** *das Sichleichtempören* indignemo; incitiĝemo; ekkoleremo (*vgl. dazu* ***reizbar b)***); *cholerisches Temperament* kolerikeco

Reizblase *f Med* iritebla [urin]veziko

Reizdarm *m Med* iritebla intest[ar]o; ~**syndrom** *n Med* sindromo de iritebla intestaro

reizen *tr* ***a)*** *erregen* eksciti *auch sex*; *necken* inciteti; *im Sinne von «auf die Nerven gehen» od «schmerzhaft reizen»* agaci; *Med (irritieren)* iriti; *anregen, stimulieren* instigi, stimuli (↑ *auch* ***motivieren***); ***das reizt mich*** *od* ***das geht*** (*od* ***fällt***) ***mir auf die Nerven*** tio agacas min (*od* miajn nervojn); ***das reizt die Haut*** (***den Magen***) *Med* tio iritas la haŭton (la stomakon) ***b)*** *anziehen, faszinieren* ĉarmi, fascini; *verlocken* logi, tenti (*vgl. dazu* ***in Versuchung führen***) ***c)*** *Skat* demandi [laŭ nombroj *bzw.* koloroj]

reizend 1. *Adj* ***a)*** *charmant* ĉarma; *bezaubernd* rava; *Mädchen auch* plaĉaspekta, linda; *faszinierend* fascina (↑ *auch* ***attraktiv***); ***sie ist eine ~e Person*** ŝi estas ĉarma persono, *auch* ŝi estas ĉarmulino ***b)*** *erregend* ekscita ◇ ***das kann ja ~ werden!*** *umg spöttisch* tio ja fariĝos delikata afero! **2.** *Adv* ĉarme; rave; fascine; ***jmdm. ~ zulächeln*** ĉarme rideti al iu

Reizker *m Mykologie* ↑ ***Milchling***

Reiz|klima *n Med* stimula klimato; ~**kolon** *n* (Colon irritable) *Med* iritebla kolono

reizlos *Adj* senĉarma, ne alloga, ne altira; *uninteressant* neinteresa, *[stärker:]* seninteresa

Reiz|magen *m Med* iritebla stomako; ~**mittel** *n etw., das anreizt, i.w.S. Lockmittel* instigilo; *Pharm (Stimulans)* stimulaĵo *od* stimulanto; ~**schwelle** *f Psych (Bewusstseinsschwelle)* limino; ~**stoff** *m* stimulaĵo

Reizstrom *m Med (Elektrotherapie)* stimula kurento; ~**therapie** *f* stimulkurenta terapio *od* terapio per stimula kurento

Reizüberflutung *f Psych* troŝarĝo per sensacoj, *auch* sensa troŝarĝo

Reizung *f* ekscito; *Med (krankhafte)* afekcio; *Irritation, bes. Med* irito

reizvoll *Adj* ĉarm[eg]a, *nachgest* plena de ĉarmo; *entzückend* rava

Reizwäsche *f*, *auch* ***Lingerie*** *f* [seksa] ekscitvest[aĵ]o

Rejdovák *m ein tschechischer Volkstanz im ¾-Takt* rejdovako

rekapitulieren *tr kurz wiederholen* [koncize] ripeti; *kurz zusammenfassen* resumi

rekeln, sich *refl sich recken* [senĝene] disetendi la (*od* siajn) membrojn

Reklamation *f Beanstandung* reklamacio; *Beschwerdebrief* reklamacia letero

Reklame *f* reklamo *auch TV* (*vgl. dazu* ***Anzeige***; ↑ *auch* ***Fernseh-***, ***Internet-***, ***Kino-*** *u.* ***Leuchtreklame***); *[eingerahmte] Stoffbahn mit Reklame z.B. an Fassaden* panelo; *Propaganda* propagando (*vgl. dazu* ***Werbung***); ***für etw. ~ machen*** fari reklamon por io, *auch* reklami ion

Reklame|agentur *f* reklam-agentejo; ~**bild** *n als Anschlag ([auf Reklameflächen an-*

gebrachtes] Plakat) reklama afiŝo, *in Prospekten u. dgl.* reklama bildo; ~**feldzug** *m* reklama kampanjo, grandskala reklamado; ~**film** *m* reklama filmo *od* reklamofilmo; ~**kosten** *Pl* reklama(j) kosto(j) *(Pl)*; ~**plakat** *n* reklama afiŝo; ~**plakatträger** *m* afiŝhomo (↑ *auch* ***Sandwichman***); ~**rummel** *m* grandskala tamtama (*od* brua) reklamado; ~**sprache** *f* reklamlingvaĵo; ~**tafel** *f* reklam[o]panelo, *i.w.S.* reklamilo; ~**text** *m* reklam[o]teksto; ~**trick** *m* reklama truko; ~**zeichner** *m* desegnisto de reklam[aĵ]oj

reklamieren *tr eine Beschwerde einreichen* reklamacii (***bei*** ĉe) (*vgl. dazu* ***beanstanden***); *zurückfordern* repostuli

rekognoszieren *tr Mil* skolti (*vgl. dazu* ***aufklären***)

Rekombination *f Genetik* rekombiniĝo

rekommandiert ↑ *unter* ***Einschreibebrief***

Rekompensation *f, <österr> Amtssprache auch* ***Rekompenz*** *f* rekompenco

rekonstruieren *tr wieder aufbauen (od erstellen)* rekonstrui; *bes. Wirtsch* modernigi [kaj pliefikigi]

Rekonstruktion *f Wiederaufbau, Wiederherstellung* rekonstru[ad]o; *bes. Wirtsch* modernigo [kaj pliefikigo]

rekonvaleszent *Adj genesend* resaniĝanta, konvaleska

Rekonvaleszent *m Genesender* konvaleskanto *od* konvaleskulo

Rekonvaleszenz *f Genesung* resaniĝ[ad]o, *Fachspr Med* konvalesko; *Zeitraum der Genesung* resaniĝa (*od* konvaleska) periodo

Rekord *m Höchstleistung (bes. Sport)* rekordo *auch übertr* (↑ *auch* ***Hitze-***, ***Landes-***, ***Negativ-*** *u.* ***Weltrekord***); ***europäischer*** ~ eŭropa rekordo; ***einen*** ~ ***aufstellen*** (***brechen***, ***einstellen***, ***innehaben***, ***überbieten***) starigi (rompi, egaligi, posedi, superi) rekordon

Rekord|ergebnis *n* rekordrezulto; ~**ernte** *f* ekstreme bona rikolto; ~**gewinn** *m Fin* rekorda gajno; ~**halter** *od* ~**inhaber** *m, fam auch* ***Rekordler*** *m* rekordulo; ~**meister** *m Sport* rekordĉampiono; ~**niveau** *n* rekorda nivelo; ~**versuch** *m* provo superi rekordon

Rekordzeit *f* rekorda tempo; ***etw. in*** ~ ***fertig stellen*** fari (*bzw.* fini) ion en rekorde mallonga tempo

Rekristallisation *f Änderung des Kristallgefüges* rekristaliĝo

Rekrut *m Mil (Einberufener)* rekruto; ~ ***werden*** rekrutiĝi

Rekruten|ausbildung *f Mil* rekruta instruado (*od* ekzercado); ~**aushebung** *f* rekrutigo

rekrutieren *tr Mil (zum Wehrdienst einberufen)* rekrutigi *auch i.w.S.* (↑ *auch* ***zwangsausheben***); ***sich*** ~ rekrutiĝi (***aus*** el) *auch i.w.S.*; *kommen od stammen aus* veni (*od* deveni) (***aus*** el)

Rekrutierung *f Mil* rekrutigo *auch i.w.S.*

rektal 1. *Adj den Mastdarm betreffend bzw. zu ihm gehörig bzw. vom Mastdam aus* rektuma; *durch den Mastdarm* tra la rektumo; ~***es Karzinom*** *n Med* ↑ ***Rektumkarzinom*** **2.** *Adv* rektume

Rektal|ernährung *f Med* [tra]rektuma nutrado; ~**fistel** *f Med* rektuma fistulo; ~**infusion** *f Med (Vorgang)* rektuma infuzado, *(Lösung)* rektuma infuzaĵo; ~**untersuchung** *f, auch* ***rektale Untersuchung*** *f Med* ekzamenado de la rektumo

Rektascheck *m Bankw, Fin* neendosebla ĉeko

Rektaszension *f* (*fachsprachl. Abk* ***AR*** *für «ascensio recta»*) *Astron (eine der Bestimmungsgrößen eines Sternorts im System des Himmelsäquators)* rekta ascensio

Rektawechsel *m Bankw, Fin* neendosebla kambio

Rektifikation *f 1. Chem (Trennung von Flüssigkeitsgemischen in ihre Komponenten durch fraktionierte Destillation) 2. Math (Längenbestimmung des Bogens einer gekrümmten Kurve [meist durch Integralrechnung])* rektif[ad]o

Rektifizierapparat *m, i.w.S.* ***Reiniger*** *m Chem* rektifilo

rektifizierbar *Adj* rektifebla

rektifizieren *tr Chem (durch Destillation reinigen), Math (eine Kurvenlänge bestimmen)* rektifi, *auch* rektifiki; ***eine Kurve*** ~ *Math* rektifi kurbon

Rektitis *f Med* ↑ ***Mastdarmentzündung***

Rektor *m 1. [in Deutschland, Frankreich u. anderen Ländern:] Leiter einer Universität od Hochschule 2. [in manchen Ländern:] Leiter einer Realschule od eines Gymnasiums* rektoro; *Schule* estro de lernejo; ***Stellvertreter des*** ~***s***, *auch* ***Konrektor*** *od* ***Prorektor*** *m* vicrektoro

Rektorat *n Amtszimmer od Sekretariat des Rektors* rektorejo; *Amt eines Rektors* rektoreco; ***unter dem*** ~ ***von Professor ...*** sub la rektoreco de profesoro ...

Rektoskop *n, auch **Mastdarmspiegel** m Medizintechnik (optisches Instrument zum Ausspiegeln des Mastdarms)* rektumoskopo

Rektoskopie *f, auch **Mastdarmspiegelung** f Med* rektumoskopio

Rektum *n Anat* ↑ ***Mastdarm***

Rektum|biopsie *f Med (Histologie)* rektumbiopsio; ~**karzinom** *n, auch **rektales Karzinom** n Med* karcinomo de la rektumo; ~**prolaps** *m Med (Vorfall aller Schichten des Mastdarms; i.w.S. auch Gleitherie des Beckenbodens)* prolapso de la rektumo; ~**resektion** *f Chir ([Teil-] Resektion des Rektums)* desekcado de la rektumo

Rektumvene *f Anat* ↑ ***Mastdarmblutader***

rekultivieren *tr* rekultivi

Rekultivierung *f Wiedernutzbarmachung von Ödland* rekultivado

Rekurrensfieber *n Med* ↑ ***Borreliose** u.* ↑ *unter **Fieber***

Rekurs *m Jur (Einspruch)* apelacio

Rekursion *f 1. Math (Bez für ein Verfahren zur schrittweisen Berechnung neuer Größen aus bereits berechneten Größen) 2. EDV (spezielle Strukturierung eines Computerprogramms, bei der einzelne Unterprogramme sich selbst aufrufen)* rekursio, *auch* rikuro; ***einfache** ~ Math* simpla rekursio

rekursiv *Adj Math (zurückgehend [bis zu bekannten Werten])* rekursia, *auch* rikura *auch EDV-Programm*

Relais [*rə'lɛ:*] *n El* relajso (↑ *auch **Bimetall-**, **Drehspul-**, **Schutz-**, **Steuer-**, **Strom-**, **Telefon-**, **Verstärker-** u. **Verzögerungsrelais***); ~**schrank** *m* relajsoŝranko; ~**spule** *f* relajsobobeno; ~**station** *f* relajsostacio

Relation *f* rilato, *Mengenlehre auch* rilatumo (*vgl. dazu **Beziehung** u. **Verhältnis**;* ↑ *auch **Äquivalenzrelation***); ***eindeutige** ~ Math* unusenca rilato; ***lineare** ~ Math* lineara rilato; ***reflexive** (**irreflexive**) ~ Math* refleksiva (malrefleksiva) rilato; ***symmetrische** (**asymmetrische**) ~ Math* simetria (malsimetria) rilato; ***transitive** ~ Math* transitiva (*od* transira) rilato

relativ 1. *Adj **a)** auf etw. bezogen, im Verhältnis zu etw. stehend [Ggs: absolut]* relativa; ~***e Dielekrizitätskonstante** f El* relativa dielektrikeco; ~***e Häufigkeit** f* relativa ofteco; ~***e Luftfeuchte** (od **Luftfeuchtigkeit**)* relativa humideco [de la aero]; ***alles ist** ~* ĉio estas relativa ***b)** auch **bezüglich** Gramm (auf ein vorher genanntes Wort bezüglich)* rilativa; ~***es Pronomen** od **bezügliches Fürwort*** ↑ ***Relativpronomen* 2.** *Adv verhältnismäßig* relative; ~ ***billig*** relative malmultkosta; ***eine** ~ **gute Straße*** relative bona strato; ***in** ~ **kurzer Zeit*** en (*od* dum) relative mallonga tempo

Relativadverb *n, auch **bezügliches Umstandswort** n Gramm* rilativa adverbo

relativieren *tr: **etw.** ~* relativigi ion; *etw. unter einem anderen Aspekt sehen* rigardi ion laŭ alia aspekto

Relativierung *f* relativigo

Relativismus *m Phil* relativismo

Relativist *m Phil* relativisto, adepto de relativismo

relativistisch *Adj auf den Relativismus bezogen* relativisma; *auf die Relativisten bezogen* relativista

Relativität *f bedingte Geltung, Verhältnismäßigkeit* relativeco

Relativitäts|prinzip *n Phys* principo de relativeco; ~**theorie** *f Phys (von A. Einstein geschaffene Erweiterung der klassischen Physik)* teorio de [la] relativeco

Relativ|pronomen *n, auch **bezügliches Fürwort** n Gramm* rilativa pronomo; ~**satz** *m Gramm* rilativa propozicio (*od* subfrazo)

Relativum *n Gramm (zusammenfassende Bez für Relativpronomen u. Relativadverb)* rilativo

Relaxation *f 1. Entspannung [des Körpers] 2. Phys (verzögerte Reaktion eines Körpers auf äußere Einwirkungen)* rilaks[ad]o (↑ *auch **Muskelentspannung***)

relaxed *Adj entspannt* rilaksita

Relaxations|schwingungen *f/Pl, auch **Kippschwingungen** f/Pl Phys* rilaksaj osciladoj *Pl*; ~**zeit** *f Phys* rilaksa tempo

Relegation *f Jur (Strafverweisung, z.B. eines Studenten von der Hochschule)* relegacio

relevant *Adj erheblich, wichtig* esenca, grava, trafa, rilata al la [koncerna] afero; ***rechtlich nicht** ~* jure ne grava

Relevanz *f* graveco

Relief *n **a)** Geogr (Bez für «die Oberfläche der Erde in einem begrenzten Raum»), Kartogr (verkleinertes Modell der Erdoberfläche od ihrer Teile)* reliefo ***b)** Arch, Bildh (bildhauerische Arbeit, deren Figuren nicht frei im Raum stehen, sondern an ihren Hintergrund, eine Fläche, einen Pfeiler etc.*

gebunden sind) reliefo (*vgl. dazu* ***Plastik a)***; ↑ *auch* ***Bas-*** *u.* ***Hochrelief***)

reliefartig 1. *Adj reliefartig hervortretend* reliefa **2.** *Adv*: ~ ***hervortreten lassen*** reliefigi

Relief|druck *m, auch* ***Hochdruck*** *m Typ* reliefpreso *od* reliefa preso; ~**karte** *f Kartogr* reliefa mapo; ~**verzierung** *f eine Art Zinnenfries [eine verflochtene, durchbrochene Reliefverzierung]* freto

Religion *f* religio (*vgl. dazu* ***Glaube***; ↑ *auch* ***Staatsreligion***); *als Schulfach* instruo pri religio(j); ***buddhistische*** (***christliche***, ***islamische***, ***jüdische***, ***monotheistische***, ***synkretistische***) ~ budhisma (kristana, islama, hebrea, monoteisma, sinkretisma) religio; ***nichtchristliche ~en*** *Pl* nekristanaj religioj *Pl*; ***Anhänger derselben*** ~ *Glaubensgenosse* samreligiano; ***Angehöriger*** (*od* ***Bekenner***) *m* ***einer anderen*** ~ *Andersgläubiger* alireligiano; ***Kampf*** *m* ***der ~en*** interreligia batalo; ***Krieg*** *m* ***der ~en*** milito de religioj; ***ein Land mit vielen ~en*** multreligia lando

Religionsausübung *f* praktikado de religio (*vgl. dazu* ***Kult***); ***freie*** ~ *auch* religia libereco

Religionsbekenntnis *n* [religia] kredo *(auch Großschr)*; *christl. Rel (Konfession)* konfesio

religionsfeindlich *Adj* kontraŭreligia

Religions|freiheit *f* religia libereco; ~**gemeinschaft** *f* religia komunumo (*vgl. dazu* ***Sekte***); ~**geschichte** *f* religi-historio

religionsgeschichtlich *Adj* religi-historia

Religions|hoheit *f* religia suvereneco; ~**konflikt** *m* religia konflikto; ~**krieg** *m, auch* ***Krieg der Religionen*** interreligia milito *od* milito de (*od* inter) la religioj (↑ *auch* ***Dschihad***); ~**lehrer** *m* instruisto de religio

religionslos 1. *Adj keiner Religion anhängend* senreligia; *atheistisch* ateista **2.** *Adv* senrelegie; ateiste

Religions|museum *n* religia muzeo; ~**philosophie** *f* religia filozofio; ~**stifter** *m* fondinto de religio; ~**unterricht** *m* instru[ad]o pri religio(j), *auch* religia instruado; ~**wissenschaft** *f* religioscienco; *Theologie* teologio; ~**wissenschaftler** *m* religiosciencisto

religiös 1. *Adj* religia; *Person* religiema (*vgl. dazu* ***fromm*** *u.* ***gläubig***); ***~er Führer*** *m* religia gvidanto; ***das ~e Leben in ...*** la religia vivo en ...; ***~es Lied*** *n* religia kanto; ***~e Minderheit*** *f* religia minoritato; ***~er*** (*od* ***geistlicher***) ***Orden*** *m* religia ordeno (*vgl. dazu* ***Kongregation***); ***~e Toleranz*** *f* religia toler[em]o **2.** *Adv* religie

Religiosität *f eines Menschen* religiemo; *das Religiöse (von etw.)* religieco

Relikt *n* relikto, [post]restaĵo *auch Biol u. Geol*, postlas[it]aĵo (*vgl. dazu* ***Eiszeitrelikt***, ***Überbleibsel*** *u.* ***Überreste***); ~**möwe** *f* (Larus relictus) *Orn* relikta mevo

Reling *f Mar* apog-relo, [surferdeka] balustrado

Reliquiar *m Behälter zur Aufbewahrung von Reliquien* relikvujo

Reliquie *f Rel* relikvo *auch übertr*

Reliquien|kult *m* kulto al [la] relikvoj; ~**schrein** *m* relikvokesto

Relish *n würzige Soße aus pikant eingelegten, zerkleinerten Gemüsestückchen, z.B. als Beigabe zu gegrilltem Fisch [bes. beliebt in Kanada]* relîso (*vgl. dazu* ***Pesto***)

Reluktanz *f, auch* ***magnetischer Widerstand*** *m El* reluktanco

remanent *Adj* remanenca

Remanenz *f 1. Phys (remanenter Magnetismus, Restmagnetismus) 2. Psych (verbleibende Dauererregung in gewissen Erinnerungszentren des Gehirns, die durch neue Eindrücke wieder geweckt werden)* remanenco

remarkabel ↑ ***bemerkenswert***

Rembourskredit [*rã'bu:r...*] *m Bankw, Wirtsch* dokumenta kredito

Rembrandt [Harmenszoon van Rijn] (*m*) *Eig (niederländischer Maler u. Grafiker [1606-1669])* Rembranto

Remigration *f, auch* ***Rückwanderung*** *f in das Heimatland* remigrado

remilitarisieren *tr* remilitarigi

Remilitarisierung *f* remilitarigo

Reminiszenz *f Erinnerung* rememoro; *Ähnlichkeit* simileco

remis [*rə'mi:*] *Adv unentschieden*: ***die Partie endete*** ~ *Schach* la partio finiĝis remia (*od* sendecida *od* vana)

Remis [*rə'mi:*] *n Schach* remio

Remise *f* remizo (*vgl. dazu* ***Schuppen***)

Remission *f nur Fachspr Med (zeitweilige Besserung od [vorübergehendes] Nachlassen der Beschwerden)* remito

remittierend *Adj* remita; ***~es Fieber*** *n Med* remita febro

Remonstranten *m/Pl, Selbstbez.* ***Arminia-***

***ner** m/Pl Rel* remonstrantoj *Pl*

remonstrantisch *Adj* remonstranta; *≗**e Bruderschaft** f, niederl. **Remonstrantse Broederschap** Rel* Remonstranta Frataro *[1619 in Antwerpen gegründet, heute mit Gemeinden bes. in den Niederlanden]*

Remonte *f Mil ([ehemals:] mit der Pferdemusterung beauftragte Dienststelle)* remonto; ~**pferd** *n* remontoĉevalo

Remorqueur *m* ↑ ***Schleppdampfer***

Remoulade [*...mu...*] *f eine Kräutermayonnaise* remolado

Remouladensoße *f, auch **Remouladensauce** f Nahr* remolada saŭco

Remter *m* ↑ ***Refektorium***

Remus (*m*) *Eig* ↑ *unter **Romulus***

Ren *n, pop auch **Rentier** n* (*Gattung* Rangifer *u. die Art* Rangifer tarandus) *Zool* rangifero; ***kanadisches*** ~ ↑ ***Karibu***

Renaissance *f erneutes Aufleben, bes. der Künste u. Wissenschaften* renesanco, revivigo (↑ *auch **Wiedergeburt***); *als Kulturepoche <in der deutschen Kunst zw. etwa 1500 und 1600 vorherrschend>* Renesanco; ~**architektur** *f* renesanca arkitekturo; ~**bau** *m* renesanca konstruaĵo; ~**kirche** *f* renesanca preĝejo; ~**musik** *f* renesanca muziko; ~**palast** *m* renesanca palaco; ~**schloss** *n* renesanca kastelo; ~**stil** *m* renesanca stilo; ~**zeit** *f* renesanca epoko

renal *Adj nur Fachspr Med (zu den Nieren gehörig od sie betreffend bzw. von den Nieren ausgehend)* rena (↑ *auch **suprarenal***)

Renan (*m*) *Eig (französischer Religionswissenschaftler u. Schriftsteller [1823 -1892])* Renano

Renata *od* **Renate** (*f*) *weibl. Vorname* Renata

Renationalisierung *f* renaciigo

Renato *od* **Renatus** (*m*) *männl. Vorname* Renato

renaturieren *tr in einen naturnahen Zustand zurückführen* renaturigi

Renaturierung *f Rückverwandlung einer Kulturlandschaft in eine Naturlandschaft* renaturig[ad]o (↑ *auch **Moorrenaturierung***)

Rendement *n Gehalt eines Rohstoffs an reinen Bestandteilen, z.B. der Gehalt an reiner Schafwolle nach Abzug des Feuchtigkeitszuschlags*

Rendezvous [*rãde'vu:*] *n **a)** auch **Stelldichein** n Verabredung Verliebter* rendevuo de geamantoj, *auch* am-renkonto; *i.w.S. Treffen* renkontiĝo, *(vereinbarter Treff) auch* rendevuo (↑ *auch **Verabredung***) ***b)** Raumf (Annäherung u. Ankopplung von Raumfahrzeugen im Weltraum)* rendevuo [de spacveturiloj]

Rendite *f Ertrag aus Wertpapieren od einer Kapitalanlage* rendimento

Renditenhaus *n* ↑ ***Mietshaus***

Rendsburg (*n*) *eine Stadt in Schleswig-Holstein [am Nord-Ostseekanal]* Rendsburgo

Renegat *m 1. Pol (Abtrünniger, Überläufer) 2. Rel (vom Glauben Abgefallener)* renegato (↑ *auch **Apostat** u. **Proselyt***)

Renegatentum *n, auch **Renegation** f* renegateco

Reneklode *f, <österr> **Reineclaude** f od umg **Ringlotte** f eine Pflaumensorte* renklodo

Renette *f eine Apfelsorte* renedo

Renga *n Lit (eine jap. Gedichtform)* rengao

Renin *n ein in den Nieren gebildetes Hormon [ein proteolytisches Enzym unbekannter Struktur]* renino

renitent *Adj* kontraŭstarema (*vgl. dazu **aufsässig**, **widerspenstig** u. **trotzig***)

Renitente *m* kontraŭstarema persono

Renitenz *f* kontraŭstaremo

Renke *f Ichth* ↑ ***Felchen***

Renn|auto *n* konkurs-aŭto; ~**bahn** *f* kurejo, dromo (↑ *auch **Aschenbahn***); *Autorennbahn* aŭtodromo; *Pferderennbahn* ĉevalkurejo, hipodromo (↑ *auch **Galopp-** u. **Trabrennbahn***); ~**boot** *n Rudersport* konkursa remboato; ~**dromedar** *n Reittier im Orient* kurdromedaro

rennen *intr* kur[eg]i (↑ *auch **flitzen** u. **losrennen***); *wettlaufen* vetkuri, konkuri en vetkurado (*od* kurkonkurso); ***mit dem Kopf gegen die Wand*** ~ puŝi sian kapon kontraŭ muro; *übertr* konduti kiel fermitkapa obstinulo

Rennen *n* vetkur[ad]o; *Auto≗* aŭtomobila konkurso *od kurz* aŭtokonkurso (↑ *auch **Formel-1-Rennen***); *Pferde≗* ĉeval-vetkuroj *Pl, pop auch* vetrajd[ad]o *Sg* (↑ *auch **Galopp-** u. **Trabrennen***)

Rennes (*n*) *Hptst. des westfranzösischen Départements Ille-et-Vilaine u. der Region Bretagne* Renno

Renn|fahrer *m Radrennfahrer* konkurs-biciklisto; ~**kuckuck** *m* (Geococcyx velox) *Orn* kur-kukolo *[Vorkommen: Arizona/USA u. Mexiko]*; ~**maschine** *f Rennrad*

konkurs-biciklo; *Kraftrad, das für Rennen ausgerüstet ist* konkursa motorciklo, motorciklo por konkursoj

Rennmaus *f* (*Gattung* Gerbillus) *Zool* gerbilo, *pop* kur-muso; ***mongolische*** ~ (Meriones unguiculatas) mongola kur-muso

Renn|pferd *n* konkursa ĉevalo, *pop auch* kurĉevalo; ~**rad** *n* konkurs-biciklo; ~**rodel** *od* ~**schlitten** *m Sport* luĝo, *(lenkbarer)* bobo (*vgl. dazu **Bob***; ↑ *auch **Doppelsitzer-Rennrodel** u. **Einsitzer-Rennrodel***); ~**rodler** *m* luĝisto

Rennschlittensportler *m* ↑ ***Bobfahrer***

Rennschmätzer *m Orn* ↑ ***Weißbürzel-Steinschmätzer***

Renn[sport]wagen *m*, *auch **Bolide** m Kfz* konkurs-aŭto

Renn|strecke *f* aŭtokonkursejo, *(für Motorräder)* motorcikla konkursejo, konkursejo por motorcikloj (↑ *auch **Motodrom***); ~**taucher** *m* (Aechmophorus occidentalis) *Orn (eine Art aus der Familie der Lappentaucher)* okcidenta grebo *[Vorkommen: Kanada u. Zentralmexiko]*; ~**vogel** *m* (Cursorius cursor) *Orn* kur-birdo *[Vorkommen: N-Afrika, Kanaren u. Kapverden]* (↑ *auch **Koromandelrennvogel***)

Rennwagen *m Kfz* ↑ ***Rennsportwagen***

Reno *eine Stadt in Nevada (USA)* Reno (*n*) *<gilt als «Spielhölle» u. «Scheidungsparadies»>*

Renografie *f* ↑ ***Nierenröntgen[kontrast]darstellung***

Renommee *n [guter] Ruf* renomo; *Reputation* reputacio (↑ *auch **Ansehen b)** u. **Leumund***)

renommieren *intr* fanfaroni [pri si mem] (↑ *auch **prahlen***)

renommiert *Adj von gutem Ruf* renoma (***wegen*** pro); *i.w.S. (berühmt)* fama

Renommist *m geh für «Prahler»* fanfaronulo (*vgl. dazu **Angeber***)

Renommisterei *f geh für «Prahlerei»* fanfaronado

renovieren *tr erneuern* renovigi (*vgl. dazu **rekonstruieren***); ***völlig renoviert*** tute renovigita

Renovierung *f*, *auch (bes. <schweiz>) **Renovation** f* renovigo (↑ *auch **Erneuerung***)

Renovierungsarbeiten *Pl* renovigaj laboroj *Pl*

rentabel *Adj* profitodona, profitiga; *lukrativ* lukra (*vgl. dazu **einträglich** u. **vorteilhaft***)

Rentabilität *f Wirtschaftlichkeit* rentabilitato

Rentabilitätsrechnung *f* kalkulado pri rentabilitato

Rente *f **a)** Alters*~ [aĝo]pensio, maljunaĝa pensio (↑ *auch **Betriebs-**, **Garantie-**, **Grund-**, **Invaliden-**, **Mütter-**, **Waisenrente** u. **Ruhegehalt***); ~ ***beziehen*** (*od **erhalten***) ricevi pension; ***in*** ~ ***sein*** esti pensiulo (*bzw.* pensiulino); ***er geht bald in*** ~ *umg* li baldaŭ pensiuliĝos (*od* estos pensiulo); ***im vorigen Jahr ist ihr Mann in*** ~ ***gegangen*** lastan jaron ŝia edzo pensiuliĝis ***b)*** *Einkommen aus Vermögen, Grundbesitz od Kapitalinvestition* rento (↑ *auch **Jahres-**, **Leibrente** u. **Zinsen***)

Rentenalter *n* pensia aĝo; ***das*** ~ ***erreichen*** atingi la pensian aĝon

Renten|anpassung *f* alĝustigo de [la] pensioj; ~**anspruch** *m od* ~**berechtigung** *f* rajto je pensio *od* pensiorajtoj *Pl*; ~**empfänger** *m* pensiulo (↑ *auch **Rentner** u. **[2]Rentier***); ~**erhöhung** *f* plialtigo de la pensio(j); ~**gesetz** *n Jur* pensia leĝo

Rentenkasse *f* pensiokaso; ***Einzahlungen*** *f/Pl* ***in die*** ~ [en]pagoj *Pl* al la pensiokaso

Rentenreform *f Jur* pensioreformo

Rentenversicherung *f* pensia asekuro *od* pensioasekuro; ***private*** ~ privata pensia asekuro

[1]Rentier *n Zool* ↑ ***Ren***

[2]Rentier [*ren'tje:*] *m jmd., der von einer privaten Rente od von den Erträgen seines Vermögens lebt* rentulo (*vgl. dazu **Rentner***)

rentieren, sich *refl:* ***das rentiert sich*** *ist der Mühe wert* tio valoras la penon; *ist profitabel* tio estas profitiga

Rentier|flechte *f* (Cladonia rangiferina) *Bot (eine Flechte nördlicher Länder)* rangifera likeno, <*wiss*> kladonio rangifera *<Futter für das Ren>*; ~**züchter** *m* bredisto de rangiferoj

Rentner *m jmd., der von einer staatlichen Rente lebt* pensiulo (*vgl. dazu **[2]Rentier***); ~**ausweis** *m* pensiula karto

Reoffizialisierung *f* reoficialigo

Reokkupation *f Mil (Wiederbesetzung)* reokupado

Reorganisation *f Neu- od Umgestaltung* reorganiz[ad]o

reorganisieren *tr* reorganizi

Reorientierung *f* reorientado *bzw.* reorientiĝo; ***eine*** ~ ***in der Außen- und Innenpolitik vornehmen*** reorientiĝi en la ekstera kaj

interna politiko
reparabel *Adj* riparebla
Reparateur [*repara'tö:r*] *m* riparisto
Reparationen *f/Pl Kriegsentschädigungen [zugunsten des Siegers], Wiedergutmachungsleistungen* reparacioj *Pl*
Reparationszahlungen *f/Pl* pago de reparacioj, *auch* monaj reparacioj *Pl*
Reparativtherapie *f, auch* ***Konversionstherapie*** *f Psych* ripara terapio, *auch* konverta terapio *<oft als pseudowissenschaftlich kritisiert>*
Reparatur *f* ripar[ad]o (↑ *auch* ***Ausbesserung*** *u.* ***Instandsetzung***); ***nehmen Sie auch Schuhe zur ~ an?*** ĉu vi ankaŭ akceptas ŝuojn por ripari [ilin]?; ***wie lange dauert die ~?*** kiom longe daŭros la riparo?
Reparaturarbeiten *f/Pl* riparaj laboroj *Pl*
reparaturbedürftig *Adj zu reparieren(d)* riparenda
Reparaturdock *n Mar* ↑ ***Trockendock***
Reparatur|kai *m Schiffbau* ripar-kajo; **~kosten** *Pl* kostoj de [la] riparado; **~werft** *f Mar* ripar-doko; **~werkstatt** *f* riparejo (*vgl. dazu* ***Kfz-Werkstatt***)
reparierbar *Adj* riparebla
reparieren *tr* ripari; ***ein Fahrrad (einen Reifen)*** ~ ripari biciklon (pneŭmatikon); ***etw.*** ~ ***lassen*** riparigi ion [en riparejo]; ***meine Uhr muss repariert werden*** mia horloĝo devas esti riparota *od* mi devas fordoni mian horloĝon por riparigi ĝin
Reparieren *n* riparado
repatriieren *tr* repatriigi
Repatriierte *m* repatriigito
Repatriierung *f* repatriigo, *auch* repatrujigo
Repellent(s) *n/(Pl), auch* ***Repellentien*** *f/Pl Abschreckstoffe, die im Pflanzenschutz verwendet werden, die aber auch der Abwehr von Zooparasiten, z.B. Forstschädlingen, dienen* repelento(j) *(Pl)*; *gegen Moskitos* moskitoforpuŝa(j) repelento(j)
Repertoire *n 1. Theat (die im Spielplan befindlichen Werke) 2. [bei Musikern, Orchestern, Schauspielern:] Bestand an eingeübten Stücken bzw. Rollen* repertuaro; **~stück** *n* repertuara peco
repetieren *intr wiederholen* ripet[ad]i, *einüben, bes. Lernstoff od Vokabeln* ripete lerni (*od* tralabori)
Repetiergewehr *n* ripetkarabeno, magazenfusilo *od* memŝargiĝa fusilo
Repetition *f* ripetado, ripetfoja lernado (*od* tralaborado) (↑ *auch* ***Nachhilfe***)
Repetitor *m Univ* repetitoro
Repetitorin *f Univ* repetitorino
Replantation *f, auch* ***Reimplantation*** *f Chir* regreft[ad]o
Replik *f* ***a)*** *Gegenantwort, Widerrede* repliko *auch Jur* (*vgl. dazu* ***Entgegnung***, ***Erwiderung*** *u.* ***Retourkutsche***) ***b)*** *Nachbildung eines eigenen Kunstwerkes durch den Künstler selbst [Ggs: Kopie]* repliko
Replikation *f Genetik (identische Verdopplung der genetischen Struktur [Bildung zweier gleicher Tochtermoleküle <dadurch Konservierung des Informationsgehalts der DNA>]* replikado
replizieren *tr* repliki *auch Jur u. Kunst* (*vgl. dazu* ***entgegnen***)
Report *m* = ***Bericht*** *bzw.* ***Mitteilung*** [↑ *dort*]
Reportage *f* raportaĵo (↑ *auch* ***Bildreportage***), *häufig dafür: Bericht* raporto (***über*** pri)
Reporter *m Radio, TV, Ztgsw* raportisto, *auch* reportero; *Bild*² fotoraportisto; **~jargon** *m* reportera ĵargono
Reposition *f Med (Wiedereinrichtung von Brüchen u. Verrenkungen)* redukto (↑ *auch* ***Taxis***)
Repräsentant *m Vertreter* reprezentanto (*Abk* repr.) *auch Dipl*; *Parl (Abgeordneter)* parlamentano
Repräsentantenhaus *n [in den USA:] die Kammer des Kongresses, in der die Wählerschaft vertreten ist* Ĉambro de Reprezentantoj *<die andere Kammer ist der Senat (die Vertretung der Gliedstaaten)>*
Repräsentanz *f [geschäftliche] Vertretung (als Örtlichkeit), meist im Ausland* reprezentejo [en eksterlando]
Repräsentation *f (Vorgang)* reprezentado
Repräsentationsaufgaben *f/Pl bes, Pol* reprezentaj taskoj *Pl*
repräsentativ *Adj* reprezenta; *ansehnlich, eindrucksvoll* prestiĝa, [forte] impresa, tre impona (*vgl. dazu* ***echt***, ***typisch*** *u.* ***wirkungsvoll***)
repräsentieren *tr vertreten (auch Dipl u. Wirtsch)* reprezenti; *einen Wert von ... darstellen* havi valoron de ...
Repressalie *f Vergeltungsmaßnahme* reprezalio; ~ ***anwenden*** uzi reprezaliojn (***gegen*** kontraŭ); ~***n ausgesetzt sein*** esti submetata al reprezalioj
Repression *f Unterdrückung [von Kritik, politischen Bewegungen u.Ä.]* subpremado

repressiv *Adj unterdrückend* subprema
Reprint *m Buchw (unveränderter Nachdruck eines vergriffenen Werks)* represaĵo (*vgl. dazu* ***Neudruck***)
reprivatisieren *tr staatliches od gesellschaftliches Eigentum in Privatbesitz zurückführen* reprivatigi, *auch* malnaciigi
Reprivatisierung *f* reprivatigo
Reproduktion *f (als Vorgang)* reproduktado *auch Biol (Fortpflanzung)*; *(das Reproduzierte, z.B. ein Bild)* reproduktaĵo; ~ ***eines Gemäldes*** *auch* reproduktado de bildo; ***asexuelle*** (*od* ***ungeschlechtliche***) ~ *Biol* neseksa reproduktado; ***sexuelle*** (*od* ***geschlechtliche***) ~ *Biol* seksa reproduktado
reproduzierbar *Adj* reproduktebla
reproduzieren *tr allg, Foto, Grafik u. Kunst* reprodukt[ad]i *auch Biol*; *ein Gemälde auch* kopii; ***im Kopierverfahren*** ~ reprografi
Reprografie *f, auch* ***Reprographie*** *f Verfahren der Reproduktion von Dokumenten [wie Fotokopie, Mikrokopie usw.]* reprografado
Reps *m Bot* ↑ ***Raps***
Reptil *n Zool* reptilio, *[laienhaft:] auch (Kriechtier)* rampulo (*vgl. dazu* ***Amphibie***)
Reptilienfonds *m Fin scherzh für «geheim gehaltener Geldfonds»* sekreta fonduso
Republik *f* respubliko (↑ *auch* ***Bananen-***, ***Bundes-***, ***Mönchs-*** *u.* ***Volksrepublik***); ***die Französische*** ~ la Franca Respubliko; ***autonome*** (***parlamentarische***) ~ aŭtonoma (parlamenta) respubliko
Republikaner *m Pol* respublikano; *Mitglied der Republikanischen Partei* membro de la respublikana partio
republikanisch *Adj die Republik betreffend* respublika; *die Republikaner betreffend* respublikana; ~***er Geist*** *m od* ~***e Gesinnung*** *f* respublikanismo; ≗***e Partei*** *f in den USA* respublikana partio [en Usono]
Republikanismus *m veraltend für «Streben nach republikanischer Staatsform»* respublik[an]ismo
republikfeindlich *Adj* kontraŭrespublika
Repudiation *f islamisches Recht (Verstoßung der Ehefrau)* repudio
repudiieren *tr, auch* ***die Ehefrau verstoßen*** *Islam (die Ehe mit einer Frau rechtsgültig trennen durch einseitigen Beschluss des Gatten ohne gerichtliches Verfahren)* repudii
Reputation *f guter Ruf* reputacio (↑ *auch* ***Ansehen***); ***seine*** ~ ***als Künstler*** lia reputacio kiel artisto
reputierlich, *auch* ***reputabel*** *Adj alt für «ansehnlich, achtbar, ordentlich»* reputacia
Requiem *n kath. Kirche (Toten- od Seelenmesse)* funebra meso, *Mus* rekviemo; ***ein*** ~ ***lesen*** celebri funebran meson
requirieren *tr [für Heereszwecke] beschlagnahmen* rekvizicii (*vgl. dazu* ***beschlagnahmen***)
Requirierung *f* rekvizicio
Requisiten *n/Pl Film, Theat (Zubehör zur Ausstattung von Bühnenstücken, Film- u. Fernsehproduktionen)* rekvizitoj *Pl*
Requisiteur *m Film, Theat, TV (Verwalter der Requisiten)* rekvizitisto, *auch* rekvizitoro
Requisition *f Beschlagnahmung [für militärische Zwecke] od Anforderung von Sach- u. Dienstleistungen [im Krieg]* rekvizicio [por armeaj celoj]
Reseda *f Bot* ↑ ***Resede***
Resedagewächse *n/Pl Bot*: ***[Familie der]*** ~ (Resedaceae) retedacoj *Pl [Kräuter od Halbsträucher bes. des Mittelmeergebietes]*
resedagrün *Adj* rezedoverda
Resede *f, auch* ***Wau*** *m*, <österr> ***Reseda*** *f* (*Gattung* Reseda) *Bot* rezedo (↑ *auch* ***Gartenresede***); ***gelbe*** ~, *auch* ***gelber Wau*** *m* (Reseda lutea) flava rezedo; ***weiße*** ~ (Reseda alba) blanka rezedo <*ihr ätherisches Öl wird in der Parfümindustrie verwendet*>
Resektion *f Chir (Entfernung von [kranken] Organteilen)* desekc[ad]o (↑ *auch* ***Rippen*** *u.* ***Zahnwurzelresektion***)
Reserpin *n Biochemie, Med (ein Alkaloid von Rauwolfia [hat blutdrucksenkende u. neuroleptische Eigenschaften])* rezerpino
Reservat *n* ***a)*** *Schutzgebiet für gefährdete Tier- u. Pflanzenarten* rezervejo (*vgl. dazu* ***Landschaftsschutzgebiet*** *u.* ***Nationalpark***) ***b)*** ↑ ***Reservation*** ***c)*** *Jur (Rechtsvorbehalt, Sonderrecht)* rezervo, aparta rajto, privilegio
[1]**Reservation** *f, auch* ***Reservat*** *n für Ureinwohner* rezervejo [por indiĝenoj] (↑ *auch* ***Indianerreservation***)
[2]**Reservation** *f* ↑ ***Reservierung***
Reserve *f* rezervo *auch Mil* (*vgl. dazu* ***Ersatz***, ***Rücklage***, ***Geld-***, ***Kapitalreserve***, ***Überschuss***, ***Überschussreserve*** *u.* ***Vorrat***); *Reservetruppen (im Ggs zu den aktiven Truppen)* rezervistaro; ***geheime*** (*od* ***stille***)

sekreta rezervo (↑ *auch* ***Sonderreserve***); ***versteckte ~*** kaŝita rezervo (↑ *auch* ***Kraftreserven***); ***von seinen ~n leben*** *von der Substanz leben* vivi el siaj rezervoj

Reserve|armee *f Mil* rezerva armeo; **~bett** *n z.B. als Gästebett* rezerva lito; **~eiweiß** *n pflanzlicher Zellen* aleŭrono; **~fallschirm** *m* rezerva paraŝuto; **~fonds** *m bes. Wirtsch (Rücklagen)* rezerva fonduso, *i.w.S. auch* rezerva kapitalo; **~leistung** *f El* rezerva kapacito; **~offizier** *m Mil* rezerva oficiro; **~rad** *n* rezerva rado; **~reifen** *m Kfz* rezerva pneŭmatiko; **~schlüssel** *m* rezerva ŝlosilo; **~spieler** *m, alt auch* ***Ersatzspieler*** *m Sport* rezerva ludisto; *Auswechselspieler* ŝanĝludisto; **~tank** *m Kfz* rezerva benzinujo; **~-truppen** *Pl Mil* rezervaj trupoj *Pl*, rezervistaro *Sg*

reservieren *tr bereitstellen, bevorraten* rezervi (***für*** por); *eine Ware für einen bestimmten Käufer* flankenmeti, reteni; ***~ lassen*** rezervigi; ***Theaterkarten ~ lassen*** rezervigi teatrajn biletojn *od* peti, ke oni rezervu teatrajn biletojn; ***sich etw. ~*** rezervi al si ion

reserviert 1. *Adj bestellt* rezervita; *zurückhaltend* sinreten[em]a; *diskret* diskreta; ***ein ~er Tisch*** rezervita tablo **2.** *Adv*: ***sich ~ verhalten*** esti sinretena, konduti diskrete

Reserviertheit *f [gewisser] Abstand zu etw. od jmdm.* rezerviĝemo *bzw.* rezerviteco

Reservierung *f*, <*schweiz*> ***Reservation*** *f das Reservieren* rezervado *auch eines Hotelzimmers* (*vgl. dazu* ***Voranmeldung***; ↑ *auch* ***Flug-*** *u.* ***Platzreservierung***)

Reservist *m Mil (Reservesoldat)* rezervisto

Reservoir [*...'voa:r*] *n* rezervujo (*vgl. dazu* ***Sammelbecken*** *u.* ***Tank***); *Reserven, Vorrat* rezervoj *Pl*, stoko

Resettaste *f EDV* ↑ ***Rücktaste***

resezieren *tr Chir (chirurgisch ganz od teilweise entfernen, herausschneiden, z.B. einen Tumor)* desekci (*vgl. dazu* ***eine Exzision vornehmen***)

Resident *m* ***a)*** *Dipl (Gesandter der 3. Rangklasse)* rezidento ***b)*** *Vertreter einer Kolonialmacht bei einem eingeborenen Fürsten bzw. Statthalter, z.B. während der niederländ. Kolonialzeit in Indonesien* rezidento; ***Amtssitz des ~en*** rezidentejo

Residenz *f* rezidejo (↑ *auch* ***Sommerresidenz***); *Amts- od Wohnsitz eines Residenten* rezidentejo; ***herzogliche*** (***königliche***) ***~*** duka (reĝa) rezidejo

residieren *intr* rezidi (***in*** en)

residual ↑ ***residuell***

Residualharn *m Med* ↑ ***Restharn***

Residual|kapazität *f Med (Pulmologie)* rezidua kapacito; **~luft** *f Med (Differenz aus Totalkapazität der Lunge u. Vitalkapazität)* rezidua aero

Residualvolumen *n Med* ↑ ***Restvolumen***

Residualwirkung *f, auch* ***Rückstandswirkung*** *f z.B. von chemischen Pflanzenschutzmitteln* rezidua efiko

residuell, *auch* ***residual*** *Adj restlich, übrig, zurückbleibend* rezidua

Residuum *n* (*Pl:* ***Residuen***) ***a)*** *Math (Rest[betrag], nicht mehr zu berücksichtigender Teil* reziduo ***b)*** *Med (Rückstand als Folge einer Krankheit o.Ä.)* reziduo ***c)*** *Psych (nachwirkender Rest eines Erlebnisses)* reziduo ***d)*** ↑ ***Bodensatz***

Resignation *f Ergebung in das Schicksal, Verzicht* rezignacio (***über*** pri) (*vgl. dazu* ***Abdankung*** *u.* ***Gleichgültigkeit***)

resignieren *intr sich damit abfinden, sich wohl od übel fügen* rezignacii; ***resigniert sein*** *in sein Schicksal ergeben sein* rezignacie akcepti sian sorton

Resinosäure *f Chem* ↑ ***Harzsäure***

resistent *Adj* rezista (***gegen*** al *od* kontraŭ) *auch Tech* (↑ *auch* ***widerstandsfähig***); *gegen eine Krankheit auch* rezist[em]a kontraŭ malsaniĝo, *(immun)* imuna (↑ *auch* ***alkali-***, ***insulin-***, ***magensaft-***, ***milben-***, ***multi-*** *u.* ***penizillinresistent***); ***~e Keime*** *m/Pl* rezistemaj ĝermoj *Pl*

Resistenz *f das Widerstehen (als Vorgang)* rezistado; *Widerstand* rezisto *auch Med u. Tech* (↑ *auch* ***Antibiotika-***, ***Chemo-***,***Dürre-***, ***Insektizid-***, ***Kälteresistenz*** *u.* ***Immunität***); *Festigkeit (als Eigenschaft, bes. von Werkstoffen)* rezisteco (*vgl. dazu* ***Betonbeständigkeit***, ***Zerreiß-*** *u.* ***Zugfestigkeit***); ***passive ~*** pasiva rezistado

resistieren *intr* ↑ ***sich widersetzen***

Reskript *n 1. Gesch (Antwortschreiben eines römischen Kaisers) 2. kath. Kirchenrecht (feierliche Rechtsentscheidung des Papstes od eines Bischofs)* reskripto

resolut *Adj* rezoluta (*vgl. dazu* ***beherzt***, ***entschlossen*** *u.* ***tatkräftig***)

Resolutheit *f* rezolut[ec]o

[1]Resolution *f* ***a)*** *Med (1. Resorption einer entzündl. Schwellung od eines Ergusses*

2. Zerteilung einer Geschwulst 3. Lösung einer Lungenentzündung 4. bei Lähmungen bzw. unter Anästhesie: Verschwinden der Muskelkontraktionen resolucio ***b)*** *Phys ([Kräfte-] Zerlegung)* resolucio ***c)*** *Metr (Auflösung einer langen Silbe in zwei kurze)* resolucio

²Resolution *f Pol* rezolucio (*vgl. dazu* ***Beschluss*** *u.* ***Entschließung***); ***über eine ~ abstimmen*** voĉdoni rezolucion; ***eine ~ annehmen*** alpreni rezolucion (***zu*** pri); ***eine ~ einbringen*** proponi rezolucion

Resolutionsvorschlag *m Parl, Pol* rezolucipropono

Resolvente *f Math (zur Auflösung einer algebraischen Gleichung benötigte Hilfsgleichung)* resolvento; ~ ***einer Matrix*** resolvento de matrico

Resonanz *f* ***a)*** *Echo, Widerhall, Mitklingen* eĥo, reson[ad]o ***b)*** *übertr (Verständnis)* komprenemo, *(Zustimmung)* konsento ***c)*** *Fachspr El, Mus u. Phys* resonanco; ***akustische*** ~ akustika resonanco

Resonanzkasten *m Mus (z.B. eines Xylofons)* resonanca kesto, *auch* sonkesto

Resonator *m El, Mus, Phys* resonatoro

resonatorisch *Adj die Resonanz betreffend bzw. auf ihr beruhend* resonatora

resorbierbar *Adj* ensorbebla

Resorbierbarkeit *f* ensorbebleco

resorbieren *tr 1. Chem 2. Physiol (Gase, Luft, Nährstoffe, auch über den Darm od die Poren [in sich] aufnehmen)* [en]sorbi

Resorcin *od* **Resorzin** *n Chem (ein Derivat des Benzols [zweiwertiges Phenol, das als Ausgangsprodukt für Phenolharze u. Farbstoffe dient u. in der Medizin gegen Erbrechen u. als Antiseptikum verwendet wird])* rezorcino

Resorption *f Chem, Physiol* ensorbado

resozialisieren *tr:* ***jmdn.*** ~ rehabiliti iun, redoni al iu plenajn rajtojn kaj eblojn je normala vivo [post plenumo de la laŭleĝa puno]

Resozialisierung *f, auch* ***Resozialisation*** *f* resocialigo (*vgl. dazu* ***Rehabilitation***)

resp. = *Abk für* ***respektive***

Respekt *m* respekto (***vor*** al *od* ***antaŭ***); *das Ehren* honorado (↑ *auch* ***Achtung*** *u.* ***Ehrerbietung***); ~ ***einflößend***, *auch* ***respekteinflößend*** respektoveka; ***mit ~ vor ...*** pro respekto al (*od* antaŭ) ... *od kurz* respektante ...; ***großen ~ vor jmdm. haben*** havi grandan respekton al (*od* antaŭ) iu; ***bei allem ~ vor seinem Alter muss man doch sagen, dass ...*** malgraŭ profunda respekto antaŭ lia [granda] aĝo, oni devas diri, ke ...

respektabel *Adj* respektinda (↑ *auch* ***achtenswert***); *zu ehrend, ehrenwert* honorinda; *angesehen* honorata; *beeindruckend* impresa; *i.w.S. ziemlich groß* sufiĉe granda

respekteinflößend ↑ *unter* ***Respekt***

respektieren *tr* respekti (*vgl. dazu* ***ehren***); ***das Gesetz*** ~ *Jur* respekti la leĝon

Respektierung *f* respektado

respektive (*Abk* ***resp.***) *Konj* ***a)*** *oder [auch]* aŭ [ankaŭ]; *umg auch für «oder vielmehr»* aŭ pli ekzakte [dirite] ***b)*** *beziehungsweise* respektive

respektlos 1. *Adj* senrespekta (*vgl. dazu* ***unhöflich***) **2.** *Adv* senrespekte

Respektlosigkeit *f* senrespekteco

Respektsperson *f* tre respektata persono; *Autorität genießende Person* aŭtoritata persono, aŭtoritatulo

Respekttage *m/Pl Fin (Zahlungsfrist, die einem Trassaten nach Verfall eines Wechsels eingeräumt wird)* prokrastotagoj *Pl*

respektvoll 1. *Adj* respektoplena **2.** *Adv* respektoplene; ***jmdn.*** ~ (*od* ***mit Respekt***) saluti iun

respektwidrig *Adj* malrespekta (*vgl. dazu* ***respektlos***)

Respiration *f nur Fachspr Med für «Atmung»* spirado

Respirator *m Beatmungsgerät* spiraparato

respirieren *geh für «atmen»* spiri

Respirometer *n Gerät zur Messung der Atmung von Organismen* spirometro

Responsorium *n 1. [in der kath. Liturgie:] Wechselgesang zw. Vorsänger und Sängerchor od zw. Sängerchor u. Gemeinde 2. [in der evangel. Liturgie:] Wechselgesang zw. dem Liturgen u. der Gemeinde* responsorio

Ressentiment *n gefühlsmäßige Abneigung* resentimento

Ressort [*rɛ'so:*] *n Abteilung, Sektion* sekcio, fako; *Arbeitsbereich* kampo de laborado; *Zuständigkeitsbereich* sfero de kompetenteco; ~**chef** *od* ~**leiter** *m* sekciestro

Ressourcen *f/Pl* resursoj *Pl* (*vgl. dazu* ***Potenzial***); ***natürliche*** ~ naturaj resursoj *Pl*

Rest *m allg für «Übrigbleibendes od Übriggebliebenes»* rest[aĵ]o, *auch* postrestaĵo (*vgl. dazu* ***Überschuss***); *Math* resto, *auch (Residuum)* reziduo; *Übriges* cetero; ***der*** ~

der Welt la cetero de la mondo ◇ ***das hat ihm den ~ gegeben*** tio estis la nokaŭto por li, *Zam auch* tio donis al li la finofaran baton; *hat ihn zugrunde gerichtet* tio kaŭzis lian pereon; *hat ihn völlig deprimiert* tio plene deprimis lin

Restalkohol *m* rezidua alkoholo

Restant *m Bankw ([zahlungsrückständiger] Schuldner)* debitoro [kiu longtempe ne pagis]; *Hdl (Ladenhüter)* nevendeblaĵo, nevendebla varo

Restaurant *n, alt od* <*österr*> *u. reg* ***Restauration*** *f* restoracio; *Gaststätte* gastejo (*vgl. dazu* ***Ratskeller***; ↑ *auch* ***Automaten-***, ***Büfett-***, ***Fisch-***, ***Flughafen-***, ***Garten-***, ***Luxus-***, ***Wein-*** *u.* ***Zugrestaurant***); ***ein ~ mit chinesischer*** (***europäischer***) ***Küche*** restoracio servanta ĉinajn (eŭropajn) manĝaĵojn

Restauration *f* ***a)*** *auch* ***Restaurierung*** *f Wiederherstellung [eines Kunstwerks u.a.]* restaŭrado *auch Pol u. i.w.S.* (↑ *auch* ***Erneuerung***) ***b)*** *alt od* <*österr*> *u. reg* = ***Gaststätte***

Restaurationsarbeiten *f/Pl* restaŭradaj laboroj *Pl*

restaurativ *Adj Pol a) die Restauration betreffend b) sich auf die Restauration stützend* restaŭrada

Restaurator *m Fachmann, der Kunstwerke restauriert* restaŭristo, fakulo pri restaŭrado (↑ *auch* ***Gemälderestaurator***)

Restauratorin *f* restaŭristino

restaurieren *tr Arch, Kunst, Pol* restaŭr[ad]i *auch i.w.S.* (↑ *auch* ***wiederherstellen***); ***historische Gebäude ~*** restaŭri historiajn (*od* historie gravajn) konstruaĵojn; ***ein restauriertes Gemälde*** restaŭrita pentraĵo

Restaurierung *f* ↑ ***Restauration a)***

Restaurierungs|laboratorium *n* restaŭra laboratorio; ~**methode** *f* restaŭra metodo; ~**werkstatt** *n* restaŭra laborejo

Rest|bestand *m bes. Hdl* restanta stoko; ~**betrag** *m* resta sumo; *noch nicht bezahlte Summe* ne jam pagita sumo; *allg: Rest* rest[aĵ]o

Restchen *n kleiner Rest* resteto

Restchlor *n Chem* ↑ ***Abchlor***

Restharn *n, auch* ***Residualharn*** *m Med* rezidua urino

restituieren *tr Fin, Jur (zurückerstatten)* restitui (↑ *auch* ***ersetzen***)

Restitution *f 1. Rückgabe 2. Jur a) im Völkerrecht Wiedergutmachung, Leistung von Schadenersatz für die einem anderen Staat zugefügte Rechtsverletzung b) im Prozessrecht Wiederherstellung einer versäumten Frist* restitu[ad]o

restlich *Adj* [post]restanta *bzw.* [post]restinta (*vgl. dazu* ***verbleibend***)

restlos 1. *Adj* totala, kompleta **2.** *Adv ohne Rest* sen resto *nachgest*; *völlig* tute, komplete, ĝisfunde, absolute

Rest|magnetismus *m in Eisen u. Stahl nach Verschwinden des magnetisierenden Feldes* remanenco; ~**müll** *m* rezidua rubo; ~**posten** *m Hdl (Einzelstücke aus Posten einer Verkaufsware)* ekssortimentaĵo

Restriktion *f* restrikto; *Begrenzung* limigo; *Zügelung* bridado; ~***en verhängen*** apliki restriktojn (***gegen*** kontraŭ)

Restriktions|enzyme *n/Pl Biochemie, Molekularbiologie, Zytologie (Enzyme, die doppelsträngige DNA spezifisch spalten können)* restriktaj enzimoj *Pl*; ~**maßnahmen** *f/Pl* restriktaj rimedoj *Pl*

restriktiv *Adj be- od einschränkend* restrikta

Restrisiko *n* restanta risko

restrukturieren *tr* restrukturi

Restrukturierung *f* restrukturado (↑ *auch* ***Neuordnung*** *u.* ***Umgestaltung***)

Restrukturierungs|plan *m bes. Wirtsch* restrukturada plano; ~**programm** *n bes. Wirtsch* restrukturada programo

Rest|stickstoff *m Chem, Med* rezidua nitrogeno, *auch* restnitrogeno; ~**summe** *f* resta sumo; ~**süße** *f od* ~**zucker** *m in jungem Wein noch vorhandener unvergorener Fruchtzucker* restsukero; ~**valenz** *Chem (ungesättigte Valenz)* rezidua valento; ~**volumen** *n, fachsprachl.* ***Residualvolumen*** *n Med 1. Kardiologie (die normalerweise am Ende der Systole in der Herzkammer verbleibende Blutmenge [vermehrt bei Herzdilatation]) 2. Pulmologie (das Luftvolumen, das nach maximaler Expiration in den Lungen verbleibt)* rezidua volumeno

Restwärme *f* ↑ ***Abwärme***

Restzahlung *f Zahlung eines noch ausstehenden Betrages* pago de la resta sumo

Restzucker *m* ↑ ***Restsüße***

Resultante *f, auch* ***Resultierende*** *f Geom, Mechanik* rezultanto

Resultat *n* rezulto *auch Math* (↑ *auch* ***Ergebnis***, ***Fazit*** *u.* ***Folge a)***); *Konsequenz* konsekvenco; ***das ~ ist, dass ...***, *auch* ***daraus ergibt sich, dass ...*** la rezulto estas, ke ...

resultatlos 1. *Adj* senrezulta **2.** *Adv* senrezulte (↑ *auch* ***ergebnislos***)
resultieren *intr* rezulti (***aus*** el) (*vgl. dazu* ***sich ergeben***)
Resultierende *f Geom, Mechanik* ↑ ***Resultante***
Resümee *n*, <*österr*> *u.* <*schweiz*> ***Resumé*** *n [abschließende] Zusammenfassung* resumo (*vgl. dazu* ***Übersicht***); *i.w.S. Schlussfolgerung* konkludo; ***ein ~ ziehen*** fari resumon
resümieren *tr* resumi (↑ *auch* ***rekapitulieren***)
Resümieren *n das Zusammenfassen* resumado (***von*** de)
Resurrektion *f Rel* ↑ ***Auferstehung***
Retabel *n* ↑ ***Altaraufsatz***
Rethymno[n] (*n*) *eine Hafenstadt im Norden der griechischen Insel Kreta* Retimno
retikular *od* **retikulär** *Adj netzartig, netzförmig (z.B. organisches Gewebe)* retikula
retikulo-endothelial *Adj Biol*: ***~es System*** *n, auch Kurzf* ***Retothel*** *n* retikulo-endotelia sistemo
Retikulom *n Med (gutartige, knotige Geschwulst [bes. im Bereich des Knochenmarks, der Lymphknoten u. der Milz)* retikulomo
Retikulosarkom *od* **Retikulumzell[en]sarkom** *n Med (ein malignes Lymphom)* retikulosarkomo
Retikulose *f Med (Sammelbez. für verschiedene Krankheiten, die durch Wucherungen von Retikulumzellen gekennzeichnet sind)* retikulozo; ***leukämische ~***, *auch* ***Haarzell-Leukämie*** *f* leŭkemia retikulozo
Retikulozyten *m/Pl, auch* ***vitalgranulierte Erythrozyten*** *m/Pl Physiol* retikulocitoj *Pl*
Retikulozytose *f nur Fachspr Med (Vermehrung der Retikulozyten, z.B. bei hämolytischen Anämien)* retikulocitozo
Retikulumzellen *f/Pl Anat (sternförmig verzweigte Zellen im retikulären Bindegewebe von Milz, Lymphknoten, Tonsillen, roten Knochenmark u.a.)* retikulaj ĉeloj *Pl*
Retikulumzell[en]sarkom *n Med* ↑ ***Retikulosarkom***
Retina *f Anat* ↑ ***Netzhaut***
Retinaculum *n, auch* ***Anheft-*** *od* ***Halteband*** *n Anat (an Sehnen)* retinaklo
retinal *Adj auf die Netzhaut bezüglich* retina
Retina|nekrose *f Ophthalmologie* retinonekrozo; **~verletzung** *f* retina lezo *od* lezo de la retino
Retinitis *f Med* ↑ ***Netzhautentzündung***
Retinoblastom *n* (Neuroblastoma retinae) *Ophthalmologie (eine bösartige Geschwulst der Netzhaut)* retinoblastomo
Retinoide *n/Pl synthetische Derivate der Vitamin-A-Säure* retinoidoj *Pl*
Retinol *Biochemie (Hauptvertreter der Vitamin-A-Gruppe)* retinolo
Retinopathie *f Ophthalmologie* (*zusammenfassende Bez für «nichtentzündliche Netzhauterkrankungen»*) retinopatio; ***diabetische ~*** (Retinopathia diabetica) diabeta retinopatio
Retinoskop *n, auch* ***Augen[hintergrund]-spiegel*** *m Medizintechnik* retinoskopo (↑ *auch* ***Ophthalmoskop***)
Retinoskopie *f, auch* ***Augenhintergrundspiegelung*** *f Ophthalmologie* retinoskopio
retinoskopisch 1. *Adj* retinoskopia **2.** *Adv* retinoskopie
Retorte *f Chem (birnenförmiges Glas- od Metallgefäß mit nach unten gebogenem, verjüngtem Hals [früher im Chemielabor vor allem zur Destillation verwendet])* retorto
Retorten|baby *n durch künstliche Befruchtung außerhalb des Mutterleibs entstandenes Kind* retorta bebo; **~kohle** *f* (*auch* ***Retortengrafit*** od ***Gaskohle*** *genannt*) *Chem (die an den inneren Wandungen der Retorten der Gasanstalten sich abscheidende Kohle)* retorta karbo
retour [*re'tu:r*] *Adv bes. reg,* <*österr*> *u.* <*schweiz*> returne (*vgl. dazu* ***zurück a)***)
Retoure *f* ↑ ***Rücksendung***
Retourgang *m Kfz* ↑ ***Rückwärtsgang***
Retour[fahr]karte *f* ↑ ***Rückfahrkarte***
Retourgeld *n* ↑ ***Wechselgeld***
Retourkutsche *f* trafa repliko (*od [stärker:]* rebato)
Retourmatch *n Sport* ↑ ***Rückspiel***
retournieren [*retur'ni:rən*] *tr*: ***den Ball ~*** *Tennis* rebati la pilkon; ***Waren an den Lieferanten ~*** resendi varojn al la liverinto
Retourporto *n Post* ↑ ***Rückporto***
Retoursendung *f* ↑ ***Rücksendung***
Retourspiel *n Sport* ↑ ***Rückspiel***
Retroflexion *f Med (Rückwärts[ab]knickung von Organen [z.B. des Uterus])* retroflekso
Retromutation *f Genetik* retromutacio
retro|nasal *Adj Anat, Med (im Nasen-Rachen-Raum [gelegen])* retronaza; **~peri-**

toneal *Adj Anat (hinter dem Bauchfell gelegen)* retroperitonea
Retroperitonealraum *m* (Spatium retroperitoneale) *Anat* retroperitonea spaco
retro|pharyngeal *Adj Anat (hinter dem Rachen gelegen)* retrofaringa; ~**pubisch** *Adj Anat (hinter dem Schambein gelegen)* retropuba
Retrospektion *f geh = **Rückschau***
retrospektiv *Adj rückschauend* retrospekt[iv]a (*vgl. dazu **rückblickend***)
Retrospektive *f Rückschau* retrospektivo
retrosternal *Adj Anat, Med (hinter dem Brustbein gelegen)* retrosternuma
Retroviridae *f/Pl, frühere Bez **Retroviren** n/Pl Biol, Med* retrovirusoj *Pl*
retten *tr* savi (***aus***, ***vor*** de); *i.w.S. helfen* helpi; ***jmdm. das Leben** ~* savi al iu la vivon; ***sich** ~* [for]savi sin
rettend *Adj* sava
Retter *m* savanto *bzw.* savinto (↑ *auch **Befreier***); *Rel* Savanto *bzw.* Savinto (*vgl. dazu **Erlöser**, **Heiland** u. **Messias***)
Rettich *m*, *reg u.* <*österr*> ***Radi*** *m* (*Gattung* Raphanus) *Bot* rafano; *Garten*~ (Raphanus sativus) *Nahr* ĝardena (*od* kultiva) rafano (↑ *auch **Öl-**, **Schlangen-** u. **Strandrettich***)
Rettung *f* sav[ad]o (*vgl. dazu **Bergung** u. **Hilfe***; ↑ *auch **Berg-** u. **Luftrettung***)
Rettungsaktion *f* sav-agado; ***eine** ~ **einleiten*** (*od **starten***) komenci sav-agadon
Rettungs|boje *f Mar* sav[o]buo; ~**boot** *n Mar* sav[o]boato; ~**dienst** *m* savoservo (↑ *auch **Bergrettungsdienst***); ~**einsatz** *m* savomisio; ~**[fall]schirm** *m Fallschirmspringen* savoparaŝuto; ~**floß** *n* sav[o]floso; ~**flugzeug** *n* sav-aviadilo; ~**gürtel** *m* savozono; ~**hubschrauber** *m Med* sav[o]-helikoptero *od (für Krankentransport)* ambulanc-helikoptero; ~**hund** *m* sav[o]-hundo; ~**kampagne** *f* savokampanjo; ~**kräfte** *Pl* savopersonalo; ~**leine** *f* sav-ŝnuro *od* savoŝnuro; ~**leitstelle** *f* savoserva centralo
rettungslos 1. *Adj* nesavebla **2.** *Adv* nesaveble (*vgl. dazu **hoffnungslos** u. **unrettbar***)
Rettungs|mannschaft *f od* ~**trupp** *m* savotaĉmento; ~**maßnahmen** *f/Pl* sav-agadoj *Pl*; ~**medaille** *f* medalo por vivosavo; ~**mission** *f* savomisio; ~**ring** *m* sav[o]ringo; ~**schiff** *n* savoŝipo; ~**schirm** *m **a)*** ↑ ***Rettungsfallschirm b)*** *Fin, Pol* savoŝirmo (*vgl. dazu **EFFS***); ~**schwimmen** *n* savnaĝado; ~**schwimmer** *m* vivosava naĝisto; ~**station** *od* ~**stelle** *f* savostacio, *für erste Hilfe* sukurejo
Rettungstrupp *m* ↑ ***Rettungsmannschaft***
Rettungs|übung *f z.B. der Feuerwehr* sava ekzerco; ~**versuch** *m* provo de savado; ~**wagen** *m Med* urĝa ambulanco; ~**weste** *f* savoveŝto, *auch* sav-jako
Retusche *f Foto* retuŝo
retuschieren *tr Foto* retuŝi
Reue *f* pento (***über*** pri) (↑ *auch **Attrition**, **Buße** u. **Kontrition***); ~ ***empfinden*** penti (↑ *auch **bereuen***)
reuen *intr*: ***es reut mich*** mi pentas pri tio; ***es wird ihn** ~* li pentos pri tio
reuevoll *Adj* pentoplena *od nachgest* plena de pento
reuig *od* **reumütig** *Adj* pentema
Réunion (*n*) *eine Insel im Indischen Ozean (französisches Überseedepartement)* Reunio *[Hptst.: Saint-Denis]*; ~**bülbül** *m* (*auch **Maskarenenfluchtvogel** genannt*) (Hypsipetes borbonicus) *Orn* reunia bulbulo *[endemisch auf Réunion]*
Reuse *f Korb zum Fischfang* naso (↑ *auch **Aalreuse**, **Hummerkorb** u. **Krabbenreuse***)
reuten ↑ ***roden b)***
Revakzination *f Auffrischungs-, Booster- od Wiederimpfung* revakcinado; ***die** ~ **muss nach sechs Monaten erfolgen*** la revakcinado devas esti farata post ses monatoj
revakzinieren *tr Med ([nach einem bestimmten Zeitraum] eine Zweitimpfung vornehmen)* revakcini (***jmdn.*** iun)
Reval (*n*) ↑ ***Tallinn***
Revanche *f **a)*** revenĝo, *umg auch* redono, repago (*vgl. dazu **Rache** u. **Vergeltung***) ***b)*** *Kart, Sport* revanĉo; ~ ***fordern*** postuli revanĉon
Revanchefoul *n Sport* revanĉa faŭlo
revanchieren, sich *refl* sin revenĝi, *auch* redoni (***für*** por *od* pro); *aus Dankbarkeit* reciproki, reciproke plenumi, [iel] danki (***bei jmdm. für etw.*** al iu pro io)
Revanchismus *m Pol* revenĝismo
Revanchist *m Pol (Anhänger der Revanchepolitik)* revenĝisto
Reveille [rəˈvɛːjə] *f hist Mil* ↑ ***Weckruf***
Revelation *f Rel, Theologie* revelacio *auch Jur* (↑ *auch **Offenbarung***)
Reverend *m* (*Abk **Rev.***), *[in englischsprachigen Ländern:] **Hochwürden** Titel u. Anrede der evangelischen Geistlichen* reverendo

[1]**Revers** [*re'vɛ:r*] *n*, *<österr> m Aufschlag der Jacke, des Mantels* roverso; ***Blume** f* ***am*** ~ roversofloro

[2]**Revers** [*re'vɛrs*] *m Rückseite einer Medaille od Münze* reverso

[3]**Revers** [*re'vɛrs*] *m Jur (schriftl. Erklärung rechtlichen Inhalts) [je nachdem:]* ŝuldatesto *od* garantiatesto *od* promesatesto

reversibel *Adj kippbar, umstülpbar* renversebla; *umkehrbar, umwandelbar, vertauschbar* inversigebla

revidieren *tr nach- od überprüfen (auch zu nochmaliger Entscheidung)* revizii; *nochmals überprüfen* ankoraŭfoje kontroli; *prüfend durchsehen* esplore trarigardi, esplorkontroli (↑ *auch* ***inspizieren***); *Typ (in zweiter Korrektur lesen)* revizii

Revier *n* ***a)*** *Gebiet* regiono; *Bezirk* distrikto; *Jagd*~ ĉasdistrikto; *Waldgebiet* arbara areo (*od* regiono) (↑ *auch* ***Brut-** u.* ***Tauchrevier***) ***b)*** *Polizei*~ [subdistrikta] policejo; *Polizeiwache* urbdistrikta policejo, *auch kurz* policejo ***c)*** *Bergb* [karbo]ekspluata tereno; ~**förster** *m* forstestro; *(eines Jagdreviers)* ĉasdistrikta forstisto

Revision *f* revizi[ad]o *auch Zoll*; *nochmalige Überprüfung* ankoraŭfoja kontrolo (*vgl. dazu* ***Überprüfung***); *Jur (erneute Verhandlung od Überprüfung eines Urteils)* revizio, *(Kassationsbeschwerde)* kasacia plendo; ***etw. einer** ~ **unterziehen*** revizii ion

Revisionismus *m Pol* reviziismo

Revisionist *m Pol* reviziisto

revisionistisch *Adj auf den Revisionismus bezogen* reviziisma; *auf die Revisionisten bezogen* reviziista

Revisionskommission *f* revizia komisiono; *zur Kassenprüfung auch* kaskontrola komisiono; ***Bericht** m **der*** ~ kaskontrola raporto

Revisor *m* revizianto; *russ. Gesch* revizoro; *(Buchprüfer)* kontrevizoro (↑ *auch* ***Kassenprüfer***); *Korrektor* korektanto *bzw. (bes. Typ)* korektisto (*vgl. dazu* ***Prüfer***)

Revitalisierung *f Med* refortigo

Revolte *f* ribelo, insurekcio (***gegen*** kontraŭ) (*vgl. dazu* ***Aufstand**, **Aufruhr** u.* ***Rebellion*** ↑ *auch* ***Gefangenen-** u.* ***Palastrevolte***)

revoltieren *intr rebellieren, meutern* ribeli (***gegen*** kontraŭ) (↑ *auch* ***sich erheben***); *eine Revolution machen* revolucii (***gegen*** kontraŭ)

Revolution *f [politischer] Umsturz, [gewaltsame] Umwälzung* revolucio *auch i.w.S. (grundlegender Wandel)* (*vgl. dazu* ***Umwälzung***); ↑ *auch* ***Oktober-**, **Palast-**, **Struktur-** u.* ***Weltrevolution***); ***bürgerliche** (**friedliche**)* ~ burĝa (paca) revolucio; ***die Französische*** ~ *Gesch* la Franca Revolucio *[1789-99]*; ***die grüne*** ~ *Agrargeschichte* la verda revolucio; ***die industrielle*** ~ ***am Ende des 19. Jahrhunderts*** la industria revolucio fine de la 19-a jarcento; ***wissenschaftlich-technische*** ~ scienc-teknika revolucio

revolutionär *Adj* revolucia *auch i.w.S.*; ~***e Bewegung** (**Partei**) f* revolucia movado (partio); ***eine** ~**e Theorie*** revolucia teorio

Revolutionär *m* revoluciisto *od* revoluciulo (↑ *auch* ***Umstürzler***)

Revolutionärin *f* revoluciistino *od* revoluciulino

revolutionieren *tr* revoluciigi; *i.w.S. (erschüttern)* [ek]skui, *(total umgestalten)* totale (*od* profunde) ŝanĝi

Revolutionarismus *m* revoluciismo

Revolutionslied *n* revolucia kanto

Revolutionsperiode *f Astron* ↑ ***Umlaufzeit b)***

Revolutions|regierung *f Pol* revolucia registaro; ~**tribunal** *n franz. Gesch* revolucia tribunalo *[1793-95]*

Revolver *m* ***a)*** *eine Faustfeuerwaffe* revolvero (↑ *auch* ***Colt**, **Kompaktrevolver** u.* ***Pistole***) ***b)*** *Maschinenbau (drehbare maschinelle Vorrichtung mit anmontierten Elementen, die wahlweise durch Drehen in Eingriff gebracht werden können)* revolvero

Revolverblatt *n Ztgsw pej* = ***Skandalblatt***

Revolver|drehbank *f Maschinenbau* revolvera tornstablo, *auch* revolvera tornilo; ~**held** *m* revolverulo, *(Pistolero)* pistolulo; ~**journalismus** *m* revolvera ĵurnalismo (↑ *auch* ***Boulevardjournalismus***); ~**schuss** *m* revolverpafo

Revue *f* ***a)*** *Ztgsw (periodisch erscheinende Zeitschrift [oft fachlich orientiert]* revuo (↑ *auch* ***Halbjahres-** u.* ***Monatsschrift***) ***b)*** *Theat* revuo (↑ *auch* ***Eisrevue***) ***c)*** *Mil: alt für «Truppenschau»* revuo; ~ ***passieren lassen*** *an sich vorüberziehen lassen* revui

Revulsion *f Med* ↑ ***Ableitung b)***

Rexglas® *n* ↑ ***Einweckglas***

Reykjavik (*n*) *Hptst. von Island* Rejkjaviko

Reyon *m Textil* ↑ ***Rayon***

Rezensent *m* recenzanto *bzw.* recenzinto, *(jmd., der das beruflich tut)* recenzisto

rezensieren *tr Artikel, Neuerscheinungen,*

Filme, Aufführungen [kritisch] besprechen recenzi
Rezension *f (Vorgang)* recenzado; *(Ergebnis)* recenzo
Rezensionsexemplar *n* ekzemplero por recenzanto (*bzw.* recenzisto)
rezent *Adj* ***a)*** *Biol (gegenwärtig lebend)* nuntempe vivanta (*od* ekzistanta); ~***e Arten*** *f/Pl* nuntempe vivantaj specioj *Pl* ***b)*** *reg u.* <*schweiz*> *dial für «gut gewürzt» [von Speisen]* bone spicita
Rezept *n Kochk, Med* recepto (*Abk Med* rcp.) (↑ *auch* ***Back-*** *u.* ***Kochrezept***); ***ärztliches*** ~ kuracista recepto; ***ein*** ~ ***ausschreiben*** *Med* skribi recepton (***für*** por)
Rezeptbuch *n für Kochrezepte* receptlibro
rezeptfrei 1. *Adj*: ~***es Arzneimittel*** *n* medikamento havebla (*od* ricevebla) sen recepto **2.** *Adv*: ~ ***erhältlich*** havebla sen [kuracista] recepto
Rezeptgebühr *f* kosto de kuracista recepto
Rezeption *f im Hotel* [hotela] akceptejo
Rezeptor *m nur Fachspr Biol, Neurologie u. Physiol (reizaufnehmende Zelle als Bestandteil eines Gewebes, z.B. der Haut od eines Sinnesorgans)* receptoro (↑ *auch* ***Chemo-*** *u.* ***Temperaturrezeptoren***)
rezeptpflichtig, *auch* ***verschreibungspflichtig*** *Adj*: ***ist das Medikament*** ~***?*** ĉu por tiu medikamento necesas [kuracista] recepto?; ***dieses Medikament ist*** ~ tiu ĉi medikamento estas havebla nur laŭ kuracista recepto
Rezeptur *f Med, Pharm* recepto, skriba formulo pri preparado [kaj uzado] de kuracilo
Rezession *f Wirtsch* (*Rückgang der Konjunktur*) recesio
Rezessionsphase *f* fazo de recesio
rezessiv *Adj Genetik (von anderen Erbfaktoren ganz od teilweise überdeckt)* recesiva; ~***er Erbgang*** *m Vererbung eines Merkmals, das im heterozygoten Zustand keine Änderung des Phänotyps bewirkt* recesiva heredeco; ~***es Gen*** *n* recesiva geno
Rezessivität *f Genetik* recesiveco
Rezidiv *n, auch* ***Rückfallerkrankung*** *f, pop* ***Rückfall*** *m Med (Wiederauftreten einer Krankheit nach Abheilung)* recidivo (↑ *auch* ***Reinfektion***, ***Spät-*** *u.* ***Tumorrezidiv***)
rezidivieren *intr Med (wiederkehren, im Rückfall auftreten)* recidivi
rezidivierend *Med* recidiva
Rezipient *m Phys (Glasglocke für physikalische Untersuchungen, die man annähernd luftleer pumpen kann)* recipiento
reziprok *Adj beider-, gegen- od wechselseitig* reciproka; ~***er Wert*** *m, auch* ***Kehrwert*** *m Math* reciproka valoro
Reziprozität *f Gegen- od Wechselseitigkeit* reciprokeco
Rezital *n Mus* ↑ ***Recital***
Rezitation *f (das Vortragen)* recitado; *(das Vorgetragene)* recito (*vgl. dazu* ***Deklamation***)
Rezitativ *n Mus (rhythmisierter, instrumental begleiteter Sprechgesang in Oper, Oratorium u. Kantate)* recitativo
Rezitator *m* recitanto; *jmd., der deklamiert* deklamanto, *(beruflich)* deklamisto
rezitieren *tr* reciti (*vgl. dazu* ***aufsagen*** *u.* ***deklamieren***)
Rezitierende *m* recitanto
Rf = *Abk für* ***Rufiyaa***
Rhabarber *m* (*Gattung* Rheum) *Bot* rabarbo *auch Nahr* (↑ *auch* ***Medizinalrhabarber***); ~**kuchen** *m Nahr* rabarba kuko; ~**wurzel** *f* (Rhei radix) rabarba radiko *auch Pharm*
Rhadamanthys (*m*) *Myth Eig (sagenhafter König von Kreta [Sohn des Zeus u. der Europa, Bruder des Minos]* <*Richter der Unterwelt*>*)* Radamantiso
Rhagade *f, auch* ***Schrunde*** *f Med (kleine Haut- od Schleimhautwunde)* ragado (↑ *auch* ***Mundwinkelrhagade***)
rhagadiform *Adj Med (fissurenförmig, rissig od eingerissen)* ragadoforma
Rhamphorhynchus *m Paläonotologie (ein Flugsaurier)* ramforinko
Rhapsode *m Antike (fahrender Sänger od Deklamator im alten Griechenland, der eigene od fremde [epische] Dichtungen zum Teil mit Kitharabegleitung vortrug)* rapsodo
Rhapsodie *f 1. Antike (die von Rhapsoden vorgetragene Dichtung) 2. Mus (aus Volksweisen zusammengesetztes Musikstück)* rapsodio
rhapsodisch *Adj im Charakter der Rhapsodie* rapsodia
Rhätien (*n*) ↑ ***Rätien***
Rhätikon *m* ↑ ***Rätikon***
rhätisch ↑ ***rätisch***
Rhazes (*m*) *Eig (seinerzeit führender Arzt der islamischen Welt [865-925])* Razio
[1]**Rhea** (*f*) *griech. Myth* ↑ ***Rheia***
[2]**Rhea** *f Astron (ein Mond des Saturn)* Reo
Rheia (*f*), *lat.* ***Rhea*** (*f*) *griech. Myth (eine*

der Titaninnen [Tochter von Uranos u. Gaia, Gattin des Kronos, Mutter des Zeus]) Rea

Rhein [*rain*] *m, franz.* ***Rhin*** *ein dt. Strom* Rejno (↑ *auch* ***Nieder-*** *u.* ***Oberrhein***); ~**bund** *m Gesch (dt. Fürstenbund unter franz. Führung [zerfiel 1813])* Rejn-Ligo

rheinisch *Adj auf den Rhein bezogen* rejna (↑ *auch* ***rechtsrheinisch***); *auf das Rheinland bezogen* rejnlanda; ***ein ~es Mädchen*** rejnlanda knabino; ***das ≗e Schiefergebirge*** la Rejna Skista Montaro (↑ *auch* ***Sauerland***)

Rheinland (*n*) (*Abk* ***Rhld.***) Rejnlando; ~-***Pfalz*** *meist ohne Art* Rejnland-Palatinato *[Hptst.: Mainz]*

Rheinländer *m* rejnlandano

Rheinländerin *f* rejnlandanino

rheinländisch *Adj auf das Rheinland bezogen* rejnlanda (*vgl. dazu* ***rheinisch***)

Rhein-Marne-Kanal *m, franz.* ***Canal de la Marne au Rhin*** Marno-Rejna Kanalo

Rhein|schifffahrt *f* surrejna navigado; ~**tal** *n* Rejn-valo *od* valo de la Rejno; ~**wein** *m* rejnlanda vino

Rhenium *n* (*Symbol* ***Re***) *Chem* renio

Rheobase *f El, Medizintechnik (geringe Stromstärke, die bei beliebig langer Reizdauer gerade noch eine Erregung auslösen kann)* reobazo

Rheoenzephalografie *f Med* reoencefalografio

Rheokardiologie *f Med (* reokardiologio

Rheologie *f, auch* ***Fließkunde*** *f Teilgebiet der Mechanik, auf dem die Erscheinungen des Fließens u. der Relaxation von flüssigen, kolloidalen u. festen Systemen unter der Einwirkung äußerer Kräfte untersucht werden* reologio

rheologisch 1. *Adj* reologia **2.** *Adv* reologie

Rheometer *n, auch* ***Blutstromgeschwindigkeitsmesser*** *m Medizintechnik* reometro

Rheometrie *f Phys (Messverfahren in der Rheologie)* reometrio

Rheostat *m, umg* ***Widerstandsregler*** *m El (regelbarer [elektrischer] Widerstand)* reostato (↑ *auch* ***Feldwiderstand***)

Rheotropismus *m mur Fachspr Biol (Einstellung gewisser Pflanzenteile zum Strömungsverlauf)* reotropismo

Rheozönose *f Biol, Ökologie (Lebensgemeinschaft der Fließgewässer)* reocenozo

Rhesus|affe *m* (Macacus rhesus [*od* mulatus]) *Zool* resuso; ~-**Blutgruppen** *f/Pl* (*Symbol* ***Rh*** *bzw.* ***CDE***) *Med* resus-sangogrupoj *Pl*; ~**faktor** *m, kurz* ***Rh-Faktor*** [*'ɛr 'ha: ...*] *m Biol (erbliches Merkmal der roten Blutkörperchen)* resusfaktoro

rhesusnegativ = ***Rh-negativ***

rhesuspositiv = ***Rh-positiv***

Rhesussystem *n Biol* resussistemo

Rhetor *m griech. Antike (Redner u. Lehrer der Beredsamkeit)* retoro (↑ *auch* ***Orator*** *u.* ***Redner***)

Rhetorik *f Redekunst* retoriko

Rhetoriker *m gewandter Redner* retorikulo

rhetorisch 1. *Adj* retorika; ~***e Figur*** (***Frage***) *f* retorika figuro (demando) (↑ *auch* ***Stilfigur***); ~***e Wendung*** *f* retorikaĵo **2.** *Adv* retorike

Rheuma *n Med* ↑ ***Rheumatismus*** *m*

rheumaähnlich *Adj Med* reŭmatoida

Rheuma|knoten *m/Pl* (Noduli rheumatici) *Med* reŭmatismaj nodaĵoj *Pl*; ~**kranke** *m* reŭmatismulo; ~**mittel** *n* antireŭmatisma medikamento; ~**spezialist** *m* reŭmatologo

Rheumatiker *m jmd., der an Rheumatismus leidet* reŭmatismulo

rheumatisch *Adj* reŭmatisma

Rheumatismus *m, Kurzw* ***Rheuma*** *n Med* reŭmatismo (↑ *auch* ***Gelenk-***, ***Muskel-*** *u.* ***Zerebralrheumatismus***); ***an ~ leiden***, *umg auch* ***Rheuma haben*** suferi je (*od* de) reŭmatismo

rheumatoid *Adj Med (rheumaähnlich)* reŭmatoida

Rheumatologe *m Med (Facharzt für rheumatische Krankheiten)* reŭmatologo

Rheumatologie *f Med (Lehre u. Wissenschaft von den rheumatischen Erkrankungen)* reŭmatologio

rheumatologisch *Adj* reŭmatologia

Rh-Faktor *m Biol* ↑ ***Rhesusfaktor***

Rhinitis *f nur Fachspr Med u. Vet (Nasenschleimhautentzündung)* rinito (↑ *auch* ***Schnupfen***); ~ ***atrophicans***, *auch* ***Schnüffelkrankheit*** *f Vet (eine meldepflichtige Krankheit der Schweine mit Atrophie der Nasenschleimhaut)* atrofia rinito; ~ ***sicca*** *f Med (Form der chronischen Rhinitis mit Ekzem- u. Borkenbildung am Naseneingang und an der Innenfläche der Nasenflügel)* seka rinito; ***akute*** (***allergische***, ***chronische***) ~ *Med* akuta (alergia, kronika) rinito

Rhinolith *m, auch* ***Nasenstein*** *m nur Fachspr Med (Bildung von harten, kalkhaltigen*

Konkrementen in der Nase [meist um einen Fremdkörper als Kern]) rinolito
Rhinologie *f, auch* ***Nasenheilkunde*** *f Lehre von den Nasenkrankheiten* rinologio
rhinologisch *Adj die Nasenheilkunde betreffend* rinologia
Rhinomykose *od* **Rhinomykosis** *f Med (Infektion der Nasenschleimhaut durch Pilze)* rinomikozo
Rhinoplastik *f Chir* ↑ ***Nasenplastik***
Rhinosklerom *n Med (granulomatöse Entzündung der Schleimhäute der oberen Luftwege)* rinoskleromo
Rhinoskopie *f, auch* ***Nasenspiegelung*** *f Med (Untersuchung der Nasenhöhle mit dem Rhinoskop)* rinoskopio
Rhinovirus *n, auch* ***Schnupfenvirus*** *n* rinoviruso
Rhinozeros *n Zool* ↑ ***Nashorn***
Rhinozeroshornvogel *m Orn* ↑ ***Nashornvogel***
Rhipidistia *Pl Paläontologie (eine Gruppe der Quastenflosser [sie lebten im Devon])* ripidist[i]oj *Pl*
Rhizobium *n* (*Pl*: ***Rhizobien*** *Bakt (Gattung gramnegativer, aerober, im Erdboden vorkommender Bakterien)* rizobio (↑ *auch* ***Knöllchenbakterien***)
Rhizocarpon *n Bot (eine Gattung pilzartiger Flechten* rizokarpo (↑ *auch* ***Krustenflechten*** *u.* ***Landkartenflechte***)
Rhizom *n Bot* ↑ ***Wurzelstock***
Rhizopoden *m/Pl, auch* ***Wurzelfüßer*** *m/Pl Zool (Kleinlebewesen, zu den Protozoen gehörig, die sich durch Pseudopodien fortbewegen)* rizopodoj *Pl*
Rhld. = *Abk für* ***Rheinland***
Rh-negativ *Adj Serologie* resus-negativa
Rhodamine *Pl Chem (zu den Pyroninen gehörige stark fluoreszierende rote Farbstoffe)* rodaminoj *Pl*
Rhodan *n Chem* rodano
Rhodanid *n Chem* rodanido
Rhode Island [*'ro:d 'ailənd*] (*n*) (*Abk* ***R.I.***, *[postalisch]* ***RI***) *ein Bundesstaat der USA* Rod-Insulo *[Hptst.: Providence]*
Rhodesiafieber *n, auch* ***rhodesisches Fieber*** (*auch* ***[ostafrikanisches] Küstenfieber*** *genannt) Tropenmedizin, Vet* rodezia febro
Rhodesien (*n*) *früherer Name für die heute selbstständigen Länder Sambia und Simbabwe* Rodezio
rhodesisch *Adj* rodezia
Rhodium *n* (*Symbol* ***Rh***) *Chem (ein Platinmetall)* rodio
Rhodochrosit *m,* ***Himbeer-*** *od* ***Manganspat*** *m auch* ***Dialogit*** *m Min* rodokrozito *[gelegentlich Schmuckstein]*
Rhododendron *m Bot* ↑ ***Alpenrose***; ***japanischer*** ~ (Rhododendron japonicum) japana rododendro (↑ *auch* ***Carolina-Rhododendron***)
rhododendronblättrig *Adj, Fachspr auch lat.* ***rhododendrifolia*** rododendrofolia
Rhododendron|**strauch** *m* rododendra arbusto; ~**zikade** *f Ent* rododendra cikado
Rhodolith *m Min (eine rosenrote Abart des Pyrop [ein Schmuckstein])* rodolito
Rhodonit *m, auch* ***Mangankiesel*** *m Min (ein rotes Mineral mit schwarzen Einlagerungen)* rodonito
Rhodopen *Pl ein Gebirge in S-Bulgarien u. NO-Griechenland* Rodopo(j), *meist* Rodopa Montaro
Rhodopsin *n ein Bestandteil des Sehpurpurs [roter Farbstoff in der Netzhaut des Auges (ein Chromoproteid)]* rodopsino
Rhodos (*n*), *neugriech.* ***Rodos*** *eine griechische Insel im Ägäischen Meer [mit gleichnamiger Hptst.]* Rodiso; ***der Koloss von*** ~ *eines der Sieben Weltwunder* la Koloso de Rodiso
Rhombencephalon *n, auch* ***Rautenhirn*** *n Anat* rombencefalo (*vgl. dazu* ***Nachhirn***)
rhombenförmig *od* **rhombisch** *Adj rautenförmig* romboforma *od* romba
Rhomboeder *n, auch* ***Rautenflächner*** *m Geom, Kristallografie (von sechs Rhomben begrenzte Kristallform)* romboedro
rhomboedrisch *Adj* romboedra
Rhomboid *n schiefwinkliges Parallelogramm mit paarweise ungleichen Seiten* romboido
Rhombus *m Geom (gleichseitiges Parallelogramm), Typ (Raute)* rombo
Rhône *f, dt.* ***Rhone*** *f ein Fluss in S-Frankreich* Rodano; ~**-Alpes** *eine Region im SO Frankreichs [Hptst.: Lyon]* [regiono] Rodano-Alpoj; ~**gletscher** *m ein Talgletscher im Quellgebiet der Rhone* Rodan Glaĉero; ~**tal** *n* Rodana Valo
Rhönrad *n ein Sportgerät des Turnsports* gimnastika rado
Rh-positiv *Adj Serologie (den Rhesusfaktor aufweisend)* resus-positiva
Rhuslack *m* ↑ ***Japanlack***

Rhyolith *m, auch* ***Liparit*** *m Min (ein Vulkanitgestein)* riolito

Rhythm-and-Blues *m Jazz* ritma bluso

Rhythmik *f charakteristischer Rhythmus eines Prozesses* ritmeco

rhythmisch 1. *Adj* ritma, *auch* laŭritma; *~e* ***Gymnastik*** *f* ritma gimnastiko **2.** *Adv* ritme; *~* ***klopfen*** (*od* ***schlagen***) *Herz* puls[ad]i

Rhythmische *n von etw., [taktmäßige] Abgemessenheit* ritmeco

Rhythmus *m Metr, Mus, Tanz* ritmo *auch i.w.S.* (↑ *auch* ***Bio-*** *u.* ***Laufrhythmus***); ***der ~ des Herzschlags*** ritmo de la korbatoj; ***aus dem ~ kommen*** *Mus* perdi la ritmon

Rhythmus|gitarre *f Mus* ritmogitaro; **~instrument** *n Mus* ritmoinstrumento; **~wahlschalter** *m z.B. beim elektronischen Piano* ritmoselektilo

Ria *(f) weibl. Vorname* ***Ria***

Riad (*n*), *arab.* ***ar-Riad*** *Hptst. von Saudi-Arabien* Riado

Rial *m* (*Abk* ***R***, *auch* ***Rl.***) *Währungseinheit in Iran, Jemen, in den Vereinigten Arabischen Emiraten u. in Oman* rialo (↑ *auch* ***Riyal***); ***omanischer ~*** (*Abk* ***RO***; *Währungscode* ***OMR***) omana rialo

Riau-Archipel *m eine zu Indonesien gehörende Inselgruppe zw. Sumatra u. der Halbinsel Malakka [Hauptort: Tanjung Pinang]* Riaŭ-Arkipelago

Ribatejo [...ʒ*u*] *n Landschaft u. historische Provinz im mittleren Portugal [Hauptort: Santarém]* Ribateĵo

Ribavirin *n Pharm (ein Virostatikum)* ribavirino

ribbeln *reg u.* <*österr*> *für «rasch reiben»* [rapide] froteti *z.B. um einen Fleck zu entfernen*

Ribisel *f* ↑ ***Johannisbeere***

Ribiselsaft *m* ↑ ***Johannisbeersaft***

Ribiselstaude *f od* **Ribiselstrauch** *m* ↑ ***Johannisbeerstrauch***

Riboflavin *n Biochemie (ein Vitamin des Vitamin-B2- Komplexes)* riboflavino

Ribonukleasen *f/Pl Biochemie (Enzyme, die RNA hydrolytisch spalten)* ribonukleazoj *Pl*

Ribonukleinsäure *f* (*Abk* ***RNS***, *Fachspr auch engl.* ***RNA***) *Biochemie* ribonukle[at]a acido (*Abk* RNA) <*wichtiger Bestandteil des Kerneiweißes der Zelle*>

Ribose *f Biochemie, Zytologie (eine Pentose im Zellplasma)* ribozo

Ribosomen *n/Pl Biol, Genetik (aus Nukleinsäuren u. Proteinen bestehende Partikel der Zelle, an denen die Translation der genetischen Information stattfindet)* ribosomoj *Pl*

Ricarda *(f) weibl. Vorname* Rikarda

Ricardo (*m*) *Eig (englischer Nationalökonom [1772-1823])* Rikardo

Richard (*m*) *männl. Vorname* Rikardo *auch Name einiger engl. Könige*; *~* ***Löwenherz*** *od ~* ***I.*** (*m*) *Eig (ein englischer König [1157 -1199]* Rikardo Leonkoro *od* Rikardo la 1-a (= unua) <*er nahm am Kreuzzug 1189-1192 teil*>

[1]**Richmond** [*'rit*ʃ...] (*n*) *Hptst. des US-Bundesstaates Virginia* Riĉmondo

[2]**Richmond** [*'rit*ʃ...] (*n*) *Stadtteil von New York [Staten Island umfassend]* [kvartalo] Riĉmondo

[3]**Richmond** [*'rit*ʃ...] (*n*) *Stadt im US-Bundesstaat Kalifornien [im nördlichen Einzugsbereich von San Francisco]* Riĉmondo

Richt|antenne *f, auch* ***Richtstrahler*** *m Radio* direktita anteno; **~block** *m hist: des Henkers* ekzekuta ŝtipo

richten *tr* ***a)*** *in eine bestimmte Richtung bringen* direkti (***auf*** al) *auch Geschützfeuer; auf ein zu fotografierendes Objekt richten* celumi (***auf etw.*** ion) (↑ *auch* ***visieren***); ***die Aufmerksamkeit auf etw.*** *~* direkti (*od* meti *od* turni) sian atenton al io (*od* sur ion); ***seine Augen auf jmdn.*** *~* fiksi siajn okulojn al iu; ***das Bajonett gegen jmdn.*** *~* direkti la bajoneton kontraŭ iu; ***den Blick auf jmdn.*** *~* direkti la rigardon al iu; ***eine Frage*** (*od* ***Anfrage***) ***an jmdn.*** *~* direkti demandon al iu, *umg auch* demandi iun; *Parl* direkti interpelacion al iu; ***in einem an ... gerichteten Brief*** (*od* ***Schreiben***) en letero adresita al ...; ***nach vorn gerichtet*** antaŭendirektita ***b)*** *Antwort, Brief* adresi (***an jmdn.*** al iu); ***seinen Dank an jmdn.*** *~* adresi al iu sian dankon ***c)*** *justieren* alĝustigi; *gerade biegen* fleksi rekte; *begradigen (auch Tech)* rektigi (*vgl. dazu* ***nivellieren***); ***einen Knochenbruch*** *~ Med* redukti frakturon ***d)*** *in Ordnung bringen* ord[ig]i, fari (***etw.*** ion) orda ***e)*** *vorbereiten, zurechtmachen* prepari, aranĝi, fiksi; *anrichten, bes. Essen* pretigi ***f)*** *regulieren* reguligi ***g)*** *Jur (urteilen)* juĝi (***über*** pri), *(ein Urteil fällen)* eldiri verdikton; *hinrichten* ekzekucii ***h)*** *in Fügungen:* ***der Preis richtet sich nach ...*** la prezo(j) dependas de ...; ***jmdn. zugrunde*** *~* pereigi iun; *jmdn. ruinieren* ruinigi iun, *(gesundheitlich)* ruinigi ies sanon ***i)*** *refl:* ***sich nach etw.*** ~ sin direkti laŭ io (*vgl. dazu* ***etw. befolgen***); *sich einer Sache od Situation anpassen* sin akomodi (*od* konformigi) al io; ***sich nach jmdm.*** ~ *sich jmdn. zum Vorbild nehmen* preni iun kiel la [imitindan] ekzemplon; *i.w.S. abhängig von jmdm. sein* esti dependa de iu; ***ich werde mich ganz nach Ihnen*** ~ mi tute faros (*bzw.* agos) laŭ via propono; ***sich*** ~ ***auf ...*** sin direkti al ...; ***alle Blicke richteten sich auf ihn*** ĉiuj rigardoj sin direktis (*bzw.* koncentriĝis) al li

Richten *n Jur (Aburteilung, Rechtsprechung)* juĝado, *auch* juĝofarado

Richter *m Jur* juĝisto; *allg* juĝanto (*vgl. dazu* ***Kadi***; ↑ *auch* ***Bezirks-, Friedens-, Straf-*** *u.* ***Untersuchungsrichter***); ***zum*** ~ ***ernannt werden*** *Jur* esti nomumita juĝisto

Richteramt *n* ofico de juĝisto

richterlich *Adj* juĝista (*vgl. dazu* ***gerichtlich***); ~***e Entscheidung*** *f* juĝista decido

Richterskala *f, auch* ***Richter-Skala*** *f Seismologie, Vulkanologie (Skala zur Messung der Erdbebenstärke)* skalo de Richter; ***ein Beben der Stärke 6,2 auf der*** ~ tertremo de forteco 6,2 [= ses komo du] laŭ la skalo de Richter

Richter|spruch *m richterliche Entscheidung* juĝista decido; *Urteil* verdikto; ~**stuhl** *m* juĝista seĝo; *i.w.S. Gericht* tribunalo

Richtfest *n, reg* ***Hebeschmaus*** *m,* <*österr*> ***Dachgleiche*** *od* ***Gleichenfeier*** *f,* <*schweiz*> ***Aufrichte*** *f* festo de konstrufino

richtig 1. *Adj Ggs falsch* ĝusta; *zu Recht erfolgt* prava; *korrekt* korekta; *fehlerfrei* senerara; *genau* ekzakta; *wahr* vera; *echt* aŭtentika; *typisch* tipa; *passend* konvena; ~***e Ernährung*** *f* konvena nutrado; ***sie ist eine*** ~***e Berlinerin*** ŝi estas tipa (*od auch* ĝisosta) berlinanino; ***du hast das*** ≗***e getroffen*** *bei Geschenken* [per tiu ĉi donaco] vi ja divenis mian delongan deziron! ◇ ***du bist mir der*** ≗***e*** *spöttisch* vi ja havas strangajn ideojn!; *dafür taugst du nicht* por tio vi tute ne taŭgas! **2.** *Adv* ĝuste; korekte; ekzakte; *tatsächlich* fakte; ***ganz*** (***od sehr***) ~***!*** tute ĝuste!, tute prave!, tute vere!; ***geht Ihre Uhr*** ~***?*** ĉu via horloĝo ĝustas?; ~ ***fand ich, dass ...*** mi trovis ĝusta, ke ...

richtiggehend *Adj regelrecht* vera, tipa; *Uhr* akurata; ***das war eine*** ~***e Unverschämtheit*** tio estis vera impertinentaĵo

Richtigkeit *f* ĝusteco; *[Berechtigung] einer Aussage, Beschwerde od Handlungsweise* praveco; *Korrektheit* korekteco; *Exaktheit* ekzakteco; ***die*** ~ ***einer Theorie beweisen*** pruvi la ĝustecon de teorio

richtigstellen *tr berichtigen* reĝustigi; *korrigieren* [ankoraŭfoje] korekti

Richtigstellung *f Berichtigung* [re]ĝustigo; *Korrektur* korekt[ad]o

Richt|latte *f, auch* ***Richtscheit*** *n Handw* [nivel]rektilo (*vgl. dazu* ***Messstab***); ~**linie** *f* direktivo (*vgl. dazu* ***Leitlinie*** *u.* ***Vorschrift***); ~**lot** *n Handw* vertikalilo, *auch* plumbofadeno; ~**maß** *n Eichmaß* etalono; ~**mikrofon** *n* unudirekta mikrofono; ~**platz** *m od* ~**stätte** *f Gesch (Ort, an dem Hinrichtungen vorgenommen wurden)* ekzekutejo; ~**preis** *m Wirtsch* rekomendita prezo

Richtscheit *n Handw* ↑ ***Richtlatte***

Richt|schnur *f* ***a)*** *Handw (Schnur [des Maurers od Gärtners] zum Bezeichnen einer geraden Linie)* rektoŝnuro ***b)*** *Grundsatz, Prinzip* [gvida] principo; *Norm* normo; ~**schwert** *n Schwert für Hinrichtungen* ekzekutista glavo

Richtstrahler *m Radio* ↑ ***Richtantenne***

Richtung *f* direkto (↑ *auch* ***Fahrt-*** *u.* ***Kielrichtung***); *Kurs, bes. Mar* kurso *auch Pol*; *Tech auch* senco; *Tendenz* tendenco; *Schule (Strömung [bes. Kunst, Lit])* skolo; ***in*** ~ ***Berlin*** en [la] direkto al Berlino; ***in alle*** ~***en*** al ĉiuj direktoj, *umg* ĉiudirekten; ***eine andere*** ~ ***einschlagen*** preni alian direkton, alie direktiĝi; ***in entgegengesetzter*** ~ en [la] kontraŭa direkto; ***in die falsche*** ~ ***fahren*** (***gehen***) veturi (iri) en la malĝustan direkton

richtunggebend *Adj* direktodona (*vgl. dazu* ***richtungweisend***)

Richtungs|änderung *f* direktoŝanĝo *od* ŝanĝo de [la] direkto; ~**anzeiger** *m Kfz (Fahrtrichtungsanzeiger)* indikilo de direktoŝanĝo, *umg* ĝirindikilo

richtungslos *Adj* sendirekta; ~***e Größe*** *f Math* ↑ ***Skalar***

Richtungs|pfeil *m bes. Verk* direktosago; ~**sinn** *m Math* senco; ~**ventil** *n, i.w.S.* ***Wegeventil*** *n Tech* direkta valvo; ~**wechsel** *m* direktoŝanĝo

richtung[s]weisend *Adj* direktomontra *od nachgest* montranta la direkton (*bzw. i.w.S.* celon)

Richtwaage *f Handw* ↑ ***Wasserwaage***

Richtwert *m* orientiĝa valoro (↑ *auch* ***Norm***)
Ricin *n Biochemie (ein Phytotoxin aus den Samen von ‹Ricinus communis›)* ricinino
Ricke *f weibl. Reh* kapreolino
Rickettsien *f/Pl* (Rickettsia) *Bakt (eine Gattung gramnegativer, intrazellulär lebender Bakterien)* rikecioj *Pl* <*so benannt nach dem amerik. Pathologen Ricketts*>
Rickettsiose *f Med, Parasitologie, Vet (Erkrankung durch Rickettsienbefall)* rikeciozo (↑ *auch* ***Rocky-Mountain-***, ***Queensland-*** *u.* ***Tsutsugamushi-Fieber***)
Ricotta *m Nahr (ein ital. Frischkäse)* rikoto
Riebeckit *m ein Mineral aus der Gruppe der Amphibole* ribekito (↑ *auch* ***Krokydolith***)
riechbar *Adj zu riechen [sein]* flarebla
riechen ***a)*** *tr Geruch wahrnehmen* flari (*vgl. dazu* ***wittern***; ↑ *auch* ***beriechen***, ***schnüffeln*** *u.* ***schnuppern***); ***Brandgeruch*** ~ [ek]flari brul-odoron; ***das kann man*** ~ oni povas flari tion ◇ ***ich kann ihn nicht*** ~ naŭzas al mi vidi lin *od* vidante lin mi sentas naŭzon ***b)*** *intr Geruch verbreiten* odori (***nach*** je); *stinken* stinki, mefiti; *faulig riechen* fetori; ***an einer Blume*** ~ priflari floron; ***es riecht nach Kohlsuppe*** odoras je brasika supo; ***nach Schnaps*** (***Tabak***) ~ odori je brando (tabako); ***an etw.*** ~ priflari ion; ***dumpf*** (*od* ***muffig***) ~ mucide odori; ***der Kuchen riecht gut*** la kuko bonodoras (*od* bone odoras)
Riechen *n* flarado
Riecher *m* ↑ *unter* ***Nase***
Riechgras *n* (*Gattung* Cymbopogon) *Bot (ausländische Grasgattung mit verschiedenen Arten, die ätherische Öle für die Parfümindustrie liefern)* cimbopogono (*vgl. dazu* ***Zitronella-*** *u.* ***Zitronengras***)
Riechlappen *m Anat*: ***zum*** ~ ***gehörig***, <*wiss*> ***adolfactorius*** adolfaktoria
Riechnerv *m Anat* ↑ ***Geruchsnerv***
Riech|organ *n Anat* flar-organo; ~**salz** *n belebend wirkendes Gemisch aus ätherischen Ölen u. Salz* volatila salo <*früher gegen Kopfschmerzen u. Ohnmacht verwendet*>; ~**schleimhaut** *f* (Mucosa olfactoria) *Anat* olfakta mukozo; ~**sinn** *m* olfakta senso; ~**stoff** *m* aromaĵo *od* aroma substanco; *Parfüm* parfumo; ~**störung** *f Med* olfakta misfunkcio *häufig kombiniert mit Geschmacksstörungen*; ~**zelle** *f Anat* olfakta ĉelo
Ried *n* ***a)*** *Schilf* kano; *Röhricht* kanejo (*vgl. dazu* ***Rohr b)***) ***b)*** *reg für «Moor»* marĉo
Ried|bock *m* (*Gattung* Redunca) *Zool (eine Gattung südafrik. Großantilopenarten)* kanoantilopo; ~**dach** *n*, *auch* ***Rohrdach*** *n Bauw* kana tegmento; ~**drossling** *m* (Turdoides altirostris) *Orn* iraka moktimalio
Riedgras *n Bot* ↑ ***Segge***
Riedgrasgewächse *n/Pl Bot*: ***[Familie der]*** ~ *Pl* (Cyperaceae) *Bot* ciperacoj *Pl*
Riedscharbe *f* (Phalacrocorax africanus) *Orn* longvosta kormorano *[Vorkommen: subsaharisches Afrika u. Madagaskar]*
Riefe *f Hohlkehle, Längsrinne, Rille* kanelo
riefeln, *auch* ***riefen*** *tr auskehlen, mit Rillen versehen (z.B. eine Säule)* kaneli
Riege *f Turnergruppe* grupo da gimnastoj
Riegel *m* ***a)*** *z.B. an einer Tür* riglilo (↑ *auch* ***Türriegel***); *Dreh*~ *(an Fenstern)* espanjoleto ◇ ***einer Sache einen*** ~ ***vorschieben*** ĉesigi (*od* haltigi) aferon ***b)*** *Sperre* bar[aĵ]o (↑ *auch* ***Schrankenriegel***); *Mil (Blockade)* blokado; *Sport (Verteidigungsriegel)* kompakta defendo ***c)*** *eingeteilter Streifen bzw. Produkt in Ziegelform*: ***ein*** ~ ***Schokolade***, *umg* ***Schoko[laden]riegel*** *m* briketo da ĉokolado; ***ein*** ~ ***Seife*** briko da sapo
riegeln ↑ ***verriegeln***
Riel *m* (*Abk* ***R***): ***kambodschanischer*** ~, *auch* ***Khmer-Riel*** *m* (*Abk* ***CR***; *Währungscode* ***KHR***) *Währungseinheit in Kambodscha* kamboĝa rielo <*ein Riel = 100 Sen*>
[1]**Riemann** (*m*) *Eig (dt. Mathematiker [1826-1866])* Rimano; ***Riemannsche Fläche*** *f Geom* rimana sternaĵo
[2]**Riemann** (*m*) *Eig (dt. Musikforscher [1849 -1919]* <*Begründer der modernen Musikwissenschaft u. der Funktionstheorie der Harmonielehre*>*)* Rimano
Riemen *m* ***a)*** *Streifen aus Leder od festem Gewebe u.a.* rimeno *auch Tech* (↑ *auch* ***Abzieh-***, ***Hals-***, ***Schulter-***, ***Schwanz-*** *u.* ***Steigbügelriemen***); *Gürtel* zono; *Treib*~, *Transmissions*~ transmisia rimeno ◇ ***den*** ~ ***enger schnallen müssen*** draste (*od* rigore) limigi siajn bezonojn; ***sich am*** ~ ***reißen*** *salopp* [denove *od* finfine] kolekti siajn fortojn, ankoraŭfoje koncentriĝi al (*od* sur) io (*vgl. dazu* ***sich anstrengen***) ***b)*** *Ruder* remilo
Riemen|[an]trieb *m Tech (kraftschlüssige Leistungsübertragung zw. zwei Wellen mit großem Achsabstand durch Flach- od Keilriemen)* transmisio per rimeno(j) *od* [per]rimena transmisio; ~**blume** *f* (*Gattung* Loranthus) *Bot (eine Gattung baumschmarotzender, meist tropischer Pflanzen)* loranto

Riemenfisch *m* (Regalecus glesne) *Ichth* giganta rubandofiŝo <*größter Knochenfisch der Welt (bis 17m lang)*>; ***[Familie der] ~e*** *Pl* (Regalecidae) regalecedoj *Pl*: große schlangenförmige pelagische Knochenfische

Riemen|hals *m des Ruders* remilkolo; **~-muskel** *m* (Musculus splenius) *Anat (ein Nackenmuskel)* splenio; **~peitsche** *f* knuto; **~schaft** *m, auch* ***Rudergriff*** *m* rem[il]tenilo; **~scheibe** *f Tech (radförmiger Teil eines Riementriebes)* pulio [por rimeno] (↑ *auch* ***Seilscheibe***)

Riemenschuh *m* ↑ ***Sandale***

Riementang *m Bot* ↑ ***Blatttang***

Riemen|verbindung *f* junto de rimeno(j); **~zunge** *f Bot* ***a)*** (*Gattung* Himanto-glossum) himantogloso ***b)*** *auch* ***Bocksorchis*** *f* (*die Art* Himantoglossum hircinum) *eine Orchideenart* virkapra himantogloso

Ries *n ein Papierzählmaß* rismo

Riese *m* giganto, grandegulo (*vgl. dazu* ***Gargantua***, ***Koloss*** *u.* ***Ungeheuer***); *[im Märchen:] Menschen fressender Riese* ogro

Riesel|bewässerung *f Landw* ŝpruca akvumado; **~felder** *n/Pl Bodenflächen, auf die vorgereinigte kommunale Abwässer zur Verwertung der darin enthaltenen Düngstoffe [Stickstoff, Phosphat] aufgebracht werden* kampoj irigaciataj per prepurigita kloakakvo, *auch* uzit-akva tereno

rieseln *intr Wasser, Sand* flueti (*vgl. dazu* ***rinnen***); *plätschern* plaŭd[et]i, *Bächlein* murmuri, flustri ◇ ***es rieselte mir kalt über den Rücken*** tremoj kuris sur mia dorso

Riesen|alk *m* (Pinguinis impennis) *Orn* granda aŭko; **~arbeit** *f* giganta (*od* kolosa) laboro, *auch* laborego; **~auswahl** *f* grandega (*od* giganta *od* enorma) elekto; **~bärenklau** *m* (Heracleum mantegazzianum *od* Heracleum gigantum) *Bot* giganta herakleo; **~bau** *m, auch* ***Riesengebäude*** *n* gigante granda konstruaĵo

Riesenbiene *f Ent* ↑ ***Riesenhonigbiene***

Riesenblume *f Bot* ↑ ***Rafflesia***

Riesen|bottich *m* kuvego; **~bovist** *m* (Lycoperdon giganteum = Calvatia gigantea) *Mykologie* giganta likoperdo, *pop auch* giganta polvofungo

Riesenchampignon *m Mykologie* ↑ ***Riesenegerling***

Riesendarmegel *m* (Fasciolopsis buski) *Zool (ein Darm- u. Leberparasit)* fasciolopso (↑ *auch* ***Darmegelkrankheit***)

Riesenducker *m Zool* ↑ ***Gelbrückenducker***

Riesenechse *f Paläozoologie* ↑ ***Stegosaurus***

Riesen|egerling *m, auch* ***Riesenchampignon*** (Agaricus augustus) *Mykologie* aŭgusta agariko; **~erfolg** *m* giganta (*od* eksterordinara) sukceso

Riesenfaultier *n Paläozoologie* ↑ ***Megatherium***

Riesen|-Federgras *n* (Stipa gigantea) *Bot* giganta stipo; **~fenchel** *m* (Ferula communis) *Bot (ein Doldengewächs der Mittelmeerländer)* ordinara ferolo; **~fischer** *m* (Megaceryle maxima) *Orn* giganta alciono *[Vorkommen: subsaharisches Afrika]*; **~-freude** *f* ĝojego (*vgl. dazu* ***Jubel***)

Riesengebäude *n* ↑ ***Riesenbau***

Riesen|gebirge *n, poln.* ***Karkonosze***, *tschech.* ***Krkonoše*** *Grenzgebirge Polen/Tschechien* Karkonoŝo; **~genuss** *m* ekstrema ĝuo, ĝuego

Riesengleitflieger *m/Pl Zool* ↑ *unter* ***Pelzflatterer***

Riesen|goldrute *f* (Solidago gigantea) *Bot* malfflu[florant]a solidago; **~granadilla** *f, auch* ***Königsgranadilla*** *f* (Passiflora quadrangularis) *Bot (eine tropische Lianenart mit essbaren säuerlichen Beeren)* barbadeno

riesengroß *Adj* giganta, kolosa, grandega

Riesengürteltier *n* (Priodontes giganteus) *Zool* giganta dazipo, <*wiss*> *auch* priodonto

riesenhaft *Adj* ***a)*** *wie ein Riese* kiel giganto ***b)*** = ***riesengroß***

Riesen|hai *m* (Selache maxima = Cetorhinus maximus) *Zool* giganta ŝarko; **~[honig]biene** *f* (Apis dorsata) *Ent* giganta abelo *[Vorkommen: Nepal, Assam u. SO-Asien]*

Riesenhornisse *f Ent*: ***asiatische ~*** (Vespa mandarinia) mandarena krabro *[Vorkommen: O- u. SO-Asien]*

Riesenhunger *m umg*: ***einen ~ haben*** esti malsatega, *bildh auch* esti malsata kiel lupo *(Zam)*

Riesenkänguru *n Zool*: ***östliches graues ~*** (Macropus giganteus) orienta griza kangaruo *[Vorkommen: Ost- u. SO-Australien u. Tasmanien]*; ***rotes ~*** (Macropus rufus) rufa kangaruo

Riesen|kleiber *m* (Sitta magna) *Orn* giganta sito *[Vorkommen: Südchina, Myanmar u. Thailand]*; **~kürbis** *m* (Cucurbita maxima)

Bot, Nahr gigantkukurbo, *auch* giganta kukurbo; ~**lebensbaum** *m* (Thuja plicata) *Bot* rezina tujo; ~**leberegel** *m* (Fasciola gigantea) *Parasitologie* giganta fasciolo; ~**mammutbaum** *m* (Sequoiadendrum giganteum) *Bot* sekvojadendro (↑ *auch* ***eibenartiger Mammutbaum*** [*unter* ***Mammutbaum***]); ~**maulhai** *m* (Megachasma pelagios) *Zool* grandbuŝa ŝarko

Riesenmolch *m, auch* ***Riesensalamander*** *m* (Megalobatrachus) *Zool* megalobatrako; ***japanischer*** ~ (Andrias japonicus = Megalobatrachus japonicus) japana megalobatrako

Riesen|muschel *f* (*Gattung* Tridacna) *Zool* tridakno; ~**nase** *f* nazego (↑ *auch* ***Zinken***); ~**otter** *m* (Pteronura brasiliensis) *Zool* brazila lutro *[Vorkommen: im Amazonas u. im Orinoco]*; ~**projekt** *n* giganta projekto, *leicht pej auch* monstra projekto; ~**rad** *n auf Volksfesten* giganta rado [en kermeso]; ~**rötling** *m* (Entoloma lividum = Entoloma sinuatum) *Mykologie* livida entolomo

Riesensalamander *m Zool*: ***chinesischer*** ~ (Andrias davidianus) ĉina giganta salamandro *[Vorkommen: in Fließgewässern im Einzugsgebiet des Jangtsekiang]*; ***japanischer*** ~ (Andrias japonicus) japana giganta salamandro *<größter Schwanzlurch der Welt>* (*vgl. dazu* ***Riesenmolch***)

Riesenschabe *f Ent*: ***südamerikanische*** ~, *auch* ***Totenkopfschabe*** *f* (Blaberus craniifer) sudamerika giganta blato

Riesen|schachtelhalm *m* (Equisetum maximum = Equisetum telmateia) giganta ekvizeto; ~**schildkröte** *f* (Testuda gigantea) *Zool* giganta testudo *[Vorkommen: Indik]*

Riesenschilf *m Bot* ↑ ***Pfahlrohr***

Riesenschirmpilz *m* (Macrolepiota excoriata) *Mykologie* makrolepioto

Riesenschlange *f* ***a)*** *Zool (Boa)* boao, *(Python)* pitono, *(Anakonda)* anakondo; ***[Familie der]*** ~***n*** *f/Pl* (Pythonidae) pitonedoj *Pl* ***b)*** *[sehr] lange Warteschlange* long[eg]a vico de atendantoj *od* tre longa atendovico

Riesenschritt *m*: ***mit*** ~***en*** per grandegaj (*od* kolosaj) paŝoj; *i.w.S. sehr schnell* rapidege

Riesen|schuppentier *n* (Manis gigantea) *Zool* giganta maniso; ~**schwalm** *m* (Podargus papuensis) *Orn* granda ranbuŝulo *[Vorkommen: Neuguinea u. N-Australien]*; ~-**schwingel** *m* (Festuca gigantea) *Bot* giganta festuko; ~**schwirl** *m* (Locustella fasciolata) *Orn* granda grilbirdo; ~**seeadler** *m* (Heliaeëtus pelagicus) *Orn* granda maraglo *[Vorkommen: Ostsibirien bis Hokkaido]*

riesenstark *Adj* fortega; *herkulisch* herkula

Riesen|stern *m Astron (Stern großer Masse u. geringer Dichte)* giganta stelo; ~**sturmvogel** *m* (Macronectes giganteus) *Orn* granda petrelo *[Vorkommen: südliche Ozeane]*; ~**tafelente** *f* (Aythya valisineria) *Orn* heldorsa anaso; ~**tanne** *f, auch* ***[große] Küstentanne*** *f* (Abies grandis) *Bot* granda abio; ~**unternehmen** *n Wirtsch* giganta entrepreno; ~**vergnügen** *n* plezurego; ~**waran** *m* (Varanus giganteus) *Zool* giganta varano *[Vorkommen: Australien] <nach dem Komodowaran die zweitgrößte Waranenart>*

Riesenwuchs *m Med* ↑ ***Gigantismus***

Riesenzellen *f/Pl Zytologie (auch pathologisch)* gigantaj ĉeloj *Pl*; ~**hepatitis** *f Med (durch das Zytomegalie-Virus verursachte Hepatitis)* gigantĉela hepatito; ~**tumor** *m Med (Granulationsgeschwulst mit vielkernigen Riesenzellen)* gigantĉela tumoro

riesig 1. *Adj* giganta, kolosa, grandega; *monströs* monstra *auch übertr*; ~***en Durst haben*** esti treege soifa **2.** *Adv* eksterordinare, treege; ~ ***viel*** eksterordinare multe, *umg auch* terure multe *od* multege

Riesin *f* gigantino

Riesling *m 1. eine hellfrüchtige Rebsorte [bes. an Rhein u. Mosel] 2. eine Weinsorte* rislingo

Rif *n, auch* ***Rifatlas*** *m arab.* ***ar-Rif*** *ein Gebirge in N-Marokko* [montaro] Rifo

Riff *n, auch* ***Felsenklippe*** *f* rifo *auch übertr*; *Korallen*≗ koralrifo *od* korala rifo (↑ *auch* ***Barriere-***, ***Saum-*** *u.* ***Wallriff***); ***voller*** ~***e*** plena de rifoj; ***auf ein*** ~ ***[auf]laufen*** *Schiff* veturi sur rifon, surrifiĝi; ***auf einem*** ~ ***zerschellen*** rompiĝi sur rifo

riffeln *tr Tech* kaneli; ***Flachs*** ~ kombi linon

Riffelung *f (als Vorgang)* kanelado, *(Riefen, Rillen)* kaneloj *Pl* (↑ *auch* ***Kannelur***)

Riff|fisch *m Ichth* riffiŝo (↑ *auch* ***Anemonenfisch***); ~**hang** *m* rif[o]deklivo

riffig *Adj* rifa; *voller Riffe* plena de rifoj

Riff|koralle *f* rifkoralo; ~**reiher** *m* (Egretta gularis = Egretta sacra) *Orn* rifa (*od* marborda) egretardeo *[Vorkommen: SO-Asien, Australien, Neuseeland u. Ozeanien]*

Rifkabylen *Pl Ethn (eine Gruppe der Berber im Rifatlas in N-Marokko)* rif-kabiloj *Pl*

Riftzone *f Geol* ↑ ***Senkungsgraben***

Riga (*n*) *Hptst. von Lettland* Rigo

Rigel *m Astron (ein Stern im Orion)* Riĝelo
rigid[e] *Adj steif, starr* rigida
Rigidität *f* rigideco (↑ *auch* ***Muskelrigidität***)
Rigor *m Med* ↑ ***Starre***
Rigorismus *m Phil (starres Festhalten an Grundsätzen [bes. im moralischen Handeln], übermäßige Strenge)* rigorismo; ***ethischer*** ~ etika rigorismo
Rigorist *m 1. strenger Vertreter von Grundsätzen od Befolger von Regeln 2. [allzu] strenger Sittenlehrer* rigoristo
rigoros *Adj [sehr] streng, hart gegen sich selbst od andere* rigora; *hartherzig* malmolkora, ŝtonkora, *auch* dur-kora; *gnadenlos, erbarmungslos* senkompata; *ohne Nachsicht, schonungslos* senindulga (*vgl. dazu* ***radikal*** *u.* ***rücksichtslos***); *drastisch* drasta
Rigorosität *f* rigoreco
Rigorosum *n mündl.Examen* buŝa ekzameno
Rigveda *m Sammlung der ältesten indischen Opferhymnen [2. Jt. v. Chr.]* rigvedo *<Teil der Veden>*
Rijeka (*n*), *ital.* ***Fiume*** *eine kroatische Hafenstadt* Rijeko; ***Golf*** *m* ***von*** ~ *innerer Teil der Kvarner Bucht* Golfo de Rijeko
Rikscha *f* rikiŝo; ~**fahrer** *m* rikiŝisto
Riksmål *n ältere Bez für Bokmål [seit Ende des 19. Jh. neben dem Landsmål bestehende norwegische Schriftsprache]* riksmolo
Riktation *f Med* ↑ ***Aufstoßen*** *od* ***Rülpsen***
Rilagebirge *n, bulg.* ***Rila Planina*** *ein Hochgebirgsstock in SW-Bulgarien* Rila Montaro
Rille *f* kanelo *(auch auf Grammophonplatten), auch* sulketo (*vgl. dazu* ***Kannelur, Nut*** *u.* ***Riefe***; ↑ *auch* ***Mikrorille***); ***mit*** ~***n versehen*** kaneligi (↑ *auch* ***kannelieren***)
Rillenschiene *f Eisenb* sulkorelo
Rillettes *f/Pl Kochk (Brotaufstrich aus Enten-, Gänse- od Schweinefleisch, das im eigenen Fett u. Saft gekocht u. haltbar gemacht wird [entspricht ungefähr der deutschen «Pottsuse»* riletoj *Pl*
Rimesse *f, auch* ***Besitzwechsel*** *m Fin* rimeso (↑ *auch* ***Tratte***)
Rind *n* bovo (*vgl. dazu* ***Kuh***; ↑ *auch* ***Guernsey-Rind*** *u.* ***Hochlandrind***); *Kochk* bovaĵo; ***Montafoner*** ~ *ein österreichisches Braunvieh* montafona bovo; ***Westerwälder*** ~ *auf den Höhen des Westerwaldes gehaltene alte Landrasse des Rinds* vestervalda bovo
Rinde *f* ***a)*** ŝelo; *Baum*~ arboŝelo; *Brot*~ pankrusto *od* krusto de [la] pano (↑ *auch* [2]***Schale***) ***b)*** *Anat (das Mark mancher Organe umgebende Schicht)* kortiko; *Hirn*~ (Cortex cerebri) *Anat* cerebra kortekso; ***granuläre*** ~ granula kortekso
Rinden|blindheit *f nur Fachspr Ophthalmologie u. Neurologie (Amaurose durch beidseitige Zerstörung der Sehzentren in den Hinterhauptlappen des Gehirns)* kortika blindeco; ~**bremse** *f* (Tabanus bovinus) *Ent* bovotabano; ~**katarakt** *f od* ~**star** *m Ophthalmologie* kortika katarakto; ~**poren** *f/Pl Bot* ŝelaj poroj *Pl*; ~**spore** *f Bot* lenticelo
Rinder|braten *m, <österr>, <schweiz> u. reg* ***Rindsbraten*** *m Kochk* rostita bovaĵo, *auch* bovrostaĵo; ~**bremse** *f* (Tabanus bovinus) *Ent* bova tabano; ~**brucellose** *f, auch* ***seuchenhaftes Verwerfen*** *n Vet* bova brucelozo; ~**filet** *n, auch* ***Rindsfilet*** *n Kochk* bova fileo; ~**herde** *f* grego da bovoj; ~**hirt** *m* bovopaŝtisto *od* bovogardisto, *berittener (in Amerika)* vakero, *(in Südamerika)* gaŭĉo; ~**stall** *m* bovostalo
Rinderwahnsinn *m Vet* ↑ ***BSE***
Rinder|zucht *f* bredado de bovoj; ~**züchter** *m* bovobredisto
Rinderzunge *f* bova lango; ***gekochte*** ~ *Kochk* kuirita bova lang[aĵ]o
Rindfleisch *n* bova viando *od* bovoviando, *(zubereitet [als Gericht])* bovaĵo (*vgl. dazu* ***Rinderbraten***); ***gekochtes*** ~ *Kochk* boligita bovaĵo
Rindsauge *n Bot* ↑ ***Ochsenauge a)***
Rindsbraten *m* ↑ ***Rinderbraten***
Rindsfilet *n Kochk* ↑ ***Rinderfilet***
Rindshaut *f* bovofelo
Rind[s]leder *n* bova ledo (↑ *auch* ***Juchten***)
Rindslende *f Kochk* bova lumbaĵo (↑ *auch* [1]***Chateaubriand***)
Rindssteak *n Kochk* bova steko (↑ *auch* ***Pfeffersteak***)
Rindsuppe *f* ↑ ***Fleischbrühe***
Rindszunge *f* ***a)*** (*Gattung* Buphthalmum) *Bot* buftalmo ***b)*** *Kochk* bova lango *od* lango de bovo
Rindvieh *n* ***a)*** *als Sammelbegriff* bovoj *Pl od* bovaro *Sg* ***b)*** *Schimpfw (dummer Kerl)* stultulo, *(Esel)* azeno
Ring *m* ***a)*** *als Schmuck, auch Boxsport u. Tech* ringo (↑ *auch* ***Brillant-, Dichtungs-, Finger-*** *u.* ***Trauring***); *Teil einer Kette* ĉenero, ringo de ĉeno; ***ein goldener*** ~ ora ringo; ***den*** ~ ***betreten*** *od* ***in den*** ~ ***steigen*** *Bo-*

xer eniri la ringon; ***mit ~en [aus Metall] versehen*** *z.B. zur Verstärkung* provizi per [metala(j)] ringo(j), ringizi (*vgl. dazu* ***beringen***) ***b)*** *etw., das einem Ring ähnlich sieht (Jahres~ [im Holz eines Baumstamms])* jarringo, *(Ringe um die Augen)* okulringoj *Pl*, *(Kreis)* cirklo, rondo, *(Ringstraße)* cirkla strato, ringa avenuo, bulvardo, *(Arena, Kampfplatz)* areno (↑ *auch* ***Hexenring***) ***c)*** *Astron* haloo, ringo; ~ ***um den Mond*** haloo ĉirkaŭ la luno, luna haloo; ***die ~e*** *Pl* ***des Saturn*** la ringoj *Pl* de Saturno ***d)*** *Chem (ringförmige Anordnung von Atomen)* ciklo ***e)*** *Zusammenschluss, z.B. (Trust)* trusto, *(Kartell)* kartelo, *(Unternehmensgruppe)* grupo de entreprenoj

ringartig *Adj* ringeca (*vgl. dazu* ***ringförmig***)

Ring|bahn *f Eisenb* ringofervojo; **~chromosomen** *n/Pl Genetik (Chromosomen in Form eines ringförmig geschlossenen DNA -Moleküls)* ringokromosomoj *Pl*; **~drossel** *f* (Turdus torquatus), *reg* ***Alpenamsel*** *f Orn* rubandoturdo

Ringel *n* ring[et]o, cirkl[et]o; *[kleine] Locke* bukl[et]o

Ringelblume *f* (*Gattung* Calendula) *Bot* kalendulo (↑ *auch* ***Ackerringelblume***); ***gemeine ~*** *od* ***Gartenringelblume*** *f* (Calendula officinalis) kuraca (*od* oficina) kalendulo

Ringelgans *f* (Branta bernicla) *Orn* kolringa ansero *[Vorkommen: Arktis, Norden Eurasiens u. Nordamerikas, Wintergast an der Nord- u. Ostsee]*

Ringelgedicht *n Lit* ↑ ***Rondeau a)***

ringeln, sich *refl* ringiĝi, alpreni formon de ringo; *sich locken (Haar)* bukliĝi

Ringelnatter *f* (Natrix natrix) *Zool* [ringo]natrikso

Ringelreim *m Lit* ↑ ***Rondeau a)***

Ringelrobbe *f* (Phoca hispida) *Zool* malgranda foko

Ringelschwanz *m z.B. des Schweins* bukla vosto; **~ziesel** *m* (Notocitellus annulatus) *Zool* ringvosta zizelo *[Vorkommen: Zentral -Mexiko]*

Ringelspiel *n* ↑ ***Karussell***

Ringeltaube *f* (Columba palumbus) *Orn* ringokolombo

Ringelwurm *m Zool*: ***[Klasse der] Ringelwürmer*** *Anneliden* anelidoj *Pl*

Ringelwühlen *f/Pl Zool* ↑ ***Blindwühlen***

ringen *intr Sport u. übertr* lukti (***mit*** kun); *i.w.S. kämpfen* batali, *auch* lukti; ***die Hände ~*** tordi la manojn; ***mit Schwierigkeiten ~*** lukti (*od auch* barakti) kontraŭ malfacilaĵoj; ***mit dem Tod[e] ~*** lukti (*od auch* batali) kontraŭ la morto; *im Sterben liegen* esti en agonio, agonii

Ringen *n* luktado *auch übertr*, *(als Sportart) auch* lukto (↑ *auch* ***Freistilringen***); ***griechisch-römisches ~*** (*auch* ***klassisches Ringen*** *genannt*) grek[a]-romia lukto

[1]**Ringer** *m Sport* luktisto (↑ *auch* ***Sumoringer***)

[2]**Ringer** (*m*) *Eig (britischer Arzt u. Pharmakologe [1835-1910])*; **~-Lösung** *f Pharm (eine abgewandelte physiologische Kochsalzlösung [als Nährlösung für Gewebekulturen u. als Blutersatz])* ringera solvaĵo

Ringermatte *f* luktotapiŝo

Ringfinger *m* ringofingro

Ringfläche *f Geom* ↑ ***Torus***

ringförmig 1. *Adj* ringoforma (*vgl. dazu* ***rund***); *wie ein Ring* kiel ringo (*bzw.* cirklo) **2.** *Adv* ringoforme

Ringgit *m* (*Abk* ***R***), *auch* ***malaysischer Ringgit*** *m* (*Abk* ***RM***; *Zeichen* ***$***; *Währungscode* ***MYR***) *Währungseinheit in Malaysia* ringito, *auch* malajzia ringito *[1 Ringgit = 100 Sen]*

Ring|heft *n* ringokajero; **~kampf** *m auch als sportl. Disziplin* luktado; *der Kampf selbst* luktomaĉo; **~kämpfer** *m* luktisto (*vgl. dazu* ***Ringer***); **~knorpel** *m* (Cartilago cricoidea) *Anat* krikoido

Ringlein *n kleiner Ring* ringeto

Ringlotte *f* ↑ ***Reneklode***

Ringmuskel *m* (Orbiculus) *Anat* orbikulo; ***~ des Auges*** (***des Mundes***) okula (buŝa) orbikulo

Ringrichter *m Boxsport* gvida juĝisto [en la ringo]

rings *od* **rings[her]um** *od* **ringsumher** *Adv* ĉirkaŭe, en la ĉirkaŭo; ***ringsum war es stockdunkel*** ĉirkaŭe estis mallumege *od* ĉirkaŭe regis mallumego

Ringschnabel|ente *f* (Aythya collaris) *Orn* bekringa anaso; **~möwe** *f* (Larus delawarensis) *Orn* bekringa mevo

Ring|sittich *m* (Barnardius zonarius) *Orn* kolringa papago; **~straße** *f* cirkla strato, ringa avenuo, bulvardo; **~verkehr** *m* ringotrafiko (↑ *auch* ***Kreisverkehr***)

Rinne *f* kanaleto, [eta] defluejo (*vgl. dazu* ***Dachrinne*** *u.* ***Rinnstein***); *Rille, Riefe* kanelo; *[kleine] Furche* sulk[et]o; *[kleiner]*

Graben fosaĵ[et]o; *Fahr*≗ *für Schiffe* ŝanelo

rinnen *intr* ***a)*** *sacht fließen, sickern* softe flu[et]i (↑ *auch* ***rieseln***); *Tränen, Schweiß* flu[ad]i; ***der Regen rinnt*** la pluvo softe kaj kontinue fal[et]as ***b)*** *reg für «undicht sein»* liki, ellasi (*bzw.* tralasi) akvon ***c)*** ◇ ***das Geld rinnt ihm durch die Finger*** *er kann das Geld nicht zusammenhalten* el lia mano ĉiu monero elglitas *(Zam)*

Rinnsal *n* flueto

Rinnstein *m* strata kanaleto (*od* defluejo) [por pluvakvo]

Rio Araguaia *m ein linker Nebenfluss des Rio Tocantis/Brasilien* [rivero] Aragvajo

Rio Branco (*n*) *Hptst. des westbrasilianischen Gliedstaates Acre* Riobranko

Rio Bravo del Norte *m Grenzstrom zw. den USA u. Mexico* Riobravo

Río Caquetá *m* ↑ *unter* ***Japurá***

Rio de Janeiro (*n*) *1. ein brasilian. Gliedstaat 2. Hptst. des gleichnamigen brasilian. Staates* Rio-de-Ĵanejro

Río de la Plata *m* ↑ ***²La Plata***

Río de Oro (*n*), *arab.* ***Tiris al-Gharbia*** *Südteil der ehemaligen Westsahara* Riodoro *<1976 von Spanien an Mauretanien übergeben>*

Rio Grande ***a)*** *m 1. Hauptarm des Orinoco [in Venezuela] 2. ein Quellfluss des Paraná [in Brasilien]* [rivero] Riogrando ***b)*** (*n*) *1. eine Hafenstadt im SO Brasiliens 2. eine Stadt im argentinischen Teil Feuerlands* [urbo] Riogrando

Río Grande del Norte, *in Mexiko* ***Río Bravo del Norte*** (*m*) *Grenzstrom zw. den USA u. Mexiko* [rivero] Riogrando Norda, *auch* Riobravo

Río Madeira *m größter rechter Nebenfluss des Amazonas in Brasilien* Rivero Madejro *[Länge: 3240 km]*

Río Muni (*n*) ↑ ***Mbini***

Río Negro *m 1. ein Fluss im südlichen Argentinien 2. linker Nebenfluss des Río Uruguay* Rionegro, *auch* Rivero Negro

Río Purus *m* ↑ ***Purus***

Rio São Francisco (*m*) ↑ ***São Francisco***

Riposte *f*, *auch* ***Antwortangriff*** *m* ***[unmittelbar nach erfolgreicher Parade]*** *Fechten* riposto (↑ *auch* ***Contrariposte***)

Rippchen *n/Pl*, *<österr>* ***Ripperln*** *n/Pl*, *<schweiz>* ***Rippli*** *n/Pl Kochk* ripaĵo

Rippe *f* ***a)*** *Anat* (Costa) ripo; ***obere*** (*od* ***wahre***) *~**n*** *Pl* (Costae sternales [*od* verae]) *Rippen, die unmittelbar am Brustbein ansitzen* sternumaj (*od* veraj) ripoj *Pl*; ***untere*** (*od* ***falsche***) *~**n*** *Pl* (Costae spuriae) nesternumaj (*od* falsaj) ripoj *Pl*; ***zwischen den ~n [liegend]***, *Fachspr Med* **interkostal** interripa; ***sich eine ~ brechen*** rompi al si ripon ***b)*** *Blatt*≗ ripo [de folio] ***c)*** *Rippe im Stoff od in Trikotagen* ripo [en ŝtofo aŭ trikaĵoj] ***d)*** *Handw, Tech (Rippe an Maschinenteilen, schmale Leiste zur Erhöhung der Steifigkeit od zur Vergrößerung der Wärme austauschenden Oberfläche [z.B. Heiz- od Kühlrippen])* ripo; *Heiz*≗ ripo de radiatoro; *~**n*** *Pl* ***eines Regenschirms*** ripoj *Pl* de pluvombrelo ***e)*** *Arch (Gewölbe*≗*)* ripo *od* nervuro [de volbo *bzw.* arkaĵo], *(weniger hervortretende und flachere Erhöhung [Leiste], z.B. auf Ornamenten)* listelo; ***die ~n*** *Pl* ***einer Kuppel*** la ripoj *Pl* de kupolo ***f)*** *Bauelement bei Flugzeugen*: ***die ~n*** *Pl* ***der Tragflächen*** la ripoj *Pl* de la planeoj ***g)*** *allg: rippenartige Erhöhung, [Berg- u.a.] Rippe* ripo ***h)*** *Schiffs*≗ ↑ ***Spant***

Rippen|bogen *m* (Arcus costalis) *Anat* ripa arko; *~***farn** *m* (*Gattung* Blechnum) *Bot* blekno, (*Art* Blechnum spicant) [spikanta] blekno

Rippenfarngewächse *n/Pl Bot*: ***[Familie der]*** *~* (Blechnaceae) bleknacoj *Pl*

Rippenfell *n* (Pleura costalis) *Anat* [ripa] pleŭro (*vgl. dazu* ***Brustfell***); *~***entzündung** *f Med* inflamo de la [ripa] pleŭro, pleŭrito

Rippenfleisch *m Nahr* ripviando, *auch* interkostaĵo (↑ *auch* ***Rippchen***)

rippenförmig **1.** *Adj* ripoforma **2.** *Adv* ripoforme

Rippen|fraktur *f* (Fractura costalis) ripa frakturo; *~***hals** *m* (Collum costae) *Anat* ripokolo; *~***knochen** *m* (Os costale) *Anat* ripa osto; *~***knorpel** *m* (Cartilago costalis) *Anat* ripa kartilago; *~***kopf** *m* (Caput costae) *Anat* ripokapo; *~***körper** *m* (Corpus costae) *Anat* ripokorpo; *~***prellung** *f* (Contusio costae) *Med* ripokontuzo *od* kontuzo de ripo(j); *~***quallen** *f/Pl* (*Klasse* Ctenophora) *Zool* ktenoforoj *Pl*; *~***resektion** *f Chir (Entfernung eines Rippenstücks [bei Thorakotomie od Thorakoplastik])* ripa desekc[ad]o; *~***-stück** *n Schlächterei* ripaĵo *auch Nahr* (↑ *auch* ***Rippchen***)

Rippli *n/Pl Kochk* ↑ ***Rippchen***

Rippsamt *m*, *auch* ***Rippensamt*** *m Textil* ripa veluro, manĉestro (↑ *auch* ***Cord*** *u.* ***²Man-***

chester)

Rips *m Textil* repso (↑ *auch* ***Schussrips***)

Ripsseide *f Textil* ↑ ***Faille***

Ripuarier *m/Pl ein Teilstamm der Franken [ansässig am Niederrhein]* ripuaroj *Pl*

Risiko *n* risko (*vgl. dazu* ***Wagnis***; ↑ *auch* ***Diabetes-***, ***Erkrankungs-***, ***Infektions-***, ***Kredit-***, ***Markt-***, ***Schlaganfall-***, ***Sicherheits-***, ***Thrombose-***, ***Unfall-*** *u.* ***Verletzungsrisiko***); ***finanzielles*** ~ financa risko; ***auf eigenes*** ~ je propra risko, *auch* propraríske; ***versicherbares*** ~ asekurebla risko; ***mit vollem*** ~ kun plena risko, *auch* plenriske; ***das*** ~ ***auf sich nehmen*** preni sur sin la riskon; ***ein gewisses*** ~ ***in sich bergen*** enhavi [en si] certan riskon; ***ein großes*** ~ ***darstellen*** prezenti grandan riskon (***für jmdn.*** por iu); ~ ***an Krebs zu erkranken*** risko malsaniĝi je kancero; ***das*** ~ ***scheuen*** (***senken***) timi (redukti) la riskon; ***das***~ ***tragen*** (*od* ***auf sich nehmen***) porti (*od* preni sur sin) la riskon; ***das*** ~ ***übernehmen*** (***vergrößern***, ***verringern***) transpreni (pligrandigi, malpliigi) la riskon ◇ ***zu Risiken und Nebenwirkungen fragen Sie Ihren Arzt oder Apotheker*** pri riskoj kaj kromefikoj demandu vian kuraciston aŭ apotekiston

Risikoanalyse *f Wirtschafts- u. Sozialstatistik* riskoanalizo *od* analizo pri riskoj (↑ *auch* ***Gefahrenanalyse***)

risikobereit *Adj* riskopreta

Risiko|bereitschaft *f* riskopreteco; ~**bewertung** *f* riskotaksado *od* taksado de la risko; ~**faktor** *m Faktor, der ein Risiko beinhaltet* faktoro de risko *od* risk-faktoro *auch Med*

Risikofamilien *f/Pl*: ***genetische*** ~ *Med (Bez für Familien in denen für die Nachkommen eine erhöhte Wahrscheinlichkeit für das Auftreten genetischer Krankheiten besteht)* familioj *Pl* kun genetika risko

Risikoforschung *f* esploro pri riskoj

risikofrei *od* **risikolos** **1.** *Adj* senriska **2.** *Adv* senriske (↑ *auch* ***gefahrlos*** *u.* ***unbedenklich***)

Risiko|gebiet *n* riska (*od* riskoporta) regiono (↑ *auch* ***Hochrisikogebiet***); ~**geburt** *f Med (Geburt nach Risikoschwangerschaft)* riskoporta nasko; ~**gruppe** *f bes. Med* riskogrupo *od* riskoplena grupo; ~**kapital** *n*, *auch* ***risikotragendes Kapital*** *od* ***Wagniskapital*** *n Fin, Wirtsch* riskoporta kapitalo; ~**minimierung** *f* riskominimumigo; ~**-Nutzen-Analyse** *f* risko-utilo-analizo

risikoreich *Adj* riskoplena (↑ *auch* ***gefährlich***, ***riskant*** *u.* ***waghalsig***)

Risikoschwangerschaft *f* riskoporta (*od* altriska) gravedeco

risikotragend *Adj* riskoporta

riskant *Adj gewagt* riska; *risikoreich* riskoplena; *i.w.S. gefährlich* danĝera; ***eine*** ~***e Behauptung*** riska aserto

riskieren *tr*: ***etw.*** ~ *etw. Gefährliches wagen, etw. aufs Spiel setzen* riski ion; *etw. mutig angehen* kuraĝe alfronti ion; ***sein Leben*** ~ riski sian vivon

Risotto *m od n Kochk (gedünsteter Reis mit geriebenem Parmesankäse u. anderen Zutaten)* rizoto

Rispe *f Bot (traubiger Blütenstand, dessen Seitenachsen wieder Trauben bilden)* paniklo (*vgl. dazu* ***Spirre***); ~***n tragend*** paniklohava

Rispelstrauch *m Bot*: ***deutscher*** ~ (Myricaria germanica) [germana] mirikario, *auch* germana tamariko

Rispenampfer *m* (Rumex thyrsiflorus) *Bot* densflora rumekso

Rispeneisenhut *m Bot* ↑ *unter* ***Eisenhut***

Rispenfarngewächse *n/Pl Bot* ↑ ***Königsfarngewächse***

Rispen|finkensame *m* (Neslia paniculata) *Bot* panikla neslio; ~**flockenblume** *f* (Centaurea stoebe) *Bot* rejnlanda centaŭreo

rispenförmig, *auch* ***rispig*** *Adj* panikloforma

Rispengilbweiderich *m Bot* ↑ *unter* ***Weiderich***

Rispengras *n* (Poa) *Bot (eine Gattung der Familie der Süßgräser, die etwa 200 Arten umfasst)* poao (↑ *auch* ***Wiesenrispengras***); ***einjähriges*** ~ (Poa annua) unujara poao

Rispen|hirse *f*, *auch* ***echte Hirse*** (Panicum miliaceum) *Bot* milia panico; ~**hortensie** *f* (Hydrangea paniculata) *Bot* panikl[ohav]a hortensio

Rispentomaten *f/Pl* ↑ ***Strauchtomaten***

[1]**Riss** *m in Papier, Stoff u.a.* ŝiro (↑ *auch* ***Dreiangel***); *Ritze, Spalt* fend[et]o; *übertr* fendo; *in der Haut* ŝiriĝo, *(Risswunde)* ŝirvundo; ***einen*** ~ ***bekommen*** *einreißen* ŝiriĝi (*vgl. dazu* ***Meniskusriss***)

[2]**Riss** *m [technische] Zeichnung* [teknika] desegnaĵo, skiza plano (*vgl. dazu* ***Projektion***)

rissig *Adj* fendohava; *Lippen, Haut* malglata (*vgl. dazu* ***rau*** *u.* ***rhagadiform***)

Rissole *f Kochk (kleine gebratene [halb-*

mondförmige] Teigtasche) risolo

Riss|pilz *m* (*Gattung* Inocybe) *Mykologie* inocibo; ~**wunde** *f Med* ŝirvundo

Rist *m Anat* ↑ ***Spann***

ristornieren *tr 1. Bankw, Fin (rückbuchen) 2. Gewinn ausschütten am Jahresende* ristorni (↑ *auch* ***gutschreiben***)

Ristorno *m od n 1. Bankw, Versicherungswesen (Prämienrückgabe) 2. Jahresendausschüttung an die Gesellschafter 3. allg u. Fin (Rückbuchung, Gutschrift egen eines Rechenfehlersod wegen Gewährung eines Rabatts* ristorno

Rita (*f*) *weibl. Vorname* Rita

Riten *Pl* ↑ *unter* ***Ritus***

Ritornell *n* ***a)*** *Metr (italienische dreizeilige volkstümliche Strophenform [ursprünglich ein den Strophen folgender selbstständiger Abschnitt im italienischen Madrigal des 14. Jh.s]*) stornelo, *auch* ritornelo ***b)*** *Mus (immer wiederkehrendes instrumentales Vor-, Zwischen- u. Nachspiel bei Instrumentalkonzerten sowie Liedern und Arien im 17. und 18. Jh.)* ritornelo

ritsch-ratsch *lautmalend (Zerreißen von Papier od Stoff)* riĉ-raĉ *(Zam)*

Ritt *m* rajdo ◇ ***auf einen*** ~ *ohne Unterbrechung* seninterrompe; *ohne zu halten* senhalte; *ohne Pause* senpaŭze

Rittberger *m Eis- u. Rollkunstlauf* ritbergo; ***doppelter*** ~ *od* ***Doppelrittberger*** *m* duobla ritbergo

Ritter *m Gesch (1. [im alten Rom:] reicher, nichtpatrizischer Bürger, der den Kriegsdienst zu Pferde leistete 2. [im Mittelalter:] Edelmann, Chevalier)* kavaliro *auch i.w.S.* (↑ *auch* ***Grals-*** *u.* ***Kreuzritter***); ~ ***der Ehrenlegion*** Kavaliro de la Honor-legio (*od* Honora Legio); ~ ***vom grünen Stern*** *bildh, oft scherzh für «Esperantist»* kavaliro de la verda stelo; ***fahrender*** ~ *Gesch* vaganta kavaliro, *bes. jmd., der sich durch Abenteuerlust u. Kühnheit auszeichnete* prodo; ***jmdn. zum*** ~ ***schlagen [solene]*** fari iun kavaliro

Ritter|burg *f* kavalira burgo; ~**gut** *n* kavalira (*od* sinjora) bieno

ritterlich *Adj* kavalir[ec]a, *auch* kavalireska (↑ *auch* ***chevaleresk***); *gegenüber Damen* galanta; *i.w.S. (mutig)* brava; ~***e Tat*** *f* kavalireca ago, kaviraĵo

Ritterlichkeit *f als Eigenschaft* kavalireco (*vgl. dazu* ***Galanterie*** *u.* ***Höflichkeit***)

Ritterling *m* (*Gattung* Tricholoma) *Mykologie* triĥolomo *od* trikolomo (↑ *auch* ***Rötel-*** *u.* ***Seifenritterling***); ***schwefelgelber*** ~ *od* ***Schwefelritterling*** (Tricholoma sulphureum) sulfur[kolor]a triĥolomo; ***[Familie der]*** ~***e und Trichterlinge*** *Pl* (Tricholomataceae) triĥolomacoj *od* trikolomacoj *Pl*

Ritterorden *m Gesch* kavalira ordeno; ***der Deutsche*** ~ la Ordeno de Germanaj Kavaliroj, *meist Kurzf* la Germana (*od* Teŭtona) Ordeno (*vgl. dazu* ***Kreuzritterorden*** *u. unter* ***Malteser 2.***)

Ritter|roman *m Lit* kavalira romano; ~**rüstung** *f* kiraso de kavaliro

Ritterschaft *f die Ritter* kavaliroj *Pl (als Gesamtheit)* kavaliraro *Sg*; *das Rittertum (als Eigenschaft, Stand od Würde)* kavalireco

Ritterspiele *n/Pl Gesch* kavaliraj ludoj *Pl*

Rittersporn *m* (*Gattung* Delphinium) *Bot* delfinio, *pop* kavalirsprono (↑ *auch* ***Feldrittersporn***); ***großblütiger*** ~ (Delphinium grandiflorum) grandflora delfinio; ***hoher*** ~ (Delphinium elatum ssp. tirolense) tirola longtiga delfinio

Ritterstand *m od* **Rittertum** *n (als Eigenschaft, Stand od Würde)* kavalireco

Ritterstern *m* (Hippeastrum) *Bot (eine Gattung aus der Familie «Amaryllidaceae»)* hipeastro

Ritterstreich *m*: ***kühner*** ~ prodaĵo

Rittertum *n* ↑ ***Ritterstand***

rittlings *Adv im Reitersitz* rajde; ~ ***sitzen*** sidi rajde (***auf*** sur)

Rittmeister *m alt Mil* kavaleria kapitano

Ritual *n* ***a)*** *Gesamtheit der Riten* ritaro ***b)*** *[auch:] einzelner Ritus* rito (↑ *auch* ***Initiationsritual***)

Rituale *n liturgisches Buch für die Amtshandlungen des kath. Priesters* ritualo

Ritualismus *m Richtung des 19. Jh.s in der anglikanischen Kirche, die den Kultus katholisierend umgestalten wollte* ritualismo

Ritualist *m Anhänger des Ritualismus* ritualisto

Ritualmord *m Tötung eines Menschen als rituelle Handlung* rita murdo

rituell *Adj in der Art eines Ritus* [laŭ]rita; ~***e Gesänge*** *m/Pl* ritaj kantoj *Pl*

Ritus *m heiliger od kultischer Brauch* rito (*vgl. dazu* ***Ritual***); ***Riten*** *m/Pl*: *a) i.w.S. wiederholbare Handlungsabläufe mit symbolischem Charakter b) religiös-kultische Zeremonien, die durch festgelegtes Verhal-*

ten dem Einzelnen und der Gemeinschaft Schutz und Gedeihen gewährleisten ritoj *Pl*

Ritz *m kleine Verletzung* [eta] grataĵo

Ritze *f kleiner Spalt* fendeto (↑ *auch* ***Spalt***)

Ritzel *n Tech (antreibendes Rad eines [bes. Zahnrad-] Getriebes)* pinjono

ritzen *tr* fendeti, tranĉeti (*vgl. dazu* ***einritzen*** *u.* ***kratzen***); *ziselieren* cizeli; ***sich*** ~ *die Haut verletzen* gratvundeti sin; ***sie hat sich am Fuß geritzt*** ŝi gratvundetis sin je la piedo; ***seinen Namen in die Rinde einer Birke*** ~ grati sian nomon en la ŝelon de betulo ◇ ***die Sache wird geritzt*** la afero estos nepre aranĝata (*od* manipulata)

Ritzer *m umg (kleiner Kratzer)* eta grataĵo

Riukiuinseln *Pl* ↑ ***Ryukyuinseln***

Rivale *m* rivalo (↑ *auch* ***Gegner***, ***Konkurrent*** *u.* ***Nebenbuhler***)

Rivalin *f* rivalino

rivalisieren *intr* rivali (***mit*** kun; ***um etw.*** pri io); *konkurrieren* konkuri (***mit*** kun); ***rivalisierende Gruppen*** *f/Pl* rivalantaj grupoj *Pl*

Rivalität *f* rivaleco (***mit*** kun; ***um*** pri; ***zwischen*** inter); *Gegnerschaft* kontraŭeco

Riviera *f*: ***die Französische*** (***Italienische***) ~ la Franca (Itala) Riviero

Riviera-Hasenglöckchen *n Bot* ↑ *unter* ***Hasenglöckchen***

Rivularia *ohne Art*: *Bakt (eine Gattung fädiger Cyanobakterien)* rivulario

Riyal *m Währungseinheit in Katar u. Saudi-Arabien*: ***Katar-Riyal*** *m* (*Abk* ***QR***; *Währungscode* ***QAR***) katara rialo; ***Saudi-Riyal*** *m* (*Abk* ***SR***; *Währungscode* ***SAR***) saud-arabia rialo (*vgl. dazu* ***Dirham***)

Rizinolsäure *f* (*auch* ***Rizinusölsäure*** *genannt*) *Chem* ricinoleata acido

Rizinus|öl *n* (Ricini oleum), *Hdl auch* ***Kastoröl*** *n Pharm* ricin-oleo *od* ricina oleo; ~**[pflanze]** *m [f]*, *auch* ***Christuspalme*** *f od* ***Wunderbaum*** *m* (Ricinus communis) *Bot* ordinara ricino; ~**samen** *m* semo de ricino

Rizinusölsäure *f Biochemie* ↑ ***Rizinolsäure***; ***Salz der*** ~ salo de la ricinoleata acido

Rjasan (*n*) *Hptst. der gleichnamigen Oblast in Russland [an der Oka]* Rjazano

RKI = *Abk für* ***Robert Koch-Institut***

rm *od* **Rm** = *Abk für* ***Raummeter***

RNA *od* **RNS** = *Abk für* ***Ribonukleinsäure***

RNA-Impfstoff *m Med* ↑ *unter* ***Impfstoff***

Roadmanager *m* (*Kurzf salopp* ***Roadie*** *m*) *für die Bühnentechnik u. den Transport der benötigten Ausrüstung verantwortlicher Begleiter einer Rockgruppe* turnemanaĝero

Roastbeef [*ˈro:stbi:f*] *n Kochk* rostbifo

Roatán (*n*) *eine zu Honduras gehörende Insel im Karibischen Meer* [insulo] Roatano

Robbe *f* (*Gattung* Phoca *u. benachbarte Gattungen*), *auch* ***Seehund*** *m Zool* foko (↑ *auch* ***Baikal-***, ***Band-***, ***Bart-***, ***Kaspi-***, ***Kegelrobbe***, ***Klappmütze***, ***Krabbenfresser***, ***Mähnen-***, ***Mönchs-***, ***Ohren-***, ***Ringel-***, ***Ross-***, ***Sattel-*** *u.* ***Weddellrobbe***); ***junge*** ~ fokido (↑ *auch* ***Heuler***); ***[Ordnung der]*** ~***n*** *od* ***Flossenfüßer*** *Pl* (Pinnipedia) fokuloj *Pl*

robben *intr* rampi (*vgl. dazu* ***kriechen***)

Robbenfänger *m* ↑ ***Robbenjäger***

Robben|fell *n*, *auch* ***Seal[skin]*** *n* fok[o]felo; ~**jagd** *f* fok[o]ĉas[ad]o; ~**jäger** *m*, *auch* ***Robbenfänger*** *od* ***Robbenschläger*** *m* fok[o]ĉasisto

Robber *od* **Rubber** [*ˈra...*] *m Doppelpartie im Bridge od Whist* robro

Robe *f* ***a)*** *Amtstracht, z.B. von Geistlichen, Rektoren, Richtern u.a.* oficiala robo, *[je nach Beruf:] auch* talaro, sutano, togo, ornato *u.a.* ***b)*** *Abendkleid* vespera robo (*vgl. dazu* ***Frack***)

Robert (*m*), *ital. u. span.* ***Roberto*** (*m*) *männl. Vorname* Roberto *auch Name europäischer Fürsten*

Roberta (*f*) *weibl. Vorname* Roberta

Robert Koch-Institut *n* (*Abk* ***RKI***) *deutsche Bundesoberbehörde für Infektionskrankheiten* Robert-Koch-Instituto *[...-koĥ-...] [Sitz: Berlin]*

Robespierre (*m*) *Eig (französischer Revolutionär [1758-1794])* Robespiero

Robinie *f* (*Gattung* Robinia) *Bot (eine Gattung der Schmetterlingsblütler)* robinio; ***[gemeine]*** ~, *auch* ***falsche Akazie*** *f* (*Spezies* Robinia pseudoacacia) pseŭdoakacia (*od* ŝajnakacia) robinio; ***klebrige*** ~ (Robinia viscosa) viskoza robinio *[Vorkommen: östl. Nordamerika]*

Robinien|bohrer *m* (Megacyllene robiniae) *Ent (ein Baumschädling)* robinia borulo *[Vorkommen: Nordamerika]*; ~**honig** *m*, *auch* ***Akazienhonig*** *m Nahr* robinia mielo, *auch* akacia mielo

[1]**Robinson** (*m*) *Eig* Robinsono *auch Romanheld in Defoes ‹Robinson Crusoe›*

[2]**Robinson** (*m*) *Eig (britischer Biochemiker [1886-1975])* Robinsono

Robotbild *n Kriminalistik* ↑ ***Phantombild***

roboten *intr salopp für «schwer arbeiten»*

forte (*od* streĉe) labori (*vgl. dazu* ***schuften***)

Roboter *m* roboto *auch übertr* (↑ *auch* ***Saugroboter***); ~**arm** *m Greifarm eines Manipulators* robotobrako

roboterhaft *Adj u. Adv: wie ein Roboter* kiel roboto *nachgest* (*vgl. dazu* ***mechanisch***)

roboterisieren *tr* robotigi

Robotertechnik *f, auch* ***Robotik*** *f* robota tekniko, robotiko

robust *Adj Person* fortkorpa, *i.w.S.* forta; *Gegenstand, Gesundheit* fortika (↑ *auch* ***derb***); ***eine ~e Pflanze*** fortika planto

Rocaille [*ro'kajə*] *n od f 1. Grottenwerk aus Muscheln 2. Ornamentform des Rokoko aus verschnörkelten unsymmetrischen Schwüngen* rokajo

Roccella *f Bot (eine Gattung aus der Gruppe der Flechten)* ro[k]celo

Rochade *f Schach* aroko

röcheln *intr* stertori *auch Sterbender*

Röcheln *n, Fachspr Med* ***Stertor*** *m bes. bei Bewusstlosigkeitod im Todeskampf* stertoro

Rochen *m* (*Gattung* Raja *od* Raia) *Ichth* rajo (↑ *auch* ***Geigen-***, ***Manta-***, ***Stachel-***, ***Stern-*** *u.* ***Zitterrochen***); ***arktischer ~*** (Amblyraja hyperborea) arkta rajo; ***echte ~*** *m/Pl* (*Familie* Rajidae) rajedoj *Pl*

Rochester (*n*) *eine Stadt im Staat New York [Hafen am St,-Lorenz-Seeweg]* Roĉestro

Rochett [*rɔ'ʃɛt*] *n weißes Chorhemd der höheren katholischen Geistlichen* roĉeto

rochieren *intr od abs Schach* aroki

[1]**Rock** *m Frauen~* jupo (↑ *auch* ***Ballerina-***, ***Glocken-***, ***Hosen-***, ***Jeans-***, ***Kostüm-***, ***Loden-***, ***Mini-***, ***Reif-***, ***Schlaf-***, ***Unter-*** *u.* ***Wickelrock***); *Männer~* jako; *Überrock* surtuto; *Gehrock* redingoto; ***knielanger ~*** ĝisgenua jupo; ***plissierter ~*** *od* ***Plisee-*** *od* ***Faltenrock*** *m* plisita jupo, *auch* fald[o]jupo; ***wollener ~*** *od* ***Wollrock*** *m* lana jupo; ***einen langen ~ tragen*** (*od* ***anhaben***) surhavi (*od auch* porti) longan jupon ◇ ***sich an Mutters ~ hängen*** sin alkroĉi al la patrina jupo

[2]**Rock** *m Mus* roko (*kurz für* rokmuziko) (↑ *auch* ***Afro-***, ***Blues-***, ***Folk-***, ***Hardrock***, ***Heavy [Metal] Rock***, ***Latin Rock***, ***[2]Punk Rock***, ***Rockabilly*** *u.* ***Techno[rock]***); ***Psychedelic ~*** *Stilrichtung der Rockmusik in den 1960er Jahren, die sich stark auf Drogenerfahrungen der Musiker u. elektrische Verstärkungs- u. Verfremdungsmöglichkeiten (z.B. Rückkopplung, Verzerrung) der Musik ausrichtete* psikedela roko; ***Symphonic ~*** *eine Stilrichtung der Rockmusik, die Elemente der klassischen Musik enthält* simfonia roko

Rockabilly *m Mus (eine Stilvariante des Rock'n'Roll [Mitte der 50er Jahre in Memphis/USA])* rokabilo

Rock and Roll *m, auch* ***Rock 'n' Roll*** *m Mus, Tanz* rokenrolo

Rockband *f Mus* rokbando

Röckchen *n* jupeto (↑ *auch* ***Ballettröckchen***)

rocken *intr* fari rokmuzikon; *zum Rock tanzen* rokmuzike danci

Rockenbolle *f Bot* ↑ ***Schlangen[knob]lauch***

Rocker *m* rokulo; ~**braut** *f umg für «Freundin eines Rockers»* rokula kunulino

Rockerin *f* rokulino

Rocker|klub *m* rokula klubo; ~**kriminalität** *f* rokula krimeco; ~**milieu** *n* [vivo]medio de rokuloj

Rock|falte *f* jupofaldo; ~**festival** *n Mus* rokfestivalo; ~**gruppe** *f Mus* rok-grupo

Rockhose *f* ↑ ***Hosenrock***

Rock|konzert *n* rokkoncerto; ~**musik** *f eine Stilrichtung der Popmusik* rokmuziko (*vgl. dazu* ***[2]Rock***); ~**musiker** *m* rokmuzikisto

Rock 'n' Roll *m* ↑ ***Rock and Roll***

Rock|oper *f Mus* rok-opero; ~**saum** *m* juporlo *od* orlo de jupo; ~**schoß** *n* basko (↑ *auch* ***Frackschoß***)

Rock|sänger *m* rokkantisto; ~**sängerin** *f, umg auch* ***Rockröhre*** *f* rokkantistino; ~**star** *m Mus* rokstelulo *bzw.* rokstelulino; ~**tasche** *f Tasche im Rock* jupopoŝo

Rocky-Mountain-Fieber *n Med (eine durch Rickettsien verursachte Erkrankung [in den USA])* makula febro (↑ *auch* ***Zeckenfieber***)

Rocky Mountains *Pl ein Gebirge in USA* Rok-Montaro

Rockzipfel *m* jup[o]rando

Rodehacke *f, auch* ***Karst*** *m Landw* hojo

[1]**Rodel** *m, auch* ***Rödel*** *m reg u.* <*schweiz*> *Liste* listo; *Register, [amtliches] Verzeichnis* registro

[2]**Rodel** *m reg für «Schlitten»* luĝo

rodeln *intr* luĝi, *abs auch* gliveturi per luĝo; *mit einem Sportschlitten* sledi, glitveturi per sporta sledo

Rodeln *n* luĝado

Rodelschlitten *m* luĝo, *sehr allg auch* glitveturilo; *Sportschlitten* sporta sledo (*vgl. dazu* ***Skeleton*** *u.* ***Tobaggan***)

roden *tr* ***a)*** *Landw (Knollenfrüchte u.Ä.,*

Kartoffeln) elfosi, *i.w.S.* rikolti; *samt Wurzeln herausziehen* elradikigi ***b)*** *reg,* <*schweiz*> *u.* <*österr*> ***reuten*** *Forstw (die Wurzeln entfernen)* senradikigi

Rodeo *m od n 1. Zusammentreiben von Vieh (um es mit einem Brandmal zu versehen [bes. in USA]) 2. Reiterschau der amerikanischen Cowboys auf wilden Pferden [bes. im Westen der USA]* rodeo

Roder *m Landw (Gerät zum Roden [von Kartoffeln, Rüben]* elfosatoro

Rodin (*m*) *Eig (franz. Bildhauer u. Grafiker [1840-1917])* Rodeno <*Meister der impressionistischen Plastik*>

Rodos (*n*) ↑ ***Rhodos***

Rodrigo (*m*) *span. männl. Vorname* Rodrigo

Rodung *f* elfosado, *i.w.S.* rikoltado; elradikigo; senradikigo (*vgl. dazu* ***roden***; ↑ *auch* ***Baum-*** *u.* ***Brandrodung***)

Rogationes *Pl, auch* ***Bittgebete*** *n/Pl vor Himmelfahrt (kath. Kirche)* rogacioj *Pl*

Rogen *m Fischeier* fiŝovoj *Pl*, frajo *Sg* (↑ *auch* ***Botarga***, ***Lachsrogen*** *u.* ***Laich***)

Rogener *od* ***Rogner*** *m weibl. Fisch (bes. Hering) mit Rogen* fraj[o]fiŝo

Rogenstein *m Min* ↑ ***Oolith***

Roger (*m*) *männl. Vorname* Roĝero

Roggen *m* (Secale cereale) *Bot* sekalo (↑ *auch* ***Futter-*** *u.* ***Sommerroggen***); ***vom Mutterkorn befallener*** (*bzw.* ***mit Mutterkorn vermengter***) ~ ergotsekalo

Roggen|brot *n* sekala pano (↑ *auch* ***Schwarzbrot***); ~**brötchen** *n* sekala bulko; ~**ernte** *f Landw* rikolt[ad]o de sekalo; ~**feld** *n* sekalokampo; ~**gerste** *f* (Hordeum secalinum) *Bot (ein Süßgras)* sekala hordeo; ~**knäckebrot** *n* sekala krakpano; ~**korn** *n* grajno de sekalo; ~**mehl** *n* sekala faruno; ~**stroh** *n* sekala pajlo; ~**trespe** *f*, *auch* ***Korntrespe*** *f* (Bromus secalinus) *Bot* sekala bromuso

Rogner ↑ ***Rogener***

roh *Adj* ***a)*** *im Naturzustand* kruda *auch übertr*, *ungekocht auch* nekuirita, *unbearbeitet auch* neprilaborita; ~***es Fleisch*** kruda viando ***b)*** *grob* kruda; *grausam* kruela (*vgl. dazu* ***brutal***); ~***e Gewalt*** *f* violento, brutala forto; ***ein*** ~***er Mensch*** kruda (*bzw. [grausamer]* kruela) homo ***c)*** *ungefähr, nur grob [geschötzt]* proksimuma; ***nach*** ~***er Schätzung*** laŭ proksimuma takso

Roh|bau *m Bauw* kruda masonaĵo (*od* konstruaĵo), skeleto de [la] konstruaĵo; *[noch] nicht verputztes Gebäude* konstruaĵo [ankoraŭ] ne tegita per puco; ~**baumwolle** *f* kruda kotono; ~**diamant** *m* kruda diamanto; ~**eisen** *n* kruda fero *od* krudfero; ~**entwurf** *m* kruda skizo; *Grobplanung* supraĵa plan[ad]o; *Grobkonzeption* malneta koncepto; ~**faser** *f* kruda fibro

Rohfell *n* ↑ *unter* ***Fell***

Roh|gewicht *n* malneta pezo; ~**gewinn** *m* malneta profito; ~**glas** *n* kruda vitro

Rohheit *f* krudeco (*vgl. dazu* ***Brutalität*** *u.* ***Grausamkeit***)

Rohholz *n unbearbeitetes Holz* krudligno *od* kruda ligno

Rohingya *Pl, auch* ***Rohinja*** *m/Pl Ethn (eine sunnitische Ethnie in SW von Myanmar)* rohinĝoj *Pl*

Rohkautschuk *m* ↑ ***Rohnaturkautschuk***

Roh|kohle *f*, *auch* ***Förderkohle*** *f* kruda karbo; ~**kost** *f* kruda manĝaĵo (*od* nutraĵo) *od* krudmanĝaĵo, krudnutraĵo

Rohling *m* ***a)*** *grober (od roher) Mensch* krudulo, *[krasser:]* brutulo; *Barbar* barbaro ***b)*** *unbearbeitetes Werkstück* kruda laborpeco [prilaborota]

Roh|material *n* krudmaterialo; ~**[natur]-kautschuk** *m* kruda kaŭĉuko; ~**öl** *n* kruda petrolo; ~**produkt** *n* krudprodukto

Rohr *n* ***a)*** tubo *auch Tech*; *Geschütz*² kanontubo (*vgl. dazu* ***Röhre***; ↑ *auch* ***Blas-***, ***Kessel-***, ***Knie-***, ***Messing-***, ***Ofen-***, ***Saug-***, ***Steigrohr***, ***Tubus***, ***Verteilungs-*** *u.* ***Wasserrohr***) ***b)*** *Bot u. als Werkstoff* kano (↑ *auch* ***Binse*** *u.* ***Rohrkolben***); *i.e.S. (Rattan, Rotan*²*)* (Calamus rotang) rotango; ***mit*** ~ ***beflechten*** (*bzw. abs* ***flechten***) kanoplekti ***c)*** <*österr*> *auch für «Backofen»* bakforno

Rohr|ammer *f* (Emberiza schoeniclus) *Orn* kanemberizo (↑ *auch* ***Pallasammer***); ~**blatt** *n Mus (Zunge an Lingualinstrumenten)* anĉo; ~**bombe** *f Mil* tubobombo; ~**bruch** *m* rompiĝo de tubo, *i.e.S. (Wasserrohrbruch)* rompiĝo de akvotubo, *(Bruch der Wasserleitung)* rompiĝo de akvodukto

Röhrchen *n* tubeto; ***ein*** ~ ***Tabletten*** tubeto da tablojdoj

Rohrdach *n* ↑ ***Rieddach***

Rohrdickicht *od* **Röhricht** *n* kandensejo

Rohrdommel *f Orn* botaŭro (↑ *auch* ***China-*** *u.* ***Mandschurendommel***); ***amerikanische*** ~ (Botaurus lentiginosus) amerika botaŭro; ***australische*** ~ (Botaurus poiciloptilus); aŭstralia botaŭro *[Vorkommen: Südaustra-*

lien, Neuseeland u. Neukaledonien] aŭstralia botaŭro; ***große** ~, pop **Moorochse** m* (Botaurus stellaris) granda botaŭro

Röhre *f **a)** El* tubo (↑ *auch **Leuchtstoff-** u. **Mehrfunktionsröhre***); *Leitungs*≗ konduktubo, dukto; *Radio*≗ valvo (↑ *auch **Überhitzer-** u. **Verstärkerröhre***); *Elektronen*≗ [elektrona] tubo (↑ *auch **Kathoden[strahl]-** u. **Verbundröhre***); ~***n** Pl Futter eines Röhrenpilzes* tuboj *Pl* [de tubofungo] ***b)** reg für «Ofenröhre»* fornokesto; *Back*≗ bakujo de fornelo ***c)** Anat* ↑ *unter **Ductus**, **Gang e)** u. **Kanal b)***)

röhren *intr Hirsch* [cervo]bleki

Röhrenblüten *f/Pl Bot (radiäre Einzelblüten in den scheinblütigen Blütenkörbchen der Korbblütler)* tubetfloroj *Pl*

röhrenförmig *Adj* tuboforma

Röhren|kassie *f* (Cassia fistula) *Bot* kava kasio; ~**kessel** *m Tech* tubara kaldrono

Röhrenläuse *f/Pl Ent*: ***[Familie der]** ~ Pl* (Aphididae) afidedoj *Pl*

Röhrenpilz *m, auch **Röhrling** m* (*Gattung* Boletus) *Mykologie* boleto, *auch* tubofungo (↑ *auch **Anhängsel-**, **Birken-**, **Bronze-**, **Gallen-**, **Gold-**, **Hasen-**, **Hohlfuß-**,**Königs-**, **Körnchen-**, **Lärchen-**, **Maronen-**, **Pfeffer-**, **Satans-**, **Schwarzschuppen-** u. **Schönfußröhrling***); ***parasitischer Röhrling*** ↑ ***Schmarotzerröhrling***; ***[Familie der]** ~**e** m/Pl* (Boletaceae) ***[Ordnung der]** ~**e** m/Pl* (Boletales) boletaloj *Pl*

Röhrenschnecken *f/Pl Zool* ↑ ***Grabfüßer***

Röhren|system *n* tubara sistemo, tubaro; ~**wurm** *m Zool* (*Gattung* Serpula) serpulo, *allg* [mara] tubovermo; ~**zwiebel** *f, auch **Winterzwiebel** f* (Allium fistulosum) *Bot, Nahr* tubocepo

Rohr|fernleitung *f* longdistanca dukto, *für Erdöl auch* longdistanca naftodukto (↑ *auch **Pipeline***); ~**flansch** *m Tech* tuba flanĝo; ~**flechter** *m* kanoplektanto, *(als Beruf)* kanoplektisto; ~**flöte** *f für Kinder* mirlitono (↑ *auch **Kinderflöte***)

rohrförmig *Adj* tuboforma

Rohr|geflecht *n* kanoplektaĵo; ~**gelenk** *n Tech* artika junto; ~**glanzgras** *n* (Phalaris arundinaceae) *Bot* arunda falarido

Röhricht *n* ↑ ***Rohrdickicht***

Rohr|isolierung *f, auch **Rohrummantelung** f (Vorgang)* tub-izolado, *(Material)* tub-izolaĵo; ~**katze** *f* (*auch **Dschungelkatze**, **Schilfkatze** od **Sumpfluchs** genannt*) (Felis chaus) *Zool* ĝangala kato *[Vorkommen: vom Nildelta bis Indien u. SO-Asien]*

Rohrkolben *m* (*Gattung* Typha) *Bot* tifao; ***breitblättriger*** (*od **großer***) ~ (Typha latifolia) larĝfolia (*od* granda) tifao; ***zierlicher*** ~ (Typha gracilis) gracila tifao

Rohrkolbengewächse *n/Pl Bot*: ***[Familie der]** ~ Pl* (Typhaceae) tifaacoj *Pl*

Rohr|leger *m* tubmuntisto; ~**leitung** *f* dukto (↑ *auch **Druckrohrleitung**, **Pipeline** u. **Wasserleitung***)

Röhrling *m Mykologie* ↑ ***Röhrenpilz***

rohrlos *Adj* sentuba

Rohr|matte *f* mato el kano; *allg: geflochtene Matte* plektita mato; ~**muffe** *f* [juntiga] mufo por tubo; ~**mündung** *f von Gewehr, Geschütz u. dgl.* tub-aperturo; ~**netz** *n* tubara reto; ~**nippel** *n Verbindungsnippel für Rohre* tuboniplo

Rohrpost *f* pneŭmatika poŝto; ~**brief** *m* pneŭmatikpoŝta letero, *auch* tubopoŝta letero *auch Philat*

Rohr|reinigung *f Sanitärtechnik* tubopurigo; ~**sänger** *m Orn Teichrohrsänger* (Acrocephalus scirpaceus) kanbirdo; *Drosselrohrsänger* (Acrocephalus arundinaceus) turda kanbirdo (↑ *auch **Busch-**, **Schilf-**, **Seggen-**, **Stentor-** u. **Weidenrohrsänger***); ~**schwingel** *m* (Festuca arundinacea) *Bot* alta festuko; ~**schwirl** *m, auch **Nachtigallrohrsänger** od **Nachtigallschwirl** m* (Locustella luscinioides) *Orn* kangrilbirdo; ~**stock** *m* kano, *i.w.S.* bastono; ~**stuhl** *m* kana seĝo *od* seĝo el kano

Rohrummantelung *f Tech* ↑ ***Rohrisolierung***

Rohr|verbindung *f Tech* tubjunto; *das Zusammenfügen von Rohren* tubokunigo; ~**verkleidung** *f* kovraĵo de tubo; ~**weihe** *f* (Circus aeruginosus) *Orn* marĉa cirkuo

Rohrweite *f*: ***innere** ~ Mil* kalibro [de kanontubo]

Rohr|zange *f Handw* tub-tenajlo; ~**zucker** *m* kansukero, *auch* kana sukero (↑ *auch **Palmzucker** u. **Rübenzucker***)

Roh|salz *n* kruda salo (↑ *auch **Meersalz***); ~**säure** *f* kruda acido; ~**schrift** *f Grobkonzeption* malneta koncepto; ~**seide** *f* kruda silko; ~**stahl** *m* kruda ŝtalo

Rohstoff *m* krudmaterialo; ~**basis** *f* krudmateriala bazo; ~**mangel** *m* manko de krudmaterialo(j); ~**monopol** *n* monopolo pri krudmaterialoj; ~**quellen** *f/Pl* fontoj *Pl* de krudmaterialoj; ~**verluste** *m/Pl* krudmaterialaj perdoj *Pl*

Roh|tabak *m* kruda tabako; ~**übersetzung** *f* malneta (*od* kruda) traduko; ~**wasser** *n* kruda akvo; ~**wolle** *f* kruda lano; ~**zucker** *m* kruda sukero; ~**zustand** *m*, *auch* ***unbearbeiteter Zustand*** kruda stato, *auch* neprilaborita stato

Rokoko *n ein Stil der europäischen Kunst [etwa 1720-1790]* rokoko *<teils als Endphase des Barock, teils als dessen Auflösung angesehen>*; ~**frisur** *f* rokokofrizaĵo

Roland (*m*) ***a)*** *männl. Vorname* Rolando ***b)*** *in der Sage (einer der 12 Paladine Karls des Großen* [paladino] Rolando

Rolf (*m*) *männl. Vorname* Rolfo

Rollator *m*, *seltener auch* ***Gehwagen*** *m* rulapogilo

Rollbahn *f Flugw (Verbindungsweg zu den Start- u. Landebahnen)* rulvojo

Rollbalken *m* ↑ ***Rollladen***

Rollband *n* ↑ ***Laufband*** *u.* ***Fahrsteig***

Rollbrett *n* ↑ ***Skateboard***

Rollbrücke *f* rulponto

Röllchen *n* eta rulo

[1]**Rolle** *f* ***a)*** rulo; *Gerät od unten an Möbelstücken* rulilo; *etw. Aufgerolltes* rul[it]aĵo; ***eine ~ Papier*** rulo da papero ***b)*** *Tech (Walze)* rulcilindro, *auch kurz* rul[um]o; *am Flaschenzug* pulio (↑ *auch* ***Riemen-*** *u.* ***Seilscheibe***); *Kalander, Wäsche*≗ kalandrilo ***c)*** *Turnen*: ~ ***rückwärts*** (***vorwärts***) *Gymnastik* ruliĝo malantaŭen (antaŭen) ***d)*** *Flugw*: ***senkrechte Rolle*** *f eine Kunstflugfigur* pirueto

[2]**Rolle** *f Film, Theat* rolo *auch übertr* (↑ *auch* ***Gast-***, ***Haupt-***, ***Vorreiter-*** *u.* ***Zuschauerrolle***); ***die ~ der Frau*** la rolo de la virino; ***seine ~ lernen*** *Schauspieler* lerni (*od* parkerigi) sian rolon; ***die ~ des Hamlet spielen*** ludi la rolon de Hamleto; ***das spielt keinerlei ~*** tio ludas nenian rolon; ***eine wichtige ~ spielen*** ludi gravan rolon (***bei*** *od* ***in*** en)

rollen ***a)*** *tr* ruli (↑ *auch* ***fort-***, ***heran-***, ***hinüber-***, ***weg-*** *u.* ***zusammenrollen***); ***er rollt das R*** *Phon* li rulas la ro; ***Wäsche ~ mangeln*** kalandri tolaĵon ***b)*** *intr* ruliĝi (↑ *auch* ***heran-*** *u.* ***vorrüberrollen*** *u.* ***sich drehen***); *Donner, Echo* rulsoni; *Schiff auf See* ruliĝadi, *(schlingern)* tangi; ***die Wellen rollten auf den Strand*** la ondoj alruliĝis sur la plaĝon; ***c)*** *refl*: ***sich ~*** sin ruli, ruliĝi; ***sich auf dem Boden ~*** sin ruli sur la tero

Rollen *n* rulado *auch des Donners od der Trommeln*; *Mar (eines Schiffes durch Seegang)* ruliĝado

rollend *Adj*: ~***er Lauf*** *m Mus* ↑ ***Koloratur***; ~***es Material*** *n Eisenb* ruliĝanta materialo

rollenförmig 1. *Adj* ruloforma **2.** *Adv* ruloforme (*vgl. dazu* ***zylinderförmig***)

Rollen|kette *f*, *auch* ***Laschenkette*** *f* rulĉeno (↑ *auch* ***Gelenkkette***); ~**lager** *n Tech* rullagro; ~**spiel** *n Soziologie (spielerisches Rollenverhalten* rolludo *ein Gesellschaftsspiel <z.B. «Räuber und Gendarm»>*; ~**stromabnehmer** *m z.B. an O-Bussen* troleo; ~**tausch** *m* ŝanĝo de la roloj

Rollenzug *m Tech* ↑ ***Flaschenzug***

Roller *m Motor*≗ skotero (↑ *auch* ***Kabinenenroller***); *Kinder*≗ skutilo; ~ ***fahren*** *Kind* skuti

Rollerblades® *Pl* ↑ ***Inlineskates***

Rollerbrett *n* = ***Skateboard***

Rollerskates [...*ske:ts*] *Pl* rulsket-tabuloj *Pl*

Rollfarn *m* (*Gattung* Cryptogramma) *Bot* kriptogramo; ***krauser ~*** (Cryptogramma crispa) krispa kriptogramo

Rollfarngewächse *n/Pl Bot*: ***[Familie der] ~*** (Cryptogrammaceae) kriptogramacoj *Pl*

Roll|feld *n Rollbahn* rulvojo; *Flugfeld* flugkampo; ~**film** *m Foto* kartoĉfilmo, *pop auch* rulfilmo; ~**[geh]steig** *m*, *auch* ***Fußgängerlaufband*** *n* mekanika trotuaro; ~**gurt** *m* rulzono; ~**hockey** *n Sport (eine Ballsportart, die auf Rollschuhen ausgeübt wird)* rulhokeo; ~**hügel** *m des Hüftbeins*, *auch* ***Trochanter*** *m Anat* trokantero

Rollifahrer *m* ↑ ***Rollstuhlfahrer***

Rollkoffer *m*, *umg auch* ***Trolley*** *m* rulebla valizo

Rollkragen *m* rulkolumo; ~**pullover** *m*, *umg* ***Rolli*** *m* rulkoluma pulovro

Roll|kugel *f der Computermaus* rulglobo; **laden** *m*, *auch* ***Roll-Laden*** *m*, *<österr>* ***Rollbalken*** *m* ĵaluzio (*vgl. dazu* ***Fensterladen***); ~**lager** *n Tech* rul-lagro; ~**maßband** *n* rulvolvita mezurbendo; ~**mops** *m Nahr* marinita haringo rulita; ~**muskel** *m* (Musculus rotatorius) *Anat* rotatoro

[1]**Rollo** *n aufrollbarer Vorhang* rulkurteno

[2]**Rollo** *m* (*auch* ***Rollo der Wanderer*** *genannt*), *franz.* ***Rollon*** (*m*) *Eig (Normannenführer, Graf von Rouen, Begründer der Dynastie der Herzöge der Normandie [im 10. Jh.])* Rolono

Rollschinken *m Nahr* rulumita ŝinko

Rollschuh *m* rulsketilo (↑ *auch* ***Inlineskates***); ~ ***laufen*** rulsketi

Rollschuhlauf *m Sport* rulsketado, *auch* rulsket-kurado

Rollschwanz *m z.B. des Chamäleons* alkroĉa vosto

Rollschwanzaffen *m/Pl Zool*: ***[Familie der]*** ~ *Pl* (Cebidae) cebedoj *Pl*; ***[Gattung der]*** ~ *Pl* (Cebus) ceboj *Pl*

Rollsiegel *n* ↑ ***Siegelzylinder***

Rollski-Sport *m*, *auch* ***Rollskilaufen*** *od* ***Rollskifahren*** *n eine Ausdauersportart* rulskiado

Rollsteig *m* ↑ ***Fahrsteig*** *u.* ***Rollgehsteig***

Rollstuhl *m* rulseĝo, *auch* invalidoseĝo; ***im*** ~ ***sitzen*** sidi en rulseĝo

Rollstuhl|fahrer *m*, *umg* ***Rollifahrer*** *m* rulseĝulo; ~**fußball** *m Behindertensport* rulseĝa futbalo

Rolltreppe *f*, *fachsprachl.* ***Fahrtreppe*** *f* eskalatoro, *umg auch* rulŝtuparo

Rollvorhang *m* = ***Rollo***

[1]**Rom** (*n*), *ital.* ***Roma*** *Hptst. von Italien u. zugleich der Region Latium u. der Provinz Rom* Romo; ***(das) antike*** ~ Rom[an]io ◇ ~ ***ist nicht an einem Tage erbaut worden*** *gut Ding will Weile haben* ne en unu tago elkreskis Kartago *(Zam)*

[2]**Rom** *m Ethn* ↑ ***Zigeuner***

ROM *n EDV (Informationsspeicher, dessen Inhalt nur abgelesen, aber nicht verändert werden kann)* romo, *selt auch Vollform* nur legebla memoro *<ROM = Akronym aus engl.* ***read-only memory***>

Roma (*f*) ↑ ***[1]Rom***

Romagna [...'*manja*] *f eine Landschaft in Oberitalien* Romanjo *[Hptst.: Bologna]*

Roman *m Lit* romano (*vgl. dazu* ***Novelle***; ↑ *auch* ***Abenteuer-***, ***Antikriegs-***, ***Detektiv-***, ***Erfolgs-***, ***Grals-***, ***Horror-***, ***Ritter-***, ***Schauer-***, ***Science-Fiction-***, ***Sitten-*** *u.* ***Tendenzroman***); ***autobiografischer*** (***historischer***) ~ aŭtobiografia (historia) romano; ***utopischer*** ~, *auch* ***Zukunftsroman*** *m* utopia romano, *auch* romano de anticipo; ***sein Leben war der reinste*** ~ lia vivo estis vera romano ◇ ***erzähl keine*** ~***e!*** *erzähl keine Märchen!* ne rakontu fabelojn!; *fasse dich kurz!* parolu koncize!

romanartig *Adj* romaneca, simila al romano; *wie ein Roman* kiel romano *nachgest*

Romanasalat *m Bot, Nahr* ↑ ***Römersalat***

Roman|autor *m* aŭtoro de romano(j) (↑ *auch* ***Romanschriftsteller***); ~**autorin** *f* aŭtorino de romano(j)

Romancier [*romã'sje:*] *m* ↑ ***Romanschriftsteller***

Romandie *f französischsprachige Schweiz* franclingva Svisio

Romanfigur *f Lit* romanfiguro

romanhaft *Adj* romaneca; *wie in einem Roman* kiel en romano

Romanhaftigkeit *f* romaneco

Romanheld *m* romanheroo (*vgl. dazu* ***Protagonist***)

Romani *n Ling* ↑ ***Zigeunersprache***

Romanik *f Arch, Kunst (vorgotischer Stil in der europäischen mittelalterlichen Kunst)* romaniko, romanika stilo

romanisch *Adj* rom[an]ia; *Kunst* romanika; *Ling* latinida; ~***e Architektur*** (***Kirche***, ***Kunst***) *f* romanika arkitekturo (preĝejo, arto); ~***e Sprachen*** *f/Pl* latinidaj lingvoj *Pl*

romanisieren *tr romanisch machen* romanigi

Romanist *m Ling, Wiss* romanisto, specialisto pri la latinidaj lingvoj

Romanistik *f*, *auch* ***romanische Philologie*** *f Wissenschaft von den romanischen Sprachen u. Literaturen* romanistiko

Roman Kosch *m höchste Erhebung des Krimgebirges* [monto] Romankoŝo

Roman|literatur *f* romanliteraturo; ~**schriftsteller** *m*, *auch* ***Romancier*** [*romã'sje:*] *m* romanverkisto

Romantik *f Kunst- u. Literaturrichtung von etwa 1800 bis 1830* romantikismo; *übertr gefühlsbetonte Stimmung* romantika atmosfero

Romantiker *m* ***a)*** *Kunst, Lit (Anhänger, Dichter od Vertreter des Kunststils der Romantik)* romantikisto ***b)*** *übertr: romantischer Mensch* romantikulo (*vgl. dazu* ***Phantast*** *u.* ***Schwärmer***)

romantisch **1.** *Adj a) die Romantik betreffend, im Stil der Romantik b) fantastisch, gefühlsschwärmerisch* romantika, *auch* romaneca (↑ *auch* ***wildromantisch***); ~***e Schule*** *f* romantika skolo; ~***e Vorstellungen*** *f/Pl* romantikaj imagoj *Pl* **2.** *Adv* romantike; *voller Phantasie* plena de fantazio

Romantische *n romantische Art bzw. Beschaffenheit* romantikeco

romantisieren *tr Kunst (romantisch darstellen od gestalten) u. übertr* romantikigi

Romantizismus *m Kunst, Lit* romantikismo

Romantrilogie *f Lit* trilogio da romanoj

Romantsch *od* **Rumantsch** *n Ling (rätoromanische Sprache [in Graubünden])* romanĉa lingvo

Romanze *f Lit, Mus* romanco *auch übertr; Liebes*≗ romantika amafero; *i.w.S. Liebesabenteuer* ama aventuro

Romanzendichter *m* verkisto de romancoj

Romeo *(m) Eig* Romeo; ~ ***und Julia*** *ein Drama von Shakespeare* Romeo kaj Julieta

Römer *m Antike* romiano; *Einwohner der Stadt Rom* romano, [en]loĝanto de Romo; ~**brief** *m bibl: Brief des Apostels Paulus an die Gemeinde in Rom* epistolo al la romianoj; ~**salat** *m, auch* ***Romanasalat*** *m* (Lactuca sativa var. longifolia) *Bot, Nahr (eine Varietät des Gartensalats)* roma laktuko

römisch *Adj Antike (altrömisch)* romia, malnovroma; *auf die Stadt Rom bezüglich* roma (↑ *auch* ***altrömisch***); ~***er Kaiser*** *m* romia imperiestro; ~***es Recht*** *n Jur* romia juro; ***das*** ≗***e Reich***, *lat.* ***Imperium Romanum*** *n* la Romia Imperio; ***Heiliges*** ≗***es Reich***, *lat.* ***Sacrum Romanum Imperium*** Sankta Romia Imperio; ≗***e Verträge*** *m/Pl Gesch* Traktatoj *Pl* de Romo; ~***e Ziffer*** *f, auch* ~***e Zahl*** *f* romia cifero

römisch-katholisch *Adj* rom-katolika *od* romkatolika; ≗***e Kirche*** *f als Institution od Religionsgemeinschaft* rom-katolika eklezio; *als Kirchengebäude* rom-katolika preĝejo

Rommé *od* **Rommee** *n*, *<österr>* ***Rummy*** *n Kart* rumio

Romuald *(m) männl. Vorname* Romualdo *auch Name eines benediktinischen Ordensreformers in Italien*

Romulus *(m) Eig*: ~ ***und Remus*** *sagenhafte Gründer Roms* Romulo kaj Remo

Ronald *(m), span.* ***Ronaldo*** *männl. Vorname* Ronaldo

Rondeau [*rõ'do:*] *n* ***a)*** *auch* ***Ringelgedicht*** *n od* ***Ringelreim*** *m Lit (aus Frankreich stammendes Gedicht mit nur zwei Reimen in der Strophe, an deren Ende jeweils die Anfangsworte wiederholt werden)* rondaŭo ***b)*** *<österr> runder Platz* ronda placo; *rundes Beet* ronda bedo ***c)*** *Poetik* ↑ ***Rondel***

Rondel *n, auch* ***Rondeau*** *n Poetik (aus Frankreich stammende Gedichtform mit [nach ursprünglicher Regel] 14 Zeilen* rondelo

Rondell *n Rundbeet* ronda bedo; *Rundturm [an einer Bastei]* ronda turo de bastiono; *Rundweg in Gartenanlagen* rondira vojo tra publika ĝardeno (↑ *auch* ***Rundplatz***)

Rondo *n Mus (instrumentale Spätform eines mittelalterlichen Tanzliedes mit mehreren thematisch abgeschlossenen Teilen)* rondelo *<im 17. Jh. in der französischen Clavecin- u. Opernmusik oft Bestandteil der Suite>*

Rondônia *(n) ein brasilian. Gliedstaat im Süden Amazoniens (grenzt an Bolivien)* Rondonio *[Hptst.: Pôrto Velho]*

Ronsard *(m) franz. Dichter [1525-1585]* Ronsardo *<Mitbegründer des französischen Klassizismus>*

röntgen, *<österr>* ***röntgenisieren*** *tr Med (mit Röntgenstrahlen durchleuchten)* radiografi, *auch* radii per X-radioj *od* ekzameni per rentgen-radioj

[1]**Röntgen** *(m) Eig (deutscher Physiker [1845 -1923]* Rentgeno

[2]**Röntgen** *n (Zeichen* ***R****) Phys (Maßeinheit für Strahlendosis)* rentgeno; ~**analyse** *f* iksradia analizo, *auch* rentgena analizo; ~**apparat** *m od* ~**gerät** *n Med* iksradia aparato, *auch* rentgen-aparato; ~**arzt** *m* radiologo

Röntgenaufnahme *f (Verfahren)* radiografio; *(Bild)* radiografaĵo, *auch* rentgena foto; ***eine*** ~ ***machen*** fari foton per iksradioj, radiografi

Röntgen|behandlung *f* radioterapio, terapio per iksradioj; ~**bestrahlung** *f* [sur]radiado per iksradioj; ~**bild** *n* radiografaĵo, *auch* rentgena foto; ~**[bild]schirm** *m* iksradia (*od* rentgena) ekrano, *auch* fluoreska ekrano; ~**dermatitis** *f Med* rentgendermatito; ~**diagnose** *f Med* rentgendiagnozo *od* iksradia diagnozo

Röntgendiagnostik *f Med* ↑ ***Röntgenstrahlendiagnostik***

Röntgen|erythem *n Med* rentgena eritemo; ~**film** *m* iksradia filmo

Röntgengerät *n Med* ↑ ***Röntgenapparat***

röntgenisieren *Med* ↑ ***röntgen***

Röntgenmikroskop *n Med* iksradia (*od* rentgena) mikroskopo

Röntgenologe *m Med (Facharzt für Radiologie)* rentgenologo, *auch* radiologo

Röntgenologie *f Med (Lehre von den Röntgenstrahlen)* rentgenologio (*vgl. dazu* ***Radiologie***)

röntgenologisch **1.** *Adj* rentgenologia **2.** *Adv* rentgenologie

Röntgen|röhre *f* iksradia tubo, *auch* rentgentubo; ~**schatten** *m Med* rentgen-ombro; ~**schirm** *m* iksradia ekrano; ~**strahlen** *m/Pl, Fachspr oft* ***X-radioj*** *Pl* [*iks-*] iksradioj *Pl, auch* rentgen-radioj *Pl*; ~**[strahlen]-diagnostik** *f Med (Verwendung der Röntgenstrahlen zur Krankheitserkennung)* iksradia (*od* rentgena) diagnoziko ~**strahlung** *f* iksradia radiado, *auch* rentgenradiado; ~**teleskop** *n Astron* iksradia teleskopo; ~**therapie** *f* radioterapio, terapio per iksradioj; ~**untersuchung** *f* iksradia ekzamenado *od* ekzamenado per iksradioj

Roof [*ru:f*] *n Mar* ↑ *unter* ***Deck***

Roosevelt (*m*) *Eig (US-amerikan. Politiker [1882-1945])* Rozvelto

Roquefort[käse] [*rok'fo:r*] *m ein französischer Schafskäse* rokforto

Roraima (*n*) *ein früher Río Branco genannter Gliedstaat im nördl. Brasilien* Roraimo *[Hptst.: Boa Vista]*

Rorschach (*n*) *ein Ort im Schweizer Kanton St. Gallen [am südlichsten Punkt des Bodensees]* Rorŝaĥo

Rorschach-Test *m Psych (ein psychodiagnostisches Testverfahren)* testo de Rorschach, *auch* Rorŝaĥa testo

rosa *Adj* roz[kolor]a (*vgl. dazu* ***pink[farben]***; ↑ *auch* ***blassrosa***)

¹Rosa *n rosa Farbe* roza koloro

²Rosa *od* **Rose** (*f*) *weibl. Vorname* Roza

Rosa|flamingo *m* (Phoenicopterus roseus) *Orn* roza flamengo; ~**kakadu** *m* (Eolophus roseicapilla) *Orn* rozbrusta kakatuo *[Vorkommen: Australien u. auf Tasmanien]*

Rosalia *od* **Rosalie** (*f*) *weibl. Vorname* Rozalia

Rosalinde (*f*) *weibl. Vorname* Rozalinda

Rosamicin *n Pharm (ein Antibiotikum)* rozamicino

Rosamund *od* **Rosamunde** (*f*) *weibl. Vorname* Rozamunda

Rosanilin *n Chem* ↑ ***Fuchsin***

Rosapelikan *m* (Pelecanus onocrotalus) *Orn* blanka pelikano (*vgl. dazu* ***Rötelpelikan***)

Rosario [de Santa Fé] (*n*) *eine Stadt in Argentinien* Rosario

Rosarium *n Rosenpflanzung, Rosengarten* rozejo, rozĝardeno

Rosazeen *Pl Bot* ↑ ***Rosengewächse***

Röschen *n* ***a)*** *kleine Rose* rozeto ***b)*** *vom Rosenkohl* burĝono [de brusela brasiko] ***c)*** ↑ ***Rosette a)***

¹Rose *f* ***a)*** *Bot* rozo (*vgl. dazu* ***Pfingstrose***; ↑ *auch* ***Apfel-***, ***Bibernell-***, ***Filz-***, ***Kletter-***, ***Kriech-***, ***Mai-***, ***Moschus-*** *u.* ***Teerose***); ***chinesische*** ~, *auch* ***Bengalrose*** *f* (Rosa chinensis) ĉina rozo; ***Damaszener*** ~ (Rosa damascena) damaska rozo <*eine uralte Kulturrose*>; ***französische*** (*od* ***gallische***) ~, *auch* ***Essigrose*** *f* (Rosa gallica) *Bot* franca rozo; ***hundertblättrige*** ~ (Rosa centifolia) centfolia rozo; ***immergrüne*** ~, *auch* ***Balearen-Rose*** *f* (Rosa sempervirens) *Bot* ĉiamverda rozo; ***kleinblütige*** ~ (Rosa micrantha) *Bot* etflora rozo; ***persische*** ~ (Rosa persica) persa rozo; ***rote*** (***weiße***) ~ ruĝa (blanka) rozo; ***säulengriffelige*** ~ (Rosa stylosa) dikstilusa rozo; ***vielblütige*** ~ (Rosa multiflora) multflora rozo *[in Korea u. Japan beheimatet]*; ***wilde*** ~ *od* ***Heckenrose*** *f, reg* ***Hundsrose*** *f* (Rosa canina = Rosa eglanteria) sovaĝa rozo *od* eglanterio; ***ein Strauß*** ~***n*** bukedo da (*od* el) rozoj; ***Tal*** *n* ***der*** ~***n***, *bulg.* ***Rosowa Dolina*** *Name des subbalkanischen Beckens von Kasanlyk, in dem die bekannte Öl spendende Rose angebaut wird* Roza Valo ◇ ***die rote*** ~ ***der Liebe*** la ruĝa rozo de la amo; ***die weiße*** ~ ***[der Unschuld und] Jungfräulichkeit*** la blanka rozo de la virgeco; ***die*** ~***n des Lebens pflücken*** *dem Vergnügen nachjagen* pluki (*od* ŝiri) la rozojn de la vivo; ***keine*** ~***[n] ohne Dornen*** ne ekzistas rozo[j] sen dornoj; ***nicht auf*** ~***n gebettet sein*** ne kuŝi sur rozoj *od* ne esti sternita sur rozoj ***b)*** *auch* ***Rosenstockfläche*** *f Jägerspr (Ansatzstelle des Geweihs)* rozo ***c)*** *Kurzf von* ***Wundrose*** *Med* [↑ *unter* ***Erysipel***] ***d)*** *Arch* ↑ ***Rosette b)***

²Rose *f Med* ↑ ***Erysipel***

³Rose (*f*) *weibl. Vorname* ↑ ***²Rosa***

Rosé *m* ↑ ***Roséwein***

Roseau (*n*) *Hptst. von Dominica/Kleine Antillen* Roseo

Rosella *m, auch* ***Plattschweifsittich*** *m Orn* rozelo (↑ *auch* ***Blasskopfrosella***)

Rosemarie (*f*) *weibl. Vorname* Rozamaria

Rosenapfel *m Bot* ***a)*** (*Gattung* Dillenia) dilenio; ***indischer*** ~ (Dillenia indica) hinda dilenio ***b)*** ↑ ***Malakka-Apfel***

Rosen|beet *n* rozobedo; ~**blatt** *n (von der Blüte)* rozopetalo, *(vom Strauch)* rozfolio; ~**brustkernknacker** *m od kurz* ***Rosenbrust*** *f* (Pheucticus ludovicianus) *Orn* rozbrusta dikbekulo; ~**duft** *m* odoro (*od* aromo) de

rozoj, roz-odoro
Roseneibisch *m Bot* ↑ *unter* ***Hibiskus***
Rosenessenz *f* rozoesenco
rosenfarben *od* **rosenfarbig** *Adj* rozokolora (↑ *auch* ***rosa*** *u.* ***rosenrot***)
Rosengarten *m* roz[o]ĝardeno (↑ *auch* ***Rosarium***)
Rosengewächse *n/Pl*: ***[Familie der]*** ~, *auch* ***Rosazeen*** *Pl* (Rosaceae) *Bot* rozacoj *Pl*
Rosengimpel *m* (Carpodacus roseus) *Orn* roza pirolo
Rosenheim (*n*) *eine Stadt in Oberbayern [am Inn]* Rozenhejmo
Rosen|hochzeit *f zehnter Jahrestag der Hochzeit* dekjariĝo de geedziĝo; ~**holz** *n Bot (Holz von Bäumen der Gattung Dalbergia)* rozligno
Rosenkäfer *m* (*Gattung* Cetonia) *Ent* cetonio; ***gemeiner*** (*od* ***goldglänzender***) ~ (Cetonia aurata) ora cetonio
Rosen|knospe *f* rozburĝono; ~**kohl** *m*, *<österr>* ***Sprossenkohl*** *m* (Brassica oleracea var. gemmifera) *Bot, Nahr* brusela brasiko, *auch* burĝonbrasiko; ~**kopfente** *f* (Rhodonessa caryophyllacea) *Orn* rozkapa anaso
Rosenkranz *m kath. Kirche* rozario (*vgl. dazu* ***Gebetsschnur***); ***den ~ [ab]beten*** [tra]preĝi la rozarion *(Zam)*
Rosen|kranzperle *f* bido de rozario; ~**kreuzer** *m/Pl Rel (Mitglieder des angeblichen Geheimordens des 14. Jh. zur Wiederherstellung des urchristlichen Ideals)* rozkrucanoj *Pl*
Rosenkrieg *m* ↑ ***Ehekrieg***
Rosen|lauch *m* (Allium roseum) *Bot* rozkolora ajlo; ~**lorbeer** *m* (*Gattung* Nerium) *Bot* nerio; ~**malve** *f*, *auch* ***Sigmarskraut*** *n od* ***Sigmarswurz*** *f* (Malva alcea) *Bot* rozomalvo; ~**montag** *m Faschingsmontag* karnavala lundo; ~**möwe** *f* (Rhodostethia rosea) *Orn* rozmevo *[Vorkommen: sibirische Tundra, Norwegen u. Kanada]*; ~**öl** *n ein ätherisches Öl* roz-oleo
Rosenpappel *f Bot* ↑ ***Gumbo***
Rosenquarz *m Min (ein Schmuckstein)* rozokvarco
rosenrot *Adj* rozoruĝa (↑ *auch* ***rosenfarbig***)
Rosen|schere *f Gartenb* rozotondilo; ~**seeschwalbe** *f* (Sterna dougallii) *Orn* roza ŝterno; ~**star** *m* (Sturnus roseus) *Orn* roza sturno; ~**stock** *od* ~**strauch** *m Bot* roz--arbedo
Rosenstockfläche *f* ↑ ***¹Rose b)***
Rosenstrauch *m Bot* ↑ ***Rosenstock***
Rosenstrauß *m* bukedo da (*od* el) rozoj
Rosental *n* = ***Tal der Rosen*** [↑ *unter* ***¹Rose***]
Rosen|vene *f* (Vena saphena) *Anat* safena vejno; ~**wasser** *n ein Parfüm* roz-akvo; ~**wickler** *m* (Archips rosana) *Ent (ein Nachtfalter)* rozotortriko; ~**züchter** *m* roz-kultivisto
Roseole *f* (Roseola) *Med (kleinfleckige Hautrötung [auch nach starker Emotion])* rozeolo
Rosette *f* ***a)*** *auch* ***Röschen*** *n Zierrat, bes. Band- od Lederschleife an Schuhen, auch Ordens- od Rangabzeichen* rozeto, *(am Damenhut) auch* kokardo ***b)*** *auch* ***Rose*** *f Arch (kreisförmiges Ornamentmotiv in Form einer stilisierten Rose)* rozo (*vgl. dazu* ***Fensterrose***) ***c)*** *Schliffform für flache u. dünne Diamanten* roz[et]o
Rosé[wein] *m* roza vino
rosig *Adj rosenrot* rozkolora; *hellrot* helruĝa (*vgl. dazu* ***rosa***); *übertr* roza, *i.w.S. (erfreulich)* ĝojiga, *(heiter, z.B. Stimmung)* [treege] serena; ~***e Wangen*** *f/Pl* rozkoloraj vangoj *Pl* ◇ ***alles in ~en Farben sehen*** vidi ĉion kun rozaj koloroj
Rosine *f* rosino, *auch* sekvinbero (↑ *auch* ***Korinthe***)
Rosinenbaum *m Bot*: ***japanischer*** ~ (*Gattung* Hovenia) hovenio
Rosinen|brötchen *n* sekvinbera bulko; ~**kuchen** *m* sekvinbera kuko
Röslein *n kleine Rose* rozeto
Rosmarin *m*, *<österr> auch* ***Rosmarein*** *m* (*Gattung* Rosmarinus) *Bot, Gewürz* rosmareno; ~**blätter** *n/Pl* rosmarenaj folioj *Pl*
Rosmarinheide *f Bot* ↑ ***Lavendelheide***
Rosmarin|kartoffeln *f/Pl Kochk* terpomoj kun rosmareno; ~**öl** *n* (Rosmarini aetheroleum) rosmarena oleo
Ross *n reg od geh für «Pferd»* ĉevalo (↑ *auch* ***Streitross***) ◇ ***auf dem hohen ~ sein*** (*od* ***sitzen***) *eingebildet sein* esti orgojla
Rossantilope *f Zool* ↑ ***Pferdeantilope***
Rössel *n*, *auch* ***Springer*** *m Schachfigur* ĉevalo; ~**sprung** *m Schach (Zug mit dem Springer)* ĉevaliro
Rossfenchel *m Bot* ↑ *unter* ***Wiesensilge***
Rossgras *n Bot* ↑ ***Honiggras***
Rosshaar *n* ĉevalharo(j) *(Pl)*, *Mähnen- od Schwanzhaar des Pferds* krino; ~**matratze** *f* matraco remburita per ĉevalharoj
Rosskäfer *m Ent* ↑ ***Mistkäfer***

Rosskartoffel *f Bot, Nahr* ↑ ***Topinambur***
Rosskastanie *f* (Aesculus hippocastanum) *Bot* hipokaŝtano, *umg* ĉevalkaŝtano
Rosskastaniengewächse *n/Pl Bot*: ***[Familie der]*** ~ *Pl* (Hippocastanaceae) hipokaŝtanacoj *Pl*
Rosskümmel *m Bot*: ***dreilappiger*** ~ (Laserpitium trilobum) triloba lasero (↑ *auch* ***Wasserfenchel b)***)
Rosskur *f* ↑ ***Pferdekur***
Rossmeer *n od* **Ross-See** *f eine Meeresbucht des antarktischen Festlandes* Rossa Maro
Rossminze *f* (Mentha longifolia) *Bot* longfolia mento
Rosspappel *f Bot* ↑ ***Wegmalve***
Rossrobbe *f* (Ommatophoca rossi) *Zool* dik-okula foko
Rossschlächter *m* ↑ ***Pferdeschlächter***
[1]**Rost** *m an Getreide bzw. an Metall* rusto (↑ *auch* ***Getreide[schwarz]rost***); ***mit ~ bedeckt*** kovrita de rusto; ***von ~ befreien*** *entrosten* senrustigi; ***vor ~ schützen*** protekti kontraŭ rusto; ***vom ~ zerfressen*** manĝita de rusto (↑ *auch* ***verrostet***) ◇ ***~ frisst Eisen, Sorge den Menschen*** rusto manĝas la feron kaj zorgo la homon *(Zam)*
[2]**Rost** *m* ***a)*** *Brat*~, *offener Grill* rostkrado; ***Fleisch auf dem ~ braten*** rosti viandon sur la [rost]krado ***b)*** *zum Feuern* [fajro]krado; *Tech* krado (↑ *auch* ***Schüttelrost***)
Rostammer *f* (Emberiza caesia) *Orn* rustemberizo *[Vorkommen: bes. Griechenland, auch auf Zypern u. in Syrien bis Israel]*
Rostband-Eremomela *od* **Rostkehl-Eremomela** *f* (Eremomela rusticollis) *Orn* brulkola (*od* rustkola) *[Vorkommen: südl. Afrika]*
Rostbauchkuckuck *m* (Cacomantis castaneiventris) *Orn* kaŝtanbrusta kukolo *[Vorkommen: Australien, Indonesien u. Papua-Neuguinea]*
rostbeständig *Adj* rust[o]rezista
Rostbildung *f* rustoformiĝo *od* formiĝo de rusto; ***die ~ verhindern*** preventi la formiĝon de rusto
Rost|braten *m Kochk* rostaĵo, rostita viando (↑ *auch* ***Roastbeef***); **~bratwurst** *f* [krad]rostita kolbas[et]o
rostbraun *Adj* rustbruna (↑ *auch* ***rostfarben***)
Röstbrot *n* toastpano; *Toastscheibe* toasto, rostita pantranĉo
Rostbürzelstar *m* (Aplonis santovestris) *Orn* vanuatua sturno *[Vorkommen: endemisch auf Vanuatu]*
Röste *f für Flachs (Ort)* ruejo, *(Vorrichtung)* ruilo
rosten *intr* rustiĝi; ***das Fahrrad fängt an zu ~*** la biciklo komencas rustiĝi ◇ ***alte Liebe rostet nicht*** malnova amo ne rustiĝas *(Zam)*
Rosten *n Verrosten* rustiĝ[ad]o
rösten *tr* ***a)*** *Brot, Kaffee, Fleisch, Toast u.a.* rosti; *auf dem Grill* [krad]rosti; ***Kaffeebohnen ~*** rosti kafograjnojn ***b)*** *auch* ***rotten*** *Flachs* rui
Rösten *n* rostado; *von Flachs u. dgl.* ruado
[1]**Röster** *m Hausw (Brot*~*)* panrostilo (↑ *auch* ***Toaster***)
[2]**Röster** *Pl Kochk* ↑ ***Bratkartoffeln***
Rösterdäpfel *Pl Kochk* ↑ ***Bratkartoffeln***
Rösterei *f Kaffee*~ rostejo de kafograjnoj, *auch kurz* kaforostejo
rost|farben *od* **~farbig** *Adj* rust[o]kolora (*vgl. dazu* ***rostbraun*** *u.* ***rostrot***)
Rostflankenbrillenvogel *m Orn* ↑ ***Rotflankenbrillenvogel***
Rost|fleck *m* rustmakulo; **~flügeldrossel** *f* (Turdus naumanni eunomus) *Orn* bruna stepturdo (*vgl. dazu* ***Naumann's Drossel***)
rostfrei *Adj* rustimuna; *rostbeständig* rust[o]rezista; ***~er Stahl*** *m* rustimuna ŝtalo
röstfrisch *Adj*: ***~er Kaffee*** *m* freŝe rostita kafo
Rostgans *f* (Casarca ferruginea = Tadorna ferruginea) *Orn* rusta tadorno
Rösti *f* <*schweiz*> *für «grob geraspelte Bratkartoffeln»* fritita terpomoj laŭ svisa maniero
rostig *Adj* rusta; *verrostet* rustiĝinta
Röstkartoffeln *f/Pl Kochk* fritita terpomoj *Pl* (*vgl. dazu* ***Bratkartoffeln***, ***Rösti*** *u.* ***Pommes frites***)
Rostkehl-Eremomela *f Orn* ↑ ***Rostband-Eremomela***
Rostlerche *f* (Mirafra rufa) *Orn* rufa alaŭdo
Rostock (*n*) *dt. Hafenstadt [an der Mündung der Warnow in die Ostsee]* Rostoko
Rostocker *m Bewohner von Rostock* rostokano, enloĝanto de Rostoko
Rostow (*n*) **[am Don]**, *russ.* ***Rostov-na-Donu*** *eine russ. Stadt* Rostovo [ĉe Dono]
Rostpilze *m/Pl* (Uredinales) *Bot (auf grünen Pflanzen schmarotzende Kleinpilze)* rustofungoj *Pl*, <*wiss*> ured[in]aloj *Pl*
Rostra *f Antike (mit Schiffsschnäbeln verzierte Rednerbühne auf dem Forum Romanum im antiken Rom)* rostroj *Pl*

rostral ↑ ***rüsselförmig***

rostrot *Adj* rustruĝa (*vgl. dazu* ***rostfarben***)

Rostschicht *f* tavol[et]o da rusto, rustkovraĵo

Röstschnitte *f Röstbrotscheibe* rostita pantranĉo (*vgl. dazu* ***¹Toast***)

Rostschutz *m* rustoprevento; ~**farbe** *f* rustopreventa (*od* kontraŭkoroda) farbo; ~**mittel** *n* rustpreventilo

Roststärling *m* (Euphagus carolinensis) *Orn* rusta trupialo

Röstzwiebeln *f/Pl Kochk* ↑ *unter* ***Zwiebel a)***

Roswitha (*f*) *weibl. Vorname* Rozvita

rot *Adj* ruĝa (↑ *auch* ***blut-***, ***brand-***, ***bordeaux-***, ***brombeer-***, ***dunkel-***, ***fuchs-***, ***hoch-***, ***infra-***, ***karmesin-***, ***karmin-***, ***korallen-***, ***krapp-***, ***krebs-***, ***kupfer-***, ***lachs-***, ***mohn-***, ***rosen-***, ***rost-***, ***rubin-***, ***scham-***, ***scharlach-***, ***tizian-***, ***tomaten-***, ***ziegel-*** *u.* ***zyklamrot***); *in roter Farbe [geschrieben, gedruckt u. dgl.]* 1. *Adj* ruĝkolora 2. *Adv* ruĝkolore; ***leuchtend*** ~ brile ruĝa; ***die*** ≗***e Armee*** *russ. Gesch [1918-1946 Name der russ. Streitkräfte, (1946/91 Bez: Sowjetarmee)]* la Ruĝa Armeo; ~***e Bete*** *f Bot, Nahr* ruĝa beto; ≗***e Brigade*** *f Gesch (eine Terroristengruppe in Italien)* Ruĝa Brigado; ~***e Fahne*** *f* ruĝa flago; ~***e Farbe*** *f* ruĝa koloro; *als Farbstoff* ruĝa farbo; ***der*** ≗***e Fluss***, *vietnamesisch* ***Songkoi*** (*m*) *Fluss in S-Chinas und in N-Vietnam* la Ruĝa Rivero; ***'Roter Hund'***, *engl.* ***prickly heat*** (Miliaria rubra) *Med (entzündliche Reaktion der Haut mit Papeln [bes. in den Tropen])* miliario ruĝa; ***das Deutsche*** ≗***e Kreuz*** (*Abk* ***DRK***) la Germana Ruĝa Kruco; ***das*** ≗***e Meer***, *arab.* ***Al-Bahr al-Ahmar*** *ein Nebenmeer des Indischen Ozeans [zw. Afrika u. der Arabischen Halbinsel]* la Ruĝa Maro; ***der*** ≗***e Planet*** *bildh für «Mars»* la Ruĝa Planedo; ***etw.*** ~ ***machen*** fari ion ruĝa *od* ruĝigi ion; ~ ***werden*** fariĝi ruĝa *od* ruĝiĝi (***vor Scham*** pro [*od* de] honto) (↑ *auch* ***erröten***); *die rote Farbe der Rose annehmen* roz[kolor]iĝi; ***wie ein*** ~***er Faden verlaufen*** ruĝfadeni (***durch*** tra); ***eine*** ~***e Nase haben*** *vor Kälte bzw. Trunksucht* havi la nazon ruĝan *(Zam)*; ***mit*** ~***em Kopf aus dem Zimmer gehen*** *beschämt* forlasi la ĉambron ruĝvange [pro honto] ◇ ***heute*** ~, ***morgen tot*** hodiaŭ forto, morgaŭ morto *(Zam)*

Rot *n rote Farbe* ruĝo, ruĝa koloro (*vgl. dazu* ***Rouge***)

Rota *od* **Rota Romana** *f kath. Kirche (oberster Gerichtshof der Kurie, Appelationshof zur Entscheidung aller kirchlichen Rechtsstreitigkeiten <außer causae minores>)* rotao

Rotalge *f Bot* ruĝa algo (↑ *auch* ***Bangia***, ***Florideophyceae***, ***Korallenmoos***, ***Palmblatttang***, ***Porphyra*** *u.* ***Tsunomato***); ***[Abteilung der]*** ~***n*** *Pl* (Rhodophyta) *[mit rund 500 Gattungen u. etwa 3800 Arten]* rodofitoj *Pl*

Rotan *m*, *auch* ***Rotang*** *m* ***a)*** *auch* ***Rotang-*** *od* ***Schilfpalme*** *f* (Calamus rotang) *Bot* rotan[g]o ***b)*** *auch* ***Rattan*** *m Rohr- od Flechtmaterial aus dieser Palme* rotan[g]o

Rotangmöbel *n/Pl* rotangaj mebloj *Pl*

Rotangpalme *f Bot* ↑ ***Rotan a)***

Rotang|rohr *n*, *auch* ***Rattan*** *n* [tigoj *Pl* de] rotango; ~**[rohr]geflecht** *n* plektaĵo el rotango; ~**stuhl** *m* seĝo el rotango

Rotarier *m Mitglied des Rotaryklubs* rotariano

Rotarmhörnchen *n* (Heliosciurus rufobrachium) *Zool* rufkrura sunsciuro

Rotarmist *m*, *auch* ***Rotgardist*** *m Gesch Sowjetunion* ruĝarmeano, *auch* ruĝgvardiano

Rota Romana *f kath. Kirche* ↑ ***Rota***

Rotarier *m Mitglied des Rotary Clubs* rotariano

Rotarierin *f* rotarianino

Rotary Club *m*, *auch* ***Rotary International*** *Vereinigung führender Persönlichkeiten unter dem Gedanken des Dienstes am Nächsten* Rotaria Klubo

Rotation *f Umdrehung, Umlauf* rotacio *auch Geom* (↑ *auch* ***Erdrotation***); *i.e.S. (eine volle Umdrehung um eine Achse [einer Maschine], Tour)* rivoluo; *Positionswechsel, bes. von Feldspielern* ŝanĝiĝo de pozicio; ***sphärische*** ~ *Geom* sfera rotacio

Rotations|achse, *auch* ***Dreh[ungs]achse*** *f Geom, Phys, Tech* akso de rotacio *od* rotacia akso; ~**bewegung** *f* rotacia movo; ~**druck** *m Typ (Druckverfahren mit runder, rotierender Druckform)* presado per rotacia [pres]maŝino; ~**[druck]maschine** *f Typ* rotacia presmaŝino; ~**fläche** *f Geom* rivolua surfaco (↑ *auch* ***Rotationszylinderfläche***); ~**hyperboloid** *n*, *auch* ***Drehhyperboloid*** *n Geom* rivolua hiperboloido; ~**kegelfläche** *f Geom* rivolua konusa surfaco; ~**kolbenmotor** *m* rotacia piŝta motoro

Rotationsmaschine *f* ***a)*** *Tech* rotacia maŝino

b) Typ ↑ ***Rotationsdruckmaschine***

Rotations|motor *m, auch* ***umlaufende Kraftmaschine*** *f Tech* rotacia motoro; **~-presse** *f Tech* rotacia premilo (*bzw.* prem-maŝino); **~pumpe** *f Tech* rotacia pumpilo; **~system** *n Pol* sistemo de rotacio *od* rotacia sistemo; **~wirbel** *m, auch* ***Drehwirbel*** *m Anat* rotacia vertebro; **~zylinderfläche** *f Geom* rivolua cilindra surfaco

Rotauge *n Ichth* ↑ ***Plötze***

Rotaugen|bülbül *m* (Pycnonotus brunneus) *Orn* ruĝ-okula bulbulo; **~laubwürger** *m* (Vireo olivaceus) *Orn* ruĝ-okula vireo; **~taube** *f* (Streptopelia semitorquata) *Orn* ruĝ-okula turto

rotäugig *Adj* ruĝ-okula

Rotavirus *n* rotaviruso (↑ *auch* ***Immundefizienz. Virus***)

rotbäckig ↑ ***rotwangig***

Rotbarsch *m, auch* ***Goldbarsch*** *m* (*Gattung* Sebastes) *Ichth* sebasto *[Vorkommen: Nordsee u. Atlantik]*

Rotbart *m Mann mit rotem Bart* ruĝbarbulo

rotbärtig *Adj* ruĝbarba

Rotbartspint *m* (Nyctyornis amictus) *Orn* ruĝbarba abelmanĝulo *[Vorkommen: Malaiische Halbinsel, Sumatra u. Borneo]*

Rotbauch|-Baumrutscher *m* (Climacteris rufus) *Orn* ruĝventra (*od* rufa) klimaktero; **~kuckuck** *m* (Cacomantis variolosus) *Orn* ruĝventra kukolo *[Vorkommen bes. auf Sulawesi/Indonesien]*; **~maki** *m* (Eulemur rubiventer) *Zool* ruĝventra lemuro; **~meerkatze** *f* (Cercopithecus erythrogaster) *Zool* ruĝventra hundosimio; **~pitta** *f* (Pitta erythrogaster) *Orn* ruĝventra pito; **~reiher** *m* (Ardea rufiventris) *Orn (eine afrikanische Reiherart)* ruĝventra ralardeo; **~unke** *f, auch* ***Tieflandunke*** *f* (Bombina bombina) *Zool* ruĝventra bombeno

rotblätt[e]rig, *Fachspr Bot auch lat.* ***erythrophyllus*** *od* ***rubrifolius*** *Adj* ruĝfolia

Rotbleierz *n Min* ↑ ***Krokoit***

rotblond *Adj Haar* ruĝblonda

Rotblütigkeit *f Med* ↑ ***Polyzythämie***

Rotbrassen *m* (Pagellus erythrinus) *Ichth* ruĝa pagelo

Rotbrauenpanthervogel *m* (Pardalotus rubricatus) *Orn* ruĝbrova pardaloto

rotbraun *Adj* ruĝbruna, *(das Fell von Pferden od Maultieren) auch* alzana *od* beja (*vgl. dazu* ***braunrot*** *u.* ***kastanienbraun***)

Rotbrust|fischer *m* (Megaceryle torquata) *Orn* ruĝbrusta alciono; **~habicht** *m* (Accipiter toussenelii) *Orn* ruĝbrusta akcipitro *[Vorkommen: Westafrika]*; **~-Laufhühnchen** *n* (Turnix pyrrhothorax) *Orn* ruĝbrusta turnico

Rotbuche *f* ↑ *unter* ***Buche***

Rotbüffel *m Zool* ↑ ***Waldbüffel***

Rot|dorn *m* (Crataegus monogyna, var. kermesina-plena) *Bot* ruĝe floranta kratago (*vgl. dazu* ***Weißdorn***); **~drossel** *f, reg* ***Weindrossel*** *f* (Turdus iliacus) *Orn* ruĝaksela turdo; **~ducker** *m, auch* ***Natalducker*** *m* (Cephalophus natalensis) *Zool* ruĝa (*od* natala) dukero *[Vorkommen: SO-Afrika]*

Rote *m bes. Pol* ruĝulo (*vgl. dazu* ***Kommunist***); ***die ~n*** *meist pej* la ruĝuloj *Pl*

[1]**Röte** *f das Rotsein* ruĝeco (*vgl. dazu* ***Erythem***)

[2]**Röte** *f, auch* ***Krapp*** *m* (*Gattung* Rubia) *Bot* rubio (↑ *auch* ***Färberkrapp***)

Rote-Armee-Fraktion *f* (*Abk* ***RAF***) *Pol (eine linksterroristische Gruppe, die 1970/80 in Deutschland aktiv war)* Ruĝ-Armea Frakcio

Rote-Bete-Suppe *f Kochk* ↑ ***Borschtsch***

Rötegewächse *n/Pl, auch* ***Krapp-*** *od* ***Labkrautgewächse*** *n/Pl Bot*: ***[Familie der] ~*** *Pl* (Rubiaceae) rubiacoj *Pl* (↑ *auch* ***Ixora*** *u.* ***Mussaenda***)

Roteiche *f* (Quercus rubra) *Bot* ruĝa kverko

Roteisenstein *m Min* ↑ ***Hämatit***

Rötel|ammer *f* (Emberiza rutila) *Orn* ruĝbruna emberizo; **~braunelle** *f* (Prunella rubida) japana pronelo *[Vorkommen: Ostsibirien, Sachalin, Japan u. auf den Kurilen]*; **~falke** *m* (Falco naumanni) *Orn* malgranda turfalko; **~maus** *f* (Clethrionomys glareolus) *Zool* ruĝa mikroto

Röteln *Pl* (Rubeola) *Med (eine Infektion im Kindesalter)* rubeolo *Sg*; **~enzephalitis** *f Med* rubeola encefalito; **~impfstoff** *m, Fachspr* ***Rubellavakzine*** *f Med* rubeola vakcino; **~virus** *n, Fachspr* ***Rubellavirus*** *n Bakt* rubeola viruso

Rötel|pelikan *m* (Pelecanus rufescens) *Orn* rozdorsa pelikano; **~reiher** *m* (Egretta rufescens) *Orn* ruĝkola egretardeo

Rötelritterling *m Mykologie*: ***violetter ~*** (Lepista nuda) nuda lepisto

Rötel|schwalbe *f* (Hirundo daurica = Cecropis daurica) *Orn* ruĝpuga hirundo; **~zeichnung** *f Mal (mit Rötel hergestellte Zeich-*

nung) sangvino

röten *tr rot machen* ruĝigi; ***sich*** ~ [far]iĝi ruĝa, ruĝiĝi (***vor Kälte*** pro [la] malvarmo)

Rotenon *n Biochemie (giftiger Inhaltsstoff der in Borneo beheimateten Liane ‹Derris elliptica› <für Insektizide verwendet>)* rotenono

Rot|erde *f* ruĝa tero; ~**esche** *f* (Fraxinus pennsylvanica) *Bot* ruĝa frakseno; ~**feder** *f, auch* ***unechtes Rotauge*** *n od* ***Rotblei*** *m* (Scardinius erythrophthalmus) *Ichth* ruĝokula skardinio *<ein Schwarmfisch>*; ~**feuerfisch** *m, auch* ***pazifischer Rotfeuerfisch*** (Pterois volitans) *Ichth* ruĝa fajra pteroiso, *pop auch* ruĝa fajrofiŝo *<hochgiftig>*

Rotfichte *f Bot* ↑ *unter* ***Fichte***

Rotfilter *m Foto* ruĝa filtrilo

Rotflanken|brillenvogel *m, auch* ***Rostflankenbrillenvogel*** *m* (Zosterops erythropleurus) *Orn* ruĝflanka zosteropo; ~**ducker** *m* (Cephalophus rufilatus) *Zool* rufaflanka dukero *[Vorkommen: Zentralafrika]*

Rotflossenbarbe *f Ichth*: ***afrikanische*** ~ (Barbus camptacanthus) afrika ruĝnaĝila barbofiŝo

Rotflügel-Brachschwalbe *f Orn* ↑ *unter* ***Brachschwalbe***

Rotflügelgimpel *m* (Rhodopechys sanguinea) *Orn (ein Hochgebirgsvogel Vorder- u. Mittelasiens)* mont[o]pirolo

Rotforelle *f Ichth* ↑ ***Seesaibling***

rotfrüchtig, *Fachspr Bot auch lat.* ***erythrocarpus*** *od* ***rubicarpe*** ruĝfrukta

Rotfuchs *m, auch* ***nordischer Fuchs*** (Vulpes vulpes) *Zool* ruĝa vulpo

Rotfuß|falke *m* (Falco vespertinus) *Orn* ruĝpieda falko; ~**röhrling** *m* (Boletus chrysenteron) *Mykologie* ĉapelkrevita boleto; ~**tölpel** *m* (Sula sula) *Orn* ruĝpieda sulo

Rotgardist *m* ↑ ***Rotarmist***

rotgesichtig *Adj* ruĝvizaĝa *auch in der Bed «mit rotem Gesicht (od umg Kopf)»*

Rotgesichtsmakak *m Zool* ↑ ***Japanmakak***

Rotgesichtsscharbe *f* (Phalacrocorax urile) *Orn* ruĝvizaĝa kormorano

rotglühend *Adj in Rotglut [befindlich]* ruĝarda

rothaarig *Adj* ruĝhara, *(fuchsrot)* rufhara

Rothaarige ***a)*** *m* ruĝharulo *bzw.* rufharulo ***b)*** *f* ruĝharulino *bzw.* rufharulino

Rothals|bronzekuckuck *m* (Chrysococcyx ruficollis) *Orn* ruĝgorĝa bronzokukolo; ~**falke** *m* (Falco chicquera) *Orn* ruĝkapa falko; ~**fruchttaube** *f* (Ptilinopus porphyreus) *Orn* rozkapa fruktokolombo *[Vorkommen: in den Bergwäldern von Sumatra, Java u. Bali]*; ~**gans** *f* (Branta ruficollis) *Orn* ruĝkola ansero; ~**nachtschwalbe** *f, auch* ***Rothalsziegenmelker*** *m* (Caprimulgus ruficollis) *Orn* ruĝkola kaprimulgo; ~**ralle** *f* (Laterallus melanophaius) *Orn* ruĝgorĝa ralo *[Vorkommen: Südamerika]*; ~**taucher** *m* (Podiceps griseigena) *Orn* grizvanga grebo

Rothaut *f pej für «Indianer»* ruĝhaŭtulo

rothäutig *Adj* ruĝhaŭta

Rothirsch *m, auch* ***Edelhirsch*** *m* (Cervus elaphus) *Zool* [eŭropa] ruĝa cervo (↑ *auch* ***Wapiti***); ***sibirischer*** ~ (Cervus elaphus sibiricus) siberia ruĝa cervo

Rot|holzgewächse *n/Pl* (*Familie* Erythroxylaceae) *Bot* eritroksilacoj *Pl <bekanntester Vertreter ist der Cocastrauch>*; ~**huhn** *n* (Alectoris rufa) *Orn* ruĝa perdriko

Rothschildgiraffe *f* (Giraffa camelopardalis rothschildi) *Zool* rotŝilda ĝirafo *[Vorkommen: Ostafrika]*

rotieren *intr sich [um eine Achse] drehen* rotacii (***um*** ĉirkaŭ)

Rotkabis *m Bot, Nahr* ↑ ***Rotkohl***

Rot|käppchen *n eine Märchengestalt* ruĝĉapulin[et]o; ~**kappenlerche** *f* (Calandrella cinerea) *Orn* ruĝverta alaŭdo; ~**kappenschwalbe** *f* (Hirundo smithii) *Orn* dratvosta hirundo; ~**kehlchen** *n* (Erithacus rubecula) *Orn* ruĝgorĝulo

Rotkehl|fälkchen *n, auch* ***indischer Zwergfalke*** *m* (Microhierax caerulescens) *Orn* koluma falketo *[Vorkommen: Himalaja-Gebiet u. SO-Asien]*; ~**frankolin** *m* (Francolinus afer) *Orn* ruĝkola frankolino *[Vorkommen: Tansania]*; ~**häherling** *m* (Garrulax rufogularis) *Orn* ruĝgorĝa garolo; ~**hüttensänger** *m* (Sialia sialis) *Orn* ruĝgorĝa blubirdo

Rotkehl-Kampfwachtel *f Orn* ↑ *unter* ***Laufhühnchen***

Rotkehl|pieper *m* (Anthus cervinus) *Orn* ruĝgorĝa pipio; ~**spint** *m* (Merops bulocki) *Orn* ruĝgorĝa abelmanĝulo; ~**strandläufer** *m* (Calidris ruficollis) *Orn* ruĝkola kalidro

Rot|klee *m, auch* ***Wiesenklee*** *m* (Trifolium pratense) *Bot* ruĝa trifolio; ~**kohl** *m od* ~**kraut** *n, <österr> u. reg auch* ***Blaukraut*** *n, <schweiz>* ***Rotkabis*** *m Bot, Nahr* ruĝa brasiko

Rotkopf|amadine *f* (Amadina erythrocephala) *Orn* ruĝkapa estrelo *[Vorkommen: Südafrika u. Angola]*; ~**ente** *f* (Aythya americana) *Orn* malheldorsa anaso; ~**gans** *f* (Chloëphaga rubidiceps) *Orn* rustkapa ansero; ~**-Krait** *m* (Bungarus flaviceps) *Zool (eine südostasiatische Giftnatter)* ruĝkapa bungaro; ~**nachtigall** *f* (Luscinia ruficeps = Larvivora ruficeps) *Orn* ruĝkapa najtingalo *[Vorkommen: Südchina u. Malaysia]*; ~**regenpfeifer** *m* (Charadrius ruficapillus) *Orn* ruĝ-ĉapa pluvio *[Vorkommen: Australien, Tasmanien u. Neuseeland]*; ~**würger** *m* (Lanius senator) *Orn* ruĝkapa lanio

Rotkreuzflagge *f* flago de la Ruĝa Kruco

Rotkupfererz *n Min* ↑ ***Cuprit***

Rot|lachs *m* (Oncorhynchus nerka) *Ichth, Nahr* ruĝa salmo, <*wiss*> *auch* nerko; ~**lappenkiebitz** *m* (Haplopterus indicus = Vanellus indicus) *Orn* hinda vanelo; ~**lauf** *m, auch* ***Schweinerotlauf*** *m*, <*wiss*> ***Erysipeloid*** *n Vet* erizipelo [de la porkoj]

rötlich *Adj* ruĝeta

Rotlichtviertel *n sex* ruĝluma areo, putina kvartalo (↑ *auch* ***Vergnügungsviertel***)

Rötling *m* (*Gattung* Entoloma) *Mykologie* entolomo (↑ *auch* ***Frühlings-*** *u.* ***Riesenrötling***)

Rot|lori *m* (Eos rubra = Eos bornea) *Orn* skarlata lorio *[Vorkommen: Molukken u. Kai-Inseln/Indonesien]*; ~**luchs** *m* (Lynx rufus) *Zool* rufa [amerika] linko *[Vorkommen: S-Kanada bis N-Mexiko]*; ~**meerschwalbe** *f* (Hirundo perdita = Petrochelidon perdita) *Orn* ruĝmara hirundo

Rotmilan *m Orn* ↑ *unter* ***Milan***

rotnasig *Adj* ruĝnaza

Rotohr|bülbül *m* (Pycnonotus jocosus) *Orn* ruĝ-orela bulbulo; ~**meerkatze** *f, auch* ***Rotnasenmeerkatze*** *f* (Cercopithecus erythrotis) *Zool* ruĝ-orela hundosimio (*od* <*wiss*> cerkopiteko) *[Vorkommen: Westafrika]*

Rotor *m El (Läufer [im Motor]), Flugw (eines Hubschraubers), Maschinenbau (Laufrad einer Turbine)* rotoro (*vgl. dazu* ***Käfigläufer*** *u.* ***Stator***); ~**blatt** *n* alo de rotoro

Rotorua (*n*) *eine Stadt im Norden der Nordinsel von Neuseeland* Rotoruo

Rotrückeneisvogel *m* (Ceyx rufidorsa) *Orn* ruĝdorsa alciono *[Vorkommen: Philippinen, Indonesien, Malaysia u. S-Thailand]*

Rotrückenfasan *m Orn* = ***Feuerrückenfasan***

Rotrücken|staffelschwanz *m* (Malurus melanocephalus) *Orn* ruĝdorsa maluro; ~**würger** *m, pop auch* ***Dorndreher*** *od* ***Neuntöter*** *m* (Lanius collurio) *Orn* ruĝdorsa lanio

rot|saftig, *Fachspr Bot auch lat.* ***suciruber*** *Adj* ruĝsuka; ~**samig**, *Fachspr Bot auch lat.* ***erythrospermus*** *Adj* ruĝsema

Rotschenkel *m, auch* ***Sumpfwasserläufer*** *m* (Tringa totanus) *Orn* ruĝkrura tringo

Rotschmied *m* ↑ ***Kupferschmied***

Rotschnabelalk *m Orn* ↑ ***Papageialk***

Rotschnabellerche *f* (Spizocorys conirostris) *Orn* rozbeka alaŭdo *[Vorkommen: Namibia, Sambia, Botswana u. in Teilen der Südafrikanischen Rep.]*

Rotschnabel-Madenhacker *m Orn* ↑ *unter* ***Madenhacker***

Rotschnabel|toko *m* (Tockus erythrorhynchus) *Orn* ruĝbeka toko (*od* kornbekulo) *[Vorkommen: subsaharisches Afrika]*; ~**-Tropikvogel** *m* (Phaëthon aethereus) ruĝbeka tropikbirdo *[Vorkommen: trop.Meere]*

Rotschulter|bussard *m* (Buteo lineatus) *Orn* ruĝŝultra buteo *[Vorkommen: von Südkanada bis Südflorida u. Zentralmexiko]*; ~**stärling** *m* (Agelaius phoeniceus) *Orn* ruĝŝultra trupialo *[Vorkommen: endemisch in Kuba]*; ~**würger** *m* (Lanius vittatus) *Orn* hinda lanio *[Vorkommen: SO-Iran, Indien]*

Rotschwanz *m, fam auch* ***Rotschwänzchen*** *n Orn: Garten*~ (Phoenicurus phoenicurus) ĝardenruĝvostulo; *Haus*~ (Phoenicurus ochrurus) nigra ruĝvostulo (↑ *auch* ***Diadem-*** *u.* ***Spiegelrotschwanz***); ***Güldenstädt's***~ (Phoenicurus erythrogaster) blankverta ruĝvostulo *[Vorkommen: Iran, Asien]*

Rotschwanz|bussard *m* (Buteo jamaicensis) *Orn* ruĝvosta buteo; ~**-Glanzvogel** *m, auch* ***Rotschwanz-Jakamar*** *m* (Galbula ruficauda) *Orn* ruĝvosta galbulo; ~**lerche** *f* (Ammomanes phoenicurus) *Orn* ruĝvosta dezert-alaŭdo; ~**meerkatze** *f, auch* ***Kongo-Weißnasenmeerkatze*** *f* (Cercopithecus ascanius) *Zool* ruĝvosta cerkopiteko; ~**-Tropikvogel** *m* (Phaëton rubricauda) *Orn* ruĝvosta tropikbirdo *[Vorkommen: Bewohner der tropischen Ozeane]*

Rotschwingel *m Bot* ↑ *unter* ***Schwingel***

Rotsehen *n Ophthalmologie* ↑ ***Erythropsie***

Rotsichelspötter *m* (Toxostoma rufum) *Orn* rufa mokturdo *[Vorkommen: Kanada, USA]*

Rotspießglanz *m Min, Pharm* ↑ ***Kermesit***

Rot|steißkakadu *m* (Cacatua haematuropygia) *Orn* ruĝpuga kakatuo; ~**stift** *m* ruĝkolora krajono

Rotstirn|gazelle *f* (Gazella rufifrons) *Zool* ruĝfrunta gazelo; ~**girlitz** *m* (Serinus pusillus) *Orn* ruĝfrunta serino *[Vorkommen: Kleinasien bis W-China]*

Rotte *f* ***a)*** *Mil hist* roto ***b)*** *Gruppe od Schar von Menschen* grupo (*od* aro) da homoj, *auch* roto, *pej (Bande)* [malbonfara] bando (↑ *auch* ***Räuberbande***) ***c)*** *Zool*: ***eine ~ Wildschweine*** roto da aproj

Rottenarbeiter *m Eisenb* ↑ ***Bahnunterhaltungsarbeiter***

Rottenführer *m Mil (Anführer eines Trupps)* rotestro

Rotterdam (*n*) *eine Stadt in den Niederlanden* Roterdamo *[Sitz des Esperanto-Weltbundes (UEA)]*

Rottweiler *m eine Hunderasse* rotvejlero

Rotulme *f* (Ulmus rubra) *Bot* ruĝa ulmo

Rotunde *f Arch (Rundbau, ein Zentralbau auf kreisrundem od polygonalen Grundriss)* rotondo (↑ *auch* ***Rundkirche***)

Rötung *f gerötete Haut* ruĝiĝinta haŭto

rotwangig, *auch* ***rotbäckig*** *Adj* ruĝvanga

Rotwein *m* ruĝa vino (↑ *auch* ***Claret*** *u.* ***Lambrusco***); ~**glas** *n* glaso por ruĝa vino

Rotwelsch *n*, *auch* ***Gaunersprache*** *f Ling (Jargon der Landstreicher)* ĵargono de ŝtelistoj (*vgl. dazu* ***Argot***)

Rotwerden *n umg für «Erröten»* ruĝiĝo

Rotwild *n* cervoj *Pl* kaj kapreoloj *Pl*

Rotwurst *f* ↑ ***Blutwurst***

Rotz *m* ***a)*** *derb für «Nasenschleim»* nazmuko ***b)*** *auch* ***Rotzkrankheit*** *f od* ***Hautwurm*** *m* (Pseudomonas malei) *Vet (eine Infektionskrankheit, bes. bei Pferden)* maleo, *auch* morvo

rotzen *intr derb für «sich laut die Nase putzen» od «geräuschvoll Schleim ausspucken»* [laŭte] elkraĉi nazmukon

Rotzfahne *f derb für «Taschentuch»* kraĉtuko

Rotzinkerz *n Min* ↑ ***Zinkit***

Rotzkrankheit *f Vet* ↑ ***Rotz b)***

Rotznase *f* ***a)*** *derb für «triefende Nase»* fluanta (*od* gutanta) nazo ***b)*** *übertr für «freches, vorlautes Kind»* terorinfano

rotznäsig *Adj* nazoflua; ~***er Kerl*** *m* nazflulo *(Zam)*

Rotzügelkakadu *m Orn* ↑ ***Nacktaugenkakadu***

Rot-Zwergbeutelratte *f* (Marmosa rubra) *Zool* ruĝa marmozo

Rouen [*ruã*] (*n*) *eine franz. Stadt an der unteren Seine u. Hptst. des nordfranz. Départements Seine-Maritime* Rueno

Rouge [*ru:ʒ*] *n rote Schminke, Wangenschminke* ruĵo; ~ ***auflegen*** surmeti ruĵon; ***sich mit ~ schminken*** ŝminki per ruĵo

Roulade [*ru'ladə*] *f Kochk* [viand]rulaĵo

Rouleau *n* = ***Rollo***

Roulett[e] [*ru'let*] *n ein Glücksspiel* ruleto; ~ ***spielen*** ludi ruleton ◇ ***russisches*** ~ rusa ruleto *[ein potenziell tödliches Glücksspiel]*

Roulett|kessel *m* ruletkavaĵo; ~**kugel** *f* ruletglobeto; ~**spieler** *m* ruletludanto; ~**spielplan** *m*, *auch* ***Tableau*** [*ta'blo:*] *n* rulettabelo; ~**[spiel]tisch** *m* rulettablo

Roundtablekonferenz *f*, *auch* ***Round-Table -Konferenz*** *f Pol* rondtabla konferenco

Rourkela (*n*) *eine indische Industriestadt im nördlichen Orissa* Rurkelo

Rousillon [*rusi'jõ*] (*n*) *eine Landschaft u. ehemalige Provinz zw. den südfranzöschen Ostpyrenäen u. dem Golf von Lion* Rusiljono *[Hptst.: Perpignan]*

Route *f* itinero; *Flug*~ flugitinero (*vgl. dazu* ***¹Linie***); ***auf der ~ Kuala Lumpur—Tokio*** sur la itinero Kuala-Lumpuro–Tokio

Routine *f* rutino; *Erfahrung* sperto; *etw. Alltägliches* ĉiutagaĵo; ***zur ~ werden*** iĝi rutino

Routine|angelegenheit *f* rutin-afero *od* afero de rutino; ~**arbeiten** *f/Pl* rutinaj laboroj *Pl*; ~**flug** *m* rutina flugo; ~**kontrolle** *f*, *auch* ***Routine-Check*** *m* rutina kontrolo

routinemäßig **1.** *Adj* rutina; ~***es Arbeiten*** *n* laborado laŭ rutino, rutinismo **2.** *Adv* rutine

Routine|sitzung *f Parl (planmäßige Sitzung)* ordinara sesio *[Ggs: Sondersitzung]*: ~**untersuchung** *f Tech* rutina esploro; *Med auch* [medicina] rutina ekzamenado

Routinier [*ruti'nje:*] *m* rutinulo, spertulo

routiniert [*ruti'ni:rt*] *Adj* [rutin]sperta (***in*** en *od* pri); *gewandt* lert[eg]a

Rover *m Pfadfinder über 17 Jahre* rovero

Rovuma *m Grenzfluss zw. Tansania u. Mosambik* [rivero] Rovumo

Rowdy [*'raudi*] *m* huligano

rowdyhaft *Adj* huligan[ec]a, *nachgest auch* en huligana maniero

Rowno (*n*) *eine Stadt in der Ukraine* Rovno

Roxana (*f*) *weibl. Vorname* Roksana

Royal *n*, *auch* ***Royalsegel*** *n*, ***Roil*** *od* ***Reuel*** *n Mar (meist das oberste an der Royalrah angeschlagene Segel großer rahgetakelter*

Schiffe) reĝvelo (↑ *auch **Groß-**, **Kreuz-** u. **Vorroyal***)

Royalismus *m, auch **Königstreue** f* rojalismo

Royalist *m königstreue Person* rojalisto

royalistisch *Adj auf den Royalismus bezogen* rojalisma; *auf die Royalisten bezogen* rojalista

Royalrah *f Mar* reĝvela jardo

Royalsegel *n Mar* ↑ ***Royal***

Rp. = *Abk für* **1.** ***Rappen*** **2.** ***Rupiah***

RT = *Abk für **Registertonne***

RTM = *Abk für **Rastertunnelmikroskop***

[1]**Ruanda** (*n*), *auch [in engl. Schreibung:] **Rwanda** (n) ein kleiner Binnenstaat in Äquatorialafrika* Ruando *[Hptst.: Kigali]*

[2]**Ruanda** *n Ling (neben Französisch offizielle Sprache in Ruanda <als Umgangssprache außerdem Swahili>)* la ruanda [lingvo]

Ruander *m* ruandano

Ruanderin *f* ruandanino

ruandisch *Adj* ruanda

Ruba'i *m Lit (eine Form der arabischen u. neupersischen Lyrik <besteht aus 2 Doppelversen bzw. 4 Halbversen und bildet in seiner Struktur die beiden Anfangsverse einer klassischen arabischen Kasside>)* rubajo

Rub-al-Khali *f, arab. **ar-Rub' al-Hālī** eine menschenleere Wüste im SO des Schichtstufenlandes von Saudi-Arabien)* Rub-al-Ĥalio *<die größte Sandwüste der Erde>*

rubbeln *tr reg für «[kräftig] reiben»* [forte] froti

Rubber [*'ra...*] *m Whist od Bridge* ↑ ***Robber***

Rübe *f **a)** Bot, Nahr (Kohl~)* napo, *(weiße Rübe, Wasser- od Stoppel~)* [kampa] rapo, *(Runkel~)* beto, *(Mohr~)* karoto, *(Zucker~)* sukerbeto (↑ *auch **Futterrübe***); ***gelbe ~e*** *reg* = ***Möhre***; ***rote ~***, *auch **rote Bete** f* (Beta vulgaris) ruĝa beto; ***wilde ~***, *auch **Wildbete** f* (Beta vulgaris, ssp. maritima) stranda beto ***b)*** *salopp od scherzh für «Kopf»* kapo

Rubel *m* (*Abk **Rbl**; Währungscode **RUB***) *russ. Währungseinheit* rublo; ***belarussischer*** (*od **weißrussischer***) ~ (*Währungscode **BYR***); ***tadschikischer*** ~ (*Währungscode **TRB***) taĝika rublo

Rubellit *m Min (roter Turmalin)* rubelito

Rüben|älchen *n, auch **Rübennematode** m ein Ackerschädling [eine Fadenwurmart]* bet-nematodo; ~**blattwespe** *f* (Athalia spinarum) *Ent* atalio; ~**feld** *n* rapokampo *bzw.* betokampo *u.a.* (*vgl. dazu **Rübe a)***); ~**gabel** *f Landw* betforkego

Rübennematode *m* ↑ ***Rübenälchen***

Rubens (*m*) *Eig (ein flämischer Maler [1577-1640])* Rubenso

Rüben|saft *m aus Zuckerrüben* suko el sukerbetoj; ~**vollerntemaschine** *f Landw* bet[o]rikoltatoro; ~**zucker** *m* bet[o]sukero

Rubeola *f Med* = ***Röteln***

rüber *Adv* = *umg für **herüber** bzw. **hinüber*** [↑ *dort*]

Rubidium *n* (*Symbol **Rb***) *Chem (ein Alkalimetall)* rubidio *<Verwendung für Halbleiter>*

Rubikon *m Antike (Grenzfluss zw. dem eigtl. Italien u. Gallia Cisalpina)* Rubikono ◇ ***den ~ überschreiten** den entscheidenden Schritt tun* transiri (*od* transpaŝi) la Rubikonon *(Zam)*

Rubik-Würfel® *m* = ***Zauberwürfel***

Rubin *m Min* rubeno *auch als Stein in Uhren*

rubin|farben *od* ~**farbig** *Adj* rubenkolora

Rubinglimmer *m Min* ↑ ***Lepidokrokit***

Rubin|goldhähnchen *n* (Regulus calendula) rubenkrona regolo *[Vorkommen: Alaska, Kanada]*; ~**kehlchen** *n* (Luscinia calliope) *Orn* rubennajtingalo; ~**laser** *m Phys* rubena lasero

rubinrot *Adj* rubenruĝa

Rubinstein *m Eig 1. russ. Pianist u. Komponist [1829-1894] 2. US-amerikanischer Pianist polnischer Herkunft [1887-1982]* Rubinŝtejno

Rübkohl *m* ↑ ***Kohlrabi***

Rübling *m* (*Gattung* Collybia) *Mykologie* kolibio (↑ *auch **Samtfußrübling***); ***gefleckter*** ~ (Collybia maculata) makulita kolibio

Rüböl *n aus Rübsen gewonnenes Öl* oleo [ekstraktita] el rapa brasiko; *aus Raps gewonnenes Öl* kolzo-oleo

Rubrik *f 1. rot gemalte od geschriebene Überscheidt in Handschriften des Mittelalters 2. kath. Kirche: rot gedruckte Anweisung für die Ordnung der Liturgie 3. Ztgsw (Abschnitt, Abteilung)* rubriko (*vgl dazu **Spalte** u. **Sportteil***); *i.w.S. Kategorie* kategorio

Rübsen *m, auch **Rübsamen** m od **Rübsaat** f* (Brassica campestris [rapa] ssp. oleifera) *Bot (eine einjährige, zur Gattung Brassica gehörende, dem Raps sehr ähnliche Öl-*

pflanze) rapa brasiko, *umg auch* oleorapo

ruchbar *Adj*: ***die Sache wurde*** ~ la afero fariĝis konata; *ist durchgesickert* la afero tralikiĝis [eksteren]

Ruchgras *n* (*Gattung* Anthoxanthum) *Bot* antoksanto; ***wohlriechendes*** ~ (Anthoxanthum odoratum) odora antoksanto

ruchlos *Adj geh: abscheulich* abomena; *unverschämt* senhonta; *verbrecherich* krima *od* krimofara

Ruchlosigkeit *f* abomenind[ec]o; senhonteco (*vgl. dazu* ***Gemeinheit***)

Ruck *m [plötzlicher] Stoß* ekpuŝo; *plötzliche Erschütterung* ekskuo; *kurze, plötzliche Bewegung* ekmovo; *Zug* ektiro; ***mit einem plötzlichen*** ~ per [tute] subita ekpuŝo (*bzw.* ekmovo *od* ektiro); ***ein*** ~ ***nach links*** *z.B. nach einer Wahl* svingo al la maldekstro ◇ ***sich einen*** ~ ***geben*** *sich überwinden* venki (*od* devigi) sin mem

Rück|ansicht *f* aspekto de malantaŭe; ~**antwort** *f, auch* ***Rückäußerung*** *f* respondo [je ricevita letero *u.a.*]

ruckartig *Adv mit einem [plötzlichen] Stoß* per [ek]puŝo (*vgl. dazu* ***plötzlich***)

Rückbau *m* malkonstruado; ~**arbeiten** *Pl* malkonstruaj laboroj *Pl*

Rück|berufung *f z.B. eines Diplomaten* revoko (*vgl. dazu* ***Abberufung***); ~**besinnung** *f Rückkehr* reveno; *Umkehr* returniĝo

rückbezüglich *Adj*: ~***es Fürwort*** *n Gramm* refleksiva pronomo

Rückbezüglichkeit *f* ↑ ***Reflexivität***

Rück|bildung *f Biol, Med (z.B. einer Geschwulst)* malkresk[ad]o (*vgl. dazu* ***Kataplasie*** *u.* ***Regression***); *Degeneration* degener[ad]o (↑ *auch* ***Atrophie***); ~**bildungsphase** *f Obstetrik, Sexualmedizin* involucia fazo; ~**blende** *f Film, Theat* retrosceno; ~**blick** *m* retrorigardo, rigardo respektiva, *auch* rerigardo; *Resümee* resumo

rückblickend *Adv* retrorigard[ant]e, retrospekt[iv]e; ***etw.*** ~ ***betrachten*** retrospekt[iv]e rigardi ion; *sich erinnernd* rememore taksi ion

rück|blocken *tr nur Fachspr Eisenb* malbloki; ~**buchen** *tr Bankw, Fin* ristorni

Rückbuchung *f Bankw, Fin* ristorno

rückdatieren *tr* retrodati

Rückdeckel *m* ↑ ***Hinterdeckel***

Rückelschneise *f Forstw* ↑ ***Schleifweg***

rücken ***a)*** *tr* [iom] movi; *i.w.S. ziehen* [iom] tiri; *schieben* [iom] ŝovi; *mit einem Stoß* puŝ[et]i; ***nach hinten*** (***vorn***) ~ [iom] movi *bzw.* tiri *od* ŝovi malantaŭen (antaŭen); ***er rückte den Stuhl näher an die Wand*** li ŝovis la seĝon iom pli proksimen al la muro; ***etw. zur Seite*** ~ movi (*bzw.* ŝovi *u.a.*) flanken (*od* al la flanko) ***b)*** *intr* moviĝi; ŝoviĝi; ***die Uhr rückte auf zehn [Uhr]*** la horloĝa montrilo moviĝis al la cifero dek (*od kurz* moviĝis al la deka) ◇ ***er rückte mir nicht von der Pelle*** li kvazaŭ algluiĝis al mi ***c)*** *auch* ***ausrücken*** *Forstw* haŭl[ad]i

Rücken *m* ***a)*** *Anat, Geogr u. i.w.S.* dorso (↑ *auch* ***Berg-***, ***Buch-***, ***Hohl-***, ***Land-*** *u.* ***Rundrücken***); ~ ***an*** ~ ***sitzen*** (***stehen***) sidi (stari) dorso ĉe dorso; ***auf dem*** ~ sur la dorso, *umg* surdorse (*vgl. dazu* ***rücklings***); ***auf dem*** ~ ***liegen*** kuŝi sur la dorso, *umg auch* kuŝi surdorse; ***auf dem*** ~ ***tragen*** porti sur la dorso, *umg auch* porti surdorse; ***jmdm. den*** ~ ***zuwenden*** turni la dorson al iu *(Zam) auch übertr*; ***mit dem*** ~ ***zur Sonne*** dorson kontraŭ la suno; ***Schauer liefen mir über den*** ~ *od* ***es rieselte mir kalt über den*** ~ tremoj kuris sur mia dorso ◇ ***jmdm. in den*** ~ ***fallen*** ataki iun de malantaŭe *auch übertr*; ***sich den*** ~ ***freihalten*** *übertr* lasi [al si] vojon por returniro (*od* retiriĝo); ***hinter meinem*** ~ *ohne mein Wissen* sen mia scio; *vor mir verheimlicht* kaŝe por mi; ***jmdm. den*** ~ ***stärken*** *übertr* fortigi ies pozicion, [forte] apogi iun; ***etw.*** (***jmdm.***) ***den*** ~ ***zukehren*** (*od* ***zuwenden***) turni al io (iu) la dorson ***b)*** *Rückseite* dorsflanko (↑ *auch* ***Fußrücken***); ***der*** ~ ***eines Berges*** dorso de monto ***c)*** *auch* ***Kreuz*** *n Geräteturnen (oberer Teil des Gymnastikgeräts Pferd)* gropo

Rückenausschnitt *m eines Kleids* dorsa dekoltaĵo

Rückendeckung *f* ***a)*** *Mil* ŝirmo kontraŭ atako(j) de malantaŭe, *hist (Rückenwehr [einer Befestigungsnlage od eines Schützengrabens])* paradoso ***b)*** *übertr* apogo, subteno; *i.w.S. (Unterpfand, Sicherheit)* garantiaĵo (*vgl. dazu* ***Rückhalt*** *u.* ***Unterstützung***); ***jmdm.*** ~ ***geben*** *übertr* doni apogon al iu

Rücken|fallschirm *m Fallschirmspringen* [sur]dorsa paraŝuto; ~**flosse** *f Ichth* dorsa naĝilo

rückenfrei *Adj*: ***ein*** ~***es Kleid*** robo [profunde] dekoltita dorsflanke

rückenfreundlich *Adj* konvena al la dorso *nachgest*

Rücken|kamm *m z.B. beim Kammmolch*

dorsa kresto; ~**lage** *f* surdorsa [kuŝo]-pozicio; ~**lehne** *f* dorsapogilo

Rückenmark *n* (Medulla spinalis) *Anat* spina medolo, <*wiss*> mjelo

Rückenmark|anästhesie *f Med* spina anestezo; ~**entzündung** *f*, <*wiss*> ***Myelitis*** *f Med* inflamo de la spina medolo, <*wiss*> mjelito (↑ *auch* ***Enzephalo-*** *u.* ***Spondylomyelitis***); ~**flüssigkeit** *f Anat* rakia likvo; ~**häute** *Pl Anat* mjelaj meningoj *Pl*; ~**leiden** *n*, *Fachspr* ***Myelopathie*** *f Med* mjelopatio

Rückenmarkschwindsucht *f Med* ↑ *unter* ***Tabes***

Rücken|marksnerven *m/Pl*, *auch* ***Spinalnerven*** *m/Pl* (Nervi spinales) *Anat* spinaj nervoj *Pl*; ~**marktrauma** *n Med* mjelotraŭmo; ~**massage** *f* dorsa masaĝo *od* dorsomasaĝo

Rückenmuskeln *m/Pl Anat* dorsaj muskoloj *Pl*; ***breiter Rückenmuskel*** (Musculus latissimus dorsi) *Anat* latisimo

Rücken|muskulatur *f Anat* dorsa muskolaro; ~**nummer** *f auf dem Fahrer- od Spielertrikot* surdorsa numero; ~**panzer** *m der Schildkröte* karapaco [de testudo]; ~**prellung** *f Med* kontuzo de la dorso; ~**riemen** *m des Pferdegeschirrs* groprimeno; ~**saite** *f*, *auch* ***Achsenskelett*** *n* (Chorda dorsalis) *Zool (elastisches Stützorgan als Vorstufe der Wirbelsäule bei den Chordaten)* ĥordo; ~**schild** *m der Krabbe u.a.* karapaco [de krabo *u.a.*] (*vgl. dazu* ***Rückenpanzer***); ~-**schmerz(en)** *m/(Pl)* dorsa(j) doloro(j) *(Pl)* (*vgl. dazu* ***Rachialgie***); ~**schule** *f Physiotherapie* dorsotrejnado, dorsofortigaj ekzercoj *Pl*; ~**schwimmen** *n* dorsonaĝ[ad]o

Rückenschwimmer *m*, *auch* ***Wasserwanze*** *od* ***Wasserbiene*** *f* (*Gattung* Notonecta) *Ent* dorsonaĝa cimo, *auch* dorsonaĝulo, <*wiss*> notonekto; ***[Familie der]*** ~ *Pl* (Notonectidae) dorsonaĝuloj *Pl*, <*wiss*> notonektedoj *Pl*

Rückenstück *n Schlächterei* dorsa peco, *auch* dorsaĵo; *Nahr (Rückenstück)* fileo

Rückentwicklung *f Biol* = ***Rückbildung***

Rücken|wehr *f Mil hist* paradoso (*vgl. dazu* ***Rückendeckung***); ~**wind** *m* vento [kiu venas] de malantaŭe, *auch* dorsvento *od* posta vento, *Mar auch* vento venanta poboflanke; *übertr (Untrstützung)* subteno; ~**wirbel** *m* (Vertebra) *Anat* vertebro

Rück|erinnerung *f* rememoro; ~**eroberung** *f Mil* rekonker[ad]o

rückerstatten *tr zurückzahlen* repagi (*vgl. dazu* ***erstatten***)

Rück|erstattung *f* ***a)*** *auch* ***Restitution*** *f von Auslagen* repago, restitu[ad]o (↑ *auch* ***Bonifikation***) ***b)*** *Schadensregulierung* damaĝokompenso; ~**fahrkarte** *f*, <*österr*> ***Retourfahrkarte*** *f* iro-revena bileto *od* bileto por iro-reveno; ~**fahrscheinwerfer** *m Kfz* retroreflektilo; ~**fahrt** *f* (*Abk* ***Rückf.***) reveturo, *auch* revenvojaĝo; *das Zurückfahren* reveturado

Rückfall *m Med* remalsaniĝo, recidivo (↑ *auch* ***Redzidiv***); ***sie hat einen ~ bekommen*** ŝi remalsaniĝis ***b)*** *Jur (erneutes Schuldigwerden)* recidivo, rekulpiĝo

Rückfallfieber *n Med* ↑ ***Borreliose*** *u. unter* ***Fieber***

rückfällig *Adj*: ***ein ~er Dieb*** *Jur* recidiva ŝtelisto; ~ ***werden*** *Jur* recidivi, refali en la saman delikton (*od* krimon); *Med* fariĝi recidivulo *auch Rauschgiftsüchtiger*

Rückfalltäter *m Jur* recidivulo, rekulpiĝinto, denova deliktulo

Rückfenster *n Kfz* malantaŭa glaco

Rückflug *m* reflugo, returna flugo; ~**bestätigung** *f* konfirmo de [la] reflugo (*od* [la] returna flugo)

Rück|fluss *m* refluo (↑ *auch* ***Regurgitation***); ~**forderung** *f von Geldern* repostulo de [donita *bzw.* pruntita] mono; *Reklamation* reklamacio; ~**fracht** *f Mar* returna kargo *auch für LKW*; ~**frage** *f* [re]demando

rückfragen *intr* redemandi; *um nähere Information bitten* peti pri pliaj informoj (***bei*** de)

Rückfront *f*: ***die ~ eines Gebäudes*** malantaŭo (*od* malantaŭa parto) de konstruaĵo

rückführen *tr repatriieren* repatriigi

Rückführung *f Repatriierung* repatriigo; ~ ***der Kriegsgefangenen*** repatriigo de militkaptitoj

Rückgabe *f* redono; ~**recht** *n Hdl* rajto je redono de [aĉetitaj *bzw.* liveritaj] varoj

Rückgang *m Abnahme* malkresko; *Verminderung* malpliiĝo; *Fallen, Sinken (z.B. von Preisen)* malaltiĝo; *Niedergang, Verfall* malprospero *auch der Wirtschaft*; *Rezession, Rückgang der Konjunktur* recesio

rückgängig *Adj*: ***etw. ~ machen*** nuligi ion; *Bestellung auch* malmendi ion (*vgl. dazu* ***abbestellen*** *u.* ***absagen***); *etw. für rechtsungültig erklären* deklari ion leĝe ne plu valida

Rückgewinnung *f* reakir[ad]o (*vgl. dazu* ***Recycling*** *u.* ***Wiederverwertung***)

Rückgrat *n* ***a)*** spino *auch übertr, umg auch* vertebraro (*vgl. dazu* ***Wirbelsäule***) ***b)*** *übertr (im Sinne von «Stütze») auch* apogilo; ***das ~ der Wirtschaft*** la spino (*bzw.* apogilo) de la ekonomio ◇ ***jmdm. das ~ brechen*** *übertr (jmds. Willen brechen)* rompi ies volon, *(jmdn. ruinieren)* ruinigi iun

Rückgratverkrümmung *f Med* tordiĝo de la vertebraro (*vgl. dazu* ***Lordose*** *u.* ***Skoliose***)

Rückhalt *m* subteno, apogo (*vgl. dazu* ***Unterstützung***); *i.w.S. (Hilfe)* helpo, *(Reserve)* rezervo

Rückhaltebecken *n Wasserbau* retena baseno (↑ *auch* ***Hochwasserrückhaltebecken***)

rückhaltlos 1. *Adj* senrezerva; *völlig offensichtlich* tute evidenta **2.** *Adv* senrezerve, tute malkaŝe

Rückhand *f, auch* ***Rückhandschlag*** *m Tennis* mandorsa bato

Rückkauf *m* reaĉeto; *Freikauf* elaĉeto

Rückkaufs|preis *m* reaĉeta prezo; **~recht** *n* rajto je reaĉeto

Rückkehr *f* reveno (↑ *auch* ***Rückbesinnung***); *Heimkehr* reveno hejmen (*bzw.* al la hejmlando *u.a.*); ***~ aus der Gefangenschaft*** reveno [hejmen] el la kaptiteco

Rückkehrer *m* revenanto *bzw.* reveninto (↑ *auch* ***Urlaubsrückkehrer***)

Rückkehrkante *f Geom* (*Gratlinie einer abwickelbaren Regelfläche)* kusp-eĝo

Rück|kopplung *f Mechanik* retrokuplo; **~ladung** *f Transportwesen* returna kargo

Rücklage *f Fin, Wirtsch* rezervo; *i.e.S. (Spargeld)* ŝparita mono, *auch* ŝparaĵo, *(Reservefonds)* rezerva fonduso, *auch* rezerva kapitalo, *(das Zurücklegen von Geldern)* rezervado de monsumoj; *allg Reserve* rezervo; ***~n*** *Pl Fin (Geldreserven)* monaj rezerv[aĵ]oj *Pl*; ***gesetzliche ~*** *Fin* leĝa rezervo

Rücklauf *m Tech* inversiro; *Kfz (Rückwärtsgang)* retrorapidumo

rückläufig *Adj Absatz [einer Ware], Entwicklung, Tendenz* regres[ant]a; ***~ sein*** *abnehmen, schwächer werden* regresi; ***ein Land mit ~er Geburtenrate*** lando kun regresanta naskokvanto; ***~es Wörterbuch*** *n* inversa vortaro

Rück|läufigkeit *f Abnahme, Zurückgehen, Regression* regreso *z.B. einer Population in einem Areal (Biol) od von Tumoren unter Therapie (Med)* (↑ *auch* ***Verminderung***); **~lauftaste** *f, auch* ***Rückspultaste*** *f z.B. am Diktiergerät od Kassettenrecorder* rekuriga klavo, *umg auch* reen-klavo; **~leitung** *f* returna kondukilo

Rück|leuchte *f od* **~licht** *n am Fahrzeug* postlampo [de veturilo], *pop auch* vostlumo (*vgl. dazu* ***Rückstrahler*** *u.* ***Schlussleuchte***)

rücklings *Adv auf dem Rücken* surdorse; *von hinten* de post la dorso, de malantaŭe; *nach hinten* dors[o]direkte, *umg auch* dorsen; ***~ hinfallen*** fali dorsdirekte

Rück|marsch *m* returna marŝo *od* marŝo returne; **~porto** *n*, *<österr>* ***Retourporto*** *n Post* kosto por resendo; **~raumspieler** *m Handball* arierulo; **~reise** *f* revojaĝo (*vgl. dazu* ***Heimreise***)

Rückruf *m* revoko; *Tel* telefona revoko; **~-aktion** *f Hdl* produktorevoko

rückrufbar *Adj* revokebla; ***nicht ~*** nerevokebla

Rucksack *m*, *<österr> reg* ***Schnerfer*** *m* dorsosako (*vgl. dazu* ***Tornister***); **~tourist** *m*, *Jugendspr auch engl.* ***Backpacker*** *m* dorsosaka turisto

Rückschau *f* retrorigardo, *geh: Retrospektive* retrospektivo

rückschauend 1. *Adj [zu] rückblickend, retrospektiv* **2.** *Adv* retrorigard[ant]e, retrospekt[iv]e; ***etw. ~*** (*od* ***in der Rückschau***) ***betrachten*** retrospekti ion

Rückschlag *m* ***a)*** *Misserfolg* malsukceso (*vgl. dazu* ***Fiasko***); ***einen ~ erleiden*** *Misserfolg haben* renkonti fiaskon ***b)*** *Med (Rezidiv)* recidivo; *Entwicklungs*≗*, bes. Genetik (Rückfall in den Primitiv- od Urzustand)* atavismo ***c)*** *Ballspiele* rebato; *Rückstoß beim Abfeuern von Schusswaffen* retrofrapo, *(von Raketen)* retropuŝo; *Gegenwirkung* reakcio

Rückschlagventil *n Tech* retroferma valvo

Rückschluss *m Schlussfolgerung* konkludo; *Konsequenz* konsekvenco; *Logik (Deduktion)* dedukto; ***Rückschlüsse ziehen*** konkludi *bzw.* dedukti (***aus*** el)

Rückschritt *m Schritt zurück* retropaŝo; *Regression, Rückläufigkeit* regreso, *auch* malprogreso (*vgl. dazu* ***Rückgang***); ***~e machen*** regresi, malprogresi

Rückschrittler *m* = ***Reaktionär***

rückschrittlich *Adj Partei, Person* malprogresema, *(reaktionär)* reakcia; *rückständig,* *zurückgeblieben* neprogresinta, posttempa

Rückschritt-Taste *f, Fachspr auch* ***Backspace Key*** *Computer* retroklavo

Rückseite *f* dorsa flanko *od* dorsflanko; *Hinterseite* malantaŭa flanko; *Innenseite od Kehrseite* reverso; ***auf der ~*** sur la dorsflanko, dorsflanke

rückseitig 1. *Adj* dorsflanka **2.** *Adv* dorsflanke

Rücksendung *f, <österr>* ***Retoursendung*** *f, Amtssprache <österr>* ***Retoure*** *f das Zurücksenden* resendado; *Zurückgesandtes* resendaĵo

Rücksicht *f Nachsicht* indulgo; *Berücksichtigung, Erwägung* konsidero; ***~ auf jmdn. nehmen*** *Nachsicht üben* indulgi iun; *jmds. Belange respektieren* respekti ies interesojn (*bzw.* bezonojn *od* sentojn *u.a.*); ***mit ~ auf ...*** pro konsidero al ...

Rücksichtnahme *f*: ***gegenseitige ~*** reciproka respekto de la interesoj (*bzw.* sentoj *u.a.*) (↑ *auch* ***Fein-*** *u.* ***Taktgefühl***)

rücksichtslos *Adj unnachsichtig* senindulga; *gegenüber jmds. Belangen u. dgl.* senrespekta al ies interesoj (*bzw.* bezonoj *u.a.*), senkonsidera, havanta nenian respekton (***gegenüber jmdm.*** al iu); *rigoros* rigora; *radikal* radikala; *brutal* brutala; *undiszipliniert* sendisciplina; ***ein ~er Fahrer*** rigora (*bzw.* brutala) ŝoforo

rücksichtsvoll *Adj* konsiderema, havanta respekton (***gegenüber jmdm.*** al iu); *i.w.S. (feinfühlend)* delikatsenta; *(taktvoll)* takt[o]plena (↑ *auch* ***schonend***)

Rück|sitz *m* posta (*od* malantaŭa) sidloko; **~spiegel** *m Fahrrad, Kfz* retrospegulo; **~spiel** *n, <österr> u. <schweiz>* ***Retourspiel*** *n, <österr> auch* ***Retourmatch*** *n Sport* dua maĉo [en unu ludserio]

Rücksprache *f* [refoja] priparolo, denova informiĝo; *Beratung* konsultiĝo; ***mit jmdm. ~ nehmen*** refoje priparoli ion kun iu, denove trakti ion kun iu; *sich mit jmdm. beraten* konsultiĝi kun iu

Rückspultaste *f* ↑ ***Rücklauftaste***

Rückstand *m Chem (aus Destillation od Verbrennung)* reziduo *auch eines Pflanzenschutzmittels*; *Bodensatz* sedimento; *allg auch* rest[aĵ]o (↑ *auch* ***Filtrationsrückstand, Überbleibsel***); *Abfall* defalaĵo(j) *(Pl)*; ***Rückstände*** *m/Pl Fin* postiĝintaj ŝuldoj *Pl*; ***[mit Zahlungen] im ~ sein*** ŝuldi ankoraŭ

rückständig *Adj in der Entwicklung* neprogresinta (↑ *auch* ***primitiv*** *u.* ***unterentwickelt***); *noch ausstehend, z.B. Zahlung* [ankoraŭ] ne pagita

Rückständigkeit *f* neprogresinteco

rückstandsfrei *Adj Chem (bei Destillation od Verbrennung)* sen reziduo *nachgest*

Rückstandswirkung *f* ↑ ***Residualwirkung***

Rück|stellung *f Fin (Rücklage)* rezervo; **~stoß** *m* repuŝo; *von Schusswaffen* retrofrapo, *von Geschützen, Raketen* retropuŝo

rückstoßfrei *Adj* sen retropuŝo *nachgest*; ***~e Waffe*** *f Mil* armilo sen retropuŝo

Rück|strahler *m, umg* ***Rücklicht*** *n Kfz, Fahrrad* malantaŭa reflektilo (↑ *auch* ***Reflektor***); **~taste** *f, auch* ***Resettaste*** *f Computer, Schreibmaschine* retroklavo; **~transport** *m* retransport[ad]o

Rücktritt *m* ***a)*** *das Sichzurückziehen* retiriĝo, *(von einer Funktion od einem Posten, von einem Amt od einem Vertrag)* retreto, *vom Amt allg* rezigno pri la ofico; *Amtsniederlegung* abdiko, *(bes. Dipl u. Parl)* demisio; ***jmds. ~ ablehnen*** rifuzi la demision de iu; ***seinen ~ einreichen*** prezenti sian demision ***b)*** *Rücktritt[bremse] am Fahrrad* pedalbremso

Rücktrittbremse *f* ↑ ***Rücktritt b)***

Rücktritts|erklärung *f* sciigo pri rezigno; **~gesuch** *n* peto povi rezigni pri ofico (*bzw.* kandidateco *u.a.*); **~recht** *n Jur* rajto pri retiriĝo el kontrakto; **~schreiben** *n* demisia letero (*vgl. dazu* ***Kündigungsschreiben***)

rück|übersetzen *tr* retraduki *od* retrotraduki (***ins Esperanto*** en Esperanton); **~vergüten** *tr zurückzahlen* repagi; *Schaden ersetzen* kompensi damaĝon

Rück|vergütung *f Rückzahlung (als Handlung)* repago, *(zurückgezahlter Betrag)* repagaĵo; *Entschädigung für entstandene Kosten* retrokompens[aĵ]o; **~versicherung** *f Versicherungswesen* reasekuro; **~wand** *f von Gebäude, Zimmer* malantaŭa muro; *von Möbelstück* malantaŭo

Rückwanderung *f* ↑ ***Remigration***

rückwärtig *Adj* dorsflanka; *hinten [gelegen]* malantaŭa, troviĝanta malantaŭe

rückwärts *Adv nach hinten* malantaŭen; *von hinten nach vorn, z.B. etw. lesen* de malantaŭe antaŭen; *zurück* returne; ***~ fahren*** *z.B. ein Auto, eine Lok* retroveturi; ***~ gehen*** retroiri; ***~ zählen*** *z.B. beim Raketenstart* retrokalkuli

Rückwärts|beugung *f* retroflekso; ~**bewegung** *f* moviĝo malantaŭen; *Verlegung (z.B. von Truppen) nach hinten* translokado malantaŭen

rückwärtsfahren *intr Kfz, Eisenb u.a.* retroveturi; ***ich fahre nicht gern rückwärts*** *z.B. im Zug* mi ne ŝatas sidi en trajno dorsdirekte

Rückwärts|fahrt *f* retroveturado; ~**gang** *m*, *<österr> u. <schweiz>* ***Retourgang*** *m Kfz* retrorapidumo

rückwärtsgehen *intr* retroiri, *auch* iri dorsdirekte (*vgl. dazu* ***zurückweichen***)

Rückwärtsinhibition *f* retroinhib[ici]o

Rückweg *m* returna vojo; *Reise zurück* reveturo; *Reise nach Hause* hejmenveturo; ***auf dem ~*** dum la reveturo

ruckweise *Adv* ***a)*** puŝmove; *intermittierend* intermite ***b)*** *reg pop für «nach und nach»* iom post iom

rückwirken *intr* retroefiki (*vgl. dazu* ***reagieren***)

rückwirkend 1. *Adj zeitl (z.B. ein Gesetz)* retroaktiva **2.** *Adv*: ~ ***von zeitl*** retrodate [ek]de; ~ ***vom 1. Januar an gelten*** validi retrodate de la 1-a (= unua) de januaro

Rückwirkung *f* retroefiko (***auf*** sur *mit Akk*); *Reaktion* reago; ***mit ~ vom ...*** *zeitl* retrodate [ek]de ...; ~***en auf etw. haben*** retroefiki sur ion

Rück|zahlung *f* repago; ~**zahlungsgarantie** *f* garantio pri repag[ad]o *od* repaga garantio; ~**zieher** *m Fußball* retrokiko

Rückzug *m das Zurückziehen* retir[ad]o (*vgl. dazu* ***Räumung***); *das Sichzurückziehen* retiriĝo, *Mil u. aus der Politik [z.B. von einer Funktion od einem Posten) auch* retreto; ***strategischer ~*** strategia retiriĝo; ***den ~ decken*** *Mil* ŝirmi la retiriĝon

Rückzugsgebiet *n Biol* ↑ ***Refugialstandort***

Rückzugsgefecht *n Mil* sindefendo por kaŝi la retiriĝon, kamuflita retreto *auch übertr*

Rucola *m Bot, Nahr* ↑ ***Rauke b)***

Rudbeckie *f Bot* ↑ ***Sonnenhut b)***

rüde *Adj* kruda (*vgl. dazu* ***barsch***)

Rüde *m männl. Hund* virhundo *od* virseksa hundo

Rudel *n* aro; *Herde* grego (↑ *auch* ***Wolfsrudel***); ***im ~ jagen*** ĉasi are (*od* grege)

rudelweise *Adv* are; *in Herden* en gregoj

Ruder *n*, *Fachspr Mar* ***Riemen*** *m*, *Sport* ***Skull*** *n (des Ruderboots)* remilo; *(Steuer*~*)* rudro, *allg Steuer* direktilo *auch übertr* (↑ *auch* ***Quer-*** *u.* ***Seitenruder***); ~ ***senkrecht!*** *od* ***die Riemen senkrecht!*** *Mar* remilojn apike!; ***aufholbares ~*** *z.B. eines Kajütboots* levebla rudro; ***mit dem ~ führen*** gvidi per rudro, *auch kurz* rudri; ***der Mann am ~*** rudristo (↑ *auch* ***Steuermann***)

Ruder|bank *f* rembenko; ~**blatt** *n des Steuerruders* rudroplato; ~**boot** *n*, *<österr> umg* ***Schinakel*** *n* remboato (↑ *auch* ***Achter*** *u.* ***Vierer***)

Ruderente *f Orn* ↑ ***Weißkopfruderente***

Ruderer *m jmd., der rudert* remanto; *Sport*~ remisto

Ruderfußkrebse *m/Pl*, *auch* ***Ruderfüßer*** *m/Pl* (Copepoda) *Zool (eine Unterklasse der Krebstiere)* kopepodoj *Pl* (↑ *auch* ***Hüpferling***)

Ruderfüß[l]er *m/Pl Orn*: ***[Ordnung der]*** ~ (Pelecaniformes) pelikanoformaj [birdoj] *Pl*

Rudergriff *m* ↑ ***Riemenschaft***

Ruder|klub *od* ~**verein** *m Sport* remista klubo

Ruderlagenanzeiger *m Mar* ↑ ***Axiometer***

rudern *intr* remi (***an***, ***nach*** *bzw.* ***zu*** al); ***mit den Armen [in der Luft]*** ~ svingegi la brakojn

Rudern *n* remado *auch Sport*

Ruderpfosten *m* ↑ ***Ruderstock***

Ruder|pinne *f Mar (Hebelarm am Steuerruder)* tenilo de rudro; ~**reep** *n*, *auch* ***Steuerreep*** *n Mar* droso; ~**regatta** *f* remboata konkurso; ~**schaft** *m* fusto de remilo

Ruderschnecken *f/Pl Zool* ↑ ***Flossenfüßler***

Ruder|stange *f* stango de remilo *od* remila stango; ~**steven** *m*, *auch* ***Leitsteven*** *m* rudrosteveno; ~**stock** *m*, *auch* ***Ruderpfosten*** *m* rudrostango; ~**trainer** *m Sport* rem-trejnisto

Ruderverein *m* ↑ ***Ruderklub***

Ruderwanze *f Ent*: ***punktierte*** ~ (Corixa punctata) punktata korikso

Ruderwettbewerb *m Sport* remkonkurso

Rudiment *n Überbleibsel* rudimento *auch Anat u. Biol*; ~***e*** ***Pl*** *elementare Ansätze, auch Grundbegriffe* rudimentoj *Pl*

rudimentär *Adj verkümmert* rudimenta; ~***es Organ*** *n Biol* rudimenta organo

Rudolf (*m*) *männl. Vorname* Rudolfo *auch Name einiger deutscher Könige u. Kaiser bzw. österreichischer Herzöge*

Rudolf-Steiner-Schule *f* ↑ ***Waldorfschule***

Rüebli *n* ↑ ***Möhre***

Ruf *m* ***a)*** voko; *Schrei* kri[eg]o; *Aufschrei*

ekkrio; *Aufruf, Zuruf* alvoko, *auch* voko (↑ *auch* ***Alarm-, Beifalls-, Hilfe-, Lock-*** *u.* ***Warnruf***); ***der ~ nach Freiheit*** krio je libereco; ***SOS-Ruf*** S.O.S.-signalo ***b)*** *eines Vogels* vok[kri]o ***c)*** *Tel (Rufzeichen)* voka signalo, *(Telefonnummer)* telefonnumero ***d)*** *Ansehen, Wertschätzung* reputacio, renomo (*vgl. dazu* ***Leumund***); ***guter ~*** bona reputacio, famo; ***im ~ eines Geizkragens stehen*** havi la reputacion de avarulo; ***er erhielt einen ~ als Professor an die Leipziger Universität*** oni ofertis al li profesorecon en la universitato de Lepsiko

rufen ***a)*** *tr heranrufen, holen* voki, venigi (↑ *auch* ***zusammen-*** *u.* ***zurückrufen***); *ausrufen, laut rufen* krii; *jmdn. nennen* nomi; ***~ Sie bitte Herrn ...*** bonvolu voki sinjoron ...; ***einen Arzt ~*** voki (*od* venigi) kuraciston; ***jmdn. zu Hilfe ~*** voki al iu por helpo; ***jmdn. zur Ordnung ~*** admoni iun al ordo ***b)*** *intr* voki; *schreien* krii; *Vogel* vok[kri]i (*vgl. dazu* ***zwitschern***); ***andauernd*** (*bzw.* ***wiederholt***) ~ vokadi, daŭre (*bzw.* ree kaj ree voki; ***um Hilfe ~*** voki (*od [stärker:]* krii) [al iu] por helpo ◇ ***die Pflicht ruft*** la devoj vokas; ***du kommst wie gerufen*** vi alvenas kvazaŭ vokita kaj petita *(Zam)*

Rufen *n* vokado (↑ *auch* ***Ruf a)*** *u.* ***b)***)

Rufer *m* vokanto, *jmd., der schreit* krianto ◇ ***er ist ein ~ in der Wüste*** *er versucht vergeblich zu überzeugen* li restos voĉo krianta en la dezerto *(Zam)*

Rüffel *m umg für «derbe Rüge»* severa riproĉo; ***jmdm. einen ~ erteilen*** (*od* ***geben***) severe riproĉi iun

rüffeln *tr* [severe] riproĉi

Rufiyaa *m* (*Abk* ***Rf***; *Währungscode* ***MVR***) *Währungseinheit der Malediven* rufijo (*vgl. dazu* ***Laari***)

Rufmord *m* murdo de renomo (*od* reputacio); *arge Verleumdung* severa kalumniado; ~**kampagne** *f* kampanjo por severe malutili al ies reputacio

Ruf|name *m* voknomo; *meist allg: Vorname* antaŭnomo; ~**nummer** *f* voknumero, *[meist:] Telefonnummer* telefonnumero; ~**schädigung** *f* difektado de ies bona reputacio; ~**strom** *m El, Tel* vokkurento

Rufweite *f*: ***in ~ sein*** esti en vokdistanco

Rufzeichen *n, alt* ***Amtszeichen*** *n Tel* voksignalo *od* voka signalo

Rugby [ˈrakbi] *n Sport* rugbeo; ~**ball** *m* rugbe-pilko; ~**spieler** *m* ludanto de rugbeo, *auch* rugbeisto; ~**turnier** *n* rugbea turniro

Rüge *f* mallaŭdo, *[stärker:]* riproĉo (***wegen*** pro *od* por) (↑ *auch* ***Anranzer, Rüffel, Schelte*** *u.* ***Tadel***); ***jmdm. eine ~ erteilen*** fari al iu riproĉon

rügen *tr* mallaŭdi, *[stärker:]* riproĉi (***jmdn. wegen etw.*** iun pro io) (*vgl. dazu* ***anranzen, kritisieren*** *u.* ***tadeln***)

rügenswert *Adj* mallaŭdinda

Ruhe *f Stille* silento (↑ *auch* ***Grabesruhe***); *Ungestörtheit, Gemächlichkeit* trankvil[ec]o; *innere Ruhe, Gemüts- od Seelen*≗ kviet[ec]o (*vgl. dazu* ***Friedlichkeit*** *u.* ***Gelassenheit***); *Ausruhen, Erholung, Rast* ripozo (↑ *auch* ***Bett-*** *u.* ***Mittagsruhe***); *Schlaf* dormo; *Friede* paco; *Sicherheit* sekureco; ***~!*** *als Ausruf* silenton! *od* silentu!; ***~ liebend*** amanta la silenton (*bzw.* trankvilecon *od* kvietecon); ***angenehme ~!*** *gute Nacht!* bonan nokton!; *schlaf gut!* dormu bone!; ***innere ~*** interna trankvil[ec]o; ***relative ~*** *z.B. in einem Krisengebiet* relativa kvieto; ***immer mit der ~!*** trankvile, trankvile!; ***ein bisschen ~ brauchen*** bezoni iom da ripozo; ***jmdn. aus der ~ bringen*** malkvietigi iun; ***keine ~ haben bis ...*** ne esti kvieta (*od* kontenta) ĝis ...; ***zur ~ kommen*** fine [ek]havi trankvilon, retrankviliĝi; ***lass mich in ~!*** lasu min trankvila!; *lass mich gewähren!* lasu min fari [tion]!; *behindere mich nicht!* ne malhelpu min!; *lass mich nur machen!* lasu min nur agi; ***sich zur ~ setzen*** retiriĝi el sia ofico, *auch* demeti sian oficon; *in Pension gehen* pensiuliĝi; ***sich zur ~ begeben*** *od* ***zur ~ gehen*** *geh für «schlafen gehen»* iri [por] dormi; *zu Bett gehen* enlitiĝi ◇ ***die letzte ~*** *bildh für «der Tod»* la lasta ripozo

Ruhe|altar *m, auch* ***Abstellaltar*** *m kath. Kirche (Altaraufbau, auf dem bei Prozessionen unterwegs das Allerheiligste eine Weile zur Anbetung abgestellt wird)* ripozaltaro; ~**bank** *f* kuŝbenko (↑ *auch* ***Schlafbank***)

ruhebedürftig *Adj* bezonanta trankvilon (*bzw.* ripozon) (*vgl. dazu* ***Ruhe***)

Ruhe|bett *n* kuŝsofo, *i.e.S.* divano, kanapo; ~**blutdruck** *m Med* sangopremo dum ripozo; ~**gehalt** *n* [emerita] pensio

Ruhekissen *n* ◇ ***ein gutes Gewissen ist ein sanftes ~*** konscienco trankvila estas bona dormilo *(Zam)*

Ruhe|lage *f* stato de ripozo; ~**lager** *n* loko

por kuŝiĝi (*bzw.* ripozi); *Bett* lito

ruhelos 1. *Adj* senripoza; *nicht ruhig* malkvieta; *besorgt* maltrankvil[eg]a **2.** *Adv ohne sich auszuruhen* senripoze; *unermüdlich* senlace; *andauernd* daŭre

ruhen *intr sich ausruhen* ripozi; *liegen* kuŝi; *schlafen* dormi; *stillstehen, nicht in Gang sein* halti, ne funkcii [momente]; ***ein wenig ~*** iomete ripozi, ripozeti; iomete kuŝi, kuŝeti; ***~ auf...*** *basieren auf* baziĝi sur ... *auch übertr; gelehnt od gestützt sein auf* esti apogita sur ...; *Verantwortung* kuŝi sur ...; ***ich ruhe nicht eher, bis ...*** mi ne kontentos (*od* kvietos) ĝis ...; ***die ganze Last ruhte auf ihm*** la tuta ŝarĝo kuŝis sur liaj ŝultroj ◇ ***hier ruht [in Frieden] ...*** *Grabinschrift* ĉi tie ripozas [en paco] ...; ***ruhe in Frieden*** *auf Grabsteinen* ripozu pace (*od auch* trankvile); ***nach getaner Arbeit ist gut ~*** laboro finita, ripozo merita *(Zam)*

Ruhen *n das Sichausruhen* ripozado; *im Bett od auf dem Sofa* kuŝado

Ruhe|pause *f* paŭzo [por ripozi]; **~platz** *m* loko por ripozi, ripozejo, loko kie oni trovas ripozon; **~posten** *m* sinekuro; **~raum** *m* ĉambro por ripozi; **~stadium** *n* ripozostadio *auch Biol*

Ruhestand *m* emeriteco (*vgl. dazu* ***Pension***; ↑ *auch* ***Vorruhestand***); ***im ~ sein*** *Rentner sein* esti pensiulo, *pensioniert sein* esti pensi[ul]ita; ***in den ~ treten*** emeritiĝi; *in Rente gehen* iĝi pensiulo, pensiuliĝi; ***jmdn. in den ~ versetzen*** emeritigi (*od* pensiuligi) iun

Ruheständler *m* ↑ ***Pensionär***

Ruhestätte *f geh für «Grab»*: ***die letzte ~*** la lasta ripozejo (***von*** de)

Ruhe|störer *m* ĝenanto de la publika kvieto; **~störung** *f* ĝeno de la publika kvieto; *i.w.S. Lärm* bru[eg]o; **~strom** *m El* ripoza kurento

Ruhestromkreis *m El* ↑ *unter* ***Stromkreis***

Ruhetag *m Tag der Erholung* ripozotago, *auch* tago de ripozo (↑ *auch* ***Sabbat***); *freier Tag* libera tago; *in der Gastronomie* tago de nepriservo, *scherzh* tago de la ŝlosita pordo

Ruhezustand *m*: ***im ~ sein*** *od* ***sich im ~ befinden*** esti en stato de ripozo

ruhig 1. *Adj still* silenta, kvieta, *(Person)* silentema, kvietanima; *in seiner Ruhe nicht gestört, auch: gelassen od innerlich ruhig bzw. nicht aufgeregt (z.B. einer Gefahr gegenüber)* trankvila; *friedlich* paca, *(Person)* pacema; *geräuschlos, keinen Lärm machend* senbrua; *ohne Hast* senhasta; *einsam* sol[ec]a; *still, ruhig (z.B. eine Gegend od ein See)* kvieta; *menschenleer* senhoma; *verlassen* forlasita; *sicher* sekura; ***~ bleiben*** resti trankvila; ***~ werden*** *sich beruhigen* trankviliĝi; ***ein ~er Charakter*** kvieta (*od* senpasia) karaktero; ***ein ~es Leben*** trankvila vivo; ***ein ~er Schlaf*** trankvila dormo; ***ein ~es Zimmer*** *z.B. im Hotel* kvieta ĉambro; ***~es Wetter*** *n* trankvila vetero; ***sei ~!*** *[beruhigend zu jmdm. gesagt:]* estu trankvila!; *schweig!* silentu!, *[derb:] halt den Mund!* fermu la buŝon! **2.** *Adv* silente; kviete; trankvile; pace; senbrue; senhaste; *ohne Bedenken* senpripense; *ohne Störung* senĝene; *ohne Eile* sen ia urĝo; *ohne zu zögern* senhezite; *unbedingt* nepre

Ruhm *m Ruhmesglanz, i.w.S. Glanz* gloro; *Berühmtheit, Ruf* famo; *Lob* laŭdo; *Ehre* honoro; ***auf der Höhe des ~s*** sur la kulmino de la (*bzw.* sia) gloro; ***auf dem Höhepunkt seines*** (*bzw.* ***ihres***) ***~es*** sur la zenito de sia famo *od* ĉe la apogeo de sia famo; ***er liebt den ~*** li estas glorama; ***der Sänger ist auf dem Gipfel seines ~s*** la kantisto atingis la pinton (*od* kulminon *od* apogeon) de sia famo

ruhm|begierig *od* **~süchtig** *Adj* gloravida

rühmen *tr lobpreisen, verherrlichen* glori; *loben, preisen* laŭd[eg]i; ***ohne mich zu ~*** sen memglorado (*od* memlaŭdado); ***sich ~*** sin glori; *sich selbst loben* sin mem glori (*vgl. dazu* ***prahlen***); *stolz sein auf etw.* fieri [pri io]

rühmenswert *Adj* glorinda; *lobenswert* laŭdinda

Ruhmes|glanz *m* gloro (↑ *auch* ***Glorie***); **~tat** *f* glor-ago, *auch* gloraĵo

rühmlich 1. *Adj* glor[ind]a; *lobenswert* laŭdinda; *ehrenwert* honorinda **2.** *Adv*: ***~ bekannt*** *weithin bekannt* fame konata

ruhmlos *Adj* senglora; *ohne Verdienste* senmerita

ruhmreich *Adj Person od Tat* glor[plen]a, multglora; *erhaben, edel* nobla; *prächtig, glänzend, strahlend* brila; ***ein ~er Sieg*** glora venko *auch Sport*

Ruhmsucht *f* gloramo, *[krasser ausgedrückt:]* gloravido

ruhmsüchtig ↑ ***ruhmbegierig***

ruhmvoll *Adj* glor[plen]a

ruhn! *Mil* ↑ ***rührt Euch!*** [↑ *unter* ***rühren***]

[1]**Ruhr** *f, Fachspr* ***Dysenterie*** *f Med* disenterio (↑ *auch* ***Amöbenruhr***); ***bazilläre*** ~ bacila disenterio (↑ *auch* ***Bakterienruhr***); ***an ~ erkrankt sein*** esti malsana je disenterio

[2]**Ruhr** *f ein Nebenfluss des Rheins* [rivero] Ruro; ***das Tal der*** ~ la Rur-valo (*vgl. dazu* ***Ruhrgebiet***)

ruhrartig *Adj Med* disenteria

Rührei(er) *n/(Pl),* *<österr>* ***Eierspeis[e]*** *f Kochk* kirl-ovaĵo; ~ ***mit Speck*** kirl-ovaĵo kun lardo

rühren *tr* ***a)*** *[mit dem Quirl] umrühren* kirli; *vermischen, verrühren* miksi, turnomovi *auch Kochk*; ***die Trommel*** ~ *die Trommel schlagen* frapi la tamburon ***b)*** *übertr: ergreifen, innerlich aufwühlen* [kor]tuŝi, *[stärker:]* emocii; *Mitleid erregen* kaŭzi [ies] kompaton; ***jmdn. zu Tränen*** ~ emocii iun ĝislarme (*od* ĝis larmoj); ***gerührt sein*** esti kortuŝita (*od selt* movita) (***von*** de); ***sie war zu Tränen gerührt*** ŝi estis kortuŝita ĝis larmoj; ***gerührt werden*** emociiĝi; ***ich war gerührt, als ich hörte, dass ...*** mi emociiĝis, kiam mi aŭdis, ke ...; ***vom Schlag gerührt werden*** *Med* esti trafita (*od* frapita) de apopleksio ◇ ***rühre lieber nicht an diese Sache*** pli bone ne tuŝu (*bzw.* menciu) tiun aferon ***c)*** *refl*: ***sich*** ~ *sich ein wenig bewegen* [iom] moviĝi; *aktiv sein* esti agema (*od* aktiva); ***kein Lüftchen rührte sich*** ne estis eĉ la plej eta brizo; ***sich nicht von der Stelle*** ~ ne formoviĝi; ***rührt euch!***, *<österr>* ***ruht!***, *<schweiz>* ***ruhn!*** *Mil* ripozu! ◇ ***nichts hat sich gerührt*** *es ist überhaupt nichts passiert* absolute nenio okazis; ***sie hat sich schon zwei Jahre nicht gerührt*** mi nenion aŭdis de ŝi jam ekde du jaroj

rührend *Adj ergreifend* kortuŝa; *bewegend* emocia ◇ ***das ist*** ~ ***von Ihnen*** tio estas vere ĉarma [de vi]

Ruhrepidemie *f Med* disenteria epidemio

Ruhrgebiet *n ein deutsches Industriegebiet in NRW* Rur-regiono

Rührgerät *n Hausw* elektra kirlilo, *umg Mixer* [elektra] miksilo

rührig *Adj* aktiva, agema (*vgl. dazu* ***agil*** *u.* ***eifrig***); *lebhaft, rege* vigla; *energisch* energia; *voller Unternehmungslust* entreprenema

Rührigkeit *f* aktiveco, agemo; vigleco; energio; entreprenemo

ruhrkrank *Adj Med* malsana (*od* suferanta) je disenterio

Ruhrkranke *m Med* disenteriulo

Ruhrkraut *n* (*Gattung* Gnaphalium) *Bot* gnafalio (↑ *auch* ***Sumpf-*** *u.* ***Waldruhrkraut***); ***norwegisches*** ~ (Gnaphalium norvegicum) norvega gnafalio; ***vielköpfiges*** ~ (Gnaphalium polycephalum) multkapa gnafalio

Rühr|löffel *m Hausw* miksokulero (*vgl. dazu* ***Quirl***); ~**maschine** *f in einer Bäckerei* miksmaŝino; *allg: Mixgerät* miksilo

Rührmichnichtan *n Bot* ↑ ***Mimose a)***

rührselig *Adj* sentimentala; *leicht zu rühren (jmds. Herz)* facile kortuŝebla; *melodramatisch* melodrama; *i.w.S. weinerlich* plorema

Rührseligkeit *f* sentimentaleco

Rührteig *m* [iom likva] kirlita kukopasto

Rührung *f* kortuŝo; *Emotion* emocio (↑ *auch* ***Gerührtsein***); ***ohne*** ~ senemocie; ***vor ~ nicht sprechen können*** ne trovi vorto(j)n pro kortuŝo

Ruhrwurz *f* (Pulicaria dysenterica) *Bot* granda pulikario, *pop* granda pulherbo

Ruin *m* ruiniĝo (↑ *auch* ***Verfall*** *u.* ***Zusammenbruch***); *Untergang* pereo; *Bankrott* bankroto; ***der ~ der Firma war nicht aufzuhalten*** la bankroto de la firmo [jam] ne estis preventebla; ***dem ~ entgegengehen*** esti survoje al ruiniĝo (*bzw.* pereo)

Ruine *f* ruino *auch übertr* (↑ *auch* ***Industrie-*** *u.* ***Tempelruine***)

Ruinenstadt urbo de ruinoj

ruinieren *tr* ruinigi *auch i.w.S. u. bildh*; *ins Verderben stürzen* pereigi; *zerstören* detrui; *i.w.S. arm machen* malriĉigi (***jmdn.*** iun); ***seinen guten Ruf*** ~ detrui (*od* ruinigi) sian reputacion; ***sich*** ~ sin ruinigi (***durch*** *od* ***mit*** per); ***sich gesundheitlich*** ~ ruinigi sian sanon (*vgl. dazu* ***sich zugrunde richten***)

Ruinieren *n (das) Zugrunderichten* ruinig[ad]o

ruiniert *Adj* ruinigita; *bankrott* bankrot[int]a

Rukola *f Bot, Nahr* ↑ ***Rauke b)***

Ruktus *m Med* ↑ ***Aufstoßen*** *od* ***Rülpsen***

Ruktusstimme *f* ↑ ***Ösophagusstimme***

Rulfo (*m*) *Eig (mexikanischer Schriftsteller [1918-1986])* Rulfo *<Vertreter des magischen Realismus>*

Rülps *m* ↑ ***Rülpser***

rülpsen *intr* rukti (↑ *auch* ***aufstoßen b)*** *u.* ***regurgitieren***)

Rülpsen *n, Fachspr Med* ***Ruktus*** *m od* ***Riktation*** *f* (Ructatio) ruktado

Rülpser *m, auch (bes. reg)* ***Rülps*** *m [hör-*

bares] Aufstoßen [aŭdebla] rukto

rum... *umg* = ***herum...***

[1]**Rum** *m Branntwein aus Zuckerrohr* rumo; ***brauner*** (***weißer***) ~ bruna (blanka) rumo; ***eine Flasche [voll]*** ~ botelo da rumo (*vgl. dazu* ***Rumflasche***)

[2]**Rum** (*n*) *Eig* ↑ ***Ikonion***

Rumäne *m* rumano

Rumänien (*n*), *rumän.* ***România*** *ein Staat in SO-Europa* Rumanio *[Hptst.: Bucureşti]*

Rumänin *f* rumanino

rumänisch *Adj* rumana

Rumänisch[e] *n Ling* la rumana [lingvo]

Rumantsch (*n*) *Ling* ↑ ***Romantsch***

Rumba *f*, *<österr> u. <schweiz> m ein Modetanz aus Kuba* rumbo (↑ *auch* ***Carioca***); ~ ***tanzen*** danci [la] rumbon

Rumbakugeln *f/Pl*, *auch* ***Maracas*** *Pl Mus* marakoj *Pl*

Rumbastäbchen *n/Pl Mus* ↑ ***Claves***

Rumelien (*n*) *ältere Bez für «Thrakien u. Ost-Makedonien» [eine historische Landschaft in SO-Europa <ehem. türkische Statthalterschaft>]* Rumelio (*vgl. dazu* ***Ostrumelien***)

Rumelier *m/Pl Ethn* rumelianoj *Pl*

rumerzählen ↑ ***herumerzählen***

Rum|fabrik *f* fabriko de rumo; ~**flasche** *f (leer)* botelo de rumo, *(gefüllt)* botelo da rumo

Rummel *m* ***a)*** *Lärm* bru[eg]o (*vgl. dazu* ***Trubel***); *Durcheinander* konfuz[eg]o (*vgl. dazu* ***Chaos***) ***b)*** *auch* ***Rummelplatz*** *m* [placo por] kermesa amuzejo (*vgl. dazu* ***Jahrmarkt b)***)

Rummy *n Kart* ↑ ***Rommé***

rumoren *intr* murmur[eg]i, obtuze bru[et]i (***in*** en); ***es rumort in meinem Bauch*** *umg* mia ventro murmuras [pro malsato]

rump[e]lig ↑ ***holp[e]rig***

Rumpelkammer *f* formetejo, kamero por (*bzw.* plena de) fatraso (*od* ne plu bezonataj aĵoj), *unterm Dach* fatrasa subtegmentejo

rumpeln *intr* obtuze brui, *[lautmalend] auch* pum-pumi

Rumpf *m Anat* trunko; *i.w.S. Körper* korpo (↑ *auch* ***Oberkörper*** *u.* ***Torso***); *eines Schiffes* korpo *od* ŝelo [de ŝipo] *Flugzeug*~ fuzelaĝo (↑ *auch* ***Kasten-*** *u.* ***Zigarrenrumpf***)

rümpfen *tr*: ***die Nase*** ~ *hochnäsig sein* esti orgojla (*od* aroganta); ***die Nase über etw.*** (***jmdn.***) ~ *im Sinne von «etw. gering schätzen» od «etw. verachten»* malŝate [kaj orgojle] rigardi ion (iun) de alte *(Zam)*

Rumpffläche *f Arch* ↑ ***Peneplain***

Rumpf|parlament *n* stumpoparlamento *od* stumpa parlamento; ~**rippe** *f des Segelflugzeugs* fuzelaĝa ripo

Rumpfwerk *n* ↑ ***Flugzeugrumpf***

Rumpsteak *n Kochk ([gebratene] Rindfleischscheibe)* rumsteko

Rumtopf *m Bez für «Früchte und/oder Beeren, die gezuckert in einen Topf mit Rum od anderen hochprozentigen Spirituosen gemischt eingelegt werden»* rumpunĉo

rund 1. *Adj* ronda; *kreisförmig* cirkloforma, *auch* cirkla; *wie ein Kreis* kiel cirklo; *kugelförmig* glob[form]a, sfera (↑ *auch* ***ei-***, ***halb-*** *u.* ***kugelrund***); ~ ***machen*** rondigi; ~ ***werden*** rondiĝi; *an Gewicht zulegen (eine Person)* iom dikiĝi; ***ein*** ~***es Jubiläum*** rondcifera jubileo; ***eine*** ~***e Summe [Geld]*** *eine beträchtliche Summe* konsiderinda [mon]sumo; ***ein*** ~***er Tisch*** ronda tablo **2.** *Adv* (*Abk* ***rd.***) *ungefähr* proksimume, ĉirkaŭ; *von Beträgen auch* rondcifere, rondsume (*vgl. dazu* ***etwa***) ◇ ~ ***heraus*** *unverblümt, unverhohlen* malkaŝe, tute libere; *ohne Scheu* sentime; ***der läuft nicht ganz*** ~ ↑ *unter* ***rundlaufen***

Rundbau *m Arch* ronda konstruaĵo [kun kupolforma tegmento]; *Rotunde* rotondo

rundbäuchig *Adj* rondventra (↑ *auch* ***dickbäuchig***)

Rundbeet *n* ronda bedo (↑ *auch* ***Rondell***)

rundblätt[e]rig, *Fachspr auch lat.* ***rotundifolius*** *Adj Bot* rondfolia

Rund|blick *m* rigardo al ĉiuj direktoj, panoramo; ~**bogen** *m Arch* rondarko; ~**brief** *m* cirkulero

Runde *f kleinerer Kreis von Personen* rondo (↑ *auch* ***Diskussionsrunde***); *Kontrollgang* rondiro (*vgl. dazu* ***Patrouille***); *Sport (Boxen)* raŭndo, *(Leichtathletik u. Radrennen)* rondo (↑ *auch* ***Ehrenrunde***); ***kleine*** ~ rondeto; ***in familiärer*** ~ en familia rondo; ***die*** ~ ***machen*** rondiri; *Wächter* kontroliri; *auf Streife sein* patroli; *allgemein bekannt werden* iĝi ĝenerale konata; *verbreitet werden, z.B. ein Gerücht* [rapide] disvastiĝi; ***er wurde in der dritten*** ~ ***k.o. geschlagen*** *Boxen* li estis nokaŭtita en la tria raŭndo

Rundeisen *n* rondfero; *Handw* ronda guĝo (↑ *auch* ***Hohleisen***)

runden *tr rund machen* rondigi; ***sich*** ~ *rund werden* rondiĝi

runderneuern *tr*: ***einen Reifen*** ~ rekaŭĉuki (*od auch* retegi) pneŭmatikon

Runderneuerung *f*: ~ ***eines Reifens*** rekaŭĉukado (*od* retegado) de pneŭmatiko

Rund|fahrt *f* rondveturo (*vgl. dazu* ***Rundreise***, ↑ *auch* ***Stadtrundfahrt***); ~**feile** *f Handw* ronda fajlilo; ~**fenster** *n* ronda fenestro; ~**flug** *m* rondflugo (***über*** super); ~**frage** *f* enketo

rundfragen *intr* enketi pri ...

Rundfunk *m* radio; *Radiosendung* radioelsendo, radiodisaŭdigo; ***Staatlicher ~ der Republik Indonesien*** Radio Respubliko Indonezio (*Abk* RRI)

Rundfunk|ansprache *f* radio[al]parolado; ~**anstalt** *f* radiostacio; ~**apparat** *od* ~**empfänger** *m od* ~**gerät** *n* radioaparato; ~**gebühr(en)** *f/(Pl)* [abon]kotizo por la radio; ~**hörer** *m* radioaŭskultanto; ~**interview** *n* radiofonia intervjuo, *umg* radiointervjuo; ~**kommentator** *m* radiokomentisto; ~**netz** *n* radiofonia reto; ~**programm** *n* radioprogramo; ~**reporter** *m* radioraportisto; ~**sender** *m od* ~**station** *f* radiostacio; ~**sendung** *f* radiodisaŭdigo, *auch* radiodissendo; ~**technik** *f* radiotekniko; ~**techniker** *m* radioteknikisto; ~**übertragung** *f* radiodisaŭdigo, radioelsendo *od* radiodissendo (↑ *auch* ***Radiofonie***); ~**werbung** *f* reklamado en la radio

Rundgang *m* ***a)*** rondiro, ĉirkaŭiro; *des Wächters auch* kontroliro; ***ein ~ durch die Altstadt*** rondiro tra la malnova urboparto; ***einen ~ durch die Geschäfte machen*** rondiri por viziti la butikojn [de la urbo] (*vgl. dazu* ***einen Einkaufsbummel machen***)

Rundgesang *m*, *früher auch* ***Rundlied*** *n* rondkanto

Rundgesichtsmakak *m Zool* ↑ ***Formosamakak***

Rundheit *f runde Beschaffenheit (von etw.)* rondeco

rundheraus *Adv offen, freimütig, unverblümt* [tute] sincere, malkaŝe; *ohne Zögern* senhezite (↑ *auch* ***rundweg***)

rundherum *Adv* ĉirkaŭe (↑ *auch* ***rings***, ***rundum*** *u.* ***überall***)

Rundholz *n* rondligno

Rundi *n Ling* ↑ ***Kirundi***

Rund|kathode *f El* cilindra katodo; ~**kirche** *f* rotonda preĝejo; ~**kolben** *m Chem* rondfunda balono; ~**kopfdelfin** *m* (Grampus griseus) *Zool* griza delfeno; ~**lauf** *m Tech* cirkula moviĝo, cirkulado

rundlaufen *intr* ◇ ***er läuft nicht ganz ~*** *umg für «er ist nicht ganz richtig im Kopf»* li havas muŝon en la cerbo *(Zam)*; ***es läuft nicht wirklich rund*** *umg für «es läuft nicht ganz störungsfrei ab»* ne ĉio funkcias senĝene (*bzw.* normale)

rundlich *Adj* rondeta; *fast rund* preskaŭ ronda; *dicklich (Person)* diketa; *vollschlank (Frau)* ŝvelsvelta (↑ *auch* ***drall***, ***mollig a)*** *u.* ***pummelig***)

Rundlied *n* ↑ ***Rundgesang***

Rundlinge *m/Pl* ↑ ***Knüppelholz***

Rundlochbohrer *m Tech* trepano

Rundlinge *m/Pl Forstw* ↑ ***Knüppelholz***

Rundmäuler *n/Pl*, <*wiss*> ***Zyklostomen*** *Pl Ichth*: ***[Ordnung der]*** ~ (Cyclostomata) ciklostomoj *Pl* <*entwicklungsgeschichtlich Vorgänger der Fische*>

Rund|pinsel *m* ronda peniko; ~**platz** *m* rondplaco (↑ *auch* ***Rondell***)

Rundreise *f* rondvojaĝo (↑ *auch* ***Busrundreise*** *u.* ***Rundfahrt***); ~**ticket** *n* [vetur]bileto por rondvojaĝo

Rund|rücken *m Med* cifozo, *pop* ronddorso; ~**schau** *f* ***a)*** *Blick in die Umgebung* rigardo ĉirkaŭen ***b)*** *oft Titel von Zeitschriften:* revuo; ~**schotter** *m für Gleis- u. Straßenbau* balasto el rulŝtonoj

Rundschreiben *n*, *bes.* <*schweiz*> *auch* ***Zirkular*** *n* cirkulero; ***päpstliches*** ~ papa cirkulero, *(Enzyklika)* encikliko

Rundschwanzseekuh *f Zool* ↑ ***Lamantin***

Rund|sein *n runde Beschaffenheit (von etw.)* rondeco; ~**stahl** *m Metallurgie* rondŝtalo; ~**stempel** *m Philat* ronda stampo; ~**tanz** *m* rondodanco (↑ *auch* ***Reigen*** *u.* ***Tirolienne***)

Rundtisch|gespräche *n/Pl Dipl, Pol* rondtablaj interparoloj *Pl*; ~**konferenz** *f Dipl, Pol* rondtabla konferenco

rundum *Adv* ĉirkaŭe; ~**her** *Adv auf allen Seiten* ĉiuflanke (*vgl. dazu* ***ringsumher***)

Rundung *f* ***a)*** *etw. Rundes od gerundeter Teil (von etw.)* rondaĵo; ***weibliche ~en*** *Pl* virinaj rondaĵoj *Pl* ***b)*** *Arch, Kunst*: ***konvexe*** ~ galbo *auch an Stuhlbeinen od -lehnen* (↑ *auch* ***Schweifung***)

Rundungsregel *f Math* regulo de rondigo

Rundwanderweg *m* migra rondvojo

rundweg *Adv offen, freimütig, unverblümt* [tute] sincere, malkaŝe; *ganz und gar, voll und ganz* absolute, tute, plene; *entschieden* decide; ~ ***ablehnen*** absolute rifuzi

Rundweg *m* rondvojo

Rune *f altgermanisches Schriftzeichen* runo

Runen|alphabet *n* runa alfabeto (↑ *auch* ***Futhark***); ~**forschung** *f, auch* ***Runologie*** *f ein Teilgebiet der Germanistik u. Skandinavistik* runologio; ~**inschrift** *f* runoskribaĵo, *auch* runa [en]skribaĵo; ~**schrift** *f* runoskribo; ~**stab** *m* runa bastono; ~**stein** *m* runoŝtono

Runge *f Speiche, Sprosse, Strebe* rungo; *[senkrechte] Stütze der Wagenseite* paliso

Rungenwagen *m Eisenb* [rak]palisa vagono

Runkelrübe *f* ↑ ***Futterrübe***

Runologe *m Wissenschaftler auf dem Gebiet der Runenforschung* runologo

Runologie *f* ↑ ***Runenforschung***

runter ↑ ***herunter*** *u.* ***hinunter***

runterfallen ↑ ***hinunterfallen***

runterfliegen ↑ ***hinunterfliegen***

runtergehen ↑ ***hinuntergehen***

runterhauen *tr umg*: ***jmdm. eine*** (*od* ***ein paar***) ~ doni al iu vangofrapon *od* vangofrapi iun, *[kräftiger:]* vangobati iun (↑ *auch* ***Ohrfeige***)

runterholen *tr umg für «herunterholen»* [iri por] preni de supre ◇ ***sich einen*** ~ *sex* melki la kacon (↑ *auch* ***masturbieren***)

runterklettern ↑ ***hinunterklettern***

runterschlucken ↑ ***hinunterschlucken***

Runzel *f* falto, [haŭt]sulketo (↑ *auch* ***Falte***)

runz[e]lig *Adj* faltohavo, faltiĝinta, sulkiĝinta; ~ ***werden*** *von Blättern (Fachspr Bot)* rugi

runzeln *tr*: ***die Stirn*** ~ sulkigi la frunton

Runzelverpel *f Mykologie* ↑ *unter* ***Verpel***

Rüpel *m* krudulo, *[krasser:]* brutulo (*vgl. dazu* [2]***Flegel***)

Rüpelei *f* kruda (*od [krasser:]* bruta) konduto, krudeco

rüpelhaft *Adj* en maniero de krudulo (*bzw. [krasser:]* brutulo) *nachgest*

rupfen *tr herausziehen, ausjäten* elŝiri, deŝiri; *Geflügel* senplumigi; ***ein Huhn*** ~ senplumigi [buĉitan] kokinon ◇ ***er hat mich ganz schön gerupft*** *mir allerhand Geld aus der Tasche gezogen* li tiris sufiĉe [multe] da mono el mia poŝo; ***mit dir hab ich noch ein Hühnchen zu*** ~ kun vi mi ankoraŭ devos severe trakti ion

Rupia *Pl nur Fachspr Med (dicke Krusten auf geschwürigen Pusteln)* rupio; ~ ***syphilitica*** sifilisa rupio

Rupiah *f* (*Abk* ***Rp***): ***indonesische*** ~ (*Währungscode* ***IDR***) indonezia rupio

Rupie *f Währungseinheit in Indien, Nepal, Pakistan, Sri Lanka u. einigen Inselstaaten im Indischen Ozean* rupio (↑ *auch* ***Seychellen-Rupie*** *u.* ***Sri-Lanka-Rupie***); ***indische*** ~ (*Währungscode* ***INR***) hinda rupio; ***pakistanische*** ~ (*Währungscode* ***PKR***) pakistana rupio

Rüppell-Seeschwalbe *f Orn* ↑ *unter* ***Seeschwalbe***

ruppig *Adj Benehmen* bruska, *[derber ausgedrückt:]* kruda; *Aussehen* hirta [kaj neflegita]; *lumpig gekleidet* ĉifonvestita

Ruprecht-Storchschnabel *m, auch* ***Ruprechtskraut*** *n, reg* ***stinkender Storchschnabel*** *m* (Geranium robertianum) *Bot* roberta geranio

Ruptur *f Med (Zerreißung, Riss)* ŝiriĝo (↑ *auch* ***Achillessehnen-***, ***Aneurisma-***, ***Aorten-***, ***Gefäß-***, ***Kreuzband-***, ***Ösophagus-*** *u.* ***Uterusruptur***)

rural *geh* = ***ländlich*** [↑ *dort*]

Rurutu (*n*), *meist* ***Insel Rurutu*** [insulo] Ruruto *eine Insel im Pazifik [gehört zum franz. Überseeterritorium Französisch-Polynesien] <mit einzigartigem Höhlensystem an der Küste> [Hauptort: Moerai]*

Rüsche *f eng gefältelter (Stoff-)Besatz* ruŝo (↑ *auch* ***Jabot***)

Rüschenbluse *f* bluzo kun ruŝoj

Rushhour *f* ↑ ***Hauptverkehrszeit***

Ruß *m* fulgo, *(an Zündkerzen) auch* kalamino (↑ *auch* ***Diesel-***, ***Industrie-*** *u.* ***Kienruß***); ***den*** ~ ***abkratzen von ...*** forskrapi la fulgon de ...; ~ ***ausstoßen*** eligi fulgon (↑ *auch* ***rußen***); ***mit*** ~ ***bedecken*** (*Syn*: ***berußen***) kovri per fulgo

Ruß|albatros *m* (Phoebetria palpebrata) *Orn* fulga albatroso; ~**-Austernfischer** *m* (Haematopus fuliginosus) *Orn* fulga hematopo *[Vorkommen: endemisch an den Küsten Australiens u. Tasmaniens]*

ruß|bedeckt *Adj* fulgokovrita; ~**beschmutzt** *Adj* malpura de fulgo

Russe *m* ruso

Rüssel *m* ***a)*** *des Elefanten, Schweins od Tapirs, von Insekten* rostro (↑ *auch* ***Schweinerüssel***) ***b)*** *derb für «besonders große Nase»* nazego (*vgl. dazu* ***Adler-*** *u.* ***Hakennase***)

Rüsselbär *m Zool* = ***Nasenbär***

Rüsselchen *n kleiner Rüssel* rostreto

rüsselförmig, *auch* ***rostral*** *Adj* rostr[oform]a

rüsselig *Adj einen Rüssel habend* rostrohava

Rüsselkäfer *m* (*Gattung* Curculio) *Ent* rostroskarabo, <*wiss*> kurkulio (↑ *auch* ***Kornkäfer***); ***[Familie der]*** ~ *Pl* (Curculionidae) kurkuliedoj *Pl* <*artenreichste Familie des Tierreichs mit über 40.000 Arten*>

Rüsselspitzmaus *f, auch* ***Bisamspitzmaus*** *f* (*Gattung* Myogale) *Zool* miogalo

Rüsselspringer *m Zool* ↑ ***Elefantenspitzmaus***

Rüsseltiere *n/Pl Zool*: ***[Unterordnung der]*** ~ (Proboscidea) rostruloj *Pl* <*ihre einzigen heute noch lebenden Vertreter sind die Elefanten*>

rußen ***a)*** *intr Kerze, Öllampe u.a.* fulgi (*vgl. dazu* ***verrußen***); ***die Petroleumlampe rußt*** la petrollampo fulgas ***b)*** *tr* <*schweiz*> *auch für «entrußen»* senfulgigi, eligi fulgon el ...

Russen|kittel *m Textil (ein gegürtetes schrittlanges Hemdgewand für Männer u. Frauen mit angeschnittenen u. gerade angesetzten Ärmeln u. einem Stehbündchen am Halsrand)* rubaŝko; ~**mafia** *f* rusa mafio

Rußeule *f* (Tyto tenebricosa) *Orn* tenebra turstrigo *[Vorkommen: in den australischen Bundesstaaten Queensland u. Victoria]*

Rußfalke *m Orn* ↑ ***Australfalk***

rußfarben *od* **rußfarbig** *Adj* fulgokolora

Ruß|filter *m z.B. in Kfz* fulgofiltrilo; ~**flocke** *f, auch* ***Rußkörnchen*** *n* fulgero

rußgeschwärzt *Adj* fulgonigra

Rußheckensänger *m* (Cercotrichas podobe) *Orn* nigra heĝ[o]silvio

russifizieren *tr* rusigi

Russifizierung *f* rusigo

rußig *Adj* fulga (↑ *auch* ***rußschwarz***); *voller Ruß* fulgoplena (↑ *auch* ***rußbedeckt***)

Russin *f* rusino

russisch 1. *Adj* rusa; *aus Russland [stammend]* [devenanta] el Rusio; ***das ~e*** (*od* ***kyrillische***) ***Alphabet*** la rusa (*od* cirila) alfabeto; ***der ≗-Japanische Krieg*** *Gesch* la Rusa-Japana Milito *[1904/05]*; ***das ≗e Kaiserreich*** *Gesch* la Rusa Imperio *[1721-1917]*; ***≗e Sozialistische Föderative Sowjetrepublik*** *f* (*Abk* ***RSFSR***) *Gesch* Rusa Soveta Federacia Socialista Respubliko; ***in ~er Sprache*** en [la] rusa lingvo **2.** *Adv*: ***~ sprechen*** paroli ruse *od* paroli la rusan [lingvon]

Russischbrot *n ein Gebäck* alfabetbiskvito

Russisch[e] *n Ling* la rusa [lingvo]

russisch-orthodox *Adj*: ***die ~e Kirche*** la rusa ortodoksa eklezio

russischsprachig 1. *Adj* ruslingva **2.** *Adv* ruslingve

Russischunterricht *m Päd* instru[ad]o de la rusa lingvo

Russismus *m 1. Ling: russische Spracheigentümlichkeit 2. charakteristische Eigenart (bzw. Sitte) der Russen* rusismo

Russistik *f Wissenschaft von der russischen Sprache u. Literatur* rusistiko

Rußkörnchen *n* ↑ ***Rußflocke***

Russland *n* Rusio, *auch* Ruslando *(Hptst.: Moskau]*; ~**deutsche** *m/Pl* ruslandgermanoj *Pl*

russlandfreundlich *Adj* amika (*od* favora) al Ruslando

Rußpartikel *n od m* fulgopartiklo; ~**filter** *m Kfz, Tech* fulgopartikla filtrilo

Rußschmätzer *m* (Myrmecocichla aethiops) *Orn* termita saksikolo

rußschwarz *Adj* fulgonigra; *schwarz wie Ruß* nigra kiel fulgo

Rußseeschwalbe *f* (Sterna fuscata = Onychoprion fuscatus) *Orn* fulga ŝterno

rußverschmiert *Adj* fulgoŝmirita *od nachgest* ŝmirita per fulgo

Rustamiden *Pl, arab.* ***Rustamīyūn*** *Pl Gesch (selbstständige kharidjitische Dynastie [761-908] im zentralen Maghreb* <*begründet von Abd ar-Rahman Ibn Rustam, Statthalter von Kairouan*>*)* rustamidoj *Pl*

rüsten ***a)*** *tr vorbereiten* prepari, pretigi ***b)*** *intr Mil* sin provizi per armiloj, sin armi [por milit-agoj] (*vgl. dazu* ***aufrüsten***) ***c)*** *refl:* ***sich ~*** sin prepari, sin pretigi (***zu*** por); ***sich für die Reise ~*** prepari ĉion necesan por la vojaĝo

Rüster *f Bot* ↑ ***Ulme***

rüstig *Adj* malkaduka, [ankoraŭ] aktiva *od* vigla; [ankoraŭ] energia (↑ *auch* ***fit***)

rustikal *Adj Arch, Kunst (ländlich, bäuerlich)* rustika *auch Möbel, Stil*; ***sich ~ einrichten*** aranĝi sian hejmon en rustika stilo

Rustikalität *f* rustikeco

Rüstkammer *f* deponejo de armiloj, armilejo (*vgl. dazu* ***Arsenal***)

Rüstmesser *n* ↑ ***Küchenmesser***

Rüstung *f* ***a)*** *Bewaffnung* armado ***b)*** *für Mann u. Pferd* armaĵo; *Ritter≗* kiraso [de kavaliro] ***c)*** *Bauw (Schalung)* ŝelaĵo, *(Bewehrung)* armaturo

Rüstungs|ausgaben *f/Pl* elspezoj *Pl* por

armado; ~**begrenzung** *od* ~**beschränkung** *f* limigo de la armado; ~**budget** *n* buĝeto por armado; ~**export** *m* eksporto de armiloj; ~**fabrik** *f* fabriko de armiloj; ~**industrie** *f* industrio de armiloj; ~**politik** *f* politiko de armado; ~**wettlauf** *m* vetarmado

Rüstzeug *n Instrumentarium, Gerätschaften* instrumentaro, ilaro (↑ *auch* ***Handwerkszeug***); *Ausrüstung* ekipaĵo

Rut *(f) bibl. Name* ↑ ***Ruth***

Rute *f* ***a)*** *[dünner] langer Zweig* longa branĉeto; *Gerte* vergo (*vgl. dazu* ***Peitsche*** *u.* ***Wünschelrute***; ↑ *auch* ***Angel-***, ***Birken-***, ***Weiden-*** *u.* ***Zauberrute***); ***mit einer ~ schlagen*** (*bzw.* ***züchtigen***) frapi (*bzw. [stärker:]* bati) per vergo, *auch kurz* vergi (↑ *auch* ***geißeln***) ***b)*** *Schwanz beim Haarraubwild [außer Bär u. Dachs] (bes. Jägerspr)* vosto ***c)*** *(bes. Jägerspr) männliches Begattungsorgan [beim Hund, bei Haarraubwild u. Schalenwild]* peniso

Ruten|besen *m* verga balailo; ~**bündel** *n ein Büschel Ruten* fasko da vergoj, *auch* vergaĵo (*vgl. dazu* ***Faschine***)

Rutenkohl *m Bot* = ***Sareptasenf***

Ruth *(f)* ***a)*** *weibl. Vorname* Ruta ***b)*** *bibl meist* ***Rut***, *z.B.* ***das Buch Rut*** *ein Buch des Alten Testaments [Erzählung von der Moabiterin Ruth, einer Urgroßmtter Davids]*

Ruthenen *m/Pl Name für die Ukrainer im Gebiet von Ostgalizien, in NO-Ungarn u. in Teilen der Bukowina* rutenoj *Pl*

Ruthenien (*n*) Rutenio

ruthenisch *Adj* rutena

Ruthenisch[e] *n Ling* la rutena [lingvo]

Ruthenium *n* (*Symbol* ***Ru***) *Chem (ein Edelmetall)* rutenio

Rutherford (*m*) *Eig (engl. Chemiker u. Physiker [1871-1937])* Ruterfordo <*erzielte 1919 die erste künstliche Atomkernreaktion*>

Rutherfordium *n* (*Symbol* ***Rf***) *Chem (ein künstlich erzeugtes, zu den Transactinoiden zählendes chem. Element)* ruterfordio

Rutil *m Min (ein zu den Titanerzen gehörendes, metallisch glänzendes, meist rötliches Mineral, das auch als Schmuckstück verwendet wird)* rutilo (*vgl. dazu* ***Titandioxid***)

Rutilit *m Min (brauner Granat)* rutilito

Rutin *n Biochemie, Pharm (ein pflanzlicher Wirkstoff [ein Glukosid], der aus einigen Rautengewächsen extrahiert wird)* rutino

Rutsch *m* ***a)*** glito (*vgl. dazu* ***Erdrutsch***) ◇ ***guten ~ [ins neue Jahr]!*** *fam* bonan novan jaron! ***b)*** *umg: kleiner Ausflug, Spritztour* ekskurseto (***nach*** al)

Rutschbahn *f* glitejo, glitvojo

Rutsche *f* deglitejo, malsuprenglitejo; *Kinder*~ deglitejo por infanoj (↑ *auch* ***Gepäck-***, ***Schüttel-*** *u.* ***Wendelrutsche***)

rutschen *intr* gliti; *Kfz* jori; *herabgleiten, herunterrutschen, z.B. Hose* subengliti *od* malsuprengliti; *ausgleiten [und fallen]* glitfali (↑ *auch* ***gleiten***); ***zur Seite ~*** flankengliti

Rutschen *n* glitado; *Kfz* joro

rutschfest *Adj* kontraŭglitiga

Rutschgefahr *f für Fahrzeuge* risko de joro; ***Vorsicht bei Regen ~!*** *Verk* atentu! ŝoseo glitiga dum pluvo!

rutschig *Adj so glatt, dass die Gefahr des Ausgleiten besteht* glitiga, glitige glata

Rutschschalung *f Bauw* ↑ ***Gleitschalung***

Rutte *f Ichth* = ***Aalrutte***

Rüttelbeton *m Bauw* vibrigita betono

Rüttelei *f*: ***die Fahrt war eine einzige ~, weil die Straße so schlecht war*** dum la veturo ni skuiĝis la tutan tempon, ĉar la strato estis tro malbona (*od* difekta)

Rüttelmaschine *f Tech* ↑ ***Rüttler***

Rüttelmischer *m Bauw, Tech* vibra miksilo;

rütteln ***a)*** *tr* vibrigi (*vgl. dazu* ***schütteln***); ***jmdn. aus dem Schlaf ~*** *jmdn. schüttelnd wecken* skue veki iun ***b)*** *intr* skuiĝi; ***der Sturm rüttelt an der Tür*** la pordo skuiĝas pro la ŝtormo ◇ ***daran gibt es nichts zu ~*** *das kann man nicht ändern* pri tio oni ne povas fari ion; *daran gibt es keinen Zweifel* ekzistas nenia dubo pri tio

Rütteln *n* skuado (↑ *auch* ***Gerüttel***)

Rüttelsieb *n Bauw, Tech* vibra kribrilo

Rüttler *m*, *auch* ***Rüttelmaschine*** *f Tech* vibratoro (↑ *auch* ***Betonrüttler***)

Rutylen *n Chem* rutileno

Ruwala *Pl Ethn (stärkster Stammesverband der Anaza im Norden der Arabischen Halbinsel [in Saudi-Arabien, Jordanien, Syrien, Irak])* ruvaloj *Pl* (*vgl. dazu* ***Anaza***)

Rwanda (*n*) ↑ ***[1]Ruanda***

Rybinsk (*n*) *eine Stadt in Russland [an der oberen Wolga]* Ribinsko

Ryukyuinseln *Pl*, *auch* ***Riukiuinseln*** *Pl eine jap. Inselkette zw. Taiwan und Kyushu [Hptst.: Naha (auf Okinawa)]* Rjukju-Insularo, *auch Kurzf* Rjukjuo (*vgl. dazu* ***Okinawa***)

Ingram Content Group UK Ltd.
Milton Keynes UK
UKHW032149130323
418514UK00001B/10

9 781595 694430